教育部党组书记、部长袁贵仁在全国学前教育宣传月启动仪式上与蓝天幼儿园的小朋友家长交谈

教育部党组副书记、副部长杜玉波到同济大学嘉定校区考察调研

教育部党组成员、副部长鲁昕参加教育部校企合作签约仪式

教育部党组成员、中纪委驻教育部纪检组组长王立英到西南大学附属中学调研

教育部党组成员、副部长李卫红出席中法语言政策与规划比较研究国际研讨会

教育部党组成员、副部长杜占元到山西省忻州市第十中学调研信息化教学情况

教育部党组成员、副部长郝平在西交利物浦大学调研

教育部党组成员、副部长刘利民与湖南省农村小学学前班孩子交流

2012 年 1 月 6—7 日，2012 年全国教育工作会议在北京举行

樊世刚　摄

2012 年 11 月 13 日，十八大新闻中心举办主题为“中国的教育公平”网络访谈活动，邀请教育部党组书记、部长袁贵仁等四位党代表与网友交流

张学军　摄

十八大召开之际，浙江省诸暨市海亮学校高中部的学生举行以“喜迎十八大召开，照亮十八岁青春”为主题的成人宣誓活动

中国教育报　供稿

山东省临沂市第十五中学学生在人民网上浏览“寄语十八大，对党说句心里话”栏目并寄语

中国教育报　供稿

来自全国各地的大学毕业生在贵州省紫云县猴场中学担任特岗教师

张学军　摄

2012年9月22日，首届北京市大学生机器人大赛开幕。为主持人——机器人“莉莉”编写程序的北京信息科技大学学生在与“莉莉”沟通

鲍效农　摄

江苏科技大学的学生在进行船用柴油机拆装技能比赛

中国教育报　供稿

江苏理工学院机械工程专业的学生发明了新式小麦联合收割机双层切割器，并获第五届全国大学生节能减排社会实践与科技竞赛三等奖

张学军　摄

大学生志愿者在为留守儿童上实验课

新华社　供稿

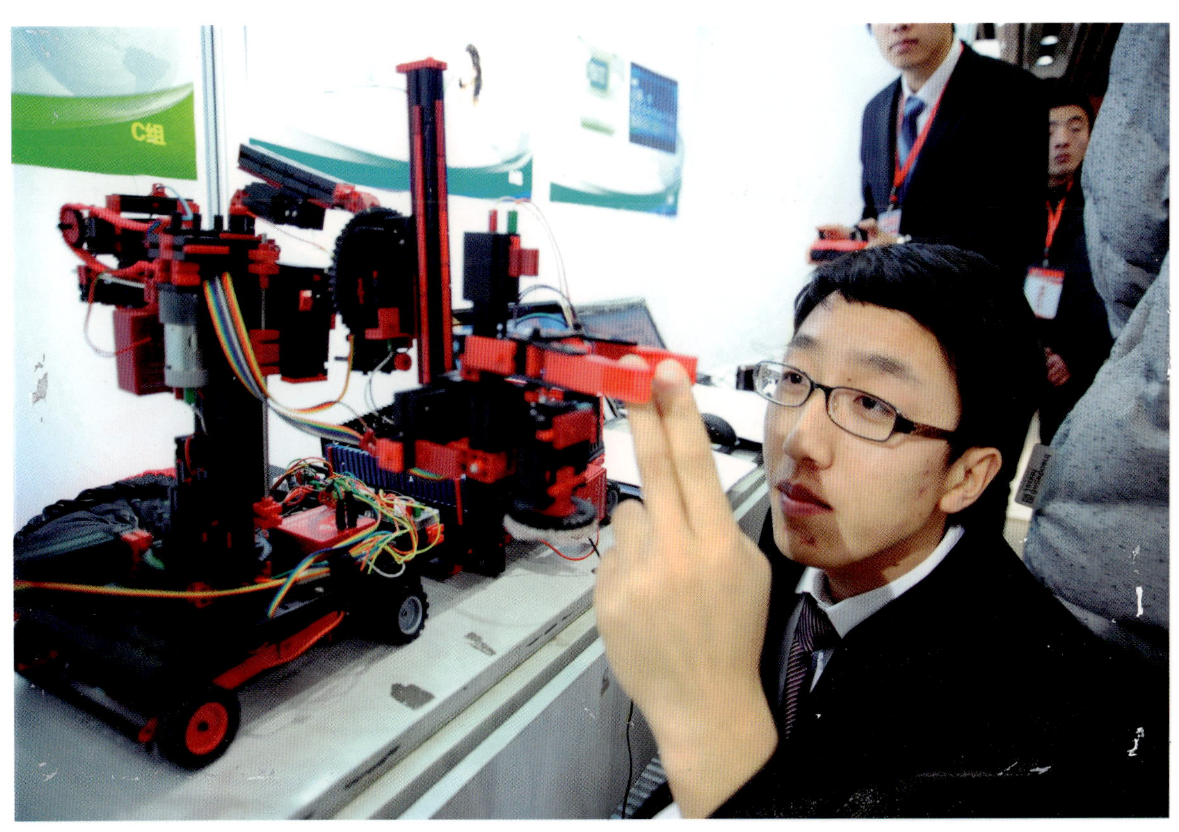

齐齐哈尔大学的学生在演示他们设计制作的机器人家庭整理小帮手

新华社　供稿

太原生态工程学校的教师在给学生讲解植物保护与病虫害防治知识

张学军　摄

重庆市黔江区民族职业教育中心学校机电维修专业的学生在进行机电故障查找操作

樊世刚　摄

山西工程职业技术学院的学生在校内炼铁生产仿真实训室学习操控技术

高耀彬　摄

在上海市“星光计划”第五届中职学校技能大赛上，医疗护理专业的学生进行病房护理技能比赛

樊世刚　摄

在 2012 年全国职业院校技能大赛上，高职组的学生进行“电子产品设计与制作”竞赛

樊世刚　摄

山东省平原县桃园中心幼儿园的小朋友在表演拍手歌

鲍效农　摄

安徽省淮北市烈山区烈山中心学校的学生高兴地围在企业捐赠的爱心校车前，欢呼雀跃

中国教育报　供稿

广西壮族自治区融水苗族自治县永乐乡中学的特岗教师在辅导学生

中国教育报　供稿

四川省内江市东兴区建起了乡村少年宫，免费向学生开放，成为农村学生课外活动的好去处

中国教育报　供稿

地处太行山深处的河南省林州市石板岩乡中心学校自创校本健身操，积极组织学生参加“大课间”活动

樊世刚　摄

贵州省丹寨县杨武小学少数民族小学生高兴地吃到了营养餐

樊世刚　摄

内蒙古自治区呼和浩特市民族实验学校的教师在指导学生学习蒙文

樊世刚　摄

广西理工职业技术学校学生的刺绣表演吸引参观者一试身手

张学军　摄

北京市东城区回民小学的学生身着少数民族服装在操场上跳“竹杠舞”

鲍效农　摄

西藏自治区扎囊县扎塘镇永达教学点的学生在上体育课

中国教育报　供稿

《中国教育年鉴》编辑部

中国教育年鉴

（2013）

《中国教育年鉴》编辑部 编

人民教育出版社

·北京·

图书在版编目（CIP）数据

中国教育年鉴. 2013/《中国教育年鉴》编辑部编. —北京：人民教育出版社，2014.7

ISBN 978-7-107-28051-1

Ⅰ. ①中… Ⅱ. ①中… Ⅲ. ①教育事业—中国—2013—年鉴 Ⅳ. ①G52-54

中国版本图书馆 CIP 数据核字（2014）第 161218 号

人民教育出版社 出版发行

网址：http://www.pep.com.cn

山东德州新华印务有限责任公司印装 全国新华书店经销

2014 年 7 月第 1 版 2014 年 8 月第 1 次印刷

开本：890 毫米×1 240 毫米 1/16 印张：71.25 插页：40

字数：2 144 千字 印数：0 001～1 500 册

定价：262.00 元

（联系地址：北京市海淀区中关村南大街 17 号院 1 号楼 邮编：100081）

编　辑　说　明

《中国教育年鉴》是教育部组织编纂的按年度向国内外发布中国教育改革和发展情况的专业性年鉴。它是各级教育行政部门、各级各类学校执行党和国家的教育法律法规与方针政策、做好教育工作的经验总结，是中国教育事业发展进程的真实记录。编纂本年鉴是为教育管理决策、教育科研提供参考，为教育战线沟通信息、交流经验开辟园地，为宣传交流中国教育改革与发展成就设立窗口，为热心关注和研究中国教育的相关部门及读者提供信息资料。

《中国教育年鉴（2013）》的基本内容有：党和国家领导人出席重要教育活动的报道或综述，教育部领导关于教育工作的重要讲话或专文，年度教育工作要点，教育发展统计，教育综合管理，教育人事管理，教育财务与审计，基础教育，职业教育与成人教育，高等教育，民族教育，教师工作，民办教育，学校体育、卫生、艺术与国防教育，教育考试，教育信息化建设与远程教育，语言文字工作，国际与港、澳、台教育合作与交流，教育科研与学术活动，教育出版产业，教育新闻媒体，教学仪器与装备，各省、自治区、直辖市教育，港、澳、台教育情况简介，教育部直属高校教育情况，教育工作文件选编，教育大事记，等等。由于机构设置变动，《中国教育年鉴（2013）》在教育综合管理下新增了综合改革、直属高校巡视工作和离退休干部工作。另外，扩充了语言文字工作内容，增加了中国教育装备行业协会工作。

按目前国际、国内通例，当年的教育年鉴反映的是上一年教育改革和发展的基本情况。某些需要多年才能完成的工作，当年的年鉴主要记述的是上一年此项工作的进展情况。

本年鉴发布的统计数据除计划单列市数据由计划单列市教育部门提供外，其余数据均由教育部发展规划司统计处提供，引用应以此为准。但某些条目中的数据由于统计口径不一，可能有不尽一致的地方，请读者使用时注意。全国综合数字，目前未包括香港、澳门特别行政区和台湾省。

在年鉴的编纂过程中，编辑部虽力求做到内容全面系统、资料准确无误、文字简明精练，但由于我们水平有限，仍有一些需要改进之处，欢迎广大读者批评、指正。

《中国教育年鉴》编辑部

2013 年 12 月

目 录

Contents

特　载

袁贵仁部长答中外记者问

2012年9月6日上午10时，国务院新闻办公室举行新闻发布会，请教育部部长袁贵仁介绍《国家中长期教育改革和发展规划纲要（2010—2020年）》（简称教育规划纲要）颁布实施两年来教育改革发展情况，并答记者问。

主持人郭卫民（国务院新闻办一局局长）：女士们、先生们，大家上午好！欢迎大家出席今天的新闻发布会。教育问题一直是社会公众十分关注的一个问题。2010年，我办曾经举行发布会，请袁贵仁部长介绍了教育规划纲要有关情况。今天很高兴又请来袁部长向大家介绍教育规划纲要颁布实施两年多来教育改革和发展的有关情况，并回答记者们关注的问题。出席发布会的还有教育部政策法规司司长孙霄兵先生。下面先请袁部长做介绍。

袁贵仁（教育部部长）：新闻界的各位朋友，大家上午好。首先请允许我代表教育部借这个机会向大家长期以来对教育事业改革发展给予的关心和支持表示最衷心的感谢！

刚才主持人提到2010年7月，党中央、国务院颁布了教育规划纲要，召开了新世纪以来第一次全国教育工作会议，胡锦涛总书记、温家宝总理发表了重要讲话。两年来，在党中央、国务院的坚强领导下，教育系统全面贯彻党的教育方针，推动教育事业科学发展，努力办好人民满意的教育。应当说，教育规划纲要落实进展顺利、成效逐渐显现。

下面我想给大家做一个简要介绍，主要包括五个方面的内容。

一、协同各方，形成优先发展合力

一是各级党委、政府高度重视。国务院成立了教育体制改革领导小组，党政群20个单位和部门参加，各省区市也成立了相应的领导小组，党政主要领导亲自抓教育。31个省区市和新疆生产建设兵团都召开了教育工作会议，发布了本地区的教育规划纲要。国务院出台了《关于进一步加大财政教育投入的意见》，各地积极地贯彻落实。预计2012年全国财政性教育经费将达到2.2万亿，4%的目标能够如期实现。

二是各部门、各单位协同推进。在国家教改领导小组的统筹下，构建了贯彻落实教育规划纲要的部门协调、分解落实和督促检查的长效机制。出台了一系列教育改革、发展、保障的政策措施，通过部与部、部与省区市合作，共建了11个教育改革发展试验区、29所地方高校、63所直属高校。

三是全社会关心支持。通过校企合作、产教对话，行业企业积极支持人才培养。通过家长委员会、学校理事会，社会各界主动参与学校的监督、管理。通过重大政策出台前的研究讨论，人民群众踊跃为教育改革发展建言献策。新闻媒体十分关心教育，深入宣传教育，为教育改革发展营造了良好的舆论氛围。

二、全面提升，促进教育协调发展

一是抓好义务教育、职业教育、高等教育三大重点。我们完成了“两基”攻坚任务，全面实现普及九年义务教育和扫除青壮年文盲目标。大力推进义务教育均衡发展，深化职业教育办学体制改革，推动职业教育与产业行业深度融合。加快构建现代职业教育体系，增强职业教育的吸引力，整体谋划、系统部署，全面提高高等教育质量，启动实施了《高等学校创新能力提升计划》，即“2011 计划”，推动高等教育面向现代化、面向世界、面向未来。

二是加快普及学前教育和高中阶段教育。国务院出台了加快学前教育发展的文件，各地以县为单位，制订实施了《学前教育三年行动计划》。2011 年，全国学前三年毛入园率达到 62.3%，比 2009 年提高了 11.4 个百分点，提前实现了规划目标。加快中等职业教育发展，招生规模与普通高中大体相当，重点加强中西部高中建设，多种措施推动普通高中多样化发展。

三是更加重视民族教育、特殊教育和继续教育。加大资金、项目和政策向民族地区倾斜力度，加大内地学校培养少数民族人才的工作力度，支持民族教育跨越式发展。加大对口支援力度，近百所高校对口支援中西部 67 所高校。实施全纳教育，推进随班就读，提高残疾孩子融入学习生活的能力和水平。加强培训、改善待遇，提高特殊教育教师队伍建设水平。颁布继续教育中长期规划，成立国家开放大学、北京开放大学、上海开放大学，努力满足人民群众多样化、个性化的学习需求。

三、转变职能，全面推进综合改革

一是系统设计。国务院召开专门会议，出台专门文件，对教育改革进行顶层设计和总体部署。20 个重大改革项目由国家层面统一组织实施。一些领域和关键环节的问题由全国 425 个项目试点。进一步调动各方面积极性，鼓励和支持各地各校结合实际，先行先试、大胆探索。

二是突破重点。推进科教协同、产教结合、校企合作，多种形式创新人才培养模式。加快建设现代学校制度，坚持党对高校的领导，推动高校章程建设。积极探索民办教育分类管理，鼓励和引导社会资源进入教育领域。深化行政审批改革，进一步下放学校和专业设置审批权，扩大省级政府对教育的统筹权。提高中外合作办学水平，批准筹建了上海纽约大学、温州肯恩大学、昆山杜克大学等中外合作办学机构和一大批中外合作项目。

三是有序推进。成立国家教育咨询委员会，分类指导教育改革。成立国家教育考试指导委员会，研究制订考试改革方案，指导考试改革试点。成立国家教育督导委员会，强调督政督学、监测评估。成立教育部综合改革司，深化内部改革，协调改革事项，提高服务水平。推进政务公开，重大改革措施出台前都要向全社会公开征求意见。

四、强化质量，不断提高育人水平

一是深入实施素质教育。坚持德育为先、能力为重、全面发展。整体规划大中小学德育课程。修订并颁布义务教育 19 个课程标准，合理安排课程容量和难度，进一步明确学生品德和能力培养的基本要求。建立健全《国家学生体质健康标准》公告制度，切实保证中小学生每天一小时校园体育活动。

二是健全质量保障体系。启动基础教育各学科学业质量标准研制工作，推动建立学业质量绿色指标体系，改进普通高校本科和高职高专教学评估，发布教学质量年度报告。2001 年，39 所“985”高校第一次向社会公布了质量报告，今年将进一步规范报告内容，扩大学校范围。

三是把教师队伍建设作为提高质量的基础性工作。制订并颁布实施了幼儿园、小学和中学教师的专业标准，开展中小学教师职务改革试点，中小学教师设立正高级职务。2010 年还启动全国教师十佳楷模评选表彰活动，产生了非常广泛和深远的社会影响，今年十佳楷模的第一名就是大家熟悉的最美教师张丽莉。最近国务院发布了《关于加强教师队伍建设意见》，明天上午将召开全国教师工作会议，进行系统部署。

五、关注民生，大力促进教育公平

一是切实缩小教育差距。国务院出台了《深入推进义务教育均衡发展的意见》。教育部与各省区市签订了备忘录，确定各地义务教育均衡发展的时间表、路线图和任务书。加大农村地区薄弱学校改造力度。鼓励大学毕业生和优秀教师到农村任教，通过增加中西部地区招生名额、在贫困地区实施定向招生等措施，提高中西部地区和贫困地区高考录取率。

二是不断加大惠民力度。我国已经建立起从学前教育到研究生教育较为完整的家庭经济困难学生资助政策体系，保障学生不因家庭经济困难而失学。启动实施营养改善计划，惠及中西部约 2 600

万学生。出台校车安全管理条例，保障学生上下学安全。

三是积极解决教育难点问题。教育部会同有关部门出台“八条措施”，着力解决择校乱收费问题。采取“一科一辅”办法，着力治理教辅材料散滥问题。国务院办公厅转发了教育部等四部委《关于做好进城务工人员随迁子女接受义务教育后在当地参加升学考试工作的意见》。教育部正在与有关省区市研究落实的方案和举措。

推进教育事业科学发展，办好人民满意的教育，需要长期不懈努力。我们将按照党中央、国务院的要求和部署，在社会各界的关心支持下，以高度负责的态度和求真务实的精神，努力做好教育改革发展稳定各项工作。谢谢大家！

郭卫民：谢谢袁部长。看来围绕教育规划纲要的实施，教育事业得到了很大的推进和发展。下面开始第二阶段，请大家提问，提问时请报一下所代表的新闻机构。

中央电视台记者：我的问题有两个。第一，您刚才提到今年财政性教育支出经费将首次达到4%，这个目标的实现将意味着我们增加了教育经费的额度，新增的部分将主要用在哪些方面，如何加强对它的监管？第二，中央电视台新闻频道前不久对奥数的培训与小升初之间的利益链问题进行了报道，之后北京市教委进行了紧急的部署和查处，对于这个问题，可以说是一个小问题，但是它关系到成千上万的家庭和孩子。作为部长您是怎么看待的？对于这个问题，教育部又将采取哪些措施和办法，真正从根源上治理这种类似“奥数热”现象的发生？

袁贵仁：谢谢你提的这两个重要的，也是社会比较关注的问题。我想先回答第一个问题，关于教育经费问题。中央决定今年教育经费投入要占GDP的4%，这是温家宝总理在政府工作报告中提出的。他指出，中央财政已经按照4%进行安排，各地也要按照要求落实这个指标。各地按照中央要求，确定了财政教育经费支出的比例，预计今年总经费将达到2.2万亿元。今年实现4%是完全可能的。现在大家关心的关键问题是，教育经费增加之后怎么用好、怎么管好。我们觉得大家对这个问题的关注是非常重要的，对我们来说是一个很大的促进。使用好这个经费，我们总的考虑是，按照围绕育人为本这个核心，以促进公平、提高质量为两大重点。在促进公平方面，重点要向农村地区、贫困地区、民族地区倾斜。同时，要向家庭经济困难的学生倾斜。在提高质量方面，重点要加强教师队伍建设，因为提高质量关键在教师。要深化教育教学改革，改善教育教学条件，全面提高人才培养质量。这是我们新增经费投入的重点。

管好教育经费有以下几个方面的考虑。一是完善各级各类学校财务制度和会计制度，强化内部管理，防范财务风险。二是重大专项从设计、实施到验收，充分发挥财政检查、项目稽查、审计监督的作用。三是公开财务信息，加强社会监督，保障教育经费从分配、使用到评估都在阳光下运行。比如，“营养餐”项目、“三公”经费都公开。四是成立教育经费监管事务中心。同时推进高校总会计师委派制度，提高专业化管理水平。五是加强查处问责。对于存在的问题，我们的态度是，发现一起，查处一起，通报一起。

关于最近媒体反应比较强烈的奥数问题。这件事情涉及中小学择校问题。择校问题的根本原因是义务教育发展不均衡，优质教育资源不足。近年来针对这个问题，通过加强薄弱学校改造、县域内教师校长合理流动、将优质高中生资源分布到区域内，扩大优质教育资源等办法，在一些地方取得了明显成效，但应当说，在有些地方尚没有根本好转。解决这个问题的根本出路在于实现教育均衡发展。国务院前几天刚刚出台了推进义务教育均衡发展的意见，对均衡发展做了全面部署。一是推进学校标准化建设，改造薄弱学校，使每一所学校都能达到国家办学标准，成为合格学校。二是均衡配置校舍、图书、仪器等办学资源，合理配置教师资源，实现区域内公办学校教师、校长合理流动。三是扩大优质教育资源覆盖面，实施学区化管理，鼓励集团化办学。我们现在不少好的学校，通过合作办学，把相关的学校办在一起，统一备课、统一教学，这样就扩大了资源。还有一个是利用现代化的信息手段，使不同的学校同时接受这些优秀教师的课程教学。要发挥优质学校辐射带动作用，提升各所学校教育教学整体水平。四是办好一批优质民办学校，为家长提供多样化的选择，满足家长和学生的多样性需求。五是规范办学行为。落实好免费就近入学政策，严格禁止以奥数成绩等特长和收取费用等办法作为义务教育阶段升学与入学的依据。从根本上取消以奥数或者别的竞赛作为入学条件。

中新社记者：袁部长您好，我关注到刚才您提到我们的教育经费今年达到 4%，教育经费的分配问题也引起了社会的关注。我所提问的是，我们对家庭经济困难的学生，在教育规划纲要颁布之后有没有出台一些新的政策和措施？具体的成效又如何呢？谢谢您。

袁贵仁：党和政府一直对这个问题比较关心。特别是教育规划纲要颁布之后，着力建立健全家庭经济困难学生资助体系。可以这么说，我们国家到目前，已经建立起较为完整的家庭经济困难学生资助体系。首先是义务教育，义务教育有“两免一补”政策，“两免一补”政策免除学杂费，家庭经济困难的免除书本费，同时对家庭经济困难的寄宿生实施补助政策。教育规划纲要颁布之后，连续两年上调了家庭经济困难寄宿生的生活补助标准，每人每天提高了 2 元。年均补助的标准，小学生从每年 500 元提高到每年 1 000 元，初中生从每年 750 元提高到每年 1 250 元。家庭经济困难的住宿中小学生每天可以得到 4—5 元钱的生活资助。同时，我们还实行了营养餐工程，对 680 个贫困县的 2 600万名学生实行了营养补助每人每天 3 元钱。如果这个学生寄宿又享受了营养补助，每天就是 7—8 元钱。

学前教育从教育规划纲要颁布之后提出了资助政策，中央给予各省区市以奖补。

高中阶段，首先是中等职业教育，国家采取了鼓励政策，希望更多的孩子适应我们国家的需要和个人的特点来到中职就读。全国中职学生实行了平均每生每年 1 500 元钱的生活补助。同时对城市、农村家庭经济困难的学生和涉农专业的学生免除学费，今年我们还准备将所有农村学生上中职全部纳入免费的范围。普通高中按照 20%的比例，每人每年按照 1 500 元的标准进行补助，惠及 480 万学生。

高等教育，提高了资助标准，每人每年从 2 000元提高到 3 000 元，对大学生不仅实行了生活补助，而且我们今年暑假开学对他们从家到学校的路费进行补助。各高校全部实行“绿色通道”。学校再根据学生家庭情况，给予生活补助，学习好的将来还会给予奖励。学生还可以在家乡或者学校办理助学贷款，保证他们完成四年学业。

研究生资助已经提高标准。最近我们还准备出台研究生培养体制改革的文件。在这个文件里，对家庭经济困难研究生的资助将会比现在力度更大。

2011 年，全国对家庭经济困难学生的资助达到 980 亿元，惠及了 7 800 万名学生。

教育部开通了热线电话，随时听取学生资助方面有些什么困难，有些什么问题。温家宝总理在 2012 年政府工作报告里讲道，我们国家初步建立了完整的家庭经济困难学生资助体系，“完整”就是说覆盖面，都覆盖了。“初步”，我想应该是标准还有待提高，工作要做得更细。

香港大公报记者：有两个问题想请教袁部长。一是今年内地 63 所高校首次免试招收香港学生，请问目前的招收情况怎么样，在招收的过程中是否遇到一些困难或者需要改进的地方，有没有出现预留名额浪费的情况？另外，未来招收的高校数量会不会扩大，名额会不会增加，明年的计划能否透露一下？二是去年年底教育部首次面向海外公开选拔了东北师大、西南财大的校长，这也是被看作内地高校在去行政化方面迈出的一大步，但是也有一些质疑，认为公选的校长和任命的校长只是换一下包装，大学校长的官员化属性并没有改变。您对这个质疑是怎么看待的？下一步教育部在高校去行政化方面还会有哪些努力，未来还有哪些高校会采取这种公选校长的模式？谢谢。

袁贵仁：谢谢你提的关于对香港学生的招生问题。这些年来，内地的大学，先后有 205 所通过联考的方式来招收香港的学生，今年是首次对香港学生实行免试招收政策。我们一直在招香港的学生，过去是通过联考，今年是免试。对免试招收香港学生这件事，内地高校都非常积极。我们根据学校的办学条件，首次在申报希望接收香港学生的学校中间确定了 63 所。香港学生报名踊跃，有 4 247 名申请者报名，根据学生的申请和学校的面试，录取了 971 人。

我们按照保证质量、一视同仁、适当照顾的原则，香港学生和内地学生所有的政策是一样的，与内地学生享受完全同等的学习、收费待遇。中央财政对招收香港学生的单位给予每生每年 8 000 元的补助。同时还专门为香港学生设立了专项奖学金，覆盖面超过 30%。

下一步我们会总结免试招生的经验，做好已经入学学生的学习、生活的服务工作，保证这些学生顺利完成学业，能够健康成长成才。同时，我们探索免试招收香港学生的长效机制。我们想通过我们的工作，吸引更多香港学生来内地高校就读。

关于你提到校长的公开选拔问题。大家都知道，校长对一个学校的发展至关重要。我们经常讲，一个好校长，在一定意义上说就是一所好学校。教育部历来重视对大学校长的选拔任用工作，同时不断深化选拔任用制度的改革。到目前为止，我们有一半以上的直属高校副校长都实行了公开选拔，去年首次开展的是面向海内外公开选拔校长试点。刚才记者提到，说这个选拔是不是作秀，是不是都是事先设计好的？我可以实事求是地告诉大家，这件事情是完全按照程序和标准来做的。

一是明确标准。什么样的人能当高校的校长，我们强调的是德才兼备、以德为先，要体现高校特色、岗位要求。二是行家主导。遴选委员会主要由具有丰富办学治校经验的党委书记和校长组成。遴选的程序、试题命制、评分标准、人选确定等均由遴选委员会集体研究确定。三是民主公开。不仅仅依靠这样一个委员会，同时要公开任职条件和遴选办法，这是要在网上公开的，公示初选人选和拟任人选；同时要充分发扬民主，广泛听取干部师生的意见。

实践证明，这个办法是好的：一是拓宽了选人用人的视野；二是增加了考核遴选的透明度；三是提高了干部任用的公信力；四是增强了当选者的自信心和责任感。这件事情得到了所在学校和社会各界的普遍赞誉。

下一步，我们将认真总结试点经验，进一步完善选拔标准和遴选办法，同时扩大试点范围。特别要强调应聘人的职业意识和奉献精神，大家最近可能注意到，我们最近任命了一批校长，他们都表示要全心全意做一个全职的校长，这是向教育家办学、向校长职业化方面迈出了一大步。我们希望通过这项工作，把更多的讲政治、懂教育、善于管理的优秀人才，选拔到中国高校领导干部中来，为全面提高高等教育质量提供坚强的组织保证。

刚才你提到行政化问题，对于这个问题，我认为学校肯定有行政管理，任何单位、任何机关都有管理，但不要“化”。我们认为所谓行政化是指完全用行政的手段和办法管理学术事务。对学术问题应当充分尊重专家的意见，遵循教育的规律、学术的规律。我们现在说管理体制改革，这是教育体制改革一个重要的内容。管理体制改革就是要改革中央管地方、政府管学校、学校管师生的办法，用科学、合理、符合规律的实事求是的办法来解决这一问题。

凤凰卫视记者：袁部长您好，我们知道目前中国内地有很多省区市在高考录取比例上存在一定的差距，我想问目前教育部门在解决改善这方面采取了哪些措施？另外我想延展一下，目前内地也有很多民间力量，他们呼吁希望能够取消在中高考户籍方面的限制，您觉得在实现这一点上目前存在哪些方面的难度和阻力，而且对于这种民间的呼声教育部门怎么看待？

袁贵仁：在各项改革中，高考改革是最复杂、最敏感的。因为它对上涉及高校人才的选拔，对下它是基础教育的导向，它确确实实涉及千家万户，涉及每个孩子的前途。因此，对高考改革必须高度重视，而且要积极谨慎。

刚才你提到高考录取比例不一样，由于我们国家经济发展水平不一和高校布局的影响，因此我们各地高校录取率在一定时期内存在比较大的差距。这几年来我们充分注意到这个问题，也重视解决这个问题，采取了一些举措，包括以下几个方面。

一是为一些高等教育欠发达的省份新增招生指标。我们每年要增加一些指标投到中西部生源大的省份，提高入学机会。

二是实施协作计划。把招生指标给发达的省市，由他们招中西部的学生。今年已经扩大到 17

万。也就是说，有17万名欠发达省份的学生到东部和发达地区上学。由于这些地方办学资源比较丰富，他们除了招本省市学生之外，还要带动一些教育欠发达的省份。今年我们向河南、贵州等8个省倾斜，17万名学生主要是解决这8个省的问题。

三是开展专项招生。今年我们采取了新举措，安排了1万名招生指标给连片特困地区680个贫困县，扩大他们一本学生的录取。对680个县，1万个名额下去以后，今年当地一批本科录取率提高了10个百分点，在缩小数量差距的同时，我们在努力缩小质量的差距。

经过近十年的努力，今年全国高考录取率最低的省份，和全国的平均录取率已经相差不大了，各省区市录取率差距明显缩小。我们相信，按照现有的政策，努力让各地的考生满意。今后我们将继续坚持这个方向，通过合理编制招生计划，扩大有关项目实施规模，特别是增加中西部优质高等教育资源，多措并举进一步促进全中国所有考生入学机会的公平。这个问题现在得到了明显缓解，有了很大进展，当然还需要进一步努力。

关于第二个问题，大家都知道，随着城镇化进程的加快，随着工业化的发展，出现了进城务工人员。他们的子女相当一部分在接受义务教育，随着父母走，叫作随迁子女。留在家里的，叫作留守儿童。进城务工人员不是今天才出现的现象，这是在任何国家城镇化过程中、工业化过程中都会出现的问题。2003年，国务院提出“两为主”，以流入地管理为主，以公办学校为主。目前的状况大概是，进城务工人员随迁子女79.4%是在公办学校就读。应当说现在初步解决了随迁子女在城市接受义务教育的问题。现在的问题是，2003年出台的文件允许随迁子女在义务教育学校就读，现在10年过去了，当年接受义务教育的孩子开始要考高中、考大学了，这个问题就是一个客观的、不能回避的现实问题。

为了解决这个问题，教育部会同有关部门经过深入调研，起草了一个文件，2012年8月30日，国务院办公厅转发了关于进城务工人员随迁子女接受义务教育后在当地参加升学考试的办法。这个文件的主要精神有三点。

一是要积极解决。我们要正视这个问题的存在，要正视解决这个问题的重要性和紧迫性，要把它摆上重要的议事日程。文件规定，各地在年底前要出台解决办法。

二是要符合条件。解决这一问题要根据家长的条件，学生的条件和城市的条件，积极稳妥推进。第一，他父母就在当地就业。第二，孩子有当地的学籍。还有一个是城市条件。根据这三个条件，各地提出具体的解决办法。

三是要因地制宜。各地根据人口流动的具体状况，制定具体的办法，提出具体的条件。在我们发布会的同时，教育部有几位负责同志正在开会，和各省区市研究怎么落实国办转发的这个文件。我们现在的态度是，积极推动落实国办转发的这个文件，确保符合条件学生的合法权益，同时也要防止高考移民，避免引起教育工作的混乱。

巴基斯坦联合通讯社记者：袁部长您好，我的问题是，近年来中国政府向国际学生提供了大批中国政府奖学金的数量，特别是其中很多奖学金用来支持发展中国家的学生来中国学习。我想知道，接下来中国政府是否有进一步的计划来继续扩大中国政府奖学金的数量，特别是在医学、技术等学科领域。谢谢！

袁贵仁：目前在中国留学的外国学生达到30万。我们欢迎他们、关心他们，希望他们能够取得理想的成绩。这其中一个方面就是刚才你提到的，我们实行了奖学金，就是要由政府出资欢迎外国的学生到中国留学。给他们安排相关的课程，开展英语或者用对方的语言教学。前几天我刚刚参加了在中国的留学生汉语桥大赛，这些都是外国在中国的留学生，他们通过一两年的汉语学习，对中国的感情，对中国文化的了解令我们非常感动。

目前我们计划采取措施，欢迎更多的外国学生到中国来留学，我们计划到2020年达到50万人。之所以定这个目标，主要是考虑，因为现在国际化程度的加深，来华留学的和出国留学的都在同时增加。从1978年到2011年，我们国家一共出国留学224万人，来华留学的是220万人。2011年，中国出国的比2010年增加了20%，到中国来留学的也在逐步增多，已经达到30万人。我要特别提到，在这 30 万名学生中间，有 41%的学生在攻读专业学位，不仅仅是学习语言的问题。同时，现在我们出国办学和来华办学也都在增长，目前我们不仅欢迎留学生到中国来，我们也欢迎外国的知名大学来中国办学，比如教育规划纲要颁布之后，我们已经批准了上海纽约大学、温州肯恩大学和昆山杜克大学，以及我们 1 500 多项合作项目，这是我们欢迎外国留学生和外国的学校。同时我们也“走出去”办学，到 2011 年，我们在 105 个国家和地区开设了 358 个孔子学院，有 500 个孔子课堂。不少国家已经把汉语纳入国民教育课程。

我刚才提到，我们现在出国留学在增多，出国留学回国人员也在增多。留学回国去年比 2010 年增长了 38%。出国留学、来华留学都会有较大幅度的增长。这对我们统筹国内国际两种优质教育资源，统筹国际国内两种人才资源，培养更多的中外学生，是一个非常有利的机会。出国多是事实，来华留学多也是事实，而且来华留学读学位的明显增长更是事实。谢谢。

中国教育电视台记者：我们看到在全国各地入园难问题还是不同程度地存在，请问学前教育的三年行动计划现在落实的情况怎么样，下一步的工作重点是什么？谢谢。

袁贵仁：在做教育规划纲要两次公开征求全社会意见期间，意见最多的是关于学前教育。因此这次在教育规划纲要制定的过程中，我们列了八类教育，第一类教育就是学前教育，正式把它纳入国民教育体系。之所以这么做，一是因为大家研究发现，幼儿在 0—3 岁、0—6 岁期间，他的成长发育对后期有很大影响。二是教育研究发现，教育投资越往前，对这个国家和社会效益越高。三是中国人民生活水平提高了，对孩子的教育非常重视，希望从开始就接受良好的教育。所以，这次把学前教育放在了特别的位置。胡锦涛总书记特别强调，在落实教育规划纲要的时候要把学前教育作为一个突破口，来满足广大群众希望孩子能接受良好学前教育的愿望。

为此，教育规划纲要颁布之后，国务院颁布落实的第一个文件就是关于当前发展学前教育的若干意见。应当说教育规划纲要颁布之后，发展速度最快的是学前教育，现在的毛入园率为 62%多，超过了 2009 年 11.4 个百分点，我们已经达到了 2015 年规定的指标。学前教育有了快速发展，入园难的问题相比两年前有所缓解。但是现在仍然不能完全满足适龄儿童入园的需求。

国务院的若干意见，我们简称“国十条”。这个文件里所说的工作要落实好。一是要扩大资源，要进一步推动落实各地的三年行动计划，通过新建、改建的方式来增加。同时加大幼儿教师的培养、培训、招聘。二是要设立专项扶持，在国务院这个文件里有 8 个项目，这 8 个项目主要是对中西部地区、农村地区、经济困难的家庭提出了解决的办法。三是加强管理，这些项目、这些计划需要我们抓好落实。在这里我还要特别强调，下一步工作不仅仅是解决入园难的问题，我们现在要解决的是科学保教的问题，就是防止小学化，防止把中小学生的负担过重前移到幼儿园。我们将要颁布 3—6 岁儿童学习与发展指南，就是要强调遵循幼儿身心发展规律，坚持科学保教，保障所有幼儿都能够快乐健康地成长。在各级各类教育中，学前教育协调发展是这次我们补短板补力度最大的一件事情，这件事情群众的意愿会越来越高，我们仍然需要继续落实、加大力度、加快速度，把中国的学前教育办好。

北京青年报记者：袁部长您好，您刚才提到提高教学质量关键在教师，但是农村教师短缺，优秀教师下不去、留不住，制约了农村教育的发展。请问教育部门有什么措施改变这种情况？还有与之相关的一个问题，免费师范生教育已经推行了几年，已经有学生陆续毕业，请问毕业生到基层的比例有多少？这项政策是否达到了预期？谢谢。

袁贵仁：中国是一个农业大国，不懂农村、农业，就不懂中国。中国教育现代化的重点在农村，难点也在农村，解决农村教育问题的关键是农村教师。我想大家可能也注意到，去年温家宝总理在河北的一个讲话，他当时就着重强调了中国的农村教育。关于这个问题，我们明天要开教师工作大会，来加以推动解决。

现在我们采取了一些办法，比如说我们完善补充机制，让教师们下得去。第一项措施，多渠道补充。如免费师范生政策，这项政策的初衷就是要为农村中小学培养教师，试点是在6个教育部直属师范大学试点，每年招1万名左右，到现在差不多6年，有6万名左右，90%都在中西部小学任教。我们现在还要继续扩大省区市属师范院校来为本省区市的农村学校培训教师。采取了特岗计划，已经招聘了30多万人，现在80%的毕业生留下来在当地从教，这也是扩大农村教师的一个来源。推进国标、省考、县聘、校用。我们还规定，在城镇的那些中小学教师要晋升高级职称，需要有一定的在农村中小学任教或薄弱学校任教的经历。

第二项措施，改善他们的地位待遇，让他们留得下，让他们下得去，愿意下去。我们现在把中小学教师的工资全部纳入到国家财政预算。同时，发改委、财政部还实施了农村周转房建设，提高他们的工资待遇，同时要让他们有房子可住。最近我们在准备推动边远农村困难地区的中小学实行特殊岗位津贴。

最后，提高他们的业务水平，使他们教得好。我们有一个“国培计划”，今年拿出12个亿，而且是国家级培训。同时各省区市、各县也培训，现在有350万名农村教师接受了这个培训。昨天下午我们刚刚召开了全国教育信息化工作会议，利用现代技术手段，把好学校的好课程、好教师的讲授传到农村学校，使他们在偏远的山区农村能同时享受到最好、最优质的教育资源。另外，我们还改革了中小学的教师职称，现在中小学的教师中有正高级职称，相当于大学的正教授。明天国务院还要开全国教师工作会议。我相信农村教师的待遇和农村学校的教育水平，会随着我们工作的深入和推进得到明显的改善和逐步的提高。

郭卫民：今天发布会到此结束，谢谢袁部长，谢谢大家。

在2013年全国教育工作会议上的讲话

袁贵仁

今天，我们在这里召开2013年全国教育工作会议。主要任务是深入学习贯彻党的十八大精神，总结工作，分析形势，安排部署2013年的教育工作。

一、关于当前教育改革发展形势

在党中央、国务院的坚强领导下，各级党委和政府大力支持，全社会共同努力，教育系统奋发进取，我国教育改革稳步推进，教育事业迅速发展。回顾教育规划纲要颁布实施以来特别是2012年的工作，在诸多方面都取得了比较显著的成绩。

一是强化优先发展，教育保障水平明显提高。中央各部门、地方各级党委和政府，高度重视、真情关心、大力支持教育改革发展稳定。切实加大教育投入，办学条件有较大改善，生均经费有较大提高，启动实施一批重大政策、重大项目，办了一些多年想办而没有办成的事情。

二是突出民生导向，教育公平取得显著进展。2012年出台研究生奖励政策，至此我国建立起从学前教育到研究生教育完整的家庭经济困难学生资助体系。在实现城乡免费九年义务教育的基础上，2012年又开始实施农村免费中等职业教育，这是中国教育历史上第二项免学费政策。启动国家连片特困地区农村义务教育学生营养改善计划，覆盖699个县，惠及3 000多万名学生。完成中小学校舍安全工程。在近些年不断加大东中西部招生协作计划、明显缩小地区高考录取率差距的基础上，为提高中西部农村地区学生高考入学质量，首次实施面向国家连片特困地区定向招生计划，2012年录取1万多名本科生，这些地区上重点大学人数提高10%左右。出台进城务工人员随迁子女接受义务教育后在当地参加升学考试的意见。截至目前，31个省（区、市）除西藏外都按照国务院要求出台了具体实施方案。重点发展农村学前教育，学前三年毛入园率62.3%，提前实现“十二五”60%的目标，更多农村孩子有了上幼儿园的机会。

三是注重内涵发展，夯实基础，提升质量。制定实施高教质量30条，启动“2011计划”，与20个部委、7个行业协会联合培养人才。扎实推进职业教育产教融合，完善行业指导教育教学工作体系，研究编制《现代职业教育体系建设专项规划》。健全质量标准，颁布实施3—6岁儿童学习与发展指南、义务教育19个课程标准，出台职业教育410个专业标准和“十二五”职业教育教材建设意见，调研普通高中课程标准实施状况，高等教育修订学位授予和人才培养学科目录、本科专业目录，语言文字颁布中长期改革发展规划纲要。加强督导监测，国务院首次出台《教育督导条例》，成立国务院教育督导委员会，强化督导职能、扩大督导范围、提高督导权威。印发县域义务教育均衡发展督导评估暂行办法，着手开展义务教育均衡发展督导验收。本科教学质量年度报告由“985”工程高校扩大到“211”工程高校，进一步规范报告内容。加强教师队伍建设，国务院首次召开全口径全国教师工作会议，印发了《关于加强教师队伍建设的意见》。颁布实施幼儿园教师、小学教师、中学教师专业标准和教师教育课程标准。

四是深化改革开放，教育发展活力进一步激发。按照顶层设计、统一部署、试点先行、有序推进的原则，一些重点领域改革迈出新步伐，各地涌现许多好的经验和做法。推进现代学校制度建设，颁布依法治校实施纲要，大学章程制订取得重要进展，一批高校成立理事会（董事会），中小学幼儿园建立家长委员会，各级各类学校教职工代表大会制度建设深入推进。着力增强重大决策的社会参与度、公开性，一年来共有13个重要教育政策文件，通过教育部门户网站向社会公开征求意见。积极推动机构改革和职能调整，继统筹职业教育，将高职高专教育、远程与继续教育职能调整到职业教育与成人教育司之后，又成立教师工作司，统筹各级各类教师工作。为加强宏观指导和监管职能，成立综合改革司、巡视工作办公室以及学前教育办公室、特殊教育办公室、继续教育办公室。进一步拓宽选人用人视野，继首次海内外公开选任2所部属高校校长之后，最近又完成3所大学校长公开选拔工作。扩大教育开放，批准成立上海纽约大学，批准筹建温州肯恩大学、昆山杜克大学、香港中文大学（深圳）等一批高起点的中外合作办学机构和项目。首次颁布实施孔子学院发展规划。目前，全球孔子学院已达400家、孔子课堂535所，注册学员65万人，成为中华文化走出去的成功范例。

五是保持和谐稳定，为服务党和国家大局做出重要贡献。教育系统按照中央部署，深入开展创先争优活动，扎实做好和谐稳定工作，成为全社会维护稳定的积极力量。

总的来看，我国教育事业发展态势良好，成就有目共睹，人民群众满意度有所提高，国际社会也给予较高评价。但是，我们清醒地认识到，我们的工作与中央要求、国家需要和人民期待相比，还存在很多不足。在国际竞争大背景下审视中国教育，我们清醒地看到，我国教育的竞争力还不强，开放程度还不高，培养的人才还不能很好地适应国际化的需要；在国家发展的整体战略中把握教育，我们清醒地看到，到2020年基本实现教育现代化、全面建成小康社会，我们在教育观念、教育内容、教育方式、教育管理和教育保障等方面还有相当的差距；在人民群众的期盼中分析教育，我们清醒地看到，一些教育热点、难点还没有很好地解决，还不能满足人民群众对多样、优质、公平教育的需求。

党的十八大对我国教育工作做了重大部署，提出了明确要求，我们要深入学习领会、全面贯彻落实。一是发展道路，就是高举中国特色社会主义伟大旗帜，坚持教育优先发展，全面贯彻党的教育方针，坚持教育为社会主义现代化建设服务、为人民服务，坚定不移地走中国特色社会主义教育发展道路。二是奋斗目标，就是全民受教育程度和创新人才培养水平明显提高，进入人才强国和人力资源强国行列，教育现代化基本实现。三是总体要求，就是着力提高教育质量，大力促进教育公平，提高家庭经济困难学生资助水平，积极推动农民工子女平等接受教育，努力办好人民满意的教育。四是根本任务，就是立德树人，全面实施素质教育，培养德智体美全面发展的社会主义建设者和接班人，让每一个孩子都能成为有用之才。五是根本方式，就是合理配置教育资源，促进各级各类教育协调发展，鼓励引导社会力量兴办教育。六是发展动力，就是深化教育领域综合改革，不断完善促进教育事业科学发展的体制机制。七是工作重点，就是加强教师队伍建设，增强教师教书育人的荣誉感和责任感，这是教育事业发展最重要的基础工作。

在十八大精神学习贯彻中看待教育，我们清醒地看到，当前，中国教育正面临着新的形势，发展机遇和发展难题都前所未有，许多新情况、新问题亟待我们去正视，去调研，去思考，去解决。

一是办好人民满意的教育是中央要求、人民期待，社会十分关注。如何坚持教育为人民服务、为国家服务，用什么方式全面了解、积极回应广大人民群众所思、所想、所盼？满意是一种复杂现象，包括相互关联的重要因素，我们如何设计衡量满意的综合框架，做好人民群众教育满意度的测评工作？如何守住底线、突出重点、完善制度、引导舆论，既尽力而为又量力而行？

二是立德树人是教育工作的根本任务。当前社会环境复杂、思想文化多样，如何进一步加强和完善学校党的建设工作，如何进一步加强和改进思想政治教育工作，不断提高教师特别是青年教师的师德水平和业务能力，增强教师教书育人的荣誉感和责任感，培养学生的社会责任感、创新精神、实践能力？

三是改革开放是坚持和发展中国特色社会主义的关键抉择。经过30多年的努力，我们哪些教育体制臻于成熟，哪些可以基本定型，哪些还没有实质性进展，哪些还没去触动？我们应该如何广泛深入开展教育教学改革才能为下一代适应时代新变化做好准备？如何深化教育领域综合改革，找准那些属于牵一发而动全身的问题并以此作为突破口、成为着力点，取得实质性、历史性的进展？

四是到2020年基本实现教育现代化。什么是教育现代化，我们如何制定适合中国国情、具有国际影响力的教育现代化指标体系？什么是基本实现，基本实现教育现代化的薄弱环节有哪些、在哪里，需要采取什么样的工作思路和推进策略？各地发展很不平衡，如何制定各省（区、市）基本实现教育现代化的时间表、路线图、任务书？

五是我国城镇化在加快，人口流动是大势所趋，我们怎样加大统筹力度，推动城乡教育一体化，推进中国农业现代化、基本实现工业化和全面提升服务业水平？怎样解决好进城务工人员子女（随迁子女和留守儿童）平等接受教育，确保教育机会公平？

六是我国进入中等收入国家行列，加之传统文化影响和每个家庭只有一个孩子，人民群众接受优质教育愿望尤为迫切。我们怎样处理普及与提高的关系，全面提高普及率（巩固率），真正把工作重点转到提高质量上来，努力扩大优质教育资源？怎样实现有教无类和因材施教的结合，为每一个孩子提供适合的教育，更多地培养各类拔尖创新人才？怎样优化学校布局结构、学科专业结构、学生素质能力结构，提高教育的贡献力和贡献率？

七是经济全球化深入发展，出国留学和来华留学都在增多。如何引导学生和家长正确对待出国留学，做好出国留学服务工作，吸引优秀留学生学成回国、报效祖国？采取怎样的政策措施，调动地方、学校积极性，吸引更多外国学生来华留学？

八是4%投入实现后，怎样健全制度，巩固成果，不断扩大教育财政性投入和社会投入？如何把钱用好管好，更多地用于困难群体和优秀群体，更多地用于薄弱环节和重点领域，更好地调动广大干部师生的积极性、主动性、创造性？

九是“四化同步发展”，信息化更加突出。如何进一步加快教育信息化硬件、软件建设，以教育信息化带动教育现代化？如何提高师生信息技术水平，利用信息化促进教育改革发展，提高教育公平质量？

十是全民学习已成为潮流。如何推进学习型社会建设，搭建终身学习“立交桥”，完善终身教育体系？如何持续提高全社会“学有所教”水平，为所有学习者提供多次、多样、多层的选择机会，满足个人多样化、个性化的学习发展需求？

面对当前教育的新形势，出现的新问题，我们一定要增强自信心，提高自觉性，紧紧抓住新机遇，充分利用新条件，妥善应对新挑战，努力创造新优势，为实现中国的“教育强国梦”而顽强奋斗、艰苦奋斗、不懈奋斗。

二、关于2013年教育工作的总体要求和主要任务

2013年是全面贯彻落实党的十八大精神的开局之年，是实施教育规划纲要和“十二五”规划承前启后的关键一年，是为基本实现教育现代化奠定坚实基础的重要一年。做好今年教育工作具有十分重要的意义，要高举中国特色社会主义伟大旗帜，深入学习贯彻党的十八大精神，坚持以邓小平理论、“三个代表”重要思想、科学发展观为指导，全面落实教育规划纲要，全面贯彻党的教育方针，全面推进素质教育，把立德树人作为根本任务，把教师队伍建设作为重点内容，把转变作风作为重要保证，加快教育领域综合改革，加快转变教育发展方式，加快推进教育现代化，着力促进公平公正，着力提高质量效益，着力维护和谐稳定，努力办好人民满意的教育，为全面建成小康社会、夺取中国特色社会主义新胜利提供人才保障和智力支撑。

（一）深入学习贯彻党的十八大精神，全面加强教育系统党的建设

教育系统要把学习贯彻十八大精神不断引向深入，努力把思想行动统一到十八大精神上来，把智慧力量凝聚到实现十八大确定的各项任务上来，以提高党的建设科学化水平，推动教育事业的科学发展。

第一，深刻领会十八大精神实质。要认真研读十八大报告、中国共产党章程和习近平同志一系列重要讲话，深刻领会十八大提出的重大理论观点、

重大方针政策、重大工作部署，把坚持和发展中国特色社会主义作为聚焦点、着力点、落脚点，深刻领会深入贯彻落实科学发展观对坚持和发展中国特色社会主义具有的重大现实意义和深远历史意义，深刻领会科学发展观最鲜明的精神实质是解放思想、实事求是、与时俱进、求真务实。学习要重在原原本本，重在联系实际，重在领导带头，重在推动工作。

第二，深化十八大精神宣讲活动。要深入开展中国特色社会主义宣传教育，组织开展形式多样、内容丰富的“中国梦”的宣传教育，在各自岗位上为实现“教育强国梦”而奋斗，为实现“中国梦”做贡献。要充分发挥学校优势，组织专家讲理论、组织干部讲政策、组织师生讲感受。要丰富途径渠道，创新手段方法，让人乐于接受、易于理解、便于贯彻落实。

第三，深入推动十八大精神进教材、进课堂、进头脑。要把十八大精神作为学校思想政治教育和哲学社会科学教学的重要内容，作为学校党课团课、校园文化建设的重要内容，抓紧组织修订和编写体现十八大精神的高校思想政治理论课和哲学社会科学教材。要把十八大精神和习近平同志一系列重要讲话精神的学习贯彻纳入高校哲学社会科学教学科研骨干、思想政治理论课教学骨干、辅导员骨干研修和培训班教学计划。

第四，深入研究阐释重大理论和现实问题。要对十八大的新思想、新观点、新论断进行深入研究，确定一批重大选题，集中力量进行攻关，尽快推出一批高质量的研究成果和大众化的普及读物。要积极参与马克思主义理论研究和建设工程，大力推动实践基础上的理论创新，推进马克思主义中国化、时代化、大众化。要着力回答深层次思想认识问题和社会热点、难点问题，澄清模糊认识、分清重大是非，切实增强广大干部师生的道路自信、理论自信、制度自信。

第五，深入推动教育系统党的建设。要贯彻落实好第21次全国高校党建工作会议精神，围绕保持党的先进性和纯洁性，按照全面提高党的建设科学化水平的要求，切实加强各级各类学校党的建设工作，在学习型、服务型、创新型党组织建设方面走在前列。要按照中央部署，在教育系统深入开展以为民、务实、清廉为主要内容的党的群众路线教育实践活动，着力解决广大师生员工反映强烈的突出问题，提高党员干部服务群众的能力水平。重点抓好建立、健全党员领导干部密切联系群众、全体党员立足岗位创先争优的长效机制。要切实加强反腐倡廉建设，永葆共产党人清正廉洁的政治本色，自觉维护党的集中统一，进一步营造风清气正、心齐气顺的教育环境。

（二）坚持立德树人，促进学生德智体美全面发展

党的十八大报告提出，把立德树人作为教育的根本任务，培养德智体美全面发展的社会主义建设者和接班人。这是教育系统坚持和发展中国特色社会主义的核心所在。

第一，增强德育工作的针对性、实效性。一是把社会主义核心价值体系融入国民教育全过程，根据时代特点和学生特点，合理确定德育目标、内容要求，科学设置由低到高、由浅入深、整体一贯的小学、中学、大学德育课程体系。“革命理想高于天”。要特别重视和加强理想信念教育，使每一个学生都能成为有理想的人、有道德的人，坚定对中国共产党领导、马克思主义指导、中国特色社会主义和共产主义的信仰、信念和信心。二是充分发挥课堂教学主渠道作用，修订中小学德育课程设置方案和课程标准，加强教材建设、教学改革。大力加强小学、中学、大学语文和历史课程的整体设计和基本建设，积极探索语文、历史等学科渗透思想品德教育的方式、方法，深入挖掘各门课程蕴含的德育资源。三是优化育人环境，充分发挥中小学家长委员会、大学理事会（董事会）的作用，不断完善学校、家庭、社会协调一致、相互配合的德育机制。四是强化实践育人环节，加强学生实习实验、参与公益活动和志愿服务，在实践中增强动手能力，了解国情、民情，学会做人、做事，培养和践行社会主义核心价值观。全面开展“我的中国梦”宣传教育，促进学生把个人梦想和民族梦想紧密融合在一起，把个人价值与社会价值紧密结合在一起，把个人命运与国家命运紧密联系在一起。

第二，提升学生身心健康水平。学生体质不

好，全面发展无从谈起，强国梦难以实现。一是健全学校体育工作评价机制。今年将重点加强学生体质监测和公告制度。教育部将研究制定专项督导办法，加大督导评估力度，将各地、各校学生体质健康状况以及体育经费投入、条件改善、阳光体育运动开展等情况向社会公布，向家长反馈。二是切实保障学生体育课和体育锻炼时间。各级各类学校要开齐、开足体育课，把每天一小时校园体育活动作为学校教育工作的重要内容，列入学校课表。要因地制宜开展丰富多彩的体育活动，培养学生的体育习惯，形成一两项终身受益的运动爱好。三是加强心理健康教育。要重视心理健康教育课程和心理健康教育辅导室、心理咨询中心建设，启动中小学心理健康教育示范校创建工作，促进学生健康成长。

第三，加强学校艺术教育。当前，不少学校对艺术教育重视不够，这非常不利于学生创造能力培养、人文素质提高和健全人格养成。一是开好艺术教育课程。要严格按照国家课程设置标准，开齐、开足规定的艺术教育类课程。针对一些农村和边远地区艺术教师紧缺的问题，加强区域内艺术教育统筹力度，鼓励艺术教师走教，聘请社会人士到学校兼职，加大艺术教育教师培训力度。要充分利用现代信息技术，将优质艺术教育资源输送到偏远农村的学校和课堂。二是因地制宜创新艺术教育方式。要不拘形式，探索简便有效、富有本地特色、符合学校实际的艺术教育方式、方法，使学生在校期间学习使用一两种乐器、培养一两项艺术爱好。要加强书法和民族民间艺术教育，提高学生的审美情趣和文化修养。三是利用好社会资源。要充分利用图书馆、博物馆、文化馆、美术馆等文化设施，为学生开展丰富多彩的艺术活动。要推动学校艺术教育与当地文化建设相结合，将更多的文化建设项目布点在学校，也尽可能地向当地群众开放。要进一步加强和完善已经坚持多年的高雅艺术进校园活动。四是大力推广普通话，使用规范汉字，全面提高大中小学生以及全体国民的国家通用语言文字修养和实际运用能力。

（三）创新工作方式，推动教育发展走上不断提升质量的良性轨道

立德树人是整个教育的根本任务，包含在德育体育美育之中，包含在各门课程之中，包含在课内课外活动之中。十八大报告要求“着力提高教育质量”，包括德智体美全部内容。多年来我们一直强调提高教育质量，但提高质量是一个过程，我们必须花大力气下真功夫认认真真地抓、坚持不懈地抓，目前的确还不能说已经取得比较理想的成绩。这其中原因很多，一个重要的原因在于，对教育质量的评价方式不科学，评价标准较单一，过于看重学生考试分数和学校升学率。现在迫切需要我们努力把提高质量的理念变为完善的制度、政策，把提高质量的说法变为科学的方法、做法。

第一，完善标准。标准是衡量质量的依据。总体来看，我国教育质量标准建设相对滞后，校园建设、设备配置等“硬件”标准不尽完善，教育教学质量、学生品德学业水平等“软件”标准更为缺乏。事实说明，没有一套科学合理的指标，我们的教育质量既难以纵向比较，也难以横向比较。因此，也就难以有说服力，难以提高工作的针对性和实效性。要认真总结我国成功经验，合理借鉴国际先进办法，研究颁布具有中国特色、世界水平的质量评价标准和质量监测体系。要坚持把促进人的全面发展和适应社会需要作为衡量质量的根本标准，多维度综合评价教育教学质量，促进学校持续健康发展，保证学生全面成长进步。既要关心学生学习成绩，更要关心学生思想品德，还要关心学生身心素质和学习兴趣；既要关注学习结果，更要关注学生学习过程，还要关注学生的课业负担和学习行为。对此，教育部门都要予以重视，教研机构都要加强探索，社会组织也要主动参与，家长也要积极配合，特别是要鼓励学校办出特色、办出水平和出名师、育英才。

第二，加强督导。督导评估是判断教育质量状况的基本手段。当前，加强督导关键要落实好《教育督导条例》。一是健全机构。各省（区、市）、市、县都要按照条例要求，学习先进地区做法，尽快健全人民政府负责教育督导的机构。二是加强督学队伍建设。要把熟悉教育教学、富有管理经验和具有教育感情、工作热情的行家里手吸收进来，建立一支专兼职结合的高素质的督学队伍。三是开展专项督导。要围绕贯彻党的教育方针、推进素质教

育中的重点问题，抓住教育公平和教育质量中的突出问题，针对群众关心的学生身心健康、课业负担过重、择校乱收费等热点问题，开展专项督导。

第三，公开结果。各级各类教育质量标准、教育质量监测结果和教育督导报告，都要向社会公开，接受社会监督。教育部制定了专门的公开办法和规程，2013年系统组织实施。

（四）加强薄弱环节，着力缩小教育差距

十八大报告指出要“大力促进教育公平，合理配置教育资源”，强调“让每个孩子都能成为有用之才”。这就要求我们以更大的决心、更有力的举措来推进教育公平。

第一，加强农村特别是偏远地区农村教育。基本实现教育现代化，重点和难点都在农村。一是注重城乡教育一体化。要进一步深化义务教育经费保障机制改革，按标准为农村中小学配齐图书、教学仪器设备、音体美器材和场地；实行城乡统一的中小学编制标准，对村小和教学点予以倾斜，吸引优秀毕业生到农村学校或薄弱学校任教。二是科学规划、合理布局农村义务教育学校。要从方便就近入学和提高质量效益相结合的角度，合理确定教学点、村小、中心小学、初中学校布局，以及寄宿制学校和非寄宿制学校的安排。没有做好学校布局专项规划的，暂停农村义务教育学校撤并工作。三是办好村小学和教学点。今年中央提出设立专项资金，对在连片特困地区乡、村学校和教学点工作的教师给予生活补助，我们要抓紧研究部署，办好这项“雪中送炭”的好事。还要实施好已经启动的“教学点数字教育资源全覆盖项目”，通过信息化手段提高教学点的教育教学水平。

第二，加强中西部特别是贫困地区教育。这些地区受自然历史条件和经济社会发展水平限制，教育基础薄弱，必须加大倾斜力度和政策支持。一是扶持集中连片特困地区教育发展。教育部会同有关部门正在研究制定教育扶贫工程，通过困难学生资助、教师交流培训、硬件设施投入、软件资源共享、学科专业建设、对口支援帮扶六个方面，加快14个集中连片特困地区教育快速发展，有力促进片区群众脱贫致富，从根本上消除贫困的“代际传递”。二是支持中西部地区高等教育加快发展。今年将全面实施中西部高等教育振兴计划，在整合原有各项目的基础上，特别安排专项资金实施中西部高校“基础能力建设”和“综合实力提升”两大工程。三是加快民族地区教育发展。召开民族教育工作会议，出台支持民族教育加快发展的政策措施。积极稳妥推进双语教育，全面加强学校民族团结教育，深入实施“民族地区教育基础薄弱县普通高中建设”项目。切实做好教育对口支援工作，特别是教育援藏、援疆等工作。

第三，保障特殊群体平等受教育权利。要进一步解决好流动人口子女就学问题。在义务教育阶段，继续坚持“两为主”政策，不断提高就学保障水平；在接受义务教育后升学考试上，认真落实国办文件要求，用统筹兼顾的根本办法抓好具体实施工作，争取各方面最大的共识度。对于农村留守儿童，教育部已会同有关部门发布了工作意见，各地要认真贯彻落实。关于特殊教育问题，今年将召开专项工作会议，启动实施残疾儿童少年义务教育三年攻坚计划，通过扩大随班就读、扩大特教资源、提高特教教师地位待遇等措施，为残疾儿童少年提供更多更好的受教育机会。

（五）突出工作重点，促进各级各类教育协调发展

各级各类教育协调发展是教育事业科学发展的基本要求，是构建终身教育体系、形成学习型社会的客观需要。

第一，办好学前教育。党的十八大要求“办好”学前教育，意味着学前教育既要积极发展，提高普及程度，又要科学保教，办出水平，促进儿童“快乐生活、健康成长”。今年要深入实施学前三年行动计划，进一步加大投入，重点支持中西部地区改扩建幼儿园、增设附属幼儿园。要落实好《3—6岁儿童学习与发展指南》以及0—3岁幼儿教育试点工作，全面向教师、家长、社会普及科学育儿知识，严禁任何形式“虐童事件”的发生。

第二，均衡发展九年义务教育。十八大将原来的“促进义务教育均衡发展”确定为“均衡发展九年义务教育”，把均衡由一般的工作导向变为工作任务。今年要开展义务教育均衡发展备忘录实施情况检查，启动省级政府推进义务教育均衡发展考核

评估工作和义务教育基本均衡县的验收认定工作。

第三，基本普及高中阶段教育。十八大将高中阶段教育由“加快普及”调整为“基本普及”，把工作态度变为工作目标。要加快发展、大力办好中等职业教育，实施好农村中等职业教育免费工作。要积极探索普通高中特色化、多样化发展，实施好中西部贫困地区普通高中改造计划，扩大办学规模，改善办学条件。

第四，加快发展现代职业教育。十八大报告对职业教育突出强调“现代”二字，一方面是强调职业教育要适应当前经济社会发展特别是适应经济发展方式转变和“五位一体”、“四化同步”的要求；另一方面是强调职业教育是一个体系。今年要着力打通和拓宽各级各类技术技能型人才的培养发展通道，推进现代职业教育体系建设和中国教育结构的战略性调整，全面推进学历文凭和职业资格“双证书”制度，培养更多的熟练劳动者、各种技术人才和一大批高素质技术带头人。要进一步推动职业教育与产业发展紧密对接、深度融合，完善鼓励校企合作的政策措施，支持组建多种形式的职业教育集团。

第五，推动高等教育内涵式发展。今年要加强本科质量标准建设工作，国家层面要建立92个专业类质量标准，对一些行业性强的专业，要会同行业一道制订专业评价标准，高校都要在此基础上进一步明确本校的培养目标，细化培养方案。要加快质量评估保障体系建设，在院校审核评估、专业认证、国际评估和教学状态数据公布方面迈出更大步伐。今年要完成对具有研究生培养和学位授予资格的一级学科整体水平评估并向社会公布，全国所有普通本科学校都要按基本要求向社会公布本科教学质量年度报告。要实施好“2011计划”，公开公平公正组织好第一批评审认定工作，推进高校牢固树立协同创新理念、健全协同创新机制，坚持科教结合、产学研用结合，更加自觉地面向现代化、面向世界、面向未来。要深化研究生培养体制改革，优化研究培养结构，分类推进和构建质量保障体系。

第六，积极发展继续教育。要以创新服务机制为抓手，加强继续教育学习资源、平台以及学习成果认证、积累与转换制度建设，探索推进普通高校、职业院校，以及开放大学、民办高校、中外合作高校和自学考试之间的协调合作，为学生成长、成才提供宽阔的桥、多样的桥和“立交桥”。要通过信息化手段，让更多的人享受到优质、多样、便捷的教育机会，推动学习型社会建设，全面提高国民素质。

（六）切实提高保障能力，为教育事业科学发展提供有力支撑

转变教育发展方式，提高教育质量效益，不仅要求保障水平不断提高，更要求保障方式的深刻变革。要以新的思路、新的方法、新的手段，配置好资源，激发出活力，发挥好效益，以科学的保障机制支撑教育事业的科学发展。

第一，提升教师师德水平和业务能力。提高教育质量，关键是提高教师质量。一是强化师德建设。今年将研究制定考核、监督与奖惩相结合的师德建设长效机制，引导广大教师践行职业道德，潜心教书育人，努力成为堪为师表的教育家。二是实施好重大项目。要认真总结国培计划、特岗计划、免费师范生培养计划的经验，进一步提高针对性和实效性。要加大统筹力度，充分发挥“千人计划”、“万人计划”以及“长江学者奖励计划”、“新世纪优秀人才支持计划”等项目的重要作用，集成各类人才项目资源，用足、用好国家人才政策。各地各校也要积极创造自己的品牌，培养人才团队、引领教师发展。三是多渠道补充教师。要在立足自己培养的基础上，加大引智引才力度，更多引进海外人才尤其是领军人才。要充分依靠社会力量，加强与科研院所、行业企业以及各地各学校之间的合作，广泛吸引各方面优秀人才以多种形式来校任教。要拓宽用人视野，重视理论研究人才，也重视教育教学人才、党政管理人才和技术推广人才；重视在职教师的作用，也重视发挥退休教师的作用。四是加快教师管理制度改革。要严把入口关，完善教师资格制度，全面推行教师资格考试改革和定期注册试点，扩大并深化中小学教师职务（职称）改革试点工作。在晋升职务（职称）时，要优先考虑具有农村学校、薄弱学校任教经历的教师。五是创造教师发展的良好环境。要深化学校人事分配制度改革，坚持多劳多得、优劳优酬，探索学术带头人及技术

带头人的鼓励奖励政策，切实解决教师学习、研究、生活等方面的实际困难。要多发现、多宣传先进典型，探索建立荣誉制度，做好国家教学名师评选工作，进一步发挥其示范引领作用。

第二，筹好、用好、管好教育经费。4%的实现是中国教育史上的里程碑。今后要在保证教育经费持续稳定增长和用好管好上下功夫。一是筹好经费。要继续增加财政性教育经费投入。就眼前而言，各级教育部门要积极配合有关部门，抓住年底超收安排和年初预算这两个关节点，科学编制、足额安排2013年预算。从长远一点看，要研究制订各级各类教育生均经费标准和生均财政拨款标准，健全两个方面的分担机制：一方面是各级政府之间的纵向分担机制，进一步明晰中央、省（区、市）、市、县的教育事权和财政支出责任，拓展增加投入的新举措、新项目；另一方面是政府、家庭、社会之间的横向分担机制，进一步明晰生均经费需求和财政拨款、学费、学校自筹经费之间的资源配置关系。要在政府加大教育投入的同时，千方百计地争取利用更多的社会资源、民间资源、市场资源、国际资源建好学校、办好教育。二是用好经费。要坚持科学的投入方向，围绕育人这个根本和公平与质量这两个重点，统筹各级各类教育事业发展，合理确定经费投入比例，优化经费投入结构。要强化正确的政策导向，坚持向农村、边远、贫困、民族地区倾斜，向困难群体倾斜，把有限的资金用在“刀刃”上。三是管好经费。今年将实行新的中小学财务制度和高等学校财务制度，修订中小学校会计制度和高等学校会计制度，加大高校总会计师选拔委派工作力度，推动健全学校内部财务管理制度。出台高校财务信息公开办法，保证教育经费从分配、使用到评估都在阳光下运行。要坚持勤俭办学，反对铺张浪费，做好财务预决算公开、“三公”经费公开。

第三，加快教育信息化建设。党的十八大报告提出“新四化”目标，把信息化摆在特别重要地位。一是加强统筹。在完善标准、互接互认的基础上，把学生、教师、校舍以及就业、资助、营养改善等方面的管理系统整合起来，发挥综合效用。针对目前数据分散、采集困难、交换不畅等问题，重点建设国家和省两级数据中心，逐步实现学生、教师、学校等信息全部入库。二是加强优质资源开发应用。启动实施宽带网络校校通、优质资源班班通和网络学习空间人人通，推动优质教育资源共建共享。要加快国家数字教育资源中心及共享服务平台建设，集中力量开发音乐、美术、英语、科学等农村基础教育短缺课程、高等教育（包括高等职业教育）面向大众的公共视频课程。三是全面提高教师运用信息化手段进行教学、科研、服务的能力。以中小学和职业院校教师为重点，加强对教师信息技术应用能力的培训，培养信息化教学的习惯和素养。要制订相应标准，将教育技术能力和运用水平纳入教师资格认证体系。

（七）深化教育领域综合改革，确保重点领域和关键环节取得实质性突破

改革是教育发展的强大动力，现在已进入深水区、攻坚期，我们一定要以更大的政治勇气和智慧深化教育改革，进一步增强改革的自觉性、坚定性，更加注重改革的系统性、整体性、协同性。

第一，坚持正确方向，沿着正确道路推进。在改革方向问题上，我们要头脑清醒、立场坚定，始终坚持和发展中国特色社会主义教育发展道路。坚持按规律办事，尊重教育规律、教学规律和人才成长规律，把促进学生全面发展、健康成长作为改革的出发点和落脚点。坚持服务大局，不断适应经济社会发展和人民群众接受良好教育的需求。要进一步凝聚改革共识，有的不改不行、改慢了不行，有的过激了、过快了也不行。要正确处理改革、发展、稳定的关系，以发展出题目，以改革做文章，以稳定为前提。快改或慢改，大改或小改乃至改或不改，都要以推动科学发展、促进社会和谐为标准，以人民群众满意为目标，坚持把改革力度、发展速度和社会可承受程度结合起来。要坚持尊重实践、尊重创造、尊重基层的首创精神，坚持全局和局部相配套、治本和治标相结合、渐进和突破相促进。

第二，突出体制机制，增强改革合力。深化教育领域综合改革需要各方面的理解、关心和支持。一是健全改革领导体制。各地教育部门要充分利用好教改领导小组这一平台，建立强有力的工作机

构，完善会议、调研、政策协商等工作制度，整合各方力量，统筹推进改革。二是建立改革激励机制。教育部将制定改革试点示范的办法，确立一批示范项目，发挥引领、带动和辐射作用，同时把改革试点成效作为对各省（区、市）资源配置的重要依据。三是建立改革政策突破机制。2012 年，教育部已探索了一些政策突破的机制和办法，如在开放大学设立、试点学院改革等方面。但这只是开始，这一机制仍需进一步建立和健全。四是完善改革决策咨询机制。国家层面已先后成立国家教育咨询委员会、国家教育考试指导委员会，主要为重大教育决策提供咨询，指导各地改革试点。一些地方也成立了类似机构。今后，要充分发挥有关专家在改革政策制定、执行、宣传、监督、评价等各个环节的作用，充分听取群众意见建议，努力求取教育改革的最大“公约数”。

第三，突出热点、难点，聚焦改革重点。深化教育领域综合改革，必须把解决人民群众关心的热点作为改革的重点，找准突破口，敢啃硬骨头。在考试招生制度改革方面，今年要研究提出高考改革的总体目标和基本框架，各地要落实进城务工人员随迁子女接受义务教育后在当地参加升学考试的方案，推进普通本科与高等职业教育分类考试，开展高中学业水平考试及综合素质评价改革试点和高校招生考试综合评价改革试点。在现代学校制度建设方面，深入推进政事分开、管办分离，切实落实和扩大学校办学自主权。要加快大学章程建设，健全章程的审核机制，研究制定高等学校学术委员会规则，明确教授治学的范围和途径。要深入推进依法治校，提高学校领导依法管理的能力和师生知法守法的水平，全面落实校务公开，建立社会参与和监督的有效机制。在办学体制改革方面，重点支持民办教育发展，进一步释放办学活力。今年将出台支持民办教育发展的意见，提出营利性和非营利性民办学校分类管理的办法，全面清理针对民办教育的各种歧视政策。在管理体制改革方面，重点推进省级政府教育统筹。教育部将进一步转变职能和简政放权，扩大省级政府教育统筹权。各省（区、市）要切实承担起统筹责任，重点统筹推进各级各类教育科学发展，统筹城乡、区域教育协调发展，统筹确定符合国家要求和本地实际的办学条件、教师编制、招生规模等基本标准。在保障机制改革方面，重点建立、健全各级政府教育经费分担机制，推动各地出台职业院校生均标准、拨款标准和鼓励支持民办教育、中外合作办学的政策措施。

第四，突出目标责任，务求改革实效。深化教育领域综合改革，重在取得实实在在的效果。一是细化目标责任。要建立改革目标责任制，明确工作任务，明确领导分工，明确阶段目标，确保可衡量、可检查，努力让群众感受到改革的效果和变化。二是实行动态调整。今年将对所有国家教育体制改革试点项目进行中期评估，建立试点项目动态调整机制，及时淘汰一些毫无进展、有名无实甚至发生偏差的项目，补充一批基础好、积极性高且初显成效的项目，形成有出有进的机制。三是加强监督检查。国家教改领导小组办公室将密切跟踪各地教育改革进展情况，实行季度通报制度。从今年开始，教育部将把改革工作作为督察重点，适时开展改革专项检查。各地也要结合实际，开展形式多样的检查指导工作。

第五，突出以开放促改革，切实提高教育开放水平。深化改革与扩大开放不可分割，开放也是改革。深化改革需要扩大开放形成外部压力和倒逼机制，推动改革不断深化。扩大开放也需要深化改革，为进一步扩大开放消除思想观念和体制机制障碍。一是提高合作办学的水平。要加强对中外合作办学的整体谋划和分类管理，支持一批高水平中外合作办学机构。要突出名牌效应、专业优势和紧缺课程，严格控制低水平重复、缺乏特色、优质资源引进偏少的项目。要通过开展评估、社会化认证等方式，整改停办一些水平低、质量差的项目。二是提高出国留学工作的水平。要继续扩大公派出国留学规模，把最优秀的、国家最急需的人才送到国外最好的学校、最好的专业就读。要加强对自费出国留学的政策引导，努力为自费留学生提供更多、更好的服务，维护好他们的合法权益，加大对优秀自费生的资助和奖励，激励他们为中华崛起、民族复兴而勤奋学习。三是提高来华留学工作水平。要加强政策引导，扩大来华留学生规模，优化来华留学生结构，完善留学生管理，努力提高教学质量和服务水平。四是进一步鼓励中国教育走出去。推动高水平教育机构海外办学，支持办好孔子学院，为增强国家文化软实力做出贡献。

教育部已经制定2013年深化教育领域综合改革的意见，这个文件将作为教育部今年的“一号文件”印发。今后几年教育部的一号文件都将是推进教育改革的文件。各地各校也要按照综合改革的思路，结合实际，制订本地本校深化教育综合改革的方案，进一步明确本地本校教育改革的突破口和着力点，扎实把教育改革开放不断引向深入。

三、关于提高教育管理工作的科学化水平

做好今年的教育工作，任务繁重，责任重大。实干兴邦，打铁还需自身硬。全面深化教育改革，需要首先从政府自身改起，规范学校办学行为，首先要规范教育部门行政管理行为，努力提高教育管理工作科学化水平。

第一，改进工作作风，坚持为民务实清廉。改进工作作风、密切联系群众，是我们党一贯坚持的优良传统和最大的政治优势。中央政治局出台“八项规定”，中央领导同志率先垂范，顺应了党心民心，赢得了一致拥护。在2012年年初召开的年度教育工作会议上，我们把2012年确定为“作风建设年”。2012年年底，为落实中央“八项规定”教育部出台了20条具体办法，现在关键是抓落实。一是领导带头。要从我做起，领导干部以身作则、率先垂范，一级抓一级，一级带一级，层层抓落实。二是执行有力。要敢作为、勇担当，言必信、行必果，凡是出台的规定，都要不折不扣地做到，提高执行力和公信力。三是密切配合。要把调查研究、公务接待、会议活动等项规定落实好，需要各级教育部门和各级各类学校上下支持和左右配合、全面贯彻和相互监督。四是监督到位。贯彻落实情况要纳入作风评议、干部考核、廉政建设等各个环节，接受公众监督。五是持之以恒。改进作风重在落实、贵在坚持。只要能坚持上几年，这些硬性规定就会成为自觉行为和工作习惯，我们的工作作风必将有大的改观，群众满意度也必将有大的提高。

第二，改进教育宣传，为教育改革发展营造良好氛围。随着网络、手机、微博等新媒体的迅猛发展，当前的舆论生态发生了根本性变化，进入了全球全民全媒时代。面对全新的舆论环境，我们要主动适应、顺势而为、趋利避害，不断提高工作能力和水平。一是主要负责人对新闻宣传和舆情回应要高度重视，把宣传工作与业务工作同部署、同落实、同考核。二是深入解读中央重大教育决策部署，全面反映基层好做法、好措施，系统报道师生好典型、好经验，多让教师说、多让学生说、多让家长说、多让社会说，增加正能量。三是政策制定时要多听意见，政策出台后要准确解读，政策执行中要重视反映，最终要让人民群众满意。

第三，加强创新管理，维护教育系统和谐稳定。2012年维护和谐稳定工作取得良好成绩，2013年和今后一个时期维护社会稳定面临的压力仍然很大，做好学校安全维稳的任务仍然很重。一是抓好基础工作。要尊重人、关心人，依法办学、以德治校。要抓好民生工作，解决好食堂饭菜价格、食品安全、交通安全、学生就业等实际问题，维护师生切身利益。要改进和创新思想政治工作，以理服人，以情动人，把思想政治工作做深、做细，与广大师生面对面、手拉手、心连心。二是抓好日常管理。要进一步加强学校课堂教学、报告会、研讨会、讲座、论坛和校园网等思想文化阵地的管理，牢牢掌握意识形态领域工作领导权和主导权，努力使学校始终成为宣传科学理论、传播先进文化、塑造美好心灵的坚强阵地。三是深化平安校园建设。要推进校园安全管理创新，落实学校“人防、物防、技防”措施，定期排查影响学校安全稳定的突出问题，集中整治校园周边突出的治安问题。

努力办好人民满意的教育，是我们义不容辞的神圣职责。让我们紧密团结在以习近平同志为总书记的党中央周围，解放思想，改革开放，凝聚力量，攻坚克难，不断开创教育科学发展新局面，奋力推进中国教育现代化，为全面建成小康社会、夺取中国特色社会主义新胜利做出更大的贡献！

（2013年1月9日）

在教育部直属高校工作咨询委员会第22次全体会议上的应询讲话

杜玉波

感谢咨询会执行主席给我这样一个机会，与大家沟通交流。今天上午，刘延东同志做了重要讲话，对推动高等教育的改革创新、科学发展做出了全面部署，对大家共同关心的问题做了重要指示，我们要认真学习领会，坚决贯彻落实。

根据会前征询的意见和委员们提出的咨询建议，我们归纳了创新人才培养、教师队伍建设、“2011计划”实施、现代大学制度建设、政策支持与条件保障、党建和思想政治工作6个方面的问题。今天16位书记、校长的发言中也谈到了这些问题，给我很大启发。下面，我受袁贵仁同志委托，谈几点认识和看法。

一、关于创新人才培养

提高高等教育质量，首先是提高人才培养质量。对高水平大学来说，尤其体现在创新人才培养上。一个时期以来，社会上比较关注“为什么我们的教育总是培养不出杰出人才”这个问题。我认为，首先，对我国高等教育在人才培养方面取得的成就，我们完全不必妄自菲薄。改革开放以来，不管是在重大科技创新领域还是在政府、企业和各项社会事业中涌现出来的无数杰出人才，主要还是由我国高校自己培养的。比如，神舟七号、八号、九号飞船以及天宫一号目标飞行器研制团队的平均年龄只有30多岁，都是这些年我们自己培养的，都是优秀的创新人才。在联合国教科文组织评选出的新世纪以来全球“顶尖一百”化学家中，有12位华人科学家榜上有名，他们中有11位是改革开放后我国高校培养出来的本科毕业生。没有我国高等教育的贡献，就不可能支撑改革开放以来我国经济社会的发展，这是一个谁也无法否认的客观事实。

但是，创新人才培养不足确实是我国高等教育的突出问题。尤其是现在我国正处在转变经济发展方式、建设创新型国家的关键时期，经济社会发展对创新人才的需求越来越迫切，全社会对高校创新人才培养的关注度越来越高。我们恰逢这个时代，培养创新人才就必然成为在座各位书记、校长的一个历史性的使命。总结这几年的经验，我认为，当前主要应从6个方面入手找到突破的路径。

第一，要突出人才培养适应经济社会发展需要的导向。刘延东同志讲话中特别强调了这个问题。创新人才的成长，有两个不可或缺的因素：兴趣和需求。解决“兴趣”问题，就要从基础教育阶段开始全面实施素质教育。所以，大学的书记、校长也要关心、支持基础教育的改革。解决“需求”问题，一是学科专业结构要适应经济社会的需求，二是人才培养过程要加强实践环节。因此，加大学科专业结构调整力度、强化实践教学这个环节，是高等学校必须解决的两个重大问题。尤其调整学科专业结构，是高等教育的一次深刻变革，是一场革命。我们要牢牢抓住经济社会发展特别是重大产业工程、科技创新工程的需求这个学科建设最强大的推动力，抓住实践这个创新人才成长的最关键环节，建立创新人才成长的动力机制。我们实施卓越工程师、卓越医生、卓越法律人才、卓越农林人才等计划，都是力图在教育与经济社会需求紧密结合中探索创新人才培养的道路。

第二，要完善创新人才选拔体系。高校如何科学选拔人才，一个是选拔标准问题，如果所有高校都用一把尺子来衡量，这把尺子又主要侧重知识而忽视能力，就谈不上科学选拔；另一个是选拔方式问题，如果高校不是根据自己的办学特色、定位和培养要求，体现选才的主动性和针对性，也谈不上科学选拔。我们共同的认识是，适宜于创新人才培养的科学选拔体系应该是学生高考成绩、高中学业成绩、中学生综合素质评价和高校自行测评等“多位一体”的综合评价体系，这也是推进高考改革的一个方向。比如，目前实行高校自主招生试点，最重要的目的就是要探索创新人才的选拔机制，许多高校已经取得了积极的进展，但仍有一些高校对自主选拔定位不清，学校自主考核成了“小高考”。我认为，一定要明确高校自主选拔，主要选拔具有学科特长和创新潜质的学生，凡是通过高考能实现考查目的的，就没有必要通过自主考核再去做，选拔的标准、方式、过程都要体现学科的特色，发挥专家学者的作用。我们鼓励各高校根据自身的实际情况大胆探索，也鼓励大胆引进国外高校的成熟做法。

第三，要建立杰出人才培养的特殊机制。杰出人才需要特殊的成长通道。多年来，我们一直在培养杰出人才方面进行不懈的探索。自2009年以来，在教育部、中组部、财政部的推动下，“基础学科拔尖学生培养试验计划”先行在数学、物理、化学、生物学和计算机科学等领域，选择19所高校实施，每年选拔1 000名学生进入计划培养，计划实行取得了一些实质性进展。除基础学科外，其他学科也要选苗子。对特别优秀的学生，学校要舍得下本钱，实行“一制三化”的模式，即导师制、小班化、个性化、国际化培养，让他们尽早进入科学研究过程，尽早参与重大项目。实际上对所有学生，我们都要鼓励高校探索全面发展与个性发展相结合的培养机制，尊重并适应学生的个性选择，最大限度地发展个人兴趣专长和开发优势潜能。

第四，要加快推动研究生教育改革。目前，我们正在会同国家发改委、财政部研究制定关于深入推进研究生教育综合性、系统性改革的文件。总的想法是，通过改革，力求实现研究生教育发展方式从注重规模发展向注重质量提升转变，培养类型结构以学术学位为主向学术学位与专业学位协调发展转变，培养模式从以注重知识学习为主向知识学习和能力培养并重转变，人才质量评价方式从注重在学培养质量向与职业发展质量并重转变。在培养模式上，学术学位研究生以提高学术创新能力为目标，专业学位研究生以提升职业能力为导向，大力推进校所联合、校企对接、跨学科联合培养；在导师制度上，完善研究生与导师互选机制，完善团队指导制度；在结构布局上，取消招生计划“双轨制”，建立以经济社会需求为导向的招生计划管理体制，统筹发展全日制与非全日制研究生；在质量评价上，按照创新性研究水平和用人单位评价，建立质量评价制度和毕业生跟踪与质量反馈机制；在条件保障上，以政府投入为主增加生均综合定额拨款，受教育者合理分担培养成本，高校多渠道筹集经费，提高科研经费用于研究生培养直接成本的比例，强化国家重点建设项目培养高层次拔尖创新人才的工作机制。

第五，要加大对人才培养的保障力度。有投入才有产出，有耕耘才有收获。提高教育质量、培养创新人才，既要创新机制，也要加强保障。一是确保领导精力投入。有少数高校领导社会兼职多、出差出国多，主要精力、心思和智慧不用在学校管理上，更用不到人才培养上。不久前，我们对在京24所直属高校近三年学校领导班子专题讨论本科教学和校领导听课情况进行了调查，结果不理想。有的高校党委常委会、校长办公会一年中从来没有专题研究过本科教学工作，有的高校领导班子成员一年中一次课也没有听过。我们反复强调，校领导要把主要精力投入到学校管理工作中，把工作重点聚焦到提高教育质量上，定期研究本科教学工作，每年都要召开本科教学工作会议。书记、校长要带头听课、带头调查研究，着力解决人才培养和教育教学中的重点难点问题。最近，几位新任校长就职时都公开承诺，在担任校长期间，不申报新科研课题、不招新的研究生、不申报任何教学科研奖、个人不申报院士等，引起了社会良好的反响。我赞同一个优秀的大学校长应当把百分之百的精力用于学校管理，用整个的心去做整个的校长。二是优化资源配置。随着4%目标的落实，高校的办学经费将有较大幅度的增长。各高校要按照“高教质量30条”的要求，优化经费支出结构，新增经费必须优先保证教育教学需要，新增生均拨款必须优先用于学生培养，新增教学经费必须优先用于实践教学。这个“三优先”是评估和考核学校工作的基本指标。三是加强规划指导。袁贵仁同志对直属高校“十二五”规划高度重视，强调指出规划反映高校的水平和形象，要求教育部有关司局认真帮助学校做好规划。对直属高校“十二五”规划审核的一个重点，就是高校“十二五”规划是否体现了人才培养在学校工作中的中心地位，是否突出了推进人才培养模式改革和建立人才培养质量保障体系等内容。希望各高校抓紧修改完善，备案后的规划将在教育部门户网站上全文公布，好的规划在《中国教育报》上刊登，接受社会监督。

第六，要改进人才培养质量的评价方式。2011年，教育部印发了《关于普通高等学校本科教学评估工作的意见》。落实这个意见要重点注意四个方面。一要体现高校的质量主体意识。高校要进一步完善本科教学状态数据库，健全校内质量保障体系，并向社会公布本科教学年度质量报告。2011年，39所“985工程”建设高校发布了年度质量报告，2012年所有的“211工程”建设高校都要发布。今后要逐步建立高校定期发布质量报告的制度。二要体现注重内涵的导向。不管高校是什么类型，处在什么层次，对高校办学质量和水平的衡量不是比规模、比大楼、比论文，更重要的是比内涵、比特色、比贡献。考察评估的重点放在“四个度”上，即办学定位对国家和区域经济社会发展需求的适应度，领导精力、师资力量、经费安排、教学设备、图书资料和国际合作对人才培养的保障度，人才培养、科学研究、社会服务、文化传承创新对社会主义现代化建设的贡献度，以及学生、家长、用人单位、政府和社会对人才培养质量的满意度。三要体现分类评估的要求。要按照分类管理的要求，根据学校的不同类型，分别设计不同的评估指标体系，鼓励学校合理定位、特色发展，在不同层次、不同领域办出水平，争创一流。对2000年以来未参加过评估的新建本科高校实行合格评估。对参加过评估并获得通过的普通本科高校，从2013年开始实行审核评估，审核评估不分等级。教育部将建立本科教学质量监测报告定期发布制度，通过评估监测使高校更加明确各自的办学定位和发展方向。四要体现评价主体的多元化。例如，在工程、医学等领域积极推进与国际标准实质等效的专业认证工作。鼓励有条件的高校聘请相应学科专业领域的国际高水平专家学者开展学科专业的国际评估。

这里，我还要谈谈“大学排行榜”问题。目前国内外有几十种各式各样的“大学排行榜”，它虽然在一定程度上满足了社会公众了解高校的需求，但其指标体系很难完全反映各高校的办学实际。对此，教育部将不介入大学排名、不按任何大学排名分配教育资源，也希望各高校不在意、不盲信、不追捧。一所大学办得好不好，不是看它一时的规模、数据，而是要以长远的眼光、历史的视野看它培养出什么样的杰出人才，看它对国家、民族所做的贡献，看它对推进人类文明进步所产生的影响。

二、关于高校教师队伍建设

创新人才培养，关键在教师。在全面提高高等教育质量的新形势下，各高校高度重视教师队伍建设，积极探索并采取行之有效的方式大力推动各项改革工作，成效十分显著。最近，教育部为筹备召开全国教师工作会议，对高校教师队伍建设的情况进行了全面调研。我们发现，高校教师队伍的素质、结构、制度三个问题仍然十分突出，加强高校教师队伍建设仍然是当前高等教育各项工作中的一项关键任务。

第一，提高教师队伍素质。我体会，关键要落实“师德为先、教学为要、科研为基”三句话的要求。

一要坚持师德为先。教师素质，师德为魂。2011年，教育部颁布了《高等学校教师职业道德规范》，对教师提出了“爱国守法、敬业爱生、教书育人、严谨治学、服务社会、为人师表”六个方面的倡导性要求与禁行性规定。不良教风、学风是教育的大敌，尤其是高校的教风、学风对全社会道德文化建设影响很大。因此，对于高校学术不端行为要“零容忍、出重拳”，发现一起，调查一起，处理一起，公布一起。无论涉及什么人、什么事，都态度坚决、一查到底，不护短、不姑息、不手软。

二要坚持教学为要。2012 年，中央巡视组在对部属高校巡视后反馈，有些高校教授为本科生授课制度落实不得力，学生反映有的教授存在挂名不上课现象，个别院系甚至在开设的课程中教授授课比例不足 20%。少数教师忙关系、忙走穴、忙开会，相当部分教师存在着重科研轻教学、重兼职轻本职、只教书不育人的倾向。我认为，一个不把主要精力投入教学的教师不是合格的教师，不为教学操心的校长不是好校长。各高校一定要从源头上加强管理，把教授给本科生上课作为一项基本制度，将承担本科教学任务作为教授聘任的基本条件，让最优秀的教师为本科一年级学生上课。这三项基本要求要体现在学校的职称评定、考核评价、薪酬制度和表彰奖励各环节中，态度要鲜明，制度要完善，激励要有效。下一步，教育部将建设 30 个国家级教师教学发展示范中心，并推动高校广泛设立教师教学发展中心，促进教师教学能力培养培训的制度化、常态化。同时，还要加强宣传教育，通过开展“高等学校教学名师奖”等评选，树立典型，加强引导，重点表彰在教学一线做出突出贡献的优秀教师，让他们有荣誉、有待遇、有成就感。

三要坚持科研为基。高水平的科学研究是高质量教学的重要支撑。新西兰的《教育法》规定，只有科研活跃的教师才能从事教学工作，我们对教师也应有这样的要求。高校教师要善于通过科研掌握科技和学术发展的前沿动态、发展趋势和最新方法，把科研成果转化为教学内容，构建科研反哺教学的长效机制。同时，高校要改进科研评价办法，改变重论文轻实践，重论文数量轻论文质量的倾向，强调科研对人才培养的贡献度，促进科研、教研与人才培养相结合。

第二，优化教师队伍结构。优化教师队伍结构要抓高层次人才和青年教师两个重点。

一要加强高层次人才引进和培养。高层次人才是教师队伍的核心资源。要继续实施“长江学者奖励计划”、“创新团队发展计划”、“新世纪优秀人才支持计划”。要主动参与引进海外高层次人才的“千人计划”。目前，“千人计划”已经扩展为“青年千人计划”、“顶尖千人计划”和“外专千人计划”等三个计划在内的引才体系，国家层面已吸引 2 200 多人回国，其中一半以上集聚在高校。下一步，还要积极参与面向国内高层次人才的“万人计划”，这个计划正在报国务院审批，它将与“千人计划”平行实施、协调推进，重点支持国内的创新创业领军人才、骨干人才和青年拔尖人才。高校要处理好引进海外人才与培养本土人才的关系，鼓励他们深入合作、促进相互交流。要向大家讲清楚，引进海外人才有相应的鼓励政策，如国家给予 100 万元费用是一种工作生活必需补贴，也是对放弃海外机会的成本性补偿。除了特殊补贴，其他方面都要平等竞争、一视同仁，不要厚此薄彼。对引进高层次人才一定要全面深入考察，严格人才引进机制，健全学术评价机制，把好师德关，坚持高质量。

二要加强青年教师队伍建设。青年教师是高校的未来。教育部正在研究制定《关于加强高校青年教师队伍建设的意见》，这个意见力争解决好青年教师关心的一些问题，如在青年教师成长环境问题上，建立更加科学的用人机制，在考核评价上重师德、重教学、重育人、重贡献，促进优秀青年教师脱颖而出。在青年教师专业发展问题上，开展每五年一周期的全员培养培训，建立青年教师国内访学、挂职锻炼、社会实践制度。在青年学术英才的培育上，参与实施“青年千人计划”、“青年英才开发计划”，加大培养支持力度。在青年教师的生活条件的改善问题上，鼓励地方将符合条件的青年教师纳入保障性安居工程统筹予以解决，千方百计解决青年教师子女入学入托等方面的实际困难，解除他们的后顾之忧。

第三，增强教师队伍活力。主要从分类管理、薪酬激励和退出机制等三个方面推进教师队伍管理制度改革，激发教师队伍的生机与活力。

一要探索教师岗位分类管理。近年来，高校在教师岗位分类模式方面进行了积极的改革探索，推动了教师由“身份管理”向“岗位管理”的转变。现在的问题是，高校教师分类体系还不够健全，分类办法针对性不够强，存在人员分类与管理相分割的状况。下一步要加大改革探索力度，按教师和非教师、岗位职责和岗位等级、全职和非全职人员细化分类，建立比较完善的高校教师分类体系；对不同类别教师的聘用、评价、晋升、薪酬、社保等方面实行不同的人事管理政策和办法，使每一位教职员工都能在各自岗位上履行职责，发挥积极性、主动性和创造性。

二要创新教师薪酬激励机制。创新薪酬激励机制是近十年来高校教师人事制度改革的鲜明特点，主要体现在：以设立“长江学者”奖励津贴为突破口，创新高层次人才激励机制；探索实施校内岗位津贴制度，建立以岗位工资为主要内容的校内分配办法；推进岗位绩效工资制度实施，深化高校收入分配制度改革。但目前高校教师薪酬水平的市场竞争性还不够强，保障机制还不健全，各类人员之间特别是关键管理岗位与高级教师岗位之间的收入分配关系还不够协调，“激励不够”与“保障不足”并存。因此，要按照国务院提出的事业单位绩效工资制度改革分三步走的部署，积极稳妥地启动实施绩效工资制度改革，重点是建立科学的绩效工资水平决定机制、完善的分配激励机制、合理的经费分担和保障机制、健全的宏观调控机制。要合理确定高校绩效工资总量与水平，特别是合理确定基础性与奖励性绩效工资的比例，逐步理顺并规范校内收入分配关系，妥善解决高校实施绩效工资所需经费保障问题。

三要建立教师流转退出机制。目前，高校教师的退出机制尚未建立，还没有有效解决“只能进、不能出”、“出不去、流不动”的问题和岗位职务“只能上、不能下”的问题；还没有对退休教师实行社会化保障机制。这已成为高校教师人事制度改革面临的最突出的“瓶颈”。在当前外部政策环境还不是很完备的条件下，我们鼓励高校重点在三个方面推进改革。一是建立原事业编制内教师的分级流转机制，通过岗位管理制度和岗位聘用的实施，强化聘期管理与考核，积极促进“能上能下”、“分级流转”、“非升即转”。二是加快建立新进人员的退出机制，对签订聘用合同的新教师，加强聘期考核。对于考核不合格的，高校应及时办理解聘手续。三是积极推进高校养老保险制度改革，建立社会化的养老保险制度，探索建立符合教师职业特点的补充养老保险制度，使在高校工作时间较长的优秀教师享受较好的养老待遇。

三、关于“2011计划”

“2011计划”启动实施以来，大家都十分关注。一些省区市行动迅速，已研制落实方案和实施意见。一些行业产业部门也积极响应，有的已明确了行业重大任务的投入。特别可喜的是，一批大型骨干企业主动上位，主动提出需求、主动投入资金，支持“2011计划”实施。很多高校成立了“2011计划”领导小组或其他专门机构，积极组织和推动计划实施。

2012年7月6日，全国科技创新大会召开。教育部把实施“2011计划”作为落实大会精神的首要任务，组织专门力量，深入各地开展专题宣讲和调研活动。我们发现，不少高校对“2011计划”在认识上还存在一些困惑，理解上还存在一些误区，操作上还存在一些偏差。集中表现在以下几点。一是创新体现不足。有些学校把协同创新简单地理解为现有科研工作的延续，局限于老套路、老办法，没有体现协同的更高要求。二是改革体现不足。一些高校把已有的基地和平台进行简单的整合与拼凑，忙着拉队伍、编方案、写本子，把协同创新搞成了大拼盘、大联盟，没有实质性体制机制改革内容。三是培育体现不足。一些高校沿用传统思维，关心的仍是国家计划建多少，财政投入总盘子是多少，为争项目一下子提出十几个，甚至几十个协同创新中心，没有把重点放在培育上。

实施好“2011计划”，首先要解决认识问题。我认为，关键要把握好七个核心点。一要把握推进协同创新这个主题。协同创新不是一般意义上的简单组合，而是具有充分协同创新基础、条件和内在需求的主体间的深度融合，是产学研合作的深化与升华。二要把握解决国家重大需求这个根本出发点。这既是目标和方向，也是标准和条件。重大需求不是从论文和成果中提炼出来的，也不是简单地从各种规划中照搬下来的，必须要真正地来源于国家重大需求，来源于区域发展的重大问题，来源于行业企业的重大任务。三要把握“三位一体”创新能力提升这个核心任务。该计划不仅是一个科研计划，而且是人才、学科、科研“三位一体”的计划，是一个政产学研用紧密结合的计划。通过计划的实施，促进形成一批优秀创新团队，培养一批拔尖创新人才，产出一批具有标志性的创新成果，在培养人才、服务社会中实现知识价值的创新。四要把握突破体制机制“瓶颈”这个改革重点。该计划不是传统意义上的简单项目，而是涉及多方面的系统性综合改革。开展协同创新必须同步推动高校在组织管理、人事制度、人才培养、人员考评、科研模式、资源配置方式、国际合作以及创新文化建设等方面的改革，突破高校内部与外部的体制机制壁垒，改变“分散、封闭、低效”的现状，充分释放人才、资源等创新要素的活力。五要把握培育组建这个工作前提。该计划不是白手起家、平地起高楼，而是以充分挖掘现有学科优势为基础，进行组建和培育协同创新实体的先期准备和积淀，形成集聚创新力量。培育是关系“2011 计划”成败的关键，绝不能一哄而起，也不能盲目攀比。六要把握建立协同创新模式这个关键纽带。鼓励高校积极探索建立适应于不同需求、形式多样的协同创新模式，实质性地推进校校、校所、校企、校地以及国家间的深度合作。七要把握“协同创新中心”这个实施载体。按照“分模式、定标准、按比例、相对稳定”的原则，对经批准认定的“2011 协同创新中心”将给予引导性或奖励性支持；对需要政策支持的将根据实际需求在人事管理、人才计划、招生指标、科研任务和分配政策等方面给予优先或倾斜支持。这里我特别强调，“2011 计划”的实施四年一周期、每年一评审，是一个持续不断的建设过程，面向各类高校开放，不限定范围，不固化单位。这个计划实施下来，将不会有“2011 高校”这个概念，只有“2011 协同创新中心”这个实体。

近日，袁贵仁同志对计划实施做出重要批示：做好“2011 计划”首先要统一认识，其次要严格标准，再次是明确程序。今年首批宁缺毋滥，要把争项目、争经费的风气从此次活动开始扭转过来，引导到提高水平、服务国家的大局上来。为此，下一个阶段将重点开展以下工作。一要开展专题研讨，加强交流引导。结合学习贯彻全国科技创新大会的精神，组织召开多种形式的“2011 计划”体制机制改革研讨会，增强高校对“2011 计划”的深入理解，细化改革的思路和操作。二要抓好典型案例，做好重点推进。选择一些具有较好“潜质”的协同创新中心进行重点跟踪，协助高校加快推进，总结经验，形成案例，引导和带动其他高校。三要加快建章立制，完善工作机制。面向社会征集“2011 计划”评审专家，建立评审认定和管理信息系统，尽快出台《2011 协同创新中心评审认定管理办法（暂行）》，细化评审体系，明晰各阶段任务和操作规程，建立科学、客观、规范、高效的评审机制。我们将按照袁贵仁同志的要求，做好 2012 年的评审工作，把真正能够解决国家重大问题、冲击世界一流的选出来，把真正培育、真正改革的选出来，把具有典型示范和广泛影响的选出来，为“2011 计划”的实施开好头、树好旗。

四、关于建设现代大学制度

在调研和座谈中，咨询委员以及社会各界普遍认为，在高等教育改革发展中，建设中国特色现代大学制度带有基础性和关键性。为指导这项改革，我们遴选 27 所高校进行试点，教育部出台了《高等学校章程制定暂行办法》、《学校教职工代表大会规定》两项规章，各高校按照教育规划纲要提出的“依法办学、自主管理、民主监督、社会参与”的要求，积极探索现代大学制度的实现形式。2012 年 7 月 11 日出版的《光明日报》以《探索完善中国特色现代大学制度》为题，对此进行了全面深入报道。我体会，建设中国特色现代大学制度，要抓住五个关键点。

第一，加强章程建设。这是中国特色现代大学制度建设的重要切入点。章程确定一所大学基本运行和管理的制度，可以形象地理解为大学的“宪法”，高校各项活动都应当以章程为依据。据了解，目前大部分高校都没有制定章程，教育部直属高校制定章程的还不到一半。为推动这项工作，2011 年教育部颁布了《高等学校章程制定暂行办法》，并要求全国所有高校在 2012 年内启动章程制定或修改工作。国家教育“十二五”规划明确提出，到 2015 年，形成“一校一章程”的格局。我们希望高校能把章程建设作为现代大学制度建设的一个重要切入点和着力点，作为发动广大师生员工共同参与学校改革发展、凝练学校特色的良好契机，逐步形成以章程为核心的依法治理机制。下一步，教育部以及各省区市教育厅将适时启动章程核准工作，引导和督促高校加快章程建设步伐。希望章程制定比较成熟的直属高校，尽早提交高质量的章程报教育部核准。

第二，进一步落实和扩大高校办学自主权。这是建设中国特色现代大学制度的重要保证。《高等教育法》明确规定了高校办学自主权的内容，教育规划纲要要求进一步落实和扩大高校自主权。做好这项工作，从政府层面来讲，教育部将尽快颁布实施《依法治校实施纲要》，着力推进依法行政、依法治教，通过法律、政策指导、标准、拨款等多种手段加强管理服务，继续清理、减少和规范教育行政审批事项，下决心整合和减少专项，减少各类评审。我们将结合改革试点，研究扩大高校办学自主权的一揽子解决方案。从学校层面来讲，权力也是责任，高校要不断增强行使自主权的能力，特别是完善学校自律机制。只有将办学自主权的下放与政府监管、高校自律、社会监督机制的完善相结合，才能彻底突破"一放就乱"、"一管就死"的怪圈。

第三，坚持和完善党委领导下的校长负责制。这是中国特色现代大学制度建设的根本要求。《高等教育法》第39条已对这一领导体制做出明确规定，高校基层党组织条例也有表述，这个问题不应有体制争论。这一体制是由我国国情和高校特点决定的，是党对高等学校领导的根本制度，是高等学校坚持社会主义办学方向的重要保证。我们不用怀疑、不能动摇。现在的重点是如何落实好这一规定，解决好运行中存在的问题、发挥好这一体制的优势。中组部、教育部正在研究制定实施意见。各高校要研究具体的实施办法，健全各项议事规则和决策程序。我认为，在体制运行过程中，党委重在谋划和决策，发挥好在学校改革、发展、稳定中的领导核心作用；校长重在指挥和管理，发挥好在学校行政工作中的组织领导作用。书记和校长有分工有合作，要特别注意把握好"集体领导、科学决策、党政合作"这三个关键点，抓好"沟通、决策、实施、保障"四个环节。任何一个现代组织都存在集体领导和个人作用的关系、民主和集中的关系。书记、校长要做社会主义政治家、教育家，都要自觉地贯彻民主集中制，要有这样的政治觉悟，要有这样的职业操守，要有这样的个人修炼。在党性修养方面，要有"大局观念、大家风范、大气底蕴、大度潜质"；在工作方法上，要讲团结、讲沟通、讲合作，"心往一处想、劲往一处使"，"说一件事，打一个点"。有的同志认为书记与校长最好的状态是"性格相容、理念相通、坦诚相待、高度信任"，概括起来，就是"容、通、诚、信"四个字，我很赞同。

第四，加强学术组织建设。这是中国特色现代大学制度建设的内在需求。高校行政与学术的矛盾是一个带有普遍性的问题，国外大学也是如此。学术组织建设是处理好这一矛盾的关键。调研中我们发现，高校学术委员会在学术事务管理中发挥着重要作用，但是学术委员会的组成、权限和运行程序还有待进一步完善，校院两级学术组织的建设都有待加强。我认为，要建设高水平大学，必须要有一批潜心做学问的教授和比较成熟的学术组织，充分发挥学术委员会在学科建设、学术评价、学术发展中的作用，充分发挥教授在教学、学术研究和学校管理中的作用。当前，应注重整合校内学术组织，扩大学术组织在学科建设、专业设置、制定学术规则、分配学术资源、处理学术争议等方面的权力，处理好学术委员会和职能部门的关系，研究制定学术委员会和教授委员会的议事规则和工作办法，真正做到"学术的事，多听教授的"、"上课的事，多听老师和学生的"。

第五，加大力度推进试点学院改革。这是中国特色现代大学制度建设的有力抓手。设立试点学院，是一项以创新人才培养体制为核心，以学院为基本实施单位的综合性改革。实际上就是在高校内选择一些学院，建立教育教学改革特别试验区，以点带面。试点学院重点要在改革人才招录与选拔方式，改革人才培养模式，改革教师遴选、考核和评价制度及完善学院内部治理结构四个方面进行探索。目前，已有17所高校率先开展了试点学院改革，在取得成效的同时，也遇到了一些现实困难和政策突破问题。为了给试点学院改革创造更加良好的环境，在充分调研和反复听取试点学院和主办高校意见的基础上，目前已基本形成了《关于推进试点学院改革的指导意见》，把试点学院提出的改革诉求细化为具体的政策支持举措。我们明确要求，地方教育行政部门要将试点学院纳入本地区高等教育综合改革整体方案，协同相关部门积极支持试点学院改革发展。高校要把试点学院作为学校全面推进改革创新的试验田。试点学院要把改革重心落在创新人才培养、教育教学和体制机制改革上，以改革举措和改革成效争取各方支持。总之，通过推动和支持试点学院改革，为改革高等教育体制机制和创新人才培养模式创造经验、提供示范。

五、关于政策支持与条件保障

在和书记、校长座谈时，大家都希望教育部能多给些政策和经费支持，多提供一些保障条件，以便在质量提升上再跑得快一些。针对同志们的关心和期待，我重点谈三个方面的问题。

第一，支持中西部高等教育发展。当前我国中西部地区高等教育整体发展水平相对落后，东部地区与中西部地区高等教育差距较大的格局还没有从根本上改变。提升中西部高校办学能力，不但是优化高等教育区域布局、缩小地区差距的现实选择，也是维护区域政治稳定和保持民族团结的重要举措，对建设高等教育强国意义重大。我们要从战略和全局的高度认识这个问题。近年来，中央对中西部高等教育支持力度不断加大。2010 年开始设立"中央财政支持地方高校发展专项资金"，支持中西部高校办学条件改善和特色学科建设。2012 年 4 月，启动实施了"中西部高校基础能力建设工程"，重点支持 100 所左右地方高校加快发展。下一步还将实施"中西部高校综合能力提升工程"，重点支持没有部属高校的省份建设一所综合实力较强的地方高水平大学。开展对口支援 10 年来，组织 94 所高校对口支援新疆等中西部 18 个省（区、市）和新疆生产建设兵团的 67 所高校。扩大实施"支援中西部地区招生协作计划"，2012 年招生计划达 17 万人；2012 年启动实施面向贫困地区定向招生专项计划，将连续 5 年面向中西部集中连片特困地区定向招生，以重点大学为主，每年安排 1 万名本科招生名额，着力缩小区域间入学机会差距。正在制订过程中的《中西部高等教育振兴计划》提出和整合了相关的政策措施，目前已形成初稿，初步听取了有关部委、地方和学校的意见。

推动高等教育的改革发展，必须把地方高校纳入工作视野和支持范围。大家知道，全国共有高等学校 2 760 多所，其中 96%的高校是地方高校，1 280 多所高等职业院校几乎都属于地方管理。今后新增的高等教育发展项目多数将同"2011 计划"一样，不设身份限制，直属高校、地方高校、民办高校、高职院校全部纳入进来，实行平等准入、公平竞争、优胜劣汰、绩效拨款、动态管理的政策与项目管理新模式。

第二，探索改革试点的政策突破。目前，425 项国家教育体制改革试点已全面铺开，由高校承担的 228 项高等教育改革试点项目正在有序推进，高校领导非常希望给改革试点特殊政策支持，要求突破原有政策框架，试行新制度、新规定、新办法。对这些建议，国家教改办将按照支持改革试点的政策协调机制和政策突破程序，进行认真研究解决。我感到，改革试点和发展项目都需要支持，但是二者的支持方式还是有区别的。在工作重点上，发展项目重在加强重点领域、薄弱环节，改革试点重在解决重点、难点问题；在目标导向上，发展项目重在扩大增量，改革试点旨在激活存量；在管理方式上，发展项目主要靠资源分配，改革试点主要靠政策支持；在作用发挥上，发展项目是形成集聚效应，改革试点是产生辐射效应。因此，在推进教改试点这个问题上，教育行政部门要从抓发展项目的思维定式中跳出来，用改革的方法推进教改试点。改革试点不但要给予资金经费的支持，更重要的是要研究如何突破现有的政策"瓶颈"，通过多种方式调动和激发学校推进改革的积极性；不但要研究如何用好权，更重要的是要研究如何放好权、管好权，如何做好督查和监控；不但要用下发文件等形式进行总体指导，更重要的是要有针对性地加强分类指导和个别指导；不但要造出声势，更重要的是要做好整体设计，建立工作机制。当前，在国家层面初步形成教改领导小组统筹协调、各部门密切配合，教育部各司局行政推动、国家教育咨询委员会专家指导的工作格局，社会舆论广泛支持，学校的积极性越来越高，这种局面前所未有。希望高校领导全面理解改革试点对学校发展乃至高等教育改革全局的重大意义，增强改革的主体意识、责任意识，不要等待观望，更不能摆花架子、搞形式主义，避免将改革试点从责任变成“荣誉”，防止改革的“空心化”。

第三，加强经费支持与监管。近年来，高校财政性经费大幅增加，从2006年的1 260亿元增加到2010年的2 902亿元。随着高等教育经费投入大幅度增加，财政部、教育部一直致力于合理设计、调整优化中央高校经费投入结构，建立健全高等教育经费稳定增长的长效保障机制。一是大幅度增加日常运转经费，提高高校的资金统筹能力和资金使用自主权。经过几次调标，2012年中央高校本科生平均定额标准达到15 000元，比2008年翻了一番多。据统计，直属高校财政拨款中专项经费占比三年来连续下降，由2009年的50%下降至2011年的42%。大部分地方高校生均拨款水平也超过12 000元。二是科学合理地安排专项经费，着力解决高等教育发展关键领域和薄弱环节问题。对部分专项经费支持范围做了调整，比如，调整修购资金为改善基本办学条件专项资金，扩大了专项资金的支持范围和内容，更加符合高校的实际情况和需求。三是加强教育经费使用管理，切实提高经费使用效益。通过实施绩效评价和绩效预算拨款制度，引导高校树立绩效意识，更加注重质量和内涵式发展。在高校试行设立总会计师职务，提升经费使用和资产管理专业化水平。最近，还将设立高等教育拨款咨询委员会，增强经费分配的科学性，建立更加公开、公平、公正和有效率的经费分配机制。

这里，我还要谈一下加强高校科研经费管理的问题。随着国家科研投入不断加大和科研经费管理改革深入推进，高校科研经费得到大幅度增长。多数高校重视并认真落实国家相关政策规定，不断提高科研经费管理能力水平和使用效益，但在少数高校也出现了一些科研经费使用不当的现象，甚至发生违法违纪行为。对此，我们将在去年出台加强高校科研经费管理的文件基础上，联合财政部研究出台进一步加强高校科研经费管理意见，推动高校转变对科研经费“重争取、轻管理”的观念，增强高校法人主体责任；转变对科研经费“谁争取，谁使用管理”的固有观念，将各类科研经费纳入学校公共财务统一管理范畴。下一步，要选择具有工作基础的部分高校进行先行试点，为全面推进高校科研经费管理工作奠定基础，探索积累经验。

六、关于党建和思想政治工作

近年来，高校党建和思想政治工作不断得到加强，高校师生思想政治状况的主流积极、健康、向上，高校连续22年保持稳定。但在座谈和调查中我们也发现，党建和思想政治工作仍存在一些薄弱环节。一段时期以来，社会上关于大学生党员发展和青年教师思想政治素质的议论比较多，高校意识形态领域也存在一些潜在隐患。这里，我就相关情况谈一些看法和认识。

第一，改进大学生党员发展工作。近年来，各高校普遍建立健全了政治审查、集中培训、发展对象公示、党组织集体讨论和表决等学生党员发展程序，加强学生党员经常性教育，有效保证了大学生党员发展质量。大学生党员比例从1990年的不足2%增加到2011年的13.2%，大学生积极踊跃要求入党，这是高校党建工作的一个重大成绩。中央领导同志在2012年年初全国高校党建会和2012年6月高校党建座谈会上也给予了充分肯定。现在的关键在于要坚持规模与质量相统一、更加重视质量，把学生党建工作的重心放到提高学生党员发展质量上来。一要坚持标准，把政治标准作为首要标准，把综合素质作为重要考察内容，把参加社会实践活动的情况作为重要依据，防止简单地把学习成绩作为发展学生党员的主要条件。二要严格程序，对于入党积极分子的推荐确定、培养教育，发展对象的政治审查、公示，预备党员的接收、教育、考察和转正等各个环节，都要严格把关。三要建立健全教育、管理、服务学生党员的长效机制，抓好学习培训，加强实践锻炼，严格组织生活，从政治、思想、学习和生活上关心爱护帮助学生党员。

第二，加强高校青年教师思想政治工作。35岁以下青年教师占高校专任教师总数的45%，他们是高校教学科研主力，他们的思想行为对学生的影响很大。从2012年开展的第21次高校师生思想政治状况滚动调查看，有些青年教师对基本国情和国家大政方针了解还不够深入、入党意愿不足，青年教师面临的经济压力、职称晋升等困难相对较大。中央领导同志多次指出，要切实把加强青年教师思想政治工作作为高校党的建设一个重大而紧迫的问题来抓，帮助青年教师在思想政治素质和业务素质上全面进步。我们一要坚持政治上的正确引导，密切与青年教师的思想沟通，深入细致地做好思想引导工作，及时将他们中的优秀分子发展入党，进一步增强青年教师对中国特色社会主义的思想认同、政治认同、情感认同。二要坚持专业上的着力培养，制定符合青年教师特点的培养措施，支持优秀青年教师主持科研项目，强化对青年教师奖励的导向，为他们施展才干提供更多机会和更大舞台。三要坚持生活上的热情关心，把思想引导与帮助青年教师解决学习、科研、生活中的困难结合起来，为他们的工作和成长创造良好条件。

第三，做好高校意识形态工作。高校是重要的教育阵地，也是重要的思想文化和意识形态阵地。当前，意识形态领域渗透与反渗透斗争异常复杂。十八大召开前，思想理论界出现了一些杂音噪声，特别是少数人利用敏感事件趁机发声，凭借学校的特殊地位和教师这个特殊身份制造影响，个别还比较突出。讲政治是做好高校意识形态工作的第一位要求，在事关政治方向和根本原则的问题上必须始终保持旗帜鲜明和立场坚定，牢牢把握党对意识形态的主导权。2012 年以来，教育部党组已召开两次部分高校党委书记维稳工作座谈会、三次抵御防范渗透、做好重点人工作专题会议，亮明了态度，明确了要求。我们要把这些工作摆在十八大前和会议期间维护高校稳定工作的突出位置来抓，决不能让少数人扰乱思想、影响大局，决不给错误思想提供传播渠道。高校领导要把好关，加强高校讲座、研讨会、报告会、学术刊物和接受境外基金会资助的管理，发现问题要及时纠正并报告。总之，要切实管好自己的人，管好学校的阵地，管住可能出的事。

利用今天下午的时间，谈了上面 6 个问题，与大家共同交流，不足之处，请大家批评指正。咨询会上，我们的主要任务就是来听取各位咨询委员和同志们的意见和建议。明天上午，会议还安排了专题咨询的环节，教育部党组成员将分组参加，高教有关司局的主要负责同志将接受大家的问询。希望大家知无不言、言无不尽，进行深入的沟通和交流，我们一起努力，共同制定好、实施好高等教育改革发展的政策措施，为推动高等教育事业的科学发展做出更大贡献！

（2012 年 8 月 20 日）

创新思维　科学定位　努力提高 教育规划服务经济社会发展的能力和水平

——在2012年全国教育发展规划工作会议上的讲话

鲁　昕

教育规划是对未来一个时期教育事业全局性、长期性、基本性问题的系统思考，是对中长期教育改革发展目标任务、原则思路、政策举措的整体谋划和具体部署。教育发展规划工作事关教育改革发展大局。当前，教育发展规划工作要深入分析经济社会发展趋势，准确把握教育事业发展的宏观背景，创新思维、科学定位，树立宏观意识、增强全局观念，提高规划引领指导、宏观管理教育的能力，推动提升教育规划服务经济社会发展的能力和水平，使教育更好地服务于国家经济社会发展全局。

一、树立全局意识，增强教育服务国家战略的自觉性和主动性

做好教育发展规划工作要求具有国际视野、全局观念，要求站在国内外经济社会发展全局的高度，以国际眼光和宏观角度，清醒认识新时期经济社会发展趋势，正确把握教育事业发展的阶段性特征，准确理解教育改革发展的使命要求。

（一）深刻认识经济社会发展的新趋势

从国际上看，为了应对金融危机，各国纷纷推出新的中长期发展战略，反映出当前和今后一个时期世界发展的四个重要趋势。

一是做大、做强实体经济成为共同战略取向。发达国家在总结国际金融危机原因和教训的基础上，提出了再工业化战略，把发展实体经济作为重振经济的重点。美国提出，要重返制造业巅峰，出台政策吸引海外制造业“回流”，提出“先进制造业伙伴计划”，设立“白宫制造业政策办公室”，着力培育和发展高端制造业，通过信息网络、云计算等技术创新把制造业引回去。欧盟加快“再工业化”进程，试图打造全球领先的工业基地。英国提出，英国制造与英国创造同样重要。德国、瑞士等国长期以来把发展职业教育作为支撑产业核心竞争力的重要选择，力图保持其在高端制造业领域的强大竞争力。新兴经济体国家也把发展实体经济、提升制造业水平作为优先发展方向。印度提出10年内将制造业占GDP比重提高到25%。巴西提出新工业政策，促进国内工业发展，提升本国企业竞争力。

二是战略性新兴产业成为关键突破方向。不少发达国家调整产业发展战略，把绿色、低碳技术及其产业化作为突破口，重点瞄准新能源、新材料、信息技术、生物工程等战略性新兴产业，力求形成新的支柱产业。美国推出绿色经济复苏计划，力图在新能源、节能环保、无线网络、医疗卫生、信息技术等领域取得突破。欧盟实行绿色技术研发计划，宣布2013年前投资1 050亿欧元发展绿色经济，保持在绿色技术领域的世界领先地位。德国大力发展风能、生物能等可再生能源和各类节能环保技术，明确提出2020年绿色能源将占其能源总需求的 35%。英国从生物制药、绿色能源等方面，加强产业竞争优势，发展知识密集型产业。日本制定“新经济增长战略”，大力发展环境能源、健康医疗等 7 个重点领域 21 项战略项目，开展绿色创新和生活创新。

三是创新成为越来越重要的发展理念。各国更加重视技术、产业、理念创新，创新二字已成为各国发展战略中出现频率最高的关键词。美国制定了“创新战略”，提出将研发投入提高到占 GDP 的 3%这一历史最高水平，并加紧推动工业界、高校和联邦政府建立“创新联盟”，制定五大行动计划和多项配套政策。欧盟强调培育知识创新型经济，实施“创新联盟计划”，制定科研创新政策，支持卓越科学研究，保障产业创新领导力。德国明确提出，到 2020 年使德国成为世界上“最适于研究的国家”，确保德国科研水平处于世界领先地位。俄罗斯出台“创新发展战略”，提出到 2020 年，将创新产品占工业总产值的比重提高至 25%—35%，促进经济由资源型向创新型转变。

四是加快人力资源开发成为各国的重大战略选择。各国均将人才视为未来国际竞争的关键，加强本国人才培养，想方设法培养和吸引国际高端人才。美国实施“教育超越”治国理念，在学前教育方面，实施“领先教育”计划；在基础教育方面，加强科学、技术、工程和数学教育，实施薄弱学校改造计划；在高等教育方面，加大投入，提出了“美国人毕业计划”，拟投入 120 亿美元专门用于发展社区学院，帮助青年及失业人员接受职业技能培训，谋求在未来 10 年内使大学生占人口比例重回世界第一。欧盟推出了高教改革新战略——“欧洲高等教育体系现代化议程”，通过全面革新高教体系，有效配合欧洲就业与经济增长战略的实施，并制订了“教育和培训 2010 计划”，大力提高教育和培训的质量和效能，扩大全民接受教育和培训的机会。澳大利亚把教育作为提高本国生产率、增强经济可持续发展能力的核心要素，加大对教育的投入。日本出台了作为中长期发展规划的《教育振兴基本计划》，重新确立了“教育立国”战略。俄罗斯发布了《2020 年前的俄罗斯教育——服务于知识经济的教育模式》，推动建立服务创新型经济发展的现代教育模式。印度“十二五”规划把教育放在最高度优先发展的战略地位，大幅增加教育投入。巴西出台《科学无国界计划》，加大人才培养和吸引力度。

这些趋势反映出世界主要国家中长期发展战略的新变化，目的就是超前谋划未来发展，培育新的竞争优势和经济优势，其实质是培养创新人才，开展技术创新、产品创新、产业创新、理念创新。最近，以美国著名未来学家杰里米·里夫金为代表的学者关于“第三次工业革命”的预测引起广泛关注。他在《第三次工业革命》一书中提出，一种建立在互联网和新材料、新能源相结合基础上的第三次工业革命即将到来。他认为，第一次工业革命以 18 世纪后半叶英国纺织业机械化为标志，第二次工业革命以 20 世纪初福特汽车公司大规模生产流水线诞生为标志，第三次工业革命将以制造业数字化为核心，使全球技术要素和市场要素配置方式发生革命性变化。这场新工业革命有三大特点：一是直接从事生产的劳动者快速下降，劳动力成本占总成本的比重会越来越小；二是个性化、定制化的生产，要求生产者贴近消费者与消费市场；三是制造业数字化将引领第三次工业革命，3D 打印机、智能软件、新材料、新能源、灵敏机器人、新的制造方法及一系列基于网络的商业服务将形成合力，成为改变经济社会的巨大力量。第一次和第二次工业革命的集中化、规模化的经营活动将被第三次工业革命的分散化、个性化经营方式取代，这标志着以合作、社会网络为特征，以行业专家、技术劳动者为主要从业人员的新时代即将开始。这些趋势对我国的教育结构、学科专业、课程设置、教学模式等都将带来深刻变化和影响。

从国内看，我国经济社会发展呈现四个重要特点。

一是我国进入全面建成小康社会的关键时期。我国经济保持了连续 30 多年的高速增长，人均国内生产总值已达 5 432 美元，进入中等收入国家行列，正处于跨越“中等收入陷阱”、实现经济持续增长的重要阶段。近些年，许多国家的现代化进程中止在这道坎上，仅有日本、韩国、新加坡等少数国家成功跨越，实现了向高收入国家的转型。这些国家能够成功转型主要有合理的教育结构。我国能否跨越“中等收入陷阱”，事关现代化目标的实现和民族的复兴。

二是转变经济发展方式成为工作主线。以科学发展为主题，以加快转变经济发展方式为主线，实现经济结构战略性调整是当前和今后一个时期我国经济社会发展的一项战略任务，贯穿经济社会发展全过程和各领域，事关思想观念、经济结构、体制机制的深刻调整，是我国经济社会领域的一场深刻变革。

三是基本公共服务体系建设成为工作重点。当前，我国基本公共服务供给不足、不平衡的矛盾十分突出，基本公共服务的规模和质量难以满足人民群众日益增长的需求。基本公共服务作为公共产品向全民提供，保障人人享有基本公共服务是政府的职责，是建设服务型政府的目标。

四是区域协调发展成为工作方向。改革开放30多年来，我国经济社会取得了快速发展，但东、中、西部经济社会发展不平衡，地区间的发展差距逐步拉大，老少边穷地区发展滞后，影响了全面建成小康社会目标的同步实现，缩小区域发展差距、推动区域协调发展已成为当前的紧迫任务。

我们要深入研究这些经济社会发展的新趋势、新特征，为增强教育工作的主动性、前瞻性，提高教育服务经济社会发展的能力奠定基础。

（二）正确判断教育事业发展的阶段性特征

近年来，教育普及水平和层次显著提高，教育公平程度大幅提升，教育发展基础更加坚实，教育发展取得了显著成就，为我国经济建设、国力增强、民生改善做出了重要贡献。我国教育总体上进入了全面提高教育质量、科学安排教育结构、推进基本公共教育服务均等化、促进各级各类教育协调发展、建设人力资源强国的新时期。

一是教育的国际竞争日益加剧。当前知识越来越成为提高综合国力和国际竞争力的决定性因素，人力资源越来越成为推动经济社会发展的战略性资源，科技、教育、人才竞争在综合国力竞争中的重要性日益凸显。世界各国围绕人才、科技和教育的竞争日趋激烈。教育对提高人民群众科学文化素质、发展科学技术具有重要基础性作用，已成为世界各国抢占未来发展制高点的关键领域。世界各国加大了对教育的投入，通过大力发展教育提高国家竞争力。同时，国内各省区市之间的教育也存在竞争，各省区市纷纷采取优惠政策，吸引高端优秀教育人才；提供土地、校舍等资源，吸引高水平学校入驻办学；加大教育投入力度，加强资源配置，努力把当地建设成区域教育中心。

二是全面提高劳动者受教育年限的要求日益强烈。经济社会发展离不开劳动者素质的提高。劳动者受教育年限决定了劳动者的素质，也决定了产业升级的水平。当前，我国新增劳动力平均受教育年限12.7年，仅相当于高中毕业水平，与发达国家平均受教育年限15年相比，还有较大差距。随着知识经济及第三次工业革命的到来，产业升级调整及基本公共服务的建立，经济社会发展对高素质劳动者提出了更高需求，人民群众对教育的期望也越来越高，这些都强烈要求加快教育发展。

三是合理安排教育结构成为紧迫任务。当前我国已建成了世界上最大规模的教育体系，从绝对数量上看，是当之无愧的人力资源大国和教育大国，但教育结构仍然不尽合理。教育结构是由经济社会发展需求决定的，不同的发展阶段有不同的教育主流需求。工业化进程的规律，是从轻纺工业到重化工业再到高新技术产业。在工业化进程的初期——轻纺工业阶段，普及义务教育就能满足人才需求；在工业化进程的第二阶段——重化工业阶段，主流需求是职业教育，需要培养技术技能型人才；在高新技术产业阶段，需要发展结构合理的高等教育，培养高技能人才和拔尖创新人才。总之，教育规律要符合生产力发展规律，要立足经济发展阶段确定合理的教育结构，不断优化人才培养结构、学科专业结构、区域布局结构。

四是构建基本公共教育服务体系任务日益艰巨。2012年7月印发的《国家基本公共服务体系“十二五”规划》，明确基本公共教育服务体系是基本公共服务体系的重要内容，把推进基本公共教育服务均等化作为“十二五”时期一项重要任务，这对于缩小城乡、区域教育差距具有重要意义。“十二五”时期重点要巩固提高九年义务教育，基本普及高中阶段教育和学前一年教育，完善家庭经济困难学生资助政策，建立、健全基本公共教育服务体系。

五是现代教育体系还需完善。要围绕中央关于经济建设、政治建设、文化建设、社会建设及生态文明建设“五位一体”的总体布局，建设现代教育体系。为加快转变经济发展方式、打造制造业强国奠定人才基础，急需建立适应需求、外部对接、内部衔接、多元立交，具有中国特色、世界水准的现代职业教育体系；为给学习者提供更加全面的教育服务，推动形成学习型社会，急需构建时时能学、处处可学、人人皆学的终身教育体系。通过现代教育体系建设，推动我国从人力资源大国向人力资源强国、从教育大国向教育强国转变。

（三）全面提升教育服务国民经济社会发展的能力

教育科学发展对经济实现持续发展具有强大的支撑作用。改革开放以来，我国经济社会快速发展的一个重要动力，就是得益于教育所做的贡献，教育向各行各业培养和输送了一大批高素质劳动者和高级专门人才。面对国内外新形势、新特点、新规律，国家经济社会发展对教育提出了新的使命和要求，需要教育提升八个方面的服务能力。

一是提升服务国家战略的能力。为实现现代化建设“三步走”的目标，我国先后实施了依法治国战略、科教兴国战略、人才强国战略、可持续发展战略、区域发展战略等国家战略，积极构建国家创新体系、现代产业体系、基本公共服务体系、现代教育体系等国家体系，着力建设学习型社会、和谐社会，努力成为科技强国、人力资源强国、文化强国、工业强国。教育要关注国家战略，主动服务、全面对接国家战略，积极承担国家战略中的教育任务，为国家经济社会发展全局做出贡献。

二是提升服务加快经济发展方式转变的能力。长期以来，我国经济增长主要依靠投资和出口，内需拉动不足。经济增长以廉价劳动力投入、过多的物质资源消耗、资源环境破坏为代价，这种发展模式已经不可持续，经济增长必须从粗放发展、外延扩张转到依靠创新驱动、内生增长的道路上来。实现加快转变经济发展方式，根本靠科技，关键是人才，基础在教育。教育要提高普及水平和层次，提高教育质量，优化教育结构，全面提高劳动者素质，为发展方式转变做出贡献。

三是提升服务区域发展战略的能力。国家实施了四大板块的区域发展总体战略以及主体功能区战略。目前，中央对各省区市也有明确的发展定位，要求各地区根据资源禀赋和比较优势，发展各具特色的区域经济。比如，河南建设中原经济区、福建建设海峡西岸经济区、云南建设面向西南开放的桥头堡等。教育是区域发展战略的重要内容，是促进区域经济社会协调发展的基础。要根据不同主体功能区的定位，实行差别化的教育政策，科学规划区域教育发展，促进教育政策与区域发展战略的衔接、配套。

四是提升基本公共服务体系建设的能力。《国家基本公共服务体系“十二五”规划》是国家首个基本公共服务专项规划，明确了国家基本公共服务的制度安排。教育在推进基本公共服务均等化过程中担负着双重使命：一方面，教育是基本公共服务的一项重要内容，其发展质量和水平体现着基本公共服务的质量和水平，担负着加快发展、推进基本公共服务均等化的使命；另一方面，基本公共服务是今后一个时期国家发展重点，建立基本公共服务体系急需大量高素质专门人才，教育担负着加快基本公共服务领域人才培养的使命。

五是提升服务现代产业体系建设的能力。国务院去年以来先后印发了工业转型升级规划、现代农业发展规划、战略性新兴产业规划，并组织编制了现代服务业发展规划。国家“十二五”规划提出了发展结构优化、技术先进、清洁安全、附加值高、吸纳就业能力强的现代产业体系。建设现代产业体系包括改造提升制造业、培育发展战略性新兴产业、大力发展生产性服务业等领域。教育是现代产业体系建设的重要支撑，为现代产业体系建设奠定科技和人力资源基础。一方面，要发挥学校人才培养功能，围绕现代产业体系建设的多层次人才需求，科学预测人才培养数量，优化人才培养结构，改革人才培养模式，实现人才供给与现代产业体系的全面对接。另一方面，要发挥学校科研优势，积极开展基础前沿研究，大力培育和发展战略性新兴产业，运用高新技术加快改造提升传统产业，加快农业科技创新，发展关系民生和社会管理创新的科学技术，不断提高我国自主创新能力，为建设现代产业体系奠定科技基础。

六是提升服务国家创新体系建设的能力。2012年7月党中央、国务院召开了全国科技创新大会，提出到2020年基本建成中国特色国家创新体系，进入创新型国家行列；印发了《关于深化科技体制改革加快国家创新体系建设的意见》，提出了提高科研院所和高校服务经济社会发展的能力、完善科技支撑战略性新兴产业发展的机制等多项举措，要求充分发挥科技的支撑引领作用。教育对建设科学合理、富有活力、更有效率的国家创新体系具有重要推动作用。建设国家创新体系需要促进教育与科技的有机结合，教育与经济社会发展的紧密结合；需要统筹各类人才培养，建设一支规模宏大、结构合理、素质优良的创新人才队伍，加快培养一批科技领军人才和一大批拔尖创新人才。

七是提升服务文化及文化产业竞争力的能力。文化产业是国家新的经济增长点、经济结构战略性调整的重要支点、转变经济发展方式的重要着力点。发展文化产业不仅是提高文化软实力的需要，也是满足人民多样化精神文化需求的重要途径。党的十七届六中全会通过了《深化文化体制改革推动社会主义文化大发展大繁荣若干重大问题的决定》，提出要推动文化产业成为国民经济支柱性产业，建设社会主义文化强国。教育是传承文化的重要载体、引领文化的重要力量、创新文化的重要源泉，在构建现代文化产业体系、形成文化产业格局、推进文化科技创新、扩大文化消费等方面应该发挥重要作用。要发挥国民教育在文化传承创新中的基础性作用，规划好优秀传统文化课程内容。要推动民族文化、民间工艺、非物质文化遗产通过职业教育传承的专业建设，要支持有利于高等教育传承和创新文化的学科建设和基地建设。

八是提升服务解决就业结构性矛盾的能力。就业结构性矛盾不仅是当前存在的一个难题，也是今后一个时期长期面临的问题，给教育提出了永恒的课题。比如，目前社会上就出现了文科学生过多，就业难的现象。教育规划要把解决就业结构性矛盾作为切入点，根据经济社会发展对人力资源的需求确定人力资源供给。学校基本建设、学科专业设置、招生计划、院校布局等均要对接社会需求，引导人力资源供给。要立足市场需求，调整专业设置，优化教育结构，改革人才培养模式，培养适应产业需要、与产业转型升级相匹配的各级各类人才。

二、强化责任意识，提高规划对教育改革发展的引领能力

一个好的教育规划能够起到引领教育发展、推动教育改革的作用。是不是一个好的教育规划，就要看是否符合经济社会发展规律，是否符合教育发展规律，是否体现先导性和前瞻性。教育发展规划工作要以贯彻落实教育规划纲要和教育“十二五”规划为主线，以加强和改善宏观调控为手段，以服务国家战略和人的全面发展为目标，紧紧围绕经济社会发展的迫切需求、教育事业发展的薄弱环节、人民群众反映强烈的热点问题，正确引领教育改革发展的方向。概括地讲，就是要根据新形势，解决新问题，理清新思路，推出新举措，努力开创规划引领教育改革发展的新局面。

（一）以规划为引领转变教育发展方式

国家发展的主线是转变经济发展方式，教育也需要转变发展方式。一要转变发展理念，把教育观念从应试教育转变到素质教育上来，牢固树立全面发展、人人成才、多样化人才、终身学习、系统培养的理念。要根据这些新观念转变发展思路，出台政策举措。二要转变发展模式，把发展重心从注重教育规模扩张、粗放式发展转变到教育质量提升、内涵式发展上来，实现教育规模、结构、质量、效益的协调发展。不要让学校把精力过多地用在争取招生计划、硕博士点、工程项目以及院校升格等数量目标上，要推动教育协调发展、特色发展、创新发展、开放发展、可持续发展。三要转变发展途径，把工作途径从依靠政府财政投入发展教育、被动服务经济社会发展转变到积极调动各方面资源发展教育、主动服务经济社会发展上来。四要转变管理办法，把管理方式从直接管理、审批管理、行政管理转到宏观引导、政策制定、规范管理上来。

（二）以规划为引领参与社会资源配置

教育要服务经济社会发展，积极参与社会资源配置，提高组织动员社会资源的能力，利用社会多元教育需求，引导社会多元教育投入。财政性教育经费占GDP的比例即使达到4%，也是很有限的。要把参与社会资源配置作为新时期教育科学发展、转变发展方式的一条新路。要认真研究国家规划、区域规划、行业规划、企业规划，站在经济社会发展的高度，用宏观的语言，以服务的方式，提出教育服务国家、服务区域、服务行业、服务企业的具体政策措施，在服务中求发展，在参与中引资源。要充分发挥学校的教育、科技、人才等资源优势，以多种方式参与社会资源配置。例如，北京交通大学新校区建设，通过服务北京轨道交通建设，争取到北京市投1亿元；合肥工业大学和宣城市政府合作，宣城市投入18亿元。再如，职业教育与行业企业开展教产合作，仅2011年就获得1 000多亿元资金投入。又如，优质基础教育参与城市综合布局，在为城市配套服务、增加城市功能的同时，也获得了相当可观的资金支持，高校通过科研服务获得几千亿元的资金。这就是教育发展与服务地方需求相结合，用新的发展理念引导社会资金投入、参与社会资源配置的效果。

（三）以规划为引领完善国家教育体系

我国已基本形成了中国特色社会主义现代教育体系，但教育还不完全适应国家经济社会发展和人民群众接受良好教育的要求。教育规划纲要提出了“完善中国特色社会主义现代教育体系”的任务，迫切需要以规划为引领，加强宏观调控，围绕经济社会发展需要，着重健全基本公共教育服务体系，建立现代职业教育体系，完善高等教育体系，加强继续教育体系，推动形成更加完善的中国特色社会主义现代教育体系。

（四）以规划为引领创新国家教育制度

制度建设是教育改革发展的重要内容，制度创新带有根本性，是最重要的创新。教育规划纲要全文有88处提到了“制度”，教育“十二五”规划单列“创新国家教育制度”为第四部分，提出11个方面的制度创新。落实国家规划，推进教育科学发展，迫切需要以规划为引领，加强制度设计。重点推动保证教育优先发展、促进教育公平以及教育与经济社会紧密结合的制度，切实推进教育管理体制、办学体制和学校制度改革，不断完善质量监测、考试招生、绩效评估等制度，强化教育督导，基本建立起科学的教育资源配置体制、管理运行体制和质量保障体制，积极引领教育改革发展。

（五）以规划为引领优化人才培养结构

推动经济社会发展、实现国家战略目标需要合理的人力资源结构作为支撑，合理的人力资源结构需要合理的人才培养结构来实现。从当前我国人才培养结构来看，仍然存在着与经济社会发展需求不相适应的问题，迫切需要以规划为引领，优化教育结构，实现人才培养结构与产业结构、经济结构、社会结构的全面衔接。按照服务需求、调整供给、完善机制的要求，大力推进人才培养结构战略性调整，提升对现代产业体系和公共服务体系的人才支撑能力，加快培养经济社会发展重点领域急需紧缺人才，满足战略性新兴产业、先进制造业、现代服务业、现代农业以及文化发展、社会建设等领域的人才需求。

（六）以规划为引领促进教育公平

教育公平是社会公平的重要基础，是最基本、最重要的公平，必须作为国家基本教育政策予以重点保障。随着全社会对教育公平的诉求日益强烈，迫切需要以规划为引领，不断推动教育公平迈上新台阶。一是促进公共教育资源配置公平。在全国或省区市范围内，教育资源要向农村地区、革命老区、民族地区、边疆地区、贫困地区倾斜；在同一城市和县域范围内，教育资源要向薄弱学校、农村学校倾斜。二是加强特殊群体教育保障。保障特殊群体的受教育权利是实现教育公平的重点和难点，必须采取特殊政策予以特殊支持。重视农民工随迁子女和留守子女教育问题，进一步完善农民工随迁子女就学政策，保证他们能够在流入地全日制公办学校免费接受义务教育；切实关心和解决农村留守儿童的就学问题，加强农村寄宿制学校建设和管理。重视解决残疾儿童就学问题，保障残疾儿童平等接受教育，特别是创造条件让更多的残疾孩子在普通学校随班就读。

（七）以规划为引领提高教育质量

教育质量是教育工作的生命线，是我国教育由大变强的关键。国际金融危机以来，各国都确定了提高教育质量的发展重点。英国、美国把提升学生就业能力作为提高质量的方向，树立多元化和多样性的质量观，更加关注那些不能成为科学家的孩子。日本、韩国强化拔尖创新人才的培养，创建高水平的教育基地。当前我国同世界发达国家的教育差距主要体现在质量方面。因此，要把提高质量作为教育改革发展的核心任务，摆在各级各类教育的突出位置。树立科学的质量观，把促进人的全面发展、适应社会需要作为衡量教育质量的根本标准，加强学生学习能力、实践能力和创新能力培养。健全以提高教育质量为导向的管理制度和工作机制，促进各级各类教育内涵发展与特色发展。建立科学的质量监测评价体系和有效的质量保障体系。充分发挥教育资源配置的导向作用，在制定政策、安排项目、分配资金时注重加强质量导向，促进学校提高教育质量。

（八）以规划为引领改善教育保障条件

推动教育事业优先发展、科学发展，必须以充分的条件保障为基础。教育规划纲要提出到2012年财政性教育经费占GDP4%的目标，对于解决教育长期以来积累的一些突出矛盾和问题，整体提升我国教育发展水平具有重大而深远的意义。我们要抓住这难得的历史机遇，提高教育保障水平，为教育事业的长远发展打下坚实基础。要把学校作为国家重要基础设施，实施教育重大工程项目，加强学校基础能力建设，加强学校运行保障，提高学校标准化、信息化和现代化水平，形成支撑国家教育发展目标的保障体系和物质基础。国家发改委明确提出，从2012年起，将用于教育基础设施的投入占年度投资计划的比例从目前的4%提高到7%。要抓住这个有利时机，加强规划引领，做好项目储备库建设，为增加教育投入打好基础。要注重发挥规划在资源配置中的引导作用，加强教育规划与经费安排的衔接，以规划引领投入、引领建设，科学合理配置公共资源。

三、明确工作重点，认真做好教育宏观管理工作

（一）建立完善规划实施保障监测机制

教育规划纲要已颁布实施两年，国家教育“十二五”规划刚刚发布，各省区市教育“十二五”规划也将相继发布，我们要利用这个有利时机，深入推进各项规划实施，推动教育事业科学发展。一要抓好规划落实工作。规划发布之后，如何推进规划的组织实施，成为规划落实的首要工作。规划落实得好不好，目标能不能顺利实现，关键是能不能有效地组织实施。各地要切实按照规划确定的工作部署，制订工作方案，明确责任，将规划的目标任务落到实处。二要加强各专项规划衔接工作。为实施国家重大发展战略，国家陆续发布了各类区域发展规划、专项规划和产业发展规划，形成了以国家“十二五”规划为核心，各类规划相互衔接、互相支撑的规划体系。各地要重视规划衔接工作，加强本地区规划与国家规划、教育规划与本地区“十二五”规划、教育规划与各专项规划的衔接，使各类规划在政策、目标上协调一致。要完善教育规划体系，要研究制订现代职业教育体系建设规划。三要开展监测评估工作。加强规划的监测与评估，是落实规划的重要举措。教育部将研制教育“十二五”规划监测与评估指标体系，对规划关键指标进行监测分析，将规划实施情况纳入各级政府领导班子政绩考核体系。一些省区市在推动规划实施、监测和评估方面进行了积极探索。例如，重庆建立了规划考核指标评价体系，对各区县和所属高校实施教育规划情况进行监测，取得了较好效果。各地也要建立评估制度，对本辖区教育事业发展情况进行考核评估，推动地方政府切实落实规划。

（二）健全实施学校建设国家标准

学校建设标准是各级各类学校、幼儿园建设的基础和依据，在学校建设中具有基础性、全局性的重要作用。一要健全各类学校建设国家标准。对于没有建设标准的领域，要抓紧研究制订标准；对于标准低、不能满足现实需求和长远发展需要的标准，要尽快修订完善；对于已经出台的标准，要通过举办专题培训班，编印案例、图集、学校建设指南等多种方式，推广落实新标准。要完善标准制订工作长效机制，充分发挥学校建设标准国家研究中心的作用，建立从课题研究到标准编制、论证、审批、发布，再到学习、宣传、落实的系统化工作机制，不断建立健全学校建设标准体系。二要实施好学校建设国家标准。目前不少地方对建设标准的理解和落实更多停留在生均面积这一“量”的概念上，对落实质量、功能方面的要求重视不够，很多校舍存在空间利用率低、功能不合理等问题。各地要结合本地区实际及各级各类教育的要求和规律，从学校建筑的定位、功能、使用等多个环节，细化落实建设标准，充分发挥建设标准指导作用。

（三）强化教育基建公共投资基础工作

当前，随着财政教育投入的增加和预算内基建投资用于教育比重的加大，对教育基建管理工作提出了新的更高的要求，必须加强规划编制、项目储备、制度建设等公共投资管理服务基础工作。一要完善学校基本建设项目库。2011 年 12 月，在武汉召开的学校基本建设规划推进会对此进行了专门部署。应该看到，凡是项目库工作扎实的地方，基本建设规划的质量就高。今后，中央预算内投资项目将主要从项目库中选择。各地要站在进一步争取加大教育基建公共投资、提高资金使用效益和建设水平的高度，扎实推进项目库建设，建立动态调整、跟踪检查机制，使项目库成为服务基本建设、服务事业发展的重要载体。二要学会引导社会资源投入教育基建。各地要拓宽教育基建资金来源渠道，把视野从单一争取财政投入转到争取财政投入与引导社会资源投入等多种方式并举的轨道上来，充分挖掘社会资源投入教育基建的巨大潜力。三要提高项目管理服务水平。要以建立和完善基建工作制度体系为核心，以打造基建工作平台为载体，以提高基建管理和技术人员队伍素质为重点，切实提高教育基本建设项目的管理水平。

（四）合理布局各级各类学校满足多元需求

我国正处在城镇化快速发展阶段，要对各级各类学校进行科学布局，优化结构，统筹促进各级各类教育协调发展，满足国家、区域、行业、企业以及人民群众多元化的教育需求。一是基础教育学校布局要适应就近入学的需要。要适应城镇化深入发展和社会主义新农村建设的新形势，统筹考虑城乡人口流动、学龄人口变化、当地农村交通状况、教育条件保障能力、学生的年龄特点和成长规律等因素，处理好提高教育质量和方便学生就近上学的关系，努力满足学生就近接受良好教育的需求。要促进优质教育资源在城乡接合部、新城区建设中的合理布局。二是职业院校布局要适应产业发展需要。各地要根据本地区主导产业、支柱产业以及新兴产业、当地历史文化特色需求，结合产业园区建设，合理布局职业学校和专业。县级职教中心要根据人口规模进行布局，承担职业教育、职业培训、社区教育、继续教育以及承接开放大学的远程教育等五个功能。三是高等学校布局要适应国家和区域经济社会发展的需要。“十二五”期间，要按照优化高等教育布局与结构的总体思路，按照统筹规划、合理布局，服务国家、服务区域，支持特色、防止趋同，省级统筹、强化管理，分类指导、从严掌握的总体思路，引导高等学校合理定位、办出特色、提高质量。在高等教育资源短缺的中西部地区适度增设高校。优先在缺乏本科学校的中心城市和地级市布点。认真研究新兴中心城市、全国百强县对高校设置的需求。要遵循人口总量和经济总量的规律，认真对待 100 万人口以上规模的城市，当人均 GDP 达到 10 000 美金以上时，城市发展、功能完善对举办大学的需求。建立新设置高校复查制度，对“十一五”期间批准设立的高校进行复查，将复查学校分为优良、合格、待合格三种等级。四是按照形成全民学习、终身学习的学习型社会的要求，布局扩大继续教育资源，构建灵活开放、方便易学的继续教育体系。五是引导合理布局民办学校，形成公办、民办共同发展的格局，满足人民群众多样化的教育需求。

（五）提高招生计划服务结构调整的能力

制订招生计划是实施教育宏观管理、推动教育结构调整的重要手段，是强化省级政府统筹权的重要内容。一要统筹好各级各类教育的规模和结构。根据学龄人口和生源变化、规划纲要规划目标、经济社会发展需求，合理确定各级普通教育和职业教育的办学规模和比例结构。各地要根据发展的阶段特点和产业结构，合理确定普通高中和中等职业教育规模。统筹好年度高等教育招生计划增量和存量，继续实施“协作计划”，缩小高等教育入学机会区域差距。稳步发展研究生教育，新增硕士生计划原则上全部用于扩大全日制专业学位硕士；以扶优、扶强、扶联合培养为导向，建立、健全博士生招生计划的分类指导和动态调整机制。大力发展继续教育，形成与经济社会多样化需求有机对接的终身教育体系。二要用招生计划引导、促进各级各类教育的衔接和沟通。合理确定初、中、高级技术技能人才和专家级技能人才的培养规模，支持有条件、有产业发展需求的省份，积极扩大面向中等和高等职业教育毕业生的招生规模，积极扩大专业学位研究生招生规模。支持各地探索符合职业教育培养规律特点的考试和选拔制度。三要调整优化高等教育学科专业招生结构。加大信息公开力度，根据社会需求和就业信息等数据，建立年度事业发展监测报告发布制度，重点监测艺术类、财经类、管理类、法学类等学科专业的办学条件、规模增长、毕业生就业等情况，研究部分艺术类专业的调控政策。支持有条件的地区探索通过差别化拨款和政府购买等方式，引导所属高校调整优化学科专业招生结构。四要以政策换机制，深化高等教育招生计划管理改革。遴选部分省份和高校，开展强化省级政府高等教育招生计划统筹权、高校博士生招生计划弹性管理等改革试点工作，引导省级政府和高校主动优化高等教育结构。近日，媒体反映，一些省份完不成高职招生计划，个别省份高职招生缺额较大，引起一些议论。这反映出招生计划存在总量和结构的双重问题，给高等教育招生计划管理带来挑战。要分析研究深层原因，针对症结，提出对策。

（六）增强区域教育协调发展合作能力

要积极贯彻落实国家区域发展战略，推进区域教育协调发展，提升教育服务区域经济社会发展的能力和水平。一要强化教育与经济社会发展的紧密结合。各地要立足服务国家区域发展战略，着力推进教育发展与区域发展战略的紧密衔接；要围绕区域发展的重点产业和特色优势产业，科学规划区域教育发展，调整区域教育布局结构和层次结构，着力增强教育对区域经济社会发展的支撑能力。二要加强区域教育之间的协同合作。加强区域间的教育合作，促进不同区域在教育资源配置、人才培养、学科建设等方面的优势互补、互利共赢、共同发展。近年来，一些省区市在推进区域教育交流与合作方面探索了新经验和新模式。比如，长三角两省一市、泛珠三角区域各省区等建立了联动协作机制，搭建了沟通、交流与合作的平台。最近江西、湖南、湖北中三角三省也签订了教育合作协议，积极推进长江中游城市集群教育合作交流。三要加强对口支援。国家建立了对口支援工作机制，由 17 个省市对口支援西藏、19 个省市对口支援新疆、6 个省市对口支援青海。承担对口支援任务的省市要把教育对口支援摆到工作的重要位置来抓。教育部也实施了东部高校支援西部高校计划，直属高校作为国家的高校，要站在政治的高度切实做好这项工作。四是做好教育综合改革试验工作。为配合实施国家区域综合改革试验区建设战略，教育部与上海等地方政府共建了 7 个教育综合改革试验区。上海在推动教育优先发展，重庆、成都在统筹城乡教育发展，贵州毕节市在促进贫困地区教育改革发展等方面进行改革试验，探索出了不少新经验和新模式。各试验区要因地制宜，大胆试验，勇于创新，力争取得新的突破。

（七）落实支持民办教育发展的国家政策

近年来，我国民办教育发展迅速，2011 年各级各类民办学校（教育机构）达到 13 万余所，在校生 3 866 万人，分别占全国总数的 22%、15%。这在扩大教育供给、缓解公共教育财政压力、满足人民群众选择性教育需求等方面做出了巨大贡献。但民办教育发展环境不容乐观，面临着法人属性、产权属性、学校权利、教师权益、会计制度、营利与非营利、合理回报、优惠政策、市场监管、政府服务十大难点问题。为解决这些问题，教育部会同有关部门研究制定《关于进一步促进民办教育发展的若干意见》，提出了 30 条政策措施。由于受到法律法规的制约，部门协调难度大，短期内还难以出台。为此，教育部采取了分步推进、分步实施的办法，先解决教育内部问题，再解决教育外部问题。2012 年 6 月，印发了《教育部关于鼓励和引导民间资金进入教育领域促进民办教育健康发展的实施意见》，提出了 22 条政策措施，放宽民间资本进入教育领域的准入条件，拓展进入渠道，积极清理纠正对民办学校的各类歧视政策，从依法规范管理、提高服务水平、加大扶持力度等方面提出了明确的意见。22 条得到了社会各界的高度肯定，普遍反映文件目标明确、重点突出、措施具体、可操作性强。下一步，要以贯彻落实 22 条为重点，以完善政策措施为突破口，以推进重大改革试点项目为抓手，重点做好三方面的工作。一是细化落实 22 条的政策措施，出台地方落实 22 条的实施细则，努力营造民间资本进入教育领域的良好环境。二是加强制度创新，在财政、税收、建设、土地、社会保障等方面进行政策突破，为国家出台 30 条奠定实践基础。例如，温州出台了支持民办教育发展的 1 个主文件和 11 个配套文件，形成了“1＋x”的政策体系，一年来已吸引资金 33 亿元进入教育领域，取得了良好效果。三是提高政府管理服务水平，加强省级政府教育统筹，坚持扶持与规范并重，不断提高民办教育办学质量，争取形成一批高水平民办学校，切实扭转一些人心目中民办教育质量差、就业能力差、管理水平差、招生困难的形象。

（八）加强和改善学校后勤政府指导和调控

1999 年启动的高校后勤社会化改革，将市场机制引入高校后勤管理，打破了后勤制约高校发展的“瓶颈”，为我国高等教育事业的快速发展提供了有力的支撑。但改革还需深化，高校后勤运行中政策不明确、制度不健全、体制机制制约发展等问题依然存在。要按照教育规划纲要的要求，继续推进高校后勤社会化改革。改革的总体目标是建立“政府履行职责、市场提供服务、学校自主选择、行业自律管理、部门依法监管”的新型高校后勤保障体系。要做到五个坚持：一是坚持后勤服务社会化、企业化、专业化的改革发展方向；二是坚持公益性投入与市场化运营相结合；三是坚持以提高服务质量和保障能力为核心；四是坚持校企分开、管办分离；五是坚持以学生为本，兼顾后勤职工利益。要切实保证后勤服务的公益性，积极稳妥开放后勤服务市场，规范高校后勤服务市场秩序，大力推进后勤行业管理。2011 年，教育部会同有关部门联合印发了《关于进一步加强高等学校学生食堂工作的意见》，这是构建新型高校后勤保障体系的重要指导文件。各地要高度重视，切实按照文件要求，落实各项优惠政策，尽快设立价格平抑基金和针对家庭经济困难学生的价格联动机制，积极开展“农校对接”，全面推动建立兼顾学生承受能力、财政支撑能力、学校负担能力，适应社会主义市场经济体制需要的学生食堂长效运行机制。

（九）改善和提高部属高校基本办学条件

部属高校是我国最优质的高等教育资源，代表了我国高等教育的国家水平，是提高国家核心竞争力的重点所在，是实现创新驱动、绿色发展不可替代的国家力量。长期以来，部属高校为国家经济社会发展做出了重要贡献。但与部属高校的战略地位和承担的任务相比，还存在着教学质量仍需提高、科研发展不适应前沿研究需要等问题，最重要的问题是基本办学条件严重不足，“有大师没大楼”。教育部对此高度重视，多次与财政部、国家发改委沟通，推进问题解决。为争取国家投入，教育部组织开展了理论研究，为争取投资提供理论支撑；确定了“先改善后提高”的工作思路，启动了“部属高校基本办学条件达标工程”；组织部属高校开展了“十二五”基本建设规划编制工作，建立了基本建设项目库。经过努力，近几年部属高校获得中央预算内基建投资实现较大幅度增长，2012 年达 33 亿元，比 2010 年增长 1.5 倍。为加快部属高校基本办学条件达标进程，各校要做好四方面工作。一是依据“92 定额”标准做好达标数据库基础工作。完善达标工程所需建设项目、现有用房基本信息数据库建设，做好达标工程任务基础数据测算工作。二是按照“先易后难”原则提出建设步骤和时间表。根据基本办学条件达标的总体部署，细化工作方案，明确工作时间安排，分步骤、分阶段推进达标进程。三是探索特色、多元的投资渠道。各校要加强对国家和区域经济社会发展需求的研究，结合自身学科优势、行业专门人才培养优势，实现需求对接，争取国家、地方政府更大的支持。例如，前面讲到的北京交通大学、合肥工业大学等高校在新校区建设过程中对接地方需求，就获得地方投入。四是积极参与社会资源配置。用部属高校的重点学科、科研实力、高端人才等优势资源，积极为国家战略、区域发展服务，为满足国家部委、地方政府、行业企业的需求服务，在服务中获得资源分配。

（十）提升教育统计服务科学决策的能力

教育统计是教育管理和科学决策的重要依据。当前教育统计的基本任务是服务教育规划纲要的贯彻落实，重点要抓好两方面工作。一是加强统计基础能力建设。建立科学的统计指标体系和监测评价指标体系，深入开展统计调查和统计分析，提供高质量的统计资料和统计咨询意见，对各级政府实行有效的统计监督，对各级各类教育事业发展状况进行跟踪监测。加强统计培训，力争用3—5年的时间，对全国2 856个县级及以上统计骨干、主管教育统计工作的各级教育行政部门领导及高校统计人员轮训一次。二是提升统计服务决策能力。建立国家教育决策支持统计服务系统，以满足评价规划纲要进展、进行教育国际比较、评价教育服务大局、促进教育协调发展的需要。基于教育法定统计数据，有效连接经济社会、国际比较等数据资源，搭建集技术研发、资源整合、应用管理、综合服务为一体的国家教育数据应用平台。以问题、任务为导向，立足经济社会大系统，采用先进的技术方法，将统计数据信息有效运用于国家教育决策，破解热点、难点问题，发挥监测、评价、预警以及预测功能，为教育管理、决策、教育发展提供科学依据。

（十一）推进教育扶贫工作取得重要进展

2011年11月召开的中央扶贫开发工作会议决定把14个集中连片特困地区作为未来十年扶贫攻坚的主战场，予以重点帮扶，并建立了中央部委具体联系片区的定点联系工作机制。教育部积极支持片区教育事业发展，出台了农村义务教育学生营养改善计划、面向贫困地区定向招生计划以及将特岗计划，实施范围扩大到片区等一系列政策措施。对片区中职学生实行免学费并对家庭经济困难和涉农专业学生给予生活费补贴的政策也即将出台。现正在按照中央领导同志指示精神，制订教育扶贫工程总体方案。拟在片区实施教育扶贫工程，通过教育实施开发式扶贫，加强基础教育、增强职业教育扶贫功能、提高高等教育服务能力、提高学生资助水平、推进教育信息化建设、推进教育改革创新，加快片区教育发展，提高劳动者素质，促进片区群众脱贫致富。目前，正在修改完善工程总体方案，争取尽快报国务院审定后组织实施。各地各校要高度重视片区扶贫开发工作，把教育扶贫作为推进扶贫开发的重要抓手。一是片区内各省市要积极贯彻国务院批准的各片区区域发展与扶贫攻坚规划，围绕规划有关教育内容，细化政策措施，制订实施方案，把落实规划和做好教育扶贫工程结合起来，充分发挥好教育在扶贫开发中的重要作用。二是片区外各省市要认真学习片区区域发展与扶贫攻坚规划，把对口支援和教育扶贫结合起来，把规划内容作为支援重点，把支援片区教育发展作为对口支援的重要工作，扎实推进各项支援工作。三是各部属高校要按照国家要求积极参与国家扶贫开发重点县的定点扶贫工作，立足自身优势和特点，在人才扶贫、科技扶贫、智力扶贫、信息扶贫等方面发挥积极作用。

（十二）建立科学研究服务教育科学决策的工作机制

科学研究是科学决策的基础。面对日益加剧的教育、科技、人才竞争，面对转方式、调结构对教育提出的新要求、面对人民群众对新时期教育发展的新期盼，要加强教育科学决策研究，拓宽思维，跳出教育论教育，提高教育对经济社会发展全局的服务能力。教育部从去年开始，围绕人力资本投资与经济发展方式转变、教育战略决策与国家规划、教育发展与公共政策、教育与产业区域发展、教育与开放经济五个重大问题，先后与北京大学、清华大学、中国人民大学、南开大学、对外经济贸易大学五所高校共建了五个教育科学决策研究中心，对一些重大理论和实践问题开展前瞻性、基础性、战略性的研究。一年来，各中心按照“国家层面、国际视野、全局高度”的要求开展研究，取得了一批高水平研究成果，为教育“十二五”规划、国家基本公共服务体系“十二五”规划、现代职业教育体系建设规划、国家收入分配制度改革等规划编制和重大政策制定提供了理论支撑。这五个中心不仅要为国家战略决策、为教育部党组、为各有关部门服务，也对各地开放。希望各地要利用五个中心高水平的专家队伍，为地方教育与经济社会发展提供决策咨询和专家指导；也希望各地依托当地学校、研究机构的力量，建立地方教育科学决策研究中心，加强重大问题研究。同时，各高校要充分发挥自身学科和研究优势，积极主动参与教育决策咨询，为教育科学决策提供智力支撑。

另外，当前，还要抓好编制现代职业教育体系规划这项工作。建设现代职业教育体系是教育规划纲要做出的重大部署，温家宝总理在今年的政府工作报告中明确将建设现代职业教育体系作为2012年教育改革发展的主要任务之一。建设现代职业教育体系，就是通过合理的教育结构解决国家竞争力的问题，从宏观上构建职业教育的国家制度、国家体系、国家机制、国家体制、国家政策，打通和拓宽技能型人才培养通道。2011年10月，教育部启动了《现代职业教育体系规划》编制工作，并列入了由国务院审批的专项规划。目前已起草完成了征求意见稿。希望各地积极建言献策，帮助修改完善规划文本。同时，各地也要积极探索建设现代职业教育体系，在统筹管理、课程教材建设、中高职衔接、招生考试制度改革、办学体制和人才培养模式等方面加强改革创新，突出区域特色，为国家层面的体系建设提供经验。

发展规划工作事关教育改革发展的全局，责任重大，使命光荣。教育规划工作者要切实增强工作的责任感和紧迫感，在党中央、国务院的正确领导下，在各级党委、政府和有关部门的大力支持下，按照教育部党组部署，从服务国家发展战略大局的高度出发，开拓进取，不断开创教育发展规划工作新局面，把教育发展规划工作提升到一个新的水平，为国家经济社会发展做出更大的贡献。

加强高校科研经费管理 为科技创新提供有力保障

王立英

深入实施创新驱动发展战略，一靠人才，二靠技术。高等教育是科技第一生产力和人才第一资源的重要结合点，在经济转型升级和国家发展全局中居于基础性、战略性地位。完善科研管理体制、加强高校科研经费监管，是保护科技创新人才、激发科研人员创造力的基础工程。

一、充分认识加强科研管理的时代要求

中央提出全面实施创新驱动发展战略，到2020年，实现社会研发经费占国内生产总值2.5%以上的目标，基本建成适应社会主义市场经济体制、符合科技发展规律的中国特色国家创新体系。高校和广大科技工作者，要用战略思维、全局观念、发展意识，认识完善科研管理体制、加强科研管理的重要性、必要性。

加强科研管理是服务国家创新驱动战略的迫切需要。党的十八大提出，要实施创新驱动发展战略。高校是培养高层次创新人才的重要平台，是基础研究和高技术创新成果的重要源泉，是理论研究和文化传承创新的重要阵地，对于提高社会生产力和综合国力具有重大作用，直接关系创新驱动发展战略的实施。当前，62%的国家重点实验室、35%的国家工程实验研究中心建在高校，47.4%的科学院院士、38.7%的工程院院士在高校；我国高校承担了一半以上国家重大科研计划。5年来，高校获国家自然科学奖、技术发明奖、科技进步奖，分别占全国的61%、75%、44%，“千人计划”中高校入选人数占63%，哲学社会科学的研究专家、项目、成果比例更高。高校科研在国家创新体系中占据十分重要的地位，管好科研项目、用好科研资金，直接影响甚至决定整个国家科技投入的效益。管好科研项目、用好科研资金，高投入才会有高产出，否则，投入越高产生的副作用越大，甚至贻误国家战略的实施。

加强科研管理是推进高校内涵式发展的迫切需要。党的十八大提出，要推动高等教育内涵式发展。内涵式发展的核心就是提高教育质量。科研能力是影响高等教育质量的关键要素，决定高校人才培养、社会服务和文化传承创新水平，是高等教育核心竞争力所在。科研经费是提高科研能力的物质基础，使用不合理、管理不规范，会直接影响科技创新能力提升，制约内涵式发展。同时，推进内涵式发展的一个必然要求是，完善高校内部治理。加强高校科研管理，是高校内部治理的重要内容。一所高校科研管理状况，是学校治理理念和管理水平的一个缩影。如果本该严格管理的没有严起来，该有的宽松、和谐、宽容、自由的学术氛围就难以形成，办学质量就难以保证。譬如，有学校认为，近年来学校科研经费快速增长，来之不易，管得过严会影响科研人员积极性、影响科研经费来源，因而管理粗放，发现问题睁只眼闭只眼。其实这是极不负责任的做法，是一种不可持续的管理，久而久之，积重难返，伤害的是科研人员和学校的发展。

加强科研管理是落实立德树人根本任务的迫切需要。教师是立德树人关键。高校教师不仅要在知识能力上育人，还要在科学研究、学术风气上育人，学风是高校师德师风的重要组成部分。实施立

德树人的前提是教师必须首先立好德、做好人。科研是育人的重要平台，科研过程中蕴含着立德树人的根本要求。管理不好科研，会毁掉一批专家教授，影响一批学生健康成长。

二、清醒认识加强高校科研管理的紧迫性

崇高的科学精神和良好的学术素养，规范的科研管理和优质的科研服务，是高校科研事业科学发展的坚实基础和重要保证。近年来，高校科研事业蓬勃发展，为国家科技创新和经济社会发展提供了高水平的智力支撑和人才支撑，不断增强了高等教育发展的核心竞争力。长期以来，高校广大科研人员牢记科教兴国和人才强国使命，紧紧围绕国家发展战略需求，瞄准世界科技前沿，开拓进取，潜心科研，立德树人，为创新型国家建设和高校职能发挥做出了重要贡献。各高校普遍重视科研工作，认真执行国家政策，围绕增强科研能力、服务科研人员，加强和创新科研管理，合理有效使用科研经费，规范科研行为，保证了科研活动顺利进行。可以说，高校科研事业的发展，不仅在科技、教育等领域贡献了巨大力量，而且培育了优良科学精神和学术素养，为全社会树立了典范。

在充分肯定成绩的同时，也要清醒地看到，当前我国科研管理体制与“实施创新驱动发展战略”要求还不相适应，科研管理能力与执行科技政策及纪律要求还不相适应，科研管理方面的问题还相当突出，甚至违纪违法案件时有发生。

从国家管理体制看，科研管理资源分散。当前，我国科研领域问题多发，原因之一是体制和制度存在缺陷。科技项目和经费多头管理又缺少统筹协调，导致条块分割、政出多门，管理标准边界不清晰，难以形成统一要求和管理规范。目前，拥有科技项目立项权的部门，仅中央一级科技预算单位就有 7 个（不包括军口）；科研经费的投入方向、分配机制不合理，导致总体投入不足，但部分项目经费重复投入、过量投入，造成科技资源浪费；科研管理制度太过繁密、太过具体，既不符合科技创新和科研项目高度个性化的规律，又严重束缚了科研人员的创新动力；政府对科技的重视越来越体现在设立各种奖励和资助计划上，结果是科技人员面对名目繁多的奖励和资助计划眼花缭乱，把更多精力用在作预算、跑项目上，科研成果不能体现市场需求；科研人员的价值没有得到充分尊重，智力投入评价和回报不够，个人贡献通过正常路径难以取得，容易挫伤科研人员积极性。

从高校项目管理看，还存在许多薄弱环节。“统一领导，分级管理，责任到人”的科研管理体制不健全，有的学校科研管理重项目申请、轻过程管理，重数量、轻质量；有的学校三级监管责任不明确，特别是院系监管责任和项目负责人直接责任落实不到位；个别管理人员责任感不强，财务把关不严格，服务水平不高，管理粗放；有的学校科研诚信和创新文化建设薄弱。管理制度不健全，个别高校对中央科研管理制度执行不力，没有结合实际，及时制定和完善配套制度；有的学校对国家相关政策的理解存在偏差，制定的科研管理制度缺乏针对性和可操作性；有些高校未按国家政策及时修订校内相关制度，对科研人员智力劳动回报重视不够；学校对外协项目、外协经费、外协成果的管理，缺乏标准和制度遵循，审核把关不严。监督和惩处力度不强，有些高校对科研活动中的违规违纪现象遮遮掩掩、“睁只眼闭只眼”，使得有些科研人员产生侥幸心理，反复违规，屡碰“红线”，久而久之形成不良风气。

从科研经费使用看，违纪违法问题时有发生。一些科研人员通过虚列人员费、专家咨询费、考察调研费、会议费、设备购置费、耗材费等套取科研经费；个别科研人员在立项申报过程中，将自己控制、亲友开办的公司列为协作单位，或通过与其他学校科研人员相互协作方式，进行利益输送，套取科研经费；有的项目负责人用科研经费进行投资和经营，这类现象虽然不普遍，但反复发生，情节严重，有的涉嫌违法犯罪。

科研管理和使用中的问题具有一定的典型性。这些问题，不仅直接影响科技创新，而且严重损害教育的社会道德教化功能及引领作用，严重影响学生健康成长。北京市一位检察官认为：“如不尽快采取措施，掌握大笔科研经费的教授群体可能沦为新的腐败高发人群。”这句话不是危言耸听，必须引起我们高度重视。

三、进一步完善科研管理体制机制

当前，我国科研领域存在的问题是改革发展进程中社会普遍问题在科技领域的体现。解决这些问题，需要通过深化改革，完善体制，创新机制，加强管理。

一要着力创新科技管理体制。建立国家科技重大决策机制，完善中央与地方之间、科技相关部门之间、科技部门与高校之间的协同机制，进一步统筹国家各类科技计划、专项、基金安排，防止重复部署。改革科技评价和奖励体系，大幅度减少政府设立的科技奖励，尤其是面向应用研究成果的奖励，鼓励应用研究更好地面向市场、面向经济社会发展需求。聚焦国家层面的科技项目和投入，引领技术创新的方向占据产业链高端位置、催生新型经济增长，解决好“科技工作面向经济建设”和“经济建设依靠科学技术”的问题。

二要着力完善科研管理政策法规。科研项目和经费审批部门应全面梳理科研政策，出台统一的科研经费管理基本法规。根据不同学科特点完善科研管理制度，特别是适用于人文社科和艺术类学科研究的制度。根据市场价格和地区差异，及时调整差旅费等支出标准。制定统一的课题预算调整办法、横向科研项目管理基本制度。完善结余经费管理制度，赋予高校支配结余经费的权利。要加强科研过程监管，建立科研项目决策、执行、评价相对分开、互相监督的运行机制，加强项目督导、过程管理和项目验收；完善科研经费监管机制，防止科研经费滥用。

三要着力加强科研项目监管。扭转重项目申请、轻过程管理，重数量、轻质量的倾向。建立科研项目决策、执行、评价相对分开、互相监督的运行机制，加强项目督导、过程管理和项目验收。积极化解科研领域存在的问题，这些问题是经济社会转型期由于体制机制不健全导致的结果，要妥善处理解决，保持科研的纯洁和持续发展。推进信息化建设，加强同业监督。弘扬科学精神，完善科研活动行为准则和规范，加强科研诚信和科学伦理教育，发挥科研机制和学术研究团体的自律功能，倡导创新光荣，鼓励独立思考，保障学术自由，营造宽松包容、奋发向上的学术氛围，厚植创新土壤。

深入学习贯彻落实党的十八大精神 推进高校哲学社会科学新的繁荣发展

——在高校社科界学习贯彻党的十八大精神座谈会上的讲话

李卫红

党的十八大是在我国进入全面建成小康社会决定性阶段召开的一次十分重要的大会，胡锦涛同志代表党中央向大会做的报告，回顾总结了过去五年的工作和党的十六大以来的奋斗历程及取得的历史性成就，确立了科学发展观的历史地位，提出了夺取中国特色社会主义新胜利的基本要求，确定了全面建成小康社会和全面深化改革开放的目标，对新的时代条件下全面加强党的建设，推进中国特色社会主义事业做出了整体部署。报告高屋建瓴、丰富深刻、意义重大，为党和国家事业进一步发展指明了方向，是我们党团结带领全国各族人民夺取中国特色社会主义新胜利的政治宣言和行动纲领，是马克思主义的纲领性文献。

十八大闭幕以后，教育部党组及时召开了部党组扩大会议、教育系统部分十八大代表座谈会、直属机关党员干部大会和教育系统学习贯彻党的十八大精神座谈会，下发了《中共教育部党组关于学习贯彻党的十八大精神的通知》。今天，高校社科界的部分领导和专家学者聚集一堂，畅谈学习十八大精神的心得体会，探讨学习宣传贯彻十八大精神、推动高校哲学社会科学繁荣发展的思路举措，这是教育系统学习宣传贯彻党的十八大精神的一项重要内容。刚才几位同志的发言讲得都很好，听了很受启发。下面我就学习贯彻十八大精神、推动高校哲学社会科学繁荣发展讲几点意见。

一、认真学习领会党的十八大精神，自觉地把思想和认识统一到十八大做出的各项重大决策和战略部署上来

当前，摆在我们面前的首要政治任务，就是认真学习领会十八大精神，全面贯彻落实十八大精神，自觉把思想和行动统一到十八大精神上来，把智慧和力量凝聚到落实十八大提出的各项任务上来。深入学习贯彻十八大精神，关系党和国家工作全局，关系中国特色社会主义事业长远发展。对高校社科界来讲，学习好、研究好、宣传好、贯彻好十八大精神，是我们推动高校哲学社会科学新的繁荣发展的根本保证。

学习贯彻十八大精神，首先要原原本本地认真学习阅读胡锦涛同志代表党中央向大会做的报告，把握精神实质。

第一，正确领会和把握党的十八大主题。十八大报告开宗明义地阐明了大会的主题。这一主题，简洁而又鲜明地向党内外、国内外宣示了我们党举什么旗、走什么路、以什么样的精神状态、朝着什么样的目标继续前进这四个关系党和国家工作全局的重大问题，是大会精神最集中最鲜明的体现。这一主题是在全面把握当前世情、国情、党情，全面把握我国发展新要求和人民新期待的基础上提出来的。我们要深刻领会、准确把握这个主题，继续高举中国特色社会主义伟大旗帜，以邓小平理论、

“三个代表”重要思想、科学发展观为指导，始终保持解放思想、改革开放、凝聚力量、攻坚克难的精神状态，全面推进经济建设、政治建设、文化建设、社会建设、生态文明建设和党的建设，坚定不移地沿着中国特色社会主义道路前进，为全面建成小康社会而奋斗。

第二，正确领会和把握高举中国特色社会主义伟大旗帜的重大意义。十八大报告强调，中国特色社会主义道路、中国特色社会主义理论体系和中国特色社会主义制度，是党和人民90多年奋斗、创造、积累的根本成就，必须倍加珍惜、始终坚持、不断发展。报告系统论述了中国特色社会主义道路、理论体系、制度的丰富内涵和相互关系，指出建设中国特色社会主义的总依据是社会主义初级阶段、总布局是五位一体、总任务是实现社会主义现代化和中华民族伟大复兴，提出了夺取中国特色社会主义新胜利的基本要求。学习贯彻党的十八大精神，要进一步增强坚持和发展中国特色社会主义的道路自信、理论自信、制度自信，既不走封闭僵化的老路，也不走改旗易帜的邪路，努力开拓中国特色社会主义更为广阔的前景。

第三，正确领会和把握科学发展观的历史定位。十八大报告强调，总结十年奋斗历程，最重要的就是形成和贯彻了科学发展观。十八大对科学发展观做了新的历史定位，把科学发展观确立为我们党必须长期坚持的指导思想。学习贯彻十八大精神，最重要的就是要深刻领会科学发展观的科学内涵、历史地位和精神实质，牢牢把握深入贯彻落实科学发展观的第一要义、核心立场、基本要求和根本方法。更加自觉地用科学发展观统领我国教育事业改革发展的全局，把科学发展观贯穿到教育工作的各个方面，努力办好人民满意的教育，为把我国建设成为人力资源强国、为实现全面建成小康社会的宏伟目标而努力奋斗。

第四，正确认识和把握全面建成小康社会和全面深化改革开放的新目标。十八大报告从全局和战略的高度，对中国特色社会主义做出了经济建设、政治建设、文化建设、社会建设、生态文明建设“五位一体”的总体布局，提出了全面建成小康社会和全面深化改革开放的新的目标，科学描绘了全面建成小康社会和深化改革开放的宏伟蓝图。“五位一体”建设布局的提出，是中国特色社会主义实践经验的总结，是中国共产党对社会主义社会发展规律新的认识结果。全面建成小康社会和全面深化改革开放，对教育提出了更新更高的要求，工业化、信息化、城镇化、农业现代化建设，经济发展方式的转变，实施创新驱动发展战略等，都需要教育提供强有力的人才支撑。努力办好人民满意的教育，是广大教育工作者神圣而光荣的使命。

第五，正确领会和把握提高党的建设科学化水平的新任务。十八大报告提出了“全面提高党的建设科学化水平”的重大任务，并就党的建设的目标、总体布局和具体任务做出一系列新部署。报告把纯洁性建设与执政能力建设、先进性建设并列为党的建设主线，强调要增强自我净化、自我完善、自我更新、自我提高能力，强调要全面加强党的思想建设、组织建设、作风建设、反腐倡廉建设、制度建设，强调要建设学习型、服务型、创新型的马克思主义执政党，并从理想信念、党群关系等八个方面部署了党建工作的具体任务，提出要开展以为民务实清廉为主题的群众路线的教育实践活动。这些对于在新形势下进一步提高党建科学化水平、更好地发挥党的领导核心作用指明了方向，我们要正确认识和把握提高党的建设科学化水平对中国特色社会主义事业的极端重要性，进一步加强党对教育工作的领导，加强教育系统党的建设，努力在提高党的建设科学化水平方面迈出新步伐。

第六，正确领会和把握党的十八大对教育工作提出的新要求。十八大报告把教育放在改善民生和加强社会建设之首，提出要“努力办好人民满意的教育”的目标任务，充分体现了党中央对教育事业的高度重视，对优先发展教育的坚定决心，为我国教育事业的改革发展指明了方向。报告在全面建成小康社会和全面深化改革开放的总目标中，提出了我国教育改革发展的战略性目标：全民受教育程度和创新人才培养水平明显提高，进入人才强国和人力资源强国行列，教育现代化基本实现。报告还提出我国教育的重要任务是科学发展、人民满意，对教育事业的进一步发展提出了六项具体任务，即坚持教育优先发展、坚持党的教育方针、坚持改革创新、坚持协调发展、坚持大力促进教育公平、坚持加强教师队伍建设。报告号召全党都要关注青年、关心青年、关爱青年，倾听青年心声、鼓励青年成长、支持青年创业，这对广大青年学生和教育工作者是巨大的鼓舞和鞭策，也为高校人才培养指明了方向。我们要认真学习领会十八大对教育事业提出的这些新目标、新任务和新要求，在实践中贯彻落实。

二、准确把握新形势新任务，充分认识加强高校哲学社会科学建设的重大意义

哲学社会科学是党和国家工作的重要组成部分，始终与党和国家工作大局、同国际国内形势的发展紧密联系，高校哲学社会科学是我国哲学社会科学的主要力量，学科齐全、基础厚实、成果突出。当前，国际形势正在发生深刻复杂的变化，我国也进入全面建成小康社会的决定性阶段，学习贯彻十八大精神，进一步加强高校哲学社会科学建设具有重大的意义。

第一，要从国际、国内大势发展上充分认识新形势下加强高校哲学社会科学建设的重大意义。当今世界正处于大发展大变革大调整时期，当代中国正经历着空前广泛的社会变革，我国发展仍处于可以大有作为的重要战略机遇期。面对前所未有的发展机遇和风险挑战，高校哲学社会科学要走在前面，加强战略性、基础性和前沿性问题的研究。要深入研究我国当前重要战略机遇期内涵和条件的变化，总结我国发展的成功经验，积极回应国际社会对“中国道路”、“中国经验”的关切，增进国际社会对我国国情、发展道路、内外政策的了解和认识，使中国发展道路获得更加广泛的理解和认同；要着力推进学术观点、学科体系和科研方法创新，在学习借鉴世界各国哲学社会科学研究的有益成果的基础上，立足我国改革开放的丰富实践经验，加强理论提炼和概括，努力形成具有说服力、感染力、影响力的中国学术话语体系，向世界发出中国“好声音”；要加强社会主义核心价值体系建设，掌握意识形态工作领导权和主导权，坚持正确导向，提升文化软实力，抵御西方敌对势力的思想渗透，壮大主流思想舆论。

第二，要从中国特色社会主义事业“五位一体”总体布局的要求上充分认识新形势下加强高校哲学社会科学建设的重大意义。中国特色社会主义事业发展已经站在新的历史起点上，要积极推进“五位一体”的总布局，迫切要求高校哲学社会科学从理论上深入分析我国发展面临的新情况、新问题，围绕全面建成小康社会的奋斗目标，围绕经济建设、政治建设、文化建设、社会建设和生态文明建设，推出一批有理论性、前瞻性、指导性的成果，研究解决制约我国经济、社会和文化发展的重大现实与政策问题，更加自觉地服务党和国家中心工作，更加自觉地服务社会，更好地提供政策建议、理论依据、解疑释惑和咨询服务，为推动经济社会又好又快发展提供学理支撑。

第三，要从办好人民满意教育的根本任务上充分认识新形势下加强高校哲学社会科学建设的重大意义。我国正处于从教育大国向教育强国、从人力资源大国向人力资源强国迈进的历史进程中。办好人民满意教育，全面开创教育事业科学发展的新局面，迫切要求高校哲学社会科学工作者深入研究和阐释中国特色社会主义教育发展道路、教育理论、教育制度的丰富内涵和鲜明特征，积极探索教育科学发展、教育现代化的新的思路、办法和途径，为推进教育改革发展，提升教育质量和人才培养质量，为把我国建设成为人力资源强国、人才强国、创新型国家提供有力的智力支持。

第四，要从推进哲学社会科学繁荣发展的历史责任上充分认识新形势下加强高校哲学社会科学建设的重大意义。推进哲学社会科学的繁荣发展是国家大事。党的十六大以来，高校哲学社会科学紧密结合中国特色社会主义伟大实践，始终围绕党和国家工作大局，充分发挥跨学科、跨领域、高水平的群体优势，取得了丰硕成果，积累了宝贵经验，呈现出繁荣发展的良好局面，为巩固马克思主义的指导地位、培养德智体美全面发展的社会主义建设者和接班人、提高全民族思想道德素质和科学文化素质、推动社会主义文化大发展大繁荣做出了不可替代的重要贡献。

在看到成绩的同时，也要清醒地认识到高校哲学社会科学工作同党和人民的要求还有差距。概括起来，在学科和教材体系的建设上还不能及时地适应经济社会的发展，反映当代马克思主义最新成果的哲学社会科学基础理论学科和教材建设还要进一步加强；在国内外有重要影响力的学术大师、学术领军人物数量明显不足，理论队伍建设特别是中青年理论人才的培养还要进一步加强；创新环境和文化氛围亟待改善和培育，成果评价和转化机制还要进一步健全；高水平的国际学术交流和合作显的不够，在国际学术舞台上的话语权还要进一步加强；充满活力、相互衔接的制度建设并不健全成熟，中国特色的科研体制机制还要进一步完善。所有这些，都迫切要求我们把握发展机遇、适应新的形势，积极探索高校哲学社会科学发展新的思路、办法和途径，进一步提高工作水平，推进高校哲学社会科学繁荣发展。

三、坚持求真务实、改革创新，推进高校哲学社会科学新的繁荣发展

哲学社会科学是探求社会发展规律的科学。历史在发展，社会在进步，面对建设中国特色社会主义新的形势和任务，高校哲学社会科学要深入学习贯彻十八大精神，以中国特色社会主义理论体系为指导，勇担使命，做好推进高校哲学社会科学新的繁荣发展这篇大文章。

第一，按照科学发展观的要求，全面加强高校哲学社会科学建设。科学发展观是中国特色社会主义理论体系的重要组成部分，是指导党和国家全部工作的强大思想武器，高校哲学社会科学建设要深刻把握科学发展观解放思想、实事求是、与时俱进、求真务实的精神实质，更加自觉地贯彻落实发展这个第一要义，以改革推动发展，以提高质量整合发展，以促进公平引领发展，切实加强高校哲学社会科学的发展机制建设；更加自觉地贯彻落实以人为本这个核心立场，尊重知识、尊重劳动、尊重创造、尊重人才，切实加强高校哲学社会科学队伍建设；更加自觉地贯彻落实全面协调可持续这个基本要求，深化教育教学和科研管理体制改革，推进学风建设，建立和完善以创新和质量为导向的科研评价体系，拓展经费筹措渠道，加大对高校哲学社会科学的投入，切实加强高校哲学社会科学的制度建设；更加自觉地贯彻落实统筹兼顾这个根本方法，扶持基础学科、加强应用学科、发展交叉学科、培育新兴学科，切实加强高校哲学社会科学的学科建设。

第二，以高度的理论自觉和理论自信，继续推进中国特色社会主义实践创新、理论创新和制度创新。当前我国高校哲学社会科学迎来了前所未有的历史机遇。党的指导思想不断巩固和思想理论不断创新，为高校哲学社会科学的繁荣发展提供了强大的理论武器。中国特色社会主义事业蓬勃发展，为高校哲学社会科学的繁荣发展提供了丰富的实践源泉。党和国家的高度重视，一系列重大举措的出台，为高校哲学社会科学的繁荣发展提供了根本保证。我国对外开放不断深化，国际文化交流日益广泛，为高校哲学社会科学的繁荣发展拓展了国际视野。教育规划纲要的颁布实施，我国高等教育的大发展、大跨越，为高校哲学社会科学的繁荣发展注入了新的活力。我们要切实把十八大精神转化为推进哲学社会科学新的繁荣发展的强大动力和实际行动，充分发挥高校哲学社会科学学科优势和人才优势，以高度的理论自觉和理论自信，科学总结和概括中国特色社会主义的实践成就和宝贵经验，不断深化对中国特色社会主义发展规律的认识，不断丰富中国特色社会主义的实践特色、理论特色、民族特色、时代特色。要以邓小平理论、“三个代表”重要思想、科学发展观为指导，以推进马克思主义中国化时代化大众化、建设具有中国特色、中国风格、中国气派的哲学社会科学为根本任务，全面提升人才培养、科学研究、社会服务、文化传承创新的能力和水平，加快建设高校哲学社会科学创新体系，努力建设适应中国特色社会主义事业需要、与我国国际地位相称的高校哲学社会科学。

第三，以培养德智体美全面发展的社会主义建设者和接班人为目标，强化高校哲学社会科学的育人功能。解决好培养什么人、如何培养人的重大问题是教育工作的主题。高校哲学社会科学要把科学研究与人才培养紧密结合起来，把立德树人作为根本任务，深入开展社会主义核心价值体系学习教育，积极参与并认真实施马克思主义理论研究和建设工程，充分发挥高校哲学社会科学在教书育人方面的重要作用，帮助大学生树立正确的世界观、人生观、价值观，不断坚定中国特色社会主义理想信念，不断提高思想道德水平和科学文化素质。要按照中央的部署，充分发挥高校思想政治理论课的主渠道作用，大力推动党的十八大精神进教材、进课堂、进学生头脑，切实加强课堂教学，积极培育社会主义核心价值观，把富强、民主、文明、和谐的观念讲透彻，把自由、平等、公正、法治的观念讲清楚，把爱国、敬业、诚信、友善的观念讲充分，使中国特色社会主义理论体系深入人心，努力把思想政治理论课打造成为学生真心喜爱、终身受益、毕生难忘的优秀课程。

第四，以重大理论和现实问题为主攻方向，着力提升高校哲学社会科学的社会服务水平。哲学社会科学的基础在社会生活，生命力在社会实践，力量在人民群众，人民群众的社会实践是形成哲学社会科学、检验哲学社会科学、发展哲学社会科学的渊源。哲学社会科学理论研究和学术创新要立足于人民群众建设和发展中国特色社会主义的实践、服务实现中华民族伟大复兴。要紧紧围绕全面建成小康社会和全面深化改革开放的目标，结合经济全球化和科技革命的发展态势，结合改革开放 30 多年来中国社会生产力与生产关系、经济基础与上层建筑之间基本矛盾的变化，深入研究社会主义经济建设、政治建设、文化建设、社会建设、生态文明建设和党的建设中的重大理论和现实问题，回答中国老百姓关心关注的切实利益问题，不断推出理论研究、战略研究和对策研究的高质量成果，为党和政府科学决策、民主决策提供理论支持，切实发挥思想库和智囊团作用。

第五，以深入实施高等学校哲学社会科学繁荣计划为依托，加快推进高校哲学社会科学创新体系建设。建设哲学社会科学创新体系，是繁荣发展高校哲学社会科学的内在要求。去年 11 月，中办、国办转发了《教育部关于深入推进高等学校哲学社会科学繁荣发展的意见》，提出了繁荣发展高校哲学社会科学的总体目标、工作方针和主要任务，为推进高校哲学社会科学发展提供了行动纲领。为贯彻两办文件，教育部、财政部联合印发了《高等学校哲学社会科学繁荣计划（2011—2020 年）》，教育部研究制定了《关于进一步改进高等学校哲学社会科学研究评价的意见》、《高等学校人文社会科学重点研究基地建设计划》、《高等学校哲学社会科学“走出去”计划》等配套文件，要认真抓好贯彻落实，深入实施新一轮高校哲学社会科学繁荣计划，大力推进学科体系、学术观点、科研方法、科研组织方式创新，努力构建具有中国特色、中国风格、中国气派的哲学社会科学。要坚持基础理论研究和应用对策研究并重，传统学科和新兴学科、交叉学科并重。加强哲学社会科学各学科之间的交流合作，加强哲学社会科学与自然科学之间的交流合作，坚持百花齐放、百家争鸣，发扬学术民主，不断消除制约哲学社会科学发展和创新的体制机制障碍，努力走出一条充满活力、富有效率、更加开放，具有中国特色的理论研究和学术创新之路。

第六，围绕增强国家文化整体实力和竞争力，充分发挥高校哲学社会科学在文化传承创新中的作用。哲学社会科学是国家文化软实力的重要内容，文化传承创新是高校的重要功能。繁荣发展高校哲学社会科学，必须把文化传承创新作为义不容辞的重要责任。要培养和树立高度的文化自觉和文化自信，弘扬中华民族的优秀文化传统，弘扬中国共产党人在 90 多年的奋斗历程中形成的革命文化传统，弘扬以爱国主义为核心的民族精神和以改革创新为核心的时代精神。要增强全民族的文化创造活力，学习借鉴国外一切优秀文明成果，特别是国外文化创新有益成果，不断推出更多代表国家水准、具有世界影响、经得起实践和历史检验的优秀成果。

同志们，党的十八大为全面建成小康社会制定了宏伟目标，为社会主义现代化和中华民族的伟大复兴展现了更加壮丽的前景。学习贯彻十八大精神关系到国家和民族发展的根本，高校社科界要充分认识自己肩负的光荣责任，走在前面，发挥表率作用。实践发展永无止境，认识真理永无止境，理论创新永无止境。让我们紧密地团结在以习近平同志为总书记的党中央周围，高举中国特色社会主义伟大旗帜，深入推进高校哲学社会科学新的繁荣发展，努力办好人民满意的教育，为全面建成小康社会、夺取中国特色社会主义新胜利做出新的贡献！

（2012 年 11 月 21 日）

在“2011计划”工作部署视频会上的讲话

杜占元

2011年4月，胡锦涛总书记在庆祝清华大学建校100周年大会上发表了重要讲话。为深入贯彻落实胡锦涛总书记讲话精神，贯彻落实教育规划纲要，推进高校人才培养、科学研究和机制创新一体化改革，转变创新发展方式，2012年3月22日，教育部、财政部在“全面提高高等教育质量工作会”上正式印发了关于实施高等学校创新能力提升计划，也就是“2011计划”的意见。国务委员刘延东在质量工作会议上对实施好“2011计划”、全面提高高等教育质量发表了重要讲话。按照刘延东同志讲话精神，教育部、财政部加快了“2011计划”实施方案制订工作步伐，经两部会签后，《高等学校创新能力提升计划实施方案》今天与大家正式见面，这标志着“2011计划”正式进入实施操作阶段。

下面，根据会议安排，我就“2011计划”实施方案和2012年工作安排，从三个方面向大家做点说明。

一、关于实施方案的形成过程

实施方案形成过程大体可以分为两个阶段。第一个阶段是2011年10月到质量工作会议前，在制订“2011计划”的同时，按照“边完善计划、边细化操作”的思路，教育部、财政部在高校进行了大量调研，分别听取了40余所中央直属高校、30余所地方高校和20个省级教育行政部门的意见建议，反复研究实施方案的具体内容。教育部也先后召开了5次部党组会和部长专题会，就实施方案进行专题研究。第二个阶段是质量工作会议后，按照国务委员刘延东和教育部部长袁贵仁的指示和要求，两部集中精力进行了深入研究，又多次组织专家学者和管理人员进行研讨，抓紧了实施方案制订工作，并听取了教育部科技委、社科委对实施方案的意见建议。在此基础上，形成了目前发布的实施方案。

“2011计划”实施方案是在进行了大量调查研究，广泛听取各方意见，认真总结归纳高校改革创新好的思路、做法和特点的基础上，几易其稿，进行了多次修改完善提炼出来的。实施方案充分体现了“2011计划”的核心思路和具体要求，充分考虑了高校创新发展的实际需求，突出了改革要求与管理创新，提高了计划实施的针对性和可操作性。在实施方案制订过程中，财政部高度重视，给予了积极支持，在此向财政部表示感谢。向参与和支持此项工作的有关部门和专家表示感谢。

二、关于实施方案的主要内容

实施“2011计划”是贯彻落实胡锦涛总书记清华大学百年校庆重要讲话精神的重大举措。实施“2011计划”的本质就是要站在党和国家事业发展全局的战略高度，充分发挥高等教育作为科技第一生产力和人才第一资源重要结合点在国家发展中的独特作用，以“国家急需、世界一流”为根本出发点，以人才、学科、科研三位一体创新能力提升为核心任务，以协同创新中心为载体，以创新发展方式转变为主线，通过构建四类协同创新模式，深化高校的机制体制改革，实现有效支撑我国经济社会又好又快发展，并在贡献中同步实现高校创新发展方式的转变和提高高等教育质量的目的。“2011计划”的实施，必将对我国高等教育的发展产生重大和深远的影响。

质量工作会上两部共同发布的《关于实施高等

学校创新能力提升计划的意见》，从指导思想、基本原则、总体目标、重点任务和管理实施几个方面对计划的实施提出了总体要求。按照这些总体要求，实施方案从计划实施的基本要求、实施原则、计划管理、实施方式、支持措施和文本格式六个方面进行了细化，形成了一个总体指南。实施方案强调了“2011 计划”实施要与国家教育、科技、人才和文化发展规划以及国家“十二五”科技发展规划、地方重点产业规划结合，明确了“统筹部署，分层实施；分类建设，择优支持；广泛聚集，多元投入”的实施原则；界定了四类协同创新模式的基本边界；并对申报方式与条件、评审程序与认定标准、运行管理与评价监督、支持措施与计划管理等方面的内容提出了明确的规范和要求。

为便于更好理解和指导下一步工作，下面我就实施方案的几个基本特点，也是在“2011 计划”启动实施中需要大家把握好的几个关键问题做一简要说明。

（一）以机制创新为特色的基本要求

“2011 计划”实施重在突破制约高校创新能力提升的内部机制障碍，打破高校与其他创新主体间的体制壁垒，通过改革创新，充分释放人才、资本、信息、技术等方面的活力，营造有利于协同创新的环境氛围。这注定了“2011 计划”是以机制创新为特色的一个改革计划。也可以说，机制创新既是计划的特色，也是计划的基本要求和成功的关键。

实施方案就“2011 计划”申报的要求提出了方向选择、机制创新、资源汇聚、改革基础、基本条件五个方面的准入标准，其中最为关键的是机制创新。机制创新不仅是组建培育阶段四项任务中的核心任务和难点，也是下一步评审的重要内容。

准确把握和体现机制创新这一基本要求，应把握好以下要点。一是要有改革的思路，只有改革才会有创新，只有以改革为动力，不断的改革创新才能推动高校创新能力的提升。沿袭以往老的做法和办法是难以真正突破内部机制障碍和外部体制壁垒的。二是要把握好机制创新的重点是形成协同创新的新机制，通过协同创新，解决好目前高校科技创新分散、封闭、低效的问题，构建有利于产生重大创新的环境氛围，推动高校创新发展方式的转变。协同创新与传统科研合作相比，在创新要素有机结合、形成有效创新载体、建立长效创新机制、构筑新的发展优势等方面有着更加深刻内涵和更高要求，是合作的提高与升华。机制创新贯穿于创新的各个环节和全过程，“2011 计划”重在解决创新链条和创新管理各方面存在的不协调、不适应、不配套、封闭、分散的问题。这是对高校自主创新内涵的丰富和深化，也体现了教育、科技和文化体制改革的要求。三是机制体制创新要紧紧围绕“2011 计划”提高创新能力这个核心目标来展开，同时，又要深入探索人才、学科、科研三位一体的统筹推进机制。“三位一体”的目的就是围绕重大科学问题和国家重大需求，增强三者之间的协同与互动，概括起来就是以人才为根本，以学科为基础，以科研作支撑，形成有效的平台和创新机制，形成新的发展优势。只有通过“三位一体”的机制创新才能真正实现创新能力的有效提升。

（二）以“协同创新中心”为载体的基本实施方式

“2011 计划”提出了构建协同创新平台、建立协同创新机制体制两项重点任务，实施方案中将这两项重点任务统一在协同创新中心这一载体上，也就是说，“2011 计划”实施的直接载体就是重点建设一批“2011 协同创新中心”。协同创新中心具有“动态、多元、融合、持续”的特点，强调需求导向、任务牵引的研究模式和寓教于研的人才培养模式改革，其组成可以是多元的，研究人员可以采用新的选聘机制，研究方向可以按需进行适时调整，资源要实现高度汇聚和深度融合。中心的运行机制要注重可持续发展，形成有利于协同创新和解决国家重大需求的环境氛围。协同创新中心作为载体突破了普通科技计划项目、基地建设的设计思路和理念，也不同于一般的改革试点项目。

以协同创新中心为载体需要注意几个问题。一是中心的组建必须由高校牵头。中心定位在依托高校管理的相对独立的实体，依托高校具有管理自主权，但不要求组建法人实体。二是虽然四类协同创新中心的名称一样，但组建形式可根据发展和创新要求探索多种有效形式，既有四类协同创新模式之间的不同，也有同一模式中的不同特色。支持和鼓励高校、地方先行先试、积极探索不同模式、积累改革经验，不固化形式。三是计划重在鼓励协同创新、共同发展而不是鼓励竞争。中心的单位组成既可以是强强联合，也可以是优势互补，参与单位数量不做限制，但要求是实质性参与和发挥作用，绝不搞凑数和拼凑。同时也要注意的是参与单位不是越多越好，不是要搞大联盟。四是从实施和管理角度，原则上要求中心推选出一所牵头高校。牵头高校要积极吸纳相关优势单位，并能形成协同创新的有效运行机制和协同创新的新优势。要坚决避免成为一个“要钱工程”，防止演变成“联合申请，分灶吃饭”。

（三）以开放、择优为原则的基本遴选机制

为确保实现集聚和培养一批拔尖创新人才，取得一批重大标志性成果，推动高校实现建成一批具有国际重大影响的学术高地、文化传承创新的主力阵营、行业产业核心共性技术的研发基地和区域创新发展的引领阵地的宏伟目标，实施方案对计划的评审和评价机制进行了重大改革。

“2011 计划”的开放、择优原则主要体现在以下几个方面。一是体现开放的原则。“2011 计划”面向各类高校开放，不限定身份，不固化单位，不搞论资排辈，只要具备协同创新基础、具有强烈的改革意愿、能够解决国家经济和社会发展重大需求，符合计划申报相关条件的高校均可参加。二是计划的实施将分为培育组建、评审认定、绩效评价三个实施步骤，特别是突出体现了要在前期培育组建的基础上，再进行申报和择优支持的方式。在评审程序上明确了专家评审、专家咨询委员会综合咨询和领导小组审议认定三个评审环节，以教育部科技委、社科委为主，引入了相对独立的第三方评审、监督机制，减少行政干预，充分发挥国内外管理、技术和经济方面专家的作用。在实施环节上，除了坚持“高起点、高水准、有特色”的准入条件，还将引入绩效评价和动态调整的机制。三是在计划实施的全过程中充分发挥地方、相关部门的作用。不仅鼓励地方、相关部门在前期培育组建过程中加大投入和组织力度，在前期初评、推荐和后期运行管理、绩效评价中也将积极发挥地方、相关部门作用。同时，还鼓励有条件的地方、相关部门和行业，乃至高校设计自己的相应计划，以强化推进协同创新。四是加强宏观指导和顶层设计。“2011 计划”一方面要对高校开展协同创新统筹推进，另一方面也将对国家支持的数量进行总体把握，采取分级负责、择优推荐方式，分年度组织推荐申报和认定工作，逐年进行落实。在国家支持中，不搞平均主义和照顾，不在同一领域重复立项，鼓励大家在协同的过程中，强强联合、优势互补，实现更大发展。

（四）以资金、政策为重点的基本支持方式

实施方案突破了原有单纯经费支持的方式。一是要求学校、地方要加大投入，确定了在充分、有效集成现有资源，积极吸纳多方投入和支持的基础上，国家再给予支持的基本原则。同时对于批准认定的“2011 协同创新中心”，要求在教育部和财政部支持的同时，各方要继续加大支持力度。二是构建了政策和资金的组合支持方式，除资金支持外，强调政策在机制创新中的支持作用。三是明确了国家支持的重点是支持高校开展协同创新，支持改革。

在政策支持方面，首先是优先支持高校在人员聘用、考核评价、人才培养、薪酬制度等改革方面进行先行先试。计划的实施要为改革创造更加有利的条件，只要是符合改革发展要求的积极举措和合理要求都可以作为支持的范围予以考虑。其次是对认定的“2011 协同创新中心”，将重点研究在研究生招生、留学生交流等相关资源配置和组织推荐国家相关任务方面予以重点倾斜支持。

在资金支持方面，首先明确了资金支持的重点是高校，并赋予高校在合理范围内经费使用的主动权，给改革创新留出空间。其次是资金支持将重点用于推动改革的成本上，包括拔尖创新人才培养、人员选聘以及协同创新与协同管理等方面。再次是强调在国家支持的同时，必须加强地方、行业、企业投入，也包括高校自身资源的优化配置。

三、关于 2012 年的主要工作安排

“2011 计划”已在质量工作会上进行了启动，本次会议就是标志着正式进入实施操作阶段。做好今年的工作，是“2011 计划”实施的一个关键环节，意义十分重大。下面我简要介绍2012年的几项重点工作。

（一）启动首批中心认定工作

2012年是“2011计划”启动实施年，首批中心的认定工作是2012年工作的重中之重，大家务必充分认识到计划启动实施的重要性。首批中心的质量对下一步计划实施具有典型示范带动作用。2012年工作的时间进度初步考虑如下：本次会议后，教育部、科技部将于近期联合下发2012年度评审认定的通知。各地、相关部门和高校，要在前期工作基础上，进一步完善细化协同创新中心建设方案，加大投入，加强资源汇聚，推动开展实质性的工作；2012年9月份前，根据计划实施方案总体要求和申报条件、评审标准，对已开展的工作进行评估并提出审核意见。符合条件的协同创新中心，按照推荐名额要求，由牵头高校通过上级主管部门进行推荐。其中，所有第四类的协同创新中心均须通过省级教育行政部门组织和推荐，教育部直属高校推荐的前三类协同创新中心可直报。10月至11月，在专家评审和咨询基础上，经领导小组审议确定认定名单并完成财务审核和批复工作。

首批中心认定将按照“数量从严、质量从严”的基本原则，采取总量控制方式。具体推荐名额初步考虑为：每个省区市推荐地方高校牵头申报的四类协同创新中心，推荐总数控制在2项以内；中央部门直属高校牵头申报的四类协同创新中心，推荐总数控制在平均每个高校约为1项。其中，中央部门直属高校牵头申报的第四类协同创新中心不占省级教育行政主管部门推荐名额，高校作为主要参加单位不受推荐名额的限制。具有典型带动作用、改革和支持力度大、前期培育组建成效明显的协同创新中心将作为2012年认定支持的重点，2012年认定数量初步考虑为前三类协同创新中心总量在20个左右，第四类协同创新中心总量不超过15个。各地、相关部门和高校要在前期培育组建取得明显成效的基础上择优进行推荐，实事求是，宁缺毋滥，避免盲目性。

（二）推动地方和学校共同推进

“2011计划”强调和突出了改革，计划提出的机制创新、改革措施许多都是新的，做法也同以往不同。教育部、财政部将组织开展多种形式的宣传解读活动，指导高校、地方先动起来。高校和地方要准确把握计划要求，加强顶层规划和投入，统筹部署本校、本地区的协同创新工作；要认真总结前期改革探索的成功经验和好的做法，加强相互间的交流学习，巩固提高已有的工作，充分体现优势和特色，积极探索协同创新的新模式、新机制。

大家在凝练协同创新方向时要充分了解区域、行业产业发展需求，体现出战略性和前瞻性，根据需求、目标等确定适合的协同创新类型；在组建协同创新体时要突破自身的局限性，充分体现强强联合、优势互补和分工协同，要根据方向和任务需求汇聚资源；在构建创新环境氛围时要紧密结合目标和任务要求，紧密结合高校发展，整体考虑各项改革之间的有效衔接；在整体方案设计中要突破原有按学科发展进行设计的思路，避免望文生义，避免为了申报而设计、把编制报告当作了重点。

（三）逐步建立完善制度和规范

在“2011计划”和实施方案基础上，教育部、财政部还将充分吸收大家的工作经验，进一步研究制定“2011协同创新中心”运行管理办法、资金管理办法等系列文件，加强内部机构的协同；也将尽快完成评审专家体系的建设工作，完善细化第三方评审和监督机制。

（四）为今后工作做好准备

“2011计划”是一项长期工作和逐年实施的计划，2013年和今后的工作将会正常化、规范化，要结合本校、本地区发展安排部署好工作。随着工作的深入，2013年和今后计划认定的中心数量将较2012年有较大增加。希望大家要正确认识前期培育和国家认定的关系，做好前期培育，把握好申报的节点，提早做好2013年申报的准备。

最后，希望大家准确把握实施方案的精神，并高度重视，做好工作。一方面要加强重点培育、重点突破，把握好推荐的时机，不能只追求数量，不注重质量；另一方面，也要推动工作全面展开，真正实现“2011计划”开好头、起好步，以实际成效迎接党的十八大召开。

（2012年5月7日）

推进教育发展改革的几点体会

——在教育部党组学习十八大精神扩大会议上的发言

郝　平

党的十八大是我们党在我国进入全面建成小康社会决定性阶段召开的一次十分重要的大会。党的十八大报告高瞻远瞩、立意深远、内容丰富、务实求真，把教育放在改善民生和加强社会建设之首，在“改善民生和创新管理中加强社会建设”部分开宗明义地提出要“努力办好人民满意的教育”，要做到“学有所教”。这为我们应对世情、国情和教情的深刻变化，抓住发展机遇，应对风险挑战，推动我国教育改革发展指明了方向。

党的十八大在广大党员干部中引起热烈反响。政法司、体卫艺司、国际司、教科文秘书处以及教科院、发展中心、国家汉办、留学基金委、留服中心、交流协会、大体协、各驻外使领馆教育处组等部门，一是组织本单位人员集中收看学习，二是专门开会研究学习，三是集中全体党员干部现场聆听了袁贵仁部长对十八大精神的传达部署，大家很受教育、很受鼓舞、非常振奋。

大家一致认为，学习好、宣传好、贯彻好党的十八大精神，是当前和今后一个时期的首要任务。必须深入学习贯彻党的十八大精神，按照党的十八大的部署和要求，充分认清形势，密切联系工作实际，加强统筹谋划，全面把握机遇，沉着应对挑战，进一步加强教育政策研究和法制建设、进一步扩大教育开放，深入实施素质教育，为国家教育改革发展赢得主动、赢得未来。

一、认真学习、深刻领会党的十八大精神，努力对当前教育形势做出准确判断，对未来发展目标做出全面谋划，科学推进下一阶段的工作

党的十八大对当前形势做了深刻分析，为新时期教育改革发展指明了方向，也提出了一些新的课题，要在下一阶段的工作中认真学习领会，全面贯彻落实。

比如，党的十八大报告提出，“到2020年要实现全面建成小康社会”，教育事业发展也要主动适应我国经济社会发展带来的机遇与挑战，加强对未来一个时期教育整体形势的准确研判和对相关重点领域的科学谋划。党的十八大报告指出，“世界多极化、经济全球化深入发展，文化多样性、社会信息化持续推进，科技革命孕育新突破，全球合作向多层次全方位拓展”，“在国际关系中弘扬平等互信、包容互鉴、合作共赢的精神”，这就要求我们要扩大教育开放，本着合作共赢的精神，开展多层次、全方位的合作交流，促进中国教育走出去，切实提高我国教育国际化水平。党的十八大报告指出，要“坚定不移高举中国特色社会主义伟大旗帜，既不走封闭僵化的老路、也不走改旗易帜的邪路”，这就要求我们在下一阶段的工作中，既要坚定不移地推进教育对外开放、促进教育改革发展，同时也要在开放过程中，在引进国外资源（尤其是在合作办学工作）过程中，更加注重加强对国情教情的深入调研，推进教育法律法规的逐步完善，始终保证教育对外开放的正确方向。

二、不断加强法治，提高政策研究能力，进一步推进教育政策法制工作

十八大报告指出，要“更加注重发挥法治在国家治理和社会管理中的重要作用，维护国家法治统一、尊严、权威，保证人民依法享有广泛权利和自由”，“实现国家各项工作法治化”，“提高领导干部运用法治思维和法治方式深化改革、推动发展、化解矛盾、维护稳定能力”。把社会主义法治提高到一个新的高度，贯穿在整个报告之中。教育法制建设是社会主义民主法制建设的重要内容，要进一步加强教育政策法制工作。2013 年要重点做好三方面的工作。

（一）全面加强教育法制建设工作

完善教育法律法规。加快推进教育法律制定工作，推进一揽子教育法律修订。职业教育法修订草案提请国务院常务会议审议。积极推动学前教育法、家庭教育法研究制定工作。加快推进教育法规规章立、改、废工作，做好学校安全条例、残疾人教育条例等相关法规草稿起草工作；大力加强规章制定工作，2013 年 3 月前，制定发布《学位论文作假行为处理办法》、《〈教学成果奖励条例〉实施办法》、《自费出国留学中介服务管理办法》、《外国留学生招收和管理办法》四部规章。稳步推进家庭教育重大政策的制定工作，目前已就家庭教育政策制定工作开展多次调研、召开 3 次专题座谈会，根据袁贵仁部长批示，下一步要和全国妇联等部门密切配合，加快相关政策制定工作。推动地方加快完善教育法律、行政法规的落实，加快地方性法律法规制定工作。

加快推进依法行政。按照十八大全面推进依法治国精神，全面贯彻落实《国务院全面推进依法行政实施纲要》、《国务院关于加强法治政府建设的意见》要求，加快推动各级教育行政部门转变职能，转变管理方式和手段，切实依法行政。进一步深化教育行政审批制度改革。做好有关行政审批的下放、取消以及与之有关的规章修订、文件清理等工作。探索教育行政执法体制机制改革，健全教育行政执法机制和队伍，出台指导意见，提高教育行政部门执行力。完善行政复议程序和救济机制，制定《教师申诉办法》。

大力推进依法治校。尽早出台《依法治校纲要》，在各级各类学校深入落实依法治国基本方略。推动教职工代表大会制度建设。召开依法治校工作会议，全面部署依法治校示范学校创建工作，进一步完善依法治校示范校的标准，将依法治校示范学校创建活动制度化、规范化。

积极开展教育普法工作。深入贯彻落实教育系统“六五”普法规划。启动教育系统“六五”普法网站建设工作，通过新媒体、新形式学习和传播法律知识，全面提高教育系统工作人员和师生员工的法律意识。大力推进“法律进机关”、“法律进学校”活动。加强对青少年的法制教育，研究以法制教育加快推动公民意识教育，促进青少年的健康成长。加强学校管理者和教师依法治校意识与能力的培养，举办市县教育局领导干部和地方普法骨干培训班。

2013 年 3 月份前，会同有关部门印发加强青少年学生法制教育，加强教育普法的文件。

（二）大力推进教育体制改革试点工作

进一步推进现代大学制度建设，加快高校章程核准工作。高校章程依法通过审核是确定章程法律效力的关键环节。《高等学校章程制定暂行办法》出台后，确定了中国人民大学、北京师范大学、同济大学等 12 所高校为章程制定试点校；举办了 4 期章程制定工作专题培训班，共有 700 多所高校 1 500 多人参加了培训。目前，部分高校章程制定工作已取得重要进展。中国人民大学、东华大学已报我部提请章程预审，现已将两所学校章程（征求意见稿）向部内相关司局征求意见。下一步，要加快推进直属高校章程预报预审工作，力争在 2013 年 3 月前核准部分高校章程。推进高校办学自主权调研工作。高校办学自主权一直是党组关心、社会关注、高校关切的热点、难点问题，但对什么是办学自主权，目前高校有哪些自主权，哪些应有还未有等问题模糊不清。在实地调研、国际比较、资料政策梳理的基础上，初步形成了办学自主权调研报告，深入剖析了办学自主权特征内涵，全面梳理了落实和扩大高校办学自主权在改革开放以来的历史进程、成绩以及存在的主要问题，进行了办学自主权国际比较，并提出了进一步落实和扩大的政策建议。下一步，要进一步修改完善报告，尽早上报。研究制定《高等学校学术委员会规程》。大力推动现代学校制度建设，形成包括依法治校纲要、高等学校章程暂行办法、学术委员会规程等在内的完整的现代学校制度。进一步推进公办学校办学体制改革和教育管理体制改革。根据党的十八大的精神和教育规划纲要的要求，在前一段深入调研的基础上，认真研究提出进一步推进公办学校办学体制改革和教育管理体制改革的意见建议。

（三）全力做好教育政策研究工作

重点加强政策研究与形势分析工作。按照党的十八大提出的教育工作新目标、新任务，积极研究推进我国教育事业改革发展的新思路、新政策，不断加强对教育宏观政策、制度建设和重大战略问题的研究。加强政策研究能力，为教育决策服好务。十八大提出了“全民受教育程度和创新人才培养水平明显提高，进入人才强国和人力资源强国行列，教育现代化基本实现”的新要求。要围绕什么是“教育现代化”，什么是“基本实现”等核心问题，展开政策研究，力争早日拿出中国教育现代化的指标体系。对人民群众关注的热点、难点问题，开展深入的政策研究，及时提出针对性强、可行性高的政策建议，不断增强政策服务教育实际、服务人民群众的能力，办人民满意的教育。做好舆情分析和教改动态工作。重点关注和分析 2013 年“两会”前后尤其是党的十八大召开以来社会关于教育的舆情，配合有关司局加强教改试点工作的追踪、研究和评估，进一步加强教改动态宣传力度。加强基层调研力度。加强司局间协调配合，就一些重大问题开展联合调研。深入基层，倾听群众声音，了解百姓意愿，密切群众情感。掌握丰富的一手资料，摸清相关政策的障碍点和突破口。提升教育科研能力。召开全国教育科研大会和 2012 年世界高等教育发展趋势分析会议，安排部署教育科研成果服务和支撑教育改革发展的新思路、新途径，不断推进教育现代化。

三、深化改革，进一步扩大教育对外开放，不断提高教育国际化水平

党的十八大指出，“改革开放是坚持和发展中国特色社会主义的必由之路”，鲜明表达了推进改革开放的坚定信念。改革开放是长期以来发展实践的经验总结，是未来中国发展的强大动力。要深化教育领域综合改革，进一步推动教育对外开放，有效配置国内、国外优质教育资源，不断提高教育国际化水平。2013 年特别是 3 月份前要重点做好七个方面的工作。

（一）进一步深化教育国际合作交流体制机制改革

积极做好教育涉外行政审批制度改革，按照国务院统一部署，取消举办国际教育展览的行政审批，下放自费出国留学中介服务机构资格认定和开办外籍人员子女学校两项行政审批权。以教育体制改革试点和教育规划纲要分解任务为抓手，推进教育体制机制改革创新，重点加大对国家教育体制改革试点单位的调研和指导，做好委托浙江省审批本科及以上中外合作办学项目试点工作，及时跟踪教育国际合作交流领域的国家教育体制改革试点单位工作进展。整合资源，探索推进教育国际合作交流综合改革试验区建设。

两会前，重点做好三个方面工作：对教育体制改革试点单位进行专题调研；启动教育国际合作交流综合改革试验，准备在湖南省和宁波市开展此项试验；促进苏州市高等教育国际化示范区建设，充分发挥苏州独墅湖高教园区中外合作办学资源相对集中的优势。

（二）进一步完善构建中外人文交流发展大格局

党的十八大指出，要积极开展“人文外交”。当前，人文交流在国家关系中的地位不断凸显，中美、中俄人文交流机制不断深化、成果日益丰硕，成为大国之间文明对话的重要舞台；中英、中欧高级别中外人文交流机制建设取得重大进展；人文交流高层磋商机制在国家关系中的战略支柱地位不断凸显，已与外交战略、经贸合作共同形成国家关系的三大支柱，对巩固我地缘政治地位、维护国家利益的作用日益提升。

下一阶段，重点是按照党的十八大报告关于“改善和发展同发达国家关系”的要求，继续发挥高级别人文交流机制作用，建立长期稳定、健康发展的新型大国关系；同时抓大不放小，注重发挥人文交流机制在维护我地缘政治地位和核心利益方面的重要作用。比如，东南亚、中亚、东北亚、非洲、拉美等国家和地区，或是我国地缘政治利益所在，或是我战略资源关键地区。要探索通过人文交流，进一步巩固我国在相关地区的地缘政治地位，有效维护国家利益。

两会前，重点做好三方面工作：做好十二月初中俄人文合作委员会第十三次会议的准备工作，与俄方共同签订《中俄人文合作行动计划》；筹划好第四轮中美人文交流高层磋商相关工作，考虑到美国国务卿希拉里宣布卸任，要提前筹划、妥善做好相关因应工作；启动对国家人文交流机制建设布局等调研工作，突出青少年交流项目，力争协调有关部门设立专项资金保障。

（三）进一步推动中国教育“走出去”战略

党的十八大报告中把文化建设作为推进社会主义强国建设“五位一体”总体布局中的重要一环，指出“文化实力和竞争力是国家富强、民族振兴的重要标志”，明确提出要扩大文化领域对外开放。这为深化教育交流，服务国家文化走出去战略提出了新要求，注入了新动力。

做好《孔子学院发展规划（2012—2020年）》的贯彻落实。孔子学院是我国“走出去”的重要典范，已经成为中国对外交流的重要平台。目前，已经在108个国家建立了387个孔子学院和509个孔子课堂，孔子学院经常被党和国家领导人列为出国访问的重要行程。孔子学院发展规划的制订非常不容易，前后经过300多次的修改。下一阶段，重点是做好规划的宣传落实工作，切实提高孔子学院建设质量水平，加强对孔子学院工作的整体谋划。2012年年底前，重点筹备开好第七届全球孔子学院大会。两会前，召开学习贯彻落实孔子学院发展规划全国性会议。

推动高校赴境外办学。高校赴境外办学工作是我国教育文化走出去的重要环节。最近一个时期，越来越多的国家和地区主动邀请我国高校“走出去”办学，像老挝、韩国、埃塞俄比亚、马来西亚、吉尔吉斯斯坦等国家都从政府层面，提出希望我国高校到当地办学。同时，高校赴境外办学这个问题十分复杂，此前也酝酿过赴巴基斯坦办学，由于外方政局变化而未能成功。但总体来看，境外办学是我国教育文化走出去的重要抓手，必须提前谋划。根据前一段工作情况，两会前将在原来初步调研的基础上，以厦门大学赴马来西亚办学为基础，启动对全国范围境外办学情况调研。

（四）进一步引进国外优质教育资源，推进高水平合作办学

教育规划纲要颁布以后，中外合作办学进入向高水平示范性办学迈进阶段。教育规划纲要把中外合作办学作为引进国外优质教育资源，提升我国教育国家地位、影响力和竞争力的重要举措，中外合作办学进入快速、平稳和高质量的发展阶段。重点支持引进了一批国际一流大学开展示范性合作办学。批准设立了上海纽约大学，筹备设立温州肯恩大学、昆山杜克大学、香港中文大学（深圳）。刘延东同志在上海纽约大学奠基期间接见纽约大学校长，对纽约大学加强与我国合作给予了充分肯定。上海市市政府在陆家嘴金融核心区专门划地支持上海纽约大学建设。这一时期还批准设立了中山大学中法核工程与技术学院、中国人民大学中法学院、东南大学—蒙纳士大学苏州联合研究生院、华中科技大学中欧清洁与可再生能源学院、北京工业大学北京都柏林国际学院、中山大学卡内基梅隆大学联合工程学院等一批高起点的中外合作二级学院。下一阶段，中外合作办学工作的重点是加强对中外合作办学的分类管理和统筹谋划，强调体制机制创新，强调和鼓励高水平大学之间的强强联合。在坚持引进优质教育资源的同时，坚持正确的政治导向，要在校长人选等重要决策中，坚决维护我国办学主导权和自主地位。重点支持高校内设的中外合作办学机构，突出双方办学特色，鼓励双方发挥综合学科优势，在学科专业管理方面多做探索。突出专业优势和课程设置，要对低水平重复、缺乏特色、资源引进偏少的项目严格进行控制。在中外合作办学中加大对职业教育合作办学的支持力度，为我国经济发展模式的转型、构建现代职业教育体系做出更大贡献。通过开展评估、社会化认证等方式，对办学水平低、质量差的项目进行整改、停办。做好示范性中外合作办学高校的宣传和推广工作。

2012年年底前或者2013年年初，要完成新时期中外合作办学质量保障体系建设专项工作文件的草拟修改和发布工作。

（五）进一步做好出国和来华留学工作

留学工作意义重大，总体效益很好。我国公派出国留学年度选派人数从2006年的7 500人增至2012年的16 000人。5年以来，国家公派出国留学人员按期回国率保持在98%以上，最近在网上引起热议，好评不断。下一步，在出国留学方面，扩大公派出国留学规模，2013年计划选拔18 000人。做好国家公派留学高端人才选拔派出工作，进一步加大对广大自费出国留学人员的服务工作。重点是做好中西部大学校长海外研修计划，项目已经开始启动，首期遴选100余名高校校级领导。做好支持高端海外人才回国就业工作。引导海外人才回流，发挥海外人才重要作用。建设出国留学工作信息平台。近期主要是办好“2012年留学英才招聘会暨高端人才洽谈会”。

在来华留学方面，主要是落实好《留学中国计划》。把中国政府奖学金货币化改革、加强来华留学品牌课程建设、扩大来华留学规模、提高来华留学质量等工作做好。近期主要是继续实施“留动中国——在华留学生阳光运动文化之旅”活动，办好“留学生看中国”DV作品征集活动，举办“国际学生流动论坛”，加大来华留学对外宣传推广力度。要利用春节做好来华留学毕业生的联谊工作。

（六）进一步做好教科文秘书处工作

面向教育改革发展需要，积极参与国际规则的制定，把中国元素融入国际规则中去，为我国的教育开放与发展建立规则筹备的空间。全程积极参与并推动《亚太地区承认高等教育学历、文凭和学位公约》的修订工作。继续积极参与联合国教科文组织重大的项目与活动，提高我国教育的话语权，继续选派我国优秀人才到联合国教科文组织和相关机构的重要岗位任职。（2012年9月，章新胜同志成功当选世界自然保护联盟主席；浙江大学汪利兵教授被任命为联合国教科文组织亚太地区教育局高级官员，主管亚太地区的高等教育和教育创新计划。）促进我国高校和专家学者参与联合国教科文组织在海洋、淡水、生态和地质等领域的重大计划项目。继续办好设在中国的联合国教科文组织二类机构和教席。协助联合国教科文组织2013年春季在我国召开的文化与可持续发展国际会议。办好首届学习型城市全球大会。办好联合国教科文组织亚太地区教育信息化高层专家会议。积极做好世界遗产申报和保护工作，推动2013年新疆天山和红河哈尼梯田项目的申遗工作。积极开展与OECD组织的活动，不断提高我国教育国际化水平。

（七）进一步发挥各外事单位在教育国际合作与交流中的重要作用

要依托中国教育国际交流协会，组织、协调和引领全国民间教育国际合作交流，充实中外民间教育交流内涵，打造具有中国特色、世界水平的民间教育国际合作交流大平台；依托国家留学基金委，加强对高水平公派出国留学工作的统筹谋划，为国家经济社会发展培养大批优秀人才；依托留学服务中心，做好对海外留学人员的信息管理和引导服务工作，做好留学人员学历学位认证工作，促进留学人员回国和为国服务工作。

四、抓住体育和艺术教育两个薄弱环节，深入实施素质教育

党的十八大指出，要“全面实施素质教育，培养德智体美全面发展的社会主义建设者和接班人”。体育和艺术教育是素质教育的重要组成部分，也是目前素质教育中的薄弱环节。提升全体学生健康素质和艺术素养，受到社会各界广泛关注。近日，湖北、陕西、深圳等地在大学生、中学生运动会上取消了中长跑项目的事件，再次引发了社会对学生体质下降的广泛关注和担忧，一些国外媒体对此也加以评论。2013年特别是两会前，要着重做好两方面工作。

（一）进一步加强学校体育工作

按照《国务院办公厅转发〈教育部等部门关于进一步加强学校体育工作若干意见〉的通知》的要求，积极启动各项有关工作的部署，确保各项工作开好头、布好局，扎扎实实推动文件精神落到实处。研制相关配套政策，印发《关于建立健全全国学生体质健康监测制度的通知》、《关于实施学校体育工作评估制度的通知》、《关于实行学校体育年度报告制度的通知》，并组织各地抓紧编制和报送学校体育三年行动计划的工作，推动教育系统积极行动，落实工作任务。完善学生体质健康测试与评价制度，设计和落实好加强学校体育工作的抓手，建成以学生体质健康测试和评价为导向的学校体育工作促进机制。当前要做好2012年学生体质健康标准测试数据的统计整理、抽样核查和上报工作，并启动《国家学生体质健康标准》修订工作，加大学校体育以法治校力度。编制《全国学校体育工作年度报告》。推动各地实施学校体育工作评估制度和实行学校体育报告公示制度。把学校体育工作情况和各地完成工作的任务、进度置于社会广泛监督之下，推动地方进一步重视学校体育工作，切实提高学生体质健康水平。进一步健全学校体育法规制度，启动《学校体育工作条例》的修订工作。做好因故延期召开的全国推进学校体育工作电视电话会议，近期再次请示国务院召开，此前做好各项筹备工作。大力推进体育课教学。拟于2013年上半年下发要求各地报送制订义务教育阶段体育与健康课程的实施方案，推动新修订颁布的《体育与健康课程标准》进一步实施。大力开展阳光体育运动，举办好纪念中央7号文件五周年暨2012年全国亿万学生阳光体育展示活动，本次活动拟定于12月6—8日在北京市东城区举行。在12月份对体育工作进行一次重点督查。

（二）扎实推进学校艺术教育工作

力争艺术教育分规划的早日出台。艺术教育分规划是教育规划纲要十大分规划之一，也是学校艺术教育第三个十年规划，要争取在2013年“两会”前发布实施。研究制定《关于进一步加强学校艺术教育的若干意见》，在广泛调研基础上，创新艺术教育工作体制机制，进一步加强学校艺术教育工作，提升学生审美能力、艺术素养和综合素质。推进艺术课程课堂教学。组织教育部艺术教育委员会专家对中小学艺术课程的课堂教学进行检查，开展高校公共艺术课程优质课评选活动。开展全国农村艺术教育实验县工作，推进义务教育阶段学校艺术教育均衡发展。推进文化传承创新。在全国高等学校建设一批“中华文化艺术传承基地”，在全国中小学继续创建中华优秀文化艺术传承学校。

此外，还要切实加强学校卫生与健康教育工作。研究制定加强学校卫生防疫与食品安全管理的相关管理规定。会同有关部门，加强农村义务教育学生营养改善计划的食品安全管理、营养科普知识宣传及营养健康状况监测工作。加快促进学校国防教育工作制度化、规范化，会同有关单位对各地贯彻落实教育部《关于加强新形势下学校国防教育工作的意见》和《关于进一步加强高校实践育人工作的若干意见》情况进行督察。

（2012年11月17日）

总结经验　明确重点　完善机制　狠抓落实
努力推进基础教育持续健康发展

——在2012年度全国基础教育工作会议上的讲话

刘利民

近一个时期以来，基础教育战线坚持以科学发展观为指导，全面贯彻党中央、国务院召开的全国教育工作会议精神，认真落实教育规划纲要，按照优先发展、育人为本、改革创新、促进公平、提高质量的要求，深入推进改革和发展，取得了显著成绩，为基础教育持续、健康发展奠定了坚实的基础。

一、2011年基础教育工作回顾

2011年是全面实施教育规划纲要的第一年，也是基础教育改革和发展很不平凡的一年。我国基础教育在改革发展的道路上迈出新的步伐，可喜可贺，很多亮点值得回顾总结。

（一）实现了“两基”宏伟目标

2011年，国家对西藏、青海、甘肃、四川四省（区）进行了“两基”国检。四省（区）中，有的气候条件非常艰苦，有的教育基础比较薄弱，有的遭受过特大自然灾害，因而工作任务十分艰巨，工作过程十分复杂，但那里的同志对党的事业高度负责，对年轻一代深切关怀，积极进取，攻坚克难，圆满完成“两基”任务。参加“两基”验收的同志无不为四省（区）艰苦奋斗的精神所感动。记得在西藏国检时，大家发出由衷的感叹，称西藏在世界屋脊创造了世界教育奇迹。如今，全国所有省（区、市）全部实现“两基”目标，“普九”人口覆盖率达到100%，初中阶段毛入学率达到100%，青壮年文盲率下降到1.08%。从1986年《义务教育法》颁布，1992年党的十四大提出“两基”目标任务，到2011年全面实现“两基”，我国用25年时间普及了九年制免费义务教育，大大降低了青壮年文盲率，这是我国教育发展史上的伟大成就，是中华民族文明史上的重要里程碑。为完成这一历史性任务，各地党委、政府高度重视，有关部门密切配合，社会各界积极支持，教育系统呕心沥血，基础教育战线和教育督导部门尽职尽责，涌现出了许多可歌可泣的事迹，积累了宝贵经验，谱写了辉煌篇章。国务院拟于近日开展“两基”总结表彰，对长期以来各地涌现出的好人、好事、好做法予以嘉奖。

（二）签署了义务教育均衡发展备忘录

2011年教育部按照一省一案、分类指导的思路，分别与28个省份签署了义务教育均衡发展备忘录，明确了双方推进义务教育均衡发展的任务，特别是明确了省级人民政府的责任，构建起中央部门和地方政府协同推进义务教育均衡发展的机制。国务委员刘延东做出专门批示，予以充分肯定。北京、黑龙江、福建、贵州、广西、海南、河南、湖北、重庆、新疆等省（区、市）采取省级政府与市级或县级政府签署义务教育均衡发展责任书形式，将均衡发展的目标、任务、责任层层分解。这样一来，面向2020年，28个省份分县域、分年度实现义务教育基本均衡发展的时间表、路线图、任务书都已经明确。为了实施备忘录，天津、河北、上海、浙江、四川、广东通过加大财政投入、开展学校标准化建设、纳入政府绩效考核、组织教育对口支援、建立教育共同体等多种形式，促进均衡配置教育资源，实现优质资源共享，提升薄弱学校办学水平，整体提高区域内教育质量。2011 年教育部组织展示了吉林省通榆县、云南省昆明市五华区、安徽省霍山县、甘肃省庆阳市西峰区等 20 个典型县（区）义务教育均衡发展的经验，这些地方的做法为全国发挥了引领作用。

（三）推动了学前教育快速发展

2011 年是全面落实学前教育“国十条”、实施学前教育三年行动计划取得突破性进展的一年。中央财政已安排在“十二五”期间投入 500 亿元，重点支持中西部地区发展学前教育。国家教育体制改革领导小组在陕西省召开全国学前教育三年行动计划现场推进会，国务委员刘延东对全面实施三年行动计划和国家重大项目做了专门部署。各地配套达 1 000亿元，以县为单位编制实施三年行动计划，确定了总体目标和年度任务，不断加大财政投入，出台了一系列切实可行的政策措施，形成了推进学前教育发展的良好工作局面。辽宁、安徽、河南、福建等省计划新建幼儿园的数量分别超过 1 000 所。河北、山西、山东、广东等省计划改扩建幼儿园的数量分别超过 2 000 所。北京市决定安排专项资金 7 亿元，扶持部门、集体、企事业单位办园和补助民办园。上海市将公办园的生均公用经费标准从 600 元提高到 1 200 元，大大提高公共财政在学前教育成本分担中的比例。黑龙江省 2011 年出台了 16 项配套政策措施，一年就建成了 450 所公办园。江苏省 2011 年省级财政下拨专项经费 3.6 亿元，支持经济相对薄弱地区发展学前教育。陕西省已全面实施学前一年免费教育，2011 年受益幼儿达到 34 万人。2011 年，全国在园幼儿增加了 400 万人。覆盖城乡、布局合理的学前教育公共服务体系构建开局良好，学前教育进入了历史上最好的发展时期。

（四）加强了中小学德育工作

作为庆祝建党 90 周年系列主题教育活动之一，教育部与各省级教育部门一起开展以“双百”人物中的共产党员命名中小学班集体活动。共命名 128 个中小学班集体，覆盖全国各省份，并在国家博物馆举行了命名授牌仪式。2011 年秋季开学，以“幸福”为主题，与中央电视台制作播出全国“开学第一课”。2011 年 12 月，在北京召开全国中小学德育工作经验交流会，深入贯彻落实党的十七届六中全会精神，总结交流 2004 年中央八号文件颁发以来中小学德育工作的经验，推动把社会主义核心价值体系融入中小学教育全过程，努力开创中小学德育工作新局面。2011 年，教育部联合有关部委以及行业主管机构，推动建立具有行业特色的中小学生社会实践基地。目前，已经联合科技部、水利部、中国科学院、全国节约用水办公室、国家质量监督检验检疫总局、国家粮食局、国家档案局、中国科协等单位建立了 71 家中小学社会实践基地，推动社会资源向中小学免费开放，取得了良好的社会反响。全国各地积极开展德育工作，创造了许多行之有效的经验，涌现出大量生动鲜活的案例。北京构建了社会实践大课堂，湖南促进了校园文化建设，新疆进行了学校德育等级评价，西藏加强了民族团结教育，宁波制定了中小学学科德育指导纲要，上海华东师大二附中总结出每门学科的育人要点，新疆生产建设兵团石河子第十八中学通过开展“军垦童谣进校园”活动，把学生的养成教育和革命传统教育有机融合。

（五）颁布了义务教育课程标准

在系统总结十年来基础教育课程改革经验，组织开展大面积调查研究，反复听取各方面意见的基础上，教育部按照巩固改革成果、全面吸收改革经验、深入分析并积极回应实验中发现的问题、以前瞻眼光应对未来挑战的总体思路，组织近 300 位专家对义务教育各学科课程标准进行了全面修订和审议，现已正式颁布。修订后的新课标突出了时代特征，结合各学科特点和不同年龄阶段学生认知规律，有机渗透了科学发展观和社会主义核心价值体系，恢复了书法课，进一步突出了中华民族传统文化教育；进一步明确了能力培养的基本内涵，强化了探究学习和实验环节；合理吸收了社会发展和科技进步新成果，补充了新的内容和要求。新课标整体控制了课程容量和难度，有利于减轻学生课业负担，推进实施素质教育。为落实新课标要求，2011年7月，教育部全面启动了义务教育实验教材的修订，涉及义务教育17个学科148套教材，修订工作将于2012年完成。

（六）促进了教师队伍建设

2011年，新招聘近5万名特岗教师，覆盖中西部751个县的1.7万所农村学校。启动实施服务期满的特岗教师攻读硕士计划，首次招收1 000名特岗教师攻读教育硕士。农村教育硕士师资培养计划，招收1 000多名应届毕业生到农村学校任教。中央财政投入7.5亿元实施“国培计划”，培训教师100万人，农村教师占98%。出台加强中小学教师培训工作的指导性意见，推动各地开展每五年一周期360学时的全员培训。在北京师范大学隆重举办了首届免费师范生毕业典礼，1万多名首届免费师范毕业生全部落实到中小学任教，其中91%到中西部任教，39%到农村学校任教。启动首届免费毕业生在职攻读教育硕士工作，提高师范生生活补助标准。教育部启动教师资格改革，印发了教师资格考试指导意见和定期注册试行办法，颁布了考试标准和各科目考试大纲，建立起多套题库，进行了考试试点。还制订了各学段教师专业标准。各地也很重视教师工作，湖北省实施“农村教师资助行动计划”，每年选派优秀大学本科毕业生到乡镇以下农村学校任教，取得了良好成效。前不久，温家宝总理做出重要批示，对湖北农村教师资助行动计划工作给予了充分肯定。福建、新疆等省（区）加强了省域内师范生免费教育工作。大连、浙江嘉善义务教育教师校际交流做得很好，2011年教育部向全国发了通报予以推介。江苏建立校长和教师定期交流制度，规定校长在同一学校连任不得超过两届，教师按照每年不低于专任教师总数15%、骨干教师按照每年不低于骨干教师总数15%的比例进行交流。

（七）保障了进城务工人员子女的受教育权益

2011年，全国义务教育阶段进城务工人员随迁子女为1 167万人，在公办学校就读比例达80%，以公办学校为主接收随迁子女就学的格局基本形成。2011年秋季开学前，教育部印发文件指导各地通过扩大公办教育资源、购买民办学位等渠道，确保所有符合输入地政府规定条件的随迁子女平等接受义务教育，确保随迁子女义务教育经费到位、保障到位。各地以高度责任感，克服困难，创造性地开展工作。上海市以尊重文化差异、建立和谐师生关系、密切家校联系为抓手，帮助随迁子女融入城市生活。浙江杭州市努力推动随迁子女同城待遇。广西玉林市允许就读了小学、初中的进城务工人员子女就地升学。安徽合肥市实现“百分之百可以同等待遇录取高中阶段就学”。甘肃兰州市规定有暂住证的本市初中应届毕业生均可报考普通高中。辽宁大连市从2011年开始，对随迁子女在大连市取得学籍就读满一年并能提供相关证明的，允许填报普通高中。

重视农村留守儿童教育。2011年12月，教育部与全国妇联在重庆召开全国农村留守儿童工作经验交流会，总结推广各地的好经验、好做法，推动地方把建立、健全农村留守儿童关爱服务体系纳入经济社会发展和民生改善的总体规划中，建立、健全以政府为主导的农村留守儿童关爱服务体系，形成齐抓共管的工作局面。各地积极开展留守儿童教育关爱活动。重庆市把农村留守儿童教育列为区县政府教育工作督导评估的重要内容，实施关爱农村留守儿童系列行动计划。安徽省在每个乡镇建设一个留守儿童之家，组织丰富多彩的课外文体活动。湖南新宁县推行代管家长制，教师与留守儿童结对，代行家长职责，负责其学习、生活、思想等方面的管理教育。

（八）缓解了基础教育的一些难点问题

开展减负工作研判、专家咨询和各界人士座谈，听取各方面人士关于减负工作的意见建议。会同有关新闻媒体开展“学业·负担·兴趣·责任大家谈”活动，面向教师、学校管理人员、学生家长和社会热心人士征集减负的好做法、好建议。各地从努力提高教学效率、保证学生休息时间、缓解学生考试升学压力、开展学生心理疏导等方面入手，促进减负取得成效。浙江省建章立制，强化督查，采取了一系列严格的减负措施；陕西省在全省建立了负担监测、举报、公告、问责制度；云南省以“减负提质”为突破口推动减负工作。

为努力缓解择校现象，教育部召开一系列由教育行政干部、中小学校长及学生家长参加的座谈会，研究解决义务教育阶段择校问题。2011 年 4 月，联合各直辖市、计划单列市和部分省会城市的教育部门，开展“身边的好学校”主题宣传活动，对有办学特色且基本无择校现象的 594 所义务教育学校进行宣传，以引导家长树立正确的教育观念。会同有关部委联合下发规范教育收费工作的实施意见并于 9 月份对全国 30 个省份工作进度进行了督查。各地为缓解择校、治理乱收费做了大量工作。四川成都市出台了硬性规定治理择校。山西晋中、河北邯郸、安徽铜陵等地由于工作到位，已基本消除择校现象。

2011 年国家在浙江德清、山东无棣和威海、陕西阎良、辽宁桓仁和黑龙江鸡西进行校车运营管理试点。第四季度开展的校车排查和专项整治工作，各地教育部门配合公安机关查处校车交通违法行为 1.1 万余起，查处非法运载学生儿童车辆 6 000 多辆。目前，由国家发改委牵头，教育部、财政部、公安部、工信部、交通部等部门研究制定了有关具体政策。重庆、辽宁宽甸等地由财政购买正规校车，交教育部门使用，由校车公司负责运营。中央和地方正共同探索建立符合中国特色的校车制度。校车运行公交化、集约化、社会化、专业化模式将同时存在，不搞“一刀切”。

（九）强化了教育督导检查

研究制定义务教育均衡发展、学前教育、中小学校、素质教育等督导评估系列办法。总结交流中小学督导评估工作经验做法。召开全国督学责任区制度建设交流现场会，推广湖南、重庆、江苏 3 省市及 10 个地市县开展督学责任区工作的经验做法。完善教育督导公告和限期整改制度。研究制订了第九届国家督学换届工作方案，请有关单位推荐国家督学人选，目前正在开展资格审查和选聘工作。

我们还开展了基础教育质量监测和专项督导。组织义务教育阶段学生英语学习质量、体育与健康状况试点监测，在北京、河北、吉林、福建、江西、广西、重庆、西藏、青海、宁夏 10 个省（区、市）以及新疆生产建设兵团开展监测工作。对 72 个试点县义务教育质量进行常规监测，掌握义务教育发展动向，及时反映监测情况。对内蒙古、辽宁、黑龙江、江西、湖南、陕西、宁夏、新疆 8 省（区）中小学体育卫生工作与艺术教育工作进行专项督导检查。

（十）开展了中小学创先争优活动

会同中组部开展全国中小学创先争优活动优秀载体征集和评选工作，总结交流各地中小学根据学校发展和党员教师状况的实际，开展创先争优活动的经验，于“七一”前夕举行了中小学创先争优活动优秀载体展示活动。这项活动重点宣传各具特色的活动载体，引导各地各校在推动学校科学发展中扎实、深入地开展创先争优活动；引导各地各校以建党 90 周年为契机，认真开展党性教育、党史教育；推动党员教师立足本职岗位，扎实做好工作，努力成为教书育人的模范。

在 2011 年度，基础教育取得的上述成绩归功于党中央、国务院的坚强领导，归功于地方各级党委和政府、社会各方面和广大人民群众的关心支持，归功于基础教育系统广大干部、教师的不懈努力。在此，我代表教育部向同志们表示衷心的感谢！

二、在新的历史起点上，推进基础教育改革发展

当前，我国综合国力不断增强，经济总量已经跃居世界第二位，人民群众生活水平迈上了新台阶。国内经济社会发展的有利条件、内在优势和长期向好的趋势没有改变，仍然处于可以大有作为的重要战略机遇期，为教育改革发展提供了坚实的物质保障和良好的外部环境。在这样的背景下，基础教育以全面实现“两基”为标志，进入了内涵发展为主的新阶段。同时，基础教育仍然是最受社会关注的领域，相对于人民群众日益增长的教育需求，相对于教育现代化要求，基础教育现状还有较大差距。

要如期实现教育规划纲要提出的目标任务，建设人力资源强国，办人民满意的教育，基础教育战线的同志们责任崇高，使命光荣，任重道远。我们必须适应新形势、顺应新期待、回应新要求，深入调查研究，科学民主决策，努力把握基础教育规律，进一步增强工作的前瞻性和针对性，不断提高工作能力和水平。在新的历史起点上，面对新的形势和任务，我们必须着力促进公平，大力提高质量，不断加强管理，继续深化改革。

（一）始终坚持教育的公益性和普惠性，将义务教育均衡发展作为重中之重的战略任务，努力促进教育公平

近年来，党中央审时度势，相继做出了落实科学发展观和构建社会主义和谐社会的战略部署。科学发展观的核心是以人为本，基本要求是全面协调可持续。在教育领域，面向全体学生、加强城乡统筹、办好每所学校、促进义务教育均衡发展就成了贯彻科学发展观的具体体现。在构建社会主义和谐社会进程中，中央倡导公平，时代呼唤公平，群众期待公平。

根据教育规划纲要精神，为了促进教育公平，必须坚持教育的公益性和普惠性，建成覆盖城乡的基本公共教育服务体系；必须合理配置公共教育资源，加大对边疆、民族、老区、贫困地区支持力度；必须促进义务教育均衡发展，缩小城乡之间、地区之间、学校之间差距；树立全纳教育理念，切实解决进城务工人员随迁子女平等接受义务教育问题，给予农村留守儿童更多的关爱，帮助残疾儿童少年接受合适的教育，确保广大学生不因经济困难、学习困难和就学困难等而失学，还要兼顾扫除剩余青壮年文盲工作。

义务教育均衡发展是实现教育公平最直接、最现实、最优先的领域。在全国教育工作会议上，胡锦涛同志指出：“教育公平的关键是机会公平，基本要求是保障公民依法享有受教育的权利，重点是促进义务教育均衡发展和扶持困难群众，根本措施是合理配置教育资源。”2011年教师节前夕，温家宝总理到河北省张北县视察，要求一定要把农村教育办得更好，积极推进义务教育城乡一体化和均衡发展。我们高兴地看到，各级政府把教育工作作为最大民生工程，把义务教育均衡发展纳入责任目标，进行了强力的推进。以均衡配置设备、图书、校舍资源推进均衡发展，以均衡配置教师资源推进均衡发展，以优质教育资源共享推进均衡发展，以优化学校布局推进均衡发展，以加强学校管理促进均衡发展，以开展督导评估保障均衡发展。

义务教育均衡发展没有统一的工作模式，各地可创造性地开展工作，要善于处理好几个关系。

一是政府责任与学校努力的关系。政府的责任是保障公平和制定规则，根据实际情况追求自己的目标。推进义务教育均衡发展的责任主要在政府，主要手段就是公平配置教育资源。统筹调整义务教育资源配置可以着力改善薄弱学校、农村学校的办学条件，也可以把现有优质教育资源调配、辐射到薄弱学校和农村学校。要切实解决当前农村学校办学条件差、城镇学校班额过大等实际问题。

二是硬件均衡与软件均衡的关系。促进义务教育均衡发展需要重视图书、设备、校舍等学校硬件建设，同时更要重视软件的提高，抓好教师专业发展和能力建设。教师是学校的第一资源，择校主要是择师，在当前情况下，尤其要把教师资源的均衡配置和教师水平的提升作为关键。

三是均衡发展与提升质量的关系。均衡发展不是限制发展，而是不断共同发展；不是低位徘徊，而是鼓励提高质量。要坚持在发展中促进均衡，在均衡中促进发展。有条件的地区可逐步提升均衡水平，实现优质均衡。

（二）全面贯彻党的教育方针，深入实施素质教育，将基础教育工作重心转变到内涵发展上来

基础教育对人的一生的成长具有至关重要的影响，基础教育质量的高低，不仅直接关系到青少年的德智体美全面发展，而且关系到国家各级各类人才的培养和全民族素质的提高。温家宝总理在全国教育工作会议讲话中指出，要深化课程和教学改革，创新教学观念、教学内容、教学方法，着力提高学生的学习能力、实践能力、创新能力，促进德育、智育、体育、美育有机结合，实现学生全面发展。全面贯彻党的教育方针，深入实施素质教育，既是促进人的全面发展的具体体现，也是我们教育工作的出发点和落脚点。目前，“有学上”的问题已经解决，“上好学”成为基础教育面临的新形势，这就要求我们把工作方向进一步从重视规模发展转到更加关注内涵发展和质量提高上来，要在几个关键环节上下功夫。

一是要把社会主义核心价值体系的融入作为实施素质教育、提高教育质量的首要内容。党的十七

届六中全会明确提出了把社会主义核心价值体系融入国民教育、精神文明建设和党的建设全过程的战略任务。推进社会主义核心价值体系建设，强化教育引导必须从中小学生抓起、从中小学教育抓起，通过开发德育资源、突出实践环节、营造文化氛围，抓好课程德育，倡导社会实践，建设校园文化，加强班主任队伍建设和全员育人工作，将育人理念融入教育全过程。

二是要把基础教育课程改革作为实施素质教育、提高教育质量的重要抓手。10 年来，基础教育课程改革促进了先进教育理念的传播，基本建立了有中国特色的、更加符合时代要求的新课程体系，带动了基础教育的整体变革，为全面推进素质教育发挥了重要作用。教育规划纲要明确提出了今后 10 年我国基础教育改革和发展的基本方向，我们必须坚持育人为本，坚持改革创新，采取有力措施，坚定不移地把基础教育课程改革向纵深推动。不要再犹豫基础教育课程改革要不要搞，而要思考如何把它搞好；不要再纠结基础教育课程改革可不可行，而要寻求在教学中把它落实。

三是要把高素质专业化教师队伍作为实施素质教育、提高教育质量的保障。教师队伍建设是提高教育质量、促进教育事业科学发展的根本环节。教育大计、教师为本，要把加强教师队伍建设作为推动教育科学发展最重要的基础工作来抓。有好的教师，才有好的教育。如果说教育是国家的基石，那么教师就是奠基者。今后要多措并举，切实加强教师队伍建设。完善教师准入、退出制度，优化教师队伍总体结构，加强教风、学风、校风建设，提高教师的师德和业务水平；提高教师地位待遇，激励优秀人才长期从教、终身从教；让优秀教师下得去、留得住；加强和改进教师教育，办好师范院校，健全教师培养培训体系。

四是要把信息化作为实施素质教育、提高教育质量的有效手段。继续以农村为重点，完善现代远程教育的网络，加强教师培训，全面提升农村学校应用信息技术的水平。要大力开发优质远程教育资源，精心筹划、完善功能、丰富内容，源源不断地为农村中小学提供优质资源，促进优质教育资源共享。

（三）加强基础教育管理，抓住主要矛盾，不断缓解难点问题

加强社会管理，维护社会稳定是构建社会主义和谐社会的必然要求。在基础教育领域仍存在一些难点问题，如义务教育阶段择校现象、中小学生课业负担过重、“应试教育”倾向等问题，引起社会高度关注，群众反映强烈。这些难点问题中，有的是长期形成的，涉及文化、历史、社会等多方面因素，情况较为复杂，一直在努力解决但始终没有解决好。这要求我们在今后的工作中，既要明确方向，正确对待，又要坚持不懈，持之以恒，遵循教育发展规律，通过加强研究、规范管理，逐步予以化解。

一是要加强教学管理，继续推进减负。减负是一项非常复杂的工作。地方教育行政部门要对当地学生作息时间、考试科目和次数、学生家庭书面作业和假期安排等提出统一要求，把提高课堂教学效率作为减负的有效手段，实施启发式教学，培养学生学习兴趣、态度和习惯。要改革考试评价制度和学校考核办法，建立监测公告制度，严格教辅资料管理。通过减负让学生有更多的时间走出校园，接触自然，开展综合实践活动，增强动手能力；通过减负让学生有更多的时间参加阳光体育活动，每天锻炼一小时，提升身体素质。

二是要规范入学秩序，缓解择校问题。择校现象的发生有复杂的原因，择校现象还会长期存在。但我们不能怨天尤人、听之任之，而应有所作为。各地要以大中城市为重点，严格执行免试就近入学的法律规定，合理划定每所公办学校的招生范围。推进九年一贯制学校建设，鼓励把现有分设的小学和初中学校对应起来，让小学生直升入对口初中，支持初中与高中分设办学。提高优质高中招生名额合理分配到区域内各初中的比例。

三是要实事求是做好中小学布局调整工作。随着城镇化进程加快和农村学生人数减少，各地通过调整学校布局改善了办学条件，提高了办学效益，但调整后也出现了新情况、新问题，引发了社会关注。各地要把妥善解决好学校布局调整带来的问题摆在突出位置，凡是事前缺乏科学规划、无法有效解决寄宿问题、城镇“大班额”现象突出、学生上

学路途偏远且缺乏接送车辆的地方，要采取改善寄宿设施、提供校车服务、增加生活补助等切实措施，解决存在的问题。进一步规范学校布局调整的程序，任何学校撤并都应该听取群众意见，把好事办好，避免引发社会矛盾。

四是要加强对社会舆论热点的恰当回应与主动引导。加强对社会反映热点问题的研究，及时向公众介绍工作进展情况、采取的措施和取得的成效，交流各地在解决热点问题方面的好经验、好做法、好成果，并加以推广，积极发挥示范带动作用。坚持正确舆论导向，合理引导社会预期，多做政策宣传、解疑释惑的工作，多做增进共识、统一思想的工作，多做典型报道、示范引导的工作，营造全社会关心、重视、支持教育改革的良好氛围。

（四）不断创新工作机制，形成工作合力，推进基础教育改革工作取得重要突破

当前，教育发展进入新的历史阶段，人民群众盼改革，教育系统盼改革，社会各界盼改革。加快推进改革步伐，人心所向、势在必行。各地基础教育发展水平不一，千差万别，不能一把尺子衡量发展、一个模式推动工作，一些重大问题的解决依赖于体制机制的改革创新，依赖于各部门的协同努力。因此，基础教育工作者要加强统筹规划、分类指导、因地制宜，以创造性应对工作的艰巨性，以多样性应对事业发展的复杂性和差异性。全国教育工作会议后，国家教育体制改革领导小组审议的第一个文件，就是推进教育体制改革试点的总体方案。国务院专门召开电视电话会议，对教育体制改革试点进行系统部署。目前，涉及基础教育领域的改革试点工作已经全部启动实施。例如，为加强对改革试点的指导工作，教育部建立了义务教育均衡发展专家指导制度，成立了国家教育咨询委员会义务教育均衡发展专家咨询组、义务教育均衡发展专家工作组，定期对各地义务教育均衡发展试点进行跟踪、检查、指导和评估，配合各地对试点经验进行总结提炼和宣传推广。

下一步，改革试点工作将从人民群众关心的基础教育领域重要问题入手，允许试点地区在解决这些问题上先行先试、积极探索，着力破除体制机制障碍，努力解决深层次矛盾，力争在管理体制、运行机制、关键环节、配套条件等方面形成典型经验与政策创新，探索推进基础教育健康发展的新思路和新举措。

各地要认真制订试点方案，配备精干力量，投入必要资源。要加强组织领导，确保试点工作顺利推进；要深入调研，充分协商，科学论证，完善实施方案，加强检查指导。要动员各方面力量支持改革试点，充分调动广大教师和教育工作者的积极性，鼓励他们参与改革试点、投身改革试点。随着教育改革的不断深入，如何保护好改革的积极性，推动改革走向深入，如何确保人民群众享受教育改革成果成为要高度重视的突出问题。各地要不断增强改革的信心和动力，明确改革方向和目标，确保改革工作有新突破、新成效。对于一些地区采取的行之有效的办法和取得的成功经验，有必要加强指导、及时总结，将办法经验上升为政策措施，在更大范围内推广，充分发挥以点带面的示范作用。要按照教育规划纲要的要求，进一步完善教育督导制度，充分发挥教育督导的作用，切实增强教育督导的权威性、实效性，为基础教育改革发展保驾护航。

三、关于2012年的几项工作

2012年是教育规划纲要颁布实施的又一重要年份，是本届政府任期的最后一年，我们党将召开十八大，做好2012年基础教育改革和发展工作意义重大。基础教育系统要全面贯彻党的十七大和十七届三中、四中、五中、六中全会精神，以邓小平理论和“三个代表”重要思想为指导，深入落实科学发展观，牢牢把握稳中求进的工作总基调，深入实施教育规划纲要，奋力开创教育改革发展的新局面，以优异成绩迎接党的十八大胜利召开。

2012年基础教育工作的总体思路是：继续贯彻落实教育规划纲要的部署，推进学前教育三年行动计划，落实义务教育均衡发展备忘录，深化基础教育课程改革，继续加强中小学和幼儿园教师队伍建设，努力缓解人民群众关注的难点问题，突出重点，完善机制，狠抓落实，扎实推进基础教育的改革发展。

对于2012年工作，教育部发了要点，相关司（办）也发了要点。在此，我简要讲以下几点。

（一）切实落实好4%，为基础教育持续健康发展提供坚实保障

国家财政性教育经费支出占国内生产总值比例2012年达到4%，同志们多年夙愿就要实现了。确保4%目标的实现，需要中央和各地各部门共同努力。中央已经出台一系列重大政策措施，主要包括分解落实中央和地方教育财政责任，统一内外资企业和个人教育费附加，全面开征地方教育费附加，统筹一定比例的土地出让收入用于教育等。国家将把增加的教育财力，用于包括中西部义务教育、学前教育、高中教育、贫困生资助等优先领域。基础教育战线要抓住大好机遇，多出好主意，多提实项目，把基础教育经费“蛋糕”做大。要普遍建立电子学籍，切实把经费配置好、使用好、监管好，发挥资金效益，优先推动基础教育事业持续健康发展。

（二）建立有效工作机制，为基础教育持续健康发展提供制度支撑

要进一步完善协同推进义务教育均衡发展机制。近期，国务院将出台推进义务教育均衡发展的意见，召开“两基”总结表彰暨义务教育均衡发展工作会议。各地要以此为契机，推动各地落实好备忘录各项承诺。教育部还将与刚通过国家“两基”验收的四省（区）签署义务教育均衡发展备忘录。要建立义务教育均衡发展评估认定机制，有效开展教育督导评估工作。要加强学前教育体制机制建设，建立完善学前教育三年行动计划和重大项目的跟踪指导机制，向社会发布进展情况评估报告。还要建立推动普通高中多样化发展的有效机制，研究制订高中与大学、科研院所联合培养创新人才协作计划。各地也要广泛建立健全各种有效工作机制，争取政府支持，调动社会参与，取得家长理解，推进基础教育改革发展。

（三）关注学校教学改革，为基础教育持续健康发展提供优质师资

义务教育各学科课程标准已正式颁布，教育部正在组织义务教育教材的修订和审查工作。各地要组织好新课程标准的教师培训工作，把修订后的义务教育各学科课程标准的精神落实到课堂教学中。2012年，教育部还将启动普通高中课程方案和各学科课程标准的修订，努力形成全面推进基础教育课程改革的良好态势。对教育难点问题，固然要着力缓解，但是我也希望同志们不要过于为难点所左右，而必须把更多的精力投入到教育教学的主业中。教育行政干部、中小学校长要以创先争优的作风，深入学校，走进课堂，了解教师关切，观察学生动向，回应师生诉求，破解发展难题。教育督导工作也要深入学校、深入教育教学第一线，全面了解影响教育质量的主要因素和关键环节，指导各地建立适应当地情况的、具有专业水准的教育教学监督体系。要提高教师队伍整体素质和实际教育教学能力，满足实施素质教育的要求。贯彻落实中、小学教师职业道德规范，强化师德建设。启动统一的城乡教师编制标准，扩大实施“特岗计划”，深入实施“国培计划”。

（四）维护学校安全稳定，为推进基础教育持续健康发展提供良好环境

青少年学生是祖国的未来、家庭的希望。保障他们的生命安全，责任重于泰山。生命不保，何谈教育，何谈幸福，何谈发展。一个没有安全保障的学校是不合格的学校，一个不具备安全意识的教师是不称职的教师。要开展安全教育，提高师生安全意识，普及必要的安全常识。要定期组织安全演练，平时多一次安全演练，危难时刻就多一份生的希望。要加强人防、物防、技防，搞好校园安保。同时，也要依法划定安全责任，广泛推广校方责任险，避免因噎废食、不敢组织任何实践活动。最后，要注意化解各种矛盾，防止群发事件，妥处突发事件，维护社会稳定大局。

2012年是具有特殊意义的一年。让我们紧密团结在以胡锦涛同志为总书记的党中央周围，深入贯彻落实科学发展观，坚定信心、乘势而上，开拓进取、扎实工作，开创基础教育改革发展新局面，以优异成绩迎接党的十八大胜利召开！

（2012年2月10日）

综　述

胡锦涛“六一”前考察北京市东城区少年宫

2012年5月31日上午，中共中央总书记、国家主席、中央军委主席胡锦涛前往北京市东城区少年宫考察，亲切看望在这里参加活动的小朋友们，代表党中央，向全国各族少年儿童表示节日的祝贺，向全国广大少儿工作者表示崇高的敬意。

中共中央政治局委员、北京市委书记刘淇，中共中央政治局委员、国务委员刘延东，中共中央书记处书记、中央办公厅主任令计划，全国人大常委会副委员长、全国妇联主席陈至立等一同考察看望。

全国教师工作暨“两基”工作总结表彰大会召开 胡锦涛发来贺信 温家宝出席大会并讲话

2012年9月7日，在第二十八个教师节到来之际，全国教师工作暨“两基”工作总结表彰大会在北京召开。中共中央总书记、国家主席、中央军委主席胡锦涛发来贺信，代表党中央、国务院，向全国广大教师和教育工作者表示节日的问候，向这次受表彰的先进集体和先进个人表示热烈的祝贺。

胡锦涛在贺信中指出，经过全党、全社会的不懈努力，我国已经全面实现普及义务教育和扫除青壮年文盲的“两基”目标。这是我国教育发展史上的重要里程碑，对于促进教育公平、提高国民整体素质、推动经济社会又好又快发展都具有重要意义。希望各地区、各部门坚持把教育摆在优先发展的战略地位，认真总结“两基”工作经验，切实巩固“两基”工作成果，加快建成覆盖城乡的基本公共教育服务体系，逐步实现基本公共教育服务均等化，真正办好人民满意的教育。

胡锦涛强调，教育大计，教师为本。我国教育事业的长足发展，同广大教师和教育工作者爱岗敬业、无私奉献是分不开的。在新形势下，希望广大教师和教育工作者全面贯彻党的教育方针，按照面向现代化、面向世界、面向未来的要求，切实做好教书育人各项工作，大力培养德智体美全面发展的社会主义建设者和接班人，为促进教育事业科学发展、建设教育强国和人力资源强国再立新功。

中共中央政治局常委、国务院总理温家宝出席大会并讲话。他强调，要适应人民群众接受更好教育的新期盼，把教育发展的重点放到提高质量、促进均衡发展上来，加快实现基本教育公共服务均等化，努力办好每一所学校，培养好每一个孩子。

温家宝指出，教育兴国是几代中国人的梦想。党的十六大以来，我们在推进教育发展、促进教育公平方面，主要做了3件大事。一是实施西部地区“两基”攻坚计划，农村地区特别是西部地区农村办学条件得到显著改善，义务教育基础薄弱的状况得到了扭转。二是在全国城乡全面实施真正免费义务教育，1亿多适龄儿童少年上学不花钱成为现实。三是建立健全国家助学制度，保证学生不会因经济原因而中断学业。

温家宝指出，从1985年我们提出实行义务教育目标算起，经过几届政府和全社会25年的不懈努力，到2011年全国所有省级行政区、所有县级行政单位全部通过普及九年制义务教育和扫除青壮年文盲国家验收，人口覆盖率达到100%，青壮年文盲率下降到1.08%。这是我国教育发展史上的重要里程碑，也是中华民族伟大复兴道路上浓墨重彩的绚丽篇章。

温家宝强调，教育公平是社会公平的基石。完成了“两基”攻坚这一历史性任务，我国教育发展站在了新的历史起点上。我们基本解决了“有学上”问题，但更大的挑战是“上好学”。义务教育是教育公平最重要的领域，要大力推进义务教育均衡发展，加强学校标准化建设，着力缩小校际师资、设施差距，更加有效地保障所有儿童少年平等接受义务教育的权利。要全面推进素质教育，当前迫切需要把教育从应试和高考指挥棒下解放出来，解放学生、解放教师、解放学校。只有这样，学生、教师、学校才能按素质教育的要求去学习、去教学、去管理，真正提高教育质量。要深入推进教育改革，加快建立现代学校制度。倡导教育家办学，教育应当由懂教育的人办，不同类型的学校应有不同的管理和办学模式。完善升学考试制度，让学生有多次选择机会，克服一考定终身的弊端。大力发展民办教育，扩大教育资源，增强教育发展活力。

温家宝指出，教师是立教之本，有高水平的教师，才有高水平的教育。要坚持教书与育人并重，教师要把教书放在第一位。只有教好书，才能育好人。只有“教”，才能成为“师”。大学教授要进课堂，给本科生上课；中小学特级、高级教师要始终深入教学第一线。要关心农村教师的生活和成长，使他们进得来、留得住、干得好。教师要时刻加强师德修养，做到“既美其道，又慎其行”。

中共中央政治局委员、国务委员刘延东在大会总结时说，要深入学习贯彻胡锦涛总书记贺信和温家宝总理讲话精神，认真落实教育规划纲要，深化教育改革，创新体制机制，努力开创义务教育均衡发展和教师队伍建设新局面。要落实政府职责，把均衡发展作为新阶段义务教育的战略性任务，促进教育公平，提高教育质量，保障所有适龄儿童少年平等接受优质义务教育。要均衡配置教育资源，向薄弱学校、农村和中西部倾斜，规范学校布局调整，推进标准化建设，建立资源共享机制，缩小城乡、区域和校际差距。要关爱留守儿童，加强特殊教育学校建设。要全面实施素质教育，改革人才培养模式、教育教学方法、学校管理制度和督导评价体系，切实减轻课业负担，促进学生全面发展。1 400万人民教师是办好教育的主体，要把教师队伍建设作为教育事业发展最重要的基础性工作，加大教师培养培训力度，大力提升师德水平和业务能力，创新教师管理制度，保障教师合法权益和待遇，继续营造尊师重教的社会氛围，以一流的师资支撑一流的教育、培养一流的人才。

全国人大常委会副委员长严隽琪、国务委员兼国务院秘书长马凯、全国政协副主席李兆焯出席大会。

会前，温家宝等领导同志参观了“奠基中国——‘两基’成就图片展”。

国家教育体制改革领导小组成员单位，各省（区、市）和计划单列市、新疆生产建设兵团及所属相关部门负责人，国家教育咨询委员会委员，部分国家督学和高校负责人，以及受表彰的先进集体和先进个人代表等参加大会。300个全国“两基”工作先进单位、500名先进个人和80个先进地区受到表彰。

温家宝看望清华大学师生

2012年9月14日，中共中央政治局常委、国务院总理温家宝应邀到清华大学看望师生，并在学校大礼堂发表演讲。

温家宝首先来到有着80年历史的机械工程学院精密仪器系。在IC装备重大专项实验室，温家宝听取了集成电路最核心装备光刻机研制和市场推广介绍。在制造系统实验室，他了解了微小卫星技术进展和学生实习、学校与企业合办研究中心的情况。他说，学生要培养创新性思维，科研人员要掌握核心技术，才能不断增强创新的能力。

温家宝还在清华大学校史馆参观了校史展。这里展出的大量老照片和珍贵文献，反映了清华大学不平凡的历史。100多年来，清华大学立德树人，创新学术，涌现出一批学术大师，产生了大量科研成果。在清华大学工作和学习过的两院院士就有471人。在清华大学近期重大研究成果展台前，温家宝还听取了清华大学教授姚期智、薛其坤、王大中关于量子计算机、拓扑绝缘体研究、探月工程编码技术、核电站高温气冷堆技术等成果介绍。温家宝勉励他们，着眼国家经济建设需要，奋力攻关，努力实现重大科研技术的新突破，不断抢占科技领域的制高点。

随后，温家宝走进清华大学大礼堂，面对1 000多名学生发表了演讲。他首先从清华的校训讲起。他说，1914年11月梁启超先生第一次来清华做演讲时引用《易经大传》中“天行健，君子以自强不息”、“地势坤，君子以厚德载物”的话，勉励学子们树立“完整人格”。梁先生的这次演讲，对清华优良校风的形成产生了深远影响。此后，“自强不息，厚德载物”八个字成了清华的校训。“自强不息”的品行，是古代先人的智慧和境界，它深深地融入每一个有血有肉的中国人的身心意识中，使其刚健而不屈，独立而不倚。“厚德载物”就是要像大地那样广博宽厚，容纳万物，就是要加强道德修养。中华民族五千年历史，内忧外患，历经磨难，仍得以繁荣昌盛，靠的就是自强不息的精神与厚德载物的品德。清华大学历经百年沧桑，与祖国同甘苦、共患难。在老一代清华人的身上，充满理想主义的情怀，他们不仅有着卓越的才智，而且满怀对祖国的忠诚和对事业的坚韧，表现出为国家和民族义无反顾的献身精神。今天在座的各位青年朋友，是国家的未来、民族的希望，承担着将来建设国家的重任。怎样建设好我们的国家？这是每一个人都要思考的问题。

在回顾了近一个半世纪以来中华民族争取民族独立、新中国建设和改革开放的历程后，温家宝说，新中国的建立，使中华民族一洗百年来所蒙受的奇耻大辱而自立于世界民族之林，中国人民从此站立起来。但是，建设社会主义现代化国家的道路不是一帆风顺的。我们从事的社会主义现代化建设是在探索中前进的。我们对社会主义的认识也是在实践中不断深化的。真正把我国建设成为富强民主文明和谐的社会主义现代化国家，还有很长的路要走。我们不但要坚定不移地推进经济体制改革，进一步解放社会生产力，继续发展经济、改善民生，而且要坚定不移地推进政治体制改革，发展社会主义民主法治，促进社会公平正义，实现人的自由平等。

温家宝说，清华大学建立以来，为共和国培养了一代又一代优秀的专家学者。他们不计名利，忧道不忧贫，始终保持高尚的境界和爱国的热忱，在艰苦的环境中洗净铅华，彰显本色，传承了中华民族的优秀品质。今天我们要培养和重塑民族的道德理性，就必须汲取传统文化的精神营养，倡导心存敬畏、诚实守信的社会道德观，对社会要有奉献精神，对他人要有责任感，对弱者要有同情心，养成情操高尚的人格。这不仅是对社会的责任，对他人的尊重，更是人的自信与庄严。新一代清华人一定会牢记“自强不息，厚德载物”的校训，努力学习，勤奋成才，将来为祖国的现代化建设做出更大的贡献，谱写清华大学更加辉煌的篇章。

李长春观看 2012 年全国大学生校园文艺会演

2012 年 5 月 4 日晚，《五月的鲜花——心中的歌儿唱给党》2012 年全国大学生校园文艺会演在北京举行。中共中央政治局常委李长春与首都高校学生代表一起观看演出，并与大学生演员和代表亲切交谈，称赞他们的演出感情真挚，充满青春激情，活力四射，感染力强，给人的心灵以深深震撼。他希望广大青年学生认真学习领会胡锦涛总书记在纪念中国共产主义青年团成立 90 周年大会上的重要讲话精神，珍惜祖国发展的宝贵机遇，胸怀振兴中华的远大志向，以坚定的信念、宽广的胸怀、创造的激情、务实的态度，踊跃投身改革开放和社会主义现代化建设的广阔舞台，在实现中华民族伟大复兴的征程上谱写人生壮丽乐章，为祖国和人民做出应有的贡献。

中共中央政治局委员、书记处书记、中宣部部长刘云山，中共中央政治局委员、国务委员刘延东，全国政协副主席、中国社会科学院院长陈奎元一同观看演出。

李长春看望2011中国大学生年度人物和教书育人楷模先进事迹报告团成员

2012年6月20日，教书育人楷模先进事迹首场报告会在北京人民大会堂举行。报告会开始前，中共中央政治局常委李长春亲切看望了报告团成员和2011中国大学生年度人物，向教书育人楷模致以崇高敬意，向获奖大学生表示热烈祝贺，向全国广大师生致以诚挚问候。他强调，要深入宣传教书育人楷模和大学生先进人物的事迹，形成崇尚先进、学习先进、争当先进的鲜明导向，在全社会大力营造爱岗敬业、尊师重教和促进学生健康成长的良好环境，为推进社会主义核心价值体系建设、促进教育事业科学发展提供有力的思想保证、精神动力和舆论支持。

李长春指出，党的十六大以来，以胡锦涛同志为总书记的党中央高度重视青少年健康成长，对加强青少年思想道德建设和教师队伍建设做出一系列重大决策部署。各地区各部门各高校认真贯彻落实中央精神，紧紧围绕立德树人、教书育人这一根本任务，狠抓薄弱环节，创新方式方法，完善体制机制，大学生思想政治教育工作和教师队伍建设扎实推进，呈现出良好发展态势，广大师生思想政治状况主流积极健康向上，对中国特色社会主义旗帜、道路、理论体系和制度的信心信念进一步增强。近年来，教育系统涌现出一大批先进典型，赢得了全社会的广泛赞誉，教书育人楷模和大学生年度人物就是其中的优秀代表。

李长春强调，全党全国各族人民正在为实现国家“十二五”时期经济社会发展目标任务、夺取全面建设小康社会新胜利而努力奋斗，以优异成绩迎接党的十八大胜利召开。推动教育事业科学发展，办好人民满意的教育，对实现“十二五”时期目标任务具有十分重大的意义。要广泛开展学习教书育人楷模和大学生年度人物活动，教育引导广大教师向教书育人楷模学习，学习他们忠诚使命、修身立德、无私奉献、教书育人的高尚品德，切实履行党和人民赋予的神圣职责，当好人类灵魂的工程师；教育引导广大青少年向大学生年度人物学习，学习他们志存高远、勤奋学习、开拓创新、服务社会的先进事迹，把个人成长与中国特色社会主义的共同理想和伟大实践紧密结合起来，努力做德智体美全面发展的中国特色社会主义建设者和接班人。

中共中央政治局委员、国务委员刘延东参加看望。

李长春观看教师节晚会

2012年9月4日，中共中央政治局常委李长春观看了为庆祝2012年教师节录制的大型主题晚会《至高荣耀》，并为2012年度“全国教书育人楷模”颁奖。李长春向获奖教师表示热烈祝贺，向全国广大教师和教育工作者致以节日问候。他勉励广大教师以教书育人楷模为榜样，忠诚党的教育事业，履行教书育人职责，以实际行动诠释“学为人师，行为世范”的崇高师德风范，当好学生健康成长的引路人，当好人类灵魂的工程师。李长春强调，要广泛宣传教书育人楷模的先进事迹，在全社会大力弘扬尊师重教的良好风尚，为推动教育事业优先发展、科学发展营造浓厚氛围。

晚会通过歌舞、主题故事、人物访谈等多种形式，生动反映了党的十七大以来教育改革发展取得的可喜成绩，热情讴歌了全国教书育人楷模和优秀教师的先进事迹，在教师节即将来临之际为全国广大教师送上了一份特殊的节日礼物。

伴随着歌曲《爱的接力》、《感谢老师》，歌舞《春暖花开》等精彩节目，讲述了获得国家最高科技奖的著名气象学家叶笃正、因抢救学生而高位截瘫的“最美女教师”张丽莉、从事智障体育教学19年的体育教师代建荣、把青春献给山村小学的彝族教师马剑霞等人的生动故事，他们潜心教书育人、真情关爱学生的先进事迹深深打动了全场观众。

中共中央政治局委员刘淇，中共中央政治局委员、书记处书记、中宣部部长刘云山，中共中央政治局委员、国务委员刘延东一同观看晚会。

习近平会见第20次全国高校党建工作会议代表

2012年1月4日，中共中央组织部、中共中央宣传部、中共教育部党组在北京召开第20次全国高等学校党的建设工作会议。中共中央政治局常委、中央书记处书记、国家副主席习近平在会前会见了会议代表并讲话。他强调，高校是教育培养青年人才的重要园地，也是用社会主义核心价值体系武装青年的重要思想阵地。高校党的建设要紧紧围绕培养中国特色社会主义事业合格建设者和可靠接班人这个根本任务，为建设能够培养高质量大学生的社会主义大学提供坚强的思想、政治和组织保证。

习近平指出，教师是人类灵魂的工程师，是青年学生成长的引路人和指导者。他们的思想政治素质和道德情操对青年学生具有很强的影响力和感染力，在思想传播方面起着十分重要的作用。这就要求我们的高校教师以高度的社会责任感坚持教书育人、为人师表，以良好的思想道德品质给大学生以潜移默化的影响。青年教师作为高校教学的重要力量，与学生沟通互动多，对学生影响很大。要把加强青年教师队伍思想政治建设作为高校党的建设一个重大问题来抓，深入细致地做好青年教师的思想引导工作，加大在青年教师中发展党员的工作力度，优化高校党员队伍结构。

习近平强调，今年我们党将召开十八大，这是全党全国各族人民政治生活中的一件大事。高校党建工作要突出迎接党的十八大胜利召开和学习宣传贯彻党的十八大精神这项重要任务，更好地发挥高校党委的领导核心作用、各级党组织的战斗堡垒作用和广大党员的先锋模范作用。要深入开展高校创先争优活动，推动高校党组织和广大党员在全面落实党的教育方针、坚持内涵式发展、全面提高办学质量、加强自身建设的实践中创先争优，并使创先争优活动常态化。要以更加扎实有力的措施维护高校的和谐稳定，加强日常管理，为党的十八大胜利召开营造良好氛围。

中共中央政治局委员、书记处书记、中宣部部长刘云山，中共中央政治局委员、国务委员刘延东，中共中央政治局委员、书记处书记、中组部部长李源潮参加会见。

习近平到北京高校调研

2012 年 6 月 19—20 日，中共中央政治局常委、中央书记处书记、国家副主席习近平先后到北京大学、中国人民大学、清华大学就加强和改进高校党建工作进行调研，并召开座谈会听取意见。他强调，加强和改进高校党的建设要继续坚持和贯彻好正确的指导原则，紧紧围绕服务大局和促进高等教育事业科学发展这一主题来开展，围绕培养中国特色社会主义事业合格建设者和可靠接班人这一根本来推进，围绕贯彻好党委领导下的校长负责制这一领导体制来加强，围绕抓好基层、打牢基础这一重要支撑来深化，为高校改革发展稳定提供坚强保证。

20 日上午，习近平在清华大学主持召开高校党建工作座谈会，在听取教育部负责人和北京大学等 5 所高校党委书记的发言后做了讲话。他强调，高校是重要的教育阵地，也是重要的思想文化阵地。各级党委要牢牢把握社会主义大学的办学方向，切实加强和改进高校思想政治工作，强化大学生思想政治教育，强化教师队伍特别是青年教师队伍的思想政治建设，加强辅导员队伍建设，加强党员队伍建设，坚持党建带团建，不断提高高校党建工作科学化水平。

中共中央政治局委员、北京市委书记刘淇，中共中央政治局委员、国务委员刘延东一同参加调研并出席座谈会。中央有关部门负责同志，在京部分高校党委书记和部分高校院系党组织负责人、优秀共产党员、青年教师、辅导员、班主任、学生代表共 70 余人参加了座谈会。

李克强会见参加中俄大学生研修活动的青年

2012年8月24日，国务院副总理李克强在北京人民大会堂会见参加中俄青年大学生研修活动的师生并与他们座谈交流。李克强指出，中俄世代毗邻而居，传统友谊深厚，尤其是双方签署《中俄睦邻友好合作条约》以来，两国关系进入快速发展的新阶段。中俄都是世界上具有重要影响的国家，也都是主要的新兴经济体。中俄互为最大邻国，两国关系的深化与和睦发展，不仅能够造福两国人民，而且有利于地区和世界的和平发展。

他勉励两国青年做维护世界和平发展的新一代，并提出了三点希望。

一是坚定维护世界和平的信念。和平是人类的长期追求，也是人类文明的基本体现。二战期间，中、苏、美、英等国一起并肩作战，赢得了世界反法西斯战争的最终胜利。前辈们浴血奋战，为的是实现世界持久和平，希望两国青年珍惜和平、维护和平。

二是秉持创新发展的理念。发展是人类进步的基本动力。当前，世界经济正处于艰难复苏中，无论是发达国家，还是新兴经济体，都在努力克服困难振兴经济。中俄同处亚欧大陆，都视对方的发展为机遇，都乐见对方强大和繁荣，实现共赢这本身就是发展理念的创新。两国青年要化挑战为机遇，深化交流与务实合作，推动亚欧大陆在世界发展中发挥更大的作用。

三是培育开放包容的心态。世界是多元的，我们愿意看到多极化世界，愿意体验和欣赏文明文化的多样性。国家之间应当互相尊重，尊重对方不同的传统与文化，求同存异，即使是不同，也可以形成“和”的局面、“和”的氛围。这样，世界和平才能持久，发展才能持续。中俄青年应开放包容、互学互鉴，成为中俄友好乃至世界和平发展的使者，为世界和平发展做出青年一代应有的贡献。

刘延东出席2012年全国教育工作会议

2012年1月6日，中共中央政治局委员、国务委员刘延东出席2012年全国教育工作会议。她强调，要认真贯彻党的十七届六中全会和中央重大决策部署，大力推进社会主义核心价值体系建设，深入实施教育规划纲要，坚持育人为本，着力深化改革，促进教育公平，全面提高质量，奋力开创教育改革发展的新局面，以优异成绩迎接党的十八大胜利召开。

刘延东说，2011年教育优先发展战略地位进一步落实，教育规划纲要贯彻实施扎实推进，教育投入大幅增加，教育改革有序开展，教育公平取得明显成效，在培养优秀人才、服务经济社会发展等方面取得了新成绩，为国家现代化建设做出了新贡献。

刘延东强调，2012年是党和国家发展进程中具有特殊意义的一年，教育改革发展面临着新的机遇和挑战。要切实增强政治意识、大局意识和责任意识，自觉把教育改革发展放在党和国家工作全局中去谋划，把人民满意作为检验工作的根本标准，努力推动教育事业科学发展。要坚持德育为先、能力为重，把社会主义核心价值体系融入国民教育全过程，创新人才培养模式，强化实践育人、协同培养，完善教育质量评价制度，提高教师育人能力和师德素养，促进学生德智体美全面发展。要积极稳妥推进教育改革，强化统筹协调和分类指导，调动各方参与改革的积极性，破除体制机制和政策障碍，力争在招生考试制度、教育管理和办学体制等重点领域及关键环节改革上取得实效。要落实好发展学前教育、农村学生营养改善等决策部署，完善减轻中小学生课业负担、治理教育乱收费等方面的措施办法，切实解决好人民群众反映强烈的热点、难点问题。要全面落实加大教育投入的政策措施，确保2012年财政性教育经费支出占国内生产总值比例达到4%，把资金用在最需要的地方，加强监督管理，使之发挥最大效益。

刘延东要求，教育系统要始终保持昂扬向上的精神状态，切实转变作风、提升素质，求真务实、开拓创新，创造性地开展工作，扎实完成好教育改革发展稳定任务。

刘延东到全国学生资助管理中心和中国教育发展基金会调研

2012年1月29日，中共中央政治局委员、国务委员刘延东来到教育部，考察全国学生资助管理中心和中国教育发展基金会，并向广大教育工作者致以新春问候。她强调，要按照党中央、国务院要求，全面落实教育规划纲要，扎扎实实做好学生资助工作，为实现教育优先发展、促进教育公平，为全面建设小康社会、建设人力资源强国做出新的更大贡献。

刘延东考察了全国学生资助管理中心中职学生资助管理系统、资助政策咨询投诉热线，观看了中国教育发展基金会捐助及资助项目展示。她指出，党中央、国务院高度重视家庭经济困难学生资助工作，特别是教育规划纲要颁布一年多来，国家出台了一系列学生资助政策，资助范围不断扩大，资助领域不断延伸，资助标准不断提高。目前，我国初步建立起了从学前教育到高等教育各学段家庭经济困难学生资助体系，2011年全国学生资助资金总额近900亿元，资助学生达7 600万人次，基本实现了“不让一名学生因家庭经济困难而失学”的庄严承诺。

刘延东强调，进一步做好家庭经济困难学生资助工作，是我党以人为本、执政为民理念的具体体现，是实现我国长治久安、建设社会主义和谐社会的本质要求，是保障和改善民生的重要举措。要切实增强政治意识、大局意识和责任意识，用实际行动服从和服务于党和国家工作大局，切实减轻家庭经济困难群众的教育支出压力，保障困难群体享有公平接受教育的权利，把学生资助工作提高到新的水平。要进一步完善资助政策体系，落实学前教育资助制度，扩大中等职业教育免学费范围，建立健全研究生奖助政策体系，为学生安心学习提供必要条件。要建立资助标准动态调整机制，根据不同地区经济发展水平、不同类别学校生源构成情况，合理确定并适时调整资助比例，根据经济社会发展水平和国家财力状况，逐步提高资助标准。要加强学生资助机构和队伍建设，推动各地从实际出发，建立健全学生资助管理机构，重点抓好地市和县级教育部门学生资助中心建设，继续做好各级资助管理干部培训，不断加强督查指导和考核评估。要强化资助资金监管，尽快建立健全学籍和资助信息管理系统，建立健全监督检查机制，加大对违纪、违规、违法行为的处罚力度。要加大资助政策宣传力度，全方位、多角度宣传国家资助政策，让资助政策家喻户晓、深入人心，广泛宣传家庭经济困难学生成长成才典型事例，引导和激励家庭经济困难学生自立自强、克服困难、发奋学习、立志成才。要积极鼓励社会捐资助学，调动全社会关心、支持教育的积极性。

教育部部长袁贵仁及国家有关部门负责人陪同考察。

刘延东出席全面提高高等教育质量工作会议

2012年3月23日，中共中央政治局委员、国务委员刘延东出席全面提高高等教育质量工作会议时强调，要深入贯彻胡锦涛总书记在清华大学百年校庆上重要讲话精神，全面落实教育规划纲要，树立科学的高等教育发展观，深化教育体制机制改革创新，坚定不移走以质量提升为核心的内涵式发展道路，推动我国高等教育事业迈上新台阶，实现从高等教育大国向高等教育强国的转变。

刘延东指出，提高高等教育质量是立足我国现代化建设阶段性特征和国际发展潮流提出的深刻命题，是我国高等教育改革发展最核心最紧迫的任务。要围绕培养什么人、怎么培养人的问题，确立人才培养的中心地位，抓住一切为了学生成长成才这一关键，系统推进，务求实效。一要打造高水平师资队伍。突出教学业绩考核，改革教师评价办法；完善教师遴选和聘任制度，加大培养和引进力度，优化教师结构。二要加快教育教学改革。探索科学基础、实践能力和人文素养融合发展的培养模式，推动交叉培养和联合育人，创新教学方法和学习方式，强化师生交流互动。三要提高高校科学研究、社会服务和文化传承创新能力，形成相互支撑、整体提升质量的格局。四要建设优良校风教风学风。以社会主义核心价值体系为指导，加强学生理想信念教育，大力弘扬崇尚科学、探索真理、注重创新、奉献社会以及爱国主义精神，加强校园文化品牌和思想文化阵地建设，维护学术诚信，形成有利于人才成长的良好环境。

刘延东强调，不改革就没有出路，不触及深层次矛盾就难见成效，全面提高高等教育质量必须坚持改革创新，克服不敢改、不愿改、不会改的畏难情绪，摒弃安于现状、小富即安的惰性思维，敢于突破思想观念和体制机制障碍。要完善质量评估评价体系，加强分类管理，建设优势学科，引导高校办出特色、办出水平。要改革高等教育管理体制，加快建设现代大学制度，扩大高校办学自主权，鼓励社会参与，推进高校依法民主管理。要坚持开放办学，大力引进国外优质教育资源，积极参与中外人文交流，提高我国高等教育国际化水平。刘延东要求，各有关部门各地区要加强统筹领导，落实保障政策措施；各高校要切实履行质量建设主体责任，发挥好各方作用，形成提高高等教育质量的工作合力。

刘延东出席治理教育乱收费部际联席会议

2012年4月27日，中共中央政治局委员、国务委员刘延东在出席治理教育乱收费部际联席会议第十二次会议时强调，要认真贯彻十七届中央纪委第七次全会和国务院第五次廉政工作会议精神，全面落实教育规划纲要，把规范教育收费作为重要的惠民工程，标本兼治，源头治理，务求实效，深入推进治理教育乱收费工作，办好人民满意的教育。

刘延东指出，近年来，各地各有关部门按照中央部署要求，采取一系列政策措施，教育乱收费源头治理取得重要进展，专项治理实现新的突破，制度建设得到加强，监督检查力度加大，有力遏制了教育乱收费势头。但一些热点、难点问题尚未得到根本解决，治理任务仍然繁重。

刘延东强调，治理教育乱收费是深化改革、实现教育科学发展的客观要求，是促进公平、维护人民群众切身利益的重要举措，是推进党风廉政建设、纠正行业不正之风的重要内容，是各级政府义不容辞的责任。要深化义务教育阶段择校乱收费治理，突出重点区域，抓住关键环节，分解目标责任，细化政策措施，力争得到明显缓解。要加大中小学教辅材料散滥整治力度，严把出版、推荐、选用和价格关。继续实施好学前教育三年行动计划，严格执行幼儿园收费管理办法，解决“入园难”、“入园贵”的问题。要加快推进改制学校清理规范工作，坚决纠正中小学校有偿补课行为，严格规范高校自主招生、特殊类型招生，严厉查处违规收费行为，营造风清气正的育人环境。要加大监督检查力度，强化责任追究，确保教育经费管理和教育惠民政策落实到位，严防发生违规违纪行为。

刘延东要求，各地各有关部门要加强组织领导，落实责任分工，密切协作配合，完善制度和工作机制，为治理教育乱收费提供坚实保障。要深入调研，对久拖不治和苗头性问题，采取措施，切实纠正。要做好舆论宣传，公开曝光典型案例，发挥好社会监督作用。

刘延东出席国家教育考试指导委员会成立会议

2012年7月19日，中共中央政治局委员、国务委员刘延东在出席国家教育考试指导委员会成立会议时强调，要全面贯彻党的教育方针，深入落实教育规划纲要，积极稳妥推进教育考试制度的改革创新，为实施素质教育、培养现代化建设所需合格人才，为学生的成长成才发挥引领推动作用。

刘延东指出，考试是检验学习效果和甄别选拔人才的重要手段，是一项基本教育制度和重要社会制度。新中国成立特别是改革开放以来，我国教育考试制度不断完善，为选拔培养现代化建设需要的各类人才提供了重要保障。面对发展新要求和群众新期待，要按照有利于科学选拔人才、促进学生健康发展、维护社会公平的原则，坚持立足国情，借鉴国际经验，不断深化改革，逐步形成分类考试、综合评价、多元录取的考试招生制度，拓宽人才成长通道，引导学生全面发展。

刘延东强调，成立国家教育考试指导委员会，是落实教育规划纲要的重要举措，根本目的是对国家教育考试制度改革进行顶层设计，有效解决人民群众普遍关心的教育考试方面的突出问题。高考是我国重大的社会公平制度，要加快研究制定高考改革总体方案，重点改革考试内容和形式，规范考试程序，建立健全综合评价体系，完善多样化的录取方式，增加考生选择机会，落实高校招生自主权，保障公平公正，形成不拘一格选英才的良好局面。要指导地方和学校的教育改革实践，坚持试点先行，以点带面，确保改革的科学、协调、渐进和有序。要加强政策宣传，倡导科学的教育观和成才观，引导社会各界理性认识和期待考试招生制度改革，为改革创造良好的社会环境。刘延东希望国家教育考试指导委员会各位委员认真履行职责，深入调查研究，积极建言献策，为建立健全中国特色、世界水平的教育考试制度做出积极贡献。

国家教育考试指导委员会由来自教育、科技、经济、法律、管理等领域的26名专家组成，教育部部长袁贵仁担任主任委员。

刘延东出席国家开放大学北京开放大学上海开放大学成立会议

2012年7月31日，中共中央政治局委员、国务委员刘延东在出席国家开放大学、北京开放大学、上海开放大学成立会议时强调，要以现代信息技术为支撑，整合共享优质教育资源，创新教育教学模式，办好中国特色的开放大学，为社会成员提供更加灵活、便捷、公平、开放的学习方式和多层次多样化的教育服务，为建设学习型社会和教育强国、人力资源强国做出积极贡献。

刘延东指出，经过30多年的发展，我国初步建成了以广播电视大学为主体、覆盖城乡的远程高等教育办学体系，培养了各行各业大批应用型专门人才，对促进人的全面发展和国家现代化建设发挥了重要作用。

刘延东指出，在广播电视大学基础上建设现代开放大学，是满足人民群众多样化学习需求、促进教育公平、克服应试教育弊端和落实素质教育的重要途径，是构建终身教育体系、形成学习型社会的重要支撑，是教育服务国家发展、提高全民族素质的重要措施。刘延东强调，建设开放大学要坚持科学定位，突出办学特色，强调面向人人，实现校园教育向社会教育延伸，实行学历教育与非学历教育并重，通过学分积累和转换等方式建立与普通高校有效对接的“立交桥”。要深化办学模式和人才培养模式改革，建立严格而有弹性的教学管理制度和宽进严出的学习制度，使注册、学习、考试更加灵活方便，健全质量标准和保证体系，全面提高教育质量。要推进信息技术与教育教学深度融合，完善以学习者为中心、基于网络自主学习、远程支持服务与面授相结合的教学方式，创建友好的数字化学习环境。要加快推进优质教育资源共建共享，着力扩大优质资源种类、总量和覆盖面，为各类人群特别是基层学习者提供更好更多的教育服务。要加强国际交流与合作，吸收先进理念和成功经验，不断提升办学水平和国际影响力。

教育部部长袁贵仁主持会议，有关部门和地方负责人以及三所开放大学的师生代表参加会议。

刘延东出席教育部直属高校工作咨询委员会第22次会议

2012年8月20日，中共中央政治局委员、国务委员刘延东在出席教育部直属高校工作咨询委员会第22次全体会议时强调，要认真学习贯彻胡锦涛总书记在省部级主要领导干部专题研讨班上的重要讲话精神，深入落实科学发展观，着力推动高等教育改革发展，加快建设中国特色现代高等教育体系，为我国早日进入高等教育强国行列不懈奋斗。

刘延东指出，党的十七大以来，党中央、国务院高度重视高等教育改革发展，将高等教育定位为科技第一生产力和人才第一资源的重要结合点，确立以提高质量为核心的内涵式发展道路，提出建设有特色、高水平大学的目标要求，构建人才培养、科学研究、社会服务和文化传承创新四大功能相互支撑的格局，指明了建设中国特色社会主义现代大学制度的改革方向，推动我国高等教育战略地位不断强化，发展思路更加清晰，整体水平大幅提升，为改革和现代化建设做出了重要贡献。

刘延东强调，面对新形势新任务，要把科学发展观的总要求贯穿到办学治校的各个方面，继往开来，改革创新，推动高等教育事业实现科学发展。高等学校要坚持协调发展，主动适应经济社会发展、民生改善和建设学习型社会的需要，培养更多高素质劳动者和拔尖创新人才，加速科研成果转化，不断提高服务经济社会发展的水平。要坚持内涵发展，树立科学的质量观，完善资源配置机制，健全教育质量保障体系，稳定规模、优化结构，全面提高高等教育质量。要坚持特色发展，实行分类管理，鼓励高校合理定位，各展所长，争创一流。要坚持创新发展，深化教育体制机制改革，加强党的领导，完善学校内部治理结构，落实和扩大高校办学自主权，激发高校生机和活力。要坚持开放发展，完善高校面向科研院所、企业、地方开放合作机制，加快引进先进教育理念和优质教育资源，积极推动我国高等教育走出去。要坚持可持续发展，注重科学规划，加强制度建设，增强工作连续性、预见性、创造性和系统性，努力形成我国高等教育持续健康发展的良好局面。

刘延东要求，高等教育战线要把握社会主义办学方向，保持昂扬向上的精神状态，扎实完成高等教育改革发展稳定各项任务，以优异成绩迎接党的十八大胜利召开。

教育部部长袁贵仁主持会议。来自教育部直属高校的咨询委员、其他部委和地方所属高校的特邀党委书记和校长共214人参加了会议。

刘延东担任国务院教育督导委员会主任

2012年8月26日，国务院办公厅印发《关于成立国务院教育督导委员会的通知》。通知指出，为贯彻落实《教育规划纲要》，进一步健全我国教育督导体制，国务院决定成立国务院教育督导委员会。

根据通知，国务院教育督导委员会的主要职责是：研究制定国家教育督导的重大方针、政策；审议国家教育督导总体规划和重大事项；统筹指导全国教育督导工作；聘任国家督学；发布国家教育督导报告。委员会主任由中共中央政治局委员、国务委员刘延东担任，副主任由教育部部长袁贵仁和国务院副秘书长江小涓担任。委员包括：国家发展和改革委副主任朱之鑫、教育部副部长刘利民、科技部副部长陈小娅、公安部副部长黄明、监察部副部长王伟、财政部副部长张少春、人力资源社会保障部副部长王晓初、住房城乡建设部副部长郭允冲、卫生部副部长刘谦、审计署副审计长侯凯。

国务院教育督导委员会办公室设在教育部，承担委员会日常工作。委员会成员因工作变动等需要调整的，由所在单位向办公室提出，报委员会主任批准。

教育部2012年工作要点

2012年教育工作的总体要求是：全面贯彻落实党的十七大和十七届三中、四中、五中、六中全会精神，以邓小平理论和“三个代表”重要思想为指导，深入贯彻落实科学发展观，深入贯彻实施教育规划纲要，坚持优先发展教育，全面实施素质教育，全面落实国家教育重大项目和改革试点，牢牢把握稳中求进的工作总基调，进一步解放思想，着力深化改革，积极促进公平，全面提高质量，切实维护稳定，推动教育事业科学发展，以优异成绩迎接党的十八大胜利召开。

一、加强改进党的建设，着力维护教育系统和谐稳定

1. 切实提高党的建设科学化水平。学习宣传贯彻党的十八大精神，组织开展“科学发展、辉煌成就”主题教育活动，坚持用马克思主义中国化最新成果武装教育系统广大干部和师生员工。推动各级教育行政部门和各级各类学校深入开展为民服务创先争优活动，健全创先争优长效机制。深入落实《中国共产党普通高等学校基层组织工作条例》，全面加强高校基层党组织建设。加强民办学校党的建设。加强全国教育系统干部培训。加强党性党风党纪教育。认真落实党风廉政建设责任制，加强惩治和预防腐败体系建设。深入贯彻落实加强高等学校反腐倡廉的意见，大力推进阳光治校，切实加强对高校重点部位和关键环节的监管。

2. 进一步加强和改进德育工作。深入贯彻落实党的十七届六中全会精神，将社会主义核心价值体系融入国民教育全过程，发挥国民教育在文化传承创新中的基础性作用，加强学校文化建设与实践育人。贯彻落实《社会主义核心价值体系融入中小学教育指导纲要》。修订《中小学心理健康教育指导纲要》。修订《中等职业学校德育大纲》。深入实施马克思主义理论研究和建设工程，推动教材的广泛使用和教师培训。进一步加强和改进高校思想政治理论课。加大高校辅导员培养培训力度。加强高校青年教师思想政治工作。深入推进中国特色社会主义理论体系进教材、进课堂、进头脑。实施立德树人工程和立德学者计划。组织开展全国性大学生实践创新活动。重视发挥文化育人作用，总结凝练大学精神和当代大学生核心价值观。广泛深入开展学雷锋活动。加强和改进校园网络文化建设和管理。

3. 大力加强教育督导和督察。健全督导工作机制。开展义务教育均衡发展评估认定工作。开展学前教育、职业教育、中小学素质教育、地方政府履行教育职责督导评估工作。做好基础教育监测工作。加强对直属高校的巡视工作。加强重大教育工程项目规划和监督检查机制。健全督察工作制度，完善督查工作机制，规范督查工作程序。

4. 切实维护学校安全与稳定。开展矛盾排查化解，加强校园安全防范，落实人防、物防、技防措施及各项制度，建设安全校园。建立健全突发事件防范和处置机制，积极推动并指导各地和学校加强应急机制建设。深化校园及周边治安综合治理。加强学生安全教育、法制教育和心理健康教育。制订《中小学安全标准》。建立校车制度，积极配合做好《校车安全条例》的贯彻实施工作。加强农村义务教育学生营养改善计划的食品卫生安全，严防发生食物中毒。做好学校传染病防控与学生食堂工作。

5. 着力提高科学民主决策和服务水平。进一步转变机关作风，加强政风建设，加强教育政策与战略研究，提高科学决策、民主决策、依法决策能力。进一步改进教育新闻宣传工作，营造良好的改革发展环境。深入开展直属机关创先争优活动和学习型党组织建设。扎实有效开展机关作风评议活动，树立为民、务实、清廉的机关形象。进一步加强机关干部队伍建设，研究制定干部交流培养办法，完善干部自主选学与组织调训相结合的新机制。关心青年干部成长与生活。积极推动干部深入基层调查研究，建立机关干部下基层的长效机制。完成直属事业单位清理规范。探索加强和改进离退休干部工作的有效途径。推进基层关工委建设。加强机关文化建设，落实机关文明公约，践行职业精神，创建和谐文明机关。

二、深化改革，完善教育事业科学发展的体制机制

6. 确保4%目标如期实现。配合有关部门，指导各地落实国务院出台的各项投入政策，切实保障教育经费按法定增长，不断提高财政教育支出占公共财政支出的比重，确保国家财政性教育经费支出占国内生产总值比例达到4%。加大学前教育投入。进一步提高义务教育经费保障水平。加快中等职业教育免费进程。推动制订职业学校生均财政拨款标准。提高高校生均拨款水平。统筹做好高校和普通高中化解债务工作。加强高等教育拨款咨询委员会工作。国家教育体制改革领导小组办公室成立落实4%工作办公室。加快教育经费监管事务中心建设。建立健全财政拨款、监管的体制机制。进一步完善国家教育经费统计公告制度，制定高校财务信息公开办法。

7. 积极稳妥推进考试招生制度改革。研究高考改革重大问题，制订发布改革方案，指导各地根据实际探索本地区高考改革。规范高校自主选拔录取改革，逐步扩大改革试点范围。清理规范高考加分。开展高等职业教育入学考试由省（区、市）组织的试点，完善"知识加技能"的考核办法，扩大示范高职单招、对口招生规模。指导高中新课程省份探索高考与高中学业水平考试和学生综合素质评价相结合的综合评价方式。指导高校试点学院和条件成熟的中外合作办学机构探索人才选拔方式。制订高校面向贫困地区实施定向就业招生工作方案，探索完善定向录取等多元录取方式。深化硕士研究生招生改革，修订推免工作管理办法。推进博士研究生招生改革，进一步扩大高校和导师自主权，完善博士生联合培养机制，建立中期分流名额补偿机制。

8. 大力支持和依法管理民办教育。召开民办教育工作会议，出台促进民办教育发展的政策文件，清理并纠正对民办学校的各类歧视性政策，引导民间资金兴办教育。推进民办教育改革试点。推动中央财政和省级财政设立民办教育发展专项资金。健全民办学校内部治理结构，保障校长依法行使职权，完善民办学校自律和社会监督机制，规范办学行为，切实落实法人财产权，保障教师和学生合法权益。完善独立学院管理和运行机制。

9. 加快建设现代学校制度。按照事业单位改革的总体要求，进一步转变政府职能，深化教育系统事业单位改革。落实《高等学校章程制定暂行办法》，分类推进高校章程建设，促进高校办出特色、办出水平。出台《普通高校党委领导下的校长负责制实施意见》，并抓好贯彻落实。印发直属高校领导班子建设指导意见。开展直属高校校长公开选拔改革试点。开展选聘委派高校总会计师试点。推进直属高校纪委书记交流任职。加强高校学术委员会制度建设，探索教授治学的有效途径。深入推进高校试点学院改革。研究制定深化高校人事制度改革实施意见。研究制定直属高校领导班子和领导干部综合考核评价办法，探索建立高校领导收入分配激励机制，统筹研究高层次人才特殊待遇政策，重视解决青年教师工作生活中的实际困难和问题。研究制定深化职员队伍建设意见。落实《学校教职工代表大会规定》，加强教师民主管理、民主监督。深入推进学校信息公开工作。推进高校理事会建设。建立中小学幼儿园家长委员会。深化高校出版体制改革。进一步深化高校后勤社会化改革。

10. 大力推进依法治教。配合做好《职业教育法》修订草案审议工作，做好《考试法》的修改审议。配合国务院法制办制定《校车安全条例》，推动尽快出台《教育督导条例》。开展《学前教育法》研究起草工作。启动《学位条例》、《民办教育促进法》修订工作。完成《残疾人教育条例》修订草案起草，研究起草《学校安全条例》。出台《教师申诉办法》，研究制定《校企合作促进办法》。继续深化教育行政审批制度改革，切实下放和取消一批行政审批事项。积极推动教育行政执法体制机制改革。全面实施“六五”普法规划，建设公益性教育普法网站。开展依法治校示范校创建活动，研究制定《学校依法治校实施纲要》。

11. 扩大教育对外开放。深化人文交流，拓展区域合作平台。制定推进中外合作办学的政策措施，引进一批国际知名高校来华合作办学。加强行业自律，建立和完善质量保障制度，开展评估和质量认证。全面实施《留学中国计划》。制定《国际学生招收和管理规定》。研究制定中外学位互授联授的相关管理措施。发布孔子学院十年规划和“十二五”规划，办好网络孔子学院，支持孔子学院全面提高办学质量。进一步加强在外留学人员的服务与管理。鼓励高校吸引更多世界一流专家学者来华工作。推进内地与港澳台地区的教育交流与合作。

12. 切实推进人民群众关心的教育热点难点问题的解决。指导各地出台并落实解决义务教育择校问题。出台进一步规范办学行为的政策措施。积极稳妥推进九年一贯制学校建设。改革对学校、教师和学生的评价制度，贯彻落实加强中小学教辅材料使用管理的新规定，制定减轻中小学学生过重课业负担的政策措施，并加强监督检查。保障进城务工人员随迁子女平等接受义务教育，将常住人口全部纳入区域教育发展规划，将随迁子女全部纳入财政保障范围。研究制定进城务工人员随迁子女接受义务教育后在当地参加升学考试的办法。加强农村寄宿制学校建设，优先安排农村留守儿童寄宿就读，并给予更多的关心关爱。完善教育收费政策，规范学校服务性收费和代收费。坚决查处各种违规收费和违规办班行为。

13. 深入推进国家教育体制改革试点。及时跟踪了解各地各校改革试点进展情况，加强分类指导、检查督促和总结推广。建立重大教育政策突破机制和程序，加快国家层面的重大教育改革项目推进进程。完善国家教育咨询委员会工作机制。加强与地方教育体制改革领导小组的联系，建立健全协同推进教育体制改革的工作机制。

三、转变教育发展方式，全面推进教育事业科学发展

14. 着力推进内涵式发展。坚持走以促进公平和提高质量为重点的内涵式发展道路。贯彻落实国家教育事业“十二五”规划纲要和学前教育、义务教育、普通高中教育、职业教育、高等教育、继续教育、民办教育、民族教育、艺术教育、语言文字10个专题规划。加快制订各级各类学校建设标准、办学标准，建立标准实施监督机制。建立健全覆盖城乡的基本公共教育服务体系，坚持公共教育资源向农村、贫困地区、民族地区倾斜，向农村义务教育、职业教育和学前教育倾斜，向特殊困难学生倾斜，向建设高水平教师队伍倾斜。促进城乡、区域教育协调发展。加大省级人民政府对区域内教育统筹力度。

15. 积极发展学前教育。推动各地全面落实学前教育三年行动计划。实施中央财政支持学前教育重大项目。建设完善学前教育管理信息系统。贯彻落实《幼儿园工作规程》和《3－6岁儿童学习与发展指南》，坚决防止出现幼儿园小学化倾向。出台幼儿园教师配备标准。加大力度，多种形式宣传科学育儿知识。

16. 推进义务教育均衡发展、布局优化。贯彻落实《国务院关于推进义务教育均衡发展的若干意见》。召开全国“两基”工作总结暨推进义务教育均衡发展工作会议。推动各地落实好义务教育均衡发展备忘录的各项工作。审慎推进义务教育学校布局调整，坚持办好必要的村小和教学点。继续推进全国中小学校舍安全工程和中西部农村初中校舍改造工程。大力推进义务教育学校标准化建设。建立和完善县域内校长、教师交流制度。通过多种方式扩大优质教育资源。建立落实推进义务教育均衡发展的责任机制。开展县域义务教育均衡发展督导评估。

17. 推动普通高中多样化发展。加快普及高中阶段教育，保持高中阶段教育普职比大体相当。鼓励普通高中学校办出特色，探索区域高中多样化发展和学校特色发展的模式和办法。加快建立和实施普通高中学生发展指导制度。

18. 大力发展职业教育。加快构建现代职业教育体系。编制国家现代职业教育体系建设专项规划。加快完善职业教育国家制度。深化校企合作、产教结合，加强行业指导。研究制定推进集团化办学意见，支持职业院校与行业、企业组建职业教育集团。优化职业教育层次结构，加强中等职业教育、高等职业教育与职业培训的统筹管理和综合协调。研制高等职业教育引领职业教育科学发展行动计划。进一步加强职业教育基础能力建设。推进实施国家中等职业教育改革发展示范校、基础能力建设（二期）、国家示范性高等职业院校和实训基地建设等项目。深入实施国家示范性职业学校数字化资源共建共享计划。积极推进东西部职业院校合作办学。办好第三届国际职业技术教育大会。

19. 促进高等教育特色发展。继续实施“985工程”和优势学科创新平台建设，继续实施“211工程”和特色重点学科项目。指导直属高校做好“十二五”规划编制工作。落实“十二五”期间高校设置意见。启动实施中西部高等教育振兴计划。继续深入推进共建工作。优化高等教育招生计划结构，普通本专科新增招生计划重点向中西部地区高校、民办高校和高等职业学校倾斜。探索博士生招生计划分类管理、分类指导办法。组织实施专业学位研究生教育综合改革试点工作。调整学位授权体系结构布局，组织实施服务国家特殊需求人才培养项目。

20. 加快发展继续教育。加快推进“探索开放大学建设”重大教育改革项目。加快发展非学历继续教育。稳步发展高等学历继续教育。推进高校和中等职业学校继续教育改革和资源开放。印发关于推进社区教育的意见，开展各类学习型组织建设试点和“全民终身学习活动周”。积极发展现代远程教育。建设国家数字化学习资源中心。加强继续教育示范基地建设。推进终身学习、考试与评价公共服务平台建设。深入开展继续教育课程认证、学分积累和转换试点。

四、全面提高教育质量，着力提升人才培养水平

21. 健全基础教育质量保障体系。启动研制基础教育各学科学业质量标准。启动中小学教育质量综合评价改革试验。做好义务教育教材的修订和审查工作，启动普通高中课程方案和各学科课程标准的修订，进一步提高教材的质量和水平。组织实施基础教育国家级教学成果奖励工作。公正、科学评价学生。

22. 完善职业教育人才培养体系。研制全国职业院校技能竞赛管理办法和改革方案，办好全国职业院校技能大赛。统筹协调中等和高等职业教育专业、课程和教材体系建设。研究制订职业院校专业标准。修订高等职业学校专业设置管理办法。实施“支持高等职业学校提升专业服务产业发展能力”项目。建立和完善学校、行业、企业、研究机构和其他社会组织共同参与的职业教育质量评价机制。开展现代学徒制试点。落实职业院校学生顶岗实习管理办法。加强职业院校学生实习安全和风险管理制度建设。

23. 全面提高高等教育质量。贯彻落实《关于全面提高高等教育质量的若干意见》。加强教学投入与管理。扎实推进“本科教学工程”，研究制订本科各专业类教学质量国家标准和有关专业人才培养质量评价标准，开展本科专业综合改革，建设国家精品开放课程。贯彻落实新修订的《普通高等学校本科专业目录》、《普通高等学校本科专业设置管理规定》，建设普通高校本科专业设置公共信息服务和管理网络平台。继续实施基础学科拔尖学生培养试验计划和卓越工程师、卓越医生、卓越法律人才等教育培养计划。推进医学教育管理体制改革，加强全科医生培养。积极探索文化艺术人才培养改革，启动实施卓越农林人才、卓越新闻传播人才等教育培养计划。稳步推进大学英语教学改革。改进和加强普通高校本科教学评估。推进工程教育、医学教育专业认证。深入推进研究生培养机制改革，积极推进专业学位培养模式改革。建立研究生教育质量定期分析制度。

24. 提升高校科学研究水平。加强基础和前沿研究，提高原始创新能力。实施《高等学校创新能力提升计划》，探索高校协同创新模式，推进产学研用有机结合。实施高校“十二五”科技发展规划，积极组织高校承担国家重大科技专项。推动科教结合，实施高校创新行动计划，完善高校科技创新体系。落实推进高等学校哲学社会科学繁荣发展的意见。启动实施《高等学校哲学社会科学繁荣计划（2011—2020年）》、《高等学校人文社会科学重点研究基地建设计划》。落实加强和改进高等学校学风建设和经费管理的意见，完善科研评价机制。

25. 全面加强体育。深入开展全国亿万学生阳光体育运动。落实《切实保证中小学生每天一小时校园体育活动的规定》，加强监督检查。保护学生视力。实施《国家学生体质健康标准》和高校新生体质测试公告制度。制定加强大学体育工作、健康教育工作的文件。举办第九届全国大学生运动会。制定义务教育阶段国防教育指导纲要。

26. 全面加强艺术教育。落实《全国学校艺术教育发展规划（2011—2020年）》。修订义务教育学校音乐、美术教学器材配备目录。研制中等职业学校公共艺术课程教学大纲。推进高校音乐学、美术学（师范教育类）本科专业教学改革试点。继续组织开展高雅艺术进校园活动。组织好全国大、中、小学生艺术展演活动。

27. 着力提高教师素质。筹备召开全国教师大会。研制教师队伍建设“十二五”规划指导意见。贯彻落实高校和中、小学教师职业道德规范，将师德作为教师资格考试和定期注册、绩效考核、职务聘任、评优奖励的首要内容。实施《教师教育课程标准（试行）》。启动实施卓越教师培养计划。扩大实施中小学和幼儿园教师资格考试改革试点和定期注册制度试点。印发幼儿园、小学、中学教师专业标准。稳妥推进中小学教师职称制度改革扩大试点工作。启动统一城乡教师职务及编制标准工作，探索农村学校实行班师比核编办法。研究制定中等职业学校教师职务（职称）系列及评聘办法。研制中等职业学校教职工编制标准。印发《职业院校兼职教师管理办法》。实施职业院校教师素质提高和校长能力提升计划。扩大免费师范生计划，鼓励地方实施师范生免费教育。以农村教师为重点，精心组织实施“国培计划”。推动中小学教师、校长全员培训。扩大“特岗计划”实施范围，建立中央补助经费标准动态调整机制。实施新的“长江学者奖励计划”，加大对学科领军人才和创新团队支持。配合做好“千人计划”、“青年拔尖人才支持计划”的实施工作。

28. 大力推动教育信息化。贯彻落实《教育信息化十年发展规划》。充分利用信息化手段，推进优质教育资源共享。提高教育管理信息化水平。研究制定《中小学教学信息化指导纲要》。印发实施关于推进职业教育信息化建设的意见。制订“中国数字教育2020行动计划”。实施“优质数字教育建设与共享行动”、“学校信息化建设与提升行动”、“教育信息化基础能力建设”等专项计划。推进地方教育信息化建设。

29. 加强语言文字工作。贯彻实施《国家中长期语言文字事业改革和发展规划纲要（2010—2020年）》。大力推广和规范使用国家通用语言文字，科学保护各民族语言文字。发布实施《通用规范汉字表》。开展普通话审音工作。制定公共服务领域外文译写规范。加强语言生活监测和中国语言资源有声数据库建设。切实推进“中华诵·经典诵读行动”。推进语言文字规范化示范校建设。加强规范汉字书写教育。

五、促进教育公平，切实保障广大人民群众接受教育的权利

30. 加快发展农村教育。以连片特困地区为重点，集中实施一批教育民生工程。制订实施《教育扶贫工程实施方案》。积极改善农村和贫困地区办学条件，继续实施中西部地区农村学前教育推进工程，实施农村义务教育薄弱学校改造计划。巩固义务教育普及成果。加快发展面向农村的职业教育，以农村转移劳动力、城镇就业困难人员为重点加强职业技能培训。推动对中职学生给予生活费、交通费等特殊补贴。与相关部委合作加强涉农技能型人才培养培训工作。开展国家级农村职业教育和成人教育示范县（市、区）创建活动。实施边远贫困地区、边疆民族地区和革命老区人才支持计划教师专项计划。推动组织发达地区教师到农村服务。继续实施边远艰苦地区农村学校教师周转宿舍建设项目。探索建立农村教师特殊津贴制度。

31. 加强民族教育。落实第六次全国民族教育工作会议精神和《国务院关于加快推进民族教育发展的决定》。大力加强学校民族团结教育。进一步加大教育援藏、援疆工作力度。办好内地西藏班、新疆高中班和西藏、新疆中职班。抓好民族地区教育基础薄弱县普通高中建设项目。加大民族地区技能型、应用型人才培养力度。适当扩大高校少数民族预科班规模。继续实施少数民族高层次骨干人才培养计划。启动少数民族高端人才计划。稳妥推进双语教育。加大教育对口支援力度。

32. 关心和支持特殊教育。制定普通学校接受残疾学生随班就读的政策措施。研制“基本普及残疾儿童少年九年义务教育攻坚计划”。继续推进特殊教育学校建设工程。继续推进“医教结合”试点。加强特殊教育师资培养培训基地建设。审议印发三类特殊教育学校课程标准，组织编写特殊教育各学科教材。

33. 完善国家助学体系。健全学前教育资助制度。认真实施农村义务教育学生营养改善计划和家庭经济困难寄宿生生活补助政策。完善中等职业教育国家助学金政策和免学费政策。落实普通高中国家助学金政策。组织实施好普通高校国家资助政策。完善研究生资助政策体系。进一步完善国家助学贷款机制。加强对资助政策落实情况和资金使用情况的监督检查。保证每一个孩子不因家庭经济困难而失学。

34. 着力做好高校毕业生就业工作。引导高校毕业生到中西部地区、基层、中小企业就业。配合有关部门实施好高校毕业生“到村任职”、“三支一扶”等基层就业项目。配合有关部门推进“基层农技推广特设岗位计划”。做好征集高校毕业生入伍工作。加强高校创新创业教育，加强就业指导课程建设，以更大力度支持高校毕业生自主创业，完善创业扶持政策。全面推广“全国大学生就业信息服务一体化系统”。采取“一对一”帮扶等有效办法，做好困难学生就业工作。配合有关部门，强化对离校未就业高校毕业生的就业服务和就业援助。

教育发展统计

2012 年全国教育事业发展统计公报

2012 年，在党中央、国务院坚强领导下，各级党委、政府大力支持，全社会共同努力，教育优先发展战略地位进一步落实，教育系统奋发进取，我国教育改革稳步推进。全国各级各类教育蓬勃发展，教育公平进一步推进，入学机会继续扩大，资源配置更趋合理，教育质量逐步提高。学前教育规模保持较大幅度增长，毛入园率继续上升；义务教育办学条件进一步改善，均衡化程度有所提升；高中阶段教育规模略有减少，普及水平稳步提高；高等教育规模适度增长，重点正转向优化结构与提高质量。

学前教育

全国共有幼儿园 18.13 万所，比 2011 年增加 1.45 万所，在园幼儿（包括附设班）3 685.76 万人，比 2011 年增加 261.32 万人。幼儿园园长和教师共 167.75 万人，比 2011 年增加 18.15 万人。学前教育毛入园率达到 64.5%，比 2011 年提高 2.2 个百分点。

义务教育

全国共有义务教育阶段学校 28.2 万所，比 2011 年减少 1.36 万所。全国义务教育阶段共招生 3 285.43 万人；在校生 14 458.96 万人；九年义务教育巩固率 91.8%；专任教师 908.98 万人。

1. 小学

全国共有小学 22.86 万所，比 2011 年减少 1.27 万所；招生 1 714.66 万人，比 2011 年减少 22.13 万人；在校生 9 695.90 万人，比 2011 年减少 230.47 万人；毕业生 1 641.56 万人，比 2011 年减少 21.25 万人。小学学龄儿童净入学率达 99.85%，其中男女童净入学率分别为 99.84% 和 99.86%，女童高于男童 0.02 个百分点。

小学教职工 553.85 万人，比 2011 年减少 4.64 万人；专任教师 558.55 万人，比 2011 年减少 1.94 万人。小学专任教师学历合格率 99.81%，比 2011 年提高 0.09 个百分点，小学生师比 17.36∶1，与 2011 年的 17.71∶1 有所改善。

普通小学校舍建筑面积 59 061.93 万平方米，比 2011 年增长 2 148.8 万平方米。小学体育运动场（馆）面积达标学校比例 47.29%，比 2011 年提高 2 个百分点；体育器械配备达标学校比例 48.17%，比 2011 年提高 3 个百分点；音乐器械配备达标学校比例 44.78%，比 2011 年提高 2 个百分点；美术器械配备达标学校比例 46.28%，比 2011 年提高 4 个百分点；数学自然实验仪器达标学校比例 50.75%，比 2011 年提高 3 个百分点。

2. 初中

全国共有初中学校 5.32 万所（其中职业初中 49 所），比 2011 年减少 901 所。招生 1570.77 万人，比 2011 年减少 63.96 万人；在校生 4 763.06 万人，比 2011 年减少 303.74 万人；毕业生 1 660.78 万人，比 2011 年减少 75.90 万人。初中阶段毛入学率 102.1%，比 2011 年提升 2.0 个百分点。初中毕业生升学率 88.4%，与 2011 年基本持平。

初中教职工 393.91 万人，比 2011 年减少 0.51 万人；专任教师 350.44 万人，比 2011 年减少 2.02 万人。初中专任教师学历合格率 99.12%，比 2011 年提高 0.21 个百分点。生师比 13.59∶1，比 2011 年的 14.38∶1 有所降低。

初中校舍建筑面积 47 582.06 万平方米，比 2011 年增长 2 035.8 万平方米。初中体育运动场（馆）面积达标学校比例 67.40%，比 2011 年提高 5 个百分点；体育器械配备达标学校比例 69.08%，比 2011 年提高 5 个百分点；音乐器械配备达标学校比例 64.56%，比 2011 年提高 4 个百分点；美术器械配备达标学校比例 65.79%，比 2011 年提高 6 个百分点；理科实验仪器达标学校比例 75.05%，比 2011 年提高 4 个百分点。

3. 进城务工人员随迁子女和农村留守儿童

全国义务教育阶段在校生中进城务工人员随迁子女共 1 393.87 万人。其中在小学就读 1 035.54 万人，在初中就读 358.33 万人。

全国义务教育阶段在校生中农村留守儿童共 2 271.07 万人。其中在小学就读 1 517.88 万人，在初中就读 753.19 万人。

特殊教育

全国共有特殊教育学校 1 853 所，比 2011 年增加 86 所；特殊教育学校共有专任教师 4.37 万人。全国共招收特殊教育学生 6.57 万人，比 2011 年增加 1 613 人；在校生 37.88 万人，比 2011 年减少 2.00 万人。其中视力残疾学生 4.09 万人、听力残疾学生 10.11 万人、智力残疾学生 18.67 万人、其他残疾学生 5.01 万人。普通小学、初中随班就读和附设特教班招收的学生 3.50 万人，在校生 19.98 万人，分别占特殊教育招生总数和在校生总数的 53.30%和 52.74%。特殊教育毕业生 4.86 万人，比 2011 年增加 0.44 万人。

高中阶段教育

全国高中阶段教育（包括普通高中、成人高中、中等职业学校）共有学校 26 868 所，比 2011 年减少 770 所；招生 1 598.74 万人，比 2011 年减少 65.90 万人；在校学生 4 595.28 万人，比 2011 年减少 91.33 万人。高中阶段毛入学率 85.0%，比 2011 年提高 1.0 个百分点。

1. 普通高中

全国普通高中 13 509 所，比 2011 年减少 179 所；招生 844.61 万人，比 2011 年减少 6.17 万人，降低 0.73%；在校生 2 467.17 万人，比 2011 年增加 12.35 万人，增长 0.50%；毕业生 791.50 万人，比 2011 年增加 3.76 万人，增长 0.48%。

普通高中教职工 246.26 万人，比 2011 年增加 3.52 万人；专任教师 159.50 万人，比 2011 年增加 3.82 万人，生师比 15.47∶1，比 2011 年的 15.77∶1 有所改善；专任教师学历合格率 96.44%，比 2011 年提高 0.71 个百分点。

普通高中共有校舍建筑面积 42 246.65 万平方米，比 2011 年增长 1 419.36 万平方米。普通高中体育运动场（馆）面积达标学校比例 83.01%，比 2011 年提高 6 个百分点；体育器械配备达标学校比例 83.39%，比 2011 年提高 3 个百分点；音乐器械配备达标学校比例 80.63%，比 2011 年提高 3 个百分点；美术器械配备达标学校比例 81.88%，比 2011 年提高 4 个百分点；理科实验仪器达标学校比例 85.81%，比 2011 年提高 4 个百分点；建立校园网学校比例 80.29%，比 2011 年提高 3 个百分点。

2. 成人高中

全国成人高中 696 所，比 2011 年减少 161 所；在校生 14.42 万人，比 2011 年减少 12.03 万人；毕业生 11.63 万人，比 2011 年减少 10.57 万人。成人高中教职工 0.73 万人，比 2011 年增加 201 人；专任教师 0.58 万人，比 2011 年增加 20 人。

3. 中等职业教育

全国中等职业教育（包括普通中等专业学校、职业高中、技工学校和成人中等专业学校）共有学校 12 663 所，比 2011 年减少 430 所。其中普通中等专业学校 3 681 所，比 2011 年减少 72 所；职业高中 4 517 所，比 2011 年减少 285 所；技工学校 2 901 所，比 2011 年减少 23 所；成人中等专业学校 1 564 所，比 2011 年减少 50 所。

中等职业教育招生 754.13 万人，比 2011 年减少 59.73 万人，占高中阶段教育招生总数的 47.17%。其中普通中专招生 277.36 万人，比 2011 年减少 22.21 万人；职业高中招生 213.90 万人，比 2011 年减少 32.52 万人；技工学校招生 157.06 万人，比 2011 年减少 6.85 万人；成人中专招生 105.81 万人，比 2011 年增加 1.85 万人。

中等职业教育在校生 2 113.69 万人，比 2011 年减少 91.64 万人，占高中阶段教育在校生总数的 46.00%。其中普通中专在校生 812.56 万人，比 2011 年减少 42.65 万人；职业高中在校生 623.05 万人，比 2011 年减少 57.93 万人；技工学校在校生 423.81 万人，比 2011 年减少 6.62 万人；成人中专在校生 254.27 万人，比 2011 年增加 15.55 万人。

中等职业教育毕业生 674.89 万人，比 2011 年增加 14.55 万人。其中普通中专毕业生 265.31 万人，比 2011 年减少 4.92 万人；职业高中毕业生 217.44 万人，比 2011 年减少 3 610 人；技工学校毕业生 120.51 万人，比 2011 年增加 1.29 万人；成人中专毕业生 71.63 万人，比 2011 年增加 18.54 万人。

中等职业教育学校共有教职工 118.94 万人，比 2011 年减少 2.18 万人。其中普通中等专业学校教职工 43.06 万人，比 2011 年减少 4 394 人；职业高中教职工 39.43 万人，比 2011 年减少 1.24 万人；技工学校教职工 26.81 万人，比 2011 年减少 0.20 万人；成人中等专业学校教职工 7.75 万人，比 2011 年减少 0.38 万人。

中等职业教育学校共有专任教师 88.10 万人，比 2011 年减少 976 人，生师比 24.19∶1，比 2011 年的 25.01∶1 有所改善。其中普通中等专业学校专任教师 30.56 万人，比 2011 年增加 1 700 人；职业高中专任教师 31.17 万人，比 2011 年减少 3 729 人；技工学校专任教师 19.69 万人，比 2011 年增加 0.43 万人；成人中等专业学校专任教师 5.42 万人，比 2011 年减少 985 人。

高等教育

全国各类高等教育总规模达到 3 325 万人，高等教育毛入学率达到 30%。全国共有普通高等学校和成人高等学校 2 790 所，比 2011 年增加 28 所。其中普通高等学校 2 442 所（含独立学院 303 所），比 2011 年增加 33 所；成人高等学校 348 所，比 2011 年减少 5 所。普通高校中本科院校 1 145 所，比 2011 年增加 16 所；高职（专科）院校 1 297 所，比 2011 年增加 17 所。全国共有培养研究生单位 811 个，其中高等学校 534 个，科研机构 277 个。

研究生招生 58.97 万人，比 2011 年增加 2.95 万人，增长 5.27%，其中博士生招生 6.84 万人，硕士生招生 52.13 万人。在学研究生 171.98 万人，比 2011 年增加 7.40 万人，增长 4.50%，其中在学博士生 28.38 万人，在学硕士生 143.60 万人。毕业研究生 48.65 万人，比 2011 年增加 5.65 万人，增长 13.13%，其中毕业博士生 5.17 万人，毕业硕士生 43.47 万人。

普通高等教育本专科共招生 688.83 万人，比 2011 年增加 7.33 万人，增长 1.08%；在校生 2 391.32 万人，比 2011 年增加 82.81 万人，增长 3.59%；毕业生 624.73 万人，比 2011 年增加 16.58 万人，增长 2.73%。

成人高等教育本专科共招生 243.96 万人，比 2011 年增加 25.44 万人；在校生 583.11 万人，比 2011 年增加 35.62 万人；毕业生 195.44 万人，比 2011 年增加 4.77 万人。

全国高等教育自学考试学历教育报考 853.90 万人次，取得毕业证书 73.12 万人；非学历教育报考 871.1 万人次。

普通高等学校本科、高职（专科）全日制在校生平均规模 9 675 人，其中本科学校 13 999 人，高职（专科）学校 5 858 人。

普通高等学校教职工 225.44 万人，比 2011 年增加 4.96 万人；专任教师 144.03 万人，比 2011

年增加 4.76 万人。普通高校生师比为 17.52∶1。成人高等学校教职工 6.56 万人，比 2011 年减少 0.34 万人；专任教师 3.94 万人，比 2011 年减少 0.15 万人。

普通高等学校校舍总建筑面积 81 060.42 万平方米（含非产权独立使用），比 2011 年增加 2 984.28 万平方米；教学科研仪器设备总值 2 935.37 亿元（含非产权独立使用），比 2011 年增加 380.68 亿元。

成人培训与扫盲教育

全国接受各种非学历高等教育的学生 394.84 万人次，当年已结业 77.53 万人次；接受各种非学历中等教育的学生达 4 969.81 万人次，当年已结业 5 537.04 万人次。

全国职业技术培训机构 12.38 万所，比 2011 年减少 0.58 万所；教职工 50.66 万人；专任教师 28.22 万人。

全国有成人小学 2.7 万所，在校生 164.3 万人，教职工 5.7 万人，其中专任教师 3.0 万人；成人初中 1 578 所，在校生 63.1 万人，教职工 0.9 万人，其中专任教师 0.8 万人。

全国共扫除文盲 58.57 万人，比 2011 年减少 23.24 万人；另有 68.90 万人正在参加扫盲学习，比 2011 年减少 5.98 万人。扫盲教育教职工 3.83 万人，比 2011 年减少 1.13 万人；专任教师 1.78 万人，比 2011 年减少 0.54 万人。

民办教育

全国共有各级各类民办学校（教育机构）13.99 万所，比 2011 年增加 0.91 万所；招生 1 454.03 万人，比 2011 年增加 53.16 万人；各类教育在校生达 3 911.02 万人，比 2011 年增加 197.12 万人。其中：

民办幼儿园 12.46 万所，比 2011 年增加 9 234 所；入园儿童 865.62 万人，比 2011 年增加 52.23 万人；在园儿童 1 852.74 万人，比 2011 年增加 158.54 万人。

民办普通小学 5 213 所，比 2011 年减少 27 所；招生 104.44 万人，比 2011 年增加 3.61 万人；在校生 597.85 万人，比 2011 年增加 30.03 万人。

民办普通初中 4 333 所，比 2011 年增加 51 所；招生 157.81 万人，比 2011 年增加 4.16 万人；在校生 451.41 万人，比 2011 年增加 8.85 万人。

民办普通高中 2 371 所，比 2011 年减少 23 所；招生 82.13 万人，比 2011 年减少 1.41 万人；在校生 234.96 万人，与 2011 年基本持平。

民办中等职业学校 2 649 所，比 2011 年减少 207 所；招生 83.75 万人，比 2011 年减少 11.99 万人；在校生 240.88 万人，比 2011 年减少 28.37 万人。另有非学历中等职业教育学生 34.82 万人。

民办高校 707 所（含独立学院 303 所），比 2011 年增加 9 所；招生 160.28 万人，比 2011 年增加 6.55 万人；在校生 533.18 万人，比 2011 年增加 28.11 万人。其中硕士研究生在校生 155 人，本科在校生 341.23 万人，专科在校生 191.94 万人；另有自考助学班学生、预科生、进修及培训学生 22.04 万人。民办非学历高等教育机构 823 所，各类注册学生 82.82 万人。

另外，还有其他民办培训机构 20 155 所，860.64 万人次接受了培训。

2012 年全国各级各类教育发展基本情况

全国各级各类学校校数、教职工、专任教师情况

	学校数（所）	教职工数（人）	专任教师数（人）
一、高等教育			
（一）研究生培养机构（不计校数）	811		
1. 普通高校	534		
2. 科研机构	277		
（二）普通高等学校	2 442	2 254 372	1 440 292
1. 本科院校	1 145	1 627 642	1 013 957
其中：独立学院	303	189 194	139 657
2. 高职（专科）院校	1 297	622 425	423 381
3. 其他机构（点）（不计校数）	36	4 305	2 954
（三）成人高等学校	348	65 612	39 393
（四）民办的其他高等教育机构	823	31 941	14 868
二、中等教育	81 662	7 607 943	5 993 789
（一）高中阶段教育	26 868	3 659 356	2 481 798
1. 高中	14 205	2 469 918	1 600 836
普通高中	13 509	2 462 575	1 595 035
完全中学	6 108	1 089 877	525 142
高级中学	6 547	1 214 827	1 030 190
十二年一贯制学校	854	157 871	39 703
成人高中	696	7 343	5 801
2. 中等职业教育	12 663	1 189 438	880 962
普通中专	3 681	430 636	305 564
成人中专	1 564	77 482	54 207
职业高中	4 517	394 292	311 743
技工学校	2 901	268 106	196 891
其他机构（教学点）（不计校数）	509	18 922	12 557
（二）初中阶段教育	54 794	3 948 587	3 511 991
1. 初中	53 216	3 939 088	3 504 363

续表

	学校数（所）	教职工数（人）	专任教师数（人）
初级中学	39 592	2 943 720	2 618 519
九年一贯制学校	13 575	993 711	431 814
十二年一贯制学校			39 938
完全中学			412 566
职业初中	49	1 657	1 526
2. 成人初中	1 578	9 499	7 628
三、初等教育	255 400	5 595 781	5 615 781
（一）普通小学	228 585	5 538 481	5 585 476
小学	228 585	5 538 481	5 121 626
九年一贯制学校			427 841
十二年一贯制学校			36 009
（二）成人小学	26 815	57 300	30 305
其中：扫盲班	18 092	38 265	17 801
四、工读学校	79	2 706	1 756
五、特殊教育	1 853	53 615	43 697
六、学前教育	181 251	2 489 972	1 479 237

注：①完全中学的学校数和教职工数计入高中阶段教育，九年一贯制学校的校数和教职工数计入初中阶段教育，十二年一贯制学校的校数和教职工数计入高中阶段教育。专任教师是按照教育层次划分归类；②“（ ）”内数据为不计校数。

全国各级各类学历教育学生情况

单位：人

	毕业生数	招生数	在校生数
一、高等教育			
（一）研究生	486 455	589 673	1 719 818
博士	51 713	68 370	283 810
硕士	434 742	521 303	1 436 008
（二）普通本专科	6 247 338	6 888 336	23 913 155
本科	3 038 473	3 740 574	14 270 888
专科	3 208 865	3 147 762	9 642 267
（三）成人本专科	1 954 357	2 439 551	5 831 123
本科	801 015	984 817	2 475 495
专科	1 153 342	1 454 734	3 355 628
（四）其他各类高等学历教育			

续表

	毕业生数	招生数	在校生数
1. 在职人员攻读硕士学位		140 629	489 857
2. 网络本专科生	1 360 870	1 964 468	5 704 112
本科	477 949	696 698	2 002 698
专科	882 921	1 267 770	3 701 414
二、中等教育	32 020 579	31 695 120	94 214 196
（一）高中阶段教育	14 780 256	15 987 420	45 952 782
1. 高中	8 031 310	8 446 071	24 815 911
普通高中	7 915 046	8 446 071	24 671 712
完全中学	2 613 879	2 878 240	8 278 864
高级中学	5 119 686	5 348 540	15 788 100
十二年一贯制学校	181 481	219 291	604 748
成人高中	116 264		144 199
2. 中等职业教育	6 748 946	7 541 349	21 136 871
普通中专	2 653 135	2 773 643	8 125 608
成人中专	716 307	1 058 110	2 542 747
职业高中	2 174 398	2 139 032	6 230 465
技工学校	1 205 106	1 570 564	4 238 051
（二）初中阶段教育	17 240 323	15 707 700	48 261 414
1. 初中	16 607 751	15 707 700	47 630 607
初级中学	12 382 897	11 484 894	35 032 212
九年一贯制学校	1 801 127	1 822 554	5 402 756
十二年一贯制学校	197 499	218 920	633 749
完全中学	2 216 885	2 176 027	6 543 086
职业初中	9 343	5 305	18 804
2. 成人初中	632 572		630 807
三、初等教育	18 007 271	17 146 640	98 602 286
（一）普通小学	16 415 565	17 146 640	96 958 985
小学	14 902 844	15 697 392	88 527 616
九年一贯制学校	1 398 080	1 342 630	7 778 434
十二年一贯制学校	114 641	106 618	652 935
（二）成人小学	1 591 706		1 643 301
其中：扫盲班	585 749		689 067
四、工读学校	3 653	4 547	10 640
五、特殊教育	48 590	65 699	378 751
六、学前教育	14 335 717	19 119 154	36 857 624

注：①完全中学、九年一贯制学校和十二年一贯制学校的学生数按教育层次分别计入对应教育阶段的学生数中；②特殊教育学生数中包括普通中小学随班就读的学生。

全国各级各类非学历教育学生情况

单位：人

	结业生数	注册学生数
总计	63 155 796	53 646 475
一、高等教育	7 785 349	3 948 377
（一）研究生课程进修班	50 284	73 796
（二）自考助学班	184 933	397 381
（三）普通预科生		37 668
（四）进修及培训	7 550 132	3 439 532
其中：资格证书培训	2 250 573	1 063 044
岗位证书培训	2 159 604	696 245
二、中等职业教育	55 370 447	49 698 098
其中：资格证书培训	8 630 967	7 577 578
岗位证书培训	12 272 059	10 500 068
（一）中等职业学校	7 136 842	4 024 560
其中：资格证书培训	2 683 490	1 769 758
岗位证书培训	2 088 129	1 094 172
（二）职业技术培训机构	48 233 605	45 673 538
其中：资格证书培训	5 947 477	5 807 820
岗位证书培训	10 183 930	9 405 896

全国各级各类民办教育基本情况

	学校数（所）	毕业生数（人）	招生数（人）	在校生数（人）	教职工数（人）	专任教师数（人）	其他学生数（人）
一、民办高等教育							
（一）民办高校	707	1 305 701	1 602 828	5 331 770	387 458	267 180	220 351
硕士			155	155			
本科学生		662 629	945 174	3 412 257			
专科学生		643 072	657 499	1 919 358			
其中：独立学院	303	585 260	756 927	2 783 983	189 194	139 657	34 080
本科学生		526 880	702 972	2 621 493			
专科学生		58 380	53 955	162 490			

续表

	学校数（所）	毕业生数（人）	招生数（人）	在校生数（人）	教职工数（人）	专任教师数（人）	其他学生数（人）
（二）民办其他高等教育机构（不计校数）	823				31 941	14 868	828 241
二、民办中等教育							
（一）高中阶段教育	5 020	1 619 990	1 658 849	4 758 375	456 322	322 168	
1. 民办普通高中	2 371	734 095	821 302	2 349 575	321 834	234 048	
2. 民办中等职业教育	2 649	885 895	837 547	2 408 800	134 488	88 120	348 246
（二）初中阶段教育	4 333	1 341 982	1 578 051	4 514 091	314 600	237 902	
1. 民办普通初中	4 333	1 341 982	1 578 051	4 514 091	314 600	237 902	
2. 民办职业初中							
三、民办普通小学	5 213	968 714	1 044 393	5 978 535	196 875	143 115	
四、民办幼儿园	124 638	5 900 634	8 656 223	18 527 444	1 633 779	913 395	
另有：民办培训机构（不计校数）	20 155				246 257	141 517	8 606 443

注：①“另有其他学生数”包括自考助学班学生、预科生、进修及培训学生数；②民办普通高中的教职工数和专任教师数中包含民办普通初中的教职工数和专任教师数；③民办中等职业教育数据中未含技工学校数据；④“（　）”内数据为不计校数。

1990—2012年全国各级学校毕业生升学率

单位：%

年份	小学升初中（%）	初中升高级中学（%）	高中升高等教育（%）
1990	74.6	40.6	27.3
1991	77.7	42.6	28.7
1992	79.7	43.6	34.9
1993	81.8	44.1	43.3
1994	86.6	47.8	46.7
1995	90.8	50.3	49.9
1996	92.6	49.8	51.0
1997	93.7	51.5	48.6
1998	94.3	50.7	46.1
1999	94.4	50.0	63.8
2000	94.9	51.2	73.2
2001	95.5	52.9	78.8
2002	97.0	58.3	83.5

续表

年份	小学升初中（%）	初中升高级中学（%）	高中升高等教育（%）
2003	97.9	59.6	83.4
2004	98.1	63.8	82.5
2005	98.4	69.7	76.3
2006	100.0	75.7	75.1
2007	99.9	80.5	70.3
2008	99.7	82.1	72.7
2009	99.1	85.6	77.6
2010	98.7	87.5	83.3
2011	98.3	88.9	86.5
2012	98.3	88.4	87.0

注：高中升学率为普通高校招生数与普通高中毕业生数之比。

全国各级各类学校女学生情况

单位：人

	合计	男学生数	女学生	
			人数	占学生总数的比重（%）
一、高等教育				
（一）研究生	1 719 818	877 401	842 417	48.98
博士	283 810	180 374	103 436	36.45
硕士	1 436 008	697 027	738 981	51.46
（二）普通本专科	23 913 155	11 632 665	12 280 490	51.35
本科	14 270 888	6 988 925	7 281 963	51.03
专科	9 642 267	4 643 740	4 998 527	51.84
（三）成人本专科	5 831 123	2 661 724	3 169 399	54.35
本科	2 475 495	1 100 397	1 375 098	55.55
专科	3 355 628	1 561 327	1 794 301	53.47
（四）其他各类高等学历教育				
1. 在职人员攻读硕士学位	489 857	319 851	170 006	34.71
2. 网络本专科生	5 704 112	2 881 785	2 822 327	49.48
本科	2 002 698	950 780	1 051 918	52.53
专科	3 701 414	1 931 005	1 770 409	47.83
二、中等教育	94 214 196	49 562 957	44 651 239	47.39

续表

	合计	男学生数	女学生	
			人数	占学生总数的比重（%）
（一）高中阶段教育	45 952 782	24 027 889	21 924 893	47.71
1. 高中	24 815 911	12 556 312	12 259 599	49.40
普通高中	24 671 712	12 481 477	12 190 235	49.41
完全中学	8 278 864	4 202 943	4 075 921	49.23
高级中学	15 788 100	7 945 340	7 842 760	49.68
十二年一贯制学校	604 748	333 194	271 554	44.90
成人高中	144 199	74 835	69 364	48.10
2. 中等职业教育	21 136 871	11 511 373	9 625 498	45.54
普通中专	8 125 608	3 766 185	4 359 423	53.65
成人中专	2 542 747	1 398 017	1 144 730	45.02
职业高中	6 230 465	3 322 652	2 907 813	46.67
技工学校	4 238 051	3 024 519	1 213 532	28.63
（二）初中阶段教育	48 261 414	25 535 068	22 726 346	47.09
1. 初中	47 630 607	25 200 142	22 430 465	47.09
初级中学	35 032 212	18 392 989	16 639 223	47.50
九年一贯制学校	5 402 756	2 941 886	2 460 870	45.55
十二年一贯制学校	633 749	375 152	258 597	40.80
完全中学	6 543 086	3 480 524	3 062 562	46.81
职业初中	18 804	9 591	9 213	48.99
2. 成人初中	630 807	334 926	295 881	46.91
三、初等教育	98 602 286	52 884 600	45 717 686	46.37
（一）普通小学	96 958 985	52 104 568	44 854 417	46.26
小学	88 527 616	47 436 194	41 091 422	46.42
九年一贯制学校	7 778 434	4 281 088	3 497 346	44.96
十二年一贯制学校	652 935	387 286	265 649	40.69
（二）成人小学	1 643 301	780 032	863 269	52.53
其中：扫盲班	689 067	324 015	365 052	52.98
四、工读学校	10 640	9 138	1 502	14.12
五、特殊教育	378 751	244 761	133 990	35.38
六、学前教育	36 857 624	19 786 322	17 071 302	46.32

全国各级各类学校女教职工、女专任教师情况

单位：人

	教职工合计	其中：女教职工		专任教师	其中：女专任教师	
		人数	占教职工总数的比重（%）		人数	占专任教师总数的比重（%）
一、高等教育						
（一）研究生培养机构（不计校数）						
1. 普通高校						
2. 科研机构						
（二）普通高等学校	2 254 372	1 039 161	46.10	1 440 292	680 918	47.28
1. 本科院校	1 627 642	735 037	45.16	1 013 957	464 832	45.84
其中：独立学院	189 194	93 695	49.52	139 657	68 779	49.25
2. 高职（专科）院校	622 425	302 022	48.52	423 381	214 601	50.69
3. 其他机构（点）（不计校数）	4 305	2 102	48.83	2 954	1 485	50.27
（三）成人高等学校	65 612	31 820	48.50	39 393	20 657	52.44
（四）民办的其他高等教育机构	31 941	16 366	51.24	14 868	7 408	49.83
二、中等教育	7 607 943	3 722 520	48.93	5 993 789	2 914 543	48.63
（一）高中阶段教育	3 659 356	1 769 700	48.36	2 481 798	1 126 714	45.40
1. 高中	2 469 918	1 226 532	49.66	1 600 836	784 961	49.03
普通高中	2 462 575	1 223 310	49.68	1 595 035	782 301	49.05
完全中学	1 089 877	550 307		525 142	252 686	
高级中学	1 214 827	579 266		1 030 190	511 242	
十二年一贯制学校	157 871	93 737		39 703	18 373	
成人高中	7 343	3 222	43.88	5 801	2 660	45.85
2. 中等职业教育	1 189 438	543 168	45.74	880 962	341 753	38.79
普通中专	430 636	202 737	47.08	305 564	153 668	50.29
成人中专	77 482	35 445	45.75	54 207	26 823	49.48
职业高中	394 292	184 996	46.92	311 743	155 131	49.76
技工学校	268 106	111 560	41.92	196 891		
其他机构（教学点）（不计校数）	18 922	8 430	44.55	12 557	6 131	48.83
（二）初中阶段教育	3 948 587	1 952 820	49.46	3 511 991	1 787 829	50.91
1. 初中	3 939 088	1 948 971	49.48	3 504 363	1 784 590	50.92
初级中学	2 943 720	1 406 258		2 618 519	1 311 159	
九年一贯制学校	993 711	541 981		431 814	213 818	

续表

	教职工合计	其中：女教职工		专任教师	其中：女专任教师	
		人数	占教职工总数的比重（%）		人数	占专任教师总数的比重（%）
十二年一贯制学校				39 938	23 535	
完全中学				412 566	235 371	
职业初中	1 657	732		1 526	707	
2. 成人初中	9 499	3 849	40.52	7 628	3 239	42.46
三、初等教育	5 595 781	3 196 689	57.13	5 615 781	3 341 518	59.50
（一）普通小学	5 538 481	3 172 805	57.29	5 585 476	3 328 015	59.58
小学	5 538 481	3 172 805	57.29	5 121 626	3 025 866	
九年一贯制学校				427 841	274 043	
十二年一贯制学校				36 009	28 106	
（二）成人小学	57 300	23 884	41.68	30 305	13 503	44.56
其中：扫盲班	38 265	15 287	39.95	17 801	7 632	42.87
四、工读学校	2 706	910	33.63	1 756	685	39.01
五、特殊教育	53 615	36 428	67.94	43 697	31 624	72.37
六、学前教育	2 489 972	2 280 135	91.57	1 479 237	1 449 139	97.97

全国各级各类学校少数民族学生情况

单位：人

	总计	少数民族学生	
		人数	占学生总数的比重（%）
一、高等教育			
（一）研究生	1 719 818	99 441	5.78
博士	283 810	14 853	5.23
硕士	1 436 008	84 588	5.89
（二）普通本专科	23 913 155	1 779 591	7.44
本科	14 270 888	1 122 258	7.86
专科	9 642 267	657 333	6.82
（三）成人本专科	5 831 123	454 351	7.79
本科	2 475 495	199 372	8.05
专科	3 355 628	254 979	7.60
（四）其他各类高等学历教育			
1. 在职人员攻读硕士学位	489 857		

续表

	总计	少数民族学生	
		人数	占学生总数的比重（%）
2. 网络本专科生	5 704 112	322 733	5.66
本科	2 002 698	112 746	5.63
专科	3 701 414	209 987	5.67
二、中等教育			
（一）高中阶段教育			
1. 高中			
普通高中	24 671 712	2 009 726	8.15
完全中学	8 278 864	646 343	7.81
高级中学	15 788 100	1 334 249	8.45
十二年一贯制学校	604 748	29 134	4.82
成人高中	775 006	51 956	6.70
2. 中等职业教育			
普通中专	8 125 608	655 116	8.06
成人中专	2 542 747	211 542	8.32
职业高中	6 230 465	373 288	5.99
技工学校			
（二）初中阶段教育			
1. 初中	47 630 607	4 779 265	10.03
初级中学	35 032 212	3 581 123	10.22
九年一贯制学校	5 402 756	545 925	10.10
十二年一贯制学校	633 749	29 165	4.60
完全中学	6 543 086	616 647	9.42
职业初中	18 804	6 405	34.06
2. 成人初中			
三、初等教育			
（一）普通小学	96 958 985	10 375 371	10.70
小学	88 527 616	9 541 486	10.78
九年一贯制学校	7 778 434	797 888	10.26
十二年一贯制学校	652 935	35 997	5.51
（二）成人小学	1 643 301	189 293	11.52
其中：扫盲班			
四、工读学校			
五、特殊教育	378 751	27 583	7.28
六、学前教育	36 857 624	2 838 231	7.70

注：成人高中数据包括成人初中数据。

全国各级各类学校少数民族教职工、专任教师情况

单位：人

	教职工合计	少数民族教职工		专任教师合计	少数民族专任教师	
		人数	占教职工总数的比重（%）		人数	占教职工总数的比重（%）
一、高等教育						
（一）研究生培养机构（不计校数）						
1. 普通高校						
2. 科研机构						
（二）普通高等学校	2 254 372	115 727	5.13	1 440 292	71 568	4.97
1. 本科院校	1 627 642	86 661	5.32	1 013 957	52 499	5.18
其中：独立学院	189 194	7 195	3.80	139 657	4 836	3.46
2. 高职（专科）院校	622 425	28 800	4.63	423 381	18 931	4.47
3. 其他机构（点）（不计校数）	4 305	266	6.18	2 954	138	4.67
（三）成人高等学校	65 612	4 451	6.78	39 393	2 383	6.05
（四）民办的其他高等教育机构	31 941	368	1.15	14 868	170	1.14
二、中等教育						
（一）高中阶段教育						
1. 高中						
普通高中	2 462 575	177 029	7.19	1 595 035	113 975	7.15
完全中学	1 089 877	83 029	7.62	525 142	37 500	7.14
高级中学	1 214 827	86 065	7.08	1 030 190	74 272	7.21
十二年一贯制学校	157 871	7 935	5.03	39 703	2 203	5.55
成人高中	16 842	1 888	11.21	13 429	1 506	11.21
2. 中等职业教育						
普通中专	430 636	26 560	6.17	305 564	18 686	6.12
成人中专	77 482	3 959	5.11	54 207	2 956	5.45
职业高中	394 292	17 599	4.46	311 743	13 300	4.27
技工学校						
其他机构（教学点）（不计校数）	18 922	454	2.40	12 557	313	2.49
（二）初中阶段教育						
1. 初中	3 939 088	352 657	8.95	3 504 363	308 210	8.80
初级中学	2 943 720	255 032	8.66	2 618 519	228 968	8.74
九年一贯制学校	993 711	97 332	9.79	431 814	41 870	9.70

续表

	教职工合计	少数民族教职工		专任教师合计	少数民族专任教师	
		人数	占教职工总数的比重（%）		人数	占教职工总数的比重（%）
十二年一贯制学校				39 938	2 125	5.32
完全中学				412 566	34 983	8.48
职业初中	1 657	293	17.68	1 526	264	17.30
2. 成人初中						
三、初等教育						
（一）普通小学	5 538 481	581 951	10.51	5 585 476	585 636	10.48
小学	5 538 481	581 951	10.51	5 121 626	538 051	10.51
九年一贯制学校				427 841	45 196	10.56
十二年一贯制学校				36 009	2 389	6.63
（二）成人小学	57 300	6 684	11.66	30 305	3 175	10.48
其中：扫盲班						
四、工读学校						
五、特殊教育	53 615	3 670	6.85	43 697	3 031	6.94
六、学前教育	2 489 972	133 003	5.34	1 479 237	86 113	5.82

注：①普通高中少数民族教职工数包括普通初中少数民族教职工数；②成人高中少数民族教职工数和专任教师数包括成人初中少数民族教职工数和专任教师数。

1965—2012 年全国小学学龄儿童入学率情况

年份	全国学龄儿童数（万人）	已入学学龄儿童数（万人）	净入学率（%）
1965	11 603.2	9 829.1	84.7
1980	12 219.6	11 478.2	93.0
1985	10 362.3	9 942.8	95.9
1990	9 740.7	9 529.7	97.8
1999	12 991.4	12 872.8	99.1
2000	12 445.3	12 333.9	99.1
2001	11 766.4	11 561.2	99.1
2002	11 310.4	11 150.0	98.6
2003	10 908.3	10 761.6	98.7
2004	10 548.1	10 437.1	98.9
2005	10 207.0	10 120.3	99.2

续表

年份	全国学龄儿童数（万人）	已入学学龄儿童数（万人）	净入学率（%）
2006	10 075.5	10 001.5	99.3
2007	9 947.9	9 896.8	99.5
2008	9 772.0	9 727.1	99.5
2009	9 606.6	9 548.6	99.4
2010	9 501.5	9 473.3	99.7
2011	9 522.4	9 502.5	99.8
2012	9 296.8	9 282.7	99.9

注：1991 年以前的入学率是按 7—11 周岁统一计算的，从 1991 年起入学率是按各地不同入学年龄和学制分别计算的。

各省（区、市）小学净入学率情况

地区	合计			其中：女童		
	校内外学龄人口总数（人）	在校学龄人口总数（人）	净入学率（%）	校内外学龄人口总数（人）	在校学龄人口总数（人）	净入学率（%）
合计	92 967 734	92 826 719	99.85	43 059 145	42 996 972	99.86
北京	707 908	707 835	99.99	326 836	326 805	99.99
天津	503 953	503 953	100.00	233 955	233 955	100.00
河北	5 536 907	5 524 705	99.78	2 611 334	2 605 784	99.79
山西	2 592 910	2 590 560	99.91	1 241 332	1 240 362	99.92
内蒙古	1 303 394	1 300 317	99.76	620 474	618 975	99.76
辽宁	1 993 133	1 992 687	99.98	939 712	939 506	99.98
吉林	1 358 044	1 354 813	99.76	647 762	645 306	99.62
黑龙江	1 817 321	1 813 157	99.77	871 046	869 478	99.82
上海	733 449	733 449	100.00	336 047	336 047	100.00
江苏	4 156 958	4 156 163	99.98	1 893 393	1 893 015	99.98
浙江	3 372 166	3 372 145	100.00	1 552 793	1 552 782	100.00
安徽	3 955 901	3 952 909	99.92	1 797 007	1 795 611	99.92
福建	2 451 912	2 451 648	99.99	1 122 871	1 122 729	100.00
江西	4 175 834	4 175 834	100.00	1 886 927	1 886 927	100.00
山东	6 160 565	6 159 971	99.99	2 875 638	2 875 358	99.99
河南	10 562 810	10 555 154	99.93	4 866 660	4 863 028	99.93
湖北	3 171 546	3 170 593	99.97	1 446 224	1 445 698	99.96

续表

地区	合计			其中：女童		
	校内外学龄人口总数（人）	在校学龄人口总数（人）	净入学率（%）	校内外学龄人口总数（人）	在校学龄人口总数（人）	净入学率（%）
湖南	4 420 570	4 414 136	99.85	2 008 363	2 005 348	99.85
广东	7 642 049	7 637 550	99.94	3 407 489	3 402 450	99.85
广西	4 088 454	4 081 173	99.82	1 904 511	1 900 680	99.80
海南	740 295	737 991	99.69	323 444	322 987	99.86
重庆	1 796 820	1 796 448	99.98	845 590	844 864	99.91
四川	5 248 724	5 224 107	99.53	2 496 970	2 484 712	99.51
贵州	3 514 208	3 491 113	99.34	1 634 268	1 631 705	99.84
云南	3 706 073	3 690 265	99.57	1 742 302	1 734 182	99.53
西藏	276 043	274 386	99.40	134 539	133 702	99.38
陕西	2 260 218	2 257 250	99.87	1 045 664	1 044 296	99.87
甘肃	1 945 286	1 939 082	99.68	914 542	912 595	99.79
青海	448 865	447 429	99.68	214 912	214 585	99.85
宁夏	555 297	554 655	99.88	265 518	265 010	99.81
新疆	1 770 121	1 765 241	99.72	851 022	848 490	99.70

全国高等教育学校（机构）数

单位：所

	合计	中央部门			地方				民办
		小计	教育部	其他部门	小计	教育部门	其他部门	地方企业	
一、研究生培养机构（不计校数）	811	340	73	267	466	400	64	2	5
（一）普通高校	534	102	73	29	427	399	27	1	5
（二）科研机构	277	238		238	39	1	37	1	
二、普通高等学校	2 442	113	73	40	1 623	967	604	52	706
（一）本科院校	1 145	109	73	36	646	578	67	1	390
其中：独立学院	303								303
（二）高职（专科）院校	1297	4		4	977	389	537	51	316
三、成人高等学校	348	14	1	13	333	118	170	45	1
四、民办的其他高等教育机构	823								823

全国高等教育学校（机构）学生数

单位：人

	毕(结)业生数	授予学位数	招生数				在校生数	预计毕业生数
			合计	其中				
				应届生	春季招生	预科生转入		
研究生	486 455	481 830	589 673	389 443			1 719 818	630 437
博士	51 713	50 399	68 370	28 040			283 810	139 411
硕士	434 742	431 431	521 303	361 403			1 436 008	491 026
普通本专科	6 247 338	2 966 148	6 888 336	6 349 812	2 985 345	32 113	23 913 155	6 517 623
本科	3 038 473	2 966 148	3 740 574	3 327 280	2 966 148	30 553	14 270 888	3 286 498
专科	3 208 865		3 147 762	3 022 532	19 197	1 560	9 642 267	3 231 125
成人本专科	1 954 357	126 570	2 439 551				5 831 123	2 120 555
本科	801 015	126 570	984 817				2 475 495	848 066
专科	1 153 342		1 454 734				3 355 628	1 272 489
网络本专科生	1 360 870	34 658	1 964 468		1 008 913		5 704 112	
本科	477 949	34 658	696 698		354 720		2 002 698	
专科	882 921		1 267 770		654 193		3 701 414	
在职人员攻读硕士学位		104 781	140 629				489 857	
自考助学班	104 421						222 587	
普通预科生							37 668	
研究生课程进修班	50 284						73 796	
进修及培训	7 550 132						3 439 532	
留学生	83 613	18 259	102 991		29 673		157 845	

全国在职人员攻读硕士学位分学科学生数

单位：人

	授予学位数	招生数	在校生数
总计	104 781	140 629	489 857
其中：女	42 015	49 072	170 006
学术型学位	11 607	7 177	34 729
专业学位	93 174	133 452	455 128
哲学	70	1	75

续表

	授予学位数	招生数	在校生数
经济学	663	309	1 654
法学	6 916	6 073	22 897
教育学	13 143	15 601	42 503
文学	1 377	416	3 308
历史学	84	12	167
理学	538	86	1 092
工学	50 535	84 688	288 038
农学	6 631	11 405	41 492
医学	3 785	4 125	16 138
军事学	2		1
管理学	19 314	16 288	67 937

全国普通本科分学科学生数

单位：人

	毕业生数	招生数	在校生数	预计毕业生数
总计	3 038 473	3 740 574	14 270 888	3 286 498
其中：女	1 517 254	2 017 368	7 281 963	1 604 559
哲学	2 038	2 335	8 840	2 172
经济学	188 257	216 289	838 204	196 306
法学	121 634	133 717	516 789	125 144
教育学	103 884	142 812	517 590	116 046
文学	588 198	707 543	2 668 900	630 275
其中：外语	201 115	205 236	810 846	202 855
艺术	240 957	337 810	1 215 535	271 742
历史学	15 588	18 926	70 769	16 478
理学	294 060	344 671	1 314 644	314 954
工学	964 583	1 195 234	4 522 917	1 050 503
农学	53 789	63 974	244 261	58 767
医学	178 085	228 294	1 006 410	195 108
管理学	528 357	686 779	2 561 564	580 745
总计中：师范生	328 571	367 421	1 443 936	354 101

全国普通专科分学科学生数

单位：人

	毕业生数	招生数	在校生数	预计毕业生数
总计	3 208 865	3 147 762	9 642 267	3 231 125
其中：女	1 680 943	1 700 988	4 998 527	1 660 036
农林牧渔大类	58 308	56 236	169 578	56 914
交通运输大类	127 177	153 172	436 213	137 107
生化与药品大类	81 411	70 212	226 845	79 138
资源开发与测绘大类	43 511	50 023	148 207	48 952
材料与能源大类	45 115	41 412	131 878	45 422
土建大类	271 421	365 236	1 050 469	317 661
水利大类	10 955	13 908	40 420	12 411
制造大类	430 682	405 538	1 261 946	431 103
电子信息大类	370 232	297 772	931 847	332 897
环保、气象与安全大类	14 649	14 560	45 583	14 974
轻纺食品大类	62 363	51 904	166 629	58 703
财经大类	671 797	691 807	2 061 042	675 479
医药卫生大类	279 290	298 521	925 804	304 614
旅游大类	108 371	110 237	322 801	107 242
公共事业大类	31 195	32 418	97 116	32 752
文化教育大类	388 794	297 878	1 015 735	364 225
艺术设计传媒大类	150 028	146 639	458 232	158 836
公安大类	16 741	11 504	32 359	10 611
法律大类	46 825	38 785	119 563	42 084
总计中：师范生	183 755	150 568	523 269	183 780

全国成人本科分学科学生数

单位：人

	毕业生数	招生数	在校生数	预计毕业生数
总计	801 015	984 817	2 475 495	848 066
其中：女	446 684	547 657	1 375 098	451 061
哲学	24	34	111	57

续表

	毕业生数	招生数	在校生数	预计毕业生数
经济学	30 278	31 853	86 685	30 197
法学	46 785	50 605	129 498	50 447
教育学	47 721	61 467	136 001	47 964
文学	133 280	107 527	314 366	124 054
其中：外语	38 334	27 962	83 286	33 521
艺术	17 371	18 033	52 833	16 939
历史学	2 257	1 852	4 722	1 945
理学	27 556	22 425	61 008	25 699
工学	166 500	244 996	606 031	194 434
农学	11 164	14 163	37 093	13 403
医学	146 057	190 372	465 769	151 475
管理学	189 393	259 523	634 211	208 391
总计中：师范生	118 982	106 060	269 058	108 433

全国成人专科分学科学生数

单位：人

	毕业生数	招生数	在校生数	预计毕业生数
总计	1 153 342	1 454 734	3 355 628	1 272 489
其中：女	597 477	782 441	1 794 301	644 542
农林牧渔大类	22 228	24 594	61 338	26 668
交通运输大类	35 088	47 582	114 125	43 427
生化与药品大类	15 528	14 083	38 576	15 896
资源开发与测绘大类	29 354	41 473	99 539	32 618
材料与能源大类	15 186	13 432	37 023	14 481
土建大类	73 551	111 378	240 225	86 189
水利大类	3 927	5 950	14 270	6 192
制造大类	161 026	172 342	409 736	160 150
电子信息大类	104 034	94 052	238 719	105 668
环保、气象与安全大类	2 282	2 422	5 817	2 430
轻纺食品大类	7 804	8 140	19 599	8 239
财经大类	336 934	376 418	872 292	355 553

续表

	毕业生数	招生数	在校生数	预计毕业生数
医药卫生大类	140 056	209 370	530 055	169 865
旅游大类	18 429	23 585	54 136	22 570
公共事业大类	31 545	47 056	100 658	38 862
文化教育大类	111 246	205 747	391 887	131 629
艺术设计传媒大类	27 609	39 301	84 757	34 465
公安大类	2 016	1 424	4 878	1 932
法律大类	15 499	16 385	37 998	15 655
总计中：师范生	61 581	126 655	230 017	75 442

全国网络本科分学科学生数

单位：人

	毕业生数	招生数	在校生数
总计	477 949	696 698	2 002 698
其中：女	261 961	372 157	1 051 918
哲学			
经济学	27 376	33 746	108 384
法学	55 439	64 387	224 980
教育学	18 264	26 271	64 408
文学	51 917	45 950	174 551
其中：外语	10 970	8 954	42 680
历史学	471	440	1 110
理学	7 327	6 629	18 544
工学	78 147	144 903	354 584
农学	2 638	5 186	11 958
医学	36 025	56 247	140 322
管理学	200 345	312 939	903 857
总计中：师范生	28 446	28 183	71 226

全国网络专科分学科学生数

单位：人

	毕业生数	招生数	在校生数
总计	882 921	1 267 770	3 701 414
其中：女	439 878	601 284	1 770 409
农林牧渔大类	58 618	66 809	215 762
交通运输大类	18 058	29 477	73 178
生化与药品大类	2 773	4 261	10 701
资源开发与测绘大类	8 325	16 709	32 203
材料与能源大类	4 486	5 245	10 941
土建大类	56 733	119 679	283 677
水利大类	4 925	6 327	18 377
制造大类	34 869	60 222	159 950
电子信息大类	44 941	51 616	170 509
环保、气象与安全大类	1 548	3 157	6 707
轻纺食品大类	380	827	2 322
财经大类	286 377	385 416	1 189 683
医药卫生大类	44 939	51 305	153 389
旅游大类	4 141	5 511	18 765
公共事业大类	163 253	254 572	708 492
文化教育大类	71 758	122 482	360 740
艺术设计传媒大类	4 474	5 727	19 931
公安大类	844	1 081	2 153
法律大类	71 479	77 347	263 934
总计中：师范生	14 641	23 770	51 977

全国高等教育学校（机构）教职工情况

单位：人

	合计	校本部教职工数											科研机构人员	校办企业职工	其他附设机构人员
		合计	专任教师						行政人员	教辅人员	工勤人员			
			小计	正高级	副高级	中级	初级	未定职级						
总计	2 319 984	2 188 812	1 479 685	171 212	424 408	592 549	217 621	73 895	321 388	214 056	173 683	36 964	34 056	60 152
其中：女	1 070 981	1 016 621	701 575	48 910	185 622	307 690	120 274	39 079	146 005	115 953	53 088	13 164	10 307	30 889
普通高校	2 254 372	2 124 081	1 440 292	169 423	412 692	576 013	209 811	72 353	309 534	206 096	168 159	36 706	33 766	59 819
成人高校	65 612	64 731	39 393	1 789	11 716	16 536	7 810	1 542	11 854	7 960	5 524	258	290	333

全国研究生指导教师情况

单位：人

	合计	30 岁及以下	31—35 岁	36—40 岁	40—45 岁	46—50 岁	50—55 岁	56—60 岁	61—65 岁	66 岁及以上
总计	298 438	2 603	25 917	52 206	62 215	83 471	36 529	23 831	6 103	5 563
其中：女	83 941	818	8 189	18 009	20 075	22 132	8 434	4 834	878	572
分职称：正高级	146 619	126	1 858	9 613	24 859	53 602	27 164	18 927	5 402	5 068
副高级	139 644	1 073	18 275	39 423	36 204	29 375	9 268	4 848	691	487
中级	12 175	1 404	5 784	3 170	1 152	494	97	56	10	8
分指导关系：博士导师	16 598	9	279	1 136	2 317	5 141	2 738	2 088	1 109	1 781
其中：女	2 419	1	40	172	453	799	383	315	126	130
硕士导师	229 453	2 516	24 186	46 136	50 923	60 528	25 175	15 740	2 807	1 442
其中：女	73 067	799	7 926	16 884	17 865	18 444	6 794	3 656	485	214
博士、硕士导师	52 387	78	1 452	4 934	8 975	17 802	8 616	6 003	2 187	2 340
其中：女	8 455	18	223	953	1 757	2 889	1 257	863	267	228

全国高校专任教师、聘请校外教师学历情况

单位：人

	合计	博士	硕士	本科	专科及以下
1. 专任教师	1 494 553	255 799	525 034	689 987	23 733
其中：女	708 983	85 471	280 016	335 080	8 416
正高级	172 729	75 958	35 245	59 862	1 664
副高级	427 360	96 841	104 049	220 722	5 748
中级	597 496	74 370	259 958	254 472	8 696
初级	220 027	1 652	92 353	121 413	4 609
未定职级	76 941	6 978	33 429	33 518	3 016
2. 聘请校外教师	447 227	60 205	144 038	219 890	23 094
其中：女	171 669	15 427	60 529	88 374	7 339
外籍教师	13 872	4 768	4 062	4 969	73
其他高校教师	124 901	22 949	50 369	49 573	2 010
正高级	76 350	28 654	23 179	23 415	1 102
副高级	139 576	17 894	44 351	73 030	4 301
中级	146 930	10 679	50 106	77 661	8 484
初级	42 806	901	14 457	24 318	3 130
未定职级	41 565	2 077	11 945	21 466	6 077

注：不包含民办的其他高等教育机构数据。

全国高校专任教师年龄情况

单位：人

	合计	30岁及以下	31—35岁	36—40岁	41—45岁	46—50岁	51—55岁	56—60岁	61—65岁	66岁及以上
总计	1 494 553	305 809	351 698	251 159	207 396	207 401	89 293	58 672	14 225	8 900
其中：女	708 983	179 587	187 963	119 926	91 424	81 401	30 550	13 795	2 921	1 416
正高级	172 729	154	1 440	9 637	28 878	62 055	32 422	25 312	7 664	5 167
副高级	427 360	2 068	36 476	95 501	109 836	106 475	42 394	25 813	5 418	3 379
中级	597 496	103 044	247 371	129 291	62 029	35 160	12 793	6 582	947	279
初级	220 027	143 160	53 893	13 307	5 113	2 752	1 176	562	55	9
未定职级	76 941	57 383	12 518	3 423	1 540	959	508	403	141	66

全国普通高中校数、班数

	学校数（所）				班数（个）
	合计	完全中学	高级中学	十二年一贯制学校	
总计	13 509	6 108	6 547	854	442 215
教育部门办	10 948	5 039	5 682	227	394 126
其他部门办	175	72	68	35	3 580
地方企业办	15	8	4	3	213
民办	2 371	989	793	589	44 296
城区	6 401	2 892	2 983	526	208 606
教育部门办	4 908	2 276	2 479	153	182 895
其他部门办	84	35	30	19	1 653
地方企业办	7	4	3		92
民办	1 402	577	471	354	23 966
其中：城乡结合区	938	364	460	114	32 599
教育部门办	641	254	375	12	27 117
其他部门办	8	2	4	2	111
地方企业办	2	1	1		24
民办	287	107	80	100	5 347
镇区	6 390	2 842	3 284	264	218 082
教育部门办	5 491	2 467	2 965	59	198 517
其他部门办	84	34	37	13	1 789
地方企业办	8	4	1	3	121
民办	807	337	281	189	17 655
其中：镇乡结合区	1 669	635	936	98	57 726
教育部门办	1 357	514	826	17	51 030
其他部门办	5	1	3	1	101
地方企业办	1			1	9
民办	306	120	107	79	6 586
乡村	718	374	280	64	15 527
教育部门办	549	296	238	15	12 714
其他部门办	7	3	1	3	138
地方企业办					
民办	162	75	41	46	2 675
总计中：其他学校附设班					2 019
独立设置少数民族学校	475	296	146	33	10 593

全国中等职业学校（机构）数

单位：所

	合计	中央部门	地方				民办
			合计	教育部门	其他部门	地方企业	
中等职业学校	9 762	24	7 089	5 534	1 464	91	2 649
其中：普通中等专业学校	3 681	18	2 727	1 705	987	35	936
成人中等专业学校	1 564	3	1 410	1 127	257	26	151
职业高中学校	4 517	3	2 952	2 702	220	30	1 562
其他机构（教学点）（不计校数）	509	3	420	297	115	8	86
附设中职班（不计校数）	1 149	3	948	597	332	19	198

注：未含技工学校数据（以后中等职业学校有关表均同）。

全国成人高中基本情况

	学校数（所）	教学班（点）（个）	毕(结)业生数(人)		注册学生数（人）		教职工数（人）		专任教师数（人）		聘请校外教师数（人）
			合计	其中：女	合计	其中：女	合计	其中：女	合计	其中：女	
合计	696	1 885	116 264	54 507	144 199	69 364	7 343	3 222	5 801	2 660	3 865
职工高中	178	483	41 942	19 110	52 825	25 480	1 835	859	1 453	635	1 172
农民高中	518	1 402	74 322	35 397	91 374	43 884	5 508	2 363	4 348	2 025	2 693

全国初中阶段校数、班数

	学校数（所）				班数（个）				
	合计	初级中学	九年一贯制学校	职业初中	合计	一年级	二年级	三年级	四年级
总计	53 216	39 592	13 575	49	947 575	313 536	311 607	311 835	10 597
教育部门办	48 299	37 980	10 271	48	851 942	280 451	279 967	282 012	9 512
其他部门办	556	192	363	1	7 706	2 397	2 491	2 459	359
地方企业办	28	8	20		411	134	134	136	7

续表

	学校数（所）				班数（个）				
	合计	初级中学	九年一贯制学校	职业初中	合计	一年级	二年级	三年级	四年级
民办	4 333	1 412	2 921		87 516	30 554	29 015	27 228	719
城区	10 932	7 476	3 452	4	291 023	97 273	94 521	93 100	6 129
教育部门办	8 761	6 826	1 932	3	242 518	80 308	78 511	78 264	5 435
其他部门办	132	66	65	1	2 064	680	678	675	31
地方企业办	10	3	7		165	54	54	56	1
民办	2 029	581	1 448		46 276	16 231	15 278	14 105	662
其中：城乡结合区	2 393	1 507	886		48 915	16 745	16 034	15 505	631
教育部门办	1 771	1 382	389		37 697	12 660	12 292	12 162	583
其他部门办	21	14	7		254	79	79	78	18
地方企业办	1	1			15	5	5	5	
民办	600	110	490		10 949	4 001	3 658	3 260	30
镇区	22 876	18 403	4 447	26	453 567	149 766	149 800	151 046	2 955
教育部门办	20 910	17 708	3 176	26	414 565	136 451	136 869	138 650	2 595
其他部门办	343	100	243		4 951	1 491	1 578	1 554	328
地方企业办	14	4	10		236	77	78	75	6
民办	1 609	591	1 018		33 815	11 747	11 275	10 767	26
其中：镇乡结合区	6 069	4 887	1 174	8	116 665	38 920	38 467	38 578	700
教育部门办	5 425	4 665	752	8	103 787	34 402	34 185	34 517	683
其他部门办	17	11	6		169	56	54	56	3
地方企业办					12	4	4	4	
民办	627	211	416		12 697	4 458	4 224	4 001	14
乡村	19 408	13 713	5 676	19	202 985	66 497	67 286	67 689	1 513
教育部门办	18 628	13 446	5 163	19	194 859	63 692	64 587	65 098	1 482
其他部门办	81	26	55		691	226	235	230	
地方企业办	4	1	3		10	3	2	5	
民办	695	240	455		7 425	2 576	2 462	2 356	31
总计中：四年制					44 230	11 315	11 250	11 185	10 480
其他学校附设班					6 486	2 129	2 154	2 158	45
独立设置少数民族学校					29 657	9 932	9 891	9 795	39

全国成人初中基本情况

	学校数（所）	教学班（点）（个）	毕（结）业生数（人）		注册学生数（人）		教职工数（人）		专任教师数（人）		聘请校外教师数（人）
			合计	其中：女	合计	其中：女	合计	其中：女	合计	其中：女	
合计	1 578	7 232	632 572	295 018	630 807	295 881	9 499	3 849	7 628	3 239	6 735
职工初中	262	759	68 805	27 384	85 570	32 362	1 568	440	1 313	355	1 875
农民初中	1 316	6 473	563 767	267 634	545 237	263 519	7 931	3 409	6 315	2 884	4 860

全国幼儿园园数、班数

	园数（所）		班数（个）
	合计	其中：少数民族幼儿园	
总计	181 251	3 857	1 266 496
教育部门办	36 992	3 107	475 581
其他部门办	1 853	33	18 753
地方企业办	1 406		10 699
事业单位办	3 192	52	19 513
部队办	487	1	4 046
集体办	12 683	93	65 349
民办	124 638	571	672 555
城区	57 677	340	433 113
教育部门办	6 706	128	85 412
其他部门办	1 195	4	13 343
地方企业	1 132		8 855
事业单位办	986	14	7 877
部队办	461	1	3 902
集体办	3 707	15	26 175
民办	43 490	178	287 549
其中：城乡结合区办	11 784	58	79 847
教育部门办	1 100	42	14 448
其他部门办	48		485
地方企业办	78		535

续表

	园数（所）		班数（个）
	合计	其中：少数民族幼儿园	
事业单位办	133	1	655
部队办	16		104
集体办	1 660	3	9 441
民办	8 749	12	54 179
镇区	60 483	726	434 595
教育部门办	13 272	477	166 405
其他部门办	539	10	4 679
地方企业办	225		1 591
事业单位办	941	17	5 855
部队办	13		80
集体办	2 755	11	18 348
民办	42 738	211	237 637
其中：镇乡结合区	19 233	167	131 774
教育部门办	3 853	120	50 205
其他部门办	55	1	482
地方企业办	52		338
事业单位办	269	4	1 419
部队办	1		6
集体办	1 388	7	7 444
民办	13 615	35	71 880
乡村	63 091	2 791	398 788
教育部门办	17 014	2 502	223 764
其他部门办	119	19	731
地方企业办	49		253
事业单位办	1 265	21	5 781
部队办	13		64
集体办	6 221	67	20 826
民办	38 410	182	147 369
合计中：独立设置幼儿园			1 016 462
附设幼儿班			250 034

全国普通高中学生数

单位：人

	毕业生数	招生数	在数生数					预计毕业生数
			合计	其中：女	一年级	二年级	三年级	
总计	7 915 046	8 446 071	24 671 712	12 190 235	8 452 227	8 177 591	8 041 894	8 041 894
其中：女	3 863 772	4 181 234	12 190 235		4 183 857	4 041 428	3 964 950	3 964 950
少数民族学生	590 003	739 468	2 009 726	1 015 818	741 255	654 357	614 114	614 114
总计中 十二年一贯制学校	181 481	219 291	604 748	271 554	219 430	192 601	192 717	192 717
完全中学	2 613 879	2 878 240	8 278 864	4 075 921	2 879 288	2 742 265	2 657 311	2 657 311
附设普通高中班	36 003	35 308	99 509	49 130	35 320	33 499	30 690	30 690
独立设置少数民族学校	161 862	207 086	559 857	294 396	207 841	179 682	172 334	172 334
残疾人	3 089	5 617	14 514	6 085	5 644	4 678	4 192	4 192
教育部门办	7 117 744	7 558 773	22 129 445	11 037 182	7 564 188	7 348 337	7 216 920	7 216 920
其他部门办	59 916	62 134	182 119	93 557	62 140	60 206	59 773	59 773
地方企业办	3 291	3 862	10 573	5 276	3 862	3 291	3 420	3 420
民办	734 095	821 302	2 349 575	1 054 220	822 037	765 757	761 781	761 781
城区	3 606 395	3 782 122	11 196 088	5 600 606	3 785 807	3 721 356	3 688 925	3 688 925
教育部门办	3 197 311	3 335 987	9 906 714	5 013 692	3 339 445	3 301 619	3 265 650	3 265 650
其他部门办	28 835	29 115	85 672	43 175	29 116	28 082	28 474	28 474
地方企业办	1 588	1 681	4 814	2 443	1 681	1 462	1 671	1 671
民办	378 661	415 339	1 198 888	541 296	415 565	390 193	393 130	393 130
其中：城乡结合区	552 015	609 976	1 787 346	877 789	611 546	592 892	582 908	582 908

续表

	毕业生数	招生数	在数生数					预计毕业生数
			合计	其中：女	一年级	二年级	三年级	
教育部门办	469 815	517 309	1 516 429	758 524	518 876	506 244	491 309	491 309
其他部门办	1 514	1 788	5 344	2 380	1 788	1 821	1 735	1 735
地方企业办	466	364	1 299	654	364	462	473	473
民办	80 220	90 515	264 274	116 231	90 518	84 365	89 391	89 391
镇区	4 044 762	4 372 203	12 641 342	6 182 312	4 374 590	4 180 071	4 086 681	4 086 681
教育部门办	3 700 739	3 982 698	11 530 198	5 677 122	3 984 580	3 816 461	3 729 157	3 729 157
其他部门办	29 295	29 851	89 010	46 504	29 856	29 840	29 314	29 314
地方企业办	1 703	2 181	5 759	2 833	2 181	1 829	1 749	1 749
民办	313 025	357 473	1 016 375	455 853	357 973	331 941	326 461	326 461
其中：镇乡结合区	1 044 496	1 144 501	3 307 249	1 617 710	1 145 156	1 092 605	1 069 488	1 069 488
教育部门办	933 071	1 018 297	2 939 379	1 453 927	1 018 516	971 989	948 874	948 874
其他部门办	1 577	2 321	6 384	3 197	2 322	2 173	1 889	1 889
地方企业办	89	96	273	134	96	103	74	74
民办	109 759	123 787	361 213	160 452	124 222	118 340	118 651	118 651
乡村	263 889	291 746	834 282	407 317	291 830	276 164	266 288	266 288
教育部门办	219 694	240 088	692 533	346 368	240 163	230 257	222 113	222 113
其他部门办	1 786	3 168	7 437	3 878	3 168	2 284	1 985	1 985
地方企业办								
民办	42 409	48 490	134 312	57 071	48 499	43 623	42 190	42 190

全国中等职业学校（机构）各类学生数

单位：人

	毕业生数		招生数				在校生数					预计毕业生数	
	合计	其中：获得职业资格证书	合计	其中：应届毕业		其中：五年制高职中职段	合计	一年级	二年级	三年级	四年级及以上	合计	其中：五年制高职中职段
				合计	其中：初中毕业生								
一、中职学生合计	5 543 840	3 483 872	5 970 785	5 037 228	4 593 465	314 556	16 898 820	5 980 639	5 602 923	5 201 659	113 599	5 663 952	200 760
其中：中职全日制学生	5 078 408	3 263 969	5 102 062	4 642 270	4 304 484	313 959	14 891 891	5 107 832	4 950 927	4 723 143	109 989	4 924 091	193 677
中职非全日制学生	465 432	219 903	868 723	394 958	288 981	597	2 006 929	872 807	651 996	478 516	3 610	739 861	7 083
其中：普通中专学生	2 653 135	1 658 028	2 773 643	2 516 668	2 326 825	290 993	8 125 608	2 777 418	2 685 393	2 571 531	91 266	2 650 073	167 705
成人中专学生	716 307	322 970	1 058 110	537 589	409 218	1 488	2 542 747	1 062 272	837 938	637 987	4 550	932 649	12 125
职业高中学生	2 174 398	1 502 874	2 139 032	1 982 971	1 857 422	22 075	6 230 465	2 140 949	2 079 592	1 992 141	17 783	2 081 230	20 930
二、培训学生	7 136 842						4 024 560						
三、外国留学生	1 414						1 074						

全国中等职业学校（机构）学生分科类情况

单位：人

	毕业生数		招生数			在校生数	预计毕业生数
	合计	其中：获得职业资格证书	合计	其中：应届毕业生 小计	其中：初中毕业生		
总计	5 543 840	3 483 872	5 970 785	5 037 228	4 593 465	16 898 820	5 663 952
其中：女	2 746 535	1 657 996	2 928 400	2 469 403	2 244 715	8 411 966	2 656 934
农林牧渔类	579 046	281 080	719 852	462 166	395 127	2 188 579	814 935
资源环境类	39 019	23 394	48 297	36 843	26 878	108 265	43 964
能源与新能源类	30 990	19 102	26 902	24 407	20 555	80 738	27 152
土木水利类	162 198	103 482	225 438	197 857	176 992	611 926	184 942
加工制造类	964 112	700 805	896 233	784 178	723 716	2 658 500	915 237
石油化工	45 499	30 795	41 640	35 596	31 441	119 058	40 013
轻纺食品	77 067	49 001	69 093	55 577	50 024	187 715	69 318
交通运输类	317 352	219 221	428 488	365 239	332 477	1 083 744	330 171
信息技术类	1 161 673	785 308	1 048 447	913 889	837 481	2 977 614	1 047 588
医药卫生类	534 092	231 860	513 420	453 474	426 818	1 539 531	504 640
休闲保健类	21 041	12 857	31 627	27 140	25 370	84 024	27 243
财经商贸类	606 019	393 229	650 497	564 649	517 265	1 841 117	623 547
旅游服务类	235 796	164 360	270 848	232 473	212 918	729 556	238 400
文化艺术类	247 666	150 245	276 898	242 072	223 290	794 437	252 701
体育与健身	36 496	17 406	52 033	46 125	43 071	128 165	36 704
教育类	307 139	198 340	507 755	464 183	431 017	1 319 091	354 405
司法服务类	27 393	10 807	25 448	19 646	17 190	70 268	23 917
公共管理与服务类	75 172	46 739	70 814	56 412	50 272	196 907	71 042
其他	76 070	45 841	67 055	55 302	51 563	179 585	58 033

全国工读学校基本情况

	学校数（所）	班数（个）	离校人数（人）	入校人数（人）	在校生数（人）	教职工数（人）	
						合计	其中：专任教师
合计	79	396	3 653	4 547	10 640	2 706	1 756
其中：女			481	511	1 502	910	685

全国中学（初级中学、完全中学、高级中学、九年一贯制学校、职业初中、十二年一贯制学校）学校教职工数

单位：人

	教职工数						代课教师数	兼任教师数
	合计	专任教师	行政人员	教辅人员	工勤人员	校办企业职工		
总计	6 401 663	5 563 248	247 055	274 429	312 471	4 460	90 076	15 358
其中：女	3 172 281	2 869 040	58 353	128 281	114 960	1 647	54 389	7 288
少数民族	529 686	469 770	18 063	19 469	22 175	209	5 789	918
教育部门办	5 689 963	5 030 451	207 969	240 475	208 099	2 969	67 338	9 751
其他部门办	71 692	57 867	4 088	3 053	6 665	19	1 493	280
地方企业办	3 574	2 980	177	177	240		3	
民办	636 434	471 950	34 821	30 724	97 467	1 472	21 242	5 327
城区	2 282 096	1 935 982	110 589	114 500	118 875	2 150	35 638	8 332
教育部门办	1 909 573	1 656 113	88 448	95 620	68 036	1 356	26 844	4 842
其他部门办	19 909	16 343	1 186	1 176	1 194	10	413	195
地方企业办	1 482	1 164	76	117	125			
民办	351 132	262 362	20 879	17 587	49 520	784	8 381	3 295
其中：城乡结合区	393 772	332 943	16 293	17 879	26 315	342	5 541	991
教育部门办	296 294	261 593	10 932	13 301	10 387	81	3 908	421
其他部门办	2 315	1 932	102	81	200		71	
地方企业办	222	177	8	13	24			
民办	94 941	69 241	5 251	4 484	15 704	261	1 562	570
镇区	3 039 102	2 652 778	100 389	131 740	152 147	2 048	37 825	5 184
教育部门办	2 760 303	2 443 000	86 708	119 659	109 405	1 531	26 418	3 424
其他部门办	45 764	36 408	2 607	1 687	5 053	9	917	56
地方企业办	1 980	1 713	95	57	115		3	
民办	231 055	171 657	10 979	10 337	37 574	508	10 487	1 704
其中：镇乡结合区	789 767	687 834	26 340	33 554	40 931	1 108	10 833	1 568
教育部门办	700 588	621 703	22 008	29 638	26 344	895	6 462	864

续表

	教职工数						代课教师数	兼任教师数
	合计	专任教师	行政人员	教辅人员	工勤人员	校办企业职工		
其他部门办	1 544	1 270	86	74	114		4	29
地方企业办	138	138						
民办	87 497	64 723	4 246	3 842	14 473	213	4 367	675
乡村	1 080 465	974 488	36 077	28 189	41 449	262	16 613	1 842
教育部门办	1 020 087	931 338	32 813	25 196	30 658	82	14 076	1 485
其他部门办	6 019	5 116	295	190	418		163	29
地方企业办	112	103	6	3				
民办	54 247	37 931	2 963	2 800	10 373	180	2 374	328

全国中等职业学校（机构）教职工数

单位：人

	教 职 工 数								聘请校外教师数
	合计	校本部教职工					校办企业职工	其他附设机构人员	
		小计	专任教师	行政人员	教辅人员	工勤人员			
总计	921 332	909 012	684 071	90 036	63 633	71 272	6 152	6 168	106 549
其中：女	431 608	426 013	341 753	31 271	29 802	23 187	2 447	3 148	43 768
正高级	5 565	5 553	4 018	1 353	156	26	12		3 446
副高级	181 907	181 549	153 165	22 267	5 666	451	51	307	23 856
中级	327 176	325 973	277 495	25 960	21 080	1 438	204	999	42 771
初级	231 553	230 400	191 865	16 057	20 834	1 644	240	913	17 098
未定职级	175 131	165 537	57 528	24 399	15 897	67 713	5 645	3 949	19 378
总计中：聘任	183 602	181 686	139 442	15 732	12 295	14 217	681	1 235	329
其中：女	82 410	81 558	65 587	5 517	5 445	5 009	223	629	142
正高级	1 513	1 508	1 121	354	28	5	5		1
副高级	29 784	29 694	25 889	2 999	725	81	3	87	24
中级	61 044	60 732	53 173	4 041	3 306	212	38	274	252
初级	49 529	49 072	41 980	2 945	3 922	225	34	423	33
未定职级	41 732	40 680	17 279	5 393	4 314	13 694	601	451	19

全国职业技术培训机构基本情况

	学校数（所）	教学班（点）（个）	结业生数（人）		注册学生数（人）		教职工数（人）		聘请校外教师数（人）
			合计	其中：女	合计	其中：女	合计	其中：专任教师	
总计	123 766	506 604	48 233 605	23 232 301	45 673 538	21 999 187	506 609	282 233	291 065
职工技术培训学校（机构）	2 768	34 414	2 946 075	1 238 031	2 924 983	1 226 380	59 974	43 114	17 214
教育部门办	1 052	15 432	1 403 178	721 296	1 362 131	682 963	40 213	29 878	8 725
其他部门办	1 193	14 472	1 288 111	401 167	1 352 440	425 995	12 286	8 149	5 354
民办	523	4 510	254 786	115 568	210 412	117 422	7 475	5 087	3 135
农村成人文化技术培训学校（机构）	100 009	280 040	35 631 908	16 979 442	31 760 829	15 166 326	170 322	87 761	167 771
教育部门办	96 887	269 154	34 076 594	16 166 783	30 590 268	14 598 352	161 422	83 185	161 650
其中：县办	2 280	23 616	3 552 310	1 708 331	3 362 765	1 598 128	17 208	11 067	14 024
乡办	16 443	98 889	16 445 494	7 628 975	14 605 415	6 795 106	60 357	34 041	66 849
村办	78 164	146 649	14 078 790	6 829 477	12 622 088	6 205 118	83 857	38 077	80 777
其他部门办	2 553	7 353	1 334 033	707 644	969 879	477 569	4 139	1 970	5 263
民办	569	3 533	221 281	105 015	200 682	90 405	4 761	2 606	858
其他培训机构（含社会培训机构）	20 989	192 150	9 655 622	5 014 828	10 987 726	5 606 481	276 313	151 358	106 080
教育部门办	822	7 657	876 231	442 508	1 013 464	519 328	15 414	9 303	6 630
其他部门办	1 104	9 951	1 460 309	777 899	1 778 913	922 783	26 878	8 231	15 567
民办	19 063	174 542	7 319 082	3 794 421	8 195 349	4 164 370	234 021	133 824	83 883
总计中：少数民族	2	17	3 805 927	1 813 349	3 652 642	1 766 577	11 644	4 669	9 824
按培训形式：资格证书培训	114	1 242	5 947 477	2 610 830	5 807 820	2 623 972	1 819	1 095	940
岗位证书培训	250	12 586	10 183 930	4 741 012	9 405 896	4 392 493	4 271	2 511	1 334
按产业结构分：第一产业类培训	576	7 646	20 892 594	9 735 806	19 024 032	8 902 708	4 250	2 690	2 380
第二产业类培训	270	5 720	7 118 984	3 394 986	6 515 151	3 034 302	2 360	1 228	1 743
第三产业类培训	1 450	28 573	20 222 027	10 101 509	20 134 355	10 062 177	17 575	10 422	8 999
按时间分：一个月以内	715	8 857	31 316 122	14 947 681	28 281 238	13 276 915	5 422	3 064	4 647
一个月至三个月以内	491	8 560	7 288 723	3 504 235	6 962 914	3 454 343	4 459	2 448	2 671
三个月至半年以内	531	17 766	4 578 271	2 347 112	4 754 834	2 404 786	6 949	4 327	2 238
半年至一年以内	352	4 799	3 595 323	1 815 482	3 976 406	2 021 820	4 709	2 818	1 573
一年及以上	207	1 957	1 455 166	617 791	1 698 146	841 323	2 646	1 683	1 993

全国特殊教育基本情况

	学校数（所）	班数（个）	毕业生数（人）	招生数（人）	在校生数（人）														
					合计	其中女	小学阶段						初中阶段				高中阶段		
							一年级	二年级	三年级	四年级	五年级	六年级	一年级	二年级	三年级	四年级	一年级	二年级	三年级及以上
总计	1 853	17 674	48 590	65 699	378 751	133 990	47 202	44 636	44 736	44 769	44 722	42 467	32 194	33 155	32 389	2 030	3 985	3 333	3 133
其中：女			16 236	23 356	133 990		16 958	15 734	15 700	15 597	15 440	14 337	11 736	11 788	11 588	780	1 666	1 373	1 293
少数民族学生			3 052	5 447	27 583	9 189	4 250	3 587	3 534	3 273	3 276	2 820	2 160	2 159	2 053	20	168	146	137
总计其中 寄宿生			12 065	18 370	124 387	40 951	16 847	14 175	13 481	12 851	12 423	11 639	12 514	12 065	11 185	586	2 508	2 243	1 870
特殊教育学校中：寄宿生			8 000	14 399	106 494	34 926	16 231	13 456	12 506	11 611	11 080	10 098	8 876	8 140	7 294	581	2 508	2 243	1 870
职业技术班			881	919	4 811	1 246	93	104	80	94	68	87	227	263	251	68	1 224	1 045	1 207
视力残疾	32	1 150	6 910	7 458	4 875	14 498	3 357	3 851	3 978	4 266	4 557	4 569	4 490	5 088	5 452	32	405	337	493
听力残疾	456	8 077	14 085	15 426	101 083	41 319	12 335	10 911	10 764	10 648	10 834	10 495	9 152	9 226	9 043	609	2 573	2 390	2 103
智力残疾	408	8 061	21 004	32 167	186 682	62 463	26 016	24 379	24 589	24 228	23 831	21 981	12 968	13 094	12 214	1 279	984	592	527
其他残疾	957	386	6 591	10 648	50 111	15 710	5 494	5 495	5 405	5 627	5 500	5 422	5 584	5 747	5 680	110	23	14	10
特殊教育学校		17 201	19 580	30 679	178 998	69 717	28 599	22 783	21 098	19 263	18 247	16 472	14 600	13 510	12 473	1 502	3 985	3 333	3 133
视力残疾		1 129	1 409	1 820	9 639	3 418	1 185	1 083	980	983	1 054	935	752	748	662	22	405	337	493
听力残疾		8 030	11 300	12 025	81 546	35 274	10 428	8 592	8 309	8 152	8 346	8 203	7 536	7 356	6 983	575	2 573	2 390	2 103
智力残疾		7 701	6 525	15 839	83 918	29 640	16 014	12 472	11 321	9 719	8 519	6 994	6 089	5 208	4 617	862	984	592	527
其他残疾		341	346	995	3 895	1 385	972	636	488	409	328	340	223	198	211	43	23	14	10
小学附设特教班		448	490	417	3 109	1 167	529	389	530	491	604	514	11	27	14				
视力残疾		21	21	17	75	29	18	19	10	11	11	6							
听力残疾		41	50	39	261	108	45	57	45	46	25	33		10					

续表

	学校数（所）	班数（个）	毕业生数（人）	招生数（人）	在校生数（人）														
					合计	其中女	小学阶段						初中阶段				高中阶段		
							一年级	二年级	三年级	四年级	五年级	六年级	一年级	二年级	三年级	四年级	一年级	二年级	三年级及以上
智力残疾		341	388	306	2 476	933	397	271	424	400	516	426	11	17	14				
其他残疾		45	31	55	297	97	69	42	51	34	52	49							
小学随班就读			14 119	17 376	138 881	43 846	18 065	21 442	23 097	24 996	25 837	25 444							
视力残疾			1 846	2 073	18 283	6 152	2 154	2 749	2 988	3 272	3 492	3 628							
听力残疾			1 192	1 782	13 674	4 150	1 857	2 257	2 402	2 443	2 460	2 255							
智力残疾			8 579	9 206	77 451	24 602	9 601	11 619	12 841	14 097	14 765	14 528							
其他残疾			2 502	4 315	29 473	8 942	4 453	4 817	4 866	5 184	5 120	5 033							
初中附设特教班		25	29	9	144	47	9	22	11	19	34	37			12				
视力残疾																			
听力残疾		6	5	5	32	11	5	5	8	7	3	4							
智力残疾		19	23	4	111	36	4	17	3	12	31	33			11				
其他残疾			1		1										1				
初中随班就读			14 372	17 218	57 619	19 213							17 583	19 618	19 890	528			
视力残疾			3 634	3 548	12 878	4 899							3 738	4 340	4 790	10			
听力残疾			1 538	1 575	5 570	1 776							1 616	1 860	2 060	34			
智力残疾			5 489	6 812	22 726	7 252							6 868	7 869	7 572	417			
其他残疾			3 711	5 283	16 445	5 286							5 361	5 549	5 468	67			
城区	925	10 714	19 742	24 084	154 216	57 247	18 391	16 535	16 774	16 929	17 353	16 125	13 599	13 969	13 229	1 633	3 666	3 037	2 976
其中：城乡结合区	130	1 468	2 604	3 733	23 596	8 701	2 959	2 931	2 707	2 711	2 776	2 713	2 092	2 135	1 837	73	291	247	124
镇区	826	6 195	19 372	27 394	142 969	50 594	18 651	17 246	16 611	16 113	15 965	15 566	13 802	13 935	14 160	314	240	251	115
其中：镇乡结合区	283	2 012	4 510	7 916	40 783	14 223	6 081	5 250	5 129	4 717	4 636	4 474	3 378	3 327	3 565	73	82	59	12
乡村	102	765	9 476	14 221	81 566	26 149	10 160	10 855	11 351	11 727	11 404	10 776	4 793	5 251	5 000	83	79	45	42

各省（区、市）每十万人口各级学校平均在校生数情况

单位：人

地区	高等教育	高中阶段	初中阶段	小学	学前教育
全　国	2 335	3 411	3 535	7 196	2 736
北　京	5 534	2 114	1 513	3 560	1 643
天　津	4 358	2 275	1 893	3 928	1 687
河　北	2 063	3 148	3 002	7 765	2 710
山　西	2 351	4 050	4 182	7 285	2 546
内蒙古	2 042	3 206	3 007	5 501	1 983
辽　宁	2 811	2 675	2 589	4 859	1 961
吉　林	2 889	2 730	2 534	5 178	1 574
黑龙江	2 441	2 985	3 142	4 871	1 510
上　海	3 481	1 389	1 843	3 239	2 047
江　苏	2 786	3 014	2 494	5 352	2 791
浙　江	2 288	3 020	2 733	6 347	3 453
安　徽	2 101	3 940	3 570	6 781	2 645
福　建	2 301	3 846	3 012	6 794	3 763
江　西	2 295	3 422	4 334	9 672	3 389
山　东	2 238	3 325	3 405	6 513	2 613
河　南	2 012	3 911	4 834	11 495	3 406
湖　北	3 078	2 984	2 740	5 675	2 354
湖　南	2 087	2 950	3 201	7 183	2 675
广　东	2 082	4 417	4 212	7 694	3 148
广　西	1 834	3 790	4 233	9 182	3 572
海　南	2 218	3 965	4 157	8 573	3 073
重　庆	2 734	3 995	3 725	6 657	3 058
四　川	2 037	3 585	3 779	6 966	2 724
贵　州	1 392	3 443	6 057	10 957	2 832
云　南	1 566	2 975	4 220	8 783	2 424
西　藏	1 508	2 180	4 295	9 628	2 028
陕　西	3 525	4 479	3 515	6 269	3 139
甘　肃	2 145	4 246	4 603	8 048	1 873
青　海	1 133	3 590	3 674	8 777	2 699
宁　夏	2 107	4 230	4 579	9 667	2 506
新　疆	1 596	3 293	4 270	8 606	3 143

注：①高等学校包括普通高等学校和成人高等学校；②高中阶段合计数据包括普通高中、成人高中、普通中专、职业高中、技工学校和成人中专；③初中阶段包括普通初中和职业初中。

各省（区、市）各级学校生师比情况

地区	小学	初中	普通高中	中等职业学校	普通高校		
					全国	本科院校	高职（专科）院校
合计	17.36	13.59	15.47	24.19	17.52	17.65	17.23
北　京	13.7	9.83	9.38	25.65	16.7	16.97	14.27
天　津	14.09	9.85	11.74	13.82	17.29	17.18	17.6
河　北	17.74	12.95	14.19	19.84	17.65	17.79	17.34
山　西	14.2	12.71	14.72	19.38	18.01	17.71	18.62
内蒙古	12.09	12.01	15.52	16.31	17.59	18.56	16.12
辽　宁	14.72	11.22	14.72	16.77	17.17	17.46	16.11
吉　林	11.94	10.41	17.13	11.71	17.2	17.41	16.12
黑龙江	12.95	12.04	14.38	18.68	16.19	16.54	15.13
上　海	15.82	12.29	9.51	19.63	16.93	17.07	16.19
江　苏	16.74	10.81	12.43	20.82	15.45	16.18	14.34
浙　江	19.32	12.56	13.58	19.29	17.05	16.85	17.48
安　徽	16.76	13.23	18.01	27.64	18.74	18.82	18.61
福　建	16.42	11.59	13.27	35.02	17.2	17.48	16.61
江　西	21.13	15.85	17.35	26.64	17.37	17.68	16.77
山　东	16.41	12.54	14.28	20.8	17.08	17.04	17.15
河　南	21.72	16.07	17.94	25.73	17.64	18.33	16.49
湖　北	17.04	11.16	15.16	21.15	17.76	17.85	17.54
湖　南	19.19	12.33	15.3	25.2	18.64	18.7	18.55
广　东	18.69	16.18	15.93	35.31	18.82	19.05	18.42
广　西	19.64	16.74	17.86	39.51	17.8	17.75	17.89
海　南	14.68	14.54	16.12	31.25	19.34	19.8	18.49
重　庆	17.04	14.29	18.13	25.99	17.53	17.77	16.97
四　川	18.39	14.92	17.54	30.37	18.36	18.44	18.17
贵　州	19.2	18.31	18.59	29.26	18.19	17.85	18.83
云　南	17.4	16.18	15.6	26.64	18.5	17.87	19.92
西　藏	15.49	14.5	13.07	28.94	16.17	15.07	19.01
陕　西	14.06	11.68	16.75	23.88	18.19	17.88	19.37
甘　肃	14.71	13.99	16.43	22.27	18.99	19.16	18.58
青　海	19.1	14.06	13.8	23.68	14.74	14.32	15.84
宁　夏	17.98	15.11	16.17	29.5	17.43	17.04	18.39
新　疆	13.96	10.98	13.61	16.27	16.87	16.16	18.18

注：中等职业学校含技工学校数据。

2012 年全国教育基本建设投资完成情况

全国教育基本建设投资完成情况

学校类别	投资合计	本年完成投资按资金来源分（万元）							本年竣工建筑面积（平方米）			
		国家预算内			自筹资金			其他	合计	教学及辅助用房	行政办公用房	其他用房
		合计	中央	省级	合计	其中						
						学校自筹	个人捐资					
总计	29 442 109	19 371 551	4 579 616	1 4791 935	7 261 802	7 068 269	193 534	2 808 757	130 283 205	79 026 927	4 554 604	46 701 674
高等教育学校	9 619 292	1 708 833	196 365	1 512 468	5 649 291	5 497 381	151 909	2 261 168	25 577 803	12 604 621	943 162	12 030 020
中等职业学校	1 734 565	1 466 616	241 084	1 225 532	210 767	208 068	2 698	57 182	7 302 236	4 413 220	251 412	2 637 604
普通中学	8 886 962	7 912 971	1 723 317	6 189 654	726 269	703 235	23 034	247 723	45 348 705	25 224 775	1 663 248	18 460 682
职业初中	17 918	15 835	5 826	10 008	1 610	1 610	0	473	93 370	60 804	1 792	30 774
小学	6 056 492	5 523 230	1 591 545	3 931 685	376 797	371 003	5 793	156 465	34 614 064	22 508 007	1 114 952	10 991 105
特殊教育学校	188 006	172 636	61 867	110 769	10 619	10 619	0	4 751	882 742	606 865	38 144	237 733
幼儿园	2 316 033	2 026 010	647 634	1 378 376	225 809	215 761	10 048	64 214	13 566 091	11 599 472	391 463	1 575 156
其他	622 842	545 420	111 977	433 443	60 641	60 591	50	16 781	2 898 194	2 009 163	150 431	738 600

各省（区、市）教育基本建设投资完成情况

省份	投资合计（万元）	本年完成投资按资金来源分（万元）							本年竣工建筑面积（平方米）			
		国家预算内			自筹资金			其他				
		合计	中央	省级	合计	其中 学校自筹	其中 个人捐资		合计	教学及辅助用房	行政办公用房	其他用房
合　计	29 442 109	19 371 551	4 579 616	14 791 935	7 261 802	7 068 269	193 534	2 808 757	130 283 205	79 026 927	4 554 604	46 701 674
北　京	611 664	515 295	740	514 555	96 368	96 368	0	0	1 467 200	1 074 927	98 787	293 486
天　津	342 284	164 651	8 600	156 051	174 428	174 428	0	3 205	1 145 975	821 730	17 227	307 018
河　北	958 826	836 631	176 576	660 055	113 325	111 871	1 454	8 870	6 046 030	4 139 385	269 960	1 636 685
山　西	604 533	164 118	59 473	104 645	408 554	397 378	11 176	31 861	1 352 181	733 930	3 994	614 257
内蒙古	723 265	505 266	52 656	452 610	192 567	183 468	9 099	25 432	3 050 265	1 859 510	208 503	982 252
辽　宁	684 560	385 798	23 549	362 248	281 113	272 371	8 742	17 649	2 745 899	1 875 786	125 145	744 968
吉　林	122 911	40 726	23 016	17 710	80 044	79 929	115	2 141	751 698	422 480	25 591	303 627
黑龙江	372 809	285 586	51 849	233 737	82 228	81 876	352	4 996	1 971 394	1 523 691	64 435	383 268
上　海	537 174	282 156	0	282 156	246 653	246 653	0	8 365	800 210	781 253	0	18 957
江　苏	3 081 723	859 380	975	858 406	307 873	307 223	650	1 914 469	5 613 485	4 186 983	269 640	1 156 862
浙　江	1 230 718	847 528	5 373	842 155	301 975	300 553	1 422	81 215	3 287 365	2 072 923	182 064	1 032 378
安　徽	482 536	229 541	84 298	145 243	244 715	242 654	2 061	8 280	3 025 681	1 580 354	50 191	1 395 136
福　建	560 808	382 500	17 019	365 482	128 440	128 440	0	49 868	3 743 588	2 728 559	78 437	936 592
江　西	806 775	555 699	252 099	303 600	225 521	219 340	6 181	25 555	4 972 019	2 469 436	171 383	2 331 200
山　东	1 402 958	910 209	92 714	817 496	403 193	399 635	3 558	89 555	7 794 150	5 758 688	478 614	1 556 848

续表

省份	投资合计（万元）	本年完成投资按资金来源分（万元）							本年竣工建筑面积（平方米）			
		国家预算内			自筹资金			其他				
		合计	中央	省级	合计	其中：学校自筹	其中：个人捐资		合计	教学及辅助用房	行政办公用房	其他用房
河　南	1 689 880	773 206	263 385	509 822	882 947	836 773	46 174	33 727	8 684 629	4 520 251	449 941	3 714 437
湖　北	851 645	626 408	193 457	432 951	213 034	212 078	956	12 203	4 788 262	2 777 330	98 848	1 912 084
湖　南	730 682	565 689	135 581	430 108	160 772	157 315	3 458	4 221	4 504 130	2 719 642	94 696	1 689 792
广　东	1 952 926	1 556 786	4 287	1 552 499	341 930	324 697	17 232	54 210	8 132 766	4 931 306	307 193	2 894 267
广　西	1 121 254	775 122	270 480	504 641	319 828	299 551	20 278	26 304	6 839 005	3 630 905	135 355	3 072 745
海　南	396 235	361 564	76 756	284 809	34 352	34 352	0	319	1 688 320	1 095 010	15 940	577 370
重　庆	670 284	373 954	100 012	273 943	276 339	272 266	4 072	19 991	3 266 017	1 723 209	96 876	1 445 932
四　川	1 332 076	875 772	436 859	438 913	389 235	388 479	756	67 070	7 183 761	4 254 328	209 797	2 719 636
贵　州	1 487 773	1 028 224	419 969	608 256	398 576	398 576	0	60 973	7 774 021	3 740 716	129 030	3 904 275
云　南	1 597 144	1 113 522	503 150	610 373	301 234	298 651	2 583	182 388	7 899 394	4 011 306	237 966	3 650 122
西　藏	210 177	205 562	163 555	42 008	2 357	2 357	0	2 258	786 437	312 429	25 447	448 561
陕　西	912 766	630 625	124 485	506 140	271 384	248 163	23 221	10 757	4 432 878	2 472 701	175 207	1 784 970
甘　肃	942 002	816 850	435 602	381 248	116 588	111 764	4 824	8 564	4 810 602	2 936 239	87 950	1 786 413
青　海	478 548	391 711	99 068	292 643	84 837	84 837	0	2 000	1 311 922	622 805	39 317	649 800
宁　夏	310 064	277 515	146 350	131 165	30 109	26 965	3 144	2 440	1 246 228	1 010 801	21 877	213 550
新　疆	846 921	703 419	303 239	400 180	116 340	94 314	22 026	27 162	3 715 112	2 182 424	122 518	1 410 170

2012 年全国高校科研活动基本情况

全国普通高等学校人文、社会科学研究与发展经费情况

单位：百元

		学校数（所）	拨入									支出									转拨给外单位经费
			合计	科研活动经费	科技活动人员工资	科研基建费	企事业单位委托项目经费	金融机构贷款	自筹经费	国外资金	其他收入	合计	内部支出								
													小计	科研人员费	业务费	科研基建费	仪器设备费	图书资料费	管理费	其他	
合计		1 090	99 813 674.21	42 767 324.05	15 018 862.8	484 493.1	26 371 036.04	749.2	11 998 460.38	1 507 382.87	1 665 363.77	93 031 343.31	91 866 323.21	19 885 766.65	42 043 093.32	405 512.34	8 689 511.35	10 786 898.01	2 910 394.22	7 145 147.12	1 165 020.1
按学校隶属关系分	教育部直属院校	73	42 611 133.29	20 431 972.27	3 322 208.67	0	13 878 385.38	0	3 275 648.91	1 237 886.62	465 031.44	40 024 219.56	39 131 668.8	5 139 972.43	19 984 528.28	3 826	3 947 440.33	4 730 406.71	1 542 351.8	3 783 143.25	892 550.76
	其他部委院校	30	3 868 585.8	1 936 417.02	574 135.5	13 500	861 475.92	0	444 489.03	20 622.55	17 945.78	3 653 203.61	3 640 438.61	652 052.52	1 992 783.27	10 600	338 084.05	410 844.81	89 807.64	146 266.32	12 765
	地方院校	987	53 333 955.12	20 398 934.76	11 122 518.63	470 993.1	11 631 174.74	749.2	8 278 322.44	248 873.7	1 182 388.55	49 353 920.14	49 094 215.8	14 093 741.9	20 065 781.77	391 086.34	4 403 986.97	5 645 646.49	1 278 234.78	3 215 737.55	259 704.34
按学校规格分	本科院校	750	97 842 904.26	42 267 044.13	14 142 893.91	478 391.6	26 179 089.24	0	11 631 276.45	1 503 557.87	1 640 651.06	91 208 645.42	90 050 918.32	18 894 063.12	41 569 962.33	398 120.34	8 629 694.84	10 640 142.12	2 873 134.47	7 045 801.1	1 157 727.1
	专科院校	340	1 970 769.95	500 279.92	875 968.89	6 101.5	191 946.8	749.2	367 183.93	3 825	24 714.71	1 822 697.89	1 815 404.89	991 703.73	473 130.99	7 392	59 816.51	146 755.89	37 259.75	99 346.02	7 293
按学校类型分	综合大学	217	38 128 840.4	16 865 770.03	4 738 027.34	25 284	11 231 299.42	0	4 065 126.47	677 702.99	525 630.15	34 968 723.02	34 697 337.39	6 984 207.33	15 235 376.66	23 695	3 659 992.94	4 406 108.84	1 172 018.69	3 215 937.93	271 385.63
	理工农医院校	471	23 782 288.01	9 012 973.07	3 933 494.79	3 000	8 137 368.34	300	2 092 047.99	421 533.46	181 570.36	22 540 356.22	21 936 730.21	4 817 687.46	10 500 559.59	9 818	1 453 295.8	6 678 053.75	2 126 888.82	5 144 492.25	603 626.01
	师范院校	160	16 145 695.9	6 923 453.4	2 984 308.81	74 682.5	2 851 409.81	449.2	2 568 804.19	192 291.66	550 296.33	15 399 434.6	15 263 304.32	3 515 481.23	6 439 426.33	61 531	1 781 490.51	8 839 474.5	2 469 891.91	6 105 443.66	136 130.28
	语文院校	25	2 561 332.5	956 579.39	387 169.29	44 000	476 478.27	0	617 147.99	4 875.67	75 081.99	2 401 844.65	2 395 974.65	589 552.77	1 110 272.87	33 241	192 424.49	9 087 169.87	2 528 783.12	6 269 367.6	5 870
	财经院校	102	10 391 171.99	4 470 289.8	1 720 709.87	86 256.6	2 189 543.42	0	1 724 280.81	64 006.42	136 085.07	9 747 575.6	9 648 672.29	2 370 688.55	4 409 831.35	84 426	777 522.81	10 255 069.58	2 785 031.01	6 851 423.59	98 903.31
	政法院校	41	2 806 706.53	1 402 333.59	478 410	36 500	293 411.3	0	444 334.92	134 943.15	16 773.57	2 478 580.45	2 453 483	571 417.47	1 329 848.83	36 500	216 619.57	10 406 643.99	2 818 268.64	6 965 708.68	25 097.45
	体育院校	18	1 348 979.81	801 034.43	255 383.85	39 700	84 538.13	0	115 156	829	52 338.4	1 391 535.85	1 372 983.43	361 743.78	535 496.62	36 800	251 100.24	10 495 198.43	2 858 410.2	7 024 855.27	18 552.42
	艺术院校	41	3 309 846.79	1 576 734.33	279 169.85	175 070	1 005 981.31	0	211 359.53	161.77	61 370	3 016 196.32	3 010 741.32	394 547.76	2 013 181.09	119 528.34	250 218.36	10 619 890.77	2 890 670.33	7 101 168.57	5 455
	民族院校	15	1 338 812.28	758 156.01	242 189	0	101 006.04	0	160 202.48	11 038.75	66 220	1 087 096.6	1 087 096.6	280 440.5	469 099.78	0	106 846.64	10 786 898.01	2 910 394.22	7 145 147.12	0

全国普通高等学校人文、社会科学人力情况

		学校数（所）	社科活动人员（人）					研究与发展人员（人）						研究与发展人员（人/年）					
			合计	高级	中级	初级	其他人员	合计	高级	中级	初级	其他人员	研究生	合计	高级	中级	初级	其他人员	研究生
合计		1 090	482 050	183 482	211 274	82 344	4 950	329 799	137 204	112 105	29 155	4 158	47 177	81 619.3	37 851.5	27 055.3	6 262.9	761	9 688.6
按学校隶属关系分	教育部直属院校	73	61 278	32 727	23 871	4 190	490	70 119	28 803	14 541	1 747	1 372	23 656	18 977.6	9 345.2	4 096.3	415.9	279.2	4 751
	其他部委院校	30	15 055	6 554	6 643	1 752	106	11 366	4 847	3 735	519	139	2 126	3 059.6	1 415.1	956.3	112.4	28.4	547.4
	地方院校	987	405 717	144 201	180 760	76 402	4 354	248 314	103 554	93 829	26 889	2 647	21 395	59 582.1	27 001.2	22 002.7	5 734.6	453.4	4 390.2
按学校规格分	本科院校	750	424 105	168 104	185 834	66 365	3 802	307 760	129 045	102 209	25 437	3 908	47 161	77 156.1	36 082.8	25 079.2	5 587.2	720.5	9 686.4
	专科院校	340	57 945	15 378	25 440	15 979	1 148	22 039	8 159	9 896	3 718	250	16	4 463.2	1 768.7	1 976.1	675.7	40.5	2.2
按学校类型分	综合大学	217	134 086	54 923	56 827	20 922	1 414	101 191	42 923	30 518	6 956	2 055	18 739	25 703.8	12 562	7 551.8	1 501.2	377.4	3 711.4
	理工农医院校	471	146 275	51 042	68 655	25 060	1 518	93 947	36 283	35 710	8 865	461	12 628	22 511.6	9 284.9	8 328.3	1 871.4	84.8	2 942.2
	师范院校	160	94 119	39 049	40 164	17 070	836	64 062	27 096	22 213	6 671	709	7 373	15 865.5	7 429.8	5 420.3	1 488.5	135	1 391.9
	语文院校	25	13 655	4 955	6 188	2 402	110	9 489	3 936	3 496	891	76	1 090	2 106.8	1 038.1	730	153	12.1	173.6
	财经院校	102	51 259	19 910	21 530	9 243	576	36 745	16 220	12 318	3 362	535	4 310	8 956.7	4 382.9	2 949.9	680.5	92.6	850.8
	政法院校	41	13 214	5 712	5 564	1 826	112	9 339	4 521	2 862	723	122	1 111	2 302.4	1 258.7	711.6	151.9	119.6	160.6
	体育院校	18	6 338	2 536	2 614	1 102	86	4 493	1 815	1 430	445	44	759	1 296.7	622	419.2	107.8	7.5	140.2
	艺术院校	41	14 160	4 794	5 911	3 263	192	5 419	2 052	1 763	830	80	694	1 514.8	622.1	486.4	216.3	17.2	172.8
	民族院校	15	8 944	3 561	3 821	1 456	106	5 114	2 358	1 795	412	76	473	1 361	651	457.8	92.3	14.8	145.1

全国普通高等学校人文、社会科学研究与发展课题、成果情况

		课题数（项）	当年投入人数(人年)		当年拨入经费（百元）	当年支出经费（百元）	出版专著（部）	发表论文（篇）				研究与咨询报告（份）	
				其中：研究生				合计	国内学术刊物	国外学术刊物	港澳台刊物	合计	其中：被采纳数
合计		291 606	81 206.3	9 703.5	63 619 953.34	53 699 133.86	12 474	320 638	310 761	9 106	771	8 878	4 407
按学校隶属关系分	教育部直属院校	78 597	18 934.6	4 751	31 387 545.72	26 187 696.83	4 039	69 173	64 453	4 373	347	3 265	1 998
	其他部委院校	9 833	3 031	550	2 893 910.31	2 556 887.7	536	12 298	11 727	510	61	261	102
	地方院校	203 176	59 240.7	4 402.5	29 338 497.31	24 954 549.33	7 899	239 167	234 581	4 223	363	5 352	2 307
按学校规格分	本科院校	276 830	76 770	9 698.5	62 843 195.54	53 064 435.3	12 176	293 647	283 975	8 932	740	8 176	4 119
	专科院校	14 776	4 436.3	5	776 757.8	634 698.56	298	26 991	26 786	174	31	702	288
按学校类型分	综合大学	98 053	25 544.2	3 711.2	25 251 751.98	20 705 507.05	4 537	99 407	95 545	3 527	335	3 580	2 150
	理工农医院校	77 761	22 453.8	2 951.2	17 622 695.61	15 951 157.81	2 285	85 381	82 582	2 696	103	2 017	1 045
	师范院校	55 299	15 770.5	1 391.9	9 035 786.1	7 883 843.92	2 683	66 187	65 084	989	114	1 180	497
	语文院校	8 029	2 099.3	173.6	1 286 909.34	867 292.71	447	8 934	8 432	460	42	313	97
	财经院校	30 734	8 915.7	850.8	5 873 786.47	4 626 565.01	1 310	33 687	32 664	966	57	1 115	446
	政法院校	8 668	2 290.7	161.6	1 312 231.02	1 055 680.18	525	11 226	10 930	215	81	283	54
	体育院校	3 702	1 290.6	140.2	681 252.06	546 859.94	86	4 072	3 922	139	11	177	16
	艺术院校	5 879	1 481.9	177.9	1 566 628.98	1 358 782.03	330	5 346	5 314	26	6	102	81
	民族院校	4 481	1 359.6	145.1	988 911.78	703 445.21	271	6 398	6 288	88	22	111	21

全国普通高等学校科技经费情况

单元：千元

	拨入				支出				
	合计	政府资金	企事业单位委托	其他	合计	劳务费	业务费	转拨外单位经费	其他
合计	117 033 550	70 913 205	39 181 397	6 938 948	104 530 459	2 963 252	2 667 453	8 797 400	86 586 461
按学校规格分									
“211”及省部共建高等学校	81 233 805	50 914 874	27 534 582	2 784 349	72 154 794	2 552 808	1 986 768	7 116 386	58 424 115
其他本科院校	34 942 331	19 533 609	11 392 803	4 015 919	31 606 704	407 376	673 121	1 666 237	27 464 315
高等专科学校	857 414	464 722	254 012	138 680	768 961	3 068	7 564	14 777	698 031
按学校隶属分									
教育部直属院校	60 113 946	37 658 798	20 323 416	2 131 732	52 907 361	2 288 950	1 621 346	5 787 848	42 076 389
其他部委院校	13 821 526	9 049 168	4 576 698	195 660	12 265 742	115 950	320 749	1 026 585	10 062 777
地方院校	43 098 078	24 205 239	14 281 283	4 611 556	39 357 356	558 352	725 358	1 982 967	34 447 295
按学校类型分									
综合大学	39 331 864	25 892 478	11 251 553	2 187 833	34 409 658	1 445 613	504 723	2 948 403	28 138 614
工科院校	58 383 835	30 230 302	25 457 532	2 696 001	52 965 889	973 262	1 899 293	4 257 378	43 828 000
农林院校	7 257 317	5 713 698	1 208 871	334 748	6 637 058	342 036	193 660	1 009 554	5 220 345
医药院校	6 063 663	5 031 374	257 304	774 985	5 097 938	134 611	42 763	385 178	4 454 094
师范院校	5 130 078	3 464 468	847 868	817 742	4 654 003	65 020	25 949	164 938	4 250 345
其他院校	866 793	580 885	158 269	127 639	765 913	2 710	1 065	31 949	695 063

全国普通高等学校科技人力情况

单位：人

	教学与科研人员		研究与发展人员		研究与发展全时人员		成果应用及科技服务人员		成果应用及科技服务全时人员	
	合计	其中：科学家和工程师	合计	其中：科学家和工程师	合计	其中：科学家和工程师	合计	其中：科学家和工程师	合计	其中：科学家和工程师
合计	861 169	826 435	347 861	340 869	208 657	204 462	42 896	42 085	25 721	25 245
按学校规格分										
“211”及省部共建高等学校	302 748	286 989	149 332	145 139	89 595	87 075	22 884	22 321	13 727	13 392
其他本科院校	484 129	467 720	187 957	185 221	112 734	111 101	18 403	18 181	11 037	10 913
高等专科学校	74 292	71 726	10 572	10 509	6 328	6 286	1 609	1 583	957	940
按学校隶属分										
教育部直属院校	216 924	204 561	105 976	102 737	63 581	61 636	16 954	16 499	10 171	9 901
其他部委院校	30 730	29 689	19 643	19 262	11 784	11 554	1 843	1 815	1 106	1 089
地方院校	613 515	592 185	222 242	218 870	133 292	131 272	24 099	23 771	14 444	14 255
按学校类型分										
综合大学	263 446	249 781	111 317	108 522	66 779	65 100	15 101	14 663	9 053	8 797
工科院校	272 076	265 065	117 617	116 100	70 552	69 641	20 878	20 683	12 516	12 402
农林院校	47 865	45 629	21 472	20 936	12 882	12 557	3 560	3 446	2 135	2 068
医药院校	204 509	194 507	66 798	65 029	40 060	39 006	1 145	1 126	687	675
师范院校	58 177	56 819	25 337	25 008	15 200	15 000	1 912	1 867	1 150	1 123
其他院校	15 096	14 634	5 320	5 274	3 184	3 158	300	300	180	180

全国普通高等学校研究与发展课题、成果情况

	科技课题			出版科技专著(部)	发表学士论文(篇)	成果获奖		技术转让		知识产权数	专利出售	
	课题数(项)	投入人数	实际支出(千元)			合计	其中：国家奖	合同数	收入(千元)		项数	实现金额(千元)
合计	423 366	260 472	73 173 237	12 060	797 104	5 283	289	10 275	2 756 117	68 971	2 357	821 096
按学校规格分												
“211”及省部共建高等学校	211 420	114 800	52 584 401	2 940	370 044	2 742	226	5 524	1 977 404	38 600	1 182	544 878
其他本科院校	201 106	137 577	20 150 713	6 411	390 767	2 482	63	4 708	776 887	28 043	1 148	275 377
高等专科学校	10 840	8 095	438 123	2 709	36 293	59	0	43	1 826	2 328	27	841
按学校隶属分												
教育部直属院校	156 025	81 947	39 028 156	1 983	270 671	2 080	191	4 340	1 752 421	28 157	842	446 668
其他部委院校	26 168	14 324	8 401 230	469	46 584	262	23	423	94 433	5 326	108	41 020
地方院校	241 173	164 201	25 743 851	9 608	479 849	2 941	75	5 512	909 263	35 488	1 407	333 408
按学校类型分												
综合大学	130 871	84 253	23 716 754	2 232	249 513	1 577	100	3 346	747 569	21 717	716	264 306
工科院校	175 821	92 299	39 314 519	5 006	308 577	2 230	142	4 733	1 721 237	36 971	1 278	452 105
农林院校	31 288	16 685	4 598 345	1 093	51 779	461	29	1 378	133 658	4 208	137	24 686
医药院校	47 624	45 334	2 556 756	2 771	116 338	717	13	134	62 130	1 667	21	34 690
师范院校	32 438	18 159	2 635 169	705	58 371	236	4	484	73 491	3 074	135	38 394
其他院校	5 324	3 742	351 694	253	12 526	62	1	200	18 032	1 334	70	6 915

教育综合管理

教育新闻宣传

〔**综述**〕 2012 年，教育宣传工作紧密围绕教育改革发展稳定大局，坚持正面宣传与舆论引导两手抓，各项工作取得了新进展，舆论环境显著改善。2012 年，在国务院新闻办公室召开新闻发布会 1 次，教育部召开新闻通气会 25 次；在“两会”新闻中心、党的十八大新闻中心组织代表委员集体网络访谈 2 次；组织中央新闻单位采访团 14 次；发布新闻稿 500 余篇、答记者问 38 篇；受理媒体采访申请 282 次；中央主要媒体刊播教育新闻报道达 1 万余篇。

〔**围绕中心，服务大局，增强新闻宣传工作实效**〕 1. 全面宣传中央决策部署和教育政策举措。一是围绕教育部党组和教育系统学习贯彻党的十八大精神、中央改进工作作风密切联系群众八项规定和教师节期间中央领导同志重要讲话精神，开展全方位、立体化宣传。二是先后做好 2012 年全国教育工作会议、全面提高高等教育质量工作会议、第三轮中美人文交流高层磋商、2012 年全国职业院校技能大赛、全国教师工作暨“两基”工作总结表彰大会、全国教育信息化工作电视电话会议、国务院教育督导委员会成立大会等重要教育会议活动的宣传。三是通过召开新闻发布会、通气会、组织网络访谈、安排专家文章、刊发答记者问，深入解读各项教育政策。

2. 重点宣传教育教学改革显著成就和重大教师典型。一是系统宣传教改成就。围绕迎接党的十八大和教育规划纲要实施两周年，重点策划组织十个教育教学改革典型、十大改革进展和十大工程成效的“三个十”宣传计划，联系媒体刊播教育教学改革成就报道 4 000 余篇（次）。二是大力宣传教师典型。突出宣传以张丽莉为代表的优秀教师先进事迹及各界反响，做好 2012 年全国教书育人楷模学习宣传活动，创新微博等宣传方式，营造尊师重教的良好社会风气。

3. 积极有效引导教育热点。一是注重释疑解惑，编印《2012 教育热点问题 20 问》。二是加强舆情监测，通过《每日快报》、《教育舆情快报》及时收集舆情。三是做好研判应对，通过发布回应声明和引导文章等方式，有效引导社会舆论。

〔**提高教育宣传科学化、专业化、机制化水平**〕 1. 建立新闻宣传会商机制。定期研究部署宣传工作，加强与中央媒体特别是教育媒体的沟通，进一步形成宣传合力。

2. 完善热点舆情应对机制。印发《关于加强和改进教育舆情应对工作的意见》，建立教育部舆情监测系统，完善舆情应对工作流程，提高舆论危机预警水平。

3. 推进教育宣传协同机制。一是 2012 年年初，召开全国教育宣传工作视频会，全面部署 2012 年教育新闻宣传工作。二是制定机关司局《新闻宣传工作考评办法（试行）》，调动司局主动宣传和舆情应对的积极性。三是开展培训交流。先后举办机关司局级干部媒介素养专题培训班、全国教育部门新闻宣传专题培训班、全国教育宣传工作座谈会，推动形成上下联动的教育宣传工作新格局。

4. 创新网络媒体运用机制。一是在新浪网和腾讯网开设“微言大义话教育”、“感念师恩”专题微博，并同步升级为教育部办公厅新闻办公室官方微博。二是向主要网站及时推送教育新闻，将重大教育政策转化为网言网语，增加新闻宣传的时效性和贴近性。

撰稿 陈 星 樊 敏
审稿 续 梅

教育政务公开

〔**综述**〕 2012年，教育部紧紧围绕贯彻落实党的十八大精神和《政府信息公开条例》，按照中共中央办公厅、国务院办公厅《关于深化政务公开加强政务服务的意见》（中办发〔2011〕22号）要求，以全面落实教育规划纲要为契机，着力加强教育重点领域信息公开，不断深化直属单位办事公开，积极推动学校信息公开，进一步转变职能和工作作风，积极回应社会关切，教育政务公开工作取得明显进展。

〔**教育部政府信息公开工作**〕 1. 积极公开中央决策的落实措施和执行情况。

一是积极公开教育规划纲要落实情况。以教育规划纲要实施两周年为契机，针对十个教育教学改革典型、十大改革进展和十大工程成效重点开展宣传，重点公开在促进协调发展、全面推进改革、强化教育质量、促进教育公平等方面的成就。中央主要媒体共刊播教育教学改革成就报道4 000余篇（次），加强了全社会对教育改革发展的了解，提振了全社会对教育改革发展的信心。

二是着力加强教育重大决策信息公开。教育部制定的《全面推进依法治校实施纲要》、《学位论文作假行为处理办法》、《〈教学成果奖励条例〉实施办法》、《中小学财务制度》等11项重要规章和规范性文件草案，均在教育部门户网站公开征求意见，规章草案还在政府法制信息网上同步公开征求意见。教育重大决策在出台前均积极吸纳意见，反复梳理修改，提高决策科学化水平。

三是及时公开群众普遍关注的重要信息。为积极回应群众关切，教育部通过各种公开载体对《高等学校章程制定暂行办法》、《高等学校教师职业道德规范》、《高等职业学校专业教学标准》等重要政策进行发布和解读；介绍2012年《开学第一课》、新一轮“985工程”重点共建签约等工作情况；集中宣传天津市创新教育督导体制取得的进展等教育典型案例；刊载《教育部治理办关于2012年上半年8起教育乱收费工作典型案件查处情况的通报》等反腐倡廉情况。在教育部门户网站设置“学习宣传贯彻落实党的十八大精神”、“全面提高高等教育质量”、“最美女教师张丽莉”等专题专栏106个，通过文字、视频、图表等多种形式发布政策文件、进展情况、政策解读等各类信息3 000余篇次。

2. 深入推进行政权力公开透明运行。

教育部在依法履行行政权力的同时，注重行政权力运行的公开透明。例如，在院校设置审批工作中，公开了审批标准、审批程序，制定出台的《普通本科学校设置暂行规定》、《高等职业学校设置标准（暂行）》、《关于成人高等学校调整、更名审批权限的意见》、《教育部关于“十二五”期间高等院校设置工作的意见》等文件都向社会进行了公开。

3. 不断加大政府信息主动公开力度。

一是加大公文类信息公开力度。全年通过信息公开专栏主动公开公文类信息514条，信息公开专栏访问量达62万次，日均点击率近1 630人次。

二是加大财务信息公开力度。为积极回应群众对教育财务信息的关注，接受社会公众监督，教育部分别于4月和7月公开了2011年度部门决算、2011年“三公经费”决算和2011年行政经费支出情况以及2012年部门预算、2012年“三公经费”预算，并发布了《2011年全国教育经费制定情况统计公告》。

三是积极公开重大项目进展。2012年，教育部着力加强重大项目进展主动公开力度。例如，在教育部门户网站专门设立了“全国农村义务教育学生营养改善计划”、“中小学校舍安全工程”、“农村义务教育经费保障新机制”专栏，内容包括重要会议、工作通知、制度办法、简报快报、地方经验等，及时向社会公开营养改善计划、中小学校舍安全工程和农村义务教育经费保障新机制实施的最新进展情况。

4. 全力提高依申请公开答复质量。

一是提高申请办理服务质量。2012年，教育部政府信息公开申请受理中心收到公民、法人和其他组织提出的信息公开申请202件，受理有效申请186件，是2011年的两倍多，接待上门和电话咨询502人次。申请内容涉及高校科研所需的各种数据和资料、优秀教师评选表彰文件、民办高校办学信息及民办高校规范问题、中外合作办学信息、工龄计算、代课教师待遇问题、高校更名文件等关系公民个人或部分社会群体生产生活实际需要的各方面。通过采取控制申请办理的时间节点、修改完善《教育部政府信息公开申请表》、规范受理中心服务守则、积极与申请人联系和沟通等措施，提高了办理效率，保证了服务质量。

二是完善复杂申请事项沟通。2012年，教育部依申请公开申请内容主要涉及发展规划司、财务司、政策法规司、人事司、教师工作司、高校学生司、全国学生资助中心、考试中心等17个业务司局和直属单位。为攻克工作难点，教育部逐步形成并完善了受理中心协调推动、业务司局密切配合、会商法制办研判答复的复杂申请事项沟通应对机制，确保依法依规答复申请人。

5. 进一步完善教育信息公开制度。

一是出台学校财务信息公开制度。制定出台《教育部关于做好高等学校财务信息公开工作的通知》（教财〔2012〕4号），要求各高校高度重视财务信息公开工作，并于预算、决算批复后10个工作日内将学校网站作为主要信息公开载体公开高校预、决算信息；要求各省级教育行政部门、有关部门（单位）教育司（局）加强监督检查和考核，建立健全信息公开责任制和责任追究制度。为规范重大项目的财务信息公开，教育部联合中央宣传部、国家发展和改革委等15部门共同印发了《农村义务教育学生营养改善计划信息公开公示暂行办法》等5个营养改善计划配套文件（教财〔2012〕2号）。

二是完善高校信息公开年度报告制度。2012年，印发《教育部办公厅关于做好2011—2012学年度高校信息公开工作年度报告工作的通知》，对高校编制和发布信息公开工作年度报告提出具体要求，强调各高校要将年度报告在门户网站或信息公开专栏对社会公布。

三是完善信息公开保密审查制度。2012年，印发《教育部办公厅关于开展信息公开保密审查工作专项检查的通知》（教办厅函〔2012〕86号），要求教育系统认真开展信息公开自查，进一步建立健全保密审查制度和审查工作督促检查机制，对保密审查中存在的问题要迅速纠正，对存在的薄弱环节要加强监管，严密防范信息公开中发生失窃密事件。

〔直属单位办事公开工作〕 1. 加强组织领导，健全工作机制。各单位加强组织领导，明确责任分工，不断建立、健全工作机制。例如，高等教育教学评估中心建立了政务公开层级责任机制，进一步明确责任，按照“谁主管、谁公开、谁负责”的原则，把政务公开的各项任务分解落实到各处室，形成“统一管理、各负其责、落实监督”的工作机制。中央广播电视大学将信息公开保密审查工作列为年度考核和评优的重要内容，并实行一票否决制。

2. 加强制度建设，保证信息公开质量。各单位进一步完善办事公开、保密审查等各项制度，积极制定信息公开实施细则。例如，教育部基础教育课程教材发展中心出台了《信息公开保密审查制度》、《网站管理办法》、《岗位管理暂行办法》、《实验区建设与管理办法》等与办事公开相关的制度。高等教育教学评估中心出台了《网站内容管理办法》和《网络与信息安全管理办法》，构建了网络信息管理的安全机制，完善了信息公开发布审批程序，形成了信息公开四级审核机制，使信息公开的质量得到切实保障。

3. 加强平台建设，完善办事服务。开放高效的网络平台，已成为直属单位办事公开的重要渠道。例如，教育部考试中心网站——中国教育考试网在推进考试信息公开和服务考生方面发挥了重要的作用，已成为考试中心办事公开和服务的重要窗口，做到了考试政策公开、考试日期和地点公开、报名程序流程公开、收费公开，并随时接受社会的监督和投诉。2012 年，中国教育考试网点击量达 270 多万次，平均日点击量为 7 400 多次。

〔**学校信息公开工作**〕 1. 不断完善信息公开制度和机制。教育部各直属高校结合自身实际，建立并完善了信息公开实施细则、信息公开目录、信息公开指南、信息公开保密审查规定、年度报告制度和责任追究制度等配套制度，探索建立信息公开申请受理内部沟通协调机制，规范相关工作流程，进一步明确了主动公开和依申请公开各环节具体要求，使信息公开制度切实发挥效力。

2. 着力推进重点领域信息公开。教育部各直属高校在公开学校基本概况、规章制度、重大改革与决策、发展规划及年度计划、教学科研等基本信息的同时，着重把招生、年度预决算、基建资产及领导干部出访出境等与学校发展密切相关、涉及师生员工切身利益、容易引发矛盾和滋生腐败的信息列入学校重点信息公开条目。例如，浙江大学把干部任免、招生就业作为信息公开重点内容，还主动公开领导离任经济责任审计信息、科研经费专项审计结果；北京师范大学、北京科技大学、复旦大学、东北师范大学、西南大学等学校将学校财务预决算和财政资金使用、基建资产招投标等信息通过年鉴、校报校刊、校园网等不同方式向社会公开。2012 年，教育部直属高校主动公开信息共计 35 万余条。

3. 稳步推进依申请公开工作。依申请公开是高校根据公民、法人和其他组织的申请，依法提供所掌握信息的做法，也是主动公开的重要补充。《高等学校信息公开办法》施行以来，绝大部分直属高校均建立了依申请公开工作机制，制定了依申请公开事项的受理程序，明确了受理条件、办理期限、收费标准、表格下载等要求。2012 年，共有 28 所直属高校收到信息公开申请 171 件，主要涉及学校招生、财务、职称等工作，所有申请均按时予以办结。

4. 加强信息公开渠道建设。教育部各直属高校把信息公开平台建设作为重要工作来抓，着力加强校园网站和信息公开专栏建设，不断创新丰富信息公开渠道，已从双代会、电视广播、校报校刊、简报、年鉴、公报、新闻发布会等传统模式向网络平台和新媒体拓展。2012 年，75 所教育部直属高校中开通信息公开专栏或专网的高校达 66 家，清华大学、中国农业大学等 20 多所高校开通了官方微博，中国农业大学、中国传媒大学开通了手机报，极大地增强了信息公开的时效性和便捷性。

5. 不断强化督查和培训。教育部每年开展高校信息公开工作监督检查。2012 年，着重督查高校通过网站或信息公开专栏向社会公开信息、公开年度报告情况和高校信息公开保密审查情况。2012 年，75 所教育部直属高校年报编制和发布率达 100%。各单位已普遍建立了保密审查制度，信息公开中未出现失窃密现象。同时，开展《教育部关于做好高等学校财务信息公开工作的通知》宣传和培训，指导推动高校重视财务信息公开工作，为高校公开财务预决算信息做好准备。

撰稿 詹清华
审稿 孙海波

全国人大代表、全国政协委员议案、建议和提案承办工作

2012年，教育部共收到全国人大建议（议案）、全国政协提案1 665件，总量排各承办单位第3位。其中建议882件，比2011年增加42件；提案783件，比2011年增加48件。

教育部高度重视建议、提案办理工作，部长袁贵仁多次批示，要求加强此项工作，使之制度化、规范化，作为转变作风、办好人民满意教育的重要举措。2012年，教育部所承办的人大建议、政协提案全部按期完成，被全国政协评为十一届全国政协提案先进承办单位。

教育部认真贯彻落实《中共中央办公厅国务院办公厅关于进一步加强人民政协提案办理工作的意见》精神，进一步强化建议、提案办理协商机制，加强与代表、委员沟通和联系，着重从三个方面提升建议、提案办理工作的实效。一是专门成立建议提案工作办公室，负责统筹协调建议、提案办理工作，将工作常态化、做在平时。二是充实工作力量，从司局抽调公务员到建议提案工作办公室，专门负责建议、提案运转、督办等工作，收集汇总代表、委员关于教育改革发展的意见建议，加强与代表、委员的日常沟通。三是加强沟通联系，要求承办司局在办理每件建议、提案时必须与代表、委员进行沟通，向代表、委员汇报办理情况和答复内容，听取代表、委员对建议、提案办理和答复的意见。要求利用会议、出差、调研等机会登门拜访代表、委员，当面汇报情况、听取意见。邀请代表、委员参加相关工作调研，让代表、委员直接参与所提建议、提案的办理过程。教育部领导主持召开了10个专题座谈会，邀请部分全国人大代表、全国政协委员当面沟通、交流、探讨。其中“落实4%，用好管好教育经费专题座谈会”由部长袁贵仁主持召开。

撰稿　蔡明才
审稿　邓传淮

教育法制建设

〔**《校车安全管理条例》公布施行**〕　2012年3月28日，国务院第197次常务会议审议通过了《校车安全管理条例》（简称《条例》）。《条例》针对校车使用、管理中的突出问题，为保障乘坐校车学生的人身安全，建立、健全了校车安全保障基本制度。《条例》要求，地方政府依法保障学生就近入学或者在寄宿制学校入学，减少学生上下学的交通风险；对确实难以保障就近入学且公共交通不能满足需要的农村地区，要采取措施，保障接受义务教育的学生获得校车服务。《条例》明确了政府及其有关部门的校车安全管理职责；规范了学校和校车服务提供者的职责和义务，要求建立、健全校车安全管理制度，配备安全管理人员，指派照管人员随校车全程照管学生。《条例》设立了校车使用许可制度，对校车的标识、安全技术条件等提出了明确要求，对校车驾驶人也提出了更为严格的条件要

求。《条例》为保障校车的安全通行，专门对校车的行驶规则、驾驶人的行为规则以及校车的优先通行权等做出规定。《条例》明确了法律责任，对违法使用车辆或者提供校车服务、不履行安全管理责任等情形，分别规定了法律责任。

〔**《教育督导条例》公布施行**〕 8月29日，国务院第215次常务会议审议通过了《教育督导条例》（简称《条例》），并于10月1日起施行。《条例》共分为5章27条，全面规范了教育督导的内容、原则、管理体制、实施规则等内容，奠定了中国教育督导制度的基本框架。《条例》明确了教育督导包括对县级以上人民政府对下级人民政府落实教育职责的督导，以及对学校和其他教育机构教育教学工作的督导两部分内容；规定国务院教育督导机构承担全国的教育督导实施工作，国务院教育督导机构和地方人民政府负责教育督导机构在本级人民政府领导下独立行使教育督导职能。《条例》规定，国家实行督学制度，明确了督学的条件和职责；明确了教育督导的具体事项和实施办法，规范了督学对责任区内的学校实行经常性督导和综合督导的程序与规则，明确了被督导单位、督学不按照法律规定履行职责的法律责任。

〔**《教育部关于修改〈国家教育考试违规处理办法〉的决定》公布施行**〕 1月5日，教育部发布《关于修改〈国家教育考试违规处理办法〉的决定》，对2004年发布的《国家教育考试违规处理办法》（教育部令第18号）的部分条款做了修改。此次修订主要涉及以下内容：①完善国家教育考试概念，将同等学力申请硕士学位统一考试、高校自主招生考试等相关考试涵盖在内，进一步增强了国家教育考试概念的适用性和准确性；②进一步细化了考试作弊的认定规则，增加了对利用高科技作弊行为的打击力度；③完善了对扰乱考试秩序情形的描述，增加了“故意损坏考场设施设备”等违法情形；④将艺术类、体育特长生测试以及单独考试中的作弊行为，纳入处理范围；⑤增加对严重考试作弊行为给予停考1—3年的处理，加大了对考试作弊行为的惩处力度；⑥完善了考试管理与组织程序，明确了视频录像在认定考试作弊中的证据作用，健全了考试违规作弊处理的认定程序；⑦增加了考生权利救济程序，规定对给予停考处理的考生，允许其通过听证程序进一步申辩；⑧进一步规范考生诚信档案制度。新的《国家教育考试违规处理办法》及时回应了教育考试管理领域出现的新问题，进一步健全了维护考试秩序、打击考试作弊行为的规则体系。

〔**《学位论文作假行为处理办法》公布施行**〕 为规范学位论文管理，严肃处理学位论文舞弊作伪行为，推进学风建设，培育科研和人才培养的良好学术环境，11月13日，教育部发布了第34号令《学位论文作假行为处理办法》（简称《办法》）。

《办法》界定了学位论文作假情形：购买、出售学位论文或者组织学位论文买卖的；由他人代写、为他人代写学位论文或者组织学位论文代写的；剽窃他人作品和学术成果的；伪造数据的；有其他严重学位论文作假行为的。

《办法》明确了不同层次主体的义务：学位申请人员应当恪守学术道德和学术规范，在指导教师指导下独立完成学位论文。指导教师应当对学位申请人员进行学术道德、学术规范教育，对其学位论文研究和撰写过程予以指导，对学位论文是否由其独立完成进行审查。学位授予单位应当加强学术诚信建设，健全学位论文审查制度，明确责任、规范程序，审核学位论文的真实性、原创性。

《办法》明确规定了不同学位论文作假行为主体的责任。第七、八、九、十、十一条分别针对存在购买、由他人代写、剽窃或者伪造数据等作假情形的学位申请人员，为他人代写学位论文、出售学位论文或者组织学位论文买卖、代写的学校或学位授予单位人员，未履行学术道德和学术规范教育、论文指导和审查把关等职责的指导教师，多次出现学位论文作假或者学位论文作假行为影响恶劣的学院（系），制度不健全、管理混乱，多次出现学位论文作假或者学位论文作假行为影响恶劣的学位授予单位，规定了明确的相应责任。

《办法》还原则规定了学位论文作假的调查认定、权利救济，以及其他社会和个人参与作假的责任追究问题。

《办法》具有以下特点。一是具有针对性。集中针对现实中较为突出的买卖、代写、剽窃、伪造数据等学位论文作假行为做出规定。二是具有规范性。采取条款表述方式，以规章的立法形式，对相关责任主体的义务和违规处理做出规定。三是体现严格管理的思想。就学位论文各环节可能涉及的责任主体，分别规定了相应的责任。四是贯彻源头治理思路。对买卖、代写学位论文等作假行为各方责任予以规定，有利于从源头上扼制学位论文作假行为。

〔完成《教育法律一揽子修订方案（送审稿）》起草工作〕 为统筹解决重大教育法律问题，提高立法效率，教育部研究起草了《教育法律一揽子修订方案》，对《教育法》、《高等教育法》、《教师法》和《民办教育促进法》4 部教育法律提出了集中修改的建议。该方案依据教育规划纲要和实践经验，围绕完善中国特色社会主义教育道路、理论体系和制度，着眼教育法律修订的关联性和系统性，就推进民办学校分类管理、加强省级政府高等教育统筹、扩大高校办学自主权、改革高校招生录取制度、完善教师资格考试和认定制度等教育改革发展重大问题，分别对 4 部法律的 27 个条款提出了修改意见。该方案已于 6 月报送国务院审议。

〔完成《残疾人教育条例修订案（送审稿）》起草工作〕 为健全和完善残疾人教育法律制度，推动特殊教育事业发展，教育部起草完成了《残疾人教育条例修订案》（简称《修订案》）。《修订案》根据中国特殊教育发展的现实状况与改革需要，遵循残疾人保障法和残疾人权利公约提出的新的法律原则和理念，对 1994 年颁布的《残疾人教育条例》做了全面的修订。《修订案》共 7 章 50 条，分别从明确残疾人教育的实施原则与范畴、明确普通学校对残疾人的教育职责、规范和扩展特殊教育机构的职责与功能、提高特殊教育教师的地位与总体素质、健全残疾人教育保障与监督机制以及明确相关法律责任等方面对残疾人教育做了全面、系统的规定。《修订案》特别强调对残疾儿童少年接受义务教育权利的保障，突出了融合教育的原则，将保障残疾人在普通学校接受教育，提高随班就读的质量作为重要的立法目标。同时，进一步强调了政府职责，完善了残疾人教育体系和保障机制，为保障残疾人接受与其需求相适应的教育，建立了比较完备的法律保障机制。《残疾人教育条例修订案》已于 12 月报送国务院审议。

〔发布施行《全面推进依法治校实施纲要》〕 11 月，教育部制定出台《全面推进依法治校实施纲要》（简称《实施纲要》）。

《实施纲要》共分 9 个方面，全面涵盖了各级各类学校推进依法治校的目标要求和主要任务，对学校按照法治精神与原则，转变管理理念和手段、方式提出了系统要求。出台《实施纲要》的根本目的在于促使各地和各级各类学校深刻认识依法治校的重要性和紧迫性，明确推进依法治校的思路、举措和重点；积极推进依法治校的实践，加快形成政府依法管理学校、学校依法办学、自主管理，教师依法执教，社会依法支持和管理学校的新格局，使法治成为政府管理学校和学校内部治理的基本方式。《实施纲要》抓住了学校办学和管理中的核心要素，对各级各类学校提出了普遍要求，根据实践发展，全面阐述了依法治校的内涵、意义和指导思想，系统地提出了总体要求和具体措施。《实施纲要》从健全依法办学自主管理的制度体系、完善学校内部治理结构、规范学校依法办学行为、健全校内权利救济和纠纷解决机制、营造学校法治文化氛围、健全依法治校评价考核机制和转变政府职能 7 个方面，对学校办学管理提出了具体的工作要求和目标任务，将全面提升学校依法治校的能力和水平摆上了教育部门和学校的议事日程。《实施纲要》同时明确了政府及学校内部各个主体，以及社会在推进依法治校中的地位、职责及权利义务，构建起广泛参与、共同推进的格局。

〔教育行政审批制度改革取得新进展〕 9 月 23 日，《国务院关于第六批取消和调整行政审批项目的决定》（国发〔2012〕52 号）对进一步深化行政审批制度改革提出了新的要求，同时公布了国务院决定取消的行政审批项目目录（171 项）和国务院决定调整的行政审批目录（143 项）。上述目录共有 8 项涉及教育的行政审批。其中取消了高等学校设立、撤销、调整研究生院审批，中小学国家课程教材编写核准，举办国际教育展览审批和学生饮用奶定点生产企业资格认定 4 个项目；将管理层级由教育部下放到省级人民政府教育行政部门的有：自费出国留学中介服务机构资格认定、开办外籍人员子女学校审批、高等学校副教授评审权审批 3 个项目；另有 1 项减少了审批部门，即将“百千万人才工程”人选审批的审批部门由人力资源和社会保障部、科技部、教育部、财政部调整为人力资源和社会保障部。

根据国务院关于行政审批改革的精神和要求，为做好行政审批改革后续监管等工作，教育部主要做了以下工作。

一是对行政审批改革后续工作进行全面部署。11 月，印发了《教育部办公厅关于做好国务院第六批取消和调整行政审批项目决定落实工作的通知》（教政法厅函〔2012〕62 号），下发到各省（区、市）教育厅（教委）、计划单列市教育局、新疆生产建设兵团教育局和教育部各司局，要求做好与已取消或调整的行政审批相关的规章和文件的清理与修订工作、做好审批权调整后的衔接工作、进一步做好行政审批服务工作、进一步做好规范性文件的合法性审查工作，切实将行政审批的改革成果落实到实处。

二是抓紧修订与行政审批调整相关的规章，完善规章规定。针对自费出国留学中介服务机构资格认定、开办外籍人员子女学校审批下放到省级教育行政部门的决定，结合教育管理的实际情况，抓紧研究修订《自费出国留学中介服务管理规定》、《自费出国留学中介服务管理规定实施细则（试行）》、《关于开办外籍人员子女学校的暂行管理办法》；针对取消中小学教材编写核准的决定，研究修订《中小学教材编写审定管理暂行办法》。

三是研究起草关于行政审批调整的文件，调整完善相关政策。针对高等学校副教授评审权审批下放到省级人民政府教育行政部门的决定，制定了《教育部关于做好高等学校副教授评审权授予工作的通知》（教师函〔2012〕8 号），并发布执行。针对取消高等学校设立、撤销、调整研究生院审批和举办国际教育展审批的决定，1 月，发布了《教育部关于废止〈研究生院设置暂行规定〉等文件的通知》（教政法函〔2012〕1 号），明确废止《研究生院设置暂行规定》和《关于加强在华举办国际教育展览管理工作的通知》，取消研究生院审批、举办国际教育展览审批的依据。

四是进一步推进行政审批信息公开。根据行政审批改革最新成果，进一步调整完善了教育部门户网站关于行政审批的项目和相关信息，在教育部门户网站“行政许可”项下公开教育部实施的行政审批的项目名称、审批依据、条件、程序、时限、报送材料、承办部门、联系电话等信息，方便管理相对人获取教育行政审批信息。

撰稿　王大泉　夏　娟
审稿　黄兴胜

教育信访工作

〔**信访工作基本情况**〕　2012 年，教育部信访办公室共办理群众来信 6 500 余封，接待群众来访 4 500 余人次，接听和处理电话访 8 000 余个。从数据上看，接待群众来访比 2011 年增长约 1 000 人次，其他指标与 2011 年基本持平。

〔**群众信访反映的主要问题**〕　外来务工人员随迁子女在当地参加升学考试问题，原教育部留学生招待所职工反映划转北京市后待遇问题，原民办教师和代课人员反映待遇及老有所养问题，国有企业办学校改革后教师待遇问题，教师权益被侵害问题，教师待遇问题，揭发检举教育系统各类违规违纪问题，学生伤害事件，各级各类学校招生问题，对教育改革发展的意见和建议。

〔加强来信来访受理工作〕 一是做好来信来访受理。调查处理和实际解决历史遗留问题、招生考试、职称评定、住房分配等信访问题 20 余件。二是加强制度和机制建设。严格执行《重大、疑难信访事项处置规程》，进一步明确了责任，规范了处置流程，有力地推动了重大、疑难信访事项的妥善处置。三是认真落实群众实名信件回复工作。共办理群众给教育部部长袁贵仁的信件 2 941 封，其中实名信件 1 747 封，占总数的 59.4%。截至 2012 年年底，已回复实名信件 554 封，占 31.71%，其余信件因重信、地址不详等原因未回复。

〔加强对战线信访工作的指导〕 一是进一步加强重复访治理。通过电话、信件等形式，将群众到教育部机关重复上访的详细情况及时向相关地方驻北京信访工作机构、教育部门和直属高校进行通报，督促地方和高校做好源头治理和稳控工作。二是加强对不稳定因素排查。对接访办信过程中发现的影响稳定的苗头性信息，及时向所在省级政府及教育部门通气，请地方及时防范和处置。三是加强工作调研和对战线工作的指导。派员参加中央联席会议组织的信访督导检查工作；先后于 2 月、8 月印发了《教育部办公厅关于做好 2012 年教育系统信访工作的通知》和《教育部关于做好近期教育系统信访工作的通知》，对做好教育战线信访工作进行了部署。

〔加强敏感期和重要活动期信访工作〕 主要做了四方面工作。一是认真分析研判。对可能引发大规模群体访的信访事项和教育热点、难点问题，提前分析研判，重点对原民办教师和代课人员、国有企业举办学校教师等特殊群体，招生就业、绩效工资改革、学生伤害等突出问题进行分析，制订相应处置方案。二是完善工作制度，健全工作机制。对教育部处理信访突出问题及群体性事件领导小组成员进行调整，加强对教育信访工作的组织领导。三是制订应急工作预案。针对不同时段，制订相应的工作预案，对工作进行提前研判，重点部署，明确任务，强化责任，狠抓落实。四是加强接访工作。充实接访力量，改变接访方式，延长接待时间，加强值班工作，做到职责清晰、责任明确、工作到位、服务周到。

〔加强对大规模群体访和非正常访处置工作〕

针对影响教育部机关正常办公秩序的非正常上访事件，信访处切实做到：提前分析研判、完善处置预案；积极协调，认真落实《重大、疑难信访事项处置规程》，做好信息沟通反馈，妥善处置突发群体访和非正常访。

撰稿 蔡明才
审稿 邓传淮

综合改革

〔成立综合改革司〕 为贯彻落实教育规划纲要，突出改革职能，加强教育改革工作的统筹协调，深入推进教育领域综合改革，教育部综合改革司于 2012 年 10 月正式成立。综合改革司的主要职责是：承担国家教育体制改革领导小组办公室的日常工作，承担统筹推进贯彻落实教育规划纲要有关工作，研究提出落实教育体制改革的重要方针、政策、措施建议，承担组织推进重大教育改革的有关工作，监督检查教育体制改革试点进展情况，承担教育体制改革宣传工作。

〔成立国家教育考试指导委员会〕 2012 年 7

月，国家教育考试指导委员会（简称考试指导委员会）正式成立。考试指导委员会对国家教育考试进行咨询、指导，对国家教育体制改革领导小组负责。主要职责是：对国家教育考试重大问题进行调研，提出意见建议；对国家教育考试重大政策进行论证，提出咨询意见；研究制订国家教育考试改革方案，指导国家教育考试改革试点。考试指导委员会设主任委员一名、秘书长一名，由国家教育体制改革领导小组在考试指导委员会委员中指定。首届考试指导委员会委员共 27 名，其中主任委员由教育部部长袁贵仁担任，秘书长由教育部党组成员、部长助理林蕙青担任。委员主要由两方面人士构成：一是国家教育咨询委员会考试招生制度改革组委员，共 5 人；二是高校、中学、学科、专业等方面的代表，共 20 人。

撰稿　赵应生
审稿　王洪元

教育督导

〔**国务院召开“两基”工作总结表彰大会**〕　在党中央、国务院的正确领导下，经过地方各级党委、政府和全国人民的共同努力，2011 年中国全面实现了九年义务教育，青壮年文盲率下降到 1.08%，这是中国教育改革发展史上的重大成就。为总结“两基”工作经验，巩固“两基”工作成果，2012 年 9 月 5 日，国务院印发《关于表彰全国“两基”工作先进单位和先进个人的决定》、《关于表彰全国“两基”工作先进地区的通报》。9 月 7 日，国务院召开全国教师工作暨“两基”工作总结表彰大会，中共中央总书记胡锦涛发来贺信，国务院总理温家宝、国务委员刘延东出席会议并讲话，国务委员马凯出席会议。会议全面总结了“两基”工作的成就和经验，表彰了“两基”工作先进单位、先进个人及先进地区，部署安排了教师工作和推进义务教育均衡发展工作。会议期间，中央领导同志参观了“奠基中国”——“两基”成就展。会后，印发《人类教育史上的奇迹》白皮书，全面宣传“两基”工作经验和成就。

〔**国务院颁布施行《教育督导条例》**〕　9 月 9 日，国务院颁布了《教育督导条例》（简称《条例》），并于 10 月 1 日起正式施行。《条例》共分 5 章 27 条，对教育督导的职能、范围、内容、教育督导的原则、教育督导机构、督学、教育督导实施及其法律责任等都做了明确的规定，构成了完整规范的督导体系。《条例》是新中国第一部专门的教育督导法规，标志着教育督导走上法制化的轨道，必将推动教育发展方式和管理模式发生深刻变化。《条例》颁布后，教育部督导团办公室组织教育督导战线学习宣传《条例》精神，研究贯彻落实《条例》的具体措施。同时，指导各地结合实际，着手研究制定本地教育督导条例。

〔**成立国务院教育督导委员会，聘任新一届国家督学**〕　8 月 26 日，国务院办公厅印发《关于成立国务院教育督导委员会的通知》，成立了国务院教育督导委员会，国务委员刘延东任委员会主任。国务院教育督导委员会的主要职责为：研究制定国家教育督导的重大方针、政策，审议国家教育督导总体规划和重大事项，统筹指导全国教育督导工作，聘任国家督学，发布国家教育督导报告。10 月 11 日，召开国务院教育督导委员会成立暨第九届国家督学聘任大会，刘延东出席会议并做重要讲话，就学习贯彻《教育督导条例》、做好教育督导工作做出全面部署，并为新聘任的 171 名第九届国家督学与特约教育督导员颁发了聘书。会后，印发了刘延东的重要讲话，组织教育督导战线学习宣传贯彻会议精神和《教育督导条例》要求。

〔**加强督学责任区建设**〕 5月，教育部督导团办公室印发了《关于加强督学责任区建设的意见》，建立督学责任区制度。按照"因地制宜、分级负责、全面覆盖、推动工作"的原则，在省、市、县三级分别设立督学责任区。地方各级教育督导部门根据行政区域内学校的数量和布局，合理规划责任区，配备责任督学，明确职责任务，对责任区域的中小学进行经常性督导，及时了解和掌握中小学的工作状况，规范办学行为，督促和引导中小学贯彻执行教育法律、法规、规章和国家教育方针政策，提高教育教学质量。截至2012年年底，全国各省（区、市）已陆续建立督学责任区制度，相继开展了督学责任区工作。

〔**制定《学前教育督导评估暂行办法》**〕 2月12日，教育部印发《学前教育督导评估暂行办法》（简称《办法》）。《办法》主要围绕落实政府责任、加大学前教育经费投入、多种形式扩大学前教育资源、加强幼儿教师队伍建设、规范学前教育管理、提高学前教育发展水平等方面，设计了《学前教育督导评估指标体系》、《学前教育发展状况监测统计表》、《学前教育督导评估自评报告单》三项测量工具。指标体系以百分制为总分计，将政府职责、经费投入、园所建设、队伍建设、规范管理、发展水平列为一级指标，由此细分出22个二级指标以及具体分值。

《办法》规定，学前督导评估工作由国务院教育督导机构组织实施，督导评估的对象为地方人民政府。在督导评估中，必须坚持发展性、激励性、客观性、实效性原则，采取规范性评估与发展性评估相结合、定性评估与定量评估相结合、自我评估与督导评估相结合的方式，首先省级进行年度监测、督评和自评，之后国家进行年度监测、督评和发布报告。国务院教育督导机构每年依据各省（区、市）上报的学前教育督导评估自评报告单和学前教育督导监测统计表，撰写全国学前教育发展年度监测报告，并选择部分省（区、市）进行督导检查，结合每年督导监测结果，发布全国学前教育督导报告。

为了强化督导评估的效果，《办法》提出，各省（区、市）要建立表彰和问责机制。还要求各地根据《办法》，结合本地区实际情况，制订本省（区、市）学前教育督导评估实施方案，做好督导评估工作。

〔**开展义务教育均衡发展督导评估工作**〕 9月，国务院印发了《关于深入推进义务教育均衡发展的意见》，对推进义务教育均衡发展提出了明确要求。为发挥教育督导作用，确保国家战略目标的实现，1月，教育部印发了《县域义务教育均衡发展督导评估暂行办法》（简称《暂行办法》），建立义务教育均衡发展督导评估制度，开展义务教育发展基本均衡县（市、区）评估认定工作。

《暂行办法》规定：义务教育发展基本均衡县的评估认定，应在其义务教育学校达到本省（区、市）义务教育学校办学基本标准后进行；主要包括对县域内义务教育校际间均衡状况评估和对县级人民政府推进义务教育均衡发展工作评估两个方面；公众对本县义务教育均衡发展的满意度作为评估认定的重要参考。《暂行办法》同时规定了县级自评、地市级复核、省级评估、国家审核认定的基本程序，要求建立义务教育均衡发展监测和复查制度，对实现义务教育发展基本均衡县（市、区）给予表彰奖励，对认定后连续三年不能达到《暂行办法》标准的县，撤销称号。为扎实做好义务教育发展基本均衡县的评估认定工作，国家教育督导团于4月印发了《关于申请认定义务教育发展基本均衡县（市、区）有关工作的通知》，部署各地制定省级实施办法，细化义务教育发展基本均衡县申报程序和有关要求。

《暂行办法》的印发，为全国义务教育均衡发展工作提供了衡量标准。各省（区、市）迅速行动，制定出台本省级义务教育均衡发展督导评估实施办法，广泛培训，全面部署，对照评估标准查找差距，针对薄弱环节加大投入，进一步提高了工作的针对性和有效性。地方各级教育督导部门认真组织开展义务教育发展基本均衡县（市、区）评估工作，按要求做好达标县的申报工作。截至2012年年底，有13个省份将经过省级评估的211个县级单位向国家提出了申报。

〔**印发《关于进一步加强中小学校督导评估工作**

的意见》〕　9月，教育部印发了《关于进一步加强中小学校督导评估工作的意见》(简称《意见》)。

《意见》明确了学校督导评估的目的和原则。督导评估的主要目的是：督促学校依法办学，科学管理，推动现代学校制度建设；促进学校深化改革，遵循教育教学规律和学生身心发展规律，为每个学生提供适合的教育；引导社会和家长树立正确的教育质量观，关心和支持教育改革和发展，为学校营造实施素质教育的良好社会环境。督导评估的原则是：坚持以学生发展为本，坚持以学校发展为重，坚持规范和创新相统一。

《意见》提出了学校督导评估的主要内容：一是健全规章制度、依法规范办学的情况；二是有效使用资源、提高管理效率的情况；三是优化教学管理、提高教学质量的情况；四是学生的健康成长和全面发展的情况。

《意见》提出了新时期学校督导评估要建立和完善四项基本制度：一是定期督导评估制度；二是督学责任区制度；三是限期整改制度；四是公报制度。

《意见》明确了国家、省（区、市）、市、县在学校督导评估工作中的职责分工：国务院教育督导机构加强对学校督导评估工作的宏观管理和政策指导，对各省（区、市）学校督导评估工作进行督查，定期发布国家教育督导报告；省级教育督导机构制订工作规划，研制适合本地区学校改革发展的督导评估标准和实施办法，组织对市、县的工作检查和督导评估；市、县两级教育督导机构按照省级督导部门确定的标准和周期，研制实施督导计划和工作规范，对所属中小学校进行督导评估。

《意见》还进一步要求各地明确工作职责任务，配齐督导人员，改善工作条件，提供经费保障。要加强督学能力建设，不断提高学校督导评估工作的水平和质量。

〔开展全国义务教育阶段学生数学和科学学习质量抽样监测〕　2012年，教育部首次在全国开展了义务教育阶段四年级、八年级学生数学和科学学习质量监测。此次监测根据各地的地理位置、城乡学生比例、教育经济发展状况、学校类型等因素，采用三阶段分层不等概率抽样方法，在全国31个省（区、市）及新疆生产建设兵团抽取了254个县（市、区）、3 344所小学、1 569所初中，共涉及93 882名四年级学生、96 222名八年级学生、14 216名数学教师、14 673名科学教师、19 753名班主任、4 868名校长。抽取样本代表全国义务教育阶段四年级、八年级学生的整体状况。为确保此次全国监测的顺利实施，教育部于3月在苏州市召开了全国基础教育质量监测工作会议，对监测实施工作进行了全面部署和安排，同时组织了对各样本地区有关人员的监测实施工作培训。5月30日，进行正式测试和问卷调查。监测结束后，教育部督导团办公室和基础教育质量监测中心组织专家，采用国际上通用的项目反映理论、多层线性模型分析等方法，对数据进行多项处理，同时依据此次监测数据和历次试测的相关结果，参考国际测评PISA和美国国家测评NEAP的报告模式，撰写了监测报告。监测报告为各级政府和教育行政部门提供了决策参考。

〔加强国际交流合作，提升监测评估水平〕　为借鉴国际教育质量监测与评估的经验，进一步推动中国教育质量监测、评估与督导工作，9月下旬，教育部督导团办公室牵头组织考察团，对美国基础教育质量监测和评价有关情况进行了调研；10月下旬，中法双方在深圳市举办了第四届教育督导评估研讨会；11月中旬，中法双方在法国国际教育研究中心举行了第二届教育监测与国际评估研讨会。通过这三次国际合作交流，对美国开展基础教育质量监测与评估情况、法国在学校督导评估方面的做法与特点、国际专家在教育监测与评估研讨会上的观点有了深入了解和把握，特别是在建立专门的教育质量监测机构和工作体系、重视发挥监测评估在促进提高教育质量的作用、加强评估标准制订与工具研发、加强督导评估与质量监测的有机结合、提高监测与督导队伍的能力和水平及加强监测与评估的研究等方面，获取了一些有益的经验和启示。

撰稿　郭　佳　马书义　崔立双

审稿　何秀超　周　坚　林仕梁

直属高校巡视工作

〔全面总结回顾直属高校第一轮巡视工作〕截至2012年6月，全面完成对教育部75所直属高校的第一轮巡视（其中浙江大学、四川大学作为中央巡视机构巡视试点高校由中央巡视组巡视）。直属高校巡视工作自2006年开展试点，2007年全面展开以来，始终坚持围绕中心、服务大局，以巡视促发展、以巡视促廉洁、以巡视促和谐，边实践、边探索、边总结、边提高，逐步建立完善了符合高校特点和规律的巡视工作体系，取得明显成效。巡视组共向被巡视高校提出整改意见322条，对教育部党组提出工作建议207条。巡视组开展个别谈话共计10 250人次，召开各类座谈会、汇报会301场次，接待来访770人次，受理来信来电1 235件次。在对直属高校巡视工作开展问卷调查活动中，有71所高校的497位校领导、719位中层干部和476位教师代表共1 692人提交问卷。其中1 609人对直属高校巡视工作给予了“较好”以上总体评价，占95.1%；99.6%的人认为，巡视工作定位准确；91.8%的人认为，巡视组查找的主要问题和提出的意见建议针对性强；95.3%的人认为，巡视工作能帮助学校解决发展中的困难和问题；96.6%的人认为，巡视工作能促进学校推进科学发展、加强领导班子建设和党风廉政建设；98.7%的人认为，巡视组履行职责、规范自律、坚持原则。直属高校巡视工作得到了高校广大师生员工的高度认可。以教育部党组的名义分别向中央巡视工作领导小组办公室、中央组织部和国务委员刘延东呈报了《教育部直属高校巡视工作总结》，全面总结回顾了直属高校第一轮巡视的成功做法和经验体会，并就进一步深化巡视工作提出了思路，得到了中央领导同志的高度肯定。

第一轮直属高校巡视工作具有六个特点。一是坚持把维护党的政治纪律、贯彻党的教育方针、坚持社会主义办学方向作为巡视工作的首要任务，紧扣推动教育事业科学发展这个主题，着眼维护教育系统和谐稳定这项硬任务，立足全面加强党建工作开展巡视，不断增强巡视工作的监督职能。二是坚持把全面了解情况、深入查找问题、推动被巡视单位改革发展作为巡视工作的根本要求，着力查找人民群众反映强烈的突出问题和热点问题及制约被巡视单位改革发展的“瓶颈”问题，提出意见建议，不断增强巡视工作的针对性。三是坚持把领导班子及其成员特别是党政主要负责人作为巡视重点监督对象，全面了解群众对领导班子的评价和班子的整体战斗力状况，不断增强巡视工作对领导班子建设的促进作用。四是坚持把紧紧依靠被巡视单位党组织开展工作作为巡视工作的基本原则，坚持走群众路线，广泛听取干部和群众的意见，确保听真话、察实情，做出科学判断，不断增强巡视工作的生命力。五是坚持把加强巡视反馈和成果运用、加强整改落实监督作为巡视工作的关键环节，巩固和深化巡视工作成果，不断增强巡视工作的实效性；六是坚持把加强巡视干部队伍建设作为巡视工作的重要保证，严把“入口关”，加强培养，注重使用，严格管理，不断增强巡视干部队伍综合素质和业务能力。

撰稿　韩　卿
审稿　贾德永

教育纪检监察

〔教育系统党风廉政建设工作会议〕 2012年1月6日，教育部党组在北京召开教育系统党风廉政建设工作会议。教育部党组书记、部长袁贵仁出席会议并讲话。袁贵仁强调，要增强忧患意识和责任意识，扎实推进教育系统反腐倡廉建设，为教育事业科学发展提供坚强保障，以优异成绩迎接党的十八大胜利召开。

袁贵仁指出，加强教育系统反腐倡廉建设意义重大，影响深远，中央高度重视。中国教育事业站在了新的历史起点上，改革发展稳定的任务十分繁重，对反腐倡廉建设提出新的期待和要求。我们既要看到教育系统反腐倡廉建设的成效，也要清醒地看到在教育改革进程、实施教育惠民政策、使用教育资金、建设干部队伍等方面面临的风险和挑战，切实增强忧患意识和危机意识，增强反腐倡廉的坚定决心。

袁贵仁强调，要以更加有力的措施抓好工作落实，不断深化反腐倡廉建设。一是在严格执行党的政治纪律上要有新措施。要深入开展政治纪律教育，加强对党的政治纪律执行情况的监督检查。二是在加强对中央重大决策部署贯彻落实情况监督检查上要有新办法。2012年，要重点抓好教育规划纲要实施和教育工作方针政策贯彻落实情况、中央教育惠民政策实施情况以及“三重一大”决策制度贯彻落实情况的监督检查。三是在加强重点部位和关键环节监管上要有新进展。要把高校招生录取、基建项目、物资采购、财务管理、科研经费、校办企业、学风建设等关键点作为推进风险防控的重点，在落实“一把手”负责制、形成清风正气、促进公开、加强惩处等方面下功夫。四是在治理教育乱收费问题上要有新突破。要“治”“理”结合，从源头上解决问题。五是在解决热点难点问题上要有新思路。要关注家庭经济困难学生、就业困难学生问题，要特别关注农村义务教育学生营养改善计划实施的社会效益。六是在执行党风廉政建设责任制上要有新成效，努力形成运转协调、衔接紧密、优势互补、相互促进的反腐倡廉工作格局。袁贵仁特别强调，加强反腐倡廉建设，关键是抓好各级领导班子建设，核心是抓好思想政治建设。要坚持不懈地抓好领导班子党性建设、能力建设和作风建设。

教育部党组成员、中央纪委驻教育部纪检组组长王立英代表党组做工作报告。她强调，要强化监督检查，切实保证中央政令畅通；加强专项治理，切实解决人民群众反映强烈的教育乱收费问题；大力开展阳光治校，切实规范权力运行；扎实推进廉政文化建设，切实构筑崇尚廉洁的校园文化；全面总结，科学谋划，深入推进惩防体系建设，切实加强风险防控。要建立健全调研机制、协调机制、责任机制、落实机制，全面贯彻落实中央决策部署，抓好反腐倡廉建设任务的落实，为推动教育事业改革发展做好服务、提供保障。

〔直属高校国家教育体制改革试点项目及“三重一大”决策制度执行情况检查〕 6—10月，教育部集中力量对75所直属高校贯彻执行“三重一大”决策制度和135个国家教育体制改革试点项目实施情况进行了监督检查，取得良好效果。教育部高度重视此次检查，将其列为年度工作重点，提出明确要求，设计了7大项考核内容和26项具体考核指标，对检查工作做了一些创新尝试，呈现出一些新特点：检查任务高度融合，检查对象全面覆盖，检查工作规范细致，检查方式注重实效。检查中共组织了15位国家教育咨询委员和专家、15位巡视专员以及教育部机关司局长、地方教改办领导、高校领导干部等共112人参加检查工作，集中培训后组成15个检查组深入高校，共听取学校党政主要领导的情况汇报75次，召开由学校部处院系代表、教师代表、党外人士代表参加的座谈会134次，2 067人参加，实地考察调研和走访了525个项目单位，查阅了大量资料。统计数据显示：2011年7月至2012年6月，75所直属高校共决策事项11 982项（党委〈常委〉会决策事项5 606项、校长办公会决策事项6 376项），有2人因决策失误被追究责任。试点学校召开党委常委会或校长办公会853次，对改革试点项目进行专题研究部署；出台相应配套政策1 273项，安排试点专项资金或工作经费48.72亿元。检查组共发现、提出问题195个，提出建议235条（其中向学校提出建议162条，向教育部提出建议73条），同时还发现了一批推进改革、完善决策机制的典型案例。入校检查结束后，通过教育部领导听取检查情况汇报，组织检查组组长会商，召开专题检查工作汇报会和落实意见建议分工会等形式，扎实做好检查后续工作；同时组织法律专家和管理人员，对各高校制定的“三重一大”实施办法或细则进行合法性、科学性评估，找准问题，提高制度执行力，并纳入对各校的反馈意见，及时向学校逐一反馈，指明问题，落实整改，进一步强化了检查成果的运用。通过这次集中检查，促进各学校结合实际制定了规范决策制度2 122项，教育改革试点高校出台相应配套政策1 273项，进一步提升了高校科学决策、民主决策的水平，增强了推进教育改革试点工作的内在动力。

〔全国教育行风评议〕 为进一步推动教育行风建设深入开展，全面客观地评价教育行风建设成效，2011年12月至2012年2月，教育部牵头组织实施了全国教育行风评议工作。

这次评议工作围绕“办人民满意教育”的目标，坚持科学民主评议原则，引入社会民主评议机制，采取评议组评议与群众民主评议、定性评价与量化考核、现场调查访谈与网络调查有机结合的方式进行。5个行风评议组分别由国家督学任组长、省级纠风部门和教育部有关部门同志为成员，对除西藏外的30个省（区、市）教育部门及新疆生产建设兵团教育局行风建设情况进行了检查评议和量化考核。首次借助第三方评议机构开展评议，委托中国教育科学研究院，采用现代社会调查方法随机抽样，依托调查联盟系统，对遍布全国93个县（市、区）的1.9万名基层群众进行民意调查。调查人群覆盖了不同经济发展水平地区、社会不同群体、部门及行业和不同受教育程度的基层群众，确保了评议结果的客观性和公信力。

评议结果显示，人民群众对教育行风建设总体满意度达72.7%，对教育行风建设工作的五大方面，满意度分别为：师德师风81.3%、教育信息公开72.6%、教育收费管理71.9%、维护群众合法权益70.0%、高校招生管理63.8%。从实地评议情况看，各地教育部门高度重视行风建设工作，不断健全行风建设领导体制；围绕与人民群众关系密切的教育工作，不断完善行风建设制度体系，加强信息公开与服务工作；针对人民群众反映强烈的热点、难点问题，加大规范管理和监督检查力度，不断提升破解难题的能力和水平。这次评议工作紧密结合教育管理和行风建设实际，系统推动了各地教育行风建设工作的深入开展，促进各级教育部门积极回应群众关切，进一步解决好涉及群众利益、影响教育改革发展的教育行风问题，对教育事业科学发展产生了积极的推动作用。

〔加强高校科研经费管理视频会议〕 12月18日，教育部召开加强高校科研经费管理视频会，就进一步加强科研经费和项目管理，进一步规范科研行为做出部署。教育部党组书记、部长袁贵仁在会上表示，要以更坚决的态度、更有力的措施，加强高校科研管理，维护科研秩序，促进科技创新和教育事业科学发展。

袁贵仁指出，高校是科技第一生产力和人才第一资源的重要结合点，高校科研工作是提高社会生产力和综合国力的重要支撑。没有高质量的科学研究，就不可能有高质量的人才培养、社会服务和文化传承。他希望各地各校从贯彻落实党的十八大精神、建设创新型国家、培养社会主义合格建设者和可靠接班人的战略高度，深刻认识加强科研管理的重要性、紧迫性，切实增强忧患意识、责任意识，进一步完善制度，创新机制，加强管理，不断提高科研管理的科学化水平。

针对高校科研管理中存在的突出问题和薄弱环节，袁贵仁表示，要着力健全完善“六项机制”。一是进一步完善责任机制。高校党委、校院领导班子、相关部门以及项目负责人、学术委员会等机构，都要明确责任、各司其职。二是进一步完善项目管理与服务机制。切实抓好项目申报管理与服务、外协项目管理、科研过程管理与服务、科研成果管理与服务，建立既能充分调动科研人员积极性，又具约束力的管理机制，促进产学研用结合。三是进一步完善经费管理机制。牢固树立科研经费公共属性理念，纵向及横向科研经费都要纳入学校财务统一管理、统一核算，切实把好经费预算关、使用关和外拨经费关。四是进一步完善科研评价和人才激励机制。推行分类评价和开放评价，注重科技创新质量和贡献。改变片面将科研项目和经费数量、专利数量等与科研人员评价和晋升直接挂钩的做法。建立鼓励创新、体现科研实绩的科研人员绩效奖励制度。五是进一步完善监督检查机制。健全科研经费监督体系，严肃查处科研领域违纪违法案件，严厉惩处腐败分子，建立责任追究机制。六是进一步完善科研人员自律机制。通过培训、警示教育、科学伦理教育等，引导科研人员增强法律意识，遵守学术规范。

〔**深入推进高校阳光治校**〕　2012年，教育部深入推进各高校大力开展阳光治校，切实加强重点领域和关键环节的监管，严把招生录取、基建项目、物资采购、财务管理、科研经费、校办企业、学术诚信七个关口，取得了新突破、新成效。一是总结运用“阳光招生工程”五年建设成果，加大对自主招生和特殊类型招生监督力度，促进了招生工作公开公正。二是大力实施“阳光基建”，推动落实基建项目专家评议论证、重大项目集体决策、公示通报等制度，有效防范了工程领域问题的发生。三是加大物资采购公开透明力度，大宗物资统一采购，开展“网上竞价”采购试点并积极推广，探索建立仪器设备、图书采购联盟，降低了采购成本和风险，提高了质量。四是在全国公开选拔了6所直属高校总会计师，委派总会计师异校任职，加大高校院系财务监管力度，财务制度不断完善。五是加强科研经费使用和管理人员培训，开展科研经费管理改革试点，强化横向经费和重大项目经费监管，着手制订科研经费管理五年规划，科研经费管理进一步科学规范。六是着手研制促进校办企业规范管理三年规划和系列文件，完善校办企业法人治理结构，推进校办企业规范化建设。七是全面深入开展全国科学道德和学风建设宣讲教育，不断完善科研评价机制，加强科学研究过程管理，推动学风建设机构、学术规范制度和不端行为查处机制“三落实”和“三公开”，进一步营造了健康向上的学术氛围。

〔**规范教育收费、治理教育乱收费工作**〕　2012年，教育部等七部委深入贯彻落实十七届中央纪委第七次全会、全国纠风工作会议和国务院第五次廉政工作会议精神，扎实推动治理工作深入开展，治理教育乱收费工作取得了明显成效。据国家信访局统计，2012年收到涉及教育的信访总量比2011年下降了39.7%，其中涉及教育乱收费的事件数下降了38%。

一是加大教育投入，促进均衡发展，乱收费源头治理力度进一步加大。在中央和各级政府的努力下，如期实现全国财政性教育经费支出占国内生产总值4%的目标。国务院印发了《关于深入推进义务教育均衡发展的意见》，教育部完成了与31个省（区、市）义务教育均衡发展备忘录的签署工作，义务教育经费保障水平进一步提高，教育均衡化发展不断深入，为有效化解“择校热”、深入治理教育乱收费问题打下坚实基础。二是深入开展专项治理，群众反映强烈的突出问题得到进一步破解。教育部会同国家发展和改革委、审计署联合出台《治理义务教育阶段择校乱收费的八条措施》，严格执行就近入学，规范招生行为，实行优质高中平均分配中考名额制度，从制度上明确取消了与入学挂钩的捐资助学费和赞助费等变相择校费。督促各地进一步细化实施细则，完善配套政策。针对一些大中城市的大校、名校、示范性学校等进行了重点督办。截至2012年年底，各省份和新疆生产建设兵团已经全部出台了落实“八条措施”的实施方案。各地公开化、合法化的择校乱收费行为已经被打掉。部分地区还在切实落实“八条措施”量化指标的基础上，进一步提高目标要求，加大工作力度。根据教育部治理教育乱收费办公室（简称治理办）收到的信访情况，2012 年反映择校乱收费的信访量较 2011 年下降了 60.4%。针对教辅材料种类繁多、质量良莠不齐、价格虚高、市场混乱、选用缺乏规范等问题，按照“标本兼治、疏堵结合、分类管理、强化审查”的思路，教育部会同新闻出版总署、国家发展和改革委、国务院纠风办联合印发《关于加强中小学教辅材料使用管理工作的通知》、《关于加强中小学教辅材料价格监管的通知》等文件，明确“设边界、控数量、提质量、限价格、管选用”的要求。推动各地按照“一教一辅”制度，建立教辅材料评议推荐机制，推荐公告质优价廉的教辅材料；坚持自愿购买，制止强制订购和进校推销；斩断利益链条，进一步规范市场。各省份全部出台了实施方案，从 2012 年秋季学期开始，学生选用教辅材料的数量由人均 3—5 套减少为规范后的一科一辅，价格由原来教材价格的 3 倍左右降至与教材大致相当的价格，学生课业负担和学生家庭经济负担明显减轻。根据教育部治理办收到的信访情况，2012 年反映教辅材料问题的信访量较 2011 年下降了 37.2%，其中仅 9 月份，反映教辅材料问题的信访量就下降了 58%。三是加强监督检查，强化问题整改，中央教育决策部署得到进一步贯彻落实。开展春季、秋季教育收费大检查。七部委联合组成 6 个督查组赴 12 个省、39 个地市的 197 所大中小学、幼儿园开展了教育收费秋季重点督查。教育部等部门按照职责分工，通过开展专项检查，坚决查处违规收费问题，严格责任追究，促进行业自律。2012 年，全国查处教育乱收费案件涉及金额达 1.7 亿元，有 2 832 人受到党纪政纪处分和其他处理，退还家长 1.2 亿元。四是加大查处力度，强化督查督办，人民群众的诉求得到及时回应。全国治理教育乱收费部际联席会议办公室对 25 件中央领导批示件进行了直查直办，全年共接到群众反映教育行风问题的举报 2 535 件，全部进行了督办，办结率达 97.7%。2012 年，教育部等部委先后对 39 件教育乱收费典型案件进行了通报，督促有关地方进一步加强和改进治理教育乱收费工作。五是完善制度体系，创新体制机制，治理工作科学化水平进一步提高。创新工作制度，部际联席会议各成员单位加强协调配合，注重建章立制，全年共召开 9 次会商会，共同制定 9 项规范教育收费文件，各级各类教育收费制度体系进一步完善。创新举报受理机制，教育部整合内部信访举报渠道，建立 24 小时统一监督举报受理中心，全年共接到涉及教育乱收费的群众实名举报 174 件，全部进行了跟踪督办，群众诉求渠道进一步畅通。创新协作研究机制，教育部组织建立了地方教育纪检监察协作研究机制，组织 31 个省（区、市）和新疆生产建设兵团分成 4 个片区，围绕 12 项行风建设热点难点问题开展协作研究，为治理工作提供政策依据，不断提高治理工作的科学化水平。

〔全国治理教育乱收费部际联席会议〕　4 月 27 日，全国治理教育乱收费部际联席会议第十二次会议召开。会议研究部署了 2012 年治理教育乱收费各项工作，印发《教育部等七部门关于 2012 年治理教育乱收费规范教育收费工作的实施意见》，确定全年八方面重点工作，明确各部门职责分工。国务委员刘延东出席会议并做重要讲话。刘延东强调，要认真贯彻十七届中央纪委第七次全会和国务院第五次廉政工作会议精神，全面落实教育规划纲要，把规范教育收费作为重要的惠民工程，标本兼治，源头治理，务求实效，深入推进治理教育乱收费工作，办好人民满意的教育。

刘延东指出，近年来，各地各有关部门按照中央部署要求，采取一系列政策措施，教育乱收费源头治理取得重要进展，专项治理实现新的突破，制度建设得到加强，监督检查力度加大，有力遏制了教育乱收费势头。但一些热点、难点问题尚未得到根本解决，治理任务仍然繁重。

刘延东强调，治理教育乱收费是深化改革、实现教育科学发展的客观要求，是促进公平、维护人民群众切身利益的重要举措，是推进党风廉政建设、纠正行业不正之风的重要内容，是各级政府义不容辞的责任。要深化义务教育阶段择校乱收费治理工作，突出重点区域，抓住关键环节，分解目标责任，细化政策措施，力争得到明显缓解。要加大中小学教辅材料散滥整治力度，严把出版、推荐、选用和价格关。继续实施好学前教育三年行动计划，严格执行幼儿园收费管理办法，解决“入园难”、“入园贵”的问题。要加快推进改制学校清理规范工作，坚决纠正中小学校有偿补课行为，严格规范高校自主招生、特殊类型招生，严厉查处违规收费行为，营造风清气正的育人环境。要加大监督检查力度，强化责任追究，确保教育经费管理和教育惠民政策落实到位，严防发生违规违纪行为。

刘延东要求，各地各有关部门要加强组织领导，落实责任分工，密切协作配合，完善制度和工作机制，为治理教育乱收费提供坚实保障。要深入调研，对久拖不治和苗头性问题，采取措施、切实纠正。要做好舆论宣传，公开曝光典型案例，发挥好社会监督作用。

全国治理教育乱收费部际联席会议各成员单位、部分地方政府和学校负责人参加会议。上海市、陕西省和北京市东城区、山西省晋中市做了经验交流。

撰稿　于庆雷
审稿　杨火林

离退休干部工作

〔综述〕　2012 年，教育部离退休干部工作认真贯彻落实《中共教育部党组关于加强和改进新形势下离退休干部工作的意见》（教党〔2011〕19 号）（简称《意见》），努力建立、健全离退休干部工作制度和工作机制。一是建立分工联系和走访慰问制度，二是坚持完善政治理论学习和情况通报制度，三是坚持离退休干部党建会和评优表彰制度，四是健全完善离退休经费保障机制，五是探索建立成果共享机制，六是建立完善困难帮扶机制，七是充分发挥离退休干部的作用。按照《意见》要求，成立了教育部离退休干部工作领导小组。由教育部部长袁贵仁任组长、副部长李卫红任副组长，成员包括办公厅、人事司、财务司、机关党委、离退休干部局、机关服务中心等部门的主要负责人以及离退休干部代表。进一步加强离退休干部工作队伍建设，建立和完善领导责任制，加强责任考核。

按照党的十八大提出的“全面做好离退休干部工作”要求，教育部党组进一步加强对部机关离退休干部工作的领导，着力完善制度机制，形成了教育部党组统一领导，离退休干部局具体负责，各业务司局积极参与，全体党员干部共同关心、互相配合、齐抓共管的工作格局。

〔召开教育部纪念干部离退休制度建立 30 周年座谈会〕　6 月 27 日，教育部纪念干部离退休制度建立 30 周年座谈会在教育部机关召开。会议总结回顾了 30 年来教育部离退休干部工作的经验和做法，分析了离退休干部工作面临的新形势，研究部署了提高离退休干部工作科学化水平的有效途径。教育部党组书记、部长袁贵仁出席会议并讲话。

袁贵仁指出，30 年来，特别是党的十六大、十七大以来，教育部门深入贯彻党中央、国务院关于离退休干部工作的各项方针政策，认真落实老同志的政治、生活待遇，围绕“老有所养、老有所医、老有所教、老有所学、老有所为、老有所乐”，做了大量富有成效的工作。

袁贵仁强调，离退休干部工作是党的组织工作、干部工作的重要组成部分，是社会主义和谐社会建设的重要方面，更是推动教育事业科学发展的重要保障。全面做好离退休干部工作，是党的十七大提出的目标要求和政治任务，是教育部机关各级党组织和各级领导干部应尽的政治责任，也是全面贯彻落实教育规划纲要的客观要求。要积极探索离退休干部工作的新途径新举措，进一步推进离退休干部工作的科学发展。一是进一步营造关心支持离退休干部工作的良好氛围。要不断增强大局意识，自觉把离退休干部工作放到推进教育事业科学发展的全局中进行谋划。不断增强服务意识，处处为老同志着想，把实事办好、好事办实。不断增强创新意识，主动适应新形势新变化。二是进一步形成确保离退休干部工作有序推进的保障体系。要进一步明确各司局在做好离退休干部工作中的职责，继续发挥好离退休干部局的职能作用。及时总结新形势下做好离退休干部工作的有益经验，形成科学的制度机制。努力建设一支政治素质好、工作能力强、作风过得硬、对老同志有感情的离退休干部工作队伍。三是进一步探索推动离退休干部工作科学发展的有效途径。要创新工作理念，注重调查研究，及时厘清破解各项难题的思路对策。要以“六个老有”为目标，开展主题鲜明的实践活动。要立足老同志实际需求，不断创新工作方法和载体，切实提高服务管理质量。

教育部党组成员、副部长李卫红主持会议，中组部老干部局负责人及部机关离退休干部工作领导小组成员、离退休干部局党委委员、各离退休干部党支部书记和委员、各司局及直属单位有关负责人等参加会议。会前，与会人员参观了教育部纪念干部离退休制度建立30周年图片展。

〔积极组织庆祝党的十八大胜利召开系列活动〕 教育部离退休干部局以老同志喜闻乐见的形式组织专题活动，热烈庆祝党的十八大胜利召开。(1) 8月17日，组织部机关老同志参加中央组织部举办的全国离退休干部“诗书画影抒情怀、喜迎党的十八大”作品展，按要求推荐了7幅书法作品和2幅绘画作品。作品展于9月18—20日在全国农业展览馆举办。(2) 组织部分老同志参加由中央国家机关工委老龄办主办、紫光阁画院承办的“浓墨重彩绘宏图——中央国家机关离退休干部喜迎十八大书画摄影展”创作活动。教育部离休干部刁桂兰的《多寿图》和退休干部蔺昭仁的《顶天立地　万古长青》分获绘画类三等奖，朱世钦等9位老同志获书法类优秀奖，李星万等6位老同志获绘画类优秀奖，徐伯良获摄影类优秀奖。教育部获优秀组织奖。(3) 12月7日，举办教育部离退休干部庆祝党的十八大笔会。特邀著名学者、书法家、书法教育家欧阳中石先生莅临指导。部机关和直属单位约80位老同志参加。教育部副部长李卫红出席并欣然命笔“美丽中国”。会后，举办教育部离退休干部庆祝党的十八大胜利召开书画展。

〔举办教育部纪念干部离退休制度建立30周年图片展〕 教育部纪念干部离退休制度建立30周年图片展于6月27日至9月28日在教育部机关老同志活动中心举办。展览分为亲切关怀、高度重视、开拓发展、传奇人生、党旗飘飘、金色年华、夕阳生辉、大事记8个板块，共40多块展板、260多张照片、387条大事记。展览生动展示了教育部离退休干部工作的发展历程、取得的可喜成就及老同志的风采。编印了《教育部纪念干部离退休制度建立30周年》宣传册。

〔学习宣传贯彻党的十八大精神〕 按照中央组织部、教育部党组关于认真学习宣传贯彻党的十八大精神的部署要求，教育部离退休干部局党委研究制定了《关于认真学习贯彻党的十八大精神的安排》，围绕学习贯彻党的十八大精神组织开展了系列活动。(1) 11月8日，离退休干部局党委组织部分离退休干部和全体在职人员，集中观看了十八大开幕式盛况，收听胡锦涛总书记代表党中央做的重要报告。开幕式结束后，立即组织座谈会。(2) 11月23日，教育部副部长李卫红向部机关老同志和在京直属高校离退休工作部门负责人传达党的十八大精神，并就学习宣传贯彻十八大精神提出了明确要求。教育部机关离退休干部、在京直属高校离退休干部工作部门的负责人和离退休干部局在职人员共150多人参加会议。(3) 11月30日，离退休干部局党委召开学习党的十八大精神座谈会。座谈会上，原国家教委副主任王明达及5位退休干部、2位在职干部代表交流了认真研读十八大报告的学习体会。直属机关党委负责人出席会议并讲话。离退休干部党员代表、离退休干部局在职干部共80多人参加会议。

〔召开教育部机关老同志第十四次党建工作会〕

12月18—19日，离退休干部局党委召开教育部机关老同志第十四次党建工作会议。会议主题是：深入学习贯彻党的十八大精神，努力提高离退休干部党建工作科学化水平。教育部副部长李卫红出席会议并讲话。

李卫红指出，老同志在贯彻落实十八大精神、推进教育改革发展、全面建成小康社会中具有独特作用。老同志党建工作在党的建设全局中具有极其重要的地位和作用，在新的历史起点上做好老同志党建工作，一要深入学习贯彻党的十八大精神，统一思想、凝心聚力，在思想上、政治上、行动上与党中央保持一致。二要创新基层党建工作，增强党组织的创造活力，充分发挥老同志党支部推动发展、服务群众、凝聚人心、促进和谐的作用。三要加强离退休干部工作队伍建设，为老同志党建工作提供有效服务，全面提高离退休干部工作水平。

会上，中宣部理论局原副局长、中国文化软实力研究中心主任张国祚做了学习党的十八大精神辅导报告。老部长党支部代表、原国家教委党组成员朱新均等老同志交流了学习党的十八大精神的心得体会，离退休干部第22支部、27支部介绍了加强党支部建设的经验。

教育部办公厅、人事司、机关党委、国家教育行政学院有关负责人出席会议，离退休干部局党委委员、各离退休党支部书记和支委共80多人参会。

〔教育部机关老同志理论学习小组活动〕 3月19日，离退休干部局举办教育部机关老同志理论学习小组开班式。教育部副部长李卫红出席并讲话。李卫红指出，老同志理论学习小组自觉坚持学习20余年是老同志政治自觉、文化自觉的表现，也是老同志提高精神文化生活的内在需求。加强老同志理论学习是响应党中央建设学习型政党、建设学习型社会的具体体现，是贯彻教育部党组建设学习型党组织、建设学习型司局的重要举措，是提高老同志政治理论水平的有效形式。

李卫红强调，离退休干部局党委要把加强老同志理论学习作为一件大事来抓，充分发挥老同志工作经验丰富、理论素养高、政治经验强、学习时间充裕等优势，扎实推进老同志理论学习，不断满足老同志更新思想观念、提高思想认识水平、满足精神文化生活的需要。同时，应研商相关司局专门设计适合老同志的理论研究课题，以课题研究带动老同志理论学习，以理论学习推动老同志思想认识水平的提高。积极宣传老同志理论学习成果，发挥老同志的参谋智囊作用，为促进老同志理论学习小组工作和老同志老有所为搞好服务。引导形成正确的舆论氛围，激励离退休干部始终保持政治坚定、思想常新、理想永存。

4月11日，离退休干部局党委宣传委员、部机关老同志理论学习小组组长杨瑞森，在老同志理论学习小组会上做了题为《关于当前我国理论学习和宣传中若干热点难点问题的简介与述评》的专题报告。老同志理论学习小组成员、各离退休党支部宣传委员及离退休干部局在职干部40余人参加学习。

6月8日，部机关老同志理论学习小组30多位老同志到首都教育改革发展建设成果基地——北京中医药大学参观学习，听取了关于学校改革发展情况的介绍并参观了中医药博物馆。

9月13日，部机关老同志理论学习小组认真学习领会7月23日国家主席胡锦涛在省部级主要领导干部专题研讨班开班式上的讲话和7月24日国家副主席习近平在结业式上的讲话精神。经学习讨论，大家认为，胡锦涛同志的讲话从坚持和发展中国特色社会主义的政治高度和宽广视野，精辟分析了中国面临的新形势、新任务，科学阐述了事关党和国家全局的若干重大问题，深刻回答了党和国家未来发展的一系列理论和实践问题，对于团结动员全党全国各族人民解放思想、实事求是、与时俱进、开拓创新，心齐气顺地迎接十八大的胜利召开具有十分重要的意义。

〔教育部领导向老同志通报情况〕 6月14日，教育部党组成员、纪检组长王立英在“教育部离退休干部大讲堂”向部机关老干部通报了教育部干部人事工作的有关情况。

王立英通报了教育部机关、直属高校、直属单位和驻外机构人员编制的总体情况，阐述了抓好机关、直属高校、直属单位、驻外机构四支干部队伍建设的工作思路和举措，深入分析了干部人事工作面临的挑战和存在的问题，介绍了下一步教育部干部人事工作的总体考虑。王立英指出：离退休干部是党和国家的宝贵财富，是实现教育事业科学发展的宝贵资源，做好老干部工作是教育部党组的职责所在，也是部机关所有同志的共同责任；教育部党组将一如既往地重视老干部工作，在政治上关心老干部、在生活上关爱老干部，落实各项政策，提高工作水平。

离退休干部局党委委员、各离退休干部党支部书记和委员及离退休干部局在职干部100多人参加会议。

〔**通报表扬直属高校从事离退休干部工作满20年的专职工作者**〕　8月28日，以教育部办公厅名义印发《关于表扬从事离退休干部工作满20年专职工作者的通报》（教离退厅函〔2012〕2号），对直属高校100名从事离退休干部工作满20年的专职工作者予以通报表扬，并颁发荣誉证书，激励直属高校离退休干部工作者进一步做好新形势下离退休干部工作。

〔**教育部机关老同志“银龄园丁行动”**〕　10月13—14日，教育部离退休干部局在北京开展2012年度“银龄园丁行动”。一是召开座谈会，由老同志代表向河北省隆化县存瑞中学30名贫困学生资助3万元现金及《青少年成长行动日志》，并与师生代表座谈交流。二是组织存瑞中学师生代表参观天安门、国家大剧院、北京大学、鸟巢、水立方、国家科技馆等。

座谈会上，教育部机关离退休干部代表在讲话中殷切希望学生们树立远大理想，培养高尚情操，立志成才，报效国家和人民。存瑞中学受资助的学生代表在会上发言，存瑞中学校长介绍了学校改革发展情况，衷心感谢教育部离退休干部局特别是老干部对贫困学生的关爱和对学校发展的支持，并代表学校赠送了题为“老当益壮激学子励志，桑榆非晚染红霞满天”的锦旗。教育部机关离退休干部代表，存瑞中学校长、教师代表和受资助的学生代表以及离退休干部局部分在职干部等80多人参加会议。

“银龄园丁行动”是2004年由教育部离退休干部局党委组织发起的。600多名离退休干部和离退休干部局在职人员每月自愿交纳“特殊党费”，积少成多，用于捐资助学。8年来，离退休干部和离退休干部局在职人员关爱贫困学生、情系农村中小学教育，捐资18万余元，先后定点资助了北京市密云县卸甲山小学、河北省易县狼牙山中学和河北省承德市隆化县存瑞中学共200余名贫困学生，帮助学校添置图书和部分教学辅助设备，并通过座谈、交流、参观等方式，与学校师生建立了深厚感情。此项活动深受老同志和在职干部的欢迎，也得到了中组部和教育部领导的充分肯定。自2010年起，离退休干部局“银龄园丁行动”定点资助存瑞中学部分贫困学生。

教育部副部长李卫红在有关批示中充分肯定“银龄园丁行动”是一项有意义的活动，勉励大家再接再厉，不断总结经验，开拓创新，坚持好、发展好这项公益事业，积极为老干部老有所为搭建平台，促进教育事业科学发展。

〔**开展离退休干部工作调查研究**〕　为深入了解教育部机关老同志的有关情况和对离退休干部工作的意见建议，进一步加强和改进离退休干部工作，不断提升服务质量，教育部离退休干部局负责人于2月下旬带队赴北京市方庄、白石桥等6个老同志活动站开展调研，通过与所在离退休党支部及部分老同志座谈交流，听取了各活动站情况介绍和老同志们的意见建议。4月至6月，教育部离退休干部局开展了部机关离退休干部问卷调查工作，共发出问卷638份，收回有效问卷401份，收集意见建议366条。据统计，老同志对部机关离退休干部工作满意度达到98%。对调研和问卷调查中老同志反映的主要问题和建议，经多次研究，提出了有针对性的改进措施和解决办法。相关情况经整理分析，形成《教育部机关离退休干部有关情况问卷调查分析报告》并呈送教育部领导。该报告获教育部机关2012年度直属机关优秀调研报告三等奖。

〔**加强对直属高校离退休工作指导**〕　为深入

贯彻党的十七届六中全会精神，全面落实中共中央组织部、人力资源和社会保障部《关于进一步加强新形势下离退休干部工作的意见》（中组发〔2008〕10号），推动直属高校离退休工作科学发展，印发了《教育部办公厅关于进一步加强直属高校离退休干部活动中心建设的意见》（教离退厅〔2012〕1号）（简称《意见》）。

《意见》强调了加强离退休干部活动中心建设的重要意义。离退休干部活动中心建设是离退休干部工作的重要组成部分，是社会主义文化建设的一个重要方面。进一步加强离退休干部活动中心建设，充分发挥活动中心在促进老有所教、老有所学、老有所乐、老有所为等方面的积极作用，是党和国家对离退休干部政治上尊重、思想上关心、生活上照顾、精神上关怀的具体体现，是新形势下离退休干部工作的必然要求。

《意见》明确了离退休干部活动中心建设的总体要求。一是坚持以人为本、重在建设、因地制宜、科学发展的工作方针，以改善条件、丰富内容、健全制度、完善机制、提高服务管理水平和确保安全为重点，以全面做好离退休干部工作和“六个老有”为目标，努力将离退休干部活动中心建设成为广大离退休老同志的精神家园。二是统筹规划、不断完善。三是因地制宜，方便适用。四是硬件建设与软件建设并重。

《意见》提出了离退休干部活动中心建设的主要任务：一是要大力加强基础设施建设；二是要着力加强制度机制建设；三是要努力加强活动内容建设；四是要切实加强服务管理队伍建设。《意见》提出，要切实加强对离退休干部活动中心建设的组织领导。要高度重视离退休干部活动中心建设工作；相关部门要密切配合、齐抓共管；教育部离退休干部局要进一步加强对战线离退休干部活动中心建设工作的指导。

该《意见》是教育部首次对直属高校离退休干部活动中心建设做出的全面部署，提出的指导性意见。

2012年，教育部离退休干部局有关负责人先后参加了东北片区、中南片区、西北片区直属高校分别在吉林大学、南昌大学、西北农林科技大学召开的离退休工作研讨会，促进直属高校离退休工作交流协作，指导推动直属高校离退休干部活动中心建设工作。

〔举办老年课堂和兴趣班组〕 为进一步丰富离退休干部的精神文化生活，引导他们“老有所学、老有所教、老有所乐”，教育部离退休干部局举办各种老年课堂及兴趣班组。应老同志要求，离退休干部局活动中心于9月份增设了电子琴和摄影知识教学班。截至2012年年底，活动中心开设了书法、绘画、合唱、文史课等8个教学班和交谊舞、太极拳、红歌大家唱等6个兴趣小组，300多位部机关及部分直属单位老同志常年参加活动。

〔开展丰富多彩的文体活动〕 离退休干部局从有益于离退休干部身心健康出发，组织开展了丰富多彩、积极向上的文体活动。（1）京剧招待会。1月9日，在教育部机关礼堂以部党组名义举办2012年教育部在京老干部春节京剧招待会，特邀北京梅兰芳剧团上演了著名传统剧目《红鬃烈马》，部机关、在京直属高校和直属单位近1 200位老同志观看演出。教育部党组成员、副部长李卫红代表党组致辞。京剧招待会已连续举办18次。（2）“三八”节庆祝活动。3月6日，离退休干部局组织70多位离退休女同志参观了中国电影博物馆。（3）春秋游活动。5月15日，组织260多位离退休老同志参观游览了大兴新城滨河公园。9月19日，组织300余位离退休老同志赴昌平香堂文化新村进行秋游采摘活动。（4）合唱比赛。6月7日，组织老干部合唱团参加在中央音乐学院举办的西城区金融街街道第八届社区杯合唱比赛，获二等奖。（5）书法讲座。6月19日，特邀首都师范大学中国书法文化研究院教授、博士生导师解小青为老同志做书法讲座，50多位爱好书法艺术的离退休干部参加。（6）趣味运动会。10月18日，离退休干部局在逸仙堂大院举办第五届教育部机关离退休干部趣味运动会，248名老同志参加了踩气球等12个项目的比赛。有43位老同志分别获各个比赛项目一等奖，离退休第25支部获踩气球团体赛第一名，第28支部获夹乒乓球接力团体赛第一名。李卫红出席并讲话，办公厅、人事司、机关党委负责人一同出席。(7) 象棋、麻将赛。12 月 25 日和 31 日，在逸仙堂分别组织离退休干部庆新年象棋和国标麻将比赛，近 50 位老同志作为支部选送代表参赛。

〔**加强老同志健康保健工作**〕 6—7 月，采取集中组织与分散体检相结合的形式，组织教育部机关老同志年度健康体检。离退休干部局认真做好各项服务工作，并及时总结体检情况，督促在体检中有异常指标的老同志复查，跟踪体检中发现重大病情的老同志进一步确诊、治疗。

为进一步落实教育部副部长李卫红对提高部机关离退休干部医疗保健工作水平的有关批示精神，2012 年 9 月 11 日，召开老同志医疗保健工作专家咨询会，结合年度健康体检基本情况，就如何进一步做好老同志日常保健和健康宣教工作、充分发挥年度健康体检的作用、改善和拓宽老同志就医就诊渠道等问题进行座谈。9 月 25 日，邀请阜外医院特需中心主任祁哲教授和爱康国宾体检中心主任医师姚忠贤在部机关和乐堂为老同志进行冠心病知识讲座和健康体检分析，并为老同志答疑解惑。

2012 年，共计门诊 7 920 人次；坚持巡诊，送医送药到老同志集中居住的 6 个活动站，全年共计巡诊 2 310 人次；探视住院老同志 93 人次，登门慰问重病或行动不便老同志 36 人次。

撰稿 高 云 陈玉林 高莉娜 王恩志 王 澎 李海瑞 付先锋 刘晓勤
审稿 谢志敏 安钰峰 于 虹

关心下一代工作

〔**突出重点，拓展工作领域，加强基层建设**〕

1. 推进民族地区教育系统关心下一代工作。2012 年 9 月 8 日，教育部关心下一代工作委员会在乌鲁木齐市召开民族地区教育关工委工作座谈会，青海、西藏、新疆、内蒙古、贵州、云南、宁夏等省（区）及基层关工委代表参加会议并介绍了经验。

2. 职业院校关心下一代工作全面推开。2012 年，教育部关工委从教育事业发展的全局和教育系统关工委工作的实际出发，把职业院校关工委工作作为工作重点。教育部关工委领导率领多个调研组，先后到 12 个省市实地调研，组织召开座谈会 30 余次，共有 17 个省市的 70 多所院校 300 余人参加座谈。通过深入调研，初步摸清了情况，明确了调查研究、分类指导、逐步推广的工作思路。经过与教育部职成司以及有关省市教育关工委协商，在全国确定了高职、中职各 10 所院校作为工作联系点，进行分类指导。3 月、4 月，先后在成都市和深圳市召开中职、高职院校关工委联系点工作座谈会，就职业院校关工委工作进行专题研讨。5 月中旬，在北京举办了全国职业院校关工委领导干部学习班。10 月底，在青岛市召开了全国职业院校关工委工作研讨会。截至 2012 年年底，全国约有一半的省（区、市）在职业院校中全面推动关工委工作，其余省（区、市）也在部分地区的职业院校积极进行试点。职业院校关工委工作已经在全国迅速推开，呈现出良好的发展态势。

3. 深入贯彻落实教育部党组 20 号文件，基层建设取得新进展。教育系统各级关工委和各级各类学校关工委继续深入贯彻落实教育部党组 20 号文件，加强基层关工委建设。有的省（区、市）教育厅把关工委机构纳入组织序列，把关工委工作纳入年度工作计划和年终考核，秘书处人员编制在教育事业编制中调剂解决，把关工委的活动经费纳入本单位、本学校年度预算安排；有的省（区、市）教育工委拨款，给老同志发放交通补助；有的省（区、市）教育工委出台了《关于进一步加强全省教育系统关工委建设的意见》和《关于贯彻落实

〈意见〉的通知》，要求加强组织、队伍建设，健全工作网络，落实保障措施；有的省（区、市）教育系统关工委印发了《关于加强民办高校关心下一代工作委员会建设的意见》，对民办高校关心下一代工作提出要求；有的省（区、市）教育厅对贯彻落实教育部党组 20 号文件的情况进行检查、调研、督查，加强各级关工委建设。截至 2012 年年底，关工委组织基本全覆盖了全国省、市、县三级教育部门和全国普通高校；多数高校院系、中小学和一半以上的职业院校建立了关工委组织，关工委工作队伍不断壮大，活力明显提升。

〔抓住根本，立德树人，社会主义核心价值体系教育不断深入〕　1. 抓好主题教育活动。2012 年，全国 30 个省（区、市）的 3 500 多万名学生参加了“五好小公民”主题教育活动。活动举办 15 年来，覆盖全国 30 个省（区、市），累计参与活动的青少年达 1.85 亿人次，已经成为教育系统关工委的一个品牌。7 月 30 日，在北京国家会议中心举行了“中小学信息技术创新与实践活动”10 周年庆典暨颁奖仪式。活动开展 10 年来，吸引了 5 万多所学校的 4 300 多万名师生参与。各地、各高校关工委也组织开展了丰富多彩的主题教育活动，如在高校中开展以“感恩”、“理想”、“诚信”、“公益”为主题的教育活动，打造报告讲座、入党培养、师道传承等特色品牌，以及开展特色鲜明的征文读书活动；在青年师生中开展“讲百场、写百文、交百友”活动；在中小学开展捐赠图书活动。

2. 积极开展德育创新。华东师范大学关工委 2008 年启动了“思齐计划”，以书信为媒介，与学生开展心灵对话。2012 年，学校将这些书信编辑成册，出版了《思齐》一书，回答大学生成长中的困惑，引领大学生健康成长。一些高校关工委针对学校规模扩大、一校多区等情况，充分利用信息网络技术，通过网站、微博、QQ 等与大学生谈心交流，受到大学生欢迎。

〔发挥优势，彰显特色，打造关工委工作品牌〕

1. 特邀党建组织员工作取得新进展。自《教育部办公厅关于在高等学校聘请离退休老同志担任特邀党建组织员的意见》（教思政厅〔2012〕2 号）发布以来，各地各高校深入贯彻落实。有的省（区、市）教育关工委和直属高校关工委召开高校特邀党建组织员工作经验交流会；有的省（区、市）下拨党建专项经费，支持各高校聘请老同志担任特邀党建组织员；有的高校成立特邀党建组织员领导小组，制定《特邀党建组织员工作暂行办法》，编印《高校特邀党建组织员工作指南》、《高校特邀党建组织员工作手记》，加强对党建组织员工作的管理。据不完全统计，全国高校累计聘请特邀党建组织员 8 万余名，参与培养入党积极分子约 300 万人，参与发展党员约 110 万人。

2. 家庭教育工作的研究与实践进一步深化。教育部关工委通过会议交流，推动家庭教育指导工作制度化、规范化。全国家长学校教育实验区领导小组先后在北京召开全国家长学校教育实验区领导小组（扩大）会议和全国家长学校教育实验区家长学校课堂建设研讨会，就实验区工作和家庭教育工作进行指导、部署。截至 2012 年年底，家长学校教育实验区已发展到 162 个，《新时期家庭教育的特点、理念、方法研究》课题组批复立项子课题近 800 项，参与子课题研究实验学校 2 000 余所，培训家长达 300 万人次。在四川、广东、青岛三地建立了“优秀家长学校实验基地”，就如何办好家长学校进行探索。各地也积极做好家庭教育工作，有的教育厅关工委和基础教育处联合下发了《关于进一步加强中小学、幼儿园家长学校工作的意见》，并通过调研督查，推动家长学校建设科学化、规范化和常态化；有的教育厅关工委与省妇联等单位联合制订下发了《家庭教育工作“十二五”规划》，继续开展家庭教育工作示范县（市、区）的创建工作；有的教育厅关工委下发了《关于做好“示范家长学校”申评工作的通知》，积极开展示范家长学校创建活动。教育部关工委家教中心开展了全国家长学校优秀教案征集评选活动，先后收到来自全国 25 个省（区、市）参评教案 17 283 篇，共评出组织奖 97 个、优秀教案 577 篇。

〔动员力量，整合资源，为青少年做好事、办实事、解难事〕　2012 年，教育部关工委依托中国下一代教育基金会，通过多种渠道募集资金，为青少年办好事、解难事。争取中央财政支持100万元，中国下一代教育基金会配套400多万元，实施“留守儿童教育救助项目”，向云南、青海捐赠物资价值546万元，1.4万人受益。启动“书香行动”，累计向贫困地区、少数民族地区捐赠近800万元图书物资，5 000多所学校受益。另外，通过开展读书卡公益活动，累计向贵州、四川、山东等地捐赠读书卡和资金5 000余万元。针对中西部留守儿童较多，家庭教育缺失的现状，组织有关专家编写了《农村家长手册》，向山西、内蒙古、河南、湖北、四川等地免费赠阅5万余册，受到农村家长的欢迎。

各地教育系统关工委组织开展了募集资金、帮困助学等各种活动。其中尤为突出的是上海市教育系统关工委多方募集1 500万元，建立了关心下一代工作专项基金；福建省各级教育系统关工委建立关心下一代基金436个，基金总额1.2亿元，资助金额7 000万元，受助学生4.6万余人。

各地、各高校发挥自身资源优势，组织老同志就地就近深入社区关爱青少年。有的省（区、市）开展了老同志与后进生结对活动，受助学生4.47万人；有的省（区、市）建立了特殊家庭子女跟踪教育小组，义务帮教社区弱势家庭的孩子；有的大学成立社区教育指导部，帮助失业青年就业，关爱残疾、贫困家庭子女，共建大学生和青少年社会实践平台。

〔**内强素质，外树形象，工作水平和影响力明显提升**〕 1. 完善工作机制，工作水平进一步提高。继续坚持协作组制度，加强工作交流与指导。宁夏、安徽、河北、黑龙江、重庆等省市和东北大学、西南大学、东北林业大学、兰州大学、浙江大学分别承办了2012年度协作组会。教育部关工委举办全国教育系统关工委秘书长座谈会，就如何加强秘书处工作进行专门研讨交流。

2. 加强理论研究，取得丰硕成果。教育部关工委理论研究中心进一步完善了课题管理办法，编发了2012年推荐研究课题和课题指南。争取中国下一代教育基金会的支持，启动《青少年社会主义核心价值体系教育研究》课题。征集各地教育部门主要领导讲话，编印了《关心下一代工作文集》并向各地赠阅。河南省教育厅关工委与河南省关工委联合在高校开展调研，形成《关于河南省高校关心下一代工作的调研报告》，中国关工委主任顾秀莲、河南省委书记卢展工分别在报告上做出重要批示。部分省市组织力量开展职业院校关心下一代工作现状课题研究，形成调研报告。

3. 重视宣传工作，舆论阵地不断扩大。截至2012年年底，全国31个省（区、市）建立了工作简报或简讯制度。各地各直属高校报送信息的数量和质量不断提高。同时，注重多措并举，加大工作宣传力度。在中国下一代教育基金会的支持下，向中西部地区教育关工委赠阅《关心下一代》杂志1万份。教育部关工委编发简报19期，简讯6期；教育部关工委网页各个专栏刊登信息170余条；教育部关工委内部刊物《关心下一代》出版6期、理论研究中心编发《理论研究动态》10期；家教中心编发《关爱》专刊6期；社区教育中心编发《社区与教育》6期。2012年，中国教育报刊登教育部关工委工作报道5篇。

撰稿　刘永强
审稿　张　勇

全国学生资助管理工作

〔**学生资助政策体系进一步完善**〕 2012年，教育部会同财政部等有关部委按照教育规划纲要的部署，进一步完善家庭经济困难学生资助政策体系。

设立研究生国家奖学金。从2012年秋季学期起，国家设立研究生国家奖学金，用于奖励普通高等学校中表现优异的全日制研究生。中央财政每年安排10亿元，奖励研究生4.5万名。其中每年奖励博士研究生1万名，奖励标准每生每年3万元；每年奖励硕士研究生3.5万名，奖励标准每生每年2万元。研究生国家奖学金制度的建立，实现了国家奖学金在高等教育阶段的全覆盖。

设立高校家庭经济困难新生入学资助。从2012年秋季学期起，国家利用中央彩票公益金设立普通高校家庭经济困难新生入学资助，用于补助高校家庭经济困难新生入校报到的交通费及入学后短期生活费。资助标准为省内院校录取新生每人500元，省外院校录取新生每人1 000元。

扩大中等职业学校学生免学费政策范围。从2012年秋季学期起，国家进一步扩大中等职业学校学生免学费政策范围，对公办中等职业学校全日制正式学籍一、二、三年级在校生中所有农村（含县镇）学生、城市涉农专业学生和家庭经济困难学生免除学费（艺术类相关表演专业学生除外）。涉农专业范围，根据教育部发布的中等职业学校专业目录及专业设置管理办法确定。

调整中等职业学校国家助学金政策范围。从2012年秋季学期起，中等职业学校国家助学金资助范围调整为全日制正式学籍一、二年级在校涉农专业学生和非涉农专业家庭经济困难学生。同时，根据《中国农村扶贫开发纲要（2011—2020年）》的有关精神，六盘山区等11个连片特困地区和西藏及青海、四川、云南、甘肃的藏区、新疆南疆三地州中等职业学校农村学生（不含县城）全部纳入享受国家助学金范围。

〔**学生资助政策全面落实**〕　2012年，普通高校、普通高中、中等职业学校、义务教育和学前教育国家资助政策顺利实施。

普通高校国家奖助学金。2012年，国家奖学金奖励本专科生5万人、研究生4.5万人，国家励志奖学金奖励学生68.64万人，国家助学金资助学生超过461.93万人。中央财政共下达资金116.91亿元。

普通高校国家助学贷款。2012年，国家助学贷款共发放金额149.03亿元，资助学生263.45万人。

中央部属高校毕业学生基层就业学费补偿贷款代偿。　2012年，中央所属高校毕业生赴中西部地区基层就业，享受学费补偿贷款代偿共1.2万人，资助金额2.2亿元。

普通高校学生应征入伍服义务兵役学费补偿贷款代偿及退役复学学生学费资助。2012年，共受理2011年普通高校学生应征入伍服义务兵役学费补偿贷款代偿及退役复学学生学费资助6.09万人，资助金额7.85亿元。

普通高校退役士兵学费资助。2012年，退役士兵学费资助共资助2 934人次，资助金额1 529.55万元。

普通高校新生入学资助。2012年，新生入学资助共资助考入高校家庭经济困难新生22.4万人，资助金额1.4亿元。

普通高校新生“绿色通道”。2012年秋季学期，全国共有68.41万名家庭经济困难新生通过“绿色通道”办理入学手续，约占报到新生总数的10%。

普通高中国家助学金。2012年，国家助学金资助普通高中学生约490万人，中央财政下达资金46.65亿元。

中职学校免学费。2012年春季学期，国家免学费资助中职学生约395万人，秋季学期资助中职学生约1 244.4万人，中央财政下达资金80.68亿元。

中职学校国家助学金。2012年春季学期，国家助学金资助中职学生约814.48万人，秋季学期资助约534万人，中央财政下达资金48.56亿元。

义务教育学生资助。2012年，约1.3亿名义务教育阶段学生享受国家免费教科书，中央财政下达资金134.74亿元；约1 600万名学生享受家庭经济困难寄宿生生活补助，约占寄宿生总数的50%，中央财政下达资金79.7亿元；中央财政下达小学生《新华字典》采购专项资金17.4亿元。

学前教育资助。全国各省（区、市）均已制订出台了学前教育资助实施方案。根据2011年学前教育资助政策落实情况，中央财政下达 2012 年学前教育资助奖补资金 8 亿元。

〔**工作机制不断健全**〕 教育部、财政部等有关部委进一步完善学生资助工作机制，进一步提升学生资助工作管理和服务水平。

普通高中学生资助卡全面推行。从 2012 年秋季学期起，中国人民银行、财政部、教育部决定在全国推广普通高中学生资助卡。普通高中学生资助卡是面向享受普通高中国家助学金政策的学生发行的、用于国家助学金发放的借记卡。普通高中学生资助卡印有“普通高中学生资助卡”字样，由中国工商银行、中国农业银行、中国银行、中国建设银行、中国邮政储蓄银行发行，实行“一人一卡、集中申领、本人激活”，并享受免收开卡手续费、自开卡之日起三年内免年费和小额账户管理费等优惠。优惠期过后，该卡视同普通借记卡。

生源地信用助学贷款管理机制进一步完善。一是启动生源地信用助学贷款学生预申请工作，当年考入本省（区、市）普通高校的普通高中应届毕业生可以在高中学校预申请。二是强化贷后管理工作，建立全国生源地信用助学贷款各相关单位联系网，抓好还款确认、还款提醒、逾期催收三个环节；建立还款情况公布制度，定期公布省、县和高校的生源地信用助学贷款还款情况。三是建立生源地信用助学贷款县级机构考核机制，提高县级学生资助工作管理的科学化水平。

〔**召开中等职业教育国家助学政策工作视频会议**〕 10 月 30 日，财政部、国家发展和改革委、教育部、人力资源和社会保障部联合召开视频会议，部署扩大中等职业教育免学费政策范围，进一步完善国家助学金制度工作。会议指出了进一步完善中等职业学校国家助学制度的重大意义，解读了政策调整的内容，对各地落实新资助政策提出了具体要求。

〔**发布《中国学生资助发展报告（2007—2011 年）》**〕 全国学生资助管理中心编写并向社会发布了《中国学生资助发展报告（2007—2011 年）》。报告记录了 2007—2011 年，中国学生资助政策体系的主要内容、资助成效以及学生资助工作大事记。

〔**出版《完善家庭经济困难学生资助体系》**〕 全国学生资助管理中心组织编写了“中国教育改革发展丛书”中的一本——《完善家庭经济困难学生资助体系》，详细记录了近年来中国学生资助政策体系的内容与成效、资助工作的实践与探索以及各地各校的典型案例。

〔**开展“国家资助 助我成长”主题征文活动**〕 全国学生资助管理中心在全国范围内组织开展了“国家资助 助我成长”主题大型征文活动，评选出优秀作品并编印优秀作品集，宣传家庭经济困难学生在国家资助政策下成长成才的典型。

〔**开展“资助政策宣传画”征集活动**〕 全国学生资助管理中心在全国范围内组织开展国家资助政策宣传画征集活动，评选出特等奖 1 幅，一等奖、优秀奖共 20 幅。印刷特等奖作品共 60 万份并在学校、社会公共场所等处张贴，深入宣传国家资助政策。

撰稿 喻小明 周春树 李红翔 左 涛 王 澜 尹华扬 张萌思 皇甫磊
审稿 张光明 马建斌 涂义才 刘 宜

教育人事管理

综 合 管 理

〔**教育部调整机关司局设置和职能**〕　2012年，为深入推进教育管理体制改革，全面贯彻落实教育规划纲要，经研究并报中央编制委员会办公室批准，教育部在师范教育司的基础上组建教师工作司，成立了综合改革司和巡视工作办公室；撤销直属高校工作司，在高等教育司设立直属高校工作办公室。为进一步加强对学前教育、特殊教育、继续教育的宏观指导，设立教育部学前教育办公室、教育部特殊教育办公室、教育部继续教育办公室；并根据上述内设机构变化，相应调整了有关司局职能。

教师工作司的职责是：规划、指导各级各类学校教师队伍建设，拟订教师教育和教师管理政策法规，拟订各级各类教师资格标准并指导教师资格制度的实施，宏观指导教师教育和教师管理工作。

综合改革司的职责是：承担国家教育体制改革领导小组办公室的日常工作，承担统筹推进贯彻落实教育规划纲要有关工作，研究提出落实教育体制改革的重要方针、政策、措施的建议，承担组织推进重大教育改革的有关工作，监督检查教育体制改革试点进展情况，承担教育体制改革宣传工作。

巡视工作办公室的职责是：承担教育部直属高校、直属单位、驻外机构等方面的巡视工作，负责有关综合协调、政策研究、制度建设等事务，拟订巡视工作计划方案并组织实施，会同有关方面做好巡视工作人员的培训、调配、监督、管理等工作，提出巡视工作成果运用的意见和建议，负责督办有关巡视工作事项。

直属高校工作办公室的主要职责是：负责指导直属高校制订发展战略规划，负责与地方政府和有关部门共建直属高校等省部共建工作，承担教育部直属高校工作咨询委员会秘书处日常工作，负责直属高校年度事业发展统计信息有关综合工作等。

教育部学前教育办公室的主要职责是：拟订学前教育的宏观政策和事业发展规划，组织研制幼儿园保育教育质量标准和工作基本要求，指导幼儿园保育教育工作，指导学前教育改革等。日常工作由教育部基础教育二司幼儿教育处承担。

教育部特殊教育办公室的主要职责是：拟订特殊教育的宏观政策和事业发展规划；组织制订特殊教育课程方案和课程标准，组织审定义务教育阶段特殊教育教材，指导特殊教育教学工作；统筹协调部内相关的特殊教育管理工作。日常工作由教育部基础教育二司特殊教育处承担。

教育部继续教育办公室的主要职责是：协调推动终身教育体系建设，宏观管理社区教育、职工教育、社会培训等各类非学历继续教育，指导并管理成人教育、网络和远程教育、自学考试等各类学历继续教育。日常工作由教育部职业教育与成人教育司相关处承担。

原直属高校工作司承担的直属高校管理体制调整和改革工作职能划转到综合改革司，直属高校领导班子思想政治建设、直属高校领导干部的考核和培训等职能划转到人事司。高等教育司的高等职业教育和继续教育管理相关职责划转到职业教育与成人教育司。人事司、职业教育与成人教育司有关教师工作职责划转到教师工作司。

撰稿 杨 鸿 卢波辉
审稿 赵丹龄

人 事 任 免

〔教育部机关干部任免名单〕

办公厅

刘大为 4月25日 任主任
陈 舜 4月25日 免主任
邓传淮 11月27日 任副主任
徐忠波 1月27日 任副司级机要秘书
孙海波 12月31日 任副巡视员
王进保 3月7日 任秘书处调研员，免信访处调研员
张 勇 3月7日 任信访处调研员，免综合处调研员
谭方正 3月7日 兼任新闻办公室副主任
刁 强 3月7日 兼任信访办公室副主任
顾 然 3月31日 任秘书处副调研员
罗 萍 3月31日 任秘书处副调研员
栾宗涛 3月31日 任秘书处副调研员
张文斌 5月28日 任信息处处长
刘志斌 9月11日 任总值班室副主任
陈 昆 11月15日任信息处调研员，免离退休干部局办公室主任

政策法规司

郑真江 5月28日 任专题调研处副处长

发展规划司

郭春鸣 12月31日 任副司长
王雪涛 3月7日 任高校设置处处长
李燕丽 3月7日 任统计信息处处长
晁桂明 3月7日 任基建管理处处长
曹志芳 3月7日 任民办教育管理处处长
赵筱丽 4月28日 任办公室调研员
向明灿 9月28日 任办公室主任，免综合处处长
游 森 9月28日 任规划处处长，免事业计划处处长
于 洋 9月28日 任综合处处长
楼旭庆 9月28日 任事业计划处处长，免办公室主任
周天明 9月28日 任规划处副处长，免综合处副处长

综合改革司

宋德民 8月16日 任司长

王洪元 8月16日 任副司长

人事司

彭 实 12月31日 任副巡视员

朱小杰 1月17日 任公务员处处长，免高校领导干部二处处长

朱保江 1月17日 任直属单位干部处处长，免机关与直属单位人事处处长

姚发明 1月17日 任干部教育处（援派办）处长

吴 一 1月17日 任公务员处调研员，免机关与直属单位干部处调研员

胡 炜 1月17日 任高校领导干部一处副处长，免高校领导干部二处副处长

吴 强 1月17日 任高校领导干部二处副处长，免机关与直属单位人事处副处长

韩春勇 1月17日 任高校领导干部三处副处长，免高校领导干部一处副处长

杨大研 1月17日 任公务员处副处长，免机关与直属单位干部处副处长

董凤玲 1月17日 任直属单位干部处副处长，免高校领导干部一处副处长

范贤睿 1月17日 任干部教育处（援派办）副处长，免教师与专家工作处副处长

卢波辉 1月17日 任编制调配劳资处副处长，免劳动工资处副处长

张 旭 1月17日 任人才与专家工作处副处长，免人才发展办公室副主任

侯 健 7月16日 任驻外干部处副处长

方永生 9月28日 任高校领导干部二处处长

朱保江 9月28日 任高校领导干部三处处长，免直属单位干部处处长

范贤睿 9月28日 任直属单位干部处处长

沈国华 9月28日 任人才与专家工作处处长

胡 炜 9月28日 任高校领导干部一处调研员

刘志斌 11月21日 任公务员处副调研员，免办公厅总值班室副主任

财务司

徐孝民 2月7日 任副司长兼经费监管事务中心主任（正司级）

吴国生 5月28日 任司长

陈伟光 5月28日 免司长

郭 鹏 9月18日 任副巡视员

刘 景 3月7日 任办公室主任

沈志超 3月7日 任预算与审计处调研员兼教育审计办公室主任，免综合处调研员

徐 薇 4月28日 任外事财务处副处长

郁云峰 11月21日 任办公室主任，免外事财务处处长

刘 景 11月21日 任专项资金管理处处长，免办公室主任

华成刚 11月21日 任高教财务处处长，免专项资金管理处处长

周 为 11月21日 任综合处处长，免义务教育经费保障处处长

赵建军 11月21日 任预算与审计处处长，免综合处处长

刘玉光 11月21日 任义务教育经费保障处处长，免任预算与审计处处长

基础教育一司

王定华 11月20日 任司长

高　洪　11月20日　免司长

荣　雷　4月26日　任综合处副处长

基础教育二司

乔玉全　3月7日　任技术装备处处长

职业教育与成人教育司

周　为　12月31日　任副巡视员

邬　跃　9月28日　任德育与职业指导处处长

刘宏杰　9月28日　任综合处处长

高等教育司

陈志龙　8月16日　任巡视员，免直属高校工作司巡视员

张爱龙　8月16日　任副巡视员，免直属高校工作司副巡视员

陈志龙　12月25日　免巡视员

韩　筠　12月31日　任副巡视员

韩　筠　3月7日　任综合处处长，免评估处处长

孙丽为　3月7日　任高等教育评估处处长，免实验室处处长

李　平　3月7日　任实验室处处长，免办公室主任

李　智　4月28日　任办公室主任

武世兴　5月28日　任财经政法与管理教育处调研员

侯永峰　5月28日　任理工科教育处副处长

范海林　9月28日　任直属高校工作办公室副主任，免直属高校工作司发展改革处处长

吴爱华　9月28日　任理工科教育处处长

教师工作司

许　涛　7月25日　任司长

葛振江　7月25日　任副司长

殷长春　7月25日　任副巡视员

殷长春　11月27日　任副司长

黄　伟　2月12日　任教师管理处处长

黄小华　2月12日　任教师管理处副处长，免人事司综合处副处长

赵　静　2月12日　任教师待遇与社会保障处副处长，免人事司劳动工资处副处长

唐　筠　2月12日　任教师待遇与社会保障处调研员

宋　磊　2月12日　任师德建设处副处长，免人事司国外人事工作处副处长

黄贵珍　5月21日　任综合处调研员

陈　武　7月28日　任办公室主任

董　萍　7月28日　任综合处处长

于兴国　7月28日　任教师培养处处长

郭春鸣　7月28日　任教师培训处处长

赵建军　7月28日　任师德建设处调研员

章艳芬　7月28日　任综合处调研员

李桂兰　7月28日　任教师培养处调研员

刘璇璇　7月28日　任办公室副主任

邬　跃　7月28日　任综合处副处长
唐　筠　9月28日　任教师待遇与社会保障处处长
宋　磊　9月28日　任师德建设处处长

体育卫生与艺术教育司
万丽君　12月31日　任副巡视员
柴海鹰　8月15日　任综合处副处长
高　军　9月28日　任综合处处长

思想政治工作司
俞亚东　3月29日　任副巡视员
冯　刚　4月25日　任司长
杨振斌　4月25日　免司长
许高勇　5月28日　任维护稳定工作处副处长

社会科学司
徐维凡　11月27日　任巡视员
徐艳国　12月31日　任副司长
徐青森　5月28日　任社会科学规划处处长

科学技术司
何立芳　3月7日　任军工处副处长
李　楠　9月28日　任综合处处长

高校学生司
王　辉　12月16日　任副司长

直属高校工作司
刘晶玉　5月28日　任高校领导工作处副处长

学位管理与研究生教育司（国务院学位委员会办公室）
刘　宏　3月7日　任行政秘书处处长
唐继卫　3月7日　任专业学位研究生教育处处长

语言文字应用管理司
姚喜双　3月20日　任司长
张世平　6月12日　免副司长
彭兴颀　11月27日　任副司长
周道娟　9月28日　任综合处处长

语言文字信息管理司
李宇明　3月20日　免司长
张浩明　6月12日　任司长

国际合作与交流司
罗　平　3月7日　任国际组织处处长
张　云　3月7日　任美大处处长，免国际组织处处长
艾宏歌　3月7日　任港澳台事务办公室副主任（正处级）
余　彬　3月7日　任港澳台事务办公室副主任（正处级）
安　延　3月7日　任欧洲处调研员

郭　军　5月28日　任办公室调研员

王　义　5月28日　任政策规划处副处长

田露露　9月28日　任来华留学生工作处处长

安　延　9月28日　任港澳台事务办公室副主任（正处级）

王志伟　10月10日　任办公室调研员

巡视工作办公室

贾德永　8月16日　任主任

李　凌　8月16日　任巡视员，免直属高校工作司巡视员

牛燕冰　8月16日　任副巡视员，免直属高校工作司副巡视员

牛燕冰　11月27日　任副主任

胡志钢　9月28日　任巡视工作一处处长

吴　一　9月28日　任巡视工作二处处长

直属机关党委

王日春　5月28日　任组织宣传处副处长

离退休干部局

安钰峰　5月8日　任局长

史丽荣　5月8日　免局长

王恩志　9月28日　任生活管理处处长

张　勇　9月28日　任关心下一代工作委员会副秘书长（正处级）

杨效慧　11月15日　任组织人事处调研员

王慧英　11月15日　任老部长秘书室调研员

朱秀萍　11月15日　任老部长秘书室调研员

李建宁　11月15日　任老部长秘书室调研员

中国联合国教科文组织全国委员会秘书处

邵维良　3月21日　任综合处副处长

〔直属单位司局级干部任免名单〕

国家教育行政学院

黄百炼　3月29日　任党委书记

郑树山　3月29日　免党委书记

黄百炼　7月26日　任常务副院长

李五一　7月26日　任副院长

张兰春　7月26日　免常务副院长

张益群　7月26日　免副院长

中国教育科学研究院

所广一　7月25日　任副院长

高等学校社会科学发展研究中心

杨　河　4月28日　任主任

冯　刚　4月28日　免主任

张　剑　7月16日　免副主任

杨海英 9月18日 任副主任

职业技术教育中心研究所

余祖光 4月25日 免副所长

刘立新 10月16日 任副所长

孔子学院总部

许 琳 2月28日 任总干事（副部长级）

语言文字应用研究所

张世平 6月12日 任所长

姚喜双 6月12日 免所长

国家开放大学（中央广播电视大学）

杨志坚 11月20日 任校长

李 凌 11月20日 任党委书记、副校长

严 冰 11月20日 任副校长

张 辉 11月20日 任党委副书记

张少刚 11月20日 任党委副书记、纪委书记

李林曙 11月20日 任副校长

阮智勇 11月20日 免党委书记、副校长

中国教育电视台

黄百炼 3月29日 免党委书记

张 剑 7月16日 任党委书记、副台长

李海峰 4月25日 任总工程师

范 帆 10月16日 任总会计师

教育管理信息中心

曾德华 6月12日 任副主任

基础教育课程教材发展中心

刘月霞 10月16日 任副主任

民族教育发展中心

阿布都 2月7日 任主任

中国教育报刊社

李曜升 2月21日 任党委书记、社长

史习江 2月21日 免党委书记、社长

傅国亮 5月8日 免《人民教育》总编辑

陈 浩 5月8日 免《中国高等教育》总编辑

许 珑 5月8日 免《神州学人》副总编辑

考试中心

来启华 7月25日 免党委副书记、纪委书记

杨 松 10月16日 任党委副书记、纪委书记

留学服务中心

孙建明 3月29日 任副主任

全国高等学校学生信息咨询与就业指导中心

宁小华 6月12日 任副主任

高等教育教学评估中心

吴 岩 3月13日 任副主任

李志宏 3月13日 免副主任

中国教育出版传媒集团有限公司

郑旺全 2月21日 任人民教育出版社副总编辑

林金安 2月21日 任高等教育出版社副总编辑

方 鸣 2月21日 任语文出版社副总编辑

包卫国 6月25日 免人民教育出版社副社长

中国教育国际交流协会秘书处

邵 巍 6月25日 任副秘书长

江 波 6月25日 免秘书长

〔直属高校领导干部任免名单〕

北京大学

朱善璐 6月1日 当选党委书记（第十二次党代会，连任）

张 彦 6月1日 当选党委常务副书记（第十二次党代会，连任）

于鸿君 6月1日 当选党委副书记、纪委书记（第十二次党代会，连任）

敖英芳 6月1日 当选党委副书记（第十二次党代会，连任）

叶静漪 6月1日 当选党委副书记（第十二次党代会）

王恩哥 6月6日 任常务副校长（正局级）

杨 河 6月1日 不再担任党委副书记（第十二次党代会）

清华大学

陈吉宁 1月9日 任校长（副部长级）

顾秉林 1月9日 免校长职务

胡和平 3月26日 当选党委书记（第十三次党代会，连任）

陈 旭 3月26日 当选党委常务副书记（第十三次党代会，连任）

韩景阳 3月26日 当选党委副书记、纪委书记（第十三次党代会，连任）

史宗恺 3月26日 当选党委副书记（第十三次党代会，连任）

邓 卫 3月26日 当选党委副书记（第十三次党代会，连任）

姜胜耀 7月9日 任副校长

中国人民大学

冯慧玲 5月29日 任常务副校长（正局级）

王利明 5月29日 任副校长（连任）

杨慧林 5月29日 任副校长（连任）

查显友 5月29日 任副校长

伊志宏 5月29日 任副校长

刘向兵 5月29日 任副校长

袁 卫 5月29日 免常务副校长职务

林 岗 5月29日 免副校长职务

陈一兵　5月29日　免副校长职务

北京师范大学

董　奇　6月28日　任校长（副部长级）

钟秉林　6月28日　免校长职务

刘　利　8月13日　任党委副书记

田　辉　8月13日　任纪委书记

史培军　8月13日　任常务副校长（连任）

陈光巨　8月13日　任副校长（连任）

葛剑平　8月13日　任副校长（连任）

郝芳华　8月13日　任副校长（连任）

曹卫东　8月13日　任副校长

杨　耕　8月13日　任副校长

唐　伟　8月13日　免党委副书记、纪委书记职务

韩　震　8月13日　免副校长职务

刘川生　9月24日　当选党委书记（第十二次党代会，连任）

王炳林　9月24日　当选党委副书记（第十二次党代会，连任）

田　辉　9月24日　当选党委副书记、纪委书记（第十二次党代会，连任）

刘　利　9月24日　当选党委副书记（第十二次党代会，连任）

中国农业大学

龚元石　5月29日　任副校长

天津大学

杨贤金　4月1日　免党委常务副书记职务

舒歌群　11月9日　任党委副书记

钟登华　11月9日　任常务副校长（正局级）

元英进　11月9日　任副校长（试用期一年）

刘建平　12月26日　当选党委书记（第九次党代会，连任）

舒歌群　12月26日　当选党委副书记（第九次党代会，连任）

李义丹　12月26日　当选党委副书记（第九次党代会，连任）

汪　曦　12月26日　当选党委副书记、纪委书记（第九次党代会，连任）

大连理工大学

姜德学　5月29日　任党委常务副书记（正厅级）

李成恩　5月29日　任党委副书记、纪委书记

邵龙潭　5月29日　任副校长，免纪委书记职务

孔宪京　5月29日　免党委常务副书记职务

申长雨　8月26日　任校长（副部长级）

欧进萍　8月26日　免校长职务

上海交通大学

林忠钦　11月19日　任常务副校长（正局级，连任）

陈国强　11月19日　任副校长（连任）

蔡　威　11月19日　任副校长（连任）

徐　飞　11 月 19 日　任副校长、免党委副书记职务
吴　旦　11 月 19 日　任副校长（连任）
黄　震　11 月 19 日　任副校长（连任）
郑成良　11 月 19 日　免副校长职务
张文军　11 月 19 日　免副校长职务
陈　刚　11 月 19 日　免副校长职务

同济大学

江　波　7 月 2 日　任副校长（正局级）
裴　刚　10 月 23 日　任校长（副部长级，连任）
陈以一　12 月 31 日　任常务副校长（正局级，连任）
郑惠强　12 月 31 日　任副校长（连任）
江　波　12 月 31 日　任副校长（正局级，连任）
伍　江　12 月 31 日　任副校长（连任）
董　琦　12 月 31 日　任副校长（连任）
蒋昌俊　12 月 31 日　任副校长（连任）
吴志强　12 月 31 日　任副校长（连任）
陈小龙　12 月 31 日　免常务副校长职务

东南大学

丁　辉　4 月 10 日　任总会计师（副厅级，试用期一年）

浙江大学

邹晓东　11 月 1 日　任党委常务副书记（正厅级）
吴朝晖　11 月 1 日　任常务副校长（正厅级）
宋永华　11 月 1 日　任常务副校长（正厅级）
郑　强　11 月 1 日　免党委副书记职务

厦门大学

杨振斌　4 月 12 日　任党委书记（副部长级）
李建发　11 月 1 日　任党委副书记
赖虹凯　11 月 1 日　任党委副书记、纪委书记，免副校长职务
林东伟　11 月 1 日　任党委副书记
杨　斌　11 月 1 日　任副校长（正厅级）
金能明　11 月 1 日　任副校长
詹心丽　11 月 1 日　任副校长
叶世满　11 月 1 日　任副校长
韩景义　11 月 1 日　任副校长
陈力文　11 月 1 日　免党委副书记职务
陈国凤　11 月 1 日　免党委副书记、纪委书记职务
孙世刚　11 月 1 日　免副校长职务
吴世农　11 月 1 日　免副校长职务
张　颖　11 月 1 日　免副校长职务

山东大学

尹　薇　3月7日　免党委常务副书记职务
曹升元　4月10日　任总会计师（副厅级，试用期一年）
李建军　7月9日　任党委常务副书记（正厅级）
尹作升　7月9日　任党委副书记
樊丽明　8月1日　免副校长职务

武汉大学

黄泰岩　5月29日　任党委副书记，免副校长职务
蒋昌忠　5月29日　任党委副书记、纪委书记，免副校长职务
李清泉　5月29日　任常务副校长（正厅级，连任）
冯友梅　5月29日　任常务副校长（正厅级）
王传中　5月29日　任副校长
周创兵　5月29日　任副校长（连任）
谢红星　5月29日　任副校长（连任）
李　斐　5月29日　任副校长（连任）
谈广鸣　5月29日　任副校长
俞湛明　5月29日　免党委副书记、纪委书记职务
黄从新　5月29日　免副校长职务
李清泉　8月16日　免常务副校长职务

华中科技大学

湛毅青　4月10日　任总会计师（副厅级，试用期一年）
冯友梅　5月29日　免党委常务副书记、纪委书记职务
马小洁　8月16日　免党委副书记职务

中南大学

李桂源　5月29日　免副校长职务
徐建军　8月16日　任党委常务副书记（正厅级）
高　山　8月16日　任党委副书记

中山大学

陈春声　3月7日　任党委常务副书记（正厅级）
喻世友　3月7日　任纪委书记
梁庆寅　3月7日　免党委副书记、纪委书记职务
喻世友　3月7日　免副校长职务
郑德涛　11月21日　当选党委书记（第十二次党代会，连任）
陈春声　11月21日　当选党委常务副书记（第十二次党代会，连任）
李　萍　11月21日　当选党委副书记（第十二次党代会，连任）
喻世友　11月21日　当选党委副书记、纪委书记（第十二次党代会，连任）
朱孔军　11月21日　当选党委副书记（第十二次党代会，连任）

重庆大学

舒立春　8月16日　任党委常务副书记（正局级）
陈德敏　8月16日　免党委常务副书记职务
张宗益　8月16日　免副校长职务

李茂国　11 月 9 日　任副校长

兰州大学

郑晓静　8 月 1 日　免副校长职务

东华大学

朱　民　11 月 13 日　任党委委员、常委、书记

刘淑慧　11 月 13 日　任党委常委、副书记

罗仪华　11 月 13 日　任党委委员、常委、副书记、纪委书记

朱绍中　11 月 13 日　免党委书记、常委

王以刚　11 月 13 日　免党委副书记、纪委书记、常委

浦解明　11 月 13 日　免党委副书记、常委

华东理工大学

杨贤金　12 月 28 日　当选党委书记（第十次党代会，连任）

沈　炜　12 月 28 日　当选党委副书记（第十次党代会，连任）

马玉录　12 月 28 日　当选党委副书记（第十次党代会）

林志华　12 月 28 日　当选党委副书记、纪委书记（第十次党代会，连任）

蒋文文　12 月 28 日　不再担任党委副书记

上海财经大学

丛树海　6 月 26 日　任党委书记，免副校长

陈　宏　6 月 26 日　任党委常委、副书记

樊丽明　6 月 26 日　任党委委员、常委、校长

孙　铮　6 月 26 日　任副校长（连任）

王洪卫　6 月 26 日　任副校长（连任）

周仲飞　6 月 26 日　任副校长（连任）

刘兰娟　6 月 26 日　任党委常委、副校长

方　华　6 月 26 日　任党委常委、副校长

马钦荣　6 月 26 日　免党委书记、常委

谈　敏　6 月 26 日　免党委常委、校长

黄　颖　9 月 25 日　任副校长（挂职）

华东师范大学

陈　群　6 月 26 日　任校长

林在勇　6 月 26 日　任副校长（连任）

范　军　6 月 26 日　任副校长（连任）

任友群　6 月 26 日　任党委副书记、副校长（连任）

陆　靖　6 月 26 日　任副校长（连任）

朱自强　6 月 26 日　任副校长（连任）

郭为禄　6 月 26 日　任党委常委、副校长

孙真荣　6 月 26 日　任党委委员、常委、副校长

俞立中　6 月 26 日　免党委常委、校长

童世骏　12 月 27 日　当选党委书记（第十二次党代会，连任）

林在勇　12 月 27 日　当选党委副书记（第十二次党代会，连任）

任友群 12月27日 当选党委副书记（第十二次党代会，连任）

杨昌利 12月27日 当选党委副书记、纪委书记

朱 民 12月27日 不再担任党委副书记、纪委书记

罗国振 12月27日 不再担任党委副书记

上海外国语大学

王 静 2月10日 任纪委委员、纪委书记

中国矿业大学

葛世荣 11月9日 任校长（连任）

赵跃民 11月9日 任副校长（连任）

宋学锋 11月9日 任副校长（连任）

缪协兴 11月9日 任副校长（连任）

刘炯天 11月9日 任副校长（连任）

秦 勇 11月9日 任副校长（连任）

赵建岭 11月9日 任副校长（连任）

合肥工业大学

徐枞巍 6月6日 任校长（连任）

庆承松 6月6日 任副校长（连任）

赵 韩 6月6日 任副校长（连任）

吴玉程 6月6日 任副校长（连任）

刘晓平 6月6日 任党委委员、常委、副校长

刘志峰 6月6日 任党委委员、常委、副校长

朱大勇 6月6日 任党委委员、常委、副校长

陈朝阳 6月6日 免党委常委、副校长

韩江洪 6月6日 免党委常委、副校长

洪天求 6月6日 免党委常委、副校长

庆承松 11月7日 免党委副书记、常委、委员、副校长

中国海洋大学

王剑敏 4月10日 任党委委员、常委、总会计师（副厅级，试用期一年）

武汉理工大学

万志建 11月7日 任党委委员、常委、副书记

中国地质大学（武汉）

成金华 7月9日 任党委副书记、纪委书记，免副校长

王 华 7月9日 任党委常委、副校长

万清祥 7月9日 任党委常委、副校长

邢相勤 7月9日 免党委常委、副校长

丁振国 7月9日 免党委副书记、纪委书记、常委

郝 翔 12月16日 当选党委书记（第十一次党代会，连任）

朱勤文 12月16日 当选党委副书记（第十一次党代会，连任）

傅安洲 12月16日 当选党委副书记（第十一次党代会，连任）

成金华 12月16日 当选党委副书记、纪委书记（第十一次党代会，连任）

华中农业大学

李名家 6月8日 任党委副书记、纪委书记，免副校长

吴 平 6月8日 任党委委员、常委、副校长

邓秀新 7月9日 任校长（连任）

高 翅 7月9日 任副校长（连任）

张献龙 7月9日 任副校长（连任）

周承早 7月9日 任副校长（连任）

陈兴荣 7月9日 任副校长（连任）

李崇光 7月9日 任副校长（连任）

中南财经政法大学

周景明 10月22日 任党委副书记，免副校长

刘茂林 10月22日 任党委常委、副校长（试用期一年）

王文贵 10月22日 任党委委员、常委、副校长（试用期一年）

华中师范大学

李向农 7月9日 任副校长（连任）

黄永林 7月9日 任副校长（连任）

黄晓玫 7月9日 任副校长（连任）

蔡红生 7月9日 任党委委员、常委、副校长

王恩科 7月9日 任党委委员、常委、副校长

乐政龙 7月9日 免党委常委、副校长

湖南大学

刘克利 11月4日 当选党委书记（第八次党代会，连任）

栾永玉 11月4日 当选党委副书记、纪委书记（第八次党代会，连任）

唐亚阳 11月4日 当选党委副书记（第八次党代会，连任）

陈 伟 11月4日 当选党委副书记（第八次党代会）

邓频声 11月4日 不再担任党委副书记、纪委书记

华南理工大学

李 琳 3月7日 任党委副书记，3月8日免副校长

刘琪瑾 3月7日 任纪委委员、纪委书记

党 志 7月12日 任副校长（试用期一年）

西南交通大学

陈春阳 7月20日 任校长（连任）

蒋葛夫 7月20日 任副校长（连任）

陈志坚 7月20日 任副校长（连任）

范平志 7月20日 任副校长（连任）

彭新实 7月20日 任副校长（连任）

蒲 云 7月20日 任副校长（连任）

张文桂 7月20日 任党委委员、常委、副校长

冯晓云 7月20日 任党委委员、常委、副校长

濮德璋 7月20日 免党委常委、副校长

蔺安林 7月20日 免党委常委、副校长

电子科技大学

王志强 6月20日 当选党委书记（第八次党代会，连任）

罗佳慧 6月20日 当选党委副书记、纪委书记（第八次党代会，连任）

王亚非 6月20日 当选党委副书记（第八次党代会，连任）

李言荣 6月20日 当选党委副书记（第八次党代会，连任）

西南财经大学

张宗益 4月10日 任党委委员、常委、校长（试用期一年）

赵德武 4月10日 免校长

马　骁 12月25日 任副校长（连任）

卓　志 12月25日 任副校长（连任）

丁任重 12月25日 任副校长（连任）

边慧敏 12月25日 任副校长（连任）

杨　丹 12月25日 任党委委员、常委、副校长

尹庆双 12月25日 任党委常委、副校长

刘　灿 12月25日 免党委常委、副校长

赵德武 12月31日 当选党委书记（第十二次党代会，连任）

欧　兵 12月31日 当选党委副书记、纪委书记（第十二次党代会，连任）

曾道荣 12月25日 任党委副书记，免副校长

12月31日 当选党委副书记（第十二次党代会）

西南大学

黄蓉生 11月3日 当选党委书记（第二次党代会，连任）

张跃光 11月3日 当选党委副书记（第二次党代会，连任）

徐晓黎 11月3日 当选党委副书记（第二次党代会连任）、纪委书记（第二次党代会）

安春元 11月3日 当选党委副书记（第二次党代会）

李胜元 11月3日 不再担任党委副书记、纪委书记

东北大学

孙家学 1月10日 当选党委书记（第十三次党代会，连任）

熊晓梅 1月10日 当选党委副书记（第十三次党代会，连任）

李文宪 1月10日 当选党委副书记（第十三次党代会，连任）

杨　明 1月10日 当选党委副书记、纪委书记（第十三次党代会，连任）

芦延华 4月10日 任总会计师（副厅级，试用期一年）

北京交通大学

刘　军 3月13日 任副校长（试用期一年）

余祖俊 3月13日 任副校长（试用期一年）

李学伟 3月13日 免副校长职务

王永生 3月13日 免副校长职务

曹国永 4月7日 当选党委书记（第十次党代会，连任）

颜吾佴 4月7日 当选党委副书记、纪委书记（第十次党代会，连任）

高福廷 4月7日 当选党委副书记（第十次党代会，连任）

高　艳　4月7日　当选党委副书记（第十次党代会，连任）

中国政法大学

李树忠　3月13日　任副校长（试用期一年）

马抗美　3月13日　免副校长职务（免职后享受正局级待遇）

中国传媒大学

苏志武　3月24日　任校长（连任）

吕学武　3月24日　任党委副书记

高福安　3月24日　任副校长（连任）

袁　军　3月24日　任副校长（连任）

胡正荣　3月24日　任副校长（连任）

吕志胜　3月24日　任副校长（连任）

廖祥忠　3月24日　任副校长（连任）

陈文申　8月1日　任党委书记

李培元　8月1日　免党委书记职务

中央戏剧学院

徐秀明　3月24日　免副院长职务

陈志坚　4月10日　任总会计师（副局级，试用期一年）

徐　翔　7月16日　任院长（连任）

廖向红　7月16日　任副院长（连任）

徐永胜　7月16日　任副院长（连任）

北京语言大学

李宇明　4月10日　任党委书记

王路江　4月10日　免党委书记职务

东北师范大学

刘益春　4月10日　任校长（试用期一年）

史宁中　4月10日　免校长职务

北京外国语大学

马燕生　5月1日　任副校长（挂职）

韩　震　8月2日　任校长

陈雨露　8月2日　免校长职务

北京林业大学

王晓卫　5月1日　任副校长（挂职）

华北电力大学

张金辉　5月29日　任副校长

王增平　5月29日　任副校长（试用期一年）

张天兴　5月29日　任党委常委

北京邮电大学

曲昭伟　6月1日　任党委副书记

董　晞　6月1日　任党委副书记、纪委书记

郭　军　6月1日　任副校长

牟文杰　6月1日　免党委副书记、纪委书记职务

张英海　6月1日　免副校长职务

薛忠文　6月1日　免副校长职务

北京化工大学

谭天伟　6月6日　任校长

王　贵　6月6日　任副校长（连任）

陈冬生　6月6日　任副校长（连任）

任新钢　6月6日　任副校长（连任）

陈标华　6月6日　任副校长（连任）

李显扬　6月6日　任副校长（连任）

王　峰　6月6日　任副校长

王子镐　6月6日　免校长职务

西安电子科技大学

郑晓静　6月28日　任校长

郝　跃　6月28日　任副校长（连任）

陈　勇　6月28日　任副校长（连任）

杨银堂　6月28日　任副校长（连任）

张培营　6月28日　任副校长

李建东　6月28日　任副校长

段宝岩　6月28日　免校长职务

陈　平　6月28日　免副校长职务

蒋舜浩　12月25日　任党委副书记、纪委书记

靳雅静　12月25日　免党委副书记、纪委书记职务

陕西师范大学

张建祥　6月28日　任党委副书记、纪委书记，免副校长职务

张渭淮　6月28日　任副校长，免党委副书记、纪委书记职务

游旭群　6月28日　任副校长

东北林业大学

杨传平　7月2日　任校长（连任）

陈文慧　7月2日　任党委副书记、纪委书记

曹　军　7月2日　任副校长（连任）

孙正林　7月2日　任副校长（连任）

赵雨森　7月2日　任副校长（连任）

李　斌　7月2日　任副校长（连任）

李顺龙　7月2日　任副校长（连任）

陈文斌　7月2日　免党委副书记、纪委书记职务

吴国春　12月31日　当选党委书记（第十二次党代会，连任）

胡万义　12月31日　当选党委副书记（第十二次党代会，连任）

孙正林　12月31日　当选党委副书记（第十二次党代会，连任）

陈文慧　12月31日　当选党委副书记、纪委书记（第十二次党代会，连任）

中央音乐学院

肖学俊　7月4日　任副院长

郭淑兰　7月10日　当选党委书记（第二次党代会，连任）

逄焕磊　7月10日　当选党委副书记、纪委书记（第二次党代会，连任）

苗建华　7月10日　当选党委副书记（第二次党代会）

中央财经大学

王广谦　7月16日　任校长

李俊生　7月16日　任副校长

陈　明　7月16日　任副校长

王瑶琪　7月16日　任副校长

史建平　7月16日　任副校长

赵丽芬　7月16日　任副校长

袁　东　7月16日　任纪委书记

梁　勇　7月16日　任党委副书记，免副校长职务

侯慧君　7月16日　免党委副书记、纪委书记职务

中央美术学院

高　洪　10月23日　任党委书记

杨　力　10月23日　免党委书记职务

〔驻外教育参赞任免〕

沈　阳　4月2日　任驻英国使馆教育处公使衔参赞（副司级）

王胜刚　7月25日　任驻新西兰使馆教育处参赞（晋升为副司级）

张益群　8月21日　任驻休斯敦总领馆教育组参赞衔领事（副司级）

徐永吉　9月18日　任驻旧金山总领馆教育组参赞衔领事（副司级）

撰稿　曹家富　杨大研　董凤玲　杨博宇
张拥军　蔡　甄　马贵生

审稿　吕　杰　朱小杰　魏士强　彭　实
胡　炜　方永生　朱保江　廖舒力

高校干部工作

〔教育部开展公开选拔直属高校校长试点工作〕 为贯彻落实教育规划纲要，进一步完善具有中国特色的大学校长选拔任用制度，教育部先后开展了两轮公选直属高校校长试点工作。2011年12月21日，启动了首轮公选东北师范大学、西南财经大学校长试点工作，共有19人报名。通过资格审查的共13人，6人报考东北师范大学、9人报考西南财经大学（有2人兼报）。经过相关工作程序，教育部于4月10日正式发文任命刘益春为东北师范大学校长、张宗益为西南财经大学校长。

为进一步扩大试点，教育部于2012年9月26日专门召开公选校长工作座谈会，总结东北师范大学、西南财经大学公选工作经验，修改完善公选办法和方案。在此基础上，于12月4日启动了北京科技大学、北京中医药大学、中国药科大学3所高校校长公选工作。这次公选报名人数和质量大幅提升，共有55人报名，包括5位海外人员。报名人员中具有“985工程”高校学习和工作经历的有12人、中国工程院院士1人、外国科学院院士2人，通过资格审查的共36人。经过相关工作程序，教育部于2013年1月24日正式发文任命张欣欣为北京科技大学校长、徐安龙为北京中医药大学校长、来茂德为中国药科大学校长。

这两次公选严格按照发布公告、报名、资格审查、职业素养综合评估、面试、民意测验和面谈、差额考察和任前公示等环节进行，工作安排紧凑，过程平稳顺利，社会反响积极。国务委员刘延东、中央书记处书记李源潮、中央组织部部长赵乐际分别做出重要批示，公选校长工作也作为案例入选中组部选编的《人事制度改革100例》。从实施情况看，这两轮公选校长试点工作具有以下特点。一是坚持党管干部，严把人选政治关。公选工作始终在教育部党组直接领导下进行，中组部、地方党委有关负责人作为遴选委员会主任全程参加，驻教育部纪检组监察局主要负责人全程监督，充分体现了党管干部原则。公选方案充分体现了对社会主义政治家、教育家的要求，突出强调了报考人选的政治条件；考察中除了解人选的工作实绩、群众认可程度外，还着重考察人选的政治立场、政治方向和思想素质。二是坚持五湖四海，拓宽选人用人视野。在自主报名、3人联名推荐的基础上，主动请相关高校、行业主管部门及有关省委组织部动员推荐，多渠道、多形式礼聘优秀人才聚集到教育事业中来，确保了人选的数量和质量。三是坚持“伯乐相马”，遴选委员会突出行家主导。遴选委员会主任由教育部党组副书记、副部长杜玉波担任；副主任由与岗位所在学校学科背景、行业特色相对应的现任或离任直属中央组织部管辖的高校领导以及学术专家担任。遴选委员会由办学治校能力强、业绩突出的高校领导和学术代表、经验丰富的高校干部管理部门领导、职位所在学校师生和校友代表组成。四是坚持人岗相适，突显校长职位特点。面试与面谈有机结合，在测评人选综合分析能力、语言表达能力和应变能力的基础上，紧扣校长岗位特点，深入了解人选的办学理念、办学思路和视野，对教育规律的把握以及组织管理、驾驭全局能力等情况，特别注重考察人选的能力素质与学校学科特点、现阶段发展任务的契合度，考评内容针对性强，贴近学校实际。五是坚持民主公开，公选过程透明规范。遴选过程坚持透明公开，面试过程校内电视直播，主动邀请媒体记者现场旁听、采访；人民日报、中央电视台、新华社、光明日报等媒体高度关注公选工作并给予了积极正面报道和解读。

〔教育部开展公开选拔直属高校总会计师试点工作〕　根据《高等学校总会计师管理办法》，按照“先行试点、积累经验、逐步推开”的工作思路，于2011年12月21日启动了公开选拔直属高校总会计师试点工作，首批遴选华中科技大学、山东大学、东南大学、中国海洋大学、东北大学、中央戏剧学院6所直属高校的总会计师。经过报名、资格审查、面试答辩、组织考察、公示等环节，在与有关部门进行充分沟通、征求高校所在地地方党委意见、认真听取试点高校党委意见的基础上，教育部于2012年4月10日正式发文任命丁辉为东南大学总会计师、曹升元为山东大学总会计师、湛毅青为华中科技大学总会计师、陈志坚为中央戏剧学院总会计师、芦延华为东北大学总会计师、王剑敏为中国海洋大学总会计师。这次试点高校的总会计师均为校外产生，其中5人来自中央组织部管辖的高校，1人来自财经行业院校。这既体现了教育部党组对试点高校改革发展的高度重视，也充分体现了委派导向、交流任职的原则。5月14日，教育部召开公开选拔直属高校总会计师任职集体谈话，教育部党组成员、中纪委驻教育部纪检组组长王立英出席并讲话。

〔教育部面向部直属机关干部开展选学培训〕

针对干部教育培训工作多年来存在的难题和面临的新需求、新情况，教育部启动实施了“部机关公务员能力提升计划”，首次面向部机关全体干部和直属单位中层正职以上干部开展干部选学培训。3月至11月，共组织821名干部陆续走进北京大学、清华大学、中国人民大学和北京师范大学4所名校参加为期5天的脱产专题培训，实现了教育部党组年初提出的确保2012年部机关全体干部接受脱产培训的目标要求。通过干部选学，部机关实现了“要我学”向“我要学”的历史性转变，“越是关键时期，越要加强学习”的思想正在深入人心，学习正在成为教育部机关干部的自觉行为和精神追求。此次干部选学培训主要体现以下特点。一是统筹规划，加强培训顶层设计。构建了纵向贯通、横向衔接、全员覆盖的干部培训体系，力求将教育培训融入干部成长全过程。二是统筹学员选调和培训项目，实现组织需要、岗位需要和干部成长需要有机结合，较好地破解了工学矛盾。三是拓宽渠道，科学制订干部选学方案。围绕教育行政管理干部必备的知识、能力和素质，委托北京4所高校开设13个干部选学专题班（涵盖129门课程），每个专题班40学时。同时集中培训课程学习1天，开展职业理想和职业道德教育，学习中国特色社会主义教育理论与实践。四是学以致用，激发干部学习的内在动力。坚持理论联系实际、讲座与讨论相结合。五是实行干部培训学分制，建立干部选学和组织调训相结合的新机制，实现了发挥大学优质资源和提升机关干部能力素质的有效结合。六是免费开通“数字图书馆”，推进学习型机关和学习型公务员队伍建设。方便教育部机关干部开展研究性学习，解决多年来教育部机关干部不能上网免费查询研究文献和统计数据的老大难问题。

〔教育部直属高校和部分直属单位开展“一报告两评议”工作〕 2012年年底，在教育部75所直属高校和12所有用人权的直属单位，结合年度考核开展了“一报告两评议”工作。各高校、直属单位党委在年度考核大会上，专题报告本单位2011年以来干部选拔任用工作情况，并在一定范围内接受对本级党委干部选拔任用工作和新选拔任用领导干部的民主评议。

撰稿 姚发明 潘 卓 张拥军

审稿 魏士强 廖舒力 吕 杰 方永生

高层次人才培养

〔实施新的“奖励计划”〕 2012年，按照科学定位、育引并举、强化政策导向、推进协同创新、加大支持力度、完善评审程序的思路，修订完善实施办法，启动实施新的“长江学者奖励计划”，面向海内外，着力吸引和培养高校学科领军人才。新的“长江学者奖励计划”在确保人选质量的基础上，实行倾斜政策，切实体现了向人文社科领域倾斜、向中西部地区高校倾斜的评审导向，进一步优化了人才布局结构。共遴选支持75所高校聘任2011年度“长江学者”特聘教授193名、讲座教授47名，其中人文社科领域学者73人、中西部地区高校学者71人、地方高校学者44人，分别占总数的30.4%、30%和18.3%，有7个省份实现了地方高校“长江学者”特聘教授零的突破。

为进一步提高人选质量，确保项目实施公信力，新的“长江学者奖励计划”在实施过程中主要进行了四方面的改革完善。一是转变工作方式，采取第三方评审，委托教育部科技发展中心开展形式审查和通信评审工作试点，进一步提高评审工作效率。二是完善通信评审管理系统，调整充实评审专家库，新增4 600余位专家，总量达1.5万余人。三是改进会议评审方式，扩大评审专家规模，严格专家遴选标准，采取电话答辩、直接投票等形式产生人选，进一步提高评审工作的科学性。四是制定专家和工作人员行为准则，印发工作纪律通知，进一步提高评审工作的公正性。

附：

2011年度“长江学者”特聘教授、讲座教授名单

一、特聘教授（194人）

推荐单位	姓名	岗位名称
北京大学	陈晓明	中国现当代文学
北京大学	方　方	认知心理学
北京大学	郭志刚	人口学
北京大学	韩水法	外国哲学
北京大学	黄桂田	政治经济学
北京大学	黄晓军	内科学
北京大学	蒋争凡	细胞生物学
北京大学	裴　坚	有机化学
北京大学	朴世龙	自然地理学
北京大学	施章杰	有机化学
北京大学	史宇光	基础数学
北京大学	谭文长	流体力学
北京大学	夏定国	材料学
北京大学	俞孔坚	设计学
清华大学	陈国权	企业管理学
清华大学	陈　曦	凝聚态物理
清华大学	崔建远	民商法学
清华大学	方红卫	水力学及河流动力学
清华大学	姜开利	材料物理
清华大学	金　峰	水工结构工程
清华大学	李广涛	物理化学
清华大学	刘云浩	计算机系统结构
清华大学	刘　铮	生物化工
清华大学	戚益军	植物学
清华大学	孙宏斌	电力系统及其自动化
清华大学	王立平	机械制造及其自动化
清华大学	王　宁	英语语言文学
清华大学	王小群	管理科学与工程
清华大学	吴嘉炜	生物化学与分子生物学
清华大学	杨华中	电路与系统
清华大学	余　刚	环境工程

续表

推荐单位	姓名	岗位名称
清华大学	袁宏永	安全技术及工程
清华大学	张明楷	刑法学
中国人民大学	曾湘泉	劳动经济学
中国人民大学	韩大元	宪法学与行政法学
中国人民大学	李路路	社会学
中国人民大学	马俊峰	马克思主义哲学
中国人民大学	毛基业	技术经济及管理学
中国人民大学	张　杰	金融学
北京师范大学	李　实	应用经济学
北京师范大学	薛　贵	基础心理学
北京师范大学	张斌贤	教育史
中国农业大学	呙于明	动物营养学与饲料科学
中国农业大学	黄冠华	农业水土工程
中国农业大学	王福军	水利水电工程
北京科技大学	王　戈	材料物理与化学
北京化工大学	杨卫民	聚合物成型加工原理及设备
北京交通大学	李德才	机械工程
北京邮电大学	马华东	计算机应用技术
中国矿业大学（北京）	韩敏芳	清洁能源学
中国矿业大学（北京）	周宏伟	采矿工程
中国石油大学（北京）	赵　震	工业催化
中央财经大学	李海峥	应用经济学
北京中医药大学	陈家旭	中医诊断学
华北电力大学	牛东晓	技术经济及管理
大连理工大学	吕小兵	高分子化学与物理
东北大学	樊治平	管理科学与工程
东北大学	王国仁	计算机应用技术
东北大学	朱苗勇	钢铁冶金
吉林大学	刘俊秋	高分子化学与物理
吉林大学	马琰铭	凝聚态物理
吉林大学	张福贵	中国现当代文学
吉林大学	周光辉	政治学理论
东北师范大学	郭建华	统计学
复旦大学	傅吉祥	基础数学
复旦大学	徐　昕	物理化学

续表

推荐单位	姓名	岗位名称
复旦大学	赵世民	生物化学与分子生物学
复旦大学	朱依谆	分子药理学
上海交通大学	曾凡一	胚胎发育学
上海交通大学	范先群	眼科学
上海交通大学	刘成良	机械电子工程
上海交通大学	刘　益	工商管理
上海交通大学	刘颖斌	外科学
上海交通大学	王　斌	理论物理
上海交通大学	徐天乐	神经生物学
上海交通大学	郁文贤	信号与信息处理
同济大学	童小华	地图制图学与地理信息工程
华东理工大学	汪华林	环境工程
东华大学	朱美芳	材料学
华东师范大学	季　浏	体育学
华东师范大学	茅海建	中国近现代史
上海财经大学	周　勇	统计学
南京大学	洪修平	宗教学
南京大学	陆　海	微电子学与固体电子学
南京大学	任洪强	环境工程
南京大学	沈坤荣	政治经济学
南京大学	沈　阳	汉语言文字学
南京大学	苏新宁	情报学
南京大学	闻海虎	凝聚态物理
南京大学	许　钧	法语语言文学
南京大学	张峻峰	生物药剂学
南京大学	周　宪	文艺学
南京大学	周晓虹	社会学
东南大学	高西奇	通信与信息系统
东南大学	肖　睿	热能工程
河海大学	王沛芳	水力学及河流动力学
江南大学	堵国成	发酵工程
南京农业大学	王源超	植物病理学
中国药科大学	孙宏斌	药物化学
浙江大学	梁廷波	外科学
浙江大学	钱国栋	材料物理与化学

续表

推荐单位	姓名	岗位名称
浙江大学	邱利民	制冷及低温工程
浙江大学	郑津洋	化工过程机械
厦门大学	刘海峰	教育学
厦门大学	周　宁	中国语言文学
山东大学	杜泽逊	中国古典文献学
中国海洋大学	吴立新	物理海洋
武汉大学	汪信砚	马克思主义哲学
武汉大学	吴华意	地图制图学与地理信息工程
武汉大学	肖永平	国际法学
华中科技大学	史铁林	机械制造及其自动化
华中科技大学	王红卫	管理科学与工程
华中科技大学	朱宏平	结构工程
华中农业大学	姜道宏	植物病理学
湖南大学	杨荣华	分析化学
中南大学	柴立元	环境工程
中南大学	段吉安	机械制造及其自动化
中南大学	何　勇	控制理论与控制工程
中南大学	刘文胜	材料学
中南大学	赵中伟	有色金属冶金
中山大学	贺雄雷	生化与分子生物学
中山大学	黄国文	英语语言文学
中山大学	马　骏	行政管理
中山大学	翁建平	内科学
中山大学	余学清	内科学
华南理工大学	李远清	控制理论与控制工程
华南理工大学	吴　波	结构工程
华南理工大学	赵谋明	食品科学
重庆大学	周小平	岩土工程
四川大学	霍　巍	考古学及博物馆学
电子科技大学	宫玉彬	物理电子学
西安交通大学	汪　宏	微电子学与固体电子学
西安交通大学	严俊杰	热能工程
西安交通大学	赵万华	机械制造及其自动化
西安电子科技大学	石光明	电路与系统
兰州大学	郑炳林	历史文献学

续表

推荐单位	姓名	岗位名称
北京航空航天大学	樊瑜波	生物医学工程
北京航空航天大学	郭　雷	控制理论与控制工程
北京航空航天大学	郭　林	无机化学
北京航空航天大学	蒋成保	材料学
北京航空航天大学	李　波	计算机应用技术
北京理工大学	陈　杰	控制理论与控制工程
北京理工大学	赵维谦	测试计量技术及仪器
哈尔滨工业大学	高会军	控制理论与控制工程
哈尔滨工业大学	王爱杰	环境工程
哈尔滨工业大学	甄　良	材料学
南京理工大学	王明洋	火炮自动武器与弹药工程
中国科学技术大学	陈增兵	原子与分子物理
中国科学技术大学	华中生	管理科学与工程
第三军医大学	史春梦	军事预防医学
第四军医大学	陈吉华	口腔临床医学
第四军医大学	韩　英	内科学
第四军医大学	骆文静	军事预防医学
北京工业大学	郭　霞	微电子与固体电子学
北京工业大学	韩晓东	材料物理与化学
北京工业大学	李小军	防灾减灾工程与防护工程
北京工业大学	石照耀	机械制造及其自动化
北京建筑工程学院	戚承志	岩土工程
首都师范大学	左东岭	中国古代文学
首都医科大学	李汇华	病理学与病理生理学
首都医科大学	张　罗	耳鼻咽喉科学
山西大学	乔全生	汉语言文字学
山西大学	张天才	光学
内蒙古科技大学	李　梅	冶金工程
内蒙古农业大学	张和平	食品科学与工程
辽宁大学	林木西	国民经济学
沈阳药科大学	何仲贵	药剂学
上海大学	吴明红	环境工程
江苏师范大学	杨亦鸣	语言学及应用语言学
南京工业大学	邵宗平	材料物理与化学
南京工业大学	应汉杰	生物化工

续表

推荐单位	姓名	岗位名称
南京邮电大学	汪联辉	生物光电子学
苏州大学	郎建平	无机化学
浙江理工大学	陈本永	机械制造及其自动化
安徽大学	朱满洲	无机化学
福州大学	王应明	管理科学与工程
山东师范大学	董育斌	无机化学
河南大学	万师强	生态学
河南农业大学	马恒运	农业经济管理
湖北大学	江　畅	伦理学
武汉纺织大学	徐卫林	纺织科学与工程
湖南师范大学	蒋新苗	国际法学
湘潭大学	李佑新	马克思主义哲学
华南农业大学	刘雅红	基础兽医学
汕头大学	张国君	分子影像学
成都理工大学	许　强	地质工程
西南石油大学	张烈辉	油气田开发工程
云南财经大学	石　磊	概率论与数理统计
云南财经大学	钟昌标	国际贸易学
云南大学	周　平	政治学理论
西北大学	曲安京	科学技术史
西北师范大学	王　鉴	课程与教学论
宁夏大学	杜建录	西夏学研究
新疆大学	蒋耀林	应用数学

二、讲座教授（47人）

推荐单位	姓名	岗位名称
北京大学	李宝生	地球化学
北京大学	张　冰	天体物理
北京大学	赵宏宇	生物统计学
清华大学	林明洁	计算机应用技术
中国人民大学	陈毅恒	统计学
北京语言大学	潘海华	外国语言文学
中央财经大学	陈　嵘	统计学
南开大学	曾崇纯	基础数学
天津大学	Michael Pinedo	管理科学与工程

续表

推荐单位	姓名	岗位名称
大连理工大学	仝立勇	工程力学
吉林大学	李宏斌	高分子化学与物理
复旦大学	夏伯嘉（R. Hsia）	专门史
上海交通大学	胡　青	凝聚态物理
上海交通大学	明国莉	神经生物学
同济大学	James A. Ohlson	会计学
同济大学	Pol D. Spanos	结构工程
同济大学	刘小乐	生物信息学
华东师范大学	Wang Zheng Bing	港口海岸及近海工程
上海财经大学	邱嘉平	金融学
南京大学	鲍哲南	无机化学
东南大学	姚新中	伦理学
南京农业大学	金海翎	植物病理学
浙江大学	Steven H. Low	控制理论与控制工程
浙江大学	康景轩	食品科学
浙江大学	刘坚能	通信与信息系统
山东大学	彭玉生	社会学
武汉大学	黄金维	大地测量学与测量工程
华中科技大学	王连平	热能工程
华中科技大学	叶克强	病理与病理生理学
华中科技大学	张　黔	通信与信息系统
华中师范大学	令狐萍	民族学
西南大学	李子建	课程与教学论
西南交通大学	陈新中	桥梁与隧道工程
西南交通大学	欧阳华江	车辆工程
西南交通大学	杨　沙	工商管理
西安交通大学	曹国宏	计算机科学与技术
西安交通大学	陈光辉	高电压与绝缘技术
西安交通大学	袁　域	应用数学
西安电子科技大学	张青富	电路与系统
北京航空航天大学	杨　海	管理科学与工程
北京协和医学院	吕志民	肿瘤学
哈尔滨工程大学	黄　山	船舶与海洋结构物设计制造
南京理工大学	何永昌	控制理论与控制工程
中国科学技术大学	林　郁	空间物理学

续表

推荐单位	姓名	岗位名称
天津医科大学	周蓬勃	肿瘤学
湖南师范大学	Christos Samakovlis	遗传学
广州医学院	张海波	内科学

〔**参与实施“千人计划”**〕 2012年，教育部采取一系列措施，支持高校抓住机遇引进海外高层次人才。一是加强制度建设。会同科技部研究制定了《“千人计划”重点学科和重点实验室平台引进人才评审工作实施办法》，规范评审程序，严格评审要求，严肃评审纪律。二是加强管理服务。按照中央组织部要求，对相关高校“千人计划”专家到位情况、发挥作用情况、工作条件和生活待遇政策落实情况等进行全面总结评估，认真梳理问题，提出意见建议。全年高校共引进“千人计划”创新人才590人，其中“青年千人计划”305人，特别是上海交通大学通过“顶尖千人计划”引进美国国家工程院院士何志明教授，实现了高校“顶尖千人”零的突破。

截至2012年年底，高校共引进1 431名“千人计划”专家，占全国引进创新人才总数的63%，其中“青年千人计划”419人，占全国“青年千人计划”总数的78%。

撰稿 邬平清

审稿 廖舒力 沈国华

国家教育行政学院培训工作

〔**概述**〕 2012年，学院共举办各类培训班次75个，培训6 209人次，共计114 790人天。与2011年相比，培训项目增加24个，培训规模增加约1 000人次、1万人天。2012年，学院培训工作呈现出新的特点：一是教育部和有关司局下达办班项目增加；二是专题培训项目比重加大；三是为适应教育综合改革对教育干部能力素质的要求，对培训内容进行调整充实。

〔**认真开展党的十八大精神教育培训**〕 党的十八大召开前后，学院积极主动开展了党的十八大精神教育培训工作。一是积极落实教育部党组的培训任务，举办教育部直属单位学习党的十八大精神专题培训。二是面向全国教育系统组织举办了多期学习党的十八大精神专题培训班。三是主动调整相关的教学计划和教学内容，把党的十八大精神作为各班次的重要培训主题和重要培训内容。四是配合各地、各高校深入学习贯彻党的十八大精神，组织开展了“教育系统学习贯彻党的十八大精神远程专题培训”，培训各级各类干部、党员近万人。

〔**千名中西部大学校长海外培训项目启动**〕 “千名中西部大学校长海外研修计划”由香港培华教育基金会和李兆基基金共同出资8 000万元设立，由教育部负责项目实施工作，由学院具体承办。该项目旨在落实教育规划纲要提出的“优化区域布局结构，实施中西部高等教育振兴计划”的要求，加强中西部地方高校领导干部的办学治校综合能力，提升中西部地方高校办学水平。该项目计划于2012年至2015年间，派遣近千名中西部地方高校校长赴海外开展研修。5月24日，“香港培华教育基金会成立30周年庆典”暨“千名中西部大学校长海外研修计划”捐赠仪式在北京人民大会堂举行。国务委员刘延东致信祝贺，教育部副部长郝平宣读贺信。2012年下半年，“千名中西部大学校长海外研修计划”正式启动，先后组织实施了5个研修班120位中西部大学校长赴海外研修，取得初步成果，积累了宝贵经验。

〔新周期中国移动项目启动〕　教育部—中国移动中小学校长培训项目是由中国移动通信集团有限公司资助，教育部、中国移动通信集团有限公司统筹规划和组织领导的旨在培训中西部中小学校长，提高中西部中小学管理水平的公益项目。8月22日，“教育部—中国移动教育捐助项目”2009—2011年工作总结表彰会暨2012—2015年新周期项目启动会在中国职工之家召开。教育部副部长刘利民，中国移动通信集团公司副总裁、中国移动慈善基金会副理事长李正茂，中国教育发展基金会理事长张保庆出席会议并讲话。教育部、中国移动通信集团公司、中国教育发展基金会签署新周期合作协议，2012—2015年新周期项目正式启动实施。新周期项目将中部地区纳入影子培训，并在组织实施方式和项目激励机制上进行了大胆创新，力求组织管理更精细，项目参与单位更主动，专家作用发挥更到位，项目宣传工作更深入，并制定印发了一系列指导性文件，出台了一系列实施管理办法。

〔澳门教育暨青年局官员《国家中长期教育改革和发展规划纲要》专题研讨班举办〕　由教育部和澳门特区政府社会文化司联合统筹、共同举办的澳门教育暨青年局官员《国家中长期教育改革和发展规划纲要》专题研讨班分别于3月、5月底和6月初在学院举办。培训班以教育规划纲要为主题，目的在于帮助学员全面了解内地基础教育在贯彻落实教育规划纲要过程中所采取的主要措施、取得的主要成效和面临的重大挑战。60名澳门教育暨青年局的业务和管理骨干分别在学院进行为期7天的研讨学习。

〔中国教育学会教育行政专业委员会2012年学术年会召开〕　10月18日，中国教育学会教育行政专业委员会2012年学术年会在国家教育行政学院召开。与会代表围绕年会主题“县域中的师资队伍建设”，进行了主旨发言和深入的讨论交流，从多角度研讨了县域师资队伍建设的有效途径。

〔中国高等教育学会高等教育管理分会2012年学术年会举办〕　11月2—4日，由国家教育行政学院作为秘书处单位的中国高等教育学会高等教育管理分会2012年学术年会在南京师范大学举办。年会主题为“凝练大学精神与大学文化建设”。本次年会采取大会主旨演讲与分论坛相结合的形式进行。分论坛围绕“大学精神与大学文化”、“大学文化与人才培养”、“大学文化与大学管理”、“大学文化传承与办学特色”4个论题展开，与会代表从多层面、多角度阐述了大学精神与大学文化建设，引起积极反响。本届年会共收到论文110多篇，参会人数和提交论文数量均高于往届年会。

撰稿　韩　旭　姜永平
审稿　黄百炼

教育财务与审计

教育部　国家统计局　财政部关于2011年全国教育经费执行情况统计公告

〔**全国教育经费情况**〕　2011年，全国教育经费总投入为23 869.29亿元，比2010年的19 561.85亿元增长22.02%。其中国家财政性教育经费（主要包括公共财政预算教育经费、各级政府征收用于教育的税费、企业办学中的企业拨款、校办产业和社会服务收入用于教育的经费等）为18 586.70亿元，比2010年的14 670.07亿元增长26.70%。

〔**落实《教育法》规定的“三个增长”情况**〕

1. 中央和地方各级政府公共财政预算教育拨款（不包括教育费附加）为16 804.56亿元，比2010年的13 489.56亿元增长24.57%。其中中央财政教育支出3 268.59亿元，按同口径比较，比2010年增长28.31%，高于中央财政经常性收入16.15%的增长幅度。

2. 各级教育生均公共财政预算教育事业费支出增长情况。2011年全国普通小学、普通初中、普通高中、中等职业学校、普通高等学校生均公共财政预算教育事业费支出情况如下。

（1）全国普通小学为4 966.04元，比2010年的4 012.51元增长23.76%。其中农村为4 764.65元，比2010年的3 802.91元增长25.29%。普通小学增长最快的是江西省（51.05%）。

（2）全国普通初中为6 541.86元，比2010年的5 213.91元增长25.47%。其中农村为6 207.10元，比2010年的4 896.38元增长26.77%。普通初中增长最快的是江西省（44.23%）。

（3）全国普通高中为5 999.60元，比2010年的4 509.54元增长33.04%，增长最快的是江西省（65.49%）。

（4）全国中等职业学校为6 148.28元，比2010年的4 842.45元增长26.97%，增长最快的是江西省（76.32%）。

（5）全国普通高等学校为13 877.53元，比2010年的9 589.73元增长44.71%，增长最快的是宁夏回族自治区（164.81%）。

3. 各级教育生均公共财政预算公用经费支出增长情况。2011年全国普通小学、普通初中、普通高中、中等职业学校、普通高等学校生均公共财政预算公用经费支出情况如下。

（1）全国普通小学为1 366.41元，比2010年的929.89元增长46.94%。其中农村为1 282.91元，比2010年的862.08元增长48.82%。普通小学增长最快的是辽宁省（101.55%）。

（2）全国普通初中为2 044.93元，比2010年的1 414.33元增长44.59%。其中农村为1 956.66元，比2010年的1 348.43元增长45.11%。普通初中增长最快的是陕西省（81.78%）。

（3）全国普通高中为1 687.54元，比2010年的1 071.78元增长57.45%，增长最快的是河南省（172.80%）。

（4）全国中等职业学校为2 212.85元，比2010年的1 468.03元增长50.74%，增长最快的是河南省（196.33%）。

（5）全国普通高等学校为7 459.51元，比2010年的4 362.73元增长70.98%，增长最快的是宁夏回族自治区（392.86%）。

〔预算内教育经费占公共财政支出比例情况〕

按预算内教育经费包含教育费附加的口径计算，2011年全国公共财政预算教育经费为17 821.74亿元，占公共财政支出10 9247.79亿元的比例为16.31%，比2010年15.76%增加了0.55个百分点。

〔国家财政性教育经费占国内生产总值比例情况〕 据统计，2011年全国国内生产总值为472 882亿元，国家财政性教育经费占国内生产总值比例为3.93%，比2010年的3.65%增加了0.28个百分点。

2011年，全国教育经费执行情况监测结果表明，政府教育投入总量继续增加，国家财政性教育经费占国内生产总值比例以及公共财政预算教育经费占公共财政支出比例均比2010年有所增加。

附件：2011年全国教育经费执行情况统计表

注：①公告中所涉及的全国性统计数据，均不包括台湾省、香港特别行政区、澳门特别行政区；②公告中的2011年全国国内生产总值472 882亿元和公共财政支出109 247.79亿元等数据来源于《中国统计年鉴（2012）》。

附件：

2011年全国教育经费执行情况统计表

表一　2011年公共财政预算教育拨款增长与财政经常性收入增长比较

地区	公共财政预算教育拨款2011年比2010年增长（%）	财政经常性收入2011年比2010年增长（%）	增长幅度比较
中　央	28.31	16.15	12.16
北京市	18.84	13.19	5.65
天津市	38.82	23.47	15.35
河北省	17.93	23.78	−5.85
山西省	27.38	23.72	3.66
内蒙古自治区	20.73	29.30	−8.57
辽宁省	29.35	26.45	2.90
吉林省	27.78	25.26	2.52
黑龙江省	23.13	21.78	1.35
上海市	21.86	14.29	7.57
江苏省	22.50	21.92	0.58
浙江省	20.35	19.80	0.55
安徽省	41.50	19.85	21.65

续表

地区	公共财政预算教育拨款 2011 年比 2010 年增长（%）	财政经常性收入 2011 年比 2010 年增长（%）	增长幅度比较
福建省	18.13	21.35	−3.22
江西省	58.10	13.60	44.50
山东省	37.44	18.70	18.74
河南省	35.56	16.92	18.64
湖北省	25.25	24.47	0.78
湖南省	28.87	26.47	2.40
广东省	25.22	17.67	7.55
广西壮族自治区	23.95	10.60	13.35
海南省	18.64	22.48	−3.84
重庆市	33.63	28.26	5.37
四川省	16.32	18.20	−1.88
贵州省	22.69	22.04	0.65
云南省	23.88	25.47	−1.59
西藏自治区	27.85	27.43	0.42
陕西省	40.83	32.31	8.52
甘肃省	16.05	6.19	9.86
青海省	47.29	27.35	19.94
宁夏回族自治区	36.29	24.52	11.77
新疆维吾尔自治区	27.39	26.15	1.24

注：公共财政预算教育拨款包括教育事业费、科研经费、基建经费和其他经费。

表二　2011 年公共财政预算教育经费占公共财政支出比例情况

地区	公共财政预算教育经费（亿元）			公共财政预算教育经费占公共财政支出比例(%)		
	2010 年	2011 年	增长比例%	2010 年	2011 年	增减百分点
总　计	14 163.90	17 821.74	25.83	15.76	16.31	0.55
北京市	505.78	604.47	19.51	18.61	18.63	0.02
天津市	225.28	315.39	40.00	16.36	17.56	1.20
河北省	543.70	644.25	18.49	19.28	18.21	−1.07
山西省	341.34	434.54	27.30	17.67	18.38	0.71
内蒙古自治区	351.37	428.19	21.86	15.46	14.32	−1.14
辽宁省	464.99	605.35	30.19	14.55	15.50	0.95

续表

地区	公共财政预算教育经费（亿元）			公共财政预算教育经费占公共财政支出比例(%)		
	2010 年	2011 年	增长比例%	2010 年	2011 年	增减百分点
吉林省	270.18	348.82	29.11	15.12	15.84	0.72
黑龙江省	302.69	377.14	24.60	13.43	13.50	0.07
上海市	435.75	570.33	30.88	13.19	14.57	1.38
江苏省	877.82	1 103.10	25.66	17.86	17.73	−0.13
浙江省	639.27	776.18	21.42	19.93	20.20	0.27
安徽省	437.84	623.69	42.45	16.92	18.88	1.96
福建省	378.99	454.81	20.01	22.36	20.69	−1.67
江西省	311.04	489.33	57.32	16.17	19.31	3.14
山东省	773.66	1 063.09	37.41	18.66	21.25	2.59
河南省	674.56	915.59	35.73	19.75	21.55	1.80
湖北省	373.51	466.91	25.01	14.93	14.52	−0.41
湖南省	443.55	569.62	28.42	16.41	16.18	−0.23
广东省	1 033.70	1 327.86	28.46	19.07	19.78	0.71
广西壮族自治区	386.88	479.53	23.95	19.27	18.84	−0.43
海南省	107.74	129.02	19.75	18.53	16.57	−1.96
重庆市	280.66	376.17	34.03	16.42	14.64	−1.78
四川省	661.86	776.00	17.25	15.54	16.60	1.06
贵州省	307.03	377.33	22.90	18.82	16.77	−2.05
云南省	442.58	558.19	26.12	19.36	19.05	−0.31
西藏自治区	63.35	80.74	27.45	11.50	10.65	−0.85
陕西省	370.44	520.40	40.48	16.70	17.76	1.06
甘肃省	258.97	303.85	17.33	17.63	16.96	−0.67
青海省	97.30	144.10	48.10	13.09	14.89	1.80
宁夏回族自治区	81.97	111.65	36.21	14.70	15.82	1.12
新疆维吾尔自治区	316.62	404.78	27.84	18.64	17.72	−0.92

注：表中公共财政预算教育经费含教育费附加。

表三（1） 2010—2011 年各级教育生均公共财政预算教育事业费增长情况

单位：元

地区	普通小学			普通初中			普通高中		
	2010 年	2011 年	增长率(%)	2010 年	2011 年	增长率(%)	2010 年	2011 年	增长率(%)
总　计	4 012.51	4 966.04	23.76	5 213.91	6 541.86	25.47	4 509.54	5 999.60	33.04
北京市	14 482.39	18 494.11	27.70	20 023.04	25 828.16	28.99	20 619.66	28 533.85	38.38
天津市	11 505.42	13 398.02	16.45	14 819.48	17 716.32	19.55	13 233.87	15 941.80	20.46
河北省	3 783.13	4 233.89	11.92	5 227.19	6 217.00	18.94	3 997.89	4 961.13	24.09
山西省	4 049.34	5 057.71	24.90	4 739.37	5 843.14	23.29	4 245.34	5 432.50	27.96
内蒙古自治区	6 691.86	8 295.77	23.97	7 684.29	9 115.00	18.62	5 611.80	8 082.87	44.03
辽宁省	5 174.19	6 929.15	33.92	6 978.02	9 437.10	35.24	5 334.80	6 950.89	30.29
吉林省	6 220.61	7 285.90	17.13	6 826.55	8 442.78	23.68	5 104.32	5 625.00	10.20
黑龙江省	5 484.50	6 271.38	14.35	5 594.01	6 564.23	17.34	4 411.34	5 261.21	19.27
上海市	16 143.85	17 397.94	7.77	19 809.98	22 076.15	11.44	20 346.58	23 676.36	16.37
江苏省	7 252.39	8 479.50	16.92	8 385.89	10 175.05	21.34	5 595.47	7 606.20	35.93
浙江省	6 732.41	7 468.67	10.94	8 382.49	10 027.27	19.62	6 415.40	7 683.51	19.77
安徽省	3 192.12	4 503.39	41.08	3 963.55	5 645.98	42.45	2 817.27	4 601.11	63.32
福建省	4 785.85	5 766.51	20.49	5 715.61	7 350.81	28.61	5 221.83	6 318.66	21.00
江西省	2 470.25	3 731.28	51.05	3 375.17	4 868.08	44.23	3 016.21	4 991.60	65.49
山东省	3 936.26	5 071.92	28.85	6 137.13	7 762.13	26.48	5 076.80	7 121.87	40.28
河南省	2 186.14	2 736.91	25.19	3 410.02	4 563.99	33.84	2 457.82	4 025.99	63.80
湖北省	3 208.29	3 670.29	14.40	4 514.41	5 410.53	19.85	2 563.33	3 424.26	33.59
湖南省	3 013.99	3 619.25	20.08	4 932.57	5 941.36	20.45	3 288.30	4 143.45	26.01
广东省	3 487.02	4 731.13	35.68	3 920.97	4 907.10	25.15	5 312.93	6 418.50	20.81
广西壮族自治区	3 355.57	4 003.29	19.30	4 299.73	5 359.96	24.66	3 428.11	4 681.61	36.57
海南省	5 578.47	6 573.20	17.83	5 801.61	7 563.04	30.36	6 421.43	7 334.92	14.23
重庆市	3 633.96	4 773.15	31.35	4 297.92	5 604.96	30.41	3 606.59	5 399.50	49.71
四川省	3 372.56	4 164.05	23.47	4 076.96	5 210.02	27.79	2 590.74	4 033.74	55.70
贵州省	2 758.61	3 419.25	23.95	3 204.20	4 134.17	29.02	3 317.10	4 867.87	46.75
云南省	3 286.24	3 704.84	12.74	4 349.07	4 872.34	12.03	4 315.79	5 151.78	19.37
西藏自治区	8 164.32	10 382.40	27.17	7 242.81	9 593.73	32.46	7 245.76	1 1421.82	57.63
陕西省	4 723.88	5 996.96	26.95	5 256.90	7 422.63	41.20	4 491.15	6 164.45	37.26
甘肃省	3 306.41	4 113.89	24.42	4 129.87	5 020.27	21.56	3 798.17	4 723.55	24.36
青海省	5 011.76	6 518.71	30.07	7 423.16	8 331.43	12.24	7 983.63	9 394.02	17.67
宁夏回族自治区	3 819.14	4 226.33	10.66	6 009.40	6 903.36	14.88	6 672.23	7 428.42	11.33
新疆维吾尔自治区	5 868.61	7 639.92	30.18	7 788.66	10 182.63	30.74	7 249.22	9 720.11	34.08

表三（1）　2010—2011年各级教育生均公共财政预算教育事业费增长情况（续）

单位：元

地区	中等职业学校			普通高等学校		
	2010年	2011年	增长率(%)	2010年	2011年	增长率(%)
总　计	4 842.45	6 148.28	26.97	9 589.73	13 877.53	44.71
北京市	15 583.79	18 673.53	19.83	34 546.43	44 073.80	27.58
天津市	10 322.84	12 953.81	25.49	12 395.91	19 142.80	54.43
河北省	4 195.75	4 898.12	16.74	5 238.50	8 676.09	65.62
山西省	4 278.06	6 358.81	48.64	6 681.89	9 372.53	40.27
内蒙古自治区	8 231.72	10 479.40	27.31	10 147.22	13 783.79	35.84
辽宁省	6 536.11	8 499.91	30.05	5 896.08	10 248.38	73.82
吉林省	7 266.12	8 634.98	18.84	9 845.50	15 202.95	54.42
黑龙江省	6 029.69	7 081.82	17.45	6 742.70	10 912.73	61.85
上海市	12 609.79	14 653.93	16.21	21 258.08	29 560.09	39.05
江苏省	4 314.28	6 012.15	39.35	10 089.18	12 042.91	19.36
浙江省	6 643.12	7 896.09	18.86	10 508.34	12 014.80	14.34
安徽省	2 972.06	4 391.53	47.76	4 854.69	8 886.74	83.05
福建省	4 433.29	5 526.14	24.65	6 666.99	7 555.33	13.32
江西省	3 192.15	5 628.39	76.32	6 156.30	8 724.98	41.72
山东省	5 436.04	7 205.32	32.55	6 913.92	10 705.95	54.85
河南省	3 609.54	4 956.20	37.31	4 276.64	8 699.04	103.41
湖北省	2 728.00	3 776.78	38.45	5 947.88	8 973.36	50.87
湖南省	3 963.30	4 419.99	11.52	5 074.68	10 168.37	100.37
广东省	4 815.30	5 081.85	5.54	11 200.22	11 837.00	5.69
广西壮族自治区	5 278.65	5 903.56	11.84	6 902.44	10 208.52	47.90
海南省	4 903.97	6 148.72	25.38	8 877.30	9 128.91	2.83
重庆市	3 666.64	4 917.11	34.10	7 135.63	12 660.96	77.43
四川省	3 792.69	4 806.77	26.74	6 481.06	9 001.27	38.89
贵州省	3 974.26	4 921.87	23.84	8 823.65	10 140.61	14.93
云南省	4 728.43	6 223.29	31.61	8 515.23	10 592.02	24.39
西藏自治区	7 618.66	11 686.35	53.39	17 155.04	24 618.68	43.51
陕西省	4 607.49	6 827.21	48.18	7 106.90	12 205.33	71.74
甘肃省	4 347.86	5 151.84	18.49	6 868.73	9 347.65	36.09
青海省	6 496.27	6 857.32	5.56	10 944.41	19 995.63	82.70
宁夏回族自治区	4 426.93	5 695.77	28.66	10 741.24	28 444.17	164.81
新疆维吾尔自治区	7 996.67	10 703.42	33.85	13 194.92	15 696.38	18.96

表三（2） 2010—2011年各级教育生均公共财政预算公用经费增长情况

单位：元

地区	普通小学			普通初中			普通高中		
	2010年	2011年	增长率(%)	2010年	2011年	增长率(%)	2010年	2011年	增长率(%)
总　计	929.89	1 366.41	46.94	1 414.33	2 044.93	44.59	1 071.78	1 687.54	57.45
北京市	5 836.99	8 719.44	49.38	8 247.66	11 241.78	36.30	8 864.84	13 612.11	53.55
天津市	1 691.80	2 272.52	34.33	2 521.05	2 983.13	18.33	2 160.81	3 099.90	43.46
河北省	892.25	1 213.72	36.03	1 305.69	1 854.38	42.02	859.72	1 136.10	32.15
山西省	954.85	1 378.64	44.38	1 415.17	1 912.92	35.17	1 119.31	1 355.84	21.13
内蒙古自治区	1 560.76	1 895.02	21.42	2 209.10	2 574.48	16.54	1 827.40	2 449.45	34.04
辽宁省	1 263.55	2 546.71	101.55	2 041.43	3 640.65	78.34	1 220.04	2 346.26	92.31
吉林省	1 462.37	1 822.88	24.65	1 906.29	2 511.20	31.73	1 451.46	1 488.65	2.56
黑龙江省	978.30	1 362.11	39.23	1 418.34	1 814.22	27.91	1 029.27	1 167.68	13.45
上海市	4 264.69	5 369.22	25.90	5 298.45	6 837.76	29.05	5 485.57	6 695.11	22.05
江苏省	853.55	1 594.33	86.79	1 088.54	1 817.68	66.98	604.82	1 262.62	108.76
浙江省	870.54	1 048.20	20.41	1 209.80	1 614.83	33.48	1 326.93	1 544.26	16.38
安徽省	922.50	1 640.86	77.87	1 338.99	2 285.29	70.67	689.63	1 645.67	138.63
福建省	1 071.25	1 369.49	27.84	1 454.07	1 845.58	26.93	983.41	1 115.55	13.44
江西省	697.25	1 290.39	85.07	1 074.41	1 902.14	77.04	658.64	1 725.93	162.04
山东省	917.66	1 370.52	49.35	1 782.46	2 451.19	37.52	1 070.92	2 125.43	98.47
河南省	700.84	1 135.09	61.96	1 174.95	2 104.78	79.14	595.87	1 625.56	172.80
湖北省	701.09	889.56	26.88	1 130.42	1 355.03	19.87	482.04	706.83	46.63
湖南省	928.48	1 346.32	45.00	1 544.50	2 141.89	38.68	555.14	878.30	58.21
广东省	735.85	974.28	32.40	974.19	1 175.52	20.67	1 508.96	1 833.83	21.53
广西壮族自治区	670.36	994.53	48.36	1 127.29	1 676.50	48.72	735.97	1 563.94	112.50
海南省	1 358.73	1 767.55	30.09	2 037.29	2 979.70	46.26	2 561.42	2 637.13	2.96
重庆市	1 166.45	1 501.87	28.76	1 566.86	1 966.78	25.52	1 239.23	1 759.63	41.99
四川省	770.81	1 020.36	32.38	1 033.77	1 508.40	45.91	429.94	742.70	72.75
贵州省	579.26	834.21	44.01	827.24	1 371.62	65.81	502.21	1 121.61	123.33
云南省	802.56	979.16	22.00	1 162.33	1 454.77	25.16	1 026.96	1 229.16	19.69
西藏自治区	2 077.95	3 040.30	46.31	1 431.91	2 453.46	71.34	1 313.31	2 445.79	86.23
陕西省	1 071.28	1 570.87	46.63	1 516.97	2 757.54	81.78	1 041.46	2 283.26	119.24
甘肃省	820.64	1 167.53	42.27	1 292.78	1 645.70	27.30	927.11	1 158.43	24.95
青海省	1 850.49	2 505.72	35.41	3 447.57	3 271.74	−5.10	3 553.46	3 702.47	4.19
宁夏回族自治区	1 304.51	1 710.68	31.14	2 777.83	3 408.41	22.70	3 234.27	3 321.29	2.69
新疆维吾尔自治区	1 145.49	1 948.48	70.10	2 447.24	3 768.21	53.98	1 852.33	2 998.03	61.85

表三（2） 2010—2011 年各级教育生均公共财政预算公用经费增长情况（续）

单位：元

地区	中等职业学校			普通高等学校		
	2010 年	2011 年	增长率（%）	2010 年	2011 年	增长率（%）
总 计	1 468.03	2 212.85	50.74	4 362.73	7 459.51	70.98
北京市	7 962.78	9 096.94	14.24	19 896.42	26 465.43	33.02
天津市	1 422.43	2 981.70	109.62	5 237.56	10 850.65	107.17
河北省	880.25	1 236.55	40.48	1 616.21	4 253.09	163.15
山西省	1 103.43	1 958.95	77.53	1 850.42	3 557.44	92.25
内蒙古自治区	2 989.16	4 031.96	34.89	5 042.42	7 911.96	56.91
辽宁省	2 376.57	4 623.94	94.56	2 287.49	4 906.86	114.51
吉林省	1 660.44	2 089.34	25.83	4 909.68	8 622.94	75.63
黑龙江省	1 104.21	1 560.81	41.35	2 029.52	5 682.06	179.97
上海市	4 553.20	5 394.17	18.47	15 438.48	23 492.42	52.17
江苏省	965.23	1 683.66	74.43	5 213.14	7 196.70	38.05
浙江省	1 777.39	2 199.65	23.76	3 819.66	4 771.38	24.92
安徽省	807.42	1 865.38	131.03	1 672.96	5 153.64	208.06
福建省	1 003.48	1 375.21	37.04	2 983.48	4 006.27	34.28
江西省	1 070.89	2 820.84	163.41	1 975.10	4 086.06	106.88
山东省	1 393.75	2 290.00	64.30	2 225.89	5 675.75	154.99
河南省	739.34	2 190.87	196.33	1 441.28	4 768.50	230.85
湖北省	610.33	1 126.31	84.54	2 199.08	4 888.00	122.27
湖南省	837.71	1 151.22	37.42	1 495.88	5 699.85	281.04
广东省	1 975.10	2 072.85	4.95	5 864.76	5 418.52	−7.61
广西壮族自治区	2 214.77	2 918.25	31.76	2 702.68	5 745.81	112.60
海南省	1 958.49	2 495.68	27.43	3 732.34	3 842.52	2.95
重庆市	1 521.83	1 914.20	25.78	4 625.17	9 073.88	96.18
四川省	1 099.19	1 623.48	47.70	4 084.40	4 110.93	0.65
贵州省	1 635.90	1 641.77	0.36	4 161.00	4 330.00	4.06
云南省	1 853.42	1 907.77	2.93	4 606.43	5 877.00	27.58
西藏自治区	3 333.69	5 615.89	68.46	6 679.70	12 869.62	92.67
陕西省	1 502.23	3 084.41	105.32	3 779.75	8 505.62	125.03
甘肃省	1 071.54	1 347.50	25.75	2 764.49	5 125.06	85.39
青海省	3 535.38	3 599.94	1.83	3 661.77	10 851.65	196.35
宁夏回族自治区	1 777.79	2 656.40	49.42	4 336.72	21 374.01	392.86
新疆维吾尔自治区	2 626.15	4 610.78	75.57	7 092.75	8 008.89	12.92

〔**2012 年国家财政性教育经费支出实现占国内生产总值比例达 4%的目标**〕 教育规划纲要明确提出，“提高国家财政性教育经费支出占国内生产总值比例，2012 年达到 4%”（简称 4%目标）。为督促和指导各级政府落实国务院加大财政教育投入政策，经国务院领导同意，教育部会同财政部、国家发展和改革委联合成立了 4%办公室，加强沟通协调、监测评价和监督检查。一是抓住关键节点，编制年初预算。2012 年，中央和地方各级政府优化财政支出结构，按照财政性教育经费支出占国内生产总值的 4%比例编制年初预算。中央财政充分发挥表率作用，进一步加大对地方特别是中西部地区教育事业发展转移支付力度，同时增加本级教育支出。2012 年，全国财政性教育经费支出预算约 21 984 亿元，比 2011 年增加约 3 400 亿元。二是建立月报制度，加强动态监测。要求各地每月逐级填报财政教育投入相关数据，建立信息月报制度，及时掌握和分析投入动态，发现和解决政策执行中存在的突出问题；跟踪分析宏观经济形势，及时做出对各地财政教育投入状况的监测和研判。三是开展分析评价，下达奖补资金。2011 年，财政部印发《关于加强对各地 2011—2012 年财政教育投入状况分析评价的通知》（财办〔2011〕37 号），提出了各省份财政教育支出占公共财政支出的比例目标参考值；从财政教育支出增幅、财政教育支出比例、教育附加征收率和土地出让收益教育资金计提率四个方面，对全国 31 个省份及 5 个计划单列市财政教育投入情况进行综合评价；设立财政教育投入综合奖励资金，对综合评价结果优秀的省份给予奖励。2012 年，完成了对各地 2011 年财政教育投入状况的分析评价，根据分析评价结果以及省份类型、教育规模、财力状况等因素，对 31 个省份下达了综合补助资金，奖励这些省份加大财政教育投入工作所取得的成绩。四是建立督查制度，加强监督检查。为进一步督促地方落实财政教育投入责任，对部分省份进行了专项督查，分片区召开工作座谈会，多次下发明传电报，督促和指导落实加大财政教育投入政策，加快预算执行进度，确保如期实现 4%目标。

在中央有关部门和地方各级政府的共同努力下，2010—2012 年，国家财政性教育经费支出 3 年累计 5.5 万亿元，年均增长 22.4%。

〔**农村义务教育学生营养改善计划实施情况**〕

2012 年，在各地方、各部门的共同努力下，农村义务教育学生营养改善计划各项政策基本落实，工作推进平稳有序。截至 2012 年年底，全国 22 个省（区、市）699 个国家试点县（含兵团 19 个团场）全部开餐，覆盖近 10 万所学校，惠及 2 200 多万名学生。有 15 个省（区、市）481 个县开展了地方试点，覆盖 3.5 万多所学校，惠及 800 多万名学生。

落实责任。为确保营养改善计划顺利实施，经国务院批准，由教育部等 16 个部门联合成立了全国学生营养改善计划领导小组办公室（简称全国学生营养办），统筹协调和指导这项工作。各试点省（区、市）按照“政府负责、部门协同、分级管理、以县为主”的原则，建立了省、市、县三级责任体系，形成了各司其职、各负其责、密切配合、协同推进的工作机制，为实施营养改善计划提供了有力的组织保障。

建章立制。为规范营养改善计划实施工作的管理，教育部等 15 个部门和全国学生营养办先后制定印发了营养改善计划实施细则、食品安全保障管理、食堂管理、实名制学生信息管理、信息公开公示、专项资金管理、营养健康状况监测评估、应急事件处理、餐饮服务食品安全监管以及食堂建设 10 多个配套文件，明确了各环节操作规范。全国学生营养办建立了主任办公会制度、专项调度制度、月通报制度等，定期研究重大事项，推进工作。各地也出台细化操作的具体办法和配套政策，不断规范试点工作管理，确保营养改善计划顺利实施。

因地制宜确定供餐模式。各地从实际出发，创新供餐机制。供餐模式包括学校食堂供餐，向具备资质的餐饮企业、单位集体食堂购买供餐服务，偏远地区在严格规范准入的前提下实行个人或家庭托餐等。供餐内容包括完整的午餐，提供蛋、奶、肉、蔬菜、水果等加餐或课间餐。食品原料采购本地化，通过集中采购、与农户签订食品原料供应协议等方式，保证食品、蔬菜供应。有的农村学校还通过开展勤工俭学来补充食品原料供应。

始终把食品安全放在首位。各地方、各部门始终把食品安全摆在首要位置，层层签订食品安全责任书，建立健全食品安全保障、突发事件应急管理、供餐企业准入和退出等机制，以及岗位责任制和责任追究制，落实了食品安全责任。试点学校实行食堂从业人员持证上岗，逐级开展培训工作，提高从业人员的食品安全意识和规范操作水平。落实学校负责人陪餐制度和食品留样监测制度，对食品采购、贮存、加工和配送等关键环节强化监管，确保食品安全。

加快食堂建设。各地普遍加快了学校食堂建设工作进程，统筹农村中小学校舍维修改造长效机制和中西部农村初中校舍改造工程等资金，将学生食堂列为重点建设内容，本着节俭、安全、卫生、实用的原则，使其达到餐饮服务许可的标准和要求。中央财政专门安排食堂建设资金 194 亿元（其中 2012 年 94 亿元），对中西部地区农村学校改善就餐条件进行补助，并向国家试点地区适当倾斜。食堂供餐逐步成为国家试点学校的主要供餐模式。

严格资金管理。2012 年，中央用于营养改善计划的专项资金都已落实到位，包括营养膳食补助 191 亿元（其中对地方试点奖补资金 15 亿元）、“一补”资金近 80 亿元。各地将补助资金纳入国库管理，实行分账核算、集中支付，专款专用、严禁截留、挤占和挪用。建立了学生实名制信息系统，防止虚报冒领和套取国家资金的行为。试点学校普遍实行食品采购索证索票、食品查验、双人或定期轮换采购等制度，确保资金安全。

加强营养膳食指导。全国学生营养办组织编写了地方经验材料印发各地，加强工作交流指导；联合中国疾病预防控制中心营养与食品安全所编写了《农村学生营养指导手册》，研发了“农村学生营养膳食分析系统—电子营养师”，加强营养膳食指导；成立了学生营养指导专家组，聘请 40 名营养健康、食品安全、财务管理、舆论监督等方面的专家学者，加强营养配餐、科学饮食方面的专业指导和服务。各地、各部门充分利用各种宣传教育形式，向学生、家长、教师和供餐人员普及营养科学知识、培养科学的营养观念和饮食习惯。

强化监督检查。2012 年，全国学生营养办建立了成员单位分省（区、市）包干督查制度，并对所有试点省（区、市）进行了一轮全面检查。对检查中发现的问题督促及时整改。建立了专项督办制度，对各地实施中存在的突出问题，下发督办单，进行专项督办。各地建立问责制度，制定专门的监督检查办法，对营养改善计划的实施进行全过程监督。

坚持阳光操作。各试点县和学校在确定供餐模式时，广泛征求学生、家长、教师的意见。通过招标确定供餐单位（包括提供蛋、奶等加餐食品的企业），并向社会公示。大宗食品及原材料通过招标采购、集中采购、定点采购的方式确定供应商，采购过程向社会公开，杜绝了“暗箱操作”。试点学校通过多种方式，主动公示受益学生人数、资金使用、每周食谱等情况；建立了由学生、家长和教师代表等组成的膳食委员会，充分发挥其在供餐模式、供餐单位、配餐食谱和日常监督管理等方面的作用。各地均设置了监督举报电话和公众意见箱，广泛接受全社会监督，保证试点工作在阳光下运行。

主动宣传政策。各地利用各种媒体，通过多种形式，向全社会全面、准确、深入地解读和宣传相关政策，努力营造全社会共同支持的良好氛围。一些试点学校通过印发家长信、宣传单，张贴宣传画，设置公示栏等形式，主动宣传和介绍营养改善计划实施情况，使营养改善计划家喻户晓，深入人心。

〔**中小学校舍安全工程顺利完成**〕　在党中央、国务院的正确领导下，各有关部门紧密配合、地方各级政府积极努力，截至 2012 年年底，全国中小学校舍安全工程实施工作顺利完成，成效显著。

一是排查鉴定全面细致，摸清了校舍安全“家底”。各地政府组织对行政区域内中小学校舍逐校、逐栋进行排查鉴定，由有资质的专业机构出具合法的鉴定报告。全国共排查鉴定学校 37.5 万所，单体建筑物 217 万栋，校舍面积 14.5 亿平方米，第一次全面摸清了中小学校舍场址分布、建筑质量和安全状况，对哪些校舍存在安全隐患，存在什么样的隐患，做到了心中有数。

二是全国中小学校舍安全状况明显改善，抗震设防和综合防灾能力显著提升。2009—2012 年，中央共安排专项资金 300 亿元，带动地方投入 3 500 多亿元。全国已竣工学校 14 万所，项目 33.5 万个，校舍面积 3.5 亿平方米。其中中西部七度及以上地震高烈度且人口稠密地区已竣工学校 5.7 万所，项目 13.6 万个，校舍面积 1.4 亿平方米。各地结合南、北方自然灾害分布特点，制定了《中小学校舍综合防灾目录》，使校舍不仅达到抗震设防标准，而且符合综合防灾避险安全要求。相关检查表明，校安工程没有重大违法违纪行为和重大安全事故，工程质量可靠。

三是校舍安全档案和信息管理系统同步建立，全面掌握了中小学校舍安全信息。与校舍加固改造同步，各地以县为单位建立了档案室，使每一所学校、每一栋建筑的安全档案在教育行政部门和学校都有据可查；按照统一的技术标准和工作要求，建成了全国联网涵盖 41 万所中小学校（含教学点）、214 万栋单体建筑物基本信息的中小学校舍信息管理系统，首次实现了对校舍安全的动态监控和信息化管理，完善了校舍安全责任体系，提高了校舍安全管理的规范化、科学化水平。

〔扩大中职教育免学费政策范围，进一步完善国家助学金制度〕　经国务院批准，财政部、国家发展和改革委、教育部、人力资源和社会保障部于 10 月联合印发《关于扩大中等职业教育免学费政策范围进一步完善国家助学金制度的意见》（财教〔2012〕376 号），决定从 2012 年秋季学期起，将中等职业教育免学费政策范围扩大到所有农村（含县镇）学生、城市涉农专业学生和家庭经济困难学生。同时，将中等职业教育国家助学金资助对象由全日制正式学籍一、二年级在校农村（含县镇）学生和城市家庭经济困难学生，逐步调整为全日制正式学籍一、二年级在校涉农专业学生和非涉农专业家庭经济困难学生，将六盘山区等 11 个国家连片特困地区和西藏以及青海、四川、云南、甘肃四省藏区、新疆南疆三地州中等职业学校农村学生（不含县城）全部纳入享受助学金范围。2012 年，中央财政下达中职免学费补助资金约 80.7 亿元，惠及中职学生约 1 244 万人；安排中职国家助学金约 55.7 亿元，惠及中职学生约 534 万人。

〔设立研究生国家奖学金〕　为加快发展中国特色研究生教育，促进研究生培养机制改革，提高研究生培养质量，根据教育规划纲要的要求，设立研究生国家奖学金制度。研究生国家奖学金由中央财政出资设立，用于奖励普通高校和科研院所中学习成绩特别优异、科学研究成果显著、社会公益活动表现突出的全日制研究生。研究生国家奖学金每年奖励 4.5 万名在读研究生。其中博士研究生 1 万名，奖励标准为每生每年 3 万元；硕士研究生 3.5 万名，奖励标准为每生每年 2 万元。

〔启动实施高校新生入学资助项目〕　2012 年起，利用中央彩票公益金教育资助项目“润雨计划”专项资金，开展高校新生入学资助项目，一次性补助家庭经济困难新生从家庭所在地到被录取院校之间的交通费及入学后短期生活费，从而实现普通高中阶段和高等教育阶段国家资助政策的无缝衔接。项目实施范围为中西部地区 22 个省（区、市）以及新疆生产建设兵团。资助标准为省内院校录取新生每人 500 元，省外院校录取新生每人 1 000 元。2012 年，高校新生入学资助项目安排资金 1.4 亿元，资助中西部地区 21 万名家庭经济困难学生，占当地高三毕业生人数的 4%。

〔修订《中小学校财务制度》〕　为进一步规范中小学校的财务行为，加强财务管理和监督，提高资金使用效益，财政部、教育部根据新颁布的《事业单位财务规则》要求，对原《中小学校财务制度》进行了修订。

新制度按照“保持原有制度体系框架、适应财政管理改革要求、突出中小学校行业特征、推进科学化精细化管理”的原则，主要在以下五个方面进行了完善。一是进一步完善预算管理，全面规范学校收支行为。中小学校应将各项收支全面纳入单位预算，统一核算、统一管理。二是突出财政优先保障地位，强化义务教育经费管理。义务教育学校不得从事经营性活动，不得对外投资，不得举债，其办学经费由国家财政保障。三是加强绩效管理，细化财务监督。中小学校应建立健全内部控制制度、经济责任制度、财务信息披露制度，实行事前监督、事中监督和事后监督相结合，日常监督和专项监督相结合。四是明确校长负责制，突出校长在财务工作中的管理责任。中小学校的财务活动在校长领导下，由学校财务部门统一管理。中小学校以校为单位进行会计核算，实行“集中记账、分校核算”，不改变学校财务管理权。五是针对中小学校财务管理中的一些共性问题，如食堂管理、教学点预算编制、基建工程核算、经营活动、资产管理等进行制度规范。

〔颁布新的高等学校财务制度〕 随着公共财政体制改革的不断深化和高等教育的快速发展，原《高等学校财务制度》（简称原《制度》）已不适应新形势的要求。财政部会同教育部对原《制度》进行了修订，于12月9日印发了新的《高等学校财务制度》（财教〔2012〕488号）。与原《制度》相比，新《制度》着重从以下几个方面进行了修订：一是调整了《制度》的适用范围；二是明确了高等学校总会计师的职权职责；三是完善了预算管理制度；四是调整了收入和支出分类与口径；五是增加了收支管理的内容；六是完善结转和结余资金管理的规定；七是强化资产管理；八是建立健全财务风险控制机制；九是实行内部成本费用管理；十是完善财务监督制度。

〔指导高等学校做好财务信息公开工作〕 12月20日，教育部印发了《教育部关于做好高等学校财务信息公开工作的通知》。“通知”提出，各省级教育行政部门、有关部门（单位）教育司（局）和高等学校要充分认识做好财务信息公开工作的重要性；各高校要在预、决算批复后10个工作日内，以学校网站为主要信息公开载体，向社会公开收支预算总表、财政拨款支出预算表等预决算报表；要依法受理依申请公开事项，认真研究依申请公开内容，妥善处理依申请公开有关问题；教育部要定期开展对全国高校财务信息公开工作的监督检查；高校主管部门和各高校要加强财务信息公开考核；要进一步完善财务信息公开制度和责任追究制度，明确责任分解和责任追究的程序、方法和组织实施，严格责任追究。

〔制定并发布直属高等学校国有资产管理办法〕 2012年11月21日，教育部财务司制定了《教育部直属高等学校国有资产管理暂行办法》，并经财政部审定后印发实施。“办法”共11章68条，对直属高校国有资产管理工作提出了原则性要求，明确了管理机构及其职责，确定了资产配置、使用、处置、产权登记与产权纠纷处理、资产评估与资产清查、资产信息管理与报告等国有资产管理工作权限及要求，规范了直属高校国有资产管理行为以及资产管理绩效考核与监督检查。同时，要求教育部直属事业单位的国有资产管理依照本“办法”执行。

〔出国与来华留学经费投入显著增加〕 2012年，出国留学生经费总量为29亿元，比2011年经费总量增加11亿元，增幅达61.11%。2012年，来华留学生经费总量为15.5亿元，比2011年经费总量增加5.9亿元，增幅达61.46%。留学经费总量大幅增加，有力推动了中国留学事业的发展，促进了中国教育国际化水平的提高。

〔设立“中国—联合国教科文组织信托基金专项经费”〕 2012年，报经国务院批准，教育部增设了“中国—联合国教科文组织信托基金专项经费”。2012—2015年，该专项每年投入200万美元，共计800万美元，重点用于支持非洲地区的教育发展项目。这是联合国教科文组织和中国政府设立的首个信托基金，有助于提升中国大国形象，扩大中国教育外交影响力。

教 育 审 计

〔**深化领导干部经济责任审计**〕 在教育部经济责任审计工作领导小组的领导下，受教育部人事司委托，开展领导干部经济责任审计37项。其中教育部直属高校校长经济责任审计29项，直属事业单位负责人经济责任审计8项。

〔**召开教育审计工作研讨会**〕 召开多次教育审计工作研讨会，深入探讨加强高校财经管理关键领域、薄弱环节审计监督等问题。指导教育部部属高校协作组、教育行政部门片区分别召开审计工作经验交流会议。参与组织教育内部审计学会换届改选和新一届理事会第一次工作会议。会议以“进一步做好教育系统审计工作和学会工作”为主题，围绕教育审计工作中的热点难点问题，讨论如何开展教育审计工作，并提出了审计学会的工作思路，进一步明确了教育审计工作的方向。

〔**举办教育系统审计人员培训班**〕 5月、7月、9月，先后组织了三期教育系统审计人员培训班，培训学员共计500余名。培训内容涉及建设工程管理与审计、经济责任审计、内部控制管理与审计等领域，课件形式涵盖理论探讨、实务案例分析、解读新法规制度等。通过培训，进一步开拓了审计人员视野，提升了理论水平，强化了业务能力，对整个教育系统专业审计人才建设具有重要意义。

基础教育

学前教育

〔**全国学前教育事业快速发展**〕　2012年，全国共有幼儿园18.13万所，比2011年增加1.45万所，增长8.7%；在园（班）幼儿共3 685.76万人，比2011年增加261.32万人，增长7.6%；幼儿园园长和专任教师共167.75万人，比2011年增加18.15万人，增长12.1%。全国学前三年毛入园率达64.5%，比2011年提高2.2个百分点。

〔**中央财政学前教育项目顺利推进**〕　财政部、教育部继续实施学前教育重大项目，支持地方实施学前教育三年行动计划。2012年，中央财政投入106亿元，支持中西部地区和东部困难地区利用农村闲置校舍改扩建幼儿园、农村小学增设附属幼儿园3万余所。投入50亿元，对各地扶持企事业单位、集体办幼儿园和普惠性民办幼儿园，以及解决进城务工人员子女入园、建立学前教育资助制度等进行奖补。

〔**教育部印发《3—6岁儿童学习与发展指南》**〕

10月9日，教育部印发《3—6岁儿童学习与发展指南》（简称《指南》）。《指南》以为幼儿后继学习和终身发展奠定良好素质基础为目标，以促进幼儿体、智、德、美各方面的协调发展为核心，通过提出3—6岁各年龄段儿童学习与发展目标和相应的教育建议，帮助幼儿园教师和家长了解3—6岁幼儿学习与发展的基本规律和特点，建立对幼儿发展的合理期望，实施科学的保育和教育，让幼儿度过快乐而有意义的童年。

《指南》从健康、语言、社会、科学、艺术5个领域描述幼儿的学习与发展。每个领域按照幼儿学习与发展最基本、最重要的内容划分为11个方面。每个方面由学习与发展目标和教育建议两部分组成。目标部分对3—4岁、4—5岁、5—6岁三个年龄段末期幼儿应该知道什么、能做什么，大致可以达到什么发展水平提出了合理期望，指明了幼儿学习与发展的具体方向，共32个目标。教育建议部分列举了一些能够有效帮助和促进幼儿学习与发展的教育途径与方法，共87条建议。

〔**教育部举办首届全国学前教育宣传月活动**〕

为营造有利于幼儿健康成长的良好社会环境，从2012年起，教育部将每年的5月20日至6月20日定为“学前教育宣传月”，在全国范围内集中组织开展宣传活动，传播科学育儿理念，提高广大家长的科学育儿能力。

2012年宣传月的主题是“快乐生活，健康成长”。教育部在北京举办了首个宣传月启动仪式，教育部部长袁贵仁出席并讲话。教育部与联合国儿童基金会驻华代表处合作开发了科学育儿网站，为家长提供科学育儿指导。制作了公益宣传片，在中央电视台、中国教育电视台滚动播出。与中国教育电视台、中国学前教育研究会联合制作了“回归快乐童年”大型专家访谈节目。编印了科学育儿宣传册，并向中西部地区幼儿园捐赠了1.5万册。

〔**教育部启动 0—3 岁婴幼儿早期教育试点**〕 12 月，教育部办公厅下发了关于开展 0—3 岁婴幼儿早期教育试点的通知，决定在上海市、北京市海淀区等 14 个地区开展 0—3 岁婴幼儿早期教育试点。试点主要任务是按照党的十八大“努力办好人民满意的教育”的总体部署和“办好学前教育”的要求，以科学发展观为指导，坚持公益普惠的基本方向，充分整合公共教育、卫生和社区资源，努力构建以幼儿园和妇幼保健机构为依托，面向社区、指导家长的婴幼儿早期教育服务体系。试点主要内容是以发展公益性婴幼儿早期教育服务为目标，落实政府在早期教育中的规划、投入和监管等方面的责任，对早期教育管理体制、服务模式、师资队伍建设、成本分担机制和规范管理等方面进行研究探索。

〔**全国学前教育管理信息系统一期正式部署运行**〕 根据“教育服务与监管体系信息化建设”总体规划，教育部率先启动了全国学前教育管理信息系统研发工作。该系统包括两部分内容。一是基础数据。全面掌握各级各类幼儿园基本情况、幼儿及教师个体、幼儿园收费及资助管理等各方面信息。二是项目管理。涵盖国家层面 8 个项目，包括每个项目幼儿园的布局、规模、师资、投入和建设进展等方面的情况。该系统分两期建设，一期在中央级进行物理部署，二期在中央和省两级进行物理部署。系统一期于 9 月正式部署运行。

撰稿 王正科
审稿 李天顺 姜 瑾

综 合 管 理

〔**表彰“两基”先进单位和个人**〕 2012 年 9 月 7 日，全国教师工作暨“两基”工作总结表彰大会在北京召开。国家主席胡锦涛发来贺信，代表党中央、国务院，向全国广大教师和教育工作者表示节日的问候，向这次受表彰的先进集体和先进个人表示热烈的祝贺。国务院总理温家宝出席大会并做重要讲话，强调要适应人民群众接受更好教育的新期盼，把教育发展的重点放到提高质量、促进均衡发展上来，加快实现基本教育公共服务均等化，努力办好每一所学校，培养好每一个孩子。国务委员刘延东做大会总结讲话。全国人大常委会副委员长严隽琪、国务委员兼国务院秘书长马凯、全国政协副主席李兆焯出席大会。

国家教育体制改革领导小组成员单位，各省（区、市）和计划单列市、新疆生产建设兵团及所属相关部门负责人，国家教育咨询委员会委员，部分国家督学和高校负责人，以及受表彰的先进集体和先进个人代表等参加大会。300 个全国“两基”工作先进单位、500 名先进个人和 80 个先进地区受到表彰。截至 2012 年 9 月，中国所有县级行政单位、所有省级行政区都通过了普及九年义务教育和扫除青壮年文盲的国家验收，人口覆盖率达 100%，初中阶段毛入学率超过 100%。从 1986 年《中华人民共和国义务教育法》规定“国家实行九年制义务教育”以来，中国用 25 年时间全面实现“两基”目标，在 9 个发展中人口大国中，中国是唯一一个全面普及九年义务教育的国家。

〔**出台义务教育均衡发展意见**〕 9 月 5 日，印发了《国务院关于深入推进义务教育均衡发展的意见》，提出推进义务教育均衡发展的基本目标是：每一所学校符合国家办学标准，办学经费得到保障。教育资源满足学校教育教学需要，开齐国家规定课程。教师配置更加合理，提高教师整体素质。学校班额符合国家规定标准，消除“大班额”现象。率先在县域内实现义务教育基本均衡发展，县域内学校之间差距明显缩小。到 2015 年，全国义务教育巩固率达到 93%，实现基本均衡的县（市、区）比例达到65%；到2020年，全国义务教育巩固率达到95%，实现基本均衡的县（市、区）比例达到95%。

为确保目标的实现，提出了以下工作措施。一是加强学校标准化建设。大力改造薄弱学校，逐县（市、区）明确改造薄弱学校的重点、进程，并根据当地实际明确改造方案和方法。二是推动优质教育资源共享。鼓励各地实行“集团化办学”和“学区化管理”，“集团”和“学区”内，都要有当地群众认可的优质学校，并发挥辐射带动作用。推动学校宽带网络建设和农村学校班级多媒体教学设备配置，开发优质数字化教学资源。提高社会教育资源利用水平，探索学校教育与校外活动有机衔接的有效方式。三是均衡配置办学资源。进一步深化义务教育经费保障机制改革，义务教育阶段中小学公用经费实行全国统一的定额基准。按标准为农村中小学配齐图书、教学实验仪器设备、音体美等器材，着力改善农村中小学办学条件。四是合理配置教师资源。实行城乡统一的中小学编制标准，并对村小学和教学点予以倾斜，采取各种有效措施，吸引优秀高校毕业生到农村学校或薄弱学校任教。实行教师资格证有效期制度，加强教师培训，提升教师师德修养和业务能力。实行县域内公办学校校长、教师交流制度，不断优化教师配置。五是加强和改进学校管理，特别是规范招生办法。把区域内学生就近入学比率和招收择校生的比率纳入考核教育部门和学校的指标体系。要规范办学行为，完善学生学籍管理办法。

〔**规范农村义务教育学校布局调整**〕　9月，国务院办公厅印发了《关于规范农村义务教育学校布局调整的意见》（简称《意见》）。

《意见》要求县级人民政府要制订农村义务教育学校布局专项规划，合理确定县域内教学点、村小学、中心小学、初中学校布局。农村小学1—3年级原则上不寄宿，小学高年级以走读为主，初中学生根据实际可以走读或寄宿。原则上每个乡镇都应设置初中，人口相对集中的村寨要设置村小学或教学点，人口稀少、地处偏远、交通不便的地方应保留或设置教学点。专项规划由省级人民政府汇总后报国家教育体制改革领导小组备案，在完成备案之前，暂停农村义务教育学校撤并。

《意见》要求严格规范学校撤并程序和行为。确因生源减少需要撤并学校的，县级人民政府必须严格履行撤并方案的制订、论证、公示、报批等程序，并通过举行听证会等多种有效途径，广泛听取学生家长、学校师生、村民自治组织和乡镇人民政府的意见。多数学生家长反对或听证会多数代表反对，学校撤并后学生上学交通安全得不到保障，并入学校住宿和就餐条件不能满足需要，以及撤并后将造成学校超大规模或“大班额”问题突出的，均不得强行撤并现有学校或教学点。

《意见》还对办好村小学和教学点、解决学校撤并带来的突出问题做出了具体规定，对开展农村义务教育学校布局调整专项督查提出了明确要求。

〔**治理义务教育阶段择校乱收费**〕　2月，教育部、国家发展和改革委、审计署三部委联合印发了《治理义务教育阶段择校乱收费的八条措施》（教基一〔2012〕1号），明确提出了制止通过办升学培训班方式招生和收费的行为、制止跨区域招生和收费的行为、制止通过任何考试方式招生和收费的行为、制止通过招收特长生方式收费的行为、严禁收取与入学挂钩的捐资助学款、制止公办学校以民办名义招生和收费的行为、加强招生信息和学籍管理、加大查处力度八项措施。同时要求，通过依法推进义务教育均衡发展，推行政务公开、校务公开，纠正损害群众利益的不正之风，着力解决人民群众反映强烈的突出问题，维护教育公平公正，办好人民满意的教育。

〔**进城务工人员随迁子女平等接受义务教育**〕

《国务院关于深入推进义务教育均衡发展的意见》（简称《意见》）提出，保障进城务工人员随迁子女平等接受义务教育，要坚持以流入地为主、以公办学校为主的“两为主”政策，将常住人口纳入区域教育发展规划，推行按照进城务工人员随迁子女在校人数拨付教育经费，适度扩大公办学校资源，尽力满足进城务工人员随迁子女在公办学校平等接受义务教育。在公办学校不能满足需要的情况下，可采取政府购买服务等方式，保障进城务工人员随迁子女在依法举办的民办学校接受义务教育。《意见》进一步深化了“两为主”政策，努力向“全覆盖”迈进。

〔实施农村义务教育薄弱学校改造计划校舍改造项目〕 为落实教育规划纲要提出的“改造小学和初中薄弱学校，逐步使义务教育学校师资、教学仪器设备、图书、体育场地基本达标”；“改扩建劳务输出大省和特殊困难地区农村学校寄宿设施，改善农村学生特别是留守儿童寄宿条件，基本满足需要”，财政部、教育部决定实施农村义务教育薄弱学校改造计划（2010—2015年），集中力量支持解决“教学装备短缺、县镇学校太挤、农村学校太弱”等突出问题。截至2012年年底，中央财政已投入薄弱学校改造计划校舍改造类资金294亿元，全国校舍改造类项目已开工29 984个，开工面积2 075.56万平方米，占规划面积的63.28%。全国已竣工项目15 661个，竣工面积1 013.08万平方米，占规划面积的30.86%。薄弱学校改造计划实施初见成效，已实施该计划的农村学校学生食宿和卫生条件明显改善，生源得到稳定并开始回流，县镇学校“大班额”问题开始得到缓解。

〔关爱留守儿童教育〕 教育部按照教育规划纲要提出的建立健全政府主导、社会参与的农村留守儿童关爱服务体系和动态监测机制的要求，积极构建两个机制：一是2012年完成与各省（区、市）签署义务教育均衡发展备忘录，建立中央和地方协同推进县域义务教育均衡发展的机制，加强农村留守儿童教育工作被纳入其中；二是广泛建立中小学社会实践基地，推进和完善教育部联合中央和国家部委及行业主管部门共同开发中小学生社会教育资源的机制，为农村留守儿童社会实践教育创造良好条件。

2012年，教育部又积极联合全国妇联、中央综治办、团中央、中国关心下一代工作委员会等部门，对全国义务教育阶段农村留守儿童情况进行调研，基本形成了《加强义务教育阶段农村留守儿童关爱和教育工作的意见》。“意见”从提高教育条件保障水平、教育教学水平和社会关爱服务机制建设水平三方面提出要求，为进一步加强农村义务教育阶段留守儿童关爱和教育工作提供政策保障。

〔进一步推进减负工作〕 组织召开减负工作研讨会，广泛听取教育部有关司局、地方教育行政部门、教研机构、一线学校等单位人员对于减负工作的意见建议，研究减负工作措施。组织制订全国36个城市小学生课业负担监测方案，总结交流减轻学生过重课业负担的工作经验。加强宣传引导，召开新闻通气会，介绍浙江省减轻中小学生过重课业负担、治理和缓解义务教育“择校”问题的做法，并积极挖掘地方减负工作经验，编发教育部简报。

〔上好全国中小学“开学第一课”〕 2012年秋季新学期开学之际，教育部与中央电视台联合录制“开学第一课”，以“美在你身边”为主题，引导中小学生感受祖国的强大、生活的美好和榜样人物的高尚品格，鼓励中小学生发现身边的美，努力展现美、传递美、创造美，用实际行动为建设社会主义和谐社会而努力。该活动受到广大师生的喜爱，取得了积极的社会效果。

〔加强中小学生形势政策教育〕 4月，中共中央宣传部办公厅、教育部办公厅联合印发《关于进一步加强中小学时事教育的意见》，对各地从认识时事教育的重要性、加强资源开发建设、加强师资队伍建设、改进教育方式方法、落实时间和经费保障、加强领导协作和督导等方面做出了规定。

〔加强中小学生心理健康教育〕 12月14日，教育部召开全国中小学心理健康教育工作会议。会议总结交流了全国各地中小学心理健康教育工作好的经验和做法，部署了中小学心理健康教育工作。会前，教育部印发了《中小学心理健康教育指导纲要（2012年修订）》。“指导纲要”要求，各地各校要制订规划，逐步配齐心理健康教育专职教师，每所学校至少配备一名专职或兼职心理健康教育教师，并逐步增大专职人员配比。会上，教育部还聘请了新一届教育部中小学心理健康教育专家指导委员会委员，命名了20个全国中小学心理健康教育示范区。

〔**新增青少年示范性综合实践基地**〕　2012年，教育部、财政部利用中央专项彩票公益金，支持各省（区、市）地级市建设示范性综合实践基地。新审批公布了60个示范性综合实践基地名单，下拨资金18亿元。为提升新建示范性综合实践基地的规划建设管理水平，教育部于4月组织2011年立项的20个示范性综合实践基地项目负责人到广东、江苏两省开展培训和观摩学习活动。

〔**建设中小学社会实践基地**〕　2012年，教育部会同公安部建立了100个全国中小学消防安全教育社会实践基地、13个全国中小学毒品预防教育社会实践基地；会同水利部、全国节约用水办公室建立了24个全国中小学水土保持教育社会实践基地、11个全国中小学节水教育社会实践基地；会同国家质检总局建立了36个全国中小学质量教育社会实践基地。截至2012年年底，共建立各类主题的中小学生社会实践基地222个。各地中小学校可根据课程需要组织学生就近就便到各类主题教育基地开展社会实践活动。

〔**指导建立中小学幼儿园家长委员会**〕　2月，教育部印发了《教育部关于建立中小学幼儿园家长委员会的指导意见》（教基一〔2012〕2号），明确了家长委员会应在学校的指导下履行参与学校管理、参与教育工作和沟通学校与家庭的职责。要求有条件的公办和民办中小学和幼儿园都应建立家长委员会，强调各级教育部门要为家长委员会的组建提供保障。

〔**加强中小学安全工作指导**〕　9月28日，教育部召开全国学校安全工作电视电话会议，交流学校安全工作经验，部署学校安全工作。10月24日，召开全国中小学安全工作研讨会，进一步强调抓好责任、制度、措施的落实，实现“两个减少”。为提高中小学校安全管理工作的科学化和规范化水平，组织编写了《中小学校岗位安全工作指导手册》，积极推进《中小学校园安全管理标准》编写工作，已形成初稿。

〔**深入开展安全教育活动**〕　3月26日，教育部联合公安部等12个部门和单位共同举办了以“普及安全知识，提高避险能力”为主题的第17个全国中小学生安全教育日活动。此次活动与中国地震局组织的“平安中国”防灾宣导系列公益活动相结合，联合有关单位向中小学生赠送图书、光盘、画册等安全教育资料，指导建设了全国中小学安全教育网，取得了良好的安全宣传教育效果。积极支持中国习网开展安全知识网络竞赛，18省（区、市）的参赛学校达30 263所，参赛学生、家长、教师共计1 150余万人。暑假前后，针对学生溺水事故多发问题，教育部加大防溺水宣传教育力度，在电视台反复播放预防溺水字幕、公益广告和教育片，发布告家长一封信，提醒、呼吁家长进一步增强安全意识和监护意识，共同维护中小学生及幼儿的安全。

〔**积极推进校车安全管理工作**〕　4月5日，《校车安全管理条例》（简称《条例》）颁布实施，从此校车安全管理工作进入法制化轨道。一是发布标准规定。教育部密切配合公安部、工业和信息化部、国家质检总局、国家标准化管理委员会等部门制订或修订校车相关规定标准。《专用校车安全技术条件》、《机动车登记规定》、《机动车驾驶证申领和使用规定》、《专用校车生产企业及产品准入管理规则》、《校车标识》等标准规定相继出台。二是研究政策措施。国家发展和改革委、工业和信息化部、财政部、住房城乡建设部、税务总局、保监会、国家标准委分别对财政支持校车服务的政策措施、税收优惠政策、校车保险制度、相关标准等进行了研究。三是建立工作机制。经国务院批准，成立了由教育部、公安部等20个部门（单位）组成的校车安全管理部际联席会议（简称联席会议）。联席会议办公室设在教育部，先后筹备召开了两次联席会议和两次主任办公会。教育部等20个部门联合印发了《关于印发校车安全管理部际联席会议成员单位职责的通知》和《关于贯彻落实〈校车安全管理条例〉进一步加强校车安全管理工作的通知》，进一步明确相关部门职责，对各地贯彻落实《条例》工作提出具体要求。四是强化督促检查。9—10月，联席会议在全国范围内部署开展校车安全管理专项督查，各省（区、市）全部开展了自查，联席会议派出督查组对浙江、重庆等14个省（市）进行了抽查。公安部组织全国公安机关全面清理整治在用接送学生车辆安全隐患，认真履行校车使用许可审查和校车驾驶资格审批职责，保障校车通行安全。工业和信息化部按标准要求清理在产校车产品，交通运输部开展提供校车服务客运企业排查和校车途经路段安全隐患排查整治工作，安监总局严格重大校车安全事故挂牌跟踪督办。五是加强工作指导。10—11月，教育部对河北、山西等20个省（区、市）内的1万名地方教育部门及学校校车安全管理人员开展远程专题培训。联席会议办公室印发《关于提醒各地依〈车辆生产企业及产品公告〉选购校车从源头上确保校车安全的通知》等文件，编发校车安全管理工作简报24期。

截至2012年12月，全国所有省份均启动了《条例》实施办法的制定工作，26个省份建立了工作协调机制，1 235个县（区）制订了校车服务方案，1 556个县（区）建立了校车使用许可制度，1 541个县（区）建立了校车驾驶人资格审批制度。根据公安部交通管理部门统计，全年发生的涉及校车道路交通事故起数和死亡人数同比分别下降了42.11%和50.15%。

〔**开展安全工作督导检查**〕 9月3—13日，教育部联合公安部组织全国教育、治安系统共同开展中小学、幼儿园秋季开学校园安全工作交叉检查。通过全面了解和深入检查各地中小学、幼儿园秋季开学安全工作情况，切实推动各项安保措施的落实，达到查找问题、整改隐患、交流学习的目的，进一步推进校园安全工作的深入开展。10月底，教育部联合公安部、国家安监总局、工商总局、新闻出版总署等有关部门赴上海、重庆、山东、湖南、贵州等地开展校园及周边安全工作落实情况督导检查。检查组通过听取汇报、召开座谈会、查阅资料、实地查看等方式，对校园及周边安全工作进行了全面深入的检查，督促当地及时排除安全隐患，保障学校安全稳定，为党的十八大胜利召开营造良好氛围。

〔**推进爱生学校标准试验工作**〕 5月和10月，分别在北京市海淀区和广西三江侗族自治县召开爱生学校标准试验经验交流研讨会，来自北京、辽宁、甘肃、河北、山东、四川、广西等实验区教育行政部门和实验学校人员参加了会议。与会代表交流了各试验区爱生学校项目实施经验，探讨推广中国爱生学校标准的政策和实施途径，努力提升当地教育教学质量，促进义务教育均衡发展。

撰稿 荣 雷 陈东升 陈文涛 毛鹤灵 王婷婷 蓝 妍

审稿 于长学 王定华 杜柯伟

教育教学改革

〔**高中基本情况**〕 2012年，全国普通高中共有13 509所，比2011年减少179所；招生844.61万人，比2011年减少6.17万人，降低0.73%；在校生2 467.17万人，比2011年增加12.35万人，增长0.50%。高中阶段毛入学率由2011年的84%上升到85%，初中毕业生升学率为88.4%，与2011年基本持平。全国普通高中共有专任教师159.50万人，比2011年增加3.82万人；生师比为15.47∶1，比2011年有所改善；专任教师学历合格率为96.44%，比2011年提高0.71个百分点。普通高中共有校舍 42 246.65 万平方米。设施设备配备达标的学校比例情况分别为：音乐器材 80.63%，体育器械 83.39%，美术器材 81.88%，理科实验仪器 85.81%，体育运动场（馆）83.01%。建有校园网的学校比例为 80.29%，比 2011 年提高 2.74 个百分点。

〔实施普通高中改造计划〕　2012 年，教育部和财政部继续实施普通高中改造计划，范围由原来西部 12 个省份扩大至中西部 21 个省份所有集中连片特困地区。中央财政安排 20 亿元专项资金，主要用于支持集中连片特困地区普通高中校舍改扩建、配置图书和教学仪器以及体育运动场等附属设施建设。全年共支持中西部集中连片特困地区 499 所学校改善办学条件，新增校舍建筑面积 138 万平方米，新增体育场（馆）面积 117 万平方米，新增图书及仪器设备价值 3.4 亿元，惠及 162.8 万名普通高中学生。

〔举办全国青少年高校科学营活动〕　教育部与中国科学技术协会共同组织的 2012 年全国青少年高校科学营启动仪式于 8 月 5 日在北京大学举行。5 000 多名高中生走进了 41 所重点高校，聆听了 85 位院士、专家的科普报告，参观了约 150 个国家、省部级重点实验室和教学场所，参加了 30 个主题科技实践活动，与在校大学生开展交流互动，超过 90%的高中生认为此次活动“出色”和“相当好”。

〔启动特殊教育学校建设二期项目〕　2012 年，教育部、国家发展和改革委、中国残疾人联合会在中西部地区特殊教育学校建设项目的基础上，启动实施了特殊教育学校建设二期项目，全年共投入 8 亿元，支持 20 所高等特殊师范教育、残疾人高等教育和残疾人中等职业学校基础建设和配备教学、康复等设备。同年，与财政部共同下达中央特殊教育补助专款 5 000 万元，为中西部地区 150 所特殊教育学校配备教学和康复所需的仪器设备。

〔建立未入学适龄残疾儿童少年情况通报制度，研制攻坚计划〕　与中国残疾人联合会共同开展未入学适龄残疾儿童少年调查、登记和统计工作，并建立年通报制度。5 月，教育部与中国残联共同印发了《2011 年全国未入学适龄残疾儿童少年情况通报》，实名登记的未入学适龄残疾儿童少年有 82 834 人。为解决 8 万多名未入学适龄残疾儿童少年“有学上”的问题上，教育部研制了《残疾儿童少年义务教育攻坚计划（2012—2015 年）》，加强特殊教育相关条件保障，拟通过普通学校随班就读、特教学校就读、送教上门等多种形式，解决残疾学生入学问题。

〔注重特殊教育内涵发展，不断提高特殊教育质量〕　一是成立了国家基础教育课程教材专家工作委员会特殊教育委员会，统筹协调、指导特殊教育课程标准编写小组修改完善三类特殊教育学校课程标准，基本完成课程标准审定工作。二是会同中央机构编制委员会办公室、国家发展和改革委、财政部以及人力资源和社会保障部共同研究制定了《关于进一步加强特殊教育教师队伍建设的意见》，就加强特教师资队伍建设规划、条件准入、培养培训、教师管理、落实待遇等方面做了明确规定，将特教教师全面纳入“国培计划”统筹实施，其中 1 000 名特教骨干教师纳入示范性培训项目、5 000 名特教教师纳入中西部培训项目。同时，与中国残疾人联合会合作，共同委托北京师范大学举办了省级特殊教育教研员和骨干校长培训班。三是总结国家教育体制改革试点项目——上海市“推进医教结合，提高特殊教育水平”项目的经验，在全国继续开展“医教结合”实验。四是将手语盲文规范和推广工作纳入《国家中长期语言文字事业改革和发展规划纲要（2012—2020 年）》，与国家语委、中国残联共同开展手语盲文研究推广工作。

〔教辅材料散滥情况治理〕　为切实减轻中小学生过重的课业负担和学生家长的经济负担，规范中小学教辅材料的使用，教育部、新闻出版总署、国家发展和改革委、国务院纠风办于 2 月联合下发了《关于加强中小学教辅材料使用管理工作的通知》（简称《通知》）。《通知》就加强中小学教辅材料使用管理工作提出了五点要求。

1. 建立健全教辅材料评议推荐办法。省级教育行政部门会同新闻出版行政部门、价格主管部门加强对教辅材料使用的指导，组织成立教辅材料评议委员会，对进入本省（区、市）中小学校的教辅材料进行评议，择优选出若干套进行公告。各地市教材选用委员会根据当地教育实际和教科书使用情况，按照教科书选用的程序，从本省（区、市）教辅材料评议公告中，一个学科每个版本选择1套教辅材料推荐给本地区学校，供学生选用。

2. 合理确定评议推荐的教辅材料范围。教辅材料评议推荐的种类主要是与本省（区、市）使用的中小学教科书配套的同步练习册，根据他人享有著作权教科书编写出版的同步练习册应依法取得著作权人的授权，也可根据教学需要评议推荐寒暑假作业、初中和高中毕业年级考试辅导类教辅材料。评议推荐教辅材料的学科和年级由省级教育行政部门确定。经评议公告的教辅材料，严格执行国家有关定价政策。免费提供教辅材料的地方可自行确定使用教辅材料的种类和范围。

3. 认真做好教辅材料自愿购买和无偿代购服务。学生购买教辅材料必须坚持自愿原则，任何单位和个人不得以任何形式强制或变相强制学校或学生购买任何教辅材料，不得进入学校宣传、推荐和推销任何教辅材料。若学生自愿购买本地区推荐的教辅材料并申请学校代购，学校可以统一代购，做好服务，不得从中牟利。其他类教辅材料由学生和家长自行在市场购买，学校不提供代购服务。

4. 严格规范教辅材料编写行为。教辅材料主要编写者必须具有相关学科教学经验和熟悉相关教材；各级行政部门和负责实施考试命题、监测评价的单位不得组织编写学生有偿使用的同步练习册、寒暑假作业、初中和高中毕业年级考试辅导类教辅材料。鼓励有条件的单位和学校组织开发面向中小学教师和学生的教学辅助资源，免费提供使用。

5. 大力加强教辅材料使用监督。省级教辅材料评议公告报教育部备案，抄送新闻出版总署、国家发展和改革委、国务院纠风办，地市教辅材料推荐结果报省级教育行政部门备案。教材编写者编写的同步练习册将作为教育部对教科书使用情况评估的重要内容。各级新闻出版行政部门要加强对中小学教辅材料质量和非法盗印的监督检查，保证出版质量。各级价格主管部门要加强对教辅材料价格管理。各级纠风部门要对教辅材料的管理和评议推荐工作实行严格监督。各有关部门要建立健全信访举报等有效机制，拓宽监督渠道。对于违反本通知规定，强制或变相强制学校或学生购买教辅材料、不按规定代购、从代购教辅材料中收取回扣的单位和个人，由上级教育行政部门责令其纠正违规行为，给予通报批评，并追究有关人员的责任。

《通知》印发后，各地教育行政部门高度重视，结合本地实际，采取了各具特色的积极治理措施，使教辅材料使用管理工作取得初步成效。

1. 各地出台了本地的实施意见。21个省（区、市）成立了由相关部门参加的教辅材料评议委员会，建立、健全了相关管理制度，评议推荐过程做到了机会均等、过程透明、程序公正，严格执行了编写和出版人员的回避制度。截至2012年年底，已有16个省（区、市）完成了教辅材料的评议工作，印发了教辅材料推荐目录，经地市推荐，学生自愿选择，学校根据学生申请代购等环节，秋季学期已在学校使用。从一些省反映的情况看，评议推荐的教辅材料得到师生较广泛的认可。

2. 部分省（区、市）根据本省（区、市）情况免费提供教辅材料。北京向所有中小学生提供免费教辅，上海、江西、江苏、山东、广西、海南、重庆、甘肃、新疆、宁夏、陕西、浙江12省（区、市）分不同情况提供免费教辅，有的向义务教育阶段全体学生，有的向义务教育阶段农村学生，有的部分学科免费提供。此外，内蒙古鄂尔多斯、安徽芜湖、广东深圳等地市也免费提供了部分学段教辅材料。

3. 授权要求得到落实。完成评议的各省（区、市）均按照通知要求将同步教辅需获得教材原创出版单位授权作为参评门槛，同时对出版社资质、编写资格等进行了审查。

4. 各省（区、市）因地制宜确定本省（区、市）配备教辅材料的学科和年级。在小学，12个省（区、市）3—6年级语文、数学、英语学科配备教辅，13个省（区、市）增加了科学学科，部分省（区、市）在所有年级配备教辅。初中、高中都在语文、数学、英语、物理、化学、生物、历史、地理、政治9个学科配备教辅，部分民族地区增加了民族语言和汉语。23个省（区、市）配备了寒暑假作业和初中、高中毕业考试辅导。

5. 各省（区、市）将教辅新政策的落实情况作为秋季教育收费检查的重要内容。检查结果显示，各地市能够按照有关规定，规范本地教辅材料使用和管理，依据省（区、市）评议推荐公告形成本市教辅材料推荐目录，并通过网络和公告向全市公开。各地教辅材料使用的混乱状况得到初步扭转。

〔**首届全国中小学信息技术教学应用展演活动举办**〕 9月25—27日，教育部和深圳市政府在深圳联合举办了首届“全国中小学信息技术教学应用展演”活动。国务委员刘延东对展演活动高度重视，专门做出重要批示。教育部副部长刘利民出席展演活动开幕式并致辞。

首届展演活动内容丰富，汇集了各地精心遴选出的信息技术教学应用优秀成果，既有鲜明的地方特色，如云南的“傣汉双语教学”、厦门的“海峡两岸数字化交流”，也有对共同面临的重大问题的尝试探索，如山西的“信息技术助推教育事业跨越发展”、西藏的“教育信息化促进西藏基础教育均衡发展”；既有简便适用的教学工具软件，如东北师范大学的网络协同教研软件，也有技术领先的系统平台，如安徽省科大讯飞信息科技有限公司的畅言智能语音教具系统。展演期间还举办了4个专题论坛和12场技术讲座，吸引了国内外近百家知名高科技企业和部分高等院校参展。

〔**继续实施农村义务教育薄弱学校改造计划**〕自2010年开始实施农村义务教育薄弱学校改造计划以来，中央财政已累计投入专项资金346.34亿元。其中2012年中央专项资金179.08万元，校舍改造类项目34.10亿元，教学装备类（包括教学仪器设备、音体美器材、图书和多媒体远程教学设备）项目51.22亿元，食堂专项93.76亿元。

按照财政部、教育部《关于实施农村义务教育薄弱学校改造计划的通知》（财教〔590〕号）要求，2012年度农村义务教育薄弱学校改造计划重点检查各地项目实施情况，交流工作经验，分别召开了西南地区、华北东北地区、中东部地区和西北地区4个项目交流检查现场会，26个项目省份分别参加了会议。

撰稿 马嘉宾 章空尽 黄 伟 杨秀梅 乔玉全 陈 琳

审稿 刘昌亚 申继亮

职业教育与成人教育

〔**综述**〕　2012年，职业教育与成人教育战线以邓小平理论、“三个代表”重要思想、科学发展观为指导，按照中央的总体要求和教育部党组的具体部署，紧紧围绕国家经济社会发展大局，牢牢把握加快发展现代职业教育、积极发展继续教育的核心要求，全面落实立德树人和让每个孩子都能成为有用之才的根本任务，以深化综合改革、转变发展方式、强化内涵建设为主线，加快推进现代职业教育体系建设，积极推进继续教育改革创新，着力提高质量，着力促进公平，提升了服务全面建成小康社会的能力和水平。

规划与制度建设

〔**财政部等四部委印发《关于扩大中等职业学校免学费政策范围、进一步完善国家助学金制度的意见》**〕　2012年10月22日，财政部、国家发展和改革委、教育部、人力资源和社会保障部印发《关于扩大中等职业学校免学费政策范围、进一步完善国家助学金制度的意见》（简称《意见》）。这是继全面实现城乡免费义务教育后，农村教育发展史上又一件具有里程碑意义的大事。

《意见》明确提出扩大中等职业教育免学费政策范围：从2012年秋季学期起，对公办中等职业学校全日制正式学籍一、二、三年级在校生中所有农村（含县镇）学生、城市涉农专业学生和家庭经济困难学生免除学费（艺术类相关表演专业学生除外）。为保证学校正常运转，对因免除学费导致学校收入减少的部分，第一、二学年由财政按照享受免学费政策学生人数和免学费标准补助学校；第三学年原则上由学校通过校企合作和顶岗实习等方式获取的收入予以弥补，不足部分由财政按照不高于三年级享受免学费政策学生人数50%的比例和免学费标准，适当补助学校。免学费标准按照各省（区、市）政府及其价格主管部门在2012年6月30日前批准的学费标准确定。免学费补助资金由中央财政统一按照每生每年2 000元的标准与地方财政按比例分担。涉农专业范围，根据教育部发布的中等职业学校专业目录及专业设置管理办法确定。中央财政按区域确定城市家庭经济困难学生比例，西部地区按在校城市学生的15%确定；中部地区按在校城市学生的10%确定；东部地区按在校城市学生的5%确定。

《意见》指出，从2012年秋季学期起，将中等职业学校国家助学金资助对象由全日制正式学籍一、二年级在校农村（含县镇）学生和城市家庭经济困难学生，逐步调整为全日制正式学籍一、二年级在校涉农专业学生和非涉农专业家庭经济困难学生。助学金标准不变，中央财政和地方财政具体分担比例不变。经济困难学生比例，西部地区按在校学生的20%确定，中部地区按在校学生的15%确定，东部地区按在校学生的10%确定。六盘山区等11个连片特困地区和西藏、四省藏区（即青海、四川、云南、甘肃藏区）、新疆南疆三地州中等职业学校农村学生（不含县城）全部纳入享受助学金范围。

〔印发《关于在全国供销合作社系统开展职业教育集团化办学试点工作的意见》〕 10月，中华全国供销合作总社、教育部联合印发《关于在全国供销合作社系统开展职业教育集团化办学试点工作的意见》，探索职业教育资源整合的有效方式，指导职业院校加快教育教学改革，形成独具行业特色的人才培养机制，完善供销合作行业职业教育人才培养体系，增强职业教育服务“三农”的能力。

〔启动中职专业教学标准制订工作〕 12月7日，印发《教育部办公厅关于制订中等职业学校专业教学标准的意见》（简称《意见》），全面部署中等职业学校专业教学标准制订工作。

《意见》明确了专业教学标准制订的指导思想，对专业教学标准的内容框架、编写要求进行了详细规定，同时明确了专业教学标准制订工作的组织和管理要求。教育部依托53个行业职业教育教学指导委员会，组织力量分期、分批开发相关专业教学标准。

〔发布高职专业教学标准〕 11月13日，教育部首次发布了涉及18个大类的410个高等职业学校专业教学标准，填补了中国高等职业教育专业教学标准领域的空白。此次公布的高职专业教学标准在专业名称、专业代码、招生对象、学制与学历、就业面向、培养目标与规格、职业证书、课程体系与核心课程、专业办学基本条件和教学建议、继续专业学习深造建议10个方面提出了具体要求，突出反映了以培养职业能力为主线构建课程体系，以工作岗位实际为导向创新教学模式，以及主动适应国家产业发展战略的新要求、促进中高职衔接和技术技能人才系统培养等特点。

〔加强继续教育制度法规建设，推动继续教育改革发展〕 为落实全国继续教育工作会议精神，2月27日至3月9日，在教育部门户网站面向全社会公开征求对《关于加快发展继续教育的若干意见》的意见，涵盖了包括香港、台湾在内的30个省市和地区。从综合反馈情况看，“意见”得到社会方方面面的高度认可，形成共识，并提出了一些非常有意义的建议，对文件的进一步完善和实施具有积极推动作用。根据征求意见情况，组织专家及时修改完善文件。5月3日，提交教育部第16次部党组会讨论并修改完善后，于5月下旬向国务院报请以国务院名义印发《关于加快发展继续教育的若干意见》。

启动终身学习立法前期调研工作。12月21日，在北京召开了终身学习立法前期调研工作筹备会，研讨调研分工和工作计划，落实调研任务。调研活动由上海市教委牵头，联合其他部分省市教育主管部门开展。此次调研的目的是了解和分析国家促进终身教育的现状、经验及存在的问题，并从立法的角度梳理出需要运用法律手段特别是应予解决的重点和难点问题。在此基础上，提出立法的基本思路和主要的法律制度，为终身学习立法的顺利进行奠定基础。

启动研制高等学校继续教育改革和发展的宏观性指导文件工作。先后到北京、河北、四川等地开展调研，组织召开7次高校继续教育改革发展专题座谈会，北京市教委、上海市教委、广东省教育厅、陕西省教育厅、河北省教育厅、四川省教育厅等地方教育行政部门和教育部考试中心、北京大学、清华大学、北京市东城区职业大学、南京财经大学、华中科技大学、四川大学、电子科技大学、贵州民族大学、河北大学、石家庄邮电职业技术学院等40余所高校（单位）参加座谈，广泛听取了地方教育行政部门、学校、行业企业对继续教育改革发展的意见。

〔发布成人教育培训服务等三项国家标准〕 2012年10月12日，国家质量监督检验检疫总局、国家标准化管理委员会正式发布了《成人教育培训服务术语》、《成人教育培训工作者服务能力评价》、《成人教育培训组织服务通则》三项国家标准，并于2013年2月1日实施。

11月，教育部办公厅印发《关于做好成人教育培训服务等三项国家标准贯彻实施有关工作的通知》，布置试点工作，用3至5年时间，初步建立起成人教育培训服务标准体系（即非学历继续教育质量标准和评价体系）。

〔建立高等职业教育质量年度报告发布制度〕

7月12日，《2012中国高等职业教育人才培养质量年度报告》首次发布。“报告”从第三方角度对中国高等职业教育的现状做出了实证性评估，反映了中国高等职业教育改革与发展的成果，揭示了发展趋势，也指出了存在的问题。同期，全国有20个省（区、市）和新疆生产建设兵团发布了本省（区、市）高职教育质量年度报告，237所高等职业学校发布了校级人才培养质量年度报告，初步建立起国家、省（区、市）、学校三级高等职业教育质量年度报告发布制度。

〔成立大学与企业继续教育联盟等三大联盟，探索建立继续教育多元化服务新机制〕 在教育部领导和推动下，清华大学、北京大学等百余所高校与中国邮政集团、用友集团、中智集团等百余家企业共同成立了大学与企业继续教育联盟；江苏省常州市、四川省达州市等16个城市签署了《“加快发展继续教育，促进学习型社会建设”市长倡议书》，成立了继续教育城市联盟。

大学与企业继续教育联盟的主要任务是：校企合作研制与推广各行业职业和岗位人才培养标准；校企共同设计人才联合培养方案，创新行业企业人才培训模式；研究“双师”标准及认证，推动校企师资、技术、专家资源的深度融合、共享，变革师资培养模式；研制紧贴企业需求的教学标准，加强校企优质课程及教学资源的开发共享；搭建校内外实践教学环境（实训、实习、模拟），推动院校实践教学开展及校企双方教学资源共享；搭建校企教育培训资源整合学习服务支持信息共享平台，有效整合校企双方课程、智力、人才等资源。

继续教育城市联盟的建立，将最大限度融合高校教育资源、专家资源、社会资源、企业资源，发挥联盟为城市发展服务的作用。通过继续教育城市联盟平台，建立高校继续教育服务城市的长效机制，共同推进贯彻落实教育规划纲要，推进城市、大学、行业企业间的继续教育资源共享、信息互通，共同推进探索继续教育改革和发展的新模式、新机制，交流大学继续教育服务城市发展的成功经验，加快区域继续教育发展，推进区域经济发展方式转变和学习型城市建设。

2011年，教育部成立了普通高等学校继续教育数字化学习资源开放联盟。截至2012年年底，教育部已形成了继续教育服务社会的三大联盟，逐步探索建立了继续教育的多元化服务机制。以三个联盟为载体，构建了政府、行业企业、高校携手服务社会的联盟构架，推动了优质继续教育资源的开放共享。

重大项目和改革试点

〔稳步推进校企合作项目〕 2012年2月28日，教育部办公厅印发《教育部办公厅关于启动第二批上海通用汽车有限公司AYEC课程推广项目的通知》，公布了8所AYEC学校。根据《中华人民共和国教育部与上海通用汽车有限公司关于汽车运用与维修专业进行校企合作项目协议书》，该项目共有30所中等职业学校参加。截至2012年年底，项目已圆满完成。

4月6日，职成司印发《关于开展第二批丰田汽车公司TEAM21一级、二级课程试验项目的通知》，公布了30所TEAM21学校。根据《中华人民共和国教育部引进日本丰田汽车公司TEAM21一级、二级课程合作协议书》，截至2012年4月底，该项目共有54所中职学校参加，项目已圆满完成。

11月14日，职成司公布第二批“FANUC数控系统应用中心”项目学校名单，有19所学校通过评审。根据《教育部职成司与北京发那科机电有限公司、亚龙科技集团有限公司合作设立FANUC数控系统应用中心的协议》，在全国共遴选30所学校成为应用中心，项目已圆满完成。

〔**继续推进“国家示范性高等职业院校建设计划”和“高等职业学校提升专业服务产业发展能力”项目**〕 2012年，完成全部国家示范高职院校建设项目验收工作，批复60所国家骨干高职院校建设方案，中央财政投入6.6亿元，支持建设了379个专业。国家示范（骨干）高职学校在创新办学体制机制、深化教育教学改革、提高人才培养质量、增强服务区域经济社会发展能力等方面取得了显著成效。

教育部、财政部联合印发《关于继续做好高等职业学校提升专业服务产业发展能力项目2012年度实施工作有关事项的通知》（教职成厅函〔2012〕30号），中央财政投入20亿元，继续支持976所独立设置公办高等职业学校1 812个专业的建设。建立“全国高等职业教育专业建设与职业发展管理平台”，记录立项专业日常教学活动，开展绩效分析。

〔**国家中等职业教育改革发展示范学校建设项目成效初显**〕 教育部、人力资源和社会保障部、财政部于2010年5月联合印发《关于实施国家中等职业教育改革发展示范学校建设计划的意见》（教职成〔2010〕9号），中央财政投入100亿元，重点支持1 000所中等职业学校建设。项目启动以来，各部门、各地区积极推动项目的实施，指导一大批优质学校、优秀成果脱颖而出。在项目的实施过程中，三部委依托信息化管理平台，每半年进行一次建设过程质量监测信息系统数据收集和综合分析，对各立项学校的建设进程实行全面跟踪和监控；充分发挥中职校长联席会等机构的作用，促进立项学校之间的经验交流和成果共享；实施数字化资源共建共享计划，集中力量开发一批高质量的项目成果。随着1 000所立项学校布点的完成，有超过500万名中职生成为优质职业教育资源的直接受益者。

〔**全国职业院校学生实习责任保险统保示范项目启动**〕 2012年初，全国职业院校学生实习责任保险统保示范项目（产品）完成了在保监会的报备工作。2月10日，在教育部举行了全国职业院校学生实习责任保险统保示范项目签约仪式，教育部副部长鲁昕和中国保监会副主席周延礼出席。教育部办公厅印发了《关于推进全国职业院校学生实习责任保险统保示范项目（产品）的通知》。截至2012年年底，已有16个省（区、市）正式转发文件，25个省（区、市）的多所职业院校投保。

〔**职业教育体制改革试点和试验区工作稳步推进**〕 12月18—19日，国家职业教育体制改革试点暨职业教育集团化办学现场交流会在郑州市召开。会议的主题是：学习贯彻党的十八大精神，进一步解放思想、改革创新，以制度建设引领职业教育改革创新，加快发展现代职业教育，为全面建成小康社会提供技术技能支撑。会议总结交流了职业教育体制改革试点、国家职业教育改革试验区和职业教育集团化办学工作进展情况，研究部署了深入推进职业教育体制改革试点工作、完善职业教育国家制度体系的任务措施。教育部副部长鲁昕出席会议并讲话。

为进一步贯彻落实党的十八大关于加快发展现代职业教育的工作部署，试点和试验区着力做好10个方面的工作：全面推进中高职有效衔接，深入落实高职招考制度改革，扎实推进产教融合制度建设，加快完善集团化办学制度，着力加强职教标准体系建设，不断强化经费投入保障机制，积极开展民族文化传承创新，加快推进职教信息化建设，不断扩大国际合作与交流，广泛开展面向社区的教育服务。

〔**共建国家现代农村职业教育改革试验区**〕 7月22日，教育部与黑龙江省政府签订协议，共建国家现代农村职业教育改革试验区，为黑龙江省千亿斤粮食产能巩固提高工程和保障国家粮食安全提供农业人才支撑。同时探索完善农村职业教育国家制度，推进农村现代职业教育体系建设，完善涉农人才培训体系，为全国提供经验借鉴。黑龙江省增加试验区投入 2.7 亿元，试验项目已经全面启动。

〔继续推进社区教育实验区、示范区工作〕

1. 开展社区教育督查工作。为贯彻落实教育规划纲要和全国社区教育工作座谈会精神，加强社区教育动态管理与评估，按照职业教育与成人教育司 2012 年工作要点的要求，7 月，布置在各全国社区教育实验区、示范区范围内开展社区教育督查工作。督查工作分为两个阶段：自查阶段和抽查阶段。9 月底，各全国社区教育实验区、示范区都提交了自查报告。11 月中下旬，职成司组织部分省（区、市）的教育行政部门相关负责人和社区教育专家，对 10 个全国社区教育示范区进行督查。各地普遍反映，此次督查工作起到了深入调查研究、现场指导、推进社区教育工作的作用。

2. 完成 2011 年社区教育情况调查统计。为全面了解各地社区教育工作的进展情况，准确把握全国社区教育发展动态，职成司组织开展了 2011 年全国社区教育实验区、示范区工作情况调查统计工作。29 个省（区、市）的 68 个实验区和 68 个示范区参与了此项工作，共计回收“调查统计表” 124 份。统计数据表明，2011 年，在所调查的社区教育实验区、示范区范围内，接受教育培训的社区居民 5 143.8 万人，占社区居民总数的 48.53%。其中青少年参加校外素质培训的人数为 815.9 万人，培训率为 73.68%；外来务工人员参加培训的人数为 1 169.0 万人，培训率为 38.93%；老年人参加培训的人数为 895.4 万人，培训率为 58.85%。社区教育年经费投入总额达 14.75 亿元。

3. 完成社区教育发展报告。2012 年，职成司指导编写并发布了《中国社区教育发展报告（1985—2011 年）》（简称《报告》）。《报告》由国家开放大学社区教育研究培训中心具体负责编写，主要围绕社区教育的衍生、推进、扩展和深化的主线展开。通过对中国社区教育基本情况的阐述，梳理了中国社区教育近 30 年的发展历程；通过对社区教育实验区、示范区实施状况的分析，总结了中国社区教育的基本类型、基本模式和基本经验；对近几年发展起来的数字化学习社区教育案例的归纳和总结，基本反映了中国社区教育在信息化进程中的发展轨迹；通过典型案例和代表性的研究课题，介绍了不同社区、学者有特色的经验和理论研究成果。《报告》的发布对指导开展社区教育工作起到了积极的作用。

教育教学与学生发展

〔重组行业职业教育教学指导委员会〕 2012 年 12 月，印发《教育部关于调整和增设全国行业职业教育教学指导委员会的通知》（教职成〔2012〕9 号），完成对原有 43 个行业职业教育教学指导委员会（简称行指委）的组成人员调整工作，批准增设全国安全职业教育教学指导委员会等 10 个行指委。同时成立了教育部职业院校外语、文秘、教育、艺术设计 4 个专业类教学指导委员会（简称教指委），以及教育部职业院校文化素质教育指导委员会和教育部职业院校信息化教学指导委员会。

调整和增设后的 53 个行指委和 6 个教指委基本覆盖国民经济所有门类，其职能主要为研究国家经济建设、科技进步和社会发展，特别是经济发展方式转变和产业结构调整升级对本行业职业岗位变化及人才需求的影响，提出对本行业职业教育人才培养的职业道德、知识和技能要求；指导推进相关职业院校与企业校企合作、联合办学工作；指导推进本行业相关专业职教教师参与企业实践工作，提高教师专业技能水平和实践教学能力等。调整后的两委委员共 2 531 人，均由具有较高专业理论水平、丰富的实践经验、较深厚的行业企业阅历与背景的相关部门、行业组织、企事业单位、科研机构专家以及职业院校院（校）长、一线骨干教师等人员组成，其中来自行业企业的专家600余名。

〔**职业教育教产合作机制构建取得新进展**〕 2012年，在继续开展职业教育与行业对话活动的基础上，着手选择与职业教育关联度高、对企业约束力强、重视职业教育、在国民经济中属于基础性或鼓励发展的行业，联合召开行业职业教育工作会，有针对性地研究制定支持政策。

11月22日，教育部与中国有色金属工业协会共同出台了《关于提高职业教育支撑有色金属工业发展能力的指导意见》。共4个方面21条，从充分认识职业教育支撑产业发展的重要意义、完善行业指导企业参与职业教育的体制机制、深化工学结合校企合作的人才培养模式改革、强化有色金属行业职业教育健康发展保障措施等方面，提出了一系列措施，包括在大型骨干企业建立职教对接机构、鼓励企业技术人员到职业院校兼任教师、对有色金属企业举办的职业院校给予适当政策倾斜等内容。“意见”的出台，切实激发了有色金属企业参与职业教育的积极性和主动性，深入推进了校企合作的实质性发展，进一步明确了政、校、企三方的权利和义务。

〔**召开全国职业院校德育创新暨校园文化建设工作座谈会**〕 6月28日，教育部在天津市召开全国职业院校德育创新暨校园文化建设工作座谈会。会议主题是：坚持育人为本、德育为先，以高度文化自觉自信推进文化育人，用创新精神进一步做好职业院校德育工作。主要任务是：贯彻落实党的十七届六中全会精神，交流全国各职业院校开展德育工作的创新思路和做法，展示职业院校校园文化建设成果和职业院校学生良好的精神风貌，部署职业院校德育工作。教育部副部长鲁昕出席会议并讲话，省级教育行政部门、职业院校及毕业生代表在座谈会上做了交流发言。会议期间，以案例汇编、平面展板、网络和视频等形式，多角度、全方位展示了100多所职业院校校园文化建设成果，引起了良好反响。

座谈会邀请了中央文明办、共青团中央、人力资源和社会保障部、天津市政府、中华职业教育社有关部门负责人出席。各省（区、市）教育厅（教委），各计划单列市和新疆生产建设兵团教育局分管职业教育的负责人以及主管职业教育及德育工作有关处室负责人，行业职业教育教学指导委员会代表，教育部有关司局和直属单位负责人，部分中等职业学校、高等职业院校代表共计280余人参加了会议。

〔**举办第九届全国中职学校“文明风采”竞赛活动**〕 4月，教育部、中央文明办、中华职教社联合启动第九届全国中职学校“文明风采”竞赛活动。本届竞赛活动包括征文类、规划设计类、摄影类、FLASH动漫设计类、展演类5大类11个赛项，参赛人数再创新高，全国有超过55万名学生参加了初赛，2 328所中职学校、11.2万名中职学生、8.4万份作品进入全国决赛，分别比2011年增加17.6%、111.5%和63.9%，参赛人数是2004年首届竞赛的17倍；新增赛项得到师生的广泛响应，参赛作品职教特色鲜明，质量、水平进一步提高；竞赛组织宣传工作效果明显，本届竞赛首次制作大型宣传画，继续完善了活动官方网站，网站总计访问量达160万人次，最高日访问量超过10万人次，大大节约了组织成本，提高了工作效率，扩大了社会影响力。

12月5日，竞赛活动总结座谈会和颁奖晚会在济南市举行，教育部副部长李卫红，山东省委常委、常务副省长孙伟，全国政协常委、民革中央副主席、中华职业教育社副理事长何丕洁，中国职教学会会长张天保出席。本届“文明风采”竞赛总结颁奖活动具有以下四个特点：一是党的十八大胜利闭幕后职业教育战线举办的首个全国性的大型活动，活动在传承“弘扬民族精神，树立职业理想”传统主题的同时，体现了党的十八大的最新精神，反映了社会主义核心价值观的要求；二是职教特色鲜明，内容贴近中职学生；三是颁奖晚会节目首次全部来自本届竞赛中获奖的优秀原创作品；四是首次创作了大赛主题歌（《我要证明我自己》），歌曲积极向上、易于传唱。颁奖晚会由山东教育电视台向全国转播，反响热烈。会场还以展板形式展示了各地各职业学校组织初赛、复赛的有关情况和成果。竞赛活动已成为面向全体中职学生的德育品牌实践活动。

〔召开新世纪以来第一次全国职业学校管理工作会议〕　5月17—18日，教育部在杭州市召开新世纪以来第一次全国职业学校管理工作会议，教育部副部长鲁昕出席会议并讲话。

鲁昕指出，强化管理是提升职教服务能力的迫切需要，是建设现代职教体系的客观要求，是建立现代学校制度的重要基础，是提高职业教育质量的重要保证，是增强职教吸引力的重要途径。改革开放以来，职业学校管理工作取得了显著成绩，宏观管理法规基本建立，管理体制机制逐步完善，制度标准建设步伐加快，教学管理更加科学规范，德育管理工作成效显著，内部管理水平逐步提升。

鲁昕强调，职业学校在管理理念、制度建设、常规管理、方法手段等方面还面临一些困难与问题。为解决好这些问题，应当抓好十个方面的工作：一是抓理念更新，树立现代科学管理思想；二是抓机制创新，推进管理体制机制改革；三是抓宏观协调，强化统筹管理工作；四是抓制度建设，完善基本制度和办学标准；五是抓学校达标，全面开展职业教育督导评估；六是抓示范引领，加强示范（骨干、重点）学校建设管理；七是抓师资队伍，提升管理人员和教师团队整体素质；八是抓内部管理，解决学校运行中的突出问题；九是抓方法手段，创新管理技术和管理方式；十是抓质量监控，建立管理工作评价体系和年度评估制度。

会上，浙江省、湖南省、山西省教育厅分别介绍了教育行政部门加强职业学校管理的经验，上海信息技术学校、广州工程技术职业学院、江苏淮阴卫生高等职业技术学校分别介绍了学校加强内部管理的经验。会后，各地积极落实会议要求，特别是在职业学校管理规范化、精细化、信息化方面加大工作力度，全面推进职业学校管理工作再上新台阶。

〔2012年全国职业院校技能大赛〕　6月26—29日，2012年全国职业院校技能大赛在天津举办。与以往相比，本届大赛更加具有活力、更加贴近社会、更加规范有序、更具有国际影响，充分展示了中国职业教育改革发展的成果。具体体现以下5个方面。

1. 赛事规模再创新高。主办单位由16家增加到23家，赛项数目由55个增加到96个，参赛选手由5 038人增加到近万人。赛区由天津市扩大到了11个省份。全国31个省（区、市），新疆生产建设兵团和5个计划单列市均组队参加了不同项目的比赛。其中有超过20个省份通过举办省级大赛遴选国赛选手，切实推动了“校校有比赛，层层有选拔，全国有大赛”良好社会氛围的形成。

2. 赛项结构更趋合理。一是专业覆盖面进一步扩大，三产比例更加合理。一、二、三产涉及赛项的比例为10∶46∶44，与国民生产总值中三类产业的比例大体相当。二是紧贴现代产业发展需要，兼顾传统技艺传承。既增设了新能源、水环境监测与治理、煤矿安全生产专业技能、园林景观设计等新兴、紧缺产业发展需要的项目，又兼顾了烹饪、手工制茶、中药传统技能等体现中国传统技艺的项目。三是助力中、高职协调发展，突出各自培养特点。大部分赛项都分别设有中、高职组，大幅度改变了以往中职赛项多于高职赛项的不平衡状况。

3. 竞赛管理更加规范。制定了一系列规范性文件，内容涉及大赛的筹备、裁判与仲裁、奖励、标识使用、企业合作、经费管理、安全管理等方面，进一步健全大赛制度。

4. 行业企业深度参与。大赛96个项目由50多个行业组织牵头，行业企业专家广泛参与项目的设计、组织、命题、裁判和器材提供工作。天津比赛期间，45家知名企业提供了440个面向获奖选手的招聘岗位，其中面向高职选手岗位的月薪超过5 000元、中职超过3 000元。大赛闭幕式后现场签约234人，获奖选手正成为用人单位竞相争夺的目标。

5. 国际影响大幅提升。本届大赛是全国职业院校技能大赛历史上国际开放程度最高的一届比赛。共有来自 55 个国家和地区的 574 名代表以不同形式参与了赛事。其中 17 个国家和地区的 49 名选手参加了中职物流、高职组护理、网络应用等项目的比赛。

〔**全面提升高等职业学校基础办学能力**〕 2012 年，中央财政继续支持职业教育实训基地建设，共计投入 45 640 万元，立项建设 234 个高职实训基地，使中央财政支持的高等职业教育实训基地总数达 1 302 个，覆盖近 70%的高等职业学校。

2012 年度，高等职业学校专业骨干教师国家级培训共批复 748 个培训项目，其中国内培训项目 500 个、企业顶岗培训项目 214 个、境外培训项目 34 个。截至 2012 年年底，共完成国内培训 3 636 人次、企业顶岗培训 1 342 人次、境外培训 235 人次。

截至 2012 年年底，高等职业教育专业教学资源库建设项目中央财政累计投入专项资金 1.698 亿元，立项建设了 28 个专业教学资源库。2012 年年底，教育部对 2010 年立项的 11 个专业资源库组织了验收。

〔**信息化建设为职业教育现代化提供强大动力**〕 12 月 10 日，全国职业教育信息化建设工作会议在南京市召开。会议以“学习贯彻党的十八大精神，深入落实教育规划纲要，加快推进职业教育信息化进程，以信息化带动职业教育现代化”为主题，对进一步推进职业教育信息化建设工作进行了部署和动员。教育部副部长鲁昕出席会议并讲话。

近年来，特别是教育规划纲要颁布实施以来，国家把职业教育信息化作为职业教育改革创新和教育信息化工作的重要内容，大力推动职业教育信息化发展，取得了明显成效：一是推进职业教育信息化的战略部署基本形成；二是信息化建设管理规范和技术标准不断健全；三是数字化教学资源开发和应用取得重要进展；四是信息化资源平台和管理平台建设扎实推进；五是信息化人才培养和专家队伍建设不断加强。信息化建设有效推动了职业教育育人理念、培养模式、教学内容和方式方法创新，成为职业教育创新发展、科学发展的有力助推器。

推进职业教育信息化建设，要认真落实中央决策部署，按照《教育信息化十年发展规划（2011—2020 年）》和《关于加快推进职业教育信息化发展的意见》要求，加快推进职业教育信息化建设，要坚持育人为本、应用驱动、统筹兼顾、率先部署的原则，推动“三通两平台”建设，推进现代信息技术与职业教育教学深度融合，带动职业教育现代化水平和服务能力的整体提升。职业教育信息化建设的重点是：准确把握职业教育信息化建设的导向，大幅提高职业教育信息化建设基础能力，大力推进优质数字化资源开发和共享，努力创新技术技能人才培养模式，着力提升职业教育管理信息化水平，全面加强信息化人才队伍建设，建设文明和谐的校园网络文化，拓展信息化国际合作交流。

〔**举办信息化教学大赛**〕 2012 年全国职业院校信息化教学大赛于 12 月 8—10 日在南京市举行，这也是信息化教学大赛首次拓展到高职领域，中高职教师共同参赛。本次大赛共收到 36 个参赛队的 609 件参赛作品，参赛教师 1 146 人，参赛作品数量和参赛教师人数较往届比赛有了大幅度提高。其中中职组多媒体教学软件赛项 125 件、信息化教学设计赛项 136 件、信息化实训教学赛项 75 件；高职组多媒体教学软件赛项 106 件、信息化教学设计赛项 114 件、网络课程赛项 53 件。大赛共产生一等奖 64 名、二等奖 128 名、三等奖 179 名。

中职组、高职组的多媒体教学软件赛项和信息化教学设计赛项采用先初评后现场决赛的方式，经初评入围的参赛选手参加现场决赛。中职组信息化实训教学赛项的 75 名参赛教师直接参加现场决赛，高职组网络课程赛项采用网络评审的方式确定比赛成绩。

教育部副部长鲁昕出席闭幕式并为获奖选手代表颁奖。大赛期间，还举办了“职业教育信息化教学发展报告会”，邀请清华大学等高校的知名专家围绕教育信息化的内容进行了分享。

〔**第三届国际职业技术教育大会在上海举办**〕 5 月 14 日，第三届国际职业技术教育大会在上海开幕。本届大会以“为工作和生活培养技能”为主题，来自117个联合国教科文组织成员国和72个国际组织的800多名代表参加会议。国务委员刘延东出席开幕式并致辞。国际职业技术教育大会系联合国教科文组织举办的全球性大会，前两届分别于1987年和1999年在德国柏林和韩国首尔召开。

职业教育作为现代国民教育体系的重要组成部分，是面向人人、面向全社会的教育，对促进就业、繁荣经济、消除贫困、保障公平和社会和谐具有重要意义。中国政府高度重视职业教育，建立了世界上最大规模的职业教育体系，形成了基本完善的职业教育法律制度体系，探索出灵活多样的职业教育办学模式，确立了覆盖广泛的职业教育学生资助体系，为中国实现从人口大国向人力资源大国的转变做出了不可替代的历史贡献。

会议期间，刘延东会见了联合国教科文组织总干事博科娃一行，并出席了科技部与联合国教科文组织关于在华建立“国际科学和技术战略研究与培训中心”的协定签字仪式。教育部部长袁贵仁做了题为“中国职业教育发展的道路”的主旨发言。教育部副部长鲁昕出席中国专题圆桌会议并做大会发言。

大会通过了《上海共识》，对改进职业教育的技能培养水平、提升职业教育体系的投入产出效率、消除社会不公和排斥、构建职业技术发展与终身教育相结合的技能体系等提出了有针对性的措施和意见。此次大会必将因其对世界职业教育的改革发展产生重要而深远的影响，以及由此对世界经济增长、社会公平和实现可持续发展所产生的重要贡献而载入史册。

〔推进开放大学建设，推动广播电视大学战略转型〕 为贯彻落实教育规划纲要关于“办好开放大学”的战略部署，在前期充分试点的基础上，经组织专家实践考察后，教育部相继批复成立了国家开放大学、北京开放大学、上海开放大学、江苏开放大学、广东开放大学和云南开放大学。

7月6日，组织召开开放大学建设与管理座谈会。中央广播电视大学、北京广播电视大学、上海电视大学、北京市教委、上海市教委相关负责人，以及教育部教改办、政法司、规划司、职成司、高教司、教师司、思政司、科技司、学生司、学位办相关负责人出席座谈会，听取了3所开放大学关于筹建现状、未来规划及组织管理情况以及2个省级教育行政部门关于对所属开放大学建设与管理的政策措施的汇报，并就如何进一步办好3所开放大学进行了深入研讨。

7月31日，国家开放大学、北京开放大学、上海开放大学成立大会暨揭牌仪式在人民大会堂举行。国务委员刘延东出席大会并发表重要讲话，分别为3所开放大学揭牌。教育部、北京市政府、上海市政府、3所开放大学相关负责人，以及来自全国42所省级电大的教职工和学生代表约400人参加会议。

开放大学以开放教育为基本特征，强调并突显教育观念的开放、办学方式的开放、学习对象的开放、教育资源的开放，为每一个有愿望、有能力学习的社会成员提供终身教育的机会和服务。

〔组织实施2011年全国职工教育统计工作，为推动职工教育工作提供重要参考和数据支持〕 根据《教育部办公厅关于做好2011年全国职工教育统计工作的通知》要求，28个省（区、市）以及钢铁、机械、煤炭、水利、铁道、有色金属6个试点部门（行业），组织实施并完成了2011年的职工教育统计工作。本次统计工作继续采用抽样统计方法，全国共抽样统计职工5 279.11万人，其中参加学历教育和各类培训人数分别为332.94万人和2 413.74万人，全员培训率达55.29%。

〔举办2012年全民终身学习活动周〕 10月11日，由教育部职业教育与成人教育司、中国成人教育协会、中国联合国教科文组织全国委员会联合主办的第八届全民终身学习活动周全国总开幕式在成都市举行。活动周的主题是“加快发展继续教育，促进学习型社会建设”。教育部副部长鲁昕、四川省副省长黄彦蓉出席总开幕式并讲话。

鲁昕指出，建设全民学习、终身学习的学习型社会是党中央的战略要求，是建设人力资源强国的基础性工作，是中国教育事业改革发展的重要任务。鲁昕强调：一是要加强学习型社会建设的系统规划和顶层设计；二是要改革创新，深入研究继续教育的发展策略和途径，努力创新继续教育的实现方式、载体平台、资源供给、途径方式、服务渠道；三是要充分发挥继续教育宽领域、多形式、广覆盖的优势，打造出基层群众喜闻乐见、容易接受的学习品牌，为社会不同群体提供更好的教育服务。

开幕式活动期间，举行了继续教育城市联盟、继续教育大学企业联盟、高校资源服务学习型城市建设签约仪式，举办了高校继续教育改革发展研讨会。

据不完全统计，全国共有 24 个省（区、市），533 个县（市、区）举办了全民终身学习活动周，并开展了农民短期培训、关爱和支持困难群体等系列公益活动。

农村、农业职业教育

〔组织开展国家级“农村职业教育和成人教育示范县”创建活动〕　2012 年，在征得相关部门同意的基础上，教育部积极开展国家级农村职业教育和成人教育示范县创建的前期准备工作，紧紧围绕教育规划纲要确定的战略目标和任务要求，通过示范县创建活动，落实县级政府发展职业教育和成人教育的责任，强化职业教育和成人教育资源的统筹协调和综合利用，深化改革创新，提升农村职业教育和成人教育基础能力，为县域经济社会发展和产业发展提供人力支撑。

〔研究解决成年农民接受中等职业教育相关问题，做好有关培育新型职业农民的课题立项工作〕

2012 年，为深入推进农业职业教育教学改革，加快构建符合中国国情的农民职业教育制度，教育部与农业部联合启动了《新型职业农民教育培养重大问题研究》。该课题已被列为国家社会科学基金“十二五”规划 2012 年度教育学重点课题。

〔开展定点县扶贫工作〕　2012 年春节前，根据教育部“春节送温暖”活动的总体要求，由中国传媒集团提供资金支持，职成司与有关司局一起代表教育部赴武邑、青龙、涞源 3 个国家级贫困县慰问贫困户和困难教师。下半年，根据国务院扶贫办意见，教育部定点扶贫县调整为青龙、威县和新河。

〔启动东部地区职教集团对口帮扶滇西边境山区扶贫工作〕　为贯彻落实中央扶贫开发工作会议精神，推动连片特困地区扶贫攻坚，按照《滇西边境片区区域发展与扶贫攻坚规划》中“人力资源开发扶贫示范区”的战略定位，教育部决定以职业教育为突破口推进滇西地区扶贫工作。

4 月，教育部遴选了 10 个东部地区职业教育集团，对口帮扶滇西边境山区 10 州市各 1 所中等职业学校，在昆明市组织签署了对口帮扶协议。参加签约的 10 个东部地区职业教育集团覆盖了 20 多家行业协会、300 多家企业、近 20 家科研机构、80 多所中职学校、20 多所高职学校，具有良好的办学资源和声誉。帮扶工作包括：提升服务能力，围绕国家西部大开发、桥头堡建设、扶贫开发等战略，不断提升集团服务云南省经济社会发展的能力。提供优质资源，充分发挥集团成员单位特别是企业的优势，与云南省共享优质资源。加强专业建设，围绕区域支柱产业和特色产业发展，动态调整和优化专业设置，为地方培养更多急需的技术技能人才。深化课程改革，针对地区实际，开发特色课程，开展模块化教学，培养学生综合素质。建设教师队伍，通过人员交流等多种方式，为云南省培养培训“双师型”教师。开展学生交流，通过“2＋1”、“1＋2”等多种模式，实施联合培养。提高管理水平，通过交流挂职和培训等形式，提高云南省职业学校的科学管理水平。

12月，为进一步扩大帮扶效果，东部10个职教集团与滇西10州市签署战略合作协议。帮扶工作包括：发挥职业院校智力优势，协助对口合作市州制订完善重点产业发展规划和职业教育发展规划。围绕区域支柱产业和特色产业发展，依托集团内相关企业培训资源，对滇西地区重点企业骨干技术工人进行技术培训，打造高端技术技能人才队伍。发挥集团成员优势，根据对口合作市州实际情况，引入与集团开展合作的重点龙头企业，共同促进滇西地区骨干产业发展。按照建设现代职业教育体系的要求，面向滇西地区生源积极开展对口升学工作，实施联合培养，为地方培养更多急需的技术技能人才。

国际交流与合作

〔**积极扩大职业教育国际交流与合作**〕 2012年，职业教育积极扩大职业教育国际交流与合作，在建立对话机制、实施合作项目、扩大国际影响等方面取得丰硕成果。

开展政府层面的职业教育政策对话和信息交流，搭建中外政府间职业教育战略合作框架，推进中国与国际组织、区域组织、其他国家和地区之间在发展战略、宏观政策和制度机制等方面的合作。与德国联邦教研部联合举办2012年中德职业教育校企对话系列活动，召开中德职业教育合作联盟领导小组第二次工作会议，在德国柏林举办首个中国职业教育海外展。举办2012年中英职业教育政策对话活动。与广西壮族自治区人民政府联合举办2012中国—东盟职业教育论坛。

积极实施职业教育国际合作项目。启动实施中英职业教育"影子校长"培训项目，研究完善学徒制试点、课程开发合作项目方案。继续推进与亚洲开发银行、联合国儿童基金会、华夏基金会等机构的合作项目。推动加强中美、中澳、中非、中国—南美高职的交流与合作，形成数十个合作项目。推进中国高职院校与美国社区学院交流合作。研究制订《中日老年服务与护理专业职业教育国际合作与交流项目方案》。

部署启动国际标准专业建设。着眼国际产业发展和现代职业教育变革，开展课程体系和专业培养标准建设国际化探索。指导上海市、天津市率先试点，服务区域产业布局和发展趋势，各选择50个专业引进国际职业教育的先进理念、制度和相关资源，开发对接国际产业调整升级要求的专业标准。

撰稿 杨　健　徐勇雁　娄权鑫　陈红杰
黄　辉　郝雅梅　李　岩　张　磊
林　宇　宇　锐　刘宏杰　刘　俊
刘　英　蔡　妍　徐　宁

审稿 周　为　王扬南　王继平　葛道凯
刘建同

高等教育

教育教学管理

〔**教育部印发《关于全面提高高等教育质量的若干意见》**〕　为贯彻落实国家主席胡锦涛清华大学百年校庆重要讲话精神和教育规划纲要，2012年3月16日，教育部印发《关于全面提高高等教育质量的若干意见》（简称“高教质量30条”）。“高教质量30条”针对影响和制约高等教育质量提高的薄弱环节和突出问题，围绕提高质量这条主线，把人才培养作为提高质量的首要工作，把内涵发展作为提高质量的核心要求，把体制机制改革作为提高质量的根本出路，提出了30条政策举措。3月22—23日，教育部在北京召开全面提高高等教育质量工作会议，部署实施“高教质量30条”。国务委员刘延东出席会议并讲话，强调要坚持走以提高质量为核心的内涵式发展道路，实现从高等教育大国向高等教育强国的转变。教育部部长袁贵仁，副部长杜玉波、杜占元出席会议并讲话。“高教质量30条”的发布被《人民日报》列入中国教育“10年大事记”，成为党的十六大以来高等教育事业改革发展的三件大事之一。

〔**召开直属高校咨询委员会第二十二次全体会议**〕　8月20—21日，教育部直属高校工作咨询委员会第二十二次全体会议在武汉市召开。主要任务是全面贯彻国家主席胡锦涛在清华大学百年校庆大会上的重要讲话精神，深入落实胡锦涛主席7月23日在省部级主要领导干部专题研讨班上的重要讲话精神，认真总结5年来特别是教育规划纲要颁布以来，高等教育改革发展取得的成就和基本经验，围绕高等学校肩负的使命和责任，特别是全面提高高等教育质量，推动高等教育内涵发展等重大问题展开交流、研讨和咨询。国务委员刘延东出席会议并讲话，系统总结了党的十七大以来高等教育改革发展的理论创新、实践成就和基本经验，深刻分析了高等教育面临的新形势，鲜明地提出了高等教育“三步走”的战略目标，全面部署了坚持改革创新、推进高等教育事业科学发展的重要任务，对促进高等教育科学发展提出了明确要求。教育部部长袁贵仁主持会议，教育部副部长杜玉波受袁贵仁委托做了应询讲话。国务院副秘书长江小涓，教育部领导鲁昕、王立英、杜占元、刘利民、顾海良、林蕙青、陈舜出席会议。

〔**发布实施新修订的本科专业目录和本科专业设置管理规定**〕　为贯彻落实教育规划纲要提出的要适应国家和区域经济社会发展需要，建立动态调整机制，不断优化学科专业结构的要求，自2010年3月起，教育部全面修订本科专业目录和本科专业设置管理规定，并于2012年9月14日印发实施《普通高等学校本科专业目录（2012年）》和《普通高等学校本科专业设置管理规定》。新本科专业目录的学科门类由原来的11个增加到12个，新增了艺术学门类；专业类由原来的73个增加到92个；专业由原来的635种（其中目录内专业249种、目录外专业386种）调减到506种。这次修订是中国高等教育进入大众化阶段以来进行的首次修订，也是改革开放以来进行的第四次全面修订，充分体现了简政放权的改革理念，进一步落实和扩大了高校本科专业设置自主权，对于优化本科专业结构、提高本科人才培养质量具有重要意义。

〔研究制订中西部高等教育振兴计划〕 为全面提升中西部高等教育质量，进一步缩小中西部与东部高等教育发展水平之间的差距，更好地为区域经济社会发展服务，教育部、国家发展和改革委、财政部首次从国家层面专门对中西部高等教育改革发展做出系统设计，研究制订了《中西部高等教育振兴计划（2012—2020年）》。“计划”针对制约中西部高等教育发展的薄弱环节和突出问题，整合政策资源，出台了一系列支持中西部高等教育改革发展的政策措施。

〔启动实施中西部高校基础能力建设工程〕 为促进中西部高等教育加快发展，《国民经济和社会发展第十二个五年规划纲要》和教育规划纲要都提出了实施中西部高等教育振兴计划的任务。据此，国家发展和改革委、教育部于4月27日印发了《中西部高校基础能力建设工程实施方案》，优先启动中西部高校基础能力建设工程。“十二五”期间，中央财政投入100亿元，支持中西部23个省（区、市）和新疆生产建设兵团所属100所高校加强基础能力建设，促进这些学校的基础教学实验条件有较大改善，师资队伍素质结构更加优化，学生学习、实践就业和创新创业能力明显提升，学校办学特色逐步彰显，服务区域经济社会发展能力显著增强，为缩小区域间高等教育发展差距，为全面振兴中西部高等教育奠定坚实基础。该工程以5年为一个周期，滚动实施。2012年，中央财政下达建设经费6亿元。

〔启动支持中西部高校提升综合实力工作〕 9月7日，教育部、财政部召开通气会，启动支持中西部高校提升综合实力工作。“十二五”期间，中央财政投入60亿元，在没有教育部直属高校的13个省（区）和新疆生产建设兵团选择1所地方高水平大学进行重点建设，促进这些高校改善办学条件，加强特色学科和师资队伍建设，提高人才培养质量和科学研究水平，增强社会服务能力。同时发挥示范引领作用，带动本地区高等教育快速发展，有效增加区域内优质高等教育资源，满足人民群众接受优质、多样、公平高等教育的需求，提高中西部高校对区域经济社会发展的支撑力和贡献度。2012年，中央财政下达建设经费4.2亿元。

〔新一轮“985工程”重点共建实现全覆盖〕

11月23日，教育部与北京市政府签署协议，重点共建北京大学、清华大学、北京师范大学、中国人民大学、中国农业大学。截至2012年年底，教育部先后与16个省（市）政府签署了重点共建教育部所有32所直属“985工程”高校的协议，首次实现了重点共建签约全覆盖。新一轮重点共建工作呈现出鲜明特色。一是进一步增强了服务意识。有关共建高校更加注重为国家和地方经济社会发展提供人才保证和智力支撑。二是进一步强化了区域发展需求。有关地方政府把共建高校的改革发展纳入地方整体建设和社会发展总体规划之中，更加注重发挥共建高校在促进区域产业结构调整和经济转型升级中的作用。三是进一步加大了共建投入力度。新一轮重点共建中央财政专项资金投入264.9亿元，比“985工程”一期增长102%；地方协议配套资金投入186.33亿元，比“985工程”一期增长93%。

〔继续推进对口支援西部高校工作〕 2012年，设立了相关课题，开展团队式对口支援的政策保障机制研究，进一步扩大对口支援范围，创新对口支援模式，提升对口支援成效。研究制定了《关于推进新疆高校学科专业建设的若干意见》。编印了《教育部对口支援西部高校工作2011年报》和《教育部对口支援西部高校工作十周年纪念册》。

〔继续做好马克思主义理论研究和建设工程重点教材编写及推广使用工作〕 为建设具有中国特色、中国风格、中国气派的哲学社会科学教材体系，扎实推进中国特色社会主义理论体系“三进”

工作。一是大力推进教育部负责的 93 种重点教材编写工作。教育部党组审定了第一批 6 种、第二批 8 种重点教材编写提纲，并完成书稿撰写工作，其中《比较文学概论》等 3 种教材通过三级审议；完成第二批 32 种工程重点教材编写提纲二稿通信评审工作；组织召开第三批 32 种工程重点教材编写提纲审议会议。二是大力开展新出版工程重点教材任课教师示范培训。7 月 25 日至 8 月 6 日，教育部会同中宣部分三期举办了《马克思主义哲学史》、《〈资本论〉导读》、《马克思主义经济学说史》等 13 种新出版工程重点教材任课教师示范培训班，共培训全国各地各高校一线教师 1 500 余名。教育部副部长杜玉波、李卫红，部长助理林蕙青分别出席开班式并讲话。各地各高校也开展了以吃准、吃透新出版工程重点教材基本精神为主要任务的任课教师全员培训。三是组织开展了已出版工程重点教材推广使用情况专题调研。

〔**举办《资本论》骨干教师高级研修班**〕　为贯彻落实中央领导同志关于加强马克思主义经典著作教学和研究工作的重要指示精神，提高《资本论》任课教师的业务水平和教学能力，教育部会同中国人民大学于 10 月 15—23 日举办了全国《资本论》骨干教师高级研修班，取得显著成效。教育部党组成员、国家教育行政学院院长顾海良，南京大学党委书记洪银兴，中国人民大学经济学院教授卫兴华、胡钧、林岗等 12 位在马克思主义政治经济学特别是在《资本论》研究方面有深厚造诣的专家学者担任主讲教师。来自北京大学、吉林大学等 38 所高校的 53 名《资本论》任课教师参加了研修。

〔**扎实推进本科教学工程项目建设**〕　2012 年，立项建设了 180 个专业综合改革试点、90 个大学生校外实践教育基地，实施了 16 300 个大学生创新创业训练计划项目，遴选了 30 个国家级高等学校教师教学发展示范中心和 100 个国家级实验教学示范中心。继续推进精品视频公开课和精品资源共享课建设，实现了本科教学工程项目建设全覆盖。指导各省（区、市）和高校开展本科教学工程建设，基本形成了国家、地方、高校三级本科教学工程项目建设体系。

〔**加强国家级实验教学示范中心建设**〕　为支持一批高校以优势学科和专业特色为基础，探索形成优质资源融合、教学科研协同、学校企业联合培养人才的实验教学新模式，形成新时期适应人才培养需要的实验教学新路子，教育部采取多项措施加强国家级实验教学示范中心建设。一是开展“十一五”国家级实验教学示范中心验收工作。二是开展“十二五”国家级实验教学示范中心遴选支持工作。在中央部委所属高校批准建立了 100 个国家级实验教学示范中心，中央财政投入专项建设经费 2 亿元。三是启动地方所属高校和军队高校实验教学示范中心建设工作。

〔**稳步推进国家精品视频公开课建设**〕　2012 年，以高校学生为服务主体，同时面向社会公众免费开放的国家精品视频公开课建设稳步推进，参与建设高校由“985 工程”高校扩大到 100 余所普通高等学校，166 门科学、文化素质教育中国大学视频公开课在“爱课程”网、中国网络电视台、网易向社会免费开放，受到广大网民的欢迎。北京大学的“中国古代政治与文化”、对外经济贸易大学的“企业财务报表分析”、苏州大学的“昆曲艺术”和中国科技大学的“认识宇宙”4 门课程被凤凰网评为 2012 年中国“最受欢迎学术类网络课程”。

〔**完成高等教育文献保障体系建设项目**〕　完成“211 工程”三期高等教育文献保障体系项目建设，并通过验收。中国高等教育文献保障系统（简称 CALIS）和大学数字图书馆国际合作计划（简称 CADAL）两个专项，按照共建共享、普遍服务的建设理念，利用“云服务”平台和规模巨大的高校数字图书馆协同服务网络，带动了中国普通本科学校、高等职业学校和广播电视大学图书馆的快速发展，显著提升了中国高等教育文献保障能力，有力促进了中国高等教育公共服务体系建设，产生了巨大的经济效益和社会效益。截至 2012 年年底，集成了全国 800 多所图书馆的学术资源，构成的服务体系可提供网络文献量达 1.4 亿册（篇）；共享服务参与的高校图书馆达 1 800 余所，注册读者达 1 400 万人。

〔**建立普通本科学校创业教育国家标准**〕 为深入贯彻落实教育规划纲要和《关于全面提高高等教育质量的若干意见》精神，推动高校创业教育科学化、制度化、规范化建设，下发了《教育部办公厅关于印发〈普通本科学校创业教育教学基本要求（试行）〉的通知》（简称《基本要求》），明确提出了创业教育的教学目标、教学原则、教学内容、教学方法和教学组织方式，首次对高校创业教育做出规范。10 月，举办高校创业教育骨干教师研修班，对来自全国 142 所高校的 283 名教师进行了以吃准、吃透《基本要求》为主要任务的专题培训。

〔**组织评选 2012 年“国家高层次人才特殊支持计划”教学名师（高等学校）**〕 为贯彻落实中央组织部等 11 部门《关于印发〈国家高层次人才特殊支持计划〉的通知》精神，教育部决定组织开展“国家高层次人才特殊支持计划”（简称“万人计划”）教学名师遴选支持工作，用 10 年左右时间，面向全国各级各类学校，分期分批遴选支持 1 000 名代表国家一流水平、具有领军才能的教学名师。2012 年，首先启动高等学校教学名师遴选支持工作。经过省级教育行政部门申报推荐、候选人公示、网络评审和会议答辩评审等环节，从 217 名候选人中评选产生了 98 名建议人选，另外 3 名军事院校教师由解放军总参谋部军训部负责评选，一并公示后，101 名建议人选上报“万人计划”专项办复评。此次评选，基本树立了教学名师评选工作导向，基本建立了教学名师评选工作制度，大力增强了高校教师教书育人的荣誉感和责任感，为进一步做好“万人计划”教学名师遴选支持工作打下了良好基础。

〔**推进试点学院综合改革**〕 为扎实推进试点学院改革人才招录与选拔方式，改革人才培养模式，改革教师遴选、考核与评价制度，完善学院内部治理结构，实现人才培养和学院管理体制机制的新突破，探索高等教育体制机制改革经验，教育部于 11 月 21 日印发了《关于推进试点学院改革的指导意见》，顺应试点学院政策诉求，提出了 24 项突破性政策举措，进一步完善了支持试点学院综合改革的政策体系。

〔**启动实施科教结合协同育人行动计划**〕 为加强科教资源的有机整合，探索加快高层次创新人才培养的新途径、新机制，8 月 29 日，教育部、中国科学院在北京联合启动实施科教结合协同育人行动计划。国务委员刘延东出席启动仪式并讲话，强调实施科教结合协同育人行动计划是改革人才培养体制、创新人才培养模式的积极探索，要按照“加强统筹、试点引领、重点突破、全面推进”的原则，以培养创新人才为目标，以提高学生科研实践能力为重点，以建立高校和科研院所协同机制为保障，努力实现高水平科研与高质量人才培养的相互支撑。21 所“211 工程”高校与中国科学院 31 个研究所签署了战略合作协议。该计划由“科苑学者”上讲台计划、重点实验室开放计划、大学生科研实践计划、大学生暑期学校计划、大学生夏令营计划、联合培养大学生计划、联合培养研究生计划、“人文社科学者”进科苑计划、中科院大学生奖学金计划、“科苑学者”走进中学计划 10 个项目构成，形成系列行动方案。首批有 80 余家中国科学院研究所、50 余所高校参加，每年从该计划中受益学生数将不少于 15 万人次。

〔**继续实施基础学科拔尖学生培养试验计划**〕

一是加大政策和经费支持。转发了中央组织部等部委《基础学科拔尖学生培养试验计划实施办法》，落实国家留学基金“优秀本科生国际交流项目”，优先支持基础学科拔尖学生培养试验计划学生出国交流学习，推动 19 所计划参与高校出台学校层面的基础学科拔尖学生培养试验计划经费管理办法。二是推进计划参与高校之间的交流合作。组织开展拔尖学生选拔、国际化培养专题交流，分 5 个学科开展培养方案交流研讨。三是健全拔尖学生培养跟踪制度。开发了基础学科拔尖学生培养试验计划信息发布系统及学生信息管理系统。四是加强总结宣传。编辑出版《基础学科拔尖学生培养试验计划进展报告》，全面反映了计划实施3年来的阶段性成效。截至2012年年底，19所参与高校进入该计划学习的学生有3 500人。该计划的实施，初步形成“一制三化”（即导师制，小班化、个性化、国际化教学）的拔尖创新人才培养模式，在拔尖创新人才培养方面积累了有益经验。

〔**继续实施卓越工程师教育培养计划**〕 一是扩大计划的专业布点。新增360个本科专业点（试点班）、95个研究生培养项目进入该计划。截至2012年年底，已有194所高校与3 000多家大中型企业在1212个专业（学科）点联合开展卓越工程人才培养。二是加强与行业部门协同育人。教育部会同建设部出台加强建设类专业学生企业实习的办法，会同交通部出台加强航海类人才培养的政策，会同解放军总政治部干部部开展国防生卓越工程师教育培养计划试点。三是加强工程实践教育中心建设。教育部会同工业和信息化部等17个部门、行业和5家行业协会，共同批准建设626个国家级工程实践教育中心。四是推动建立国家、地方、高校三级卓越工程师教育培养计划实施体系。15个省（市）启动实施了省（市）级卓越工程师教育培养计划或出台了相关支持政策。

〔**启动实施卓越医生教育培养计划**〕 5月7日，教育部、卫生部联合印发《关于实施临床医学教育综合改革的若干意见》，系统谋划、全面部署了医学教育改革发展工作，确定了临床医学教育改革的目标任务和基本思路，在优化临床医学人才培养结构、实施卓越医生教育培养计划、推进临床实践教学能力建设、深化综合性大学管理体制改革和加强临床医学教育质量评价制度建设5个重点领域，制定了12项具体举措。同时，教育部会同卫生部联合印发《关于实施卓越医生教育培养计划的意见》，启动实施卓越医生教育培养计划改革试点高校建设工作，遴选确定第一批卓越医生教育培养计划项目试点高校125所，改革试点项目178项，旨在通过加强试点项目分类指导，扎实推进拔尖创新医学人才、五年制临床医学、农村“订单”定向免费医学生和“3+2”三年制专科临床医学4种类型人才培养模式的改革取得实效。

〔**全面启动实施卓越法律人才教育培养计划**〕

一是召开启动工作会议。5月26日，教育部、中央政法委在北京联合召开卓越法律人才教育培养计划启动工作会议，对计划实施做出全面部署。教育部副部长杜占元、中央政法委副秘书长姜伟出席会议并讲话。二是评选基地建设高校。经申报、通信预评审、会议评审、社会公示，最终评出北京大学、中国人民大学等58所高校为应用型、复合型法律职业人才教育培养基地，中国政法大学、复旦大学等22所高校为涉外法律人才教育培养基地，内蒙古大学、新疆大学等12所高校为西部基层法律人才教育培养基地。三是完善基地建设实施方案。推动基地建设高校在申报方案的基础上，紧紧围绕分类培养卓越法律人才、创新卓越法律人才培养机制、加强社会主义法治理念教育、强化法学实践教学环节、加强法学师资队伍建设的主要任务，进一步细化、实化、具体化，形成基地建设实施方案。四是建设校外实践基地。遴选20所中央部委所属高校立项建设卓越法律人才教育培养校外实践基地，并分别给予200万元建设支持经费。

〔**启动实施动漫高端人才联合培养实验班计划**〕

2月8日，教育部、文化部召开会议，决定在北京师范大学、中国传媒大学、北京电影学院启动实施动漫高端人才联合培养实验班计划，探索建立高校与有关部门、科研院所、行业企业联合培养动漫高端人才的新机制。教育部部长助理林蕙青出席会议并讲话。一是改革人才选拔方式，在3所高校当年录取的新生中选拔具有创新潜质、学科特长和学业优秀的学生进入实验班学习。二是优化课程设置，开设科技与人文、信息、动漫艺术和技术、影视制作、文化产业管理等方面的模块化课程。三是创新教育教学模式，采用小班教学、工作室制等方式开展教学活动，强化实践环节，强化名师指导。四是实施3所高校联合培养，第一学年教学在北京师范大学进行、第二学年教学在北京电影学院进行、第三学年教学在中国传媒大学进行、第四学年回到本校完成毕业实习和毕业创作（设计）。五是实行国际化培养。10 月 10 日，首届实验班在北京师范大学正式开班。

〔**“211 工程”高校发布本科教学质量年度报告**〕 8 月 13 日，教育部印发《关于继续试点部分高等学校编制发布〈本科教学质量报告〉的通知》，要求“211 工程”高校编制并在学校网站公开发布 2011 年本科教学质量报告。发布内容包括本科教学基本情况、师资与教学条件、教学建设与改革、质量保障体系、学生学习效果、学校特色发展、需要解决的问题等，并应体现相应的 25 项支撑数据。截至 2012 年年底，112 所“211 工程”高校编制并发布了 2011 年度本科教学质量报告。

〔**举办《五月的鲜花——心中的歌儿唱给党》2012 全国大学生校园文艺会演**〕 由中宣部、教育部、共青团中央联合主办，中央电视台承办的《五月的鲜花——心中的歌儿唱给党》2012 全国大学生校园文艺会演于 5 月 4 日在北京举行，并由中央电视台现场直播。中共中央政治局常委李长春，中共中央政治局委员、书记处书记、中宣部部长刘云山，中共中央政治局委员、国务委员刘延东，全国政协副主席、中国社会科学院院长陈奎元等与首都高校学生代表一起观看演出。来自全国近百所高校的 2 500 名大学生，紧扣“心中的歌儿唱给党”的主题，通过歌舞、音诗画、情境表演等多种形式，热情歌颂了中国共产党领导人民进行革命、建设、改革的丰功伟绩，生动展现了当代大学生对党的崇敬之情、永远跟党走的坚定信念、为党和人民事业不懈奋斗的坚强决心和当代大学生积极健康向上的良好精神风貌。李长春发表重要讲话，称赞“这次演出活动办得很成功、很感人，是一台具有较强思想性、艺术性和观赏性的优秀节目，充分展示了当代大学生的精神风貌与表演水平。”教育部党组发出专门通知，印发李长春重要讲话，并要求各地结合实际，认真学习贯彻。

撰稿　白文宏　江　河　孙　驰　孙丽为　朱蓓蓓
　　　刘向虹　李　平　李　成　李　科　李　智
　　　李　静　杨云良　吴爱华　张　苏　张凌洋
　　　范海林　贺佳伟　高　斌　都昌满
审稿　张大良　刘　桔　石鹏建　刘贵芹　张爱龙
　　　韩　筠

高校思想政治工作

〔**召开第二十次全国高等学校党的建设工作会议**〕 2012 年 1 月 4—5 日，中共中央组织部、中共中央宣传部、中共教育部党组在北京召开第二十次全国高等学校党的建设工作会议。中共中央政治局常委、中央书记处书记、国家副主席习近平在会前会见了会议代表并讲话。他强调，高校是教育培养青年人才的重要园地，也是用社会主义核心价值体系武装青年的重要思想阵地。高校党的建设要紧紧围绕培养中国特色社会主义事业合格建设者和可靠接班人这个根本任务，为建设能够培养高质量大学生的社会主义大学提供坚强的思想、政治和组织保证。

习近平指出，教师是人类灵魂的工程师，是青年学生成长的引路人和指导者。他们的思想政治素质和道德情操，对青年学生具有很强的影响力和感染力，在思想传播方面起着十分重要的作用。这就要求我们的高校教师以高度的社会责任感坚持教书育人、为人师表，以良好的思想道德品质给大学生以潜移默化的影响。青年教师作为高校教学的重要力量，与学生沟通互动多，对学生影响很大。要把加强青年教师队伍思想政治建设作为高校党的建设一个重大问题来抓，深入细致地做好青年教师的思想引导工作，加大在青年教师中发展党员的工作力度，优化高校党员队伍结构。

习近平强调，今年我们党将召开十八大，这是全党全国各族人民政治生活中的一件大事。高校党建工作要突出迎接党的十八大胜利召开和学习宣传贯彻党的十八大精神这项重要任务，更好地发挥高校党委的领导核心作用、各级党组织的战斗堡垒作用和广大党员的先锋模范作用。要深入开展高校创先争优活动，推动高校党组织和广大党员在全面落实党的教育方针、坚持内涵式发展、全面提高办学质量、加强自身建设的实践中创先争优，并使创先争优活动常态化。要以更加扎实有力的措施维护高校的和谐稳定，加强日常管理，为党的十八大胜利召开营造良好氛围。

中央宣传部部长刘云山、国务委员刘延东、中央组织部部长李源潮出席会议并参加会见。

刘延东在讲话中回顾总结了党的十七大以来，高校党建和思想政治教育工作为促进高等教育科学发展、维护国家改革发展稳定大局做出的重要贡献和基本经验。刘延东强调，要深刻认识高校党建面临的新形势新任务，全面落实中央一系列部署，按照六中全会要求，以社会主义核心价值体系为引领，推动高校党建工作再上新台阶。要用马克思主义中国化最新成果武装头脑、指导教学科研实践，用中国特色社会主义共同理想凝聚师生，培养造就大批社会主义合格建设者和可靠接班人。要大力开展以爱国主义为核心的民族精神教育和以改革创新为核心的时代精神教育，激发师生民族自豪感、自信心和创新创造活力。要自觉践行社会主义荣辱观，培育大学精神，加强学风教风校风建设，重视师生道德培养，把高校建成全社会的道德高地。要坚持和完善党委领导下的校长负责制，提高高校领导班子办学治校水平，增强基层党组织活力，加强思想文化阵地建设，确保校园和谐安全稳定，以优异成绩迎接党的十八大胜利召开。

教育部党组书记、部长袁贵仁做了总结讲话。他强调，要紧密结合新形势，坚持以社会主义核心价值体系为统领，以创先争优为民服务为抓手，以迎接和学习贯彻党的十八大精神为主题，认真落实高校党建工作新任务。

中共湖北省委、中共重庆市委教育工委、南开大学、北京航空航天大学、中国传媒大学、广西民族大学、四川工程职业技术学院、北京城市学院在会上做交流发言。中央和国家机关有关部门负责人，解放军总政治部、各省（区、市）和新疆生产建设兵团有关负责人，全国部分高校党委书记、校长参加会议。

〔习近平就加强和改进高校党建工作进行调研〕

6 月 19—20 日，中共中央政治局常委、中央书记处书记、国家副主席习近平先后到北京大学、中国人民大学、清华大学就加强和改进高校党建工作进行调研，并在清华大学主持召开高校党建工作座谈会听取意见。他强调，加强和改进高校党的建设要继续坚持和贯彻好正确的指导原则，紧紧围绕服务大局和促进高等教育事业科学发展这一主题来开展，围绕培养中国特色社会主义事业合格建设者和可靠接班人这一根本来推进，围绕贯彻好党委领导下的校长负责制这一领导体制来加强，围绕抓好基层打牢基础这一重要支撑来深化，为高校改革发展稳定提供坚强保证。他强调，高校是重要的教育阵地，也是重要的思想文化阵地。各级党委要牢牢把握社会主义大学的办学方向，切实加强和改进高校思想政治工作，强化大学生思想政治教育，强化教师队伍特别是青年教师队伍的思想政治建设，加强辅导员队伍建设，加强党员队伍建设，坚持党建带团建，不断提高高校党建工作科学化水平。

北京市委书记刘淇、国务委员刘延东一同参加调研并出席座谈会。教育部部长袁贵仁做了汇报，清华大学等 5 所学校的党委书记做了发言。中央有关部门负责人，在京部分高校党委书记和部分高校院系党组织负责人、优秀共产党员、青年教师、辅导员、班主任和学生代表共 70 余人参加了座谈会。

〔迎接党的十八大召开和学习宣传贯彻党的十八大精神〕 围绕迎接党的十八大胜利召开，集中组织举办高校形势报告会并邀请省部级党政负责人到高校做形势报告，组织各地各高校积极邀请各省（区、市）党委、政府负责人、专家学者等做形势报告。10 月 8 日，中宣部、教育部在北京联合举办首场高校形势报告会。10 月 26 日至 11 月 14 日，组织 15 万名首都高校师生参观“科学发展辉煌成就”大型图片展览，并向各地各高校赠送图片展光盘5万套。

11月15日，组织召开教育系统部分十八大代表学习贯彻十八大精神座谈会，邀请部分担任高校党委书记的十八大代表共商高等教育战线贯彻落实党的十八大精神工作。11月18日，教育部党组印发《关于教育系统认真学习贯彻党的十八大精神的通知》和《教育部学习宣传和贯彻落实党的十八大精神重点工作方案》。11月19日，组织召开教育系统学习贯彻党的十八大精神座谈会，教育部党组副书记、副部长杜玉波出席会议并讲话，强调学习宣传和贯彻落实党的十八大精神是教育系统的头等大事和首要政治任务，各地教育部门和各级各类学校要高度重视，周密部署，深入推动学习活动，全面开展宣传工作，切实加强贯彻落实，确保取得成效。会上，7位同志先后发言，介绍了学习党的十八大精神的体会和贯彻落实举措。11月27日，组织500多名首都高校师生参加中央宣讲团党的十八大精神首场报告会。11月28—29日，在复旦大学、嘉兴学院举办全国高校宣传部长学习贯彻党的十八大精神研讨培训班。教育部直属高校、部分其他部委属高校党委宣传部主要负责人共120多人参加了研讨培训。协助做好中央宣讲团赴中国人民大学、南京大学、西北大学和四川大学开展“走基层”宣讲活动。

〔深入开展教育系统基层组织建设年活动〕 2月24日，教育部教育系统创先争优活动领导小组印发《教育系统关于在创先争优活动中深入开展基层组织建设年活动的实施意见》，召开教育系统在创先争优活动中深入开展基层组织建设年活动视频会和高校基层组织建设年工作推进会，对基层组织建设年活动进行全面部署。2月初至4月底，集中开展并完成全国16万多个高校基层党支部的调查摸底和分类定级工作，全面掌握基层党组织情况。4月10—11日，教育部思想政治工作司召开教育系统创先争优理论研讨会暨高校基层组织建设年工作推进会。教育部推荐的29篇理论文章入选全国创先争优理论研讨会论文集，占全部入选论文的10%。中央表彰了教育系统50个先进基层党组织和2名全国创先争优优秀共产党员，西北大学教授侯伯宇被追授为全国创先争优优秀共产党员。10月17日，教育部召开教育系统创先争优活动总结视频会议，历时两年多的教育系统创先争优活动圆满结束。期间，在北京举办高校院系党组织书记示范培训班，对全国31个省（区、市）和新疆生产建设兵团的150多名高校院系和教育行政部门的基层党组织书记进行培训；分别在井冈山大学、延安大学、临沂大学举办高校党校校长示范培训班、高校院系党组织书记示范培训班、高校党建组织员示范培训班，来自教育部75所直属高校及部分省（区、市）属重点高校的党校校长、院系分党委（党总支）书记、党建组织员代表近400人参加了培训。

〔进一步加强高校实践育人工作〕 1月，教育部等7部门联合印发《关于进一步加强高校实践育人工作的若干意见》，统筹推进实践育人各项工作。教育部制订印发《教育系统深入开展学雷锋活动实施方案》，广泛开展学雷锋实践活动和志愿服务活动，推动学雷锋活动常态化、机制化。党的十八大胜利闭幕后，教育部党组迅速部署开展大学生“走基层 看变化 学习宣传党的十八大精神”主题寒假社会实践活动，全国数百万名大学生紧扣热点、关注民生，在基层开展党的十八大精神学习宣传活动。

〔加强民办高校党建工作〕 成立全国党建研究会高校党建研究专业委员会民办高校分会。教育部思想政治工作司分别在西安、长春、杭州等市召开民办高校党建工作专项督查片会，对31个省（区、市）的60余所民办高校党建工作进行专项督查。组织开展首届全国民办高校党的建设和思想政治工作优秀成果评选活动，对民办高校党建和思想政治工作的有效做法与成功经验进行总结宣传。7月19—20日，教育部在上海市召开全国民办高校党的建设工作座谈会，教育部党组副书记、副部长杜玉波出席会议并讲话。北京市委教育工委、上海市委教卫党委、陕西省委教育工委、上海师范大学天华学院、长春工业大学人文信息学院、山东英才学院、江西城市职业学院7家单位作交流发言。

〔加强高校辅导员队伍建设〕　首次通过招（邀）标方式遴选教育部高校辅导员培训和研修基地承办全国高校辅导员骨干示范培训班，全年共举办示范培训班21期，培训2 500余人。继续组织高校学生工作骨干海外研修。继续组织招收高校辅导员在职攻读思想政治教育专业博士学位，加强对招生工作的指导和督查。指导全国高等教育学会辅导员工作研究会分会、中国教育报举办“2011全国高校辅导员年度人物”评选活动。4月27日，举行第五届全国高校辅导员工作创新论坛。5月，举办首届全国高校辅导员职业能力竞赛。

〔评选“2011中国大学生年度人物”〕　“2011中国大学生年度人物”评选活动由教育部和中宣部、团中央、人民日报社共同指导，人民网、大学生杂志社联合主办。通过网络投票、专家评审和网上公示的方式，评选出“2011中国大学生年度人物”10名、提名奖20名、特别奖1名。

6月20日，中共中央政治局常委李长春，国务委员刘延东在北京人民大会堂亲切看望了2011中国大学生年度人物。李长春发表重要讲话，向获奖大学生表示热烈祝贺，强调要深入宣传大学生先进人物的事迹，形成崇尚先进、学习先进、争当先进的鲜明导向，教育引导广大青少年向大学生年度人物学习，学习他们志存高远、勤奋学习、开拓创新、服务社会的先进事迹，把个人成长与中国特色社会主义的共同理想和伟大实践紧密结合起来，努力做德智体美全面发展的中国特色社会主义建设者和接班人。刘延东为10位年度人物颁奖并亲切座谈。

〔评选2012年高校校园文化建设优秀成果〕为推进社会主义核心价值体系融入高校校园文化建设全过程，充分发挥校园文化对于提高人才培养质量的作用，教育部思想政治工作司组织开展了2012年高校校园文化建设成果评选活动。共收到主题教育类、校风建设类、校园文化艺术活动类、校园文化载体建设类、实践育人类等6个类别申报成果687项。经专家评审，评出特等奖10项、一等奖30项、二等奖61项、优秀奖116项。

〔实施“大学生心理健康素质提升计划”〕　3月16日，教育部思想政治工作司在长沙市召开2012年全国大学生心理健康教育工作会议，指导和推动落实《普通高等学校学生心理健康教育工作基本建设标准》和《普通高等学校学生心理健康教育课程教学基本要求》。组织编写示范教材《大学生心理健康教育》，举办西部地区高校心理健康教育培训班，重点扶持西部地区高校心理健康教育和心理咨询教师队伍建设，进一步提高大学生心理健康教育规范化、科学化水平。

〔大学生思想政治教育工作测评〕　2月，中央宣传部、教育部联合印发《全国大学生思想政治教育工作测评体系（试行）》，为真实反映各地区各部门各高校大学生思想政治教育工作开展情况和各项政策措施落实情况，及时发现和督促整改工作中存在的问题，提供了基本的考核评价依据。测评体系分为党委政府版、高校版，分别用于测试省（区、市）党委政府、高校加强和改进大学生思想政治教育工作的进展及成效。党委政府版包括4个一级指标、12个二级指标，高校版包括6个一级指标、20个二级指标。测评主要采用材料审核和实地考察两种方式，材料审核以测评年度前两年的材料为主，各类数据取测评年度前两年的平均值；实地考察采取走访、问卷调查等方式。

〔召开全国高校学生党建工作现场经验交流会〕

6月16日，教育部在南京市召开全国高校学生党建工作现场经验交流会。教育部党组副书记、副部长杜玉波出席会议并讲话，充分肯定了各地高校学生党建工作取得的成绩，强调要高度重视，把高校学生党建工作摆在党建工作的重要位置；严把入口，提升高校学生党员发展工作的规范化水平；抓好培训，加强高校学生党员教育管理服务；坚持创新，丰富高校学生党建工作方法途径；拓展力量，加强高校学生党建工作队伍建设；加强领导，合力推进高校学生党建工作。江苏省委教育工委、江西省委教育工委、福建省委教育工委，北京大学、南京大学、复旦大学、中南大学、西南财经大学、无锡太湖学院、江苏建筑职业技术学院做交流发言。

〔**成立全国高校博物馆育人联盟**〕　5月30—31日，由教育部和光明日报社主办的全国高校博物馆育人联盟成立大会暨充分发挥高校博物馆育人功能研讨会在上海交通大学召开。教育部党组副书记、副部长杜玉波到会并讲话。他指出，高校博物馆具有文化传承、艺术熏陶、思想政治教育和教学辅助等重要功能。要在扩大育人覆盖面、增强育人吸引力、增强育人合力、加强工作研究上下功夫，不断丰富博物馆育人的内容和形式，充分发挥高校博物馆的育人功能和作用。北京大学、上海交通大学、北京航空航天大学、中国地质大学（武汉）、江南大学、上海高校博物馆联盟做交流发言。

〔**举办全国高校廉政文化作品大赛**〕　5—9月，教育部思想政治工作司、中央纪委驻教育部纪检组、监察局联合举办全国高校廉政文化作品大赛。全国31个省（区、市）和新疆生产建设兵团共1 500多所高校经初、复赛，共选送了1 180项作品参加全国决赛，最终产生表演艺术类、书画摄影类、艺术设计类、网络新媒体类4个类别一、二、三等奖和优秀组织奖共321项。9月28日，教育部在长沙市召开全国高校廉洁教育进校园现场经验交流会暨高校廉政文化作品大赛总结表彰大会。中央纪委驻教育部纪检组组长王立英出席会议并讲话，强调要积极推动廉政文化产品的创作和传播，广泛开展廉政文化主题教育活动，用廉政文化引领教师队伍建设，促进教师廉洁执教，用廉政文化引领人才培养，促进大学生廉洁修身，用廉政文化引领高校科学管理，提升管理质量。12月21—31日，由教育部思想政治工作司、监察部驻教育部监察局联合举办的全国高校廉政文化作品大赛优秀作品展在中央财经大学展出。

〔**开展校园及周边治安秩序集中整治行动专项督导检查**〕　为确保秋季开学和党的十八大召开期间学校及周边的和谐稳定，中央社会管理综合治理委员会校园及周边治安综合治理专项组于9月初印发《关于开展校园及周边治安秩序集中整治行动的通知》，要求各地学校在开学后开展为期一个月的集中整治行动。各地高度重视，全面开展了校园及周边各类安全隐患、矛盾纠纷、积案遗案拉网式排查，逐一建立台账，力求整治出成果、见实效。完善“三防”建设，优化校园安全保卫队伍配置，完善校园安全基础设施建设，加强视频监控、报警设施等安防数字系统建设。加强安全法制教育，充实教育内容，创新教育形式，提高学生安全法制意识和防范能力。将开展集中整治行动与完善工作制度、强化日常管理、创新管理手段结合起来，努力构建长效工作机制。10月30日至11月2日，专项组成员单位组成4个检查组，分赴内蒙古、上海、江苏、江西、河南、湖南、重庆、贵州等地，就集中整治行动开展情况进行专项督导检查。

〔**举办“最美中国”全国大学生摄影及微电影创作大赛**〕　为迎接党的十八大胜利召开，展现当代大学生积极向上的精神风貌和文化追求，由教育部思想政治工作司、国家互联网信息办公室网络宣传局共同指导，人民网、中国大学生在线、文汇报主办的“最美中国”全国大学生摄影及微电影创作大赛于7—12月举行。活动共征集到摄影作品3.8万余幅（组），微电影作品2 000余部。经专家评审，共评出获奖摄影作品45幅（组）、微电影作品30部。2012年暑期，举办摄影特训营和微电影特训营，从内容和技术方面对223名大学生进行系统培训，提升了大学生在创作作品过程中把握思想内涵、运用技术技巧的能力。

〔**组织评选第五届全国高校百佳网站**〕　为进一步加强高校校园网站建设，5—11月，在教育部思想政治工作司指导下，中国大学生在线举办了第五届全国高校百佳网站评选活动。共有289所高校的网站参评，经省级教育工委推荐、网上投票、专家现场评审，共评出100个“全国高校百佳网站”、12个“最佳思政创新奖”等单项奖、10个优秀“创先争优”活动专题网站和3个最佳外文主页。

活动期间，在武汉市和天津市举办两期校园网站建设培训班，就校园网站建设的技术架构、内容设计、团队建设等方面开展培训指导。开通高校校园网站建设咨询指导服务平台，对部分校园网站开展基础测评和点评指导。

〔**组织评选第二届全国高校优秀辅导员博客**〕

为提高高校辅导员利用网络开展学生思想工作的能力，9—11月，教育部思想政治工作司依托中国大学生在线网站举办了第二届全国高校优秀辅导员博客评选。300余所高校推荐2 000余篇博文和260个博客参评。经专家通信评审、会议评审，共评出100个“优秀博文奖”、10个“优秀博客奖”、10个“优秀博客奖”提名。

撰稿 吕治国 张 濠 白永生 张 良 许敏敏 魏小坤 许高勇
审稿 冯 刚

高校社会科学研究

〔**深入学习研究宣传党的十八大精神**〕 2012年11月21日，教育部召开高校哲学社会科学界学习贯彻党的十八大精神座谈会，学习领会党的十八大提出的新思想、新观点、新论断，交流研讨在新的历史条件下深入推进高校哲学社会科学繁荣发展。11月30日，邀请部分全国人大代表和全国政协委员召开专题座谈会，听取代表委员对社会主义核心价值体系融入国民教育全过程和深入推进高校哲学社会科学繁荣发展的意见建议。设立党的十八大精神研究专项课题，组织高水平专家围绕党的十八大报告中提出的新要求、新思路开展深入研究，推出了一批高质量理论研究成果。以“学习贯彻党的十八大精神，繁荣发展高校哲学社会科学”为主题，组织专家在中国教育报发表笔谈。教育部、中共中央党史研究室联合开展“中国共产党革命精神与文化资源研究中心”建设工作，在复旦大学、嘉兴学院、湘潭大学、井冈山大学、赣南师范学院、遵义师范学院、延安大学、河北师范大学设立首批8个中心，建立党史、革命精神和文化资源的研究联盟。

〔**全面实施研究生思想政治理论课新方案**〕 2012年秋季，研究生思想政治理论课新方案全面实施。一是编写出版新课程教学大纲。将研究生思想政治理论课教学大纲编写工作纳入马克思主义理论研究和建设工程，组织课题组广泛征求各方面的意见，深入研讨、反复修改，分别形成课程教学大纲。2012年，经中央审定后正式出版，并全部投入使用。二是开展骨干教师示范培训。2—6月，陆续举办了5门课程骨干教师示范培训班，培训全国高校骨干教师850名。6—7月，中宣部、教育部专门组织为期3周的研究生思想政治理论课骨干教师研修班，来自全国高校的120名教师进行集中研修。研修过程中，各课题组首席专家和主要成员详细解读了教学大纲，认真解答了参训教师提出的各种问题，各试点高校介绍了新课程开设的经验和做法，参训教师就教学内容和方法进行了深入探讨。三是指导各地各高校做好新方案实施的准备工作。积极为各地各高校全员培训提供资料，将骨干教师示范培训班上各专家解读大纲的录像、讲稿、课件一并上传“高校思想政治理论课程网站”，供任课教师学习参考。通过会议、督导检查等方式，督促各地各高校组织教师开展全员培训，解读教学大纲，研究教学内容及教学方法，为研究生思想政治理论课新方案的全面实施开展了扎实有效的工作。

〔**第六届高等学校科学研究优秀成果奖（人文社会科学）揭晓**〕 为贯彻落实中共中央办公厅、国务院办公厅转发的《教育部关于深入推进高等学校哲学社会科学繁荣发展的意见》精神，根据《高等学校科学研究优秀成果奖（人文社会科学）奖励办法》，教育部组织了第六届高等学校科学研究优秀成果奖（人文社会科学）评审工作。评选范围是2008年1月1日至2010年12月31日期间出版的著作、发表的论文和提交的研究咨询报告。按照政治合格、学风优良、质量上乘、群众公认的标准，经专家评审、面向社会公示和奖励委员会审核通过，共产生获奖成果830项，其中一等奖45项、二等奖250项、三等奖518项，成果普及奖17项。

本届评奖工作的主要特点如下。一是突出以质量和贡献为先的评价导向。严格坚持政治标准与学术标准的统一，更加注重研究成果的学术原创性和实际应用价值。实行分类评价，学术性研究成果以引领学术发展的实质性贡献为取向；对策性研究成果以解决实际问题，推动经济社会发展为重点；普及型研究成果以提升国民素质，引领社会发展为标准。二是突出评审程序和办法创新。申报对象范围从以往只面向本科院校，扩大到所有普通高等学校。按照二级学科或相近二级学科细化分组和遴选评审专家，控制每个学科的评审数量，保证专家有较充分时间评阅申报材料。对少数民族语言及非英语的外语类成果单独邀请专家进行评审。采取集中独立评审和通信评审、定性评价与定量评价相结合的方法，坚持定性为先、定量为辅的原则，避免评审专家主观评判的随意性。三是突出评奖过程的组织规范。申报、评审、公示、异议处理等环环相扣，评审过程中严格执行同行评审制度、专家回避制度、保密制度、公示制度和申诉制度。高校和专家普遍反映，评奖工作准备充分、组织严谨、方法科学、结果公正，排除了非学术因素干扰。四是突出政治、学风把关。注意考察成果是否坚持马克思主义的立场观点和方法，是否存在学术不端行为。通过评奖，弘扬了老老实实做人、踏踏实实做事、扎扎实实做学问的风气，使那些甘于寂寞、淡泊名利、潜心钻研、厚积薄发的科研工作者得到了学界和社会的肯定。

正是基于评审程序的严格公正、评价标准的科学合理，使获奖成果具有了较高的公信力。获奖成果研究质量上乘，真实地反映了近年来高校哲学社会科学研究质量和水平。基础理论研究成果显著，一批学养厚重、质量高的获奖作品有力地推动了思想理论创新、先进文化传承和学科建设进步。应用对策研究成果立足中国国情，以重大理论和现实问题为主攻方向，研究中国问题，提炼中国经验，一些研究咨询报告得到国家有关领导人的批示，直接服务于党和政府决策，为推动经济建设和社会发展做出了积极贡献。成果普及奖评出的十余种普及读物，有的已经多次重印，还有的被翻译成多国文字发行，在世界范围内产生了积极的影响。

〔开展全国高校思想政治理论课教学能手评比活动〕　为加强高校思想政治理论课教师队伍建设，全面提升教学质量，为优秀教师脱颖而出创造条件，教育部社科司于6月举办了全国高校思想政治理论课教学技能大赛。教学技能大赛在各地推荐的70多名思想政治理论课教师中展开，重点考察教师运用教材的能力、理论分析能力、授课能力等。经过专家评审，47名优秀教师脱颖而出。他们具有较深厚的马克思主义理论素养，爱岗敬业，教学功底扎实，教学效果良好，是思想政治理论课优秀教师的典范。7月6日，在上海市召开全国高校思想政治理论课教学能手表彰暨现场教学观摩会，授予47名获奖教师教学能手荣誉称号，并颁发了荣誉证书。会上，4位教学能手分课程做了现场示范教学，与会教师与学生代表进行了即兴点评。47位教学能手的教学片段已编辑成盘，于2012年秋季开学前发放各地各高校，供思想政治理论课教师学习交流借鉴。

〔全面实施新一轮高等学校哲学社会科学繁荣计划〕　各地各高校认真贯彻落实中央办公厅、国务院办公厅转发《教育部关于深入推进高等学校哲学社会科学繁荣发展的意见》和《高等学校哲学社会科学繁荣计划（2011—2020年）》精神，积极制订完善哲学社会科学中长期发展规划。截至2012年年底，有16个省（区、市）和50余所直属高校制定了相关文件，提出繁荣发展哲学社会科学的切实举措。根据新一轮“繁荣计划”工作安排，教育部启动了新一轮高校人文社会科学重点研究基地建设计划，研制完善了高等学校哲学社会科学“走出去”计划、哲学社会科学研究中长期重大专项和专题数据库建设的实施细则，大力推进高校哲学社会科学创新体系建设。4 月 13 日，在广州市召开了高等学校哲学社会科学“走出去”工作会议，对高校哲学社会科学“走出去”工作进行了全面部署。

〔扎实推进哲学社会科学教学科研骨干研修〕

3 月、4 月、9 月，中宣部、教育部等中央六部委在中央党校举办了第 43—48 期研修班，培训学员 656 人，其中普通高校 527 人。进一步突出研修重点，丰富研修内容，组织学员重点学习了十七届六中全会精神、中央领导人的重要讲话和中央系列重要文件，听取了有关部委领导的专题报告；分别到上海浦东、井冈山和延安干部学院以及四川地震灾区进行学习和教学观摩，深入大型国企参观考察。

〔教育部启动哲学社会科学研究普及读物项目〕

为贯彻落实党的十七届六中全会和党的十八大精神，大力开展哲学社会科学优秀成果转化应用，完善高校哲学社会科学社会服务体系，教育部启动实施了哲学社会科学研究普及读物项目。

普及读物项目是根据《高等学校哲学社会科学繁荣计划（2011—2020 年）》而特别设立的一类新项目品种，旨在组织动员高校学者开展哲学社会科学普及工作，通过撰写一批观点正确、品质高端、通俗易懂的科学理论和人文社科知识普及读物，积极推进马克思主义大众化，阐释宣传党的路线方针政策，推广普及哲学社会科学最新理论创新成果，提高公民的思想道德素质和科学文化素质。与一般意义的学术研究和科普类读物相比，普及读物更侧重对党的最新理论的宣传阐释，强调学术创新成果的推广普及。

项目采取策划约稿、重点征集、专家评审、择优资助的办法确定。资助范围包括：研究阐释宣传社会主义核心价值体系和中国特色社会主义道路、理论体系、制度，回答干部群众和青年学生关心的理论热点问题的普及读物；围绕全面推进社会主义经济建设、政治建设、文化建设、社会建设、生态文明建设方面的普及读物；反映国内外哲学社会科学最新优秀成果的普及读物；促进教育改革发展稳定重大问题的普及读物。

项目最终成果形式为中文汉字图书，字数原则在 10 万字左右。按照“统一标识、统一版式、统一封面设计”的要求，统一资助出版。实行编辑介入机制，出版单位在征得作者同意后提前介入书稿编写过程，及时对项目成果提出合理化建议。

该项目得到高校学者的积极响应，全年共立项 54 项，项目负责人多为在本专业学术领域内享有较高声望的著名学者。

〔社科研究项目管理科学化水平进一步提升〕

2012 年度，教育部哲学社会科学研究各类项目共计立项 4 852 项，资助高校 663 所。全年组织各类项目评审 11 场（批次），动员评审专家 3 000 人次，形成各种评审数据 15 万项。修订完善了各类项目的管理细则，加强科研管理数据库建设，切实加强项目全过程管理，进一步提高了管理科学化水平。

撰稿　陈　矛　陈　睿　魏贻恒　马建通　王晓蕾
审稿　杨　光　张东刚　徐艳国

高校科技及产业

〔高校科技工作主要数据〕　2012 年，全国高校理工农医学科领域科技工作主要数据指标如下。

1. 科技人力。全国高校从事科技活动的人数为 39.1 万人，其中科学家和工程师 38.3 万人，占

98.0%；研究与发展人员 34.8 万人，其中科学家和工程师 34.1 万人，占 97.99%；全时研究与发展人员 20.9 万人，其中科学家和工程师 20.4 万人，占 97.99%。

2. 科技经费。2012 年，全国高校通过各种渠道共获科技经费 1 170.3 亿元，比 2011 年增长 13.6%。经费主要来自国家各类科技计划以及地方、部门和企事业单位委托项目等。

3. 研究与发展机构。2012 年，全国高校上级主管部门批准的研究与发展机构 6 097 个，机构中从事研究与发展人员 9.3 万人，其中高级职务人员折合 5.2 万人年，培养研究生 27.9 万人。

4. 科技课题。2012 年，全国高校共承担各类科技课题 42.3 万项，其中研究与发展课题 36.5 万项、非研究与发展课题 5.8 万项。当年投入课题经费 934.2 亿元，其中基础研究经费占 28.3%、应用研究经费占 41.9%、试验发展研究经费占 12.0%。

5. 国际科技交流。2012 年，高校开展了广泛的国际科技交流活动。全年有 15.6 万人次出席国际学术会议，交流学术论文 9.46 万篇。当年派遣进修访问学者 3.98 万人次，接收进修访问学者 3.68 万人次。

6. 科技成果及技术转让。在国家自然科学奖、国家技术发明奖和国家科学技术进步奖三大奖共 266 项授奖项目中，全国高校共获奖 183 项，占总数的 68.8%。高校作为第一完成单位获奖 139 项，占总数的 52.3%（不含国防专用项目）。其中在国家自然科学奖一等奖再度空缺的情况下，全国高校获国家自然科学奖二等奖 24 项，占总数的 58.5%；获国家技术发明奖通用项目 45 项，占通用项目总数的 71.4%；获国家科学技术进步奖通用项目 114 项，占通用项目总数的 70.4%。

2012 年，全国高校共出版科技专著 3 281 部，在国外学术刊物上发表学术论文 21.7 万篇，鉴定科技成果 9 830 项，签订技术转让合同 10 275 项，当年实际收入 27.6 亿元。

2012 年，高校申请专利 106 714 件，比 2011 年增长 19.96%；获专利授权 68 971 件，比 2011 年增长 39.5%，其中获国外专利授权 383 件。

〔高等学校创新能力提升计划〕 3 月 22 日，在全面提高高等教育质量工作会上，联合颁发了《教育部、财政部关于实施高等学校创新能力提升计划的意见》。5 月 7 日，召开高等学校创新能力提升计划工作部署视频会议，颁布了《高等学校创新能力提升计划实施意见》，标志着高等学校创新能力提升计划（简称“2011 计划”）正式启动。

为了增强高校对“2011 计划”的了解，使高校能够更加准确地把握其内涵和要求，从 5 月下旬到 7 月初，分 4 个小组赴全国 30 个省（区、市）开展了 32 场宣讲报告，有 753 所高校和 4 500 余名主要领导、分管领导和职能部门负责人参加。7—9 月，以“贯彻落实全国科技创新大会精神，着力推动高等学校创新能力提升”为主题，先后组织召开了北京地区、农林类、综合性、行业类高校以及地方教育行政部门和人文社科领域 6 个专题研讨会，交流不同类型协同创新思路和操作细节。

为保证“2011 计划”的顺利实施，成立了“2011 计划”认定工作研究小组，先后完成了《2011 协同创新中心认定暂行办法》、《专家认定细则》以及《2012 年认定工作方案》等。9 月底开始，组织了首批“2011 协同创新中心”的申报认定工作。31 个省（区、市）推荐 151 所高校申报，其中中央直属高校 90 所、地方高校 61 所。共收到申报认定 167 项，其中科学前沿类 29 项、文化传承类 28 项、行业产业类 55 项、区域发展类 55 项。

〔高校基础研究改革试点〕 “清华大学、北京大学生命科学研究与人才培养改革试点”进展顺利，基础设施建设稳步推进，建立起两校协同推进的工作机制，人员聘用、人才培养等改革措施陆续出台，并取得了一批阶段性科研成果。

推动复旦大学“上海数学中心”启动建设。中心成立了校长牵头的组织管理机构，制定了管理办法和章程，积极推进相关改革。按照国际一流的标准，面向海内外招聘了第一批首席 PI 人员。

〔国家重点基础研究发展计划和重大科学研究计划〕 2012 年，围绕农业科学、能源科学、信息科学、资源环境科学、健康科学、材料科学、制造与工程科学、综合交叉科学、重大科学前沿9个领域，经过专家多次评审，科技部共批准国家重点基础研究发展计划105个项目立项，其中高校专家担任首席科学家的有70项，占项目总数的66.67%。

2012年，在量子调控研究、纳米研究、蛋白质研究、发育与生殖研究、干细胞研究和全球变化研究6个领域，根据专家评审结果和专家综合咨询意见，科技部共批准重大科学研究计划77个项目立项，其中高校专家担任首席科学家的有49项，占总数的63.64%。

〔实验室建设与管理〕 1. 国家重点实验室建设管理。督促指导2011年直属高校立项建设的25个国家重点实验室，按照建设计划任务书要求做好各项建设工作。督促并协助部分教育部直属高校做好2012年信息科学国家重点实验室评估工作。同时，有针对性地引导和指导部分实验室加强国家重点实验室的培育组建工作，争取立项建设。

2. 教育部重点实验室建设管理。修订教育部重点实验室管理办法，积极争取财政经费对教育部重点实验室的稳定支持。对2011年批复立项的21个依托中央部门高校的教育部重点实验室逐个进行了建设计划论证，对建设期满的35个实验室进行建设计划验收。组织实施了2012年度工程和材料科学领域57个教育部重点实验室评估工作，推动通过评估发挥“以评促建、带动发展”的作用。审核批复调整4个实验室名称以及研究方向。聘任了43个实验室的主任和学术委员会主任。

〔国家重大科技基础设施建设〕 参与国家发展和改革委《国家重大科技基础设施中长期发展规划（2012—2030年）》的编制，并根据国家重大科技基础设施建设工作的总体部署和要求，与高校共同谋划可以牵头或参与的国家重大科技基础设施建设。

对列入“十二五”建设重点的项目（教育部直属高校牵头6项），通过集中会议交流、逐项调研督促、学术交流讨论等形式进行重点培育，要求相关学校做好项目启动实施的前期各项准备工作。

经与国家发展和改革委等部门的反复协商，依托上海交通大学的转化医学重大科技基础设施作为试点，先行启动，已经纳入国家发展和改革委“十二五”重大科技基础设施建设规划。上海交通大学、上海市、国家发展和改革委各投入3亿元建设经费。

〔国家重大科研仪器设备专项〕 1. 国家重大科研仪器设备研制专项。2012年，国家自然科学基金委探索专项新型管理模式，采取部门限额推荐立项建议和自由申请两种模式受理项目申请。其中3 000万元以上仪器研制专项经专家委员会遴选，最终获批11项，其中由教育部推荐立项3项，资助经费总计2.47亿元；1 000万元以下项目，2012年度资助计划为2亿元，最终共立项27项，其中高校牵头承担18项。

2. 国家重大科研仪器设备开发专项。2012年，科技部仪器开发专项工作思路发生重大调整，要求牵头承担单位以企业为主，指导组织高校及时转变思路，适应新要求。根据要求遴选推荐13项，获批8项（其中2项转至2013年执行），总经费近3亿元。同时，科技部最终立项的66个项目中，有58所高校作为项目子任务承担单位，直接参与项目研究。完成2011年教育部8项仪器开发专项项目的启动、两组一会组建，以及监理委员会组建工作，按新机制对项目进行规范管理。

〔国家科技重大专项〕 围绕国家科技重大专项的目标任务和年度工作重点，组织高校深入研讨，推荐高校专家积极参与，提出了部分重大项目并纳入年度计划支持，完成了部分专项高校专家的推荐和换届工作。

积极发挥教育部作为重大专项领导小组成员作用，组织高校积极承担16个国家科技重大专项任务。截至2012年年底，11个科技重大专项高校共计承担了1/4的课题，获经费支持近1/4。重点加强高校牵头承担课题的组织管理，确保全面完成重大专项任务；组织高校完成了2012年度重大专项的监督评估工作，完成了部分高校课题的验收工作。

针对航空发动机和燃气轮机重大专项的前期论证工作，组织高校专家多次研讨，提出了教育部的意见建议，形成了“高校两机前期工作和人才培养情况报告”、“加强协同创新，开展两机核心共性技术基础研究和人才培养的工作建议”，并向论证专家组进行了汇报。配合工业和信息化部深入9所高校，对高校建设大型客机发动机验证机重大基础设施的条件和思路进行调研。

〔国家高技术研究发展计划、科技支撑计划〕

根据2013年国家科技计划项目指南（高新技术领域），以高校牵头申报的项目共171项，通过评审进入备选项目库的99项，占入库项目总数的23.7％。

2012年，高新技术领域经批复立项由高校承担的国家高技术研究发展计划课题共计217项，国拨经费约22.5亿元；国家科技支撑计划课题151项，国拨经费约6.9亿元。

“十一五”国家科技支撑计划“高纯磷化工产品工业化装置与示范工程”项目完成结题；“音乐数字化服务关键技术与示范应用”项目完成中期检查。

国家文化科技创新工程启动实施，首批文化科技创新工程项目立项，“基于社交网络的电视内容云服务技术集成及应用”获批复。

〔高等学校新农村发展研究院〕 4月，教育部与科技部联合批复了中国农业大学、浙江大学、西北农林科技大学、东北农业大学、南京农业大学、华中农业大学、四川农业大学、沈阳农业大学、安徽农业大学、湖南农业大学10所高校成立首批新农村发展研究院。为推动首批新农村发展研究院的建设，教育部积极与科技部协商，争取到以“大学农业科技服务集成与示范”科技支撑项目的方式，对首批10个研究院提供一定的经费支持，总经费1亿元。启动建设后，各高校紧密围绕研究院建设发展的核心任务，已在不同区域建设了一批综合示范基地、特色产业基地和分布式服务站，初步搭建了高校专家与村镇、企业、农户之间纵向联系及高校间横向联系的资源整合与共享平台，推动了校地、校企、校所、校农之间协同服务。

〔高技术产业化项目〕 为完善高校科技创新体系，积极加强高校技术创新能力布局，积极配合国家发展和改革委完成了高技术产业发展项目的申报、日常管理、验收等工作。组织高校申报相关高技术产业化项目，已批复立项3项。完成8项高技术产业化项目验收。截至2012年年底，由教育部主管在建的国家高技术产业发展项目共计36项。

〔高校技术创新基地〕 组织3家国家工程研究中心申报2012年创新能力建设；组织江南大学等5所高校申报2012年度国家工程技术研究中心建设项目；推荐北京科技大学高效轧制国家工程研究中心等12个单位为国家工程研究中心先进集体，推荐马新胜等23名高校的同志为国家工程研究中心先进工作者，并在深圳高交会期间受到表彰。20余个教育部工程研究中心通过验收。

组织浙江大学、北京邮电大学等4所高校申报信息领域国家工程实验室建设工作，批复建设2项。完成3项国家工程实验室项目验收。

组织中国农业大学建设了1个国家能源创新研究基地，对2011年度立项的西北农林科技大学等3所高校的国家能源创新研究基地，制订了基地建设规划方案并下达了年度资金。

〔国家大学科技园〕 按照科技部、教育部印发的《国家大学科技园认定和管理办法》（国科发高〔2010〕628号）的要求，科技部、教育部经组织专家评审、现场核查，新认定长春理工大学科技园等9家大学科技园为第九批国家大学科技园。

根据财政部、国家税务总局印发的《关于国家大学科技园有关税收政策问题的通知》（财税字〔2007〕120号）及《关于延长国家大学科技园和科技企业孵化器税收政策执行期限的通知》（财税〔2011〕59号）的要求，科技部、教育部经对国家大学科技园上报的2011年数据审核，确认83家国家大学科技园符合享受2012年度国家税收优惠政策条件。

根据科技部、教育部发布的《关于发布2011

年度国家大学科技园评价结果的通知》（国科发高〔2012〕118号），11月初，经科技部、教育部组织专家对限期整改的厦门大学国家大学科技园、山西中北大学国家大学科技园进行现场考察和评审，认为上述两家国家大学科技园经整改，达到了《国家大学科技园认定和管理办法》的基本要求，同意通过整改。

〔**高校学生科技创业实习基地**〕 为进一步发挥大学科技园、高新区等园区在创新创业人才培养方面的作用，“以创业带动就业”，教育部、科技部组织开展了2012年度高校学生科技创业实习基地认定工作（简称“双实双业基地”），新认定了北京林业大学科技园等22家为“双实双业基地”。截至2012年年底，“双实双业基地”数量已达112家，有力地促进了大学生创业就业工作。

〔**知识产权战略**〕 为深入推进《国家知识产权战略纲要》实施，加强知识产权专业人才培养，教育部、中央政法委员会全面启动实施了“卓越法律人才教育培养计划”，在立项建设的首批卓越法律人才教育培养基地中，建立了若干重点开展应用型、复合型知识产权人才培养工作的教育培养基地。

本科教育中，新颁布实施的《普通高等学校本科专业目录（2012年）》将“知识产权”专业作为特设专业保留在“法学类”专业中。2012年，新增了6所高校开设知识产权法专业，4所高校开设知识产权专业。研究生教育中，31个学位授予单位分布在法学、管理科学与工程等相关一级学科下，自主设置了34个二级学科博士点。

为提高高校知识产权科学管理水平，教育部参与了知识产权管理文件研究制定工作，并牵头承担了“高校知识产权管理研究”软课题，完成了《高校知识产权管理研究报告》。

〔**教育部科技部签署合作协议**〕 7月26日，教育部、科技部签署“关于加强协同创新提升高校科技创新能力合作协议”。两部共同提升高校原始创新能力，积极支持并培育一批多学科交叉合作的优秀团队；加强协同创新，充分发挥高校在技术创新和区域创新中的生力军作用；完善政策体系，加快推动高校科技成果转化和技术转移；建立开放共享机制，提升高校科技资源公共服务水平；促进科教深度结合，增强高校创新创业人才培养能力；扩大开放交流，提升高校国际科技合作水平。

〔**加强高校科研经费管理工作**〕 为进一步加强和规范高校科研经费管理，提高资金使用效益，确保科研工作协调、健康、可持续发展，在前期工作基础上，继续深入开展关于加强高校科研经费管理专项工作。研制教育部《进一步加强高校科研经费管理工作计划》，明确了“十二五”期间加强高校科研经费管理工作的指导思想、工作重点和主要工作任务。研制试点方案，选择确定具有工作基础的高校进行先行试点，重点研究建立符合高校特点的科研经费管理体制和长效机制。与教育部监察局、财务司共同组织召开全国加强高校科研经费管理工作视频会议，全面动员，引导高校提高认识、转变观念、增强责任，全面部署高校开展此项工作，组织高校拟定工作方案和措施、开展自查，研究分析高校科研经费管理现状和存在的问题。

同时，在做好前期调研分析工作、广泛听取各方面意见的基础上，下发了《教育部关于进一步加强高校科研项目管理的意见》（教技〔2012〕14号），进一步规范和加强高校科研经费和科研项目的管理与监督。

〔**中央高校基本科研业务费专项资金**〕 继续深入实施中央高校基本科研业务费，广泛开展调研工作，加强政策宣传解读，引导高校准确把握资金定位，提高资金使用效益。坚持动态预算制度，强化对学校经费绩效与管理和预算执行的管理，有针对性地督促高校加大经费执行力度，提高预算执行率。2012年，共有96所中央高校获得支持，总经费额度22.6亿元，其中75所教育部直属高校获18.51亿元经费支持，有效缓解了高校科研长期以来缺乏稳定支持的困境，对高校创新管理模式、开展自主性科研、培养青年人才发挥了重要作用。同时，进一步修改完善了“基本科研业务费管理平台”系统，加强基本科研业务费的规范管理与监督。

〔**国家创新研究群体**〕　2012 年，高校共有 22 个科研团队获得国家创新研究群体资助，占总数的 73.33％。这是自国家创新研究群体设立以来高校获资助比例最高的一年。

〔**教育部创新团队发展计划**〕　2012 年，共收到创新团队发展计划申报项目 286 个。其中“985 工程”高校 112 个、其他高校 174 个。经过函评、会议答辩两个阶段的专家评审以及实地考察和网上公示，共资助创新团队计划 99 个。其中“985 工程”高校 52 个、非“985 工程”高校 47 个。

〔**新世纪优秀人才支持计划**〕　继续实施教育部新世纪优秀人才支持计划。经过有关部门、各省及教育部直属高校分别遴选推荐，2012 年度新世纪优秀人才支持计划共受理 1 962 人申请。经过专家评审和网上公示，共遴选支持新世纪优秀人才 1 090 名，其中自然科学领域 772 名、人文社科领域 318 名。

〔**高等学校学科创新引智计划**〕　落实“十二五”规划，推进高等学校学科创新引智计划（简称“111 计划”）的深入实施，充分利用海外智力等资源，更好地发挥高等学校学科创新引智基地在国际科技合作、学科建设、人才培养、团队建设等方面的积极作用，联合国家外国专家局组织实施新一轮“111 计划”的新建工作，45 个“111 基地”获批立项；同时，坚持“奖优劣汰，动态调整”的原则，对通过评估验收建设期满以及整改期满的 46 个“111 基地”实行滚动支持，对未通过评估的 5 个基地进行整改；完成第一届高等学校学科创新引智计划专家委员的换届工作，成立了由各领域高水平专家组成的第二届专家委员会，促进了“111 计划”建设基地健康、可持续发展。

〔**《教育信息化十年发展规划（2011—2020 年）》发布**〕　3 月 13 日，教育部印发了《教育信息化十年发展规划（2011—2020 年）》（简称《规划》）。《规划》明确了全国教育信息化事业今后十年的指导思想、工作方针、发展目标、发展任务、重大工程和保障措施，提出了推进教育信息化工作的重大抓手——中国数字教育 2020 行动计划。该《规划》是指导全国教育信息化发展进程的行动纲领和路线图。

〔**全国教育信息化工作电视电话会议召开**〕　9 月 5 日，教育部组织召开了新中国成立以来第一次全口径、全方位的全国教育信息化工作电视电话会议。国务委员刘延东出席会议并发表重要讲话，对做好今明两年、“十二五”时期的教育信息化工作进行了全面部署和深入动员。此次会议对全国教育系统和相关部门统一思想、提高认识、迅速行动、切实加快教育信息化进程具有重大指导意义。

〔**教育信息化推进工作部际协调小组成立**〕　5 月 16 日，教育部发文成立了教育信息化推进工作部际协调小组。协调小组组长由教育部部长袁贵仁担任，副组长由国家发展和改革委、财政部、教育部有关领导担任，成员由工业和信息化部、科技部、人力资源和社会保障部、质检总局、广电总局、国防科工局等有关领导担任。协调小组主要负责落实国务院关于教育规划纲要任务分工中有关“加快教育信息化进程”的相关内容，统筹规划、协调推进教育信息化工作，研究解决推进过程中的重大问题；在各自职责范围内，大力支持教育信息化推进工作；并共同推进教育改革发展重大项目——“教育信息化建设”的实施。

〔**“教学点数字教育资源全覆盖”项目启动**〕　11 月 19 日，教育部在北京召开“教学点数字教育资源全覆盖”项目启动会，全面启动和部署项目建设。该项目在 2012 年和 2013 年，为农村义务教育学校布局调整中确需保留和恢复的教学点（全国共约 6.7 万个）配备数字教育资源接收和播放设备，配送优质数字教育资源，并以县域为单位，发挥中心校作用，组织教学点应用资源开展教学，利用信息技术帮助教学点开好国家规定课程，提高教育质量，满足农村边远地区适龄儿童就近接受良好教育的基本需要。

〔**全国教育信息化试点工作启动**〕　1月13日，教育部正式发文启动了教育信息化试点工作，拟用4年左右时间，分批启动和部署100个左右的区域试点和1 600所左右的各级各类学校试点，并及时总结经验，示范引导，逐步推广，全面提升全国教育信息化发展水平。经组织申报和评审，教育部于11月15日正式公布了第一批教育信息化试点单位名单，351个中小学信息化试点、179个职业院校信息化试点、66个本科院校信息化试点、56个区域信息化试点和30个专项信息化试点工作得到批准实施。

〔**优秀网络课程及资源征集活动启动**〕　9月24日，教育部正式发文，面向各级各类教育机构、团体和学校、有关出版社、企业和教师个人，公开征集基础教育、职业教育和继续教育领域的网络课程及名师课堂、多媒体素材资源、虚拟仿真系统等配套资源。对于征集遴选出的优秀资源，予以奖励性后补助，并在国家教育资源公共服务平台上实现共享。

〔**国家教育资源公共服务平台开通上线**〕　12月28日，国家教育资源公共服务平台正式开通上线试运行。国家教育资源公共服务平台在提供资源上传下载服务的基础上，强调以学习空间为核心的资源推送，把不同用户所需要的适切资源送入各自的个人空间，以教师的教学空间应用带动学生、家长和学校应用，在“宽带网络校校通”的基础上，促进“优质资源班班通”和“网络学习空间人人通”；探索“企业竞争提供、政府评估准入、学校自主选择”的资源共建共享新模式，最大范围、最大程度地开放共享优质教育资源。国家教育资源公共服务平台开通以来，已有13 200多名教师、85 500多名学生、300多所学校在平台上开通了个人空间和机构空间，国家开发的义务教育资源和部分高中资源已在平台上线并免费提供服务。

〔**教育管理公共服务平台建设**〕　研究制订了《国家教育管理信息系统建设总体方案》，确立了国家和省“两级建设”数据中心，中央、省、市（地）、县和学校“五级应用”的基本思路。教育部数据中心（一期）完成建设并投入使用。全国中小学生学籍管理（含营养改善计划管理）信息系统、学前教育管理信息系统、中小学校舍信息管理系统等业务系统完成一期开发和数据采集。全国学生资助管理信息系统、中等职业学校学生管理信息系统、直属高校基本建设管理信息系统、外籍教师数据库与管理服务平台等业务系统完成立项，开始组织实施。初步建成全国教育机构数据库（56万多个机构数据）、中小学校舍数据库（217万栋校舍数据）、农村义务教育营养餐学生数据库（2 200万名学生数据）、学前教育幼儿数据库（2 738万人）、学前教育教师数据库（224万人）和学生体质健康数据库（4.7亿条学生体质健康数据），逐步开始为教育管理和决策、教育重大项目实施提供支撑。

〔**教育科研基础设施IPv6技术升级和应用示范项目通过验收**〕　12月25日，中国下一代互联网示范工程重大项目——“教育科研基础设施IPv6技术升级和应用示范”通过专家验收。该项目由国家发展和改革委批复，教育部主管，清华大学、北京大学等100所学校（主要是“211工程”高校，包括个别中学）共同承担建设，中国教育和科研计算机网CERNET网络中心负责具体协调工作。该项目的实施，将上述100所学校校园网全面升级为支持IPv6协议的下一代网络；在这100所学校校园网部署了20多项教育科研重大应用；攻克并部署了IPv6过渡、网络管控、源地址验证等多项网络建设和应用关键技术；IPv6用户超过200万人，为推动中国下一代互联网商用提供了技术解决方案和试商用经验，同时也为中国教育信息化的长远发展以及国家下一代互联网商用提供了人才、技术和标准的有力支撑。

〔**“教育部—中国移动教育信息化科研基金”项目启动**〕　8月，教育部与中国移动通信集团公司联合设立了“教育部—中国移动科研基金”，重点资助教育信息化领域及中国移动发展需要的信息技术等前沿、基础领域的研究项目，面向高等学校定向邀请申报。基金项目按照教育部部级项目管理，资助强度每项不超过 200 万元，资助期不超过 3 年，资助经费在项目执行期内按年度拨付。经组织申报和评审，2012 年度共立项支持华南师范大学“教育信息化理论研究”等 25 个项目，资助总金额 3 850 万元。

〔**战略研究**〕　1. 战略研究课题工作。中国科协—教育部战略研究课题“市场经济条件下科技发展举国体制中的高校科技发展研究”于 4 月开始启动，截至 2012 年年底，已上报 23 篇《专家建议》、子课题报告和总体报告初稿。2012 年年初启动的科技部—教育部“科教结合引领国家创新体系建设与路径选择”战略研究课题，进入结题阶段，已完成多篇专家建议和专题研究报告初稿、总体报告大纲等课题合同要求的内容。

2. 高校科技评价改革工作。在调研 34 所高校科技评价的情况形成“我国高校科技评价体系存在的问题及改革建议”报告的基础上，邀请 20 多所高校和有关部门召开 4 次专题座谈会，就高校科技评价面临的问题进行了调研，听取了有关专家的建议。另外，对迄今为止教育部内涉及使用科技指标作为管理依据的有关文件进行梳理，明确了工作目标，制订了高校科技评价改革工作方案。

3. 专家建议。教育部科技委紧密围绕国家和教育部科技教育工作的重点和热点，紧扣“协同创新”、“‘十二五’科技发展规划”、“创新人才培养”、“高水平科研支持高质量高等教育”等主题，以科技委研究基地和学部为平台，组织基地专家、学部专家和高校专家讨论研究形成共识，认真撰稿，全年共编辑印发《专家建议》24 期。其中，国务委员刘延东对 2012 年《专家建议》第 8 期《加强对国家重大科技专项的全过程管理　建立创新型协同监管体系》和第 10 期《发挥直属高校科技优势　服务区域战略新布局的政策建议》做出重要批示。

24 期《专家建议》题目如下：

第 1 期　构建协同创新的大科研体系　提升高校科研质量

第 2 期　关于加强禽流感相关科学研究的生物安全管理的建议

第 3 期　推荐学科交叉融合大力提升高校创新能力

第 4 期　探索建立合理有效的高校薪酬体系

第 5 期　关于进一步强化我国国际化战略的思考

第 6 期　加强国际农业技术人才培养促进粮食安全

第 7 期　加强农业科技工作建议

第 8 期　加强对国家重大科技专项的全过程管理建立创新型协同监管体系

第 9 期　警惕奥巴马版的美国“大中东计划”

第 10 期　发挥直属高校科技优势服务区域战略新布局的政策建议

第 11 期　组建“政产学研金”合作平台推动协同创新迈上新台阶

第 12 期　实现协同创新的关键是体制机制改革

第 13 期　完善人事评聘机制　改革科技评价制度

第 14 期　加快地方高水平大学建设提升人才培养质量和服务区域发展能力

第 15 期　关于发展我国教育云的政策建议

第 16 期　精准定位创新模式以机制体制改革促进协同创新

第 17 期　世界一流大学建设可以实现跨越式发展吗?

第 18 期　大学排名能成为高等教育质量提升的重要工具之一吗?

第 19 期　我国高校在科普中的作用、问题和建议

第 20 期　当前涉我海洋权益争端形势及我应对思路

第 21 期　关于推动教育信息化标准建设和应用的政策建议

第 22 期　加强区域科技资源整合的建议

第 23 期　开展南海海洋科技专题研究　为维

护国家海洋安全提供科技支撑

第24期　美国页岩气颠覆性技术创新对全球格局的影响及启示

4. 加强战略研究基地建设。3月31日，教育部科技委下发了《关于做好2012年度教育部战略研究（培育）基地工作的通知》（教技委〔2012〕4号），要求基地学习领会精神，明确工作任务；开展战略研究，发挥政策咨询作用；加强基地建设，规范基地管理创新工作机制，提高服务能力；形成学科特色，培养青年战略人才。

为进一步加强战略研究基地建设，根据清华大学科教政策研究中心、浙江大学科教发展战略研究中心、上海交通大学世界一流大学研究中心、西安交通大学中国管理问题研究中心、华东师范大学科技创新战略研究中心所在高校的申请，经研究，教育部于7月24日下发了《教育部关于同意清华大学等5所高校建设高等学校软科学研究基地的通知》（教技函〔2012〕49号），从战略研究能力、基地规划建设、基地管理和基地评估等方面提出了新要求。

〔学风建设〕　1. 起草学风建设文件。为贯彻落实《教育部关于切实加强和改进高等学校学风建设的实施意见》（教技〔2011〕1号），起草了《开展高校学风建设专项教育和治理行动（2012—2014）工作方案》，下发了《关于报送高等学校学风建设实施细则的通知》（教技司〔2012〕12号）和《教育部关于报送高等学校学风建设实施细则的补充通知》（教技司〔2012〕111号），要求各地、各高校认真研究制定本单位学风建设实施细则，加快三落实、三公开，报送优秀团队和科学家先进事迹。

2. 开通学风建设专题网站。为贯彻落实教育部部长袁贵仁在《开展高校学风建设专项教育和治理行动（2012—2014）工作方案》上的重要批示，扎实推进高校学风建设专项教育和治理行动，配合教育部科技司综合处策划学风建设专题网站。3月14日，在教育部网站开通“高校学风建设专项教育和治理行动”专题，国内250余家网站转载相关新闻报道。

3. 邀请专家解读学风文章。邀请北京市教委主任姜沛民、浙江大学校长杨卫等专家，围绕《教育部关于切实加强和改进高等学校学风建设的实施意见》（教技〔2011〕1号）撰写解读文章并上报新闻办。4月23日，《光明日报》刊发北京大学副校长王恩哥院士撰写的解读文章《学风是高校培养人才的保障》。

4. 组织学风宣讲。5月，教育部科技委向各学部下发通知，要求“每个学部召开学部工作会议时，在会议召开地至少举办一场学风宣讲大会”。有9个学部完成了学风宣讲任务，受众人数达2万人。如生物与医学学部年会在重庆医科大学召开，300多人出席会议，教育部科技委副主任邱贵兴院士做了题为《科研与诚信》的学风宣讲报告。科技委常务副主任、学风建设委员会主任、农林学部吴常信院士分别于3月30日、6月29日为中国农业大学在职攻读专业学位研究生新生与2012年新入校的教职工和辅导员进行了入职第一课《科研诚信与学术规范》的宣讲。据不完全统计，科技委专家共作学风宣讲报告53次，受众人数达3万余人。

5. 研讨修改学风文件。根据教育部办公厅工作纪要（2012）第10号精神，教育部科技委常务副主任、学风建设委员会主任吴常信院士于5月23日主持召开会议，研究修改《关于处理学位论文买卖、代写、抄袭、剽窃等行为的暂行办法》，科技委委员和相关同志参加研讨。与会人员在认真研讨的基础上，逐条对《暂行办法》进行了修改并上报教育部政策法规司，推动了该文件的出台。

〔2012年度“中国高等学校十大科技进展”〕

2012年度“中国高等学校十大科技进展”继续评选，41所高校共推荐了70个参选项目。按照评选办法和程序，经教育部科技委学部办公室形式审查后，科技委各学部采取网上评审的方式，遴选出18个候选项目，后经过主任办公（扩大）会议终审，评选出2012年度“中国高等学校十大科技进展”，在2012年度科技委年会上揭晓并颁发了获奖证书。入选项目如下表：

项目名称	主持人	主持单位	主要合作单位
全基因组外显子测序分析发现汗孔角化症、掌跖角化症和少毛症致病基因	张学军	安徽医科大学	深圳华大基因研究院
强激光场下原子分子隧道电离研究	龚旗煌	北京大学	北京应用物理与计算数学研究所、中国科学院武汉物理与数学研究所
先进微小卫星平台技术	曹喜滨	哈尔滨工业大学	
牦牛基因组及对高海拔的生命适应	刘建全	兰州大学	中国科学院昆明动物研究所、深圳华大基因研究院
脑起搏器研究	李路明	清华大学	首都医科大学附属北京天坛医院、中国医学科学院北京协和医院、南方医科大学珠江医院
资源三号卫星指标设计及地面处理关键技术	李德仁	武汉大学	
基于生物质大分子的新材料和生化品	张俐娜	武汉大学	
重组戊型肝炎疫苗（大肠杆菌）	夏宁邵	厦门大学	北京万泰生物药业股份有限公司、厦门万泰沧海生物技术有限公司、江苏省疾病预防控制中心、中国药品与食品检定研究院、广西壮族自治区疾病预防控制中心、江苏省东台市疾病预防控制中心、中国疾病预防控制中心病毒病预防控制所
古—中生代之交海水温度变化与生物演化	赖旭龙	中国地质大学（武汉）	德国爱尔兰根—纽伦堡大学、英国利兹大学、中科院南京地质古生物所
鼻咽癌放化综合治疗及个体化治疗基础的研究	马骏	中山大学	复旦大学附属肿瘤医院、四川大学华西医院、北京大学肿瘤医院、华中科技大学同济医学院同济医院、浙江省肿瘤医院

注：入选项目按主持单位拼音顺序排序，排名不分先后。

〔**2012年教育部科学技术委员会年会**〕 2012年，教育部科技委年会于12月18—19日在北京召开。教育部副部长杜占元出席会议并做重要讲话。教育部科技司负责人、教育部科技委委员、学部主任、副主任和委员、教育部战略研究基地和培育基地主任、学部办公室主任近400人参加会议。第六届科技委主任钟掘做了工作报告。科技部高新司和教育部科技司有关领导做了报告。

撰稿 李人杰 李楠 明炬 付雷 邰忠智 赵春晓 舒华 李莉 张莉恒 李渝红 朱小萍 陈露洪 张拥军

审稿 高润生 王延觉 雷朝滋 娄晶

〔**规范校办产业发展**〕 2012年，为贯彻落实教育规划纲要“推进产学研用结合，加快科技成果转化，规范校办产业发展”的要求，组织起草了《教育部关于促进高校校办产业科学发展的若干意见》、《教育部直属高校校办企业管理规范指引》等文件，部署校办产业改革发展工作。3月29日，教育部党组会原则通过上述文件。

积极协调有关部门，出台面向校办产业的税收优惠政策。教育部与财政部、国家税务总局联合下发《财政部 国家税务总局 教育部关于清华大学北京大学所属资产经营公司上缴学校收入企业所得税问题的通知》，两校资产公司2008年至2011年资产转让收益中直接上缴学校并进入学校经费预算，用于支持教学、科研的部分，免征企业所得税。

〔**高校校办产业日常管理**〕　加强对教育部直属高校校办企业的监督管理，按照国家有关法律法规，较好地履行了直属高校校办企业经济行为审核审批职责。2012年，共办理涉及直属高校校办企业设立、改制、注销、股权转让、增资减资、无偿划转等经济行为审核批复共115件。

促进校办产业规范管理，完善和落实资产公司年度报告制度。要求已组建资产公司的直属高校每年报送资产公司年度报告，报告上一年度资产公司机构设置、公司治理、财务状况、经营管理、关联交易、重大事项、风险评估以及下一年度工作计划等方面的情况。组织专家组对68家直属高校资产公司报送的2011年度报告进行评审，逐校反馈专家评审意见和改进建议，要求各校资产公司加以整改。组织专家组分别对8所直属高校产业规范化建设和资产公司规范运作整改情况进行现场指导，帮助各校提出有效整改方案，推动工作进展。

加强高校校办产业队伍建设，重点抓好校办企业高管、财务总监、派出董监事三类人员的规范化培训。分别举办了“高校资产公司管理骨干培训班”、“高校企业财务审计人员专题研修班”，邀请政府部门领导、国内知名专家、中央企业老总等，围绕校办企业规范管理、科学发展和风险防控等方面举办讲座，并就工作中遇到的实际问题开展交流研讨，提高了校办产业管理人员的整体素质，为校办产业改革与发展提供了人力资源保障。

〔**高校校办产业统计**〕　组织29个省（区、市）开展2011年度全国普通高校校办产业统计工作，共计498所普通高校的3 541个企业报送数据。其中一级企业1 857个，占52.44%；二级企业1 684个，占47.56%。编辑出版了《2011年度中国高等学校校办产业统计报告》。

经统计，截至2011年年底，全国高校校办企业资产总额2 691.11亿元，负债1 592.57亿元，所有者权益1 098.54亿元，归属于学校方股东的所有者权益522.54亿元，资产负债率59.18%。全国高校校办企业收入总额为1 868.73亿元，利润总额99.82亿元，已支付给学校方股东的利润或股利8.88亿元，向国家已缴纳税金总额140.68亿元。全国高校校办企业在册职工共计42.95万人（学校事业编制人数26 896人）。接纳学生实习104.68万人次，参与培养博士生1 189名、硕士生6 929名。全国高校校办企业共拥有获授权专利1 890项，计算机软件及集成电路版权803项，获国家级、省部级奖项1 643项。

其中，截至2011年年底，教育部直属高校校办企业资产总额2 328.80亿元，负债1 379.12亿元，所有者权益949.68亿元，归属于学校方股东的所有者权益405.33亿元，资产负债率59.22%。教育部直属高校校办企业收入总额1 641.78亿元，利润总额85.09亿元，已支付给学校方股东的利润或股利5.82亿元，向国家已缴纳税金总额120.68亿元。教育部直属高校校办企业在册职工共计33.21万人（其中学校事业编制11 546人）。接纳学生实习20.64万人次，参与培养博士生953名、硕士生4 093名。教育部直属高校校办企业共拥有获授权专利1 453项，计算机软件及集成电路版权686项，获国家级、省部级奖项1 465项。

〔**博士学科点专项科研基金**〕　高等学校博士学科点专项科研基金申请课题的受理和评审工作从2012年1月开始到11月完成，共有227所高校申报基金课题10 030项，其中博士生导师类课题4 425项、新教师类课题5 065项、优先发展领域课题540项。申报课题形式审查不合格的有242项，形式审查合格的课题有9 788项，其中博士生导师类课题4 355项、新教师类课题4 922项、优先发展领域课题511项。

基金评审工作采取两级评审方式进行。第一级评审是网络通信评审，博士生导师类课题和新教师类课题的第二级评审采用学科组网络复评的方式，优先发展领域课题的第二级评审采用专家评审会的方式进行。网络通信评审共遴选162所高校的6 463位专家参与评审，评审总项次49 962次，平均每位专家评审8项课题，评审专家共反馈评审结果48 178项次，反馈率为96.43%。

对于博士生导师类课题和新教师类课题，在第一轮网络通信评审结束后，进行复评工作。博士生导师类进入复评的课题为2 873项，占参评课题的

65.97%；新教师类进入复评的课题为 3 090 项，占参评课题的 62.78%。专家组复评分成 24 个评审组进行，每个评审组按课题学科分布聘请 7 名专家参加评审，共有 71 所高校的 168 位专家参与复评工作。复评采取网上投票的方式进行，投票完成后，再将各个评审组的投票情况进行汇总排序。

对于优先发展领域课题，在第一轮网络通信评审结束后，对评审结果进行整理汇总，共选出 351 项课题上会，占参评课题的 68.69%。优先发展领域课题专家评审会于 8 月召开，来自全国 46 所高校的 82 位专家参加评审会。参会专家中有 25 位两院院士、40 多位“长江学者”和国家杰出青年科学基金获得者。评审专家在充分讨论的基础上进行打分和投票，选出 196 项建议资助课题，占申报课题的 36.30%。

2012 年，设立了博士点基金与香港研究资助局研究用途补助金合作项目，共收到 26 所高校申报的 59 项合作项目，经过形式审查，54 项课题形式审查合格、5 项课题形式审查不合格。对于形式审查合格的 54 项课题，每项邀请 9 位同行专家进行评审，共 486 项次。本次评审共邀请了 45 所高校的 77 位专家进行评审，评审专家在本学科领域内有很好的研究基础和一定的影响力，杰出青年科学基金获得者、“长江学者”占有一定的比例。截至评审结束，所有专家均完成了评审工作，参评的 54 项课题每项都回收了全部 9 份评审意见和打分结果。每项课题去掉一个最高分和一个最低分后，取平均分作为最终评审结果。与香港研究资助局交换了评审结果后，共同确定资助课题 11 项，资助比例为 18.64%。每项课题博士点基金资助内地高校合作方 40 万元人民币，香港研究资助局资助香港地区高校合作方 40 万元港币。

根据专家通信评审和专家组复评结果，高等学校博士学科点专项科研基金资助博士生导师类课题 1 507 项，资助比例为 34.06%。其中中央部委所属高校 1 199 项，占资助课题的 79.56%；地方高校 308 项，占资助课题的 20.44%。高等学校博士学科点专项科研基金资助新教师类课题 1 773 项，资助比例为 35.00%。其中中央部委所属高校 1 347 项，占资助课题的 75.97%；地方高校 426 项，占资助课题的 24.03%。高等学校博士学科点专项科研基金资助优先发展领域课题 196 项，资助比例为 36.30%。其中中央部委所属高校 164 项，占资助课题的 83.67%；地方高校 32 项，占资助课题的 16.33%。

为支持地方高校科研发展和人才培养，高等学校博士学科点专项科研基金批准地方高校 272 项博士生导师类课题和 226 项新教师类课题为联合资助课题。加上联合资助，博士生导师类课题的资助率为 39.98%，新教师类课题的资助率为 39.47%。

〔霍英东教育基金会高等院校青年教师基金“应用研究课题”指南征集、评审情况〕 霍英东教育基金会高等院校青年教师基金应用研究课题指南的征集工作从 5 月开始到 6 月初结束。共接到 45 所高校推荐的课题指南 159 项，其中材料技术领域 25 项、环境技术领域 28 项、交通技术领域 20 项、能源技术领域 31 项、生物技术领域 29 项、信息技术领域 26 项。

根据有关程序，教育部科技发展中心于 7 月 30—31 日在北京交通大学召开了“霍英东教育基金会高等院校青年教师基金应用研究课题指南专家评审会”。评审专家对高校推荐的青年教师基金应用研究课题指南进行了评议，最终遴选出 25 个课题指南。12 月 26 日，霍英东教育基金会第二十六届理事会暨顾问委员会联席会议在北京召开，会议讨论通过了 25 个应用研究课题指南。

〔专利工作与科技成果管理〕 2012 年，全国高校共申请专利 132 648 件，比 2011 年增长 20.4%，占国内职务专利申请总数的 8.7%；申请发明专利 75 688 件，占申请总数的 57.1%，占国内职务发明专利申请总数的 14.1%。2012 年，全国高校共获授权专利 77 283 件，比 2011 年增长 36.8%。其中发明专利获授权 33 821 件，占获授权专利总数的 44.7%，占当年国内职务发明专利授权总数 26.9%。截至 2012 年年底，全国高校共申请专利 562 379 件，获授权专利 283 796 件。其中全国高校共申请发明专利 346 388 件、获授权发明专利 133 950 件。全国高校持有有效专利

177 518件，其中有效发明专利 96 707 件（另有国外有效发明专利 1 922 件）。

认真做好科技成果鉴定、登记工作。2012 年，共进行科技成果登记 1 102 项。受理办理科技成果鉴定申请 150 项，其中社会鉴定项目 27 项。

第六批教育部科技查新站审批认定工作自 4 月初开始，共有 32 所高校申报教育部科技查新站。本着积极发展、改革创新、规范管理的精神，组织有关专家对第六批申报的查新机构进行了三级评审。6 月中旬至 11 月底，对申报机构进行了专家通信评审、专家实地考察评审。根据前两轮评审结果，筛选出 15 家高校科技查新机构提交专家会进行综合评审。12 月 11—12 日，在浙江大学组织召开了第六批科技查新站专家评审会。按照教育部科技查新站的相关审批条件，经专家评审、投票评分，并考虑了申报查新机构所在高校的学科特点和查新工作能力，兼顾各省市查新站分布、专业特色和行业产业需求等，教育部批准在北京化工大学、合肥工业大学、昆明理工大学、广西大学、广东医学院和新疆医科大学 6 所高校设立第六批教育部部级科技查新工作站。

2012 年度，78 所科技查新站共完成查新报告 41 448 件，每所查新站年平均完成科技查新 531 项。其中为校内科研服务占 38.8.％，为校外高校及企业服务占 61.2％；为省部以上课题查新服务占 68.4％；服务于科研立项占 58.7％，成果评价占 24.5％。

〔**高校科技奖励工作**〕 2012 年度，教育部科技奖励于 6 月初开始组织，9 月 6 日纸质材料申报结束，共接到 232 所高校申报的教育部奖励项目 1 119 项。经形式审查，有 63 项不符合教育部科技奖励政策。形式审查合格项目共计 1056 项，含直报国家奖励项目 70 项，其中自然奖 30 项、发明奖 6 项、进步奖 34 项；教育部奖励项目 986 项，其中自然奖 295 项、发明奖 132 项、进步奖 513 项、推广类奖 33 项、专利奖 13 项。

第一级：通信评审。9 月 16—30 日，对每份申请项目由计算机系统按照项目所报学科自动选取 7—9 位同行专家（每位专家评审 7—9 份材料）进行通信评审。通信评审完全通过网络完成，材料回收率达 99.5％。

第二级：专家评审会。11 月 4—6 日，在浙江嘉兴市召开 2012 年度高等学校科学研究优秀成果奖（科学技术）专家评审会，会议由清华大学承办。会议邀请了来自全国 86 所高校相关领域的专家共计 168 人参加评审。专家由院士、国家奖评委和重点学科学术带头人组成，每年轮换 1/3 至 1/2 专家，分成 20 个学科评审组，对通信评审专家评分（去掉最高分和最低分后的平均值）在前 65％的项目进行会议评审，通过讨论由专家通过不记名评分、投票，产生了拟授奖项目 307 项。

经奖励委员会审核和为期一个月的网上公示及异议处理，教育部批准 2012 年度高等学校科学研究优秀成果奖（科学技术）授奖项目 293 项，其中一等奖 108 项、二等奖 185 项。在全部授奖项目中，自然科学奖 99 项（一等奖 36 项、二等奖 63 项），技术发明奖 49 项（一等奖 26 项、二等奖 23 项），科技进步奖 140 项（一等奖 44 项、二等奖 96 项），推广奖 5 项（一等奖 2 项、二等奖 3 项）。

组织、推荐高校申报 2012 年度国家科学技术奖。2012 年度全国高校获国家科技奖励情况是：自然科学奖 24 项，占 58.5％；技术发明奖 45 项（2 项一等奖均为高校获得），占通用项目总数的 71.4％；科技进步奖 114 项，占通用项目总数的 70.4％。2012 年度，全国高校获国家科学技术奖三大奖项目共 183 项，占通用项目总数的 68.8％。

〔**“蓝火计划”在多地开展实施工作**〕 “蓝火计划”是经教育部批准，由教育部科技发展中心负责组织实施，旨在推进高校与地方及企业深入开展产学研用结合，加强协同创新，加快高校创新科技成果向社会转移及产业化而实施的一项重大举措。通过实施“蓝火计划”，积极推进产学研合作，以项目合作为重点，推动一批高校重大科技成果落户地方，加强技术创新平台建设，组建特色产业技术创新联盟，积极推动高校科技人才服务基层企业，大力提升高校社会服务能力。截至 2012 年年底，“蓝火计划”先后在江苏省常熟、宜兴、泰州、徐州，福建省漳州、龙岩、山东省威海等地开展了实施工作，已举办10次大型成果、项目、人才对接活动，组织了全国逾百所高校的1 000余位专家学者赴地方开展产学研合作，参加对接的企业界代表达1 500余人，累计达成合作意向400余项，帮助地方引入科技特派员90余人。在漳州、泰州、徐州、龙岩等地设立了高校技术转移中心地方中心，建设了一批特色技术转移示范基地、产学研合作联盟和高校科技创新研究院等创新平台。

〔**组织高校参展上海国际工业博览会**〕　2012年，教育部共组织63所高校参加上海国际工业博览会，其中沪外参展高校41所、在沪高校18所、境外高校4所，展区面积达4 500平方米。本届工博会高校参展项目为656项，其中获国家科技进步奖、国家技术发明奖、国家自然科学奖二等奖以上和省部级科技进步、技术发明一等奖以上的重大技术成果项目51项，科技含量高、技术成熟、应用性强、可转化为产业化的项目600多项，创历届之最。展会期间，共有92个项目先后签约或达成合作意向，交易额达9.17亿元，较2011年继续稳步攀升。其中上海应用技术学院的“工业废水深度处理集成系统”与上海圣智机械设备有限公司现场签约，成交额达1.6亿元。经工博会组委会评审，高校展区有18个项目获大会奖，其中东南大学的“新一代宽带移动通信技术与系统”获金奖，其余17个项目分别获银奖、铜奖和创新奖，获奖总数占本届工博会颁奖项目总数（38项）的47.4%。

〔**中国技术供需在线开通试运行**〕　中国技术供需在线建设工作是经教育部批准，由教育部科技发展中心建设的产学研合作公共服务平台。2012年3月完成了系统开发，同时导入科技发展中心专家库中的有效专家数据29 180名、导入科技成果信息3 176项，导入2011年17个地市的企业信息1 100多家、技术需求1 390项。4月，教育部办公厅发文，启动了在线开通运行工作，主要在高校进行宣传推广，分片举办了北京地区、华东地区、西部地区、中南地区和东北地区的所有“211工程”高校参加的“中国技术供需在线建设工作会议”，并通过地方教育部门在地方高校进行推广。截至2012年年底，高校已有5.2万名教师登记注册，发布400多项科技项目，并已开通威海地方频道。

〔**科研环境建设**〕　2012年，“中国学术会议在线”共预告国内会议8 666场，发布会议新闻3 286条，转播学术会议69场，录制会议报告2 499部，全年新增注册用户8 171个，全年平均日访问量达37 250人次，已有有效注册用户10万多人。总访问量以独立IP计算，已达697万多人次。截至2012年年底，“中国学术会议在线”共发布学术视频报告17 860部。在学术讲座资源部分中，新增北京大学讲座500部。

“中国科技论文在线”作为科研环境建设的重要平台，影响和作用进一步扩大。为保持网站的健康发展，编辑部继续加强论文审查、栏目编辑工作，严格控制论文质量。完成了网站系统架构的整体部署，为各功能节点的横向扩展和升级做好准备，提高了搜索引擎收录率和网站的安全性、稳定性；完成了测试环境的搭建和网站监控系统的上线工作。创建了新浪和腾讯官方微博，开发、推出了中国科技论文在线iPad客户端V1.0版。发布了“网络时代的科技论文快速共享（2012）”专项研究课题指南。完成了《中国科技论文在线精品论文》电子期刊第5卷，共24期的编辑出版工作。

截至2012年年底，“中国科技论文在线”发表论文64 104篇，用户在线发表评论19 425条；知名学者栏目为8 077名优秀学者建立了学术专栏，收录论文96 904篇；名家荐精品栏目论文8 542篇；自荐学者栏目为2 926名学者建立学术专栏，收录论文26 489篇；科技期刊栏目收录了618家学报的756 743篇论文。论文总数达763 948篇。

2012年度，《中国科技论文》共刊出学术论文192篇，较2011年增加了7.3%，其中受基金项目支持176篇。根据《中国学术期刊影响因子年报》（2012年版）公布的最新统计数据，《中国科技论文》在所列出的前437种自然科学与工程技术领域的综合性科学技术期刊中，复合影响因子为1.056，国内排名第7；他引影响因子为1.020，基金论文比0.91。

高校实验室资质认定。国家实验室资质认定工作的开展为高校大型仪器设备、分析测试资源服务社会提供了检测市场准入许可，同时也为推动高校科研数据的可信性，确保实验室检测活动的规范提供了考核依据。2012 年，高校计量认证评审组从规范入手，开展了以下工作。①加强评审员队伍建设，培训评审员 280 人次。②加强对实验室的评审及监督，通过对 30 家实验室的现场评审、专项监督，促进实验室的规范化建设。③加强对食品检测实验室的法律法规宣传及检查。④开展实验室间比对，针对高校特色开展了未知物的化学、物相、形貌分析，对不达标实验室提出整改。⑤参与国家认监委资质认定管理办法的立法后评估，并制定针对高校实验室的资质认定工作细则。

互联网应用创新开放平台联盟。该联盟由教育部科技发展中心牵头，联合清华大学等高校、锐捷网络等互联网企业发起成立，旨在探索高校学生、科研团队和科技型企业等各方力量协同创新的新机制和新模式。截至 2012 年年底，已有 120 多所知名高校参与该平台建设。在近千名骨干科技人员的共同努力下，初步建成开放共享的协同创新平台，集成各类软硬件资源近 6 000 台套；申报利用平台联盟资源开展的项目类型丰富，涵盖下一代互联网、物联网、云计算、水文、气象、电力、农业、医疗等一大批具有行业及学科特色的领域。平台基于虚拟化技术提供统一的访问和服务机制，为每个用户提供专属的学习和实验环境，实现高效的资源开放共享。

教育部科技发展中心门户网站利用宣传、报道和服务三大功能，继续为高校科技管理及科研人员提供有价值的资讯服务。2012 年，完成了该网站的改版工作，并于 3 月 12 日正式上线测试。新网站根据广大读者关注的热点问题进行了部分栏目的改进与更新；增加了规范校办产业发展、宽带卫星计划、互联网创新平台联盟等专栏；增加中国科技论文在线、中国学术会议在线当日信息更新栏目；整合了科技发展中心对外服务平台的内容，包括高校专利信息服务平台、教育部科技查新服务平台、科技奖励网络申报系统、教育部专家信息系统、全国高校产业统计系统等；增强了网站后台功能和相关软硬件优化，使信息更加快速安全地传递给广大用户。

该中心网站有一级栏目 57 个、子栏目 248 个、后台功能 80 个。2012 年度，网站栏目信息更新总数为 4 240 条，各处室提供信息 436 条，制作及发布大学排行榜 63 个。全年网站访问总量为 133 万余次，日均访问量 3 650 次，独立 IP 访问数为 14 万个，最高月访问量 13 万余次。

〔**中国教育和科研计算机网建设进展**〕 截至 2012 年年底，中国教育和科研计算机网 CERNET 传输网主干线光纤超过 32 000 公里，实际安装传输网设备 18 000 公里，建成 40×100G 密集波分复用（DWDM）业务承载平台。CERNET 主干网连接 38 个主节点，覆盖全国 31 个省（区、市）的 36 个城市，核心带宽达到 10—100Gbps。CERNET 与国内其他互联网的互联带宽达 59G 以上，与国外和我国港澳地区网络的互联带宽达到 13G 以上。CERNET IP 地址数约为 1 701 万个，EDU. CN 域名数为 4 026 个。CERNET 通达全国 200 多座城市，联网的大学、教育机构和科研等单位超过 2 000 个，用户超过 2 000 万人。CERNET 已成为世界上最大的国家级公益性计算机互联网。

根据教育部 2012 年发布的《教育信息化十年发展规划（2011—2020 年）》，为贯彻落实教育信息化基础能力建设行动计划，实施中国教育和科研计算机网（CERNET）主干网升级换代，更好地为全国教育信息化提供主干网接入服务，CERNET 网络中心抓紧组织实施了“211 工程”三期全国高等教育公共服务体系建设项目“中国教育和科研计算机网主干网和重点学科信息服务体系升级扩容工程”，完成了主要设备采购工作，改造了 38 个主节点的机房环境；实施了 1.7 万多公里的 CERNET 传输网扩容，在国内首次开通了单波 100G 传输业务；进行了 CERNET 主干网升级，在国内首次开通了连接北京、上海等 8 个城市的 10 条 100G 线路，成为国际上继美国 Internet 2 之后第二个开通 100G 的国家级学术网。在开展 CERNET 建设项目的同时，保证了 CERNET 主干网的安全稳定运行，推动了 CERNET 与国内外其他互联网的互联互通。

根据2012年国家发展和改革委等七部委联合发布的《关于下一代互联网“十二五”发展建设的意见》，为推动IPv6下一代互联网规模商用，CERNET网络中心组织上百所高校开展了下一代互联网技术创新和应用示范，完成了国家科技支撑计划重大项目“可信任互联网”和列入中央拉动内需计划的CNGI重大项目“教育科研基础设施IPv6技术升级与应用示范”的验收工作。取得的标志性成果是：建成100个完成升级改造并实现IPv6普遍覆盖的校园网，构建了可信任互联网试验网，用户规模超过200万家；研制完成IPv6网络运行管理与服务支撑系统，在100个校园网及CNGI—CERNET2/6IX规模应用，试验验证了由中国主导形成系列化国际标准、达到国际领先水平的真实源地址验证和IPv6过渡等下一代互联网关键技术；升级改造和开发了20个重要的教育科研IPv6网络信息资源与应用，带动了1 300多个校园信息资源和应用系统IPv6升级；实现了中美下一代互联网10G高速互联，提升了CNGI—CERNET2主干网接入能力；实现了产学研协同创新，推动了下一代互联网产业发展；为中国培养了一大批下一代互联网创新人才，为“十二五”期间开展下一代互联网大规模商用打下了良好基础。

撰稿 贾一伟 苑 杰 孙 燕 刘昕民
杨健安 万 猛 陈海鹏 邢飞飞
曾 艳 林 烨 李洁莹 曹 林

审稿 李建聪 周 静 李志民

高校学生工作

〔**2012年普通高校招生工作**〕 2012年，全国普通高考报名922万人，计划招生685万人（其中本科计划招生353万人），实际录取新生690万人。

1. 考试安全工作力度空前。4月25日，教育部专门召开党组会，就加强国家教育考试安全工作做出专题部署，把考试安全作为2012年工作的重中之重，以内部治理为重点，内外兼治，综合治理。一是广泛宣传，严格贯彻执行《国家教育考试违规处理办法》（教育部令第33号）。二是充分发挥国家教育统一考试工作部际联席会议制度的作用，经国务院批准增加安全部、国新办、工商总局为部际联席会议制度成员单位，高考前10部委联衔发文、联合召开考试安全电视电话会议、联合组织考试安全督查，开展打击销售作弊器材、净化考点周边和涉考网络环境等三项集中行动。三是强化内部管理，着力加强重要工作环节的安全措施，开展全覆盖式考务三级培训，完善应急预案。四是教育部与各省级招生委员会首次签订考试安全工作责任书，进一步明确要求、落实责任。

2. 考试招生改革稳步推进。一是普通本科与高职分类考试录取改革取得新突破。高职分类考试录取作为考试招生制度改革的重要组成部分，按照统筹规划、因地制宜、稳步实施的原则，积极推进“知识＋技能”考核办法，扩大高职对口招生、示范（骨干）高职院校单独招生和中高职贯通五年制招生录取规模等分类考核办法，录取新生约102万名，占高职招生总数的1/3。二是高校自主选拔录取改革试点工作取得新进展。2012年，全国90所开展自主选拔录取改革试点的高校，实际录取自主选拔新生2.45万名。同年年底，教育部出台了《关于进一步深化高校自主选拔录取改革试点工作的指导意见》，对下一阶段试点工作进行了部署。三是积极做好国家教育考试指导委员会相关重点工作。形成了国家扶贫定向招生专项计划实施情况评估报告、清理和规范高考加分政策工作评估报告，研究提出了深化普通本科和高职分类考试招生改革指导意见以及进一步规范艺术类考试招生工作的指导意见，总结各地推进高校招生考试综合评价体系建设的好经验等。

3. 促进教育公平迈出重要步伐。入学机会公平是教育公平的重要方面，重点做了三方面工作。一是首次实施并完成扶贫定向招生专项计划。教育部会同国家发展和改革委、财政部、人力资源和社会保障部、国务院扶贫办发出通知，决定自2012年起，“十二五”期间每年安排1万名左右专项招生计划，面向21个省（区、市）的680个集中连片特困县定向招生。2012年，面向贫困地区专项计划由297所以本科一批为主的高校承担，实际录取11752名，使贫困地区一本录取人数较2011年增加了10%。二是全力推动各地抓紧落实进城务工人员随迁子女升学考试意见。8月30日，国务院办公厅转发了教育部、国家发展和改革委、公安部、人力资源和社会保障部《关于做好进城务工人员随迁子女接受义务教育后在当地参加升学考试工作的意见》（国办发〔2012〕46号，简称《意见》）。教育部党组高度重视，把贯彻落实《意见》作为下半年工作的重中之重，积极会同有关部门指导督促各地抓紧落实。9月，分两次召开各省（区、市）教育行政部门和招生考试机构负责人会议，共同学习领会《意见》精神，研究落实《意见》的工作思路和办法，并就建立相关部门工作机制、落实保障措施、加强新闻宣传等进行部署。11月上旬，印发了《关于开展有关进城务工人员随迁子女升学考试方案制定工作专项督查的通知》。11月下旬，教育部领导亲自带队分赴矛盾突出、关注度高的北京、上海进行实地调研、指导和督促。12月中旬，会同有关部门召开3个座谈会，分别召集情况不同的三类省（区、市）教育行政部门主要负责人交流工作情况，提出指导意见。截至2012年年底，除西藏自治区和海南省外，29个省（区、市）均出台方案。三是招生计划继续向中西部地区倾斜，继续实施支援中西部地区招生协作计划。2012年，安排招生计划17万人，面向中西部升学压力相对较大的地区招生，促进区域协调发展。进一步适度降低部属高校属地计划比例，将部属高校从属地调减的计划投向中西部地区，不断优化高等教育资源配置。同时，继续实施好免费师范生、农村定向免费医学生等专项计划。

4. 加强高校招生规范管理。深入实施高校招生“阳光工程”，坚持“六公开”、“六不准”、“十严禁”，把好计划、投档、录取、审核等关口。同时，加大信息公开力度，规范信息公开内容，扩展信息公开渠道，增强信息公开实效；着力做好保送生、自主选拔录取、艺术类体育类等特殊类型招生工作，教育部阳光高考平台集中公示有关资格考生7.4万名。大力推进高校招生诚信体系建设，完善责任追究和违规惩处机制，及时处理群众反映的问题，确保招生录取公平公正。

〔研究生招生工作〕　2012年，全国共有硕士生招生单位848个，其中普通高校539所、科研机构293个、中央党校1所及地方党校15所。共有博士生招生单位393个，其中普通高校262所、科研机构130个及中央党校1所。

2012年，全国硕士研究生招生考试报考人数164万人（不含报考军队院校考生，下同），比2011年增长9.6%，其中应届本科毕业生100.9万人，占报考人数的61.5%；全国博士研究生报考人数18.7万人，比2011年增长5.1%。

2012年，全国共录取研究生59.1万人，其中硕士研究生52.2万人、博士研究生6.9万人。在录取的硕士研究生中，专业学位19.8万人，占总数的37.9%；应届本科毕业生37.1万人，占71.1%。

2012年，面向香港、澳门、台湾地区招收研究生入学考试报考人数2 018人，其中报考硕士研究生1 281人、报考博士研究生737人；录取1 547人，其中硕士研究生941人、博士研究生606人。

2012年，继续开展政法干警招录培养体制改革试点工作，报考人数149 524人，录取10 129人。

2012年，全国研究生招生工作有以下几个特点。

第一，进一步加强考试安全工作。一是逐级制订全国硕士研究生招生考试安全工作方案，进一步完善研究生考试安全工作责任体系，建立健全责任制与责任追究制，层层签订考试安全责任书，明确各级人员的责任。二是充分发挥部际联席会议制度的作用，加强同公安、工信、安全、监察、工商、保密、武警等部门的联系与合作，形成各司其职、相互配合、联防联控、齐抓共管的工作机制。三是加大教育培训力度，对研究生招生考试相关人员进行全面的业务管理培训和法制警示教育。四是组织联合督察组对全国硕士研究生招生考试考前准备工作进行督查，督促各地进一步完善考试安全制度管理，强化薄弱环节监管，排除考试中存在的安全隐患，将考前准备工作做实、做细，确保研究生招生考试安全平稳。

第二，顺利完成硕士研究生教育结构调整的年度目标。加快研究生教育结构调整，大力发展专业学位研究生教育，积极适应中国经济建设和社会发展对高层次应用型人才的迫切需要。

第三，继续推进初试科目改革。在教育学、历史学、农学等门类和计算机科学与技术一级学科，将专业基础考试科目由原来的必须选用全国统考试卷，调整为由招生单位自主选择使用全国统考试卷或招生单位自命题试卷。

〔高等教育学籍学历管理〕 1. 2012 年初，对全国高等教育学籍学历电子注册 10 周年工作进行了全面总结，对在学籍学历电子注册、毕业生图像采集、学历证书认证等方面工作突出的 265 个全国高等教育学籍管理工作先进集体和 482 名先进个人进行表扬，带动各省（区、市）进一步推动和完善了该项工作。

2. 完成学籍学历三大电子注册。2012 年，继续推进各学历类型和层次学历证书的即时注册，实现高校学生毕业即可上网查询学历证书电子注册信息，注册时间提前 2 个月。2012 年，全国普通高校毕业生学历证书电子注册 677.7 万人，其中研究生 46 万人、本专科生 631.7 万人；全国成人教育毕业生电子注册 264 万人（含中央电大 62 万人），网络教育学历证书电子注册 65 万人。2012 年，全国普通高校入学新生共注册 748.56 万人，其中研究生 58.9 万人、普通本专科新生 689.66 万人；全国成人教育新生电子注册 366.9 万人（含中央电大 101.8 万人）、网络教育新生电子注册 111 万人。

〔全国普通高校毕业生就业工作〕 2012 年，全国普通高校毕业生人数达 680 万人，比 2011 年增加 20 万人。截至 2012 年 9 月 1 日，全国普通高校毕业生初次就业率为 78.1%，同比增长 0.3 个百分点；实现就业（含升学）人数 531 万人，同比增长 18 万人。

从毕业生就业地域分布看，超过半数的毕业生到中西部地区就业，占就业人数的 51.8%，与 2011 年同比持平。从毕业生就业单位类型看，中小企业、民营企业依然是毕业生就业主渠道，到中小、民营企业就业的占就业人数的 45.1%，同比下降 1.1 个百分点；到三资企业就业的占 4.6%，同比下降 0.4 个百分点；到党政机关、事业单位就业的占 12.3%，同比上升 0.6 个百分点；到国有企业就业的占 9.6%，同比上升 0.2 个百分点；升学深造的（含国内和出国）占 10.0%，同比上升 0.4 个百分点。

2012 年高校毕业生就业工作呈现以下主要特点。

1. 党中央、国务院高度重视，多次强调要做好高校毕业生就业工作。国家主席胡锦涛在中央政治局第 32 次集体学习时着重指出："要强化高校毕业生就业服务。"国务院总理温家宝在《政府工作报告》中明确要求继续把促进高校毕业生就业摆在就业工作的首位，鼓励高校毕业生投身农村、基层、中西部地区建设。张德江、刘延东、马凯等党和国家领导人多次做出批示，要求研究制定促进高校毕业生就业的新举措。

2. 有关部门、地方政府和高等学校狠抓落实，全力推动促就业。教育部于 2011 年 11 月和 2012 年"两会"前夕两次召开全国高校毕业生就业工作会议，全面部署和具体推动教育系统相关工作。国务院就业工作部际联席会议 20 多个成员单位联合开展高校毕业生就业工作督查，人力资源和社会保障部牵头组织开展了"三支一扶计划"、"就业见习计划"和"民营企业招聘周"等活动，中组部、团中央等部门完善了"到村任职"、"西部计划"的政策措施。财政、工信、税务等部门切实推动中小企业吸纳毕业生以及扶持自主创业等政策的落实。江苏、辽宁、天津、黑龙江等地采取量化考核、加大投入、减免税收等措施，强力促进高校毕业生就业创业。吉林、湖南、重庆等地对家庭经济困难、就业困难毕业生实施有效的就业帮扶。各高校普遍实施“一把手”工程，举全校之力，充分发挥就业服务主渠道作用，多方面挖掘和提供岗位信息，帮助绝大部分毕业生在离校前落实就业去向，为保持就业局势的基本稳定做出了重要贡献。

3. 拓宽渠道，毕业生面向基层就业呈现新局面。2012年，中央和地方共实施大学生基层就业项目140余个，其中中央项目招募约15万人，比2011年增加2万人；甘肃、河南、湖北等地基层项目招募均超过1万人。在财政部大力支持下，“到村任职”、“教师特岗”、“西部计划”等项目的补助补贴均有大幅提高。2012届免费师范毕业生全部落实到中小学任教，其中91.9%到中西部地区任教，32.5%到县镇及以下中小学任教。教育部出台了服务期满留任特岗教师免试在职攻读教育硕士、鼓励高校毕业生赴海外“孔子学院”担任汉语教师志愿者等优惠政策；会同军队系统开展扎实细致的入伍预征工作，预征报名确认的高校学生达25.1万人，同比2011年增加4.9万人，报名人数和学历层次均创历史新高。

4. 提高就业服务质量，着重加强少数民族高校毕业生就业帮扶。教育部在高校中全面推广使用“全国大学生就业信息服务一体化系统”，基本建成了全国互联互通的高校毕业生就业信息网络，初步实现了毕业生、用人单位和岗位需求信息的有效共享。联合有关部门举办“中小企业百日招聘”等27场全国性大型网络招聘活动，各地各高校为2012届毕业生举办现场和网络招聘活动约1.6万场，提供岗位信息500多万个。教育部印发了6万份高校毕业生就业政策公告、近30万份政策解读手册和政策百问手册。

为切实促进少数民族地区高校毕业生就业，教育部开展了对新疆全区33所高校1 248名就业指导人员的免费轮训；在新疆继续实施双语教师特岗计划，共招聘8 700名高校毕业生。配合人力资源和社会保障部等制订青海省玉树州高校毕业生就业试点工作方案；配合国务院国有资产监督管理委员会等举办中央企业面向西藏、青海、新疆地区专场招聘会。有关少数民族地区党委、政府和高校进一步加大工作推动力度，截至2012年9月1日，新疆、西藏、内蒙古等少数民族地区高校毕业生就业率与2011年相比均有所提高。

5. 高校创业教育和大学生自主创业工作再上新台阶。2012年，教育部制定了《高等学校创业教育教学基本要求（试行）》，支持109所高校实施1.6万个大学生创新创业训练计划项目，并联合有关企业建立了“大学生创业基金”和“大学生创业实训系统”。截至2012年年底，各地各高校共设立创业资金23亿元，建设创业孵化和实践基地3 000余个；举办创业培训、讲座等活动2.7万多场，参与学生达400多万人次。创业和参与创业的大学生总人数再创历史新高，达23万人，比2011年增加约6万人。

6. 进一步深化高等教育改革，完善人才培养、社会需求与就业的良性互动机制。2012年，教育部继续稳定高等教育招生规模，将各地高校毕业生就业情况作为重要因素加入高等教育招生计划测算模型。发布《关于全面提高高等教育质量的若干意见》，完成了本科专业目录修订工作，积极推进建立高校毕业生就业和重点产业人才供需年度报告制度，健全专业预警、退出、动态调整机制。完善本科教学评估指标体系，对学校开展职业生涯规划指导、创新创业教育以及就业状况等提出明确要求。着力加强应用型人才培养，专业学位硕士研究生录取比例达37.9%；深入实施卓越工程师、卓越医生、卓越法律人才、卓越农林人才等培养计划，着力提高大学生实践能力；继续实施“支持高等职业学校提升专业服务产业发展能力”项目，高等职业院校以就业为导向，积极开展工学结合、校企合作、“订单”培养、顶岗实习等，高职高专教学改革和就业工作取得积极进展。

撰稿　苟人民　彭莉君　解汉林　冯　佳

审稿　王　辉　荆德刚

〔做好大学生预征报名、农村义务教育阶段学校教师特设岗位计划和免费师范生就业相关工作〕

完成大学生预征报名和女兵网上征集报名工作，确认大学男生报名31.2万人。配合高校毕业生应征入伍、农村义务教育阶段学校教师特设岗位计划招聘等工作，适时举办网上政策咨询周活动。使用全国高等学校学生信息咨询与就业指导中心研发的“农村义务教育阶段学校教师特设岗位计划信息管理与服务系统”，完成全年教师招录工作，超过14万名高校学生注册报名。4月，研发启用免费师范生就业监测管理系统，通过教育部免费师范生就业服务网发布就业岗位4万余个，采集完成2011、2012届全部21 778名免费师范毕业生的签约信息。

〔**加强创业政策宣传和指导服务，打造大学生创业服务新机制**〕 依托全国高等学校学生信息咨询与就业指导中心研发的全国大学生创业服务网，积极开展创业政策宣传和咨询服务，推广创业工作经验，宣传创业典型事迹。做好创业证申请审核管理工作。全年核发《高校毕业生自主创业证》24 336本，方便高校毕业生充分享受减免税收优惠政策。积极推广大学生创业实训系统，全国已有6个省市、20多所高校使用。筹集1 000万元设立“华图教育大学生创业基金”。8月30日，在辽宁省组织首期“华图教育大学生创业基金”选拔评审，来自上海交通大学等高校的15个项目分别获首期200万元资助。

〔**全面推动就业服务信息化建设**〕 截至2012年7月，全国31个省（区、市）、2 376所高校（含所有部属高校）完成了全国大学生就业信息服务一体化系统的嵌入，累计有148万名学生、11万多家用人单位注册，提供岗位信息140余万条。通过“一体化系统”，基本建成了全国高校就业工作战线互联互通的高校毕业生就业信息“高速公路”。成功举办26场大型网络招聘会，全年累计提供岗位信息超过240万条。启动实施科技部“大学生就业信息公共服务平台及应用示范”项目“就业信息公共服务平台研发”课题，组织战线与社会力量制定项目具体实施方案。10月，在杭州市举办的现代服务业研讨会上，做了年度课题进展汇报。

〔**“一体化系统”为高校毕业生就业提供个性化服务**〕 针对西藏地区的特殊性，全国大学生就业信息服务一体化系统（简称“一体化系统”）开辟了西藏籍大学生通道，保障能够登录注册到西藏分站点的大学生均为在西藏上学的学生和由西藏考到内地高校的学生或西藏内地班考上大学的学生。为配合西藏“双百工程”（即17个对口援藏省市和17家对口援藏的中央企业，每年秋季为西藏籍大学毕业生提供100个就业岗位），全国高等学校学生信息咨询与就业指导中心通过“一体化系统”对西藏籍大学生进行就业意向调查，迅速准确了解西藏籍学生的就业需求。中心还为北京市站点新增彩信订阅、职位订阅功能。拓展手机报、微博等服务领域，全年完成50期《就业资讯手机报》内容制作，每周四准时发送，主要推广到辽宁、重庆、黑龙江等省市。开通平台新浪微博，重点发布平台热门招聘、重点政策等，与省（区、市）、学校就业部门的微博建立良好互动。

〔**首次成立职业发展教育专项基金**〕 5月24—25日，全国高等学校学生信息咨询与就业指导中心联合清华大学举办了“2012年大学生职业发展教育国际学术研讨会”，吸引国内外专家学者500多人参会。教育部副部长杜玉波出席开幕式并讲话。募集1 000万元，成立“锦程致远职业发展教育专项基金”，为深度研究开发职业发展教育优质产品和服务提供保障支持。5月18—21日，中心主办了第二届全国大学生职业生涯规划大赛，共吸引全国29个省（区、市）、1 400多所高校的100万名在校大学生报名参赛，规模超过第一届。

〔**推进万名就业指导教师培训计划，加强对新疆民族地区就业指导教师培训**〕 2012年，培训就业指导人员1 600余人。开展“新疆高校就业指导人员免费培训”。8月5—9日，举办新疆高校就业指导人员专题培训班（第8期），来自新疆33所高校的142名就业指导骨干教师参加培训。作为教育部首个“教育援疆”项目，已累计培训1 200余人，基本实现对全疆33所高校就业指导人员的免费轮训工作。

〔**正式推出“高校创业指导师”培训项目**〕 在完成“高校创业指导师”培训研发工作的基础

上，正式推出“高校创业指导师”培训项目。10月28日，举办首期培训班，来自全国的79名就业创业指导教师参加培训，获得了“高校创业指导师”证书。首次建立培训基地，设立推广机构，全年共举办5期培训班（其中3期为试点班、2期为正式班），培训286人，适应了高校需求，培训效果较好。

〔完成《2012年中国大学生就业状况调查报告》〕　2012年，继续开展中国大学生就业状况调查，完成《2012年中国大学生就业状况调查报告》。依据全国高校就业统计数据，对高校毕业生就业状况及主要特点进行总结分析，编辑《2011中国大学生就业状况白皮书》。联合教育部学生司编发《大学生就业动态》简报10期。

〔高校毕业生就业总结宣传工作取得较好成效〕　按照国务委员刘延东关于做好高校毕业生就业工作典型经验宣传工作的批示要求，全国高等学校学生信息咨询与就业指导中心坚持突出改革导向，引入社会评价，量化推选标准，加强分类指导，共推选出150所典型经验高校，覆盖全国31个省（区、市），为全国不同地区、类别和层次的高校树立了就业工作典范。5月15日，教育部召开2011—2012年度全国高校毕业生就业典型经验交流会，教育部部长助理林蕙青出席会议并为第三批50所典型经验高校授牌。9月，在长沙市召开首次就业总结宣传工作现场交流会，30个省（区、市）的就业工作主管部门负责人、部分省属本科及高职院校代表参加会议，对3年来典型经验高校的特色经验开展深入推广宣传。

〔全国高校毕业生就业服务体系课题研究工作平稳进行〕　为贯彻落实教育规划纲要和国家主席胡锦涛在全国教育工作会议上关于“建立和完善高校毕业生就业服务体系”的重要部署，12月21日，全国高等学校学生信息咨询与就业指导中心在上海市召开全国高校毕业生就业服务体系建设课题专家研讨会，根据教育部有关就业服务体系建设工作的新思路，将重点放在完成课题研究上，提出了包含九大子体系和18项重点研究内容的课题研究框架，并对课题任务作了分解。

〔首次启动开展“高校毕业生就业创业课题研究”〕　2月6日，全国高等学校学生信息咨询与就业指导中心首次启动开展“高校毕业生就业创业课题研究”，规模化发布13个高校毕业生就业创业系列课题，共有136家单位进行课题申报。通过专家通信评审，确定12家课题立项单位和3家课题委托单位，从“锦程致远职业发展教育专项基金”中划拨资助经费。为规范管理，成立了课题管理领导小组，组建了课题专家组，制定了课题研究项目管理办法和工作计划。10月18日，由中心主办的2012年高校毕业生就业创业课题研究中期报告会在北京举行。

〔办好《中国大学生就业》杂志〕　1月，依据“面向战线，服务学生”的办刊理念，《中国大学生就业》杂志分设理论研究版和综合版。理论研究版为就业指导工作人员提供理论研究和交流平台，用理论指导实际工作。综合版深度解读国家相关就业政策，分享求职案例和经验，为毕业生提供就业指导。5月15—16日，《中国大学生就业》杂志2012年度理事会议在宁波市召开。到会代表160人、到会单位105个。会议明确提出了工作要求：“提高办刊质量，扩大发行数量，争创品牌期刊，服务就业工作”。

〔首次举办“大学生就业创业优秀论文征文评比活动”〕　2012年，全国高等学校学生信息咨询与就业指导中心依托《中国大学生就业》杂志，首次举办“大学生就业创业优秀论文评比活动”。组建论文评审委员会，制订评审标准，共收到1 216篇论文。经评选，77篇论文获奖，其中一等奖17篇。

〔召开首届大学生就业媒体联席会议〕　12月16日，由《中国大学生就业》杂志牵头，在广州市召开第一届大学生就业媒体联席会议，29家就业类媒体约40多名代表参加了会议。与会代表讨论了合作机制和措施，通过了《全国大学生就业媒体协作框架》，为就业类媒体开展合作打下了基础。

〔不断完善学籍学历电子注册服务〕 加强新生注册、学年注册、学历注册和图像校对工作。进一步完善平台功能，启用数字证书验证核心操作功能，开通双学籍查询，完成学历数据修改申请功能开发。提升学生数据库承载能力和系统安全，确保学籍学历数据信息安全。截至 2012 年年底，4 000 多万名各类在校生实现了全程网络化管理，累计注册毕业生学历信息突破 1 亿人次。

〔提升学历认证效率和服务质量〕 完善学历认证系统功能，提供多样化在线服务，满足办事群众需要。开辟“绿色通道”，对研究生招生、部队提干、干部考核等集中大批量认证需求，实行专人专办、急事急办，大大提高了认证效率。统筹学历认证服务机构均衡布局，加强代理机构监督管理。

〔拓展学生信息服务新内容〕 2 月 21 日，开通四、六级英语成绩查询系统，开通首日查询次数达 383 万次。10 月，开通学历在线验证系统英文版，为国外用户验证国内学历解决语言障碍问题，实现验证服务国际化。

〔学历认证服务工作向国际化迈进〕 4 月 15—17 日，全国高等学校学生信息咨询与就业指导中心首次参加在荷兰格罗宁根举行的全球学生数字信息国际研讨会。与会期间，中心向参会国家全方位介绍了中国高等教育学籍学历电子注册制度、高校学生管理信息化及学历查询认证公共服务。同时，也了解到其他国家高等学校学生数字信息管理与服务的情况。

〔完善阳光高考平台信息发布和咨询服务功能〕
做好高考招生信息公示，组织举办第十届高考网上咨询周，进一步整合平台资源，新增高校录取分数查询和“一站式”检索服务功能，提高信息开放度和实用性。5 月 9 日，阳光高考平台开通往年录取分数查询功能，提高信息的开放度和实用性。在实施分批填报录取的趋势下，阳光高考平台发挥了招生宣传主渠道作用，考生对平台的关注度继续保持上升趋势。网上咨询周活动期间，共有 2 400 所院校参加，平台浏览量达 2.7 亿次，回答考生问题 10.6 万个。

〔继续做好研究生网上报名、调剂工作〕 完成 2012 年硕士研究生网上调剂服务工作，共有 24.3 万名考生填报 155 万条调剂志愿，累计发送免费短信提示 35 万条。完成 2013 年研究生报名工作，共采集报名信息 265 万条，确认报名 175 万人。加强研究生招生管理信息安全，启动使用数字证书。

撰稿　余　舰　孙长缨
审稿　张凤有　张继栋

学位工作与研究生教育

〔国务院学位委员会第二十九次会议〕 2012 年 2 月 28 日，国务院学位委员会第二十九次会议在北京召开。国务委员、国务院学位委员会主任委员刘延东在会上做了重要讲话，充分肯定了学位与研究生教育改革发展取得的显著成绩，要求学位与研究生教育要准确把握国际国内形势的新变化、新要求，更好地承担起时代赋予的使命，系统部署、重点推进，大力提升教育质量。

会议的主要议题是：(1) 学习贯彻刘延东重要讲话精神，审议《关于国务院学位委员会第二十八次会议以来开展的主要工作和 2012 年工作的初步考虑》及《国务院学位委员会 2012 年工作要点》；

(2) 讨论《关于深入推进研究生培养机制改革，进一步提高研究生教育质量的意见（讨论稿）》；(3) 审批服务国家特殊需求博士人才培养项目；(4) 审批经再次复审通过的2010年申请增列博士学位授权一级学科名单。

会议经过讨论，议定如下事项。

1. 审议并原则通过了《关于国务院学位委员会第二十八次会议以来开展的主要工作和2012年工作的初步考虑》，责成国务院学位委员会办公室根据委员讨论意见修改后，报学位委员会领导审批。

2. 审议并原则通过了《国务院学位委员会2012年工作要点》，责成国务院学位委员会办公室根据委员讨论意见修改后，报学位委员会领导审批。

3. 在审议过程中，部分委员对《服务国家特殊需求博士人才培养项目名单（送审本）》中的某些项目提出不同意见和修改建议。经审议和投票，决定由国务院学位委员会办公室对服务国家特殊需求博士人才培养项目做进一步论证和完善，再以适当方式提交国务院学位委员会审批。

4. 经审议，以投票表决的方式通过了《经再次复审通过的2010年申请增列博士学位授权一级学科名单》。

〔专业学位研究生教育〕 1. 截至2012年年底，全国共有硕士专业学位授权点2 793个、博士专业学位授权点108个，参与专业学位研究生教育的学位授予单位总数574个。2012年，全国统招录取硕士专业学位研究生19.4万人。

2. 面向国家科技重大专项，积极推进工程博士试点。25所试点单位首批招收工程博士240余人，绝大多数来自承担国家科技重大专项的知名企业。同时，通过院校—企业对接会等多种形式，推动高校与企业的交流与合作。

3. 审核批准北京大学等学位授予单位在临床医学硕士专业学位授权点下增列全科医学领域，推进临床医学（全科）硕士专业学位研究生招生与全科医生规范化培养招录相结合、临床医学（全科）硕士专业学位研究生培养与全科医生规范化培养相结合、临床医学（全科）硕士专业学位授予与住院医师规范化培训合格证书颁发相衔接。以全科为重点，推动临床医学专业学位研究生教育与住院医师规范化培训制度紧密衔接。

4. 委托有关专业学位研究生教育指导委员会，在专业学位研究生教育综合改革试点中期检查的基础上，分析、整理、推广试点有益的经验和好的做法，探索创新符合专业学位特点、具有鲜明特色的专业学位研究生教育培养模式和管理体制，稳步推进专业学位研究生教育综合改革。

5. 根据住房和城乡建设部有关评估结果，审核批准北京建筑工程学院等高等学校开展建筑学学士、硕士专业学位和城市规划硕士专业学位授予工作。根据《关于下达“服务国家特殊需求人才培养项目”——学士学位授予单位开展培养硕士专业学位研究生试点工作建设单位名单的通知》精神和检查评估结果，审核批准中央司法警官学院等12所高等学校开展“服务国家特殊需求人才培养项目”——学士学位授予单位培养硕士专业学位研究生试点工作。

6. 开展工商管理硕士、公共管理硕士、艺术硕士和翻译硕士4个专业学位类别的教学合格评估。对于未通过教学合格评估的高等学校，给予暂停在职攻读招生资格等处理。

7. 2012年，在职人员攻读硕士学位全国联考报考人数为28万人，其中报考工程硕士专业学位人数达13.9万人。2012年，在职人员攻读硕士学位全国联考于10月28日进行。国务院学位委员会于考前专门下发通知，就做好全国联考工作提出了具体要求。

〔批准服务国家特殊需求博士人才培养项目〕

根据国务院学位委员会第28次会议决议，“服务国家特殊需求博士人才培养项目”试点工作于2011年部署启动。经过部门论证推荐和专家评审，国务院学位委员会于2012年审议通过35个项目开展试点。首批30个项目于2012年批准实施，其余5个项目待进一步加强建设后再行批准。

〔立项建设博士、硕士学位授予单位验收〕

根据国务院学位委员会关于新增博士、硕士学位授予单位立项建设的工作安排，对立项建设单位的验收工作于11月部署进行。验收工作分拟授权学科评审和建设工作整体验收两部分进行，其中立项建设博士学位授予单位的拟授权学科评审由国务院学位委员会办公室组织进行，建设工作的整体验收由省级学位委员会组织进行；立项建设硕士学位授予单位的拟授权学科评审和建设工作整体验收均由省级学位委员会组织进行。中国人民解放军学位委员会负责组织对军队立项建设单位的验收工作。

根据国务院学位委员会同意实施的建设规划，共有53个立项建设博士学位授予单位及其137个立项建设授权学科、30个立项建设硕士学位授予单位及其81个立项建设授权学科参与验收。

〔博士研究生学术新人奖〕 2012年，继续进行博士研究生学术新人奖评选工作。根据教育部的文件部署，43个博士学位授予单位组织开展了评选工作。12月11日，教育部、国务院学位委员会批准了2012年博士研究生学术新人奖获奖名单，共有43个博士学位授予单位的699名博士研究生获得奖励。教育部对每位获奖者给予3万元的科研资助。

〔全国研究生学术交流平台〕 2012年，继续组织实施全国研究生学术交流平台项目。全年共批准举办学术交流平台项目117个，其中全国博士生学术论坛52个、全国研究生暑期学校65个。国家自然科学基金委对25个暑期学校给予了资助。

〔2012年全国优秀博士学位论文评选〕 根据《全国优秀博士学位论文评选办法》，经学位授予单位推荐、省级初选、同行专家网上通信评议、专家复审并在网上公示征询异议后，教育部和国务院学位委员会于12月批准了2012年全国优秀博士学位论文名单（90篇）和提名论文名单（278篇），向优秀论文的作者及其指导教师颁发了证书。根据《高等学校全国优秀博士学位论文作者专项资金资助办法》，教育部对在高等学校工作的优秀论文作者给予了专项资金资助。

附：

2012年全国优秀博士学位论文名单

编号	论文题目	作者	指导教师	学位授予单位
2012001	资本流动视角下外部不平衡的原因和治理研究	黄志刚	易　纲	北京大学
2012002	儒学、数术与政治——中国古代灾异政治文化研究	陈侃理	陈苏镇	北京大学
2012003	一价铑催化的乙烯基环丙烷衍生物的环加成反应及其在全合成中的应用	焦　雷	余志祥	北京大学
2012004	中国多环芳烃的排放、大气迁移及肺癌风险	张彦旭	陶　澍	北京大学
2012005	多智能体系统的一致性区域与一致性控制	李忠奎	黄　琳	北京大学
2012006	斐奇诺“柏拉图神学”研究	梁中和	李秋零	中国人民大学

续表

编号	论文题目	作者	指导教师	学位授予单位
2012007	氧化物和硫化物纳米材料的制备与性能研究	王定胜	李亚栋	清华大学—北京协和医学院（清华大学医学部）
2012008	果蝇遗忘由小 G 蛋白 Rac 调控	帅祎春	钟　毅	清华大学—北京协和医学院（清华大学医学部）
2012009	外加电场下纳米级润滑膜的成膜特性及微气泡行为研究	解国新	雒建斌	清华大学—北京协和医学院（清华大学医学部）
2012010	硅和 Nafion 纳米线的制备及其在纳米能源中的应用	潘曹峰	朱　静	清华大学—北京协和医学院（清华大学医学部）
2012011	大气压介质阻挡均匀放电的研究	罗海云	王新新	清华大学—北京协和医学院（清华大学医学部）
2012012	非均相反应过程的微型化基础研究	王　凯	骆广生	清华大学—北京协和医学院（清华大学医学部）
2012013	网页排序中的随机模型及算法	刘玉婷	马志明	北京交通大学
2012014	单晶和多晶钙钛矿型氧化物可控制备及挥发性有机物催化氧化性能研究	邓积光	戴洪兴	北京工业大学
2012015	磁悬浮飞轮用新型永磁偏置主动磁轴承结构与设计方法研究	孙津济	房建成	北京航空航天大学
2012016	镍及其化合物纳米材料的湿化学合成与性能研究	周　苇	郭　林	北京航空航天大学
2012017	应用生物材料支架修复成年大鼠脊髓损伤的实验研究	杨朝阳	李晓光	北京航空航天大学
2012018	碳基和氮基无机非金属氧化动力学	侯新梅	周国治	北京科技大学
2012019	浸出过程多相介质耦合作用机理及调控技术研究	尹升华	吴爱祥	北京科技大学
2012020	猪繁殖与呼吸综合征病毒高致病性毒株的进化分析与致病性的分子基础	周　磊	杨汉春	中国农业大学
2012021	3.0T 磁共振对比增强全心冠状动脉成像研究	杨　旗	李坤成	首都医科大学
2012022	阅读中语音通达的神经双通路机制：来自人工语言训练的 fMRI 跨文化研究证据	梅磊磊	董奇	北京师范大学
2012023	证据法的运行环境与内部结构	吴洪淇	张保生	中国政法大学
2012024	肿瘤细胞成血管塑形在血管生成拟态形成中的作用研究	孙　涛	孙保存	天津医科大学

续表

编号	论文题目	作者	指导教师	学位授予单位
2012025	微腔中多体系统的新奇量子相变及其调控	陈　刚	梁九卿	山西大学
2012026	金属磷酸盐骨架材料的离子热合成、结构调控与性能研究	刘　雷	董晋湘	太原理工大学
2012027	基于连续小波变换的波浪非线性研究	马玉祥	董国海	大连理工大学
2012028	动态随机一般均衡模型的研究与应用	隋建利	刘金全	吉林大学
2012029	基于激光技术的复杂结构和功能性器件研究	吴　东	孙洪波	吉林大学
2012030	大型草食动物采食对植物多样性与空间格局的响应及行为适应机制	王　岭	王德利	东北师范大学
2012031	电驱动与溶液驱动形状记忆聚合物混合体系及其本构方程	吕海宝	杜善义	哈尔滨工业大学
2012032	具有饱和非线性的控制系统设计的参量 Lyapunov 方法及其应用	周彬	段广仁	哈尔滨工业大学
2012033	高价态锰、铁氧化降解水中典型有机物的特性与机理研究	江　进	马　军	哈尔滨工业大学
2012034	麻黄苦寒性味的物质基础研究—麻黄免疫抑制活性多糖的化学及作用机制研究	夏永刚	匡海学	黑龙江中医药大学
2012035	多肽介导的神经胶质瘤靶向给药系统研究	占昌友	陆伟跃	复旦大学
2012036	砷剂靶向 PML 和 PML—RARα 的分子机制研究	颜晓菁	陈竺	上海交通大学
2012037	生物分级构造光催化材料的制备与性能研究	周　涵	张　荻	上海交通大学
2012038	基于人眼视觉系统特性的数字图像处理技术的研究	翟广涛	张文军	上海交通大学
2012039	晚清小说低潮研究——以宣统朝小说界为中心	谢仁敏	陈大康	华东师范大学
2012040	汉语静态存在构式对动作动词的语义制约—以语料库为基础对动词事件语义特征的探究	田　臻	束定芳	上海外国语大学
2012041	伽玛暴宇宙学的研究	王发印	戴子高	南京大学
2012042	东亚风尘物源地球化学示踪研究	李高军	陈骏	南京大学

续表

编号	论文题目	作者	指导教师	学位授予单位
2012043	木质素过氧化物酶催化去除水中雌激素研究	毛　亮	高士祥	南京大学
2012044	CBA 与 NBA 赛制、市场、文化的比较研究	魏　磊	王家宏	苏州大学
2012045	溶液除湿系统除湿/再生过程及其热质耦合机理研究	殷勇高	张小松	东南大学
2012046	基片集成波导多波束阵列天线的研究	程钰间	洪　伟	东南大学
2012047	现代数字式多功能 CPTU 技术理论与工程应用研究	蔡国军	刘松玉	东南大学
2012048	梨花柱 S—RNase 介导自花花粉管死亡特点和路径研究	王春雷	张绍铃	南京农业大学
2012049	转录因子 Moap1 及其相关基因在稻瘟病菌生长发育和致病中的功能分析	郭　敏	郑小波	南京农业大学
2012050	非农就业与农机支持的政策选择研究——基于农户农机服务利用视角的分析	纪月清	钟甫宁	南京农业大学
2012051	社会偏好的检验：一个超越经济人的实验研究	陈叶烽	汪丁丁	浙江大学
2012052	金属玻璃在压力下多形态的研究	曾桥石	蒋建中	浙江大学
2012053	跨媒体检索与智能处理关键技术研究	杨　易	潘云鹤	浙江大学
2012054	超积累东南景天对重金属（Zn/Cd/Pb）的解毒机制	田生科	杨肖娥	浙江大学
2012055	网络化控制系统的时延与丢包问题研究	张文安	俞　立	浙江工业大学
2012056	多量子比特纠缠态及其应用	高炜博	潘建伟	中国科学技术大学
2012057	RIP3 作为细胞凋亡与细胞坏死相互转换的分子开关的发现及机理研究	张端午	韩家淮	厦门大学
2012058	灵芝质量控制模式研究及黑灵芝多糖研究初探	陈　奕	谢明勇	南昌大学
2012059	掺杂二氧化钛的稳定性、电子结构及相关性质的第一性原理研究	杨可松	戴　瑛	山东大学
2012060	具有 N—Peakon 的新可积模型与孤子方程的代数几何解	薛　波	耿献国	郑州大学
2012061	b→s 无粲衰变唯象研究及新物理探索	常　钦	杨亚东	河南师范大学

续表

编号	论文题目	作者	指导教师	学位授予单位
2012062	MITA介导的细胞抗病毒反应信号及其调节机制	钟 波	舒红兵	武汉大学
2012063	高分辨率遥感影像多尺度文理、形状特征提取与面向对象分类研究	黄 昕	张良培	武汉大学
2012064	综列单位根和综列协整检验及其对我国的应用研究	杨继生	王少平	华中科技大学
2012065	基于对等网络的大规模内容检索研究	陈汉华	金 海	华中科技大学
2012066	热休克蛋白27、70基因遗传变异与DNA损伤、肺癌易感性和预后的关联性研究	郭 欢	邬堂春	华中科技大学
2012067	市场的社会逻辑：政治—结构与惠镇石灰产业的变迁	符 平	郑杭生	华中师范大学
2012068	关于黏性液体—气体两相流模型解的适定性的研究	姚 磊	朱长江	华中师范大学
2012069	量子隧穿、反常与黑洞霍金辐射	蒋青权	蔡 勖	华中师范大学
2012070	基于新型两亲与纳米材料的毛细管电泳分析	刘 倩	姚守拙	湖南大学
2012071	多传感器分布式检测和估计融合	沈晓静	朱允民	四川大学
2012072	多酚接枝胶原纤维负载金属纳米催化剂的制备及其催化特性研究	吴 昊	石 碧	四川大学
2012073	不同类型玉米种质分子特征分析及耐旱相关性状的连锁—连锁不平衡联合作图	卢艳丽	荣廷昭	四川农业大学
2012074	循经取穴治疗功能性消化不良的临床疗效评价及中枢响应特征研究	曾 芳	梁繁荣	成都中医药大学
2012075	政府控制视角下的国企治理与公司价值研究——基于国有上市公司的经验证据	逯 东	杨 丹	西南财经大学
2012076	秦岭造山带晚三叠世花岗岩类成因机制及深部动力学背景	秦江锋	赖绍聪	西北大学
2012077	基于强化分离光生电荷的光解水制氢可见光催化剂设计与改性	沈少华	郭烈锦	西安交通大学
2012078	分段光滑电路中的多尺度分岔与混沌行为及其控制方法研究	王发强	马西奎	西安交通大学
2012079	下一代无线通信系统中的时频同步技术研究	王慧明	殷勤业	西安交通大学

续表

编号	论文题目	作者	指导教师	学位授予单位
2012080	微型可编程光栅及其多光谱成像技术	虞益挺	苑伟政	西北工业大学
2012081	20 世纪中国文学中的灾害书写	周　惠	李继凯	陕西师范大学
2012082	10 纳米以下图形电子束曝光的研究	段辉高	谢二庆	兰州大学
2012083	过渡金属催化的脱羧反应及亲电环化反应研究	毕海鹏	梁永民	兰州大学
2012084	水平井旋转射流冲砂洗井机理与参数研究	宋先知	李根生	中国石油大学
2012085	广西邕江流域贝丘遗址的动物考古学研究	吕　鹏	袁　靖	中国社会科学院研究生院
2012086	光纤激光相干合成技术研究	周　朴	刘泽金	国防科学技术大学
2012087	航天器太阳能帆板智能结构动力学建模与分散化振动控制研究	蒋建平	李东旭	国防科学技术大学
2012088	报警症状对消化道恶性肿瘤的预测价值及结肠癌、结肠腺瘤的部位迁移	柏　愚	李兆申	第二军医大学
2012089	激活 TRPV1 改善血管功能和预防高血压的机制研究	杨大春	祝之明	第三军医大学
2012090	基于高通量功能筛选的 miR—483—3p 和 miR—675 促胃癌发生的新机制	靳海峰	樊代明	第四军医大学

〔发布《学位论文作假行为处理办法》〕 11 月 13 日，教育部部长袁贵仁签发了教育部令第 34 号《学位论文作假行为处理办法》（简称《办法》），自 2013 年 1 月 1 日起实施。

《办法》列出了学位论文作假行为的五种情形，规定了学位申请人员、指导教师、相关学院和学位授予单位在学位论文工作中的责任，对与学位论文作假行为相关的责任主体分别做出了处理规定。其中对因学位论文作假受到取消学位申请资格或撤销学位处理的人员，从处理决定之日起至少 3 年内，各学位授予单位不得接受其学位申请。《办法》还要求省级教育主管部门履行对学位授予单位的指导和监督职责，对制度不健全、管理混乱，多次出现学位论文作假或学位论文作假行为影响恶劣的学位授予单位做出相应处理。

为贯彻落实《办法》，教育部办公厅向各省级学位委员会办公室和学位授予单位下发了《教育部办公厅关于做好〈学位论文作假行为处理办法〉实施工作的通知》，对各单位实施《办法》提出了具体要求，建立了学位论文作假行为处理信息备案制度。

〔国家教育体制改革领导小组第五次全体会议审议关于提高研究生教育质量的意见〕 3 月 30 日，国家教育体制改革领导小组（简称领导小组）召开第五次全体会议，审议《关于深入推进研究生培养机制改革，进一步提高研究生教育质量的意见》等文件，研究部署有关工作。会议由国务委员、领导小组组长刘延东主持，领导小组成员出席。

会议指出，改革开放以来，中国研究生教育取得长足发展，基本实现了立足国内培养高层次人才的战略目标，在规模上进入研究生教育大国行列，但与经济社会发展需要和国际竞争形势相比，中国研究生教育质量还存在较大差距，亟须深化研究生教育综合改革，加快建设“中国特色、世界一流”

的现代研究生教育体系。要合理确定研究生培养规模，推动高校与科研机构联合培养；大力创新研究生选拔和培养模式，注重提高研究生综合素质和创新能力；建立分类引导、多元监控的质量监督体系，深化研究生教育对外开放，提高国际化水平。

会议认为，完善研究生投入机制，对提高研究生教育质量具有重要意义，应与研究生教育综合改革同步推进，建立健全以政府投入为主、受教育者合理分担培养成本、高校多渠道筹集经费的教育投入机制，构建多元的研究生奖助政策体系，稳妥有序地建立研究生教育收费制度。会议要求，教育部、财政部、国家发展和改革委根据会议意见，进一步深入调研和征求意见，对《关于深入推进研究生培养机制改革，进一步提高研究生教育质量的意见》修改完善后，按程序报批。

〔**审核批准独立学院为学士学位授予单位**〕《独立学院设置与管理办法》要求，2012 年，所有独立学院必须向 2008 年入学的毕业生颁发以独立学院名称具印的学士学位证书。教育部党组专门召开会议研究，明确独立学院改革方向和工作基调，就独立学院的发展和管理做出周密部署，要求各省（区、市）教育厅（委）以稳定优先为工作基本要求，坚决执行国家有关政策规定，确保统一部署、统一步调。各地既充分考虑独立学院办学的实际情况，又按照有关法律法规，制定了较为严密的审核办法，工作程序与审批普通高校学士学位授权基本一致。截至 2012 年 5 月底，设有独立学院的省（区、市）均完成了审批独立学院为学士学位授予单位工作，应授予 2008 级毕业生学士学位的独立学院均获得学士学位授权。授权之后，各地立即指导独立学院组建学位评定委员会，建立学位授予规章制度，在毕业生离校前共授予 52.8 万多名毕业生学士学位。

〔**开展科学道德和学风建设宣讲教育**〕 根据中央领导指示精神，扩充了全国科学道德和学风建设宣讲教育领导小组成员单位，由中国科学技术协会、教育部、中国科学院、中国社会科学院、中国工程院五部门共同组织开展宣讲教育。5 月，五部门联合下发了《关于做好 2012 年科学道德和学风建设宣讲教育有关工作的通知》。6 月 5 日，五部门联合召开“全国科学道德和学风建设宣讲教育工作会议”，要求 2012 年的宣讲教育工作按照“全覆盖，制度化，重实效”的总体要求，向所有高校和科研机构拓展，向全体研究生、高年级本科生、新上岗的导师、新入职的教师和青年科技工作者拓展，将集中宣讲与经常性教育相结合，将教育与制度、监管相结合，全面、扎实、深入推进宣讲教育。

11 月 30 日，五部门在人民大会堂举办了“2012 年首都高校科学道德和学风建设宣讲教育报告会”，吴孟超、徐匡迪和姚期智 3 位著名科学家为首都近 6 000 名研究生新生进行了宣讲教育。31 个省（区、市）举办了本地区宣讲教育报告会，共邀请近百位著名专家学者为近 7 万名 2012 年新入学研究生进行集中宣讲。全国 727 个研究生培养单位通过集中宣讲、专题讲座、入学教育等多种形式开展了宣讲教育。据统计，接受宣讲教育的研究生达 146.8 万人次，其中博士生 20.4 万人次、硕士生 126.4 万人次，本科生 92.1 万人次，新上岗导师和新入职教师近 9 万人次。

〔**名誉博士授予情况**〕 2012 年，国务院学位委员会批准授予 14 位境外著名专家学者、政治家和社会活动家名誉博士学位。名誉博士的授予对中国科技、文化、卫生、体育等事业的国际或地区交流与合作，对中国的涉外工作以及教育事业的发展都起到了积极的推动作用。

附：

2012年名誉博士学位批准授予情况统计表

授名誉博士名单	国家或地区	授予学校
菲利普·克雷文	英国	中国人民大学
辜濂松	中国台湾	华东师范大学
保罗·马斯卡雷纳	美国	重庆大学
刘皇发	中国香港	中国政法大学
陈增焘	中国香港	复旦大学
居伊·布雷顿	加拿大	上海交通大学
莱谢克·博里塞维奇	英国	北京大学
范安德	德国	大连理工大学
克劳斯·缪伦	德国	上海交通大学
雷杰普·塔伊普·埃尔多安	土耳其	上海外国语大学
陈致和	美国	北京协和医学院
吴登盛	缅甸	西北农林科技大学
伊琳娜·格奥尔吉耶娃·博科娃	保加利亚	同济大学
吉米·卡特	美国	南京大学

〔**“211工程”三期建设分类奖励绩效突出高校**〕　2012年，在完成“211工程”三期国家验收工作的基础上，根据对建设成效显著的学校给予适当奖励的有关规定，教育部、国家发展和改革委、财政部研究决定，对在“211工程”三期建设中取得显著成效的28所高校给予奖励。

奖励的指导思想是：贯彻落实国家主席胡锦涛在清华大学百年校庆上的重要讲话和教育规划纲要精神，引导高校更加注重加强管理、更加注重提高效益，改进管理模式、引入竞争机制、实行绩效评估、进行动态管理，以奖促建、以奖促管，加快推进高水平大学和重点学科建设，全面提高高等教育质量。

为引导高校合理定位，办出特色和水平，教育部、国家发展和改革委、财政部研究确定了以下奖励原则。

（1）客观公正、围绕核心。重点学科建设是“211工程”建设的核心。验收工作在对“211工程”学校和建设项目进行全面验收的同时，重点对重点学科建设项目目标任务完成情况、项目管理和资金使用管理情况、建设成效和标志性成果等进行综合评价，结果客观公正，具有可比性。奖励工作以网络验收中专家对重点学科建设项目的评分和第三方验收的评价作为测算的重要依据。

（2）分类奖励、统筹兼顾。为引导高校合理定位，办出特色和水平，此次奖励对39所“985工程”高校、46所非“985工程”中央部属高校、27所地方高校分别按大致相同的比例安排奖励名额。

（3）按校奖励、适度支持。此次奖励以重点学科建设项目为测算单位，按高校进行奖励。统筹考虑奖励面、奖励资金总量和奖励力度等因素，奖励高校总数为“211工程”学校数的25%左右。

根据“211工程”高校各重点学科建设项目验收的综合得分及在所属一级领域的排名情况和特别优秀重点学科建设项目数，对“985工程”高校、非“985工程”中央部属高校和地方高校分别排序并确定了以下获奖高校。

“985 工程”高校 10 所：北京大学、中国人民大学、清华大学、北京航空航天大学、天津大学、哈尔滨工业大学、复旦大学、上海交通大学、中国科学技术大学、国防科学技术大学。

非“985 工程”中央部属高校 11 所：北京邮电大学、北京林业大学、北京外国语大学、华东理工大学、上海财经大学、南京航空航天大学、南京农业大学、华中农业大学、华中师范大学、第二军医大学、第四军医大学。

地方高校 7 所：北京工业大学、天津医科大学、苏州大学、南京师范大学、华南师范大学、云南大学、西北大学。

撰稿 马 玲 魏 欢 唐继卫 陆 敏 朱 瑞 张 艳 卢晓斌 刘 京

审稿 郭新立 孙也刚 黄宝印 梁国雄

〔开展新一轮学科评估〕 2012 年，启动了新一轮学科评估工作。学科评估是一个服务性、开放性的评估，是根据单位的需要按照“自愿申请参加，不缴评审费”的原则开展的，是政府开展的授权性合格评估的有益补充。

此次评估首次实现了对除军事门类以外的全部 95 个一级学科的一次性全面评估。共有包括 110 所“211 工程”高校在内的 391 个单位的 4 235 个学科自愿申请参评，其中国家重点学科参评率达 93%、博士一级授权学科参评率为 80%。此次学科评估采用“主观评价与客观评价相结合、以客观评价为主”的评价方式，指标设置突出“质量、成效、特色”，通过“归属度”方法，开发“数据重复检查系统”和“公共信息比对系统”，对部分数据采取网上公示等方式，确保数据的准确可靠。

〔两项全国性非全日制研究生教育考试顺利进行〕 2012 年，同等学力全国统考报名总人数达 16.07 万人，比 2011 年增长 17.2%；专业学位全国联考报名总人数达 28.04 万人，比 2011 年增长 9.5%。在两项考试中，首次使用管理信息平台进行全国统一网上报名和网上缴费。在同等学力全国统考中，率先在全国性教育考试中采用指纹验证入场。

〔首次开展学位与研究生教育舆情监测分析工作〕 2012 年，受国务院学位委员会办公室的委托，首次开展学位与研究生教育舆情监测分析工作。完成年度学位与研究生教育舆情分析年度报告，以及 4 份季度分析报告。同时针对突发舆情事件提出 12 份专题分析报告，对舆情主体、关注焦点、引发原因、发展趋势和社会影响等方面进行了客观分析研究，为政府宏观决策提供了信息服务。

〔开展学位与研究生教育质量保障新服务〕 2012 年，完成“211 工程”三期 112 个单位 1 290 个建设项目网络验收的通信评审工作。在前期大量调研的基础上，启动学位论文送审平台试点工作，与 4 省市学位办签订优秀学位论文评审服务协议，与 10 所“985 工程”高校签订论文送审服务协议，分别完成 2 174 篇和 647 篇硕士、博士论文的评审、送审服务，初步构建“两个面向（省市、高校）”、“四个维度（博士、硕士、盲审、明审）”的新型论文评审业务体系。

〔文凭认证工作〕 为维护中国学位的声誉，促进国际教育交流，授权开展中国学位证书等各级各类文凭的认证、咨询工作。2012 年，共完成 14 余万项文凭认证，在保护中国学位获得者的合法权益方面发挥了积极的促进作用。

〔全国学位与研究生教育数据中心建设〕 2012 年，全国学位与研究生教育数据中心在教育部学位与研究生教育发展中心挂牌。数据中心硬件建设基本完备，并开展了学位与研究生教育信息采集、数据分析等工作，承担学位授予信息年报项目，实现三级学位授予信息的统一报送、统一管理。截至 2012 年年底，共完成 1 966 万余条学位授予数据的接收、备案，完成 385 个学位授予单位的 4 035 个自主设置二级学科的网上备案工作，为政府部门决策提供了信息数据参考依据。

撰稿 高 扬

审稿 李 军 王洪歧

民族教育

〔**综述**〕　2012年，民族教育战线认真学习党的十八大精神，全面贯彻教育规划纲要和全国教育工作会议精神，加快推进民族教育发展，不断加强学校民族团结教育，积极稳妥推进双语教育，着力提高少数民族人才培养质量，全力维护内地民族班稳定，各项工作取得显著进展。

截至2012年年底，全国各级各类学校中少数民族在校生总数为2 360.35万人，占在校生总数的9.26%。其中普通本专科少数民族在校生177.96万人，占普通本专科在校生总数的7.44%；高中阶段（不含技工学校）少数民族在校生324.97万人，占7.82%；初中阶段少数民族在校生477.93万人，占10.03%；普通小学少数民族在校生1037.54万人，占10.7%；学前教育阶段少数民族幼儿入园人数为283.82万人，占7.7%。全国各级各类学校中少数民族专任教师120.59万人，占专任教师总数的8.40%。

〔**继续筹备第六次全国民族教育工作会议**〕　继续筹备第六次全国民族教育工作会议。会同中央统战部、国家发展和改革委、国家民委、财政部向国务院报送了关于召开第六次全国民族教育工作会议的请示和《国务院关于加快推进民族教育发展的决定（送审稿）》。组织各省（区、市）教育行政部门准备了大会书面交流材料，策划制作了民族教育成就展板和电视宣传片。

〔**进一步加强教育对口援藏工作**〕　印发《关于进一步落实西藏和四省藏区教育工作有关制度的通知》和《2012年西藏和四省藏区教育工作计划及分工方案》，推进对口援藏工作规范化、制度化。6月，在拉萨市召开教育对口支援西藏工作协调会议，协调落实17个对口支援省市和15个教育部直属单位对口支援西藏教育的任务。

〔**积极稳妥推进双语教育**〕　切实加强双语教师队伍建设，加大少数民族师资培训力度，会同财政部下达2012年少数民族教育中央补助专项经费1亿元。新疆实施双语特岗教师计划，已累计招聘教师3.7万余名、招聘幼儿园教师1.35万名。进一步推进民族汉考工作，组织开展9次考试，13.4万人次参加考试。指导新疆落实《新疆双语教育质量监测工作实施方案（2012—2015年）》，对15个地州4万名学生开展了数学和双语质量监测。印发《教育部办公厅关于进一步加强少数民族双语教育科研工作的意见》，明确提出整合全国民族教育科研资源，组织开展重大理论和实践问题的专题研究，为促进双语教育科学发展提供理论支撑。

〔**召开新疆教育跨越式发展第三次会议**〕　6月，在新疆召开推进新疆教育跨越式发展第三次会议暨教育援疆工作会议，学习传达第三次全国对口支援新疆工作会议和中央领导重要讲话精神，总结交流了一年来教育援疆工作经验，重点研究了解决双语教育有效衔接、提高教育教学质量和教师队伍整体素质、大力推进中职和高校学科专业结构调整等突出问题。19个对口援疆省市的教育行政部门有关负责人、支教教师代表，新疆12个受援地州、12个受援兵团师教育局负责人，南疆三地州中职学校、村小校长代表，新疆教育厅、兵团教育局有关处室同志，清华大学、北京大学、中国农业大学和新疆受援11所本科高校负责人以及19所受援高职学校负责人共200余人参加了会议。

〔**进一步推进新疆职业教育和高等教育发展**〕 印发《教育部关于推进新疆中等职业教育发展的意见》，就创新中等职业教育发展模式，着力提升新疆中等职业教育办学水平和培养能力，促进新疆中等职业教育整体迈上新台阶做了全面部署。印发《教育部办公厅关于推进新疆高校学科专业建设的意见》，进一步加强对新疆高等学校对口支援学科专业工作的统筹管理，提高对口支援新疆高等教育学科专业建设工作的质量和效益。

〔**组织开展新疆中职教育和双语教育调研**〕 4月，组织开展新疆和田、喀什地区中等职业教育专项调研，全面调研了当地职业教育的发展现状以及存在的问题，并认真研究了职业教育如何契合当地产业发展的方案，形成了《新疆中等职业教育发展调研报告》。5月，开展新疆双语教育调研，以新疆南疆三地州为重点，全面了解中央新疆工作座谈会以后，新疆双语教育的进展情况、存在的问题和意见建议，形成了《新疆双语教育发展调研报告》。

〔**教育援疆项目网络直报系统正式运行**〕 委托湖北大学建立了教育援疆项目网络直报系统。8月和9月，分别在湖北、新疆两地召开教育援疆项目网络直报系统培训会，重点对直报系统的上机操作进行培训。11月1日，该系统开始正式运行，为推进教育援疆项目科学化管理奠定了基础。

〔**进一步加强内地培养少数民族人才工作**〕 稳步扩大少数民族人才培养规模。2012年，完成内地西藏班、新疆班、高校预科班、民族班和少数民族骨干计划研究生共7.6万人的招生任务，比2011年增长5%。2012年，内地西藏初中班招收1 580人、高中班招收3 000人、中职班招收1 906人；内地新疆高中班招生8 330人、中职班招收3 300人；普通高等学校招收少数民族预科、民族班学生4.6万人；普通高等学校招收非西藏生源定向西藏就业学生410人；普通高等学校招收内地西藏班高中毕业生1 927人、内地新疆高中班毕业生4 997人。内地高校为新疆定向培养、培训文化艺术人才359人。

〔**提高内地民族班管理水平**〕 召开内地西藏、新疆中职班管理工作研讨会、内地高校支援新疆西藏培养少数民族人才培养工作研讨会。举办少数民族预科培养学校管理干部思想政治工作培训班、内地新疆班清真食堂管理人员培训班和内地西藏、新疆班管理人员及骨干教师德育工作培训班。通过会议、培训等方式部署工作，提高管理水平，确保了敏感节点内地民族班的安全稳定。

〔**启动“三区”人才计划教师专项计划**〕 11月，教育部、中央组织部、财政部、人力资源和社会保障部、国务院扶贫办印发了《边远贫困地区、边疆民族地区和革命老区人才支持计划教师专项计划实施方案》，从2013年起至2020年，每年选派3万名幼儿园、中小学（含普通高中）和中等职业学校骨干教师到“三区”支教一年；每年为“三区”培训3 000名幼儿园、中小学和中等职业学校骨干教师和紧缺专业教师。通过选派支教教师和培训当地教师，加快“三区”教师队伍建设，提高教师素质，为推动“三区”普及学前教育、均衡发展义务教育、普及高中阶段教育、大力发展中等职业教育提供人才支持。

〔**民族教育科研工作取得新进展**〕 民族教育发展中心正式注册。着手编制《民族教育科研五年规划（2013—2017年）和2013年重点研究课题》。召开民族教育科研工作研讨会暨“荣达教育资助基金”研究课题项目启动会，启动了“荣达教育资助基金”民族教育研究课题组织申报工作。

撰稿 张志飞 田晓勤 赵 卫 申春善 李 彬 谭玉林

审稿 何光彩 张 强 赵建武 次仁多布杰

教师工作

〔**召开首次全口径全国教师工作会议**〕 2012年9月7日，全国教师工作暨“两基”工作总结表彰大会在北京召开。中共中央总书记胡锦涛发来贺信，代表党中央、国务院向全国广大教师和教育工作者表示节日的问候，向受表彰的先进集体和先进个人表示热烈的祝贺。

胡锦涛强调，教育大计，教师为本。中国教育事业的长足发展，同广大教师和教育工作者爱岗敬业、无私奉献是分不开的。在新形势下，希望广大教师和教育工作者全面贯彻党的教育方针，按照面向现代化、面向世界、面向未来的要求，切实做好教书育人各项工作，大力培养德智体美全面发展的社会主义建设者和接班人，为促进教育事业科学发展、建设教育强国和人力资源强国再立新功。

国务院总理温家宝出席大会并讲话。他指出，教师是立教之本，有高水平的教师，才有高水平的教育。要坚持教书与育人并重，教师要把教书放在第一位。只有教好书，才能育好人。只有“教”，才能成为“师”。大学教授要进课堂，给本科生上课；中小学特级、高级教师要始终深入教学第一线。要关心农村教师的生活和成长，使他们进得来、留得住、干得好。教师要时刻加强师德修养，做到“既美其道，又慎其行”。

国务委员刘延东在大会总结时说，要深入学习贯彻胡锦涛总书记贺信和温家宝总理讲话精神，认真落实教育规划纲要，深化教育改革，创新体制机制，努力开创义务教育均衡发展和教师队伍建设新局面。1 400多万名人民教师是办好教育的主体，要把教师队伍建设作为教育事业发展最重要的基础性工作，加大教师培养培训力度，大力提升师德水平和业务能力，创新教师管理制度，保障教师合法权益和待遇，继续营造尊师重教的社会氛围，以一流的师资支撑一流的教育、培养一流的人才。

全国人大常委会副委员长严隽琪、国务委员兼国务院秘书长马凯、全国政协副主席李兆焯出席大会。

国家教育体制改革领导小组成员单位、各省（区、市）和计划单列市、新疆生产建设兵团及所属相关部门负责人、国家教育咨询委员会委员、部分国家督学和高校负责人以及受表彰的先进集体和先进个人代表等参加大会。

会前，国务院印发了《关于加强教师队伍建设的意见》（国发〔2012〕41号），这是新中国成立以来第一个全面部署教师队伍建设工作的文件。《意见》根据教育规划纲要的要求，明确了教师队伍建设的战略地位、总体要求、重点任务和政策措施，提出了破解重点、难点问题的方向和路径。

〔**深入贯彻落实全国教师工作会议精神**〕 全国教师工作会议召开后，教育部迅速行动，认真研究部署会议精神的贯彻落实工作。一是出台教师队伍建设配套文件。11月，教育部联合相关部委分别出台了《关于大力推进农村义务教育教师队伍建设的意见》、《关于加强高等学校青年教师队伍建设的意见》、《关于加强幼儿园教师队伍建设的意见》、《关于加强特殊教育教师队伍建设的意见》、《关于深化教师教育改革的意见》、《关于印发〈职业学校兼职教师管理办法〉的通知》6个配套文件，着力解决各级各类教师队伍中存在的“瓶颈”问题和突出矛盾。二是召开视频会和举办研讨班。交流地方、学校贯彻落实全国教师工作会议精神、推进教师队伍建设的工作思路和政策措施，以及教师队伍建设重点工作。三是遴选部分地区和高校实施教师队伍建设示范项目。支持各地各高校根据自身实际和工作基础，先行先试、大胆探索加强教师队伍建设的新举措、新机制。

各地教育行政部门、各级各类学校把学习贯彻全国教师工作会议精神作为重要任务，着力推进教师队伍建设，主要开展了以下几方面工作。

1. 积极谋划，研究出台贯彻落实会议和文件精神的政策举措。一是召开专门会议，推进落实。山东省召开了全省教师工作会议，甘肃省召开了义务教育均衡发展暨教师工作会议，河南省召开了全省义务教育均衡发展推进会，提出了贯彻落实会议和文件精神的具体要求和任务安排。二是制定出台加强教师队伍建设的工作举措。北京外国语大学出台了《关于进一步加强教师队伍建设的若干举措》，华东理工大学印发了《青年英才引进与培育计划实施办法》；各省（区、市）教育、人事、财政、编制等部门开展调研，结合会议精神和本省（区、市）教育实际，出台了一系列加强教师队伍建设的举措。

2. 完善体制，努力推进教师队伍建设关键环节的改革创新。一是加强师德师风建设。浙江在全省各地建立每学期师德师风专项检查制度，把师德师风纳入对教育行政部门、各级各类学校的年度考核；重庆市发布了全面提高义务教育阶段学校教育质量十项规定，对师德提出明确要求，实行师德“一票否决”制。二是强化未来教师培养。江苏省成立了新一届教师教育专业指导委员会，加强对教师教育改革的咨询与指导；河南省引导高等院校教育类课程试行“双导师制”，推进教师教育职前培养与职后培训一体化。三是深化教师职称制度改革。安徽省将原中学和小学教师相互独立的职务（职称）制度体系，统一并入新设置的中小学教师职务（职称）系列；甘肃省规定，城镇中小学教师评聘高级职务（职称）要有1年以上在农村学校或2年以上在薄弱学校任教经历。

3. 突出重点，着力破解教师队伍建设工作的热点难点问题。一是着力改善农村教师和特岗教师生活待遇。河北省设立了农村教师津贴，提高在农村和艰苦边远地区工作教师的工资待遇；河南省落实城乡教师同岗同酬，逐步参照县镇标准核定农村中小学教职工编制；新疆维吾尔自治区在实施中小学教师绩效工资上调时，做到特岗教师和当地教师享受同等待遇。二是着力营造青年教师成长发展的良好环境。四川大学努力实现对青年教师国际学术交流、导师指导和启动经费的全覆盖，在特别优秀的青年教师晋升职称时开通绿色通道；河海大学实施青年教授制度、优秀创新人才计划，遴选优秀青年教师进行重点培养；华南理工大学依托校友资源设立青年奖励金，资助青年教师开展教学科研。

〔颁布《幼儿园教师专业标准（试行）》、《小学教师专业标准（试行）》和《中学教师专业标准（试行）》〕　2月10日，教育部制订并颁布了《幼儿园教师专业标准（试行）》、《小学教师专业标准（试行）》和《中学教师专业标准（试行）》（简称《专业标准》）。《专业标准》由基本理念、基本内容、实施建议三部分内容构成，分别对幼儿园、小学、中学教师在专业理念与师德、专业知识、专业能力三个方面提出具体的专业素质要求。

《专业标准》是教师队伍建设标准体系的重要组成部分，填补了中国缺乏中小学和幼儿园教师专业规范要求的空白。3个专业标准是国家对合格中小学和幼儿园教师的基本专业要求，是中小学和幼儿园教师实施教育教学行为的基本规范，是引领中小学和幼儿园教师专业发展的基本准则，是中小学和幼儿园教师培养、准入、培训、考核等工作的重要依据。

〔构建教师队伍建设标准体系框架〕　教育部委托课题组开展了教师队伍建设标准体系研究，按照“课题引领、广集众智，立足实际、系统设计，创新管理、服务基层”的工作原则，从教师专业素质、培养培训、管理服务和保障监督四个方面，规划设计了教师队伍建设标准体系框架。

〔高等学校青年骨干教师国内访问学者项目〕

2012年，全国93所高校927名导师接受了来自635所高校的995名青年骨干教师国内访问学者报到注册，其中来自省（区、市）属高校的951

人、部属高校的44人。访问学者平均年龄为37岁，其中31—40岁的占73.23%。具有硕士及以上学位的访问学者占总人数的93.74%，与2011年相比继续平稳上升；具有副高及以上职称的访问学者占总人数的56.40%，比例逐年小幅递减。从选派的区域看，中西部地区高校选派715人，占总人数的79.2%，其选派比例逐年增加，扶持中西部的政策效果持续提升。

选派的访问学者通过一年的进修学习，加深了对专业前沿动态和学术热点的了解，提升了科研能力水平。一些访问学者独立申请到了国家级、省部级研究项目，共发表论文762篇，其中SCI检索34篇、EI检索70篇。

为提高“高等学校青年骨干教师国内访问学者项目”管理服务水平，启动建设“国内访问学者项目管理信息系统”，业务功能基本覆盖项目管理的全过程。该系统于3月进入试运行阶段。

〔**启动实施新周期“教育部—中国移动”中小学校长培训项目**〕 8月，教育部、中国移动通信集团公司启动了2012—2015年新周期中小学校长培训项目”（简称“新周期项目”）。新周期项目主要通过两种形式实施：一是影子培训，将参训校长派往实践基地学校担任“影子校长”，面向西部13个省（区、市）遴选4 000名中小学校长参训；二是远程培训，为中西部中小学校长提供网络研修平台，计划培训中小学校长4万人。

为确保新周期项目的培训质量，采取了一系列措施：一是改革任务分配机制，建立参训与承办名额申报制；二是鼓励培训模式创新，规范培训流程；三是整合优质资源，形成远程培训课程模块；四是引入微课程，建设学习共同体；五是开展工作督导，加强过程管理，建立质量监控机制。

〔**完善和推进师范生免费教育**〕 1月7日，国务院办公厅转发了教育部、财政部、人力资源和社会保障部、中央编办《关于完善和推进师范生免费教育的意见》。在总结6年来实施经验的基础上，对教育部直属师范大学免费师范生招生、录取、退出、经费、培养、就业、读研及专业发展等做出了具体规定。

继续做好部属师范大学师范生免费教育工作。11 203名2012届免费师范毕业生全部到中小学任教，其中91.9%的毕业生到中西部地区中小学任教。2012年，6所部属师范大学共录取免费师范生8 789人，免费师范生平均成绩高出省（区、市）重点线51.9分，比2011年提高9.6分。经任教学校推荐和高校审核，8 166名首届免费师范毕业生在职攻读教育硕士。

部属师范大学师范生免费教育发挥了示范引领作用。截至2012年年底，共有17个省（区、市）采取在学免费和上岗退费两种方式实行了地方师范生免费教育政策。2012年，近1.2万名师范生享受在学免费政策，通过上岗退费政策吸引约1.3万名大学毕业生到农村中小学和幼儿园任教。

〔**2012年“国培计划”实施情况**〕 2012年，中央财政加大支持力度，安排专项资金13亿元实施“国培计划”，为前两年经费总和。其中1亿元支持教育部组织实施“示范性项目”，对全国中小学幼儿园骨干教师和骨干培训者进行示范性培训；8亿元用于“中西部项目”，4亿元用于“幼师国培”，通过转移支付支持23个中西部省份对农村义务教育教师和农村幼儿园教师进行专业培训，包括置换脱产研修、短期集中培训、教师远程培训和幼儿园转岗教师培训。

2012年，“国培计划”实施将“规范管理、提高质量”作为首要任务，坚持抓好顶层设计，全面实行招投标，不断创新培训模式，整合优质培训资源，做好项目监管评估，重点开展了五个方面工作：一是规范培训内容，组织专家开发研制67个学科（领域）的培训课程标准，共90万字；二是评估认定培训机构资质，加强教师培训基地建设，确定105个集中与远程培训项目承担机构；三是推进规范化管理，分别针对示范性集中培训、远程培训、“中西部项目”和“幼师国培”研制管理办法；四是加强专家库建设，整合优质培训资源，评审公布第二批500名“国培”专家；五是举办项目管理高级研修班，对各地200多名项目管理者进行专项培训。

各地各校高度重视，精心组织，项目实施取得良好成效，培训幼儿园、中小学教师135万人，比2011年增加35%。其中示范性项目19万人（集中培训2.5万人、远程培训16.5万人），中西部项目105万人（置换脱产研修3.3万人、短期集中培训5.9万人、远程培训96.4万人），“幼师国培”10万人（短期集中培训5.1万人、转岗教师培训4万人、置换脱产研修9 000人），三类项目覆盖农村教师130万人，占96.3%。

〔职业院校“双师型”教师队伍建设取得新进展〕 2012年，职业院校教师队伍建设按照充实数量、优化结构、提高素质、规范管理、加强保障的基本要求，以完善教师培养培训体系、提升教师专业素质、优化教师队伍结构为主要内容，加强统筹管理和规划指导，完善政策机制和保障措施，“双师型”教师队伍建设迈出新步伐。

推进校企合作共建职教师资培养培训体系，依托高等学校和大中型企业，建成101个国家级、300多个省级职教师资培养培训基地和400家职业教育教师企业实践单位，以国家基地为龙头、省级基地为主体，灵活开放的职教师资培养培训体系基本形成。

实施职业院校教师素质提高计划，中央财政支持7.175亿元，组织9万名专业骨干教师参加国家级和省级培训，组织4 000名中职学校青年教师到企业实践，组织400名中职学校专业骨干教师赴德国、奥地利进修。支持建设100个职教师资专业点和开发100个职教师资本科专业培养标准、培养方案、核心课程和特色教材，教师的教育教学和专业技能水平持续提高。

推进中职学校教师在职攻读硕士学位工作，招收符合条件的中职教师、高职教师和职教科研机构人员在职攻读硕士学位。2012年，开展招生培养的高校数量达32所，招生数量达2 300人，教师的学历层次不断提升。

完善兼职教师聘用政策，教育部、财政部等4部门联合印发《职业学校兼职教师管理办法》，推进各地支持职业院校聘请兼职教师，教师队伍结构不断优化。

实施职业院校校长专题培训，举办5期高职院校校长现代职教体系建设战略专题研究班和8期中职学校校长高级研修班，共培训校长2 800多人，职业院校校长的改革创新意识、战略思维素养、决策执行能力和学校管理水平得到显著提升。

〔教师资格考试和定期注册改革试点工作〕 2月，教育部办公厅印发《关于2012年扩大中小学教师资格考试改革和定期注册制度试点工作的通知》（教师厅〔2012〕1号），在浙江、湖北两省试点基础上，将试点省扩大到上海、广西、海南、河北6省（区、市）。截至2012年年底，6省（区、市）改革试点工作顺利完成，取得阶段性成效。教育部加强考试命题，严格考务组织，全年共平稳组织了3次全国性考试，6省共有22.9万人参加考试，为严格教师职业准入、完善中小学和幼儿园教师资格考试办法积累了宝贵经验。同时，指导6省（区、市）各在一个地级市开展中小学教师定期注册试点，结合工作考核对24.3万名在编在岗教师进行首次注册，不予注册或暂缓注册了一批不合格教师，为严格教师考核和探索教师退出机制迈出坚实步伐。此项改革在国家教育体制改革十大专项试点项目中率先完成。

根据中央对台工作需要，教育部积极研究开放台胞和港澳同胞在大陆（内地）高校就业及申请教师资格证的政策规定，印发《关于港澳人士和台湾同胞在内地（大陆）高校申请教师资格证有关问题的通知》（教师厅〔2012〕5号），规定在内地（大陆）高校工作的港澳人士和台湾同胞，凡办理了居住证明的，根据自愿原则，可申请认定内地（大陆）高校相应种类的教师资格。国台办主任王毅在海峡论坛上公布了教育部出台的惠台政策。

〔深化教师职称制度改革〕 根据国务院常务会议要求，教育部会同人力资源和社会保障部继续开展中小学教师职称改革扩大试点工作。两部共批复27个省（区、市）的试点工作方案，在全国96个地级市设置中小学正高级教师岗位839个。8月和9月，分别在大连市和天津市召开省级人力资源和社会保障部门、教育部门负责人座谈会，沟通情况，督促工作。11 月，在重庆市举办试点地市人力资源和社会保障部门、教育部门负责人培训班，培训一线负责人和工作人员，推动扩大试点工作深入实施。各省（区、市）高度重视，积极贯彻落实两部部署，及时成立了省（区、市）、市两级组织领导机构；摸清了本地区中小学教师队伍状况，制定出较合实际的文件和操作办法；对一些重点难点问题，以及本地区特有的个性问题进行研究，研制预案，做到通盘考虑。截至 2012 年年底，各试点地市进入实施操作阶段，总体进展平稳顺利。

〔组织实施农村教师特岗计划〕 2012 年，教育部会同财政部、人力资源和社会保障部、中央机构编制委员会办公室继续实施并完善“特岗计划”。全年招聘特岗教师 6.1 万名，并将实施范围扩大为《中国农村扶贫开发纲要（2011—2020 年）》确定的 11 个集中连片特殊困难地区和四省（即青海省、四川省、云南省、甘肃省）藏区县，新增“特岗计划”实施县 74 个。从 2012 年起，中央财政特岗教师工资性补助标准从人均年 2 万元提高为西部地区人均年 2.7 万元，中部地区人均年 2.4 万元。

“特岗计划”的实施，取得了以下显著成效。

一是补充了大批高素质农村教师。“特岗计划”有效缓解了农村地区特别是“两基”攻坚县和国贫县教师紧缺和结构性矛盾，为巩固“普九”成果、推进义务教育均衡发展提供了师资保障。68%的特岗教师具有大学本科学历，河南、青海、山西等省还吸引了一批硕士研究生到农村学校任教。

二是增强了农村教育的生机活力。特岗教师年龄一般都在 30 岁以下，改善了农村中小学教师年龄老化的状况。特别是集中补充 3 万多名英语、信息技术、音乐、体育、美术等紧缺学科教师，缓解了中西部农村学校因教师缺乏，无法开足开齐规定课程的矛盾。

三是创新了教师补充机制。由中央财政支持实施“特岗计划”，解决了部分地方受财力影响有编难补的困难，打破了一些地区长期不补充新教师的局面。采取省级统筹、公开招聘的办法，严格了用人标准和程序，从源头上保证了教师队伍整体素质。

四是发挥了引领示范作用。河北、吉林等 13 个省根据中央“特岗计划”精神，积极推进地方“特岗计划”，招聘教师到省贫县农村学校任教。

五是开辟了高校毕业生到基层建功立业的渠道。特岗教师战斗在农村学校第一线，用心血和汗水赢得了学生、家长和社会各界的赞誉。地方普遍反映，特岗教师的到来，改变了农村学校面貌，提高了农村学校教学质量。3 年的特岗生涯，使特岗教师对农村教育产生了深厚感情，近 90%的特岗教师服务期满后选择留任当地。一些特岗教师很快就在工作岗位上崭露头角、脱颖而出。湖北省特岗教师范献龙被国务院表彰为“全国先进工作者”，费宝莉、何家坤被中宣部、教育部、团中央遴选为“大学毕业生建功立业先进事迹报告团”成员；青海省特岗教师旦周才仁、黄华被评为“全国教育系统抗震救灾先进个人”；重庆市特岗教师曹瑾被追授“全国优秀教师”荣誉称号。

〔指导各地各高校深入贯彻落实教师职业道德规范〕 2012 年，以发布《高等学校职业道德规范》为契机，要求各地各高校把学习贯彻《高等学校职业道德规范》作为加强高校师德建设的首要任务。在中央主要媒体集中报道了部分高校加强师德建设的经验和做法，营造了良好的舆论氛围。同时，督促、指导各地各校严格执行师德“一票否决”制，从严查处违反师德规范的行为。

〔启动“中西部农村偏远地区学前教育巡回支教试点工作”〕 5 月，教育部办公厅、财政部办公厅印发了《关于启动实施支持中西部农村偏远地区开展学前教育巡回支教试点工作的通知》（教师厅〔2012〕4 号），确定辽宁、河南、湖南、贵州、陕西 5 省作为首批试点省份，中央财政补助经费 1 657 万元。5 个试点省份积极推进试点工作，认真开展支教点设置和志愿者招聘，共设置支教点 587 个，招聘巡回支教志愿者 745 人，专科以上学历占 67.8%。巡回支教试点工作招聘了一批素质较高的志愿者队伍，解决了部分农村偏远地区适龄儿童入园难的问题，有效地提高了学前教育普及程度和水平。

〔印发《幼儿园教职工配备标准（暂行）》〕为落实教育规划纲要精神，教育部组织有关专家建立研究课题，在进行国际比较、深入实地调研、开展问卷调查、召开座谈会的基础上，印发《教育部关于印发〈幼儿园教职工配备标准（暂行）〉的通知》（教师〔2013〕1号）。该标准主要有三部分内容。一是明确了幼儿园教职工的范围，对不同类型幼儿园教职工与幼儿的配备比例进行了确定。二是明确了各年龄层次的班级规模及每班保教人员配备标准。全日制幼儿园每班应配备"两教一保"或"三教轮保"。三是明确了幼儿园园长、卫生保健人员、炊事人员、财会人员、安保人员及其他人员的配备标准。

〔推出张丽莉、侯伯宇等全国重大宣传典型〕

"最美女教师"张丽莉的先进事迹被媒体报道后，在全国引起了强烈反响。5月14日，教育部授予张丽莉"全国优秀教师"荣誉称号，并派出工作组看望慰问。5月20日，国务委员刘延东赴哈尔滨，代表党中央、国务院看望慰问张丽莉。9月4日，教育部会同中宣部、黑龙江省委联合举办张丽莉同志先进事迹报告会，中央政治局常委李长春等中央领导同志接见张丽莉和报告团全体成员。之后，先进事迹报告团赴兰州、重庆、合肥、武汉等地开展巡回宣讲。中国教育电视台制作了电视新闻纪录片《张丽莉》，组织各地各校收看学习。

西北大学现代物理研究所教授、博士生导师侯伯宇同志是在创先争优活动中发现的优秀典型。他爱党爱国、扎根西部、教书育人、无私奉献，把毕生精力奉献给祖国的教育事业。3月23日，教育部、人力资源和社会保障部印发《关于追授侯伯宇同志全国模范教师荣誉称号的决定》。9月27日，教育部会同中宣部、陕西省委联合举办侯伯宇同志先进事迹报告会，国务委员刘延东接见报告团全体成员。随后，教育部组织侯伯宇同志先进事迹报告团赴哈尔滨、杭州、长沙、成都等地开展巡回宣讲。

加强优秀师德典型表彰宣传工作。教育部、人力资源和社会保障部印发《关于追授石秋杰同志全国模范教师荣誉称号的决定》并组织先进事迹报告会。授予为保护学生、勇斗歹徒而身受重伤的安徽省灵璧县黄湾中学教师陆荣飞"全国优秀教师"荣誉称号。

〔组织2012年教师节宣传庆祝活动〕 2012年教师节主题为"忠诚党的教育事业，争当教书育人模范"。9月7日，国务院召开全国教师工作暨"两基"工作总结表彰大会，国家主席胡锦涛发来贺信，国务院总理温家宝发表重要讲话。教育部与中央电视台制作了教师节专题晚会《至高荣耀》，中央政治局常委李长春出席并为2012年度全国教书育人楷模颁奖。国务委员刘延东与全国教书育人楷模座谈，亲切看望张丽莉、马芯兰老师，视察北京师范大学并做重要讲话。举办"我的特岗故事"征文比赛。组织录制"教师之歌"音乐电视和2012年全国教书育人楷模系列微电影，通过电视和网络播出，产生了良好的社会反响。

〔组织开展2012年全国教书育人楷模推选工作〕 教育部联合人民日报、新华社、光明日报、中国青年报等媒体，组织开展2012年度全国教书育人楷模推选工作。本次推选工作更加注重发扬民主，更加注重兼顾各级各类教育，更加注重发挥推选工作的宣传引导作用，并进一步加大奖励力度。经媒体宣传、公众投票、推委会推选等环节，黑龙江省佳木斯市第十九中学张丽莉、福建医科大学姜小鹰、西南大学黄希庭、广东省佛山市顺德区梁銶琚职业技术学校韩亚兰、宁夏回族自治区固原市回民中学何桂琴、吉林省汪清县天桥岭林业中学朴航瑛、山东省诸城市枳沟镇枳沟小学吕映红、山西省晋中市榆次区长凝镇东长凝小学范妹锁、安徽省淮南市市直机关幼儿园孙明霞、云南省昆明市五华区新萌学校代建荣10位教师获"全国教书育人楷模"荣誉称号。

撰稿 孙光明 叶 阳 赵 鸣 于兴国
王炳明 王克杰 黄 伟 黄小华
周年年 宋 磊 刘璇璇 唐 筠
审稿 许 涛 葛振江 殷长春

学校体育、卫生、艺术与国防教育

〔**国务院办公厅转发教育部等部门《关于进一步加强学校体育工作的若干意见》**〕 2012 年 10 月 22 日，国务院办公厅发出通知（国办发〔2012〕F53 号），转发教育部、国家发展和改革委、财政部、国家体育总局四部门《关于进一步加强学校体育工作若干意见》（简称《意见》），要求以提高学生体质健康水平和综合素质为目标，全面加强学校体育，力争到“十二五”末期，建立起学校体育绩效评价机制、合力推进机制和条件保障机制。

《意见》共 5 部分 17 条，强调了学校体育的重要性，明确了加强学校体育的总体思路、主要目标和重点任务，要求建立学校体育的监测评价、绩效公示和奖惩问责等制度，要求各地结合本区域经济社会发展状况，找准学校体育的突出问题、重点领域和薄弱环节，编制实施加强学校体育三年行动计划。

为落实《意见》提出的任务和要求，进一步加大工作力度，启动了《教育部关于建立健全国家学生体质健康监测评价制度的通知》、《教育部关于实行学校体育工作年度报告制度的通知》、《教育部关于实施学校体育工作评估制度的通知》和《教育部办公厅关于抓紧做好学校体育行动计划（2013—2015 年）编制与报送工作的通知》及《普通高等学校体育工作标准》5 个配套文件的起草、编制工作。

〔**召开全国推进学校体育工作电视电话会议**〕

12 月 24 日，教育部在北京召开全国推进学校体育工作电视电话会议，教育部部长袁贵仁出席会议并讲话。他指出，“体质不强、谈何栋梁”，强调了学校体育在教育工作和学生全面发展中的重要地位。会议围绕开足上好体育课、确保每天锻炼一小时、全面开展学生体质健康测试、切实加强监督评估等关键领域，对学校体育工作进行了系统部署，提出了明确要求。上海市教委、江苏省教育厅、河南沁阳市政府、清华大学、浙江宁波职业教育中心、甘肃庆阳一中、湖北武汉中山路小学 7 家单位在会上做交流发言。

〔**探索建立学生体质健康监测制度的抽查复核机制**〕 10 月，教育部向各地发出《关于做好 2012 年〈国家学生体质健康标准〉测试数据报送工作的紧急通知》，要求限期完成本地大中小学生的体质健康测试、数据审核和上报工作。同时，要求各地教育部门在学校自测自报基础上，加强数据上报审查、抽测工作。

12 月 24 日起，教育部组织北京大学、清华大学、北京师范大学、北京体育大学、首都体育学院以及上海体育学院等高校专家，分赴浙江、福建、云南、甘肃等省，每个省抽查 1.2 万名中小学生和 1 000 名大学生，现场进行测试数据的抽查复核，并在一定范围内公布了“学校自测自报数据”与“专家现场抽查数据”的比对情况。此举旨在为 2013 年起，在全国各省（区、市）开展现场抽查复核工作积累试点经验，标志着体质健康监测制度诚信体系构建的开始。

〔**举办第九届全国大学生运动会**〕 9 月 8—18 日，由教育部、国家体育总局、共青团中央联合主办，天津市政府承办的第九届全国大学生运动会在天津市举办。本届大运会共有 34 个代表团、6 196 名运动员和教练员参赛，共决出 265 块金牌，打破

4 项全国纪录和 81 项全国大运会纪录。本届大运会进行了“校长杯”评选机制改革，将学校日常体育工作、学生体质健康水平、体育办学条件等内容作为重要评选指标。9 月 6 日，大运会科学论文报告会在天津体育学院举行。共接到从全国各省（区、市）报送的论文 3 086 篇。来自全国体育学科不同领域的 36 位专家，遵循公开、公平、公正的原则，经过网络匿名评审，从中遴选出分会报告论文 61 篇、墙报交流论文 239 篇、书面交流论文 602 篇，并进行了表彰。

〔举办“少年强则国强——加强中小学体育工作座谈会”〕 12 月 18 日，教育部与中国青年报社共同主办“少年强则国强——加强中小学校体育工作座谈会”。10 多个省的教育行政管理部门负责人、中小学校长、体育教师、中小学生以及学生家长等应邀参加，共同探讨如何加强学校体育工作。

〔组织第五届全国中小学体育课观摩展示活动〕

教育部体育卫生与艺术教育司会同中国教育学会体育卫生分会和全国中小学体育教学指导委员会，于 10 月 13 日在郑州市举办“第五届全国中小学体育教学观摩展示活动”。来自全国各地教育行政部门、教研机构和学校体育工作负责人以及 2 000 多名中小学体育教师参加了展示活动，并观摩了数十节优秀体育课。为办好本届展示活动，教育部体卫艺司组织专家从各地报送的体育课中认真评选出了一、二、三等奖体育课 400 多节。通过这次评选和展示活动，对推动课程标准的实施和体育教学改革起到了很好的示范和导向作用。

〔大力开展阳光体育运动〕 12 月 7 日，为纪念中央 7 号文件颁布实施和“全国亿万学生阳光体育运动”开展 5 周年，由教育部主办的“2012 年全国亿万学生阳光体育展示活动”在北京举行。北京市百余所学校和幼儿园的学生代表 3 000 余人参加了展示活动，分别表演了广播操、武术、跳绳、击剑、竹竿舞等校园体育活动项目。3 月 27 日，教育部向全国各地征集阳光体育运动优秀案例，共收到 30 个省（区、市）报送的阳光体育运动案例 904 份，其中小学 600 份、中学 304 份。经组织专家对所报案例进行初选和综合评选，共评选出全国中小学阳光体育运动优秀案例 100 名。12 月 7 日，第六届全国亿万学生阳光体育运动冬季长跑启动仪式在北京举行。教育部要求，各级各类学校要因地、因校制宜，科学合理安排学生长跑时间。同时要求学校领导要身体力行，带动全校师生积极参加。

〔举行高校“巅峰对决——大学生文体活动”〕

为纪念《中共中央关于加强青少年体育增强青少年体质的意见》颁布实施 5 周年，大力开展阳光体育运动，教育部体育卫生与艺术教育司在北京、上海、天津分别举行了高校“巅峰对决”学生文体对抗赛活动。

5 月 19 日，高校“巅峰对决”文体竞赛首先在上海东方绿舟举行。本次比赛在上海交通大学和复旦大学之间进行，比赛分为辩论赛、体育竞赛和才艺表演赛三大板块，所有赛程与比赛项目均由两校协商决定。在体育竞赛环节，共设有自行车拉力赛、龙舟赛、小马拉松赛、铁人三项赛等。在才艺表演赛环节，每校表演 3—4 个节目，包括声乐、器乐、舞蹈、戏剧小品等。整场对决赛强调面向普通大学生，“谢绝”特长生参加。

天津大学和南开大学等高校也举行了类似的大学生文体竞赛活动。

〔开展专项调研，为制定学校卫生相关政策提供科学依据〕 2012 年，教育部体卫艺司组织开展了多项大型专项调研工作。一是开展学生体质健康监测。利用全国学生体质健康监测网络，对北京、山西、内蒙古、辽宁、黑龙江、上海、江苏、福建、河南、湖北、湖南、广东、重庆、云南、西藏、甘肃、新疆 17 个省（区、市）的 43 个监测点的 129 所学校近 19 万余名大中小学生的体质健康状况进行了监测，监测指标包括身高、体重、胸围、脉搏、血压、肺活量、50 米跑、立定跳远、一分钟仰卧起坐、握力、50 米×8 往返跑、800 米跑（女）、1 000 米跑（男）、坐位体前屈、视力、龋齿 16 项身体形态、机能、体能素质及健康指标，通过监测了解学生体质健康发展动态。同时，对部分中小学监测点学校的采光、照明、黑板等教学卫生状况进行现场测试，对中小学校、中小学生及家长、大学生进行相关问卷调查，了解学校卫生工作开展情况，分析中小学生视力不良居高不下的原因以及大学生体育锻炼存在的问题。二是开展幼儿园卫生保健工作调研。对北京等 17 个省（区、市）的 29 个区县的 116 所幼儿园卫生保健工作进行调研，通过现场察看、对幼儿园及幼儿家长进行问卷调查等形式，了解幼儿园作息安排、食品安全、传染病防控、环境卫生、幼儿用眼卫生等情况。三是开展大学生健康体检情况调研。对 21 个省（区、市）的 76 所高校的学生、教师健康体检工作情况进行调研，了解师生健康体检频率、体检项目、体检经费解决途径以及高校对师生健康体检工作的意见和建议等。四是开展学校预防艾滋病教育工作调研。对北京等 10 个省市的学校预防艾滋病教育工作进行调研，涉及 20 个地市、80 所学校、8 000 名学生，通过现场察看及问卷调查等形式，了解学校预防艾滋病教育工作的开展情况及学生预防艾滋病知识的掌握情况。

〔推进高校音乐学（师范类）本科专业教学改革〕　根据《教育部办公厅关于开展全国普通高等学校音乐学（师范教育类）本科专业课程教学调研的通知》（教体艺厅函〔2011〕39 号），开展了专题调研。通信调研包括学校、教师、学生三类问卷，覆盖全国 211 所开设音乐学（师范类）本科专业的学校。在通信调研的基础上，从北部、东部、中部、西部 4 个地区选择黑龙江、江苏、安徽、云南 4 省，现场调研试点高校共 20 所。通过召开座谈会、听（看）课、查阅有关资料、观看现场、个别访谈等，实地了解试点工作情况。

为促进教育公平，突出师范性，提高人才培养质量，展示高校音乐学（师范类）专业学生的专业素质和精神风貌，11 月 23—30 日，在杭州师范大学举办了全国普通高校音乐学（师范类）专业本科生基本功展示活动。此次活动在举办机制、选手产生办法和命题、比赛方法上都进行了改革。来自全国 54 所普通高校音乐学（师范类）专业的 162 名学生参加了基础理论综合测试、钢琴演奏、自弹自唱、歌唱与钢琴伴奏、中外乐器演奏、合唱指挥共 6 个项目的比赛。

〔组织修订义务教育学校音乐、美术教学器材配备目录〕　为贯彻落实教育规划纲要提出的“配齐音乐、体育、美术等学科教师，开足开好规定课程”的要求，启动《小学音乐教学仪器设备配备标准》、《初中音乐教学仪器设备配备标准》和《小学美术教学仪器设备配备标准》、《初中美术教学仪器设备配备标准》的修订工作。成立了由基础教育课程改革课标组专家、中小学音乐/美术特级教师、教研人员以及技术装备人员组成的工作组。工作组在对中小学校音乐/美术教学器材配备的现状、2002 年版《配备目录》的使用情况进行问卷调查和对辽宁、山东、河南、宁夏、四川、湖南等省区开展现场调研的基础上，多次召开专家会议，数易其稿，形成了征求意见稿，向全国各省（区、市）教育技术装备部门、教研部门、部分中小学校校长和音乐、美术教师广泛征求意见。

〔举办 2012 年教师节大型主题晚会《至高荣耀》〕　为宣传教育规划纲要实施两年来教育事业所取得的巨大成就，在全党全社会弘扬尊师重教的良好风尚，在教育部党组的直接领导和有关司局的积极配合下，教育部体卫艺司与中央电视台通力合作，成功举办了 2012 教师节主题晚会《至高荣耀》。

晚会通过歌舞、主题故事、人物访谈等多种形式，生动反映了党的十七大以来教育改革发展取得的可喜成绩，热情讴歌了全国教书育人楷模和优秀教师的先进事迹，弘扬尊师重教的优良传统，体现党和国家给予教师及教育事业的高度重视和“至高荣耀”。

晚会于 9 月 4 日晚在中央电视台一号演播大厅录播，中共中央政治局常委李长春亲临观看，并为 2012 年度“全国教书育人楷模”颁奖。刘淇、刘云山、刘延东等领导同志一同观看演出。晚会于 9 月 10 日晚在中央电视台一套播出，得到了中央领导同志的赞许和主流媒体的高度关注，社会各界反响强烈。国务委员刘延东对晚会做出批示，给予了充分肯定和高度评价。

〔**继续深入推进高雅艺术进校园活动**〕 2012年，高雅艺术进校园活动内容丰富。一是组织国家级艺术院团和优秀地方艺术院团赴30个省（区、市）的高校演出京剧、昆曲、话剧、交响乐、歌剧、芭蕾舞、民族民间音乐歌舞、地方戏曲等经典作品290场。二是组织全国高等学校艺术教育专家讲学团赴中西部地区12个省（区、市）的高校举办音乐、舞蹈、戏剧（戏曲）、美术、书法（篆刻）、影视等艺术教育专题讲座108场。三是组织北京高校学生走进国家大剧院参加周末音乐会、经典艺术讲堂、艺术院校舞台艺术精品展、重点剧目演出等活动80场。四是引导和鼓励各省（区、市）组织高校学生艺术团和地方艺术院团赴高校和社区演出400场。

〔**组织全国第四届中小学生艺术展演活动**〕 根据《学校艺术教育工作规程》，教育部举办了全国第四届中小学生艺术展演活动。本届展演活动以“阳光下成长”为主题，分为三个阶段。第一阶段，2011年10月至2012年6月，为基层学校开展艺术活动。据初步统计，全国中小学校参加活动的覆盖面达80%以上。第二阶段，2011年7—10月，为各地举办省级集中艺术展演活动，在基层学校开展丰富多彩的艺术活动的基础上，全国各省（区、市）都举办了省级艺术展演活动。第三阶段，2012年11月至2013年2月，为全国评选和现场集中展演。展演活动项目覆盖学校艺术教育的各个方面，包括艺术表演（声乐、器乐、舞蹈、校园剧、朗诵）、艺术作品（绘画、书法、篆刻、摄影）和艺术教育科研论文报告会三大类。

〔**首届高校领导干部学校国防教育暨学生军训工作专题研修班**〕 6月15—21日，教育部在国防大学举办了首届高校领导干部学校国防教育暨学生军事训练工作专题研修班。来自全国重点高校的65名分管学校国防教育和学生军事训练工作的副校级以上领导干部参加了研修培训。研修班深入学习了《中共中央国务院中央军委关于加强新形势下国防教育工作的意见》精神，对提高高校领导干部的国防素养和国防观念，确保党中央提出的加强新形势下学校国防教育暨学生军事训练工作各项要求落到实处起到了促进作用。教育部副部长郝平和中央委员、国防大学校长王喜斌上将及总参谋部动员部部长牟明滨少将分别出席了开班式和结业式。

〔**召开全国高等学校学生军训现场会**〕 9月25—26日，全国高等学校学生军训现场会在成都市召开。会上，黑龙江、福建、山东等13个省教育厅或省军区学生军训工作办公室介绍了各自学生军事训练及军事课程建设的经验和做法。与会代表在西南石油大学会议现场旁听了军事理论教学，观摩了军事技能训练汇报表演。总参谋部动员部和教育部体卫艺司负责人围绕新形势下进一步加强和改进高校学生军事训练工作分别做了讲话。四川省、总参谋部动员部领导出席了会议。

撰稿 许 弘 柴海鹰 陈蓓蓓 罗 晶 赵长涛
审稿 王登峰 廖文科 万丽君 刘培俊

教育考试

考务管理

〔**综述**〕 2012年，教育部考试中心贯彻落实教育部整体工作部署和要求，以抓安全、促公平、保平稳为核心，以建规范制度、构安全体系、抓培训部署、督全面落实为重点，采取多项措施，进一步发挥国家教育考试考务管理平台的作用，认真做好国家教育考试考务管理工作，各项国家教育考试总体平稳顺利。

〔**考务工作制度建设**〕 先后修订、完善了高考、成考、研究生考试、自学考试考务管理规定，完成了国家教育考试诚信档案管理、网上评卷规范的修改工作，修订并颁发了《国家教育考试违规处理办法》（教育部33号令），进一步规范了考务工作全部环节的管理。

〔**实施多项考务管理新举措**〕 认真梳理各项考试的全部考务工作环节，制定实施了四个方面23项强化安全保密的新举措，主要包括：命题环节实行三员管理、在试卷袋外面加封塑料膜、设立考点内的专用封闭通道、备用试卷单独区别封装、关键部位全程视频监控并实行定时回放检查、对全部监考人员进行违禁物品检查、完善有关疑似泄题事件的快速研判机制等。

〔**加强对战线培训部署**〕 在全国建立了三级培训体系，教育部考试中心对省级考试机构进行了4次（高考、成人高考、研究生考试、自考）示范性培训，并指导、督促省区市、地市、县区开展第二级、第三级培训，逐级培训到所有考务工作人员，制作下发《防范高科技作弊培训光盘》等培训材料。同时以文件、会议等方式，要求各地认清形势，继续全力做好安全保密和考风考纪工作。

〔**规章制度的督查落实**〕 教育部、省区市、地市、县区、考点以及工作人员逐级签订《考试安全责任书》。通过国家教育考试考务管理平台，严格检查各地报告制度的执行情况并随时通报检查情况。在各项国家教育考试的考前、考中、考后派出检查组，实地检查一些地区试卷保密室、试卷定点印刷单位的安全保密情况、考试组织实施情况和评卷情况等，确保各项规章能够落实到位。

〔**国家教育考试标准化考点建设**〕 2012年，国家教育考试标准化考点建设取得了显著成果。全国已完成网上巡查系统建设的考场数达45.2万个，占全部考场数的88%。与2011年相比，标准化考场数增加了26.9万个，全国2978个试卷保密室实现了与国家端的互联互通。标准化考点的投入使用，为2012年高考、成考、研究生考试、自学考试等国家教育考试的平稳顺利举行提供了重要支持和保障，得到了国务院领导和教育部领导的充分肯定。

高校入学考试

〔综述〕 2012年，普通高考试题符合《考试大纲》和《考试说明》的规定，突出能力考查，加大了考试内容与形式改革的力度；全国语文作文全部采用材料作文，创设新颖情境，增加试题的开放性和探究性，多层次、多角度考查考生的创新思维，有效地防止了宿构和套作，获得社会普遍好评。

2012年，共有山东、广东、海南、宁夏、江苏、天津、辽宁、浙江、福建、安徽、北京、上海、黑龙江、吉林、湖南、陕西、河南、新疆、山西、江西、湖北、内蒙古、河北、云南24个省（区、市）高考使用课程标准试卷，其中湖北、内蒙古、河北、云南4省（区）首次使用课程标准试卷。

2012年，高考命题工作进一步完善标准化命题流程，加强审核和监督，各个环节做到可控可查；建立试题涉嫌泄密信息快速研判机制；聘请中学一线教师参与命题审题，确保试题内容符合教学实际，体现课程改革精神，促进素质教育改革。

〔高考分省命题工作〕 2012年，全国高考分省命题保持稳定格局，16个分省命题省市命题工作平稳顺利。其中北京、天津、浙江、福建、安徽、山东、广东、重庆、四川9省市命制语文、数学（文/理）、英语、文科综合、理科综合，上海、江苏2省市命制语文、数学（文/理）、英语、政治、历史、地理、物理、化学、生物；辽宁、江西、湖北、湖南4省命制语文、英语、数学（文/理），陕西省命制数学（文/理）和英语，其他科目考试使用教育部考试中心命制的试题。高考所有小语种考试命题由教育部考试中心负责。

2012年，教育部考试中心继续加强对分省命题的指导、业务培训、监督和评价工作。4月，召开高考命题安全工作专项会议，加强命题安全保密管理，提高命题工作质量。高考结束后，分别赴实行课程改革后首次高考的省（区、市）进行调研，了解基础教育课程改革的教学情况和高考情况，对高考试题进行分析和总结。

〔高考试题分析与评价〕 教育部考试中心高度重视全国高考试题的分析、评价和总结工作，提高各命题单位的试题命制水平，保证命题质量。7月，在北京市召开试题评价会，在各省（区、市）自我评估和高考统计数据的基础上，从政治性、科学性、公平性和规范性等方面对全部高考试题进行了专业分析和评价，形成《高考试题专家评价报告》。11月，在厦门市召开全国高考命题工作总结会，围绕进一步深化考试内容与形式改革、提高命题专业化水平的主题，交流高考命题管理和学科命题经验，总结高考命题工作，形成《高考命题及评卷工作总结汇编》。

〔成人高考〕 2012年，继续沿用2011年版的全国各类成人高等学校招生复习考试大纲进行命题。命题突出能力考查要求，注重知识的实际运用。组织学科专家调整补充了题库试题。为满足在考试中实行“一题多卷”的需要，向黑龙江等7省市提供了试题的电子文件。

〔硕士研究生入学统一考试〕 教育部考试中心组织召开入闱命题会议和题库命题会议，顺利完成了统考、联考科目的命题任务和本年度研究生考试入库试题的命制任务。开展研究生考试阅卷情况的调研，编写了《2012年硕士研究生入学统一考试各学科试题评价报告》。对研究生考试各学科的《考试大纲》进行修订，撰写了英语、数学、法律硕士等学科的《考试分析》。

9月，召开全国教育科学“十二五”规划教育考试专项课题教育部重点课题“研究生入学考试统考科目的改革与实践”开题会。该课题的研究目的是通过对硕士研究生入学考试统考科目的历史研究和对有关国家和地区研究生招考制度的比较研究，提出统考科目改革的政策性建议，为研究生考试招生制度改革提供决策依据。

高等教育自学考试

〔高等教育自学考试学历教育基本情况〕 2012年，高等教育自学考试累计报考853.9万人次、1 998万科次，与2011年相比分别减少68.8万人次和162万科次，下降比率是7.5%和7.5%。其中本科报考618.8万人次，占总人数的72.4%，专科报考234.8人次，占总人数的27.5%，无法区分专业层次有0.2万人次，占0.1%；按科次统计，本科报考1 475.6万科次，占总科次的73.8%，专科报考科次521.9万科次，占16.1%，无法区分专业层次有0.5万科次，占0.1%。2012年，首次报考的考生人数为144.7万人（不含解放军）。全年累计毕业生为62.7万人。

〔研制自学考试综合改革方案和文件〕 全国考办经过一年的研制工作，自学考试综合改革的文件和方案基本成型。4月和10月，组织有关专家、省自考办召开了两次专题研讨会，研讨和修改《关于加强和改进新时期高等教育自学考试工作的若干意见（征求意见稿）》。11月下旬，在充分调研、广泛征集材料、整理成文和反复讨论修改的基础上，起草了《高等教育自学考试综合改革方案（草案）》，并对推进实施综合改革的工作步骤制订了总体计划。12月24—25日，在石家庄市召开了8个省市自考机构、专业委员会与有关专家、主考学校和助学单位代表参加的专题调研会，就《方案（草案）》内容征求意见，对其进行进一步修改和完善。该《方案（草案）》包括改革背景、指导思想与改革目标、主要任务、重点项目、保障措施和实施计划6部分，提出了自学考试综合改革的目标和系列改革举措。

〔专业管理〕 2012年，全国考办批复26个省（区、市，含解放军）申请备案或审批的93个专业点，其中审批新专业5个、备案开考83个专业、审核5个专业。同时引导各省停考社会需求萎缩的专业，停考专业点139个，其中专科102个、本科37个，并要求省级考试机构做好停考专业的过渡、衔接工作。2012年，全国共开考专业821个，其中专科层次427个、本科层次394个；共设专业点3 863个，其中专科层次1 689个、本科层次2 174个。2012年，开设的全国统一考试计划专业为108个，其中新设电子商务专业（移动商务管理方向）（专科、独立本科段）和工商企业管理专业（品牌管理方向）（专科、独立本科段）等“双证书”专业方向，调整了学前教育专业（专科、独立本科段）2个全国统一考试计划专业。

〔专业委员会组织建设〕 为充分发挥专业委员会的作用，加强专业委员会的组织建设，6月11日，成立了全国考委军事类专业委员会，由来自总装备部、总后勤部和部队科研院所的4位专家组成，其中中国工程院院士2名。根据法学类专业委员会要求，增补法学类专业委员会一名委员为代理秘书长。截至2012年年底，全国考委共设16个专业委员会，共170名委员。法学类、公共管理类、文史类、电子电工与信息类、农科类、医药学类、公共课程等专业委员会召开了年度工作会议，对本学科类专业的改革与发展、专业考试计划和课程设置的调整、课程考试大纲和教材的编写与修订等工作进行了总结和研讨，并对专业委员会下一步的工作进行了安排。

〔**启动学分银行专项研究工作**〕 2012年上半年，全国考办启动了学分银行建设研究工作。在参考国内外相关理论与实践研究资料的基础上，结合自学考试发展现状，初步形成了《依托自学考试制度建设学分银行的框架性方案（草案）》，并于7月5号在杭州市召开了高等教育自学考试改革与学分银行建设研讨会。来自国内教育科研机构、有关高校的专家及天津、江苏、浙江、湖北、四川、吉林6省（市）考试院、自考办的负责人共计25人出席了会议。

〔**自学考试宣传工作**〕 5月19日，全国考办在武汉市召开2012年高等教育自学考试宣传工作研讨会，对自学考试形势进行分析和交流，对自学考试宣传工作进行研究和部署。来自全国18个省区市考试院、自考办的代表参加了会议研讨并出席了湖北省第四届自考校园文化节开幕式。10月30日，在长沙市召开全国自学考试报刊宣传委员会年会，交流各地自考宣传工作的经验，并组织了专题培训。在中国教育报等媒体组织发表自学考试系列宣传文章。

〔**自考分会工作**〕 6月，在徐州市召开中国高等教育学会自学考试分会2012年年会，来自全国各地104个会员单位的210名代表参加年会。本届年会进行了理事会的换届改选，教育部考试中心原主任戴家干当选为新一届理事长。11月，在成都市首次举办自考培训班，来自各级自考办、主考院校、助学单位的150余位干部参加培训。自考分会秘书处还编辑、出版了纪念自学考试制度建立30周年论文集和科研成果集。

〔**全国高等教育自学考试命题安全保密工作会议**〕 6月，全国高等教育自学考试命题安全保密工作会议在北京召开。会议分析了国家教育考试面临的严峻形势，就加强自学考试命题安全管理、采取切实措施保障考试的平稳顺利进行了动员和部署。全国考办主任姜钢、书记刘军谊出席会议并讲话。各省（区、市）教育考试机构、各自学考试命题中心负责人参加了会议。全国考办下发了《关于进一步加强高等教育自学考试命题安全管理，提高命题质量的通知》和《做好自学考试命题安全保密检查工作的通知》，在整个自学考试系统开展命题工作安全保密教育活动。

〔**全国自学考试命题中心工作会议**〕 11月，在河南登封市召开全国高等教育自学考试命题中心工作会议。会议总结了2012年命题中心的工作，梳理命题工作中出现的问题，重点就如何解决自学考试网上阅卷、西藏试卷印制、试卷清样硫酸纸的使用、试卷袋规格的统一、答案寄发时间的调整、命题管理人员的培训等问题展开讨论。

〔**全国高等教育自学考试统考课程命题及题库建设**〕 2012年，高等教育自学考试全国统考课程共计643门，其中全国考办负责命题的课程为115门，北京等16个命题中心负责命题的课程为534门。2012年，全国考办共安排全国统一命题考试课程1 213科（次），其中统一安排727科（次），单独申报486科（次）。2012年，继续推进自学考试国家题库建设，增加入库试题数量，确保试题质量。全国考办共组织5次自学考试题库命题会，入库试题7382道。

〔**改革自学考试内容与形式，开展命题研究，推进考试大纲建设**〕 根据教育部考试中心“十二五”事业发展规划和自考综合改革方案的精神，继续开展自学考试公共政治课、英语、高等数学等课程的考试内容与形式改革的调研，科学把握试题难度。10月，毛泽东思想、邓小平理论、“三个代表”重要思想概论课程启用了新的课程考试大纲，并使用新的试卷结构和题型。部分课程实行了“一题多卷”。7月，全国考办召开了全国教育科学规划专项课题“继续教育多元化背景下自学考试考查内容与考核方式改革研究”开题会，开展自学考试命题研究。2012年，全国考办配合相关专业委员会共修订35门课程的《考试大纲》，启动了18门新课程《考试大纲》的编写。

〔**社会助学组织登记备案情况**〕 全国31个省

（区、市）考办认真组织开展社会助学组织登记注册工作，通过高等教育自学考试信息管理系统向全国考办报送备案。经审核，共有 1 577 个社会助学组织符合登记备案标准。其中普通高校 751 所，约占 47.6%；成人高校 49 所，约占 3.1%；民办高等教育机构 530 所，约占 33.7%；部门委托办学 49 个，约占 3.1%；其他社会助学组织 198 个，约占 12.5%。

2012 年，在上述 1 577 个社会助学组织中，参加助学的学员共有 191 万余人。按助学组织的主体类型分：普通高校助学学员 116.7 万余人，约占学员总数的 60.9%；成人高校助学学员 5.6 万余人，约占 3%；民办高等教育机构助学学员 53.2 万余人，约占 27.8%；部门委托助学学员 4 万余人，约占 2.1%；其他助学组织助学学员 11.9 万余人，约占 6.2%。

〔**学习服务中心试点建设工作**〕 2012 年，全国考办正式启动并推进学习服务中心的试点建设工作。指导各省（区、市）建立了 80 所省级学习服务中心，并从省级学习服务中心中遴选出 18 所助学组织，进行“全国示范学习服务中心”试点建设工作。

〔**出台《高等教育自学考试社会助学突发事件应急预案》**〕 9 月，出台了《高等教育自学考试社会助学突发事件应急预案》，指导各级助学管理部门和社会助学组织建立社会助学处理突发事件的应急预案和协调机制，快速妥善处置问题，及时化解矛盾，维护社会助学组织正常的学习生活秩序和社会稳定。

〔**严格规范社会助学组织招生行为**〕 7 月 18 日，全国考办召开了 2012 年度自学考试社会助学招生工作视频会议，全国 31 个省（区、市）教育考试机构领导、助学部门负责人及部分社会助学组织代表等 300 余人，通过国家教育考试管理与服务平台参加了会议。会议要求切实加强对社会助学组织的监督管理，同时采取多种措施对社会助学组织进行正面引导和服务，全力以赴保障 2012 年自学考试平稳实施。

非学历教育考试

〔**全国大学英语四、六级考试（CET）**〕 2012 年，全国大学英语四、六级考试（CET）全年报考 1 862 万人次，较 2011 年增长 27 万人次，增幅为 1.47%。开考语言级别为英语四级、六级，日语四级、六级，德语四级、六级，俄语四级、六级和法语四级。评卷工作仍采用网上集中评卷方式，天津、河北、内蒙古、吉林、江苏、福建、山东、湖南、广东、重庆、云南、甘肃和新疆共 13 个省级 CET 承办机构受教育部考试中心委托，承担了答题卡扫描工作；北京、天津、吉林、上海、江苏、浙江、山东、广东、湖北、重庆、四川、陕西共 12 个省级 CET 承办机构受教育部考试中心委托，负责管理、组织和协调评卷工作。

〔**政法干警招录培养体制改革试点教育入学考试**〕 2012 年，政法干警招录培养体制改革试点教育入学考试笔试共有 19.8 万名考生报名，其中 80 876 人报考专科层次文化综合的笔试，112 438 人报考本科层次民法学的笔试，4 949 人报考法律硕士专业学位层次专业综合 I、专业综合 II 的笔试。

〔**全国计算机等级考试（NCRE）**〕 2012 年，全国计算机等级考试（NCRE）的报考人数达 549.2 万人，比 2011 年增长 3.9%，获证人数达 212.5 万人。截至 2012 年年底，累计报考人数达 4 933.3 万人，累计获证人数达 1 876.2 万人。

〔**全国英语等级考试（PETS）**〕 2012年，全国英语等级考试（PETS）在全国31个省（区、市）和解放军总参系统开考，全年报考人次达200.6万人，较2011年增长12.0%。

〔**全国外语水平考试（WSK）**〕 2012年，全国外语水平考试（WSK）共报考33 922人次，较2011年增长32.6%。6月，开考英语、德语和法语。12月，开考英语、日语和俄语。

〔**全国计算机应用技术证书考试（NIT）**〕 2012年，全国计算机应用技术证书考试（NIT）在全国21个省（区、市）开考，全年共报考约29余万人次。基础应用类科目报考比率占总报考的86%，专业应用类及专业类科目报考比率占总报考的14%。

〔**全国青少年计算机考试（YNIT）**〕 2012年，全国共有5个省（区、市）组织实施了全国青少年计算机考试（YNIT），全年共报考8 944人次。

〔**全国信息技术高级人才水平考试（NIEH）**〕 2012年，全国共有16个省（区、市）开考全国信息技术高级人才水平考试（NIEH），全年共报考7 252人次。

〔**全国外语翻译证书考试（NAETI）**〕 2012年，全国外语翻译证书考试（NAETI）报考总人数为7 733人，比2011年减少5.8%。考点共54个，比2011年减少5个。5月，开考英语一级至四级、日语一级至三级的笔译和口译。11月，开考英语二级至四级的笔译和口译。

〔**中国餐饮业职业经理人资格证书考试（CMEP）**〕 2012年，中国餐饮业职业经理人资格证书考试（CMEP）在全国21个省（区、市）开考，共报考12 296科次。

〔**劳动和社会保障岗位资格证书考试（LSSEP）**〕 2012年，劳动和社会保障岗位资格证书考试（LSSEP）在全国12个省（区、市）开考，共报考7 751科次。

〔**调查分析师证书考试**〕 2012年，调查分析师证书考试在全国21个省（区、市）开考，共报考5 757科次。

〔**中国物流职业经理资格证书（CPLM）**〕 2012年，中国物流职业经理资格证书（CPLM）在全国28个省（区、市）开考，共报考84 756科次。

〔**中国市场营销资格证书考试（CMAT）**〕 2012年，继续与中国市场学会以合作举办“全国高校市场营销大赛”的形式，开展中国市场营销经理助理资格证书考试，共报考18 761人。

〔**中国销售管理专业水平证书考试（SMAT）**〕 2012年，中国销售管理专业水平证书考试（SMAT）在全国21个省（区、市）开考，共报考69 022科次。

〔**中小企业经理人证书考试**〕 2012年，中小企业经理人证书考试在全国5个省开考，共报考14 519科次。

〔**中英合作商务管理与金融管理专业基础段证书课程考试**〕 2012年，中英合作商务管理与金融管理专业基础段证书课程考试共报考7.3万科次，在北京、上海等12个省（区、市）开考。为适应社会需求，教育部考试中心与英国剑桥大学国际考试部对证书课程的大纲进行了修订，于2012年9月向社会公布。

〔**中英合作商务管理与金融管理专业管理段证书课程考试**〕 2012年，中英合作商务管理与金融管理专业管理段证书课程考试在上海、重庆、吉林、甘肃开考，全年报考38 753科次，比2011年增长371.7%。

〔**中英合作采购与供应管理职业资格证书考试**〕 2012 年，中英合作采购与供应管理职业资格证书考试在北京、上海等 20 个省（区、市）开考，全年共报考 80 010 科次。7 月，英国皇家采购与供应学会（CIPS）发布了新版课程体系。

〔**剑桥少儿英语**〕 2012 年，全国 30 个省（区、市）组织了 4 次考试，共报考 145 442 人次。2012 年，全面实施了考试报名、考场编排、阅卷、证书、口试考官等考务信息化管理。

〔**剑桥儿童英语测评**〕 2012 年，剑桥儿童英语测评的初级、高级开始试测，中级已试考；高级（即剑桥少儿英语预备级）全国报考人数 18 594 人次。

〔**剑桥通用五级英语证书考试 KET/PET**〕 2012 年，共有 17 个考点组织学生参加考试，报考科次总计 11 387 科次。其中 KET/PET 标准版报考 3 318 科次、KET/PET 校园版报考 6 857 科次。

〔**中国少数民族汉语水平等级考试（MHK）**〕 2012 年，共组织实施 11 次考试，共有 15 万名考生参加了在北京、内蒙古、吉林、四川、青海、宁夏、江西及新疆举行的考试，考生较 2011 年增长 52.6%。2012 年，初步完成《中国少数民族汉语水平等级考试考务平台》的升级工作，召开民族汉考考试大纲修订研讨会，并论证了一、二级考试大纲的修订内容。在新疆等省（区）开展了少数民族汉语教育质量监测工作，撰写了《新疆小学五年级和六年级汉语教育质量监测工作报告》、《新疆学前双语教育质量监测工作报告》和《青海省黄南州小学六年级汉语教育质量监测工作报告》。

〔**中国书画等级考试（CCPT）**〕 2012 年，组织两次考试（5 月、11 月），总计报考 57 007 人次。有近 8 万名青岛市中小学生和教师参加了中国书画等级考试硬笔三级、四级、五级的测评。

〔**全国音乐等级考试**〕 2012 年，共有 17 198 人报考全国音乐等级考试音乐基础知识考试，比 2011 年增长 29.7%。

〔**全国中小学教师教育技术水平考试（NIT—NTET）**〕 2012 年，共有 29.4 万名考生参加了在上海、江苏、福建、河南、辽宁、陕西、青海、广东、四川、重庆、云南、海南、新疆、西藏 14 个省（区、市）举行的考试，21.6 万人取得了合格证书。教学人员初级题库全面启用，教学人员中级题库建设完成进度 60%。教学人员中级考试推广到 7 省市。使用基于广域网的具有全国统一调度监控与分省阅卷管理相结合的网上阅卷工作平台完成阅卷工作。

中小学和幼儿园教师资格考试

〔**综述**〕 2012 年 4 月 6 日，教育部教师工作司印发《教育部办公厅关于 2012 年扩大中小学教师资格考试改革和定期注册制度试点工作的通知》（教师厅〔2012〕1 号），决定在浙江、湖北两省开展试点的基础上，新增河北、上海、广西、海南 4 省（区、市）。9 月 7 日，教育部转发《国务院关于加强教师队伍建设的意见》（国发〔2012〕41 号），明确把“全面实施教师资格考试制度”列为教师队伍建设的重要目标。

截至 2012 年年底，中小学和幼儿园教师资格考试共举办 3 次笔试、3 次面试。其中笔试累计参加人数为 20 万人，累计通过人数为 6.9 万人，总通过率为 34.8%；面试累计参加人数为 6.6 万人，累计通过人数为 5 万人，总通过率为 76.0%。

2012年，浙江、湖北、上海、广西4个省（市）参加上半年试点，浙江、湖北、上海、河北、海南5个省（市）参加下半年试点。

2012年，对网报考务系统、机考系统、网上阅卷系统、面试测评系统、成绩评价系统等系列信息和考试系统进行了升级改造，为试点的安全、平稳、顺利运转发挥了重要作用。2012年，试点未发现重大舞弊等异常情况，媒体和国内其他媒体反应平静。

〔**命题工作**〕　通过单位推荐、专家推荐、个人自荐等多种方式，已初步建立命题专家库，入库专家近900人，主要来自师范院校、中小学、幼儿园、教研机构、教师培训机构及教材出版单位等。2012年，教育部考试中心召开12次题库命题会，35个笔试科目入库试卷440套，其中机考4个科目命制了若干道多媒体试题，入库面试试题6 640道，基本满足了试点考试对试题的需求。

海外考试

〔**综述**〕　2012年，海外考试加强考务管理，增进对外合作，考试规模进一步扩大，海外考试考生人数达130万人，与2011年相比增长5.3%。

进一步提高考务管理技术水平。在托福考试中，升级考点审批标准，继续扩充现有考点或开设新考点；联系美方支持考点配置金属探测器等防控器材，并积极调研、试验新型身份验证器材（如人脸识别和身份证鉴别组合的新型鉴别仪）；着手整合、升级和完善托福考点标准、托福考试考务实施规范，并依此启动了考点巡视评估系统。稳妥处理2011年12月日本语考试东北地区出现700多名考生听力答卷出现雷同答案问题，积极联络日方主办机构，以其名义对所有数据出现异常考生采取零容忍的果断处理，不发成绩并全部退还考费，对仍需要考试成绩的考生安排下一次考试补报。同时，召开日本语考试全国考务会议和两次相关考点电话会议，部署考点的防控措施，包括强化考务程序、考务工作人员配置和高科技防控器材配置，在7月的日语考试中效果明显，未再出现答卷雷同现象。

进一步开展考试项目的开拓与日常对外联络。2012年，完成了与法国国际教育中心（CIEP）关于法语证书考试（DALF和DELF）合作协议的起草及审核工作；在SAT、ACT考试方面，与美方保持密切接触，积极协助教育部国际司开展相关工作；与美国大学网（College. Net）公司就合作开办美国大学招生视频面试服务进行协商；与西班牙塞万提斯学院关于举办对外西班牙语水平证书考试的合作协议已提交教育部审批。

〔**TOEFL（托福，英语作为外国语考试·美国）**〕　2012年，托福网考考点比2011年增加8个，达104个；考场从2011年的214个增加到了242个。全国考位总数达10 200个，全年考试47次。报名考试的人数达33.2万人，比2011年增长了32.6%。

〔**GRE（研究生入学考试·美国）**〕

2012年，进行了22次网考，已设立GRE网考考场165个。全年网考考生人数为64 958人，比2011年总考生人数下降5.9%。专业测验考试1次，考生总人数为2 324人，比2011年下降21.1%。

〔**GMAT（工商管理研究生入学考试·美国）**〕

2012年，增加了重庆市教育考试院和深圳赛格人才培训中心两个考点。截至2012年年底，全国共计有GMAT考点14个（11个兼用、3个专用）。全年共有43 682名考生参加了GMAT机考考试，比2011年增长15.01%。

〔**LSAT（美国法学院入学考试·美国）**〕

2012年，全国3个考点共举行2次（6月、12月）考试。考生人数共计961人，比2011年增长5.5%。

〔CGFNS考试（外国护校毕业生委员会·美国）〕 由于美国移民政策持续收紧，护士移民的配额仍为零。2012年，继续没有考生报名考试。

〔IT（信息技术证书考试·美国）〕 2012年，共有5 478名考生报名考试，比2011年下降60.6%。

〔BEC（商务英语证书考试·英国）〕 2012年，BEC考生人数为10.6万人，比2011年下降14.4%。累计考生人数突破100万人。2012年，仍坚持在二线城市设考点的思路，在南通大学设立了BEC考点，举行了3次BEC纸笔考试和3次计算机化考试。10月，在南通市召开了BEC考务暨口试考官组长工作会议，总结2011年工作，部署2012年工作，并对口试考官组长进行了业务培训。

〔MSE（剑桥英语主体考试·英国）〕 2012年，MSE考试的FCE、CAE级别的考生人数依然保持增长的趋势。全年举行2次考试，报考考生1 024人，比2011年增长10.5%。其中74%的考生来自北京。

〔IELTS考试（雅思，国际英语语言测试系统·英国）〕 2012年，安排47次考试，考生总人数482 750人，比2011年增长20.02%。2月，在海南省召开了全国雅思考点工作会议，对2011年雅思考试的情况进行总结，开启新一轮的考点评估工作。为满足广大考生参加雅思考试的需求，对部分考点扩充了考场容量，并在南京理工大学、广东外语外贸大学及电子科技大学新建了考点。

〔LCCIIQ考试（伦敦工商会国际认证·英国）〕 2012年，共举行了固定的3期考试和12次即期考试。全年共计考试1 649科次，其中3次定期考试共467名考生报考，考试577科次；12次即期考试共641名考生报考，考试1 072科次。2012年，在原有32个考点的基础上，恢复了福建信息职业技术学院考点；原四川经济管理学院LCCI考试中心更名为西华大学LCCIIQ考试中心。

〔JLPT（日本语能力测试·日本）〕 2012年，2次考试总考生人数为23.9万人，比2011年下降14.8%。改进考务管理举措，对《考生报名须知》及准考证中的证件要求等相关内容进行修订；答题卡上增加了考生抄写诚信承诺书的内容；开始在证书上打印考生照片。2012年下半年开始，由于学校内部工作调整等原因，同意同济大学取消考点的申请。

〔BJT（商务日语能力考试·日本）〕 2012年起，恢复一年2次考试，分别在6月和11月举行。全年共计报名1 454人，比2011年增长21.0%。增设吉林大学、浙江教育考试服务中心、苏州大学和深圳职业技术学院4个考点。

〔TestDaf（德福，德语作为外国语考试·德国）〕 2012年，全国8个考点共举行3次（4月、7月、11月）TestDaf考试，全年报考6 981人，比2011年增长20.2%。

〔TestAS（学习能力考试·德国）〕 2012年4月和10月，北京外国语大学、上海外国语大学和青岛大学3个考点分别举行2次考试，共有416名考生报考，比2011年增长14.6%。

〔TOPIK（韩国语能力考试·韩国）〕 2012年，韩国语能力考试考生总人数为34 913人，比2011年下降7.8%。2012年下半年开始，由于学校内部工作调整等原因，同意长春理工大学和北华大学取消考点的申请。

〔Celpe-Bras（葡萄牙语水平测试证书·巴西）〕 2012年，共进行2次考试，67名考生报考。

〔CELI（意大利语言水平等级考试·意大利）〕

2012年，共进行2次考试，在北京等4个城市设置了5个考点，共有79名考生报考。

教育考试国家题库

〔**教育考试国家题库建设**〕 2012年，教育考试国家题库建设工作有序推进，不断深化。优化了题库命题工作机制，完善了题库系统应急预案体系，提升了题库的服务效能。经过试运行，题库系统进入验收阶段。9月14日，教育考试国家题库软件系统通过专家验收。

考试评价工作

〔**PISA2012中国试测研究项目**〕 为了解国际先进的教育评价理念和方法，完善中国教育考试评价制度，教育部考试中心参照PISA2006和PISA2009中国试测研究项目的模式，在全国范围内选取有代表性的省份，继续组织开展了PISA2012中国试测研究项目。

2012年，考试中心组织完成PISA2012中国试测研究全部17套试题册、3种类型学生问卷以及学校问卷等测试工具的修订、改编和预试调整工作。试点地区包括天津、河北、吉林、江苏、浙江、海南、四川、云南、宁夏和北京市房山区，采用两阶段分层随机抽样方法选取学校样本和学生样本，共纳入515所学校的2.3万名学生样本，在565个考场进行PISA2012测试。学科专家和阅卷编码专门人员严格参照PISA2012数学、阅读、科学、财经领域国际阅卷编码标准，对2万多份试题册进行了分类整理、单一编码、多重编码、学生典型作答的搜集，并依据ISCO—08职业编码手册，完成了近2.2万份学生问卷的清理、职业编码以及职业编码数据的双重录入。

〔**在云南、海南高考中开展评价工作**〕 2012年，不断完善高考题库建设，在海南省已进行的2010年、2011年高考等值工作的基础上，优化年度间等值的方式方法，对2012年海南省高考进行了等值计算，完成了2010—2012年面向学校、教育行政部门的群体评价和面向命题部门的考试自身评价；通过高考前的锚卷测试，在云南省设定了2012年为等值基准年，积累了省际高考等值经验，大量有针对性的研究成果得到教育部相关司局领导和省级用户的好评。

利用海南省特有的全省统考统判的中考机制，完善了语文、数学、英语3个核心学科的增值基准量表，实现了海南省普通高中在同一能力量表下从中考入口链接到高考出口的增值评价，为教育评估提供了有益探索。

撰稿 陈景才 褚庆军 柳 博 高 升 王建民 王 伟 王 莉 余仁胜 张 进 刘 芃 王 蕾

审稿 张为舟 罗 民 刘军谊 刘立国 李光明

教育信息化建设与远程教育

教育管理信息中心

〔**国家教育管理信息系统建设**〕　2012年，在教育部党组的领导下，教育管理信息化工作取得了长足发展和阶段性成果，在辅助教育科学决策、推动教育信息化建设、提升政府管理水平、促进教育事业科学发展等方面均发挥了较为积极的作用，为进一步提高教育信息化整体水平奠定了扎实的基础。

1. 建设目标和内容。建设贯穿学前教育至高等教育，覆盖全国各级教育行政部门和各级各类学校的学生学籍、教师和学校资产的管理信息系统，实现全国学生学籍、教师和学校的管理信息化。建立全国学生、教师、学校资产基础信息数据库，全面、及时掌握学生、教师、学校资产的真实情况，实现学前教育至高等教育学生学籍的贯通，动态跟踪学生在不同地区之间的流动，解决在义务教育、中职教育和学生资助中存在的虚假注册、重复学籍等问题，最大限度地防止数据造假，为教育管理和宏观决策提供及时、全面、客观和真实的数据信息。

2. 建设思路和措施。国家教育管理信息系统建设的核心是：建立覆盖各级各类教育的管理信息系统，通过信息系统全面、长期、可持续应用，建立全面、及时、准确的国家教育基础数据库。因此，在系统设计和建设过程中采取了新的思路和措施。

（1）实施“两级建设、五级应用”，实现各类教育管理信息系统在全国各级教育行政部门和学校的全面覆盖，确保数据的全面、完整。

两级建设：在中央（教育部）和省两级建设数据中心，分别部署运行中央级和省、地市、县、学校级信息系统。

五级应用：除高等教育以外，均需建设五级应用系统：中央级、省级、地市级、县级和学校级应用系统，分别供中央、省、地市、县、学校使用。高等教育需建设三级应用系统：中央级、省级和学校级应用系统，分别供中央、省、高等学校使用。

（2）融合管理工作，关注业务需求，以信息系统建设带动教育基础数据库建设，确保系统的长期应用和数据的及时更新。

将信息化管理纳入工作流程，实现日常管理的信息化，通过业务应用产生教育基础数据，保障系统的全面、长期、可持续应用，确保教育基础数据的及时、准确。例如，通过全国学生管理系统实现全国范围学生学籍基本业务（注册、升级、毕业等）的信息化管理，结合学生教育卡的应用，完成学生学籍数据的更新，实现对全国学生流动的动态监管与跟踪。

（3）实行全国统一编码，保障数据唯一。对全国学生、教师和教育机构进行统一编码，学籍号、教师编码和教育机构编码全国唯一，终身使用。学籍号和教师编码以公民身份证号码和公民身份证编码规则为基准，为每人建立一个19位的编号。建立学生教育卡，避免学籍重复，提升数据的准确度，实现对全国学生流动的动态监管。

(4) 实行数据一次采集，避免数据重复和不一致。一是学生学籍档案和教师基本信息（姓名、性别、出生日期、民族等）数据实行一次采集（学生主要在学前教育入园或小学一年级入学时采集，教师在第一次入校工作时采集，系统建设初期情况除外），学生在升级、升学、转学时的学籍档案和教师在教育系统内部调动时的基本信息均采用第一次采集的数据信息，不再重新采集。二是不同管理信息系统中相同的指标数据，由其中一个系统采集，其他系统引用（通过基础数据库管理系统自动实现），不再重复采集，避免出现数据重复、数据不一致的现象。

(5) 实现跨部门系统数据对接，提高数据准确性和实效性。一是与公安部身份认证信息管理系统对接，防止学校编造身份证信息虚假注册学籍。二是与人力资源和社会保障部技工学校学生信息管理系统对接，防止中职学校重复申报学籍。三是与税务、社保等部门信息系统对接，掌握学生就业情况。四是与出入境管理信息系统对接，掌握学生出入境情况。五是与国家人口基础数据库对接，及时掌握学生信息变化情况。

(6) 建立系统应用和技术服务体系，保障系统全面应用。

系统应用体系：依托各级教育行政部门的业务部门推动系统应用，明确系统应用责任单位和人员，建立一支从各级教育行政部门到学校的系统应用队伍，确保每一级教育行政部门和每一所学校有专门人员进行系统的操作和管理，保障系统的全面应用和数据的及时更新。

技术服务体系：依托各级教育信息中心或教育信息化技术部门建立系统建设、运维、应用的技术支持服务体系，满足系统建设与应用需求。

(7) 建立系统数据质量责任体系，提高数据质量。建设各级教育行政部门和各级各类学校数据填报、数据审核人员实名制系统，为每名数据填报人员和数据审核人员发放电子证书，在出现数据造假、数据错误时能够及时明确责任人，进行责任追究，保障系统数据的全面、及时和准确。

〔以全国学生管理信息系统建设为先导，全面推进国家教育管理信息系统建设〕　学生管理信息系统是整个教育管理信息系统的基础与核心，学生资助和学校财务监管等信息系统建设均以此为基础，教师和学校资产管理的其他信息系统也与此密切相关。建设国家教育管理信息系统是为了建立有关学生、教师、学校资产和办学条件管理的信息系统与基础数据库。

2012 年，完成全国学前教育管理信息系统和全国中小学生学籍信息系统一期建设，采集了全国 2 892 个区县、291 342 个学前教育机构的 3 173 万名学前幼儿信息和全国 695 个区县、92 561 所学校的 2 108 万名营养餐学生信息。同时，启动全国中职教育学生学籍管理、全国学生资助管理等信息系统的建设工作。

撰稿　罗方述
审稿　展　涛

中央广播电视大学

〔综述〕　2012 年，开放教育在校生 3 479 000 人，其中本科 1 008 158 人、专科 2 288 194 人、教育部“一村一名大学生计划”182 648 人。年内，开放教育招生 1 013 571 人，其中本科 294 307 人、专科 661 454 人、教育部“一村一名大学生计划”招生 57 810 人。毕业 711 568 人，其中本科 199 840人、专科 462 137 人、教育部“一村一名大学生计划”学生 49 591 人。中央电大图书馆纸质藏书 10.06 万册、电子图书 14 131.2GB。教职工总数 506 人，其中专任教师 151 人（教授、副教授 89 人）。

〔**批准建立国家开放大学**〕 6 月 21 日，教育部印发《关于同意在中央广播电视大学基础上建立国家开放大学的批复》（教发函〔2012〕103 号）。批文明确规定，国家开放大学是教育部直属的，以现代信息技术为支撑，主要面向成人开展远程开放教育的新型高等学校。国家开放大学坚持非学历继续教育和学历继续教育并举。学校以课程为单位建设学习资源，充分利用高校优质教育资源，促进学习资源的共建共享。积极推进“学分银行”建设，通过建立学习成果的互认和学分的积累、转换制度，探索搭建终身学习“立交桥”。批文指出，国家开放大学可以设置本科专业，首批设置 19 个本科专业。国家开放大学可授予学士学位。中央广播电视大学名称暂时保留，过渡时期采取“老人老办法，新人新办法”。批文强调，希望成立后的国家开放大学能够解放思想，更新理念，深化改革，科学定位，提高质量，办出特色，努力满足人民群众多样化、个性化的学习需要，为构建灵活开放的终身教育体系做出应有的贡献。

〔**国家开放大学揭牌成立**〕 7 月 31 日，国家开放大学成立大会暨揭牌仪式在人民大会堂举行。国务委员刘延东为国家开放大学揭牌并发表题为《努力办好中国特色开放大学》的重要讲话。她强调，要以现代信息技术为支撑，整合共享优质教育资源，创新教育教学模式，办好中国特色的开放大学，为社会成员提供更加灵活、便捷、公平、开放的学习方式和多层次、多样化的教育服务，为建设学习型社会和教育强国、人力资源强国做出积极贡献。会议同时宣布北京广播电视大学、上海电视大学更名为北京开放大学、上海开放大学。这两所学校分别立足于地方，服务地方经济发展和城市发展。

教育部部长袁贵仁主持会议。国务院、国家发展和改革委、国家教育咨询委员会有关领导，北京市、上海市主管教育的副市长以及教育部相关领导出席会议。有关专家、有关司局和直属单位负责人，3 所开放大学的校领导和师生员工代表、省级电大以及中央电大各学院代表，大学、行业、企业、城市支持联盟的代表约 400 人参加了会议。

〔**举行国家开放大学文化建设座谈会**〕 8 月 1 日，国家开放大学文化建设座谈会在国家开放大学举行。全国政协委员、中国新闻文化促进会会长李东东，教育部党组成员顾海良，国家开放大学校长杨志坚出席会议并讲话。国家开放大学党委书记阮智勇主持会议。为加强文化建设，中央电大邀请李东东作《国家开放大学赋》，并邀请著名书法家张志和教授书写。座谈会上，李东东将《国家开放大学赋》赠送国家开放大学。

〔**国家开放大学数字化学习资源中心成立**〕 5 月 21 日，国家开放大学数字化学习资源中心成立。该中心采用云计算技术，建设数字化学习资源库，研发多种面向行业的网络学习平台，采用“一库多网”应用模式，支持用户通过互联网计算机和各种移动终端进行访问，实现了资源的云学习和云存储，为各类学习者提供丰富的学习资源。

〔**国家开放大学空军学院揭牌**〕 9 月 10 日，空军召开军事职业教育工作电视电话会议，并举行了国家开放大学空军学院揭牌仪式。中央军委委员、空军司令员许其亮上将，中国人民解放军副总参谋长孙建国上将，空军政委邓昌友上将，教育部副部长鲁昕，国家开放大学校长杨志坚出席会议。鲁昕强调，加快发展空军职业教育和继续教育，既是空军改革发展的战略要求，也是教育部义不容辞的责任。教育部将切实加强与空军的合作，共同建设具有空军特色的军事职业教育体系，共同推动空军职业教育和继续教育深入发展。国家开放大学空军学院由空军与中央广播电视大学共同合作组建，主要面向空军士官开展远程学历和非学历继续教育，提升广大士官的学历层次和能力水平。

〔**召开国家开放大学 2012 年党委书记校长会**〕 9 月 23—24 日，国家开放大学揭牌后的首次全国电大党委书记校长会议在北京召开。会议的主题是：“全面贯彻落实教育规划纲要和刘延东同志讲话精神，凝聚共识，改革创新，以共商、共建、共管、共享、共赢的办学思路，推进国家开放大学建设”。教育部副部长杜占元就推进国家开放大学建设提出以下要求：一是把提高质量、探索路子作为核心任务；二是进一步完善国家开放大学办学体系；三是解放思想，开拓创新，不断深化改革发展；四是优先推进教育信息化建设；五是努力提高优质资源共建共享能力。国家教育咨询委员会委员、终身教育体制机制建设咨询组组长郝克明，沈阳市副市长姜军，国家人口计划生育委员会人事司巡视员付伟，对外经贸大学副校长刘亚，《人民日报》政治文化部主编袁新文应邀出席会议。与会代表分别从不同角度为国家开放大学建设提出建议，期望国家开放大学建设要在国家教育体制改革试点中，推进信息技术与教育的深度融合，汇聚更多的优质教育资源，探索网络化学习模式和学习成果认证与学分转换制度，服务全民学习、终身学习的学习型社会建设。

〔**成立国家开放大学城市支持联盟**〕 12月13日，国家开放大学与15所中心城市在北京签署协议，正式成立国家开放大学城市支持与合作联盟，共同推进学习型城市建设。教育部副部长杜占元出席座谈会并讲话。沈阳、大连、长春、哈尔滨、南京、杭州等15个中心城市的相关负责人参加座谈。国家开放大学城市与合作联盟是在教育部的协调下，由国家开放大学牵头，在各地市委、市政府的主导支持和各地中心城市广播电视大学的积极参与下，充分共享优质教育资源、服务全民终身学习的学习型城市建设的非营利性合作共同体。

〔**教育部宣布国家开放大学领导班子任免决定**〕 12月14日，教育部印发《关于杨志坚等职务任免的通知》（教任〔2012〕81号），任命杨志坚为国家开放大学（中央广播电视大学）校长，李凌、严冰、李林曙任国家开放大学（中央广播电视大学）副校长；因年龄原因，免去阮智勇中央广播电视大学副校长职务。根据《中共教育部党组关于李凌等同志职务任免的通知》（教党任〔2012〕131号），决定任命李凌为国家开放大学（中央广播电视大学）党委书记，张辉为国家开放大学（中央广播电视大学）党委副书记，张少刚为国家开放大学（中央广播电视大学）党委副书记、纪委书记；因年龄原因，免去阮智勇中央广播电视大学党委书记职务。

〔**杜占元视察学校**〕 6月28日，教育部副部长杜占元到中央电大五棵松远程教育教学大楼视察并检查国家开放大学教育信息化建设进展情况。杜占元参观了“信息技术与教育的深度融合”——从广播电视大学到国家开放大学主题校史展，视察了国家开放大学数字化学习体验中心、“云计算应用与数字化学习实验室”、“学分银行”管理办公室（学分认证中心）等。在听取了校长杨志坚关于国家开放大学信息化建设工作的汇报后，杜占元肯定了学校在以信息化推动国家开放大学建设方面取得的突破，并要求国家开放大学要成为推动教育信息化的一个典范、一个实验区、一个示范区。

〔**与中国电信集团公司签订战略合作框架协议**〕 2月16日，中央电大与中国电信集团公司战略合作框架协议签约仪式在北京举行。校长杨志坚、中国电信集团副总经理孙康敏分别代表中央电大和中国电信集团公司在战略合作框架协议上签字。双方以建设国家开放大学为契机，在云数据中心建设、网络建设、3G移动终端应用、平台建设、企业培训等方面开展深入合作，共同探索教育与信息技术深度融合的途径和模式，促进形成“人人皆学、时时能学、处处可学”的学习型社会。

〔**承担教育部“国家继续教育学习成果认证、积累与转换制度的研究与实践”项目**〕 6月25日，教育部正式批准中央电大开展“国家继续教育学习成果认证、积累与转换制度的研究与实践”项目，对国家“学分银行”制度进行全面的探索与实践。该项目是国内唯一的国家级“学分银行”试点项目。项目主要任务是研究国家“学分银行”制度的框架标准、方式方法、体制、机制等，并结合开放大学建设开展“学分银行”的实践探索。

〔**“网络教育数字化学习资源中心建设”项目通过验收**〕 11月14日，教育部教学质量与教学改革工程领导小组办公室组织专家对国家开放大学承担的“网络教育数字化学习资源中心建设”项目进行结题验收。专家组认为，该项目研究及实践成果丰富，社会经济效益显著，一致同意项目通过结题验收。

“网络教育数字化学习资源中心建设”项目是由教育部、财政部立项实施，中央电大牵头承担建设任务，清华大学、北京大学、北京交通大学等单位共同参与的项目。历经4年的研究与实践，设立了109个区域中心和院校分中心；构建了分布存储、统一管理的资源库系统；建立高效运行的学习资源管理和应用系统，连接主要学习平台及教学管理系统，支持百万量级用户规模；整合不少于5 000门课程，容量达50TB；初步建立起资源共享的机制和模式，面向机构和社会成员开展资源共享应用服务。

〔**2012年中国国际远程教育大会举行**〕 11月22—23日，国家开放大学中国远程教育杂志社主办的以“变革时代的技术发展与教育创新”为主题的2012年中国国际远程教育大会在北京举行。会议着眼于即将来临的全球第三次工业革命，探讨面对新技术发展，如何实现教育的变革与创新，从而促进教育公平，实现优质教育资源共享，建设学习型社会，加快实现中国从教育大国向教育强国迈进的战略目标。教育部职业教育与成人教育司副司长刘建同，国务院参事、经济学家汤敏，国家开放大学校长、中国教育技术协会会长杨志坚，国家开放大学副校长阮智勇、严冰，党委副书记张辉，华中师范大学校长杨宗凯等出席会议。

撰稿　孙明博
审稿　徐明军

中国电化教育馆

〔**2012年全国电化教育馆馆长会议召开**〕 2012年10月11—12日，2012年全国电化教育馆馆长会议在山西晋中市召开。教育部副部长杜占元出席会议并做重要讲话，山西省副省长张平出席会议并致辞。各省（区、市）、新疆生产建设兵团、各计划单列市和部分省会城市教育局分管领导、电教馆（中心）馆长（主任）、国家教育云规模化应用试点申请地区教育局局长、中央电教馆的领导和各部（处）主任（处长）、新闻记者等200余人参加会议。

会议的主题是：贯彻落实全国教育信息化工作电视电话会议精神，加强教育资源建设与应用，创新工作机制，推进信息技术与教育教学深度融合，部署主要工作。

杜占元在讲话中对领会和贯彻落实全国教育信息化工作电视电话会议精神进行了深入阐述，并就电教系统在推动教育信息化快速发展中发挥中坚力量提出了要求。他指出，要准确把握新形势和新要求，要深刻认识国务委员刘延东指出的教育信息化是教育理念和教育模式的一场深刻革命，教育信息化将给教育带来革命性影响。他强调，一要进一步增强推进教育信息化的紧迫感。二要坚持信息技术与教育教学过程深度融合的核心理念，这是把中国教育信息化推向更高水平的重要的、核心的指导思想。要通过信息技术和教育过程的深度融合，来牵动教育教学各方面的改革发展和教育质量的提高，以及人才素质培养质量的提高。三要坚持应用驱动的思路，这是教育信息化可持续发展的重要保证。希望电教系统在这个问题上思考得更深一些，做得更实一些、更细一些，为教育信息化相关各方面出主意、想办法，做出榜样。四要探索推动科学发展的创新机制，这是推动教育信息化持续发展的一个重要条件，也是一个关键思路。要建立“政府引导、市场驱动、教育需求、多方参与、共建共享”机制，充分调动社会各个方面的广泛参与。五要切实把“三通两平台”建设等重点工作落到实处。他要求，全国电教系统的同志要抓住大好发展机遇，充分发挥中坚作用，在服务教育信息化的主战场上切实做出新贡献。一要增强机遇意识，在服务大局中谋发展。要努力提高自己的能力和水平来适应国家更大的发展。电教系统现在到了对国家堪当大用的时候。全国电教系统的同志们必须要尽快行动起来，围绕教育信息化重点工作任务，深入调研，系统设计，形成合力，在教育行政部门的领导下，结合本地实际，抓好落实，在做贡献中谋发展。二要加大宣传力度，形成强大舆论氛围。宣传贯彻全国教育信息化工作电视电话会议精神，是教育信息化工作的一项重要内容。要宣传刘延东重要讲话精神，宣传《教育信息化十年发展规划》的战略思路、重点、亮点和具体内容，宣传重点工作的启动实施与全面推进。三要把握核心理念，找准定位，打造特色优势。要改革，要创新，要转型，要提升，都要把资源建设工作作为核心工作，定位好资源建设、资源共建共享的方向。四要切实转换机制，在服务教育信息化的主战场上做贡献。首先，要善于抓好试点示范的引导，结合实际、解放思想、先行先试、探索路子。其次，要在服务机制的建立、在服务内容上下功夫。再次，要在合作机制上下功夫，学会应用社会参与的新合作机制，有效推动事业的发展。五要提高专业水平，在队伍建设上打造一流的团队。电教馆系统要在现有良好的基础上建设好一支业务精良、结构合理、团结协作、开拓创新的专业队伍，担当起教育信息化中坚力量的大任。

教育部基础教育二司副司长刘昌亚阐述了信息技术给教育教学带来的深刻影响和变革，强调要加强教育资源共建共享，积极探索信息技术手段与传统教学手段有效结合的方式。中央电教馆馆长王珠珠做了题为《认真落实全国教育信息化工作会议要求，真抓实干，开拓创新》的工作报告。她充分肯定了2011年全国电教系统在加速推进教育信息化工作中取得的重要进展和显著成绩，并就教育信息化的重点工作做了部署。安徽、广东、湖北、青海、山西等省电教馆和浙江省东阳市教育局等单位做了大会交流发言。与会代表进行了分组讨论和实地观摩学习。

〔国家教育资源公共服务平台正式开通上线〕

12月28日，教育部举行“国家教育资源公共服务平台”开通仪式。教育部副部长杜占元出席并讲话。他指出，国家教育资源公共服务平台在提供资源上传下载服务的基础上，强调以学习空间为核心的资源推送，把不同用户所需要的适当资源送入不同的个人空间，以教师的教学空间应用带动学生、家长和学校的应用，在“宽带网络校校通”的基础上，促进“优质资源班班通”和“网络学习空间人人通”。国家教育资源公共服务平台的开通和不断完善将构建起中国“以公共服务平台为引导，以学校应用为主体，以社会各方共建共享为支撑”的教育资源建设与应用新体系，让优质资源和创新应用惠及人人。

2012年初，教育部启动了国家教育资源公共服务平台建设工作。中央电化教育馆、中国移动公司和有关高校充分依托现有公共基础设施，利用云计算等技术，初步形成了平台架构，并逐步推动与区域教育资源平台和企业资源服务平台的互联互通，共同服务于各级各类教育，为资源提供者和资源使用者搭建起网络交流、共享和应用环境。在平台的建设与应用过程中，逐步探索“企业竞争提供、政府评估准入、学校自主选择”的资源建设新机制，逐步形成政府购买公益服务与市场提供个性化服务相结合的资源共建共享新模式，最大范围、最大程度地开放共享优质教育资源。

〔教育部、国家语委批准发布《识字教学用通用键盘汉字字形输入系统评测规则》〕　中央电化教育馆联合郑州航空工业管理学院中文信息化研究所和清华大学，于2009年10月正式组织开展《识字教学用通用键盘汉字字形输入系统评测规则》研制工作。经过几年努力，在大量调查研究、专家研讨和广泛征求意见的基础上，课题组于2012年8月将研究成果报送国家语言文字工作委员会语言文字规范（标准）审定委员会审定并获通过。

《识字教学用通用键盘汉字字形输入系统评测规则》规定了识字教学用通用键盘汉字字形输入系统应遵循的语言文字规范要求，以及码元键位设置和系统功能等方面的基本要求，可作为相关部门、单位选用汉字输入系统的参考依据。该《规则》的发布将进一步促进符合国家语言文字规范、符合识字教学规律、符合学生认知规律的汉字输入系统在识字教学中的推广使用，促进识字教学和信息技术教育相互结合、健康发展。

〔第十六届全国多媒体教育软件大奖赛、第三届“中国移动校讯通杯”全国中小学教师信息技术与教育创新论文大赛〕　12月1日，由教育部指导、中央电化教育馆主办的第十六届全国多媒体教育软件大奖赛、第三届“中国移动校讯通杯”全国中小学教师信息技术与教育创新论文大赛在北京举行。教育部部长助理林蕙青出席颁奖大会并讲话。她指出，加快教育信息化既是事关教育全局的战略选择，也是有效破解教育热点、难点问题的紧迫任务。教育战线贯彻落实党的十八大精神，推进教育改革各项措施、举措，每一项都离不开信息化。特别是从事教育信息化事业的同志，要深入学习、贯彻、落实好党的十八大精神，切实提高对教育信息化重大作用的认识和重视程度，切实加快教育信息化的进程，抓好抓实，切实以教育信息化为动力，促进各级各类教育又好又快发展。她强调，在教育部领导下，中央电教馆举办的全国多媒体教育软件大奖赛已经成为一项具有广泛影响、涵盖各级各类教育、面向广大教师和专业技术人员的重要的交流、普及和推广的平台，也是中国教育信息化不断发展进程中的一个亮点。希望各级教育部门、各级各类学校、各类专业机构充分发挥和利用好全国教育软件多媒体大奖赛、“中国移动校讯通杯”全国中小学教师信息技术应用论文大赛以及教育信息技术研究课题评优活动等平台，把这些活动作为推进教育信息化的一个重要抓手，不断提高广大教师和教育工作者的信息素养和能力，促进信息技术在教育教学中的深度应用和融合，促进教育观念和内容、教学手段和方法现代化。

第十六届大奖赛根据学前教育、基础教育、中等职业教育、特殊教育、高等教育的不同特点，设置了课件、信息技术与学科教学整合课例、网络课程、学科主题社区、一对一数字化学习综合课例、教育教学工具类软件、精品开放课程7个项目。在基层选拔的基础上，共收到全国各地和各级机构推荐的参赛作品2874件。经过技术测试、网络评审、专家集中评审和现场决赛，999件作品脱颖而出，分别获特等奖、一等奖、二等奖和三等奖；有25个单位获最佳组织奖。本届大奖赛的主要特点是：参赛作品覆盖领域广，西部地区作品信息化应用手段多样化；信息技术在教育教学中的深入融合；创作紧跟前沿技术和应用，适应教学理念的发展。

第三届“中国移动校讯通杯”全国中小学教师信息技术与教育创新论文大赛影响进一步扩大，共收到31个省（区、市）和新疆生产建设兵团的参赛论文6.1万余篇，累计注册教师近18万人，累计在线和手机投票次数超过1 700万次。经各省（区、市）初审，上报参加全国终审的论文1 453篇。经专家评审，评选出获奖作品1 059篇，其中一等奖96篇、二等奖202篇、三等奖272篇、优秀奖489篇。

全国31个省（区、市）和新疆生产建设兵团中小学及有关高校的获奖作者，大奖赛现场决赛专家代表，部分省（区、市）电教馆馆长，新闻记者等450余人参加颁奖大会。

〔第十三届全国中小学电脑制作活动夏令营和“中国移动·国际学生信息科技创意大赛·2012”举行〕　7月22—27日，由中央电化教育馆、中国移动通信集团公司、江西省教育厅和南昌市政府联合主办的“中国移动校讯通杯”第十三届全国中小学电脑制作活动夏令营和“中国移动·国际学生信息科技创意大赛·2012”在南昌市举行。全国31个省（区、市）和新疆生产建设兵团的1 600多名中小学师生，以及来自美国、德国、日本、澳大利亚及我国香港等国家和地区的参赛学生、指导教师参加或观摩了电脑机器人竞赛、电脑作品面试及颁奖大会等活动。

教育部副部长杜占元在为大会发来的贺信中写道："全国中小学电脑制作活动"坚持育人为本，在利用信息技术吸引中小学生积极参与科技创新方面进行了有益探索和实践，同时也对提高各地信息技术教育和应用能力、中小学信息技术教育教学水平发挥了重要作用，是教育信息化在中小学信息技术教育方面的一个重要体现，是推进中小学信息技术普及与教育的一个重要活动平台。

全国共有超过 500 万名中小学生参与本届电脑制作活动，共收到电脑作品评选类项目参赛作品 25 365 件，包括全国 32 个省级教育部门限额报送的 1 788 件作品和通过网络报送的"校讯通"专项绘画作品和手机动漫创作作品 20 638 件、微博英语创作作品 2 939 件。经评审，共有 790 件作品分别获一、二、三等奖。电脑机器人"竞赛类项目"参赛代表队共 165 支，其中 56 支代表队分获冠、亚、季军等奖项；14 支代表队分获"中国移动·国际学生信息科技创意大赛·2012"冠、亚、季军及优胜奖；15 个省级教育部门获最佳组织奖，346 所学校获优秀学校组织奖。

〔第五届全国中小学交互式电子白板学科教学大赛举办〕 5 月 26 日，第五届全国中小学交互式电子白板学科教学大赛暨新媒体新技术教学应用研讨会在成都市举办。四川省教育厅副厅长何浩、中央电教馆副馆长丁新出席会议。全国 20 多个省（区、市）的代表 1 300 多人参加大赛活动和研讨会。会议期间，有关专家做了专题报告，介绍了交互式电子白板的教学应用情况。代表们进行了分组讨论，从多个角度交流了以交互式电子白板为代表的新技术、新媒体在促进信息技术与课堂教学深度融合过程中的各种探索。

活动期间，共安排 80 节观摩课和 118 节说课。观摩课和说课教师来自全国各个省（区、市），是历届最多的一次。活动呈现两个变化和特点：一是参与观摩课、说课的教师从前几届的青年教师为主到这一届的中年教师占据相当大的比例，许多卓有成就的资深教师、校长已经活跃在信息技术与教学融合的第一线；二是技术手段的应用从替代趋向无痕融合，许多学校及教师正在探索走向课程教学的重构。

〔中国和联合国儿童基金会"技术启迪智慧"项目完成〕 中国和联合国儿童基金会"技术启迪智慧"项目（简称项目）由中央电化教育馆与联合国儿童基金会驻华代表处合作开展，项目由英国电信公司（British Telecom）资助，为期 3 年（2009 年 5 月至 2012 年 5 月），现已圆满完成。

该项目覆盖青海（同仁县）、宁夏（固原市原州区）、江西（吉安县）、云南（永平县、玉龙县）5 个西部国家级贫困县的 40 所农村小学，通过与西宁、苏州、常州、南昌、昆明等市的学校结为"一对一"的合作伙伴关系，运用信息技术和网络开展城乡间的协作学习活动。项目为西部贫困县的 40 所学校各配备了价值 4.6 万元的硬件设备，包括 1 台教师笔记本、12 台学生上网本、1 套投影仪和幕布、1 个无线路由器、2 个移动硬盘、1 个数码相机。通过教师培训、专家面对面指导、在线学习、学生作品评比、经验交流会等方式，促进项目学校师生有效地开展"基于项目的学习"，将信息技术与课堂教学深入融合，通过城乡间的协作分享优秀案例和经验。专家组对项目进行评估后认为，该项目经过 3 年的实施，取得了显著成效，产生了一批成果，提高了项目学校师生的信息素养，促进了信息技术与课程的融合，在推动项目实施地区实现教育资源共享、缩小数字鸿沟、促进教育公平等方面发挥了积极作用。

〔召开中国共产党中央电化教育馆委员会第五次党员大会〕 10 月 24 日，中国共产党中央电化教育馆委员会第五次党员大会召开。教育部副部长、直属机关党委书记李卫红出席会议并做重要讲话。直属机关党委常务副书记吕玉刚出席会议并讲话。全馆在职和离退休党员 98 人参加会议。

李卫红在讲话中深刻阐述了党建工作面临的新形势、新任务，针对中央电教馆的实际，就党建工作做重要指示，提出了明确要求。吕玉刚充分肯定了中央电教馆上一届党委、纪委所做的大量工作和取得的成绩，对新一届党委、纪委工作提出了希望和建议。

中央电教馆党委书记刘贵友代表中央电教馆第四届党委会做了《凝心聚力谋发展，攻坚克难促转型，努力开创党的工作新局面》的工作报告；中央电教馆馆长王珠珠代表中央电教馆第四届纪委会向大会提交了《加强党风廉政建设，为事业发展提供保障》的书面工作报告。会议审查并通过了上述两个报告，选举产生了中央电教馆新一届党委会和纪委会。

撰稿　郭忠民　陈庆贵　李凤兰　许　林
马小强　李　贺　祁　涛
审稿　丁　新　蔡　耘　王晓芜　刘贵友

语言文字工作

〔**印发《国家中长期语言文字事业改革和发展规划纲要（2012—2020年）》**〕 2012年，《国家中长期语言文字事业改革和发展规划纲要（2012—2020年）》（简称《语言文字规划纲要》）完成了修改和发布工作。在广泛征求30个中央及国务院相关部门、20个教育部相关司局及事业单位、国家语委老领导、咨询委员和相关专家意见的基础上，召开了《语言文字规划纲要》修订汇报会，并根据党的十八大和十七届六中全会精神修改完善文稿20余次。《语言文字规划纲要》经教育部党组第35次会议审议通过，于12月4日以教育部、国家语委名义印发。

《语言文字规划纲要》提出了“围绕中心、服务大局，拓宽视野、改革创新，增强国家语言实力，提高国民语言能力，构建和谐语言生活，推进语言文字事业全面发展”的指导思想；提出了“大力推广、规范使用、科学保护、和谐发展”的工作方向；确定了“大力推广和普及国家通用语言文字”、“推进语言文字规范化标准化信息化建设”、“加强语言文字社会应用监督检查和服务”、“提高国民语言文字应用能力”、“科学保护各民族语言文字”、“弘扬传播中华优秀文化”、“加强语言文字法制建设”七项主要任务；确定了“推广普及”、“基础建设”、“督查服务”、“能力提升”、“科学保护”、“文化传承”六项重点工作和十六个方面的举措；提出了“创新理念思路”、“创新工作机制”、“创新管理服务”和“扩大对外开放”、“强化人才保障”、“提高科研水平”、“加大宣传力度”、“保障经费投入”八项创新与保障措施。

《教育部、国家语委关于印发〈国家中长期语言文字事业改革和规划纲要（2012—2020年）〉的通知》强调了以下几点。

第一，地方各级教育行政部门和语言文字工作部门要深刻学习把握《语言文字规划纲要》提出的目标任务和重点工作，认真贯彻落实《语言文字规划纲要》。要建立和完善语言文字工作“政府主导、语委统筹、部门支持、社会参与”的管理体制，进一步推动本地区各级政府切实担负对语言文字工作的主导责任，加强对语言文字工作的领导和支持。要切实履行统筹职能，充分发挥语委成员单位的作用，积极争取相关部门和社会组织的支持，建立和完善分工协作、齐抓共管、协调有效的工作机制。

第二，要建立和完善语言文字工作的长效机制。将语言文字工作要求纳入各级政府及教育行政部门年度工作总结、相关干部考核和教育督导范围，将语言文字工作与学校教育教学工作有机结合。要努力推动将语言文字规范要求纳入精神文明建设、普法宣传教育、机关行文规范、新闻出版编校质量、广播影视制作播出质量、工商行政监管和城市市容管理等范围。

第三，地方各级教育行政部门和语言文字工作部门要把推动语言文字事业科学发展作为重要职责，把落实《语言文字规划纲要》作为今后一个时期工作的一项重要任务，结合本地区本部门实际，研制贯彻落实《语言文字规划纲要》的实施方案和配套措施，加强领导，精心组织，明确责任和分工，确保《语言文字规划纲要》提出的各项任务落到实处。

〔**第15届全国推广普通话宣传周成功举办**〕 9月15日，第15届全国推普周开幕式在北京中华世纪坛举行，本届推普周宣传主题是：“大力推广和规范使用国家通用语言文字”。全国推普周领导小组组长、教育部部长袁贵仁出席开幕式并讲话，总结了15年来推普工作取得的经验，对新时期推普工作提出了要求。推普周期间，教育部副部长、国家语委主任李卫红等在河北省开展推普工作调研；20日，第15届推普周重点活动在河北省邢台市宁晋县举办；推普周领导小组办公室还派员参加了甘肃、广东等地组织的推普周庆祝宣传活动。

推普周期间，各新闻媒体积极参与推普宣传，报纸、广播电台、电视台、网络、手机媒体等媒体集中宣传、报道语言文字法律法规、方针政策和推普周的各项活动。中央电视台《新闻联播》播出了开幕式新闻，推普周领导小组办公室与中央电视台联合制作的视频公益广告和宣传海报《推广普通话 普及靠大家》（1套2张）在中央电视台、各地电视台和各大网站广泛播出，宣传海报在各大媒体和各地广泛刊发张贴，收到了很好的宣传效果。推普周已经成为语言文字工作一个重要的综合性平台。

〔全国一类城市语言文字工作评估圆满完成〕

5月，河南省语言文字工作委员会完成了对郑州市的语言文字工作评估。12月，海南省语言文字工作委员会完成了对海口市的语言文字工作评估。河南、海南两省省政府、省语委及省教育厅对评估工作高度重视，精心组织部署，操作规范严谨，评估进展顺利。教育部副部长、国家语委主任李卫红亲临海口市，对该市语言文字工作给予指导与充分肯定。教育部语言文字应用管理司司长姚喜双带领观察组，观察了两市评估的全过程。

截至2012年年底，全国36个一类城市全部通过语言文字工作评估，城市评估第一阶段目标完成。全国共有251个二类城市（占66.93%）和664个三类城市（占31.16%）完成评估，有力地推动了社会语言文字规范化水平的提高。

〔全面开展外语中文译写规范工作〕 2012年，经国务院批准，外语中文译写规范部际联席会议制度正式建立。联席会议由国家语委牵头，中央外宣办、中央编译局、外交部、教育部、民政部、广电总局、新闻出版总署、新华社、中科院等部门和单位组成。联席会议的主要职能是：统筹协调外国人名、地名和事物名称等专有名词的翻译工作。组织制定译写规则，规范已有的外语词中文译名及其简称，审定新出现的外语词中文译名及其简称。

为落实外语中文译写规范部际协调机制，外语中文译写规范部际联席会议专家委员会成立会于6月20日在北京召开。部际联席会议召集人、教育部副部长、国家语委主任李卫红出席会议并讲话。她指出，近年来汉语中的外来词语激增，一方面有丰富和发展汉语语言，增强我们接纳世界先进科学、沟通东西方文化交流的有利方面，另一方面必须清醒地看到，外来词语的激增带来日趋严重的译写不统一、使用不规范等现象，增加了人们语言交际的困难，引起社会各界的广泛关注和中央领导的高度重视。因此，要充分认识开展外语中文译写规范工作的重要性和紧迫性，采取有力措施予以加强。

此外，还成立了联席会议办公室、专家委员会，明确了工作职责；收集整理了第一批外语中文译名。

〔两岸合编中华语文工具书取得阶段性成果〕

两岸合编中华语文工具书成果发布会于2月8日同一时间在大陆与台湾分别召开，中华语文工具书首席顾问许嘉璐出席会议并做重要讲话。中共中央台湾工作办公室副主任叶克冬，教育部副部长、国家语委主任李卫红出席了北京发布会。发布会上，两岸同时开通了大陆版、台湾版“中华语文知识库”网站。大陆版《两岸常用词典》的样书亦在会上向媒体展示。

8月，台湾版、大陆版《两岸常用词典》相继出版。大陆版词典由高等教育出版社出版。该词典共收字7 000多个，收词35 000多条，全书约250万字。

9月4日，《两岸常用词典》赠书仪式在北京举行。国家语委主任李卫红，国务院台湾事务办公室主任助理、海峡两岸关系协会副会长李亚飞代表大陆编委会，向两岸合编中华语文工具书台湾总召集人、中华文化总会秘书长杨渡赠送了200本大陆版《两岸常用词典》，杨渡回赠了台湾版词典。赠书仪式及大陆版词典经两岸媒体广泛宣传报道，社会反响良好。

9月3日，两岸合编中华语文工具书第七轮会谈在北京举行。会谈就2012年双方工作进展情况、2013年合作及互访计划进行交流，并达成协议：第一，合作编写两岸词语实用手册；第二，完成《中华语文大词典》35 000条词语的编写任务；第三，为双方民众网上查询词典内容提供更多服务。

2012年，两岸词典编写组、网站组和信息技术组、科技名词组和协调联络组严格按照历次会谈备忘录规定的时间要求，及时开展工作交流，扎实推进各项工作。双方词典组各自完成新写词条18 000条，共计36 000余条。信息技术组建立了词典编纂应用平台，实现词典编纂信息化。网站组完成两岸常用词典内容更新上传；与台湾方面达成协议，分期制作《两岸常用词典》字词语音数据库；设计论证网站改版方案；论证成语典故等新资源建设，启动前期设计开发工作。科技名词组基本完成了《两岸科学技术常用词典》初稿，涵盖36个学科，初审9 812条，约98万字；启动了《两岸中小学生科学词典》收词工作，已收词8 000条；《中华科学与技术大词典》部分，公布了两岸化学、生态学等8个学科名词电子版；完成了两岸大气科学、药学等17个学科名词对照工作；完成了两岸地质学、土壤学等19个学科名词的初审。

〔普通话水平测试工作信息化水平大幅提高〕

截至2012年年底，全国除新疆和新疆生产建设兵团以外，其他各省（区、市）均已试点和实施计算机辅助方式进行测试。全国各地使用计算机辅助测试人员累计达887万人次。2012年度，为290万人次。

2012年度，全国各地共测试480.1万人次，其中公务员13.1万人次、教师37.4万人次、学生401.2万人次、广播电视系统4 504人次、社会其他人员27.9万人次。

截至2012年年底，全国各地累计测试4 452.8万人次。全国共建立测试站1 481个，其中市级测试站390个、高校测试站1 046个、行业测试站45个。全国现有测试视导员1 310人，普通话水平测试员54 766人，其中国家级测试员50 010人。

〔启动中华经典资源库筹建工作〕 2012年，教育部语言文字应用管理司启动了中华经典资源库的建设工作。资源库以“诵读、书写、讲解”三种形式将中华优秀经典予以呈现。第一期经典资源库建设以基础教育语文课程标准优秀诗文背诵推荐篇目为主要制作内容，同时选择一些反映地方特色、民族特色的优秀诗文共同制作。资源库建成后免费提供给全国中小学校，为学校课堂经典教学及课外活动提供辅助和指导，并免费提供给全球热爱中华文化和汉语爱好者学习使用。

〔“中华诵”系列活动继续推进〕 4—8月，教育部语言文字应用管理司举办“中华诵·2012”全国中小学生作文大赛。全国31个省（区、市）20 926所学校的学生及家长共计120余万人参与活动，参赛作文达189 259篇。

〔“国培计划（2012）”经典诵读教育骨干教师培训班举办〕 教育部语言文字应用管理司委托江苏师范大学于2012年11月2—9日举办了第三期经典诵读教育骨干教师国家级培训班。来自全国31个省（区、市）的148名中小学教师参加了培训。培训的主要内容包括中华经典篇目的诵读、书写、讲解和活动组织四个方面。讲授内容涉及经典诵读的意义、经典诵读与师德培养、经典作品赏析、诵读技巧与基本发声训练、书写技巧和书法作品赏析、活动设计与组织等。

〔“国培计划（2012）”少数民族双语教师普通话培训完成〕 2012年，在教育部教师工作司的大力支持下，少数民族双语教师普通话培训项目正式列入“国培计划”，由新疆师范大学等10所院校（机构）分别承办。7—9月，在各地语言文字工作部门的支持与配合下，“国培计划（2012）”少数民族双语教师普通话培训任务圆满完成。各省级语言文字工作部门及承办院校（机构）均严格按照教育部、财政部提出的“国培计划”示范性集中培训项目管理办法的要求，精心组织、认真实施，确保培训质量。来自边远地区的1 000余名少数民族双语教师分别参加了培训。

〔**2012年度全国语言文字工作会议**〕　2月16—17日，2012年度全国语言文字工作会议在北京召开。教育部副部长、国家语委主任李卫红出席会议并发表讲话。各省（区、市）教育厅（教委）负责人，各省级语委办及普通话测试中心主任，相关省区民（语）委负责人和民语委办主任，国家语委委员单位代表共150人参加了会议。

李卫红发表了题为《深入学习贯彻十七届六中全会精神，大力推进语言文字事业科学发展》的讲话。她指出，《中共中央关于深化文化体制改革推动社会文化大发展大繁荣若干重大问题的决定》提出了教育和语言文字事业在文化传承发展繁荣中的重要作用和发展任务，指出了要“大力推广和规范使用国家通用语言文字，科学保护各民族语言文字”。这是我们党第一次在中央全会的《决定》中对语言文字工作提出明确要求，凸显了语言文字在社会主义文化建设中的战略地位，体现了党和国家对语言文字事业的高度重视。她要求语言文字战线统一思想、提高认识，在融入大局中促进语言文字工作的开展。李卫红强调，新的形势和任务要求我们抓住机遇、迎接挑战、乘势而上、积极作为，努力推进语言文字事业取得新发展。她要求在新的一年里，语言文字战线要认真贯彻好党的十七届六中全会精神和国务委员刘延东在纪念《国家通用语言文字法》颁布10周年座谈会上的讲话精神以及《国家中长期语言文字事业改革和发展规划纲要》，在机制建设上下功夫，广泛发动、形成合力，尽快建立完善好议事协调机制、联合督查机制、语言监测与处理机制、热点应对机制；加强作风建设，深入实际，大兴调查研究之风；加强干部队伍建设，大力开展学习培训。

内蒙古、江苏、四川、西藏、新疆、青岛等地就依法推进语言文字工作、语言资源有声数据库建设、语言文字规范化示范校建设、汉字书写教育、少数民族语言文字规范化标准化信息化建设、蒙汉双语诵读等工作进行了交流。会议为2011年通过一类城市语言文字工作评估的拉萨市颁发了奖牌；为在语言文字战线工作30年的同志颁发了纪念牌。会议期间还举办了“语言文字系统‘十一五’工作成果展”。

〔**2012年度国家语委全体委员会议**〕　3月2日，2012年度国家语委全体委员会议在北京召开。教育部副部长、国家语委主任李卫红出席会议并讲话。国家语委委员和委员代表、联络员、教育部相关司局负责人参加了会议。国家语委副主任、教育部语言文字信息管理司司长李宇明汇报了国家语委2011年工作情况和2012年工作安排。与会代表介绍了2011年各部门的语言文字工作进展，重点围绕如何在本部门、本系统学习贯彻党的十七届六中全会关于语言文字工作的要求和《国家中长期语言文字事业改革和发展规划纲要》展开研讨，并提出了各部门2012年的具体落实措施。

与会代表认为，《中共中央关于深化文化体制改革推动社会文化大发展大繁荣若干重大问题的决定》中关于“大力推广和规范使用国家通用语言文字，科学保护各民族语言文字”的论述，是在系统总结语言文字工作的基础上，面对新形势和新挑战提出的科学认识，体现了国家语言文字工作的目标和方向，要科学、准确地理解和把握其中的内涵。面对新形势、新挑战，国家语委应进一步思考语言文字工作需要解决的重大问题，积极推动中小学语言文字教学改革，加快汉语的国际化步伐，抓紧研制国家外语发展战略，深入理解大力推广和规范使用国家通用语言文字与科学保护各民族语言文字的科学内涵并处理好其中的关系。

李卫红在总结讲话中部署了2012年语言文字战线深入学习贯彻党的十七届六中全会精神要做好的几项工作，并强调要尽快健全完善“语委统筹、部门协同、定期协商”的议事协调机制。国家语委要做好牵头服务工作，各委员单位和相关行业部门也要进一步增强责任意识，在语言文字工作方面切实承担起“守土之责”。

〔**国家语委咨询委员会第十二次会议**〕　5月28日，国家语委咨询委员会第十二次会议在北京召开。会议由第十届全国人大常委会副委员长、国家语委咨询委员会主任许嘉璐主持，教育部副部长、国家语委主任李卫红出席会议并讲话，国家语委咨询委员会副主任柳斌、咨询委员、教育部相关司局和事业单位负责人与会。

委员们听取了国家语委2012年工作要点和未来5年工作设想汇报，就如何深入理解党的十七届六中全会提出的“大力推广和规范使用国家通用语言文字，科学保护各民族语言文字”的内涵，以及《国家中长期语言文字事业改革和发展规划纲要》的修订、发布、实施发表了很好的意见和建议。委员们建议，为适应社会语言生活需求，应尽快制定《国家通用语言文字法》实施细则，完善语言文字法律法规体系；要尽快颁布实施语言文字规划纲要，并重视社会宣传，通过组织重点文章等加强对纲要的解读；要加强语言文字应用的监测，强化服务理念；要加强语言文字信息化建设，加大规范标准的宣传力度；要正确处理国家通用语言文字与汉语方言、少数民族语言以及外语的关系，全面了解语言文字发展现状，开展语言国情调查。

许嘉璐在讲话中强调，深入理解十七届六中全会精神，首先要把握好语言与文化的关系，充分认识语言文字事业对于促进社会主义文化大发展、大繁荣和经济社会发展的重要作用。他指出，要深入理解“大力推广”、“规范使用”和“科学保护”的深刻内涵。面对新形势、新挑战，加强国家通用语言文字的推广和规范工作，重点做好语言文字法制化建设，做好教育系统、军队系统和社区的语言文字工作，充分运用网络等媒体加强宣传力度。同时，要创造条件科学保护少数民族语言文字。

李卫红在讲话表示，国家语委将进一步贯彻落实十七届六中全会精神，借势借力，做好语言文字规划纲要的颁布实施、宣传培训工作，大力推进语言文字的法制化、规范化、标准化、信息化工作，提升语言服务水平，为提高全社会的语言文字能力做出贡献。

撰稿　袁　伟　郝阿庆　王　怡　孟庆瑜
周道娟　高　超　容　宏　宋文文
庹迎香

审稿　姚喜双

〔国家语委“十二五”科研2012年度立项工作完成〕　2012年度科研立项围绕国家教育和语言文字事业改革发展大局，紧扣社会语言生活中的重大问题和热点问题，注重解决语言生活中富有前瞻性、战略性、全局性的重大理论和实践问题，向教育部有关司局、国家语言文字工作委员会18家成员单位、各地语委及相关高校和科研机构广泛征集选题。通过竞标，确定了“国民语言教育大纲研制”、“国民国家通用语言文字应用能力状况及提升策略研究”、“国家手语词汇语料库建设”、“海峡两岸语文现状、发展趋向及对策研究”、“母语的地位作用与和谐语言政策的构建”5个年度重大项目，以及重点、一般项目和各地语委根据本地工作需要设立的自筹经费项目55项。

〔国际标准《中文罗马字母拼写法》修订工作〕

5月7—12日，第39届ISO/TC46（国际标准化组织信息与文献技术委员会）会议在德国柏林召开。由中国提交的国际标准《中文罗马字母拼写法》修订提案，获得文字转写工作组32个成员国中21个国家的支持，国际标准化组织总秘书处正式批准该标准修订立项。组成了由中国、美国、加拿大、德国、俄罗斯5国专家参加的修订组，中国专家任组长。该标准的修订意义重大，关系到《汉语拼音方案》在国际上的推广使用，进而关系到中国的语言主权。

〔中国语言资源有声数据库建设培训（第一期）在江苏举办，广西库建设启动〕　5月21—23日，中国语言资源有声数据库建设培训（第一期）在江苏省举办。来自北京、天津、辽宁、黑龙江、上海、安徽、福建、山东、广西、贵州、云南、新疆等省（区、市）的50多位语言文字工作委员会（民族语言文字工作委员会）负责人和专家学者参加，主要围绕中国语言资源有声数据库建设构想、中国的语言和方言、汉语方言调查手册、语言资源调查工作规范、发音人遴选和培训、机助校对软件的使用、录音录像场地遴选及采录示范、质量监控及预验收探索等内容开展培训。

5月24日，中国语言资源有声数据库广西库建设启动，成为全国第五个也是民族自治区第一个启动该项目的省份。教育部副部长、国家语言文字工作委员会主任李卫红，广西壮族自治区副主席、自治区语委主任李康出席启动仪式，并共同为广西库建设项目揭幕。李卫红指出，随着江苏省前期试点工作的顺利完成以及上海、北京、辽宁等省市先后启动建库工作，中国语言资源有声数据库建设全面展开的条件已经成熟。广西是多民族聚居之地，语言资源丰富并呈现出独特的语言面貌。广西库的启动是中国语言资源有声数据库首次在民族自治区启动，意义重大。她希望广西坚持“政府主导、专家实施和社会参与”的工作思路，借鉴先期开展试点省市的经验，严格按照技术规范和工作规范扎实开展工作，努力把广西的有声数据库建设成精品工程，使之成为地方文化保护和文化建设的重要工程。

〔召开语言文字系统学习贯彻十八大精神座谈会〕　11月26日，国家语委召开语言文字系统学习贯彻党的十八大精神座谈会，学习领会党的十八大提出的新思想、新观点、新要求，交流研讨如何在新的历史条件下推进语言文字事业全面发展。教育部副部长、国家语言文字工作委员会主任李卫红出席会议并讲话。李卫红强调，要把认真学习、深刻领会、坚决贯彻党的十八大精神作为首要政治任务，自觉把思想和行动统一到党的十八大精神上来，把智慧和力量凝聚到落实党的十八大提出的任务上来。部分国家语言文字工作委员会老领导和国家语言文字工作委员会咨询委员、语言文字专家学者与会交流讨论。

〔发布国家标准《汉语拼音正词法基本规则》〕　经国家质量监督检验检疫总局、国家标准化管理委员会批准，新版《汉语拼音正词法基本规则》于6月29日发布，10月1日实施。该标准是1996年发布的《汉语拼音正词法基本规则》的修订版，由教育部、国家语委组织研制，中国社会科学院语言研究所和教育部语言文字应用研究所共同起草。新版《汉语拼音正词法基本规则》规定了分词连写规则、人名地名拼写规则、大写规则、标调规则、移行规则和标点符号使用规则等，同时规定了一些变通规则以适应特殊需要。该标准适用于文化教育、编辑出版、中文信息处理等领域的汉语拼音拼写。

〔完成《公共服务领域英文译写规范　第一部分：通则》研制工作〕　《公共服务领域英文译写规范》经国家标准化管理委员会立项，《公共服务领域英文译写规范　第一部分：通则》于10月研制完成，并通过专家委员会鉴定，12月通过国家语言文字工作委员会规范标准审定委员会审定。做好公共服务领域外文译写规范工作是促进中国对外开放的现实需求，同时也是传播中国理念、提升中国国际形象的重要途径。根据工作规划，该标准将涉及英、俄、日、韩4个语种，涵盖交通、旅游、文娱、体育、卫生、商贸、餐饮住宿等领域，内容包括公共服务领域外文译写的规则和示例等。

〔国家语言文字工作委员会科研机构建设取得重要进展〕　《国家语言文字工作委员会科研基地管理办法（试行）》于5月印发。该《办法》较为全面地对国家语委科研基地的性质任务、管理体制、人员组成、经费使用、科学研究、考核评估等方面做出了明确规定。作为国家语委科研基地管理的规范性文件，该《办法》的发布将进一步提升科研基地运行的规范化水平，在推进语言文字事业的发展方面发挥重要作用。

6月7日，教育部语言文字信息管理司和天津市教育委员会共建的中国语言能力测试研究发展中心在天津市成立，教育部副部长、国家语言文字工作委员会主任李卫红，天津市语委主任、副市长张俊芳出席并讲话。该中心的设立是教育部、国家语言文字工作委员会在世界多极化、经济全球化的大背景下，融入国家经济社会发展和教育改革的大局，创新语言文字工作思路和机制、推动国民语言能力提升的重要举措。

12月12日，国家语言文字工作委员会第二个科研基地——中国语言文字规范标准研究中心在北京语言大学成立。教育部副部长、国家语言文字工作委员会主任李卫红出席并讲话。李卫红要求，中国语言文字规范标准研究中心要围绕国家语言文字事业改革和发展的大局，开展科学研究工作；要全方位、深入地开展中心建设；要加强以体制机制为核心的制度建设，充分发挥中心协同创新的作用，开拓创新，努力进取，为中国语言文字事业的改革和发展做出贡献。

12月14日，国家语言文字工作委员会部分共建科研中心续约签字仪式在北京举行。教育部语言文字信息管理司司长张浩明分别与中国文字整理与规范研究中心、中国文字设计与研究中心、国家语言资源监测与研究有声媒体中心、汉语辞书研究中心4家科研机构的依托单位北京师范大学、北京大学、中国传媒大学、鲁东大学等高校主管负责人签订续约协议。各科研中心在首个建设期中，积极探索、开拓进取，一方面在基础研究方面取得重要进展；另一方面，在为国家语言文字事业提供科研支撑和决策支持，引导社会语言生活，服务国家、服务社会、服务群众等方面发挥重要作用。

〔**发布2011年度中国语言生活状况报告**〕 5月29日，教育部、国家语委发布了2011年度中国语言生活状况报告。这是教育部、国家语言文字工作委员会第七次向社会发布年度报告。2011年语言生活总体状况为：中央政府高度重视语言文字事业；国家语言文字工作的视野和领域进一步拓展；大力推广和规范使用国家通用语言文字、科学保护各民族语言文字稳步推进，亮点突出；残障人士的语言文字权利得到切实保障；社会大众广泛关注语言生活；国际化、市场化进程中的语言文字问题受到关注；海峡两岸语言文字学术交流活跃。国家语言资源监测与研究中心同时发布了2011年国家通用语言媒体用字用语情况、中文博客语言状况、藏文媒体用词调查，以及基础教育数理化教材、维吾尔语高中语文教材、哈萨克语小学语文教材、马来西亚小学语文教材《华文》等调查数据。

〔**启动国家汉语汉字学习平台及汉语汉字资源库建设项目**〕 12月24日，由教育部、国家语委、中国中文信息学会等相关单位负责人组成的国家汉语汉字学习平台及汉语汉字资源库建设领导小组成立，并启动该平台建设工作。汉语汉字学习平台和资源库建设的目标是：适应国家教育现代化和建立学习型社会的战略需要，构建一个具有自主知识产权的科学、规范、系统的汉语汉字资源库，整合集成优质汉语汉字数字化教学资源，建设技术开放、服务开放的汉语汉字学习平台，开发网络学习课程，创建虚拟课堂，实现优质教育资源共享。

〔**举办“中法语言政策与规划比较研究国际研讨会”**〕 9月3—4日，“中法语言政策与规划比较研究国际研讨会”在北京语言大学举办。该研讨会是“中法语言年”系列活动的重要组成部分，由教育部、国家语委、法国驻华使馆、法国对外文化教育局、法国外交部、法国文化部共同主办，北京语言大学承办。教育部副部长、国家语言文字工作委员会主任李卫红，法国驻华大使白林出席研讨会开幕式并致辞。来自中法两国政府部门的负责人，以及中法两国有关专家、学者近170人出席了研讨会。

〔**召开全国语言文字标准化工作会议**〕 9月25—26日，全国语言文字标准化工作会议在贵阳市召开。会议全面总结了中国语言文字规范标准建设工作的成果，分析了语言文字标准化工作中出现的新情况、新问题，部署了新时期语言文字标准化工作的目标和任务。会议强调，2020年以前，要逐步完善语言文字标准的管理、制订、施行机制，基本完成国家通用语言文字和少数民族语言文字的基础标准制订，语言文字规范标准基本满足社会需求，语言文字规范化、标准化水平显著提高。语言文字标准化工作的任务是：建立和完善语言文字标准化工作长效机制，加快语言文字规范标准的研制发布，加强语言文字规范标准的贯彻落实，重视语言文字标准化专业人才培养。

〔**“汉语盘点2012”活动举行**〕 11月20日，由国家语言资源监测与研究中心、商务印书馆、中国网络电视台联合主办的“汉语盘点2012”活动在北京举行。12月20日，评选结果公布，梦、钓鱼岛、衡、选举分列年度国内字、国内词、国际字、国际词。同时，此次活动还揭晓了年度“媒体十大流行语”、“媒体十大新词语”和“媒体十大网络用语”等。十大流行语是：十八大、钓鱼岛、美丽中国、伦敦奥运、学雷锋、神九、实体经济、大选年、叙利亚危机、正能量。十大新词语是：正能量、失独家庭、鹰爸、元芳体、表哥、莫言热、弹性延迟、甄嬛体、骑马舞、中国式过马路。十大网络用语是：中国好声音、元芳你怎么看、“高富帅，白富美”、你幸福吗、江南 Style、躺着也中枪、“屌丝，逆袭”、舌尖上的中国、最炫民族风、给跪了。

“汉语盘点 2012”活动亮点纷呈，影响力显著，发布的 2012 年度字词、十大流行语、十大网络用语等被中央电视台焦点访谈作为盘点 2012 年国内、国际经济和社会重大事件的线索给予专题报道，起到了积极引导和谐语言生活的重要作用。

撰稿　易　军

审稿　张浩明

〔**制订《语用所贯彻落实〈语言文字规划纲要〉工作方案》**〕　2012 年，为全面贯彻实施《国家中长期语言文字事业改革和发展规划纲要（2012—2020 年）》，落实教育部副部长、国家语委主任李卫红关于语言文字应用研究所发挥“服务、咨询、监测、科研、交流、信息”6 项职能、建成 6 个中心的指示精神，推进语言文字事业科学发展，教育部语言文字应用研究所结合单位实际制订了《语用所贯彻落实〈语言文字规划纲要〉工作方案》。方案涉及 6 大块重点工作领域，提出 25 大项、82 件具体工作。

〔**教育部党组任命张世平为语用所所长**〕　7 月 24 日，教育部副部长、国家语委主任李卫红出席教育部党组任命张世平为教育部语用所所长，免去姚喜双语用所所长职务宣布大会并讲话。李卫红高度评价了姚喜双为语用所建设、发展做出的贡献，充分肯定了张世平在担任教育部语用司副司长期间为语言文字事业所做的贡献，对张世平担任新的领导职务提出了希望。教育部语信司司长张浩明、人事司副司长吕杰出席会议，语用所全体干部参加会议。

〔**举办学术月活动**〕　11 月，教育部语用所举办了学术月活动。学术月期间，先后邀请了语言文字应用领域的专家学者和语用所的研究人员，利用“语言文字应用讲坛”开展系列学术讲座，围绕语言文字应用的主题，共举办 20 场“语言文字应用讲坛”讲座。内容包括《国家语言文字事业发展与改革规划纲要》解读、语言文字规范标准解读、语言生活热点分析、最新语言国情调查以及语言政策建议等。

〔**举办语言文字规范标准培训班**〕　12 月 8—17 日，由教育部语信司主办、教育部语用所承办的国家语委语言文字规范标准培训班在北京连续举办两期。两期培训班分别面向语文学科省级中小学教研员和教育部直属出版社编辑人员，25 个省（区、市）90 多人参加培训。教育部语信司司长张浩明做了《贯彻落实〈语言文字规划纲要〉，推进语言文字规范化、标准化建设》的专题报告。来自中国社会科学院、北京大学、北京师范大学等院校的专家分别就汉语拼音正词法基本规则、中国人名汉语拼音字母拼写规则、出版物上数字用法、标点符号用法和规范汉字表等语言文字规范标准进行了全面生动的解读。

〔**中华语文知识库网站开通**〕　中华语文知识库网站是一个以服务两岸合作编纂中华语文工具书为基本任务，旨在推动两岸语文信息交流，弘扬中华优秀文化，加深两岸理解和信任的公益性网站。

为落实“第五届海峡两岸经贸文化论坛共同建议”提出的“鼓励两岸民间合作编纂中华语文工具书”，教育部、国家语委和国台办设立了两岸合作编纂中华语文工具书项目。两岸商定共同建设“同名异地”的“中华语文知识库网站”，作为展示辞书编纂成果的应用平台。2 月 8 日，两岸各自建设的网站在北京和台北同时开通，受到媒体的广泛关注。该网站有以下几个特点。①同一网站，两岸各办，采用相同中文名称，都称为中华语文知识库。②首页互联，方便用户直接访问对方网站。③主体内容相近，重点展示两岸合作编纂中华语文工具书成果。截至2012年年底，大陆网站用户来源于79个国家和地区，访问数已达50余万人次。其中大量为我国台港澳等地同胞和日、美、韩等国家的华人和热爱汉文化的人士。

〔与香港考评局签署合作协议〕 5月14日，教育部语言文字应用研究所与香港考试及评核局在北京签署合作协议，教育部部长助理林蕙青出席签约仪式并讲话。林蕙青指出，在香港回归祖国15周年前夕，教育部语用所与香港考评局签署合作协议，对共同致力于开拓、发展和深化内地与香港的推普合作交流，共同致力于促进和服务香港青少年学习普通话具有特殊意义。语用所与香港考评局的合作，有利于促进和服务香港青少年学好普通话，也有利于香港考评局充实服务内涵、提升社会影响力。希望双方秉承“服务香港市民和社会”的理念，坚持“尊重、支持、协作、共赢”的合作原则，不断创新、完善和发展普通话培训测试服务，希望内地各级推普机构发挥人才和资源优势，支持和服务香港市民学习普通话。

〔举办“我与语言文字规范标准”征文活动〕

为进一步加大国家语言文字方针政策的宣传力度，促进语言文字规范标准的贯彻实施，由教育部语信司主办，中国应用语言学会（筹）、语文出版社和中国语言文字网承办，商务印书馆、中国教育报刊社支持的“我与语言文字规范标准”征文活动于3月圆满结束。此次征文活动得到各地语委、有关学校和相关单位的大力支持，共收到征文41 870篇。经专家评审，评出一等奖征文12篇，二等奖、三等奖和优秀奖征文共248篇，评出16个省（区、市）语委办为优秀组织奖单位。

〔举办第五届全国普通话培训测试学术研讨会〕

由国家语委培训测试中心和普通话水平测试研究会联合主办的第五届全国普通话培训测试学术研讨会于12月6—7日在北京举办。教育部语用司司长姚喜双、语信司司长张浩明出席会议并讲话，教育部语用所所长、国家语委普通话培训测试中心主任张世平致辞。来自各省（区、市）及港澳的专家学者、普通话培训测试机构负责人100余人参加会议。

与会代表围绕普通话培训测试的现状与未来发展，普通话培训测试的科学化、规范化、信息化，普通话培训测试的理论与实践等主题，进行了广泛深入的交流研讨。研讨会共收到各省级培训测试机构和港澳地区各合作单位选送的学术论文近200篇。根据专家组评审意见，42篇论文获优秀论文奖、5篇论文获鼓励奖，上海、北京、山东、内蒙古、湖南5省（区、市）培训测试机构获优秀论文组织奖。

〔开展澳门普通话使用情况调查〕 由澳门语言文化研究中心资助、教育部语言文字应用研究所主持的“澳门普通话使用情况调查”项目于2月在澳门进行。此次调查是第一次在澳门进行成规模的普通话使用情况调查，调查范围涉及澳门半岛、氹仔和路环区域。调查对象主要是懂中文的接受正规教育的大中小学生、面向公众的服务人员和普通市民，目的是比较全面地了解澳门普通话使用的现状，包括大中小学语言教学情况、公众场合语言使用情况以及传媒语言使用情况等。调查主要采用问卷调查、访谈、录音以及观察等方式。通过调查，研究分析普通话在澳门的地位、功能和发展前景等，为澳门特别行政区政府相关部门提供参考。

撰稿 刘子琦 谢俊英 韩玉华 肖 航
审稿 刘朋建

国际与港、澳、台教育合作与交流

国际合作与交流

〔**对外交流与合作**〕 截至2012年年底，中国与200多个国家和地区以及联合国教科文组织等40多个国际组织建立了教育交流与合作关系。2012年，教育对外交流与合作取得了丰硕成果。

中央领导高度重视，教育高层往来不断加强。国务院总理温家宝访问拉美四国期间，中国与巴西签署了《关于在中国实施“科学无国界”项目的谅解备忘录》。国务院副总理李克强在人民大会堂会见莫斯科大学来华研修的300名学生，并与中俄师生亲切座谈。国务委员刘延东与俄罗斯副总理戈洛杰茨共同出席中俄人文合作委员会第十三次会议，双方通过了《中俄人文合作行动计划》；刘延东与英国文化大臣杰里米·亨特共同主持中英高级别人文交流机制第一次会议，双方签署了《关于建立中英高级别人文交流机制的谅解备忘录》；刘延东访问欧盟总部，与欧盟委员会教育文化委员安吉拉·瓦西利乌共同主持了中欧高级别人文交流对话机制第一次会议，签署了《联合宣言》，并公布了《后续行动计划》。

双边及多边教育交流与合作不断拓展。建立完善中俄、中美、中英、中欧高级别人文交流对话“四大机制”和中国—东盟、中国—东北亚、中国—阿拉伯、中国—非洲、中国与联合国教科文组织、与上海合作组织“六大平台”。在北京运行第三轮中美人文交流高层磋商机制，配套举行首届中美省州教育厅长对话、中美大学生论坛。巩固并推动中俄“国家年”教育领域机制化活动，举行中俄教育合作分委会第十二次会议。召开中乌（克兰）教育合作分委会第一次会议，双方签署了新一期《中乌教育科学青年和体育部教育合作协议》。与阿塞拜疆签署《中阿教育部2012—2015年教育合作协议》。教育部副部长郝平出席首届东盟与中日韩教育部长会议、首届东亚峰会（10＋6）教育部长会议。举办“第五届中国—东盟教育交流周”、“首届中国—东盟职业教育联展暨论坛”和“首届10＋3（东盟＋中日韩）大学校长论坛”，并确定了10个中国—东盟教育培训中心。正式启动中日韩“亚洲校园”计划。继续推进“中非高校20＋20合作计划”。教育部部长助理陈舜率团出席第四届上海合作组织成员国教育部长会议，上海合作组织大学已进入实质性运行阶段，共有5个国家76所大学参与建设，并成立了校长委员会。先后组团参加第20次、21次、22次上海合作组织成员国教育专家工作组会议和第五届上海合作组织成员国“教育无国界”教育周活动，开办上海合作组织成员国从事教育合作工作人员汉语培训班。

不断加强以教育为先导的人文交流。继续落实中美人文交流高层磋商框架下中方“三个一万”项目和美方“十万人留学中国计划”。2012年，教育部落实4 441个中美人文交流专项奖学金名额，该项目已累计落实6 535个名额，完成计划的65%。国家留学基金委通过“公派万人赴美攻读博士学位项目”，录取赴美攻读博士学位研究生300人、赴美联合培养博士生2 077人，该项目已累计派出

6 807 人，完成计划的 68%。国家汉办通过“汉语桥万人来华研修项目”，邀请 1 344 名美国人来华访问，向美国学生提供 747 个孔子学院奖学金，协助培训 400 名美国本土汉语教师，该项目已累计邀请 9 601 人，完成计划的 96%。2012 年，共有 24 583 名美国人来华学习，约比 2011 年增长 11%。举办中美教育发展论坛和首届中美大学生体育文化艺术周活动。推动开展“2012 中俄阿斯图友谊火车计划”，扎实开展“俄罗斯旅游年”教育领域活动。支持成立中国东北地区和俄罗斯远东西伯利亚地区大学联盟、中俄艺术高校联盟。充分利用在俄罗斯的 21 所孔子学院（课堂）和在中国的 10 个俄语中心，推动汉语和俄语在两国的教学和研究。

〔对外汉语教学工作〕 国际汉语教育事业发展规模稳步扩大，办学质量不断提高。截至 2012 年年底，全球已建立 400 所孔子学院和 535 个孔子课堂，分布在 108 个国家（地区），注册学员 65.5 万人，举办各类文化活动 1.6 万场次，参加人数 948 万人。

汉语教师和志愿者的派出力度加大。2012 年，共派出 1.1 万人，其中汉语教师 2 400 人、志愿者 3 900 人，支持各省（区、市）教育厅、高校派出汉语教师 4 800 人。各国本土师资比例明显提高，“孔子学院奖学金”项目共招收 140 个国家 1.6 万人次来华攻读汉语国际教育专业硕士或进修汉语教学课程。其中招收孔子学院奖学金生 3 600 人。国家汉办及各地方院校在国内外举办短期培训班，共为 50 个国家培训汉语教师达 6 000 人次，开展中外院长教师全员轮训、岗前培训、教材教学法培训，共计 1.2 万人。

教材建设，出齐 45 个语种对照的核心教材，向 104 个国家配送和销售教材图书 78 万册。网络孔子学院已开通 46 个语种，注册用户覆盖 105 个国家，在 12 个国家设立了广播孔子学院。2012 年，举办第十一届“汉语桥”世界大学生中文比赛，共 70 个国家 6 万名外国学生参与海外预赛，117 名优秀选手来华参加决赛。举办第五届在华留学生汉语比赛，共 80 个国家 1 万名在华留学生参加比赛。“汉语桥”访华之旅活动共接待 3 万名各国教育官员及大中小学师生访华，亲身体验中华文化。

〔外国文教专家和外籍教师工作〕 2012 年，教育部在直属高校聘请外国文教专家和外籍教师工作中，进一步完善“海外名师项目”、“学校特色项目”的相关政策，改革和创新申报机制，要求高校提交外籍教师工作创新做法和典型案例。同时，进一步完善申报内容，“海外名师项目”申请表中增加了拟聘专家学者的学术地位、科研成果等方面的内容，以便更加全面地掌握拟聘专家学者的学术背景情况。

2012 年，共有 8 个海外名师项目和 19 个学校特色项目结项。截至 2012 年年底，实施的海外名师项目有 156 个、学校特色项目有 126 个、来华专家学者 517 人次。

〔国别和区域研究工作〕 2012 年，教育部在 28 所高校和研究机构设立了 42 个国别和区域研究培育基地。3 月，教育部在浙江省召开国别和区域研究培育基地第一次工作会议，启动了国别和区域研究培育基地的建设工作。相继召开专家咨询会、五年规划起草工作座谈会、研究人才培养工作座谈会等，实行培育基地年度报告制度，着手构建信息沟通渠道，并对 189 所中央部委所属院校和地方综合类大学进行了专题调研。

〔加强教育涉外监管〕 加强对自费出国留学活动的引导和管理，采取多项措施维护留学人员的利益。为帮助和引导留学人员选择到国外办学比较可靠的学校学习，对教育部向社会公布的 33 个国家学校名单进行了 24 次调整。加快做好已与中国签署互认学位、学历和文凭双边协议的国家和地区中尚未列入教育涉外监管信息网的名单公布工作，新增并公布了古巴、葡萄牙、罗马尼亚、喀麦隆 4 个国家的学校名单。截至 2012 年年底，教育部向社会公布了 37 个国家的 1 万多所学校名单。同时，分别针对英国和新加坡的留学、签证等政策变化，发布了 2 期留学预警，提醒广大出国留学人员注意相关政策变化。在高考招生录取阶段，发布1期预警信息，提醒广大考生应了解有关情况，正确选择就读中外合作办学学校。截至2012年年底，共发布留学预警52期，涉及18个国家、99所国外学校和22家留学中介。

根据全国教育外事工作会议的部署，推动留学中介审批与管理改革，总结在山东、天津、江苏、江西4省（市）的审批与管理改革工作中取得的经验，新增吉林、广东、新疆、云南4省（区）作为留学中介审批与管理改革试点。加强对留学中介的日常管理，负责审核自费出国留学中介服务机构的资质变更。2012年，共为101家中介机构办理了124项变更。

进一步加强教育部教育涉外监管信息网（www.jsj.edu.cn）建设，及时通过网站提供与留学群体等密切相关的信息，全年总访问量为4 270万人次，日均访问量为11.7万多人次，访问量较2011年提高了46%。加强对中外合作办学颁发证书认证注册工作的统筹管理，教育部依托教育涉外监管信息网建立了中外合作办学学历学位认证注册系统（www.crs.jsj.edu.cn），全年完成26个机构388个项目共计100 068名学生的境外学历学位证书认证信息注册。

〔**中外合作办学**〕　加大中外合作办学的规范力度。提出“统筹规划，科学发展；分类管理，突出重点；完善制度，规范审批；典型示范，择优扶持；信息公开，强化监管”的工作思路，全面提升中外合作办学机构和项目的办学水平及质量。

稳妥推进中外合作办学审批、备案工作。批准华东师范大学和纽约大学合作正式设立具有法人资格的上海纽约大学；批准筹备设立昆山杜克大学、香港中文大学（深圳）2个具有法人资格的中外合作办学机构；批准设立中山大学—卡内基梅隆大学联合工程学院、中国人民大学中法学院、东南大学—蒙纳士大学联合研究生院、华中科技大学中欧可再生能源学院、北京工业大学北京—都柏林国际学院、上海交通大学—巴黎高科卓越工程师学院6个非独立法人的中外合作办学机构；批准中外合作办学项目149个；对浙江省8个本科及以上中外合作办学项目准予备案，对各省（区、市）126个本科以下中外合作办学项目准予备案。

召开境外办学工作会议，积极推动境外办学工作取得显著进展。

积极推进中外合作办学监管工作的“两个平台、两个机制”建设，通过监管工作信息平台、颁发证书认证工作平台和质量评估机制、执法处罚机制，进一步规范中外合作办学秩序。积极推动中外合作办学质量体系建设。

撰稿　陈　跃　王　毅　闫炳辰
审稿　生建学　陈盈晖

留学工作

〔**出国留学**〕　2012年度，中国各类出国留学人员总数为39.96万人，各类留学回国人员总数为27.29万人，在外的留学人员约155.34万人，其中113.70万人在国外进行专科、本科、硕士、博士等阶段的学习以及从事博士后研究或学术访问等。截至2012年年底，中国各类出国留学人员总数达264.47万人，留学回国人员总数达109.13万人。

2012年，教育部制定并印发了《关于〈留学回国人员证明〉开具工作的通知》，全面规范并统一了《留学回国人员证明》开具工作，进一步提高了留学人员服务水平。新版《留学回国人员证明》已于12月1日正式启用。

2012年，国家公派出国留学共录取15 608人，其中“国家建设高水平大学公派研究生项目”共录取6 289人。

2012年，教育部组织开展出国留学行前培训工作，全年累计为2.2万余名出国留学人员提供了关于外语、留学安全、心理健康常识等方面的出国前培训。为促进出国留学人员行前培训走上规范化道路，切实加强出国留学研究工作，依托国内20所高校成立了首批“教育部出国留学培训与研究中心”，构建了覆盖华北、东北、华东、华中、华南、西南和西北等各地区，涵盖从公派到自费全范围的出国留学行前培训工作网络体系。

2012年，教育部留学回国人员科研启动基金共资助两批累计1 322名优秀留学回国人员，为其在国内启动教学、科研工作提供了强有力的经费支持，极大地促进了中国高等学校的学科发展和人才队伍建设。同时开展了启动基金评审改革工作，进一步提高启动基金资助效益，全面规范和加强启动基金管理工作。

2012年，教育部“春晖计划”共组织18个在外留学人员回国服务团组，资助1 000余名在外留学人员短期回国到高校和科研院所开展学术交流、科研合作和人才培养等服务活动。

2012年，教育部会同有关部门共同主办了第十五届中国留学人员广州科技交流会。教育部副部长郝平出席开幕式。其间，教育部举办了第七届“‘春晖杯’中国留学人员创新创业大赛颁奖大会”，组织本届大赛的125名项目入围者汇聚广州，与国内用人单位进行交流洽谈。同时，教育部将涵盖119所高校的1.2万余个留学回国人员岗位招聘信息库通过大会对外发布。

〔来华留学〕 1. 总体统计数据。2012年，在华学习的外国留学人员总数首次突破32万人，共有来自200个国家和地区的328 330名各类来华留学人员，分布在全国31个省（区、市）（不含台湾地区、香港和澳门特别行政区）的690所高等院校、科研院所和其他教学机构。来华留学生总人数、生源国家和地区数、中国接受留学生单位数及中国政府奖学金生人数均创新中国成立以来新高。

与2011年相比，国家和地区数增加6个，其中增加了基里巴斯、库克群岛、纽埃、南苏丹、阿鲁巴、荷属安的列斯、圣文森特和格林纳汀斯；减少了法属波利尼西亚；接收留学生的院校增加30所；学生人数增加了35 719人，增长比例为12.21%，其中中国政府奖学金生增长3 081名，达28 768名，同比增长11.99%；自费生增长32 638名，达299 562名，同比增长12.23%。

按洲别统计，来自亚洲的留学生人数占首位，共计207 555名，占全年来华留学生总数的63.22%；欧洲为54 453名，占16.58%；美洲为34 882名，占10.62%；非洲为27 052名，占8.24%；大洋洲为4 388名，占1.34%。从增幅上看，来自非洲、欧洲和亚洲留学生人数增长显著，同比增长率分别为30.41%、15.19%和10.48%。

按国别统计，来华留学生人数名列前10位的国家是：韩国63 488人，美国24 583人，日本21 126人，泰国16 675人，俄罗斯14 971人，印度尼西亚13 144人，越南13 038人，印度10 237人，巴基斯坦9 630人，哈萨克斯坦9 565人。此外，来华留学生人数超过5 000名的国家还有法国8 386人，蒙古8 210人，德国6 271人，马来西亚6 045人。

按留学生类别统计，接受学历教育的外国留学生总计133 509人，占来华生总人数的40.66%，比2011年增加14 672人，同比增加12.35%。硕士研究生和博士研究生共计36 060人，比2011年增加18.71%。其中硕士研究生27 757人、博士研究生8 303人。

按在华学习期限统计，长期生（6个月以上，含6个月）242 791人，占来华生总数的73.95%，比2011年增加25 941人，同比增加11.96%。短期生（6个月以下）85 539人，占来华生总数的26.05%，比2011年增加9 778人，同比增加12.91%。

按学科类别统计，文科196 136名（含汉语类175 676名、其他类20 460名），医科43 516名（含西医30 474名、中医13 042名），工科22 596名，管理21 873名，经济20 819名，法学7 296名，教育5 361名，艺术4 471名，理科2 670名，农科1 538名，历史1 380名，哲学674名。

按地区分布统计，北京市77 706人；上海市50 557人；广东省20 940人；天津市19 076人；

浙江省 17 461 人；江苏省 17 425 人；辽宁省 16 694 人；山东省 13 770 人；湖北省 11 535 人；福建省 9 541 人；黑龙江省 9 042 人；广西壮族自治区 8 777 人；云南省 7 902 人；吉林省 6 900 人；陕西省 6 451 人；四川省 5 471 人；新疆维吾尔自治区 5 019 人；重庆市 4 145 人；湖南省 3 553 人；内蒙古自治区 2 877 人；河北省 2 858 人；江西省 2 824 人；河南省 2 136 人；甘肃省 1 863 人；安徽省 1 222 人；海南省 882 人；青海省 521 人；宁夏回族自治区 485 人；贵州省 474 人；山西省 183 人；西藏自治区 40 人。

2. 中国政府奖学金来华留学生统计数据。根据中国与有关国家之间的教育交流协议和交流计划，全年共有来自 184 个国家的 28 768 名中国政府奖学金生在华学习，占来华生总数的 8.76%，比 2011 年增加了 3 081 人，同比增加了 11.99%。其中来自亚洲 44 国 15 434 人，占奖学金生总数的 53.65%；来自非洲 53 国 6 717 人，占 23.35%；来自欧洲 40 国 3 906 人，占 13.58%；来自美洲 34 国 2 212 人，占 7.69%；来自大洋洲 13 国 499 人，占 1.73%。

中国政府奖学金生分布在全国 27 个省（区、市）的 189 所高校和科研院所中学习，其中 99 所高校接收了超过 100 名奖学金生。学科涵盖了文、理、工、农、医、经济、管理、教育、历史、哲学、法律、艺术 12 个门类，其中文科、理科、工科、医学、经济、管理和法学学生的人数均超过了千人。

3. 自费来华留学生统计数据。2012 年，共有来自五大洲 194 个国家的 299 562 名外国留学生在中国的 31 个省（区、市）的 689 所高校和科研院所中自费学习。其中 68 个国家的自费来华生人数超过 500 人，73 所高校的自费生人数超过了1 000 人。

4. 重大事项和重要举措。

（1）完善制度法规。为提高中国教育质量和国际化水平，规范国际学生的招收、培养、管理和服务，教育部继续牵头修订《高等学校接受外国留学生管理规定》（9 号令），将原 9 号令和 4 号令（《中小学接受外国学生管理暂行办法》）合并修订为《国际学生管理规定》。

为优化留学环境，吸引更多国际学生来华留学，教育部牵头启动了《国际学生勤工助学管理规定（暂定）》的起草工作，为国际学生在华就读期间的勤工助学活动提供法律规范和保障。

教育部会同财政部起草《来华留学经费管理办法》，完善来华留学经费项目体系和管理体制，大幅提高中国政府奖学金资助标准。

（2）建设质量工程。教育部启动了国家来华留学示范基地和高等教育阶段英语授课品牌课程的遴选和建设工作，以评选促建设和发展，以外力促改革和创新，推动高校教学、管理、师资各方面的内涵建设和国际化发展。

继续全面实施中国政府奖学金来华留学本科生预科教育，保证培养质量。预科教育全面开展两年来，总体情况比较理想，2011—2012 学年，955 人参加预科学习，其中 903 人合格，结业率达 94.6%。

为提高来华留学生本科教育英语授课水平，加强来华留学英语授课师资培训，在总结和借鉴“教育部来华留学英语师资培训中心（西医学）”运行经验的基础上，根据来华留学事业发展需要，新设立了“教育部来华留学英语授课师资培训中心（中医学）”。

（3）落实重大项目。为配合美国“四年派遣十万人来华留学”计划，鼓励中美高校建立和深化合作关系，吸引更多的美国青年学生来华留学，教育部继续实施“中美人文交流专项奖学金项目”。积极鼓励中美高校建立和深化合作关系，吸引更多的美国青年学生来华留学。2012 年，该项目共向美国高校学生提供 4 441 个奖学金名额，用于研究生阶段学习或承认学分的短期交流。

为进一步推进中俄战略协作伙伴关系，配合教育对外开放大格局的构建，巩固中俄人文合作交流机制，教育部积极落实“中俄人文交流专项奖学金项目”。2012 年，共资助 96 名俄罗斯青年来华进行研究生阶段的学习。

在与商务部联合举办的“发展中国家在职人员硕士项目班”成功实施的基础上，教育部积极探索创设高端奖学金项目，进一步加大对发展中国家教育援助力度，提升中国高等教育的国际影响力。

（4）实施重大活动。为进一步扩大来华留学对外宣传，丰富留学生在华学习、生活，教育部积极筹办“留动中国——在华留学生阳光运动文化之旅”活动，委托大学生体育协会承办。2012 年年底，该活动已正式启动。

撰稿 徐培祥 毛冬敏 田露露
审稿 于继海

民 间 交 流

〔**积极参与国际事务，扩大交流协会国际影响力**〕 2012 年 9 月，中国教育国际交流协会（简称交流协会）会长章新胜当选世界自然保护联盟主席，成为该联盟历史上首位来自东亚地区的主席。章新胜的成功当选，能为中国充分利用该联盟多边平台，提高中国在环境和自然保护领域以及生态文明建设方面的影响力和话语权，加强中国在应对全球气候变化、实现绿色增长等方面做出重要贡献，对于落实党的十八大提出的生态文明建设这一战略目标具有重大意义。国务委员刘延东、戴秉国，教育部部长袁贵仁等向章新胜表示热烈祝贺并做出了重要批示。

交流协会副秘书长杨孟和交流协会中外师生交流部主任张玲分别当选 ITERO 委员会委员、特别工作委员会委员。在 AFS 国际文化交流组织新搭建的 ITERO18+项目发展平台中，ITERO 委员会成员分别来自美国、德国等 25 个伙伴组织，ITERO 特别工作委员会成员共 8 名，分别来自 AFS 美国、AFS 德国、AFS 瑞士、AFS 哥伦比亚、AFS 阿根廷和 AFS 国际。杨孟和张玲的当选标志着交流协会 CEAIE—AFS 项目的国际影响力逐步提升，同时为进一步挖掘和利用各伙伴组织的资源奠定了基础。

交流协会当选为世界职教院校联盟常务理事单位，并成功获得 2014 年世界职教大会承办权。这是中国职业教育在国际多边舞台上的一次成功亮相，也是展示中国职业教育发展成果和魅力的难得契机。

交流协会积极参与“联合国可持续发展大会”、“第五届亚太经合组织（APEC）教育部长会议”、“第三十五届欧洲学术合作协会教育政策研讨会”等国际事务，成功举办“联合国教科文组织第十三届国际母语日”等活动，在国际多边舞台上展现中国教育风采，提高国际话语权。

〔**扎实推进人文交流**〕 服务国家外交大局，配合中美、中俄、中英、中欧、中日等人文交流机制开展相关活动。扎实稳妥开展“第三轮中美人文交流高层磋商机制”相关活动，在中美两国教育部、美国国务院等的大力支持下，成功举办“首届中美省州教育厅长对话”，继续推进“美国艾森豪威尔学者项目”、“美中友好志愿者项目”、“中美优秀高中毕业生交流项目”、“中美富布莱特—海斯项目”等中美教育交流项目。配合 2012 年中国—欧盟人文交流机制、中英人文交流机制的建立，策划启动“中国—欧盟万名青少年友好理解交流计划”、“中英百对优秀中学交流计划”、中英语言合作等一系列人文交流项目，并正式纳入中欧、中英人文交流机制成果。

圆满完成国家领导人邀请日本、俄罗斯客人的接待任务。做好国务院副总理李克强邀请莫斯科大学 300 名学生来华研修团的接待工作。以“中日国民友好交流年”为契机，配合做好国务院总理温家宝邀请 500 名日本“3·11 大地震”灾区高中生来华休养的接待工作。

发挥民间优势，开展各类特色项目和活动。举行第七届品牌项目“中华全国日语演讲比赛”，共有 213 所院校的 9 690 余名学生报名参赛，参赛学校数和人数均创历史新高。在台湾成功举办第三届“两岸青年领袖研习营（台湾营）”活动，该项目是两岸青年领袖交流项目中规格与层次最高的项目，已被纳入教育部及国务院台办重点对台交流项目。遴选首批38名“优衣库奖学金项目”获奖者，发掘和培养有志成为国际化经营管理人才的中国大学生。承办“俄罗斯中小学生来华冬令营”、“中国中学生赴俄罗斯夏令营”等中俄青少年友好交流活动，促进两国青少年友好交流。

构建全方位、宽领域、多层次的双边、多边民间教育交流平台。深化与南美洲国家的合作关系，举办“第三届中国美洲大学校长论坛”、“中国—南美大学女校长对话”，与泛美高等教育协会共同撰写完成“中国—拉美项目计划书”，执行首届“中国—美洲大学校长领导能力建设项目”。积极开展与中东欧、北欧等国家的教育对话，举办“首届中荷高等教育对话”、“首届中国—丹麦学生流动圆桌对话”、“第二届中法高等教育论坛”、“第二届中波大学校长论坛”等。利用澳大利亚教育资源优势，拓展中澳合作平台，筹办“中澳绿色技能专题论坛”，并启动“中澳绿色发展教育合作项目”。策划执行“中加教育交流圆桌会议”、“第二届中加通识教育论坛”。积极探索同非洲、亚欧、南亚等地区开展民间教育交流合作，赴南非、坦桑尼亚、以色列、吉尔吉斯斯坦、哈萨克斯坦、格鲁吉亚、缅甸、柬埔寨、老挝等国家进行调研，就合作意向达成初步共识。

〔**积极推进组织建设**〕 地方协会建设取得新进展。2012年，辽宁、宁夏等省（区）新建教育国际交流协会，江苏、重庆、山东、安徽、湖南、陕西等省（市）协会召开换届会议或工作会议，部署各地协会工作。组织召开2012年度地方协会秘书长工作会议，重点通报了协会秘书处关于落实国务委员刘延东讲话精神的具体思路和举措，并就此议题进行了深入座谈。

理事会建设得到加强。组织召开交流协会六届四次常务理事会，就协会变更法人代表及增补秘书处新任班子成员为常务理事进行审议和表决，会议以全票通过各项决议，顺利实现协会领导机构主要负责人的新老交替及平稳过渡。组织召开交流协会第六届理事会第二次特邀理事扩大会议，教育部副部长郝平、交流协会会长章新胜做重要讲话，来自66个驻外使领馆教育处组的主要负责人就如何推动民间教育国际交流工作科学发展进行了深入研讨和交流。

专业工作委员会建设实现零的突破。经教育部批准并经民政部审批登记，成立交流协会首个二级机构——中国教育国际交流协会中外合作办学专业委员会，吸收了16所院校为首批会员单位，产生了专业委员会第一届理事会和专业委员会中外合作办学质量认证委员会，并通过了《中国教育国际交流协会中外合作办学专业委员会工作办法》。成立高职院校领导海外培训项目学友会，学友会由来自国内31所高职示范院校、骨干院校的450余名院校领导组成。召开2012年度中国富布莱特学友会（筹）全国代表大会，推举产生会长，明确“沟通信息、增进友谊、学术交流、互动协作”16字定位，编辑出版《中国富布莱特学友学术论文专刊》。筹备设立职业教育国际交流分会、绿色技能与可持续发展专业委员会、留学中介专业委员会和中国教育人文交流基金，推动协会新分支机构平台建设。

拓展会员规模和层次。2012年，共吸纳39个单位为交流协会团体会员，其中本科院校7所、高职院校27所、地级市协会2个、高中1所。截至2012年年底，交流协会共有198个团体会员单位。积极探索会员发展新模式，以中国富布莱特学友会、高职院校领导海外培训项目学友会和中国国际教育年会为试点，探索个人会员、企业会员、海外会员发展模式，进一步夯实民间教育国际交流工作者之家会员基础。

〔**加快品牌建设**〕 “2012中国国际教育年会”以“合作、共济、共享、共赢——教育塑造全球大变局的未来”为主题，努力打造民间教育交流国际品牌，为中国教育国际化发展战略服务。年会得到了部分国内外政要的高度重视和积极参与，原中共中央政治局常委、原国务院副总理李岚清向俄罗斯大学校长赠送亲笔签名的著作；教育部副部长郝平、刘利民出席年会的相关重要活动；教育展主宾国德国外交部国务部长出席大会并做主旨演讲。本届年会由“中国国际教育论坛”、“中国国际教育展”及“中外院校合作项目洽谈会”三部分构成。其中“中国国际教育论坛”分为10个部分，共邀请200余位嘉宾发言，听会观众超过1 800人次；“中国国际教育展”继续保持留学领域“风向标”的地位，吸引了来自世界38个国家和地区的500多所院校参加，国家展团达21个，为国内同类展会最多；“中外院校合作项目洽谈会”是在年会框架下举办的第二届，其规模和质量均比2011年有较大突破，参会的中外院校达200多所，达成合作意向逾百项，受到参与院校的普遍好评。

扎实推进中外青少年学生民间教育交流工作。2012年，国内外参与交流人员覆盖五大洲近百个国家，青少年交流已成为国家外交中最具民意社会基础和活力的部分。“中国国际青少年活动中心”取得了新进展，按照国务委员刘延东的指示精神，在教育部副部长郝平的直接指导和支持下，继设立上海、天津、西安青少年活动中心后，经认真考察并报教育部国际司审核批准，新设立了哈尔滨、大连、海南3个中心。从地域分布上看，中心的配置已基本覆盖东西南北中各个区域。

〔切实加强能力建设〕　中外合作办学质量认证工作取得初步成果。按照国务委员刘延东“探索建设与国际标准相衔接、具有中国特色跨境教育质量保障体系”的指示，结合落实教育规划纲要中关于“探索与国际高水平教育评价机构合作，形成中国特色学校评价模式”的要求，交流协会中外合作办学专业委员会开展了以自愿为前提、自评为基础，注重过程监督、行业自律的质量认证，形成了《中外合作办学项目质量认证手册》、《中外合作办学质量认证专家手册》及《中外合作办学项目分项自评表》等工具性文件，为大规模开展认证工作奠定了坚实的基础；积极与国际和地区跨境教育质量保障机构开展交流与合作，建立了良好的伙伴关系，促进了认证工作的专业性和国际化；开展了包括高中和高职合作办学项目在内的第二轮试点认证，丰富了实践经验；建立了包括国内外专家和各学科、各专业专家在内的认证专家库。

顺利完成“高职院校领导海外培训项目”五年计划。累计选派92所国家示范性高职院校、53所国家骨干高职院校及部分地区的省级重点高职院校的校级领导和后备干部赴海外研修500余人次，遍及全国31个省（区、市）。

赴境外培训项目取得预期效果。紧密结合战线需求，严格执行培训要求，加强对赴境外培训团组的质量把控，积极推广培训成果。全年组派60余批次的大中小学校长、骨干教师、各级各类教育行政人员约2 000余人次赴境外培训。

开展学术研究课题与出版。面向全国高职院校进行“高职国际化专项研究”课题招标。经专家评审，共30项课题竞标成功，其中8项重点课题、22项一般课题。与上海交通大学、首都医科大学分别合作开展“中国高等教育国际化竞争力调研”和“虚拟仿真医院的建立与实践”研究。编撰《国际非政府教育组织比较研究与新形势下中国全国性民间涉外教育行业组织能力建设研究》等5大课题的研究成果汇编，包含研究报告22篇、论文集8本（辑）、会议综述4篇等，合计逾174万字。

丰富服务内容，拓展服务项目。积极与教育部人事司、财务司沟通，制订由交流协会主导、教育部相关司局支持的教育外事干部培训工作三年规划；与北京大学等单位就共同开发研究型大学外事干部培训课程体系达成合作意向。

撰稿　梁　梓

审稿　宗　瓦

与联合国教科文组织合作

〔第三届国际职业技术教育与培训大会举行〕

中国政府与联合国教科文组织合作，于2012年5月14—16日在上海召开“第三届国际职业技术教育与培训大会”。117个国家、72个国际组织约800余人出席会议，其中部长级代表42位。国务委员刘延东、联合国教科文组织总干事博科娃出席开幕式并致辞。刘延东在致辞中指出，职业教育作为现代国民教育体系的重要组成部分，是面向人人、面向全社会的教育，对促进就业、繁荣经济、消除贫困、保障公平和社会和谐具有重要意义。中国政府高度重视职业教育，坚持就业导向，促进产教结合，积极构建现代职业教育体系，为现代化建设培养了大批高素质技能人才。她倡议世界各国应本着平等互利、合作共赢的原则，加强职业教育国际交流合作，努力实现优势互补、共同发展，使职业教育真正成为创造未来繁荣和实现人的全面发展的有效途径。她提出，要改革职业教育理念，突出服务实体经济，着力培养人才的创新技能，增强职业教育对经济增长和可持续发展的驱动作用；要努力提高包括青年、妇女及困难群体、特殊群体在内的劳动者的就业择业创业能力，增强职业教育对社会和谐发展的促进作用；要着眼终身学习需要，创新教育内容和方式，增强职业教育对人的全面发展的提升作用；要完善政策体系，营造政府、学校、企业、社区和家庭广泛参与的社会环境，加强职业教育与其他各类教育的衔接融合，增强职业教育对整个教育事业协调发展的支撑作用。

联合国教科文总干事博科娃在致辞中对中国承办此次大会表示衷心感谢。她认为，职业教育是可持续发展的基本要求，是建设包容与公正社会的关键，是我们走向未来的钥匙。我们应当树立一种新的理念，就是教育与培训要适应劳动力市场需要、要回应个人与社会需求、要为和平与可持续发展做贡献。时代呼唤建立高质量的、终身的、创新的职业技术教育。

会议通过了《上海共识：第三届国际职业技术教育大会——职业技术教育与培训的转型：培养工作与生活技能建议书》。建议联合国教科文组织各成员国政府和利益相关方，要采取改革职业技术教育行动，共同应对世界和职业技术教育面临的挑战。要增强职业技术教育与培训对不断变化的劳动力市场、经济与社会的适应性；要扩大机会，提升职业技术教育质量与公平程度，使学习者获得可持续生活与谋生的能力；要健全职业技术教育的资历体系和评估、认证制度，将职业技术教育与普通教育有机衔接，拓宽学习者的发展路径；要改进职业技术教育发展的监测、研究与决策能力；要拓展伙伴关系，改进职业教育管理，要增加投入并使资金来源多元化。要加强宣传，提高职业技术教育的公共影响力和吸引力。要使职业技术教育成为2015年后国际教育与可持续发展日程中不可或缺的内容。

全国政协副主席、中华职业教育社理事长张榕明出席大会，并在中国圆桌会上做主旨演讲。全国政协副主席、科技部部长万钢出席大会开幕式和中国—联合国教科文组织职业技术教育展开展仪式。教育部部长袁贵仁当选为大会主席，主持大会开幕式和第一次全会，并代表中国做主旨演讲。他介绍了中国加快现代职业教育体系建设、深入推进人才培养模式改革、拓宽技能型人才成长通道、加快发展面向农村和贫困地区的职业教育、大力加强“双师型”教师队伍建设等职业教育改革发展的措施。

大会还举办了中国职业教育圆桌会。教育部副部长鲁昕在中国专题会上做主旨演讲。教育部副部长郝平在大会闭幕式上致辞。会议期间，还举办了中国—联合国教科文组织职业技术教育展以及职业院校师生表演的专场文艺演出，组织与会代表参观了上海的部分职业院校，给各国代表留下了深刻印象。

〔**联合国教科文组织总干事博科娃应邀访华**〕

应中国政府邀请，联合国教科文组织总干事博科娃于5月12—17日来华出席第三届国际职业技术教育大会并对中国进行访问。5月14日，国务委员刘延东在上海会见了博科娃一行。刘延东首先转达了国家主席胡锦涛对博科娃的问候以及对第三届国际职教大会的祝贺。刘延东指出，中国非常重视和联合国教科文组织的合作，始终认为加强人文交流合作是维护世界和平与繁荣的一个重要方面。随着中国的发展，我们会进一步丰富合作形式和内容，为国际教育、文化合作做出更多努力。刘延东和博科娃还共同出席了中国科技部与联合国教科文组织关于在华建立“国际科学和技术战略研究与培训中心”的签约仪式。博科娃在访华期间，与苏州市副市长徐惠民进行了会晤，考察了苏州世界遗产保护工作；赴同济大学出席名誉教授称号授予仪式，校长裴钢向其颁发了证书；赴杭州参观访问并向杭州市市长邵占维颁发了“联合国教科文组织工艺与民间艺术之都”证书；访问了浙江大学并听取了该校拟建立“国际工程技术知识中心”的规划报告。

〔**出席联合国教科文组织亚太地区教育信息与通信技术（ICT）部长级论坛**〕　经国务院批准，教育部副部长杜占元率团于9月9—11日在泰国曼谷出席联合国教科文组织亚太地区教育信息与通信技术（ICT）部长级论坛。本届论坛主题为“教育信息与通信技术政策的力量：影响教育实践”。来自亚太地区24个国家的教育部长、副部长、政府官员和专家以及联合国教科文组织、世界银行、国际电信联盟等国际组织、英特尔公司、微软公司等跨国企业以及大学、非政府组织代表等400余人出席会议。杜占元在论坛第一次全体会议上做了题为“中国教育信息化实践与经验”的发言，重点介绍了中国教育信息化的发展历程、国家教育信息化十年规划内容和中国教育信息化工作的经验。

〔**出席联合国教科文组织执行局第189届会议**〕

经国务院批准，教育部副部长、中国执委代表郝平于2月29日至3月5日率团出席联合国教科文组织第189届会议。本次会议是在联合国教科文组织面临严峻财政困难和中东地区（叙利亚）局势发生复杂变化的背景下提前召开的一次重要例会。郝平在大会发言中重申了中国对联合国教科文组织工作的坚定支持，并提出以下三点建议：一是深化改革、共渡难关，努力推进机构改革；二是抓大放小，提高效率，摒弃与优先事项关联不大的计划，缓解财政和能力不足的制约；三是保持信心，深挖潜力，凝聚共识，克服财政危机。会议期间，郝平与联合国教科文组织总干事博科娃举行了工作会谈，就深化双方合作交换了意见，并代表中方签署了中国—联合国教科文组织教育信托基金框架协议。

〔**出席联合国教科文组织执行局第190届会议**〕

经国务院批准，教育部副部长、中国执委代表郝平于10月6—9日率团出席联合国教科文组织第190届会议。会议的主要任务是：讨论该组织《2014—2021年中期战略草案》和《2014—2017年计划与预算草案》等重要文件。郝平在大会发言中强调，联合国教科文组织应将有限的资源集中于会员国共同关心、有着共同利益和价值取向的计划项目上，把教育公平、提高教育质量确立为具体落实“教育第一”全球倡议的重要目标，把利用信息技术加强教师教育与培训作为工作重点。郝平还着重介绍了在上海召开的第三届国际职教大会和中国设立援非教育信托基金项目进展情况；呼吁会员国加强团结，促进本组织通过改革焕发新的活力。会议期间，郝平分别与联合国教科文组织总干事博科娃、教育助理总干事唐虔、文化助理总干事班德林、科学助理总干事卡隆基等进行了会见或会谈。联合国秘书长潘基文出席了本次会议并讲话。

〔**出席第九届九个人口大国全民教育部长级会议**〕　经国务院批准，教育部副部长郝平率团于11月9—10日赴印度新德里出席第九届九个人口大国全民教育部长级会议。会议主题为：“全纳、有针对性、有质量的全民教育”。郝平在发言中指出，过去10年中国全民教育取得重大突破，提前实现三项全民教育目标，即全面普及了免费九年义务教育、成人文盲率已下降到4%左右、基本消除了中小学入学性别差距。中国召开的中国共产党第18次全国代表大会，明确教育未来的发展目标是大会讨论的重点议题之一。中国将积极响应联合国“教育第一”的倡议，坚持教育优先发展。会议通过了《新德里承诺》。

〔出席联合国教科文组织首届全球全民教育会议〕 经国务院批准，教育部副部长郝平率教育代表团于11月21—23日赴法国巴黎出席联合国教科文组织首届全球全民教育会议。本届会议总结了世界全民教育目标实现情况，分析了面临的挑战，介绍了《2012年全民教育全球监测报告：青年与技能——拉近教育和就业的距离》的主要发现与结论，讨论通过了关于加速实现2015年全民教育目标及2015年后全民教育发展的《最后声明》。郝平在大会发言中，简要介绍了近10年中国全民教育取得的巨大成就，宣布已经实现全面普及免费九年义务教育、扫除文盲和基本消除中小学入学性别差异等三项目标。介绍了中国针对农村地区采取的一系列推进全民教育的重大政策和举措。还特别介绍了党的十八大把教育作为重要议题，提出了基本实现教育现代化的目标以及做出的一系列重大部署。他表示，中国将积极响应联合国“教育第一”的倡议，坚持教育优先发展。会议期间，代表团与教科文组织共同举办了中国—联合国教科文组织援非信托基金启动仪式。联合国教科文组织总干事博科娃、项目首批受援国代表及部长级会议代表100多人出席了仪式。

〔中国联合国教科文组织全国委员会第27次会议召开〕 12月3日，中国联合国教科文组织全国委员会第27次会议暨2012年全民教育论坛在北京召开。来自外交部、文化部、中国科学院、中国社会科学院等委员单位、教育部相关司局和直属单位、教科文组织II类中心和教科文组织教席、有关省（区、市）教育部门和高校等代表近百人出席会议。会议结合学习贯彻党的十八大精神，交流了教科文工作的经验，对创新合作形式、参与国际规则制定、举办重要国际会议、深入参与教科文组织旗舰项目合作等工作进展情况进行了总结，对全委会工作进行了部署。

〔加强国际合作，贯彻落实教育规划纲要〕 组织完成了江苏、河南、云南、贵州、甘肃五省和成都市的教育规划纲要实施监测试点项目，形成了一批利用联合国教科文全民教育监测技术开展省市级教育规划纲要实施监测的报告。组织联合国儿童基金会、联合国教科文组织亚太地区总办事处，从第三方角度撰写了评价中国全民教育成就的报告并在九个人口大国会议上散发，以国际视角和话语宣传了中国教育的成就。启动了学科教师应用教育信息与通信技术试点项目，并着手编写培训教材。

〔实施惠普中国教育创新基金（HP—EIFC）项目〕 为贯彻落实教育规划纲要及《教育信息化十年发展规划（2011—2020年）》，进一步以信息化推动中国教育现代化，中国教科文组织全国委员会与惠普公司合作，在杭州市、成都市和滇西地区开展了中国教育创新基金（Education Innovation Fund for China，简称EIFC）“促进教师创新运用信息通信技术提升教学的能力”为期两年的项目试点工作。该项目总经费为100万美元，主要用于在杭州市、成都市和滇西地区开展教师信息技术试点培训，通过教师创新运用信息通信技术，促进教学质量的提升。

〔联合国教科文组织孔子教育奖颁奖〕 9月27—28日，中国教科文组织全国委员会与山东省政府合作在曲阜市举办了2012年度联合国教科文组织孔子教育奖颁奖活动。不丹、哥伦比亚和摩洛哥的获奖者应邀来华出席颁奖活动和同期举办的国际扫盲研讨会以及学习考察活动。

〔举办杭州国际教育创新大会〕 11月28—30日，由中国教科文组织全国委员会、联合国教科文组织和杭州市政府共同主办的“2012中国杭州国际教育创新大会”（文晖论坛）及大会十周年庆典活动在杭州市举办。来自中国、柬埔寨的本年度亚太教育创新奖（文晖奖）获奖者出席了颁奖仪式以及创新教育大会。

〔**澄江化石地和元上都遗址列入《世界遗产名录》**〕 中国的澄江化石地和元上都遗址在6月24日召开的第36届世界遗产委员会会议上被列入《世界遗产名录》。截至2012年年底，中国共有43项世界遗产，包括30项文化遗产、9项自然遗产和4项双重遗产，位列世界第三；世界非物质文化遗产36项，位列世界首位。

〔**杭州、北京加入创意城市网络**〕 4月，联合国教科文组织批准杭州市作为“手工艺和民间艺术之都”加入创意城市网络。5月，该组织批准北京市作为“设计之都”加入创意城市网络。截至2012年年底，深圳、成都、上海、杭州、北京5个城市加入了该网络，为建设世界名城和促进当地文化创意产业发展注入了新的活力。

撰稿 窦春祥
审稿 秦昌威

留学基金管理

〔**国家留学基金管理委员会第12次全体委员会议召开**〕 国家留学基金管理委员会第12次全体委员会议于2012年5月31日在北京召开。教育部副部长兼国家留学基金委主任郝平出席会议并讲话，充分肯定了国家留学基金委近几年的工作。他指出，留学工作是党和国家的一项重要工作，要站在国家战略发展全局的高度，进一步提升留学工作的战略地位，进一步加大国家层面对留学工作的统筹力度，实现资源整合、优势集成，建立起面向现代化、面向世界、面向未来的留学工作新机制。

国家留学基金委秘书长刘京辉做工作报告。报告从出国留学、来华留学、内部建设三个方面对2007年以来开展的工作和取得的成绩进行了总结。外交部、国家发展和改革委、教育部、公安部、财政部、中国科学院、中国社会科学院、中国工程院等委员单位的委员及代表对工作报告进行了审议，并对工作提出了建设性的意见和建议。

〔**公派出国留学**〕 2012年，共资助31 256名国家公派留学人员，分别在87个国家学习，比2011年增长了15%。其中访问学者类（高级研究学者、访问学者、博士后、短期研修生、进修生）占总数的30%，研究生类（博士生、联合培养博士生、硕士生、联合培养硕士生、硕士插班生）占64%，本科生类（本科插班生、本科生）占6%。2012年，新评审录取15 645人，比2011年增加14%，工科占39%、文科占25%、理科占17%、经管占9%、医学和农业分别占7%和3%。

1. 加强重点项目实施工作，创新和完善公派留学机制。

（1）国家建设高水平大学公派研究生项目录取6 140人，其中攻读博士学位研究生2 803人、联合培养博士生3 337人。攻读博士学位研究生首次面向全国公开选拔，并把在外自费留学人员纳入选拔范围；联合培养博士生选派范围扩大至全部“985工程”和“211工程”建设高校，并将“特色重点学科项目”建设高校的特色重点学科纳入选派范围。

（2）2012年，青年骨干教师出国研修项目录取2 584人。开展专家抽查评审工作，对学校选拔推荐工作和人选质量进行综合评估，专家评审通过率为97.8%。

（3）2012年，国家公派高级研究学者、访问学者（含博士后研究）项目录取2 275人。其中高级研究学者158人、访问学者1 965人、博士后152人。留学资格有效期调整为一年。

（4）西部地区人才培养特别项目录取796人，地方合作项目录取653人。2012年，重点支持东部高校援助西部高校联系国外合作院校的“三兄弟”选派模式，加大以“成组配套”团队形式派出的比例，75%以上为地方重点发展的专业领域。

（5）2012年，国际区域问题研究及外语高层次人才培养项目录取730人，留学以及研究国别拓展到50多个国家和地区。艺术类人才培养特别项目录取33人。实行申请人申请时提交外方邀请函和外语合格证明的选派办法。

（6）继续与有关部门、大型国有企业合作开展人才培养项目，支持国家重大工程项目建设和专门人才的培养。2012年，选派中国航空工业集团公司46人、中国地震局40人、中国商用飞机有限责任公司38人、中央编译局11人、国家海洋局18人出国留学；选派12名优秀新闻传播硕士研究生赴新华社、中新社、人民日报社、中央电视台主要媒体驻海外机构实习；资助国家体育总局、北京体育大学“冠军班”9名学员出国研修。

（7）开展公派留学效益评估工作，研究制定国家公派出国留学项目绩效跟踪调查工作方案。2012年，委托北京大学教育学院以国家建设高水平大学公派研究生项目为试点，开展问卷调查工作。

2. 新设公派留学项目，拓宽选派渠道。

（1）新设国家公派优秀本科生国际交流项目。2012年，试点选派规模为1 000人，确定资助82所高校的226个中外合作项目选派本科生出国交流，推进高等教育国际化建设，培养学生创新意识和实践能力。

（2）设立国家公派硕士研究生项目。选拔中央国家机关及事业单位、高职院校在职人员、优秀本科毕业生赴国外攻读硕士学位以及在读硕士生赴国外进行联合培养。重点支持公共管理、经济管理、农业推广、国际金融、国际法、社会管理等专业领域，培养高层次应用型专门人才。

（3）设立中美执业兽医专业博士学位（DVM）项目，填补中国在该教育领域的空白。开展与诺贝尔奖获得者丁肇中教授的合作，首次为其瑞士实验室选派12名联合培养博士生。

（4）开展与中央党校和国家行政学院的合作，选派两校优秀教学、科研人员出国研修。

3. 寓管理于服务中，提高服务和管理质量。坚持“以人为本”进行留学管理。2012年，共处理留学人员变更留学国别、留学单位、延长期限、生病、死亡、刑事案等各类事件3 562例；为12 430名留学人员办理了交存保证金手续，为9 852人办理了回国报到和提取保证金等手续；依法处理违约人员51名，追回赔偿款项近100万元人民币。分别到30多所高校和单位进行项目宣讲及组织留学人员行前集中培训，人数达2.6万余人。公派留学按期回归率达98%。

4. 2012年，国家优秀自费留学生奖学金项目共确定489名获奖者，其中特别优秀奖5名。特别优秀奖每人奖励1万美元，其余获奖者每人奖励6 000美元。

〔**来华留学**〕 2012年，资助来自184个国家和地区的28 768名中国政府奖学金生在华学习，比2011年增长了11.9%；学历生占总数的87%，比2011年增长了14个百分点；研究生占总数的57%；亚洲学生占53%，非洲学生占23%，欧洲学生占14%，美洲学生占8%，大洋洲学生占2%；学习专业分布为工科占22%，文科（含汉语）占21%，其余为管理占13%、医学占13%、经济占12%、法学占7%、理科占4%，其他专业不足千人，如农学、教育学、历史、哲学、艺术等。

1. 2012年，录取新生9 768人。其中录取的学历生7 654名，占总数的78.36%；非学历生2 114名，占总数的21.64%。

2. 认真实施奖学金年度评审，提高奖学金使用效益。2012年，共有168所院校的13 718名学生通过奖学金评审，继续享受中国政府奖学金继续在华学习；共有222名学生未通过奖学金评审，其中103名学生因考核成绩不合格或出勤率过低，被中止其享受中国政府奖学金资格一学年；43名学生因严重违反校纪校规或成绩极差被取消奖学金资格；76名学生因无故不参加评审被取消奖学金资格；另有29名2010年被中止中国政府奖学金的学生通过了2012年的奖学金年度评审，被恢复奖学金资格。

3. 提高中国政府奖学金来华留学本科生预科教育质量。组织编写来华留学本科生预科教育专用教材，已于2012年出版并投入使用。由专人负责定期与7所承担预科教育的学校联系，详细了解和掌握教学及学生学习情况，并及时提出改进措施。2012年，95.39%的学生通过了结业考核，比2011年提高3个百分点。

4. 支持高等院校为外国留学生开设全英文课程。全年共有130所高校开设全英文授课硕士课程，录取2 627名学生，比2011年增加了379人，占新生总数的27%。

5. 及时应对突发事件，全年受理并处理各类管理案件1 125例。

6. 举办中国教育展，扩大对外宣传，吸引外国留学生来华留学。2012年，共在希腊、土耳其、加拿大、巴西、智利等12个国家举办了7次教育展。在办展的同时，举办中外大学校长论坛、交流会等，收到良好效果。

7. 与马来西亚森那美集团合作，由该企业分别资助中国和马来西亚学生出国和来华留学。截至2012年年底，共有5家中外企业设立了来华留学奖学金。

8. 积极推动巴西、智利政府派遣学生来华留学，分别与巴西教育部、智利国家科学技术委员会签署协议。巴西政府在未来4年选派5 000名学生、智利政府每年选派100名学生来华学习。

〔**国际交流与合作**〕 2012年，国家留学基金委与国外教育、科研机构新签、续签合作协议24项，搭建国际教育交流平台，提升教育国际化水平。国务委员刘延东、教育部部长袁贵仁出席国家留学基金委与英国贝尔法斯特女王大学合作协议的签字仪式。

配合中美、中俄、中欧、中英人文交流磋商机制，落实有关学生学者交流计划。其中承办了第三轮中美人文交流高层磋商“中美学生交流论坛”、实施“公派万名博士赴美学习”项目派出约7 000人、落实中英“实习生项目”等；举办中国—加拿大研究生教育合作论坛、“中国—巴西高校合作对话会”，出席G8国际教育峰会等。

〔**信息化建设**〕 1. 国家建设高水平大学公派研究生项目、青年骨干教师出国研修项目等公派留学项目试行“无纸化”网上申报、评审以及远程面试取得成功，提高了选派工作效率和信息化水平。

2. 开发并启用了来华留学中英文宣传网站——留学中国网（www.chinacampus.org），全面介绍中国教育、高校及招收外国留学生的专业信息。

3. 开发“国家优秀自费留学生奖学金项目”信息管理系统，实现在线申请、评审。

撰稿　王建光　卢春生

审稿　刘京辉

留学服务

〔**公派出国（境）服务**〕 积极配合国家留学基金委秘书处的工作，认真落实国家公派留学计划。2012年，共为11 006名各类公派留学人员办理了签证和派出手续，为6 631名留学人员提供了行前培训，为8 124名因公出国团组人员办理了护照或签证手续。

〔**办理留学回国人员就业报到手续**〕 为留学人员回国工作提供就业落户服务，共为12 259名各类留学回国人员办理了就业落户手续。

〔**为留学人员提供户籍管理服务**〕 为3 757名出国留学人员办理了出国户口存放手续，为

1 340 名回国留学人员办理了户口迁出手续。

〔**办理国（境）外学历学位认证**〕 共为95 102 名各类留学人员提供了国（境）外学历学位认证服务。

〔**办理留学存档**〕 为留学人员提供档案管理服务，共办理留学存档 20 718 份、办理档案转出 8 064 份、办理党组织关系转入 2 466 人。

〔**留学回国人员科研启动基金受理及评审工作**〕 认真做好留学回国人员科研启动基金受理及评审工作，共受理了 3 588 名留学回国博士的科研启动基金申请，资助 1 322 人，下发资助费 4 115.4 万元。

〔**承办第七届中国留学人员创新创业大赛**〕 第七届“春晖杯”创新创业大赛共收到 260 个参赛项目。经过留学人员创业园、风险投资机构和留学人员企业的专家对参赛项目的初审、复审和通审后，最终有 125 个项目入围，117 名入围者获第七届“春晖杯”创新创业大赛优胜奖。

〔**为重点高校、科研单位和地方建设引进高层次人才服务**〕 紧紧围绕高校和科研单位的高层次人才队伍建设和引进计划，通过多种渠道协助其招聘高层次留学人才。通过中国留学网、中国留学英才网等多家网站，为重点高校和科研单位发布高层次人才招聘信息。通过分布在全国各地的 30 个分中心，为广大留学人员提供大量的地方用人信息。成功举办“留学英才招聘会暨高端人才洽谈会”，共有 93 家单位（高校、科研院所、中央所属企业）参加招聘会，2 000 多名留学回国人员前来应聘。

〔**为驻外使（领）馆教育处（组）的信息化建设工作和外宣工作提供服务保障**〕 受教育部委托承担的驻外使（领）馆教育处（组）信息化建设工作取得明显成效。2012 年，为 12 家驻外教育处（组）开发建设了官方网站。截至 2012 年年底，建成 28 个驻外使（领）馆教育处（组）网站和 16 个留学管理服务系统。

根据各驻外使（领）馆教育处（组）对外宣传活动的需要，通过“礼品在线征订系统”，为驻外教育处（组）提供了直观、方便、快捷的外宣礼品自主选择渠道，并尽力满足各种个性化的需求。建立了外宣用品邮寄、跟踪、反馈的有效机制。

〔**举办“第十七届中国国际教育巡回展”和“2012 中国留学论坛”**〕 3 月 9—25 日，“第十七届中国国际教育巡回展”先后在北京、郑州、成都、上海、西安、武汉和广州 7 个城市举行，来自近 30 个国家的 500 余所院校参展，观展人数达 6 万人次。同时于 3 月 9 日在北京举行了以“促进学生流动的均衡发展——高校国际化道路必然选择”为主题的“2012 中国留学论坛”。

〔**赴国外举办“留学中国教育展”**〕 共组织 9 个团组分赴 16 个国家的 18 个城市举办“留学中国教育展（论坛/说明会）”或参加国际教育展达 19 场次，参展院校共 111 所次，参团人数达 259 人次，观众达 52 000 人次。此外，分别在北京、武汉举办了留华毕业生新春招待会。

〔**“新加坡护理医科奖学金项目”招生工作**〕 圆满完成“新加坡护理医科奖学金项目”招生工作，共招生 131 人。

〔**出国留学培训基地建设**〕 留学服务中心与国内院校合作共建了 11 个出国留学培训基地、4 个赴俄罗斯留学培训基地、4 个战略合作伙伴。2012 年，共招生 2 400 人。

〔**承办中外合作办学项目专家评议会**〕 留学服务中心连续多年承担中外合作办学项目申请材料的前期审查及专家评议的组织工作。受教育部委托，2 月和 8 月，两次承办中外合作办学项目专家评议会。

〔**首届中心党委成立**〕 在留学服务中心党总支的基础上，选举产生了教育部留学服务中心第一届党的委员会、第一届纪律检查委员会以及第一届共青团委员会。

〔**迁入新址办公**〕 3 月 17—20 日，留学服务中心（主体）从北京语言大学迁入北京市海淀区北四环西路 56 号辉煌时代大厦。3 月 21 日，正式对外办公。

撰稿 丁建国
审稿 刘剑波

国际汉语教育和推广

〔**印发《孔子学院发展规划（2012—2020 年）》**〕 2012 年 10 月 10 日，经国务院批准，印发《孔子学院发展规划（2012—2020 年）》（简称《规划》）。这是孔子学院第一个发展规划。

《规划》全面概括和总结了孔子学院取得的成就和经验，明确了到 2020 年发展的指导思想，提出要适应中国公共外交和人文交流需要，抓住机遇，合理布局，以汉语教学为主体，以提高质量为核心，力求开办一所就办好一所，充分发挥孔子学院综合文化交流平台的作用，为推进中国语言文化走向世界，促进中外友好关系发展做出应有贡献。《规划》强调，要坚持科学定位、突出特色，政府支持、民间运作，中外合作、内生发展，服务当地、互利共赢四项基本原则。

《规划》明确了到 2020 年的发展目标：要基本满足各国对建设孔子学院的需求，做到统一质量标准、统一考试认证、统一选派和培训教师。基本建成一支质量合格、适应需要的中外专兼职教师队伍。基本实现中国出版汉语教材多语种、广覆盖。基本建成功能较全、覆盖广泛的中国语言文化全球传播体系。国内国际、政府民间共同推动的体制机制进一步完善，使汉语成为外国人广泛学习使用的语言之一。

《规划》还确定了突出发展重点和提高办学质量水平、建立健全教学和管理人力资源体系、国际汉语教材和教学资源体系、汉语考试服务体系、积极开展中外文化交流活动 5 大任务。确定了建设教师培养培训基地、建立志愿者人才库、实施国际汉语教材工程、加强网络孔子学院建设、开展“孔子新汉学计划”、建设示范孔子学院、实施孔子学院品牌工程 7 个重点项目。确定了加大经费保障力度、加强统筹协作、充分发挥各方作用等保障措施。

〔**孔子学院建设和国际汉语教育**〕 2012 年，党和国家领导人对孔子学院工作做出重要批示 100 多次，出席孔子学院活动 50 多次，批准国家汉办主任（孔子学院总部总干事）为副部长级，增加总部人员编制，充分体现了党中央、国务院对孔子学院工作的高度重视和大力支持。

12 月 16—18 日，第七届孔子学院大会在北京举行。国务委员刘延东在开幕式上致辞，并为先进孔子学院（课堂）、先进个人和中方合作院校颁奖。来自 100 多个国家的孔子学院所在大学校长和中外院长，50 多家驻华使领馆，110 多个驻外使领馆教育、文化、政治处（组）负责人以及各有关省（区、市）教育部门和大中小学共 2 100 多名中外代表参加会议。教育部部长袁贵仁主持大会开幕式，副部长郝平做大会总结。大会以“促进孔子学院融入大学和社区”为主题，共举办 8 个分论坛和 4 个校长论坛，发言人数达 300 多人，是历届大会发言代表最多的一次。

国务院办公厅、教育部、中央外宣办、外交部、国家发展和改革委、财政部、商务部、文化部、国家广电总局、新闻出版总署、国务院侨办、中国外文局、中央电视台、国际广播电台等孔子学院总部常务理事单位履职尽责，切实做好孔子学院建设的有关工作。各省（区、市）、各高校大力支持，积极参与国际汉语推广工作。截至2012年年底，全国共有29个省（区、市）260多所大学和500多所中小学积极参与孔子学院建设，其中已有26所高校和省厅建立了国际汉语教育与推广基地，107所中小学建立了“汉语国际推广中小学基地”。湖南、云南两省办好“汉语桥”世界大学生、中学生赛事。山东、河南、浙江、湖北、陕西、广西、天津等省（区、市）加大选派汉语教师和志愿者力度，积极参与接待国外学校师生访华活动。各级各类院校通过参与孔子学院建设和国际汉语教育工作，拉近了中外院校的距离，学到了国外学校先进的办学理念和经验，扩展了国内外校际交流与合作的领域和空间，锻炼出一支具有国际视野和跨文化交际能力的中青年教师队伍，有力地带动了中国教育的对外开放和改革。

〔**全球孔子学院稳步发展**〕　2012年，新增孔子学院42所，新建中小学孔子课堂35个，开设孔子学院的国家比2011年增加3个。截至2012年年底，已在108个国家和地区开设了400所孔子学院和535个孔子课堂。其中354所孔子学院和503个孔子课堂已启动运行。在世界排名前200位的大学中，有75所开办了孔子学院。孔子学院和孔子课堂注册学员达65.5万人，比2011年增长31%。开设各类汉语课程3.4万个班次，同比增长40%；举办各类文化活动1.6万场，参加人数948万人，同比增长22%和31%；师资队伍不断壮大，有专兼职教职工2万人。办学条件进一步改善，孔子学院拥有专用教学面积31万平方米，同比增长49%，每所孔子学院和孔子课堂平均达839平方米。各国申办孔子学院（课堂）的积极性持续高涨，共有80多个国家420多个机构要求申办孔子学院（课堂）。

〔**孔子学院管理水平显著提升**〕　一是召开欧、亚、拉美、非洲等7个地区性孔子学院联席会议。就进一步加强孔子学院安全运行、制订发展规划、实施“孔子新汉学计划”等议题进行广泛讨论。二是开展孔子学院质量评估。187所设立5年以上的孔子学院开展自评估，组织国内外专家团队对84所孔子学院开展现场评估。三是启动示范孔子学院建设。在广泛调研驻外使领馆、中外承办院校意见的基础上，制订示范孔子学院标准。通过上述措施，大幅提升了孔子学院的办学质量和水平。

〔**加强师资队伍建设**〕　一是启动专职教师队伍建设。以教育部和财政部名义印发《关于做好孔子学院专职院长和教师队伍建设的意见》，首批建立了300人的中方专职教师队伍，并选定中国人民大学等12所院校作为储备单位。二是加强标准和制度建设。制订《国际汉语教师标准》，实行国际汉语教师资格认证，印发《中方院长选派管理办法》、《外派汉语教师年度考核办法》等。三是落实汉语教师志愿者优惠政策。以教育部办公厅名义印发《关于做好普通高等学校毕业生赴国外担任汉语教师志愿者服务期满相关工作的通知》，在志愿者升学、户口档案保留等方面给予优先、优惠政策。四是加大中方教师、志愿者选派和各国本土师资培训规模。共向132个国家派出1.1万名汉语教师和志愿者，通过“走出去”、“请进来”等方式培训了50个的国家6 000多名外国本土教师。

〔**加大教材开发推广力度**〕　一是组织中外专家启动《国际汉语教材编写指南》工作。二是大力开展教材培训。组织45个国家的1.2万名本土教师来华或在当地进行教材培训，开通教材培训资源网，上传各类课件2.5万个。三是升级赠书平台，加强赠书管理。共向104个国家的1 000个机构配送教材图书78万册。四是开发《新概念汉语》、《中国好人》、《心声集》（英文版）、《孔子卡通读物》等新教材。与美国圣智等多家国外出版机构签署《快乐汉语》、《跟我学汉语》、《汉语图解词典》等教材和工具书的版权转让协议。

〔**汉语水平考试和奖学金工作**〕　汉语考试持续快速发展，635个考点遍布100个国家，各类汉语考试考生规模达352万人次，比2011年增长75%，其中汉语水平考试（HSK）、少儿考试（YCT）、商务汉语考试（BCT）等骨干考试考生达33.4万人，同比增长35%。初步建成汉语考试网络命题平台，为国内主要城市和海外主要国家开始提供网考、机考服务。孔子学院奖学金规模进一步扩大，全年共有来自 110 个国家的 6 417 名学生在华学习，其中录取新生 3 600 名，通过引入 HSK 考试，确保了招生和教学质量，667 名国际汉语教育专业硕士生通过了奖学金年度评审，奖学金效益进一步提高。

〔加强网络孔子学院和《孔子学院》院刊建设〕 一是网络孔子学院实现 46 个外语语种上线，注册用户 105 个国家和地区，共 43 万人，有 4 600 万人次访问过网络孔子学院。开展“孔子学院网络春晚”活动，共吸引 40 个国家的 90 所孔子学院的师生参加。二是《孔子学院》期刊出版英、法、西、日、俄、韩、泰、阿拉伯 8 个语种，每期发行量超过 4 万册，覆盖 108 个国家和地区，读者达 50 余万人。

〔积极开展文化交流活动〕 一是成功举办第十一届“汉语桥”世界大学生中文比赛及第五届“汉语桥”世界中学生中文比赛、在华留学生汉语大赛，共有 80 个国家 7 万名青少年参加预决赛。国务委员刘延东出席第五届“汉语桥”在华留学生汉语大赛总决赛，并为金奖选手颁奖。二是接待近 3 万名“汉语桥”大中小学校长、各国教育官员和夏（冬）令营学生来华体验中华文化。三是组织孔子学院参加法国“汉语年”、德国“中国文化年”活动，共开展各类文化活动 200 多场，吸引 50 万人参加。四是组织中国高校 56 个团组，分赴 60 个国家的 300 所孔子学院及周边地区演出 600 多场，吸引观众约 60 万人。五是举办“第五届全美中文大会”、“巴黎尼山论坛”、“第十一届国际汉语教学研讨会”、“第三届世界汉学大会”等高端国际学术论坛，极大地提升了孔子学院的学术影响力。

〔汉语影响力持续攀升〕 在孔子学院的带动和影响下，全球“汉语热”持续升温。2012 年，共有英国、瑞典、爱尔兰、塞尔维亚等 7 个国家，通过颁布政令、法令等形式，将汉语教学纳入国民教育体系，使将汉语教学纳入国民教育体系的国家增至 40 多个，为汉语教学健康发展打下了坚实的基础。孔子学院和汉语国际教育为促进世界多元文化的交流和发展，增进中国人民与各国人民的友谊做出了重要贡献，受到各国人民的热烈欢迎和国际舆论的广泛好评。

1 月，中国常驻联合国代表团与国家汉办在纽约联合国总部共同举办“企盼和平——新春联合国官员书法作品与中国书画名家作品联展”，联合国秘书长潘基文出席开幕式并题写“和平”二字表示祝贺。欧盟委员会前主席、吉尔吉斯斯坦总统、尼泊尔总理、泰国总理等多国元首及政要，出席孔子学院和国际汉语教育有关活动，并盛赞孔子学院在世界多元文化交流中所发挥的重要作用。意大利总统、柬埔寨国王、摩尔多瓦总理亲自签署文件，授予孔子学院中方院长国家荣誉勋衔、勋章，表彰他们在促进中国与所在国教育文化交流和人民之间友谊方面做出的杰出贡献。

撰稿 樊 钉 尹冬民
审稿 许 琳 静 炜

与港、澳、台教育交流与合作

〔综述〕 截至 2012 年 10 月，在内地（大陆）高校、科研院所就读的港澳台侨学生共计 25 783 人，其中香港学生 11 397 人、澳门学生 5 452 人、台湾学生 8 316 人、华侨学生 618 人。在香港公立高校就读的内地学生 9 471 名，在澳门高校就读的内地学生 8 800 名；2012 年，内地 63 所高校实施对港免试招生，录取香港学生 971 名。

2012 年，教育部接待港澳台学生达 10 841 人次，其中香港学生 5 033 人次、澳门学生 324 人次、台湾学生 5 484 人次。应邀来内地（大陆）访问、参加培训的港澳台教师 2 371 人次，其中香港教师 1 599 人次、澳门教师 755 人次、台湾教师 17 人次。赴港澳台交流参访的校长、学者 605 人次，其中赴港 312 人次、赴澳 97 人次、赴台 196 人次。

2012 年，香港通过教育部向内地教育事业捐赠款的基金有 9 个，捐赠总额逾 2 亿元人民币。

〔内地与香港地区教育交流与合作〕　为落实国务院副总理李克强 2011 年 8 月出席香港大学百年校庆时宣布的“每年支持 1000 名香港大学师生来内地学习、科研”（简称“港大千人计划”）的承诺，2012 年内地高校与香港大学合作共申报师生交流、合作科研项目 46 个，其中 38 个项目获批准，香港大学师生共 825 人参与。

6 月 28 日，北京大学、清华大学、香港大学、香港中文大学、香港科技大学等 29 所高校领导在香港签署《香港与内地高等学校关于进一步深化交流与合作的意向书》，教育部副部长郝平出席签字仪式。

为落实李克强 2011 年 8 月访港时宣布的“内地部分高校可依据香港中学文凭考试成绩择优录取香港学生”（对港免试招生）的惠港政策，2012 年 63 所内地试点高校共录取香港学生 971 名。11 月 3—4 日，应香港特区政府教育局邀请，教育部组织 70 所 2013 年对港免试招生试点高校赴香港举办“2012 年内地高等教育展”。教育展期间，举办宣讲会、分享会及各类讲座 89 场，参观人数达 7 100 余人次，为 2013 年对港免试招生工作做了宣传、预热。

自启动“内地与香港教师交流协作计划”以来，已有 8 批共 391 名内地中小学（语文、数学）及幼儿园教师赴香港担任为期一年的教学指导。2012 年，从 18 个省（区、市）教育厅（委）选派 56 名内地教师赴港。

〔内地与澳门地区教育交流与合作〕　2012 年 3 月 19 日，教育部副部长郝平与澳门社会文化司司长张裕共同签署了《国家教育部与澳门特别行政区政府社会文化司教育交流与合作协议》，开启了内地与澳门两地教育交流合作新篇章。

4—11 月，在国家教育行政学院共举办了 4 期“澳门教育暨青年局教育规划纲要研讨班”，培训澳门教育行政官员 113 人。

6 月，“盛世莲花・相约申城”活动在上海交通大学举办。以“时代使命・青年担当”为主题，邀请在上海和南京高校学习的澳门学生参与，加强了澳门学生的国情教育。

自启动“内地优秀教师赴澳交流计划”以来，已有 5 批共 79 名内地中小学（语文、数学）及幼儿园教师赴澳门担任为期一年的教学指导。2012 年，从 8 个省（区、市）教育厅（委）选派 19 名内地教师赴澳。

〔祖国大陆与台湾地区教育交流与合作〕　按照中央对台湾地区的工作部署，2012 年，大陆学生赴台湾地区就读工作稳妥进行。3 215 名大陆学生报考台湾地区高校，985 名被录取（本科 675 名、硕士 282 名、博士 28 名）。

2012 年，教育部直属高校规划和举办了 72 个重点对台交流项目，邀请 4 835 名台湾大学生和教师前来参加活动。吉林大学的“北国风情冬令营”、兰州大学的“甘青行——海峡两岸高校师生西北文化考察活动”、北京大学的“第二届海峡两岸研究型大学暑期学校”等一系列活动吸引了越来越多的台湾高校师生。这些活动结合各地历史、文化、地域特色和各学校专业，不仅活动生动活泼、形式多样，还进一步增进了两岸师生的情感和友谊，营造了两岸和平发展、共同发展的良好氛围。

2012 年，规划了 32 个两岸高校间的学术交流活动；教育部直属高校党委书记、校长赴台湾地区访问共计 168 人次；教育部机关及直属单位工作人员赴台湾地区访问共计 42 人次；直属高校共聘请了 17 名台湾人士来大陆任教授课。

〔接受香港教育捐款〕　2012 年，曾宪梓基金会继续出资 630 万元人民币，资助北京大学等 35 所高校的 1 750 名优秀贫困学子。12 月，曾宪梓基金会出资 1 000 万元港币，在云南滇西边境片区 10 个市（州）启动滇西贫困地区中小学建设项目。

5 月 24 日，“千名中西部大学校长海外研修计划”捐赠仪式在人民大会堂举行。该项目由香港培华教育基金会和李兆基基金共同出资 8 000 万元设立，计划于 2012 年至 2015 年 4 年间，派遣近千名中西部地方高校校领导赴海外开展研修，旨在加强中西部地方高校领导干部的办学治校综合能力，提升中西部地方高校办学水平。该项目于 8 月启动，首批派出 5 个班次 100 余名中西部高校校领导分赴美国、英国、澳大利亚、德国研修。

2012 年度，邵氏基金共赠款 2 亿元港币。2 月 17 日，邵氏基金赠款第 26 批大学项目评审工作总结会在北京召开，各评审专家分别就本批次申请项目的基本情况做了报告。10 月 13—20 日，邵逸夫先生夫人、香港邵逸夫基金有限公司主席邵方逸华女士及香港前特首曾荫权先生等香港政商界人士、知名企业家、各行业专业人士一行 49 人到浙江省和北京市进行访问。10 月 19 日，“邵逸夫基金教育赠款项目实施 25 周年庆祝酒会暨第 26 批项目赠款仪式”在北京举行。教育部副部长郝平致辞，副部长杜玉波代表教育部接受了邵逸夫基金赠款支票，并向邵方逸华女士赠送了《书香逸夫，悦读天下》纪念画册。

2012 年度，霍英东教育基金会共资助青年教师基金基础性研究课题 110 项、应用研究课题 39 项，其中包括“西部高校青年教师研究基金”10 项；共奖励青年教师奖一等奖 5 项、二等奖 17 项、三等奖 80 项，150 余所高校的 251 名青年教师获 298 万美元的资助和奖励。

2012 年度，王宽诚教育基金会出资 18.55 万美元，资助 29 所高校举办国际学术会议和出国参加会议项目。

2012 年度，华夏基金会共出资 50 万元。3 月 18—24 日，由教育部港澳台事务办公室与华夏基金会共同主办的“内地职业教育学校行政管理人员赴港研习”活动在香港举行。

撰稿　艾宏歌　余　彬　张　萌　刘海峰
审稿　赵灵山

教育科研与学术活动

中国教育科学研究院

〔**中国教科院教育规划与战略研究中心成立**〕

2012年9月27日，教育部中国教育科学研究院教育规划与战略研究中心成立仪式在中国教科院举行。

教育部副部长鲁昕出席会议，为中心揭牌并发表讲话。鲁昕指出，中国教科院始终参与教育战略方面的研究，贡献很大，撰写的报告推动直属院校的基本建设的投资翻了一番，对扩大教育基本公共服务范围、制订“十二五”教育发展规划、开展现代职业教育体系研究等都起到了重要作用。希望教科院教育规划与战略研究中心与另外5个中心即北京大学教育人力资源研究中心、清华大学教育规划管理研究中心、人民大学教育与公共政策研究中心、南开大学教育与产业经济研究中心、对外经贸大学教育与经济研究中心一起，进一步聚焦问题、整合资源，加强合作、协同创新，多出成果、快出成果，为建设人力资源强国做出更大贡献。

中国教科院以中心成立为契机，按照教育部领导的要求和中心章程，围绕现代教育体系、教育标准体系、区域教育现代化、教育统计指标体系、国际教育战略比较和现代教育的案例，深入扎实地开展研究。以服务国家需要和地方实践为目标，以中国教科院核心力量为基础，以教育与经济社会发展的量化研究为特色，与其他5个教育科学决策研究中心精诚合作、密切配合、协同创新，进一步拓宽国际视野，着力加强实证性、前瞻性和预测性研究，高质量完成教育规划与发展战略研究任务，努力将中心建成社会发展领域的一流智库。

〔**中国教科院教育调研中心成立**〕 12月3日，经教育部领导批示同意，中国教科院正式成立教育调研中心。

教育调研中心协同教科研系统，形成以中国教科院牵头与各省级教科院所为核心的全国教育调研联盟，构建覆盖全国的调研网络；协同著名网络调查公司，组建万人网络信息员队伍，形成以中国教科院监控与著名网络调查公司合作的网络调研平台，构建科学分布、合理分层的调研网络；依托调研平台，建立万人双周报制度，发布和专报具有社会影响力的系列调研报告及舆情参考。

教育调研中心通过常规调研、专题调研等形式，采取网络调查、入户入校调查以及实地考察等方式开展调研活动。常规调研包括：围绕国家教育大政方针的贯彻落实情况和教育热点和难点问题，围绕新时期教育发展的阶段性特点和各级各类教育特征，围绕各级各类学生的德智体美发展情况，开展常规性调研，积累历史比较数据，为教育改革和科学发展提供实证依据。专题调研包括：根据教育部工作部署，接受教育部司局、相关部委和省级教育行政部门委托的专题调研，及时准确了解社会对特定问题的看法和意见，为完善政策、改进工作提供坚实基础。

为保障调研工作健康、规范开展，教育调研平台建立了工作保障机制。第一，教科研系统整体联动。建立与教科研系统联合管理、联合研发、联合实施、联合利用、联合报告的合作机制。第二，网络平台健康规范。建立与著名网络调查公司相互支持、优势互补、合作创新的合作伙伴关系，使网络调研成为支撑决策、及时快捷、预警预测的健康规范的平台。第三，调研队伍敬业专业。建立调研员聘用制度、定期培训制度、表彰奖励制度，使调研员具有较高的政治意识、必要的专业素养、较强的敬业精神和强烈的责任感和使命感。第四，调研联盟共建共享。建立互相交流、互相学习、共建共享的教育调研联盟，使联盟组织以教育科研的独特视角，按照教育科学发展的规律和规范的程序，服务决策、回应民声、谋划未来。

〔**承担多项决策服务重大项目**〕 2012 年，中国教科院紧紧围绕贯彻落实教育规划纲要的重点任务，深入开展了国家教育改革发展战略、教育公平、高层次创新人才培养、跨越中等收入陷阱国家教育变革、教育行风评议、教育满意度调查、义务教育均衡发展、高校绩效、现代职业教育体系、农民工随迁子女教育、学生体质健康教育、儿童学习与发展等方面研究，共承担国家及部委委托的研究任务 90 多项，向各有关部委提交研究报告近 100 篇。

〔**“国情、国视、国箐、国际”四大书系陆续出版**〕 为打造具有国家水准、国际视野的教育科研成果，更好地服务于办好人民满意的教育，服务于全面建成小康社会，在中央级公益性科研院所基本科研业务费专项基金的支持下，中国教育科学研究院系统开展了对国内国际重大教育理论与实践问题的研究，形成了“国情、国视、国菁、国际”四大书系。

“国情”教育研究书系以年度发展报告的形式，全面反映中国各级各类教育的成就、经验和挑战，对全国各省（区、市）教育发展和政策进行区域比较，对中国各级各类教育的发展水平进行国际比较，力求对中国教育的数量、规模、结构、效益和质量做出科学判断。

“国视”教育研究书系着眼于社会关注的教育热点问题，着眼于基础性、前瞻性问题，以了解事实、回应关切、提供政策建议为主要目的，探索教育发展规律。

“国菁”教育调研书系专门研究大中小学生的生活状态，涉及学校生活、家庭生活、社会生活和网络生活等。通过调查研究，了解当代学生的行为特点和思想情感，为研究如何促进学生的全面发展提供科学依据。

“国际”教育研究书系主要反映国际教育改革发展动态，分为写作和译作两类，回顾国际教育的历史进程，跟踪国际教育的改革动态，把握国际教育的发展趋势。

四大书系既各自独立又相互联系，在保持各书系特点的同时，力求凸显三大特点。第一，“用数据说话”。四大书系力图建立在数据和事实的基础上，通过对数据的搜集、提炼、整合、分析，发现问题，探索规律。第二，“通过比较说话”。书系力求通过国别比较、区域比较、类型比较、结构比较，发现真知，提供卓见。第三，“协同创新”。书系研究调动院内外、国内外、系统内外资源，注重人员交叉、学科交叉、方法交叉，力求有所创新、有所突破。

〔**院庆一周年系列科研活动**〕 为纪念中国教科院更名一周年，中国教科院举办了“海峡两岸教育政策论坛、实验区联席会暨区域推进教育改革研讨会”等系列科研活动。

11 月 14 日，中国教科院在北京举办首届“海峡两岸教育政策论坛”。论坛的主题是“教育改革与发展的趋势：挑战与对策”。来自台湾 14 所高校与教育研究机构的 26 名代表以及大陆 32 所高校、科研机构的近 200 名代表参加了论坛。教育部副部长郝平、国台办主任助理李亚飞出席了开幕式并致辞。论坛以教育政策为视角，聚焦教育改革过程中所遇到新挑战、面临的新趋势，研讨教育发展的对策。

12 月 27 日，中国教科院教育综合改革实验区联席会暨区域推进教育改革研讨会在北京召开，来自中国教科院 7 个教育综合改革实验区、实践基地的代表，全国 20 多个地市、区县教育行政部门负责人，中国教科院有关部门负责人和科研人员共 110 人参加会议。会议主题为贯彻落实党的十八大报告关于“深化教育综合改革”的战略部署，总结和推进中国教科院教育综合改革实验区工作，探索区域推进教育改革的有效路径。

7个实验区以专题片的形式做了生动的交流。杭州市下城区副区长沈凯波介绍了下城实验区在“高位均衡、轻负高质”战略目标下打造的生态教育模式；成都市青羊区政协副主席、教育局局长李泽亚介绍了青羊实验区在“城乡统筹、质量领先”战略目标下打造的智慧教育模式；大连市金州新区教育文化体育局局长高奇志介绍了金州新区实验区在“多元开放、国际融合”战略目标下打造的多元教育模式；深圳市南山区教育局副局长周新森介绍了南山实验区在“追求卓越、对话世界”战略目标下打造的卓越教育模式；宁波市鄞州区教育局局长陆利明介绍了鄞州实验区在“高位提升、惠及全民”战略目标下打造的幸福教育模式；重庆市九龙坡区教委主任陈瑜介绍了九龙坡实验区在“以生为本、优质均衡”战略目标下探索发展模式的初步进展；宁波市北仑区教育局局长胡小伟介绍了北仑实践基地实施六大项目的进展情况。

与会代表对中国教科院在全国几个有代表性区域开展教育综合改革实验的举措以及各实验区取得的丰硕成果给予了充分肯定。同时，围绕“深化教育综合改革、区域推进教育发展”的主题进行了广泛而热烈的讨论。

撰稿　杨润勇　方铭琳
审稿　袁振国　曾天山

教育发展研究中心

〔中国学习型城市建设的实践及评价研究〕 2012年，教育部教育发展研究中心在实地调研的基础上，完成了中央公益性科研机构基本科研业务费专项课题“中国学习型城市的实践及评价研究”，对上海、福州、武汉、广州等地学习型城市建设实践进行了样本式剖析。研究结论如下。第一，在管理方面，学习型城市建设是一项复杂的社会工程，专门或相关立法、规划、文件是有效推动学习型城市建设的基础，是更好地发挥政府作用的依托；灵活、高效的统筹协调机构和机制是推进学习型城市的必要条件；充足、持续的资源投入是学习型城市建设的物质保证。第二，在提供方面，学习型城市建设的成败最终将落实到终身学习服务由谁提供、怎样提供上。实践表明，在未来发展中除了要推进学习型城市的内涵发展外，成功的学习型城市建设还是各方力量形成合力共同推动的结果，应积极创新、完善各方合作的政策和机制。第三，在评价方面，北京、上海、昆山等学习型城市实践进展较快的城市非常注重对实践进行评价，评估内容不断深化、评估指标不断改进，成为推动学习型城市建设可持续发展的重要手段。

〔部分国家卓越计划的比较分析及其启示〕 2012年，教育部教育发展研究中心开展了对部分国家卓越计划的比较分析。通过案例分析的研究方法，选取了德国的“卓越计划”、日本的“卓越中心”和韩国的“21世纪智力计划”3个具有代表性的案例，深入分析了3个国家卓越政策的背景、目标、内容、特征和影响，并从形成原因、具体举措、实施成效和局限性对这3个国家的卓越政策进行了异同比较和优劣分析。在此基础上，结合中国高等教育改革的实践，总结了世界各国卓越计划对中国高等教育发展的启示，主要表现在以下四个方面：①加强优势学科建设，提升大学核心竞争力；②融合研究与教育职能，培养具有国际竞争力的创新人才；③引入第三方评价，加大社会参与力度；④汇聚研究力量，引领体系创新。

〔营利性与非营利性民办学校分类管理跟踪研究〕 教育部教育发展研究中心承担的国家社会科

学基金重大课题“营利性与非营利性民办学校分类管理跟踪研究”取得积极进展。民办教育分类管理改革试点已在全国范围内展开，但围绕可行性、分类标准、营利性学校的市场准入等问题，还存在激烈争论。本研究提出，推进分类管理要处理好大胆改革与风险控制、坚持分类标准与选择改革策略、宏观指导与地方自主创新、推进试点改革与兼顾非试点改革的关系，并从明确策略原则、厘清重大问题、涉及关键制度、制定优惠政策等方面提出了进一步推进改革试点的政策建议。

撰稿 卢海弘 许海霞 王 烽
审稿 马 涛

高等学校社会科学发展研究中心

〔**大力开展国家主席胡锦涛7·23讲话和党的十八大精神的学习宣传研究**〕 2012年，通过举办专题座谈、组织撰写理论文章在中央主要报刊和《高校理论战线》刊发等多种形式，学习贯彻国家主席胡锦涛7·23重要讲话精神。十八大召开期间，及时了解高校师生学习党的十八大报告中关注的热点问题。组织召开“高校社科界学习贯彻党的十八大精神座谈会”，教育部副部长李卫红主持会议并讲话。组织召开北京部分高校专家学者“学习十八大精神座谈会”。组织高校学者学习研究宣传党的十八大精神，撰写以“理论研究中心”署名的文章在中央主要报刊发表。加强选题策划，在《高校理论战线》刊发学习宣传党的十八大精神的理论文章。认真学习研究党的十八大做出的新的理论阐述和重大论断，将有关重大理论问题列入教育部人文社会科学研究专项任务项目（马克思主义中国化时代化大众化）2013年课题申报指南。

〔**加强教育部中国特色社会主义理论体系研究基地建设**〕 召开教育部中国特色社会主义理论体系研究中心第二次理事会，选举产生新一届理事会，推选教育部副部长李卫红任新一届理论研究中心主任。教育部部长袁贵仁、副部长李卫红出席会议并在讲话中对理论研究中心的工作提出了要求。召开部分高校中国特色社会主义理论体系研究中心工作交流研讨会。

〔**组织开展中国特色社会主义重大理论和实践问题研究**〕 积极发挥教育部中国特色社会主义理论体系研究中心秘书处的作用，精心组织专家学者围绕学习贯彻党的十七届六中全会和党的十八大精神，深入研究建设社会主义核心价值体系、推进社会管理创新、正确认识人权及西方新自由主义、科学发展观、中国特色社会主义教育发展道路、建构中国学术话语体系等重大理论与实践问题，推出一批理论研究成果，在《人民日报》、《求是》和《光明日报》等中央主要报刊发表17篇以“理论研究中心”署名的文章。组织编写《十七大以来社会主义核心价值体系研究述评》。

〔**加强对中国特色社会主义教育发展道路、教育理论体系和教育制度的研究**〕 以中国特色社会主义教育发展道路、教育理论体系和教育制度研究为重点，联合有关高校，组织专家学者开展教育部哲学社会科学重大委托项目“中国特色社会主义教育发展道路”的研究。

〔**加强舆情动态跟踪研究**〕 围绕党的十八大召开前意识形态领域的舆情，组织有关高校开展教育部哲学社会科学研究重大委托项目“2012年思想理论领域舆情动态”的研究。围绕邓小平同志南方谈话20周年、社会主义市场经济体制确立20周年、坚持改革开放、纪念“延安文艺座谈会讲话”发表70周年、深入开展学雷锋活动、中日钓鱼岛争端等热点话题做好舆情动态跟踪研究。开展当代西方资本主义问题研究，撰写发表理论文章。开展中国经济安全问题研究，举办以“中国经济系统性风险的防范”为主题的第三届经济安全论坛，编写出版《经济发展风险与维护产业安全》。

〔**切实做好参阅材料的编写报送工作**〕 编写报送《2011年思想理论领域若干热点问题》、党的十八大专题舆情分析调研报告。定期向中宣部舆情局报送意识形态领域的舆情信息报告。每个工作日报送《网上教育信息摘报》、《海外报刊资料摘录》，不定期报送网上教育信息综述。

〔**组织实施马克思主义中国化、时代化、大众化专项研究**〕 开展2012年度马克思主义中国化、时代化、大众化项目评审立项和2009—2011年度课题结项工作。召开“推进高校马克思主义中国化、时代化、大众化理论研究工作座谈会”，教育部副部长李卫红出席座谈会并讲话。会议总结交流了高校马克思主义中国化、时代化、大众化理论研究工作，编辑出版《高校马克思主义中国化时代化大众化研究报告（2012）》。

〔**推进理论研究成果的宣传和普及**〕 落实《教育部学习贯彻党的十七届六中全会精神重点工作》的部署和要求，组织编写《社会主义核心价值体系青少年学习读本》，召开《读本》出版新闻通气会。编写出版大学生通俗理论读物《聚焦：大学生关注的思想理论问题·2012》。

〔**推动高校中共党史研究和教育教学工作**〕 为深入贯彻落实《中共中央关于加强和改进新形势下党史工作的意见》及全国党史工作会议精神，进一步推动中共党史研究和教学工作，开展教育系统党史研究与教育教学队伍及成果调研，与中央党史研究室联系沟通，积极筹建“中共党史教育研究会”。配合教育部有关司局，开展“中国共产党革命精神与文化资源研究中心”建设工作。

〔**开展高校党建和思想政治教育热点、难点问题研究**〕 组织部分高校青年理论工作者围绕“学习胡锦涛同志五四重要讲话，牢记青年理论工作者使命”、“哲学社会科学应更好地发挥育人功能”等议题进行学习研讨。开展“高校基层党组织建设”、“党的创新理论在大学生中的宣传普及路径”、“非政府组织（NGO）对青年学生思想的影响及对策”、“大学生核心价值观问题研究”、“党的十六大以来大学生思想政治教育的可喜成绩和宝贵经验”、“新形势下高校辅导员队伍建设”、“思想政治教育前沿问题”等专题研究并形成研究成果。组织召开“研究生思想政治教育与创新人才培养”、“学术诚信与研究生思想政治教育”、“提升高校学生工作队伍专业化建设水平”等专题理论研讨会，组织出版《高校德育创新与发展成果选编丛书》（第二辑），组织开展“2012年高校德育创新发展研究成果评选”，编辑出版《高校德育创新发展研究（2012）》，举办第四届“高校德育创新发展研究论坛”。承担教育部机关干部职工2012年思想状况调查问卷的设计、调研报告撰写等相关工作。

〔**开展文化传承创新和美育领域重要理论和现实问题研究**〕 推进高校文化传承创新研究，开展“高校文化传承创新研究优秀成果”评选，举办“高校文化传承创新研究论坛（2012）”。关注文化领域热点问题和理论发展态势并开展相关研究，以“纪念毛泽东《在延安文艺座谈会上的讲话》发表70周年”、“美丽中国：美育工作者的责任与使命”等为主题举办学术研讨活动，推出研究成果20余篇，组织编写《大学文化传承创新研究》（第一辑）、《中国美育年鉴（2012）》。协助教育部发展规划司研究制定《高校博物馆建设指导意见》并承担理论论证、研究报告撰写等工作。

〔**进一步明确《高校理论战线》的办刊宗旨**〕 按照马克思主义、人文科学和社会科学、社科动态三大板块设计栏目，加强选题策划，办好重点栏目，不断提升学术核心竞争力，着力增强刊物在哲学社会科学领域的吸引力和影响力。围绕学习、研究、宣传党的十七届六中全会和党的十八大精神等重大选题，组织刊发理论文章，唱响主旋律。《高校理论战线》入选国家社会科学基金资助期刊。全年出刊12期，刊发文章241篇，共计150余万字。

〔**加强作者队伍和编辑队伍建设**〕 进一步加强作者队伍建设和组稿约稿工作，组织召开“文化自觉与传承创新”、“高校思想政治教育理论与实践前沿问题”、“高校经济学学术前沿”、“文化传承创新前沿问题”等研讨会。加强编辑队伍建设，着力提高编辑的政治素质、科学精神、学术意识和业务能力。

撰稿 樊泽民
审稿 杨 河

教育部职业技术教育中心研究所

〔**《中国职业教育发展报告（2002—2012）》发布**〕 2012年，为迎接党的十八大召开，总结党的十六大以来中国职业教育事业的发展历程和辉煌成就，职业技术教育中心研究所（简称职教所）协调职教战线力量，组织相关专家，编撰了《中国职业教育发展报告（2002—2012）》（简称《报告》）。《报告》分为发展历程、辉煌成就、巨大贡献、改革措施、问题挑战、展望未来六个部分，系统展现了党的十六大以来中国职业教育经历的重大转折和变革、采取的重大措施、取得的瞩目成就，以及对经济社会发展的重要贡献。同时，分析了职业教育面临的问题和挑战，并对职业教育未来发展进行了展望。《报告》使用大量数据、事实和案例，通过横向、纵向比较，多维度地展示了中国职业教育10年的发展历程。

10月26日，职教所在北京组织召开《中国职业教育发展报告（2002—2012）》座谈会，对《报告》进行了发布。国务院研究室、教育部新闻办、职业教育科研机构、中国职业技术教育学会、职业院校、行业协会、企业，以及新闻媒体代表共60余人参加会议。

〔**第三届国际职业技术教育大会召开**〕 第三届国际职业技术教育大会于5月14—16日在上海市召开。本届大会由中国政府和联合国教科文组织合作举办，大会主题为“职业技术教育与培训转型：为工作和生活培养技能”。来自117个联合国教科文组织成员国和72个国际组织的800多名代表参加了会议。与会者就世界职业教育面临的新形势和发展趋势进行了深入探讨，凝聚了许多共识，形成了丰硕成果。国务委员刘延东、联合国教科文组织总干事伊琳纳·博科娃出席会议并致辞，教育部部长袁贵仁担任大会主席并发表主旨讲话。

作为大会筹办单位之一，职教所参与了会议方案制订、大会文件起草、国家职业教育发展报告撰写等会议筹备工作，为第三届国际职业技术教育大会的召开做出了重要贡献。所长王继平率团出席了本次会议，并做了题为“促进公平：中国职业教育政策调整与实践”的报告。

〔**中英职业教育政策对话活动举行**〕 由教育部和英国文化协会共同举办，职业技术教育中心研究所、英国大使馆文化教育处、广东省教育厅联合承办的“中英职业教育政策对话活动”于12月13日在北京举行。来自中英两国政府部门、科研机构、教育界和企业界的代表150余人参加了活动。活动以“推进中高职衔接构建现代职教体系”为主题，旨在交流中英两国政府推动职业教育改革发展的情况，进一步落实中英双方签署的职业教育合作备忘录，深化中英职业教育合作。教育部副部长鲁昕和英国文化协会总裁戴维信出席会议并做主旨发言。

活动发布了由职教所承担的“中高职课程衔接的理论与实践——英国的经验与我国的借鉴”课题成果。课题从中国构建现代职业教育体系急需解决的现实问题出发，系统研究了英国职业教育课程开发制度，提出了构建中国中高职课程衔接体系的建议，对于中国现代职教体系建设的制度设计具有较大的参考价值。活动期间，鲁昕和戴维信为职教所、英国文化协会共同设立的“中英职业教育发展研究中心”揭牌。来自中英两国的专家学者围绕活动主题进行了大会、分会的交流和研讨。

〔中职学校专业教学标准制订工作全面启动〕 5月14日，教育部办公厅印发了《关于成立中等职业学校专业教学标准制订工作领导小组和专家组的通知》（教职成厅函〔2012〕19号），明确了领导小组和专家组的人员组成、工作职责和工作原则，决定将中职学校专业教学标准制订工作领导小组办公室设在职教所。

6月14日，职教所和教育部职成司共同召开了专业教学标准制订工作领导小组和专家组启动会。会议就专业教学标准制订的相关工作做出具体安排和部署。会后，制订了工作规划和调研方案。接下来的几个月，职教所组织部分行业职业教育教学指导委员会、科研机构、职业院校和企业的专家学者多次召开讨论会，就专业教学标准的框架、模板和样张进行深入研讨，并将工作成果上报教育部。12月7日，教育部办公厅印发了《关于制订中等职业学校专业教学标准的意见》（教职成厅〔2012〕5号），中职学校专业教学标准制订工作全面启动。

〔中职教师专业标准前期研制工作基本完成〕 为深入贯彻落实教育规划纲要的精神，完善职业教育教师管理制度，推进教师队伍建设，教育部教师工作司委托职教所开展中职学校教师专业标准的研制工作。职教所组建了由科研机构、高校、行业企业相关专家学者组成的课题组研究团队，并于5月11日在北京召开了“职业学校教师专业标准研究”开题会，会议讨论并形成了职业学校教师专业标准的文本框架。5月23日和31日，分别召开专家征求意见会和课题组内部讨论会，形成了《职业学校教师专业标准（征求意见稿）》。6月上旬，就征求意见稿对职业院校校长和教师进行了问卷调研和问卷统计分析。在此基础上，对相关内容做了进一步修改和完善，形成了《职业学校教师专业标准》文本终稿。文本研制期间，课题组还撰写了《〈职业学校教师专业标准〉研究报告》，系统阐述了标准研制的意义、基本概念、研究思路、标准构建及建议。文本于2012年年底提交教育部。

〔与高教社签署全面战略合作协议〕 6月18日，职教所与高等教育出版社签署了全面战略合作协议，双方建立起“平等互利、优势互补、资源共享、共同发展”的全面战略合作关系。

教育部副部长鲁昕出席签字仪式并发表讲话。鲁昕对协议签署的背景进行了深入分析，对全面战略合作给予充分肯定。她希望双方以此为契机，在专业与课程标准研发、教材与数字教学资源建设、师资培训、信息交流与服务、科学研究及成果转化推广等相关领域广泛深入开展合作，用全新思维、全新理念，为建设现代职教体系、促进职业教育国际化以及职业教育改革创新做出历史贡献。职教所所长王继平、高教社社长苏雨恒分别代表各自单位签署了战略合作协议。

〔继续组织举办职业教育与行业发展对话活动〕 职业教育与行业发展对话活动是教育部推动的一项旨在深度构建职业教育与行业企业合作机制，促进工学结合、校企合作，实现校企资源共享、优势互补、合作共赢的活动。2012年，职教所继续与中国职业技术教育学会、中国高等教育学会、各行业协会合作，举办了包括机械工业、高新技术、汽车、商业、会展等领域在内的5次职业教育与行业发展对话活动。它们是：在长沙举办了“第二届中国职业教育与装备制造业创新发展——高端装备制造与高素质技能人才培养对话活动”；在苏州举办了“第二届中国职业教育与高新技术产业发展对接交流会暨国家高新区人才供需洽谈会”；在长春举办了“第三届中国职业教育与汽车行业对话活动”；在上海举办了“第三届中国职业教育与商业服务业创新发展对话活动”；在北京举办了“中国职业教育与中国会展业创新发展对话活动”。来自政府、科研机构、行业、大中型企业、职业院校的2 000余人参加了活动。对话活动形式多样，包括校企专家座谈、校企合作资源展、校企合作签约与授牌、教师和学生大赛与表彰、技能人才洽谈、参观企业和职业院校等多项内容。

〔**中职教师职称制度改革研究启动**〕 根据教育规划纲要和《国务院关于加强教师队伍建设的意见》对中职学校教师职称制度改革的要求，教育部教师工作司委托职教所承担课题“中等职业学校教师职称制度改革研究”。这项课题是在中小学教师职称制度改革试点取得成功，中职学校教师职称制度改革呼声迫切的背景下立项的，具有重大的现实意义。职教所成立了以所内科研力量为主、所外相关专家参与的研究团队，制订了课题研究方案，并于12月27日在北京召开了课题开题会。

〔**组织实施中职教育改革创新示范教材遴选活动**〕 职教所承担了中职教育改革创新示范教材遴选活动具体工作，并于3—6月在北京召开了中职教育改革创新示范教材遴选的初审和复审会，来自全国职业院校、行业、企业的220多名专家参加了评审工作。参加遴选的教材涉及农林牧渔、资源环境、加工制造、交通运输、信息技术、财经商贸等15个专业大类的195个专业。经专家初审，推荐教材541本，复审确定入选教材386本，后经中职教育改革创新示范教材遴选工作领导小组确定和教育部网站公示，最终遴选出首批233本中职教育改革创新示范教材。

〔**获准为全国职教师资培训基地**〕 6月，教育部下发《关于批准天津职业大学等33个单位为全国重点建设职业教育师资培养培训基地和神州数码网络（北京）有限公司等2个单位为全国职业教育师资专业技能培训示范单位的通知》（教师函〔2012〕5号）。职教所通过了申报、专家集中评审和现场考察等环节，获准为全国重点建设职业教育师资培养培训基地。这是全国第一家职业教育科研机构成为全国职教师资培训基地。

撰稿　苏　敏　王泽荣
审稿　王继平

高等教育教学评估中心

〔**概述**〕 2012年，教育部高等教育教学评估中心（简称评估中心）全面贯彻落实教育规划纲要精神，根据教育部《关于普通高等学校本科教学评估工作的意见》中提出的“五位一体”评估制度安排，积极稳妥地推进各项评估工作，加快高等教育质量保障体系建设，在提升高等教育质量上迈出了关键步伐。

〔**全面实施新建本科院校合格评估工作**〕 2012年，评估中心组织专家371人（次），对全国43所新建本科院校进行了合格评估。合格评估提出的“四促进、三基本、两突出、一引导”的工作目标（即促进办学经费投入，促进办学条件改善，促进教学管理规范，促进教学质量提高；办学条件基本达到国家标准，教学管理基本规范，教学质量基本得到保证；突出为地方经济与社会发展服务，突出应用型人才培养；引导新建本科院校建立和完善教学质量保障体系）得到战线的高度认可和一致好评，成功引导了占全国普通本科高校总数三分之一的新建本科院校，将工作重心从外延式发展转向抓教学、抓管理、抓质量的内涵式发展上来，为高等教育整体质量的提高做出了重要贡献。地方主管部门认为，合格评估体现了“静、净、敬”：没有打乱学校正常教学秩序，十分安静；严格遵守评估纪律，风清气正，十分干净；专家勤奋敬业，有水平，令人十分尊敬。参评学校认为，合格评估体现了“三真”：让学校全员参与，真出汗；推动学校建设，真促进；指标体系引导学校建设，真管用。专家认为，体现了“三气”：促进学校立足服务地方，接地气；师生员工人心思进，聚人气；学校呈现勃勃生机，有生气。

〔**研究制订审核评估方案**〕　普通高等学校教学工作审核评估（简称审核评估）是教育部针对2000年以来参加过院校评估并获得通过的普通本科学校开展的制度性评估，是“五位一体”评估制度的重要组成。2012年，评估中心与高等教育司密切配合，共同研制审核评估方案和组织实施办法，明确了审核评估的理念是：替国家把关，为学校服务；以学校为主体，以学生为本位。指导思想为：“一个坚持、两个突出、三个强化”，就是要在坚持“以评促建，以评促改，以评促管，评建结合，重在建设”这20字方针的基础上，突出内涵建设与特色发展，强化办学合理定位，强化教学中心地位，强化质量保障体系建设，不断提高人才培养质量。已完成审核评估方案的研制，其方案涵盖了高校人才培养过程的各个环节，重点考察五个“符合度”，包括学校的培养效果与学校的办学定位、人才培养目标的符合程度；人才培养目标与社会需求的适应程度；教师和教学资源的保障程度；教学质量保障体系运行的有效程度；学生和用人单位的满意程度。确定了南京大学、同济大学、黑龙江大学和五邑大学作为首批审核评估试点高校，在试点的基础上形成正式评估方案。

〔**建立并完善新建院校教学基本状态数据库**〕

2012年，评估中心完成了249所新建本科院校的教学基本状态数据采集工作，以教学基本状态数据库为基础，为参加合格评估的学校编制《教学基本状态数据分析报告》，作为合格评估专家进校考察的重要支撑材料。新建本科院校教学基本状态数据库的建设，不仅为建立全国普通高校教学基本状态数据库积累了经验，也为学校和教育行政部门建立教学质量常态监控提供了重要支撑平台。从国际比较来看，这是中国高等教育的一项开拓性的创新举措。

〔**完成第一份《全国新建本科院校教学质量监测报告》**〕　在对全国新建本科院校教学基本状态数据采集及分析的基础上，完成了《全国新建本科院校教学质量监测报告（2012年）》。该报告由全国新建本科院校事业发展概况、新建本科院校教学质量监测结果、新建本科院校教学质量核心数据分析、提高新建本科院校教学质量的政策建议四部分组成，对全国新建本科院校的教学质量进行了定量和定性紧密结合的全面分析，为教育部、各省（区、市）制定引导和规范新建本科院校进一步发展的政策提供了重要的基础情况依据。教育部部长袁贵仁、副部长杜玉波、部长助理林蕙青都在该报告上做出重要批示。袁贵仁认为，“报告内容丰富，对高校具有指导意义，对社会有引导意义”，并提出了“各类质量报告要完整、统一，多形式向社会发布”的明确要求。

〔**大力推进高校教学质量报告发布制度**〕　评估中心在教育部门户网站公布了“985工程”高校本科教学质量年度报告，并会继续公布“985工程”高校、“211工程”高校及其他高校本科教学质量年度报告，还会在适当范围向社会公布有关高等院校评估信息。逐步实行评估信息发布制度，为社会提供信息服务。

〔**积极准备加入《华盛顿协议》的申请工作**〕

评估中心与高等教育司配合中国科学技术协会，出访《华盛顿协议》（《华盛顿协议》是国际工程联盟工程教育本科学历互认协议）有关签约组织，准备相关的申请材料，为加入《华盛顿协议》做了较充分的准备。

〔**不断完善专业认证组织体系**〕　组织修订了《工程教育认证标准》，使其更加符合《华盛顿协议》国际实质等效的要求。在专业认证组织机构建设方面，制定了包括理事会、监事会、秘书处、认证结论审议委员会、学术委员会和专业类认证委员会的组织架构，并重点加强分支机构的规范化建设工作。全年受理41个专业认证申请，并在其中39个专业开展认证工作，其中有5所高校试点了多专业联合认证工作模式。

撰稿　李亚东　刘振天　周爱军　于　勇　李　岩
审稿　吴　岩　王战军

中国教育学会

〔**召开会员代表大会，顺利完成换届工作**〕 在教育部党组的领导和民政部的指导下，中国教育学会第七次会员代表大会于2012年5月19日在北京召开。大会审议通过了第六届理事会工作报告、第六届理事会财务报告和《中国教育学会章程》、《中国教育学会会员管理办法（试行）》两个修订案。选举产生了第七届理事会，钟秉林当选为会长，丁钢、王嘉毅、尹后庆、朱永新、朱慕菊、刘堂江、李烈、李希贵、吴颖民、张志勇、张卓玉、张绪培、林炎志、郑树山、胡金波、顾久、袁振国、殷忠民、郭振有、戴家干当选为副会长，杨念鲁当选为秘书长。前任会长顾明远被推举为名誉会长。大会做出了对第六届理事会负责人顾明远、陶西平、谈松华、郭永福、朱小蔓、蒋笃运、蔡国英、李膺、史宁中、韩绍祥、张民生、叶澜、宋乃庆、唐盛昌授予“特殊贡献奖”的决定。国务委员刘延东、全国人大常委会副委员长陈至立、全国政协副主席张梅颖为大会发来贺信。教育部部长袁贵仁、副部长刘利民以及民政部有关领导出席大会并发表讲话。袁贵仁对学会的工作给予充分肯定，希望学会继续发挥在教育科学研究中的重要作用，以提升服务能力为重点，努力成为广大校长、教师专业成长的引领者，成为教育系统社团组织的排头兵。

〔**研制《中小学及幼儿园校园安全标准》**〕 中国教育学会受教育部委托，组织国内安全教育专家，根据中国校园安全管理实践和优秀案例，结合中小学、幼儿园的办学实际，历时一年，修订16稿，完成了《中小学及幼儿园校园安全标准》研制工作。为增强标准的科学性和严肃性，起草组先后在北京、浙江、四川、重庆、山西、吉林、辽宁、陕西等省市以座谈讨论的形式广泛征求意见，形成了符合中国国情的中小学、幼儿园安全标准设置的理论基础、原则和方法。同时结合标准制订，还面向中小学、教育行政管理部门研制了学校安全管理、安全教育的信息化服务体系。

〔**举办第三届中国小学校长大会**〕 10月14—15日，第三届中国小学校长大会在杭州市召开。大会由中国教育学会、浙江省教育厅和杭州市政府联合主办，中国教育学会小学教育专业委员会、教育部小学校长培训中心、浙江省教育学会、杭州市西湖区政府承办。大会以“为了每一个孩子快乐健康成长——小学校长的责任”为主题，着重围绕育人模式转变与学生快乐健康成长、课程改革与校本课程开发、学校特色与文化建设、现代学校制度构建与校长领导力、教师专业发展与队伍建设、优质教育资源拓展与名校集团化办学等重大理论和现实问题进行了深入的研究、探讨和交流。大会还特别关注农村小学的改革和发展，特邀全国各地31位农村小学校长免费参会，并专门召开“农村小学校长座谈会”，主要就义务教育均衡发展背景下，农村小学教育面临的形势、任务和存在的问题、困难以及政策建议等进行了深入研讨。来自全国近千名小学校长和国内知名教育专家参加大会。

〔**编辑《老一辈革命家的故事》丛书**〕 为落实党的十八大精神，加强革命传统教育，把社会主义核心价值体系融入国民教育全过程，教育部责成中国教育学会编辑《老一辈革命家的故事》丛书。丛书被国家新闻出版总署列为重大选题，并按重大题材报中央党史研究室审核通过。丛书遵循教育性、可读性、真实性原则，以全新的视角、翔实的资料、权威的信息，精编毛泽东、周恩来、刘少奇、朱德等100多位老一辈革命家的故事230多篇，从多方面展示了老一辈革命家的感人事迹以及党的光辉历史，是中小学学生学习党的历史、重温老一辈革命家丰功伟绩的生动教材。

〔**创办“未来教育家成长论坛及系列主题活动”**〕 为把中国教育学会打造成为“广大教育工作者的精神家园、未来教育家成长的摇篮”，在教育部领导和相关司局的大力支持下，学会举办了“未来教育家成长论坛”系列主题活动，包括实体论坛、课题研究、网络论坛、论文征集和媒体专栏等。“首届中国未来教育家成长论坛暨中国教育学会第25次全国学术年会”于11月24—25日在北京举行。其主题为“时代呼唤教育家办学”。全国人大常委会副委员长、民进中央主席严隽琪，教育部副部长刘利民出席论坛暨学术年会开幕式并讲话。教育部相关司局及来自全国中小学、幼儿园的校（园）长、教师和教育管理、科研、理论工作者1 000余人出席了论坛。中国教育学会顾问、原国家教委副主任柳斌，教育部原副部长王湛，中国教育学会名誉会长顾明远分别做了题为《时代呼唤教育家办学》、《教育家成长的环境建设与政策推动》、《教育变革中的教师发展》的主旨报告。论坛围绕教育家成长的政策和社会环境、教育家的群体特质和个性化成长途径、教育家成长的职业自觉与专业支持、校长的职业化发展和教育家型校长的成长4个分主题以及副会长朱永新主持的专家学者“对话互动”展开深入的研讨和交流，引发了广大与会者的共鸣。经过酝酿和讨论，形成了《首届中国未来教育家成长论坛倡议》。本次论坛暨学术年会由北京朝阳区教育委员会、教育科学出版社、《中国教育学刊》杂志社、《未来教育家》编辑部承办，北京大学教育学院、教育部小学校长培训中心和中国教育学会教育学分会、中青年教育理论工作者分会、教育管理分会、中小学整体改革专业委员会和教育行政专业委员会协办。

〔**举办“第二届教育家沙龙”**〕 12月24日，“第二届教育家沙龙”在北京举行，主题是“澄清教育真伪问题，促进教育科学改革”。与会者就如何培养创新型人才、如何辨别教育中的真假问题以及辨别标准等进行了深入探讨。首都师范大学特聘教授劳凯声、副教授蒋建华，北京师范大学教育学部部长、教授石中英，中国人民大学教育学院教授项贤明，北京教育科学研究院院长助理、研究员耿申，北京市第35中学校长朱建民，北京市顺义区第一中学校长李冬、特级教师赵向军，学会会长钟秉林、秘书长杨念鲁等30余人参加“沙龙”。

〔**启动“优秀传统文化教学研究基地建设”项目**〕 根据教育部党组《关于认真学习宣传贯彻党的十七届六中全会精神的通知》提出的“开展优秀传统文化传承活动和基地建设”的工作要求，中国教育学会承接并启动了教育部关于建设一批优秀传统文化教学研究基地项目工作。截至2012年年底，完成了首批“优秀传统文化教学研究基地”的遴选工作，40所中小学成为优秀传统文化教学研究基地试点学校。这些基地学校将对全国中小学在校园文化环境建设、特色教材开发、课堂教学、综合实践活动、校本教研等方面起到示范引领和辐射带动作用。学会进一步加强对基地学校的指导和管理，开展经验总结交流、先进典型表彰、成果推广，有效促进传统文化传承的交融渗透、挖掘和阐发，把学校传统文化建设引向深入。

〔**创办《未来教育家》杂志，提供教育家成长交流平台**〕 在教育部和国家新闻出版总署的大力支持下，由中国教育学会主办的《未来教育家》杂志9月正式出刊。杂志以“呼唤教育家成长，推进教育家办学，分享教育家智慧”为办刊宗旨，围绕“教育家成长，教育家办学，现代学校制度建设”等主题，大力宣传报道国内外著名教育家和优秀校长、教师的教育理念、教学特色和办学风格，不断探索现代学校制度建设规律，点燃教育家成长梦想，助推教育家办学前行。在栏目设置和文稿选用上，杂志坚持以含金量立身，以大制作取胜，追求博而不浅、综而不滥、专而不涩、有影响力、有亲和力的刊物特质，得到广大一线校长、教师以及教育行政部门的领导以及教育专家的好评。在2012年年底中国网举行的“中国好教育”评选中，《未来教育家》在几百家教育媒体中名列前五，获得2012年“中国好教育——影响力媒体奖”。

撰稿　王　燕
审稿　杨念鲁

中国高等教育学会

〔**综述**〕 2012年，中国高等教育学会致力于发挥本系统、本领域的优势，推动社团组织发展创新，增强学会可持续发展能力。随着政府职能的转移，有关专业委员会除了组织开展传统的群众性科学研究活动外，在行业统筹、标准制订、协调自律、评价咨询等方面的功能明显增强，参与高等教育治理的能力显著提升。

〔**召开第六次会员代表大会**〕 8月25日，中国高教学会在北京召开第六次会员代表大会。会议总结了过去10年，特别是近5年学会发展的基本经验，选举产生了新一届领导机构。国务委员刘延东、全国人大常委会副委员长陈至立、全国政协副主席林文漪为大会发来贺信；教育部部长袁贵仁出席大会并讲话。教育部副部长杜玉波、部长助理林蕙青出席会议。全体会员代表审议通过了学会第五届理事会工作报告、第五届理事会财务报告和《中国高等教育学会章程》修订案；选举产生了学会第六届理事420人、常务理事233人，代表理事出席率超过三分之二；中国农业大学党委书记瞿振元当选学会第六届理事会会长，江苏省教育厅副厅长丁晓昌等20人当选学会第六届理事会副会长，范文曜当选第六届理事会秘书长。第六届常务理事会批准了学会成立30周年纪念活动方案和关于学会第八次科研成果评选表彰活动方案。

〔**总结学会工作和经验**〕 利用学会召开第六届会员代表大会的契机，秘书处认真准备，一方面做好工作报告的起草工作，另一方面系统总结了学会的工作和经验，探索社团发展规律。学会工作的主要成绩和经验包括：组织重大战略问题研究，提升教育科学研究水平；整合资源、发挥优势，提高参与高等教育治理能力；搭建高水平交流平台，增强学术组织影响力。

〔**修改学会章程**〕 修改学会章程主要包括：适当完善有关指导思想和奋斗目标的表述，使之适合国家总体要求和高等教育发展目标；明确会员范围和入会程序，为学会未来发展预留适当空间；进一步规范理事会（常务理事会）构成和身份，明确领导机构职责要求等。

〔**举办国际论坛**〕 8月25—26日，由中国高等教育学会主办，国家教育行政学院和北京大学教育学院承办、高等教育出版社协办的“2012年高等教育国际论坛”在北京举行。论坛主题是“文化传承创新与建设高等教育强国”。国内外专家学者近300人参加论坛。在为期两天的会议中，与会专家学者围绕落实国家主席胡锦涛在清华大学百年校庆大会讲话精神和《中共中央关于深化文化体制改革推动社会主义文化大发展大繁荣若干重大问题的决定》以及教育规划纲要精神，着重对建设高等教育强国与文化传承创新的关系、新时期高等教育如何推进文化传承创新、高等教育科学研究如何提升国际化的质量与水平等问题进行了广泛深入的研讨和交流。清华大学副校长谢维和、国家教育行政学院党委书记黄百炼、中国人民大学副校长杨慧林、厦门大学副校长邬大光、教育部思想政治工作司司长冯刚、江苏省教育厅副厅长丁晓昌、华中科技大学教授刘献君、同济大学教授章仁彪等以及来自美国、澳大利亚、英国和我国香港地区的10余位专家学者做了演讲。30余位专家学者在三个平行论坛上做发言。20多位博士生在分论坛上交流了论文，10多位博士生导师进行了现场点评指导和学术报告。

〔**优秀博士学位论文评选表彰活动**〕 4—8月，开展了第八届高等教育优秀博士学位论文评选表彰活动。此项活动引起国内高等教育研究机构的高度关注，成为各个学校博士研究生培养质量的检查和评价指标。此次评选，在 2011 年推荐 100 多篇博士学位论文的基础上，评选出 5 篇优秀博士学位论文。8 月 25 日，在北京召开的高等教育国际论坛上表彰了优秀博士学位论文作者及其导师。

〔**办好会刊，提供高水平学术交流平台**〕 《中国高教研究》本着“关注大局、培育特色，做优细节，提升质量”的工作思路，突出学会会刊特色，办刊质量进一步提高。在版面形式上，增加了英文摘要。在发行和影响力上，据 2012 年版的 CNKI 的引证报告统计，《中国高教研究》机构用户总计 3 265 个，分布 19 个国家和地区；海外用户 328 个，其中港澳台地区 90 个、国际 238 个；个人读者分布在 20 个国家和地区。国内高校高端用户是北京大学、中国人民大学、北京师范大学；北美高端用户是芝加哥大学、哥伦比亚大学、哈佛大学；西欧的高端用户是大英图书馆、剑桥大学、牛津大学。2012 年，杂志的重要选题有：“遵循科学发展，建设高等教育强国”、“中国特色高等教育思想体系研究”、“高等学校素质教育研究”、“高等教育国际化战略研究”、“高等教育内涵发展研究”、“高等教育协同创新研究”、“现代大学制度建设研究”、“推进文化传承创新，建设文化强国研究”、“高等教育区域发展政策研究”、“构建现代职业教育体系研究”、“学术制度、学术组织与学术评价研究”等。2012 年，关注了研究方法、研究视角创新及跨学科的研究，以计量统计分析、实证、个案为研究方法的文章、跨学科研究的文章、有关评价标准的研究及视角独特的研究文章发文量增多。多篇文章被《新华文摘》、人大复印资料转载。《中国高教研究》由于转载量、转载率、转载篇平均得分等指标高，同行定性评议学术质量较好等，被人大复印资料评为“重要转载来源期刊”（2012 年）。

2012 年，学会编辑出版 24 期《中国教育科研参考》。主要选题有：高等教育研究——海外学者的视角与成果、教育研究的方法论、人文社会科学评价研究、高校基层学术组织建设、科教融合协同创新、现代大学制度建设、科学的高等教育质量观、大学教学方法改革、高等教育与文化传承创新、教师的职业发展、教师权益与学术自由以及 10 年教育改革发展历程与经验，等等。各期《参考》的选题结合了高等教育改革发展中的热点、难点和争议问题，在高等教育领域的影响力不断提升。

2012 年，编辑《学术专报》3 期。《学术专报》致力于配合教育部党组贯彻实施教育规划纲要的总体部署，开展调查研究，集采编写一体，反映学会的重大学术活动，反映各高等学校的典型改革经验，反映学会各分支机构在各自管理领域和学科专业领域取得的新进展、新成效、新经验，以期为教育决策、教育教学活动、科学研究提供重要参考。2012 年，《学术专报》主题为：提高质量与建设高等教育强国，区域现代化与高等教育，全面提高高等教育质量之地方院校的实践与探索调研报告。

〔**推动群众性科学研究活动**〕 2012 年，学会完成了“遵循科学发展、建设高等教育强国”重大研究课题 7 个子课题的结题，进行了课题总报告的研究修改。根据高教战线需要解决的重点问题和学会活动特色，联合有关单位举办了“高等教育发展的区域政策”中英双边研讨会；联合有关单位举办了高等教育管理体制改革发展论坛。接受相关司局委托，举办现代大学制度和大学章程建设培训班，举办专业学位建设及课程改革、精品课程建设、创新人才培养模式改革等研讨班近 20 个，参加研讨和培训人员近 2 500 人次，有力地推动了群众性科研活动的开展。

〔**完成司局委托行业协调任务**〕 学会在推进高校后勤社会化、研讨大学章程、完善现代大学制度、开展职业教育与行业对接等方面，配合教育部有关司局积极开展工作。5 月和 10 月，学会分别在哈尔滨市和烟台市举办了第 39 届和第 40 届高教仪器设备展示会，以及高教仪器设备展 20 周年纪念座谈会，对高教仪器装备事业发展进行了回顾和总结。

〔**鼓励部分分支机构向行业性组织发展**〕 截

至2012年年底，学会已有约三分之一的机构开展了行业协商、标准研究和协调自律的活动。部分学科教育专业委员会已着手启动相关学科质量标准和专业认证的研究。高校后勤管理分会已成为独立的一级行业性协会组织。

撰稿 范笑仙
审稿 范文曜

中国民办教育协会

〔**中国民办教育发展大会暨中国民办教育协会2012年年会召开**〕 2012年12月4—5日，中国民办教育发展大会暨中国民办教育协会2012年年会在温州市召开。本次大会以“推进改革，优化环境，提高质量”为主题，由中国民办教育协会、浙江省教育厅主办，温州市政府、浙江省民办教育协会承办。全国政协副主席张榕明出席大会并做重要讲话，全国人大常委会副委员长周铁农、严隽琪，教育部部长袁贵仁，中共浙江省委副书记、省长夏宝龙分别发来贺信。省级教育行政部门负责人、省级民办教育协会负责人，中国民办教育协会第二届理事会常务理事、理事及全国各地民办学校负责人和新闻界人士共计1 000余人参加大会。

中国民办教育协会会长王佐书做年度工作报告，名誉会长陶西平做重要讲话。温州市政府、黑龙江省教育厅、陕西省教育厅、温州市以及民办学校代表做大会发言，中国民办教育协会监事会副主席曹勇安做专题报告。

会议审议通过李书福、宋作文辞去中国民办教育协会副会长职务，决定增补陆丹、袁一堂为协会理事、常务理事、副会长。同意金平一辞去中国民办教育协会副秘书长职务，决定任命曹志芳、张有声为协会副秘书长。

〔**召开全国首届民办高职院校创新发展论坛**〕

12月1日，由中国民办教育协会指导、中国民办教育协会高等教育专业委员会主办，湖南省民办教育协会协办的全国首届民办高职院校创新发展论坛在长沙市召开。中国民办教育协会会长王佐书、中国教育学会会长钟秉林及有关专家出席，来自全国23个省（区、市）400余位民办高职院校的负责人、地方民办教育协会、科研机构的专家参加了论坛。王佐书做主题报告。会议审议通过了“进一步促进民办高职院校健康发展”的“长沙宣言”。

〔**召开全国首届民办本科院校创新发展论坛**〕

5月12—13日，由中国民办教育协会高等教育专业委员会主办的“全国首届民办本科院校创新发展论坛”在济南市召开。本次论坛的主题为“改革创新，提高质量，引领民办高校内涵发展”。300名与会代表针对“民办高校发展中遇到的机遇和挑战”展开讨论，通过了《关于进一步加快高水平民办高校建设的建议》。

〔**首届全国民办学校学生工作创新研讨会召开**〕

6月21日，由中国民办教育协会高等教育专业委员会主办的首届全国民办学校学生工作创新研讨会在齐齐哈尔工程学院召开。与会代表围绕“文化育人、德育创新、内涵发展”的主题，分别就民办高校学生工作的问题与对策等内容进行了交流研讨。

〔**举行第二届中国民办培训教育行业发展高峰论坛**〕 5月3—4日，由中国民办教育协会培训教育专业委员会主办、新东方教育科技集团承办的第二届中国民办培训教育行业发展高峰论坛在北京举行。论坛围绕“民办培训教育、资本与品质提升”的主题进行了探讨，500多人参加论坛。

〔**第三届全国专修学院改革与发展研讨会举行**〕

12月7日，由中国民办教育协会高等教育专业委员会主办的第三届全国专修学院改革与发展研讨会在珠海市举行。会议主题为“改革创新发展特色”。有关专家和专修院校的领导就如何面对民办高等教育的困境和挑战进行研讨分析，并总结了专修学院的发展经验，研讨了专修学院的新一轮崛起之道。

〔**完成中国民办教育协会中小学专业委员会换届工作**〕 12月20日，中国民办教育协会中小学专业委员会在广东外语外贸大学附属中小学召开第二届理事会换届大会，理事长郑增仪代表第一届专业委员会做工作报告，协会副秘书长张有声宣读中国民办教育协会关于同意民办中小学专业委员会换届的批复意见，同时代表协会提议继续由郑增仪担任第二届中小学专业委员会理事长，全体通过。会议还选举产生了中小学专业委员会第二届副理事长、秘书长、副秘书长、理事、常务理事。

〔**撰写中国民办教育发展现状分析报告**〕 为配合中国第一次全国民办教育工作会议召开，根据教育部部署，中国民办教育协会围绕民办教育发展情况进行深入研究分析，并为大会提供背景分析材料。12月中旬，协会组织各专业委员会、民办教育研究院和专家，从民办教育整体发展背景分析、民办学前教育发展背景、民办中小学教育发展背景、民办高等教育发展背景、民办培训教育发展背景、民办中职教育发展背景和民办学校债务情况七个方面撰写了专题报告，并专门组织业内专家、学者就报告内容进行了深入探讨。

〔**出版民办教育蓝皮书（2010—2012）**〕 10月，中国民办教育协会编辑出版了《民办教育蓝皮书（2010—2012）》。该书比较全面地梳理了中国各级各类民办教育的基本情况，同时汇集了对民办学校歧视政策、民办学校债务情况、营利性非营利性分类管理情况、民办教育舆情等方面的调研报告，并对近年来国家和各地区重要的民办教育政策进行了汇编。

〔**举行“快乐生活 健康成长”全国幼教座谈会**〕 6月20日，中国民办教育协会学前教育专业委员会在北京召开了“快乐生活 健康成长”全国幼教座谈会，共有12个省市的80多名代表参加。座谈会宣讲了国家有关学前教育政策和科学育儿知识，提出了纠正幼儿教育“小学化”倾向，自觉抵制各种违反幼儿身心健康的倡议。

〔**举行“遵循成长规律，引导幼儿快乐健康成长”学前教育分论坛**〕 7月19日，由中国民办教育协会和我国台湾中华幼教联合总会主办的“遵循成长规律，引导幼儿快乐健康成长”学前教育分论坛在台北市举行。中国民办教育协会名誉会长陶西平、协会秘书长王文源、学前教育专业委员会理事长郭福昌出席论坛。协会学前教育专业委员会率领学前教育代表团与台湾学前教育机构开展了深入的交流研讨，建立了合作交流关系。陶西平做专题演讲，介绍了大陆学前教育的现状。海峡两岸幼教专家交流研讨了发展幼儿教育的心得。

〔**举办首届海峡两岸幼儿教师风采交流“希望杯”邀请赛**〕 8月26—30日，由中国宋庆龄基金会、中国民办教育协会与我国台湾幼儿教育基金会共同主办的首届海峡两岸幼儿教师风采交流“希望杯”邀请赛在北京举办。中国宋庆龄基金会主席胡启立为大会发来贺信，协会名誉会长陶西平、会长王佐书出席并讲话。

撰稿　段　孟
审稿　王文源

中国职业技术教育学会

〔**综述**〕 2012年，中国职业技术教育学会深入学习贯彻落实党的十八大精神，坚持“围绕中心、服务大局、紧贴基层”的方针，紧紧围绕落实教育规划纲要和构建现代职业教育体系两大重点，积极开展了各项活动。

〔**发挥学会参谋助手作用**〕 2012年，中国职业技术教育学会直接承担和参与了教育部职业教育与成人教育司及其他司局的多项活动，主要包括：第九届中职学校文明风采竞赛，第十届全国职业教育现代技术装备展览会，全国职业院校技能大赛中的电子商务、网络技术等信息技术比赛项目和中、高职组护理技能竞赛项目，承办高职高专英语口语大赛等。

协助起草了《教育部关于加快推进职业教育信息化发展的意见（征求意见稿）》，协助筹备了“全国职业教育信息化工作会议”。配合教育部、财政部进行中职学校职业指导教师培训课程开发，编辑出版了《中职职业指导理论与实践指南》。参与教育部10年职业教育发展成就撰稿与宣传活动。完成了《2012中国中等职业学校学生发展与就业报告》。

〔**参与举办与行业企业对接活动**〕 为落实教育规划纲要关于“要建立健全政府主导、行业指导、企业参与的办学机制，制定促进校企合作办学法规，推进校企合作制度化”的要求，由教育部职业教育与成人教育司牵头、中国职业技术教育学会等社团组织联合举办了“2012年中国职业教育与中国服务业创新发展对话活动”、“2012年旅游职业教育与产业发展对话活动”。

〔**加强国际合作**〕 5月，中国职业技术教育学会代表团一行6人，应邀访问了奥地利和瑞士。访问期间，着重考察和了解了两国非政府组织运作的法律保障、与政府的合作关系、经费来源保障以及以双元制为特征的学徒制和近年来职业教育的发展状况、新特点等内容。与奥地利商会探讨了未来在职业培训方面的合作等问题，并形成了详细的考察报告。同年，奥地利商会负责人两次来学会秘书处回访，讨论与中国职业院校合作事宜。

〔**为院校服务**〕 6月，中国职业技术教育学会对外合作与信息服务部发起“支持职业教育信息化创新项目暨2012年捐赠活动”，6家首批项目合作企业负责人出席活动仪式。10月，启动“支持职业教育信息化创新项目——2012年度捐助活动”，该项目是学会推进职业教育信息化建设的新尝试。此外，继续与欧特克公司合作，做好“中国职业技术教育学会设计创意教学中心”建设工作，已建设了一批示范性的设计创意教学中心。

〔**组织开展科研活动**〕 9月，发布了《中国职业技术教育学会科研规划项目2012—2013年度课题申报办法》，共收到各地申报项目742项。全国28个省（区、市）申报了项目。12月，举办了第八届中青年职教论坛和学科建设与研究生培养研讨会。

〔**举办第四届民办职业教育高峰论坛**〕 10月，第四届民办职业教育高峰论坛暨亚太技术与职业教育合作推进会在无锡市召开。此次活动第一次尝试由中国职业技术教育学会指导，民办职业院校协作会主办。来自全国各省（区、市）以及韩国等国家和地区的130余位职业院校专家学者围绕“和合·共生”的主题，共同分享民办高职院校的办学经验，借鉴韩国和我国台湾地区先进的高职教育理念与办学经验，搭建亚太地区技术与职业教育的合作平台。

撰稿 吴丽霞
审稿 潘 鸣

中国成人教育协会

〔**综述**〕 2012年，中国成人教育协会在教育部党组的领导下，努力开创中国成人教育协会工作新局面，为实现党的十八大提出的“积极发展继续教育，完善终身教育体系，建设学习型社会”的任务而努力。

〔**完成联合国教科文组织贝伦行动框架后续活动进展报告**〕 2012年，根据联合国教科文组织第六次全球成人教育大会（贝伦行动框架）的要求，联合国教科文组织决定每3年出版一次全球成人教育发展报告。受中国教科文组织全国委员会委托，中国成人教育协会在教育部基础教育一司和职业教育与成人教育司的指导下，就中国成人教育与学习、成人基本文化教育两大方面开展调查，搜集数据，填写有关政策、概念、经费、治理、参与、质量保障以及扫盲工作10年中后期中国开展活动的情况等各类表格，完成了贝伦行动框架后续活动发展报告。该报告得到教育部有关司局领导的认可，并于2月28日按期提交联合国教科文组织。

〔**开展成人教育基层调研活动**〕 为学习贯彻落实教育规划纲要提出的一系列战略目标和各项任务，协会以科学发展观为指导，组织地方协会和所属分支机构开展了关于成人高等教育、社区教育、学习型组织建设、农村成人教育等基层调研活动，共收集整理基层成人教育的调研报告和案例近200篇。根据调研报告的要求，优选出6篇，汇集成册，并报教育部有关领导和部门参阅。

〔**继续实施农村社区学习中心（CLC）能力建设项目**〕 为加强联合国教科文组织“农村社区学习中心（CLC）能力建设项目”实验点建设，扩大范围，提升影响力，协会与中国教科文组织全国委员会秘书处于4月在绍兴市举办了第九届“农村社区学习中心能力建设项目研讨会”，并为参与农村社区学习中心（CLC）能力建设项目第二期试点的单位授牌。中国教科文组织全国委员会秘书长杜越出席会议。联合国教科文组织驻华代表处教育部主任比斯塔出席会议并做了“全民教育理念与国际农村社区学习中心”的专题报告。与会代表对农村社区学习中心在学习化社区建设中的作用、能力建设、目标和远景等问题进行了充分的讨论，一致认为，农村社区学习中心是中国农村经济和社会转型背景下，实施农村民众终身学习的最佳场所和途径，它打开了传统农村成人文化技术学校的大门，面向农村各类人群，从他们的实际需求出发，开展多种多样的教育活动，以实现消除农村贫困、改变农村面貌、提高农村人口素质、促进农村经济社会发展的目标。会议确定了2012年的工作，包括收集整理近年来农村社区学习中心100个成功案例、开展农村ICT（信息化）建设与学习运作的研究等。

〔**出访联合国教科文组织终身学习研究所**〕 5月23日至6月3日，协会代表团应邀赴德国汉堡出席联合国教科文终身学习研究所60周年庆典，并参加“通过终身学习应对全球挑战”论坛及“高校在推动终身学习中的作用”公共研讨会。之后，代表团参观考察了丹麦奥斯胡大学、葡萄牙天主教大学和葡萄牙开放大学，并与3国成人教育政策制定者、学者和终生教育实践者等就成人教育与学习成果认证、运用现代信息技术开展成人远距离教育等问题进行了广泛而深入的探讨。代表团还就进一步加强联系，合作开展有关终身学习的科学研究等与联合国教科文组织终身学习研究所、丹麦奥斯胡大学、葡萄牙开放大学达成了初步的意向。

〔**第八届“全民终身学习活动周”举办**〕 10月11日，由协会协调和组织实施的2012年全民终身学习活动周在成都市举行了全国总开幕式。活动周的主题是“加快发展继续教育，努力建设学习型社会——迎接党的十八大胜利召开”。中国成人教育协会会长朱新均、四川省副省长黄彦蓉、成都市副市长傅勇林出席总开幕式并致辞，教育部副部长鲁昕发表重要讲话。她指出，全民终身学习活动周连续举办了八届，每一届都有新的收获，每一届都使学习活动跃上一个新台阶，每一届我们都能看到终身学习活动周给各个城市带来的变化，给老百姓带来的喜悦。她希望活动周要适应全民学习、终身学习的要求，要紧紧围绕迎接党的十八大胜利召开，大力开展丰富多彩的学习活动，使全民终身学习活动周让群众更加满意，让学习者更加满意，让社会更加满意，并以这样的成就迎接党的十八大的胜利召开。

开幕式期间，还举办了“推动制度建设，加快发展继续教育论坛”和“高等学校继续教育示范基地建设项目研讨会”等，宣布成立继续教育城市联盟、大学企业联盟，签署了继续教育合作协议，宣读了倡议书。表彰了全国 32 位为推动全民终身学习做出突出贡献的同志，参观体验了成都市锦江区、青羊区等 10 个社区的社区教育与学习模式，交流了成都市各社区推动社区教育的先进经验。

据统计，全国共有 25 个省（区、市）532 个县（市区）以上城市举办了全民终身学习活动周。

〔举办首届摄影比赛〕 为充分展示中国社区教育成果，真实反映社区居民积极、健康向上的精神风貌，协会与成都市教育局联合举办了首届摄影比赛，确定的主题是“让生活更美好——中国和谐社区建设摄影展”。该活动得到了全国各省（区、市）和计划单列市成人教育协会及各行业协会等众多单位的广泛关注和热情支持。活动共收到 3 079 件摄影作品，全方位、多角度地记录和反映了中国和谐社会建设、全民终身学习的成就，体现了社区居民健康向上的精神风貌，充分发挥了摄影艺术在促进中国和谐社会和学习型社会建设中的重要作用。经过专家评委会评审，评选出一等奖作品 5 件、二等奖作品 15 件、三等奖作品 28 件、优秀奖作品 47 件；先进集体组织奖 10 个、先进个人奖 10 个、特殊贡献奖 5 个。

〔开展社会教育与终身学习资源建设工作〕
为更好地开展社会教育与终身学习资源建设工作，成立了城乡社区教育、企业职工教育、社会培训教育、成人非学历教育 4 个分委员会。协会将 4 个分委员会作为抓手，开展社会教育与终身学习课程资源的征集、评选、推荐、整合和出版工作，为全国社会教育与终身学习资源建设搭建起整合、沟通、交流的平台。按照《社会教育与终身学习资源建设委员会工作计划（2010—2012）》的安排，自 2012 年 1 月起，城乡社区教育资源建设委员会开展了“全国社区教育特色课程（通识课程）资源推荐推介活动暨社区教育课程资源检索目录编纂”工作。截至 10 月 30 日，秘书处共收到各地推荐的资源 190 份。经专家组评审和网上公示，评出一等奖 2 名、二等奖 6 名、三等奖 10 名、优秀奖 22 名、优秀组织奖 38 名，获奖者在 2012 年全民终身学习活动周总开幕式上受到表彰。

〔中国成人教育协会“终身教育与学习研究中心”成立〕 为适应构建“体系完备的终身教育，形成学习型社会”的需求，协会会长办公会议决定成立“终身教育与学习研究中心”（简称中心），以开展相关研究和实践活动。10 月 9 日，协会与杭州市下城区社区教育委员会和教育局签署了共建中心的协议，并于 11 月 27 日召开了成立大会。会上，协会会长、中心总顾问朱新均宣读了有关聘请 13 位国内终身教育领域的知名专家学者为兼职研究员的决定，并向他们颁发了聘书。会议讨论了中心五年规划及 2013 年重点工作。

〔举办首届“社区教育国际论坛”〕 为学习发达国家构建终身教育体系，形成学习型社会的理念和经验，协会终身教育与学习研究中心、杭州市下城区政府和联合国教科文组织终身学习研究所共同举办了“2012 国际视野下的社区教育国际论坛”。来自北京、上海等市的全国社区教育示范区、实验区和电视大学的代表 200 余人参加会议。联合国教科文组织终身学习研究所所长阿奈·卡尔森、国际成人教育协会副会长艾丽丝·克若斯、中国教科文组织终身学习研究所高级项目专家杨进分别做了《终身学习视野下的社区教育》、《国际社区教育成果案例分析》和《社区教育本质探讨》的报告，他们阐述了社区教育的基本概念、基本特征，介绍了国外终身学习与社区教育的进展情况。杭州市教育局副局长肖锋、上海市终身教育处处长庄俭、北京西城区教委副主任刘忠先后介绍了杭州市、上海市和北京西城区近年来开展社区教育实践的经验。会议举办了“专家面对面”专场讨论，邀请教育行政部门官员、社区教育专家和基层社区实际工作者就“社区教育内涵发展”和“突破社区教育的‘瓶颈’”两个主题进行了探讨。

〔**“全民终身学习测评”试点工作进入试运行阶段**〕 协会与中央广播电视大学、首都体育学院在多年调研和论证的基础上，提出了开展以满足民众多样化学习需求为目的、以某一领域的知识或技能为课程、以等级证书为资质的继续教育学习制度的试点方案，并在体育领域选择了乒乓球运动项目作为实施“全民终身学习体育测评办法”的试点项目。经过在北京、上海、沈阳、武汉等地的试点，形成了“全民终身学习体育（乒乓球）测评办法”及相关文件。协会下发通知，决定将“全民终身学习体育（乒乓球）测评办法”由试点实验转入试运行阶段，并于11月组织开展了试点单位的培训工作。

〔**举行《中国成人教育》创刊20周年庆典**〕 11月24日，由中国成人教育协会、山东省教育厅、山东省成人教育协会联合主办的《中国成人教育》杂志创刊20周年庆典活动在济南市举行。教育部副部长鲁昕发来贺信。她指出，《中国成人教育》创刊20年来，深入贯彻落实科学发展观，紧紧围绕教育行政部门的中心工作，坚持服务成人继续教育改革发展大局、服务广大成人继续教育工作者的办刊方向，在成人继续教育的理论传播、经验推广、改革探索、科研拓展等方面发挥了重要作用，将刊物打造成了广大成人继续教育工作者的信息平台、学习园地和学术家园。20年来，《中国成人教育》遵守办刊宗旨，积极宣传党和国家关于成人教育的方针政策，研究成人教育理论，宣传成人教育典型经验，促进成人教育中外交流，传播成人教育信息，受到广大读者的欢迎。自1996年至今，一直被评为全国核心期刊，是成人教育领域的核心舆论宣传阵地。国务院参事、教育部职成教司原司长黄尧，教育部职成教司副司长刘建同，山东省教育厅党组副书记、副厅长张兴民，中国成人教育协会常务副会长兼秘书长谢国东出席并致辞。山东省成人教育协会、《中国成人教育》杂志理事会成员、山东省社科联、山东省新闻出版局、山东省教育厅机关各处室等单位负责人约200人参加了庆典。

〔**《成人学习与教育全球发展报告》和《成人教育发展的历史轨迹——联合国教科文组织六届国际成人教育大会文集》正式出版**〕 《成人学习与教育全球发展报告》是2009年联合国教科文组织第六届国际成人教育大会核心成果之一，是根据联合国教科文组织会员国提交的154份成人学习与教育国家报告、5份地区综合报告以及各类补充文献编写而成的。它分析了全球成人教育和学习的发展趋势，明确了成人教育和成人学习面临的主要挑战，总结了成人教育发展的最好实施措施，提出了一整套拓展成人教育和成人学习领域的方案。

《成人教育发展的历史轨迹——联合国教科文组织六届国际成人教育大会文集》，是联合国教科文组织在1949年至2009年的60年间，每隔12年举办一次的成人教育大会重要文件的汇编。6届国际成人教育大会见证了国际成人教育60年的发展历程。文件站在世界成人教育发展变革的前沿，不断提出新的理念和行动指南，引领着世界成人教育的发展方向。将联合国教科文组织国际成人教育大会的重要成果介绍给中国，是中国成人教育协会的一种责任。为此，在联合国教科文组织终身学习研究所（汉堡）的授权和资助下，在中国教科文组织全委会的支持和帮助下，协会组织国内著名的专家学者，经过两年多的努力，完成了翻译工作，并于2012年12月由教育科学出版社正式出版。

撰稿　谢国东
审稿　朱新均

中国教育装备行业协会

〔**综述**〕 中国教育装备行业协会（英文名称：China Educational Equipment Industry Association，英文缩写 CEEIA）成立于 1986 年，是由生产、经营、管理、研究教育装备的企事业单位和有关人员自愿结成的行业性、全国性、非营利性的社会组织，主要宗旨是维护行业公平竞争，维护行业市场秩序，加强行业自律，为教育事业服务，为行业发展和会员服务，在业务主管部门与会员单位之间起到桥梁作用。主要工作是研究行业发展、行业改革以及与行业利益相关的经济、社会问题；制订行业发展规划，收集、分析、发布国内外行业信息；制订行业推荐标准，组织产品及科技成果鉴定和推广应用，组织人才、技术、职业、管理、法规等培训；根据市场和行业发展需要举办展览会、研讨会和相关论坛；经相关政府部门批准，开展行业资质管理、质量管理和行业重大技术改造（技术引进）项目论证；制定并监督执行行业规约，规范行业行为，反映会员要求，维护会员合法权益；开展国际、国内经济技术交流与合作；发展行业和社会公益事业。

〔**承担“十二五”课题研究**〕 中国教育装备行业协会承担的全国教育科学“十二五”规划教育部重点课题“中国教育技术装备发展史研究”于 2011 年 10 月开题。2012 年 9 月，召开了中期检查与汇报专题会。会议梳理和回顾了课题总体进展情况，归纳了课题存在的问题和建议，提出了下一步工作目标和任务。

〔**开展教育装备管理两项专题研究工作**〕 2012 年，教育部基础教育二司委托中国教育装备行业会围绕“服务于中小学实验教学开展技术装备管理专题工作研究”和“中小学图书馆（室）配备核心书目专题工作研究”两项专题开展研究。

“服务于中小学实验教学开展技术装备管理专题工作研究”课题已取得阶段性成果：收集、整理和分析全国各地中小学有关学科实验的目录、结构和要求等方面的现状；收集、整理各地发挥实验教学育人功能、保证中小学实验质量而采取的措施；收集、整理各地落实教育部印发的《中小学实验室规程》，推进中小学校实验室标准化建设的经验；收集、整理各地中小学实验教学仪器设备配备管理从质量标准制订、合格检测、招标采购、进校验收、使用跟踪等关键环节采取的措施和成效情况；归纳出初中物理、化学、生物以及小学科学课程相应的 20 个必做实验、20 个拓展试验、20 个提高实验；用 Delphi 法确定了实验教学所关注的学生能力，并提出了利用信息技术对学生能力进行评价的依据和算法；提出了小学和初中实验室一起配备的原则和标准框架；分析了影响教育装备质量的各种因素。

“中小学图书馆（室）配备核心书目专题研究”课题，旨在解决学校图书馆普遍存在的图书“旧、破、薄、复本量大、馆藏价值低”等问题，指导学校提升图书馆装备水平，规范全国中小学图书馆（室）的建设和发展。中国教育装备行业协会接到委托后，组织力量开展了摸底调查，收集、梳理和分析了全国各地中小学图书馆（室）配备书目的现状，并与教育部教学仪器研究所、北京市教育学院、浙江省教育技术中心、江苏省教育装备与勤工俭学管理中心、江西省教育厅基础教育处、广西壮族自治区教育技术装备中心等单位的相关人员座谈和研讨，研究制定了《中小学图书馆（室）配备核心书目》的整体思路，确定了《核心书目》的指导思想、编制原则、体例结构、选书方案。

〔**积极做好行业推荐产品工作和新产品技术参数制定工作**〕 2012 年，中国教育装备行业协会在全行业组织年度推荐产品工作，经过各省（区、市）行业协会推荐，中国教育装备行业协会组织专家进行初评、公示、总评，最终 482 个产品获“2012 年度推荐产品”。根据教育装备行业新产品层出不穷，产品行业标准制订严重滞后的问题，中国教育装备行业协会根据新产品的使用功能和教学要求，有选择地编制了 100 个新产品主要技术参数。同时，首次编制印发《2012 年度推荐产品汇编及部分教学仪器产品技术参数要求》，并免费发放至各省（区、市）教育装备主管部门及各级各类学校，为他们选择产品提供技术依据。

起草了行业标准《中小学心理咨询室装备规范》、《教学录播系统》、《学校运动场馆采光照明要求》、《学校人造草运动场地标准》。

〔**开展行业统计，发布年度蓝皮书**〕 2012 年，中国教育装备行业协会在持续开展行业年度统计工作的基础上，着手编辑出版《中国教育装备行业蓝皮书》。《蓝皮书》用数据说话，通过客观的分析和评价，为行业内各个领域提供有力的科学发展依据。

〔**举办中国教育装备展示会**〕 5 月 9—13 日，由中国教育装备行业协会主办，长春市政府、吉林省教育厅联合承办的第 63 届中国教育装备展示会在长春市召开。本届展会共有来自全国 31 个省（区、市）的代表团参会，吸引了 800 多家教育装备产品生产、销售企业参展，设立展位 3 000 多个，来自全国各级教育装备部门的领导、专家、管理人员，生产经营企业负责人、研发人员，大、中院校的领导、师生约 6 万人参观了展会。本届展会首次组织并进行了现场招标采购，首次引入校车展示，全国知名校车生产厂商全部到场参展，参展的校车性能和质量在国内首屈一指。展会期间，还举办了数字化校园高峰论坛、智慧教育高峰论坛、教育装备优秀论文评选活动颁奖大会、第二届中国校车质量与运营安全高峰论坛，召开了教育装备新产品、新技术、新成果发布会。

2012 年国际教学新仪器新设备展览会于 11 月 9—12 日在江苏省昆山市召开，同期举行了第七届国际发明展览会。本届展览会以“国际、科技、创新、发明”为主题，鼓励技术创新和科技成果产业化。展览会上，组织了 190 个教育装备行业的产品参加第七届国际发明展览会金奖的评选。参评产品经过初审、现场终审，最终有 112 个优秀产品获第七届国际发明展览会金奖。

〔**聚焦行业热点，开展校车、校服相关工作**〕

为全面配合教育部开展中小学校车运营管理试点工作和校车新标准、《校车安全条例》（简称《条例》）颁布后校车采购、招标工作的实施，2012 年年初，中国教育装备行业协会对全国中小学校校车使用情况进行了调研，并就校车存在的问题提出了意见和建议。5 月 11 日，协会与中国教育报刊社联合举办了“爱心 贴心 放心——中国校车安全与发展高峰论坛”。论坛针对校车运营安全规范和推广存在的问题，提出了建议。一是各地应当根据实际情况科学制定相关政策，确保将《条例》要求落到实处。二是国家尽快出台专用校车国家标准、财政资助办法和《条例》实施办法，使工作有章可循。三是依据《条例》规定，积极主动地做好现有校车的规范、调整工作。四是加大政策扶持和基础设施建设力度，切实加强农村校车安全运行保障。五是广泛开展《条例》学习宣传活动，引导各级各类学校、学生及其家长理解和支持校车改革和调整工作，营造贯彻落实《条例》的良好氛围。

为进一步规范学生装管理工作，巩固和发展已取得的成绩，中国教育装备行业协会组织专项调研组先后奔赴北京、天津、江苏、新疆等 20 多个省（区、市）进行学生着装现状的实地调查，同时还组织开展了网络调查。调查结果显示，全国已有 90％城市的中小学生统一了学生装，城镇、沿海及中部地区的部分农村也开始着手推进这项工作。但也存在部分城市的中小学生没有完成统一着装，在完成了统一着装工作的部分地区存在管理模式不完善、监督管理体制不健全、服装质量合格率不高、款式落后、售后服务差等问题。调查结束后，组织召开了两次专题研讨会，并编写了《关于我国中小学学生装情况的调查报告》。《报告》已呈报教育部，为主管部门制定相关决策提供参考。

〔**教育交流与合作**〕 3 月 29 日至 4 月 1 日，中国教育装备行业协会组团参加了在美国印第安纳波利斯举办的“美国科学教师协会年会展”；5 月 17—27 日，组团参加了“第 19 届巴西教育装备博览会”；10 月 16—26 日，组团参加了在瑞士巴塞尔举办的“2012 年巴塞尔世界教具博览会”。

撰稿　宋利云

审稿　夏国明

教育出版产业

中国教育出版传媒集团有限公司

2012年，中国教育出版传媒集团有限公司深入学习、贯彻、落实党的十七届六中全会和十八大精神，认真贯彻、落实中央关于进一步深化文化体制改革的整体部署，以高度的文化自觉和文化自信，认真组织制订集团的战略规划，着力推动企业内部改革和产业发展，取得了较好的社会效益和经济效益。2012年，集团公司全年实现销售收入61.79亿元，实现利润总额10.8亿元。

截至2012年年底，集团公司获得第三届、第四届“中国文化企业30强”，新闻出版“走出去”先进单位等荣誉。

（一）中国教育出版传媒股份有限公司

2012年，中国教育出版传媒股份有限公司深入学习、贯彻党的十八大精神，紧紧围绕现代企业建设、完成生产经营任务两个重点，全力推进股改上市工作，持续巩固教育出版主导地位，进一步理顺管理体制和运行机制，稳步推进现代企业建设，完成制订公司发展规划，加快发展数字出版，加强国际传播能力建设，实现了社会效益和经济效益的全面提升。2012年，公司在各个方面取得了显著成绩，中小学教材市场占有率接近60%，高等教育教材市场占有率接近25%，职业教育教材市场占有率接近30%，《中国教育改革发展丛书》第一辑21种图书顺利出版。教学仪器和图书出口、版权输出等海外业务收入超过1亿元，累计输出版权274项（不包含港澳台），被商务部等部委联合授予“2011—2012年度国家文化出口重点企业”称号。

（二）人民教育出版社有限公司

〔完成义务教育教科书的修订和送审工作，精心打造人教版第十一套全国通用的义务教育中小学教科书〕　2012年，人民教育出版社在教育部党组的领导以及中国教育出版传媒集团有限公司、中国教育出版传媒股份有限公司的指导下，围绕“十二五”发展战略目标，积极推进以教育出版主营业务为核心的各项工作。根据教育部关于新一轮义务教育教科书修订和送审的工作安排，顺利完成了第一批小学5个学科、初中12个学科共计44个品种的起始年级教材的修订、送审和出版工作以及第二批小学5个学科、初中11个学科共计110个品种的修订和送审工作。稳步推进其他各级各类教材和配套教辅产品的编辑出版工作。

〔坚持精品战略，拓展出版领域，一批优秀教育图书和大众图书获社会好评，多种出版物获各类奖项和出版资助〕　2012年，人教社编辑出版了在学术界颇具影响的《中国教育改革发展丛书》（9卷）、《主体教育研究丛书》（共7卷）、《林崇德心理学文选》（精装两卷本）、《基础教育政策与课程教学改革》、《学校文化自觉与课程教学改革》等多种教育理论专著。精心策划了以传播优秀文化为目的的大众图书《倪萍画日子》、《海峡两岸"这世代"书系》、《中国记者足迹》。大力开发辞书、中国原创少儿类图书等，用高品位和高质量打造"人教"图书品牌。

《叶圣陶全传》和《奠基中国》（DVD）获国家出版基金资助。《西方课程思潮研究》和《熊猫桐桐绘本丛书》入选"十二五国家重点图书出版规划项目"。《课程·教材·教法》成为首批国家社科基金资助期刊。

一批优秀图书、音像出版物在各类评奖活动中脱颖而出：《新编小学生字典》荣获第四届中华优秀出版物奖图书提名奖，《国粹京剧》（DVD）荣获第四届中华优秀出版物奖音像电子游戏出版物奖，《绿色印刷与平版胶印机结构原理》（CD-ROM）荣获第四届中华优秀出版物奖电子出版物奖，《教育学》、《发展心理学》等22种图书荣获"第二届中国大学出版社优秀图书奖"，《植物的识别》荣获第二届"中国科普作家协会优秀科普作品奖"。

〔成立数字公司，数字出版工作迈出新步伐〕

为贯彻"十二五"发展规划，大力发展数字出版，在原北京人教希望网络信息技术有限公司的基础上，成立了人教云汉数媒科技有限公司，以致力于服务基础教育信息化为导向，以研发人教电子书包和优质基础教育数字资源为重点，以探索教育数字出版营利模式为目标，全力打造中国基础教育数字出版品牌。公司成立后，数字出版基础性工程建设和重点产品研发工作取得了很大进展。人教数字实验室按期建成，成为展示人教版中小学教材数字化、立体化、现代化的窗口，也为体验数字出版成果、探索人教版数字教材和其他数字产品研发，以及远程培训提供了基地。"人教数字校园"于2012年秋季在全国近200所学校进行实验，"教师网络培训和服务平台"建成并上线，用户覆盖全国，有力地促进了人教版新教材培训的开展。"数字内容资源管理与推送平台"建设亦在稳步推进之中。

〔重视交流与合作，加快实施"走出去"战略〕

人教社重视开拓国际市场，积极开展交流与合作，加快"走出去"的步伐，先后与20多个国家及我国港澳台地区的出版机构和教育科研机构开展了广泛的交流与合作，取得了丰硕的成果。2012年，共输出版权111项，相比2011年有较大幅度增长。截至2012年年底，与国家汉办合作开发的《快乐汉语》、《跟我学汉语》等多语种项目已成功将原教材翻译成45个语种版本，使人教版汉语教材走进了更多的国家。8月，人教社授权昆明新知集团在东南亚和加拿大销售人教版出版物，包括中小学教科书、一般教育图书和对外汉语教材的纸质图书产品及音像制品，并对昆明新知集团柬埔寨金边华文书局、老挝万象华文书局、老挝华侨公立寮都中学进行了实地调研，了解当地对于汉语教材、中文图书的特殊需求，为更好地将人教版教材和图书推向东南亚市场奠定基础。

（三）高等教育出版社有限公司

〔转制工作继续按总体要求和计划稳步推进〕

2012年，高等教育出版社转制工作继续按照教育部及中国教育出版传媒集团有限公司的总体要求和计划稳步推进，先后完成了高等教育出版社、高等教育电子音像出版社小改制和高等教育出版社印刷厂（天津）转企改制工作。作为重要成员单位，高教社组织开展了包括资产无偿划转和建账等在内的相关工作，为中国教育出版传媒集团公司股改上市工作的顺利推进做出了重要贡献。

〔**教育出版主营业务收入继续保持稳定增长，精品战略、数字化战略稳步实施，精品教材建设得以巩固和加强，数字化转型升级工作进展顺利**〕 2012年，高教社主营业务继续保持稳定增长，共完成净发货码洋28.6亿元，同比增长1.53%；净发货实洋20.9亿元，同比增长3.23%。精品战略稳步实施，重大和重点项目进展顺利，纸质教材与数字化资源一体化设计与研发能力有所提升，精品教材建设得以巩固和加强。其中“马克思主义理论研究和建设工程”项目取得新进展，《中国近代史》等10本教材先后面世。《中华语文大辞典》项目进展顺利，《两岸常用词典》纸质版成功出版。数字化战略实施继续取得积极成果。国家精品开放课程项目全面启动，共享系统建设取得初步成果。爱课程网站成功上线。全年共完成8批视频公开课、150门课程、1 094集视频的上线工作，反响良好。数字化课程、数字化教学软件、数字出版和定制服务等取得新进展。

〔**学术出版工作继续取得稳步进展**〕 2012年，高教社学术出版国际影响力不断提升。Frontiers系列英文学术期刊《地学卷》、《蛋白质与细胞》被SCI收录，全出版社被SCI收录期刊达到6种，居国内第二。《数学卷》、《物理卷》影响因子已位于国内同类期刊前列。

〔**“走出去”工作再结硕果**〕 2012年，高教社“走出去”工作继续取得丰硕成果。版权输出170项，同比增长10%。《体验汉语》泰国中小学整体解决方案获由商务部、中宣部、财政部、文化部、广电总局和新闻出版总署联合认定的国家文化出口重点项目。《体验汉语》中小学智能白板解决方案成功进入北美两大学区。

〔**全国高校教师网络培训中心项目继续保持快速发展**〕 “全国高校教师网络培训”业务继续保持快速增长，营业收入同比增长10%，培训教师人数同比增长24.5%，新开发培训课程数量同比增长9.5%。培训满意率达92.6%，继续保持较高水平，已成为高校教师培训的第一品牌。

〔**“中国大学生在线”建设和运营项目取得新进展**〕 “中国大学生在线”建设和运营继续取得新进展。成功举办了“第五届全国高校百佳网站网络评选”、“第九届中国大学生在线摄影大赛”和“第二届全国高校优秀辅导员博客大赛”等系列活动，网站的影响力进一步增强，网站的用户黏性显著提升。

（四）语文出版社有限公司

〔**综述**〕 2012年，语文出版社在认真贯彻落实和推进文化出版体制改革进程中，深入学习贯彻落实党的十七届六中全会和党的十八大精神，按照教育部党组要求和中国教育出版传媒集团和股份公司部署，紧紧围绕语文出版社发展目标和中心工作，在市场维护和产品研发、机制完善、队伍建设、规范化管理等方面不断探索，各项工作取得了新的成绩。

〔**继续坚持“主辅结合”方针，确保完成出版主业各项目标**〕 2012年，语文出版社继续坚持“以出版为主，多业经营为辅；以教材出版为主，一般图书出版为辅”的工作方针，围绕出版主业开展了卓有成效的工作。全年完成图书出版563种，总印数约3 069万册，总印张数约24万千印张。

教材市场维护和产品研发双管齐下。在努力巩固市场的同时，开发包括书法教材、学前教育教师教材、中小学心理健康教育教材以及校本教材和地方版教材等在内的系列产品，为实现产品转型和可持续发展创条件、打基础。

在工具书和学术著作领域，发挥专业优势，做好特色产品。已形成通用系列工具书、小学生系列工具书、规范标准解读丛书和普通话水平测试丛书四大系列产品规模。完成了中国教育改革发展丛书

《中国的“两基”攻坚》和《落实教育规划纲要纪实》的出版任务。《戏剧与动画》获“2012 年全国戏剧文化奖话剧金狮奖评论奖”。

一般图书积极营造氛围，扩大出版社影响。重点出版的文化图书有《洪宪梦》、《苏报案和辛亥风云》等历史系列、《大众收藏》系列、《寻找中道》和《IN 词记录中国 2011》及《策文》等。完成引进版图书《达赖喇嘛的另一面》中译本编审加工任务，出版了长篇小说《老三》，在业界引起较大反响。

一报一刊继续拓展资源，搭好平台，为出版主业服务。《语言文字报》和《语文建设》重点围绕学习宣传贯彻党的十八大精神、深化改革、提升质量，开展立德树人系列活动，实施功能性网络平台“语文界”等项目，成为国家语言文字工作的一个重要宣传窗口和引导力量。

〔**深化改革，加强量化管理**〕 2012 年，语文出版社进一步完善机制，深化改革，重点加强队伍建设和各项管理。首次实行量化目标管理，完善配套奖惩措施，推行新的考核办法，重点开展“出版质量管理年”活动，在有效调动全员积极性、提升业务和管理能力等方面初见成效。同时，出版社党政工团组织在加强组织建设、保持稳定局面、提升员工素质、促进事业发展等方面发挥了核心作用。积极响应号召，组织参加公益活动，为“教育部机关干部职工关爱互助金”捐款 1 026 700 元。在落实对口援助方面，结合自身业务特色，认真落实教育和语言文字工作支援任务，先后通过捐款、捐书等形式，向西藏、云南和宁夏等地开展了援助工作。

（五）中国教学仪器设备有限公司

〔**全国校车交通安全北斗服务管理平台建成**〕 从 2012 年 3 月开始，由总参测绘导航局、交通部和教育部等有关单位及国内权威专家支持的“全国校车安全服务管理平台”开始建设。2012 年年底，该平台正式开通运营。

为落实国务院《校车安全管理条例》，尽快建立校车安全运行的监控服务管理体系，在总参中国卫星导航定位应用管理中心、交通部交通科学研究院和教育部有关单位的支持下，中国教学仪器设备有限公司与中兴恒和卫星应用科技股份有限公司在安徽省、江苏省部分试点县市管理平台的基础上，在北京建立了全国校车交通安全北斗服务管理平台，为全国各地配备北斗系统的校车提供开放服务。这是中国第一个全国性的校车安全运行管理平台，对校车和学生的交通安全实施监控管理、指挥处理突发事故和自然灾害发挥重要作用，为各级政府、教育行政部门和学校、家长提供全面的服务。

（六）中国教育图书进出口有限公司

〔**综述**〕 2012 年是中国教育图书进出口有限公司实施“十二五”规划的第一年，全体员工抢抓文化大发展、大繁荣的历史机遇，适应产业结构的快速变化，以建设具有国际影响力的图书文献和知识服务企业为目标，积极推进从重规模向重效益转变、从粗放经营向精细管理转变、从单一业务向多元发展转变，努力建设“资源教图、数字教图、服务教图”，本年度业务规模、质量、效益稳步提升，全年实现营业收入 6.88 亿元，较 2011 年增长 2.53%。

〔**积极推进“资源教图”建设，创新传统业务发展**〕 2012 年，公司与上游出版社联系日益紧密，通过电子数据交换系统，引进图书书目数据资源千万条，报刊目录数据十万余条；与我国台湾六大出版企业签订战略合作协议，谋求两岸图书文献互通共赢；开展为促进图书出口的全流程版权代理业务，创新出口业务模式。

〔**加快“数字教图”建设，推进经营模式转型**〕 2012 年，公司以 ERP、EDI、全球数字化学术文献资源服务平台（全球学网）建设为中心，实现了财务与业务系统的无缝对接以及业务经营的电子化交易，全面提升了企业经营管理水平。其中全球数字化学术文献资源服务平台（全球学网）项目获国家文化产业重点扶持。

〔**提升“服务教图”水平，促进企业可持续发展**〕 2012 年，公司从业务流程、岗位考核、内控制度、费用控制、服务质量、审计监控、行政服务等方面推进精细化管理，取得一系列积极成果。通过制度化、系统化管理，提升了审读工作的效率和准确率，确保了全年审读工作零误差，维护了国家文化安全。2012 年，公司成立上海、广州两个业务处，实现业务经营和服务本地化。

〔**积极开展国际合作和教育服务，探索新的发展方向**〕 2012 年，公司承办国家汉办“汉语角”、伊斯坦布尔国际书展中国图书展、国际赠书等国际合作项目，扩大了公司的社会影响力。在合作开展教育培训、按需印刷（POD 业务）、文创产业（中国文化艺术产品走出去）和图书国际会展等领域进行了调研论证，取得了实质性进展。

〔**加强组织建设，塑造企业文化**〕 2012 年，公司改选了新一届党总支，开展“党员一带一”活动，发挥党员先锋模范作用。召开了新一届职工代表大会，扩大职工参与管理的权利。加强企业文化建设，以《教图人》内刊为中心，用身边事教育身边人，架起沟通职工心灵的桥梁，提升了企业的凝聚力。

撰稿　王　琼　李云龙　李　晨　杨嘉荣
　　　李秋芳　宋　浩　李　瀛　李少华
审稿　李朋义　黄　强　殷忠民　韦志榕
　　　张思挚　王旭明　李兴植　朱洪涛

教学仪器与装备

〔召开"教育装备'十二五'发展研究"研讨会〕 2012年2月24—25日，教育部教学仪器研究所（简称教仪所）在北京组织召开了"教育装备'十二五'发展研究"研讨会。教育部基础教育二司、职业教育与成人教育司、高等教育司、体育卫生与艺术教育司、国际合作与交流司、人事司领导出席，部分省市教育装备部门主要负责人、部分高校领导、示范高中校长和研究机构专家应邀参加。

会议围绕中国教育装备的形势与任务以及教育装备国际化发展趋势、教育信息化建设、实验教学与实验室建设、学校教育装备特色化发展等进行研讨，提出了修改完善《教育装备"十二五"发展研究》（征求意见稿）的意见和建议。

教育部副部长刘利民在研讨会上做出重要批示："要重新定位教育装备的作用，适应教育现代化进程的要求。"

〔启动修订义务教育学校音乐、美术教学仪器的设备配备标准〕 2012年，受教育部体育卫生与艺术教育司委托，教仪所启动了《义务教育学校音乐、美术教学仪器的设备配备标准》修订工作。

〔6项数字化教育装备研究课题结题〕 2012年，6项数字化教育装备研究课题按计划完成了研究任务，通过鉴定结题。

〔"爱心园"援建工程〕 2012年，按照《教育部定点联系滇西边境山区工作方案》（教发函〔2012〕108号）的部署，教仪所组织有关企业，建立了中国下一代教育基金会"爱心园"教育专项基金，实施滇西边境山区"爱心幼儿园援建工程"，以捐助幼儿园玩教具及设备的方式，支持滇西幼儿园的建设。该工程已纳入教育部定点联系滇西边境山区工作推进计划，计划在滇西边境山区56县（市、区）和所涉及的10个州市，按照教育需要和产品质量标准，各援助建设1所幼儿园，为这些幼儿园提供玩教具、户外游乐器材和教育教学设备。截至2012年年底，已在滇西边境山区10个州市各援建了1所幼儿园。

〔开展教育装备综合调研〕 9月10—21日，教仪所组成6个调研组，分别到大连、青岛、洛阳、株洲、绵阳、石嘴山等市实地考察县、乡、村各类中小学41所（含教学点）、幼儿园4所，分别与各级教育行政部门、教育装备部门、学校、幼儿园负责人以及学科教师进行了广泛座谈。

本次调研，重点考察了各地贯彻落实教育规划纲要相关工作进展和重大项目实施情况，特别关注在基础教育装备工作中存在的突出问题和主要困难，深入了解基础教育装备发展需求和进入学校的教育装备产品质量现状，积极搜集各地推进教育装备工作的新思路、新举措，最后形成调研报告。教育部副部长刘利民对调研报告做出重要批示："教育装备质量问题要从源头抓起，要建立新的标准和规范，严防不合格的教育装备进校园"。

〔西部民族地区教育装备研究中心成立〕 2012年，教仪所与北方民族大学联合成立了"西部民族地区教育装备研究中心"。8月12日，教育部副部长刘利民到北方民族大学考察西部民族地区教育装备研究中心筹备工作。刘利民指出，教育部教学仪器研究所与北方民族大学合作建立西部民族地区教育装备研究中心，对于西部地区教育发展具有非常重要的意义。中国教育装备发展还比较滞后，也非常不平衡，东部地区发展迅速，西部地区发展缓慢，该中心的建立将为教育装备建设提供决策咨询，进一步促进实现教育装备建设科学化。

〔**举办第八届全国优秀自制教具展评活动**〕 8月13—18日，第八届全国优秀自制教具展评活动在杭州市举行。本届展评活动由教仪所主办、浙江省教育技术中心承办。活动得到广大教师、学生、教研、教育装备部门人员的踊跃参与，自制了中小学各学科作品上万件。经专家委员会评审，共有519件作品获奖，其中一等奖83件、二等奖185件、三等奖251件。88位教师被授予“自制教具能手”称号。北京、上海、河北、江苏、浙江、广东、福建等省市分别获团体总分前6名。28个省（区、市）及新疆生产建设兵团教育装备部门获组织奖。

撰稿　金　林

审稿　刘诗海

教育新闻媒体

中国教育报刊社

中国教育报刊社是中华人民共和国教育部直属的新闻出版机构。现编辑出版两报四刊两网：中国教育报、《人民教育》杂志（半月刊）、《中国高等教育》杂志（半月刊）、《神州学人》杂志（月刊）、《中国民族教育》杂志（月刊）、中国教师报（周报），中国教育新闻网、神州学人网站。

从1994年9月组建至今，中国教育报刊社秉承“为教育而鼓，为教师而歌”以及“开门、开放、开明”办报办刊办网理念，在宣传党和国家教育方针政策、法律法规，报道各地教育动态、教育教学改革经验，研究探讨教育热点问题、理论问题，宣传教育界先进人物等方面起到了重要的舆论导向作用和宣传指导作用。特别是在学习宣传贯彻党的十八大精神以及深入贯彻落实教育规划纲要方面，报刊社各媒体在主流媒体中走在了前列，为新一轮教育改革发展大局创造了良好的舆论氛围。同时，报刊社各媒体及时准确地为各级教育行政部门、学校、教师、学生和关心教育的各界人士提供权威性、专业性、大容量、多角度的教育信息服务，是反映中国教育现状的重要窗口，是了解中国教育改革与发展的权威新闻机构。

中国教育报刊社两报四刊两网在提高报刊质量、扩大影响力方面取得了重要进展。2012年，中国教育报、《人民教育》、中国教师报等发行量有较大增长，扩大了在中小学的覆盖面；中国教育新闻网开通了7个服务性频道，社区注册人数从10万人增长到35万人。

撰稿　赖配根
审稿　李曜升

（一）中国教育报

〔**综述**〕　2012年是中国教育报编委会确定的改革和制度建设年。一年来，中国教育报围绕中心，服务大局，深化改革，创新发展，强化顶层设计和高端引领，着力在服务中心大局上下功夫，着力在改革办报思想理念上下功夫，着力在建立完善采编考评制度上下功夫，着力在改进新闻报道形式作风上下功夫，全面出击，重点突破，各项工作取得重大进展。

〔**更加突出“中心和大局”——重拳出击，集中力量做大事、打大仗，实现新闻报道思想战略的重大转变**〕　2012年，中国教育报按照“围绕一个核心，抓住两条主线，实现两个突破，突出四个引领，达到四个全覆盖”战略重点和报道思路，围绕党的十八大、教师节、“两会”，集中力量，浓墨重彩推出了十八大旗帜特刊、教师节师魂特刊、“两会”论教特刊；践行“走转改”精神，精心策划推出“贯彻落实教育规划纲要·神州行”特别报道，其宣传报道力度之大、投入人力版面之多，前所未有。

〔更加突出改革创新——全新改版引发广泛关注，实现办报理念思路的重大转变〕 中国教育报自2012年3月1日起全新改版，全国统一出版彩报。3月20日，学前教育周刊创刊。9月1日再次改版，改版重点为加强宏观指导，强化顶层设计，突出专业性，增加新闻，加大深度报道，对不同专周刊在新闻性、专业性、服务性等方面进行了不同侧重的设计，全域满足核心读者需求，让教育新闻更加贴近基层、贴近读者，受到广泛关注和好评。

〔更加突出“基层”——走基层，转变工作作风，实现新闻报道作风的战略转变〕 自觉践行“走转改”精神，探索中国教育报“走转改”之路。编辑部先后开设了6个走基层栏目，如走基层记者在现场、走基层记者蹲点日记等，组织精锐力量深入基层，报道基层新闻，反映基层声音。

〔更加突出“转变”——转变办报思想理念，实现新闻报道思路方式的战略转变〕 一是转变办报思想理念，树立“新闻立报、专业强报”思想。二是转变新闻报道思路和方式，树立服务读者的意识。三是转变发展方式。从传统办报方式向现代办报方式转变，从封闭办报向开放办报转变，跳出教育看教育，跳出教育谋发展。建立了中国教育报校长共同体、中国教育报基础教育协作体、中国教育报学前教育联盟和中国教育报高中学校联盟，举旗占地，扩大影响。

〔更加突出改进文风——实现新闻报道方式的重大转变〕 一是倡导简洁、轻松、明快、生动、活泼的文风，用老百姓的语言，说老百姓听得懂、喜欢听的语言和形式改造新闻报道。二是突出鲜活性和现场感。组织记者深入基层发现新闻。

〔更加突出制度建设——制订完善内部管理方案，实现管理方式的根本转变〕 加强制度建设，用制度管人管事，解放编辑记者、主编主任、总编，提高工作效率。一是建立更为科学规范、符合现代报纸特点的采编运行机制，实行采编分离，提高专业化程度，解放新闻生产力，提高办报质量和品位。二是建立统一的新闻策划领导机制，推出大手笔、有创意、“接地气”的重大策划。三是建立科学合理的质量评价和业绩考核体系。

〔更加突出队伍建设——建立和打造一支能打大仗、硬仗、胜仗的特别能战斗的团队，实现办报向以人为本、人才兴业的战略转变〕 以人为本，充分发挥和调动每个人的积极性、主观能动性、创造性。为每个人提供发挥自己才智和作用的平台，让人尽其才；让人人找到能发挥自己作用的平台，让人尽其用。一是加强业务培训和交流，专家讲座和内部业务交流双轮推动。二是让年轻人挑大梁、给他们压担子，让他们参加重大报道、重要评论写作，培养多面手。

〔更加突出双效益——多轮驱动求发展，实现社会经济双效益并重发展的重大转变〕 转变发展方式，多元发展提高经济效益，实行重大活动带动战略，全方位提高中国教育报的社会影响力。开通中国教育报新浪微博。

2012年，中国教育报先后获得胡锦涛、刘延东等中央领导批示3次，教育部部长袁贵仁等部领导批示超过20次，这是中国教育报办报历史上前所未有的。刘延东在2012年3月5日中国教育报上批示：“中国教育报请主管者说改革举措，请校长、教师说改革体会，请家长、学生说改革实效，用图表和数字说改革变化，立体式、多角度展示改革试点和典型经验，对深化和推进教育改革很有益处。”袁贵仁3月5日在中国教育报上批示：“改版后的教育报给人耳目一新的感觉。在内容方面突出教育统筹、教育改革、教育投入，特别是教育公平、教育质量和教育环境等方面，是好的。每一主题从不同层次、角度加以宣传，效果也是好的。望再接再厉，进一步突出重点、亮点，按照全方位、立体化、纵深型的要求，不断提高宣传效果。”

撰稿 羽 佳

审稿 翟 博

(二)《人民教育》杂志

〔**综述**〕 2012年,《人民教育》坚持正面报道,坚持主流价值观,坚持正确的舆论导向,紧紧围绕教育部中心工作,服务大局,积极做好贯彻落实教育规划纲要、迎接党的十八大和学习贯彻十八大精神的宣传报道,密切关注教育改革和发展中的热点、难点问题,继续努力从教育舆论上引领教育理念和教育实践,不断扩大刊物的影响力。

〔**着力宣传党的十八大精神**〕 在党的十八大召开前期,编辑部提前策划,专门开设了“迎接党的十八大·回眸与展望”专栏,分别邀请教育部政策法规司司长、教师工作司司长、基础教育司司长、教育部基础教育课程教材发展中心主任、中国教科院教育理论研究中心主任等权威人士,从依法治教、教师教育改革、推进教育公平、十年课程改革、现代教育体系建设等方面对党的十六大以来中国基础教育的重大改革和发展做了回顾与展望,编辑部同志也从课程改革和高考改革的角度推出力作,重新审视、分析这些教育改革的重大价值,引导舆论方向。

党的十八大召开后,编辑部第一时间刊发了消息,并以大会场景作为杂志封面,紧接着开设了“学习贯彻十八大精神”栏目,刊发了教育部部长袁贵仁在教育部党组学习贯彻党的十八大精神扩大会议上的发言,相继组织了教育部相关司局长、部分省、直辖市主管教育的领导等撰写文章,解读十八大报告、谈教育改革和发展的新思路,为学习贯彻十八大精神营造舆论氛围。

〔**积极做好教育规划纲要和教育部中心工作的宣传报道**〕 2012年,中国基础教育的主题词是:立德树人、促进公平、提高质量。这既是教育规划纲要的宣传重点,也是教育部在基础教育战线的中心工作。编辑部突出抓了“改革人才培养模式”、“提高教育质量”、“教育均衡发展”等重点选题。

在提高教育质量方面,刊发了“关于教育质量国家标准的探讨”的系列文章;采写了《新教育质量观冲击》报道,发表了《新西兰如何提高基础教育质量》等文章。

在改革人才培养模式方面,对上海格致中学培养新时代所需创新人才、北京三十五中科技创新人才培养班进行了报道,刊发了《改革育人模式 提升教育品质》等文章。

在教育均衡发展方面,采写了《看常德均衡发展路线图》、天津义务教育高水平均衡发展、山东青岛四方区推进义务教育均衡发展等。

〔**以通信报道和“专辑”方式,彰显杂志特色和影响力**〕 2012年,《人民教育》以自己擅长的通信报道的优势,大力宣传基础教育界先进人物和典型经验。比如,对安徽灵璧县英雄教师陆荣飞,北京171中学教师周国彪,北京特级教师王能智、马芯兰等优秀教师和优秀校长的人物报道,都产生了较好的影响。《人民教育》还报道了山东省中小学家长委员会建设、山东临沂二十中教育教学改革、重庆珊瑚实验小学特色教育、浙江杭州拱宸桥小学德育创新、江苏南京雨花台中学文化建设、辽宁大连西岗区教育管理创新、山东博兴县第一小学学校发展新理念、山东桓台世纪中学个性教育等一批学校和地区的典型经验。

同时,《人民教育》分三期推出了“生本教育实践”、“EEPO有效教育”、“语文主体学习”等专辑。

〔**进一步增强《人民教育》的传播能力**〕 《人民教育》作为教育主流媒体,必须不断强化自身的传播自觉,增强其传播能力。一方面抓住课程改革、课堂改革、教育改革中最核心的内容不放松,重点对新修订的课程标准进行权威解读,大大增加教师的阅读内容;另一方面,团结各方力量,争取多方支持,加强通联队伍建设,努力提高发行数量,在“让《人民教育》走进每一所学校”的基础上,又提出“让《人民教育》走进更多教师的视野”的发行愿景。2012年,《人民教育》的发行量增加3万多份。

撰稿 刘 然
审稿 梁伟国

（三）《中国高等教育》杂志

〔**综述**〕 2012年，《中国高等教育》杂志积极发挥教育主流媒体的不可替代作用，始终围绕中心服务大局，积极做好重大选题策划和宣传报道工作，坚持正确舆论导向，形成了自己的宣传亮点，在全国高等教育界的影响力持续增强。刊物的发行量继续保持全国同类期刊中的领先地位。

〔**以落实教育规划纲要为主线，做好舆论引导**〕
2012年，以落实教育规划纲要为全年宣传工作主线，突出刊物特色和传统优势，重点话题和栏目内容互动，分步骤、分阶段做好对高等教育战线的思想引领和行动落实。上半年，配合教育部重点工作，先后推出医学教育改革、文化传承创新、制定大学章程3个重点话题，尤其是历经近两个月的精心准备，配合教育部全面提高高等教育质量工作会议，推出一期专刊（11期）。专刊出版后，广为读者好评，被一些省份尤其是高校作为暑期培训的专用资料。下半年，编辑部精心策划，接连推出实践育人、发展哲学社会科学、高校领导班子建设、推进协同创新、现代大学制度建设5个话题。同时，不断创新报道形式，从问题意识切入，刊出了具有思想启迪、方向引领、政策解读式、广为读者喜爱的好文章。

〔**注重思想性与理论性，全力做好党的十八大宣传**〕 党的十八大召开前，以“迎接党的十八大”为主题，开辟“特别视线”、“非常关注”专栏，组织知名高水平大学书记、校长撰写文章，共发表24篇文章，充分展示了近10年特别是教育规划纲要颁布以来中国高等教育改革和发展取得的成就与经验。党的十八大召开后，以“贯彻党的十八大精神”为主题，连续发表12篇文章，积极主动地学习、宣传、贯彻、落实党的十八大精神。

〔**回应读者关切，组织策划系列重点文章**〕
针对读者普遍关注的热点问题，先后组织了高等教育绩效管理体系探析、在新建本科院校教学工作合格评估中营造良好风尚、《高等学校教学质量报告》应该报告什么等文章；针对质量保障，先后组织了建立健全新时期研究生教育质量保障体系、新建本科学校教学工作合格评估方案的新特点、抓好本科教学合格评估拓展优质高等教育资源等文章；针对工程教育，先后组织了顺应新型工业化道路主动培养拔尖创新人才、顺应国家工业化需求培养工程创新人才、我国工程教育改革的若干思考等文章；针对教育部重点工作，及时推出了行业特色型高校推进协同创新的思考、协同创新培养卓越教师、创新机制共同培养卓越法律人才等文章，受到读者广泛好评。

〔**办好品牌栏目、固定栏目，兼顾常设栏目**〕
精心打造“德育与党建”、“教改纵横”品牌栏目，通过对热点、难点问题的解析，使栏目内容鲜活、亮点频现；继续办好“行思探理”、“高职教育在线”等固定栏目，兼顾“质量保障”、“招生与就业”等常设栏目，使其满足相关领域读者群的实际需求。

撰稿 李石纯
审稿 徐 越

（四）《神州学人》杂志及网站

〔**综述**〕 2012年，《神州学人》编辑部认真学习和领会中国教育报刊社改革和发展的精神及思路，结合自身实际，努力探索编辑部的改革和发展之路；认真贯彻和落实党的十八大精神，继续以为留学人员服务为宗旨，围绕全国经济社会发展形势和留学工作新形势，多角度、多层次、全方位进行大规模报道。

〔**《神州学人》杂志**〕 2012年，编辑部加强选题策划，在增强可读性上下功夫，更多地采用团队合作的方式展开工作。

1. 在党的十八大召开之前，“新闻·专题”栏目从第7期开始便陆续刊登相关文章，为十八大专题报道预热。

2. 配合党的十八大召开开设专题，精心组织策划，形成了从会前到会中再到会后的整体宣传报道。以“十年留学、科学发展、成就辉煌”为主题的3期专题，以各层次、各领域优秀的留学回国人员的亲身经历，反映了10年来留学工作的成就。

3. 配合教育部新的“长江学者奖励计划”实施办法出台，刊登了《实施办法》，并请负责人做了“解读”，向海外留学人员传递了教育部“长江学者奖励计划”的最新信息。

4. 2012年“国家优秀自费留学生奖学金特别优秀奖”首次实施，为此编辑部策划了特别专栏，从第8期开始，陆续以获奖者自述的形式，报道了首批特别奖获得者。

5. 刊载《神州学人》记者出访活动的文章，以记者手记和当地留学生的自撰文章相结合，较为生动、细致、真实地反映了中国留学生的留学生活，也从侧面反映了驻外使领馆教育处组的留学生工作。

6.《神州学人》从2012年第1期起，注重“留学安全”信息的传递，刊登了留学美国、澳大利亚、日本3国的“留学安全手册”。

〔**神州学人网站**〕 2012年，网站注入了思想性内容，加强了图片运用，视频内容丰富程度有较大提高，原创视频制作质量不断提高。

1. 形式上有所创新。网站从党的十八大召开前两个月开始预热，密切配合十八大的每一个环节进行宣传报道。推出了具有特色的迎接十八大在英中国学生学者系列视频访谈“我爱你中国——赤子情深 英伦巡礼”专题；通过网络视频会议形式，组织座谈会；推出了主题性网站头条：读懂十八大报告、大型纪录片“复兴之路”等。

2. 人才信息服务内容进一步丰富，招聘频道按市场化的用户感受全新改版。网络视频招聘活动在前期宣传推广及招聘活动的组织上进行了一些创新，参与人数大幅增加，招聘单位满意度增加。

3. 于中日邦交正常化40周年之际，网站联合全日本中国留学人员友好联谊会和东拓株式会社，举行了“心灵的感动！留学日本生活”中国留学生征文大赛，共刊登来稿40余篇，真实反映了中国留学生在日本的生活状况，推动中日民间友好交流，为新的来日留学生提供真实的参考资料。

4. 伦敦奥运会举办期间，网站推出伦敦奥运会专题。以最新赛事动态新闻、精彩图片、视频以及留学生来稿等多种方式展现了奥运会盛况。

撰稿 刘晓蕾
审稿 杨亚南

（五）《中国民族教育》杂志

〔**综述**〕 2012年，《中国民族教育》杂志坚持正确的舆论导向，坚持贴近基层、贴近学校、贴近教师，突出杂志特色，进一步改进报道内容和宣传形式，探讨民族教育领域的重要问题，深入反映了民族教育战线学习贯彻落实党的十八大精神、贯彻落实教育规划纲要取得的新成就和新进展。

〔**回顾和总结党的十六大以来民族教育取得的辉煌成就**〕　2012年下半年，杂志开设了“迎接党的十八大胜利召开”专栏。专栏刊登了教育部民族教育司司长阿布都《民族教育：科学发展 成就辉煌——回顾十六大以来民族教育发展成就》、中国少数民族双语教育研究会会长丁文楼《新疆双语教育面临的新形势与新使命》、特约记者蒋夫尔《创新少数民族人才培养模式的成功实践——党的十六大以来内地新疆高中班发展纪实》等文章，回顾和总结了党的十六大以来民族教育取得的辉煌成就。

〔**引导民族教育战线深入学习和贯彻落实党的十八大精神**〕　党的十八大胜利召开后，学习好、宣传好、贯彻好、落实好党的十八大精神，是教育新闻宣传工作的首要任务。杂志开设了“学习贯彻党的十八大精神”专栏，刊发了教育部部长袁贵仁《努力办好人民满意的教育》、中央政策研究室副主任施芝鸿《党的十八大报告中的八大关键词》等文章。同时编发了《关注来自民族教育一线的党的十八大代表》一文，介绍了党的十八大代表、少数民族优秀教师何桂琴和刘发英参加党的十八大的感受和体会。

〔**突出杂志特色，办好特色栏目**〕　“民族团结教育”、“双语教学”和“内地办学”是杂志的特色栏目，一直受到读者的喜爱和关注。2012年，“民族团结教育”栏目刊发了《探索构建学校民族团结教育课程体系》、《思想政治课加强民族团结教育的实践与思考》等文章，介绍了基层学校开展民族团结教育的经验和举措，为学校民族团结教育提供了有益借鉴。“双语教学”栏目深入探讨少数民族双语教学的规律，刊发了《傣汉双语教学：适合云南民族地区的双语教学模式》、《如何培养蒙古族学生的蒙语会话能力》等文章。“内地办学”栏目对内地民族班培养少数民族人才的实践进行深入宣传报道，刊发了《如何做好内地西藏高中班插班生德育工作》、《内地西藏班学生国家认同意识的培养》等文章。

〔**探讨民族教育领域的热点问题，提高杂志影响力**〕　杂志围绕社会主义核心价值体系教育、义务教育均衡发展、义务教育阶段各学科课程标准修订颁布、农村义务教育学生营养改善计划实施等热点问题，精心策划，刊发了《试论民族院校社会主义核心价值体系教育的途径》、《教育均衡发展普惠山区学生》、《准确把握新的义务教育课程标准——新的义务教育课程标准的价值和解读》、《让边疆的农村学生茁壮成长——新疆实施农村义务教育学生营养改善计划纪实》等文章，产生了良好反响，提高了杂志的影响力。

〔**发挥对民族地区教师队伍建设的引领作用，宣传优秀教师事迹**〕　2012年9月，全国教师工作暨“两基”工作总结表彰大会召开，杂志对此进行了专题报道。“教师教育”栏目关注教师专业发展和教师队伍建设，刊发了《教师专业生命之美：意涵、境遇与重塑》、《民族地区学前教育师资之困如何破解》等文章。“班主任”栏目连续刊发了《我做西藏班班主任》等文章，重点宣传内地西藏班班主任悉心培育民族学生的感人事迹，凸显了他们爱岗敬业、无私奉献、甘为人梯的崇高精神。“耕耘者足迹”栏目深入报道少数民族优秀教师的事迹，特别是连续报道了2012年度“全国教书育人楷模”和党的十八大代表中少数民族优秀教师的事迹。

撰稿　李建月　赵　岩
审稿　梁伟国　李东成

（六）中国教师报

〔**综述**〕　2012年，中国教师报提出“新课堂”、“新教师”、“新学校”、“新学生”的“四新”

教育学，通过整合纸媒、网站、会馆、课题、活动、培训六大"分媒"布局，打造一个全新的"全媒体"架构。同时，更加凸显"思想·特色·行动"，强化对一线教育教学的引领，同时更加关注一线鲜活的教育实践，关注教育新概念的行动解读，关注教育新思想的人文生长。

〔贯彻实施教育规划纲要，做好重大选题的策划和报道〕 2012 年，中国教师报加强策划，相继推出《女教师生存状况调查》、《高中教育走向何处》、《高三沉思录》、《聚焦"小语病"》、《小学，请还孩子以童年》、《低龄留学喜与忧》等，关注女教师群体、高中教育、小学教育、低龄留学群体。同时推出教师节特刊《教师是什么》，分别用"脊梁·奠基"、"楷模·信仰"、"榜样·力量"等 8 组主题诠释了教师职业群体的深刻内涵，在读者中引起强烈反响。

〔做好"区域均衡"报道，助力教育公平与均衡〕 随着教育改革的不断深入，如何突破"瓶颈"，推进教育均衡，成为各地教育共同面对的大问题。在这样的背景下，中国教师报进一步总结区域课改推进的新路径、新方法，用 7 个版刊发了《山西课改好风光》，集中报道了山西省遵循学生学习与成长规律的课堂模式，以及在全省范围推动的课堂教学改革，实现更高层次与更高起点的教育教学水平均衡。

〔深入践行"走转改"，编辑记者走基层〕 2012 年，中国教师报继续开展"课改中国行"大型公益宣讲和采访活动，从北京出发，兵分 9 路，相继奔赴天津、江苏、浙江、陕西、河南、福建、安徽、湖南、湖北、广西等 20 多个省（区、市）60 多个县（市、区），在调研采访的同时进行课程改革理念和方法宣讲。活动所到之处，受到各地教育局的高度重视，引起了广泛关注。

〔推进教育信息化建设，打造"立体"新媒体〕

2012 年，中国教师报联手新华瑞德电子阅读技术有限公司共同打造移动互联网"教育通"云平台，它是专为教师提供的一款网络互动学习平台，是探索提升教师专业发展、转变教育教学行为的有效途径。依托"教育通"云平台，中国教师报还推出了全国首届"微课程"大赛，作为"教育通"云平台上线后的第一个全国性大型活动，"微课程"大赛帮助教师迅速转变教育教学行为，培养出了一批具备现代化教育技能的"超级教师"。

〔独辟蹊径，创特色"经营"模式〕 2012 年，中国教师报实现了"两条腿走路"，组建了经营部，尤以经营培训为主体，形成了中国教师报独有的特色经营模式——区域课改培训，从郑州市全面建设"道德课堂"，到襄阳市樊城区"打造中国基础教育第一学城"……中国教师报不仅取得了良好的经济效益，同时也取得了较大的社会效益。

撰稿 康 丽

审稿 雷振海

（七）中国教育新闻网

中国教育新闻网一直秉承"为教育而鼓，为教师而歌"的办网理念，在宣传党和国家大政方针、教育改革发展，报道各地教育动态、教育教学改革经验、研究探讨教育热点问题、宣传教育界先进典型等方面，发挥着重要的不可替代的舆论引导作用和宣传指导作用。

〔唱响主旋律，大力宣传党和国家的重大教育方针政策和成就〕 2012 年，中国教育新闻网以"关注教育、聚焦民生"为主题，聚焦"两会"代表委员和社会关注的教育热点难点问题，解疑释惑、增进共识，合理引导社会预期，营造全社会关心、重视、支持教育改革的良好氛围。

中国教育新闻网推出的"十八大专题"系列报

道，聚焦教育辉煌成就，以全面宣传报道党的十六大以来中国教育改革发展所取得的巨大成就为主线，通过代表声音、聚焦改革、见证发展等栏目，以文字、视频、社区、微博等形式立体展现了10年来经济、教育、科技等领域的辉煌成就。

纪念建党90周年专题、学习胡锦涛同志在纪念共青团成立90周年大会上重要讲话座谈会新闻直播及专题等重点报道，也在教育系统产生了广泛影响，并被多家主流网络媒体转载。

〔面向教育领域，大力宣传党和国家的重大教育方针战略以及最新教育政策，并加强对教育工作者的服务和交流互动〕 2012年，教育部再次向全国教育系统推出“全国教书育人楷模”评选活动，中国教育新闻网是教育部指定承担该评选活动的投票平台和人物宣传平台之一。至此，中国教育新闻网已连续3年参与“全国教书育人楷模”评选活动，并进行了相关专题报道。

2012年4月，中国教育新闻网视频直播室投入使用，全年共进行14个视频访谈，新闻直播活动达10余次，制作相关专题50余个。同时，开通了7个服务性频道，社区注册人数从10万人增长到35万人，增强了对广大教育工作者的服务和交流互动。

〔聚焦教育改革和基层经验，大力宣传教育改革的典型经验和先进人物〕 针对教育的热点、难点问题，结合国家相关政策及解读，中国教育新闻网及时推出典型经验报道和相关策划，如落实规划纲要神州行专题、校车安全行专题、职业技能大赛专题等。“最美女教师”张丽莉舍身救人的事迹发生以后，中国教育新闻网迅速做出反应，精心策划制作相关专题，以新闻、评论、图片、微博等形式，立体式解读张丽莉精神的内涵，全面反映社会各界学习张丽莉的情况。

撰稿　部云雁
审稿　翟　博

中国教育电视台

〔综述〕 2012年，中国教育电视台继续坚持以邓小平理论、“三个代表”重要思想、科学发展观为指导，以贯彻落实党的十八大精神为指引，改革创新发展思路，积极破解发展难题，以特色服务彰显独特价值，为营造教育事业改革发展的良好氛围做出贡献。

1. 重大宣传报道立体传播，形成教育特色，引领社会共识。中国教育电视台以迎接和宣传党的十八大为主线，以教育改革和发展成就以及教育规划纲要实施以来教育改革发展成效宣传为重点，以电视、网络、手机等多种宣传渠道，推出40集、每集10分钟的大型系列专题节目《教育十年间》以及《科学发展看教育》、《十八大代表风采录》、《纲要实施两周年》等系列节目；完成了“十八大”、“两会”、“教师节”等重大报道和专项任务20多项；推出4集电视新闻纪实片《张丽莉》，教育部办公厅向全国教育系统发文，要求组织收看。节目在中国教育电视台卫星一套播出后，全国平均收视率同比提高3.8倍，中国教育电视台三频道该节目收视率同比提高40%，引起社会各界的强烈反响。上级领导批示给予高度评价和肯定，国家广电总局给予表扬。

2. 深入开展“走转改”活动，贴近师生、贴近家长、贴近生活。按照中宣部关于深入开展“走转改”活动的指示精神，中国教育电视台“中国教育报道”栏目从2012年元旦起，即推出“新春走基层”专栏，采制播出了《北京大学：贫困大学生温暖过大年》、《“根叔”邀留校学生同贺新春》、《情暖回家路》等节目，报道了寒假开始后，学校领导、教师对留校学生们的关怀，对回家过年的学生们的爱护。春节前夕和春节期间，派出多路记者赴北京、河北、山东、江苏等地，分别以“回家路上”、“团聚时刻”、“家乡教育”等为主题，深入一线采访，客观记录了2012年师生们以及记者回家过节的见闻，讲述身边的教育故事，反映家乡教育变化，客观呈现教育改革发展的新面貌。5月2日起，中国教育电视台再次推出大型“走转改”系列报道“走近进城务工人员子女”。中国教育电视台组织六路记者共50余人，由副台长兼总编辑陈力策划并带队，以反映北京市解决进城务工子女就学的热点问题为题，从4月13日开始走进北京通州七彩学校、延庆庆源学校、海淀振兴学校、石景山台京学校、房山京蓼学校、朝阳半壁店小学和朝阳区十八里店中心小学7所学校蹲点采访。节目共制作播出了12期系列报道，关注教育热点，回应社会关切，以进城务工人员子女接受教育环境的变化，反映北京在促进义务教育公平方面做出的努力和取得的成绩，为教育改革发展营造良好的舆论氛围。节目播出后，反响热烈，北京市教育部门予以高度称赞。

3. 宣传社会主义核心价值体系，坚持打造教育特色精品。2012年，中国教育电视台制作播出了展现教育十年辉煌成就的新闻专题节目《教育十年间》、大型新闻话题类品牌栏目《面对》、全新改版的《成长不烦恼》、为80后找寻时代坐标与人生方向的高端访谈节目《助跑80后》、纪录片解读类专题栏目《静观》、服务于人才工作和弘扬励志精神的《创赢未来》、配合全国学前教育月宣传活动制作的演播室系列节目《回归快乐童年》等。这些教育品牌节目符合“三贴近”要求，符合教育传媒定位，产生了较好的社会影响力。在纪录片创作上，中国教育电视台历时4年创作完成的反映中国百年义务教育历程的纪录片《圆梦百年》，播出后反响强烈，平均收视率达1.755，获“中央档案馆列入2012年度收藏作品”的殊荣。由中国教育电视台制作的当代都市题材纪录片《8090爱情故事》，播出后取得了2.207的收视率，创造了中国教育电视台近年来自制系列纪录片的最高收视率。中国教育电视台协助江苏省委组织部拍摄了大型电视政论片《关键在人》，播出后节目影响力通过网络媒体得以迅速传播，该片获得了中宣部的高度肯定。在影视创作上，记述人民科学家钱学森生平事迹、科学精神及爱国情操的纪录电影《仰望星空》，得到中央领导以及教育部领导的关注和肯定。由中国教育电视台与相关单位联合出品的、填补教育题材影视作品35集电视剧《乱世书香》得到教育部、国家广电总局等上级主管部门的重视与支持，已于2012年封镜。

4. 优秀节目不断涌现，在多项评选中屡获佳绩。中国教育电视台一频道的品牌栏目《职来职往》获广电总局《综艺》杂志评比的2011年“上星30佳”称号，制片人文康获中国广播电视协会主办的“全国十佳电视栏目制片人”荣誉称号。在第18届中国电视纪录片颁奖盛典上，中国教育电视台获得多个奖项，其中《金元厂纪事》获年度作品奖和最佳摄影奖；《圆梦百年》被评为年度收藏作品，由国家档案局收藏；《科学家的故事》获十佳系列片奖；《首播记录》获十优栏目奖等。制播的《环球记录》、《8090爱情故事》、《乡村爱情》等纪录片节目（栏目）获业界四个批次8个奖项。《你好宝贝》获全国数字付费电视行业评比节目一等奖、获中国教育电视协会教学类节目评比一等奖。《早教直通车》节目获全国数字付费电视行业评比节目三等奖。早教频道荣获2011—2012年全国数字付费电视十佳频道。

5. 增强网络原创节目策划，举办专题活动，加强互动，提升宣传实效。中国教育电视台正式获批的网络电视台进一步加强总体规划，在内容产品建设上，形成了自主原创网络节目、大型网络专题、主题宣传活动、新闻集纳整合四位一体的网络传播格局。其中原创节目包括校园活动《和丁哥说悄悄话》、常态栏目《说正经的》、电子杂志《中学声》等。同时，网络电视台及果实网推出了系列网络主题活动，取得了良好的宣传效果。教师节前，中国教育电视台举办“感念师恩”活动，在新浪、搜狐、腾讯、教育部网站、果实网、中国教育新闻网的用户点击量超过3 000万次，发送微博超过1 500万条，远超前两届总和。开学前，举办“开学第一讲”主题活动，得到各省（区、市）教育厅（局）的高度重视和支持，吸引200所大中小学的校长积极参与，点击率超过 2 000 万次，网友投票超过 500 万张。加强与观众的互动，面向全国大中小学生启动“捕捉校园最美的瞬间”公益摄影大赛，通过微博推广活动，收到 2 000 多张照片。

6. 手机报常刊内容更加丰富，专刊报道特色突出。5 月，中国教育手机报进行了全新改版，设置了要闻速览、新政解读、热点聚焦、本报观察、教改进行时、榜样、教育智慧、图文共享、八面来风、民意调查、@微话题、健康瑜伽、图书情报等版块，突出了手机媒体“快速”和“精练”的特点，得到了读者的充分肯定。全年发刊近 300 期，其中专刊、特刊发刊主要内容包括：元旦专刊、“两会”进行时专刊、雷锋专刊、2012 中国发展高层论坛专刊、清明节专刊、全国基层党组织书记培训专刊、“五一”专刊、张丽莉事迹专刊、感念师恩专刊、全国中小学信息技术教学应用展演专刊、“十一”纲要实施两周年专刊、十八大专刊等。通过一系列常刊和专刊的探索，增强了教育手机报的教育特色，实现了教育手机新媒体的深度报道与微阅读的结合。

〔全媒体的宣传广度和传播空间不断拓展〕 发挥电视、手机、网络、报纸等全媒体传播优势，拿出重要版面、页面，开设专栏、专题，形成报道声势。2012 年，中国教育电视台累计进行教育新闻宣传 16 880 分钟，完成教育部有关司局交办的各种采访任务 260 余次、新闻通气会及报告会 45 场次。全年播出教育新闻访谈节目 285 期，关于教育发展改革的访谈共 197 期。中国教育手机报全年发刊近 300 期，完成重大宣传报道 10 余次，覆盖教育系统 3 000 余家单位，覆盖教育战线各级受众 3 万人。

〔“中国教育网络电视台”、“中国教育手机电视”获行业资质〕 国家广电总局已正式批准中国教育电视台开办中国教育网络电视台，并下发《信息网络传播视听节目许可证》，同意中国教育电视台增加互联网视听节目服务业务项目，播出名称为“中国教育网络电视台”，通过宽带互联网等新载体、新渠道、新手段打造公共教育和文化平台，营造良好教育舆论氛围，为青少年的健康成长创造良好的网络环境。同意中国教育电视台开展移动通信网手机电视内容服务，播出名称为“中国教育手机电视”，可播出新闻、影视剧、文娱、专业类节目内容。

〔制播分离改革成效显著，频道拓展再上台阶〕 2012 年，中国教育电视台一频道全国覆盖人口达 9.71 亿人，较 2011 年度增加 5.9%，在全国各级有线网共 2 337 个网络中的入网率达 93.0%，较 2011 年增长 4.2%，实现在 71 个重点城市中落地 70 个。一频道 CSM35 中心城市全天平均收视率为 0.053%，在上星频道中排名第 38 位。二频道改版筹备工作启动，以盘活教育卫星频道资源为目标，传播科学知识与优秀文化，为老年群体服务。三频道全年平均收视率 0.386%，在北京地区 90 个频道中排名第 15 位。空中课堂频道融资成功，以中国文献记录为主题编播的频道形象亮相北京、海南、河南、新疆。

〔国家教育新媒体平台正式推出，服务功能进一步扩大〕 中国教育电视台在原有多网融合的基础上，采用云计算和云教育网络架构，于 8 月 25 日正式推出国家教育新媒体平台，建立了立体化的快速内容分发和服务体系，进一步扩大服务能力。平台访问总量超过 2 亿次，注册人数超过 400 万人。果实网获“国培计划”远程培训资质，通过市场化竞争方式获得国家示范性项目、中西部教师培训等 20 多个教师远程培训任务，全年培训总人数 8 万余人，在首次参加示范性项目匿名评估中取得综合评分第二名。同时，果实网积极服务地区党建工作，由果实网和重庆市巴南区组织部合作建设的“党建红云”，打造集党员需求服务与组织管理为一体、基于国家教育新媒体平台“云计算”的党建信息化平台。该项目得到中央领导同志的认可，被列为中组部督办项目。

〔双向宽带教育卫星项目取得重大进展〕 开展专项教育信息化应用，推动教育信息化深入发展。完成《国家民用空间基础设施中长期发展规划》涉及教育方面需求的规划建议书，有力推动教育宽带多媒体通信卫星建设工作。在教育部科技司的指导和大力推动下，基于 Ka 频段的教育宽带多媒体通信卫星列入《国家民用空间基础设施中长期发展规划——未来十年我国卫星通信广播基础设施发展规划》中。由国家发展和改革委《规划》编制专家组召集空间应用需求部委、中国教育电视台就完善修改《规划》召开讨论会。按照讨论会要求，修改完善了教育部《基于 Ka 频段的宽带多媒体通信卫星系统集成服务平台建设建议书》，并报送《规划》编委会，推动教育宽带多媒体通信卫星建设工作，在卫星传输服务中协助教育部完成教学覆盖工作；协助云南开放大学制定“天地”网台的培训方案。

〔**立足高校，深入开发“创意”资源，为培养创新型人才提供专业平台**〕 8 月，中国教育电视台高校创意总部正式挂牌。创意总部把高校作为品牌宣传的重要突破口，开展推广活动，吸引创意导师带领大学生团队进驻总部工作室；与全国多所知名高校建立广泛合作关系，促进高校创意产业产学研相结合，服务高校大学生创新教育和自主创业；拓宽业务模式，实现经营创收；举办特色活动，促进品牌传播。中国教育电视台与北京国际设计周共同主办“2012 国际高校毕业设计作品展”等文化创意项目，得到了上级领导、国内外广大高校师生的高度关注和大力支持；与《芭莎艺术》共同举办“艺术中国校园行”活动，在全国 6 个城市的 10 所艺术类高校开展活动，传播中国以及世界艺术大师的艺术成就和成长经历，推动了艺术新人的选拔与推广；中国教育电视台与第七届中国北京国际文化创意产业博览会组委会办公室共同主办的“2012 第二届全球大学创意博览会”活动，通过“创意职来职往”人才交流会、全球大学创意作品展、签约创意创业导师、成立“校企联合会”、开展“大学生创业项目投融资推介会”等系列主题活动，搭建企业与高校之间的创意人才交流平台，聚集百强企业、百所名校共同支持大学生创业就业，真正起到高校创意总部为引领大学生实现创意作品产业化和创新项目市场转化搭建平台和高地的作用。

撰稿　文　鲲
审稿　黄秀根

北京市教育

概　　况

〔基本情况〕

北京市各级各类学校校数、教职工、专任教师情况

	学校数（所）	教职工数（人）	专任教师数（人）
一、高等教育	115	148 302	64 900
（一）研究生培养机构（不计校数）	133		
1. 普通高校	54		
2. 科研机构	79		
（二）普通高等学校	89	138 776	60 852
1. 本科院校	63	126 810	54 691
其中：独立学院	5	2 081	1 267
2. 高职（专科）院校	26	11 331	5 761
3. 其他机构（点）（不计校数）	4	635	400
（三）成人高等学校	26	3 407	1 527
（四）民办的其他高等教育机构	69	6 119	2 521
二、中等教育	3 650	357 010	251 519
（一）高中阶段教育	3 309	329 028	220 452
1. 高中	289	50 748	20 623
普通高中	289	50 748	20 623
完全中学	199	34 375	13 868
高级中学	44	6 682	4 553
十二年一贯制学校	46	9 691	2 202
成人高中			
2. 中等职业教育	3 020	278 280	199 829
普通中专	31	3 738	1 984

续表

	学校数（所）	教职工数（人）	专任教师数（人）
成人中专	11	592	342
职业高中	54	7 834	4 928
技工学校	2 924	266 116	192 575
其他机构（教学点）（不计校数）			
（二）初中阶段教育	341	27 982	31 067
1. 初中	341	27 982	31 067
初级中学	257	19 950	13 963
九年一贯制学校	84	8 032	2 820
十二年一贯制学校			2 476
完全中学			11 808
职业初中			
2. 成人初中			
三、初等教育	1 081	55 710	52 472
（一）普通小学	1 081	55 710	52 472
小学	1 081	55 710	46 783
九年一贯制学校			3 185
十二年一贯制学校			2 504
（二）成人小学			
其中：扫盲班			
四、工读学校	6	300	212
五、特殊教育	22	1 231	898
六、学前教育	1 266	48 080	26 330

北京市各级各类学历教育学生情况

	毕业生数（人）	招生数（人）	在校生数（人）
一、高等教育			
（一）研究生	71 215	87 890	254 610
博士	13 478	17 463	68 731
硕士	57 737	70 427	185 879
（二）普通本专科	155 233	158 602	591 243
本科	113 785	122 651	482 930
专科	41 448	35 951	108 313
（三）成人本专科	96 735	109 337	271 248
本科	51 235	61 044	161 839
专科	45 500	48 293	109 409

续表

	毕业生数（人）	招生数（人）	在校生数（人）
（四）其他各类高等学历教育			
1. 在职人员攻读硕士学位		19 888	72 675
2. 网络本专科生	840 462	1 212 811	3 978 055
本科	254 226	376 254	1 249 605
专科	586 236	836 557	2 728 450
二、中等教育	2 151 398	1 874 628	5 767 993
（一）高中阶段教育	1 423 044	1 766 495	4 831 676
1. 高中	171 921	63 381	337 704
普通高中	55 657	63 381	193 505
完全中学	37 459	42 307	129 002
高级中学	13 329	14 564	45 785
十二年一贯制学校	4 869	6 510	18 718
成人高中	116 264		144 199
2. 中等职业教育	1 251 123	1 703 114	4 493 972
普通中专	16 111	14 753	59 895
成人中专	23 523	27 398	64 858
职业高中	19 281	21 925	64 987
技工学校	1 192 208	1 639 038	4 304 232
（二）初中阶段教育	728 354	108 133	936 317
1. 初中	95 782	108 133	305 510
初级中学	41 561	44 718	127 629
九年一贯制学校	6 024	8 035	21 441
十二年一贯制学校	7 463	9 189	25 716
完全中学	40 734	46 191	130 724
职业初中			
2. 成人初中	632 572		630 807
三、初等教育	1 701 198	141 738	2 361 956
（一）普通小学	109 492	141 738	718 655
小学	98 622	124 534	638 794
九年一贯制学校	6 422	10 128	46 343
十二年一贯制学校	4 448	7 076	33 518
（二）成人小学	1 591 706		1 643 301
其中：扫盲班	585 749		689 067
四、工读学校	294	299	728
五、特殊教育	1 747	1 190	8 118
六、学前教育	79 131	115 248	331 713

北京市各级各类非学历教育学生情况

	结业生数（人）	注册学生数（人）
总计	3 381 098	3 105 213
一、高等教育	681 179	524 954
（一）研究生课程进修班	12 782	17 977
（二）自考助学班	25 478	50 811
（三）普通预科生		2 534
（四）进修及培训	642 919	453 632
其中：资格证书培训	60 393	47 167
岗位证书培训	124 253	49 299
二、中等职业教育	2 699 919	2 580 259
其中：资格证书培训	450 958	389 865
岗位证书培训	369 291	323 816
（一）中等职业学校	59 864	36 752
其中：资格证书培训	24 756	20 051
岗位证书培训	16 799	7 389
（二）职业技术培训机构	2 640 055	2 543 507
其中：资格证书培训	426 202	369 814
岗位证书培训	352 492	316 427

北京市各级各类民办教育基本情况

	学校数（所）	毕业生数（人）	招生数（人）	在校生数（人）	教职工数（人）	专任教师数（人）	其他学生数（人）
一、民办高等教育							
（一）民办高校	15	22 599	20 367	68 075	6 907	3 489	7 975
硕士			40	40			
本科学生		8 385	10 667	38 909			
专科学生		14 214	9 660	29 126			
其中：独立学院	5				2 081	1 267	350
本科学生		5 454	6 528	24 247			
专科学生							
（二）民办其他高等教育机构	69				6 119	2 521	114 587
二、民办中等教育							
（一）高中阶段教育	77	5 081	9 402	26 410	7 764	4 775	

续表

	学校数（所）	毕业生数（人）	招生数（人）	在校生数（人）	教职工数（人）	专任教师数（人）	其他学生数（人）
1. 民办普通高中	55	3 543	7 315	19 675	6 576	4 156	
2. 民办中等职业教育	22	1 538	2 087	6 735	1 188	619	30
（二）初中阶段教育	17	7 044	9 003	25 717	1 232	861	
1. 民办普通初中	17	7 044	9 003	25 717	1 232	861	
2. 民办职业初中							
三、民办普通小学	40	5 350	10 899	51 426	1 852	1 302	
四、民办幼儿园	451	22 445	32 747	105 521	19 049	9 615	
另有：民办培训机构（不计校数）	1 319				35 784	13 953	1 102 619

〔**培育和弘扬北京精神**〕 2012 年，北京市利用多种载体培育和弘扬北京精神。全市中小学校开展了用行动续写雷锋日记，践行“北京精神”主题教育实践活动，树立了一批学生榜样。分学段编写小学、初中、高中《北京精神》地方教材，以践行北京精神为主题，组织全市中小学生网上夏令营。制定《中小学生综合素质提升工程实施意见》，保证每名中小学生每学年至少两次走进社会大课堂参加社会实践活动，强化实践育人环节，确保学生走进资源单位学有收获。深化社会大课堂建设，在原有 545 家社会大课堂的基础上，增加认定 16 家市级资源单位，进一步扩大学生实践平台。大学生开办“首都百万师生微党课”，深入学习践行北京精神和雷锋精神。

〔**推进 20 项国家教育体制改革试点**〕 2012 年，市教委稳步推进 20 项国家教育体制改革试点。进一步细化分解重点改革任务，不断完善工作推进机制，各项任务进展顺利。多渠道扩大学前教育资源、开展城乡教育一体化发展试验、完善随迁子女接受义务教育保障机制、深化普通高中特色发展试验、在京中央高校与市属高校共建合作、教育督导评估体制探索等试点项目推进效果明显。

〔**启动首都教育人才发展专项计划**〕 2012 年，北京市启动了首都教育人才发展专项计划。增强中青年学术骨干的支持和培养力度，在北京大学、清华大学等中央高校建设一批市属高校青年教师发展基地，选派 130 名优秀青年教师作为人才后备力量，在教师发展基地进行为期一年的研修。遴选高层次引进人才 4 人、特聘教授 28 人、“长城学者”培养人选 42 人、创新团队 29 个、青年拔尖人才培养人选 200 人、青年英才培养人选 2 000 人。进一步加强职业院校专业教师教学技能培训，利用教师培训基地和培训学校的资源开展国内培训 4 万人次，选派 90 名专业教师到国外进行培训。启动中小学教师带薪脱产培训等 29 个中小学教师培训项目，全年接受培训的中小学教师达 1.6 万人。加强首都名校长队伍建设，组织实施第二期市级名校长工作室建设。制定政策，引导义务教育学校教师和校长合理流动。

〔**加强师德和思想政治建设**〕 2012 年，市教委研究起草了《北京市中小学教师职业道德规范》，以市政府名义开展“北京市人民教师奖”评选活动，评选出 10 名“北京市人民教师”和 10 名“北京市人民教师提名奖”，以及 20 名师德标兵、240 名师德先进个人，宣传优秀教师事迹，弘扬高尚师德师风。实施高校哲学社会科学繁荣计划、青年马克思主义者培养计划、“铸魂工程”和思想政治理论课“名师工程”。启动高校思想政治理论课名师工程，评选表彰年度优秀辅导员和十佳辅导员，启动青年英才资助计划和青年教师社会实践市级示范项目，青年教师的思想水平和业务能力不断提升。

〔**开展丰富多彩的体育、艺术、卫生、科技活动**〕　2012年，全市开展丰富多彩的体育、艺术、卫生、科技活动，近百万名大中小学生参与体育竞赛和展示活动。以庆祝学生金帆艺术团建团25周年为契机，开展学生艺术节、高雅艺术进校园、民族艺术进校园、青少年艺术周等系列活动，参与学生10万人次。在100所中学建立中央音乐学院艺术实践基地。市级财政投入专项经费修缮414所中小学体育场地，积极推进中小学校照明度不合格教室及黑板标准化改造工程，对1 278所中小学校的3.5万间教室及黑板照明进行标准化改造，全部通过卫生部门质量检测。提出中小学生防近视、控肥胖工作的阶段性目标和措施。积极开展中小学科普活动，活动覆盖面和参与度均创新高。

〔**加强学校服务保障能力建设**〕　2012年，全市不断加强学校服务保障能力建设。市级财政和高校共同建立高校学生食堂价格平抑资金，积极推进“农校对接”，全市高校拥有39个食堂原材料直供基地，食堂原材料源头采购率从2011年的68%提高至80%，节约采购资金4 500万元。制定中小学生在校集体就餐管理办法，改善中小学生在校就餐质量，确保就餐安全。依据新颁布的《校车管理条例》，开展中小学校校车试点调研，对中小学生开展交通安全教育，为农村寄宿制中小学校更换生活用车134辆。针对重度污染、暴雨冰雪等恶劣天气，启动应急预案，对中小学和幼儿园合理调整教育教学安排进行部署，确保教学秩序和学生安全。

〔**继续深化教育交流与合作**〕　2012年，全面实施《留学北京行动计划》，将外国留学生奖学金投入额度提高至6 000万元。在全国率先设立北京市高等学校学生公派境外学习奖学金项目，资助1 000名高校学生赴境外交流学习。进一步优化孔子学院建设布局，由中央音乐学院承办的全球第一所音乐孔子学院正式挂牌。推动实施北京工业大学北京—都柏林国际学校等一批高水平中外合作项目。

〔**扩展教育对口支援广度和深度**〕　2012年，完成对新疆和田、西藏拉萨、青海玉树等地30余个援助项目，为受援地区培训校长和骨干教师3 343人。组织北京—和田中小学手拉手、民族中小学夏令营，290名当地中小学生到北京感受首都文化。

基础教育

〔**综述**〕　2012年，市政府印发《北京市中小学建设三年行动计划（2012—2014年）》，统筹优化中小学布局，合理配置教育资源，整体提升中小学办学条件现代化水平。投入25.7亿元，陆续实施城乡新区中小学建设等七项工程，支持新建29所中小学校。深入推进学前教育三年行动计划，进一步加大学前教育资源供给力度，通过加大学前教育投入，推动学前教育发展。投入12亿元，对142所幼儿园进行改扩建和设备配置，支持105所村办幼儿园建设。非教育部门公办幼儿园生均补贴由1 200元提高至3 600元。通过以奖代补等办法，鼓励普惠性民办幼儿园发展，对无法覆盖的人群采取多种方式提供早期教育的指导和服务。

〔**幼儿园新增2.4万个学位**〕　2012年，市教委先后投入9.08亿元扩大幼儿园容量。通过教育系统办园、驻京中央单位、部队办园、企事业单位和街道办园的新建改扩建和改造达标项目，使334所公办性质幼儿园的办园条件明显改善，240所公办性质幼儿园增容1至3个班不等。共计增加学位2.4万个，完成《学前教育三年行动计划》的年度学位目标。

〔**幼儿园实施奖励补贴政策**〕　2012年，市教委加大政府投入，对幼儿园实施奖励补贴。其中投入近5亿元用于各部门办园生均补贴，覆盖367所幼儿园的10万余名儿童；投入近1 300万元，对101所普惠性民办幼儿园进行奖补。市教委采取措施促进不同类型幼儿园发展，继续对公办幼儿园实施生均定额补贴政策，对考核合格的普惠性民办幼儿园采取以奖代补方式予以鼓励和支持。

〔**开展幼儿园分级分类验收**〕 2012年，市教委开展幼儿园分级分类验收，76所幼儿园参加验收，48所幼儿园达到一级办园标准。截至2012年年底，全市共有一级幼儿园477所，（其中示范园89所、一级一类园376所），比2011年增加53所。市教委对14所幼儿园的办园条件、行政管理、保教工作和卫生保健工作进行多次指导，同时还对朝阳等6个区县申报的16个社区儿童早期教育示范基地进行验收。

〔**发布幼儿园收费管理细则**〕 8月21日，市发展和改革委发布《北京市幼儿园收费管理实施细则（试行）》。《细则》明确了幼儿园收费项目为保育教育费、住宿费及代办服务性收费。除此之外，幼儿园不得再向幼儿家长收取其他任何费用。各级各类公办幼儿园保育教育费、住宿费收费标准执行全市统一规定，幼儿园可按不高于政府规定的标准制定具体收费标准。民办幼儿园收费标准由幼儿园按照国家有关规定，根据保育教育及住宿成本自行制定，报所在区县价格主管部门和教育行政部门备案后执行；享受政府财政补助的民办幼儿园收费标准，报所在区县价格主管部门、教育行政部门和财政部门备案后执行。民办幼儿园收费标准应保持合理和相对稳定，不得随意涨价、搭车涨价和任何形式的变相涨价。该《细则》于9月1日起执行。

〔**完善义务教育入学工作**〕 5月24日，市教委、市纠风办、市监察局、市发展和改革委、市财政局、市审计局、市新闻出版局联合印发《关于治理义务教育阶段乱收费问题的意见》。《意见》从明确工作方向、科学规划学校服务片、落实公示制度、禁止选拔学生和举办以选拔生源为目的的各类培训班、规范特长生招生、严禁收取与入学挂钩的捐资助学款、加强对民办学校收费的管理、落实责任制、促进义务教育均衡发展、实施中小学建设三年行动计划、加大宣传力度等11个方面提出工作要求。5月2日，市教委印发《关于2012年义务教育阶段入学工作的意见》，进一步规范义务教育入学工作。

〔**实施中小学建设三年行动计划**〕 8月17日，市政府印发《北京市中小学建设三年行动计划（2012—2014年）》。该计划包括城乡新区中小学建设工程、中小学数字化教育资源共享工程、农村学校办学条件提升工程、校园基础设施改善工程、来京务工人员随迁子女接受义务教育保障工程、高中创新教育支撑条件建设工程、特殊教育、民族教育学校建设工程，全面提升中小学办学条件和现代化水平。

〔**促进基本教育公共服务均等化**〕 2012年，北京市对全市家庭经济困难儿童以及革命烈士子女、孤儿和残疾儿童入园给予专项资助。努力保障随迁子女在北京接受义务教育，建立79所未审批自办学校基础台账，逐步将义务教育阶段随迁子女纳入学籍管理系统，随迁子女在公办学校就读的比例提高至74.7％。加快特殊教育学校基本公共服务标准建设，制订特殊教育学校办学条件标准，就进一步加强残障儿童随班就读工作提出意见，组织开展特殊教育学校教师基本功现场展示活动。进一步提升送教上门工作质量。

〔**完善办学条件标准细则**〕 2012年，市教委修订完善《北京市中小学校办学条件标准细则》。该《细则》为中小学校实验室标准化建设提供了依据，从源头上解决了实验教学仪器配置的适切性和实用性问题。尝试改变高中学校办学条件标准细则的配置模式，更好地适应课程改革，满足高中学校多样化发展。

〔**完成15所城乡新区一体化学校建设**〕 2012年，市教委完成了15所城乡新区一体化学校建设。

15所（对）学校中，除东城、西城外，每个区县1所，其中小学建制的学校5所、初中2所、完中4所、12年一贯制学校2所、9年一贯制学校1所、纯高中1所。在这15所学校中，新建学校6所、改扩建学校9所。可新增学位9 012个，总学位22 810个。15所（对）城乡一体建设项目学校均签署了一体化管理协议，坚持“一个法人，一体化管理”的原则。15所学校为首批城乡新区一体化建设学校，并列入市政府实事项目。通过城乡新区中小学建设，引导中心城区优质教育资源的布局调整，远郊区县引入城区优质资源学校的师资和管理经验，进一步提升远郊区县的教育水平。

〔制定基础教育阶段创新人才培养项目管理办法〕　12月31日，市教委与市财政局联合印发《北京市基础教育阶段创新人才培养项目管理办法（试行）》。《办法》适用于参与基础教育阶段创新人才培养项目的北京教育科学研究院、北京青少年科技创新学院、各区县教委和承担该项目任务的有关中小学校、区县教研部门、高等院校、科研院所、博物馆及科普场馆等。目的是加强基础教育阶段创新人才培养项目的管理，基本原则是“政府主导、整体规划、分级管理、协同实施”。

〔完成宏志奖学金发放〕　5月，市教委完成了第14届普通高中宏志奖学金评选工作。此次评选采取报名推荐、民主评议、材料审核、公示程序，面向普通高中在校生中城乡低保家庭、低收入家庭子女、享受社会优抚待遇家庭子女、烈士子女及经民政部门认定的其他困难家庭子女。要求学生在校期间品行良好、关心集体、乐于助人、学业成绩及学生综合素质评价优良。全年共资助3 500名学生，每人800元。

〔举办第四届北京青少年翱翔科学论坛〕　10月16—19日，由市教委主办，北京教育科学研究院、北京青少年科技创新学院承办的“第四届北京青少年翱翔科学论坛”举行。论坛分为化学与生命科学、物理与地球科学、数学与信息技术、人文与社会科学4个领域，分别在北京市第二中学、北京市第十二中学、清华大学附属中学和北京市第十四中学举办。16个区县及燕山地区的165名第四批翱翔学员经过自评、同伴互评、导师评价、基地评价、网上资格审查、专家网上评审等环节，最终登上讲台汇报147项学习探究成果。同时现场接受专家指导，与到场师生互动交流。来自教育部、中国科学院、中国社会科学院，市教委、市科委，北京教科院、北京教育学院、北京教育考试院，有关大学等单位的领导、专家，“翱翔计划”参与单位负责人、教师、学员及家长代表2 000人次参加论坛。

〔开展首届特殊教育学校教师基本功现场展示〕　5月19日至6月17日，市教委举办首届全市特殊教育学校教师基本功现场展示活动。展示活动分为视障专业、听障专业和智障专业3个小组，分别在北京市盲人学校、东城区特殊教育学校和西城区培智中心学校举行。活动由笔试、核心专业能力展示、课堂教学设计、说课、答辩五部分组成，其中核心专业能力的展示是本次活动的特色，视障专业教师的盲文翻译技能、听障专业教师的手语沟通技能和智障专业教师的个别化教育计划的制订，展示了特殊教育教师的专业能力。活动聘请中国教育科学研究院、北京师范大学、北京教育科学研究院、北京联合大学特殊教育学院专业人士作为评委。评选出优秀随班就读教学设计一等奖14人、二等奖21人、三等奖34人及优秀组织奖8个。

〔举办首届高中校长“香山论坛”〕　12月21日，市教委、市教育学会共同举办了首届北京市高中校长“香山论坛”。论坛围绕“论学校文化和学校精神”的主题，分别听取了北京四中、清华附中、景山学校、北京师范大学附属实验中学、八十中、潞河中学校长所做的主题发言，中国教育科学研究院副院长、北京大学中文系教授做专题报告。市教委、市政府教育督导室领导，所有示范高中校校长及部分校长代表参加论坛。“香山论坛”每年举办一次。

〔举办民族教育首届小学校长论坛〕　11月30

日，北京市民族教育首届小学校长论坛在海淀区民族小学举行。论坛围绕“当代校长办学的理性思考与实践”的主题，听取海淀区民族小学和密云县檀营满族蒙古族小学题为《坚守信念，相伴成长》、《探索民族团结教育途径的思考与实践》的报告，西城区宣武回民小学等10所学校围绕“学校优质与特色和谐发展”、“学校文化建设的理性构建”、“民族团结教育的思考与实践”3个主题，分别在两个分论坛做大会交流。中央民族大学和北京教育学院的专家作点评。

〔市教委与北京电视台合作〕　10月9日，市教委与北京电视台签署战略合作协议。根据协议，双方在落实2012年市政府实事，建设“北京数字学校”的基础上，通过优势互补、共同合作，探索具有首都特色的现代化终身教育服务体系，基于歌华有线电视网络、通过高清交互数字电视平台和歌华飞视平台，面向电视机、电脑、手机等多种终端，提供在基础教育以及其他领域的全面教育服务，丰富教育供给内容，改善教育供给方式，进一步促进教育的公平、均衡。截至2012年年底，“北京数字学校”完成9 500节名师同步课程的录制，经过技术审核、教育审核、政治审核和20%综合抽检，逐步上线播出。构建虚拟的北京数字学校，建立北京数字学校门户网站（www.bdschool.cn）、歌华有线高清交互数字电视平台等传播渠道，并于9月1日正式开通，向全市中小学生、家长和教师提供服务。

职业教育与成人教育

〔综述〕　2012年，市教委支持职业教育创新发展，组建了制造、商贸、电子信息3个职教集团，通过集团化办学，进一步整合教育资源，集成办学优势，为打造“北京制造”、“北京创造”和“北京服务”品牌提供技能人才支持和智力服务。开展职业教育分级制、“3+2”中高职衔接试验，突破中高职的学历层次体系，建立起一套新的职业教育制度。10余所职业学校与企业协作制订人才培养方案。依托北京广播电视大学等成人教育组织，经教育部批准成立北京开放大学。依托社区学院、社区教育中心、各级各类院校重点建设100个市民终身学习服务基地，在北京学习型城市网开发200集课程资源，为市民提供丰富、开放、便捷、灵活的学习服务。启动全市建设学习型城市工作示范区评估，西城区作为首个申报区县通过专家组评审。开展首届“社区教育名师”评选认定，在全市树立一批主动服务居民终身学习的典型。举办第八届全民终身学习活动周，召开首届全球学习型城市大会筹备会。

〔推进高职院校办学体制机制改革〕　2012年，完成了对国家教育体制改革试点项目“地方政府促进高职发展综合改革试点工作”调研和检查，对8所市级示范性高职院校建设工作进行验收，完成对北京经济管理职业学院人才培养工作评估，组织中德合作IHK职业资格教育项目期中考试。

〔认定第二批17个市级中职学校示范专业〕　2012年，在学校申报、自评的基础上，市教委组织专家对16所学校的19个专业进行评估，通过入校现场听课、考察专业实训基地建设使用情况和教学管理工作、召开师生座谈会、听取用人单位意见等方式，认定北京金隅科技学校等14所学校的17个专业为第二批市级示范专业。

〔开展“3+2”中高职教育衔接办学改革试验〕　4月，在调研和广泛征求意见的基础上，启动了“3+2”中高职教育衔接办学改革试验。该试验选择北京电子科技职业学院和北京市金隅科技学校等17所中高职院校（其中高职院校8所、中职学校9所）的10个专业开展衔接办学试点，探索构建现代职业教育体系。6月，组织行业企业、教育和人力社保部门、教学管理和科研等方面的专家，听取10个试点专业衔接办学人才培养方案汇报。在研究论证的基础上，出台规范衔接办学试点专业人才培养方案的文件，指导试点学校修改完善人才培养方案。9月，中高职衔接办学改革试验共完成招生510名，试点专业的教育教学工作按照人才培养方案有序进行。

〔确定市现代化标志性中职建设计划第三批建设学校〕　2012年，经学校申报，市教委组织专家进行评估，确定北京市黄庄职业高中、北京市延庆县第一职业学校、北京市求实职业学校、北京市丰台区职业教育中心学校、北京市大兴区第一职业学校为北京市现代化标志性中等职业学校建设计划第三批项目建设学校，建设周期2年。以上5所学校同时作为“国家中等职业教育改革发展示范校建设计划”第三批推荐备选学校。

〔7所中职学校入选国家改革发展示范校建设计划〕　9月，全市有7所中职学校入选“国家中等职业教育改革发展示范学校建设计划”第二批立项建设学校。分别为：首钢高级技工学校、北京市黄庄职业高中、北京市延庆县第一职业学校、北京市求实职业学校、北京市丰台区职业教育中心学校、北京市园林学校、北京电子信息高级技工学校。

〔13个中职实训基地建设项目获中央财政支持〕　7月，全市13个中等职业学校实训基地建设项目（含技工学校5个）获2012年度中央财政支持。

〔北京开放大学举行揭牌仪式〕　北京开放大学依托北京广播电视大学等成人教育组织，经教育部批准成立。7月31日　北京开放大学揭牌仪式在人民大会堂举行。教育部部长袁贵仁主持仪式，国务委员刘延东为开放大学揭牌并发表《努力办好中国特色开放大学》的讲话。揭牌仪式上，还播放了北京开放大学专题宣传片《开放的中国，开放大学的北京，开放大学的大学》。

〔加强高职专业和实践教学建设〕　2012年，全市开展了新专业申报工作，31个社会需求高、办学条件好的专业通过专家评议并报教育部备案。开展2012年中央财政支持职业教育实训基地申报工作，共有7所学校的7个专业获中央财政支持。举办汽车检测与维修等23个项目的高职院校技能大赛，22所高职院校的230支代表队、680余名学生参加决赛。

〔成立北京电子信息职业教育集团〕　12月16日，北京电子信息职业教育集团成立。该集团由60家具有独立法人的单位组成，包括34家企业、12所学校、5家行业协会、9家科研院所及其他单位。服务于全市电子信息高新技术领域的高技能职业人才的需求，以骨干带动、自愿参加、优势互补为原则，联合该领域的职业院校、骨干企业、行业协会、技能鉴定机构、科研院所等，开展人才培养、产学研合作、生产实习与就业、校企合作发展等方面的探索，在支持行业发展的同时，开展规模化、集约化、连锁化的办学模式探索。

〔认定第四批首都市民学习品牌〕　4—9月，北京市建设学习型城市工作领导小组办公室开展了第四批首都市民学习品牌评选认定工作，各系统、各区县共申报学习品牌项目40余个。经过专家评审，认定“首图讲坛”、学助“三农”、月坛文化悦生活等20个项目为第四批“首都市民学习品牌”，并在北京市第八届全民终身学习活动周开幕仪式上予以表彰。

〔评选第三批首都市民学习之星〕　4—9月，北京市建设学习型城市工作领导小组开展第三批首都市民学习之星评选活动，各系统、各区县共推荐报送300余人参加评选。经专家评审，最终认定100人为第三批“首都市民学习之星”，并在北京市第八届全民终身学习活动周开幕仪式上予以表彰。

〔**组织参加全国职业院校技能大赛**〕 6月26—29日，市教委组织职业院校学生参加2012年全国职业院校技能大赛。其中中职组获一等奖20个、二等奖25个、三等奖31个，高职组获一等奖15个。

〔**组织并参加中职学校信息化教学比赛**〕 6月18—20日，市教委举办2011年全市中等职业学校信息化教学大赛暨2012年全国中等职业学校信息化教学大赛选拔赛。来自全市30所学校的72名教师参加多媒体教学软件、信息化教学设计和信息化实训教学3个项目的比赛，决出一等奖7人、二等奖14人、三等奖21人。在此基础上，市教委推荐11名教师参加全国中等职业学校信息化教学大赛，获2个一等奖、4个二等奖、3个三等奖。

高 等 教 育

〔**综述**〕 2012年，为进一步发挥高校人才培养、科学研究、社会服务、文化传承创新的四大职能，提高高校人才培养质量和科技创新水平，分别制定实施了提高高校人才培养质量和科技创新能力的工作意见。根据“高等学校创新能力提升计划”，结合北京市特点和经济社会发展情况，9所市属院校牵头组建或联合组建了15个“协同创新中心，认定4家“北京实验室”。进一步加大中央在京高校共建支持力度，市政府与教育部签署协议，继续共建北京大学、清华大学、中国人民大学、北京师范大学和中国农业大学；与财政部、交通部、教育部分别签订协议，共建中央财经大学和北京交通大学。在以往通过教育事业经费对中央在京高校教学科研、改革试点、留学生奖学金、高校辅导员补贴、食堂伙食补贴、食堂价格平抑资金等给予支持的基础上，突破现有模式，对重点共建的中央高校在建设征地、新校区规划建设等方面给予政策资金支持，帮助学校改善办学条件。

〔**评选高校教学名师**〕 7月16日，市教委公布第八届北京市高等学校教学名师奖获奖名单。经学校推荐、课堂教学录像评价、现场教学观摩课评价、评审专家组评议、评审委员会投票、市教委审核并公示等程序，评选出98名教学名师。

〔**发布教学成果奖评审奖励办法**〕 11月6日，市教委、市人力社保局、市财政局联合发布《北京市教育教学成果奖评审奖励办法》。该《办法》规定，奖项由市政府批准和授予，具体评审等工作由市教委负责组织实施。全市行政区域内各级各类学校的教师、教学辅助人员和教学管理人员，在学校教学中取得成果的学术团体、其他社会组织和个人均可申报。教学成果要求反映教育教学规律，具有独创性、新颖性、实用性，对提高教学水平和教育质量、实现培养目标产生明显效果。成果奖分为特等奖、一等奖和二等奖3个等级，每4年评审一次。该《办法》自2012年11月7日起施行。

〔**举办首都特色行业院校改革与发展论坛**〕 12月21日，由市教委主办的第六届“首都特色行业院校改革与发展论坛”在外交学院开幕。论坛围绕“凝练、创新、服务”的主题，针对特色行业院校本科教学改革与发展规划、人才培养、专业设置、成果共享、教师培训等问题开展研讨。来自市教委、北京电子科技学院、北京体育大学、北京协和医学院等在京部属特色行业院校的领导、教务处长以及所在行业主管部门负责人参加论坛。该论坛每年举办一次。

〔**成立卓越工程师教育培养计划高校联盟**〕 1月7日，北京市“卓越工程师教育培养计划”高校联盟成立。该联盟由市教委倡议、北京航空航天大学牵头，北京16所入围教育部“卓越工程师教育培养计划”的高校组成。该联盟在市教委指导下，推动实验室开放、实践基地共享、教师交流互访、学生联合工程创新训练等合作。联盟单位包括北京航空航天大学、北京交通大学、北京科技大学、北京邮电大学、华北电力大学、北京化工大学、北京理工大学、北京工业大学、北京石油化工学院、中国石油大学（北京）、中国地质大学（北京）、北京信息科技大学、北京服装学院、北京印刷学院、北京建筑工程学院、北方工业大学。

〔**成立北京高校博物馆联盟**〕 4月10日，北京高校博物馆联盟成立。该联盟是在市教委倡导和支持下，由18所北京地区高校的19家博物馆自发组织成立，依托北京地区丰富的高校博物馆资源，支持北京高等教育开展教学科研工作，同时提高社会服务和文化传承能力。联盟形成了较为严密的组织构架，拥有切实可行的联盟章程和工作机制，组成单位包括中国地质大学（北京）、北京大学、北京航空航天大学、中央民族大学、中国传媒大学、北京中医药大学、北京舞蹈学院、北京服装学院、首都体育学院、北京印刷学院、清华大学、中国人民大学、中国农业大学、中央美术学院、首都师范大学、北方工业大学、北京建筑工程学院、北京物资学院等多家北京地区高校博物馆。截至2012年年底，10所高校博物馆实现向社会免费开放。

〔**高校毕业生就业工作**〕 2012年，北京地区高校（含科研单位）毕业生22万人，就业率96.3%，就业情况与2011年同期基本持平。鼓励32所高校建立就业特色项目，启动大学生自主创新推进项目，推进高校创业教育和创业实践。对6 000多名家庭经济困难、就业困难、残疾学生和部分少数民族毕业生开展免费就业培训。

〔**引导民办教育规范发展**〕 2012年，北京市引导民办教育规范发展，提出鼓励和引导民间资金进入教育领域，促进民办教育健康发展的总体思路，进一步完善公共财政扶持民办教育发展长效机制，资助民办高等学校项目金额比2011年增长1倍多。进一步加大对民办高校招生宣传监测力度，存在违规宣传问题的学校逐渐减少。深入开展民办高校违法违规行为清理整顿，依法查处违法违规办学行为，引导学校建立机制、规范办学、优化环境，成效明显。

〔**召开高等学校教学业务会**〕 3月1—2日，市教委召开2012年北京高等学校教学业务会。会议听取了市教委领导分析新形势下北京高等教育的发展方向和创新突破点，全面解读《关于进一步提高北京高等学校人才培养质量的若干意见》的主要任务和重点工作，就进一步明确高校办学定位、加强专业建设、提高学生实践创新能力、实现优质教学资源共享等问题做出详细部署。北京航空航天大学、北京理工大学、首都医科大学、北京电子科技职业学院领导分别介绍了各自学校推进教育教学改革、完善人才培养模式的经验和举措。北京地区各本科院校、高职院校、成人高校主管教学的校长和教务处长及相关机构代表参加会议。

〔**召开2011年北京市大学生学科竞赛颁奖会**〕 3月29日，2011年北京市大学生学科竞赛颁奖会在北京航空航天大学举行。教育部、市教委有关部门领导肯定了北京市大学生学科竞赛在促进学生创新能力培养、推动教育教学改革中取得的成绩。

撰稿 华 蕾 聂 荣 周晓宇 张 兰
审稿 李晓秋 聂 荣

天津市教育

概　　况

〔基本情况〕

天津市各级各类学校校数、教职工、专任教师情况

	学校数（所）	教职工数（人）	专任教师数（人）
一、高等教育	69	48 537	31 030
（一）研究生培养机构（不计校数）	18		
1. 普通高校	18		
2. 科研机构			
（二）普通高等学校	55	46 513	29 929
1. 本科院校	29	35 712	22 597
其中：独立学院	10	5 286	3 580
2. 高职（专科）院校	26	10 801	7 332
3. 其他机构（点）（不计校数）			
（三）成人高等学校	14	2 024	1 101
（四）民办的其他高等教育机构			
二、中等教育	3 531	329 919	241 433
（一）高中阶段教育	3 214	306 819	215 378
1. 高中	202	30 254	15 440
普通高中	202	30 254	15 440
完全中学	120	20 363	8 233
高级中学	77	8 645	6 871
十二年一贯制学校	5	1 246	336
成人高中			
2. 中等职业教育	3 012	276 565	199 938
普通中专	40	6 834	4 656

续表

	学校数（所）	教职工数（人）	专任教师数（人）
成人中专	22	719	482
职业高中	26	2 896	2 225
技工学校	2 924	266 116	192 575
其他机构（教学点）（不计校数）			
（二）初中阶段教育	317	23 100	26 055
1. 初中	317	23 100	26 055
初级中学	279	19 718	16 594
九年一贯制学校	38	3 382	1 272
十二年一贯制学校			288
完全中学			7 901
职业初中			
2. 成人初中			
三、初等教育	843	41 626	37 769
（一）普通小学	843	41 626	37 769
小学	843	41 626	36 015
九年一贯制学校			1 465
十二年一贯制学校			289
（二）成人小学			
其中：扫盲班			
四、工读学校	3	106	35
五、特殊教育	20	739	575
六、学前教育	1 461	18 567	11 286

天津市各级各类学历教育学生情况

	毕业生数（人）	招生数（人）	在校生数（人）
一、高等教育			
（一）研究生	14 521	17 065	48 452
博士	1 705	2 022	7 745
硕士	12 816	15 043	40 707
（二）普通本专科	113 034	137 223	473 114
本科	62 187	81 275	310 599
专科	50 847	55 948	162 515
（三）成人本专科	28 052	33 070	69 007
本科	13 564	15 149	32 867
专科	14 488	17 921	36 140

续表

	毕业生数（人）	招生数（人）	在校生数（人）
（四）其他各类高等学历教育			
1. 在职人员攻读硕士学位		3 915	12 713
2. 网络本专科生	13 623	34 096	68 786
本科	6 100	14 008	30 486
专科	7 523	20 088	38 300
二、中等教育	2 124 480	1 815 730	5 622 749
（一）高中阶段教育	1 407 836	1 731 885	4 735 401
1. 高中	178 521	58 012	325 434
普通高中	62 257	58 012	181 235
完全中学	30 264	28 952	88 560
高级中学	30 736	27 499	88 149
十二年一贯制学校	1 257	1 561	4 526
成人高中	116 264		144 199
2. 中等职业教育	1 229 315	1 673 873	4 409 967
普通中专	25 060	22 660	70 910
成人中专	4 143	3 886	8 615
职业高中	7 904	8 289	26 210
技工学校	1 192 208	1 639 038	4 304 232
（二）初中阶段教育	716 644	83 845	887 348
1. 初中	84 072	83 845	256 541
初级中学	54 152	51 347	160 953
九年一贯制学校	3 057	4 311	12 491
十二年一贯制学校	1 307	1 106	3 654
完全中学	25 556	27 081	79 443
职业初中			
2. 成人初中	632 572		630 807
三、初等教育	1 678 254	102 514	2 175 583
（一）普通小学	86 548	102 514	532 282
小学	82 679	97 464	507 326
九年一贯制学校	3 254	4 404	21 612
十二年一贯制学校	615	646	3 344
（二）成人小学	1 591 706		1 643 301
其中：扫盲班	585 749		689 067
四、工读学校			
五、特殊教育	311	536	2 963
六、学前教育	76 813	101 708	228 537

天津市各级各类非学历教育学生情况

	结业生数（人）	注册学生数（人）
总计	1 349 238	1 285 941
一、高等教育	153 021	63 434
（一）研究生课程进修班	899	1 664
（二）自考助学班	1 733	3 957
（三）普通预科生		230
（四）进修及培训	150 389	57 583
其中：资格证书培训	50 364	30 470
岗位证书培训	56 117	21 632
二、中等职业教育	1 196 217	1 222 507
其中：资格证书培训	67 518	68 655
岗位证书培训	225 705	258 324
（一）中等职业学校	43 708	25 887
其中：资格证书培训	32 840	19 940
岗位证书培训	5 960	3 691
（二）职业技术培训机构	1 152 509	1 196 620
其中：资格证书培训	34 678	48 715
岗位证书培训	219 745	254 633

天津市各级各类民办教育基本情况

	学校数（所）	毕业生数（人）	招生数（人）	在校生数（人）	教职工数（人）	专任教师数（人）	其他学生数（人）
一、民办高等教育							
（一）民办高校	11				5 577	3 747	312
硕士							
本科学生		13 019	19 940	68 819			
专科学生		539	164	859			
其中：独立学院	10				5 286	3 580	312
本科学生		12 753	18 773	65 602			
专科学生							
（二）民办其他高等教育机构							
二、民办中等教育							
（一）高中阶段教育	35	6 800	6 049	20 178	2 697	1 894	
1. 民办普通高中	28	5 223	4 980	16 115	2 289	1 575	

续表

	学校数（所）	毕业生数（人）	招生数（人）	在校生数（人）	教职工数（人）	专任教师数（人）	其他学生数（人）
2. 民办中等职业教育	7	1 577	1 069	4 063	408	319	1 294
（二）初中阶段教育	10	7 222	6 065	18 854	278	66	
1. 民办普通初中	10	7 222	6 065	18 854	278	66	
2. 民办职业初中							
三、民办普通小学	14	1 676	2 485	12 600	383	238	
四、民办幼儿园	598	13 746	30 002	57 487	6 089	3 274	
另有：民办培训机构（不计校数）	598				13 700	6 676	706 955

〔**教育体制改革**〕 2012 年，天津市承担了 6 项国家教育体制改革试点项目，包括推进义务教育均衡发展改革试点、探索建立拔尖创新人才培养基地、开展地方政府履行教育职责改革试点、探索建立相对独立的教育督导机构、独立行使督导职能改革试点、探索发挥高校优势服务滨海新区开发开放的体制机制和职业教育综合改革。义务教育均衡发展改革的重点是："坚持一个建设标准、突出两个建设重点、完善三项工作机制、落实四项建设任务"。坚持一个建设标准是以市政府印发的《天津市义务教育学校现代化建设标准（2008—2012)》作为推进全市义务教育较高水平均衡发展的基本依据，并配套实施"校舍加固改造和功能提升工程"、"图书配送工程"、"新增教学仪器配送工程"、"未来教育家奠基工程"和"265 农村骨干教师培养工程"。突出两个建设重点：一是以提升农村义务教育水平为重点，促进城乡义务教育均衡发展；二是以提高校长、教师两支队伍的整体素质为重点，促进区域义务教育均衡发展。完善三项工作机制：一是完善促进高位均衡发展的督导机制；二是完善促进城乡一体化的发展机制；三是完善促进教育公平的保障机制。落实四项建设任务：一是改善办学条件，提升整体功能；二是推行现代学校制度，提高学校管理水平；三是加强队伍建设，着力培养骨干教师；四是深化素质教育，促进学生健康成长。

南开中学"关于探索拔尖创新人才培养基地"项目，列入"国家教育体制改革试点项目"。学校根据实验方案，科学把握创新人才的特征和中学生身心成长规律，从能力培养、知识结构、思维引导入手，通过组建学生社团、改革教学方法、调整课程设置、增强师资力量、丰富校园文化、开拓国际视野六个方面整体推进项目实验。全市不断深化教育督导体制改革，成立了天津市教育督导委员会，进一步完善教育督导制度，健全了教育督导体系。不断深化职业教育综合改革，在建立和完善职业院校基本标准、优化高素质技能型人才培养模式、促进职业院校资源共享等方面取得较大进展。同时，遴选确定了与 6 项国家教育体制改革试点项目相衔接的 112 项市级教育体制改革试点项目。

全市承担的 6 项国家级、112 项市级教育改革试点项目已取得初步成效。国家教育体制改革领导小组办公室先后两次以专报方式，推广天津市的经验做法。国务委员刘延东两次做出批示，对天津市建立教育体制改革试点工作推进机制和教育督导体制改革试点工作给予充分肯定，要求教育部适时加以推广。

〔**海河教育园区**〕 12 月，市教委启动了海河教育园区优质教育资源共享建设试点工作。试点工作按照"教委引导、园区统筹、学校实施"的工作原则，采取"分类建设、试点实施、逐步推进"的步骤，于 2011—2012 学年度第二学期起，开始了一期试点工作。一期试点的主要内容是天津中德职业技术学院和天津电子信息职业技术学院共建物联网应用技术专业；天津海运职业学院酒店管理专业和天津现代职业学院涉外旅游专业互享核心课程；

组建园区思想品德课程建设团队，统一教学标准和授课进度，尝试教师互派与互聘。

〔**对口支援民族教育**〕 2012 年，天津市在和田地区为新疆 126 名未就业大学生举办国家通用语言培训班。对口支援和田地区高中班学校 2 所，在校生达 360 人；对口支援青海省黄南州高中班学校 1 所，在校生达 120 人。

组织完成第二期国家支援新疆汉语教师工作任务。完成在津 69 名新疆和田地区双语骨干教师培训和第二轮学前双语教师本地培训任务，组织讲学团赴和田地区开展双语教师培训，举办首届和田地区于田、策勒、民丰三县双语教师教学技能大赛，并开展干部人才培训。启动于田、策勒、民丰三县职业学校管理干部及骨干教师短期培训班，参训学员 18 人。

全市共有西藏班学校 5 所，在校生 1 060 人；新疆高中班学校 5 所，在校生 1 832 人。

〔**在第九届全国大学生运动会上创佳绩**〕 9 月 8—18 日，第九届全国大学生运动会在天津市举行。天津市代表团以 102 块金牌位居榜首。并获团体总分前 10 名、获科学论文报告会团体总分前 10 名；天津工业大学获“校长杯”、天津市代表团获体育道德风尚奖。

〔**全国职业院校技能大赛**〕 由教育部、市政府等 23 个单位、部门、行业共同举办的 2012 年全国职业院校技能大赛于 6 月 26—29 日在天津市举行。天津市作为主赛区安排了 3 个板块活动：竞赛板块，会展板块，会议板块。参加各项活动的人数达 1.5 万人。

基础教育

〔**综述**〕 2012 年，全市基础教育事业发展目标如期完成。基础教育事业继续保持稳步发展。义务教育阶段学生入学率继续保持 100%；高中阶段教育学生入学率达 94%；3—6 岁幼儿入园率达 95%。

〔**学前教育三年行动计划**〕 2012 年，全市新建、改扩建公办幼儿园 72 所，提升改造农村乡镇中心幼儿园 60 所，提升建设标准化村办幼儿园 169 所。

截至 2012 年年底，全面完成学前教育三年行动计划目标任务。共新建、改扩建 145 所公办幼儿园，提升改造 152 所农村乡镇中心幼儿园和 509 所标准化村办幼儿园，超额完成学前教育三年行动计划资源建设任务。共设立了 20 所“阳光乐园”，扶持主要面向外来务工人员子女的幼儿园发展。各区县教育局共审批和备案 318 所民办幼儿园，其中民办一类幼儿园 79 所、民办二类幼儿园 91 所，备案的民办学前教育服务点 148 个。共组织了 4 期幼儿园园长和骨干教师培训班，培训园长 200 名、骨干教师 600 名；组织了 5 期农村幼儿园教师培训班，培训农村幼儿教师 4 000 名。

〔**义务教育学校现代化标准建设**〕 市政府教育督导室组织 38 个评估验收组，对第六、七单元申报的 110 所义务教育学校进行评估验收，并以文件的方式印发了对学校评估验收的反馈意见。按各区县已达标学校 50% 的比例，在全市随机抽取 556 所义务教育学校，组织 37 个评估验收组进行复查回访，对存在的问题提出整改意见。截至 2012 年年底，全市 1 190 所义务教育学校通过督导评估验收，完成了天津市义务教育学校现代化标准建设（2008—2012 年）工作任务。

〔**基础教育质量提升工程**〕 基础教育教学质量提升工程是天津市基础教育“十二五”规划的重

点工程之一。质量提升工程项目包括课堂教学质量效益提升项目、特色高中课程方案研究项目、基础教育质量监测评价项目、区域对口支援交流合作项目、教师教学能力持续提升项目、教研机构服务能力提升项目 6 个子项目。2012 年，项目取得的主要成果有：一是进一步明确教育质量的内涵；二是课堂教学质量效益有效提升，发现并培育了一批实施高效特色课堂的典型经验；三是学业质量标准和监测稳步推进，启动并开展了《天津市义务教育学业质量标准》，初步建立学业分析与指导反馈系统；四是高中学校课程建设进一步规范，制定了《天津市普通高中学校课程开发的指导意见》；五是区域对口支援取得初步成效，先后与滨海新区教育局、宁河县、津南区、瑞景中学、普育学校等单位设立了合作项目；六是教研机构服务能力稳步提升，建立了全市中小学教研人员定期研训制度，推进教研方式转变，课题研究进展顺利，成效突显。

〔**特色高中建设**〕　2012 年，全市 24 所特色高中项目学校陆续召开项目启动大会。为继续推进特色高中建设工程，重点做了以下工作。一是参加教育部创新型人才培养实验基地工作交流会。3 月 23 日，教育部在北京召开创新型人才培养实验基地工作交流会，天津市教委领导和南开中学校长参加会议，并在会上做经验交流。二是学习兄弟省市的特色高中建设经验。组织特色高中实验项目学校校长，到重庆市进行学访。三是开展特色高中交流活动与校长培训工作。组织召开首批特色高中建设项目学校特色创建工作交流汇报会和首批项目学校中期交流推动会，结合项目学校建设情况陆续推出天津一中、天津实验中学和天津中学特色学校建设展示活动。四是根据全市特色高中建设规划，开展第二批特色高中项目学校评审工作，召开全市高中校长和区县教育局局长、科长会议，全面部署第二批特色高中项目学校申报评审工作。截至 2012 年年底，完成了第二批特色高中项目学校区县级申报工作。

职业教育与成人教育

〔**国家示范校建设**〕　2012 年，全市积极推进国家中等职业教育改革发展示范学校建设。第一批国家中等职业教育改革发展示范学校立项学校建设取得阶段性成果，第二批示范学校建设工作已全面启动。同时，认真组织开展第三批示范学校的遴选工作，推荐天津市劳动经济学校、天津市电子计算机职业中等专业学校、天津市武清区职业中等专业学校、天津市滨海新区大港职业成人教育中心、天津市静海县成人职业教育中心、天津水运高级技工学校、天津市公用高级技工学校申报并被批准为国家中等职业教育改革发展示范学校建设计划第三批立项建设学校，获中央财政 6 770 万元的资金支持。

〔**中职德育三年行动计划**〕　市教委制订了《天津市中等职业学校德育工作三年行动计划（2013—2015）》，提出了加强和改进中职学校德育工作的十项主要任务，即养成教育工程、法制教育工程、心理健康教育工程、职业指导和就业服务工程、特殊群体关爱帮扶工程、课堂育人工程、校园文化育人工程、实践育人工程、网络育人工程、队伍建设工程。2012 年，启动了特殊群体关爱帮扶工程、校园文化育人工程和队伍建设工程。制定《天津市深化中等职业学校校园文化建设的实施意见》，召开天津市中等职业学校德育工作暨校园文化建设工作现场推动会。制订《关于进一步加强我市中等职业学校德育工作队伍建设的实施意见》，启动了中职德育队伍培训工作，对全市 70 余所中职学校校长、书记、德育干部以及各区县教育局分管中职德育的局长、科长和市中职德育工作专家委员会专家等共计170余人进行了培训。召开中职德育队伍培训征求意见会。

〔**教学评价**〕 市教委制定《天津市中等职业学校教学评价指标体系》，从教学组织与管理、教学实施过程等9个方面共76个指标，对中职学校教学工作开展全方位、立体化的评价。组织专家完成第一阶段25所学校教学评价工作。

〔**中职教师实践技能培训**〕 全市遴选33所中职学校、14所技工学校的105名专业骨干教师参加国家级专业骨干教师在33个紧缺性专业、40个国家级培训基地的培训。5名优秀教师经天津市推荐，教育部批准赴德国进行培训，加快了专业人才和学科带头人的培养。遴选出天津市优耐特汽车电控技术服务有限公司等15个企业，经教育部批准为天津市中职学校青年教师企业实践项目基地。35名学校教师通过生产现场考察观摩、专题讲座、小组研讨、技能培训、上岗操作和演练、参与产品开发和技术改造等形式，参加了企业培训和实践。

〔**开放大学建设工作**〕 国家开放大学天津分部获批成立。天津广播电视大学稳步推进天津开放大学建设工作，筹备成立领导小组，制订《天津开放大学建设方案》。

〔**举办各项活动**〕 2012年，组织举办天津市中等职业学校“亚龙杯”技能大赛暨“2013年全国职业院校技能大赛”选拔赛。此次比赛，共设计算机应用技术技能、现代制造技术技能等10大专业类别27个项目。53所中职学校的796名选手参加比赛。举办了环渤海地区社区教育协作组织第七届研讨会及天津市社区教育现场观摩会，有关省市领导及环渤海地区社区教育工作者代表200余人参加了研讨会。10月20日至12月26日，举办了天津市第六届社区教育展示周暨2012年天津市全民终身学习活动周，主题是“倡导全民阅读，推动全民学习”。天津市第二届市级社区教育项目评审出的43个社区教育实验项目受到表彰，其中一等奖6个、二等奖8个、三等奖29个。活动周期间，全市18个区县设立了分会场，开展了一系列终身教育宣传和社区教育主题活动。

〔**社区教育**〕 教育部专家组开展了对和平区社区教育的督查工作，给予了高度评价。同时，天津市确定滨海新区为社区教育实验区，同意成立天津市北辰社区学院。推荐滨海新区、北辰区为全国社区教育实验区，已上报教育部。

〔**成人教育**〕 天津市静海县成人职业教育中心等9所中职学校（不含技工学校）为2011年中央财政支持职业教育实训基地建设项目，中央财政支持资金1 340万元。对全市41所举办成人高等学历教育的学校进行全面检查，对在天津举办的现代远程教育校外学习中心（点）进行年检。“十二五”期间，对全市农民继续开展成人学历教育，培训人数为2万人。同意新增8个成人本科专业和11个成人专科专业。天津市老年教育发展促进会更名为天津市老年教育协会，选举了老年教育协会第六届理事会。认真组织企业开展2011年职工教育统计工作，39个集团公司、350家企业参加统计，统计职工总数为23.1万人。

〔**老年教育**〕 天津市老年人大学不断创造条件，增设适应社会发展和老年人需求的新专业课程，办学特色鲜明，共开设66门专业300余门课程，647个教学班，学员达22 546人。学校还开发建设远程教育应用系统，利用师资优势、管理优势、课程优势、办学经验优势，服务社会，让老年人足不出户，就能学到老年人大学的优质课程。

高 等 教 育

〔**修改高等学校设置五年规划**〕 2012年8月5日，市教委将修改后的《天津市高等学校设置第十二个五年规划（草案）》上报教育部。《规划》提出，“十二五”期间，全市主要在更名大学、新建本科院校、中外合作办学、独立学院转设独立设置民办高校和成人高校调整方面开展设置工作。“十二五”期间，全市有3所高校由学院更名为大学，新建1所民办高校，组建2所本科院校，新建3所左右本科层次以上和1所高职层次的中外合作办学机构，撤销4所成人高校等。

〔**本科教学工程**〕 2012年，全面启动了高等学校本科教学质量与教学改革工程，实施了“专业综合改革试点”项目，天津科技大学食品科学与工程等32个专业被评为市级专业综合改革试点项目，推荐天津科技大学包装工程等12个专业为国家级专业综合改革试点项目。加快国家级精品开放课程建设，6所高校12门课程入选国家精品视频公开课程，完成46门国家级精品课的升级改造，推荐15门课程参评教师教育国家级精品资源共享课。启动“卓越人才教育培养计划”，天津理工大学等9所高校实施了“卓越工程师教育培养计划”，天津医科大学、天津中医药大学实施了“卓越医生教育培养计划”，天津师范大学实施了教师教育培养计划。组织市属高校参加“国家级大学生创新创业训练计划”，其中11所市属高校被纳入第一批国家级大学生创新创业训练计划实施单位。遴选出南开大学《产业生态学》等112本（套）教材为第一批天津市“十二五”普通高等教育本科规划教材，推荐天津科技大学《生物反应工程原理》等59本（套）教材为“十二五”普通高等教育本科国家级规划教材。实施“天津市普通高等学校本科教学质量与教学改革研究计划”，共311个项目通过专家评审立项，其中重点项目104项、一般项目207项。实施“校外实践教育基地”建设项目，推荐天津医科大学—中国医学科学院生物医学工程研究所工程实践教育中心等14个实践基地为国家级大学生校外实践教育基地。实施“实验教学示范中心建设”项目，确认南开大学化学实验教学中心等24个国家级实验教学示范中心为“天津市普通高等学校实验教学示范中心”，遴选出18所高校的72个实验教学中心为“天津市普通高等学校实验教学示范中心建设单位”。

〔**高端技能型人才培养试点**〕 5月，市教委下发了《关于在我市市属本科院校和高职院校中开展联合培养技术应用型、高端技能型人才试点工作的通知》，启动了市属本科院校与国家示范（骨干）高职院校联合培养技术应用型、高端技能型人才试点工作。批准天津科技大学与天津职业大学等12所院校的6个联合培养项目，在10个专业进行试点。2012年秋季开始招生，共招生491人。

〔**部市共建职业技术师范大学**〕 3月7日，教育部与市政府在北京签署协议，决定共建天津职业技术师范大学。市委书记张高丽、教育部部长袁贵仁、市长黄兴国等出席签字仪式，教育部副部长鲁昕、副市长张俊芳代表双方签署协议。教育部采取适当措施扶持天津职业技术师范大学在职业教育师资培养培训方面改革创新，鼓励先行先试，创造“双师型”职教师资培养培训案例和经验。天津市把天津职业技术师范大学作为全市高等教育建设的重点和国家职业教育改革创新示范区建设的重要内容，纳入全市经济建设和社会发展的总体规划，并作为重点项目，集中力量，抓紧抓好。

〔**高校“十二五”投资工作**〕 做好高校“十二五”综合投资相关工作，制定《天津市高等学校

“十二五”综合投资专业建设项目绩效考评办法》，组织开展全市高校“十二五”综合投资规划设备与图书论证工作。

〔**和谐校园建设**〕 3月28日，公安部、教育部在天津市召开现场交流会，总结天津市和谐平安高校建设的经验和做法。市委常委、市委教育工委书记苟利军出席会议并讲话。来自全国21个省（区、市）公安和教育部门的负责人以及本市公安系统、教育系统各单位负责人参加。

撰稿 王凤树
审稿 黄永刚

河北省教育

概　　况

〔基本情况〕

河北省各级各类学校校数、教职工、专任教师情况

	学校数（所）	教职工数（人）	专任教师数（人）
一、高等教育	126	101 661	66 701
（一）研究生培养机构（不计校数）	21		
1. 普通高校	19		
2. 科研机构	2		
（二）普通高等学校	113	98 815	65 043
1. 本科院校	55	68 769	45 050
其中：独立学院	18	15 399	11 772
2. 高职（专科）院校	58	30 046	19 993
3. 其他机构（点）（不计校数）			
（三）成人高等学校	13	2 047	1 212
（四）民办的其他高等教育机构	36	799	446
二、中等教育	6 587	635 966	488 997
（一）高中阶段教育	4 152	448 025	321 197
1. 高中	565	121 965	82 918
普通高中	565	121 965	82 918
完全中学	191	35 935	15 114
高级中学	349	79 988	66 330
十二年一贯制学校	25	6 042	1 474
成人高中			
2. 中等职业教育	3 587	326 060	238 279
普通中专	281	20 369	13 792

续表

	学校数（所）	教职工数（人）	专任教师数（人）
成人中专	166	7 374	5 493
职业高中	216	30 853	25 448
技工学校	2 924	266 116	192 575
其他机构（教学点）（不计校数）	21	1 348	971
（二）初中阶段教育	2 435	187 941	167 800
1. 初中	2 435	187 941	167 800
初级中学	2 042	155 354	135 909
九年一贯制学校	393	32 587	14 697
十二年一贯制学校			1 601
完全中学			15 593
职业初中			
2. 成人初中			
三、初等教育	12 898	324 755	316 962
（一）普通小学	12 898	324 755	316 962
小学	12 898	324 755	302 572
九年一贯制学校			12 909
十二年一贯制学校			1 481
（二）成人小学			
其中：扫盲班			
四、工读学校			
五、特殊教育	151	3 553	2 912
六、学前教育	9 327	99 777	67 120

河北省各级各类学历教育学生情况

	毕业生数（人）	招生数（人）	在校生数（人）
一、高等教育			
（一）研究生	10 441	12 318	35 914
博士	401	537	2 192
硕士	10 040	11 781	33 722
（二）普通本专科	315 755	321 407	1 168 796
本科	133 511	156 118	622 629
专科	182 244	165 289	546 167
（三）成人本专科	80 240	114 244	288 960
本科	35 546	59 654	146 901
专科	44 694	54 590	142 059

续表

	毕业生数（人）	招生数（人）	在校生数（人）
（四）其他各类高等学历教育			
1. 在职人员攻读硕士学位		2 738	8 829
2. 网络本专科生			
本科			
专科			
二、中等教育	3 456 431	3 100 376	9 363 842
（一）高中阶段教育	2 120 805	2 322 697	6 559 358
1. 高中	540 012	384 133	1 321 084
普通高中	423 748	384 133	1 176 885
完全中学	89 162	63 689	211 726
高级中学	327 810	313 113	941 732
十二年一贯制学校	6 776	7 331	23 427
成人高中	116 264		144 199
2. 中等职业教育	1 580 793	1 938 564	5 238 274
普通中专	169 314	135 106	435 644
成人中专	57 900	41 243	105 051
职业高中	161 371	123 177	393 347
技工学校	1 192 208	1 639 038	4 304 232
（二）初中阶段教育	1 335 626	777 679	2 804 484
1. 初中	703 054	777 679	2 173 677
初级中学	555 461	600 534	1 685 608
九年一贯制学校	61 068	71 694	198 445
十二年一贯制学校	8 964	11 832	31 017
完全中学	77 561	93 619	258 607
职业初中			
2. 成人初中	632 572		630 807
三、初等教育	2 387 785	1 062 931	7 265 492
（一）普通小学	796 079	1 062 931	5 622 191
小学	745 880	1 018 566	5 324 591
九年一贯制学校	44 538	40 462	264 921
十二年一贯制学校	5 661	3 903	32 679
（二）成人小学	1 591 706		1 643 301
其中：扫盲班	585 749		689 067
四、工读学校			
五、特殊教育	1 202	1 913	12 408
六、学前教育	796 961	1 010 131	1 962 188

河北省各级各类非学历教育学生情况

	结业生数（人）	注册学生数（人）
总计	2 317 248	1 646 350
一、高等教育	122 224	48 860
（一）研究生课程进修班	1 447	1 731
（二）自考助学班	6 917	6 090
（三）普通预科生		575
（四）进修及培训	113 860	40 464
其中：资格证书培训	47 090	20 412
岗位证书培训	23 926	8 152
二、中等职业教育	2 195 024	1 597 490
其中：资格证书培训	293 764	245 545
岗位证书培训	184 264	98 646
（一）中等职业学校	373 331	171 389
其中：资格证书培训	100 382	57 546
岗位证书培训	109 363	38 710
（二）职业技术培训机构	1 821 693	1 426 101
其中：资格证书培训	193 382	187 999
岗位证书培训	74 901	59 936

河北省各级各类民办教育基本情况

	学校数（所）	毕业生数（人）	招生数（人）	在校生数（人）	教职工数（人）	专任教师数（人）	其他学生数（人）
一、民办高等教育							
（一）民办高校	34	73 941	92 134	333 719	24 540	18 384	3 215
硕士			17	17			
本科学生		48 255	64 171	249 293			
专科学生		25 686	27 946	84 409			
其中：独立学院	18				15 399	11 772	
本科学生		46 239	58 352	232 418			
专科学生							
（二）民办其他高等教育机构	36				799	446	9 366
二、民办中等教育							
（一）高中阶段教育	294	92 599	58 867	200 144	20 450	14 635	
1. 民办普通高中	85	35 071	26 328	89 600	12 617	9 582	

续表

	学校数（所）	毕业生数（人）	招生数（人）	在校生数（人）	教职工数（人）	专任教师数（人）	其他学生数（人）
2. 民办中等职业教育	209	57 528	32 539	110 544	7 833	5 053	8 692
（二）初中阶段教育	185	62 317	81 459	219 301	14 688	10 969	
1. 民办普通初中	185	62 317	81 459	219 301	14 688	10 969	
2. 民办职业初中							
三、民办普通小学	304	52 393	40 948	309 571	12 117	8 449	
四、民办幼儿园	3 142	183 242	264 370	550 100	50 178	30 283	
另有：民办培训机构（不计校数）	646				6 735	3 983	144 090

〔学习党的十八大精神，办好人民满意的教育〕 2012年11月16日，省教育厅召开党组扩大会议，传达学习党的十八大会议精神。十八大代表、省委教育工委书记、省教育厅厅长刘教民主持会议并讲话。他要求全省教育系统要迅速掀起学习贯彻十八大精神的热潮，并以十八大精神为指导，紧密联系教育系统实际，积极改革创新，锐意进取，努力办好人民满意的教育，为建设经济强省、和谐河北做出新的贡献。

〔教育经费统筹管理水平显著提高〕 教育经费快速增长。2012年，省本级预算财政拨款（含基金）150.16亿元，比2011年增加38.35亿元，增长了65.94%，专项资金增长了127%，是历年来教育财政拨款增长数额最多的一年。积极争取国家教育专项资金支持，全年共争取中央教育专项资金134.2亿元，比2011年增加35.18亿元，再创历年新高。

教育经费管理规范高效。一是加强省级教育预算编制和管理工作。在2012年省本级教育经费预算编制和执行中突出抓好四个“确保”：即确保实现省本级财政一般预算教育经费拨款的增长高于省本级财政经常性收入增长2个百分点以上；确保满足国家规定的硬性资金配套要求；确保高校生均预算内教育经费拨款达1.2万元；确保落实省化解高校债务方案，实现化债目标。二是加快省级教育专项资金安排下达进度，提高教育经费的使用效益。全省共落实农村义务教育经费保障机制各项改革资金56.67亿元，确保达到国家规定的公用经费基准定额，小学生均555元、初中生均755元。免除农村义务教育阶段学生杂费，惠及学生702万人，减轻农民负担21亿元。三是加强督导检查，督促市县落实各项投入政策，实现“全省财政教育拨款占公共财政支出的比例达18%”的目标。省教育厅会同省财政厅、省地税局组成3个督查组，赴全省11个设区市进行专项督查。

教育基本建设得到加强。一是继续实施中小学校舍安全工程，多渠道筹集资金95.9亿元（其中争取中央资金2亿元），新建、改扩建校舍1 058万平方米，完成了省政府年初确定的目标任务。二是农村义务教育校舍维修改造长效机制。2012年，全省校舍维修改造落实资金6.47亿元，其中中央和省级5.3亿元，市、县级1.17亿元。全年新建和改扩建学校889所，新建校舍面积78.6万平方米，改扩建校舍面积65.3万平方米。三是农村义务教育薄弱学校改造项目。筹集农村薄弱学校改造资金5.23亿元，购置多媒体远程教学设备2.2万台，购置仪器设备等100万台，新建和改扩建校舍40万平方米。四是食堂改造项目。全省共筹集资金10亿元，新建和改扩建食堂63.82万平方米，购置食堂设备21万余台（件），有效地改善了农村学校的食堂供餐条件。五是普通高中建设项目。继续实施国家集中连片特殊困难地区普通高中改造计划，全省共安排资金7 071万元，规划建设22个项目。

〔**以实施“国培计划”为抓手，推动中小学教师培训工作**〕 2012年，国家支持中小学教师培训经费5 500万元，包括农村中小学教师置换脱产研修等8个项目，参训教师9.2万人；幼儿园教师培训经费3 700万元，包括农村幼儿园教师短期培训等5个项目，参训幼儿教师10 310人。“国培计划”带来了教师培训新理念、新方法，促进了全省教师培训工作的开展。

〔**深入治理教育乱收费**〕 一是组织开展全省春季、秋季学期开学教育收费检查工作。全省各级教育行政部门共组成449个检查组，检查学校7 551所，查出并纠正问题95个。二是全面实施教育收费治理工作责任制。制发了《河北省教育厅关于全面实施教育收费治理工作责任制的通知》，在全省教育纪检监察审计工作会上，省教育厅厅长刘教民与各设区市教育局和厅直属大中专院校的行政主要负责人签订了教育收费治理工作责任书，其他各级教育行政部门与学校也按照隶属关系或属地原则层层签订了责任书。三是加大政策指导和工作推进力度。转发教育部等七部门关于2012年治理教育乱收费规范教育收费工作的实施意见的通知，进行职责分解，确保工作落到实处。制发《关于治理义务教育阶段择校乱收费问题的通知》，提出治理义务教育择校乱收费的八条具体措施。印发《河北省加强中小学教辅材料使用管理工作实施意见》和《河北省中小学教辅材料评议推荐暂行办法》，加强教辅材料使用管理，全面实行“一科一辅”。组织开展规范幼儿园收费、规范服务性收费和代收费、治理中小学教辅材料散滥和有偿补课问题等专项活动，取得了明显成效。四是积极探索“体制机制制度+科技”治理教育乱收费模式。依托高校科研机构，组织开发了“河北教育收费网络监督平台”。五是严肃查处教育乱收费案件。全省各级教育行政部门共查出违规收费792.66万元。

〔**建立、健全家庭经济困难学生资助体系**〕 2012年，全省共安排各类资助资金27.7亿元，资助家庭经济困难学生142.3万人，形成了从学前教育到研究生教育完整的教育资助体系。一是建立家庭经济困难儿童资助制度，资助标准为每生每年500—1 000元。全省共安排资金1.13亿元，资助学前儿童15万人。二是进一步提高农村寄宿贫困学生生活费补助标准，初中生每人每年1 250元、小学生每人每年1 000元。全省共安排补助寄宿生生活费资金3.72亿元，资助学生31.9万人。三是继续加大对普通高中家庭经济困难学生的资助力度。全省共安排国家助学金3.81亿元，享受国家助学金学生25.63万人。四是中等职业教育扩大免学费政策范围，完善国家助学金制度。共安排资金6.52亿元，免除42.7万名中职生的学费，安排资金3.7亿元，使31.5万人享受国家助学金。五是建立健全普通高校家庭经济困难学生资助政策体系。共安排国家奖学金1 189.6万元，获奖学生1 487人；安排国家励志奖学金1.62亿元，获奖学生3.24万人；安排国家助学金6.91亿元，资助学生23.65万人；发放生源地贷款1.843 1亿元，惠及学生33 404人；发放校园地贷款1 128.47万元，惠及学生1 755人。六是继续实行高校学生服义务兵役学费补偿贷款代偿政策。安排补偿学费约3 643万元，惠及服兵役学生3 094名；退役士兵学费资助51.85万元，资助人数103人。七是建立普通高等学校研究生国家奖学金制度。共安排资金1 891万元，享受国家奖学金904人。

〔**积极推进依法行政**〕 认真贯彻落实国务院《关于第六批取消和调整行政审批项目的决定》（国发〔2012〕52号）精神，做好取消和调整行政审批项目衔接工作。将“举办国际教育展览审批”行政许可项目改为“实行告知性备案”；将国家下放省级教育行政部门的“自费出国留学中介服务机构资格认定”、“开办外籍人员子女学校审批”、“高等学校副教授评审权审批”增设为省教育厅行政许可项目，使省教育厅的行政许可项目由12项增加到14项，以书面形式向省审改办做了报告。

认真做好省本级行政审批项目的清理工作。根据省政府效能办的部署，本着依法依规、市场优先、便民高效的原则，对省教育厅非行政许可审批进行清理，将原来的10项非行政许可审批、42项行政监管，调整为25项非行政许可审批、17项行政监管，10 项改为日常管理。同时，会同省人力资源和社会保障厅按照“打破垄断、扩大开放、公平准入、鼓励竞争”的要求，对民办教育的行政审批事项进行了清理。

创新行政审批机制。进一步完善“一口对外、一次告知、限时办结、封闭运行”的工作机制，按照公开透明、便民高效的要求，进一步完善了“处务会议纪要”制度、评估评审制度，优化审批流程、规范审批行为、提高行政效能。充分利用“河北省网上审批系统”办理行政许可事项。2012 年，省教育厅共受理行政许可审批事项 31 件，按时办结 31 件；行政监管事项 70 件，按时办结 70 件。

〔**教育督导工作进一步加强**〕 认真落实省政府与教育部共同签署的《关于推进义务教育均衡发展备忘录》和省政府与各设区市政府签署的《义务教育均衡发展责任书》，监督指导市县政府积极推进义务教育均衡发展，启动了县域义务教育均衡发展督导评估，完成了 11 个县（市、区）县域内义务教育发展基本均衡县的评估工作。强化了对县级政府履行教育职责的督导，完成对 48 个县（市、区）政府教育工作的督导评估任务，推动了县域教育的改革和发展。加快全省普及高中阶段教育进程，完成 17 个县（市、区）的基本普及高中阶段教育评估认定工作，基本普及高中阶段教育县（市、区）的比例比 2011 年提高了 10%。积极发挥教育督导在推进素质教育和提高教育质量中的作用，进一步推进教育督导改革创新，制定了《关于进一步加强督学责任区建设的意见》，在全省建立和实施了督学责任区制度，启动了省级素质教育示范学校评估工作，完成 11 个县（市、区）的国家基础教育质量监测任务。

〔**大力加强机关党风廉政建设**〕 一是坚持不懈抓教育。认真落实省纪委《2012 年全省廉政文化建设工作要点》要求，多种形式地开展廉政文化建设活动，扎实推进廉政文化进校园。在省教育厅一楼大厅电子屏幕循环播放廉政格言万余条（次），增强廉政教育氛围。继续做好廉政建设“处长谈”专栏，编发 6 期《教育纪检监察》。二是健全机制抓规范。研究制定了《河北省教育厅 2012 年党风廉政建设和反腐败工作任务分工意见》，对省委、省政府下达省教育厅党风廉政建设和反腐败工作的 2 项牵头任务、11 项协办任务进行细化分解。制发了《河北省教育厅深入推进权力运行监控机制建设实施方案》，从省教育厅和直属高校两个层面强力推进监控机制建设的各项工作。三是注重治本抓防范。通过召开省教育厅机关干部大会、直属高校纪委书记座谈会等多种方式，强力推进惩防体系建设。不断加大机制创新力度，将教育系统核心业务和重点领域划分成财务管理、基建工程等 9 个模块实行项目管理，从而形成具有河北省特点的较为完善的教育系统惩防体系建设框架。

基础教育

〔**学前教育发展水平进一步提升**〕 一是积极实施学前教育三年行动计划。继续推进以政府和集体办园为主、以公办教师为主、以政府和集体投入为主的农村学前教育“三为主”发展模式。二是组织实施中央财政支持学前教育项目，并上报新建和改扩建幼儿园项目规划。筹集中央财政补助资金 5.2 亿元、省级财政配套资金 1.2 亿元，用于全省 1 620 个农村闲置校舍改建幼儿园项目；筹集中央资金 3.75 亿元，用于 2 290 所农村小学或教学点增设附属幼儿园；争取学前教育推进工程中央资金 3.3 亿元，支持全省 222 所幼儿园新建或改扩建 39 万平方米。三是正式实施全省扩大普惠性学前教育资源实施办法和困难儿童资助管理办法。安排 1.06 亿元用于扶持民办幼儿园开展普惠性学前教育，安排综合奖补资金0.7亿元用于全省城市幼儿园建设，安排资助金6 800万元用于家庭经济困难儿童和孤残儿童，保障适龄儿童接受优质普惠性的学前教育。四是组织上报全国学前教育管理信息系统数据。对各地学前教育建设目标落实情况和实施效果进行监测评估，提高了学前教育管理的科学性和有效性。五是提升幼儿园保教质量。落实《教育部关于规范幼儿园保育教育工作防止和纠正“小学化”现象的通知》要求，做好《3—6岁儿童学习与发展指南》的学习宣传和贯彻落实工作。组织第三届幼儿园教师教学能手比赛。六是继续开展省级示范园评估认定工作。全年新增省级示范性幼儿园44所。七是组织开展学前教育宣传月活动。大力宣传加快发展学前教育的重大意义，形成全社会共同关心、支持学前教育的良好氛围。

〔**义务教育均衡发展深入推进**〕　一是认真落实既定的均衡发展政策。在农村，继续推进学区管理体制改革，建立县级教育行政部门、学区中心校和学校三级管理的县域教育管理体制；在城乡，继续大力推广“四种模式”（即大力推进优质学校与薄弱学校联合、提倡优质学校兼并薄弱学校、鼓励优质学校异地建立分校、新建一批高标准高水平的优质学校），提升薄弱学校的办学水平，扩大优质教育资源覆盖面，切实缩小学校之间的差距。二是全面推动各设区市落实好与省政府签订的推进义务教育均衡发展目标责任书。三是制定河北省义务教育学校标准化建设验收办法和细则，指导和推动各地加快标准化建设进程。四是实施2012年度农村义务教育薄弱学校改造计划——多媒体远程教学设备项目。筹集中央资金7 900万元，县（市、区）配套资金8 033万元，在1 477所义务教育阶段农村中小学建设多媒体教室10 915套。五是继续组织英特尔未来基础教育课程项目，培训教师2 012名。六是继续采取将部分省级公办示范性高中招生名额分配到初中学校的办法，为初中阶段生源的均衡分布创造了条件。七是完成中考命题、制卷和普通高中学业水平考试及会考工作。

〔**高中阶段教育取得新进展**〕　一是普通高中教育与中等职业教育规模实现了大体相当。二是坚持内涵和外延协调发展，不断加强示范性高中建设，充分发挥其示范辐射作用，带动全省普通高中学校办学规模和办学水平的整体提高，在一定程度上满足了广大群众接受优质高中阶段教育的需求。三是按照国家清理规范工作的部署，积极稳妥地推进全省高中改制学校清理规范工作，35所整体改制或依托公办学校进行改制试验的学校全部规范为公办学校性质，7所改制学校转制为独立的民办学校。四是高考改革方案出台后的第一次高考平稳有序，外语科目考试进行听力测试并将成绩计入高考总分。

〔**素质教育进一步推进**〕　一是中小学德育工作不断深化。鼓励德育创新，组织开展了中小学德育创新案例征集评选等活动，大力培育和推广先进典型经验、优秀研究成果；推动学校特色活动，开展“善行河北”主题道德实践活动，启动“感动校园人物”评选，广泛宣传雷锋事迹、雷锋精神和雷锋式模范人物，推动全省教育系统学雷锋活动常态化、制度化；加强青少年校外活动场所建设和管理工作，制定了《河北省校外活动场所管理办法（试行）》，认真做好新建36个和已建54个青少年学生校外活动场所设备配备工作，组织开展对全省8个设区市部分青少年校外活动场所的检查，争取国家资金6 000万元，建设石家庄、张家口市级综合实践基地；加强信息交流平台建设，河北德育网文章总数达1.2万篇，点击率超过370万人次；河北德育信息出版193期。二是学校体育卫生艺术教育工作深入开展。组织开展阳光体育冬季长跑等丰富多彩的体育活动，确保学生每天一小时校园体育活动落到实处；加强校园体育活动卫生监督与管理，严防校园体育活动中学生猝死事件发生，及时公布《国家学生体质健康标准》测试数据上报情况和高校新生测试结果；组织开展国家级和省级“高雅艺术进校园”活动，不断提升全省学校艺术教育工作质量。三是正式参加国家基础教育质量监测工作，成立了河北省基础教育质量监测领导小组，下发了《关于做好2012年国家基础教育质量监测工作的通知》，对全省11个监测样本县完成了数据采集工作，其中7个样本县获教育部优秀组织奖。四是深化学生素质评价改革，将评价改革纳入县级政府教育工作督导评估，启动了省级素质教育示范学校评估工作，促进中小学生素质评价工作健康发展，引导学校深入实施素质教育。

〔**推进特殊教育和民族团结教育健康发展**〕 加快特殊教育普及进程。积极落实义务教育阶段特殊教育学校生均公用经费标准，实现了残疾学生免费义务教育全覆盖；落实国家和河北省特殊教育学校专项补助资金，推进了特教学校标准化建设进程；组织全省特教学校校长培训以及特教骨干专业教师省级培训，特教学校管理水平和教学质量稳步提高。进一步加强民族团结教育。深入民族自治县开展现场办公，帮助解决教育工作中的实际困难。

〔**实施农村义务教育学生营养改善计划**〕 按照国家统一部署，在省委、省政府的高度重视下，自2012年春季学期开始，全省集中连片特困地区22个试点县全部启动了农村义务教育学生营养改善计划，涉及学校2 131所，惠及学生50.3万人。2012年，全省共安排资金2.54亿元，通过食堂供餐、课间加餐等形式，每人每天3元，用于补充学生营养，增强学生体质。同时，对供餐食品实行政府采购，建立健全了岗位责任制和责任追究制，坚决防止食品与安全事件的发生。建立学生管理信息制度，防止发生套取和冒领国家补助资金。

〔**做好进城务工人员子女就学工作**〕 一是认真落实以全日制公办学校为主、以输入地为主，保障农民工子女平等接受义务教育的政策，进一步建立健全农村留守儿童关爱服务体系。二是及时出台随迁子女异地参加升学考试方案。12月17日，省政府办公厅印发了《关于进城务工人员随迁子女接受义务教育后在当地参加升学考试工作的实施方案》。

〔**召开全省中小学校舍安全工程工作视频会**〕

召开全省中小学校舍安全工程工作视频会议。副省长龙庄伟出席会议并强调，要以工程质量安全为核心，抓住建设资金投入这一关键，鼓足干劲、实化措施，确保工程各项工作如期完成。各市县党政“一把手”要负总责、亲自抓，在资金筹措、组织协调、开辟绿色通道等方面切实发挥主导作用，同时要加大协调力度，保证学校用地指标的足额落实。要强化协调，进一步提高各市县校安办和各成员单位的履职能力。各级校安办要充分履行组织协调的职责，加强与相关部门的沟通和协调，搭建部门协作平台，完善协调工作机制，形成各相关部门齐抓共管、协调联动的良好局面。要细化管理，全力推进项目实施。要充分做好项目前期准备工作，提高前期手续办理效率，争取早开工、早竣工。要加强项目管理和督导，确保工程建设质量。

职业教育与成人教育

〔**推进国家中职示范校建设**〕 一是成立由省教育厅主管厅长牵头，省人力资源和社会保障厅、财政厅和教育厅有关负责人参加的中职示范校建设领导小组。其主要职责是：按照项目管理暂行办法的要求，督促落实地方管理职责和建设工作进度；针对建设中的重点、难点问题，统筹协调全省示范校建设的有关政策；协调举办者和所属地区领导，督促落实配套资金，协调解决示范校建设中的实际问题。二是建立省级项目专家库，以便随时为项目学校建设提供技术支持和指导。三是有序推进中职示范校建设。第一批14所、第二批18所中职示范校建设正在有序推进，第三批正在修改、完善项目建设方案和任务书。

〔**提升职业教育基础能力建设水平**〕 一是加强职教师资队伍建设。全年完成省级培训1 581

人、国家级培训 370 人、国外培训 35 人；组织“中等职业教育教学名师”评审，评选出 100 名长期从事教学工作，注重教学改革与实践的教师；聘请德国职教领域的资深专家进行为期 8 天的旨在吸取和借鉴国外先进办学理念和教学方法的培训，培训 200 多人。二是加强管理干部队伍建设。结合骨干示范学校建设，对管理干部在思想政治、职业道德、业务素质等方面开展多种形式的培训。三是加强实训基地建设。争取到国家 21 个实训基地建设项目，总金额近 4 000 万元。

〔**建立健全质量保障体系**〕 一是规范专业建设。制定《河北省中等职业学校专业设置管理办法实施细则（试行）》。对中职学校专业设置实行“备案制度”，以加强职业学校专业建设管理。二是以教研评比活动带动教育教学质量的提高。积极组织各类教育教学活动，开展优秀校本课程、校本教材、课题立项、教学能手选拔等活动。三是开展中职生职业技能大赛。四是积极推进中职教育教学资源信息化建设。认真学习贯彻和转发《教育部关于加快推进职业教育信息化发展的意见》，敦促各市、各校结合实际，积极做好工作计划，努力强化和创新信息技术在职业教育工作中的应用，加快推进各市、各校职业教育信息化基础能力建设，有效提升职业教育信息技术应用水平。

〔**开展全省第六届职业教育教学成果奖评选**〕

组织开展全省第六届职业教育教学成果奖评选工作，印发《河北省教学成果奖职业教育序列评选方案（试行）》（冀教职成〔2012〕18 号）和《关于开展河北省第六届中等职业教育教学成果奖评选工作的通知》。逐级申报、推荐和评选，共评选出拟定授奖省级教学成果 80 项，其中一等奖 5 项、二等奖 16 项、三等奖 59 项。

〔**推开实习保险统保示范项目**〕 2012 年，全面推开中职生实习保险统保示范项目，为推进全省中职生实习实训，特别是顶岗实习的健康开展提供有力的政策支撑和制度保障。要求各设区市教育局要专人负责此项工作，校长要作为风险管理的第一责任人。风险管理工作的推行，消除了学校、企业、家长的后顾之忧，保障了广大实习学生的权益。

〔**稳定和巩固中职招生规模**〕 一是继续加强对高中阶段学校招生工作的统筹协调，合理确定职普招生比例，确保高中阶段招生增量部分主要用于职业教育。二是继续加大招生改革力度，把招生工作的重点放到农村，进一步扩大中等职业教育面向农村地区的招生规模，继续推进城市与农村中等职业学校联合招生、合作办学，以强带弱的办学模式。三是继续加强与东西部联合招生、合作办学。四是继续扩大招生范围，面向往届初中毕业生、未升学高中毕业生、复转军人、返乡农民工、青年农民和再就业人群，积极开展一年以上的职业教育和培训。2012 年，基本完成了教育部下达 38 万人的招生任务。

〔**继续完善“双带头人”培养工程**〕 一是加强组织领导。完善专家指导和督导检查制度，成立专家指导组和督导检查组，从管理体制和运行机制两个方面强化规范与指导。二是拓展服务面向。在继续招收农村基层党员干部、专业户、有志青年和返乡农民工的基础上，与民政、妇联等部门合作，将农村退役士兵、青年妇女和妇女干部纳入“双带头人”培养工程，针对其实际需求开展中等职业教育学历教育。三是组织开发系列教材，增强教材的针对性、实用性和灵活性。2012 年，共计开发适合农民学员使用的系列教材 33 本。

〔**构建终身教育体系**〕 一是健全面向全体劳动者的职业教育与培训制度，积极发展多种形式的成人继续教育。大力发展社区教育，创建学习型企业、学习型街道（乡镇）等各类学习型组织。强化职工培训，提高职工素质。二是推动成人教育培训机构标准化体系建设，强化成人教育培训机构规范管理，加快成人教育资源建设。三是继续大力实施农村劳动力转移培训和农村实用技术培训，全年完成农村劳动力转移培训 120 万人、农村实用技术培训 300 万人的任务。

〔**参加全国职业院校教师信息化教学大赛获佳绩**〕　在教育部举办的2012年全国职业院校教师信息化教学大赛上，10名教师通过初选进入全国总决赛，获2个一等奖、3个二等奖、4个三等奖的好成绩。

高等教育

〔**加快全国知名大学建设**〕　一是积极推进“211工程”建设、省部共建和其他省属骨干大学建设。河北工业大学“211工程”三期建设顺利通过国家验收。河北农业大学实现省政府与农业部共建。认真组织实施中西部高校综合实力提升计划和基础能力建设工程。二是继续坚持分类指导，分层次推进强势特色学科、重点学科、重点发展学科建设，为不同类型、不同层次学校搭建发展平台。进一步优化重点学科布局结构，安排部署了重点学科评估和遴选工作。三是进一步调整优化学科专业结构。主动适应全省经济社会发展需要，加大学科专业布局和学科类结构调整力度。新增教育部备案的本科专业128个、教育部审批的本科专业15个，设置调整专业3个；新增专科专业270个，调整备案专科专业7个，撤销专科专业37个，暂停招生专科专业168个。按照教育部2012年新专业目录和专业设置管理规定要求，对全省高校的专业进行了对照调整。

〔**提高高等教育教学质量**〕　一是组织实施河北省高校“十二五”本科教学质量工程，制定《关于实施“十二五”高等学校本科教学质量与教学改革工程的意见》。二是大力推进人才培养模式改革。指导高校积极参与国家“卓越工程师教育培养计划”、“卓越医生教育培养计划”、“卓越法律人才教育培养计划”等专项计划。大力推进专业综合改革试点，遴选150个国家级、省级专业试点，组织召开专业试点负责人研讨会，组织省外专家、企业高管对专业试点改革方案进行点评。组织指导4所国家级示范性高职院校与3所本科院校开展工程教育试点工作，积极探索培养面向工程领域一线的应用型人才的办学模式。

〔**加强师资队伍建设**〕　积极开展教育部、财政部职业院校教师素质提高计划，组织完成了两批培训项目，培训省内外100余所高职院校教师509人。组织举办本科高校教务管理干部培训班。进一步加强和规范高校教师岗前培训工作，全年共培训教师4 324人。

〔**加强高校教学质量监控与保障体系建设**〕北华航天工业学院、邯郸学院通过教育部本科教学工作合格评估。组织完成了河北机电职业技术学院等12所院校的人才培养评估工作。进一步完善了以教学工作质量问卷调查、教学工作运行状态数据公示和教学工作质量自评报告等三项制度为主要内容的高校教学质量发布年度报告制度。组织开展了全省高校实验教学示范中心评估验收工作。

〔**加强高职高专重点项目建设**〕　继续加强国家和河北省高职高专示范学校、实训基地等重点项目建设。11所省示范高职院校按照建设规划实施建设，并取得阶段性成果。唐山职业技术学院国家骨干高职院校建设方案通过国家审核立项，邢台职业技术学院通过教育部、财政部国家示范性院校专项资金管理使用情况专项检查。10个专业被教育部确定为中央财政支持实训基地建设项目，全省中央财政支持的实训基地总数达55个。加强高职院校原有86个国家重点建设专业的建设，申报批准新增3所学校6个国家重点建设专业。积极推进成人高等教育改革发展，充分调动学校和社会各方面的积极性，广泛开展和企业、事业用人单位联合办学。批准省广播电视大学开办本科试点工作，推动河北开放大学建设。积极扩大成人高等教育资源，利用省内外高校优质资源举办本专科函授教育和远程教育，新增8个远程教育校外中心点的行政审批和15个函授站、教学点。组织开展对全省520个函授站、教学点和远程学习中心的评估和年检。

〔**重点实验室建设**〕 2012年，新增省重点实验室3个、省工程技术研究中心2个、省高校应用技术研发中心11个。河北大学、石家庄铁道大学、河北联合大学3个省部共建重点实验室通过教育部验收，并正式列入教育部重点实验室序列。在年度省级重点实验室评估中，全省高校重点实验室优良率达82%。

〔**高水平成果再获突破**〕 全年全省高校共发表学术论文22 838篇，SCI、EI和ISTP三大索引收录6 013篇，占论文总数的26.3%，且刊物级别的影响因子在加大，被引用的次数在增加。科技成果有291项达到国际水平，国内首创488项，50个项目通过国家级验收，获省部级以上科技奖61项。河北医科大学教授丛斌主持完成的“高度腐败检材降解DNA检验技术体系的建立”项目获国家科学技术进步一等奖，实现了全省主研项目获国家科学技术一等奖零的突破。燕山大学教授田永君科研团队完成的“硬度的微观理论及新型亚稳材料设计”项目，首次以第一完成人单位获国家自然科学奖。燕山大学教授刘宏民科研团队与鞍山钢铁集团公司等单位合作完成的“冷轧板形控制核心技术自主研发与工业应用”项目成果，获国家科技进步二等奖。

〔**博士、硕士学位授权点建设成效显著**〕 2012年，经国务院学位委员会审批，全省有27个博士学位授权一级学科获得通过，使全省博士学位授权一级学科点总数达47个，其中省属高校由17个增加到41个；18所高校（含两所军事院校）申报的162个（其中正常申报学科145个、不占指标学科3个、破格申报学科14个）拟增列的硕士学位授权一级学科，经学科申报、校内答辩、省级资格审查和全国公示，有126个硕士学位授权一级学科获得通过，使全省硕士学位授权一级学科点总数达213个，其中省属高校由78个增加到191个。

〔**毕业生就业指导与服务工作**〕 2012年，全省师范类高校毕业生共29 571人，比2011年增加504人。截至9月1日，师范类应届毕业生就业人数为25 171人，就业率达85.12%，比2011年增加1.58个百分点。其中研究生就业率55.87%、本科生就业率87.13%、专科生就业率85.03%。2012年，河北生源免费师范生共计126人，截至11月15日，共有123人在省内中小学就业，2人申请违约，1人符合条件出省就业。

撰稿 刘立新 崔海江 王彦怀

审稿 刘教民 刘 山 赵平均

山西省教育

概　　况

〔基本情况〕

山西省各级各类学校校数、教职工、专任教师情况

	学校数（所）	教职工数（人）	专任教师数（人）
一、高等教育	88	63 488	41 206
（一）研究生培养机构（不计校数）	12		
1. 普通高校	9		
2. 科研机构	3		
（二）普通高等学校	75	58 146	38 124
1. 本科院校	27	39 706	25 625
其中：独立学院	8	5 974	4 481
2. 高职（专科）院校	48	18 440	12 499
3. 其他机构（点）（不计校数）			
（三）成人高等学校	13	3 047	1 810
（四）民办的其他高等教育机构	53	2 295	1 272
二、中等教育	5 914	522 508	394 158
（一）高中阶段教育	3 891	393 471	275 927
1. 高中	511	93 617	58 088
普通高中	511	93 617	58 088
完全中学	234	41 764	19 191
高级中学	244	44 584	36 992
十二年一贯制学校	33	7 269	1 905
成人高中			
2. 中等职业教育	3 380	299 854	217 839
普通中专	90	12 300	7 903

续表

	学校数（所）	教职工数（人）	专任教师数（人）
成人中专	120	4 170	3 430
职业高中	246	16 652	13 597
技工学校	2 924	266 116	192 575
其他机构（教学点）（不计校数）	16	616	334
（二）初中阶段教育	2 023	129 037	118 231
1. 初中	2 023	129 037	118 231
初级中学	1 546	99 726	89 319
九年一贯制学校	477	29 311	13 092
十二年一贯制学校			1 499
完全中学			14 321
职业初中			
2. 成人初中			
三、初等教育	10 042	185 103	184 326
（一）普通小学	10 042	185 103	184 326
小学	10 042	185 103	170 923
九年一贯制学校			11 950
十二年一贯制学校			1 453
（二）成人小学			
其中：扫盲班			
四、工读学校	1	82	63
五、特殊教育	53	1 583	1 316
六、学前教育	5 489	58 666	38 194

山西省各级各类学历教育学生情况

	毕业生数（人）	招生数（人）	在校生数（人）
一、高等教育			
（一）研究生	7 771	9 212	26 098
博士	291	468	2 147
硕士	7 480	8 744	23 951
（二）普通本专科	162 571	197 181	637 330
本科	72 240	98 096	353 737
专科	90 331	99 085	283 593
（三）成人本专科	47 897	62 285	181 445
本科	22 646	24 368	79 121
专科	25 251	37 917	102 324

续表

	毕业生数（人）	招生数（人）	在校生数（人）
（四）其他各类高等学历教育			
1. 在职人员攻读硕士学位		2 119	5 040
2. 网络本专科生			
本科			
专科			
二、中等教育	2 976 083	2 566 535	7 919 894
（一）高中阶段教育	1 764 827	2 104 085	5 786 654
1. 高中	401 519	292 630	999 185
普通高中	285 255	292 630	854 986
完全中学	95 414	99 615	289 877
高级中学	180 549	182 435	537 004
十二年一贯制学校	9 292	10 580	28 105
成人高中	116 264		144 199
2. 中等职业教育	1 363 308	1 811 455	4 787 469
普通中专	73 455	74 147	191 949
成人中专	6 840	11 033	31 074
职业高中	90 805	87 237	260 214
技工学校	1 192 208	1 639 038	4 304 232
（二）初中阶段教育	1 211 256	462 450	2 133 240
1. 初中	578 684	462 450	1 502 433
初级中学	430 293	331 015	1 090 509
九年一贯制学校	64 074	47 700	157 574
十二年一贯制学校	7 655	7 957	24 516
完全中学	76 662	75 778	229 834
职业初中			
2. 成人初中	632 572		630 807
三、初等教育	2 138 976	440 460	4 260 903
（一）普通小学	547 270	440 460	2 617 602
小学	497 148	408 864	2 409 814
九年一贯制学校	45 741	27 909	182 640
十二年一贯制学校	4 381	3 687	25 148
（二）成人小学	1 591 706		1 643 301
其中：扫盲班	585 749		689 067
四、工读学校	58	67	194
五、特殊教育	882	1 215	7 873
六、学前教育	326 027	420 160	914 797

山西省各级各类非学历教育学生情况

	结业生数（人）	注册学生数（人）
总计	2 557 857	2 667 213
一、高等教育	31 124	23 217
（一）研究生课程进修班	97	135
（二）自考助学班	3 855	4 461
（三）普通预科生		
（四）进修及培训	27 172	18 621
其中：资格证书培训	5 507	7 557
岗位证书培训	4 173	362
二、中等职业教育	2 526 733	2 643 996
其中：资格证书培训	817 294	898 627
岗位证书培训	923 578	867 629
（一）中等职业学校	139 869	73 018
其中：资格证书培训	50 059	30 516
岗位证书培训	50 707	26 365
（二）职业技术培训机构	2 386 864	2 570 978
其中：资格证书培训	767 235	868 111
岗位证书培训	872 871	841 264

山西省各级各类民办教育基本情况

	学校数（所）	毕业生数（人）	招生数（人）	在校生数（人）	教职工数（人）	专任教师数（人）	其他学生数（人）
一、民办高等教育							
（一）民办高校	15	26 987	35 134	112 475	8 378	6 041	417
硕士							
本科学生		18 276	25 426	87 063			
专科学生		8 711	9 708	25 412			
其中：独立学院	8	18 276	22 298	82 543	5 974	4 481	
本科学生		18 276	22 298	82 543			
专科学生							
（二）民办其他高等教育机构	53				2 295	1 272	16 006
二、民办中等教育							
（一）高中阶段教育	257	81 857	81 018	237 853	26 739	18 119	
1. 民办普通高中	154	60 280	59 097	175 943	22 568	15 372	

续表

	学校数（所）	毕业生数（人）	招生数（人）	在校生数（人）	教职工数（人）	专任教师数（人）	其他学生数（人）
2. 民办中等职业教育	103	21 577	21 921	61 910	4 171	2 747	3 414
（二）初中阶段教育	228	93 194	84 555	266 403	17 001	12 519	
1. 民办普通初中	228	93 194	84 555	266 403	17 001	12 519	
2. 民办职业初中							
三、民办普通小学	185	46 859	26 137	197 864	8 854	5 930	
四、民办幼儿园	2 408	119 813	160 985	368 376	32 055	20 196	
另有：民办培训机构（不计校数）	585				8 619	5 319	300 703

〔**教育经费收入与支出**〕 2012年，全省教育经费收入645.33亿元，较2011年增长17.44%。具体来源渠道为：预算内教育经费拨款（不含教育费附加）497.97亿元，较2011年增长22.43%；各级政府征收用于教育的税费收入达44.09亿元，较2011年增长23.76%；企业办学教育经费2.11亿元，比2011年降低0.64%；民办学校中举办者投入经费3.88亿元，较2011年降低24.45%；社会捐集资办学经费1.59亿元，较2011年增长10.8%；事业收入88.25亿元，较2011年降低2.25%，其中学杂费收入65.19亿元，较2011年降低11.06%。其他收入7.1亿元，较2011年降低5.11%。

全省地方教育和其他部门教育经费总支出584.25亿元，较2011年增长18.99%。教育部门事业性经费总支出534.94亿元，比2011年增长19.86%。

2012年，全省各级政府预算内教育拨款（不包括城市教育费附加）497.97亿元，比2011年增长22.43%。同年全省财政一般预算收入完成1 516亿元，增长25%，全省预算内教育拨款增长速度低于财政一般预算收入的增长速度2.57个百分点。

2012年，全省普通小学生均预算内教育事业费支出5 815.94元，较2011年增长14.99%。其中农村普通小学生均预算内教育事业费支出为7 026.93元，比2011年增长17.21%。

全省普通初中生均预算内教育事业费6 638.19元，较2011年增长13.61%。其中农村普通初中生均预算内教育事业费支出7 722.77元，较2011年增长17.29%。

全省普通高中生均预算内教育事业费支出7 358.44元，较2011年增长35.45%；全省中等职业学校生均预算内教育事业费支出8 019.75元，较2011年增长26.12%；全省普通高等学校生均预算内教育事业费支出14 196.77元，较2011年增长51.47%。全省普通小学生均预算内公用经费支出1 570.29元，较2011年增长13.9%，其中农村小学生均预算内公用经费支出1 879.83元，比2011年增长14.29%；全省普通初中生均预算内公用经费支出2 176.08元，比2011年增长13.76%，其中农村普通初中生均预算内公用经费支出2 758.19元，比2011年增长24.48%；全省普通高中生均预算内公用经费支出2 677.24元，较2011年的1 355.84元增长97.46%；全省中等职业学校生均预算内公用经费支出2 915.8元，较2011年增长48.85%；全省普通高校生均预算内公用经费支出7 136.47元，较2011年增长100.61%。

〔**建立、完善贫困生政策资助体系**〕 从2012年秋季学期开始，实施全省学前教育资助制度，共安排资金6 154.87万元，对在读的家庭经济困难儿童、孤儿和残疾儿童按照每生每年1 000元的标准给予生活补助，覆盖在园儿童的15%，受助儿童约12.3万人。小学生、初中生义务教育阶段家庭经济困难寄宿生生活费补助由2011年每人每天

3元、4元，分别提高到4元、5元。中等职业教育实现免费就学，同时积极协调有关部门提高免学费财政补助标准，职业高中从每生每年1 200元提高到2 000元，普通中专从每生每年2 100元提高到2 500元。体育类、艺术类专业免学费标准按每生每年4 000元算。认真实施中等职业学校国家助学金制度。全省基本建立起覆盖各阶段教育的政策资助体系。

〔**规范办学行为**〕 制定了山西省治理义务教育阶段择校乱收费工作的八项规定，出台了山西省中小学教辅材料使用管理工作的实施意见，完善政策制度。对11个市、33个县、150多所中小学幼儿园的办学行为和安全管理工作进行专项检查，其中太原、晋中、阳泉、长治、晋城等多地择校生比例明显下降，乱收费现象显著减少。开展中职学校办学资质清查工作，共清查中职学校437所，对43所中职学校提出限期整改意见，取消13所中职学校学历教育办学资格。

〔**教育法制建设**〕 加快推进实施95个山西省教育体制改革试点工作。做好国家级教育体制改革试点工作的日常管理，其中晋中市统筹推进义务教育均衡发展、“校企合作研究生培养模式改革”和省级改革试点项目“顶岗实习——置换培训联动机制的改革与实践”3个项目，分别被刊发在国家教改简报2012年第8期和2012年第46期。进一步完善《山西省教育厅行政执法责任制汇编》。对太原、大同、吕梁、晋城、运城、临汾6个市的教育局、部分县教育局及学校的行政执法责任制推行情况进行全面检查。制定下发《山西省教育厅深化行政审批制度改革促进政务服务便捷高效工作方案》，精简行政审批事项，取消3项省教育厅行政许可项目，合并2项，转为日常工作2项，新增3项，最终为8项。优化办事流程，对最终确定的8项行政许可审批事项进行流程再造工作，编制了《省本级行政审批项目流程卡》、审批流程图。加强高校章程建设，制定了《山西省教育厅关于加强高等学校章程制定工作的意见》。广泛开展普法教育活动，与共青团山西省委、山西省最高人民法院等单位联合主办了“黄河律师杯”第二届山西省大学生模拟法庭大赛，组织10所高校千名大学生开展暑期送法下乡活动。全省有22所中小学被省禁毒委员会确定为“山西省毒品预防教育示范学校”，23名教师被评为“山西省优秀禁毒教育工作者”。组织开展依法行政宣传月活动。

〔**教师队伍建设**〕 将2012年确定为“师德师风建设年”，在全省评选表彰了241名师德标兵，其中晋中市榆次区农村教师范妹锁被评选为“全国教书育人楷模”。继续实施“特岗计划”，公开招聘特岗教师1 752名。首批3 603名特岗教师已转入当地正式教师编制，留任率达99%。对2万名农村中小学骨干教师进行教育新理念和新技能培训。启动开展省级免费师范生试点工作，山西师范大学首批招生500人。认真做好免费师范生就业工作，2012届580名免费师范毕业生就业岗位全部落实，教育部在山西省召开了全国免费师范毕业生就业工作现场会，充分肯定了山西省的工作。配合省编办制定出台了《关于调整各市中小学教职工编制总额的通知》，统一全省城乡教职工编制标准。积极开展中小学教师职称改革试点工作，共有2 500多名教师取得高一级专业技术职务。进一步完善教育事业单位绩效工资制度，制定出台了全省各级各类学校绩效工资实施意见。

〔**学校安全稳定工作**〕 深入开展校园安全专项整治，加强校园及周边环境综合治理，建立完善校园及周边环境综合整治联动机制。修订完善学校突发事件应急预案，建立健全各项安全制度，加强学校校园警务监控建设，加强师生安全教育，组织开展安全演练，学校安全防范能力不断提高。进一步加强学校食堂管理，强化学校食堂食品安全监管，确保学校食堂食品安全和价格稳定。在重点时段和敏感时期，全省高校保持良好秩序。

〔**深入开展创先争优活动**〕 评选表彰全省教育系统2010—2012年创先争优活动14个先进党组织、77个先进基层党组织和106名优秀共产党员。指导高校继续做好创先争优群众评议工作，共有

2 414个党支部、56 068名共产党员接受群众评议。组织召开全省教育系统在创先争优活动中深入开展基层组织建设年活动暨保持党的纯洁性学习教育活动动员会议，安排部署各项工作。重点开展组织、队伍、载体、阵地、制度“五大建设”和党员、党支部书记、党务干部“三大培训”等活动，配强配齐基层党支部书记队伍。根据基层组织建设年活动的目标要求，对省高校工委所属的36所学校的3 189个基层党组织进行调查摸底和分类定级工作。扎实开展保持党的纯洁性学习教育活动，在9月13日省直机关召开的创先争优暨保持党的纯洁性学习教育活动经验交流会上，省教育厅报送的经验材料得到省直属机关工作委员会的一致肯定和好评。

〔**积极推进学习型党组织建设**〕　在全省教育系统掀起了学习党的十八大精神的热潮。进一步健全完善中心组学习和学习督导制度，全年省教育厅党组中心组共学习18次，组织参加省委、省直党校的各类培训学习78人次。认真撰写《深入学习型机关建设，提高机关干部改革创新、为民服务的本领》调研报告。认真总结典型经验，省教育厅编写的《创建学习型党组织 扎实推进山西教育事业科学发展》在省机关党建工作研讨会上做了典型交流发言。

〔**民办教育**〕　2012年，进一步规范和简化民办学校行政审批项目，严格民办学校广告备案制度，完成26所民办学校招生简章和广告备案工作。加强对民办学校的年度检查，对全省46所省属民办学校进行年检，合格学校达44所。

〔**教育交流与合作**〕　全省国家公派出国留学48人，其中国家留学基金委派出16人、省筹资金派出32人。获87项省筹资金资助留学回国人员科研项目，占总数的71%。新增中外合作办学项目6个，截至2012年年底，全省共有10所高校开展中外合作办学项目25个，其中2所高校设立了中外合作办学机构。对全省聘请外国文教专家资格单位进行清理、审核，新增8个单位，全省具有聘请外国文教专家资格的学校、幼儿园达116所，共聘请167人次。积极吸引国外学生来晋留学，共接收184人。山西大学、太原理工大学通过教育部专家评审，成为来华留学生“中国政府奖学金项目”接收院校，实现了全省该项目零的突破。审核、批准全省教育系统赴国（境）外访问交流、出国培训480人次，获省外国专家局批准出国（境）培训项目计划3项，山西医科大学汾阳学院40名学生获“新加坡护理专科全额奖学金”，赴新加坡学习。组织接待教育部组织的“发展中国家政府官员实用汉语研修班”一行45人。共派出80多名学生赴海外交流学习。合作主办“中波教育合作研讨会”，在校际交换生、联合培养、科研合作等方面达成共识。

〔**语言文字工作**〕　完成了对大同、临汾和运城3个二类城市和阳曲县、永济市、垣曲县、长子县、壶关县、屯留县、陵川县和岢岚县共8个三类城市评估工作。在全省各市县启动创建规范汉字书写教育特色学校活动，评选出省级特色学校216所，获批国家级特色学校11所。评选出25所学校为语言文字规范化示范校。组织举办“中华诵·经典诵读活动”全国中小学生作文大赛，率先在全国举办全省小学生普通话语音知识大赛，促进新颁布的《汉语拼音正词法基本规则》的推广。加强教师培训，选派紧缺薄弱学科经典诵读骨干教师参加“国培计划”培训。

基础教育

〔**学前教育**〕　2012年，全省建设完成214所标准化公办幼儿园，新增5.5万个幼儿学位。同时投入资金 4.45 亿元，充分利用农村闲置中小学校舍改建幼儿园 806 所、在小学附设幼儿班 946 个，新增幼儿学位 14.3 万个。

〔**义务教育均衡发展**〕 统筹实施农村义务教育薄弱学校改造计划和义务教育学校标准化建设，对 48 个县（市、区）的 3 568 所农村义务教育学校进行薄弱学校改造，38 个县完成了义务教育标准化建设工作。严格义务教育均衡发展评估验收，有 38 个县（市、区）通过评估。下拨资金 5.14 亿元，对 21 个集中连片贫困县实施“农村义务教育学校学生营养改善计划”试点工作，进一步改善就餐条件、落实膳食补助，共惠及 2 241 所学校的 37 万余名学生。12 月 3 日，组织召开全省义务教育学校标准化建设工作现场推进会，大力推广孝义市的先进经验。积极推行义务教育入学新生“均衡编班”，群众关注度高、“择班”现象严重的“热点”学校，均实行了阳光、均衡编班。持续加大优质普通高中招生指标分配比例，积极引导生源均衡配置，促进薄弱初中学校健康发展。

〔**中小学德育工作**〕 召开全省中小学德育工作会议，贯彻落实党的十七届六中全会、山西省十次党代会和全国中小学德育工作经验交流会精神，全面安排部署全省中小学德育工作。深入推进社会主义核心价值体系建设，把社会主义核心价值体系融入中小学教育全过程。加强心理健康教育，推动学校心理辅导室（咨询室）建设，加强心理健康教育工作者队伍培训。加强青少年校外活动场所建设，截至 2012 年年底，已建成县级青少年活动场所建设项目 93 个，78 个项目通过验收。大同、晋中、运城 3 个市先后获得中央彩票公益金支持建设项目，共获扶持资金 9 000 万元。做好乡村学校少年宫和示范性综合实践基地建设工作。

〔**特殊教育**〕 提请省政府印发了《关于“十二五”期间进一步加快特殊教育事业发展的意见》，对进一步加快推进特殊教育发展提出具体要求。加强特殊教育学校教师队伍建设，举办全省特殊教育学校骨干教师培训班，对全省特殊教育学校 200 多名骨干教师和校长进行了专门培训。

职业教育与成人教育

〔**中职教育免学费全覆盖**〕 从 2011 年秋季学期到 2012 年秋季学期，各级财政累积下达免学费补助资金 12.27 亿元，在 2011 年免除职业高中、职业中专学生学费的基础上，2012 年免学费范围扩大到普通中专和技工学校，全面实现了中职教育免学费就学，惠及学生 86.88 万人次。

〔**基础能力建设**〕 加强国家级中等职业教育改革示范校的建设管理，对第一批立项的项目学校进行模拟验收和督促检查。进一步加强实训基地建设，25 所中高职院校批准为中央财政支持的职业教育实训基地建设项目学校。加大省级实训基地建设经费投入力度，共投入 9 000 万元，支持 50 所学校建设省级实训基地。加强县级职教中心建设，组织县级职教中心省级督导评估验收，11 个县（区）通过验收。

〔**中高职衔接人才培养工作**〕 积极探索中职教育与高职教育有机衔接的人才培养模式。2012 年，选择 30 所中职学校和 22 所高职院校开展五年制职业教育“三二分段”培养试点工作，试点招生专业以国家中职示范学校重点建设专业、农业类专业、卫生类专业以及全省产业发展急需的技能型人才短缺的专业为重点。

〔**加强中职学校管理**〕 继续实施中职学校管理三年行动计划。加强学校内部管理，积极开展中职学校星级评估，对 361 所具备中等职业学历教育办学资质的学校开展了全省首轮中职学校管理星级评估认定工作，其中 101 所学校被评估为管理四星级学校、115 所学校被评估为管理三星级学校、89 所学校被评估为管理二星级学校、56 所学校被评估为管理一星级学校。

〔**招生工作**〕　2012 年，把中职招生作为全省教育年度重点工作扎实推进，统筹高中阶段学校招生，切实把普及高中阶段教育的增量主要用于发展职业教育。截至 2012 年 11 月底，全省中等职业教育共招生 21.49 万人，其中职业高中招生 8.34 万人、普通中专招生 5.67 万人、成人中专招生 0.98 万人、技工学校招生 4.25 万人、其他机构和附设中职班招生 2.25 万人。

〔**学生技能大赛**〕　举办全省第六届职业院校技能大赛，并选拔出 145 名优秀中职选手参加 2012 年全国职业院校技能大赛，取得历史最好成绩，获 2 个一等奖、14 个二等奖、27 个三等奖。同时，在全国职业院校学生技能作品展洽会上，全省有 10 所职业院校的 100 多件作品参展，共获 3 个一等奖、6 个二等奖、10 个三等奖，省教育厅获展洽会优秀组织奖。组织开展迎接党的十八大全省中职学生作文大赛，共收到参赛作文 541 篇，精选 120 篇汇编成《迎接党的十八大学生优秀作文集》。组织全省中职学校信息化教学大赛，并组织教师参加全国职业院校教师信息化教学大赛，获 2 个二等奖、3 个三等奖。

高 等 教 育

〔**质量工程**〕　组织实施全省高等教育质量和水平提升工程中 3 个教学改革项目，共评审确定了本、专科特色专业 42 个，教学改革项目 245 项，大学生创新创业训练项目 407 项。组织省级示范性高职院校评审工作，评选出 3 所院校为省级示范性职业院校立项建设单位，1 所院校为省级示范性高职院校培育建设单位。加强本科高校教学评估，配合教育部完成运城学院本科教学的合格评估工作。对山西大学等 12 所院校新增的 24 个学士学位专业进行评审，获高水平通过。启动实施高职院校专业大类评估工作，对全省 48 所独立设置的高职院校开设三届以上毕业生的制造、电子信息、财经三大类的 151 个专业进行了专业评估，其中 54 个专业被评为优秀。制定出台了《关于加强高等学校实践教学工作的几点意见》，切实加强高校实践教学。积极推动高校学生实践教育基地建设，山西农业大学山西小麦农科教合作人才培养基地列入国家首批农科教合作人才培养基地，太原理工大学和中北大学共获批 10 个国家级工程实践教育中心。组织开展全省第七届高等学校教学成果奖评审活动，共评选出 157 项省级本科教学成果奖，其中一等奖 31 项、二等奖 83 项、三等奖 43 项。组织开展 2012 年度精品视频公开课申报工作，共有 6 门精品视频公开课列入 2012 年度国家精品视频公开课建设选题/课程名单。

〔**高校科技创新**〕　加强高校科研创新平台建设，新增 1 个国家发展和改革委“国家地方联合创新平台”，新增 6 个山西省高校人文社科重点研究基地，即太原理工大学“煤炭产业科学发展研究中心”和“艺术遗产研究中心”、山西师范大学“亚洲区域发展研究中心”、太原师范学院“区域文化研究中心”、忻州师范学院“五台山文化研究中心”、晋中学院“晋中文化生态研究中心”。全省高校共承担国家自然基金项目 254 项，项目经费 1.49 亿元，占全省项目总数的 91.37%；承担教育部科学技术研究重点项目 6 项；承担省级项目 180 项。共承担 2012 年度国家社会科学基金项目 45 项，占全省总数的 93.75%；承担教育部人文社科研究项目 44 项。组织遴选山西省高校科技研究开发项目33项，资助经费100万元；山西省高校高新技术产业化项目27项，资助经费100万元；重点支持与全省产业结构调整紧密结合的项目；山西省高校哲学社会科学研究一般项目89项，资助经费110万元；山西省高校哲学社会科学重点研究基地项目31项，资助经费175万元。支持和鼓励山西省高校人文社科重点研究基地建设，围绕全省经济社会发展的重大问题选题，取得了高质量的系列成果。

〔**重大成果奖励**〕 2012年，全省高校获教育部高等学校科学研究成果奖（人文社会科学）4项，获2011年度山西省科学技术一等奖9项，占全省总数的53%；获山西省第七次社会科学研究优秀成果一等奖15项，占全省总数的65%。评选出山西省高等学校科学研究优秀成果奖（科学技术）62项，其中一等奖35项，并向省科技厅推荐参加全省科学技术奖的评选。全省高校共申请发明专利654件，获发明专利授权320件。

〔**高层次人才队伍建设**〕 2012年，遴选出高等学校优秀创新团队3个、优秀创新团队重点培育对象1个、中青年拔尖创新人才10人、优秀青年学术带头人33人。积极吸引高层次创新人才，引进第五批“百人计划”23人。组织有关高校积极申报海外高层次人才引进计划，2人入选“长江学者”计划，2人进入国家“千人计划”。加大高层次人才培养力度，全省有5名候选人进入“国家高层次人才特殊支持计划”，11人进入2012年度享受政府特殊津贴人选。评选出2012年山西省学术技术带头人101人、2012年山西省新兴产业领军人才7人，65人获山西省引进优秀人才科研和生活补助资金项目，40人获高等学校青年骨干教师国内访问学者项目。大力实施“三晋学者”计划，评选出16名2012年度“三晋学者”。2人获国家级教学名师奖，28人获2012年度省级“双师型”教学名师称号。引导全省本科高校中青年教师积极参加“全省本科院校中青年教师教学基本功竞赛活动”，其中7名教师获特等奖、14名教师获一等奖、22名教师获二等奖、27名教师获三等奖。

〔**研究生教育**〕 新建7个校企合作研究生教育创新中心和6个研究生教育培养基地。组织专家评选立项研究生教育研究项目46项，其中重点课题20项。组织评选省级优秀博士学位论文40篇和优秀硕士学位论文66篇。山西大学陈刚的“微腔中多体系统的新奇量子相变及其调控”和太原理工大学刘雷的“金属磷酸盐骨架材料的离子热合成、结构调控与性能研究”2篇论文被评为全国优秀博士学位论文。

〔**高职高专人才培养**〕 启动2012年度省级高职院校精品资源共享课评选活动，并积极向教育部推荐。进一步拓宽高端技能型人才、应用型人才的培养渠道和途径，深化教育教学模式，倡导工学结合和工作过程式的现场实践课程模式。启动实施“高等职业院校提升专业服务产业发展能力”项目。

〔**高校党建工作**〕 经省委批准，省委组织部、省委宣传部、省高校工委于2月10日联合召开了全省高校党的建设工作会议。会议传达了第二十次全国高校党建工作会议精神，提出贯彻落实的意见，安排部署高校党建重点工作任务。

加强领导班子建设。配合省委组织部有步骤地做好本科院校领导班子和高职高专学校正副职领导干部的调整补充工作，重点对空缺岗位进行补充。与省委组织部联合制定了高校竞争性选拔中层干部的实施办法，进一步规范竞争性选拔干部方式，在高校形成以竞争性选拔为主体的选人用人机制。认真贯彻执行省委《关于进一步加强高等学校领导班子建设的意见》，进一步健全和完善党委、行政的议事规则和决策程序。

加强高校基层党组织建设。配合省委组织部，进一步修改完善山西省贯彻落实《中国共产党普通高等学校基层组织工作条例》的实施意见。进一步加强民办高校党组织建设，调整充实、配齐配强党委书记和督导专员。积极推行公办高校对口支持民办高校工作。进一步扩大高校党的工作覆盖面，强化党组织的服务意识，增强高校基层党组织的功能。

加强高校党员队伍建设。认真实施《山西省高校工委“十二五”时期发展党员工作规划》，重视新成立本科高校和高职高专学校的党员发展工作，重点做好在大学生和青年骨干教师中发展党员工作。创新教育载体，积极建设网络教育平台，推进入党积极分子和党员教育培训工作的信息化、网络化、科学化。认真做好党费收缴使用管理和党内统计等工作。

〔**大学生思想政治教育工作**〕 积极开展高校师生思想状况调研，起草并报请省委省政府印发《关于深入推进大学生思想政治教育工作的意见》和《关于加强高等学校青年教师队伍思想政治建设的意见》。深化思想政治理论课教学改革，评选确定了一批2012年高校思想政治理论课教学改革项目，山西大学副教授张利萍入选教育部“2012年全国高校优秀中青年思想政治理论课教师择优资助计划”，山西大学教授邸敏学、山西农业大学教授武星亮入选“2012年全国高校思想政治理论课教学能手”。加强大学生思想政治教育研究，有针对性地确定了一批研究课题。以迎接党的十八大、宣传贯彻党的十八大精神为主题，深入推进社会主义核心价值体系进课堂、进教材、进头脑。组织开展全省高校辅导员年度人物评选活动，评选表彰了一批优秀辅导员，3名高校辅导员获全国辅导员年度人物提名奖和优秀奖。加强大学生心理健康教育，成立全省大学生心理健康教育工作指导委员会。建立了全省大学生心理健康网站，推进高校心理健康教育资源共享。加强高校校园文化建设，组织全省高校申报教育部校园文化建设优秀成果评选，共有23所高校的申报资料报教育部。

〔**教育信息化建设**〕 积极推进高校新校区信息化建设，干线光纤基本铺设完成。“中国教育科研基础设施IPv6技术升级和应用示范项目太原理工大学子项目”，正式通过CERNET专家组的远程测试和现场验收。承办“中国教育和科研计算机网CERNET学术年会暨会员代表大会”，召开山西省教育科研网和高校信息化建设会议，逾千名高校信息化建设的专家、技术人员就高校校园网建设和评估进行了深入的讨论与交流。

〔**毕业生就业工作**〕 省政府下发了《山西省人民政府关于进一步做好普通高等学校毕业生就业工作的通知》，完善毕业生就业工作的体制机制。多渠道拓展就业岗位，鼓励毕业生到基层一线就业，招聘农村特岗教师1 752名，选聘545名大学生村干部，招募600名高校毕业生到农村基层从事帮扶工作，招募200名普通高等学校应届毕业生从事为期1—3年的西部志愿服务工作，完成高校毕业生报名入伍预征工作任务。全省各级行政、事业单位接收高校毕业生2万余人，各类大中型企业、非公有制企业接收高校毕业生7万余人。积极搭建就业信息平台，同时开展“双困”高校毕业生就业推荐工作，山西毕业生市场连续举办30余场专场招聘会，1 700余家单位提供岗位3万多个。山西毕业生网及时发布岗位需求信息，新增注册单位966个，发布招聘信息16 960条，新增求职毕业生14 836名。鼓励大学生自主创业，全省提供就业创业资金9 800万元，全年毕业生创业人数达2 751人。

〔**成人高等教育**〕 制定出台了《山西省教育厅关于进一步加强成人高等学历教育招生和办学秩序管理的意见》，进一步强化高校办学主体责任，建立了规范办学责任制、承诺制和责任追究制度。加强学籍管理，坚持新生学籍注册审核制度。推进教育教学模式改革，开展全省成人高等学历教育网络辅助教学试点工作，建立网络辅助教学学习平台，为师生提供了12门课程、290个在线课件。加强函授站年检工作，重点对设站单位资质、教学管理、学费对公转账等方面进行检查。对2012年16所高校申报新增的56个专业进行审核，同意阳泉职业技术学院等学校申报的47个专业备案。

撰稿　孙雪松
审稿　李宏卿

内蒙古自治区教育

概　　况

〔基本情况〕

内蒙古自治区各级各类学校校数、教职工、专任教师情况

	学校数（所）	教职工数（人）	专任教师数（人）
一、高等教育	51	38 605	24 921
（一）研究生培养机构（不计校数）	9		
1. 普通高校	8		
2. 科研机构	1		
（二）普通高等学校	48	38 057	24 654
1. 本科院校	15	24 462	15 405
其中：独立学院	2	798	593
2. 高职（专科）院校	33	13 595	9 249
3. 其他机构（点）（不计校数）			
（三）成人高等学校	3	548	267
（四）民办的其他高等教育机构			
二、中等教育	4 235	419 375	302 283
（一）高中阶段教育	3 472	337 654	240 129
1. 高中	272	50 418	32 229
普通高中	272	50 418	32 229
完全中学	116	19 604	8 419
高级中学	140	28 889	23 378
十二年一贯制学校	16	1 925	432
成人高中			
2. 中等职业教育	3 200	287 236	207 900
普通中专	86	7 208	4 834

续表

	学校数（所）	教职工数（人）	专任教师数（人）
成人中专	61	2 295	1 727
职业高中	129	11 475	8 715
技工学校	2 924	266 116	192 575
其他机构（教学点）（不计校数）	9	142	49
（二）初中阶段教育	763	81 721	62 154
1. 初中	763	81 721	62 154
初级中学	546	62 043	48 555
九年一贯制学校	217	19 678	6 606
十二年一贯制学校			570
完全中学			6 423
职业初中			
2. 成人初中			
三、初等教育	2 443	127 745	112 898
（一）普通小学	2 443	127 745	112 898
小学	2 443	127 745	103 344
九年一贯制学校			9 093
十二年一贯制学校			461
（二）成人小学			
其中：扫盲班			
四、工读学校			
五、特殊教育	39	1 312	1 103
六、学前教育	2 585	41 035	25 807

内蒙古自治区各级各类学历教育学生情况

	毕业生数（人）	招生数（人）	在校生数（人）
一、高等教育			
（一）研究生	4 657	5 698	16 227
博士	150	236	1 035
硕士	4 507	5 462	15 192
（二）普通本专科	105 054	105 629	391 434
本科	45 711	56 217	221 873
专科	59 343	49 412	169 561
（三）成人本专科	29 524	51 341	99 197
本科	12 381	20 924	40 346
专科	17 143	30 417	58 851

续表

	毕业生数（人）	招生数（人）	在校生数（人）
（四）其他各类高等学历教育			
1. 在职人员攻读硕士学位		1 600	5 410
2. 网络本专科生			
本科			
专科			
二、中等教育	2 475 078	2 149 246	6 601 353
（一）高中阶段教育	1 579 241	1 906 781	5 224 238
1. 高中	277 538	171 722	644 479
普通高中	161 274	171 722	500 280
完全中学	40 851	43 074	122 247
高级中学	118 879	126 525	372 403
十二年一贯制学校	1 544	2 123	5 630
成人高中	116 264		144 199
2. 中等职业教育	1 301 703	1 735 059	4 579 759
普通中专	53 353	45 390	137 575
成人中专	12 259	10 309	19 428
职业高中	43 883	40 322	118 524
技工学校	1 192 208	1 639 038	4 304 232
（二）初中阶段教育	895 837	242 465	1 377 115
1. 初中	263 265	242 465	746 308
初级中学	212 600	195 424	601 598
九年一贯制学校	20 223	18 970	57 749
十二年一贯制学校	2 261	2 155	6 318
完全中学	28 181	25 916	80 643
职业初中			
2. 成人初中	632 572		630 807
三、初等教育	1 834 633	233 545	3 008 381
（一）普通小学	242 927	233 545	1 365 080
小学	223 291	216 185	1 265 073
九年一贯制学校	18 454	16 312	93 154
十二年一贯制学校	1 182	1 048	6 853
（二）成人小学	1 591 706		1 643 301
其中：扫盲班	585 749		689 067
四、工读学校			
五、特殊教育	392	874	4 455
六、学前教育	197 174	231 974	492 175

内蒙古自治区各级各类非学历教育学生情况

	结业生数（人）	注册学生数（人）
总计	613 799	569 420
一、高等教育	56 342	30 693
（一）研究生课程进修班	27	178
（二）自考助学班		
（三）普通预科生		1 191
（四）进修及培训	56 315	29 324
其中：资格证书培训	20 642	9 236
岗位证书培训	28 835	14 270
二、中等职业教育	557 457	538 727
其中：资格证书培训	77 262	58 287
岗位证书培训	259 154	245 356
（一）中等职业学校	140 998	86 427
其中：资格证书培训	49 698	24 222
岗位证书培训	49 627	28 765
（二）职业技术培训机构	416 459	452 300
其中：资格证书培训	27 564	34 065
岗位证书培训	209 527	216 591

内蒙古自治区各级各类民办教育基本情况

	学校数（所）	毕业生数（人）	招生数（人）	在校生数（人）	教职工数（人）	专任教师数（人）	其他学生数（人）
一、民办高等教育							
（一）民办高校	10	5 625	5 611	20 119	1 623	967	459
硕士							
本科学生		1 846	3 036	10 941			
专科学生		3 779	2 575	9 178			
其中：独立学院	2				798	593	
本科学生		1 846	3 036	10 941			
专科学生							
（二）民办其他高等教育机构							
二、民办中等教育							
（一）高中阶段教育	107	15 296	15 657	44 971	4 662	3 007	
1. 民办普通高中	32	4 399	5 042	13 120	2 408	1 740	

续表

	学校数（所）	毕业生数（人）	招生数（人）	在校生数（人）	教职工数（人）	专任教师数（人）	其他学生数（人）
2. 民办中等职业教育	75	10 897	10 615	31 851	2 254	1 267	4 746
（二）初中阶段教育	46	9 894	10 334	30 754	2 275	1 751	
1. 民办普通初中	46	9 894	10 334	30 754	2 275	1 751	
2. 民办职业初中							
三、民办普通小学	35	6 879	5 178	33 569	1 053	733	
四、民办幼儿园	1 928	76 382	93 056	223 101	22 508	12 968	
另有：民办培训机构（不计校数）	292				1 329	947	47 271

〔**启动民族教育人才培养模式改革**〕 2012年，自治区政府办公厅印发了《民族教育人才培养模式改革实施方案》，明确了指导思想、改革目标、工作任务和政策措施。指导各地各校进一步加强双语教学，民族教育人才培养体系进一步完善。

〔**协调推进教育公共财政投入体制改革**〕 这项改革包括三方面内容：一是建立公共财政对农村牧区公办学前教育投入的保障机制，自治区建立了学前教育专项经费；二是建立公共财政对民办教育奖励性投入的保障机制，自治区本级财政继续安排民办教育专项资金2 000万元；三是建立自治区直属高校生均定额拨款年增长的保障机制，自治区本级财政安排直属高校事业费加专项资金共计30.37亿元，直属高校生均拨款水平明显提高。

〔**实施教师队伍建设工程**〕 深入开展“国培计划”等面向各类教育、各层次教育的教师和校长培训项目。2名高校专家当选“长江学者”。启动教育领域“百人计划”。遴选上报“草原英才”候选人174名。开展第九次中小学特级教师评审工作。自治区首次在呼和浩特市、包头市开展了中小学教师正高级专业技术职务资格评审工作。继续实施农村边远艰苦地区中小学教师周转宿舍建设工程。

〔**开展“将社会主义核心价值体系融入国民教育全过程行动计划”**〕 按照循序渐进、分层构建的思路，在大中小学生中努力培育和践行社会主义核心价值观。制订印发了《小学生公民意识教育实施方案》、《初中生公民素养教育实施方案》和《高中生合格公民教育实施方案》。指导高等学校深入落实《关于将社会主义核心价值体系融入高等教育育人全过程指导意见》。

〔**抓好学校安全稳定工作**〕 采用多种形式加强学生安全教育，着力提高学生安全意识。研究起草了《自治区〈校车安全管理条例〉实施办法（试行)》。协调加大校园及周边治安环境综合治理力度，努力营造良好的育人环境。自治区教育厅会同自治区综治委开展了中小学校安全大检查和全区普通高校维护稳定创建平安校园及治安综合治理工作检查评估，深入开展隐患排查，着力化解矛盾和纠纷。与公安机关联合开展了“平安高校”建设活动。积极做好抵御和防范宗教与邪教在学校的渗透工作，确保意识形态领域的安全稳定。按照自治区党委统一部署，全力以赴做好涉日维护稳定工作，由于部署周密、行动及时、措施得力，全区高校未发生涉日群体性事件，为全区和谐稳定做出了重要贡献。

〔**进一步加强教育系统党的建设**〕 按照自治区党委统一部署，认真履行全区教育系统创先争优活动领导小组办公室的职责，指导全区教育系统继续深入开展创先争优活动，各高等学校修改完善了有关创先争优方面的规章制度137项、新建规章制度54项。修订完善了《关于推进全区高等学校学习型党组织建设的实施意见》，指导全区高校继续深入开展创建“学习型党组织”、“学习型领导班子”和“争当学习型党员、干部”活动。按照自治区党委组织部要求，在自治区教育厅及直属事业单位、驻呼和浩特市直属高校基层党组织中开展分类定级工作。配合自治区党委组织部深入部分盟市教育行政部门和高等学校开展党建工作调研，起草了《新形势下加强和改进教育系统党建工作的指导意见》。先后两次召开呼和浩特地区民办高校党委会议，加强民办高校党的基层组织建设。

〔推进教育系统党风廉政建设〕　组织召开2012年度全区教育系统党风廉政建设工作会议，安排部署党风廉政建设和反腐败工作任务。受自治区政府纠风办委托，对20所高校政风行风建设情况进行民主评议，对存在的问题当场进行反馈，并限期整改。按照《自治区2012年度落实党风廉政建设责任制和推进惩治和预防腐败体系建设工作检查考核方案》要求，对21所高校的党风廉政建设工作进行考核，对3所高校2010年至2011年已结题科研项目经费使用管理情况进行专项审计，对全区12个盟市教育收费情况进行全面检查。制定出台了《自治区对教育乱收费惩处的暂行规定》。

〔政策法规、教育督导、语言文字工作〕　新修订的《内蒙古自治区实施〈中华人民共和国义务教育法〉办法》，于2012年8月1日起正式实施。出台了《自治区县域义务教育均衡发展督导评估实施办法》。完成了2个盟市二类城市汉语言文字达标评估工作。

〔招生考试工作〕　自治区教育厅出台了区外务工人员随迁子女在自治区参加中考、高考工作的意见。深入实施高校招生“阳光工程”，统一组织研究生招生外语复试，严格控制研究生破格录取。加强国家教育考试安全工作，大力整肃考风考纪，首次实施监考员奖励制度，处理各类违规违纪人员9 666人次。

基础教育

〔全面实施探索多种形式扩大学前教育资源改革〕　“政府主导、社会参与、公办民办并举”的办园体制初步建立。2012年，自治区本级财政安排学前教育专项资金5 000万元，较2011年增加2 000万元。中央和自治区财政首次安排扶持民办幼儿园发展专项资金1.3亿元，引导民间资金进入学前教育领域。

〔积极推进学前教育三年行动计划〕　2012年，各级财政共安排学前教育校舍改建类专项资金4.7亿元，学前教育资源大幅增加。全区学前三年毛入园率达67.89%，比2011年提高了5.6个百分点。

〔全面实施义务教育阶段学校标准化建设工程〕

自治区本级财政下达专项资金5亿元，主要用于配备教学和生活设施，校舍建设资金由盟市、旗县安排配套资金解决。该工程的实施，为义务教育均衡发展目标的实现起到了积极的促进作用。

〔普通高中教育〕　研究制定普通高中学业水平考试方案，组织开展首次学业水平考试。以评价方式改革为突破口，鼓励引导普通高中多样化、特色化发展。普通高中课堂教学发生了新变化，采用讨论式、合作式、探究式教学方式的越来越多。

〔实现高中阶段教育“两免”目标〕　自治区将“全面实施高中阶段免费教育”列为2012年为

群众办好“十件实事”的一项重要内容。全区各级财政共投入高中阶段教育“两免”资金 17.1 亿元，惠及高中阶段学生 71.5 万名，提前一年实现了高中阶段教育“两免”的目标。

〔启动学校体育卫生艺术教育三化三高工程〕 制发《学校体育卫生艺术教育三化三高工程实施方案》，明确了工程建设目标，确定了加快体卫艺工作标准化、制度化、规范化和提高体卫艺教师素质、教育质量、学生健康水平的具体任务。制订印发《自治区中小学体育、卫生保健器材设施配备标准（试行）》。

〔启动民族教育发展水平提升工程”〕 在经费投入和项目安排等方面进一步向民族教育倾斜，提高了义务教育阶段双语授课寄宿生生活费补助标准。从 2012 年秋季学期起，实施双语授课普通高中寄宿生生活费补助政策。

〔启动教育信息化建设工程〕 制订印发《自治区基础教育学校信息化配备标准（试行）》。全区有 14 所学校和 1 个盟市被教育部确定为第一批试点单位。

〔启动农村义务教育学生营养改善计划〕 出台《内蒙古自治区农村义务教育学生营养改善计划实施方案》和 8 项配套制度。8 个试点旗县 241 所学校 50 859 名学生享受到了这一惠民政策。开展试点旗县营养健康状况监测工作和 7 次督导检查，确保各试点学校学生营养改善计划如期实施和安全运转。

〔关心特殊儿童少年〕 启动实施“中西部特殊教育学校建设二期工程”，特殊教育学校办学条件进一步改善。指导特殊教育学校根据社会需求和学生特点，开设相应的职业技术课程，提高学生的就业能力。

职 业 教 育

〔继续深化建立中等职业教育工作督导体系改革〕 自治区政府教育督导团组成督导评估组，对各盟市政府中等职业教育工作进行专项督导评估，进一步强化了盟市政府（行署）统筹发展职业教育的责任。

〔继续推进中职教育基础能力建设工程〕 自治区本级财政安排专项经费 2 亿元，用于进一步改善中职学校实验实训条件。2012 年，国家和自治区用于中职教育基础能力建设的资金总计达 4.77 亿元。

高 等 教 育

〔积极推进普通本科高校学分制改革〕 在内蒙古大学等 8 所本科院校继续试行学分制改革。积极协调有关部门，举行《自治区高等学校学分制收费管理暂行办法（征求意见稿）》听证会。该《办法》已上报自治区政府。

〔**继续推进教学质量与教学改革工程**〕 开展2012年度自治区级教学名师、教坛新秀、精品课程、品牌专业和教学团队评选工作。内蒙古民族大学中药学（蒙药学）博士人才培养项目和赤峰学院文物与博物馆硕士专业学位获批准。内蒙古大学“211工程”三期建设通过国家验收。新增5个博士后科研流动站。

〔**继续推进高校科技创新能力建设工程**〕 指导高等学校培育组建了8个“高等学校创新能力提升计划协同创新中心”。推进高校哲学社会科学繁荣计划的实施，组织实施了重大攻关项目和人文基地提升计划。加大力度培育高水平团队，重点资助了40多名青年领军人才、科研骨干和10个创新团队。

〔**进一步完善学生资助政策体系**〕 高校学生生源地信用助学贷款工作取得新的进展。2012年，审批贷款申请11万人次，发放助学贷款6.09亿元，比2011年新增贷款人数1.2万人。

〔**毕业生就业工作**〕 截至2012年9月1日，全区高校毕业生初次平均就业率达88.57%，比2011年提高了3.01个百分点。

审稿 张喜荣

撰稿 格日乐图

辽宁省教育

概　　况

〔基本情况〕

辽宁省各级各类学校校数、教职工、专任教师情况

	学校数（所）	教职工数（人）	专任教师数（人）
一、高等教育	137	102 264	63 906
（一）研究生培养机构（不计校数）	50		
1. 普通高校	36		
2. 科研机构	14		
（二）普通高等学校	112	96 584	60 502
1. 本科院校	63	75 822	47 584
其中：独立学院	18	7 292	5 295
2. 高职（专科）院校	49	20 762	12 918
3. 其他机构（点）（不计校数）	1		
（三）成人高等学校	25	4 125	2 470
（四）民办的其他高等教育机构	69	1 555	934
二、中等教育	5 265	507 548	362 591
（一）高中阶段教育	3 658	359 489	261 508
1. 高中	417	62 091	47 276
普通高中	417	62 091	47 276
完全中学	74	9 499	4 292
高级中学	334	51 485	42 792
十二年一贯制学校	9	1 107	192
成人高中			
2. 中等职业教育	3 241	297 398	214 232
普通中专	124	15 840	10 864

续表

	学校数（所）	教职工数（人）	专任教师数（人）
成人中专	1	539	406
职业高中	192	14 903	10 387
技工学校	2 924	266 116	192 575
其他机构（教学点）（不计校数）	30		
（二）初中阶段教育	1 607	148 059	101 083
1. 初中	1 607	148 059	101 083
初级中学	998	84 339	71 120
九年一贯制学校	609	63 720	25 998
十二年一贯制学校			326
完全中学			3 639
职业初中			
2. 成人初中			
三、初等教育	4 779	135 608	144 633
（一）普通小学	4 779	135 608	144 633
小学	4 779	135 608	117 036
九年一贯制学校			27 211
十二年一贯制学校			386
（二）成人小学			
其中：扫盲班			
四、工读学校	10	319	213
五、特殊教育	74	2 648	1 967
六、学前教育	8 667	71 829	45 493

辽宁省各级各类学历教育学生情况

	毕业生数（人）	招生数（人）	在校生数（人）
一、高等教育			
（一）研究生	27 110	31 917	90 061
博士	2 075	2 930	13 253
硕士	25 035	28 987	76 808
（二）普通本专科	235 984	264 385	934 078
本科	147 471	168 162	645 816
专科	88 513	96 223	288 262
（三）成人本专科	71 885	88 243	207 804
本科	26 711	32 839	80 737
专科	45 174	55 404	127 067

续表

	毕业生数（人）	招生数（人）	在校生数（人）
（四）其他各类高等学历教育			
1. 在职人员攻读硕士学位		5 966	19 235
2. 网络本专科生	48 731	95 246	225 026
本科	23 779	45 957	111 567
专科	24 952	49 289	113 459
二、中等教育	2 721 022	2 358 288	7 290 357
（一）高中阶段教育	1 677 742	1 988 751	5 524 965
1. 高中	354 226	228 358	840 132
普通高中	237 962	228 358	695 933
完全中学	22 521	20 680	62 606
高级中学	214 874	205 901	629 769
十二年一贯制学校	567	1 777	3 558
成人高中	116 264		144 199
2. 中等职业教育	1 323 516	1 760 393	4 684 833
普通中专	65 725	62 561	194 753
成人中专	8 119	10 576	28 446
职业高中	57 464	48 218	157 402
技工学校	1 192 208	1 639 038	4 304 232
（二）初中阶段教育	1 043 280	369 537	1 765 392
1. 初中	410 708	369 537	1 134 585
初级中学	292 650	264 584	810 143
九年一贯制学校	101 749	88 458	275 231
十二年一贯制学校	1 714	2 111	6 022
完全中学	14 595	14 384	43 189
职业初中			
2. 成人初中	632 572		630 807
三、初等教育	1 963 092	353 057	3 772 996
（一）普通小学	371 386	353 057	2 129 695
小学	301 689	290 857	1 744 729
九年一贯制学校	68 202	61 042	377 730
十二年一贯制学校	1 495	1 158	7 236
（二）成人小学	1 591 706		1 643 301
其中：扫盲班	585 749		689 067
四、工读学校	737	621	1 969
五、特殊教育	804	905	8 593
六、学前教育	289 174	322 689	859 492

辽宁省各级各类非学历教育学生情况

	结业生数（人）	注册学生数（人）
总计	2 376 938	2 452 852
一、高等教育	211 469	83 394
（一）研究生课程进修班	494	2 218
（二）自考助学班	10 272	20 023
（三）普通预科生		1 264
（四）进修及培训	200 703	59 889
其中：资格证书培训	66 439	5 592
岗位证书培训	99 536	52 929
二、中等职业教育	2 165 469	2 369 458
其中：资格证书培训	215 274	283 794
岗位证书培训	510 561	439 251
（一）中等职业学校	293 743	102 548
其中：资格证书培训	116 220	60 823
岗位证书培训	104 285	23 585
（二）职业技术培训机构	1 871 726	2 266 910
其中：资格证书培训	99 054	222 971
岗位证书培训	406 276	415 666

辽宁省各级各类民办教育基本情况

	学校数（所）	毕业生数（人）	招生数（人）	在校生数（人）	教职工数（人）	专任教师数（人）	其他学生数（人）
一、民办高等教育							
（一）民办高校	35	41 773	51 346	175 388	14 062	9 890	1 571
硕士							
本科学生		30 057	37 158	138 149			
专科学生		11 716	14 188	37 239			
其中：独立学院	18				7 292	5 295	
本科学生		20 772	24 129	93 766			
专科学生							
（二）民办其他高等教育机构	69				1 555	934	18 414
二、民办中等教育							
（一）高中阶段教育	175	35 757	37 787	109 422	9 966	7 254	
1. 民办普通高中	86	25 956	26 639	77 165	6 040	5 073	

续表

	学校数（所）	毕业生数（人）	招生数（人）	在校生数（人）	教职工数（人）	专任教师数（人）	其他学生数（人）
2. 民办中等职业教育	89	9 801	11 148	32 257	3 926	2 181	3 270
（二）初中阶段教育	35	17 080	19 216	56 502	2 289	2 031	
1. 民办普通初中	35	17 080	19 216	56 502	2 289	2 031	
2. 民办职业初中							
三、民办普通小学	22	7 949	6 633	37 274	943	835	
四、民办幼儿园	6 249	140 049	158 834	513 300	49 120	30 619	
另有：民办培训机构（不计校数）	4 902				47 096	28 524	1 071 037

〔**全省教育工作会议**〕 2012 年 2 月 7 日，全省教育工作会议召开。会议由省政府副秘书长何庆良主持。副省长陈超英发表讲话，肯定了 2011 年全省教育工作取得的突出成绩，指出全省教育工作要重点做好三方面的工作。一是把教育优先发展落到实处，切实保障教育投入的优先。二是各级各类教育重点工作要有实质性的进展，要推进学前教育发展，加快幼儿园地产连锁发展；促进义务教育均衡发展；推动职业教育改革；加强高等教育人才强校、学科强校建设。三是要规范办学行为，切实减轻学生过重的课业负担。省教育厅厅长张福昌部署了 2012 年全省教育工作。

〔**教育科研**〕 2012 年，实施“教育决策支撑体系建设工程”。完成“辽宁省教育科学规划重点研究基地”遴选工作，将 70 余个特色突出、辐射面较宽、研究基础好、成果显著的教育科研机构或教育科研团队，纳入辽宁省教育决策咨询研究的组织构架中，并通过课题的形式予以资助；设立“辽宁省教育科学规划年度重大决策咨询课题”并完成首批课题的评审立项工作。做好决策咨询服务工作，参与教育改革发展政策文件的研制和起草工作。完成“辽宁大学特色化发展的战略设计与实施策略研究”、“辽宁省城乡教育一体化发展战略研究”、“基于产业集群的职业教育专业集群建设研究”等重大课题的研究工作。推进“2020 年辽宁高等教育合理规模与结构研究”、“省属高校绩效评估的方案与实施策略研究”、“教育引领和支撑沈阳经济区一体化建设的体制机制创新研究”、“未来 10 年辽宁人口结构变化与教育发展对策研究”、“加快提升区域教育国际化水平的思路设计与政策创新研究”、“学前教育连锁经营发展模式研究”、“民办学校办学风险防范机制研究”等重大课题研究工作。

〔**学生资助工作**〕 推进国家助学贷款工作，加强银校合作。1 月 10 日，与中国建设银行大连市分行联合举办“大连地区高校国家助学贷款银校合作座谈会”。继续开通高校学生资助工作热线电话，接受高校学生及家长和社会各界人士有关政策咨询和问题投诉。制定研究生国家奖学金资助政策，印发《辽宁省研究生国家奖学金暂行管理办法》，在全省设立研究生国家奖学金。组织召开全省中等职业学校新资助政策和管理信息系统升级应用培训工作会议。民办高校、民办中职学生享受国家财政同等资助。对民办高校、中职发放奖助学金、食堂补贴、家庭经济困难学生临时补贴、免学费等资金 1.65 亿元，受益学生 219 193 人次。对特殊教育学校在校学生实施生活补助政策，共有 8 935 名特殊教育学生受惠。

〔**规范中小学办学**〕 2 月 28 日，省政府召开全省规范中小学办学行为减轻学生过重课业负担工作会议，副省长陈超英出席会议并讲话。把规范中小学办学行为、减轻学生课业负担纳入政府政绩考核内容，制定《关于进一步规范中小学办学行为减轻学生过重课业负担的意见》。3 月 9 日，下发《规范中小学办学行为减轻学生过重课业负担工作方案》，确定 20 所省示范性普通高中、20 所义务教育阶段学校、20 个非学历教育培训机构作为重点监督对象。教育部简报 2012 年第 27 期刊登了“辽宁省积极采取措施切实规范中小学办学行为、减轻学生课业负担”的经验。铁岭市在全省率先出台《关于进一步规范中小学办学行为切实减轻学生过重课业负担的实施方案》。

〔**艺术和体育工作**〕 2 月 13 日，组织参加全国第三届大学生艺术展演活动，其中大连理工大学的舞蹈和沈阳师范大学合唱获一等奖；大连工业大学、锦州师范高等专科学校获声乐二等奖；大连理工大学获精神风貌奖；省教育厅获优秀组织奖。3 月 20 日，召开全省普通高校艺术教育工作会议。3 月 3—9 日，承办 2011—2012 中国高中男子篮球联赛北区决赛。4 月 20—21 日，举行 2011—2012 特步中国大学生五人制足球联赛（CCFL）辽宁赛区选拔赛，获比赛冠军的大连海洋大学代表辽宁省参加在成都举行的全国北区赛。11 月 12—13 日，召开全省中小学体育工作现场经验交流会。

〔**招生考试**〕 2 月 28 日，召开全省 2012 年普通高中学生学业水平考试新闻发布会。5 月 10 日，召开 2012 年招生考试委员会工作会，省、市政府签订了 2012 年普通高校招生考试工作责任状。12 月 27 日，省政府印发了《辽宁省人民政府办公厅转发省教育厅等部门关于进城务工人员随迁子女在辽宁省参加中考和高考实施方案（试行）的通知》，正式出台进城务工人员随迁子女在辽宁省参加高考实施方案。全省高中阶段共计招生 38.2 万人，其中普通高中招生 22.8 万人、中等职业教育招生 15.3 万人（除技工学校外，其他中职学校招生 12.1 万人）；普通本专科招生 275 676 人，其中本科招生 174 209 人、高职专科招生 101 467 人；共招收研究生 31 917 人，其中招收博士生 2 930 人、招收硕士生 28 987 人；专业学位研究生招生 10 980 人，其中招收专业学位博士 68 人、招收专业学位硕士 10 912 人；成人本专科招生 88 243 人，其中本科招生 32 839 人、专科招生 55 404 人；特教学校招生 905 人。

〔**学校安全管理**〕 2 月 23 日，召开全省学校安全暨校园周边治安综合治理工作会议。3 月 22 日，召开全省学校安全重点工作推进会议。3 月 23 日，启动以“普及安全知识，提高避险能力”为主题的全省第五届中小学生安全教育活动周。举办全省中小学生安全知识网络竞赛活动。9 月 14 日，召开省综治委校园及周边治安综合治理专项组全体委员（扩大）会议。11 月 1—2 日，召开全省寄宿制学校安全管理工作现场会暨和谐校园创建工作经验交流会，评选出第三批“和谐校园”和首批“和谐校园示范学校”，沈阳市第四十三中学等 49 所学校被授予“和谐校园”称号，辽宁省实验学校等 42 所学校被授予“和谐校园示范学校”称号。省教育厅被评为“2011 年度全省社会治安综合治理先进单位”，省教育厅学校安全管理处被评为“2009—2011 年度全省社会治安综合治理工作先进集体”。东北大学等 5 所院校被评为“全省平安示范校园”，大连理工大学等 50 所高校被授予 2011 年度“平安校园”称号。

〔**教育信息化建设**〕 3 月 5 日，召开职业教育信息化建设工作研讨会，明确提出了“统筹规划、统一构架、分步实施、集中整合”的建设原则。9 月 24—27 日，参加首届全国中小学信息技术教学应用展演。启动“辽宁省学前教育管理信息系统”建设工程。

〔**依法治教**〕 2 月 10 日，省教育厅被评为全省法制工作先进单位。推进实施《全省教育系统开展法制宣传教育的第六个五年规划（2011—2015 年）》。11 月 14—16 日，举办全省教育行政部门依法行政、依法治教研讨培训班。省教育厅被省政府命名为省级依法行政示范单位。

〔**督导工作**〕 2012 年，沈阳市政府教育督导室等 6 市（区）被授予“全国教育督导先进集体”荣誉称号，辽宁省政府教育督导团办公室潘建群等

6人荣获“全国教育督导先进个人”荣誉称号。

〔**开展创先争优活动**〕 2012年，贯彻落实中央、省委、教育部关于在创先争优活动中开展基层组织建设年活动的工作部署，制定《辽宁省教育系统关于在创先争优活动中深入开展基层组织建设年活动的指导意见》。以“创先争优树形象、促进发展做表率、服务振兴做贡献”为主线，围绕先进党组织“五个好”、优秀共产党员“五带头”和“落实教育规划纲要、服务学生健康成长”的主题，开展群众评议工作。开展全省教育系统创先争优活动优秀理论研究成果评选活动。2月27日，在全省窗口单位和服务行业为民服务创先争优“学郭明义先进集体”、“学郭明义标兵”表彰会上，沈阳师范大学戏剧艺术学院、大连医科大学附属第一医院党委、辽阳市第一中学党委、铁岭市铁岭县莲花中学党委被授予辽宁省窗口单位和服务行业“学郭明义先进集体”荣誉称号，锦州市第一中等职业技术专业学校教师李娜等3人被授予辽宁省窗口单位和服务行业“学郭明义标兵”荣誉称号。10月31日，深入定点扶贫地区北票市凉水河乡开展扶贫帮困活动。

〔**党建工作**〕 1月4日，《辽宁日报》刊登了由省教育厅党组撰写的《教育必须主动服务于新辽宁建设》文章。3月30日，召开党风廉政建设暨教育纠风工作座谈会，会议印发《辽宁省教育系统2012年党风廉政建设工作要点》、《表彰2011年度规范教育收费示范县（市、区）示范学校的通知》、《辽宁省教育厅推进廉洁文化进校园工作实施意见》等文件，签订辽宁省教育纠风（教育治理收费）工作责任状。贯彻落实省委关于在全省基层党组织和党员中实施“共产党员先锋工程”的工作部署，制订《关于在全省教育系统基层党组织和党员中实施“共产党员先锋工程”的指导意见》。在庆祝建党90周年优秀教育案例征集活动中，抚顺市教育局推荐的《大山里的孩子心向党》、《追寻平凡，体验伟大》分别获二等奖。参加教育部召开的民办高校党建情况调研会，辽宁省加强民办高校党建工作的作法受到关注。组织全省高校申报2012年度辽宁省高校党建研究项目。根据《辽宁省高校党建（统战）课题管理办法》（辽委高〔2012〕26号），组织全省高校申报2012年度辽宁省高校统战研究项目。评选全省高校优秀大学毕业生党员和优秀组织单位，鲁迅美术学院等5所高校被授予“树当代大学毕业生党员形象 展当代大学生风采”活动优秀组织奖。组织评选2012年度辽宁省高校党建工作创新奖。召开2012年度全省高校党建（统战）信息员工作培训会议。9月21日，省高校专职党务工作干部高级研修班在中组部全国干部教育培训浙江大学基地举行。9月29日，省教育厅党组召开学习贯彻省科技创新大会精神会议。11月8日，组织高校师生代表集体收看党的十八大开幕式实况，并召开全省高校师生学习党的十八大精神座谈会。

〔**教育交流与合作**〕 2月21日，克罗地亚驻华大使司马安先生对省教育厅进行友好访问，双方就教育领域的合作广泛交流了意见。6月26日，成立辽宁省教育国际交流协会。7月7—8日，举行以“面向国际化的教育交流与合作”为主题的第十三届辽宁国际教育展览会。12月16日，参加第七届全球孔子学院大会开幕式，大连外国语学院被评为“先进中方合作院校”，辽宁大学伊尔库茨克国立大学孔子学院外方院长斯维特兰娜·拜拉莫娃被评为“孔子学院先进个人”。

〔**特殊教育**〕 2012年，实行特殊教育学校生均公用经费标准按普通学校同年级生均公用经费的6至10倍拨付政策。

〔**少数民族教育**〕 1月22日，省教育厅厅长张福昌慰问沈阳市第11中学西藏班全体师生，并同西藏班师生一起参加题为“格桑花开在我家，欢欢喜喜过大年”新春联欢会。教育部召开推进新疆教育跨越式发展第三次会议，肯定了辽宁省教育援疆工作。签署对口支援新疆职业教育协议。

〔**民办教育**〕 召开全省民办教育管理培训现场工作会，对辽宁何氏医学院等20所民办高校

（独立学院）进行资产和财务管理专项审计。

〔**学会工作**〕　省教育学会荣获辽宁省社会科学普及周活动组委会授予的2012年辽宁省社会科学普及周优秀组织奖；省教育学会组织的“第二届名校名师进县区活动”被评为优秀项目；召开主题为“内涵发展、提升质量”学术年会暨第二届幼儿园园长论坛，世界学前教育组织（OMP）中国委员会副主席刘占兰做了《幼儿园教师专业标准与幼儿教师专业成长》的主题报告。成立辽宁省教育发展战略规划与政策研究专家咨询委员会，并召开第一次研讨会。会议讨论了《辽宁省教育发展战略规划与政策研究专家咨询委员会章程（征求意见稿）》和《省级教育决策咨询研究团队建设方案（征求意见稿）》，围绕“推进沈阳经济区教育一体化进程的思路设计与政策创新”和“加快实现辽宁教育发展方式转变的战略思路与制度设计”两个专题进行了研讨。举行省高等教育学会第五次会员代表大会暨2012年学术年会，选举产生省高等教育学会第五届理事会；省高等教育学会参与举办“第二届海峡两岸高等教育治理经营论坛：大学质量评估”学术研讨会。省职业教育学会召开以“改革创新，提高质量，服务经济，关注学生成长”为主题的学术年会。

基础教育

〔**学前教育**〕　2012年，贯彻落实辽宁省教育规划纲要和全省教育工作会议精神，制订《辽宁省学前教育三年行动计划》，确定全省未来两年继续以大力发展农村学前教育为重点，首次提出了“以县（市）为主、县乡（镇）共管”的农村学前教育管理体制，明确县、乡两级政府发展和管理学前教育的责任，改变了以往以乡镇为主体的农村学前教育管理体制。下发了《辽宁省小规模幼儿园暂行管理规定（试行）》。

〔**启动贫困偏远地区农村学前教育巡回支教试点工作**〕　省教育厅、省财政厅印发《辽宁省贫困偏远地区农村学前教育巡回支教试点工作实施方案》。从2012年起，在丹东市宽甸县、铁岭市铁岭县开展国家支持中西部农村偏远地区学前教育巡回支教试点工作。《方案》提出，一村设置一个支教点，每个巡回支教点志愿者数量与覆盖地区适龄幼儿数量的比例原则上不超过1∶10。适龄幼儿总人数在30人以下的混合编班，总人数在30人以上的分年龄编班。巡回支教志愿者服务期为两年。

〔**义务教育均衡发展**〕　2012年，教育部召开第六次推进义务教育均衡发展典型案例系列新闻通气会，专题介绍大连市西岗区义务教育均衡发展典型案例。实施农村初中进县城就读学生生活费、交通费补助政策。组织开展第二届全省乡村中小学生“爱家乡看沈阳”主题夏令营活动。国家教育咨询委员会委员陶西平到辽宁省开展国家教育体制改革试点工作调研，肯定了辽宁省促进义务教育均衡发展的成果，高度评价了大连市义务教育均衡发展试点工作。大连市西岗区被评为首批全国中小学心理健康教育示范区。

〔**普通高中教育**〕　2012年，落实《沈阳经济区新型工业化综合配套改革试验总体方案》，实施优质高中资源共享工程，辽宁省实验中学、东北育才学校等11所高中实施跨市招生。3月30日至4月1日，举行首次普通高中学生学业水平考试。大连市普通高中创新实践学校成功试运行，这是国内首家将普通高中通用技术7个选修模块集中在一起授课的学校。

〔**教师队伍建设**〕　组织幼儿园骨干教师参加“国培计划（2012）”——幼儿园骨干教师远程培训

项目集中培训班。组织参加第八届（天煌杯）全国优秀自制教具展评活动，辽宁省代表团选送的20件作品中有19件获奖，省教育厅荣获优秀组织奖，另有5位教师获全国优秀自制教具能手称号。在9月7日召开的全国教师工作暨“两基”工作总结表彰大会上，沈阳市和平区、本溪满族自治县、大连市甘井子区获全国“两基”工作先进地区称号，大连沙河口区教育局等9个单位获全国“两基”工作先进单位称号，梁忠祥等14名教育工作者获全国“两基”工作先进个人称号。启动辽宁省幼儿园省级骨干园长、教师三年培养培训工作。根据省教育厅《关于印发辽宁省中小学教学名师成长计划实施方案的通知》（辽教发〔2012〕82号）精神，将分阶段对全省中小学教学名师培养对象实施为期3年的专项培养。

职业教育与成人教育

〔**实训基地和示范专业建设**〕　3月30—31日，举办全省职业教育创新型实训基地和示范专业项目建设工作培训班，启动实施职业教育创新型实训基地和对接产业集群示范专业项目建设计划。

〔**校企合作**〕　2012年，辽宁卫生职业技术学院与中国移动沈阳分公司举行了数字化校园合作项目签约仪式。以“共赢、共享、共发展”为主题，召开辽阳职业教育集团首届校企合作年会。

〔**教师队伍建设**〕　5月4—31日，举办了省属高职高专院校副校级后备干部培训班，来自15所省属高职高专院校的42名副校级后备干部参加了培训。12月7—10日，参加2012年全国职业院校信息化教学大赛总决赛，获一等奖11项、二等奖8项、三等奖1项。辽宁省代表队获团体总分亚军，同时获大赛“最佳组织奖”。

〔**获批设立4所高职院校**〕　8月，省政府批准设立辽宁特殊教育职业学院、辽宁轨道交通职业学院、辽宁民族师范高等专科学校和辽宁轻工职业学院。截至2012年年底，全省普通高职院校增加到53所。

〔**参加全国技能大赛**〕　选派285名选手参加2012年全国职业院校技能大赛，获金牌28枚、银牌64枚、铜牌91枚，在全国参赛的38个单位中名列第五，取得历史最好成绩。

〔**成人教育**〕　7月24—25日，召开全省成人高等教育学籍学历管理工作研讨会，全省75所成人高校的91名负责人参加会议。10月26—28日，召开中国成人教育协会社区教育专业委员会社区老年教育交流推进会。

高等教育

〔**哲学社会科学繁荣计划**〕　为贯彻落实中央和教育部有关文件精神，推动全省高校哲学社会科学繁荣发展，研制出台《辽宁省高等学校哲学社会科学繁荣计划（2012—2020年）》。该计划共分3个部分，即主要任务、重点建设内容和保障与实施。要求全省各高校积极参与马克思主义理论研究和建设工程，推进人文社会科学重点研究基地建设，加强哲学社会科学基础研究、应用对策研究和优秀成果推广普及，推动哲学社会科学优秀成果和优秀人才走向世界，开展好哲学社会科学基础支撑和信息化建设工作，做好哲学社会科学优秀成果评奖和表彰工作。为做好繁荣计划的组织实施工作，省教育厅会同有关政府部门成立了繁荣计划领导小组，省财政统筹专项资金支持繁荣计划的实施。

〔质量提高工程〕　在教育部召开的2012年高校精品视频公开课建设工作座谈会上，辽宁省作为唯一的地方教育行政部门代表应邀参加会议，并作经验介绍。全省有52门大学资源共享课通过专家评审，全部上线“辽宁省普通高等学校本科教学网”。成立辽宁省普通高等学校课程建设专家咨询委员会、本科教学网建设发展专家工作组，并召开第一次全体会议。成立辽宁省普通高等学校计算机科学与技术、金融学类、工商管理类、外国语言文学类、经济与贸易类专业教学指导委员会。

〔卓越工程师计划〕　2月8日，在大连市举行全省“卓越工程师教育培养工程”首期教师工程实践能力提升培训班。4月26日，在沈阳市举行沈阳化工大学与朝阳浪马轮胎有限责任公司合作实施“卓越工程师教育培养计划”签约仪式。组织“卓越工程师教育培养工程”电子类、机械类、化工类、土建水利类专业教师工程实践能力提升培训。5月28日，国务委员刘延东在教育部简报《辽宁省积极开展试点深入推进“卓越工程师教育培养计划”》上做了“辽宁多措并举协同推进卓越工程师计划，为东北老工业基地振兴培养专项人才，做法很好”的重要批示。全省13所高校联合54家企事业单位共同承担国家级工程实践教育中心的建设任务，从学校数量看，位列全国第二位。

〔建立卓越法律人才培训基地〕　2012年，组织召开了卓越法律人才教育培养基地建设工作交流暨项目评审会。大连海事大学、辽宁大学、沈阳师范大学3所高校入选国家首批卓越法律人才教育培养基地——应用型、复合型法律职业人才教育培养基地。

〔科技创新工作〕　在2月14日召开的2011年度国家科学技术奖励大会上，全省高校共获9项奖励，并且均为主持单位。东北大学“基于双辊薄带连铸的高品质硅钢织构控制理论与工业化技术研究”重点项目得到国家自然科学基金委员会工程与材料学部的验收，并被认定达到国际领先水平。沈阳化工大学“静态混合连续洗涤与分离技术”获第五届中国技术市场协会金桥奖优秀项目奖。大连理工大学运载工程与力学学部汽车工程学院教授胡平等人研究开发的“汽车车身结构概念设计智能CAE系统”获中国汽车工业科技进步二等奖。沈阳化工大学《含扭旋转叶片静态混合器湍流流场瞬时速度脉动特性研究》等4项研究获批教育部科学技术研究重点项目立项。省教育厅、省人力资源和社会保障厅、省中小企业厅联合制定了《关于高等学校科技成果转化推进工程的实施意见》（征求意见稿）。教育部、科技部批准沈阳农业大学首批成立新农村发展研究院。参加教育部“深入学习贯彻全国科技创新大会精神，着力推进高校创新能力提升计划实施”研讨会。组织开展第二批对接全省重点产业集群协同创新基地遴选工作。10月30—31日，省教育厅、省中小企业厅、中科院沈阳分院联合举办了全省高校、科研院所科技成果项目推介会。新增8个国家地方联合工程研究中心（工程实验室）。

〔重大科技平台评选〕　2012年，批准全省第一批10个高等学校重大科技平台进行立项建设，包括沈阳工业大学现代电工装备理论与共性技术重点实验室、辽宁工程技术大学煤矿液压技术与装备工程研究中心、大连交通大学现代轨道交通工程研究中心、大连工业大学海洋食品及农产品加工工程技术研究中心、沈阳农业大学土壤肥料资源高效利用重点实验室和生物炭工程技术研究中心、中国医科大学内分泌疾病重点实验室和免疫皮肤病学重点实验室、大连医科大学肿瘤干细胞联合实验室、渤海大学食品贮藏加工及质量安全控制工程技术研究中心，重大科技平台建设进入实质性阶段。

〔启动创新创业训练计划项目〕 4月6—7日，组织召开全省大学生创新创业训练计划工作经验交流会。启动省级大学生创新创业训练计划项目，同时各高校也陆续开展校级大学生创新创业训练项目。省财政投入500余万元，支持开展省级大学生创业训练计划项目1 050项。按照“项目配套、资金配套”的原则，带动高校投入2 000余万元，开展3 000多个校级项目。推荐5篇大学生学术论文和5个大学生创新创业计划项目参加第五届全国大学生创新年会。启动2012年全省普通高等学校本科大学生创新创业竞赛，组织开展机械创新设计、智能自主机器人、网络商务创新应用等12个竞赛项目的角逐。

〔人才队伍建设〕 7月16—18日，在辽宁大学举行全省普通高等学校青年教师教学技能竞赛决赛。9月8日，在辽宁大学举办“2012年辽宁省社会科学学术活动月”之“中青年学者论坛”。组织开展第八届全省普通高等学校本科教学名师奖评选表彰工作，共有50名教师获“第八届辽宁省普通高等学校本科教学名师奖”荣誉称号。

〔高校师资培训〕 召开两次全省高校师资培训工作专题研讨会。加强联络员队伍建设，坚持联络员论文评奖制度，12篇联络员论文分别收录在2012年东北地区高校师资培训工作研讨会会议论文集和《辽宁高校师资培训工作》，组织联络员到上海师范大学和广东高校师资培训中心学习考察。成立“教育部全国高等学校网络培训大连分中心”，开辟“专题讲座”、“高校师资培训工作经验交流”和“联络员优秀论文交流”等子栏目。强化《辽宁高校师资培训工作》（简报）的编辑出版，发放简报4期共900多份。

〔学风建设〕 根据《教育部关于切实加强和改进高等学校学风建设实施意见》（教技〔2011〕1号）等文件精神，制定出台《辽宁省教育厅关于进一步加强和改进高等学校学风建设的实施意见》（辽教发〔2012〕27号）。10月，组织3场科学道德和学风建设集中宣讲教育报告会。

〔高校评估〕 2月3日，召开“十二五”全省普通高等学校合格评估工作座谈会，学习教育部关于开展普通高等学校本科教学工作合格评估的相关文件精神，组织制订《辽宁省普通高等学校本科教学工作合格评估“十二五”规划》。组织召开6次本科专业综合评价工作研讨会。召开全省普通高等学校计算机科学与技术、英语、国际经济与贸易、会计学、市场营销专业综合评价工作会议。

〔校企合作〕 8月19日，沈阳农业大学与辽宁山水城市园林景观有限公司举行校企合作签约仪式。10月18日，大连工业大学与本溪市桓仁县政府举行“葡萄酒学院”揭牌仪式。11月9日，举行大连理工大学（辽宁）校企合作委员会年会暨“辽宁高端装备协同创新中心”成立仪式。

〔高校思想政治工作〕 2012年，开展了“跟着郭明义学雷锋，争做雷锋新传人——向全国大学生发出倡议”活动。召开全省大学生思想政治教育工作会议。在东北大学举行“全国道德模范高校巡讲”首场报告。召开从事高校思想政治教育工作30年人员座谈会，表彰坚守大学生思想政治教育工作岗位30年的高校理论课教师、辅导员、思想政治教育工作者。举办第二期全省高校思想政治工作高级研修班，评选出2011年辽宁省大学生年度人物。召开“2012年辽宁省思想政治理论课教学改革暨情景剧教学法研讨会”。举行辽宁大学生在线联盟2012年大学生夏令营暨优秀大学生联谊活动。启动全省万名大学生跟着郭明义学雷锋手拉手活动。举办2012年辽宁省社会科学活动月学术活动“思想政治教育高端论坛”。召开辽宁省高等学校研究生思想政治教育研究会成立暨第一次理事会。组织全省93所高校的100多名思想政治教育工作者赴韩国学习考察。

〔辅导员队伍建设〕 2012年，继续组织开展高校“千名辅导员万家行”活动，全省高校辅导员分赴新疆及西藏、青海的部分地区，对140余个少数民族学生开展家访活动。4月21—22日，举行第一届全省高校辅导员职业技能大赛复赛和决赛。

5 月 28 日，参加第一届全国辅导员职业技能大赛，获团体总分第一名。

〔**大学生就业工作**〕 建立全省大学生创业法律援助平台。举办首届大学生创业计划大赛。辽宁省大学生就业指导局被授予“全国就业创业工作先进集体”荣誉称号。完成应届毕业生和在校学生入伍服义务兵役学费补偿和助学贷款代偿及退役复学后学费资助工作，全省应征入伍报名人数超过 4.2 万人。完成 2011 年“特岗计划”，有 783 名毕业生被纳入 2011 年“特岗计划”。大连市首个“双平台”大学生创业孵化模式诞生。

撰稿 李丽华 侯月明

审稿 周浩波

大连市教育

概　　况

〔基本情况〕

大连市各类学校校数、教职工、专任教师情况

	学校数（所）	教职工数（人）	专任教师数（人）
一、高等教育	36	29 083	23 760
（一）研究生培养机构（不计校数）	13		5 556
1. 普通高校	11		5 300
2. 科研机构	2		256
（二）普通高等学校	29	27 978	17 515
1. 本科院校	15	22 811	14 203
2. 专科院校	10	2 970	1 681
其中：职业技术学院	8	2 166	1 214
3. 分校、大专班（点）（不计校数）			
4. 独立学院	4	2 197	1 631
（三）成人高等学校	7	1 105	689
（四）民办的其他高等教育机构			
1. 学历文凭考试机构			
2. 非学历文凭考试机构			
二、高中阶段教育	170	15 787	12 161
（一）普通高中	79	9 266	7 648
（二）中等职业教育	91	6 521	4 513
1. 普通中等专业学校	20	1 892	1 223
2. 成人中等专业学校	1		
3. 职业高中（职业中专）	36	2 701	1 854
4. 技工学校	35	1 928	1 436
5. 其他机构（教学点）（不计校数）			
三、义务教育学校	846	36 821	32 212
（一）普通初中	205	16 186	14 115

续表

	学校数（所）	教职工数（人）	专任教师数（人）
（二）普通小学	629	20 138	17 745
（三）特殊教育学校	11	451	323
（四）工读学校	1	46	29
四、幼儿园	1 254	15 843	8 763
五、民办（非学历）培训机构	1 039	13 813	7 119

注：成人高等学校校数、教职工数及专任教师数，均未含普通高等学校成人教育学院校数、教职工数及专任教师数。

大连市各级各类学历教育学生情况

	毕业生数（人）	招生数（人）	在校生数（人）
一、高等教育	104 026	111 867	360 593
（一）研究生	11 456	13 145	38 446
（二）普通本专科	63 490	74 204	263 692
（三）成人本专科	21 060	24 518	58 455
（四）其他各类高等学历教育	8 020		
1. 在职人员攻读博士、硕士学位			
2. 网络本专科生			
3. 学历文凭考试	8 020		
二、高中阶段教育	60 066	58 078	171 755
（一）普通高中	36 073	32 793	100 680
（二）中等职业教育	23 993	25 285	71 075
1. 普通中等专业学校	7 445	8 728	23 437
2. 成人中等专业学校	726	1 351	3 422
3. 职业高中（职业中专）	9 045	7 983	23 608
4. 技工学校	6 777	7 223	20 608
5. 其他机构（教学点）（不计校数）			
三、义务教育学校	103 394	97 781	438 909
（一）小学	50 728	46 648	282 825
（二）初中	52 384	50 806	154 274
（三）特殊教育学校	162	171	1 613
（四）工读学校	120	156	197
四、幼儿园	38 090	35 960	132 549
五、民办（非学历）培训机构	430 624	141 670	268 526

大连市各级民办教育基本情况

	学校数（所）	毕业生数（人）	招生数（人）	在校生数（人）	教职工数（人）	专任教师数（人）
一、民办高等教育	15	19 126	24 945	81 455	6 501	4 597
（一）普通高校	15	19 126	24 945	81 455	6 501	4 597
（二）成人高校						
（三）民办的其他高等教育机构						
二、民办中等教育	51	11 638	11 420	33 815	3 138	2 260
（一）高中阶段教育	45	10 481	10 252	30 312	2 744	1 939
其中：民办普通高中	17	6 308	6 203	19 271	1 364	1 037
民办中等职业教育	32	4 389	5 186	12 822	1 486	969
（二）初中阶段教育	6	1 157	1 168	3 503	394	321
其中：民办普通初中	6	1 157	1 168	3 503	394	321
民办职业初中						
三、民办普通小学	3	645	473	2 772	219	198
四、民办幼儿园	674	19 286	15 593	71 914	9 882	5 135

〔**实施加快教育改革和发展行动计划**〕 2012年，大连市深入实施《大连市加快教育改革和发展行动计划（2011—2013年）》。该行动计划包括学前教育普及普惠工程、义务教育全域均衡发展促进工程、普通高中优质特色发展工程、职业教育整合提升工程、高等教育与城市互动发展工程、社区教育发展推进工程、基础教育质量提升工程、教师队伍建设工程、城乡教育信息化推进工程、教育发展优秀保障工程在内的10项工程，共100项具体任务。据不完全统计，截至2012年年底，3年既定目标已提前完成的有22项，部分完成的有60项，正在推进中的有16项，尚未启动且需要调整的有2项，总体运行态势良好。

〔**教育经费收入与支出**〕 2012年，全市教育经费继续大幅度增长，总收入156.68亿元，比2011年增长28.6%，其中国家财政性教育经费141.43亿元，比2011年增长29.1%。在国家财政性教育经费中，预算内教育经费拨款125.39亿元，比2011年增长30.9%。预算内教育经费拨款增长幅度高于地方财政经常性收入增长幅度15.68个百分点。全市人均公共教育经费总投入2 261.841元。

全市各类教育事业性经费支出及基本建设支出总额153.6亿元，比2011年增加34.23亿元，增长28.7%。其中事业性经费支出149.74亿元，比2011年增加33.59亿元，增长28.9%；基本建设支出3.86亿元，比2011年增加0.65亿元，增长20.2%；预算内教育经费占地方财政支出的15.84%，比2011年提高1.42个百分点。

〔**教育民生工程扎实实施**〕 2012年，全市投入3 454万元，为城区28万名义务教育阶段学生免费提供教科书，全市城乡义务教育全面实现“两免一补”。对中等职业学校所有农村户籍学生、城市涉农专业学生和家庭经济困难学生实行免学费政策，享受免学费政策学生占在校生总数的64%，全年免除学费1.1亿元。从2012年秋季学期起，对在校集体用餐的城乡家庭经济困难的中小学生实施午餐补助。市财政出资为全市580所公办普惠性幼儿园投保幼儿伤害园方责任保险，为62所公办中等职业学校投保学生实习责任“统保示范项目”保险，惠及6.1万名幼儿、6万名中职生。继续实施“寒窗基金”扶困助学项目，市、县两级财政安排资助款近400万元，用于近2 000名家庭经济困难的大学新生行装补助；从2012年秋季学期起，开办生源地信用助学贷款，每生每年贷额不超过6 000元，主要用于学生在校期间的学费和住宿费。年内，全面完成中小学校舍安全改造工程，全面实施中小学生免费体检计划和健康饮水工程；建立农村义务教育阶段学校校车运营管理机制，大连保税区、长兴岛临港工业区、花园口经济区已购置93台营运车辆，为7 800名中小学学生解决上下学问题。

基础教育

〔**学前教育公共服务能力进一步提升**〕　2012年，全市公办学前教育资源继续扩增。回收住宅小区配套幼儿园12所，建成公办幼儿园8所，开办普惠性公办幼儿园51所，新增公办幼儿园入园名额7 340个。市政府专项投入3 000万元，为31所乡镇中心幼儿园、413所村级幼儿园配备图书、玩具，为63所乡镇公办中心幼儿园增建食堂和40所乡镇公办中心幼儿园增设供暖设备。全市3—5岁幼儿入园率达95.7%，比2011年提高0.7个百分点，公办幼儿园在园幼儿占全市在园幼儿总数的45.7%。

承担国家学前教育体制机制改革试点工作顺利推进。甘井子区探索住宅小区配套幼儿园办园机制，创建出小区配套幼儿园教育部门独立办园、公办优质园连锁办园和委托社会力量办园三种运转模式。普兰店市探索农村乡镇公办中心幼儿园独立建制、教师选用以及对村级幼儿园在人财物等方面的相关政策，完善农村学前教育管理体制，加快了普惠性农村学前教育服务体系的构建。

〔**首次实现幼儿园保育员100%持证上岗**〕2012年，市教育局对全市无职业资格证书的1 559名在岗保育员进行与取得任职资格挂钩的专业培训。此次培训根据国家人力资源和社会保障部对保育员的任职技术职称评定标准，采取专题讲授、重点讲解、答疑解惑、自学和跨区跨园实践等方式，对保育员进行清洁消毒与生活管理、教育配合活动、安全保护等岗位技能培训。为保证培训顺利进行，市级财政投入120万元，负责学员培训费、食宿费、通勤费及资格鉴定费。培训后，全市所有幼儿园的保育员实现100%持证上岗，保育工作质量得到进一步提升。

〔**义务教育均衡发展进入新阶段**〕　9月24—27日，大连市所辖的普兰店市、瓦房店市、庄河市通过辽宁省“高水平高质量”普及九年义务教育的评估验收。截至9月底，各区、市、县及先导区历时8年的“双高普九”达标工作圆满完成。

10月，西岗区、沙河口区、中山区、甘井子区和金州新区5个城区相继通过“辽宁省基础教育强县（市、区）暨义务教育均衡发展”评估验收，并同步申报全国义务教育发展基本均衡县（市、区）国家认定。11月，金州新区由省教育厅组织评估、报送教育部认定，在全省率先成为国家义务教育发展基本均衡县（市、区）。截至2012年年底，全市义务教育由区域均衡发展进入创建全省基础教育强县（市、区）、实现全域优质均衡发展的新阶段。

〔**区县际教育组团办学活动深入实施**〕　2012年，全市继续推进以实施“五百一千”项目为重点的主城区与涉农地区教育对口帮扶活动。年内，市、区两级财政投入1 500万元，安排104名优秀教师到农村支教一年；100名城区学科骨干教师送教下乡，并开展教研培训；100名教研人员到涉农地区教师进修学校指导、跟踪教研培训工作；100

所城区学校与对口帮扶地区农村薄弱学校开展帮扶工作；农村学校1 300多名教师到市内四区学校跟班培训一个月；100名师范毕业生到农村学校顶岗、支教。

秋季学期，区域间组团办学项目拓展到普通高中。有5所市内省级示范性普通高中与5所涉农区市县普通高中实施校际组团办学、对口合作帮扶，并建立长效机制与评价机制。对口帮扶学校互派干部（副校级或中层）和教师，以换岗交流为主要形式，在教师培养、课题研究、教学管理、校园文化建设等方面，实现优秀资源共享、优质成果共享。城区优质省级示范性高中通过“理念引领、专业指导、合作交流”等方式，发挥示范引领作用，带动镇区（乡村）高中办学水平扎实、迅速提高。

〔**高中优质特色发展**〕 2012年，全市新建高标准高中5所，改建和扩建高中4所，优质高中资源进一步扩大。适当调减偏远地区高中招生人数，扩大省示范性高中招生规模，就读于示范性高中学生的比例上升至43.6%。高中特色建设有序推进。市教育局召开特色高中命名表彰大会，推广多样化、特色化办学经验，大连市第十五中学等4所学校被命名为首批“大连市特色高中”，大连市第一中学等11所学校被命名为“大连市特色项目学校”。设立334万元特色高中建设专项资金，组织开展第二批特色学校评选，全市10%的高中达到市级特色高中标准，近25%的高中被评为市级特色项目学校。年内，大连市第十五中学和大连开发区第一中学被省教育厅认定为辽宁省首批“特色普通高中实验学校”；大连市第十一中学凭借在健美操领域的突出成绩被教育部中国教师发展基金会评为“全国特色学校”。

〔**创新人才培养方式**〕 2012年，市教育局组织普通高中学校校长、教师到先进地区考察学习，深入课堂调查研究，探索高效课堂教学模式；召开普通高中课堂教学模式改革研讨会，推广高效课堂教学经验；组织4 000多名高中学生到普通高中创新实践学校学习通用技术实践课程，提高学生科技素养和实践创新能力；组织第三届高中优秀校本课程评选、第五届高中学生研究性学习成果评比展示活动和第二届高中学生综合素质大赛暨高中特色教育成果展演。

职 业 教 育

〔**职业教育内涵建设**〕 2012年，大连市承担的国家职业教育综合改革试点工作扎实推进，“做中教、做中学”人才培养模式改革进一步深化。大连经济技术开发区中等职业技术专业学校等7所学校被确定为国家中等职业教育改革发展示范学校，全市跻身国家中等职业教育改革发展示范校行列的达11所，累计获中央财政专项支持资金1.1亿元。新增5所省级以上示范学校的5个专业进行四年制改革试点，试点范围扩展至11所学校共20个专业。举办首届全市职业院校技能大赛，174名选手获高级工职业资格证书，332名选手获中级工职业资格证书。学生代表队参加2012年全国职业院校技能大赛，获金奖10个、银奖24个、铜奖34个；教师在2012年全国职业院校信息化教学大赛中，总成绩居第四位；56名青年教师参加全国中职学校教师教学设计及说课大赛，23人获一等奖、29人获二等奖、4人获三等奖，获奖率100%。

〔**职业教育基地建设**〕 2012年，大连职业教育基地建设扎实推进，大连职业技术学院、大连电子学校和大连建设学校入驻大连职业教育基地建设一期起步区，并组织专家和专业机构对《新校园建设需求任务书》进行研究评审，大连电子学校和大连建设学校各有一单体建筑开工建设。大连市计算机中等职业技术专业学校网络技术应用专业、大连市旅顺口区职业教育中心数控加工技术专业等9个职业教育实训基地建设项目通过教育部、财政部复核评审，进入国家级实训基地建设行列，并获1 540万元中央财政支持。全市国家级职业教育实训基地累计达37个，建设项目基本涵盖全市骨干专业和重点发展的特色专业，为全市半数以上中职学校在校生提高专业技能和综合素质提供了高水平的实习实训条件。

〔**组建三大职业教育集团**〕　11月28日，大连市装备制造职业教育集团、大连市电子信息职业教育集团、大连市现代服务职业教育集团同时成立，集聚了市内外83所职业院校、21个行业组织、170家企业和7个科研机构，专业覆盖全市近80%的规模以上的工业企业、60%的高新技术企业和70%的现代服务企业。职教集团组建后，积极指导职业院校根据行业发展调整专业设置；鼓励企业为职业院校师生提供实习实践工位工时和技术指导，职业院校根据企业人才需求，与企业共同开展“订单式”培养；开展中职、高职对接试点，中、高职教学内容相互渗透融合，开展3＋2（中职起点高职）、3＋3（中职高职联合招生）、3＋4（中职起点应用本科）、5＋2（五年制高职起点应用本科）等学历教育模式试点。

〔**评奖首批示范乡镇职校**〕　为促进农村职业教育基层网络建设，在组织专家对涉农区（市、县）近70所乡镇职业学校进行普查登记、赋分评估的基础上，评选出庄河市青堆子镇职业学校等10所乡镇职校为首批“大连市示范乡镇职校”，分别给予每校20万元专业项目资金；评选金州区七顶山街道职业学校金顶红樱桃坐果试验项目、庄河市太平岭满族乡职业学校服装加工/电脑刺绣培训项目等20个项目为“大连市乡镇职校示范项目”，分别给予每个项目10万元扶持资金。

高等教育

〔**加大思想政治教育力度**〕　2012年，在连各高校积极开展社会主义核心价值体系主题教育活动，并逐步形成思想政治教育新模式、新方法。引导在校大学生深入学习党的十八大精神，不断增强民族自豪感和历史责任感，立志投身建设中国特色社会主义伟大实践。市委高校工委联合市委宣传部组建“励志青春，追求卓越——大连市大学生创业就业典型事迹报告团”，在高校做了6场巡回报告，23所高校近7 000名师生听取了报告；与大连市社会科学联合会联合组织高校思想政治教育工作者开展党的建设和大学生思想政治教育课题研究，副省级课题立项44项；举办高校思想政治教育工作者骨干培训班，全市27所普通高校主管思想政治教育工作的领导及相关部门负责人参加培训。通报表彰2011—2012学年度在大学生思想政治教育工作中涌现的1 163名先进个人和311个先进集体，评选2012届大连市优秀高校毕业生2 014名。

〔**高等教育长足发展**〕　2012年，全市共有普通高校29所，有硕士学位授权一级学科点112个，博士学位授权一级学科点52个，全市已建成国家级博士后科研流动站和工作站75家、省级博士后科研基地18家，在站博士后500余名，建站规模和在站博士后数量均居东北地区前列。

市属高校发展势头良好。大连大学成为拥有哲学、法学、经济、教育、文学、艺术、历史、理学、工学、医学、管理11个学科门类的综合性普通高等学校，有20个一级硕士学位授予点、120个二级硕士学位授予点，全日制在校生15 309人，成人教育在籍生5 067人。承担国家“863计划”、“973计划”项目和国家科技攻关计划项目30余项，国家自然科学、社会科学基金项目160余项。

获国家科技进步二等奖4项，国防、军队科技进步一、二等奖6项，省部级自然科学和科技进步一、二等奖20项，位列全省高校前列。2012年，大连大学获国家级大学生创新创业训练计划立项单位，获省级大学生创新创业训练计划项目30项；学生科技竞赛成果获市级以上奖励410项，获国家级奖励及省级一等奖比例明显提高。

大连职业技术学院开设涵盖制造、电子信息、财经、旅游等11大类专业59个，专业建设名列全国高职院校前列。学校坚持“举校企合作旗、走工学结合路”，与英特尔、简柏特、通世泰、通用汽车、固特异、埃森哲等世界500强企业，以及中远船务、大商集团等数十家国内大企业开展深层次合作，共同培养企业需要的实用型人才，“订单教育”越做越好，毕业生就业率连年稳定在90%以上。

撰稿　汤启贤　武玉顺　李　赤　沙北虹
审稿　杨跃权

吉林省教育

概　　况

〔基本情况〕

吉林省各级各类学校校数、教职工、专任教师情况

	学校数（所）	教职工数（人）	专任教师数（人）
一、高等教育	73	66 532	39 389
（一）研究生培养机构（不计校数）	21		
1. 普通高校	17		
2. 科研机构	4		
（二）普通高等学校	57	62 505	37 022
1. 本科院校	37	54 093	31 613
其中：独立学院	9	6 369	4 266
2. 高职（专科）院校	20	8 356	5 379
3. 其他机构（点）（不计校数）	1	56	30
（三）成人高等学校	16	2 689	1 743
（四）民办的其他高等教育机构	14	1 338	624
二、中等教育	4 681	426 552	305 818
（一）高中阶段教育	3 468	334 220	238 920
1. 高中	244	41 747	27 832
普通高中	244	41 747	27 832
完全中学	67	11 259	4 753
高级中学	171	29 379	22 766
十二年一贯制学校	6	1 109	313
成人高中			
2. 中等职业教育	3 224	292 473	211 088
普通中专	53	6 680	4 754

续表

	学校数（所）	教职工数（人）	专任教师数（人）
成人中专	81	5 982	4 378
职业高中	166	12 077	8 368
技工学校	2 924	266 116	192 575
其他机构（教学点）（不计校数）	37	1 618	1 013
（二）初中阶段教育	1 213	92 332	66 898
1. 初中	1 213	92 332	66 898
初级中学	897	66 040	52 202
九年一贯制学校	307	25 736	9 757
十二年一贯制学校			302
完全中学			4 135
职业初中	9	556	502
2. 成人初中			
三、初等教育	5 186	127 992	119 274
（一）普通小学	5 186	127 992	119 274
小学	5 186	127 992	108 035
九年一贯制学校			11 011
十二年一贯制学校			228
（二）成人小学			
其中：扫盲班			
四、工读学校	4	119	97
五、特殊教育	46	1 751	1 382
六、学前教育	3 491	39 451	23 487

吉林省各级各类学历教育学生情况

	毕业生数（人）	招生数（人）	在校生数（人）
一、高等教育			
（一）研究生	15 739	18 665	55 921
博士	1 920	2 324	9 754
硕士	13 819	16 341	46 167
（二）普通本专科	146 517	162 602	578 953
本科	98 078	115 460	442 327
专科	48 439	47 142	136 626
（三）成人本专科	61 516	73 710	159 324
本科	23 164	32 527	74 728
专科	38 352	41 183	84 596

续表

	毕业生数（人）	招生数（人）	在校生数（人）
（四）其他各类高等学历教育			
1. 在职人员攻读硕士学位		4 443	14 469
2. 网络本专科生	24 199	42 894	100 404
本科	10 800	18 748	43 172
专科	13 399	24 146	57 232
二、中等教育	2 444 816	2 098 075	6 481 440
（一）高中阶段教育	1 552 578	1 871 501	5 154 045
1. 高中	270 553	160 363	620 947
普通高中	154 289	160 363	476 748
完全中学	21 429	22 850	67 985
高级中学	131 652	135 685	404 851
十二年一贯制学校	1 208	1 828	3 912
成人高中	116 264		144 199
2. 中等职业教育	1 282 025	1 711 138	4 533 098
普通中专	26 703	24 412	89 520
成人中专	13 592	16 789	32 266
职业高中	49 522	30 899	107 080
技工学校	1 192 208	1 639 038	4 304 232
（二）初中阶段教育	892 238	226 574	1 327 395
1. 初中	259 666	226 574	696 588
初级中学	202 844	177 051	544 649
九年一贯制学校	33 676	28 207	88 837
十二年一贯制学校	1 675	1 299	4 191
完全中学	19 225	18 727	55 138
职业初中	2 246	1 290	3 773
2. 成人初中	632 572		630 807
三、初等教育	1 822 325	242 215	3 066 980
（一）普通小学	230 619	242 215	1 423 679
小学	209 085	218 943	1 290 752
九年一贯制学校	20 598	22 728	128 354
十二年一贯制学校	936	544	4 573
（二）成人小学	1 591 706		1 643 301
其中：扫盲班	585 749		689 067
四、工读学校	155	74	399
五、特殊教育	574	805	6 261
六、学前教育	194 043	242 976	432 784

吉林省各级各类非学历教育学生情况

	结业生数（人）	注册学生数（人）
总计	461 698	494 619
一、高等教育	100 433	22 077
（一）研究生课程进修班	6 302	314
（二）自考助学班	1 693	6 848
（三）普通预科生		727
（四）进修及培训	92 438	14 188
其中：资格证书培训	44 450	3 220
岗位证书培训	25 971	4 374
二、中等职业教育	361 265	472 542
其中：资格证书培训	47 919	62 587
岗位证书培训	44 834	38 757
（一）中等职业学校	39 898	28 065
其中：资格证书培训	11 977	11 319
岗位证书培训	4 800	2 283
（二）职业技术培训机构	321 367	444 477
其中：资格证书培训	35 942	51 268
岗位证书培训	40 034	36 474

吉林省各级各类民办教育基本情况

	学校数（所）	毕业生数（人）	招生数（人）	在校生数（人）	教职工数（人）	专任教师数（人）	其他学生数（人）
一、民办高等教育							
（一）民办高校	15	26 460	34 675	118 369	10 189	6 230	155
硕士			51	51			
本科学生		23 926	30 869	109 131			
专科学生		2 534	3 755	9 187			
其中：独立学院	9	19 869	23 526	82 628	6 369	4 266	
本科学生		18 374	22 948	80 463			
专科学生		1 495	578	2 165			
（二）民办其他高等教育机构	14				1 338	624	3 802
二、民办中等教育							
（一）高中阶段教育	102	20 922	17 927	58 050	7 237	4 912	
1. 民办普通高中	25	9 814	11 786	32 554	4 164	3 143	

续表

	学校数（所）	毕业生数（人）	招生数（人）	在校生数（人）	教职工数（人）	专任教师数（人）	其他学生数（人）
2. 民办中等职业教育	77	11 108	6 141	25 496	3 073	1 769	2 685
（二）初中阶段教育	30	15 814	21 241	59 597	3 289	2 697	
1. 民办普通初中	30	15 814	21 241	59 597	3 289	2 697	
2. 民办职业初中							
三、民办普通小学	18	6 270	7 635	41 444	1 343	1 022	
四、民办幼儿园	2 728	75 301	103 294	220 226	24 493	13 582	
另有：民办培训机构（不计校数）	1 076				4 694	3 500	136 537

〔**教育法制建设**〕 2012 年，起草完成《吉林省学前教育条例》和《吉林省校园安全条例》。完善教育风险管理服务体系，深入推进中等职业学校学生实习责任保险和省属普通高校、独立学院校方责任保险工作。开展了“深化法律进校园，服务教育科学发展”主题教育活动。

〔**编制农村义务教育薄弱校改造计划校舍类总体规划**〕 2012 年，编制完成了《吉林省农村义务教育薄弱校改造计划校舍类（寄宿制及扩容改造）总体规划和分年度实施方案（2010—2015 年）》和《吉林省特殊教育学校建设二期规划》。

〔**教育督导**〕 修改了《吉林省人民政府对县（市、区）人民政府教育工作督导评估指标体系》，启动第二轮对县（市、区）政府教育工作督导评估。截至 2012 年年底，已完成 13 个县（市、区）的评估工作。制定《吉林省学前教育三年行动计划督导评估实施办法》，对 14 个县（市、区）开展了专项督导。

〔**教师队伍建设**〕 启动 2012 年“特岗计划”，新招聘特岗教师 2 888 人。首批特岗教师 2 715 人留在当地任教，留任率达 96.9%。启动实施年度教师“国培计划”项目，46 510 人次农村教师参加培训。建立 80 个吉林省中小学名师工作室，遴选 60 所中小学校为省级教师专业发展示范校。投入 6 200 万元，实施县级教师进修学校标准化建设项目。组织开展教育部直属师范大学免费师范毕业生就业工作，374 人签约就业，占全省免费师范毕业生的 93.71%。

〔**体育艺术卫生**〕 深入开展学生阳光体育运动，在全国大学生运动会上获奖总数排第九名，团体总分排第十名。举办第二届全省高校视觉艺术大赛。邀请中国交响乐合唱团和中央民族乐团举办 8 场高雅艺术进校园活动。出台了《吉林省学校食品安全达标细则》和《吉林省学校饮用水安全达标细则》，召开全省高校食品安全工作会。对全省各地区中小学和幼儿园食品、饮用水及传染病预防工作进行检查督导。

〔**校园安全管理**〕 出台《关于进一步加强校园安全管理工作的意见》和《吉林省教育系统安全隐患排查治理体系建设工作方案》，编制了《吉林省教育系统安全生产分级评定标准》和《吉林省教育系统事故隐患自查标准》。切实加强了台风、暴雪等极端天气下学生交通安全的应急管理，全年全省未发生一起因极端天气造成的学生安全事故。举办全省第 17 个中小学生安全教育日主题教育活动。继续完善校园警务室建设，投入 5 000 万元，将公办幼儿园和高中阶段学校纳入校园警务室建设范围。

〔**教育交流与合作**〕 举办第十届中国东北地区与俄罗斯远东及西伯利亚地区大学校长论坛，共签订高校之间合作协议 62 项、校企合作协议 6 项，扩大了全省高校在俄罗斯及独联体国家中的知名度。全省孔子学院总数达 12 所、孔子课堂 5 所。派出汉语教师、孔子学院中方院长 62 名。有 120 名外国留学生获中国政府奖学金，10 人获吉林省政府外国留学生奖学金。“吉林省政府外国留学生奖学金”数额由 100 万元增至 200 万元。积极开展引进国外智力工作，共聘请外国文教专家、教师 1 300 人次，有两名外国文教专家获省政府“长白山友谊奖”，18 人获吉林省“优秀外国专家”称号。公派出国留学项目录取 109 人，争取国家留学基金 1 700.4 万元。全省留学生争取国外教育资金 1 425 万元。

〔民族教育〕 举办民族语文和民族语授课数学教师培训班。继续做好教育对口援疆援藏工作，培训新疆阿勒泰地区中小学骨干教师 54 人，西藏日喀则地区中小学骨干教师 26 人，接收第三期新疆未就业高校毕业生 138 人，落实面向新疆阿勒泰地区的本科招生计划 110 人、本专科预科招生计划 234 人。完成少数民族预科生计划 1 070 人，与外省（区）交换培养蒙古族考生 130 人。

基础教育

〔学前教育〕 制订《吉林省幼儿园收费管理暂行办法》和《吉林省学前教育资助暂行办法》。下拨学前教育校舍改建类项目、综合奖补类项目、幼儿资助中央专项资金 61 366 万元，用于扩大学前教育资源规划项目建设。

〔特殊群体义务教育〕 建立进城务工农民随迁子女接受义务教育、农村留守儿童入学和家庭特殊困难的农村留守儿童救助制度。在义务教育学校就读的随迁农民工子女 12.3 万人、留守儿童 6.9 万人，全部享受“同城同待遇”。

〔素质教育〕 坚持“育人为本、德育为先”，延吉市“整体德育”经验、柳河县“校外教育工作经验”在全省推广。深化考试制度改革，把初中学业水平考试作为义务教育阶段的终结性考试，减轻学生过重课业负担。推动课程改革，制定《吉林省义务教育教学常规》，认真落实课程标准，教育教学效率和效果得到提升。

〔普通高中教育〕 制发《吉林省普通高中新课程方案（试行）》以及 15 个学科的教学指导意见等文件。改革考试评价制度，发挥“综合素质评价”的导向作用。

〔校舍、校车及学生营养〕 完成三年校舍安全工程 704 万平方米的建设任务，落实建设资金 75.6 亿元，D 级危房全部消除。落实 2012 年全省农村学校校车省级奖补资金 1 亿元，新增标准校车 2 271 辆。推进学生营养改善计划，下拨试点县食堂建设补助资金 1.2 亿元、营养改善计划补助资金 3 332 万元，受益学生达 9.24 万人。

职业教育与成人教育

〔职业教育发展史研究〕 2012 年，吉林省编辑制作的“中国职业教育发展史”代表教育部在上海举办的第三届国际职业技术教育大会上参展，填补了中国职业教育发展史研究领域的空白。

〔**中职生免学费政策**〕　2012年，投入1.55亿元，资助家庭经济困难中职生12.3万人，资助面达46%；投入1.42亿元，免除8.4万名涉农专业和家庭经济困难学生学费，受益面达32%。

〔**人才培养模式改革**〕　通过教产合作、校企一体、工学结合的办学模式改革，强化了职业教育与企业需求、产业发展的衔接。先后涌现出了集安市、农安县和双辽市职业教育中心等先进典型。制定《吉林省中等职业学校专业建设管理细则》，全省中职学校共设置18大类200余个专业，涵盖了市场的热门工种。

〔**农村职业教育工作**〕　全省建成41个县级职教中心和一批涉农院校及农业类专业点，构建起覆盖农村的职业教育培训网络，涉农专业学生超过在校生总数的30%。开展农村劳动力转移培训，累计达百万人次。

〔**成人教育**〕　将继续教育纳入区域和行业总体发展规划，大力发展非学历继续教育，稳步发展学历继续教育，广泛开展城乡社区教育，为人民群众提供了多种形式的继续教育。依托信息化技术，建立了教育资源开放共享机制，各级各类学校和办学机构面向全社会开展了多种形式的学习和培训活动，教育科研机构与企业合作建立了多个继续教育基地，广泛开展在职职工和新增劳动力培训。11月，正式向教育部考试中心提出申请，建立全国第一个省级自学考试综合改革实验区。

高 等 教 育

〔**高等教育特色发展**〕　长春理工大学、延边大学、吉林农业大学、长春中医药大学和东北电力大学被列为国家中西部基础能力建设高校，每校在“十二五”期间获得1.7亿元建设经费。确立23个高校“质量工程”项目为国家级专业综合改革试点项目，遴选省级优秀教学团队70个。确立专业学位研究生教育综合改革试点15个，评选2012年度省级优秀课程246门。投入7 300万元，实施高职专业建设提升产业服务能力项目；投入1 430万元，实施高职院校教师素质与教学能力提高省级培训项目。

〔**高校科研**〕　审核确立高校科研规划项目500个，推荐国际合作联合研究中心备选项目8个，确定教育部软科学研究基地和研究项目14个，遴选确定重大哲学社会科学研究项目40个。遴选确定第二批教育部“新世纪优秀人才支持计划”73名、“春苗人才”131名、“吉林省高校创新团队”13个以及“吉林省高校重大需求协同创新中心”13个，推荐申报教育部“2011协同创新中心”两个。

〔**高校化债任务**〕　2012年，全省高校化债24.7亿元，节约利息支出1.92亿元，解决了高校多年的沉重负担问题。

〔**高校毕业生就业**〕　加强高校毕业生就业指导课程建设，对5 000名高校“双困”毕业生进行了就业能力拓展培训，对300名高校就业指导教师进行了业务培训。截至2012年8月31日，137 531名高校毕业生实现就业，就业率为84.25%。

〔**高校党建工作**〕　首次组建高校代表团参加省党代会。成立了全省高校党建研究会，建立了全省高校大学生党课教师人才库。召开2010—2012年全省高校创先争优活动表彰大会，启动基层组织建设年活动。积极推进民办高校、独立学院党建工作。

〔**思想政治工作**〕　加强思想政治理论课建设和辅导员队伍建设。加强高校校园文化建设，与省人民广播电台联合成立“吉林省高校广播联盟”。加强大学生心理健康教育，组织编写了《大学生心理健康教育》统编教材。

〔**高校党风廉政建设**〕　制订《高校实施党政正职“三个不直接分管”制度工作方案》和《全省高校廉政风险防范工作实施方案》。加强对高校基建（修缮）项目、物资（设备）采购、领导干部出国（境）等工作的监督力度。深入开展廉政文化进校园活动，全省高校廉政文化建设工作受到教育部表扬。

〔**高考工作**〕　坚持实行高考“一把手”工程、党政纪问责制度和部门联动机制，加强人防、技防工作，积极为考生提供贴心服务，全省连续三年实现平安高考、诚信高考。

撰稿　王义海
审稿　张立军

黑龙江省教育

概　　况

〔基本情况〕

黑龙江省各级各类学校校数、教职工、专任教师情况

	学校数（所）	教职工数（人）	专任教师数（人）
一、高等教育	105	81 573	47 902
（一）研究生培养机构（不计校数）	26		
1. 普通高校	18		
2. 科研机构	8		
（二）普通高等学校	79	77 510	45 448
1. 本科院校	36	58 569	34 284
其中：独立学院	2	760	516
2. 高职（专科）院校	43	18 722	11 021
3. 其他机构（点）（不计校数）	1	219	143
（三）成人高等学校	26	3 363	2 046
（四）民办的其他高等教育机构	36	700	408
二、中等教育	5 357	480 345	353 116
（一）高中阶段教育	3 709	352 127	253 072
1. 高中	398	60 771	42 606
普通高中	398	60 771	42 606
完全中学	112	16 886	7 334
高级中学	271	41 928	34 664
十二年一贯制学校	15	1 957	608
成人高中			
2. 中等职业教育	3 311	291 356	210 466
普通中专	73	7 302	4 211

续表

	学校数（所）	教职工数（人）	专任教师数（人）
成人中专	163	6 800	5 233
职业高中	151	11 060	8 394
技工学校	2 924	266 116	192 575
其他机构（教学点）（不计校数）	11	78	53
（二）初中阶段教育	1 648	128 218	100 044
1. 初中	1 648	128 218	100 044
初级中学	1 224	90 545	77 031
九年一贯制学校	421	37 619	15 665
十二年一贯制学校			640
完全中学			6 661
职业初中	3	54	47
2. 成人初中			
三、初等教育	4 834	145 978	144 208
（一）普通小学	4 834	145 978	144 208
小学	4 834	145 978	128 792
九年一贯制学校			15 078
十二年一贯制学校			338
（二）成人小学			
其中：扫盲班			
四、工读学校	3	24	20
五、特殊教育	74	2 312	1 879
六、学前教育	4 796	44 708	25 427

黑龙江省各级各类学历教育学生情况

	毕业生数（人）	招生数（人）	在校生数（人）
一、高等教育			
（一）研究生	16 824	20 286	60 819
博士	1 653	2 375	10 259
硕士	15 171	17 911	50 560
（二）普通本专科	203 792	196 970	704 538
本科	117 948	127 948	500 806
专科	85 844	69 022	203 732
（三）成人本专科	59 280	77 907	170 594
本科	25 229	36 508	81 099
专科	34 051	41 399	89 495

续表

	毕业生数（人）	招生数（人）	在校生数（人）
（四）其他各类高等学历教育			
1. 在职人员攻读硕士学位		5 134	15 792
2. 网络本专科生	19 152	20 058	54 477
本科	4 238	6 078	18 716
专科	14 914	13 980	35 761
二、中等教育	2 665 757	2 286 895	7 189 590
（一）高中阶段教育	1 638 915	1 941 340	5 353 997
1. 高中	322 574	202 090	756 778
普通高中	206 310	202 090	612 579
完全中学	33 447	34 024	99 438
高级中学	170 582	165 503	506 119
十二年一贯制学校	2 281	2 563	7 022
成人高中	116 264		144 199
2. 中等职业教育	1 316 341	1 739 250	4 597 219
普通中专	37 357	42 296	120 694
成人中专	41 854	25 274	63 802
职业高中	44 922	32 642	108 491
技工学校	1 192 208	1 639 038	4 304 232
（二）初中阶段教育	1 026 842	345 555	1 835 593
1. 初中	394 270	345 555	1 204 786
初级中学	310 829	266 464	932 209
九年一贯制学校	54 052	51 610	175 250
十二年一贯制学校	2 037	2 407	7 705
完全中学	27 003	24 862	88 974
职业初中	349	212	648
2. 成人初中	632 572		630 807
三、初等教育	1 938 259	328 950	3 511 030
（一）普通小学	346 553	328 950	1 867 729
小学	303 825	293 833	1 667 477
九年一贯制学校	41 970	34 395	196 753
十二年一贯制学校	758	722	3 499
（二）成人小学	1 591 706		1 643 301
其中：扫盲班	585 749		689 067
四、工读学校	3	3	10
五、特殊教育	894	1 423	11 150
六、学前教育	320 563	358 252	578 793

黑龙江省各级各类非学历教育学生情况

	结业生数（人）	注册学生数（人）
总计	941 038	655 764
一、高等教育	89 682	18 079
（一）研究生课程进修班	220	314
（二）自考助学班	417	1 200
（三）普通预科生		234
（四）进修及培训	89 045	16 331
其中：资格证书培训	23 124	13 755
岗位证书培训	31 555	1 195
二、中等职业教育	851 356	637 685
其中：资格证书培训	152 537	143 768
岗位证书培训	171 485	70 209
（一）中等职业学校	258 214	180 334
其中：资格证书培训	120 310	111 842
岗位证书培训	68 846	25 225
（二）职业技术培训机构	593 142	457 351
其中：资格证书培训	32 227	31 926
岗位证书培训	102 639	44 984

黑龙江省各级各类民办教育基本情况

	学校数（所）	毕业生数（人）	招生数（人）	在校生数（人）	教职工数（人）	专任教师数（人）	其他学生数（人）
一、民办高等教育							
（一）民办高校	18	29 009	29 340	103 341	8 975	5 850	4 528
硕　士			18	18			
本科学生		19 236	22 444	81 962			
专科学生		9 773	6 878	21 361			
其中：独立学院	2	2 340	2 658	9 175	760	516	
本科学生		2 340	2 598	8 909			
专科学生			60	266			
（二）民办其他高等教育机构	36				700	408	1 200
二、民办中等教育							
（一）高中阶段教育	104	24 708	18 668	58 709	7 316	5 123	
1. 民办普通高中	42	10 410	9 257	26 712	4 273	3 241	

续表

	学校数（所）	毕业生数（人）	招生数（人）	在校生数（人）	教职工数（人）	专任教师数（人）	其他学生数（人）
2. 民办中等职业教育	62	14 298	9 411	31 997	3 043	1 882	4 089
（二）初中阶段教育	33	10 403	12 002	40 767	2 218	1 565	
1. 民办普通初中	33	10 403	12 002	40 767	2 218	1 565	
2. 民办职业初中							
三、民办普通小学	11	2 289	1 878	10 831	369	270	
四、民办幼儿园	3 699	128 529	162 211	294 813	26 006	14 363	
另有：民办培训机构（不计校数）	1 185				9 682	6 537	208 051

〔**统筹规划事业发展**〕 2012 年，完成了黑龙江省教育事业发展“十二五”规划、高等学校设置“十二五”规划、连片特困地区区域教育发展与扶贫攻坚规划、国家中西部高校基础能力建设规划、黑龙江省特殊教育学校二期专项建设规划，以及省教育厅“十二五”期间支持沿乌苏里江四县市教育发展实施方案的编制工作。优化院校设置，完成了远东学院等 3 所独立学院转设以及齐齐哈尔理工职业学院等 4 所高职院校设置工作。积极推动黑龙江科技学院、哈尔滨德强商务学院更名和鸡西大学升为本科高校，黑龙江工商职业技术学院与黑龙江科技职业学院合并以及黑龙江冰雪体育职业学院筹建等院校设置规划项目的实施。出台了《“十二五”期间省属高校基本建设工作指导意见》。

〔**教育投入**〕 全省教育投入大幅增加，在落实省属本科高校年初预算财政拨款 23.28 亿元的基础上，又增加省属本科高校提高生均拨款 18.27 亿元；落实省属本科高校高教强省专项资金及奖助学金等 8 亿元，高校生均财政拨款超过了 1.2 万元。

〔**教育体制机制改革**〕 制订了 2012 年教育体制改革试点项目推进时间表，加强督办落实，及时总结推广试点典型经验，选择 15 个典型经验上报国家教育体制改革领导小组办公室。以黑龙江大学中俄学院、哈尔滨学院软件学院为试点的本科高校二级学院改革，在管理体制与运行机制、教育教学与人才培养模式等方面进行了改革尝试，发挥了引领作用。黑龙江农业经济职业学院等高职院校，以工学结合人才培养模式改革为切入点，在校企人才共育、过程共管、成果共享、责任共担的合作机制建设方面取得了突破性进展。招生考试制度改革稳妥推进，进一步扩大了国家示范性（骨干）高职院校单招单考试点，启动了面向行业企业“先招工、后入学”单招单考试点和黑龙江大学自主选拔录取试点；中考招生扩大了普通高中招生录取定校配额比例，出台了《黑龙江省关于进城务工人员随迁子女接受义务教育后在当地参加考试的实施办法》。

〔**教育法制建设**〕 启动全省教育系统“六五”普法工作，对省教育厅机关全体干部进行了《行政强制法》专题培训。《黑龙江省校车安全管理条例实施办法》被省政府法制办列为立法项目，为加强校车管理奠定了坚实基础。大力推进依法行政，开展行政执法责任制检查和行政审批事项清理工作，建立了与省高级人民法院、省政府行政复议办公室等部门联席工作制度。大力推进依法治校，依法化解教育矛盾纠纷；启动了第三批省级依法治校示范学校创建工作。全面启动高校章程制定和核准工作，推动建立现代大学制度。

〔**素质教育**〕 全面加强德育工作，大力推进社会主义核心价值体系融入大中小学教育教学全过程。高校思想政治理论课建设取得新成效，在教育部社科司召开的思想政治课建设工作研讨会上，黑龙江省介绍了经验。制发《关于进一步加强和改进研究生思想政治教育工作的实施意见》，推动研究生思想政治工作的开展。扎实开展高校学生工作，广泛组织主题教育、校园文化和社会实践活动，大力加强大学生心理健康教育，深入开展辅导员培训，成立高校博物馆育人联盟，命名表彰高校文明网站。中小学德育工作稳步推进，召开工作经验交流会、青少年校外活动场所建设现场会，深入推进“五个融入”，加强队伍培训，深化中小学综合素质评价工作。4个地市的德育工作做法获教育部颁发的优秀德育案例奖，9个县区的青少年活动场所获“国家示范青少年活动场所”称号。广泛开展阳光体育运动，大力实施体育、艺术“2+1项目”，加强学生军训制度化、规范化建设。积极做好学校食品卫生和传染病防控工作。全力推进普通话教学，提高师生使用和书写规范汉字的能力，广泛开展中华经典诵读活动。举行由黑龙江省发起的小学语文教学改革“注音识字、提前读写”30周年庆祝活动，展示了全省基础教育课程改革所取得的重要成果。

〔**信息化建设**〕 组织开展教育信息化试点工作，28个试点项目获教育部批准。组织参加首届全国中小学信息技术教学应用展演，得到教育部、中央电教馆的高度评价。完成了483所农村义务教育薄弱学校多媒体远程教学设备招标采购工作，改善了薄弱学校的办学条件。启动教育信息化公共服务平台“龙学网”建设，积极支持全省现代远程教育公共服务体系建设，加强现代远程教育校外学习中心管理，提高了教育信息化水平。加强高校学生学籍管理信息系统建设，省教育厅获全国高等教育学籍学历管理先进工作集体称号。

〔**教育助学工作**〕 助学体系进一步完善，落实全省农村义务教育阶段学生和全部城镇低保家庭学生免费教科书采购资金3.1亿元、农村寄宿生补助资金1.02亿元、高校各类国家奖助学金伙食补贴及高校学生服义务兵役资助6亿元、普通高中各类助学金1.9亿元、中等职业教育免学费资金1.6亿元，确保不让一名学生因家庭贫困辍学。

〔**高校毕业生就业**〕 进一步加强高校就业指导机构、队伍和课程建设，加大省外就业推荐基地建设力度，努力拓展就业渠道，继续实施“特岗计划”、“西部计划”、“三支一扶”、“到村任职”、选调生和入伍预征等项目，大力推动毕业生自主创业。全年举办大中型校园招聘会130余场，专场型、行业性招聘会近3 000场。哈尔滨工程大学国家大学科技园被教育部、科技部认定为“高校学生科技创业实习基地”，同时完成了哈尔滨工业大学、东北农业大学大学科技园申报工作。截至2012年9月1日，全省高校毕业生初次就业率为82.9%，连续9年高于全国平均水平。省教育厅被国务院评为全国就业工作先进集体。

〔**教育交流与合作**〕 以面向俄罗斯为重点，启动《黑龙江省教育对俄交流与合作行动计划》，成立中国东北地区与俄罗斯远东及西伯利亚地区大学校长论坛秘书处，建立中国东北地区与俄罗斯远东及西伯利亚地区大学联盟，使之成为中国与俄罗斯高等教育开展区域合作的重要平台。启动“来华留学黑龙江省政府奖学金”，招收来自138个国家的留学生8 964人，学生总数创历史新高。获教育部“大学校长境外培训项目”支持，全省首次派出大学校长12人，占全国派出总数的10.9%。通过国家留学基金派出留学研修人员650人。全国第一所“汉语国际推广中医药文化研修与体验基地”落户黑龙江中医药大学。哈尔滨工程大学与乌克兰南方师范大学合作建设的孔子学院正式揭牌，全省在海外的孔子学院增至6所、孔子课堂增至12个。进一步加强中外合作办学的规范管理，推动中外合作办学提升内涵和质量。

〔**党建设工作**〕 深入学习贯彻党的十八大精神，全面推进教育系统党的思想建设、组织建设、作风建设、反腐倡廉建设和制度建设。继续扎实推进学习型党组织、学习型领导班子建设，多措并举加强高校干部培训。推动各级教育行政部门和各级各类学校深入开展组织建设年和创先争优活动，扎实开展“破解难题干实事、服务群众求实效”主题实践，命名表彰了创先争优活动先进基层党组织和优秀共产党员，制发了全省教育系统建立健全创先争优长效机制的通知。进一步加强民办高校党的建设，扩大中小学和中等职业学校党组织工作的覆盖面，完善发展党员工作质量保证体系。认真落实党风廉政建设责任制，加大重点领域、重要工作监督检查力度，大力实施廉政文化精品工程。稳步推进高校廉政风险防范机制建设试点工作。认真做好高校统一战线工作。

〔**教育和谐稳定**〕　以为党的十八大创造稳定和谐环境为主线，深入开展平安校园、文明校园、和谐校园创建工作。切实抓好各级各类学校特别是农村中小学、幼儿园的安全管理工作。加强学校突发事件防控和应急处置能力建设。组织开展安全教育、安全隐患排查及整改工作。深入推进校园和周边环境综合治理，净化校园周边环境。认真做好教育舆情汇集分析，深入排查和化解矛盾纠纷，全力做好信访和稳定工作。全年妥善处理来信、来访1 241件，接待群众来访279批756人次，完成上级交办信访案件16件，省教育厅领导亲自包案、督办，处理3起历史积案。特别是抓好敏感期上访重点人员管控，实现了十八大期间零进京目标，确保了全省教育系统和谐稳定。

〔**民族教育**〕　大力推进民族学校标准化建设和薄弱高中改造，全面启动首批少数民族文化基地学校建设工作，落实少数民族高考加分政策，加大少数民族人才培养工作力度。新疆内地高中班学生高考取得优异成绩，在哈尔滨第14中学增设了新疆班，扩招160人。在多方共同努力下，圆满完成了教育援疆各项工作。

基 础 教 育

〔**综述**〕　大力推进学前教育三年行动计划，新建、改扩建幼儿园477所，进一步缓解了入园难问题，学前三年毛入园率达69.46%。义务教育均衡发展进展顺利，建成标准化学校400所。推进普通高中多样化、特色化发展，对满足学生多样化学习需求、促进学生个性发展以及全面提升普通高中教育质量进行了探索。特殊教育规模不断扩大。中小学教师队伍素质得到提高。

〔**学前教育**〕　省政府召开了公办幼儿园建设推进会议，与各地市签署责任状。争取省发改委和省财政资金共3.8亿元，超额完成年初确定的450所公办幼儿园建设任务。积极推进农村学前教育投入及管理体制改革试点工作，首批确定41个试点单位。进一步加强幼儿园管理，贯彻实施《学前教育机构登记注册和审批管理办法》，制发了《黑龙江省普惠性民办幼儿园认定及管理办法》，实行幼儿园准入制度，大力扶持普惠性、低收费民办幼儿园发展。贯彻落实教育部《3—6岁儿童学习发展指南》，确定了2个实验区、48个实验园，完成了省级培训工作；组织开展专项检查，防止和纠正幼儿教育“小学化”倾向。加强学前教育信息系统建设，完成了一期信息采集工作。

〔**义务教育标准化学校建设**〕　认真落实黑龙江省与教育部签订的义务教育均衡发展备忘录，加强督办落实，下发了《县域义务教育基本均衡发展督导评估实施方案》和《评估标准》。农村义务教育薄弱学校改造计划深入推进，投入12.8亿元，改造薄弱学校341所，建设校舍面积69万平方米。省级政府采购设备340万台/套、图书538万册。争取国家投入1.1亿元，建设初中工程项目学校24所，建设食堂、宿舍12万平方米。推进义务教育标准化学校建设国家试点项目实施，召开17个试点县参加的工作推进会。完成了年初确定的400所标准化学校建设任务，全省义务教育标准化学校达 2 139 所，进一步缩小了区域、城乡和校际间的办学差距。

〔**普通高中发展**〕　高中课程改革方案深入实施。以省市两级示范高中建设为引领，优质教育资源的示范和辐射作用不断增强。全面启动实施“普通高中多样化特色化发展”国家试点项目，召开实验区工作座谈会和普通高中多样化特色化发展论坛，推广成功经验。修订学业水平考试及综合素质评价方案。开发新的普通高中学生学籍信息化管理系统，规范了高中学籍注册工作。加大普通高中改制学校规范工作力度，全省 35 所改制学校全部回归为公办学校，进一步规范了普通高中的办学行为。

〔**中小学教师队伍建设**〕　进一步加强师德建设，深入开展向张丽莉老师学习活动。佳木斯市第 19 中学教师张丽莉在生死攸关的危急时刻，挺身而出，不顾生命安危勇救学生的英雄壮举，在全社会引起强烈反响。中央和省领导多次做出批示，对张丽莉的高尚师德给予高度评价，要求全社会向张丽莉学习。张丽莉被中央宣传部确定为重大宣传典型。省教育厅第一时间发出了向张丽莉学习的号召，第一个组织了为张丽莉捐款活动，第一个对张丽莉进行了奖励。广泛开展向张丽莉学习活动，在全省教育系统掀起了以学习张丽莉为主题的师德建设热潮，同时将张丽莉的事迹纳入师德教育内容，建立了长效机制。开展了全省应届师范毕业生教师资格认证工作。开展了以农村教师为重点的中小学教师全员培训和骨干幼儿园园长、教师培训，继续实施“国培计划”、“特岗计划”和“送教下乡”，开展了义务教育新课标培训；推进教师职称制度改革，开展了中小学教师正高级职称评定试点工作。

〔**德育工作**〕　以立德树人为核心，以落实教育部德育工作会议精神为重点，以养成、体验、责任教育为抓手，切实把社会主义核心价值体系融入“课堂教学、校园文化、社会实践、班主任工作和学校管理”等各个环节，开展了丰富多彩的教育活动。重视青少年校外活动，省教育厅、省财政厅、省文明办分别在哈尔滨市道里区、绥化市兰西县召开全省青少年校外活动场所区级、县级现场会，并对校外艺术、体育、心理健康、科技类教师进行专题培训。向教育部和相关部委申报并获批 4 个国家级中小学生社会实践基地，供全省中小学生开展社会实践。注重德育经验的总结和示范作用的发挥，召开全省德育工作经验交流会。

〔**中小学校舍安全工程**〕　扎实开展校舍加固改造工程监管、信息档案建设等工作，取得阶段性成果。截至 2012 年年底，全省共投入资金 90 亿元，竣工学校 2 273 所、项目 3 372 个、面积 744.2 万平方米，规划项目已全部竣工。其中中央资金 8.7 亿元（国家发改委 4.8 亿元、财政部 3.9 亿元），已竣工学校 272 所、项目 293 个、面积 95.3 万平方米，规划项目已全部竣工。

〔**异地高考**〕　在全国范围内率先打破异地高考报名限制，允许符合条件的外地考生报名参加高考，并享受和本地考生相同的录取权益。按照规定，拥有黑龙江省高中学籍并在黑龙江省连续就读三年以上的外来务工人员子女，只要其父母在黑龙江省有合法职业和合法稳定住所（含租赁），便可在黑龙江省就地高考。随迁子女可携带父母工作和住所证明到学籍所在地的市、县招考办报名。全省共有 246 名外地考生在当地报名参加高考。

〔**特殊教育**〕　特殊教育规模不断扩大，智残、体残、肢残儿童义务教育普及率达 85%以上。继续强化特殊教育学校基础条件建设，投入 2 900 多万元，为特殊教育学校改善办学条件，9 所学校通过标准化验收；实施高等学校特教工程建设项目；深入开展随班就读工作，随班就读特殊儿童 6 234 人；大力推进“医教结合”教学模式改革，教学质量和实效进一步增强。

职业教育与成人教育

〔**综述**〕　2012年，职业教育紧紧围绕省委、省政府“八大经济区、十大工程建设”，进一步落实教育规划纲要和职业教育三年行动计划，全省职业教育和成人教育的发展取得明显成效，服务经济社会发展的能力明显增强。

〔**职业教育改革试点工作**〕　7月22日，省政府与教育部签订了省部共建国家现代农村职业教育改革试验区协议。制订了实施方案，召开了推进会议，启动实施了农村职业教育政策体系建设、经费投入机制改革、职业教育集团化办学等5个试点项目。8个中职教育改革试点项目顺利推进，全战线有近百家单位参与项目实施。

〔**国家中职示范学校和重点专业建设**〕　2012年，齐齐哈尔卫生学校等10所中职学校进入国家示范学校行列，中央和省财政共投入1.36亿元；争取国家发展和改革委投入1.6亿元，重点支持16所中职学校基础能力建设；加强专业实习实训基地建设，14个中职实训基地建设项目通过教育部、财政部审批并开始立项建设，争取建设资金4 440万元。大力推进示范、骨干高职院校建设，7所国家级示范、骨干高职院校累计投入4.353亿元，同时立项建设14所省级示范（骨干）高职院校。修订《省级重点专业评估标准》，确定现代农业技术等12个专业为省级重点专业。积极稳妥推进专业规范化建设，研制了《黑龙江省中等职业学校专业设置标准》，制发了《黑龙江省中等职业学校专业教学指导方案编写参考体例》，初步构建了中等职业教育课程体系。建立中等职业教育专家库，形成了高端引领机制。

〔**中职教师队伍建设**〕　进一步加强中职教师队伍建设，开展全省首批“双师型”教师认定工作，引导和促进广大中职学校教师特别是中青年教师走“双师型”发展道路，不断提高“双师型”教师的比例。新增2个教育部认定的国家级中职教师培训基地，依托高等学校、职业院校和企业建立了4个全国重点建设职教师资培养培训基地、12个省级中职教师培养培训基地、17个省级职教教师企业实践基地，各市（地）也建立了本地的职教师资培训基地，形成了以国家级基地为引领、省级基地为主体、企业实践基地为补充的中职教师培养培训体系。依托企业实践基地，开展了80名青年教师企业实践项目专题培训；首次建立了全省中职教师信息管理系统。完成国家级专业骨干教师培训300人，出国进修教师12人；组织完成1 300名中职骨干教师省级培训，其中涉及32个专业，涵盖公共基础课和大类专业基础课。在美国规模最大的社区学院——达德学院举办首期黑龙江省中职学校校长赴美培训班，24名中职校长参加了培训。

〔**职业教育集团化办学**〕　大力推进集团化办学，新组建4个职教集团，省级职教集团总数达12家。其中高职院校31所、中职学校135所、企业492家、科研院所37个。与高职院校合作的企业达2 916家（次），基本形成了校企合作、中高职衔接和职业教育集团化、规模化、连锁化的发展模式。

〔**技能大赛**〕　继续举办职业院校技能大赛，出台了《黑龙江省职业院校技能大赛管理办法》，明确了大赛的相关制度、规定和规范。组织了全省中职学校技能大赛，并从中选拔了103名选手代表全省参加2012年全国职业院校技能大赛（中职组）15个专业40个赛项的比赛，获二等奖12项、三等奖27项。

高 等 教 育

〔**综述**〕 加强重点学科建设，从省属高校重点学科中择优遴选了13个在全国具有较大优势和特色的学科，作为省属高校“十二五”国家级重点学科进行培育，投入专项资金1 200万元；全面启动研究生培养模式和机制改革试点项目，下发了《黑龙江省研究生培养模式和机制改革实施方案》；顺利完成了全省9所独立学院新增列为学士学位授予单位的评估验收工作。加强专业调整，设置战略性新兴产业相关专业20个，建成省级精品课程550门（其中高职高专200门），有97门课程入选国家精品课程，形成了校、省、国家三级精品课程建设体系。大力实施高等学校本科教学质量与改革工程，建立了高等教育人才培养质量年报制度，完善了本科和高职教学数据平台。在全国率先开展了省级“卓越工程师教育培养计划”工作。有序开展院校设置，优化高校布局结构，哈尔滨远东理工学院、哈尔滨石油学院、哈尔滨广厦学院完成独立学院转设。

〔**高等教育综合改革**〕 12月10日，召开全面提高高等教育质量工作会议，出台了《黑龙江省全面提高高等教育质量的若干意见》。扎实推进特色高水平大学建设工程，“985工程”、“211工程”院校建设进展顺利。10所省属本科特色高水平大学建设项目稳步推进，分别与教育部、农业部签署了省部共建东北农业大学、东北林业大学和黑龙江大学协议。进一步加强重点学科建设，培育并评选了省重点学科群14个、省重点学科142个和省重点建设学科15个。进一步加强特色专业建设，面向“八大经济区”建设需要，在遴选的500个省级重点专业中选择80个专业开展试点工作。大力推进卓越工程师、拔尖创新人才、创新创业人才培养试点和创新创业实验项目支持计划。黑龙江大学等10所省属高校获批国家级大学生创新创业训练计划支持院校。

〔**质量保障体系建设**〕 分类实施高等学校类型评估、学科专业特色评估、人才培养质量评估和办学总体绩效评估。有计划地开展专业、课程、师资队伍等专项评估工作，在全省本科院校高等数学公共课程教学质量专项评估的基础上，开展了大学英语课程评估。完善高校基本状态数据库，建立高等教育人才培养质量年度报告制度。

〔**人才队伍建设**〕 进一步加强高校人才队伍建设。继续依托国内外高水平大学开展短期培训、派出访问学者、举办高层次学术会议和进行专项考察。制发了《关于加强学科队伍和导师队伍建设的意见》，建立导师资格制度、聘任制度和退出机制。继续实施“龙江学者计划”、学科带头人和优秀导师海外研修计划、海外学人科研资助计划、教育部“新世纪优秀人才支持计划”。新评选“龙江学者”39人，培养支持“长江学者”后备人才7人、高校新世纪优秀人才22人、高校青年学术骨干73人。培育建设省级高校科技创新团队13个，全省增至44个；3个省级创新团队申报并通过教育部创新团队评审，总数增至5个；评选出省级教学新秀、省级教学能手各50名，人才队伍素质不断提高。

〔**科研与成果转化**〕 认真贯彻落实“高等学校创新能力提升计划”，推进哈尔滨工业大学宇航科学技术、东北农业大学黑龙江粮食产能提升工程、黑龙江大学中俄人文合作国家级协同创新中心和东北农业大学“国家新农村发展研究院”培育建设工作；制订《黑龙江省高等学校创新能力提升计划实施办法》，积极组建省级协同创新中心。建立实行重点实验室开放课题制度，实现了58个省高校重点实验室开放运行。建立、健全高教强省“五大科技创新平台”绩效考核长效机制，完成了平台三期建设论证工作。截至2012年年底，五个平台共实现研发项目172项、转化项目105项，为企业带来新增产值290亿元。组织高校参加第二届中国国际新材料产业博览会和第23届中国哈尔滨国际经济贸易洽谈会等成果交易会。建立了“高校科技成果信息库”，编入高校高新技术成果637项，择优资助33项前景好的项目，进行产业化前期研发培育，大力推动科技成果转化。

〔**创新研究生培养模式**〕 制发《黑龙江省研究生培养模式和机制改革实施方案》，并在9所高校全面启动了改革试点工作。深入实施研究生教育质量工程，开展了“硕士学位论文合格评估”和优秀论文评选，启动了硕士专业学位授权点检查评估工作。实施研究生培养创新工程，启动“博士生论坛”、“研究生国内外访学”项目和“研究生创新科研项目资助计划”。大力实施重点学科建设工程，编制了《省重点学科建设绩效评估实施方案》，与省“十二五”重点学科签订建设任务书，启动优势特色学科建设项目。初步构建了学科学位和专业学位研究生培养协调发展的新格局。

撰稿　李笑冰

审稿　廉世民　于子超

上海市教育

概　　况

〔基本情况〕

上海市各级各类学校校数、教职工、专任教师情况

	学校数（所）	教职工数（人）	专任教师数（人）
一、高等教育	85	80 470	42 609
（一）研究生培养机构（不计校数）	58		
1. 普通高校	26		
2. 科研机构	32		
（二）普通高等学校	67	73 348	40 118
1. 本科院校	35	63 689	34 535
其中：独立学院	4	1 288	889
2. 高职（专科）院校	32	9 659	5 583
3. 其他机构（点）（不计校数）			
（三）成人高等学校	18	1 733	933
（四）民办的其他高等教育机构	234	5 389	1 558
二、中等教育	3 796	354 958	252 265
（一）高中阶段教育	3 282	309 116	217 063
1. 高中	246	29 916	16 588
普通高中	246	29 916	16 588
完全中学	91	10 761	3 624
高级中学	136	16 180	12 400
十二年一贯制学校	19	2 975	564
成人高中			
2. 中等职业教育	3 036	279 200	200 475
普通中专	61	8 484	4 797

续表

	学校数（所）	教职工数（人）	专任教师数（人）
成人中专	23	532	245
职业高中	28	4 068	2 858
技工学校	2 924	266 116	192 575
其他机构（教学点）（不计校数）			
（二）初中阶段教育	514	45 842	35 202
1. 初中	514	45 842	35 202
初级中学	356	28 176	22 201
九年一贯制学校	158	17 666	7 356
十二年一贯制学校			731
完全中学			4 914
职业初中			
2. 成人初中			
三、初等教育	761	48 936	48 066
（一）普通小学	761	48 936	48 066
小学	761	48 936	40 223
九年一贯制学校			6 997
十二年一贯制学校			846
（二）成人小学			
其中：扫盲班			
四、工读学校	13	520	380
五、特殊教育	29	1 580	1 177
六、学前教育	1 401	49 034	31 289

上海市各级各类学历教育学生情况

	毕业生数（人）	招生数（人）	在校生数（人）
一、高等教育			
（一）研究生	34 606	44 229	127 014
博士	5 222	6 683	27 300
硕士	29 384	37 546	99 714
（二）普通本专科	136 697	136 808	506 596
本科	85 714	89 561	359 007
专科	50 983	47 247	147 589
（三）成人本专科	56 598	58 542	183 650
本科	36 865	41 278	130 986
专科	19 733	17 264	52 664

续表

	毕业生数（人）	招生数（人）	在校生数（人）
（四）其他各类高等学历教育			
1. 在职人员攻读硕士学位		9 498	37 465
2. 网络本专科生	58 750	54 603	137 555
本科	19 065	14 804	32 080
专科	39 685	39 799	105 475
二、中等教育	2 134 964	1 858 564	5 826 123
（一）高中阶段教育	1 407 747	1 741 075	4 762 630
1. 高中	170 680	52 497	301 908
普通高中	54 416	52 497	157 709
完全中学	12 444	12 411	36 553
高级中学	40 267	38 531	116 571
十二年一贯制学校	1 705	1 555	4 585
成人高中	116 264		144 199
2. 中等职业教育	1 237 067	1 688 578	4 460 722
普通中专	27 670	27 637	98 815
成人中专	6 838	9 709	22 260
职业高中	10 351	12 194	35 415
技工学校	1 192 208	1 639 038	4 304 232
（二）初中阶段教育	727 217	117 489	1 063 493
1. 初中	94 645	117 489	432 686
初级中学	60 471	73 362	271 921
九年一贯制学校	16 961	25 183	88 167
十二年一贯制学校	2 213	2 487	9 001
完全中学	14 957	16 410	63 472
职业初中	43	47	125
2. 成人初中	632 572		630 807
三、初等教育	1 721 248	172 297	2 403 678
（一）普通小学	129 542	172 297	760 377
小学	108 342	144 016	638 835
九年一贯制学校	19 044	25 997	111 252
十二年一贯制学校	2 156	2 284	10 290
（二）成人小学	1 591 706		1 643 301
其中：扫盲班	585 749		689 067
四、工读学校	693	643	1 608
五、特殊教育	1 455	1 202	8 138
六、学前教育	136 897	164 879	480 560

上海市各级各类非学历教育学生情况

	结业生数（人）	注册学生数（人）
总计	2 601 192	2 425 535
一、高等教育	757 230	625 576
（一）研究生课程进修班	4 794	5 019
（二）自考助学班	4 522	7 457
（三）普通预科生		
（四）进修及培训	747 914	613 100
其中：资格证书培训	110 806	85 024
岗位证书培训	133 121	100 046
二、中等职业教育	1 843 962	1 799 959
其中：资格证书培训	178 684	183 479
岗位证书培训	394 078	306 230
（一）中等职业学校	99 105	48 360
其中：资格证书培训	42 484	23 039
岗位证书培训	45 149	15 982
（二）职业技术培训机构	1 744 857	1 751 599
其中：资格证书培训	136 200	160 440
岗位证书培训	348 929	290 248

上海市各级各类民办教育基本情况

	学校数（所）	毕业生数（人）	招生数（人）	在校生数（人）	教职工数（人）	专任教师数（人）	其他学生数（人）
一、民办高等教育							
（一）民办高校	20	27 696	26 406	90 255	6 525	3 968	110
硕士							
本科学生		7 560	10 338	36 213			
专科学生		20 136	16 068	54 042			
其中：独立学院	4				1 288	889	
本科学生		3 486	4 763	16 518			
专科学生							
（二）民办其他高等教育机构	234				5 389	1 558	481 715
二、民办中等教育							
（一）高中阶段教育	59	6 419	5 564	16 781	4 941	3 596	
1. 民办普通高中	53	5 274	4 470	13 869	4 751	3 508	

续表

	学校数（所）	毕业生数（人）	招生数（人）	在校生数（人）	教职工数（人）	专任教师数（人）	其他学生数（人）
2. 民办中等职业教育	6	1 145	1 094	2 912	190	88	64
（二）初中阶段教育	54	14 974	15 614	60 912	3 734	2 827	
1. 民办普通初中	54	14 974	15 614	60 912	3 734	2 827	
2. 民办职业初中							
三、民办普通小学	180	27 658	37 643	169 791	8 763	6 612	
四、民办幼儿园	500	36 358	48 229	136 356	18 312	8 785	
另有：民办培训机构（不计校数）	591				12 689	4 414	745 432

〔**教育经费投入与支出**〕 （1）2012年，全市教育部门财政拨款498.47亿元。其中市级财政拨款153.37亿元，区县财政拨款345.10亿元。全市小学生生均支出18 839.33元，比2011年增长6.26%；初中生生均支出24 497.44元，比2011年增长6.34%；高中生生均支出31 910.59元，比2011年增长11.85%；中等职业学校学生生均支出23 625.46元，比2011年增长20.71%；地方高等学校生均预算内教育事业费支出30 116.56元，比2011年增长1.88%。（2）全市从教育费附加中安排12 976万元用于对内地西藏班、新疆班专项补助和对口支援云南、西藏、新疆。安排35 000万元用于改善以招收进城务工人员随迁子女为主的民办学校办学条件。安排2亿元用于实施学前教育园舍建设和改造项目。安排28 018万元用于中等职业教育实训基地和品牌学校建设。安排42 451万元用于中等职业教育助学金、奖学金。（3）安排《上海市中长期教育改革和发展规划纲要》提出的“十大工程”项目资金30亿元，包括高水平大学建设和一流学科专业建设工程、教育国际化重点建设工程、教师专业发展工程、学生健康促进工程等。积极启动高校债务化解工作，下拨8.82亿元化债资金，切实减轻高校债务负担。（4）从2012年起，调整全市特殊教育学校生均公用经费标准，每生每年不低于7 800元。（5）制定出台基础教育阶段残疾学生免费教育资助政策。实施义务教育阶段学生营养改善计划，对在义务教育阶段公办学校（含政府购买学位的民办学校）就读的上海户籍农村家庭（父母一方或父母双方为农业户口）学生、城市低保家庭学生（含特殊困难家庭学生）提供免费营养午餐。

〔**依法治教，规范管理**〕 开展教育立法工作。组织开展《上海市民办教育促进条例》、《上海市未成年保护条例》、《上海市公共场所外国语言文字使用管理规定》、《上海市教育评估暂行规定》和《上海市教育督导规定》等地方教育立法或修法调研工作。开展高校章程建设，筹备全市高校章程审核委员会，形成高校章程建设指导性意见。组建上海市法学会教育法学研究会，推进普法工作。妥善协调和处理行政诉讼。开展“建设现代学校制度”、“优化长三角教育资源配置”、“长三角区域性教育立法可行性”以及教育申诉制度等研究工作。

健全教育财务管理制度。开展2011年市级财政专项资金、中央专款和部门决算和2012年部门预算信息公开，完成2011年度市属高校财务管理绩效评价。出台教育费附加转移支付资金使用管理和教育经费使用指导意见。开展事业单位国资监管制度研究和事业单位国有资产监管信息系统建设。开展教育财务审计工作，接受审计部门的审计调查。开展市教委直属单位经济责任审计，逐步实现经济责任审计全覆盖。全面开展教育审计督导检查和指导，初步建立督导工作体系。严格规范教育收费。发布《关于上海市普通高校招生监察工作实施办法》，进一步规范各类招生监察工作。

实施教育信息化公共服务平台建设工程，推进政府信息公开和政务服务，提高政府信息服务水平。落实国务院《关于第六批取消和调整行政审批事项的决定》精神，调整清理教育行政审批项目。指导区县完成区县教育行政审批事项目录清理。

〔**推进教育综合改革国家试验区建设**〕　教育部与市政府联合召开部市共建领导小组会议，确定“深化省级政府统筹高等教育管理改革”等8项全年主要工作内容。加强教育体制改革组织领导，依托市教育体制改革领导小组决策平台，对全市重大教育改革和发展事项做出决策。全年确定16项领导小组例会议题。领导小组围绕“2012年本市财政教育经费安排方案”等议题召开13次专题会议，推动全市教育改革发展。

推进落实“10＋10＋27”项目。安排30亿元专项资金，用于推进教育重点发展与改革项目。建立项目跟踪管理信息平台，形成试点项目进展情况月报制度，开展跟踪管理，监督项目实施。系统梳理27项国家教改试点项目进展情况。参加国家推进教育体制改革工作专题会议并介绍了上海市的教改经验，得到中央领导肯定。

〔**人事制度改革和教师培养**〕　中小学幼儿园教师资格制度改革和教师资格考试改革试点进展顺利。见习教师规范化培训工作全面推进。教师定期注册制度试点成效初显。推进国家级校长、教师培训。加强教师教育资源联盟建设。编制中小学、幼儿园教师培训课程方案和语文、数学、英语三门学科高级教师培训课程大纲。推进高端人才培养项目，实施第三期“双名工程”。开展郊区县教师培训工作。实施教师海外研修项目。加强常规教师培训工作。组织全市5 700名中小学、幼儿园校（园）长、书记参加专题培训。开展教书育人楷模推选活动。完成上海市育才奖评审。完成“园丁奖”评审，确定“园丁奖”获奖者1 008名。

岗位设置管理和教师职务评聘工作进一步规范。修订高校高等教育研究人员专业技术职务聘任办法，重新制订《上海高校高等教育研究人员高级专业技术职务学术技术能力评议细则》，启动高等教育研究人员专业技术职务学术技术能力评议申报。做好中小学教师职务改革准备，人事制度改革稳妥推进。

〔**德育工作**〕　推进德育课程教学改革。实施国家教改试点项目“整体规划大中小学德育课程”研究，编制6本高校思想政治理论课教学指南。开展“2012年度上海高校思想政治理论课教学活动月”系列活动，举办思想政治理论课教学论坛、思想政治理论课教学基本功培训和中青年骨干教师研修，承办教育部全国高校思想政治理论课教学观摩会，组织长三角地区高校思想政治理论课教学比赛，推广上海思想政治理论课教改试点经验。

加强辅导员和班主任队伍建设。组织“2012年度上海高校辅导员队伍建设月”，开展“2011上海高校辅导员年度人物”和“2011年上海大学生年度人物”评选活动；举办全市高校辅导员论坛，开展新一轮高校辅导员培训基地遴选，举办系列专题培训研修；组织职业技能大赛、团队拓展活动。复旦大学包涵、上海中医药大学洪汉英两位辅导员当选党的十八大代表，命名首批上海高校辅导员工作室（包涵工作室和洪汉英工作室），同时建立辅导员队伍建设数据库。加强中小学班主任队伍建设，举行2012年全市班主任论坛，组织全市班主任基本功大赛和“首届长三角地区中小学班主任基本功大赛”，开展中小学和中职学校优秀班主任和“十佳”班主任评选。召开“上海市学科德育论坛暨中小学骨干教师德育实训基地展示活动”，总结开展学科德育实践的方法和经验。

加强学生心理健康教育。成立学生心理健康教育发展中心，重新遴选高校心理健康教育与咨询示范中心，制定关于加强区县心理健康教育中心建设的实施意见，探索建立学校心理咨询师继续教育和认证机制，推动学校心理咨询师规范化、专业化发展。

〔**体育、卫生、艺术与科普工作**〕　推进大中小学“一条龙”课余训练体系建设，成立上海市校园足球“一条龙”建设联盟。参加第九届全国大学生运动会，上海代表团以44金、26银、19铜荣登奖牌榜和金牌榜第二名，以团体总分1 389.5分列团体总分第三名。举办 2012 年全市学生运动会。开展学校体育教学科研工作。完成 2011 年体育科研专项课题结题，完成 2011 年全市中小学生体质健康监测结果公告，完成 16 个区县学生体质监测中心建设。

开展中小学生营养试点干预。对全市所有中小学校和托幼机构营养师开展专题培训，试点开展中小学校营养干预工作。为全市所有高校专项配备急救装备，从每校选拔 10 人开展现场初级急救专题培训。成立上海市学校卫生保健协会。

推进文教联盟建设。开展儿童剧巡演，举办专场展演 40 场。开展优秀儿童剧展演。评估调整学生艺术团，推进艺术团创设品牌，发展、新建 10 个中学生管弦乐、管乐、弦乐艺术团，筹建 10 个高水准的大学生艺术团。组建上海学生合唱团。开展第四届上海市中小学生艺术展演，举办声乐、器乐、舞蹈、戏剧等 9 个专场比赛。举办全市学生书画摄影展。推进中小学音乐教育教学改革与发展，编制《上海市学校艺术教育工作评估指标体系》。

开展学生科普工作。举办第五届上海市青少年科技创新峰会。举办 2012 上海国际青少年科技博览会。举办第十届百万青少年争创“明日科技之星”评选活动。举办第 27 届上海市青少年科技创新大赛。

〔**教育督导**〕 深入开展推进区域教育现代化综合督导，对 7 个区开展推进区域教育现代化暨义务教育均衡发展综合督导，向区县政府指出问题和建议 23 大项、52 小项，并提出相应整改意见。继续推进义务教育均衡发展专项督导，对 11 个区县 26 所义务教育阶段民办中小学招生工作开展专项督导。推进教育督导制度创新，制定《上海市对区县政府义务教育均衡发展督导、考核和评估指标》、《上海市贯彻执行教育部〈县域义务教育均衡发展督导评估暂行办法〉的实施细则》。

〔**推进各级各类教育基建项目**〕 编制教育系统“十二五”基本建设规划。编制《上海市区县基础教育“十二五”基本建设规划》，推进年度项目实施，优化调整校舍资源布局。推进实施高校基建项目。编制年度投资计划及重大建设项目规划，推进上海科技大学（筹）浦东新校区建设项目、上海电机学院浦东临港二期建设项目、医疗器械高专和出版印刷高专浦东新校区迁建工程、上海国际舞蹈中心项目、东方绿舟公共安全教育实训基地、上海师范大学学生公寓建设项目等工程项目。制订高校青年教师公租房租金补贴建议方案，支持高校配套园区（含公租房）建设。

制订《上海市中小学校舍更新、加固改造工程规划（2012—2014）》，依托校安工程政策、资金保障机制，实施 2012 年度计划项目，构建全市中小学校舍安全工程长效机制。

〔**帮困助学**〕 落实各类学生帮困资助政策。全年全市高校家庭经济困难学生 89 943 人，占在校生 17.54%。全面做好资助工作，共 141 万人次获得 10.4 亿元各类资助。其中中央财政投入 16 757.74 万元、市财政投入 31 194 万元、高校投入 31 278 万元、金融机构办理国家助学贷款 18 177.34 万元、企事业团体个人助学 5 388.5 万元、其他资助 1 640.67 万元。100%的家庭经济困难学生通过不同方式获得资助。

〔**招生就业**〕 2012 年，全市研究生招生 4.42 万人（含科研机构），比 2011 年增长 10.6%。其中博士生 0.67 万人，比 2011 年增长 6.1%；硕士生 3.75 万人，比 2011 年增长 11.4%。普通本专科招生 13.98 万人，比 2011 年减少 0.9%。其中本科招生 9.26 万人，比 2011 年增加 2.2%；高职高专招生 4.72 万人，比 2011 年减少 6.4%。成人本专科招生 5.85 万人，比 2011 年增加 1.1%。其中本科生 4.13 万人，比 2011 年增加 3.5%；专科生 1.73 万人，比上年减少 4.1%。

加强学生就业服务与指导。2012 年，全市高校毕业生 17.8 万人，比 2011 年增加 0.3 万人，增幅 1.7%，其中毕业研究生 3.7 万人，比 2011 年增加 0.5 万人，增幅 15.6%；本科毕业生 9 万人，比 2011 年增加 0.3 万人，增幅 3.4%；高职高专毕业生 5.1 万人，比 2011 年减少 0.5 万人，降幅 8.9%。截至 8 月 30 日，全市高校毕业生总体就业率为95.95%，比2011年同期增加0.27%，实际就业人数增加5 000余人。全年收到非上海生源高校毕业生落户申请2.4万余份，比2011年增加3%，已核准办理户籍1.6万余人。

〔**学校安全管理**〕 落实《上海市校车安全管理规定》，实施《上海市中小学校学生伤害事故处理条例（修正案）》，推进学生伤害事故预警预防工作。落实《上海市中小学幼儿园安全防范管理基本要求》强制性地方标准。加强高校校园安全管理，制订《上海市高校校园安全技术防范工作“十二五”发展规划》，划拨1 200万元专项资金，引导高校加强建设。全年各高校投入安全技术防范建设资金约6 000万元。

〔**规范和扶持民办教育**〕 加强民办教育政府专项资金扶持。2012年度，市级财政对民办教育资金拨付额度达7亿元（民办高校生均投入约达2 000元，以招收随迁子女为主的民办小学生均投入约达5 000元），其中民办教育政府专项资金2.13亿元，比2011年增长12%。加大对民办学校的政策支持力度，在教师待遇、招生政策、收费标准等方面开展试点。启动实施示范与特色民办学校创建，对列为非营利民办高校示范特色创建校予以资金支持。实施“强师工程”，投入近2 000万元专项资金，对民办高校青年教师和管理干部开展集中培训。投入1 700余万元专项资金，资助民办高校骨干教师开展科研。

启动民办中小学特色学校（项目）和民办优质幼儿园创建，对34所民办中小学特色学校、30个民办中小学特色项目和40所民办优质幼儿园的校长、园长进行培训。

加强对民办教育规范办学的监督管理。完善民办学校资金资产管理制度，探索民办学校政府扶持资金拨付方式改革。进一步完善民办中小学财务管理办法和会计核算办法，启动修订民办高校财务管理办法和会计核算办法、民办教育政府专项资金管理办法。

推进民办教育社会服务组织建设。成立上海市民办教育协会，完善民办教育信息化公共服务平台，完成民办高等教育信息化建设标准和三年行动计划的设计。成立民办高校信息化专项协作组，完善许可证管理、财务和学费管理、资产管理、政府专项资金管理、专职教职工管理等信息平台。做好全市各级各类民办学校办学许可证申领和换发复核。严格规范民办非学历教育工作，发布《上海市教育培训机构学杂费专用存款账户暂行规定》，开展民办非学历教育机构办学专项督查。

〔**教育交流与合作**〕 完成上海中外合作办学质量认证指标体系、工作手册、专家指导手册等认证文件的修订工作，确定和启动对5个中外合作办学机构和项目的认证探索。指导和推进高中阶段中外合作办学。发展来沪留学生教育，完善留学生教育质量服务机构建设。成立首个地方预科学院——上海市外国留学生预科学院，11个国家的55名留学生成为首届新生。深化对4个“上海市外国留学生中国文化体验基地”和2个“上海市外国留学生社会实践基地”内涵建设。增列华东政法大学、上海海事大学为外国留学生中国政府奖学金接收院校。加强留学生课程师资培训，开展留学生教育特色精品专业和课程体系建设，丰富在沪留学生学业生活。实施国家汉语国际推广计划。全市共有8所高校、7所中小学在19个国家举办孔子学院（课堂）43所，其中孔子学院34所、孔子课堂9所。实施高校学生海外学习、实习项目，资助项目762个、资助学生5 824人次。举办第三届国际职业技术教育大会，来自117个国家和72个国际组织的800多名代表（含32个国家的35名教育部长、副部长）来沪参会，通过了《上海共识》。举办2012上海国际友好城市青少年夏令营。继续巩固与各友好城市的交流。做好外籍人员子女学校管理工作。2012年，上海各类外籍人员子女学校在校生达29 179人，比2011年增加1 054人。

〔**语言文字工作**〕 加强语言文字法规标准建设。组织制订上海市贯彻落实《国家中长期语言文字事业改革和发展规划纲要》的实施意见，明确了12项重大工程；开展《上海市公共场所外文使用管理规定》立法调研工作，形成了规章的征求意见稿；组织全国专家完成了《公共服务领域英文译写规范通则》的研制工作。积极推进“中华诵·经典诵读活动”，成立了经典诵读名师工作室，组织了19次名师专家系统讲座，开展了首批经典诵读市级骨干教师培训；组织开展了“2012年度经典诵读大赛”和“大中学生汉字文化传播和创意设计大赛”等活动。大力推进国家语委重点课题《提高国民语言应用能力研究》项目的科研工作，继续推进上海语言资源有声数据库建设。

基础教育

〔**完善学前教育公共服务体系**〕 推进学前教育（2011—2013年）三年行动计划。深入推进国家教育体制改试点项目“完善学前教育政府公共职能”研究与实践。新增的40所幼儿园已全面完工。加大对学前儿童看护点的管理力度，对民办三级幼儿园和学前儿童看护点进行支持和指导。加强学前教育内涵建设，制订《上海市0—3岁婴幼儿早期教养试点方案》。开展学前教育资源库建设，构建课程支持系统总体框架。成立上海学前教育研究所，加强学前教育研究。

〔**实施城乡基础教育一体化工程**〕 以市政府名义召开城乡基础教育一体化工作推进会。以常住人口为基数，部署“十二五”期间城乡基础教育一体化工作，加快大型居住社区和郊区新城公办中小学建设步伐，推进全年333个学校项目建设，确保教育公建配套学校与住宅同步规划、同步建设、同步交付使用。推进优质教育资源辐射郊区农村。组织上海交大附中、华东师大二附中、格致中学等赴郊区新城办分校，组织54所中心城区品牌学校到大型居住社区和郊区新城新建义务教育阶段学校和幼儿园。做好第三轮46所郊区农村义务教育阶段学校委托管理工作，推进受援学校内涵发展。编制《上海市新优质学校推进指导手册》，指导区县开展新优质学校推广。

〔**保障来沪务工人员随迁子女接受义务教育权益**〕 2012学年，全市共有53.8万名随迁子女在义务教育阶段学校就读，其中40.2万余人在公办学校就读，占总数的74.72%；13.6万余人在157所政府购买服务的以招收随迁子女为主的民办小学免费就读，占总数的25.28%。2012年，上海市将随迁子女接受义务教育生均基本成本补贴提高至每年5 000元。满足随迁子女接受学前教育和看护服务的需求，在园幼儿（不含看护点）中随迁子女超过16万人，占在园幼儿总数近四成。稳步扩大职业教育招收随迁子女规模，共安排64所中职学校和8 000名招生计划，实际录取随迁子女8 036名，占全年中职招生总数的20%左右。允许随迁子女中职毕业后同上海户籍中职学生一样参加高职自主招生。研究随迁子女在上海升学考试方案。

〔**素质教育稳步深化**〕 深化基础教育课程改革，基本完成课程标准修订工作。完成上海市提升中小学（幼儿园）课程领导力行动实践研究。开展中学校本课程征集评选活动。推进普通高中特色多样发展，深化普通高中学生创新素养培育实验，成立特色高中建设项目推进组，成立上海市基础教育国际课程比较研究所。完善普通高中学业水平考试制度，形成普通高中学业水平考试（2009—2012年）分析报告。

深化义务教育阶段学业质量评价改革，初步建成全市基础教育学业质量数据库。全面实施“小学快乐活动日”制度，每周安排半天时间用于拓展、实践和锻炼等活动，提升学生的“幸福指数”。开展学生阳光体育运动，落实“中小学生每天一小时校园体育活动”。

加强学生社会实践和体验基地建设。建立首批

11个学生社区实践指导站，启动上海市学生公共安全教育实训基地建设和上海市中小学生职业体验基地试点。完成国家指南针计划专项青少年体验基地建设。在10个区县联建上海市青少年科学研究院区县分院。

〔**特殊教育和民族班教育**〕 出台加强特殊教育师资配备和经费保障等方面的政策，将特殊教育生均公用经费标准提高到7 800元，对全市基础教育阶段残疾学生全面实施免费教育。

全面完成教育部下达的2012年度内地西藏班、新疆班扩招任务。完善民族班德育、教学和管理平台建设。丰富民族团结教育活动形式，组织开展内地中学民族班学生才艺展演活动。成立民族班教学指导小组，提升民族班教学的针对性和有效性。

职业教育与成人教育

〔**深入开展中高职教育贯通培养模式试点**〕 中高职贯通培养试点范围扩大到全市各中职学校、独立设置的高职院校和本科院校高职学院，新增6个试点专业。2012年，招生达1 360名。推动上海交大医学院附属卫生学校、上海医药高专、上海医药学校等药学类专业开展基于学分制的中高职教育衔接培养模式试点。

〔**推进中职“双证融通”改革和专业标准开发**〕 开展中职学历证书和职业资格证书“双证融通”改革。出台实施“双证融通”改革试点实施方案，选择5个专业10所学校开展试点。编制“‘双证融通’专业改革试点工作指引”，指导各试点院校制定试点工作方案和教学实施方案。

完成首批与国际接轨的专业标准开发。编制完成《国际水平的职业教育专业教学标准开发指导手册》，指导各试点学校完成首批13个专业的开发。启动第二批28个专业35个国际水平的专业教学标准开发。

〔**加强基础能力建设**〕 开展第三批国家中职特色示范校建设遴选，重点支持20所中职学校创建市特色示范校。全面启动上海高职“飞跃计划”，推进上海医药高等专科学校等4所国家示范性高职院校向专业特色鲜明、校企深度融合、具备国际影响的高职院校发展。

继续开展特色高职骨干院校建设。完成上海出版印刷高专国家高职骨干院校建设方案评审和上报。确定上海海事职业技术学院等8所院校为上海市特色高职建设院校，上海行健职业学院等2所院校为上海市特色高职培育院校。

着力增强职业教育吸引力。将普通中职学校残疾学生纳入中职免学费政策范围，中职学校免费政策覆盖面达在籍在沪学生总数的56%。组织参加2012年全国职业院校技能大赛，上海代表队参加16个专业大类52个比赛项目，获29枚金牌、36枚银牌、36枚铜牌。

〔**开展职业教育课程专业建设**〕 开展中职学校重点专业和精品课程建设，完成“上海市中等职业学校精品课程平台”开发。推进中职学校开展教学质量评估，制订完成教学质量实地评估方案，完成74所学校教学质量网上评估、13所中职学校教学质量常态评估。制订高职高专院校重点专业建设计划，完成编制重点专业建设路线图164个，提出具体建设项目3 617个，设立项目监测点4 498个。完成首届“高职院校重点专业建设教学设计比武”。

〔**教师队伍建设**〕 完成中职学校第六届教师教学法改革交流评优市级复赛。组织19个专业（学科）组对370名教师进行为期3个月的听课评优活动。组织4批次64名专业教师以及20位中职校长、专业负责人赴德国培训；完成年度中职特聘兼职教师资助。完成2012年国家级教师培训计划，完成中职“双名工程”评审。成立上海中等职业教育师资培训中心。继续实施高职高专师资教学能力提升计划，启动7个培训项目，培育高职高专院校专业负责人、骨干专任教师。

〔**推进高职专业教学资源库建设**〕 启动国家级、省市级高职专业教学资源库建设。支持护理专业、特警专业、艺术设计专业和印刷与数字印刷技术专业4个国家级专业教学资源库建设，带动10所市级特色高职院校的50余个专业资源库建设，在专业人才培养方案、课改设计、活页教材、产学合作模式等方面构建共享型专业教学资源库，推动全市高职教育教学水平的普遍提升。

〔**构建终身教育服务体系**〕 教育部正式批准上海电视大学更名为上海开放大学。初步完成上海开放大学“总部—学院—学习中心”三级系统架构；完成“城市公共安全管理”、“机械电子工程”、“软件工程”3个专升本专业建设并获教育部批准；成立城市公共安全管理学院等7所特色学院，592名残疾人学员、100名老年学员就读专科学历教育，10 200人（次）女性学员参加女子学院学习点培训。挂牌成立上海终身教育研究院。

启动终身教育学分银行，在全市设立21个分部，就近服务市民。完成学分银行学历教育263门课程学分认定转换标准、166个职业培训等非学历证书转换为学历教育学分、1 658门次文化休闲教育课程学分认定标准。已有13.5万名市民建立学习档案。

〔**完善终身教育基础建设**〕 探索建设基于“云计算”的数字化学习平台，新版“上海终身学习网”正式运行，新开发2 500余门网络课件和106门手机微型课程，开放1 500门课程学习资源，市民上网学习已达6 500多万人次。

完成乡镇成人学校的标准化建设，全市112所乡镇成人学校已有77所通过标准化建设评估。开展第三轮社区教育实验街镇评选，133个社区教育实验街镇中有47个获市级社区教育示范街镇称号，其中30个获全国社区教育示范街镇称号。截至2012年年底，全市获全国社区教育示范街镇称号的街镇已达75个。

〔**推进老年教育**〕 完成“建设4所上海老年大学分校”市政府实事项目。4所分校总面积达25 540平方米，增长193%；功能专用教室56间，增长133%；开设课程366门，增长152%；在校生数13 357人，增长116%。制订优质老年教育资源均衡布局计划。制订虹口、闵行、奉贤、青浦、长宁、静安、崇明7个区（县）老年大学建设方案以及72所老年学校建设专用功能教室和添置设施设备的支持方案。

建设老年教育支持服务架构。6个老年教育服务指导中心（老年素质教育指导中心、老年教育理论研究中心、老年教育师资培训中心、教育成果展示指导中心、艺术教育指导中心和老年教育教材建设指导中心）正式运行。完成532个老年教育标准化学习点建设。截至2012年年底，全市已建设老年教育标准化学习点1 128个。

高等教育

〔**优化高等教育布局结构**〕 编制全市高校设置“十二五”规划，通过全国高等学校设置评议委员会专家评议，并提请市政府报教育部备案。推进“两部一市”共建上海财经大学，教育部、财政部、上海市政府签署共建上海财大协议。

开展上海科技大学筹建工作。教育部和市政府分别批复同意正式筹建上海科技大学。批准上海科技大学进行综合预算管理试点，同意设立上海科技大学（筹）事业法人单位事业编制。校园建设已奠基开工。

开展院校更名和转制工作。民航上海中等专业学校升格为民航职业技术学院。支持上海对外贸易学院、上海应用技术学院、上海体育学院申请更名为大学以及复旦大学上海视觉艺术学院转设等院校设置工作。

〔**落实高等教育改革发展重点计划**〕 推进“985工程”三期建设。筹措资金支持上海财经大学、华东理工大学等“211工程”高校开展“经济学创新平台”、“煤的清洁高效利用与石油化工关键技术”等“985工程”优势学科创新平台项目建设。

推进“211工程”合作共建。“211工程”三期共建地方配套投入资金17.93亿元全部到位。开展“211工程”三期建设情况验收，复旦大学、上海交通大学、华东理工大学、上海财经大学、中国人民解放军第二军医大学建设成效显著，获教育部、国家发展和改革委、财政部的奖励。

推进高等教育内涵建设五大工程（即综合建设工程、人才培养工程、知识创新工程、师资队伍建设工程、国际交流与合作工程）信息平台建设，完成地方高校内涵建设（分类指导、分类管理改革）年度专项资金支持项目评审。

开展2012年地方本科院校“十二五”内涵建设绩效评价工作。配合市财政局组织开展2012年“中央财政支持地方高校专项资金”项目申报和专家评审，全市21所高校获中央财政专项资金支持和市级配套资金支持。

落实“高等学校创新能力提升计划”。启动第二批上海高校知识服务平台建设，完成首批9个知识服务平台筹建验收；启动实施一流学科建设计划，161个学科列入一流学科建设范围，其中国际一流学科建设基地19个、上海市重点学科142个。组织“2011”协同创新中心培育工作。

〔**实施研究生教育综合改革**〕 继续实施研究生教育创新计划，开展学位点引导布局与建设培育、地方高校研究生培养机制改革试点、大文科研究生学术新人培育计划、学位点建设与人才培养模式探索等项目建设。继续推进专业学位研究生教育综合改革试验。发布《上海市法律硕士等16种专业学位论文基本要求和评价指标体系》。启动金融硕士等20种专业学位论文基本要求和评价指标体系研制工作。完善临床医学专业学位教育与住院医师规范化培训结合制度。

开展研究生优秀成果（学位论文）评选工作。专业学位论文双盲评审首次采用新标准。156篇博士学位论文入选上海市研究生优秀成果（学位论文），56篇博士学位论文参加全国优秀博士学位论文评选。132篇硕士学位论文入选上海市研究生优秀成果（学位论文）。启动2012年上海市研究生优秀成果（学位论文）评选。

组织专家完成对3所独立学院申请增列学士学位授予单位和24所学校101个本科专业申请增列学士学位授予专业的审核。全市21所高校301个一级学科参加全国第三轮学科评估。

〔**提升本科教育教学质量**〕 启动实施市级本科教学质量与教学改革工程，立项建设89门市级精品课程、43门市级示范性全英语课程。“卓越教育培养计划”不断推进，12所高校的65个国家“卓越工程师教育培养计划”项目取得阶段性进展，5所高校入选国家卓越法律人才培养基地，10所高校的15个市级卓越法律人才培养基地启动建设。39个专业列入首批市级专业综合改革项目，22所高校的相关院系列为首批创新创业教育实验基地。

11所高校与59家企业共建国家级工程实践教育基地。大学生创新创业活动计划学校增加到24所，新增国家级项目840项、市级项目3 100项。完善本科专业预警退出机制，首次公开发布2012年全市高校18个预警专业名单，督促高校向社会公开本科教学质量。

〔**提升高校教师质量**〕 海外高层次人才引进和服务工作不断完善。提高上海特聘教授（“东方学者”）入选标准，加大岗位资助力度，新增岗位跟踪计划；“东方学者”岗位计划入选 79 人；开展“东方学者”聘期评估和督查。实施上海高校教师产学研践习计划、上海高校教师国内访问学者计划、上海高校教师国外访学进修计划以及上海高校青年教师培养资助计划。启动市属本科高校骨干教师教学激励计划，依托国家和市级平台建设高层次人才队伍。完成 2011 年度“长江学者”申报工作，完成 2011 年上海市领军人才“地方队”选拔，完成国家“千人计划”申报。开展上海市“千人计划”申报评审。

〔**高校学生伙食工作**〕　组织开展高校伙食价格和食堂成本动态监测和分析。完善配套政策，制定《上海高校学生食堂价格平抑基金管理办法》。启动高校食堂价格调节准备金，对高校学生食堂给予专项补贴，确保高校学生食堂伙食价格总体稳定。推动“农校对接”工作，加强学生食堂成本控制。

撰稿　徐钦福　沈勉荣　钟　智　刘　捷

审稿　苏　明

江苏省教育

概　　况

〔基本情况〕

江苏省各级各类学校校数、教职工、专任教师情况

	学校数（所）	教职工数（人）	专任教师数（人）
一、高等教育	165	166 000	107 424
（一）研究生培养机构（不计校数）	47		
1. 普通高校	32		
2. 科研机构	15		
（二）普通高等学校	153	163 592	106 023
1. 本科院校	71	107 005	65 310
其中：独立学院	25	12 685	10 018
2. 高职（专科）院校	82	55 660	39 999
3. 其他机构（点）（不计校数）	17	927	714
（三）成人高等学校	12	2 408	1 401
（四）民办的其他高等教育机构			
二、中等教育	5 869	671 107	515 857
（一）高中阶段教育	3 803	456 548	333 626
1. 高中	594	135 292	97 223
普通高中	594	135 292	97 223
完全中学	187	44 323	24 112
高级中学	369	81 237	70 191
十二年一贯制学校	38	9 732	2 920
成人高中			
2. 中等职业教育	3 209	321 256	236 403
普通中专	168	34 919	28 049

续表

	学校数（所）	教职工数（人）	专任教师数（人）
成人中专	42	3 192	1 900
职业高中	75	14 239	11 912
技工学校	2 924	266 116	192 575
其他机构（教学点）（不计校数）	77	2 790	1 967
（二）初中阶段教育	2 066	214 559	182 231
1. 初中	2 066	214 559	182 231
初级中学	1 712	168 269	144 843
九年一贯制学校	354	46 290	20 477
十二年一贯制学校			2 536
完全中学			14 375
职业初中			
2. 成人初中			
三、初等教育	4 128	252 300	252 580
（一）普通小学	4 128	252 300	252 580
小学	4 128	252 300	231 044
九年一贯制学校			19 401
十二年一贯制学校			2 135
（二）成人小学			
其中：扫盲班			
四、工读学校			
五、特殊教育	107	3 911	3 124
六、学前教育	4 392	152 943	94 660

江苏省各级各类学历教育学生情况

	毕业生数（人）	招生数（人）	在校生数（人）
一、高等教育			
（一）研究生	38 352	46 214	139 529
博士	4 217	5 493	23 513
硕士	34 135	40 721	116 016
（二）普通本专科	470 254	435 047	1 671 173
本科	231 751	240 287	984 577
专科	238 503	194 760	686 596
（三）成人本专科	196 579	170 561	390 018
本科	89 904	83 483	196 801
专科	106 675	87 078	193 217

续表

	毕业生数（人）	招生数（人）	在校生数（人）
（四）其他各类高等学历教育			
1. 在职人员攻读硕士学位		10 220	43 546
2. 网络本专科生	12 899	22 606	45 524
本科	7 063	13 425	25 887
专科	5 836	9 181	19 637
二、中等教育	3 386 635	2 931 511	9 142 653
（一）高中阶段教育	2 001 880	2 291 199	6 541 677
1. 高中	561 029	376 936	1 352 896
普通高中	444 765	376 936	1 208 697
完全中学	117 240	99 732	315 764
高级中学	312 213	262 993	847 735
十二年一贯制学校	15 312	14 211	45 198
成人高中	116 264		144 199
2. 中等职业教育	1 440 851	1 914 263	5 188 781
普通中专	154 510	195 668	627 941
成人中专	28 864	30 059	80 890
职业高中	65 269	49 498	175 718
技工学校	1 192 208	1 639 038	4 304 232
（二）初中阶段教育	1 384 755	640 312	2 600 976
1. 初中	752 183	640 312	1 970 169
初级中学	583 973	489 838	1 512 970
九年一贯制学校	83 169	77 106	230 559
十二年一贯制学校	16 942	13 159	41 345
完全中学	68 099	60 209	185 295
职业初中			
2. 成人初中	632 572		630 807
三、初等教育	2 236 767	794 802	5 870 858
（一）普通小学	645 061	794 802	4 227 557
小学	591 772	728 341	3 863 883
九年一贯制学校	47 747	60 383	330 552
十二年一贯制学校	5 542	6 078	33 122
（二）成人小学	1 591 706		1 643 301
其中：扫盲班	585 749		689 067
四、工读学校			
五、特殊教育	3 271	3 534	24 702
六、学前教育	725 378	793 156	2 204 476

江苏省各级各类非学历教育学生情况

	结业生数（人）	注册学生数（人）
总计	8 376 979	6 683 196
一、高等教育	540 972	181 895
（一）研究生课程进修班	3 166	6 263
（二）自考助学班	9 399	23 914
（三）普通预科生		113
（四）进修及培训	528 407	151 605
其中：资格证书培训	225 393	83 869
岗位证书培训	114 217	51 571
二、中等职业教育	7 836 007	6 501 301
其中：资格证书培训	1 224 398	948 644
岗位证书培训	2 377 506	1 973 382
（一）中等职业学校	523 936	355 224
其中：资格证书培训	196 744	140 612
岗位证书培训	219 156	143 997
（二）职业技术培训机构	7 312 071	6 146 077
其中：资格证书培训	1 027 654	808 032
岗位证书培训	2 158 350	1 829 385

江苏省各级各类民办教育基本情况

	学校数（所）	毕业生数（人）	招生数（人）	在校生数（人）	教职工数（人）	专任教师数（人）	其他学生数（人）
一、民办高等教育							
（一）民办高校	50	113 711	101 577	409 531	21 840	15 986	1 063
硕士							
本科学生		79 677	70 452	322 328			
专科学生		34 034	31 125	87 203			
其中：独立学院	25				12 685	10 018	895
本科学生		51 731	50 222	216 949			
专科学生							
（二）民办其他高等教育机构							
二、民办中等教育							
（一）高中阶段教育	127	77 644	66 848	212 330	23 128	18 014	
1. 民办普通高中	105	62 879	54 681	173 199	21 340	16 797	

续表

	学校数（所）	毕业生数（人）	招生数（人）	在校生数（人）	教职工数（人）	专任教师数（人）	其他学生数（人）
2. 民办中等职业教育	22	14 765	12 167	39 131	1 788	1 217	918
（二）初中阶段教育	156	101 105	89 154	275 641	18 548	14 633	
1. 民办普通初中	156	101 105	89 154	275 641	18 548	14 633	
2. 民办职业初中							
三、民办普通小学	82	28 875	31 129	181 113	4 599	3 689	
四、民办幼儿园	1 530	169 678	191 189	540 598	52 877	29 975	
另有：民办培训机构（不计校数）	1 351				17 518	11 271	1 359 243

〔**教育投入与支出**〕　2012 年，全省教育经费总收入 2 003.59 亿元，其中地方教育经费总收入 1 832.12 亿元，位居全国第二，比 2011 年增加 243.91 亿元，增长 15.36%。教育经费总支出 1 964.50 亿元，其中地方教育经费总支出 1 796.43 亿元，比 2011 年增加 223.23 亿元，增长 14.19%。在总支出中，人员经费支出 979.47 亿元，比 2011 年增加 120.73 亿元，增长 14.06%，人员经费支出占总支出的 54.52%，比 2011 年减少 0.07 个百分点；公用经费支出 811.31 亿元，比 2011 年增加 104.98 亿元，增长 14.86%，公用经费支出占总支出的 45.16%，比 2011 年增加 0.26 个百分点；基本建设支出 5.65 亿元，比 2011 年减少 2.48 亿元，下降 30.50%，基本建设支出占总支出的 0.31%。全省各级各类学校校舍面积 1.61 亿平方米，年末固定资产总额达 2 652.53 亿元，其中房屋建筑 1 919.67 亿元、专用设备 370.20 亿元。

〔**教育惠民措施**〕　制订了公办幼儿园、公办普通高中生均公用经费财政拨款标准，提高了义务教育和高等教育生均公用经费财政拨款标准，在全国率先实现所有学段教育经费保障机制和生均财政拨款标准全覆盖。全省城乡义务教育阶段 620.7 万名学生免费使用教科书和作业本。完成各类教育考试招生任务，招考规模首次突破 600 万人次，录取普通本专科新生 43.8 万人，高考录取率达 84.7%。录取研究生 4.6 万人。全面完成标准化考点建设工程。出台了《来苏务工就业人员随迁子女参加升学考试工作意见》。大学生创业教育有序推进，首批确定 15 个大学生创业示范基地。高校毕业生就业指导与服务得到加强，先后举办专题性就业活动、“百校联动就业市场”校园招聘会 465 场。全省 2012 届高校毕业生年终就业率达 96.6%。帮困助学体系进一步健全，义务教育阶段学校家庭经济困难学生生活费补助全面发放，16.8 万名普通高中生获省财政补助，92.8 万名中职生享受国家助学金和免学费政策，高中阶段残疾学生实行免费教育，28.6 万名大学生获国家奖助学金，12.8 万名大学生获国家助学贷款，基本做到“应贷尽贷”。

〔**教育改革**〕　24 个国家教育体制改革试点项目和江苏省学前教育改革发展试验区、义务教育优质均衡发展试验区、职业教育创新发展实验区、高等教育综合改革试验区建设稳步推进，并取得阶段性成效。省教育厅与南京、淮安、宿迁 3 市市政府分别签署合作协议。人才培养体制改革逐步深入，软件类、机械仪表类“卓越工程师培养计划”启动实施，地方高校计算机学院培养服务外包人才试点顺利展开。热点高中招生指标均衡分配到初中的政策进一步落实。37 所高职高专开展了“注册入学”试点，6 所省属本科院校在省内进行了自主选拔录取改革试点。长三角区域交换生计划正式实施。独立学院加快发展，2 所独立学院实现迁址办学，7 所独立学院进行了事业单位法人登记试点。教育交流与合作成绩显著，新增中外合作办学机构和项目

44个，新增孔子学院2所、汉语推广项目16个。公派1 100人出国留学。外国留学生、港澳台学生达3.6万人。东南大学与澳大利亚蒙纳士大学建立苏州联合研究生院，中国人民大学和法国3所名校在苏州建立中法学院，昆山杜克大学筹建获批。通过在南美、东欧举办江苏省高等教育展等活动，增强了江苏省教育的国际影响力。

〔**师资队伍建设**〕 省政府召开全省教育人才工作会议，出台了《关于加强教育人才队伍建设的意见》。教师教育改革逐步深化，免费男幼儿师范生培养机制得到完善，举办各类教师和师范生基本功大赛。完成各类教师和校长省级培训12万人次，其中农村教师占一半。评定6个示范性县级教师发展中心。选派300名高校骨干教师和9个团队赴世界200强高校优势学科深造，18名校长赴境外高水平大学跟岗研修。分别成立江苏省高等、中等职业教育教师培训中心。“千校万师支援农村教育工程”和“万名大学毕业生支援农村教育工程”持续推进。高层次人才队伍建设取得新进展，新增“千人计划”等高层次人才216人，选聘第三批江苏省特聘教授49人，评出“青蓝工程”培养对象837人。评定第十二批特级教师328人。评聘高校教授和副教授、中职学校高级讲师4 410人，开展中小学幼儿园正高级教师评审。新认定教师资格46 382人。研制了公办幼儿园机构编制标准。建立义务教育学校教师和校长定期交流制度。非义务教育学校实施教师绩效工资工作稳步推进。

〔**服务经济社会发展**〕 高校全年承担各类科技项目31 158项，获经费104亿元。29项成果（其中作为第一完成单位17项）获2012年度国家科学技术进步奖（占全国10.9%、占全省59.2%，获奖数、作为第一完成单位获奖数均居全国第二），63项成果获2012年教育部科学研究优秀成果奖（占全国20.5%、居全国第二），16项成果获江苏省科技一等奖（占全省94.0%）。“江苏高等学校协同创新计划”开始实施，培育组建协同创新中心60多个。新增省级以上科研平台31个、省级大学科技园7个，10个国家大学科技园被评为优良等级。省教育厅会同省科技厅、南京市出台了“南京科技九条政策”，与省经济和信息化委员会签署了《共同推进高校中小企业公共技术服务平台建设合作备忘录》，与省科技厅、江宁区政府合作共建江苏（江宁）大学科教创新园。组织高校参加苏北投资贸易洽谈会等科技对接活动，68所高校与企业签订“四技”服务技术合同15 922项，成交额51.1亿元。召开全省高校哲学社会科学工作会议，出台了《关于深入推进江苏高校哲学社会科学繁荣发展的实施意见》。1 459个社会科学研究项目获江苏省立项资助，评出哲学社会科学研究优秀成果奖307项。社区教育进一步发展，新增了一批省级社区教育基地和实验区，江苏开放大学获教育部正式批准。现代农民教育工程深入推进，完成各类培训241.5万人（次）。

基 础 教 育

〔**学前教育**〕 1月12日，《江苏省学前教育条例》正式发布，并于3月1日起生效。该《条例》对学前教育管理体制、办学资源、经费保障机制、保教日常管理等多方面做出了明确规定，为解决“入园难”和“入园贵”、“小学化”等问题提供了法律依据。省教育厅和省财政厅联合成立实施学前教育五年行动计划厅际协调小组，抽调专人重点督查推动幼儿园建设工作。据统计，全年全省新建幼儿园762所、现址扩建429所、利用中小学闲置校舍改（扩）建247所，总数达1 438所。全省新建、改扩建幼儿园总投入为53.2亿元，其中省级财政投入2.79亿元。10月10日，省政府在镇江市召开学前教育改革发展现场推进会，副省长曹卫星出席会议并讲话。省教育厅、省编办、省财政厅、省人力资源和社会保障厅、省住房城乡建设厅等部门和6个地区的代表做了大会发言。省财政厅、省教育厅联合出台了《关于建立健全学前教育经费保障机制的通知》。省教育厅出台《江苏省学前教育改革发展示范区督导评估实施办法》，并下发《关于做好2012年省学前教育改革发展示范区建设督导评估申报工作的通知》，在全省启动学前教育改革发展示范区创建工作。在全省进行幼儿园“小学化”专项检查，防止和纠正幼儿园“小学化”现象。出台《幼儿园收费管理办法》，在严格收费管理的同时创造性地提出：“无财政拨款的公办幼儿园保教费收费标准在同等级公办幼儿园保教费收费标准基础上可以上浮，上浮幅度最高不超过20％”；“普惠性民办幼儿园收费视同公办幼儿园管理”。建成全省幼儿园信息管理系统，涵盖机构管理、班级管理、幼儿管理、教师信息、申诉仲裁管理、数据统计分析、用户角色管理、日志管理等14个模块，提供信息发布、在线技术支持等服务。完成7 000多所幼儿园及办园点、5.4万个班级、17.3万名教职工和201万名幼儿的信息采集，为教育决策和教育发展评估提供重要的数据支撑。组织创建省级优质幼儿园，对426所幼儿园进行了材料评审、现场考察。经专家认定，全省有249所幼儿园基本达到省级优质幼儿园评估标准，被授予“江苏省优质幼儿园”称号。截至2012年年底，全省已有2 499所省级优质幼儿园。

〔**义务教育**〕　省政府出台《关于深入推进义务教育优质均衡发展的意见》，把均衡配置资源作为重点，把提高教育质量作为根本，把推进体制机制和方法创新作为动力，提升义务教育内涵建设水平。研制了《江苏省县（市、区）义务教育优质均衡发展主要指标》，完善了指标体系建设。研制了《江苏省义务教育学校现代化办学标准》，全面加强学校校舍、场地、师资队伍、设施装备等方面建设，推进义务教育学校现代化进程。全省首批共遴选出薄弱初中课程建设项目51个、薄弱初中课程建设培育项目11个。从最薄弱的乡镇初中入手，积极改善办学条件，开发课程资源，改革教学模式。出台贯彻教育部等部门《治理义务教育阶段择校乱收费的八条措施》的意见，落实《江苏省实施〈中华人民共和国义务教育法〉办法》，针对义务教育阶段出现的违规招生、分班、补课等现象，采取措施，坚持依法办学，实施素质教育。开展“接送流浪孩子回家”专项行动，落实相关工作任务。继续实施民办外来务工人员随迁子女学校标准化建设工程，加强对农村留守儿童教育管理工作。

〔**普通高中发展**〕　继续推进2011年确定的38个普通高中课程基地的建设。遴选出2012年普通高中课程基地55个建设项目及培育项目。推进普通高中多样化发展国家教育体制改革项目试点，指导南京市努力探索普通高中多样发展新格局，促进学生全面而有个性地发展。积极探索创新人才试点培养的途径和办法。按照教育部要求，积极推进普通高中改制学校清理整顿工作。加强日常检查，强化学籍管理，以普通高中学历信息网络认证和电子学籍注册为抓手，进一步做好学籍管理工作，规范普通高中招生、办学行为。

〔**中小学德育工作**〕　以党的十八大精神为指导，结合新课程标准，对各学科课程标准的育人目标、内容、方法等进行修订，推进社会主义核心价值体系教育进教材、进课堂、进实践。组织中小学“学科德育精品课程”和“育人精彩瞬间”评选工作，遴选出优秀项目763个，充实江苏省中小学德育资源库，为中小学德育教育提供示范引领。开展“爱祖国、爱江苏、爱家乡”教育实践活动，“童心向党”歌咏活动，优秀童谣征集活动和“弘扬雷锋精神 建设心灵家园”，“美丽中国 携手你我”以及“书香江苏”等主题读书活动。评选表彰江苏省“百名美德少年”、“十大美德少年标兵”。举办全省中小学教师科学素养提升及心理健康教育培训班，共培训中小学教师481人。开展班主任专业化建设试点。选派优秀中小学班主任参加首届长三角地区中小学班主任基本功大赛，取得6个一等奖的优异成绩。授予1 217名学生“江苏省三好学生”称号，授予280名学生“江苏省优秀学生干部”称号，引导青年学生学习先进，提高综合素质。

〔**特殊教育**〕 组织开展特殊教育教科研活动，提高特殊教育教学质量。积极改善特殊教育学校的办学条件，促进各特殊教育学校举办三年学前教育，扩大高中特殊教育招生规模，高中阶段在校残疾学生及学前残疾儿童在园就读人数不断上升。提高特殊教育学校生均公用经费标准，要求各地按照普通中小学生均公用经费6至8倍的标准，安排特殊教育学校生均公用经费。

职业教育与成人教育

〔**构建现代职业教育体系**〕 2012年，继续完善普通高校对口单独招生考试办法，首次开通了体育类专业对口单独招生考试。全省中职学校2.5万人参加对口单独招生考试，实际录取本科生4 595人、专科生1.47万人。组织中职毕业生注册进入高等职业院校继续学习，招生4 401人。稳定五年制高等职业教育招生规模，招生3.8万人，优化五年制高职专业教学指导方案，创新人才培养模式，提高人才培养质量。为实现现代职业教育体系建设的突破，在职业教育创新发展实验区和地方政府促进高等职业教育发展综合改革试点区，组织实施现代职业教育体系试点方案，培养高技能高素质人才。首批71个项目涉及创新发展实验区（综合改革试点区）内13所本科高校、32所高职院校和47所中职学校，招生4 885人。

〔**职业教育创新发展实验区建设**〕 5月，省职业教育体制改革领导小组办公室组织评审了第二批职业教育创新发展实验区，确定南京市、徐州市、海门市、灌南县、大丰市、宝应县、丹阳市、靖江市和淮安经济开发区9个市、县（市、区）为第二批职业教育创新发展实验区。截至2012年年底，全省共有19个实验区，覆盖全省市、县（市、区）的60%。5月11日，省政府在常州市召开全省职业教育创新发展实验区建设现场会，总结交流首批职业教育创新发展实验区建设经验，全面启动第二批创新发展实验区建设。

〔**教学质量提升工程**〕 12月24—25日，省教育厅召开全省职业教育教学质量提升工作会议。会议期间，省政府办公厅、省教育厅和有关部门分别出台了《省政府办公厅转发省教育厅关于进一步提高职业教育教学质量意见的通知》、《省教育厅关于制订中等职业教育和五年制高等职业教育人才培养方案的指导意见》、《省教育厅、省教育督导团关于印发〈江苏省中等职业学校德育工作督导评价标准（试行）〉的通知》、《省教育厅、省财政厅关于做好江苏省高水平现代化职业学校建设工作的通知》、《省教育厅、省财政厅关于进一步加强职业学校高水平示范性实训基地建设的通知》以及《省教育厅关于建立江苏省中等职业学校学业水平测试制度的意见（征求意见稿）》等系列文件。《省教育厅关于进一步提高职业教育教学质量意见》明确规定，中等职业教育实行“2.5+0.5”的人才培养模式，五年制高等职业教育实行“4.5+0.5”的人才培养模式，并建立职业教育教学成果评选奖励制度和中职学校学业水平测试制度。

〔**制订《江苏省中等职业学校德育工作督导评价标准（试行）》**〕 为全面贯彻落实国家、教育部关于青少年思想道德教育工作的要求，省教育厅制订了《江苏省中等职业学校德育工作督导评价标准（试行）》（简称《标准》）。《标准》突出职业教育的特点，从组织体系、内容体系、保障体系三个维度出发，分基本要求、发展性要求两个系列，形成德育工作评价指标体系。重点突出了领导负责、全员育人、队伍建设、经费保障和科研引领等关键环节。其中规定了职业学校德育工作经费总额不少于学校总预算支出的3%，并明确德育经费包含的具体项目；规定职业学校德育课教师、管理人员生师比和学历要求、上岗及培训要求等。

〔**骨干示范职业学校建设**〕 2012年，全省新增8所三星级中职学校、17所四星级中职学校（即省级高水平示范性职业学校）；新增第三批20所国家中等职业教育改革发展示范学校。截至2012年年底，教育系统内公办中职学校全部达到三星级（国家级重点）以上标准，其中省级高水平示范职业学校131所（含100所四星级职业学校）。国家中等职业教育改革发展示范学校达58所，占中职学校总数的13%，比重居全国第一。全省80%以上的中职生在三星级以上中职学校学习。根据《江苏省教育发展“十二五”规划》，省教育厅制订了《江苏省高水平现代化职业学校建设标准》。12月，省教育厅印发了《关于做好江苏省高水平现代化职业学校建设工作的通知》。

〔**技能教学研究基地建设**〕 根据《江苏省“十二五”教育发展规划》要求，“十二五”期间，全省将建立60个省级职业教育技能教学研究基地。2012年，首批15个省级职业教育技能教学研究基地启动建设，省财政投入1 000万元专项资金用于基地建设。在中职学校建立省级职业教育技能教学研究基地在全国尚属首例。

〔**示范性实训基地建设**〕 2012年，为进一步加强职业学校实训基地建设，启动了省级高水平示范性实训基地创建工作。省教育厅、省财政厅印发了《关于进一步加强职业学校高水平示范性实训基地建设的通知》，制订了省级高水平示范性实训基地遴选条件和建设标准，并组织开展了高水平示范性实训基地申报、评审与立项工作。

〔**城乡社区教育**〕 2012年，全省新建社区教育实验区3个、标准化社区学院12个、标准化社区教育中心67个和标准化居民学校704个，进一步完善了社区大学、社区学院、社区教育中心和居民学校协调发展的四级社区教育网络。

〔**农民教育培训工作**〕 2012年，按照省委、省政府关于建设新农村、培养新农民、发展新农业的总体要求，全省成人教育系统大力开展农村劳动力转移培训、农村实用技术培训、农民创业培训，积极实施“两后双百”工程（即对初、高中毕业后未能升学，但有受培训和就业愿望的学生进行100%的职业技能培训，100%推荐就业）。一是继续实施农村人才工程和现代农民教育培训工程。组织全省1 082所乡镇社区教育中心，大力开展农村劳动力转移培训，全年培训近31.7万人（次）；积极开展农业实用技术培训，依托农业职业学校、乡镇和农业技术推广机构，上挂农业院校和科研院所，横联地方农业、科技单位，向下辐射千家万户，全年培训203万人（次）；面向市场需求，积极参与组织农民创业培训，全年共培训5.4万人（次）。二是切实加强农科教结合示范基地建设。对全省152个乡镇农科教结合示范基地进行复查，采用自查、复查、抽查等形式，重新确认公布了141个乡镇农科教结合示范基地。12月，与省农业委员会联合下发《关于创建江苏省高水平农科教结合富民示范基地的通知》，在乡镇农科教结合示范基地建设的基础上，全省试点建设了13个高水平农科教结合富民示范基地。

高等教育

〔**召开高等学校人才培养质量工作会议**〕 10月16日，省教育厅召开全面提高高等学校人才培养质量工作会议。会议总结交流了“十一五”以来全省高校人才培养工作，表彰了48所教学工作先进高校，研究部署全面提高高校人才培养质量工作的新举措。副省长曹卫星出席会议并讲话，全省高等学校、各市教育局领导及省教育厅有关部门的主要负责人约400人与会。会议印发了《江苏省教育厅关于全面提高高等学校人才培养质量的意见（征求意见稿）》。

〔**本科教育人才培养体制改革试点**〕　继续推进“卓越工程师教育培养计划”，印发了《省教育厅关于实施江苏省卓越工程师教育培养计划的意见》。省教育厅与省经济和信息化委员会联合启动实施软件类卓越工程师教育培养计划，有32所高校的103个软件类专业参与改革试点。根据教育部统一部署，开展了卓越医师、卓越法学人才教育培养计划高校推荐工作。省教育厅会同省商务厅继续推进全省地方高校计算机学院培养服务外包人才试点工作，深化人才培养模式改革，创新校企合作体制机制。继续推进软件人才培养工作，省教育厅与印度NIIT签署了第二轮软件人才培养合作意向书。

〔**高职教育人才培养体制改革试点**〕　省教育厅制发了《关于组织申报2012年江苏省现代职业教育体系建设试点项目的通知》，全省遴选71个项目参加试点，积极探索中职、高职、应用型本科衔接贯通机制，构建具有江苏省特色的现代职业教育体系。继续推进“职业教育国家教育体制改革试点项目”——地方政府促进高职发展综合改革试点工作。常州市、苏州市工业园区、太仓市、无锡市新区与高职院校相伴相生、支撑发展、合作共赢的案例入选国家示范高职院校建设五周年成就展。受教育部委托，开展高职院校招生考试改革，进一步完善国家示范（骨干）高职院校自主单独招生考试试点，将试点范围扩大到26所省级以上示范性高职院校。江苏、上海、浙江、安徽等省市共同发起举办了首届长三角高等职业教育改革发展高层论坛，发表《南京倡议》，共建长三角高职教育联盟和合作发展机制。

〔**优势学科建设**〕　通过领导视察、网络平台建设、专项资金管理、中期检查、会议研讨等环节，扎实推进高校优势学科建设工程一期项目共122个学科的各项工作。2月23日，副省长曹卫星等视察了东南大学和南京师范大学，对加大力度推进优势学科建设提出了新要求。省管理协调小组办公室在“江苏教育网”上开设“江苏高校优势学科建设工程管理平台”专栏，为每个立项学科提供单独的学科信息平台，立项学科可以通过远程管理方式，自主设计学科信息平台版面，适时更新学科动态，展示学科最新建设进展和阶段性建设成效，同时也可以浏览其他学科信息平台并进行评论交流。5月10日，省财政厅与省教育厅共同下达江苏高校优势学科建设工程一期项目。7月16—25日，省管理协调小组办公室组织开展了立项学科中期报告和专家评估工作。经审核，确定122个参评学科全部通过中期评估，其中16个学科评估等级为“优秀”、100个学科评估等级为“良好”、6个学科评估等级为“一般”，优良率达95.1％。9月4—5日，召开全省高校优势学科建设研讨会，会议在一期项目122个立项学科中期报告评估的基础上，总结优势学科立项建设情况和阶段性建设成效，交流建设经验，进一步推动项目责任高校及学科加快建设步伐，完成建设目标和任务，提升建设水平，确保取得预期成效。

〔**省重点学科建设**〕　为进一步优化“十二五”省重点学科建设体系、加大超前培育新兴学科的力度、加快形成全省新的学科生长点和新的学科优势、提升全省高校学科建设综合实力，组织开展学科目录新增一级学科“十二五”省重点学科遴选建设工作。2月28日，下发《关于公布新增一级学科“十二五”省重点学科名单的通知》。经学校申报、省教育厅审核，共有62个学科被遴选为新增一级学科“十二五”省重点学科，其中普通高校61个、军队院校1个。截至2012年年底，全省共有省重点学科211个，其中普通高校185个、军队院校23个、省委党校3个。

〔**研究生培养**〕　1. 实施2012年度“江苏省研究生创新工程”项目。组织申报，开展评审，共产生研究生科研创新资助项目2 000项、教育教学改革研究与实践项目210项、研究生优秀课程50

门、研究生创新与学术交流中心特色活动项目 10 个、省优秀博士学位论文 99 篇、省优秀硕士学位论文 199 篇。

2. 推进研究生教育领域的政产学研结合工作。组织申报、评审认定企业研究生工作站 531 家。8 月 29 日，省教育厅会同省科技厅在宜兴市召开全省企业研究生工作站建设与管理现场推进会。省长助理、省科技厅厅长徐南平参加会议并做重要讲话。

3. 落实“长三角研究生教育创新计划合作协议”。与浙江、上海、安徽三地合作，共举办 6 个相互开放的“长三角研究生论坛”和“第二期长三角研究生教育管理干部研修班”。

4. 委托省教育评估院继续开展学位论文抽检工作，共对 4 227 篇博士、硕士学位论文进行抽检，优良率分别达 79%和 71.5%，不合格率分别为 2.3%和 1.7%。继续委托省高校招生就业指导中心，对全省毕业研究生就业情况、社会需要与培养质量进行调查，形成年度质量调查报告，并由江苏教育出版社正式出版发行。

〔**教学质量监控长效机制**〕 组织全国高等学校教学指导委员会与行业职业教育教学指导委员会专家推荐工作。继续开展高职院校新一轮人才培养评估工作，对 12 所高职院校进行评估。首次组织编写“江苏省高等职业院校人才培养质量年度报告”，在《2012 中国高等职业教育人才培养质量年度报告》中，21 个典型案例有 8 个由江苏选报。进一步提高大学生毕业设计（论文）质量。

〔**优化专业结构**〕 省教育厅开展了“十二五”省级重点专业建设，适应全省经济转型和产业提升的需求，重点面向全省战略性新兴产业和支柱产业，遴选建设 566 个重点专业（专业类、专业群），其中本科按专业类与专业点建设 364 个、高职高专按专业群建设 202 个。推荐 34 所省属本科高校的 68 个专业为国家级“专业综合改革试点”项目，对第四批省高校品牌特色专业建设点进行检查验收。对 110 个高职院校国家重点建设专业进行了中期检查，组织全省 219 个高职院校国家重点建设专业，运用“国家专业建设与职业发展管理平台”进行跟踪分析。启动全省普通高校专业设置数据库建设，为高校前瞻性地调整专业结构、优化专业布局提供科学依据。根据教育部统一部署，对照新专业目录，完成省属高校本科专业整理工作；按照新专业设置规定，落实省属高校本科专业自主设置工作。

〔**示范高职院校建设**〕 2012 年，江苏畜牧兽医职业技术学院、南通航运职业技术学院 2 所国家骨干高职院校在进行省级验收的基础上，均通过了教育部验收；常州机电职业技术学院、苏州工艺美术职业技术学院、南京化工职业技术学院 3 所国家骨干高职院校均按照建设方案完成年度建设任务。2012 年，启动建设的南京信息职业技术学院、江苏经贸职业技术学院、江苏食品职业技术学院 3 所国家骨干高职院校建设方案通过省级论证并上报教育部。2011 年立项的 11 所省示范高职院校依据建设方案，按时序启动建设。

〔**课程和教材建设**〕 积极参与教育部视频公开课建设。2012 年，在第一批 218 门视频公开课程/选题中，江苏省高校有 24 门，在第二批 150 门课程/选题中，江苏省高校有 10 门，总数均居全国第二。在原国家精品课程升级转型与教育部精品视频共享课推荐申报中，共推荐课程 141 门，其中本科 105 门、高职高专 36 门。进一步推进精品教材资源共知、共建和共享，规范教材评价选用机制。全省高校共有 126 部教材入选教育部“十二五”本科规划教材，占全国总数的 11.4%，其中系列教材总主编 13 部、教材独立主编 97 部、系列教材分册主编 16 部。进一步落实马克思主义理论研究和建设工程重点编写教材推广使用工作。召开全省高等学校图书馆工作会议，印发《省教育厅关于进一步加强全省高等学校图书馆工作的意见》，实施全省高校数字图书馆三期工程项目验收工作。

〔**实验教学示范中心和实训基地建设**〕 全省 18 所高校参与建设 75 个国家级工程实践教育中心，占全国总数的 11.98%。新增 9 个国家级实验教学示范中心，全省国家级实验教学示范中心总数达 47 个（位居全国第二位）。省教育厅受教育部委托，组织开展了全省“十一五”期间立项建设的 38 个国家级实验教学示范中心实地验收，组织对全省 99 个省级实验教学示范中心建设点进行现场考察验收。2012 年，遴选 50 个省级实践教育中心、向教育部推荐 27 个国家级大学生校外实践教育基地。省教育厅与省财政厅联合印发《江苏省高等学校实验教学与实践教育中心建设管理办法》，进一步强化导向，加强建设管理力度。加强高职实训基地建设，新增 15 个国家级高职实训基地，全省国家级高职实训基地达 82 个。创新省级高职实训基地建设模式，遴选建设 60 个开放共享型和综合型省级高职院校实训基地。

〔**长三角交换生计划**〕 江苏、浙江、上海三省市教育行政部门联合制订《长三角地区高校交换生计划》，组织实施长三角地区高校交换生计划的试点工作。江苏省选派 291 名学生赴上海、浙江省以及联盟学校学习，接收来自上海、浙江省的交换生 73 人。交换生在接收高校进行一个学期的学习，派出学校承认交换生在接收学校学习获得的学分。这种省际互派高校学生的做法在国内尚属首例。

〔**南京仙林大学城本科五校教学联盟**〕 五校（南京大学、南京邮电大学、南京财经大学、南京中医药大学和南京师范大学）教学联盟机制进一步健全，工作趋向常态化。定期召开五校教学联盟工作会议，推动互聘教师、互派学生、教师联合培训、开办暑期学校等活动，扩大了联盟的影响力。开通南京仙林大学城本科教学联盟网站，推进基于信息化条件下的联盟学校合作和资源共享。五校相互聘任教师 88 人，开课超过 100 门，受益学生超过 3 000 人次。以新入职教师为主要对象，举办教师教学发展研讨活动，开展了 8 次仙林高校新教师研习营系列活动，先后组织教学团队与青年教师培养、大学外语改革研讨活动、基于培养未来教育家的教学——中外教师教学技能课程比较等活动，促进联盟学校之间教育教学改革的交流。五校联合举办系列暑期学校以及开放讲座，受益学生达数百人。联合搭建大学生科研创新训练平台，举办大学生实践创新训练优秀项目学术交流会、仙林高校学术与创新训练交流会、创新训练项目代表座谈会等系列活动。联合实施心理健康教育，组织“仙林大学城心理健康教育工作研讨会”、心理趣味运动会、心理健康教育活动月和心理咨询师专业技能培训班。建设仙林大学城联合体图书馆门户网站，大学城内的读者可以通过该网站访问任意一个成员校的电子图书馆，自由查询所需的图书和信息。

〔**大学生实践创新能力培养**〕 36 所省属本科高校 1 064 项创新训练项目参与国家大学生创新创业训练计划。立项建设省级高校大学生实践创新训练计划项目 4 437 项（较 2011 年增加 1 409 项），全省大学生实践创新训练计划项目总数达 13 016 项。组织协调各类大学生竞赛，首次组织全省高职院校技能大赛，59 所高职院校 209 个代表队 459 名选手参加了 7 个专业大类、13 个项目的比赛。承担全国职业院校技能大赛江苏分赛区工作，共承办 5 个专业类别、27 个项目（占全国赛项的 28%）的比赛。组织全省 38 所高职院校、83 个队代表参加全国职业院校技能大赛，共获 46 个一等奖、53 个二等奖、35 个三等奖，再次获得一等奖总数第一名，实现全国职业院校技能大赛高职组四连冠。在 2012 年全国职业院校信息化教学大赛上，高职组共获 6 个一等奖、4 个二等奖、2 个三等奖，一等奖总数和获奖总数均居全国第一。组织全省高职院校参加全国职业院校学生技能作品展洽会，特装展、学生书画作品展、信息化教学成果展和网上作品展均得到组委会和有关领导高度评价。开展第二届江苏省高校大学生化学化工实验竞赛、第十一届江苏省高校非理科专业高等数学竞赛。组织高校参加各类全国性大学生学科竞赛和课外科技文化活动。

〔**成人高等教育管理工作**〕 研制成人高等教育特色专业建设点验收标准，完成第一批、第二批 78 个成人高等教育特色专业建设点验收工作。开展 2012 年成人高等教育新增专业（办学形式）申报与评审工作，新增 95 个专业（办学形式）。对全省成人高等教育校外教学点进行年审和备案，淘汰了 109 个小、次、差的教学点，新增 109 个校外教学点，总数实现“零”增长，提高了教学点的整体水平。完善升级“成人教育数据采集平台与管理系统”，进一步加强成人高等教育教学质量监控。

撰稿　张晓东　马征里　刘　莉
审稿　杨树兵

浙江省教育

概　　况

〔基本情况〕

浙江省各级各类学校校数、教职工、专任教师情况

	学校数（所）	教职工数（人）	专任教师数（人）
一、高等教育	112	87 567	56 005
（一）研究生培养机构（不计校数）	23		
1. 普通高校	19		
2. 科研机构	4		
（二）普通高等学校	102	83 843	54 154
1. 本科院校	55	60 445	38 653
其中：独立学院	22	10 896	8 469
2. 高职（专科）院校	47	23 139	15 356
3. 其他机构（点）（不计校数）	3	259	145
（三）成人高等学校	10	1 631	1 045
（四）民办的其他高等教育机构	22	2 093	806
二、中等教育	5 588	533 045	408 212
（一）高中阶段教育	3 853	393 166	289 357
1. 高中	571	88 349	64 506
普通高中	571	88 349	64 506
完全中学	91	13 204	5 400
高级中学	445	65 066	56 713
十二年一贯制学校	35	10 079	2 393
成人高中			
2. 中等职业教育	3 282	304 817	224 851
普通中专	46	6 701	5 482
成人中专	39	1 630	1 061

续表

	学校数（所）	教职工数（人）	专任教师数（人）
职业高中	273	29 102	24 868
技工学校	2 924	266 116	192 575
其他机构（教学点）（不计校数）	44	1 268	865
（二）初中阶段教育	1 735	139 879	118 855
1. 初中	1 735	139 879	118 855
初级中学	1 320	108 146	98 982
九年一贯制学校	415	31 733	12 112
十二年一贯制学校			2 023
完全中学			5 738
职业初中			
2. 成人初中			
三、初等教育	3 698	173 611	179 473
（一）普通小学	3 698	173 611	179 473
小学	3 698	173 611	162 754
九年一贯制学校			14 569
十二年一贯制学校			2 150
（二）成人小学			
其中：扫盲班			
四、工读学校	1	58	46
五、特殊教育	79	2 185	1 915
六、学前教育	9 573	180 518	107 289

浙江省各级各类学历教育学生情况

	毕业生数（人）	招生数（人）	在校生数（人）
一、高等教育			
（一）研究生	15 112	18 748	54 369
博士	1 456	2 262	9 485
硕士	13 656	16 486	44 884
（二）普通本专科	247 537	269 127	932 292
本科	126 222	149 106	569 188
专科	121 315	120 021	363 104
（三）成人本专科	97 530	121 384	263 158
本科	33 859	39 280	84 783
专科	63 671	82 104	178 375
（四）其他各类高等学历教育			

续表

	毕业生数（人）	招生数（人）	在校生数（人）
1. 在职人员攻读硕士学位		4 283	16 890
2. 网络本专科生	15 003	18 456	51 839
本科	13 584	13 580	41 571
专科	1 419	4 876	10 268
二、中等教育	2 955 978	2 630 771	8 066 622
（一）高中阶段教育	1 809 032	2 120 177	5 942 830
1. 高中	413 365	277 919	1 020 001
普通高中	297 101	277 919	875 802
完全中学	24 360	22 965	73 469
高级中学	262 780	243 064	766 900
十二年一贯制学校	9 961	11 890	35 433
成人高中	116 264		144 199
2. 中等职业教育	1 395 667	1 842 258	4 922 829
普通中专	35 471	34 103	108 901
成人中专	12 860	14 340	34 642
职业高中	155 128	154 777	475 054
技工学校	1 192 208	1 639 038	4 304 232
（二）初中阶段教育	1 146 946	510 594	2 123 792
1. 初中	514 374	510 594	1 492 985
初级中学	435 470	421 238	1 241 545
九年一贯制学校	43 599	53 519	145 976
十二年一贯制学校	8 885	9 245	27 229
完全中学	26 420	26 592	78 235
职业初中			
2. 成人初中	632 572		630 807
三、初等教育	2 129 982	607 186	5 110 570
（一）普通小学	538 276	607 186	3 467 269
小学	489 240	539 483	3 127 545
九年一贯制学校	44 729	61 130	306 317
十二年一贯制学校	4 307	6 573	33 407
（二）成人小学	1 591 706		1 643 301
其中：扫盲班	585 749		689 067
四、工读学校	60	65	130
五、特殊教育	1 550	2 741	14 425
六、学前教育	601 833	594 778	1 886 304

浙江省各级各类非学历教育学生情况

	结业生数（人）	注册学生数（人）
总计	4 265 406	3 713 771
一、高等教育	662 633	384 730
（一）研究生课程进修班	1 696	3 407
（二）自考助学班	10 577	34 683
（三）普通预科生		163
（四）进修及培训	650 360	346 477
其中：资格证书培训	212 278	142 951
岗位证书培训	151 604	67 013
二、中等职业教育	3 602 773	3 329 041
其中：资格证书培训	744 878	594 102
岗位证书培训	870 995	697 744
（一）中等职业学校	410 779	281 148
其中：资格证书培训	189 020	134 401
岗位证书培训	126 034	88 033
（二）职业技术培训机构	3 191 994	3 047 893
其中：资格证书培训	555 858	459 701
岗位证书培训	744 961	609 711

浙江省各级各类民办教育基本情况

	学校数（所）	毕业生数（人）	招生数（人）	在校生数（人）	教职工数（人）	专任教师数（人）	其他学生数（人）
一、民办高等教育							
（一）民办高校	35	73 239	82 149	288 153	18 225	13 269	29 001
硕士							
本科学生		47 483	58 738	216 663			
专科学生		25 756	23 411	71 490			
其中：独立学院	22	42 040	45 330	173 950	10 896	8 469	1 429
本科学生		41 160	45 070	172 778			
专科学生		880	260	1 172			
（二）民办其他高等教育机构	22				2 093	806	44 479
二、民办中等教育							
（一）高中阶段教育	265	91 030	87 474	272 813	28 921	20 839	
1. 民办普通高中	164	60 023	58 645	183 501	23 729	17 136	

续表

	学校数（所）	毕业生数（人）	招生数（人）	在校生数（人）	教职工数（人）	专任教师数（人）	其他学生数（人）
2. 民办中等职业教育	101	31 007	28 829	89 312	5 192	3 703	26 454
（二）初中阶段教育	211	56 123	69 097	190 846	16 538	12 270	
1. 民办普通初中	211	56 123	69 097	190 846	16 538	12 270	
2. 民办职业初中							
三、民办普通小学	197	49 570	83 646	390 444	9 699	7 508	
四、民办幼儿园	7 466	383 228	364 206	1 214 811	115 625	67 129	
另有：民办培训机构（不计校数）	1 218				9 599	6 315	464 383

〔实现财政教育支出占一般预算支出21%目标〕 根据省政府《关于加强对2011—2012年财政教育投入状况分析评价工作实施意见》的精神，对全省各地2012年财政教育投入预算编制情况及实际执行情况进行调查，并会同省财政厅采用定期通报等形式进行重点督查，截至2012年年底，实现了全省财政教育支出占一般预算支出21%的目标任务。在省级层面上，落实“十二五”期间师资培训、高校教学质量提升、教育信息化建设、高职高专优势特色专业建设等教育重点专项经费19.05亿元，比“十一五”期间同类项目增加8.66亿元；提高省属高校生均拨款定额，其中生均拨款定额标准由原来的7 250元提高到8 200元；增设省属高校捐赠配比资金，对省属高校接受捐赠资金项目，省财政按1∶1比例补助；启动全省“农村义务教育营养改善计划”，投入2.8亿元，资助标准为每生每年750元（每餐3.75元）；扩大低收入家庭资助对象，享受人数的比例提高到学生总数的10%；安排全省义务教育阶段中小学实验室和专用教室建设专项资金1.3亿元，用于全省义务教育阶段中小学（含外来务工人员子女学校）建设及改造2 000个实验室和专用教室。

〔推进教育改革试点工作〕 为推进省级教育改革试点项目，省政府办公厅督查室印发《关于开展教育改革试点项目政策研究推进工作督查的通知》，针对《浙江省教育改革试点项目政策研究责任分工》中提出的77条政策研究分工要求，对责任厅局单位全面开展专项督查，同时形成近2万字的督查总结报告。正式印发普通高中课程改革实施方案及10个方面的配套性政策措施；首次面向松阳县、遂昌县开展定向培养小学全科教师试点工作；首次在浙江大学开展拔尖创新人才培养试点；首次开展五年一贯制中高职统筹人才培养试点。国家教育体制改革办公室有8期简报介绍了浙江省普通高中课程改革、“三位一体”综合评价招生改革、促进落实高校办学自主权、绍兴文理学院加强基层学术组织建设、温州整体推进民办教育改革发展、浙江工业大学构建产学研用协同创新机制、宁波大学建设具有侨资特色的大学理事会制度、完善教改办运行机制等情况。开展贯彻实施国家教育规划纲要两周年情况总结，编辑《浙江省教育规划纲要贯彻实施两周年总结材料汇编》、《浙江省教育体制改革典型案例材料汇编》，其中27篇典型材料入选由教育部部长袁贵仁总主编的《中国教育改革发展丛书》。

〔深入推进民办教育综合改革试点〕 先后完善和印发《关于进一步扩大民办高等学校办学自主权若干意见》、《浙江省民办学校分类管理改革试点若干意见》、《关于进一步加强民办学校教师工资管理和社会保障工作的若干意见》、《关于浙江省民办教育专项资金管理的实施意见》、《关于加强民办非学历教育培训机构审批登记管理的若干意见》等一系列文件，加快全省民办教育的发展。同时，加强点上突破，重点指导温州市大胆推进、继续完善、先行先试。截至2012年年底，温州市首批100所民办学校按照分类改革要求，完成了重新登记；在“1＋9”方案基础上，再出台民办学校收费办法、会计核算办法等配套意见；3 000万元专项资金已落实到位。浙江日报报业集团、省广播电视大学、省教育考试院、省教育技术中心四家单位达成合作意向，共同组建成立开放教育集团公司，并逐步发展成浙江开放大学。

〔**推进教育现代化县评估**〕　6月，省教育厅和省政府教育督导室先后编制下发了教育现代化县（市、区）《评估操作标准》和《评估手册》。7月下旬，召开2012年设区市教育局长暑期读书会，就贯彻浙江省中长期教育改革和发展规划纲要，推进教育现代化县（市、区）创建工作进行专题讨论。会议提出：一要明确目标，重点研究推进教育现代化的实践问题和行动问题，要提高认识，更要行动自觉；二要着力推进教育的普及化、公平化、国际化、信息化、个性化、终身化；三要重点研究缩小差距的途径和办法。截至2012年年底，全省90％以上的县（市、区）制订了创建规划和分年度实施计划。

〔**妥善解决中小学代课教师工作问题**〕　经省政府同意，省教育厅会同省人力资源和社会保障厅、省财政厅和省编制办公室联合印发《关于妥善解决现在岗中小学代课教师问题的指导意见》，要求各地采取多种措施妥善解决在岗代课教师问题，建立健全教师补充长效机制。7月和12月，分别向全省通报了上半年和下半年妥善解决在岗代课教师问题进展情况。经统计，截至2012年年底，全省中小学在岗代课教师4 478人，比2011年年底减少4 634人，降幅50.8％。其中1年以上2 946人，减少3 164人，降幅51.7％。

〔**教育对口援疆取得新进展**〕　一是大规模开展新疆阿克苏双语教师培训。启动第三批1 008名学员培训，完成首批300名学员培训任务。二是高水平建设教师培训中心。投入1.61亿元，建设阿克苏市和库车县两大双语教师培训中心。三是开展各类校长、骨干教师培训。全年共安排新疆中小学骨干校长、学科骨干教师、职业学校专业课骨干教师、电教教师到浙江省培训或挂职共计220名，选派中小学名师和教育专家各10人赴新疆开展送教活动。四是开展师资定向培养。面向阿克苏地区和农一师定向招收培养免费师范生100名。五是办好新疆内地中职班。实施免费教育，同时帮助制订区域性职业教育发展规划及相关职业学校和专业发展规划，并组织浙江省示范性高职院校实施专业对口帮扶。六是继续实施阿克苏普通高校毕业生赴浙江省培养计划。从2012年上半年开始，组织14所高校先后分三批接收了2 324名学员（其中维吾尔族2 102人），已结业的前两批次889名学员都能比较流利地用汉语交流，实用写作能力显著提高，汉语测试均达到8级水平。

〔**支持浙商创新创业**〕　为贯彻落实省委、省政府关于支持浙商创业创新工作，省教育厅于4月出台了《关于积极支持浙商创业创新，促进浙江发展的若干意见》，就教育系统提出了政策意见：利用高校的“人才驿站”等引才用人平台向浙商全面开放，为浙商引进的人才申报项目、开展研究、安心创新创业创造条件。同时，支持高校聘请浙商企业具备条件的科研人员兼任重点学科、优势特色专业的带头人和研究生导师，联合开展人才培养和科研工作；鼓励高校与浙商合作编制人才培养方案，共同推进高素质人才培养；加强高校与浙商企业成果对接，组织开展服务企业、服务浙商活动，支持高校向浙商全面开放各类研发与实训平台；支持浙商与高校合作建设各类平台。争取“十二五”期间，高校与浙商合作建设的本专科与研究生教育基地达300个左右，其中与回归浙商合作建设的基地占一定比例；加强对浙商的智力支持，为浙商企业员工培训提供服务，提升浙商企业员工的整体素质和技能水平；努力帮助浙商解决子女入学困难；加强对浙商文化和发展模式研究。5月16日，召开首届全省高校科研成果面向企业转化推介会，全省31所本科高校、10所高职高专院校主要领导、239家企业代表和科研人员代表出席会议，23所高校与24家企业现场签署了合作协议；汇集省内高校

1 500余项科研成果，启动了全省高校科研成果面向企业转化信息平台。积极帮助企业培养培训人才，全年全省中职学校面向社会开展培训97.94万人次。2012年春节期间，组织165所中职学校29 448名学生到1 885家企业参加顶岗实习，有效缓解了企业节日期间的用工困难。

〔**推进教育简政放权**〕 8月10日，印发《浙江省教育厅关于下放部分行政许可项目的通知》，明确通过委托放权的方式向各市、县（市、区）教育局下放5项行政许可项目：民办非学历高等教育机构设立、分立、合并、变更、终止审批；民办非学历高等教育机构聘任校长核准；实施中等学历教育、自学考试助学、文化补习、学前教育等中外合作办学机构聘任校长或主要行政负责人审批；实施高等专科教育和非学历高等教育中外合作办学机构聘任校长或主要行政负责人审批；举办国际教育展览审批。同时，对已有的规范性文件进行清理，废止14项规范性文件，对19项规范性文件宣布失效。

〔**推行党风廉政建设情况分析会制度**〕 2012年，省委教育工委制发文件，在全省教育系统推行领导班子党风廉政建设情况分析会制度，要求各高校、各市（县、区）教育局领导班子每半年召开一次党风廉政建设情况分析会。各地教育局和各高校党委（党组）高度重视，召开了文件下发后的第一次领导班子党风廉政建设情况分析会，全面分析本单位（系统）党风廉政建设的形势，认真查找薄弱环节和存在问题的原因，研究制定解决问题的办法和措施，确定工作突破口和切入点，建立和完善党风廉政建设工作长效机制。截至2012年年底，全省11个设区市教育局、66所高校召开了分析会。领导班子党风廉政建设分析会制度在全省教育系统得到了较好落实。

〔**建成开通教育计算机网骨干网**〕 9月18日，省教育厅和中国电信股份有限公司浙江分公司签署了《浙江省教育厅和中国电信股份有限公司浙江分公司教育信息化“十二五”建设战略合作协议》，在基础设施建设、优质教育资源建设、教育管理信息化、师生信息素养提升等方面开展多种形式的合作。12月28日，双方合作建成并开通了浙江省教育计算机网骨干网，以1G带宽联通省教育厅和各设区市，为“宽带网络校校通、优质资源班班通、学习空间人人通”的建设奠定了基础。同时还开通了“浙江教育网络电视”，实现了全省构建教育宣传立体化大格局和个人数字化学习的目标。

基础教育

〔**加强义务教育阶段择校乱收费治理**〕 为深入治理教育乱收费，加大义务教育择校收费问题治理力度，省教育厅会同省纠风办、省财政厅、省物价局联合下发《关于治理义务教育阶段中小学择校乱收费的通知》，严肃纪律要求，大力治理义务教育择校乱收费。经过上下共同努力，全省有62个县（市、区）实现“零择校”，占比68.9%；在尚未实现“零择校”的28个县（市、区）中，有20个县（市、区）择校生比例控制在5%以内，7个县（市、区）择校生比例较2011年下降50%以上，实现了全省“将择校生比例下降到5%以下或大幅度下降”的工作目标，切实维护了教育公平。有关义务教育阶段择校乱收费的投诉举报较2011年下降了68%，社会反映良好，人民群众对教育的满意度得到进一步提高。

〔**开展小学全科教师培养试点**〕 为提升农村小学教师实施全科教育的能力，全省开展了小学全科教师培养试点工作。由杭州师范大学为松阳县、遂昌县定向培养农村小学全科教师的首批30名师范生接受本科小学教育专业培养。试点期间，采用用人单位与师范院校联合定向培养的方式进行。学生入学时，由用人单位与学生签订培养和服务协议。毕业生由当地教育行政部门参照教育部直属师范大学免费教育师范毕业生有编有岗政策，统一调配到具有事业编制的农村小学教师岗位任教。

〔**全面实施普通高中课程改革**〕 在广泛征求意见和先期试点的基础上，省政府于5月16日正式批复同意，在全省全面启动深化普通高中课程改革。本轮普通高中课程改革以“调结构、减总量、优方法、改评价、创条件”为总体思路，突出选择性。即通过有效减少必修课，全面加强选修课，把更多的课程学习选择权交给学生，把更多的课程开发选择权交给教师，把更多的课程设置选择权交给学校。其中选修课学分比重大幅度提高到占总学分的三分之一，并按知识拓展、职业技能、兴趣爱好、社会实践四大类划分建设选修课程，同时配以实行学分制、走班制和弹性学时等制度。从2012年秋季开始，全省各普通高中均按新课程改革方案实施，同时省教育厅启动了普通高中特色示范学校评估工作，推动该项改革扎实进行。

〔**制订公办幼儿园教职工编制标准**〕 在充分调研分析的基础上，省教育厅会同省编制办公室、省财政厅出台《浙江省公办幼儿园教职工编制标准指导意见》。《意见》规定：公办幼儿园教职工核编人员主要包括园长、专任教师、部分医务保健人员和财会人员。标准是：6个班以下的幼儿园配园长1名，6—10个班的幼儿园配园长1—2名，10个班以上的幼儿园配园长2—3名。专任教师按照班师比1∶1.5—1∶2的比例核定；寄宿制幼儿园专任教师编制可适当增加；生源较少的偏远地区、海岛、山区应保证每班至少有1名专任教师；每园可酌情配医务保健人员、财会人员1—2名。辅助岗位的保育员、炊事员、保安及其他工勤人员采用劳务招聘等方式解决，不纳入编内管理。为公办乡镇中心幼儿园核定最多不超过教职工编制总数10%的附加编制，专项用于对非公办幼儿园的指导帮扶工作。

〔**实施中小学生交通安全保障工程**〕 6月4日，省政府办公厅印发《关于浙江省学生交通安全保障工程实施办法的通知》，提出用3年左右时间，在全国率先建立起责任明确、制度健全、管理严格、运营有序的学生交通安全保障体系，基本解决全省义务教育阶段学生上下学交通问题。此后，省政府召开全省专题电视电话会议，省教育厅、省公安厅、省交通运输厅联合发文对各地开展校车许可工作做出具体规定，各地也制订了本县（市、区）的实施方案。通过优化学校布局，依法保障学生就近入学或在寄宿制学校入学，减少交通风险。对难以保障就近入学的学生，通过调整、延伸公交线路，开行周末学生专线班车，开通校车服务等方式保障学生上下学的交通安全。逐步建立了“政府适当补贴，家长合理分担”的校车运行经费保障机制，省财政设立每年1亿元的专项资金，根据各地学生交通安全保障工程实施绩效给予奖励性补助。该工程实施以来，全省义务教育阶段新增公交线路367条，新增投入资金2.4亿元，共新增解决学生数10.4万人。全省学生交通事故起数和因此引起的非正常死亡人数逐步下降。截至2012年年底，全省约有各类校车8 700辆，有近50万名中小学生通过乘坐校车上下学。

〔**全面完成校舍安全工程建设任务**〕 2012年，全省校安工程实现新增投资42亿元，加固和重建竣工面积校舍170.9万平方米。截至2012年年底，全省校安工程累计完成投资230.7亿元，加固和重建竣工校舍面积1 348万平方米。校安工程规划建设任务全面完成，实现了省政府提出的“全面提高中小学综合防灾能力，把学校建成最安全、家长最放心的地方”的工作要求。

职业教育

〔**中职教育现代化建设工程**〕　一是召开实施中职教育现代化建设工程视频会议。2月27日，省教育厅联合省财政厅、省人力资源和社会保障厅召开全省实施“中等职业教育现代化建设工程”视频会议，对实施“中等职业教育现代化建设工程”进行了组织动员。二是研究制订现代化建设工程实施方案。8月，经省政府同意，省教育厅正式下发了《关于印发浙江省中等职业教育现代化建设工程实施方案的通知》。三是加强中职教育现代化建设工程经费保障。2月，省教育厅联合省财政厅先后出台了《关于完善中等职业教育财政政策的意见》、《浙江省中等职业学校生均经费标准指导意见》、《中等职业教育质量提升转移支付资金管理暂行办法》3个政策性文件，着重在职业教育经费保障方面为现代化建设工程提供强有力的经费保障。“十二五”期间，省财政安排专项补助经费年均超过2.3亿元，专门用于实施中职教育现代化建设工程。四是认真开展“四个重点项目”和“九个加分项目”的建设工作。4月，省财政厅会同省教育厅共同下发了《关于印发中等职业教育省级实训基地建设等四个重点项目实施办法的通知》。

〔**省财政补助与市县职业教育发展挂钩考核**〕　为进一步促进各地职业教育的发展，全省实施了省财政补助与各市县职业教育发展挂钩的办法。开发“市县职业教育发展挂钩考核系统”，实现了在线考核数据填报、在线审核、考核成绩汇总等。同时开展业务培训，组织分项审核和开展实地核查。5月30日起，组织专家组赴有关地区进行实地抽查和数据核对，并随机抽取了52名毕业生进行电话调查。通过考核，调动了各地创先争优发展职业教育的积极性，特别是促进了各地特别是欠发达地区职业教育与成人教育事业的发展。

〔**调整中职学生资助新政策**〕　1月8日，浙江省发文调整了全省中职学生资助新政策。政策规定：从2012年秋季起，公办中职学校全日制正式学籍一、二、三年级所有在校学生免除学费（艺术类相关表演专业学生除外）；对因免除学费导致学校收入减少的部分，一、二年级由财政根据享受免学费政策学生人数和免学费标准对学校予以补助，三年级由财政按照享受免学费政策学生人数50％的比例和免学费标准予以补助；民办学校按当地同类型同专业公办中职学校学费标准给予补助，高出的部分学校可以按规定继续向学生收取。中等职业学校国家助学金资助对象由全日制正式学籍一、二年级在校学生，逐步调整为全日制正式学籍一、二年级在校涉农专业学生和非涉农专业家庭经济困难学生，助学金继续按每生每年1 500元的标准发放。

〔**开通职业教育资源网**〕　为配合全省职业教育专业课程改革，进一步加强职业教育数字化优质资源的建设与共享，以信息化推动职业教育现代化，省教育厅组织开发了职业教育资源网，并于2月27日正式运行。网站一期建成数控、汽修、旅游和服装四个专业的数字资源和汽修、数控、国际商务、银行等四大仿真实训系统；开通三位特级教师的网络工作室，推进了职业教育优质数字资源的共建共享。

高等教育

〔实施高校重点学科和优势特色专业建设工程〕 为加强高等教育内涵建设，于2012年启动建设"十二五"第一批8个省重中之重一级学科、318个省高校重点学科，在省重点学科中增加了一批与经济社会发展相适应的学科。实施高校优势与特色专业建设工程，遴选了150个本科优势专业，其中48个专业被纳入教育部专业综合改革试点。遴选74个高职高专院校优势专业，在空间布局上与全省14个产业集聚区达成对接。

〔国家特殊需求博士硕士建设项目获准并启动建设〕 浙江农林大学、浙江财经学院、杭州师范大学3个国家特殊需求博士建设项目和湖州师范学院、浙江万里学院、浙江传媒学院3个国家特殊需求硕士建设项目获准并启动建设。

〔组建"2011协同创新中心"〕 支持高校积极参与"高等学校创新能力提升计划"（即"2011计划"），探索建立校校协同、校所协同、校企协同、校地协同等创新提升新模式，促进高校提高育人质量、办学水平和服务经济社会发展的"契合度"和"贡献度"。成立"2011计划"领导小组，启动"2011协同创新中心"的培育和遴选工作。按照"高起点、高水准、有特色"的要求，确定中国美术学院"浙江省文创制造业协同创新中心"、浙江工业大学"浙江省绿色制药协同创新中心"和宁波大学"浙江海洋高效健康养殖协同创新中心"为第一批省级"2011协同创新中心"，并推荐浙江工业大学和中国美术学院参评国家"2011协同创新中心"。

〔设立"高校优秀教师奖"〕 经省政府同意，设立"浙江省高校优秀教师奖"，每两年评选一次，每次100名，获奖教师给予一次性奖励人民币5万元。已完成首届"高校优秀教师"评选工作，并召开大会表彰奖励了首届100名优秀教师。统筹省政府表彰的各类教师奖励工作，提高"浙江省功勋教师"和"浙江省农村教师突出贡献奖"奖金标准。

〔首次在高校教师专业技术资格评审中分类评审〕 首次在高校教师专业技术资格评审中设立了教学为主型、科研为主型、社会服务与推广型、教学科研并重型4类教师专业技术资格申报类型。2012年，新增正、副高级专业技术资格教师分别为388人（省评342人）、1 233人（省评648人），其中教学为主型82人、科研为主型3人、社会服务与推广型5人。

〔高职招生综合改革不断深入〕 一是首次开展农业类专业定向招生，安排4个试点专业，录取133人，通过定向招生和事业单位招录合二为一的办法，为农村基层定向培养农技人才。二是首次开展师范定向培养招生试点，为松阳、遂昌两县定向培养小学全科教师共30名，为杭州市定向培养幼儿园教师188名。三是扩大社区医生定向招生规模，共录取1 296名，其中本科489名，较2011年增加399名。四是首次实行技能优秀中职毕业生免试升学和在汽车专业实行专业技能水平证书考试。凡获得全国职业技能大赛一、二、三等奖的本省籍应届中职毕业生，可免试就读浙江省高职院校相关或相近专业，全年共录取86人。汽车专业技能水平证书考试成绩计入高职单考单招总分，符合条件的考生同时可获得《技能水平证书》，并可申请获得高职单考单招技能成绩。五是校考单录自主招生试点进一步扩大，首次允许民办高职院校开展校考单录模式自主招生。2012年，校考单录自主招生试点高校达29所，比2011年增加14所，其中民办高职院校3所，录取7 119人，比2011年增 2 500 余人。六是将校考加高考模式提升为“三位一体”综合评价招生模式，共有 3 所高职院校参加首批试点。

〔**出台外来务工人员随迁子女参加升学考试政策**〕　12 月，省政府办公厅转发了由省教育厅、省发展和改革委、省公安厅、省人力资源和社会保障厅联合制定的《关于做好外省籍进城务工人员随迁子女接受义务教育后在我省参加升学考试工作实施意见》。《意见》规定：经浙江省初中毕业生学业水平考试（中考）或符合浙江流入地初中升高中条件，进入浙江省高中阶段学校学习，并具有完整的浙江省高中阶段连续学习经历和学籍的随迁子女，同时符合浙江省高考报名的其他条件者，可在浙江省报名参加高考。完整的高中学籍，是指随迁子女在浙江省取得高中学籍，并在浙江省电子学籍系统中从高一年级开学时即进行注册且按规定完成高中学业。

〔**开展高校毕业生发展状况跟踪调查**〕　5 月中旬至 7 月中旬，省教育厅对全省各高校的 23 万余名 2011 届毕业生进行网络调研，在各校的大力支持和配合下，学生的回复率达 35%以上，获得了大量的研究数据。该调研根据学生的毕业去向，分为就业、待业、创业、升学（出国留学）及其他（参军、支教等）五种问卷。通过调研，较全面地分析出该届毕业生的就业率、创业率、工资起薪和就业保障、学生的职业发展水平以及学生对母校在管理、课程、教学等方面的满意度等情况。该调研形成的相关数据已成为“2012 年浙江省普通本科教学业绩考核”的重要依据。根据计划，该项目将持续实施，对每届毕业生连续跟踪三年，从而得出更为全面、系统的学生职业发展状况，为高校评价、专业调整、课程与教学改革提供有价值的依据。

〔**探索高校联合公选工作**〕　2012 年，全省首次推出除杭州以外 5 所高职高专院校业务副职和 12 所本科院校中层干部共 25 个职位面向全国联合公选。通过动员会、部署会、通报会、发布公告等，吸引和动员了 103 名省内外优秀人才报考。在实施过程中，指导相关高校严格程序，做好资格审查、笔试面试和考察等工作。工作结束后，及时进行全面总结，为进一步加强和改进公开选拔工作积累经验。

〔**教育部授权浙江扩大中外合作办学项目自行审批权限**〕　3 月，教育部正式发文批复，以试点方式委托省教育厅自行审批实施本科及以上高等学历教育（含颁发外国教育机构学士以上学位）中外合作办学项目，批准名单报教育部备案。浙江成为全国第一个也是唯一获此政策支持的省。

〔**推进高校寝室卫生管理与文明建设工作**〕　5 月，在全省高校开展了以建设“寝室卫生环境整洁、寝室文化氛围浓郁、寝室服务体系健全、寝室管理职责明晰”的新型学生公寓为重点的文明寝室建设。省教育厅下发文件，制订了高校文明寝室建设标准、学生公寓配置标准，召开由全省高校党政主要领导参加的“高校寝室卫生管理与文明建设现场会”，并于 11 月组织 13 个督查组对全省所有高校文明寝室建设进行了督查。经过努力，该项工作取得了明显成效。一是寝室环境和公寓管理状况大为改观。截至 2012 年 10 月底，全省高校共投入资金 8.74 亿元，改造公寓 884 幢（占 58.04%），设立公共储藏室 2 205 间，建设公寓学生活动中心、学生事务办理大厅、公寓党团活动室、心理咨询、师生谈话谈心室等 14.5 万平方米。二是公寓生活教育和指导服务机制进一步完善。全省高校研制或修改完善各类文明寝室建设工作管理制度 2020 项，安排联系寝室教师 46746 名。三是寝室文化建设和公寓文化氛围营造工作初见成效。

〔**承办全国第三届大学生艺术展演活动**〕　由省教育厅和杭州市政府承办的以“青春、使命”为主题的全国第三届大学生艺术展演活动现场集中展演于 2 月 7—13 日在杭州市举行。主要活动有：举行现场展演开幕式；举行艺术表演节目 9 场集中展演（其中声乐 2 场、器乐 2 场、舞蹈 3 场、戏剧 2 场），从中评出艺术表演节目一等奖；举办全国第三届大学生优秀艺术作品展览暨高校校长书画摄影作品展；举办全国第三届高校艺术教育科研论文报告会暨大学校长美育论坛；举行全国第三届大学生艺术展演活动闭幕颁奖晚会；组织青春大舞台活动。共有来自全国 403 所高校的 7 000 余名师生参加。浙江入围艺术表演类现场比赛的 18 个节目均获一等奖，成为全国各省（区、市）中获一等奖最多的省份。省教育厅被教育部评为活动优秀组织奖，并受到了省政府的表彰。

撰稿　朱永祥

审稿　吴永良

宁波市教育

概　　况

〔基本情况〕

宁波市各级各类学校数、教职工、专任教师情况

	学校数（所）	教职工数（人）	专任教师数（人）
一、高等教育	16	11 727	7 829
（一）研究生培养机构（不计校数）			
1. 普通高校			
2. 科研机构			
（二）普通高等学校	14	11 090	7 374
1. 本科院校	8	8 150	5 399
2. 专科院校	6	2 940	1 975
其中：职业技术学院			
3. 分校、大专班（点）（不计校数）			
（三）成人高等学校	2	637	455
（四）民办的其他高等教育机构			
1. 学历文凭考试机构			
2. 非学历文凭考试机构			
二、中等教育	506	34 276	29 161
（一）高中阶段教育	287	17 300	14 377
1. 高中	232	10 966	8 858
普通高中	80	10 128	8 237
成人高中	152	838	621
2. 中等职业教育	55	6 334	5 519
（二）初中阶段教育	219	16 976	14 784
1. 普通初中	219	16 976	14 784

续表

	学校数（所）	教职工数（人）	专任教师数（人）
2. 职业初中			
3. 成人初中			
三、初等教育	476	25 354	23 139
四、工读学校			
五、特殊教育	10	265	223
六、学前教育	1 208	29 585	15 944

宁波市各级各类学历教育学生情况

	毕业生数（人）	招生数（人）	在校生数（人）
一、高等教育	59 659	69 411	207 242
（一）研究生	925	1 287	3 428
（二）普通本专科	39 151	45 288	148 786
（三）成人本专科	19 583	22 836	51 606
（四）其他各类高等学历教育			
1. 在职人员攻读博士、硕士学位			3 422
2. 网络本专科生			
3. 学历文凭考试			
二、中等教育	135 608	139 872	390 517
（一）高中阶段教育	72 629	72 639	196 598
1. 高中	45 721	47 070	116 304
普通高中	36 259	31 427	101 284
成人高中	9 462	15 643	15 020
2. 中等职业教育（不含非全日制学生）	26 908	25 569	80 294
（二）初中阶段教育	62 979	67 233	193 919
1. 普通初中	62 979	67 233	193 919
2. 职业初中			
3. 成人初中			
三、初等教育	73 173	85 933	478 816
（一）普通小学	73 173	85 933	478 816
（二）成人小学			
其中：扫盲班			
四、工读学校			
五、特殊教育	95	93	853
六、学前教育	85 512	80 656	275 724

宁波市各级民办教育基本情况

	学校数（所）	毕业生数（人）	招生数（人）	在校生数（人）	教职工数（人）	专任教师数（人）
一、民办高等教育	5	14 944	17 912	64 915	4 280	2 987
（一）普通高校	5	14 944	17 912	64 915	4 280	2 987
（二）成人高校						
（三）民办的其他高等教育机构						
二、民办中等教育机构	60	18 210	18 350	56 989	5 010	3 464
（一）高中阶段教育	31	9 295	7 522	25 933	2 849	1 754
其中：民办普通高中	23	8 133	6 480	23 077	2 621	1 587
民办中等职业教育	8	1 162	1 042	2 856	228	167
（二）初中阶段教育	29	8 915	10 828	31 056	2 161	1 710
其中：民办普通初中	29	8 915	10 828	31 056	2 161	1 710
民办职业初中						
三、民办普通小学	56	10 947	14 088	72 256	3 379	2 869
四、民办幼儿园	956	60 692	54 672	191 104	18 987	10 075

〔**教育公平切实推进**〕 2012年，全市教育经费总投入209.77亿元，其中财政性教育经费支出164.23亿元。全年用于帮困助学经费8.01亿余元，全市义务教育阶段共有78.99万人次学生享受免杂费和课本费、作业本费及住宿费政策，涉及经费3.5亿元；15.18万人次学生享受中职免学费政策，涉及经费2.96亿元；高校各类奖学助学政策惠及学生6.42万人次，涉及经费8 853万元；安排全市民办流动人口子女学校引导性专项经费1 600万元；建立学生免费体检制度，制度覆盖所有在甬学生（含外来务工人员子女）；推进免费午餐扩面工程，自2012秋季学期起，受助对象扩大到市级经济欠发达乡镇（片区）所有义务教育阶段宁波户籍和符合条件的非宁波户籍在校学生，资助标准为每生每年1 500元，近3.4万人受助，资助金额达2 500余万元。全市中小学校舍安全工程圆满完成，加固与重建改造校舍199.2万平方米，总投资53.7亿元。从5月1日起，符合条件的民办学校（含幼儿园）教师纳入公务员医疗补助统筹管理，享受同等待遇。全市标准化学校368所，标准化学校创建率达53%。扩大学前教育优质资源，新（改、扩）建幼儿园80所，省等级幼儿园招生覆盖率不断提高。出台《宁波市教师现代教育技术能力提升工程实施方案》，建设高清远程网络教学平台（远程视频会议系统），启动数字化校园建设评估，教育装备与信息化管理稳步推进。

〔**各级各类教育事业协调发展**〕 学前三年幼儿纯入园率保持在99.2%以上，义务教育阶段学生入学率和巩固率分别保持在100%和99.9%以上，盲童、聋童、弱智儿童（即“三残”儿童）的入学率近90%，初中毕业生升入高中阶段的比例达99.09%，中等职业学校与普通高中招生比例相当。在甬全日制普通高校在校生近14.87万人。

〔**教育改革稳步推进**〕 首批24个高等职业教育综合改革试点项目取得阶段性成果，评审认定8个重点项目和31个协作研究项目。18个试点项目列为市教育科学规划“十二五”重点课题。制发《关于印发宁波市教育局开展现代学校制度试点实施方案的通知》，确定宁波中学、宁波三中、宁波经贸学校、甬江职高、宁波万里国际学校5所学校为市属首批试点学校。制发《宁波市中小学校章程管理办法》和《宁波市中小学校章程参考样本（试行）》，召开直属学校现代学校制度建设启动会。推行小学一二年级学生弹性上学制、全市初中学校新年级严格均衡编班、推广“四点钟学校”（即利用社区图书室、青少年活动中心和学校放学后的空余教室，为下午学校放学后无人照管的双职工子女而建立起来的一种教育形式），破解教育热难点问题。

〔师资队伍建设持续加强〕 出台《宁波市教育局关于实施中小学校高层次人才引进“百川计划”的若干意见》和《宁波市教育局关于实施中小学青年队伍建设“曙光工程”和“卓越工程”的意见》。全年认定教师资格1 966人，招聘录用事业编制教师2 279名。中职教师培训正式纳入省师训平台管理。中小学体育艺术教师专业能力培训质量大幅提升。全市中小学幼儿园教师共完成培训近480万学时，全市教师自主选课后实际参训率达93%以上。推进学导并进的小学语文、中学语文、中学数学“学科教学家培养对象”培训，完成国家级、省级培训任务。推进中小学教师职称制度改革试点工作，做好非义务教育阶段绩效工资改革。启动市直属学校校级领导班子及校级领导干部年度考核工作。组织“学习型校长领导力”等专题培训71期，3 500余人次中小学校长参加培训。组织新任副校长和后备干部进行300学时的封闭式集中培训，组织1 000余人次幼儿园园长参加高级研修班和专题培训，250位新任园长和后备干部接受岗位资格培训。478位中小学、中职、成校、幼儿园校（园）长参加了国家级、省级指令性培训。与英国诺丁汉大学、香港中文大学等合作举办名校长、骨干校长培训，举办第二届教育管理名家培养对象“我的教育思想”研讨会。开展第三届“感动甬城学子十大优秀教师”、王宽诚育才奖等各类先进德育工作者评选活动。

〔服务地方发展工作有序推进〕 市教育局落实“进村入企大走访”工作，走访了江北区和余姚市7个行政村、10个自然村、8家农户、4家企业，重点解决了6件实事，涉及经费50余万元。全市中职学校、成人学校和社区学院每校进10家企业、开展“五个一”服务。机关干部轮流参加信访值班，实现信访接待全员化。党务、校务公开覆盖面达100%。

〔党建工作务实推进〕 以“抓学习，抓服务，抓规范，抓基础，抓队伍，抓典型”为主，部署基层建设年。按照“五个好”的目标，对教育系统党组织进行分类定级。积极开展“双强示范”和“创先争优闪光言行”活动，表彰22个创先争优先进基层党组织、56名优秀共产党员、5个基层党建示范点和10个共产党员示范岗。推进社会主义核心价值体系教育，组织开展“我们的价值观”大讨论等主题教育活动。

〔教育交流与合作〕 市政府与教育部签署首批教育国际交流合作改革试验区协议。举行2012宁波—大邱教育合作交流会、欧洲·宁波周—慕尼黑教育交流合作会等对外交流活动。深入实施国家战略，推进汉语国际教育，与澳大利亚新南威尔士州西悉尼教育局、西悉尼大学签署合作备忘录，开展两地三方之间的交流与合作。修订《宁波市赴澳大利亚汉语志愿者合作协议》，完成第五批7名赴澳大利亚汉语志愿者选送工作，启动第六批汉语志愿者选拔工作。召开宁波中小学“千校结好”行动推动会，全年新结姐妹学校60余对。推广甬台、甬港教育交流合作，做好大学生赴台交流选拔工作。宁波TAFE学院招生规模扩大至210人，新增“报关与国际货运”专业，共招收3个专业181名新生。启动宁波工程学院与德国埃斯林根应用科技大学、德国应用科技大学联盟、同济大学共建中德汽车学院筹备工作。充分发挥国际合作项目的辐射作用，申报镇海中学等中外合作办学项目，做好宁波外国语学校AP班、宁波三中德语班、李惠利中学中澳班、效实中学IB班等学校国际课程引进工作。“中国职业技术教育援外培训基地”落户宁波职业技术学院。

〔获奖情况〕　市教育局被省委、省政府评为“浙江省社会治安综合治理先进集体”，被省教育厅评为“2012年度教育科学和谐发展业绩考核优秀单位”，并获得“全国教育督导工作先进集体”、“全国教科文卫体先进工作组织”、“第九届全国中等职业学校文明风采竞赛特殊贡献奖”、“省中小学生艺术节优秀组织奖”、“2003—2012年宁波市百姓最受益十大民生实事”等奖项。

基础教育

〔综述〕　2012年，全市共有省等级重点普通高中48所（其中省一级重点中学23所、二级重点中学16所、三级重点中学9所）。拥有正教授级待遇的中学高级教师49（在职24）人、中小学名教师289（在职249）人；小学、初中教师高一级学历比例分别达95.63%、92.54%。

〔出台《宁波市学前教育促进条例》〕　《宁波市学前教育促进条例》经省十一届人大常委会第三十二次会议审议通过，7月1日正式实施。建立宁波市学前教育联席会议，建立健全学前教育考核机制，制发《宁波市市级学前教育专项经费使用和管理办法》。

〔学前教育〕　新建幼儿园标准化率达100%，省等级（市星级）幼儿园招生覆盖率达85%以上。

职业教育与成人教育

〔综述〕　2012年，全市有10所国家级中等职业教育改革发展示范学校、5所浙江省中等职业教育改革发展示范学校，有48个省级示范专业和27个国家级、26个省级实习实训基地，并在宁波韵升集团等4家企业建立了校外实训基地。

〔抓重点，调布局〕　深化新一轮中职学校布局及专业结构调整工作，初步形成了与区域产业经济匹配的专业簇群、特色鲜明的校内主干专业和主次分明的学校专业格局。余姚市职成教中心学校、鄞州职业高级中学、宁波外事学校等3所学校入选第三批“国家中等职业教育改革发展示范学校”建设计划项目。慈溪职业高级中学等5所学校被确定为首批浙江省中等职业教育改革发展示范学校立项建设单位。评选出10个市级品牌专业、7个重点发展专业和4个实习实训示范基地。全市中职学校国家级职业教育实训基地达27个。

〔深化改革，构建现代职业教育体系〕　实施中高职衔接改革试点工作，促进中等和高等职业教育协调发展，扩大“3+2”培养规模，升学比例超过70%。启动五年一贯制试点，不断完善中高职课程衔接体系，宁波职业技术学院、浙江纺织服装职业技术学院成为试点单位，他们与甬江职业高级学校、鄞州职业教育中心学校、慈溪职业高级中学等多所中职学校开展联合培养，完成招生654人。扩大中西部职业教育合作，鄞州职业高级中学西藏班、宁波行知中职学校新疆班在读学生达333人。落实全市中职学校实施免学费政策，增强了中职学校的吸引力。深化职业教育教学模式改革，发挥“学赛训”互促体系牵引作用，全面提升教育教学水平。出台《宁波市职业教育校企合作促进条例实施办法》，成立了市职业教育校企合作促进会，建立市职业教育校企合作公共服务平台。

〔**社区教育工作**〕　2012年，全市评选出2011年度社区教育优秀实验项目10个，认定15个社区教育重点实验项目、25个社区教育一般辅导项目。在2012年全省9个建设项目评比中，海曙区社区学院等5所学校被认定为浙江省社区教育示范学校。评选出61家市级优秀学习型社区和80家学习型示范企业。举办宁波市社区教育实验项目骨干研修班和宁波市优秀学习型社区骨干研修班。江东区、江北区、镇海区和慈溪市被确定为“全国数字化学习先行区”。

〔**积极开展各类教育培训**〕　全年非学历培训312.56万人次，其中企业职工岗位技能培训45.69万人次、农村实用技术培训19.25万人次、农村劳动力转移培训6.92万人次、农村预备劳动力培训2454人次。市教育局会同市政府农村工作办公室组织选拔280位优秀农民到高校进修。宁海县力洋镇成人学校等3所学校被认定为省新型农民素质培训示范基地。依托宁波社区大学老年教育中心，开展老年人教育培训工作，在读学员2 500余人。制作完成“双证制”成人高中视频课件，成人“双证制”培训人数达10 362人。2012年，全市241家培训机构启动187个品目的培训，共培训企业职工10万人，取证人数9.5万人。慈溪市掌起镇成人学校被认定为浙江省企业职工培训示范基地。继续开展农科教结合工作，有4个项目被市农科教办公室立项。举办宁波市全民终身学习活动周活动，参加人数达50万人。宁波市成人教育协会被省成人教育与职业教育协会授予省成人“双证制”教育培训工作先进集体。

高等教育

〔**综述**〕　2012年，在甬高校的办学条件不断改善，生均资产总值、仪器设备值、藏书量等逐年提高。宁波大学实现了教育部、浙江省、宁波市共建。公安海警学院实现了公安部、浙江省、宁波市共建。宁波工程学院通过教育部本科教学合格评估。宁波大红鹰学院通过学士学位授予权单位评审。

〔**学科及专业建设**〕　在甬高校43个学科成为浙江省“十二五”高校重点学科（其中宁波大学水产学科被列为重中之重一级学科），17个本科专业、13个高职专业被列为浙江省“十二五”优势专业建设项目；确定了17个宁波市品牌专业、45个宁波市特色专业予以重点建设。

〔**高校科研**〕　全年高校科研经费超过4.5亿元，比2011年增加0.5亿元，其中千万级科研项目达4项。宁波大学首次获国家自然科学二等奖1项，首次承担了科技部国际科技合作与交流专项重大项目。

〔**师资队伍建设**〕　2012年，全市启动实施了新一轮高校“甬江学者”计划，增设15个特聘教授岗位和20个讲座教授岗位，组织评审8个特聘教授岗位。教育系统全年引进国家“千人计划”1人、浙江省“千人计划”2人、国家“外专千人计划”2人、宁波市“3315计划”（即引进并重点支持一批海外高层次人才到宁波创新创业，力争其中30名列入中央“千人计划”、300名列入省海外高层次人才引进计划、1 000名列入市海外高层次人才引进计划，新增海外创新创业人才5 000名）4人。

〔**教学改革**〕　高校教学改革扎实推进，宁波大学探究式课程教学改革、万里学院研究性教学模式、浙大宁波理工学院实践教学等人才培养模式改革引起各界关注。宁波大学获首批国家“卓越医师教育培养计划”项目。在2012年全国高职院校信息化教学大赛中，全市高职院校获一、二、三等奖各3项，总成绩位列全国第三。

〔**思想政治教育**〕　推进大学生思想政治教育研究，印发《2010—2012宁波大学生发展报告》，提升高校思想政治理论课教学质量。宁波达敏学校刘佳芬、象山县职业高级中学林娅成为全国“教书育人”巡讲团成员，赴全国各地巡讲，得到教育部高度肯定。

撰稿　钟　颖　何健明　王　静
陈鸿洋　余晶晶

审稿　董　刚

安徽省教育

概　　况

〔基本情况〕

安徽省各级各类学校校数、教职工、专任教师情况

	学校数（所）	教职工数（人）	专任教师数（人）
一、高等教育	124	77 736	54 519
（一）研究生培养机构（不计校数）	21		
1. 普通高校	19		
2. 科研机构	2		
（二）普通高等学校	118	75 411	53 108
1. 本科院校	44	48 343	33 131
其中：独立学院	11	4 647	3 842
2. 高职（专科）院校	74	27 068	19 977
3. 其他机构（点）（不计校数）			
（三）成人高等学校	6	1 318	740
（四）民办的其他高等教育机构	7	1 007	671
二、中等教育	7 047	592 094	459 686
（一）高中阶段教育	4 127	425 705	298 679
1. 高中	716	116 953	71 790
普通高中	716	116 953	71 790
完全中学	410	63 745	31 518
高级中学	248	43 552	37 709
十二年一贯制学校	58	9 656	2 563
成人高中			
2. 中等职业教育	3 411	308 752	226 889
普通中专	112	13 433	10 169

续表

	学校数（所）	教职工数（人）	专任教师数（人）
成人中专	72	3 006	2 245
职业高中	303	24 216	20 431
技工学校	2 924	266 116	192 575
其他机构（教学点）（不计校数）	33	1 981	1 469
（二）初中阶段教育	2 920	166 389	161 007
1. 初中	2 920	166 389	161 007
初级中学	2 296	127 812	116 892
九年一贯制学校	623	38 550	18 387
十二年一贯制学校			2 531
完全中学			23 171
职业初中	1	27	26
2. 成人初中			
三、初等教育	12 547	233 150	241 504
（一）普通小学	12 547	233 150	241 504
小学	12 547	233 150	225 015
九年一贯制学校			14 910
十二年一贯制学校			1 579
（二）成人小学			
其中：扫盲班			
四、工读学校	3	71	41
五、特殊教育	64	1 507	1 283
六、学前教育	5 192	70 140	42 959

安徽省各级各类学历教育学生情况

	毕业生数（人）	招生数（人）	在校生数（人）
一、高等教育			
（一）研究生	11 977	15 677	44 351
博士	1 134	1 529	5 005
硕士	10 843	14 148	39 346
（二）普通本专科	265 477	286 246	1 023 033
本科	114 858	144 380	552 299
专科	150 619	141 866	470 734
（三）成人本专科	62 786	91 365	186 457
本科	25 475	37 552	73 797
专科	37 311	53 813	112 660

续表

	毕业生数（人）	招生数（人）	在校生数（人）
（四）其他各类高等学历教育			
1. 在职人员攻读硕士学位		2 694	8 628
2. 网络本专科生	606	360	1 897
本科	152	360	957
专科	454		940
二、中等教育	3 519 540	3 177 001	9 504 822
（一）高中阶段教育	2 017 392	2 487 587	6 743 668
1. 高中	529 074	439 725	1 437 062
普通高中	412 810	439 725	1 292 863
完全中学	176 008	188 460	548 386
高级中学	224 575	235 145	702 619
十二年一贯制学校	12 227	16 120	41 858
成人高中	116 264		144 199
2. 中等职业教育	1 488 318	2 047 862	5 306 606
普通中专	89 940	92 838	273 333
成人中专	51 367	142 466	253 102
职业高中	154 803	173 520	475 939
技工学校	1 192 208	1 639 038	4 304 232
（二）初中阶段教育	1 502 148	689 414	2 761 154
1. 初中	869 576	689 414	2 130 347
初级中学	622 978	484 237	1 501 976
九年一贯制学校	89 806	75 449	228 690
十二年一贯制学校	13 539	13 922	40 374
完全中学	143 159	115 736	359 060
职业初中	94	70	247
2. 成人初中	632 572		630 807
三、初等教育	2 312 633	693 919	5 690 319
（一）普通小学	720 927	693 919	4 047 018
小学	661 117	646 368	3 732 134
九年一贯制学校	52 876	43 626	281 321
十二年一贯制学校	6 934	3 925	33 563
（二）成人小学	1 591 706		1 643 301
其中：扫盲班	585 749		689 067
四、工读学校	16	18	20
五、特殊教育	1 114	2 165	9 986
六、学前教育	577 127	908 939	1 578 657

安徽省各级各类非学历教育学生情况

	结业生数（人）	注册学生数（人）
总计	913 683	668 577
一、高等教育	264 816	158 351
（一）研究生课程进修班	908	2 578
（二）自考助学班	635	1 270
（三）普通预科生		211
（四）进修及培训	263 273	154 292
其中：资格证书培训	58 666	23 032
岗位证书培训	51 264	15 029
二、中等职业教育	648 867	510 226
其中：资格证书培训	202 574	156 154
岗位证书培训	216 317	155 434
（一）中等职业学校	394 417	254 676
其中：资格证书培训	165 316	118 847
岗位证书培训	154 081	77 578
（二）职业技术培训机构	254 450	255 550
其中：资格证书培训	37 258	37 307
岗位证书培训	62 236	77 856

安徽省各级各类民办教育基本情况

	学校数（所）	毕业生数（人）	招生数（人）	在校生数（人）	教职工数（人）	专任教师数（人）	其他学生数（人）
一、民办高等教育							
（一）民办高校	31	40 829	49 873	171 745	11 798	8 555	4 502
硕士							
本科学生		16 121	27 460	93 750			
专科学生		24 708	22 413	77 995			
其中：独立学院	11				4 647	3 842	352
本科学生		13 822	19 750	74 087			
专科学生							
（二）民办其他高等教育机构	7				1 007	671	11 659
二、民办中等教育							
（一）高中阶段教育	318	107 588	146 930	378 953	36 286	25 849	
1. 民办普通高中	178	55 146	72 125	204 545	27 250	19 035	
2. 民办中等职业教育	140	52 442	74 805	174 408	9 036	6 814	25 731

续表

	学校数（所）	毕业生数（人）	招生数（人）	在校生数（人）	教职工数（人）	专任教师数（人）	其他学生数（人）
（二）初中阶段教育	303	131 915	146 404	413 764	22 051	16 247	
1. 民办普通初中	303	131 915	146 404	413 764	22 051	16 247	
2. 民办职业初中							
三、民办普通小学	225	42 150	27 991	209 922	5 870	4 247	
四、民办幼儿园	3 593	246 371	422 345	830 929	52 345	30 373	
另有：民办培训机构（不计校数）	31				498	355	20 247

〔**“十二五”教育事业发展规划**〕 2012 年 2 月，省政府印发《安徽省“十二五”教育事业发展规划》（皖政〔2012〕24 号）。《规划》明确了“十二五”期间全省教育事业发展的指导思想和发展目标，提出各级各类教育事业发展水平和管理水平位于中部地区前列，重点实施义务教育均衡发展等 9 项教育体制改革试点和一批重大教育工程。到 2015 年，实现更加均衡的基础教育、更具特色的职业教育和更高质量的高等教育。

〔**教育经费投入**〕 2012 年，全省各级各类学校教育经费收入总额达 1 035.1 亿元，比 2011 年增长 19.2%；预算内教育拨款达 768.2 亿元，比 2011 年增长 24.3%。财政性教育经费占国内生产总值比例达 4.72%，比 2011 年增长 0.44 个百分点。全口径预算内教育经费支出占财政支出的比例达 19.67%，比 2011 年增长 0.79 个百分点；地方财政教育支出占财政支出比例达 15.05%，超过中央核定比例。2012 年，争取中央财政资金 140.6 亿元，比 2011 年增长 32.39%。

〔**省级政府教育统筹综合改革试点**〕 7 月，省政府印发《关于开展省级政府教育统筹综合改革试点的实施意见》（皖政〔2012〕81 号），明确提出到 2020 年，实现“一个优先、两个保障、三个协调、四个突破”（“一个优先”——落实教育优先发展战略地位；“两个保障”——教育投入保障水平达到全国平均水平，师资保障能力全面提升；“三个协调”——初步实现教育与经济、社会协调发展，城乡、区域教育协调发展，各级各类教育协调发展；“四个突破”——在管理体制、办学体制、人才培养模式和现代学校制度建设四个方面的改革取得重大突破）的目标。在此基础上，推动形成“以省级政府教育统筹综合改革为龙头，统筹推进各项教育改革”的改革布局。

〔**部省战略合作协议**〕 3 月 8 日，教育部、省政府签署《加快省级政府教育统筹综合改革，推进皖江城市带承接产业转移示范区建设战略合作协议》。教育部部长袁贵仁，省委书记张宝顺、省长李斌出席签字仪式。根据协议，双方在加快省级政府教育统筹综合改革、推进皖江城市带承接产业转移国家职业教育改革、促进进城务工人员子女公平就学和推动高等教育省级统筹改革发展等方面加强合作。教育部鼓励支持安徽省根据国家教育体制改革总体部署，在重点领域和关键环节大胆实践，先行先试，取得实效。

〔**融入长三角教育协作发展会商机制**〕 在 5 月召开的第四届长三角教育联动发展研讨会上，安徽省正式融入长三角教育协作发展会商机制。江苏省教育厅、浙江省教育厅、安徽省教育厅和上海市教委共同签订《关于建立新一轮长三角教育协作发展会商机制协议书》等 3 项协议。根据协议，长三角已有的合作项目对安徽省全面开放，不再进行补签。三省一市以项目为抓手，深化改革，扩大开放，增强联动效应，进一步加强教育领域的合作交流。

〔**教师队伍建设**〕 4 月，省政府办公厅印发

《关于加强中小学教师队伍建设的意见》（皖政办〔2012〕35号），从改善农村教师队伍结构、提高教师队伍专业化水平、健全教师队伍管理制度、提高教师地位和待遇、提高教师职业道德水平等方面提出多项新的政策措施。首次组织“江淮好老师”评选活动。在亳州、淮南、马鞍山3市开展中小学教师职称制度改革试点。继续实施农村义务教育阶段学校教师特设岗位计划，2012年聘用特岗教师3 477人，首批服务期满的特岗教师留任率达95.6%。2012年毕业的336名皖籍免费师范生全部进入学校任教。组织63 550名中小学教师和3 650名幼儿园教师参加“国培计划”培训，选派1 850名高校毕业生到农村中小学、幼儿园顶岗实习。中职“双师型”教师占专业课教师的比例达58%。全省4名高校教师被评为国家级教学名师，省属高校实现入选教育部“长江学者”零的突破，9名高校教师入选安徽省第二批“百人计划”。

〔**学生资助体系**〕 不断完善家庭经济困难学生资助政策体系，启动学前教育和研究生教育家庭经济困难学生资助工作，首次实施中央彩票公益金资助普通高校家庭经济困难新生入学资助项目。2012年，全省资助幼儿17.4万人次，金额2.62亿元；发放研究生国家奖学金592人，金额1 218万元；发放高校、中职和普通高中各类奖助学金179万人次，金额22.2亿元；向15.2万名大学生发放助学贷款9.1亿元；资助16 519名普通高校家庭经济困难新生，金额1 062.5万元。

〔**体育卫生艺术教育和国防教育**〕 认真开展阳光体育运动，全面落实大课间操体育活动制度，开足上好体育课，切实保证中小学生每天1小时校园体育活动时间。安全有序地组织大学生田径运动会、示范高中田径运动会、中小学生健身健美操比赛等多项全省学生体育赛事。组团参加全国第九届大学生运动会，被组委会授予“体育道德风尚奖”。强化学校传染病防控工作，配合省卫生厅、省食品药品监督管理局开展以学校传染病防控、生活饮用水卫生、教学及生活设施卫生、食堂食品卫生安全为重点的学校卫生安全专项检查。组织首届“青春·理想”安徽省大学生自创话剧展演活动和第四届安徽省中小学生艺术展演活动。组团参加全国第三届大学生艺术展演活动，被教育部评为优秀组织奖一等奖。深入推进学校国防教育，与省军区联合开展全省国防教育工作检查。

〔**学校安全工作**〕 成立校车安全管理联席会议，出台《关于进一步加强校车安全管理工作的意见》。总结推广宣城、天长、黄山、芜湖、铜陵等地的经验，初步形成农村地区解决学生上学、放学乘车安全的5种典型模式。加强预防中小学生溺水工作，全面开展暑期安全大家访活动，将暑期安全教育覆盖到每一位学生和家长。加强义务教育阶段学校校园安保基础设施建设，全省义务教育阶段学校紧急报警装置配备率、安全防护器械配备率、消防设施合格率、城镇和乡镇中心学校监控系统配备率明显提高。在马鞍山市、合肥市瑶海区试点建立校园纠纷调解工作联络协调组织，通过司法调解等方式维护校园秩序。

〔**教育督导工作**〕 推进教育督导体制改革，经省政府同意，在全国率先成立省政府教育督导委员会。出台《安徽省督学聘任与管理暂行办法》，加强专兼职督学队伍建设。首次开展县域义务教育均衡发展督导评估，向国家申报认定合肥市包河、庐阳、蜀山、瑶海区和马鞍山市雨山区为全国义务教育发展基本均衡区。创新县（市、区）党政领导干部教育工作督导考核方法，对上一年度存在补拨经费现象的县（市、区）建立跟踪倒查机制。开展全国和全省“两基”表彰推荐评选，全省10个单位、3个地区、17名个人受到国务院表彰，110个单位、40个地区、149名个人受到省政府表彰。

〔**教育纪检监察和政风行风建设**〕 召开全省教育系统党风廉政建设工作会议，高校党委书记首次参加会议。组织修订《安徽省高等学校党风廉政建设责任制实施办法》，以建立、健全惩治和预防腐败体系为重点，以廉政风险防控为抓手，深入推进教育系统党风廉政建设和反腐败工作。深入推进创先争优活动，扎实开展“书记带头大走访”活动和“保持党的纯洁性、迎接党的十八大”主题教育实践活动。建立规范办学行为信息公开和定期通告制度，对规范办学行为开展明察暗访。编制《安徽省中小学教辅材料管理实施方案》，对中小学教辅材料实行评议公告制度。规范教育收费工作，组织县级以上检查组 279 个，检查学校 5784 所，清退违规收费 436.74 余万元，给予 189 人党纪政纪处分。深化行政审批制度改革，省级教育行政审批项目由原来的 17 项减至 5 项，保留下来的项目承诺时限压缩 62%。在省级教育行政部门中率先开通实名认证的政务微博，关注用户超过 124 万家。

〔**民办教育**〕　2012 年，全省共有经审批设立的各级各类民办学校（幼儿园）4 129 所，在校（园）生 175.72 万人。坚持发展与规范并重的方针，积极落实有关法律法规和扶持政策，促进民办教育事业健康发展。省教育厅与省民政厅组织 6 个检查组，对 20 所民办高校和 7 个民办非学历高等教育机构进行年检，检查结果对社会公布。经报教育部同意，向安徽新华学院、安徽外国语学院、安徽文达信息工程学院颁发民办本科高校办学许可证。根据年检结果，对办学许可证到期且年检达到合格等次以上的 14 所民办高校和民办非学历高等教育机构换发办学许可证。规范民办学校的招生和办学行为，严格落实招生广告（简章）事前审查备案制度。

〔**教育交流与合作**〕　落实友好省州间教育高层磋商机制，应邀赴德国汉诺威市参加“莱布尼茨与孔子教育对话”学术会议并访问下萨克森州科学文化部；参加中日省长知事论坛和安徽—高知友好省州交流活动，与日本高知县文化生活部签署两省县关于教育合作与交流备忘录。全省 170 所学校和机构聘请来自美国、英国等 30 多个国家和地区的外国文教专家、外籍教师（长期类）共 454 人，13 所学校招收来皖长期留学生达 1 236 人，涉及专业 65 个。加强在皖留学生的管理服务，组织第四届全省外国留学生文化修学活动。推进汉语国际推广工作，加强安徽省在智利、乌克兰、阿塞拜疆的 3 所孔子学院建设。不断规范因公出国（境）团组管理工作，严格遵守外事纪律。

〔**教育援疆、援藏工作**〕　启动双语教师远程培训项目，培训教师 250 名。推进科大讯飞畅言语音教育项目，覆盖面扩展到义务教育阶段，应用科目扩大到数理化。扎实办好类型多样的内地新疆班，全省共有 19 所学校承办 6 个类型的内地新疆班，1 623 名新疆学生在皖学习，办班数量和学习人数在 19 个援疆省市中位居前列。加强双语教师队伍建设，开展双语骨干教师培训、双语基础薄弱教师培训、无双语基础教师转化培训。做好支教工作，选派第三批 43 名支教教师。实施“百名专家学者赴新疆培训工程”，培训新疆皮山县教师 1 200 人次。推进职业高中和双语基础能力建设。安排教育援藏专项经费 210 万元，专项用于西藏班学生和对口支援西藏工作。切实办好内地西藏班，坚持做到组织管理到位、后勤保障到位、教师配备到位、思想教育到位、课余生活安排到位。实施教育援藏“双百”工程，即拨款 200 万元，为西藏培养 200 名人才。安徽医科大学、淮北师范大学等高校共为西藏山南地区定向培养大学生 201 名。

基础教育

〔**综述**〕　2012 年，全省狠抓重大项目实施，深化改革试点工作，坚持以人为本，促进教育公平，全面推进素质教育，着力提升教育质量，推动基础教育持续健康协调发展。启动实施基础教育三项改革，确定了 12 类 30 个省级教育体制改革项目，在 102 个市、县（区）教育局和学校开展试点。中小学学籍信息管理、中小学生研学旅行等8项工作被教育部列入试点示范省份。

〔**学前教育**〕 将乡镇公办中心幼儿园建设项目纳入省级民生工程。截至2012年年底，全省新建、改扩建幼儿园1 876所，增设附属幼儿园662所，乡镇公办幼儿园“一镇一园”的覆盖率达73%。制定学前教育各类奖补政策和资助政策，落实中央和省奖补资助资金2.6亿元。认真执行教育部《3—6岁儿童学习与发展指南》，规范办园行为，科学保教工作得到进一步巩固。对幼儿看护点实施分类动态监管，分A、B、C三类提出监管和指导要求，分步治理无证幼儿园。

〔**城乡义务教育经费保障改革**〕 2012年，农村学校公用经费生均标准分别提高到小学每年525元、初中每年725元；特教学校公用经费生均标准提高到初中的5倍；家庭经济困难寄宿生生活费生均标准分别提高到小学每年1 000元、初中1 250元每年。全年共投入义务教育保障资金51.94亿元，惠及城乡义务教育阶段617.7万名在校学生。

〔**义务教育**〕 省政府召开全省义务教育均衡发展工作会议，进一步明确工作目标。加强对50个县（市、区）接受均衡发展考核验收的指导，评估认定了17个县（市、区）。完成2 314所学校标准化建设任务，全省义务教育标准化覆盖率达43.4%。建成留守儿童之家1.9万个，安装免费亲情电话2.2万部。进一步完善做好进城务工人员随迁子就地接受教育和升学政策，制定外省随迁子女在皖参加高考的政策。建立农民工子女教育券制度，实行公用经费“钱随人走”。继续新建和改建特殊教育学校，改善残疾儿童少年的就学条件。

〔**农村义务教育学生营养改善计划**〕 2012年春季开学后，全省12个试点县立即启动向100万名学生免费提供营养餐。制定了食堂建设项目管理、专项资金管理、食品安全管理、配餐标准与操作指南、食品安全事故应急预案等12项配套政策。下达食堂建设资金13.9亿元，规划建设面积91万平方米，当年完成建设面积43.3万平方米。依托省义务教育独立督查员进行经常性专项督查，定期形成情况报告，反映试点县情况。举办食品安全管理、资金管理、学生学籍管理、月报统计、主题微博、实名制学生信息系统等方面的业务培训10次。

〔**普通高中教育**〕 下达资金13 280万元，组织实施国家集中连片特殊困难地区12个县普通高中改造计划。在全省开展公办普通高中经费保障情况调研，明确在取消择校生政策后的经费保障措施，提出调整收费标准和制定生均公用经费标准的建议。进一步加强对高中国际班的管理，严禁以国际班的名义违规招生。

〔**中小学校舍安全工程**〕 全年共投入资金16.6亿元，加固改造校舍252万平方米，超额完成年度改造任务。中小学校安工程实施以来，全省包括民办等各类中小学累计投入资金176亿多元，加固改造“三重”校舍面积2 760万平方米，建设项目2.5万多个，涉及学校1.6万多所，生均改造面积3.4平方米，加固改造校舍总量居全国第三位和中部地区第一位，覆盖全省70%以上的中小学校。截至2012年年底，全省已全面超额完成校舍加固重建规划任务，全省中小学校舍抗震设防达标率由不足40%提高到97%，校舍安全状况得到根本性的改善和加强。

〔**规范办学行为**〕 通过公布招生服务区、招生计划和捐资助学情况等措施，将义务教育择校生控制在5%以内。制定加强中小学教辅材料使用管理实施意见，组织实施首次中小学教辅材料的评议推荐工作。制定全省中小学学籍信息网络化系统管理办法，组织数据核查工作，提高学籍信息数据的完整性、规范性。对各地中小学规范办学行为情况进行了200多次检查，对39所申报省示范高中和优秀省示范学校的规范办学行为情况进行了暗访。建立中小学幼儿园规范办学行为跟踪记分管理制度。

〔**教育信息化**〕 积极推动教育信息化顶层设

计，完善修订《安徽省教育信息化十年发展规划》和《安徽省基础教育信息化三年行动计划》。推进宽带网络“校校通”，全省已接入互联网的中小学1万余所，接入率达60%。积极构建“安徽基础教育云平台”。推进安徽基础教育资源网建设，形成了数量达5T的优质教育资源库。搭建人人通网络学习空间，教师注册人数已达10万多人，访问量逾200万人次，上传资源1.6万余条。全面开展教师信息技术应用能力培训。

职业教育与成人教育

〔**综述**〕 2012年，全面推进职教大省建设，深入推进皖江城市带职业教育办学模式改革和中职教育改革创新“十大工程”建设，着力构建适应经济发展方式转变和产业结构调整要求、体现终身教育理念的现代职业教育体系，努力提升职业教育服务经济发展的能力。

〔**职业教育管理体制改革**〕 开展省市共建与区域合作，继续推进与滁州市政府、马鞍山市政府共建职教改革发展试验区工作。鼓励淮北、滁州、蚌埠3市整合资源，强化市级政府统筹职教改革发展的作用。淮北市成立职业教育工作委员会及职教局，创新管理体制和运行机制；滁州市《职业教育市级统筹改革方案》经市委、市政府讨论通过；蚌埠市职教中心和蚌埠技师学院合并。

〔**职业教育办学模式改革创新**〕 召开皖江城市带职业教育办学模式改革及全省中职教育改革创新工作推进会。举办第三届皖江城市带职业教育办学模式改革校企对接会，建筑、汽车、数控、电子4个专业大类开展了校企对话协作。支持组建安徽旅游职教集团、安徽现代农业职教集团，全省省级职业教育集团达15个，有275所职业院校、340家企业参与。

〔**基础能力建设**〕 第三批15所国家中职改革发展示范校项目学校立项建设，获1.42亿元资金支持。评审认定16所合格县区职教中心和8所省级中职示范校。全年省级财政投入4 440万元，重点建设了17所学校、46个重点专业点、36个重点实训基地。新增中央财政支持中职实训基地11个，中央财政支持资金1 960万元。争取中央财政支持的中职基础能力建设项目16个（不含技工学校），支持资金达1.6亿元，学校实训条件得到进一步改善。

〔**专业规范化建设和课程改革**〕 制定《安徽省中等职业学校专业设置管理实施细则（试行）》，进一步规范和完善中等职业学校专业设置。继续推进69个专业的改革试点工作，重点抓好电子电器应用与维修、化学工艺、果树花卉生产技术等23个专业的国家改革试点以及省级改革试点专业工作。建立安徽省国家中职教育改革发展示范校校长联席会议制度。推进中职课程改革，立项建设120门省级精品课程。

〔**推动皖北职业教育发展**〕 省政府召开皖北职业教育工作推进会，出台《关于皖北职教园区建设有关规费减免问题的通知》，安排1.5亿元专项资金和2 400亩土地指标用于皖北6市职教园区建设。截至2012年年底，淮北、淮南、宿州3市职教园区建设已经开工，阜阳、蚌埠、亳州3市的职教园区已有院校入住。2012年度省级财政安排1 400万元专项经费，加强皖北职业学校基础能力建设、实训基地建设和专业建设。中央和省级财政支持资金达3.1亿元。2012年，皖北3市7县教育系统培训劳动力26.63万人次，为提高劳动者素质和新农村建设做出了重要贡献。

〔**中职招生工作**〕 通过布置会、专项督查、推进会、招生旬报、督导考核等多种形式，切实加强对 2012 年度中职招生工作的领导，稳定中职招生规模，促进高中阶段教育协调发展。积极开展面向非应届初中毕业生的招生、培训工作，努力扩大生源。大力推进对口支援工作，支持省属中专学校到皖北市县招生，强化市市合作。2012 年度全省实现中职招生 40.9 万人，基本完成教育部下达的招生任务。

〔**德育和校园文化建设**〕 积极组织全省中职学校“文明风采”竞赛活动，遴选 1 362 件作品参加全国“文明风采”竞赛，获奖 1015 件。开展省级中职学校“德能双优”学生评选工作，表彰了 2 663名中职生。开展中职学校德育工作先进集体、先进个人和校园文化建设先进单位评选表彰工作，表彰先进集体 50 个、先进个人 199 名。

〔**职业院校技能大赛**〕 举办 2012 年全省职业院校技能大赛，近 2 000 名学生参赛，其规模、类别、项目均超过前五届。推行国赛选拔制度，提早动员、全面布置、多轮选拔、加强集训。中职组在 2012 年全国职业院校技能大赛中共获一等奖 9 个、二等奖 24 个、三等奖 43 个，高职组共获一等奖 13 个、二等奖 43 个、三等奖 75 个，创参赛以来的最好成绩。在同期举办的全国职业院校学生技能作品展洽会上，安徽省获全国技能大赛优秀组织奖、学生技能作品展洽会的组织工作成绩突出奖。

〔**成人教育**〕 坚持以评促建，努力构建农村职成教培训网络，全省共有合格县区职教中心 70 所、省级示范乡镇成人文化技术学校 99 所。开展社区教育省级评估，全省共有省级实验区 29 个、省级示范街道 122 个。积极组织 3 个市、22 个区（县）举办 2012 年“全民终身学习周”活动。

高等教育

〔**综述**〕 2012 年，经教育部备案，新成立 3 所高职院校。合肥工业大学宣城校区一期工程建成并开始招生。6 所省属高校实施中西部高校基础能力建设工程。安徽工程大学与科大讯飞合作举办安徽工程大学机电学院。积极推进安徽艺术学院筹建。2012 年，普通高考录取新生 40.9 万人，其中本科 20.7 万人、高职（专科）20.2 万人，高考录取率达 80.8%。高等教育毛入学率达 30.6%。

〔**质量工程建设**〕 充分发挥质量工程的示范和带动作用，积极构建国家、省、高校三级质量工程体系。做好国家级质量工程项目的培育、遴选和申报工作。省属高校申报国家级精品视频公开课 8 门；25 所高校入选国家级大学生创新创业计划；13 所高职获批国家级职业教育实训基地项目。组织开展省级质量工程项目的遴选工作，批准 114 个单位 2 046 个项目立项建设。开展质量工程项目建设情况检查和验收，全年共结题 260 余项。

〔**人才培养模式改革**〕 优化学科专业结构，加快建立招生、就业、培养相互联动，产学研密切合作的应用型人才培养新模式。2012 年，高职院校开展自主招生，单列自主招生计划 11 080 人，录取 9 168 人。加强普通高校本科专业设置和管理工作，鼓励增设符合高校发展定位、彰显学校办学特色和能够支撑全省经济社会发展和服务全省战略性新兴产业的相关专业以及尚未列入《专业目录》的新专业，填补省内空白的专业，调整、改造传统专业。严格控制就业率较低的专业和专业布点较多的专业的增设。开展本科教学工作评估工作和高职高专人才培养评估工作，指导 3 所省属高校迎接教育部合格评估；组织 2 所省属高校开展审核评估试点；组织对13所高职高专院校进行人才培养评估。开展教育信息化试点，推进教育教学改革，确定中国科学技术大学等15所高校作为省级试点高校。

〔**学位建设和研究生教育**〕 经国务院学位委员会批准，3所省属高校实施“服务国家特殊需求人才培养项目”——学士学位授予单位开展培养硕士专业学位研究生试点工作。开展独立学院申请列为学士学位授予单位的审批工作，批准11所独立学院127个本科专业分别增列为学士学位授予单位和授权专业。召开全省研究生教育工作座谈会，推动研究生培养机制改革和管理创新。开展对第三批省级重点学科建设的中期检查，增补17个省级重点学科。扎实开展科学道德和学风建设宣讲教育活动，出台了《安徽省高等学校学风建设实施细则》。

〔**科技创新基础能力和科学研究**〕 启动实施高等学校创新能力提升计划，加强高校科技创新基础能力建设。2012年，全省高校获国家自然科学基金项目和社科基金项目868项，获资助经费5.1亿元。3所省属高校承担国家科技支撑计划项目5个课题，获专项经费2 574万元。中国科学技术大学、安徽医科大学2项成果分别入选2012年度中国十大科技进展和中国高等学校十大科技进展。全省高校获国家自然科学二等奖3项、国家科技进步二等奖1项；在安徽省科学技术奖中，高校主持和参与完成的成果获一等奖的占69%、获二等奖的占60%、获三等奖的占41%。召开全省高等学校哲学社会科学工作会议，加强高校人文社会科学研究和重点研究基地建设，推动哲学社会科学繁荣发展。

〔**服务地方经济社会发展**〕 举办在皖高校宿州区域发展协同创新高层论坛。省教育厅与宿州市政府、宿州学院签订共同培育“宿州区域发展”协同创新中心和支持宿州学院加快发展等协议；17所高校与宿州区域内的115家企业签订产学研合作项目协议188项。举办在皖高校深化拓展大别山道路暨服务老区加快发展推进会。中国科学技术大学、安徽大学、皖西学院和六安市签署共建大别山发展研究院等协议，115个产学研合作项目成功对接。省教育厅会同省经济和信息化委员会开展网上产学研合作对接周活动和第四批产学研联合示范企业评审，遴选批准32家企业；会同省科技厅等7部门评审产生82家第五批省级创新型试点企业。安徽农业大学成为教育部、科技部批准成立“新农村发展研究院”的全国首批10所高校之一。中国科学技术大学、合肥工业大学分别与合肥市政府共建先进技术研究院和智能制造研究院。

〔**高等学校分类管理**〕 新成立旅游类人才培养校企合作联盟，努力实现开放办学、优势互补、互惠互利、资源共享，着力提升核心竞争力和办学水平。推动安徽省应用型本科高校联盟和安徽省示范性高职院校合作委员会深入开展教育教学改革。召开应用型本科高校联盟工作会议。安徽省示范性高职院校合作委员会举办教师说课大赛、论坛等多项活动。

〔**高校毕业生就业**〕 2012年，全省普通高校毕业生28.2万人，截至8月底，高校毕业生就业率达89.63%，其中研究生81.13%、本科生90.41%、高职高专学生89.76%，实际签订就业协议人数达25万人，高于2011年同期水平。坚持以校园招聘会为毕业生就业的主要途径，全省高校举办综合招聘会201场，15 697家招聘单位提供就业岗位423 006个；举办用人单位宣讲会8 197场次，7 928家用人单位提供岗位信息235 641个。省教育厅直接举办大型毕业生就业招聘会9场，邀请2 053家用人单位参会，提供就业岗位22 815个。

〔**继续教育**〕 加强成人高等教育招生录取工作管理，严肃查处个别高校违规办学行为。公布高校成人高等教育函授站（点）、校外学习中心年检结果和同意备案的新增高校校外函授站、校外学习中心名单。2012年，全省高校举办各类非学历教育培训、进修班2 152期，培训53万人次。43所高校新增成人高等教育招生专业127个，调整并公布76所高校成人高等教育招生专业1 321个。出台《安徽省成人高等教育学籍学历管理工作实施细则》，加强学籍管理工作。

〔**高校党建和领导班子建设**〕　与国家教育行政学院合作创建安徽省高校学习党的十八大精神网络教学培训专网，开设 50 个班次，36 所高校的 5 000多名基层党组织书记及处以上干部参加学习培训。指导 5 所高校召开党代会。以抓基层、打基础为目标，加强高校党组织和党员队伍建设。推进高校党务公开，印发《安徽省省属普通高等学校党务公开目录》。加强民办高校党建工作，对民办高校党建情况进行普查，调整配备 8 名民办高校党组织负责人兼督导专员。做好高校出席党的十八大代表的推荐工作，高教战线 3 人当选党的十八大代表。加强省属高校领导班子建设，拿出 5 个本科高校副校长职位竞争上岗，调整配备校级领导干部 39 人（其中提拔 31 人、平级交流 8 人）。加大干部监督工作力度，首次开展高校领导班子和校级领导干部落实党风廉政建设责任制和推进惩治和预防腐败体系建设情况考核。

〔**思想政治教育和安全稳定工作**〕　继续推进思想政治理论课建设工程，新批准 52 所高校 153 个项目省级立项建设。落实教育部《高等学校思想政治理论课建设标准（试行）》，加强课程标准化建设。全面实施研究生思想政治理论课新课程方案。加强思想政治理论课队伍建设，遴选 51 名高校思想政治理论课骨干教师、53 名辅导员参加教育部研修培训，选派 180 名学员参加全省哲学社会科学教学科研骨干研修，组织四期 867 名辅导员及学生处长培训，组织 283 名高校思想政治课骨干教师参加省级培训。推进大学文化建设，全面开展大学校训、校歌、校徽等文化标志建设，对建设成果通过网络进行展示。全省 62 所高校投入资金 4 000 多万元，建立校园应急指挥系统，全省高校继续保持安全稳定的良好局面。

撰稿　高　原　邵　明
审稿　程　艺

福建省教育

概　　况

〔基本情况〕

福建省各级各类学校校数、教职工、专任教师情况

	学校数（所）	教职工数（人）	专任教师数（人）
一、高等教育	90	63 594	41 740
（一）研究生培养机构（不计校数）	14		
1. 普通高校	12		
2. 科研机构	2		
（二）普通高等学校	86	62 513	41 119
1. 本科院校	32	44 082	28 674
其中：独立学院	9	7 596	5 662
2. 高职（专科）院校	54	17 929	12 089
3. 其他机构（点）（不计校数）	1	502	356
（三）成人高等学校	4	1 081	621
（四）民办的其他高等教育机构			
二、中等教育	4 958	462 940	358 972
（一）高中阶段教育	3 718	385 161	262 334
1. 高中	543	96 767	52 049
普通高中	543	96 767	52 049
完全中学	415	73 429	34 814
高级中学	106	18 221	15 909
十二年一贯制学校	22	5 117	1 326
成人高中			
2. 中等职业教育	3 175	288 394	210 285
普通中专	251	22 278	17 710

续表

	学校数（所）	教职工数（人）	专任教师数（人）
成人中专			
职业高中			
技工学校	2 924	266 116	192 575
其他机构（教学点）（不计校数）			
（二）初中阶段教育	1 240	77 779	96 638
1. 初中	1 240	77 779	96 638
初级中学	1 092	67 575	60 503
九年一贯制学校	148	10 204	4 183
十二年一贯制学校			1 476
完全中学			30 476
职业初中			
2. 成人初中			
三、初等教育	5 414	157 362	153 941
（一）普通小学	5 414	157 362	153 941
小学	5 414	157 362	148 160
九年一贯制学校			4 764
十二年一贯制学校			1 017
（二）成人小学			
其中：扫盲班			
四、工读学校			
五、特殊教育	73	1 863	1 636
六、学前教育	7 183	102 660	59 163

福建省各级各类学历教育学生情况

	毕业生数（人）	招生数（人）	在校生数（人）
一、高等教育			
（一）研究生	9 511	11 927	36 035
博士	925	1 263	5 010
硕士	8 586	10 664	31 025
（二）普通本专科	178 492	201 200	701 392
本科	88 638	112 217	425 131
专科	89 854	88 983	276 261
（三）成人本专科	29 317	47 051	118 639
本科	14 104	17 487	48 150
专科	15 213	29 564	70 489

续表

	毕业生数（人）	招生数（人）	在校生数（人）
（四）其他各类高等学历教育			
1. 在职人员攻读硕士学位		4 044	13 021
2. 网络本专科生	18 127	25 535	57 194
本科	10 777	13 914	32 215
专科	7 350	11 621	24 979
二、中等教育	2 747 324	2 480 358	7 473 134
（一）高中阶段教育	1 709 986	2 098 480	5 721 971
1. 高中	341 845	218 650	834 741
普通高中	225 581	218 650	690 542
完全中学	152 755	145 288	464 042
高级中学	67 820	67 498	208 268
十二年一贯制学校	5 006	5 864	18 232
成人高中	116 264		144 199
2. 中等职业教育	1 368 141	1 879 830	4 887 230
普通中专	117 405	113 033	333 280
成人中专	58 528	127 759	249 718
职业高中			
技工学校	1 192 208	1 639 038	4 304 232
（二）初中阶段教育	1 037 338	381 878	1 751 163
1. 初中	404 766	381 878	1 120 356
初级中学	247 243	216 426	647 249
九年一贯制学校	15 234	15 157	42 703
十二年一贯制学校	7 007	8 579	25 988
完全中学	135 282	141 716	404 416
职业初中			
2. 成人初中	632 572		630 807
三、初等教育	1 982 970	467 450	4 170 565
（一）普通小学	391 264	467 450	2 527 264
小学	376 082	448 364	2 430 257
九年一贯制学校	11 816	15 825	79 951
十二年一贯制学校	3 366	3 261	17 056
（二）成人小学	1 591 706		1 643 301
其中：扫盲班	585 749		689 067
四、工读学校			
五、特殊教育	3 604	4 350	27 291
六、学前教育	467 364	609 403	1 399 835

福建省各级各类非学历教育学生情况

	结业生数（人）	注册学生数（人）
总计	1 372 408	1 022 928
一、高等教育	305 691	39 628
（一）研究生课程进修班	150	276
（二）自考助学班	8 978	8 231
（三）普通预科生		1 135
（四）进修及培训	296 563	29 986
其中：资格证书培训	54 752	17 815
岗位证书培训	173 743	4 329
二、中等职业教育	1 066 717	983 300
其中：资格证书培训	201 672	162 630
岗位证书培训	305 744	276 234
（一）中等职业学校	206 606	149 667
其中：资格证书培训	121 200	92 771
岗位证书培训	46 627	23 522
（二）职业技术培训机构	860 111	833 633
其中：资格证书培训	80 472	69 859
岗位证书培训	259 117	252 712

福建省各级各类民办教育基本情况

	学校数（所）	毕业生数（人）	招生数（人）	在校生数（人）	教职工数（人）	专任教师数（人）	其他学生数（人）
一、民办高等教育							
（一）民办高校	35	48 272	55 281	193 527	15 798	10 729	2 738
硕士							
本科学生		21 881	31 303	116 827			
专科学生		26 391	23 978	76 700			
其中：独立学院	9				7 596	5 662	
本科学生		17 386	25 136	94 457			
专科学生							
（二）民办其他高等教育机构							
二、民办中等教育							
（一）高中阶段教育	125	40 246	38 375	116 482	16 555	12 662	
1. 民办普通高中	79	24 180	23 821	75 362	14 345	11 146	
2. 民办中等职业教育	46	16 066	14 554	41 120	2 210	1 516	5 042

续表

	学校数（所）	毕业生数（人）	招生数（人）	在校生数（人）	教职工数（人）	专任教师数（人）	其他学生数（人）
（二）初中阶段教育	67	44 539	47 997	140 743	5 721	4 313	
1. 民办普通初中	67	44 539	47 997	140 743	5 721	4 313	
2. 民办职业初中							
三、民办普通小学	84	15 812	21 644	106 631	3 418	2 479	
四、民办幼儿园	5 102	231 128	309 207	749 909	72 796	38 938	
另有：民办培训机构（不计校数）	283				4 540	2 405	161 582

〔**教育体制改革**〕 2012 年，组织开展 10 大改革试点任务和 363 项省级改革试点项目评估。培育了晋江市“前厂后校”、“校中厂，厂中校”的办学模式、三明市大田县“先学后教，高效课堂”区域教学改革、厦门市推进义务教育发展“五个均衡”、实施县域内义务教育学校校际交流制度和建立中小学新任教师公开招聘制度等一批教育改革试点先进典型。其中三明市大田县实施“先学后教，高效课堂”区域教学改革得到国务院领导和社会各界的充分肯定。

〔**教育惠民利民**〕 全面完成省委、省政府确定的 8 项教育为民办实事项目。改扩建校舍 36.5 万平方米，增加学位 4.5 万个；更换 1 238 辆中小学幼儿园非专用校车；中小学校舍安全工程新开工重建 35 万平方米，新竣工 243 万平方米。实施农村义务教育阶段寄宿生营养改善工程，惠及寄宿生近 35 万人。为 248 万名农村义务教育阶段公办学校学生免费提供作业本。出台研究生国家奖学金管理暂行办法，建立从学前教育到研究生教育完整的资助政策体系。提前实施中等职业教育免学费，全省用于非义务教育学生资助资金达 11.18 亿元，惠及学生 115.7 万人（不含厦门市）。

〔**教师队伍建设**〕 省委、省政府表彰了 33 名杰出人民教师，福建医科大学姜小鹰被评为全国教书育人楷模。实施高层次人才培养与引进“三项计划”。评选资助 14 名高校领军人才，选派 220 名高校学科带头人、中青年骨干教师赴国内外高水平大学研修；选派 33 名高校领导赴美国、德国培训。新增 3 名“长江学者”、60 名“闽江学者”，19 名教师入选教育部“新世纪优秀人才支持计划”。推进基础教育“百千万人才工程”。遴选 1 415 名名师、名校长、学科带头人培养人选和骨干校长进行重点培养，组织 3 250 名校长、教师参加“国培计划”，省级培训教师 1.2 万名。补充中小学教师 4 500 余名，其中农村教师近 60%、紧缺学科教师近 50%；补充幼教教师近 2 300 人。启动实施中小学教师职称制度改革试点。统一中小学岗位结构比例，对在农村任教满 25 年以上，且具备任职资格的现任教师，可不受岗位数限制直接聘任相应岗位，使农村中小学教师倍受鼓舞。

〔**教育交流与合作**〕 实施省政府外国留学生奖学金和出国留学奖学金项目，123 名学生获外国留学生奖学金。新聘请 380 名外国文教专家来闽任教。新建 2 所孔子学院，厦门大学成为“首批孔子学院专职教师储备单位项目”。福州市新办 1 所国际学校。福建师范大学留学生米娜获第五届“汉语桥”金奖和“汉语之星”称号。实施闽台高校“校校企”联合培养人才项目，32 所福建省高校、53 所台湾地区高校和 185 家台资企业在产业发展急需的 70 个专业领域联合培养人才，办学规模达 6 850 人，组织 27 所闽台高校联合编写 60 本专业教材。选派 2 000 名学生、102 名教师赴台湾学习交流，邀请 30 所台湾地区高校的 100 名学生来闽参加夏令营活动。全省高校共有台湾学生 1 275 人，约占大陆高校同期在读台湾学生总数的 1/6。

〔**教育系统党风廉政建设**〕 组织开展喜迎党

的十八大系列活动，掀起学习贯彻十八大精神热潮。深入开展“三访三创”活动，努力为师生解难事、办实事、做好事。大力弘扬福建精神，推广厦门大学“早餐会”、福建师范大学“五微五阵地”等做法（“五微”即微协会、微活动、微服务、微论坛、微文化；“五阵地”即思想引领、成长服务、组织动员、答惑解疑、工作创新的新阵地），增强思想政治教育的感染力、吸引力。加快构建大中小学相互衔接的德育体系，推进实践育人、全员育人。

〔**学校安全工作**〕　坚持高校稳定形势月研判、季排查，有效应对重要时段、敏感事件，全力维护校园安全稳定。全省高校大学生和教职工党员比例分别达 13.99%、53.64%。70%以上学校通过“平安先行学校”创建、学校安全标准化建设达标验收和级别评定。全省学校安全形势持续稳定好转，中小学学生非正常死亡率同比下降 23.2%，教育系统连续 23 年保持稳定，为维护社会稳定大局做出了突出贡献。

〔**民族团结教育稳步推进**〕　认真落实中央下达福建省的西藏、新疆班扩招任务，全省办班学校达 11 所 37 个班，在校生 1 473 人。召开全省内地民族班维稳及管理工作会议，研究部署内地民族班维稳及管理工作。建立健全内地民族班学校安全稳定工作制度。做好内地西藏班、新疆班的服务和保障工作，加强内地班学生的民族团结和爱国主义教育。推进少数民族学校标准化建设。

基础教育

〔**加快发展学前教育**〕　扩大普惠性学前教育资源，在城乡结合部新建公办幼儿园 358 所，在农村小学增设附属幼儿园 1 750 个班，增加学额 8.2 万个，“入园难”问题得到有效缓解。省级以上财政安排奖补资金 1.56 亿元，奖补各地提供普惠性学前教育服务工作。投入 448 万元，将原中央苏区县城乡符合条件的普惠性民办幼儿园省级补助标准由每生每年 100 元提高到 200 元。开展新一轮无证民办幼儿园清理整顿工作，规范幼儿园办园行为。指导福州市、泉州市做好 0—3 岁婴幼儿早期教育试点工作，推动学前教育一体化。

〔**推进义务教育均衡发展**〕　全省累计建成义务教育标准化学校 5 318 所，占全省总校数的 75%；保留农村小规模学校和教学点 3 504 个，94.5%的学生上学单程步行时间在合理范围内。全省“双高普九”县（市、区）达 87 个，23 个县（市、区）通过“义务教育发展基本均衡县”省级验收，10 个县（市、区）通过“教育强县”省级验收。推行城区“小片区”管理模式和农村薄弱学校委托管理试点，有效促进教育资源均衡配置，城乡中小学办学差距逐步缩小。推进县域内义务教育学校教师校际交流，促进师资均衡配置，11 个试点县（市、区）参与校际交流教师人数占应交流教师人数的 10%以上。加快 22 个原中央苏区县和 10 个财政特别困难老区县基础教育发展，省级补助 3 980 万元，改善农村中小学寄宿条件；省市筹措 1.9 亿元，为乡镇中心校和初中校配备多媒体设备。全省整治义务教育择校乱收费问题有力有效，其做法和经验在全国纠风工作会议上作典型经验介绍。

〔**普通高中教育**〕　坚持开展省级达标高中创建和评估工作，不断扩大优质高中覆盖面，着力提升普通高中教育质量。全省三级以上达标高中达 364 所，占普通高中总校数 67%；在达标高中就读的学生达 85%，较高地满足了人民群众接受优质教育资源的需求。同时，通过以评促建，引导普通高中转变教育观念，深化课程改革，突出内涵建设，彰显办学特色，提升学生综合素质，有效促进了学生全面而富有个性的发展。

〔**稳步提升教育教学质量**〕 义务教育和普通高中先后启动实施新课程实验，基础教育课程改革步入全面深化和提升的新阶段。中小学课程开齐开足情况明显好转，小学英语开课率达 92.4%；信息技术在中学实现全面开课的基础上，小学开课率也达到 85.4%。“素质教育”和“教育教学”两项改革试点深入推进，教学过程更加生动活泼，学生综合素质培养得到普遍重视。评价和考试制度改革稳步推进，教育质量监测体系逐步健全，学生的身心健康得到更加广泛的关注。规范办学的政策措施逐步完善，减轻中小学生过重的课业负担取得一定成效，初步实现了学校管理的规范化、科学化、精细化和人本化。

〔**特殊群体学生就学保障日益健全**〕 坚持“以流入地政府为主，以公办中小学为主”，实施城区中小学扩容工程，充分保障进城务工人员随迁子女在流入地平等接受义务教育。2012 年，省财政安排 2.577 亿元，新增学位近 8 万个；全省义务教育阶段学校共接收随迁子女 74.9 万名，其中 90% 在公办学校就读。扶持和规范民办进城务工人员随迁子女学校发展。重视做好农村留守儿童教育管理工作，通过加强农村寄宿制学校建设和管理，积极推进“农村寄宿生营养改善”、“幸福成长”等工程，努力构建有利于农村留守儿童健康成长的家庭、学校、社会三位一体的关爱体系，保障全省 32.5 万名农村留守儿童健康成长。实施“教殊教育提升工程”，推进特殊教育向学前教育和高中教育“两头延伸”，提高“两免一补”补助标准，更好地保障了三类残疾儿童受教育的权利。

职业教育与成人教育

〔**推进职业教育改革**〕 扎实推进职业教育改革试点工作，建立年度进展评估制度，组织开展试点项目评估检查工作，完成对各试点项目阶段性进展情况的全面检查，并对部分重点试点单位进行了实地督查。出台《关于进一步推进中等职业教育专业改革试点项目和实施特色课程建设的意见》，通过专业改革试点推动课程体系、教学模式的创新，探索改革试点成果的应用机制。晋江市综合改革试点的开门办学、定向办班、“订单”培养和“前厂后校”、“校中厂，厂中校”的办学模式取得成效并向全省推广，其改革典型经验在教育部网站首页登载。

〔**提升中职教育质量**〕 推进职业教育集团实质性运作，着力在人才培养、师资队伍建设、资源共建共享等方面开展深度合作。截至 2012 年年底，全省已建中职教育集团 50 个，参与的中职学校 139 所、行业协会 99 个、企业 747 家。组建机械、通信、建筑等 6 个省级行业指导委员会，共有委员 136 名，其中行业企业专家占 71%。大力推行校企合作、工学结合、顶岗实习的人才培养模式，全省有 176 所中职学校与 2 800 多家企业开展了多种形式的校企合作。依据区域产业发展需要，调整和优化中职教育专业布局结构，建立专业设置情况年度发布制度，每年在“福建省中等职业教育与终身教育网”公布全省中职学校专业设置情况。全省中职学校增设行业紧缺人才和新兴产业岗位需求的专业点 170 个，改造撤并生源不足、就业率低的专业点 131 个。新评审确定了 12 个省级重点专业，总数达 220 个。全省中职学校共有专业 182 个、专业点 2 029 个，其中先进制造业、现代服务业、现代农业等主导产业领域相关专业点占 80%以上。推动中高职有效衔接，出台《关于推进中等和高等职业教育协调发展的实施意见》，推进中高职在人才培养目标、专业结构布局、课程体系和教材等 10 个方面的衔接，中职学校推荐 2 498 名优秀应届毕业生免试入读高职院校。

〔**推进基础能力建设**〕 积极创建国家中等职业改革发展示范学校，新增11所建设项目学校，并对第一批示范学校建设进展情况进行核查。落实实训基地建设任务，组织专家对公共实训基地建设情况进行评估，认定机械、通信、鞋服、建筑、电气自动化、机械工程6个行业公共实训基地和漳州、泉州、龙岩3个区域公共实训基地为首批福建省中等职业教育公共实训基地。新启动建设了三明、莆田两个区域公共实训基地，新增中央财政支持的中职实训基地13个、高职实训基地6个。评审公布第二批标准化县级职教中心，标准化县级职教中心总数达39个，占全省的67%。推进职业教育教学信息化和学校管理信息化，进一步完善信息化教学资源库建设，资源库拥有2 000多个专业课程教学课件及精品视频案例，5万多个公共基础课程资源。建立了网络仿真实训中心，开发15个拥有自主知识产权的汽车发动机拆装、导游技术等仿真实训操作软件。

〔**终身教育工作**〕 推进终身学习平台建设，在建成开通一大批开放性网上学习平台和手机移动学习平台后，又开通了“福建老年学习网”，网上资源达20大类2 700多讲。积极筹建福建开放大学，完成《福建开放大学建设方案》的编制，构建终身教育社会网络，全省挂牌成立8所社区大学、60所社区学院（社区教育中心）、612所社区学校和1 618个社区教育学习点，广泛开展“全民读书月”、“激情广场”、“职工书屋”、“农家书屋”等科学文化教育和精神文明教育活动。面向企业、农村、部队等开展职业技能培训达100多万人次。确认6个省级社区教育实验区，向教育部推荐1个国家级社区教育实验区。全省已办起各级各类老年大学（学校）10 129所，在校学员67.6万人。组织参加教育部主办的“全民终身学习活动周”活动，在全国成为参与城市最多的省份，受到教育部的表彰。

〔**技能大赛**〕 举办全省职业院校技能大赛，其中中职组竞赛设16个专业类别61个项目，高职组竞赛设14个专业类别37个项目。在省赛的基础上，组团参加2012年全国职业院校技能大赛和全国职业院校学生技能作品展洽会，分别获奖221项、31项，均创历史最好成绩。

高 等 教 育

〔**推进共建工作**〕 2012年，省政府与教育部共建福州大学、福建师范大学，与北京大学、复旦大学开展战略合作，与厦门市政府共建共管集美大学。

〔**扩大办学自主权**〕 省政府连续出台《关于进一步支持高校加快发展的若干意见》、《关于支持高职院校改革发展的若干意见》、《关于进一步支持和规范民办高等教育发展的若干意见》等文件，支持高校建设代表本校办学水平和特色的优势学科，自主设置、调整博士和硕士二级学科学位授权点。在推进高职院校招生改革、构建职业教育人才培养“立交桥”等方面制定30条具体措施，推动高职院校深化改革。支持民办高校主动适应新兴产业人才需求，灵活调整专业方向。省直有关部门据此集中推出一系列突破性政策，厦门、漳州等设区市政府也相继出台了具体的实施意见。

〔**推进重点学科建设**〕 启动实施“优势学科创新平台”项目建设，遴选11个“福建省高校优势学科创新平台”、9个“福建省高校优势学科创新平台培育项目”；启动实施“特色重点学科”项目建设，遴选55个“福建省特色重点学科”项目；启动实施“省级重点学科”项目建设，遴选210个“福建省重点学科”。调整优化专业结构，出台了高校专业结构调整的规范文件。

〔**实施本科质量工程**〕 制定全面提高高等教育质量的40条具体措施；组织开展福建省本科高校专业综合改革试点建设工作，遴选确定省级项目207个、国家级项目32个；组织开展大学生校外实践教育基地建设工作，遴选确定150个省级项目、13个国家级项目；启动实施大学生创新创业训练计划建设项目，遴选确定省级项目1 116项、国家级项目340项；向教育部推荐国家级规划教材46种，推荐国家级精品资源共享课23门，其中本科19门、专科4门；完成13个“十一五”国家级实验示范中心实地考察和验收工作。实施“卓越法律人才教育培养计划”，统筹推进创新人才培养、卓越工程师、卓越技师、生产性实训基地等16大类、128项创新人才培养改革试点项目。组织开展2012年“国家高层次人才特殊支持计划”教学名师（高等学校）候选人推荐工作，向教育部推荐5位候选人。组织开展全国大学生数学建模、电子设计、广告设计、机械创新、结构设计、工程训练综合能力、工业设计、电子商务“创新、创意及创业”、英语等大学生课外竞赛项目。实施一般本科院校办学水平提升计划，支持一般本科院校建设61个公共基础课实验教学平台、68个校企合作实践教学基地和41个体现学校特色的省级重点学科。

〔**学位和研究生教育**〕 推进福州大学教育部专业学位研究生教育综合改革试点项目和福建师范大学、福建农林大学、福建医科大学3个省级专业学位研究生教育综合改革试点项目，重点建设工程硕士、临床医学、农业推广硕士等专业学位点。漳州师范学院增列为服务国家特殊需求博士学位研究生培养单位，集美大学、福建工程学院分别提前通过国家新增博士、硕士学位授予单位立项建设验收。福州大学、福建师范大学、福建农林大学正式设立研究生院。完成优秀博士学位论文省级遴选工作，获全国优秀博士学位论文1篇。获批博士科研流动站35个。

〔**提升科技创新和服务能力**〕 启动实施高校创新能力提升计划、高职院校社会服务水平提升计划等。获国家技术发明、科技进步二等奖2项，分别是：福建农林大学陈道炼等完成的“高频环节逆变技术及应用”项目获国家技术发明二等奖、尤民生等完成的“十字花科蔬菜主要害虫灾变机理及其持续控制关键技术”项目获国家科技进步二等奖。科研创新平台建设取得新突破，全省高校主要科研创新平台拥有国家重点实验室4个、国家工程（技术）研究中心4个、省部级重点实验室64个、省部级工程（技术）研究中心60个、省行业技术开发基地23个、教育部人文社科研究基地6个。新增省部级工程研究中心2个，获国家自然科学基金642项、国家自然科学基金杰出青年项目3个、教育部社会科学研究项目125项、国家社科基金项目87项。第十届中国·海峡项目成果交易会期间，组织38所“985工程”高校、100多个国家重点实验室和工程（技术）研究中心、70所省内外高校推出7 000个项目，签约223项，投资金额23亿元。福建师范大学、福建农林大学申报国家级“2011协同创新中心”。全省高校与地方政府、行业企业建立产学研联盟135个，与企业共建创新平台297个。

撰稿 陈晓凤 张伟礼 方八容
审稿 张程远

厦门市教育

概　　况

〔基本情况〕

厦门市各级各类学历教育学生情况

	毕业生数（人）	招生数（人）	在校生数（人）
一、高等教育	45 719	62 871	199 605
（一）研究生	3 577	4 234	13 852
（二）普通本专科	33 956	43 865	143 964
（三）成人本专科	4 295	5 075	15 775
（四）其他各类高等学历教育	3 891	9 697	26 014
1. 在职人员攻读博士、硕士学位		2 291	7 091
2. 网络本专科生	3 891	7 406	18 923
3. 学历文凭考试	0	0	0
二、中等教育	49 751	61 993	163 436
（一）高中阶段教育	24 332	32 182	81 250
1. 高中	13 852	15 000	43 356
普通高中	13 784	15 000	43 260
成人高中	68	0	96
2. 中等职业教育	10 480	17 182	37 894
中等职业学校（机构）	9 262	14 047	31 599
技工学校	1 218	3 135	6 295
（二）初中阶段教育	25 419	29 811	82 186
1. 普通初中	25 419	29 811	82 186
2. 职业初中	0	0	0
3. 成人初中	0	0	0
三、初等教育	32 263	44 221	226 167

续表

	毕业生数（人）	招生数（人）	在校生数（人）
（一）普通小学	30 356	44 221	223 487
（二）成人小学	1 907	0	2 680
其中：扫盲班	1 907	0	2 680
四、工读学校	0	0	0
五、特殊教育	100	83	542
六、学前教育	35 256	48 844	114 240

厦门市各级各类学校校数、教职工、专任教师情况

	学校数（所）	教职工数（人）	专任教师数（人）
一、高等教育	17	15 602	9 180
（一）研究生培养机构	4	0	0
1. 普通高校	3		
2. 科研机构	1		
（二）普通高等学校	17	15 602	9 180
1. 本科院校	6	12 322	7 100
2. 专科院校	11	3 280	2 080
其中：职业技术学院	10	2 981	1 875
3. 分校、大专班（点）（不计校数）	0	0	0
（三）成人高等学校	0	0	0
（四）民办的其他高等教育机构			
1. 学历文凭考试机构	0	0	0
2. 非学历文凭考试机构	2	0	0
二、中等教育	116	13 639	11 717
（一）高中阶段教育	53	8 882	7 539
1. 高中	32	6 928	6 094
普通高中	32	6 922	6 094
成人高中	0	6	0
2. 中等职业教育	21	1 954	1 445
中等职业学校	18	1 662	1 260
技工学校	3	292	185
其他机构（教学点）（不计校数）	5		
（二）初中阶段教育	63	4 757	4 178
1. 普通初中	63	4 757	4 178
2. 职业初中	0	0	0

续表

	学校数（所）	教职工数（人）	专任教师数（人）
3. 成人初中	0	0	0
三、初等教育	287	9 404	8 716
（一）普通小学	287	9 381	8 702
（二）成人小学	0	23	14
其中：扫盲班	0	23	14
四、工读学校	0	0	0
五、特殊教育	3	126	109
六、学前教育	612	9 251	5 288

注：①普通高中包含十二年一贯制学校教职工数、专任教师数；②普通初中包含九年一贯制学校教职工数、专任教师数；③学历文凭考试已取消；非学历文凭考试机构两所，但没有统计数据。

厦门市各级民办教育基本情况

	学校数（所）	毕业生数（人）	招生数（人）	在校学生数（人）	教职工数（人）	专任教师数（人）
一、民办高等教育	11	13 514	20 842	64 193	4 940	3 300
（一）普通高校	11	13 514	20 842	64 193	4 940	3 300
（二）成人高校	0					
（三）民办的其他高等教育机构						
二、民办中等教育机构	21	2 383	2 451	7 083	1 829	1 435
（一）高中阶段教育	3	550	542	1 820	1 829	1 435
其中：民办普通高中	3	550	542	1 820		
民办中等职业教育						
（二）初中阶段教育	18	1 833	1 909	5 263		
其中：民办普通初中	18	1 833	1 909	5 263		
民办职业初中	0	0	0	0	0	0
三、民办普通小学	25	5 799	8 917	42 175	1 054	782
四、民办幼儿园	333	20 539	29 194	67 850	7 520	4 045

注：①中等职业教育非学历教育的学生数采用中等职业学校（机构）统计中培训学生数（无招生数指标），职业技术培训机构无招生数统计指标；②由于民办普通高中2所为完全中学、1所为十二年一贯制学校的高中部，教职工数初高中（小学）无法划分，因此，民办完全中学、十二年一贯制学校和九年一贯制学校的教职工数全部计入民办普通高中。

〔**加大教育投入**〕　2012年，全市教育经费投入102.64亿元，同比增加18.07%，其中国家财政性教育经费86.59亿元，同比增加20.97%，占国内生产总值3.07%，同比增加0.25个百分点。政府预算内教育拨款69.79亿元，同比增加16.54%。全市中小学生均预算内公用经费为：小学1 351元，同比增加3.89%；初中1 907元，同比增加5.57%；高中2 661元，同比增加6.77%；中等职业学校4 683元，同比增加31.97%。

〔**加大教育惠民力度**〕　在全省率先实现中等职业教育全免学费，下达中职学校免学费资金 8 769 万元；在全省率先统一全市中小学生均公用经费定额标准，小学 730 元、初中 1 110 元、高中 750 元。将农村义务教育寄宿生每生每天补助标准从 4.5 元提高到 8 元，下达专项补助 794 万元，受惠学生 6 317 人。加大学生资助力度，发放各类奖助学金 6 589 万元，受惠学生 32 251 人。

〔**加速扩大教育资源**〕　推动实施 23 所公办幼儿园建设计划，全年完成投资 1.06 亿元，提供公办幼儿园学位 6 600 个。全年完成投资 6.38 亿元，竣工 13 个公办中小学项目，开工建设 18 个公办中小学项目，新增中小学学位 1.2 万个。实施 2012 年全市校安工程加固计划，投资 3.95 亿元，完成中小学校舍 183 幢的加固任务，总加固面积 44.96 万平方米，在全省率先全面完成校安工程。推动厦门城市职业学院集美分院、集美轻工业学校、福建化工学校整合提升项目建设和科技中学翔安校区等项目前期工作。

〔**提高教师队伍素质**〕　继续深入开展教师三项主题活动，成功举办全市第二届教师教学技能大赛。在福建省第二届教师技能大赛中再创佳绩，全市 60 位教师参赛 58 位教师获奖，其中一等奖 34 个，占全省一等奖总数一半以上；二等奖 16 个、三等奖 8 个，5 位教师获特等奖，占全省特等奖总数一半以上。新招 1 264 名中小学幼儿园教师，实施招聘外地生源和在职教师的政策。加强教师培训力度，提升教师职业道德，组织推荐“身边好老师”，每周推出一位“好老师”进行宣传报道，营造了崇尚师德的氛围。认真做好校长培训工作，组织评选出 11 位省级优秀校长。

〔**加强海峡两岸教育交流**〕　启动海峡两岸教育交流与合作基地筹建工作，制订落实《厦门市深化两岸交流合作综合配套改革试验方案》三年行动计划，成功举办第六届海峡两岸百名中小学校长论坛，建立 15 对厦门、金门校际协作关系。在部分一级达标学校新开设高中台湾学生班。召开台湾学生在厦门市就读政策咨询会，为台湾学生入学提供“一条龙”服务。新增厦门电子职业中专学校与台湾慈明高级中学职业教育合作办学项目。

〔**健全校园安全工作机制**〕　结合“平安先行学校”创建和学校安全生产标准化建设工作，在全市各级各类学校实施隐患台账制度、督查制度、重大隐患挂牌督办制度、隐患整改督查回访制度和安全稳定工作责任考核制度。加强学校及周边综合治理工作，推动校车安全工程和《校车安全管理条例》的贯彻落实。

〔**强化安保队伍建设**〕　全市完全中学和学生数在 2 000 人（寄宿制学校学生数在 1 000 人）以上的学校设立了保卫机构，并按 1 000∶1 的标准配备保卫干部，形成市、区、校三级综治网络。截至 2012 年年底，全市中小学、幼儿园配备保安员 1 652 人。公办学校保安员工资均由财政核拨，民办学校均由学校自付，湖里区、集美区、海沧区等对民办学校有专项财政补贴。2012 年，集美区将校园保安员补贴提高到每人每年 4 万元。

基础教育

〔**规范学前教育发展**〕　推进办园行为规范化，防止和纠正幼儿园“小学化”现象。指导支持 4 所幼儿园创建省级示范性幼儿园并通过省级验收。引导扶持社会力量举办公益性、普惠性民办幼儿园，加强民办幼儿园规范管理。组织专项考核及练兵比赛，着力提高幼儿教师保教能力。加大对学前教育的财政和政策支持，对集体办幼儿园（班）、实行分级收费管理民办幼儿园、提升等级幼儿园、无证园整改等给予专项补助 7581 万元，受惠幼儿近 4 万人，逐步缩小了城乡幼儿园教育经费投入差距。

〔**推进义务教育均衡发展**〕　一是推动办学水平均衡。深化义务教育小片区管理，在全省率先完成全市公办义务教育学校标准化建设。实现 80%的农村义务教育学校按城市学校标准配齐实验仪器设备和图书资料及办学条件基本均衡。积极推进市直属学校和区属优质学校与岛外农村学校、薄弱学校的合作办学，设立双十中学翔安分校（新店中学）、厦门一中翔安分校（内厝中学）等一批优质学校的分校，推进厦门六中、五缘实验学校共同委托管理翔安区新圩学校，努力提高农村地区义务教育办学水平。二是落实办学经费均衡。2012 年，统一全市义务教育生均公用经费标准，小学生均公用经费 730 元、初中 1 110 元。三是促进师资水平均衡。在全国率先实行中小学幼儿园教师市域同城同薪同编的基础上，建立了校长、教师交流机制。实施义务教育阶段教师在一个学校工作满 6 年、校长任职满 10 年必须流动制度。截至 2012 年年底，全市义务教育学校教师交流 3 179 人，年均达到应交流人数的 10%以上。重点培养农村学校骨干教师。

〔**提高进城务工人员随迁子女就读义务教育公办学校比例**〕　以市政府名义出台《关于进一步做好进城务工人员随迁子女接受公办义务教育工作的意见》，将提高随迁子女就读公办学校比例的目标任务列为各区政府年度工作考核的重要内容。在加快建设一批公办义务教育学校的同时，适当扩大班生额，统一下达招生计划，最大化利用公办学校现有学位资源接收随迁子女。2012 年，进城务工人员随迁子女进公办学校接受义务教育的比例从 2011 年的 70.08%上升至 80.8%。

〔**深化校本作业试点改革**〕　在 22 所中小学推行校本作业试点工作，小学校本作业推广到语文、数学、英语 3 个学科，初中推广到语文、数学、英语、历史、地理、生物、物理、化学、思想品德 9 个学科。实行校本作业试点的年段不再组织代购教辅材料，逐步改变以教辅材料代替课外作业的做法，减轻了学生的课业负担。

〔**加强普通高中内涵建设**〕　加强普通高中一级、二级达标建设，推进全市公办普通高中全部达到省二级达标学校以上验收标准，全面实现普通高中优质化。加强对高中教育教学工作的研究和指导，加强教学辅导和课堂教学研究，提高高中会考及高考的质量和水平。

〔**促进学生健康发展**〕　正式启用厦门市青少年综合实践基地，组织 4 000 多名中小学生开展农业生产、主题教育和素质拓展训练等综合实践活动。成功承办全国中小学心理健康教育工作会议，厦门市成为首批命名表彰的 20 个“全国中小学心理健康教育示范区”之一。全面推广中小学广场主题教育活动，开展了 2012 年“厦门市中小学艺术教育年”系列活动。承办全省教育系统庆祝 2012 年教师节文艺晚会和全省第四届中小学生艺术节现场集中展演活动。深入开展艺术教育，调整中小学艺术教育资源布局，推进中小学艺术教育的普及与均衡发展、特色发展。举办中小学生体育竞赛等系列活动，把开展校园每天 1 小时体育锻炼列入常态化工作。进一步完善体育中考办法，在全国率先实施中小学生体测状况公布制度，促进学生综合素质的提升。

〔**强化教育督导**〕　思明区、集美区、海沧区高分通过全省首批“教育强区”督导评估验收。全市 6 个行政区全部通过省政府首批“义务教育发展基本均衡区”督导评估验收，在全省率先实现市域义务教育基本均衡发展的目标。

〔**科技教育工作**〕　2012 年，在全市设立科技创新竞赛教师指导奖励项目，奖励在科技创新大赛中取得突出成绩的指导教师。开展省级、市级科技教育基地学校创建工作，6 所中小学被评为省级科技教育基地学校，7 所中小学被评为市级科技教育基地学校。配合市科协承办全省第27届科技创新大赛，报送项目参加第27届全国青少年科技创新大赛，获一等奖3项、二等奖7项、三等奖8项的好成绩。其中1项获大赛主席专项奖、1项获大赛“高士其科普奖”专项奖，这是厦门市首次获社会科学类项目全国一等奖。

职业教育与成人教育

〔**增强中职基础能力**〕　抓好已有的5所国家级中职示范校创建工作，新增厦门市高级技工学校、同安职业技术学校为国家级示范校创建单位。推进中职信息化建设，省级以上重点中职学校实现信息化管理。推进厦门、漳州、泉州3市职业教育同城化工作。

〔**中职实训基地建设**〕　2012年，国家发展和改革委下拨资金1 000万元，其中集美职业技术学校太阳能光伏及LED应用技术实训基地建设资金500万元、厦门电子职业中专动漫制作实训基地500万元；教育部、财政部下拨支持职业教育实训基地建设资金660万元，其中同安职业技术学校烹饪实训基地120万元、福建化工学校数控实训基地200万元、厦门艺术学校舞蹈实训基地140万元、高级技工学校模具实训基地200万元。在中央财政的大力支持下，全市各中职学校实训基地建设有了很大改善，已形成能够适应中职教育教学且较为完善的校内实训基地。

〔**举办厦漳泉3市中职学校技能大赛**〕　3月3—4日，厦门、漳州、泉州3市中职学校学生技能大赛在厦门市举办。竞赛分10大类24个项目，876名选手参加竞赛，取得了良好的效果。

〔**在国家和省级职业院校技能大赛上取得优秀成绩**〕　在2012年全国职业院校技能大赛中，厦门市选手获3个一等奖、17个二等奖和52个三等奖，获奖率为74%，比2011年增加1个百分点；在2012年全省职业院校技能大赛中，获23个一等奖、44个二等奖和40个三等奖的好成绩。

〔**举办全市中职生素养大赛**〕　11月9—14日，市教育局举办了2012年全市中职生素养大赛。本次大赛设书法作品评比、绘画作品评比、摄影及配文比赛和职业风采展演比赛4个比赛项目，共收到作品203件、职业风采展演节目23个，参加人数343人。经过专家评选，作品类比赛共评选出一等奖21个、二等奖41个、三等奖62个，优秀指导教师16人。职业风采展演比赛评选出最佳表演奖、最佳风采奖等10个，优秀节目奖4个，优秀指导教师3人，并评出最佳组织奖2名。

高等教育

〔**深化中高职贯通改革**〕　开展优秀中职生免试推荐入学、高职示范院校单独招生工作。华厦职业学院、兴才职业技术学院、软件职业技术学院、东海职业技术学院、南洋职业技术学院、演艺职业学院6所学校首次开办5年制高职。着手推动中等和高等职业教育有效衔接，组织编写适用于中高职衔接的专业教材，推动全市现代职业教育持续健康发展。

〔**推动实施中高职集团化办学体制改革**〕　由

厦门城市职业学院牵头，厦门工商旅游学校、厦门电子职业中专学校、集美轻工学校、福建化工学校、集美职业中专学校共同参与的“3+2”集团化办学模式进一步深化，增加2个专业实施集团化办学。召开区域集团化办学教育联盟筹备工作座谈会。初步完成首批6个专业的五年制高职人才培养方案的制订工作 。

〔**实训基地建设**〕　积极争取国家高职实训基地资助项目，厦门华厦职业技术学院、厦门兴才职业技术学院、厦门东海职业技术学院分别获中央财政支持的职业教育实训基地建设项目，三项合计获中央支持资金620万元。配合市财政局对各级财政支持实训基地建设情况开展绩效考评，推动高职实训基地管理与使用水平的提高。评审认定6家第二批厦门市服务外包人才实训基地。

〔**加强内涵建设**〕　围绕全市重点支柱产业，依托校企合作服务平台，开展物流、软件等技能比赛，大力提高学生的技能水平和学校的教育教学水平。

〔**进一步深化闽台校校企合作试点项目**〕　在4所试点高职院校开展的闽台高校联合培养人才项目中，合作项目（专业）共17个，合作的台湾高校18所、合作的台湾企业17家。截至2012年年底，“校校企”合作项目学生总数为1 510人，其中有458人交流到台湾高校学习。2012年6月，首届毕业生为435人。

〔**鼓励校企联合科技创新**〕　积极支持、鼓励各高职院校与企业深化合作方式，走产学研之路。厦门华厦职业学院与厦门斯坦道科学仪器股份有限公司联合建设斯坦道环境监测科学仪器联合实验室，合作开展在线氨氮等快速检测仪器的研发工作；厦门华天涉外职业技术学院副院长韩旻主持研发的新型防水尼龙拉链成型机（二代），在第七届国际发明展览会上获国际发明展览会金奖；厦门市软件职业学院联合雅马哈发动机（厦门）信息系统有限公司，共同开发建设的服务外包公共技术服务平台项目暨基于J2EE及IA虚拟机架构平台的管理信息系统测试平台，获2012年度国家服务外包业务发展资金第一批资金补助180万元。

〔**承办第三届全省高校文化创意大赛**〕　市教育局承办了“农行杯第三届全省高校文化创意大赛”，共收到全省52所高校1 142件作品，终评入围入展作品258件，获金、银、铜奖的作品共31件。配套举办厦门国际马拉松赛吉祥物、全国第四届中小学生艺术展演活动吉祥物、“纪梵希礼业杯”城市印象旅游纪念品和厦门电视台全心购物频道吉祥物等4个“赛中赛”。

〔**组织高校参加各类大学生技能大赛**〕　厦门医学高等专科学校参加全国护理技能大赛获2个一等奖、2个二等奖；厦门华厦职业技术学院获全国物流专业技能大赛二等奖；厦门软件职业技术学院参加2012年第一届全国“中国软件杯”大学生软件设计大赛荣获三等奖；二维剪纸动画片《映像厦门》荣获2012年全国职业院校学生技能作品展洽会优秀学生技能作品（项目）二等奖。

组织厦门市首届高职软件专业技能大赛，10所高校44支参赛队参加“基于Web的3D智能虚拟人物系统、基于安卓的移动应用开发、二维动画制作和计算机网络应用”赛项的比赛。组织第二届厦门市高职物流专业技能大赛，8所高校22支参赛队参加“物流储配方案设计与执行”、“物流案例分析”赛项的比赛。

撰稿　郑林群

审稿　赖　菡

江西省教育

概　　况

〔基本情况〕

江西省各级各类学校校数、教职工、专任教师情况

	学校数（所）	教职工数（人）	专任教师数（人）
一、高等教育	98	74 855	52 124
（一）研究生培养机构（不计校数）	15		
1. 普通高校	15		
2. 科研机构			
（二）普通高等学校	88	71 620	50 205
1. 本科院校	37	48 141	33 622
其中：独立学院	13	6 841	5 247
2. 高职（专科）院校	51	23 161	16 357
3. 其他机构（点）（不计校数）	1	318	226
（三）成人高等学校	10	2 458	1 533
（四）民办的其他高等教育机构	23	777	386
二、中等教育	5 912	493 596	381 045
（一）高中阶段教育	3 805	370 725	258 274
1. 高中	435	80 178	48 232
普通高中	435	80 178	48 232
完全中学	253	46 295	22 715
高级中学	137	26 902	23 749
十二年一贯制学校	45	6 981	1 768
成人高中			
2. 中等职业教育	3 370	290 547	210 042
普通中专	71	8 205	5 618

续表

	学校数（所）	教职工数（人）	专任教师数（人）
成人中专	92	2 391	1 543
职业高中	283	13 667	10 169
技工学校	2 924	266 116	192 575
其他机构（教学点）（不计校数）	2	168	137
（二）初中阶段教育	2 107	122 871	122 771
1. 初中	2 107	122 871	122 771
初级中学	1 567	91 045	86 358
九年一贯制学校	539	31 780	15 263
十二年一贯制学校			2 088
完全中学			19 016
职业初中	1	46	46
2. 成人初中			
三、初等教育	11 173	195 472	205 470
（一）普通小学	11 173	195 472	205 470
小学	11 173	195 472	190 717
九年一贯制学校			13 376
十二年一贯制学校			1 377
（二）成人小学			
其中：扫盲班			
四、工读学校	1	4	
五、特殊教育	80	1 074	961
六、学前教育	10 560	94 067	57 338

江西省各级各类学历教育学生情况

	毕业生数（人）	招生数（人）	在校生数（人）
一、高等教育			
（一）研究生	7 086	8 950	25 209
博士	135	203	809
硕士	6 951	8 747	24 400
（二）普通本专科	232 048	237 734	851 119
本科	93 985	121 441	458 454
专科	138 063	116 293	392 665
（三）成人本专科	34 816	58 624	153 947
本科	15 647	25 554	69 759
专科	19 169	33 070	84 188

续表

	毕业生数（人）	招生数（人）	在校生数（人）
（四）其他各类高等学历教育			
1. 在职人员攻读硕士学位		2 137	8 559
2. 网络本专科生			
本科			
专科			
二、中等教育	3 016 578	2 806 140	8 410 410
（一）高中阶段教育	1 732 242	2 150 215	5 834 117
1. 高中	349 399	308 315	980 801
普通高中	233 135	308 315	836 602
完全中学	113 871	146 520	394 531
高级中学	110 036	147 443	406 086
十二年一贯制学校	9 228	14 352	35 985
成人高中	116 264		144 199
2. 中等职业教育	1 382 843	1 841 900	4 853 316
普通中专	76 432	97 913	257 603
成人中专	6 414	5 041	17 086
职业高中	107 789	99 908	274 395
技工学校	1 192 208	1 639 038	4 304 232
（二）初中阶段教育	1 284 336	655 925	2 576 293
1. 初中	651 764	655 925	1 945 486
初级中学	459 983	447 065	1 339 375
九年一贯制学校	67 047	77 716	218 978
十二年一贯制学校	12 798	14 620	42 336
完全中学	111 798	116 409	344 500
职业初中	138	115	297
2. 成人初中	632 572		630 807
三、初等教育	2 261 840	800 412	5 984 739
（一）普通小学	670 134	800 412	4 341 438
小学	608 103	745 435	3 999 392
九年一贯制学校	55 133	50 456	303 606
十二年一贯制学校	6 898	4 521	38 440
（二）成人小学	1 591 706		1 643 301
其中：扫盲班	585 749		689 067
四、工读学校			
五、特殊教育	1 751	4 094	21 510
六、学前教育	631 009	902 810	1 521 149

江西省各级各类非学历教育学生情况

	结业生数（人）	注册学生数（人）
总计	395 132	309 582
一、高等教育	67 661	55 871
（一）研究生课程进修班	167	457
（二）自考助学班	12 539	16 551
（三）普通预科生		2 628
（四）进修及培训	54 955	36 235
其中：资格证书培训	29 734	20 380
岗位证书培训	13 644	8 793
二、中等职业教育	327 471	253 711
其中：资格证书培训	81 135	53 173
岗位证书培训	91 936	62 786
（一）中等职业学校	177 438	97 886
其中：资格证书培训	67 993	40 180
岗位证书培训	60 558	30 487
（二）职业技术培训机构	150 033	155 825
其中：资格证书培训	13 142	12 993
岗位证书培训	31 378	32 299

江西省各级各类民办教育基本情况

	学校数（所）	毕业生数（人）	招生数（人）	在校生数（人）	教职工数（人）	专任教师数（人）	其他学生数（人）
一、民办高等教育							
（一）民办高校	29	51 122	64 904	213 371	17 197	11 866	10 831
硕士							
本科学生		23 462	38 656	128 590			
专科学生		27 660	26 248	84 781			
其中：独立学院	13	21 700	24 944	95 690	6 841	5 247	82
本科学生		21 689	24 944	95 690			
专科学生		11					
（二）民办其他高等教育机构	23				777	386	10 247
二、民办中等教育							
（一）高中阶段教育	269	78 396	86 710	233 069	19 339	13 204	
1. 民办普通高中	108	27 828	45 175	114 213	12 861	9 088	

续表

	学校数（所）	毕业生数（人）	招生数（人）	在校生数（人）	教职工数（人）	专任教师数（人）	其他学生数（人）
2. 民办中等职业教育	161	50 568	41 535	118 856	6 478	4 116	10 319
（二）初中阶段教育	156	44 708	49 368	142 609	9 403	6 396	
1. 民办普通初中	156	44 708	49 368	142 609	9 403	6 396	
2. 民办职业初中							
三、民办普通小学	47	23 296	16 078	114 024	2 061	1 368	
四、民办幼儿园	9 765	410 082	632 188	1 134 378	80 727	48 318	
另有：民办培训机构（不计校数）	35				317	269	9 817

〔**综述**〕 2012年，全省教育系统紧紧围绕进一步提高“五率”（义务教育巩固率、高中阶段教育普及率、职业教育就业率、高等教育贡献率和人民群众满意率）的阶段性要求、提升“五乐”（学生乐学、教师乐教、学校乐办、家长乐意、社会乐助）的战略性目标，先后召开全省教育工作会、高校工作座谈会、基础教育工作座谈会、高校创新管理工作会等，发展思路进一步明晰，教育发展举措进一步落实，发展成效进一步凸显，教育投入持续增长，教育结构渐趋合理，教育质量明显提升，教育公平迈出坚实步伐。

〔**发布实施《江西省教育事业发展“十二五”规划》**〕 2012年10月25日，正式印发《江西省教育事业发展“十二五”规划》。《规划》明确提出，到2015年，全省教育整体实力在中部地区排位靠前的具体目标任务，重点是推动财政性教育经费占生产总值4%目标落实并持续增长，推动教育改革试点项目取得实效，推动各级各类教育持续健康发展。《规划》的目标任务和重点举措为全省到2020年基本实现教育现代化、基本形成学习型社会、进入人力资源强省行列的战略目标打下坚实基础。

〔**正式施行《江西省义务教育条例》**〕 2月1日，《江西省义务教育条例》正式施行。为抓好《条例》的学习宣传、贯彻实施，省政府于1月18日召开新闻发布会，省教育厅、省人大法制工作委员会、省人大法制委员会组织编写了《〈江西省义务教育条例〉释义》，对《条例》立法背景、立法宗旨和条文具体含义等进行详尽阐述，组织专家赴各地进行专题讲座。

〔**教育投入实现4%、16%两个目标**〕 2012年，省委、省政府深入贯彻全国教育工作会和教育规划纲要精神，认真落实国家加大教育投入的一系列政策措施，全省教育投入继续保持大幅增长的良好态势。2012年，全省教育经费达774.6亿元，比2011年增长22.6%。财政性教育经费达647.8亿元，比2011年增长28.6%，财政性教育经费支出占当年全省生产总值的5%。地方财政教育支出占当年全省公共预算支出的16.8%，超过国家下达的任务，教育投入实现了4%、16%两个目标。

〔**全面深化教育体制改革**〕 2012年，围绕7项19个国家教育体制改革试点和10项省级教育体制改革试点，在区域规划编制、院校布局设置、高校章程建设、教师职称制度改革、异地高考改革、高考分类考试改革、民办教育发展专项资金等方面推出了系列重大政策和举措。配合国家和江西省重大发展战略的实施，加强协同合作，与湖南、湖北两省签署了《赣湘鄂三省教育合作协议书》。2012年，省政府与财政部、教育部签订共建江西财经大学协议，与教育部签订了共建江西师范大学协议。截至2012年年底，全省省部共建高校达12所。全省教育改革稳步推进，一批重大改革试点项目正在积累经验，发展活力得到进一步激发。

〔**进一步提高各级各类教育保障水平**〕 2012年，全省落实和提高了各级各类学校生均经费标准，提高了教育保障水平。落实义务教育小学生均每年500元、初中生均每年700元的生均公用经费标准，并继续对不足100人的农村小学和教学点按100人规模拨付公用经费。提高中专和技校的生均财政拨款标准。提高高等学校的生均财政拨款标准，普通本科院校生均拨款水平从2009年年底的4 800元，提高到2012年1.2万元。同时，大力推进高校债务化解工作，按照中央、省（市）、学校共同分担的原则，累计安排化债资金112亿元，基本化解了公办普通高校债务，防范了高校债务风险。

〔**人才队伍建设**〕 完成第二批“赣鄱英才555工程”（从2010年开始，在10年之内，面向海内外引进500名急需紧缺的高层次人才来赣创新创业；柔性引进500名具有国际先进水平、国内顶尖水平的高端人才为赣发展服务；立足本省选拔500名高层次创新创业人才进行重点培养）人文社科类人选的考察工作，启动了第二批15名“井冈学者”特聘教授招聘工作。为加强教师队伍建设，完善教师补充机制，通过全省农村学校定向培训、统一组织招聘考试、实施“特岗教师计划”、免费师范生安排等举措，全年共补充教师9 610名；加大教师培训力度，全年共培训中小学教师6.8万名、中职学校“双师型”教师1 150名，参加新一轮中小学教师全员远程分类分层分岗培训的人数达33.5万人。省财政安排1.5亿元对条件艰苦地区教师发放特殊津补贴。高规格召开了庆祝第28个教师节座谈会，表彰了全省首批10位教书育人楷模和一批师德标兵；组织开展全省中小学（幼儿园）学习贯彻党的十八大精神，开展“尊师爱生”主题教育活动、师德师风示范学校创评活动和《我的教书育人故事》师德征文活动，编制《师魂》画册，在全社会营造了尊师重教的良好氛围。

〔**济困助学体系实现从学前教育到研究生教育的全覆盖**〕 2012年，全省新启动了一批教育民生工程。包括启动营养餐改善计划，从2012年起每年安排6.3亿元，为全省集中连片特困地区的93万名农村义务教育阶段学生提供每餐3元的营养膳食补助，改善农村学生营养状况；启动学前教育资助，投入2 800万元，资助全省普惠性幼儿园中家庭经济困难儿童、孤儿和残疾儿童；启动研究生教育资助，由中央财政出资设立研究生国家奖学金，全年共安排1 297万元，奖励表现优异的全日制研究生633名。继续做好各级各类教育资助工作，全省共安排56.7亿元，为628万名义务教育阶段中小学生免除学杂费、免费提供教科书，为48.5万名家庭经济困难的寄宿生补助生活费；安排3.34亿元，资助普通高中家庭经济困难学生14.83万名，并为2.24万名考入大学的家庭经济困难学生发放每人5 000元的一次性补助；安排6.74亿元，奖励、资助优秀大学生和家庭经济困难大学生20.61万人；积极寻求社会各界对学生的资助，全年社会捐助资金达1 054.65万元，共资助5 696人。全省济困助学实现了从学前教育到研究生教育的全覆盖。认真做好高校应届毕业生服义务兵役学费补偿代偿工作，全年为全省84所高校2 845名毕业生发放补偿、代偿金额4 012万元；生源地信用助学贷款发放47 618元，受益学生79 638人，县域覆盖率达100%。

〔**进一步加强作风建设**〕 省委教育工委、省教育厅制定下发了《改进工作作风、密切联系群众的若干规定》，共包含九个方面20条具体措施。一是改进调查研究。科学拟定调研选题和计划，规定领导干部调研时间，建立领导定点联系工作制。二是主动服务群众。畅通意见渠道，推进信息公开。三是精简会议活动。严格执行年度会议计划审批制度，严格控制和规范论坛、赛事、表彰和校庆等活动。四是精简文件简报数量和篇幅，提高文件简报质量。五是减轻基层负担。各类检查、评比和验收等活动，须在年初申请报批；简化公务接待。六是加强出国（境）管理。严格执行出访计划审批制，严格控制出访团组天数和规模。七是改进新闻报道和文稿发表。八是厉行勤俭节约。严格执行公车管理有关规定，严格出差报批程序；严格财务预算管理，每一年度要编制预算安排，每一次会议活动要报批财务预算。九是加强督促检查。

基础教育

〔**综述**〕 2012年，全省基础教育战绩线认真学习党的十八大和省委第十三次党代会精神，紧紧围绕国家和省教育规划纲要确定的目标，结合实际，改革创新，努力开创全省基础教育工作新局面。全省小学适龄儿童入学率达99.85%，初中阶段适龄人口入学率达99.23%，均比2011年稳中有升；高中阶段毛入学率达79.5%，比2011年提升2%；幼儿园在园幼儿达152万人，比2011年增加6.6万人，提升比例达4.5%；特殊教育在校生达21 510人，与2011年基本相当。

〔**召开全省基础教育工作会议**〕 9月25日，省政府召开全省基础教育工作座谈会，副省长朱虹出席会议并讲话，并与各设区市政府分管副市长签订推进义务教育均衡发展任务书。会议要求，各地各部门各校要深刻认识基础教育改革发展的重要性和复杂性，增强工作的预见性和主动性，围绕“育人为本”的根本要求，以“学前教育抓普及，义务教育促均衡，普通高中强特色”为主要任务，创新体制机制，努力书写全省基础教育发展的新辉煌。

〔**学前教育“入园难”问题初步得到缓解**〕 省政府成立了省学前教育工作领导小组，印发了《江西省学前教育工作领导小组各成员单位职责》，进一步明确责任。扎实推进学前教育项目实施，制定资金管理暂行办法。2012年，争取中央资金8.43亿元，用于全省1 138个农村闲置校舍改建幼儿园、2 290个农村小学增设附属幼儿园、城市幼儿园建设以及资助家庭经济困难儿童、孤儿和残疾儿童；“中西部农村学前教育工程”资金3亿元，用于33个贫困县建设公办乡镇中心幼儿园149所；省民生工程资金1亿元，支持农村公办幼儿园和普惠性农村民办幼儿园建设。进一步加强幼儿园管理，省教育厅、省发展和改革委等七部门联合研制了江西省城市幼儿园、乡镇中心幼儿园、农村幼儿园基本办园条件标准。制定《江西省幼儿园保育教育工作十项规定》，在全省幼儿园开展了幼儿“健康、快乐、发展”主题活动，倡导科学保教、规范办园。对32所幼儿园进行了评估，对9个县（市、区）学前教育工作进行了督导评估。

〔**义务教育均衡发展迈出新步伐**〕 省政府出台《江西省规范农村义务教育学校布局调整的意见》，进一步规范农村学校布局调整工作，把就近安全入学作为第一原则。继续开展义务教育均衡发展示范县评选活动，评选湖口县、青云谱区、吉安县为义务教育均衡发展示范县。组织20所高校对口支援省内20个国家级贫困县，有力地促进了农村地区义务教育的发展。大力推进农村义务教育薄弱学校改造，截至2012年年底，投入近27亿元，为全省6 100多所农村中小学校按标准配备教学设备，改造项目学校570余所；投入18.4亿元，为17个营养改善计划国家试点县和25个享受西部政策县约4 100多所学校实施了标准化食堂建设。

〔**中小学德育工作**〕 组织专门力量编写学科德育指导纲要，强化学科德育功能，切实把社会主义核心价值体系融入教学全过程。征集评选“学科德育精品课程”50件，“育人精彩瞬间”100件。开展以“健康与成长”为主题的素质教育月活动。评选表彰了2011—2012年度省级优秀学生25人，省级三好学生和优秀学生干部1 572人。加强德育工作队伍建设，举办首期中小学心理健康教育专题培训班、第二届中小学班主任技能竞赛和中小学德育工作专场报告会，促进教师队伍素质提升。大力推进校外教育发展，争取到国家2个示范性综合实践基地建设项目、64个乡村学校少年宫建设项目。全省有70个青少年校外活动中心投入使用。制定《江西省中小学幼儿园家长委员会设置与管理办法》，加强全省中小学幼儿园家长委员会建设。组织6个中小学优秀项目参加首届“全国中小学信息技术教学应用展演”活动，进一步促进了信息技术在中小学教学中的应用。

〔全面启动普通高中特色办学试点工作〕　遴选确定了44所普通高中为全省普通高中特色发展试验试点学校，为全省形成多样化、有特色的普通高中发展格局进行有益探索。加强普通高中建设和管理，省教育厅批准12所普通高中为首批示范普通高中，对23所普通高中进行评估和复查。争取国家财政投入7 000余万元，启动17个集中连片特困县普通高中建设。继续开展“我的课改故事”五项评比活动，万余名师生积极参与。做好教育部《义务教育语文等学科课程标准（2011年版）》使用工作，举办全省课程标准通识培训会。进一步推进中考改革，全省27个县区实施初中毕业考试与高中招生制度改革，全省优质高中招生名额分配到区域内各初中的比例提高至50%。

〔有效治理教育乱收费和教辅材料散滥问题〕抓好治理义务教育阶段择校乱收费工作，下发了《关于贯彻〈治理义务教育阶段择校乱收费的八条措施〉的实施意见》，选取50所重点中小学进行教育收费动态监测，取得了显著效果。切实加强教辅材料使用管理，印发《江西省关于进一步加强中小学教辅材料使用管理工作的通知》，建立了部门联动、分工合作的工作机制。认真组织中小学教辅材料评议工作，省教育厅、省发展和改革委、新闻出版和纠风等部门联合公布了教辅选用目录，供全省中小学生自主自愿选用。中小学全面实行“一科一辅”，社会反响良好。

〔出台《江西省关于做好外省籍务工人员随迁子女就地参加高考工作的实施意见》〕　11月28日，出台了《江西省关于做好外省籍务工人员随迁子女就地参加高考工作的实施意见》，并于11月30日召开新闻发布会正式对外发布。从2014年开始，外省籍务工人员随迁子女在江西省高中阶段具有一年以上学习经历并取得学籍的，可在江西省就地报名参加高考，享受与本省户籍考生相同的招生录取政策。

〔校车安全管理逐步规范〕　省政府成立了由教育、公安等21个部门组成的校车安全管理联席会议，明确了各相关成员单位的职责，出台了《江西省校车安全管理条例规定》。组织开展校车安全管理专项督察，切实加强对校车安全的监管。同时，大力推进平安校园建设工作，大力推进学校安全教育进教材、进课堂、进头脑，组织修订地方课程教材《人杰地灵诵江西》，相应增加安全教育内容。广泛开展安全教育日主题教育活动、上好“开学安全第一课”，开展安全演练和创建“消防安全教育示范学校”活动。加强汛期和暑期学生安全教育与管理。省领导亲自致信各县（市、区）教育局长、中小学校长和学生家长，要求加强暑期管理。省教育厅召开相关会议，专题部署防溺水安全教育工作，开展专项督查，防止溺水事故发生。

〔特殊教育和民族教育有了新进展〕　开展特殊教育先进表彰活动，省教育厅、省残联授予40个单位为全省特殊教育工作先进单位、41所学校为全省特殊教育工作先进学校、66人为特殊教育工作先进个人；5名优秀特教教师获全国表彰。用好省政府民生工程6 500万元特殊教育专项资金，继续加强特殊教育学校建设。利用中央彩票公益金助学金90万元，资助300名贫困残疾儿童接受学前教育。举办全省随班就读学校教师培训班，52名教师参加培训。

实施民族教育民生工程，安排1 000万元资金，改善8个民族乡中小学办学条件。开展第四轮对口支援民族乡工作，整合各方资源，帮助贵溪市樟坪民族乡学校改善办学条件，促进民族乡社会经济的发展。

职业教育与成人教育

〔**综述**〕 2012年，全省职业教育与成人教育战线按照“稳定规模、优化结构、加强内涵、提高质量、抓好对接、促进就业”的工作思路，着力转变观念，推进改革创新，职业教育与成人教育继续保持良好的发展势头。

〔**职业教育体制改革持续深化**〕 围绕影响全省职业教育发展的关键问题，重点推进了四项改革创新。一是积极推进“现代学徒制”改革试点工作。指导新余市根据教育部要求，努力完善试点工作方案，着力在制度层面有所突破，同时积极在其他地市探索现代学徒制试点工作。二是积极推进中高职教育贯通培养改革试点工作。确定在江西现代职业教育集团开展中高职教育贯通培养模式试点，以促进中职教育与高职教育衔接，构建中高职教育课程、培养模式和学制贯通的“立交桥”，加快培养适应全省经济社会发展需要的高素质技能型人才。三是积极推进职教园区建设。把职教园区建设作为推进校企深度合作的一个有效渠道，采取措施引导，鼓励各地加快建设进程。四是积极推进职教集团建设。形成了行业型、专业型、区域型、综合型等几类职教集团。截至2012年年底，全省已建成10余家运行良好、机制健全的各类职教集团。

〔**基础能力建设有序推进**〕 2012年，重点实施了三大项目。一是继续推进中职教育基础能力二期项目建设。协同省发展和改革委制订和完善中职教育基础能力二期项目建设规划，21所中职学校获国家发展和改革委每校1 000万元基础能力专项建设资金，全省共计2.1亿元。二是继续推进职业教育实训基地项目建设。省财政投入1.21亿元，建设60个实训基地；中央财政投入5 200万元，建设26个实训基地。三是继续推进中职学校精品专业建设。省财政投入2 710万元，重点扶持建设50个省级精品专业。

〔**示范性中职学校建设成效初显**〕 2012年，全省有13所中职学校被教育部、财政部、人力资源和社会保障部确立为国家改革发展示范性中职学校，获1.296亿元专项建设资金，使全省国家改革发展示范中职学校达31所。组织开展了2012年省示范性中职学校评审，对10个县级职业学校（职教中心）进行评估。通过评估，促进各地进一步落实发展职业教育的责任，努力改善县级职业学校的办学条件，推动各地职业学校主动融入当地经济社会发展的大局。

〔**首批“双师型”教师得到认定**〕 以培养“双师型”教师为重点，大力推进中职学校师资队伍建设。启动全省中职学校首批“双师型”教师认定工作，776名教师通过认定。加强中职学校教师“双师素质”提高培训，组织江西农业大学等9个省级职教师资培训基地对1 000余名学员开展了“双师型”专业教师素质提高培训。省财政投入900万元资助全省中职学校聘请紧缺专业兼职教师。进一步加强职教师资培养培训基地建设，南昌工程学院被教育部确定为全国职教师资重点培训基地。

〔**职业教育信息化稳步推进**〕 对全省中职学校的信息化现状进行全面调研，研究制订了中职学校信息化建设标准方案和建设规划。重点建设江西省职业教育信息网，充实网站内容，完善网站功能，提高工作效率和透明度。研究开发江西省职业教育师资培训平台，举办首届全省中职学校信息化教学大赛，推动职业教育教学改革创新，促进信息技术在教育教学中的广泛应用。

〔**举办西藏、新疆中职班**〕 全省11所中职学校承担了少数民族内地中职班培养任务，共接收1 200余名西藏和新疆中职班学生，占全国总计划的19%。各承办学校坚持“办好内地中职班是光荣的政治任务”的理念，继续加大投入，不断改进工作，提高管理水平，全面提高学生素质，积极为少数民族内地中职班学生提供良好实习实训场所。

〔**中职德育富有成效**〕 积极开展“文明风采”竞赛活动，各地各校初赛提交作品5大类13项1 455件，创历年之最。以竞赛为载体，将竞赛主题渗透于教育、教学和校园文化建设中，建立起与共青团组织的协调机制，调动班主任、德育课、文化课和专业课教师积极性，形成了富有职教特色的德育整体合力和生动活泼的德育氛围。认真做好教育部、光明日报社全国教书育人楷模先进事迹报告团职业教育分团的宣讲活动组织工作。认真组织参加教育部2012年中职学校德育课“创新杯”说课比赛，省教育厅获优秀组织奖。

〔**举办第九届全省中职学校技能竞赛**〕 举办第九届全省中职学校技能竞赛，出台获奖选手免试推荐就读省内高职院校的奖励政策，争取相关行业部门的大力支持和积极参与。在各校、各地预赛选拔的基础上，共有1 669名选手参加了15大类49个单项全省决赛。积极组员参加2012年全国职业院校技能竞赛，中职组获一等奖1个、二等奖16个、三等奖21个，同时推荐13件作品参加全国职业院校学生技能作品展洽会，共获一等奖4个、二等奖3个、三等奖3个、优秀奖3个。省教育厅获组织工作成绩突出奖。

高等教育

〔**综述**〕 2012年，全省高等教育以提高质量为核心，以实施重大项目为抓手，以改革创新为动力，在提高高校人才培养质量、科学研究水平和社会服务能力上迈出了新步伐，各项工作取得了新进展。

〔**召开全省高校工作座谈会**〕 5月16日，省政府召开全省高校工作座谈会，副省长朱虹出席会议。会议深入贯彻落实胡锦涛总书记在庆祝清华大学建校100周年大会上的重要讲话精神及教育部、财政部有关会议精神，认真分析了全省高等教育改革发展面临的形势，明确了全省高等教育改革发展“围绕一个目标，力促两大转变，实现五个一流”的新思路，即围绕建设“有特色、高水平大学”的目标，以人才培养为根本任务，在发展方式上，实现从规模扩张向质量提升转变；在发展路径上，实现从均衡推进向重点突破转变，努力打造一流师资、培养一流学生、铸就一流质量、建设一流设施、创新一流管理。

〔**启动实施“高等学校创新能力提升计划”**〕 把实施“高等学校创新能力提升计划”作为促进全省高等教育科学发展的重要举措，认真做好顶层设计，积极组织实施。坚持国家和江西省重大需求目标导向原则，计划2012年至2015年，省财政投入8亿元，在全省高校建立40个省级协同创新中心，形成创新要素聚集的战略高地和协同创新的新优势。首批立项建设的江西农业大学“猪牛羊良种培育及高效扩繁”等10个省级协同创新中心，已于9月21日授牌，同时落实了3 000万元启动经费。全省10个协同创新中心有高校、企业、科研院所和政府部门等66个单位加盟，汇聚了12名院士、4名“长江学者”和8名国家杰出青年科学基金获得者等一批高层次人才。与此同时，扎实推进“中西部高校基础能力建设工程”项目建设，南昌大学、江西师范大学、江西农业大学和江西财经大学入选“中西部高校基础能力建设工程”，获中央财政4亿元、省财政1.36亿元的经费支持。

〔教育教学改革扎实推进〕 一是深入实施“江西省高等教育质量建设计划”。安排落实经费1亿元，立项建设科技落地计划项目100项、卓越工程师教育培养计划12项、卓越医生教育培养计划8项、卓越法律人才教育培养计划5项。同时，组织申报国家教学质量改革项目取得良好成绩，获国家级质量工程项目15项。二是继续实施“江西高等教育教学质量与教学改革工程”。用好省财政2 000万元，遴选建设了100门省级本科和100门省级高职精品资源共享课程、40个本科专业综合改革试点，建设了江西省高校精品开放课程网络共享平台。三是深化高等教育教学研究。安排300万元专项经费，遴选825项高校教学改革研究课题。组织高校教学成果奖的评审，对120项教学成果进行表彰奖励。四是加大专业设置调整建设力度。启动江西省高校专业综合改革试点，投入1 000万元专项经费，遴选建设40个改革试点专业。同时，积极优化学科专业结构，在全省高校978个本科专业、2 642个专科专业中，约有40%的专业为全省十大战略性新兴产业所需，初步形成了反映市场就业需求，适应产业结构调整的专业结构和人才素质结构。

〔人才培养模式探索创新〕 把创新人才培养模式作为提高人才培养质量和教学质量的关键，校企合作办学、工学结合培养人才改革取得新进展。2012年，全省高校新增校企合作企业3 321家、新增校外实训基地160个、新增校企共同开发课程408门。截至2012年年底，全省高校校企合作企业总数达5 827家、校外实习基地5 767个、校企共同开发课程1 097门，平均每个专业开发课程24门，有合作企业的专业数占专业设置总数的51.81%。2012年度有近7.2万余名高职生到合作企业顶岗实习，企业录用顶岗实习毕业生比例达54.17%。同时，启动实施全省高校大学生创新创业教育计划，安排1 500万元，遴选建设20个大学生创新创业园、500个大学生创新创业项目，有效提高了大学生的创新能力和实践操作能力。

〔研究生教育实现新突破〕 12月底，经国务院学位委员会正式批复，东华理工大学和江西理工大学成为服务国家特殊需求博士人才培养项目单位。同时，积极组织景德镇陶瓷学院、江西中医学院、华东交通大学3所博士学位立项建设单位和赣南医学院硕士学位立项建设单位做好终期评估验收工作，得到专家好评。2012年，南昌大学首获全国优秀博士学位论文奖。

〔省级示范性高职院校建设进展顺利〕 筹措3 400万元，重点支持江西环境工程职业学院等5所第二批省级示范性高职院校建设。确定宜春职业技术学院等6所为第三批省级示范性高职院校。全省5所国家示范（骨干）高职院校建设取得重大进展，在教育部发布的《中央财政支持的高等职业教育专项2012年度项目建设进展情况综述》报告中，江西省国家级示范（骨干）高职院校综合评价排名位居全国第六。安排5 000万元专项经费，遴选20个省级高职技能实训中心予以重点建设。组织开展高职院校人才培养工作水平评估，继续深入推进高职院校数据采集和年度质量报告工作，引进第三方和社会评价，逐步形成以学校为核心、教育行政部门为引导、社会参与的教学质量评价和保障体系。建立专业教师到企业锻炼制度，并从行业企业生产一线引进、聘请专家和技术人员担任兼职教师，兼职教师已占高职专业教师的13.9%。“双师”素质教师有6 481名，占专任教师的54.26%。

〔高等教育贡献率不断提升〕 一是高校科技奖励取得新成绩。南昌航空大学教授罗胜联荣获2012年何梁何利基金“科学与技术创新奖”，实现江西省该奖项零的突破。在2011年度江西省科学技术奖励中，全省高校共获自然科学奖16项、技术发明奖3项、科技进步奖30项，分别占全省总数的94.1%、42.9%和38.5%，并囊括了三大奖励中的一等奖。江西农业大学教授黄路生获科学技术特别贡献奖。二是创新平台建设有了新进展。新增教育部工程研究中心1个。“311工程”完成了最后一批 8 个高水平实验室和工程研究中心的遴选建设工作，省财政安排经费 7 000 万元。在江西省第四批优势科技创新团队中，5 个知识创新团队全部为高校。三是科研面向经济社会发展主战场成效初显。南昌大学、江西中医学院、赣南师范学院分别牵头成立了江西省绿色食品、中药产业、脐橙产业技术创新战略联盟，南昌航空大学与中国航空工业集团公司签署战略合作框架协议。江西师范大学科技园成为全省第二个国家大学科技园。

〔**高校毕业生就业率稳中有升**〕 围绕促进高校毕业生充分就业、体面就业、公平就业、安全就业的工作思路，全省高校毕业生就业工作机制进一步完善。积极拓宽就业渠道，全年共举办 13 场分区域、分科类、分学历层次的全省性大型招聘会，8 000 余场中小型校园招聘会和“一对一”招聘会，邀请 3 万余家用人单位进校招聘。不断创新招聘方式，通过政府组团招聘方式扩大岗位信息、提高岗位质量，与宁波保税区管委会以及杭州、绍兴、昆山、赣州等地方政府、企业联合举办人才对接会，达成合作意向。稳步推进项目带动就业，继续实施选聘高校毕业生到村任职计划、“三支一扶计划”（即高校毕业生到农村基层从事支教、支农、支医和扶贫工作）、农村“特岗教师计划”、西部计划等基层就业项目以及高校毕业生入伍服义务兵役计划。开展就业创业报告宣讲活动、大学生优秀创业团队大赛等。2012 年，全省普通高校毕业生初次就业率达 85.96%，比 2011 年提高了 0.12 个百分点，继续高于全国平均水平。

撰稿 巫志刚 黄周村 张桂儿 汤泾洪 彭宏博 熊礼森 张发杰 秦智虹 吴章荣 张珊珊

审稿 虞国庆 彭世东 刘润保

山东省教育

概　　况

〔基本情况〕

山东省各级各类学校校数、教职工、专任教师情况

	学校数（所）	教职工数（人）	专任教师数（人）
一、高等教育	153	151 592	101 947
（一）研究生培养机构（不计校数）	32		
1. 普通高校	28		
2. 科研机构	4		
（二）普通高等学校	136	142 370	96 058
1. 本科院校	61	95 819	64 679
其中：独立学院	12	7 372	4 947
2. 高职（专科）院校	75	46 551	31 379
3. 其他机构（点）（不计校数）			
（三）成人高等学校	17	4 286	2 917
（四）民办的其他高等教育机构	96	4 936	2 972
二、中等教育	7 006	802 507	621 824
（一）高中阶段教育	4 041	487 487	360 213
1. 高中	557	149 922	115 208
普通高中	557	149 922	115 208
完全中学	105	27 057	15 278
高级中学	423	118 878	99 079
十二年一贯制学校	29	3 987	851
成人高中			
2. 中等职业教育	3 484	337 565	245 005
普通中专	249	37 108	27 180

续表

	学校数（所）	教职工数（人）	专任教师数（人）
成人中专	91	4 397	2 931
职业高中	220	28 115	21 139
技工学校	2 924	266 116	192 575
其他机构（教学点）（不计校数）	40	1 829	1 180
（二）初中阶段教育	2 965	315 020	261 611
1. 初中	2 965	315 020	261 611
初级中学	2 440	256 793	224 619
九年一贯制学校	525	58 227	28 867
十二年一贯制学校			1 013
完全中学			7 112
职业初中			
2. 成人初中			
三、初等教育	11 573	387 203	382 562
（一）普通小学	11 573	387 203	382 562
小学	11 573	387 203	360 619
九年一贯制学校			21 082
十二年一贯制学校			861
（二）成人小学			
其中：扫盲班			
四、工读学校			
五、特殊教育	145	5 700	4 595
六、学前教育	17 530	175 801	116 408

山东省各级各类学历教育学生情况

	毕业生数（人）	招生数（人）	在校生数（人）
一、高等教育			
（一）研究生	22 882	25 483	70 455
博士	1 657	1 980	8 062
硕士	21 225	23 503	62 393
（二）普通本专科	474 266	466 695	1 658 490
本科	205 590	231 536	901 291
专科	268 676	235 159	757 199
（三）成人本专科	120 404	166 515	428 180
本科	59 087	82 649	216 795
专科	61 317	83 866	211 385

续表

	毕业生数（人）	招生数（人）	在校生数（人）
（四）其他各类高等学历教育			
1. 在职人员攻读硕士学位		7 842	27 707
2. 网络本专科生	30 089	50 813	113 605
本科	12 761	23 663	52 417
专科	17 328	27 150	61 188
二、中等教育	3 853 494	3 642 473	11 152 675
（一）高中阶段教育	2 171 806	2 625 505	7 240 845
1. 高中	599 147	581 797	1 789 601
普通高中	482 883	581 797	1 645 402
完全中学	72 230	85 555	240 377
高级中学	406 879	490 039	1 389 258
十二年一贯制学校	3 774	6 203	15 767
成人高中	116 264		144 199
2. 中等职业教育	1 572 659	2 043 708	5 451 244
普通中专	197 019	222 016	622 549
成人中专	38 186	53 650	135 169
职业高中	145 246	129 004	389 294
技工学校	1 192 208	1 639 038	4 304 232
（二）初中阶段教育	1 681 688	1 016 968	3 911 830
1. 初中	1 049 116	1 016 968	3 281 023
初级中学	903 013	860 387	2 774 763
九年一贯制学校	103 807	110 415	354 012
十二年一贯制学校	6 361	7 095	22 349
完全中学	35 935	39 071	129 899
职业初中			
2. 成人初中	632 572		630 807
三、初等教育	2 653 268	1 095 534	7 919 997
（一）普通小学	1 061 562	1 095 534	6 276 696
小学	989 860	1 026 456	5 883 679
九年一贯制学校	68 849	67 153	380 658
十二年一贯制学校	2 853	1 925	12 359
（二）成人小学	1 591 706		1 643 301
其中：扫盲班	585 749		689 067
四、工读学校			
五、特殊教育	2 793	3 555	21 239
六、学前教育	925 797	1 126 287	2 518 583

山东省各级各类非学历教育学生情况

	结业生数（人）	注册学生数（人）
总计	3 268 846	2 533 715
一、高等教育	381 597	176 897
（一）研究生课程进修班	2 703	3 522
（二）自考助学班	7 288	16 018
（三）普通预科生		197
（四）进修及培训	371 606	157 160
其中：资格证书培训	133 745	58 533
岗位证书培训	147 242	38 896
二、中等职业教育	2 887 249	2 356 818
其中：资格证书培训	703 609	575 861
岗位证书培训	679 722	541 263
（一）中等职业学校	425 328	222 046
其中：资格证书培训	138 842	91 249
岗位证书培训	146 236	68 788
（二）职业技术培训机构	2 461 921	2 134 772
其中：资格证书培训	564 767	484 612
岗位证书培训	533 486	472 475

山东省各级各类民办教育基本情况

	学校数（所）	毕业生数（人）	招生数（人）	在校生数（人）	教职工数（人）	专任教师数（人）	其他学生数（人）
一、民办高等教育							
（一）民办高校	38	96 881	93 554	313 280	26 310	17 402	33 448
硕士							
本科学生		22 574	32 065	116 052			
专科学生		74 307	61 489	197 228			
其中：独立学院	12	23 311	23 452	92 048	7 372	4 947	5 965
本科学生		16 424	17 265	74 777			
专科学生		6 887	6 187	17 271			
（二）民办其他高等教育机构	96				4 936	2 972	21 470
二、民办中等教育							
（一）高中阶段教育	241	104 914	99 566	266 896	22 556	16 211	
1. 民办普通高中	94	36 655	44 569	125 652	13 176	9 831	
2. 民办中等职业教育	147	68 259	54 997	141 244	9 380	6 380	13 575

续表

	学校数（所）	毕业生数（人）	招生数（人）	在校生数（人）	教职工数（人）	专任教师数（人）	其他学生数（人）
（二）初中阶段教育	236	65 608	83 960	255 366	18 265	13 950	
1. 民办普通初中	236	65 608	83 960	255 366	18 265	13 950	
2. 民办职业初中							
三、民办普通小学	226	48 349	38 753	254 095	10 837	7 845	
四、民办幼儿园	7 385	307 757	398 730	952 777	81 234	49 995	
另有：民办培训机构（不计校数）	1 913				27 702	18 560	486 310

〔**教育经费保障水平进一步提升**〕 2012 年，实现全省财政预算内教育经费支出占财政支出的比例达 20%以上。完善义务教育保障机制，全年共安排农村义务教育免杂费及补助公用经费 31.98 亿元（不含青岛市，下同），安排城市义务教育免杂费经费 2.89 亿元；安排农村义务教育阶段免费教科书资金 7.78 亿元；补助寄宿生生活费 1.27 亿元。加大学前教育投入，省级财政结合中央补助共安排学前教育专项资金 11.94 亿元。加大职业教育投入，省级财政安排专项经费 2 500 万元，用于 10 所中职学校实训基地建设；争取中央财政支持 6 140万元，用于 34 个实训基地项目建设。加大高等教育投入，普通本科高校生均拨款水平超过 1.2 万元。在稳定高校骨干学科建设工程经费等 2.3 亿元的基础上，新增高校名校建设工程专项经费 1 亿元、高职师资培训经费 1 000 万元。此外，中央财政下达中央财政支持地方高校发展项目经费 3.6 亿元、地方本科高校生均拨款水平提高奖励经费 14 亿元、地方高校化债奖励经费 13.95 亿元。积极化解高校债务，全省高校完成两年累计化解债务 120 亿元的目标。

〔**师资队伍整体水平稳步提高**〕 教师教育综合改革顺利推进。全省师范教育布局结构调整到位，23 所中师、幼师学校全部合并或转制，师范教育完全纳入高等教育体系。启动第二批省级教师教育基地建设工作，省级财政专项经费达 2 200 万元，4 所高校与地方政府共建省级教师教育基地，20 所县级教师教育基地整合优化区域教师教育资源。继续实施万名骨干教师培训工程、中小学教师全员远程研修工程，中小学教师培训省级专项经费投入达 3 200 万元，全年参加远程研修的教师总数达 52 万人。继续实施齐鲁名师、齐鲁名校长建设工程，形成省、市、县三级名师、名校长队伍。职业教育“双师型”教师队伍建设扎实推进。组织高职院校骨干教师参加国家级和省级培训 3 150 人次，着力提高“双师型”教师的教学能力。改进中职学校新进专业教师准入条件和办法，将专业工作经历、职业资格等作为准入条件。改革省级师资培训方法，形成涵盖各类主体的培训体系，年培训 3 552 人次。推进“能工巧匠进职校”计划，省财政安排 700 万元，设立 140 个特聘岗位。高校教师队伍建设成效明显，初步形成高端、骨干和后备三个层次的人才体系。截至 2012 年年底，全省高校共有“泰山学者”等各类高端人才 236 人、国家“千人计划”人选 30 人、省优秀创新团队 13 个，成为全省同类人才的主体。建立高校重点学科、重点实验室和人文社科基地首席专家制度，首次选拔 50 名高校首席专家。实施“高校青年教师成长计划”，开展“青年骨干教师国内访问学者培训”和“优秀中青年骨干教师国际合作培养”项目。继续举办“泰山学术论坛”，该论坛被省人才工作领导小组评为全省十大人才工做出色项目之一。组织 39 所本科高校 2011 年度人才目标责任制考核，11 所高校为优秀等次。教师管理工作进一步加强，省政府召开全省教师工作会议和教师职称改革工作会议，积极推进中小学教师职称制度改革，在中小学设立高级职称，形成覆盖各类中小学教师的评价机制。创新高校职称评审工作机制，加强学术检索使用力度，采用网上函评模式，加大职称导向力度。

推动出台《山东省幼儿园编制标准》，下发《关于妥善解决我省中小学代课教师问题的意见》。

〔**深入推进依法治教和教育督导**〕 扎实推进依法治教和教育普法工作，促成《山东省对违规从事普通中小学办学行为责任追究办法》和《山东省幼儿园管理办法》的出台。建立健全教育重大行政决策程序制度，开展示范校创建和集中复查，评选第五批依法治校示范校159所，依规取消部分学校示范校称号。稳步开展教育督导工作，对各市学前教育工作以及2011年教育综合督导发现问题的整改情况进行集中督察。新命名6个教育工作示范县(市、区)，总数已达41个。省政府出台《关于进一步完善对县级人民政府教育工作督导评估制度的意见》，进一步明确督导评估内容。积极探索建立县域义务教育均衡发展督导评估制度，督学责任区制度不断完善。

〔**学生资助政策体系进一步完善**〕 全省17个市均成立了学生资助管理中心，各项奖助学金评审发放工作全面落实。高等教育阶段安排助学金、奖学金8.63亿元，资助学生46万人次；中等职业教育阶段安排国家助学金4.3亿元，资助学生39.24万人次，安排国家免学费政策资金4.87亿元，资助学生44.26万人次；普通高中教育阶段安排国家助学金1.55亿元，资助学生10.29万人次；学前教育阶段安排政府助学金2.54亿元，资助儿童21万人次。生源地助学贷款取得新突破，为16万名学生申请贷款9.1亿元，为6 222名高校入伍学生办理学费补偿、贷款代偿和学费资助8 290余万元。

〔**考试招生制度改革稳步推进**〕 制定《山东省普通高校考试招生制度改革实施意见》，确定了普通高校考试招生制度改革的基本框架。在全国首次提出实施“异地高考”政策并完善了配套措施。积极推进高等职业教育分类考试工作，逐步扩大高职院校单独招生学校范围和录取规模。调整和明确了高考加（降）分项目政策，制定了2012年春季和夏季高考工作意见，完善招生录取政策，完成了首次春季高考招生工作。春、夏两季高考共录取488 664人，其中本科录取252 126人，录取率达45.8%；专科录取236 538人，本专科录取率达88.7%。

〔**教育对口支援成效显著**〕 教育对口援助工作持续推进，完成教育援疆投资2亿多元，教育援藏投资2 300多万元，教育援青投资近1 000万元。向新疆喀什地区派出援疆教师120人次。山东省海北高中班筹备工作基本完成。

〔**平安校园建设长久推进**〕 针对全国涉日维稳形势，引导广大师生依法有序理性表达爱国热情。建设平安校园，开展安全教育，做好校园安全管理。认真落实《校车安全管理条例》，对校车和校内其他车辆的运营情况进行摸排梳理，部分县区开展校车运营试点取得阶段性成果。

〔**教育交流与合作扎实开展**〕 进一步加强与友好省州的交流合作，为学校搭建平台。强化日常涉外工作管理，进一步规范外籍人员子女学校管理。来华留学和聘请外国文教专家等涉外工作稳步发展，82所高校接收外国留学生12 065人，296所中小学接收外国学生4 000多人，31所省属高校聘请文教专家257人。中外合作办学和汉语国际推广工作稳步推进。新获批中外合作办学本科项目15个、专科项目7个、高中项目5个。截至2012年年底，共举办中外合作办学机构和项目220个。汉语国际推广工作取得新进展，5所高校的孔子学院获国家汉办批准。截至2012年年底，全省孔子学院总数达19所、孔子课堂16个。

〔**民办教育规范健康发展**〕 研究制定《山东省民办高等学校年检实施办法》，规范和完善全省民办高校评估和年检制度。加强非学历民办高校管理，进一步健全标准规范和程序，通过对审批文件备案的方式，建立非学历民办高校（专修学院）档案，更新民办高校名录。进一步完善全省民办教育机构，成立山东省民办教育协会高等教育专业委员会、学前教育专业委员会和中小学教育委员会，审议通过章程，助力民办教育健康发展。深入实施民办高等学校督导专员制度，加强对招生、教育教学、财务等重要事项的监管。

基础教育

〔**学前教育三年行动计划步伐加快**〕　开展乡镇（街道）中心幼儿园评估认定工作，落实乡镇政府发展学前教育的责任。规范普惠性民办幼儿园的条件及申报认定程序，引导民办幼儿园向社会提供普惠性服务。研究起草系列办法和标准，加强幼儿园管理。加大核查力度，督促各地加快步伐，学前教育三年毛入园率达 76.2%，提前三年完成了教育规划纲要提出的目标任务。

〔**义务教育均衡发展进一步推进**〕　督促各地编制县域义务教育均衡发展方案，保障适龄儿童少年就近入学，巩固义务教育普及成果，严格控制辍学，完成了对流动人口子女就学情况摸底，推动各市制定进城务工人员随迁子女接受义务教育后在当地参加高中阶段学校招生考试的办法，关注农村留守儿童的教育和成长。将控制学校规模和班额，治理无序择校作为推进义务教育均衡发展的重要内容，对各地学校规模和班额进行监控和公布，出台了治理义务教育择校乱收费的意见。大力实施中小学办学条件标准化建设，省教育示范县、全省推进义务教育均衡发展工作先进县和济南、青岛、淄博、东营、烟台、威海 6 市基本完成了标准化建设任务。印发《军人子女教育优待办法》。

〔**素质教育深入实施**〕　在全国首创普通中小学生课业负担监测、公告制度，委托山东省社情民意调查中心就全省中小学生课业负担情况进行调查，并向社会公布结果。省政府第 255 号令公布了《山东省对违规从事普通中小学办学行为责任追究办法》，使违规办学责任追究有法可依。继续进行督查暗访，规范学校办学行为。举办“2012 山东素质教育论坛”，该论坛已成为全国具有一定影响力的工作品牌。山东省素质教育经验被收入由教育部部长袁贵仁总主编的《中国教育前沿丛书》。积极创造条件开设写字书法课。

〔**普通高中教育多样化发展取得进展**〕　对普通高中改制学校进行清理规范，全省 22 所普通高中改制学校已完成 16 所。撤销公办高考补习学校工作已全部完成，规范了普通高中教育秩序。调整学业水平考试工作管理体制，具体的考试组织实施工作委托省教育招生考试院负责，实行多次考试，成绩按高者记录，允许普通高中在校生以外的其他各类人员报名参加，成绩合格可认定普通高中教育同等学力。完成 2010 级学生学业水平考试工作，为 42 万名参加高考的学生生成了发展报告。对全省 17 个市的高中阶段招生考试工作方案进行梳理分析，为深入推进普通高中招生制度改革提供了依据。推进全省普通高中特色办学、多样化发展，积极探索研究普通高中特色发展、普通高中与高等学校联合育人新途径。完善普通高中课程管理系统，实现了全省学校课程表的网络化管理。建立普通高中教辅材料评议推荐制度和选用制度，大力加强教辅材料使用监督管理。

〔**学校体育、卫生与艺术教育扎实开展**〕　大力开展“阳光体育”运动，召开了全省中小学“每天一小时校园体育活动”现场展示暨经验交流会，8 所学校获教育部表彰。对所有市的中小学校“学生每天一小时校园体育活动”以及全省高校体育课程建设进行检查评估。组团参加 2012 年全国第九届大学生运动会，成绩列团体总分第 8 名。举办“中国体育彩票杯”中小学生体育联赛和大学生体育联赛。“健康校园”创建工作全面启动，中小学生近视眼防控工作得到有效推进，以预防龋齿为主的青少年口腔疾病综合干预项目取得初步成效。开展专项检查，促进学校食堂食品安全工作扎实开展。积极推进学校艺术教育教学改革，制定管理办法规范全省学生艺术水平考试工作。举办山东省第五届高校音乐舞蹈专业师生基本功比赛，组织第四届中小学生艺术展演活动。积极开展国防教育系列活动，推进军事理论课程建设，取得了新成效。

〔**特殊教育和民族教育工作稳步推进**〕　制订特殊教育学校标准化建设工程相关标准和《特教教师“十二五”培训规划》。对特教学校入职三年的新教师进行培训。开展自闭症教育研究和“医教结合”实验工作，组织开展“特教园丁奖”评选，向教育部推荐的12名特教教师全部获奖。2012年，国家彩票公益金学前教育助学项目救助学前残疾儿童850人。高度重视内地民族班安全稳定工作，按计划完成了内地新疆高中班、西藏高中班的扩招任务。

职业教育与成人教育

〔**现代职业教育体系建设全面启动**〕　省政府召开全省职业教育工作会议，出台《关于加快建设适应经济社会发展的现代职业教育体系的意见》，全面启动现代职业教育体系建设，着力建设以包括技工教育在内的中等职业教育、高等职业教育、应用型本科教育和专业学位研究生教育为主体，相互衔接、协调发展、开放兼容的现代职业教育体系，全面提高职业教育发展水平。出台《五年制高等职业教育管理办法》，推动举办初中后五年制高等职业教育的学校以制订教学标准为基础，进行一体化课程设计，建立灵活多样的课程体系和弹性学习制度，实施基于专业接续、课程衔接、学分互认的联合培养模式。对申请举办五年制高等职业教育的中、高职学校进行重新审查，进一步优化了学校和专业布局结构。教育部与省政府签署共建潍坊国家职业教育创新发展试验区的协议，这是国家教育规划纲要颁布后，中国第一个以职业教育创新发展为主题、省部共建的试验区。

〔**基础能力建设不断加强**〕　出台《中等职业学校分级标准》，将中职学校根据办学水平分为合格、规范化、示范性、高水平四个等级。开展中职学校、民办职业学校和教学点办学情况清查工作，坚决清除零招生的休眠学校。经过调整，全省中职学校校均规模得到提高，进一步提高了办学效益。着力推进国家中等职业教育改革发展示范学校建设计划，全省共有65所中职学校进入全国千所国家示范学校建设计划，获中央财政补助资金63 540万元。截至2012年年底，全省国家级重点中职学校达186所，位居全国前列。

〔**职业教育内涵建设持续深化**〕　全面启动中职学校课程改革，大力推行理论实践一体化、做学教一体化。56个专业教学指导方案开发工作全面推进，参与开发学校227所，参与的行业企业专家、教师4 000余人。作为全国首例，省财政划拨专款经费1 000万元予以资助。下发中职学校汽车运用与维修、汽车车身修复两个专业教学指导方案。实施中职学校专业建设工程，研究出台《中等职业学校专业建设标准》，扩大对市域内职业岗位的覆盖度。组织专家对各市上报的具有举办学历教育资质的489所中职学校、4 477个专业点进行审核，对489所中职学校及其举办的4 350个专业予以备案，停止了127个不合格专业的招生。规范中职学校毕业证书管理，将职业中专、普通中专、成人中专毕业证书统一格式编号，对省属中职学校毕业证书实行属地管理。推动职业院校技能大赛常态化、制度化，继续组织全省职业院校技能大赛，首次将职业技能大赛现场放到企业生产车间。积极承办全国职业院校技能大赛专业赛项。组队参加2012年全国职业院校技能大赛，中职组获69枚金牌、124枚银牌、91枚铜牌，位居全国前列，4个市实现金牌零的突破；高职组获一等奖19项、二等奖36项、三等奖41项。出台职业院校教师、学生参加职业技能大赛表彰奖励办法。2012年，省财政安排奖励专款1 134万元，支持学校和教师开展教学改革，全省职业院校已基本形成了厚德、精技，通过技能大赛推进教育教学改革的良好局面。

〔**城乡社区教育工作有效开展**〕 研究出台《山东省乡镇社区教育中心设置与评估标准》，为乡镇社区教育中心建设提供有力保障。完成省级以上社区教育实验区、示范区、示范街道（乡镇）复评工作，对全省10个市、26个县（市、区）、50个乡镇（街道）、52个社区，分别进行了国家级社区教育实验区、示范区和省级社区教育实验区、示范区、示范街道（乡镇）复评。以技能扫盲为重点推进扫盲工作，积极开展农村劳动力转移培训和实用技术培训，为500余万名城乡劳动力提供各级各类职业培训，有力推进了农村富余劳动力转移和城市下岗工人再就业。

高等教育

〔**高等教育布局结构进一步优化**〕 编制完成了《山东省高等学校设置“十二五”规划》。山东财经大学于6月正式揭牌成立，由财政部、教育部、省政府共建。年内，新建1所高等职业学校——菏泽职业学院，标志着全省17个市全部建有公办综合性高等职业学校。向教育部提交3所学校设置申请，山东轻工业学院拟更名为齐鲁工业大学、山东省工会干部管理学院拟改建为山东管理学院、山东省农业管理干部学院拟改建为山东农业工程学院，评审工作已圆满结束。将原属由市政府管理的8所普通本科院校调整划归省直属管理，实行省市共建、以省为主的管理体制。加强对独立学院过渡期工作指导，配合教育部对设立鲁东大学蔚山船舶与海洋学院进行了考察评估。

〔**名校建设工程正式启动**〕 组织开展山东省名校工程首批立项建设单位遴选工作，共确定人才培养特色名校立项建设单位28个，其中应用基础型5个、应用型10个、技能型13个。下发《名校工程专项资金管理办法》，组织专家对各立项建设单位建设方案进行论证并下达建设任务书。全省普通高校分类建设、分类发展的框架基本形成。

〔**继续实施高等学校质量和教学改革工程**〕 加强专业建设，加大应用型、复合型、技能型人才培养力度，对就业率低的专业予以调整、调减招生计划、停招或撤销。年内，新增高职高专专业132个、调整专业20个、撤销专业12个，向教育部申请备案或审批本科专业160个。加强特色专业建设，确定126个专业为“山东省高等学校特色专业建设点”，遴选37个专业申报教育部“专业综合改革试点”项目。评选出882门省级精品课程，课程群占申报课程的92.3%。组织省内高校国家级精品视频公开课和精品资源共享课遴选。加强教材建设，48种教材入选普通高等教育国家级规划教材。组织人才培养模式创新实验区遴选，评选出40个省级人才培养模式创新实验区。评选表彰了97名省级教学名师和99个省级教学团队。确定754个项目为2012年度山东省高等学校教学改革立项项目，其中重点项目100个。立项建设25个省级实验教学示范中心，对全省23个国家级实验教学示范中心立项单位进行验收。12所省属本科高校的600项国家级大学生创新创业训练项目通过立项。

组织评审上报9个国际级“卓越医生教育培养计划”试点项目、29个省属本科高校国家级大学生校外实践教育基地。加强高校教学评估，配合教育部做好对滨州学院等4所高校合格评估工作，组织专家对威海职业学院等12所高职院校进行人才培养工作水平评估。山东畜牧兽医职业学院、青岛港湾职业技术学院、济南职业学院3所“国家示范性高等职业院校建设计划”骨干高职学校项目建设工作全面启动。积极开展高职院校骨干教师培训，共有610名教师参加了国家级培训、2 540名教师参加了省级培训。组织34名校长参加教育部2012年度高等职业学校校长职业教育与产业发展专题研究班。完成了《山东高等职业教育质量2012年度报告》。

〔**人才培养水平进一步提高**〕 实施卓越法律人才教育培养计划、卓越工程师教育培养计划，11所高校加入到卓越工程师教育培养改革试点。双学位、辅修第二专业试点工作全面推进。在示范性高职院校中遴选若干专业，与部分应用型本科院校开展2+2学分互认分段联合培养高职本科试点。研究生教育创新计划持续推进，对242个项目予以立项，120个项目进行结题验收。批准30篇博士论文、69篇硕士论文和485篇学士论文为省级优秀学位论文；1篇论文获全国优秀博士学位论文、8篇论文获提名奖。批准优秀科技创新成果一等奖10项、二等奖30项、三等奖60项。组织开展第三届山东省优秀研究生指导教师评选，确定86人为优秀研究生指导教师。

〔**学位授权范围进一步拓展**〕 积极组织服务国家特殊需求博士人才培养项目申报工作，山东建筑大学的绿色建筑技术及其理论、潍坊医学院的公共卫生危机管理、鲁东大学的问题青少年教育矫正管理、烟台大学的重大新药新型释药系统4个人才培养项目获国务院学位委员会审议批准。截至2012年年底，全省博士学位授予单位增加到18个。山东建筑大学新增建筑学硕士和城市规划硕士专业学位授权，填补了山东省建筑学硕士和城市规划硕士专业学位授权的空白。认真筹备山东理工大学、济南大学、山东财经大学的立项建设博士学位授予单位和山东工商学院立项建设硕士学位授予单位的整体验收和拟授权学科的评审工作。积极组织专家对3所民办高校和12所独立学院列为学士学位授予单位及相关专业列为学士学位授予专业进行考察审批。批准济南大学等26个单位申报的59个本科专业新增为学士学位授予专业，涉及7个学科门类。

〔**科研创新能力进一步加强**〕 启动实施全省高校科研创新团队建设计划，评审确定了25个高校科研创新团队。进一步加强高校科研创新平台建设，全省高校科研创新平台建设专项经费达1 600万元，比2011年增加300万元。聘任了155名山东省“十二五”高等学校重点实验室主任和学术委员会主任；对全省50个“十二五”高校人文社科研究基地建设任务书进行批复，并公布了基地主任和学术委员会组成人选。组织全省高校申报山东省高校科研计划项目1 096项，共立项774个，其中资助经费项目330个、自筹经费项目444个，项目专项经费达1 200万元，比2011年增加了200万元。年内，全省高校共获批国家级项目1 682项，经费达12.45亿元，其中国家社科基金135项、“973”计划项目57项、“863”计划项目55项、国家科技支撑项目73项、国家自然科学基金项目1 173项、其他国家级项目189项；省部级项目2 061项，经费31.1亿元，比2011年增加0.25亿元；厅局级项目1 803项，经费0.67亿元；横向委托项目5 471项，经费10.2亿元。启动“山东省高等学校创新能力提升计划”，推荐山东农业大学牵头组建的“小麦玉米周年高产高效生产协同创新中心”和青岛科技大学牵头组建的“绿色轮胎协同创新中心”申报2012年度国家“2011协同创新中心”。

〔**成人高等教育教学质量稳步提高**〕 研发“山东省成人高等教育教学管理服务平台”，成人高等教育办学实现信息化管理。组织专家对2007年和2008年立项的19个成人高等教育品牌专业建设点进行终期验收。继续开展成人高等教育特色课程评选、函授站和现代远程教育校外学习中心年检年报工作，完成21所高校、69个新增成人高等教育专业的审核备案，评审批准10所高校设置的15个现代远程教育校外学习中心试点，完成5所高校设置的6个函授站备案工作。

审稿　陈光华

撰稿　崔升平

青岛市教育

概　　况

〔基本情况〕

青岛市各级各类学校校数、教职工、专任教师情况

	学校数（所）	教职工数（人）	专任教师数（人）
一、高等教育			
（一）研究生培养机构（不计校数）			
1. 普通高校	7	19 741	12 102
2. 科研机构			
（二）普通高等学校	20	29 445	18 183
1. 本科院校	12	24 460	15 202
2. 专科院校	8	4 985	2 981
其中：职业技术学院	8	4 985	2 981
（三）成人高等学校	1	108	62
（四）民办的其他高等教育机构			
二、中等教育			
（一）高中阶段教育			
1. 高中			
普通高中	60		9 762
成人高中			
2. 中等职业教育	64	8 651	6 313
普通中专	8	1 273	872
成人中专	7	304	203
职业高中	49	7 074	5 238
技工学校			
附设中职班（不计校数）	3		

续表

	学校数（所）	教职工数（人）	专任教师数（人）
（二）初中阶段教育			
1. 普通初中	232		22 190
2. 职业初中			
3. 成人初中			
三、初等教育			
（一）普通小学	840	33 182	31 697
（二）成人小学			
四、工读学校			
五、特殊教育	13	596	466
六、学前教育	2 475	21 812	14 669

注：普通高等学校中两所军事院校未做统计。

青岛市各级各类学历教育学生情况

	毕业生数（人）	招生数（人）	在校生数（人）
一、高等教育			
（一）研究生	8 006	9 984	27 647
博士	501	697	2 998
硕士	7 505	9 287	24 649
（二）普通本专科	79 791	87 981	296 645
本科	46 801	54 025	195 886
专科	32 990	33 956	100 759
（三）成人本专科	25 546	39 682	98 201
本科	10 374	20 955	46 797
专科	15 172	18 727	51 404
二、中等教育			
（一）高中阶段教育			
1. 高中			
普通高中	35 913	41 347	124 585
成人高中			
2. 中等职业教育	39 112	35 597	108 711
普通中专	3 462	4 730	13 734
成人中专	975	2 298	6 054
职业高中	32 957	27 434	87 221
附设中职班	1 718	1 135	1 702
（二）初中阶段教育			

续表

	毕业生数（人）	招生数（人）	在校生数（人）
1. 普通初中	85 529	77 787	244 995
2. 职业初中			
3. 成人初中			
三、初等教育			
（一）普通小学	77 859	82 685	484 985
（二）成人小学			
四、工读学校			
五、特殊教育	281	314	1 527
六、学前教育	76 873	72 017	232 403

青岛市各级各类民办教育基本情况

	学校数（所）	毕业生数（人）	招生数（人）	在校生数（人）	教职工数（人）	专任教师数（人）
一、民办高等教育	8	20 568	22 768	68 598	6 626	3 922
（一）民办高校	6	16 408	16 407	51 128	4 762	2 966
（二）独立学院（不计校数）	2	4 160	6 361	17 470	1 864	956
（三）民办其他高等教育机构						
二、民办中等教育						
（一）高中阶段教育						
1. 民办普通高中	18	3 082	3 137	9 549	1 334	906
2. 民办中等职业教育	22	10 137	2 283	10 501	1 260	710
（二）初中阶段教育						
1. 民办普通初中	13	4 305	5 345	14 643	1 266	890
2. 民办职业初中						
三、民办普通小学	8	1 446	2 185	8 693	464	314
另有：民办培训机构（不计校数）		234 632	351 436	101 142	10 903	6 583

〔**坚持教育优先发展，加快推进教育现代化建设**〕 2012 年 2 月 10 日，中国共产党青岛市第十一次代表大会召开，提出到 2015 年“率先实现教育现代化、让城乡居民学有优教”的目标。9 月 10 日，市政府召开全市教育优先发展大会，印发《关于促进教育事业优先发展的意见》，出台 6 类 18 条措施，从加强制度建设、切实保障教育优先发展、完善服务机制、积极推动产业发展、优化政策环境、积极扶持民办教育发展六个方面对办好一流教育，建设一流学校，确保率先实现教育现代化提出要求。启动 35 所普通中小学现代化学校建设试点，全市国家级中等职业教育改革发展示范学校达 13 所。强化全域统筹，优化学校布局，优质教育资源向新建居民密集区和农村新型社区分布，启动 100 万平方米校舍新建工程，已竣工 20.7 万平方米。青岛二中分校拆除重建项目主体完成，山东大学青岛校区和青岛市中心聋校综合楼项目开工建设，青岛外语学校正式奠基，青岛美术学校、青岛实验高

中等寄宿制普通高中确定选址。设立中小学现代化学校建设、教育信息化、教育装备现代化、现代化教师队伍建设、教育国际化等重点资金支持项目，扎实推进“新班班通”建设、实验室与专用教室建设、现代化图书馆建设和数字化能源管理平台建设。青岛市被国务院授予“全国‘两基’工作先进单位”。

〔**教育投入**〕 2012年，全市教育经费总投入达180亿元，其中预算内教育经费占财政支出的比例超过17%，各区（市）财政性教育经费投入多数超过7亿元，部分区（市）超过10亿元。学前三年教育、义务教育和高中阶段教育入学率分别达96.5%、100%和95.6%，高等教育毛入学率达48%。

〔**推进创新，深化教育体制改革**〕 印发《关于开展教育体制改革试点的通知》和各项改革实验分方案，全面启动14大项、43小项改革试点。国家高职综合改革、现代职业教育体系建设和高校共建工作取得突破，全市新增“三二连读”（即初中毕业生被中职学校录取后，前三年在普通中专学习，后两年在高职院校学习）招生学校8所、中职专业32个。高职重点专业群市校共建和青岛大学省市共建工作启动，新增3所中职学校为国家改革发展示范学校立项学校，青岛大学等5所高校进入省人才培养特色名校行列。编制《青岛市初中学生学业考试与普通高中招生改革方案》，深化招生制度改革。积极推进人才培养模式和办学模式改革，启动蓝色海洋教育实验，编写小学海洋教育地方教材，在全国率先普及海洋教育课程。初步探索形成集团化、镇域一体化等拓展优质教育资源的有效形式。设立专项资金扶持民办教育发展。设立国际交流与合作专项资金，鼓励支持对外交流与合作，引入国际职业资格认证，建成国际焊工培训基地。青岛市推进教育体制改革的做法被国家教育体制改革办公室以专报形式在全国推广，中职实习就业工作在中央电视台《新闻联播》播出。

〔**突出民生导向，促进教育公平**〕 发展普惠性学前教育，启动学前教育立法，出台学前教育设施专项规划，建立公办园生均公用经费拨款、普惠性民办幼儿园补助等制度。加强农村教育，进一步提高城乡义务教育均衡发展水平，全市投入15亿元，完成139万平方米校舍抗震加固，启动54万平方米拆除重建项目；市本级投入2.6亿元，完成94所薄弱中小学改造，支持农村学校建设“新班班通”教室、实验室、图书馆和校园网，改造取暖等设施，普通中小学达到省定办学标准。采取多种形式，完善城乡教师交流工作，全年全市共安排548名城区教师到农村支教。积极完善学生就学保障制度，建立学前教育资助制度，实现从幼儿园到高校资助全覆盖，全年投入2.4亿元，惠及17万名学生。投入4 100万元，将城乡义务教育免费项目由杂费扩大至教科书费和作业本费；投入7 500万元，将中职生免学费范围由贫困学生、涉农专业学生扩大至全体农村学生，受惠面由74万人增加到81万人。着力解决农村学生就学交通难题，建立政府补贴制度，面向农村配置专用校车623辆，保障200所学校4万名学生的上学、放学乘车安全。

〔**全面实施素质教育，全面提高教育质量**〕注重全面育人，积极抓好德育品牌和家长委员会建设。加强校外场所建设，深入开展社会实践教育，青岛市中学生学农实践基地投入使用。全面实施《国家学生体质健康标准》，将体育与健康中考分值由30分增至45分，大力推进阳光体育活动，提升学生健康水平。开展全市中小学生第22届艺术节活动，举行新年音乐会、京剧和古典音乐进校园等活动。不断深化教育教学改革，总结推广普通中小学优秀教学法。完善国家、省、市职业院校技能大赛联动机制，建设30门中职精品课程。各级各类学校教育质量大幅度提升，普通高考再创历史最好成绩，近2/3的普通高中生升入本科高校学习。在首届全国中小学生管乐独奏展演中，青岛市有12人获金奖、34人获银奖、43人获铜奖，囊括80%奖项。

〔**加强干部教师队伍建设**〕 加强干部队伍建设，深入推进名校长培养工程，对102名名师、名校长人选加强重点培养。组织中青年校长读书研修班、职业学校校长赴德国研修班和普通学校校长赴澳大利亚研修班。召开教育家办学座谈会，举办第21期初中校长提高培训班、第27期高中校长任职资格培训班等。完成10名齐鲁名校长和35名青岛名校长届中考核。组织职业教育系列齐鲁名校长的遴选推荐并有7人入选，入选人数列全省17个地市首位。加强教师专业培训，全年市本级财政投入2 000余万元，组织5万余名中小学教师参加市级培训。深入推进青岛市中小学幼儿园“读教育名著、做智慧教师”读书实践工程，推动中小学幼儿园教师专业发展，开展“做学生喜爱的教师”活动。加强农村教师、幼儿教师、职业学校“双师型”教师和校长队伍建设。

〔**加强党风、政风、行风建设**〕　认真组织学习党的十八大精神，以“党性铸师魂”品牌创建为引领，实施基层党建创新工程，推进学习型、服务型机关建设。坚持阳光治教，清理规范教育行政审批等事项，严把招生录取、教师职称评定等关口。市教育局被评为山东省为民服务创先争优示范窗口、省文明单位和省教育系统行风建设先进单位。

基础教育

〔**综述**〕　贯彻落实国家、省、市中长期教育改革和发展规划纲要，推动县域义务教育均衡发展，大力推进普通中小学现代化学校建设工作，改善残疾儿童随班就读保障条件。探索体制机制改革，推进“蓝色海洋教育实验”、“普通高中多样化发展”、“扩大优质教育资源实验”、“拔尖创新人才培养实验”等教育体制改革项目，深化初中学生学业考试与普通高中招生改革。

〔**学前教育**〕　加大经费投入，建立学前教育生均公用经费、普惠性民办幼儿园补助等制度，全市1 710所公办幼儿园拨付生均公用经费8 898.8万元，惠及幼儿13.6万人；认定普惠性民办幼儿园26所，提供普惠性学位7 216个，拨付补助资金755.9万元；新建、改扩建幼儿园253所，可提供学位3万个，其中主体完工212所，已预拨奖补资金3 146.5万元。推进幼儿园标准化建设，评估验收2011年新建、改扩建幼儿园194所，提供1 191个班级和3.5万个学位。

〔**构建普惠性学前教育发展体制机制**〕　印发《青岛市学前教育设施布局规划（2011—2015年）》（青政办发〔2012〕4号）、《青岛市扶持学前发展专项资金管理办法》（青政办发〔2012〕6号）、《青岛市财政局综合奖补资金管理使用办法》（青财教〔2012〕34号）、《关于转发〈关于印发山东省公办幼儿园编制标准的通知〉的通知》（青编办发〔2012〕18号）、《关于做好普惠性民办幼儿园认定工作的通知》（青教通字〔2012〕44号）、《青岛市物价局幼儿园收费管理办法（试行）》（青价费〔2012〕40号）等配套文件，为全市学前教育布局规划、经费扶持与引导、普惠性资源建设、收费管理等提供政策依据，初步构建起普惠性学前教育发展的体制机制框架。《青岛市学前教育设施布局规划（2011—2015年）》是全国第一个学前教育设施布局规划。

〔**规范0—3岁婴幼儿早期教育指导机构管理**〕对全市各类0—3岁婴幼儿早期教育机构进行全面调研，研究制定0—3岁婴幼儿早期教育大纲和早期教育中心标准，编制了《青岛市0—3岁婴幼儿早期教育试点工作方案》，逐步规范全市婴幼儿早期教育指导机构的管理。11月，青岛市被教育部确定为全国0—3岁早期教育试点城市。

〔**义务教育**〕　印发《青岛市2012年推进区市

域内义务教育均衡发展工作方案》，促进区（市）域内义务教育均衡发展全面推进。推进普通中小学基本办学条件标准化建设，全年安排奖励资金1 195万元，支持5市完成94所农村薄弱中小学重点改造。各区（市）所辖中小学基本达到省定办学条件标准。督促指导各区（市）按照《山东省普通中小学办学条件标准化建设计划实施情况评估方案》，以自评促建设，查漏补缺，进一步改善中小学办学条件。实施扩大优质教育资源改革实验，印发扩大优质教育资源改革实验实施方案，确定试点单位，指导各试点单位研制具体试点方案，推进区域学校一体化发展、集团化办学、高校和科研院所辐射中小学办学等模式。召开全市推进区（市）域内义务教育均衡发展暨扩大优质教育资源改革工作现场会，推广即墨二十八中、即墨德馨小学、青岛台东六路小学等集团化办学经验。以市政府办公厅名义印发《青岛市普通中小学现代化学校建设实施方案》，安排2 200万元奖励资金，在35所中小学启动现代化学校建设试点工作。

〔**外来务工人员随迁子女就学**〕　认真贯彻落实外来务工人员子女就读“两为主”政策，完善政策保障机制、经费保障机制、教育教学质量保障机制。全市义务教育阶段学校共接收外来务工人员子女12.5万名，占全市义务教育阶段在校生总数的18%。

〔**普通高中教育**〕　制发《推进普通高中多样化发展实验实施方案》，探索名校办分校、中外联合办学、普通高中与高校联合育人等办学模式，积极推进小班化教育。组建多个普通高中多样化发展合作体——学校联盟，建立以教育行政部门为主导、以学校主动发展为主体、以教育科研机构为支撑“三位一体”的特色学校发展模式。开展中小学拔尖创新人才培养试点工作，制发《青岛市中小学拔尖创新人才培养实验实施方案》，创建由青岛二中、平度一中、青岛三十九中等8所学校参加的创新人才培养高中学校联盟。深化初中学生学业考试与普通高中招生改革。2012年，市内四区初中毕业生可以同时报考普通高中和职业学校，普通高中择校生比例由占学校招生总数的30%下降到占学校计划内招生（不含择校生）的20%。

〔**特殊教育**〕　进一步改善残疾儿童随班就读保障条件，安排奖励资金100万元，重点支持五市三区建设50个残疾儿童少年随班就读资源教室。组织全市100余名特教教师参加自闭症儿童教育高端培训，开展自闭症儿童教育调研。组织特教干部参加北京师范大学高级研修班。

〔**举办青岛市首届中小学海洋教育论坛**〕　5月23日，由市教育局主办、青岛三十九中承办、青岛出版集团协办的青岛市首届中小学海洋教育论坛举行。国家海洋局宣传教育中心主任盖广生、市教育局副局长周民书等出席论坛。论坛以“特色·创新·发展”为主题，展示青岛城乡各级各类学校实施海洋教育取得的成果。中国海洋大学教授干炎平做“中国海洋权益”报告，青岛三十九中进行了海洋教育成果展示，小学、初中、高中分别就海洋教育课程实施、海洋教育实践活动和创新人才培养进行了讨论交流。

〔**举办青岛市首届中学生电影节**〕　6—10月，市教育局团委举办了青岛市首届中学生电影节。电影节以“青春、成长、责任”为主题，开展优秀影片观摩、影评征文比赛、原创微电影作品大赛和闭幕式暨红毯颁奖典礼等活动。共收到微电影28部、影视评论132篇，全市近万名中学生参与活动。

职业教育与成人教育

〔**综述**〕 坚持以改革创新为动力，大力推进职业教育优质特色发展。出台《关于进一步加快职业教育改革创新的意见》，印发《关于实施中等和高等职业教育专业办学联盟建设工作的意见》，拟定《青岛市重点专业群建设工作意见》等促进职业教育发展的文件。组织实施重大基础能力建设项目，进行职业教育招生、办学改革，推进中高职专业联盟建设，推进专业布局调整。

〔**加快职业教育改革创新**〕 成立西海岸职业教育集团，积极探索建立以产权为纽带、校企一体的紧密型职业教育集团，建立健全董事会领导下的集团管理模式和运作机制，推动职业教育集团内部实现实质性融合。推进中高职专业联盟建设，组织中职学校和高职院校就课程设计、教材编写、实习实训等方面开展共建，确定首批 10 个拟立项重点建设专业、5 个中高职专业办学联盟。推进专业布局调整，在中职学校增设了帆船运用与维修等 32 个服务于蓝色经济、现代农业、新一代信息技术、高端装备制造、新材料、新能源、节能环保等战略性新兴产业的相关专业。改革招生办法，允许初中毕业生兼报普通高中和职业学校，实行七区统筹专业设置和招生计划、市内四区和崂山区统一招生；扩大五年制高职招生学校和招生计划，在全省“三二连读”招生学校和招生计划不变的情况下，全市“三二连读”招生学校由 2011 年的 9 所增加到 17 所，“三二连读”和五年一贯制招生计划由 2011 年的 2 600 人增加到 5 200 人，实际录取 5 755 人，完成计划的 111%。在 2012 年全国职业院校技能大赛中，青岛市获 27 枚金牌，数量名列全国 37 个代表团第 5 名。

〔**新增 3 所国家中职教育改革发展示范学校**〕 经过教育部、人力资源和社会保障部、财政部严格评审，即墨市第一职业中等专业学校、青岛胶南珠山职业学校、莱西市职业教育中心 3 所学校成为第三批国家级中职教育改革发展示范学校。截至 2012 年年底，共有 13 所中职学校进入国家级中职教育改革发展示范学校行列，办学质量与规模以及入选学校数量，在全国副省级单位中均名列前茅。

〔**组织实施重大基础建设项目**〕 切实加强国家级中职示范学校建设，支持涉农涉海专业发展和校内实训基地建设，安排 600 万元，重点支持莱西职业中专工厂化育苗项目、平度职教中心现代化果品加工项目和轻工学校海洋生物制药项目发展；安排 1 800 万元预算资金，加强技能教室建设。

〔**全国职教集团化办学工作座谈会召开**〕 7 月 11 日，教育部职业教育集团化办学工作座谈会在青岛市召开。教育部职成司司长葛道凯、省教育厅总督学徐曙光等出席会议。市委常委、副市长王广正参加座谈会。天津、上海、江苏、山东、河南、陕西等省级教育行政部门，中华全国供销合作总社，有色金属工业集团，部分职业院校校长、职业院校合作企业代表以及教育研究机构代表共 70 余人出席会议。会议总结了全国开展职业教育集团化办学工作的经验，山东、江苏、河南等省就各自开展职业教育集团化办学工作进行了介绍，部分职业院校代表、职业院校合作企业代表进行了交流发言。

〔**成人教育**〕 开展各类成人教育培训 22.7 万人次，其中农村劳动力转移培训 3.2 万人次、农村实用技术培训 4.1 万人次。完成三批社区数字化学习中心的建设，通过验收的社区数字化学习中心达 39 所，“市民 10 分钟社区网络学习圈”正在逐步形成。全市共有全国社区教育示范区 2 个（市南区、城阳区），实验区1个（市北区），山东省社区教育示范区3个（李沧区、崂山区、黄岛区）。市南区江苏路等24个街道被命名为全国社区教育示范街道，市北区浮山后等4个街道被命名为山东省社区教育示范街道。

高等教育

〔**综述**〕　截至2012年年底，在青高校共有博士后科研流动站44个（新增13个），博士学位授权一级学科点42个、硕士学位授权一级学科点173个。新增2个一级学科博士点、22个二级学科博士点。新增15个一级学科硕士点、45个二级学科硕士点。

拥有市级（含市级）以上各类重点实验室199个。其中国家重点实验室1个、国家工程实验室2个、省部共建国家重点实验室培育基地3个、国家部委设立的重点实验室15个、山东省重点实验室83个（其中山东省“十二五”高校重点实验室49个）、青岛市重点实验室28个、山东省“十二五”高校人文社会科学研究基地9个、国家工程技术研究中心5个、省部级工程技术研究中心53个。

〔**重点学科和专业建设**〕　拥有国家重点学科17个（新增6个）、国家重点（培育）学科5个、省部级重点学科93个，其中山东省“十二五”重点学科89个、省级特色重点学科30个。截至2012年年底，在青高校本科专业布点总数达605个，其中国家级特色专业建设点54个、山东省品牌专业建设点32个、山东省特色专业建设点120个。

〔**科研能力**〕　在青高校共承担市级（含市级）以上纵向科技计划项目2 065项，共获纵向科研经费资助9.8亿元。其中国家级项目616项，获科研经费资助7.26亿元（包括“863”项目10项、“973”项目6项、国家自然科学基金315项、国家社科基金110项），省部级项目596项，获科研经费资助1.99亿元。

2012年度，获市级（含市级）以上科技奖励385项。其中国家级科技奖励5项（包括国家科技进步二等奖4项、国家技术发明二等奖1项）。省部级二等奖以上科技奖励71项，其中自然科学类奖励35项、人文社科类奖励6项。高校与地方签订横向科技合作协议3 262项，合同金额8.76亿元，实到5.86亿元。

在青高校共申请专利1 754项，其中发明专利928项；授权专利2 842项，其中发明专利447项。在国内外学术期刊发表论文11 918篇，其中SCI收录1 743篇、EI收录2 531篇、ISTP收录796篇；CSSCI收录238篇。

〔**省市共建青岛大学**〕　12月17日，省市共建青岛大学签字仪式在济南市举行。副省长孙伟出席仪式。仪式由省政府副秘书长张德宽主持，省教育厅厅长齐涛和青岛市委常委、副市长王广正代表双方签署《山东省教育厅、青岛市人民政府关于共建青岛大学的协议》。根据共建协议，山东省和青岛市进一步采取有效措施，支持青岛大学建设山东省人才培养特色名校，促使青岛大学在提升全省高等教育整体水平和办学效益等方面发挥示范作用。在经费投入、人才培养、教学基本建设、专业建设、教育教学改革、学位授权点建设、重点学科建设、重点实验室（工程技术中心、人文社会科学研究基地）建设、重大教学科研项目立项、人才计划等方面对青岛大学予以政策扶持，为青岛大学发展创造良好的环境和条件，努力把青岛大学建设成高水平创新人才培养、高新技术研究和成果转化、高层次社会服务以及文化传承与创新的重要基地，使青岛大学在区域创新体系中充分发挥科技支撑、文化引领、医疗服务和教育促进等作用。

〔**教育交流与合作**〕　在青高校共与国（境）外院校（机构）签订合作协议 652 项、合作意向书 92 项。2012 年度出国（境）访问讲学 1 823 人次，外籍专家学者到在青高校访问 1 069 人次。聘请外籍教师 290 人。2012 年度，在青高校先后接收留学生 3 155 人、港澳台学生 21 人。

〔**山东大学青岛校区奠基**〕　3 月 17 日，山东大学青岛校区建设奠基典礼在即墨市举行。国务委员刘延东对山东大学青岛校区开工建设表示祝贺。省委书记、省人大常委会主任姜异康宣布山东大学青岛校区建设正式开工，省委副书记、省长姜大明致辞，财政部原部长项怀诚，教育部副部长鲁昕，副省长孙伟，市委书记李群，省委秘书长雷建国出席典礼，并共同为山东大学青岛校区建设项目奠基培土。山东大学青岛校区位于青岛市蓝色硅谷核心区，占地 3 000 亩，建设周期预计 5 年。

撰稿　于立平　李　勇　计祝保

审稿　徐剑波　周民书

河南省教育

概　　况

〔基本情况〕

河南省各级各类学校校数、教职工、专任教师情况

	学校数（所）	教职工数（人）	专任教师数（人）
一、高等教育	134	125 349	89 302
（一）研究生培养机构（不计校数）	26		
1. 普通高校	18		
2. 科研机构	8		
（二）普通高等学校	120	120 156	85 982
1. 本科院校	47	74 970	53 821
其中：独立学院	8	7 270	5 675
2. 高职（专科）院校	73	45 186	32 161
3. 其他机构（点）（不计校数）			
（三）成人高等学校	14	4 289	2 892
（四）民办的其他高等教育机构	40	904	428
二、中等教育	8 995	801 395	639 508
（一）高中阶段教育	4 444	485 297	357 095
1. 高中	785	142 786	107 347
普通高中	785	142 786	107 347
完全中学	157	28 192	12 652
高级中学	578	107 677	92 906
十二年一贯制学校	50	6 917	1 789
成人高中			
2. 中等职业教育	3 659	342 511	249 748
普通中专	147	23 550	16 581

续表

	学校数（所）	教职工数（人）	专任教师数（人）
成人中专	179	13 144	8 701
职业高中	409	37 752	30 801
技工学校	2 924	266 116	192 575
其他机构（教学点）（不计校数）	37	1 949	1 090
（二）初中阶段教育	4 551	316 098	282 413
1. 初中	4 551	316 098	282 413
初级中学	4 016	277 339	253 767
九年一贯制学校	535	38 759	16 012
十二年一贯制学校			1 531
完全中学			11 103
职业初中			
2. 成人初中			
三、初等教育	27 452	504 933	496 856
（一）普通小学	27 452	504 933	496 856
小学	27 452	504 933	479 460
九年一贯制学校			15 688
十二年一贯制学校			1 708
（二）成人小学			
其中：扫盲班			
四、工读学校	3	71	51
五、特殊教育	132	3 767	3 211
六、学前教育	12 912	183 529	112 551

河南省各级各类学历教育学生情况

	毕业生数（人）	招生数（人）	在校生数（人）
一、高等教育			
（一）研究生	10 331	11 683	31 965
博士	243	395	1 298
硕士	10 088	11 288	30 667
（二）普通本专科	435 308	455 289	1 559 025
本科	167 801	225 728	837 080
专科	267 507	229 561	721 945
（三）成人本专科	103 943	148 666	298 123
本科	40 734	54 805	123 037
专科	63 209	93 861	175 086

续表

	毕业生数（人）	招生数（人）	在校生数（人）
（四）其他各类高等学历教育			
1. 在职人员攻读硕士学位		3 119	8 396
2. 网络本专科生	18 742	22 724	58 885
本科	7 043	10 816	29 754
专科	11 699	11 908	29 131
二、中等教育	4 601 968	4 408 868	13 000 068
（一）高中阶段教育	2 471 342	2 827 278	7 831 393
1. 高中	756 401	665 703	2 070 535
普通高中	640 137	665 703	1 926 336
完全中学	74 332	79 462	223 985
高级中学	553 030	573 506	1 664 205
十二年一贯制学校	12 775	12 735	38 146
成人高中	116 264		144 199
2. 中等职业教育	1 714 941	2 161 575	5 760 858
普通中专	223 645	232 771	662 950
成人中专	50 651	49 173	97 695
职业高中	248 437	240 593	695 981
技工学校	1 192 208	1 639 038	4 304 232
（二）初中阶段教育	2 130 626	1 581 590	5 168 675
1. 初中	1 498 054	1 581 590	4 537 868
初级中学	1 344 557	1 386 908	3 998 575
九年一贯制学校	79 659	110 246	291 211
十二年一贯制学校	9 146	11 038	29 612
完全中学	64 692	73 398	218 470
职业初中			
2. 成人初中	632 572		630 807
三、初等教育	3 296 204	1 909 667	12 435 128
（一）普通小学	1 704 498	1 909 667	10 791 827
小学	1 630 850	1 847 724	10 367 525
九年一贯制学校	68 050	57 035	391 103
十二年一贯制学校	5 598	4 908	33 199
（二）成人小学	1 591 706		1 643 301
其中：扫盲班	585 749		689 067
四、工读学校	39	43	213
五、特殊教育	2 381	2 994	16 689
六、学前教育	1 342 936	1 950 390	3 197 372

河南省各级各类非学历教育学生情况

	结业生数（人）	注册学生数（人）
总计	4 219 806	3 421 890
一、高等教育	365 200	77 304
（一）研究生课程进修班	2 480	2 610
（二）自考助学班	5 501	21 506
（三）普通预科生		2 546
（四）进修及培训	357 219	50 642
其中：资格证书培训	270 193	30 263
岗位证书培训	68 064	14 744
二、中等职业教育	3 854 606	3 344 586
其中：资格证书培训	460 649	396 565
岗位证书培训	849 642	709 013
（一）中等职业学校	409 356	272 859
其中：资格证书培训	151 284	99 213
岗位证书培训	142 257	87 262
（二）职业技术培训机构	3 445 250	3 071 727
其中：资格证书培训	309 365	297 352
岗位证书培训	707 385	621 751

河南省各级各类民办教育基本情况

	学校数（所）	毕业生数（人）	招生数（人）	在校生数（人）	教职工数（人）	专任教师数（人）	其他学生数（人）
一、民办高等教育							
（一）民办高校	34	66 202	83 391	266 544	20 819	14 905	813
硕士							
本科学生		26 193	50 659	164 825			
专科学生		40 009	32 732	101 719			
其中：独立学院	8	19 236	31 284	107 231	7 270	5 675	39
本科学生		17 154	27 301	95 684			
专科学生		2 082	3 983	11 547			
（二）民办其他高等教育机构	40				904	428	18 884
二、民办中等教育							
（一）高中阶段教育	430	189 589	187 456	504 533	37 870	29 188	
1. 民办普通高中	196	81 477	94 221	259 760	24 743	19 395	

续表

	学校数（所）	毕业生数（人）	招生数（人）	在校生数（人）	教职工数（人）	专任教师数（人）	其他学生数（人）
2. 民办中等职业教育	234	108 112	93 235	244 773	13 127	9 793	31 159
（二）初中阶段教育	584	157 786	219 866	591 278	36 498	27 678	
1. 民办普通初中	584	157 786	219 866	591 278	36 498	27 678	
2. 民办职业初中							
三、民办普通小学	1 344	163 713	155 008	1 071 801	42 590	31 027	
四、民办幼儿园	10 285	538 667	949 368	1 788 215	140 603	83 940	
另有：民办培训机构（不计校数）	542				5 119	3 525	156 682

〔**年度工作方针**〕 2012 年，全省教育工作总的工作方针是：全面贯彻落实党的十七届六中全会、省九次党代会精神，以邓小平理论和“三个代表”重要思想为指导，深入贯彻落实科学发展观，深入实施教育规划纲要，进一步转变教育发展方式，强化服务、主动融入，抓住关键、重点突破，解放思想、创新机制，找准抓手、项目带动，着力深化改革，积极促进公平，全面提高质量，切实维护稳定，推动教育事业科学发展，努力办好人民群众满意的教育，为中原经济区建设提供人才支撑和智力支持，以优异成绩迎接党的十八大召开。

〔**教育投入**〕 2012 年，全省完成教育经费占 GDP 4％的分解任务，财政教育支出占公共财政支出的比例达 22.3％，教育经费保障更加有力。化解高校债务工作力度不断加大，截至 2012 年年底，全省高校银行贷款余额减少 2/3。普通高校生均拨款标准持续提高，达 1.2 万元。

2012 年，全省地方教育经费（包括国家财政性教育经费、民办学校中举办者投入、社会捐赠经费、事业收入和其他收入）总投入为 1 465.7 亿元，增长 23.6 ％。其中国家财政性教育经费（包括预算内教育经费、各级政府征收用于教育的税费、企业办学中的企业拨款、校办产业等用于教育的经费）为 1 200.9 亿元，比 2011 年增加 268.4 亿元，增长 28.79％，占全省教育经费总收入的 81.9％。

2012 年，全省各级政府公共财政预算教育拨款（不含教育费附加）为 1 134.8 亿元，比 2011 年增长 256.2 亿元，增长 29.16％。2012 年，全省经常性财政收入比 2011 年增长 11.7％，全省公共财政预算教育经费的增幅高于同期经常性财政收入增幅 17.46 个百分点。

2012 年，小学预算内生均公用经费支出为每人 1 605.39 元，比 2011 年增长 41.43％。其中农村小学预算内生均公用经费支出为每人 1 553.43 元，比 2011 年增长 37.3％。初中预算内生均公用经费支出为每人 2 821.16 元，比 2011 年增长 34.04％。其中农村初中预算内生均公用经费支出为每人 2 812.53 元，比 2011 年增长 36％。普通高中预算内生均公用经费支出为每人 2 521.28 元，比 2011 年增长 55.1％。全省职业高中预算内生均公用经费支出为每人 2 753.89 元，比 2011 年增长 23.31％。普通高校预算内生均公用经费支出为每人 6 571.27 元，比 2011 年增长 37.81％。

〔**教师队伍建设**〕 开展“教育崛起，教师为基”师德教育活动。通过“国培计划”、“省培计划”、“特岗计划”等，加大农村中小学、幼儿园教师培训力度。积极开展县域内教师交流和城镇教师支援农村教育活动。实施中职学校专业骨干教师培训、中职学校青年教师企业实践等项目。实施高校人才强校工程、青年骨干教师资助计划和高职院校教师素质提高计划。

〔**规范招生、收费行为**〕 努力解决义务教育阶段择校乱收费问题。制定《河南省教育厅治理义务教育阶段择校乱收费的实施意见》，对全省义务教育阶段学校的办学行为和收费行为的规范工作进行全面的安排部署，并开展了专项督导检查。切实做好中小学教辅材料评议、使用管理工作。从2012年秋季起，实行以“省级评议、市级推荐、坚持三限、学生自愿”为原则的中小学教辅材料评议推荐制度，制定了《关于加强我省中小学教辅材料使用管理工作的实施意见》、《河南省中小学教辅材料评议推荐办法》等一系列文件。继续实施阳光招生工程，确保招生考试录取工作的公平公正，加强各个招生环节的监督管理，坚持整个招生工作公开透明。积极受理群众举报，耐心化解群众情绪，严格核查考试舞弊、违规招生及招生诈骗行为，维护招生秩序和社会稳定，高考录取率达76%。严肃治理各种教育乱收费行为，层层签订规范教育收费、治理教育乱收费工作责任书，组织开展全省春季、秋季教育收费检查工作。

〔**完善学生资助体系**〕 建立学前教育资助制度，按照在校时间每生每天不低于2元的标准，对经县级以上教育行政部门审批设立的普惠性幼儿园在园家庭经济困难儿童、孤儿和残疾儿童予以资助；实现了农村义务教育免费的全覆盖，为农村学生免学杂费、免费提供教科书、免住宿费，给家庭经济困难的寄宿生补助生活费，全年全省约92.9万名义务教育阶段家庭经济困难寄宿生获补助；建立普通高中教育阶段国家助学金制度，对普通高中在校生中约20%的家庭经济困难学生进行每生每年1 500元的生活补助，全年投入资金5.8亿元，受助学生38万人次；扩大中等职业教育免学费政策范围，对所有农村学生、城市涉农专业学生和家庭经济困难学生免除学费，同时调整国家助学金制度，对一、二年级在校涉农专业学生和非涉农专业家庭经济困难学生进行资助，全年投入资金约1.96亿元，受益学生13万人次；在原有对本专科学生“奖、贷、助、补、减”资助政策的基础上，增加研究生国家奖学金。全年高等教育阶段共投入资助资金11.8亿元，为约37万名符合条件的高校学生提供资助。2012年，高校国家助学贷款工作取得新突破，发放国家助学贷款总额达42.6亿元，资助学生突破90万人次，实现了应贷尽贷。

〔**学生营养改善计划**〕 组织实施全省农村义务教育学生营养改善计划，覆盖26个试点县260余万名农村中小学生，中央财政拨付学生营养改善专项资金共19.3亿元，全省26个国家试点县全部实施供餐。

〔**体育、卫生与艺术教育**〕 持续开展阳光体育运动，举办第十三届中学生晨光体育夏令营；举办全省第二十四届中学生田径运动会和全省第十七届大学生田径运动会；由270人组成的河南省大学生体育代表团在全国第九届大学生运动会中共获3枚金牌、3枚银牌、8枚铜牌。在同时举行的大运会科学论文报告会上，全省共有79篇论文获奖，其中一等奖2篇、二等奖23篇、三等奖54篇，团体总分获全国第3名。河南省获体育道德风尚奖和优秀组织奖。组织实施河南省中小学“体育名师送教工程”，培训基层体育教师3 000余名。

组织全省中小学校一级食堂等级量化第二轮评定工作，认定142所学校的食堂达标。开展学校食堂管理、营养改善专家巡讲活动，举办全省中小学健康教育骨干教师培训班。

举办全省第四届中小学生艺术展演活动。继续组织高雅艺术进校园活动，在全省36所高校举办了36场音乐会，演出内容涉及交响乐、民乐、京剧、豫剧、话剧、歌剧等。举办中小学艺术教育骨干教师专项培训，共培训骨干教师160名。举办全省第六届中小学音乐、美术教师基本功比赛并参加全国比赛，积极参加教育部儿童歌舞剧试点工作，参加“珠江·恺撒堡钢琴”全国普通高等学校音乐学（师范类）专业本科学生基本功比赛，组织省教师合唱团参赛。

〔**学校安全和稳定**〕 严格落实安全稳定工作责任制和责任追究制，积极做好学校安全及周边治安综合治理工作，扎实做好敏感时期高校稳定工作，努力做好教育系统信访工作。2012年，全省教育系统没有发生重大安全事故，教育系统持续稳定，为维护社会安全稳定做出了贡献。

〔**民办教育**〕 2012年，全省民间投资教育资金达83亿元，比2011年增长10.7%，增幅历史最高。大幅度增加民办教育发展专项资金，制订了《民办教育发展专项资金管理办法》，科学规范资金使用，主要用于鼓励吸引社会资本投资教育、引导规范办学以及支持特色学科专业建设。

〔**党风廉政建设**〕 继续深入开展“查风险，筑防线”活动，全面加强廉政风险防控机制建设。召开“全省教育系统党风廉政建设工作会议”，签订2012年度党风廉政建设责任书。积极开展廉政承诺活动，省教育厅机关和直属单位共232名处级干部按照个人工作岗位廉政风险点，认真填写了岗位廉洁从政承诺。大力推进廉政文化进机关活动，营造崇廉尚俭的文化氛围。在省教育厅广大党员干部中广泛征集“勤政廉政提示语”，打造具有教育特色的廉政文化长廊。举办“喜迎十八大”廉政文化主题艺术作品展活动。省教育厅机关干部的廉洁自律意识明显增强，针对厅机关干部的信访举报件明显减少，全年实现了零举报。

〔**语言文字工作**〕 郑州市城市语言文字工作通过国家评估检查。创建第三批国家级语言文字规范化示范学校。普通话培训测试工作稳步推进。开展第15届全国推广普通话宣传周活动。

基础教育

〔**综述**〕 学前教育三年行动计划进展顺利。新建、改扩建幼儿园2 100所，在建1 300多所，较2011年新增幼儿园2 608所，增加了20.2%。义务教育均衡发展扎实推进。召开全省义务教育均衡发展推进会。继续实施义务教育学校标准化建设和农村义务教育薄弱学校改造计划等工程，加大学校仪器设备投资力度，筹集近20亿元用于学校仪器设备投入。继续实施义务教育学校校舍安全工程，累计竣工面积占工程规划总面积99.1%。评选出首批32个教育工作先进县（市、区），评选出第三批20个义务教育均衡发展先进县（市、区）。启动实施普通高中改造工程，国家、省、市、县累计投入8亿元改造薄弱高中，有效改善了普通高中办学条件，校均规模发展到2 393人。特殊教育保障水平不断提升。

〔**学前教育实现跨越式发展**〕 2012年，全省学前三年毛入园率达66.6%，学前一年毛入园率达91.5%，均比2011年提高11个百分点，提前实现了“十二五”规划的入园率目标。各地高度重视学前教育工作，把实施学前三年行动计划作为重大民生工程强力推进。省政府把2012年的建设任务纳入十大民生工程。学前教育资源迅速扩大，各地通过新建、改扩建、增设附属幼儿园等多种举措，加快扩充公办学前教育资源。同时，积极出台鼓励社会力量办园的政策措施，特别是加大对办园规范、价格合理的民办幼儿园的扶持力度，有效扩大了普惠性学前教育资源。财政投入大幅增加，争取中央学前教育“校舍改建类”和“综合奖补类”资金共计10.7亿元，省财政也将学前教育专项资金增加为1.5亿元，对各地加快学前教育改革发展实行以奖代补。各地也都落实各项财政支持政策，加大财政投入力度。据不完全统计，全年全省完成学前教育投资约28亿元。幼儿园的管理水平和保教质量逐步提高，制发了《幼儿园办园基本标准（试行）》、《幼儿园收费管理暂行办法实施细则》和《幼儿园管理暂行办法（试行）》等文件。

〔**推进义务教育均衡发展**〕 一是以创建义务教育均衡发展先进县和达标县为抓手，积极推进县域义务教育均衡发展。开展了第三批义务教育均衡发展先进县创建和评选活动。以教育部启动实施义务教育发展基本均衡县（市、区）的评估认定为契机，积极推动义务教育发展基本均衡县的创建工作。二是以中小学布局调整和义务教育学校标准化建设为载体，着力改善义务教育学校办学条件。编制布局调整规划，建立全省中小学布局调整数据库。印发《河南省教育厅关于优化中小学幼儿园布局服务新型农村社区建设的意见》，明确了指导思想和基本要求，积极推进中小学布局服务新型农村社区建设。落实《河南省义务教育学校办学条件标准化建设规划》，以实施农村薄弱学校改造计划为载体，持续改善义务教育学校办学条件。2012 年，争取中央财政资金近 10 亿元，加上省、市、县配套资金，共投入 15.3 亿元，为 5 600 多所农村中小学配备教学仪器设备、图书和远程多媒体设备。同时，对 375 所县镇薄弱学校进行了扩容改造或对农村寄宿制学校生活设施进行改造。三是进一步做好进城务工人员随迁子女接受义务教育工作。2012 年秋季，全省共有 38.1 万名进城务工人员随迁子女入学，入学率达 99.9%，其中入读公办学校的比例达 85.84%，基本实现了“应入尽入”。

〔**深化普通高中教育改革**〕 2012 年，基本完成普通高中改制学校清理规范工作。制发了《关于普通高中改制学校清理规范工作的意见》，对全省符合国家清理规范条件的 107 所普通高中改制学校进行了清理规范。启动实施普通高中改造项目，扩大普通高中优质资源。制发了《关于实施普通高中改造项目的通知》，启动了普通高中改造项目，计划用 3—5 年时间，每个县（市）改造 1—2 所普通高中，全省完成 200 所普通高中的改造任务。提高普通高中信息化管理水平，在中招工作中，开发使用了“河南省中招管理服务平台”系统，实现了中招管理工作的科学化、规范化、网络化，建立了更加公开透明的中招招生运行体系。

〔**教师队伍建设**〕 组织实施中小学和幼儿园教师“国培计划”。2012 年，共争取“国培计划”中西部项目专项资金 7 800 万元，幼儿教师国家级培训计划 4 400 万元，用于农村中小学和幼儿园教师培训工作，共培训农村中小学和幼儿园教师 11 万多人。认真实施“特岗计划”，全年全省通过“特岗计划”共招聘 10 809 名优秀大学毕业生到农村中小学任教，其中国家计划特岗教师 5 810 名、地方计划特岗教师 4 999 名。

〔**中小学德育**〕 认真贯彻全国中小学德育工作会议精神，指导推动各中小学校把社会主义核心价值体系融入教育全过程。认真开好德育课，强化德育学科渗透。加强中小学生校外活动场所的建设与管理，做好中小学生校外教育工作。

职 业 教 育

〔**综述**〕 2012 年，全省中职学校招生 63.3 万人，在校生达 173.8 万人。加大面向农村和农民的职业培训。据统计，截至 2012 年年底，全省各类职业培训学校达 1.3 万所，开展技能培训 385.47 万人次，其中各类成人学校 4 797 所，全年开展培训 69.99 万人次。

〔**召开全省职业教育工作电视电话会议**〕 5 月 8 日，省政府召开了全省职业教育工作电视电话会议，出台了《河南省人民政府关于创新体制机制进一步加快职业教育发展的若干意见》（豫政〔2012〕49 号），明确了全省职业教育“三改一抓一构建”（改变封闭办学模式、改革单一的政府投资模式、改革职业院校的管理体制和机制、抓好一批职业教育重大项目）的发展新思路。

〔**大力推进校企合作**〕 5月，省政府出台《河南省职业教育校企合作促进办法（试行）》（豫政〔2012〕48号），建立了校企合作制度。12月，省政府办公厅印发了《关于成立河南省职业教育校企合作促进委员会的通知》（豫政办文〔2012〕90号），明确了职业教育校企合作促进委员会的人员组成和工作职责。组织召开了职业教育校企合作促进委员成立大会，建立了校企合作组织。

〔**建立多元投资办学机制**〕 积极推广职业教育多元投资办学机制改革的经验，加大对各市县职业教育体制机制改革指导的工作力度，涌现出了一批多元化办学的新典型。

〔**改革管理体制和机制**〕 开展职业院校管理体制和机制改革的探索，通过重大项目评审等措施在职业院校中引入竞争机制，实行优胜劣汰。积极配合省财政厅在全省公办职业院校实施生均经费拨款办法改革。12月18—19日，教育部在河南省组织召开了国家职业教育体制机制创新暨职业教育集团现场经验交流会，河南省作为全国职业教育体制机制改革创新的典型在会上发言。

〔**启动首批职业教育品牌示范院校和特色院校建设项目**〕 全省评审确定了2012年品牌示范院校39所（中职32所）和特色院校34所（中职23所），并对品牌示范院校和特色院校建设进行了统筹规划。评审推荐了2012年度国家职业教育实训基地项目，教育部、财政部共批复河南省项目33个，其中中职学校25个。

〔**继续开展职教强县（市）创建活动**〕 确定15个县（市）为全省第七批职业教育强县（市），3个县确定为职业教育强县（市）先进县。截至2012年年底，全省职教强县（市）达86个。

〔**加强教师队伍建设**〕 积极推进青年教师企业实践项目，组织370名中职青年教师到24个实践基地进行为期半年的企业实践。认真组织中职学校专业骨干教师国家级培训和出国培训，争取中央财政专项资金1 476万元，推荐上报820人参加国家级培训、29人参加国家级出国培训。安排专项资金1 053万元，组织2 000余名专业骨干教师参加省级培训。

〔**深入推进教学改革创新**〕 继续组织开展中职学校教学质量评估工作。启动并实施了中德合作职业教育教学模式项目。进一步加强中职学校专业建设，印发22个中等职业教育专业的教学标准。举办全省首届中职学校学生素质能力大赛。组织参加2012年全国职业院校技能大赛，共获一等奖6个、二等奖25个、三等奖49个。

高等教育

〔**综述**〕 2012年，高等教育质量进一步提高。重点加强分类指导，引导高校合理定位、办出特色。郑州大学、河南大学财政投入明显加大，综合实力显著提升。以支持重点特色学科专业为抓手，着力推进一批特色骨干高校建设。应用型人才培养能力进一步提升。启动实施第八批重点学科建设。实施高校专业综合改革试点和教学质量与教学改革工程。郑州大学、河南师范大学两篇博士学位论文入选全国优秀博士学位论文，实现了零的突破。高等教育结构进一步优化，本专科比由2011年的5.1∶4.9提高到5.4∶4.6。

〔**召开全面提高高等教育质量工作会议**〕 8月8日，省政府召开了全省全面提高高等教育质量工作会议，全面总结“十一五”全省高等教育工作，表彰高等教育教学工作先进集体和先进个人，安排部署提高高等教育质量工作。出台了《河南省人民政府关于全面提高高等教育质量的若干意见》、河南省教育厅《关于进一步加强高等学校重点和特色学科专业建设的意见》和《关于实施河南省高等学校协同创新计划的意见》。

〔**继续实施教学质量与教学改革工程**〕 继续实施教学质量与教学改革工程，立项建设了267个省级质量工程项目。其中特色专业81个、精品资源共享课75门、教学团队36个、教学名师22名、双语教学示范课20门、实验教学示范中心33个。3门课程首次入选国家精品视频公开课。25种教材入选“十二五”国家级规划教材。24个实践基地获国家级大学生校外实践教育基地。

〔**高校科技工作**〕 一是协同创新工作开新篇。郑州大学“先进材料及加工协同创新中心”等9所高校13个协同创新中心获准立项，并举行首批全省协同创新中心集中授牌仪式。这13个省级协同创新中心汇聚了17所高校、20家科研机构、25家大中型企业和6个省辖市政府等方面的资源，涵盖了面向科学前沿、面向行业产业、面向国计民生和面向文化传承4个领域。二是高层次科技成果奖励再获新突破。全省高校获2012年度国家科技进步项目6项。其中河南中医学院教授李建生主持完成的“老年社区获得性肺炎诊治规律与疗效评价研究及应用”获国家科技进步二等奖，填补了河南省医学领域国家奖励的空白；河南大学教授宋纯鹏主持完成的“植物应答干旱胁迫的气孔调节机制”获国家自然科学奖二等奖（一等奖空缺），实现全省在该类奖项的重大突破。三是科技创新人才队伍建设取得新成效。在2012年度教育部“创新团队发展计划”中，河南省获准立项3个创新团队，10人入选教育部“新世纪优秀人才支持计划”，数量位居全国前列。

〔**高校建设取得重大突破**〕 一是加快推进高水平大学建设。郑州大学完成“211工程”三期建设任务，顺利通过国家验收。河南大学百年名校振兴计划各项工作顺利推进。省部共建工作持续推进，新增5所高校与行业部委开展合作。二是启动并实施重点和特色学科专业提升计划。在学科建设方面，立项确定了第八批一级学科重点学科259个，作为过渡保留二级重点学科92个，对8个培育重点学科进行大额度资助。在专业建设方面，获国家级综合改革试点专业30个，确定省级试点专业150个，遴选28所院校开展省级卓越工程师、卓越医生、卓越法律人才教育培养计划。14所高校分别入选教育部卓越教育培养计划项目。三是落实和扩大高等学校办学自主权，自2012年起，除国家布控专业外，建立了河南省高等学校自主设置专业机制。

〔**中西部高等教育振兴计划和“长江学者奖励计划”实现重大进展**〕 郑州大学入选“中西部高校综合实力提升工程”，河南大学等7所院校进入“中西部高校基础能力建设工程”，数量位列全国首位。河南大学教授万师强和河南农业大学教授马恒运入选“长江学者特聘教授”，实现了全省高校在国家重大人才项目上的历史性突破。

〔**学位与研究生教育**〕 河南工业大学博士人才项目获批，新增1所博士研究生培养高校。研究生培养能力有所增强，超额完成研究生招生计划，博士研究生招生计划增幅全国最高。2012年，教育部下达河南省省属高校博士研究生招生计划390人，比2011年增加了60人，增长了18.18%；硕士研究生招生计划11 083人，比2011年增加了678人，增长了6.5%。

〔**扎实推进“人才强校工程”**〕 3位海外高层次人才入选河南省“百人计划”并签订工作任务合同书。遴选省级特聘教授17人。选拔300名青年骨干教师重点培养。全省高校专职院士达5人，入选国家“千人计划”2人、省“百人计划”11人，省特聘教授160人、省优秀中青年骨干教师2 200人。

〔**高等职业教育质量不断提升**〕 充分发挥高职院校在“职教攻坚计划”中的龙头示范作用，推进3所国家级和18所省级示范（骨干）高职院校项目建设。开展2012—2015年高等职业教育品牌示范院校和特色院校建设项目规划论证。加强高职院校基础能力建设，获批10个国家实训基地项目，中央财政支持1 960万元。认定50个以企业建设为主的高等职业教育示范性综合实训基地。深化高等职业教育集团化建设，成立交通、农业、财经、测绘安全4个行业职业教育指导委员会。加强职业院校内涵建设，开展29项省级高职院校技能大赛。加强继续教育，成立了国家开放大学河南分部、国家数字化中心河南分中心和河南远程教育中心。组织对现代远程教育校外学习中心和函授站检查评估，审批成人高等教育新增专业。

〔**高校哲学社会科学工作**〕　设立了3个人文社会科学协同创新研究中心，以重大需求为导向，实施跨学校、跨学科的协同创新研究。开展全省高校人文社科重点研究基地评估，新增了10个人文社科重点研究基地、10个培育基地。启动实施人文社会科学创新团队支持计划，遴选确定13个高校人文社科创新团队。设立人文社科优秀学者奖，表彰奖励30名在高校社科界起到引领、示范作用的专家学者。启动实施高校人文社科名师名家培育工程。2012年，共立项一般课题1 156项，其中人文社科重点研究基地项目33项、重点项目103项、规划项目375项、青年项目637项，立项数和单项经费均有较大幅度提升。2012年，全省共中标国家社科基金项目127项，其中高校获116项，占91.3%，获资助经费1 760万元，比2011年增加670万元，增幅达61.4%。2012年，全省高校获教育部社科项目立项112项，获经费650万元。

〔**大学生思想政治教育**〕　召开第二十次全省高校党的建设工作会议。扎实开展高校宣传和思想政治工作，精心组织迎接党的十八大、学习雷锋、廉政文化进校园等活动。不断加强高校思想政治理论课建设，大力加强形势与政策教育。加强高校辅导员队伍建设。

〔**毕业生就业**〕　2012年，全省共有高校毕业生48.5万人。截至9月1日，共有39.1万人实现就业，较2011年增加3.2万人，就业率达80.67%，同比增长0.11个百分点，连续9年高于全国平均水平。

〔**教育交流与合作**〕　2012年，省政府批准设立专科机构1个。审批专科项目14个，新增本科层次中外合作办学项目14个。新建孔子学院1所，新增国家级汉语国际推广基地1个，在外举办孔子学院（课堂）数量增至6个。河南省成为全国唯一拥有两个国家汉语国际推广（武术和汉字）基地的省份。

撰稿　张小茜
审稿　韩　冰

湖北省教育

概　　况

〔基本情况〕

湖北省各级各类学校校数、教职工、专任教师情况

	学校数（所）	教职工数（人）	专任教师数（人）
一、高等教育	136	130 341	81 941
（一）研究生培养机构（不计校数）	48		
1. 普通高校	26		
2. 科研机构	22		
（二）普通高等学校	122	127 921	80 665
1. 本科院校	66	96 575	59 116
其中：独立学院	26	16 214	11 969
2. 高职（专科）院校	56	31 190	21 416
3. 其他机构（点）（不计校数）	1	156	133
（三）成人高等学校	14	1 674	1 114
（四）民办的其他高等教育机构	19	746	162
二、中等教育	5 878	559 442	428 676
（一）高中阶段教育	3 831	392 895	287 267
1. 高中	575	93 337	70 896
普通高中	575	93 337	70 896
完全中学	95	14 471	6 381
高级中学	444	73 693	63 002
十二年一贯制学校	36	5 173	1 513
成人高中			
2. 中等职业教育	3 256	299 558	216 371
普通中专	241	25 488	17 672

续表

	学校数（所）	教职工数（人）	专任教师数（人）
成人中专	13	1 470	797
职业高中	78	6 163	5 110
技工学校	2 924	266 116	192 575
其他机构（教学点）（不计校数）	22	321	217
（二）初中阶段教育	2 047	166 547	141 409
1. 初中	2 047	166 547	141 409
初级中学	1 643	137 798	121 099
九年一贯制学校	404	28 749	13 525
十二年一贯制学校			1 230
完全中学			5 555
职业初中			
2. 成人初中			
三、初等教育	6 614	193 609	191 699
（一）普通小学	6 614	193 609	191 699
小学	6 614	193 609	179 512
九年一贯制学校			10 958
十二年一贯制学校			1 229
（二）成人小学			
其中：扫盲班			
四、工读学校	2	50	35
五、特殊教育	77	1 826	1 560
六、学前教育	5 321	92 024	49 153

湖北省各级各类学历教育学生情况

	毕业生数（人）	招生数（人）	在校生数（人）
一、高等教育			
（一）研究生	32 847	38 148	110 856
博士	3 866	4 986	21 687
硕士	28 981	33 162	89 169
（二）普通本专科	353 014	402 055	1 386 086
本科	168 054	216 929	820 973
专科	184 960	185 126	565 113
（三）成人本专科	95 329	113 223	274 996
本科	30 268	39 102	99 323
专科	65 061	74 121	175 673

续表

	毕业生数（人）	招生数（人）	在校生数（人）
（四）其他各类高等学历教育			
1. 在职人员攻读硕士学位		11 592	38 879
2. 网络本专科生	41 606	75 067	167 427
本科	14 567	26 787	60 653
专科	27 039	48 280	106 774
二、中等教育	3 201 961	2 620 940	8 231 986
（一）高中阶段教育	1 993 590	2 110 074	6 023 478
1. 高中	528 499	327 506	1 218 706
普通高中	412 235	327 506	1 074 507
完全中学	41 799	28 247	98 268
高级中学	363 007	290 477	951 167
十二年一贯制学校	7 429	8 782	25 072
成人高中	116 264		144 199
2. 中等职业教育	1 465 091	1 782 568	4 804 772
普通中专	204 380	103 648	375 190
成人中专	14 533	5 366	14 177
职业高中	53 970	34 516	111 173
技工学校	1 192 208	1 639 038	4 304 232
（二）初中阶段教育	1 208 371	510 866	2 208 508
1. 初中	575 799	510 866	1 577 701
初级中学	490 561	428 590	1 332 608
九年一贯制学校	53 951	50 633	149 800
十二年一贯制学校	5 126	5 444	15 476
完全中学	26 161	26 199	79 817
职业初中			
2. 成人初中	632 572		630 807
三、初等教育	2 105 524	634 766	4 910 799
（一）普通小学	513 818	634 766	3 267 498
小学	478 518	594 141	3 043 478
九年一贯制学校	31 927	36 865	201 279
十二年一贯制学校	3 373	3 760	22 741
（二）成人小学	1 591 706		1 643 301
其中：扫盲班	585 749		689 067
四、工读学校	180	212	259
五、特殊教育	1 292	1 483	10 557
六、学前教育	522 932	785 848	1 355 395

湖北省各级各类非学历教育学生情况

	结业生数（人）	注册学生数（人）
总计	951 084	885 544
一、高等教育	303 624	247 730
（一）研究生课程进修班	2 851	3 556
（二）自考助学班	29 239	65 494
（三）普通预科生		3 241
（四）进修及培训	271 534	175 439
其中：资格证书培训	120 600	61 862
岗位证书培训	76 691	45 014
二、中等职业教育	647 460	637 814
其中：资格证书培训	97 591	79 045
岗位证书培训	120 455	170 609
（一）中等职业学校	297 117	245 008
其中：资格证书培训	50 382	32 652
岗位证书培训	31 854	12 444
（二）职业技术培训机构	350 343	392 806
其中：资格证书培训	47 209	46 393
岗位证书培训	88 601	158 165

湖北省各级各类民办教育基本情况

	学校数（所）	毕业生数（人）	招生数（人）	在校生数（人）	教职工数（人）	专任教师数（人）	其他学生数（人）
一、民办高等教育							
（一）民办高校	43	103 729	118 761	407 370	26 517	19 272	5 082
硕士							
本科学生		47 429	69 551	251 577			
专科学生		56 300	49 210	155 793			
其中：独立学院	26	60 522	71 878	256 542	16 214	11 969	3 751
本科学生		36 972	53 231	195 038			
专科学生		23 550	18 647	61 504			
（二）民办其他高等教育机构	19				746	162	22 535
二、民办中等教育							
（一）高中阶段教育	208	76 846	44 269	155 813	16 643	11 568	
1. 民办普通高中	126	40 831	31 566	106 916	12 733	9 379	

续表

	学校数（所）	毕业生数（人）	招生数（人）	在校生数（人）	教职工数（人）	专任教师数（人）	其他学生数（人）
2. 民办中等职业教育	82	36 015	12 703	48 897	3 910	2 189	8 752
（二）初中阶段教育	103	30 288	36 276	106 940	7 509	5 216	
1. 民办普通初中	103	30 288	36 276	106 940	7 509	5 216	
2. 民办职业初中							
三、民办普通小学	56	12 539	13 959	81 504	2 636	1 743	
四、民办幼儿园	4 071	229 362	394 336	748 057	66 836	34 125	
另有：民办培训机构（不计校数）	127				1 675	1 236	32 202

〔**教育法制建设**〕 2012 年，按照“四减五制三集中”的要求，深化行政审批制度改革，对行政权力和行政服务事项进行全面清理，行政权力和服务事项由原来的 219 项减少至 119 项，其中行政许可 6 项，成为全国省级教育行政审批事项最少的省份之一。加强规范性文件审核工作，审核省教育厅印发的文件 50 余份，其中 4 份规范性文件及时报省政府备案。推进依法治校工作，对第二批、第三批立项建设的依法治校试点学校进行评估验收，授予华中科技大学等 93 所学校“依法治校示范校”称号。开展《学前教育法》、《教学成果奖励条例实施办法》、《教育法律一揽子修订建议（草案）》、《湖北省构建中部地区崛起重要战略支点条例》、《湖北省实施残疾人保障法办法（修订草案）》等调研工作，提出立法建议。

〔**赣湘鄂三省实现教育战略合作**〕 为贯彻落实赣湘鄂三省政府主要领导签署的《加快构建长江中游城市集群战略合作框架协议》，推进“中三角”教育合作与发展，召开了三省教育厅教育合作会商会，达成赣湘鄂三省教育合作框架协议。8 月 21 日，三省教育厅厅长在武汉签署了《赣湘鄂三省教育合作协议》及《赣湘鄂三省高校图书馆资源共享合作协议》，标志着三省教育合作全面实施。教育部部长袁贵仁、省委书记李鸿忠、省长王国生等领导参加签字仪式。

〔**创新中小学教师补充机制**〕 深入推进农村教师资助行动计划（简称“资教”），举办“湖北省第七届‘播种希望与未来’资教巡回报告会”，2 万名师生参加报告会。举办岗前培训，副省长郭生练出席结业典礼暨欢送大会。选派两批共 150 名资教教师到英国培训。建立教师补充省级统筹新机制，省政府印发《关于创新农村中小学教师队伍建设机制的意见》，从 2012 年起，农村义务教育学校新进教师实行全省统招统派、经费省级负担、县级教育部门管理、农村学校使用的补充新机制，招录对象为资教教师、本科毕业生，已招录 1.2 万余人。

〔**创新教师培训提高机制**〕 实施“国培计划”，发挥国家项目引领作用。按“国培计划”要求设置置换脱产研修、短期集中培训、远程培训三大板块项目，开设省外高端培训、特级教师（幼教专家）巡回讲学和培训者培训等针对性强的子项目。2012 年，使用中央专项资金 6 500 万元，培训 80 149 人次。实施教师素质提高工程，调整完善省级培训机构。不断加大投入和项目细分，增加“湖北省幼儿教师素质提高工程”、“楚天中小学教师校长卓越工程”、“农村义务教育学校教师跟岗（校长挂职）培训计划”、“中小学教师海外培训计划”等 6 个大项目、13 个子项目，使用省培资金 3 450万元，培训 26 000 余人次。统筹城乡师资配置，创新城乡教师交流新机制。组织特级教师巡回讲学，坚持实行送教下乡。选派中小学特级教师和幼儿园教学专家，赴全省 40 个农村县（市）巡回讲学，7 000余名农村中小学（幼儿园）教师参加了现场观摩学习。创新城镇教师支教方式，组建启明星教学团队。经评审确定启明星设岗学校89所，从城镇优质中小学校选派320名校领导、教师组成“启明星团队”。选派18名优秀教师组成援疆培训团队，培训新疆博尔塔拉蒙古自治州6个学科中小学教师共991人。

〔**加大对贫困学生的资助力度**〕 在进一步提高农村义务教育学校家庭经济困难寄宿生生活补助标准并免费发放教科书的基础上，建立普通高中家庭经济困难学生资助制度，视学生困难程度分1 000元和2 000元两个档次，全年共落实高中国家助学金36 077万元；从2012年秋季学期起，将中等职业教育免学费政策范围扩大到所有农村学生；对一、二年级涉农专业学生和非涉农专业家庭经济困难学生，按照每人每年1 500元标准发放国家助学金；全年共落实中职免学费资金61 694万元，中职国家助学金39 528万元，受惠学生49.4万人次。全年共落实中央免费教科书专项资金51 348万元，向403万名农村义务教育阶段中小学生发放免费教科书；落实农村义务教育阶段家庭经济困难学生寄宿生生活费补助资金73 948万元，资助学生65万人。

〔**学校安全**〕 省教育厅联合省文明办、省公安厅对教育系统的文明交通学校、文明交通校车、文明交通小使者进行表彰。印发《关于切实做好全省高校消防工作的通知》，组织开展“十八大消防安全保卫战”，联合省消防总队对武汉、黄冈等地的学校消防安全工作进行抽查。积极督察《湖北省中小学幼儿园安全防范标准》的落实，对中央拨付湖北省义务教育阶段学校安全防范专项经费1.49亿元资金使用情况进行检查，全省中小学“人防、物防、技防”等安全防范基础建设进一步改善。组织编制《学校及幼儿园安全隐患排查标准》，对学校安全隐患排查“查什么、怎么查”进行量化、标准化，改变抓安全“凭经验、靠突击”的传统做法，增强安全管理工作的科学性、针对性和可操作性。印发《关于开展安全稳定隐患排查整治集中行动的紧急通知》，全省共查处各类涉校案件、事故、事件4 400余起，排查或落实管控涉校重点人员7 550余人，化解各类涉校矛盾纠纷8 200余起。

〔**教育交流与合作**〕 全年组织10个出国考察团93人次出访美国、澳大利亚、德国、马来西亚等12个国家，接待了美国孟菲斯大学和中小学校长团、我国澳门嘉诺撒圣心英文中学师生团、印度尼西亚教育代表团和国外有关高等学校代表团以及新加坡、英国等国的驻华使馆代表。国外教育代表来访80余人次。

省教育厅与澳大利亚新南威尔士州教育部互派代表团访问，在接待该州教育部副部长来访时，双方签订了合作交流谅解备忘录。完成与新加坡、港澳互派15名中小学及幼儿园教师的接受、安置和推荐、派出工作。组织推荐59名高二学生和40名初三学生参加新加坡奖学金选拔考试，分别被录取17人和7人。

基础教育

〔**学前教育**〕 截至2012年12月，全省各级财政投入学前教育建设资金11亿元，其中中央投资6.34亿元、地方投资5亿元，立项548个。开展学前教育示范县评估，共评选示范县6个。

〔**义务教育经费保障**〕 2012年，中央和湖北省共落实义务教育经费保障机制资金46.12亿元，其中中央33.98亿元、省级12.14亿元。按照小学每生每年500元、初中每生每年700元，不足100人的农村小学教学点按100人补助的标准，全年共补助公用经费25.74亿元。提高农村家庭经济困难寄宿生生活补助标准，将补助标准由小学每生每年750元、初中每生每年1 000元提高至小学每生每年1 000元、初中每生每年1 250元，补助标准比2011年分别提高250元。按照小学年生均90元、初中年生均180元的标准，继续向农村中小学生免费发放教科书。完善农村中小学校舍维修改造长效机制，将中小学校舍维修改造每平方米补助标准由400元提高到600元。2012年，中央和省共下达农村中小学校舍维修改造资金5.89亿元。继续对城市义务教育学生免除学杂费，按照小学每生每年210元、初中每生每年340元的标准给予经费补助。

〔**推进义务教育均衡发展**〕 2012年，全省统筹薄弱学校改造计划、农村初中校舍改造工程、校安工程、周转宿舍建设等义务教育校舍建设项目资金近20亿元，实行项目管理，推动农村学校硬件条件改善；统筹中小学教育装备类资金近10亿元，实行省级集中采购统一配送，全面提升学校软件装备水平，为首批48个县市通过省级均衡发展验收奠定了坚实基础。

〔**县域义务教育均衡发展督导评估**〕 6月26日至11月7日，省教育厅组成两个督导评估组，历时4个多月，对申报验收的45个县市区逐一开展了义务教育均衡发展督导评估。五峰县、长阳县和秭归县分别提前一年或两年完成省级督导评估。宜昌市13个县市区在全省率先实现了县域义务教育基本均衡发展。宜都市等15个县市区被省政府授予“2012年度湖北省县域义务教育发展基本均衡示范县市区”称号，并分别给予500万元奖励。

〔**完成第二批、第三批班班通项目建设**〕 完成班班通项目第二批和第三批建设任务。新建班班通教室3.8万个，其中计算机＋电子白板＋投影模式1.97万个、多媒体一体机模式1.18万个、计算机＋触摸平板电视模式0.69万个，全省班班通教室总数达5.3万间，覆盖率达57%。新建计算机教室1 173间、电子备课室414间，配置学生用电脑7.2万台、教师用电脑2.1万台，全省生机比达18∶1、师机比达3∶1。此外，还建成“未来教室”系统68个，配备其他多媒体教学设备1万余台套。举办2012年湖北省基础教育信息化论坛，深入研讨交流数字化校园建设方案，认真学习成功案例及应用经验，提高班班通工程建设、应用和管理水平。

〔**中小学督导评估工作**〕 2012年，按照《湖北省普通中小学校办学水平综合督导评估方案》规定的程序，省政府教育督导办公室、省教育厅评估认定武汉市第19中学为省级示范高中。截至2012年年底，省级示范高中达103所，占全省普通高中总数的17.1%。

为加强对省级示范高中的总量控制和动态管理，回应人民群众对不规范办学行为的高度关切，省督导办分别召开了部分市州教育督导负责人和示范高中校长座谈会，研究提出了修订《湖北省示范高中管理办法》的意见，建立了示范高中年度自评制度、市州教育督导室两年复查制度、省级四年复评制度和办学行为整改督办制度，不断建立和完善对省级示范高中管理的长效机制。

〔**提高基础教育质量**〕 在武汉市及武昌区开展义务教育质量标准和质量监控试点。建立在高中学生研究性学习与大型文献库比对制度、信息技术作业网上提交制度。研制了中小学德育工作星级评价标准和办法，组织开展“德育精品案例”、“精品德育课程”、“德育精彩瞬间”优秀案例评选工作。开展农村小学英语教学网络支撑服务和质量监测试点。开展高中语文、数学、英语、信息技术和初中数学、物理教师网络同步研训活动。

〔**强化教育管理**〕 强化安全管理，制定下发了《关于防止学生溺水事故的公告》等系列安全管理规定，组织3次校车安全专项检查，开展了中小学幼儿园打非治违专项整治工作。强化办园管理，制发了学前教育机构办园标准、审批管理办法和年检办法等规范性文件，建立了幼儿园年检公示制度，搭建了全省统一的幼儿园年检公示平台，全省幼儿园年检率达 100%，年检结果公示率达 100%。强化学籍管理，完成了义务教育学籍管理系统和学生数据录入工作，建立了高中学生高考报名和毕业证书发放审查制度。强化留守儿童和进城务工人员随迁子女管理，建立起留守儿童和进城务工人员子女学业状况监测制度。强化课程开设管理，对全省 585 所高中课程开设情况进行评价，公布了 361 所合格学校名单。强化学生档案管理，制定下发了加强学生电子档案管理的意见，明确了学生电子档案建设的任务、内容、方法和作用。强化项目管理，制定了学前教育项目建设管理办法，建立了检查、公示、审计、月报、责任追究和政策联动等制度。

〔农村中小学教师周转房建设〕 2012 年，省政府继续将“建设教师周转房 5 000 套，缓解农村中小学教师住房困难”列为十件实事之一。按照“限面积、限资金、限产权”的要求，对各地建设计划进行审核，分解下达 5 000 套农村中小学教师周转宿舍建设任务，实行倒排工期制和工程进度双月报制，及时了解各地执行基本建设程序、落实优惠政策以及工程进度等情况，加强项目实施过程监控和管理。积极争取国家倾斜安排湖北省边远艰苦地区农村学校教师周转宿舍建设项目经费 1.5 亿元。对纳入省政府十件实事建设任务的县市，按照每套奖励 1 万元的标准，落实省级奖补资金。截至 2012 年 12 月，全省共建成农村教师周转房 5 590 套，占十件实事 5 000 套建设任务的 111.8%。

职 业 教 育

〔加强职业教育品牌建设〕 10 月，省教育厅印发《关于充分发挥行业企业作用 建设湖北职业教育品牌的通知》，以职业教育集团为载体，通过职业院校与部门、行业、企业紧密联系，以专业（群）建设为主要抓手，整合资源，到“十二五”末建成 10 个左右在省内领先、全国一流的职业教育品牌。2012 年，批准立项建设装备制造业、船舶制造业和轨道交通运营 3 个职业教育品牌。

〔规范中职学校专业设置和教学工作〕 制定并印发《湖北省中等职业学校专业设置管理实施办法》，规范中职学校专业设置管理。完成了省属中职学校专业设置清查，印发《省教育厅关于公布省属中等职业学校开办专业名单（第一批）的通知》。印发《省教育厅关于开展中等职业学校教学工作检查的通知》，组织中职学校开展教学工作检查，加强中职教学管理工作。

〔推进职业教育集团化办学〕 印发《省教育厅关于推进职业教育集团化办学的意见》，推动职业院校集团化办学，积极探索办学体制、运行机制和人才培养模式改革。全省已组建职业教育集团 29 个，初步形成了职业教育规模化、集约化发展，促进了校企之间、校校之间的合作与资源共享，提升了职业教育适应经济社会发展和产业结构调整升级的能力。

〔职业教育专项建设〕 省教育厅会同省发展和改革委实施了中职学校基础能力建设二期规划项目，争取国家发展和改革委 2012 年中央预算内投资计划资金 2.4 亿元，支持 24 所中职学校的基础能力建设；省本级财政投入资金 1 200 万元，支持 4 所示范中职学校建设。争取第二批 17 所国家级重点中职学校建设计划项目，落实资金 1.758 亿元。省本级财政投入资金 400 万元，实施两个省级中职品牌专业建设项目。

〔职业教育公益性改革试点研究〕 在襄阳市教育局等 42 家单位和学校启动了 57 个改革试点项目，重点在探索政府举办职业教育的职责及实现途径与形式、探索职业教育多渠道筹资机制的途径和实现形式、探索中等职业教育免学费制度的实现途径与形式、探索构建职业教育集团及其运行的体制机制、探索职教园区与产业（工业）园区融合的途径与形式、探索校企合作的途径与形式等方面开展研究。

〔**“双师型”队伍建设**〕 成立电子与信息技术等 14 个专业大类的教学研究中心组，聘请 365 名中职学校骨干教师为成员，组织开展群众性教科研活动。2012 年，各教学研究中心组先后举办了教改研讨、教案设计、说课比赛、示范观摩课、论文评选、学习考察及教材教法培训等多种形式的教研活动。全年参加教学研究中心组活动的教师累计达 1 200 多人次，580 多名教师参加教学设计和说课比赛，300 多名教师提交教学论文、教案等参加评选活动。选派骨干教师参加 8 个专业的全国“创新杯”等说课比赛，获 26 个一等奖、26 个二等奖和 8 个三等奖。

〔**推进中高职衔接**〕 11 月，印发《省教育厅关于申报职业教育专业教学标准开发项目的通知》，按照技能高考对机械、电子、计算机应用、建筑、会计和护理六大类专业的要求，职业院校联合行业企业共同开发专业标准，进一步推动中高职在人才培养目标、课程与教材等方面的衔接。

〔**中职招生**〕 召开 2012 年全省职业教育与成人教育年度工作会议，对中职招生工作进行重点部署。下发申报 2012 年高中阶段招生计划的通知，印发《2012 年湖北省中等职业教育招生有关政策解答》宣传手册 60 万份，并就做好宣传手册发放工作下发专门通知，免费发放到每个初中毕业生手中。利用湖北省职业教育与成人教育网，进一步加大招生和助学政策的宣传力度，登载优质中职学校信息，扩大宣传。2012 年，中职招生达 15 万人（含技工学校 2 万人）。

〔**德育工作**〕 组织第九届全省中职学校“文明风采”竞赛活动，全省 85 所学校 3 268 件学生作品参加了省级复赛，评选出一等奖 352 件、二等奖 612 件、三等奖 678 件、优秀奖 760 件。选送作品参加全国决赛，其中 1 584 件作品分别获全国一等奖、二等奖、三等奖和优秀奖。

加强德育工作队伍培训。3 月，举办全省中职学校德育课教师培训班，邀请中宣部时事报告杂志社总编辑曹勃亚、全国知名德育专家扈文华、湖北交通职业技术学院教授徐玉先等授课，全省 100 名中职学校德育课教师、班主任教师参加了培训。组织开展德育课教师说课大赛等活动，研究制定了《湖北省中等职业学校德育工作评价体系》。

高等教育

〔**高等教育综合改革试点**〕 完善制度设计，强化项目库管理，整体推进 45 所高校承担的 112 项改革试点工作。确定“拔尖创新人才和产业急需人才培养体制改革”、“特色高校、院系、学科、专业改革”、“工科类人才培养专业综合改革”、“优质高等教育资源共建共享改革”、“高校科研管理模式改革”、“研究生培养机制改革”、“考试招生制度改革”、“建立现代大学制度，深化管理体制改革”、“民办高校管理和运行机制改革”、“高等职业教育改革”10 个重点改革领域。启动试点院校改革，推动高校加快形成“一校一方向、一校一特色”。

〔**教育质量提升工程**〕 省教育厅、省财政厅制定《关于“十二五”期间实施湖北省高等学校本科教学质量与教学改革工程的意见》，在人才培养模式改革和专业综合改革、优质课程资源建设、大学生实践创新能力培养、教师教学能力提升、高等教育资源联动共享、质量标准及质量保障体系建设六个方面进行重点改革和建设。修改完善《湖北省高等学校数字图书馆二期建设方案》，加强高校教育教学资源公共平台建设。建立和完善省级精品课程资源平台、省级实验教学示范中心信息平台和省级本科品牌专业信息共享平台；组织实施省级教学改革研究项目建设工作，确定年度省级教学研究项目 476 项。

〔**人才培养模式创新**〕　开展专业综合改革试点，从省属本科高校遴选 70 个本科专业点，以校企共建方式进行专业综合改革，重点在人才培养模式、教学团队、课程教材、教学方式、教学管理等专业发展的重要环节进行综合改革，建设一批教育观念先进、改革成效显著、特色更加鲜明的专业点。首批从省属本科高校遴选 50 个专业点，申报国家级专业综合改革试点项目。推进医学教育综合改革，支持省属医学类院校开展医学教育综合改革，着力构建“5＋3”模式（5 年医学院校本科教育加 3 年住院医师规范化培训）的临床医学人才培养体系，加快培养面向基层的全科医生和高水平的执业医师。华中科技大学等 7 所高校的“五年制临床医学人才培养模式改革”等 10 个项目，获批国家第一批卓越医生教育培养计划项目。推进战略性新兴（支柱）产业人才培养计划和拔尖创新人才培育计划，在 44 所本科高校新建 76 个“产业计划”本科项目。完成 2012 年普通高校专科升本科工作，23 所省属高校 83 个本科专业 217 个专业点面向全省招生。首次制定面向具有全日制高职高专学历退役士兵的普通专科升本科政策。

〔**大学生实践创新能力培养**〕　省教育厅、省发展和改革委、省经济和信息化委员会、省国有资产管理委员会等部门，完成了 2012 年度省级实习实训基地评审认定工作，以省政府名义向 10 个省级示范性基地和 50 个省级合格基地授牌。向教育部推荐 25 个国家级大学生实践教育基地项目和 1 个卓越法律人才教育培养基地项目。实施大学生科技创新训练计划，确定 16 所省属高校为 2012 年国家级大学生创新创业训练计划项目试点高校。开展大学生科技创新竞赛，以省教育厅名义对全国大学生数学建模竞赛湖北赛区竞赛、全国大学生电子设计竞赛湖北赛区竞赛、2012 年全国大学生工业设计大赛湖北省赛区竞赛、第三届湖北省高校师范专业大学生教学技能竞赛、2012 年湖北省高等学校大学生服装设计毕业作品校际联展、第四届湖北省高校大学生化学实验技能竞赛、第二届湖北省高校大学生物理实验创新设计竞赛、第二届湖北省高校大学生生物实验技能竞赛、第三届“外教社杯”全国高校外语教学大赛湖北赛区竞赛等九项赛事做出部署，广泛组织广大师生开展各类教学和实践技能竞赛活动。

〔**研究生创新基地建设**〕　研制研究生暑期社会实践活动方案，全省 25 个研究生培养单位共计 1 500 余名研究生参与了社会实践活动，合作企业达 130 多家，参与学科 120 多个，随团指导教师 404 人次，共形成调研报告 500 余篇，提出、策划有关文化艺术、工业包装等设计类作品及活动 300 余件、场。探索基地建设模式，充分吸收并整合社会、企业科技资源，为研究生的培养扩大教育资源。共有 583 家共建单位为 4 350 余名研究生提供了 2 000 多个科技实践岗位，扩建 66 个科研实践场所。基地聘任企业导师 130 余人，学校进入基地导师共计 160 余人。扩大市州党委牵头建立的创新基地，以黄石市为试点，逐步探索厅地合作机制，引起全省各地的高度关注。在试点的基础上，研制了市州党委牵头建立基地的扩大试点方案，在全省大部分市州开展了科技合作需求信息征集工作，搭建校地、校企对接平台。探索基地建设长效机制，召开“湖北省研究生教育创新基地建设研讨会”，总结并探索了基地建设新模式，健全基地建设管理各项规章制度，开辟了研究生教育创新基地宣传专栏，建立基地 QQ 群，制定定期汇报、检查制度，全方位跟踪评估基地建设，进一步保障与推动基地建设工作的科学发展。

〔**高校产学研合作**〕　组织实施高校青年教师深入企业行动计划，组织全省高校申报 742 个项目，赴全省 700 多家企事业单位从事岗位实践活动。开展高校十大科技成果转化项目评选活动，评出特等奖1个、成果奖10个、提名奖10个，拟奖励总金额700万元。积极动员高校服务东湖国家自主创新示范区建设，协调筹建湖北省大学科技园。完成第八届中国·湖北产学研合作项目洽谈会工作。完成2012年度湖北省科技奖推荐工作，共向省科技奖励办公室推荐奖项65个。

〔**高校自主创新能力建设**〕 坚持以“人才、学科、科研”三位一体创新能力提升为核心任务，实现三者之间的协同与互动，通过高等学校创新能力提升计划（简称“2011计划”）的实施，形成一批优秀创新团队，培养一批拔尖创新人才，产出一批标志性科研成果。通过组建“湖北省2011协同创新中心”，聚集各方面的创新要素，实现各方创新资源的深度融合，切实解决好高校科研工作存在的封闭、重复、低效等问题。坚持改革驱动，构建有利于激发创新活力的新机制新体制，要求各高校高度重视管理体制、人事制度、人才培养、人员考评、科研模式、资源配置方式等方面的改革。省教育厅会同省财政厅下发《关于实施湖北省高等学校创新能力提升计划的意见》，并组织申报评审，已完成首批“2011计划”评审工作，拟立项认定类18个、培育类19个。加强高校人文社会科学重点研究基地管理，进一步提升基地创新能力和服务全省经济社会发展水平。经专家评审，2012年立项下达高校人文社会科学重点研究基地建设计划10个。加大高校青年骨干教师科技创新能力培养力度。强化项目的导向和培育作用，加大青年教师承担项目的支持力度，引导高校青年科技人才面向全省经济建设主战场开展科技攻关。下达2012年度高校优秀中青年科技创新团队项目计划25项、青年教师科研项目计划500多项。

〔**推进高等学校联合办学**〕 深入推进部省高校对口支持合作计划，进一步扩大对口合作范围，强化项目库建设，落实评先表彰政策，巩固和完善部省高校协同发展体制机制；继续支持部属高校之间、省高校师范教育联盟、武昌南湖10校联盟的合作办学工作，支持各办学联合体在学分互认、课程互选、教师互聘、资源共享等方面广泛深入地开展合作。

〔**加强与地方政府合作与交流**〕 举办校企对接会，搭建高校和地方交流平台。通过举办“高校服务湖北校企对接会”系列活动，推动高校与企业进行人才对接、科技项目对接，构建互利合作长效机制，推动地方经济和社会全面发展。与荆州市政府联合举办“高校服务湖北 推动‘壮腰工程’荆州校企对接会”，武汉大学等64所高校与荆州市108家企业的代表进行了对接交流，高校共提供773项科技转化项目。武汉理工大学等35所高校与荆州恒隆企业集团等68家企业现场签订了意向性合作协议，涉及89个项目和机械、电子、农业、管理、财务等十多个专业。与荆门市政府联合举办“高校服务湖北 打造‘中国农谷’荆门校企对接会”，高校与荆门市72家企业的代表进行了充分的洽谈交流。武汉理工大学等33所高校与中国特种飞行器研究所等45家企业，就实习实训基地建设、人才引进、“订单”培养等现场签订了意向性合作协议，涉及65个项目。

〔**思想政治理论课建设**〕 及时开展《高等学校思想政治理论课建设标准（暂行）》复查工作，督促各独立学院成立了独立的二级马克思主义学院或思想政治理论课部。加强思想政治理论课教学研究力度，支持奖励38项“精彩一课”、“精彩教案”、“精彩多媒体课件”建设。加强思想政治理论课教师培训力度，培训骨干教师500人，组织170名骨干赴四川、广西、陕西、河南等地进行社会实践考察。实施中青年优秀思想政治理论课教师择优资助计划，重点培养20名思想政治理论课教育教学名师。全省共有2人入选教育部择优资助计划、1人入选教育部思想政治理论课教学能手。

〔**普通高校招生阳光工程**〕 全面公开公示考生应知晓的招生政策和信息，印制50万份《考生填报志愿必读》，免费发给每一位考生。制作3 000份《考生填报志愿讲座》动漫光碟，免费发到县市招生办公室和中学班级。编印1万份《阳光招生问答》，免费发到中学和班级。组织4个招生政策宣讲组，到农村中学与考生面对面解读招生政策，指导考生填报志愿。加大信息公开力度，录取前，全省共公示八大类近 16 万多人次，主要包括政策性加分考生 3.6 万多人（农村独生女、少数民族等），艺术专业校考合格名单 10.04 万多人次，贫困地区考生 8 000 多人，二本高校自主招生入围名单 6 529人次，还包括艺术特长生、高水平运动员入围名单、保送生录取名单、体育单招录取名单、高职单招录取名单等。

〔**毕业生就业情况**〕　2012 年，全省共有普通高校毕业生 38.7 万人，截至 9 月 1 日，全省普通高校毕业生平均就业率为 86.75%，比 2011 年略有上升。其中毕业研究生就业率为 90.36%、本科就业率为 89.85%、高职就业率为 83.3%。

撰稿　邓辉　邱月琴　黄勇

审稿　徐雁冰

湖南省教育

概　　况

〔基本情况〕

湖南省各级各类学校校数、教职工、专任教师情况

	学校数（所）	教职工数（人）	专任教师数（人）
一、高等教育	135	98 199	63 708
（一）研究生培养机构（不计校数）	19		
1. 普通高校	15		
2. 科研机构	4		
（二）普通高等学校	121	96 322	62 541
1. 本科院校	46	61 112	38 601
其中：独立学院	15	6 077	4 957
2. 高职（专科）院校	75	35 210	23 940
3. 其他机构（点）（不计校数）			
（三）成人高等学校	14	1 547	1 011
（四）民办的其他高等教育机构	13	330	156
二、中等教育	7 334	614 320	458 145
（一）高中阶段教育	4 038	410 698	286 948
1. 高中	589	106 172	67 080
普通高中	589	106 172	67 080
完全中学	233	39 261	18 098
高级中学	316	57 238	46 919
十二年一贯制学校	40	9 673	2 063
成人高中			
2. 中等职业教育	3 449	304 526	219 868
普通中专	38	5 670	3 887

续表

	学校数（所）	教职工数（人）	专任教师数（人）
成人中专	92	4 569	3 112
职业高中	395	26 770	19 467
技工学校	2 924	266 116	192 575
其他机构（教学点）（不计校数）	23	1 401	827
（二）初中阶段教育	3 296	203 622	171 197
1. 初中	3 296	203 622	171 197
初级中学	2 261	141 018	125 652
九年一贯制学校	1 035	62 604	29 145
十二年一贯制学校			2 167
完全中学			14 233
职业初中			
2. 成人初中			
三、初等教育	10 165	231 358	246 859
（一）普通小学	10 165	231 358	246 859
小学	10 165	231 358	217 938
九年一贯制学校			26 729
十二年一贯制学校			2 192
（二）成人小学			
其中：扫盲班			
四、工读学校	1	56	42
五、特殊教育	61	1 673	1 349
六、学前教育	11 030	126 187	65 413

湖南省各级各类学历教育学生情况

	毕业生数（人）	招生数（人）	在校生数（人）
一、高等教育			
（一）研究生	16 216	19 801	62 745
博士	1 473	2 033	10 401
硕士	14 743	17 768	52 344
（二）普通本专科	306 809	311 026	1 082 235
本科	132 420	164 841	630 582
专科	174 389	146 185	451 653
（三）成人本专科	95 436	110 459	231 482
本科	28 274	41 270	85 068
专科	67 162	69 189	146 414

续表

	毕业生数（人）	招生数（人）	在校生数（人）
（四）其他各类高等学历教育			
1. 在职人员攻读硕士学位		4 237	17 794
2. 网络本专科生	23 267	27 149	57 575
本科	8 197	10 324	22 341
专科	15 070	16 825	35 234
二、中等教育	3 191 310	3 004 692	8 951 143
（一）高中阶段教育	1 870 007	2 262 199	6 209 236
1. 高中	426 319	370 069	1 170 762
普通高中	310 055	370 069	1 026 563
完全中学	82 134	102 592	278 684
高级中学	216 007	254 909	712 511
十二年一贯制学校	11 914	12 568	35 368
成人高中	116 264		144 199
2. 中等职业教育	1 443 688	1 892 130	5 038 474
普通中专	63 145	79 238	210 856
成人中专	47 697	32 652	119 657
职业高中	140 638	141 202	403 729
技工学校	1 192 208	1 639 038	4 304 232
（二）初中阶段教育	1 321 303	742 493	2 741 907
1. 初中	688 731	742 493	2 111 100
初级中学	499 798	527 159	1 503 405
九年一贯制学校	101 239	112 709	318 060
十二年一贯制学校	12 568	15 968	44 284
完全中学	75 126	86 657	245 351
职业初中			
2. 成人初中	632 572		630 807
三、初等教育	2 361 918	880 773	6 381 221
（一）普通小学	770 212	880 773	4 737 920
小学	670 775	792 382	4 195 212
九年一贯制学校	91 475	80 436	495 812
十二年一贯制学校	7 962	7 955	46 896
（二）成人小学	1 591 706		1 643 301
其中：扫盲班	585 749		689 067
四、工读学校	70	62	230
五、特殊教育	1 058	1 812	10 184
六、学前教育	735 088	1 082 809	1 764 130

湖南省各级各类非学历教育学生情况

	结业生数（人）	注册学生数（人）
总计	931 858	622 785
一、高等教育	193 892	87 923
（一）研究生课程进修班	242	485
（二）自考助学班	12 886	26 841
（三）普通预科生		2 761
（四）进修及培训	180 764	57 836
其中：资格证书培训	101 381	46 756
岗位证书培训	59 070	10 332
二、中等职业教育	737 966	534 862
其中：资格证书培训	254 582	193 328
岗位证书培训	249 074	169 580
（一）中等职业学校	248 330	119 462
其中：资格证书培训	115 610	61 939
岗位证书培训	91 624	32 325
（二）职业技术培训机构	489 636	415 400
其中：资格证书培训	138 972	131 389
岗位证书培训	157 450	137 255

湖南省各级各类民办教育基本情况

	学校数（所）	毕业生数（人）	招生数（人）	在校生数（人）	教职工数（人）	专任教师数（人）	其他学生数（人）
一、民办高等教育							
（一）民办高校	31	53 422	64 567	229 671	14 930	10 757	5 659
硕士							
本科学生		34 296	41 288	162 060			
专科学生		19 126	23 279	67 611			
其中：独立学院	15	28 452	30 052	122 616	6 077	4 957	
本科学生		28 452	30 052	122 616			
专科学生							
（二）民办其他高等教育机构	13				330	156	13 446
二、民办中等教育							
（一）高中阶段教育	329	82 694	75 987	213 206	23 612	15 793	
1. 民办普通高中	100	23 639	31 827	84 712	15 178	10 392	

续表

	学校数（所）	毕业生数（人）	招生数（人）	在校生数（人）	教职工数（人）	专任教师数（人）	其他学生数（人）
2. 民办中等职业教育	229	59 055	44 160	128 494	8 434	5 401	12 090
（二）初中阶段教育	167	61 457	80 461	221 195	12 765	8 861	
1. 民办普通初中	167	61 457	80 461	221 195	12 765	8 861	
2. 民办职业初中							
三、民办普通小学	114	30 685	31 075	176 863	5 922	3 698	
四、民办幼儿园	9 604	432 803	713 017	1 236 576	106 482	54 427	
另有：民办培训机构（不计校数）	121				1 445	1 109	64 639

〔**综述**〕 2012 年，全省紧紧围绕建设教育强省的目标，深入贯彻实践科学发展观，认真实施教育强省规划和“十二五”规划，确保各级各类教育又好又快发展。2012 年，全省财政教育投入 565 亿元，同比增加 138.1 亿元，增长 32.35％。全省建设公办幼儿园 318 所、义务教育合格学校 1 351 所，学前三年教育毛入园率达 58.83％。13 所中职学校跻身国家中职教育改革发展示范学校。全省高校新增 7 个 ESI 排名进入全球前 1％的学科，新增 5 个国家级创新平台和 3 个国家地方联合工程实验室，居全国首位。

〔**落实国家教育投入 4％的分解任务**〕 2012 年，省政府办公厅下发了《关于进一步加大财政教育投入加强教育经费管理的通知》（湘政办函〔2012〕104 号），把加大财政教育投入摆在更加突出的位置，将 16％分解指标落实情况纳入两项督导评估指标体系，实行一票否决。展开全省各市县加大财政教育投入工作专项督查，召开全省财政教育投入工作调度会，进一步加大教育投入保障监督力度。2012 年，全省教育总投入达 1 007.86 亿元，各级财政预算内教育经费（含教育费附加）771.91 亿元。按照财政部分析评价口径，剔除中央转移支付部分，全省各级财政安排财政教育支出 649.3 亿元，占剔除后的公共财政支出的 16.4％，中央核定湖南省 16％的投入目标基本落实。

〔**继续深化农村义务教育经费保障机制改革**〕 2012 年，全省共投入农村义务教育经费保障资金 59.18 亿元，其中公用经费补助 35.42 亿元、校舍维修改造资金 7.8 亿元、免费教科书资金 7.91 亿元、寄宿生生活费补助 8.05 亿元。专门下发了关于进一步落实民办义务教育免学杂费、免费教科书政策的通知，全面实现城乡免费义务教育，为农村学生免费发放国家、地方课程教科书和部分辅助学习资源。将农村小学和中学生均公用经费标准分别提高至 500 元和 700 元，将家庭经济困难寄宿生生活补助标准分别提高至 1 000 元和 1 250 元。启动了农村义务教育学校校舍维修改造 2013—2015 年规划编制工作，提高校舍维修改造补助标准，中部地区每平方米由 400 元提高到 600 元，西部地区每平方米由 500 元提高到 700 元，强化了项目和资金的统筹，农村学校办学条件进一步得到改善。

〔**加快教育民生工程建设**〕 2012 年，全省投入学前教育建设资金 12.56 亿元，支持幼儿园建设项目 6 871 个。投入初中校舍改造工程资金 4.6 亿元，完工建设项目学校 39 所，完工建设校舍面积 6.5 万平方米。组织编制 2012 年省属普通高校基础设施改造项目计划，下达 2012 年高校基础设施改造和“两型”校园建设专项奖补资金 1.25 亿元。开展 2011 年高校“两型”校园建设专项资金绩效考核，全年累计实施“两型”校园建设项目 160 个，项目节能折合标准煤 84 万吨、节水 395 万吨、节电 1 438 万度，新增绿地面积 321 亩。

〔**第二轮第三批县级教育工作“两项督导评估考核”、教育强县市区视导及县级政府职业教育工作督导评估**〕 4—5月，组织部分省督学与督导评估专家，分两个阶段对43个县市区政府的教育工作及党政主要领导干部的教育实绩进行督导评估考核。同时对其中的37个县市区政府的职业教育工作进行了督导评估，对20个县市区政府创建教育强县市区的情况进行了视导。全年接受“两项督导评估考核”的43个县市区，有20个县市区政府及其党政主要领导干部被评为优秀等次，22个县市区政府及其党政主要领导干部被评为合格等次，有12个县市区被评为教育强县市区视导优秀单位，有6个县市区被评为县级政府职业教育督导评估优秀单位。省委办公厅、省政府办公厅联合发文公布了评估考核结果，在全省教育工作会议上，对被评为优秀等次的县市区政府及其党政主要领导干部进行表彰奖励。本次接受“三评合一”的43个县市区共计依法追补教育经费10.13亿元。

〔**全面落实学生资助政策**〕 2012年，全省共发放普通高校、普通高中、中等职业学校奖助学金和免学费资金21.1亿元。全省所有县市区都开展了生源地信用助学贷款业务，全年生源地贷款学生共32 155人，发放金额1.91亿元，首次实现全覆盖。联合省财政厅印发《关于建立学前教育资助制度的通知》（湘财教〔2012〕75号），下达2012年秋季学前教育资助资金4 500万元，资助学前教育幼儿16.8万名。联合省财政厅、省物价局、省人力资源和社会保障厅印发《关于进一步扩大中等职业教育免学费范围，完善国家助学金制度的通知》（湘财教〔2012〕82号），转发了财政部、教育部印发的《研究生国家奖学金管理办法（试行）》，启动研究生奖学金政策，下达研究生国家奖学金1 553万元，资助研究生732名，其中博士89人、硕士643人。截至2012年年底，全省实现了教育资助政策从学前教育到高等教育的全覆盖。

〔**加强民族地区师资培训**〕 2012年，全省继续实施“歆语工程”。与北京外国语大学续签了新一轮湖南省民族地区农村义务教育阶段英语教师培训项目协议，面向全省民族地区义务教育阶段培训提升中小学英语教师专业水平和教学能力。先后从民族地区及西藏班、新疆班、民族预科基地选送107人进行英语语言素养和英语教学技能培训。同时，接纳北京外国语大学志愿者到湖南省中小学进行支教和社会实践活动。加强民族地区中小学校长和幼儿园园长队伍建设。全年共选派了100名民族地区初中、小学校长到长沙、株洲、湘潭、岳阳、常德、娄底6市50所基地学校挂职培训，完成集中理论培训、实地跟班学习、考察观摩和总结交流等工作。

〔**招生考试**〕 2012年，全省共组织各类考试40余次，考试总规模与2011年基本持平，各类考试考生总计为225.1万人次，组织录取各类新生43万人。高考录取率继续上升，全省报名参加高考的考生36.3万人，录取31.4万人，录取率达86.4%，其中本科录取率达44.2%，比2011年提高了3个百分点，创历史新高。在录取新生中，文科类135 228人、理科类155 622人、职高类22 718人。全年共组织3次自学考试，年度考生规模达484 127人次，累计报考1 694 041科次，毕业办证57 601人。成考考生13.2万人，录取9.8万人，录取率达74%。研究生报考规模持续扩大，全省硕士研究生报考人数为72 151人，比2011年增长14.13%；全国报考在湘17个招生单位（含国防科大）的考生58 073人，较2011年增长11.81%；录取17 765人。社会考试考生累计达120万人次，总规模位居全国前列。其中全国计算机等级考试27.5万人，增长0.5万人；全国英语等级考试14万人次；全国大学英语四六级考试76万人；岗位资格证书考试8 411人次；剑桥少儿英语考试1 725人次；国内高水平大学自主选拔考试（联考）3 783人。

〔**教育援藏援疆工作**〕 2012年，实施了西藏山南地区特殊教育行政干部到湘挂职培训项目，接纳3名山南地区特殊学校行政干部到长沙特殊教育学校进行为期3个月的挂职跟班学习。启动了西藏山南地区乡镇幼儿园骨干教师免费培训项目。根据

《2010—2015年湖南省新一轮教育援疆项目实施规划》，在吉首大学举办两期新疆吐鲁番地区双语教师培训班，共培训学员65人。接纳27名吐鲁番地区教育行政人员到湘培训，从教育发展规划研读、基础教育均衡发展、职业教育、教育督导等多方面开展培训，取得良好效果。在长沙、株洲两市教育局和有关高校推荐的基础上，共选派9名教师援疆。

〔**积极推动汉语国际推广工作**〕 全省汉语教师志愿者派出及留任人数逐年增加，居全国前列。2012年，共有71人被录取为赴泰国汉语教师志愿者，25人继续留任；9人被录取为赴美国汉语教师志愿者，6人留任。指导举办了“汉语桥——英格兰中学生秋令营”和“汉语桥——法国中学生秋令营”。来自英格兰的108名中学生和来自法国的48名中学生到湖南省进行交流访问活动。新增1所由湖南大学与加拿大里贾纳大学合作建设的孔子学院。7月23日至8月19日，举办国际汉语骨干教师培训班，共有20所省属高校的29名对外汉语教学骨干教师参加培训。培训内容主要包括对外汉语教学技能、跨文化交际、中华礼仪、对外汉语教学中文化的导入等。

〔**外国留学生工作**〕 2012年，全省新增4所外国留学生招生培养资格院校。截至2012年年底，全省共有25所高校具备来华留学生招生培养资格。与此同时，来湘留学生规模不断扩大，留学生中学历生的比例有了大幅度的提高。其中本科生较2011年度增长1 9%、硕士研究生增长58%、博士研究生增长47%。

基础教育

〔**“为民办实事”项目带动农村公办幼儿园的建设与发展**〕 2012年，省教育厅将省政府“为民办实事项目园”建设作为加强全省农村公办幼儿园建设的抓手，利用为民办实事项目平台加强项目建设管理，出台《关于印发〈2012年湖南省农村公办幼儿园验收标准〉的通知》，明确农村公办幼儿园和乡镇中心幼儿园建设按《湖南省幼儿园办园标准》实施，村级幼儿园建设按《湖南省简易幼儿园基本条件（试行）》实施。除加强信息月报制度和3个月进行一次检查外，还分别在7月的中期督查和9月的开学工作检查中对项目园的建设进行了督查。全年建设公办幼儿园318所，其中列入省政府实事项目园200所、各地自建项目园118所。省本级财政投入3 000万元，各地实事项目园预算总投资2.35亿元。

〔**义务教育合格学校建设**〕 2012年，全省共建设义务教育合格学校1 351所，其中列入全省政府为民办实事项目校500所，省教育厅备案管理项目校538所，各地规划自行建设管理项目校313所。省本级财政共投入奖补资金1.3亿元，带动各地投入资金共19.53亿元，其中“实事项目校”11.31亿元。

〔**为民办实事项目校（园）督导评估**〕 12月3—12日，省政府教育督导室会同省教育厅基础教育处组织7个评估验收组，对2012年各市州规划建设的为民办实事项目校（园）进行抽查认定。根据学校和县市区自查、市州复查和省抽查验收结果，全年共建成1 321所义务教育合格学校，307所农村公办幼儿园完成了2012年度项目建设任务。

〔**“特岗计划”实施范围进一步扩大**〕 2012年，全省继续实施农村义务教育阶段学校教师特设岗位计划，新增衡阳县等13个省“特岗计划”设岗县，设岗县扩大至全省13个市州75个县（市、区），其中国家“特岗计划”设岗县（市、区）56个、省级“特岗计划”设岗县（市、区）19个。按照“定县、定校、定岗”的设岗原则和“公开、公平、自愿、择优”的招聘原则，共面向全国招聘特岗教师5 727人。其中国家计划招聘4 383人、省计划招聘1 344人，招聘初中特岗教师1 640人、小学特岗教师4 087人。通过特岗教师招聘，为全省13个市州70个设岗县的2 558所农村义务教育阶段学校补充了一批高素质的年青教师，有效缓解了农村教师队伍结构性短缺的矛盾，提高了农村教师队伍的整体素质和专业水平。

〔**中小学、幼儿园“国培计划”和“省培计划”实施成效显著**〕 2012年，全省“国培计划”经费增至7 500万元，比2011年增加2 900万元，增幅达63%。实施“国培计划”—中西部农村骨干教师培训项目，通过邀标、评审和答辩，确定北京师范大学、华中师范大学、华南师范大学、陕西师范大学、杭州师范大学5所省外师范大学和湖南师范大学等13所省内高校（机构）以及全国继续教育网等6家教师培训网站作为“中小学国培”项目承担单位，共培训学员59 428人，学员参培率达99.89%。高质量完成了“幼儿教师国家级培训计划”培训任务，通过邀标、评审和答辩，确定了北京师范大学、华中师范大学、华南师范大学、杭州师范大学4所省外高校和湖南师范大学、衡阳师范学院、怀化学院、湖南第一师范学院、长沙师范专科学校6所省内高校作为“幼师国培”承担单位，共培训幼儿园园长、骨干教师11 380人，参培率达98.8%。在“国培计划”的示范、引领下，继续大力实施省级中小学校长、教师培训项目。全年“省培计划”共设立项目33个，重点开展了中小学校长培训、紧缺薄弱学科教师培训、高中教师培训、特教教师培训等，全年共培训7 183人，参培率达98.6%。

〔**中小学校舍安全工程**〕 2012年，中小学校舍安全工程进一步强化了“省级统筹、市县负责、部门配合、上下联动、讲求实效”的工作机制和各部门密切配合协同推动工程进展的工作体制，形成了以政府投入为主，其他投入为辅的校安工程投入保障机制，全面消除重点范围内D级危房，坚持按照学校建设标准和校舍综合防灾要求，对项目建设的各环节进行严格管理，确保工程建设质量。积极联系和对接审计部门，开展校安工程跟踪审计，对发现的问题及时整改并举一反三，杜绝工程建设过程中的违纪违规现象。截至2012年年底，全省中小学校舍安全工程累计投入资金约130亿元，完成加固重建校舍1 030万平方米，建设面积达到3年规划改造面积的128%。

职业教育与成人教育

〔**职业教育重点项目建设**〕 2012年，新立项省级示范性（骨干）高等职业院校6所、示范性（特色）中等职业学校25所、示范性特色专业35个、特色专业54个、示范性职业教育集团3个、示范性县级职教中心6个、省级社区教育实验区5个、生产性实习实训基地26个。组织了“十一五”立项的1 267个职业教育省级重点建设项目验收，其中1077个项目通过验收，通过率为85%。市县和职业院校本级重点项目建设也取得了新进展，“长沙职教基地”建成投入使用，规划投入100亿元的“株洲职教园”完成投资30多亿元，启动建设“怀化职教基地”，约四分之一县市职业学校的办学条件得到改善，逐步形成职业教育国家、省、市、县、校五级骨干体系。

〔**示范性特色专业建设**〕 2012年，全省中职、高职进一步调整优化专业结构，分别新增了3个中职专业和83个高职专业，调减了32个中职专业和131个高职专业；新遴选建设了75个省级示范性特色专业、99个省级特色专业、222个省级精品专业。先后邀请100余名省内外顶尖职教专家和行业企业专家，对在建的20个省级示范性特色专业建设方案进行多轮网络和现场论证，着力培育职业教育特色专业品牌，推动职业院校从“对接行业”、“服务行业”向“提升行业”、“引领行业”发展。

〔**职业院校与产业对话协作活动**〕 2012年，针对长株潭“两型社会”试验区和湘南承接产业转移示范区建设对技能人才的紧迫需求，省教育厅与郴州市委、市政府共同主办了“两院院士湖南职校行暨郴州高职教育服务湘南国家级承接产业转移示范区建设活动”，召开了“全国有色金属行业职业教育调研座谈会”，与国家级浏阳经济技术开发区联合举行了“重点职业院校与国家级浏阳经济技术开发区（蓝思科技）对接活动”。与中国机械工业联合会、湖南省经济和信息化委员会等单位联合主办了“第二届中国职业教育与装备制造业创新发展——高端装备制造与高素质技能人才培养对话活动”；与省商务厅、永州市政府联合主办了“湖南职业教育服务湘南承接转移示范区建设工作推进会”。这一系列校企面对面沟通活动，推动100余所职业院校与30余家企业签订了合作框架协议，促进了校企共生发展、合作共赢。

〔**职业教育集团化办学**〕 2012年，新成立4家职业教育集团，使全省职教集团达27家，加盟合作单位达2 298家。其中有省内外规模企业1 357家，覆盖了中国石油化工集团、三一重工股份有限公司等几乎所有在湘大中型企业。2012年，全省职教集团开展“订单”培养、企业员工培训、学生顶岗实习等。据统计，职教集团成员企业一线专家到成员学校担任兼职教师比例增加了11.95倍，成员学校教师到成员企业一线锻炼增加了7.95倍，“订单”培养学生增长了5.65倍，培训成员企业员工增长了10.69倍，校企合作开展生产技术攻关项目增长了4.94倍，可共实习实训设备值增长了5.8倍。参与职教集团的职业院校学生实习实训条件得到明显改善，参与职教集团的企业技能型人才需求得到了更好的满足，校企深度合作效益明显提高。

〔**组织开展职业院校学生专业技能竞赛**〕 省教育厅组织开展了2012年全省职业院校学生专业技能竞赛。来自14个市州代表团的827名中职组选手参加了12个专业类41个赛项的比赛，62个高职院校代表团的826名高职组选手参加了13个专业类21个赛项的比赛。大赛共评出一等奖134个、二等奖251个、三等奖374个。在2012年全国职业院校技能大赛中，湖南代表队共获特等奖1个（全国唯一）、一等奖12个、二等奖37个、三等奖74个，再创历史最好成绩。

高 等 教 育

〔**高水平大学与重点学科建设**〕 2012年，中南大学、湖南大学、国防科技大学“985工程”三期建设进展顺利。中南大学、湖南大学、国防科技大学、湖南师范大学“211工程”三期建设任务全面完成。其中，国防科技大学建设成效显著，受到教育部、国家发展和改革委及财政部表彰奖励。

全年投入重点学科建设经费1.442亿元，比2011年增加了7 000万元。通过重点投入与建设，全省重点学科建设水平得到有效提升，一批重点学科跻身世界一流学科行列。2012年，全省高校新增7个ESI排名进入全球前1%的学科，分别是：中南大学的生物学与生物化学，湖南大学的数学，湖南师范大学的化学、物理，湘潭大学的化学、材料科学、工程学。据统计，截至2012年年底，全省已有5所高校共18个学科进入ESI全球排名前1%。

〔**高校科技创新平台**〕 2012年，全省高校新增6个国家级创新平台，其中省属高校3个，国家级创新平台在省属高校中的布局进一步扩大。中南大学“国家重金属污染防治工程技术研究中心”成为中国首个重金属污染防治国家级科技创新平台。长沙理工大学“公路养护技术”国家工程实验室成为全国获批组建的12个国家级交通创新平台之一。新增湘潭大学“特种功能薄膜材料国家地方联合工程实验室”等3个国家地方联合工程实验室，占全省新增总数的75%，居全国高校第一。

〔**创新人才队伍建设**〕 2012年，国家科技进步奖首次设置了创新团队奖，国防科技大学杨学军院士为团队带头人的高性能计算创新团队获此殊荣，成为首批入选该奖项的3个创新团队之一。湖南大学教授谭蔚泓牵头的“化学生物传感的分析化学基础研究”创新研究群体和教授陈收牵头的“金融创新与风险管理”创新研究群体入选国家自然科学基金委员会创新研究群体，使全省国家自然科学基金研究群体达6个。新增教育部“长江学者和创新团队发展计划”创新团队4个、创新团队培育团队1个。截至2012年年底，全省高校共有教育部创新团队37个，居全国第6位。其中省属高校8个，居全国第4位。全省高校共有49人入选教育部2012年度“新世纪优秀人才支持计划”，其中省属高校10人，居全国第5位。

〔**高校学术梯队建设取得新成绩**〕 2012年，全省共有3人入选教育部2011年“长江学者奖励计划”，其中特聘教授2人、讲座教授1人，入选总人数在全国省属高校中排名第4位。遴选2012年度全省普通高校青年骨干教师培养对象人选202人，接受培养期满验收检查的青年骨干教师培养对象共182人，其中27人被确定为优秀、149人被确定为合格、6人暂缓验收；接受2011年度考核的学科带头人培养对象共108人，其年度考核结果均被确定为合格；接受年度考核的青年骨干教师培养对象共389人，其中384人被确定为合格、5人被确定为不合格。

〔**高校教师培训力度加大**〕 2012年，共实施新任教师岗前培训、中青年骨干教师国内访问学者、青年骨干教师培训等高校教师培训项目9项，培训专任教师与教学科研管理人员5 976人，其中高校新任教师岗前培训4 965人。进一步加强高校教师岗前培训考试工作，将高校教师岗前培训考试确定为秘密级考试。全年参加高校教师岗前培训考试的共4 685人，考试科目全部合格的3 281人，合格率为70%。高校中青年骨干教师国内访问学者项目顺利实施，共选派了中青年骨干教师国内访问学者119人，其中列入教育部资助的41人、列入湖南省资助的78人。2012年度结业101名访问学者，访问学者共学习课程100余门，主持或参与国家级课题研究25项、主持省级课题研究91项、主持省级以下课题研究91项，撰写或参与编写专著、教材41本，撰写论文177篇，培训效果明显。

〔**高校教师教学评选表彰**〕 2012年，省教育厅开展了普通高校青年教师教学能手评选表彰工作，共授予100名教师“湖南省普通高校青年教师教学能手”称号。为鼓励广大教师积极承担实验教学任务，大力提高实验教学质量，省教育厅首次组织开展了普通高校实践教学管理工作先进集体、先进个人和优秀实验（实训）教师评选表彰活动，共表彰奖励了15个先进集体、76名先进个人和79名优秀实验教师。

〔**国家公派出国留学工作**〕 2012年，全省共有588人录取为国家公派出国留学人员，其中访问学者（含高级研究学者、访问学者、博士后等）245人、研究生（含博士研究生、联合培养博士生、硕士研究生、硕士插班生）297人、本科生（含本科插班生、本科生）46人。地方合作项目申报人数达历史新高，共有231名省属本科院校教师申报。经省内专家初审、国家留学基金委和省教育厅共同组织的联合评审，共有45名教师录取为国家留学基金地方合作项目留学人员。

〔**参加第九届全国大学生运动会**〕　在第九届全国大学生运动会上，湖南代表团共取得了16枚金牌、7枚银牌、13枚铜牌，团体总分506.5分的历史最好成绩。奖牌总数、团体总分均列中西部省份第一。在本届大运会的科学论文报告会上，湖南省获奖论文总分全国排名第七。此外，全省实现了高校“校长杯奖”零的突破，在全国40所获此奖励的高校中，湖南大学、湖南师范大学以高分获奖。

撰稿　彭志远　温佐望　雷桂平　刘阳科
刘　颖　李进军　张和生　王　雷
鲁荷阳　李林芳　颜　丹　王　荣
曾思亮　王　宇　刘会平　汪忠明
审稿　王柯敏　石灯明　王俊良

广东省教育

概　　况

〔基本情况〕

广东省各级各类学校校数、教职工、专任教师情况

	学校数（所）	教职工数（人）	专任教师数（人）
一、高等教育	152	136 153	90 894
（一）研究生培养机构（不计校数）	32		
1. 普通高校	24		
2. 科研机构	8		
（二）普通高等学校	137	130 127	87 402
1. 本科院校	57	86 399	57 060
其中：独立学院	17	15 214	11 807
2. 高职（专科）院校	80	43 442	30 159
3. 其他机构（点）（不计校数）	1	286	183
（三）成人高等学校	15	4 755	2 814
（四）民办的其他高等教育机构	31	1 271	678
二、中等教育	7 772	856 863	654 096
（一）高中阶段教育	4 463	561 125	380 603
1. 高中	1 017	234 162	141 835
普通高中	1 017	234 162	141 835
完全中学	611	138 102	70 411
高级中学	328	76 856	67 545
十二年一贯制学校	78	19 204	3 879
成人高中			
2. 中等职业教育	3 446	326 963	238 768
普通中专	397	46 353	34 222

续表

	学校数（所）	教职工数（人）	专任教师数（人）
成人中专	13	793	589
职业高中	112	12 413	10 484
技工学校	2 924	266 116	192 575
其他机构（教学点）（不计校数）	37	1 288	898
（二）初中阶段教育	3 309	295 738	273 493
1. 初中	3 309	295 738	273 493
初级中学	2 274	198 716	181 629
九年一贯制学校	1 035	97 022	33 876
十二年一贯制学校			4 580
完全中学			53 408
职业初中			
2. 成人初中			
三、初等教育	13 396	422 977	432 374
（一）普通小学	13 396	422 977	432 374
小学	13 396	422 977	381 046
九年一贯制学校			46 633
十二年一贯制学校			4 695
（二）成人小学			
其中：扫盲班			
四、工读学校	2	80	59
五、特殊教育	94	3 329	2 527
六、学前教育	12 720	303 996	168 842

广东省各级各类学历教育学生情况

	毕业生数（人）	招生数（人）	在校生数（人）
一、高等教育			
（一）研究生	23 220	28 073	81 459
博士	2 803	3 459	13 438
硕士	20 417	24 614	68 021
（二）普通本专科	404 011	501 939	1 616 838
本科	181 333	239 456	900 352
专科	222 678	262 483	716 486
（三）成人本专科	145 810	189 069	489 117
本科	54 891	54 792	161 242
专科	90 919	134 277	327 875

续表

	毕业生数（人）	招生数（人）	在校生数（人）
（四）其他各类高等学历教育			
1. 在职人员攻读硕士学位		5 135	17 603
2. 网络本专科生	23 323	36 787	87 064
本科	11 369	15 718	38 190
专科	11 954	21 069	48 874
二、中等教育	4 668 473	4 310 541	13 258 908
（一）高中阶段教育	2 416 096	2 908 045	8 203 451
1. 高中	804 725	773 249	2 403 481
普通高中	688 461	773 249	2 259 282
完全中学	341 854	395 687	1 138 240
高级中学	330 654	356 802	1 066 128
十二年一贯制学校	15 953	20 760	54 914
成人高中	116 264		144 199
2. 中等职业教育	1 611 371	2 134 796	5 799 970
普通中专	292 654	350 346	960 934
成人中专	58 606	59 866	291 216
职业高中	67 903	85 546	243 588
技工学校	1 192 208	1 639 038	4 304 232
（二）初中阶段教育	2 252 377	1 402 496	5 055 457
1. 初中	1 619 805	1 402 496	4 424 650
初级中学	1 092 774	882 736	2 868 173
九年一贯制学校	167 157	203 876	564 857
十二年一贯制学校	22 742	26 528	72 970
完全中学	337 132	289 356	918 650
职业初中			
2. 成人初中	632 572		630 807
三、初等教育	3 091 350	1 452 959	9 725 702
（一）普通小学	1 499 644	1 452 959	8 082 401
小学	1 316 904	1 222 592	6 927 574
九年一贯制学校	167 591	213 812	1 066 365
十二年一贯制学校	15 149	16 555	88 462
（二）成人小学	1 591 706		1 643 301
其中：扫盲班	585 749		689 067
四、工读学校	118	112	204
五、特殊教育	2 917	4 632	24 485
六、学前教育	1 139 751	1 545 551	3 307 177

广东省各级各类非学历教育学生情况

	结业生数（人）	注册学生数（人）
总计	2 957 768	2 585 344
一、高等教育	825 337	458 514
（一）研究生课程进修班	4 476	10 963
（二）自考助学班	7 904	18 464
（三）普通预科生		732
（四）进修及培训	812 957	428 355
其中：资格证书培训	106 175	70 248
岗位证书培训	331 020	24 872
二、中等职业教育	2 132 431	2 126 830
其中：资格证书培训	258 845	239 113
岗位证书培训	628 068	589 921
（一）中等职业学校	244 905	193 926
其中：资格证书培训	124 050	95 226
岗位证书培训	107 544	79 849
（二）职业技术培训机构	1 887 526	1 932 904
其中：资格证书培训	134 795	143 887
岗位证书培训	520 524	510 072

广东省各级各类民办教育基本情况

	学校数（所）	毕业生数（人）	招生数（人）	在校生数（人）	教职工数（人）	专任教师数（人）	其他学生数（人）
一、民办高等教育							
（一）民办高校	50	121 992	172 691	515 473	32 670	23 373	23 326
硕士							
本科学生		46 438	82 386	276 902			
专科学生		75 554	90 305	238 571			
其中：独立学院	17	49 489	72 350	257 768	15 214	11 807	
本科学生		41 835	71 029	245 711			
专科学生		7 654	1 321	12 057			
（二）民办其他高等教育机构	31				1 271	678	16 820
二、民办中等教育							
（一）高中阶段教育	270	97 911	110 530	346 402	37 547	26 041	
1. 民办普通高中	137	35 878	46 754	123 060	29 334	20 567	
2. 民办中等职业教育	133	62 033	63 776	223 342	8 213	5 474	5 404

续表

	学校数（所）	毕业生数（人）	招生数（人）	在校生数（人）	教职工数（人）	专任教师数（人）	其他学生数（人）
（二）初中阶段教育	768	177 511	237 308	643 895	73 676	58 075	
1. 民办普通初中	768	177 511	237 308	643 895	73 676	58 075	
2. 民办职业初中							
三、民办普通小学	741	235 050	331 307	1 599 638	40 134	30 023	
四、民办幼儿园	9 877	612 187	833 545	2 083 090	229 327	126 120	
另有：民办培训机构（不计校数）	1 365				17 442	9 995	717 053

〔**省级政府教育统筹**〕 2012 年，省政府先后召开学前教育三年行动计划现场推进会、高校学科建设与自主创新大会、省教育体制改革领导小组成员单位全体会议、教师节表彰大会等，出台了《省政府关于教育体制综合改革的意见》等重要文件。

〔**教育创强争先建高地**〕 教育创强争先建高地，即“加快创建教育强省，争当教育现代化先进区，打造南方教育高地，走出一条具有广东特色的教育发展路子”，被写入广东省第十一次党代会报告，确定为全省新时期教育改革发展的总抓手和总任务。全省大部分党委政府先后召开了教育创强或教育争先动员大会，部署创强争先工作。2012 年，在教育现代化先进县（市、区）督导验收的基础上，对深圳、佛山两市开展了教育现代化先进市督导验收。教育创强工作也从以粤北地区为主向粤东西两翼全面推进。全年共有 206 个镇（乡、街道）、12 个县（市、区）申报创强督导验收，东西两翼 7 个市均有教育强镇申报。全年新增教育强县 11 个，强县（市、区）覆盖率从 2011 年的 33%提高到 42%；新增教育强镇 162 个，强镇（乡、街道）覆盖率从 2011 年的 38%提高到 51%；新增教育现代化先进区 2 个，珠江三角洲地区教育现代化先进县（市、区）覆盖率从 2011 年的 30%提高到 34%。

〔**教育民生实事**〕 2012 年，全省建设 1 215 所义务教育规范化学校，其中 1 177 所竣工，分别完成年度任务的 121.5%、117.7%；建设 315 所规范化乡镇中心幼儿园，其中 294 所竣工，分别完成年度任务的 126%、117.6%；建成 546 所村级幼儿园，完成年度任务的 109.2%。全省各地市均已建立了学前教育资助制度。全省免费义务教育公用经费补助标准调整为小学每生每年 550 元、初中每生每年 750 元。同时，统一城乡免费义务教育公用经费补助比例，统一城乡免费义务教育公用经费拨付方式。

〔**教育综合改革**〕 加强对 140 项省级教育综合改革试点的跟踪了解，组织专家对全省国家教育体制改革试点项目进行中期现场评估。召开全省教育体制改革领导小组第一次全体会议，专题研究部署深化教育体制综合改革、提升高等教育质量以及引进国际知名高校合作办学等重大工作。

〔**学生助学工作**〕 健全学生资助政策体系。2012 年，拨付学前教育资助专项奖补资金 1.18 亿元，约有 30 万名学前儿童受惠。97.5 万名义务教育阶段学生获得了农村家庭经济困难学生生活费补助资金 2.68 亿元；1.3 万名少数民族学生获得民族地区寄宿制民族班学生生活费补助资金 1 203 万元。20 多万名高中教育阶段学生获得普通高中国家助学金 3.2 亿元；12.5 万名学生享受中职免学费政策，补助资金 3.4 亿元。2012 年秋季学期，有 3.4 万名普通高校新生通过绿色通道顺利入学；近 2 万名新生在入学时获得金额约 1 246 万元的生活补助和生活用品资助；3.1 万名学生缓交学费约 1.9亿元；约 23 万名学生获 2012 年国家奖学金、国家励志奖学金、国家助学金共约 7.8 亿元；约 5.7 万名家庭经济困难大学生获得国家助学贷款 3.2亿元。截至 2012 年年底，国家助学贷款到期还本结清率为97.8%，继续位于全国前列。

〔**教师队伍建设**〕 省政府印发了《关于全面实施“强师工程”建设高素质专业化教师队伍的意见》。全省每年安排5亿元实施“强师工程”，并适度向经济欠发达地区倾斜。省教育厅会同有关部门印发了《广东省“强师工程”实施办法》，提出了具体工作目标、措施和任务进度表。全省中小学教师工资福利待遇得到进一步落实。2012年，全省经济欠发达地区和经济发达地区中小学教师月平均工资水平比2008年底分别增长70%和47%，全省98%的县（市、区）已实现教师工资福利待遇“两相当”。

〔**体育、卫生、艺术和国防教育**〕 全面实施阳光体育计划，深入开展每天1小时校园体育活动，全面实施《国家学生体质健康标准》，促进学生体质健康发展；举办全省第十届中学生运动会。省教育厅组团参加全国第九届大学生运动会，团体总分榜、奖牌榜和体育科学论文报告会团体总分均获第五位。围绕“世界艾滋病日”、“世界爱牙日”等主题，积极开展教育教学活动。研究开发了全省儿童青少年健康监测网络系统，在部分地市开展了学生常见病和传染病网络直报试点工作，进一步加强学校应对突发公共卫生事件的能力。开展“高雅艺术进校园”活动、“广东省第四届中小学生艺术展演活动”，推进学校艺术教育的普及。加强国防教育，按计划组织全省学生军训，联合有关部门举办了2012年全省首届“南粤长城杯”国防技能（普通高校军体拳）比赛。

〔**教育信息化**〕 继续实施“教育资源下乡行动计划”，广东省基础教育网、“广东省名师网络课堂”、“广东省现代教育技术试验联盟网”等汇集了大量优质数字教学资源，促进了教育资源在全省范围内的共建共享。“粤教云”关键技术研究取得突破性进展。教育信息化实验试点工作取得新突破，全省有31个单位成为教育部信息化试点、6所学校被评为中央电教馆“百所数字校园示范校”、25个县（市、区）成为全省首批“以信息化促进义务教育均衡发展实验区”。

〔**民办教育投入**〕 2012年，民办教育专项资金增加到5 000万元，其中学前教育2 000万元、义务教育750万元、高中阶段教育790万元、高等教育1 000万元（其他为技工教育）。省教育厅遵循公开公平公正原则、资助先进原则和促进可持续发展原则，采用专家评审与行政审批相结合、书面评审与现场答辩相结合的方式，首次采取竞争性分配，学前教育和义务教育分别以市为单位进行竞争，高中教育和高等教育以学校为单位竞争。确定了华南师范大学增城学院等10所民办高校、广州市华美英语实验学校等18所民办普通高中为资助学校，以及地级以上市（深圳市除外）的民办学前教育、民办义务教育获得资助等次的地区和学校项目名单。

〔**鼓励和引导民间资金进入教育领域**〕 2012年，省政府出台《鼓励和引导民间投资健康发展实施细则》，明确提出：“对捐资举办和出资人不要求回报的民办学校，按国家有关规定享受有关税收优惠政策。社会组织或者公民个人不动产用于办学，原有不动产过户到民办学校名下，且不属于买卖、赠予或者交换行为的，办理过户手续时只收取证照工本费”。“新建、扩建实施学历教育的非营利性民办学校，符合国家有关规定的可依法以划拨方式取得国有土地使用权，并享受与公办学校相同的规费减免政策优惠”。“对民办学校在师资培养、技能鉴定、政府购买服务等方面与公办学校同等对待”。

〔**教育督导**〕 2012年，完成了教育创强争先督导验收工作制度的顶层设计，制定了实施督学责任区制度和加强中小学规范办学行为督导工作等文件，建立了督学责任区制度。初步建立义务教育基本均衡县督导评估制度，并建立了义务教育基本均衡县督导评估与“创强争先”督导评估的挂钩联动机制。全年共有22所幼儿园被授予省一级幼儿园称号、3所中学被授予省一级学校称号、10所学校通过示范性普通高中初期验收、19所学校通过示范性普通高中终期验收，被授予“广东省国家级示范性普通高中”称号。

〔**教育审计**〕 全省教育系统共开展审计项目16 116项，审计总金额580.02亿元，促进增收节支5.18亿元，其中建设工程审计核减4.3亿元。组织对五邑大学等4所高校党政主要领导进行经济责任审计；组织开展了对南方医科大学等10所省属高校国有资产管理情况的专项审计；组织广东医学院等16所高校开展对校长经济责任审计，发现问题进行整改。共采取241项具体措施，整改问题184个、纠正违规资金9.88亿元。

〔**安全稳定工作**〕 精心组织，周密部署，确保党的十八大召开期间全省校园安全稳定。认真做好全国、全省“两会”和敏感期校园安全稳定工作。加强学校安防基础建设，加强学校安全培训和宣传教育，积极推进安全教育“三进”工作，提高广大师生安全防范意识。在全省范围内开展学生溺水问题专项治理，取得明显成效。认真贯彻落实《校车安全管理条例》，建立全省校车安全管理厅际联席会议制度，全面排查校车安全隐患。建立健全校园风险防范体系，积极推进校方责任保险工作。积极参与社会管理，开展校园及周边治安综合治理工作，推动“平安广东”和“平安校园”建设。

〔**教育交流与合作**〕 举办国际友城大学校长论坛，启动与美国加州的师资培训合作项目，推进与德国的职业教育合作，落实与澳大利亚的交流合作，与澳大利亚新南威尔士州签署合作备忘录。引进世界知名大学来粤合作举办高等教育机构工作取得实质性突破，香港中文大学（深圳）获教育部批准筹设，中山大学—卡内基梅隆大学联合工程学院获教育部批准设立，“广外兰卡斯特大学”申报工作已经启动，广州大学与香港科技大学合作办学达成意向。积极推进中外合作项目的申报和审批，中山大学与法国格勒诺布尔管理学院合作举办工商管理博士学位教育等6个项目获教育部审批。留学生规模进一步扩大，全省各高校招收的外国留学生突破2.1万人，比2011年增长17%。粤港澳台教育交流合作继续发展。

〔**创先争优活动**〕 开展“三爱一奉献”（即“爱党爱国爱人民，为建设幸福广东做奉献”）主题教育实践活动，推动创先争优活动深入开展。紧紧围绕“强组织、增活力，创先争优迎十八大”主题，按照“抓落实、全覆盖、求实效、受欢迎”的工作要求，扎实开展基层组织年各项活动，切实提高基层党组织的活力。积极开展创先争优表彰活动，努力营造“学先进、赶先进”的良好氛围。全省教育系统共表彰创先争优先进基层党组织172个、优秀共产党员212人，其中2个基层党组织受到全国表彰、7个先进基层组织和4名先进个人获省委表彰。此外，1人获深圳世界大运会创先争优优秀共产党员荣誉称号、1个基层党组织获深圳世界大运会创先争优先进基层党组织荣誉称号。

〔**党风廉政建设**〕 积极构筑廉政风险防控体系，在各级教育行政部门和高校逐步构建“分岗查险、分险设防、分权制衡、分级预警、分层追责”的预警防控模式。扎实开展纪律教育学习月活动，注重区分不同对象，分类开展专题教育活动。积极开展廉政文化进校园活动。省教育厅组织春秋两季教育收费检查工作，查处违规收费金额306.28万元，清退违规收费金额303.97万元，查处教育乱收费责任人53人。2012年，省教育厅共受理教育收费信访件380件（其中全国治理教育乱收费部际联席会议办公室转来教育收费信访件88件），比2011年同期下降30%。全年共核查案件线索43宗、共立案11件11人，其中涉及处级干部7人。

基础教育

〔**学前教育**〕 2012年，全省学前教育毛入园率达95%，比2011年提高5.3个百分点。加快推进规范化幼儿园建设，加强幼儿园规范管理，出台《广东省规范化幼儿园办园标准》、《关于〈幼儿园收费管理暂行办法〉的实施细则》、《广东省幼儿园教职工编制标准（试行）》等文件，为全省学前教育科学发展提供制度保障。落实学前教育资助制度，明确学前教育的资助对象为全省3—6岁常住人口家庭经济困难儿童、孤儿、残疾儿童，资助标准为每人每年不低于300元。鼓励有条件的地区，结合本地实际，扩大资助面，提高资助标准。2012年，全省21个地级以上市及顺德区，全部印发了本地学前教育资助制度实施方案。

〔**义务教育均衡优质发展**〕 以省政府办公厅名义转发《国务院办公厅关于规范农村义务教育学校布局调整的意见》，省教育厅提出贯彻意见，要求各地进一步规范农村义务教育学校布局调整的程序和行为，尽力满足农村适龄儿童少年就近接受良好义务教育的需求，办好人民满意的教育。同时，对农村义务教育学校布局调整的程序、标准和督导检查提出了明确要求。

〔**义务教育规范化学校建设**〕 引导各地将义务教育规范化学校建设列入教育强镇、强县（区）以及教育现代化先进县（区）创建工作中统筹考虑，并与实施教育民生实事、中小学校舍安全工程、学校布局调整等工作有机结合，督促指导各地落实义务教育规范化学校建设规划，按标准及时组织开展督导验收工作。

〔**积极推动进城务工人员随迁子女平等接受义务教育**〕 坚持“两个为主”和“一市一策”的原则，推行义务教育阶段学籍与户籍分离的管理办法，努力保障随迁子女平等接受义务教育。2012—2013学年初，全省跨县（市、区）流动的非户籍学生366万人（含进城务工人员随迁子女和其他非户籍学生），约占义务教育阶段在校生总数的29.3%，较2011年增加28.1万人。全省195万名非户籍学生、158.5万名随迁子女入读义务教育阶段公办学校，分别占非户籍学生和随迁子女总数的53.3%、52.7%，入读公办学校的比例比2011年分别提高1.4和2个百分点。

〔**义务教育化债工作**〕 对19个地级以上市及所属101个县（市、区）清理化解农村义务教育债务工作，进行逐市逐县实地验收和考核，全省已完成经审计核实的40亿元债务的清偿工作。

〔**规范义务教育办学行为**〕 2012年春季开学初，抽查6个市关于课程设置、减轻学生课业负担、规范学籍管理、“防流控辍”和教辅资料使用等重点工作情况，并对群众投诉违规补课较多的地区和学校进行暗访，将明察暗访情况通报全省。印发《关于对清远等4市实行防辍重点单位管理的通知》，要求辍学率偏高的清远、河源、阳江和揭阳市采取切实有效措施“防流控辍”，巩固提高义务教育普及水平。编制《广东省义务教育学校管理规章汇编》，开展义务教育学校特色校训征集活动，推动全省义务教育学校规范管理。省教育厅会同省政府纠风办、省财政厅等5部门联合印发《关于印发〈广东省治理义务教育阶段择校乱收费问题的实施方案〉的通知》，并向社会公开。

〔**农村教师队伍建设**〕 继续实施高校毕业生到农村从教上岗退学费政策，全年新增到农村从教“上岗退费”人员5 811名。加大农村紧缺学科教师培训力度，继续开展经济欠发达地区2 000名农村教师置换培训工作。建立中小学教师网络远程培训体系，开展农村义务教育教师全员培训。2012年，全省经济欠发达地区农村中小学教师共有24万人次参加培训。积极开展“教育人才智力扶持山区计划”、“千校扶千校计划”，“广东优质师资下乡”等，促进农村教师的教育教学水平不断提升。组织59名优秀青年教师到经济欠发达地区支教一年。

〔**中小学校舍安全工程**〕　下达2012年省财政校安工程奖补资金6.75亿元和中央财政东部地区农村中小学校舍维修改造奖补资金1.4亿元。截至2012年年底，全省校安工程开工率100%，竣工率99.94%。

〔**特殊教育工作**〕　2012年，落实特殊教育学校学生生均课本费（按不低于普通学生1.5倍）和生均公用经费新标准（按不低于普通学生8—10倍）。

〔**普通高中办学水平提升工程**〕　指导督促各地深化“提升500所普通高中办学水平”民生实事项目，启动“改善100所薄弱普通高中办学条件”项目，继续提升普通高中办学水平。修改完善普通高中办学水平指标体系及评价办法，并着手将研究成果转化为政策措施，加强以提升质量为核心的制度机制建设。深入推进课程改革，坚持把课程改革作为普通高中教育发展的核心工作，探索建立有广东特色的课程体系和组织实施管理制度。建设“高效课堂”，实现教学方式的根本性转变，为学生自主学习和个性发展提供时间和空间。探索拔尖创新人才培养机制，通过先进的教学手段、科学的课程设置和联合高校系统培养的方法，为优秀学生创造良好的发展空间和条件，培养具有创新精神、研究能力的人才。指导部分地市和学校实施特色项目和特色学校建设计划，逐步形成具有独特教育风格和鲜明文化特征的充满活力的高中特色学校，以特色发展带动多样化优质化发展。改进招生考试和质量评价制度。在全省推行将不低于30%的公办示范性普通高中、省一级普通高中招生指标合理分配到初中学校的招生改革，支持学校根据人才培养需要试点自主招生。开展省级民办高中阶段教育专项资金竞争性分配工作，共计资助18所民办高中780万元。其中支持15所民办普通高中开展特色化项目建设，支持3所民办普通高中开展提升水平项目建设。

职业教育与成人教育

〔**内涵建设**〕　编制18个专业实训中心建设参考方案，组织第三批中职教育专业实训中心建设专项资金竞争性分配，有81所学校128个专业获2.5亿元广东省专项资金支持；19所学校专业实训基地获中央财政补助和省级财政配套资金共计6 680万元，8所省属中职学校获新扩建项目第一批补助资金8 150万元，13所学校获国家中等职业教育基础能力建设项目支持资金7 300万元。师资队伍建设力度进一步加大。国家项目层面，有543人报名国家级骨干教师培训和出国培训、109人参加青年教师企业实践、125人（次）人报名骨干校长高级研修班、校长高级研修班、职业院校校长现代职业教育体系专题研究班等；省级项目层面，共开展中等职业教育专业带头人、骨干教师培训、粤东西北地区校长挂职培训等，累计达3 561人次。18所中职学校获第三批国家示范学校建设项目立项，全省总数达63所，位居全国前列。全省新增省示范学校23所、省重点学校2所。修订省重点建设专业指标体系，新增重点建设专业58个（累计334个）。加快推进职教集团建设，新增职教集团14个，累计达31个。

〔**职业教育体系改革**〕 全省对口自主招生的高职院校扩大到15所、4 025人。有32所高职院校和149所中职学校继续开展三二分段试点。加大中高职衔接教学体系建设力度。基本完成中职化学工艺等18个专业教学指导方案的编制工作（累计完成46个）；同时扩大中高职三二分段试点学校及专业，探索中高职衔接人才培养体系和专业与课程标准。拓展高职与本科衔接通道，制订开展高级技术技能型人才培养改革试点方案，以部分示范性高职院校与本科院校联合培养的方式，试点开展高级技术技能人才培养模式改革。继续在教育类、竞技体育、表演艺术类等特殊专业开展五年一贯制试点工作。

〔**成人教育**〕 深入贯彻实施“双转移”战略。据统计，全年全省教育系统开展农村劳动力转移培训128.3万人次，开展农村实用技术培训162.5万人次，有效地提高了农村劳动力技能素质，促进了劳动力的合理转移。同时，面向进城务工人员、离岗转岗人员、企业在岗人员等广泛开展各类社会培训，年培训规模达600万人次。深入开展社区教育和农村成人教育，全省新申报省级社区教育实验区11个，省教育厅第一批评估6个，新评估省级成人文化学校2所。广泛开展“全民终身学习活动周”工作。10月至11月间，广州等7个城市共66个区（县）举办了该项活动，参与单位和部门约2 000个，参与总人数约400万人。

高等教育

〔**高水平大学建设**〕 下达中山大学和华南理工大学2012年建设经费4.5亿元。完成广东省“211工程”三期建设验收工作。在此基础上，完成了“211工程”三期10所参建高校50个省立项重点学科建设项目的验收工作。

〔**重点学科建设**〕 开展第九轮广东省重点学科的申报和评审工作，共确定省重点学科246个。其中“攀峰重点学科”67个、“优势重点学科”112个、“特色重点学科”61个、培育学科6个。与第八轮省重点学科相比，第九轮省重点学科的结构和布局主要特点为：一是一级学科的比例明显增加，一级学科所占比例从第八轮的16.7%上升到70.3%；二是覆盖面明显扩大，尚未获得硕士授权的高校所获得的省重点学科，从第八轮的7个（含6个扶持学科）增加到第九轮的21个，已获学士学位授权的公办本科院校做到了全覆盖，独立学院也实现了零的突破；三是中山大学和华南理工大学所获省重点学科在全省中的比例有所下降，其他高校所占比例有所上升；四是分层建设、分类指导的格局更加完善，“攀峰重点学科”、“优势重点学科”和“特色重点学科”三类学科形成了橄榄型结构。

〔**教学质量与教学改革工程**〕 完成“十二五”高校教学质量与教学改革工程、高职教育改革与实践工程和成人教育等3类年度资金22 190万元、5 000多个省级项目的立项建设与培育工作。其中省高校质量工程确定立项建设67项专业综合改革试点项目、120门精品开放课程（包括40门精品视频公开课及80门精品资源共享课）、62个实验教学示范中心、146个大学生实践教学基地、71个人才培养模式创新实验区、409项高等教育教学改革项目及55所高校申报参加大学生创新创业训练计划项目4 000多项。开展省级高职院校重点专业建设，立项建设29个省级重点专业、98个重点培育专业。获中央财政支持实训基地建设项目12个、省级立项实训基地建设项目36个。组织申报教改项目，拟立项193项。

〔**高等教育创新强校工程**〕 根据《教育部关于全面提高高等教育质量的若干意见》和广东省实际，印发了《关于以协同创新为引领，全面提高我省高等教育质量的若干意见》，成为全省高校推进协同创新、全面提高高等教育质量的指导性、纲领性文件。成立了以省教育厅厅长为组长的“高等教育创新强校工程”领导小组，研制“高等教育创新强校工程”实施方案（讨论稿），内容涵盖推进“高校协同发展计划”、“高校创新能力提升计划”、“高校教学质量与教学改革工程”和“应用型人才培养重点专业建设计划”等。

〔**应用型人才培养改革**〕　制发了《关于全面推进广东省高校应用型本科人才培养模式改革的若干意见》，全面启动了学校层面的应用型人才培养模式改革试点工作。广东商学院与中山大学、华南理工大学、暨南大学经教育部批准，成为卓越法律人才培养基地；中山大学、暨南大学、南方医科大学、汕头大学和广州医学院经教育部、卫生部批准成为第一批卓越医生教育培养计划试点项目高校；华南农业大学湛江荔枝龙眼农科教合作人才培养基地、云浮肉鸡农科教合作人才培养基地、江门水稻农科教合作人才培养基地和中山生猪农科教合作人才培养基地经教育部、农业部批准，成为首批农科教合作人才培养基地。

〔**调整优化学科专业结构**〕　根据教育部有关本科专业管理规定和省政府有关高职专业设置取消备案的要求，省教育厅着手制定专业设置“事后管理”相关文件，组织高职教学指导委员会对新设置专科专业进行检查，将检查结果与招生直接挂钩。向全省高校征求《普通高等学校本科专业设置管理实施办法》的意见。加快推进师范院校学科专业结构调整。对教育、艺术、设计、体育、外语和计算机等适合五年一贯制培养的高职类专业，适当扩大招生和培养规模，以适应基础教育对上述专业人才的迫切需求。批准10所高校试办示范性软件学院，推动高校调整专业结构，适应全省软件服务外包产业发展对高级技术技能人才的需要。

〔**人才培养质量监控**〕　启动建立省级和各本科院校教学质量报告发布制度，研制独立学院教学工作状态评估方案和“十二五”期间广东省高职院校人才培养工作评估规划，继续开展高职院校人才培养评估。对第一批广东省示范性高职院校建设项目进行验收，对未评估且有三届以上毕业生的7所高职院校开展评估条件核查，对2011年接受高职院校人才培养评估的7所高职院校开展评估回访。广东培正学院、广东警官学院接受教育部评估，广州中医药大学的中医学专业通过国家专业认证与评估。

〔**高校科研创新**〕　2012年，学科专项资金对120个高校科研创新平台、484个科研项目进行重点建设和资助，推动高校科研创新能力整体提升。积极推进全省高校繁荣发展哲学社会科学工作，印发了《中共广东省委办公厅、广东省人民政府办公厅转发〈省教育厅关于深入推进我省高等学校哲学社会科学繁荣发展的意见〉的通知》，编制了贯彻落实该《通知》精神的具体实施方案。积极推进“高等学校创新能力提升计划”（即“2011计划”）的相关工作，组织高校围绕国家“2011计划”的要求开展协同创新中心的组建工作，组织起草编制全省“2011计划”及实施方案，积极推进全省高校与广州地区建立协同创新联盟，制定了《广州地区校地协同创新联盟章程（讨论稿）》。

〔**高校科研成果**〕　2012年，全省高校共获国家科学技术奖励12项，其中自然科学二等奖3项、技术发明二等奖1项、科技进步二等奖7项、国际科学技术合作奖1项。全省高校共有10位教授评选为“长江学者”。获批的国家基金项目突破1 700项，相比2011年有较大增幅，特别是国家基金重点项目和国家杰出青年基金项目增幅显著。全省高校获国家基金重点项目26项，相比2011年增加73%；获国家杰出青年基金项目13项，相比2011年增加62.2%，在全国的排位由2011年的并列第五上升到第四位。全省高校共新增省重点实验室13家，占全省20家的65%。2012年，全省高校获国家社会科学重大项目共8项；获教育部重大课题攻关项目4项，立项数占全国立项总数的8.4%；获国家社会科学基金规划项目153项，比2011年增加了19项，同比增长14.2%；批准资助经费2 355万元，比2011年增加335万元，同比增长16.6%。立项总数及所获经费再创新高，总立项数继续在全国排名前列。

〔**高层次人才培养和引进**〕　2012年，全省共评选出“珠江学者”26人，其中特聘教授24人、讲座教授2人。继续实施高校“千百十人才培养工程”，表彰第五批“千百十工程”先进团队5个、先进个人16名；遴选出“千百十人才培养工程”第七批国家级培养对象23名、省级培养对象207名、校级培养对象1 297名。加强对高校人才引进工作的指导，对高校引进高层次人才进行项目资助，全年共对引进的41名高层次人才给予项目资助1 600多万元，对15名“珠江学者”给予人才项目资助1 200多万元。通过资助项目，培养中青年教师300多名。

〔**高职院校基础能力建设**〕　组织开展第二批省级示范性高职院校建设项目论证立项，广东机电职业技术学院、广东工贸职业技术学院、广东农工商职业技术学院3所院校列为省级示范性高职院校建设单位，江门职业技术学院等6所院校列为培育单位。加强高职院校师资队伍建设，完成2 214名教师的省级培训、342名教师的国家级培训。研制“强师工程”高层次技能人才吸引计划和高职教育领军人才培养计划实施方案和管理办法，落实2012年“强师工程”财政资助项目。

〔**招生制度改革**〕　高职院校自主招生改革取得新成效，本科院校基于高考为基础的综合评价选拔制度改革取得新突破。按照“分类指导，因地制宜，分步实施，逐步解决”的原则，科学编制了全省进城务工人员随迁子女接受义务教育后在当地参加升学考试的实施方案。12月29日，印发了《广东省人民政府办公厅转发省教育厅等部门关于做好进城务工人员随迁子女接受义务教育后在我省参加升学考试工作意见的通知》。

〔**做强做优民办高等教育**〕　大力扶持民办高等教育发展，鼓励和支持有条件的民办高等职业院校升格为本科院校，争取民办高校获得硕士学位授予权。规定省有关部门对民办高等学校科研项目、学科建设、专业建设、教师队伍建设等方面给予扶持。发挥民办学校的体制机制优势，创新学校管理制度，推动民办高校在人才培养模式、办学模式、管理体制、产学研合作等方面形成特色，不断提高民办高等教育质量，促进民办高校规范化特色化发展。

〔**毕业生就业**〕　2012年，共有超过65万名高校毕业生在广东求职。截至9月1日，全省2012年应届高校毕业生就业率达94.65%，与2011年基本持平。其中毕业研究生就业率为90.09%、本科毕业生就业率为93.95%、专科毕业生就业率为95.65%，均排在全国前列。落实98名2012届广东省生源免费师范生就业岗位。

〔**思想政治教育工作**〕　对22所高校思想政治理论课建设进行评估，完成高校思想政治理论课教学质量监控体系研究。推进高校德育科研工作，确定2012年度高校思想政治教育课题立项178项。

加强高校思想政治理论课教师培养，开展2012年度高校思想政治理论课新任教师岗前培训，选拔优秀教师参加第四届粤、桂、琼、赣、滇五省（区）高校思想政治理论课青年教师教学基本功联赛并获得优异成绩。组织思想政治理论课名教师、骨干教师培养对象开展社会实践活动，举办4期思想政治理论课教师高级培训班。加强高校辅导员队伍建设，举办4期思想政治教育骨干教师和2012年新上岗专职辅导员培训班。开展高校辅导员在职攻读硕士和博士学位报名考试服务工作。加强高校宣传思想工作队伍建设，省教育厅与省委宣传部和省委党校联合举办6期全省高校哲学社会科学教学科研骨干研修班，近800人参加研修。

召开全省高校思想政治理论课建设经验交流会，继续开展省内校际思想政治理论课建设对口帮扶工作，组织第五批优质课程验收和第六批优质课程中期交流，建设“广东省思想政治理论课在线”网站。

撰稿　刘宏伟
审稿　王　创

深圳市教育

概　　况

〔基本情况〕

深圳市各级各类学校校数、教职工、专任教师情况

	学校数（所）	教职工数（人）	专任教师数（人）
一、高等教育	11	7 367	4 088
（一）研究生培养机构（不计校数）	4		
普通高校	4		
（二）普通高等学校	10	6 823	3 889
1. 本科院校	7	3 876	2 145
其中：独立学院	3	2 774	1 648
2. 高职（专科）院校	3	2 947	1 744
（三）成人高等学校	1	544	199
二、中等教育	324	52 199	28 820
（一）高中阶段教育	89	52 199	11 558
1. 高中	67	47 733	8 545
普通高中	67	47 733	8 545
2. 中等职业教育	22	4 466	3 013
普通中专	3	329	230
成人中专	1	160	115
职业高中	8	1 375	1 029
调整后中等职业学校	3	875	574
技工学校	7	1 727	1 065
（二）初中阶段教育	235		17 262
普通初中	235		17 262

续表

	学校数（所）	教职工数（人）	专任教师数（人）
三、初等教育	333	24 805	33 496
普通小学	333	24 805	33 496
四、工读学校	1	35	23
五、特殊教育	1	341	182
六、学前教育	1 186	46 617	24 154

说明：①普通高等学校中，包含大学城引进的3所研究生院（清华大学深圳研究生院、北京大学深圳研究生院、哈尔滨工业大学深圳研究生院）、暨南大学深圳旅游学院，其他均为独立设置的高等学校；②“（ ）”内数据不计校数；③中等职业学校15所，另有3所非独立法人的办学机构；④普通高中的教职工数中包含普通初中的教职工数。

深圳市各级各类学历教育学生情况

	毕业生数（人）	招生数（人）	在校生数（人）
一、高等教育	26 292	34 097	97 773
（一）研究生	2 902	4 229	11 871
博士	131	225	1 090
硕士	2 771	4 004	10 781
（二）普通本专科	15 425	21 565	63 699
本科	6 245	7 515	28 124
专科	9 180	14 050	35 575
（三）成人本专科	7 749	7 712	20 111
本科	2 237	2 840	7 457
专科	5 512	4 872	12 654
（四）其他各类高等学历教育	216	591	2 092
在职人员攻读博士、硕士学位	216	591	2 092
二、中等教育	46 516	58 641	168 073
（一）高中阶段教育	46 516	58 641	168 073
1. 高中	31 885	37 493	107 926
普通高中	31 885	37 493	107 926
2. 中等职业教育	14 631	21 148	60 147
普通中专	155	806	1 368
成人中专	2 364	2 065	5 242
职业高中	3 947	6 168	15 846
调整后中等职业学校	3 053	3 194	9 611
技工学校	5 112	8 915	28 080
（二）初中阶段教育	73 499	90 490	251 717
普通初中	73 499	90 490	251 717

续表

	毕业生数（人）	招生数（人）	在校生数（人）
三、初等教育	99 359	137 276	683 058
普通小学	99 359	137 276	683 058
四、工读学校	38	32	84
五、特殊教育	55	60	800
六、学前教育	100 648	122 138	316 929

深圳市各级各类民办教育基本情况

	学校数（所）	毕业生数（人）	招生数（人）	在校生数（人）	教职工数（人）	专任教师数（人）
一、民办高等教育	1	297	1 068	2 385	154	89
民办高校	1	297	1 068	2 385	154	89
本科学生						
专科学生	1	297	1 068	2 385	154	89
二、民办中等教育	176	34 373	47 216	123 655	21 898	16 361
（一）高中阶段教育	33	10 617	14 501	38 666	6 817	4 555
1. 民办普通高中	27	6 923	8 033	21 480	6 042	4 087
2. 民办中等职业教育	6	3 694	6 468	17 186	775	468
（二）初中阶段教育	143	23 756	32 715	84 989	15 081	11 806
民办普通初中	143	23 756	32 715	84 989	15 081	11 806
三、民办普通小学	71	41 948	62 562	289 955	4 397	3 266
四、民办幼儿园	1 125	92 640	113 163	291 640	42 901	22 155

〔**综述**〕 2012年，全市以打造教育的“深圳质量”为目标，以“做有使命感的领跑者”为动力，深化教育综合改革，推进各级各类教育协调发展，促进教育基本公共服务均等化，全面提升教育质量，为促进城市发展和民生幸福做出了积极贡献。

〔**率先通过首批“广东省推进教育现代化先进市”专家督导验收**〕 深圳市是首批申报“广东省推进教育现代化先进市”的城市之一，在全市6区都建成广东省教育现代化先进区的基础上，继续积极做好各项创建工作和迎评工作，顺利通过广东省推进教育现代化先进市专家组督导验收。

〔**完善教育投入保障机制**〕 市政府出台《关于落实市区财政教育投入责任 进一步加大教育投入力度的意见》，对财政教育投入的目标、统计口径、市区投入责任、资金渠道以及经费使用管理等提出具体意见，明确要求市区两级都要达到教育投入法定增长要求，进一步完善了教育投入保障机制。2012年，财政教育投入266.9亿元，占全市财政支出的17.4%，同比提高1.4个百分点。

〔**教育体制改革成效初显**〕 出台《深圳市教育发展“十二五”规划》及覆盖学前教育、教育信息化、教育国际化、教师队伍建设等方面的6个配套文件，进一步明确各项教育改革的目标任务和发展路径。深入推进深圳市承担的3项国家教育体制改革试点工作，63项市级改革项目全面启动，教育改革的系统性、整体性不断提升。省级统筹综合改革、改善民办教育发展环境、深化中小学课程改革均得到教育部和省教育厅专项评估组的充分肯定。获“第三届地方教育制度创新优秀奖”和“全国教育改革创新特别奖”，被列为国家教育改革试点工作典型案例。

〔**打造教育国际先锋城市**〕　实施教育国际化战略，出台《教育国际化行动计划》，不断提高教育开放水平。选派5批120名中小学校长和骨干教师赴美国、英国进行海外培训，鼓励7所民办高中开展国际课程试点。加强国际教育交流与合作，与多个国家建立了教育交流关系，与深港澳教育合作进入常态化、规范化。深圳大运留学基金会影响力不断加大，2012年申请资助人数是2011年的5倍，遴选并确定资助40名来华留学、出国（境）留学及短期考察的学生。

〔**构筑教育信息化高地**〕　出台《深圳市教育信息化发展行动计划》，推进校园数字化建设，促进现代信息技术与教育教学的深度融合。开展“教育云”试点工作，加强教育监控视频互联互通，推出中小学网络课堂和电视教育点播平台，实现万节优质课免费点播。完成首届“全国中小学信息技术教学应用展演”承办任务，充分展示全市教育信息化的特色和亮点。创建5个首批全省“以信息化促进义务教育均衡发展实验区”。市教育局被确定为教育部第一批教育信息化试点单位。

〔**开展“两提升”工作**〕　开展以提升教育服务质量和教育服务公众满意度为内容的“两提升”工作，实施教育行政优质服务、网络教育服务；开办家庭教育辅导讲座，建立家长委员会；全市高中学校全部建成师生综合服务窗口，为学生和家长提供一站式服务，受到广大市民和教育同行的好评。

〔**加强教育督导工作**〕　加强督导评估，促进学校优质规范发展。实施科研、评估、培训三位一体的工作方式，创新运用诊断性、发展性评估理念和方法，完成70所公办中小学办学水平评估和120所学校、幼儿园常规评估，促进受评学校优质发展。启动学习型社区督导评估，评估验收了一批学习型社区。举办中法教育督导研讨会，加强教育督导工作国际交流与合作。

〔**建设平安校园**〕　完成中小学校舍安全工程三年规划，市区总投资约15.6亿元，完成268个项目、总建筑面积92万平方米的建设任务。建立气象灾害天气预警发布机制、学校安全隐患市民举报机制、校方责任险与学生意外伤害险双险捆绑机制、校车安全管理协作机制，形成学校安全管理齐抓共管的局面。实施校车量化分级管理，集中培训校车驾驶员2 918人，检查校车3 500多辆，校车安全管理工作得到国务院校车检查组充分肯定。拉网式排查整治学校安全隐患，加强学校食品安全检查，开展千校师生安全大演练和学校安全百日行动。开展学校安全标准化试点建设，开办学校安全管理培训班，设立学校安全法律服务中心，为学校安全管理提供专业法律服务。

〔**教育宣传工作深入推动**〕　推动《南方教育时报》的创办和公开发行，构建全市教育宣传新阵地。开设“深圳特区报·鹏城教育”专版，密切关注教育热点难点问题，精心策划各类宣传活动。首批进入深圳市政务微博发布厅，利用政务微博等新媒体形式宣传教育。举办首届民办高中办学成果展、百所高校招生咨询会等主题教育宣传活动，宣传的形式、数量、质量均取得新突破。

〔**举办首届全国中小学信息技术教学应用展演**〕　9月25—27日，首届“全国中小学信息技术教学应用展演”在深圳市举行，全国31个省（区、市）、新疆生产建设兵团和5个计划单列市教育行政部门主要领导、中小学校长和教师、国内外近百家知名高新技术企业的专家、技术人员和国内20余家主流新闻媒体以及社会各界人士，观摩展演和参加论坛等活动，累计参展和观展人数超过10万人次。

〔**举办全省第十届中学生运动会**〕　作为总牵头单位，市教育局全力以赴，先后从60多所学校和教育局机关抽调了200多人参与筹备工作，确定19所学校作为比赛场馆和接待运动员的驻地学校，选拔34所学校的3 000多名学生参加开闭幕式表演，安排28所学校参与对口接待工作，举全市教育系统之力，全力做好各项承办工作，最终实现了“一流场馆设施、一流赛事组织、一流开闭幕式、一流竞赛成绩、一流服务接待、一流城市形象”的承办工作目标。深圳市代表团获团体总分和金牌、奖牌总数全省第一的好成绩。

基础教育

〔**推进学前教育公益普惠发展**〕 出台《深圳市学前教育发展行动计划（2012—2013年）》，明确学前教育公益、普惠、优质发展的新方向。大力推进普惠性幼儿园建设，70所民办幼儿园转型为普惠性幼儿园，普惠性幼儿园覆盖每一个街道。市区设立学前教育专项经费，普惠性幼儿园补贴和儿童健康成长补贴共3.5亿元，受益儿童达22万人次。提升幼儿园保教水平，92%的幼儿园通过规范化督导验收。

〔**加强学位建设**〕 全市新改扩建中小学15所，新增公办学位2.3万个，其中新改扩建全寄宿制普通高中3所，新增公办普通高中学位7 750个；新办幼儿园77所，新增学位2.2万个。61.8万名学生享受免费义务教育。资助各类学生13.2万人次，金额达2亿元。

〔**扎实推进素质教育**〕 开展青少年普法教育、志愿者服务、学生微公益行动等主题德育活动，提高学生文明素养；深入开展中小学德育绩效评估，全市13所中小学获评广东省德育示范学校；坚持学生每天锻炼一小时，着力提高学生体质，学生在国内外各类体育比赛中名列前茅。开展深圳市第七届学校艺术展演季活动。在全国中小学艺术展演中一等奖数量位居全国前列。

〔**中小学课程改革全面推进**〕 调整初中综合课，优化高初中课程设置。创立中小学课程改革现场会制度，召开8次课程改革基层创新现场会，展示课程改革的创新成果。在全国课程改革专题汇报会上，深圳市经验得到领导和专家的高度评价。在全国首创教研、科研、学校“三结合”工作制度。制订“市长质量奖”教育类评定标准。在全市66所中小学和幼儿园开展卓越绩效管理试点工作，引入先进管理技术，提高学校办学水平和管理、服务质量。2012年，全市高考成绩创历史新高并处于全省前列。

〔**推动普通高中优质特色发展**〕 深入开展素质教育特色学校创建活动，对首批61所创建学校进行专项督查，评审第二批36所创建学校，推动中小学特色发展。鼓励9所普通高中开展创新型人才培养试点，首所“科学高中”正式挂牌招生。截至2012年年底，全市普通高中建成省一级学校49所，占高中总数的73.1%；建成国家级示范性普通高中28所，占高中总数的40.3%。

〔**统筹推进特区教育一体化**〕 实施全市统一的中小学校设备设施配置标准和价格参考标准；稳步推进优质高中招生名额分配到初中的改革，近30%的高中招生名额分配到各初中学校；推进全市6个行政区开展“全国义务教育发展基本均衡县（区）”建设；深入开展中小学“百校扶百校”行动（即组织101所优质学校，对宝安、龙岗、光明、坪山等区101所中小学校的管理水平和教育教学质量进行“一对一”帮扶），有效帮扶101所相对薄弱学校提高教育管理水平和教学质量。

〔**出台扶持民办教育发展三大新政**〕 出台民办学校学位补贴、教师长期从教津贴、优质规范民办学校奖励等配套政策等三大新政，扶持民办教育发展，减轻家长经济负担，稳定教师队伍。政策实施第一年，有5.1万名学生、1.4万名教师、193所学校获得约5.3亿元的财政补贴和奖励。

职业教育与成人教育

〔**扩大紧缺专业免学费范围**〕 对全市产业发展人才紧缺的10个专业实行免学费，惠及4 700名中职学生。

〔**积极创建国家中职教育改革发展示范学校**〕 组织华强职业技术学校申报第二批国家中职教育改革发展示范学校创建工作，并通过教育部评审。深圳市第二职业技术学校和龙岗职业技术学校被认定为国家中职教育改革发展示范学校第三批立项建设学校。全市已有5所学校列入国家中职教育改革发展示范学校建设行列。

〔**举办职业教育与产业发展对话大型系列活动**〕 5月12日，举办了深圳职业教育与产业发展对话大型系列活动，其中包括深圳中等职业教育与产业发展对话高峰论坛、校企合作签约仪式、职业院校办学成果展、毕业生就业“双选会”、技能大赛颁奖大会和中职学校招生宣传展等活动。

〔**技能大赛再创佳绩**〕 深圳市代表队参加2012年全国职业院校技能大赛，中职组获一等奖14项19人次、二等奖20项21人次、三等奖27项40人次；参加2012年职业院校学生技能作品展洽会及职业教育信息化教学成果展，获学生技能作品一等奖4个、二等奖8个、三等奖7个、优秀奖27个；深圳市获职业院校学生技能作品展洽会和职业教育信息化教学成果展组织工作突出奖。

〔**积极推动学习型城市建设**〕 修订《深圳市学习型社区督导评估实施方案》和《深圳市学习型社区督导评估指标体系》。试点建设26所社区学校，强化宝安、南山、福田3个全国社区教育示范区的作用，推进龙岗区创建全国社区教育实验区。举办2012年深圳市全民终身学习活动周。启动市一级教育培训机构专项督导评估，促进各级各类成人培训活动规范发展，全年参加各类教育培训活动达120万人次。制发《深圳市实施“全民素质提升计划”工作方案》，促进市民学历层次及综合素质的提高。

高 等 教 育

〔**推进特色学院建设**〕 创新发展高等教育，推动高校、科研院所、企业联合成立特色学院，培养产业急需的高端适用人才。市政府成立了由市长许勤担任组长，副市长吴以环担任常务副组长的特色学院建设领导小组，出台《关于加快推进特色学院建设发展的意见》，确定了市政府对特色学院建设工作的支持政策。特色学院建设已取得阶段性进展，深圳先进技术学院、光启新材料学院、广州中医药大学深圳临床学院、中国资本市场学院等先后挂牌成立。引进俄罗斯列宾美术学院合作办学工作启动。

〔**深圳大学与深圳职业技术学院联合招收首届高职本科生**〕　经省教育厅批准，深圳职业技术学院挂靠深圳大学首次联合招收培养高职本科生，招生专业分别为电子信息工程、计算机科学与技术、机械设计制造及其自动化、食品科学与工程，录取批次为第二批本科 A 类。实际录取 234 人，全部在 2A 线上（出档线 523 分），其中超过 530 分以上的占录取总数的 65.38%，超过 550 分的有 24 人，生源素质优秀，实现了高职招收培养本科生的新突破。

〔**“鹏城学者计划”取得良好成效**〕　组织开展“鹏城学者计划”（即由市政府财政专项经费支持，在深圳的全日制高校设立 60 个特聘教授岗位，聘请国内外著名教授和学科带头人，以促进全市高校重点学科建设）第一周期（3 年）实施情况的评估，受评的 47 名特聘教授中有 36 人优秀、11 人良好。“鹏城学者计划”对建设深圳市高等教育高端人才队伍、提升高等教育质量起到了积极作用。

〔**南方科技大学获批成立并招生**〕　4 月 18 日，教育部发文同意正式设立南方科技大学，由省政府管理，学校层次为多科性本科高校，在校生规模为 8 000 人。学校 2012 年本科招生采取“基于高考的综合评价录取模式”，即按高考成绩占 60%，高中阶段平时成绩占 10%，学校复试成绩占 30%，择优录取了 188 名学生。

〔**香港中文大学（深圳）获批筹建**〕　9 月 27 日，教育部批准深圳大学与香港中文大学合作筹备设立香港中文大学（深圳）。10 月 11 日，举行了香港中文大学（深圳）批筹暨启动校区开工仪式，筹备工作全面展开。香港中文大学（深圳）秉承香港中文大学优良的学术传统，致力于培养具有国际视野的创新型高层次人才，创建扎根深圳、立足中国、面向世界的一流研究型大学。

撰稿　鲁　江　胡　鹏　余志勇

审稿　郭雨蓉　范　坤　陆万伟

广西壮族自治区教育

概　　况

〔基本情况〕

广西壮族自治区各级各类学校校数、教职工、专任教师情况

	学校数（所）	教职工数（人）	专任教师数（人）
一、高等教育	76	54 874	36 045
（一）研究生培养机构（不计校数）	12		
1. 普通高校	12		
2. 科研机构			
（二）普通高等学校	70	53 344	35 027
1. 本科院校	31	36 203	23 016
其中：独立学院	9	5 350	3 823
2. 高职（专科）院校	39	17 141	12 011
3. 其他机构（点）（不计校数）			
（三）成人高等学校	6	1 530	1 018
（四）民办的其他高等教育机构			
二、中等教育	5 553	492 311	375 365
（一）高中阶段教育	3 693	364 095	257 887
1. 高中	450	67 548	44 557
普通高中	450	67 548	44 557
完全中学	190	28 219	12 718
高级中学	248	37 437	31 290
十二年一贯制学校	12	1 892	549
成人高中			
2. 中等职业教育	3 243	296 547	213 330

续表

	学校数（所）	教职工数（人）	专任教师数（人）
普通中专	319	30 375	20 743
成人中专			
职业高中			
技工学校	2 924	266 116	192 575
其他机构（教学点）（不计校数）	2	56	12
（二）初中阶段教育	1 860	128 216	117 478
1. 初中	1 860	128 216	117 478
初级中学	1 639	115 465	100 950
九年一贯制学校	221	12 751	5 293
十二年一贯制学校			401
完全中学			10 834
职业初中			
2. 成人初中			
三、初等教育	13 535	232 714	217 151
（一）普通小学	13 535	232 714	217 151
小学	13 535	232 714	211 315
九年一贯制学校			5 445
十二年一贯制学校			391
（二）成人小学			
其中：扫盲班			
四、工读学校	3	32	16
五、特殊教育	62	1 516	1 105
六、学前教育	7 554	79 864	44 857

广西壮族自治区各级各类学历教育学生情况

	毕业生数（人）	招生数（人）	在校生数（人）
一、高等教育			
（一）研究生	7 225	8 429	23 545
博士	147	209	739
硕士	7 078	8 220	22 806
（二）普通本专科	162 169	192 144	629 243
本科	62 134	82 326	306 128
专科	100 035	109 818	323 115
（三）成人本专科	56 752	91 910	199 093
本科	25 536	33 548	76 801
专科	31 216	58 362	122 292

续表

	毕业生数（人）	招生数（人）	在校生数（人）
（四）其他各类高等学历教育			
1. 在职人员攻读硕士学位		1 066	3 721
2. 网络本专科生			
本科			
专科			
二、中等教育	3 037 212	2 913 265	8 703 713
（一）高中阶段教育	1 760 836	2 244 610	6 106 704
1. 高中	353 738	292 818	940 027
普通高中	237 474	292 818	795 828
完全中学	62 339	81 763	214 557
高级中学	171 859	207 882	571 608
十二年一贯制学校	3 276	3 173	9 663
成人高中	116 264		144 199
2. 中等职业教育	1 407 098	1 951 792	5 166 677
普通中专	132 940	146 962	404 229
成人中专	81 950	165 792	458 216
职业高中			
技工学校	1 192 208	1 639 038	4 304 232
（二）初中阶段教育	1 276 376	668 655	2 597 009
1. 初中	643 804	668 655	1 966 202
初级中学	550 539	566 195	1 672 879
九年一贯制学校	25 793	28 722	81 223
十二年一贯制学校	1 762	2 266	6 637
完全中学	65 710	71 472	205 463
职业初中			
2. 成人初中	632 572		630 807
三、初等教育	2 278 129	742 110	5 908 132
（一）普通小学	686 423	742 110	4 264 831
小学	664 390	718 089	4 127 720
九年一贯制学校	20 483	22 885	129 375
十二年一贯制学校	1 550	1 136	7 736
（二）成人小学	1 591 706		1 643 301
其中：扫盲班	585 749		689 067
四、工读学校	11	8	48
五、特殊教育	1 441	2 538	14 270
六、学前教育	741 110	1 111 219	1 659 317

广西壮族自治区各级各类非学历教育学生情况

	结业生数（人）	注册学生数（人）
总计	792 095	637 975
一、高等教育	183 389	105 265
（一）研究生课程进修班	1 339	4 068
（二）自考助学班	3 437	9 630
（三）普通预科生		826
（四）进修及培训	178 613	90 741
其中：资格证书培训	50 717	53 063
岗位证书培训	77 383	27 631
二、中等职业教育	608 706	532 710
其中：资格证书培训	218 352	186 771
岗位证书培训	151 658	134 444
（一）中等职业学校	180 320	119 987
其中：资格证书培训	95 670	59 288
岗位证书培训	45 175	18 722
（二）职业技术培训机构	428 386	412 723
其中：资格证书培训	122 682	127 483
岗位证书培训	106 483	115 722

广西壮族自治区各级各类民办教育基本情况

	学校数（所）	毕业生数（人）	招生数（人）	在校生数（人）	教职工数（人）	专任教师数（人）	其他学生数（人）
一、民办高等教育							
（一）民办高校	21	30 074	38 587	123 273	9 461	6 497	7 395
硕士							
本科学生		13 685	22 665	75 597			
专科学生		16 389	15 922	47 676			
其中：独立学院	9				5 350	3 823	2 594
本科学生		13 685	21 544	73 821			
专科学生							
（二）民办其他高等教育机构							
二、民办中等教育							
（一）高中阶段教育	180	45 883	60 669	166 524	11 986	8 046	
1. 民办普通高中	78	17 038	24 579	60 712	7 217	4 986	
2. 民办中等职业教育	102	28 845	36 090	105 812	4 769	3 060	5 431

续表

	学校数（所）	毕业生数（人）	招生数（人）	在校生数（人）	教职工数（人）	专任教师数（人）	其他学生数（人）
（二）初中阶段教育	135	24 205	27 903	80 011	5 968	4 425	
1. 民办普通初中	135	24 205	27 903	80 011	5 968	4 425	
2. 民办职业初中							
三、民办普通小学	172	21 062	23 703	137 442	4 842	3 359	
四、民办幼儿园	6 905	242 216	446 071	831 928	65 872	36 559	
另有：民办培训机构（不计校数）	11				39	24	3 765

〔**教育政策研究与法制建设**〕 2012年，全区开展了5项教育改革与发展战略的课题研究，完成了4份规范性文件的合法性审核工作，对16份法律法规进行了征求意见工作。组织召开全区教育系统“六五”普法工作会议，会同自治区党委组织部、宣传部、政法委和自治区司法厅、法学会开展“百名法学家百场报告会”法治宣讲活动。大力推进扩权强县各项工作，研制了《自治区教育厅关于民办学校筹设、合并、分立、变更、终止审批下放方案》等6个方案。启动第六批行政审批项目清理工作，修订《广西壮族自治区行政审批操作规范》。共办理自治区人大代表建议44件和政协提案71件。

〔**教育经费投入和支出**〕 2012年，全区教育经费总收入739.53亿元，比2011年增长24.53%。其中预算内教育经费586.33亿元，比2011年增长26.49%。2012年，全区教育经费总支出695.78亿元，比2011年增长20.76%。其中事业性经费支出675.72亿元，比2011年增长20.29%。

〔**教育科学研究**〕 编制完成《广西教育发展报告（2012）》和《广西教育数据分析（2012）》。完成了《广西壮族自治区义务教育学校教学常规（试行）》前期研制准备工作。设立广西教育科学“十二五”规划课题246项，其中中职专项课题53项、学生资助专项课题44项、广西高校反腐倡廉研究专项课题33项、基础教育“创新育人模式”实验研究专项课题30项、自治区考试招生研究专项课题15项。对自治区教育科学重点研究基地进行评估并给予资助。

〔**教育督导**〕 建立全区县域义务教育均衡发展督导评估制度。6月，自治区制定并发布了《广西壮族自治区县域义务教育均衡发展督导评估实施办法》（桂政办发〔2012〕153号）。10月，自治区政府教育督导团分别对龙胜各族自治县、蒙山县、合山市进行了义务教育发展基本均衡县（市）督导评估，并向国家申报全国首批义务教育发展基本均衡县。

〔**组织开展基础教育质量检测**〕 南宁市江南区、容县、北流市、平南县、宾阳县、乐业县、临桂县、西林县、大化瑶族自治县、防城港市防城区10个县（市、区）列入2012年国家义务教育阶段学生数学和科学学习质量监测样本县（市、区）。为组织好质量监测工作，自治区教育厅成立了工作领导小组，研制了《广西基础教育质量监测应急处置预案》和《广西基础教育质量监测工作实施方案》，建立了广西基础教育质量监测工作机制。各监测样本县（市、区）及时制定监测计划，划拨专项经费，配备专职人员，开展专门培训，培训面达100%，培训工作人员2 284人次，培训学生47 322人次。在5月27—30日全国统一测试期间，国家视导组派出11位专家作为视导员、自治区派出10位专家作为巡视员，分别到自治区10个县（市、区）进行基础教育质量监测工作巡视指导。

〔**教育绩效考评**〕　制发了《自治区教育厅2012年度绩效考评指标体系及评分细则》、《自治区教育厅2012年度设区市绩效考评教育为民办实事和教育专项工作指标考核实施方案》，进一步明确了年度考核的目标任务、工作要求、完成时限以及责任领导、责任单位和具体责任人。组成联合督查组和调研组多次赴全区14个地市40多个县和20多所高校进行全面的督查核验和调研。在2012年度全区绩效考评中，自治区教育厅获“优秀”等次。

〔**教师队伍建设**〕　举办2012年教师节系列活动及师德论坛和师德巡回讲学，推选北流市六麻镇上合小学水表分校教师黄业珍为全国“最美乡村教师”。评选表彰了100名特级教师、300名八桂优秀乡村教师及100名优秀班主任。

全年认定教师资格2.3万多人，其中高等学校教师资格1 412人、高级中学教师资格9 561人、初级中学教师资格3 773人、小学教师资格3 274人、幼儿园教师资格4 405人、中等职业学校教师资格1 030人、中等职业学校实习指导教师资格41人。启动全区中小学教师资格考试与注册试点工作。印发《广西中小学教师资格考试改革试点实施方案》和《广西中小学教师定期注册制度试点实施方案》，组织全国统一考试，并指导钦州市作为第一批教师资格注册试点市。

投入5 000万元，继续实施高校师范专业办学能力提升计划。新增1个示范性教师教育基地和2个重点培育教师教育基地。加大幼教师资培养力度，新批准35所具备中等师范学前教育专业培养资格的学校举办学前教育专业。2012年，中等师范学前教育专业共计招生9 755人。继续实施“特岗计划”，招聘5 060名特岗教师。认真做好2012届免费师范毕业生就业工作。

继续实施基础教育名师名校长培养工程和特级教师工作坊建设。对100名名师和100名名校长进行培训。扩大特级教师工作坊建设规模，全年新遴选第三批50个特级教师工作坊。投入1.17多亿元，实施中小学教师“国培计划”和“区培计划”。通过“国培计划”置换脱产研修、短期集中培训、远程培训等模式，培训农村中小学教师4.8万人次。组织开展“幼儿教师国家级培训计划”，培训幼儿园园长、骨干教师、保教主任等5 127人。积极开展“区培计划”，培训中小学教师、班主任、校长、高中新课程改革教师等10万人次。

〔**体育、卫生、艺术与国防教育**〕　2012年，继续全面推行大课间体育活动制度，广泛开展课外体育活动，落实学生每天锻炼1小时制度。组织参加全国中小学阳光体育运动优秀案例征集评选活动，4个案例获全国优秀奖、4个案例获入围奖。承办全国第九届大学生运动会足球预赛，组织参加全国第九届大学生运动会，获1金3银3铜及“体育道德风尚奖”。组织开展第三届全区高校教职工羽毛球锦标赛、全区高校“校长杯”乒乓球比赛和第三届全区高校“校长杯”暨大学生网球比赛，并与建设银行广西区分行联合举办第六届“建行杯”银校网球赛。评选自治区“卫生优秀学校”24所，177所“自治区卫生优秀学校”通过复评达到优秀标准。举办5期学校公共卫生知识培训班，培训1 000名教育行政部门管理人员和校长。开展全区第四届中小学生艺术展演活动，组织参加全国第三届大学生艺术展演活动，舞蹈类节目获一等奖总数与浙江省并列全国第一。继续开展高雅艺术进校园活动，与文化部文化科技司、自治区文化厅联合举办2012·“红铜鼓”中国——东盟艺术教育成果展演活动。举行全区高校2012年学生军训阅兵大会暨军事技能表演活动。举办全区高等学校国防教育工作会议暨军事理论课教师培训班。

〔**学校安全稳定工作**〕　出台《广西校园及周边治安综合治理工作考评指标》、《广西中小学“平安校园”创建及管理办法》和《广西中小学创建“平安校园”评估标准》等文件，在全区中小学幼儿园开展创建“平安校园”活动。南宁市第二十一中《校警联合构建平安和谐放心校园》、钦州市子材小学《创新消防教育造就平安校园》被中央综治委校园安全专项组表彰为首届平安校园建设优秀成果三等奖。在高校开展创建“安全文明校园”活动中，有54所高校被评为“2012年广西高校安全文明校园”。加强治安综合治理工作，推进“三防”建设，开展“打非治违”、破案“百日会战”等专项行动，维护了校园及周边良好的治安环境，自治区高校工委、自治区教育厅被评为2011—2012年度自治区综治委先进成员单位。加强校车安全管理，建立自治区校车安全管理厅际联席会议，出台了《关于进一步加强中小学校车安全工作的指导意见》、《关于校车安全管理工作的实施意见》等政策文件，在龙胜、鹿寨、三江、忻城4个县开展校车服务试点，进一步规范校车安全管理。

〔**少数民族教育**〕 从2012年起，实施民族乡寄宿制学校标准化建设会战计划，计划投资1.6亿元，用2—3年时间使全区58个民族乡161所寄宿制学校的办学条件、教学仪器设备、图书配备等达到国家和自治区规定的标准。2012年，下达2 000万元资金，安排21个民族乡23个项目。研制《广西普通高等学校少数民族预科学生管理暂行规定》，规范自治区少数民族预科学生管理。继续扩大少数民族预科学生招生，全年共录取1 749人。安排500万元，支持广西民族大学、广西民族师范学院、右江民族医学院等民族特色学科建设，增强高等教育服务民族地区经济社会的能力。2012年，实施“少数民族高层次骨干人才计划”，国家重点院校（所）和部分地方院校共录取广西生源地硕士生320名、博士生112名。开展民族团结教育，加强民族团结教育课程体系建设，建立广西民族团结教育师资培训基地，举办首届全区中小学校民族团结教育骨干教师培训班。出台《关于进一步加强壮汉双语教育工作的意见》，制定《壮汉双语教育二类模式实施办法》，印发《壮语文课程标准（试行）》，编写开发适合广西壮汉双语教学模式需要的双语教材，组织摄制教育文献纪录片《壮文》，并于11月16日正式出版发行。

〔**教育交流与合作**〕 2012年，自治区教育系统共组织访问团组255批882人次赴国（境）外进行考察、讲学、科研合作、参加国际会议、短期培训等活动。聘请长期外专外教143人。邀请62名专家学者到自治区高校参观访问，进行教育交流。全区高校新招收来华留学生共计3 256人，其中学历生597人、长期进修生1 780人、短期进修生879人。2012—2013学年度，自治区政府东盟国家留学生奖学金继续资助历届生222人，招收新生113人，奖励学习优秀的留学生70人，奖学金金额达1 000万元。自治区财政资助出国留学57人，资助高校八桂学者和特聘专家出国经费达380万元。国家留学基金委西部人才培养特别项目自治区录取49人，其中英语骨干教师项目18人、创新访问学者10人。西部项目首次在自治区录取成组配套项目，共录取广西大学等5所高校21人。经外交部和教育部批准，“中国—东盟商务会展人才培训中心”、“中国—东盟艺术人才培训中心”、“东盟国家汉语人才培训中心”、“中国—东盟金融与财税人才培训中心”4个中国—东盟教育培训中心落户自治区高校。“中国—东盟农业培训中心”在广西农业职业技术学院挂牌成立。举办“中国—东盟职业教育联展暨论坛”，东盟10国教育部有4位副部长及一批司局长以及52所高校152名代表参加了活动。自治区教育代表团赴我国台湾参加2012年桂台经贸文化合作论坛。其间，自治区教育厅与花莲县教育处联合举办桂台教育交流合作恳谈会，广西教师教育研究会与台湾花莲县中小学校长协会签署学术交流合作协议。教育部审批同意广西民族大学与英国斯泰福厦大学合作举办会计学专业本科教育项目、广西财经学院与澳大利亚精英高等教育学院合作举办会计学专业本科教育项目、桂林理工大学与英国伯明翰城市大学合作举办市场营销专业本科教育项目，这是自治区首批本科层次中外合作办学项目。

〔**语言文字工作**〕 2012年，启动中国语言资源有声数据库广西库建设，计划用5年时间完成建库工作。完成15个县“国家三类城市语言文字工作评估”任务。开展“第15届全国推广普通话宣传周”活动，组织“推普周宣传大篷车”到天峨县开展推普宣传活动。举办“国培计划（2012）广西第7期少数民族教师普通话培训班”，培训101名农村和少数民族地区教师。组织语言文字科研论文评选，自治区有3篇论文入选全国普通话培训测试学术研讨会交流论文。启动语言文字信息化建设，举办“广西第5届中华经典诵读大赛暨广西校园中华经典诵读总决赛”。全面实行普通话“计算机辅助测试”，全年测试17万人（次），超额完成年度测试12万人（次）的任务。

基础教育

〔实施学前教育三年行动计划〕　自治区政府出台了《关于印发加快贫困地区农村学前教育发展工作方案的通知》，以集中连片特殊困难地区及国家扶贫开发工作重点县为重点范围，开展农村学前教育建设扶贫工作。年内实施学前教育推进工程、中西部扩大学前教育资源建设项目，投入10.9亿元，新建、改扩建农村幼儿园2 200所。自治区财政厅、教育厅出台了《广西壮族自治区财政扶持城市学前教育发展奖补资金管理暂行办法》、《广西壮族自治区财政扶持民办幼儿园发展奖补资金管理暂行办法》，建立综合奖补机制，投入扶持城市幼儿园和民办幼儿园奖补资金2.2亿元，支持4 043所幼儿园改善办园条件。促进幼儿园内涵发展，年内新评估确认21所自治区示范幼儿园，自治区示范幼儿园已达92所。开展第一个“学前教育宣传月”活动，广泛宣传学前教育发展成就。

〔县域农村学前教育发展机制改革试点〕　在广西师范大学成立广西学前教育改革与发展研究中心，定期组织学前教育专家对各地实施学前教育三年行动计划和县域农村学前教育发展机制改革进行调研指导。组织县域农村学前教育发展机制改革试点中期调研，重点了解各试点市、县（市、区）在园舍建设运作机制、经费筹措机制等方面的突破措施。开展试点案例写作培训活动，总结试点成果。

〔义务教育经费保障机制改革〕　2012年，全区共有564万名农村义务教育阶段学生享受免费教科书和免学杂费政策资助，142万名农村家庭经济困难寄宿生享受生活费补助。农村义务教育阶段学校公用经费补助标准按生均小学500元、初中700元标准补助。此外，中央和自治区对不足100人的农村小学教学点，按100人的标准补助公用经费，加大对薄弱学校办学经费的倾斜支持。中央和自治区各级财政共投入农村义务教育经费保障机制改革资金76.38亿元，其中免费教科书资金7.68亿元、补助公用经费资金35.85亿元、补助家庭经济困难寄宿生生活费资金16.73亿元、农村中小学校舍维修改造资金16.12亿元。

〔进城务工人员随迁子女及农村留守儿童义务教育工作〕　2012年，全区共接收进城务工人员随迁子女接受义务教育约37万人，全部取消借读费。共接收农村留守儿童145万人，占义务教育阶段学生数的23.3%。

〔促进义务教育均衡发展〕　召开全区农村义务教育薄弱学校改造计划工作视频会，启动全区农村义务教育薄弱学校改造计划实施工作，大力改善全区农村义务教育薄弱学校的办学条件，有效提高农村教育质量，扎实推进义务教育均衡发展。出台《广西壮族自治区贯彻落实〈治理义务教育阶段择校乱收费的八条措施〉实施方案》（桂教基教〔2012〕71号），进一步规范全区义务教育学校办学行为。启动实施加快贫困地区农村义务教育布局调整和寄宿制学校建设工作，在集中连片特殊困难地区及国家级贫县实施义务教育寄宿制学校建设、学校装备建设和学校信息化建设。

〔提高义务教育巩固率〕　召开全区推进控辍保学、校车安全和优化学校布局重点工作视频会，部署落实2012年全区控辍保学各项工作。开展

“解放思想、赶超跨越”调研活动，进一步摸清全区义务教育发展面临的问题与困难，为做好控辍保学工作奠定基础。印发《关于做好流动人口随迁子女接受义务教育工作的指导意见（试行）》，出台全区流动人口随迁子女就读义务教育学校的规定，进一步保障全区流动人口随迁子女平等接受义务教育的权利。启动全区中小学生学籍信息管理系统建设工作，加快中小学生学籍管理电子化进程，进一步加强控辍保学工作力度。开展全区中小学春、秋季学期开学工作大检查，对全区义务教育阶段学校深入开展“义务教育巩固率提高年”活动和落实控辍保学各项措施进行全面检查。

〔**农村义务教育学生营养改善计划**〕 自治区出台《广西农村义务教育学生营养改善计划资金管理暂行办法》、《广西农村义务教育学生营养改善计划食品安全保障管理办法（试行）》等一系列政策文件，建立营养改善计划制度保障体系。自2012年春季学期起，自治区29个国家试点县全部启动营养改善计划。2012年秋季学期开始，在国家试点未覆盖的12个国家扶贫开发工作重点县、边境县、民族自治县，按国家补助标准启动自治区试点。全年安排膳食补助资金共6.06亿元（其中中央资金5.62亿元、自治区资金0.35亿元、县级资金0.09亿元），惠及41个试点县的7520所学校、114万名学生。为保证营养改善计划的实施，共投入食堂建设资金18.48亿元（其中中央资金9.24亿元、自治区资金5.54亿元、县级资金3.70亿元），在试点地区建设学校食堂，采取校内食堂供餐模式的学校和人数占实施营养改善学校数和人数的80％以上。

〔**普通高中教育**〕 实施普通高中新课程改革，出台一系列政策文件，确定80所高中课改样本学校和20所创新实验学校，对4万多名一线教师、教研员和行政管理干部进行通识培训和专题培训。推进普通高中特色化和多样化发展，立项建设22所特色普通高中、6所综合高中。扩大普通高中教育资源，自治区本级财政投入普通高中基础能力建设专项经费1亿元，支持42所学校新建、改扩建校舍和建设多功能教室。新评估确认7所自治区示范性普通高中，全区共有自治区示范性普通高中125所，90％的县（市）建成了示范高中。

〔**中小学德育工作**〕 组织开展全区中小学教师德育专题远程培训，培训教师2 061人。出台《关于建立中小学幼儿园家长委员会的实施意见》，做好全区“学科德育精品课程”和“育人精彩瞬间”征集评选工作，向教育部推荐参评全国中小学学科德育精品课程33门、“育人精彩瞬间”视频9个、照片13组、短文18篇。自治区参评全国中小学庆祝建党90周年优秀教育案例评选，获一等奖1项、二等奖5项。

〔**特殊教育**〕 继续与上海市教师学研究会合作，分两批组织近90名市、县分管特殊教育的管理干部和特殊教育研究人员赴上海市进行培训。联合自治区残联开展全区特殊教育发展情况专项调研。下达南宁市盲聋哑学校等9所特殊教育学校2012年中央特殊教育补助经费260万元。

职业教育与成人教育

〔**印发职业教育攻坚计划**〕 2012年，自治区党委、政府召开全区深化职业教育工作会议。会前，自治区政府印发了《广西壮族自治区新时期深化职业教育攻坚五年计划》，启动实施新一轮职业教育攻坚。确定以体制机制创新和内涵质量提升为重点，组织实施职业教育扶贫富民工程、体制机制创新工程等七大工程，并提出改革职业教育管理体制、加快完善现代职业教育体系等十项落实深化职业教育攻坚计划的保障措施。经自治区政府同意，自治区职业教育攻坚工作领导小组印发了《关于印发我区实施新时期深化职业教育攻坚工作任务分解方案的通知》，明确自治区有关部门实施新时期深化职业教育攻坚五年计划重点工程（工作）和保障措施的任务分工。自治区政府教育督导团对14个市开展职业教育攻坚“回头看”和深化职业教育攻坚五年计划实施情况督导检查。

〔**国家民族地区职业教育综合改革试验区建设**〕加快南宁职教园区、工业基地柳州职教园区、北部湾（钦州、北海）职教园区、边界国门崇左职教园区的建设，推进改革试验区重点建设工程。四大园区一期工程110万平方米教学用房均竣工投入使用，二期工程均已启动建设。组织学校申报第三批国家中等职业教育改革发展示范学校立项建设项目、国家中等职业教育基础能力建设项目、国家职业教育实训基地项目，共获建设资金3.538亿元。

〔**中职教育体制机制改革创新**〕 2012年，加快现代职业教育体系建设，成立了《广西现代职业教育体系建设规划》编制工作领导小组，召开起草工作部署会，组织力量启动现代职教体系建设专项规划编制工作。会同相关部门起草了《广西壮族自治区中等职业教育管理体制改革实施方案》、《广西公办中等职业学校生均公用经费标准》、《广西职业教育校企合作促进办法》等制度性文件。印发《关于加快发展五年制高等职业教育的意见》，发展灵活多样的5年一贯制、“2+3”学制、“3+2”学年制等五年制高等职业教育，全区五年制高职招生达1.6万人，比2011年增加近1万人。印发《关于开展普通本科高校对口招收中等职业学校毕业生试点工作的通知》，遴选广西师范大学等4所本科院校和32所国家中等职业教育改革发展示范学校立项建设学校为试点，招生1 200人，推动中等职业教育与本科层次高等职业教育的衔接贯通。

〔**示范学校建设**〕 2012年，自治区财政安排专项经费5 000万元，支持广西理工学校等20所示范特色学校建设。继续实施广西中等职业教育示范特色学校建设计划，确定广西钦州农业学校等40所学校为第二批立项建设单位。教育部办公厅、人力资源和社会保障部办公厅、财政部办公厅确定广西纺织工业学校等12所学校为第三批国家中等职业教育改革发展示范学校建设计划立项建设学校，共获建设资金1.263亿元。组织开展国家中等职业教育基础能力建设项目申报，柳州市第一职业技术学校等20所学校共获建设资金2亿元。截至2012年年底，全区共立项建设自治区示范特色学校70所。

〔**实训基地建设**〕 2012年，自治区财政安排专项经费5 000万元，支持广西银行学校等40所学校的40个实训基地建设。继续实施“十二五”广西中等职业教育实训基地建设计划，确定南宁市第一职业技术学校“会计”等66个申报项目为第二批立项建设实训基地。组织申报2012年度中央财政支持的职业教育实训基地建设项目，广西民族中等专业学校“民族音乐与舞蹈实训基地”等15所学校的实训基地建设项目共获2 750万元建设资金。截至2012年年底，全区建成自治区示范性中等职业教育实训基地126个。

〔**专业建设**〕 2012年，组织开展本年度自治区直属中职学校新设置专业评审及市属学校新设置专业核准备案工作，经专家组对自治区直属24所中职学校申报增设的47个专业点进行审核，同意22所学校增设42个专业点；对市属66所中职学校申报增设的106个专业点进行复核，同意2所学校新增设2个《目录》外专业点，66所学校增设90个专业点备案。对未通过审批的专业点反馈专家审核意见，指导学校做好专业设置调整工作。截至2012年年底，全区共建成自治区示范性专业点235个。

〔**教育教学改革**〕 举办2012年全区中等职业教育技能大赛，全区140所学校、1 994名（2 056人次）学生参加比赛。在2012年全国职业院校技能大赛中，自治区中职学校代表队获8个一等奖、23个二等奖、57个三等奖。举办第九届全区中等职业学校“文明风采”竞赛活动，评选表彰一等奖2 418项、二等奖4 804项、三等奖7 324项。组织推荐优秀作品参加第八届全国中等职业学校“文明风采”竞赛活动，获一等奖359项、二等奖1415项、三等奖1 256项，自治区教育厅获组织工作特别贡献奖，南宁市第一职业技术学校等14所学校获“全国决赛优秀组织奖”。组织开展2012年度中职教育教改项目立项和评审工作，评审确定一级立项40个、二级立项80个、三级立项160个。举办第三届广西职业教育“新时代刘三姐”评选活动。

〔**师资队伍建设**〕 2012年，继续开展在本科院校单独设置中职新教师委培班试点工作，采取4年一贯制本科、“3+2”模式及中职免费师范生相结合的方式，探索适合自治区职教特色的中职师资多样化培养模式。委托天津职业技术师范大学，免费培养中职师资，面向广西籍应届高中毕业生招收50名免费中职师范生。实施中职学校教师素质提升计划，组织360名中职骨干教师参加国家级骨干教师培训，组织1万多名教师参加职教“名师培养”工程、桂台联合培训职教师资项目、骨干教师素质提高工程、中职新任教师岗前培训、利用网络开展全员培训等项目。实施特聘专业紧缺兼职教师资助计划，安排专项资金资助中职学校从企业、行业特聘高级技能人才到校任教。组织685名学校管理干部分别参加在区内外举办的领导岗位培训班、中层干部岗位培训班、干部高级研修班、挂职锻炼培训班以及赴新加坡和我国台湾学习考察等培训项目。

〔**成人教育**〕 2012年，开展“功能性”扫盲工作，确定50多所乡镇成人文化技术学校、乡镇中心小学为“信息通信技术促进中国成人扫盲教育”项目实验点，安排中央扫盲专项经费和广西扫盲专项经费，购置计算机、投影、音响等设备，推进农民、中小学生扫除“电脑盲”。开展成人教育培训，指导全区教育系统140多所中职学校、300多所乡镇村成人文化技术学校和30多家培训机构，实施农村劳动力转移培训计划和农村实用技术培训计划，积极配合和承接自治区农业部门主办的“阳光工程”、人力资源和社会保障部门主导的“再就业培训工程”、扶贫部门主导的“贫困村劳动力转移就业培训计划”等项目，共完成农村劳动力转移等各类培训近48万人次。

高等教育

〔**教学质量与教学改革工程**〕 2012年，自治区财政共投入5 700万元用于高等学校本科教学质量与教学改革工程建设。确定2012年广西高等教育教学改革工程项目787项、教改重大项目20项。新增本科专业96个、新增高职高专专业120个。6门课程获批为国家级精品视频公开课建设课程，17门课程列为自治区级精品视频公开课建设课程。深入实施卓越人才教育培养计划，广西医科大学、桂林医学院、右江民族医学院和柳州医学高等专科学校获教育部批准，成为第一批卓越医生教育培养计划项目试点高校，广西大学获教育部批准为首批卓越法律人才教育培养基地。全面启动实施大学生创新创业训练计划，确认2012年自治区级大学生创新创业训练计划项目900项，290个项目获教育部批准为2012年国家级大学生创新创业训练计划项目。组织开展“第五届广西高等学校教学名师奖”评选表彰活动，有18名教师获“高等学校教学名师奖”。确立广西高校教学名师项目95项。钦州学院通过教育部本科教学工作合格评估。广西体育高等专科学校、北海艺术设计职业学院和广西理工职业技术学院通过高职高专院校人才培养工作评估。

〔5所高校被纳入中西部高等教育振兴计划〕 2012年，广西大学被教育部、财政部纳入中西部高校综合能力提升工程，中央财政投入专项建设经费3 000万元。广西师范大学、广西医科大学、广西民族大学、广西中医药大学被国家发展和改革委、教育部纳入中西部高校基础能力建设工程。

〔学位与研究生教育〕 2012年，资助4所国务院学位委员会新增博士、硕士学位授予单位立项建设财政专项经费6 400万元。实施2012年度学位授权点学科建设项目，共安排资金1 500万元，支持22个一级学科博士点和31个一级学科硕士点建设。立项271项研究生教育创新计划项目，资助经费200万元。评审确定2篇博士学位论文和25篇硕士学位论文为2012年度广西优秀学位论文。完成2012年度学位授予信息统计与报送工作。2012年，自治区共授予学位80 345人，其中学历博士150人、学历硕士5 780人、同等学力申请硕士学位398人、专业硕士学位2 250人、普通学士60 940人、成人学士10 302人、留学生学士525人。推进研究生教育改革试点，择优确定10个研究生联合培养基地作为试点，改革高校与科研院所联合培养研究生体制机制，每个联合培养基地给予财政专项经费资助50万元。批准广西大学公共管理硕士等8所高校13个专业硕士学位授权点开展专业学位教育改革试点，每个自治区级专业学位改革试点项目资助经费30万元，国家级专业学位改革试点项目资助经费55万元。启动桂林电子科技大学、桂林理工大学、广西民族大学立项建设博士学位授予单位和右江民族医学院立项建设硕士学位授予单位的整体验收工作。

〔高等职业教育示范建设〕 2012年，安排4 000万元高职院校能力建设专项经费，支持3所国家骨干高职院校立项建设单位及15个高职实训基地建设。认定32个自治区示范性高职实训基地和13个自治区示范性建设高职实训基地。6个高职实训基地获1 380万元中央财政经费支持。在2012年全国职业院校技能大赛中，全区高职院校获一等奖2项、二等奖18项、三等奖32项。

〔评审表彰高等教育自治区级教学成果奖〕 2012年，开展4年一次的广西高等教育自治区级教学成果奖评审表彰工作。18项成果获2012年广西高等教育自治区级教学成果特等奖、70项成果获一等奖、118项成果获二等奖、240项成果获三等奖。

〔高层次人才队伍建设〕 完成人文社科类“八桂学者”岗位设置评选，4个单位获第二批人文社科类“八桂学者”岗位设置资格。指导教育厅直属高校做好第二批自然科学类“八桂学者”、特聘专家岗位设置评选工作。在自治区确定的27个第二批“八桂学者”岗位和22个第二批特聘专家岗位中，全区高校分别获得15个岗位和8个岗位。组织开展第四批高校人才小高地创新团队及带头人中期评估工作，受评的20个创新团队及带头人全部通过评估。实施2012年广西高校优秀人才资助计划，组织评选出121人作为资助人选。实施广西高校骨干教师访问学者培养计划，选派61名骨干教师赴区外重点高校进行为期一年的访学。完成2012年博士生导师岗位津贴发放审核工作，共有276人享受博士生导师岗位津贴。

〔科技创新和服务〕 2012年，首次设立了自治区“八桂学者”创新平台建设项目。广西理工科学实验中心、广西人文社会科学发展研究中心和广西医学科学实验中心完成验收。广西师范大学陈振锋为团队带头人的“天然活性物质的发现、结构改造与功能”团队获批为教育部创新团队。2012年，自治区高校共获国家和部级以上纵向科研项目立项600余项，其中国家自然科学基金项目近400项；获广西自然科学奖和广西科技进步奖以及特别贡献奖等奖项69项。启动实施自治区高等学校发明专利倍增计划，全区高校共申请发明专利近800件，同比增长54%；获授权发明专利193件，同比增加27%；申请其他专利360件，获授权161件。组织并参加第一届广西发明创造成果展览交易会并获“最佳组织奖”。

〔高校党建工作〕 2012年，协助完成广西大学等19所高校党委集中换届。进一步修订《广西实行常委制高等学校党委工作规程》，在10所高校实行党委常委制。开展高校创先争优活动，进一步推动创先争优活动向纵深发展。开展基层组织建设年活动，确定了4 496个先进党支部、3 862个较好党支部、806个一般党支部、79个后进党支部。提出基层党组织整改意见6 214条，指出需要整改的支部4 258个，向党员群众公开定级结果、整改措施，广泛接受社会监督。开展全区高校组织系统讲党性重品行作表率先进集体和先进个人评选活动，评选表彰先进集体34个、先进个人46名。

〔**高校干部队伍建设**〕 选派10名高校校级领导干部参加教育部“千名中西部大学校长海外研修计划”。会同自治区党委组织部选派10名高校校级领导干部到教育部直属高校挂职，选派6名高校领导干部到上海交通大学挂职。会同自治区党委组织部赴北京大学举办广西高校领导干部培训班，培训高校党政领导干部45人。选派8名高校领导干部到国家教育行政学院学习，14名高校中层干部到教育部中南教育管理干部培训中心学习，8名高校中青年干部到自治区党校等培训机构学习。

〔**高校思想政治理论课及教师队伍建设**〕 自治区副主席李康先后在5所高校主讲题为“深化医药卫生体制改革与医学生使命”的形势报告。组织开展2012年全区高校思想政治理论课教学巡视活动，对广西医科大学等22所高校的思想政治理论课建设情况进行巡视。组织开展全区高校思想政治理论课精品课程和精彩一门课的评选工作，共评选出精品课程14门、精彩一课34节次。组织开展2012年广西高校大学生思想政治理论与实践研究课题评选，共评选出重点课题25项、一般课题65项、自筹经费课题35项。建立思想政治理论课教学案例库，共收集全区高校思想政治理论课优秀教学案例300多个。在广西师范大学建立全区高校思想政治理论课教师培训和研修基地，为全区高校研究生思想政治理论课教师队伍建设提供培训和交流的平台。举办第四届全区高校思想政治理论课青年教师教学基本功大赛，评选出一等奖5名、二等奖7名、三等奖7名、优秀奖12名，并从中优选出每门课的优胜者参加粤桂赣滇琼五省区高校思想政治理论课青年教师教学基本功比赛，1人获一等奖、3人获三等奖。以高校思想政治理论课教师培训基地为依托，组织开展多种形式的培训班，共培训思想政治理论教师近300多人次。与自治区党委宣传部联合举办高校哲学社会科学骨干教师研修班，培训教师90多人。

〔**大学生思想政治教育工作**〕 印发《关于进一步加强新形势下高校党建带团建工作的意见》，为促进全区高校共青团建设提供了政策依据。组织开展2009—2011年广西高校大学生思想政治教育工作先进单位、先进集体和先进个人评选活动，共评选出先进单位30个、先进集体120个、先进个人441名。召开全区高校网络思想政治教育研讨会暨“广西高校思政教育在线”项目建设招（邀）标评审会。组织开展2011年度全区高校辅导员评优表彰活动，共评选出自治区优秀辅导员30名。组织开展首届全区高校辅导员职业技能竞赛，评选出一等奖5名、二等奖10名、三等奖15名、优秀奖42名。举办4期高校辅导员培训班，培训人数达400多人。指导教育部辅导员培训基地（广西师范大学）顺利通过教育部验收。组织开展以“感恩教育”为主题的“525”大学生心理健康教育活动月及首届全区高校心理健康教育教学技能大赛。组织开展2012年广西高校大学生暑期社会实践活动，全区高校共组建社会实践团队909支，2.4万多名学生参与，受益群众约21万多人。

撰稿 宁 耀 胡春柳 王友保
韦海韬 黄善强
审稿 秦 斌

海南省教育

概　　况

〔基本情况〕

海南省各级各类学校校数、教职工、专任教师情况

	学校数（所）	教职工数（人）	专任教师数（人）
一、高等教育	18	13 343	8 363
（一）研究生培养机构（不计校数）	2		
1. 普通高校	2		
2. 科研机构			
（二）普通高等学校	17	13 188	8 290
1. 本科院校	6	8 406	5 533
其中：独立学院			
2. 高职（专科）院校	11	4 782	2 757
3. 其他机构（点）（不计校数）			
（三）成人高等学校	1	155	73
（四）民办的其他高等教育机构			
二、中等教育	3 498	321 813	233 121
（一）高中阶段教育	3 110	295 482	208 046
1. 高中	103	22 611	10 892
普通高中	103	22 611	10 892
完全中学	77	18 252	8 803
高级中学	11	1 662	1 429
十二年一贯制学校	15	2 697	660
成人高中			
2. 中等职业教育	3 007	272 871	197 154

续表

	学校数（所）	教职工数（人）	专任教师数（人）
普通中专	26	3 093	1 862
成人中专	5	198	150
职业高中	52	3 429	2 536
技工学校	2 924	266 116	192 575
其他机构（教学点）（不计校数）	2	35	31
（二）初中阶段教育	388	26 331	25 075
1. 初中	388	26 331	25 075
初级中学	223	14 826	13 190
九年一贯制学校	165	11 505	4 314
十二年一贯制学校			600
完全中学			6 971
职业初中			
2. 成人初中			
三、初等教育	2 036	49 314	51 243
（一）普通小学	2 036	49 314	51 243
小学	2 036	49 314	45 796
九年一贯制学校			4 861
十二年一贯制学校			586
（二）成人小学			
其中：扫盲班			
四、工读学校			
五、特殊教育	4	217	160
六、学前教育	1 323	21 599	11 473

海南省各级各类学历教育学生情况

	毕业生数（人）	招生数（人）	在校生数（人）
一、高等教育			
（一）研究生	877	1 236	3 699
博士	22	38	161
硕士	855	1 198	3 538
（二）普通本专科	40 887	49 615	168 270
本科	17 980	26 117	97 889
专科	22 907	23 498	70 381
（三）成人本专科	7 973	9 277	22 582
本科	3 860	4 262	11 837
专科	4 113	5 015	10 745

续表

	毕业生数（人）	招生数（人）	在校生数（人）
（四）其他各类高等学历教育			
1. 在职人员攻读硕士学位		476	1 512
2. 网络本专科生			
本科			
专科			
二、中等教育	2 170 191	1 872 488	5 761 317
（一）高中阶段教育	1 402 675	1 753 062	4 765 833
1. 高中	168 884	62 969	319 725
普通高中	52 620	62 969	175 526
完全中学	44 068	49 078	141 940
高级中学	5 864	9 604	23 398
十二年一贯制学校	2 688	4 287	10 188
成人高中	116 264		144 199
2. 中等职业教育	1 233 791	1 690 093	4 446 108
普通中专	26 528	30 108	88 229
成人中专	1 024	303	1 042
职业高中	14 031	20 644	52 605
技工学校	1 192 208	1 639 038	4 304 232
（二）初中阶段教育	767 516	119 426	995 484
1. 初中	134 944	119 426	364 677
初级中学	67 542	55 797	174 970
九年一贯制学校	18 750	18 903	55 968
十二年一贯制学校	3 398	3 654	10 475
完全中学	45 254	41 072	123 264
职业初中			
2. 成人初中	632 572		630 807
三、初等教育	1 719 927	122 521	2 395 488
（一）普通小学	128 221	122 521	752 187
小学	111 190	109 373	653 941
九年一贯制学校	14 858	11 527	86 281
十二年一贯制学校	2 173	1 621	11 965
（二）成人小学	1 591 706		1 643 301
其中：扫盲班	585 749		689 067
四、工读学校			
五、特殊教育	214	313	1 616
六、学前教育	98 937	120 312	269 624

海南省各级各类非学历教育学生情况

	结业生数（人）	注册学生数（人）
总计	112 463	102 483
一、高等教育	17 942	20 542
（一）研究生课程进修班		
（二）自考助学班	1 858	9 426
（三）普通预科生		119
（四）进修及培训	16 084	10 997
其中：资格证书培训	3 901	3 386
岗位证书培训	5 041	356
二、中等职业教育	94 521	81 941
其中：资格证书培训	60 411	59 036
岗位证书培训	5 224	4 054
（一）中等职业学校	49 111	36 531
其中：资格证书培训	15 001	13 626
岗位证书培训	5 224	4 054
（二）职业技术培训机构	45 410	45 410
其中：资格证书培训	45 410	45 410
岗位证书培训		

海南省各级各类民办教育基本情况

	学校数（所）	毕业生数（人）	招生数（人）	在校生数（人）	教职工数（人）	专任教师数（人）	其他学生数（人）
一、民办高等教育							
（一）民办高校	7	12 911	18 904	61 233	4 916	2 917	2 288
硕士							
本科学生		5 107	9 145	33 147			
专科学生		7 804	9 759	28 086			
其中：独立学院							
本科学生							
专科学生							
（二）民办其他高等教育机构							
二、民办中等教育							
（一）高中阶段教育	52	8 879	15 850	40 725	4 712	3 184	

续表

	学校数（所）	毕业生数（人）	招生数（人）	在校生数（人）	教职工数（人）	专任教师数（人）	其他学生数（人）
1. 民办普通高中	20	3 978	6 441	15 189	3 419	2 306	
2. 民办中等职业教育	32	4 901	9 409	25 536	1 293	878	1 151
（二）初中阶段教育	77	10 133	9 926	30 768	4 244	2 807	
1. 民办普通初中	77	10 133	9 926	30 768	4 244	2 807	
2. 民办职业初中							
三、民办普通小学	81	13 199	10 863	81 034	2 762	1 729	
四、民办幼儿园	1 186	70 479	81 290	209 910	18 677	9 619	
另有：民办培训机构（不计校数）	25				130	116	6 530

〔**教育投入与支出**〕 2012 年，全省教育经费投入 218.34 亿元，比 2011 年增长 24.07%；全省国家财政性教育经费投入 176.64 亿元，比 2011 年增长 26.40%；预算内教育经费（财政拨款）总投入 164.64 亿元，比 2011 年增长 29.85%。

2012 年，全省教育经费总支出 208.39 亿元，比 2011 年增长 20.27%。其中高等教育经费支出 38.42 亿元、中等职业教育经费支出 17.86 亿元、高中教育经费支出 27.26 亿元、初中教育经费支出 42.83 亿元、小学教育经费支出 62.94 亿元、幼儿教育经费支出 12.16 亿元、其他教育经费支出 6.92 亿元。

〔**各级各类学校生均办学条件**〕 2012 年，全省小学生均占地面积 51.02 平方米，生均校舍面积 6.77 平方米，生均教学仪器设备 533.88 元，生均图书 14.85 册，百名学生拥有计算机 3.96 台；普通中学生均占地面积 47.47 平方米，生均校舍面积 13.07 平方米，生均教学仪器设备 1 304.3 元，生均图书 21.37 册，百名学生拥有计算机 7.8 台；中职学校生均占地面积 22.23 平方米，生均校舍面积 11.11 平方米，生均教学仪器设备 2 463.63 元，生均图书 13.56 册，百名学生拥有计算机 10.6 台；普通高校生均教学行政用房 12.61 平方米，生均教学仪器设备 7 295.00 元，生均图书 67.26 册。

〔**教育体制改革试点项目**〕 继续做好教育体制改革工作，部分项目已取得显著成果。如“实施教育扶贫移民工程、促进义务教育均衡发展”项目，创造了贫困边远地区推进教育公平和教育服务均等化的“海南经验”，被教育部作为典型经验在全国推广；11 所高职院校有序开展单独招生工作；在 4 个试点市县（区）组织开展了基础教育质量监测的测试和数据采集工作。

〔**教育扶贫移民工程**〕 投入 8.6 亿元，完成第三期 8 所思源学校的建设并投入使用，新增优质学位 18 500 个。9 月 10 日，省委书记罗保铭、省长蒋定之等出席了思源实验学校第三期项目 8 所学校的开学典礼。截至 2012 年年底，共投入 14 亿元，分三期新建 24 所思源实验学校，为贫困地区提供义务教育优质学位近 5 万个。其中第一期 9 所思源学校经过近 3 年的运转，于 2012 年 6 月通过省级规范化学校评估认定。

〔**学生资助工作**〕 进一步扩大中职免学费政策覆盖范围，实现农村户籍学生全部免除学费，下达 2012 年中职学校学生助学金、免学费、免住宿费等省级和中央补助资金 2.79 亿元，惠及学生 28 万人次。安排全年公用经费 55 999.50 万元，下达城市杂费资金 9 711.80 万元，受惠学生约 130 万人。拨付寄宿生生活补助资金 14 281.4 万元，受惠学生约 15.6 万人。免费提供教科书、作业本、英语磁带等资金 14 217 万元，受惠学生约 106 万人。出台学前教育资助办法，下达学前教育资助资金 1 520 万元，受资助幼儿约 3 万名。

〔**体育、卫生与艺术教育**〕 全面实施《国家学生体质健康标准》，广泛开展学生阳光体育运动，组织第六届全国亿万学生阳光体育冬季长跑活动海南省启动仪式暨全省第十八届中学生田径运动会等各类学生体育竞赛活动。组织参加第九届全国大学生运动会，获男子组跆拳道比赛金牌，实现建省以来参加大学生运动会金牌零的突破。海南华侨中学田径队代表海南省参加 2012 年全国中学生田径运动会锦标赛，获团体总分第一名。文昌中学和琼山中学排球队代表海南省参加 2012 年全国中学生沙滩排球锦标赛，获男子高中组冠军和女子初高中组冠军。

深入推进全省中小学校“四改一加强”工作，开展学校食堂食品卫生安全专项检查，加强学校食品安全工作监管。积极配合深化医药卫生体制改革工作，组织专家就全省中小学校医管理模式进行研究。及时发布公共卫生事业和传染病防控预警方案，指导海口市龙华区学校开展性与生殖健康教育项目试点工作。

举办全省第七届中小学生文艺会演、校园歌手和美术书法作品比赛，邀请国家京剧院等艺术团体来琼演出，深入推进高雅艺术进校园活动。参加全国第三届大学生艺术展演的 3 个节目均获一等奖。

〔**招生考试**〕 2012 年，普通高考录取 51 762 人，本科录取率达 53.1%，本专科总录取率达 93.06%，录取工作实现“零投诉”和“平安高考”、“平安中考”的目标。推进标准化考点建设，投入 4 800 多万元，完成市县 16 个指挥中心、2 300 多个标准化考场和 37 个保密室的建设，全面实现对考试全过程的视频及网络监控、无线电屏蔽、考生身份验证和安检等。深入实施“云海工程”，建立全方位、多层次、发展性、个性化的考试综合评价体系。

〔**教育信息化建设**〕 争取省财政专项资金 1 000 万元，支持各市县义务教育规范化学校创建，为 20 所学校配齐配足学校仪器设备和图书资料。投入普通高中实验室建设资金 500 万元，为 4 所普通高中配齐配足实验仪器设备，使其达到省级标准。做好 2011 年 7 600 万元农村义务教育薄弱学校改造计划教学设备项目工作。进一步完善和丰富全省基础教育网络资源库建设，增加宽带接入学校 160 所，新增计算机 6 200 台，装配多媒体远程设备进教室（即“班班通”）9 180 间。

〔**青少年校外活动中心**〕 积极开展校外教育和中小学科普教育，完成全省青少年校外活动中心定级评估工作，利用中央专项公益金支持各市县提升青少年校外活动中心的保障能力，促请教育部立项建设万宁市、儋州市示范性综合实践基地并启动施工。举行第二届全省青少年校外活动中心文娱展演暨首届优秀书画作品展活动。

〔**安全稳定工作**〕 组织开展第十七个“全国中小学生安全教育日”暨海南省第四个“学校安全教育月”活动，省教育厅与各地各校签订学校安全工作责任书，组织中小学幼儿园安全教育培训班。做好春季、秋季开学检查，并会同省公安厅开展校园及周边安全检查和校车安全检查，会同省食品药品监督管理局开展学校食堂卫生检查。认真组织学习《校车安全条例》，会同省公安厅起草校车安全管理实施办法并呈报省政府审定，建立全省校车联席厅际联席会议制度。

〔**特殊教育**〕 省教育厅与省残联共同完成了全省“十二五”残疾人事业专项彩票公益助学项目实施方案，加大对特殊教育学校新项目建设的开工督查。

〔**民族教育**〕 推进民族教育工作，会同全国人大调研组做好少数民族教育调研工作。

〔**教育法制建设**〕 启动高等学校章程建设工作，在全省公办高校开展章程和制度的制定工作。

抓好“六五”普法规划实施工作，印发《关于进一步加强领导干部学法用法工作的实施方案》，发放《领导干部学法用法读本》等学习资料，举办4场法制专题讲座。印发《海南省教育厅关于加强“六五”普法期间教师法律知识学习培训工作的意见》，开展教师全员学法活动。开展2012—2013年度“法律进学校”活动，全省各级各类学校举办法制讲座564场。

〔**行政审批改革工作**〕 全面推进网上审批和目录管理工作，减少审批环节，压缩办结时限。全年取消、调整和下放审批事项31项，占总数的43%。办理审批事项8 336件，提前办结率100%，为群众节省办事时间约18万个工作日，其中网上审批8 240件，占总办件量的99%。在全省万人评议政务服务活动中，省教育厅获“十佳审批服务窗口”称号。

〔**干部队伍建设**〕 开展集中整治“庸懒散贪”问题专项活动。对16名试用期满的副处级领导干部进行转正考察，招考1名副主任科员职位公务员，办理26名调任公务员、军转干部和新录用公务员的登记手续。深入推进干部人事制度改革，指导海南省经济技术学校等13所直属学校完成49个科级职位竞争上岗工作。认真组织“每月一讲座”学习活动。

〔**教育纪检监察**〕 深入开展反腐倡廉宣传教育活动，进行正面教育引导。认真开展“廉政文化”进校园活动，扎实推进党务、政务和校务公开，把人民群众普遍关心、涉及人民群众切身利益的问题作为公开的重点，真正实行“阳光作业”。加强重点领域和重点项目的检查监督，发现问题及时予以查处。认真抓好治理教育乱收费工作，清退违规收费161.8万元，对全省教育收费存在问题的学校及市县教育局领导共14人进行集体诫勉谈话。

〔**教育督导评估**〕 完成第二轮县级政府教育工作督导评估的综合评价和结果通报工作。发布实施县域义务教育均衡发展督导评估实施办法（试行）和有关评估标准。开展基础教育质量监测工作。对34所中小学校开展办学水平督导评估并全部通过。组织开展学前教育三年行动计划2011年建设项目专项督查。启动督学责任区试点工作。

〔**教育信息和政务公开**〕 全年公开发布教育信息达943条，在省直机关政务公开检查评比中，省教育厅获第一名。做好信息报送有关工作，省教育厅被省委办公厅评为“2010—2012年度海南省党委系统信息工作先进单位”，被省政府办公厅评为“海南省政务信息公开先进单位”。

〔**国内教育合作**〕 2012年，先后与北京师范大学、武汉市和教育发达地区签订教育领域合作协议，促成北京师范大学在万宁举办附属中学，实现武汉外国语学校等名校与海南省中小学校对口帮扶，引进一批名校长、名教师。

〔**教育交流与合作**〕 举办俄罗斯中学生冬令营和中乌大学校长论坛。中国国际青少年活动中心（海南）正式获教育部批复；汉语国际推广工作取得突破，海南大学与澳大利亚达尔文大学合办孔子学院揭牌；海南大学获批中国政府奖学金单位，实现全省高校零的突破。新加坡南洋理工大学高校英语教师项目录取5人；新增高职中外合作办学项目8个、本科项目1个、普通高中国际班项目2个。

〔**教育信访**〕 实行领导包案解决积案，妥善处理民办教师养老待遇、教师申诉和原中师生分配等教师信访疑难问题。全年共接待来访252批639人次，其中集体上访14批294人次、处理来信321件。办理上级交办事项12件，转办市县教育行政部门办理信访件256件。

〔**教育新闻宣传**〕 建立健全媒体协调合作机制、教育新闻发布归口管理、政务信息主动公开、新闻发言人和新闻发布会等工作机制。组织12期新闻发布会和2012年教师节“尊师重教助学”重大宣传活动。教师节期间，在省内外新闻媒体刊发了200多篇，约计15万字报道。全年省内外各类新闻媒体刊播海南省重要教育新闻1 000多篇（次）。

〔**语言文字工作**〕　推进普通话培训测试的信息化管理，全面开展计算机辅助测试工作。继续开展“中华诵”经典诵读、书写、作文大赛等系列活动。举行全国第十五届推广普通话宣传周活动。海口市通过国家一类城市语言文字工作评估。

基础教育

〔**学前教育**〕　2012年，投入4.88亿元，新建、改扩建幼儿园197所，所有项目全部开工并已竣工181所，新增学位2.6万个。学前三年毛入园率达62.8%，比2011年提高9.1%。省政府办公厅出台了《海南省规范学前教育机构办学行为的意见》，进一步规范学前教育机构的办学行为。

〔**幼儿教师队伍建设**〕　制定《海南省学前教育师资配备管理指导意见》，会同省编办修订完善幼儿园教职工编制标准。配合省编办首次对2011年新建、改扩建的55所公办乡镇中心幼儿园下达编制1 385名，为省机关幼儿园、省直属机关第二幼儿园、琼台师专附属幼儿园、海南师范大学附属幼儿园、海南大学附属幼儿园等5所幼儿园重新调整编制，新增编制326个。启动实施全省幼儿园园长和教师公开招聘工作。

〔**义务教育阶段经费保障**〕　积极完善义务教育经费保障机制改革，全年投入“两免一补”资金10.48亿元，受惠学生123.5万人。对各市县贯彻落实农村义务教育保障机制情况进行监督检查，遏制虚报瞒报、套取义务教育保障经费的现象。

〔**县域义务教育均衡发展**〕　省政府办公厅印发《关于调整各县（市、区）实现县域义务教育基本均衡发展时间进度的通知》，进一步细化分解各市县达标年份。制定海南省《县域义务教育均衡发展督导评估暂行办法》，并将全省22个县（市、区）的2011年校际间均衡指数提供给各县（市、区）参考，切实提高义务教育均衡发展工作的针对性和有效性。

〔**基础教育课程改革**〕　省教育厅出台《关于深化海南省基础教育课程改革全面提高教育质量的意见》，启动《海南省依法规范中小学课程实施研究》等协同攻关课题研究实验工作，开展普通高中学校课程设置和实施的大规模专项检查。启动小学三门学科的教育教学综合改革。进一步完善全省普通高中学生综合素质评价网络平台，并通过专家论证，与高考报名和录取工作有效衔接。进一步完善和改进中小学教师新课程研修模式，举办义务教育课程标准（修订版）和新教材教师全员培训。积极开展国学教育试点工作并取得初步成效。

〔**普通高中教育**〕　争取省财政支持万宁中学、白沙中学、琼中中学的续建工作。北京师范大学万宁附属中学以及澄迈、屯昌、乐东3所思源高中等新建学校于2012年秋季投入使用。2012年，全省招收普通高中学生6.2万余人，在校生达17.6万余人，比2011年增加8 000余人。

〔**规范中小学办学行为**〕　落实《省政府办公厅关于规范中小学办学行为的意见》，开展春季、秋季开学工作检查并首次采取分市县提出整改建议，督促各市县落实整改。印发《关于进一步做好规范中小学办学行为工作的通知》，强调严格规范办学行为的六条要求，并在省内主流媒体公布监督举报电话，接受社会各界监督。加强中小学学籍管理，完善学籍管理系统，组织开展全省普通高中学籍挂靠清理工作，共清理归位挂靠学籍9 000多人。

〔**中小学德育**〕　举办第二届海南省中小学德育论坛。评选出2011—2012学年度“海南省三好学生”、“海南省优秀学生干部”。深入推进“小手拉大手，文明我先行”、“绿化校园，美化心灵”、学习雷锋以及向鹦哥岭自然保护区优秀大学生群体学习等活动。

〔**教师素质提升工程**〕　争取“国培计划”培训项目经费2 200万元，比2011年增长2.2倍，远高于全国1.6倍的增长水平，共培训教师23 735人。先后组织实施了“中小学骨干教师赴天津跟班培训项目”、“2012年千名农村市县级骨干教师培训项目”、“2012年百名农村校长培训项目”、“双五百人才工程”、“周末流动师资培训学院”、“上海对口支援海南省基础教育计划”、“海南省中小学教研员培训”、“海口市对口支援思源实验学校教师培训项目”、“海南省学前教育、特殊教育教师赴广东省跟班培训项目”、“中国移动中小学校长培训项目”、“慈航·宝岛园丁培养基金”小学校长高级研修项目等。

〔**师德师风建设**〕　印发《海南省中小学教师师德建设活动指导方案》，启动为期3年的中小学教师师德建设活动。评选推荐乐东县万冲镇中心学校邢源霞、万宁市第三中学卓平等两位优秀教师为“全国教书育人楷模”候选人。组织开展学习“全国最美乡村教师”——海南琼中县中学教师肖山的活动。组织省内外师德标兵到3所市县学校和3所高校进行师德模范巡回演讲。

〔**中小学心理健康教育**〕　举办专题培训班，开展2012年“轻松备考，12355（即海南青少年服务台）与你同行”阳光行动，开展“5·25”心理健康月活动，组织开展丰富多彩的心理健康教育活动。

职业教育与成人教育

〔**国家中职教育改革发展示范校建设**〕　海南省华侨商业学校等5所学校被确定为第三批“国家中等职业教育改革发展示范学校项目计划”建设单位。继续推动第一、二批建设单位加快项目建设进度。

〔**教育教学改革**〕　稳步推进国家现代职业教育体制改革海南实验区工作，深化“三段式”办学改革实践；坚持以校企合作为主线，继续举办“建筑类专业实验班”等，创新办学模式，深化教育教学改革。评估认定海南省文化艺术学校和儋州市中等职业技术学校等5所学校为省级重点中职学校。选拔109名选手参加2012年全国职业院校技能大赛中职组比赛，获一等奖5项、二等奖10项、三等奖32项，取得历史最好成绩。在全国民族地区职业院校学生技艺大赛中获金奖2项。举办全省中职生“文明风采”展演活动。

〔**基础能力建设**〕　启动实施2012年中职基础能力建设项目。组织申报2012年中央财政支持的职业教育实训基地建设项目，14个项目获批进行重点建设。省财政安排600万元，用于建筑类专业实训基地建设。省财政投入800万元，支持儋州等13个市县职教中心重点专业或特色专业建设。基本完成五指山市厅属中专学校的教育资源整合。

〔**教师队伍建设**〕　面向中职学校未取得教师资格证的教学人员开展教师资格认定工作。继续推动国家教育改革试点项目“中等职业学校‘双师型’教师队伍建设”的实施，进一步健全教师队伍基本管理制度和政策机制。遴选90名教师参加专业骨干教师国家级培训，2名教师参加教育部组织的出国进修，160 名教师参加骨干教师省级培训。开展中职语文和英语学科教学评比、中职教育教学论文评比、中职基础文化课送教下乡、中职教师网络研讨等系列教研活动和教学改革实验评比、竞赛活动。

〔**中职招生**〕 完成中职招生 5.97 万人，做好中职新生入网和审核工作，加强中职生学籍管理。认真审核 2.6 万名省属中专毕业生有关材料，做好毕业证发放工作，稳步推进中职毕业证网上认证工作。协助有关部门做好中职“三校生”高考资格初步审查工作。

高等教育

〔**教学改革与质量工程**〕 组织开展教育部 2012 年度精品视频公开课的申报工作，海南医学院的 1 门课程被评为国家级精品视频公开课。遴选出 15 个省级重点（培育）学科。组织开展全省高等教育省级教学成果奖申报评审工作。启动“中央财政支持高职院校提升专业服务产业能力”项目。

〔**重点大学和高职院校建设**〕 海南大学“211 工程”建设通过国家验收，获批加入“中西部高校基础能力建设工程”及“中西部高校提升综合实力”项目。指导海南大学三亚学院转设成独立设置的民办普通本科高校，更名为三亚学院。与文昌市政府签订共建海南外国语职业学院合作协议。

〔**学位和研究生教育**〕 做好海南师范大学和海南医学院新增博士、硕士学位授予单位立项建设以及琼州学院“服务国家特殊需求人才培养项目”旅游管理专业硕士学位试点验收准备工作。对海南大学等 5 所高校有首届本科毕业生的 19 个新办本科专业进行评估。增列三亚学院、海口经济学院为学士学位授予单位。

〔**高校科研工作**〕 海南大学挂牌成立 3 个“高等学校创新能力提升计划”省级协同创新中心。组织开展 2012 年度省教育厅高校科研项目立项评审工作、2012 年上半年高校科研项目结题验收前期工作以及 2012 年度教育部科学研究重点项目申报工作。组织开展 2012 年海南省优秀博士、硕士学位论文和 2012 年海南省研究生创新科研课题的申报、评审工作。

〔**教师队伍建设**〕 筹建海南省职业教育师资培训中心。组织开展 2012 年高等学校青年骨干教师国内访问学者选派工作、“长江学者奖励计划”候选人推荐工作以及高校优秀中青年骨干教师遴选申报工作。两位教师被教育部确定为“新世纪优秀人才支持计划”入选人员。遴选出第二批海南省高等学校优秀中青年骨干教师 15 名。完成“职业院校教师素质提升计划”培训任务，培训教师 91 名。组织开展高校图书馆首届馆员技能大赛。

〔**学籍学历管理**〕 完成 48 779 人高校毕业生学历证书电子注册工作，其中研究生 909 人（博士 24 人、硕士 885 人），普通本专科教育 40 629 人（本科 18 068 人、专科 22 561 人），成人教育 7 241 人（本科 3 756 人、专科 3 486 人）。完成 2011—2012 学年度学位授予信息年报工作，共授予学位 19 098 人，其中博士学位 24 人、硕士学位 1 107 人、学士学位 17 974 人。

〔**高等学校日元贷款**〕 全年共申请提款金额 20.39 亿日元，共支付 13.64 亿日元，分别用于支付人员研修 1.34 亿日元、土建工程和设备采购 12.35 亿日元。其中土建工程支付 9.386 亿日元、设备支付 2.965 亿日元。

〔**大学生创新活动**〕 组团参加2012年全国职业院校技能大赛高职组比赛，获二等奖4项、三等奖10项。组织开展“大学生创新创业计划”大赛、高校大学生英语演讲比赛、大学生日语演讲比赛、大学生数学建模竞赛和电子设计大赛。

〔**大学生思想政治教育**〕 在海南大学马克思主义学院建立全省首个高校思想政治理论课教师培训基地，举办高校形势与政策课备课会、全省高校思想政治理论课青年教师教学基本功比赛，开展多种形式的教师教学研修活动。建立全省高校辅导员培训和研修基地，举办高校辅导员培训班。积极做好大学生志愿服务、社会实践及毕业生就业指导工作。

〔**高校党建工作**〕 扎实推进教育系统创先争优活动，努力推进创先争优常态化、长效化。举办高校和省教育厅直属学校基层党支部书记培训班，开展学校党建工作检查考核，不断提高党务工作者的业务素质和工作水平。加大对民办高校党建工作的指导力度。

〔**桂林洋高校区建设**〕 省政府组建了“桂林洋高校区建设协调领导小组”，启动桂林洋农场划归海口市政府管理的前期调研并促请省委、省政府批准通过《桂林洋农场属地管理移交方案》，从根本上解决桂林洋高校区建设发展和管理中的“老大难”问题。

撰稿　李孙巧

审稿　曹献坤

重庆市教育

概　　况

〔基本情况〕

重庆市各级各类学校校数、教职工、专任教师情况

	学校数（所）	教职工数（人）	专任教师数（人）
一、高等教育	64	54 799	36 699
（一）研究生培养机构（不计校数）	14		
1. 普通高校	12		
2. 科研机构	2		
（二）普通高等学校	60	52 932	35 744
1. 本科院校	24	37 691	25 260
其中：独立学院	7	6 573	4 621
2. 高职（专科）院校	36	14 958	10 272
3. 其他机构（点）（不计校数）	1	283	212
（三）成人高等学校	4	1 212	624
（四）民办的其他高等教育机构	8	655	331
二、中等教育	4 310	417 234	319 268
（一）高中阶段教育	3 341	348 118	243 208
1. 高中	262	64 038	36 392
普通高中	262	64 038	36 392
完全中学	243	58 818	31 784
高级中学	18	5 220	4 608
十二年一贯制学校	1		
成人高中			
2. 中等职业教育	3 079	284 080	206 816

续表

	学校数（所）	教职工数（人）	专任教师数（人）
普通中专	25	3 951	2 820
成人中专	48	2 558	1 807
职业高中	82	11 009	9 265
技工学校	2 924	266 116	192 575
其他机构（教学点）（不计校数）	11	446	349
（二）初中阶段教育	969	69 116	76 060
1. 初中	969	69 116	76 060
初级中学	759	56 032	50 486
九年一贯制学校	210	13 084	5 275
十二年一贯制学校			
完全中学			20 299
职业初中			
2. 成人初中			
三、初等教育	4 810	115 394	114 036
（一）普通小学	4 810	115 394	114 036
小学	4 810	115 394	107 297
九年一贯制学校			6 739
十二年一贯制学校			
（二）成人小学			
其中：扫盲班			
四、工读学校	4	55	45
五、特殊教育	36	927	804
六、学前教育	4 401	52 971	26 735

重庆市各级各类学历教育学生情况

	毕业生数（人）	招生数（人）	在校生数（人）
一、高等教育			
（一）研究生	13 844	15 925	46 569
博士	997	1 241	5 255
硕士	12 847	14 684	41 314
（二）普通本专科	137 635	192 940	623 605
本科	75 002	110 436	397 249
专科	62 633	82 504	226 356
（三）成人本专科	43 913	58 946	127 843
本科	10 256	12 271	31 106
专科	33 657	46 675	96 737

续表

	毕业生数（人）	招生数（人）	在校生数（人）
（四）其他各类高等学历教育			
1. 在职人员攻读硕士学位		6 207	14 902
2. 网络本专科生	43 474	59 942	121 682
本科	19 482	25 505	54 621
专科	23 992	34 437	67 061
二、中等教育	2 656 202	2 340 993	7 198 289
（一）高中阶段教育	1 620 534	2 000 742	5 480 224
1. 高中	319 880	225 080	803 943
普通高中	203 616	225 080	659 744
完全中学	172 568	193 271	564 617
高级中学	31 048	31 809	95 127
十二年一贯制学校			
成人高中	116 264		144 199
2. 中等职业教育	1 300 654	1 775 662	4 676 281
普通中专	28 605	38 757	104 335
成人中专	9 375	7 320	26 614
职业高中	70 466	90 547	241 100
技工学校	1 192 208	1 639 038	4 304 232
（二）初中阶段教育	1 035 668	340 251	1 718 065
1. 初中	403 096	340 251	1 087 258
初级中学	267 007	219 626	713 141
九年一贯制学校	23 130	17 014	57 826
十二年一贯制学校			
完全中学	112 959	103 611	316 291
职业初中			
2. 成人初中	632 572		630 807
三、初等教育	1 927 772	352 068	3 586 478
（一）普通小学	336 066	352 068	1 943 177
小学	316 405	333 050	1 836 076
九年一贯制学校	19 661	19 018	107 101
十二年一贯制学校			
（二）成人小学	1 591 706		1 643 301
其中：扫盲班	585 749		689 067
四、工读学校	33	33	70
五、特殊教育	1 836	2 090	13 083
六、学前教育	374 737	482 232	892 635

重庆市各级各类非学历教育学生情况

	结业生数（人）	注册学生数（人）
总计	2 114 087	1 561 752
一、高等教育	549 307	108 195
（一）研究生课程进修班	431	582
（二）自考助学班	4 509	11 790
（三）普通预科生		1 184
（四）进修及培训	544 367	94 639
其中：资格证书培训	93 312	70 875
岗位证书培训	24 589	9 072
二、中等职业教育	1 564 780	1 453 557
其中：资格证书培训	154 100	135 700
岗位证书培训	384 569	376 020
（一）中等职业学校	127 960	60 927
其中：资格证书培训	53 379	32 470
岗位证书培训	36 689	13 857
（二）职业技术培训机构	1 436 820	1 392 630
其中：资格证书培训	100 721	103 230
岗位证书培训	347 880	362 163

重庆市各级各类民办教育基本情况

	学校数（所）	毕业生数（人）	招生数（人）	在校生数（人）	教职工数（人）	专任教师数（人）	其他学生数（人）
一、民办高等教育							
（一）民办高校	22	27 683	55 026	152 569	11 614	7 810	18 216
硕士							
本科学生		12 243	26 481	84 495			
专科学生		15 440	28 545	68 074			
其中：独立学院	7	18 345	28 249	93 295	6 573	4 621	4 947
本科学生		12 243	26 481	84 495			
专科学生		6 102	1 768	8 800			
（二）民办其他高等教育机构	8				655	331	9 003
二、民办中等教育							
（一）高中阶段教育	49	21 329	26 471	72 405	6 666	5 005	

续表

	学校数（所）	毕业生数（人）	招生数（人）	在校生数（人）	教职工数（人）	专任教师数（人）	其他学生数（人）
1. 民办普通高中	19	8 684	12 814	33 310	4 504	3 529	
2. 民办中等职业教育	30	12 645	13 657	39 095	2 162	1 476	2 647
（二）初中阶段教育	69	23 864	28 420	82 909	2 646	1 996	
1. 民办普通初中	69	23 864	28 420	82 909	2 646	1 996	
2. 民办职业初中							
三、民办普通小学	108	7 822	8 672	49 286	2 310	1 701	
四、民办幼儿园	3 612	150 493	227 211	472 725	43 579	20 554	
另有：民办培训机构（不计校数）	202				2 140	1 321	73 574

〔**教育经费投入**〕 2012年，全市地方教育经费总投入654亿元，较2011年增长30%，基本建立起了从学前教育到高等教育财政投入拨款标准。提高义务教育保障机制水平，统一城市和农村义务教育生均公用经费补助标准，小学每年500元、初中每年700元。在2011年制订普惠性幼儿园生均财政补助标准的基础上，出台了公办普通高中、中职学校生均公用经费财政拨款标准，分别为每年500元和每年750元。出台民办中职学校、高职院校生均财政补助标准，分别为每年500元和每年1 400—2 000元。提高公办高校生均拨款水平，本科高校每年12 000元，高职院校每年6 000元。全年落实高校化债资金12.06亿元，累计化解债务52亿元。

〔**高层次人才队伍建设**〕 评选表彰特级教师99名、重庆市名师奖39名、名师提名奖8名，评选第六批中小学骨干校长30名。贯彻落实教育部《关于全面提高高等教育质量的若干意见》和教育部、财政部《关于实施高等学校创新能力提升计划的意见》，出台了《重庆市加强高等学校高水平教师队伍建设实施办法》，加大高层次人才引进和培养，10人入选第八批国家“千人计划”，9人入选第四批重庆市“百名海外高层次人才集聚计划”，面向海内外遴选首批“百名学术学科领军人才”培养对象20名，18人入选重庆市“两江学者”计划，遴选“巴渝学者特聘教授”31人。推荐25人为2012年高等学校青年骨干教师国内访问学者。3人被录取为2012年“西部之光”访问学者。接收第11批“三峡之光”访问学者34人。

〔**教师培训**〕 2012年，国家级培训经费增长到5 200万元，市财政安排培训经费约8 000万元，其中市级培训安排6 000万元，奖补区县培训2 000万元。国家级培训、市级培训项目共培训全市农村教师的19%和全市幼儿教师的40%。加强“双师型”教师队伍建设，培训中职教师2 500人。开展名师名家培训1 250人，建设名师工作室5个。各区县大规模开展暑假培训，共培训教师8.2万人。

〔**师德师风建设**〕 评选重庆市首届“最可敬可亲教师”22名、“最可敬可亲教师”团队12个。评选表彰“教育系统教职工职业道德建设标兵”200人、优秀班主任100人、优秀园丁96人、教书育人楷模30人，1人被评为全国教书育人楷模。组织重庆市教书育人楷模先进事迹巡回宣讲活动、全国优秀教师张丽莉先进事迹重庆报告会。开展“做人民满意教师”、“好教师在我身边”主题征文活动。以“感动重庆十佳教师”张宗茂为原型拍摄的电影《守望一生》，参加全国第21届金鸡百花电影节新片展演，获得好评。

〔**学生资助工作**〕 全年落实各类资助资金57.15亿元，惠及学生414万人次。其中学前教育

1.4亿元、义务教育32亿元。从2012年秋季学期起，对中职在校学生免学费，对中职学校家庭经济困难学生补助住宿费，对涉农专业学生和家庭经济困难学生给予生活费资助，全年共安排中职资助经费9.7亿元，惠及中职生44万人次。普通高中增设资助项目，在原有对高中生助学金和学费资助政策的基础上，积极争取中央彩票公益金“滋蕙计划”，对家庭经济困难且品学兼优的高中生进行资助，全年共安排高中生资助资金3.29亿元，惠及学生23万人次。巩固高等教育资助体系，全年通过“奖、助、贷、免”共安排资助资金10.76亿元，惠及高校学生26.39万人。其中奖助学金4.62亿元，惠及学生15.4万人；助学贷款5.95亿元，惠及学生10.1万人；高校学生入伍服义务兵役学生学费补偿贷款代偿以及教育资助资金0.14亿元，惠及学生0.09万人。增加入学新生“你上学，我送行”资助项目，对家庭经济困难的大学新生补助上学路费，资助资金0.05亿元，惠及学生0.8万人。

〔**体育、卫生与艺术教育**〕　召开全市中小学“2+2”项目工作推进会和全市学校艺术教育工作会，组织“2+2”项目体育艺术班级展示活动和高雅艺术进校园活动。组团参加第九届全国大学生运动会，团体总分排名西部第三、西南第一。举办32项大中小学生体育比赛和重庆市第六届中小学生艺术展演等15项艺术教育活动。深入推进中小学生健康教育工作。印发《学校食品安全量化等级评定实施细则》，开展学校饮水安全专项检查，切实加强学生食堂和饮水安全监管。组织专家制定并印发重庆市中小学生春季、暑期和秋季参考食谱，全面推动学校营养配餐工作。

〔**教育人事制度改革**〕　出台《重庆市市属高等学校及教职工绩效考核指导意见（试行）》、《重庆市市属高等学校绩效考核办法（试行）》，从2012年起，高校全面实施绩效工资。制发《重庆市中小学领导干部及教师交流工作指导意见（试行）》。在万州等3个区县和12个市教委直属单位扩大中小学教师职称改革制度试点。继续实施“农村义务教育阶段学校教师特设岗位计划”，启动实施“重庆市中小学特色学科教师配备计划”，全年“双特计划”教师共1 407人。

〔**教育督导工作**〕　深化督学公示制度，全市义务教育阶段建立督学责任区322个，落实责任区督学1 006人，发放责任区督学公示牌3 358块。积极推进督导体制改革，依托重庆市教育科学研究院组建重庆市教育督导研究中心，指导区县设置教育督导中心和片区教育督导办公室，推动设立学校督导工作室，进一步完善了教育督导网络体系。围绕教育重点工作，坚持督政督学并重，组织开展了义务教育均衡发展、减负提质等专项督导。启动中小学素质教育督导，研制督导方案及指标，开展理论研究和实践论证，并在6个区县试点。加强督导队伍建设，市政府办公厅印发了《重庆市督学聘任管理办法》，先后组织全市教育督导责任区督学培训、教育督导责任区督学暨减负提质专项督导培训和督导干部清华大学第二期高级研修，全市5人被聘为国家督学。加强教育质量监测，南岸、永川等5个样本区县的93所中小学参加了国家基础教育质量监测，33个区县、100所项目学校参与了“领雁工程”项目学校教育质量监测工作。

〔**依法治教**〕　启动《重庆市教育督导条例》、《重庆市职业教育条例》（修订）立法调研和文本起草工作，开展2013—2017年教育立法规划项目调研、教育行政执法现状及对策课题研究、教育重大行政决策制度建设及落实情况调研，举办教育行政干部依法行政能力提升专题培训。研制重庆市民主法治“五百”示范工程“依法治校示范校”创建指导标准（试行），开展第四批“依法治校示范校”评估。贯彻落实《高等学校章程制定暂行办法》，组织高校参加教育部组织的章程建设培训班。举办民办学校管理培训班。出台《关于加强青少年学生法制宣传教育工作的实施意见》，进一步明确了青少年法制教育工作的重点和措施。

〔**安全稳定工作**〕　全面推进安全教育进教材、进课堂、进头脑“三进”工程，实施安全管理人员

"素质提升工程"和"大培训、大练兵"活动，对安全管理工作人员、保卫干部、校园保安进行专项培训。狠抓各类安全隐患排查治理，先后开展安全隐患大排查两次，专项督导检查4次。开展校园周边环境综合整治行动，校园及周边环境进一步好转。加强校车管理，市政府下发了《重庆市贯彻落实〈校车安全管理条例〉实施意见》，开展校车安全专项整治行动，逐校逐园逐生对学生上下学乘车情况、接送车辆管理情况进行检查。各类涉校涉生安全事故及学生受伤人数比2011年明显下降，确保了学校正常的教育教学秩序和教育系统的和谐稳定。

〔**党建工作**〕　深入学习宣传党的十八大及重庆市第四次党代会精神，制发《贯彻落实党的十八大精神重点工作方案》。贯彻落实第二十次全国高校党的建设工作会议精神，召开全市高校党建和思想政治教育工作会，推进"党旗领航行动计划"。在创先争优活动中扎实推进基层组织建设年活动，分别开展高校党建、中小学党建专题调研，出台高校和中小学基层组织建设工作要点，开展分类定级、晋位升级工作。在基层党组织晋位升级中，被评定为"较好"、"好"等次的党组织占总数的88.68%。在市教委管理的民办教育机构和社团组织中新建党支部35个。市委教育工委评选表彰全市教育系统创先争优先进基层党组织100个、优秀共产党员300名，17个基层党组织、2个窗口部门、14名共产党员受到市委表彰，1个党组织受到中央表彰。选派22名高校"4 050"（即立足重庆市，面向全国乃至海外选拔组建一支平均年龄40岁左右、总体数量50人左右，具有博士学位和正高职称的市属高校后备干部队伍）工程后备干部到19所部属高校挂职校长助理职务。完成新一轮大规模干部培训任务，市委教育工委、市教委全年共举办高校领导干部暑期读书班等各类培训班11期，培训干部1 426人次。

〔**党风廉政建设**〕　扎实开展警示教育活动，市委教育工委、市教委领导给市教委机关干部和高校处级以上干部及重要岗位负责人讲廉政党课22次。组织召开全市教育系统警示教育电视电话会议，邀请市检察院领导给全市教育系统4 000余名干部作反腐倡廉报告，并通报了近3年发生在教育系统的典型案例。开展高校集中警示教育活动，受众超过8 000人。完善高校领导班子民主决策机制，积极推行"三重一大"（重大问题决策、重要干部任免、重大项目投资决策、大额资金使用）决策内容目录化和决策事项报告备案制度，推动"三重一大"制度向高校二级院（系）延伸，加强对重点岗位和关键环节的监督检查，全面防控廉政风险。把解决人民群众反映强烈的突出问题作为党风廉政建设重要内容，印发《关于治理义务教育阶段择校乱收费工作实施意见》、《关于加强中小学教辅材料使用管理工作的通知》等文件，加强专项治理，规范各级各类学校的办学行为和教师的从教行为。

〔**民办教育**〕　2012年，新增民办幼儿园约100所，批准筹设民办普通高中1所。民办高校本专科在校生人数新增2.4万人，达14.8万人，民办幼儿园在园人数增加2万人，达46.9万人。全市民办高校新增开办资金2.9亿元，固定资产增加6亿元，审批筹设高中阶段以上学校引入新增资金约4亿元。市级财政全年共投入近6亿元支持民办教育发展。在已有的专项投入、学生资助等政策的基础上，向民办高职院校提供1 400—2 000元生均公用经费补助。西南大学育才学院转设独立本科院校通过教育部专家评审。3所独立学院新获学士学位授予权，5所民办高校获单独招生资格，3所民办高校获中级职称评审权。启动实施民办学校队伍建设全员培训计划。加强市属民办高校年检工作，通过督促整改，举办方向学校过户土地3 090亩、校舍60万平方米，学校累计收回借款1.3亿元。全市民办高校共获高校教改项目106项，建设市级精品课程6门、市级教学团队5个、创新创业计划项目20项，民办教育教学质量不断提高。

〔**教育交流与合作**〕　举办中德职业教育校企对话等国际合作与交流活动，成立了中德（重庆）汽车职业资格培训与认证中心、中德（重庆）职业技术教育研究所。通过“国家公派留学项目”、“西部地区人才培养特别项目”等，选拔523人公派出国留学。来渝留学生超过5 000人，留学生“市长奖学金”财政预算从每年400万元增加至1 300万元。新增孔子学院1所、孔子课堂3所。获国家汉办支持，设立了重庆市第一所国家级汉语国际推广师资培训基地。中外合作办学工作取得突破，新增博士项目1个、本科项目2个、专科项目5个，其中本科项目是自《中外合作办学条例》实施以来，重庆市首次获批。加强学术交流与合作，全年国（境）外合作项目（含与港、澳、台合作）42项，主办国际学术会议48次。利用教育部“春晖计划”引进澳大利亚、加拿大、新西兰、瑞典等国家6个博士团队共52人，27个合作科研项目获教育部立项支持，12个教育机构获批聘请外国文教专家单位资格。

〔**语言文字工作**〕　重庆邮电大学、长江师范学院、渝北职教中心、武隆实验小学通过国家级语言文字规范化示范校评审，全市国家级语言文字规范化示范校增至16所。大渡口区育才小学、渝北区新牌坊小学、铜梁师范附属小学、武隆县实验小学被评为“国家级规范汉字书写教育特色示范学校”。对丰都县进行了城市语言文字工作达标评估。开展了规范社会用语用字执法检查工作。启动中小学生英语、普通话等级测试工作，全年完成普通话水平培训12万余人次，普通话水平测试8万余人次。

基础教育

〔**学前教育**〕　大力实施学前教育三年行动计划，新建、改扩建一批城乡幼儿园，学前三年教育毛入园率达75%。建立、健全奖补机制，加快普惠性幼儿园建设，全市累计认定普惠性幼儿园3 227所。贯彻落实《3—6岁儿童学习与发展指南》，开展防治和纠正学前教育“小学化”现象专项工作，保育教育工作进一步规范。启动学前教育管理信息系统建设，完成系统一期数据采集工作。

〔**义务教育均衡发展**〕　市政府印发了《关于深入推进义务教育均衡发展促进教育公平的意见》，市政府办公厅下发了《关于进一步推进中小学布局结构调整的实施意见》。全市确定义务教育均衡发展试点项目46项，鼓励各区县、学校在管理体制、运行机制、关键环节、条件保障等方面实现突破和创新。对大渡口、九龙坡、南岸、北碚、长寿5个区开展义务教育基本均衡合格区县评估验收。深入实施“农村中小学领雁工程”，组织100所“领雁工程”城市学校帮扶100所农村学校，提高农村学校教育教学质量。切实保障进城农民工子女就学，全市接收农民工子女25.4万人，占全市义务教育阶段学生总数的7.2%。

〔**中小学“减负提质”**〕　2012年，市教委出台了《深入推进素质教育全面提高义务教育阶段学校教育质量十项规定》，对16个区县近100所中小学开展了“减负提质”专项督导。全面实施义务教育“卓越课堂”五年行动计划，全面提高课堂教学质量和效益。1—9年级每周增设5节课程辅助活动课，3—9年级每周开设2节综合实践活动课，因校制宜组建兴趣小组和社团，广泛开展学生阅读、书法、演讲等活动，提高学生综合素质。加强中小学教辅材料管理，从2012年秋季学期开始，小学不使用教辅材料，初中实行限学科、限数量（即一教一辅），教辅材料经费全部纳入财政保障，减轻学生的课业负担和家长的经济负担。

〔**农村义务教育学生营养改善计划**〕　在12个集中连片特困区县，对农村中小学生按全年不少于200天、每人每天给予3元的膳食补助，其他区县参照实施。全年 40 个区县（含北部新区）累计投入资金 13.5 亿元，惠及学生 285.6 万人次。

〔**普通高中教育改革**〕 全市 66 万名普通高中生全部进入新课程实验。深入推进普通高中课程设置、课堂教学、管理模式等多样化改革，普通高中学校开设校本课程 1 625 门，组建学生社团 1 446 个，建成体育、艺术、科技、外语类特色学校 134 所。深入实施青少年创新人才培养“雏鹰计划”，9 所高校、35 个实验基地、22 所高中项目学校、223 名高中生、300 余名导师参与“雏鹰计划”。开展了 150 余项专题课题研究，“雏鹰计划”研究成果获市级以上奖励 30 余项。新增市级重点中学 10 所。

〔**中考改革**〕 调整中考考试范围，缩减 5%—10%的考试内容，增强试题的开放性、创新性，发挥中考对推进素质教育的导向作用。继续实行市级重点中学指标到校生 70%比例，共招收重点中学指标到校生 7.9 万人。在江津区、綦江区、潼南县开展自主招生改革试点。市教委所属中学招收三峡库区、渝东南少数民族地区和自主招生区县学生 350 人。

〔**中小学德育**〕 深入推进社会主义核心价值观教育，制发《重庆市大中小学中职学校学习雷锋活动指导纲要》，“弘扬雷锋精神，争当雷锋传人”活动常态化开展，全市评选表彰雷锋式学生 100 名、雷锋式班集体 100 个。制发《大中小学开展文明礼仪行动实施方案》和《中小学班级文化建设实施意见》，着力加强校园文化和精神文明建设。全面深化课程育德工作，举办全市中小学第二届“学科课程育德”精品大赛和“育人精彩瞬间”作品大赛，101 件优秀作品获教育部表彰，课堂教学育人主渠道作用进一步发挥。举办第五届中小学班主任基本功大赛，开展优秀班主任和优秀德育干部评选表彰活动，组织德育干部培训，全市中小学德育队伍素质不断提高。加强网络育德课程资源建设，推进家校合作和社区协作，全方位育人机制进一步健全。

〔**关爱留守（流动）儿童**〕 市委办公厅、市政府办公厅联合制发《关于进一步加强关爱农村留守儿童工作的通知》，加强农村留守儿童关爱服务体系建设。全市建立“留守儿童之家”4 262 个、校外托管机构 983 个、“手拉手红领巾书屋”90 个。发展“代理家长”1.7 万名、大学生志愿者 2 万名、结成帮扶对子 25.3 万对、爱心家庭 4.2 万个，“流动少年宫”培训农村留守儿童 6 万人。开展以“花开阳光下”为主题的首届农村留守儿童才艺大赛活动。影片《指尖太阳》于 2012 年 9 月 25 日在北京人民大会堂举行全国首映。

〔**中小学基本建设**〕 2012 年，中央和市级投入建设资金 15.45 亿元，改扩建学校生活和校舍面积 110.12 万平方米。其中投入义务教育阶段学校食堂建设专项资金 3.63 亿元，新建、改扩建食堂 23.8 万平方米，基本解决全市 2 254 所中小学校无就餐条件问题。安排寄宿制学校建设和农村初中校舍改造工程资金 5.91 亿元，规划建设学生生活用房 40.5 万平方米，解决 194 所中小学住宿条件不足问题。落实农村义务教育薄弱学校改造计划资金 4.87 亿元，改造中小学校 268 所、建设校舍 34 万平方米。中小学校舍安全工程三年规划任务基本完成，累计开工加固面积 179 万平方米，重建面积 352 万平方米，占三年规划目标任务的 100%；竣工 500 万平方米，占三年规划任务的 94%。共筹措校安工程资金 51.7 亿元，占三年规划任务的 98%。积极推进边远艰苦地区农村教师周转宿舍建设工程，2011—2012 年，安排教师周转房建设项目 365 个，已开工 147 个，施工面积 129.7 万平方米。落实集中连片特困地区高中扩容改造工程资金 1.04 亿元，改扩建 19 所高中校舍 5.96 万平方米，改造体育场地面积 5.86 万平方米。

职业教育与成人教育

〔**召开全市职业教育工作会议**〕 5月15日，市委、市政府召开全市职业教育工作会议，出台了《关于大力发展职业技术教育的决定》，明确把职业教育放在经济社会发展更加突出的战略位置来抓。9月，市政府印发了《重庆市职业技术教育改革发展规划（2012—2020年）》。

〔**完善配套政策和工作机制**〕 为落实全市职业教育工作会议和《关于大力发展职业技术教育的决定》精神，市级部门出台了提高职业教育质量、增加经费投入、提高技能人才待遇、建立职业教育“立交桥”等15个配套文件，大力完善发展职业教育的配套政策。健全由市委常委、市政府常务副市长担任第一召集人的职业教育联席会议制度，市教委、市人力资源和社会保障局、市财政局等14个市级部门作为联席会议成员单位。

〔**加快现代职教体系建设**〕 出台《关于建立职业教育人才成长“立交桥”的实施意见》，着力打通中职、高职、应用技术本科到专业学位研究生的学历教育通道，积极建立学历证书和职业资格证书认证互通、普职融通的渠道，拓展职业学校学生发展的空间。2012年，全市实行“3+2”、“5年一贯制”模式的学校招生0.85万人，较2011年增长42%。

〔**深化教育教学改革**〕 2012年，印发了加强中职教育教学改革创新、教研科研、教学管理规程、质量监测等一系列文件，召开了全市中职教育教学改革创新工作会，成立了重庆市中职教育教学改革创新工作指导委员会，中职教育教学改革不断深化。

〔**调整优化职业教育布局**〕 印发《关于调整优化中等职业技术教育专业布局的意见》，明确了中等职业技术教育专业布局的基本原则和主要任务，重点扶持和发展与“6+1”支柱产业、“2+10”战略性新兴产业和现代服务业、现代农业等产业相适应的专业群。强化中职教育专业区域布局统筹管理，根据学校布局和学校所处区域功能定位，实行错位发展。严格新专业设置，全年中职新增专业点33个，其中信息产业类专业点11个。启动中职重点专业、特色专业评估工作。

〔**加强基础能力建设**〕 2012年，投入中等职业教育基础能力建设资金1.66亿元，为8所中职学校建设实训基地8.61万平方米，为2所中职学校购置设备473台（套）。投入中央和市级财政资金0.74亿元，建设中职实训基地项目35个。投入中央和市级财政资金0.29亿元，建设高职院校实训基地16个。安排16个区县的18所中职学校中央烟草惠民专项资金2.9亿元。

〔**巩固中职教育规模**〕 2012年，全市中职招收新生16.6万人。积极与贵州等省开展合作办学，外省市来渝就读中职的学生享受与市内户籍学生同等资助政策，中职招收市外学生2.6万人，其中贵州省学生1.4万人。

〔**技能大赛**〕 组织参加2012年全国职业院校技能大赛，中职组13个项目获一等奖（其中4个为一等奖第一名）、35个项目获二等奖、48个项目获三等奖，总成绩继续保持中西部地区第一位；高职组12个项目获一等奖、25个项目获二等奖、32个项目获三等奖，获奖总数和一等奖数量均列西部地区第一位。

〔**社区教育**〕 出台《重庆市人民政府办公厅

关于进一步加强社区教育的意见》，明确了社区教育的指导思想、工作目标、重要措施和保障条件。开展社区教育示范区和实验区评估，沙坪坝区、南岸区和巴南区成为首批市级社区教育示范区。渝中区、南岸区、沙坪坝区、九龙坡区、巴南区成立了社区学校。截至2012年年底，全市成立了近60所社区学校。组织开展全民终身学习活动周活动，15个区县获教育部表彰。

高等教育

〔**开展“高等教育质量年”活动**〕　市教委将2012年确定为“高等教育质量年”，召开了全市提高高等教育质量工作会议，出台了《关于大力推进协同创新，全面提高高等教育质量的若干意见》，举办了首届高职院校书记、校长“说办学”活动。新增本科专业点69个，新增高职高专专业点80个，专业设置进一步优化。评选市级精品视频公开课69门、国家级精品视频公开课6门。评选专业综合改革市级试点项目34个、大学生创新创业训练计划项目学校16所、重庆市“十二五”第一批普通高等教育本科规划教材96种。

〔**教育教学改革**〕　2012年度，重庆市高等教育教学改革研究项目共立项371项，其中重大项目25项、重点项目100项、一般项目223项、委托项目23个。在渝高校共申报重庆市高等教育教学成果奖497项，其中本科院校申报343项、高职高专院校申报91项、成人院校申报1项、军队院校申报59项、高教协会申报1项，评出一等奖60项、二等奖70项、三等奖80项。立项研究生教育教改项目172项，其中重大项目10项、重点项目31项、一般项目131项。

〔**科研工作**〕　2012年，2个省部共建重点实验室（重庆理工大学“汽车零部件制造及检测技术”和重庆师范大学“最优化与控制”）、1个教育部工程研究中心（重庆理工大学“机械检测技术与装备”）通过教育部验收。首批10个重庆高职院校应用技术推广中心完成建设任务并通过验收。市属高校12人进入教育部“新世纪优秀人才支持计划”，获批教育部创新团队1个（重庆邮电大学“移动信息终端与测试技术”）。2012年，在渝高校共争取国家自然科学基金项目771项，获资助经费43 304.5万元，项目数和资助经费总额分别比2011年增长了7.64%和31%，创历史新高。

〔**高水平大学建设**〕　西南政法大学纳入教育部与重庆市共建，并入选教育部“卓越法律人才培养计划”；重庆医科大学、重庆医药高等专科学校、重庆三峡医药高等专科学校入选教育部“卓越医生培养计划”；重庆邮电大学、重庆工商大学、重庆医科大学入选首批中西部高校基础能力建设工程学校。新增重庆医药高等专科学校为市级示范性高等职业院校建设单位。争取中央财政支持地方高校发展专项资金1.97亿元，用于市属高校重点特色学科、实验科研平台、人才团队建设等方面，增强市属高校核心竞争力。

〔**大力实施高等学校创新能力提升计划**〕　积极稳步实施“高等学校创新能力提升计划”（简称“2011计划”），研究拟订了全市高校“2011计划”的指导性重点方向和领域，组织在渝高校培育组建42个协同创新中心，初步建成市级协同创新中心项目库，向教育部推荐申报6个“2011协同创新中心”，包括重庆大学牵头组建的“重庆市高性能汽车协同创新中心”、西南大学牵头组建的“三峡库区效益农业与生态环境保护协同创新中心”、重庆邮电大学牵头组建的“新一代信息网络与终端协同创新中心”、重庆医科大学牵头组建的“微无创医疗原创大型装备协同创新中心”、重庆大学独立申报的“山地城镇与人居环境协同创新中心”和第三军医大学独立申报的“战创伤防治协同创新中心”。

〔**人文社科工作**〕　2012年，新增13个市级人文社科重点研究基地，累计达52个。人文社科科研项目共立项185项，批准和配套经费达175万元。大学生思想政治教育专项项目共立项92项，批准和配套经费达80万元。对历年未按规定结题的项目进行了一次性集中清理。

〔**招生考试改革**〕　高职单独招生改革进一步深化，试点院校由8所增至10所，招生规模由1万人增至1.2万人。首次面向12个国家级贫困区县定向招生，单独划线录取了407人，贫困区县本科一批录取率比2011年提高了近1个百分点。根据普通高中课程改革和构建职业技术教育“立交桥”的要求，制订了新高考方案，分类分层设置考试科目，逐步建立和完善全国统一考试、普通高中学生学业水平考试或中职专业技能水平测试、综合素质评价“三位一体”的考试招生综合评价体系。制订了“异地高考”方案，具有重庆市普通高中3年完整学籍并在重庆市就读的学生，其父母在重庆市有合法稳定住所和合法稳定职业者，可在重庆市参加高考，具有重庆市中职3年完整学籍并在重庆市就读的学生，在重庆市报名参加普通高考不受户籍限制。研究生招生考试首次实施网上评卷，并出台了加强复试工作的意见，研究生招生工作更加规范、公开、透明。

〔**高等教育规模发展**〕　2012年，重庆警官职业学院、重庆教育学院正式升格为普通本科学校。在重庆市三峡师范学校的基础上，新设立了重庆幼儿师范高等专科学校。新增学士学位授予单位4个、专业89个。2012年，全市高等教育毛入学率达34.1%。在渝高校招生27.5万人（含研究生、普通本专科、成人本专科，不含军校），比2011年增长14.1%；研究生招生1.6万人（其中博士1 241人），比2011年增长3.8%；普通本专科招生20.0万人（其中本科11.4万人），比2011年增长10.3%；成人本专科招生5.9万人（其中本科1.2万人），比2011年增长33.3%。

〔**大学生思想政治教育**〕　推进社会主义核心价值体系教育，启动“历史昭示未来”大学生主题教育活动，在全市范围内征集大学生核心价值观、大学精神和校徽、校歌、校训，并汇编成册。组织开展“道德模范高校巡讲活动”、“感动校园十大人物巡讲活动”。思想政治理论课建设取得明显成效，全市评选出“精彩一课”10个、“精彩教案”30个、“精彩多媒体课件”30个。狠抓辅导员队伍建设，首次举办全市辅导员职业技能大赛。开展2012年辅导员上岗培训、研究生思想政治理论课教师全员培训、高校心理危机预防与干预系列培训。

〔**毕业生就业**〕　拓宽毕业生就业渠道，全年举办公益性就业招聘会3 800余场、网络招聘会35场。积极推进自主创业，在高校建立了9个市级创业孵化基地并给予资金补贴，40个微型企业创业指导站扶持大中专学生创办微型企业3 100余家。加强就业服务与援助，在全市建立了15个一站式就业服务平台，加大对就业困难群体就业的帮扶力度，出台了促进就业十大措施。2012年，全市共有普通高校毕业生15.32万人，毕业生就业率达92%。

撰稿　郑靖波

审稿　周　旭　赵为粮

四川省教育

概　　况

〔基本情况〕

四川省各级各类学校校数、教职工、专任教师情况

	学校数（所）	教职工数（人）	专任教师数（人）
一、高等教育	124	113 317	75 000
（一）研究生培养机构（不计校数）	40		
1. 普通高校	23		
2. 科研机构	17		
（二）普通高等学校	99	110 033	73 137
1. 本科院校	47	80 927	52 647
其中：独立学院	13	15 363	10 327
2. 高职（专科）院校	52	29 106	20 490
3. 其他机构（点）（不计校数）			
（三）成人高等学校	25	2 626	1 528
（四）民办的其他高等教育机构	15	658	335
二、中等教育	8 082	704 313	523 017
（一）高中阶段教育	4 174	469 963	319 112
1. 高中	735	150 227	86 461
普通高中	735	150 227	86 461
完全中学	556	112 714	59 161
高级中学	140	28 624	25 092
十二年一贯制学校	39	8 889	2 208
成人高中			
2. 中等职业教育	3 439	319 736	232 651

续表

	学校数（所）	教职工数（人）	专任教师数（人）
普通中专	253	27 082	17 800
成人中专	23	1 432	939
职业高中	239	24 436	20 881
技工学校	2 924	266 116	192 575
其他机构（教学点）（不计校数）	20	670	456
（二）初中阶段教育	3 908	234 350	203 905
1. 初中	3 908	234 350	203 905
初级中学	1 880	115 668	106 617
九年一贯制学校	2 025	118 560	54 031
十二年一贯制学校			2 715
完全中学			40 421
职业初中	3	122	121
2. 成人初中			
三、初等教育	8 586	262 440	304 899
（一）普通小学	8 586	262 440	304 899
小学	8 586	262 440	247 086
九年一贯制学校			56 133
十二年一贯制学校			1 680
（二）成人小学			
其中：扫盲班			
四、工读学校	7	180	121
五、特殊教育	113	2 220	1 941
六、学前教育	10 794	115 028	65 403

四川省各级各类学历教育学生情况

	毕业生数（人）	招生数（人）	在校生数（人）
一、高等教育			
（一）研究生	22 198	27 553	85 626
博士	2 120	2 930	13 227
硕士	20 078	24 623	72 399
（二）普通本专科	286 756	364 488	1 223 680
本科	153 588	181 264	714 011
专科	133 168	183 224	509 669
（三）成人本专科	120 219	148 311	330 338
本科	33 344	38 132	91 754
专科	86 875	110 179	238 584

续表

	毕业生数（人）	招生数（人）	在校生数（人）
（四）其他各类高等学历教育			
1. 在职人员攻读硕士学位		8 070	27 955
2. 网络本专科生	78 589	93 241	217 277
本科	28 665	35 927	88 416
专科	49 924	57 314	128 861
二、中等教育	3 871 973	3 650 397	10 900 236
（一）高中阶段教育	2 145 672	2 662 086	7 227 562
1. 高中	594 365	521 938	1 660 730
普通高中	478 101	521 938	1 516 531
完全中学	337 928	364 525	1 060 258
高级中学	129 689	143 331	419 468
十二年一贯制学校	10 484	14 082	36 805
成人高中	116 264		144 199
2. 中等职业教育	1 551 307	2 140 148	5 566 832
普通中专	166 791	187 300	542 948
成人中专	48 748	160 765	264 738
职业高中	143 560	153 045	454 914
技工学校	1 192 208	1 639 038	4 304 232
（二）初中阶段教育	1 726 301	988 311	3 672 674
1. 初中	1 093 729	988 311	3 041 867
初级中学	591 852	519 419	1 613 974
九年一贯制学校	257 205	225 710	694 971
十二年一贯制学校	12 369	13 877	39 882
完全中学	231 103	228 839	688 958
职业初中	1 200	466	4 082
2. 成人初中	632 572		630 807
三、初等教育	2 593 362	1 009 618	7 250 708
（一）普通小学	1 001 656	1 009 618	5 607 407
小学	788 921	822 653	4 518 799
九年一贯制学校	207 390	182 897	1 061 375
十二年一贯制学校	5 345	4 068	27 233
（二）成人小学	1 591 706		1 643 301
其中：扫盲班	585 749		689 067
四、工读学校	266	282	893
五、特殊教育	7 969	8 398	44 287
六、学前教育	933 062	1 223 405	2 192 890

四川省各级各类非学历教育学生情况

	结业生数（人）	注册学生数（人）
总计	3 263 819	2 802 980
一、高等教育	304 697	167 251
（一）研究生课程进修班	1 049	2 501
（二）自考助学班	7 782	14 120
（三）普通预科生		3 129
（四）进修及培训	295 866	147 501
其中：资格证书培训	95 461	48 105
岗位证书培训	99 229	68 296
二、中等职业教育	2 959 122	2 635 729
其中：资格证书培训	515 876	497 927
岗位证书培训	505 922	502 156
（一）中等职业学校	311 840	246 488
其中：资格证书培训	168 579	152 009
岗位证书培训	89 114	51 740
（二）职业技术培训机构	2 647 282	2 389 241
其中：资格证书培训	347 297	345 918
岗位证书培训	416 808	450 416

四川省各级各类民办教育基本情况

	学校数（所）	毕业生数（人）	招生数（人）	在校生数（人）	教职工数（人）	专任教师数（人）	其他学生数（人）
一、民办高等教育							
（一）民办高校	28	53 247	102 634	287 442	23 856	15 854	34 356
硕士							
本科学生		25 728	41 683	147 023			
专科学生		27 519	60 951	140 419			
其中：独立学院	13	34 406	60 849	189 955	15 363	10 327	9 676
本科学生		25 728	40 481	144 946			
专科学生		8 678	20 368	45 009			
（二）民办其他高等教育机构	15				658	335	9 765
二、民办中等教育							
（一）高中阶段教育	309	130 195	171 836	471 856	33 996	22 888	

续表

	学校数（所）	毕业生数（人）	招生数（人）	在校生数（人）	教职工数（人）	专任教师数（人）	其他学生数（人）
1. 民办普通高中	76	20 236	31 280	80 466	16 663	11 890	
2. 民办中等职业教育	233	109 959	140 556	391 390	17 333	10 998	100 479
（二）初中阶段教育	170	64 448	73 698	211 557	13 034	9 872	
1. 民办普通初中	170	64 448	73 698	211 557	13 034	9 872	
2. 民办职业初中							
三、民办普通小学	317	41 568	43 172	242 169	8 100	5 685	
四、民办幼儿园	9 228	374 306	551 440	1 138 787	92 425	49 402	
另有：民办培训机构（不计校数）	232				1 993	1 296	40 248

〔**年度工作方针**〕 2012 年，全省教育工作的总体要求是：贯彻落实党的十七届六中全会和省委九届九次全会精神，围绕全省工作大局，以深入贯彻落实教育规划纲要为主线，以实施“八大计划、九项工程、十个方面改革”为抓手，以深化教育改革为突破，以增加投入为保障，以队伍建设为关键，奋力推进教育内涵发展，大力维护安全稳定，大力推进教育公平，努力办好让人民满意的教育，以优异成绩迎接党的十八大和四川省第十次党代会胜利召开。

〔**教育投入与支出**〕 2012 年，全省各级各类学校教育经费收入总额为 1 447.46 亿元，比 2011 年增长了 25.69%。全省地方财政预算内拨款 979.66 亿元，比 2011 年增长 32.51%，比同期财政经常性收入增幅 15.1%高出 17.41 个百分点。地方所属各类学校生均预算内教育事业费、生均预算内公用经费支出均实现了增长。全面完成了《中华人民共和国教育法》规定的“三个增长”。

〔**贯彻落实党的十八大精神**〕 通过召开座谈会、报告会、宣讲会等活动，在全省教育系统掀起学习宣传贯彻党的十八大精神的热潮。按照十八大对教育提出的新要求，立足全省实际，谋划教育发展。明确提出：继续贯彻实施教育规划纲要，以建设教育强省为目标，统筹兼顾，系统设计，重点突破，着力提高教育普及水平，着力促进教育公平，着力破解素质教育实施难题，着力完善终身教育体系，着力创新教育体制机制，办好让人民的满意教育。

〔**教育体制改革**〕 全省 6 项国家级、25 项省级教育体制改革试点项目顺利推进。一是科学发展，多个专项改革试点项目取得初步成效。成都市以国家试点项目“深入推进城乡教育一体化，促进‘全域成都’教育优质均衡发展试点”为载体，在深化“六个一体化”（即发展规划城乡一体化、办学条件城乡一体化、教育经费城乡一体化、队伍建设城乡一体化、教育质量城乡一体化、评估标准城乡一体化）发展机制的基础上，着力探索学前教育“公益普惠”机制、义务教育“就近入学”机制和弱势群体“帮困助学”机制。部分省级改革试点项目顺利推进：南充阆中市建立了推进县域内义务教育均衡发展八大长效机制，广安市武胜县以“四课同创”（即常态课研创优质、自主课堂创高效、阳光课间创活力、多彩课外创特色）为载体推进素质教育改革；四川师范大学围绕“卓越教师培养体制改革试点”形成了以卓越教师培养为引领，培养模式、课程体系、实践教学、教学资源、教学保障“五维立交”的教师教育职前培养体系。二是服务社会，职业教育领域综合改革试点取得突破性进展。大力实施职业教育攻坚，继续全面推进民族地区“9+3”免费职业教育，促进了职业教育规模、结构、质量与经济社会发展相适应。德阳市积极推进高等职业教育综合改革试验区建设，成效初显。三是创新管理，政府教育统筹综合改革试点进入新阶段。泸州市以省级试点项目“跨省教育资源整合，服务地方经济社会建设教育体制机制改革”为抓手，成立了川滇黔渝教育交流合作联席会，建立川滇黔渝结合部市、县、学校三个层面的教育交流合作组织，广泛开展省际教育协作交流与合作。

〔**教育民生工程**〕　认真落实“两免一补”政策。全省安排资金62.74亿元，对所有义务教育阶段学生全部免除学杂费，对农村义务教育阶段学生全部免费提供教科书，做到“应免尽免”；为135.72万名农村义务教育阶段家庭经济困难寄宿学生发放生活补助，做到“应补尽补”。促进特殊教育事业发展，省级财政安排专项经费6 272万元，将特殊教育学生生均公用经费标准由2011年春季学期每生每年700元，提高到2012年秋季学期每生每年2 100元。健全贫困学生资助体系，投入资金25.33亿元，资助普通高校学生30.85万人、普通高中学生43.88万人、中职学校学生61.86万人。做好残疾儿童少年接受义务教育工作，全省义务教育阶段在校残疾学生达4.33万人；加强农村留守儿童寄宿制学校建设，开工建设30个农村留守儿童寄宿制学校项目；解决进城务工人员子女教育问题，公布了《四川省进城务工人员随迁子女在当地参加升学考试实施方案》。

〔**教育法制建设**〕　印发《四川省教育系统法制宣传教育第六个五年规划》，完成《四川省〈中华人民共和国义务教育法〉实施办法》（草案代拟稿）的拟制，开展《四川省〈校车安全条例〉实施办法》、《残疾人教育条例》、《中华人民共和国中等职业教育法》等立法调研；开展“关注消防安全·情系千万学子”、“六五”普法大型校园公益活动以及“12.4法制宣传日”活动。

〔**教师队伍建设**〕　贯彻全国教师工作会议精神和国务院《关于加强教师队伍建设的意见》，提升教师队伍整体素质。狠抓师德师风建设，召开庆祝第28个教师节暨“两基”工作表彰大会，评选表彰一批先进集体和个人；举办西北大学博士生导师、理论物理学家侯伯宇先进事迹报告会，发挥先进典型示范作用。加强民族地区和农村地区教师队伍建设。组织开展藏区教师队伍专项调研，研究制定进一步加强藏区教师队伍建设的意见；通过招聘3 464名“特岗计划”教师、安置966名免费师范毕业生、加强农村学校教师周转房建设等措施，加强农村学校师资队伍，推动县域内教师合理流动。加强教师培训及管理。深入实施“国培”计划，培训中小学、幼儿园骨干教师7.2万人；继续实施“教师素质提升计划”，组织开展农村中小学校长管理能力提升、优秀校长和优秀幼儿教师高端培训等工作，提高学前教育、农村及民族地区教师素质；启动实施“职业院校教师素质提高计划”，培训省级高职院校骨干教师500人；积极稳妥推进中小学职称制度改革试点，推进省属高校绩效工资实施工作。抓好高层次人才队伍建设。全省高校4人入选“长江学者”特聘教授，4人入选“长江学者”讲座教授，3人入选中组部推荐“西部之光”访问学者；推荐申报中央“千人计划”、省“百人计划”等项目1 400余人。四川大学、四川农业大学被确定为首批省级人才优先发展试验区，成都航空职业学院被确定为首批省级高技能人才培训基地。

〔**中小学德育和大学生思想政治工作**〕　加强中小学德育工作，深入推进以雷锋精神为重要内容的校园文化建设；深入开展爱国主义教育、社会主义核心价值体系教育和民族团结进步宣传教育；积极推动校外活动场所建设与管理；评选表彰了一批省级普通高中“三好”学生、优秀学生干部、先进班集体和优秀学生。开展2012年高校师生思想政治状况滚动调查和思想政治理论课建设情况调查；加强大学生思想政治教育，落实教育部《高校思想政治理论课建设标准》，在全省高校举办道德模范巡回报告30余场；推进高校廉洁教育，在全省高校开展廉政文化作品征集活动，推荐优秀作品参加教育部全国高校廉政文化作品大赛获佳绩；大学生心理健康教育进一步加强。

〔**学生营养改善计划**〕　按照国家统一部署，

从2012年春季起，启动实施农村义务教育学生营养改善计划，省、市、县各级政府成立了专门的组织机构负责营养改善计划，并制定了大宗食品政府采购制度、学生饮用奶企业准入制度。全省共投入各级营养膳食补助资金25亿元，123个县（市、区）纳入国家和地方试点，受益学生达400余万名。省教育厅、省发展和改革委等6部门联合印发了《四川省农村义务教育学校食堂（伙房）建设指导意见（试行）》，对学校食堂（伙房）建设标准做出了明确规定，加快推进食堂供餐模式。

〔**体育、艺术与国防教育**〕 深入开展阳光体育运动，确保学生每天1小时校园体育活动时间，启动阳光体育学校评估工作。全面实施《国家学生体质健康标准》，完善学生体质健康评价机制。认真组织体育赛事活动，组团参加第九届全国大学生运动会并取得了较好成绩。加大中小学体育教师培训力度，组队参加全国中小学体育教学观摩展示活动。加强学校突发公共卫生事件的应急管理。完成全国高等学校学生军训现场会承办工作。开展全省第七届中小学生艺术节展演活动。组织参加全国第四届中小学生艺术展演活动，获艺术表演类一等奖9个、二等奖12个、三等奖3个；艺术作品类一等奖37个、二等奖32个、三等奖3个；艺术教育研究论文一等奖2篇、三等奖8篇。省教育厅获优秀组织一等奖。

〔**学校安全工作**〕 省教育厅主要负责人与市（州）教育局局长和高校校长签订了安全稳定工作责任书，层层落实责任。落实学校安全工作“一岗双责”，分解任务职责。组织开展安全主题宣传、防灾救灾演练等活动，做好春秋季开学安全检查以及防溺水、食品安全、消防安全等专项检查工作，有效遏制了安全事故的发生。以加强校车安全管理为重点，严格校车管理，积极开展校车安全管理远程培训。开展全省校车使用需求情况调查，会同公安厅、交通运输厅等部门研究草拟了《四川省校车安全管理条例》。

〔**民族教育**〕 按照《2012年度〈四川省民族地区教育发展十年行动计划〉实施方案》，组织年度项目实施工作。以义务教育阶段学校配套建设为重点，加强学前教育和高中阶段教育的校舍建设，加强民族地区骨干教师和管理干部培训，改善教师工作生活条件。民族地区义务教育阶段寄宿制学生达430 381人，新建、改扩建寄宿制学校109所，建设面积11万平方米；教师周转宿舍建设、学校小农牧场建设、寄宿制学生生活补助费发放、购置教学仪器设备、购置免费卧具等工作进展顺利。全面启动民族自治地区51个县（市）远程教育试点工作，实现了民族地区168所中小学远程教育网络全覆盖。全面完成阿坝州扶贫开发和综合防治大骨节病试点工作、“易地育人”、“牧民定居计划”、“富民安康”和“大小凉山综合扶贫开发”等教育年度项目。加强民族地区双语教育，对500名民族地区一类模式高中教师进行“中国少数民族汉语水平等级考试”培训，开展双语教育改革的研究工作，完成中小学彝文教材教辅的审查任务。从内地学校选派530名教师到民族地区学校开展支教。

〔**教育交流与合作**〕 组织召开四川、重庆、贵州、云南、西藏五省（区、市）教育厅长（教委主任）交流协作会议，以“西部教育改革发展机遇与挑战”为主题，按照“资源共享，深度交流，优势互补，合作共赢”的原则，深入交流研讨，相互学习，共同探讨和推进西南五省（区、市）教育合作与发展。圆满完成“四川职业教育能力发展与培训项目”，培训职业教育行政管理干部、院（校）长及骨干教师226人，利用境外资助资金约500万元。组织开展第三届“台湾学生天府夏令营”、“四川学生台湾风情夏令营”和“天府四川日本（韩国）行”等活动，举办第三届“川新中小学校长论坛”。2012年，全省招收来华留学生3 000余名，在川留学生累计超过6 000人。大力引进国外优质教育资源，全省中外合作办学机构共5个，项目37个。

〔**语言文字工作**〕 开展成都市等12个市（州）37余所中小学和1所高校省级语言文字规范化示范学校评估检查，对德阳等二类城市进行语言文字工作评估。大力推动“中华诵·经典诵读活动”，组织开展经典诵读巡演视频比赛。开展第十五届全国推广普通话宣传周活动。加强普通话水平测试和行业系统语言文字工作管理指导和服务，培训省级、国家级测试员 1 000 余名。举办国家及四川省少数民族双语教师普通话培训。

基础教育

〔**综述**〕 以巩固提高“两基”成果、促进义务教育均衡发展为重点，基础教育普及水平持续提升。2012 年，全省 3 岁至 5 岁幼儿毛入园率达 69.67%，小学适龄儿童入学率达 99.53%，初中学龄人口入学率达 98.87%，初中毕业生升学率达 86.67%，高中阶段毛入学率达 82.64%。小学、初中、普通高中和中等职业学校教师学历达标率分别为：99.93%、99.39%、95.44%、79.97%，较 2011 年均有提高。开展国家和省“两基”工作先进单位、先进个人和先进地区的推荐评选工作，全省共 16 个先进单位、27 个先进个人获国务院表彰，4 个先进地区获国务院通报表扬。省委、省政府对全省“两基”工作 99 个先进单位和 298 名先进个人进行了通报表扬。

〔**学前教育三年行动计划**〕 2012 年，全省共安排资金 16.7 亿元，开工建设公办幼儿园 428 所，新增学位 71 307 个。贯彻落实国家发展和改革委、教育部、财政部出台的《幼儿园收费管理暂行办法》，规范幼儿园收费行为；研制《幼儿园办园基本标准》，开展防止和纠正幼儿园“小学化”倾向的督查整改工作。组织开展了全国学前教育管理信息化系统省级培训。

〔**义务教育均衡发展**〕 实施中小学校舍安全工程、农村教师周转宿舍建设、农村薄弱学校改造计划等重点项目建设，改善办学条件，缩小校际差距。2012 年，中央和省级财政投入中小学校安工程专项资金 6 亿元，开工建设 346 万平方米。召开全省推进义务教育均衡发展暨深入实施素质教育工作会，省政府与各市（州）政府签订了推进县域内义务教育基本均衡发展目标责任书，明确了目标任务。出台了义务教育学校办学基本标准（试行）、县域义务教育均衡发展督导评估实施办法（试行）等政策文件。9 月中旬，教育部与四川省签署义务教育均衡发展备忘录。成立四川省基础教育监测评估中心，完成全省 14 个样本县的基础教育质量监测工作。全面完成第一轮对全省 181 个县级政府教育工作省级督导评估，成都市所有区（市、县）通过了义务教育均衡发展省级督导评估。

〔**规范办学行为**〕 进一步规范办学行为，加强中小学教辅材料使用管理工作，成立了四川省中小学教辅材料评议委员会，对中小学校教辅材料进行评议审查，严禁违规征订和使用教辅材料。严格执行收费政策和收费公示制度，省教育厅与市（州）教育局签订责任书，制发了《四川省治理义务教育阶段择校乱收费的实施方案》和《关于加强中小学教辅材料使用管理的实施意见》。

〔**普通高中教育**〕 召开全省普通高中课程改革推进工作会议。对全省所有高一年级教师实行远程视频培训，对进入课程改革的高中教师进行跟进式培训。做好普通高中学业水平考试工作，完善普通高中新课程信息管理系统。完成了示范性普通高中管理和普通高中多样化特色化发展课题研究，制定下发了《四川省示范性普通高中管理办法（试行）》。继续做好集中连片地区普通高中改造计划，下达中央资金 8 830 万元，改造高中 24 所。按照国家规定，启动普通高中化债工作。

职业教育与成人教育

〔**综述**〕 适应“工业强省”战略需求，以实施职业教育攻坚计划为抓手，大力培养高素质高技能人才。2012年，完成中职招生54.97万人，中职学校在校生达139.86万人，招生职普比达5.1∶4.9，在校生职普比达4.8∶5.2。从秋季学期起，在全国率先全面实行中等职业教育免学费政策。2012年，全省中职毕业生就业率达97%以上。

〔**职业教育改革**〕 深化职业教育改革创新，推进国家职业教育综合改革试验区各项改革工作，推动中高职衔接改革试点。推进职业院校、行业企业、科研院所、协会机构之间的多元化合作和集团化办学，全省建立了29个区域性或行业性的职业教育集团，基本形成了工学结合、校企合作、顶岗实习的人才培养模式，着力培养学生的职业道德、实践能力和就业能力。

〔**基础能力建设**〕 省政府安排专项资金10亿元，用于加强中职学校基础设施和教学设备建设。积极争取中央财政资金2.62亿元，支持26所学校实施中职基础能力项目。制发《关于建设现代中等职业教育课程体系建设的意见》，启动实施了首批43所学校13个专业的课程改革。对首批15所国家示范中职学校建设工作逐校督导检查，对第二批和第三批申报学校进行专题培训。制定《四川省中等职业学校重点专业评估指标体系（试用）》，开展首批新评估标准重点专业评估工作，21所学校的35个专业被评为省级重点专业。实施中职教师素质提高计划，组织校长、管理人员及教师参加各级各类培训共计4 900余人次。

〔**“9＋3”免费职业教育计划**〕 2012年，继续深入实施“9＋3”免费教育计划。规范招生录取工作，全年招收藏区“9＋3”学生10 876人、彝区学生18 680人。抓好新生入学教育管理，加强党团教育，党团员人数占总人数的85%，对近2 000名学生开展“美牙行动”，得到中央领导的充分肯定。开展“9＋3”学校领导班子和工作实绩评估，提高教育管理水平。开展省内示范高职院校面向“9＋3”毕业生单独招生试点，首届毕业生就业率达98.3%以上。

〔**中职学校技能大赛**〕 组织参加2012年全国职业院校技能大赛以及学生技能作品展洽会、民族地区教学成果展演、德育工作座谈会等活动。其中获全国技能大赛一等奖5个、二等奖25个、三等奖45个；获学生技能作品展一等奖3个、二等奖12个、三等奖16个、优秀奖28个；获优秀合作企业奖2个；获民族地区教学成果展演金奖2个、银奖4个、铜奖2个、优秀奖2个；3所学校入选教育部校园文化建设优秀案例。

〔**农村劳动力培训**〕 全省各类职业院校围绕地方经济社会发展，继续实施农民工培训和农村劳动力实用技术培训，全年农民工培训107万人次、农村实用技术培训133万人次。

高 等 教 育

〔**综述**〕 2012年，全省高等教育围绕建设高教强省战略目标，着力转变发展方式，加强质量建设，推动内涵发展。全省有“985工程”高校2所、“211工程”高校5所、国家示范高等职业学校6所、国家骨干高等职业学校5所。博士学位授予单位24个、硕士学位授予单位52个，博士、硕士学位授权一级学科分别为114个、223个。进一步加大财政投入，地方本科高校生均拨款达1.2万元。

〔**质量工程**〕　推进质量工程，培养高素质创新人才。6所高校入选国家中西部高校基础能力建设工程。推荐教育部“本科教学工程”、“专业综合改革试点”项目20个，立项建设省级“高等教育质量工程”、“专业综合改革试点”项目50个。加强优势特色学科、特色专业、精品课程建设，推荐21所高校的343个项目参加教育部“全国大学生创新创业训练计划”。组织开展第一批卓越医生教育培养计划试点项目及卓越法律人才培养基地项目工作，启动实施省级卓越工程师教育培养计划。在全国大学生机械创新设计大赛中，四川赛区获全国一等奖4项。

〔**人才培养评估**〕　开展新建本科院校教学工作合格评估工作，指导成都学院等3所高校通过教育部本科教学合格评估。开展高等职业院校人才培养工作评估，对四川文化产业职业学院、四川中医药高等专科学校进行了人才培养评估，完成对成都纺织高等专科学校、四川华新现代职业学院的评估回访工作。首次推出《2012年中国高等职业教育人才培养质量年度报告》，完成《2011年高等学校教学质量报告》的编辑出版工作。

〔**学位与研究生教育**〕　完成全省12所独立学院新增学士学位授予单位审核工作。开展四川农业大学“211工程”三期建设验收。开展新增学士学位授权专业审核工作，新增59个学士授权专业和9个双学位教育专业。指导西南科技大学、成都体育学院做好接受博士单位终期验收的准备工作。切实加强学术道德建设，开展科学道德和学风建设宣讲教育，指导各研究生培养单位做好宣讲教育工作。

〔**高校科技成果转化**〕　实施高校科技成果转化工程，扎实推进高等学校创新能力提升计划，建设46个协同创新中心。启动建设40个创新基地、重点实验室、哲学社会科学重点基地，推动高校提升自主创新能力，深入推进高等学校哲学社会科学繁荣发展。着力推动高校体制机制改革，建立和完善成果转化利益分配制度，全年高校科技成果转化实现直接经济效益突破50亿元，拉动产业投入180亿元，实现产值突破600亿元。

〔**院校设置**〕　按照教育部院校设置规划要求，转制升格成都工业学院、成都师范学院；四川旅游学院、四川传媒学院通过全国院校设置评委会评审，成功去筹；新设川北幼儿师范高等专科学校、四川卫生康复职业学院、四川电影电视职业学院、四川汽车职业技术学院4所高职高专院校，由省政府批准并经教育部备案。按照院校设置程序，组织专家考核审查5所新设立的高职院校，经省政府批准后，实现了全省21个市州高校全覆盖。

〔**高职院校建设**〕　继续实施“省级示范性高等职业院校建设计划”，确定5所高职院校为立项建设单位。39所高职院校79个专业入选“高等职业院校提升专业服务产业发展能力”项目建设，得到中央财政支持。加强对实训基地项目的监督和管理，四川职业技术学院建筑工程技术实训基地等10个项目获教育部批准立项建设。组织开展国家级、省级共14所示范高职院校2012年单独招生试点工作。

〔**高校党建工作**〕　学习贯彻第二十次全国高校党建工作会、四川省第十次党代会精神，扎实开展基层组织建设年活动，举办高校基层组织建设年成果展和教育系统基层组织建设年经验交流会。切实加强高校领导班子和干部队伍建设。启动实施“抓基层、打基础，万名支部书记在行动”活动。大力实施新一轮党组织书记大培训，举办4期高校基层党组织负责人培训班，培训高校院（系）级党组织书记868人，指导各高校完成基层党组织书记集中轮训全覆盖。做好创先争优总结和专项表彰，四川大学水利水电学院党委、成都市中和职业中学党支部被中组部表彰为全国创先争优先进基层党组织。

〔**毕业生就业**〕 2012年，全省高校毕业生31.3万人，截至8月底，毕业生就业率达86.23%(其中研究生就业19 161人，就业率85.06%；本科生就业130 506人，就业率83.88%；高职高专生就业120 247人，就业率89.15%)，比2011年同期增加0.05个百分点，超出年度目标任务10个百分点。全省高校毕业生就业呈现出“一快一慢四平稳”的特点，即在省内就业人数快速增长，在公有制单位就业人数缓慢增加，到非公有制单位就业、到基层就业、自主创业或灵活就业以及升学人数平稳增加。

〔**继续教育**〕 召开2012年全省高等院校继续教育教学管理和全省高等院校远程与继续教育教学工作专家指导委员会工作会，审定成人教育新增专业，对成人高等教育和远程网络教育招生信息进行公示。继续规范高等院校成人高等教育办学行为，对成人高等学历教育开展为期3年的专项整顿和建设。推进社区职业教育发展，成都市参加以“数字化促进学习型社区建设”为主题的全国社区教育成果展示活动，获得良好反响。

审稿 何 浩

撰稿 王 挚

贵州省教育

概　　况

〔基本情况〕

贵州省各级各类学校校数、教职工、专任教师情况

	学校数（所）	教职工数（人）	专任教师数（人）
一、高等教育	53	32 750	23 164
（一）研究生培养机构（不计校数）	9		
1. 普通高校	8		
2. 科研机构	1		
（二）普通高等学校	49	32 153	22 803
1. 本科院校	25	22 206	15 428
其中：独立学院	8	3 449	2 647
2. 高职（专科）院校	24	9 947	7 375
3. 其他机构（点）（不计校数）			
（三）成人高等学校	4	597	361
（四）民办的其他高等教育机构			
二、中等教育	5 814	464 888	361 485
（一）高中阶段教育	3 599	345 396	246 732
1. 高中	446	62 807	41 572
普通高中	446	62 807	41 572
完全中学	242	31 382	15 002
高级中学	174	28 807	25 775
十二年一贯制学校	30	2 618	795
成人高中			
2. 中等职业教育	3 153	282 589	205 160

续表

	学校数（所）	教职工数（人）	专任教师数（人）
普通中专	88	7 446	5 553
成人中专	16	1 699	1 216
职业高中	125	7 277	5 784
技工学校	2 924	266 116	192 575
其他机构（教学点）（不计校数）	2	51	32
（二）初中阶段教育	2 215	119 492	114 753
1. 初中	2 215	119 492	114 753
初级中学	1 601	94 443	88 609
九年一贯制学校	594	24 333	11 568
十二年一贯制学校			809
完全中学			13 090
职业初中	20	716	677
2. 成人初中			
三、初等教育	11 529	199 179	197 983
（一）普通小学	11 529	199 179	197 983
小学	11 529	199 179	186 880
九年一贯制学校			10 501
十二年一贯制学校			602
（二）成人小学			
其中：扫盲班			
四、工读学校	5	139	82
五、特殊教育	56	1 139	996
六、学前教育	3 159	41 030	23 846

贵州省各级各类学历教育学生情况

	毕业生数（人）	招生数（人）	在校生数（人）
一、高等教育			
（一）研究生	3 820	4 769	13 344
博士	47	88	307
硕士	3 773	4 681	13 037
（二）普通本专科	85 285	125 093	383 815
本科	39 680	64 830	229 505
专科	45 605	60 263	154 310
（三）成人本专科	23 343	32 661	85 575
本科	12 643	14 622	43 558
专科	10 700	18 039	42 017

续表

	毕业生数（人）	招生数（人）	在校生数（人）
（四）其他各类高等学历教育			
1. 在职人员攻读硕士学位		692	2 654
2. 网络本专科生			
本科			
专科			
二、中等教育	2 900 520	2 839 941	8 336 427
（一）高中阶段教育	1 604 673	2 108 010	5 604 770
1. 高中	312 125	318 188	917 171
普通高中	195 861	318 188	772 972
完全中学	71 028	127 617	298 024
高级中学	121 872	183 972	461 041
十二年一贯制学校	2 961	6 599	13 907
成人高中	116 264		144 199
2. 中等职业教育	1 292 548	1 789 822	4 687 599
普通中专	56 328	73 782	204 616
成人中专	4 081	8 883	20 692
职业高中	39 931	68 119	158 059
技工学校	1 192 208	1 639 038	4 304 232
（二）初中阶段教育	1 295 847	731 931	2 731 657
1. 初中	663 275	731 931	2 100 850
初级中学	510 439	565 757	1 623 846
九年一贯制学校	59 958	70 730	198 885
十二年一贯制学校	4 399	4 644	13 543
完全中学	85 289	88 072	256 156
职业初中	3 190	2 728	8 420
2. 成人初中	632 572		630 807
三、初等教育	2 351 880	591 024	5 444 104
（一）普通小学	760 174	591 024	3 800 803
小学	708 772	554 660	3 555 020
九年一贯制学校	48 640	34 196	231 976
十二年一贯制学校	2 762	2 168	13 807
（二）成人小学	1 591 706		1 643 301
其中：扫盲班	585 749		689 067
四、工读学校	268	609	549
五、特殊教育	1 389	2 904	13 657
六、学前教育	477 201	668 389	982 511

贵州省各级各类非学历教育学生情况

	结业生数（人）	注册学生数（人）
总计	2 237 772	2 210 546
一、高等教育	74 677	41 656
（一）研究生课程进修班	104	398
（二）自考助学班	1 009	4 495
（三）普通预科生		3 120
（四）进修及培训	73 564	33 643
其中：资格证书培训	44 174	15 083
岗位证书培训	21 127	10 297
二、中等职业教育	2 163 095	2 168 890
其中：资格证书培训	144 973	128 196
岗位证书培训	302 221	297 580
（一）中等职业学校	178 229	154 370
其中：资格证书培训	69 383	52 576
岗位证书培训	84 591	78 082
（二）职业技术培训机构	1 984 866	2 014 520
其中：资格证书培训	75 590	75 620
岗位证书培训	217 630	219 498

贵州省各级各类民办教育基本情况

	学校数（所）	毕业生数（人）	招生数（人）	在校生数（人）	教职工数（人）	专任教师数（人）	其他学生数（人）
一、民办高等教育							
（一）民办高校	11	11 867	18 769	64 527	4 111	3 037	1 112
硕士							
本科学生		10 359	15 123	58 279			
专科学生		1 508	3 646	6 248			
其中：独立学院	8				3 449	2 647	302
本科学生		10 359	15 123	58 279			
专科学生							
（二）民办其他高等教育机构							
二、民办中等教育							
（一）高中阶段教育	156	27 877	36 060	98 555	9 028	6 029	

续表

	学校数（所）	毕业生数（人）	招生数（人）	在校生数（人）	教职工数（人）	专任教师数（人）	其他学生数（人）
1. 民办普通高中	92	15 589	23 332	58 441	6 853	4 727	
2. 民办中等职业教育	64	12 288	12 728	40 114	2 175	1 302	5 661
（二）初中阶段教育	280	35 942	43 531	124 798	8 961	7 039	
1. 民办普通初中	280	35 942	43 531	124 798	8 961	7 039	
2. 民办职业初中							
三、民办普通小学	273	33 431	27 539	173 542	5 094	4 181	
四、民办幼儿园	2 184	122 136	207 600	379 351	27 392	13 662	
另有：民办培训机构（不计校数）	128				2 614	1 532	64 139

〔**教育经费投入**〕 2012 年，全省教育经费总收入 600.04 亿元，比 2011 年增加 148.99 亿元，增长 33.03%。

1. 国家财政性教育经费 529.80 亿元，比 2011 年增长 36.91%，占教育经费总收入的 88.29%。其中预算内教育经费 493.07 亿元，比 2011 年增长 36.04%，其中预算内教育事业费拨款 466.07 亿元，比 2011 年增长 36.52%。各级政府征收用于教育的税费 35.54 亿元，比 2011 年增长 48.21%。

2. 民办学校中举办者投入经费 4.26 亿元，比 2011 年增长 126.60%。

3. 社会捐赠办学经费 0.60 亿元，比 2011 年减少 23.08%。

4. 事业收入 58.84 亿元，比 2011 年增长 13.26%。

5. 其他收入 6.53 亿元，比 2011 年减少 31.12%。

〔**"两个比例"、"三个增长"情况**〕 1. 2012 年，全省国家财政性教育经费占国内生产总值的比例为 7.79%。

2. 2012 年，全省财政预算内教育经费占财政支出的比例为 18.61%。

3. 2012 年，全省财政预算内教育经费拨款 493.07 亿元，比 2011 年增长 36.04%；财政经常性收入 626.12 亿元，比 2011 年增长 25.04%，全省预算内教育拨款增长速度总体上高于经常性财政收入增长速度 11 个百分点，实现"第一个增长"。

4. 2012 年，全省生均预算内教育事业费呈稳步上升趋势，实现"第二个增长"。具体情况如下：幼儿园生均预算内教育事业费 2880.72 元，比 2011 年增长 24.72%；普通小学生均预算内教育事业费 5 038.12 元，比 2011 年增长 47.35%；普通初中生均预算内教育事业费 5 403.22 元，比 2011 年增长 30.70%；普通高中生均预算内教育事业费 6184.97 元，比 2011 年增长 27.06%；中等职业学校生均预算内教育事业费 6 960.62 元，比 2011 年增长 41.42%；普通高校生均预算内教育事业费 12 005.79 元，比 2011 年增长 18.39%，其中普通本科高校生均预算内教育事业费 13 786.82 元，比 2011 年增长 7.82%。

5. 2012 年，全省生均预算内公用经费总体上有所增加，实现"第三个增长"。具体情况如下：幼儿园生均预算内公用经费 1 474.11 元，比 2011 年增长 119.89%；普通小学生均预算内公用经费 1 235.95 元，比 2011 年增长 48.16%；普通初中生均预算内公用经费 1 739.74 元，比 2011 年增长 26.84%；普通高中生均预算内公用经费 1 651.06 元，比 2011 年增长 47.20%；中等职业学校生均预算内公用经费 3 173.51 元，比 2011 年增长 93.30%；普通高校生均公用经费 4 754.65 元，比 2011 年增长 9.81%，其中普通本科高校生均预算内公用经费 5 488.33 元，比 2011 年减少 11.14%。

〔**基本建设情况**〕 1. 计划投资情况。2012

年，全省教育事业基本建设年度投资计划共安排157.7亿元，比2011年增长70.3%。其中国家投资117.9亿元，比2011年增长47.2%。上述投资按高等教育、中等职业教育、基础教育分类：高等教育共安排投资37.5亿元，比2011年增长231.1%；中等职业教育共安排投资18.3亿元，比2011年增长30.7%；基础教育共安排投资101.8亿元，比2011年增长51.4%。

2. 实际完成投资情况。2012年，实际完成投资148.8万元，比2011年增长92.9%。上述完成投资情况按高等教育、中等职业教育、基础教育分类：高等教育实际完成投资45.9亿元，比2011年增长71.5%；中等职业教育实际完成投资15.5亿元，比2011年增长165.5%；基础教育实际完成投资87.4亿元，比2011年增加92.8亿元，增长96.2%。

3. 新增固定资产情况。2012年，新增固定资产共计116.8亿元。其中高等教育29.3亿元、中等职业教育13.5亿元、基础教育74亿元。

〔教育固定资产投资增幅在全省十大行业中排列第三〕　2012年，贵州省重大工程和重点项目建设工作领导小组下达当年全省教育系统固定资产投资目标任务110亿元。3月初，完成教育系统固定资产投资目标任务的分解，110亿元的固定资产投资任务全部落实到具体项目。其中省直属高校35亿元、省直属中专1.4亿元、省属中学0.1亿元、市（州）、县73.5亿元。截至2012年年底，全省教育系统固定资产投资完成160.27亿元，完成投资目标的145%，超额完成2012年目标任务。其中省直属高校完成41.92亿元、省直属中专完成1.69亿元、省属中学完成0.04亿元、各市（州）、县完成84.36亿元，分别完成目标的119.79%、120.45%、38.72%、114.78%，同比增长86.7%，投资增幅在全省十大行业中排列第三。

〔“4+2”教育突破工程快速推进〕　2012年，学前教育突破工程投入8.7亿元，建成300所乡镇、街道办事处公办幼儿园。农村寄宿制学校建设攻坚工程统筹13.8亿元，开工建设150万平方米学生宿舍，建成90万平方米；投入3 404万元，建成3 404个教学点食堂，实现了“校校有食堂”的目标；投入8.5亿元，建设2万套乡镇教师公租房。高中阶段教育突破工程投入13亿元，建成100所高中阶段学校。高等教育突破工程花溪大学城5所高校均已入驻办学，在校生规模达4万人以上。优美教室工程投入2.17亿元，建设优美教室5.3万间。围墙安全工程投入1.58亿元，建设安全围墙24万米。

〔印发《贵州省教育扶贫实施方案（试行）》〕2012年，组织省扶贫办、省政府发展研究中心、贵州民族大学、贵州财经大学、贵州交通职业技术学院、贵州省教育科学院、贵州省畜牧兽医学校的专家赴武陵山、乌蒙山、滇桂黔3个集中连片特殊困难地区调研，在充分论证的基础上，出台了《贵州省教育扶贫实施方案（试行）》，下发各市（州）、高校贯彻落实。

〔深入实施“国培计划”〕　根据教育部、财政部统一安排，通过法定招投标程序在全国范围内遴选出优质培训机构9家，分别为北京师范大学、华中师范大学、西南大学、贵州师范大学、贵州师范学院、黔南民族师范学院、北京大学、继教网和奥鹏教育网。2012年，“国培计划”共培训教师5万多人。

〔招聘特岗教师1万余名〕　2012年，全省争取中央财政支持，继续实施国家“农村义务教育阶段学校教师特设岗位计划”，并参照该项计划模式，同时实施了县级“农村义务教育阶段学校教师特设岗位计划”。通过笔试、面试、体检、培训、签订聘任合同等程序，面向社会公开招聘录用了11 003名大学毕业生到威宁等62个边远贫困县的农村小学和初中任教，其中国家“特岗计划”教师7 554名、县“特岗计划”教师3 449名，在一定程度上解决了全省农村教师数量不足、质量不高的问题。

〔学生资助工作〕　全年各级各类资助资金达34.97亿元，资助学生238.21万人次。首次推行研究生、学前教育资助政策，首次实现95%的中职学生全免费。发放国家助学贷款8.55亿元，16万名学生受益，再创历史新高。

〔**招生考试**〕　2012年，全省普通高校招生最低投档控制分数线为：第一批次本科录取院校理工类470分、文史类539分；第二批次本科录取院校理工类390分、文史类461分。全省普通高考考生248 071人，其中理工类124 995人、文史类86 525人、体育类5 891人、艺术类18 162人，中职单报高职12 498人。2012年，在贵州省招生的院校共计1 621所，其中省外1 572所、省内49所（含8所独立院校），共录取考生206 032人，录取率为83.05 %，较2011年上升5.05个百分点。

2012年，全省硕士研究生招生报名人数为15 002人。省内各研究生招生单位共录取硕士研究生4 916人，较2011年增加412人；博士研究生录取90人，较2011年增加18人。

〔**25个县级政府暨党政主要领导教育工作通过省督导评估考核**〕　2012年，省政府组团对乌当区、息烽县、开阳县、汇川区、仁怀市、遵义县、桐梓县、湄潭县、务川县、关岭县、黄平县、施秉县、雷山县、台江县、龙里县、独山县、罗甸县、安龙县、普安县、大方县、织金县、纳雍县、碧江区、思南县、德江县共25个县级政府暨党政主要领导教育工作进行了督导评估考核。截至2012年年底，全省56个县级政府和党政主要领导教育工作通过省级督导评估考核。

〔**建立督学责任区制度**〕　省政府教育督导室和省教育厅印发了《关于建立督学责任区制度（试行）的通知》，明确了督学责任区的划分方法、工作任务、管理制度和保障措施，在全省正式建立了督学责任区制度。

〔**贵州省教育发展基金会运行成效初显**〕　7月，省教育发展基金会正式运行，共募集捐资助学资金和物资共计人民币2 260余万元，其中资金1 710余万元；各类教学设备、图书等物资550余万元。已累计完成向全省捐资捐物共计人民币1 973万元。

〔**完成贵州工商职业学院正式设立审批和备案**〕　2月28日，省政府下发《关于同意成立贵州工商职业学院的批复》，批准正式设立贵州工商职业学院并报教育部备案。4月12日，教育部下发《关于同意新设立的专科学历教育高等学校备案的通知》（教发函〔2012〕70号），同意贵州工商职业学院备案。贵州工商职业学院实行省市共管、以市为主的管理体制。

〔**独立学院首次独立颁发学士学位证书**〕　按照教育部统一部署，省学位办对全省独立学院学士学位授予单位和专业开展评审，全省8所独立学院均通过评审，首次独立颁发学士学位证书。8所独立学院共有2012届毕业生10 217名。

〔**第五届中国—东盟教育交流周举办**〕　9月17日，以“开放创新，务实合作”为主题的第五届中国—东盟教育交流周在贵阳市开幕。开幕式上，教育部国际司司长张秀琴、外交部亚洲司副司长杨健为“中国—东盟教育培训中心”贵州电力职业技术学院授牌。中国—东盟教育培训中心与省教育厅签署《关于促进中国一东盟教育交流周合作备忘录》。本届交流周先后举办了中国—东盟学生“游学之旅”、东盟知识大赛、中国—东盟区域研究研讨会、中国—东盟大学校长论坛、中国—东盟美食文化节暨贵州大学第三届国际美食嘉年华、中国—东盟旅游产业发展暨旅游人才培养论坛、中国—东盟民族文化产业发展研讨会、中国—东盟医学教育论坛、中国—东盟自由贸易区国际商务人才培养研讨会、中国—东盟职业教育论坛、贵州民族大学民族歌舞表演、东盟10+3“了解中国”项目、中国—东盟少数民族非物质文化保护与传承研讨会等10余项涉及旅游、职业教育、医学、民族文化产业及商务人才培养等多个领域的大型活动。期间，国内外学校及单位共签订协议（备忘录）115份。协议签署方覆盖东盟10国，协议层次涉及高、中等教育，协议内容涵盖大、中学生交流、教师交流、科研合作、图书及体育器材赠送、教师互派任教等各个方面。

基 础 教 育

〔**出台《贵州省学前教育“十二五”发展规划》**〕 2012年，省教育厅出台了《贵州省学前教育“十二五”发展规划》，明确了“十二五”期间全省学前教育发展的目标任务：大力发展学前教育，加快形成政府主导、布局合理、公办民办并举、城市农村共同推进的学前教育公共服务体系。到2015年，全省幼儿在园人数达到100万人，学前三年毛入园率达到70%；新增1 100所独立建制的乡镇、街道办事处公办幼儿园，实现全省所有的乡镇、街道办事处建有1所独立建制公办幼儿园的目标；新增180人以上规模的民办幼儿园170所；新增幼儿园专任教师2.5万人；建立和完善学前教育管理信息系统；开展县域内提高办园水平和教育质量的实践研究，初步解决“入园难”问题。

〔**出台《贵州省幼儿园基本办园标准（试行）》**〕 3月，省教育厅出台了《贵州省幼儿园基本办园标准（试行）》，对全省幼儿园的办园规模、教职工配备、设施设备配备、保育教育工作、园务管理等作了明确规定，并提出了具体要求。

〔**省级示范幼儿园建设**〕 11月，省教育厅组织全省学前教育专家40余人，对11所幼儿园进行复查、评估或初评。其中对7所省级示范幼儿园进行了复查、2所省级示范幼儿园进行了升类评估、2所幼儿园进行了省级示范幼儿园第一次评估。截至2012年年底，全省共创建省级示范幼儿园24所，其中省级一类1所、二类12所、三类11所。12月，省教育厅组织专家按国家最新相关文件精神，结合全省实际，重新制定了《贵州省幼儿园分类评估指标》，作为全省幼儿园评估的依据和指导。

〔**《贵州省义务教育条例》通过审议并发布施行**〕 7月27日，贵州省第十一届人民代表大会常务委员会第29次会议审议通过了《贵州省义务教育条例》，10月1日起施行。《条例》自始至终贯穿了“巩固提高、均衡发展、平等受教、保障安全、政府负责”的核心理念。

〔**10个县实现义务教育初步均衡发展目标**〕 按照教育部与省政府签署的《关于推进义务教育均衡发展备忘录》中提出的“全省2017年实现县域义务教育初步均衡发展，2020年实现县域义务教育基本均衡发展”的目标，进一步落实各级政府的责任，确保目标如期实现。对仁县、黔西县、丹寨县、麻江县、荔波县等10个县的义务教育初步均衡发展进行了督导评估。

〔**农村义务教育学生营养改善计划**〕 全省首次全面实施以学校食堂供餐为基本特征的“贵州模式”学生营养餐，取得显著成效。全年中央财政累计下达贵州省营养改善计划资金25.8亿元，惠及集中连片特困地区65个县（市、区）1.3万多所学校383万名农村学生；14个非集中连片特困县进行了地方试点，惠及1 100多所学校22.3万名农村学生。

〔**下发普通高中学籍管理办法**〕 在充分征求各方面意见的基础上，省教育厅对《贵州省普通高中毕业会考学籍管理暂行办法》(〔90〕黔教普通字第193号）进行修订，制定了《贵州省普通高中学籍管理办法（试行）》。《办法》针对学生入学、注册、评价、升级、留级、休学、复学、退学、转学、毕业（或结业、肄业）、奖励与处分、学籍档案管理等提出了新的要求，制定了新的办法。

〔**省级示范性普通高中建设**〕 5月，省教育厅组织评估专家组对2011年申报的省级示范性普通高中学校进行复评后，确定普定县第一中学、兴义中学、石阡民族中学、沿河民族中学、德江县第一中学为二类省级示范性普通高中；剑河民族中学、六枝特区第一中学为三类省级示范性普通高中。截至2012年年底，全省共创建89所省级示范性普通高中，其中一类2所、二类53所、三类34所。

〔**开展普通高中课程改革实验实施情况大检查**〕　省教育厅于2012年秋季开展了全省普通高中课程改革实验实施情况大检查。检查人员在各市（州）2—4个县抽查5—6所普通高中，分别听取抽查县、市（州）的汇报，实地检查学校。通过大检查，基本掌握了全省普通高中课程改革实验总体推进情况，及时总结了成绩和经验，研究和解决了存在的困难、问题，对进一步深化全省高中课程改革实验起到了积极的推动作用。

〔**全面实施普通高中学业水平考试**〕　2012年，对2010年秋季及以后入学的普通高中学生进行学业水平考试。学业水平考试包括语文、数学、外语（含英语、日语、俄语、法语）、物理、化学、生物、思想政治、历史、地理、信息技术（机考）、通用技术共11个学科。实行全省统一命题、统一制卷、统一评卷、统一划分考试成绩。同时，普通高中学业水平考试成绩还作为高考同分考生位次排序的依据。

职业教育与成人教育

〔**职业院校建设**〕　省级财政投入职业教育专项经费6.9亿元，争取中央财政专项资金支持近3亿元（比2011年的2亿元增加50%），专项用于清镇职教城、省级示范中职学校和突破高中阶段教育中职学校项目建设。全省有6所中职学校按要求完成建设任务，被授予省级示范性中等职业学校称号；42所突破高中阶段教育中职项目学校全面启动，毕节市启动了双山职教园区建设。新成立了供销行业职教集团、装备制造业职教集团、护理职教集团。

〔**师资队伍建设**〕　继续实施职业院校教师素质提高计划，组织开展职业院校专业骨干教师和管理干部省级培训300余人次。投入专项经费600万元，支持职业院校引进特聘兼职教师和能工巧匠400人。贵州交通职业技术学院和贵州轻工职业技术学院获批成为全国职教师资培养培训基地。

〔**示范性学校评选**〕　贵州省人民医院护士学校、贵州省机械工业学校、贵州省水利电力学校、思南县中等职业学校、贵州省财政学校、遵义县职业技术学校和贵阳市女子职业学校等7所学校被列为第三批国家中等职业教育改革发展示范学校建设计划。继续推进省级示范性高等职业院校评选工作，遵义医药高等专科学校、贵州职业技术学院被评为省级示范高等职业学校。

〔**应用型本科学历教育**〕　为加快现代职业教育体系建设，探索建立“中职—高职—本科”升学“立交桥”，选择师资、设备等条件相对较为成熟的贵州交通职业技术学院和铜仁职业技术学院与贵州大学试点联合开办应用型本科学历教育，从2012年秋季学期开始招收应用型本科生。招生专业涉及机械设计制造及其自动化专业（汽车服务工程方向）、土木工程专业（道路桥梁应用工程方向）、农学专业（特种经济作物繁育与推广方向）和动物科学（动物繁育与疫病防控技术）4个专业。每专业50人，学制4年，纳入全省普通高校招生计划，从贵州大学第二批次中录取。联办专业学生将享受贵州大学本科学生待遇。学生完成学业，经考试合格后，颁发贵州大学本科毕业证；符合授予学位条件的，授予学士学位。学生参加技能考核，同时可获得相应的技能等级证书。

〔**招生与培训**〕　2012年，中等职业教育春、秋两季共招生254 940名（其中向省外优质中等职业学校输送初中毕业生64 919名），高职招生7万名。各级职业院校完成农村劳动力转移培训30万人。

高等教育

〔**教育教学改革**〕　全省本科院校共14个专业获得国家级“专业综合改革试点”项目；贵州大学、贵阳中医学院的4门课程入选国家精品视频公开课。贵阳医学院、遵义医学院被教育部、卫生部批准为第一批卓越医生教育培养计划项目试点高校；贵州大学入选应用型、复合型法律职业人才教育培养基地，采矿工程、机械设计制造自动化本科专业首次进入教育部卓越工程师教育培养计划。

〔**质量工程**〕　深入实施“贵州省高等学校教学质量与教学改革工程”，评选出省级教学名师23名、教学团队17个、特色专业21个、教改重点项目40个、教改培育项目59个、实验教学示范中心13个、教师教学发展中心4个以及大学生创新创业训练计划项目58个。在贵州大学建立了全省城镇化人才培训基地，在贵州财经大学建立了全省金融人才培训基地。

〔**启动高校章程制定工作**〕　7月5日，省教育厅印发了《贵州省高等学校章程制定工作方案》，全面启动了高校章程制定工作。《方案》明确了高校章程制定工作的重大意义、高校章程内容要求及制定程序，提出到2015年年底前，全省高校必须完成各自章程的制定工作。

〔**高层次人才队伍建设**〕　按照“为我所用，不求所有”的原则，以“候鸟型”学科带头人为主要对象，根据学校建设和学科发展需要，全省高校共引进“候鸟型”高层次人才49名、“永久型”高层次人才14名。其中中国科学院和中国工程院院士5名、“长江学者”2名。

〔**开展向社会公布“质量报告”试点工作**〕　2012年，在贵州大学、贵州师范大学、贵阳医学院、贵州民族大学开展向社会公布“本科教学质量报告”试点工作，广泛接受社会对高等教育质量的监督和评价。各高校高度重视质量报告编制工作，按照教育部关于编制发布《本科教学质量报告》的相关要求，对照提出的25条支撑数据，开展了本科教学工作的自我检查和自我评估。围绕本科人才培养工作的关键要素，主要从本科教育的基本情况、师资与教学条件、教学建设与改革、质量保障体系、学生学习效果、特色发展等方面，编制了各校的质量报告并在学校网站上公布。

〔**4所高校进入中西部高校基础能力提升工程、1所高校进入中西部高校提升综合实力工程**〕　贵州师范大学、贵阳医学院、贵州师范学院、贵州理工学院进入教育部、国家发展和改革委中西部高校基础能力建设工程项目，“十二五”期间将获得中央财政不低于1亿元的专项资金支持。2012年，中央财政已下拨一期经费8 900万元，其中5 600万元用于贵阳医学院基础教学楼与实验教学楼建设；3 300万元用于贵州师范大学公共教学楼建设。贵州大学进入“中西部高校提升综合实力工程”，“十二五”期间将获得中央财政不低于5亿元的专项资金支持。

〔**建立全省普通高校本科专业预警及退出机制**〕　2012年，省教育厅出台《关于实施普通高校本科专业预警及退出机制的意见》，将社会认同度不高、社会需求量明显下降、师资队伍薄弱、毕业生就业率较低（就业率排名倒数前十名）且布点较多的部分专业列入预警专业名单，并调减预警专业的招生计划。对连续3次列入预警名单的专业，除个别特殊专业外，将实行退出机制，停止招生。

〔高校科技、学位和研究生教育〕 一是贵州民族大学“西南民族地区社会管理人才培养项目”被国务院学位委员会批准为服务国家特殊需求博士人才培养项目；二是贵州师范大学4个一级学科博士授权点均获国务院学位委员会学科评议组高票通过；三是贵州大学材料科学与工程被增列为博士学位授权一级学科；四是重大人才奖励取得较大突破，贵州大学首获何梁何利基金“科学与技术创新奖”；五是贵州师范大学和贵阳医学院被教育部批准为2012年度教育部创新团队和培育团队；六是全省高校7人入选“教育部新世纪优秀人才支持计划”；七是贵阳中医学院中药学（民族药学）和遵义医学院药理学新增为国家重点（培育）学科。

〔组建2个“2011”协同创新中心〕 为大力实施“高等学校创新能力提升计划”（简称“2011计划”），研制了全省“2011计划”实施方案，批准组建了“贵州省西南作物病虫害持续控制2011协同创新中心”、“贵州省中药民族药2011协同创新中心”，并向教育部推荐申报2012年度国家“2011协同创新中心”。

〔高等教育学历证书电子注册〕 2012年，共完成全省普通高等教育、成人高等教育毕业生学历证书电子注册113 791人。其中普通高等教育89 757人［博士研究生62人、硕士研究生3 728人、本科毕业生40 129人、专科（高职）毕业生45 838人］；成人高等教育共计24 034人，其中本科毕业生13 392人、专科毕业生10 642人。

〔新生学籍电子注册和在校生学年电子注册〕 截至2012年年底，对2012级普通高等教育本专科新生128 551人进行了学籍电子注册。新生学籍注册信息在教育部中国高等教育学生信息网予以公布，供新生本人查询、核对，新生查询率达100%。此外，对387 945名普通高等教育本专科在校生进行了学年电子注册。

〔高校毕业生工作〕 2012年，全省普通高校毕业生共90 236人，其中研究生3 821人、本科生40 305人、专科（高职）46 110人，比2011年增加276人。截至9月1日，全省高校毕业生就业率为85.67%，比2011年同期上升4.73%。2012年，全省共有教育部直属师范大学免费师范毕业生504人。截至2012年9月1日，就业率为100%。

〔成人高考〕 积极推进计划编制和志愿填报改革，实行网上报名、网上评卷、网上录取。2012年，全省报考总人数59 416人，较2011年增长14.67%。共录取50 398人，录取率84.82%。

〔花溪大学城建设〕 2012年，省委、省政府将大学城建设列入十大民生工程、省政府50项重点工作。截至2012年年底，5所高校已完成总投资43.06亿元，建成校舍面积132万平方米，其中贵州财经大学一期、二期工程全部完工，其他4所高校一期工程全部完工。5所高校全部入驻办学，入驻学生1.98万人。贵州财经大学提前4年、其他学校提前3年实现入驻目标。

撰稿 曹宝杰 潘 龄 史开来 吴政富 邸姜滔 縻 丹 谢 旌 蒋鸿雁 冷新梅 吴 婷 周 明 路 斤 黄 燕 雷 伟 周元江 周玉林 丁兴华
审稿 赵廷昌

云南省教育

概　　况

〔基本情况〕

云南省各级各类学校校数、教职工、专任教师情况

	学校数（所）	教职工数（人）	专任教师数（人）
一、高等教育	68	46 792	32 268
（一）研究生培养机构（不计校数）	17		
1. 普通高校	11		
2. 科研机构	6		
（二）普通高等学校	66	44 901	31 322
1. 本科院校	29	32 182	22 167
其中：独立学院	7	5 172	3 831
2. 高职（专科）院校	37	12 719	9 155
3. 其他机构（点）（不计校数）			
（三）成人高等学校	2	1 891	946
（四）民办的其他高等教育机构			
二、中等教育	5 455	485 713	379 821
（一）高中阶段教育	3 764	367 455	259 004
1. 高中	444	73 497	45 255
普通高中	444	73 497	45 255
完全中学	285	48 112	25 095
高级中学	141	22 612	19 467
十二年一贯制学校	18	2 773	693
成人高中			
2. 中等职业教育	3 320	293 958	213 749

续表

	学校数（所）	教职工数（人）	专任教师数（人）
普通中专	87	10 947	7 522
成人中专	128	3 386	2 659
职业高中	181	12 914	10 580
技工学校	2 924	266 116	192 575
其他机构（教学点）（不计校数）	16	595	413
（二）初中阶段教育	1 691	118 258	120 817
1. 初中	1 691	118 258	120 817
初级中学	1 463	104 376	96 228
九年一贯制学校	217	13 754	6 058
十二年一贯制学校			656
完全中学			17 774
职业初中	11	128	101
2. 成人初中			
三、初等教育	13 020	237 762	233 710
（一）普通小学	13 020	237 762	233 710
小学	13 020	237 762	226 609
九年一贯制学校			6 402
十二年一贯制学校			699
（二）成人小学			
四、工读学校	1	49	40
五、特殊教育	47	1 140	934
六、学前教育	4 768	59 613	35 581

云南省各级各类学历教育学生情况

	毕业生数（人）	招生数（人）	在校生数（人）
一、高等教育			
（一）研究生	8 405	9 978	29 242
博士	374	548	2 419
硕士	8 031	9 430	26 823
（二）普通本专科	118 944	142 753	512 178
本科	58 703	87 663	324 722
专科	60 241	55 090	187 456
（三）成人本专科	59 080	62 113	183 875
本科	27 135	24 962	84 494
专科	31 945	37 151	99 381

续表

	毕业生数（人）	招生数（人）	在校生数（人）
（四）其他各类高等学历教育			
1. 在职人员攻读硕士学位		3 489	12 384
2. 网络本专科生			
本科			
专科			
二、中等教育	2 966 988	2 757 920	8 307 609
（一）高中阶段教育	1 667 474	2 083 524	5 722 454
1. 高中	312 512	261 312	850 379
普通高中	196 248	261 312	706 180
完全中学	108 798	150 403	402 669
高级中学	84 702	106 592	292 316
十二年一贯制学校	2 748	4 317	11 195
成人高中	116 264		144 199
2. 中等职业教育	1 354 962	1 822 212	4 872 075
普通中专	82 408	109 580	315 612
成人中专	2 090	1 649	3 678
职业高中	78 256	71 945	248 553
技工学校	1 192 208	1 639 038	4 304 232
（二）初中阶段教育	1 299 514	674 396	2 585 155
1. 初中	666 942	674 396	1 954 348
初级中学	534 729	531 545	1 547 882
九年一贯制学校	29 216	30 805	89 312
十二年一贯制学校	2 538	3 634	10 348
完全中学	98 471	108 058	305 774
职业初中	1 988	354	1 032
2. 成人初中	632 572		630 807
三、初等教育	2 314 485	622 875	5 710 339
（一）普通小学	722 779	622 875	4 067 038
小学	698 063	602 327	3 933 685
九年一贯制学校	22 969	18 209	119 958
十二年一贯制学校	1 747	2 339	13 395
（二）成人小学	1 591 706		1 643 301
其中：扫盲班	585 749		689 067
四、工读学校	108	114	124
五、特殊教育	3 071	3 294	16 777
六、学前教育	571 035	705 269	1 122 327

云南省各级各类非学历教育学生情况

	结业生数（人）	注册学生数（人）
总计	5 847 442	4 170 701
一、高等教育	118 559	49 851
（一）研究生课程进修班	478	967
（二）自考助学班	2 016	2 264
（三）普通预科生		1 949
（四）进修及培训	116 065	44 671
其中：资格证书培训	45 587	24 723
岗位证书培训	50 453	19 203
二、中等职业教育	5 728 883	4 120 850
其中：资格证书培训	496 652	334 147
岗位证书培训	783 931	538 187
（一）中等职业学校	1 035 869	188 787
其中：资格证书培训	224 525	77 024
岗位证书培训	124 678	42 304
（二）职业技术培训机构	4 693 014	3 932 063
其中：资格证书培训	272 127	257 123
岗位证书培训	659 253	495 883

云南省各级各类民办教育基本情况

	学校数（所）	毕业生数（人）	招生数（人）	在校生数（人）	教职工数（人）	专任教师数（人）	其他学生数（人）
一、民办高等教育							
（一）民办高校	20	29 833	34 008	125 842	9 720	6 668	6 744
硕士							
本科学生		13 124	21 958	78 995			
专科学生		16 709	12 050	46 847			
其中：独立学院	7				5 172	3 831	3 329
本科学生		13 124	20 383	76 063			
专科学生							
（二）民办其他高等教育机构							
二、民办中等教育							
（一）高中阶段教育	104	34 176	50 504	134 901	8 435	5 902	

续表

	学校数（所）	毕业生数（人）	招生数（人）	在校生数（人）	教职工数（人）	专任教师数（人）	其他学生数（人）
1. 民办普通高中	47	9 370	13 808	36 008	5 031	3 693	
2. 民办中等职业教育	57	24 806	36 696	98 893	3 404	2 209	37 051
（二）初中阶段教育	78	14 426	17 812	49 908	2 959	2 384	
1. 民办普通初中	78	14 426	17 812	49 908	2 959	2 384	
2. 民办职业初中							
三、民办普通小学	109	14 911	14 452	86 347	2 601	2 048	
四、民办幼儿园	3 756	211 296	284 976	548 355	42 552	23 062	
另有：民办培训机构（不计校数）	130				897	497	35 131

〔**综述**〕 2012年，全省教育系统把“优先发展、育人为本、改革创新、促进公平、提高质量”作为教育工作的基本方针；把推进基础设施建设作为教育发展的基础保障；把遵循经济社会发展规律和教育规律，分类指导、统筹协调作为教育发展的根本方法；把内涵发展、加强管理作为推进教育现代化的抓手和着力点；把省教育规划纲要提出的“三个共同”作为教育发展的出发点和落脚点；把坚持抓好教师队伍建设作为教育发展的有力支撑。截至2012年年底，学前三年毛入园率达48.95%，比2011年提高4.69个百分点；九年义务教育巩固率达90.34%，比2011年增长1.08个百分点；高中阶段毛入学率达71.20%，比2011年增长1.2个百分点；高等教育毛入学率24.3%，比2011年增长1.3个百分点。高考录取率达88%。高校毕业生初次就业率达85.1%，比2011年同期递增1.6个百分点，年终就业率达96.9%，比2011年同期递增0.4个百分点。

〔**编制发布教育规划**〕 印发《云南教育桥头堡建设规划（2012—2015年）》，围绕“一家园三平台”建设（即建设国际教育家园、国际教育基础建设平台、国际教育人才培养平台、国际教育交流合作平台）总体目标，提出主要任务和保障措施，构建适应“桥头堡战略”人才需求的教育发展模式。省政府正式发布《云南省教育事业发展“十二五”规划》（简称《规划》）。《规划》共7章，明确提出了云南省教育事业“十二五”期间的发展目标和思路、主要任务、重大工程和重大政策措施。编制完成《云南省高等学校设置“十二五”规划（2011—2015年）》，提出适度新增区域经济社会发展急需、区域高等教育结构中不可替代的特色高校。

〔**《云南省民办教育条例》正式实施**〕 2012年7月29日，云南省第十一届人民代表大会常务委员会第三十二次会议审议通过《云南省民办教育条例》（简称《条例》），并于10月1日正式施行。《条例》共5章40条，明确了对促进民办教育发展的扶持和奖励政策，切实保障民办学校及其师生与公办学校及其师生具有同等的法律地位，保障民办学校的办学自主权，进一步规范民办学校的办学行为。

〔**随迁子女受教育权益有保障**〕 3月26日，省教育厅与省妇联共同发布《关于进一步做好进城务工人员随迁子女和农村留守儿童教育的意见》，明确进城务工人员随迁子女接受义务教育享有本地居民的同等权益，鼓励和扶持举办面向随迁子女招生的民办学校。12月31日，出台《随迁子女接受义务教育后在云南参加升学考试工作的实施意见》，明确外来务工人员随迁子女在流入地参加升学考试的报考条件，包括参加初中学业水平考试、普通高中录取、中职学校录取、高考及高校录取等环节。

〔**实行贫困地区定向招生专项计划**〕 自2012年起，国家决定在普通高校招生计划中专门安排适量招生计划，面向集中连片特殊困难地区（以下简称贫困地区）生源，实行定向招生，引导和鼓励学生毕业后回到贫困地区就业创业和服务。以农林、水利、地矿、机械、师范、医学以及其他适农涉农等贫困地区急需专业为主，全省涉及85个贫困县，其中乌蒙山区15个县、滇桂黔石漠化区11个县、滇西边境山区56个县、迪庆藏区3个县。定向招收本专科生979人，最终录取本科913人、专科115人。

〔**资金投入向边境25县倾斜**〕 根据省委、省政府对边境地区“兴边富民”工程的部署，加大教育专项资金的投入，向边境25个县实施倾斜。落实义务教育阶段学校“两免一补”资金11.64亿元，其中中央和省级资金11.13亿元、州市配套资金0.51亿元；落实中职学校免学费补助中央和省级资金0.35亿元；落实中小学校舍建设中央和省级专项资金12.24亿元，其中中小学校舍安全工程专项建设资金4.4亿元、其他中小学校舍建设资金7.59亿元、职业中学校舍建设0.25亿元。

〔**纠风治理工作扎实推进**〕 为确保惠民政策全面落实，省教育厅会同相关部门制定了《贯彻落实治理义务教育阶段择校乱收费八条措施的意见》、《云南省中小学教辅材料使用管理实施意见》。开展“规范教育收费示范高校”创建活动，授予云南中医学院等6所高校“规范教育收费示范高校”称号。组织开展省、州（市）、县三级教育收费检查，检查学校9 628所，查处教育乱收费216.5万元，清退违规收取资金206.1万元。查处4所民办高校和培训机构虚假宣传、体制外违规招生问题。立案85件，党政纪处理56人，其中撤职校长1人。

〔**滇西边境山区区域发展和扶贫攻坚工作**〕 教育部与省政府共同编制《加快滇西边境山区教育改革和发展共同推进计划（2012—2018年）》，确立了“将滇西边境山区片区建设成为集中连片特困地区教育改革创新先行区、教育开放试验区和人力资源开发扶贫示范区”的目标。在教育部的扶持下，云南大学成立了滇西发展研究中心，建立了第一批东部地区10个职教集团与滇西10州市中职学校“一对一”对口联系帮扶合作机制。之后又将对口合作由学校层面扩大到州（市）层面。12月3日，在普洱市正式签订战略合作协议。合作内容包括协助滇西10州（市）制订发展规划、联合培养各类技能型人才、共同促进特色产业发展、联合培养培训师资、开展校企深度合作、开展联合招生合作办学六大领域。国务院副总理回良玉、教育部部长袁贵仁、省委书记秦光荣、省长李纪恒等出席签字仪式。

〔**云南省教育标准化技术委员会授牌**〕 2月8日，省委常委、副省长李江为云南省教育标准化技术委员会授牌。本次授牌标志着全省正式启动大规模、科学化的教育标准化工作。

〔**中国一南亚商务论坛首届教育分论坛举行**〕 由省教育厅主办，云南开放大学承办的中国一南亚商务论坛首届教育分论坛于6月5日在昆明市举行。论坛以“人力资源发展：培养未来合作的生力军”为主题，就中国与南亚合作面临的人才挑战、人才培养储备等进行了交流。南亚8个国家11所大学和中国国内18所大学以及科研机构的代表参加论坛。

〔**中国—东盟教育培训中心落户云南**〕 7月18日，中国—东盟教育培训中心揭牌仪式在云南农业大学举行。中国—东盟教育培训中心是中国外交部和教育部联合批准成立的10个国家级对东盟国家教育培训基地之一，是国家级援外农业人才培训基地，目标是实施农业科技和高等教育“走出去”，为东盟国家发展提供所需的人力资源。

〔**国家汉语国际推广师资培训基地（昆明）揭牌**〕 11月25日，国家汉语国际推广师资培训基地（昆明）在云南师范大学揭牌。这是国家汉办设在中国西南地区的第一个国家“汉推基地”。基地面向西南周边国家开展本土汉语国际教育师资培养及教育官员长短期培训、教学案例库建设、教材研发、教育科研与学术交流、网络平台建设以及中华文化体验基地建设。

〔**举办第五届“汉语桥”世界中学生中文比赛**〕 由国家汉办/孔子学院总部和省政府主办，省教育厅、省广播电视局、云南师范大学共同承办，云南广播电视台协办的第五届“汉语桥”世界中学生中文比赛于11月14—25日在昆明市举行。来自45个国家、61个赛区、51支代表队的近300名选手参加了比赛。国家汉办/孔子学院总部为获奖选手提供了的不同等级的来华进修汉语奖学金和往返国际旅费。省政府也为其他获得优胜奖的选手提供了为期一个学期的来华进修汉语的留学生奖学金。

基础教育

〔**综述**〕 2012年，学前教育全力推进“探索政府举办和鼓励社会力量办园的措施和制度”改革试点工作，认真实施学前教育国家四大类7个重点项目，开展省级示范幼儿园和州（市）一级幼儿园对口帮扶薄弱幼儿园工作。义务教育继续推进“以政府为主导，优化资源配置，促进义务教育均衡发展工作”国家教育体制改革试点项目；采取措施确保进城务工人员子女和农村留守儿童接受义务教育权益；校安工程拆除重建开工248.92万平方米，加固改造校舍185.31万平方米，完成投资47.38亿元，农村初中改造完工4.40万平方米，完成投资1.4亿元，农村薄弱学校改造完成投资11.26亿元；制定并实施治理义务教育阶段择校乱收费八条措施；完善农村义务教育阶段教师补充机制，继续实施“特岗教师计划”；推进县域义务教育均衡发展督导评估试点工作。印发《关于促进普通高中教育发展的意见》。投入0.9亿元，实施12个民族地区教育基础薄弱县普通高中建设项目；增加投入0.5亿元，改善普通高中设施条件；投入1.86亿元，实施集中连片特困地区普通高中改善办学条件专项工程，完成17所普通高中共20个项目；新课程改革第一届毕业生高考工作顺利进行；开展一级完中办学水平和教育质量综合评价工作，新增一级完中7所，全省一级完中达122所。特殊教育在义务教育阶段的基础上，由普通教育向职业教育延伸。教育信息化深入推进。

〔**发布《云南省学前教育条例》**〕 11月29日，云南省第十一届人民代表大会常务委员会第三十五次会议正式审议通过《云南省学前教育条例》。《条例》共7章52条，由总则、职责、机构设立与管理、保育与教育、保障措施、法律责任、附则组成。《条例》主要内容有：明确政府发展学前教育的责任；落实学前教育资源；保障弱势群体受教育权益；规范幼儿园管理和保育教育行为；加快学前教育师资培养，维护保教人员合法权益；明确扶持普惠性民办幼儿园政策；等等。

〔**加大学前教育投入**〕 制发《云南省学前教育家庭经济困难儿童资助实施意见》、《云南省扶持普惠性民办幼儿园发展奖补的实施意见》和《云南省关于城镇幼儿园接收外来务工人员子女入园奖补暂行办法》，认真实施国家四大类7个重点项目。全年投入情况如下。一是学前教育校舍改建。国家下达资金6.01亿元，综合奖补类资金0.87亿元，民办幼儿园奖补资金0.55亿元，家庭经济困难幼儿资助资金0.38亿元。二是建立城市幼儿园接收进城务工人员随迁子女奖补制度。国家下达扶持城市学前教育发展奖补资金0.87亿元，省级奖补资金0.03亿元，对311所招收随迁子女的公办幼儿园给予奖补。三是农村学前教育推进工程项目。国家下达资金2.10亿元，地方配套资金0.50亿元，共启动实施126个项目，建设面积达17.52万平方米，配备设备10.58万台/件/套。四是实施贫困幼儿资助项目。省财政下达资助资金2 857.17万元，其中省级1 868.13万元、州（市）989.04万元，资助幼儿达5.71万人。

〔统筹实施两个“全覆盖”〕 2012年，省政府把实施农村义务教育学生营养改善计划全覆盖和农村义务教育家庭经济困难寄宿制学生生活补助（简称“一补”）全覆盖作为十件惠民实事（简称两个“全覆盖”）。一是在国家确定营养改善计划85个试点县的基础上，将44个非国家试点县纳入地方试点，与国家试点同标准、同步骤实施，实现全省129个县534.9万名学生营养改善计划全覆盖。全省共投入资金38.63亿元，其中中央29.71亿元、省级3.47亿元、州（市）5.45亿元。二是向未享受国家“一补”的48.94万名农村寄宿学生提供补助，实现全省299.52万名农村寄宿学生生活补助全覆盖。全省共投入资金36.48亿元，其中中央18.24亿元、省级12.24亿元、州（市）6.0亿元。两个“全覆盖”的实施，省、州（市）共增加投入11.77亿元。

〔启动县域义务教育均衡发展督导评估〕 12月3日，昆明市县域义务教育均衡发展督导评估现场会暨官渡区义务教育初步均衡发展督导评估会议举行。省政府总督学廖晓珊率省政府教育督导团对昆明市官渡区义务教育初步均衡发展进行督导评估。12月20日，省政府教育督导团在昆明市召开全省教育督导工作会，对相关工作进行部署。38个县完成了推进义务教育初步均衡发展的政策体系制定工作，并有计划地分步实施。省教育科学研究院同时开展了对38个县域义务教育均衡发展的监测与评估，并完成38个县域全部学校2011—2012年8项核心指标40多万条数据的采集、分析工作，撰写报告为县域义务教育初步均衡发展督导评估提供参考。

〔教育规划纲要监测评估〕 1—9月，借鉴联合国教科文全民教育监测指标，结合全省教育事业统计、教育经费统计相关指标，独立研制符合云南省实际的教育规划纲要监测评估指标，完成全省贯彻落实国家及省教育规划纲要的监测评估工作。本次监测评估工作采用分层抽样、随机抽样相结合的原则，对14个州（市）的32个县域监测评估样本单位进行抽样，采集全省129个县域基础教育、职业教育相关统计数据，发放管理者、校长、教师问卷共2 789份，提交《云南基础教育阶段贯彻实施国家及省教育规划纲要基本情况调研报告》至省政协和省政府，为全省基础教育改革发展提供决策参考。

〔《云南省义务教育均衡发展报告》出版〕 12月，省教育科学研究院与中国教育科学研究院合作开展的云南省县域内义务教育均衡发展实证研究成果《云南省义务教育均衡发展报告》，由云南教育出版社出版发行。

〔中小学幼儿园教师接受免费培训〕 2012年，全省共筹措资金7 457万元，使7.48万名中小学幼儿园教师免费接受国家级和省级各类培训，参训教师数占全省中小学幼儿园专任教师数的17%。

〔首次实施新课改高考方案〕 2012年，高考命题依据高中新课程标准；试题形式增强开放性和灵活性，突出阅读能力，更加贴近社会生活实际；高考分值满分为772分，其中卷面满分为720分、英语听力满分为30分、学业水平考试量化满分为22分。普通高中学业水平考试成绩等第及考生综合素质评价，采用电子档案形式提供给招生院校作为录取参考依据。省招生考试院编印20余万册《云南省2012年新课改普通高等学校招生考试工作方案100问》，免费发放到每一位考生手中，让广大考生了解新课改后普通高校招生考试工作的有关规定；同时多次召开新闻发布会，通过媒体向社会作广泛的宣传。

〔实施高中阶段学校招生录取新办法〕 6月25—29日，随着初中学业水平考试的开考，以初中学生学业水平考试成绩和初中学生综合素质评价结果为依据的高中阶段学校招生录取新办法正式实施。省教育厅研制统一考试标准、统一科目、统一时间，16 个州（市）自主命题，全省统一抽考 1 个科目。

〔**专项资金助推特殊教育发展**〕 2012 年，中央划拨云南省特殊教育专项补助资金 260 万元，省财政划拨 5 000 万元特殊教育专项补助资金，主要用于特殊教育学校仪器设备购置、实训基地建设、师资培训、课程改革建设。11 月 14 日，全省特殊教育工作会议在昆明市召开，会议对 5 260 万元特殊教育专项补助的使用提出明确要求：专项资金只能用于特殊教育学校基础设施建设、教学康复仪器设备购置、师资队伍培训等，不得用于偿债或福利支出。

〔**审定出版民文教材**〕 8 月 13—27 日，省教育厅民族教育处召开 2012 年民文教材审定会。会议审查审定小学六年级 12 个民族、15 个文种教材 30 本；小学五年级 3 个民族、4 个语种教材 8 本；学前班 4 个民族、4 个语种教材 8 本；修审小学三年级 14 个民族、18 个文种教材 36 本；审查审定景汉民文传承教材 1 本，共 83 本民文教材。教材由云南民族出版社出版，免费发行，供民族地区民族学生使用。

〔**开设民族团结教育课程**〕 2012 年秋季学期开始，在全省小学三、四年级开设《中华大家庭》课程，在小学五、六年级开设《民族常识》课程，在初中一年级开设《民族政策常识》课程。举办培训班，请专家解读教材，将民族团结教育课程教学落到实处。全省创建了 1 221 所民族团结教育示范学校。

职业教育与成人教育

〔**综述**〕 2012 年，继续推进国家职业教育体制改革试点项目；新增 13 所国家中等职业教育改革发展示范学校；新增中央财政支持建设的职业教育实训基地项目 20 个；12 个职教园区共完成投资 133.78 亿元；完成师资素质提高计划培训任务，包括 310 名骨干教师培训、120 名青年教师到企业实践、11 名教师出国培训，继续实施特聘教师计划；新成立滇武职业教育集团，全省 33 个职教集团广泛开展“订单”培养、企业员工培训、学生顶岗实习；建立和完善职业教育对口帮扶机制；探索“校中企”、“企中校”等校企办学模式；搭建职业教育人才成长“立交桥”。在 2012 年全国职业院校技能大赛中，获一等奖 2 个、二等奖 7 个、三等奖 27 个，中职选手首次在全国大赛中获一等奖。参加全国民族地区职业院校教学成果展演，获金奖 4 个、银奖 5 个、铜奖 5 个、优秀奖 2 个、组织奖 1 个，为历年参赛的最好成绩。

〔**世行贷款云南职业教育发展项目正式启动**〕 6 月 26 日，世界银行贷款云南职业教育发展项目启动会在昆明市举行。该项目旨在促进职业教育改革创新，提高办学水平。项目主要内容是：在云南省高职、中职、技工共 9 所学校开展相关专业的课程改革，购置实验实训设备以及新建、改造教学楼或实训基地等。9 所项目学校围绕生物、地矿、汽车和旅游四大产业，建立和发展 16 个校内专业群（包括 63 个专业）和 3 个校际专业群，创新人才培养模式；建设与改革课程体系；提高管理人员和教师的能力；完善质量保障与评价体系；改善办学条件；辐射非项目学校。项目总投资为 58 219.97 万元，其中申请世界银行贷款 32 000 万元、国内配套 26 219.97 万元。

〔**新增 13 所国家级示范学校**〕 经教育部会同相关部门评审认定，云南高级技工学校、曲靖财经学校、大理高级技工学校、宣威第一职业技术学校、楚雄高级技工学校、德宏州中等职业学校、保山市隆阳区职校技术学校、曲靖应用技术学校、禄丰县职业高级中学、红河州农业学校、安宁市职业高级中学、师宗职业技术学校、红河州财经学校13所学校成为国家中等职业教育改革发展示范学校。截至2012年年底，全省共有28所国家级示范校，占全省中职学校总数的8.7%，分布于10个州（市）、12个县（市、区）。示范校项目建设资金总计达61 319万元，其中中央财政预算资金28 580万元、各级财政配套和学校自筹资金32 739万元。

〔搭建人才成长“立交桥”〕　探索建立中职、高职、应用本科、专业硕士相衔接的职教体系，打通职业技术人才培养和成长通道。为满足中职学生提升学历层次、提高技能等级的愿望，增加全省五年制高职学校招生计划。2012年，全省五年制高职学校招生13 388人，比2011年增加6 280人；普通高校对口招收中职毕业生4 000人。探索中高职教育衔接的办学模式，依托云南广播电视大学开展中高职一体化试点工作。

〔举办农村成人文化技术学校校长培训班〕　4月，委托云南农业大学成人教育学院举办农村成人文化技术学校校长培训班，85名校长参加为期12天的培训。通过培训，推动农村成人文化技术学校开展适合进城务工需要的农村劳动力转移培训。

〔嵩明职教园区初具规模〕　嵩明职教园区是云南省和昆明市重点扶持的全省重点区域性职业教育中心之一。园区规划面积15.5平方千米。培养对象除本省外，主要面向东南亚、南亚国家。截至2012年年底，已入驻院校11所。其中云南工商学院、云南师范大学文理学院、云南外事外语学院、昆明医学院海源学院、云南大学滇池学院、云南师范大学商学院、云南城市建设职业学院、昆明武警指挥学院8所院校已实现招生。2012年，在校生达4.5万余人，建成校舍面积近5平方千米，投资达15亿元，成为全省最大的职业教育新城。

高 等 教 育

〔综述〕　2012年，全省高校启动省级二期“质量工程”；继续开展高校综合改革试点工作；创新性开展省级高职高专院校特色评估；大学联盟建设如期实施；“2011计划”初见成效；科研项目研究有所突破；学科建设成效显著；现代大学制度建设有所进步；加大力度培养小语种人才；民办高等教育持续健康发展；高校化债工作取得突破性进展。2012年，全省高等教育毛入学率达24.3%，比2011年增长1.3个百分点。新增省级工程实验室1个、省级工程研究中心3个、省级国际合作基地5个、院士工作站7个。共获“973”计划项目2个，国家自然科学基金463项，国家社会科学基金106项，教育部科学技术研究重点项目7项、人文社科研究项目53项、“春晖计划”项目5项。获教育部第六届高等学校科学研究优秀成果奖9项、云南省科学技术奖励41项、云南省哲学社会科学优秀成果奖励126项。遴选产生一批省级项目或成果：教学改革研究项目103项，专业综合改革试点项目31个，特色专业10个，“卓越工程师教育培养计划”专业14个，“十二五”规划教材81本，精品教材61本，精品视频公开课程25门（其中7门入选国家精品视频公开课、8门入选教育部视频公开课），双语教学示范课程10门，高职精品课程25门，教学团队43个，教学名师56人，示范实习实训基地26个，大学生创新创业训练项目101项，东南亚南亚语种人才培养示范点9个。对100门省级精品课程进行验收。研制2个专业教学质量标准。遴选建设2所省级特色骨干高职院校。

〔学科建设〕 2012年，全国高校学科评估结果显示：云南大学民族学、生态学两个学科均位居全国第2位；昆明理工大学冶金工程学科位居全国第4位；西南林业大学林业工程学科位居全国第5位；云南师范大学教育学、云南农业大学农学、昆明医科大学医学、云南财经大学财经类参评学科等榜上有名。云南中医学院一次性获12个国家中医药管理局的部级重点（培育）学科。新增10个一级学科博士学位授权点、15个一级学科硕士学位授权点和15个专业硕士学位授权点，学校一级学科博士学位授权达13个、一级学科硕士学位授权达38个、专业硕士学位授权达19个。同时，云南大学被教育部纳入中西部高校提升综合实力工程建设项目。

〔启动实施“高等学校创新能力提升计划”〕 成立了由省政府分管领导任组长的“高等学校创新能力提升计划”领导小组及其办公室，制订实施方案及建设规划，开展省级协同创新中心的培育、组建和认定工作，按照高起点、重基础、有特色、重需要的原则，正式评审认定省级协同创新中心8个(其中面向行业产业2个、区域发展5个、文化传承1个)，培育2个，并从中推荐昆明理工大学、云南农业大学参加国家级协同创新中心的评审认定，云南农业大学的“生物多样性与云南特色农业协同创新中心”通过全国专家评审，成为全国首批17个进入国家答辩的协同创新中心之一。

〔云南大学“211工程”三期建设获国家奖励〕 11月，教育部办公厅、国家发展和改革委办公厅、国家财政部办公厅联合对“211工程”三期建设成效显著的28所高校给予奖励，云南大学名列其中，成为西南地区唯一一所获奖的“211工程”高校，获得了1 483万元的奖励资金。云南大学通过“211工程”三期建设，产生了“澄江动物群”、“微生物侵染线虫的分子机理”和“西南边疆史”等一批特色鲜明、影响力突出的标志性成果，实现了云南大学“长江学者”、国家“千人计划”零的突破。

〔云南警官学院获批警务硕士人才培养项目〕 12月，云南警官学院获国务院学位委员会批准，成为“服务国家特殊需求人才培养项目——学士学位授予单位开展培养硕士专业学位研究生试点工作”单位之一，填补了云南省警务硕士专业学位研究生的空白。

〔启动中西部高校基础能力建设工程规划〕 启动中西部高校基础能力建设工程规划，云南大学、昆明理工大学、云南师范大学和昆明医科大学4所高校纳入规划建设。

〔开展创新性分类评估〕 制订《云南省高等院校教学工作评估规划（2013—2020年）》，完善高等院校分层次、分类别评估的运行机制。首次以特色评估标准对昆明冶金高等专科学校、玉溪农业职业技术学院、云南经贸外事职业学院、云南国土资源职业学院进行评估；对云南师范大学商学院启动独立学院评估；配合教育部完成对红河学院、昆明学院教学水平评估。

〔联合培养研究生案例获推广〕 《昆明医科大学与云南省公安厅刑事科学研究所联合培养实战型高层次法医人才（大硕士研究生）》案例，获国务院学位委员会认可，作为典型案例在全国交流推广。

〔7所独立学院获学士学位授予权〕 经云南省学位委员会批准，云南大学滇池学院、昆明理工大学津桥学院、云南师范大学商学院、云南师范大学文理学院、昆明医学院海源学院、云南艺术学院文华学院和云南大学旅游文化学院7所独立学院的93个专业获学士学位授予权。

〔完成年度院校设置工作〕 3月，教育部批准昆明医学院更名为昆明医科大学，昭通师范高等专科学校升格为昭通学院（本科），思茅师范高等专科学校升格为普洱学院（本科）；同意新组建红河卫生职业学院和云南外事外语职业学院备案。

〔**云南开放大学成立**〕　12月26日，教育部同意云南广播电视大学更名为云南开放大学。28日，云南开放大学成立大会暨揭牌仪式举行。

〔**高校毕业生就业**〕　举办各类专场和校园招聘会2 500多场，提供就业岗位信息超过16万条，毕业生入场人数超过32万人次。全省共有高校毕业生12.79万人，比2011年增加1.21万人，增幅达10.4％。毕业生初次就业率为85.1％，比2011年同期增长1.6个百分点；年终就业率为96.3％（其中研究生94.4％、本科生95.9％、专科生96.9％），比2011年同期增长0.4个百分点，就业总人数12.31万人。

〔**成立大学联盟**〕　12月10日，云南省高校图书馆联盟在云南师范大学正式成立。12月27日，云南省本科院校高等职业教育联盟、云南省高等职业教育研究基地协同研究创新联盟在云南民族大学正式成立。

〔**高校化债工作**〕　4月7日，副省长高峰与35所负有债务的公办高校签订2012年《云南省高校债务化解工作目标责任书》，化债目标为54.15亿元。8月3日，省委、省政府成立了由省委常委李培、副省长高峰任组长的高校化债工作领导小组，先后多次召开现场会或专题会议，力求降低高校债务。截至2012年年底，各高校通过不同方式筹集资金共计偿还债务76.81亿元，将全省高校银行贷款余额降至68.79亿元，超出化债目标22.66亿元。

〔**开展“云南青年志在四方”主题教育活动**〕
10—12月，组织开展“云南青年志在四方”主题教育活动，邀请云南籍的著名专家学者、道德模范、企业精英、创业明星等深入高校作演讲报告10场，4 850多名学生到现场听讲座。此项活动旨在鼓励青年走出云南、走向全国。同时，开展了同主题的征文活动。

撰稿　杨宏伟　詹显良　王　建　邱　林
龙德芳　何丽娜　纳　梅　王亚瑾
王　磊　曾继贤　吴　春　周家荣
王　涛　杨春城　张　琳　李竹贤
赵德荣　冯　霞　霍云云　何兆春
杨　伟　全朝光　郭云龙　赵　纯
马光宇　白玉兵　司慧迎　杨　鹏
卢　明　王　珏　赵　春　魏　宏
杨　飞

审稿　纳　梅　杨宏伟　杨红琼　李慧勤

西藏自治区教育

概　　况

〔基本情况〕

西藏自治区各级各类学校校数、教职工、专任教师情况

	学校数（所）	教职工数（人）	专任教师数（人）
一、高等教育	6	3 485	2 369
（一）研究生培养机构（不计校数）	3		
1. 普通高校	3		
2. 科研机构			
（二）普通高等学校	6	3 485	2 369
1. 本科院校	3	2 111	1 439
其中：独立学院			
2. 高职（专科）院校	3	710	518
3. 其他机构（点）（不计校数）	2	664	412
（三）成人高等学校			
（四）民办的其他高等教育机构			
二、中等教育	3 052	280 249	205 847
（一）高中阶段教育	2 960	271 321	196 865
1. 高中	30	4 459	3 658
普通高中	30	4 459	3 658
完全中学	6	699	303
高级中学	22	3 435	3 246
十二年一贯制学校	2	325	109
成人高中			
2. 中等职业教育	2 930	266 862	193 207

续表

	学校数（所）	教职工数（人）	专任教师数（人）
普通中专	6	746	632
成人中专			
职业高中			
技工学校	2 924	266 116	192 575
其他机构（教学点）（不计校数）			
（二）初中阶段教育	92	8 928	8 982
1. 初中	92	8 928	8 982
初级中学	91	8 801	8 514
九年一贯制学校	1	127	45
十二年一贯制学校			86
完全中学			337
职业初中			
2. 成人初中			
三、初等教育	857	18 966	18 853
（一）普通小学	857	18 966	18 853
小学	857	18 966	18 696
九年一贯制学校			79
十二年一贯制学校			78
（二）成人小学			
其中：扫盲班			
四、工读学校			
五、特殊教育	3	110	92
六、学前教育	480	2 221	1 593

西藏自治区各级各类学历教育学生情况

	毕业生数（人）	招生数（人）	在校生数（人）
一、高等教育			
（一）研究生	228	473	1 079
博士	3	5	14
硕士	225	468	1 065
（二）普通本专科	8 580	10 022	33 452
本科	4 673	5 596	20 576
专科	3 907	4 426	12 876
（三）成人本专科	3 199	4 016	11 217
本科	1 931	2 925	7 538
专科	1 268	1 091	3 679

续表

	毕业生数（人）	招生数（人）	在校生数（人）
（四）其他各类高等学历教育			
1. 在职人员攻读硕士学位		8	32
2. 网络本专科生			
本科			
专科			
二、中等教育	2 010 258	1 707 892	5 275 620
（一）高中阶段教育	1 331 108	1 664 468	4 514 547
1. 高中	129 550	17 529	192 024
普通高中	13 286	17 529	47 825
完全中学	1 666	706	3 425
高级中学	11 159	16 382	43 240
十二年一贯制学校	461	441	1 160
成人高中	116 264		144 199
2. 中等职业教育	1 201 558	1 646 939	4 322 523
普通中专	9 029	7 874	18 053
成人中专	321	27	238
职业高中			
技工学校	1 192 208	1 639 038	4 304 232
（二）初中阶段教育	679 150	43 424	761 073
1. 初中	46 578	43 424	130 266
初级中学	44 898	41 492	124 714
九年一贯制学校	63	87	200
十二年一贯制学校	406	439	1 220
完全中学	1 211	1 406	4 132
职业初中			
2. 成人初中	632 572		630 807
三、初等教育	1 639 243	51 552	1 935 317
（一）普通小学	47 537	51 552	292 016
小学	47 228	51 179	290 098
九年一贯制学校	87	96	536
十二年一贯制学校	222	277	1 382
（二）成人小学	1 591 706		1 643 301
其中：扫盲班	585 749		689 067
四、工读学校			
五、特殊教育	39	185	633
六、学前教育	19 694	41 793	61 495

西藏自治区各级各类非学历教育学生情况

	结业生数（人）	注册学生数（人）
总计	11 788	9 089
一、高等教育	5 036	2 508
（一）研究生课程进修班		
（二）自考助学班		
（三）普通预科生		
（四）进修及培训	5 036	2 508
其中：资格证书培训	3 538	1 229
岗位证书培训	1 456	1 271
二、中等职业教育	6 752	6 581
其中：资格证书培训	797	2 346
岗位证书培训	1 249	1 249
（一）中等职业学校	6 752	6 581
其中：资格证书培训	797	2 346
岗位证书培训	1 249	1 249
（二）职业技术培训机构		
其中：资格证书培训		
岗位证书培训		

西藏自治区各级各类民办教育基本情况

	学校数（所）	毕业生数（人）	招生数（人）	在校生数（人）	教职工数（人）	专任教师数（人）	其他学生数（人）
一、民办高等教育							
（一）民办高校							
硕士							
本科学生							
专科学生							
其中：独立学院							
本科学生							
专科学生							
（二）民办其他高等教育机构							
二、民办中等教育							
（一）高中阶段教育	1						

续表

	学校数（所）	毕业生数（人）	招生数（人）	在校生数（人）	教职工数（人）	专任教师数（人）	其他学生数（人）
1. 民办普通高中	1	475		402	21	17	
2. 民办中等职业教育							
（二）初中阶段教育	1	28	79	229			
1. 民办普通初中	1	28	79	229			
2. 民办职业初中							
三、民办普通小学	3	86	225	664	54	31	
四、民办幼儿园	47	2 014	4 066	8 703	612	266	
另有：民办培训机构（不计校数）							

〔**综述**〕 2012年，在自治区党委、政府的领导下，全区教育系统始终坚持以迎接、学习、宣传和贯彻党的十八大为主线，深入贯彻党的十七届六中全会精神和自治区第八次党代会精神，紧紧抓住西藏主要矛盾和特殊矛盾，紧紧围绕西藏教育的特殊规律、对象、特点和环境，切实抓好《中共西藏自治区委员会　自治区人民政府关于贯彻〈国家中长期教育改革和发展规划纲要（2010—2020年）〉的实施意见》的执行落实，切实抓好教书育人、管理育人、服务育人和环境育人，努力营造和谐稳定的校园氛围，努力培养社会主义事业的建设者和接班人，奠定了西藏教育在新时期、新起点上实现新发展的牢固基础。

〔**教育投入与支出**〕 全年教育总投入逾90亿元，较2011年增加8亿元，教育基本建设投资达17.66亿元，较2011年增长3.74亿元。实施项目1 330个，其中新建乡镇和村级幼儿园193所、新建双语师资培训中心8个。加快落实“十二五”规划项目方案，做好项目前期工作，及时报审“十二五”规划项目方案，全年教育项目国家到位投资、项目前期工作和开复工等项目工作进展良好，成效明显。

〔**教育惠民利民政策**〕 1. 继续完善“三包”政策体系。2012年春季学期开始，参照“三包”标准，对公路养护职工子女实行从学前教育到高中阶段教育就学补助政策；2012年秋季学期开始，自治区第12次提高“三包”及助学金标准，在2011年标准的基础上，每生每学年增加200元，分别达到二类区2 400元、三类区2 500元、四类区及边境县2 600元。全年“三包”及助学金经费总量达122 927.96万元，受惠学生达51.04万人。

2. 从2012年春季学期开始，在所有县城以下（不含县城）义务教育学校全面推行义务教育学生营养改善计划，实行“三包＋营养”供餐模式，每生每天3元，全年按200天核定；拉萨市城关区还将标准提高到5元，由地方财政补贴。全年共落实政策资金14 392.31万元，惠及学生239 877人，覆盖率达100％。

3. 全面实现15年免费教育。从2012年秋季学期开始，自治区实施了城镇学前三年免费教育政策，年生均免费标准3600元，秋季学期落实城镇学前免费教育资金6 849万元，惠及38 061名城镇幼儿。截至2012年年底，自治区在全国率先全面实现了省域范围内15年免费教育，即学前3年、小学6年、初中3年、高中阶段3年。

4. 学生资助政策体系更加完善。2012年，研究并出台了家庭经济困难全日制硕士和博士研究生资助政策，年资助标准5 000元；实施了研究生国家奖学金制度，年资助标准为2万元。截至2012年年底，全区已累计制定出台了22项资助政策（含国家类政策），基本建立起了从学前教育到硕士、博士研究生阶段的学生资助政策体系。全年共落实资助资金168 361.56万元，较2011年增长

34.35%，资助学生达95.91万人次。

〔**教育科研**〕　开展“义务教育新课程标准（2011年）巡回培训”，74个县乡中小学教师6 235人参加了涉及8个学科的培训。开展首届全区小学教师教学大赛，75名教师参加了包括藏语文、语文（汉语）、数学和思想品德4个学科的决赛。组织申报34项全国教育科学规划“十二五”规划2012年度课题。组织开展全区教研员队伍建设、教研工作现状调研，形成了《全区教研员队伍建设调研报告》和《全区教研工作现状调研报告》。

〔**师资队伍建设**〕　一是深入贯彻落实全国教师工作会议精神，研究制定自治区《关于贯彻落实国务院关于加强教师队伍建设的意见》，进一步明确教师队伍建设的发展目标、重点任务和主要举措。建立全区教师资源库，实现教师管理信息化。二是积极营造尊师重教氛围，加强和改进师德建设，努力提高教师的社会地位。在教师节来临之际，自治区主要领导分别前往大中小学和幼儿园、优秀教师代表及家庭贫困教师家里看望慰问教师，并对广大教师提出殷切期望，极大地鼓舞了全区广大教师。大力宣传先进师德典型，如2012年度全国教书育人楷模候选人格桑达瓦和李小运、央视“最美乡村教师”宋玉刚、因勇救落水学生而英勇牺牲的“全区优秀教师”阿旺伦珠、“2011全国高校辅导员年度人物”次仁央宗等。三是进一步加强教师培养与培训工作，全区教师立体培训网络初步形成。全年共有7 064名教师参加“国培计划”、1 328名教师参加“区培计划”，举办首届全区特殊教育学校骨干教师培训班和教师心理健康教育培训班，分四批组织所有教学点教师共768人赴北京培训考察，200人参加了“培罗成少数民族培训班”，150名中小学骨干教师参加了自治区信息技术与学科整合培训。四是进一步完善教师补充机制。改进师范毕业生就业工作，加大紧缺薄弱学科专业教师的培养培训力度，统筹做好教师流动管理，有1 749名大学毕业生进入教师队伍。五是进一步关心重视教师的工作、学习和生活。有378人通过了2011年度全区高级教师专业技术职务评审，1 203人报名参加2012年度高级职称业务考试，1 731人报名参加非师范类毕业教师教育学、心理学统一考试。2 208名教师得到2011—2012年“中央专项彩票公益金——励耕计划”资助。启动自治区“园丁关爱行动计划”，150名特殊困难家庭教职工得到资助，193名优秀教师得到阴法唐西藏教育基金会资助，60名幼儿教师得到“2012年中央专项彩票公益金教育助学项目——润雨计划”资助。支持“教工之家”活动奖励经费70余万元，全年慰问教职工经费达200余万元。

〔**德育和思想政治工作**〕　一是开展丰富多彩的喜庆党的十八大胜利召开的校园文化活动。在拉萨师范高等专科学校举办了规模近3 000人的“喜迎十八大、颂歌献给党”大型文艺汇报演出；以西藏大学农牧学院建校40周年为契机，在该校举办了规模逾4 000人的“向党歌唱”大型文艺演出；各地各学校也分别举办了形式多样、丰富多彩的庆祝活动。二是深入开展以“爱国、团结、和谐、发展、文明”为主题的核心价值观教育活动，将反分裂斗争教育和民族团结教育月活动以及重大节庆纪念活动融入其中。修订中小学文明学校评估指标体系。开展道德模范进校园和学雷锋活动、职业学校“文明风采”竞赛和文化建设创建活动，在各级各类学校和教研室实现了张贴悬挂伟人画像的全覆盖。三是加强德育和思想政治工作队伍建设。充实和加强学校党务、思想政治理论课教师、辅导员和班主任队伍，先后组织11批共55人参加高校哲学社会科学和高校思想政治理论课等各类研修和培训，开展高校思想政治理论课教师和中小学思想政治优质课教师培训及竞赛。开展“高校辅导员年度人物”评选表彰活动。四是加强校外教育基地建设。完成了拉萨市和日喀则地区示范性综合实践基地项目和乡村学校少年宫项目申报工作，实施青少年校外活动中心能力提升工程。五是加强德育和思想政治工作保障机制建设。大学生思想政治工作专项经费由年生均150元提高到300元，确保年生均50元标准拨付中小学德育工作专项经费。

〔**体育、卫生、艺术与国防教育**〕　一是启动农牧区中小学澡堂建设试点工程，完成45所农牧区中小学校澡堂建设；积极争取全球疟疾教育项目资金11.3万余元，在林芝地区实施疟疾教育项目启动暨管理人员培训；加强与卫生疾控部门的合作，改善学校卫生条件，增强了学生安全卫生防范意识。二是深入开展阳光体育运动，向教育部上报优秀案例14篇；在山南地区成功举办自治区第十届中学生运动会，全区10个代表队共600余名运动员参赛；组织21名学生参加第九届全国大学生运动会，获体育道德风尚奖；开展学生体质健康监测工作，受检学生3 840名。三是积极筹备第四届全国中学生艺术展演活动，成立了高雅艺术进校园活动组委会，明确了各相关部门和高校的职责分工。四是进一步加强国防教育，全年共有44 618名大学生和高中生参加军训和国防教育活动。

〔**招生考试**〕 一是抓好国家教育考试标准化考点建设，积极推进招生考试手段的科学化和信息化，完成1个自治区级指挥平台、8个地市级指挥平台和9个保密室建设，完成9个考区25个考点880个考场的国家教育考试标准化考点建设，形成了集网络视频巡查系统、应急指挥系统、作弊防控系统、身份认证系统、考务综合管理系统于一体的综合服务系统，实现了“国家教育考试全部放在国家教育考试标准化考场进行”的目标，满足了各类教育考试的考点需求，为防范考试作弊、严肃考风考纪发挥了重要作用，同时还方便了学校日常教育教学管理。二是强化工作措施，完善工作机制，落实工作责任，健全工作制度，规范工作流程，强化细节检查，加强关键岗位和薄弱环节，各类招生考试平安平稳实施。三是加强招生考试服务工作，首次在普通高考中统一配发考试文具，得到广大考生、家长和社会的认可。积极推行“阳光招生”，及时公布招生考试信息，主动接受社会舆论监督，畅通考生查询渠道和系统，共接听热线电话6 000多人次，接待来访1 500多人次。四是积极协调和落实招生计划，完善志愿征集系统，各类招生考试工作顺利进行，确保了考生的合法权益。

〔**内地办学工作**〕 一是进一步调整办学层次和学校布局，恢复内地10所重点高中招生工作，招收援藏干部子女的初中班由3所扩大到6所，开办内地西藏初中班的学校调整为26所，重点高中散插班增加到60所，内地中职班48所，招收内地西藏班学生的内地高校由120多所增加到170所。二是积极推进内地民族班与当地学生合校混班工作，招收援藏干部子女的内地西藏初中班基本实行了混班教学。三是继续加大招生改革力度，加大对弱势群体的招生政策倾斜，明确了孤儿院少数民族考生降分录取条件，高中班区内生源计划向那曲和阿里地区倾斜，加大面向边境地区内地西藏班招生工作和对内地西藏班较少民族班的支持力度，招收边境班学生40人、较少民族班学生45人。四是加大信息化建设力度，积极推行信息化管理，开发了内地西藏初高中学生学籍管理系统和远程报名、填志愿及录取系统，实现了初高中学生网上报名、填志愿及局域网录取，全年共协助完成了1 927名内地西藏班（校）高校招生计划（本科院校1 834名、专科院校93名）、3 000名内地西藏高中班（校）招生计划（重点散插班1 475名、普通高中1 525名）、1 540名内地西藏初中班（校）招生计划和3 036名内地中职班招生计划。五是加强内地班管理，选派80名藏文教师赴内地西藏初高中班任教、8名管理教师到散插班学校协助开展学生教育管理工作。开展内地西藏班藏文教师及藏语文课开设情况摸底调研工作，组织开展内地西藏班藏语文教师和内地中职班管理人员培训。六是加大内地西藏办学政策宣传力度，首次组织30名内地西藏班学生家长代表赴内地西藏班（校）考察。七是开展内地西藏班、中职班巡回宣讲活动。配合教育部民族教育司在成都市召开了全国内地西藏班、中职班思想政治骨干教师培训会议。

〔**高校毕业生就业指导服务**〕 2012年，按照自治区党委力争使“西藏籍大学生全就业、全覆盖，消除零就业家庭”的要求，一是积极配合有关部门加大就业政策的宣传力度，做到宣传手册人手一册，并在相关网站发布有关信息，使就业政策宣传不留死角。二是对就业指导课程教材进行修订，使教材更加贴近实际需要。三是进行事业单位专业技术人员招录成绩计分改革，将学生在校期间的专业基础课和专业课成绩计入招考总分，提出了区内外高校核算专业成绩统一的操作原则和标准，共协调区内外400余所高校，收集了1.4万多名毕业生的专业成绩。四是力促高校毕业生参加17个对口援藏省市和17家中央企业“对口援藏就业计划”，搭建就业平台，增强就业信心。五是召开高校毕业生就业座谈会，分析就业形势，讲解就业政策，了解学生就业意愿，自治区政府分管领导亲自参加并作深入分析和解答。六是做好高校毕业生入伍预征工作。

〔**学校安全稳定工作**〕　自治区始终把维护校园安全稳定工作作为硬任务和第一责任，积极探索和建立安全稳定工作新机制，强调“五个坚持”：一是坚持常态维稳与敏感节点相结合，重在常态工作，突出敏感节点，分阶段、分步骤各有侧重有序推进；二是坚持指导与检查相结合，强调责任和措施落实，重在指导，突出责任追究；三是坚持“一岗双责”，强调“两手抓，两手都要硬”，重在推进教育改革发展，突出“稳定压倒一切”；四是坚持内外环境相结合，强调教育维稳工作的特殊性，突出教育维稳的针对性和实效性；五是坚持重视思想政治教育和校园文化建设，夯实维稳工作的思想基础、组织基础和群众基础。实现“五个转变”：教育系统维稳要求由注重外因向注重内涵转变、维稳体系由注重单一型向注重联动型转变、维稳责任由注重嫁接型向注重内生型转变、维稳条件由注重单一布置向综合防控转变、维稳管理由注重应急式向注重常态化转变，确保了教育系统持续稳定、全年稳定、全面稳定。自治区教育工委、教育厅研制了专项应急预案，加强避险技巧演练、强化了隐患排查整治力度、健全了信访接待制度。投入1 200多万元为全区495所中小学和幼儿园安装了校园监控设备，安排10万元作为自治区教育厅机关综合治理和创建“平安单位”工作经费。深入6地市60多个县300多所学校进行维稳督查，对教育门户网站等网络实施全年全时值班监控。顺利完成1.9万多名内地西藏班学生进出藏接送工作。对校车安全工作进行清查并完善校车安全保障，加强对不确定因素影响校园安全稳定的防范，严密防范并成功抵御了达赖集团对自治区的渗透破坏和邻省藏区突发事件的负面影响，教育系统成为维稳的积极力量。

〔**党建工作**〕　一是加强学习型党组织创建活动。突出完善理论中心组学习和党组织学习制度，建立高校书记、校长现场办公会制度，加强“现场调研与交流”。召开高校组织部长工作座谈会，举办基层党组织书记示范培训班，加强党建研究，培训基层党组织书记和党务干部3 074名。二是加强队伍建设。健全教育工委组织机构，加强各级教育行政部门和高校领导班子和干部队伍建设，一大批德才兼备的同志走上领导和管理岗位。三是突出高校党建工作。召开高校党的建设工作会议，对十七大以来高校党建工作的主要成绩、重要经验进行总结。以深入贯彻落实《关于贯彻〈中国共产党普通高等学校基层组织工作条例〉的实施意见》为抓手，部署高校党建工作，明确在进一步加强党的基层组织建设、改进大学生思想政治教育和校园文化建设等方面的具体要求和主要举措，把高校领导权牢牢掌握在党和政府手中。四是深入开展基层组织建设年活动。以创先争优、基层组织建设年活动为载体，完成了1 348个基层党支部的分类定级工作，调整基层党组织书记145人，909个基层党组织实现晋位升级。建立了党建工作经费保障机制，确保本级预算用于党建工作经费不少于300万元。新建基层党组织126个，总数由1 348个发展到1 474个，实现了教育系统基层党组织的全覆盖。印发《关于进一步加强我区教职工党员队伍建设的意见》、《关于进一步做好高中（中职）阶段学生入党积极分子培养和发展党员工作的意见》和《西藏自治区高等学校2013—2015年发展党员工作规划》，发展教职工党员544名、学生党员3 270名，培养入党积极分子6 451名，基本实现了大学生“低年级有党员，高年级有党支部”的目标，教育系统党员总数由17 300余名增加到22 040名。五是强化政治纪律，加强老干部工作。加强对违纪干部的监督和处理，关心老干部政治学习和日常生活，充分发挥老干部在关心下一代工作中的作用，出台了《教育系统关心下一代工作委员会工作条例》。六是进一步完善惩治和预防腐败体系。召开高校党风廉政建设工作会议并制定实施意见，开展廉政文化进校园活动，坚持党政负责人上廉政党课和参加廉洁警示教育活动。认真落实领导班子成员廉政建设责任制，完善目标责任考核制度和廉洁自律各项规定，坚持年终述职述廉和民主生活会制度。

〔认真开展教育受援工作〕 一是协助教育部在拉萨市召开教育对口支援西藏工作协调会议，会议研讨了《关于落实教育对口支援西藏工作的意见》及《西藏基础教育教师素质提高推进计划(2012—2015年)》。二是协调落实14个教育部直属单位对口支援自治区教育厅10个直属单位工作。三是协调27所对口支援高校团队召开6个高校对口支援例会，确定了有关对口支援任务及进度。四是17个对口支援省市和27所高校团队加大了教育援助力度，各地各高校教育受援项目达303个，落实援助资金24 509.164万元，援建高校实验室6个，与自治区高校共同申报科研项目12项。五是社会助学范围和力度不断增大，各类社会资助项目达12项，其中河南双汇集团有限公司一次捐资助学2 000万元，用于西藏5个地市中小学基础建设，有3所学校授牌为“红军小学”。

〔教育交流与合作〕 进一步规范教育外事工作。一是招收了25名外国留学生，加强对外籍教师和留学生的日常管理。二是进一步加强对非政府组织合作项目的管理，顺利完成美国英语学会外籍英语教师聘请派遣工作，完成英国救助儿童会西藏项目评估。实施2012年国家留学基金委“西部地区人才培养特别项目”，有17名候选人通过联合评审。首次组织了“中小学校长培训团”德国培训项目。三是认真落实有关出国审批程序，对因私出国留学人员进行登记备案。

〔语言文字工作〕 林芝地区和山南地区顺利通过国家二类城市语言文字工作评估，国家级和区级普通话水平测试员人数增至320名。取得普通话合格证书的公务员人数超过3 800人，95%以上的教师取得了普通话合格证书。

基础教育

〔综述〕 2012年，基础教育事业进入全面普及和巩固提高的新阶段。按照《西藏自治区教育事业“十二五”发展规划》，突出“坚持以人为本、推进素质教育”的战略主题，全面启动城镇三年、农牧区两年学前双语教育工程，积极推进义务教育均衡发展，加快推进高中阶段教育资源建设，中小学布局进一步调整优化，促进了学校的稳定发展和学生的健康成长。

〔启动城镇三年、农牧区两年学前双语教育工程〕 投入3.77亿元，大力推进学前双语幼儿园建设。投入1 000万元，扶持城镇民办学前教育发展。完成了自治区第八次党代会和全区经济工作会议关于新建、改扩建235所双语幼儿园的任务，学前双语幼儿园由198所增加到480所，在园幼儿由41 751人增加到61 495人，学前教育毛入园率由35%提高到45.2%。在山南地区召开全区学前教育工作会议，国家教育体制改革项目——山南地区学前双语教育改革试点工作取得初步成效。

〔巩固“两基”成果，提高义务教育水平〕 以强化汉语文、藏语文、数学和行为养成教育四门功课的教学管理和质量提高为前提，深入推进双语教育教学改革，强化教育督导工作。一是积极推进义务教育均衡发展。自治区政府与教育部签订了《义务教育均衡发展备忘录》，出台了《〈贯彻国务院关于深入推进义务教育均衡发展的意见〉的实施意见》，全年共投入9.94亿元用于小学和初中学校项目建设，新建和改扩建面积约38.6万平方米，进一步改善了义务教育学校的办学条件。二是加强中小学校园网和教育资源库建设。投入3 000万元，在100所乡镇小学建设了多媒体计算机教室，全区中小学师生计算机拥有量进一步增加，完成了投资1.5亿元的基础教育信息化试点工程前期初设工作，开展了交互式电子白板教学和数字化校园试点工作。三是加强对薄弱学校教学仪器设备的采购和配备。四是组织中小学教辅材料的评议推荐工作，进一步规范了中小学教辅材料的使用管理。五是编译修订新课程及农牧区双语幼儿教材256种、审查教材49种、搜集3 000条学科名词术语。六是建立了基础教育质量监测中心。

〔**推进高中新课程改革**〕 认真做好新课程改革后与高考有关的前期工作。2012年年底，组织召开《西藏自治区高考改革方案》培训会，对高考改革方案作了全面深入地解读，对普通高中新课程改革实施两年多来取得的成效经验、存在的问题及下一步改进措施作了认真梳理。

职业教育与成人教育

〔**综述**〕 2012年，职业教育与成人教育坚持以服务为宗旨、以就业为导向、以提高质量为重点，深化教育教学改革，大力推进体制机制创新，切实加强基础能力建设，进一步扩大招生规模，全面提高办学水平和质量，扩展了职业教育和成人教育的层次结构。

〔**加强教师培训，建设重点专业**〕 继续实施职业学校教师素质提高计划自治区级培训项目，249名骨干教师分别参加工艺美术、计算机应用技术、植物生产技术、旅游管理与服务、汽车运用与维修、职业技术教育学等专业培训。结合自治区农牧业、旅游服务业以及青藏铁路建设对技能型人才的需求，加快建设畜牧兽医、计算机、电工电子、铁路运输、建筑、旅游等重点专业。

〔**逐步建立职业教育资助政策体系**〕 在全面实施中职生免费教育制度的基础上，逐步建立以国家助学金为主，以工学结合、顶岗实习为辅的中等职业教育资助政策体系，受助面达100%。高职生享受国家高等学校奖学金、助学金和助学贷款，受助面达60%以上。

〔**加快职业教育现代化进程**〕 继续加强职业教育宏观管理，改善职业教育办学条件，深化职业教育教学改革，加强“双师型”教师队伍建设，提高职业教育办学质量。强化职业教育培训。加强民办职业教育管理。投入1.9亿元，用于新建1所、改建4所中等职业学校，新建校舍8万平方米。

高 等 教 育

〔**综述**〕 2012年，高等教育围绕贯彻教育部《关于全面提高高等教育质量的若干意见》，制定配套措施，积极落实“培养学生学会思考能实践”的教学理念，教学改革不断深入，科研和学科水平不断提升，高校专业设置进一步调整，学位和研究生教育工作不断发展，人才培养质量不断提升。

〔**推进高校内涵建设**〕 一是深化教学改革，设立400项大学生创新实验计划，开展200项高校教师专业实践实战能力提高计划。确定了10个第一批自治区“专业综合改革试点”项目。完成2012年自治区高等教育教学成果奖评审奖励工作。二是努力提高高校科研和学科水平，确定第二批自治区重点学科20个、重点实验室20个。建立了自治区高等学校人文社会科学、科学技术研究专家库，完成教育部2012年“新世纪优秀人才支持计划”人选推荐工作。推荐申报教育部第六届高等学校科学研究优秀成果奖著作奖11项、论文奖3项。西藏大学“少数民族语言文学（藏语言文学）”被批准为国家重点学科，西藏大学农牧学院“高原生态学”被批准为重点（培育）学科。三是认真开展学位和研究生教育工作，全力筹备西藏大学新增博士授权立项单位建设终期验收工作。积极开展西藏民族学院和西藏藏医学院拟申报授予博士学位一级学科建设。举办大规模高校科学道德和学风建设宣传教育活动。

〔**完成重大专项工作**〕 完成西藏大学“211工程”三期建设检查验收。西藏大学获批为“中西部高校综合能力提升工程”高校，完成西藏大学“中西部高校基础能力建设工程”项目申报工作。西藏大学、西藏民族学院进入国家“中西部高等教育振兴计划”行列。开展西藏大学、西藏民族学院“2011协同创新中心”培育和申报工作并各安排1 000万元予以支持。

〔**招生、毕业及专业设置**〕 调整了2012年分校分专业招生计划，加大了内地省市高校区内招生计划。加强高校学生学籍管理改革，简化学历认证程序，停止实施在学生毕业证书上加盖“西藏自治区高等教育学历专用章”认证制度。区内高校现有本科专业108种、本科专业布点136个，专科专业112种、专科专业布点132个，有56个学科专业招收硕士研究生。

撰稿 江长州 韩晓悟
审稿 马升昌

陕西省教育

概　　况

〔**基本情况**〕

陕西省各级各类学校校数、教职工、专任教师情况

	学校数（所）	教职工数（人）	专任教师数（人）
一、高等教育	109	103 760	63 235
（一）研究生培养机构（不计校数）	52		
1. 普通高校	26		
2. 科研机构	26		
（二）普通高等学校	91	100 881	61 500
1. 本科院校	54	80 528	48 812
其中：独立学院	12	7 489	4 938
2. 高职（专科）院校	37	20 353	12 688
3. 其他机构（点）（不计校数）	2		
（三）成人高等学校	18	2 879	1 735
（四）民办的其他高等教育机构	9		
二、中等教育	5 561	501 837	380 912
（一）高中阶段教育	3 796	379 142	268 308
1. 高中	530	84 883	56 218
普通高中	530	84 883	56 218
完全中学	228	30 955	14 202
高级中学	265	47 942	40 350
十二年一贯制学校	37	5 986	1 666
成人高中			
2. 中等职业教育	3 266	294 259	212 090
普通中专	47	5 900	3 661

续表

	学校数（所）	教职工数（人）	专任教师数（人）
成人中专	8	1 415	783
职业高中	287	20 800	15 044
技工学校	2 924	266 116	192 575
其他机构（教学点）（不计校数）	3	28	27
（二）初中阶段教育	1 765	122 695	112 604
1. 初中	1 765	122 695	112 604
初级中学	1 376	100 791	89 524
九年一贯制学校	389	21 904	10 306
十二年一贯制学校			1 551
完全中学			11 223
职业初中			
2. 成人初中			
三、初等教育	7 994	169 723	166 822
（一）普通小学	7 994	169 723	166 822
小学	7 994	169 723	156 651
九年一贯制学校			8 729
十二年一贯制学校			1 442
（二）成人小学			
其中：扫盲班			
四、工读学校	1	43	38
五、特殊教育	46	1 147	904
六、学前教育	5 784	85 327	49 462

陕西省各级各类学历教育学生情况

	毕业生数（人）	招生数（人）	在校生数（人）
一、高等教育			
（一）研究生	25 561	31 378	94 294
博士	2 196	3 415	15 935
硕士	23 365	27 963	78 359
（二）普通本专科	265 279	312 776	1 026 254
本科	132 983	186 830	651 629
专科	132 296	125 946	374 625
（三）成人本专科	64 249	65 015	198 854
本科	22 770	24 425	66 546
专科	41 479	40 590	132 308
（四）其他各类高等学历教育			

续表

	毕业生数（人）	招生数（人）	在校生数（人）
1. 在职人员攻读硕士学位		7 045	24 342
2. 网络本专科生	41 952	56 079	121 585
本科	21 099	23 693	50 552
专科	20 853	32 386	71 033
二、中等教育	2 981 378	2 565 447	7 862 884
（一）高中阶段教育	1 827 519	2 153 996	5 916 613
1. 高中	433 564	318 788	1 085 727
普通高中	317 300	318 788	941 528
完全中学	77 647	79 960	230 546
高级中学	231 878	229 642	685 148
十二年一贯制学校	7 775	9 186	25 834
成人高中	116 264		144 199
2. 中等职业教育	1 393 955	1 835 208	4 830 886
普通中专	47 453	36 120	126 733
成人中专	2 898	3 230	15 182
职业高中	151 396	156 820	384 739
技工学校	1 192 208	1 639 038	4 304 232
（二）初中阶段教育	1 153 859	411 451	1 946 271
1. 初中	521 287	411 451	1 315 464
初级中学	404 210	306 096	992 875
九年一贯制学校	43 650	32 599	105 908
十二年一贯制学校	8 043	9 062	26 669
完全中学	65 384	63 694	190 012
职业初中			
2. 成人初中	632 572		630 807
三、初等教育	2 040 261	378 875	3 989 453
（一）普通小学	448 555	378 875	2 346 152
小学	413 703	354 438	2 177 748
九年一贯制学校	29 379	19 365	136 670
十二年一贯制学校	5 473	5 072	31 734
（二）成人小学	1 591 706		1 643 301
其中：扫盲班	585 749		689 067
四、工读学校	12	35	68
五、特殊教育	1 010	1 266	6 046
六、学前教育	400 421	674 346	1 174 619

陕西省各级各类非学历教育学生情况

	结业生数（人）	注册学生数（人）
总计	1 718 310	1 642 679
一、高等教育	111 587	36 365
（一）研究生课程进修班	360	493
（二）自考助学班	30	826
（三）普通预科生		493
（四）进修及培训	111 197	34 553
其中：资格证书培训	38 677	20 507
岗位证书培训	27 002	6 141
二、中等职业教育	1 606 723	1 606 314
其中：资格证书培训	295 722	314 455
岗位证书培训	262 070	257 578
（一）中等职业学校	170 566	115 278
其中：资格证书培训	68 348	46 599
岗位证书培训	40 448	35 913
（二）职业技术培训机构	1 436 157	1 491 036
其中：资格证书培训	227 374	267 856
岗位证书培训	221 622	221 665

陕西省各级各类民办教育基本情况

	学校数（所）	毕业生数（人）	招生数（人）	在校生数（人）	教职工数（人）	专任教师数（人）	其他学生数（人）
一、民办高等教育							
（一）民办高校	30	78 914	96 660	297 523	22 880	13 827	10 539
硕士			29	29			
本科学生		29 393	55 072	172 183			
专科学生		49 521	41 559	125 311			
其中：独立学院	12	20 542	27 843	96 023	7 489	4 938	
本科学生		19 501	27 060	93 324			
专科学生		1 041	783	2 699			
（二）民办其他高等教育机构	9						
二、民办中等教育							

续表

	学校数（所）	毕业生数（人）	招生数（人）	在校生数（人）	教职工数（人）	专任教师数（人）	其他学生数（人）
（一）高中阶段教育	228	81 555	68 193	197 084	19 054	12 677	
1. 民办普通高中	94	29 558	31 105	86 318	11 832	8 452	
2. 民办中等职业教育	134	51 997	37 088	110 766	7 222	4 225	20 770
（二）初中阶段教育	93	47 010	44 470	133 425	6 907	4 991	
1. 民办普通初中	93	47 010	44 470	133 425	6 907	4 991	
2. 民办职业初中							
三、民办普通小学	187	22 695	19 475	121 225	6 603	4 632	
四、民办幼儿园	4 412	208 593	387 273	722 888	61 354	33 625	
另有：民办培训机构（不计校数）	887				8 491	5 428	244 881

〔**年度工作方针**〕 2012 年，全省教育工作的方针是：按照“深化改革、破解难题、转变方式、提升内涵”的思路，进一步落实教育优先发展战略，不断加大教育投入，不断深化教育领域综合改革，加快转变教育发展方式，加快推进教育现代化，大力改善教育民生，着力维护和谐稳定，全面提高教育质量，努力办好人民满意的教育，全力推进教育强省建设。

〔**教育经费投入**〕 教育经费持续增长，全省教育支出占财政支出的 20.8%，达到了国家对陕西省财政教育支出的要求，成为公共支出第一大户，实现了连续 5 年年均增长 25%以上。

教育基础保障水平显著提高，学校公用经费投入政策更加完善，各级各类学校生均拨款标准全面提高。下达“营养改善计划”和“蛋奶工程”补助资金 10.05 亿元（其中中央 6.66 亿元、省级 3.39 亿元）。投入 5.25 亿元，支持高水平大学建设。投入 22.8 亿元，改造农村义务教育薄弱学校，竣工和主体完工公办幼儿园 225 所，中小学校舍安全工程 3 年任务基本完成。

〔**教育内涵发展**〕 教育优先发展战略进一步落实。市县（区）党委、政府按照“义务教育均衡发展—双高双普—教育强县”的标准梯次推进县域教育发展。

各类教育全面转入内涵发展的新阶段：在三原县召开推广学前教育科学保教现场会；深化基础教育课程改革；完成了第一轮学校发展督导评估“316 工程”；完善了省、市、县、校四级联动的教师全员培训机制；创新开展“名师大篷车”送教下乡行动；积极开展“走进家庭、携手育人”万人大家访活动；推进中职与高职教育的衔接贯通。

〔**课题研究工作**〕 一是做好各类课题评审立项工作。组织申报全国规划课题、教育部重点课题、全国青年专项课题、教育部规划单位资助课题等 152 项。编制省级规划课题并组织申报，评审立项课题 661 项。启动微型课题研究项目，鼓励广大中小学教师通过教育科研解决教育教学工作中的实际问题，共立项课题 1 528 项。启动基础教育课程改革课题研究，全省中小学、教科研单位申报课题立项 443 项。组织各职业院校申报省级职业教育立项课题，评审立项课题 108 项。二是加强重大课题研究过程管理。召开普通高中课程改革重大课题研究工作会议，对 11 项普通高中的课改课题研究工作逐一进行督查指导。三是培训课题研究人员。举办全省基础教育课程改革课题带动战略课题主持人培训会，省教育厅副厅长吕明凯出席会议并讲话。举办 2012 年立项课题主持人培训班，对 600 多名课题主持人进行课题研究培训。举办2012年度微型课题骨干研究人员培训班，各市及相关县（区）教科研部门微型课题管理人员和相关中小学、幼儿园教研室主任、教师等150多人参加。

〔**教育强县、教育强乡镇建设**〕　修订印发《陕西省教育强乡镇验收标准》，依据标准对省级教育强乡镇进行复审，并发文认定35个教育强乡(镇)。被省教育厅命名的教育强乡镇累计达468个。

修订印发《陕西省教育强县复查验收办法》，对彬县、府谷县、宁陕县、太白县、山阳县进行了前期评估；对山阳县、莲湖区、太白县、府谷县、宁陕县进行了过程评估；对眉县、三原县进行了重点项目复验；复查验收了合阳县、宝塔区教育强县（区）工作。正式验收了志丹县、彬县的教育强县创建工作。截至2012年年底，被省政府正式命名的教育强县（区）累计达21个。

〔**教育信息化工作**〕　(1) 完成了教育信息化顶层设计工作，研制《陕西省教育信息化十年规划(2011—2020年)》，提出了新的建设思路。按照完善环境、拓展应用、深度融合的推进策略，分3个3年完成，印发了第一个《陕西省教育信息化三年行动计划（2012—2014年)》。(2) 调整了省教育信息化领导小组成员，成立了“陕西省教育信息化专家委员会”，编制了“教育信息化管理机构标准化建设标准”。(3) 启动教育综合管理服务平台、公众信息服务平台和教育教学与学习支持公共服务平台建设工作。完成了全省中小学电子学籍管理系统一期和学前教育综合管理系统数据采集工作，录入中小学生426万人、幼儿学生107万人，数据录入率达90%。(4) 加强教育信息化管理工作。启动了《陕西省教育电子政务顶层设计》项目和省级教育信息化关键技术系列课题研究工作，部分课题研究已经产生了阶段性成果。确定了85个省级教育信息化试点单位和21个国家级教育信息化试点单位，启动了教育信息化试点建设工作。开展了教育类网站前置审批和信息系统等级保护工作。开展了教育信息化先进集体和先进个人评选工作，表彰了29个教育信息化工作先进集体和49名教育信息化工作先进个人。完成了对5 000多名教育管理人员、电教人员和中小学教师的教育技术能力培训。(5) 积极应用教育信息化技术。征集46万多条、总量达4 000G的优质教育资源。组织参加全国首届中小学信息技术应用展演活动。创办《陕西省教育信息化工作通信》，强化“陕西教育网络电视台”工作，报道新动态、传播新经验、交流新思路。

〔**市县（区）政府教育督导机构标准化建设**〕　6月11—12日，召开全省市、县（区）政府教育督导机构标准化建设黄陵现场推进会，与会代表参观了榆林市、延安市、宝塔区以及黄陵县督导室标准化建设情况，交流了工作经验，安排部署教育督导工作。2012年，省政府教育督导团对18个县（区）政府教育督导机构标准化建设进行评估验收，授予西安市碑林区等18个县（区）“陕西省标准化县级政府教育督导室”称号，并通报表彰，颁发奖牌。

〔**学校教育督评工作**〕　召开高职院校督导座谈会，就如何做好2012年高职院校督导工作进行座谈。省政府教育督导团对陕西航空职业技术学院、陕西邮电职业技术学院、西安电力高等专科学校、西安汽车科技职业学院、医学高等专科学校5所学校的改革发展情况进行了督导。对户县南关中学和东关小学、黄陵县隆坊小学、西北工业大学附属小学、西北大学附属小学、白河县城关小学等20所学校进行了督导评估，并授予省级素质教育优秀学校奖牌。

〔**法制宣传教育**〕　在全省各级各类学校组织开展秋季开学法制教育第一课活动，以学习宣传宪法、民法、刑法等法律为主，根据不同年龄段学生的特点和接受能力，通过法律讲座、主题班会、升国旗仪式、模拟法庭等活动形式，使学生在潜移默化中受到法律熏陶和教育。

开展依法治校示范校创建活动，修订完善了评估标准，全年创建省级依法治校示范校39所。全省共创建省级依法治校示范校350所、市级依法治校示范校1 300多所。在“12·4全国普法宣传日”

前后，组织市、县教育行政干部和中小学教师进行法律知识考试。与省委依法治省办、省司法厅联合开展“法律进学校”宣传周活动。

〔**教育交流与合作**〕　与英国文化委员会联合举办英语教师系列讲座，西安市约400名初中英语教师参加。组织“第五届中国青少年访韩·历史体验教育活动”，10名优秀中学生赴韩国交流学习，所有费用均由韩方负担。在全省首度实施“中美校长跟班互学项目”，推荐9所中学的校长赴美与美国俄勒冈州9所学校的校长结对交流。完成教育部安排的“日本灾区高中生来华休养团西安分团”一行201人的接待工作。完成陕西省中学生赴新加坡公派留学项目。完成新加坡南洋理工大学英语教师进修项目的选拔推荐工作，1人被录取。配合国家汉办举办“第十一届汉语国际研讨会”。

基础教育

〔**学前教育三年行动计划**〕　2012年，新建、改扩建的325所公办幼儿园全部开工，70%已竣工或主体完工，学前三年适龄儿童毛入园率达89.5%，高出全国平均水平27.2个百分点；在三原县召开学前教育现场推进会，大力推广科学保教方法。截至2012年年底，全省各类幼儿园达6 177所，在园幼儿116万人。

〔**义务教育均衡发展**〕　省教育厅与各市（区）政府签署了《义务教育均衡发展备忘录》，大力推进全省义务教育均衡发展。在西安市启动实施“大学区管理制”和民办学校“小升初”综合测试重大改革试点。下发《关于建立农村义务教育阶段留守儿童动态监测和教育管理机制的通知》，建立、健全了政府主导、社会共同参与的农村留守儿童关爱和服务体系及动态监测机制。与省新闻出版局、省物价局、省纠风办联合下发了《关于加强中小学教辅材料使用管理工作的通知》，进一步规范教辅市场；召开“减轻学生过重课业负担，创新素质培养”项目进展情况座谈会，积极推进实验和试点项目顺利实施。

〔**义务教育发展基本均衡县（市、区）评估认定工作**〕　建立县域义务教育均衡发展督导评估制度，开展义务教育发展基本均衡县（市、区）的评估认定工作。草拟了《关于做好2012年义务教育均衡发展督导评估认定工作的通知》，报教育部审定。全省有6个县小学、初中的差异系数达到国家标准，已申报国家义务教育发展基本均衡县。

〔**中小学德育工作**〕　下发《陕西省教育厅关于将社会主义核心价值体系融入中小学教育全过程的指导意见》，积极指导各地、各校把社会主义核心价值体系融入中小学校工作各个环节。评选表彰了407名普通中学“三好学生”和274名“优秀学生干部”。召开全省中小学德育工作会议，总结交流德育工作的经验，分析德育工作所面临的形势，明确了德育工作的目标和任务。表彰全省中小学德育工作先进集体、先进个人和全省首届中小学生爱国主义教育影评活动先进集体及一级青少年校外活动中心。新建8所县级青少年校外活动中心。召开全省青少年校外活动中心主任会议，表彰了20所校外活动场所，举办了4期青少年校外活动中心骨干教师培训班，培训学员600人次。暑假期间，组织了“童心向党，快乐成长”、“阳光体育，快乐足球”、“少年军事”3个大型夏令营活动，5 000多名中小学生免费参加，极大地丰富了学生的暑期生活。组织举办两场全国教书育人楷模先进事迹报告团基础教育分团大型报告会。承办了由教育部和国家广电总局联合召开的全国中小学影视教育现场观摩交流会，向全国重点推广了陕西省开展中小学影视教育的经验。配合团省委筹备了省第六次少代会，下发了《陕西省教育厅关于加强中小学少先队活动的通知》。

〔**薄弱学科建设**〕 开展了体育、音乐、美术、小学英语、科学、信息技术、综合实践学科录像课评选活动，全省收到参评录像课资料 1 123 件，奖励 864 件。组织全省中小学艺术展演活动，共收到艺术作品及光盘 1 365 件，奖励 211 件。开展全省中小学教师体育论文、优秀课评选活动，征集体育优秀论文 420 篇，奖励 94 篇。选送参加全国第五届优秀体育课评选活动的优质课作品荣获一等奖 4 个、二等奖 3 个、三等奖 3 个。召开全省中小学综合实践研训会，全省综合实践活动教研员和部分学校教师 120 多人参加。

〔**普通高中骨干体系建设**〕 加强普通高中骨干体系建设，创建省级标准化高中 15 所，总数达 299 所，占全省普通高中总数 54.9%。创建省级示范高中 8 所，总数达 35 所，占全省普通高中总数的 6%。严格实行将省级示范高中、省级标准化高中招生计划的 30%向辖区内初中分配。各市均建起了综合素质评价信息数据库，将学生综合素质评价结果作为高校录取的重要参考。

〔**"双高双普"评估验收**〕 省政府教育督导团研制了《陕西省"双高双普"评估验收标准》（即高水平、高质量普及九年义务教育、普及学前教育和高中阶段教育），先后对千阳县、商南县、平利县、白河县"双高双普"创建工作进行过程督导；对黄陵县、雁塔区、府谷县、太白县、平利县、山阳县、商南县"双高双普"工作进行正式评估验收，并对这些县的党政领导干部履行教育工作职责情况进行督导考核。3 月 26 日至 4 月 1 日，省政府教育督导团对第一轮"316 工程"（即每 3 年为 1 轮，每年督导评估 6 000 所学校）的实施情况进行了评估验收。

〔**农村义务教育学生营养改善计划**〕 从 2012 年春季开始，在周至县等 43 个集中连片特殊困难县（区）启动实施农村义务教育学生营养改善计划（简称"营养改善计划"），补助标准为每生每天 4 元，每学年 200 天；同时，在 64 个县（区）继续实施"蛋奶工程"，补助标准为每生每天 3 元，每学年 200 天。"营养改善计划"和"蛋奶工程"已覆盖全省义务教育阶段学生 246.6 万人，占全省义务教育学生总数的 61.1%，实现了农村义务教育阶段寄宿制学生全覆盖。2012 年，全省学生营养改善工作资金投入 17.15 亿元，其中下达中央补助资金 6.66 亿元、省级投入补助资金 3.39 亿元、市县投入补助资金 7.1 亿元。

〔**中小学校本研修**〕 召开"省地共建"校本研修实验区工作会议，研制《陕西省省地共建中小学校本研修实验区工作实施方案》，全省首批 3 个实验县（区）的主管局长、20 个实验校校长参加了会议。举办 3 期以中小学副校长、教研主任为培训对象的全省中小学校本研修"引领者"培训班，邀请知名专家开展讲座，组织参观复旦大学附属中学等名校。积极开展校本研修宣讲推广活动，深入西安、宝鸡、咸阳、渭南、榆林、延安、商洛、汉中等市，举办校本研修讲座 70 余场次，听课教师 2 万多人次。开展全省校本研修专项督查，组织校本研修专家对 15 个县（区）的 86 所中小学进行了专项督查，有力地促进了校本研修工作健康开展。编辑出版了《2011 年陕西省中小学教学能手优秀教学设计集（小学版）》，内容涉及小学语文、美术等 6 个学科。召开全省中小学校本研修现场推进会，校本研修实验县（区）、校代表交流了工作经验。

充分发挥专家资源优势，积极构建中小学校本研修专家服务体系，省教育厅成立了中小学教师校本研修专家指导委员会，聘任 136 名优秀教师为中小学校本研修指导专家。

〔**体育与艺术教育**〕 继续推进阳光体育，出台了《关于进一步推进中小学阳光体育运动的意见》，为中小学阳光体育运动进一步深入开展提供政策支持；开展"全国中小学阳光体育运动优秀案例"评选活动，共评选案例 120 个，奖励优秀案例 80 个，推荐参加全国评审 40 个。举办第十届全省中学生运动会。继续开展省级体育传统项目学校评选，省教育厅会同省体育局通过评审、核查，命名西安市第一中学等 117 所学校为省级体育传统项目学校。召开全省艺术教育示范中小学联谊会，总结全省中小学艺术教育的主要成绩，表彰被命名为“第一批全国中华优秀文化艺术传承学校”的学校，邀请全国知名专家做报告。组织全省第四届中小学生艺术展演活动，全省共报送声乐、舞蹈、校园剧及书画摄影作品等 885 个（件）。组织第十届“春芽杯”中小学艺术比赛，5 000 余名中小学生参加了声乐、器乐、舞蹈、书画等项目的比赛。推荐 17 名音乐学科教师参加教育部“国培计划(2012)”——学校音乐教育新体系骨干教师培训。

〔**特殊教育**〕　印发《陕西省残疾人随班就读工作管理办法》，对残疾儿童少年入学、学籍管理、教育教学、师资队伍和支持保障体系建设等均做出了明确规定。举办全省特殊教育学校教师课堂教学大赛。与省残联联合实施《陕西省“十二五”残疾人事业专项彩票公益金助学项目（学前教育）》，从 2012 年起，按照每生每年 3 000 元标准，每年为 200 名家庭经济困难残疾儿童接受学前教育提供资助。下达省级专款 500 万元，争取中央特教专款 200 万元，全部用于特殊教育学校改善办学条件。

职业教育与成人教育

〔**职教资源整合**〕　召开 2012 年全省职成教育年度工作会议，推广安康市统筹规划、优化职业教育资源的做法，安排部署全省以市为主的职业教育资源整合工作。统筹全省职业教育布局规划，在市级统筹编制重点建设的县级职教中心和专业规划的基础上，印发了《关于确定陕西省重点支持建设的县级职业教育中心及专业规划的通知》，明确了 51 所重点建设和规划支持建设的县级职业教育中心。稳步推进省教育厅直属中等专业学校资源整合，在认真调研、广泛征求意见的基础上，提出对厅属中等专业学校资源整合的初步意见，经省政府同意后，按照“成熟一个，整合一个”的原则，已将陕西省经贸学校并入西安医学院。针对职业教育资源分散、多头管理的问题，将 11 所职业院校归口教育行政部门管理。

〔**基础能力提升工程**〕　实施中等职业教育基础能力提升工程建设项目，省财政实际下达项目资金 1.95 亿元，安排综合性实训基地建设项目 10 个、专业性实训基地建设项目 9 个、综合性多功能县级职教中心建设项目 10 个、省级示范性中职学校建设项目 10 个、现代农业职教发展工程示范县建设项目 10 个。经过基层申报、专家评审，审定省级示范专业建设项目 40 个、精品课程 80 门。加强国家级中职教育改革发展示范校建设，完成了第三批 13 所国家中职教育改革发展示范校建设立项。

〔**教学改革**〕　省教育厅、省人力资源和社会保障厅联合举办了 2012 年全省职业院校技能大赛，161 所中职学校的 2 058 名选手参加了中职组 16 个专业、63 个项目的比赛，36 所高职院校的 652 名学生参加了高职组 13 个专业、23 个项目的比赛。同期举办了全省职业教育成果展、职业院校师生技能作品展，向社会广泛宣传展示了全省职业教育改革发展的成就。积极参加全国职业院校技能大赛，中职组获一等奖 3 个、二等奖 23 个、三等奖 37 个；高职组获一等奖 6 个、二等奖 12 个、三等奖 35 个的优异成绩。深入推进职业教育教学改革，成立了全省国家中职教育改革发展示范学校建设协作会，召开国家中职教育改革发展示范学校建设工作推进会，开展省级示范性中职学校评估，进一步加强了国家级、省级示范性中职学校建设工作。

〔**教师培训**〕　完成 850 名（含中德机电专业

教师 YHK 证书培训 30 名）教师的省级专业骨干教师培训。推荐 14 名中职学校校长参加 2012 年度国家级中职学校高级研修培训，组织 320 名专业教师参加国家级中职学校骨干教师培训。举办第三期全省中职学校（中德）校长高级研修班，110 名校长参加了为期 10 天的培训。实施“陕西省职业教育师资赴新加坡培训项目”，选派 60 名职业院校教师赴新加坡参加职教师资项目培训。推荐 33 名高职院校校长参加国家级 2012 年度职业院校校长现代职业教育体系、职业教育与产业发展专题培训。组织 342 名骨干教师参加国家级高职院校专业骨干教师培训。1 650 名教师参加省级“双师型”教师培训。

〔助学金管理工作〕　省教育厅下发了《关于进一步加强中等职业教育学生资助监管工作的通知》、《关于进一步规范中等职业学校学生资助档案工作的通知》和《关于省属中等职业学校签订中职学生资助工作承诺书的通知》，明确中职学校一把手为学生资助第一责任人。

〔发展面向农村的职业教育〕　贯彻教育部等九部门《关于加快发展面向农村的职业教育工作的意见》，省教育厅与省发改委等九部门下发了《关于加快发展面向农村的职业教育工作的实施意见》。启动现代农业职业教育改革试验区建设工作，经省政府同意，省教育厅等厅局联合印发了《关于建设陕西省现代农业职教改革试验区的实施意见》。扎实开展“人人技能工程”培训，培训 8.2 万人，完成进城落户农民培训 15.3 万人。

〔中职招生工作〕　针对中职生源逐年减少的实际，采取分解下达招生任务、改革招生制度、扩大中高职五年制连读试点、继续实施春季招生、组织开展东西部联合招生、开展中等职业学历教育招生资质学校公示制度等多种措施，落实招生责任，增强招生吸引力，全省中职学校招生 25.2 万人，超额完成全年招生 25 万人的任务。

高等教育

〔高校章程制定〕　印发《关于开展高等学校章程制定试点工作的通知》、《关于做好省属高等学校章程制定工作的通知》，成立以教育厅厅长为主任的高等学校章程核准委员会及核准小组和专家咨询小组，全面启动了高校章程制定工作。召开大学章程制定试点工作座谈会、咨询专家座谈会。举办大学章程培训班，邀请教育部领导做报告，培训高校领导及部门负责人 131 人。对西北大学、陕西中医学院、西安邮电大学、西安财经学院、西安音乐学院等 20 余所高校的章程制定工作进行检查或指导。各高校均已启动章程制定工作，有 6 所试点高校向省教育厅报送了“核准稿”。

〔高水平大学建设工程〕　召开两次西北地区“211 工程”高校联席会议，开展了“211 工程”三期验收工作。省内 8 所“211 工程”高校三期建设全部通过国家验收。西北大学、第四军医大学“211 工程”三期建设成效突出，受到教育部、财政部、国家发展和改革委的表彰奖励，分别获奖励资金 1 480 万元和 1 360 万元。

〔本科教育教学〕　（1）实施专业综合改革试点项目。确定 100 个省级专业综合改革试点项目建设点，其中 26 个申报国家级专业综合改革试点项目。培育建设和改造升级 206 门省级精品课、51 个人才培养模式创新实验区、84 个省级教学团队、39 个实验教学示范中心。组织申报 2012 年国家级精品视频公开课和精品资源共享课，19 门入选精品视频公开课，67 门精品资源共享课待批。（2）积极推进教师教学发展中心建设工作。确定西安交通大学、陕西师范大学、西北大学的教师教学发展中心为省级教师教学发展示范中心，西安交通大学、陕西师范大学入选国家级教师教学发展示范中心。承办教育部国家级教师教学发展示范中心暨试点学院建设工作研讨会。（3）组织实施“本科教学工程”大学校外实践教育基地和大学生创新创业训练计划项目建设工作。确定 80 个省级大学生校外实践教育基地立项建设，申报国家级大学生校外实践教育基地 21 个；教育部批准 22 所高校的 905 个项目为国家级大学生创新创业训练计划项目。确定 13 所高校的 153 个省级大学生创新创业训练计划项目立项。（4）在高校教材建设方面，有 70 本教材获批教育部国家级规划教材。（5）推荐西北工业大学葛文杰等 8 位名师参与“国家高层次人才特殊支持计划”的评选。

〔学士学位授权单位和授权专业审核工作〕（1）独立学院学士学位授予工作纳入国家规范化管理轨道。批准 12 所独立学院新增列为学士学位授予单位，批准 199 个本科专业新增列为学士学位授予专业。（2）改革成人高等教育学士学位授予工作的手段和方法，解决了成人高等教育发展中的“瓶颈”问题。（3）批准西安思源学院、陕西国际商贸学院新增为学士学位授予单位。（4）批准西安交通大学等 31 所高校的 80 个专业新增为学士学位授权专业。据统计，全省 2011/2012 学年度共新增学位授予单位 14 个，授予各类学位达 164 550 人。

〔全面提升研究生教育质量〕　（1）继续实施研究生教育创新计划。省教育厅与陕西师范大学联合举办了西部大讲堂——历史学论坛，邀请国内 10 余名顶尖学者为 2 000 余名研究生开设讲座。开展研究生科学道德和学风建设宣讲教育活动，举办两场全省大型报告会，邀请中国工程院院士樊代明、中国科学院院士舒德干和全国优秀科技工作者陈锦屏做专题报告，近 4 000 名研究生参加。（2）召开全省第九届学位与研究生教育创新研讨会，省教育厅副厅长郭立宏出席会议并讲话。（3）开展全国优秀博士学位论文评选工作，推荐 25 篇论文参加全国优秀博士学位论文评选，其中 7 篇论文入选，分别为：西安交通大学 3 篇、西北工业大学 1 篇、西北大学 1 篇、陕西师范大学 1 篇、第四军医大学 1 篇。入选数为全省历年之最，文学学科论文获零的突破。（4）为新增 3 所研究生院举行挂牌仪式，全省研究生院高校增至 11 所。

〔高层次人才培养与选拔〕　一是完成国家和省级重点学科、学术技术带头人登记认定工作。二是完成学科带头人申报“三秦人才津贴”工作，全省共有 35 所高校 672 位教授成功申报。三是完成“百千万人才工程”人选申报“三秦人才津贴”工作，共有 15 所高校 85 位人选申报。四是协助省人力资源和社会保障厅完成 2012 年“国家特支计划”百千万工程领军人才推荐工作，共推荐 24 名人选。五是完成重点领域顶尖人才申报工作，共有 22 位人选申报。六是完成 2012 年度“长江学者”申报工作。七是完成 2012 年度“三五人才”考核工作，共有 95 人次参加考核。

〔科研项目〕　组织高校申报 2012 年各级各类科研项目。据统计，全省高校新争取科研项目 3.4 万多项，经费总投入突破 75 亿元。其中百万元以上项目近 1 000 项、国家社科基金项目 119 项，获批经费 2 000 多万元；国家自然基金项目 1 500 多项，获批经费 6 亿多元；省教育厅项目 1 112 项，资助经费 1 370 万元。首次设立高校服务地方专项项目，面向省内和企业的发展需求设立 26 个研究项目，资助经费 150 万元。

〔高校哲学社会科学繁荣计划〕　全面总结“十一五”人文社会科学研究发展情况，形成了《陕西高校“十一五”人文社会科学研究发展总结报告》和《陕西高校哲学社会科学重点研究基地建设总结》。完成高校人文基地项目申报工作，安排高校哲学社会科学重点研究基地科研项目 69 个，资助科研与建设经费 245 万元。组织各有关高校和重点研究基地，编撰了《陕西（高校）哲学社会科学重点研究基地“十一五”成果汇编》。依据《陕西（高校）哲学社会科学重点研究基地管理办法》，在广泛听取各方面意见的基础上，出台了《陕西

(高校）哲学社会科学重点研究基地评估方案（试行)》(陕教技〔2012〕5号），组织专家验收了12个（高校）哲学社会科学重点研究基地。召开第一批（高校）哲学社会科学重点研究基地工作座谈会，总结交流工作经验，培训学习《陕西（高校）哲学社会科学重点研究基地评估方案（试行)》，研讨和安排基地下一步工作。

〔学生资助工作〕 2012年，省属普通高校新生中家庭经济困难学生约有10.41万人，占入学新生人数的37%，其中特困生3.01万人，占入学新生人数的11%。通过“绿色通道”入学的新生为6.45万人，占入学新生人数的23%。缓交学费4.93万人，缓交金额2.61亿元。

〔大学生思想政治工作〕 依托6个大学生思想政治教育基地，开展丰富多彩的思想政治教育活动。在全省高校全面开展2012级大一新生心理健康测评，建立新生心理健康档案，加强重点学生心理危机干预。组织4 000名大学生暑期到延安接受革命传统教育。开展“文化·西安”主题网络征文、“文化·校园”主题访谈、“印象·我的大学”主题DV影像展等各类网络思想政治教育线上线下活动。分片召开大学生思想政治教育基地建设工作会议，组织高端形势政策报告会，邀请省长赵正永到西北工业大学、西安电子科技大学为师生做形势政策报告。组织9所高校的36名大学生代表走进省政府观政听政。召开思想政治理论课研讨会、高校思想政治理论课教学研究会负责人座谈会、思想政治部主任会，加强对高校思想政治理论课建设及教学情况的督查。开展教学能手评选活动，推动研究生思想政治理论课改革。

〔毕业生就业工作〕 全力推动高校毕业生就业工作。主要措施有：召开全省高校毕业生就业工作会议，加强和完善高校毕业生就业指导和服务机构建设，组织高校举办高校毕业生就业招聘会，利用高校毕业生就业网举办招聘活动，组织高校参加省人才交流服务中心举行的就业见习政策说明会，配合省人力资源和社会保障厅实施“陕西省农村基层人才队伍振兴计划”，配合团省委实施“高校毕业生志愿服务西部计划”，配合省委组织部实施“选聘高校毕业生到村任职计划”，实施“农村义务教育阶段教师特设岗位计划”，积极促进毕业生自主创业等。2012年，全省高校毕业生291 338人，就业率为91.41%。

〔高等继续教育〕 规范高等继续教育办学，通过组织年检及随机抽查，进一步加强校外教学站、点管理，撤销了部分生源较少的高等继续教育教学站、点，并发文公布。为推动继续教育课程认证、学分积累与转换机制改革试点项目工作，拟定《陕西高等继续教育学分银行院校公约》，组织17所高校签约，举行了高等继续教育学习平台、高等继续教育学分银行启动仪式，标志着全国首个由政府主导的资源共享和学习成果转换管理平台的建成和运行。组织召开了主题为“巩固评估成果，强化内涵发展，稳步提升人才培养质量”的全省高等继续教育院校长联席会议，有70余所高校的120多位院校长参加，教育厅副厅长郭立宏出席会议并讲话。组织高等继续教育专业设置专家组对42所高校150个拟新增专业进行评审，批准设置38所高校的84个专业。

〔贯彻落实《关于进一步支持和规范民办高等教育发展的意见》精神〕 2月14日，省政府召开民办高等教育发展座谈会，省长赵正永出席并讲话，强调要不断加大支持力度，规范办学秩序，促进全省民办高等教育实现快速健康发展。省政府办公厅印发了《关于进一步支持和规范民办高等教育发展意见任务分工的通知》，安排3亿元民办高等教育专项资金。省教育厅积极行动，一是成立了民办高等教育发展改革领导小组，厅长杨希文任组长、副厅长梁宝林等任副组长，省委教育工委、省教育厅相关职能处室主要负责人任成员，领导小组下设办公室。二是下发《关于实施民办高等学校能力提升工程的意见》，成立了民办高等学校能力提升工程专项领导小组，组织实施教学质量、科研能力、教师能力等三项提升计划，推进民办高校内涵发展。三是与省财政厅联合下发《陕西省民办高等教育专项资金管理暂行办法》。四是对西安外事学院等7所民办本科院校进行本科教学合格评估专题培训，不断提高民办本科院校自身的教学能力和管理水平。

〔**规范民办高校办学**〕　一是推进民办高校内部管理体制改革试点项目。召开民办高校内部管理体制改革现场会，总结全省民办高校内部管理体制改革的初步成绩，交流推广先进经验，安排部署改革试点相关工作。二是组织开展“放心上民校”活动，通过加强对民办学校招生、收费退费、教学等环节的监管，规范办学行为，提升社会形象。三是认真做好招生简章和广告备案工作，为全省52所民办高校、独立学院、高等教育助学机构备案招生简章和广告逾1 100份。四是召开省管民办学校招生管理工作会议，省教育厅副厅长郭立宏出席会议并讲话，安排部署2012年度民办学校招生工作。五是举办2012年民办高校、独立学院招生咨询会，省内外106所院校参会。六是对西安欧亚学院等5所民办高校、西安金融财贸专修学院等7所民办高等教育助学机构招生工作进行专项检查。七是依法查处民办学校违规招生办学行为，先后通过省教育厅门户网站，对西安电子信息学院虚假宣传等发布招生预警。协调省通信管理等部门，关停了西安南洋科技专修学院等3所不存在或办学停滞多年的学校官方网站，整治在互联网上违规发布招生广告的西安建设科技专修学院。对民办学校集资情况进行专项排查，对有集资行为的民办学校进行督促整改。继续协调督促宝鸡市教育局就陕西育才专修学院违规招生办学事件做进一步处理。

撰稿　杨勇先　杨建文　邢晓静　谭　军

审稿　曹普选　石光华

甘肃省教育

概　　况

〔基本情况〕

甘肃省各级各类学校校数、教职工、专任教师情况

	学校数（所）	教职工数（人）	专任教师数（人）
一、高等教育	49	35 550	23 835
（一）研究生培养机构（不计校数）	17		
1. 普通高校	9		
2. 科研机构	8		
（二）普通高等学校	42	34 571	23 232
1. 本科院校	20	25 129	16 253
其中：独立学院	5	3 410	2 542
2. 高职（专科）院校	22	9 442	6 979
3. 其他机构（点）（不计校数）			
（三）成人高等学校	7	610	423
（四）民办的其他高等教育机构	29	369	180
二、中等教育	5 223	433 303	333 224
（一）高中阶段教育	3 635	347 454	248 847
1. 高中	445	60 482	40 467
普通高中	445	60 482	40 467
完全中学	248	28 763	13 410
高级中学	183	30 499	26 723
十二年一贯制学校	14	1 220	334
成人高中			
2. 中等职业教育	3 190	286 972	208 380
普通中专	124	13 254	9 908

续表

	学校数（所）	教职工数（人）	专任教师数（人）
成人中专	33	1 742	936
职业高中	109	5 758	4 887
技工学校	2 924	266 116	192 575
其他机构（教学点）（不计校数）	12	102	74
（二）初中阶段教育	1 588	85 849	84 377
1. 初中	1 588	85 849	84 377
初级中学	1 062	62 303	58 736
九年一贯制学校	525	23 538	12 995
十二年一贯制学校			441
完全中学			12 199
职业初中	1	8	6
2. 成人初中			
三、初等教育	10 336	134 514	140 235
（一）普通小学	10 336	134 514	140 235
小学	10 336	134 514	130 492
九年一贯制学校			9 452
十二年一贯制学校			291
（二）成人小学			
其中：扫盲班			
四、工读学校			
五、特殊教育	28	673	572
六、学前教育	2 712	25 003	17 086

甘肃省各级各类学历教育学生情况

	毕业生数（人）	招生数（人）	在校生数（人）
一、高等教育			
（一）研究生	8 002	9 804	28 306
博士	797	943	3 597
硕士	7 205	8 861	24 709
（二）普通本专科	102 980	130 153	431 069
本科	57 328	71 638	269 467
专科	45 652	58 515	161 602
（三）成人本专科	30 471	33 448	90 627
本科	12 536	14 362	37 785
专科	17 935	19 086	52 842

续表

	毕业生数（人）	招生数（人）	在校生数（人）
（四）其他各类高等学历教育			
1. 在职人员攻读硕士学位		1 475	5 059
2. 网络本专科生	8 276	16 001	38 255
本科	4 982	7 137	19 498
专科	3 294	8 864	18 757
二、中等教育	2 698 717	2 358 755	7 252 122
（一）高中阶段教育	1 623 505	1 982 817	5 441 144
1. 高中	329 884	226 107	809 078
普通高中	213 620	226 107	664 879
完全中学	77 348	78 515	225 512
高级中学	133 820	145 773	435 198
十二年一贯制学校	2 452	1 819	4 169
成人高中	116 264		144 199
2. 中等职业教育	1 293 621	1 756 710	4 632 066
普通中专	67 803	71 526	201 081
成人中专	7 264	13 599	37 200
职业高中	26 346	32 547	89 553
技工学校	1 192 208	1 639 038	4 304 232
（二）初中阶段教育	1 075 212	375 938	1 810 978
1. 初中	442 640	375 938	1 180 171
初级中学	301 756	259 398	818 816
九年一贯制学校	62 783	54 249	166 704
十二年一贯制学校	1 670	1 969	5 651
完全中学	76 415	60 312	188 959
职业初中	16	10	41
2. 成人初中	632 572		630 807
三、初等教育	1 990 406	341 155	3 706 850
（一）普通小学	398 700	341 155	2 063 549
小学	363 110	319 661	1 914 228
九年一贯制学校	34 780	20 784	144 893
十二年一贯制学校	810	710	4 428
（二）成人小学	1 591 706		1 643 301
其中：扫盲班	585 749		689 067
四、工读学校			
五、特殊教育	834	1 434	8 337
六、学前教育	205 013	261 696	480 189

甘肃省各级各类非学历教育学生情况

	结业生数（人）	注册学生数（人）
总计	850 987	739 067
一、高等教育	199 768	54 455
（一）研究生课程进修班	370	445
（二）自考助学班	4 067	8 865
（三）普通预科生		1 997
（四）进修及培训	195 331	43 148
其中：资格证书培训	97 482	27 815
岗位证书培训	85 832	625
二、中等职业教育	651 219	684 612
其中：资格证书培训	86 715	81 120
岗位证书培训	185 990	200 377
（一）中等职业学校	108 332	59 538
其中：资格证书培训	43 448	21 226
岗位证书培训	37 291	15 079
（二）职业技术培训机构	542 887	625 074
其中：资格证书培训	43 267	59 894
岗位证书培训	148 699	185 298

甘肃省各级各类民办教育基本情况

	学校数（所）	毕业生数（人）	招生数（人）	在校生数（人）	教职工数（人）	专任教师数（人）	其他学生数（人）
一、民办高等教育							
（一）民办高校	6	12 821	16 878	59 176	3 911	2 903	57
硕士							
本科学生		9 612	13 655	50 489			
专科学生		3 209	3 223	8 687			
其中：独立学院	5				3 410	2 542	57
本科学生		9 612	13 655	50 489			
专科学生							
（二）民办其他高等教育机构	29				369	180	4 843
二、民办中等教育							
（一）高中阶段教育	83	21 284	17 898	55 882	3 779	2 820	

续表

	学校数（所）	毕业生数（人）	招生数（人）	在校生数（人）	教职工数（人）	专任教师数（人）	其他学生数（人）
1. 民办普通高中	51	12 647	10 717	34 953	2 398	1 878	
2. 民办中等职业教育	32	8 637	7 181	20 929	1 381	942	4 090
（二）初中阶段教育	17	4 503	4 151	13 359	927	701	
1. 民办普通初中	17	4 503	4 151	13 359	927	701	
2. 民办职业初中							
三、民办普通小学	9	1 417	737	7 263	137	109	
四、民办幼儿园	1 367	71 052	90 359	195 704	11 748	7 038	
另有：民办培训机构（不计校数）	188				1 527	1 124	74 055

〔**年度工作思路**〕 2012年，全省全面贯彻党的十七大和十七届三中、四中、五中、六中全会精神，以邓小平理论和“三个代表”重要思想为指导，深入贯彻落实科学发展观和党的教育方针，全面贯彻国家和甘肃省教育规划纲要，积极落实“两基”国检整改任务，稳步推进教育重大项目和改革试点，进一步解放思想，深化改革，促进公平，提高质量，维护稳定，实现教育事业科学发展，以优异成绩迎接甘肃省十二次党代会和党的十八大胜利召开。

〔**教育体制改革试点项目**〕 成立甘肃省教育咨询委员会，为全省教育重大决策和重大问题提供意见咨询与决策服务。下达1 000万元专项资金，用于教育体制改革试点项目研究和推进工作。邀请甘肃省教育咨询委员会委员对试点项目进行中期评估，各项试点项目总体进展顺利，部分项目在体制机制创新方面取得新的突破。其中“创新教师教育体系和教师人才培养模式”试点项目，探索出教师教育与学科专业教育相分离，便于提高教师专业化水平的教师职前培养新体制机制；“建立以农村社区学习中心为基础的农村职业教育体系”试点项目，将职业教育送到农家门口和田间地头，为开展农村职业教育探索出了一种新途径；“完善寄宿制学校管理体制与机制”改革试点项目，创新了接送学生车辆管理机制，具有一定推广意义；“实现四个集中，促进区域内城乡教育均衡发展”试点项目，科学审慎进行布局结构调整，形成集中办学的三种模式，有助于促进城乡教育均衡发展，推动教育公平；“探索政府主导的办园机制改革”试点项目，建立了政府主导的办园体制，实现了办园主体的多元化，有力促进了民族地区学前教育快速发展。

〔**学生资助**〕 积极推进高校生源地信用助学贷款工作，全年共发放生源地助学贷款9.65亿元，惠及贫困学生18.16万人。争取“滋蕙计划”资金480万元，奖励资助普通高中品学兼优家庭经济困难学生2 400名。争取“幼儿教师资金项目”资金800万元，资助家庭经济困难的幼儿教师800名。争取普通高校家庭经济困难新生入学资助项目资金562.54万元，资助9 250人，用于一次性补助家庭经济困难新生从家庭所在地到被录取院校之间的交通费及入学后短期的生活费。实施“万名品学兼优农村家庭经济困难学生资助计划”，争取资金1 550万元，资助中小学生9 000名、中职学生1 000名。积极争取阳光城集团向全省贫困地区捐赠学生资助金1 000万元，资助经济困难学生接受中等职业教育。

〔**体育和艺术教育**〕 组织兰州大学、西北师范大学等7所高校的97名大学生运动员，参加第九届全国大学生运动会，在田径、武术、健美操、排球、足球、篮球6个项目的比赛中，共获2金、

5银、3铜，名列奖牌榜第17名、团体总分第19名，同时获“体育道德风尚奖”。积极探索阳光体育运动长效机制建设，组织召开全省中小学阳光体育运动现场推进会，印发了《关于进一步加强中小学体育课程建设工作的指导意见》和《甘肃省中小学校阳光体育督导评估方案》等7项规章制度。继续组织开展高雅艺术进校园活动，中央芭蕾舞团、国家话剧院、国家京剧院等国家级艺术院团和部分省级学生艺术院团到高校演出21场次，全国艺术教育专家讲学团到部分高校举办艺术教育专题讲座10场次，参与师生累计达2.6万余人次。举办全省中小学生艺术展演活动，参演学生达1 666人，30个节目被评为一等奖，评选出优秀艺术作品641件、优秀论文119篇。

〔**特殊教育**〕　继续推进中西部特殊教育学校建设工程，靖远县、榆中县、嘉峪关市等新建特殊教育学校开始招生。实施残疾人事业专项彩票公益金助学项目，争取中央支持经费45万元，资助学生150名。争取特殊教育中央专项补助资金295万元，支持敦煌特殊教育中心等9所学校购置教学、康复仪器设备等。下达省级特殊教育专项资金300万元，用于全省特殊教育学校教学康复仪器设备购置及特殊教育教师培训工作。举办第二届全省特殊教育学校青年教师教学基本功大赛，推动特殊教育学校教师的专业化发展。

〔**民族教育**〕　积极争取中央财政民族教育专项补助资金780万元，省教育厅会同省财政安排藏区教育专项资金500万元和少数民族边远山区（牧区）寄宿制中小学建设专项资金400万元，重点支持全省民族地区教育发展。积极争取中央和省级财政资金1.25亿元，为民族地区新建和改扩建78所幼儿园。下达资金5 720万元，为“两个共同”示范县（市、区）新建和改扩建39所幼儿园，大力推动“两个共同”示范县建设。制订“十二五”双语教师培训规划，对民族地区双语教师开展全员培训。落实对等招生和高层次骨干人才计划，协调完成与内蒙古、青海和新疆对等招生计划。

〔**民办教育**〕　印发《甘肃省民办学校办学许可证管理办法》，严把民办学校办学关。强化监督，清理并规范招生行为，积极协调有关部门联合执法，依法取缔非法办学和违规招生行为。加强民办学校的党组织建设，充分发挥党组织的民主决策和监督作用，保证民办学校正确的办学方向。累计投入1.55亿元，鼓励和支持民办幼儿园发展。

〔**教育督导**〕　进一步健全督政体系，省政府办公厅下发《甘肃省对市州人民政府教育工作年度考核办法及指标体系》，修订完善年度县级政府教育工作督导评估实施细则，编制县级政府教育工作督导评估手册，形成了比较健全的市、县政府教育工作督导评估制度和办法。深入学习宣传国家《教育督导条例》，指导教育督导工作依法有序进行。在会宁县召开全省教育督导体制改革现场推进会暨全省教育督导工作会议，对督政督学工作做出安排部署。组织省政府督学、督政专家对12个县级政府的教育工作进行全面督导评估。实行督学责任区制度，形成对全省各级各类学校进行全覆盖、全过程的监督与指导。组织全省义务教育监测人员进行全员技术培训，对全省18周岁及以下人口信息、义务教育及高中阶段学生入学情况进行全面摸底采集，开展义务教育监测和基础教育质量监测。

〔**学校安全工作**〕　严格落实安全工作责任，积极采取各种防控措施，确保学校安全稳定。加强安全警示教育，强化安全防范意识；加大安全工作督查力度，督促落实学校安全工作职责，健全完善各项安全配套设施；定期排查安全隐患，深入开展矛盾纠纷调处化解，促进教育系统安定和谐；深入推进教育系统“打非治违”行动，积极开展校园抵御和防范邪教渗透及传教渗透工作，加大校园周边综合整治力度，持续深入净化校园周边环境，效果良好。将全力维护教育系统稳定作为有效预防和应对各类突发事件发生的有效措施，专门成立全省教育系统维护稳定工作领导小组和学校维稳行动小组，建立健全相互协作、齐抓共管的维稳工作格局；全面落实上下左右联动工作机制、领导干部带班值班包片包校工作机制和学校内部保卫工作机制，层层签订责任书，在重大节点和敏感时期实行24小时值班，每天“零报告”。把高校作为重点联系单位，按照属地化管理原则，坚持抓早、抓小、抓苗头，突出抓了兰州大学、西北民族大学、甘肃民族师范学院等高校的维稳工作；着力做好藏区学校维稳工作，在党的十八大召开前夕和召开期间，派出多个工作组，到甘南州连续蹲点20多天，现场指导当地学校的维稳工作，确保了正常的教育教学秩序和教育系统稳定大局。

〔**依法行政**〕 继续推进行政审批制度改革，省行政审批制度改革工作领导小组办公室对省教育厅的14项审批项目逐一进行严格审核论证，确定保留行政许可项目6项，合并减少3项，取消5项。同时，根据国家下放行政审批项目情况，新增3项行政许可项目，总计保留行政许可项目9项。在此基础上，对行政执法主体资格、执法依据、执法事项等进行全面清理，并上报省政府法制办审定。省教育厅会同省法制办等部门研究制定了《甘肃省校车安全管理办法》。加大法制宣传教育力度，组织召开两场百名法学家报告会。在“12·4”法制宣传日活动期间，集中宣传《甘肃省义务教育条例》、《甘肃省语言文字条例》和《中小学安全管理办法》等法律法规，提高了教育系统干部依法行政水平。

〔**教育审计**〕 全年共完成审计项目3 821项，审计资金总额68.1亿元，查出有问题资金2 153万元，核减工程造价7 820万元，提出合理化建议602条，促进增收节支14 521万元。

〔**双联行动**〕 根据省委开展“联村联户，为民富民”行动的统一部署安排，成立了领导小组及工作机构，召开动员部署大会，制订实施方案，建立省教育厅领导、机关处室、直属单位结对帮扶的“三位一体”工作体系，对应帮扶9个市州19个县区22个行政村的487户特困户，细化工作任务，协调和帮助村镇制订教育发展规划和项目的实施，为农民群众提供政策、知识、技术、信息等全方位服务。组织专家、学者深入帮扶贫困县，帮助设计、修改招商引资项目300余项。在西北师范大学举办“双联”村干部培训班，邀请西北师范大学、甘肃农业大学、甘肃农业职业技术学院的教授开展农业新技术、动物疫病防控技术、基层化解矛盾等方面的专题讲座。在58个连片特困县（市、区）实行扶贫专项定向招生计划，帮助贫困地区学子实现“大学梦”，包括北京大学、清华大学在内的118所高校共录取特困县考生1 523人。在58个集中连片特困县实施免费中等职业教育，10万名适龄青年受益。联合省扶贫办、工信委大力实施“124”农民增收行动，倡导为每个特困户培训1名技术人员，每年增收2万元，带动40万个特困家庭脱贫。同时，为群众解决实际困难和问题，共为联系村累计争取和落实建设资金890多万元、校舍维修改造资金240万元。新建和改扩建幼儿园10所，项目资金达3 035万元。捐赠价值135万元的教学仪器设备和图书。投入74万元，建成5个多媒体教室。建成村委会、村级文化中心和社区学习中心4个，并配备了计算机、打印机、图书及办公设备。捐赠水泥100吨，争取70多万元修建乡村道路。为学校和村党支部捐赠电脑200余台。

〔**效能风暴行动**〕 印发《2012年度开展机关效能风暴行动实施方案》，成立效能风暴行动协调推进领导小组，积极推进效能风暴行动。继续深化行政审批制度改革，清理、规范行政审批事项，简化和减少审批程序和环节，办结时限在原时限基础上缩短了30%以上。认真梳理处室职能职权清单，绘制了各项权力运行流程图，方便群众办事，接受社会监督。建立完善岗位管理制度，完成了岗位职权清理、划分和规范工作，制定实施了岗位责任制、首问负责制、服务承诺制、限时办结制、AB岗位制、一次性告知制、离岗告示制、失职追究制等八项制度。编制实施“1185计划”（即每年召开一次省教育厅党组务虚会议，每年举办一次中层干部理论研讨班，每年举办8次厅党组中心理论组集中学习活动，每年选印5本学习材料）、“21112计划”（即每位正处以上干部建立两个联系员，正处以上干部每年提交1份与分管工作有关的调查报告，每位处长每年做一次与工作有关的报告，各处室每年根据主要工作职责至少召开一次座谈会，正处级以上干部分别与两位教育系统以外人员建立长期交流关系）和《关于改进工作作风密切联系群众的十项规定》。全面加强会议和文件管理，大力改善文风会风，制定下发了《关于进一步精简文件规范机关公文的通知》和《关于加强机关督办工作的通知》。严格落实省教育厅厅长办公会议制度，每周一定期通报上周工作完成情况，安排部署本周及近期重点工作。针对慵懒散漫、中梗阻塞和效率低下等突出问题，制订并实施整改方案。

〔学习贯彻党的十八大精神和教育系统党建工作〕 召开省教育厅学习贯彻党的十八大精神大会，传达党的十八大精神和省委常委扩大会议，邀请十八大代表、嘉峪关市酒钢三中教师闫桂珍和兰州大学政治与行政学院教授、马克思主义中国化研究所所长刘先春为省教育厅干部做专题辅导报告。全省教育系统创先争优活动各项任务全面完成，党建工作得到全面加强，高校基层党组织设置更加合理，全省 41 所高校共建立党委 36 个、基层党组织 3 132 个，共有教职工党员 1.67 万人、学生党员 7.81 万人。着力构建创先争优长效机制，组织召开全省教育系统创先争优活动总结表彰大会，全面总结回顾了教育系统创先争优活动成效、主要做法和经验，对 100 个基层党组织和 100 名共产党员进行表彰。召开全省第十二次高校党建工作会议，深入分析高校党的建设面临的形势，对新时期高校党建工作进行安排部署。

〔教育交流与合作〕 加强人才引进和国际合作，为全省高校和中学引进 40 名外籍语言教师和志愿者，选拔 9 名教师赴美国、新加坡等国进行对外汉语教学工作。组织录取各类人员 85 名赴国外留学，组织 10 名在校高中学生赴国外进行文化交流，组织西北师范大学赴摩尔多瓦、苏丹进行文艺会演。积极开展中国政府奖学金项目、孔子学院奖学金项目和各类自费项目的招生和录取工作，吸引 330 名外籍学生到甘肃省学习，再创年度招生新高。西北民族大学获批举办省内首个中外合作办学本科教育项目，支持兰州交通大学与乌克兰高校申办孔子学院，“国侨办西北师范大学华文教育基地”正式批准设立，西北师大附中在英国国王中学举办孔子课堂，汉语国际推广工作呈现良好发展势头。

〔语言文字工作〕 陇南市语言文字工作通过国家二类城市语言文字评估验收。截至 2012 年年底，全省国家二类城市语言文字评估工作全面完成。大力加强普通话应用与推广工作，联合省委宣传部等 9 部门组织开展第 15 个全国推普周系列宣传活动。组织编辑“中华诵·经典甘肃”系列丛书。举办 4 期少数民族汉语教师普通话培训班，培训少数民族地区汉语教师 400 人。普通话测试全面实现智能化，完成了年度测试任务。积极开展语言文字规范化示范校创建活动，共建成市级语言文字规范化示范校 556 所、省级语言文字规范化示范校 118 所、国家级语言文字规范化示范校 36 所。

基础教育

〔学前教育〕 省政府出台了《关于加快学前教育改革与发展的意见》和《甘肃省学前教育五年发展规划（2011—2015 年）》，建立了甘肃省学前教育联席会议制度。省教育厅召开全省学前教育工作现场推进会，进一步明确了新时期学前教育改革发展的任务措施。出台了《甘肃省幼儿园教育指导纲要（试行）》和《甘肃省幼儿园保教管理指导意见（试行）》。新增省级示范性幼儿园 9 所，公开招录大专以上学历幼儿教师 1 000 名。继续组织实施学前教育幼儿园建设工程，争取专项资金 5 亿元，新建、改扩建幼儿园 400 所。

〔**义务教育**〕 积极落实“两基”国检整改任务，加大控辍保学力度，大力巩固提高九年义务教育成果水平，小学和初中适龄儿童净入学率分别达99.68%、98.9%，分别比2011年提高0.12和1.26个百分点。省委、省政府召开全省“两基”总结表彰暨第28个教师节庆祝大会，全面总结回顾了全省“两基”工作的历程、成就和经验，隆重表彰奖励了20个“两基”工作先进地区、500个“两基”工作先进单位和997名“两基”工作先进个人。省委副书记、省长刘伟平出席大会并做重要讲话。9月5日，省政府与教育部签署义务教育均衡发展备忘录。10月24日，省政府召开全省推进义务教育均衡发展暨教师工作会议，出台《甘肃省人民政府关于大力推进义务教育均衡发展的意见》、《甘肃省推进县域义务教育均衡发展规划（2012—2020年）》等政策文件，与市州政府签订了《甘肃省推进义务教育均衡发展责任书》，明确提出到2020年，全省87个县市区全面实现县域内义务教育均衡发展的目标。实施义务教育均衡发展督导评估，在12个县率先开展了县域义务教育均衡发展督导评估的前期测评试点工作。组织召开全省“区域教育优先发展、课堂教学高效达标、通用技术课程实施”研讨会，总结推广金昌市均衡发展义务教育，提高教育教学质量的经验做法。

〔**义务教育经费保障**〕 突出教育优先发展的战略地位，健全公共财政保障机制，切实加大教育投入，严格落实农村义务教育经费保障机制改革的各项政策要求，全年共投入公用经费、免费教科书、家庭经济困难寄宿生生活费等专项资金34.72亿元。不断提高农村义务教育经费保障水平，将农村义务教育学校公用经费补助标准提高到小学每生每年500元，初中每生每年700元，全年共补助公用经费21.82亿元。按照小学每生每年1 000元、初中每生每年1 250元标准（甘南州藏区寄宿生按每生每年1 400元标准），向全省75万名（其中甘南州藏区寄宿生8万人）农村中小学家庭经济困难寄宿生发放生活费补助，共补助资金9.5亿元。免费教科书及时采购配发，确保课前到书，人手一册。

〔**农村义务教育学生营养改善计划**〕 争取专项资金13.89亿元，出台农村义务教育学生营养改善计划、食品安全保障办法和专项资金管理办法等6项规章制度，在全省58个连片特困县（市、区）的农村义务教育学生中全面实施营养改善计划，231万名农村义务教育学生吃上了由政府提供的营养餐。召开全省农村义务教育学生营养改善计划实施工作现场会，学习推广陇西县由乡镇中心小学或规模较大学校的食堂辐射周边村小或教学点的供餐模式，推动以学校食堂供餐为主的供餐模式，全面提高供餐质量，确保营养餐在学生“吃得上、吃得安全”的前提下，向“吃得好”转变。省政府办公厅印发《甘肃省农村义务教育学生营养改善计划农副产品生产供应基地建设实施方案》，通过新建农副产品生产供应示范基地、扶持农业产业化龙头企业、公开招标确定农副产品生产供应和集中配送企业三种途径，从源头上保障食品原辅材料的质量和价格稳定。

〔**中小学校车安全工程**〕 全省14个市州均已建立了校车安全管理协调机制，研制了校车安全工程实施方案。对义务教育阶段需要乘车的寄宿学生信息进行了详细摸底调查，建立了寄宿学生乘车信息档案。开通了义务教育阶段寄宿学生周末接送班车，共开通运营线路3 117条，为30.3万名需要乘车的义务教育阶段寄宿学生提供校车服务。

〔**普通高中教育**〕 深入推进高中课程改革，实施普通高中年度学业水平考试。省教育厅召开了全省高中新课程改革推进会，就进一步推进高中课改工作进行安排部署。制发《甘肃省普通高等学校招生考试改革方案（试行）》，科学、全面、多元化的评价体系和多样化的高考选拔录取机制逐步确立。积极适应高中新课程实施以来教学要求的新变化，组织专家开展省级示范性普通高中评估验收标准的修订完善和论证预评工作。坚持高中阶段教育招生职普比大体相当原则，大力统筹高中阶段教育，完成向市州下达普通高中招生计划工作。加强普通高中学籍管理工作，对学生学籍异动情况进行审核。实行全省高一年级新生学籍统一注册，进一步规范普通高中办学行为。

〔**教师队伍建设**〕 省政府出台《关于加强教师队伍建设的意见》，进一步明确了教师队伍建设的总体目标与重点任务。实施民生就业项目工程，选拔 2 500 名优秀毕业生到农村中小学、幼儿园、中职学校任教。通过“特岗计划”，为 44 个县（区）农村学校选拔 2 447 名教师，进一步充实了师资力量。深化中小学教师职称制度改革，省教育厅会同省人力资源和社会保障厅印发了《甘肃省深化中小学教师职称制度改革试点工作实施方案》及 4 个配套文件，召开全省中小学教师职称制度改革试点工作启动会，探索建立统一的中小学教师职称体系。注重培训实效，积极创新“国培计划”等培训项目的培训方式，大力开展中小学教师培训，先后组织 6 615 名优秀骨干教师、7 370 名幼儿教师及幼儿园园长、5.7 万名教育教学及管理人员参加业务培训，建立名师工作室 31 个。组织推荐 65 名乡村教师赴上海参加专题培训。26 所学校被评为“全国特色学校”、24 名教育工作者被评为“全国特色教育先进工作者”、25 名教师被评为“全国特色教育优秀教师”。50 个先进集体、210 名优秀教师、40 名优秀教育工作者获 2012 年甘肃省“园丁奖”荣誉称号。

〔**德育工作**〕 大力加强未成年人思想品德教育，组织“陇原十佳少年”、“陇原百名好少年”等评优活动，开展以“弘扬雷锋精神、争做美德少年”为主题的系列宣传教育活动，实践育人作用进一步发挥。重视中小学心理健康教育，评估确定西北师范大学附中等 20 所学校的心理咨询辅导室为省级中小学标准化心理咨询辅导室。兰州市、张掖市、白银市 3 个国家级示范性综合实践基地建设项目获批，争取国家专项资金 9 000 万元。争取 1 300 万元资金，在乡镇寄宿制中心学校立项建设 65 所乡村学校少年宫。组织参评国家级社会实践基地创建活动，2 家单位分别被评为全国中小学质量教育社会实践基地和首批全国中小学水土保持教育社会实践基地。

〔**教育信息化建设**〕 大力推进教育信息化建设，会宁县教育局等单位或学校申报的 19 个项目被列为国家首批教育信息化试点项目，30 所中小学校被教育部列为“宽带提速普及工程”项目学校。争取国家投资 1 571 万元，在全省 3 142 个教学点实施“数字教育资源全覆盖”项目。

〔**办学条件改善**〕 积极做好舟曲灾后学校重建工作，按时完成了 5 个教育援建项目，累计完成投入 2.16 亿元，完成校舍建筑面积 9.36 万平方米。成县暴雨泥石流灾后重建项目投入 5 693 万元，17 所学校的重建任务全部完成，完成校舍建筑面积 2.6 万平方米。岷县特大冰雹山洪泥石流灾害灾后重建项目投入 1 亿元，完成重建项目 18 个，完成校舍建筑面积 5 万平方米。中小学校舍安全工程已累计投入资金 147.74 亿元，规划改造学校 5 345 所、实施项目 11 389 个、改造总面积 1 048.8 万平方米。截至 2012 年年底，累计已竣工并交付使用项目 11 384 个、开工学校 5 344 所、竣工面积 1 024 万平方米。争取专项资金 5.41 亿元，实施农村义务教育薄弱学校改造计划，为 635 所农村学校新建或改扩建食堂，采购配备图书 406.96 万册。同时，市县负责采购配置小学科学实验室 158 间、初中理科教学实验室 628 间、电子白板（触摸屏）857 台、计算机教室 520 间、多媒体一体机 288 台、教师备课室 14 间、班班通 202 个。国家安排甘肃省农村边远艰苦地区教师周转宿舍建设项目资金 1.8 亿元，用于 117 所项目学校建设教师周转宿舍 3 221 套，总建筑面积 11.27 万平方米。国家安排甘肃省民族地区教育基础薄弱县普通高中建设项目资金 5 000 万元，地方配套 1 549 万元，用于 3 所普通高中建设项目，总建筑面积 3.35 万平方米。国家安排甘肃省连片特困县（市、区）普通高中改善办学条件项目资金 1.77 亿元，安排项目学校 43 所，主要用于普通高中扩容改造、配备通用技术实验设备等。教育部安排甘肃省邵逸夫赠款 420 万港币，涉及项目学校 5 所。实施明德小学项目 1 所，申请捐赠资金 225 万元。

职业教育

〔**人才培养模式改革**〕 进一步深化“三职生”（即普通中专、技校、职业高中毕业生）考试改革，积极创新职业教育体制机制和人才培养模式，认真落实《甘肃省普通高等学校对口招收中等职业学校学生考试制度改革实施办法》，建立符合中等职业教育规律的升学考试制度，不断拓宽中职学生继续学习的渠道，增强职业教育吸引力，优化高等院校生源结构，为中职学生职业生涯持续发展提供多种机会和选择。2012 年，全省普通本科院校、高职高专院校分别对口招收中职生 781 人、8 319 人，高职院校自主招生 519 人，对口升学率达 65%。

〔**中职示范学校建设**〕 引导第一批 7 所国家中职示范学校建设项目学校严格按照项目任务书的进度要求，在教师培训、教材建设、课程改革、实习实训、机制创新和校企合作、集团化办学、顶岗实习等关键环节进行大胆探索、积极突破，甘肃省理工中等专业学校与“酒钢”在生产性实训上开展深度合作，定西工贸中专建成校企一体的机械加工实训车间。指导第二批 7 所国家中职示范学校完善项目任务书和实施方案，获国家批复，正式启动建设。同时，9 所学校获国家第三批中职示范学校建设项目立项。

〔**基础能力建设**〕 中央和地方财政投入资金 2.5 亿元，继续改善全省职业教育基础办学条件。实施中等职业教育基础能力建设项目，支持甘肃省经济学校等 19 所中职学校改善校舍条件，项目总资金 1.6 亿元。实施中央和省级财政支持的职业教育实训基地建设项目，支持甘肃交通职业技术学院等 42 所职业院校改善实训条件，项目总资金 0.9 亿元。制定实施《中等职业学校重点专业评估指标体系（试行）》，加强中职学校专业建设分类指导。

〔**教师培训**〕 完成国家级骨干教师培训 240 人，出国培训 8 人。组织 4 名重点学校校长参加 2012 年度中职学校骨干校长高级研修班、46 名校长参加职业院校校长现代职业教育体系专题研究班，安排 380 名教师、60 名校长参加省级骨干教师培训和校长研修班。继续实施“赛会”培训项目，组织德国汉斯·赛德尔基金会甘肃省职业学校教师培训班 21 期，涉及专业 21 个，培训教师 135 人。

〔**“9+3”藏区免费中职教育项目**〕 利用天津市滨海新区 2 000 万元帮扶资金，实施甘肃—天津“9+3”藏区免费中职教育项目，从 2012 年秋季开始，每年招收 500 名藏区（甘南州和天祝县）“两后生”，转移到兰州办学条件较好的中职学校接受免费中职教育，累计培养中职学生 1 500 名。

〔**技能大赛**〕 举办全省中职学校技能大赛，共设现代制造、信息技术、护理等 13 大类 45 个比赛项目，全省 102 所中职学校的 1 131 名选手参赛，评选出一等奖 102 个（119 人次）、二等奖 194 个（226 人次）、三等奖 297 个（342 人次）。同时，将职业教育成果展示、文艺汇报演出和全省职成教工作会议与此次大赛有机结合，丰富了大赛内容，营造了有利于职业教育发展的良好氛围。

高等教育

〔**质量工程**〕　争取“高等教育质量工程”专项资金390万元。申报国家级专业综合改革试点项目9个、国家级精品视频公开课3门、国家级精品资源共享课7门、国家级大学生校外实践基地建设项目10个。评选省级教学名师10名，建设省级精品课程66门、省级教学团队20个、省级实验教学示范中心10个。西北师范大学教授王鉴入选“长江学者奖励计划”特聘教授，填补了省属高校“长江学者”的空白；新增“长江学者和创新团队发展计划”3个。兰州大学2篇论文入选全国优秀博士学位论文。实施国家级大学生创新创业训练计划，甘肃农业大学、兰州理工大学、兰州交通大学的57个项目上报教育部。实施国家“卓越计划”项目，兰州理工大学、兰州交通大学入选国家“卓越工程师教育培养计划”，兰州大学、甘肃政法学院入选国家“卓越法律人才教育培养计划”，兰州大学、甘肃中医学院参评国家“卓越医生教育培养计划”。组织各高职高专院校完成并形成了2012年度高等职业教育质量报告。

〔**专业学科建设**〕　召开全省高校优化专业结构，提高教育质量推进会和全省高职院校特色专业建设现场观摩会，专题研讨高等教育发展问题。召开2012年全省高校专业设置评议会，同意设置兰州石化职业技术学院有机化工生产技术等50个专业，同意筹建甘肃工业职业技术学院选矿技术等6个专业。组织实施2012年中央财政支持高职院校提升专业服务产业发展能力项目，争取专项资金5 000万元，重点支持42个特色专业建设。遴选产生第五批省级重点学科154个。新增博士后科研流动站9个，新增省部共建教育部重点实验室1个，新增硕士学位授权一级学科2个。6所高校成立了学士学位评委会，组建了13个专业学位指导委员会，10所高校的93个专业增列为学士学位授权专业点。天水师范学院通过国务院学位办培养教育硕士专业学位研究生试点工作建设单位终期验收。

〔**战略合作与协同创新**〕　省政府与复旦大学签署战略合作协议，双方在教育、科技、文化、医疗等领域展开合作。教育部批准东南大学对口支援兰州理工大学，甘肃农业大学实现省部（农业部）共建，兰州工业高等专科学校升格为兰州工业学院。成立了由11所高校组成的“甘肃高校教师教育联盟”和“兰州市安宁区5所高校战略联盟”。兰州石化职业技术学院与新疆广汇新能源股份有限公司、新疆富蕴广汇有限公司、内蒙古伊泰伊胜新能源股份有限公司签约，“订单”培养学生达700人。兰州资源环境职业技术学院与窑街煤电集团有限公司签订合作协议。甘肃建筑职业技术学院与临夏州政府签订合作协议。甘肃中医学院与其附属医院签订合作协议。5所高校牵头的协同创新中心被评为省级首批协同创新中心。“创新高校产学研结合的制度”试点项目进展顺利，4所高校产学研结合示范基地初步成形，6所高校校企联合培养人才模式探索初见成效。兰州理工大学科技园被教育部和科技部认定为“高校学生科技创业实习基地”，评选产生高校科技进步奖120项。西北师范大学“甘肃特色植物有效成分制品”、兰州理工大学“镍钴新材料生产研究”、兰州交通大学“太阳能热能发电”、甘肃农业大学“农产品深度开发”等项目进入实际应用阶段。

〔**基础能力建设与教学评估**〕　认真组织实施国家中西部高校基础能力建设工程，西北师范大学、甘肃农业大学、兰州理工大学、兰州交通大学被纳入工程一期建设计划。按照教育部新的本科评估方案和评估指标体系，完成了对河西学院本科教学工作水平评估。同时，受教育部委托，对兰州石化职业技术学院、酒泉职业技术学院、甘肃林业职业技术学院和甘肃工业职业技术学院进行了人才培养工作评估。

〔**大学生思想政治教育**〕　不断加强和改进大学生思想政治教育，持续推进中国特色社会主义理论“三进”工作。在全省高校中评选表彰了807名“三好学生”和“优秀学生干部”，组织“万名大学生下基层”志愿服务活动。督导检查高校思想政治理论课教学，编发形势与政策教材和大学生心理健康教育读本。开展本专科学生思想政治理论课“精品课程”和“精彩一课”评选奖励活动，对兰州理工大学思想政治理论课教师“走基层”活动的经验进行总结推广，进一步丰富了高校思想政治理论课建设内容。全面加强民族团结教育，学生的民族凝聚力和民族自豪感进一步增强。

撰稿　焦鹏宁
审稿　蔡建明

青海省教育

概　　况

〔基本情况〕

青海省各级各类学校校数、教职工、专任教师情况

	学校数（所）	教职工数（人）	专任教师数（人）
一、高等教育	11	6 929	3 878
（一）研究生培养机构（不计校数）	5		
1. 普通高校	3		
2. 科研机构	2		
（二）普通高等学校	9	6 668	3 717
1. 本科院校	4	4 993	2 831
其中：独立学院	1	267	210
2. 高职（专科）院校	5	1 675	886
3. 其他机构（点）（不计校数）			
（三）成人高等学校	2	261	161
（四）民办的其他高等教育机构			
二、中等教育	3 334	298 449	217 555
（一）高中阶段教育	3 073	282 056	202 709
1. 高中	109	12 752	7 680
普通高中	109	12 752	7 680
完全中学	52	6 110	2 863
高级中学	37	4 581	4 041
十二年一贯制学校	20	2 061	776
成人高中			
2. 中等职业教育	2 964	269 304	195 029
普通中专	34	2 897	2 246

续表

	学校数（所）	教职工数（人）	专任教师数（人）
成人中专	2	230	164
职业高中	4	61	44
技工学校	2 924	266 116	192 575
其他机构（教学点）（不计校数）			
（二）初中阶段教育	261	16 393	14 846
1. 初中	261	16 393	14 846
初级中学	103	7 156	6 544
九年一贯制学校	158	9 237	4 841
十二年一贯制学校			613
完全中学			2 848
职业初中			
2. 成人初中			
三、初等教育	1 425	22 467	26 103
（一）普通小学	1 425	22 467	26 103
小学	1 425	22 467	21 518
九年一贯制学校			4 045
十二年一贯制学校			540
（二）成人小学			
其中：扫盲班			
四、工读学校			
五、特殊教育	11	166	140
六、学前教育	1 143	7 243	4 361

青海省各级各类学历教育学生情况

	毕业生数（人）	招生数（人）	在校生数（人）
一、高等教育			
（一）研究生	690	1 069	2 821
博士	26	41	112
硕士	664	1 028	2 709
（二）普通本专科	11 661	14 634	48 668
本科	6 561	8 453	31 662
专科	5 100	6 181	17 006
（三）成人本专科	4 653	5 637	12 881
本科	2 833	2 969	7 046
专科	1 820	2 668	5 835

续表

	毕业生数（人）	招生数（人）	在校生数（人）
（四）其他各类高等学历教育			
1. 在职人员攻读硕士学位		265	754
2. 网络本专科生			
本科			
专科			
二、中等教育	2 069 058	1 780 760	5 470 808
（一）高中阶段教育	1 367 939	1 707 378	4 631 278
1. 高中	152 071	38 197	250 204
普通高中	35 807	38 197	106 005
完全中学	14 509	13 287	37 264
高级中学	18 806	21 608	60 382
十二年一贯制学校	2 492	3 302	8 359
成人高中	116 264		144 199
2. 中等职业教育	1 215 868	1 669 181	4 381 074
普通中专	19 876	21 825	60 669
成人中专	3 762	7 952	15 453
职业高中	22	366	720
技工学校	1 192 208	1 639 038	4 304 232
（二）初中阶段教育	701 119	73 382	839 530
1. 初中	68 547	73 382	208 723
初级中学	30 473	34 909	98 635
九年一贯制学校	21 289	20 135	57 284
十二年一贯制学校	2 732	3 028	8 760
完全中学	14 053	15 310	44 044
职业初中			
2. 成人初中	632 572		630 807
三、初等教育	1 672 673	83 111	2 141 964
（一）普通小学	80 967	83 111	498 663
小学	61 301	69 668	403 804
九年一贯制学校	17 509	12 172	86 108
十二年一贯制学校	2 157	1 271	8 751
（二）成人小学	1 591 706		1 643 301
其中：扫盲班	585 749		689 067
四、工读学校			
五、特殊教育	189	359	2 124
六、学前教育	63 023	91 728	153 340

青海省各级各类非学历教育学生情况

	结业生数（人）	注册学生数（人）
总计	353 870	308 731
一、高等教育	13 633	4 267
（一）研究生课程进修班		
（二）自考助学班		1 392
（三）普通预科生		1 033
（四）进修及培训	13 633	1 842
其中：资格证书培训	102	
岗位证书培训	6 469	
二、中等职业教育	340 237	304 464
其中：资格证书培训	16 860	9 083
岗位证书培训	16 759	11 803
（一）中等职业学校	26 573	4 723
其中：资格证书培训	11 071	2 524
岗位证书培训	7 913	638
（二）职业技术培训机构	313 664	299 741
其中：资格证书培训	5 789	6 559
岗位证书培训	8 846	11 165

青海省各级各类民办教育基本情况

	学校数（所）	毕业生数（人）	招生数（人）	在校生数（人）	教职工数（人）	专任教师数（人）	其他学生数（人）
一、民办高等教育							
（一）民办高校	1				267	210	
硕士							
本科学生		583	956	3 119			
专科学生							
其中：独立学院	1				267	210	
本科学生		583	956	3 119			
专科学生							
（二）民办其他高等教育机构							
二、民办中等教育							
（一）高中阶段教育	16	1 026	1 796	4 958	559	362	

续表

	学校数（所）	毕业生数（人）	招生数（人）	在校生数（人）	教职工数（人）	专任教师数（人）	其他学生数（人）
1. 民办普通高中	9	657	1 171	3 358	384	286	
2. 民办中等职业教育	7	369	625	1 600	175	76	
（二）初中阶段教育		205	245	868			
1. 民办普通初中		205	245	868			
2. 民办职业初中							
三、民办普通小学	6	242	265	1 836	83	47	
四、民办幼儿园	424	19 535	28 522	67 105	4 435	2 620	
另有：民办培训机构（不计校数）	6				68	3	1 814

〔**年度工作总体思路**〕 2012 年，全省教育工作的总体思路是：以邓小平理论和“三个代表”重要思想为指导，深入贯彻落实科学发展观，认真贯彻落实全国、全省教育工作会议精神和省委第十二次党代会精神，围绕“解决突出问题、缩小发展差距、加大改革力度、打造若干亮点”的总体要求，继续坚持“全面推进抓规划，制度创新抓政策，外延发展抓项目，内涵发展抓质量”的工作思路和“抓住重点、突破难点、体现特点、干出亮点”的工作要求，进一步开拓创新，锐意进取，扎实工作，教育改革发展取得显著成就，圆满完成了年度目标任务，为实现“十二五”发展目标任务奠定了坚实基础。

〔**教育投入**〕 2012 年，全省预算内教育经费拨款 177.69 亿元，比 2011 年增长 27.10%；经常性财政收入 158 亿元，比 2011 年增长 26.6%；预算内教育经费拨款比例高于财政经常性收入 0.50 个百分点。

〔**重点项目建设**〕 实施农村学前教育推进工程、中小学校安工程暨布局调整、中小学标准化建设工程、示范性高中建设工程、特殊教育学校建设工程和教师周转宿舍建设工程等一系列教育项目。截至 2012 年年底，已下达项目资金 40.83 亿元（其中中央专项资金 7.09 亿元、省级资金 23.71 亿元、地方自筹资金 10.03 亿元），改扩建中小学（含幼儿园）440 所，学校办学条件得到持续改善。中小学校舍安全工程取得重大进展，全省累计安排校安工程资金 85.41 亿元，其中省级补助资金 35 亿元，州（地、市）、县自筹资金 50.41 亿元，累计拆除重建校舍 198.56 万平方米，占排查鉴定面积的 99.66%，加固校舍 90.99 万平方米，占排查鉴定面积的 39.60%。扩大寄宿制学校规模，新（扩）建校舍 148.40 万平方米，占规划面积的 90.82%。全力抓好玉树灾后学校重建工作，35 所重建中小学按期投入使用，确保了一批重建学校在秋季按期开学。

〔**师资队伍建设**〕 召开全省优秀教师表彰大会，表彰奖励了第四届中小学“十杰教师”、“十杰校长”等一批优秀教师和教育工作者。开展特级教师、骨干教师评选，加强优秀教师团队建设，授予 21 名教师“青海省中小学特级教师”荣誉称号，评选了首批 665 名中小学骨干教师。继续加强教育管理干部培训工作，共组织教育管理干部和中小学校长 175 人次参加国家和省级培训。认真组织实施“国培计划”和省级培训计划，提高在岗教师的教学能力和水平，完成国家级培训 13 615 人、省级培训 8 146 人。针对玉树灾后重建需求开展了教师专项培训，为玉树州集中培训中小学教师 435 名，并在组织实施的国家级培训和省级其他培训项目中对玉树州给予重点倾斜，共培训教师 711 名，从西宁市选派骨干教师赴玉树开展支教工作。认真组织实施国家“特岗计划”，招聘特岗教师 321 名，岗位覆盖全省 17 个县的中小学，同时加强特岗教师跟踪管理，对 2009 年招聘的特岗教师考核及纳编工作做出安排部署。加强师范生顶岗支教工作，缓解教师紧缺矛盾，选派 1851 名师范生赴 20 个县顶岗支教实习，省教育厅会同省财政厅出台了《关于进一步加强师范生顶岗支教实习工作的意见》，进一步明确了顶岗支教实习工作的指导思想、目标任务、工作措施，对支教地区教育行政部门、实习学校和高校提出具体要求。积极开展教师资格认定工作，全省共受理教师资格申请 6 189 人，4 996 人取得教师资格。省教育厅会同省人力资源和社会保障厅积极推进中小学教师职称制度改革扩大试点工作。

〔**学生资助工作**〕 下达普通高中贫困学生助学金 4 726.5 万元，资助 32 335 人。中职生春季学期免学费和国家助学金 3 230.9 万元，受惠人数分别达 10 729 人和 28 773 人。高校国家助学贷款财政贴息及风险补偿金 843.4 万元，地方高校学生应征入伍服义务兵役学费补偿和国家助学贷款代偿及学费资助资金 95.9 万元，资助 112 人。全省 46 个县（市、区）中有 41 个县（市、区）开展了生源地信用助学贷款工作，申请贷款学生达 30 621 人，总金额达 14 600 万元。发放青投基金、中国教育发展基金会资助金、建设银行成才计划资助金共计 285 万元。

〔**体育、卫生、艺术与国防教育**〕 大力开展阳光体育活动，认真落实教育部《切实保全中小学生每天一小时校园体育活动的规定》，开展中小学体育教师技能大赛，保证全省学生每天一小时的校园体育活动时间。通过组团参加第九届全国大学生运动会等多种形式的体育活动，促进学生健康成长，提高学生健康水平。建立、健全学校突发公共卫生事件工作制度和预警机制，切实加强对学校卫生和学生食品安全工作的督导检查。开展学校心理健康教育培训，进一步提高中小学教师的心理健康水平和心理健康教育能力。举办第六届全省中小学音乐、美术教师基本功大赛和第四届中小学生艺术展演。大力开展高雅艺术进校园和“大美青海”合唱节暨民族团结歌曲进校园活动。制定印发了《关于加强新形势下学校国防教育工作的意见》，进一步规范和指导全省学校国防教育工作。扎实开展首届高校军训精品课评选活动、优秀大学生“进军营”慰问演出等一系列国防教育活动。进一步加强青少年校外活动场所的建设与管理，举办全省校外活动中心教师基本功大赛，广泛开展全省青少年校外活动中心“庆祝建党 91 周年”文艺展演活动。

〔**学校安全稳定**〕 认真落实维稳工作责任制，始终把敏感节点、时段的防范作为维护学校稳定的重中之重，全力以赴做好学校安全稳定工作。成立了省委教育工委学校安全处，指导全省各级各类学校开展维护安全稳定工作。针对个别地区学校发生的不稳定事件，印发了《关于进一步加强全省各级各类学校维护稳定工作的紧急通知》，对各地落实情况进行督导检查。多次召开专题会议，对全省学校安全稳定工作做出安排部署，深入各校对安全维稳工作进行督促检查。先后印发《关于开展严禁中小学生携带管制刀具宣传教育活动的通知》、《关于预防学生溺水事故发生的通知》、《关于加强特殊时段中小学生管理工作的通知》等一系列文件，对不同节点安全工作提出明确要求。国务院《校车安全管理条例》颁布后，立即安排各地各校对校车安全管理工作进行全面自查，并会同省公安厅等 7 厅局印发了《青海省中小学校车安全管理实施办法》，牵头建立全省校车安全管理厅际联席会议制度，进一步加强校车安全管理工作。

〔**党建工作**〕 认真学习贯彻党的十八大和青海省第十二次党代会精神，在基层党组织和党员中深入开展基层组织建设年和创先争优活动。召开全省高校党建工作会议，总结交流全省高校党建工作经验，研究部署进一步加强和改进新形势下高校党建工作。省委办公厅转发《关于进一步加强和改进新形势下高校党建工作的意见》（青办发〔2012〕42 号），进一步明确了新形势下全省高校党建工作的指导思想和总体要求。不断加强高校党建理论研究工作，把学习型党组织建设纳入高校党委书记党建工作专项述职范围，确保学习型党组织建设各项任务落到实处。举办了以“学习贯彻省第十二次党代会精神，推动高等教育事业科学发展”为主题的高校领导干部暑期务虚会。开展省属高校基层党组织书记轮训、远程专题培训以及迎接党的十八大系列活动，评选表彰了一批教育系统先进基层党组织、优秀共产党员、优秀党务工作者。切实贯彻省委《关于加强和改进中小学党的建设和思想政治工作的意见》（青发〔2011〕30号文件）精神，召开全省教育工委书记会议、中小学党建工作汇报会，推动各地各校健全领导体制，加强基层组织建设，完善工作制度，落实《关于加强和改进中小学党的建设和思想政治工作的意见》提出的党建工作目标任务和政策措施。成立了州（地、市）、县（市区）委教育工委，制定印发了《州（地、市）、县（市区）委教育工委议事规则（试行）》，对州县级教育工委议事决策做出明确规定。切实加强党风廉政建设，年初组织召开全省教育系统党风廉政建设工作会议，对党风廉政建设和反腐败工作进行全面部署。

〔**双语教学**〕 到省内外双语教师培训机构进行调研，加强培训基地（点）建设，新建培训点7个，培训内容涵盖教育教学各方面。年内，培训双语骨干教师1 400余名，其中在省委党校培训民族团结专兼职教师100名。与省民族宗教事务委员会联合在中央民族干部学院举办全省民族中小学民族团结宣传教育辅导员培训班，培训120名民族团结宣传教育辅导员。在上海外国语大学培训青海省小学、初中英语骨干教师120名。全年共编译基础教育阶段各学科的藏文教材及教学资源文本共计49种、900多万字。组织开展全省普通高等院校优秀藏文教材评审活动，共评选出一等奖2个、二等奖3个、三等奖4个。2012年，共申请民族教育中央补助专项资金800万元，其中申请双语教师培训项目资金530万元、申请设备购置资金270万元。

〔**教育对口支援工作**〕 组织协调省内6个州与教育对口支援省市制订了“十二五”期间教育对口支援规划，拟援助资金近23亿元。截至2012年年底，共落实教育援助项目64个，援助资金1.72亿元。其中江苏省援助海南州教育项目9个，援助资金3 209万元；山东省援助海北州教育项目13个，援助资金5 197.8万元；浙江省援助海西州教育项目14个，援助资金1 690万元；天津市援助黄南州教育项目10个，援助资金1 079.6万元；上海市援助果洛州教育项目16个，援助资金5 924.32万元；北京市援助玉树州教育项目2个，援助资金120万元。从2012年起，重庆市每年帮助培训200名中小学校长、中层管理干部和教师，招收40名海北州藏族学生赴重庆市文理学院附中就读高中，学生生活费、学费、生均公用经费补助等完全参照重庆市“西藏班”标准配置。

〔**教育交流与合作**〕 2012年，共派出各类公派出国留学人员49人，圆满完成35名公派留学任务。外籍教师、留学生工作稳步推进，来青海省的外籍教师、留学生规模进一步扩大，全年全省聘请外教达92人次，比2011年增长20多人次，为历年来最高。留学生规模达209人次。进一步推动全省高校与国外大学在科学研究、人才培养等方面开展多层次宽领域合作，协助并办理各高校邀请国外专家到青海省开展科研和教学指导。加大教育系统干部职工境外培训力度，组织各级各类教育考察团出国出境考察交流，共组织5批36人赴德国、澳大利亚等国考察，共派出17批73人赴港澳台地区进行考察访问、学术交流，接待了6批79人次的港澳台同胞到青海省进行友好交流访问。“春晖计划”稳步推进，全省高校获批立项的“春晖计划”项目达167项，获项目启动经费406万元。

基础教育

〔学前教育三年行动计划〕 深入实施学前教育三年行动计划，利用全省中小学布局调整后富余校舍加固改造、扩建、新建了一大批幼儿园，进一步优化学前教育布局，合理配置学前教育资源，全省学前教育一年毛入园率达 97.92%、学前教育三年毛入园率达 59.48%。扎实推进乐都“走教”模式试点工作，结合学前教育项目执行情况，对试点县巡回“走教”工作进行过程性督导检查。建立完善学前教育管理体制，会同省发改委、省财政厅制定印发了《青海省幼儿园收费管理暂行办法实施细则》，研究拟定了《青海省幼儿园基本办园标准》，进一步规范学前教育办学行为。积极研究开发适合农牧区双语幼儿教育教材及其他教学资源，开发编写农牧区学前教育藏语、汉语和计算三门课程教材 6 种（18 万字），引导全省学前教育健康有序发展。

〔义务教育均衡发展〕 研制出台了《青海省义务教育均衡发展办学标准》、《青海省标准化中小学校办学标准》，为全省义务教育均衡发展和中小学标准化建设提供政策依据。省政府与教育部签署《推进义务教育均衡发展备忘录》，明确了青海省加快推进义务教育均衡发展的目标、思路和举措。组织召开全省义务教育均衡发展督导评估工作会议，明确了全省各级教育督导部门推进县域义务教育均衡发展的中心工作和重点任务。与高校合作研发了全省义务教育均衡发展督导评估系统。按照省政府关于对实现“两基”目标地区“县级每年自查、州（地、市）级两年核查、省级三年复查”的要求，组成省级督导评估组，对黄南州泽库县、海南州同德县、果洛州玛多县县级政府教育工作督导评估和“两基”巩固提高工作进行复查。研究拟定了全省农村义务教育薄弱学校改造计划、《贯彻〈国务院关于深入推进义务教育均衡发展的意见〉的实施意见》和《青海省县域内义务教育均衡发展督导评估实施办法》。

〔义务教育经费保障机制改革工作〕 寄宿生生活补助再次提标扩面，从 2012 年春季学期开始，全省中小学寄宿生生活补助在原标准上统一提高 200 元（其中西宁、海东初中生提高 250 元），同时将寄宿生生活补助资金测算采用的学生人数由 2007 年变更为 2011 年，确保学校布局调整后增加的寄宿生同等享受到生活补助政策。全面启动实施农村义务教育学生营养改善计划 40 个国家试点和 2 个省级试点工作，受益学生达 44.23 万人，占全省农村义务教育阶段学生总数的 75%，占全省义务教育阶段学生总数的 60.4%。2012 年，下达各类资金 90 286 万元（不包括校舍维修长效机制资金），比 2011 年增加 12 550 万元，增长 16.23%。其中寄宿生生活补助 36 889 万元、农村中小学公用经费和取暖费补助资金 41 476 万元、城市义务教育免学费和取暖费资金 5 587 万元、免费教科书中央补助和免费教科书循环使用专项资金 6 334 万元。

〔课程改革〕 在义务教育阶段大力推广西宁市行知小学“有效教学”研训经验。印发了《青海省普通中小学课程实施水平评价方案》，开展全省中小学课程实施水平评估工作。制发《青海省普通高中学生发展指导意见》，加强对学生的学业指导，稳步推进普通高中学业水平考试和高中课程改革，课程实施情况评价制度进一步完善，学籍学历管理及教育教学管理进一步加强，教育教学质量稳步提高。深入基层学校开展教改实践，指导、带动广大教育工作者积极参与教学改革。研究拟定了《青海省实施普通高中新课程改革后普通高等学校招生考试方案（试行）》、《青海省初中学业水平考试与高中招生制度改革实施方案》。

〔**教材建设**〕 加强中小学教学用书管理，继续做好义务教育阶段免费教材和地方特色教材、双语教材、民族团结教育读物的编译工作。制定印发了2012—2013学年《青海省民族中小学藏文教材教学用书目录》及《青海省民族中小学藏文辅助教材用书目录》，明确六州民族中小学藏文教材征订的范围。2012年，共编译基础教育阶段各学科的藏文教材共计49种、941.9万字。争取中小学教师教育优秀课程教材“资源包”项目经费500万元，为全省2 313所中小学配发了2 873套《课堂教学的智慧与策略》优秀课程教材资源包。加强各类课题研究与管理，积极开展送教下基层及专业指导、课程观摩、教材培训等教学交流活动，充分发挥教研引领作用。

〔**规范中小学办学行为**〕 制定印发了《青海省关于治理义务教育阶段择校乱收费实施意见》、《青海省中小学教辅材料使用管理办法》，进一步规范教育收费工作。着力加强对学校和学生的管理工作，制定印发了《关于进一步做好寄宿制中小学管理工作的指导意见》，明确寄宿制中小学校管理规定，推动寄宿制中小学校管理工作规范化、制度化、科学化；研究拟定了《中小学校管理办法》和《中小学生行为规范实施细则》。积极探索基础教育质量监测评价机制和基础教育质量监测体系，按照教育部基础教育质量监测中心要求，认真实施大通、循化、贵德、贵南4个样本县的基础教育质量监测工作，对稳步提升教育质量开展有效的监测、监督和指导。

职业教育

〔**示范院校建设**〕 西宁市湟中县职业技术学校等4所中职学校获批列入第三批国家中等职业教育改革发展示范学校建设计划，全省国家中职示范校达11所，占全省中职学校的27.5%，远远高于全国7.1%的比例。全面启动青海交通职业技术学院国家骨干高职院校建设项目，确定青海建筑职业技术学院等2所高职院校为“青海省重点高等职业院校建设计划”立项单位。

〔**专业和实训基地建设**〕 加大专业调整力度，按照“合并雷同专业，做强主体专业，拓展新兴专业，改造传统专业”的思路，对中职专业结构进行调整和优化，缩减了医药卫生类专业招生计划和规模并设定开设医药卫生类专业权限，将2012年医药卫生类专业招生计划控制在2 000人，比2011年减少2 800人。认真实施“高等职业学校提升专业服务产业发展能力”项目，5所高职院校的11个专业获中央财政支持资金2 100万元。加强实训基地建设，省职业教育公共实训中心项目完成累计投资23 195万元，建设面积65 561平方米，占总建设面积的53.6%；青海卫生职业技术学院等2所高职院校、黄南州职业技术学校等8所中职学校实训基地得到中央财政的重点支持。

〔**中职教育体制改革试点项目**〕 积极推进国家教育体制改革试点项目——创新青藏高原农牧区职业教育人才培养模式试点工作。承担试点工作的青海省工业职业技术学校、青海省水电职业技术学校等15所试点学校，在扩大办学规模、深化教育教学改革、改革人才培养模式、创新工作机制等方面取得较大进展。2012年，15所试点学校招生达202 581人，占全省中职招生总数的68%；在校生规模为56 886人，占全省中职学校在校生总规模的71%；毕业生就业率达96%以上；共投入各类项目资金71 253万元，占全省中职学校总投入的87%。其中实训设备投入5 295万元，扩建校舍面积20多万平方米，极大改善了学校的办学条件。

〔**藏区职业教育异地办学**〕 深入推进与对口支援省市的职业教育合作机制，扩大藏区六州选送应届初中毕业生到对口支援省（市）就读中等职业教育的规模。组织藏区六州教育行政部门及相关学校与对口省市教育行政部门沟通协调，商谈在内地举办中职班事宜。双方就办学形式、专业设置、就业安置、管理等方面达到一致，并签订办学协议书，明确双方的责任和义务。截至2012年年底，藏区共转移426名学生到省外学习，其中海北州招收63人，送往山东省文登师范学校、江苏盐城生物工程高等职业技术学校、烟台第一职业中专、兰州市商业学校学习；海南州招收311人，送往江苏盐城生物工程高等职业技术学校、江汉石油高级技工学校、扬州商贸旅游学校学习；果洛州招收52人，送往上海市房地产学校、南湖职业技术学校学习；玉树州根据中考成绩择优录取80名学生，送往北京国家级重点中职学校学习。

〔**联合办学工作**〕 2012年，全省东西部、城乡校际和校企联合招生、合作办学的规模达22 602人，占全省中职学校办学总规模的28%，其中与省外合作办学（学校和企业）达5 017人，与省内合作办学（学校和企业）达17 396人。3月，组织各中职学校参加了教育部组织的全国中等职业学校东西部联合招生、合作办学工作洽谈会。

〔**教育信息化工作**〕 2012年，清华大学全力扶持青海省教育信息化建设工作，向省教育厅免费赠送50套总价值为2250万元的“清华教育在线”网络教学综合系统软件。该系统包括通用网络教学平台、精品课程建设与评审平台、研究型/项目化网络教学平台、专业建设与课程管理平台、数字化教学资源库平台和10 000门国内外开放网络课程。依托“清华教育在线”，建设“青海省教育教学网”，积极探索“校校有平台，人人有空间”的职业教育信息化建设新途径。

高等教育

〔**教育质量工程**〕 教育质量工程立项建设10个重点学科、11个重点实验室、10个特色专业、10个实验教学示范中心、28个教学团队、12个实训基地。争取省财政专项经费3 000万元，支持高校重点学科、重点实验室建设。制定印发了《关于加强全省医学人才培养工作的意见》，积极推进青海大学藏医学院“创新藏区藏医药人才培养模式”国家教育体制改革试点项目。以优化学科专业结构为导向，组织高校开展新增本科专业申报、评审、备案和上报审核工作，对青海大学、青海师范大学、青海民族大学的临床医学等18个本科专业进行评估。制定印发《关于省属高等学校研究生教育教学质量定期分析和年度报告制度的实施意见》，建立研究生教育质量定期分析制度。对全省电大教学工作进行全面评估。协调有关部门对青海大学“211工程”三期建设项目进行验收。公布了2011年度省属普通高校教育教学质量年度报告。设立“2012—2013年青海省高等学校英语教学改革研究项目”，支持各高校开展大学英语教学改革研究。制定印发《关于进一步加强青海省高等院校科研工作的意见》，指导高校积极开展科研工作，推荐申报的青海师范大学“青海湖高寒湿地生态系统CO_2、水汽和热通量耦合研究”和青海民族大学“柴达木盆地白刺花色苷抗动脉粥样硬化效应及作用机理研究”项目，被批准为教育部重点科研项目。全省3所本科高校共有28个科技重点项目获批立项。

〔**师资队伍建设**〕 启动实施“研究生教育创新计划”、“卓越医师培养培训计划”，在3所本科高校启动实施省级卓越医生、卓越农牧人才、卓越教师和卓越法律人才教育培养计划试点项目。实施

23 个高校教学改革研究项目。完成《青海省高等学校省级骨干教师选拔与培养办法》的修订工作，启动第七批高校省级骨干教师培养计划。推荐 2 名教师入选教育部“新世纪优秀人才支持计划”。组织 3 所本科高校实施“昆仑学者”计划，面向省内外聘请 10 名特聘教授、10 名讲座教授。深入实施高校“135 高层次人才培养工程”（即从省属各高校选拔 10 名学术领导人才、30 名拔尖学科带头人和 50 名创新教学科研骨干进行重点培养），选派 17 名高校教师作为高级访问学者学习深造。举办高校青年骨干教师暑期高级研修班。

〔**思想政治工作**〕 从全省高校选拔 64 名优秀思想政治理论课教师、辅导员（班主任）参加全国高校思想政治理论课教师骨干研修班、全国高校辅导员骨干培训班。省教育厅会同省委宣传部、省委党校举办全省高校思想政治理论课骨干教师研修班和全省高校学生事务管理骨干培训班，培训教师 70 名。组织开展高校思想政治理论课教学能手大赛和全省高校辅导员职业技能大赛，并推荐 2 名优秀教师、3 名优秀辅导员参加教育部举办的思想政治理论课教学能手大赛和全国辅导员职业技能大赛，省教育厅思政处获全国辅导员职业技能大赛优秀组织奖。组织开展“2011 全国辅导员年度人物”评选活动，2 名教师获“全国高校辅导员年度人物”提名奖和入围奖。省委、省政府大幅度提高高校党建和思想政治教育专项经费，从每年 64 万元增加到每年 364 万元。组织高校完成教育部 2012 年度人文社科一般项目、思想政治理论课专任项目、高等学校科学研究优秀成果（人文社会科学）的申报工作，组织专家对高校所承担的 16 项“教育部人文社会科学研究项目”进行中期检查。完成 2011 年度省委教育工委立项的 8 项思想政治理论课题结题鉴定验收，推进理论成果转化为实践成果。

〔**招生制度改革**〕 切实贯彻“招生跟着就业走，办学跟着需求走”的总体要求，充分发挥招生计划的调控作用，以招生优化带动学科专业结构优化，科学合理制订 2012 年研究生、普通高校和成人本专科招生计划。2012 年，共核减 19 个省（区）178 所院校的 2 495 名招生计划，其中本科 564 名、专科 1 931 名，省属高校停招、减招、隔年招的专业（99 个）比 2011 年停招、减招、隔年招的专业（49 个）增加 50 个，为全省高等教育进一步科学发展奠定了良好基础。加强考务能力和考务设施建设，建成省级指挥平台 1 个、州（地、市）级指挥平台 8 个以及 47 个考点的 1 722 个考场和 42 个试卷保密室的视频及网络监控系统，实现与教育部考试中心指挥平台对接，充分发挥了网上巡查、应急指挥、考务综合管理的功能，考风考纪持续好转，各类考试安全、平稳、顺利实施。2012 年，全省有 40 740 人报名参加普通高校招生考试，36 058 人被录取，录取率达 86%，比 2011 年提高 1.91 个百分点。藏汉双语考生通过分数转换，自愿选择填报普通类院校的 2 311 人，占双语考生的 54.67%，比 2011 年增加 1 034 人。双语考生的志愿选择取向发生了明显变化，升学率明显提高。

〔**毕业生就业指导工作**〕 加强高校毕业生就业指导和创业教育力度，开设创业教育课程，将就业指导课程贯穿于大学学习全过程。对全省普通高校分专业初次就业率进行统计分析，并公布统计结果。2012 年，全省普通高校毕业生共计 12 896 人，截至 9 月 1 日，初次就业率达 88.65%，比 2011 年上升了 1.99 个百分点。加强教育部直属师范大学免费师范毕业生就业工作，保证回青海省就业的免费师范毕业生在中小学任教，并有岗有编，妥善安排 188 名免费师范毕业生就业。做好高校毕业生预征入伍工作，共有 378 名毕业生报名预征，全面完成年初制定的目标任务。

撰稿 丁生东
审稿 赵 江

宁夏回族自治区教育

概　　况

〔基本情况〕

宁夏回族自治区各级各类学校校数、教职工、专任教师情况

	学校数（所）	教职工数（人）	专任教师数（人）
一、高等教育	17	10 316	6 700
（一）研究生培养机构（不计校数）	3		
1. 普通高校	3		
2. 科研机构			
（二）普通高等学校	16	10 202	6 632
1. 本科院校	8	7 833	4 932
其中：独立学院	2	1 139	762
2. 高职（专科）院校	8	2 369	1 700
3. 其他机构（点）（不计校数）			
（三）成人高等学校	1	114	68
（四）民办的其他高等教育机构			
二、中等教育	3 272	303 331	224 252
（一）高中阶段教育	3 021	282 150	204 869
1. 高中	63	12 566	9 742
普通高中	63	12 566	9 742
完全中学	22	4 035	2 174
高级中学	41	8 531	7 568
十二年一贯制学校			
成人高中			
2. 中等职业教育	2 958	269 584	195 127
普通中专	18	1 960	1 279

续表

	学校数（所）	教职工数（人）	专任教师数（人）
成人中专	3	180	106
职业高中	13	1 186	1 074
技工学校	2 924	266 116	192 575
其他机构（教学点）（不计校数）	2	142	93
（二）初中阶段教育	251	21 181	19 383
1. 初中	251	21 181	19 383
初级中学	180	16 572	15 305
九年一贯制学校	71	4 609	2 727
十二年一贯制学校			
完全中学			1 351
职业初中			
2. 成人初中			
三、初等教育	1 896	33 415	34 385
（一）普通小学	1 896	33 415	34 385
小学	1 896	33 415	32 697
九年一贯制学校			1 688
十二年一贯制学校			
（二）成人小学			
其中：扫盲班			
四、工读学校			
五、特殊教育	8	242	227
六、学前教育	527	10 109	6 145

宁夏回族自治区各级各类学历教育学生情况

	毕业生数（人）	招生数（人）	在校生数（人）
一、高等教育			
（一）研究生	1 114	1 374	3 748
博士	21	29	76
硕士	1 093	1 345	3 672
（二）普通本专科	20 718	30 779	96 440
本科	11 783	17 902	62 062
专科	8 935	12 877	34 378
（三）成人本专科	9 991	16 365	34 563
本科	2 496	4 397	9 185
专科	7 495	11 968	25 378

续表

	毕业生数（人）	招生数（人）	在校生数（人）
（四）其他各类高等学历教育			
1. 在职人员攻读硕士学位		396	956
2. 网络本专科生			
本科			
专科			
二、中等教育	2 116 292	1 829 781	5 634 329
（一）高中阶段教育	1 388 626	1 729 907	4 710 709
1. 高中	163 957	54 814	301 720
普通高中	47 693	54 814	157 521
完全中学	12 301	13 831	37 714
高级中学	35 392	40 983	119 807
十二年一贯制学校			
成人高中	116 264		144 199
2. 中等职业教育	1 224 669	1 675 093	4 408 989
普通中专	20 192	23 177	66 742
成人中专	3 242	3 575	11 603
职业高中	9 027	9 303	26 412
技工学校	1 192 208	1 639 038	4 304 232
（二）初中阶段教育	727 666	99 874	923 620
1. 初中	95 094	99 874	292 813
初级中学	76 819	80 148	235 920
九年一贯制学校	9 383	10 140	28 557
十二年一贯制学校			
完全中学	8 813	9 573	28 197
职业初中	79	13	139
2. 成人初中	632 572		630 807
三、初等教育	1 699 361	104 822	2 261 441
（一）普通小学	107 655	104 822	618 140
小学	101 291	99 291	585 758
九年一贯制学校	6 364	5 531	32 382
十二年一贯制学校			
（二）成人小学	1 591 706		1 643 301
其中：扫盲班	585 749		689 067
四、工读学校			
五、特殊教育	84	358	1 985
六、学前教育	77 552	89 999	160 254

宁夏回族自治区各级各类非学历教育学生情况

	结业生数（人）	注册学生数（人）
总计	116 768	105 702
一、高等教育	26 241	27 663
（一）研究生课程进修班	70	42
（二）自考助学班		
（三）普通预科生		3 336
（四）进修及培训	26 171	24 285
其中：资格证书培训	8 929	8 567
岗位证书培训	17 242	15 718
二、中等职业教育	90 527	78 039
其中：资格证书培训	35 638	31 931
岗位证书培训	7 396	9 402
（一）中等职业学校	56 647	39 759
其中：资格证书培训	22 265	18 041
岗位证书培训	4 816	4 302
（二）职业技术培训机构	33 880	38 280
其中：资格证书培训	13 373	13 890
岗位证书培训	2 580	5 100

宁夏回族自治区各级各类民办教育基本情况

	学校数（所）	毕业生数（人）	招生数（人）	在校生数（人）	教职工数（人）	专任教师数（人）	其他学生数（人）
一、民办高等教育							
（一）民办高校	4	4 641	10 000	29 159	2 080	1 464	4 439
硕士							
本科学生		3 196	6 479	20 405			
专科学生		1 445	3 521	8 754			
其中：独立学院	2				1 139	762	
本科学生		2 395	4 514	15 292			
专科学生							
（二）民办其他高等教育机构							
二、民办中等教育							
（一）高中阶段教育	14	2 479	6 082	15 118	1 104	775	

续表

	学校数（所）	毕业生数（人）	招生数（人）	在校生数（人）	教职工数（人）	专任教师数（人）	其他学生数（人）
1. 民办普通高中	9	1 284	1 851	5 329	616	495	
2. 民办中等职业教育	5	1 195	4 231	9 789	488	280	
（二）初中阶段教育	4	4 129	4 531	13 247	193	157	
1. 民办普通初中	4	4 129	4 531	13 247	193	157	
2. 民办职业初中							
三、民办普通小学	3	833	629	3 625	324	202	
四、民办幼儿园	373	28 288	34 102	78 696	7 184	4 049	
另有：民办培训机构（不计校数）	25				351	267	17 240

〔**综述**〕 2012 年，据中国教育报公布的国家权威研究机构得出的全国各省份教育发展水平综合指数排名，自治区位列全国第十位，教育综合发展水平位居中西部前列。在教育部组织的对全国各省（区、市）首次教育行风评议中，自治区获全国排名第一的好成绩。自治区“两基”通过国家验收，实现基本普及高中阶段教育的目标。职业教育实现跨越式发展，中职招生保持全国领先水平，毕业生就业率保持在 90%以上。高等教育内涵发展取得新进展。

〔**教育经费保障机制**〕 2012 年，中央和自治区共安排全区义务教育阶段学校公用经费 57 693 万元，寄宿生生活费补助资金 8 174 万元，免费教科书采购资金 8 610 万元。增加免费教科书目录，按照教育部要求，首次将新华字典列入义务教育免费教科书采购目录。

〔**中小学教师全员岗位培训及骨干教师培训**〕以《教师伦理与教师礼仪》和《有效教学实践与反思》为重点内容，对全区中小学教师进行培训，自治区分期为各市、县（区）培训师资 1 150 名，全区共有 48 630 名中小学教师参加培训、考核，合格率达 99%。建立了统一管理、统一内容、统一考核、统一证书的“四统一”制度，并将培训成果作为教师职称评定、评先选优的重要条件之一。

2012 年，对新一轮自治区级骨干教师进行有计划、有步骤的培训。对第二批骨干教师培养对象中的 413 名教师进行后两个阶段的培训，包括教育教学实践、课题研究阶段和培训总结及成果交流、综合考核两个阶段的指导、检查、结题、总结、交流和认证工作。完成第三批自治区级骨干教师培养对象 520 人的集中培训、后续远程培训和课题申报工作。

〔**中小学校长培训**〕 2012 年，建立健全中小学校长培训电子档案信息库，完成《中小学校长（园长）培训管理办法》（讨论稿），选派 21 名校长赴江苏等省（市）挂职学习；58 名中小学校长参加全国优秀校长高级研修班培训；组织 146 名中小学校长参加教育部—中国移动中小学影子校长培训项目。自治区教育厅会同自治区教育科学研究所举办了全区中小学优秀校长培训班，来自全区 100 名中小学校长参加培训。1 455 名校长参加校长任职资格远程培训。

〔**“国培计划”项目**〕 2012 年，“国培计划”——中西部项目、幼师国培项目规划设计了置换脱产研修、短期集中培训、远程培训三个项目类别，内含 6 个子项目 22 个学科（领域），18 306 名义务教育阶段学校教师和 548 名幼儿园县（区）级骨干教师参加培训，其中置换脱产研修 600 名、短期集中培训 680 名、远程培训 17 604 名。初步建立了区、市、县（区）、校四级教师继续教育管理和培训体系。自治区教育厅将“国培计划”纳入中小学幼儿园教师队伍建设总体规划，建立健全“国培计划”项目管理共同体。印发《宁夏“国培计划”项目实施管理细则》、《宁夏“国培计划”项目绩效考核量化方案》。做到“三通一结合”，即“国培计划”与自治区中小学幼儿园继续教育全员岗位培训学时认证相通，与区、市、县（区）级骨干教师培训学时相通，与自治区级骨干教师选拔和培训相通，与中小学幼儿园教师绩效考核相结合。通过教育部“国培计划”网站发布公告，采取招标的方式，遴选确定宁夏大学、陕西师范大学、西北师范大学、浙江师范大学、福建师范大学、河北师范大学、杭州师范大学、宁夏师范学院、宁夏幼儿师范学校9所符合资质条件的高水平院校承担全区中西部项目、幼师国培项目置换脱产研修、短期集中培训任务，其中区外院校占66.7%。确定全国教师继续教育网、中国教师研修网、中国教育电视台（果实网）、中央电教馆和华东师范大学符合资质条件的高水平机构（院校）承担全区中西部、幼师国培远程培训项目任务。培训院校依据《“国培计划”课程标准（试行）》和国家有关规定，根据不同类别、层次、岗位教师教育教学能力提升和专业发展的需求确定培训内容。各培训院校（机构）强化对学员的全员全程管理，执行“班级管理办法”、“学员管理办法”、“学员学习考核细则”，建立项目实施管理团队，统筹实施教学，保证培训质量。将培训对象和重点倾斜给一线教师尤其是农村教师，重点向承担国家推进义务教育均衡发展试点县（区）和移民地区倾斜。2012年，“国培计划”共培训中小学和幼儿教师22 936名，其中农村教师占73%。为提升农村教师培训层次，在“国培计划”中西部项目中，设计了“生态移民新村学校班主任专题培训”。11月，组建优秀专家团队，通过“送培到校”的方式在银川市生态移民区兴庆区月牙湖回民二中、贺兰县三中分别进行为期4天的教育科研、“同课异构”专题培训。建立健全以县级培训机构为主体、多元化的教师培训新体制。

〔**组建教师培训专家指导团**〕　充分利用高校、自治区教科研及区内外中小学幼儿园骨干教师等优质资源，以“专兼结合，以兼为主”的原则，组建中小学幼儿园教师培训专家指导团，承担教师培训的研究、授课、评估指导等任务，形成强有力的县级教师专业发展指导力量。2012年，中西部项目远程培训全区共有17 604名中小学教师参加，通过市、县（区）推荐，全区统一聘任了200名优秀学科教师、教研员、大学教授作为辅导教师和培训管理团队，培训实施“双线四级管理”，辅导教师实行“跨区域辅导，属地管理”，确保培训质量与效益。建立课题研究制度，为教师全面发展搭建平台。全年组织申报、评审、立项了68项自治区规划课题——“国培计划”暨中小学教师培训专项课题。

〔**“特岗教师”招录**〕　2012年，根据国家和自治区有关政策要求，通过网上公开报名、资格审核、笔试面试等工作程序，全区共招聘“特岗教师”3 578人（其中国家特岗2 979名、地方特岗599名）。完成2009年聘用的2 602名“特岗教师”3年服务期满考核、录用工作。

〔**学生营养改善计划**〕　全区农村义务教育学生营养改善计划在2011年秋季试点的基础上，2012年春季学期在实施范围内所有农村小学全面推开，实施范围包括西海固地区11个县（市、区）农村义务教育学校在校生，其中国家试点县7个、自治区试点县4个。同时选择部分农村初中学校开展试点。春季学期共有1 626所中小学校26.8万名中小学生享受到营养午餐。2012年秋季学期，按照全区学生营养改善计划推进步骤，实施范围内所有农村初中全部实施了营养改善计划，实施范围内的11个县（市、区）的近1 700所农村中小学学生全部享受到标准为每生4.6元的营养餐，惠及全区32万名中小学生。除农村中小学生外，实施范围内的5万名县城义务教育寄宿生每人每天一个熟鸡蛋。

〔**中小学校舍安全工程**〕　2012年是校安工程实施的最后一年，全区剩余的校舍改造任务是132万平方米，全年批复项目学校开工率为100%。通过工程实施，迁移场址不安全学校53所，就地消除学校场址安全隐患94所，使全区所有学校的场址都达到安全标准。全区共撤并学校367所、新建学校56所、迁建学校53所，使全区学校布局更加合理。全区累计改造义务教育阶段学校1 887所，新增寄宿制学校学生宿舍34万平方米，新增县城以上义务教育阶段学校教学班1 800个，新增学位近9万个，在很大程度上解决了进城务工人员子女就学难和城镇学校“大班额”以及寄宿制学校“大通铺”等问题。

〔**召开民族中小学校内涵式发展现场会**〕 9月27日，自治区教育厅召开全区民族中小学校内涵式发展现场会，推广学校内涵式发展典型经验，引导民族中小学校将发展的重点转移到内涵建设上来。全区教育行政部门、民族中小学校长300多人参加会议。

基础教育

〔**综述**〕 推进义务教育均衡发展，贺兰县、灵武市、大武口区实现县域内义务教育基本均衡发展目标。实现基本普及高中阶段教育目标，全区高中阶段毛入学率达88.27%。推进“百标工程”建设，累计建成150所“百标工程”学校，占全区回民中小学总数的69%。全区少数民族在校生比例达39.05%，民族教育质量得到提高。

〔**学前教育资助**〕 2012年，自治区出台学前一年教育资助政策，对家庭经济困难的适龄幼儿进行资助。该政策于2012年秋季学期开始在山区10个市、县（区）试点。首批试点地区为固原市、原州区、西吉县、隆德县、泾源县、彭阳县、海原县、同心县、盐池县、吴忠市红寺堡区。试点所需经费由自治区财政和试点市、县（区）按9∶1的比例承担。自治区要求幼儿园从事业收入中提取3%—5%的资金，用于扩大资助覆盖面或提供生活困难补助金。2012年，资助接受学前教育的幼儿2 786名，每人每学年1 000元，按学期核拨，已下达资金139.3万元。覆盖面占试点地区在园学前一年幼儿的30%左右。

〔**学前教育**〕 与财政厅联合研制了《宁夏回族自治区扩大学前教育资源规划》和《宁夏普惠性民办幼儿园评定标准》，鼓励和支持企事业单位、社会团体和个人兴办普惠性民办幼儿园。各县（市、区）对照标准对所有民办幼儿园进行逐一评定，有290所幼儿园评估确定为普惠性民办幼儿园。2012年，全区公办幼儿园和普惠性民办幼儿园占幼儿园总数的61.4%。进一步规范学前教育的办园行为、教育教学行为，尤其是针对民办幼儿园中“小学化”现象比较严重的情况，结合全区实际，提出了规范办园行为的“七个严禁”。即严禁幼儿园提前教授小学教育内容；严禁幼儿园以举办兴趣班、特长班和实验班为名进行强化学习；严禁选取奥数、珠心算、英语等内容进行教学并布置家庭作业；严禁任何单位和个人推荐和组织征订各种幼儿教材和教辅材料；严禁占用幼儿户外活动和体育锻炼时间；严禁幼儿园组织或参与任何带有商业色彩的活动；严禁幼儿园超额编班。为进一步提高全区各类幼儿园办园质量，按照自治区幼儿园分类评定验收标准，对全区27所示范幼儿园进行复查验收，对7所新申报的示范幼儿园进行评估验收。自治区教育厅协调自治区财政厅、发展和改革委等部门推进幼儿园工程建设项目。2012年，自治区共安排幼儿园建设资金22 250万元，安排新建县城幼儿园15所、新建农村幼儿园43所（含33所乡镇幼儿园），改建农村幼儿园58所，农村小学增设附属幼儿园52所。新建、改造幼儿园园舍近25万平方米。

〔**义务教育均衡发展**〕 2012年，自治区政府成立了推进义务教育均衡发展工作领导小组，组长由自治区分管教育的副主席担任，成员由自治区发展和改革委、财政厅、人力资源和社会保障厅、编办和教育部门组成。印发《自治区教育厅关于对厅机关及相关单位推进县域内义务教育基本均衡发展工作责任分工的通知》，明确各处室、市、县（区）教育局的工作职责。5月23日，自治区党委、政府召开全区推进义务教育均衡发展暨创建教育强县工作总结表彰会，表彰创建教育强县工作先进集体和先进个人。印发《宁夏回族自治区县域义务教育均衡发展督导评估实施方案》和《宁夏县级人民政府推进义务教育均衡发展工作督导评估指标体系（试行）》，明确督导评估的对象及主要任务、内容和方法、验收标准和评估程序。经自治区政府同意，自治区教育厅组织专家于12月对贺兰县、灵武市、大武口区3个县（市、区）义务教育均衡发展工作进行评估验收。

〔**基本普及高中阶段教育**〕 4月和9月，自治区教育厅组织相关专家深入各县进行了两轮基本普及高中阶段教育工作过程性督导检查，督促同心县、泾源县、西吉县、海原县对照《宁夏回族自治区基本普及高中阶段教育实施方案》和《基本普及高中阶段教育指标体系》做好经费投入、设备配置和档案建设工作，对档案建设等方面存在的问题进行培训。11月，经自治区政府同意，自治区教育厅组织专家对同心县、泾源县、西吉县、海原县基本普及高中阶段教育工作情况进行验收，均顺利通过。截至2012年年底，全区22个县（市、区）全部通过自治区政府的评估验收，高中阶段毛入学率达88.27%，标志着自治区实现了基本普及高中阶段教育的工作目标，成为西部地区第一个实现基本普及高中阶段教育目标的省（区）。

〔**中小学德育**〕 2012年，印发《中小学开展“日行一善”教育实践活动的实施方案》，分阶段、分步骤组织全区中小学校开展“日行一善”主题教育活动。印发《自治区教育厅关于在全区中小学开展“德育示范校”创建活动的通知》，通过层层申报，逐级考核评定，命名60所中小学为自治区“德育示范校”。根据《教育部 财政部关于开展2012年中央专项彩票公益金支持示范性综合实践基地项目申报工作的通知》精神，与自治区财政厅协商，推荐吴忠市和固原市为示范性综合实践基地项目申报单位。与自治区党委宣传部、文明办、团委、妇联等单位共同组织开展未成年人“网上祭英烈”活动、“美德少年”评选活动、“心中有祖国，心中有他人”好儿童评选活动和第三届优秀童谣征集活动。

〔**“百标工程”项目学校建设**〕 2012年，根据百所回民中小学校标准化建设工程（简称“百标工程”）实施方案要求，自治区教育厅会同自治区财政厅、发展和改革委以及民委，组织人员对2012年申报“百标工程”的21所学校进行审核，自治区“百标工程”领导小组批准13所学校实施“百标工程”项目，其中高级中学1所、初级中学6所、完全中学6所。为提高“百标工程”学校的装备水平，组织完成了920万元的教学仪器设备采购任务，全部配备给学校。

〔**“百标工程”小课题研究**〕 实施百所回民中小学校标准化建设工程小课题研究计划。自治区教育厅会同自治区教育科学研究所组织召开“百标工程”项目学校内涵发展课题培训班，培训校长和教师77名。组织专家对“百标工程”项目学校申报的65个小课题进行评审，批准立项课题21项，总计资助经费10万元。11月，对实施课题研究的学校进行督查，鼓励学校重视校本教研。

〔**特殊教育**〕 按照教育部、国家发展和改革委“中西部地区特殊教育学校建设工程”实施要求，对同心县、海原县、中宁县特殊教育学校建设情况进行检查，通过电子平台向教育部报送工程进展情况。配合自治区残联、财政厅、民政厅等部门研制《宁夏残疾人康复“十二五”实施方案》。为不断提高残疾儿童学前教育入园率、巩固率，推进学前特殊教育发展，配合自治区残联研制《“十二五”残疾人事业专项彩票公益金助学项目（学前教育）实施方案》，对全区 60 名学前残疾儿童进行资助，每人每年 3 000 元。完成 4 所特殊教育学校新建、改扩建任务，确保全区中西部地区特殊教育学校建设工程全面完成。截至 2012 年 10 月，中卫市特殊教育学校扩建工程完成并投入使用，中宁县特殊教育学校、海原县特殊教育学校、同心县特殊教育学校建设工程主体建设完成，进入设备采购和安装阶段。

职业教育

〔**综述**〕 2012 年，中职学校毕业生就业率保持在 90%以上。西部规模最大的自治区职教园区和职教实验实训基地建成并投入使用。全区实现了中等职业教育规模与普通高中教育规模大体相当。

〔**国家中职改革发展示范校建设**〕 截至 2012 年年底，全区共有银川市职教中心、固原农业学校、宁夏交通学校、水利电力工程学校、宁夏农业学校，石嘴山市职教中心、中卫市职业技术学校、青铜峡职教中心、海原县职教中心、宁夏机电工程学校、隆德县职教中心、平罗县职业教育中心 12 所学校成功申报国家级中等职业教育改革发展示范校项目，争取国家专项资金 1.25 亿元。

〔**中职招生**〕 2012 年，教育部下达自治区招生计划 4 万人。为保证完成招生任务，继续扩大中职学校的招生服务范围，拓宽生源渠道，积极招收应届高中毕业生、往届初高中毕业生、回乡青年、返乡农民工、企业员工、退役士兵等。各级教育行政部门层层抓落实，将招生工作细化到每所学校、每个班级、每位班主任和教师，大力宣传职业教育，让普通学校的教师和学生深入了解职业教育。全区各县积极行动，如期完成教育部下达的中职招生计划。

〔**东西部联合招生**〕 2012 年，共完成职业教育东西部联合招生 10 800 人，超额完成自治区教育厅党组年初确定的 10 000 人的招生任务。截至 2012 年年底，全区赴东部职业学校学习、实习和就业的学生总数达 8 万多人，其中 5 万余名学生在当地就业。在全国中等职业教育招生模式推介会上，教育部将宁夏中职教育东西部联合招生合作办学工作作为“宁夏模式”向全国推广。

〔**职业教育园区建设**〕 自治区职业教育园区占地 8.8 平方公里，涉及 15 所学校的调整，建成后可同时容纳 10 万人学习和实习实训。职教园区已整合入驻 10 所学校，在建 2 所，3 所正在规划之中，已有在校生 6.8 万人。支持 5 个地级市分别建设 1 个综合性实验实训基地。集中支持银川市等 5 市新建的职教中心或实训基地已全部投入使用。宁夏职业教育实验实训基地已建成并投入使用。

高等教育

〔**综述**〕 2012 年，全区高等教育办学实力和水平进一步提升。宁夏大学“211 工程”建设通过国家验收，进入一省一校建设平台和国家支持中西部高校提升综合实力工作行列。宁夏医科大学成为博士点建设单位，宁夏理工学院接受教育部本科评估，宁夏能源学院升为本科学校并招收新生。在国家级重点学科、重点实验室建设、“长江学者”评选等方面实现新突破，建设国家重点学科1门、国家培育重点学科1门，新增省部共建重点实验室1个。2012年，全区高考录取率达81.5%，比2011年提高6.5个百分点，创历史最高水平。高等教育毛入学率达27.54%，与全国平均水平持平。

〔**质量工程**〕　立足自治区高等教育的实际，先后实施自治区教学名师、自治区教学团队、自治区特色专业、自治区精品课程、自治区视频公开课、自治区优质公开课、精品资源共享课、自治区实验教学示范中心、自治区大学生创新实验与创业计划、自治区人才培养模式创新实验区、自治区教学改革项目、自治区双语教学示范课、自治区大学生竞赛项目、自治区高等学校服务地方经济社会发展项目、自治区支持高校聘请国内外知名学者专家到宁夏讲学、自治区大学生实践能力培训中心建设、自治区大学生创新创业基地建设、高职教学质量提升、对口支援等19个“质量工程”项目，实现国家高等学校“质量工程”的全覆盖。2012年，立项自治区教学团队40个，建设自治区特色专业35个，建设自治区精品课程33门、视频公开课8门、优质公开课15项、精品资源共享课2门，立项自治区教改项目113项，人才培养模式创新实验区20个，支持大学生竞赛项目10项，立项高校服务地方经济社会发展项目8项，评选建设自治区重点学科7门，立项建设自治区大学生创新创业计划项目149个，支持北方民族大学与西夏区设立1个创业孵化园，帮助宁夏师范学院与湖北大学、北京师范大学结成对子，实施教育部对口支援计划。

〔**重点学科和特色专业建设**〕　建设国家重点学科1门、培育国家重点学科1门，实现国家重点学科自治区零的突破。宁夏大学进入国家“卓越工程师教育培养计划”，宁夏医科大学3个项目进入“国家卓越工程师教育培养计划”。与自治区政法委共同启动自治区“卓越法律人才培养计划”。

〔**科研工作**〕　评选立项自治区高校科研项目122项，资助经费280万元。组织全国高校第六届人文社会科学优秀成果奖申报工作，开展自治区人文社科优秀成果奖评选工作，共评选优秀成果65项。组织高校申报教育部“新世纪优秀人才支持计划”、教育部重点项目和人文社科项目等。

宁夏医科大学“回族医药实验室”通过国家验收。加大对各级各类科技创新平台支持力度，对全区9个国家级和教育部级重点实验室等平台分别给予10万元的经费资助。

〔**研究生教育创新计划**〕　支持宁夏医科大学临床医学硕士专业学位研究生培养机制改革试点项目建设。围绕提升研究生科研创新能力、导师培育工程、研究生访问学者计划、“产学研用”联合培养基地、学位论文质量保障体系、学术交流与社会实践活动等方面进行立项建设。2012年，共立项研究生创新计划9个大项，高等教育整体实力得到提升。

〔**实验教学示范中心、大学生创新创业项目**〕2012年，全区高校3个国家级实验教学示范中心通过国家级验收。立项建设国家大学生创新计划项目40项。宁夏大学、北方民族大学、宁夏医科大学等多人次在国家级竞赛中获奖。其中新华学院在教育部和商务部举办的第三届中国大学生服务外包创新创业大赛中获2个三等奖。

〔**提升高校办学层次**〕　宁夏医科大学博士学位授予单位建设进入总结验收阶段，宁夏师范学院培养硕士专业学位研究生试点工作通过国务院学位办检查评估。

〔**启动高校创新能力提升计划**〕　根据教育部、财政部《关于实施高等学校创新能力提升计划的意见》精神，启动自治区高校创新能力提升计划。推动高等教育与科技、经济、文化的有机结合，着力建设一批校、自治区、国家三级协同创新中心。由宁夏大学牵头组建的“阿拉伯世界与中国内陆向西开放协同创新中心”、宁夏医科大学牵头组建的

"回医药协同创新中心"，已被批准为自治区首批建设的"协同创新中心"。同时，推荐上述两个"协同创新中心"申报国家级"协同创新中心"。

〔**优秀学位论文评选和毕业生学位管理**〕 组织开展全区优秀学位论文评选活动。经高校初评，区外专家评议，自治区学位委员会审核并公示，批准《不同管理方式对宁夏主要草地生态效应及健康影响研究》等2篇论文为自治区优秀博士学位论文，《水分胁迫及钾肥水平对设施樱桃番茄产量和品质的研究》等58篇论文为自治区优秀硕士学位论文。对2012年全区高校毕业生授予学位进行审核并上报教育部备案，共授予学位人数12 741名，其中获博士学位12人、硕士学位1 217人、学士学位11 512人。

〔**举办研究生创新学术论坛**〕 12月10日，自治区教育厅委托北方民族大学举办全区研究生创新学术论坛。论坛主要设文科类、理学、工学、农学和医学类五个交流平台。论坛邀请各学科专业领域著名专家学者、导师做学术报告，介绍本学科最新的研究动态和成果。为引导研究生积极参与学术创新，研究生汇报了自己在专业方面的研究成果，导师现场提问并点评。

〔**大学生就业创业**〕 4月，自治区教育厅召开全区高校毕业生就业工作年度会议，表彰2011年全区高校毕业生就业工作先进集体和先进工作者，对做好2012年毕业生就业工作进行全面部署和安排。制定下发《自治区教育工委、教育厅关于做好2012年高校毕业生就业工作的通知》，对强化实践教学、加强就业指导课程建设、引导高校毕业生到基层就业、政策宣传、创业教育、入伍预征、就业服务、毕业生就业困难群体帮扶、就业安全、就业宣传等项工作提出具体措施和要求。加强大学生就业指导课程建设，按照新时期新要求，组织有关专家重新编写《大学生职业发展实用教程》，进一步增强教材的可读性和指导性。坚持实行毕业生就业情况月报制度，定期召开全区高校毕业生就业工作联系会，及时了解和掌握各高校毕业生就业工作的进展情况，加强对各高校毕业生就业工作的指导和检查。会同宁夏军区征兵办召开2012年全区高校毕业生入伍服役义务兵役预征工作会议，对全区高校毕业生入伍预征工作进行全面动员和安排部署。组织开展全区高校毕业生入伍预征工作专项督查，积极指导各高校、各地教育部门通过讲座、校报、网络、广播、电视等途径，积极做好入伍优惠政策宣传。广泛开展"就业优质服务年"活动，切实加强毕业生就业市场建设，指导各大中专学校共召开毕业生招聘会15场，提供就业岗位约1.9万个，积极为毕业生充分就业提供信息服务。密切配合有关部门认真实施"农村教师特岗计划"、"西部志愿者计划"、"三支一扶计划"、"到村任职计划"、"农技特岗计划"等项目，积极做好宣传、报名、审核等工作。截至2012年7月底，全区高校毕业生就业率达67.46%，与2011年同期相比略有上升。

〔**高校党建工作**〕 3月12日，自治区召开全区第二十次高校党建工作会议。印发了《关于普通高等学校开展兼职班主任制度试点工作的通知》和《关于在全区教育系统深入持久开展学雷锋活动的实施意见》等政策性文件，对全区高校党建和大学生思想政治教育工作进行全面部署。自治区党委副书记、秘书长崔波，自治区党委常委、宣传部部长蔡国英，自治区党委常委、党委组织部部长傅兴国，自治区政府副主席、党组成员郝林海出席会议，协调落实自治区党委常委联系高校制度。自治区教育厅代自治区党委起草《关于调整自治区党委常委联系高校的通知》，指导各高校先后邀请自治区党委书记张毅，自治区主席王正伟，自治区党委副书记、秘书长崔波，自治区政府副主席刘慧，自治区政府副主席、党组副书记齐同生，自治区党委常委、宣传部部长蔡国英等到高校指导办学，帮助学校理清发展思路，解决实际困难，并围绕高等教育发展、学习宣传贯彻党的十八大精神等内容，为师生做6场形势政策报告。抓好高校党委按期换届工作，会同自治区党委组织部下发《关于按期做好全区高校党委换届工作的通知》，按照党委领导要求具体指导各高校换届工作。宁夏大学等7所高校已按时完成换届工作。

〔**思想政治理论课“名师培养工程”**〕 2012年上半年，组织实施高校思想政治理论课“名师培养工程”，下发《关于评选高校思想政治理论课教学名师（教学能手）活动的通知》，组织开展全区高校思想政治理论课教学名师（教学能手）评选活动，通过听课、综合考察、量化考核等方式，确定宁夏大学俞世伟等5名教师为第一批“宁夏高校思想政治理论课教学名师”。

〔**高校稳定工作**〕 2012年，坚持把维护高校稳定作为教育工作的重中之重，先后召开11次高校维护稳定工作信息联络、文件传达、协调沟通等会议，传达各类密级文件和自治区领导批示23份，编发要情信息4期。先后对高校涉日游行、非政府组织资助、安全保卫、网络管理、学籍学历等校园管理工作开展4次集中排查，有针对性地制定防范措施，力争做到问题“不出校门”。围绕敏感节点，确保做到正确应对、处置果断，密切关注校园动态，加强教育引导，保障全区高校基本保持平稳。抓好党的十八大期间的维稳工作，会同自治区公安厅召开全区高校维稳工作会议，制定下发《关于深入开展“平安高校”建设活动的通知》和《全区高等学校维护稳定工作预案（修订）》，建立全区“平安高校”建设活动专门协调机制，把“平安高校”建设活动作为教育部门、公安机关和高校之间协调配合的工作载体，搭建警校联动、联合打好主动仗、整体仗的工作平台，着力解决影响高校政治稳定和校园安全的突出问题，做好应对各种复杂情况的充分准备，严防高校发生危害国家和社会政治稳定的重大事件，严防高校发生影响社会政治稳定的重大群体性事件，有效维护了高校的持续稳定。

〔**来华留学生奖学金实施方案**〕 为加快宁夏外国留学生教育工作的发展，自治区教育厅向自治区政府提交《关于设立自治区来华留学生政府奖学金报告》，得到自治区财政支持。制订宁夏《来华留学生奖学金实施方案》，得到自治区政府批准。

撰稿 陈惠英
审稿 陈晓东

新疆维吾尔自治区教育

概　　况

〔基本情况〕

新疆维吾尔自治区各级各类学校校数、教职工、专任教师情况

	学校数（所）	教职工数（人）	专任教师数（人）
一、高等教育	47	33 192	20 829
（一）研究生培养机构（不计校数）	12		
1. 普通高校	9		
2. 科研机构	3		
（二）普通高等学校	39	27 885	17 570
1. 本科院校	18	18 910	11 588
其中：独立学院	5	923	704
2. 高职（专科）院校	21	8 975	5 982
3. 其他机构（点）（不计校数）			
（三）成人高等学校	8	5 307	3 259
（四）民办的其他高等教育机构			
二、中等教育	4 602	447 660	321 226
（一）高中阶段教育	3 471	342 115	235 302
1. 高中	366	61 260	32 375
普通高中	366	61 260	32 375
完全中学	198	33 293	13 420
高级中学	107	18 397	16 133
十二年一贯制学校	61	9 570	2 822
成人高中			
2. 中等职业教育	3 105	280 855	202 927
普通中专	95	10 525	7 173

续表

	学校数（所）	教职工数（人）	专任教师数（人）
成人中专	17	1 047	832
职业高中	69	3 167	2 347
技工学校	2 924	266 116	192 575
其他机构（教学点）（不计校数）			
（二）初中阶段教育	1 131	105 545	85 924
1. 初中	1 131	105 545	85 924
初级中学	449	46 885	42 578
九年一贯制学校	682	58 660	25 251
十二年一贯制学校			2 458
完全中学			15 637
职业初中			
2. 成人初中			
三、初等教育	3 534	117 165	136 130
（一）普通小学	3 534	117 165	136 130
小学	3 534	117 165	106 601
九年一贯制学校			26 758
十二年一贯制学校			2 771
（二）成人小学			
其中：扫盲班			
四、工读学校	5	348	120
五、特殊教育	19	574	452
六、学前教育	3 710	36 952	24 486

新疆维吾尔自治区各级各类学历教育学生情况

	毕业生数（人）	招生数（人）	在校生数（人）
一、高等教育			
（一）研究生	4 073	5 701	15 456
博士	159	242	844
硕士	3 914	5 459	14 612
（二）普通本专科	64 591	75 774	268 716
本科	30 761	36 110	146 337
专科	33 830	39 664	122 379
（三）成人本专科	16 837	26 256	68 329
本科	6 091	7 677	20 466
专科	10 746	18 579	47 863

续表

	毕业生数（人）	招生数（人）	在校生数（人）
（四）其他各类高等学历教育			
1. 在职人员攻读硕士学位		836	2 935
2. 网络本专科生			
本科			
专科			
二、中等教育	2 466 922	2 195 463	6 698 401
（一）高中阶段教育	1 514 849	1 881 065	5 124 425
1. 高中	251 353	155 276	584 916
普通高中	135 089	155 276	440 717
完全中学	54 105	63 174	178 598
高级中学	67 918	79 330	224 107
十二年一贯制学校	13 066	12 772	38 012
成人高中	116 264		144 199
2. 中等职业教育	1 263 496	1 725 789	4 539 509
普通中专	45 833	56 096	159 069
成人中专	8 778	8 426	18 939
职业高中	16 677	22 229	57 269
技工学校	1 192 208	1 639 038	4 304 232
（二）初中阶段教育	952 073	314 398	1 573 976
1. 初中	319 501	314 398	943 169
初级中学	161 422	155 429	468 702
九年一贯制学校	84 355	82 466	245 887
十二年一贯制学校	9 779	10 206	30 461
完全中学	63 945	66 297	198 119
职业初中			
2. 成人初中	632 572		630 807
三、初等教育	1 912 726	331 734	3 544 145
（一）普通小学	321 020	331 734	1 900 844
小学	244 688	258 455	1 472 669
九年一贯制学校	67 544	65 852	382 056
十二年一贯制学校	8 788	7 427	46 119
（二）成人小学	1 591 706		1 643 301
其中：扫盲班	585 749		689 067
四、工读学校	532	1 247	2 924
五、特殊教育	522	1 137	4 909
六、学前教育	287 934	380 778	694 306

新疆维吾尔自治区各级各类非学历教育学生情况

	结业生数（人）	注册学生数（人）
总计	1 483 319	1 604 531
一、高等教育	66 386	21 232
（一）研究生课程进修班	182	633
（二）自考助学班	392	754
（三）普通预科生		
（四）进修及培训	65 812	19 845
其中：资格证书培训	26 961	11 549
岗位证书培训	29 735	4 783
二、中等职业教育	1 416 933	1 583 299
其中：资格证书培训	73 728	63 644
岗位证书培训	192 661	173 034
（一）中等职业学校	97 701	46 909
其中：资格证书培训	41 857	25 641
岗位证书培训	29 434	11 952
（二）职业技术培训机构	1 319 232	1 536 390
其中：资格证书培训	31 871	38 003
岗位证书培训	163 227	161 082

新疆维吾尔自治区各级各类民办教育基本情况

	学校数（所）	毕业生数（人）	招生数（人）	在校生数（人）	教职工数（人）	专任教师数（人）	其他学生数（人）
一、民办高等教育							
（一）民办高校	8	6 080	8 541	27 823	1 762	1 313	
硕士							
本科学生		3 485	5 350	18 471			
专科学生		2 595	3 191	9 352			
其中：独立学院	5				923	704	
本科学生		3 485	5 350	18 471			
专科学生							
（二）民办其他高等教育机构							
二、民办中等教育							
（一）高中阶段教育	36	8 535	8 406	26 950	2 753	1 779	

续表

	学校数（所）	毕业生数（人）	招生数（人）	在校生数（人）	教职工数（人）	专任教师数（人）	其他学生数（人）
1. 民办普通高中	28	6 073	5 906	19 416	2 521	1 633	
2. 民办中等职业教育	8	2 462	2 500	7 534	232	146	3 238
（二）初中阶段教育	20	4 107	3 905	11 928	783	605	
1. 民办普通初中	20	4 107	3 905	11 928	783	605	
2. 民办职业初中							
三、民办普通小学	20	4 086	4 635	23 697	522	373	
四、民办幼儿园	763	43 098	51 454	124 672	11 287	5 914	
另有：民办培训机构（不计校数）	141				1 824	1 016	110 213

〔**第三次教育援疆工作会议**〕 2012年6月14—15日，教育部和自治区政府推进新疆教育跨越式发展第三次会议暨教育援疆工作会议在喀什召开。会议总结交流了2011年教育援疆工作经验，重点研究了落实双语教育有效衔接、提高教育教学质量和师资队伍整体素质、大力推进中职教育发展和高校学科专业结构调整等五项重点任务。同时，教育部决定建立教育援疆工作评估机制，每年对教育援疆工作进行一次评估，将双语教育覆盖率、双语教育衔接率、质量达标率、高中阶段普及率、中职学校和农村教师周转宿舍建设等作为重点评估指标。建立健全教育援疆各项管理制度，加强教育援疆建设项目质量和资金管理，切实提升教育援疆效益。

〔**教育投入**〕 2012年，全区财政性教育经费投入达490.85亿元，比2011年增长19.4%。其中学前教育经费投入21.32亿元、义务教育经费投入291.79亿元、普通高中教育经费投入46.66亿元、中等职业教育经费投入29.14亿元、高等教育经费投入48.91亿元。教育基本建设支出22.09亿元，比2011年增加20.64%。

〔**创建教育强县活动**〕 4月，自治区党委、政府下发《关于开展创建教育强县活动的意见》。6月，自治区党委、政府召开全区创建教育强县活动电视电话会议，对全区范围内创建教育强县工作进行全面动员和部署。随后，对各地州市、县市区分管教育的党政领导进行专题培训，220人参加培训。7月，自治区党委办公厅、政府办公厅下发《自治区创建教育强县活动任务分解方案》，进一步明确了自治区27个委、办、厅、局在创建教育强县活动中的职责分工。

〔**“励耕计划”**〕 中国教育发展基金会在新疆实施中小学教师、中职学校教师“励耕计划”和幼儿教师“润雨计划”，投入1.59亿元，资助自治区1.59万名特困教师，每人享受1万元资助，资助人数占全区中小学教师总数的6%。

〔**“十百千”名优骨干校长队伍建设工程**〕 采取申报、推荐、评审的方法，实施自治区中小学校“十百千”名优骨干校长队伍建设工程。在全区中小学校评选出知名校长后备人选63名、优秀校长后备人选209名、骨干校长后备人选970名，健全工程后备人选的基本情况信息库。启动自治区名校长工作室建设项目，成立了新疆实验小学等23个自治区级名校长工作室。

〔**培养少数民族人才协作计划**〕 2012年，内地高校支援新疆培养少数民族人才协作计划招生规模不断扩大。教育部和19个对口援疆省市全年投放招生名额6 100名，后追加本、专科计划2 175名，实际完成招生8 275名。

〔**教师资格认定**〕　2012年，全区教师参加教育学考试的达41 215人次、心理学考试的达43 489人次，合格率分别为58.48%和53.02%。全区共认定教师资格26 664人，其中幼儿园教师资格5 429人、小学教师资格4 764人、初级中学教师资格6 906人、高级中学教师资格8 160人、中等职业学校教师资格516人、中等职业学校实习指导教师资格25人、高等学校教师资格864人。

〔**中小学教师继续教育**〕　“国培计划”。将特殊教育教师培训、少数民族双语教师普通话培训和双语教师教材培训纳入“国培计划”。教育部为自治区新增培训经费1 400万元，使中央资金达3 400万元，自治区配套资金474万元，约2.4万名新疆各族教师受益。将2012年确定为“国培”质量建设年，共有18家区内外培训单位承担自治区“国培计划”任务，新疆师范大学获“国培计划”示范性集中培训项目资质，自治区3名专家成功入选“国培计划”专家库。

区培项目。全年共完成17项总规模50 247人次的中小学教师继续教育，其中集中培训14 836人、网络培训11 000人、直播课堂培训24 411人。继续开展中青年骨干教师培训、班主任培训、教育技术能力培训、特殊教育教师培训等，扩大高中新课程教师培训、培训者和管理干部培训面。拓展实施中小学心理健康辅导教师培训、双语教学学科教材送教培训。

管理周期。开展为期20天的自治区“第四个五年管理周期”中小学继续教育。组织全区96 982名中小学、幼儿园教师参加本周期第二次专业理论培训考核，完成37 703人次的教师计算机技术水平考核，注重教师全员培训的政策指导和知识更新。

〔**教师招聘**〕　通过开发岗位、组织报名、资格审查、政审、考试、体检、公示、签订协议等环节，向对口援疆省市选派4 200余名近几年未就业的全日制普通高校毕业生，进行为期两年的汉语强化培训和专业学习。经考核合格后，按生源地原则定向到乡镇、农村中小学和农村双语幼儿园任教。会同有关部门，组织实施定向招聘在岗不在编的农村代课教师5 646人。6月和12月，自治区两次招聘双语特岗教师9 700人，全部安排在南疆四地州艰苦边远乡镇及以下学校，重点是村级小学和教学点。同时招聘农村双语幼儿园教师3 723人。

〔**双语教育质量建设**〕　自治区教育厅下发《关于进一步提高中小学双语教育质量的意见》，从选择双语教学模式、加强少数民族语文教学、执行课程设置方案、规范使用课堂教学语言与教材、加强双语课堂教学、双语教材建设、教学常规管理、师资培训等方面采取措施，提高教学质量。制定《关于进一步提高幼儿园双语教育质量的意见》，对入园与编班、保教计划与编制、教育资源选用、幼儿园保健安全、避免小学化倾向等方面提出明确要求。下发《关于切实做好少数民族双语教育幼小衔接工作的通知》，要求凡接受过一年以上学前双语教育、达到规定入学年龄的少数民族幼儿，尽可能全部纳入小学一年级双语班学习，并切实统筹调配好双语教师，科学选择小学起始年级双语教育模式。

〔**双语教育教材建设**〕　自治区专门成立双语教育教材建设工作领导小组和专家委员会，及时启动双语教育教材建设工作，组织教材编写人员、双语教育专家、教研员，分4个工作组赴各地州，对双语教育教材进行专项调研。聘任双语教育各套教材的主编、副主编，实行教材编写主编负责制。6月，自治区教育厅与人民教育出版社签订新疆专用《语文》（人教版）教材合作编写协议。自治区政府设立专项资金，用于教材编写、审定和培训。

〔**双语教师培训项目**〕　通过《新疆中小学少数民族双语教师培训工程》、《国家支援新疆汉语教师培训方案》、《自治区临聘学前双语教师培训计划》以及对口支援省市培训项目，全年共完成一年期以上双语教师培训3 291人，其中国家级629人、自治区级2 222人、地区级440人。组织完成地区级2 041名学前双语教师3至6个月中短期培训。新选派4091名双语教师参加各级一年期以上培训，其中国家级 654 人、自治区级 2 297 人、地区级 1 140 人。

〔**双语现代远程教育建设**〕 组织 6 个专家组，分赴南疆北疆 13 个地州的 24 个县市，对 2011 年实施自治区中小学双语现代远程教育建设计划试点的 120 所学校的项目施工情况进行抽查，加强对试点设备跟踪管理。召开 2012 年度中小学双语现代远程教育建设计划实施工作会议，部署全区中小学双语现代远程教育建设计划实施工作。

〔**少数民族汉语水平等级考试**〕 2012 年上半年，在喀什、阿克苏、伊犁开展面向社会考生的中国少数民族汉语水平等级考试（MHK）试点工作。下半年在阿勒泰、克拉玛依、巴州、哈密等 7 个地州开展面向社会考生的中国少数民族汉语水平等级考试（MHK）工作。全年少数民族汉语水平等级考试共有 87 476 人报名参加。

〔**少儿双语口语大赛**〕 “热爱伟大祖国、建设美好家园”自治区第三届少儿双语口语大赛于 9 月 1 日启动。维吾尔族、汉族、哈萨克族、回族、柯尔克孜族、蒙古族、锡伯族、塔吉克族等十几个民族的近 67 万名小选手参加比赛。经过县市初赛、选拔，全疆共有 701 名选手进入地州复赛。12 月 17 日、18 日，进入自治区决赛的 94 名选手在新疆人民广播电台网视直播室展开激烈角逐。幼儿组 15 名小选手被授予“优秀双语宝贝”称号，小学组 20 名选手被授予“优秀双语儿童”称号。

〔**内地新疆高中班**〕 2012 年，内地高中班报名人数 38 692 人。教育部下达 2012 年新疆内地高中班计划录取新生 8 330 名，其中地方招生 8 030 人、兵团招生 300 人，比 2011 年扩招 1 240 人。办班城市增加到 44 个、办班学校增加到 85 所，在校生达 2.7 万余人。协助教育部完成 2012 年内地高中班高考招生录取工作，本、专科共录取 4 887 人，录取率达 97.88%。

组织 4 期内地高中班、内地中职班和内地初中班学校 350 人参加思想政治教育主题培训班，组织召开内地高中班工作年会和首次内地高中班退休教师代表来疆考察。在疆举办“做学法、懂法、守法公民”内地新疆学生演讲比赛总决赛，并选派 49 名学生分两批、19 个宣讲组赴内地高中班学校开展集中宣讲活动。组织拍摄 20 集电视专题片《内高班的故事》，举办第二届内地高中班师生书画展。经考察、选拔和培训，全年向 85 所内地高中班、8 所对口班学校选派 199 名管理教师，协助学校做好内地新疆学生的教育和管理。

〔**内地新疆中职班**〕 2012 年，报考内地中职班人数达 13 303 人，比 2011 年大幅增加，招生规模连续保持 3 300 人（含兵团 300 人），招生院校为中、东部 9 个省市的 32 所国家级示范中职学校。在和田召开首届全国内地西藏、新疆中职班管理工作研讨会，总结交流办学经验。

〔**教师支教和大学生实习支教**〕 2012 年，全区有 2 200 多名各级城镇教师赴农村学校支教。协调安排自治区内 11 所高校、7 所中等师范学校和区外 9 所高校 12 388 名大学生、398 名指导教师赴 11 个地州 1 500 多个基层学校实习支教。

〔**教育援疆基建项目**〕 19 个援疆省市 2011—2015 年教育援疆项目规划投入资金由 77.27 亿元提高到 97.63 亿元，增加 20.36 亿元，占总投入比例的 15.27%。双语教育和中等职业教育投入近 62 亿元，占教育援疆资金的 63.5%。安徽、浙江、湖南等省教育援疆资金占其援疆投入比例超过 20%，北京、上海、山东、江苏、湖北等省市上调教育援疆资金比例近 5%。2012 年，19 个援疆省市投入资金 28.95 亿元，实施教育援疆基建项目 152 个，新建、改扩建校舍及辅助设施 249.38 万平方米，其中双语教育建设项目 109 个，投入资金 18.43 亿元；中等职业教育项目 23 个，投入资金 6.72 亿元。

2012 年，上海、山东、广东等省市为喀什地区教育基础设施建设投入资金 5.2 亿元，新建和改扩建一批双语、中职学校（幼儿园）项目相继启动。北京市援建和田地区 13 所示范学校的工程项目全面展开，扩建、新建约12万平方米教学、生活楼。天津市投入资金1.9亿元，对原策勒县第一中学进行易地重建。安徽省投资1.85亿元建设的皮山县职业高中项目进展顺利。2011—2012年，浙江省投入援疆资金1.61亿元，帮助阿克苏地区在阿克苏市和库车县各建1所双语教师培训中心；投入1.22亿元，援助阿克苏市高级中学、新和县浙江丽水高级中学等项目正在建设。湖北省投入资金9 000万元，援建的华中师大附中博乐分校二期工程已经完工。

〔**援疆教师支教**〕　2012年，援疆省市选派1 074名干部和教师到岗任职、任教。福建省每年选派100名教师赴昌吉州开展长短期支教和培训服务，每年接收昌吉州100名教师和校长赴福建省培训和锻炼。河北省选派54名骨干教师到巴州双语学校和职业院校支教，结对帮助50位青年教师。

江苏、浙江、吉林等省组织教育专家、学者和骨干教师，以讲师团的形式到受援地区教学一线开展巡回送教讲学活动，已培训各类教师7 272名。辽宁省在完成2011年为塔城地区培训100名双语教师和“双师型”教师的基础上，2012年又培训教师71名，并形成长效机制。同时，主动承担起塔城新招录224名特岗教师的培训任务。

〔**教育交流与合作**〕　2012年，自治区在周边国家6所孔子学院共面向76个汉语教学点、外国院校、企业、当地政府部门举办315批次培训班，培训学员2.4万余人，举办200余场各类中国文化活动，受众3万余人。完成2012上海合作组织国家教育官员和其他国家汉语教师来华培训项目共310人的培训任务。自治区高校申报“国家留学基金资助出国留学项目”，5人被录取；申报“西部地区人才培养特别项目”，87人被录取。根据自治区重点产业、支柱产业发展对急需紧缺学科专业人才的需求，派出73人到国外留学。受理自费出国留学202人。新疆籍自费出国留学奖学金项目经费由2011年的250万元，增加到600万元。经评审和公示，最终确定在27个国家留学的146名新疆籍学生获奖学金资助，其中少数民族留学生占71.2%。2012年，自治区大中小学接收外国学生4 963人。完成中国政府奖学金170人和自治区政府奖学金100人的招生计划。全年聘请外籍教师150余人，邀请外国专家328人来访，召开11场国际学术会议。7月，澳门特区政府社会文化司司长张裕到自治区进行友好访问，双方商定设立“澳门—新疆教育论坛”，建立澳门、新疆两地间的教育合作高层磋商机制。自治区教育厅、新疆师范大学、乌鲁木齐职业大学等有关单位与澳门理工学院、澳门旅游学院、澳门基金会等方面共同签署新一轮9个教育合作项目协议书。

基础教育

〔**学前教育**〕　完成《自治区扩大学前教育资源规划（2012—2015年）》项目申报工作，并争取国家项目资金1.6亿元。

〔**义务教育均衡发展**〕　对全区12个地州市、20个县市区推进义务教育均衡发展和学校标准化建设进行两次督查，重点检查了42个乡镇（街道办），实地检查118所中小学、9个教学点。10月中旬，自治区党委、政府在新源县召开全区义务教育均衡发展工作现场推进会。

根据义务教育均衡发展备忘录和《新疆维吾尔自治区推进义务教育均衡发展规划（2011—2012年）》，自治区政府教育督导团对克拉玛依市所辖的克拉玛依区、独山子区、白碱滩区和乌尔禾区义务教育均衡发展工作情况、义务教育校际均衡状况进行督导评估验收，认定4个区推进义务教育均衡发展工作已达到国家和自治区验收标准。

〔**基础教育课程改革**〕 组织自治区首届少数民族骨干教师高级研修班，来自全区各地100名维、哈语系的中学优秀教师参加，主要进行基础教育课程改革知识培训、课堂教学策略研究、课程标准和教材讲座、集体备课经验交流等活动。组织开展教育部考试中心重点工程——“对自治区普通高考试题的分析与学生学科能力评价及教学关系研究”课题启动仪式暨培训工作，全疆30所普通高中学校承担课题研究的实验。组织召开自治区普通高中招生制度改革暨基础教育教科研工作会议。

〔**普通高中多样化发展**〕 自治区举行普通高中多样化发展改革试点项目、农牧区基础教育课程改革试点项目和基地学校两个体制改革项目启动仪式，为6个试点项目、20所试点学校及19所基地学校命名、挂牌并签订项目协议书，并对相关人员进行培训。组成南疆、北疆两个专家组，分别对上述改革试点项目学校进行督查、指导。11月底，在库尔勒组织召开自治区普通高中多样化发展改革试点项目工作研讨会，对试点工作进行总结交流，项目专家组逐一进行点评和指导。

〔**普通高中学业水平考试**〕 2012年，全疆各地州市和兵团各师局进行冬夏两季普通高中学业水平考试，共有45.34万名考生报名参加学业水平统一考试。用汉、维、哈、蒙、柯5种语言同时开考，考试科目包括语文、英（汉）语、数学、思想政治、历史、地理、物理、化学、生物、信息技术、通用技术和民族团结共12门。

〔**特殊教育**〕 修订印发《关于进一步加强残疾人随班就读管理工作的意见》和《关于加强特殊教育学校教学工作的指导意见》。自治区政府与中国残疾人联合会组织实施并启动新疆全纳教育支持保障体系建设合作项目，在乌鲁木齐、克拉玛依、哈密、石河子4个项目地区建立全纳教育示范点；建立、健全残疾儿童全纳教育的技术支持和行政管理体系，成立项目办公室，签订全纳教育协议；举办新疆全纳教育支持保障体系建设合作项目师资培训班，建立区、地两级全纳教育资源中心；将“医教结合、综合康复”实验项目列为34项教育改革试点项目之一正式立项，并在哈密市和昌吉州进行试点。

职业教育

〔**职业教育规划**〕 下发《自治区职业教育发展规划（2011—2020年）》、《自治区关于“十二五”期间加强职业教育教师队伍建设的意见》、《中等职业教育民族特色学校建设计划（2012—2016年）》、《支持职业学校提升专业服务能力项目实施方案（2012—2016年）》、《关于实施职业教育教学质量与教学改革工程的意见》，组织召开职业教育工作会议，统筹规划和安排部署自治区职业教育发展。配合教育部召开新疆教育跨越式发展第三次会议暨教育援疆工作会议，与19个省市签订《对口支援新疆职业教育协议书》。协助教育部制定《关于推进新疆中等职业教育发展的意见》，对未来10年中职发展的目标和任务做出全面部署。

〔**内涵建设**〕 通过对8所重点中职学校人才培养能力评估，新疆艺术学校等3所中职评为优秀等次。确定博州中等职业技术学校等2所学校为自治区级重点中等职业学校。

安排部署自治区第四批示范性中职学校建设项目评估，确定10所学校为自治区示范学校；组织完成“国家中等职业教育改革发展示范学校建设计划”第一批8所立项学校建设情况首次评审、检查、网上质量监测；指导完成第二批9所立项学校《建设方案》和《建设任务书》的编制修订工作，全部通过教育部审核，9 所学校正式开始建设；完成第三批“国家中等职业教育改革发展示范学校”建设项目评审，6 所学校被教育部、人力资源和社会保障部、财政部评审立项。

先后启动自治区职业学校提升专业服务新疆产业发展能力和中等职业教育民族特色学校建设计划、教学改革与质量工程。其中中等职业教育民族特色学校立项 3 所、支持职业学校提升专业服务能力立项 8 所、精品专业立项 19 个、精品课程立项 29 个、教学团队立项 15 个。

〔**基础能力建设**〕 14 所中职学校列为 2012 年度中等职业教育基础能力建设项目单位，其中 7 所学校为重点支持的中职学校。组织完成 2012 年中央财政支持的职业教育实训基地项目单位的申报、评审，共推荐 23 所学校并上报教育部、财政部。组织推荐 10 所骨干职业院校加入欧特克计划，组织开展职业院校“云空间”建设，推荐喀什艺术学校进入中国知耕基金会新疆职业教育资助项目。

〔**招生与学籍管理**〕 落实教育部下达的年度招生任务，协助制订 2012 年中职学校招生计划 11.5 万名、北疆职业院校定向南疆三地州中职招生计划 1.3 万名（其中民语言学生 1 万名）；协调对口支援省市制订完成 2012 年“内地新疆中职班” 3 000 名招生计划。完成 2012 年度 3 万多名毕业生资格审验和 8.5 万多名新生学籍注册工作。

〔**技能大赛**〕 5 月，举办 2012 年度自治区职业院校技能大赛暨全国职业院校技能大赛新疆区预赛，在 4 个地区设立 18 个赛点，共 19 个专业大类、100 个分赛项。参赛代表队 315 支，教师和选手 2 500 余人，参赛人数是 2011 年的 1.4 倍。在自治区大赛的基础上，选拔出 206 名选手和指导教师，组成新疆代表队（共 17 个项目代表队参加 76 个单项比赛），参加 2012 年全国职业院校技能大赛，取得一等奖 2 项、二等奖 11 项、三等奖 26 项。

高 等 教 育

〔**教育教学改革**〕 2012 年，对自治区先后立项的本科精品课程，先由各高校组织专家结合精品课程立项建设目标及教育部网络资源共享课程、视频公开课程的建设要求进行评价，最后由自治区教育厅对各校评分结果进行综合汇总。在 84 门受检课程中，评定为良好 25 门、合格 50 门、不合格 9 门。2012 年，自治区所属的 11 所高校先后发布本科教学质量年度报告。

加大对优秀教学成果、教学名师、教学能手、实验教学示范中心等项目评审工作的改革力度。向教育部推荐教学评估专家 14 人、教学指导委员会专家 152 人。在院校推荐和初选的基础上，组建自治区高等教育专家咨询委员会及 7 个专项建设委员会。推荐新疆大学、新疆农业大学、新疆医科大学、新疆财经大学等高校申报卓越工程师、卓越法律人才、卓越医师培养院校。

〔**专业建设**〕 根据教育部新颁布的本科专业目录和专业设置管理办法，组织全区高校按期完成专业调整和新增专业申报工作，全区高校设置本科专业 181 种、布点 439 个，其中工学布点达 94 个。组织推荐新疆大学机械工程及自动化专业等 9 个专业为教育部本科教学工程第一批“专业综合改革试点”项目。

〔**科学研究**〕 2012 年，自治区高校获各级各类科研项目 3 195 项，科研经费 5.42 亿元。其中获自治区科技进步奖 19 项。组织完成自治区高校科研计划 135 个立项项目的结题验收和 105 个立项项目中期检查工作。成立自治区专家组，研究制订自治区“高等学校创新能力提升计划”（简称“2011计划”）实施方案。遴选确定首批自治区“2011计划”协同创新中心，推荐两个中心申报国家级协同创新中心。

〔**学位与研究生教育**〕 截至2012年年底，全区高校博士授权一级学科22个、二级学科111个；硕士授权一级学科109个、二级学科564个；专业学位27种。批准新疆农业大学包装工程等20个专业为2012年自治区普通高校新增学士学位授权专业。审核批准自治区5所独立学院及其62个专业的学士学位授予权申请。2012年，自治区独立学院开始独立颁发学士学位证书。

2011—2012学年度，全区学位授予单位授予各级各类学位共35 498人，其中授予学历博士学位96人、专业学位博士10人；学历硕士学位2 997人、同等学力硕士学位282人、专业学位硕士1 318人；普通学士学位29 940人、成人学士学位666人、来华留学生学士学位189人。

〔**学生学籍管理**〕 2012年，共审核学历电子注册普通高校毕业生68 162名，其中研究生3 855人、本专科生64 307人；成人高校毕业生15 543名，其中本科生5 659人、专科生9 884人。完成2012级新生学籍电子注册82 043人，其中博士204人、硕士生5 181人，普通本科生35 499人、普通专科生38 785人、五年一贯制转段生1 506人、直升本868人。

〔**招生工作**〕 2012年，全区共有15.47万余人报考普通高校，计划招生12.3万余人，实际录取12.15万余人［其中本科6.83万余人、高职（专科）5.32万余人］，总录取率达78.32%，创历年最高水平。全区共有63 074人报考成人高校，实际录取新生48 587名，录取率达77.03%。全区共有17 513人报考研究生，实际录取硕士研究生5 526人，比2011年增长13.24%。举办4次高等教育自学考试，共计报考118 244人次、287 918科次。

〔**毕业生就业服务和指导**〕 组织“自治区大中专毕业生就业创业典型事迹巡回报告活动”，为32所大中专院校举办22场宣讲。在16所院校举办创业培训班130个，参加创业培训学生3 251人。开展高校进人才市场、人才市场进校园等系列招聘活动，举办各类专场招聘会875场，参会单位4 597家，提供各类就业岗位108 427个，共吸引86 495人（次）的高校毕业生前来应聘，签约人数3 569人，达成就业意向32 878人。组织“高校毕业生网上招聘活动”和“新疆民营企业招聘周活动”。举办2012届部属师范院校新疆籍免费师范毕业生就业双选会，落实548名免费师范生任教工作。

2012年，应届普通高校毕业生68 355人，截至2012年年底，已就业毕业生60 497人，就业率为88.5%，与2011年同期相比增长1.49个百分点。

〔**高校对口支援**〕 在新一轮“对口支援西部地区高等学校计划”中，确定41所内地高校对口支援自治区11所本科高校，并将高职高专院校纳入对口支援计划。新疆大学—清华大学中亚发展研究中心在乌鲁木齐市揭牌，清华紫光集团投入500万元，支持该中心进行研发。清华大学作为对口支援新疆大学的组长单位，联合西安交通大学、武汉大学等10所名校，签订2012—2013年度工作协议，在学科建设、人才培养、联合科研和教学平台建设等方面给予新疆大学支持，开启“10＋1”共同发展模式。“十二五”期间，中央广播电视大学对口支援新疆广播电视大学，帮助建立国家数字化学习资源新疆中心，并签署了协议。江苏、河南、福建、河北等省的广播电视大学也分别与伊犁、哈密、昌吉、巴州电视大学签订对口支援协议。

7月，厦门大学、中央民族大学、东北师范大学、天津师范大学、首都师范大学与新疆师范大学签署共建协议。5所高校每年优先招收新疆师范大学在职教师攻读博士学位，新疆师范大学根据需要聘请共建院校教师担任兼职教师。

撰稿　程公炎

审稿　同继敏　唐晓冰

新疆生产建设兵团教育

概　况

〔基本情况〕

新疆生产建设兵团各级各类学校校数、教职工、专任教师情况

学校类别	学校数（所）	教职工数（人）	专任教师数（人）
合计	539	43 075	34 155
一、普通学校	536	42 061	33 478
1. 普通高校	5	4 276	2 844
其中：本科			
研究生			1 300
其中：博士生			
硕士生			
2. 中等职业学校	22	1 721	1 101
其中：中等技术学校	20	1 602	1 017
中等师范学校	1	100	71
职业高中	1	19	13
其他机构（教学点）	2		
3. 普通中学	241		14 379
其中：高中	45		4 311
初中	196		10 068
4. 小学	60		12 810
5. 幼儿园	208	4 074	2 344
二、成人学校	3	1 014	677
1. 成人高校	2	930	607
其中：普通高校成教院	2		
2. 成人中专学校	1	84	70
其中：教师进修学校			

新疆生产建设兵团各级各类学历教育学生情况

学校类别	毕业生数（人）	招生数（人）	在校生数（人）
合计	150 954	143 901	513 805
一、普通学校	144 460	134 224	492 029
1. 普通高校	11 513	13 040	48 341
其中：本科	8 617	8 617	35 274
研究生	816	1 183	3 134
其中：博士生	42	48	126
硕士生	774	1 135	3 008
2. 中等职业学校	7 859	10 908	29 937
其中：中等技术学校	7 692	10 734	28 989
中等师范学校		83	537
职业高中	89		
其他机构（教学点）	78	91	411
3. 普通中学	59 610	56 273	169 141
其中：高中	19 879	19 759	58 877
初中	39 731	36 514	110 264
4. 小学	38 082	30 148	189 662
5. 幼儿园	27 396	23 855	54 948
二、成人学校	6 494	9 677	21 776
1. 成人高校	3 494	6 498	15 223
其中：普通高校成教院	2 907	5 868	13 745
2. 成人中专学校	3 000	3 179	6 553
其中：教师进修学校			

〔**实施教育项目建设工程**〕 2012年，继续实施校舍安全工程，安排专项资金2.64亿元，其中中央资金1.51亿元、兵团本级财务统筹资金0.61亿元、对口援疆资金0.05亿元、师团配套资金0.47亿元，加固改造校舍38.7万平方米。启动实施兵团团场义务教育阶段学生营养改善计划国家试点工作，投入资金2 938.5万元，为三师、十四师19个团场40 749名学生提供每人每天3元、每学年200天的营养膳食补助。实施边远艰苦地区团场学校教师周转宿舍建设项目，投入资金8 000万元，新建教师周转宿舍3.2万平方米，购置基本生活设施915套。实施兵团团场初中校舍改造工程（二期），投入资金5 500万元，安排9个团场19个项目，新建校舍2.05万平方米。实施学前教育推进工程，投入资金8 250万元，为14个边境贫困团场新建幼儿园，总建设面积3.95万平方米。实施兵团团场义务教育薄弱学校改造计划，投入资金1.06亿元，其中土建资金0.9亿元、设备资金0.16亿元，安排34个项目，新建校舍4.22万平方米。继续援建自治区少数民族双语幼儿园，拨付资金700万元，用于支持在喀什地区、和田地区、克州、塔城地区、阿勒泰地区建设5所双语幼儿园。实施邵氏基金赠款项目，投入资金2 004.5万元，其中邵氏赠款360万港元，安排4个建设项

目，新建校舍 10 638 平方米。

〔庆祝党的十八大·兵团中小学文艺会演〕 12月7日，兵团教育局与兵团宣传部在乌鲁木齐市联合举办“庆祝党的十八大·兵团中小学文艺会演”。兵团党委书记、政委车俊，兵团党委副书记、司令员刘新齐，兵团党委常委、副司令员宋建业，兵团党委常委、副政委、纪委书记刘向松，兵团党委常委、秘书长李新明出席并观看演出。

〔教育交流与合作〕 兵团“西部地区人才培养特别项目”共选派 34 名各类教师和科研人员出国进修访问学习，其中中学英语、高级行政管理两个子项目派出 15 人。选派中学校长和兵团所属各师教育局局长共 17 人赴英国里丁大学培训。

基础教育

〔学前教育〕 1月，兵团下发《兵团关于发展学前教育的实施意见》及《兵团幼儿园办园基本标准》，明确了学前教育发展的目标、任务和基本标准，提出了一系列促进学前教育发展的政策措施。10月，学前教育管理信息系统正式建立并启动运行，促进了学前教育管理规范化。

〔全面落实义务教育经费保障政策〕 进一步完善团场义务教育经费保障机制，全面落实新机制改革的各项任务。一是团场中小学经费保障能力进一步增强。2012 年，共下拨中小学公用经费 18 603 万元，中小学生均公用经费达到小学每生每年 575 元、初中每生每年 775 元。二是对团场义务教育阶段 23.89 万名中小学生提供价值 3 948.71 万元的免费教科书，同时对部分科目免费教科书实施循环使用。三是扩大家庭经济困难学生生活费补助范围，补助面由 2011 年的 94.33%提高到 95%。对 6.03 万名团场义务教育阶段家庭经济困难寄宿生按照小学每学年 1 000 元、初中每学年 1 250 元的标准落实生活补助 5 930.9 万元，其中中央专项资金 4 027 万元、兵团本级专项资金 1 903 万元。四是逐步完善兵团团场义务教育阶段中小学校舍维修改造长效机制。2012 年，中央安排兵团中小学校舍维修改造专项资金 7700 万元，兵团本级安排专项资金 2 000 万元，用于 38 所项目学校的 48 个项目抗震加固，加固改造校舍面积 13.69 万平方米。截至 2012 年年底，已竣工项目 19 个，竣工面积 4.46 万平方米。

〔城市免费义务教育工作〕 兵团继续按照小学每生每年 144 元、初中每生每年 196 元的标准，免除城市 6.13 万名义务教育阶段中小学生学杂费 1 017 万元，同时按照小学每生每年 90 元、初中每生每年 180 元的标准，对 3.85 万名城市家庭经济困难学生免费提供价值 492.18 万元的教科书，确保了城市义务教育阶段学生不因贫困失学、辍学。

〔教师特设岗位计划〕 根据《教育部办公厅财政部办公厅关于做好 2012 年农村义务教育阶段学校教师特设岗位计划有关实施工作的通知》（教师〔2012〕2 号）和《兵团教育局、财务局、人事局、编办〈关于贯彻实施农村义务教育阶段学校教师特设岗位计划实施方案〉的意见》（兵教发〔2006〕44 号）精神，编制了《2012 年兵团特设教师岗位教师招聘方案》，按照“公开、公平、自愿、择优”和“三定”原则，完成了 800 名特岗教师招聘及岗前培训工作。

〔教师培训〕 全年培训中小学和幼儿教师 14 284 人次。组织实施“国培计划”示范性远程培训项目，共计培训幼儿教师、县级机构管理教师和义务教育阶段各学科教师 2 650 人次。继续实施第二期中小学少数民族双语教师提高培训工程，选派第三师、第十四师的169名少数民族双语教师进行一年制提高培训。3 200余名中小学教师参加了以师德教育和“专业素养、专业技能、教学实践”为主要内容的中小学教师继续教育。

〔**兵团三中机器人参赛代表队再获殊荣**〕 12月6—8日，兵团三中代表兵团参加在新西兰奥克兰市梅西大学举办的第六届亚洲机器人锦标赛，与来自国内以及韩国、新加坡、新西兰、马来西亚等国家和地区的近300支参赛队的550多名选手展开角逐，最终荣获BDS四方战斗项目亚军、季军。

职业教育

〔**基础能力建设**〕 2012年，共投入资金13 600万元，其中国家发展和改革委投入资金5 000万元、对口援疆资金8 100万元、自筹500万元，支持兵团一师阿拉尔职业技术学校、三师图木舒克职业技术学校、六师五家渠职业技术学校、兵团工贸学校、石河子工程技术学校等5所中职学校新建校舍60 500平方米。

〔**实训基地建设**〕 在教育部、财政部的大力支持下，投入资金1 994万元，其中中央财政安排资金1 870万元，支持兵团9个专业性实训基地建设。

〔**国家中职示范校建设**〕 组织开展国家中职示范学校建设项目申报工作，中央财政安排专项资金2 860万元，支持石河子卫生学校、二师华山职业技术学校、石河子大学护士学校相继进入第二批、第三批国家中职示范学校项目建设行列。完成对第一批国家中职示范学校项目学校即兵团工贸学校、石河子工程技术学校的中期质量监测工作。

〔**教师队伍建设**〕 组织40名专业骨干教师到同济大学等23个培训机构进行国家级专业骨干教师培训；选派2名专业骨干教师赴德国进行为期8周的培训；组织10名青年教师到武汉华中数控股份有限公司等5家企业进行实践。从10所中职学校推荐的90名专业带头人候选名单中，遴选出16名与兵团支柱产业、优势产业相关的特色品牌专业任课教师作为培养对象。

〔**精品课程建设**〕 印发《关于兵团中等职业学校精品课程建设的实施意见》（兵教办发〔2012〕20号）。从2012年起，把精品课程建设作为推动职业教育内涵发展的突破口，逐步建立涵盖多种课程类型的兵团级精品课程体系。经学校申报和现场答辩，全年立项建设12门精品课程。

〔**举办2012年中职学校信息化教学大赛**〕 10月24—25日，举办了兵团中职学校信息化教学大赛。19所中职学校组织100余名教师参加了比赛和观摩，最终29名教师脱颖而出，分别在多媒体教学软件、信息化教学设计和信息化实训教学3个项目上获得一等奖、二等奖、三等奖。12月，兵团组队参加全国职业学校信息化教学大赛，4位中职学校教师获三等奖。

〔**技能大赛**〕 9所职业院校、86名选手组队参加2012年全国职业院校技能大赛中职14个专业类别、32个项目，高职3个专业类别、3个项目的比赛。共获各类奖项79个，其中一等奖2个、二等奖6个、三等奖18个、优秀奖53个。

〔**中职学校“文明风采”竞赛**〕 兵团教育局会同兵团文明办、兵团团委成立了复赛组委会，继续开展兵团中职学校“文明风采”竞赛活动。经兵团复赛选送参加全国决赛的557件作品中，406件获奖。其中一等奖 54 件、二等奖 81 件、三等奖 150 件、优秀奖 121 件。

高等教育

〔本科教改工程项目〕 1 月 20 日，石河子大学、塔里木大学的大学生创新创业训练计划和石河子大学—新疆天业（集团）有限公司工程实践教育中心，经教育部批准列为“十二五”期间高等学校本科教学质量与教学改革工程 2012 年建设项目，并获建设经费 340 万元。11 月 9 日，石河子大学被确定为教育部、卫生部实施的第一批“卓越医生教育培养计划”项目试点高校，其申报的《五年制临床医学人才培养模式改革试点》项目被确定为改革试点项目。

〔石河子大学“211 工程”三期建设通过兵团和国家验收〕 3 月 16 日，石河子大学“211 工程”三期建设通过兵团验收。12 月 11 日，通过国家验收。

〔兵团高校进入中西部高校基础能力建设工程高校行列〕 5 月 30 日，石河子大学和塔里木大学被国家发展和改革委、教育部确定为中西部高校基础能力建设工程高校。

〔确定石河子大学为支持中西部高校提升综合实力重点建设高校〕 9 月 16 日，兵团确定石河子大学为“支持中西部高校提升综合实力”重点建设高校。12 月 20 日，国家下达专项资金 3 000 万元，用于学校学科建设、教学实验平台建设、科研平台和专业能力实践基地建设、公共服务体系建设及人才培养和创新团队建设。

〔石河子大学国家级实验教学示范中心通过国家验收〕 12 月 20 日，验收专家组对兵团高校国家级实验教学示范中心—石河子大学经济与管理国家级实验教学示范中心（建设单位）进行实地验收，该中心以 97 分的成绩通过国家验收。

〔兵团认定“2011 协同创新中心”〕 按照《高等学校创新能力提升计划实施意见》及《实施方案》的精神，兵团启动实施了“高等学校创新能力提升计划”。9 月 26 日，兵团认定石河子大学申报的兵团棉花生产技术现代化协同创新中心和兵团西部地区高发人畜共患传染性疾病防治协同创新中心为新疆生产建设兵团“2011 协同创新中心”。

〔高校思想政治理论课队伍建设〕 4 月 11 日，石河子大学马克思主义学院教授郑昆亮入选“2012 年全国高校优秀中青年思想政治理论课教师择优资助计划”，其主持的“新疆高校民族理论教学热点问题研究”获课题立项。7 月 4 日，石河子大学思想政治理论课教师张洁获“2012 年全国高校思想政治理论课教学能手”称号。

〔3 位辅导员获奖〕 5 月 28—30 日，石河子大学辅导员姜汪维、兰国伟在首届全国高校辅导员技能大赛中获三等奖。同年，石河子大学辅导员提力克获“2011 年全国高校辅导员年度人物”提名奖。

撰稿　许　成

审稿　高继宏

香港特别行政区教育情况简介

香港特别行政区教育由以下部分构成。

1. 幼稚园

幼稚园为3至5岁学童提供幼稚园教育服务，由志愿机构或私人团体营办，全属私营性质。所有幼稚园均须向教育局注册，并受教育局监管。

2. 小学教育

香港儿童由约6岁开始接受六年制的小学教育，上课模式分为上午班、下午班和全日制三种。大多数小学都使用中文授课，并以英文为第二语言。

3. 中学教育

学生完成小学课程后，可通过所在小学参加“中学学位分配办法”获得分配资助中一学位。

4. 特殊教育

为视障、听障、肢体伤残、有情绪及行为问题及智障的儿童提供学额。

5. 师资培训

香港教育学院为大学教育资助委员会资助的院校之一，开设多个副学位、学士学位课程及研究院课程，供职前及在职教师修读。

香港大学、香港中文大学和香港浸会大学亦设有学位及研究院课程，供职前和在职教师修读。香港公开大学则开办学位课程供职前教师修读，并开办学位教师教育文凭课程供职前及在职教师修读。

6. 高等教育

香港有16所颁授学位的高等教育院校，其中8所由大学教育资助委员会资助，分别是：香港大学、香港中文大学、香港科技大学、香港理工大学、香港城市大学、香港浸会大学、岭南大学和香港教育学院。这8所院校中，7所为大学，另外一所是师资培训学院。8所非大学教育资助委员会资助的颁授学位院校分别是：由政府拨款的香港演艺学院，以及财政自给的香港公开大学、香港树仁大学、珠海学院、恒生管理学院、东华学院、明爱专上学院和明德学院。

7. 成人教育

香港教育局推行“指定夜间成人教育课程资助计划”，资助成年学员修读合格办学机构在指定校舍开办的夜间课程。此外，职业训练局、多间大学及私人机构亦提供成人教育课程。

8. 职业教育

职业训练局（职训局）负责向政府建议所需的各项措施，以确保香港具备完善的职业教育及培训制度，配合最新的发展及人力需要。

撰稿 艾宏歌 余 彬 张 萌 刘海峰

审稿 赵灵山

澳门特别行政区教育情况简介

澳门非高等教育分为正规教育和持续教育两个教育类型。正规教育主要包括幼儿教育、小学教育、中学教育和特殊教育；持续教育则包括回归教育、家庭教育、小区教育和职业培训。

据澳门教育暨青年局非高等教育范畴的统计数据显示，2011—2012 学年，澳门共有 78 所学校，其中公立学校 11 所，私立学校 67 所。只提供正规教育的学校有 66 所，只提供回归教育的学校有 3 所，同时提供正规和回归教育的学校有 9 所。接受非高等教育的学生总数为 73 425 人。2011—2012 学年，非高等教育领域教师总数为 5 284 人，较 2010—2011 学年增加 0.3%。

澳门共有 10 所高等院校，其中澳门大学、澳门理工学院、旅游学院、澳门保安部队高等学校为公立院校，澳门城市大学［前名为亚洲（澳门）国际公开大学］、圣若瑟大学（前名为澳门高等校际学院）、澳门镜湖护理学院、澳门科技大学、澳门管理学院、中西创新学院为私立院校。2011—2012 学年，各院校教学人员共 1 840 人，高等教育课程注册学生 26 217 人，并有 266 个高等教育课程运作。2012 年，外地高教机构在澳门开办了 28 个高等教育课程。

撰稿　艾宏歌　余　彬　张　萌　刘海峰
审稿　赵灵山

台湾省教育情况简介

台湾省拥有较为完整的教育体系，主要包括幼儿教育、“国民”教育、中等教育、师资教育、技术教育、高等教育、特殊教育等。

按照台湾省现行的教育体系，各级学校学习年限分别是：学前教育（即幼儿教育）通常为两年；强制性义务教育为九年，包括小学（“国小”）六年、初中（“国中”）三年；高中阶段分为高中和高职，均为三年；大学一般为四年；硕士和博士研究生修学年限为两年，最长可达七年。台湾的师范院系学制为五年、牙科学制为六年、医科学制为七年。

台湾省高级中等教育主要包括高级中学和高级职业学校，高等教育包括专科学校、独立学院、大学及研究所，社会教育包括社区大学、补习学校、远程教育、社教机构等。

撰稿 艾宏歌 余 彬 张 萌 刘海峰

审稿 赵灵山

教育部直属高校

北京大学

〔习近平到学校调研高校党建工作〕 2012年6月19日，国家副主席习近平到学校环境科学与工程学院了解大气污染细颗粒物研究、水污染治理研究情况和党建工作情况。习近平参观了“考古科学90年、考古专业60年成果展”，并与考古文博学院的学生亲切交谈，对把“支部建在考古队上”的做法和党员群众“手拉手”等党建创新项目给予肯定。习近平指出，党支部是高校教育和管理党员的基本单位，抓好党支部建设就抓住了高校党建工作的基础一环，各个高校要努力构建充满活力、覆盖面广的高校基层党组织体系，积极探索有实效、受欢迎的组织活动方式，不断增强党支部的战斗力和凝聚力。

〔党和国家领导人看望学校教师〕 1月12日，国务委员刘延东分别看望了中国科学院院士、学校化学与分子工程学院教授徐光宪和著名经济学家、原北大校长吴树青，对他们在科学研究、人才培养、社会服务等方面做出的贡献表示敬意。1月18日，国家副主席习近平代表国家主席胡锦涛和党中央亲切看望徐光宪，向他致以诚挚的问候和新春的祝福，对他为发展中国稀土工业、培养化学人才、推动化学教育科研事业发展做出的贡献表示敬意和感谢，并认真听取了徐光宪对科技人才培养的意见和建议。

〔李长春观看原创歌剧《钱学森》〕 5月3日，中共中央政治局常委李长春来到学校，与1 400余名师生一起观看学校原创歌剧《钱学森》。该歌剧是由学校与中国航天科技集团公司联合出品，以钱学森回国报国的感人经历为主线，讴歌了以钱学森为代表的科学家们热爱祖国和献身科学的崇高精神。观看演出后，李长春勉励师生把继承优良传统与学习钱学森紧密结合起来，不断提高自主创新能力，推动经济社会发展。中共中央政治局委员、北京市委书记刘淇，中共中央政治局委员、国务委员刘延东一同出席当晚活动。

〔刘淇、郭金龙率队到学校调研〕 4月23日，北京市委书记刘淇、市长郭金龙率队到学校调研。郭金龙对学校发挥优势、大力服务首都科学发展的工作给予充分肯定，要求市政府各委、办、局和区、县政府要积极主动做好服务，努力解决学校发展中遇到的困难和问题。

〔学科建设取得新进展〕 根据美国“基本科学指标数据库”（ESI）2012年3月公布的数据显示，学校的数学、物理、化学、生物与生物化学、工程科学、材料科学、植物和动物科学、地球科学、环境科学与生态学、临床医学、药学与毒理学、计算机科学、神经与行为科学、分子生物学与遗传学、精神病学/心理学、一般社会科学、经济学与商学、农学18个学科进入全球大学和科研机构的前1%。2012年，在第三轮全国一级学科评估中，学校有48

个学科参评，16 个学科排名第一、35 个学科排名前三、38 个学科排名前五，均居全国高校首位。

〔**启动“小班课教学”试点工作**〕 自 2012 年秋季学期起，学校正式启动、重点推进学生人数不超过 15 人的“小班课教学”精致化培养试点工作，标志着学校本科教学改革又迈出新的一步。

〔**2012 年度获批国家社科基金项目立项**〕 根据全国哲学社会科学规划办公室公布的 2012 年度国家社会科学基金项目评审结果，学校共获准立项 41 项，居全国高校首位。学校申报项目总数为 158 项，立项率为 25.9%。其中重点项目 6 项、一般项目 24 项、青年项目 11 项。另有 12 项重大项目获得立项。

〔**多项科研成果获表彰**〕 2012 年，学校有 13 个项目获国家科学技术奖，包括 5 项国家自然科学奖、1 项国家技术发明奖、7 项国家科技进步奖，其中 7 项是学校作为第一完成人所在单位或者第一完成单位获奖，包括 5 项国家自然科学奖、2 项国家科技进步奖。学校信息科学技术学院电子学系、纳米器件物理与化学教育部重点实验室教授彭练矛带领研究团队完成的研究成果“实现碳纳米管的高效光伏倍增效应”，获评 2011 年度中国科学十大进展。学校首都发展研究院获国家发展和改革委优秀研究成果奖三等奖。学校光华管理学院教授张炜完成的案例“LV Prasad 眼科医院”在 2012 ISB-Ivey 国际案例比赛中获创业案例组银奖。学校教授俞孔坚获 2012 全美景观设计杰出奖。学校教授刘式适课题组发表的“Jacobi 椭圆函数展开法及其在求解非线性波动方程中的应用”获中国物理学会“最有影响论文奖”一等奖。依托学校建设的电子出版新技术国家工程研究中心获“国家工程研究中心重大成就奖”，软件工程国家工程研究中心获“国家工程研究中心优秀业绩奖”。学校计算机所教授彭宇新团队再获 TRECVID2012 国际权威评测 3 项第一名。

〔**多位教师获表彰**〕 学校药学院教授、中国科学院院士张礼和被评为“北京市人民教师”；学校外国语学院教授韩加明被评为“北京市师德标兵”；学校生命科学学院教授、中国科学院院士朱玉贤，信息科学技术学院教授、中国科学院院士梅宏获“何梁何利基金科学与技术进步奖”；学校第一医院心血管内科主任霍勇被授予中国医师行业的最高奖项——“中国医师奖”。

〔**龚旗煌课题组研究成果入选“2012 年度中国高等学校十大科技进展”**〕 12 月 18 日，由学校物理学院教授龚旗煌领导课题组完成的“强激光场下原子分子隧道电离研究”的科研成果入选“2012 年度中国高等学校十大科技进展”。

〔**联合成立多个协同创新中心**〕 8 月 1 日，学校、清华大学和中国科学院物理研究所联合成立了“量子物质科学协同创新中心”。8 月 12 日，学校、北京师范大学、清华大学和中国科学院大气物理研究所、中国科学院遥感应用研究所、中国科学院生态环境研究中心联合成立了“全球变化与可持续发展协同创新中心”。9 月 1 日，学校联合上海交通大学、中央电视台、国家广播电影电视总局广播科学研究院、国家广播电影电视总局电视规划院、中国科学院计算所、数字电视国家工程研究中心、上海广播电视台、华为技术有限公司、北京百度网讯科技有限公司、AVS 产业技术创新战略联盟等单位在北京举办了“未来媒体网络协同创新高峰论坛暨协同创新中心签约仪式”，未来媒体网络协同创新中心（简称“CFMN”）宣告成立。9 月 3 日，学校、南开大学、中国社会科学院欧洲研究所联合创立的“世界文明与区域研究协同创新中心”成立。

〔**实施“大学堂顶尖学者讲学计划”**〕 “大学堂顶尖学者讲学计划”是学校加快世界一流大学建设的重要举措之一，旨在通过在全球范围内邀请各领域的顶尖学者到校举办讲座、开设课程、开展合作研究，在学校汇聚一批世界级顶尖学者，进一步提升引进国外智力的层次。2012 年度学校共邀请到 5 位世界级顶尖学者到校讲学、交流。5 月 29

日，诺贝尔物理奖得主、普林斯顿大学教授、美籍华人崔琦“北京大学名誉博士学位授予仪式”在学校举行，标志着“北京大学大学堂顶尖学者讲学计划”启动，崔琦成为首位入选学者，并做了题为“探索二维电子世界”的学术报告。6月4日，“崔琦实验室”依托学校量子材料科学中心成立，崔琦担任实验室名誉主任，美国Rice大学教授杜瑞瑞担任实验室主任。

8月21日，美国华裔女科学家、美国国家科学院院士、哈佛大学教授庄小威到校访问，她受邀作为“北京大学大学堂顶尖学者讲学计划”的讲学嘉宾，在生命科学学院、分子医学所和医学部进行学术访问和交流，并与学生分享她的科学人生。8月22日，学校党委书记朱善璐会见了庄小威。

12月12日，美国著名马克思主义理论家、后现代文化理论代表人物弗雷德里克·杰姆逊教授访问学校，并做了题为《奇异性美学：全球化时代的资本主义文化逻辑》的演讲。12月14日，学校党委书记朱善璐会见了杰姆逊。

著名日裔美籍学者弗朗西斯·福山及哥伦比亚大学著名经济学学家亨利·莱文也作为受邀学者参与了此项计划。

〔发布《中国民生发展报告（2012）》〕　8月5日，学校中国社会科学调查中心召开“中国家庭动态跟踪调查”研讨会，发布《中国民生发展报告（2012）》。报告的主要内容除了民众的经济生活、婚姻家庭外，还重点关注了青少年健康成长、医疗与卫生、教育等社会关注的民生议题。

〔举办2012生态文明贵阳会议之“生态教育论坛”〕　7月27日，由联合国教科文组织、贵阳市政府及学校共同举办的2012生态文明贵阳会议之“生态教育论坛”举行，来自国内外10余位专家学者分别发表了主题演讲，分享他们对生态教育和生态保护的看法。专家学者围绕“生态教育与大众参与”的主题进行了热烈的讨论，学校学生展示了他们在生态环境保护方面的成果。

〔举办“欧债危机的缘由、发展及对中国和中欧合作的影响和经验”论坛〕　5月15日，“挑战　机遇　前景——欧债危机的缘由、发展及对中国和中欧合作的影响和经验”论坛在学校举行。论坛就“欧盟单一货币政策与多元财政政策的碰撞”、“世界金融危机与整个欧元区的经济崩盘”、“如何解决欧债危机”等问题展开了深入探讨。该论坛由学校国家发展研究院、中国国际友人研究会、希腊驻华大使馆联合主办，希腊前总理康斯坦丁·西米蒂斯、欧盟轮值主席国丹麦驻华大使裴德盛、全国人大常委会原副委员长成思危等出席。

〔召开“超对称2012”国际学术会议〕　8月13—18日，学校理论物理研究所主办了第20届“超对称2012”国际学术会议。与会专家学者深入探讨粒子物理中诸如上帝粒子希格斯粒子的实验进展、微观世界的对称性破缺、粒子质量起源等国际热点问题。

〔承办东西方中心“亚太社区建设与领导力”国际会议〕　9月1日，来自亚太地区和美国等20多个国家和地区的学者、官员、教育工作者和商界人士在学校参加了东西方中心“亚太社区的建设与领导力”国际会议。美国驻华大使骆家辉为大会做主旨报告，东西方中心董事会主席布莱恩·辻村出席了大会开幕式。

〔举办“新结构经济学”研讨会〕　10月13—15日，由学校国家发展研究院主办，中国发展研究基金会协办的“新结构经济学”国际学术研讨会在学校召开。来自国内外的30余位学者围绕国家发展研究院名誉院长、世界银行原首席经济学家兼高级副行长林毅夫的“新结构经济学”、制度变迁、经济结构、金融、工业、农业、政府职能等议题展开对话和讨论，并拟建立“新结构经济学”研究中心。

〔举办第九届“北京论坛”〕　11月2—4日，由学校、北京市教育委员会和韩国高等教育财团联合会联合主办，以“文明的和谐与共同繁荣——新格局·新挑战·新思维·新机遇”为主题的第九届

"北京论坛"举行。300多位海内外知名学者和嘉宾围绕论坛主题，分析了世界面临的变革与挑战，反思人类精神文明的现状，探讨新格局下不同社会角色的责任，从社会发展、文明、信仰、经济、教育等不同视角，对人类发展面临的问题展开纵深讨论。

〔与多省市签署战略合作协议〕　3月4日，学校与广东省政府及广州市政府分别签署全面合作框架协议；3月8日，学校与江苏省政府签署新一轮战略合作协议；4月11日，学校与山西省政府签署全面合作框架协议；7月5日，学校与东莞市签订共建学校东莞光电研究院协议。

〔召开中国共产党北京大学第十二次代表大会〕　6月12—13日，中国共产党北京大学第十二次代表大会召开。会议通过了关于学校第十一届党委会工作报告和学位纪律检查委员会工作报告的决议，选举产生了新一届中共北京大学委员会和北京大学纪律检查委员会。明确提出了"北大2048"远景规划和"三步走"战略设想。第一步，用5到10年左右的时间，努力率先跻身世界一流大学行列，实现在21世纪头20年基本建成世界一流大学的目标。第二步，用15年左右或更多一点的时间，继续加快创建，巩固提升，将学校进一步建设成为更高水平的世界一流大学。第三步，再用15年左右的时间，全面实现创建世界一流大学的奋斗目标，并力争走在世界一流大学前列。

〔"北京大学斯坦福中心"揭牌〕　3月21日，"北京大学斯坦福中心"揭牌仪式在学校举行，斯坦福大学校长约翰·亨尼斯专程率团前来参加仪式。该中心是美国大学第一次在中国重点大学校园内建造的实体机构，有10多个斯坦福大学的院系、项目在该中心开展教学科研等活动。

〔举行中美人文交流研究基地揭牌仪式〕　11月3日，中美人文交流研究基地揭牌仪式在学校斯坦福中心举行。该研究基地是由教育部批准设立并由学校承办的研究机构，旨在依托学校深厚的人文底蕴，在学术研究、科研合作、文化交流以及促进中美两国关系健康发展等方面做出积极的贡献。

〔庆祝学校考古学设立90周年〕　4月28日，"北大考古90年、考古专业设立60年"庆典活动在学校举行。考古文博学院举办了"考古文化月"、"中国考古学与世界考古学学术报告会"、"北大考古90年"专题展览等系列活动，使广大师生全面了解中国考古事业发展的历史、现状与前景。

〔庆祝经济学院（系）成立100周年〕　5月25日，学校经济学院（系）100周年暨学校经济学科110周年庆祝大会在学校举行。经济学院举行了大型联欢晚会、经济学教育论坛、陈岱孙经济学基金发展论坛、经济学博士和博士后论坛、新时代中国青年经济论坛、百年院（系）史图片展、杰出校友论坛、书画摄影大赛等一系列庆祝活动和学术活动。国务院副总理李克强在贺信中深情地回忆起在学校读书期间受到的教导与熏陶，他向经济学院百年庆典送上祝福，并表示："过去的百年，北大经济学院创造了瞩目的辉煌，新的百年必将有更加灿烂的未来，这是我们大家共同的期盼。希望学院继续弘扬北大优良传统，在传承中创新，在砥砺中奋进，坚持宽视野、厚基础、重实践，育有志有为肯担当的人才，出经世济民居一流的成果，更紧密地融入中华民族伟大复兴的历史进程之中，不断实现新的超越!"

〔庆祝哲学系建立100周年〕　10月27日，学校哲学系100周年庆典举行。国务委员刘延东、教育部部长袁贵仁发来贺信，2 000余名系友、教职工、学生代表和海内外嘉宾参加了活动。10月27—29日，世界大学哲学系主任联席会议在学校举行，会议邀请了美国、英国、德国、俄罗斯、以色列、印度等17个国家和地区的71所大学哲学系和研究机构的近80位学者，就"哲学教育与当代社会"这一主题展开了对话，这是历史上哲学学科参与学者最多、范围最广的一次会议。组织出版了"北大哲学系百年系庆丛书"，包括《北京大学哲学学科史》、《有哲学门以来》、《求道集》、《求是集》

和《求真集》等。

〔**庆祝医学部成立 100 周年**〕　10 月 26 日，学校医学部百年庆典大会举行。吴邦国、李克强、刘延东等国家领导人发来贺信，勉励学校医学部师生践行“健康所系、性命相托”的誓言，在各自领域为中国医药卫生事业发展做出重要贡献。全国人大常委会副委员长、学校医学部主任韩启德出席并讲话。庆典前后，医学部还开展了撰写校史、制作纪录片、召开重要学术活动、专题报告和学术讲座、开设医学校长和杰出校友教育论坛以及举办庆典晚会和开展义诊等活动。

〔**“春燕行动”**〕　为深入贯彻落实国家主席胡锦涛给学校第十二届研究生支教团成员回信精神，引导学生向实践学习、向人民群众学习，学校于 1 月 15 日正式启动“春燕行动”，组织寒假留校学生在春节期间探访慰问空巢老人。学校各部门认真做好前期筹备、学生动员、试点探访等工作，确保活动顺利开展。近 200 名寒假留校学生报名参加“春燕行动”志愿者服务工作。

〔**裴济洋获 2011 中国大学生年度人物**〕　6 月 20 日，“2011 中国大学生年度人物颁奖典礼暨座谈会”在北京举行。学校哲学系 2009 级本科生裴济洋获“2011 中国大学生年度人物”。裴济洋连续 3 年奋斗在春运一线，志愿担任春运售票员，帮助数以万计买不到票的乘客特别是学生和农民工买到回家的车票，被誉为“春运活雷锋”。

〔**雷声勇夺伦敦奥运会男子花剑冠军**〕　8 月 1 日，学校新闻与传播学院 2009 级本科生雷声在第 30 届奥运会男子个人花剑决赛中勇夺桂冠，这是中国体育代表团在伦敦奥运会上获得的第 11 枚金牌。这是中国体育健儿获得的首枚奥运花剑金牌，打破了欧洲选手在这一项目上长达 116 年的垄断。

撰稿　鞠　晓　刘凡子　张妙妙
　　　蔡曦亮　吕晓轩　王　浩
审稿　余　浚　胡少诚

清华大学

〔**温家宝到校视察**〕　2012年9月14日，国务院总理温家宝到学校视察并发表演讲。温家宝从清华校训讲起，回顾了近一个半世纪以来中华民族争取民族独立以及新中国建设和改革开放的历程。温家宝指出，要培养和重塑民族的道德理性，就必须汲取传统文化的精神营养，倡导心存敬畏、诚实守信的社会道德观，对社会要有奉献精神，对他人要有责任感，对弱者要有同情心，养成情操高尚的人格。

〔**习近平到校视察**〕　6月19—20日，国家副主席习近平到学校视察。习近平希望教师增强教书育人的责任感，真正做到“为人师表”，做学生学习传播知识、理想信念和思想道德的表率与楷模，成为学生成长的引路人和指导者；希望学生进一步深入学习贯彻胡锦涛总书记在学校百年校庆大会上的重要讲话精神，坚持把文化知识学习与思想品德修养紧密结合起来，把创新思维和社会实践紧密结合起来，把全面发展和个性发展紧密结合起来，努力成为德智体美全面发展的栋梁之材。

〔**李长春看望常沙娜**〕　1月18日，中共中央政治局常委李长春看望学校美术学院教授、原中央工艺美术学院院长常沙娜。李长春希望常沙娜等老一代艺术家学习贯彻十七届六中全会精神，继续关心国家文化事业发展，永葆艺术青春，发挥好对年轻艺术工作者的传帮带作用，在社会主义文化大发展大繁荣中不断取得新成就，做出新贡献。

〔**李克强听取中国工程科技发展战略研究院工作汇报**〕　1月6日，国务院副总理李克强听取由学校与中国工程院联合成立的中国工程科技发展战略研究院重大项目研究工作情况汇报。李克强希望学校和中国工程院发挥自身优势，努力建设好工程科技战略研究的思想库，服务好国家重大战略需求。

〔**李克强考察有机发光显示项目产业化基地**〕　5月22日，国务院副总理李克强到学校有机发光显示（OLED）项目产业化基地——昆山维信诺显示技术有限公司考察。李克强指出，企业要赢得市场，关键是要依靠技术创新培育核心竞争力，瞄准前沿领域，开发潜在需求，迎头赶上，实现跨越发展，用创新的产品开拓广阔的国内市场和多元化的国际市场，实现持续发展。

〔**刘延东看望吴良镛**〕　1月12日，国务委员刘延东看望两院院士、学校建筑学院教授吴良镛。刘延东强调，要为吴良镛的科学研究工作创造良好条件，总结好吴良镛的科研成果和理论体系，把学校建筑系办得更好，培养更多优秀的建筑师和规划师，为国家城市建设、环境保护、科学发展做出更大的贡献。

〔**刘延东会见杨振宁**〕　6月26日，国务委员刘延东会见诺贝尔物理学奖获得者、学校高等研究院名誉院长杨振宁。刘延东希望高校集中力量，推动交叉融合，实现协同创新；认真宣传老一辈科学家的爱国报国精神，继承老一辈科学家的优良传统，把中国的事情办好，为世界发展做出贡献。

〔**吴官正参观校史馆**〕　10月16日，中共中央政治局原常委、中央纪律检查委员会原书记吴官正参观学校校史馆。吴官正希望学校的人才培养工作更加注重服务于国家的建设发展，科研工作更加注重面向国家的重大战略需求。

〔**两项成果入选十大科技进展**〕　1月17日，

学校材料科学与工程系教授章晓中研究组研究的“设计出兼具低场高灵敏和高场大磁电阻的硅基磁电阻器件”入选2011年度“中国科学十大进展”。该成果推动了传统金属基磁电子学向半导体基磁电子学特别是向硅基磁电子学的升级。12月19日，学校航天航空学院教授李路明主持的脑起搏器研究入选2012年度“中国高等学校十大科技进展”。该成果标志着中国成为继美国之后第二个有能力研发、生产脑起搏器的国家。

〔多项成果应用取得突破性进展〕　9月24日，由学校机械工程系负责设计的世界上最大的单缸模锻液压机——400MN大型模锻液压机正式投产，标志着中国成为继美国、俄罗斯和法国之后第四个拥有4万吨级以上模锻液压设备的国家。该项目是中国独立设计、制造并拥有完全自主知识产权的重大装备。10月22日，由学校物理系教授曹必松团队自主研制、拥有完全自主知识产权的高温超导滤波系统首批产品交付用户使用，在全国16个省市的通信装备上长期应用，这标志着中国高温超导实现了面向最终用户的规模商业应用进入产业化阶段，成为继美国之后第二个实现高温超导在移动通信领域大规模长期应用的国家。

〔1项专利获中国专利奖金奖〕　11月30日，学校与同方威视技术股份有限公司共同拥有的发明专利“产生具有不同能量的X射线的设备、方法及材料识别系统”获第十四届中国专利奖金奖。

〔张首晟获“狄拉克奖”〕　8月8日，物理学家、学校教授张首晟与另两位学者因拓扑绝缘体理论共获国际理论物理学领域最高奖——“狄拉克奖”。

〔在顶级学术期刊上发表多篇论文〕　2012年，学校教授施一公、颜宁、柴继杰、俞立、杨茂君等带领的研究组分别在*Nature*（《自然》）、*Science*（《科学》）上发表10篇研究论文；地球系统科学研究中心联合多家科研机构在《国际遥感杂志》上发表最高空间分辨率的全球地表覆盖制图的相关工作成果。

〔出版中药现代化研究英文专著〕　10月，学校化学系教授罗国安撰写的英文专著*Systems Biology for Traditional Chinese Medicine*（《中医药系统生物学》）由John Wiley出版社正式出版。该书是中国自1996年以来，在国际上出版的首部中药现代化研究英文专著。

〔陈吉宁担任校长〕　2月20日，学校举行全校教师干部大会，宣布中共中央、国务院关于校长职务任免的决定，陈吉宁接替顾秉林担任校长。

〔两名博士生获国际性学术奖励〕　9月，学校精密仪器与机械学系2012届博士毕业生付星获2012年“瑞士Chorafas青年研究奖”，成为首位以在中国大学的研究工作获此奖项的中国博士生。10月，学校材料科学与工程系2008级博士生胡嘉冕获由美国陶瓷学会设立、材料科学领域研究生最高荣誉——“优秀研究生钻石奖”。

〔获国内外大学生赛事多个奖项〕　6月17—20日，在德国举行的ISC12国际大学生超级计算机竞赛上，由指导教师黄小猛指导，由学生徐世真、程芃祺、任一恒、吕子鉷、廖俊峰和杨弋组成的代表队获总冠军。这是中国大陆大学生在国际超级计算机竞赛中取得的首个世界冠军。6月18日，在巴西举行的“大学生可持续发展大赛”上，由指导教师刘德华指导，由学生刘呈祥、徐静阳和哈月娇组成的代表队以可持续发展项目“共同管理柴油短缺和废油污染”获冠军。11月25—28日，由学生唐婍婧、朱俊林、林曦、刘刚等组成的学校“Notemate云课堂”创业项目获第八届“挑战杯”中国大学生创业计划竞赛金奖。

〔调整部分院系设置〕　2012年，学校调整了部分院系设置。成立了人文学院和社会科学学院，撤销原人文社会科学学院建制；成立新的机械工程系和精密仪器系，撤销原精密仪器与机械学系建制；成立材料学院，撤销材料科学与工程系建制；

成立医学院基础医学系、药学系。

〔**首次招收工程博士生**〕 2012年，学校在能源与环保、先进制造、电子与信息3个领域，首次招收14名工程博士生。学校依托国家重大科技专项，与企业合作制订多学科交叉的培养方案，开设“工程领域前沿讲座”、“工程领域重大专题研讨课”等校级公共课。

〔**成立国情研究院**〕 1月12日，学校国情研究院揭牌成立。该研究院是校级跨学科学术科研机构，旨在建设以当代中国研究为核心领域的新兴学科，以国家发展战略、重大公共政策研究为导向的决策思想库和当代中国研究基地。

〔**成立五道口金融学院**〕 3月29日，学校五道口金融学院成立。该学院是由学校与中国人民银行合作，在中国人民银行研究生部的基础上建立的。学院开展金融学硕士和博士、金融专业硕士、金融MBA与EMBA的学历教育，致力于金融学领域的高级学术研究、政策研究和案例研究，为中国人民银行和其他金融决策与监管部门提供政策分析与咨询。

〔**成立量子科学与技术研究中心**〕 9月10日，学校量子科学与技术研究中心揭牌成立。该中心旨在开展物理学前沿基础研究和多学科交叉的应用基础研究，以未来国家在信息和能源等技术方面的重大需求为目标。

〔**发起成立公共安全科学技术学会**〕 8月26日，由学校发起的公共安全科学技术学会成立。该学会为国家一级学会，旨在推动自然灾害、事故灾难、公共卫生和社会安全各专业领域以及跨领域的共性和综合性研究、交流与合作，促进公共安全领域学科建设、人才培养、科学研究和产业发展。

〔**成立医学中心**〕 12月13日，学校校务会议决定成立医学中心，整合临床医学资源，统筹附属医院的发展，加速引进高水平临床医学人才，促进临床医学学科发展。

〔**与伯克利加州大学签署战略伙伴合作关系协议**〕 10月30日，学校与美国伯克利加州大学签署战略伙伴关系合作协议，两校将不断深化科研、人员与文化交流方面的合作，促进美中两国教育的交流发展。

〔**与瑞典皇家工学院合作启动C-Campus项目**〕 9月12日，学校与瑞典皇家工学院联合启动C-Campus项目。该项目是学校创立的与国际战略伙伴深度合作的新模式，利用云技术，借助网络平台，通过深度合作，实现跨文化、跨学科、跨国界的实时交流，为创新型人才培养和科研创新提供新型的国际化支撑平台。双方共同打造的首个C-Campus——C-campus@Tsinghua-KTH，将促进两校在课程教学、科学研究、学生活动和科技创新等方面实现以实时相视的同步交流互动为特征的深度合作。

〔**成立国际华人数学家应用数学联盟**〕 6月29日，国际华人数学家应用数学联盟成立大会在学校举行。该联盟是在学校数学科学中心主任、国际华人数学家大会主席丘成桐的提议下，由15位国内外数学家共同发起成立，旨在推动和促进应用数学在中国的大力发展。

〔**召开第十三次党代会**〕 4月10—12日，学校召开第十三次代表大会，北京市委书记刘淇出席会议并讲话。大会选举产生了中国共产党清华大学第十三届委员会和中国共产党清华大学第十三届纪律检查委员会。会后，第十三届党委会第一次全体会议、第十三届纪委会第一次全体会议分别召开，选举胡和平为党委书记，韩景阳为纪委书记（兼）。

〔**部分高校党建工作座谈会举行**〕 6月20日，部分高校党的建设工作座谈会在学校举行。国家副主席习近平主持会议并讲话。习近平强调，加强和改进高校党的建设要继续坚持和贯彻好正确的指导原则，紧紧围绕服务大局和促进高等教育事业科学发展这一主题来开展，围绕培养中国特色社会主义事业合格建设者和可靠接班人这一根本来推进，围绕贯彻好党委领导下的校长负责制这一领导体制来加强，围绕抓好基层打牢基础这一重要支撑来深化，为高校改革发展稳定提供坚强保证。

〔纪念博士生学术论坛创办10周年〕 4月21日，学校博士生学术论坛10周年纪念大会举行。论坛由学校研究生院主办、研究生会承办。该论坛自2002年创办以来，逐步建立起包括校内论坛、专题论坛、两岸论坛、全国论坛、国际论坛在内的五级博士生论坛体系，共举办300余场，累计3万余人次参加。

〔主办世界和平论坛〕 7月7—8日，世界和平论坛在学校举行。国家副主席习近平出席开幕式并以《携手合作，共同维护世界和平与安全》为题发表讲话。习近平指出，各国必须坚持以合作的胸怀、创新的精神、负责任的态度，同舟共济、合作共赢，共同应对各种问题和挑战，携手营造和谐稳定的国际和地区安全环境；必须恪守以发展求安全、以平等求安全、以互信求安全、以合作求安全、以创新求安全的理念和原则。世界和平论坛是中国举办的第一个高级别、非官方国际安全论坛。本次论坛主题为“各方共赢：和平、安全、合作”。秘鲁前总统加西亚、马来西亚前总理巴达维、巴基斯坦前总理阿齐兹、法国前总理德维尔潘、日本前首相鸠山由纪夫等多国前政要及国内外专家学者等近500人参加论坛，与会代表围绕国际安全形势、国际安全合作方向等展开探讨。

〔共同主办第三届艺术与科学国际作品展〕 11月1—30日，学校与中国科技馆共同主办“信息·生态·智慧——2012第三届艺术与科学国际作品展”。展览汇集来自22个国家和地区的112件作品，包括新媒体艺术、产品设计、建筑与环境设计、视觉传达设计以及艺术创作等作品，充分展示了艺术与科学相互交融的最新成果。

〔易思玲摘伦敦奥运会首金〕 7月28日，在伦敦第30届夏季奥运会女子10米气步枪决赛中，学校经济管理学院2011级学生易思玲以502.9环的总成绩夺冠，摘得伦敦奥运会首金。

〔开展“我的中国梦”主题暑期社会实践〕 2012年暑假，学校开展“我的中国梦”主题暑期社会实践，5 692名学生组成584支队伍，走向西部、走入农村、走进社区，足迹遍布30多个省（区、市），围绕经济、医疗、教育等多个社会热点和基层问题展开调研。

〔印尼总统到访〕 3月23日，印度尼西亚共和国总统苏西洛·班邦·尤多约诺到学校访问，发表题为《中国—印尼的战略伙伴关系对促进亚太地区和平与繁荣的作用》的演讲。

〔爱尔兰总理到访〕 3月28日，爱尔兰总理恩达·肯尼到学校访问，发表题为《爱尔兰和中国——在这瞬息万变的世界》的演讲。

〔多位诺贝尔奖获得者到访〕 2012年，先后有2009年诺贝尔生理学或医学奖获得者杰克·绍斯塔克，1976年诺贝尔物理学奖获得者丁肇中，1997年诺贝尔经济学奖获得者罗伯特·默顿，2001年诺贝尔经济学奖得主、美国斯坦福大学和纽约大学教授迈克尔·斯宾塞等到学校访问并做学术报告。

〔世界经济论坛创始人到访〕 5月28日，世界经济论坛创始人兼执行主席克劳斯·施瓦布到学校访问，发表题为《新时代的领导力》的演讲。

撰稿 许 亮 冯劲涛
审稿 王 岩

中国人民大学

〔**习近平到学校调研**〕 2012年6月19日，中共中央政治局常委、国家副主席习近平到学校调研，考察高校党的建设工作和学校事业发展，与大学生对话交流，亲切看望学校教职员工，并考察了学校经济学院《资本论》教学与研究中心。他指出，加强《资本论》的教学与研究具有重要意义，要学以致用，切实发挥理论的现实指导作用，进一步深化、丰富和发展中国特色社会主义理论体系。随后，习近平考察了在图书馆新馆举办的“中国人民大学党的建设与事业发展成就展”，观摩了“红船领航”新生党员马克思主义经典研习会，并在国学馆大厅亲切会见学校领导班子成员和老领导。习近平希望学校在新时期更上一层楼，希望广大师生员工在新时期认真履行神圣职责，为建设“人民满意，世界一流”大学做出进一步的努力。

〔**召开学习习近平同志重要讲话精神座谈会**〕 6月20日，学校举行座谈会，传达学习中共中央政治局常委、国家副主席习近平在高校党建工作座谈会及在学校调研时的重要讲话，各学院教师和学生代表聆听后积极发言。

〔**李长春亲切看望罗国杰并致以诚挚问候**〕 1月19日，中共中央政治局常委李长春专程看望著名伦理学家、学校荣誉一级教授、哲学院教授罗国杰。他代表胡锦涛总书记和党中央向罗国杰表示亲切慰问，并致以诚挚问候和良好祝愿。李长春希望罗国杰保重身体，同时进一步发挥“传帮带”的作用，带动年轻一代学者，共同为推动文化大繁荣大发展做出贡献。他指出，学校是中国重要的马克思主义理论阵地，希望学校继续在建设具有中国特色、中国风格、中国气派的哲学社会科学，推进哲学社会科学理论创新进程中走在全国前列。

〔**刘延东看望庄福龄并致以良好祝愿**〕 1月17日，国务委员刘延东专程看望马克思主义理论研究和建设工程首席专家、学校荣誉教授、马克思主义学院教授庄福龄。刘延东肯定了学校为马克思主义在中国的传播和普及做出的历史贡献及庄福龄等老一辈学者付出的心血。她强调，学校要继续发挥马克思主义理论教育、研究和传播重要基地的作用，加强马克思主义理论和研究队伍建设，抓好学科带头人培养工作，着力培育中青年骨干学者，不断壮大马克思主义理论教学研究队伍。

〔**获2项国家社科基金第一批重大项目立项**〕 2012年，全国哲学社会科学规划办公室公布了国家社科基金第一批重大项目（文化类）立项名单，共35项立项项目。其中学校获2项重大项目，分别是教授郝立新的《中国特色社会主义文化发展道路研究》、教授牛维麟的《中国文化产业人才培养体系建设研究》。

〔**成立中国首个马克思主义协同创新中心**〕 8月18日，中国首个马克思主义协同创新中心——“马克思主义与中国道路协同创新中心”在学校揭牌成立。仪式上，学校宣读了《关于成立马克思主义与中国道路协同创新中心的决定》，并与协同单位领导分别签约。该中心的研究涉及马克思主义和中国经济社会整体发展道路的基础性、战略性、前瞻性重大问题，整合科研力量、培养科研人才、产出科研精品，是中国哲学社会科学领域协同创新的一项重要举措。

〔**加入《联合国可持续发展大会高等教育机构对可持续发展实践经验的责任承诺宣言》**〕 5月，学校正式加入《联合国可持续发展大会高等教育机构对可持续发展实践经验的责任承诺宣言》，成为中国第一批加入该宣言的3所高等教育机构之一。截至2012年年底，已有美国、英国、法国、德国、澳大利亚等40多个国家和地区的120余所高等教育机构正式加入该宣言。

〔与北京外国语大学签署战略共同体合作协议框架〕 5月15日，学校与北京外国语大学签署战略共同体合作框架协议。按照协议，两校的战略合作以“优势互补、资源共享、互利双赢、共同发展”为原则，基本涵盖了学校事业发展的各个方面。双方在人才培养、科学研究、社会服务、文化传承创新、队伍建设和管理水平提高等方面进行深度合作，推动两校共同提升高等教育质量，服务国家发展战略的需要。

〔举行郑杭生从教50周年学术研讨会〕 2月28日，学校举行著名社会学家、郑杭生教授从教50周年学术研讨会暨北京郑杭生社会发展基金会成立大会。国务委员刘延东以学生名义赠送花篮，表示祝贺。学校党委书记程天权和中国社会学会名誉会长陆学艺共同为基金会揭牌并启动基金会网站。北京郑杭生社会发展基金会秘书长李战刚介绍了基金会及慈善项目。

〔举行吴玉章人文社会科学奖暨终身成就奖颁奖典礼〕 10月3日，学校举行第六届吴玉章人文社会科学奖暨终身成就奖颁奖典礼，标志着学校75周年校庆日活动正式拉开帷幕。2012年首次设立的吴玉章人文社会科学终身成就奖，分别授予著名人口学家、中国人民大学荣誉一级教授邬沧萍，著名国学家、中国人民大学国学院名誉院长冯其庸，著名哲学家、北京大学教授汤一介。

〔举行“中国人文社会科学论坛2012”〕 10月3日，作为学校75周年校庆“学术校庆”体系的重要活动之一，以“百年学术制度的形成与流变”为主题的“中国人文社会科学论坛2012”在学校举行，各领域专家学者从相应学科百年间的发展历程与问题出发进行了研讨。该论坛是学校为发展繁荣人文社会科学而发起主办的高端学术论坛，为中外学者提供了前沿对话和思想碰撞的学术平台。

〔2012“红船领航”新生党员先进性熔铸计划启动〕 10月14日，学校举行2012“红船领航”新生党员先进性熔铸计划启动暨党员先锋营成立仪式，22个学院的300余名新生党员和91名辅导员参加。“红船领航”是学校“精彩第一年”新生引航工程的重要组成部分，组建起一支以学生党员为主体的民兵预备役部队，采取军事训练管理与政治学习相结合的培养模式，旨在将高中阶段入党的优秀学生塑造成为理想信念坚定、党性修养良好、综合表现突出的学生骨干和校园先进性示范群体。

〔法国前总理洛朗·法比尤斯到访〕 2月20日，法国前总理洛朗·法比尤斯（Laurent Fabius）一行访问学校，并做了题为《欧债危机与欧盟建设的前景》的报告。

〔举办第三届世界汉学大会〕 11月3日，由学校和国家汉办共同举办的第三届世界汉学大会开幕，来自海内外100多位专家学者围绕“汉学与当今世界”的主题展开对话交流。本届大会共设有“‘新汉学’的趋势与展望”、“中国道路与世界经济秩序”、“文化差异与国际政治的走向”、“传统伦理与人类的未来”、“中国典籍的翻译及其当代意义：对译及其差异”5个议题。同时，设有“汉学的未来与‘孔子新汉学计划’”1个大会专场，以及“中外文学大奖获奖者论坛”、“孔子学院与世界多元文化交流”2个专题论坛。

〔举行深圳研究院成立10周年庆典〕 6月2日，学校深圳研究院成立10周年庆典在深圳市举行。学校及深圳市相关领导和深圳研究院师生代表300余人参加庆典。

〔与通州区签署协议合作建设学校东校区〕 3月30日，学校与北京市通州区政府签署《合作建设中国人民大学东校区协议》。双方本着扩大优质教育资源，推动一流大学建设和“世界城市”建设的宗旨，推进学校东校区建设，进而带动北京东部地区文化产业创新、国际学术文化交流的发展。通州校区（东校区）将与中关村校区（西校区）一起构成学校在北京的双主校区，共同承担人才培养、科学研究、社会服务、文化传承的职能。

〔**正式设立苏州校区**〕　9月7日，学校召开苏州校区全体教职工会议，宣布学校苏州校区正式成立。

撰稿　段　蕾

审稿　朱　瑞

北京师范大学

〔**国家全球变化重大科学研究计划项目“云、气溶胶气候效应的观测与模拟研究”启动会召开**〕

2012年12月11—12日，由“千人计划”学者、学校教授李占担任首席的全球变化研究国家重大科学研究计划项目“云、气溶胶气候效应的观测与模拟研究”启动会暨科学研讨会在北京召开。项目专家组成员及来自中国科学院合肥物质研究院、中国气象局、国家自然科学基金委员会、中国气象科学研究院、北京大学、南京信息工程大学、中国科技大学的特邀专家参加了会议。会议就云、气溶胶及其气候效应的观测与模拟等相关热点和难点问题进行了交流，对项目的实施方案进行了深入细致的讨论，并落实了项目执行前两年的具体任务。

〔**国家出版基金重点资助项目《中国当代社会史》出版**〕　3月11日，《中国当代社会史》（5卷本）出版座谈会在学校举行。该书是国家出版基金重点资助项目之一，由学校教授张静如主编。《中国当代社会史》按历史发展顺序列卷，共分5卷180多万字，展现了新中国成立以来各个历史时期社会发展的状况，是全景式反映当代中国社会变迁最完备的著作。

〔**“全球变化与可持续发展协同创新中心”培育工作启动**〕　8月12日，学校与清华大学、北京大学、中国科学院大气物理研究所、中国科学院遥感应用研究所、中国科学院生态环境研究中心联合启动“全球变化与可持续发展协同创新中心”培育工作。

〔**《中国绿色发展指数报告2011（英文版）》发布**〕　12月15日，“中国绿色发展指数英文版发布暨研讨会”在学校举行。中国环境与发展国际合作委员会中方委员、学校学术委员会副主任、课题负责人李晓西阐释了《中国绿色发展指数报告（2011）》（*China Green Development Index Report* 2011）一书的编制思路、指数结构、指标内容、测算结果等。“中国绿色发展指数系列报告”是学校“985工程”重点支持的研究项目。

〔**“高寒草地生物多样性综合保护与持续利用技术”课题启动会召开**〕　6月26日，国家“十二五”科技支撑计划“高寒草地生物多样性综合保护与持续利用技术”课题启动会在学校召开。该课题由学校环境学院教授董世魁主持。环境保护部科技标准司科技处代表项目组织管理部门对课题立项背景进行了说明，并对课题的实施和经费的使用提出了具体要求。专家组讨论后一致认为，该课题属于《国家中长期科学和技术发展规划纲要（2006—2020年）》“环境”重点领域“生态脆弱区域生态系统功能的恢复重建”优先主题，课题研究紧密结合生物多样性保护工作中面临的重点问题，为生物多样性保护与濒危物种保育提供技术支撑，符合国家重大需求。

〔**参与共建的天文望远镜AST3-1在南极昆仑站安装运行**〕　3月，由中国科学院国家天文台牵头、学校参与共建的南极巡天望远镜AST3-1成功安装在位于南极高原最高处冰穹A的昆仑站。该望远镜进行了远程调试和测试观测，获得了天文观测数据，并通过卫星通信远程遥控工作。

〔**承担中国南极考察站选址工作**〕　12月30日，学校全球变化与地球系统科学研究院博士惠凤鸣作为遥感专家受邀参加中国第29次南极考察，随同中国南极考察队乘坐“雪龙号”科学考察船到达南极罗斯海预选站址海域，开始建站选址的现场调查。

〔**机器翻译联合实验室学术委员会会议召开**〕 1月10日，“中国专利信息中心—北京师范大学机器翻译联合实验室”学术委员会第四次会议在学校召开。会议就最新研发进展、联合实验室2012年度总结和2013年度计划等工作情况进行了汇报，并现场演示了HNC语义引擎对句子的分析及处理结果。会议认为，项目第一阶段探索出了一条以大句为基础的机器翻译的新路，实现了语言信息向句处理的跨越。

〔**召开2012年全国天文教育研讨会**〕 7月，由中国天文学会天文教育工作委员会主办、学校天文系承办的“2012年全国天文教育研讨会”在北京召开。来自全国25所高校和科研科普单位的53名从事天文教育的教师和科研人员参加会议。30余名代表在会上做了大会报告，内容包括大学天文专业的本科和研究生培养、大学天文公共选修课的教学方法、天文实践教学和网络教学、天文科普作品创作等。会议期间，还进行了深入的学术交流和探讨，参观了中国科学院国家天文台密云观测站。会议还讨论了《中国天文教育十年发展战略建议书》草案，落实了进一步完善《建议书》草案的具体措施，以推动中国天文教育的可持续发展。

〔**招生与就业**〕 2012年，学校招生25 591人，其中学历教育学生中全日制研究生3 845人（博士研究生822人、硕士研究生3 023人），普通本科生2 224人，成人教育本、专科生5 391人（本科生3 462人、专科生1 929人），网络教育本、专科生9 756人（本科生4 192人、专科生5 564人），非计划招生高等教育学生中在职人员攻读硕士学位521人。高考北京地区提档线文科578分、理科608分。招收留学生1 722人。2012年，学校有毕业生17 317人，其中学历教育学生中全日制研究生3 206人（博士研究生678人、硕士研究生2 538人），普通本科生2082人，成人教育本、专科生2 974人（本科生2 183人、专科生791人），网络教育本、专科生8 417人（本科生4 773人、专科生3 644人），非计划招生高等教育学生中在职人员攻读硕士学位638人。应届毕业生初次就业率达97.78%，其中本科生就业率达98.81%、研究生就业率达97.12%。留学生毕业1 923人。

〔**中非教育合作交流活动举行**〕 10月31日，由联合国教科文组织国际农村教育研究与培训中心和联合国教科文组织非洲能力建设国际研究所共同组织的中非教育合作交流活动在学校举行。学校校长、国际农教中心主任董奇，联合国教科文组织教育助理总干事唐虔，非洲能力所主任Mr. Arnaldo Nhavoto和中国联合国教科文组织全国委员会秘书长杜越出席活动并致辞。

〔**获中国高校体育最高奖“校长杯”**〕 9月18日，学校在第九届全国大学生运动会上获中国高校体育最高奖“校长杯”。

〔**学校女子足球队获全国高校女子足球锦标赛三连冠**〕 12月23日，在2012年全国高校女子足球锦标赛上，学校女子足球队夺冠，实现了全国高校女子足球锦标赛三连冠。

撰稿　戴　军

审稿　魏书亮

中国农业大学

〔**习近平等中央领导到学校参加全国科普日活动**〕 2012年9月15日，国家副主席习近平和王兆国、刘云山、刘延东、李源潮、何勇、令计划、韩启德等中央领导人，到学校参加全国科普日北京主场活动。习近平等领导来到主题展览区观看了“舌尖上的变化”、“神奇的生物技术”、“农业物联网”、“食品安全监测”等与百姓生活息息相关的科普展板和实物，以及学生们所做的科普实验互动体验活动。随后，习近平发表了即席讲话。

〔**启动新一轮研究生教育改革**〕 5月10日，学校正式启动新一轮研究生教育改革，出台了《中国农业大学研究生教育改革方案》及配套的《中国农业大学研究生指导教师招生资格年度审核与指标分配办法》等。研究生教育改革新方案总的思想为：“一个目标、两个主体”。“一个目标”，即明确硕士研究生教育以培养应用型人才为主，强化实践能力的训练；博士研究生教育以培养学术型人才为主，突出创新能力的培养。“两个主体”分别是导师主体、学生主体。改革方案明确了对导师遴选的要求、导师的岗位责任，并以制度保障导师的充分权利。同时通过招考制度、奖助办法等系列改革，提高学校在国内的吸引力，提高学生的积极性。改革方案共包括学制（修业年限）、培养方案、招考制度、导师管理、论文质量管理和研究生奖助办法6个方面。

〔**学科和实验室建设**〕 2012年，在教育部组织的学科评估中，学校有6个一级学科排名第一，排名第一的学科总数在全国高校中列第4位。截至2012年年底，学校有3个国家重点实验室和1个国家工程实验室、36个部级重点实验室、6个国家级研究中心、23个部级研究中心、1个国家级野外台站、6个部级野外台站。

〔**2个北京市重点实验室和1个研究中心获认定**〕 5月23日，学校2个北京市重点实验室和1个研究中心获北京市科学技术委员会认定，分别是：农学与生物技术学院教授张振贤申报的“设施蔬菜生长发育调控北京市重点实验室”、食品与营养工程学院教授籍保平申报的“植物源功能食品北京市重点实验室”，信息与电气工程学院教授李道亮申报的“北京市农业物联网工程技术研究中心”。截至2012年年底，学校获北京市科委认定的重点实验室已有6个。

〔**获国家科技奖8项**〕 2012年，学校共获国家科技奖8项，其中学校主持的“基于胺鲜酯的玉米大豆新调节剂研制与应用”项目获国家技术发明奖二等奖、“苹果矮化砧木新品种选育与应用及砧木铁高效机理研究”项目获国家科技进步奖二等奖；学校参与完成的“中国小麦条锈病菌源基地综合治理技术体系的构建与应用”项目获国家科技进步一等奖，学校参与完成的“都市型现代农业高效用水原理与集成技术研究”、“畜禽粪便沼气处理清洁发展机制方法学和技术开发与应用”、“猪鸡病原细菌耐药性研究及其在安全高效新兽药研制中的应用”、“优质乳生产的奶牛营养调控与规范化饲养关键技术及应用”和“P3和P4实验室生物安全技术与应用”5个项目获国家科技进步二等奖。

〔**获多项教学成果奖**〕 2012年，学校获北京市教学成果奖19项，其中一等奖7项、二等奖12项。

〔**联合组建培育“玉米水稻小麦生物学协同创新中心”**〕 6月10日，学校校长柯炳生、西北农林科技大学校长孙其信、华中农业大学校长邓秀新在联合培育“玉米水稻小麦生物学协同创新中心”

启动会上，共同签署了“玉米水稻小麦生物学协同创新中心”组建协议。该中心设有科学咨询委员会和管理委员会。科学咨询委员就该中心的发展方向、人员招聘和评价给予咨询指导，管理委员会主任、副主任则由3所大学的校长担任。中心紧紧围绕粮食作物生物学重大创新任务，以优势高校为核心建立协同创新平台，按照“一个中心、四个平台”（即玉米生物学创新平台、水稻生物学创新平台、小麦生物学创新平台和作物生物学公共平台）的整体构架建设，以3所高校国家重点学科、国家重点实验室、国家工程中心为主体，分别在其优势和特色领域推进实施，以灵活的方式开展校校、校院、校企等模式的协作创新。

〔**罗云波当选为国际食品科学院院士**〕 8月6日，学校食品科学与营养工程学院教授罗云波当选为国际食品科学院院士。国际食品科学院是国际食品科技联盟的下设学术机构，由来自40余个国家的食品科技专家组成。国际食品科学院院士代表了全球食品科技专家的最高荣誉，每两年增补一次院士。截至2012年年底，国际食品科学院在全球已有160余名院士。

〔**何秀荣获“第五届中国农村发展研究奖”**〕 7月18日，学校经济管理学院教授何秀荣撰写的《公司农场：中国农业微观组织的未来选择》获“第五届中国农村发展研究奖”。该奖被誉为中国“三农”研究最高民间奖。

〔**新增教学名师**〕 2012年，学校农学与生物技术学院教授刘庆昌被评为“国家高层次人才特殊支持计划”教学名师，信息与电气工程学院教授李丽、经济管理学院教授臧日宏、理学院教授周志坚获北京市教学名师奖。截至2012年年底，学校共有24名教授获北京市教学名师奖。

〔**成立新农村发展研究院**〕 6月，学校新农村发展研究院获教育部、科技部批准。7月11日，国务委员刘延东出席了新农村发展研究院授牌仪式。

〔**与丰台区签署全面合作协议**〕 7月13日，学校与北京市丰台区政府签署全面合作协议。双方以推进农业科技创新、培养农业科技人才为重点，开展深层次、多方位的战略合作。根据协议，丰台区聘请学校专家担任发展专家顾问（科技特派员），在体制改革、产业发展、环境建设等领域开展课题研究，提供咨询指导；双方共建实验站，共同推进种子检验实验室、庄户籽种展示基地、种业信息化研究中心等项目建设；联合开展种子检测、品种展示、现代农业设施、生物工程应用等农业新品种、新技术、新设施的研发；围绕丰台区发展对人才的要求，重点加大对农村科技、管理、经营等实用人才的培训；学校选派教师、干部到丰台区挂职锻炼；建立教学实习实践和农村产业发展研究基地；围绕科技成果转移转化，共同建设成果转化基地。

〔**与通州区政府签订科技合作协议**〕 7月7日，学校与北京市通州区政府签约，在通州国际种业科技园区建立中国农业大学北京通州实验站。按照协议，“十二五”期间，该实验站重点围绕通州国际种业科技园区发展建设，开展农作物新品种的选育、展示、示范和相关新技术、新产品、新装备的攻关、开发、示范，以及相关的专业化服务与培训。随着基础条件的完善，科研资源聚集，实验站建设内容逐步向农业智能装备、农业信息化、设施农业、农业节水、农业环境改善、土壤改良、农产品质量安全控制、农产品加工、农村新能源和新型农民培养等领域拓展。

〔**第五届全国大学生创新创业年会召开**〕 11月24—25日，第五届全国大学生创新创业年会在学校召开。年会主题为：“求知、践行、创新”，主要内容包括大学生创新学术年会、大学生创新创业项目展示、高校创新创业训练计划工作研讨会、地方教育主管部门创新创业计划工作研讨会、大会主题报告等。共有196个创新创业项目参加展示，其中创新类120项、创业类76项，并精选了90篇学术论文参加大会交流。年会还进行了“优秀论文”和“我最喜爱的项目”评选，共评选出“创业项目奖”、“创新项目奖”、“我最喜爱的项目”、“优秀论文”等4类奖项。来自全国160余所高校的800多位师生一起交流创新创业经验，展示创新创业成果，参加工作研讨。

〔**学生获奖情况**〕 2012年，学校本科生参加了22项校外竞赛，共有134个项目、248人获奖。全国竞赛获奖79项，其中特等奖5个、一等奖4个、二等奖32个、三等奖38个；北京或全国部分地区竞赛获奖55项，一等奖5个、二等奖23个、三等奖21个、优秀奖6个。

〔**新增合作办学项目**〕 10月14日，学校与美国俄克拉荷马州立大学合作办学项目获教育部批准。该项目招收60名国家统招生，攻读农业商务本科专业。

撰稿 钟占蓉
审稿 李冬梅

北京外国语大学

〔教育部区域和国别研究培育基地启动〕 2012年5月18日，学校获批的教育部首批区域和国别研究培育基地启动仪式举行。该基地涵盖日本研究中心、英国研究中心、中东欧研究中心和加拿大研究中心等。

〔与中国人民大学签署战略共同体合作框架协议〕 5月15日，学校与中国人民大学签署战略共同体合作框架协议。双方在高端人才培养、科研创新、社会服务和文化传承创新等方面不断推动深度融合，建成中国第一家高校战略共同体。

〔成立研究生院〕 6月21日，学校成立研究生院。国务院学位委员会办公室副主任、教育部学位管理与研究生教育司司长郭新立和学校党委书记杨学义共同为研究生院揭牌。

〔韩震任校长〕 8月7日，学校举行大会，教育部党组成员王立英宣读了教育部关于韩震、陈雨露职务任免的决定：任命韩震为校长；因工作调动，免去陈雨露校长职务。

〔访问埃塞俄比亚〕 1月24—30日，应埃塞俄比亚外交部的邀请，学校党委书记杨学义率团访问了埃塞俄比亚首都亚迪斯·亚贝巴，洽谈了学校与埃塞俄比亚合作事宜，并出席了中国援建的非盟总部大楼启用仪式。

〔“欧盟语言文化教学研究平台”和“亚非语种群专业建设平台”启动〕 11月30日，学校“欧盟语言文化教学研究平台”和“亚非语种群专业建设平台”启动。“欧盟语言文化教学研究平台”是国内唯一一个涵盖所有欧盟国家官方语言的跨院系教学科研联合体。

〔中国非通用语教学研究会第七次代表大会暨第十四次学术研讨会召开〕 11月30日至12月2日，由中国非通用语教学研究会主办、学校承办的中国非通用语教学研究会第七次代表大会暨第十四次学术研讨会在学校召开。

〔2012中国—欧盟语言合作研讨会召开〕 12月1日，由教育部、欧盟委员会主办，国家语言文字工作委员会支持，学校承办的2012中国—欧盟语言合作研讨会召开。

〔成立中国公共外交协会〕 12月31日，由学校承办的中国公共外交协会第一次会员大会和成立大会举行。

〔中关村产业园项目签约〕 3月28日，北京中关村科学城第四批建设项目签约大会举行，北京市委常委、中关村科技园区管理委员会党组书记赵凤桐、中国科学院副院长丁仲礼出席签约仪式并为第四批产业园项目揭牌。学校党委书记杨学义代表学校与市政府签署了《北京市人民政府支持北外建设国际文化产业创新园协议》。

〔成立“中国文化‘走出去’协同创新中心”〕 8月30日，“中国文化‘走出去’协同创新中心”在学校成立。教育部副部长李卫红与学校党委书记杨学义、校长韩震共同为中国文化“走出去”协同创新中心揭牌。

〔获批国家级实验教学示范中心〕 9月，“北外跨国经济管理人才培养实验教学中心”获教育部批准，成为国家级实验教学示范中心。

〔4名教师入选“新世纪优秀人才支持计划”〕

3月26日，教育部2011年度“新世纪优秀人才支持计划”入选名单公布，学校教师顾钧、马会娟、王文华、熊文新入选。

〔丁超获罗马尼亚名誉博士学位〕 5月9日，罗马尼亚斯彼鲁·哈雷特大学举行仪式，授予学校欧洲语言文化学院教授丁超名誉博士学位。

〔刘建获“北京市高等学校教学名师奖”〕 8月，市教委下发了《关于公布第八届北京市高等学校教学名师奖获奖名单的通知》，学校西班牙语葡萄牙语系教授刘建获第八届北京市高等学校教学名师奖。

〔易丽君获“穿越大西洋”翻译大奖〕 5月25日，波兰图书协会向学校波兰语专业教授易丽君颁发了“穿越大西洋”翻译大奖。该奖项由波兰图书协会设立，旨在表彰该年度为波兰文学在世界范围内推广做出杰出贡献的个人。

〔两名教授获“意大利之星”骑士勋章〕 5月2日，为表彰学校中国意大利语研究会副会长王军、罗马孔子学院院长文铮在中意文化交流方面所做的贡献，意大利之星骑士团特授予这两位教授“意大利之星”骑士勋章。

〔王炳东获“利奥波德二世国王勋章”〕 5月31日，比利时驻华大使奈斯代表比利时国王阿尔贝二世，向学校法语系教授王炳东颁发了“利奥波德二世国王勋章”。

〔邱苏伦获苏林塔拉查优秀翻译家奖〕 4月24日，泰国翻译家协会为学校亚非学院泰语专业教授邱苏伦颁发了第六届苏林塔拉查优秀翻译家奖，以表彰她在中国典籍泰译方面所做出的重要贡献。

〔王克非获首都劳动奖章〕 2012年，学校中国外语教育研究中心教授王克非获首都劳动奖章。

〔韩震新书首发式〕 10月18日，校长韩震新著《社会主义核心价值观五讲》首发式暨座谈会在人民出版社举行。该书是新闻出版总署首批社会主义核心价值体系建设“双百”出版工程图书，是国家出版基金项目成果。

〔学校获“首都大学生暑期社会实践先进单位”称号〕 3月2日，在北京市高等院校2011年社会实践工作的评选表彰中，学校被市委宣传部、首都精神文明建设办公室、市委教育工委、共青团市委、市教委、市学生联合会授予“2011年度首都大学生暑期社会实践先进单位”称号。

〔学校获大学生思想政治工作实效奖〕 1月10日，在市委教育工委组织的第二届首都大学生思想政治教育工作实效奖评选中，学校申报的《创新创业育人新思路，开拓思政教育新平台》获二等奖，《歆语工程：高校服务社会路径创新》获优秀奖。

〔学生获世界俄罗斯语言文化大赛中国赛区第一名〕 4月28日，学校俄语学院学生赵梦雪在2012世界俄罗斯语言文化大赛中获中国赛区第一名，并作为中国赛区的唯一代表受邀参加在莫斯科举行的颁奖典礼。

〔学生获美国白宫记者协会奖学金〕 6月6日，学校国际关系学院学生胡斯羽和新闻系学生李沐获2012年度白宫记者协会奖学金，并受到美国总统奥巴马夫妇的接见和当面祝贺。

〔学生在首届全国成人高等教育英语演讲比赛中获佳绩〕 5月26日，由中国成人教育协会成人外语高等教育专业委员主办的首届全国成人高等教育英语演讲比赛决赛在北京举行。学校继续教育学院学生袁慧娟获本次大赛第一名并被授予唯一的特等奖。

〔学生在全国俄语大赛中获佳绩〕 9月，由教育部主办、黑龙江大学承办的“2012年全国高校俄语大赛”举行。学校2012级博士研究生劳华夏获博士组优秀奖第一名，2011级硕士研究生赵梦雪获研究生组一等奖，2009级本科生李剑获高年级组优胜奖。

〔**成立印度尼西亚中心**〕　3月23日，印度尼西亚教育与文化部部长穆罕默德·努赫访问学校，出席学校印度尼西亚中心成立仪式并为中心揭牌。

〔**成立墨西哥研究中心**〕　11月22日，由学校与墨西哥国立自治大学共同建立的“北外—墨西哥国立自治大学墨西哥研究中心”成立。

〔**“扎耶德阿拉伯语与伊斯兰研究中心”修缮竣工**〕　3月28日，阿拉伯联合酋长国武装部队副统帅、阿布扎比王储穆罕默德·本·扎耶德·阿勒纳哈扬上将访问学校，出席学校扎耶德阿拉伯语与伊斯兰研究中心修缮竣工仪式，并召开了以“中阿文化关系的前景”为主题的学术研讨会。

〔**校史工作取得进展并成立校史馆**〕　1月12日，“北外口述史——《岁月如歌》”首发式举行。3月22日，档案馆承办的虚拟校史馆项目通过验收，“3D校史馆”与“3D虚拟校园”在校园网上正式开通，该馆是北京高校首家网上3D虚拟校史馆。7月4日，学校正式成立校史馆。

〔**西班牙语专业成立60周年庆典**〕　10月13日，学校举行西班牙语葡萄牙语系西班牙语专业成立60周年庆典。来自全国各地的西班牙语专业的校友300余人参加了庆典活动。

〔**首届欧洲藏中国文献国际学术研讨会举行**〕　10月5—6日，由学校中国海外汉学研究中心、德国杜塞尔多夫孔子学院以及大象出版社有限公司联合举办的“首届欧洲藏中国文献国际学术研讨会”在德国杜塞尔多夫孔子学院举行。

〔**举办“英国与世界：延续与变革”国际学术研讨会**〕　11月16—17日，由中国欧洲学会英国研究分会、英国驻华使馆和学校共同举办，教育部国别和区域研究培育基地——英语学院英国研究中心承办的中国欧洲学会英国研究分会第七届年会暨“英国与世界：延续与变革”国际学术研讨会在学校举行。

〔**承办全国大学生英语辩论赛**〕　3月13日，由共青团中央学校部、学校和中华全国学生联合会秘书处主办，外语教学与研究出版社、中国教育电视台承办的第十六届“外研社·亚马逊杯”全国大学生英语辩论赛启动。

〔**举办台湾大学生外语教学研习营**〕　4月2日，学校举行第十届“北京之春”——台湾大学生北外外语教学研习营开幕仪式暨10周年庆典。来自台湾师范大学、辅仁大学、文藻外语学院、彰化师范大学、政治大学、中正大学、实践大学7所台湾高校的117名师生来到学校，与学校师生共同交流外语学习的经验体会。

〔**举办“伊比利亚文化节之拉美风情文化展”**〕　5月23日，由学校西葡语系与秘鲁、委内瑞拉、厄瓜多尔、乌拉圭、墨西哥5国驻华使馆联合举办的“伊比利亚文化节之拉美风情文化展”开幕。拉美风情文化展是西班牙语葡萄牙语系伊比利亚文化节系列活动之一，此次展览是历届文化节中参展国家最多、影响最广泛的一次。

〔**埃塞俄比亚驻华大使到访**〕　1月3日，埃塞俄比亚驻华大使塞尤姆·梅斯芬先生访问学校。

〔**爱尔兰教育部长到访**〕　3月15日，爱尔兰教育与技能部国务部长夏兰·卡农访问学校，出席由学校爱尔兰研究中心主编、世界知识出版社出版的《中爱关系：跨文化视角》新书发布仪式。

〔**冰岛驻华大使到访**〕　3月23日，冰岛驻华大使柯斯婷访问学校，就《冰岛经济危机后的形势》做专题报告。

〔**阿尔巴尼亚教育部长到访**〕 4月10日，由阿尔巴尼亚教育与科学部部长米切雷姆·塔法伊率领的阿尔巴尼亚教育代表团访问学校。

〔**佛得角教育部长及驻华大使馆参赞到访**〕 4月10日，由佛得角高教、科学与创新部部长安东尼奥·席尔瓦率领的教育代表团访问学校。9月13日，佛得角驻华大使馆参赞乔治·斯尔瓦访问学校，并赠送图书。

〔**厄瓜多尔驻华大使到访**〕 5月9日，厄瓜多尔共和国驻华大使莱昂纳多·阿里萨迦访问学校并发表演讲。

〔**马来西亚多名政要和使节到访**〕 5月14日，马来西亚前总理敦·阿卜杜拉·巴达维访问学校；7月16日，马来亚大学校长高斯、副校长哈迪姆，马来亚大学孔子学院院长阿扎瑞一行访问学校；9月25日，马来西亚内政部秘书长达图·阿卜杜尔·拉希姆与马来西亚全国警察总长丹斯里·伊斯迈尔访问学校。

〔**印尼驻华大使到访**〕 5月29日，印度尼西亚驻华大使易慕龙访问学校，并发表了题为《印尼外交政策与中国—东盟关系》的演讲。

〔**苏格兰检察长到访**〕 5月29日，大不列颠及北爱尔兰联合王国苏格兰检察长、王室法律顾问弗兰克·穆赫兰德先生访问学校并做精彩演讲。

〔**罗马尼亚驻华大使到访**〕 5月30日，罗马尼亚新任驻华大使多鲁·科斯泰亚先生一行访问学校，与学校欧洲语言文化学院罗马尼亚语专业的全体师生进行交流。

〔**波兰总统夫人到访**〕 6月1日，波兰共和国总统夫人安娜·科莫罗夫斯卡访问学校，与学校波兰语专业的师生亲切交流并种下了象征中波友谊的云杉树。

〔**意大利教育部长到访**〕 6月19日，意大利教育、大学和科研部部长普罗夫莫访问学校，看望了正在学校参加汉语夏令营的意大利中学生，并出席了两国学生的交流会。

〔**塞尔维亚驻华大使馆参赞到访**〕 6月29日，塞尔维亚驻华大使馆参赞玛亚·斯坦法诺维奇访问学校，商谈塞尔维亚贝尔格拉德大学与学校续签协议并深化合作的事宜。

〔**斯里兰卡教育部长及驻华大使到访**〕 8月17日，斯里兰卡教育部部长班杜拉·古纳瓦尔德那、斯里兰卡驻华大使兰杰特·乌杨高达及驻华使馆政治参赞、大使夫人古纳塞克若·瑞卡一行访问学校。校长韩震、副校长金莉会见了班杜拉·古纳瓦尔德那部长一行。

〔**波黑驻华大使到访**〕 9月5日，波黑驻华大使阿梅尔·科瓦切维奇访问学校。校长韩震会见了科瓦切维奇大使一行，双方就学校与波黑高校开展合作交流进行了探讨。

〔**拉脱维亚总理到访**〕 9月9日，拉脱维亚总理瓦尔蒂斯·东布罗夫斯基斯访问学校，与师生亲切交流并种下了象征中拉友谊的云杉树。

〔**法国驻华大使到访**〕 10月24日，法国驻华大使白林访问学校，并发表题为《大选后的法国外交政策及法中关系》的演讲。

撰稿　徐　亮
审稿　黄　勃

北京语言大学

〔多项科研项目立项〕　2012年，学校共立各级各类科研项目140项。学校获1项国家社科基金重大项目和1项教育部哲学社会科学研究重大课题攻关项目，实现了国家社科基金重大项目零的突破。2012年，学校共有5项成果获省部级奖。

〔获批1个二级学科北京市重点学科〕　1月，学校日语语言文学获批二级学科北京市重点学科。

〔6人入选“新世纪优秀人才支持计划”〕　12月26日，学校教师李京晔、帅志嵩、周阅、张世方、黄晓东、李春雨入选教育部2012年“新世纪优秀人才支持计划”。

〔教育教学工作〕　2012年，学校成功申报增设了俄语专业，学校本科专业达25个。制订中国本科生双专业、双学位培养的管理规定和培养方案。“语言信息处理实验教学中心”被评为“十二五”国家级实验教学示范中心。“中国文化英文系列讲座”视频公开课被列为国家级精品视频公开课建设项目。与中国文字博物馆合作建立的校外人才培养基地被评为北京市校外人才培养基地。教授刘和平获第八届北京市教学名师奖。

〔研究生教育〕　2012年，学校制定发布了《北京语言大学研究生导师聘任办法》和《北京语言大学研究生导师管理办法》，改原来的研究生导师遴选制为审核制，变原来的身份制为岗位制，健全了导师遴选、培训、考核和退出机制。2012年，学校研究生共发表论文90篇。全年共计143名研究生通过各类项目赴海外学习实习，较2011年增长约一倍之多，为实现学校“十二五”规划提出的研究生国际学习和实习任务奠定了坚实的基础。

〔聘请6名客座教授〕　4月26日，学校聘请外交部副部长翟隽为名誉教授；5月16日，聘请中国现代绘画艺术研究院院长林兰子为兼职教授；6月20日，聘请美国马里兰大学语言文化学院周明朗为客座教授；9月15日，聘请美国艺术与科学院院士约瑟夫·希利斯·米勒、美国《叙事》期刊主编詹姆斯·费伦、美国麦克利大学尼克·曼斯菲尔德为客座教授。

〔聘请首批特聘教授〕　12月4日，学校举行特聘教授聘任仪式。学校教授韩经太、华学诚两位教授成为学校首批特聘教授。

〔举办“汉语应用语言学学科建设与发展高峰论坛”〕　8月20日，学校对外汉语研究中心举办了“汉语应用语言学学科建设与发展高峰论坛”。来自全国57所高校及有关机构的专家学者、汉语教师和研究生200人参加了论坛。

〔召开“汉语国际教育学科探索与方法创新”专题研讨会〕　9月4日，学校召开“汉语国际教育学科探索与方法创新”专题研讨会，来自国内外20多所高校的50位代表参加了会议。与会代表在汉语国际教育学科的内涵、对象及应用等方面达成诸多共识。

〔召开“新形势下对外汉语教学学科建设与发展”座谈会〕　4月6—7日，学校对外汉语研究中心召开“新形势下对外汉语教学学科建设与发展”座谈会。会议围绕对外汉语教学学科性质和定位、对外汉语教学学科基础与学科框架、对外汉语教学学科在国际第二语言教学学术领域中的话语权、对外汉语教学学科与汉语国际传播的关系等重要问题达成共识，共有30名校内外专家参会。

〔**召开“中法语言政策与规划比较研究国际研讨会”**〕　9月3—4日，由教育部、国家语委、法国驻华使馆、法国对外文化教育局、法国外交部、法国文化部联合主办，学校承办的“中法语言政策与规划比较研究国际研讨会”在学校召开。教育部副部长、国家语委主任李卫红，法国驻华大使白林及来自中法两国相关部门的政府官员、知名专家学者共170人出席开幕式。该研讨会是“中法语言年”系列活动的重要组成部分，也是学校50周年校庆系列学术活动之一。

〔**成立考试安全研究中心**〕　4月26日，学校考试安全研究中心成立，该中心是国内第一家通过资质认证的相关机构。

〔**成立中国语言文字规范标准研究中心**〕　12月12日，国家语委科研基地——中国语言文字规范标准研究中心成立，教育部副部长、国家语委主任李卫红出席成立仪式。该中心的宗旨和目标是：服务国家语言战略大局，为国家的语言决策提供咨询服务，发挥智囊库和信息中心的作用，着重开展语言文字规范标准、语言测试、语言文字标准与测试培训等方面的研究工作，为国家语言文字规范化、标准化、信息化服务。同时，积极协助国家语委开展语言文字规范标准的宣传推广工作；建设语言文字规范标准数据库，并向社会提供咨询服务；进行语言文字规范标准研制人才培养；为社会提供语言文字规范标准的培训。

〔**成立阿拉伯研究中心**〕　4月26日，学校成立教育部区域与国别研究培育基地——阿拉伯研究中心。该中心是教育部首批设立的3个阿拉伯区域研究基地之一，旨在加强中国的区域和国别研究，为国家制定发展战略、政策措施提供智力支持、决策咨询、理论探讨和实践分析。

〔**举办第一届全国日语播音口译大赛决赛**〕　6月10日，学校举办了第一届全国日语播音口译大赛决赛。此次大赛由学校和中国国际广播电台主办，旨在推动全国高校日语学科的专业建设，促进应用型人才的培养，进一步促进中日青少年的交流，加深对中日两国文化差异的理解。

〔**李宇明任学校党委书记**〕　4月16日，学校举行党委书记任免宣布大会。教育部党组成员王立英代表教育部宣布了关于李宇明、王路江职务任免的决定。任命李宇明为中共北京语言大学委员会书记。因年龄原因，免去王路江学校党委书记、常委职务。

〔**高级翻译学院首届学生毕业**〕　6月28日，学校高级翻译学院首届生毕业。其中本科生52人、研究生25人。

〔**学生获多个奖项**〕　2012年，学校学生在“外研社杯”全国英语演讲大赛、全国大学生数学建模与计算机应用竞赛、美国大学生数学建模竞赛（MCM）和跨学科建模竞赛（ICM）等29项竞赛中，共获103个团体或个人奖项。其中国际级二等奖6个、国家级特等奖及总冠军3个、一等奖7个、其他各类奖项87个。

〔**留学生教育稳步发展**〕　2012年，共有140个国家的10 462人次的留学生到校学习。在2012年北京市高校外国留学生汉语辩论赛中，学校留学生表现突出，连续四年获冠军。学校泰国籍留学生世玉、俄罗斯籍留学生大卫获北京外国留学生年度“十大汉语之星”称号，塔吉克斯坦籍留学生米禄进入国家汉办和中央电视台举办的汉语大赛前5名。

〔**教育交流与合作**〕　截至2012年年底，学校与52个国家和地区的301所大学或教育机构建立了交流关系。学校与国外一流大学签订协议17份，其中亚洲3份、欧洲8份、美洲5份、大洋洲1份。与韩国全南国立大学、法国综合理工大学、英国金斯顿大学、西班牙韦尔瓦大学、美国卡罗莱纳海岸大学、美国西肯塔基大学、美国马里兰大学等一批国外大学建立了教师、学者和学生交流合作关系。完成了“京港澳交流营”等港澳台地区的3个教育交流项目，为“两岸四地”的教育交流、青年交流做出了应有的贡献。

〔**孔子学院建设**〕 9月8日，学校召开第三届世界大学孔子学院论坛。12月16日，学校获“孔子学院先进中方合作院校”奖。

〔**发布2012年度中国媒体十大流行语**〕 12月20日，学校联合国家语言资源监测与研究中心、商务印书馆等7家单位，共同发布2012年度中国媒体十大流行语。“2012年度中国媒体十大流行语”利用中文信息处理技术，从平面、有声和网络三大媒体的海量语料中提取，真实记录了2012年度中国媒体视野中的世界万象与社会变迁，客观映照了时代发展中的国际和国内在政治、经济、科技、文化、教育等各个领域的热点话题，勾勒出万千世态和百姓民心。其中综合类十大流行语为：十八大、钓鱼岛、美丽中国、伦敦奥运、学雷锋、神九、实体经济、大选年、叙利亚危机、正能量。

〔**出版工作获多项荣誉**〕 2012年，学校出版社网站连续五年入选“全国出版业网站百强”。出版社董事长戚德祥、总编辑张健、党总支书记赵中平被评为“第二届北京市新闻出版行业领军人才”。

〔**庆祝建校50周年**〕 9月9日，学校举行建校50周年庆祝大会。会上宣读了全国人大常委会委员长吴邦国、国务院总理温家宝、全国政协主席贾庆林、国务委员刘延东的贺信或题词。来自103个国家和地区的150多位外国使节、150余所中外大学、重点中学的嘉宾及来自世界各地的校友等共1 500余人出席了庆典大会。

撰稿　陈克禄

审稿　李志坚

北京科技大学

〔**教育教学**〕 截至2012年年底，学校共获国家级教育教学成果奖4项、精品课程8门、双语教学示范课6门，精品视频公开课1门、精品教材1部、教学名师2人、教学团队2个，全国优秀博士学位论文7篇。学校拥有12个国家重点学科。2012年，学校共授予3 227名本科生学士学位，授予2 587名研究生硕士学位，授予359名研究生博士学位。

〔**开展首批“全英文教学示范课程”建设工作**〕学校深化外语教学改革，开展首批“全英文教学示范课程”建设工作。制定《“全英文教学示范课程”建设管理办法》。9月，组织首批“全英文教学示范课程”的申报和评审工作，共有25门课程申请，18门课程获准立项。

〔**编制本科教学条件建设规划**〕 4月，启动了本科教学条件建设规划的编制工作，各学院对本科专业实验教学条件进行了调研，编制学院本科教学实验室建设规划。在此基础上，学校制订了本科教学条件建设未来五年规划。规划按照“补充不足、提高层次，强化特色、创造一流”的原则，首先满足全校本科教学基本条件需求，使实验开出率达100%；在较高水平与层次上进行部分实验室设备的更新与改造，增加综合性、设计性实验的比例；建设具有特色的钢铁生产流程模拟仿真实践基地与金工实习基地；加强传统优势实验室建设，建设一批具有国内领先水平的本科教学实验室。

〔**科学研究**〕 2012年，学校科研经费总额达7.34亿元。获国家技术发明二等奖1项、国家科技进步二等奖4项、省部级科学技术奖励58项；新增国家自然科学基金、“973计划”、“863计划”、国家科技支撑计划以及国防科研项目等各类纵向项目459项；申请专利490项，授权专利313项。截至2012年年底，学校全资、控股、参股企业共48家，科技产业产值总额10.3亿元，净利润总额2579余万元。

〔**首次牵头承担国家重大科学研究计划项目**〕学校材料学院教授张跃作为首席科学家获批国家重大科学研究计划纳米研究领域“低维高效能量转换材料与器件基础”项目，合同金额2 900万元，这是学校首次作为项目牵头单位承担国家重大科学研究计划项目，也是学校连续3年作为项目牵头单位承担国家“973计划”（含重大研究计划）类重大基础研究任务。该项目从满足发展高效能量转换材料与器件的国家需求出发，瞄准国际纳米材料发展前沿，旨在使中国在低维材料高效能量转换与器件的研究领域处于重要的国际地位。

〔**组建钢铁共性技术协同创新中心**〕 4月，学校党委书记罗维东、校长徐金梧带队赴东北大学，两校就共同作为核心高校组建钢铁共性技术协同创新中心进行协商，并达成一致意见，形成工作方案。5月7日，由学校和东北大学两所冶金行业特色高校牵头，联合宝钢集团有限公司、鞍钢集团公司、武汉钢铁（集团）公司、首钢总公司等冶金行业特大型骨干钢铁企业、中国钢研科技集团、中国科学院金属研究所等科研院所以及上海大学、武汉科技大学等高校共同组建了钢铁共性技术协同创新中心。

〔**师资队伍建设**〕 截至2012年年底，学校共有专任教师1 789人。拥有两院院士8人、国家“千人计划”入选者8人、“长江学者”15人、国家杰出青年科学基金获得者16人，国家“百千万人才工程”入选者11人。

〔**成立北京科大天工科技服务有限公司**〕 2012年，学校注册成立北京科大天工科技有限公司，完成了天工大厦C座回购和大厦租赁等工作，并大力推进中关村高端人才创业基地建设，已签约进驻企业73家，吸引“千人计划”企业9家、“中关村高端领军人才聚集工程”8家。

〔**改革研究生招生资源分配办法**〕 根据教育部《关于改进和完善博士生招生计划管理办法有关工作的通知》精神，在稳定招生总规模的基础上，弱化导师招生基数，着重考虑人才队伍、科研平台、科研经费、科研成果等因素，确定研究生资源分配办法。自2012年起，开始推进硕士入学考试初试科目设置改革，要求各学科专业按照一级学科设置专业课，以增强考试科目的科学性、合理性，同时有利于增强试题的安全性。

〔**深化“大师进校园”品牌项目**〕 2012年，“大师进校园”品牌项目邀请到美国工程院院士、卡内基麦隆大学计算机科学学院院长兰德尔·布莱恩特（Randal Bryant），法国科学院院士、香港城市大学科学及工程学院教授吕坚，日本工程院院士、日本东北大学前副校长庄子哲雄和德国亚琛工业大学冶金研究所所长迪特·森克（Dieter Senk）等来访，并聘请他们担任学校名誉教授。

〔**招生就业**〕 2012年，学校共招收本科生3 358人、专科生（高职）100人。毕业生共计5 840人，其中研究生2 530人、本科生3 310人。截至8月31日，全校平均就业率为96.73%，其中研究生就业率98.81%、本科生就业率95.14%。

〔**深入学习贯彻党的十八大精神**〕 2012年，学校党委把迎接党的十八大和学习贯彻党的十八大精神作为学校的首要政治任务。十八大召开期间，学校积极组织师生员工收听收看，进行座谈讨论。十八大召开后，校党委及时举办了校、处级干部学习十八大精神专题讲座和学习班，分层次、分批次组织各种形式的学习和研讨活动，引导广大党员干部和教职员工自觉将思想和行动统一到十八大精神上来，将力量凝聚到实现十八大提出的目标、任务和学校改革发展的要求上来。

〔**党建和思想政治工作**〕 学校研制了《迎接北京普通高等学校党建和思想政治工作基本标准集中检查工作方案》，提交了自查报告和特色工作报告，针对10项重点检查内容开展专项调研，形成了10个重点专项报告。9月26日，《北京高校党建和思想政治工作基本标准》检查组专家通过听取学校党委汇报、召开座谈会和实地走访，对学校的党建和思想政治工作进行了入校集中检查，高度肯定了学校的党建和思想政治工作。

〔**建校60周年庆祝活动**〕 学校确定了“回顾历史，凝聚人心，彰显特色，创新发展”的校庆工作主线，开展了系列庆祝活动。校庆前，征集校徽校训，举行校庆倒计时牌揭幕仪式。校庆期间，举办建校60周年庆祝大会、“鼎立中华”校庆晚会、校史馆揭牌、甲子风华书画展、院士学术报告会、师生校友运动会、“北科大与世界”论坛、校董事会议、“魏寿昆科技教育奖”颁奖典礼、钢铁冶金新技术国家重点实验室揭牌等活动。全校共接待嘉宾和校友1.3万多人，收到党和国家领导人题词、贺信11封。

〔**“挑战杯”创业计划竞赛获佳绩**〕 2012年，学校在第七届“挑战杯”首都大学生创业计划竞赛中获金奖3项、银奖8项、铜奖2项。同时，在第八届“挑战杯”中国大学生创业计划竞赛决赛中，学校“瑞迪恩特新材料有限责任公司”创业团队获金奖，另外两支团队获铜奖。

〔**艺术团开展精品化建设**〕 2月，学校管乐团获全国大学生艺术展演一等奖（第二名）；10月，学校话剧团凭借话剧《燃烧》入围第三届中国校园戏剧节并获“优秀剧目”、“校园戏剧之星”、“优秀组织奖”三项荣誉。

〔**教育交流与合作**〕 截至2012年年底，学校共与120余所国外及港澳台地区的高校和科研机构建立合作关系。在校留学生823人，全年派出学生491人次。

〔**举办法国大学日活动**〕 10月，学校举办法国大学日活动，邀请巴黎政治学院、图卢兹三大、图尔大学工程师学院、奥尔良大学工程师学院等法国知名高校的代表参加，洽谈教师互访、合作研究、学生联合培养等校际合作。

撰稿 赵 萌

审稿 郑安阳

北京化工大学

〔刘延东到校视察〕 2012年10月18日，国务委员刘延东到学校视察指导工作。刘延东参观了国家碳纤维工程技术研究中心和“危险化学品生产系统故障预防及监控”国家安全生产监督管理总局基础实验室，观看了学校发展成就展，并与师生亲切交谈。她希望学校抓住历史机遇，坚持正确的办学方向，坚持走以质量提升为核心的内涵式发展道路，坚持协同创新，不断彰显办学特色和学科优势，努力建设有特色、高水平、国际知名的研究型大学。

〔新增1名“长江学者”特聘教授〕 7月13日，学校教授杨卫民入选教育部“长江学者”特聘教授，设岗学科为聚合物成型加工原理及设备。

〔1项成果获国家科学技术奖〕 2月14日，以学校为第一完成单位的“塑料精密成型技术与装备的研发及产业化”获2011年度国家科技进步二等奖。该项目经过8年攻关，突破多项关键技术，研发出达到国际先进水平的塑料精密成型技术与装备并实现大规模产业化。利用该项目成果生产的精密注塑机远销美国、德国和日本等数十个国家和地区，使中国由该类高端装备的进口大国变成出口大国。

〔1个国家级实验教学示范中心通过验收〕 11月26日，学校化学化工教学实验中心接受并通过国家级实验教学中心专家组的验收检查。该中心实验用房使用面积5 700平方米、固定资产3 246万元，面向13个本科专业开设11门实验和实践课程。

〔成立资源化工绿色过程与产品协同创新中心〕 9月10日，学校资源化工绿色过程与产品协同创新中心成立。该中心由学校、清华大学、中国科学院过程工程研究所、中国石油化工集团公司、中粮集团有限公司、中国化工集团公司共同组建，旨在利用大学、科研院所及行业龙头企业在“大化工”方面的学科优势和行业特色，实现强强联合与优势互补，解决中国化工产业的过程高能耗、高物耗、高污染问题，推动中国化学工业的过程绿色化和产品绿色化。协同创新中心选取4个研发领域作为突破口，并成立了相应的研究中心。分别是：能源化工与新材料研究中心、生物化工研究中心、绿色化工研究中心及共性技术联合研发中心。该协同创新中心先期筹集启动资金约2.5亿元，用于部分项目的启动和推进。

〔入选“国家技术转移示范机构”〕 10月31日，学校科技园科技发展中心（化工与环保北京市技术转移中心）入选第四批“国家技术转移示范机构”名单。该机构为入园科技项目、科技企业提供专业服务，并促进学校科技成果的转化，是学校授权进行技术成果孵化与市场化推广转化的服务机构。

〔1人获中国青年女科学家奖〕 12月11日，学校教授吴一弦获第九届“中国青年女科学家奖”，成为学校获此殊荣第一人。该奖由中华全国妇女联合会、中国科学技术协会、中国联合国教科文组织全国委员会、欧莱雅（中国）有限公司共同设立，旨在表彰在自然科学研究领域取得重大和创新性成果的青年女性科技工作者。

〔科学研究〕 获5项国家级优秀教学成果奖、出版23部化学化工系列课程教材。发表11部特色课件、发表80余篇教学研究论文、承担国家大学生创新训练计划和校级大学生科研训练项目373

项，参与科研发表学术论文 246 篇；同时为北京理工大学等 6 所高校开设实验课程。

〔**成立 2 个研究院**〕 1 月 13 日，学校苏州（相城）研究院成立。该院拥有 2 336 平方米的实验基地，仪器设备总价值 120 余万元。以超重力关键核心技术为基础，在新型能源化工、环境保护与资源高效利用等领域开展技术开发、实现产业化。3 月 5 日，学校厦门生物产业研究院成立。该院总建筑面积 2 400 平方米，仪器设备总值 2 300 万元。依托学校在工业生物技术等方面的优势，结合地方生物与新医药产业的基础，致力于研究开发生物能源、生物功能材料、生物医药及保健品、生物基化学品等领域的技术与产品。

〔**与多方签署合作协议**〕 4 月 27 日，学校与中粮集团有限公司签订成立联合生物炼制工程中心合作协议，双方计划在新产品开发、过程装备与控制、人才培养等方面开展合作；5 月 9 日，与山东玲珑轮胎股份有限公司签订战略合作框架协议，以提高人才培养、新产品开发水平及国际竞争力；5 月 25 日，与新疆中泰化学股份有限公司签订产学研合作框架协议，中泰化学首期注入 1 000 万元作为研发基金，在学校设立非实体的校企联合技术研发中心和联合实验室，通过产学研合作和技术攻关，将高校的技术与企业的生产实现有机对接，破解企业发展难题；10 月 11 日，与内蒙古自治区锡林郭勒盟签订全面战略合作协议，双方围绕大化工方向专业群为锡林郭勒盟培养各层次专业技术人才，推动学校更多的科技成果在锡林郭勒盟落地转化；10 月 16 日，与中国北方化学工业集团有限公司签署战略合作框架协议，双方在产业技术创新、产业链核心技术开发、科研成果转化和产业化、军民融合型精细化工研究院、创新型人才培养等重点领域开展合作；11 月 20 日，与华峰集团签署校企战略合作框架协议，双方发挥各自的资源优势进行强强联合，以多方位合作模式达成战略意向，并确定合作伙伴关系。

〔**与 18 所国际学校新（续）签协议**〕 2012 年，学校与 18 所国际学校新（续）签校际合作协议。其中新签协议学校包括法国巴黎高科高等化学学院、法国布莱仕帕斯卡大学、加拿大渥太华大学、英国莱斯特大学、匈牙利米什科尔茨大学、美国罗格斯大学、英国阿斯顿大学、意大利热那亚大学、俄罗斯科学院元素有机化合物研究所、俄罗斯喀山理工大学、巴西帕拉联邦大学、巴西里约热内卢联邦大学、巴西圣卡塔琳娜联邦大学；续签协议学校包括法国图尔大学、法国图卢兹一大、法国奥尔良大学、英国思克莱德大学、芬兰拉普兰塔技术大学。

〔**获评为“北京市专利示范单位”**〕 2 月 21 日，学校被北京市知识产权局认定为第四批“北京市专利示范单位”。2011 年，学校申请专利 475 项，其中发明专利 459 项；授权专利 310 项，其中发明专利 275 项。学校共拥有有效授权专利 700 余项，发明专利占 86%。

〔**招生就业工作**〕 2012 年，学校毕业生 7 439人，其中学历教育学生中全日制研究生 1 494 人（博士生 122 人、硕士生 1 372 人），普通本、专科生 3 498 人（本科生 3 123 人、专科生 375 人），成人教育本、专科生 2 447 人（本科生 1 493 人、专科生 954 人）；非计划招生高等教育学生中在职人员攻读硕士学位 57 人。普通本、专科毕业生一次就业率达 98.57%。全年招生 9 145 人，其中学历教育学生中全日制研究生 1 870 人（博士生 180 人、硕士生 1 690 人），普通本、专科生 4 033 人（本科生 3 633 人、专科生 400 人）、成人教育本、专科生 3 242 人（本科生 1 910 人、专科生 1 332人）；非计划招生高等教育学生中在职人员攻读硕士学位 351 人。在校生 27 346 人，其中学历教育学生中全日制研究生 5 648 人（博士生 714 人、硕士生 4 934 人），普通本、专科生 15 114 人（本科生 13 957 人、专科生 1 157 人），成人教育本、专科生 6 584 人（本科生 4 195 人、专科生 2 389人）；非计划招生高等教育学生中在职人员攻读硕士学位 985 人。留学生毕业 163 人，招生 246 人，在校生 358 人。

〔**获1个国家优秀本科生国际交流奖学金项目**〕 3月，“北化—爱尔兰都柏林大学优秀本科生国际交流项目”获国家优秀本科生国际交流奖学金项目资助。该资助自2012年实施，每年从生物工程、生物技术和制药工程专业的大学三年级学生中选派5名前往爱尔兰都柏林大学进行本科第四年学习，国家留学基金委将资助学生一次往返国际旅费和一年的奖学金生活费。

〔**1学生获中国大学生年度人物提名奖**〕 6月16日，学校博士生闫东鹏获“2011中国大学生年度人物”提名奖，成为学校获此奖的第一人。

〔**学生获多项学科竞赛奖**〕 2012年，学校学生参加美国大学生数学建模竞赛和跨学科建模竞赛，获一等奖1项、二等奖4项；参加全国软件专业人才设计与创业大赛总决赛，获二等奖、三等奖；参加第三届全国高校环保创意大赛，获金奖和最佳科技展示奖各1项；参加美国德州仪器公司(TI) DSP及嵌入式设计大赛全国总决赛，获系统设计组全国三等奖；参加第三届中国大学生服务外包创新创业大赛，获企业命题组团体三等奖；参加全国大学生工业自动化挑战赛总决赛，获工程应用和设计开发赛组二等奖、三等奖各1项，获工程创新赛组一等奖、三等奖各1项；参加第七届全国大学生智能汽车竞赛华北赛区比赛，获二等奖3项、优秀奖1项；参加第七届全国信息技术水平大赛，获一等奖2项、二等奖5项；参加第六届全国大学生化工设计竞赛全国总决赛，获一等奖；参加首都高校第六届机械创新设计大赛，获北京市一等奖2项、二等奖4项、三等奖3项；参加第四届北京外国留学生汉语之星大赛，获最佳表现奖1项；参加第二届全国口译大赛北京地区复赛，获优秀奖2项。

〔**颁发首届校长奖**〕 12月26日，学校首届“校长奖”揭晓，励杭泉、范立海、李新军、刘杰、张择5名师生获奖。该奖于2012年设立，为学校校内最高奖，旨在奖励为学校建设和发展做出突出贡献和取得优异成绩的师生。

〔**举办首届大学生创新创业论坛**〕 11月5—9日，学校举办第一届大学生创新创业论坛，旨在通过论坛为学生创新创业搭建交流经验、展示成果、共享资源的平台。

〔**完成学校领导班子换届**〕 6月6日，学校领导班子完成换届，谭天伟接替王子镐任校长，王贵、陈冬生、任新钢、陈标华、李显扬、王峰为副校长。

〔**新校区选址获批准**〕 2012年，学校位于北京昌平区南口镇的新校区选址获批准。4月，市政府批准新校区选址方案；11月，北京市住房和城乡建设委员会批准新校区建设规模为90.3万平方米；12月，北京市规划委员会批复学校新校区选址区域的控制性详细规划，新校区用地已通过北京市国土资源局的用地预审。

撰稿　梁　军
审稿　董振兴

北京交通大学

〔新增4个省部级科研平台〕 截至2012年年底，学校新增4个省部级科研平台，分别是：学校北京社会建设研究院、城市交通信息智能感知与服务北京市工程技术研究中心、城市轨道交通北京实验室、学校“北京人文交通、科技交通、绿色交通研究基地”。其中，基地获批为首批北京市社会科学与自然科学协同创新研究基地。

〔2项成果获国家科学技术奖〕 2月14日，在国家科学技术奖励大会上，学校2项成果获国家科学技术奖，分别是：教授高自友主持完成的“基于行为的城市交通流时空分布规律与数值计算”项目获国家自然科学奖二等奖，教授韩冰参加完成的“水下无封底混凝土套箱建造技术”项目获国家技术发明奖二等奖。

〔3位教授受聘国家重点实验室首届PI研究员〕 1月4日，学校轨道交通控制与安全国家重点实验室举行首届PI（即Principal Investigator，对所负责的项目有主导权和指导权的个体）聘任仪式。聘任计算机学院教授沈鸿、赵耀和交通运输学院教授闫学东为首届PI研究员。PI管理制度的引进和执行，有助于充分发挥学校各类杰出人才在国家重点实验室建设和运营中的作用，提高国家重点实验室各类资源的利用率，实现研究人员的双向流动，优化人才队伍，提高国家重点实验室的整体实力。

〔1项中外合作办学项目获教育部批准〕 10月26日，由学校与加拿大滑铁卢大学合作举办纳米材料与技术专业本科教育项目正式获教育部批准，并纳入国家普通高等学校招生计划，每年计划招生60人。

〔数字媒体信息处理教育部创新团队获教育部正式批复立项〕 12月17日，学校计算机学院教授赵耀负责的“数字媒体信息处理”教育部创新团队获教育部正式批复立项。截至2012年年底，学校已拥有5个教育部创新团队。

〔轨道交通安全协同创新中心成立〕 8月23日，在学校举办的轨道交通安全协同创新中心建设高层论坛上，由学校、西南交通大学和中南大学3所中国高水平轨道交通行业特色高校与行业院所和骨干企业共同筹建的轨道交通安全协同创新中心成立。教育部副部长杜占元、铁道部科技司副司长曾会欣在论坛上讲话。学校党委书记曹国永、西南交通大学党委书记顾利亚、中南大学副校长田红旗共同为协同创新中心揭牌。

〔新能源汽车北京实验室成立〕 6月1日，市教委认定的首个北京实验室“新能源汽车北京实验室”在学校揭牌。学校作为实验室参加单位，主要承担电池成组技术、电动汽车充电站与电网关系的研究工作。实验室主要围绕国家七大战略新兴产业之一的新能源汽车开展整车、零部件以及基础设施的基础性科学问题和关键技术研究开展工作。

〔出台首个文化建设专项规划〕 12月21日，《北京交通大学文化建设规划（2012—2020年）》出台。学校重点从强化社会主义核心价值体系教育、加强学风建设、繁荣发展哲学社会科学、固化和传播交大精神、优化校园文化环境、夯实文化阵地、增强文化活动影响力、推动原创文化产品制作等方面着手，全面提升学校文化软实力。为配合规划任务的完成，学校采取项目制，重点支持凝练传播交大精神、文化研究与校史挖掘、文化展示、品牌活动、校园景观和标识规范等5类10个左右的建设项目。

〔**两部一市共建学校**〕　4月26日，教育部部长袁贵仁、铁道部部长盛光祖、市长郭金龙代表教育部、铁道部、北京市三方签署共建北京交通大学协议。根据协议，两部一市加大对学校的支持力度，推动学校轨道交通创新基地建设。

〔**文化部民族民间文艺发展中心数字文化研究基地成立**〕　12月24日，文化部民族民间文艺发展中心数字文化研究基地在学校成立。学校党委书记曹国永和文化部民族民间文艺发展中心主任李松共同为数字文化研究基地揭牌，副校长孙守光与文化部民族民间文艺发展中心副主任张刚签署合作协议。学校党委副书记高福廷任数字文化研究基地首席专家，教授苗振江任基地负责人。

〔**基础与交叉科学研究院成立**〕　12月26日，学校成立基础与交叉科学研究院，暂挂在理学院下进行建设。中国科学院院士马志明任院长，学校教授冯其波任常务副院长，中国科学院院士沈岩任学术委员会主席。该研究院暂下设随机结构与数据科学研究中心、组合与优化研究中心和生命信息与交叉科学研究中心。

〔**举办第三届物流、信息化与服务科学国际学术年会**〕　7月13日，学校举办2012年物流、信息化与服务科学国际学术年会，来自全球12个国家和地区的200多名学者参会。与会学者围绕综合物流工程理论体系构建、低碳物流、物流信息化、服务智能化、普适医疗、医疗健康信息化、老年医疗服务、低碳建筑、移动电子商务、工业安全、云计算和运筹学及信息技术（物联网，RFID）进展及其在工业的应用等热点问题进行广泛深入的研讨。会议共收到论文361篇，录用163篇。

〔**举办第二届铁道工程关键技术国际学术会议**〕　7月20—21日，由学校轨道工程北京市重点实验室主办的第二届铁道工程关键技术国际学术会议召开。15名国内外著名专家、学者为大会做了特邀学术报告，国内铁道工程领域的主要高校、研究机构、设计施工企业及国外10余所大学和研究机构的180余名专家、学者和研究生参加了会议。大会就高速、重载铁路和城市轨道工程领域的关键技术问题开展了讨论。

〔**4G移动通信与轨道交通工程应用实验网开通**〕　12月28日，学校4G移动通信与轨道交通工程应用实验网开通。该实验网由学校计算机学院高速铁路网络管理教育部工程研究中心与电信运营商中电华通通信有限公司共同建设，采用华为技术有限公司提供的4G基站设备，可覆盖全校1至5公里的范围。

〔**与西藏自治区教育厅签署合作协议**〕　8月9日，学校党委书记曹国永与西藏自治区教育厅厅长宋和平在拉萨签署战略合作框架协议，双方在科学研究、平台建设和人才培养等方面建立长期稳定的合作关系。根据协议，西藏教育厅力促西藏大学等高校与学校开展校际合作，形成高校合作联盟。学校每年及时调整对西藏地区的定向专业招生计划，使国家对西藏地区各类专项招生计划得以有效落实；开展西藏铁路发展急需的各类专门人才的在职培训；选派青年干部、教师、研究生到与学校形成高校合作联盟的西藏高校考察锻炼和支教。双方还要深入开展共建实习实践基地、专家交流及科研合作等。

〔**与美国德克萨斯南方大学合作建设孔子学院获批**〕　5月21日，国家汉办与美国德克萨斯南方大学签署《关于合作建设孔子学院的协议》。根据协议，由学校和德克萨斯南方大学共建位于美国休斯敦市的第一所孔子学院。这是学校在海外共建的第二所孔子学院。

〔**举行副校长任免宣布大会**〕　3月23日，在学校中层干部会议上，学校党委书记曹国永受教育部委托宣布副校长任免决定。经教育部党组和北京市委批准，任命刘军、余祖俊为学校副校长。因工作调动，免去李学伟、王永生副校长职务。

〔**海外项目经理试点班启动**〕　12月21日，学校海外项目经理试点班举行启动仪式。该试点班是学校配合中国高速铁路“走出去”战略，联合中国铁建国际集团有限公司共同培养高级工程项目管理人才的试点班，旨在培养理论水平高、实践能力强、具有国际化视野的高级工程项目管理人才。试点班实施本硕一体化贯通培养，首届选拔了17名优秀本科生免试攻读工程硕士学位，由经济管理学院、土木建筑学院和语言与传播学院为其开设工程管理、国际商法、工程英语、小语种等相关课程。

〔**成立学生社团联合会**〕　5月20日，学校学生社团联合会成立。该联合会现有艺术文化、公益服务、科学实践等六大类80多个社团，联合会将通过引导、服务、管理的方式，加强对学生社团的支持力度。

撰稿　高　杰

审稿　陈　峰

北京邮电大学

〔**“211 工程”三期建设成效显著**〕 2012 年12 月 11 日，学校“211 工程”三期建设项目通过教育部验收。因学校“211 工程”三期建设成效显著（重点学科建设项目综合排名率靠前且具有一定数量特别优秀重点学科建设项目），获中央专项奖励资金。在“211 工程”三期国家验收工作中，学校充分展现了学科点建设、基地建设、队伍建设、科技创新、教育交流与合作等方面的建设成效，多层次、多角度、多方面突现了学校在信息领域的学术科研水平。

〔**正式组建 2 个“2011”协同创新中心**〕 9 月 20 日，学校“社交网络及其信息服务协同创新中心”正式揭牌；“信息安全与网络管理协同创新中心”建设也取得了实质性进展。

〔**获评国家级实验教学示范中心**〕 8 月 17 日，教育部公布了“十二五”国家级实验教学示范中心名单，学校“语言实验教学中心”被评为国家级实验教学示范中心。截至 2012 年年底，学校已有 2 个国家级实验教学示范中心、6 个市级实验教学示范中心。

〔**新建 4 个国家级工程实践教育中心**〕 2012 年，学校分别与电信科学技术研究院、东华软件股份有限公司、四川九洲电器集团有限责任公司、中国联合网络通信有限公司北京市分公司联合建设的 4 个国家级工程实践教育中心获教育部批准。截至 2012 年年底，4 个国家级工程实践教育中心已开展了实质性工作，实现了校企联合研制教学目标和教学方案。学校组织 630 多名学生在 4 个国家级工程实践教育中心进行实习，效果良好。

〔**国家重点实验室评估成绩优异**〕 2012 年，在科技部组织的国家重点实验室评估工作中，学校网络与交换技术国家重点实验室首轮以小组第二名的成绩获优秀类实验室复评资格，这是该实验室自建设以来第二次进入复评程序。信息光子学与光通信国家重点实验室也参加了评估，并获“良好”。

〔**1 项科研成果获 2011 年度国家科学技术奖**〕

学校副校长杨放春主持完成的“融合业务支撑环境关键技术与应用”项目获 2011 年度国家科技进步奖二等奖。

〔**学校居中国标准创新贡献奖全国之首**〕 1 月 9 日，中国校友会网 2012 中国大学排行榜揭晓，在中国大学重大科技进步奖排行中，学校位列第 18 位；在中国大学 *Nature*（《自然》）和 *Science*（《科学》）论文排行中，学校位列第 22 位；在中国大学重大技术发明奖排行中，学校位列第 22 位；在中国大学重大科技奖励排行榜中，学校位列第 31 位；在中国大学标准创新贡献奖排行中，学校获中国标准创新贡献奖最多，居全国大学首位。

〔**获批“中关村开放实验室”**〕 7 月 18 日，北京市发展和改革委、北京市科学技术委员会、北京市财政局和中关村科技园区管理委员会联合召开“2012 中关村开放实验室授牌暨产学研合作交流工作会”，市委常委赵凤桐、中关村科技园区管理委员会主任郭洪等相关领导出席会议并为新评定的 25 家中关村开放实验室授牌。学校安全生产智能监控北京市重点实验室、网络体系构建与融合北京市重点实验室获批挂牌“中关村开放实验室”。

〔**本科教育教学**〕 2012 年，在北京市高等教育教学成果奖评审中，学校有 15 项成果获奖，其中一等奖成果 7 项、二等奖成果 8 项。《通信原理》、《光纤通信系统》、《计算机组成原理》、《数字逻辑与数字系统》4 本教材入选第一批“十二五”普通高等教育本科国家级规划教材。教授邝坚、胡春获 2012 年北京市教学名师奖。

〔**科研能力**〕 2012 年，学校整合科技处、军工科研管理部、科研基地办公室、工程技术转移中心等科研管理部门，成立了科学技术发展研究院，统筹负责学校科研管理工作。全年共有 27 项国家科技重大专项申报成功，其中牵头课题 3 项、合作课题 24 项；以中国工程院院士方滨兴为首席科学家的国家“973 计划”项目“社交网络分析与网络信息传播的基础研究”获科技部批准立项。截至 2012 年年底，学校已累计获“973 计划”资助项目 8 项；获“863 计划”牵头项目资助课题 3 项、合作课题 3 项。全年申报的各类国家自然科学基金项目中有 90 项获资助。2012 年，学校在高校民口国家级实验室排行榜位中位列第 16 位。

〔**成立教师发展中心**〕 10 月 10 日，学校教师发展中心成立。该中心旨在不断促进人才培养与学科建设战略升级，全面提升教师的教学水平和科研能力。通过开展教师培训、教学评估、教学研究，加强和完善对全校教学工作的支持和服务。

〔**招生与就业**〕 2012 年，招生 20 738 人，其中全日制研究生 3 051 人（博士研究生 332 人、硕士研究生 2 719 人），在职研究生 2 355 人，普通本科生 3 389 人，网络教育本专科生招生 11 943 人（本科生 6 158 人、专科生 5 785 人）。高考北京地区最低录取线理科 586 分（国际合作办学 542 分）、文科 545 分。2012 年，学校留学生毕业 31 人，招生 51 人，在校留学生 410 人。2012 年，学校共有毕业生 14226 人，其中全日制研究生 2 743 人（博士研究生 306 人、硕士研究生 2 437 人），在职研究生 1 428 人，普通本科毕业生 3 135 人，成人教育本科生 1 042 人，网络教育本专科生5 878 人（本科生 2 317 人、专科生 3 561 人）。

〔**“叶培大”学院正式开班**〕 6 月 13 日，学校“叶培大”学院正式开班，学校从 2010 级优秀本科生中，选拔了 96 名学生组建了 3 个实验班，并实施导师制。截至 2012 年年底，实验班学生已在导师指导下，逐步开展相关领域的科学研究。“叶培大”学院是以已故的中国科学院资深院士、学校名誉校长、微波通信及光电通信专家叶培大先生命名，旨在培养电子信息领域拔尖创新人才及行业领军人物，深入探索并实践多种人才培养模式，进一步加大对优秀学生的培养力度，提高人才培养质量。

〔**成立服务科学研究中心**〕 1 月 9 日，学校服务科学研究中心正式成立。该中心旨在抓住服务科学起步阶段的历史机遇，建立国内领先的服务科学学科，培育一支实力雄厚的服务科学学科队伍，为承接国务院、中国工程院重大项目，打造国内领先的科研平台奠定基础。

〔**成立内容感知与智能服务联合实验室**〕 4 月 27 日，“北邮—蓝汛内容感知与智能服务联合实验室”揭牌成立。该实验室充分利用学校在信息通信领域的学科和人才优势以及在理论和技术研发方面的经验，结合北京蓝汛通信技术有限责任公司的网络、资金、技术和市场优势，抓住“宽带中国”战略实施的政策机遇期，将技术理论研究与产业应用发展相结合，打造政、产、学、研、用沟通的纽带。

〔**学生工作**〕 2012 年，学校学生工作部获“第十一届北京市思想政治工作优秀单位”和“2012 年北京市无偿献血工作先进单位”称号；学生处党支部获“北京高校 2010—2012 年创先争优先进基层党组织”称号；学校 2011211122 班获 2012 年北京高校“我的班级我的家”和“示范班集体”称号；学校心理健康教育中心获“2012 年首都大学生心理健康节最佳组织奖”；学校 SNS 社区获全国高校百佳网站“最佳网络社区奖”。11 月，学生处官方微博正式上线。2012 年，学校有 18 人次先后获北京市三好学生、北京市优秀学生干部等市级以上奖励。信息与通信工程学院博士研究生张佳鑫被评为2012年度“感动海淀”文明人物。2012年，学校本科生考取研究生达62.17%，位居同类大学之首。

〔**与北京青年报社签署战略合作框架协议**〕 11月8日，学校与北京青年报社签署战略合作框架协议。双方充分利用各自的资源优势，在弘扬校园文化、共建文明校园、扶助勤工俭学、倡导创新创业、推动志愿者服务和提供就业实践等方面进行广泛深入的合作。

〔**与中国电信上海研究院签署战略合作框架协议**〕 4月6日，学校举行“中国电信上海研究院—北京邮电大学计算机学院战略合作框架协议”签约仪式。

〔**与爱尔兰都柏林城市大学签署合作备忘录**〕 11月2日，学校与爱尔兰都柏林城市大学签署合作备忘录。双方在相关领域展开合作，实现互利共赢。

〔**举办第三届IEEE网络基础设施与数字内容国际会议**〕 9月21—23日，由IEEE北京分会、学校“111”创新引智基地项目“高等智能与网络服务”、日本东北大学GCOE项目、香港中文大学、韩国汉阳大学BK21项目、挪威科技大学及丹麦奥尔堡大学共同主办，由IET作为技术支持的IEEE网络基础设施与数字内容国际会议——IEEE IC-NIDC 2012在北京召开。会议的主题为“绿色能效通信与移动交互”。会议共收到来自国内外的论文约300篇，最终收录论文140篇，由IEEE出版。会议录用的论文全部被EI和ISTP收录，部分优秀论文还被SCI期刊刊用。

〔**第二届云计算与智能系统国际会议召开**〕 10月31日至11月3日，由中国人工智能学会和杭州市政府共同主办，学校承办的第二届中国智能产业高峰论坛暨第二届云计算与智能系统国际会议召开。会议以“一展一会一论坛”的“三位一体”模式，为政府、高校、科研院所及智能行业的企业及行业人员提供了“产、学、研”交流展示平台，并为与会代表带来更立体、更丰富的互动体验。

〔**与世纪互联宽带数据中心有限公司成立联合实验室**〕 12月20日，“北邮—世纪互联联合实验室”正式成立。该实验室旨在开展面向宽带网络建设重大需求的关键通信技术的开发研究和人才培养，实现信息通信领域知名企业与知名高校的强强结合。

〔**学生竞赛成绩突出**〕 2012年，学校学生共有1 563人次获各类竞赛奖励。其中275人次在国际性竞赛中获奖、361人次在国家级竞赛中获奖、927人次在市级竞赛中获奖。

〔**《基本标准》入校检查成绩优异**〕 10月26日，以北京市委教育工委副书记、市教委主任姜沛民为组长的《北京普通高等学校党建和思想政治工作基本标准》入校检查专家组，对学校贯彻落实《基本标准》情况进行了集中检查与指导。检查组对学校落实《基本标准》的情况及学校近年来事业发展取得的成绩给予充分肯定，对学校党委以科学发展观统领全局、充分发挥各级党组织和广大党员先锋模范作用、打造学校核心竞争力取得的成绩给予高度评价，对学校党委下一步工作提出了建议和希望。

〔**党员先锋阵地揭牌成立**〕 9月28日，学校党员先锋阵地揭牌成立。该阵地是学校党委以开展创先争优活动为契机，不断开拓思路、勇于实践的创新举措，旨在拓宽党员教育和党支部活动空间，包括公寓先锋阵地和立体网络先锋阵地，对加强和改进新形势下学校基层党组织建设具有重要意义。截至2012年年底，学校公寓先锋阵地、基于Wi-Fi/3G的手机党校、学生党员在线学习中心正式启用。

〔**孔子学院建设**〕 9月6日，学校与斐济南太平洋大学合建的第一所孔子学院——斐济南太平洋大学孔子学院正式揭牌并开班授课。截至2012年年底，共有240名汉语培训学生从南太孔子学院毕业。同时该学院还为当地国际学校的25名学员提供了总计60课时的汉语和文化课教学。

撰稿　王　晋　吴　昊

审稿　辛玲玲　马启华

中国地质大学（北京）

〔**深化教学改革，提高培养质量**〕　2012年，学校坚持以本科教学为中心，加强管理方式方法创新，教学秩序平稳有序，教学质量不断提高。1人获北京市教学名师。学校获北京市教学成果奖一等奖4项、二等奖2项。4个专业获批教育部第二批“卓越工程师教育培养计划”试点专业，3个专业获批教育部“专业综合改革试点”项目支持，3个大学生校外实践教育基地获教育部资助立项建设。2门课程入选教育部精品课程公开课，2本教材入选第一批“十二五”普通高等教育本科国家级规划教材。学校周口店、北戴河等野外实习工作有序进行，创新性实验计划、课外学术科技作品竞赛、教学实验室开放基金等项目的管理和运行规范有序，学生参加校级以上学科和科技竞赛700余人次，共获省部级奖励180余项。承办第二届全国大学生地质技能竞赛，学校获团体一等奖和3个单项一等奖。推进教学实验室建设，获批国家级实验教学示范中心1个，新建一批校内创新实践基地。

〔**研究生教育教学工作**〕　继续设立研究生科技创新扶持奖励基金，逐步完善本—硕—博、硕—博贯通式培养模式。不断完善研究生招生、培养和学位授予的质量监督体系，大力实施研究生学位论文行为规范监测制度、博士学位论文匿名评审制度，切实加强学风建设，研究生培养质量不断提升，发表高水平论文数量不断增加，2篇论文获北京市优秀博士学位论文、2人获“李四光优秀研究生奖”。继续实施研究生教育创新计划项目，与云南省有色地质局等4家单位共建“地学研究生联合培养示范基地”。研究生国际学术交流取得新进展，与国外高校联合培养研究生和公派留学生工作成绩显著，研究生国际学术交流活跃。

〔**着力提升学术水平**〕　在教育部组织的全国第三轮学科评估中，学校地质学、地质资源与地质工程2个一级学科连续3次在全国学科评估中排名第一。“211工程”三期建设项目验收工作圆满完成。2个二级学科获批北京市重点支持学科、2个学科获批北京市重点学科。校内学科点建设项目、扶持学科建设项目、学科建设研究项目启动实施，“优势学科创新平台”建设项目平稳推进，学科调研取得初步成果。

〔**师资队伍建设**〕　教师队伍规模保持稳定，结构不断优化，整体质量不断提升。2012年，引进中国科学院院士1人、新增“外专千人计划”、“国家杰出青年科学基金”项目获得者、“优秀青年科学基金”项目获得者各1人，4人入选教育部“新世纪优秀人才支持计划”。

〔**科学研究**〕　2012年，学校实到科研经费近5亿元。竞争性科研项目保持良好势头，获国家自然科学基金资助项目66项，获高校博士学科点专项科研基金资助项目14项。以第一单位发表SCI论文400篇，其中国际SCI论文264篇。学校教授、中国科学院院士翟裕生主持完成的“成矿系统理论创立与华北古陆找矿实践”获国家科学技术进步奖二等奖，翟裕生获2012年度何梁何利基金科学与技术进步奖。学校以第一单位获国土资源科学技术奖一等奖1项、二等奖1项。重点实验室建设成绩显著，新增部级重点实验室及国际科技合作基地5个。产学研合作取得新进展，2项发明专利直接转让企业，合同经费达600万元。

〔**推动国内合作与多样化办学工作**〕　学校分别与中国地质科学院、福建省地勘局、郑州市政府等单位签署8份合作共建协议，服务地方经济社会发展。积极落实对口支援青海大学年度工作计划，对口支援工作成绩显著。继续教育基础建设不断加强，规章制度不断健全，办学实力不断提升，社会效益和经济效益不断提高。举办各类培训班35期，培训学员4 000余人。学校长城学院建设发展稳步推进。

〔**招生就业**〕　2012年，在校学生1.5万余人。招收本科生2 106名、硕士研究生2 303名（全日制研究生1 740人，工程硕士研究生496人，MBA、MPA共67人）、博士研究生377名。

〔**党建工作**〕　2012年，学校召开第十次党代会，全面总结工作，进一步明确了今后5年的奋斗目标，提出了加快建设高水平研究型大学、不断开创地球科学领域世界一流大学事业新局面的要求，选举产生了第十届委员会和纪律检查委员会，为学校的建设发展指明了方向。

〔**教育交流与合作**〕　2012年，教师赴国（境）外进行短期学术交流和接待到访外国专家学者人数较2011年增长27%，与9所国外高校签署了合作协议。国际合作平台建设保持良好势头，新增"高端外国专家项目"1项、国际合作重点项目23项。留学生规模保持稳定，国际交流教育质量不断提升，服务学校整体发展能力明显增强。学校纳米比亚大学孔子学院筹办工作加快进行，"中非大学20+20合作计划"项目扎实推进。

〔**全面加强学校管理**〕　2012年，学校总收入12亿元，总支出9.93亿元，总收入比2011年增长1亿元，学校可支配资金连续增长。创新管理方式，财务工作效率不断提高。学校教育基金会正式成立。加强机制建设，努力发挥大后勤系统工作合力，服务保障能力显著提升。在实践工作中进一步完善了岗位职责、工作表现和工作业绩相结合的收入分配体系。

〔**60周年校庆活动**〕　校庆工作领导小组多次召开会议研究部署校庆工作，推进校庆工作方案和折子工程的实施。校庆大会、文艺晚会、地学人才培养论坛三大重点活动以及学校组建25周年座谈会、校史馆新馆建设、"十五"以来办学成就展、教育基金会筹办、地学学术交流等活动稳步进行。

撰稿　李　飞
审稿　刘志方

中国矿业大学（北京）

〔2个工程实践教育中心入选首批国家级工程实践教育中心〕　2012年6月，教育部、财政部等23个部门联合下发文件，公布了首批国家级工程实践教育中心名单。学校资源学院与开滦（集团）有限责任公司联合共建的工程实践教育中心、机电学院与中煤北京煤矿机械有限责任公司联合共建的工程实践教育中心入选。2个中心的主要任务是：校企联合制定工程实践教学目标和教学方案、联合组织实施工程实践教学过程以及联合评价工程实践教学质量。

〔"煤炭安全开采与地质保障实验教学中心"被批准为"十二五"国家级实验教学示范中心〕　2012年，教育部下发《关于批准北京大学环境与生态实验教学中心等100个"十二五"国家级实验教学示范中心的通知》，学校"煤炭安全开采与地质保障实验教学中心"列入其中，这是学校第一个国家级实验教学示范中心。该中心是在"北京市实验教学示范中心——采矿与安全工程实验教学中心"的基础上，整合"地质综合实验室"建成的，是最具学校矿业特色的实验教学中心。

〔1项"十一五"国家科技支撑计划课题通过验收〕　5月4日，学校教授胡振琪主持的"十一五"国家科技支撑计划课题"土地整理工程施工关键技术研究"通过国土资源部专家组验收。课题研制了质量生态型水土重构技术1项、土地整理的高效施工技术1项、整理区生物—理化联合改良新技术3项和生物配置与景观生态优化技术1项，形成了土地整理工程施工关键技术行业规范3套。

〔5名教师入选教育部"新世纪优秀人才支持计划"〕　2012年，学校管理学院汪文生、地球科学与测绘工程学院赵艳玲、力学与建筑工程学院郭东明、煤炭资源与安全开采国家重点实验室彭瑞东、化学与环境工程学院竹涛入选教育部"新世纪优秀人才支持计划"。

〔1篇论文入选2011年中国百篇最具影响国内学术论文〕　12月7日，中国科学技术信息研究所发布2012年度中国科技论文统计结果，学校教授何满潮等人的论文《深部复合顶板煤巷变形破坏机制及耦合支护设计》入选2011年中国百篇最具影响国内学术论文。

〔新增2个博士后科研流动站〕　10月15日，国家人力资源和社会保障部、全国博士后管理委员会发布《关于新设增设和确认博士后科研流动站的通知》，学校计算机科学与技术一级学科获准新设博士后科研流动站，安全科学与工程一级学科获准增设博士后科研流动站。截至2012年年底，学校博士后科研流动站达14个，涵盖理科、工科、管理三大学科领域。

〔2名教师获第八届北京市高等学校教学名师奖〕　学校地球科学与测绘工程学院教授胡振琪、曹代勇获第八届北京市高等学校教学名师奖。

〔孙继平获"全国优秀科技工作者"称号〕　12月，中国科学技术协会评选表彰"十佳全国优秀科技工作者"和"全国优秀科技工作者"，学校副校长孙继平获"全国优秀科技工作者"称号。

〔召开矿山生态安全教育部工程研究中心第一届技术委员会会议〕　5月14日，矿山生态安全教育部工程研究中心第一届技术委员会会议在学校召开。该中心是学校第一个教育部工程研究中心，其主要任务是紧密围绕矿山生态安全的监测、诊断、评价与控制技术，矿山土地生态损害的修复治理，矿山水资源保护与修复，矿山污染环境和人居环境的安全防范与修复，矿山生态修复的环境功能材料和产品研究五个方面进行攻关。

〔举行“煤炭高效安全开发协同创新中心”理事会成立暨第一次工作会议〕　9月9日，由中国矿业大学与中国矿业大学（北京）联合科研院所、企业、高校组建的“煤炭高效安全开发协同创新中心”理事会成立暨第一次工作会议举行。该中心的功能定位是：拓展煤炭工业科学技术协同创新发展的内涵，搭建大专院校之间、大学与企业之间重大科技攻关的产学研相结合的高层次合作平台，集中行业、企业、科研、高校优秀人才研发行业重大问题，提供煤炭科技一流人才、一流资源竞相集聚的载体，丰富和发展中国煤炭科技创新体系，完善创新机制，进一步推动中国煤炭安全高效开采与清洁高效利用领域的基础理论研究、共性关键技术攻关和重大装备研制进程，进一步提高煤炭行业自主创新能力，加快推进煤炭经济发展方式的转变。

〔举办国际煤岩学会、国际有机岩石学会联合年会〕　9月15—24日，由学校主办的第64届国际煤岩学委员会年会和第29届国际有机岩石学年会（ICCP-TSOP）联合会议在北京召开。这是该联合会议首次在亚洲和发展中国家召开，体现了中国能源科学在世界能源科学领域中的重要地位和作用。

〔中国煤炭学会煤矿土地复垦与生态修复专业委员会成立〕　11月29日，中国煤炭学会煤矿土地复垦与生态修复专业委员会在北京成立。该委员会挂靠学校，中国工程院院士彭苏萍为名誉主任委员、副校长姜耀东任主任委员。这是中国首个专注于煤矿区土地复垦与生态修复领域技术经验交流的专业委员会。

〔成立中国煤炭战略研究院〕　6月16日，学校在与中国煤炭科工集团有限公司签署了“煤炭绿色安全智能开采与洁净利用协同体”合作协议的基础上，共同成立了中国煤炭战略研究院。该研究院的功能定位是：重点关注“煤炭绿色安全智能开采与洁净利用”等方向科学技术，通过校企强强联合，汇聚一流的人才和一流的资源，解决煤炭行业安全生产中共性和关键性技术难题，促进煤炭行业的科学技术进步，提高煤矿安全生产水平，为煤炭行业培养实用的高端人才，全面提升煤炭行业的科技创新能力。

〔启动北京高科大学联盟研究生高端论坛〕　6月20日，由学校研究生会发起并承办的“北京高科大学联盟研究生高端论坛启动仪式”在学校举行。“北京高科大学联盟”院校的研究生会主席，以及北京大学、北京师范大学等14所院校的研究生会主席及学校研究生等300余人参加论坛。论坛通过整合各高校研究生会资源，进一步促进各校在学术交流、文化建设、信息共享、综合服务平台打造及优化等方面开展广泛而深入的合作，为广大研究生提供更为专业化、全方位服务的创新型合作平台。

〔成立中澳能源与矿业联合研究中心〕　1月16—17日，中国—澳大利亚能源与矿业联合研究中心在澳大利亚成立。该中心由学校与西澳大学牵头发起，联合清华大学、中国科技大学、中国科学院、神华集团等8家中方单位，与昆士兰大学、澳大利亚科工组织能源技术研究所等6家澳方学术研究机构共同成立，旨在依托中澳科学与研究基金计划，在能源和矿业领域开展教学、研究以及学术和文化交流活动。

〔2名教授当选中共北京市第十一次代表大会代表、北京市第十四届人民代表大会代表〕　4月12日，经过选举，学校党委书记杨仁树当选为中共北京市第十一次代表大会代表。11月17日，化学与环境工程学院教授韩敏芳当选为北京市第十四届人民代表大会代表。

〔与内蒙古自治区政府签署合作协议〕　7月4日，学校与内蒙古自治区政府签署合作协议，进一步深化双方教育科技合作机制，推动协同创新体建设。按照协议，双方积极打造能源教育科技创新平台，通过多种方式为内蒙古自治区培养专业技术人才，积极推进“中国矿业大学（北京）内蒙古学院”的实体化建设，有效汇聚创新资源和要素，通过机制创新，集聚和培养一批拔尖创新人才，建设具有国际影响的煤炭产业技术研发基地，全面促进内蒙古自治区能源经济快速发展。

〔与贵州毕节学院签订对口支援协议〕　12月13日，学校与贵州毕节学院签订对口支援协议。根据协议，学校对毕节学院实施为期5年的对口支援，使毕节学院在人才培养质量、师资队伍建设、服务地方能力和管理水平等方面得到显著提升，增强服务地方经济社会发展的能力，全面提升毕节学院的办学水平。

〔外籍专家巴图金娜获中国政府“友谊奖”〕　9月29日，受聘于学校的俄罗斯专家巴图金娜·伊达·米哈依拉夫娜获中国政府“友谊奖”。巴图金娜是莫斯科矿业大学地下地质动力学研究中心首席科学家、俄罗斯自然科学院院士、国际人与自然生态安全科学院院士。巴图金娜担任学校“区域动力规划研究”项目组特聘外国专家，承担国家外专局项目，积极开展面向生产实际的科学研究，取得了该领域理论与实践成果的重要突破。

撰稿　苏　欢
审稿　杨洪兵

中国石油大学（北京）

〔5个专业入选“卓越工程师教育培养计划”〕 2012年2月，学校5个专业入选教育部“第二批卓越工程师教育培养计划高校学科专业名单”，分别为：石油工程、地质工程、机械设计制造及其自动化、过程装备与控制工程、化学工程与工艺石油工程。

〔新增1名“千人计划”特聘教授〕 12月25日，中央组织部第七批“千人计划”国家重点创新项目长期专家钮凤林到学校工作。此后3年他将在学校非常规天然气研究院和地球物理与信息工程学院开展地震与能源领域结合的相关研究工作。

〔5名教师入选“新世纪优秀人才支持计划”〕 学校5名青年教师入选教育部2012年度“新世纪优秀人才支持计划”，分别是：石油工程学院黄中伟、化学工程学院刘蓓、孟祥海以及机械与储运工程学院胡瑾秋、王玮。截至2012年年底，学校共有31名教师入选该计划，在这些入选者中已有1人成为“973计划”项目首席科学家，2人受聘为“长江学者”特聘教授，3人获国家杰出青年科学基金资助。

〔8名教师获博士点基金新教师课题资助〕 12月，学校8名青年教师获教育部博士点基金新教师课题资助，分别是：地球科学学院朱世发，地球物理与信息工程学院张峰，机械与储运工程学院赵天奉、陈严飞，石油工程学院赵晓亮，化学工程学院吴志杰、工商管理学院唐旭，新能源研究院姜伟丽。

〔新设4个博士后科研流动站〕 9月，学校获人力资源和社会保障部、全国博士后管委会联合批准新设“化学”、“材料科学与工程”、“安全科学与工程”、“管理科学与工程”4个博士后科研流动站。截至2012年年底，学校已拥有10个博士后科研流动站。

〔5项成果获国家科技奖励〕 2012年，学校5项成果获国家科学技术奖励。教授李根生带领团队完成的“水力喷砂射孔与分段压裂联作技术及工业化应用”获国家科学技术发明奖二等奖。教授吴晓东、陈长风参与的“特大型超深高含硫气田安全高效开发技术及工业化应用”获国家科技进步奖特等奖，学校为第6完成单位。获国家科技进步二等奖的项目有：教授陈勉、金衍、张来斌、李军与中国石油化工股份有限公司石油工程技术研究院等单位合作完成的“高应力强水敏深层井筒稳定关键技术及工业化应用”，陈勉为第二完成人；教授蒋官澄与中国石油集团钻井工程技术研究院等单位合作完成的“超高温钻井流体技术及工业化应用”；石油工程学院与中海石油（中国）有限公司北京研究中心（统称为中海油研究总院）等单位完成的“海上绥中36-1油田丛式井网整体加密开发关键技术”。

〔化学学科与工程学学科首次进入ESI学科排行〕 根据ESI 2012年3月更新的数据表明，学校化学学科和工程学学科首次进入ESI学科排行。

〔学校获国家自然科学基金创新研究群体〕 8月17日，由教授高德利作为带头人的创新研究群体“复杂油气井钻井与完井基础研究”，被国家自然科学基金委批准为国家自然科学基金创新研究群体。第一期资助经费600万元，研究期限3年，这是学校获得的第一个创新研究群体。

〔获批1个“973计划”项目〕 9月，以学校为依托单位、教授王尚旭为首席科学家的“973计划”项目“深层油气藏地球物理探测的基础研究”获科技部国家重点基础研究发展计划批准立项，资助经费3 600万元，执行期限为2013—2017年。这是学校负责的第9个“973计划”项目。

〔**1个创新引智基地获准建设**〕 10月，学校教授肖立志作为负责人申报的“油气地球物理探测创新引智基地”获教育部和国家外国专家局联合批准立项建设。该基地是学校获准立项建设的第3个创新引智基地，主要依托油气资源与探测国家重点实验室和教育部复杂油气藏勘探开发工程中心，引进来自美国、英国、德国及加拿大的15名优秀科学家组成国际化研究阵容。基地研究方向涵盖了油气勘探开发过程中的关键地球物理理论与方法，建立适合中国复杂油气地质条件的地球物理探测基础理论体系。

〔**1实验室获首批全国石油和化工行业重点实验室认定**〕 11月16日，学校油气太赫兹波谱与光电检测实验室获首批全国石油和化工行业重点实验室认定。该实验室自成立以来，针对国家石油和化工行业对光学新技术的重大需求，实现了太赫兹波谱、超快响应光电探测、光纤传感与测控等前瞻性技术和重大关键技术在油气领域的应用，形成一系列具有自主知识产权的标志性研究成果。

〔**8个项目获石油化工联合基金资助**〕 12月，学校8个项目获2012年石油化工联合基金资助，资助总经费达1 257万元，其中重点支持项目和培育项目各4项。4个重点支持项目分别是：地球科学学院教授庞雄奇负责的“广泛连续型致密砂岩气藏成因机制与预测方法”项目、石油工程学院教授蒋官澄负责的“页岩气钻探中的井壁稳定及高效钻完井基础研究”项目、地球物理与信息工程学院教授李向阳负责的“页岩储层地震各向异性响应特征研究及应用”项目和教授陈小宏负责的“页岩气储层岩石物理及其地震响应机理研究”项目。

〔**14项科研成果获中国石油和化学工业联合会科学技术奖**〕 11月20日，学校有14项科研成果获中国石油和化学工业联合会科学技术奖。其中有8项成果学校为第一完成单位，获特等奖1项、一等奖3项、二等奖2项、三等奖2项。由教授张来斌主持完成的“巨磁阻效应磁记忆检测技术及其在油井管完整性管理中的应用”项目，获中国石油和化工联合会科学技术奖特等奖。该项目丰富和发展了结构完整性管理技术及应用领域，建立起较完善的油井管早期损伤检测诊断技术体系，对推动井筒完整性管理技术进步、保障油气井安全发挥了重要作用。地球科学学院教授周庆祥获“中国石油和化学工业联合会青年科技突出贡献奖”。

〔**1名教授获国际金协会杰出研究员奖**〕 11月，在第六届国际金科学、技术与应用大会上，学校教授张鑫获“国际金协会杰出研究员”奖，并应邀在“Gold Scientist Prize”专场做了题为《碳纳米管限域的纳米金高选择性催化加氢反应》的报告。来自全球32个国家和地区的近400位代表参会。

〔**中国能源战略研究院揭牌**〕 6月14日，学校举行中国能源战略研究院揭牌暨院长聘任仪式。全国政协常委、国家能源委员会专家咨询委员会主任张国宝受聘为院长。该研究院以前沿性、基础性研究为核心，建设成为中国能源软科学基础理论研究平台、能源战略与政策咨询服务中心及高级能源复合型人才培养基地。

〔**聘任4名名誉院长**〕 5月15日，学校举行新能源研究院名誉院长聘任仪式，全国政协经济委员会副主任、工业和信息化部原部长、中国工业经济联合会会长李毅中受聘为新能源研究院名誉院长。新能源研究院定位于攻克一批长期制约相关领域发展的重大科技问题，并为加快推进中国能源结构调整、缓解能源供需压力提供强有力的技术支撑。6月1日，学校聘任中国科学院院士刘光鼎为地球物理与信息工程学院名誉院。6月15日，学校聘任中国工程院院士周守为为石油工程学院名誉院长。6月15日，学校聘任中共中央对外联络部副部长于洪君为人文社会科学学院名誉院长。

〔**举办国际论坛**〕 3 月 31 日，学校举办了首届国际能源舆情论坛。论坛以企业国际化传播战略研究为主题，来自新华社、人民网、清华大学等相关机构的专家学者共 300 余人围绕企业全球传播平台建设战略、企业国际化与跨文化传播、国际政治传播与企业海外发展、国内外企业舆情研究现状进行了深入研讨。11 月 5—6 日，学校举办了第七届中国能源战略国际论坛。论坛以“变化中的全球能源格局：非常规油和天然气的地位”为主题，来自国内外代表近 300 人围绕全球能源市场趋势、加拿大油气出口调整及其对亚太的影响、中国与北美非常规油气资源合作的机遇与挑战等议题进行了深入研讨。12 月 28 日，学校举办了首届国际能源政治论坛“中国—俄罗斯—中亚—里海国家油气合作研讨会”，吸引了 300 多名来自中国、俄罗斯、哈萨克斯坦、阿塞拜疆、韩国等国家的领导、专家学者和企业代表参加，与会代表围绕“俄罗斯、中亚地区的能源政策和外交及对中国的影响”做了主题发言。

〔**中德国际工程师学院揭牌**〕 4 月 1 日，学校与德国 BSK 国际教育机构合作成立的中德国际工程师学院揭牌。这是学校与德国高水平大学开展的重要合作，也是学校提高工程教育质量、实施国际化战略的举措。学院在人才培养、师资建设、国际交流、科学研究等方面开展工作。

〔**首次在境外建立联合培训基地**〕 12 月 4 日，学校与美国俄克拉荷马大学共建联合培训基地。该基地是学校第一次在中国境外专设的培训基地。两校的合作领域涵盖中国高端赴美培训、美国专家到华讲学、美国在校生到华短期培训等。

〔**聘请哥斯达黎加共和国副总统为荣誉教授**〕 9 月 13 日，哥斯达黎加共和国副总统路易斯·利伯曼（Luis Liberman Ginsburg）博士等访问学校，学校聘请路易斯·利伯曼为学校的荣誉教授。路易斯·利伯曼介绍了哥斯达黎加共和国的基本国情，在经济、教育等领域的发展情况，以及哥斯达黎加政府与中国政府在石油工业等领域的合作，并希望哥斯达黎加的大学能与学校展开多层次的合作，包括互派留学生。

〔**召开国际会议**〕 9 月 25—29 日，学校召开了首届水下技术协会技术会议。会议主题为“深水水下系统和南海油气田开发”，来自英国、美国、新西兰及国内的学者约 150 人参加会议。12 月 5—8 日，学校召开第五届最优化与控制及应用国际会议，来自美国、加拿大、澳大利亚、俄罗斯、日本及国内的 200 余位嘉宾出席会议。该会议是优化与控制领域的高水准学术会议，每 2—3 年举行一次，旨在展示最优化与控制理论及其在工程、自动化、石油石化等领域应用的最新研究成果。

〔**招生就业**〕 2012 年，在校生 13 765 人，其中学历教育学生中全日制研究生 5 999 人（博士生 943 人、硕士生 5 056 人），普通本科生 7 230 人，在校留学生 536 人。毕业生中，学历教育学生中全日制研究生 1 699 人（博士生 208 人、硕士生 1 491 人），普通本科生 1 709 人。本科一次就业率为 97.69%，研究生一次就业率为 98.59%。

〔**SPE 学生分会被全球 SPE 总部授予最高荣誉称号**〕 7 月 17 日，学校 SPE 学生分会被全球 SPE 总部（Society of Petroleum Engineers，国际石油工程师协会）评为 2012 年度全球杰出学生分会。同时被授予 2012 年度“Outstanding Student Chapter”（即国际 SPE 组织授予 SPE 学生分会的最高荣誉）和 2012 年度“Gold Standard”两项荣誉称号。学校 SPE 学生分会成为亚洲唯一获该奖的分会。

〔**举办油气资源国际博士生学术论坛**〕 5 月 18—20 日，2012 年油气资源国际博士生学术论坛“未来石油工程师论坛”在学校开幕。论坛共收到全球 14 个国家 26 所石油类高校博士研究生论文 106 篇，其中有效学术论文 44 篇、论文摘要 62 篇，45 名博士研究生围绕“交叉学科在石油工程中的应用”这一主题进行论文宣讲。论文内容涉及油气地质与勘探、地球化学与环境科学、钻完井工程、油气田开发及采油工程、机械与油气储运工程等研究领域。

〔**举办研究生暑期学校**〕　7 月，由教育部、国家自然科学基金委主办，学校承办的油气资源与探测、油气资源、能源金融 3 个暑期学校开班，来自全国 42 所高校、科研院所的 649 名研究生报名参加，学校择优录取 213 名，其中校外学员 102 名、校内学员 111 名。暑期学校主讲教授 28 名，其中海外教授 11 名。共开设 7 门课程、21 场前沿学术报告，所有课程均用全英文讲授和考核，共有 136 名学员通过考核并结业，其中优秀学员 25 名。

撰稿　许　博

审稿　文永红

北京林业大学

〔**新增1个创新引智基地**〕　2012年，学校“树木发育及逆境适应性的分子机制”创新引智基地，获批教育部2013年度“高等学校学科创新引智计划”（简称“111计划”）创新引智基地。该基地旨在通过聚集海外分子遗传学与发育生物学的领军人物，围绕树木生长与抗逆性状分析等重要科学问题，开展相关领域的实质性合作研究。

〔**“211工程”三期建设获中央财政奖励**〕　在“211工程”三期建设中，学校重点建设了森林资源培育、森林可持续经营与保护、生态脆弱区水土保持与荒漠化防治、园林与人居生态环境、木本植物生长发育与逆境生物学、全球变化背景下森林及湿地生态系统保护、林木育种分子基础与良种工程、木质环境友好材料与能源转化工程、中国现代林业建设经济管理理论与政策体系构建9个重点学科项目，以及创新人才培养、师资队伍建设2个项目。学校受到教育部、国家发展和改革委、财政部的表彰，获1 360万元中央专项资金奖励。

〔**启动3项国家林业公益性行业专项重大项目**〕

2月24日，学校盐池荒漠生态系统定位研究站被水利部正式命名为第四批“国家水土保持科技示范园区”，这是全国唯一一个高校与地方共建、共管的示范园区。

5月29日，学校花卉种质创新与产业化示范基地启动仪式在小汤山基地举行。学校党委书记吴斌和校长宋维明共同为基地揭牌。该基地搜集了2 700多个木本和野生草本花卉的种子（含品种）。

10月，学校“林业生物质能源国际科技合作基地”被科技部认定为国家示范型国际科技合作基地。该基地由学校和德国哈尔博格学院“德中青年科技创新中心”共同建设。

〔**新增3个重点实验室和1个工程技术研究中心**〕　5月，学校林木生物质化学实验室、森林资源生态系统过程实验室和林业食品加工与安全实验室被认定为北京市重点实验室，园林植物工程中心被认定为北京市工程技术研究中心。

〔**新增2个中外合作办学本科专业**〕　学校与加拿大不列颠哥伦比亚大学合作举办木材科学与工程专业、生物技术3＋2本科专业获教育部批准，每年每专业招生30人。学生前3年在学校进行英语强化和专业课程学习，后两年赴加拿大不列颠哥伦比亚大学学习，达到毕业要求可同时获得两校本科学士学位。

〔**成立“林木资源高效培育与利用协同创新中心”**〕　12月29日，由学校牵头，联合中国林科院、国家林业局速生丰产用材林基地建设工程管理办公室、东北林业大学、南京林业大学等单位成立了中国第一个林业协同创新中心——“林木资源高效培育与利用”协同创新中心。该中心的重点任务包括研究速生、优质、高抗林木良种选育关键技术，林木高效培育、经营与保护关键技术，林木资源高效利用关键技术和林木资源培育与利用政策体系。

〔**制订支撑生态文明建设行动计划**〕　2012年，学校党委学习党的十八大精神，研究讨论学校在生态文明建设中的地位和作用，出台了基于学校层面的支撑生态文明建设行动计划。该计划包括：一是全面深化生态文明教育；二是进一步凝练方向，加强生态文明科学研究；三是加强生态文明宏观战略咨询；四是大力拓展生态文化传播，发挥引领示范作用；五是统筹兼顾推进生态文明美丽校园建设。

〔**完成世界首张梅花全基因组精细图谱**〕 12月27日，由学校教授领衔完成的“梅花基因组”研究论文在 *Nature Communications*（《自然通信》）在线发表。梅花全基因组测序研究由国家花卉工程技术研究中心、深圳华大基因研究院以及北京林福科源花卉有限公司等3家单位合作完成，这是世界首张梅花全基因组精细图谱。

〔**召开第十次教学工作会**〕 9月26—27日，学校召开第十次教学工作会议，全面贯彻落实《全面提高高等教育质量的若干意见》，回顾和总结了第九次教学工作会以来，学校本科教学工作所取得的成绩、经验，分析了本科人才培养所面临的形势和任务、机遇与挑战，重点对如何围绕学校发展目标开展本科教学工作、如何处理好“教”与“研”、“教”与“学”的关系、如何抓好本科教学工作的重点环节等提出了意见和建议，并出台了加强本科教学改革的20条措施。

〔**校地合作推动政产学研用一体化**〕 6月17日，学校与辽宁省林业厅签订产学研合作协议书。校长宋维明和辽宁省林业厅厅长曹元在协议书上签字，共同将校地合作推向深度融合的新阶段，携手探索以人才为基础、科技为依托、企业为主体、项目为载体、产业化为目标的产学研合作新机制。

7月25日，学校与河南省林业厅签署共同推进中原经济区建设林业科学发展框架协议，学校党委副书记全海代表学校签署协议。根据协议，学校充分发挥人才和智力优势，依托河南省林业科技推广和林业招商引资的政策优势，为河南省林业生态建设提供更加广阔的舞台。

10月17日，学校与重庆市南川区政府签订政产学研用合作框架协议，校长宋维明、南川区区长曹清尧代表双方签字。双方在人才培养、教育培训、科研合作、科技成果转化、科技创新平台建设等领域开展全面合作。

学校还与山东省泰安市、北京市延庆县签署战略合作框架协议，与国家林业局信息化管理办公室、中国福马机械集团、北京家具行业协会等签署了合作协议。

〔**获国家风景园林竞赛大奖**〕 9月5—7日，第49届国际风景园林师联合会（IFLA）世界大会在南非开普敦召开。学校园林学院研究生的设计作品《漂浮的城市，漂浮的模块》从众多作品中脱颖而出，再次斩获国际风景园林师联合会学生竞赛唯一大奖。

〔**举办林业教育改革与发展暨纪念林业教育110周年学术研讨会**〕 10月15日，由学校、教育部高等学校林学专业教学指导分委员会、中国林业教育学会共同主办的林业教育改革与发展暨纪念林业教育110周年学术研讨会在北京召开。会议主题为“林业教育改革与发展”，来自全国30多所农林院校、中国林业出版社和地拓科技等多家企业代表共计260余人参加了会议。同时，举办专题演讲16场，征集教学管理、教学改革论文20篇。

〔**第二届森林科学论坛——森林可持续经营国际学术研讨会召开**〕 10月14—16日，由学校与中国林学会共同主办的第二届森林科学论坛——森林可持续经营国际学术研讨会在北京召开。会议以“应对气候变化中的森林经营”为主题，举行专题报告15场，造林分会场举行专题报告18场，中国林学会理事长江泽慧、国际林联主席尼尔森·科克和来自20余个国家的近300名专家学者出席会议。

〔**第十届国际克隆植物生态学研讨会召开**〕 10月12—16日，由中国科学院植物研究所主办，学校自然保护区学院、植被与环境变化国家重点实验室、杭州师范大学生命与环境科学学院、三峡库区生态环境教育部重点实验室共同承办，中国植物学会和中国生态学学会共同协办的第十届国际克隆植物生态学研讨会在北京召开。围绕“全球变化背景下植物克隆生长的生态学效应”这一主题，来自14个国家的34位克隆植物生态学专家、学者和学生做了口头报告，26位学者和学生做了展板报告，充分展示了国内外克隆植物生态学研究的最新成果。

〔**首届林业经济国际论坛**〕 10月13日，由学校、中国林业经济学会、国家林业局经济发展研究中心、亚太森林恢复与可持续管理组织、中国绿色碳汇基金会、中国林业科学研究院林业科技信息研究所共同主办的“林业经济国际论坛2012”在北京开幕。国内外近100位学者做了主题发言或参与了讨论。在为期两天的论坛中，学者们围绕大会主题和“林业碳汇与应对气候变化”、“森林资源管理”、“林权制度改革”等分主题展开讨论。

〔**鹤类保护与可持续农业国际研讨会**〕　12月3日，由学校与国际鹤类基金共同举办，学校自然保护区学院、湖南东洞庭湖国家级自然保护区具体承办的鹤类保护与可持续农业国际研讨会在北京开幕。来自11个国家的近40名专家和国内科研院所及保护区的30余名专家及代表参加会议。与会专家围绕鹤类保护与可持续农业发展的理论与实践开展研讨、分享经验，最终形成面向国际社会的鹤类保护建议。

〔**完成第二轮人事聘任和绩效津贴改革**〕　学校历时9个月，完成第二轮聘期编制及岗位设置、岗位聘用和校内绩效津贴改革。1 659名教职工进入相应岗位，实现了专业技术职务评审和岗位聘用分离，建立起以岗位职责为重点、以业绩考核为核心的校内岗位聘用体系。学校加强与改革配套的聘用管理制度建设，针对教师、非教师及辅导员制定新的职务评审办法，出台了《北京林业大学人才培养与科技奖励办法的暂行规定》。

〔**举办“绿色校庆”年活动**〕　10月16日，学校建校60周年庆祝大会举行。国务院总理温家宝为学校题词：“知山知水求真知，树木树人树高材。”国务院副总理回良玉，国务委员刘延东，全国人大常委会副委员长、民革中央主席周铁农，全国政协副主席张思卿，全国人大常委、民进中央副主席王佐书等发来贺词、贺信，向学校建校60周年表示祝贺。全国人大常委会副委员长乌云其木格、全国政协副主席白立忱、全国政协副主席罗富和、全国政协原副主席张怀西等出席庆祝大会。

校庆期间，学校以“绿色校庆”为主题，开展了校训、校歌的征集活动，举办“绿色摇篮”晚会等多场文艺演出。同时还举办了30多场学术研讨会，出版了《北林校史（2002—2012年）》、《北林学者》等。

〔**举办绿桥、绿色长征系列活动**〕　4月，学校举办了以“高擎团旗，绿色长征”为主题的2012年绿桥、绿色长征活动，内容包括“低碳生活，绿色北京”首都大学生第28届绿色咨询活动、青春志愿林种植活动、“绿色北京1＋1”志愿服务活动、低碳“V”行动全国青少年绿色长征——“情系母亲河”流域科考实践活动。举办2012年全国青少年生态环保社团指导教师培训班。学校获“绿动北京”首都大学生环保社团文化节优秀组织奖。

撰稿　高　斌
审稿　沈　芳

中国传媒大学

〔**教育部党组任命陈文申为学校党委书记**〕 2012年8月27日，学校举行全校教师干部大会，宣布教育部党组关于学校党委书记职务任免的决定。教育部副部长杜玉波宣读了教育部党组关于陈文申、李培元同志职务任免的通知：陈文申同志任中共中国传媒大学委员会委员、常委、书记；免去李培元同志的中共中国传媒大学委员会书记、常委职务。

〔**"动画与数字媒体实验教学中心"被评为"十二五"国家级实验教学示范中心**〕 9月，学校"动画与数字媒体实验教学中心"通过教育部评审，被评为2012年"十二五"国家级实验教学示范中心。该中心是在学校教授廖祥忠主持下创建的，主要依托动画与数字艺术学院，其动画专业、数字媒体艺术专业、游戏设计专业及网络多媒体专业已形成跨学科、跨媒体、科学与艺术相融合的整体特色和优势。

〔**学校成为首批国家语委语言文字应用培训基地**〕 7月9日，由教育部语言文字应用管理司、语言文字应用研究所和学校主办的中国传媒大学"国家语委语言文字应用培训基地"揭牌仪式在学校举行。该基地是国家语委首批批准设立的8个全国语言文字应用培训基地之一，旨在加强语言文字应用培训，促进国家通用语言文字推广普及，传承和弘扬中华语言文字文化。

〔**3名教师入选"新世纪优秀人才支持计划"**〕 2月，学校何辉、彭文祥、王宇3名教师入选2011年度教育部"新世纪优秀人才支持计划"。截至2012年年底，学校共有22人入选。

〔**聘请两院院士刘永坦担任博士生导师**〕 6月2日，学校聘请中国科学院院士、中国工程院院士刘永坦担任学校教授、博士生导师。

〔**学校主办的《现代出版》升为双核心期刊**〕 3月，由教育部主管、学校编辑出版研究中心和学校出版社主办的《现代出版》，正式成为中文核心期刊和中文社会科学引文索引（CSSCI）来源期刊。

〔**传媒博物馆正式开馆**〕 10月26日，学校传媒博物馆开馆仪式在学校举行。来自教育部、国家广播电影电视总局、中国广播电视协会、中国电影资料馆、北京市文物局、北京市博物馆学会、中国广播电视国际经济技术合作总公司等单位的领导，以及来自全国传媒类藏品收藏家、传媒专家等80余人出席了开馆仪式。传媒博物馆于2009年筹建，是国内首家集传媒历史与文物、传媒产品与展示、传媒教育与研究、传媒技术与陈列"四位一体"的专业性博物馆。该博物馆有馆藏1.2万余件，其中文献档案照片1 000件、音视频资料4 000件、文物7 000件。传媒博物馆一期工程展览面积近3 000平方米，由广播馆、电视馆、电影馆、传输馆4个分馆组成，形成"4馆7厅一条传媒科技走廊"的展览格局，重点展示中国广播电视事业从诞生、发展到全面崛起的历程，初步实现了展示、收藏、研究、教育和社会服务的功能。

〔**《音乐传播》杂志正式创刊**〕 4月16日，由教育部主管、学校主办、学校艺术研究院承办的音乐类学术期刊《音乐传播》（刊号：CN10—1064/J）正式创刊。该杂志是国内第一本以教育和音乐传播研究为核心的综合性季刊，在内容建设上紧贴传媒音乐教育实践和音乐研究发展需求，设有"理论建设"、"国外学术前沿"、"网络音乐透视"、

"音乐文化产业"、"传媒音乐教育"、"非物质文化遗产"、"影视音乐研究"等特色栏目。

〔发布《中国公益广告年鉴（1986—2010年）》〕 5月18日，学校正式发布《中国公益广告年鉴（1986—2010年）》。《年鉴》由全国公益广告创新研究基地和传媒大学共同编撰，是教育部"211工程"学科建设项目的科研成果。《年鉴》分为综述与大事记篇、单位与任务篇、历年全国优秀公益广告作品篇、重要讲话与文件篇、理论研究篇、公益广告作品精选光盘6个部分。

〔建立口述历史研究中心与口述历史博物馆〕 2月27日，学校与校友崔永元签订合作共建中国传媒大学崔永元口述历史研究中心与口述历史博物馆合作协议。根据协议，学校与崔永元共同开展口述历史的采访、拍摄、抢救、整理和研究工作；合作建立口述历史博物馆，并将已有的电影传奇馆、连环画传奇馆以及口述历史资料中心的收藏资料作为口述历史博物馆馆藏资料，除保密范围内的资料外，面向学校师生开放，供师生查阅使用。

〔举办国际新闻专业创办30周年研讨会〕 12月23日，学校国际新闻专业创办30周年研讨会举行。学校1982级至2008级国际新闻专业毕业生代表及全体国际新闻专业在校生齐聚一堂，来自北京大学、清华大学、首尔国立大学等国内外高校的20余位领导、专家与会。

〔举办12期"国际教授工作室"项目〕 2012年，学校共举办了12期"国际教授工作室"项目，邀请来自美国南加州大学、纽约大学、加拿大西蒙菲莎大学、英国林肯大学、瑞士卢加诺大学、澳大利亚艾迪斯科文大学等世界高水平大学的核心教授、学科带头人、重点研究中心（实验室）主任担任"国际教授工作室"项目主持人，面向学校的教师和学生开设3周（2学分）全英文专业工作室课程，并在3周中进行深度合作和交流，推动"四个一"的工作任务（即一门国际课程、一次中国教师培训、一本国际教材、一项合作科研项目）。其中授课内容涵盖新闻学、政治传播、全球传播、纪录片、影视艺术、广告与市场营销、文化与社会研究、传媒经济等领域，吸引了1 000多名青年教师和在校生报名，实现全英文授课352学时，340余名学生获结课证书。

〔举办2012中国网络科学论坛〕 4月27日，由学校主办的"2012中国网络科学论坛"开幕。该论坛以"科学与艺术和谐统一"为主题，汇聚了来自全国各高等院校和业界相关行业的500余名专家学者，共同交流与分享网络科学研究的新成果、新观点。开幕式上，中国工程院院士叶铭汉代表李政道先生致辞，并宣读了李政道先生为此次论坛发来的贺信及亲笔题下的"融合科学与艺术，发展世界之和谐"的贺词。

〔全国首届文化传媒EMBA开班〕 9月22日，学校与四川大学联合培养的全国首届文化传媒EMBA班开学。这是全国首次将管理学基础教育和传媒特色教育进行跨院校创新整合的尝试。两校联合培养文化传媒EMBA，旨在以双方丰富的教学资源，培养全球顶尖的文化传媒高级管理精英。该班采用模块化课程，文化传媒类课程由学校教授讲授，管理类课程由四川大学教授讲授。首届EMBA班共招收27名学生，在职学习2—4年，学生修完全部规定课程并通过硕士论文答辩后，可获得国务院学位委员会认可并备案的高级管理人员高级工商管理硕士学位。

〔学校奥运摄影班完成伦敦奥运会电视转播工作〕 8月，来自学校奥运摄影班的17名师生作为中国高校唯一的代表，参加伦敦奥运会乒乓球、羽毛球、体操三个项目的国际公用信号制作任务。在国际最高水准的电视制作平台上，师生充分发挥专业水准，克服了大量的难以预知的困难，他们操控的电子轨道摄像机、天眼摄像机等均为国际最高级别的电视转播设备。

〔投资拍摄电视剧《跑马场》播出〕 4月11—17日，由学校联合青岛广播电视台、青岛三冠影视公司投资制作的大型历史传奇剧《跑马场》在中央电视台电视剧频道（CCTV-8）黄金强档播出。该剧由学校导演系主任刘书亮担任总导演、表演系教师曹俊担任执行制片人，学校20余位教师与学生在剧中担任主创并饰演重要角色。

撰稿　陈莹峰

审稿　姜纳新

中央财经大学

〔**新增信息安全专业**〕 2012年2月，学校申报的信息安全专业获教育部批准。该专业为目录外专业，设在信息学院，首次计划招收29人，授予工学学士学位。

〔**新增3个北京市重点学科**〕 5月，学校“世界经济”和“马克思主义中国化研究”增补为二级学科北京市重点学科、“统计学”增补为一级学科北京市重点学科。

〔**2人入选“长江学者”**〕 8月，学校教授李海峥、陈嵘入选2011年度“长江学者”特聘教授、讲座教授。截至2012年年底，学校共有“长江学者”6人。

〔**7人入选教育部“新世纪优秀人才支持计划”**〕 12月，学校教师王春玺、傅晓霞、陈斌开、王海港、刘宏、谭小芬和尹飞入选2012年教育部“新世纪优秀人才支持计划”。截至2012年年底，学校共有44人入选该计划。

〔**2人入选首届青年拔尖人才支持计划**〕 8月，学校经济学院教授李涛、财政学院教授王俊入选首届青年拔尖人才支持计划。

〔**6本教材入选第一批“十二五”国家级规划教材**〕 12月，学校6本教材入选第一批“十二五”普通高等教育本科国家级规划教材，分别是：王广谦主编的《中央银行学》（第二版）、李健主编的《当代西方货币金融学说》、马海涛主编的《中国税制》（第四版）、孟焰主编的《管理会计学》、李晓慧主编的《审计学实务与案例》、孙国辉和崔新健主编的《国际市场营销》。

〔**获评“十二五”国家级实验教学示范中心**〕 9月，学校经济与管理实验教学中心被评为“十二五”国家级实验教学示范中心。该中心主要负责统筹和保障全校经济管理类专业的实验室建设和实验教学。

〔**增设2个博士后科研流动站**〕 8月31日，国家人力资源和社会保障部、全国博士后管理委员会办公室下发文件，经全国博士后管理委员会办公室专家组评审，学校获批增设马克思主义理论、统计学2个一级学科博士后科研流动站。截至2012年年底，学校共有5个博士后科研流动站。

〔**7项成果获“全国优秀财政理论研究成果”奖**〕 4月，中国财政学会公布第五次全国优秀财政理论研究成果评选获奖成果名单，学校推荐的参评成果获一等奖2项、二等奖3项、三等奖2项。其中教授马海涛、姜爱华合著的《我国政府采购制度研究》获著作类一等奖，教授李俊生、王斌撰写的《试论公共价值革命——关于公共管理模式21世纪财政理论发展影响的若干思考》获论文类一等奖。

〔**案例被评为第三届全国百篇优秀管理案例**〕 12月5日，学校MBA教育中心副教授杨长汉编写的案例《企业年金的投资困局》和商学院教授胡宗良编写的案例《橘子酒店：我另类故我在》获第三届全国百篇优秀管理案例。教师王玉霞、李晓慧、刘俊勇、周卫中、周利国、胡宗良被聘为第三届全国百篇优秀管理案例评选函审专家。

〔**获批教育部法学教育实践基地建设项目**〕 1月，学校法学院获批教育部2012年“法学教育实践基地”建设项目。学院以实践教学为特色，成立了实践教学专责机构——“法律实验与实践教学中心”，建立专门的实践教学团队，聘请最高人民法院、最高人民检察院等单位的资深法律专家为兼职教授，聘请中国工商银行、中国建设银行等金融机构的法律实务专家担任兼职法律硕士研究生导师。同时，学院还建立了5类30家校外教学实践基地。

〔成立中国财政发展2011协同创新中心〕　8月30日，学校首个协同创新中心——“中国财政发展2011协同创新中心”成立。该中心由学校牵头，以上海财经大学、中南财经政法大学、东北财经大学、江西财经大学、山东财经大学等原财政部直属的6所财经类高校及3家国家会计学院为基础，联合财政部、国家税务总局、中国社会科学院等所属科研机构，以及国际著名财税科研机构共同组建。

〔入选全国首批卓越法律人才教育培养基地〕　8月，学校入选全国首批卓越法律人才教育培养基地，成为全国60个应用型、复合型法律职业人才教育培养基地之一和全国22个涉外法律人才教育培养基地之一。

〔入选全国首批“互联网应用创新开放平台示范基地”〕　8月，教育部科技发展中心发布《关于认定首批“互联网应用创新开放平台示范基地”的通知》，学校成为全国首批认定的25家“互联网创新开放平台示范基地”之一，该基地设立在学校信息学院。

〔获准创建国家文化创新研究中心〕　5月，学校创建国家文化创新研究中心的申请得到文化部文化科技司批准，创建期为1年。该中心是文化部与高校共建的国家级研究中心，是“国家文化创新工程”的重要组成部分。其职责和基本任务是：充分发挥学校学科优势与学术特色，专注文化投融资、文化贸易、文化消费等领域的文化创新理论研究和实践指导；加强实地调研，积极开展文化创新及与文化经济相关的课题研究，为国家和各级政府部门决策提供智库支持；关注国内外文化创新发展动态及成果，认真做好政策咨询与信息服务，建立中外学术交流平台；培养复合型文化创新人才，建设特色鲜明、优势明显的文化创新与经济有机结合的研究中心。

〔教育部、财政部、北京市政府签订共建中央财大协议〕　4月24日，教育部、财政部、北京市政府签署协议，共建中央财大。教育部部长袁贵仁、财政部部长谢旭人、市长郭金龙代表三方签署协议。根据共建协议，教育部在经费投入、政策扶持、学科建设、人才培养、科学研究、师资队伍建设等方面加大支持力度。财政部加强对学校的指导，支持学校参与国家财政经济领域重大科研项目的研究和决策咨询工作，加强学校与财政系统在人才培养、干部培训、科学研究、对外交流等方面的合作。北京市支持学校更加广泛地参与首都经济建设和社会发展，支持学校科技金融产业园建设、人才培养、重点学科建设、研究基地建设等，并在人才引进、毕业生就业、办学条件改善、校园建设与规划等方面给予必要的政策支持。

〔成立北京社会建设研究中心〕　12月15日，中共北京市委社会工作委员会与学校合作成立了中央财经大学北京社会建设研究中心。该中心是北京市社工委建立的第12个基地，重点研究、解决北京在社会发展中面临的各种社会心理学课题，为北京的建设提供决策建议和理论支持。

〔与河北省政府合作共建河北省科技金融创新体系〕　6月18日，学校与河北省政府签署共建河北省科技金融创新体系协议书。根据协议，学校在现代金融产业结构调整、体制机制建设和创新、科技金融政策体系建设、科技金融创新产品设计、现代金融服务等方面对河北省科技金融创新体系建设提供支持。

〔与贵州财经大学签订对口支援协议〕　4月17日，学校与贵州财经大学签订对口支援协议。协议规定：学校在学科建设、学术科研等方面对贵州财经大学进行支援，通过师资队伍培养、接收教师进修、派出学者讲学、接受对方挂职、开展科研合作以及邀请参加会议等途径开展支援工作。

〔获评“2011年度党外知识分子建言献策信息工作先进单位”〕 3月30日，学校被中央统一战线工作部评为“2011年度党外知识分子建言献策信息工作先进单位”。

〔教育基金会资产总额突破亿元大关〕 9月30日，学校教育基金会资产总额达1.08亿元，首次突破亿元大关，3年增长了4倍以上。该基金会是2009年8月经教育部和民政部审核、国务院正式批准成立的非公募基金会，资金来源于校友和社会各界的自愿捐赠，共有3大类82项奖励基金。

〔获“海伦·斯诺翻译奖”总冠军〕 12月，第四届全国大学生“海伦·斯诺翻译奖”获奖名单公布，学校保险学院学生江璐获“海伦·斯诺翻译奖”总冠军。此外，学校另有2名学生获英译汉比赛二等奖，1名学生获英译汉比赛三等奖。

〔学生获CIMA“全球商业精英国际挑战赛中国区总决赛”亚军〕 5月25日，学校会计学院代表队NB-4团队获“CIMA商业精英国际挑战赛中国区总决赛”亚军。“CIMA商业精英国际挑战赛”是由“CIMA皇家特许管理会计师公会”发起的一项面向在校本科生的国际级赛事，此次挑战赛在中国首先分为5个赛区进行区域比赛，学校作为华北赛区总冠军参加了总决赛。

〔获第八届“挑战杯”中国大学生创业计划竞赛决赛银奖〕 在第八届“挑战杯”中国大学生创业计划竞赛决赛中，由学校管理科学与工程学院学生杨宝通、社会发展学院学生韩向元、学校团委“挑战杯”赛事负责教师陈妮娜组成的参赛队，以项目“一乐票务”在参加决赛的210所高校的223件作品中脱颖而出，斩获银奖。该项目也在参赛项目作品展及推介会上受到投资观摩团的广泛关注。

〔举办首届艺术节〕 10—12月，学校举办首届艺术节。艺术节包括影像周及DV大赛、大型创意展、《安妮日记》话剧专场、《秀才与刽子手》专场、新年音乐会、新年联欢晚会暨第一届艺术节颁奖典礼等10余项活动。

撰稿　罗　茜
审稿　杨禹强

中国政法大学

〔**教师建议得到国家领导人批示**〕 2012年，学校教授石亚军撰写的《关于深化我国行政管理体制改革的建议》，得到国务院总理温家宝、国务委员马凯的批示；学校教授马怀德、王敬波等专家提出的《加强青少年法制教育的建议》，得到国务委员刘延东的批示；学校副教授朱晓武作为主要作者参与撰写的《关于鼓励发展绿色低碳建筑的政策建议》，被国务院办公厅刊物《专报信息》采用，并得到国家领导人批示。

〔**新增2门国家级精品视频公开课**〕 4月23日，学校《法律逻辑》、《中国哲学智慧》2门课程入选教育部2012年度精品视频公开课。

〔**获3项哲学社会科学研究重大课题攻关项目**〕 5月23日，学校3项课题通过2012年度教育部哲学社会科学研究重大课题攻关项目评审。学校共申报4个项目，3项获得立项，居全国高校之冠，比2011年增长300%。

〔**获2项国家自然科学基金项目**〕 8月17日，学校获2项国家自然科学基金项目。其中《专利许可谈判行为与决策模型研究》获国家自然科学基金委资助项目面上项目资助，《EIIIA/EDA-FN，TGF-β1和MMP-2在骨骼肌损伤时间推断中应用价值的研究》获国家自然科学基金委资助项目青年科学基金项目资助。共获资助经费75万元。

〔**获12项国家社会科学基金项目**〕 5月20日，学校《行政诉讼法修改研究》、《刑事证据规则研究》等12个项目通过2012年度国家社会科学基金项目评审。其中，重点项目2项、青年项目2项、一般项目8项，共获资助200万元。

〔**获5项人文社会科学重点研究基地重大项目**〕 2月24日，学校5个科研项目通过2012年度教育部人文社会科学重点研究基地重大项目评审，共获教育部50万元经费资助，学校配套50万元项目资金，科研项目数比2011年增长25%。

〔**改造1个特色化专业**〕 8月21日，学校与信息安全共性技术国家工程研究中心合作，将侦查学专业改造为“侦查学（网络犯罪侦查）”。该专业为法学、自然科学交叉学科，融合侦查学、法学和计算机信息科学的基本理论、方法和技能，在原侦查学课程设置基础上，增加与网络犯罪有关的4门基础课和《网络跨国犯罪与侦查协作》、《电子证据调查学》、《电子证据鉴定》等7门技术课，授课方式以课堂教学和实验模拟为主。

〔**聘请首位“千人计划”教授**〕 11月14日，学校正式聘任首位“千人计划”入选者尤金·克拉克（Eugene Clark）为学校教授。

〔**成立2个协同创新中心**〕 7月11日，学校牵头成立了司法文明协同创新中心。该中心主要参与的高校有吉林大学、武汉大学，并联合公检法机关等共38个国内协同单位、14个国外教育科研机构，通过优势互补和分工协同，开展司法文明理论、司法文明史、诉讼法学、证据法学、法庭科学、侦查学、检察学、环境司法、军事司法、国际司法、司法伦理学、知识产权司法鉴定、司法会计学等学科和创新团队建设，全面提升协同中心各方在人才、学科、科研方面的创新能力。12月28日，学校牵头成立了全球治理与国际法治协同创新中心。该中心主要参与高校有武汉大学、厦门大学、南开大学和对外经贸大学，协同中央编译局、外交部条约法律司、商务部条约法规司、最高人民法院民四庭等单位，并联合加拿大蒙特利尔大学等国外高校，共同开展跨学科、跨部门、跨国界合作。年内，学校还作为主要参与高校共同组建了“知识经济与法治发展协同创新中心”和“国家领土主权与海洋权益协同创新中心”。

〔**获批国家级法学实验教学示范中心**〕 8月17日，“中国政法大学法学实验教学中心”获批，成为教育部“十二五”期间国家重点建设的100个国家级实验教学示范中心中唯一的法学类实验教学示范中心。该中心实验用房10 690平方米，包括证据科学教育部重点实验室，侦查学实验中心，社会学实验室，环境法、行政法、劳动法、知识产权法、少年越轨、刑事法6个法律诊所，4个模拟法庭（模拟仲裁庭），2个墙幕式多功能视频教室及检察案例原始卷宗副本阅览室和司法案例原始卷宗副本阅览室等。

〔**获批3个“卓越法律人才教育培养基地”**〕 11月23日，学校获教育部批准，同时建设“应用型、复合型法律人才教育培养基地”、“涉外法律人才教育培养基地”和“西部基层法律人才教育培养基地”3个“卓越法律人才教育培养基地”，建设期均为5年。

〔**建立首个司法原始卷宗复印副本阅览室**〕 12月26日，学校“检察案例卷宗副本阅览室”开馆。该阅览室为全国高校首个司法原始卷宗复印副本阅览室，其开馆使法学院校在案例教学中彻底抛弃“学理案例”、“人造案例”，从而使用真实判例、真实案卷，是真正意义的案例教学的开始。2012年，学校与国内1家市级检察院、5家区县级检察院、4家中级人民法院、6家基层法院签订共建协议，接受司法机关捐赠的原始案例卷宗副本包括民事、刑事、行政等各类案件，并且兼顾到地域代表性，总量达3 000余套。

〔**试点培养“应用型法学博士”**〕 1月9日和9月7日，学校研究生院分别与最高人民检察院、最高人民法院签署招录培养“应用型法学博士”合作协议。该项目旨在培养具有良好创新能力、实践能力、国际交流与竞争能力和组织管理能力的法检系统拔尖创新人才。学校为此类博士生设置了专门的培养方案和培养计划，聘请高校理论界教师和司法实务界专家型领导共同担任导师，率先在法学博士生教育中实行双导师培养制。

〔**建立司法考试网络培训平台**〕 3月12日，学校“国家统一司法考试网络培训平台”正式上线。年内，该平台向学校学生开放，上线学习人数达2 000人以上，学生司法考试通过率整体提高10%。

〔**共建教育部首个青少年法制教育基地**〕 4月10日，学校与教育部政策法规司合作建立教育部首个法制教育基地——教育部青少年法制教育基地，并设立青少年法制教育研究中心。该中心与学校法治政府研究院合署办公，承担青少年法制教育理论研究、青少年法制教育培训及青少年法制教育宣传工作，设专职岗位7个，并首次聘请16位实务界、学界人士担任兼职研究员。年内，该中心承担了“青少年学生法制教育现状与对策研究”、“青少年社会主义法治理念教育研究”2项课题的研究工作，并开发了“青少年社会主义法治理念调查问卷”。

〔**举办“成思危现代金融菁英班”**〕 5月16日，学校与中国科学院签署《中国科学院研究生院与中国政法大学协同创新暨联合举办“成思危现代金融菁英班”战略合作协议》。根据协议，双方合作期限为5年，在人才培养、科学研究、资源共享等方面开展合作；每年从学校本科生中选拔50名学生进行合作教育和联合培养。

〔**承办第二届“鼎永杯”优秀司法鉴定文书颁奖大会暨司法鉴定研讨会**〕 6月1日，由学校承办的第二届“鼎永杯”优秀司法鉴定文书颁奖大会暨司法鉴定研讨会在北京召开。本届评选活动共有来自28个省（区、市）的252家鉴定机构参加，参选司法鉴定文书691份，参评鉴定文书涉及专业范围包括三大类九项鉴定项目（法医临床鉴定、法医病理鉴定、法医精神病鉴定、法医物证鉴定、法医毒物鉴定、声纹鉴定、微量鉴定、文书鉴定和文痕鉴定）及部分三大类外鉴定项目。经专家初选、复选及集中评议，最终评选出46份优秀司法鉴定文书，其中一等奖2名、二等奖6名、三等奖12名、优秀奖26名。

〔**启动博士生申请审核录取制试点**〕 7月6日，学校研究通过了《中国政法大学博士研究生申请审核录取制试行办法》，正式启动2013年博士生申请审核录取制试点工作。此项试点工作旨在扩大博士生导师招生自主权，尝试取消初试环节，结合网络申请和面试成绩确定录取名单。首批试点单位为中欧法学院、法和经济学研究中心。

〔**设立马克思主义理论博士后科研流动站**〕 8月31日，学校设立马克思主义理论博士后科研流动站。该科研流动站经国家人力资源和社会保障部、全国博士后管理委员会批准，自2013年起开始招生。截至2012年年底，学校共设了立法学、政治学和马克思主义理论3个博士后科研流动站。

〔**首创“庭审同步直播”教学模式**〕 11月20日，学校举行“远程观摩实况庭审”启动仪式。学校与国内典型、特色、先进司法机关进行实质性合作，在国内外高校中首创将法院庭审实况同步直播搬进课堂，在教室中实现全天全程远程旁听、观摩国内法院的现场庭审实况。庭审同步直播是学校“同步实践教学模式”改革和探索的重要举措之一。2012年，学校与10家法院签署共建协议，每周实况直播2—3次庭审，最终实现每周一到周五的上、下午各有一次庭审实况直播。

〔**举办首届WTO模拟法庭竞赛**〕 11月27日，学校举办第一届中国WTO模拟法庭竞赛。该项赛事由商务部条法司、学校和西南政法大学共同主办，学校国际法学院承办，是国内首次将WTO争端解决机制引入高校的比赛，完全模拟再现WTO争端解决程序。比赛采取小组赛和淘汰赛相结合的形式，共有8所高校参赛，裁判员均为拥有WTO争端解决丰富实务经验与出庭经历的政府官员与专家学者。经专家组评议，学校代表队获亚军。

〔**恢复社会工作专业招生**〕 3月，学校恢复社会工作专业招生。该专业恢复招生后与社会学专业按社会学类实行大类招生，文理兼收；学制4年，修业年限3—6年；总学分要求160学分，包括课堂教学142学分、课外实践教学18学分；课程考核分为考试和考查两种；毕业后授予法学学士学位。

〔**成立孔子学院**〕 9月11日，学校与英国班戈大学合作建立的英国班戈大学孔子学院正式揭牌。该孔子学院是世界上第一所具有法律文化特色的孔子学院，学校教授张丽英担任首任中方院长，年内招生50人。

〔**合作开展特色EMBA和EDP项目**〕 5月16日，学校与加拿大西安大略大学毅伟商学院签订《中国政法大学商学院与加拿大西安大略大学毅伟商学院高端教育项目（EMBA、EDP）合作备忘录》。双方合作开展EDP项目（企业经理人员短期课程进修项目）和期限为10年或5期的EMBA项目，共同出任联合高级项目总监。其中毅伟商学院（Ivey）负责项目课程设计、安排提供项目核心课师资、学生录取等工作；学校商学院提供相关课程与核心课程的部分师资，负责招生与宣传、运营服务、教学硬件设施、同声传译等工作。该EMBA项目学制18个月，学员完成课程学分获得加拿大西安大略大学高级工商管理硕士学位。12月3日，EDP项目“新时代领导者卓越管理课程”在北京开课。

〔**新增2项外国文教专家聘请计划项目**〕 7月17日，学校获批2项教育部直属高校2012年度外国文教专家聘请计划项目。其中政治与公共管理学院申报的海外名师项目（政治学），周期5年，每年获20万元资助；人权研究院申报的人权法暑期双语课项目获批学校特色项目，周期3年，每年获20万元资助。

〔**新增5项外国高校奖学金学位项目**〕　2012年，学校获5项外国高校奖学金学位项目，包括美国俄亥俄州立大学、美国南卫理公会大学、美国洛约拉马利蒙特大学、爱尔兰都柏林大学LLM项目（法律硕士项目）和芬兰赫尔辛基博士生项目。

〔**获5项“全国杰出资深法学家”称号**〕　9月26日，学校教授江平、巫昌祯、张晋藩、陈光中、潘汉典被中国法学会授予“全国杰出资深法学家”称号。该奖项由中国法学会评选，是新中国成立以来的首次评选，全国共有25位法学教授、专家获此殊荣。

〔**1人获“翻译文化终身成就奖”**〕　12月6日，学校教授潘汉典被授予“翻译文化终身成就奖”荣誉称号。

〔**授予1人名誉博士学位**〕　9月20日，学校授予全国政协委员、香港特别行政区立法会议员刘皇发先生名誉博士学位。

〔**1篇论文入选全国优秀博士学位论文**〕　12月28日，学校证据科学专业博士研究生吴洪淇的论文《证据法的运行环境与内部结构》（导师张保生）获2012年全国优秀博士学位论文。

〔**获59项国家级大学生创新创业训练计划项目**〕　9月3日，学校59个创新训练项目获批2012年度第一批国家级大学生创新创业训练计划项目。共获中央财政59万元经费资助，同时学校按比例配套经费59万元。

〔**招生就业**〕　2012年，招生8 516人，其中学历教育学生中全日制研究生2 145人（博士研究生202人、硕士研究生1 943人），普通本科生2 363人，成人教育本科生1 148人，非计划招生高等教育学生中在职人员攻读硕士学位335人，研究生课程进修班2 525人。高考北京地区文科提档线547分，录取最低分547分、最高分615分；理科提档线581分，录取最低分581分、最高分627分。留学生招生110人，毕业52人。港澳台留学生招生112人，毕业49人。2012年，学校有毕业生7 233人，其中学历教育学生中全日制研究生1 761人（博士生165人、硕士生1 596人），普通本科生2 162人，成人教育本科生1 355人，非计划招生高等教育学生中研究生课程进修班1 955人。本科毕业生就业率97.11%。

〔**组建学习十八大精神学生宣讲团**〕　12月2日，学校组建“深入学习十八大精神学生宣讲团”。宣讲团成员由学生组织推荐，最终选拔20名优秀学生骨干，包括18名本科生和2名研究生，专业覆盖法学、社会学、政治学、行政管理学、公共管理学。宣讲团充分发挥学生的自我教育作用，通过讲座、座谈等活动深入基层团支部和社区开展宣讲活动，引导学生和社会大众了解重大理论创新，思考社会热点问题。2012年，共举办13期活动，主题涉及“中国梦”、青年的历史责任、文化软实力提升、民主与法制建设等话题。

〔**创设本科生创新论坛**〕　12月9日，学校首届本科生创新论坛闭幕。该活动旨在强化本科生创新思维，突出学生学术自治和对学生综合能力的考察，设置“创新学分”，评委均由公开竞聘的学生担任，进入复赛的选手和评委均获得“创新学分”。该活动每年举办一次。

〔**全面推行教学助理制度**〕　2012年，学校推行面向本科生的教学助理制度。教学助理全部由研究生担任，协助主讲教师开展常规性课外答疑、读书辅导、学习问题交流、批改学生作业和试卷等相关工作。配备教学助手的课程包括本科生专业必修课、通识必修课、通识主干课、案例课、研讨课共5个类别，全年学校共有361名研究生承担该项工作。

〔**创设虚拟“第三学期”学业修读平台**〕

2012年，学校为本科生开通虚拟“第三学期”学业修读平台。该平台试行公共基础课自主修读模式，以网络课程教学为主要载体，实施“循环开课、自主修读、统一考核”的修读模式，强化学生在学业修读过程中的主动性与能动性，学生可以在课余时间完成部分课程的研读并修完8—10学分。

〔**学生获奖情况**〕 2012年，学校学生获中国高校第六届国际人道法模拟法庭比赛冠军，连续3届夺魁并获第十一届亚太高校国际人道法模拟法庭比赛参赛资格；获中国空间法学会第九届CASC杯国际空间法模拟法庭竞赛（全英文）冠军、季军、最佳书状奖（控方）、优秀辩手奖4个奖项，并获亚太区参赛资格；获荷兰海牙国际刑事法院审判竞赛（中文）冠军、决赛最佳辩手称号。

〔**庆祝建校60周年**〕 5月16日，学校举办建校60周年庆祝大会，宣读了吴邦国、温家宝、贾庆林、刘延东、李建国、李铁映等中央领导人的题词、贺信、贺电。周铁农、王胜俊、曹建明、成思危、罗豪才等50余名领导及来自30个国家和地区的130多位国际及港澳台嘉宾、25名学校董事会董事、300余名国内嘉宾及校友参加了校庆活动。

撰稿 刘 旭

审稿 李秀云

中央音乐学院

〔**“211工程”三期建设通过国家验收**〕 2012年12月，学院“211工程”三期建设顺利通过国家验收。

〔**推进“艺术拔尖创新人才培养模式”和“改革音乐素质教育，创新学校音乐教育体系”项目**〕 “艺术拔尖创新人才培养模式”（简称拔尖创新人才）和“改革音乐素质教育，创新学校音乐教育体系”（简称音乐教育新体系）是学院承担的国家教育体制改革试点项目。2012年，学院选拔了第二批18名学生进入拔尖创新人才培养计划，继续试行灵活的培养方案进行培养；音乐教育新体系试点项目主要开展人文化、素质型的音乐教育教学模式研究，通过引进、改造和推广国际三大先进音乐教育体系，结合中国音乐文化传统和国民义务素质教育目标，逐步建立较为完备的音乐教育新体系。10月，教育部国家教育体制改革试点项目检查组对这两个项目进行检查，给予高度评价。

〔**“音乐艺术精品协同创新中心”挂牌成立**〕 学院联合北京舞蹈学院、北京电影学院、国家大剧院、中央芭蕾舞团、中央歌剧院和北京市发展和改革委，组建了“音乐艺术精品协同创新中心”，并于9月正式挂牌，成立了各级管理机构，并与各参与单位签订了合作框架协议。10月15日，学院“音乐艺术精品协同创新中心”申报材料编制完成，在音乐与舞蹈学一级学科下，设立音乐学、作曲与作曲技术理论、音乐表演、音乐教育、音乐与科技、音乐传播与管理6个二级学科群、35个专业方向的学科体系，形成了基础学科、优势学科、社会急需的应用学科和交叉学科相互支撑、协调发展的学科布局。

〔**《中央音乐学院学报》获“国家社科基金第一批学术期刊资助”**〕 在2012年国家哲学社会科学规划办公室发布的“国家社科基金学术期刊资助第一批入选名单”中，《中央音乐学院学报》以高端的学术水平、突出的专业和地域特色榜上有名。另据中国知网《中国学术期刊影响因子年报&国际引证报告》显示，《中央音乐学院学报》位列人文社会科学/艺术类学术期刊排名第2位。

〔**第八届中国文联文艺评论奖**〕 10月30日，第八届中国文联文艺评论奖揭晓。在90部著作和313篇入选复评的作品中，学院院长王次炤的《无伴奏清唱剧〈桃花扇〉审美阐释》获文章类作品一等奖；教授周海宏的《音乐何须“懂”——面对审美困惑的思辨历程》获著作类一等奖。

〔**与青岛市政府签约合作办学**〕 12月21日，学院与青岛市政府合作办学签约仪式在青岛市举行。学院党委书记郭淑兰、院长王次炤、党委副书记逄焕磊，青岛市委常委、常务副市长牛俊宪，市委常委、黄岛区区委书记张大勇等出席签约仪式。双方就中央音乐学院与黄岛区合作创办“青岛中央音乐学院附属中等音乐学校”的办学模式、办学理念以及学校的发展前景等问题进行了交流。

〔**与江苏省教育厅签署“学校音乐教育新体系”合作协议**〕 3月14日，学院与江苏省教育厅签署“学校音乐教育新体系”试点合作协议。教育部基础教育课程教材发展中心主任田慧生、江苏省教育厅厅长沈健、学院院长王次炤、书记郭淑兰、副院长周海宏、音乐教育系系主任高建进和音乐学系教授俞人豪等出席签约仪式。学院采用“国培计划”课程，为江苏省培训在职音乐骨干教师，推进“学校音乐教育新体系”师资培养计划，并在江苏省中小学、幼儿园开展“学校音乐教育新体系”实验工作。

〔**举行全球第一所音乐孔子学院签字及揭牌仪式**〕 经国家汉办批准，学院与丹麦皇家音乐学院合作建立的全球第一所“音乐孔子学院”于丹麦当地时间6月16日在丹麦皇家音乐学院举行签字及揭牌仪式。国家汉办主任许琳、丹麦文化部部长Uffe Elbak、中国驻丹麦大使李瑞宇、中央音乐学院党委书记郭淑兰、丹麦皇家音乐学院院长Bertel Krarup等出席揭牌仪式并致贺词。

〔**举办北京梅纽因国际青少年小提琴比赛**〕 4月6—15日，经文化部批准，由学院主办的2012北京梅纽因国际青少年小提琴比赛在北京举行。这是世界上最重要和最有影响的青少年国际小提琴比赛，也是第一次在欧洲以外的地区并首次在亚洲城市举行。本届比赛的评委会由9位国际著名小提琴演奏大师和音乐家组成，包括前梅纽因大赛获奖者塔斯曼·利特尔（Tasmin Little，英）、著名指挥家托特里耶（Yan Pascal Tortelier，法），以及帕米拉·弗兰克（Pamela Frank，美）、奥利维·查理（Olivier Charlier，法）、服部让二（Joji Hattori，日）、姜东锡（Dong-Suk Kang，法）、克拉格鲁德（Henning Kraggerud，挪威）、胡坤（Kun Hu，法）和徐惟聆（中）等，评委会主席由美国小提琴大师帕米拉·弗兰克担任。来自28个国家的230多名选手报名参赛，经评委会评审，共有42名国内外优秀青少年小提琴家参加决赛。

〔**举办北京现代音乐节**〕 5月19—25日，由教育部、文化部支持，学院主办的2012北京现代音乐节在北京举行。本届音乐节为期6天，邀请了来自美国、英国、德国、荷兰、泰国以及国内的艺术家（团体）参加。活动包括10场音乐会、4场大师讲座、1场高峰对话、2场美育论坛。

〔**举办“音乐文献保护论坛及工作坊”**〕 5月21日，由学院主办的“音乐文献保护论坛及工作坊”开幕，来自全国各地大专院校、艺术院校图书馆、国内外音乐文献收藏与保护机构的专家、学者、负责人及从业人员出席了论坛。论坛历时7个小时，先后有11位专家进行了大会发言。

〔**著名指挥家托马斯（MTT）和旧金山交响乐团举行首席大师课及“音乐对话”音乐会**〕 由中国人民对外友好协会和美国亚洲协会主办的中美文化艺术论坛——第二届“音乐对话”音乐会于11月17日在学院举行。音乐会由世界著名指挥家、旧金山交响乐团音乐总监迈克尔·蒂尔森·托马斯（MTT）创意、策划、指导和主持，学院著名校友王羽佳、吴彤、陈雷激和管弦系以及乐队学院的部分师生参加了演出。该团艺术总监、著名指挥家托马斯（MTT）为指挥系学生讲授大师课并为乐队学院乐团进行排练和指导。

〔**举办“2012北京青年艺术节”**〕 9月24—28日，由学院主办的“2012北京青年艺术节”在学院开幕。北京青年艺术节的前身是有着10余年历史的学院音乐节，更名为青年艺术节，意在凸显“开放”和“创新”之意。艺术节出品人为学院院长王次炤、总策划为副院长周海宏、艺术总监为教务处处长徐之彤。本次音乐节携手中央美术学院、北京电影学院、北京舞蹈学院、北京服装学院等多所艺术院校，推出3场唱谈会、1场论坛、3场影展和8场形式各异的音乐会。

〔**举行“永远记住他们——中国近现代著名词曲作家作品音乐会”**〕 11月5日晚，《李岚清中国近现代音乐笔谈》（英文版）赠书仪式暨“永远记住他们——中国近现代著名词曲作家作品音乐会”在伦敦著名的Cadogan音乐厅举行。这是学院在海外第一次以中英联合演出的形式，通过中英师生之间的音乐交流，让英国观众有机会欣赏、了解中国近现代优秀音乐作品、词曲作家和优秀的演奏家的魅力，同时也向英国观众展示了学院优异的学术水平和教学成果。音乐会由学院院长王次炤任总策划。

〔**举行首届北京胡琴艺术节**〕 11月19日，由学院主办的2012首届北京胡琴艺术节在学院举行。艺术节是以全面推动中国传统弓弦乐器——胡琴的音乐文化发展为目标的现代综合性艺术节。二胡演奏家姜建华、田再励、于红梅、严洁敏和青年胡琴演奏家马向华、胡瑜、孙凰、杨雪演奏了《二泉映月》、《变体新水令》、《第一二胡狂想曲》、《秦川行》等名曲。来自全国各地的胡琴艺术家、演奏家和胡琴爱好者700多人，共同欣赏了这场音乐盛宴。

〔参演“我的音乐厅——外国经典音乐欣赏”项目首发式暨作品音乐会〕　11月28日晚，由学院和中央歌剧院共同承办的“我的音乐厅——外国经典音乐欣赏”项目首发式暨作品音乐会在北京国家大剧院举行，为上千名在京高校学子和音乐爱好者呈现了一台精彩的音乐盛宴。国务委员刘延东、文化部部长蔡武、国务院副秘书长江小涓、教育部副部长郝平、国家大剧院院长陈平，以及文化部和教育部有关部门的领导出席首发式和音乐会。

〔举办第一届雅马哈全国钢琴比赛〕　12月14—20日，由学院与雅马哈乐器音响（中国）投资有限公司共同主办的第一届雅马哈全国钢琴比赛学院大奖赛在学院举行。比赛邀请九大音乐学院钢琴系主任组成专业评审团，由学院钢琴系主任吴迎担任评委会主席。来自全国九大音乐学院和附中的33名入围选手参赛，经评委会评审，共有12名选手从初赛中脱颖而出进入复赛，复赛筛选出6名选手进入决赛。第一名李斯倩（指导教师：鲍蕙荞，中央音乐学院）；第二名鹿尧（指导教师：吴迎，中央音乐学院）；第三名张瑞雪（指导教师：陈曼春，中央音乐学院）。

〔举办“马思聪百年诞辰纪念活动”〕　5月12日，由学院、中国文联和中国音协共同主办的“马思聪百年诞辰纪念活动”在学院举行。活动内容包括纪念大会、学术研讨会和音乐会。中国文联荣誉委员、中国音协名誉主席、学院名誉院长吴祖强，中国音协名誉主席傅庚辰以及学院院长王次炤、党委书记郭淑兰等全体院领导以及来自全国各地的马思聪先生的亲友、同事、音乐学者约200余人参加了纪念大会。

〔举办于润洋80春秋学术研讨会〕　9月15—16日，学院举办了“春雨润物　学海成洋——于润洋教授80春秋学术研讨会”和祝寿典礼。近30位来自全国各地的专家学者和于润洋教授的同事、学生，围绕他的学术品格、理论特色和历史贡献进行了深入而充分的研讨。在祝寿典礼中，学院党委书记郭淑兰、院长王次炤、副书记苗建华、副院长江小艾、叶小纲、肖学俊悉数到场，中国文联原副主席仲呈祥、中国音乐家协会副秘书长王建国、中国音乐学院院长赵塔里木、上海音乐学院副院长徐孟东、天津音乐学院院长徐昌俊、星海音乐学院副院长蔡乔中、南京艺术学院音乐学研究所所长居其宏、中国西方音乐学会会长杨燕迪、中国音乐美学学会会长韩钟恩以及学院音乐学系系主任周青青，分别代表相关单位和社会团体致辞，从不同角度表达了对于润洋教授的感恩与敬仰、祝福与恭贺之情。

〔举办“江定仙百年诞辰纪念”活动〕　9月21—22日，学院举办了“江定仙百年诞辰纪念活动”。此次活动由中国音乐家协会、中共湖北省委宣传部、学院和上海音乐学院主办，来自全国各地的江定仙先生的家人、挚友、同事、学生汇聚一堂，以纪念会、研讨会和音乐会的形式，共同缅怀和追思这位在中国现代和当代音乐史上具有深远影响的音乐大家。江定仙的儿子江自生和学院出版社社长张伯瑜一起，向学院图书馆赠送新出版的《江定仙作品集》。

〔举办“夏之秋百年诞辰”活动〕　10月22日，由学院和国务院侨务办公室宣传司共同主办的纪念“夏之秋先生百年诞辰活动”在学院举行。纪念活动由学院管弦系主任赵瑞林主持，国务院侨务办公室宣传司司长郭锦玲和学院院长王次炤以及夏之秋先生的夫人陈先柄女士以及夏之秋先生的亲属、老朋友、老同学及他的学生共计百余人出席了纪念活动。

〔**举办“纪念林石城90周年诞辰学术研讨会”**〕 11月22日，学院举办了“纪念林石城90周年诞辰学术研讨会”。学院院长王次炤、党委书记郭淑兰、副书记逄焕磊和苗建华、副院长周海宏出席研讨会。王次炤做了主旨发言，对林石城先生给予了充分肯定和高度评价。林石城不同时期的学生、全国各大音乐艺术院校（系）琵琶专业的教师和学院民乐系部分学生参加了研讨会。

〔**举办“顾毓琇教授110周年诞辰纪念”活动**〕 由学院主办，清华大学、上海交通大学、东南大学协办的顾毓琇教授110周年诞辰纪念活动于12月18日在学院举行。活动内容包括纪念大会、顾毓琇生平成就展览、雕像揭幕仪式和纪念音乐会。顾毓琇是中国现代史上一位在科学、教育、诗歌、戏剧、音乐、佛学诸领域都取得了卓越成就的文理大师，也是学院的前身——国立音乐院的创始人和首任院长。

〔**举行2012音乐孔子学院首届理事会**〕 12月19日，首届音乐孔子学院理事会在学院举行。理事会全体成员，学院党委书记、院务委员会主任郭淑兰（理事长），丹麦皇家音乐学院院长Bertel Krarup（副理事长），学院院长王次炤（理事），丹麦皇家音乐学院国际事务委员会委员主管Eva Hess Thaysen（理事），丹麦皇家音乐学院打击乐系系主任Gert Mortensen（理事），学院国际交流处处长刘红柱译审（理事），学院民乐系教授、音乐孔子学院办公室主任刘月宁（理事）出席了会议。两所学院的理事针对《音乐孔子学院2013年度计划》中的项目规划和教学计划进行了细致、严谨的论证与审议。

〔**学院合唱团访美**〕 6月18—27日，应美国耶鲁大学国际合唱节的邀请，学院合唱团一行56人作为特邀合唱团参加该校的合唱节活动。学院合唱团以范围广泛的曲目、优秀的中国合唱作品、优美独特的声音和演唱技巧以及丰富的音乐表现力，征服了所有听众，获得了一致的赞誉。

撰稿　王天红
审稿　赵　海

中央戏剧学院

〔**教育教学改革**〕 2012年9月，学院成立了音乐剧系、京剧系、歌剧系和继续教育中心，将艺术管理系更名为戏剧管理系。调整了部分专业的学制，其中导演专业（戏剧影视导演方向）、戏剧影视美术设计专业（舞台设计方向）恢复5年制学制；歌剧专业（歌剧表演方向）执行5年制学制。12月，学院又将公共事业管理专业（影视制片管理专业方向）调整为戏剧影视导演专业（影视制片专业方向）。

〔**成立中国戏剧文化管理协同创新中心**〕 8月31日，学院发起成立的"中国戏剧文化管理协同创新中心"举行揭牌仪式暨第一届全体成员大会，并举行了首次研讨会。该中心秘书长、学院副院长徐永胜介绍了中心的相关情况，各成员单位代表围绕"中心未来发展规划"的议题进行了热烈的讨论。

〔**签订联合培养协议**〕 11月13日，学院与中国歌剧舞剧院签订了《中国歌剧舞剧院与中央戏剧学院合作培养2013级歌剧表演本科班协议》。双方本着"联合招生、共同培养"的原则，面向全国招收25名学生，由学院根据歌剧表演专业方向本科生培养规格进行培养。学生毕业时，中国歌剧舞剧院秉持"双向选择、择优录用"的原则，对成绩优异的学生进行招录。

〔**举办学院奖活动**〕 11月21—25日，学院举办全国话剧优秀剧目片断展演暨第二届学院奖（戏剧表演）活动。该活动共从全国院团选送的剧目中选出9台优秀剧目进行展演，评选出了8名最佳主角和9名最佳配角。

学院奖（戏剧表演）是由学院和中国话剧艺术研究会表演艺术委员会联合主办的一项极具艺术性与学术性的戏剧艺术奖项，旨在大力推动戏剧舞台艺术创作，展现话剧创作的优秀成果，推出艺术精品和优秀表演人才，激励广大话剧表演艺术工作者创作出具有更高艺术品质的作品。

〔**获"话剧金狮奖"**〕 12月，学院教师获多项"2012全国戏剧文化奖话剧·金狮奖"。其中导演系教授丁如如获"金狮"导演奖、音乐剧系教授刘红梅获"金狮"表演奖、舞台美术系教授孙大庆获"金狮"舞美奖、电影电视系教授武亚军获"金狮"编剧奖。

〔**举办亚洲戏剧教育研究国际论坛**〕 5月18—22日，学院举办了第七届亚洲戏剧教育研究国际论坛暨第二届亚洲戏剧院校大学生戏剧节。该论坛由教育部体育卫生与艺术教育司和亚洲戏剧教育研究中心主办、学院承办。期间，来自国内外33所艺术院校的专家学者以"世界戏剧与戏剧的民族化"为主题展开深入交流，来自11个国家的19位专家进行了主题发言，来自国内外11所院校的演出剧目参加了戏剧节的演出。

〔**举行中国高等戏剧教育联盟首次主席会议**〕 6月14日，学院举行中国高等戏剧教育联盟首次主席会议。中国戏曲学院、上海戏剧学院、台湾艺术大学等院校出席会议，就《中国高等戏剧教育联盟章程（草案）》及"联盟常规交流活动承办规则"进行审议，正式签署建立"中国高等戏剧教育联盟"盟约。该联盟由学院策划，联合中国戏曲学院、上海戏剧学院、台湾艺术大学共同发起，并经上级教育主管部门正式批准后，启动各项筹备工作。截至2012年年底，全国各大区域（含港澳台地区）的20余所高等艺术院校及开设戏剧类专业的普通高等学校成为首批加盟院校。联盟总部设在学院。

〔**举行国际舞台美术交流活动**〕　10月25日至11月2日，学院举办“国际舞台美术专业学生作品交流中心”系列活动。期间，在国家大剧院举办了“2012国际舞台美术教育展”。展览涵盖了舞台设计、舞台绘景、灯光设计、服装设计、化妆设计、舞台技术等全部舞台美术专业领域。来自国内外的专家、教授和学生围绕参展的100余件实物展品以及近500幅图片展品进行了学术交流。

〔**与国外院校签订合作交流协议**〕　11月20日，学院与俄罗斯圣彼得堡列宾国立绘画、雕塑与建筑艺术学院签订了友好交流合作协议。双方在文化、艺术及教育领域开展进一步的合作，增进两国青年之间的相互了解。

〔**签署校际合作协议**〕　12月18日，学院院长徐翔与罗马尼亚多瑙河大学校长朱利安·贝山先生签署了合作协议。

〔**赴印度参加婆罗多戏剧节**〕　1月10—16日，学院代表团赴印度参加第14届婆罗多戏剧节。期间，学院表演系京剧班学生演出了京剧传统折子戏《三江越虎城》、《天女散花》、《卖水》等。代表团在印度国立戏剧学院举办了“百张图片展”，生动展现了学院的发展历程。代表团还参加了中国驻印度大使馆慰问山东电力建设第三工程公司的活动和使馆“欢乐春节”联欢会。

〔**访问国际剧协戏剧教育中心**〕　1月28日至2月2日，学院院长徐翔访问了保加利亚国立戏剧电影大学、联合国教科文组织国际剧协戏剧教育中心总部，以及罗马尼亚国立戏剧电影大学。

〔**参加基辅国际大学生戏剧节**〕　3月26日至4月2日，学院代表团赴乌克兰首都基辅参加第三届基辅国际大学生戏剧节。学院选派了由俄国圣彼得堡国立戏剧学院教授格纳吉·萨乌洛维奇·马伊导演的《安东·契诃夫趣剧》参加本届戏剧节演出，获得广泛好评。戏剧节期间，代表团还观摩了多个国家和地区带来的不同风格的戏剧作品及大师班活动。

〔**参加国际舞台美术与技术展览会**〕　2月22日至3月2日，学院舞台美术系参加了第一届广州国际舞台美术与技术展览会。学院布设的独立展区包括模型、图片、媒体演示、图书等作品，受到业界高度评价，并获“中国舞台美术贡献奖”、“展示空间创意奖”和“优秀作品奖”。

〔**聘任终身客座教授**〕　5月24日，学院正式聘任日本大学教授户田宗宏为学院终身客座教授。

〔**上演教学实习剧目《为你疯狂》**〕　4月21—23日，学院表演系2009级音乐剧班成功上演了美国百老汇音乐剧《为你疯狂》，该剧由学院创作团队与美国原版《为你疯狂》的主创人员合作完成。

〔**参加全国大学生校园文艺会演**〕　5月4日，学院参加了《五月的鲜花——心中的歌儿唱给党》2012年全国大学生校园文艺会演。表演系学生参与合诵了情景诗《青春的使命》，演绎了一首当代大学毕业生立志到东北老工业区、到农村、到西部、到祖国最需要的地方去奉献青春才智、履行青春使命的赞歌。

〔**参加高雅艺术进校园活动**〕　5月31日至6月9日，学院2009级表演系音乐剧班赴南京市参加由教育部、财政部主办的“高雅艺术进校园”活动，演出了音乐剧片断《家》和话剧片断《理查德三世》。

〔**参加世界大学生戏剧协会戏剧节**〕　7月2—7月7日，学院表演系赴白俄罗斯首都明斯克参加第九届世界大学生戏剧协会戏剧节，共有来自欧洲、美洲、亚洲30多个国家参加。学院演出了原创音乐剧《家》，独具民族特色的表演形式吸引了各国观众，获得圆满成功。

〔**举行招生工作新闻发布会**〕 12月7日，学院举行2013年招生工作新闻发布会，全面介绍了2013年学院招生工作的新变化。学院表示，不会因为校园面积的扩大而盲目扩招，并就历年报考火热的表演系招生向社会做出“十年不扩招”的承诺。发布会公布了学院2013年招生计划：本专科共计划招生596人，其中本科396人、专科（高职）200人。

撰稿 王晓辉
审稿 徐 贞

中央美术学院

〔**高洪任学院党委书记**〕 2012 年 10 月 26 日，学院召开教师干部大会。教育部党组成员王立英出席会议，教育部人事司司长管培俊在会上宣读了中共教育部党组关于高洪、杨力职务任免的决定。任命高洪为中共中央美术学院委员会委员、书记；杨力因年龄原因，不再担任上述职务。

〔**入选“全国美术馆发展扶持计划”**〕 学院 3 个展览项目入选文化部 2011 年“全国美术馆发展扶持计划”，在全国名列前茅。

〔**成立国家主题性美术创作研究中心**〕 4 月 20 日，由文化部艺术司与学院共建的国家主题性美术创作研究中心揭牌成立。该中心是为深入贯彻落实党的十七届六中全会精神，坚持和倡导正确的创作方向，推出更多、更好的能够反映当代中国社会主义建设和改革发展伟大成就的优秀美术作品，配合“国家重大现实题材美术创作工程”而启动的。

〔**成立国家艺术发展战略研究协同创新中心**〕 12 月 26 日，国家艺术发展战略研究协同创新中心成立仪式在学院举行。

〔**举办第二届全国美术院校组织工作研讨会**〕 11 月 14—16 日，由学院主办的第二届全国美术院校组织工作研讨会在北京召开。来自全国 13 所艺术院校的组织部长和部分基层党总支书记应邀参加了会议。会议围绕美术院校基层党组织设置、基层党组织书记队伍建设、基层组织工作的创新以及中层干部管理与考核等问题展开讨论，共同探讨美术院校组织工作的特色经验和创新空间。

〔**主办“首届当代艺术与国家文化战略论坛”**〕 11 月 24—25 日，由学院主办的“首届当代艺术与国家文化战略论坛”在厦门市召开。该论坛是由教育部哲学社会科学研究重大课题攻关项目“当代艺术实践与增强国家文化竞争力战略研究”课题组策划的首届学术论坛，并首次从增强国家文化竞争力的战略角度展开对于中国当代艺术实践的系统梳理和研究。

〔**举办第六届全国高等院校美术史学年会**〕 11 月 24—25 日，由全国高等院校美术史学年会组委会和中央美术学院人文学院共同主办的“美术史：拓展与深入——第六届全国高等院校美术史学年会”召开。来自全国 20 多所高等院校及研究院所、博物馆和出版社等单位的近百位专家学者及相关专业学生参加了年会。在为期两天的会议中，29 位学者围绕理论研究与学术史、美术与考古、中国绘画研究、中国近现代美术、跨文化与跨学科和放眼世界 6 个主题展开了讨论。

〔**设计学科成果进入西方权威设计史**〕 2012 年出版的第五版《梅氏平面设计史》，以大篇幅介绍了学院奥运艺术设计中心为 2008 年北京奥运会所做的形象和景观设计。这是学院设计首次进入西方最权威的设计史。此外，第五版《梅氏平面设计史》还在第二十三章“全球对话中的国家视野”中的“现代中国平面设计的新美学”一节中，介绍了学院教师王敏和蒋华的设计。

〔**《美术研究》入选 CSSCI 数据库**〕 学院学报《美术研究》入选 2012—2013 年度中文社会科学引文索引来源期刊。在 2012—2013 年度评选中，艺术学 CSSCI 来源期刊共计 20 种，其中美术学仅有学院学报《美术研究》入选。该学报获中国人民大学人文社会科学学术成果评价研究中心评选的

2012年版“复印报刊资料”重要转载来源期刊。

〔徐冰作品被华盛顿邮报评为2011“十大最出色艺术与建筑”〕 1月29日，学院教授徐冰大型专题巡回展《烟草计划》在美国康涅狄格州举办。同期《烟草计划》被美国《华盛顿邮报》评为2011年“十大最出色艺术与建筑”之一。

〔获“文化部创新奖”特等奖〕 6月20日，文化部举办了“十七大以来文化建设成就系列——文化科技创新工作新闻发布会”，公布了“第四届文化部创新奖”获奖项目名单。学院院长潘公凯带队完成的“2010年上海世博会中国国家馆展示总体设计——艺术装置和多媒体的跨界与创新”项目获“第四届文化部创新奖（特等奖）”。

〔周令钊、伍必端获中国文联第十届造型艺术成就奖〕 8月2日，由中国文联主办的第十届造型表演艺术成就奖颁奖典礼在北京举行。10位德艺双馨的老艺术家荣膺该奖，其中学院老艺术家、教授周令钊、伍必端获造型艺术成就奖。

〔举行“中国现代美术之路”课题成果发布会暨研讨会〕 9月24日，由学院院长潘公凯主持的“中国现代美术之路”课题成果发布会暨学术研讨会在北京举行。该课题系统、完整地对中国近现代美术史进行了梳理、总结和研究，给20世纪中国美术做出了明确的现代性定位，实现了为中国现代美术正名的学术目标，具有开创性的意义。

〔举办中国·荷兰公共艺术交流论坛〕 11月22日，由学院与荷兰VARIO MUNDO公共艺术基金会联合主办的中国·荷兰公共艺术交流论坛在学院举行。与会代表围绕“发展地区的艺术力量”这一议题展开研讨和交流。

〔启动“百年辉煌”工程〕 11月20日，学院召开以“深入学习贯彻党的十八大精神，以实际行动铸就学院百年辉煌”为主题的中层干部及学术骨干大会。学院党委书记高洪、院长潘公凯就学习贯彻落实党的十八大精神和实施“百年辉煌”工程进行了动员和部署。

〔“纸·非纸”艺术展〕 1月13日，由学院与东京艺术大学联合主办“纸·非纸——中日纸艺术展第一回”在学院举行，共展出学院和东京艺术大学50位参展艺术家的作品。双方艺术家围绕“纸”这一概念，探讨了“纸”的文化内涵以及“纸”在当代文化语境下的可能性表达。

〔举办“武器、生活、传承”三大展览〕 5月18日，学院举办了纪念毛泽东同志《在延安文艺座谈会上的讲话》发表70周年系列活动：“武器——彦涵革命时期艺术作品展”、“生活——苏高礼捐赠作品展”、“传承——中国大同善化寺壁画重光”展开幕式。

〔“再创唐风——唐勇力中国画作品展”〕 6月30日，“再创唐风——唐勇力中国画作品展”在中国美术馆开幕。该展览是学院教授唐勇力从艺40余年来首次大型个人展，通过150余幅作品，集中展示了唐勇力在中国画继承、创新、发展方面取得的突出成果以及做出的贡献。

〔举办首届CAFAM未来展〕 8月8日，“首届CAFAM未来展：亚现象·中国青年艺术生态报告”在学院展出。展览展出了大陆及港澳台地区的93位青年艺术家的近200件作品，意在重点考察新生代艺术家在全球语境、文化格局、生产方式之下属于这一代人特有的“艺术方式”。

〔中国首个大型当代“艺术家手制书”展开幕〕 9月18日，中国首个大型当代“艺术家手制书”展“钻石之叶”在学院开幕。共展出从1913年到2012年近百年间的最具有代表性的“书作品”86件，展示的第一本书是卡夫卡自己设计、参与排印的有限印刷的出版物。还有诸如杜尚、安迪·沃霍尔、奇奇·史密斯、达利等著名艺术家制作的手制书。

〔**大同壁画双年展暨曾竹韶奖学金作品展开幕**〕　9月26日，由大同市政府、学院和中国美术家协会共同主办的大同国际壁画双年展暨“曾竹韶雕塑艺术奖学金”2012年度获奖与入围作品展在大同市开幕，300多名海内外壁画艺术家携500余幅作品参展。该展览是新中国成立以来最大规模的壁画展，也是中国乃至世界范围内首创的以双年展形式举办的国际壁画展。

〔**当代造型艺术展在伦敦开幕**〕　“视像：中央美术学院当代造型艺术展”于9—10月在英国伦敦拉开帷幕。展览汇集了学院造型学院25位教师的65件作品，是一次具有突破性和建设性的重大展事。

〔**启动国际视觉艺术设计交流展系列活动**〕　10月16日，“交响2012国际视觉艺术设计交流展”在学院开幕。本次展览着眼于信息时代的设计交流和信息分享，与欧美和国内8所艺术类院校达成共识，于2012年秋季在各自校区安排展出了这一视觉设计作品展。展览展出了来自亚洲、美洲、欧洲数所学校的近百件设计作品、插图和摄影作品，以此促进高校间的学术交流、教学交流，共同思考在信息时代媒介特性基础之上设计教学的发展方向，搭建学生文化共享舞台。

〔**举办国际当代首饰展**〕　11月9日，“十年·有声”中央美术学院与国际当代首饰展开幕式在学院举行。旨在通过对首饰专业十年教学的回顾和总结，就当代首饰最具前瞻性问题提供国际化的交流平台。

〔**馆藏国立北平艺专精品陈列展开幕**〕　11月27日，作为学院“百年辉煌”工程的序曲，学院美术馆馆藏国立北平艺专精品陈列（西画部分）展开幕，包括馆藏西画精品近40件及大量的珍贵史料文献。该展览作为学院美术馆年度重点项目入选文化部“2012年全国美术馆馆藏精品季”优秀项目。

〔**举办谭平作品展**〕　12月7日，由中国美术馆和学院举办的《谭平作品展·2012》在中国美术馆开幕。作为首个进入中国美术馆主展厅的抽象艺术家展览，上百幅油画、版画作品清晰呈现了其艺术创作的轨迹，展示了谭平40年来融汇东西方文化，运用抽象艺术进行的大胆探索和创新成果。

〔**举办朱乃正艺术思行研究展**〕　12月15日，《黑白东西：朱乃正艺术思行研究展》在学院开幕，主要展出了水墨画、书法、油画等作品。教育部副部长郝平、中国美术家协会名誉主席靳尚谊等出席开幕式。朱乃正以其小油画写生的精湛色彩及深远的情调为世人所知，如《金色季节》、《青海长云》、《国魂》等作品，早已得到美术界的认可和推崇。

〔**举办毕业生优秀作品收藏展**〕　1月16日，“千里之行：中央美术学院毕业生优秀作品收藏展”在英国伦敦开幕，海内外200余人出席了开幕式。作为学院乃至中国艺术院校最重要的推介年轻艺术家的平台之一，该展览向国际艺术界、文化界推介正在成长并引人瞩目的中国年轻艺术家，这是一次具有突破性和建设性的重大展事。

〔**获中国汽车设计大赛全国院校总积分榜第一**〕　10月中旬，“汽车设计新闻网”官方网站公布了“中国汽车设计大赛2012院校积分榜”和大赛创办以来的“院校总积分榜”名单，由学院交通工具设计专业教授汪镇宇带领的学生团队一举夺得两项积分榜第一。

撰稿　陆英明
审稿　杨　杰

北京中医药大学

〔**刘云山做出批示**〕　2012年1月28日，中共中央宣传部部长刘云山在学校的汇报材料上批示："中医药大学治学严谨，树人为本，校风优良，办学经验可贵"。

〔**刘延东到校视察**〕　10月18日，国务委员刘延东到校视察、指导工作。刘延东一行先后参观了逸夫科研楼、中医药科技创新平台实验室、中医药博物馆，考察了中医教改实验班的实践教学，看望名老中医代表、教师代表和学生代表，并发表重要讲话。

〔**新增2个北京市一级学科重点学科**〕　4月25日，中西医结合及护理学2个学科被批准为北京市一级学科重点学科。这是学校首次获批北京市一级学科重点学科。截至2012年年底，学校已拥有2个北京市一级学科重点学科、2个交叉学科、4个北京市二级学科重点学科。

〔**获5项教育部人文社科项目**〕　2月24日，学校管理学院获5项2012年度教育部人文社会科学研究一般项目立项。教授张其成的"清末民国医易汇通学派文献整理与研究"、教授孔军辉的"中医情志疗法对大学生阈下抑郁的干预研究"和副教授侯胜田的"中国医药企业社会责任评价体系研究"，获规划基金项目立项资助；副教授李祺的"中国企业跨国经营中母国形象劣势的应对策略研究"和副教授何静的"卫生核算理论方法国际新进展研究及对中国医疗卫生活动的宏观观察与分析"，获青年项目立项资助。

〔**3部教材入选第一批"十二五"规划教材**〕　11月，学校3部教材入选第一批"十二五"普通高等教育本科国家级规划教材，分别是：教授黄启福主编的《病理学》（修订版）、教授王庆国主编的《伤寒论讲义》和教授高学敏主编的《中药学》（第二版）。

〔**获批国家中医药管理局"十二五"重点专科**〕　2月9日，学校附属东方医院8个科室获批国家中医药管理局"十二五"重点专科。其中肺病科、脾胃病科、儿科、皮肤科、耳鼻喉科、肿瘤科被评为国家中医药管理局"十二五"重点专科建设项目，护理学部、预防保健科（治未病中心）被评为培育项目。截至2012年年底，东方医院已有国家中医药管理局重点专科14个。

〔**成立心血管病研究所**〕　1月3日，学校心血管病研究所在附属东直门医院正式挂牌成立。该研究所的学术委员会成员有：学术委员会主任委员陈可冀，副主任委员王永炎、张伯礼，委员胡大一、葛均波，黄启福、廖家桢、鲁兆麟、孙塑伦等，王显任所长。国家中医药管理局人事教育司司长洪净为研究所所长和学术委员会成员颁发聘书，中国科学院院士陈可冀和国家中医药管理局副局长吴刚为研究所揭牌。心血管病研究所的建设主要包括中美免疫实验室、气血理论研究室、流行病学研究室、名家学术研究室、临床心血管病中心。

〔**中标"十二五"中医药教育教学改革研究课题**〕　4月6日，学校17个项目中标国家中医药管理局"十二五"中医药教育教学改革研究课题，包括高等教育教学改革课题立项15项。其中重点课题10项、一般课题5项（含立项不资助1项）；成人教育教学改革课题立项2项，其中重点课题1项、一般课题1项。

〔**获"北京市高等教育学会招生考试研究会先**

进集体”称号〕　1月，学校招生与就业处获“2010—2011年度北京市高等教育学会招生考试研究会先进集体”称号。该处积极开展招生宣传与研究工作，努力探索具有中医药专业人才培养特色的自主招生复试改革工作，陆续获教育部和北京市课题立项。其中“自主选拔录取高等中医药人才的研究”获北京市高等教育学会年度研究课题立项，并被列为7项重点资助课题之一。

〔1位教授获北京技术市场金桥奖〕　1月10日，学校教授孙建宁获第十三届北京技术市场金桥奖个人二等奖。孙建宁长期以来一直从事中药防治重大疾病创新药物的研究，与国内外及北京市多家企事业单位合作，为他们提供技术服务与支持，已完成多项中医药科技成果的转化。

〔获2011年度国家科学技术进步奖二等奖〕　“肝脾肾同治法辨证治疗2型糖尿病临床研究”获2011年度国家科学技术进步奖二等奖。该研究由学校、中国中医科学院研究生院、中国中医科学院广安门医院、东直门医院、东方医院、北京世纪坛医院共同完成，旨在探索肝脾肾同治法辨证治疗2型糖尿病的疗效及科学性。

〔获2011年度市级多项科研奖项〕　4月28日，学校第三附属医院获2011年度市级多项科研奖项。在“北京市科学技术奖励大会暨2011年北京市科技工作会”上，学校教授唐启盛的“抑郁症中医证候学规律的研究”获北京市科学技术奖一等奖；教授杨晋翔的“酒精性肝纤维化中医证候表达的临床及生物学基础研究”获北京市科学技术奖三等奖；教授裴晓华的“三氧化二砷和粉防己碱抑制乳腺肿瘤作用及协同效果的研究”获中华中医药学会科学技术奖三等奖。

〔获2011世界信息峰会大奖〕　学校数字博物馆（英文版）获2011世界信息峰会大奖（World Summit Award，WSA）。4月28日，该项目负责人方廷钰、贾德贤和嵇波在埃及开罗出席颁奖仪式。“世界信息峰会大奖”是国际上唯一由联合国教科文组织主办的数字内容大奖，是全球互联网领域的最高奖项。学校数字博物馆属“电子健康与环境”组，从160多个国家报送的460个参赛作品中脱颖而出，被评为该组5个最优秀的作品之一，是中国在本届评比中获奖的2个项目之一。

〔获北京地区高校就业特色工作项目建设立项〕

3月，学校招生与就业处的“搭建实践型就业基地，建设共享型就业市场”项目被确定为北京地区高校就业特色工作项目。这是学校首次在北京地区高校就业特色工作领域的立项，项目获北京市教委专项经费支持。该项目立足于共享资源，开拓北京地区以外医学生就业市场。并与协和医学院、北京大学医学部、首都医科大学等医学院校进行资源整合，建立共享就业数据库，共同探索共享型北京地区以外就业市场开发和社会评价反馈模式。该项目计划建设30至40个北京地区以外就业基地，建立包括校友数据库、合作单位数据库、用人信息数据库、人才规划数据库等共享就业数据库，组织多场北京地区以外专场招聘会。

〔中国医师人文医学职业技能培训基地授牌〕

3月30日，学校附属东直门医院成为中医医院中首家中国医师人文医学执业技能培训基地。同日，中国医师协会人文医学执业技能培训体系“全国医院最佳实践研讨会”在东直门医院举办第5次北京地区专场会，并为承德市中心医院、东直门医院、天津武警医学院第一附属医院、中国医科大学附属盛京医院授牌，宣布4家医院正式成为中国医师人文医学执业技能培训基地。

〔参与《中医药蓝皮书》编写〕　4月19日，中国社会科学院组织《中医药蓝皮书》首次研讨会，学校受邀承担《中医药蓝皮书》部分编写任务。首批《中医药蓝皮书》初步计划分为两部，即《中医药蓝皮书——中国中医药发展报告》和《中医药蓝皮书——中医药文化传播发展报告》。其中《中医药文化传播发展报告》由学校承担调研和编写任务。

〔**4个“中医药薪火传承3+3工程”工作站揭牌**〕　7月7日，新获批的4个北京市中医管理局“中医药薪火传承3+3工程”老中医专家继承工作站在东直门医院揭牌，分别是“田德禄名医继承工作站”、“武维屏名医继承工作站”、“孙呈祥名医继承工作站”、“臧福科名医继承工作站”。

〔**钱超尘人文学术传承工作室揭牌**〕　6月12日，学校教授钱超尘人文学术传承工作室揭牌仪式举行。该工作室属于北京市中医管理局“中医药薪火传承3+3工程”建设单位。钱超尘在致辞中提出工作室未来工作的三个方向：结合中医经典著作和考据学专业知识培养青年人才；整理讲稿和学术资料，集结成册，奉献社会；为学术团队成员的中医文献研究计划提供咨询指导。

〔**图书馆外文数据库资源（含SCI引文数据库）正式开通使用**〕　1月6日，学校图书馆开通使用4个外文数据库，分别是：Elsevier期刊全文数据库（Science Direct数据库医学相关学科）、Springer Link期刊全文数据库（生物医学专辑）、Proquest期刊全文数据库（生命科学相关学科）及SCI引文数据库（3年数据回溯）。此外，还开通了Proquest学位论文全文数据库（生命科学相关学科）。

〔**2个流派传承工作室获批全国建设单位**〕　12月，学校2个流派传承工作室获批第一批全国中医药学术流派传承工作室建设单位，分别是：“燕京刘氏伤寒流派传承工作室”（项目负责人为王庆国）和“燕京韦氏眼科流派传承工作室”（项目负责人为韦企平）。此次共有64家单位入选，其中北京地区3家。该项目着重挖掘、传承、弘扬、推广学术流派的学术思想和技术，突出学术流派的理论、观点和医疗实践中具体的技术方法与方药运用。

〔**与海军医学研究所签署合作协议**〕　7月31日，学校与海军医学研究所签订合作框架协议。双方在中医药防治海军常见疾病、潜水防护医学研究、相关新药开发及共同培养博士后等方面开展合作。该合作能够将海军医学研究所设备先进、技术雄厚的优势，与学校人才队伍强大、临床经验丰富、教学水平高的优势相结合，实现优势互补，强强联合，共同推进海军医学领域的科学研究，更好地为部队官兵和人民群众提供服务。

〔**与航天员科研训练中心签署合作协议**〕　7月31日，学校与航天员科研训练中心签订合作协议。双方在探索军地共建航天中医药研究平台，建立协同发展的新型合作模式，实现适应航天中医药研究需求的人才培养、科技协作、技术服务、科研成果转化等方面开展合作。

〔**举行针灸推拿学院建院30周年庆典暨第三届国际针灸推拿技法学术研讨会**〕　11月9日，学校针灸推拿学院建院30周年庆典暨第三届国际针灸推拿技法学术研讨会举行。来自伊朗、英国、德国、奥地利、西班牙、瑞士、瑞典、意大利、以色列、美国、澳大利亚、韩国、新加坡、日本，中国大陆及台湾地区近400名代表参会。同时为“北京国际针灸推拿人才培训基地”及谷世喆、唐玉秀名家工作室揭牌，颁发突出贡献奖17个、杰出校友奖14个、特别贡献校友奖1个。苏州医疗用品有限公司等3家单位被授予支持针灸推拿学院发展特别贡献奖。庆典之后，举办了为期2天的第三届国际针灸推拿技法学术研讨会。

〔**图娅受聘为国家督学**〕　11月11日，在国务院教育督导委员会成立暨新一届国家督学聘任工作会上，学校教授图娅被聘为特约教育督导员（国家督学），聘期3年。

〔**伊朗卫生部部长到访**〕　5月16日，伊朗卫生部部长马尔奇亚·瓦希德·达斯特杰尔迪率领伊朗卫生部代表团到校访问，双方签订多项合作办学协议。

〔**与墨西哥国立理工大学签署新合作协议**〕　4月10日，学校与墨西哥国立理工大学（Instituto

Politécnico Nacional）签署新的合作协议。校长高思华与墨西哥国家理工大学校长布斯塔曼特（Dr. Y. Bustamante）代表双方院校签署《合作框架协议》与《学生交换项目协议》。

〔**伦敦大学学院维维恩·罗博士举办医学人文学讲座**〕　5月23日，英国伦敦大学学院中国仁康中心维维恩·罗（Vivienne Lo）博士在学校举办双语讲座。讲座主题为“从证据到疗效：医学人文学的角色和作用”。维维恩·罗以自己的课题研究和医学人文学为切入点，详细阐述了中国运动养生历史，倡导中国和英国在医学人文研究领域进一步开展对话。

〔**世界中医药学会联合会管理科学专业委员会成立**〕　5月25日，世界中医药学会联合会管理科学专业委员会成立大会暨第一届学术年会召开。学校管理学院教授房耘耘担任会长、陈占禄担任秘书长。成立大会后，召开主题为“创新管理，发展中医”的第一届学术年会，举办了5个专题讲座：《新形势下的中医药国际标准化战略》、《加拿大的医疗制度与中医》、《台湾中医药发展的过去、现在与未来》、《科学管理体系是中医世界性发展的基础》和《从澳洲中医药立法谈新形势下中医药的国际化发展》。来自加拿大、澳大利亚、芬兰、巴基斯坦、津巴布韦等国家及中国大陆和台湾地区的政府部门、中医院校、学术团体、医疗机构共141位代表参会。

〔**日本学校法人兵库医科大学中医药孔子学院正式运营**〕　11月9日，日本学校法人兵库医科大学中医药孔子学院建成运营，学校教授郧继红由国家汉办派遣担任该院中方院长。该院是国家汉办开设的第三所中医药孔子学院，也是亚洲第一所中医药孔子学院。学院以促进汉语和中国文化交流为主要任务，同时将中医药作为特色，将传统和现代中医药科学同汉语教学相融合，为日本民众认识和了解中国文化搭建一个全新平台。

〔**举办首期“海外中医师研修班”**〕　12月4日，首期“海外中医师研修班”在学校开班。该研修班共有来自泰国、马来西亚、菲律宾、印尼、日本、韩国等9个国家的20名学员。学习期间，14位专家作中医、针灸、推拿、药膳等专题讲授，学员还到附属东直门医院、第三附属医院进行临床见习。

〔**获评2011年度“首都文明单位”**〕　4月，学校被评为2011年度“首都文明单位”。首都文明单位是市级表彰在“物质文明、政治文明和精神文明”建设方面相互促进、协调发展并取得显著成绩的最高荣誉称号之一，每2年评选一次。

撰稿　杨　苏
审稿　乔延江

对外经济贸易大学

〔**教育教学改革**〕　2012年，学校教育教学改革取得新进展。学校有10种17册教材入选第一批“十二五”普通高等教育本科国家级规划教材；《企业财务报表分析》入选国家2012年“精品视频公开课”建设选题名单；“现代服务业人才培养实验教学中心”被评为“十二五”国家级实验示范教学中心；获2个由教育部、中央政法委员会评审的“首批卓越人才教育培养基地”——应用型复合型法律职业人才教育培养基地、涉外法律人才教育培养基地；学校推荐的150个项目全部被教育部批准为2012年度国家级大学生创新创业训练计划项目；雀巢（中国）有限公司被北京市教委认定为学校“2012年北京高等学校市级校外人才培养基地”建设单位。学校成立了旨在“服务教学工作、促进教师发展”的教师教学发展中心及旨在“服务学生成长、满足个性需求”的学业指导中心。

〔**获31项国家社科基金项目**〕　5月22日，学校31个国家社科基金项目获准立项，在全国647个获资助单位中排名第12位，居全国同类院校之首。

〔**现代服务业人才培养实验教学中心获批国家级示范中心**〕　9月17日，学校“现代服务业人才培养实验教学中心”获批为“十二五”国家级实验教学示范中心。该中心是学校首个国家级实验教学示范中心。

〔**成立协同创新中心**〕　9月20日，由学校协同商务部、联合国贸易和发展会议、联合国工业发展组织、国际贸易与可持续发展中心、国家开发银行股份有限公司、义乌市政府等共同组建的中国企业“走出去”协同创新中心在学校成立。该中心是一种新的国际合作模式，以“国家急需、世界一流”为建设目标。

〔**贯彻落实人才强校第三次会议精神**〕　6月8日，学校出台“杰出青年学者培育计划”实施办法、“优秀青年学者培育计划”实施办法。11月13日，《对外经济贸易大学职员岗位聘任暂行管理办法》正式出台，职员制正式实施。

〔**共建“国际商务官员研修项目志愿服务基地”**〕　5月4日，学校与商务部国际商务官员研修学院合作共建“国际商务官员研修项目志愿服务基地”签约仪式举行。志愿服务基地的成立是落实教育部和商务部共建对外经贸大学的实质性举措，对于学校实施国际化战略、提高人才培养质量具有重要意义。

〔**施建军被聘为全国统计教材编审委员会副主任委员**〕　5月12日，学校校长施建军被聘为全国统计教材编审委员会（第六届）副主任委员。

〔**施建军获“IET-方正大学校长奖”和优秀校长奖**〕　6月2日，学校校长施建军获第五届“IET—方正大学校长奖”。12月14日，施建军获“开学第一讲（2012）”优秀校长奖。

〔**管理学学士会计课程获授牌认证**〕　3月28日，学校与英格兰及威尔士特许会计师协会（ICAEW）就学校管理学学士会计课程通过该协会评审，举行了认证授牌仪式。学校由此成为继清华大学之后，国内第二家通过该协会评审的大学。

〔**获首批中国译协优秀会员单位称号**〕　12月6日，学校和中央编译局、上海市翻译家协会等24家单位获首批“中国译协优秀会员单位”称号。

〔**成立中国国际经贸大数据研究中心**〕 12月8日，中国国际经贸大数据研究中心在学校成立。该中心是以学校为依托，以著名经济学家李德伟、斯坦福大学归国学者李安渝为核心研究力量而创建的国内第一所以大数据研究为核心内容，集政、产、学、研为一体的智库机构。

〔**成立首家葡语国家研究中心**〕 1月16日，学校举行首家葡语国家研究中心——对外经济贸易大学区域国别研究所葡语国家研究中心成立暨揭牌仪式。中国国际经济交流中心秘书长、商务部原副部长魏建国，学校校长施建军，中国—葡语国家经贸合作论坛（澳门）常设秘书处秘书长常和喜等参加揭牌仪式。

〔**聘请耶路撒冷希伯大学3位教授担任客座教授**〕 7月17日、9月20日和11月20日，学校分别举行客座教授聘任仪式，为耶路撒冷希伯来大学教授罗伯特·罗格斯基（Robert A. Rogowsky）、简-路易斯·穆奇艾利（Jean-Louis Mucchielli）教授和乌尔里奇·布鲁姆（Ulrich Blum）教授颁发客座教授聘书。

〔**统计学院成立**〕 10月20日，学校统计学院成立。统计学院致力于培养具有国际视野，能够胜任政府部门、高校及研究机构、金融机构和各类企业的需要，同时具备经济统计实务和高层次研究工作的复合型高素质专门人才。

〔**成立国际交流中心**〕 11月21日，学校国际交流中心（GEEC，Global Exchange and Experience Center）成立。该中心充分发挥服务、协调、促进三个作用，充分共享信息，为学生参加国际交流活动提供更多的信息和指导。

〔**召开2012年国际贸易与国际合作学术论坛**〕 11月19日，学校举行了“2012年国际贸易与国际合作学术论坛”。诺贝尔奖获得者罗伯特·蒙代尔（Robert Mundell）、新布雷顿森林体系委员会主席马克·让（Marc Uzan）等12名嘉宾、中国人民银行副行长潘功胜等多名政府官员和专家出席论坛。论坛的主题是“分割的世纪：布雷顿森林时代的终结”。

〔**举行比较视野下的大国政治研讨会**〕 12月22日，学校举行“2012：比较视野下的大国政治”学术研讨会。来自北京大学、清华大学、中国人民大学、北京师范大学等国内政治学与国际关系研究领域的近30位专家学者和《中国社会科学》、《中国人民大学学报》等业界权威学术期刊主编与会，从不同的视角探讨了2012年国内国际政治的特点以及大国关系和全球治理等议题。

〔**召开国际化工程推进会**〕 12月14日，学校召开国际化工程推进会暨第四次来华留学生教育工作会议。大会旨在深入贯彻党的十八大精神，推动高等教育内涵发展，落实教育规划纲要，扩大教育开放，进一步提升学校办学水平。校长施建军做了题为《开放引领 协调创新 深入推进国际化战略》的报告。

〔**国际货币基金组织（IMF）秘书长林建海到校演讲**〕 11月16日，学校举办“校友讲坛——国际货币基金组织秘书长林建海讲座”。林建海发表了题为《全球视角与挑战》的演讲，并与学生进行深入交流，共同探讨世界经济及大学生学习成长等问题。

〔**《国际商务——对外经济贸易大学学报》入选CSSCI**〕 2月27日，在南京大学中国社会科学研究评价中心公布的CSSCI（2012—2013）来源期刊目录中，学校《国际商务——对外经济贸易大学学报》入选经济类来源期刊。学校《国际贸易问题》和《国际商务——对外经济贸易大学学报》两本学术期刊分别列于CSSCI（2012—2013）73本经济类来源期刊的第21位和第29位。

〔**举行2012年欧元展**〕 2月15—23日，由欧盟驻华代表团主办的欧元展在学校举办。欧盟理事会主席范龙佩、欧盟委员会主席巴罗佐、中国人民银行行长周小川、中国驻欧盟大使吴海龙为欧元展揭幕并发表演讲。45位欧盟及20国集团（G20）驻华大使和来自欧盟总部、欧洲投资银行、驻华使团及中国外交部、中国人民银行的50余位官员出席开幕式。欧元展以图像、展板等形式介绍了欧盟成立的经过、欧元诞生历程及其深层含义，同时阐释了欧盟国家如何应对遇到的危机，以及在面对全球性挑战时，各国合作、共同应对的重要性。

〔举行研究生SEED青年发展论坛〕　11月25日，学校举行首届研究生SEED青年发展论坛。本次论坛以“梦想·使命”为主题，旨在鼓励青年树立正确的世界观、人生观、价值观。

〔新成立2所孔子学院〕　6月26日，学校与巴西FAAP高等教育中心合作成立FAAP商务孔子学院；11月28日，学校与英国利兹大学合作共建英国利兹大学商务孔子学院。截至2012年年底，学校在美国、俄罗斯、日本、希腊、墨西哥、巴西和英国开设了7所商务孔子学院。

〔举行第十七届安子介国际贸易研究奖颁奖典礼〕　12月12日，学校举行安子介先生诞辰100周年纪念会暨第十七届安子介国际贸易研究奖颁奖典礼。本届安子介国际贸易研究奖评出7部优秀著作奖、18篇优秀论文奖、11名学术鼓励奖。

〔获Peak Time商业模拟大赛中国区冠军〕　3月8日，学校商学院Vista团队在由里加斯德哥尔摩国际商学院举办的“尖峰时刻”（Peak Time）全球商业模拟大赛中国赛区决赛中，获本科组冠军和工商管理硕士组亚军，并在5月5日举行的全球总决赛中，获第四名。

〔获埃森哲风险管理“挑战杯”北京赛区冠军〕　5月25日，学校学生周杰、殷琳、黎操组成的Forerunner队获埃森哲风险管理“挑战杯”竞赛北京赛区第一名。此次比赛议题为“化风险分析为竞争优势”，竞赛全程以英文进行。

〔李元星获2012“中译杯”冠军〕　6月1日，学校代表队参加2012“中译杯”全国口译大赛同传邀请赛，翻译硕士专业学位研究生（国际会议口译方向）李元星获同传组冠军，王静获同传组优胜奖。

〔获第八届“挑战杯”创业计划竞赛全国金奖〕　11月24—29日，在全国第八届“挑战杯”中国大学生创业计划竞赛全国决赛中，学校学生参赛作品《iHiM留学生之梦想文化传媒有限公司》获金奖，学校获全国高校优秀组织奖，实现历史性突破。在2012年北京市第七届“挑战杯”首都大学生创业计划竞赛中，学校获1个金奖、6个银奖、6个铜奖，获奖总数位列全市高校第2名，创学校参加“挑战杯”首都创业计划竞赛历史最好成绩。

〔获“世界贸易组织模拟法庭辩论赛”冠军〕　11月27日，学校代表队参加中国首届“世界贸易组织模拟法庭辩论赛”（China WTO Moot Court Competition）获团体冠军，并分获“原告最佳书状奖”和“被告最佳书状奖”亚军。学校学生闫淏洋夺得“被告方最佳辩手”第一名，学生胡青、阮海豹分获“原告方最佳辩手”第二、第三名。

〔李平沤入选2012首都十大教育新闻人物候选人〕　11月21日，学校教授李平沤成为2012首都十大教育新闻人物20位候选人之一，这是学校教授首次进入首都十大教育新闻人物候选人名单。

〔廉思获“北京青年五四奖章”〕　5月2日，学校研工部部长廉思获第26届“北京青年五四奖章”表彰，并参加了5月4日举行的纪念中国共青团成立90周年大会。

〔评比十大杰出学生〕　5月10日，学校评选出2011年度十大杰出学生。门圣童、王轩、任磊、马英男、刘津宇、贾凡、常亮、董冠洋、雷雯、蔡昀当选并于7月15—24日赴新加坡国立大学，进行为期9天的“未来领袖”学习交流活动。

〔**开办暑期学校项目**〕　7月9日至8月3日，学校开设首期暑期学校项目，来自美国、加拿大、德国等的40位知名外籍教师和来自学校外语学院的3位小语种教师任课。共有1 796名本校本科生、193名硕士研究生、13名博士研究生和57名外校学生选择了暑期课程，共计2 059人次。

〔**举办第三届国际文化节**〕　5月12日，学校举行了第三届国际文化节开幕式，其主题为“Grow with the world，对话·成长”，旨在以对话为桥梁，融汇东西文化，开阔视野；以成长为目标，开拓进取，担当使命。文化节由六大板块构成，包括启动仪式、国际风情展示、中外学生文艺会演、模拟峰会、小语种歌曲大赛、商务英语谈判大赛。开幕式上，还发布放映了为此次文化节拍摄的《在这里，在一起》留学生微电影。来自巴西、巴基斯坦、印度尼西亚、新西兰等30余个国家的大使、参赞以及多位中国驻外大使亲临现场。国际文化节吉祥物“U宝”正式发布。

〔**苏号朋当选民革北京市委委员**〕　7月8日，中国国民党革命委员会北京市第十二次代表大会上，学校教授苏号朋当选为民革北京市第十四届委员会委员和监察委员会委员。

〔**招生就业**〕　2012年，学校本科招生继续保持在全国高校招生中优质生源的领先地位。毕业生依然保持高就业率、高就业质量和高就业满意度。截至9月1日，本科毕业生就业率为98.69%、研究生就业率为98.48%。据考试测评机构ATA调查显示，学校毕业生的通用就业力在“211工程”高校中排名第六。

〔**获评北京地区高校就业特色工作项目**〕　3月27日，学校“大学生就业创业实验室”被评为北京地区高校就业特色工作项目。北京市教委提供专项经费50万元支持项目建设。

撰稿　侯英杰

审稿　曹亚红

华北电力大学

〔**新增1个学科创新引智基地**〕 2012年10月，学校新增1个“高等学校学科创新引智基地”。此次获批的引智基地由学校控制与计算机工程学院教授刘石牵头负责，主要依托学校能源动力、自动化控制等优势学科，汇聚一批来自欧美国际一流大学的高水平学者，与学校科研团队一同开展多学科交叉研究。该基地是学校继“大电网保护与安全防御引智基地”、“煤的清洁转化与高效利用引智基地”之后获批的第三个创新引智基地。

〔**工程学学科ESI进入世界前1%**〕 4月，ESI基本科学指标数据库公布数据，学校工程学学科进入ESI世界前1%，位列全球高校第514名，在中国高校中位列第40名，在非“985工程”高校中位列第10名。

〔**高端人才队伍建设**〕 9月，学校教授牛东晓获批教育部“长江学者”特聘教授；教授肖惠宁、王海风入选国家第八批“千人计划”特聘专家；新增国家自然科学基金“杰出青年基金”获得者1名、国家自然科学基金“优秀青年基金”获得者2名、国家首批“青年拔尖人才支持计划”入选者1名；以团队形式从日本早稻田大学一次性引进青年博士5人。12月，教授刘吉臻获第五届“全国优秀科技工作者”称号。

〔**人才培养**〕 2012年，电气工程专业实验教学中心获批“十二五”国家级实验教学示范中心，1门课程入选国家精品视频公开课建设计划，3部教材入选国家级规划教材，4个项目成为教育部专业综合改革试点项目。数学建模竞赛获全国一等奖，1篇论文入选北京市优秀博士学位论文。学校就业率继续保持在教育部直属高校的前列，学校入选中国百强企业最爱的10所高校之一。

〔**科研经费稳步增长**〕 2012年，学校科研经费持续稳步增长，达5.67亿元，比2011年增长12%。其中纵向科研经费首次突破2亿元，较2011年增长25.93%，达总经费的40%以上。国家自然基金、资助项目数、资助金额和资助比率均创历史新高。

〔**国家工程实验室通过资质认定**〕 4月13日，学校生物质发电成套设备国家工程实验室通过专家组现场评审。

〔**获批创新战略联盟试点**〕 4月28日，学校牵头组织申报的“火力发电产业技术创新战略联盟”获科技部2012年产业技术创新战略联盟试点。

〔**获批1个博士后科研流动站**〕 8月29日，学校控制科学与工程学科获批博士后科研流动站。截至2012年年底，学校5个一级学科已实现博士后科研流动站全覆盖。

〔**获国家科学技术进步奖**〕 2月14日，学校教授杨勇平科研团队的研究成果“大型火电机组空冷系统优化设计与运行关键技术及应用”获国家科学技术进步奖二等奖，学校为第一完成单位。杨勇平作为该成果第一完成人受到胡锦涛等党和国家领导人的接见。

〔**欧阳晓平获何梁何利奖**〕 10月29日，学校特聘教授欧阳晓平获何梁何利基金“科学与技术进步奖”。

〔**2个项目获“优秀产品奖”**〕 11月16日，第十四届中国国际高新技术成果交易会（简称“高交会”）在深圳市召开。学校“生物质履带式热解

炭化与压缩成型成套装置”和“太阳光导入器”2项产品，经过专家组的严格评审，获“优秀产品奖”。

〔**举办高水平行业特色型大学发展论坛**〕 12月12日，学校举办“第六届高水平行业特色型大学发展论坛”。论坛围绕“行业·大学的相互支撑与共同发展”的主题展开深入研讨。教育部有关领导、部分行业代表以及28所高水平行业特色型大学领导以及专家、学者参会。

〔**主办埃中语言与文化论坛**〕 1月9日，学校孔子学院主办首届埃中语言与文化论坛。论坛就汉语语言文学教学与研究、阿拉伯语语言文学教学与研究、中埃文化研究3个主题进行研讨。来自美国、越南、埃及以及国内的专家学者共计56人参加论坛，收到论文50余篇，出版《首届埃中语言与文化论坛论文集》。

〔**与5个机构签署合作协议**〕 3月21日，学校与国网能源研究院签署合作协议。根据协议，双方重点围绕项目研究、人才培养等方面开展深入合作。6月19日，学校与国家电网四川省电力公司签署合作协议。根据协议，双方在课题研究、项目开发、人才培养、技术交流等方面进行合作。6月26日，学校与中电投核电有限公司签署合作协议。根据协议，双方在人才培养、科技攻关、科技成果转化、产学研结合等方面创新机制，展开全方位合作。11月27日，学校与摩托罗拉系统（中国）有限公司签署合作备忘。双方在建立校企联合研究生工作站、研究生创新创业中心等方面进行合作。6月1日，学校与法国电力集团签订合作框架协议。根据协议，双方在电动汽车充电、微电网、可再生能源等领域深入开展合作。

〔**多项学生科技竞赛获奖**〕 3月8日，学校在第14届全国大学生设计“大师奖”中获多个奖项，其中广告专业学生尚碧依的《手势篇》获金奖。3月18日，3名学生获“第三届全国大学生数学竞赛决赛”非数学专业类二等奖。7月12日，学校蓝色动力合唱团参加第七届世界合唱比赛，获女子室内合唱组银奖九级。9月初，学校工程管理专业毕业生高敏获中国土木工程学会高校优秀毕业生奖。9月17日，学校学生获第五届全国大学生网络商务创新应用大赛多个奖项，其中本科组一等奖2项、二等奖2项、三等奖1项。

〔**多项学生体育比赛获奖**〕 4月14日，学校健美操队获“大众锻炼标准规定动作六级”普通院校组第一名。11月12日，学生干雪获2012中国健身名山登山赛年度冠军。11月18日，学生干雪以1小时3分3秒的成绩获2012年全国群众登山健身暨第八届中国黄山国际登山大赛女子青年组冠军，并获“迎客松”奖杯。11月25日，学生孙腊梅以2小时27分55秒的成绩获2012北京马拉松赛女子组亚军。

〔**出台干部选拔任用办法**〕 8月23日，学校出台《华北电力大学处级领导干部选拔任用办法》。该办法结合新一轮中层干部聘任工作，推动干部分类管理、任期管理、干部轮岗、学术回归等一系列制度改革。8—12月，调整提任处级干部62人、轮岗交流64人、回归学术15人，换届调整共涉及处级干部321人次。

〔**《强校之路》出版**〕 12月29日，《强校之路——华北电力大学办学理念与创新实践（2001—2011）》由高等教育出版社出版发行。该书立足学校实际，全面展示了新世纪以来学校的发展改革成就，总结和凝练了学校10年来的发展历程与办学规律。

〔**5个国外代表团到访**〕 4月24日，丹麦森纳堡市代表团到访。双方就新能源研究、光伏产业研究、零碳项目合作以及加强南丹麦大学与学校的学术合作等进行交流，并在科学研究、教师互访、学生联合培养等多方面进行合作。5月2日，美国犹他谷大学文化特使艺术团访问学校并进行文化艺术交流活动。5月7日，加拿大杜兰行政区政府主席兼首席执行官罗杰·安德森先生及安大略省理工

大学校长蒂姆·马克蒂南先生到访，双方在教师交流、学生交换等方面达成合作意向。5 月 16 日，德国弗伦斯堡应用科技大学校长 Herbert Zickfeld 到访，双方在新能源领域开展合作。10 月 16 日，美国普渡大学盖莱默校区校长 Thomas L. Keon 到访，双方在已有的合作基础上扩大交流规模，创新合作模式，为更多的学生和教师提供更广阔的交流平台。

〔**史冬鹏参加班级主题团日活动**〕　10 月 9 日，中国跨栏选手史冬鹏参加以“弘扬奥林匹克精神、感受体育运动魅力——同我国田径名将面对面”为主题的班级团日活动。活动中，史冬鹏与学校体育特长生一起参加常规性训练，并对田径队队员进行跨栏技术指导。

撰稿　王振华

审稿　陈　军

南开大学

〔**重点工程**〕 截至2012年年底，学校各专业学院完成了“十二五”发展规划和11个专项配套规划的制订并启动实施，形成全面推进、上下联动的工作格局。

实施“公能”素质教育。贯彻《南开大学素质教育实施纲要（2011—2015）》，明确实现“三个转变”（即在办学观念上，从“学科为本”转变为“学生为本”；在教育内容上，从侧重“传授知识”转变为重在“提升素质”；在培养模式上，从“以教为主”转变为“以学为主、教学相长”）的教改思路，在全校动员形成“公能”素质教育的浓厚氛围。与“公能”素质教育相配套，课程体系、课程内容和教学方法的系列建设计划初步完成。进一步落实增加实践教学、加强本科生创新科研“百项工程”、完善拔尖学生培养体系等教改措施。

围绕“公能”素质教育，举办“南开公能讲坛”，实施“公能”素质陶铸工程和“公能”成长计划，开展“党旗飘扬、引领成长”主题教育。探索构建学生综合素质测评指标体系和专职辅导员考核体系。开展学风建设与科研诚信宣传教育活动，开展研究生学习科研状况专题调研和“知行南开”社会调研活动。启动研究生教育创新计划，资助一批研究生创新项目，5篇论文获全国优秀博士学位论文提名奖。

〔**学科建设**〕 完成“211工程”三期建设总结验收，进一步强化“985工程”建设绩效考评。27个一级学科被批准为天津市第四期重点学科。获批29个目录外二级学科、4个交叉学科以及4个目录内二级学科的博士、硕士学位招生和授权资格。获批“全科医学”、“临床病理学”等2个临床医学硕士专业学位。新设2个、增设4个博士后科研流动站。完善专业学位研究生教育管理机制。

〔**科学研究**〕 学校出台《关于进一步促进科技创新工作的指导意见》。药物化学生物学国家重点实验室正式挂牌。获天津市科学技术一等奖2项。2篇论文入选中国百篇最具影响国际学术论文，1篇论文在*Science*（《科学》）上发表。在科技部“表现不俗的中国论文”统计中，学校以493篇、占SCI论文总数42.58%的比例，位居全国高校第2位。2012年，理科获国家自然科学基金项目196项，获科技部、教育部、天津市等省部级项目253项，与其他单位签订横向合同239个。全年理科到账科研经费3.01亿元，其中纵向科研经费2.54亿元、横向科研经费0.47亿元。

出台《南开大学哲学社会科学繁荣计划》，修订发布《南开大学哲学社会科学奖励办法》。4项成果入选2012年国家哲学社会科学成果文库。文科全年获国家社科基金项目38项、国家自然科学基金项目28项、教育部人文社科研究项目37项，其中国家社科基金项目立项数创历史新高。全年文科到账科研经费9 104.82万元，其中纵向科研经费5 311.5万元、横向科研经费3 793.32万元。

〔**师资队伍建设**〕 学校召开人才与师资队伍建设工作会议，出台“百名高端人才支持计划”、“百名青年学科带头人培养计划”等政策措施，以“公能兼备、结构合理、充满活力”为目标，全力打造优秀的教职工队伍。成立教师发展中心，开展教师培训。完成模拟绩效工资改革后的首次绩效考核与新一轮的岗位聘任。58名学科带头人被聘为“南开讲席教授”、“杰出教授”、“英才教授”，初步实现高端人才岗位的开放遴选和动态调整。授予18位老教师“荣誉教授”称号和“特别贡献奖”。

全年共有36位教师分别入选国家“千人计划”、中央组织部“青年拔尖人才支持计划”、“长江学者”讲座教授、国家重大科学研究计划项目首席科学家、“优秀青年人才培养计划”和“新世纪优秀人才支持计划”。学校化学学院教授史林启牵头的“功能高分子材料”研究组入选教育部创新团队，环境科学与工程学院教授孙红文、生命科学学院教授胡俊杰获国家杰出青年科学基金，胡俊杰还获首届 HHMI 国际青年科学家奖。全年招聘海内外优秀人才 97 人。首次实行全校新进党政管理人员的统一公开招聘，试行科级干部校内公开聘任。

〔**服务社会**〕 学校成立了社会建设与管理研究院等实体研究机构，着眼国家和地方经济社会发展，提供了一批高质量的咨询研究报告。学校与天津经济技术开发区、天津市卫生局、海南农垦集团、海南大学等开展深入合作，取得了新的成果。

围绕“国家急需、世界一流”的要求，深入对接“高等学校创新能力提升计划”，与南京大学、天津大学、北京大学以及国家统计局、天津市、海南省合作，建立了中国特色社会主义经济协同创新中心、天津化学化工协同创新中心、世界文明与区域研究协同创新中心、天津现代口岸协同创新中心、绿色智慧岛协同创新中心等。

〔**教育交流与合作**〕 2012 年，学校首次参加达沃斯全球大学领导者论坛，进一步密切与世界著名高校的实质性交流合作。重点推进与英国格拉斯哥大学共建联合研究生院，并基本确定项目框架。授予台湾知名人士江丙坤名誉博士学位，聘任诺贝尔奖得主罗伯特·科尔、日本前首相福田康夫、英国社会科学院院长亚当·罗伯茨等为客座教授。

与海外 21 所知名高校和科研机构新签合作协议 25 份、续签合作协议 6 份。接待海外来访团组 178 批次、1 039 人次，比 2011 年增长了三分之一。全年有 750 多名学生出境交流，比 2011 年增长 43.1%。留学生人数明显增长，约达 2 700 人，其中来校学习时间在 3 个月以上的留学生约 2 000 人，比 2011 年增加 130 多人。召开孔子学院工作会议，孔子学院规范化建设得到加强。获“孔子学院先进中方合作院校”奖。学校入选首批“孔子新汉学计划”和教育部对港高校“万人计划项目”。

〔**党建工作**〕 围绕庆祝党的十八大胜利召开，组织开展数十项、上百场次的主题宣传教育活动，用党的十八大精神武装师生头脑，推动学校工作。加强学习型党组织建设，依托党员干部学习网创新干部学习教育模式。深入开展基层组织建设年活动，完成创先争优活动收尾阶段任务。完成天津市第十次党代会代表选举和党的十八大代表候选人推荐工作，评选表彰了一批先进基层党组织和优秀党员。全年发展党员 2 202 人，1 607 名预备党员转正。

召开党风廉政建设工作会议，建立中层单位和中层干部廉政档案，强化党风廉政建设责任制。研制《关于在重点领域开展廉政风险防控的实施方案》，确定 8 个工作关口，建立重点防控、逐级管理、责任清晰的廉政风险防控体系，在 17 个处级单位试点并取得初步成效。

〔**文化活动**〕 2012 年，学校举办了 77 级、78 级校友毕业 30 周年纪念大会、哲学学科重建 50 周年庆祝大会。承办夏季达沃斯论坛相关活动和第九届全国大学生运动会相关赛事。

撰稿 王 森

审稿 李向阳

天津大学

〔**学科建设**〕　2012年，学校进一步优化学科布局，强化优势学科，注重基础学科建设，以特色与质量取胜。在教育部第三轮全国一级学科评估中，学校共申报23个学科参评，其中1个学科排名全国第一、1个学科排名全国第二、3个学科排名全国第三、8个学科进入全国前5名、14个学科进入全国前10名。有27个一级学科入选天津市高等学校第四期重点学科。成立天津化学化工协同创新中心，成为“高等学校创新能力提升计划”工作部署视频会召开后，由高校自发组建的全国首个协同创新中心；成立生命科学学院，建设教育教学体制改革特区；航空航天交叉学科平台建设成效显著；成立天津大学应用数学中心；筹备建立文化遗产保护与传承协同创新中心。推进“985工程”、“211工程”项目建设，“211工程”三期获教育部、财政部、国家发展和改革委奖励。

〔**体制机制改革**〕　进一步建设现代大学制度，完成学校章程草稿第九稿。在教育部国家教育体制改革试点项目和“三重一大”决策制度执行情况检查中，学校获专家组好评并被作为典型向教育部汇报。改革学生代表大会制度，探索鼓励学生积极参与学校建设管理的新机制。

〔**人才队伍建设**〕　学校新增国家“千人计划”入选者6人、天津市“千人计划”入选者11人，新增“长江学者”讲座教授1人、国家杰出青年科学基金3人、优秀青年科学基金7人。1人入选“国家高层次人才特殊支持计划”首批教学名师，1人获首届全国高校青年教师教学竞赛一等奖。启动“北洋学者人才计划”（包含5个具体人才计划：北洋学者·卓越教授计划、北洋学者·讲席教授计划、北洋学者·海外杰出青年人才计划、北洋学者·优秀青年学者计划、北洋学者·青年骨干教师计划），选拔海外杰出青年人才6人、北洋青年学者26人、北洋学者青年骨干教师99人。新增船舶与海洋工程博士后科研流动站，2人入选“香江学者计划”。加强教师创新能力与职业发展培训，承办首届全国高校青年教师教学竞赛。继续推进学校师德立项、师德典型表彰等工作，师德建设相关做法被教育部简报单篇刊发，并得到中央领导同志的批示和肯定。

〔**教育教学**〕　学校不断完善高素质拔尖创新人才培养体系，充分发挥卓越人才培养合作高校轮值主席单位的作用，共同探索人才培养规律与模式。深入推进工程教育改革，筹备第七次教学工作会。进一步优化本科专业结构和布局，测控技术与仪器、环境工程专业通过国家工程教育专业认证，4个专业获批教育部专业综合改革试点项目。深化课程和教材建设，3门课程获批国家精品视频公开课，13种教材获批“十二五”国家级规划教材。强化实践教学，完成5个国家级实验教学示范中心（建设单位）验收工作，材料科学与工程实践教学中心获批“十二五”国家级实验教学示范中心建设单位，获批8个国家级工程实践教育中心。进一步完善研究生培养机制，探索强调“能力”和“全面素质”的学生评价体系。完善学位论文的监控和保障体系，启用“研究生开题报告管理系统”。全面推进素质教育，组织开展系列爱国、爱校主题教育活动；探索网络思想政治教育新途径，学校天外天网站获“全国高校百家网站”。完善以“本科生自主科研”为重心的创新创业教育体系。加强辅导员专业化培训，1名辅导员获全国辅导员年度人物。

〔**科学研究**〕　2012年，学校科技经费突破18亿元，其中国防科研经费首度突破亿元。新立项千万元大项目30项，其中获批“973计划”项目4

项。国家自然科学基金获资助项目319项，其中获批重大项目1项、重点项目8项、仪器专款项目3项。获杰出青年基金项目3项、优秀青年科学基金项目7项。4项成果获国家科学技术奖，其中3项为第一完成单位。32项成果获天津市科学技术奖（22项为第一完成单位），其中6项获一等奖。6项成果获教育部科学技术奖（4项为第一完成单位），其中1项获一等奖。4项成果获中国机械工业科学技术奖，其中2项获一等奖。首次获中国专利金奖，申请国际专利31项、中国专利1 422项。SCI论文数达1 469篇，一二区比重突破37%，论文质量显著提升。2012年，学校与省、市、州、委、区新签订科技合作协议21个，建立学校（武清）前沿技术研究院等异地研究机构4个，加入产业技术联盟6个，成立校企联合研究中心8个，组建海洋技术、3D打印、能源合同管理、公共安全等跨学科团队4个。与中国窨技术研究院（航天五院）签署全面战略合作协议。学校成为国防科技工业局和教育部共建高校，跻身国家国防科技创新体系第一阵营。组建科学技术发展研究院，进一步遴选好项目入园发展。新增1个教育部重点实验室、1个天津市重点实验室、2个天津市工程中心、1个教育部创新引智基地、2个教育部创新团队。全年学校获批3项国家社会科学基金重大项目、15项教育部哲学社会科学研究项目、16项天津市社会科学规划项目和7项天津市科技发展战略研究计划项目。截至2012年年底，学校获省部级以上社科项目50余项。2项人文社会科学成果获第六届高等学校科学研究优秀成果奖，2篇咨询报告被天津市《咨政要报》采用，并得到天津市领导的批示。

〔**党建工作**〕　认真学习党的十八大精神，组织各级党组织开展各类学习活动。以基层组织建设年为契机，深入推进和总结创先争优活动。开展党支部“强基提质”活动，对全校党支部进行全面摸底分析、分类定级，组织开展对标定位、进位争先活动。组织开展党务秘书工作研讨班，继续推进党支部书记“三强工程”。开展“五比一创”岗位竞赛活动（即比职业道德、比履职能力、比科研成果、比团结协作、比服务质量，创建教工先锋岗）、“优秀争创案例”评比、党建立项结题验收、创先争优活动专项表彰等。举办学校事业发展成果展、党外人士5年成就回顾展以及党外人士骨干培训班。大力加强干部队伍建设，选派优秀年轻干部和教师到校内外借调挂职工作。1名教师、1项成果和1个团队在第四届“中国侨界贡献奖”评选中受到表彰。按照《党风廉政建设责任制实施细则》，进一步细化校院两级领导干部的“一岗双责”任务。承办教育部直属高校纪委书记座谈会。学校获全国五一劳动奖先进集体荣誉称号。

〔**召开学校第九次党代会**〕　12月29日，中共天津大学第九次党员代表大会召开。会议全面贯彻落实党的十八大精神，提出“走以质量提升为核心的内涵式发展道路”的战略部署，与第七次党代会提出的“三步走”战略目标和第八次党代会提出的“高素质拔尖创新人才培养体系”一脉相承，形成了“一个目标、一套体系、一条道路”的总体布局。会议选举产生了中共天津大学第九届委员会和新一届中共天津大学纪律检查委员会，确定了学校今后5年工作的总体思路和奋斗目标。

〔**校园文化**〕　总结凝练大学精神，挖掘校园文化内涵。发挥学校张太雷研究中心的作用，弘扬太雷精神，学生排演的话剧《醒世惊雷》在天津文化中心大剧院公演。举办北洋大讲堂22场、周末音乐会等各类演出200余场，举办首届“天大海棠季”暨校园开放日活动，向社会展现学校深厚的文化底蕴。

〔**校园建设**〕　切实维护校园安全稳定，美化校园环境，着力解决师生关注的问题。成立青年教师联谊会，增进青年教师之间的沟通交流。不断完善校园技防体系，建设学生宿舍门禁系统，举办消防知识讲座、演练60次，对消防设施进行维护和升级。对学校5个食堂进行装修改造，改进就餐环境，丰富菜品种类。改善校园环境，完成学生宿舍、科图报告厅等9项修缮工程以及工会、新体育馆周边等重点区域的多项改造工程和园林景观建设。

〔**教育交流与合作**〕　继续加强国际合作与交流，提升学校办学国际化水平。全年派出19个出访团组、1 454人次，700多名学生赴境外交流、学习。来自31个国家和地区的187个团组、2 200人次到校交流访问。新签订校际合作协议35份，聘请诺贝尔医学与生理学奖获得者吕克·蒙塔尼等3人为学校名誉教授，聘请长期外籍教师53人。与南澳大学共同成立中澳城市环境与可持续发展研究中心。继续深化海外孔子学院建设，提升学校海外知名度与影响力。

撰稿　王　鑫

审稿　吕　静

大连理工大学

〔**中共中央、国务院任命申长雨为学校校长**〕 2012年8月28日，学校召开全校干部大会，宣布中共中央、国务院关于任命申长雨为学校校长的决定。

〔**3项成果获2011年度国家科学技术奖**〕 在2011年度国家科学技术奖励大会上，学校教授全燮主持完成的“提高光催化环境污染控制过程能量效率的方法及应用基础研究”获国家自然科学二等奖；教授蹇锡高主持完成的“杂萘联苯聚醚腈砜系列高性能树脂及其应用新技术”获国家技术发明二等奖；教授陈景文作为第二完成人的“典型污染物环境化学行为、毒理效应及生态风险早期诊断方法”获国家自然科学二等奖。

〔**收录论文在全国高校排名继续保持前列**〕 12月7日，中国科学技术信息研究所公布了2011年度论文统计结果。学校2011年度收录论文多项指标在全国高校排名中位于前列，分别是：被科学引文索引扩展版（SCIE）收录文献1 573篇、论文1 546篇，在全国高校中列第16位；被工程索引核心部分（EI）收录论文1 925篇，在全国高校中列第6位；被科技会议录引文索引（CPCI-S）收录论文570篇，在全国高校中列第6位。

〔**新获批1个国家地方联合工程实验室**〕 11月16日，依托学校申报的工业装备节能控制技术国家地方联合工程实验室获国家发展和改革委批准建设，并在深圳中国国际高新技术成果交易会（高交会）上授牌。这是学校第一个由国家和地方联合共建的工程实验室，也是学校继船舶制造国家工程研究中心、电子政务模拟仿真国家地方联合工程研究中心之后的第三个国家级工程类平台，是学校在国家级科技创新平台建设方面取得的又一个新突破。

〔**获批11个辽宁省工业产业集群协同创新基地**〕 2012年，学校8个省部级工程（技术）研究中心成功对接辽宁省11个工业产业集群，涵盖化工、机械、材料、管理、控制、生命等优势或新兴学科，获批对接产业集群协同创新基地数居辽宁省高校首位。

〔**教师教学发展中心入选国家级示范中心**〕 2012年，学校教师教学发展中心入选国家级教师教学发展示范中心，中央财政在“十二五”期间分期资助500万元建设经费。

〔**化工综合实验中心被评为国家级实验教学示范中心**〕 学校“化工综合实验教学中心”被教育部评为国家级实验教学示范中心。截至2012年年底，学校国家级实验教学示范中心（建设单位）增至7个。

〔**建成东北地区最大、最先进的桥隧结构实验室**〕 12月13日，学校桥隧结构实验室正式投入使用。该实验室一期投资2 000余万元，二期投资3 000万—4 000万元，占地面积约2 800平方米，总建筑面积约5 000平方米，总高度15.5米。采用钢结构形式，拥有跨度32.5米、长度60米的实验大厅，填补了东北地区专业桥隧实验室的空白，是东北地区规模最大、设备最先进的桥隧结构实验室。大连市星海湾跨海大桥已在该实验室中启动了疲劳实验。

〔**1名教授获俄罗斯科学院外籍院士证书**〕 7月3日，在圣彼得堡召开的第40届APM（40th Advanced Problems in Mechanics）国际会议上，

主办方举行仪式，为当选俄罗斯科学院外籍院士的学校校长、中国科学院院士程耿东颁发院士证书。

〔入围中国最具影响力 MBA 排行榜〕 9月27日，在香港举行的世界经理人峰会上，学校MBA项目入选“中国最具影响力 MBA 排行榜”第六名。世界经理人集团主席、1999年诺贝尔经济学奖得主罗伯特·蒙代尔、哈佛大学商学院教授约翰·戴腾参加会议并为获奖学校颁奖。

〔部、省、市继续重点共建学校〕 4月27日，教育部、辽宁省、大连市继续重点共建学校协议签字仪式在大连市举行。教育部部长袁贵仁、辽宁省省长陈政高、大连市市长李万才分别代表部、省、市在协议上签字。

根据协议，教育部、辽宁省、大连市积极推进学校参与辽宁省和大连市高校布局结构调整，优化教育资源配置，按照科学发展观的要求，创新机制、突出改革、注重质量，为提高辽宁省和大连市高等教育的整体水平和办学效益发挥龙头和示范作用；继续支持学校实施“985工程”建设，坚持走“有特色、高水平”发展之路，创建“中国特色、世界水平”的研究型大学；继续贯彻执行2001年共同签订的《教育部、辽宁省人民政府、大连市人民政府关于重点共建大连理工大学的协议》和2005年三方共同下发的《教育部　辽宁省人民政府　大连市人民政府关于继续重点共建大连理工大学的决定》(教直〔2005〕3号）的有关条款规定。除学校经常性事业经费安排外，在2010年至2013年4年间，教育部、辽宁省、大连市将继续按照1∶0.5∶0.5的“985工程”建设投入比例，给予学校专项经费支持。

〔获评全国毕业生就业典型经验高校〕 5月14日，教育部2011—2012年度全国毕业生就业典型经验高校经验交流会在北京召开，学校被授予“2011—2012年度全国毕业生就业典型经验高校”。

〔建成亚洲首个最高带宽校园无线网络〕 3月21日，学校校园无线网试运行启动仪式举行，标志着基于802.11n技术标准的、覆盖学校303万平方米教学区域和67栋楼宇、370个楼层的校园无线网络开始试运行。该网络成为亚洲高校中首个运用双频接入900兆的校园无线网络，是商用无线网络的最高速率标准。

〔与盘锦市政府签约共建盘锦校区〕 7月28日，学校党委书记张德祥与盘锦市市长塞彪共同签署了《盘锦市人民政府、大连理工大学关于设立并共建大连理工大学盘锦校区协议》。根据协议，盘锦市政府采取“筑巢引凤”的方式邀请学校到盘锦办学，将131公顷土地和地上建筑（合计近50亿元资产）无偿划拨并过户给学校，供盘锦校区办学使用，并在2012年一次性拨付1亿元人民币作为盘锦校区开办费用。另外，自2013年起10年间，盘锦市政府每年向学校提供2 000万元经费用于盘锦校区办学，以及无偿提供教师公寓、住宅用地和预留开发用地等。

〔在创先争优活动中获表彰〕 6月28日，全国创先争优表彰大会在北京召开。学校党委被授予“全国创先争优先进基层党组织”荣誉称号；学校教授邵春亮被授予“全国创先争优优秀共产党员”荣誉称号。

〔获“全国五一劳动奖状”〕 5月11日，大连市总工会到学校颁发由中华全国总工会授予的“全国五一劳动奖状”、“全国五一劳动奖状证书”。

〔学校获“全国五四红旗团委”称号〕 2012年，共青团大连理工大学委员会获“全国五四红旗团委”称号，成为全国16个获此殊荣的高校团委之一。

〔学生进入国际微纳米应用技术大赛全球总决赛〕 10月27日，2012年国际大学生物联网创新创业大赛中国总决赛（第六届中国大学生物联网创新创业大赛）在无锡市落下帷幕，学校获特等奖1项、二等奖1项、优胜奖1项，其中特等奖获奖团队（全国共5项）取得了参加2013年6月在西班牙巴塞罗那举行的第四届国际微纳米应用技术大赛全球总决赛的资格，这是学校在中国大学生物联网创新创业大赛（原美新杯竞赛）中取得的最好成绩。

〔**2名学生前往北极科考**〕　7月3日，中国第五次北极科学考察队启程奔赴北极。学校博士研究生黄文峰、韩红卫在此次科考中担任重要任务。此次科考是学校海岸和近海工程国家重点实验室参与的第6次北极科考。此外，该实验室还参加了3次南极科考，并执行了挪威—中国北极国际合作研究项目AMORA。

〔**第七届中国大学生女子篮球超级联赛在学校举行**〕　5月7—14日，由学校承办的第七届中国大学生女子篮球超级联赛（CUBS）在学校举行，学校女子篮球队获本次比赛季军。

撰稿　杨春平
审稿　刘晓梅

东 北 大 学

〔**学科建设**〕 2012年，学校“985工程”、“211工程”重点建设工作扎实推进，完成了“211工程”三期验收工作。优化学科结构，完成学科点、博士后流动站增设工作。面向国际学科前沿和国家战略性新兴产业发展需求，采取团队引进的办法，筹备成立了“生命科学学院”，在生命科学领域形成了新的学科增长点。2012年，新增国家级实验教学示范中心1个、国家级工程实践教育中心5个、“国家级精品视频公开课”1门、国家级“十二五”规划教材9种、校外实践教育基地项目3个。自动化、材料成型与控制工程2个专业通过国家专业认证。

〔**教师队伍建设**〕 深入实施人才强校战略，加大培养和引进力度。2012年，共计引进人才46人，其中教授10人；引进学术领军人才创新团队2个；“双百计划”外籍教师2人。国家“千人计划”取得突破性进展，5人通过国家评审。3人入选“长江学者”特聘教授，1人入选“青年拔尖人才支持计划”。

完成2012年度专业技术岗位补聘工作，对职务晋升条件进行了重新修订，职务晋升和岗位晋升人员的学术水平明显高于往年。加大选派骨干师资赴海外留学进修力度，通过国家公派、学校“985工程”教师派出项目和校际交流等途径，共派出48人到国外研修。

〔**本科生教育教学工作**〕 学校深入学习《教育部关于全面提高高等教育质量的若干意见》，提出“以人才培养为核心、以科学研究为基础，以服务社会为方向，以文化传承为引领”的大质量观，研究制定了《东北大学落实高教质量30条实施办法》。树立将“学习的自主权交给学生”的创新人才培养观，加强和完善在本科生转专业管理、优秀本科生推免、交换生成绩认定等方面的制度建设。大力推进试点专业综合改革，承担教育部专业综合改革试点项目3个。深入开展校企结合工程实践教育和创新型人才培养工作，学校进入教育部首批“科教结合协同育人行动计划”。学生各项科技竞赛蓬勃开展，先后有1 100多人次获省级以上奖励，460多人次在国际、国家级大赛中取得优异成绩。学校困难学生资助工作成效显著，获“全国资助工作绩效奖励资金”1 000万元。

〔**研究生教育教学工作**〕 采取多种措施，在优质生源选拔、研究生过程培养、导师遴选、学位论文标准以及研究生综合素质提升等方面取得明显进展。2篇论文获全国优秀博士学位论文提名，10人获教育部学术新人奖。

〔**科学研究与社会服务**〕 2012年，学校科研经费保持快速增长，全口径科研经费达12.6亿元，比2011度增长20%。获省部级以上奖励35项，其中国家科学技术奖3项、科技进步一等奖1项、二等奖1项，技术发明二等奖1项。发表SCIE论文659篇。授权专利277件。共主（承）办国内外学术会议32次，其中国际会议15次。全年共获批各类纵向科研项目510项，金额达3.2亿元，其中获批国家自然科学基金163项，资助总额突破1亿元。获批1个国家工程实验室。完成武器装备承制单位资格审查，成为教育部直属高校具备军工资质“四证”[武器装备科研生产单位保密资格认证、军工产品承制单位质量保证体系认证（国军标体系认证）、武器装备生产许可证、装备承制单位资格审查认证]的6所高校之一。成立无锡研究院，为学校布局校外研发基地、寻求科研经费增长点打下基础。

学校科技产业经营业绩稳步增长，全年实现销售收入93亿元，上缴税金5.5亿元，净利润6亿元，净资产56.75亿元。获批占地252亩的“云计算产业科技园”园区规划，完成材料产业园选址工作。

〔**基地建设**〕 2012年，新增的科技基地有：电磁冶金技术及装备国家地方联合工程实验室、辽宁省特殊钢电冶金工程技术研究中心、辽宁省城市智能交通与物流工程技术研究中心、沈阳市煤炭提质与洁净煤技术重点实验室。“流程工业综合自动化国家重点实验室”通过科技部评估，“材料电磁过程研究教育部重点实验室”和“材料各向异性与织构教育部重点实验室”通过教育部评估，评估结果均为良好；“国家环境保护生态工业重点实验室”通过国家环保总局评估，评估结果优秀。

〔**毕业生就业**〕 2012年，接待用人单位3 140家，提供有效岗位需求47 548个；2012届本科毕业生一次就业率达95.24%，到重点单位与领域就业人数占就业总人数的59.38%；出国留学比例达4.87%；硕士研究生一次就业率为96.23%，到重点单位与领域就业人数占就业总人数的61.39%，均创历史新高；家庭经济特别困难毕业生就业率达100%。学校被评为“辽宁省2012年普通高校毕业生就业工作先进集体”。在辽宁省试点的自主招生录取工作获教育部肯定。

〔**党建工作**〕 全面落实学校第十三次党代会精神，扎实开展基层组织建设年活动、支部立项活动和特色支部创建工作，继续深入开展创先争优活动；全年发展学生党员1 051人，继续深入开展学生党员述责测评工作、学生先进党支部和优秀学生党员评选表彰活动；开展党建理论研究工作，共结题32项；开展创先争优理论研究工作，《以深入开展创先争优活动为契机、大力创建“新四型”先进基层党组织》被中央创先争优活动领导小组、全国党的建设研究会评为全国创先争优理论研讨会入选论文。

〔**教育交流与合作**〕 以“巩固日韩、开拓欧美、注重平台”为方针，实现了对欧美、澳洲合作与交流的重要突破。与德国歌德学院合作建立“歌德语言中心”；与美国阿巴拉契大学合作建立“美国文化中心”；与8个国家和地区的14所大学或学术机构签署合作协议。启动“双百计划”（即建设100门左右全英文授课课程、聘请100名左右非华裔外籍专业教师），在3个专业实现全英文授课并招收留学生；引进“双百计划”外籍教师2名。强化学生国际、港台长短期交流，派出一学期以上长期交流学生122人、短期交流生152人，分别比2011年增长218%和95%，全年留学生人数达600人。

撰稿　庞金刚

审稿　钱丽丽

吉林大学

〔**学科建设**〕　2012年，学校生物学与生物化学学科首次进入ESI全球排名前1%，使ESI排名进入全球前1%的学科增至7个，各学科的全球排位较2011年度实现较大提升。增设诉讼法学二级学科为博士学位授权点。补充设置了地学信息工程、矿产资源经济与技术、地质灾害防治工程、地下水科学与工程等4个目录外二级学科。新设立图书情报与档案管理学、畜牧学学科2个博士后科研流动站，增设考古学、世界史学科2个博士后科研流动站，确认中国史学科为博士后科研流动站，博士后科研流动站增至41个，列全国第4位。学校有吉林省“十二五”优势特色重点立项建设（一级）学科42个、吉林省“十二五”优势特色重点立项培育（一级）学科4个、“十二五”校级优势特色重点学科12个。有“985工程”科技创新学科建设项目12个、“985工程”哲学社会科学学科建设项目7个、“985工程”重大理论和现实问题交叉学科建设项目5个。“211工程”三期重点学科建设项目21个。

完成了新一轮“985工程”教育部首次阶段检查与总结工作，开展了项目建设绩效考核评估工作。“211工程”三期建设通过国家验收和第三方验收，圆满完成了总体建设目标。

学校筹措专项建设资金158万元，用于省优势特色一级重点学科和校优势特色重点学科专项建设。截至2012年年底，学校已为扶植、建设潜力和新兴交叉学科投入专项建设经费1 040万元。

〔**人才队伍建设**〕　新增哲学社会科学资深教授2人；引进双聘院士3人，续聘双聘院士2人；新增国家“千人计划”3人，学校“千人计划”入选专家达22人；新增“长江学者”特聘教授4人、“长江学者”讲座教授1人；引进唐敖庆特聘教授1人、校内聘任唐敖庆特聘教授11人，匡亚明特聘教授6人，共引进和聘任匡亚明/唐敖庆讲座教授15人；引进学术带头人4人、学术骨干11人、流动编制教授4人、外籍教授3人、外籍副教授2人；17人入选教育部“新世纪优秀人才支持计划”。教授张梅生获选2012年吉林省教书育人楷模。13人享受国务院政府特殊津贴。

〔**人才培养工作**〕　学校“应用型、复合型法律职业人才教育培养基地”、“涉外法律人才教育培养基地”入选教育部“卓越法律人才教育培养计划”；“拔尖创新医学人才培养模式改革试点”、“五年制临床医学人才培养模式改革试点”入选“卓越医师教育培养计划”。

车辆工程等6个专业入选国家级专业综合改革试点；机械工程及自动化专业、车辆工程专业和食品科学专业通过教育部专业认证；3门课程被列入“中国大学视频公开课”2012年上线课程；14门课程被推荐为国家级精品资源共享课；21种教材入选第一批“十二五”普通高等教育本科国家级规划教材；学校国家教师教学发展中心入选“十二五”国家级示范中心；新增国家级化学·生命科学专业实验教学示范中心。

修订学术型研究生培养方案和临床医学硕士专业学位研究生培养方案，选拔7人进入学校2012年全国优秀博士学位论文资助计划，选派142人赴国外攻读博士学位和联合培养。

本科生共获国家级奖79项。其中一等奖32项、二等奖39项、三等奖8项；获省级奖168项。在第八届“挑战杯”中国大学生创业计划竞赛中，学校获2金1银，列参赛高校首位。2篇论文入选全国优秀博士学位论文，22篇博士学位论文、20篇硕士学位论文被评选为吉林省优秀研究生学位论文。34人获中国博士后科学基金资助，资助经费共计510万元，位列全国高校第3位。2位博士后获 2012 年“香江学者计划”资助。

〔**科学研究**〕　哲学社会科学研究共获立各级各类项目 431 项，年度到账经费 6 503 万元。获立纵向项目 287 项，获资助经费 3 927 万元，其中国家社会科学基金重大项目 10 项、教育部重大课题攻关项目 2 项、教育部单独委托重大项目 1 项、国家自然科学基金重点项目 1 项；获立横向项目 144 项，年度到账经费 2 576 万元。

1 358 篇论文被中文社会科学引文索引（CSSCI）2011 版收录；11 项成果获教育部“第六届高等学校科学研究优秀成果奖（人文社会科学）”；2 部书稿入选《国家哲学社会科学成果文库》；4 种学术期刊获国家社会科学基金学术期刊资助。

自然科学研究经费全年到账总额超过 11 亿元，其中新立项科技项目近 1 800 项，合同额超过 10 亿元。获批 12 个超千万元重大项目；转基因克隆动物研究团队获批教育部创新团队；67 项成果获科学技术奖，其中含国家级奖励 3 项（其中作为第一完成单位获国家科技进步奖二等奖 1 项、国家自然科学二等奖 1 项，作为参加单位获国家科技进步奖二等奖 1 项）；获省部级奖 64 项。获专利授权 559 项，其中发明专利 336 项，获中国专利奖优秀奖 2 项。获发明创业奖优秀奖 1 项。集成光电子学国家重点实验室在 2012 年度信息科学领域的评估中被评为优秀；新增中草药育种与栽培国家地方联合工程实验室；新增复杂条件钻采技术、应用地球物理、东北亚矿产资源评价 3 个国土资源部重点实验室；微结构化学国际联合研究中心被科技部认定为第三批国际合作研究中心。2011 年科学引文索引（SCI）被引用 2 674 篇 8 724 次，排名第 11 位；1 篇论文入选 2012 年中国百篇最具影响国际学术论文排行榜。

〔**成立 8 个协同创新中心**〕　2012 年，学校成立了“高等学校创新能力提升计划”领导小组和工作小组，培育组建了长春化学前沿、低碳汽车、非常规油气资源勘探开发、高压先进科学研究、东北亚区域研究、历史文化遗产与北方民族疆域、司法文明及出土文献与中国古代文明研究等 8 个协同创新中心。

〔**学风建设**〕　制定并实施《吉林大学加强学风建设实施细则》、《吉林大学学术道德规范》，初步构建了学风建设工作体系和工作机制。

〔**文化传承与创新工作**〕　学校被教育部确定为大学章程建设试点高校。举办了文、史、数、理、化、地 6 大学科 60 年庆典，以此为契机总结学院（科）办学精神，传承老一辈科学家、教育家的高尚情怀和科学追求。树立了林君、徐红、滕利荣等科技创新、巾帼建功、教书育人先进典型。学校校史馆、科技馆建成并开馆。为农民工子女开设“七彩课堂”，已在省内外 48 所农民工子弟学校建立了志愿服务基地，派出志愿者 2 000 余人，覆盖农民工子女 1.1 万余人。

以“创新育人”为文化主题，开展主题征文实践调研活动，举办“文化播讲团”巡讲活动 19 次、“国学文化学社经典讲读”22 次、“青年文化书院文化论坛”4 次和“青年文化书院时政讲坛”2 次。邀请校内外知名专家、学者举办“思想·理论·人生 100 讲”主题讲座 5 场。举办大型科学道德宣讲教育活动 5 场，覆盖全校 7 700 余名新入学研究生。举办 36 场校友论坛。

学校阳光志愿者协会等多个学生组织被共青团中央评为“中国百名优秀志愿服务集体”。学校获吉林省 2012 年度大学文化优秀成果奖 8 项、教育部大学文化优秀成果特等奖 1 项。

〔**服务社会**〕　学校成立了工业技术研究总院和现代产业技术研究院。教育部和吉林省政府签署了继续重点共建学校的协议。2012 年，签署各类合作协议 87 份。与徐州市政府共建“吉林大学徐州技术转移中心”。2012 年，深圳市富德控股（集团）有限公司向学校捐赠了 1 000 万元人民币，设立奖助学金。

学校国家大学科技园通过评估，2 家校办企业获中国产学研合作创新奖；2 个项目获中国产学研合作创新成果奖；1 人获中国产学研合作促进奖。

〔**党建工作**〕 11月27日，学校召开党委理论学习中心组学习（扩大）会议，学习传达贯彻党的十八大精神。12月3日，中央宣讲团在学校举行了党的十八大精神专场报告会。

〔**教育交流与合作**〕 全年共签署各类校际交流协议29项。截至2012年年底，学校已与35个国家和地区的187所大学和科研机构建立了合作与交流关系。与美国佐治亚理工学院签署共建“吉大—佐治亚理工学院联合理论科学研究院”协议；与美国埃默里大学签署合作备忘录，共建“吉大—埃默里大学联合国际医学院”；与美国罗格斯大学签约共建“吉林大学美国研究中心”和“罗格斯大学中国学研究中心”。全年派出学生1 096人次，因公派出教师890人次。共聘请来自36个国家和地区的长短期外国专家602人次，接收来自98个国家的长短期留学生2 140余人。学校成功入选首批孔子学院专职教师储备单位和“孔子新汉学计划”中方首批试点高校。

〔**管理改革工作**〕 2012年，学校启动了行政管理体制和运行机制改革、医学管理体制改革、人事制度改革、财务管理体制改革、资产管理体制改革、后勤管理体制改革等6项改革。学校新组建正处级独立建制机构13个、撤并机构27个，学校部门由原来的66个减少至54个，机构和职能得到优化。

撰稿 高恒飞

审稿 王利锋

东北师范大学

〔**学科建设**〕 2012年，学校以学科建设为核心，推动学科、队伍、科研和人才培养协同发展。启动校内文理科“双十项目”（即在哲学社会科学和自然科学各规划出10个左右研究领域给予重点支持）计划，自筹经费重点培育和资助了一批重大基础性研究和应用性研究项目。学校30个一级学科参加教育部第三轮学科评估，大部分学科的排名都有所提升。学校获准新设“外国语言文学”博士后科研流动站，增设“生态学”、“统计学”、“世界史”等3个博士后科研流动站，设站总数增至16个。1篇论文入选全国优秀博士学位论文，2篇论文入选提名论文。3个学科进入ESI全球排名前1%。

〔**人才培养**〕 学校积极深化人才培养模式改革，实施学科创新人才基地班计划，制订免费师范生教育硕士培养方案，加强课程建设。学校获批国家级教师教学发展示范中心，成为国家首批建设的30个教师教学发展示范中心之一。

学校围绕“立德树人”的根本任务，不断创新学生工作模式，注重理论研究和实践探索相结合，人才培养质量不断提高。学生在第八届“挑战杯”中国大学生创业计划竞赛中获银奖和铜奖，在第九届全国大学生运动会中为吉林省摘取2金、1银、3铜，在第八届中国舞蹈“荷花奖”评奖中获银奖。2012年，毕业生就业率达98%，学校被国务院授予“全国就业先进工作单位”称号，是两次获国务院就业创业工作表彰的高校之一。

〔**科研工作**〕 2012年，学校科研工作重心转向研究重大问题、争取重大项目、产出重要成果方面。全年科研总经费近2亿元。文科获立各级各类项目359项，经费4 323万元。其中纵向课题284项，资助经费达3 260万元，较2011年增长43%。“新中国成立以来西方哲学中国化的进程及其经验教训”和“中国美学的现代转型研究”分获国家社科基金重大项目和教育部哲学社会科学重大课题攻关项目。CSSCI级以上论文占论文总数的72%。理科获各类科研项目247项，科研经费达1.4亿元。其中国家自然科学基金项目78项，经费首次突破5 000万元。SCI检索收录学校科技论文545篇，其中高于学科平均影响因子的论文占总篇数的45%。第三世界科学院院士、学校教授白志东主持的项目“大维随机矩阵理论及其应用”获2012年度国家自然科学奖二等奖，实现学校历史性突破。学校“动力电池国家地方联合工程实验室”等科研基地和研究中心获批建设。

〔**推进教师教育协同创新中心建设**〕 学校在“教师教育创新东北实验区”建设的基础上，牵头成立了“东北高校教师教育联盟”和“教师教育东北协同创新中心”，“U—G—S”（即师范大学—地方政府—中小学校合作）合作办学模式得到进一步拓展和深化。

〔**人才队伍建设**〕 学校持续推进“高端人才计划”，调整人才培养和引进政策，建立“博士后师资制度”，即拟聘到教师岗位的博士毕业生，原则上须以师资博士后方式补充；具有一级学科博士点的学院，选留博士毕业生进入师资队伍，必须以师资博士后方式补充。师资博士后在站期间，参照学校教师（讲师）身份管理。师资博士后工作期满，按时出站且考核合格的，正式办理入校手续，按讲师聘用（特别优秀者可直接聘至副教授岗位）。全年共引进“东师学者”讲座教授、教学名师等53人，组织完成第四批“东师学者”青年学术骨干遴选。截至2012年年底，“东师学者”青年学术骨干队伍已达100人。新增“长江学者奖励计划”

特聘教授1人、“新世纪优秀人才支持计划”12人。

〔**部省共建**〕　教育部、吉林省政府共同出台意见，继续共建学校。根据意见，吉林省在2012年至2015年，每年为学校提供3 000万元资金支持。

〔**推进现代大学制度建设**〕　2012年，学校以教育学部的建立为先行试点，整合全校教师教育学科相关资源，成立了教育学部。修订《东北师范大学学院教授委员会章程》，完善教授委员会委员的聘任等制度，推进了现代大学制度建设。

〔**继续教育**〕　在远程教育与继续教育方面，学校招收网络教育、高等教育自学考试、函授、证书考试等各类学员69 100人。通过中小学教师“国培计划”、教育部幼儿园园长培训中心项目等，全年培训中小学、幼儿园教师5 960人。

〔**完成校长公选**〕　学校是教育部首次面向海内外公开选拔部属高校校长试点单位之一。4月19日，经过各个公选环节，教育部任命刘益春为学校校长。

〔**教育交流与合作**〕　全年共聘请270名长短期外籍教师到校任教、讲学。接收来自94个国家的外国留学生1 074人次，其中奖学金学生345人。全年共选派160名学生赴国（境）外留学，派出教师187人参加学术会议、学术交流和合作研究、访问考察等。学校孔子学院全年举办各类文化活动近200场，参与人数近10万人次。此外，国务院侨务办公室在学校设立华文教育基地，学校承担了华文教材研发、华文教师培训等方面的工作。

〔**党建工作**〕　按照中央和教育部党组动员部署，学校党委在全校基层党组织和全体党员中深入开展学习贯彻落实党的十八大精神系列活动，并举行十八大精神宣讲活动。学校党委将“基层组织建设年”活动与创先争优活动、党支部主题实践活动有机结合，开展了一系列基层党组织建设活动。

〔**文化建设**〕　学校积极发挥大学先进文化的辐射和引领作用，积极承办了第三届中国长春·东北亚文化艺术周的子项目“国际钢琴音乐会”、“大学生合唱专场音乐会”等活动。

〔**改善办学保障条件**〕　在校园基础设施建设方面，学生新三舍一期工程顺利完工，3 000名多学生搬迁入住；新建生态环境预警中心，续建民族民俗馆等工程项目；在校园信息化建设方面，校园无线网络、视频直播服务更加便捷，校园一卡通实现网上挂失、银校转账等多项自助业务，数字化校园项目逐步开展；完成应急指挥中心一期建设，初步实现校园安防智能化、数字化；完善医保工作规程。

撰稿　李德锋
审稿　蒋　蕾

东北林业大学

〔刘延东视察学校〕　2012年5月20日，国务委员刘延东视察学校。省委书记吉炳轩、省长王宪魁、常务副省长刘国中、教育部副部长杜玉波等陪同视察。刘延东参观了“生物资源生态利用国家地方联合工程实验室（黑龙江）”，对学校的生物资源生态利用研发工作给予较高评价。视察了动物毛皮标本馆，肯定了学校在毛皮动物人才培养和科技支撑方面所做出的重要贡献。她希望学校发挥林业行业优势，通过生物资源的生态利用为国家能源和医药工业做出进一步贡献；利用好东北丰富的森林资源，更好地推动经济社会发展；积极探索建立中国特色社会主义现代大学制度，以提高质量为核心，走内涵式发展道路；加强科学研究和以企业为主体进行产学研相结合，提高服务经济社会发展能力，为创建科技强国做贡献。

〔新增4个博士后科研流动站〕　8月29日，在第八批博士后科研流动站申报评审中，学校新增4个博士后科研流动站，分别为：生态学、风景园林学、交通运输工程、马克思主义理论。截至2012年年底，学校博士后科研流动站已增至9个，涵盖8个一级学科博士点和1个二级学科博士点。

〔1个国家级实验教学示范中心获批〕　8月21日，学校野生动物实验教学示范中心被批准为“十二五”国家级实验教学示范中心。这是学校获批的第三个国家级实验教学示范中心。

〔获3项国家科技进步奖二等奖〕　2012年，学校教授王清文主持完成的“木塑复合材料挤出成型制造技术及应用”项目获国家科技进步奖二等奖；教授顾继友、沈海龙分别参与完成的“超低甲醛释放农林剩余物人造板制造关键技术与应用”和“天然林保护与生态恢复技术”2个项目获国家科技进步奖二等奖。

〔科研工作〕　学校共获各级各类科研立项624项，获各类科技奖励79项，其中国家科技进步二等奖3项、黑龙江省科技奖16项、第四届梁希青年论文奖37项、黑龙江省高校科学技术奖7项。申请专利119件，授权专利225件。《东北林业大学学报》获“第四届中国高校优秀科技期刊”奖，《林业研究》（英文版）获“2012中国国际影响力优秀学术期刊”。

〔高层次人才队伍建设〕　2012年，学校教师曲冠证、王晓春、赵鹏、程玉祥、沈静入选教育部“新世纪优秀人才支持计划”，柳参奎、高大文和单炜享受2012年国务院政府特殊津贴，花军享受黑龙江省政府特殊津贴。

〔1人获2012海峡两岸林业敬业奖励基金〕　10月14日，学校教授、中国工程院院士李坚获2012海峡两岸林业敬业奖励基金。该基金每年颁奖一次，旨在奖励在林业工作中做出重要贡献的教学和科技人员。

〔部省共建学校〕　3月1日，教育部与黑龙江省政府共建东北林业大学签约仪式在北京举行。教育部部长袁贵仁、省长王宪魁分别代表教育部和省政府签署共建协议。

〔成立国家林业局猫科动物研究中心〕　6月25日，国家林业局猫科动物研究中心在学校挂牌成立。该中心致力于整合中国猫科动物研究智力资源，打造国内猫科动物保护生物学研究的信息与合作平台，引进国际先进的保护和研究理念，推广先进的研究和保护技术，培养高水平的猫科动物研究人才，推动中国野生动物保护事业发展。

〔**思想政治教育工作**〕 2月28日，学校在全国大学生思想政治教育处长论坛上做典型发言，介绍了学校开展推进式教育的实践和经验。5月11日，学校主题推进式教育工作获教育部高校文化传承创新研究优秀成果一等奖。学校被评为“黑龙江省学生工作先进集体”。1人获“2011中国大学生年度人物”入围奖和“第二届黑龙江省大学生年度人物”，1人被评为“黑龙江省首届大学生道德模范人物”，1个学生社团被评为“黑龙江省首届大学生道德模范团体”。

〔**获全国林业工作先进集体称号**〕 9月24日，学校林学院、帽儿山实验林场分别获“全国林业工作先进集体”荣誉称号；3人获“全国林业科技工作先进个人”荣誉称号。

〔**召开学校第十二次党代会**〕 12月30日，中共东北林业大学第十二次党的代表大会召开。党委书记吴国春做了题为《解放思想，改革创新，凝心聚力，科学发展，全面加快特色鲜明的高水平研究型大学建设步伐》的报告。大会选举产生了中国共产党东北林业大学第十二届委员会和纪律检查委员会；选举吴国春为党委书记，胡万义、孙正林、陈文慧为党委副书记，选举陈文慧为纪委书记、刘九庆为纪委副书记。学校确定了到建校70周年（2022年）时，使学校综合实力稳居国内同类高校前列；到建校80周年（2032年）时，把学校建设成为特色鲜明的高水平研究型大学；到建校100周年（2052年）时，把学校建设成为世界一流的林业大学的奋斗目标。

〔**召开第二届中国东北盐碱地生态环境修复国际学术研讨会**〕 5月25日，第二届中国东北盐碱地生态环境修复国际学术研讨会在学校盐碱地生物资源环境研究中心召开。来自日本东京大学、清华大学、南开大学的7位国内外专家就中国东北盐碱地生态环境修复问题进行研讨。

〔**学校行政领导班子换届和部分成员调整**〕 7月13日，学校召开部分中层干部大会，宣布学校新一届行政班子和陈文慧同志职务变动情况。教育部任命杨传平为学校校长，曹军、孙正林、赵雨森、李斌、李顺龙为学校副校长。陈文慧任中共东北林业大学委员会常委、副书记、纪律检查委员会书记。

〔**获中国高校校报好新闻奖**〕 11月29日，中国高校校报协会公布了2011年度中国高校校报好新闻评奖结果，学校获一等奖2篇、二等奖2篇、三等奖1篇，获奖等级位居全省高校之首。11月23日，在第二届中国高校电视奖评选中，学校选送的作品获新闻类节目二等奖和专题类节目优秀奖。

〔**教育交流与合作**〕 2012年，有147人次外国专家到校访问。学校与莫斯科国立林业大学、日本北见工业大学等4所国外大学和科研单位续签合作协议，与美国华盛顿州立大学、加拿大新布伦瑞克大学等7所大学新签合作协议或学生交流协议，与台湾地区5所高校签署合作协议或学生交换协议。学校成为来华留学生中国政府奖学金高校。全年学校共有31个代表团67人次出国访问。

〔**学生在多项比赛中获奖**〕 3月，学校大学生艺术团选送的文艺作品在全国第三届大学生艺术展演活动中获艺术表演类甲组二等奖2项、三等奖1项，学校获优秀组织奖；在黑龙江省第二届“TRIZ”杯大学生创新设计大赛中，学校获一等奖1项、二等奖3项、三等奖2项、优胜奖16项。3月5日，学校绿色使者志愿者协会获全国绿色领袖营香港区精英赛一等奖。6月，学校获黑龙江省高校校歌大赛一等奖。7月26日，学生在2012全国大学生管理决策模拟大赛中获总决赛二等奖。8月23—25日，学生在大学生智能汽车竞赛全国总决赛中获二等奖。10月27日，学校短剧《天路》在第三届中国校园戏剧节上获“优秀剧目奖”、“校园戏剧之星”和“组织奖”。11月，在第37届ACM/ICPC国际大学生程序设计竞赛亚洲赛区中获3枚铜牌。12月，在2012全国大学生数学建模竞赛中获全国二等奖1项，黑龙江省一等奖3项、二等奖5项、三等奖4项，获奖数量创历史新高。12月，学生在第五届国际大学生雪雕比赛中获一等奖，学校被黑龙江省文化厅评为“第十届黑龙江省大学生冰雕比赛优秀院校组织奖”。学校在“第十九届全国雪雕比赛”中获特别奖。

〔**60周年校庆活动**〕　7月8日，学校举行庆祝建校60周年大会。国务院副总理回良玉、国务委员刘延东等为学校发来贺信。全国政协副主席万钢、省长王宪魁以及海内外嘉宾、校友和师生代表约5 000人参加庆祝大会。会上，万钢和王宪魁共同为中国林业行业首个国家级重点实验室——东北林业大学林木遗传育种国家重点实验室揭牌。校庆期间，学校举办了“大学校长高端论坛”、“优秀校友报告会”、“林业对中国经济、社会发展的影响与贡献”等20余场学术报告会。

撰稿　朱立明
审稿　雒文虎

复旦大学

〔**学科建设**〕 2012年，学校继续推进“985工程”三期建设，上报学校《新一轮“985工程”服务地方经济社会发展重点建设项目申请书》及《新一轮“985工程”服务地方经济社会发展重点建设项目投资计划表》。完成“211工程”三期国家验收工作，30个重点学科建设项目全部通过验收，最终形成《复旦大学“211工程”三期重点学科建设项目总结报告》。启动医学中长期发展规划编制工作，形成《复旦大学医学学科现状及发展潜力研究》报告。组织完成国家中医药管理局“十二五”中医药重点学科建设点增设申报工作。推进学校服务上海战略，起草《复旦大学服务上海计划》初稿和创新“走廊计划”（该计划聚焦于邯郸校区与江湾校区的一体化建设，通过校区功能调整使2个校区的学科分布更均衡，以学科和人才为核心，进一步强化服务社会的功能）。组织完成上海高校一流学科申报工作，4个学科入选上海高校一流学科（A类）建设计划，20个学科入选上海高校一流学科（B类）建设计划。

〔**教育教学改革**〕 全年开设本科课程共3 189门、5 564门次，其中通识教育核心课程开课215门次。小班化教学课程、研讨型课程的比例进一步提高。稳步推进全英语课程建设，培育出历史与文化、社会与政治、经济与管理、科学与技术4个模块160门全英语课程。全校获国家级奖项和项目共57项（1项教学改革、2项人才培养、54部“十二五”国家级规划教材）、上海市奖项和项目17项（2项人才培养、3项全英语教学示范课程、4项上海高校本科重点教学改革项目立项、7门上海市精品课程、1项上海市高等教育学会教改项目）。深入拓展“望道计划”，推进基础学科拔尖人才培养工作。借助“985工程”资金支持，将“望道计划”拓展到中文、哲学、历史学3个文科基础学科的人才培养工作中，并根据文科基础学科的特点形成相应的拔尖人才培养方案。全年共资助立项各类课题372项，其中“萡政”课题45项、“望道”课题101项、“曦源”项目226项。截至2012年年底，课题结题学生在国内外学术期刊发表论文24篇，其中第一作者文章16篇。推出本科生实验实践资助计划，搭建科研与实践相结合、分层次成体系的大学生实验实践平台。完善本科生创新创业实践教育平台建设。截至2012年年底，共有55个各类项目提交申请报告，其中16个项目获立项资助。学校出台《关于深化医学教育管理体制改革的若干意见》（复委〔2012〕24号），进一步明确医学教育管理体制改革的指导思想，全面启动医学教育管理体制建设工作。学校53部教材入选“十二五”国家级规划教材。

〔**科学研究**〕 全年到账理科、医科科研经费110 556万元。获立科研项目1 537项，其中国家重大科学研究计划项目5项、国家科技重大专项课题6项、卫生行业科研专项3项、环保部公益性行业科研专项1项。获批国家自然科学基金574项，其中国家自然科学基金面上项目319项、青年科学基金171项、国家杰出青年科学基金项目6项、优秀青年科学基金项目13项、重点项目8项、重大研究计划重点项目2项、重大国际（地区）合作研究项目3项、海外及港澳学者合作研究基金9项（其中两年期资助项目8项、延续资助项目1项）、重大研究计划培育项目10项、重点项目3项、集成项目2项。获教育部博士点基金博导类项目资助39项、新教师类项目资助45项、优先发展领域课题2项；教育部“新世纪优秀人才支持计划”20项，其中理工医科13项、教育部创新团队1项；教育部留学回国人员科研启动基金30项、理工医科23项。获财政部、教育部“中央高校基本科研业务费专项资金”5 410万元。新增3个上海市重点实验室，学校在建的上海市重点实验室增至10个。学校培育组建了7个协同创新中心。

2011年度发表SCI论文2 392篇。根据中国科学技术信息研究所历年发布的中国科技论文统计结果，学校2006—2010年发表的SCI论文中有4 172篇论文在2011年度被引用，共被引用15 803次，位列全国高校第5位，科技论文篇均引用次数为3.79次，列全国高校第3位。申请国内专利634项、授权专利数量427项，其中发明专利405项。全校累计有效专利（维持中）1 230项。已完成计算机软件著作权登记24项。

文科科研到账经费总数14 899.97万元，科研项目立项总数157项，其中国家社科基金项目62项，教育部人文社科规划项目67项，上海市哲学社会科学规划课题28项，其中获国家社科基金重大项目16项。出版著作311部，发表论文2 570篇，其中在国外学术刊物发表论文193篇，提交研究报告88篇。获省部级以上科研成果奖励104项。有1项成果入选国家社科基金成果文库。24个项目获上海市“浦江人才”计划项目资助，位居上海市高校第一。有5人入选上海市教委“曙光学者”计划，4人入选上海市教委“晨光学者”计划。组织派遣8人参加教育部高校哲学社会科学教学科研骨干研修班。与地方和企业合作，其中科研经费到账1.82亿元，比2011年增长11%，签订产学研合同451个，比2011年增长6.4%，签订合同额大于50万元的项目54个，比2011年增长31%；专利转让/许可8项。新建校企联合实验室/联合中心6个。与国有大型企业开展对接和合作，与中国航空集团公司签订共建“复旦—中航工业供应链研究院”合作备忘录，与金川集团股份有限公司签订“复旦—金川全面合作协议”；与国有大型企业开展项目合作，立项23项，立项金额1 352万元；与国外知名企业开展项目合作31项，立项金额1 300万元。组织开展与上海市及各地政府的合作，与宁波市政府共建复旦大学宁波研究院，推进复旦大学张江研究院的建设。学校技术转移中心在长沙市、上虞市、金华市、长兴县等地建立了技术转移工作站。

〔获多项国家级教学相关项目奖〕 学校软件学院副教授赵卫东《流程智能》获教育部—IBM专业综合改革项目2012年建设课程教学改革奖。法学院教授孙笑侠“应用型复合型法律职业人才教育培养基地”、教授王志强“涉外法律人才教育培养基地”获教育部卓越法律人才教育培养基地称号。

〔获4项国家科学技术奖〕 环境与科学技术系教授庄国顺课题组完成的项目“中国大气污染物气溶胶的形成机制及其对城市空气质量的影响”，获国家自然科学二等奖；物理学系教授龚新高课题组完成的项目“金笼子与外场下纳米结构转变的研究”，获国家自然科学二等奖；基础医学院教授宋志坚课题组完成的项目“人脑动态建模、定位与功能保护新技术及其在神经导航中的应用”，获国家技术发明二等奖；附属中山医院教授樊嘉课题组完成的项目“肝癌肝移植术后复发转移的防治新策略及关键机制”，获国家科技进步奖二等奖。

〔组建7个协同创新中心〕 2012年，学校培育组建了“脑功能重塑协同创新中心”、“金砖国家合作与全球治理协同创新中心”、“通用高分子材料高性能化协同创新中心”、“遗传学协同创新中心”、“新型自旋器件及应用协同创新中心”、“代谢性疾病协同创新中心”、“病原微生物感染研究协同创新联合中心”7个协同创新中心。

〔1项成果入选2012年度《国家哲学社会科学成果文库》〕 学校经济学院教授田素华《外商直接投资进入中国的结构变动与效应研究》入选2012年度国家哲学社会科学成果文库。

〔师资队伍建设〕 学校新增“千人计划”9人、“长江学者”5人、“青年千人计划”3批共21人、“青年拔尖人才支持计划”获得者7人、国家杰出青年科学基金获得者6人；上海“千人计划”15人、“东方学者”11人、上海“领军人才”9人。全年新进163人，其中教学科研人员99人、思想政治教育人员15人、行政人员19人、其他教辅人员（含专业技术人员）30 人。教学科研人员中，引进人才 39 人；一般新进教学科研人员中，有海外留学经历的人员 28 人、国内博士后 14 人、其他人员 18 人。深化教师高级职务聘任改革，全面推行“代表性成果”评价机制，制定《复旦大学教师高级职务聘任实施办法（试行）》。构建可持续发展的校院两级教师培养体系，支持教师全面发展。完善校内薪酬体系，推行“三元薪酬结构”，稳步提高教职工收入。规范调整租赁制岗位功能定位，做好租赁制人员在编聘用工作。调整与民生相关的人事政策，改善教职工福利待遇。

〔**3 人获上海市第十一届哲学社会科学学术贡献奖**〕 学校中国语言文学系教授王水照、国际关系与公共事务学院教授陈其人、经济学院教授洪远朋获上海市第十一届哲学社会科学学术贡献奖。

〔**6 人应邀担任达沃斯论坛“全球议程理事会”理事**〕 学校美国研究中心教授吴心伯，经济学院教授张军、陈钊，管理学院教授陆雄文、徐以汎，国际关系与公共事务学院教授刘建军应瑞士达沃斯论坛邀请，担任该论坛的智囊机构“全球议程理事会网络”（The Network of Global Agenda Councils）旗下的理事会理事。全球议程理事会理事的职责包括：跟踪全球发展趋势，识别全球风险，提出应对全球挑战的想法与建议等。

〔**多篇论文在国际顶级学术刊物发表**〕 1 月，*Circulation*（《循环》）杂志发表学校教授王红艳课题组研究论文《甲硫氨酸合成还原酶基因内含子上的功能性遗传变异显著增加中国汉族人群先天性心脏病发病风险》；2 月，*Science*（《科学》）杂志刊载教授李辉课题组与副教授陶寰合作研究成果《反驳语音多样性支持语言从非洲扩张的系列奠基者效应》；4 月，*Cell*（《细胞》）子刊在线刊登学校上海医学院博士马丽香研究成果 Cell-Derived GABA Neurons Correct Locomotion Deficits in Quinolinic Acid-Lesioned Mice；7 月，*Clinical Cancer Research*（《临床癌症研究》）杂志在线刊载学校教授陈海泉课题组论文 The Use of Quantitative Real-Time Reverse Transcriptase PCR for 5' and 3' Portions of ALK Transcripts to Detect ALK Rearrangements in Lung Cancers；9 月，*Journal of Neuroscience*（《神经科学杂志》）先后刊载学校脑科学研究院研究员彭刚研究团队最新研究成果《Robo2-Slit 和 Dcc-Netrin1 协同调节神经元在胚胎神经束中的轴突导向》，及学校教授王中峰、孙兴怀、杨雄里率领的视网膜研究团队研究成果《代谢型谷氨酸受体介导的内向整流钾通道抑制参与慢性高眼压视网膜胶质细胞激活》。

〔**启动香港大学内地学习千人计划**〕 4 月 26 日，香港大学内地学习千人计划启动仪式在学校举行。教育部副部长郝平、香港大学校长徐立之、学校校长杨玉良及上海交通大学、同济大学、上海财经大学的代表出席启动仪式。学校在教育部统一部署下，调动校内资源，统筹协调各个部门，进一步扩大接收香港大学生的规模，以合作课程、合作科研等方式，为两校学生提供特色课程、科研和社会服务的机会，全面加强与香港大学的战略合作。

〔**新增技术科学试验班**〕 学校跨院系大类招生培养新增技术科学试验班。该大类涵盖信息科学与工程学院、计算机科学技术学院下设的 8 个本科专业。大类招生培养的专业达 42 个，在读学生 2 130人，占一年级学生的三分之二。跨专业培养成为本科教育教学的主流模式。

〔**举行上海数学中心揭牌暨奠基仪式**〕 5 月 13 日，上海数学中心揭牌暨奠基仪式举行。国务委员刘延东发来贺信。上海市市委书记俞正声出席并为数学中心揭牌。该中心依托学校建设，围绕纯粹数学和数学与其他学科的交叉领域中的一些重要前沿课题展开深入研究。

〔**举办“上海论坛 2012”**〕 5 月 26 日，“上海论坛 2012”在上海开幕。论坛由学校主办，韩国高等教育财团赞助。上海市市长韩正出席论坛开幕式并致辞。论坛主题为“未来十年的战略”，下设 10 个分论坛和 3 个高端圆桌会议。来自全球 30 多个国家和地区的400多名代表围绕主题展开了广泛、多维和深入的研讨。论坛闭幕上发表了《上海论坛共识》。

〔**研究生招生工作**〕　全年招收学历教育研究生5 372人。其中硕士研究生4 008人（含港澳台生47人、外籍生292人、少数民族骨干生15人），博士研究生1 364人（含港澳台生8人、外籍生34人、少数民族骨干生20人），招收非学历教育研究生1 535人。新增税务、保险、学科教学、出版4种硕士专业学位招生类型。大陆地区学历硕士生中含学术型1 756人、专业型1 913人，专业型招生人数首次超过学术型，研究生招生结构得到进一步调整。继续推进招生改革，医学相对独立招生；“长学制”招生改革新增脑科学研究院为试点单位；在2012年度研究生招生报名中首次试行报考信息网上确认。进一步扩大夏令营活动计划，共有16个夏令营开营，学校投入资助资金119万元（实际支出154万元），有1 243名优秀大学生获夏令营活动资格，预录取推免生656人。

〔**开展校媒、校省合作**〕　4月26日，学校与人民日报社签署全面合作协议，双方在服务国家战略、党报人才培养、人民日报扎根校园、新闻学科发展、展示大学形象等五个方面开展深度合作。8月10日，学校与福建省政府签订战略合作协议，双方在人才培养、决策咨询、科技创新、医疗卫生和生态环境保护与开发利用等方面加强合作。10月18日，学校与甘肃省政府签署战略合作协议，双方在教育、科技等重点领域实现高层次校省互动。

〔**党建工作**〕　2012年，学校党委重点做了四方面工作。一是加强基层组织建设，深化创先争优活动。全校685个党支部进行调查摸底和分类定级工作，合格党支部占总数的99.7%。全年共发展党员1 568名，培训入党积极分子、预备党员近2 000人。10个集体、11名个人获卫生部、上海市和上海市教育卫生工作委员会党委表彰。二是加强干部队伍建设，着力提高素质能力。全年共任免干部256人，其中提拔任用干部96人；19个基层单位开展了行政换届，12个基层单位开展了党组织换届。共有299人参加党校培训，其中干部120人。选派45名干部到国家部委、地方政府、大型企业、基层乡镇等地挂职。三是加强师生思想政治工作，培育优良的校园文化。推进实践育人工作，建设一批学生党员学习实践基地和挂职锻炼基地。四是加强党风廉政建设，创建和谐稳定校园。学校党委制定《关于执行党风廉政建设责任制的实施细则》，督促干部切实履行“一岗双责”。10月，学校接受教育部对贯彻落实“三重一大”决策制度的专项检查，得到检查组的好评。

撰稿　甄炜旐
审稿　周　虎

上海交通大学

〔**2项成果分别入选中国科学十大进展、世界十大科技进展**〕 2012年1月，由中国科学院院士、校长张杰研究组与中国科学院国家天文台和物理所合作的成果“利用强激光成功模拟太阳耀斑中的环顶X射线源和重联喷流”入选“2011年度中国科学十大进展”，由学校新引进的特别研究员万文杰在美国耶鲁大学博士后期间所完成的“光学相干全吸收器（反激光器）”入选2011年“世界十大科技进展”。

〔**人才培养**〕 2012年，学校本科招生取得历史最好成绩，理科在21个省（区、市）、文科在13个省（区、市）录取线排名全国高校前三，学校医学院在19个省（区、市）排名前十。来自“985工程”高校和国家重点学科的博士、硕士生源分别达65%、56%。完成基础学科拔尖人才培养方案修订。建成7个国家级大学生校外实践基地，落实5个国家级工程实践教育中心建设项目，获批首批应用型、复合型法律职业人才和涉外法律人才教育培养基地。获全国优秀博士学位论文3篇。就业工作获国务院表彰，成为唯一两次获评“全国就业先进工作单位”的高校。2012届毕业生赴国家重要行业及关键领域就业比例达50.18%。学校学生在第36届ACM国际大学生程序设计竞赛总决赛中夺得金牌；在第三十届伦敦奥运会上取得2金1银2铜的优异成绩。

〔**质量工程建设**〕 2012年，学校把提高办学质量作为各项工作的重中之重，成立了质量建设领导小组和工作小组，制定了《上海交通大学关于全面提高办学质量的决定》，成为指导学校质量建设的纲领性文件。同时分16个专题，研制“质量建设方案”。学校分别于5月15日、7月11日召开办学质量工程推进会、办学质量建设大会，推动全员参与、全过程控制、全方位建设，力求形成长效机制，把提高质量贯穿到办学的全过程。

〔**科学研究**〕 在新一轮全国一级学科评估中，学校船舶与海洋工程、机械工程和临床医学蝉联全国第一，9个学科排名前三，15个学科排名前五；生物学、基础医学等学科实现新突破。新增3个ESI全球前1%学科，总数达15个，居全国高校第二。获国家科学技术奖8项。3人获何梁何利奖，排名全国高校第一。国家自然科学基金再创辉煌，项目总数、面上项目数连续3年全国第一。区域光纤通信网与新型光通信系统国家重点实验室获评良好，动力机械与工程教育部重点实验室获评优秀。国内科技论文数及被引数均居全国高校第一，被SCI等世界四大名刊收录论文共15篇。大型铸锻件制造、青蒿素高效人工合成等一批关系国计民生的核心和关键技术实现重大突破。

〔**师资队伍建设**〕 引进中国科学院院士2人，新增讲席教授34人、特聘教授44人、特别研究员81人、特别副研究员16人。新增中央组织部“千人计划”21人，总数达73人，居全国高校第二；新增“青年千人计划”35人、“拔尖人才”7人。新增上海“千人计划”26人，总数达58人，稳居上海高校榜首。新增“长江学者”10人，其中“长江学者”特聘教授8人。新增国家杰出青年科学基金9人、创新研究群体项目2个、国家优秀青年科学基金15人。海外博士学位比例达21.2%。研制《上海交通大学关于加强青年教师队伍建设的实施意见》，继续实施“起步计划”、“特别研究员支持计划”、“晨星学者奖励计划”、“海外博士后科研启动支持计划”等资助项目。师资分类发展改革深入推进。

〔**牵头成立多个协同创新中心**〕 2012年，学校大力推动协同创新中心建设，牵头成立多个协同创新中心。8月24日，“高新船舶与深海结构物协同创新中心”启动协商会议在学校召开。同日，“激光聚变科学与应用协同创新中心”签约仪式在上海举行。9月1日，“未来媒体网络协同创新中心”签约仪式在北京举行。9月19日，“金融发展、改革与稳定协同创新中心”在北京举行签约暨启动仪式。9月26日，“微生物资源与代谢协同创新中心”培育启动会在学校举行。10月17日，“同步辐射医学应用协同创新中心”在学校成立。12月24日，“转基因生物安全协同创新中心”在北京揭牌。

〔**全面推行夏季小学期**〕 2012年，学校全面推行夏季小学期，将原来的“20周＋20周”改变为“18周＋18周＋4周”。这是与世界一流大学接轨、探索中国特色人才培养模式，秉承“知识探究、能力建设、人格养成”三位一体育人理念，打造卓越人才成长体系，有步骤地实施拔尖创新人才培养的新尝试、新探索。夏季小学期里，学校整合、集聚优质教学资源，共开设了选修课程、实习、实践、海外游学、学术讲座、科技节、科研见习岗、校级公共课、一级学科公共课、交叉学科课程、高端暑期讲座、研究生创新论坛、卓越工程师实训、国际交流活动14大类的教学及实践活动。

〔**王振义、陈竺荣获圣·乔奇癌症研究进展大奖**〕 1月20日，美国癌症研究全国基金会宣布，学校医学院教授王振义和卫生部部长陈竺获第七届圣·乔奇癌症研究进展大奖，以表彰他们在治疗急性早幼粒细胞白血病（APL）上所取得的原创性研究成果并获显著成功的治疗效果。

〔**科学史与科学文化研究院成立**〕 3月9日，学校科学史与科学文化研究院正式成立。该研究院下设科学史研究中心、科学哲学研究中心、科学文化研究中心和杰出科学家研究中心。首任院长为学校教授江晓原。该研究院将与中国科学技术协会展开紧密合作，在建设强大的科学史与科学哲学学科的同时，逐步建成学校通识教育基地、社会思想库和国家智库。

〔**张杰当选美国国家科学院外籍院士**〕 5月2日，中国科学院院士、学校校长张杰在第149届美国国家科学院年会上，当选为美国国家科学院外籍院士。

〔**张杰当选中国共产党第十八届中央委员会候补委员**〕 11月14日，中国共产党第十八届中央委员会经中国共产党第十八次全国代表大会选举产生，学校校长张杰当选为中国共产党第十八届中央委员会候补委员。

〔**党建工作**〕 学校作为全国教育系统唯一的代表，在全国创先争优总结交流大会介绍经验。举办院长书记研修班、海外高级研修班等。完成中央组织部“选人用人工作”专项检查、教育部“三重一大”决策制度执行情况专项检查。做好副校长公开选拔和副书记民主推荐工作，推进二级单位换届工作。召开学校附属医学院第十次党代会。附属瑞金医院获全国五一劳动奖状。举荐上海市人大代表17人、市政协委员30人。15名教师分别当选各民主党派中央主席、副主席、常委和委员，其中陈竺当选中国农工民主党中央主席，严隽琪连任中国民主促进会中央主席。

〔**社会服务**〕 学校与中国船舶工业集团、中国航天科工集团等签署战略合作协议；与华为技术有限公司、二滩水电等大型企业建立产学研联盟；新增13家校企联合研究中心；深入推进与广西壮族自治区、贵州省的全面战略合作；学校设在深圳、无锡等市的地方研究院的辐射能力不断增强；与上海闵行区开展实质性合作，产业技术研究院一期工程奠基、致远游泳馆开工建设。瑞金北院、仁济南院、六院东院相继开业。

〔**校园文化建设**〕 2012年，学校获全国高校校园文化建设优秀成果特等奖。原创话剧《钱学森》获第三届中国校园戏剧节最高奖。全国高校博物馆育人联盟在学校成立。举办医学院 60 周年、凯原法学院 10 周年、媒体与设计学院 10 周年院庆。钱学森图书馆全年接待人数超过 27 万人次，《钱学森文集（英文版）》全球首发。完成“大飞机”出版工程。首次面向校友在上海举办新年音乐会。举办国际大学生文化艺术节、中美大学生体育文化周等活动。

〔**教育交流与合作**〕 全年共签署校级协议 44 份。与美国密西根大学签署了未来 10 年战略合作协议。成立了上海交大－巴黎高科卓越工程师学院。55 位海外人士获聘名誉教授、顾问教授、客座教授和客座研究员称号。与新加坡政府、新加坡国立大学签署“卓越研究与技术企业学园”项目合作协议。获盖茨基金会正式立项资助 331 万美元。国际合作科研经费合同总金额达 1.19 亿元。与英国剑桥大学、美国耶鲁大学等世界一流大学签署学生交换协议。3 个项目成功入选中日韩 3 国政府支持的“亚洲校园”试点项目。本科生有海外学习经历的比例达 30.8%。留学生（特别是研究生留学生）人数明显增长，全年在校学位留学生达1 979名。

〔**校友朱英富、张峥任中国第一艘航母总设计师和舰长**〕 9 月 25 日，中国第一艘航空母舰“辽宁舰”按计划完成建造和试验试航工作，正式交付海军。国家主席、中央军委主席胡锦涛出席交接入列仪式并登舰视察。中共中央政治局常委、国务院总理温家宝一同出席并宣读党中央、国务院、中央军委的贺电。学校校友朱英富任“辽宁舰”总设计师、张峥任舰长。学校党委书记马德秀、校长张杰第一时间发去贺信，代表学校向他们表示祝贺。

〔**茅艳雯获 2011 中国大学生年度人物称号**〕 6 月 20 日，由中央宣传部、教育部、共青团中央、人民日报社共同指导，人民网、大学生杂志社联合主办的“2011 中国大学生年度人物”颁奖典礼在北京举行。学校学生茅艳雯获 2011 中国大学生十大年度人物称号。

〔**获伦敦奥运会 2 金 1 银 2 铜**〕 在 2012 年伦敦奥运会上，学校学生李玄旭夺得女子 400 米个人混合泳铜牌，学生李昀琦夺得男子 4×200 米自由泳接力铜牌，学生徐莉佳夺得女子帆船激光镭迪尔级金牌，学生眭禄夺得女子平衡木银牌。

撰稿　章玲苓
审稿　盛　懿

同济大学

〔**杜玉波到校考察指导工作**〕 2012年5月31日，教育部副部长杜玉波到学校考察调研并指导工作。杜玉波一行参观了上海地面交通工具风洞中心、新能源汽车工程中心、轨道交通试验线、磁悬浮试验线及交通学院交通行为与交通安全模拟实验室。随后，与学校领导举行座谈会并发表讲话。

〔**杜占元到校调研指导工作**〕 4月6日，教育部副部长杜占元一行到学校调研创先争优活动开展情况并指导工作。学校党委书记周祖翼介绍了学校深入开展创先争优活动的有关情况，校长裴钢介绍了学校综合发展的有关情况，常务副校长陈小龙、副校长陈以一、副校长蒋昌俊就科技创新、研究生培养机制改革、磁悬浮国家工程中心建设等相关工作进行专题汇报。

〔**学科建设**〕 学校有40个学科参加教育部评估，并自设目录外知识产权和工业工程2个二级学科。17个一级学科列入上海市一流学科建设计划。

〔**建立健全现代大学制度体系**〕 2012年，学校深入梳理和分析大学章程总体框架、学校管理体制、办学理念与目标等重要内容，完成《同济大学章程》初稿。9月，学校被遴选为“教育部章程建设试点高校”，并纳入教育规划纲要现代大学制度建设试点项目。

〔**人才培养**〕 “创新人才培养综合改革”试点项目在课程教学内容、教学方法和考试方法等方面实施改革，结合工程教育改革，形成校企联合培养新机制；加强专业建设，优化专业结构，卓越人才培养体系初步形成。“形成双学位培养规模，提高联合培养人才质量和水平”项目以双学位为抓手，凸显国际化人才培养特色，大力助推教育教学改革。土木工程试点学院着力探索和实践现代大学制度建设。推进人才培养成本测算和薪酬制度改革相关工作。深化招生制度改革，提出多元化自主招生方案，选拔具有学科特长和创新潜质的优秀学生，培养面向未来的拔尖创新人才。

〔**教学工作**〕 在全国102所知名中学建立卓越大学生源基地，与12所知名高中开展“苗圃计划”合作，切实推进按学科大类招生和大类培养。2012年，38名新生进入“基础学科拔尖学生培养试验基地”学习，208名新生进入8个本科人才培养模式创新实验区学习。建筑学等17个专业被批准进入教育部“卓越工程师教育培养计划”；入选教育部卫生部联合实施的第一批“卓越医生教育培养计划”试点高校，承担“拔尖创新医学人才培养模式改革”和“五年制临床医学人才培养模式改革”2项试点；入选全国首批“卓越法律人才教育培养基地”，并获批上海市“卓越法律人才培养基地”和“涉外卓越法律人才培养基地”。

〔**课程和教材建设**〕 学校对23门公共基础课程和150门专业核心课程重点实施“授课方式、训练方式、考试方式”综合改革，启动第二批双语教学团队、全英语课程及课程包建设，实施完成第二批13个学院的50个小班化教室建设，3门课程被批准为“教育部－IBM专业综合改革项目”，3门课程列入国家首批精品视频公开课建设名单，22种、40册教材入选首批“十二五”国家级规划教材，7门课程获上海市精品课程，2门课程获批上海高校示范性全英语教学课程。2012年，累计立项建设35门研究生精品课程、25本研究生教材和10项全日制专业学位研究生内涵建设项目。

〔**人才队伍建设**〕 2012年，5人入选“国家千人计划”、6人入选“青年千人计划”、8人入选“上海千人计划”、4人入选“长江学者奖励计划”。学校首批入选上海海外高层次人才创新创业基地。学校陈义汉团队获国家自然科学基金创新群体资助，孙立军团队入选教育部创新团队；1人获国家杰出青年科学基金、5人获优秀青年科学基金、9人入选教育部“新世纪优秀人才支持计划”、4人获霍英东基金。新增6个博士后流动站。学校科研创新团队发展到58个，专职科研人员90余名。

〔**成立协同创新中心**〕　由学校牵头的“智能型新能源汽车协同创新中心”列入首批上海市知识创新服务平台建设，并申报教育部协同创新中心。

〔**实验室建设**〕　先进土木工程材料、道路与交通工程、岩土及地下工程3个教育部重点实验室通过评估，桥梁结构抗风技术交通行业重点实验室在交通部评估中获好评，特殊人工微结构材料与技术重点实验室在上海市评估中获优秀。城市污染控制国家工程研究中心获国家工程研究中心重大成就奖。新增国家中医药管理局重点实验室。成立了上海宝石及材料工艺工程技术研究中心、同济大学磁浮交通工程技术研究中心。

〔**科学研究**〕　2012年，学校新增4位国家“973计划”（含重大研究计划）首席科学家，在全国高校中排名第六；国家“863计划”牵头课题启动11项，合同经费近1.3亿元；主持和参与国家重大专项、科技支撑、中央部委以及上海市科委等课题200余项，合同经费达4.3亿元。国家自然科学基金项目获批441项，其中重点项目8项、2 000万元以上重大研究计划集成项目2项，项目获批数全国排名第8位，获批经费3.1亿元，比2011年增长63%。其中医学和生命学科获批项目大幅增加，约占总数的37%。全年到账科研经费11.2亿元，比2011年同期增长10%，其中纵向经费8.6亿元。

高水平论文持续增加，SCIE论文收录增长近20%；物理科学与工程学院研究员李念北和教授李保文的声子学论文入选《现代物理评论》，医学院教授戈宝学科研成果发表于《自然·免疫学》。2012年，学校发明专利授权402项。获教育部科技进步奖一等奖3项、上海市科技进步奖一等奖3项。中国工程院院士、学校教授项海帆获“国际桥梁与结构工程协会”国际结构工程终生成就奖。

文科获国家社科基金项目20项，其中国家社科基金重大项目3项，其中重点项目2项；获省部级各类基金项目41项，其中上海市哲学社会科学规划项目19项、教育部高校人文社科项目10项；获上海市哲学社会科学优秀成果、邓小平理论优秀成果、决策咨询优秀成果奖10项；获2012年上海市哲学社会科学优秀成果一等奖1项。

〔**成立燃料电池汽车和先进地面交通创新联盟**〕

1月14日，学校同时揭牌和签约成立燃料电池汽车和先进地面交通2个创新联盟。国家科技部副部长王志刚、学校党委书记周祖翼等出席成立仪式。

王志刚和周祖翼共同为“中国燃料电池汽车技术创新战略联盟”揭牌。该联盟首批成员单位由同济大学、清华大学、武汉理工大学、重庆大学和中国科学院大连物理化学研究所、上海空间电源研究所、中国汽车技术研究中心以及中国第一汽车集团公司、上海汽车集团股份有限公司、东风电动车辆股份有限公司、上海燃料电池汽车动力系统有限公司、新源动力股份有限公司、重庆长安新能源汽车有限公司、奇瑞新能源汽车技术有限公司、上海新源动力有限公司、上海神力科技有限公司、昆山弗尔赛能源有限公司、北京清能华通科技发展有限公司、广东广顺新能源动力科技有限公司等国内生产汽车整车及零部件的企业组成。联盟首届理事长由学校新能源汽车工程中心主任、国家燃料电池汽车及动力系统工程技术研究中心主任章桐担任。

“先进地面交通创新联盟”由同济大学、北京理工大学、东南大学、哈尔滨工业大学、华中科技大学、清华大学和上海科学院、中国科学院上海分院、交通运输部公路科学研究院以及上海汽车集团股份有限公司、中国电子科技集团公司、中国第一汽车集团公司、中国交通建设集团有限公司组成。

〔**研究生培养**〕　启动研究生贯通式培养方案的修订工作；持续推进研究生招生制度改革和政策调整，制定《同济大学研究生招生名额分配办法》；推进博士研究生选拔制度改革，深化资格审核制试点，提前启动大学生夏令营、直博生培养和科研训练前置计划。修订博士学位申请者发表学术论文的有关规定；试行导师岗位资格认定和评审制度改革。

〔**首届海底观测科学大会举行**〕　11 月 7—9 日，由国家自然科学基金委员会地球科学部、教育部科技司及上海市科学技术委员会主办，上海海洋科技中心（筹）和学校海洋地质国家重点实验室承办的第一届海底观测科学大会在学校举行。来自国家海洋局、中国科学院、华东师范大学、厦门大学、我国台湾中央大学及美国德拉华大学、美国地质调查局、美国 MBARI 研究所和加拿大维多利亚大学等 67 家单位的 228 名专家与会。

〔**中德清洁水创新研究合作项目正式启动**〕　1 月 10 日，学校正式启动"中德清洁水创新研究合作项目"。科技部部长万钢、联邦德国教育研究部部长安奈特·沙万（Annette Schavan）、学校党委书记周祖翼、校长裴钢等出席启动仪式。

同时，校长裴钢、青岛市政府副秘书长刘建军和德国达姆施塔特工业大学校长普罗梅尔共同签署了《关于在青岛市为"2014 青岛世界园艺博览会"建立一个新一代住宅区环境友好型半集中式水和废物综合利用及资源化系统示范项目的谅解备忘录》。此外，裴钢与普罗梅尔还共同签署了《同济大学和达姆施塔特工业大学关于建立"中德清洁水"博士生院的谅解备忘录》，两校携手在中德清洁水创新研究框架下对博士生进行系统的专业培养。

〔**成立"中西学院"**〕　5 月 25 日，《同济大学、马德里理工大学与加泰罗尼亚理工大学关于成立"中西学院"谅解备忘录》签署仪式暨"中西学院"成立仪式举行。这是学校继中德学院、中法工程和管理学院、联合国环境规划署—同济大学环境与可持续发展学院、中德工程学院、中意学院、联合国教科文组织亚太地区世界遗产研究与培训中心、中芬中心之后的第八个国际合作平台学院，旨在提供一个面向西班牙语地区的交流窗口，并借此拓展与深化学校对西班牙和拉丁美洲国家与地区的合作。

〔**中美干细胞研究中心落户学校**〕　6 月 10—11 日，由学校医学院、学校附属同济医院、中国科学院干细胞生物学重点实验室和学校附属第十人民医院共同主办的"2012 年夏季干细胞会议暨中美干细胞研讨会"在学校召开。会议期间，中美双方共同签署了有关干细胞合作项目和战略规划的联合声明，并为落户学校的"中美干细胞研究中心"举行了揭牌仪式。

〔**裴钢出席联合国可持续发展大会"里约＋20"峰会**〕　6 月 19 日，校长裴钢出席了联合国举办的可持续发展的高等教育发起仪式。6 月 20—22 日，联合国可持续发展大会"里约＋20"峰会在巴西里约热内卢里约中心举行。裴钢和副校长、联合国环境规划署—同济大学环境与可持续发展学院院长伍江以及学校代表团成员应邀参会。

〔**招生工作**〕　学校有全日制在校生 38 516 人，其中本科生 18 986 人、专科生 290 人，硕士、博士研究生 17 352 人、攻读学位留学生 2 180 人，另有在职攻读专业学位硕士研究生 8 500 人、成人和网络高等教育学生 14 411 人。2012 年，招收研究生 5 245 人，其中硕士生 4 346 人、博士生 899 人；招收普通本、专科生 4 464 人。

〔**创新创业教育**〕　编制《同济大学创新创业计划项目体系实施方案》。新设立同济接力基金，首批资金 5 000 万元。2012 年，立项国家大学生创新创业训练计划 200 项、上海市创新活动计划项目 170 项。学校土木工程学院被批准为首批上海高校创新创业教育试验基地，学校科技园被授予首批全国大学生创业示范园区。

〔**服务社会**〕　学校与宁波市、烟台市、上海市虹口区、新疆库尔勒、中国路桥工程有限责任公司、中国商用飞机有限责任公司、上海复星高科技（集团）有限公司等建立战略合作关系，推进与福建省、太仓市、襄阳市等地的合作，完成《同济大学校地校企合作工作管理办法（草案）》，规范校地校企合作程序，推动合作取得实效。截至 2012 年 10 月底，共实现产业收入 38.5 亿元，同比增长 10%；净利润 2 亿元，同比增长 7%。学校产业年度报告连续 4 年被教育部评为 A 级（最高级）。

〔**举办首期“全国无障碍建设培训班”**〕 4 月 13 日，由学校和中国肢残人协会联合举办的第一期“全国无障碍建设专题培训班”开班。来自全国创建残疾人工作示范城市残联系统的 64 位干部，系统学习了无障碍建设和管理的理论与实践知识，并开展相关主题研讨。这是全国首家致力于无障碍设施研发、建设的专业研究机构——“无障碍建设工程联合研究中心”落户学校之后举办的首期专题培训班。

〔**教育交流与合作**〕 2012 年，学校 109 名研究生被国家建设高水平大学公派研究生项目录取；学生海外访学 2 500 人次，教师海外交流 2 230 人次；“模块化引智计划”已完成 300 多名专家的短期教学，制定外籍青年教授聘任试点暂行办法，成功申报 1 个国家“111 引智基地”；获批长短期“外专千人计划”各 1 名；获批 15 个国家外专局首设的“高端短期专家”，居全国高校之首。在校留学生总数位列全国高校第十，学位学历生位列第六，其中研究生位列第四。

学生赴港澳台地区开展学术交流 571 人次，长期交换生占 31%；完成教育部对香港重点交流项目 2 个、对台湾地区项目 1 个；与台湾师范大学等 3 所高校签署合作协议；成立逢甲大学和世新大学驻学校联络办公室、学校驻香港理工大学和驻世新大学联络办公室；举办“逢甲大学日”和“世新大学日”；在逢甲大学举办“同济大学日”。

举办柏林工大“同济日”、学校“波鸿鲁尔大学日”和“米兰日”；教育部德国国别研究基地落户学校；完成中欧博士生院申报工作；举行“同济一伯克利工程联盟”研讨会，并签署工学领域研究生交流协议，共同开展国际博士后项目；与美国佐治亚理工签署建筑领域硕士研究生双学位项目；与美国夏威夷大学开展建筑领域博士研究生双学位项目。

中德工程学院成为上海市首批 8 个“中外合作办学示范机构”之一；中意设计创新中心在米兰举办“中国设计创新展”，启动“同济－佛罗伦萨海外校区项目”，积极参与“上海佛罗伦萨－中意设计交流中心”项目；举办“同济大学创新快车”和芬兰革新设计周。

〔**校园文化建设**〕 2012 年，学校扎实推进“十二五”文化建设规划中提出的重点项目建设。制作完成《同济名片》，成立“同济文化研究会”，实施嘉定校区道路楼宇景观命名工程（第二期），继续推进学院、学科文化专项建设。

学校古籍与特藏文献研究室一期建成开放，为教学、科研提供文献信息公共服务；学位文化研究会揭牌成立；学校网站主页全新改版，入选“第五届全国高校百佳网站”。举办以“感受德国文化”和“走近印度”为主题的立体阅读，在卓越联盟 9 校和湖南大学开通“图书馆知识共享服务平台”，促进资源共享，提升图书馆的文化育人水平。加强各类档案的征集管理，首次实现 OA 系统文件和房产档案归档，开展老校友口述实录采访，馆藏档案突破 20 万卷。

开展系列校园文化活动，共上演各类演出 60 余场，直接参与人次超过 5 万人次。

着力构建校园安全防控体系，开展各类专项整治、加强网格巡控，创建“平安校园”。编制《同济大学校园安全手册》，促进安全宣传教育常态化。

学校开设 70 门可持续发展相关课程，包括《低碳能源与可持续发展城市》、《可持续发展与未来》等面向全校本科生的通识类核心课程。启动可持续发展理念下的通识教育课程研究，确定通识教育课程建设方案。在环境管理、绿色建筑、交通、现代农业、环境法、国际关系、绿色经济与绿色金融、设计创意 8 个学科开设跨学科的可持续发展研究生辅修专业，首批近 300 名学生参加辅修。

成为“全球环境与可持续发展大学合作联盟”主席单位和秘书处，作为中国大陆唯一高校成为“国际可持续校园联盟”成员，并获国际可持续校园杰出奖。在2012年度国际太阳能10项全能竞赛上，学校作品“复合生态屋”获2个单项第三名；42个国家的400名学子相聚同济，参加“2012国际学生环境与可持续发展大会”，共同探讨绿色经济。

与意大利环境部共同筹建中意可持续发展中心；与中国住房与城乡建设部、美国自然资源保护委员会签署《促进城市低碳发展合作备忘录》；主编的《绿色校园评价标准》通过中国绿色建筑与节能专业委员会专家评审；发布《中国低碳经济蓝皮书》、《上海市碳排放交易机制及发展战略研究报告》及《崇明生态岛碳源碳汇核算研究报告》，分别推出国家、社会、崇明岛的“碳情况”研究成果，彰显大学的生态责任和人文关怀。

〔**承办“挑战杯”复星中国大学生创业计划竞赛**〕　11月25—28日，由中国共产主义青年团中央委员会、中国科学技术协会、教育部、中华全国学生联合会、上海市政府共同主办，学校承办以及上海复星高科技（集团）有限公司协办的为期4天的第八届“挑战杯”复星中国大学生创业计划竞赛决赛在学校举行。学校获2金1银的历史最好成绩，总成绩并列全国高校第一。

〔**盛维天在国际顶级学术会议上做学术报告**〕

7月7—13日，学校电信学院电子科学与技术系2009级本科生盛维天受邀参加在美国芝加哥举办的国际顶级学术会议2012年IEEE天线与传播国际论坛暨国际无线电联盟美国国家委员会无线电科学会议。他在“大规模与多尺度电磁问题的积分方程解法”分会场做了题为“A Novel Approach for Evaluating Singular Integrals in Electromagnetic Integral Equations”的学术报告，受到与会代表的好评。

〔**举办全国青少年高校科学营学校分营**〕　7月15日，学校举行了全国青少年高校科学营学校分营成立仪式。150名营员分别来自上海、福建、海南、新疆、广西、贵州、河北、江西、山东、四川、重庆等省（区、市）。

撰稿　熊　雄
审稿　吴健民

华东理工大学

〔**刘延东到校考察**〕 2012年5月14日，国务委员刘延东、科技部部长万钢、教育部副部长郝平到学校视察，并发表重要讲话。学校党委书记杨贤金、校长钱旭红等陪同视察了生物反应器工程国家重点实验室、煤气化及能源化工教育部重点实验室等。在视察过程中，刘延东还应学生邀请，为师生题了词。

〔**获国家科学技术奖**〕 2月14日，2011年度国家科学技术奖励大会在北京举行。学校获国家科技进步二等奖4项、国家技术发明二等奖2项。其中，教授于建国领衔的项目“盐湖钾镁资源高效与可持续开发利用关键技术”、教授张嗣良领衔的项目“基于细胞生理与过程信息处理的工业发酵优化新技术”、教授钱锋领衔的项目“大型精对苯二甲酸装置节能降耗的优化运行技术”和教授杜磊作为主要完成人的项目“热透波材料基础研究”获国家科技进步二等奖；教授程树军作为主要完成人的项目“新型可降解涂层冠脉药物洗脱支架的研制”和教授杜磊领衔的项目“新型树脂复合材料的研究”获技术发明二等奖。

〔**人才培养**〕 着力推进“跃升行动计划”（即通过项目实施，显著提高本科生在学业上继续深造的比例，力争“十二五”期间，本科生继续深造的比例从28%提升到40%以上，并保持稳定）的实施，开设了20多门学科基础拓展课程；通过发布“跃升行动计划工作简报”、调整保送研究生政策、召开信息发布会、举办专家讲座、开设“跃升行动沙龙”等措施，为学生提供学业指导，推动优良学风的形成。2012年，学校研究生平均录取率由2011年的25%提高到2012年的31.5%，部分专业达到46%。大学生创新活动蓬勃开展，全年各类大学生创新实验计划项目立项数为308项，其中国家级项目85项、上海市级120项。开展大学生课余研究（USRP）项目579项，覆盖学生2 800人次。组织各类学术竞赛70余场次，覆盖学生2 500余人次。学生参加国内外各类学术竞赛获奖206项，其中一等奖31项。

〔**实验基地建设**〕 2012年，学校本科系统共有15个实验基地建设项目获国家修购基金资助，资助金额3 895万元。学校对这些项目进行跟踪、支持和推进，确保项目的建设进度和质量。2012年，学校向教育部申报了2个国家专业类实验教学示范中心，其中“材料实验教学示范中心”获教育部批准，成为学校第二个国家级实验教学示范中心。在建的国家工科化学实验示范中心、上海市材料工程实验示范中心、上海市发酵工程实验示范中心分别接受了上海市教委专家组的检查验收，3个示范中心的课程体系、教学质量和改革成果得到专家的认可与好评。2012年，学校与上海石油化工股份有限公司等6家国有大型企业联手建立的国家级工程教育实践中心，获教育部批准和经费支持，并开展了实质性的工作；与上海尚光娜贸易公司携手，在学校奉贤校区建立了大学生创新教育基地——“PHYWEI联合实验室”，引进德国先进的科学仪器支撑大学生创新教育。

〔**科学研究**〕 成立了由学校牵头，清华大学、浙江大学、大连理工大学、华南理工大学、中国石油化工集团公司、中国石油和化学工业联合会等单位参与协同共建“替代石油路线大型化工过程与装备技术协同创新中心”，并签署了协同创新中心章程。与相关高校共同发起成立了国家盐湖资源化学与过程工程、西南作物病虫害持续控制等6个区域协同创新中心，加盟了“新一代煤（能源）化工”等6个国家级和一批省部级创新战略联盟。

举行学校科学技术发展研究院揭牌仪式，探索由流动专职科研人员和固定人员组成创新科研团队的运行模式，进一步调整结构、优化队伍，使体制机制与科学创新相得益彰。

完成“985”平台国家验收，完成包括国家和上海层面的“211 工程”三期验收，完成上海市一流学科的申报工作。4 个卓越工程师教育培养计划试点专业和 3 个国家级工程实践教育中心获国家专项资助。与国家教改项目配套，学校成立了国际工程师学院。

〔**提升办学水平**〕　学校党政联席会、党委会和教代会讨论通过了《华东理工大学“十二五”改革与发展规划》和《华东理工大学中长期发展战略规划》。编制完成所有专业学院的《“十二五”规划目标任务书》，并举行签约大会，学校动态跟踪各学院规划目标的实现情况。完成《华东理工大学章程（讨论稿）》。进一步完善学校学术委员会章程和学术道德规范管理办法，制定各学科专业委员会及各级学术咨询、学术评议、学术评定、学风维护等工作的议事规则。建立科学、民主、公开、公正的学术评审、决策机制和制度。加强学术民主和教授治学。

〔**教师队伍建设**〕　利用“211 工程”三期和“985”优势学科平台中的师资队伍建设项目，通过实施“重点学科领域杰出人才引进和培育计划”、“中青年骨干教师事业发展支持计划”和“创新团队发展与培育计划”等，推动学校《关于进一步落实人才强校战略的实施意见》的实施。高层次人才队伍建设取得新进展，教授汪华林获教育部“长江学者”特聘教授资助、教授杨弋获国家基金委杰出青年基金资助，副教授张显程、白志山获批中央组织部首批青年拔尖人才计划支持。2012 年，学校首批遴选青年英才计划人选 23 名、青年教学科研骨干发展支持项目人选 77 名、优秀青年教师培育项目人选 152 名，并给予科研经费和人才津贴资助。

〔**人事制度改革**〕　学校出台《关于 2012 年度深化教职员工收入分配制度改革的实施意见》，提高了广大教职员工的收入水平，进一步稳定了高层次人才和青年教师队伍。出台《华东理工大学规划指标的绩效评估与卓越津贴分配方案》，实施基于规划指标的绩效评估卓越津贴分配方案，实现了“一是整体水平提升，二是稳定队伍、重点保证”的目标。继续大力推进“重点学科领域杰出人才培养与引进计划”，进一步完善学校高层次人才年薪制。出台并实施《华东理工大学青年英才引进与培育计划》，设立“华东理工大学青年英才引进与培育计划”专项卓越津贴。

〔**与诺丁汉大学携手建高等科学院**〕　11 月 5 日，学校与英国诺丁汉大学“牵手”，正式成立华东理工大学上海诺丁汉高等科学院。学校校长钱旭红和英国诺丁汉大学校长戴维·格林威分别致辞并为科学院揭牌。

根据协议，高等科学院利用双方的优势资源，以生命科学、绿色科技以及航天航空等上海产业发展导向为重点，大力开展前沿研究，并以此为依托，致力于提高具有创新精神和国际视野的工程科技领军人才的培养质量，探索创新国际化合作培养人才模式。

根据合作备忘录，华东理工大学上海诺丁汉高等科学院是隶属于华东理工大学的二级学院，下设生命科学、绿色技术、航空技术 3 个联合实验室，英方每年派学术教师和研究人员到科学院开展教学和科研活动。双方还一致同意，通过在这些专业领域的前沿研究，不断推进研究生培养方面的合作。

〔**召开第十次党代会**〕　12 月 27 日，学校召开了第十次党代会。大会听取和审议了第九届委员会《解放思想，开拓创新，全面提高华东理工大学教育质量和办学水平》的报告，确定了未来 5 年学校的奋斗目标和主要任务，选举产生了新一届中共华东理工大学委员会和纪律检查委员会。

〔**党建工作**〕　通过多种形式，在全校营造深入学习贯彻党的十八大精神、推动学校事业科学发展的浓郁氛围。发出《华东理工大学关于学习宣传贯彻党的十八大精神的通知》；组织党员干部和广大师生集中收看党的十八大现场直播；组织举办学习贯彻党的十八大精神座谈会；承办“上海市党的十八大精神宣讲报告会”；组成学校“党的十八大精神宣讲团”，到学校各二级单位进行宣讲；承办“学党史、讲陈云，迎接党的十八大”——陈云与中国共产党2012高校巡回专题展；依托校报，开展“学习宣传贯彻党的十八大精神知识竞赛”，并推出学习宣传党的十八大精神专刊；利用学校宣传栏，举办党的十八大图片展。

制定《华东理工大学在创先争优活动中开展基层组织建设年活动的实施办法》，对394个基层党支部进行分类定级，并制定整改提高和晋位升级的目标和措施。学校党委在基层组织建设年活动中建立了“抓两头、促中间”的工作机制，注重发挥先进党支部的引领示范功能，注重督促后进党支部整改提高，注重促进较好和一般党支部晋位升级。实施《党员领导干部联系基层党支部工作制度》。

制定并实施《华东理工大学中层党政领导干部选拔任用工作实施细则》，加大竞争性选拔干部的工作力度。从5月起，全面实施校内副处级干部公开选拔任用工作，不断加强后备干部队伍建设。全年共选派54名干部参加中央党校、教育部、上海市等组织的学习培训，选派17名年轻干部在教育部和上海市委组织部、市教卫工作党委、团市委、区县机关以及西部对口支援高校及江苏省“科技镇长团”项目等进行挂职锻炼。推进干部思想政治和综合能力建设，加强干部教育培训和监督管理工作。

重新制定发布了《华东理工大学关于落实“三重一大”决策制度的实施办法》，明确“三重一大”事项的主要范围、基本决策程序。组织开展对“三重一大”决策制度执行情况的监督检查和惩防体系建设规划落实情况的自查。制定《2012年华东理工大学校党政领导班子成员党风廉政建设和反腐败工作责任分工》、《2012年华东理工大学校党政班子成员和各分管范围党风廉政建设工作任务责任分解》，把32项党风廉政建设任务分解到20个主要责任部门。

〔**教育交流与合作**〕 学校依托国家实施的“高等学校学科创新引智计划”，延续和延展了学科创新引智基地项目各1个，延续了2个“海外名师”项目。2012年，学校出国（境）长短期人员达545人次，通过各类校际、院际交流项目共派出学生333人。

〔**举行建校60周年庆典**〕 10月20日，学校举行建校60周年庆典。全国人大常委会委员长吴邦国、国务委员刘延东、上海市委书记俞正声、全国人大常委会副委员长严隽琪、全国政协原副主席陈锦华等发来贺信或贺词，陈锦华亲临会场祝贺。校庆以“传承、凝聚、发展、共享”为主题，以“因您而感动”为核心，通过开展“校庆建设”、“校庆宣传”和“校庆活动”，改善校园环境，提升民生水平，加强文化建设，促进学术交流，展示办学成就，拓宽了学校与校友和社会各界的联系渠道。

撰稿 牛 聪
审稿 欧阳红忠

东华大学

〔**学科建设**〕 2012年，在教育部公布的第三轮学科评估中，学校纺织科学与工程、设计学和科学技术史3个一级学科进入全国前十，其中纺织科学与工程第三次名列本学科全国第一。完成教育部第三轮一级学科整体评估，参评率达56.3%，其中国家重点学科、上海市重点学科全覆盖，学校重点学科覆盖率达72.3%。7个学科入选上海高校一流学科建设计划。按照有利于学科结构调整和创新人才培养的原则，开展一级学科下自主设置二级学科，完成6个交叉学科、9个目录外和15个目录内二级学科设置的论证和审定，同时撤销5个目录外二级学科。加强校级重点学科建设，探索中期检查结果与后续扶持挂钩的投入机制。

〔**人才培养**〕 实施“卓越工程师教育培养计划”，新增国家级工程实践教育中心3个；实施“本科教学工程”，承办5个国家级和上海市学科竞赛；公开发布本科教学质量报告。在研究生培养方面，建立博士生招生指标动态配置机制，全日制专业学位博士研究生录取数占录取总数的44.1%。获上海市研究生优秀成果（学位论文）较2011年增长67%；获批上海市研究生教育创新计划项目5项；发表SCI、EI检索论文较2011年增长24.9%；推进专业学位研究生教育改革，新增实践类课程50余门、实践基地100余个、企业导师近200名；获批7项“上海市专业学位研究生实践基地建设项目”。毕业生就业率为95.54%，学校获“2011—2012年度全国毕业生就业典型经验高校”称号。成立终身教育研究所，推进远程教育，研发特色和高端培训，拓宽非学历教育渠道。

〔**科学研究**〕 申报高等学校创新能力提升计划，牵头申报面向区域的“民用航空复合材料”和面向行业产业的“纺织产业关键技术”2个协同创新中心。2012年，到账科研经费2.6亿元，其中纵向经费为1.1亿元，较2011年增长17.2%。学校获省部级奖28项，获上海市哲学社会科学优秀成果一等奖2项，获“863计划”项目（课题）、科技支撑计划（课题）共8项，55项自然科学基金项目获得资助。教授孙以泽领衔的“高端纺织装备技术与系统”和教授朱美芳领衔的“有机/无机杂化功能材料的设计构筑及其纤维成型”获批教育部创新团队。学校纺织面料技术教育部重点实验室，在教育部评估中获优秀。生态纺织教育部重点实验室、纺织装备教育部工程研究中心通过教育部评估和验收。“上海市高性能纤维及复合材料产学研开发中心”申报成功，并获每年500万元的经费支持。学校通过了武器装备质量体系换版和综合评议审核以及JG二级保密资格复审。承担各类JG科研生产任务20余项，“对接机构综合试验台”为中国载人航天首次空间交会做出贡献。共申请专利890项，其中发明专利548项，比例为61.6%。授权专利601项，其中发明专利308项，比例为51.2%。国际专利授权数量在高等院校中列第16位。学校三大检索论文收录总数1161篇，SCIE论文600篇，EI（含SCI、EI同时收录）论文936篇。举办各类学术报告380余次，举办产学研合作洽谈、对区域经济转型与产业升级的指导和咨询达260余次。新增校企研发中心12个，签订横向合同800份。

〔**获国家科技进步二等奖1项**〕 由学校教授俞建勇主持的“竹浆纤维及其制品加工关键技术和产业化应用”项目获2012年度国家科技进步二等奖。该项目实现了竹浆纤维在服装和家纺领域的产业化应用，是再生纤维素纤维及其制品加工技术和产品应用开发研究领域的重要创新，对发展新型生态纤维原料、纺织行业技术进步和产业升级具有重要意义。该项目共获国家发明专利 7 项，团队成员发表论文 30 篇，研制行业标准 2 项、企业标准 4 项。

〔“211 工程”三期重点学科项目通过验收〕 3 月 2—17 日，学校“211 工程”三期建设项目陆续通过专家组验收。“211 工程”三期建设分 3 类项目，其中重点学科建设项目 4 个，分别为先进纺织技术与装备、先端纤维与复合材料、生态染整工程与节能减排、现代服装先进技术与艺术创意；公共服务体系建设项目 3 个，分别为分析测试公共平台、高水平大学信息化平台和数字图书馆服务平台；人才培养和队伍建设项目 2 个，分别为创新人才培养、师资队伍建设。“211 工程”三期建设总投资 1.53 亿元，其中中央专项资金 0.49 亿元、上海市政府配套资金 0.49 亿元、学校自筹资金 0.55 亿元。经评议，9 个建设项目通过校内验收。6 月和 7 月，学校分别接受并通过上海市和国家验收。

〔国家染整工程技术研究中心获评优秀〕 在科技部进行的第四次国家工程中心运行评估中，学校国家染整工程技术研究中心首次获得优秀。12 月，该中心申报的“纺织品无甲醛免烫复合功能整理关键技术”等项目通过论证立项，获经费 1 381 万元。

〔师资队伍建设〕 聘任诺贝尔奖得主及多位院士为学校特聘教授；教授朱美芳入选“长江学者”特聘教授，教授陈南梁获“纺织之光”教师特别奖；教授鲁西华、梁月生入选“上海千人计划”；教授陆昌瑞、蔡正国入选“东方学者”；6 人入选“新世纪优秀人才支持计划”。“1251”师资队伍建设工程（即学校教师中有院士 10 名，国家青年杰出基金获得者、“长江学者”、“长江讲座教授”20 名，新世纪千百万人才工程、新世纪优秀人才、“东方学者”、“曙光学者”50 名，校内重点培养优秀青年教师 100 名）基本完成，其中第三、第四层次人才计划分别完成 178%、192%。实施《青年教师培养资助办法》，落实各项资助措施，62 名青年教师入选出国访学计划，比 2011 年增长 72%，10 人入选国内访学计划。学校制定了《“新人”补充住房补贴发放办法》，自筹资金，累计为 387 位“新人”发放补充住房补贴 3 200 余万元。积极争取政府资源，将青年教师住房纳入政府保障房体系，为 20 多名青年教师申请到松江区公租房。教师队伍结构得到优化，专任教师中具有博士学位的占 51%，外校来源教师占 64%，“双师型”教师占 28%以上。稳步推进收入分配制度改革，学校逐年提高教职工收入待遇，收入分配向青年教师、教学一线、基层职工倾斜。图书馆减员增效，减员 21 人，占职工总人数的 21%。

〔聘任罗伯特·格拉布为名誉教授〕 6 月 4 日，学校举行聘任仪式，聘请诺贝尔化学奖得主罗伯特·格拉布（Robert H. Grubbs）博士为学校名誉教授。受聘仪式后，格拉布做了题为《易位反应，从分子到材料》的学术报告。

〔管理改革〕 学校被教育部遴选为全国 12 所大学章程建设试点高校之一，完成《东华大学章程》的修订。完善落实《东华大学“十二五”规划》。继续推进“应用型人才培养综合改革”和“学校内部管理综合改革”。推进“深化校院两级管理改革试点”，建立和完善党政联席会议、教授委员会、教职工代表大会为基本形式的学院治理结构，满意度测评优良率平均达 68.6%，最高达到 83%。落实《东华大学关于贯彻“三重一大”决策制度的实施办法》。修订《东华大学教职工代表大会实施办法》，进一步完善二级教代会制度。推进教授治学，调整并充实了学校学术委员会、学位评定委员会和教学委员会，建立试点学院教授委员会并制定了相应的暂行办法。制定《东华大学切实加强和改进学风建设实施细则》等系列文件。优化公用房资源配置，落实《学院用房配置定额及管理办法（试行）》，推进学院用房“切块分配，定额配置，缺额奖励，超额收费”的配置新机制。加强基本建设和修缮工作规范。制定和发布《东华大学基本建设（修缮）管理办法》及各项实施细则。提高资产管理水平和大型仪器设备的使用效率，加强物资采购监管力度，完成招投标项目 56 项，签订采购合同 330 份，入账仪器设备近 4 000 台（件）。

〔**教育交流与合作**〕 以学院为主体开展教育交流与合作。在染整与检测、环境与健康、服装设计与文化、功能材料、纤维产业、过程控制等领域成功举办国际学术会议；推进环东华时尚创意产业集聚区建设，与美国纽约时尚理工学院（FIT）、日本文化学园、英国爱丁堡大学、伦敦时装学院等高校确定合作意向，推进国际时尚创意学院的筹建。签署校际合作协议 20 项，获批 26 个聘请外国文教专家资助项目和 2 个海外高层次项目。与日本文化学园合作举办的艺术设计专业本科教育项目，获评“上海市示范性中外合作办学项目”。2012 年，学校因公出访 1 000 多人次，比 2011 年增长 45%。留学生规模持续增长，学历留学生 744 名，较 2011 年增长 17%。新增协议捐赠近 2 700 余万元，实际到账 900 余万元，教育部配套资金 3 200 余万元。

〔**承办 2012 上海国际服装文化节国际服装论坛暨环东华时尚周**〕 4 月 18 日，学校承办的 2012 上海国际服装文化节国际服装论坛暨环东华时尚周开幕。此次时尚周历时 5 天，通过学术论坛、时尚庆典、创意大赛、时装发布、成果展览等形式，展示了学校服装和艺术教育的成绩。4 月 19 日，以“协同创新，共建时尚之都”为主题的上海国际服装论坛开幕。

〔**获第八届“挑战杯”中国大学生创业计划竞赛金、银、铜奖**〕 11 月 24—28 日，第八届“挑战杯”中国大学生创业计划竞赛决赛在学校举行。学校入围决赛的 3 个创业项目分获金、银、铜奖，其中“汉普生物科技有限责任公司”项目获金奖、“上海艾浦特新材料有限责任公司”项目获银奖、“智能新媒体商业计划书”获铜奖，学校获优秀组织奖。在该届“挑战杯”网络虚拟运营专项竞赛中，学校另有两支团队获三等奖。

〔**改善办学条件**〕 2012 年，学校完成了两校区 7 个改造项目。金太阳示范工程、节能监管平台工程获上海市教委专项补贴，延安路校区教学大楼获评上海市节能示范建筑。完成多媒体教室、标准化考场巡查系统等教学设备的更新和新建。构建和升级校园虚拟计算环境，实现了一卡通、邮件系统的硬件迁移和升级。

撰稿　高兰兰
审稿　周婉婉

华东师范大学

〔**本科教学改革**〕　2012年，学校2门课程入选教育部精品视频公开课，21种教材入选教育部“十二五”普通高等教育本科国家级规划教材，6门课程入选上海高校精品课程，3门课程入选上海高校示范性全英语教学课程。加强大学生学业发展指导中心和教师教学发展中心建设，其中教师教学发展中心成功入选“十二五”国家级教师教学发展示范中心。注重实践教学，学校浙江天童森林生态系统国家野外科学观测研究站入选国家级大学生理科实践教育基地，心理学实验教学中心获批为“十二五”国家级实验教学示范中心，金融与统计学院入选上海高校创新创业教育实验基地。构建多渠道、多层次、多类型的国际交流平台，全年学校参加国（境）外交流的本科生超过601人，比2011年增加了26%。加大对本科生科研资助力度，落实拔尖人才培养的各项措施，构筑拔尖人才培养的专门通道。

〔**研究生培养**〕　学校继续实施“夏令营”和“博士入学申请制”，优化拔尖创新人才选拔机制。加强常规培养管理，全面修订研究生培养方案，进一步加强专业主干课程和专业核心课程的建设。推进“博士研究生学术新人奖”、“全国优秀博士学位论文培育行动计划”等研究生教育创新项目，营造有利于拔尖创新人才成长的良好氛围。启动研究生国家奖学金评审，进一步完善以激励功能为导向的研究生资助体系。在部分院系试行博士学位候选人资格考试制度，继续推行研究生教育质量年度报告制度，完善质量监控体系。777名首届免费师范毕业生返校在职攻读教育硕士。以学位论文标准和实践基地建设为抓手，稳步推进专业学位综合改革试点工作。29篇博士、硕士学位论文获上海市研究生优秀成果。

〔**科研体制机制改革**〕　学校贯彻落实“高等学校创新能力提升计划”（“2011计划”）。科研经费稳步增长，重大科研任务承接能力进一步提高。科研总经费为3.4亿多元，其中自然科学到账经费为2.6亿多元。新增1项以院士褚君浩为首席科学家的国家重大科学研究计划项目。主持1项上海市科学技术委员会重大项目，经费600万元。作为子课题单位，学校主持信息领域重点项目2项、崇明科技专项项目1项、社会发展领域重点项目1项，经费总额1 000余万元。获国家自然科学基金152项，其中重点项目3项。获国家社科基金项目47项，其中重大项目6项、重点项目7项。获教育部人文社科项目29项，其中重大攻关项目1项。获上海市社科项目27项，其中重大项目1项。申请专利191项，签订科技合同214项，合同金额3 662万元。科研成果质量及其学术影响力进一步提升。作为第一完成单位分别获教育部自然科学二等奖1项、科技进步二等奖1项。获上海市自然科学二等奖1项、技术发明二等奖1项、科技进步二等奖1项、三等奖2项。作为合作单位获上海市科技进步一等奖1项、二等奖1项。2部著作入选国家社科基金成果文库。《华东师范大学学报（哲社版）》、《文艺理论研究》、《心理科学》入选国家社科基金资助期刊。21项成果进入全国高校第六届人文社科优秀成果奖公示。43项成果获上海市第十一届哲学社科优秀成果奖和第九届邓小平理论研究和宣传成果奖，其中一等奖8项。

〔**学科建设**〕　继续推进“211工程”和“985工程”建设，学校本着“以评助建”的原则，组织一级学科参与教育部学位与研究生教育发展中心第三轮学科评估。在上海市高校一流学科建设计划中，学校教育学、地理学入选A类建设计划，哲学、政治学、心理学、体育学、中国语言文学、中国史、世界史、数学、物理学、化学、生物学、生态学、统计学、软件工程、公共管理入选 B 类建设计划。继续探索学科交叉创新的新思路、新形式，增强学科交叉融合与创新研究能力。继续完善思勉人文高等研究院、科学与技术跨学科高等研究院的组织形式、运行机制。继续探索完善“学科群—一级学科—学科方向”的学科集群发展战略和管理模式。

〔**师资队伍建设**〕 完善优秀人才选留机制，全面推行师资博士后制度，加大吸引海外优秀博士的力度，新进教学科研人员实行“非升即走”制度。2012 年，学校在海内外公开招聘专任教师 57 人，其中具有 1 年以上海外研修经历者 42 人，占聘任总数的 74%。新增“长江学者奖励计划”特聘教授 2 人、讲座教授 1 人。4 人入选“上海千人计划”、3 人入选“上海市领军人才”、2 人入选“东方学者”。林华新教授入选美国数学会首批会士。学校聘任“紫江特聘教授”1 人、“紫江讲座教授”11 人，均来自海外知名大学和科研机构。继续加大对青年人才培养的支持力度，6 人入选“青年英才计划”；3 人获国家自然科学基金委员会优秀青年基金资助、11 人入选教育部“新世纪优秀人才支持计划”。学校还通过国家公派、校际交流等途径派出 70 余名青年教师出国研修或开展合作研究。

〔**何鸣元获法国“棕榈叶骑士”勋章**〕 10 月 30 日，法国驻上海总领事卢力捷（Lenain）受法国教育部委托，到学校向中国科学院院士、学校教授何鸣元颁发“棕榈叶骑士”勋章，表彰其在中法学术交流、科技人才培养等方面做出的杰出贡献。法国“棕榈叶骑士”勋章由拿破仑于 1808 年设立，用来表彰世界范围内为法国文化和教育交流做出杰出贡献的国内外教育人士，是法国文化教育领域最高级别荣誉。

〔**3 人受聘为“长江学者”**〕 在教育部公布的“长江学者奖励计划”名单中，学校历史学系教授茅海建、体育与健康学院教授季浏受聘为“长江学者奖励计划”特聘教授，河口海岸学国家重点实验室教授王正兵受聘为“长江学者奖励计划”讲座教授。季浏作为全国首位体育学科的“长江学者奖励计划”特聘教授，实现了该学科领域“长江学者”零的突破。

〔**教育交流与合作**〕 学校与美国密苏里大学、英国诺丁汉特伦特大学、法国里昂高等师范学校、日本筑波大学等 30 所国外大学与研究机构签署或续签了学术交流、学生交流及校际联合培养等实质性协议，与比利时鲁汶大学合作成立中欧文化研究中心，与德国洪堡大学合作成立跨文化教育与交流研究中心，与不列颠哥伦比亚大学（UBC）合作共建“ECNU-UBC 现代中国与世界联合研究中心”，与美国科罗拉多州立大学合作成立“中美新能源与环境联合研究院”项目中的首个研究机构“中美能源与环境政策研究中心”。3 项合作科研项目获国家外国专家局高端外专项目支持。举办 24 场规模较大的高层次国际会议和论坛。整合对外汉语教学资源，加强国际汉语教师研修基地、孔子学院综合文化交流平台建设，积极落实国家汉办“孔子新汉学计划”。

〔**体制机制改革**〕 学校以承担国家教育体制改革试点项目为抓手，科学编制试点项目实施方案，确定先行改革的重点和目标，有序稳步落实各项改革举措。由学校领导和有关专家领衔的各子课题组，通过校内交流研讨、校外实地考察等方式，经多次讨论和充分论证，提出四个子项目共八个版本的改革方案。在此基础上，经学校党委全委扩大会和第十二次党代会讨论，决定先行从四个方面进行探索改革：一是以孟宪承书院建设为抓手，改革师范生教育；二是完善学术组织架构，强化学术权力；三是实施财务二级管理，推进管理重心下移；四是提高资源合理配置与有效使用水平，建设绿色校园。

〔**行政领导班子换届**〕 7 月 2 日，在学校召开的全校教师干部大会上，教育部党组成员王立英宣读了《教育部关于陈群等职务任免的通知》。任命陈群为学校校长，林在勇、范军、任友群、陆靖、朱自强、郭为禄、孙真荣为副校长；免去俞立中的校长职务。王立英还宣读了《中共教育部党组关于任友群等同志职务任免的通知》。任命任友群为中共华东师范大学委员会副书记，郭为禄为中共华东师范大学委员会常委，孙真荣为中共华东师范大学委员会委员、常委；免去俞立中中共华东师范大学委员会常委职务。

〔上海纽约大学揭牌成立〕 10 月 15 日，上海纽约大学正式成立。上海市委副书记、市长韩正为上海纽约大学揭牌。学校原校长俞立中任上海纽约大学校长。

〔与教育部教育管理信息中心签约合办《世界教育信息》〕 10 月 12 日，学校与教育部教育管理信息中心合办《世界教育信息》签约仪式暨新组建编委会第一次会议在北京召开。校长陈群和教育管理信息中心主任展涛出席并代表双方签订了《合作办刊协议》。双方约定在办刊、研究与宣传等方面深入开展合作。按照编委会决定，由展涛和陈群共同担任编委会主任，陈群任主编。

〔上海终身教育研究院揭牌〕 7 月 24 日，在上海市学习型社会建设与终身教育推进大会上，受上海市教委委托，学校成立了上海终身教育研究院，副市长沈晓明为研究院揭牌。该研究院是国内首家终身教育研究院。

〔周边合作与发展协同创新中心成立〕 9 月 20 日，由学校发起并作为牵头单位，北京大学、复旦大学为主要参与单位的周边合作与发展协同创新中心在北京成立。中央外事工作领导小组办公室副主任裘援平、教育部副部长李卫红为中心揭牌。

〔风险管理与创新中心揭牌〕 6 月 13 日，学校风险管理与创新中心揭牌仪式暨诺贝尔经济学奖获得者詹姆斯·莫里斯爵士演讲会在学校举行，学校党委书记童世骏与莫里斯共同为中心揭牌。随后，詹姆斯·莫里斯爵士做客学校“大夏讲坛”，以《资产价格的困惑》为题发表演讲。

〔可信信息物理融合系统协同创新中心（筹）在学校启动〕 7 月 4 日，“可信物联网产学研联合研发中心”上海高校知识服务平台暨华东师范大学可信信息物理融合系统协同创新中心（筹）在学校启动。党委书记童世骏与学校软件学院院长、中心主任、中国科学院院士何积丰为中心揭牌。

〔上海市新沪商发展研究院成立〕 8 月 3 日，由学校与上海市政府合作交流办公室、各地在沪企业（协会）联合会发起，联合上海市政府其他相关部门、企业、高校等合作共建的“上海市新沪商发展研究院”正式成立。副市长姜平、市政府合作交流办公室主任林湘、校长陈群共同为研究院揭牌。上海市新沪商发展研究院挂靠学校商学院。

〔举办生物医学研究前沿学术研讨会〕 6 月 2 日，2012 年转化生物医学研究前沿学术研讨会在学校举行。诺贝尔生理学得主、教授约翰·迈克尔·毕肖普（John Michael Bishop），拉斯克医学奖获得者、教授伊丽莎白·纽菲尔德（Elizabeth Neufeld），卫生部部长、中国科学院院士陈竺等生命科学领域杰出科学家应邀担任讲座嘉宾。来自高校、科研院所的 250 余人参加了研讨会。

〔莫言到校开展讲座并受聘为兼职教授〕 5 月 16 日，学校系列文化论坛“杏坛高议”首场讲座开讲。中国作家协会副主席、著名作家莫言应邀与师生进行文学创作方面的交流。讲座结束后，学校党委书记童世骏向莫言颁发了中文系兼职教授聘书。

〔全国“挑战杯”竞赛并列全国高校第一〕 11 月 28 日，第八届“挑战杯”中国大学生创业计划大赛落幕。学校 3 支参赛队获“两金一银”的历史最好成绩，综合成绩在上海市和全国高校名列前茅，与同济大学并列全国高校第一。其中物理系学生熊智淳、商学院学生陆成艺、金统学院学生谢宜君、物理系学生茅艳婷的作品《上海清源科技有限责任公司》和生命科学学院学生殷诚聪、王映雪、公共管理学院学生陶冶、商学院学生严芳琴、谢润琦的作品《上海华生生物技术有限公司》获金奖。金统学院学生李音蒲、信息学院学生庄昊、李沛霖、数学系学生林圆方、马天宇、金统学院学生张月霞、物理系学生沈洁的作品《“小阳人”太阳能空调有限责任公司》获银奖。此外，在“网络运营专项竞赛”中，小阳人团队获二等奖、清源团队和华生团队获三等奖。

〔**在全国第九届大学生运动会中获佳绩**〕 在第九届全国大学生运动会上，由学校组队的上海市大学生田径代表队，以 7 金 8 银 1 铜和团体总分 261 分、金牌榜第二名的优异成绩创下了上海大学生田径代表队历届参赛最好成绩；由学校负责组建的上海大学生健美操队获得 3 金 3 银 1 铜，以 193 分的优异成绩，超额完成预定比赛任务。

撰稿　王庆华　汪　海

审稿　程　静　王柏俊

上海外国语大学

〔**学校规划与学科建设**〕　2012年，学校通过国家和地方“211工程”三期验收。外国语言文学、政治学、应用经济学、新闻传播学、工商管理、教育学6个一级学科入选上海高校一流学科(B类)。修订学校“十二五”规划和《上海外国语大学发展定位规划（2010—2020年）》。完成各学科点学科建设“十二五”规划汇编工作。推出学校“十二五”学科建设管理办法，推进学校学科建设制度化、规范化和可持续化发展。

〔**教育教学改革**〕　学校入选上海市“涉外卓越法律人才培养基地”，建设周期4年。获批印地语专业。希伯来语、越南语、乌克兰语专业通过学位审核，增列为学士学位授予专业。2门课程被列入2012年度国家级精品视频公开课建设计划，1门课程获2012年度上海高校市级精品课程称号，2门课程入选第一批上海市共享课程，2门课程获批“上海市高校示范性全英语课程”，2门课程被列入2012年上海高校示范性全英语教学课程建设项目。入选第一批上海高校创新创业教育实验基地建设名单，正式启动150项国家级大学生创新创业计划。“媒体融合实验中心”被教育部批准为“十二五”国家级实验教学示范中心。《新世纪高等院校英语专业本科生系列教材》（共100本）和《法语综合教程（1）》（学生用书）入选第一批“十二五”普通高等教育本科国家级规划教材，3本教材获校级教材出版基金资助立项，10本教材获自编教材立项。

〔**科学研究**〕　结合学校专业特色和学科优势，研制《上海外国语大学哲学社会科学繁荣计划(2012－2020年)》和《上海外国语大学哲学社会科学“走出去”计划》。与上海市哲学社会科学规划办公室联合组建“中华学术精品外译上海推介中心”，与上海市商务委员会、虹口区政府合作筹建“国家文化贸易翻译基地”。加强外语特色网站群建设。推进科研成果的社会转化，与上海市政府发展研究中心合作，积极参与决策咨询，为上海经济社会发展服务。成立中阿合作论坛研究中心，为“中东地区发展报告”的撰写提供支持。投入62.5万元，加强中国外语战略研究中心的建设。与上海国际问题研究院共建“全球多语种信息文本监测与分析辅助平台”，努力探索“多语种＋国际舆情”研究模式。

学校共获上海市哲学社会科学优秀成果奖4项、教育部哲学社会科学优秀成果奖3项、国家社科基金项目5项、教育部社科基金项目10项、“新世纪优秀人才支持计划”项目3项、专项任务项目1项、中东研究所自设项目2项，上海市社科基金项目2项、上海市教委科研创新项目7项、“晨光计划”项目1项、教育科学研究项目2项、德育实践项目3项、外国文化政策研究基地项目18项、体育科研项目3项。加强科研经费管理，制定《上海外国语大学关于在研科研项目跟踪管理和信息收集的条例》、《上海外国语大学纵向课题项目过程管理办法》。举办第四届外语院校繁荣发展哲学社会科学高层论坛暨全国外语院校科研管理协会年会、第三届国际政治经济学论坛暨“新兴经济体与国际关系”学术研讨会和上海市社会科学联合会第十届学术年会国际政治经济专场。

〔**师资队伍建设**〕　加大高端人才引进，通过高层次人才引进程序成功录用3人。全年新进教职工78人，其中专任教师27人、科研人员6人、辅导员4人、行政人员31人、其他专业技术人员8人、军转干部2人。学校有“长江学者”1名、上海市“东方学者”2名、上海市领军人才5名，1人成功立项“浦江人才”计划，3人入选2012年度教育部“新世纪优秀人才支持计划”、1人入选2012年度上海市“晨光计划”。深化职称评聘改革，首次开展教师高级专业技术职务校聘岗位聘任工作。强化激励与竞争机制，优化队伍结构，共认定初级专业技术职务22人、认定和评聘中级专业技术职务54人，评聘高级专业技术职务19人、副高级专业技术职务24人。着力加强师资培养力度，3名中青年骨干教师入选高等学校青年骨干教师国内访问学者计划，组织73名新进教工参加岗前培训暨拜师仪式，聘请56名专家对其进行为期一年的指导培养。组织全校44个教学团队、16个科研团队和近210名青年教师参与学校“青年教师教学科研团队培育计划”学术交流研讨会。举办首届非英语专业教学科研骨干英语能力培训班，第一期学员共20名。

〔学校列入教育部章程建设试点高校〕 10月18日，教育部在同济大学召开章程建设试点高校工作会议。会上，学校与其他12所高校被纳入教育规划纲要现代大学制度建设试点项目。

〔举行教育部区域和国别研究培育基地启动仪式〕 7月2日，教育部区域和国别研究培育基地——欧盟研究中心、俄罗斯研究中心和英国研究中心启动仪式在学校举行。3个区域和国别研究培育基地的启动，使学校成为全国获准建立此类基地数量最多的高校之一，充分彰显了学校在外国语言文学和政治学研究领域的深厚积淀和雄厚实力。

〔韩正为“外国文化政策”研究基地授牌〕 7月4日，上海市市长韩正在上海市政府决策咨询工作会议上为学校校长曹德明颁发“外国文化政策”研究基地铭牌。该基地由上海市政府发展研究中心与学校联合组建，旨在推动外国文化政策研究的深入开展，在不断汲取世界各国制定、执行文化政策的经验教训的基础上，主动服务上海文化产业与文化事业的繁荣发展，为上海文化政策的制定发挥积极作用。

〔召开国际化教育研讨会〕 9月7日，学校召开了以“开拓创新，全面推进国际化教育”为主题的国际化教育研讨会。会议围绕“如何拓展学生海外交流学习途径”、“如何提高外国留学生的层次，优化留学生结构”、“如何设计具有上外特色的合作办学和联合培养项目”、“如何做好引智工作”、“如何建设学校国际化课程模块”和“如何提高学校教师国际化教育能力”等议题，展开深入研讨。

〔教育交流与合作〕 推进学校国际化课程体系建设，打造了19门符合国际化教育标准的课程。开拓学生出国交流渠道，共129人获“国际区域问题研究及外语高层次人才培养项目”。确定全校各类学生赴境外交流学习项目共160个。推进教育交流与合作，新签协议39项、续签4项。共主办包括“音系学国际研讨会”、“媒介的政治角色与美国2012年大选国际研讨会”等4个国际学术会议。全年有51人次出国（境）出席国际学术会议，共接待包括法国前总理拉法兰、以色列高等教育委员会、伊朗科技部副部长、25名外国大学校长或副校长、31名外国大使或总领事在内的共计226个到访团组和2 000余人次的外国嘉宾。聘请长期外国专家共77人次、短期外国专家约90人次。制定《上海外国语大学短期外国专家管理办法》、《上海外国语大学长期外国专家管理办法》和《上海外国语大学外事秘书工作职责》。接待台湾辅仁大学和文藻外语学院师生访问学习，与辅仁大学签订学生交流协议。参加第九届海峡两岸外语教学研讨会，深化与香港城市大学、澳门理工学院的合作交流。选派2名优秀研究生参加“第三届两岸青年领袖研习营”活动。制定《学生赴境外交流学习管理办法》、《中外合作办学（联合培养）项目管理办法》和《外事接待管理办法条例》等，规范国际化办学相关事务。

〔举行匈牙利赛格德大学孔子学院揭牌仪式〕 10月10日，学校校长曹德明率代表团访问匈牙利赛格德大学，并出席了与该校合作新建赛格德大学孔子学院揭牌仪式。该孔子学院是匈牙利的第二所孔子学院，也是学校在海外建立的第四所孔子学院。

〔**土耳其总理雷杰普·塔伊普·埃尔多安到访**〕4月11日，土耳其总理雷杰普·塔伊普·埃尔多安出席学校与土耳其尤努斯·艾姆莱研究院合作协议签约仪式，并为土耳其语专业揭牌。学校副校长冯庆华主持欢迎仪式，校长曹德明致欢迎辞。

〔**开展首次跨国跨校视频课堂交流**〕 5月22日，学校首次跨国跨校视频课堂交流在图文信息中心举行。法语系师生与加拿大拉瓦尔大学师生借助先进的互联网视频通信手段，实时沟通交流学习经验和心得。本次视频交流会是学校法语系为丰富校际交流而尝试搭建的又一新平台。

〔**举办“中国特色外交理论与全球战略”学术研讨会**〕 6月27日，在学校特聘兼职教授、上海国际关系研究院院长杨洁勉的倡导下，由上海国际问题研究院与学校国际关系与外交事务研究院联合主办的“中国特色外交理论与全球战略”学术研讨会召开。多位上海国际关系学界的著名专家、中青年学者代表及学校部分科研人员和硕士、博士研究生等出席会议。

〔**学生管理**〕 学校正式成立生涯发展教育中心，对接国际化学生事务管理模式，实现提升内涵发展的新探索。以党的十八大为主题，开展思想政治教育活动。探索树立学生先进典型模式，开展“2012上外学生年度人物”评选活动。高度关注网络平台建设、易班建设，建立学校少数民族学生易班俱乐部。结合实际适度扩大学生党校学习规模。“2012年毕业生纪念视频”被上海市政府新闻办官方微博“上海发布”转发。坚持辅导员队伍“严进优出”建设原则，落实辅导员校内行政岗位优先竞聘，修订《上海外国语大学学生辅导员选聘办法》。获批2012年“上海高校毕业生就业工作创新基地”。促成中国路桥奖学金在学校设立。积极加强大学生思想政治教育理论研究，2项课题获“2012年度上海学校德育实践研究课题”立项，多项课题获“2012年度上海教卫党建系统研究课题”立项。

〔**“长三角高校交流生计划”启动**〕 2月20日，由苏州、浙江、上海三地政府联手推出的“长三角高校交流生计划”正式启动。首批来自浙江大学等高校的18名学生，在学校开展为期半年的游学生涯。游学期间，高校间学分互认，费用则由各地政府承担。这也是全国跨省市高校间优秀教学资源共享的首次尝试。

〔**校园文化建设**〕 办好“校长读书奖”、图书馆文明宣传月、思索讲坛等学术文化建设活动，并推出第一届“立言杯”院际辩论赛。鼓励学生服务社会，全年志愿服务总人数达2 000余人次。共选拔10名应届毕业生赴内蒙古自治区等地继续开展研究生支教团工作。参与国际滑联短道速滑世锦赛、国际乒联中国公开赛等大型赛事的志愿服务工作。承接上海市语言文字工作委员会外语规范纠错行动，充分发挥学校的语言特色，开展多语种“高校行”活动。积极开拓各类艺术教育活动，暑期成功组织学校艺术团赴美国交流演出，拓展学生的国际视野。举办校园十大歌手大赛、军民联欢暨迎新晚会、第25届文化艺术节等传统校园文化品牌项目。社会实践活动精彩纷呈，组建339支团队奔赴全国各地开展主题为“青春九十年，报国勇争先”实践活动，参与人数达1 863人，占全校学生的31.05%，足迹遍布全国160多个区县，服务群众总计达4.8万余人次。

〔**“12345”市民服务热线外语志愿者上岗**〕10月8日，上海市“12345”市民服务热线电话开通试运行，来自学校的30余名外语类志愿者正式上岗，为在上海工作、生活、学习的外籍人士提供日语、西班牙语等外语接听志愿服务。

〔**姜椿芳诞辰百年座谈会举行**〕 7月28日，纪念学校首任校长姜椿芳百年诞辰暨《姜椿芳文集》出版座谈会在北京举行。全国政协副主席郑万通以及来自全国各地的翻译界、文学界代表、姜椿芳家属和生前友好共150多人参加座谈会。

撰稿　潘　旻

审稿　冯　辉　孙　键

上海财经大学

〔**学科建设**〕 2012年，学校开展“211工程”三期建设项目校内验收工作，13个子项目通过验收并均获整体优秀评价。“211工程”三期学校重点学科建设项目综合排名率靠前，获教育部、国家发展和改革委员会、财政部的表彰和奖励。学校垫资提前启动“211工程”四期重点学科建设项目。14个一级学科参加教育部第三轮学科评估，理论经济学、应用经济学、工商管理、统计学4个一级学科排名分别位列全国前十。理论经济学入选上海高校一流学科（A类），应用经济学、工商管理、统计学、管理科学与工程、法学入选上海高校一流学科（B类）。新增统计学、马克思主义理论博士后科研流动站。

〔**本科生教育**〕 学校通过专业建设、课程建设、教材建设、实验室建设、素质教育和创新实践活动，推进本科教育教学。调研通识教育，立项建设26门全英语本科课程。新增上海示范全英语课程2门、教育部精品视频公开课3门、精品资源共享课3门、专业综合改革试点项目2个、上海市精品课程3门，13种教材入选“十二五”高等教育国家规划教材。国家级经济与管理实验教学示范中心通过专家验收，并获批教育部“十二五”国家级实验中心建设项目，建设数学实验室和物理实验室，启动实验课程集成和虚拟实验平台建设。获教育部卓越法律人才教育培养基地1个、上海市卓越法律人才培养基地2个，学校法学教育实践基地入选教育部大学生校外实践教育基地建设计划。开展创新教育，实行创新实验、校企联动、自主创业，组织学生参与竞赛和会议等。获教育部大学生创新创业训练计划项目150个。完善教学质量保障体系，首次发布《2012年上海财经大学本科教学质量报告》。

〔**研究生教育**〕 学校创新选拔方式，完善评价机制，选拔和录取优质生源。组织网络宣传，举办全国优秀大学生夏令营、加大推荐免试生等方式吸引优秀生源。鼓励按学科门类或一级学科报考，在经济学院、会计学院博士生招生中试点“申请—考核制”，侧重对考生创新能力和专业潜质的全面考查。推进和完善硕博连读制度，探索依托重点实验室培养模式和与社会合作培养模式。举办研究生暑期学校、研究生学术论坛等。完善科研奖励机制，鼓励和引导研究生进行科学研究，奖励43人次的优秀科研成果52项，资助54人次参加各种高水平会议。继续推进优秀博士学位论文培育基金项目资助和学位论文推选评优工作，1篇论文获全国优秀博士学位论文提名奖。

〔**科学研究**〕 学校按照“国家急需、世界一流”的要求，成立“经济学与中国转型发展协同创新中心”，筹建“会计改革与发展协同创新中心”。研制《上海财经大学科研评价和激励制度修订方案（征求意见稿）》，成立学校中国公共财政研究院和学校金融市场研究中心2个校级研究基地。全年召开国际、国内学术研讨会32场、学术报告427场。承接国家和省部级科研项目137项，其中国家自然科学基金项目49项、国家社科基金项目12项、教育部课题22项、上海市哲学社会科学规划课题7项，承接企业委托及其他课题121项。全年科研经费达3 440.32万元，同比增长36%，完成科研项目136项。发表论文838篇，其中国际SSCI论文40篇、SCI论文45篇、EI论文22篇、国内CSSCI论文192篇。出版教材56本、著作79本。获上海市第十一届哲学社会科学优秀成果奖、上海市第九届邓小平理论研究和宣传优秀成果奖18项、上海市第八届决策咨询成果奖10项、财政部第五届全国优秀财政理论研究成果奖8项。

〔**两部一市共建学校**〕 5月14日，教育部、财政部、上海市政府在上海签署共建学校协议。教育部部长袁贵仁、财政部副部长张少春、上海市市长韩正分别代表教育部、财政部和上海市政府签署共建学校协议。根据协议，教育部支持学校根据国家和上海市经济社会发展需要，坚持内涵式发展，充分发挥学科的整体优势，保持和发展学科特色和区位优势，着力提高教育质量和科研水平，加快建设具有鲜明财经特色的高水平研究型大学，努力为国家和上海经济社会发展服务。同时，鼓励学校申请和实施国家重大工程项目，在科学研究和师资队伍建设等方面加大对学校的支持力度。财政部在学科建设、人才培养、科学研究、师资队伍建设、社会服务等方面加强对学校的关注、指导和支持，支持学校参与国家财政经济领域重大科研项目的研究和决策咨询，支持学校进一步加强与财政系统在人才培养、干部培训、科学研究、对外交流等方面的合作。上海市政府积极支持学校更加广泛地参与上海经济建设和社会发展，积极推进学校申请和实施上海市高等教育重大工程项目，并为学校"优势学科创新平台"、"211工程"等国家重大工程和共建项目的中央专项投入酌情提供配套经费支持。同时，在人才培养、学科建设等方面加强对学校的支持，在人才引进、毕业生就业、办学条件改善、校园建设与规划、国家大学科技园建设等方面给予必要的支持。学校发挥学科优势，在面向全国服务的同时，在人才培养、科学研究、决策咨询、干部教育培训等方面积极为财政系统和上海市提供支持。同时，积极支持3所国家会计学院的教学工作，积极支持地方高校发展，努力为上海"四个中心"尤其是国际金融中心的建设做出更大贡献。

〔**修订《学校"十二五"发展规划纲要》**〕 围绕《关于反馈"十二五"规划审核意见的函》中提出的"加强实践教学，健全人才培养质量保障体系；增加艺术教育、公共卫生与健康教育的内容；更加突出高层次教育培训的社会效益"等内容，对《学校"十二五"发展规划纲要》进行了补充完善和修订。8月27日，学校党委常委会审议通过后上报教育部审核备案。

〔**师资队伍建设**〕 2012年，学校有2人入选国家"千人计划"短期项目，3人入选上海"千人计划"长期项目；新进教学科研人员53人，其中高级职务11人、具有博士学位51人、"常任轨"教师28名；新聘特聘教授15人，续聘5人；2人入选2011年度"长江学者奖励计划"，1人入选"万人计划"教学名师领军人才，2人获批国务院政府特殊津贴，7人入选教育部"新世纪优秀人才支持计划"，2人入选上海"东方学者"，14人（C类13人、A类1人）获上海市"浦江人才计划支持"，9人入选上海高校青年教师培养资助计划；参加教育部、中央宣传部和上海市组织的各类教师培训50余人；公派出国进修44人，其中国家留学基金委青年骨干教师项目4人、国家留学基金委全额资助项目5人、上海市教委项目18人、学校双语项目9人、其他项目8人；校内培训近百人。

国家级教改项目"探索开放环境下高校师资队伍建设模式"初见成效，通过中期检查，获教育部肯定，其成果在教育部《教育人事通信》专门报道。《创新"常任轨"制度，推进师资国际化》入选教育部《干部人事人才工作创新案例集》。

出台《上海财经大学教师岗位聘用与考核办法》和《上海财经大学职务聘任学术与出国条件的规定》，修订《上海财经大学教师职务聘任实施办法》，制定《上海财经大学工程技术系列计算机技术与软件专业技术职务聘任实施办法（试行）》，并跟踪实施。研制教师教学发展中心建设的可行性方案。继续探索以合同管理为基础的多元化用工机制。

〔**成立中国公共财政研究院**〕 在整合学校公共经济与管理学院下属的公共政策研究中心、中国教育支出绩效评价（研究）中心、公共治理研究中心、实证分析与调查研究中心、卫生政策与管理研究中心、社会保障研究中心、资产评估中心、资源环境政策与管理研究所、不动产研究所与投资研究所等学术资源的基础上，组建中国公共财政研究院。同时，吸收学校公共经济与管理学院、厦门大学经济学院、北京大学法学院、财政部财政科学研究所、中国社会科学院财经战略研究院、美国斯坦福大学国际发展中心、日本一桥大学公共政策研究院、江苏省财政厅、上海市财政局、浙江省国家税务局、北京师范大学收入分配研究院及黑龙江省人大常委会预算工作委员会等作为理事单位。该研究院旨在从财政自身发展及中国经济社会转型背景下的财政建构两个宏观视角上，就中国公共财政建设问题进行系统性研究。首任院长为全国人大财政经济委员会副主任委员高强。

〔**学生获奖情况**〕 学校学生获全国大学生数学竞赛总决赛二等奖 1 个；获全国大学生数学建模竞赛一等奖 1 个、二等奖 7 个；获全国大学生英语竞赛特等奖 3 个、一等奖 3 个；获上海市计算机应用能力大赛二等奖 1 个、三等奖 6 个、优胜奖 2 个；获第八届“挑战杯”中国大学生创业计划竞赛决赛银奖 1 个，上海市大学生创业计划大赛银奖 1 个、铜奖 3 个；获 2012 年全国高校菁英营销大赛总冠军；获第四届“金蝶杯”全国大学生创业大赛华东赛区一等奖；在第 12 届世界大学生国际象棋锦标赛中包揽 3 枚金牌。

〔**就业工作**〕 2012 年，学校围绕“理想信念”、“艰苦奋斗”、“学习创新”、“诚信责任”、“爱国爱校”等主题开展就业指导。截至 9 月 10 日，全校毕业生就业率为 96%，签约率为 89%。其中本科生就业率 94%、签约率 85.9%，硕士生就业率 98.6%、签约率 94.6%，博士生就业率 96.7%、签约率 77.3%。

〔**社会服务**〕 学校主动对接国家和上海经济社会发展的重大战略需求，制订《上海财经大学服务财税事业行动计划》和《上海财经大学服务上海行动计划》，打造服务国家和上海经济社会发展的“思想库”、“智囊库”和“人才库”。其中《上海财经大学服务国家财税事业行动计划》获财政部肯定。与上海市财政局签署建设“中国公共财政研究院”合作意向书，推动科研成果转化应用。编报《科研成果专报》67 份，被全国哲学社会科学规划办公室、上海市哲学社会科学规划办公室、上海市政府发展研究中心的《决策咨询内参》刊载 17 份，其中 2 项成果获国家领导人重要批示、2 项成果获上海市领导重要批示。学校上海国际金融中心研究院入选上海高校第二批知识服务平台。持续编制发布中国城市国际贸易竞争力指数、上海市社会经济指数系列、500 强企业竞争力指数等。持续编制出版《中国财政发展报告》、《中国投资发展报告》、《中国区域经济发展报告》、《世界经济发展报告》、《中国财政透明度发展报告》、《上海城市经济与管理发展报告》、《上海工业发展报告》和《中国 500 强企业发展报告》等。抓住杨浦区创建国家创新功能区的机遇，以国家大学科技园建设为载体，围绕金融服务业等现代服务业，建设创业实训基地和孵化基地。

〔**MBA 教育、继续教育**〕 学校商学院通过国际工商管理硕士协会（AMBA）现场评估，成为国内 3 家获 5 年期认证的商学院之一，成为欧洲管理发展基金会（EFMD）正式会员和“中国 MBA 师资开发及办学能力建设计划（淡马锡计划）”指定的支持中国中西部 MBA 教育发展的 5 所重点大学之一；学校商学院被中国 MBA 同学会评为“2012 年中国最具创新力商学院”，在《福布斯（中文版）》排名中获中国最具价值在职 MBA 项目（第 10 名）。

推进国家继续教育示范基地建设，打造全国财税干部教育培训平台。推进高层次培训项目、国际合作业务和在线培训；控制继续学历教育规模，持续开展学分制管理改革，推进学历教育与职业证书相结合的“双证”培养模式。

〔**留学生教育**〕 全年举办短期班项目 18 个，人数 457 人，其中欧美生源达 55.6%。新增中欧战略联盟、美国哈佛实习团组等短期项目 6 个。完善留学生二级管理。遵循“质量为先、实事求是、因势利导、循序渐进”方针，实行中外学生趋同化管理、差异化培养，推进留学生与本土学生交流，营造多元文化校园氛围。实施新的本科生培养方案，开设法学专业全英文硕士项目。开发国际商务汉语教学案例库和案例式商务汉语教材与课件，开展中外商务合作跨文化交际研究、中华商务文化展示与体验等，推进国家商务汉语教学与资源开发基地建设。开拓学分豁免项目、扩大硕士预科合作国别院校，拓展高端海外院校，整合项目资源，优化学习路径，满足不同学生留学需求。

〔教育交流与合作〕　2012 年，学校与美国加州大学伯克利分校、英国剑桥大学达成合作共识，与英国伦敦政治经济学院（LSE）正式签署访问生协议，与 16 所国外大学签订 25 份校际合作协议，接待 50 余国（境）外大学和机构到访。因公出国（境）交流访问 750 人次，比 2011 年增长 8.5%。2012 年，派遣交换访问学生 246 人，其中访问学生 53 人、交换学生 193 人。中外合作专业本科生共 95 人，交换学校 40 所，研究生层次交换项目实现零的突破。13 名研究生获国家留学基金委资助出国留学，学校资助公派出国联合培养博士研究生 13 人。

〔加强辅导员队伍建设〕　学校获上海高校辅导员职业技能竞赛二等奖 1 项、首届上海高校辅导员团队拓展活动优秀组织奖 1 项，获第二届全国高校优秀辅导员博客优秀博文奖 1 项、提名奖 1 项。

〔党建工作〕　学校党委研究出台《关于认真学习宣传贯彻党的十八大精神的实施方案》，充分运用多种形式和路径，广泛宣传、深入解读党的十八大精神。学校党委中心组组织 3 次专题学习交流，组建学习贯彻党的十八大精神宣讲团宣讲 10 余场次，举办处级干部“学习宣传贯彻党的十八大精神”研讨班和“入党积极分子与预备党员学习宣传贯彻十八大精神培训班”，全校累计举行各类报告会、学习会、交流会等活动 20 余场次，学生座谈会 30 场，累计 4 360 人次的学生党员、入党积极分子和共青团员参加以上各类活动。全校 53.1%的党支部建立了创先争优长效机制，二级党组织建立创先争优长效机制 94 项。获“全国财经类高校党建工作特色案例”一等奖 2 项、二等奖 3 项，获“上海市教卫党委系统创先争优先进基层党组织”3 个、“上海市创先争优优秀共产党员”1 人、“上海市教卫党委系统创先争优优秀共产党员”2 人。全年发展党员 780 名，其中教师 7 人、研究生 235 人、本科生 538 人。

〔学校党政领导班子调整〕　7 月 2 日，教育部党组成员王立英受教育部委派，在全校教师干部大会上，宣布关于调整学校党政领导班子的决定：经研究，并与中共上海市委协商，任命丛树海为中共上海财经大学委员会书记，陈宏为中共上海财经大学委员会常委、副书记，樊丽明为中共上海财经大学委员会委员、常委，刘兰娟、方华为中共上海财经大学委员会常委；因年龄原因，免去马钦荣中共上海财经大学委员会书记、常委职务，免去谈敏中共上海财经大学委员会常委职务。

〔举办建校 95 周年庆典〕　11 月 10 日，学校举办建校 95 周年庆典。庆典期间，举行了学生中心揭幕仪式、第六次校友代表年会、上海财经大学校董会成立大会暨第一届第一次会议、“上财论坛”报告会以及“典藏记忆”——庆祝学校建校 95 周年文艺晚会等系列活动。

撰稿　易　驰
审稿　刘庆生

南京大学

〔**科技创新**〕　2012年，学校新建10个“协同创新培育中心”；新增主持国家重大基础科学研究计划项目7项，创历史新高；新增国家杰出青年科学基金项目4项、教育部“新世纪优秀人才支持计划”项目24项，位居全国高校前列。教授华子春课题组的成果《微生物基因工程可溶性表达及产物后加工新技术》获国家技术发明二等奖。学校获国家科学技术奖3项、获国家技术发明二等奖1项、省部级科技进步一等奖6项。“计算机软件新技术国家重点实验室”在新一轮评估中再次被评为优秀。获教育部创新团队项目3项（并列第一）。获批的国家自然科学基金项目数超过400项，批准经费总额超过3.6亿元。学校各类科研经费突破11亿元。文科承担国家社科基金研究项目38项，项目数位居全国高校第三。获“全国高校哲学社会科学优秀成果”一等奖1项、二等奖9项，获奖数位居全国高校第四。12月6日，由教授张宪文领衔的研究团队撰写的《南京大屠杀全史》（上、中、下三册）在北京首发。750万字的《中国佛教通史》获第六届全国高校哲学社会科学优秀成果一等奖。

〔**教学改革**〕　全校本科生全部实施“三三制”人才培养新方案，启用近400门通识教育课程、新生研讨课程和学科前沿课程，完成各院系“本科人才培养方案国际对比计划”，课程体系改革逐步深入；本科生在第八届“挑战杯”中国大学生创业计划竞赛中获1金1银1铜，在其他全国性竞赛中获冠军3项、一等奖14项、二等奖12项、三等奖8项；3篇论文获全国优秀博士学位论文，25人获教育部“学术新人奖”。

〔**师资队伍建设**〕　2012年，学校引进海外高水平人才35人；新增“千人计划”4人、“青年千人计划”23人；新增“长江学者”12人，入选人数位居全国第三位。教授徐家福获中国计算机学会终身成就奖，教授、中国科学院院士祝世宁入选美国光学学会会士，教授王牧入选美国物理学会会士，教授周志华入选国际模式识别学会会士及国际电气与电子工程师学会会士。《南京大学登峰人才支持计划》、《高层次学科带头人奖励计划》、《优秀中青年教师境外研修计划》正式启动。实施全校岗位津贴绩效改革方案。

〔**政产学研合作**〕　8月7日，南大光电在深圳创业板成功上市，创该年上市股票发行价新高，打破了国外对中国高纯金属有机化合物的封锁。2012年，学校获批国家发展和改革委“半导体节能器件及材料国家地方联合工程中心”；宜兴环保研究院项目获江苏省科技进步一等奖、教育部技术发明一等奖；学校的3个研究院获中国产学研合作创新奖和促进奖。

〔**教育交流与合作**〕　全校接收海外留学生3 000多人，本科生出境交流率继续保持在30%以上。6位诺贝尔奖得主到校授课或开展合作研究。成功举办“北美·南京大学周”、第八届“两岸四地大学校长论坛”等重大活动。授予加拿大总督约翰斯顿、美国前总统卡特名誉博士学位。接待来自26个国家和地区的来宾2 800人次。

〔**举行建校110周年庆典**〕　5月20日，学校举行建校110周年庆典。学术校庆、人文校庆和绿色校庆的目标和以“序长不序爵”为代表的校庆新理念在全国产生重要影响。全国人大常委会委员长吴邦国、国务院总理温家宝等党和国家领导人为学校校庆题词。联合国秘书长潘基文、加拿大总督戴维·约翰斯顿、中国国民党荣誉主席吴伯雄发来贺信或贺电。

〔**仙林主校区全面启用**〕 12 月 27 日，学校举行“南大仙林星”命名仪式。仙林主校区全面启用，形成“一校三园”办学格局。

撰稿 李 良
审稿 李 斌

东南大学

〔**学科发展取得显著成绩**〕 2012年，在第三轮全国学科评估中，学校有10个学科位列全国前5位、12个学科进入全国前7位、15个学科进入前20%，其中有3个学科位列全国第一、3个学科位列全国第二、2个学科位列全国第三，排名第一的学科数并列全国高校第七。进入ESI世界前1%的工程学、材料科学、数学、物理学、化学、临床医学和计算机科学7个学科排名均大幅提升，其中工程学上升至105位。

〔**科学研究**〕 学校获授权专利20项，其中发明专利11项、实用新型专利9项；编制了《钉形水泥土双向搅拌桩复合地基技术规程》（苏JG/T024-2007）；获国家一级工法1项、上海市和江苏省工法各1项；在美国土木工程学会（ASCE）、美国交通研究会（TRB）等主办的国际权威期刊和会议上发表学术论文95篇，其中SCI检索15篇、EI检索55篇，出版著作2部。

〔**1项成果获国家技术发明二等奖**〕 由学校交通学院教授刘松玉团队领衔完成的“钉形双向搅拌桩和排水粉喷桩复合地基新技术与应用”获2012年度国家技术发明二等奖。该项目属于软土工程领域，根据软土固化机理和复合地基最优化原理，经过10余年的研究，发明了系列搅拌桩处理新技术，自主研制了施工机械设备，建立了相应的施工工法，实现了对中国传统搅拌桩及其复合地基技术的根本变革，攻克中国土木工程建设中因为长期存在中厚层、成层分布、高含水量软土难处理、处理效果不稳定、桩土变形难协调、技术经济性较差等导致的施工后沉降大、稳定性低、环境扰动影响大、工程造价和管理成本高等难题。

〔**2项成果获国家科技进步奖二等奖**〕 由学校土木工程学院教授吴智深团队领衔、联合北京希特达科技有限公司、香港城市大学、中国人民解放军理工大学共同完成的“纤维增强复合材料的高性能及结构性能提升关键技术与应用”成果获2012年度国家科技进步二等奖。该项目针对中国工程结构耐久性不足的严重问题及结构高性能化的迫切需求，系统开展纤维增强复合材料（FRP）在土木工程中的应用研究，建立FRP高性能化、FRP加固既有结构及增强新结构等方面的理论和技术体系，开发多项国际领先的关键技术，推动FRP的规模化应用。

由学校交通学院教授王炜领衔完成的“地面公交高效能组织与控制关键技术及其工程应用”获2012年度国家科技进步二等奖。该项目旨在利用快速公交解决道路拥堵问题，即在已有的城市道路上梳理出一批线路，对它们进行快速化的线路改造。其中一项关键技术是“地面公交绿波通行控制技术”，该技术应用效果显著。

〔**签署两部一省科教合作协议优先支持“无线谷”项目**〕 1月10日，科技部副部长陈小娅、教育部副部长杜占元和江苏省副省长何权在南京市签署了两部一省科教合作协议。科技部部长万钢、江苏省委书记罗志军出席签字仪式并讲话。学校党委书记郭广银代表学校与江宁经济技术开发区和国网电力科学研究院签署了共建联合研究中心框架协议。根据协议，由两部一省授牌，优先启动3个创新载体建设，即以“南京无线谷”为主体的“南京通信与网络科教结合产业创新基地”、以“苏州纳米园”为主体的“苏州纳米技术科教结合产业创新基地”和以“泰州医药城”为主体的“泰州生物医药科教结合产业创新基地”。同时，两部一省大力促进科技、教育与经济紧密结合，引导创新资源向产业聚集，进一步促进政产学研紧密融合，构建多元化的成果转化与辐射模式，培育形成一批有发展潜力和核心竞争力的新兴产业企业。

〔**获批“光传感通信综合网络国家地方联合工程研究中心”**〕　11月，由学校牵头，联合南京市江宁开发区共同申请的“光传感通信综合网络国家地方联合工程研究中心”获国家发展和改革委正式批准与授牌。该中心是学校继火电机组振动国家工程研究中心、玄武岩纤维生产及应用技术国家地方联合工程研究中心后，又一个获国家发展和改革委批准建设的国家级平台。该中心由国内光传感通信领域知名专家、学校教授孙小涵团队牵头组建，江宁开发区为中心提供硬件和政策上的支持，努力成为国内一流、国际上有重要影响的“光传感/通信综合网络”研究、开发和产业化基地。

〔**成立东南大学—IBM云计算联合研究中心**〕

2012年，由IBM系统与科技部、IBM中国系统与科技开发中心牵头，在世界范围内寻找顶尖高校，建立云计算领域联合实验室。经过全国高校的比较筛选，IBM最终选定与学校计算机科学与工程学院开展云计算方面的合作，成立了东南大学—IBM云计算联合研究中心。12月10日，双方共同举办东南大学—IBM云计算联合研究中心成立仪式。该中心是IBM与中国高校合作建立的唯一一所云计算领域的联合研究中心。双方在云计算相关的课题研究、课程开发、人才培养、国际学术交流、产业环境的建立等方面展开通力合作。IBM将尽可能为学生提供实践机会的平台，帮助学生加深对前沿信息科技的了解，在提供专业技能知识培养的同时加强实践锻炼。

〔**成立“东南大学—蒙纳士大学苏州联合研究生院”**〕　3月29日，教育部正式批准成立“东南大学—蒙纳士大学苏州联合研究生院”。9月7日，联合研究生院2012级硕士研究生开学典礼举行，主要进行硕士和博士研究生的培养。

〔**学校发明项目亮相日内瓦国际发明展会**〕　4月18日，在日内瓦国际发明展会上，学校送展了3个具有自主知识产权的发明项目，其中2项获金奖。仪器科学与工程学院教授宋爱国等发明的“用于遥感操作和虚拟操作的7自由度力感知手控器”获金奖和伊朗发明与研究第一学院特别奖，能源与环境学院教授张小松等发明的“太阳能驱动的辐射供冷空调装置及辐射供冷方法”获金奖。

〔**王澍获2012年世界建筑最高奖——普利兹克建筑奖**〕　2月28日，世界建筑最高奖普利兹克建筑奖在美国洛杉矶揭晓，学校校友王澍获2012年普利兹克建筑奖，成为第一个荣获该奖项的中国籍建筑师。5月25日，普利兹克建筑奖颁奖典礼在北京人民大会堂举行。

〔**王保平当选国际信息显示学会副总裁**〕　在美国波士顿举行的2012年国际信息显示大会上，副校长王保平当选国际信息显示学会（Society for Information Display，简称SID）副总裁。

王保平担任SID副总裁之后，主要负责SID亚洲区事务，任期3年。这是中国大陆学者第一次任此要职，表明中国大陆和学校在国际信息显示领域的学术影响力。

〔**举行110周年校庆庆典**〕　6月2日，海内外嘉宾和校友、兄弟院校代表、学校师生代表共庆学校110周年华诞。国务院总理温家宝为校庆题词：“以科学名世，以人才报国。”全国政协主席贾庆林发来贺信。回良玉、刘延东、李源潮、陈至立、李金华等党和国家领导人分别题词或致贺信。在校庆大会上，校长易红做了题为《荣耀与传承、使命与行动》的报告。

〔**在第八届“挑战杯”中国大学生创业计划竞赛中成绩列全国第一**〕　在第八届“挑战杯”中国大学生创业计划竞赛终审决赛中，学校共有3支参赛团队入围全国决赛。经过商业计划书书面评审、秘密答辩、公开答辩等竞赛环节的激烈角逐，学校最终收获2金1银，总分并列全国高校第一名。其中，由聚羽团队的学生孙靓、李园园、袁媛、秦明亮等完成的作品《江苏苏之芯电子有限责任公司创业计划书》，以及由集盒团队的学生丁彦、刘丽、陈冕、王婷婷等完成的作品《集盒科技有限责任公司创业计划书》分获金奖；由刑天团队的学生肖铭、张津、丁琳、崔明娟等完成的作品《宇舜科技股份有限公司创业计划书》获银奖。

撰稿　宋业春
审稿　姜平波

中国矿业大学

〔**教育教学改革**〕 2012年，学校修订并实施新的本科生培养方案、研究生培养方案及大学生素质发展纲要；扩大本科生重新选学专业的比例，改革推行本科生平均学分绩点考核制度；改革免试硕士研究生推荐选拔办法，设立优秀博士研究生、硕士研究生奖学金，取消硕士学位与发表论文挂钩的规定。在江苏省本科生毕业设计（论文）和优秀毕业设计团队评比中，学校获奖总数位居全省高校第一名。10月，学校首次向社会公开发布《2011年度本科教学质量报告》。

〔**学科建设**〕 2012年，学校在重点学科评估中名列全国高校第15位，其中矿业工程、安全科学与工程两个学科位居全国第一；在“211工程”三期项目验收中，学校承担的11个建设项目有6个进入全国前30名，综合排名率为40%；学校工程学学科（领域）ESI排名首次进入全球前1%。学校入选“江苏高校优势学科建设工程”的5个项目全部通过中期评估。学校安全科学与工程一级学科被遴选为“十二五”江苏省重点学科，矿业工程、机械工程、测绘科学与技术等3个学科入选省部共建学科。

〔**科技平台建设**〕 2012年，学校获批1个国家级实验教学示范中心、9个国家级工程实践教育中心，新增3个国家级专业综合改革示范点建设专业，2个专业入选江苏省“卓越工程师（软件类）教育培养计划”试点专业、24个本科专业入选江苏省“十二五”高等学校重点专业、6部教材入选“十二五”国家级规划教材。学校学生获省级以上各类学科竞赛奖470项，获实用新型专利授权650项。

〔**科研成果**〕 2012年，学校获省部级以上科研项目249项，全年科研经费达5.05亿元，其中纵向经费1.45亿元。获国家科技奖5项、省部级科技奖18项，国家发明专利授权133项。SCI收录论文293篇、EI收录论文690篇、SSCI收录论文9篇。获科技部批准建设1个国家工程技术研究中心、获教育部立项建设1个重点实验室。学校技术转移中心被科技部批准为第四批国家技术转移示范机构。科技成果转化市场交易合同达1 508项，成交额为6.08亿元。

〔**首次在*Science*（《科学》）上发表论文**〕 9月，学校首次作为第一署名单位在国际权威期刊*Science*（《科学》）上发表论文。美国*Science*杂志（第337卷）刊登了学校教师卞正富、缪协兴、雷少刚、王文峰与美国、英国科学家合作撰写的论文The Challenges of Reusing Mining and Mineral Processing Wastes（《采矿与矿物加工废弃物再利用面临的挑战》）。

〔**创新平台建设**〕 2012年，国家煤加工与洁净化工程技术研究中心、教育部深部煤炭资源开采重点实验室获准建设。煤层气资源与成藏过程教育部重点实验室通过验收，煤层气地质理论与开发技术创新引智基地成为学校第三个创新引智基地。学校获军工保密二级资质，为开辟新的科研领域奠定了良好基础。

〔**协同创新中心建设**〕 学校牵头组建了煤炭高效安全开发协同创新中心。9月，“煤炭高效安全开发协同创新中心”理事会成立大会在北京举行。组织行业专家对协同创新中心实施方案进行论证，制定出台了协同创新管理机制改革办法。11月，举行卓越采矿工程师班开班典礼。

〔**师资队伍建设**〕　2012 年，学校有教职工 3 026 人，其中专任教师中正高级职称 338 人、副高级职称 533 人、博士生导师 294 人、硕士生导师 988 人、中国工程院院士 13 人（含外聘 6 人）。全年引进教师 112 人，其中包括院士、“长江学者”和 84 名博士。聘任特聘教授、兼职教授、客座教授和江苏省产业教授 21 人。48 人入选学校青年教师“启航计划”进行培养，9 名中青年学术带头人、8 名优秀青年骨干教师入选江苏省“青蓝工程”培养对象。新增教育部创新引智基地 1 个、教育部创新团队 1 个、江苏省创新团队 1 个。1 人当选俄罗斯工程院外籍院士，18 人次入选国家、教育部、江苏省各类人才计划。1 人获何梁何利基金科技进步奖、1 人获光华工程科技奖“青年奖”、1 人获孙越崎能源大奖、1 人获孙越崎青年科技奖、2 人获全国煤炭青年科技奖。

〔**管理改革**〕　2012 年，修改完善学校“十二五”规划、“十二五”师资发展规划和科研工作规划，编制《中国矿业大学章程》，出台《学术委员会章程》，组建新的学校学术委员会，修订实施《教职工代表大会制度实施办法》。学校大部制改革取得新进展，成立了教务部、财务资产部、科学技术研究院、学术委员会办公室，调整和增设了部分党政机构。健全经费和资产管理制度，完善工程审计和经济责任审计。对国家级科技创新平台与相关学院、学科有机融合的运行机制进行了积极探索，在形成与高水平大学建设相适应的内部管理体制机制方面迈出了新的步伐。

〔**学校行政领导班子整体续任**〕　12 月 24 日，学校召开全校干部教师大会，宣布教育部关于学校新一届行政领导班子换届任命事宜。任命葛世荣为校长，赵跃民、宋学锋、缪协兴、刘炯天、秦勇、赵建岭为副校长，校行政领导班子整体续任。

〔**党建和思想政治工作**〕　2012 年，学校出台了“三重一大”决策制度、党务公开实施办法。开展“创先争优”、“基层组织建设年”和学习党的十八大精神等系列活动，基层党组织和广大党员的先进作用得到充分发挥。深化干部选拔任用制度改革，1 人被提拔为省管干部，1 人被列入省管干部后备人选。反腐倡廉建设工作持续推进，学校惩治和预防腐败体系逐步完善，进一步增强了干部教师依法理财观念和廉洁从教意识。

〔**教育交流与合作**〕　2012 年，学校与澳大利亚皇家墨尔本理工大学合作举办的建筑环境与设备工程本科教育项目获教育部批准，土木工程专业的中外合作办学项目顺利招生。与美国、澳大利亚、德国、奥地利、越南等国家的 6 所高校签署或续签了相关专业本科生“2＋2”及硕士研究生培养合作协议。学校分别与蒙古国“乌兰巴托普通话汉语培训中心”等建立了来华留学生招生基地，获国家汉办/孔子学院总部批准设立了国家汉语水平考试（HSK）网考考点。由学校和澳大利亚格里菲斯大学共建的全球第一所旅游孔子学院正式招生。全年通过校际交流项目选派 92 名学生出国学习。

撰稿　蔡治华　朱正中
审稿　王增国　方跃平

河 海 大 学

〔**发布《河海大学哲学社会科学繁荣发展行动计划》**〕 2012年12月29日，学校正式发布《河海大学哲学社会科学繁荣发展行动计划（2012—2020年）》。确定的哲学社会科学的发展目标是：通过一段时期的建设，使学科方向更加凝练，优势更加突出，特色更加鲜明，平台更加坚实，队伍更加精良，水平明显提高，国际合作与文化传播能力进一步增强，在若干领域形成在全国乃至世界有一定影响的名家、有河海特色的精品和学术流派，成为行业和区域发展的人才库、思想库、智囊团。为实现这一目标，学校决定实施四大战略、构建五大体系、落实八项计划：实施创新战略、特色战略、精品战略、开放战略；构建特色鲜明的学科体系、勇于创新的队伍体系、成果倍出的创新平台体系、贡献卓著的社会服务体系、合作创新的开放交流体系；落实马克思主义理论建设与引领计划、优势学科提升计划、研究平台拓展计划、优秀人才培养和激励计划、学术精品培育计划、学术开放与国际交流促进计划、“河海”智库建设计划、基础设施建设计划。

〔**教学改革**〕 2012年，学校新增3项国家级专业综合改革试点项目、4个国家级工程实践教育中心。3门课程入选全国首批精品视频公开课、5部教材入选国家级“十二五”规划教材。获本科教学工程国家级项目162项、省级项目93项。水利国家级实验教学示范中心、力学工程国家级实验教学示范中心通过教育部验收。港航专业在全国同类专业中第一个通过教育部专业认证。

〔**教学质量**〕 2012年，学校以全国大学生数学建模竞赛第一名的成绩获本科组“高教社”杯大奖，学校男子足球队首次获全国大学生足球赛冠军，学校机器人足球队首次获机器人足球赛世界冠军，学校辩论队获第十一届“海峡两岸”大学生辩论赛总冠军。本科生和研究生的报名人数均创历史新高，录取分数位居全国和江苏省高校前列。本科生就业率达98.4%，研究生就业率达98.3%，学校再次获江苏省高校毕业生就业工作先进集体称号。

〔**完成本科人才培养方案修订工作**〕 2012年，学校开展了本科人才培养方案（2012版）修订工作，并于2012年秋季开始实施。该方案以提高人才培养质量为核心，积极探索多样化、多层次、个性化的人才培养模式，努力实现素质教育与专业教育、科学教育与人文教育、理论教育与实践教育、共性教育与个性教育协调发展。一是建立核心课程体系，建立具有河海特色的核心课程213门。二是设立新生研讨课，各专业为新生开设各具特色的小班化专题讨论课程，帮助新生明确学习目的、激发学习热情、建立学习自信。三是开设全英语课程和专业，每个专业至少开设2门全英语课程，并在水利水电工程等传统优势专业中开设了全英语专业。四是设置个性化课程，供不同发展类型的学生修读。五是提高实践教学课时的比重，理工科专业增加到25%，文科专业增加到20%，培养学生自主发现问题、分析问题和解决问题的能力。

〔**继续实施人才强校战略**〕 学校特聘的国际水文学领域著名学者、加拿大工程院院士、加拿大滑铁卢大学教授爱德华·史蒂克入选第八批“千人计划”。新增“青年千人计划”专家2人、教育部“新世纪优秀人才支持计划”4人、江苏省“双创计划”1人、江苏省特聘教授2人、江苏省“六大人才高峰资助计划”4人、江苏省“青蓝工程”中青年学术带头人10人。新聘5名来自美国、加拿大、日本、澳大利亚的专家为“河海学者”讲座教授。学校教授戴会超领衔的“长江上游大型水库群生态环境效应与调控”团队入选教育部“长江学者创新团队”，教授王沛芳获国家杰出青年基金并入选“长江学者”特聘教授，教授刘汉龙获何梁何利奖，教授倪福生获江苏省“五一劳动奖章”，“岩土力学与堤坝工程安全创新团队”获江苏省“工人先锋号”荣誉称号。为加强对两院院士、“千人计划”、“长江学者”等高层次人才后备人选的培养，学校还制订了“领军人才培养支持计划”并公布了首批人选名单，具体措施主要有优先推荐承担国家重大科技项目、支持到国内外一流大学研修、给予50万元至100万元建设经费等。

〔**科研工作全面持续发展**〕 2012年，学校进一步加强基础研究项目和国家重大科技计划项目的组织工作，加强与水利、能源、交通等行业的合作，加强为地方经济社会发展服务的意识，加强科研团队和科技平台建设，使科技工作实现经费总量、合同项目及经费、成果转化和获奖成果全面持续增长。全年新增科技经费总量9.41亿元，比2011年增长18.8%，其中承接科研合同1 469项，新增经费5.51亿元，分别比2011年增长30%和14.3%；新增科技产业和科研成果转化支持经费3.9亿元，比2011年增长25.8%。科技成果获国家和部级、省级科技奖78项，比2011年增长27.9%，其中国家技术发明二等奖2项、国家科技进步二等奖2项；部、省级科技一等奖7项、二等奖26项、三等奖26项，哲学社会科学一等奖5项、二等奖5项、三等奖5项，在获奖数量和获奖等级上均取得新的突破。发表SCI论文406篇，比2011年增长40.5%。申请国家发明专利516件，获国家发明专利授权202件，分别比2011年增长19.2%和1.1倍。

〔**水安全与水科学协同创新中心成立**〕 8月10日，水安全与水科学协同创新中心在学校成立，教育部副部长杜占元、水利部副部长胡四一、江苏省副省长曹卫星出席仪式并共同为协同创新中心揭牌。协同创新中心由河海大学、清华大学牵头，协同中国长江三峡集团、中国电力建设集团、长江水利委员会、黄河水利委员会、武汉大学、天津大学、四川大学、大连理工大学、中国水利水电科学研究院、南京水利科学研究院，紧密围绕“水利特色，世界一流”的战略目标，围绕国家水安全重大需求共同组建。中心设立“水资源安全”、“洪旱灾害防治”、“水利水电工程安全”3个协同创新平台的10个研究方向，首批组建了35支创新团队，力争将中心建设成为国际水利水电行业内最具影响力的科学研究、人才培养和产学研转化中心。

〔**本科生获国家专利授权176项**〕 2012年，学校在校本科生获国家专利授权176项，比2011年增加46.7%。其中“风轮转角可连续性调节的水平轴风力发电机及其调节方法”、“修复重金属污染淤泥的装置及方法”、“波浪发电GPS定位救生圈”等13项成果获国家发明专利，“可用于发电的船闸”、“应急海水淡化杯”、“网络试衣系统”等163项成果获国家实用新型专利，专利的应用领域涵盖了国家经济建设和百姓日常生活。江苏省知识产权局在学校建立了全省高校中唯一的“江苏省专利技术创造与运用实践基地”。

〔**中国（南京）人才发展研究中心成立**〕 3月29日，南京市委、市政府与学校联合成立中国（南京）人才发展研究中心合作协议签字暨揭牌仪式在学校举行。江苏省委常委、南京市委书记杨卫泽，南京市委常委、组织部部长徐金万出席仪式。杨卫泽和学校党委书记朱拓为研究中心揭牌，徐金万和校长王乘在合作协议上签字。该研究中心的建立，旨在加强校地合作，深入实施“人才引领、创业驱动”战略，大力推进中国人才与创业创新名城建设。根据协议，南京市委组织部确定研究中心的发展方向和重点研究与活动项目，借助研究中心开展人才培养、应用研究和技术创新等活动；学校按照南京市委组织部的要求，开展课题研究并协助完成成果转化工作及协助举办相关活动等。

撰稿　朱庭菊

审稿　钱恂熊

江南大学

〔**学科建设**〕 2012年，国家教育体制综合改革试点项目《完善高校与行业共建机制，促进特色鲜明高水平大学建设》通过教育部中期检查。学校"211工程"三期建设的7个项目全部通过国家验收，3个"江苏高校优势学科建设工程"项目中期检查获得"良好"，食品学科通过国际食品科技联盟评估。新增"化学工程与技术"博士后流动站。18个一级学科参与第三轮全国学科评估。在美国ESI全球大学、科研机构国际学术水平及影响评价中，学校化学、农学、生物学与生物化学、工程学4个学科位列全球前1%。将学科资源整合与区域经济发展转型相结合，学校无锡医学院正式揭牌建设，新申报的临床医学本科专业正式获教育部审核通过。研究出台了《江南大学哲学社会科学繁荣发展计划（2011—2020年）》，推动人文社科学位点和基地建设等实现新突破。4月14—16日，由国际食品科技联盟（IUFoST）主席在内的6位国际食品科学与工程领域知名学者组成评估专家组，对学校食品学科的师资队伍、人才培养、科学研究、国际交流及业内影响等进行了全方位的诊断性评估。

〔**人才培养**〕 学校制定实施《江南大学关于全面提高本科教育教学质量的意见》，推进"卓越工程师教育培养计划"和"教师卓越计划"的实施，加大"卓越课程"、"精品开放课程"的建设力度。创新学生教育管理体制，完善勤工助学体系建设。探索体育精神融入人才培养的新路径。2012年，获批国家综合改革试点专业4个、国家"十二五"规划教材6部、国家精品视频公开课3门、省级以上本科教学工程项目197项，新增省级以上实践教学平台5个。学校先后获"全国高等教育学籍学历管理工作先进集体"、"江苏省教学工作先进高校"等称号。继续教育与网络教育学院入选"2012年度全国十佳网络教育学院"。编制实施《江南大学研究生教育改革方案》，评估和调整了自主设置的二级学位点，改革博士招考模式和名额分配体系，加强导师队伍建设，推进企业研究生工作站建设。2012年，获全国优秀博士学位论文提名2篇，江苏省研究生科研创新项目51项。学校获"研究生招生管理工作优秀招生单位"称号。

〔**科研平台基地建设**〕 2012年，学校"国家功能食品工程研究中心"通过科技部组织的同行专家现场论证，"食品企业质量安全检测技术示范中心"通过工业和信息化部组织的验收，"国家粮油标准研究验证中心"立项并通过国家粮食局组织的现场考核，"物联网工程应用研究平台"入选教育部"互联网应用创新开放平台示范基地"，"食品胶体与生物技术"教育部重点实验室通过教育部组织的现场论证后启动建设，"生态纺织教育部重点实验室"通过教育部评估。学校还组织"现代工业发酵协同创新中心"和"无锡物联网协同创新中心"申报"江苏高校协同创新中心"。8月10日，由学校牵头，联合南京农业大学、东北农业大学以及行业龙头企业共同组建的"食品安全与营养协同创新中心"揭牌筹建。积极创新科研管理模式，设立了教师科研卓越中心。通过军工科研资质现场审查认证。推进政产学研合作，成立开放创新设计研究院。与临安市、吴江市、海安县、常德市等地方政府进行科技洽谈与合作，成立了宿迁产业技术研究院、海安技术转移分中心。学校获批27项江苏省"产学研前瞻性联合研究项目"，立项数位居全省高校第一。由学校商学院教授吴林海召集，学校与中国人民大学、南京农业大学等高校的20多位教授与中青年学者组成的多学科、多单位协同参加的研究团队共同完成了《中国食品安全发展报告(2012)》，并由北京大学出版社出版。学校通过教育部“国培计划”培训资质认证，正式成为教育部“国培计划”示范性集中项目的专项培训基地。

〔**科研工作**〕　2012年，学校立项获国家“十二五”三大计划60项立项、获国家自然科学基金项目105项、获教育部人文社科研究项目31项。全校到账科研经费4.44亿元，其中纵向经费突破2亿元。获批教育部创新团队1个。2012年，共获国家科学技术奖3项，其中获国家科学技术发明二等奖1项、国家科学技术进步二等奖2项。获部省协会以上科研奖励88项，通过部省级科技鉴定成果28项。发表SCI、EI、ISTP三大检索论文1 479篇，其中SCIE论文748篇、CSSCI论文269篇。申请专利4 230件，其中发明专利1 409件、授权专利2 570件。学校获“第四届江苏省科技工作先进高校”、“全国高校哲学社会科学研究管理先进集体”等荣誉称号。

〔**优化师资队伍结构**〕　2012年，学校新增中央组织部“千人计划”入选者、“长江学者奖励计划”特聘教授、“国家杰出青年科学基金”获得者等国家级人才9人（11人次），部省级人才39人（43人次），部省级创新团队4个。新进专任教师中，具有海外学习或研修经历者占39.8%。糖化学与生物技术、物联网工程、工业设计三大人才高地，在规模、质量、结构等诸多方面均取得了发展。在国家新设立的“外专千人计划”、“青年拔尖人才支持计划”、新“长江学者奖励计划”等人才计划中，学校均有教师入选第一批次。在“江苏特聘教授”、江苏省“创新团队计划”、江苏省“六大人才高峰”A类资助等项目中实现了零的突破。通过制订实施《江南大学“至善青年学者”支持计划（试行）》，提升青年教师队伍的整体素质和能力水平。截至2012年年底，全校1 668名专任教师中，具有博士学位的比例达43.1%、高级职称比例达64%、具有一年以上海外研修经历者的比例达22.4%，分别比2011年提高4.1%、3.3%和3.3%。

〔**信息化建设**〕　召开全校信息化工作会议，制订《江南大学“十二五”教育事业改革发展信息化建设方案》。加强“e江南”网络平台建设，更新升级校园智能卡系统，完成校园网扁平化改造，成为教育部首批“教育信息化试点单位”。

〔**教育交流与合作**〕　学校新增国家外国专家局、教育部“高等学校学科引智创新基地”1个，教育部“海外名师项目”2项、“学校特色项目”2项，外国专家局“高端外国专家项目”4项、“引进海外高层次人才重点支持项目”3项。新聘包括诺贝尔奖得主在内的名誉或客座教授20人。新建7个国际合作研究平台。新增15所合作高校及科研机构。新增17项学生海外交流项目，本科生海外交流比例达11.41%，覆盖全校各个学院。完善“远翔奖学金”资助体系，在增加资助额度的同时扩大学生受益面。增设“本科生海外科学研究实践专项”，资助以课题研究为基础的海外研修。与澳大利亚蒙纳士大学合作办学项目获教育部批准。与美国加州大学戴维斯分校（University of California，Davis）合作建设孔子学院项目获准立项并开始建设。学校莱姆顿学院更名为北美学院。截至2012年年底，学校留学生总数达775名，学校获“江苏省来华留学先进集体”荣誉称号。加拿大农业部圭尔夫食品研究中心首席科学家、学校客座教授崔武卫因其对江苏省和学校的特殊贡献，获2012年度“江苏友谊奖”。

〔**加强基层党组织建设**〕　2012年，学校建立了学习型党组织校领导工作联系点制度，完成第三批“党建工作示范点”创建单位的中期检查和考核评比工。举办首期学生预备党员培训班，制定《江南大学大学生发展党员工作“三投票三公示一答辩”实施办法》。“发挥大学生党员先锋模范作用”的相关经验在全省大学生党员素质工程推进会上作介绍。编辑出版《江南大学党建与思政工作研究论文集》、《无锡党建研究论丛》。学校党委获“江苏省高校先进基层党组织”荣誉称号，5个基层党支部获省市创先争优活动表彰，10人获省市“创先争优先进个人”、“优秀党务工作者”等荣誉称号。法学院学生党员朱积标被评为“2011江苏省大学生年度人物”。学校还获得了“江苏省高校思想政治教育工作先进集体”、“江苏省高校毕业生就业工作先进集体”等荣誉称号。

〔**推进文化传承创新**〕　学校继续办好新闻网、媒体江大、“电子校报”和官方微博，开通十八大专题网。全年在市级以上媒体刊登新闻报道突破500条。编印出版《江南大学校史》。先后举办纪念荣德生先生创办学校65周年、纪念程志新先生诞辰90周年等活动。参加全国高校博物馆育人联盟，并在成立大会上做主题发言。“创新创业文化培育工程”获教育部“2012年高校校园文化建设优秀成果特等奖”。获批高水平足球运动队建设项目。编印《教师风采录》（第二辑）。学校先后获“江苏省高校和谐校园”、“第五届全国高校百佳网站”等称号。

〔**推进管理体制改革**〕　学校完成了后勤保障系统组织架构调整。成立了社会科学处、体育部等机构，调整了教师卓越中心、机关事务中心等机构职能。完成了继续教育和网络教育学院的整体搬迁。推进产业工作，全年上缴收入1 300余万元。推进学校预、决算工作改革，合理配置资源。积极创建5A级基金会，募集资金5 440万元，获教育部财政配比补贴3 606万元。

撰稿　钱　锋

审稿　徐　岩

南京农业大学

〔**建设世界一流农业大学**〕　2012年2月21日，学校正式出台了《南京农业大学关于加快建设世界一流农业大学的决定》（党发〔2012〕1号）。根据文件精神，学校以建设世界一流农业大学为目标，狠抓师资队伍建设和“两校区一园区”建设，努力实现“世界一流”、“中国特色”和“南农品质”三者有机结合，共谱发展、改革、特色、和谐、奋进五大篇章。

〔**学科建设**〕　2012年，学校“211工程”三期建设成效显著，以优异成绩通过国家验收。2个学科入选“十二五”江苏省重点学科。生物信息学、设施农业和海洋科学等交叉学科建设有序开展。农业科学、植物与动物学、环境生态学3个学科领域ESI排名迅速提升，分别位列第133位、176位和428位。国家肉品质量安全控制工程技术研究中心、杂交棉教育部工程研究中心通过验收。农村土地资源利用整治国家地方联合工程研究中心获国家发展和改革委立项。

〔**师资队伍建设**〕　全年招聘教师125人，引进海内外高层次人才36人，引进国家“千人计划”3人。新增“长江学者”3人、国家杰出青年基金获得者2人，有40余人次入选中央组织部“特支计划”、教育部“新世纪优秀人才支持计划”等人才工程。1个团队入选教育部“创新团队发展计划”。成功组织海外招聘，具有海外、校外背景的博士毕业生比例大幅增加。启动“钟山学者”计划（从“钟山特聘教授”、“钟山首席教授”、“钟山学术骨干”、“钟山学术新秀”4个层次上，对高端学者、杰出中青年学者和优秀青年学者进行培养和引进工作），首批遴选37名青年教师作为“钟山学术新秀”进行培养。

〔**科学研究**〕　学校稳步推进“高等学校创新能力提升计划”，培育组建5个国家级协同创新中心。获批“973计划”1项、国家杰出青年科学基金2项。全年获各类科技成果奖16项，其中国家技术发明及科技进步二等奖各1项。作为第一通信作者单位被SCI收录的学术论文669篇，被SSCI收录的学术论文7篇。专利、品种权、软件著作权获授权225项。学报（社科版）首次入选全国中文核心期刊。

〔**2项成果获国家科技奖**〕　2月14日，2011年度国家科学技术奖在北京揭晓。学校教授沈其荣及其团队的研究成果“克服土壤连作生物障碍的微生物有机肥及其新工艺”获国家技术发明二等奖，教授张绍铃及其团队的研究成果“梨自花结实性种质创新与应用”获国家科技进步二等奖。

〔**加入教育部中科院协同育人行动计划**〕　8月29日，“科教结合协同育人行动计划”启动会在北京举行，国务委员刘延东出席会议并讲话。启动仪式上，学校与中国科学院上海生命科学研究院、中国科学院南京土壤研究所共同签约。

〔**完成国际梨基因组计划**〕　5月，由学校梨工程技术研究中心牵头的国际梨基因组合作组织，已全面完成梨的精细基因组图谱绘制工作，这是国际上第一个梨全基因组图谱。

〔**“食品安全与营养协同创新中心”揭牌**〕　8月10日，由学校、江南大学、东北农业大学联合行业内龙头企业及科研单位组建的“食品安全与营养协同创新中心”签约揭牌仪式在学校举行。省长李学勇、教育部副部长杜占元出席仪式并为中心揭牌。签约仪式上，各企业与3所高校签署产业平台协议。

〔**教育教学改革**〕 学校首次编制《南京农业大学2011年本科教学质量报告》。实施的国家教育体制改革试点项目得到教育部高度评价。首批加入“科教协同育人计划”，与中国科学院系统合作组建“菁英班”，联合培养人才。“动物科学类国家级实验教学示范中心”获批，“植物生产国家级实验教学中心”通过教育部验收。学位论文质量稳步提高，获全国优秀博士学位论文3篇，获江苏省优秀博士学位论文5篇、优秀硕士学位论文13篇。2012年，学校获“江苏省教学工作先进高校”称号。

〔**服务社会**〕 服务经济社会能力进一步增强。学校获批建立首批高等学校新农村发展研究院，联合地方政府、企业新成立产业研究院3个、专家工作站3个、技术转移中心4个，与淮安市政府签署全面战略合作协议。有16人入选南京市领军型创业人才计划项目。积极组织“科教兴村青年接力计划”、“百名博士广西防城港行”、“研究生江苏行”等社会实践活动，继续实施“百名教授兴百村”三期工程。学校获南京市“双百工程”先进集体称号，4个“挂县强农富民工程”通过江苏省农委考评验收。

〔**招生就业**〕 2012年，学校招生8 000多名，其中研究生2 827名、本科生4 500名，招生规模平稳增长。实施学生工作“三大战略”（即主体发展战略、素质拓展战略和队伍发展战略），将第二课堂与第一课堂有效衔接，广泛开展各类主题教育活动，着力提高学生的思想政治素质、科学文化素质和身心健康素质。建立、健全毕业生就业工作长效机制，本科生就业率达94.7%，研究生年终就业率达91.68%以上。学校获“2012年度江苏省高校毕业生就业工作先进集体”称号。

〔**举行“新农村发展研究院”授牌仪式**〕 7月11日，教育部、科技部在西北农林科技大学举行全国高等学校新农村发展研究院建设工作会暨授牌仪式。国务委员刘延东、科技部副部长张来武、教育部副部长杜占元等出席。杜占元宣读了《教育部、科技部关于同意中国农业大学等10所高校成立新农村发展研究院的通知》，国务委员刘延东为首批高等学校新农村发展研究院逐一授牌。学校党委书记管恒禄代表学校从刘延东手中接过“南京农业大学新农村发展研究院”牌匾。

〔**学校获IFAMA案例竞赛冠军**〕 6月9—14日，国际食品与农业企业管理协会（International Food and Agribusiness Association，简称IFAMA）第22届年度论坛与研讨会在上海召开。学校代表队在案例竞赛决赛中战胜美国德克萨斯农工大学、普渡大学和加拿大圭尔夫大学代表队，获得冠军。

〔**第十五次教育部直属高校组织工作研讨会召开**〕 12月6—7日，第十五次教育部直属高校暨全国有关高校组织工作研讨会在学校召开。中纪委驻教育部纪检组组长王立英出席研讨会并做了《全面加强办学治校骨干队伍建设为高校科学发展提供坚强组织保证》的主题报告。

〔**举办“世界一流农业大学建设与发展论坛”**〕 10月20日，学校举办“世界一流农业大学建设与发展论坛”。论坛以“围绕教学、科研和国际化，探讨世界一流农业大学建设”为主题，邀请美国、德国、英国、日本等8个国家共9所著名农业（涉农）大学参加。学校校长周光宏与美国加利福尼亚大学戴维斯分校副校长威廉姆·莱西（William Lacy）共同主持论坛。与会代表分别就世界一流农业大学的建设与发展、国际化教育、人才培养等做专题演讲。

〔**获准在肯尼亚建设全球首个农业特色孔子学院**〕 7月25日，孔子学院总部总干事许琳与肯尼亚埃格顿大学校长詹姆斯·托涛伊克（James Tuitoek）共同签署了“中国孔子学院总部与肯尼亚埃格顿大学关于合作设立埃格顿大学孔子学院的协议”。这标志着学校与埃格顿大学申请共建的全球首个以农业为特色的孔子学院正式获准建设。

〔**教育交流与合作**〕 全年新签和续签16项校际合作协议。确立与美国加州大学戴维斯分校联合培养博士生项目。加入国家留学基金委与美国堪萨斯州立大学合作项目。留学生规模逐步扩大，共招收留学生640人。举办援外培训班17期。授予肯尼亚副总统名誉博士学位。举办第三届“走非洲，求发展”论坛。完成“肯尼亚农业发展报告”、“中非粮食安全战略研究”等非洲研究课题。

〔**比克拉姆·吉尔教授获2012年度中国政府“友谊奖”**〕　9月28—29日，2012年度中国政府“友谊奖”颁奖大会在北京举行。学校“作物遗传与种质创新学科创新引智基地”海外学术大师、美国堪萨斯州立大学小麦遗传与基因组学资源中心主任比克拉姆·吉尔（Bikram S. Gill）获2012年度中国政府“友谊奖”。

〔**白马国家农业科技园区揭牌**〕　2月15日，南京市白马国家农业科技园区揭牌暨项目集中开工奠基仪式在学校白马教学科研基地举行。副省长徐鸣、南京市委书记杨卫泽出席揭牌仪式并讲话。

〔**周光宏当选中国农学会副会长**〕　12月11—12日，中国农学会第十次全国会员代表大会在北京召开。全国各会员单位的代表及相关单位负责人共200多人参加会议。农业部部长韩长赋、中国科学技术协会党组书记陈希出席大会开幕式并讲话。会上，校长周光宏当选为中国农学会副会长和常务理事。

〔**庆祝建校110周年**〕　10月20日，学校建校110周年庆祝大会举行，来自世界各地的嘉宾、校友、兄弟院校代表、离退休老同志以及师生代表共1万余人齐聚学校，共庆学校110周年华诞。

国务院总理温家宝为学校校庆题词：“知国情、懂农民、育人才、兴农业。”回良玉、刘延东、陈至立、蒋树声等党和国家领导人分别给学校发来贺信或题词。全国政协副主席罗富和、全国人大常委会原副委员长热地出席庆祝大会。江苏省省长李学勇、教育部副部长杜占元、农业部副部长张桃林在庆祝大会上讲话。省委副书记石泰峰、副省长曹卫星、省人大常委会副主任丁解民、省政协副主席张九汉出席大会。会上还举行了学校农村发展学院、草业学院、金融学院揭牌仪式。

〔**举行《南京农业大学发展史》发行暨校友馆开馆仪式**〕　10月19日，《南京农业大学发展史》暨校友馆开馆仪式在学校金陵研究院举行。在开馆仪式上，中央候补委员翟虎渠、江苏省教育厅厅长沈健、中国工程院院士任继周等出席，并向海内外校友代表赠送《南京农业大学发展史》。

〔**百所著名中学校长走进学校**〕　4月22日，百所著名中学校长校园行活动在学校举行。百余所中学校长应邀走进学校进行考察交流，共同探讨普通高中教育与高等教育的对接和人才培养。江苏省副省长曹卫星、省教育厅副厅长胡金波等出席考察交流会并讲话。会上，曹卫星希望普通高中与高等院校携手积极探索、大胆实践、扎实工作，不断提升普通高中教育与高等教育改革发展水平，奋力开创全省教育现代化建设新局面，为又好又快地推进“两个率先”做出新的更大贡献。

〔**“百家知名企业进南农”活动举行**〕　9月16日，学校110周年校庆系列活动——“百家知名企业进南农”活动举行。活动以“人才·科技·产业·协同创新”为主题，邀请中国牧工商集团公司、孟山都生物技术研究（北京）有限公司、杜邦中国集团有限公司等120余家国内外知名企业参会，共商协同创新，推动政产学研深度合作。

〔**孙雅薇出征伦敦奥运会**〕　7月10日，参加伦敦奥运会的中国体育代表团在北京人民大会堂正式成立，学校田径运动员孙雅薇成功入选。

撰稿　吴　玥
审稿　刘　勇

中国药科大学

〔**学科建设**〕 2012年，学校新增“长江学者”特聘教授1人，中央组织部青年拔尖人才支持计划人选1人，国家优秀青年科学基金获得者1人，江苏省杰出青年基金获得者2人，江苏特聘教授1人，江苏产业教授4人，教育部“新世纪优秀人才支持计划”5人，江苏省“六大人才高峰计划”4人，江苏省“青蓝工程”中青年学术带头人9人、优秀青年骨干教师6人、优秀创新团队1个。1人获“何梁何利奖科学与进步奖”。3门课程被列入2012年全国精品视频公开课建设名单。中药化学学科被评为国家中医药管理局重点学科。药事管理专业通过江苏省特色专业建设点验收。9本教材入选“十二五”高等教育本科国家级规划教材。启动“卓越工程师教育培养计划暨国家级工程实践教育中心”建设。成立首个院级教授委员会——中药学院教授委员会。

〔**科学研究**〕 2012年，学校共申报科研项目共1 260项。其中1个项目合同经费达1亿元，是学校与医药企业签订的第一个突破亿元的科技合作项目。获批国家自然科学基金64项，其中获重点项目1项、优秀青年科学基金项目1项、重大研究计划1项。获江苏省杰出青年项目资助2项。2个项目入选江苏省科技基础设施计划，各获资助400万元。4个项目入选江苏省科技支撑计划社会发展项目。1个项目入选临床医学科技专项——新型临床诊疗技术攻关项目，立项资金50万元。获批建设江苏省药物设计与成药性优化重点实验室。学校成立药物科学研究院栖霞分院，正式进驻“江苏生命科技创新园”。学校联合多家机构共同组建了生物医药协同创新中心。1人获2011年江苏省高等学校教学名师奖，1人获“中国侨界贡献奖（创新成果)”，1人获“中国侨界贡献奖（创新人才)”。

〔**学校名列亚洲大学排行榜（2012）200强**〕 QS（Quacquarelli Symonds）公司公布了2012年度亚洲大学排行榜，学校名列200强。

〔**“211工程”三期建设通过验收**〕 3月28日，学校“211工程”三期建设项目总结验收会在学校召开，以中国工程院院士管华诗为组长的专家组对学校“211工程”三期建设进行了验收。专家组认为，学校“211工程”三期建设已按计划全面完成建设任务，部分项目超额完成预期建设目标，取得了显著的建设成效，整体建设水平和实力在全国药学院校中处于领先地位，部分项目达到国际先进水平。专家组一致同意通过项目验收。

〔**“综合性新药研究开发技术大平台”课题通过验收**〕 6月2日，“综合性新药研究开发技术大平台”课题现场验收会在学校举行。科技重大专项技术总师、中国工程院院士桑国卫等14位专家及相关负责人参加了验收会。专家组听取了学校校长、大平台负责人吴晓明的工作汇报，现场考察了有关实验室。专家组一致认为，学校综合性大平台建设很好地完成了任务，研制了一批创新药物，紧密追踪国际新进展，形成了一批关键技术。建立的8个单元平台，其设备、配套齐全，技术先进，部分单元平台达到国际先进水平。在人才培养、学术方面也取得了比较好的成绩，为中国新药创制做出了重大贡献。经过14位专家现场投票，该课题验收最终以优异成绩获得通过。

〔**成立生物医药协同创新中心**〕 9月29日，学校生物医药协同创新中心成立。该中心由学校牵头，联合北京大学、南京大学、中国医药集团、江苏恒瑞医药股份有限公司、江苏先声药业有限公司、江苏圣和药业有限公司等多家机构共同组建。

中心下设现代中药基础研究中心、化学药物基础研究中心、生物技术药物基础研究中心、仿生药物基础研究中心、生物医药共性技术支撑平台、生物医药关键技术支撑平台、生物医药标准化平台以及上海生物医药产业化基地、江苏南京生物医药产业化基地和江苏连云港生物医药产业化基地。该中心围绕制订生物医药研发创新计划、完成自主知识产权的集聚、推进产业化发展等18项任务开展工作。

〔《中国天然药物》跻身为SCIE源期刊〕 4月，*Chinese Journal of Natural Medicines*（《中国天然药物》）编辑部收到汤森路透科技集团（美国科技信息所）的通知，经严格评审，《中国天然药物》从2012年起被国际权威检索数据库SCIE收录。

〔全国药学专业学位研究生培养单位第一次年会召开〕 8月27日，由学校承办的全国药学专业学位培养单位第一次年会在南京市召开。全国药学专业学位研究生教育指导委员会（简称教指委）、全国药学专业学位培养单位的参会代表及学校药学专业培养学院的分管领导和教学秘书共90余人出席了会议。教指委主任委员邵明立对全国药学专业学位研究生教育发展的战略形势和努力方向做了分析和阐述，对实现中国药学专业学位教育的科学发展，努力办出特色和水平做出明确部署。

〔2012年亚洲药学院院长论坛召开〕 6月3—5日，由亚洲药学院校理事会与学校联合主办的“2012年亚洲药学院院长论坛”在学校召开。论坛的主题是“亚洲临床药学教育的发展和挑战”，来自10多个国家和地区的70位专家学者围绕“临床药学教育的发展与挑战”这一主题进行了深入研讨。

〔招生与就业〕 2012年，学校共招收本专科学生2 982人，其中本科生2 710人、专科生272人。招收研究生共计1 080人，其中博士研究生161人、硕士研究生919人。另招收留学生38名。2012年，毕业本专科生2 780人，其中本科生2 481人、专科生299人。毕业研究生计862人，其中博士研究生709人、硕士研究生153人。毕（结）业留学生25人。

〔王立英到学校做党风廉政建设专题报告〕 5月29日，中央纪律检查委员会驻教育部纪检组组长王立英到学校做党风廉政建设专题报告。王立英分析了全党全国及高校腐败案件的现状、特点和成因，强调领导干部要增强大局意识、政治意识、责任意识和忧患意识，加强自我约束、自我教育，切实履行好“一岗双责”。加强对科研经费管理、招生录取、基建工程、校办企业、政府采购等环节的监督。

〔陈竺一行到学校视察〕 11月20日，卫生部部长陈竺，副部长、国家食品药品监管局局长尹力一行到学校视察指导工作。陈竺一行参观了江宁校区图书馆和药学博物馆。他在与学生们交谈时说，药学作为产业的重要组成部分，发展前景很好，希望同学们努力学习，把药学事业做得更好，让祖国成为药物产业和服务业发展的大国、强国。

撰稿　周　骊

审稿　杜文清

合肥工业大学

〔**省级质量工程项目**〕 2012年，学校共获批23个省级质量工程项目。其中“卓越人才培养计划”3项、校企合作项目3项、专业综合改革试点5项，精品视频公开课4门、精品资源共享课7门、数字图书馆1项。

〔**学科建设**〕 启动“985工程优势学科创新平台”建设项目。完成“211工程”三期建设项目的国家验收工作。新增工商管理和软件工程2个博士后科研流动站。在国家第三轮学科评估中，学校共有16个一级学科参评，管理科学与工程、地质学、仪器科学与技术3个学科首次进入全国前十位。强化学科建设项目的过程管理。

〔**本科教学工程建设**〕 2012年，学校积极推动本科教学工程建设，取得重要进展。电气工程、测控技术、制药工程和金属材料4个本科专业通过国家工程教育专业认证；土木工程本科专业通过国家住房和城乡建设部组织的专业评估，获最长8年的有效期；现代汽车制造技术实验教学中心获批为“十二五”国家级实验教学示范中心；电子科学与技术、信息管理与信息系统2个专业获批“专业综合改革试点”项目。新获批79项国家级创新创业计划项目；新增4部国家级精品教材；6部教材入选“十二五”普通高等教育本科国家级规划教材。

〔**高层次人才引进**〕 2012年，学校引进“外专千人计划”2人、“长江学者”特聘教授1人、“黄山学者”特聘教授2人、“黄山青年学者”21人、安徽省“百人计划”（即引进并重点支持100名左右海外高层次人才到皖创新创业）3人、高级专业技术职务人员21人。入选国家“外专千人计划”2人、国家外国专家局“高端外国专家项目”3人。续聘“长江学者”讲座教授3人。

〔**师资队伍建设**〕 2012年，学校共遴选国家公派出国留学人员16人、“1+2+1中美人才培养计划”2人、国内1年期进修访学18人。共有42人考取博士研究生，教师在职获硕士学位7人、获博士学位21人。选派25名教学科研业绩突出的青年教师到北京外国语大学进行英语培训。完成31名2010年进校博士的业绩考核工作。启动校内“黄山青年学者”遴选工作，3名在职教师首批入选。举办学校首次教授学术工作交流大会和首届“黄山学者”论坛。

〔**科学研究**〕 全年学校科研经费达4.14亿元。其中纵向科研到账经费首次突破1.5亿元。全年新增国家“973计划”课题1项、“973计划”青年科学家专题课题1项、国家科技支撑计划课题2项、国家“863计划”主题项目1项、国家自然科学基金项目111项、教育部“新世纪优秀人才支持计划”项目5项、国家地质矿产调查评价项目7项。横向科研合同数和到账经费持续增长。全年新签合同711项，其中100万元以上项目72项，500万元以上项目8项，到账经费23 769万元。

国防军工科研到账经费5 140万元，其中获批总装备部支撑技术项目1项、国家国防科技工业局军品配套项目2项、基础科研项目1项、技术基础项目1项、安徽省军民结合高技术项目4项、各类军工产学研项目50余项。

重视成果培育和知识产权保护工作，科研成果奖励继续保持强劲势头。学校获安徽省科学技术奖一等奖3项、二等奖6项、三等奖8项，获奖数位居全省高校第一。获安徽省社会科学奖7项，其中二等奖4项、三等奖3项。获中国机械工业科学技术一等奖1项。全年共申报发明专利356项、软件著作权登记45项，获发明专利授权176项、软件著作权登记35项。

科研基地建设取得重大进展。智能决策与信息系统工程研究中心、汽车电子工程研究中心获批国家地方联合工程研究中心。先进功能材料与器件实验室获批安徽省重点实验室。组建国家级电动汽车与分布式能源协同创新中心，同时组建2个省级协同创新中心、3个校级协同创新中心。

〔**教学研究**〕　积极申报教学成果奖，全年共获批省级教学研究项目47项。以化学工程与工艺专业为试点，积极探索基于“卓越工程师教育培养计划”的CDIO教育教学模式改革。首次实施“三学期制”。试行“本—硕—博”连读培养模式，创办了卓越班、英才班和博雅班，共招收学生105名。

〔**研究生培养质量工程**〕　2012年，共评选研究生教学改革项目17项、研究生精品课程5门、研究生精品教材4本。积极推进研究生公共政治课改革，重新修订博士、硕士研究生培养方案，出台《合肥工业大学全日制博士研究生基本奖学金管理暂行办法》。2012年，在学校研究生公派留学人员中，15人被录取为联合培养博士研究生，3人被录取为攻读博士学位研究生。

〔**深化管理体制改革**〕　学校深入推进行政管理大部制改革，进一步明确各单位工作职责，简化工作模式，实施流程再造和职责再造，将34个部门、125项常用工作流程汇编成册并上网，主要工作流程上墙。深化校院两级管理体制改革。

〔**教育交流与合作**〕　全年共接待美国国务院副国务卿、美国驻上海总领事馆、澳大利亚汽车技术访问团等来访团组20多个。邀请国外专家、学者到校讲学、交流229人次，派出教职工赴国（境）外短期交流152人次。与美国俄亥俄州立大学签署了新能源汽车联合实验室共建协议，该项目合作内容被纳入中美绿色合作伙伴关系项目。

全年共派出赴台湾地区短期团组10个，接待港澳台来访团组6个，组织2个团组赴台湾地区参加研习班，派出赴台湾地区交换学习本科生56名。

全年共派出“暑期赴美带薪实习”项目学生10人、“暑期赴美研习营活动”师生27人、“1＋2＋1中美人才培养计划”项目学生5人、“寒假赴美社会调研”项目学生12人。选拔录取参加“德国TU9硕士生项目”（德国TU9大学包括柏林工业大学、慕尼黑工业大学、达姆斯塔特工业大学、布伦瑞克工业大学、亚琛工业大学、汉诺威一莱布尼茨大学、卡尔斯鲁厄大学、斯图加特大学、德累斯顿理工大学）大学四年级学生10人。招收3个班“3＋1＋1”、“1＋3”国际班学生。做好留学生招生工作，全年共招收政府奖学金来华留学生28名。

撰稿　徐财松
审稿　冷桥勋

浙江大学

〔**接受中央巡视组检查指导**〕 2012年3—4月，中央第六地方巡视组对学校进行了为期一个多月的巡视检查。巡视组针对学校在提高教育质量方面存在的薄弱环节及领导班子建设、党风廉政建设、队伍建设和思想政治工作等方面存在的问题，提出了意见建议。学校根据巡视组反馈意见，结合学校第十三次党代会精神和年度重点任务，制订整改落实方案，凝练了105项任务，明确了各项任务的责任领导、牵头部门、配合部门和完成期限。

〔**科学研究**〕 全年科研总经费达30.78亿元，其中人文社科科研经费达2.06亿元，千万级以上项目107项。获批国家自然科学基金项目794项，经费达5.6亿元，比2011年增长45.5%。获国家科学技术奖励13项，其中学校作为第一完成单位获国家科技进步奖一等奖1项、二等奖4项；获国家技术发明奖二等奖1项。根据ESI公布的数据，截至2012年年底，学校进入世界前1%的学科达14个，其中7个学科进入世界前100名、3个学科进入世界前50名。据中国科学技术信息研究所2012年年底公布的统计数据，全年SSCI收录学校论文245篇，A&HCI收录论文25篇。获第六届教育部“高等学校优秀成果奖（人文社会科学）”29项，其中一等奖一项。

〔**14个项目获2011年度国家科技奖励**〕 在2月14日召开的国家科学技术奖励大会上，学校共有14个项目获2011年度国家科技奖励。其中学校作为第一完成单位获科技进步奖二等奖4项，学校作为参与单位、由中国工程院院士董石麟作为第二完成人的“水立方工程建造技术创新与实践”项目获科技进步一等奖。

〔**培育组建“协同创新中心”**〕 学校按照“国家急需、世界一流”的要求，大力推进协同创新中心建设，在能源、信息、农业、医学、海洋、国防、文化遗产保护与数字化文明等领域培育组建了协同创新中心。

〔**教育教学**〕 2012年，学校新增2个实验教学示范中心、14个工程实践教育基地、2个卓越法律人才教育培养计划项目、2个卓越医生教育培养计划项目、3个专业综合改革试点项目、3门精品视频公开课、6个校外实践教育基地。入选全国优秀博士学位论文4篇，获提名论文10篇。授予博士学位1 084人、硕士学位5 850人、学士学位5 047人。学校毕业生初次就业率达97.62%，本科毕业生海内外深造比例达55.16%。

〔**师资队伍建设**〕 全年引进各类人才193人，其中正高职称教师32人、特聘研究员12人、直接从海外引进102人。新增国家“千人计划”学者17人、“万人计划”学者4人、“长江学者”7人、国家“青年千人计划”学者15人、国家杰出青年基金获得者4人、国家优秀青年基金获得者22人、首批国家青年拔尖人才支持计划12人、“十二五”国家“863计划”主题专家12人。评聘教授（研究员）50人、副教授（副研究员）108人。选拔“新星计划”出国人员19人、青年骨干教师出国研修项目13人。

〔**评选产生首位文科资深教授**〕 12月20日，学校发文聘任管理学院教授王重鸣为文科资深教授，这是学校聘任的首位享受院士待遇的人文社科领域的学者。文科资深教授是学校自主设立的人文社科领域的最高学术岗位与学术荣誉，其责任为：巩固和提升基础学科发展水平，启动和引领新兴交叉学科建设，组建和领导重大决策研究团队，建设一流的学校“思想库”和“智囊团”。相关待遇参照两院院士标准执行。

〔**首度颁发“浙江大学心平奖教金”**〕　9月10日，在学校庆祝第28个教师节暨先进表彰大会上，首度颁发“浙江大学心平奖教金”，共有8位教师获奖。其中公共管理学院教师郁建兴获最高奖——“心平杰出教学贡献奖”，获奖金100万元。该奖教金由校友段永平及其夫人刘昕捐资设立，旨在树立爱生重教标兵，在全校形成爱岗敬业、奋发向上、教书育人的文化氛围。学校在该奖基础上，决定每年增拨300万元，更大范围内奖励教学优秀的教师。

〔**与贵州省政府签署战略合作协议**〕　6月1日，学校与贵州省政府在贵阳市签署战略合作协议。贵州省省长赵克志出席签约仪式并讲话，学校党委书记金德水和贵州省副省长刘晓凯代表省校双方签署合作协议。根据协议，双方进一步深化人才培养、教育合作、科学研究、医疗卫生和文化交流等方面的合作。同时，根据省校战略合作协议精神，学校与遵义市政府签署全面合作协议，共同加强在文化、教育、科技、医疗等领域的合作。

〔**与舟山市政府共建浙江大学海洋学院**〕　6月10日，学校与舟山市政府签署共建浙江大学舟山校区暨海洋学院合作协议。根据协议，学校和舟山市在教育部和浙江省委省政府的支持下，依托学校科技人才优势和舟山独特的海洋区位优势，合作共建以海洋教学与科研为鲜明特色的办学特区——学校海洋学院，共同打造高水平海洋科教基地和海洋人才高地。海洋学院规划建设用地600亩，总建筑面积24万平方米，基本建设由舟山市负责实施，学校负责运行和管理。

〔**成立创新技术研究院有限公司**〕　5月21日，学校创新技术研究院有限公司成立。该研究院探索建立科技成果产业化、技术创新和人才培养、高科技企业培育有机结合的新型协同创新模式，力促科技、人才、资本、信息、市场等创新要素的深度有机结合，提高科技成果的转化率，衍生、培育高新技术企业，提升企业自主创新能力，为区域经济发展和建设创新型国家服务。研究院以股份有限公司的企业化方式运行，由学校、国有企业、民营企业和金融、创业投资企业共同出资成立，注册资金5.05亿元，其中学校全资公司——浙江大学圆正控股集团有限公司出资2.55亿元。该公司以项目组团运行并实行项目独立核算。

〔**主办德国浙江大学周活动**〕　11月7日，由学校和德国柏林工业大学、自由大学、洪堡大学主办的“德国浙江大学周”活动在柏林工业大学开幕。活动旨在以“2012中德文化年”和“2012中欧文化对话年”为契机，进一步扩大中国教育和文化在欧洲的影响，深化学校与欧洲高水平大学的合作交流。

〔**主办“2012一流大学建设系列研讨会”**〕　10月8日，以“面向2020的协同创新道路”为主题的“2012一流大学建设系列研讨会”在学校开幕。来自中国9所高校（C9）、澳大利亚8校联盟（Go8）、美国大学联盟（AAU）和欧洲研究型大学联盟（LERU）等大学联盟的代表，共同探讨了协同创新之路和中外大学联盟的发展与合作。会议决定，成立“一流大学建设系列研讨会”秘书处，推进C9联盟与Go8、AAU、LERU等联盟的合作交流。“2012中国大学校长联谊会”同期举行，除C9高校外，还有香港大学、香港科技大学、香港中文大学的校长参会。联谊会以“大学与文化的传承创新”为主题进行了深入研讨，并举行了“中国大学校长联谊会学者/行政人员互访计划”签约仪式。

〔**艺术与考古博物馆开工**〕　11月5日，全国首家大学艺术博物馆——学校艺术与考古博物馆在学校紫金港西区开工建设。博物馆由学校与国际著名艺术史学家、美国普林斯顿大学荣誉教授方闻共同倡议设立，国际著名博物馆设计机构纽约格鲁克曼·梅纳建筑师事务所（Gluckman Mayner Architects）设计。博物馆占地50亩，建筑面积

2.5 万平方米，建成后将从功能、空间、设施等方面成为一座国际高水平的艺术史教学博物馆。

〔教育交流与合作〕 全校师生海外学习交流总数达 6 328 人次，其中学生赴海外学习 3 481 人次，比 2011 年增长 39.9%。外国留学生规模达 5 005 人，其中攻读学位的留学生人数达 2 199 人。举办 79 场国际会议，聘请 532 位包括 4 位诺贝尔奖获得者在内的长、短期外国文教专家；聘请 30 位海外知名教授担任学校名誉教授、客座教授。

〔举办 115 周年校庆系列活动〕 5 月 21 日，学校举办庆祝建校 115 周年庆祝大会暨求是长歌文艺晚会。校庆期间，学校通过一系列海内外重大学术文化活动，弘扬求实创新精神，凝聚校友力量，提升学校影响力。5 月 29—30 日，校长杨卫率团参加了北美校友会在美国华盛顿举办的学校 115 周年华诞庆祝活动。校庆期间，杨卫受邀在世界银行总部和美国国会图书馆分别发表了题为“科技政策：推动中国大学发展的动力”和“浙江大学：中国高等教育百年发展的参与者”的演讲，成为第一位受邀在世界银行和美国国会图书馆发表演讲的中国大学校长。

〔学生获美国大学生数学建模竞赛最高奖 SIAM 奖〕 在 2012 年度美国大学生数学建模竞赛中，学校学生获 3 项特等奖并首获国际大学生数学建模竞赛的最高奖项“美国工业与应用数学学会奖——SIAM 奖”。2012 年，学校本科生在各类学科竞赛中获国际特等奖 3 项、一等奖 33 项；获全国特等奖 4 项、一等奖 9 项。

撰稿 张 黎

审稿 李 磊

厦门大学

〔召开繁荣发展哲学社会科学大会〕 2012年12月15日，学校召开繁荣发展哲学社会科学大会，发布《厦门大学哲学社会科学繁荣计划(2011—2021年)》。教育部副部长李卫红出席会议并讲话。

〔获教育部哲学社会科学研究重大课题攻关立项〕 2012年，经教育部组织专家严格评审和面向社会公示，学校获教育部哲学社会科学研究重大课题攻关项目立项3项，分别是：人文学院教授乐爱国的“百年朱子学研究精华集成”，批准经费80万元；公共事务学院教授朱仁显的“事业单位分类改革实施战略研究”，批准经费80万元；经济学院教授朱孟楠的“我国外汇储备的科学管理及运用战略问题研究”，批准经费70万元。学校立项数并列全国高校第一位，创历年最好成绩。

〔参与研制世界首支“戊型肝炎疫苗”〕 学校参与研制的“重组戊型肝炎疫苗”获国家一类新药证书和生产文号，成为世界上首支获批上市的戊肝疫苗，并入选中国工程院评选的“2012年中国十大科技进展新闻”。

〔刘祖国课题组成果登上《科学》杂志增刊〕 4月27日，学校医学院教授刘祖国课题组的研究成果“Porcine Corneal Equivalent for Xenographs”刊登于美国 *Science*（《科学》）杂志出版的增刊 *Regenerative Medicine in China*（《中国再生医学》）上，该文是世界上第一次公开报道成功实施猪角膜向人类的异种移植。

〔林圣彩课题组成果登上《科学》杂志〕 学校生命科学学院教授林圣彩课题组成功找到高等动物细胞在生长因子缺失条件下，启动自噬的部分“密码”，从而在细胞自噬机制研究方面取得重大突破。4月27日，美国 *Science*（《科学》）杂志以研究文章的形式刊发了该项研究成果，并配发专门评述。

〔陈安获“全国杰出资深法学家”称号〕 9月26日，在纪念中国法学会恢复重建30周年大会上，中国法学会决定授予学校法学院教授陈安“全国杰出资深法学家”称号。

〔学校南海研究院正式揭牌成立〕 11月2日，学校南海研究院正式揭牌成立，国家海洋局国际合作司司长张占海、校长朱崇实等出席揭牌仪式并致辞。学校南海研究院与国家海洋局还签署了关于开展涉外海洋问题研究的合作框架协议，副校长邬大光代表学校签约。

〔八校联盟海洋科学与海洋生物技术研讨会召开〕 9月9—10日，八校联盟海洋科学与海洋生物技术研讨会在学校召开。八校联盟（Global University 8 Consortium）是由全球沿海多所大学组成的高校联盟，旨在通过资源共享、师生互换、联合培养、联合研究等方式探索跨地区、跨文化的教育模式与学术合作。本次会议以海洋科学和海洋生物技术为主题，邀请了以色列海法大学、法国勒阿弗尔大学、韩国仁荷大学、英国赫尔大学等联盟学校的多名学者做学术分享并讨论相互间的合作意愿与合作途径。

〔第三届“厦门大学全球校友会会长秘书长联席会议”举行〕 5月31日，第三届“厦门大学全球校友会会长秘书长联席会议”在广州召开。学校党委书记杨振斌、副书记陈力文，校友总会副理事长潘世墨、黄良快、詹心丽，秘书长郑冰冰以及来自海内外的94位会长、秘书长等参加了大会。校友总会理事长王豪杰为本次盛会的纪念特刊——《第三届厦门大学全球校友会会长秘书长联席会议会刊》撰写刊首语，并发来贺信。

〔深入学习宣传党的十八大精神〕 2012年，学校积极创新基层党支部活动形式，开展“感受十八大，我‘家’十年”主题教育活动。党员师生一起回顾党的十六大以来中国经济社会发展所取得的成就，展望全面建成小康社会的美好前景，充分激发党的基层组织活力和党员师生学习党的十八大精神的积极性。

〔召开创先争优表彰大会〕 7月1日，在庆祝中国共产党成立91周年之际，学校召开创先争优表彰大会，对在创先争优活动中表现突出的先进基层党组织和优秀共产党员进行表彰，动员全校广大党员干部、师生员工持续推进创先争优活动。

〔田中群任国际知名期刊《化学会评论》副主编〕 英国皇家化学会（Royal Society of Chemistry）网站公布，中国科学院院士、学校化学化工学院教授田中群任 *Chemical Society Reviews*（《化学会评论》）副主编，成为亚洲地区出任该刊副主编的首位化学家。

〔首届两岸高校书法名家学术提名展举行〕 12月29日，首届两岸高校书法名家学术提名展在学校开幕。四川大学校长谢和平、学校党委书记杨振斌分别致辞，并共同为“厦门大学两岸书法研究中心”揭牌。厦门市市长刘可清出席开幕式并观看了展览。

〔获第八届“挑战杯”中国大学生创业计划竞赛全国赛奖牌〕 在第八届“挑战杯”中国大学生创业计划竞赛决赛中，学校报送的3支学生创业团队分获金、银、铜奖，学校获“高校优秀组织奖”。

〔学校 iGEM2012 代表队再夺亚洲金奖〕 10月5—7日，学校iGEM2012代表队在香港科技大学举行的国际遗传工程机器设计竞赛（International Genetically Engineered Machine Competition）iGEM亚洲区决赛中获金奖，并于11月赴美国麻省理工学院（MIT）参加iGEM世界锦标赛。

〔庆祝学校生物学科成立90周年〕 12月16日，学校生物学科成立90周年庆祝大会举行。学校党委书记杨振斌，台湾长庚大学副校长陈君侃，中国科学院院士、福建省农业科学院研究员谢华安，中国科学院院士唐崇惕及学校生命科学学院全体师生共800余人出席了庆祝大会。

〔学生艺术团赴非洲巡演〕 2月1—10日，受国家汉办委托，学校学生艺术团赴非洲利比里亚和尼日利亚巡回演出，利比里亚总统观看了演出。

〔刘倩成功捐献造血干细胞〕 2012年，学校材料学院2010级本科生刘倩在福州成功捐献造血干细胞。

撰稿 唐拥华 池 骋

审稿 黄宝秋

山东大学

〔**综述**〕　2012 年，学校坚持以科学发展观为指导，将质量提高、内涵发展、特色发展作为基本理念，通过贯彻教育规划纲要，落实“攀越计划”，推动了学校各项事业全面发展，学校的综合办学实力和国际影响力显著提升。

〔**学科与平台建设**〕　2012 年，学校 9 个学科进入 ESI 世界排名前 1%，3 个学科进入世界百强。在教育部学位与研究生教育发展中心发布的 2012 年学科评估中，学校 3 个学科进入全国前 5 名，10 个学科进入全国前 10 名。其中数学、考古学 2 个学科排名第三，中国语言文学排名第五。“211 工程”三期 15 个学科建设项目通过教育部验收。新增 9 个博士后科研流动站，总量达 38 个，排名上升到第五位。新增高等学校学科创新引智基地（“111 计划”）1 项，总数达 5 个。

〔**4 个项目中标国家社会科学基金重大项目**〕　学校教授陈炎任首席专家的《文明、文化与构建和谐世界研究》、教授曹廷求任首席专家的《系统性金融风险防范和监管协调机制研究》、教授温儒敏为首席专家的《当前社会“文学生活”调查研究》和以教授栾丰实为首席专家的《邹平丁公遗址发掘报告》，分获国家社会科学基金重大项目立项资助。

〔**本科人才培养**〕　学校推进“科教协同育人计划”，与中国科学院新办 2 个“菁英班”；获批 2 个卓越法律人才培养基地、2 项拔尖创新医学人才培养模式改革试点项目。截至 2012 年年底，学校成为教育部推出的拔尖人才培养计划试点项目最多的高校。新增 2 个国家级工程实践教育中心、2 个国家级大学生校外实践教育基地建设项目，获批设立全国首个 iCAN 实践教育基地。

〔**人格培育工程**〕　学校实施人格培育工程，坚持人格培育与知识学习相结合，学生综合素质不断提升。在开学典礼等大型活动中首次邀请学生担任主持人，引导学生树立自我教育、自我管理、自我服务的主动意识。2012 年，在各项全国性比赛和评比中，学生发挥出色，获第八届“挑战杯”中国大学生创业计划竞赛金奖 1 项、获全国第二届大学生职业生涯规划大赛一等奖 1 项、获第九届全国研究生数学建模竞赛一等奖。学校电气学院 2009 级卓越一班获“全国五四红旗团支部”称号，学校研究生支教团获“第九届中国青年志愿者优秀组织奖”、法学社学生获第十届“理律杯”全国高校模拟法庭大赛冠军。

〔**完善研究生质量保障体系**〕　积极参与国内名校推免生互推联盟，生源质量得到提升；推进课程建设，建成与国际名校接轨的 13 个系列 140 余门全英语教学研究生课程；首次进行硕士研究生指导教师招生资格审核，提高硕士生导师的上岗条件；首次向 340 名硕士研究生和 153 名博士研究生颁发国家研究生奖学金。1 篇博士学位论文获“全国优秀博士学位论文”奖，获奖总数达 22 篇，位居全国高校前列。

〔**成立协同创新中心**〕　学校把协同创新作为发展的重要机遇，制订实施《山东大学落实“2011 计划”工作方案》，培育组建国家级、省级、校级 3 个层次若干个协同创新中心。其中面向文化传承，成立了“儒学与中华文化复兴协同创新中心”；面向科学前沿，成立了“金融风险度量与控制协同创新中心”；面向区域发展，成立了“中国虹计划”协同创新中心。

〔**自然科学领域项目大幅增长**〕　学校教授李

术才作为首席科学家的“973计划”项目“深长隧道突水突泥重大灾害致灾机理及预测预警与控制理论”获立项并启动；国防重大基础研究项目“人工晶体”“973计划”立项工作进展顺利；教授张玉忠获国家自然科学基金重大项目资助。国家自然科学基金资助实现持续增长，项目经费较2011年同期增长28.6%，是“985工程”高校科研经费增长幅度最大的高校之一。

〔**科研论文数量和质量取得突破**〕 在2011年度科技论文（SCIE）收录排名中，学校在全国高等院校中位列第7，连续5年进入全国高校前10位。在科学网SCI收录中国学科领域科技论文机构排名中，学校列中国第8位、世界第82位，数学领域科技论文列第1位，医学领域科技论文列第8位。2012年，教授陈子江、博士杨可松及教授王双喜和研究员张澄的3篇论文在*Nature*（《自然》）系列刊物上发表；教授赵圣之、胡三元和研究员张澄的3篇论文被评为2010年度中国百篇最具影响国际学术论文。

〔**科技领域获奖层次与数量持续提高**〕 2012年，学校获省部级以上科技奖励60项，专利申请突破1 000项。教授程林获山东省科学技术最高奖、晶体材料研究所教授王继扬“硼酸盐激光自倍频晶体和小功率绿光激光器件商品化制备技术及应用”获国家技术发明二等奖、生殖医学中心教授陈子江获“何梁何利科学与技术进步奖”。

〔**人文社科领域硕果累累**〕 国家社科基金项目立项经费在全国排名第6位，其中重点项目立项数并列全国高校第一、教育部人文社科项目立项数并列全国高校第一位。《文史哲》、《周易研究》、《山东大学学报》（哲社版）先后获国家社科基金学术期刊资助。2项成果入选2012年《国家哲学社会科学成果文库》；14项成果获教育部第六届高校人文社科研究优秀成果奖；43项成果获山东省社科优秀成果奖，其中重大成果奖5项、一等奖5项。

〔**人才队伍建设**〕 诺贝尔物理学奖获得者彼得·格林贝格尔受聘为学校教授，学校研究生导师莫言成为中国首位诺贝尔文学奖获得者。聘任中国科学院院士佟振合、中国工程院院士张明高到校任教，全职院士首次达10人。北京大学中国画法研究院院长范曾、中国工程院院士樊代明、故宫博物院院长单霁翔等名家受聘到校兼职。北京大学教授张祥龙、中国人民大学教授安体富、北京师范大学教授刘铁梁、东京大学教授池田知久等海内外知名教授受聘为学校人文社科一级教授。新增“千人计划”国家特聘教授6人、“青年千人计划”4人、“长江学者”讲座教授和“长江学者”特聘教授2人、“泰山学者”特聘教授和海外特聘专家11人。2人入选首批中央组织部“青年拔尖人才支持计划”、15人入选教育部“新世纪优秀人才支持计划”。2个团队分别入选教育部“创新团队发展计划”。

〔**教师队伍结构优化**〕 教师队伍学历和学缘结构得到优化。2012年，新聘教师中海外博士比例达26.3%，国内外其他高校毕业生及具有校外博士后工作经历或本校与海外联合培养经历的教师比例达91.9%。鼓励青年教师进行海内外学术研修，160名青年教师通过不同渠道提高了学历层次，增加了海外经历。

〔**体制机制改革**〕 按照转变职能、理顺关系、优化结构、提高效能的原则，学校完成大部制改革，管理机构得到精简，机关部门由22个减少至15个，减少了管理层次和部门间的“壁垒”，提高了执行力和工作效率。同时，完成了中层班子任期调整补充工作，中层班子的年龄结构、知识结构和专业结构得到优化。

〔**“泰山学堂”建设初见成效**〕 以“泰山学堂”为代表的拔尖创新人才培养工作取得初步成效。2012年，“泰山学堂”2名学生通过巴黎高等师范学院全球遴选，占中国被选人数的1/2；3名学生被巴黎综合理工学院录取，占国内被选人数的1/6；10余名学生赴世界一流大学进行访学或实习。

〔**设立“尼山学堂”**〕 2012年，学校设立“山东大学古典学术人才培养实验班”，命名“尼山学堂”。这是学校继“泰山学堂”后又一次人才培养模式的创新，意在培养一批能够“继绝学、铸新知”的拔尖人才。“尼山学堂”首届录取24名学生，生源来自学校9个学院，遍及文、理、工、医各个学科。

〔**刘大钧受聘为中央文史研究馆馆员**〕 根据国务院《关于聘任梁晓声等8人为中央文史研究馆馆员的通知》决定，学校教授刘大钧受聘为中央文史研究馆馆员。6月15日，国务院总理温家宝在北京中南海向新聘任的国务院参事和中央文史研究馆馆员颁发聘书，并同参事、馆员座谈。

〔**东营、苏州、深圳研究院相继成立**〕 2012年，为深化与重点地市的校地、校企合作，实现政产学研用的深度融合，学校相继在“黄三角”设立“东营研究院”，在“长三角”设立“苏州研究院”，在“珠三角”设立“深圳研究院”。这3所研究院已经成为学校面向区域经济发展的重要合作平台，成为“山东大学系统”的重要部分。

〔**社会服务**〕 学校与日照市共建“蓝色经济研究中心”和“技术转移中心”，与山东能源集团有限公司共建“山东大学深部岩体与灾害控制工程实验室”，与航天科技集团公司第五研究院共建“航天密码技术与信息安全实验室”，与威高集团有限公司共建“山东大学威高研究院”等，科研转化能力显著增强。

〔**教育交流与合作**〕 2012年，学校大力实施国际化战略，与世界知名大学签署校级合作协议12个，续签协议5个。与美国耶鲁大学、芝加哥大学，加拿大多伦多大学，法国巴黎高等师范学院等多所海外知名高校签约建立友好合作联系，开展实质性合作，逐步形成与世界名校比肩的格局。

〔**孔子学院建设**〕 学校注重提升孔子学院的办学质量，丰富办学内涵。2012年，学校承办建设的3所孔子学院获“全球先进孔子学院”称号，1名孔子学院理事长获“全球孔子学院先进个人”称号。先进孔子学院的获奖数量和比例均位居国内承办院校首位。

〔**成立齐鲁医学部**〕 按照学科门类和学科集群的口径，学校逐步推行学部制改革，着力推进医学教育整体改革。成立了齐鲁医学部，完善医学教育管理体制改革实施方案，有效整合医学教育资源，探索医学教育发展新模式。

〔**校园文化**〕 首创“山东大学教授纪念日”，丰富完善学校荣誉体系；举办“央视青年影响力活动进山大”等高层次文化活动；开展中心校区“‘绿色’校园步行运动”活动；树立身边榜样，建构精神坐标——山东大学“十大系列”评选活动，获教育部高校校园文化建设成果特等奖。

撰稿　王明良　方　珺
审稿　井海明

中国海洋大学

〔**重点工程**〕 2012 年，完成“985 工程”三期建设阶段检查和总结，与青岛市政府共建学校三期建设项目通过评审。完成“211 工程”三期建设校内验收。

〔**学科建设**〕 2012 年，学校增列法学博士学位授权一级学科，22 个自主设置的博士、硕士学位授权二级学科通过教育部审核。截至 2012 年年底，学校共拥有博士学位授权一级学科 13 个、硕士学位授权一级学科 34 个。新增生态学、计算机科学与技术、工商管理、法学 4 个博士后流动站，总数增至 12 个。农学、材料科学、生物学与生物化学 3 个学科（领域）进入 ESI 全球科研机构前 1%行列，全校进入总数达 7 个。

〔**专业建设**〕 学校环境科学与工程实验教学中心新增为国家级实验教学示范中心，全校实验教学中心总数达 4 个。电子信息工程实践教育中心等 3 个中心获批为第一批国家级工程实践教育中心。食品科学与工程等 5 个专业入选教育部“卓越工程师教育培养计划”。新增国家级专业综合改革试点项目 3 个，新增山东省特色专业建设点 3 个、山东省人才培养模式创新实验区 1 个、山东省教学团队 2 个、山东省教学名师 2 人、山东省高等学校首席专家 3 人、山东省优秀研究生导师 5 人、山东省精品课程 5 门。

〔**科学研究**〕 全年科技经费突破 5 亿元。获国家科技进步二等奖 1 项、教育部自然科学一等奖 1 项。获国家自然科学基金资助项目 119 项，“西北太平洋海洋多尺度变化过程、机理及可预测性”获全球变化重大科学研究计划项目立项。学校作为牵头单位承担了“863 计划”海水养殖种子工程重大项目和“863 计划”主题项目 1 项、国家科技支撑计划 2 项。“中国海洋文化理论体系研究”获批国家社科基金重大项目，承担国家社科基金年度项目 7 项。SCI、EI、ISTP 收录论文 1 500 余篇，其中 SCI 收录论文 775 篇，影响因子大于或等于 3 的约占 25%。在 *Nature*（《自然》）及其子刊上发表论文 5 篇。海洋可再生能源研发中心、环境友好型海洋防污涂料关键技术研发中心、水产动物营养研究和饲料开发公共服务平台项目获山东省“两区”建设重大科技创新平台及科技示范推广项目与重点产业项目立项。获山东省发展和改革委组织的“两区”建设重大研究课题项目 6 项。继续实施高等学校学科创新引智计划，水产健康养殖理论与技术学科创新引智基地获滚动支持。新增海洋化学创新引智基地。截至 2012 年年底，学校学科创新引智计划基地增至 3 个。

〔**人才队伍建设**〕 初步构建了“国家工资、体现学术水平的基础岗位津贴、体现实际贡献的业绩津贴和体现学校导向的校长特殊奖励相结合”的薪酬体系。实施“师资博士后”制度和青年学术人才首聘试用制度。在教学辅助等岗位实施人才派遣的人员聘用制，鼓励课题组自主聘用科研人员和科研助理。改革外籍专家聘用机制，将外籍教师纳入学校人事管理体系统筹管理。聘请著名德国专家为德语系第一任系主任，在朝鲜语系构建了由 7 位韩国教授组成的国际化系列课程教学团队。1 人入选“千人计划”、1 人受聘“长江学者”特聘教授、2 人受聘“泰山学者”特聘教授、4 人受聘“泰山学者海外特聘专家”、1 人入选国家“首批青年拔尖人才支持计划”、1 人受聘“筑峰人才工程”特聘教授、2 人受聘“繁荣人才工程”特聘教授、2 人受聘“绿卡人才工程”讲座教授、7 人入选教育部“新世纪优秀人才支持计划”、3 人受聘“青年英才工程”第一层次岗位。2 人获首批国家自然科学基金优秀青年基金资助、2 人获山东省杰出青年基金资助。1 个研究团队获批国家自然科学基金委创新研究群体、1 个研究团队获国家自然科学基金委创新研究群体滚动资助、1 个创新团队入选教育部“长江学者和创新团队发展计划”。

〔**学生获奖情况**〕 启动国家级大学生创新创业训练计划，共立项 206 个。其中 4 个项目入选教育部、科技部联合主办的第五届全国大学生创新创业年会，《复合型竖轴潮流能水轮机的研究与优化》项目被评为“我最喜爱的项目”。学生参加各类学科和科技竞赛，获亚洲区金奖 1 项、国家一等奖 13 项、山东省一等奖 39 项。获全国优秀博士学位论文提名奖 3 篇、获山东省研究生优秀科技创新成果奖 9 项，其中一等奖 3 项。获第八届“挑战杯”中国大学生创业计划竞赛银奖 1 项、铜奖 1 项，学校获评“优秀组织单位”。16 支学生社会实践团队获全国和山东省表彰，98 名志愿者参加第三届亚洲沙滩运动会志愿服务工作，学校被授予“第三届亚洲沙滩运动会志愿服务突出贡献奖”。

〔**文化与办学条件建设**〕 召开“驻校作家制度”和“名家课程体系”10 年总结大会。编辑出版文集《八关山下——中国海洋大学的文脉延承》。获全国好新闻奖 5 项、山东省好新闻奖 16 项。开工建设崂山校区经管与法政文科院大楼，学校海洋科技中心大楼通过教育部可行性报告评审并列入 2013 年建设计划。校园网络升级改造顺利进行，“移动图书馆”一期工程建设完成。学校学报英文版被 SCI 收录并获评“中国国际影响力优秀学术期刊”，社会科学版入选 CSSCI。

〔**教育交流与合作**〕 学校通过了国际化战略实施意见，部署了“十二五”期间行动计划并推动落实。推动在佛得角设立海洋气象观测站及开展人才培养和研究合作。推动发展和英国东英吉利大学等世界知名高水平大学新的战略合作伙伴关系，与美国伍兹霍尔海洋研究所、纽约州立石溪大学、罗德岛大学等 11 个国家的 20 个科教机构签署了协议或备忘录。中德海洋科学中心、中澳海岸带管理研究中心等重点国际合作平台稳步发展，新建了中韩海洋发展研究中心等平台。留学生达 1 097 名，其中学历生 366 名。举办食品生物技术与海参加工国际研讨会等国际学术会议和第三届中法大气环境国际研讨会等双边学术会议，组织召开海洋大学联盟第一届联盟理事会议。举办第八届海峡两岸大学生海洋文化夏令营，成立海峡两岸海洋大学联盟，首聘台湾地区教师为“繁荣工程”特聘教授。学校作为内地 17 所重点高校之一，与香港 12 所院校签署《香港与内地高等学校关于进一步深化交流与合作的意向书》。

〔**党建工作**〕 学校党委把学习宣传贯彻党的十八大精神作为首要的政治任务，精心组织，加强领导，在全校掀起学习宣传贯彻党的十八大精神的热潮。

扎实开展创先争优活动，建立健全创先争优长效机制。全校 427 个基层党组织、6 347 名党员全部接受群众评议，群众满意率达 99%；完成基层党支部“调查摸底、分类定级”与“对标整改、晋位升级”工作。深入实施基层党建创新工程，坚持党内典型培育和评优表彰机制，树立和表彰校内先进党支部、优秀共产党员、优秀党务工作者，多个基层党组织、多名共产党员受到省市表彰。

大力加强干部队伍建设。坚持“凡晋必竞”、“凡晋必考”，公开选拔多名处级干部，对新任副处级干部考察时增加民主测评环节，制定实施《中国海洋大学干部离任交接暂行规定》。做好院系行政班子换届、个别调整等干部工作。《中国海洋大学探索构建多维考核测评体系》入选中央组织部研究室编写的《中央企业、中管金融企业、高等学校人事制度改革 100 例》，是山东省唯一一所入选高校。

加强基层党组织建设和党员队伍建设。有序推进基层党组织换届工作，修订完善有关规章制度。重点做好大学生党员发展工作，加强培养和发展优秀骨干青年教师入党。共举办入党积极分子培训班 16 期，培训入党积极分子 2 187 人，发展党员 1 129 人，预备党员转正 863 人，党员队伍的整体素质普遍提高。

积极推进学习型党组织建设。邀请中央党校、教育部等专家到校讲座，提高学校党委中心组专题学习质量；扩大党委中心组专题学习范围，推动学校的团队学习。继续加强“干部在线学习中心”资源建设，为干部把握形势、解读政策、学习理论、借鉴经验提供网络课堂。不断丰富和扩充“党员成长空间”学习资源，提高学习的针对性，推进形成“自学、辅导、思辨”三位一体的党员学习制度。通过集中学习、专家辅导、推荐资料、个人自学等方式，不断加强师生思想教育和理论武装，积极践行社会主义核心价值体系并融入教育教学全过程，确保马克思主义在高校意识形态领域的指导地位。举办“大学生骨干培养学校”学生干部、新任团支部书记、学生党支部书记培训班，着力提高学生干部的思想政治素质。

〔**廉政建设**〕 落实党风廉政建设责任制，进一步加强党员干部廉洁自律教育和党风党纪教育。开展廉政风险防控管理，拓宽从源头上预防腐败的工作领域，切实增强预防腐败的工作实效，推进学校惩防体系建设。认真开展自评自查，推进“三重一大”决策制度的贯彻执行，完善决策机制，优化决策层级，规范学校领导班子决策行为，切实提高科学民主决策水平，推动学校事业科学发展。顺利通过教育部“三重一大”专项检查，获充分肯定。

撰稿　刘海波

审稿　解玮玮

中国石油大学（华东）

〔**实施人才强校战略**〕 2012年9月14日，学校召开全校人才工作会议，出台《关于大力实施人才强校战略，进一步加强高水平师资队伍建设的意见》，同时出台和修订了高层次人才引进办法、“千人计划”、“长江学者”招聘办法和“青年教师拔尖人才攀登计划”实施办法等12个文件。全年招聘教师74人，其中教授7人（二级教授3人）、副教授8人。获2个优秀创新团队，5人获省级及以上人才称号。继续实施青年教师拔尖人才和高层次创新人才队伍建设工程，2人入选“青年教师拔尖人才攀登计划”、4人入选“青年教师拔尖人才建设工程”、16人入选“青年骨干教师建设工程”。

〔**科学研究**〕 全年到账科研经费突破6亿元。获批“973计划”、国家科技支撑计划、国家油气重大专项、教育部科学技术研究重大项目等92项。获批国家自然科学基金项目97项，经费突破5 000万元，其中重点项目3项，并首次获批外国青年学者基金项目1项。文科获上级部门科研纵向课题44项。科研成果获国家级奖励2项、获省部级科技奖35项，其中一等奖10项。发表论文被SCI、EI、ISTP检索946篇。申请专利、软件著作权登记339项，获批授权专利72项，其中发明专利39项。

〔**3门课程入选教育部精品视频公开课建设计划**〕 10月30日，学校教授山红红等主讲的“走近石油”课程在教育部“爱课程”网站正式上线，成为学校首门上线的国家精品视频公开课。2012年，学校共有3门课程入选教育部2012年精品视频公开课建设选题和课程名单。

〔**非常规油气与新能源研究实现新发展**〕 2012年，学校贯彻落实“高等学校创新能力提升计划”，筹建了非常规油气协同创新中心。6月26日，学校成立非常规油气与新能源研究院。9月19日，非常规石油资源高效加工与利用创新引智基地获批2013年度“高等学校学科创新引智计划”立项建设。2012年，青岛市科技局批准在学校建设青岛市页岩油气勘探开发重点实验室；中国石油和化学工业联合会批准在学校建设油气井工程超临界流体重点实验室。

〔**学校获评十大热门现代远程教育试点高校**〕 2月，学校远程与继续教育学院获评2011年度十大热门现代远程教育试点高校。

〔**产学研基地开工投产**〕 12月18日，学校产科研基地——山东石大科技石化有限公司装置开工投产。该公司是山东省化学工业调整振兴规划的重点项目，项目总投资30多亿元，占地约1 300亩，规划建设500万吨/年炼油化工一体化项目。

〔**国际教育学院成立**〕 5月28日，学校成立国际教育学院。共招收各类留学生达516人，分别来自亚洲、欧洲、北美洲、非洲等四大洲的46个国家，学位生占80%以上，并首次招收了中国国家政府奖学金博士研究生。来自刚果（布）的留学生菲娅在由教育部和中央电视台联合举办的第五届“汉语桥”大赛中获铜奖。

撰稿 李兆爱
审稿 王效美

武汉大学

〔**刘延东勉励学校乘势而上再创佳绩**〕 2012年2月初，国务委员刘延东回信给学校党委书记李健、校长李晓红，勉励学校“再接再厉，乘势而上，再创佳绩”。

〔**学科建设**〕 2012年，学校学科实力稳步提升，进入ESI世界排名前1%的学科增至9个；在全国新一轮学科评估中，学校排名第一的学科从3个增至4个，排名前三的学科从7个增至8个，排名前五的学科从10个增至14个，排名前十的学科从19个增至23个。学科布局更加合理，可持续发展能力不断增强。2012年，学校筹建和培育了国家领土主权与海洋权益协同创新中心等协同创新平台，为增强服务能力奠定了基础。

〔**教育教学**〕 学校全面推进“本科教学质量与教学改革工程”，强化落实教授为本科生授课制度，完善助教制与主辅修制，推进本科按大类招生。获批“十二五”国家级教师教学发展示范中心建设，获批国家级工程实践教育中心7个、国家大学生校外实践教育基地5个、“卓越法律人才教育培养基地”2个、“卓越医生教育培养计划”改革试点2个。4门课程被列入第一批、第二批国家精品视频公开课建设计划、8个项目获教育部“本科教学工程”资助、31种教材入选“十二五”国家级规划教材。学校深入推进“研究生教育质量工程”，优化研究生招生选拔方式，改革博士研究生导师评聘办法，完善与弹性学制相适应的研究生培养体系，首设“研究生学术创新奖”，2篇论文入选全国优秀博士学位论文、6篇论文获全国优秀博士学位论文提名奖。学生培养质量得到社会广泛认可，本科生和研究生的就业率和就业质量稳居全国高校前列。

〔**科学研究**〕 学校以增强核心竞争力为目标，以绩效评价为牵引，加强高水平科研队伍和高层次科研平台建设，积极争取获得重大项目、产出重大成果，全年到账科研经费较2011年同比增长20%，获批国家基金各类项目数创历史新高。获国家三大科技奖、教育部人文社科奖等体现办学实力的指标皆位居全国高校前列。3项成果入选光明日报“十大科技瞬间”。软件工程国家重点实验室通过国家评估，科技创新和文化引领能力不断提升。

〔**2项成果入选中国高校十大科技进展**〕 12月18日，教育部召开2012年度中国高等学校十大科技进展颁奖大会，学校有2项成果入选，分别是：中国科学院院士、中国工程院院士、学校教授李德仁主持完成的“资源三号卫星指标设计及地面处理关键技术”，中国科学院院士、学校教授张俐娜等共同研究的“基于生物质大分子的新材料和生化品”。

〔**启动人才培养质量工程**〕 以“把牢质量生命线，培育拔尖创新人才”为宗旨，启动了学校本科教学质量与教学改革工程及研究生教育质量工程，并取得成效。

〔**建设多个协同创新中心**〕 12月8日，由学校牵头，集中全国7所相关高校和科研单位优质资源、在中央和国家多个部委支持下组建的国家领土主权与海洋权益协同创新中心揭牌。学校还牵头或参与组建了现代地球空间信息科学协同创新中心、长江文明传承发展协同创新中心和杂交水稻产业提升协同创新中心等多个协同创新中心。

〔**学校获地理空间信息科学“全球领袖奖”**〕 4月23—25日，在荷兰阿姆斯特丹举行的地理空间信息世界论坛上，中国科学院院士、中国工程院院士、学校教授李德仁代表学校领取“地理空间信息科学全球领袖奖”。

〔**人才队伍建设**〕 学校继续实施“人才强校”战略，面向全球引进包括7名“青年千人计划”入选者在内的70多名海内外高层次人才，人才队伍逐步实现从规模增长向质量提升转变、从个体发展向团队优化转变。

〔**张俐娜获安塞姆·佩恩奖**〕 3月27日，美国化学会在圣地亚哥专门为学校教授、中国科学院院士张俐娜举行颁奖仪式，向她授予安塞姆·佩恩奖。该奖是国际上纤维素与可再生资源材料领域的最高奖。张俐娜是半个世纪以来获该奖的第一位中国人，她一直致力于纤维素及其他天然高分子研究，其“绿色技术”对世界做出了重要贡献。张俐娜于2011年当选为中国科学院院士，是武大历史上第一位女院士，也是中国新当选两院院士中唯一的女院士。

〔**服务社会**〕 学校发挥人才和学科优势，积极服务国家和地方经济社会发展。学校教授冯天瑜关于“湖北支点”的论述、教授邹薇关于湖北发展“黄金十年”的战略构想，为全省战略决策和发展蓝图的制定提供了有力支撑。学校大力推进产学研合作，全校签署各类技术服务合同2 400余项；国内首个质量安全网络信息预警平台“深度网”正式上线；与武汉市共建的武汉导航与位置服务工业技术研究院挂牌成立；地球空间信息产业化基地建设正式启动；“武大有机硅”成功挂牌上市。

学校积极争取国家部委的支持与合作，水利部、国家新闻出版总署先后与教育部签署了共建学校的协议；国家质量监督检验检疫总局批复同意在学校建设全国唯一的“中国质检大讲堂”。国家文物局拨付3 000余万元用于学校早期建筑的保护与修缮；中央外事办公室、外交部、国家海洋局等多个部委支持建设国家领土主权与海洋权益协同创新中心。

学校与地方政府及大型企事业单位的合作更加广泛，特别是与省委省政府、武汉市委市政府的合作更加融洽、紧密，形成了定期商讨工作的良性机制。

〔**学生获奖情况**〕 学校学生频频在国际顶尖学术期刊发表论文、在国内外赛事中勇夺桂冠，其中获第八届“挑战杯”中国大学生创业计划大赛1金2银、美国数学建模竞赛一等奖、亚太青年模拟APEC大赛一等奖、美国艾利丹尼森基金会发明创新奖学金、微软“创新杯”中国总决赛特等奖、第八届研究生电子设计竞赛团体一等奖、全国大学生测绘技能大赛团体一等奖、全国大学生混凝土材料设计大赛团体一等奖等，充分展示了学校“三创”（即创新、创业、创造）教育的成果。

〔**党建工作与精神文明建设**〕 学校深入学习宣传贯彻党的十八大精神，深入开展创先争优和基层组织建设年活动，加强校园文化建设、精神文明建设和党风廉政建设；调整医学管理体制，开展干部交流轮岗，对部分院系领导班子进行换届调整；全面开展“烛光导航工程”（即推动教师尤其是优秀专业教师、名师、学者一对一指导帮扶学生，进一步建立教师联系学生、关爱学生、培育学生的新型师生关系，着力营造全员育人、全方位育人、全过程育人的良好氛围，凝聚了强大的育人合力），发展学生第二课堂，培育并宣传先进典型，弘扬社会主义核心价值体系与价值观，增强大学生思想政治教育的实效性。

〔**教育交流与合作**〕 学校积极推进国际化进程，中外合作办学取得重大突破。与美国杜克大学强强联手筹建昆山杜克大学，开创了中国“985工程”建设高校与世界顶尖级大学合作办学的先河；与法国国立工艺学院合作设立CNAM中法工程师学院，与英国邓迪大学合作开办“4+1”建筑学专业双学士学位本科教育项目。学校国际科研合作层次稳步提升，32位国外高层次专家（包括5位诺贝尔奖获得者）到校访问讲学；获批“高等学校学科创新引智计划”4项、“海外名师项目”4项、“学校特色项目”2项、“高端外国专家项目”3项，项目数量较2011年有较大增加；新增法国研究中心、中芬生命科学研究中心、中澳再生医学研究中心等多个国际研究中心；学生国际联合培养更趋多元，全年通过各种方式为约1 900名学生提供了出国学习和交流的机会，其中与德国慕尼黑工业大学的ESPACE“1+1+1”全英文双硕士项目成为国家留学基金委的示范项目。国家公派出国留学学生中有42人获批攻读博士学位、53人获批联合培养（联合培养获批人数首次超过国家下达计划）。

〔**昆山杜克大学（筹）正式揭牌**〕　8月17日，教育部批准学校与美国杜克大学、江苏省昆山市政府共同筹备设立昆山杜克大学。学校原校长、中国工程院院士刘经南被任命为杜克大学校长，该校于12月19日正式揭牌。学校校长、中国工程院院士李晓红等出席并签署《武汉大学与杜克大学合作谅解备忘录》。

〔**加大基本建设**〕　学校新增近3亿元用于提高学生奖助学金和在职及离退休人员薪酬待遇，学生奖助学金标准增至国内高校前列。在全市高校中率先执行武汉市薪酬标准，增加教职员工的收入。积极推进校园基础设施建设与维修改造，配合市政府全面开工建设八一路下穿通道；完成部分学生宿舍热水、开水系统的安装和部分学生宿舍及教室空调的安装；枫园学生公寓已交付使用；物理学院大楼和新闻学院大楼扩建、大学生科技活动中心项目建设接近尾声；早期文物建筑维修全面展开；院士、资深教授楼和万林艺术博物馆、枫园教学楼、桂园学生公寓重建工程等一批建设项目破土动工。

〔**“武大”商标获批注册**〕　18个类别的“武大”商标获国家商标局批准注册。

撰稿　杨　敏

审稿　邓小梅

华中科技大学

〔**学科建设**〕　2012年，学校开展一级学科评估工作，进行了多轮评审，确保第三轮一级学科参评质量，以评促建，提升学科建设水平。做好“211工程”三期验收工作，创新项目验收方式，探索国际化评估办法。学校神经科学与行为学学科进入ESI前1%，全校进入ESI排名的学科增至9个。在教育部学科评估中，学校3个学科排名全国第一。成立转化医学研究院和“院士专家工作站”，构建基础医学与临床医学相结合的科技创新体系，促进医科内部及医科工科、医科理科等交叉合作。

〔**科研工作**〕　贯彻落实“应用领先，基础突破，协调发展”的发展方略和“高质量、高数量”科技发展理念，不断强化自主创新，实现了新跨越。学校学者以第一作者或通信作者身份在*Nature*（《自然》）系列期刊上发表论文4篇，在*Science*（《科学》）上发表论文2篇。成功研发了数字PET（正电子发射断层扫描）。进一步加强科研大平台建设和项目申报。3个国家工程技术研究中心均被评为优秀。在国内率先建成3MW二氧化碳捕获示范装置，成为中国节能减排领域一大亮点。8月20日，国务委员刘延东莅临学校考察3兆瓦碳捕获试验基地，对碳捕获、利用与封存试验基地的建设给予充分肯定。学校中欧清洁与可再生能源学院举行揭牌仪式。新药创制重大专项——武汉新药综合大平台项目顺利通过评估验收。新增“973”计划项目2项，1人获全国首批“973”青年科学家专题项目资助。国家自然科学基金面上项目309项，名列全国第5；重点项目16项，名列全国第6；优秀青年科学基金9项，名列全国第7；国家杰出青年基金2项；国家科技三大奖5项，其中4项为第一完成单位，列高校第4位。文科在教育部哲学社会科学研究重大攻关项目上取得新突破，获国家社科基金重大招标项目2项、重点项目2项。“中国高校社会科学数据中心”在学校挂牌。新增1个创新引智基地。

〔**人才队伍建设**〕　探索建立现代大学人事制度。实施教师分类管理，促进教师分类发展和合理流动。实施“华中学者计划”，创新人事管理和薪酬分配方式，设立校聘岗位，坚持总量控制、竞争择优、合同管理的原则，给待遇、给空间、给政策，营造宽松环境和氛围，引导教师潜心教学科研，鼓励中青年优秀教师脱颖而出。到2020年，设立华中学者“领军岗”，遴选和造就100名左右相当于世界一流大学教授水平的学科带头人；设立华中学者“特聘岗”，选拔和支持600名左右相当于世界一流大学副教授水平的学术带头人；设立华中学者“晨星岗”，培养1 000名左右相当于世界一流大学助理教授水平的优秀青年骨干教师。加大对高层次人才和青年骨干教师的投入，探索实施目标管理和PI（Principle Investigator）制度。利用国际优势资源探索杰出人才培养新模式，实施“鸟巢计划”，即招收各个学科和技术领域的优秀青年学者，首选来自能源、生物医药技术和光电子技术的人才，派其以访问学者或博士后的身份到世界领先的研究团队做最多两年的研究，青年学者完成在海外的培养后，回到“鸟巢计划”研究中心，从事相对独立的研究工作。积极推进人事分配制度改革，提高教职工收入，调动各方面积极性。

深入推进人才强校战略。2012年，新增“千人计划”4名、“青年千人计划”10名、“长江学者”6名、全国首批“青年拔尖人才计划”入选者3名、“新世纪优秀人才支持计划”入选者24名、首批湖北省“高端人才引领计划”第一层次入选者6名、湖北省“百人计划”入选者3名、“楚天学者”25名，均居全省前列。新增3个教育部创新团队，居全国高校第一位。高层次人才成长迅速，多名学者在国际顶尖期刊发表论文或获“973”计划重大项目支持。

〔**教学工作**〕 落实“以学生为中心的教育”。坚持教授为本科生授课，实施本科教学协同计划，培养本科生科技创新能力。全年投入本科生科技创新经费650万元，参与学生4 500余人。新增1个国家级实验教学示范中心，新增2门教育部精品视频公开课。4个专业入选教育部“专业综合改革试点”。获批1个国家级教师教学发展示范中心、28个国家级工程实践教育中心。入选第一批卓越医生教育培养计划试点高校。获全国优秀博士学位论文3篇。学生研究成果在*Nature*（《自然》）系列期刊发表。学生发明的易步车成功推向市场，销售额超过亿元。1 500余名本科生在各类学科竞赛中获500多项奖励。启明学院、创新研究院等人才培养特区不断加大改革创新力度。全年共开展96期人文讲座和27期科学精神与实践讲座，学生素养不断提升。加强对学风教风的引导和对学术道德的规范。

全面启动本科生教师班主任制度（即选聘一批学术知名度高、教学科研能力强，言传身教、为人师表的专任教师，担任本科生班级的班主任），进一步实现学生工作与专业教育的更好结合。加强学生招生就业指导工作，生源质量进一步提高，就业渠道进一步拓展，毕业生就业率稳定在90%以上。

〔**研究生教育**〕 完善研究生教育保障和监督体系。以质量要素为指标，改革博士生招生计划分配办法。修订学术型研究生培养方案，调整部分学术型硕士生学制。推进专业学位人才培养模式改革，设立“研究生学科贡献奖”，激发研究生的科研积极性。

〔**社会服务**〕 积极推动协同创新，融入国家区域创新体系。牵头申报了“碳捕集、利用与封存协同创新中心”和“东莞工研院协同创新中心”。东莞工研院成为产学研合作典范，中央电视台《焦点访谈》栏目对此进行了专题报道。参与武汉国家中心城市建设，学校20余个研究团队入驻武汉新能源研究院、武汉生物医药研究中心。与武汉市共建智能装备工业技术研究院、光电工业技术研究院，牵头筹建武汉智慧城市研究院。与辽宁、无锡、襄阳等多个省市开展校地合作。WISCO联合实验室开展合作研究28项，项目经费达4 000余万元。

深度融入武汉东湖国家自主创新示范区建设，与湖北省纪委监察厅、湖北省人民检察院、武汉市人民检察院共同建设“两基地、一项目、一中心”。积极参加湖北省“万名干部进万村入万户”活动。做好对口支援石河子大学、重庆医科大学工作。积极参与湖北省对口帮扶工作，做好与4所省属高校的对口支持与合作工作。学校附属协和医院、同济医院、梨园医院坚持以病人为中心，以服务人民、奉献社会为己任，积极参与社会重大灾害救援和疾病救治工作，成为中南地区的医疗服务中心。积极探索继续教育新模式，网络教育持续稳步发展。

〔**综合改革**〕 按照“重心下移、权责清晰、压力传递”的思路，学校全面启动综合改革。按照学校“十二五”规划，确定了职能部门和院系的发展目标，37个院系的综合改革申请获批并进入实施阶段。逐步理顺了校院两级管理体制和运行机制，将更多资源配置到院系使用，有力促进了管理重心下移，强化了院系的主体地位。整合相关学科，组建光学与电子信息学院。实施学校总会计师制度。按照全国医学教育改革工作会议精神，结合学校实际，完善有利于医学教育发展的体制机制，积极推进医学教育改革，成立了同济医学院党委。

开展管理服务年活动，提高服务水平。着手起草学校章程，修订《华中科技大学关于执行“三重一大”决策制度的实施办法》、《华中科技大学党委常委会议事规则》、《华中科技大学校长办公会议事规则》，制定了《华中科技大学信息公开实施细则(试行)》等4个规范性文件，信息公开工作不断深化。法治化建设进程明显加快。2012年，学校获评“湖北省依法治校示范校”。贯彻执行教育部新出台的《学校教职工代表大会规定》，加强民主管理和监督。出台学校成果署名管理办法，维护各类成果所有权。在学校机关开展“三优一创”活动，全面实行首问责任制，修订完善工作职责和办事流程。

〔**教育交流与合作**〕　拓展国际合作办学渠道，与国外（境外）大学合作，签署16份校际合作协议。“外专千人计划”获批4人。获批国家“高端外国专家项目”8项，居全省高校第一。与巴西米纳斯吉拉斯大学共建孔子学院。

〔**党建工作**〕　以迎接党的十八大和学习贯彻十八大精神为主线，学校党委认真贯彻落实十七届六中全会精神和中共湖北省第十次党代会精神，以“强组织、增活力、创先争优迎十八大”为主题，开展基层党组织建设年活动。学校领导班子加强思想、作风和民主集中制建设，不断提高办学治校水平。班子成员积极参加十八大精神宣讲，党委主要负责人结合参加十八大和学习体会为党员干部做报告。坚持民主集中制，严格执行“三重一大”决策制度和决策议事规则，注重决策的程序化、民主化、科学化。开展“与学生面对面”活动，以多种形式加强与师生的交流，解决问题。学校党委中心组被湖北省委评为先进党委中心组。

完善干部选拔任用机制，制定《华中科技大学中层干部选拔任用工作实施办法（试行）》。鼓励干部和优秀教师到艰苦地区和艰苦岗位锻炼成长。切实加强干部作风建设，出台《关于进一步加强中层干部作风建设的意见》。加强党外干部选拔培养，加强干部教育培训。出台《中共华中科技大学第三届委员会党风廉政建设工作规划》、《关于进一步加强反腐倡廉建设的意见》、《关于执行党风廉政建设责任制的实施办法》一系列文件，扎实推进惩治和预防腐败体系建设。

2012年是学校基层党组织建设年和管理服务年，以“党旗领航工程”为载体，大学生党建和思想政治工作取得新成效。以教师党支部建设为重点，选优配强党支部书记，在党支部书记中，具有副教授职称以上的达81%。立足实际建立900多条务实管用制度。调整优化党支部设置，努力把党的工作向教学科研团队、重大项目平台拓展。积极参加湖北省“三万”活动（即“万名干部进万村入万户”、“万名干部进万村挖万塘”、“万名干部进万村洁万家”）。做好在青年教师和留学回国教师中发展党员工作，全年发展学生党员3 247人、教工党员118人。加强党员发展前后的教育培训，加强“领航博客”（即学校党委推出的面向基层党组织负责人的网络交流平台）等网络平台的建设。

〔**校庆工作**〕　2012年，学校以“融汇·传承·跨越”为主题，举办了校庆60年系列活动，增强了学校凝聚力，坚定了广大师生建设世界一流大学的信念。校史陈列馆如期建成，接待了28 000多名师生、校友和社会人士参观，成为展示学校历史和文化的重要窗口。出版《华中科技大学纪事》，记录了学校发展的重大事件、人物和成果。开展杰出校友评选，形成良好育人导向。加强校园环境治理和景观建设管理，开展道路重新命名和评选“校园十景”活动，着力打造校园文化品牌和网络文化品牌。

撰稿　唐　萍
审稿　潘　群　熊　健

中国地质大学（武汉）

〔**党和国家领导人关心学校发展**〕　2012年是中国地质大学建校60周年，学校以“甲子积淀、世纪腾飞”为主题喜迎校庆。3月，国家总理温家宝为学校题写校名，表达对母校的赤子情怀和深情祝福，寄托对发展地质高等教育、为国家培养更多栋梁之材的殷切期望。5月19日，温家宝回母校视察，与师生亲切交流并发表重要讲话。他深刻论述了地质科学的重要性，指明了地质科学的发展方向，动情地表达了对母校教育培养的深深情怀，对青年大学生的成长、成才提出了殷切期望。11月，温家宝致信学校前校长、中国科学院院士赵鹏大，并赠诗作，向全校师生表示问候和祝贺。

8月20日，国务委员刘延东到校视察，表达对学校建校60周年的祝贺和对全体师生的祝愿，并高度肯定了学校60年来开展地球科学研究、人才培养及通过协同创新参与国家“找矿突破战略行动”等方面取得的成绩。

〔**获2012年度中国高校十大科技进展奖**〕　10月，由学校教授赖旭龙领导的研究小组与英国利兹大学、德国爱尔兰根大学等单位合作完成的论文《早三叠世温室的致命高温》在*Science*（《科学》）上发表，学校为第一作者、第一单位和通信作者。以该研究成果为主申报的《古—中生代之交海水温度变化与生物演化》项目入选“2012年度中国高等学校十大科技进展”。

〔**2人获国家科技进步奖特等奖**〕　2月14日，学校教授郑有业、张克信参与的项目“青藏高原地质理论创新与找矿重大突破”获国家科学技术进步奖特等奖。这是2011年度国家科学技术进步奖奖项中唯一一个特等奖。

〔**3人获重要科技奖项**〕　学校教授胡兆初获第14届侯德封矿物岩石地球化学青年科学家奖；教授童金南获第五届“全国优秀科技工作者”称号；教授谢树成获黄汲清青年地质科学技术奖。

〔**新增3个博士后科研流动站**〕　学校安全科学与工程、材料科学与工程、水利工程3个一级学科获人力资源和社会保障部批准设立博士后科研流动站。截至2012年年底，学校博士后科研流动站达12个。

〔**成立李四光学院**〕　11月15日，学校李四光学院成立大会召开。李四光学院以著名地质学家李四光先生名字命名，旨在通过整合校内外优质教学科研资源，创新人才培养模式与机制，培养“品格高尚、基础厚实、专业精深、知行合一”的拔尖创新人才。2012年，李四光学院面向全国26个省（区、市）招收了60名本科生，组建地球科学菁英班。

〔**“211工程”三期通过校内验收**〕　3月26日，学校“211工程”三期建设项目校内验收会召开。验收专家组认为，学校各建设项目的目标任务完成情况良好，实现了预定目标，一致同意学校“211工程”三期建设项目通过校内验收。

〔**人才队伍建设**〕　2012年，学校新增国家“千人计划”短期项目1人，使学校在该项目领域实现零的突破；3人入选教育部“新世纪优秀人才支持计划”，2人入选湖北省“百人计划”（即湖北省计划用5到10年的时间，从海外引进200名紧缺的高层次创新创业型人才，其中创业人才不低于50%，为支撑中部崛起战略提供人才保证和智力支持），4人入选湖北省“楚天学者”特聘教授，9人入选湖北省“楚天学子”。学校获评首届“湖北人才工作十强高校”。

〔**加入“科教结合协同育人行动计划”**〕 8月29日，教育部、中国科学院在北京联合启动实施“科教结合协同育人行动计划”。学校与20所“211工程”高校及中国科学院31个研究所现场签署了战略合作协议。

〔**生物地质与环境地质国家重点实验室揭牌**〕 3月21日，学校生物地质与环境地质国家重点实验室揭牌。实验室按照“以古示今”的原则，在生物与环境协同演化关系的前沿研究领域开展科学探索，以取得具有国际影响的系统性原创成果，并为应对社会经济可持续发展所面临的环境恶化和生物危机等重大挑战提供科学依据。

〔**组建紧缺战略矿产资源湖北省协同创新中心**〕 2012年，学校全力筹备申报“高等学校创新能力提升计划”项目，联合长江大学、武汉地质调查中心、湖北省地质调查院等单位组建“紧缺战略矿产资源湖北省协同创新中心”，已通过认证并进入运行阶段。

〔**C2科教战略联盟成立**〕 4月12日，学校与中国科学院研究生院、中国科学院遥感应用研究所、中国科学院地质与地球物理研究所、中国科学院古脊椎动物与古人类研究所、中国科学院南京地质古生物研究所、中国科学院测量与地球物理研究所、中国科学院广州地球化学研究所、中国科学院地球化学研究所、中国科学院地球环境研究所等科研院所，共同组建“C2科教战略联盟”［C2，即中国科学院CAS与中国地质大学（武汉）CUG，寓意实现各方合作的倍增效应］，在人才培养、科技合作、资源共享、学术交流等方面开展深度合作。

〔**地球科学国际大学联盟成立**〕 11月6日，由学校发起的地球科学国际大学联盟在武汉市正式成立。香港大学、德国卡尔斯鲁厄理工大学、美国劳伦斯·伯克利国家实验室、澳大利亚麦考瑞大学和昆士兰大学、法国巴黎第六大学、俄罗斯莫斯科大学、俄罗斯国立矿产资源大学（矿业）、美国斯坦福大学、加拿大滑铁卢大学等大学加盟。

〔**成秋明当选国际数学地球科学协会主席**〕 4月，学校教授成秋明当选国际数学地球科学协会（简称IAMG）第12届主席。这是中国学者首次当选IAMG主席，也是欧美国家以外的首位主席。

〔**新增1所孔子学院**〕 10月10日，学校与保加利亚大特尔诺沃大学合作建设的孔子学院授牌仪式举行。

〔**获湖北省依法治校示范学校称号**〕 12月3日，学校获“湖北省依法治校示范学校”称号。

〔**获服务湖北经济社会发展先进高校称号**〕 12月18日，全省高校服务湖北发展推进大会在武汉市召开，学校获“服务湖北经济社会发展先进高校”称号。

〔**召开第十一次党代会**〕 12月14—16日，学校第十一次党代会召开。大会认真总结了学校的基本办学经验，科学分析了学校发展面临的机遇和挑战，明确了今后5年的工作思路和主要任务，选举产生了新一届党委委员和纪委委员。郝翔当选为学校党委书记，朱勤文、傅安洲、成金华当选为学校党委副书记。

〔**积极开展创先争优活动**〕 学校积极开展创先争优系列活动，注重“党员示范岗”建设，全校有233个党支部设立示范岗，2 238名党员参与创建活动。继续开展“两访两创”活动，毕业生访谈覆盖率达70%、新生访谈率达72.8%、教师访谈率达55%。出台“关于党支部开展分类定级和晋位升级的实施办法”和评分标准，继续加强基层党支部建设，全校有195个党支部实现晋位升级，晋级率达85.9%。始终重视学生党建工作，实施“党徽照我行——支部引领”工程，全年立项建设129项。

〔**举办国际矿产资源合作开发研讨会**〕 11月7日，由中国地质调查局、国土资源部中央地质勘查基金管理中心和学校共同主办的“国际矿产资源合作开发研讨会”召开。来自20余个国家的驻华使节和大学校长共140余人参加会议。

〔**909名本科毕业生到西部、基层和艰苦行业就业**〕 2012年，学校有909名本科毕业生到西部、基层和艰苦行业就业，其中到西部就业的本科毕业生达518人，另有8名毕业生入选“选调生”或担任“村官”。到部队就业的有82人。

〔**举行建校60周年庆祝大会**〕 11月7日，学校建校60周年庆祝大会举行。国务院总理温家宝为学校题写校名。全国政协主席贾庆林、中共中央政治局常委李长春、国务委员刘延东等党和国家领导人发来贺信。全国人大常委会副委员长路甬祥、全国人大常委会副委员长蒋树声、中国科学院院长白春礼为学校题词。中共湖北省委书记李鸿忠、湖北省省长王国生、北京市代市长王安顺发来贺信。教育部副部长李卫红、国土资源部副部长张少农、副省长王晓东出席庆祝大会并做重要讲话。学校校长王焰新发表题为《发扬优良传统，谱写未来华章》的讲话。

〔**资源环境科技创新基地暨新校区项目稳步推进**〕 8月，学校与武汉东湖新技术开发区管理委员会签订协议，在武汉未来科技城整体征地910亩，建立资源环境科技创新基地暨新校区。

〔**学校珠峰登山队成功登顶**〕 5月19日8时16分，学校登山队4名队员成功登上海拔8 844.43米的珠穆朗玛峰顶峰，成为中国第一支登上世界最高峰的大学登山队。

撰稿 魏海勇
审稿 刘彦博

武汉理工大学

〔刘延东到校视察〕 2012年8月21日，国务委员刘延东视察学校，听取了学校相关工作汇报，参观了光纤传感技术国家工程实验室，并发表重要讲话。她肯定了学校鲜明的学科特色和协同创新理念，以及在人才培养和科研创新方面取得的成绩，并对学校提出了新的希望和要求。

〔李瑞环捐助“马路孝子”刘普林〕 2月22日，全国政协原主席李瑞环捐助学校华夏学院学生刘普林转赠仪式在学校举行。刘普林自2010年上大学以来，一直坚持利用课余时间帮助体弱多病的环卫工母亲清扫街道。他的事迹先后被光明日报和中央电视台报道，被人们称为“马路孝子”。李瑞环知道他的事迹后，资助他3万元钱，用于母亲治病和完成学业。湖北省团委授予刘普林“湖北省自强不息优秀大学生”称号，并号召全省广大团员青年向他学习。

〔3个学科迈入世界一流水平行列〕 7月，据世界权威统计机构美国科学信息研究所（ISI）的“基本科学指标”（ESI）公布的统计数据显示：2012年，学校材料学科、化学学科和工程学科进入了ESI学科领域的前1%，这标志着学校材料、化学和工程3个学科迈入了世界一流水平行列。

〔1个团队获批教育部创新团队〕 2月，学校“千人计划”特聘专家苏宝连领衔的“具有生命功能的仿生复合材料”创新团队，入选2011年度教育部“长江学者和创新团队发展计划”创新团队。

〔4项成果获国家科技奖〕 学校4项科技成果获2011年度国家科学技术奖。其中以第一完成单位获通用项目类国家技术发明二等奖2项；以第一完成单位获通用类国家科技进步二等奖1项、专用项目类国家科技进步一等奖1项。学校连续2年以第一完成单位获3项通用项目类国家科学技术奖励，创历史新高。

〔硅酸盐建筑材料国家重点实验室挂牌〕 3月20日，学校硅酸盐建筑材料国家重点实验室正式挂牌。科技部副部长陈小娅、副省长郭生练等领导出席揭牌仪式。该实验室是学校材料学科拥有的第二个国家重点实验室，是中国建筑材料工业领域从事基础性、原创性、前瞻性重大科技问题研究和培养高层次创新人才的重要基地。

〔“绿色交通技术产学研协同创新联盟”成立〕 2月28日，由学校和长安大学、大连海事大学发起，21家高校、科研院所、行业企业共同携手，在北京成立了“绿色交通技术产学研协同创新联盟”。该联盟以长江黄金水道绿色航运综合技术、公路交通高效运行与安全保障技术、现代智能与绿色航运关键技术为主攻方向，充分整合优势创新资源，利用协同创新机制，组建具有国际一流研究水平的项目组、研究团队和国家协同创新中心，在关键技术领域取得重大突破。学校校长张清杰被推举为首任理事长。

〔“长江黄金水道绿色和安全技术协同中心”成立〕 7月16日，由学校牵头，18家高校、科研院所、大型企业携手共建的“长江黄金水道绿色和安全技术协同创新中心”在北京成立。交通运输部副部长高宏峰、教育部副部长杜占元、科技部副部长陈小娅为创新中心管理委员会、学术委员会、主任委员会负责人颁发聘书。学校校长张清杰担任管理委员会主任，副校长严新平担任主任委员会主任；中国工程院院士吴有生担任学术委员会主任，中国科学院院士王光谦，中国工程院院士金东寒、姜德生担任副主任。该中心面向长江黄金水道建设和发展的国家战略，针对构建长江黄金水道绿色、安全、畅通、高效运输体系的重大需求，立足于解决长江黄金水道建设与发展的重大问题，围绕长江黄金水道绿色与安全技术，以绿色船舶与江海直达船型设计、航道绿色建养、港口枢纽建设与综合物流、船联网及航运安全为四大主攻方向。会上，创新中心18家成员单位签署了共建协议。

〔**武汉理工大学—哈佛大学纳米联合重点实验室揭牌**〕 11月12日，武汉理工大学—哈佛大学纳米联合重点实验室揭牌仪式在学校举行。该实验室以建成前沿科学领域具有国际一流水平的科学研究平台为目标。

〔**在 *Physical Review Letters*（《物理评论文集》）杂志上发表首篇科研论文**〕 学校材料复合新技术国家重点实验室教授唐新峰研究小组与武汉大学、美国密歇根大学合作，提出了通过调控n型Mg2Si1-xSnx基固溶体的导带结构优化其热电性能的科学思想，并进行了系统的理论计算和实验研究。该研究工作论文发表在4月18日的 *Physical Review Letters*（《物理评论文集》）上，这是学校在该杂志上发表的首篇学术论文，成为学校在国际顶级物理杂志上发表论文的一个突破。

〔**柳伟获国际热电学会大奖**〕 7月9—12日，在丹麦举行的第31届国际热电大会上，学校材料复合新技术国家重点实验室教授唐新峰指导的2009级新能源材料专业博士研究生柳伟，获国际热电材料科学与工程研究领域最高荣誉——Goldsmid Award。截至2012年年底，该奖在中国仅有4人获得，其中3人都来自唐新峰领导的高性能热电材料研究室。

〔**“211工程”三期建设项目通过验收**〕 3月21—22日，以哈尔滨工业大学副校长周玉为组长的专家组对学校“211工程”三期建设项目进行验收。专家组听取了学校校长张清杰的《以“211工程”为引领，推动学校整体科学发展》的汇报，对学校11个重点学科建设项目进行现场考察，全面检查了各个项目完成、资金使用、设备购置和项目管理等情况，一致同意学校“211工程”三期建设项目通过验收。

〔**郎坤在“纪念中国共产主义青年团成立90周年大会”上作典型发言**〕 5月4日，纪念中国共产主义青年团成立90周年大会在北京举行。学校管理学院青年教师郎坤作为全国亿万青年的唯一代表，在大会上作典型发言，并受到国家主席胡锦涛等党和国家领导人亲切接见。

〔**深入开展“责任、诚信、成才”三项教育活动**〕 2012年，学校深入开展“责任、诚信、成才”三项教育活动，把学习国家主席胡锦涛在中国共产主义共青团建团90周年大会上的讲话精神与落实学校“三项教育”实施方案紧密结合起来，以学风建设、身边典型、特色活动、环境氛围为载体，扎实、有效地开展“三项教育”活动，切实增强了广大学生对“责任担当强信念”、“诚实守信树品德”、“励志成才显卓越”的理解和认同。涌现出以中国青年五四奖章获得者郎坤、中国大学生自强之星标兵刘普林、中国青年志愿者优秀个人亢茜、湖北省见义勇为先进个人马宏宇、湖北省大学生年度人物赵云龙等为代表的优秀学生典型，形成了“理工群星”现象。

〔**第二届教职工代表大会第二次会议召开**〕 5月17—18日，学校第二届教职工代表大会第二次会议召开。会议听取和审议了《学校工作报告》、《教代会工会工作报告》、《提案工作报告》，审议了《人事工作报告》和《财务工作报告》，讨论了《武汉理工大学教职工代表大会实施办法》。代表们对学校在人才培养、学科建设、科技创新、队伍建设、文化建设、民生工程和教代会自身建设等方面提出了很多宝贵的意见和建议，充分发挥了教代会在学校民主决策、民主监督、民主管理和依法治校工作中的重要作用。

撰稿　徐业松　牟凯旋
审稿　李兆荣

华中师范大学

〔**教育教学改革**〕 2012年，学校以教学工作为中心，不断提高人才培养质量。对外发布首个《华中师范大学教学质量年度报告》。整合本科教学、研究生教学、继续教育、留学生教育，进行统一管理。教育教学改革创新成果丰硕，高等教育教学成果奖获奖比例位居湖北省首位，国家视频公开课立项门数居教育部直属师范大学第三名，教学研究项目省级立项数较2011年净增40%。

稳妥调整专业结构，申报行政管理、物联网工程、信息资源管理、金融工程4个新专业，申报计算机科学与技术（信息检索与服务计算）、生物技术（医学方向）2个湖北省战略新兴产业人才培养计划，获准立项。

完善课程体系和教学资源，获批1个国家级实验教学示范中心，6种教材入选第一批“十二五”普通高等教育本科国家级规划教材，新增2门国家级精品视频公开课。

深化研究生培养机制改革，全面实施“华博计划”（即研究生拔尖创新人才培养工程），新增全国优秀博士学位论文3篇、全国优秀博士学校论文提名论文2篇。毕业生就业形势良好，2012届毕业生一次性就业率为91.64%，比2011年提高0.57个百分点，其中免费师范生就业率为100%。

〔**科研工作**〕 2012年，学校科研总经费平稳上升，批准经费突破2亿元，到账经费1.6亿余元。承担国家重大科研项目能力不断增强，项目数量及质量稳步提升，获国家社科基金一般项目22项、重大重点项目8项，4个学术刊物获国家社科基金重大项目资助；获教育部人文社科重大攻关项目2项；获批国家自然科学基金64项，其中国家自然科学基金委创新研究群体项目实现零的突破；主持国家水专项“十二五”洱海项目、国家科技支撑计划项目、国家“973”计划项目、国家现代服务业重大项目、国家教育云工程建设等一批重大项目。完成国家“211工程”三期验收工作，并获1 360万元奖励。

〔**协同创新中心建设**〕 扎实推进协同创新建设。学校牵头与北京师范大学共建“教育技术应用促进协同创新中心”，双方在协同科研、人才培养、成果集成等方面取得实质性进展；申报湖北省“城乡发展一体化协同创新中心”和“基础教育均衡发展协同创新中心”；参与北京邮电大学申报的“社交网络及其信息服务协同创新中心”建设，参与“军民融合预警监视协同中心”建设等。

〔**师资队伍建设**〕 2012年，学校采取投入资金“引”、选送外出“学”、立足岗位“练”、强化培训“育”、开展竞赛“促”等措施，积极推进人才强校战略。不断优化师资队伍结构，着力补充急需专业人才，吸引高层次优秀人才，共引进各类高层次优秀人才24人，包括“双聘院士”1人、国家“千人计划”3人、“长江学者”讲座教授1人、国家杰出青年基金获得者1人、湖北省名师1人。做好人才工作的顶层设计，高度重视青年教师的培养和成长，拟定《中青年骨干教师培养计划》、《专职科研队伍管理办法》等，完成了引进人才的考核工作和教师聘期的考核工作，初步形成“能上能下”、“能进能出”的用人机制。

〔**思想政治教育**〕 以贯彻落实党的十八大精神为契机，进一步推进思想政治教育工作。组建“学习十八大精神教授宣讲团”，搭建新浪官方微博账号“华大学工”交流平台，举行座谈会、专题报告会、“青春与十八大同行”微博有奖征集等活动，在师生中掀起学习十八大精神的热潮。

促进学雷锋活动机制化、常态化，以“弘扬华师大爱精神，深入开展学习雷锋活动”为主题，利用周末晚点名课堂，开展辅导员“精彩一课”评比。在学生中普遍开展“精彩主题班会”评比，在广大辅导员和学生中开展寻找“身边的雷锋”和“学雷锋自我实践”活动等。

改进学生事务管理模式，实现学生宿舍网络信息化管理，做好网上事务大厅程序开发和系统完善工作，大力推进学生社区工作室建设，实现与学生“面对面”、“一对一”的事务咨询和服务。2012年，学校被评为湖北省大学生思想政治教育工作先进高校。

〔党建工作〕 学校认真贯彻落实党的十八大精神和全国教育工作会议精神，加强基层党组织建设，继续深入开展创先争优活动，健全创先争优长效机制。学校获“全国创先争优先进基层党组织”称号，理论文章被评为“全国创先争优优秀论文”。深入开展新一轮访新进教工、新入校学生的“两访两创”活动。2012年，学校被评为湖北省“两访两创”活动先进学校。

加强党员队伍建设，重视在中青年教师和大学生中发展党员，严把党员发展质量关。落实党风廉政建设责任制，实施“一岗双责”，坚持党风廉政建设与业务工作一同部署、一同考核和奖惩，形成按制度办事、靠制度管人的有效机制，确保领导干部廉洁从政。

加大审计监督力度，对学校所有大型基建修缮工程均实施全过程跟踪审计，全年完成工程结算审计127项，送审总额9 760万元，审减1 343万元。纪检监察、审计全程参与工程招标、大宗物资采购、图书资料信息文献采购等工作。对学校年度预算安排进行审计，提高学校预算的科学化、精细化和执行力。

〔干部队伍建设〕 2012年，学校新领导班子组建，按照“政治坚定、求真务实、开拓创新、勤政廉洁”的要求，不断加强领导班子建设，提高领导干部思想政治素质和办学治校能力。坚持党委中心组学习制度，结合党的十八大、全国高校咨询工作会议、国务委员刘延东到校考察重要讲话精神等开展专题学习，学校党委中心组连续3年被评为“湖北省先进党委（党组）中心组”。不断完善党委领导下的校长负责制，制定《关于做好党委常委会、校长办公会会务工作的意见》，完善会议制度和议事决策制度。加强对中层干部的教育培训，选派49名干部赴中共中央党校、国家教育行政学院、湖北省委党校、四川外语学院等培训机构参加各类培训，选派29名干部赴美国旧金山州立大学开展为期21天的研修，委派3名干部赴加拿大研修3个月。

健全“民主、公开、竞争、择优”的干部选拔任用机制，组织开展中层干部轮岗交流，先后完成了正处职干部轮岗交流、正处职干部竞聘上岗、副处职干部轮岗交流、副处职干部竞聘上岗工作，共交流干部49人、提任干部37人。在此基础上，完成了11个单位行政班子的增补与换届。按照湖北省委的统一部署，选派4名干部赴仙桃市4个行政村开展以“整治环境、清洁家园、改变村貌、促进文明”为主题的“万名干部进万村洁万家”实践活动。

〔管理与服务〕 2012年，学校以“综合改革”的思路做好国家教育体制改革试点工作，启动《华中师范大学章程》制定工作，并取得阶段性成果，推进了学校内部治理结构改革。紧密围绕国家和区域重大战略，总结学校国际化和信息化发展的经验，确立了“一体两翼”，即“以学校事业为本体，以国际化、信息化为两翼，建设高水平大学”的发展思路。

整合优化行政管理机构和教学科研机构，理顺关系、明晰权责、下移中心，提高管理效能和服务质量，激发办学活力。调整后，学校有行政管理机构36个，教学科研单位27个。健全管理监督机制，出台督查督办工作实施办法，成立质量监测与评估中心，启动学校教育质量常态监控，实现目标制定与考核工作相分离。

积极推进依法治校和校务公开，学校获“湖北省依法治校示范学校”称号。

加强后勤保障服务和校园环境建设，2个食堂被评为“武汉市餐饮服务食品安全A级单位”，13

个地埋升降式“景观垃圾站”启用，学校被评为“湖北省绿化模范单位”。依法多渠道筹措资金，全年学校实现总收入 15.25 亿元，较 2011 年增加 2.32 亿元。

〔**教育交流与合作**〕　2012 年，学校留学生达 2 435 人，其中学历生占 53%，留学生数量位居全省高校之首。加强国际科技合作，成立“未来教育”联合科研中心等研究机构，与 33 所境外院校和机构签署或更新了交流协议。接待国外到访团组 60 余个，举办国际会议 10 个，邀请海外专家到校进行短期讲学及长期合作研究 115 余人次。与外国专家合作攻关，申请国家发明专利和软件著作权 5 项。加强中外合作办学，与境外高校合作新办生物技术本科教育项目，开拓了“3＋1＋1”、“2＋2”等合作模式。2012 年，学校被评为武汉市涉外管理先进单位。

〔**社会服务能力**〕　促进产学研结合，增强社会服务能力，学校先后成立了长江书法研究院、湖北省经济与社会发展研究院、国务院中农办农村改革与发展协同创新中心、华中师范大学人文社会科学高等研究院等科研基地，搭建社会学科服务地方经济与社会建设的平台，进一步发挥学校在服务文化强省建设中的资政智库优势。学校武汉国家现代服务业数字内容产业化基地通过论证，学校科技园被授予“国家级文化与科技融合示范基地”，学校被评为“服务湖北发展先进高校”。

撰稿　陶光胜
审稿　付义朝

华中农业大学

〔**学科建设**〕 2012年，学校完成国家"211工程"三期建设项目验收，成为受教育部、国家发展和改革委、财政部表彰奖励的11所非"985工程"中央部属高校之一。组织13个一级学科参加全国第三轮学科评估，10个学科进入前十、7个学科进入前五、6个学科列前三名，其中园艺学位列第一，生物学、畜牧学、兽医学、农林经济管理等一级学科较第二轮学科评估有明显进步。以新版学科目录为基础，完成两批次共10个学位授权点(博士学位授权点8个、硕士学位授权点2个)的自设工作，自设学科总数达24个(含交叉学科1个)。截至2012年年底，学校二级学科总数达100个。新增生态学、公共管理、农业工程3个博士后科研流动站。

〔**人才培养**〕 获批"果树生物技术与遗传改良创新引智基地"1项、高等学校学科创新引智基地达4个。加强精品课程与教材建设，多途径增加课程总量，努力创建优质品牌课程。全年新开课程53门，启动建设"百门精品实践课程"。获批国家精品视频公开课4门。入选首批"十二五"国家级规划教材8种，居农林类高校首位。承担的国家教育体制改革试点项目"探索提高农科人才实践能力新机制"进展顺利。实施专业综合改革，调整后学校共有9个学科门类55个专业。获省级教学成果奖17项，其中一等奖6项。获准省级教学研究与改革项目立项22项。稳步扩大研究生培养机制改革试点，学校生命科学技术学院、植物科学技术学院探索实践学术型本科、硕士、博士"3＋1＋2＋X"人才培养模式，园艺林学学院风景园林专业探索实践应用型人才本科、硕士"3＋1＋2"培养模式。推进研究生培养国际化，公派出国留学研究生34人。入选湖北省优秀博士学位论文14篇、优秀硕士学位论文24篇、全国优秀博士学位论文提名5篇。获批国家级实验教学示范中心1个，获批国家级大学生校外实践教育基地1个，获批教育部、农业部首批农科教人才培养基地6个。作物学、生物学、水产养殖学国家级实验教学示范中心接受验收。新建校外实习基地25个，新开通识教育课27门(含优秀文化传统课14门)。积极开展阳光体育运动，推进全民健身运动，承办第二届全国大学生羽毛球超级赛等大型赛事。在全国各级各类竞赛中，学校学生获国家级及以上奖项33项、省级奖项89项，其中获全国大学生机械创新设计大赛一等奖2项、国际发明展览会银奖1项、美国国际大学生数学建模竞赛一等奖2项、中国学生原创动漫大赛优秀作品2项、第八届"挑战杯"中国大学生创业计划竞赛金奖1项。本科生发表论文40余篇，申请专利8项。学校获第八届"挑战杯""高校优秀组织单位"等各类竞赛组织奖5次。

〔**人才队伍建设**〕 全年引进专任教师69人，其中教授、副教授17人，具有海外背景24人。新增"千人计划"、"长江学者"、国家杰出青年科学基金获得者各1人。入选"青年千人计划"4人、优秀青年科学基金获得者1人、"青年拔尖人才支持计划"2人、教育部"新世纪优秀人才支持计划"11人、湖北省"百人计划"1人、湖北省重大人才工程5人、"楚天学者"24人、湖北名师1人。中国科学院院士、学校教授张启发获国际杰出作物科学家奖。中国工程院院士、学校教授邓秀新获国际柑橘学会会士称号和"第四届中华农业英才奖"。

〔**科学研究**〕 新批科研项目1 130项，新批经费6.56亿元，到账经费5.29亿元。其中国家自然科学基金获批184项，总经费首次突破亿元大关，资助率达29.3%，高于全国平均资助率10.1

个百分点。首次在国家自然科学基金委医学科学部获批项目，首次获科技基础性工作专项重点项目资助，获资助的项目学科分布进一步拓宽。获批国家发展和改革委国地共建工程研究中心 1 个、湖北省工程实验室 1 个、湖北省工程技术研究中心 1 个、农业部农业建设项目 3 项、校企共建实验室（研发中心）5 个。国家兽药安全评价实验室建设项目通过验收，国家大型油菜基地建设项目完成竣工验收，农业部微生物产品质量监督检验测试中心（武汉）完成现场评审工作，油菜国家工程技术研究中心评估为“优秀”。获各级科技成果奖励 35 项、各级科技奖励 76 项（含参与），其中以第一完成单位获湖北省科技进步奖一等奖 3 项、湖北省技术发明奖 1 项、湖北省自然科学优秀论文奖 1 项。中国科学院院士、学校教授张启发团队研究成果在 *Science*（《科学》）杂志上发表，中国工程院院士、学校教授邓秀新团队以及教授严建兵及其合作者研究成果在 *Nature Genetics*（《自然遗传学》）杂志上发表。通过鉴定科技成果 18 项，获专利授权 158 项。获批建设首批国家级新农村发展研究院。被科技部确定为第四批国家技术转移示范机构，被湖北省确定为省级新农村发展研究院建设单位。

〔**招生就业工作**〕　坚持实施“优质生源工程”，严格规范招生录取，探索新形势下选拔高素质人才的有效途径，面向全国 31 个省（区、市）录取普通本科生 4 682 名，其中湖北省文、理科录取分数线分别高出一本线 14 分和 20 分，达历史新高。深入推进研究生招生录取制度改革，完善研究生招生指标测算、分类下达二次分配机制，推动与中国农业大学、南京农业大学、西北农林科技大学等重点农业大学之间优质生源校级交流，拓宽转博生源选拔范围，生源质量稳步提高。全年招收研究生 2 359 人，其中博士研究生 353 人、硕士研究生 1 869 名，全日制研究生比 2011 年增加 128 人。在毕业生就业工作中，推进“全校同心、指导同程、校企同盟、师生同力、帮扶同步”的“五同”工作模式，搭建职业生涯规划、求职模拟大赛、公务员招录培训、“一对一”个性化咨询服务、校友职场沙龙等 5 个就业能力提升平台，本科毕业生就业率达 94.05%，研究生初次就业率达 92.04%。

〔**党建工作**〕　坚持民主集中制，不断完善“三重一大”决策制度，接受教育部巡视组的专项巡视并获充分肯定。修订出台学院党委工作条例和党支部工作条例，完善入党积极分子联系人制度。截至 2012 年年底，全校共设置基层党委（党总支、直属党支部）25 个、党支部 504 个。全年共发展党员 2 936 人，其中本科生党员 2 426 人、研究生党员 502 人，本科生党员比例达 23.13%。深入推进“两访两创”工作，学校获“两访两创”活动先进学校称号。继续推进教育、制度、监督并重的惩治和预防腐败体系建设。接受省教育厅党风廉政建设检查和教育部关于直属高校贯彻“三重一大”制度执行情况的监督检查，学校党风廉政建设工作得到检查组的好评。开展反腐倡廉主体教育，开展警示教育和岗位廉政教育，加强重点部位和关键环节工作人员的风险防范教育，健全廉政风险防控制度体系，重点加强对“三重一大”事项决策、人才引进、职称评审、特殊类招生、收费和票据管理、科研经费使用和工程监管等 50 余个重点风险监督检查。加强作风建设，全年共办理信访、接访 580 余件次，回复率 100%。处理校长信箱信访件 300 余件，回复率 100%。

〔**思想政治教育**〕　通过学校党委理论学习中心组学习、辅导报告、编印材料等多种形式，努力把学校建设成为学习、宣传、研究、实践中国特色社会主义理论体系的坚强阵地。广泛开展实践教育，通过支部活动立项、参观红色圣地、志愿服务等活动，加强党员党性修养。立项资助党建与思想政治工作专项研究课题 32 项。加强辅导员、班主任基本队伍和班级、寝室基本组织建设，建设学习型、研究型学生工作队伍，构建适应不同青年群体的思想政治教育体系。围绕党的十八大和学雷锋志愿服务月等重大节点，深入开展理想信念教育。深入推进主题教育活动，开展新生入学感恩、毕业生文明离校、读讲学写活动及探索开展生命教育活动。注重发掘和树立典型人物，发挥典型示范作用。组建 124 支团队赴 14 个省开展社会实践活动，获湖北省优秀组织单位称号。召开支教10周年座谈会，不断深化志愿服务，获第九届中国青年志愿者优秀组织奖。全面推进研究生党的建设、队伍建设、理论学习、群体活动、就业服务等日常思想教育、事务管理和服务。开展“书香狮山、文化华农”活动，营造“读书好、好读书、读好书”的良好氛围，打造书香校园。落实校园文化建设“十二五”规划，全面推进校园文化建设。完成学校形象标识文化体系研发设计。继续推进“狮子山讲坛”、“狮子山艺苑”、“共同空间”、“金秋雅韵诗文朗诵会”等品牌活动。加强学校官方英文网站建设，成立大学生新闻中心。

〔**教育交流与合作**〕 获批国际合作研究经费1 041.62万元。学校与美国堪萨斯州立大学、英国诺丁汉大学等10多所学校和研究所签订合作协议。主办第五届国际柿学大会等9个国际学术会议，积极筹备2013年“第21届国际环境生物地球化学大会”等国际会议，申报2014年国际会议4项。提高教师国际化素质，43人被国家留学基金委录取，其中全额资助23人、青年骨干教师项目20人。启动与美国佛罗里达大学、我国台湾宜兰大学等本科生交换项目，选派本科生34名。全年参与国际学术交流研究生达74名，基本涵盖学校各专业。学校纳入国家建设高水平大学公派研究生项目签约高校。2012年，录取留学生117人，在校留学生达200人。逐步规范留学生管理，加强留学生教育课程建设。建设全英文课程，新立项全英文课程11门，执行10门。与英国哈伯亚当斯大学合作主办国际农产品营销及供应链专业本科教育项目获批。

〔**社会服务**〕 继续推进“111”计划和“双百计划”，组织科技人员390人次开展科技服务活动，培训学员达万人次。全年新增省级科技特派员68人。获湖北省十大科技成果转化项目奖1项、提名奖2项。积极承担扶贫任务，支持对口单位农业科技工作，面向基层广泛开展科普活动和科技咨询活动，完成省委省政府开展的“三万”活动任务。注重横向科技合作，先后与国家质量监督检验检疫总局、长江水利委员会等单位建立战略合作关系或开展校地合作，签订协议50份。科技成果转化效益显著增加，共转让科技成果23项、转让合同金额1 605万元，完成3家全民所有制企业改制主体工作。有序推进政策咨询和院校研究。

撰稿　余　斌
审稿　王从严

中南财经政法大学

〔**两部一省共建**〕 2012年10月，教育部、财政部和湖北省政府与学校签订共建协议，在经费投入、政策扶持、学科建设、人才培养、科学研究、师资队伍建设、社会服务、对外交流、校园建设与规划等方面加大对学校的支持。两部一省共建工作的开展，给学校带来了重大发展机遇，为学校直接参与国家重大战略实施、巩固提升自身整体实力与水平搭建起更为广阔的平台。

〔**人才培养**〕 2012年，本科人才培养取得多项重要成绩。学校成功入选首批三类“卓越法律人才培养基地”，成为全国为数不多的同时获得全部三类基地的高校之一。传媒与艺术实验教学中心获批，成为学校第3个国家级实验教学示范中心。3门课程获教育部首批“国家精品视频公开课”立项。

研究生培养呈现出特色发展势头。学校围绕“质量”这一主线，构建了导师质量提升与导师队伍优化机制。完成首次研究生国家奖学金评定和教育部全国硕士研究生统一考试标准化考场的建设工作。研究生创新性人才培养工作取得显著成绩：国家“211工程”三期“创新人才培养项目”建设成果通过教育部验收，并获较高评价；新设并实施“融通型拔尖创新人才培养”项目（即资助导师带领跨学科的研究生团队进行跨学科的课题研究工作），使研究生的科研能力显著增强。

继续教育品牌影响力持续提升。2012年，学校与中央财经大学、上海财经大学等7所高校联合成立全国高等财经院校教育培训联盟。作为学校首个函授教育远程教学试点的广东东莞函授站正式启动，终身学习、网络学习与函授面授的有效结合，进一步推动了学校成人教育的发展转型。因探索高等教育自学考试助学新模式，稳步发展高等教育自学考试网络注册学习项目，学校继续教育被评为省市“先进考点”和“先进集体”。

〔**人才队伍建设**〕 2012年，学校通过公开选拔增补了2位副校长，并适时对学校领导班子成员及其责任分工进行了调整。经学校党委常委会研究、全委会通过，任命了3位校长助理。做好2008—2011年度教师聘期考核和下一聘期的岗位聘任工作。开展第三届中层领导干部届终考核，并启动了新一轮中层干部轮岗工作。在继续做好教师出国进修、学历教育、业务培训等师资队伍日常培训管理工作的基础上，学校启动了党政管理干部海外培训项目，首批派出20名中层党政管理干部赴美国大学培训。

〔**“文澜工程”**〕 “文澜工程”是学校“十二五”时期的质量工程、创新工程、战略工程。在师资队伍建设方面，作为学校大力建设高水平人才队伍的主要措施之一，“文澜学者人才工程”完成制度建设并开始运行，引发社会和主流媒体的广泛关注。在人才培养改革方面，作为学校大力培养拔尖创新人才的重要举措之一，“文澜学院”正式组建成立，首批学生入校学习，学校以此为契机，着力推动人才培养模式改革。在科学研究和社会服务方面，成立社会科学研究院，着力创建“文澜研究模式”，强化高层次学术平台建设，集中优势力量开展高水平跨学科交叉研究和协同创新，进一步深化科研体制改革，推进“哲学社会科学繁荣计划”的实施。

〔**科学研究**〕 9月，学校召开繁荣哲学社会科学大会，提出大力发展“大文科、新文科、强文科”的战略方针，为学校的科研工作明确了发展方向。学校全年科研项目立项经费达6 400余万元（不含高校基本科研业务费），比2011年增加近20%。2012年，学校获27个国家社科基金立项，继续保持全国高校前列、全省高校第2位的领先优势；获19项国家自然科学基金项目，再创历史新高。教育部人文社科研究项目获批 35 项，名列全国高校前列。2012 年，在全国人文社科类最高奖“高等学校科学研究优秀成果奖（人文社会科学）”的评选中，学校共有 9 项成果上榜，创历史新高，且获奖范围进一步扩大，囊括了该届所有成果奖奖项类别。在“第十七届安子介国际贸易研究奖”评比中，学校共有 3 名教师和 1 名学生获奖。此外，学校还有 10 余项科研成果分别获湖北省优秀调研成果奖、湖北发展研究奖等省部级重要科研奖励。

〔**协同创新中心建设**〕 学校与中国政法大学、北京大学共建的知识经济与法治发展协同创新中心在北京挂牌成立。学校联合武汉大学、武汉科技大学和三峡大学等高校，并有多家省级政府部门共同参与建设的“城乡社区社会管理”湖北省协同创新中心获省教育厅立项批准。

〔**文化传承创新**〕 2012 年，学校获湖北省 2012 年最佳文明单位；“影像中南”文化艺术节获教育部高校校园文化建设优秀成果评比二等奖；在第五届全国高校百佳网站评选活动中，学校获 2 项大奖，即校园网主页获“全国百佳网站”称号、中国知识产权研究网获单项奖“最佳学研促进奖”称号。2012 年，全校有百余个团队或个人获省级以上各类文化竞赛奖项，其中在第八届“挑战杯”中国大学生创业计划竞赛中获银奖。

〔**教育交流与合作**〕 2012 年，学校留学生人数取得新突破，达 400 余人次；与韩国东西大学合作举办的两个本科教育项目均开始招生，共录取 350 人；举办 4 场国际学术会议，共邀请境外专家 50 余人参会；办理短期出访 56 批次，出访总人数达 200 余人，接待美国、澳大利亚、英国、法国、瑞士、瑞典、韩国等来访专家 80 余人；通过各类项目派出 20 余名教师出国留学，聘请长期外籍教师 30 余人；与美国纽约石溪大学合作建设的孔子学院各项工作继续稳步推进，获美国纽约萨福克郡和当地社区的双重嘉奖。

〔**党建与思想政治工作**〕 2012 年，学校围绕喜迎十八大这一中心，扎实开展各项党建工作。组织开展“创先争优”、“两访两创”、“基层组织建设年”、“五好班子”创建等专项活动，继续在全校范围内开展基层党组织主题实践活动和党建课题研究立项等工作，打造了特色鲜明、为广大党员所喜闻乐见的党建活动载体，创新和改进了党的组织生活方式。在党风廉政建设上，认真落实领导班子和领导干部党风廉政建设责任制，组织开展第十三个党风廉政宣传教育月活动，以迎接教育部“三重一大”决策制度贯彻执行情况专项检查、开展校内惩防体系建设和招生录取工作等专项检查为契机，进一步加强党风、党纪和党性建设。2012 年，学校党委中心组被湖北省委评为“全省先进党委（党组）中心组”，学校党委宣传部党支部被湖北省委宣传部评为“全省学习型党组织建设先进单位”。

〔**招生就业**〕 2012 年，学校招生就业工作继续保持领先优势，文科录取平均分高出省重点批次线 23 分，理科录取平均分高出省重点批次 36 分，均位列湖北省部属高校第 3 名。截至 2012 年年底，全校 2012 届毕业生就业率达 93.54%，其中本科生为 92.63%、研究生为 95.48%，实现了毕业生同期就业水平稳定。

〔**社会服务**〕 2012 年，学校社会服务影响力不断扩大，被省教育厅评选为 2012 年度“服务湖北先进高校”。国家版权局批准建立的全国第二家国家级版权交易中心——华中国家版权交易中心在学校挂牌运营，成为学校服务国家和地方文化产业发展的重要平台。以财政学、会计学、金融学 3 个国家重点学科为基础，举全校多个优势学科之力建立的中国收入分配研究中心分别在广东、广西、河南 3 个省（区）设立基地，进一步推动了学校区际和区域内收入分配研究的深入开展。法治发展与司法改革研究中心获批为学校第 5 个湖北省人文社科重点研究基地。

撰稿 伍施乐

审稿 阮世喜

湖南大学

〔**人才培养**〕 2012年，学校出台《湖南大学关于进一步加强本科教学工作的若干意见》、《湖南大学关于进一步加强和改进学生学风建设的实施意见》等文件，学生满意度持续提升。据学校教育科学研究院问卷调查统计，正教授为本科生授课的比例占正高级教师的93.2%。投入3 000万元，用于改善本科实验室设施，“四级四层两大块”（四级：校级、院级、系级、教研室级；四层：发展教育层、专业教育层、学科教育层、通识教育层；两大块：面向专业与专业方向、面向通识和学科教育）的开放式立体化本科实践教学体系逐步完善。5门课程立项为国家级精品视频公开课，8部教材入选“十二五”国家级规划教材。学校获批国家级实验教学示范中心建设单位、国家级卓越法律人才教育培养基地和湖南省“2012年度学生军训工作先进单位”。全年SIT计划（即大学生创新训练计划）获省级立项19项、国家级立项129项。学生参加各类学科竞赛获国家级奖励58项、省级奖励152项。研究生培养过程质量获评湖南省优秀。获全国优秀博士学位论文1篇、提名奖1篇。实施自主选拔录取改革方案，面向化学等8个基础专业选拔“优才”和“特才”。毕业生初次就业率继续稳居全省高校第一，获评“全国毕业生就业典型经验高校”。

〔**努力推进高等学校创新能力提升计划的实施**〕 不断探索协同创新模式下的人才培养、人才引进和科研合作机制。汇聚全校力量，协同中国科学院化学所等单位申报了“化学与分子医学协同创新中心”，筹备建设工作有序推进。

〔**教师队伍建设**〕 坚持引进和培养并举，学校专任教师的学缘、学科结构等明显改善。具有博士学位的专任教师达57%，具有海外博士学位的教师占7%，具有1年以上出国研修经历的人员比2011年提高了6%。启动实施“人才特区计划”、“青年教师五年成长计划”（即40岁以内拥有博士学位的非正高职称的教师和专职科研人员的成长支持计划）。11位学者获批“千人计划”，1位教授受聘为“长江学者”特聘教授，1位学者获批国家“特支计划”。管理干部队伍素质逐步提高，职业化教育培训取得新进展。先后举办了科长和科员管理干部业务培训班，完成了首次管理干部职员职级评定工作。全年共选送16人参加国家级和部省级培训，1人参加海外培训。

〔**科学研究**〕 学校2个团队获国家创新研究群体。全年新增科研项目1 052项，其中国家自然科学基金重点项目6项、“973计划”课题2项、国际合作项目5项、国家社科基金重大项目2项、重点项目4项。SCIE、EI收录论文数在全国高校排名分别列第30位、第29位。2012年度到账科研经费3.92亿元。召开“湖南大学哲学社会科学工作会议”，出台《湖南大学哲学社会科学中长期发展战略（2012—2026年）》等文件，部署和落实推进人文社会科学繁荣发展的思路和举措。启动了经济管理研究中心建设，探索人文社会科学建设发展新机制。全年新增人文社科项目377项，科研到账经费突破3 000万元。获评“高校哲学社会科学研究管理先进集体”。学科、科研平台建设深入推进。完成“211工程”三期建设项目和新一轮“985工程”建设评估和检查。完成湖南省“十二五”重点学科年度检查。制定《湖南大学学科建设项目立项评审办法》。新增4个博士后科研流动站。截至2012年年底，博士后科研流动站点已覆盖至84%的博士学位授权一级学科。《湖南大学学报》（自科版）获教育部“精品科技期刊”称号。

〔**信息化建设**〕 2012年，学校入选教育部第一批“教育信息化试点单位”，建成湖南省首个移动图书馆。

〔**党建工作**〕 深入学习贯彻党的十八大精神，在全校范围内开展丰富多彩的迎接党的十八大主题实践活动。召开学校第八次党代会，进一步明确了学校高水平大学建设“第二阶段”的战略目标和总体思路，选举产生了新一届党委会和纪委会。召开庆祝中国共产党成立91周年暨创先争优活动总结座谈会，表彰先进单位和个人。《高校创先争优活动的社会示范和引领机制析论》入选全国创先争优理论研讨会。学校党委被授予“湖南省学习型党组织建设示范点先进单位”称号。

〔**党风廉政建设**〕 全面落实党风廉政建设责任制。自2012年起，签订党风廉政建设责任书的时间由3年改为1年。广泛开展廉政风险防控教育，提高了各级领导干部和岗位从业人员的廉政风险意识。

〔**思想政治工作**〕 在学生中广泛开展主题教育和实践活动，组建“五月的鲜花”参演团队到中央电视台演出。学校“民族团结教育”、“园区育人实践”项目通过湖南省思想政治教育特色项目验收并获优秀；1名辅导员获评全国辅导员年度人物。

〔**进一步改进会风、文风**〕 学校出台了《进一步改进工作作风、密切联系师生员工的若干规定(试行)》，要求进一步改进调查研究、改进会风文风、厉行勤俭节约、严格规范出差出访，并从校、处两级领导班子和干部做起。

〔**民主管理取得新进展**〕 优化教代会程序，创新教代会形式，增加了大会交流互动环节。召开全校民主管理院务公开工作专题研讨会，定期邀请师生代表列席校长办公会。召开民主党派和无党派人士代表座谈会，征求、听取意见，形成发展合力。

〔**教育交流与合作**〕 新增1所海外孔子学院。实现外国专家聘请方式向专业型转变。成功申报“湖南大学教育部出国留学培训与研究中心”。2012年，学校出国留学和来华留学生规模继续扩大，全年共派赴国（境）外学习的在籍学生300余人，各类长短期来华留学生及港澳台地区的学生达1 088人。

〔**社会服务**〕 2012年，学校与地方政府和企业的合作增至564家，合同金额9 764万元。学校两型社会研究院继续当好政府的思想库，“国家超级计算（长沙）中心”社会服务功能初步彰显。

〔**学校科技园孵化能力进一步提高**〕 学校科技园东、西区孵化大楼基本竣工。设立“一站式”孵化服务窗口，搭建“银企交流”合作平台，园区服务水平进一步提高。

〔**校园文化建设**〕 学校开展第二届文明窗口评选活动，制作8部《口述湖大》电视专题片，开展千年学府新8景评选活动。先后举行3场《湖南九章》、自主选拔录取、研究生奖助学体系改革新闻发布会，组织开展“香港媒体看湖大”集中采访活动。辅导员博客建设项目获2012年高校校园文化建设优秀成果奖特等奖。

〔**进一步改善民生**〕 按照向教师倾斜、向教学倾斜的原则，深入推进分配制度改革，加大绩效奖励，新投入人员经费1.05亿元，进一步提高在职员工、离退休人员特别是一线教师、青年教师的收入水平。

撰稿 邹 薇

审稿 黄梓根

中 南 大 学

〔**完成“211 工程”三期建设**〕　2012 年，学校完成“211 工程”三期建设任务并通过国家验收。

〔**学科建设**〕　学校通过“十一五”国防特色学科专业建设项目验收；获省级重点学科建设专项经费 1 421 万元；39 个湖南省“十二五”重点学科全部通过年度检查。在全国第三轮学科评估中，学校 7 个学科进入全国前 5 名，15 个学科进入全国前 10 名。

〔**质量工程建设**〕　学校新增国家精品视频公开课 4 门；4 个专业获批国家“专业综合改革试点”项目；14 本教材获国家“十二五”规划教材立项；新增国家级实验教学示范中心 1 个，6 个国家级实验教学中心通过验收。

〔**人才工程建设**〕　“531”人才队伍建设工程（即到 2020 年，汇聚 50 名具有国际影响力的战略主导人才，引进培养 300 名左右具有国际知名度的学科领军人才，支持 1 000 名左右支撑学校未来发展的青年骨干人才）顺利启动；9 人入选“千人计划”、3 人入选“青年千人计划”、1 人入选“青年拔尖人才支持计划”、18 位青年教师入选第一批教育部“新世纪优秀人才支持计划”、5 人入选“长江学者奖励计划”特聘教授，新增人数居全国第 6 位；成建制引进以教授段燕文为首的 10 位“千人计划”创新、创业人才。

〔**青年教师培养力度继续加大**〕　学校对新进青年教师实行 2 年博士后加 2 个 3 年聘期的培养，其职称晋升只考核科研业绩；在首聘期内，业绩津贴由学校直接核定；启动二级学院试点，开展 1 名 35 岁左右副院长的选拔工作，第一批 6 名副院长已上任。

〔**协同创新中心建设**〕　2012 年，学校牵头申报 1 项“有色金属先进结构材料与制造协同创新中心”；参与申报“轨道交通安全协同创新中心”、“化学与分子医学协同创新中心”、“重大遗传性疾病研究与临床应用协同创新中心”；牵头组建“‘两型社会’建设协同创新中心”

〔**人文社会科学工作**〕　学校召开人文社会科学工作会议，正式启动学校哲学社会科学繁荣发展计划；获 2 项国家社科重大项目和 2 项重点项目资助；获湖南省社科优秀成果奖 15 项。

〔**科研经费稳步增长**〕　全年学校到账科研经费达 7.74 亿元，同比增长 9%，其中纵向经费 5.06 亿元、横向经费 2.68 亿元。

〔**科研奖励**〕　2012 年，学校获国家科学技术进步奖 5 项，其中国家科技进步一等奖 1 项、二等奖 4 项。

〔**高水平论文再创佳绩**〕　学校被 SCIE 收录论文数排名第 15 位，上升 2 个位次；EI 论文排名第 8 位，上升 1 个位次；表现不俗论文首次进入前 20 强，排名第 18 位。

〔**基金、专利工作**〕　新获国家杰出青年基金项目 2 项、国家优秀青年基金 5 项；获批国家自然科学基金各类项目 377 项，同比增长 11.5%；获批经费近 2.2 亿元，同比增长 36%；国家重大科研仪器研究专项实现零的突破；全年申请发明专利 579 项，授权发明专利 415 项；完成科技成果转化 17 项，合同金额 2 409 万元。

〔**科研成果**〕　学校粉末冶金研究院教授范景莲团队解决了通往马赫10高超飞行器锐前沿抗氧化最突出的国际技术难题，达到国际领先水平；交通运输工程学院青年教师王璞发表的“基于手机定位信息判定拥堵车源”最新成果引发国际媒体广泛关注；湘雅三医院教授王维团队成功培育出异种移植“供体猪”，标志着异种移植治疗糖尿病获生物安全性重大突破。

〔**本科招生录取分数线全面提高**〕　学校在全国73%的省份理科投档线高出当地第一批次控制线50分以上，47%的省份高出60分以上，23%的省份高出70分以上。理科投档线加权平均分高出全国第一批次控制线加权平均分57.5分，比2011年提高11.5分。理科录取平均分高出全国第一批次控制线加权平均分70分，比2011年提高10分。

〔**学位与研究生教育改革**〕　2012年，学校充分利用一级学科共享资源，发挥多学科优势，突出以教授为中心、以需求为导向、以经费为支撑，自主设置与调整二级学科；明确招生计划分配以科研经费、科研平台、科研效益、博士点规模等指标体系进行量化测算；实现博士研究生导师由职级向岗位的转变，把指导博士研究生的条件和能力作为是否成为博士研究生导师的关键因素。

〔**研究生培养**〕　学校有96人获全国研究生数学建模竞赛奖，居全国第5位；20名博士研究生获教育部博士研究生学术新人奖，居全国第10位。

〔**博士后工作成绩喜人**〕　2012年，新增博士后科研流动站7个，总数增至31个，居全国高校第10位；14人获第五批全国博士后科学基金特别资助项目，在全国高校中并列第9位；37人、39人分获第51批、第52批全国博士后科学基金面上资助项目，在全国高校中并列第11位和第8位。

〔**扩大学院管理自主权**〕　学校初步建立了二级学院保证权力运行的管理与约束机制；明确二级学院在人员聘用、高级职务评审、岗位津贴分配、二级学科设置、博士研究生导师招生资格认定等方面享有的自主权内容；明确责任追究与监督机制，完善公开制度，保障教职员工的知情权、参与权。

〔**学校收入大幅增长**〕　全年学校财务总收入33.4亿元，增幅达13%，学校的年度总收入和增幅均居教育部直属高校前20位；全年接受捐赠和国家财政配比资金共1.167亿元。学校坚持勤俭办学，行政经费开支较2011年下降20%以上。

〔**平台建设取得进展**〕　学校与美国霍尼韦尔公司签署了C919大飞机项目的机轮、轮胎和刹车系统主合同；与英特尔公司等共建透明计算技术研发平台；中国移动集团公司投资2 000万元，依托学校组建“移动医疗”教育部—中国移动联合实验室。

〔**实验室向本科生开放工作全面推进**〕　学校全年新建、改造、扩组实验室项目699个，支撑国家级本科生创新创业训练项目180个；外语自主学习、虚拟实验等部分网络平台实现24小时开放。

〔**医学教育水平继续提升**〕　学校成立了医学教育工作委员会，负责推进医学教育改革工作；医学专业学生获第三届全国高等医学院校大学生临床技能竞赛总决赛特等奖；选派20余名临床8年制医学生到美国著名大学进行共同培养。

〔**创新创业教育取得突破**〕　学校成为湖南省首批省级创业孵化基地；研究生耿占吉被国务院授予“全国创业就业优秀个人”称号；学校创新创业教育经验在《新华内参》和《国内动态清样》上刊登，得到国务委员刘延东的关注和批示。

〔**学科竞赛成绩突出**〕　学校学生获国际级奖励9项、国家级奖励238项、省部级奖励283项；学生作品获第八届“挑战杯”中国大学生创业计划竞赛金奖1项、银奖2项，并获“网络虚拟运营”专项竞赛一等奖1项。大学生社会实践教育获湖南省第十一届哲学社会科学应用研究成果一等奖。

〔**“数字中南”建设取得突破**〕　合并组建信息与网络中心；中国电信集团公司和中国移动通信集团公司分别出资1.6亿元和2 000万元，支持学校“数字中南”建设，力争建成全国数字大学的标杆。

〔**创先争优活动**〕　2012年，学校作为全国高校唯一代表在全国教育系统创先争优活动总结视频会上作典型发言；学校教授、中国科学院院士金展鹏获“全国创先争优优秀共产党员”称号；扎实推进“基层组织年”建设活动，积极开展党建工作创新品牌项目立项工作。

〔**理论学习和党风廉政建设**〕　组织学习宣传贯彻党的十八大精神，深入推进学习型党组织建设，开展校内党建工作与校内改革调研系列活动。学校党委被评为湖南省教育系统“学习型党组织建设十佳示范点”。切实推进惩治和预防腐败体系建设，廉政风险防控试点工作取得预期成效，廉政风险防控体系基本形成。

〔**思想政治教育**〕　学校教授徐建军的专著《少数民族大学生思想政治教育理论与方法》获2012年全国高校德育创新发展研究成果一等奖；学校举办的两岸青年文化交流活动获全国高校校园文化建设优秀成果一等奖。

〔**创新办医模式**〕　积极探索专科医院建设和多方合作办医新模式，成立湘雅口腔医院；湖南省肿瘤医院成为中南大学湘雅医学院附属医院；成立湘雅国际转化医学联合研究院。

〔**提高医疗服务能力**〕　学校获批国家临床重点专科37个，居全国高校前5位。

〔**医院工作得到肯定**〕　湘雅医院、湘雅三医院获卫生部“2012年度改革创新奖”，湘雅二医院获“全国卫生系统先进集体”，湘雅医院、湘雅二医院被确定为首批国家优质医院创建重点联系单位。

〔**“湘雅名医”工程**〕　启动首批“湘雅名医”评审工作，评选出以卢光琇、舒畅为代表的30名“湘雅名医”，引起社会广泛关注。

撰稿　李广川

审稿　乔硕功

中 山 大 学

〔**教育体制改革**〕 2012年，学校大力推进教育体制改革工作，承担了“实施基础学科拔尖学生培养试验计划”和“提高中外合作办学水平计划”等2项国家教育体制改革试点工作。学校管理学院成为教育部推进创新人才培养试点学院。

〔**学科建设**〕 截至2012年年底，学校本科专业新增至116个，博士后科研流动站新增至39个。

2012年，在教育部组织开展的第三轮全国学科水平评估中，学校有33个学科参评，其中1个学科位列全国高校第一名（并列），12个学科进入前五名，23个学科进入前十名，学科总体实力居于国内高校前列。

根据国际公认的学科创新性评价体系基本科学指标（即ESI）数据库统计，截至2012年年底，学校进入前1%的学科领域已达14个，包括化学、临床医学、物理、材料科学、生物与生物化学、工程学、植物与动物学、数学、环境学/生态学、药理学与毒理学、农业科学、分子生物与遗传学、社会科学、微生物学，这一数量在全国高校中排名并列第四位。

〔**科研实力**〕 截至2012年年底，学校广东省人文社科重点研究基地新增至8个，广东省重点实验室新增至26个，广东省工程实验室新增至8个。

2012年，学校有2项科研成果获国家自然科学奖二等奖（一等奖空缺），分别是教授徐安龙研究团队完成的“脊椎动物免疫的起源与演化研究”、教授毛宗万研究团队完成的“金属酶的化学模拟及其构效关系研究”。此外，肿瘤防治中心教授马骏主持的“鼻咽癌放化综合治疗及个体化治疗基础的研究”入选“中国高等学校十大科技进展”。

学校生命科学学院青年教授贺雄雷课题组研究的染色质结构如何调节DNA突变的研究成果发表在*Science*（《科学》）杂志上。这是学校近10年来首次以第一单位在*Science*（《科学》）上发表论文，实现了历史性突破。学校附属第一医院肾内科教授余学清带领科研团队联合国内20多家医院和研究机构，完成了基于汉族人群IgA肾病全基因组易感基因筛查研究，并成功发现IgA肾病新的易感基因。该研究成果在线发表于国际著名杂志*Nature Genetics*（《自然遗传学》）。学校孙逸仙纪念医院教授宋尔卫团队与中国科技大学微尺度物质科学国家重点实验室教授王均团队开展国内外合作研究，联合探索出一种靶向Her2阳性乳腺癌细胞导入小分子干扰RNA（siRNA）的方法。该研究成果以研究文章的形式发表在*Science*（《科学》）杂志的子刊——*Science Translational Medicine*（《科学转化医学》）上。

〔**学生获多项奖项**〕 2012年，在第36届ACM国际大学生程序设计竞赛全球总决赛（ACM/ICPC）中，学校代表队获世界第六（亚洲第二）；学校医学院代表队以总分第一蝉联2012年全国高等医学院校大学生临床技能大赛总决赛特等奖。

〔**社会服务**〕 截至2012年年底，学校主持或参与广东省和教育部产学研战略联盟10个，参与了5个产学研结合示范市（区）、13个产学研结合研发基地和6个产学研结合产业化基地建设，承担省部级产学研结合项目307项，直接服务于国家和地方经济社会发展。

〔**教育交流与合作**〕 2012年，学校与美国卡内基梅隆大学合作成立中山大学—卡内基梅隆大学联合工程学院。在科学研究、工程教育、技术开发和师资培训等方面进行深度合作，着力开展高水平研究生教育，并适时启动本科生学位教育，形成本科—硕士—博士完整的教育体系。

撰稿　林婵玉
审稿　陈春声

华南理工大学

〔**学科建设**〕　2012年，学校有25个博士学位授权一级学科，42个硕士学位授权一级学科，111个博士点，200个硕士点；2个一级学科国家重点学科，3个二级学科国家重点学科，2个国家重点（培育）学科，23个一级学科广东省重点学科，12个二级学科广东省重点学科；拥有工程博士和工程硕士等15个专业学位硕士授予权，19个博士后科研流动站，78个本科专业。轻工技术与工程等7个一级学科在全国高校中排名前十。加强重点学科和优势学科群建设，12个国家重点学科建设项目和7个广东省立项重点学科建设项目通过"211工程"三期建设验收。24个一级学科获评为广东省重点学科。组织16个学科参加全国第三轮一级学科评估，取得良好成绩，其中轻工技术与工程排名第一，食品科学与工程、城乡规划学、材料科学与工程、建筑学排名第三至第五。

〔**人才培养**〕　学校制订并实施《本科教学质量提升行动计划（2012—2015年）》。推进培养模式创新，新增2个创新班。截至2012年年底，创新班总数达32个。创新班实行优才优育的个性化教育，其中基因组科学创新班成立3年多，共有34人次以并列第一或署名作者身份在*Nature*（《自然》）、*Science*（《科学》）、*Cell*（《细胞》）等国际顶尖学术杂志上发表22篇学术论文。投入1 500万元，加强专业教学实验室建设。新增省级综合改革试点专业4个、省级大学生实践教育基地7个，入选教育部首批卓越法律人才教育培养基地。加强教学管理，推进"课堂教学质量管理年"建设，制作发布《本科教学质量报告（2011年）》。实施"教师教学水平提升计划"，获批建设国家级教师教学发展示范中心。国家级、省级、学校三级学生科研项目共立项823项，投入328万元，参与学生达4 000人。本科生发表中、英文论文88篇，获专利授权31项；获国际、全国和地区大奖604项，550人次在全国及省市大学生学科竞赛中获奖。

2012年，全部硕士生中专业学位学生超过55%；首次招收工程博士研究生10人，形成了完整的专业学位研究生教育体系。4篇论文获全国优秀博士学位论文提名，10篇论文获广东省优秀博士学位论文，18篇论文获广东省优秀硕士学位论文。2012年，1名研究生发表的论文入选"2011年中国百篇最具影响国际学术论文"。

〔**科学研究**〕　2012年，学校实到科研经费12.5亿元，比2011年增长20.2%。科研基地建设不断加强，获批1个国家级科研机构和6个部省级研究机构。科研成果质量稳步提升，获35项省部级科技奖励，1项成果入选2012年度"中国科学十大进展"；2011年发表SCIE论文488篇，在全国排名17位。知识产权工作成绩优异，2011年度发明专利授权量和2011年底有效发明专利拥有量均排名全国高校第七位，2011年度国际专利授权数量排名全国高校第6位；2项专利获第十四届中国专利优秀奖。产学研合作进一步拓展，与11家大型企业共建联合研发中心，牵头组建2个产业技术创新联盟，选派100多位省部企业特派员，学校工业技术研究总院新建2个分院。

〔**协同创新中心建设**〕　组织申报"广东高端制造装备"、"有机发光显示"2个"高等学校创新能力提升计划协同创新中心"，均通过形审进入会评，其中"广东高端制造装备协同创新中心"成功通过第二轮评审，在面向区域发展类别中以排名前三的成绩进入第三轮会议答辩评审。学校与东莞市共建国内首个协同创新研究院——华南协同创新研究院。

〔**师资队伍建设**〕 全面实施“杰出人才（团队）引进”、“杰出人才培养”、“创新团队培育”三大计划，新增“千人计划”入选者4人、广东省引进领军人才1人、广东省引进创新科研团队1个、“长江学者”特聘教授4人、“珠江学者”特聘教授2人、国家杰出青年科学基金获得者5人、中央组织部“青年拔尖人才支持计划”首批入选者2人、国家优秀青年科学基金获得者4人、教育部“新世纪优秀人才支持计划”入选者15人、教育部创新团队2个。加强青年教师培养，破格晋升10名青年教师为高级职称，并在学校重点发展或人才紧缺的学科（基地）设置一批青年教师先上岗教授和副教授。改革团队建设模式，突出建设重点和分级分类管理，完成第四期“兴华人才工程”团队组建工作，共组建团队281个，加入团队的教师占教师总数的86.8%。以生物科学与工程学院（生命科学创新学院）为试点，引进“千人计划”入选者11人，探索建立人才特区。

〔**文化建设**〕 制定加强文化建设的实施意见，积极开展办学历史梳理、学校精神凝练、文化建设丛书编写、校园古建筑修缮等系列校园文化建设活动，大力宣传学校的办学历史、成就和理念，达成“百年历史、甲子校庆”的共识，凝练“厚德尚学、自强不息、务实创新、追求卓越”的学校精神，营造良好的校园文化氛围。

〔**招生与就业**〕 本科生中，学校在广东省普通类理科和文科最低分考生的全省排位均较2011年有大幅提升，研究生中毕业于“985工程”和“211工程”高校的比例也保持在较高水平。2012年，毕业本科生和研究生的最终就业率均为99.10%，进入世界和中国500强企业就业的平均达21.84%，就业满意度平均达91.42%。

〔**党建与思想政治工作**〕 认真学习贯彻党的十八大精神，加强领导班子和干部队伍建设，面向校内外公开选拔1名非中共党员副校长。建立中层领导岗位后备干部制度，对二级单位领导班子及个人进行五年任期届满考核，并进行中层领导干部换届。开展“基层组织建设年”活动，深入推进创先争优活动，实施广东省抓基层党建创新“书记项目”——“实施领航计划，壮大中青年教师党员队伍”。推进党风廉政建设，顺利通过教育部、广东省委巡视组和省教育厅组织的3次反腐倡廉建设专项检查，获得良好评价。

着力打造创先争优“标杆工程”（即引导学生以先进的对象为目标，通过向“标杆”学习，使学习者得到不断改进，通过不懈努力，进而赶超“标杆”，创造追求卓越的良性循环过程，是一种有明确赶超目标的学习过程）和学风建设“卓越工程”（即从思想引领、行动推进、机制保障三个基本途径，引导和鼓励学生从哲学的层面正确理解社会和人生，从方法论的层面科学进行学习和研究、从技能的层面有效开展工作和实践三个层次开展学习，获得全面发展），大力实施“百步梯攀登计划”（即由学校团委牵头，各学院参与、配合，鼓励学生积极创新、以项目制形式运作的一项学生科技创新活动），增强学生的思想政治素质、实践创新能力和社会责任感。“百步梯攀登计划”获全国高校校园文化建设优秀成果特等奖。

〔**教育交流与合作**〕 学校与美国罗格斯大学合作成立中美创新学院，与荷兰代尔夫特理工大学合作建立城市系统与环境联合研究中心，与香港科技大学签署协议共建联合研究生院和联合研究实验室。积极促进师生交流，全年开展各类国际联合培养学生项目60余项，派出学生630人次，基本覆盖学校所有专业；聘请507名外籍专家到学校工作。举办世界名校校长论坛，共邀请近20所国内外著名高校校长到校交流。

〔**甲子校庆**〕 学校以“传承、创新、超越”为主题，按照“学术校庆、文化校庆、绿色校庆”的思路，举办建校60周年校庆活动，以此推进学校的各项工作，提升学校在国内外的知名度和影响力。

撰稿 王德林 赖扬华

审稿 陶韶菁

重 庆 大 学

〔**学科建设**〕 2012年，学校明确了在学部制管理模式下发展“精干的基础文科，较强的理科，以专业学院为主的社会科学，面向应用和国家地方产业的工程学科、建筑学科和信息学科”的总体方针；建立工程、建筑和信息学科的立体网络学科体系；理科发展重点为建设高水准的生物医药和功能材料领域学科平台；文科从专业调整、人才引进、跨学科平台建设、高水平人才引进方面，建立完善成熟的基础文科体系。

学校汽车协同创新中心、山地城镇建设与新技术教育部重点实验室、创新药物研究中心、生物医学工程联合学院、生命科学学院等跨学科平台建设长足发展；调整成立公共管理学院、新闻学院，推动电影学院管理体制改革，成立博雅学院，充分发挥文科优势，并在全校开展了通识教育。7月，学校通过“211工程”建设项目第三方验收。

〔**本科教育**〕 2012年，学校确定的人才培养目标是“培养能够适应和驾驭未来的人”，确定的教学理念是培养学生“学会做人、学会做事、学会创新”；建立“以满足社会和学生需求为根本”的改革目标，深化教育综合改革，培养学生的社会责任感、创新精神和实践能力。

11月，召开全校教学工作会，多层面开展高水平、有特色教育体系研究；投入1 100万元，立项建设11项重大教育教学改革项目，推行以提高学生素质和能力为目标的教育教学改革；完成《重庆大学高水平有特色教育体系研究报告》；获批国家级教师教学发展示范中心；新增国家拨款经费1 250万元；新增7个专业“卓越工程师教育培养计划”；获首批国家级卓越法律人才教育培养基地；获5个国家级工程实践教育中心、5个重庆市工程实践教育中心、3项国家级专业综合改革项目；机械设计制造及其自动化专业通过全国工程教育专业认证；首获中国大学精品视频公开课1门；新增市级教学名师2人、市级专业综合改革试点专业2个、市级教学团队5个、市级精品资源共享课15门；13种（17册）教材入选第一批“十二五”普通高等教育本科国家级规划教材；新增市级教学改革项目22项。新建和优化通识与素质教育选修课程65门、全校性新生研讨课9门。

组织完成23项学科竞赛工作，获各种奖项421项。其中获国际特等奖提名1项、一等奖11项、二等奖17项、三等奖9项；获全国特等奖9项、一等奖29项、二等奖50项；获其他各类奖项295项。

组织完成第五届、第六届国家级大学生创新训练项目立项评审工作，立项194项，参与学生532人，资助金额170万元；完成第三届大学生科研训练结题评优工作，结题716项，评选出优秀项目73项；组织开展第四届大学生科研训练立项评审工作，立项665项，参与学生1 860人，资助金额116.4万元。

〔**研究生教育**〕 推进有特色、高水平人才培养体系建设，成立校级研究生教育领导小组和工作小组。完善“高水平、有特色研究生教育体系研究”方案，确立以专业学位研究生教育作为学校教育品牌和特色，建立起国家—重庆市—重庆大学三级全日制专业学位研究生综合改革试点体系。面向行业开设首届高性能汽车协同中心专业学位研究生试点班。

大力推动研究生培养模式改革创新。物理学科协同欧洲核子研究组织（CERN）、中国科学院理论物理研究所等著名科研院所，构建开放式的“协同创新、联合培养”机制。学校合作培养工作入选教育部“高校与科研院所联合培养研究生典型案例”。

全面修订学术型硕士研究生培养方案，新增课程184门。同时开展学术型硕士、博士研究生培养方案一体化设计的研究，并在部分学院开展试点工作。

积极开展重庆市大学联盟研究生教学培养工作，实现学生跨校跨专业选课、教学互助、教师互派互聘，举办“联盟讲坛”。

启动“留学研究生管理规范化建设年”工作，开发并启用来华留学研究生管理信息系统。

开展导师遴选工作，新增硕士研究生导师261人、新增博士研究生导师121人，引进高水平人才特聘博士生指导教师24人。

6月，首批10名工程博士专业学位研究生入学。通过公共管理硕士专业学位教学合格评估。

〔**科学研究**〕　2012年，学校修订了《重庆大学科技奖励办法》，制定《重庆大学“2011”计划协同创新中心培育组建管理办法》、《协同创新中心章程》等11项改革办法。

全年获国家“973计划”、“863计划”、国家科技支撑计划、重大专项课题79项，获国家自然科学基金项目176项；国家级项目经费拨款首次突破1亿元，比2011年增长18.05%；获国家重大仪器设备研制专项2项、重点项目4项、优秀青年科学基金1项；获博士点基金资助项目21项，资助经费124万元。

2012年，全校共新增社科项目451项，其中纵向项目75项、国家社科基金项目22项，比2011年增长22%，省部级项目47项。全校人文社科及软科学研究活动到账经费达5 058万元。全校科研总经费达8.13亿元。

2012年，获国家科技进步奖1项；获权专利585件，其中发明专利471件、实用新型专利114件。SCI检索论文1 048篇、EI期刊核心1 700篇。学校CSSCI来源期刊论文发文量792篇，其中人文社科高水平期刊发文量295篇，比2011年增长48.9%。

〔**人才队伍建设**〕　2012年，学校实施第五轮岗位聘任和绩效工资改革，明确各级各类人员的基本职责和发展方向，改革学院工作考核评价方式，引导学院从运行和发展两个方面加强内涵建设，提升质量。

引进博士及以上高层次人才76人，其中海外人才35人，海外引进比例达46%。在引进的人才中，国家“千人计划”人选3人、副高职称及以上8人、重庆大学“百人计划”19人、专任教师46人。全年申报入选“外专千人计划”4人、“青年千人计划”3人。申报获准“长江学者”1人、重庆市“百名学术学科领军人才”3人、第二批“巴渝学者”4人。享受国务院政府特殊津贴9人。

〔**管理机制改革**〕　2012年，学校从制度总纲、指导思想和具体管理制度三个层面推进现代大学制度建设。大学章程已形成征求意见稿，学校现代化管理体系十大板块初具雏形。修订工作规范及流程，全年各二级单位出台各类规范50余件。

〔**学生资助**〕　2012年，学校认定家庭经济困难学生8 618名，占全校学生的28.7%。提供勤工助学岗位8 600个，发放国家助学金、临时生活补助等3 300万元，签订国家助学贷款合同金额330万元。

〔**招生就业工作**〕　学校有全日制在校本科生29 971人，研究生18 932人（其中硕士研究生16 366人、博士研究生2 566人）。本科毕业生7 242人，毕业研究生3 952人，继续教育学院毕业本、专科生4 581人。截至2012年年底，学校本科生就业率达95.48%，研究生就业率达98.05%。

〔**党建与思想政治工作**〕　学习贯彻党的十八大精神，深入开展创先争优活动，形成校领导定点联系、承诺践诺、三亮三比三评、晋位升级和争当先进等一系列推进创先争优活动常态化、长效化的机制。实行（亮身份、亮承诺、亮标准，比技能、比业绩、比作风，自评、群众评、领导评）教工学生支部“结对共建”制度，全校共结对308个。6月，学校党委被评为重庆市“创先争优先进基层党组织”。

完成党的十八大代表及重庆市第四次党员代表大会代表推荐工作。推荐何玉林作为党的十八大代表，欧可平、林建华、鲜学福作为重庆市党员代表大会代表。

深入开展基层组织建设年活动，完善“教学党支部建在教研团队、科研党支部建在科研平台、研究生党支部建在学科专业、本科生高年级党支部建在班上”的组织设置。全校共有党支部574个，其中教职工党支部224个、本科生支部165个、研究生支部172个。教职工支部中，设置“985工程”科研团队党支部11个、党小组1个，涉及7个“985工程”建设平台；设置教学基层组织教学团队党支部92个。学生支部中，按专业设置的研究生党支部143个，按班级设置的本科生党支部75个。

组织邀请各级党政领导、各行业杰出领袖、各学科专家学者和各届优秀毕业校友共50余名，走进校园开展“看科学发展与信仰对话”报告会近千场，参与学生近5万人。全校共建立851个班级团组织微博，占全校班级团支部数的79.38%。截至2012年年底，全校85%的社团开通微博，其中校级社团113个，开通率达100%。组织开展“党团手牵手，永远跟党走”、“劳动·创造·奋斗——我的青春故事”等主题教育活动。其中“党团手牵手，永远跟党走”主题活动，通过优秀党员事迹报告会等形式，实现了“党建带团建，党团手牵手”形式的创新，全校共有200余个团支部参加了该活动，举办各类活动107场。首次招募来自北京大学、清华大学等高校的47名“985工程”高校学生及学校10名留学生、28名2012级新生在暑假参与共青团市民学校建设。先后共组织562人次走进市民学校服务，开展活动263次。学校绿色青年志愿者服务队获第六届中国青年环境保护资助行动优秀团体，学校环保者协会获阿克苏诺贝尔中国大学生社会公益奖。

修订《重庆大学普通本科学生管理规定》、《重庆大学普通本科学生违纪处分办法》。开展“优秀学生之家”创建活动，评选校级先进班集体、文明寝室290个，优秀学生、优秀学生干部、优秀毕业生、优秀毕业生干部、学生精神文明建设先进个人、学生科技学术创新先进个人、学生体育活动先进个人、学生文艺活动先进个人等4 384人，先进班集体、文明寝室、先进个人标兵31个（人）。组织170名本科生到重庆市企事业单位进行寒假带薪实习，1 044名本科生到重庆市131家企事业单位和26家浙江商会企业进行暑期带薪实习。

〔**教育交流与合作**〕 2012年，学校共有1 170名留学生，比2011年增加150名。学校意大利比萨孔子学院外方院长获年度全球先进个人。

2012年，学校新签校际合作协议17个。获批中外合作办学项目——工商管理博士（DBA）学位项目1项，申报、筹建3项（学校经管学院与越南商业大学联合工商管理硕士项目、学校与比利时安特卫普大学合建国际物流学院、学校与辛辛那提大学联合设立本科协同教学工程学院）。全年聘请各类长短期外籍专家405人，其中工作3个月以上的外籍教师和专家共50人。

与重庆市大学联盟各盟校交换学生257人次，教师互聘30余人次，共享高水平学术讲座150余场次；卓越联盟（即由北京理工大学、重庆大学、东南大学、大连理工大学、哈尔滨工业大学、华南理工大学、天津大学、同济大学、西北工业大学9所具有理工特色的重点综合性大学组成的卓越人才培养合作高校的简称）自主招生工作全面展开，图书馆知识共享服务平台正式开通。

完成学校教育基金会“国家级基金会”的注册升级，全年全口径社会筹资达2.1亿元。

〔**支撑条件建设**〕 2012年，学校总收入达32.65亿元，同比增长2.47亿元，增幅为8.19%。成立国有资产管理办公室，截至2012年年底，学校资产总计59.82亿元，同比增长26.49%。创新科研经费管理体制，成立“科研经费管理办公室”，实现科研经费“一条龙”服务。全面推行“投递式”报销新模式。

2012年，通过建立现代企业制度，确保学校经营性资产的保值增值。全年各全资或控股企业共实现营业收入5.6亿元，净利润达4 000万元。

修订并实施学校中长期公房使用规划，成立教室管理中心和会议中心，建立实验室技术安全管理层级及二级单位工作例会制度。

完成文科图书馆建设整体规划，特色文献数字化项目通过验收；完成教学管理系统虚拟化服务器平台建设；完成校内办公平台升级改造，启动基础数据平台建设。

撰稿　张旭东　李四维

审稿　肖铁岩

西南大学

〔**综述**〕 截至 2012 年年底，学校占地 5 477 811 平方米，校舍面积 1 832 236 平方米，学生 55 042 人，教职工 4 764 人。学校下设 32 个学院（部），办学涵盖 12 个学科门类、55 个一级学科。有 21 个一级学科博士学位授权点、46 个一级学科硕士学位授权点、107 个本科专业。

〔**学科建设**〕 参加 2012 年教育部学位中心学科评估，心理学等 8 个一级学科进入前 10，其中心理学进入前 3。制订《西南大学学科战略发展规划》，发布《西南大学学科年度发展报告》。"211 工程"三期建设通过教育部验收。6 个研究型学部（院）及学科与科技创新平台签订目标责任书。组建电子信息工程学院。

〔**人才培养与教育教学改革**〕 加强"本科教学工程"建设，获准国家级实验教学示范中心 1 个、国家和重庆市精品视频公开课程 5 门，入选教育部 2012 年全国大学生创新年会项目 3 个，获准教育部第一批"十二五"普通高等教育本科国家级规划教材 5 部、农业部"十二五"规划教材 33 部。推进本科教育国际化，加强全英语专业和全英文课程建设。完善本科教学质量监控与保障体系，成立本科教学工作学生咨询委员会。成功申报国家级教师教学发展中心。召开加强教风学风建设大会。国防生"7+1"（即前 7 个学期在校内进行，完成国防生的课程学习、毕业设计、毕业论文撰写和毕业答辩等专业培养任务，同时按计划进行日常军政训练。最后 1 个学期到基层部队进行集中训练，与部队官兵同吃、同住、同训练，以普通一兵身份参加所在连队的政治教育、军事训练、外勤任务）培养模式受到解放军总后勤部的高度肯定。学生获全国大学生机械创新设计大赛二等奖，第八届"挑战杯"中国大学生创业计划竞赛银奖和全国大学生数学建模竞赛一、二等奖。

成立研究生院，启动研究生创新培养机制改革和提升教育质量"六大工程"（即优质生源保障、培养质量提升、专业学位建设、导师队伍培育、研究生教育管理、国际化推进）。开展研究生开题报告查新，实施博士研究生预答辩制。获全国优秀博士学位论文提名奖和全国优秀教育硕士学位论文奖各 1 项。研究生发表多篇高水平论文，351 篇论文被 SCI、SSCI、EI 等索引，较 2011 年增长 11%。

〔**科研工作**〕 到校科研经费达 4.5 亿元，较 2011 年增长 18.4%。首获国家软科学重大研究计划项目和外国青年学者研究基金；新增国家社会科学基金重大项目 3 项、重点项目 6 项；获千万级项目 19 项；国家自然科学基金项目达 106 项；获"973"计划等国家级项目 153 项。获国家科技进步二等奖、第十四届中国专利奖各 1 项；入选《国家哲学社会科学成果文库》1 项；研究成果在 *Nature Biotechnology*（《自然生物技术学》）上发表，影响因子达 31.1；获高等学校科学研究优秀成果奖（人文社会科学）11 项；省部级奖励 13 项。建立校级协同创新中心 6 个、市级协同创新中心 1 个、联合协同创新中心 1 个，新增省部级科研平台 11 个。省部共建国家重点实验室培育基地通过验收。获国家农业科研杰出人才创新团队 2 个。成立中国乡村建设学院；由市政府牵头、市教委主办、学校承办的重庆国学院落户学校。获授权专利 137 件，较 2011 年增长 50%。

〔**人才队伍建设**〕 召开人才人事工作会，出台《西南大学师资队伍建设计划（2012—2020 年）》。师资队伍整体水平得到提高，专任教师具有博士学位的比例达 44.3%，较 2011 年增长 3%；具有出国留学经历的人数达 21.3%，较 2011 年增长7.6%；获2012年度“全国教书育人楷模”和第五届“全国优秀科技工作者”称号各1人。高层次人才引进和培养取得突破性进展，引进“外专千人计划”2人、“青年千人计划”2人、“长江学者”特聘教授及其团队4人、“长江学者”讲座教授1人，新入选教育部“新世纪优秀人才支持计划”9人。获准博士后流动站2个。完成第二轮岗位聘任工作，首次开展晋升三、四级职员工作。补充新进师资107人，新聘教授45人、副教授138人。

〔**党建工作**〕 加强政治理论学习。完善党委中心组学习制度，开展党委中心组学习9次。组建党的十八大精神宣讲团，深入各二级党组织、各单位宣讲30余场，做到了党员、师生全覆盖。

加强基层党组织建设。6月，召开了创先争优表彰大会。推进基层党组织建设年各项工作，实施“双千双带”（即组织千名教师党员联系学生寝室，发挥教师党员育人带动作用；组织千名学生党员联系学生入党积极分子，发挥学生党员示范带头作用，推进党员服务师生的制度化、具体化、常态化）活动，促进党员服务师生的制度化、具体化、常态化，《教育部简报》单篇予以报道。全年发展党员3 580余名，预备党员转正2 534人，其中发展教职工党员15名，共培训入党积极分子8 000余人。举办党务秘书业务培训2期、“双高”青年教师（即40岁以下的、具有正高职称和博士学历的教师）党员培训2期。完善党支部设置，推进党支部分类定级、整改提高。出台《西南大学特邀组织员实施意见》，聘请特邀党建组织员27名。学校党委被重庆市委表彰为“创先争优先进基层党组织”，5个先进二级党组织、10名优秀共产党员受到市委教育工委表彰。

加强领导班子和干部队伍建设。2012年，新提拔处级领导干部17名，轮岗交流、平级调整5名。开展科级机构调整和科级领导干部整体换届聘任工作，共聘任科级干部298名，其中提拔任用68名，轮岗交流、平级调整30名。与国家教育行政学院联合建立了学校干部远程培训在线学习中心。组织25名正处级干部赴加拿大多伦多大学进行“高等教育改革创新”专题培训。专题培训新任处级领导干部70余人。

加强党风廉政建设。制定《西南大学党风廉政建设责任制实施办法》等文件，召开党风廉政建设工作会，建立纪检监察联席会议制度。对70余人次领导干部进行廉政谈话，对64名处级干部实施了离任经济责任审计。开展执法监察，及时纠正和处理出现的不规范行为。

加强统战群团工作。推动民主党派加强自身建设，做好党外知识分子实职和政治安排工作。完成民主党派各支部换届和调整工作。办好社会主义学院，加强党外干部队伍和后备干部队伍建设。贯彻落实民族宗教、侨台及留学人员政策。学校获“重庆市统战工作先进单位”、“重庆市民族团结进步创建活动示范单位”称号。坚持“党建带团建”，深入开展纪念建团90周年系列活动，引导共青团当好党的助手和后备军。加强工会、教职工代表大会建设，修订《西南大学教职工代表大会实施细则》，召开第二届三次工会会员代表大会暨教职工代表大会。推进社会科学技术联合会、科学技术协会的工作。

〔**第二次党代会**〕 11月2—3日，学校召开第二次党代表大会，审议、批准了学校党委书记黄蓉生代表学校上届党委所做的《坚持科学发展，深化改革创新，为建设特色鲜明的高水平综合大学而奋斗》的报告，审议、批准了学校纪律检查委员会《深入推进党风廉政建设，为学校科学发展提供坚强政治保证》的工作报告，选举产生了新一届中共西南大学委员会和纪律检查委员会。会议回顾、总结了学校建设发展取得的突出成绩和基本经验，提出未来5年的奋斗方向和重点任务，实现了学校党委领导班子和纪委领导班子的新老交替。

〔**学生思想政治教育**〕 实施大学生思想政治教育创新工程。健全“阳光”品牌心理健康教育特色工作体系，成功申报“青爱小屋”建设项目。建立“1+X”多元立体化资助体系，发放各类奖助学金1.52亿元，覆盖面达70%。获2011年度高校辅导员优秀论文评选活动一等奖1项、全国高校优秀辅导员优秀博客奖和优秀博文奖各1项；学生女子国旗班被共青团中央授予2011年“全国五四红旗团支部”称号；1人获2011全国高校辅导员年度人物评选活动入围奖、1人获全国高校辅导员职业技能竞赛优秀奖；免费教育师范生刘静环活体捐献眼角膜被媒体誉为“最美女大学生”。

〔**招生与就业**〕 2012年，招收本科生9 980人、研究生5 599人（含免费师范生教育硕士）。一本提档线高于当地重点线20分以上的省份达23个，第一志愿录取率达98.3%。非在职博士研究生比例达46%，较2011年增长6%；“211工程”院校硕士研究生生源比例达32%，较2011年增长9%。2012届毕业生12 868人，初次就业率达90.2%。

〔**社会服务**〕 新签战略合作协议23项，是“十一五”期间的总和；新签科教合作项目231项，项目经费达3 321万元，较2011年增长28.5%。启动服务重庆现代农业发展的“重庆行动”，参与成渝经济区建设，拓展石柱模式，筹建石柱研究院。签订技术转让、技术开发等项目合同150多项，合同经费达9 000多万元。为社会提供有效咨询研究报告100余件，为地方培训干部、师资、专业技术人员和农村产业人才1.3万人。对口支援毕节学院、新疆和田师范专科学校工作成效明显。

〔**校园文化建设**〕 加强校园主流媒体建设，青春缙云网被评为全国高校百佳网站；建设“崇德先锋”理论学习专题网站，为学习宣传党的十八大和学校第二次党代会精神营造思想舆论氛围。积极培育校园文化品牌，创作《西南大学校歌》，推出《西南大学印象》宣传纪念邮册等一批校园文化产品。获高校文化传承创新研究论坛优秀成果二等奖1项、全国首届高校廉政文化作品大赛艺术展演一等奖1项。4月28日，在第四届重庆大学生戏剧节上，学校实验剧社原创青春话剧《蝶恋花答李淑一》获“优秀创作剧目奖”、“优秀演出奖”和“优秀组织奖”，教师郑劲松、艾熠获“优秀指导老师奖”，学生肖泽钦、连欢获“优秀表演奖”。

〔**教育交流与合作**〕 学校与37所国（境）外高校和机构新签或续签了合作协议，举办国际会议4个，接待来自30多个国家和地区的专家和教师324人次。聘请长期外籍教师66人、外国专家40人，资助短期访问项目30项。派出汉语教师志愿者38名，教师境外留学、访问、培训和交流235人（其中50名教师出国留学）；43名研究生公派留学出国，较2011年增长43.3%；互派交换生、实习生281名。招收来自61个国家的留学生748人，较2011年增长3.6%，其中学历生比例增长5%。

撰稿　韦　俊

审稿　张卫国

四川大学

〔**学科建设**〕 2012年，在教育部发布的一级学科评估结果中，学校参评的56个学科排位前5%的学科是口腔医学；排位前10%的学科是口腔医学、护理学和数学；排位前15%的学科达17个，学科建设再上新台阶。

〔**科学研究**〕 2012年，全校科研总经费达18.41亿元，其中理工医科研经费达16.97亿元；社会科学科研经费达1.44亿元。获科技部各类项目180项，专项经费4.27亿元；获国家自然科学基金各类项目394项，经费2.45亿元；获国家自然科学基金委创新群体1个、杰出青年科学基金获得者3人、优秀青年基金获得者7人。根据中国科学技术信息研究所公布的数据，学校SCI收录论文达2 448篇，连续3年列全国高校第5位。发表“表现不俗”论文732篇，列全国高校第7位。

〔**“高等学校创新能力提升计划”全面推进**〕 7月，学校制定了《四川大学贯彻落实“高等学校创新能力提升计划（2011计划）”的办法》，启动了首批9个协同创新中心建设。在学校牵头组建的3个协同创新中心中，“生物治疗协同创新中心”和“生物材料科技协同创新中心”已推荐申报国家级协同创新中心，“中国西部边疆安全与发展战略协同创新中心”在北京举行揭牌仪式。同时，学校还积极参与了“中国南海研究协同创新中心”等6个协同创新中心的建设。

〔**获4项国家科技奖**〕 2012年，学校共有4项优秀科技成果获2012年度国家科学技术奖，分别是：化学学院教授冯小明等完成的“含氮手性催化剂的设计合成及其不对称催化有机反应研究”获国家自然科学奖二等奖；水力学与山区河流开发保护国家重点实验室教授许唯临等完成的“高水头大流量泄水建筑物分级防冲防蚀成套技术”获国家技术发明奖二等奖；生命科学学院教授王红宁等完成的“猪鸡病原细菌耐药性研究及其在安全高效新兽药研制中的应用”获国家科技进步奖二等奖；华西口腔医学院教授李龙江等参与完成的“涎腺肿瘤治疗新技术的研究及应用”获国家科技进步奖二等奖。

〔**获多项重大科技项目**〕 2012年，学校获国家科技支撑计划项目3项，分别是：教授谢和平的“二氧化碳矿化利用技术研发与工程示范”，专项经费2 000万元；教授张兴栋的“骨科\神经及术中新型生物医用材料”，专项经费3 255万元；教授樊瑜江的“软骨诱导性胶原水凝胶材料的研发及临床应用”，专项经费815万元；获“973计划”项目1项，为教授黄卡玛的“支撑微波能高效工业应用中的新型微波源基础问题研究”，专项经费3 112万元；获“863计划”主题项目1项，为教授游劲松的“新型纳米能源材料与器件关键制备技术”，专项经费2 317万元；获重大科学研究计划项目1项，为教授黄灿华的“病毒诱导肿瘤发生的氧化还原蛋白质组研究”，专项经费2 240万元；获青年重大研究计划项目首席1项，为教授张楚虹的“安全、轻质、高效的新型全固态锂电子电池关键材料纳米制备科学问题研究”。

〔**获国家社科基金重大招标项目2项和教育部人文社科重大攻关项目1项**〕 2012年，以学校文学与新闻学院教授刘亚丁为首席专家申报的“俄罗斯《中国精神文化大典》中文翻译工程”项目和以商学院教授徐玖平为首席专家申报的“重特大灾害社会风险演化机理及应对决策研究”项目，获国家社科基金重大招标项目；以学校文学与新闻学院院长曹顺庆为首席专家申报的“英语世界中国文学的译介与研究”项目，获教育部哲学社会科学研究重大课题攻关项目。

〔**3门课程入选教育部精品视频公开课建设计划**〕 5月7日，学校教授李平讲授的“公司法原理”、教授王建平讲授的“民事案例分析”和教授邹方东讲授的“细胞命运（细胞生物学）”3门课程入选“2012年中国大学精品视频公开课”第一批建设选题。

〔**新增5个博士后科研流动站**〕 10月，学校获准新增5个博士后科研流动站，分别为：新闻传播学、考古学、世界史、特种医学、护理学。截至2012年年底，学校博士后科研流动站总数达33个。

〔**启动“实践及国际课程周”**〕 6月，为扎实推进本科“323＋X”创新人才培养计划，着力提升本科教学质量，学校决定，每学年春季学期末设立“实践及国际课程周”，开展多种创新实践活动和国际交流活动。

〔**召开本科教学工作会**〕 9月19日，学校召开2012年本科教学工作大会。会议认真分析了学校本科教育教学取得的成绩和面临的问题，提出了重点推进探究式、小班化课堂教学改革，进一步要求强化教师对教育教学的投入程度，加强对教育教学过程的监督力度，全面推进学校精英教育、个性化教育、全面发展教育，并着重提出了实施强化基础学科教育、加强课程质量建设、扩大实施交叉培养专业试点工程等6项计划或工程，进一步打造具有国际竞争力的人才培养体系。

〔**推进现代大学制度建设，完善学校内部治理结构**〕 学校构建了以“两支队伍，三个层次”（“两支队伍”指固定教师队伍和专职科研队伍；“三个层次”指固定编制教师、聘用制教师和助理制教师）为鲜明特色的用人机制，建立了以岗位考核、年度考核和聘期考核为重点的三级考核评价体系。组织编撰《四川大学规章制度汇编》，对部门职责、岗位职责、工作流程、责任追究等程序进行了规范再造，“管、办、评”分离的校内办学和管理评估机制进一步健全。发布2011年《四川大学各学院年度发展评估报告》。成立了《四川大学章程》起草领导小组、专家委员会和文字起草小组，形成了学校章程的总体框架。

〔**与贵州省政府签署战略合作协议**〕 10月24日，学校与贵州省政府签署战略合作协议。贵州省省长赵克志、副省长谢庆生、校长谢和平等出席签约仪式。协议明确：学校在人才培养、科学研究、医疗卫生、文化旅游等方面与贵州省开展全面合作。

〔**成立喜马拉雅文化及宗教研究中心**〕 12月21日，由学校和四川省国际和平与发展研究中心、四川随缘投资咨询有限公司共同发起成立的喜马拉雅文化及宗教研究中心举行签约仪式。该中心的成立对促进学校学科建设、促进中国西部边疆地区经济社会发展、为国家和地方提供积极的政策咨询等具有特殊的意义。

〔**举办中国化学会学术年会**〕 4月13—16日，由中国化学会主办和学校承办的中国化学会第28届学术年会举行。本届学术年会以“化学的使命”为主题，包括50位两院院士和第三世界院士在内的5 500名专家、学者等应邀参会，共设立了19个分会场、9个论坛（包含6个中外双边论坛），是历届年会中参会人数最多、层次最高、规模最大的一届年会。

〔**举办世界生物材料大会**〕 6月1—5日，学校与成都市共同承办了第九次世界生物材料大会，这是全球生物材料界规模最大、层次最高的综合性盛会，也是大会创办32年来首次在发展中国家举办的大会，标志着中国生物材料科学与工程的发展已进入世界前列。会议以“新型生物材料及其与再生医学交叉的前沿”为主题，国内近20位院士和国际生物材料学会联合会授证的110位国际杰出生物材料专家出席了大会。

〔**学习、宣传、贯彻党的十八大精神**〕　11月20日，学校制定了《四川大学关于深入学习宣传贯彻党的十八大精神的实施意见》，成立了学习贯彻党的十八大精神宣讲团，组织各类专家宣讲报告40余场；召开座谈会、主题论坛、演讲比赛等学习宣传活动100多场；通过微博平台开展网上宣传教育活动，吸引了近万名学生参与。通过宣讲报告、座谈会、理论研讨会、主题论坛、演讲比赛等多种形式，组织引导广大党员和师生全面准确学习领会党的十八大精神。

〔**创先争优活动**〕　学校以“落实教育规划纲要、服务学生健康成长”为主题，深入开展“为民服务创先争优”活动。7月，学校水利水电学院党委获中共中央组织部授予“全国创先争优先进基层党组织”称号；9月，学校文学与新闻学院教授王红获中共四川省委授予的“全省创先争优优秀共产党员”称号；10月21日，学校召开了创先争优活动总结表彰大会，对189个先进集体和421名优秀个人进行表彰。

〔**中央第三巡视组到校巡视**〕　3月15日至4月23日，中央第三巡视组进驻学校开展巡视试点工作，对学校领导班子及其成员贯彻执行党的路线方针政策和决议决定等方面的情况进行了全面监督检查。学校召开了汇报会、座谈会11次，完成巡视组与120多名干部教师个别谈话、调阅相关文件、档案和会议记录以及进行民主测评和问卷调查等相关组织工作。巡视组充分肯定了学校各方面工作取得的成绩，指出了存在的问题和不足，并提出了改进的意见和建议。学校成立了整改工作领导小组和督查小组，制订了《关于对中央第三巡视组反馈意见的整改方案》。在分解细化的174项整改任务中，年内需完成整改的52项已完成51项，另外1项已启动整改，余下的122项已于年内启动。

〔**华西医院获评中国医院排行榜第二名**〕　11月24日，复旦大学医院管理研究所推出了“2011年度中国医院排行榜”。学校华西医院以综合得分89.42排名第二，其中专科声誉得分69.42，排名第二；科研学术得分20.00（满分），排名第一，这是华西医院连续第三年获评该榜单第二名。

〔**发布“美丽中国”系列研究报告**〕　12月2日，学校“美丽中国”评价课题组率先在全国发布了《“美丽中国”省区建设水平（2012）研究报告》和《“美丽中国”省会及副省级城市建设水平（2012）研究报告》，引起社会的广泛关注。

〔**校园文化建设**〕　4月27日，学校三届二次教代会暨二届二次工代会召开。会议以“提升川大文化自觉自信，切实加强‘五风’建设”为主题，明确提出要抓“五风”（校风、教风、学风、文风、机关作风），促“四力”（广大师生员工的凝聚力、学校工作的执行力、学校的社会影响力和国际竞争力），并确定2012年为“校园文化建设年”。学校启动实施了校园文化视觉形象识别系统工程7大建设专项，提出了学校主色调、校旗和校歌方案，并对123处校园道路、楼宇、景观进行了重新命名。在校风建设方面，开展了“最好的时光——川大记忆”主题展览等系列活动，编写了《张澜与四川大学》、《川大名言》等校史图书；在教风建设方面，制定出台了《四川大学关于进一步加强教风学风建设的若干意见》等系列文件，推动优秀笔记教案征集示范工程；在学风建设方面，各学院全面实施了“名誉班主任”制度，部分学院在此基础上还实施了“班主任导师制”和“优秀学长制”；在文风和机关作风建设方面，制定了《四川大学贯彻落实“八项规定”的实施办法》、《四川大学机关服务公约》，并开展了“凝练部门（学院）精神”主题活动。

〔**纪念张澜诞辰140周年**〕　5月11日，纪念张澜诞辰140周年暨张澜教育思想研讨会在学校举行，追忆缅怀张澜先生的伟大精神和崇高品格，进一步继承和弘扬张澜先生丰富的教育思想。全国政协副主席、民盟中央第一副主席张梅颖出席研讨会并做主题发言。

撰稿　杜小军　汤　彦
审稿　罗中枢　李光宪

西南财经大学

〔**研究报告获党和国家领导人重要批示**〕 2012年2月，国务院副总理李克强、张德江分别对学校保险与社会保障研究中心主任林义主笔的研究报告《政府采购“新农保”服务的做法、问题和建议》做出批示。政府采购“新农保”服务，是政府将新型农村社会养老保险的具体经办和管理服务委托给第三方专业机构完成并支付服务费用的一种社会保险管理机制创新。林义与国家行政学院决策咨询部博士蒲实合作，带领研究团队经过长期系统跟踪研究，对政府采购“新农保”服务的创新模式、主要成效、有待破解的难题进行分析总结，并提出相关政策建议。这是学校金融学科群建设中，社会保险与商业保险融合发展领域取得的新成果。

〔**学科建设**〕 学校“211工程”三期建设项目通过教育部专家组验收。学校牵头组建了“中国金融发展与金融安全协同创新中心”，成立了金融学科群发展委员会，加强与“一行三会”及各大金融机构的紧密联系。根据教育部第三轮学科评估结果显示，理论经济学、应用经济学、工商管理、法学4个博士学位授权一级学科总体保持良好发展态势。重新论证梳理自主设置的二级学科，通过评审答辩，确定设置法律经济学、数理金融学、金融工程等26个目录外二级学科及经济哲学、农业经济学2个交叉学科。

〔**人才培养**〕 全面实施“金融学科群”三类人才培养计划，采用跨学院机制建设“货币金融学”、“公司金融”、“投资学”、“金融经济学”等金融学科群本、硕共同核心课程。持续加强光华创新实验班、国际化创新人才实验班等重点人才培养项目建设。启动“金融创新人才本硕贯通试点班”，实施“博士生培养创新项目（北京）”。完善研究生奖助学金体系，加大博士研究生科研资助力度，全年资助200万元。获全国优秀博士学位论文1篇，实现零的突破。课程教学范式转变持续推进，成立学生学业指导中心。教师教学发展中心获批国家级教师教学发展示范中心，现代金融创新实验教学中心获批国家级实验教学示范中心。法学教育实践基地获批国家大学生校外实践教育基地，入选全国首批卓越法律人才教育培养基地。获批国家级大学生创新创业项目150项。完成国家大学生文化素质教育基地网站建设，成立学校文化素质教育网络课程中心。进一步完善学生综合评价体系和表彰激励机制，增加单项奖覆盖面，全年表彰奖励学生2.1万多人次，奖金达1 000多万元。2012届毕业生平均就业率达95%，考研、出国（出境）毕业生占毕业生总数的33.28%。

〔**科学研究**〕 启动校级重点研究基地和创新团队项目建设，实施国家社会科学、自然科学基金项目的预申报制度，启动交叉与新兴学科项目、学术专著出版与后期资助项目及决策咨询与应急需求项目。全年共发表CSSCI论文245篇、SSCI论文43篇、SCI论文51篇；获国家及省部级项目共100项，其中国家级课题64项、省部级课题36项，经费总额1 120余万元；横向课题立项147项，课题经费达1 400万元；获省部级以上科研奖28项。举办“第九届中国金融论坛”、“2012全球化进程国际学术大会”等重要国际国内学术会议38场，举办光华讲坛276场。《经济学家》获国家社科基金学术期刊资助。

〔**1专著获第六届吴玉章人文社科奖经济学一等奖**〕 10月3日，著名经济学家、学校发展研究院院长李晓西的专著《中国市场化进程——李晓西的观察与思考》获第六届吴玉章人文社科奖经济学一等奖。

〔**现代金融创新实验教学中心获批国家级实验教学示范中心**〕　9月，学校现代金融创新实验教学中心获批“十二五”国家级实验教学示范中心。这是学校在实验教学方面取得的又一重要成绩，也是学校获批经济管理实验教学中心之后的第二个国家级实验教学示范中心。

〔**制订《西南财经大学哲学社会科学繁荣计划(2011—2020年)》**〕　为更好地适应国家繁荣发展哲学社会科学的新形势和新要求，全面提升学校哲学社会科学研究质量和水平，经过校内外多次调研座谈，制订了《西南财经大学哲学社会科学繁荣计划（2011—2020年)》。

〔**人才队伍建设**〕　学校特聘海外院长2名，引进40名年薪制教师。扎实推进“可持续教师储备计划”、“青年教师成长项目”。3名教师到美国大学“跟教”学习，55名教师参加国外培训，45人次教师出国进修访学，18名中层干部赴多伦多大学接受培训。在广泛调研论证的基础上，按照国际通行惯例，通过调整期刊等级目录等，研究制定教师工作业绩综合评价暂行办法，完善学校人才评价标准和体系。新增中央组织部“青年拔尖人才支持计划”2人、教育部“新世纪优秀人才支持计划”7人、四川省“百人计划”4人。中国家庭金融调查与研究中心获“中国侨界贡献创新团队奖”。

〔**举行首届“刘诗白经济学奖”颁奖典礼**〕　12月8日，首届“刘诗白经济学奖”颁奖典礼在北京举行。刘诗白经济学奖是由“刘诗白奖励基金评奖委员会”与学校共同设立、面向全国评选的经济学奖项。该奖设立的宗旨是：推动哲学社会科学繁荣发展，支持和促进经济学重大理论创新，推动中国问题中国研究；向为繁荣中国经济学学术事业做出杰出贡献的大师致敬；发挥学校在学术创新与文化传承中的引领作用。获首届刘诗白经济学奖的5项成果分别是中国人民大学教授黄锟的专著《中国农民工市民化制度分析》、中国人民银行货币政策二司副研究员伍戈的论文《中国的货币需求与资产替代：1994—2008》、复旦大学教授陈诗一的专著《节能减排、结构调整与工业发展方式转变研究》、学校教授刘崇仪的专著《经济周期论》、南京大学教授沈坤荣的论文《投资效率、资本形成与宏观经济波动——基于金融发展视角的实证研究》。

〔**曾康霖获“中国金融学科终身成就奖”**〕　11月24日，2013年度“中国金融学科终身成就奖”颁奖典礼暨第九届“中国金融论坛”在学校举行。学校教授曾康霖获刘鸿儒金融教育基金会授予的2013年度“中国金融学科终身成就奖”，以表彰其在中国金融学科建设与金融人才培养中所做出的突出贡献。

〔**体制改革和内部管理改革持续深化**〕　学校承担的4项国家教育体制改革试点项目顺利推进，得到教育部检查组充分肯定。学校进入“教育部章程建设试点高校”。

〔**召开第十二次党代会**〕　2012年，学校召开第十二次党代会，大会全面总结了学校党的建设和改革发展取得的主要成就和基本经验，深刻分析了学校改革发展面临的机遇和挑战，更加坚定了走以质量提升为核心的内涵式发展道路，确立了建设特色鲜明高水平研究型大学的目标，明确了未来5年学校工作的总体要求和主要目标任务，提出了“特色发展”、“人才强校”、“创新驱动”、“深度开放”四大核心战略和制度、文化、资源、民生四位一体的战略支撑体系。特别针对事关全局的重点领域、需要着力突破的关键问题、亟待提升的核心指标提出了行动计划及措施，并对未来5年党的建设工作进行了全面部署。大会选举产生了学校第十二届委员会和第七届纪律检查委员会，形成了新一届领导集体。

〔**党建工作**〕　组织开展“科学发展、辉煌成就”主题活动，以集中学习、宣讲会、撰写调研报告等方式组织全校深入学习贯彻党的十八大精神。深入开展基层组织建设年活动，全面落实学校党委关于学习贯彻基层组织工作条例实施意见，在调研的基础上起草制定了学校基层党组织工作规范。组织基层党组织负责人赴井冈山、延安培训，立项建设100项“基层党建创新项目”。以党建育人为工作理念，切实做好党员发展、教育和管理工作，提高党员培养及发展质量。成功承办教育部首届全国高校党建工作创新论坛。加强干部队伍建设，推行“正处级干部年终述职测评、副处级干部单位考核”新型考核评价办法，进一步完善了单位及干部绩效考核制度。深入推进反腐倡廉建设，推动党风廉政建设责任制在二级单位的贯彻落实，全面启动廉政风险防范管理工作，全年领导班子及其成员无违规违纪情况发生，学校也无重大违规违纪案件发生。启动首届“十佳优秀辅导员”评选活动，评选出2012年“十佳优秀辅导员”。校团委获“全国五四红旗团委”称号。学校党建工作经验得到了教育部党组的充分肯定，分别在2012年全国高校学生党建工作现场经验交流会、首届全国高校党建工作创新论坛上作大会交流。

〔**思想政治教育工作**〕 2012年，学校以“三自”（即提高学生的“自我管理、自我教育、自我服务”能力）平台建设为重点，将社会主义核心价值体系融入思想政治教育全过程，思想政治教育的感染力和实效性不断增强。

〔**校领导班子换届工作**〕 作为教育部首批试点高校，学校党委积极配合教育部党组完成了面向海内外公开选拔校长工作。顺利完成学校行政领导班子副职换届工作。

〔**教育交流与合作**〕 学校与国内外高校和企业签署合作协议27份，获批孔子学院2所，获教育部与国家外国专家局海外名师项目1个、常规项目及特色项目11个。教师赴境外交流255人次、学生出国（境）学习908人。获国家留学基金委“优秀本科生国际交流项目”2个。举办首届国际学生暑期夏令营。设立100万元留学生奖学金，留学生规模持续增加，结构不断改善，长期留学生数量增至346人，攻读学位留学生增至134人，增幅分别为14%、57%。

〔**校园文化**〕 学校制订了校园文化建设整体规划，成立了校园文化建设委员会及咨询委员会。学校校名、校徽等179件商标注册生效。摄制学校宣传片《改变世界的力量》。启动《西南财经大学年鉴》编辑工作。获2012年教育部高校校园文化建设优秀成果一等奖1项、四川省高校校园文化建设一等奖和优秀奖各1项。《西南财大报》获全国新闻奖3项。学校光华园网站获教育部2012年全国高校百佳网站称号。在全国第三届全国大学生艺术展演中，学校获“优秀组织奖”及非专业组全国单项二等奖。

撰稿 陈奇志 金元平

审稿 张宗益

西南交通大学

〔**“十二五”发展规划顺利推进**〕 《西南交通大学中长期发展战略纲要暨2011—2015年发展规划》经2012年第一次党委常委会审议、第一次党委全委会审定通过后，学校立即启动了《规划》的宣传贯彻工作。学校相关部门相继出台了8个专项规划和18个分规划，系统落实《规划》中提出的指标任务和发展目标，年度执行情况良好。

〔**学科建设**〕 2012年，学校“轨道交通运输工程优势学科创新平台”和“211工程”三期分别完成国家验收工作。新增计算机科学与技术博士后科研流动站，总数增至10个。29个一级学科参加教育部2012年学科评估，4个学科进入前十，交通运输工程学科连续10年保持全国第一，测绘科学与技术学科升至第6位，土木工程和电气工程学科升至第8位，另有地质资源与地质工程、建筑学、机械工程、信息与通信工程等7个学科进入前20位。启动了“理科振兴行动计划建设项目”、“文科发展战略建设项目”和“新兴交叉学科培育计划建设项目”，相关11个项目有序实施。学科专业优化工作取得重大进展，学校学术委员会审定通过了对13个本科专业和6个研究生学位点实施停招、对5个本科专业和9个研究生学位点实施整改的决定。

〔**本科生教育**〕 继续推进教育部卓越工程师教育培养计划，依托“茅以升学院”和“詹天佑学院”，深入实施多类型人才培养模式改革，出台卓越工程师和城市轨道交通人才培养专业规范，深入推进峨眉校区城市轨道交通专业建设。新增7个省级卓越计划专业，新增4个首批国家综合改革试点专业、2门教育部精品视频公开课。12种教材入选首批“十二五”普通高等教育本科国家级规划教材、12个工程实践教育中心被评为国家级工程实践教育中心。2个本科专业通过教育部专业认证，累计通过国家认证评估的专业增至9个。2012年，学生共获各类国家级学科竞赛奖138项。加强教学质量监控，面向社会公开发布了《西南交通大学2011年度本科教学质量报告》。

〔**学位与研究生教育**〕 新增全国优秀博士学位论文提名论文1篇，委托国家抽样评估100篇博士学位论文，送检优良率达81.8%。加强导师队伍建设，评选出20名优秀导师和9个优秀导师团队，对不符合条件的导师采取限招、停招等措施。启动4个校内科研实践平台建设，新增2个校企联合培养基地，完成100余名研究生为期半年以上的校外科研实践锻炼。

〔**协同创新中心建设**〕 由学校和北京交通大学主体建设、中南大学重点参与的“轨道交通安全协同创新中心”正式揭牌。学校有4个团队分别参与了兄弟高校牵头组建的协同创新中心，4个团队开展了四川省“高等学校创新能力提升计划”培育工作。学校启动了下一个主持申报的国家协同创新中心的前期工作。

〔**科技创新和实验室建设**〕 2012年，学校大力开展“科技管理年”系列工作，深入实施“565”科技行动计划，加大对青年教师和科研团队的支持力度，中央高校基本科研业务费专项资金同比增长75.5%。共启动高水平实验室体系建设项目22个。国家级科技创新平台增至5个（轨道交通国家实验室、牵引动力国家重点实验室、陆地交通地质灾害防治技术国家工程实验室、国家轨道交通电气化与自动化工程技术研究中心、综合交通运输智能化国家地方联合工程实验室）。轨道交通国家实验室一期工程建设进入尾声，滚动振动试验台承担了时速

500 公里的新一代高速试验列车的整车性能试验及优化等研究。陆地交通地质灾害防治技术国家工程实验室获国家发展和改革委授牌。国家轨道交通电气化与自动化工程技术研究中心以第一名通过科技部验收，并在江苏省丹阳市成立分中心。综合交通运输智能化国家地方联合工程实验室获国家发展和改革委批准立项建设并授牌。材料先进技术、磁浮技术与磁浮列车 2 个教育部重点实验室通过评估，交通隧道工程教育部重点实验室进入建设阶段，风工程四川省重点实验室获批立项建设。

〔**科技成果与转化**〕 2012 年，学校获批国家自然科学基金项目 134 项，总经费 7 869 万元，同比增长 40%，其中获批重大项目 1 项、高铁联合基金重点项目 6 项。新增“973 计划”项目、“863 计划”项目、国家信息安全专项、国家国际合作项目各 1 项。首次获教育部支撑技术项目（军工）1 项。人文社科领域省部级以上纵向项目立项 116 项，同比增长 97%，其中新增国家社科基金项目 6 项。获国家科技进步奖二等奖 3 项、教育部奖 4 项、四川省科技进步奖 9 项、四川省哲学社会科学优秀成果奖 17 项、四川省哲学社会科学科研成果奖 3 项，SCI 收录论文 364 篇。教授张卫华获“光华工程科技奖”工程奖，教授何川获何梁何利基金奖科学与技术进步奖。学校牵头研制了中国首辆氢燃料电池电动机车；与南车集团合作研发的中国首台新型中低速磁悬浮列车成功下线；新型心血管支架成果完成孵化、转化和公司注册，进入产业化阶段；两项车体设计得到高铁运用并获中国创新设计红星奖。推进天府新区“西南交通大学双流高新技术研究院”建设，双流县无偿提供 60 亩土地，5 年内投资 8 000 万元，用于学校创新成果的孵化和转化。学校“四川省现代服务科技研究院”被科技部认定为第一批现代服务业创新发展示范企业。学校出版社被确定为“四川省首批文化产业重点骨干企业”，新增国家出版基金资助项目 3 项。“西南交大科技产业双流园区项目”推进情况良好。

〔**国家教育体制改革试点项目顺利推进**〕 学校承担的国家教育体制改革试点项目工作得到教育部国家体制改革项目中期检查组和国家教育咨询委员会调研组的高度评价，分别在学校土木工程学院和经济管理学院启动了学院综合改革试点和人才特区改革试点工作；在峨眉校区开展了多校区体制机制改革前期工作，确定了建设“特色鲜明，与学校形成优势互补的品牌校区”的发展思路。

〔**师资队伍建设**〕 学校教授彭其渊进入 2012 年“国家特支计划”（国家级“万人计划”）教学名师公示名单。新增“长江学者”讲座教授 3 名、“高端外国专家项目”入选者 4 名、教育部“新世纪优秀人才支持计划”入选者 6 名、四川省“百人计划”入选者 3 名、四川省“青年百人计划”入选者 3 名。全年新增专任教师 112 人。制订“青年教师培养系列计划”，出台《西南交通大学关于加强青年教师培养的若干意见》。学校教师发展中心成为首批 30 个国家教师教学发展示范中心之一。

〔**完善现代大学管理制度**〕 学校坚持党委领导下的校长负责制，坚决贯彻落实民主集中制和“三重一大”决策制度，完成了学校行政领导班子的换届工作。大力推进干部队伍党风廉政建设，进一步加强招生、基础建设和大宗物资招标采购等监督工作，制订了中层领导干部海外培训 5 年规划并实施了年度培训计划。加强教授治学与民主管理建设，成立了学术组织秘书处，使学校学术委员会、专项学术委员会和教授委员会运转更加顺畅有效。积极贯彻学习新的《学校教职工代表大会规定》，加强教代会制度建设，召开 5 次团长联席会和年度“双代会”。成立学风建设领导小组和办公室，出台《西南交通大学学风建设实施细则》。《西南交通大学章程》制定工作全面启动并顺利推进。

〔**创新创业与实践育人**〕 2012 年，学校新增 1 个国家级实验教学中心、9 个国家级工程教育实践中心。建设了“大学生创新创业教育中心”，对全校 15 个创新创业教育分基地进行升级，获“全国高等学校创业教育研究与实践先进单位”称号。“国家大学生创新性实验计划”、“全国大学生创新创业训练计划”和“大学生科研训练计划”项目数量和规模不断提升，2个项目入选“第五届全国大学生创新年会”。

〔**招生与就业**〕 2012年，学校一本理科调档分数线超过省控线40分以上的省份增至19个，二本70%以上新生投档成绩超过一本线；“211工程”、“985工程”高校研究生生源比例增至60%。2012届毕业生10 194人（其中本科生7 623人、研究生2 571人），就业率达96.6%。学校获评“2011—2012年度全国毕业生就业典型经验高校”。

〔**人事分配制度改革**〕 引入第三方机构对学校职能部门工作和薪酬体系进行分析、评估和诊断，相关阶段性成果已应用到实际工作中。积极推进全校岗位分类管理，完成全校《岗位任务书》及《岗位聘用合同》签订工作。创建并实施了以岗位聘用管理为基础、业绩贡献为导向、工作数量和质量并重的岗位绩效津贴制度。创新绩效考核模式，重点考核目标任务、关键业绩指标完成情况，实施分类考核、分级奖励、二次分配的模式。

〔**财政保障**〕 2012年，学校实现财政收入21.73亿元，其中获教育经费基本支出拨款7.65亿元，同比增长18%；争取上级部门竞争性增量拨款1.3亿元；学校基金会共获社会筹资5 000余万元；获国家财政配比近4 000万元，在全国高校中排名第28位。

〔**继续教育和网络教育**〕 继续教育完成铁路优秀大学毕业生持续培养培训180人，完成动车组司机、机械师培训34期共2 374人，组织动车司机资格考试12 600人次。网络教育共招收铁路生源1.2万人，约占总数的41.3%，实施铁路职工“集中学习”送培计划，共培训330人，开展铁路复退军人专项学历教育888人。

〔**教育合作与对口支援**〕 学校北京研究院、唐山研究院、常州研究院、深圳研究院服务地方平台作用进一步加强。成功举办埃塞俄比亚铁路研究生班和伊拉克大学教师高级培训班。加入“国家高速列车产业技术创新战略联盟”。学校与美国卡特彼勒公司、四川省经济和信息化委员会、广西建工集团、双流县、重庆小康工业集团股份有限公司等23家国内外政府、企事业单位签订战略合作协议。继续推进与四川省人民医院合作事宜。在对口支援西藏大学中首创“1+2+1”本科生联合培养机制，与西藏大学签订了《关于建立西藏“7+1”研究生培养基地合作协议》和《参与组建西藏大学西藏信息化协同创新中心协议书》。全年派出援藏教师8名，共接收5名西藏大学教师到校交流学习。对口帮扶阿坝藏族羌族自治州马尔康县的工作迈出实质性步伐。

〔**教育交流与合作**〕 2012年，学校首次公派本科生赴美国常春藤大学——康奈尔大学学习，与美国伊利诺伊大学厄本那香槟分校（UIUC）、英国诺丁汉大学、德国慕尼黑工业大学及美国西北大学等世界名校开展联合培养工作，新签订15个国际合作协议。学校配合中国铁路“走出去”战略，成功举办埃塞俄比亚和伊拉克高端人才专题“留学中国”计划，持续扩大港台地区学生交流，学校留学人数增至575人，其中留学研究生超过130人。学校申请“高端外国专家项目”等4项国家外国专家项目，承办“中法4+4”15周年庆典并续签第4期合作协议。学校与美国乔治梅森大学、佐治亚州立大学合作举办本科教育项目获批。学校获批为首批“教育部出国留学培训与研究中心”试点高校和“孔子学院奖学金接受院校”。

〔**信息化建设**〕 学校信息化校园总体建设规划方案开始实施，完成了成都市两个校区的校园WIFI无线网络布局，启动了犀浦校区学生宿舍网络结构升级改造工程。学校入选全国首批“教育信息化试点单位”。

〔**校园文化建设**〕 制定出台了《西南交通大学文化建设研究专项基金管理办法》和《西南交通大学学院文化建设基金管理办法》。1项成果获四川省高校校园文化建设优秀成果一等奖。校史馆建设成效显著，共征集、复制反映学校历史进程的照片 3 000 余张、实物数百件，特别是找到了证明学校开办的权威文件，填补了学校早期历史研究的空白。新增林同炎、严恺等学校知名校友、教授雕像。顺利推进犀浦校区机车博物园建设。校园电视台固定频道实现日播，获评首届四川省高校优秀电视台。学校新闻网获评“全国高校百佳网站”。

〔**民生工程**〕　2012 年，学校适度增加在职职工岗位绩效津贴专项投入，同时规范并调整离退休人员生活补贴标准，在职职工工资和津贴收入以及离退休人员生活补贴明显增加。开通了近 5 000 名教职工的教育网免费上网账号。启动了特殊困难教职工周转公寓申报工作，渐次推进教职工住房周转体系建设。在犀浦校区新增了教师休息室、教师午休公寓，扩建了师生交流区，启用了特色餐厅，开通了校园交通车。

撰稿　蒋罗林
审稿　郝辽钢

电子科技大学

〔**学科建设**〕　2012年，学校成立了资源与环境学院、航空航天学院。有序推进“985工程”三期建设，完成了“211工程”三期建设的验收，5个子项目全面完成建设目标。完成了8个一级学科的参评申报工作。自主设置了4个目录外二级学科。

〔**师资队伍建设**〕　新增“千人计划”、“长江学者”20人，其中12人入选各类国家级青年杰出人才计划。新增教育部“新世纪优秀人才支持计划”15人，四川省“百人计划”入选者12人。“光纤传感与通信团队”入选教育部创新团队发展计划。新进专任教师67人，其中有一年以上海外研修经历的占71.6%。出台《青年教师出国（境）行动计划》，142人公派出国研修，获国家资助1 000余万元。新增一级学科博士后科研流动站3个。

〔**人才培养**〕　认真贯彻落实教育部《关于全面提高高等教育质量的若干意见》，在全校范围内开展了“强化人才培养中心地位，提高人才培养质量”大讨论。继续推进教学建设和改革，新增国家级专业综合改革项目3个，国家精品视频课程建设项目5项，15种教材入选“十二五”普通高等学校本科国家级规划教材。发布2012年度学校建设指南，启动了素质教育核心课程建设工作。加强实践教学平台和队伍建设，1个实验中心被批准为国家级实验教学示范中心，3个国家级实验教学示范中心通过现场验收。新增国家级工程实践教育中心7个、国家级大学生校外实践基地4个。

完善学生创新创业教育平台和体系，大学生实习实训基地、创业孵化基地投入使用。开展第二届创新创业周、企业家讲坛、“挑战杯”系列竞赛等各类活动70余项，吸引了3万余人次参与。完成首届工程博士研究生招生工作。2012年，本科生就业率达94.2%，研究生就业率达98.2%。

加强辅导员队伍建设，不断深化对人才培养内涵的理解，强化对学生的思想引导和服务，做好实践育人、资助育人、心理疏导和人文关怀。

〔**科技工作**〕　2012年，学校科技经费总量突破10亿元。新立科研项目1 200余项，其中重大重点项目16项、国际合作项目3项、国家社科基金项目7项、教育部人文社科项目12项、创新引智基地项目1项。180个项目获国家自然科学基金资助，资助经费突破1亿元。获国家级科技奖2项、省部级科技奖21项，其中一等奖7项；获四川省哲学社会科学优秀成果奖11项。发表SCIE（SSCI）检索论文再破1 000篇。电子薄膜与集成器件国家重点实验室被科技部评为优秀实验室。3个“高等学校创新能力提升计划”协同创新中心进入培育组建阶段。神经信息教育部重点实验室通过教育部验收。加强科研项目过程管理，出台了《国家科技重大专项管理暂行办法》和《科研人员绩效费用支出管理暂行办法》。学校在成都市天府新区建立了成都研究院和大学科技园（成都园）。

〔**文化建设**〕　制订了学校文化建设中长期规划。在全校范围内开展精品文化活动评选，“成电讲坛”、“成电杯”辩论赛、机器人大赛等文化科技活动入选。组织文化论坛，邀请诺贝尔奖得主等知名人士来校讲座。推出“成电学人”图片及实物展，启动《电子科技大学志》、《电子科技大学纪事》的编纂工作。全年举办人文素质讲座36场，各类文艺演出35场，组织学生文体活动近400场次。

〔**学生获奖情况**〕　2012年，学校机器人队获

“亚太大学生机器人大赛”总冠军；学生蝉联美国大学生数学建模竞赛最高奖；在全国大学生智能汽车竞赛中，学校学生获全国特等奖、一等奖各1项；在全国研究生电子竞赛中，学校学生获团体一等奖。

〔**党建工作**〕 学校出台了《学习宣传贯彻党的十八大精神工作方案》，组织全校党员师生认真学习十八大报告和新《党章》。加强基层党组织建设，深入开展创先争优活动。设立基层党建经费，提供经费保障。举行创先争优总结表彰活动，努力把创先争优活动常态化、长效化。加强领导班子和干部队伍建设，出台《“三重一大”决策制度实施办法（试行）》。加强党风廉政建设，制定了《领导干部兼职管理暂行办法》。

〔**教育交流与合作**〕 学校与英国格拉斯哥大学合作办学项目获教育部批准，该项目是中国西部首个“985工程”高校与世界百强名校合作举办的本科层次办学项目。与美国威廉玛丽学院的实质性合作进展顺利。学生艺术团成功赴美交流演出。2012年，学校新增留学生142名，首批29名硕士研究生毕业。为留学生开设61门全英文课程。在校学生出国交流学习1 121人次，派出教师780人次。主办、承办高水平国际会议17场。接待海外来访432批次。

〔**后勤保障**〕 学校成立了沙河校区管委会，强化了协调、服务和管理。多渠道筹集资金，争取到多项国家重大专项经费拨款和奖励，继续降低贷款额度，有效减少利息支出。逐步构建教育发展基金校院两级筹资体系，规范基金运作，新增协议筹资及财政配比资金1.1亿元。做好“985工程”三期平台建设项目仪器设备购置论证工作，国有资产及贵重仪器设备共享管理信息系统投入使用。出台《公用房管理办法（试行）》和《教学、科研公用房管理实施细则（试行）》，推进公用房使用管理改革。面向科研一线开展服务，运用智能化图书资源管理系统打造自主创新学习平台。推进数字校园建设，学校成为教育部首批“教育信息化试点单位”。

撰稿 闫 勇

审稿 左文龙

西安交通大学

〔**学科建设**〕　2012年，学校紧紧围绕“十二五”学科建设规划，把队伍建设、人才培养、创新能力、国际化作为学科建设的核心任务，分类管理，稳步推进各学科门类的建设工作。2012年，学校“211工程”三期建设通过国家验收。队伍建设项目和创新人才培养项目得分在全国高校中名列前茅；机械、材料、能动、管理4个学科被评为在本学科所属一级领域排名前10%。完成“985工程”三期校内中期检查，各重点项目建设取得初步成效。推动与香港科技大学全面战略合作伙伴关系的建立，推进学校可持续发展学院的筹建和化学工程与技术学院的成立。积极推进交叉学科建设，相继成立了等离子体医学中心、仿生工程与生物力学中心。率先在第一层次学科（机械、能动、电气、材料、电子）启动了学科国际评估。

整合发挥学科优势，增强创新能力。学校启动了第一批4个理工类“高等学校创新能力提升计划”协同创新中心的培育组建，并向教育部推荐了2个协同创新中心。2012年，学校科研到账经费首次突破8亿元；获准立项“973计划”项目3个；获国家自然科学基金项目420项，全国高校排名第十位，其中获国家杰出青年基金项目2项、优秀青年科学基金项目6项；国家科技基础性工作专项和重大仪器设备专项首次获资助；获国家科学技术奖9项，其中以主持单位获奖5项，居全国高校第三位；获授权发明专利452项，比2011年增加54%；以第一完成单位发表SCI论文2 074篇，比2011年增加16%。2012年，新增“111引智计划”创新基地1个、国际科技合作基地1个、国家地方共建国家工程研究中心1个、陕西省工程研究中心2个；2个材料与工程领域教育部重点实验室通过教育部评估；新增“国家自然科学基金委创新研究群体”1个，“教育部创新团队”2个、培育团队1个。

〔**本科生培养**〕　学校召开教学工作会议，贯彻落实《教育部关于全面提高高等教育质量的若干意见》的文件精神，制定实施全面提高本科教育质量的20条意见，引导广大教师将教育教学和人才培养作为首要职责。学校积极探索实践创新人才培养模式，入选全国首批“卓越医生培养计划”项目和“卓越法律人才教育培养基地”项目。加强“985工程”三期创新人才培养建设项目的实施。进一步加强本科教学和人才培养方面各种改革措施和教学质量的评估、督促和监控。2012年，学校新增国家精品视频公开课2门，获批建设国家精品视频公开课4门，获批数量位居全国高校前列。28种教材入选首批“十二五”普通高等教育本科国家级规划教材。新增国家级实验教学示范中心1个，7个国家级实验教学示范中心通过验收。学校教师教学发展中心获陕西省和国家级教师教学发展示范中心。

〔**研究生培养**〕　学校不断深化研究生招生和培养机制改革，完善各类研究生课程体系。全面启动工程博士研究生培养工作。试点“长学制”研究生贯通培养及“博士弹性计划”招生。加强研究生国际化培养工作，选拔346名研究生出国攻读学位、参加会议或短期访问；完成法国、意大利等高校校际交流项目的选派工作及丁肇中实验室联合培养博士研究生的选拔工作。进一步加强对外地研究院研究生培养工作的管理，出台新的博士研究生招生指标测算体系，建立科学规范的研究生招生录取评价体系。组织了32个一级学科参加教育部第三轮学科评估，对2006年以来学校增列的15个学位点进行自评。2012年，学校有3篇论文入选全国优秀博士学位论文。截至2012年年底，学校入选全国优秀博士学位论文总数排名全国第九。学校成立了纳米科学与技术学院（苏州）。

〔**教师队伍建设**〕 按照“厚待重用现有人才，坚定引进急需人才，着力培养未来人才”的总体思路，学校积极实施各类人才计划项目，实现了高层次人才总量的新增长。2012 年，学校引进“千人计划”5 人、“青年千人计划”6 人，获批“长江学者奖励计划”6 人、“青年拔尖人才支持计划”3 人，遴选“腾飞人才”9 人；建设国际化团队 3 个；新建国际应用力学中心等 5 个学术特区。

学校严把招聘入口关，制订实施新讲师计划，按照“提高门槛，保障待遇，重在培养，提高质量”的思路，借鉴世界一流大学的经验，结合国情校情，实施了新讲师招聘工作。2012 年，学校组织了 5 次讲师招聘活动，招聘新讲师 110 名，比 2011 年增长 24%。继续实施青年教师“三段式”培养计划，推进各项培养措施的落实，使青年教师的教学科研能力得到有效提升。

〔**出台《西安交通大学关于繁荣发展人文社会科学的实施意见》**〕 实施“人文社会科学名家推进计划”，出台《西安交通大学关于繁荣发展人文社会科学的实施意见》和《西安交通大学贯彻高等学校哲学社会科学“走出去”计划的实施方案》，进一步明确了未来 5 至 10 年学校人文社会科学发展的战略目标，提出了一系列保障措施。重点建设培育了“中国西部文化创意产业协同创新研究中心”，该中心成为教育部 17 个人文社科协同创新中心之一。获批国家社科基金重大项目 3 项，与中国社会科学院并列全国第三，获批重点项目 3 项。在第六届“教育部哲学社会科学优秀成果奖”评选中，学校有 10 项成果获奖。

〔**推动医学教育体制改革**〕 2012 年，学校组建了“西安交通大学医学部”，深化医学人才培养模式改革，探索“5＋3”（5 年医学本科教育加 3 年住院医师规范化培训）临床医学人才培养新模式；“五年制临床医学人才培养模式改革”项目及“拔尖创新医学人才培养模式改革”项目进入国家首批“卓越医生培养计划”；口腔医学专业、护理学专业通过教育部认证；成立医学院“教师发展中心”，加强对青年教师的指导和培养；推进医学专业教师资格认证制度，58 名教师取得台湾阳明大学 PBL 教学认证资格认可证书；积极开展医学学生创新实践，“临床技能综合培训中心”校外实践教育基地项目被教育部列为“高等学校本科教学质量与教学工程”2012 年建设项目；健全临床医学专业学位硕士研究生培养方案、课程设置体系及相关规章制度。2012 年，学校获批 8 个国家临床重点专科项目，高水平研究论文达 440 篇，医学年度科研经费首次突破亿元大关，达 1.1 亿元。获国家技术发明二等奖 1 项，获批国家发展和改革委与陕西省共建生物治疗中心 1 个。

〔**服务经济社会**〕 学校积极吸引国内外著名企业到校共建一流的研发实验基地。2012 年，先后与沈阳鼓风机集团有限公司、中国东方电气集团公司、韩国三星公司等多家企业就共建平台达成协议，涉及合同额 8 000 多万元。学校进一步深化与省内大型支柱龙头企业合作，先后与陕西地方电力集团签订共建院士工作站和国家能源局重点实验室协议；与陕西鼓风机（集团）有限公司、陕西电力科学研究院、西北电网有限公司、中国石油长庆油田公司等企业开展联合技术攻关，积极推动科技成果转化。由学校与其他 4 家单位联建的“现代制造服务产业创新示范基地”框架协议正式签署。2012 年，学校与企事业单位签订的横向合同金额共计 8 490 万元。

〔**成立戏剧学院**〕 2012 年，学校与陕西省戏曲研究院共建的西安交通大学戏剧学院挂牌成立。这是全国继中央戏剧学院、上海戏剧学院之后的第 3 所高水平戏剧戏曲专业学院，开创了综合性大学开展戏剧戏曲学科研究与人才培养的先河，也为文化产业体制改革创新树立了典范。该学院还获得了陕西省 2012 年宣传思想文化建设创新奖。

撰稿　陈　晨

审稿　蒲　伟

西北农林科技大学

〔**学科建设**〕　2012 年，学校围绕“985 工程”总体建设规划，积极推动学科建设项目实施，安排 3 820 万元，支持 15 个建设项目。完成“985 工程”建设中期检查，14 个“211 工程”三期建设项目通过国家验收。积极推进学科组织体系建设，成立学科建设指导委员会。获批 5 个学科的教授评审权。获批环境科学与工程学科博士后科研流动站。

〔**人才队伍建设**〕　进一步完善现代大学治理结构，开展人员分类管理改革和津贴分配制度改革。启动“特聘教授”招聘计划，聘请了 18 位高层次人才。引进“千人计划”1 人，入选陕西省“百人计划”1 人。高标准接收毕业生 98 人。安排基本科研业务费专项资金 1 280 万元，支持青年教师开展科研工作。继续实施“青年骨干教师出国研修项目”，选派 211 名教师赴国内知名大学进修、45 人出国研修。支持教师参加培训和学历提升，19 人在职攻读博士研究生，72 人获研究生学位，其中 44 人获博士学位。2 人获评陕西省师德先进个人，学校获评师德先进集体 2 个。

〔**人才培养**〕　学校召开本科教学工作会议，设立教师教学能力发展中心。稳步推进质量工程建设，加强专业内涵建设，国家教育体制改革项目进展顺利，在 10 个本科专业开展“农科教合作人才培养基地”试点工作。大学生获各类奖项 437 项，其中国家级奖项 45 项。获批国家级“大学生创新创业训练计划”项目 212 项。实施“本科生国际视野拓展计划”，193 人参加了海外访学项目。深入推进以导师负责制为核心的培养机制改革，完善研究生推免政策，启动实施有特殊专长学生的推免工作。研究生以第一作者单位发表 SCI、EI、SSCI 论文 503 篇。获省级优秀博士学位论文 4 篇、教育部“学术新人奖”10 项、博士点基金项目 32 项。

〔**科学研究**〕　2012 年，学校获批科研项目 678 项，合同经费 5.2 亿元，到账 3.58 亿元。获批主持“973 计划”项目 1 项，国家自然科学基金 161 项，项目经费 8 332 万元。获国家科技进步一等奖 1 项、二等奖 1 项，获 2012 年度陕西省科学技术奖最高成就奖 1 项、一等奖 2 项、二等奖 6 项。全年发表 SCI、EI、SSCI 论文 1 354 篇。获批省部级科研平台 2 个。鉴定科技成果 8 项。选育植物新品种 27 个，其中国审品种 2 个。获批国家授权专利 206 件，其中发明专利 150 项。转化科技成果 14 项，合同金额 391 万元。

〔**党建工作**〕　在全校广泛开展学习宣传贯彻党的十八大精神活动。启动基层组织建设年活动，修订学校《基层组织工作条例》，初步构建基层党支部建设长效机制。严把党员发展审核关，确保发展质量，全年发展党员 3 396 名。以能力建设为核心，全面加强干部教育培训工作。开展了以制度建设、作风建设和执行力提高为重点的机关效能建设工作。

〔**大学生思想政治教育工作**〕　选聘专兼职辅导员 67 名、班主任 742 名。坚持教育、管理、服务并重，持续开展大学生思想工作“面对面”活动。调整设置党委研究生工作部。召开第二次团代会暨第一次学代会。举办素质教育讲座 102 场，受益学生达 10 万人次。连续 10 年开展的“保护母亲河”大型实践活动获全国和陕西省 2012 年校园文化建设优秀成果一等奖。启动“田园使者”活动，新建大学生社会实践基地 69 个，组建服务团队 78 支，1.5 万名大学生参加社会实践活动，“百千万”实践育人工程成效初显。

〔**社会服务**〕　学校新农村发展研究院挂牌成

立。召开产学研工作会议。启动新建 7 个三原斗口小麦玉米、延安洛川苹果等试验示范站，与有关地市签订 9 份试验示范站合作共建协议。获批各类推广项目 216 项，到账经费 8 578 万元。获陕西省科技推广成果奖 5 项，其中一等奖 3 项。设立“农业科技推广专项研究基金”，首批 35 个项目获支持。在湖北、河南、安徽和江苏等地建立小麦新品种示范园 17 个、油菜示范园 12 个、玉米示范园 15 个。“西农 979”等小麦优良品种辐射推广面积达 1 700 万亩。社会培训质量和培训效果进一步提升。

〔**教育交流与合作**〕　全年接待到访外宾 225 批、1 211 人次，派出 271 人开展学术交流，与 16 所国际知名大学签订、续签合作协议。成立美国奥特奇—西北农林科技大学动物科学研究联盟，国际合作平台达 8 个。举办杨凌国际农业科技论坛等重要国际学术会议 7 个、学术报告会 312 场。获批教育部和国家外专局项目经费 468 万元，聘请 32 名长期外籍专家到校工作。在研国际合作项目 42 项，总经费 2 945 万元。派出学生 388 人，其中国家公派研究生项目 141 人。招收外国留学生 73 人，全校共有留学生 187 人。

〔**办学条件建设**〕　全年实现办学收入 18.63 亿元，接受社会捐赠 900 万元。固定资产总值达 28.7 亿元，其中仪器设备总值 9.13 亿元、公用房 95.6 万平方米。推进大型仪器设备共享与有偿使用改革，218 台大型设备进入共享系统。编制完成学校“十二五”建设规划。理科大楼等 13 个项目竣工交付，交付面积达 20.75 万平方米，完成工程投资 2.68 亿元。农科大楼、食品大楼启动建设。

〔**和谐校园建设**〕　设立困难师生大病救助和在职与离退休专项困难补助金。提高其人均活动经费标准，改善生活、学习和活动条件。新增社会奖学金 4 项，发放各类奖助学金 1.05 亿元，受惠学生 23 387 人次。为全校师生设立“校方责任险”。加强平安校园建设，初步形成安防监控、对讲通信、校园巡逻联动机制。落实专项补贴 240 万元，稳定食堂价格。开展校园环境集中治理，继续推进校园绿化、美化、亮化工程，育人环境逐年改善。

撰稿　李春祖
审稿　赵　曼

陕西师范大学

〔**刘延东到校视察**〕 2012年7月13日，国务委员刘延东莅临学校考察指导工作，对学校多年来重视教师的专业能力培养，并在这方面进行的积极探索和取得的成绩给予肯定。她希望学校继续努力，充分运用现代信息技术，进一步探索教师专业能力发展的良好途径，逐步形成培养优质教师队伍的阵地，让更多的优质师资服务基础教育。

〔**学科建设**〕 2012年，学校国际长安学研究院等5个协同创新中心的培育建设已进入实施阶段。“211工程”三期建设项目通过国家评估验收，四期建设项目论证和申报立项工作启动。科学研究水平显著增强，在自然科学方面，全年共争取到省部级以上纵向科研项目143项，发表高层次科技论文1 700篇，获准专利80项。获陕西省科学技术奖4项、陕西省高等学校科学技术奖6项。全年共获自然科学科研经费6 599万元、获文科科研经费约2 683万元。在人文社会科学方面，全年共获省部级以上纵向科研项目153项，其中2项课题获准立项为国家社科基金重大招标项目。发表在核心及以上刊物的人文社科论文430篇，出版各类著作135部。成立了“西北历史环境与经济社会发展研究院”。

〔**获国家社科基金重大招标项目**〕 9月29日，学校教授王晖申报的课题“关中地区出土西周金文整理与研究”、宗教研究中心教授吕建福申报的课题“密教文献文物资料整理与研究”获准立项为国家社科基金重大招标项目。

〔**人才培养**〕 大力实施各级各类本科教学工程，为本科教学质量提升提供强力支撑。跨学科X—物理学实验教学中心获批国家级实验教学示范中心。学校获批省级专业综合改革试点项目建设点4个、国家“精品视频公开课”3门、省级精品课程2门、省级校外实践基地建设项目3个、省级教学团队2个、省级本科人才培养模式创新实验区1个、国家级规划教材7部。学生在国家和省级大学生电子设计竞赛、数学建模竞赛、第八届“挑战杯”全国大学生创业计划竞赛和大学英语竞赛等活动中获奖150项。

新增博士后科研流动站6个，1篇论文入选全国优秀博士学位论文，1篇论文入选全国优秀博士学位论文提名论文，6篇论文入选全国优秀教育硕士专业学位论文。启动首届免费师范毕业生在职攻读教育硕士工作，2 010名免费师范毕业生暑期返校进行了集中学习。加强就业指导与服务，学校本科生和研究生的就业率分别达94.32%和83.95%。2012届免费师范毕业生实现100%就业。

〔**师资队伍建设**〕 2012年，学校成立了教师教育发展研究院。“国家教师教育‘985工程’优势学科创新平台”一期建设通过专家验收。教师专业能力发展中心获批国家级教师教学发展示范中心和陕西省高校教师教学发展示范中心。继续深入推进“三英人才计划”，新增双聘院士1人，引进“国家杰出青年基金获得者”团队1个，5人入选教育部“新世纪优秀人才支持计划”，1人入选陕西省重点领域顶尖人才，2人入选陕西省第六批“百人计划”。坚持引进与培养并重，加强青年教师队伍建设，全年新增专任教师43人，其中博士学位教师比例达95.3%，具有海外学习经历的教师比例达48.8%。有效实施“教师学历提升计划”和“教师出国研修计划”，积极做好青年骨干教师出国研修项目和教师校际交流项目。截至2012年年底，全校教师中具有博士学位的870人，在读博士151人，博士学位教师比例达68.5%。完成第四轮机关机构调整和管理岗位人员聘用工作。

〔**成立研究生院**〕 6月17日，学校研究生院成立暨揭牌仪式举行。

〔**俄语中心成立**〕　9月29日，中国西北地区第一个俄语中心在学校成立。“俄罗斯世界基金会”第一执行副主席伊斯塔拉托夫和学校党委书记甘晖为俄语中心揭牌。

〔**学习贯彻党的十八大精神**〕　学校下发《学习宣传贯彻党的十八大精神安排意见》，组建了“教授宣讲团”，按照“请进来、走出去，下基层、求实效”的思路宣讲十八大理论。通过校园媒体宣传、举行专家报告会、组织形式多样的主题宣教活动，在全校掀起学习贯彻十八大精神的热潮，并把十八大精神作为思想政治教育和课堂教学的重要内容，引导广大师生把思想和行动统一到十八大精神上来，扎扎实实推动学校各项事业科学发展。

〔**召开第六届教职工代表大会暨第十届工会会员代表大会**〕　12月14—15日，学校第六届教职工代表大会暨第十届工会会员代表大会召开。学校党委书记甘晖致开幕词，校长房喻做了题为《内涵发展，提高质量，全面推进有特色高水平大学建设》的工作报告。

〔**师资管理研究分会第七次会员代表大会暨2012年学术年会召开**〕　12月13—14日，由中国高等教育学会师资管理研究分会主办、学校承办的师资管理研究分会第七次会员代表大会暨2012年学术年会在西安市举行。来自武汉大学、华东师范大学、浙江大学、北京大学、清华大学、南京大学等109所高校的部分校级领导和人事部门代表共计200余人参加了会议。

〔**社会服务**〕　学校通过了教育部“国培计划”示范性项目培训机构资质评审，成为国家级中小学教师培训基地，首次争取到教育部“国培计划”示范性集中培训项目4个学科的培训资质，争取到示范性项目3个大类8个子项目650人的培训任务，争取到中西部新疆生产建设兵团、宁夏回族自治区、四川省的“国培计划”项目9项。全年共争取到基础教育和学前教育教师培训项目38项，共计51期95个教学班。截至2012年年底，学校已完成培训人数5 621人。学校积极拓展办学空间，对外合作办学质量与水平稳步提升。截至2012年9月，学校对外办学共有在校生10 201名，教职工872名。各办学单位获省级以上荣誉19项、市级荣誉37项、区级荣誉45项，取得了良好的社会效益。对口支援工作扎实推进，有效提升了青海师范大学、新疆昌吉学院等受援高校服务区域经济社会发展的能力。

〔**教育交流与合作**〕　学校实施“国际化战略行动计划”，提升学校教育国际竞争力。全年共接待来自美国、英国、荷兰、印度、新西兰等国家到访团组20余批次216人。首次与印度、新西兰等国家的高水平大学进行接洽，实现了学校与印度、新西兰高校交流与合作的突破。对外交流项目种类更为丰富，派往国家和学校数量持续增多，派出人数大幅增长，全年共派学生出国学习和交流300人次。全年共聘请各类外籍专家（长、短期）168人次，其中长期专家28人次、短期专家140人次。

〔**全国高等师范院校后勤工作研究会信息化建设会议召开**〕　11月19日，全国高等师范院校后勤工作研究会信息化建设会议在学校召开。全国43所高等师范院校主管后勤工作的校级领导、后勤负责人参会。

〔**获“第十七届亚洲大学生围棋锦标赛”男子团体冠军**〕　10月13—16日，“第十七届亚洲大学生围棋锦标赛”在泰国举行。学校代表队经过4天的激烈角逐，勇夺男子团体冠军。

撰稿　张艳兵

审稿　辛省平

西安电子科技大学

〔**学科建设**〕 截至2012年年底，学校拥有2个国家一级重点学科（覆盖6个二级学科）、1个国家二级重点学科、28个省部级重点学科、12个博士学位授权一级学科、20个硕士学位授权一级学科、7个博士后科研流动站。有专任教师1 900余名，各类在校生3万余人，其中博士研究生1 700余人、硕士研究生9 100余人。

4个国家级实验教学示范中心全部通过验收。新增4个本科专业、1个教育部“十二五”实验教学示范中心、1门教育部精品课程。7种教材入选第一批“十二五”普通高等教育本科国家级规划教材。1个项目获第五届全国大学生创新年会“我最喜爱的十佳项目奖”。

〔**继续保持全国一级学科评估优势地位**〕 在全国第三轮一级学科评估中，学校信息与通信工程全国排名第二位、电子科学与技术全国排名第四位、控制科学与工程全国排名第十七位、计算机科学与技术全国排名第二十位，总体参评成绩较第二轮学科评估有所提高。

〔**做好学科评估验收，拓展新的学科增长点**〕 2012年，学校通过“211工程”三期和“十一五”国防特色学科专业建设项目验收。此外，为适应学科发展需要，学校还对现有学院进行了调整并设立了人文科学专项基金，加大对人文社会科学的支持力度。

〔**加入“科教协同育人系列行动计划”**〕 学校加入教育部、中国科学院“科教协同育人系列行动计划”，国务委员刘延东出席启动仪式并讲话，学校博士研究生孙越做主题发言。学校与中国科学院西安光学精密机械研究所等联合举办首届“祖同菁英班”，按照“3.5+0.5”模式进行联合培养，即第1至第7学期在学校进行专业文化知识学习，第8学期到中国科学院研究所进行联合培养。

〔**本科教育教学工作**〕 学校召开本科教育教学工作会议，形成了“人才培养是学校的根本任务”、“本科教学是学校经常性的中心工作”的基本共识，并在此基础上启动了教学思想大讨论。首次向社会发布《西安电子科技大学2011年度本科教学质量报告》。

〔**研究生教育教学工作**〕 推进以科学研究为导向的研究生培养机制改革，全面启动研究生培养方案的修订工作，探索奖助分离、优秀研究生生源调剂、招生指标配置及专业学位培养机制改革。3篇论文获全国优秀博士学位论文提名奖。

〔**国防生“卓越工程师教育培养计划”**〕 学校完成了与空军联合培养全军首批30名“卓越工程师教育培养计划”国防生的任务，典型经验在教育部网站宣传推广。

〔**师资队伍建设**〕 加强人才队伍的科学化、规范化、制度化管理，逐步构建各层次相互衔接的人才培养和队伍建设体系。2012年，学校有2人入选“千人计划”、1人入选国家“青年拔尖人才支持计划”、2人入选“长江学者奖励计划”、1人获“国家杰出青年科学基金”、2人获首届“优秀青年科学基金”、8人入选教育部“新世纪优秀人才支持计划”。切实加强优秀中青年教师培养，55人分别获批国家公派出国留学、“国家留学基金委—IBM奖教金”项目以及国内访问学者，21人分别获校内“留学回国人员资助项目”及“优秀青年教师支持计划”资助，12名在站博士后获中国博士后科学基金资助。

〔**科研平台建设**〕 学校召开科研平台建设工作会议，从服务保障、人才队伍、管理体制等10个方面加大对科研平台建设的支持力度。ISN国家重点实验室、电子装备结构教育部重点实验室通过运行评估；陕西省网络与系统安全重点实验室获批筹建；学校首个省级哲学社会科学研究基地——“陕西信息资源研究中心”通过验收。

〔**科研指标稳定提升**〕 2012年，学校共获省部级一等奖以上科技奖励6项，其中国家级奖励2项。自然科学基金获资助项目数、经费数同比分别增长15.4%、38%。三大索引论文总数3 156篇，其中SCI论文共计985篇，同比增长6%，SCI中进入Ⅰ区论文30篇、Ⅱ区187篇，占总数的22%。专利申请数和授权数同比分别增长9%、44%，授权国家发明专利数全国排名第22，上升9位。

〔**工程学和计算机科学进入ESI全球学科排名前1%**〕 2012年，学校工程学和计算机科学进入ESI全球学科排名前1%，排名分别为239位和360位。

〔**成立“雷达技术协同创新中心”**〕 学校与中国电子科技集团公司围绕国防武器装备信息化建设的重大需求，共同组建了“雷达技术协同创新中心”并已运行，为进入国家“高等学校创新能力提升计划”奠定了良好基础。

〔**加快产学研成果转化**〕 2012年，学校国家大学科技园创新型技术服务平台之一——陕西省技术转移中心获批成立。学校与宁波市签订了战略合作协议，并与陕西省西咸新区、厦门市、无锡市、中国航天科技集团公司四院等单位达成合作意向。

〔**进一步营造校园学术氛围**〕 学校举办了科学道德宣讲教育月活动，邀请全国科学道德和学风建设宣讲教育院士报告团到学校宣讲。举办历时2个月的2012年度“研究生学术年会”，共举办学术报告360场。

〔**深入学习贯彻党的十八大精神**〕 按照党中央和教育部党组的统一部署，积极组织各级干部集体收看党的十八大开幕式，下发《关于认真学习宣传贯彻党的十八大精神的通知》，对深入学习贯彻十八大精神做了全面安排。

〔**狠抓党风和作风建设**〕 加强党风廉政建设，进一步筑牢拒腐防变思想道德防线。落实中央八项规定，狠抓作风建设，健全落实学校领导联系基层制度，出台了《进一步加强干部作风和机关作风建设的工作方案》。

〔**思想政治教育工作**〕 认真贯彻落实全国加强和改进大学生思想政治教育工作座谈会精神和国家主席胡锦涛在清华大学百年校庆上的讲话精神，坚持“学生为本、德育为先、成才第一”的核心工作理念，坚持立德树人，把社会主义核心价值体系融入大学生思想政治教育的全过程，持续推进“社会主义核心价值体系引领工程”、“学生党员先锋工程”、“辅导员能力提升工程”，深入开展“两做”（即做优良校风传承者、做新校区优良校风学风建设者）主题创建活动，持续强化大学生心理健康教育，着力研究大学生思想行为特点，全面提高大学生思想政治教育科学化水平。

〔**招生与就业**〕 2012年，学校共招生8 643人，其中本科生5 304人、研究生3 339人。本科招生方面，有50%的省份录取最低分高出当地重点线50分以上；研究生招生方面，“985工程”和“211工程”高校生源占总比例的60%左右，生源质量不断提高。2012年，学校本科生、研究生一次就业率分别达97.3%、98.8%，居全省第一。学校获评2011—2012年全国毕业生就业典型经验高校，进入全国高校就业50强。

〔**教育交流与合作**〕 2012年，学校共与75个国家和地区开展交流往来，其中国际来访366批910人次，出访239批521人次。成功举办7个重要国际学术会议和学术研讨会。与国外8所高校新签、续签和增签了合作交流协议，与美国德州仪器公司（TI）、美国 IBM 公司、韩国三星公司等跨国公司新建了 5 个联合实验室。获批“高端外国专家项目”1 项、“海外名师”2 项、“引进海外高层次文教专家重点支持计划”1 项、“学校特色项目”2 项。聘请各类长、短期外国文教专家 150 余人。留学生增至 350 余人。学校有 170 余名学生分别通过友好院校联合培养项目、国家公派研究生项目以及“优秀本科生国际交流项目”出国留学。

撰稿　柳　潇

审稿　潘　瑾

长 安 大 学

〔**刘延东到校视察**〕 2012年7月12日，国务委员刘延东到校视察工作，听取了学校党委书记雷达、校长马建的工作汇报，并做重要讲话。国务院副秘书长江小涓、国家发展和改革委副主任胡祖才、教育部副部长杜占元、陕西省委副书记孙清云等陪同视察。

〔**学科建设**〕 完成“211工程”三期建设并通过国家验收。“特殊环境公路建养科学与技术”、“道路交通运用工程与装备”、“道路交通智能运输系统”和“西部地质资源与环境灾害”4个学科群建设成效明显。在重大科学研究成果、创新团队建设、创新人才培养、公共服务体系建设等方面取得了一系列标志性成果。新增2个省部级重点实验室，学校省部级科研平台达20个。新增1个教育部创新团队，学校教育部创新团队达4个。新增2个博士点和2个硕士点，二级学科博士点达50个，二级学科硕士点达116个。新增地质学博士后科研流动站，学校博士后科研流动站达8个。

完成了“特殊地区公路工程教育部重点实验室”、“道路施工技术与装备教育部重点实验室”等5个部级重点实验室现场评估工作，完成了地质调查院能力建设评估工作。

〔**人才培养**〕 学校召开第四次教学工作会议，对本科教学发展和改革工作进行了全面部署。出台了《长安大学关于提高本科人才培养质量的若干意见》，立足顶层设计，从专业建设、实践育人、培养模式、师资队伍、学风建设、质量监督、条件保障等方面，对提高本科人才培养质量进行了系统部署。进一步充实、整合、完善“卓越人才培养计划”，形成了包括8个子计划、23个支持计划，兼顾教与学、专业教育与通识教育、理论教学与实践教学、第一课堂与第二课堂的较为完整的本科人才培养框架和内容。

坚持育人为本、德育为先，进一步加强思想政治理论课建设，规划与实施学生工作“三项工程”（即新生教育工程、校园文化建设工程、学生工作队伍建设工程）、“三个计划”（即优秀人才培养计划、创新创业和就业能力提升计划、奖励与资助计划），提升大学生思想政治教育和管理工作水平。积极落实教育部“本科教学工程”计划。获批4个国家级综合改革试点专业，在6个专业积极开展国家“卓越工程师教育培养计划”试点工作，组织完成了学校本科专业的整理工作。2门课程入选教育部精品视频公开课。与相关企业合作启动建设3个国家工程实践教育中心。道路交通运输工程实验教学中心被批准为“十二五”国家级实验教学示范中心。完成了《长安大学2011年本科教育质量报告》。持续强化教学工作中心地位，进一步加大教学投入。教学业务费预算比2011年增加20%以上。继续投入2 000万元添置教学仪器设备，进一步改善了教学实验实习条件。加大教学管理力度，不断推进教风、学风建设。制定、修订了《长安大学本科教学工作奖励办法》等18个规章制度，教学管理进一步规范，教学质量监控体系进一步完善。制定了学风建设实施细则，聘请校内外知名专家，开展了一系列科学道德和学风建设宣讲教育活动。

〔**创新创业教育**〕 扎实推进创新创业教育。获批150项国家级大学生创新创业训练计划项目。积极组织学生参加各类学科竞赛和科技创新竞赛，获国际性竞赛奖励5项、全国性竞赛奖励150余项、省与区域性竞赛奖励150余项。设立了60万元的学生专利奖励基金，学生申请专利649项，获专利证书360项，其中发明专利5项。

〔**3项成果获国家科技进步奖**〕　学校3项成果获2011年度国家科学技术进步奖二等奖，分别是教授王文科参加完成的“鄂尔多斯盆地生态脆弱区煤炭开采与生态环境保护关键技术”、教授周绪红参加完成的“复杂钢结构施工过程时变分析及控制关键技术研究与工程应用”和教授李貅参加完成的“隧道含水构造等不良地质超前预报定量识别及其灾害防治关键技术”。

〔**组建“绿色交通技术产学研协同创新联盟”**〕　2月28日，在交通运输部、教育部共同指导下，由学校和与交通行业相关的5所高校、6家大型科研院所和9家大型骨干企事业单位共同组建的“绿色交通技术产学研协同创新联盟”在北京举行成立大会。交通运输部副部长高宏峰、教育部副部长杜玉波、湖南省副省长李友志及21家联盟成员单位领导出席成立大会。学校校长马建代表联盟高校讲话。

〔**“特殊区域公路大通道协同创新中心”成立**〕　7月23日，由学校牵头，联合行业内外高校、科研院所和骨干企业等15家相关单位共同成立的“特殊区域公路大通道协同创新中心”揭牌仪式在学校举行。副省长朱静芝出席仪式并揭牌。

〔**科学研究**〕　积极实施“卓越科研提升计划”，科技创新能力稳步提升，学校科技工作保持强劲发展势头。12月20日，学校召开第四次科技工作会议，用600万元重奖在科技工作中取得优异成绩的集体和个人。全年新签科技合同973项，合同额6.62亿元，到款额6.24亿元，比2011年增加8%。基础研究能力不断提升，积极组织教师申报国家“973计划”、“863计划”项目和国家基金项目750余项，其中申报国家自然科学基金项目453项、获国家自然科学基金项目73项，比2011年增加46%，获资助经费3 158万元，比2011年增加近40%。

积极组织申报国家和省部级科技奖励，获各类科技成果奖50项，其中国家科技进步奖3项。全年共发表论文2 000余篇，被SCI、EI、ISTP收录1 409篇，比2011年增长88%。其中被SCI收录论文145篇（第一署名单位），比2011年增长101%；EI收录论文1 047篇，比2011年增长101%；ISTP收录论文217篇。发明专利数量明显增加，教师获授权专利235项。积极参加各类科技成果推广活动，启动了“赴陕西省地市科技对接活动”。学校科技产业发展中心获批为“国家级技术转移示范机构”。

人文社科研究取得新进展。全年新签项目139项，合同额1 449万元，较2011年增长19%，到款额1 458万元，较2011年增长20%。国家、省部级基金类研究项目实现新突破，项目总数达49项，其中国家社科基金6项。获省级人文社会科学成果奖6项。

〔**师资队伍建设**〕　2012年，学校大力推进人才强校战略，稳步实施“卓越人才队伍建设计划”，教师队伍的结构进一步优化。加大各类高层次人才引进力度，通过网络、校友和国际人才交流会，积极联系有关人才交流组织和国外著名大学，向教育部、陕西省报送各类高层次人才计划人选20名。引进陕西省“百人计划”特聘教授5人。继续推进“千名博士工程”。接收国内外著名大学和科研机构博士78人，具有博士学位的教师达924人，占专任教师的49%。2012年，全校评审通过教授9人、副教授71人，教授、副教授增至1 034人，占专任教师的55.2%。持续加大中青年教师培养力度，选派170余名中青年骨干教师到国外著名大学、研究机构和国内一流高校进修、培训。25名博士后获基金资助，获批基金项目在全省高校名列前茅。

〔**教育部与国土资源部共建学校**〕　7月20日，教育部与国土资源部在北京签署共建学校协议。教育部部长袁贵仁、国土资源部部长徐绍史出席签字仪式并讲话。教育部副部长郝平、国土资源部副部长张少农代表双方签署协议。根据共建协议，国土资源部对学校学科建设、人才培养、重点实验室建设、实习实验基地建设等给予实质性支持。

〔**招生就业**〕　2012 年，学校有在籍学生 4.5 万余人，其中本、专科学生 3.6 万余人，博士、硕士研究生 8 708 人，德国、韩国、坦桑尼亚、澳大利亚等国留学生 313 人。2012 年，招生总数 13 816 人，其中本科生 6 003 人、研究生（含在职）2 864 人、成人教育生 4 794 人、留学生 155 人。毕业生总数 11 764 人，其中博士毕业生 117 人、硕士毕业生 1 768 人、在职研究生 247 人、本科毕业生 5 958 人、成人本科毕业生 2 707 人、成人专科毕业生 814 人、留学生毕（结）业生 153 人。毕业生就业率达 93.71%，其中研究生达 92.36%、本科生达 94.13%。

〔**社会服务**〕　加强与地方政府、行业企业、科研院所政产学研合作。学校先后与渭南市政府、中铁二十局集团等 6 家单位签署合作协议，在科技攻关、科技成果转化、人才培养、决策咨询等方面进行全方位合作。大学科技园建设进展顺利。学校在项目选址、项目规划、入园企业招商等多方面积极开展工作，建成了近 2 000 平方米的办公和展示中心，制定了学校科技园有限公司章程，与合作单位签订协议。

〔**教育交流与合作**〕　坚持开放办学，积极开展对外交流与合作。学校与加拿大滑铁卢大学、美国密歇根理工大学、美国劳伦斯科技大学、哈萨克斯坦阿尔·法拉比国立大学和我国台湾云林科技大学、新竹教育大学 6 所院校签署了校际合作协议。各项本科生、研究生国际交流项目进展顺利。积极拓宽招生渠道，留学生规模超过 300 人，其中学历生占 58.3%。获准教育部、国家外国专家局引智专项等 58 项，经费 530 余万元。组建了“中澳河流与地下水研究中心”、“长安大学—仁荷大学教育合作中心”，进一步深化了国际与校际的交流与合作。

成功举办海峡两岸破坏力学/材料试验学术会议、GPS/GNSS 国际学术年会、建筑科学与工程创新论坛等国内外高水平学术会议。举办各类学术讲座和报告 280 余次。美国、日本等国家的 16 所大学代表团到校访问。邀请 20 多个国家和地区的专家学者共 380 余人到校讲学、交流和进行科研合作。210 多名校内人员出国交流或开展研究工作。

撰稿　吕建辉

审稿　戴　宏

兰州大学

〔**学科建设**〕　2012年，学校38个学科被批准为2011—2015年度甘肃省重点学科，其中新增一级省重点学科15个、一级省重点培育学科6个。完成47个一级学科参加教育部第三轮学科评估的申报。完成2008年以前自主设置的目录外二级学科博士点重新论证工作，11个二级学科博士点通过审核。新增3个博士后科研流动站。完成“985工程”2013年中央财政专项资金预算编制，并通过教育部、财政部审核。“211工程”三期建设项目通过国家验收。

〔**人才队伍建设**〕　深入实施“萃英人才建设计划”，新增“千人计划”长期项目特聘教授1名、国家外国专家局“千人计划”项目特聘教授1人，新增“长江学者”特聘教授1人，实现了学校人文社科领域“长江学者”聘任工作的突破。1人获首批青年拔尖人才计划支持，1人获国家杰出青年科学基金支持，3人获优秀青年科学基金支持，7人入选教育部“新世纪优秀人才支持计划”，1人获第九届中国青年女科学家奖。学校人才案例入选《教育系统干部人事人才工作创新案例集》。专职教学科研人员在教职工队伍中所占比例提高至52.4%，专职教学科研队伍中具有博士学位的人员比例提高至56.5%。

〔**人才培养**〕　学校全面贯彻落实《兰州大学关于进一步深化本科教学改革全面提高教学质量的若干意见》，深入实施“兰州大学本科教学质量提升工程”，完善“基础学科拔尖学生培养试验计划”、“隆基教育教学奖励计划（试行）”和“青年教师教学水平提升计划（试行）”。开展“兰州大学本科生实践教学质量提升计划专项建设项目”，启动新一轮本科生人才培养方案修订工作。建立校院两级质量管理体制，实行各学院本科教学工作状态评估。获批建设首批应用型、复合型法律职业人才教育培养基地，入选第一批“卓越医生教育培养计划”项目试点高校。获批教育部国家理科野外实践教育基地4个、国家大学生校外实践教育基地建设项目4项。3种教材入选第一批“十二五”普通高等教育本科国家级规划教材。学校化学创新实验教学中心首批进入“十二五”国家级实验教学示范中心行列。新增甘肃省“高等学校教学名师奖”1项、高等学校教学团队1个、精品课程7门。获甘肃省高等教育教学成果奖一等奖2项、二等奖2项。

以提高研究生创新和实践能力为中心，全面修订研究生培养方案，构建新的课程体系。启动研究生重点课程建设项目和海外知名学者授课计划，提升研究生教育国际化水平。积极探索招生方式改革，科学配置招生指标，加大与其他高校互换推免生力度，不断提高生源质量。推进研究生教育质量保障体系建设，规范研究生指导教师跨学科招收培养研究生程序，加大硕士学位论文答辩过程监督和博士学位论文抽查工作。获全国优秀博士学位论文2篇、提名论文2篇。91人获批国家建设高水平大学公派研究生项目资助。

继续教育和网络教育稳步发展，继续教育在册学生达13 498人、网络教育在册学生达48 000人。

〔**协同创新中心建设**〕　学校成立了“干旱环境与气候变化协同创新中心”和“草地农业与生态修复协同创新中心”。

〔**科学研究**〕　学校科研经费持续增长，达3.32亿元。获批国家自然科学基金重大项目1项、国家自然科学基金重大国际（地区）合作研究项目1项、国家社科基金重大项目2项。获批国家自然科学基金项目190项、国家科技计划项目4项、教育部科研项目44项、甘肃省科技计划项目117项。获批国家社科基金项目28项、国家社科基金期刊资助项目1项、教育部社科基金项目26项、甘肃省社科基金项目15项。

学校新增2个省级重点实验室、2个省级工程实验室、1个省级工程技术研究中心。学校中亚研究中心成为教育部区域和国别研究基地。2个省部级重点研究基地通过验收评估，2个省部级重点实验室通过建设计划论证。

1项成果首次入选教育部2012年度"中国高等学校十大科技进展"，1项成果获教育部高等学校科学研究优秀成果奖（科学技术）科技进步二等奖。获甘肃省科技奖励14项，其中一等奖2项、二等奖4项。2011年，被SCIE收录文献数量排名全国高校第24位，SCI论文引用次数排名全国高校第18位。1篇论文入选"中国百篇最具影响国内学术论文"。获授权专利78项。

学校"多场控制的磁电功能材料与器件"团队入选教育部"长江学者"创新团队，"半干旱气候变化创新引智基地"获准立项建设。6人获第五届全国优秀科技工作者称号，2人获十佳全国优秀科技工作者提名奖。

学校与临夏经济开发区、金川集团股份有限公司等企事业单位签署各类科技项目合同836份。大学科技园在孵企业达70家，被认定为2012年全省中小企业公共服务示范平台。"兰州大学科技园大学生科技创业服务平台建设"项目获2012年度国家"火炬计划"立项，4个项目获国家创新基金支持。学校第一医院、第二医院被授予"全国百姓放心百佳示范医院"称号，第二医院获评卫生部"2012医院改革创新奖"。积极参与省委"联村联户、为民富民"行动，发挥学校的特色优势，以人才、智力、科技、教育、医疗帮扶综合推进"双联"工作。

〔**大学内部治理结构试点工作**〕　治理结构改革项目试点工作稳妥推进，完成教育部专项检查。《兰州大学医学教育管理体制改革实施方案》获教育部认可。获批"五年制临床医学人才培养模式改革试点"和"农村订单定向免费医学教育人才培养模式改革试点"项目。启动《兰州大学章程》修订工作，完成《兰州大学"十二五"建设与发展总体规划》修订工作。

〔**办学条件**〕　2012年，学校收入18亿余元。严格控制三公经费支出，加大基本建设和公共服务体系建设支持力度，资金投入优先保障学校重点工作和提高师生待遇。完成财务收支、经济责任、建设工程、校产改制等审计项目153项。全年续建工程项目5项、开工新建项目2项、完成维修改造项目83项。

实施"网络惠民"工程，实现校园网全覆盖。推进基础信息资源建设与数据共享，加快高性能计算业务应用与推广。形成较为完备的三线藏书制馆藏布局结构，建成移动图书馆。

〔**教育交流与合作**〕　学校先后与34个国家和地区的147所高校及科研机构建立了交流合作关系，合作伙伴遍布亚洲、美洲、欧洲、非洲和大洋洲。以科研合作为主体，派出各类访问人员796人。主办各类国际会议14项，参会2 310人。获欧盟"伊拉斯莫斯世界计划"师生交流项目名额11个，参加上海合作组织成员国第五届"教育无国界"教育周活动并代表中方项目院校作大会工作报告。

全年引进长短期外籍专家、外籍教师1 876人。7人受聘为客座教授、1人受聘为名誉教授、1人受聘为"外专千人计划"特聘教授，1名外籍教授获国家"友谊奖"。

签署校际合作协议14份，与境外50余所高校建立学生交流合作关系，赴海外进行长短期学习交流学生达599人，接收40名校际交流生到校交流学习。接待港澳台地区访问团19个共450人。

在读留学生483人，生源国别达49个。启动乌克兰基辅国立语言大学孔子学院建设。

撰稿　张北辰
审稿　赵春晖

文件选编

校车安全管理条例

（国务院　2012 年 4 月 5 日）

第一章　总　则

第一条　为了加强校车安全管理，保障乘坐校车学生的人身安全，制定本条例。

第二条　本条例所称校车，是指依照本条例取得使用许可，用于接送接受义务教育的学生上下学的 7 座以上的载客汽车。

接送小学生的校车应当是按照专用校车国家标准设计和制造的小学生专用校车。

第三条　县级以上地方人民政府应当根据本行政区域的学生数量和分布状况等因素，依法制订、调整学校设置规划，保障学生就近入学或者在寄宿制学校入学，减少学生上下学的交通风险。实施义务教育的学校及其教学点的设置、调整，应当充分听取学生家长等有关方面的意见。

县级以上地方人民政府应当采取措施，发展城市和农村的公共交通，合理规划、设置公共交通线路和站点，为需要乘车上下学的学生提供方便。

对确实难以保障就近入学，并且公共交通不能满足学生上下学需要的农村地区，县级以上地方人民政府应当采取措施，保障接受义务教育的学生获得校车服务。

国家建立多渠道筹措校车经费的机制，并通过财政资助、税收优惠、鼓励社会捐赠等多种方式，按照规定支持使用校车接送学生的服务。支持校车服务所需的财政资金由中央财政和地方财政分担，具体办法由国务院财政部门制定。支持校车服务的税收优惠办法，依照法律、行政法规规定的税收管理权限制定。

第四条　国务院教育、公安、交通运输以及工业和信息化、质量监督检验检疫、安全生产监督管理等部门依照法律、行政法规和国务院的规定，负责校车安全管理的有关工作。国务院教育、公安部门会同国务院有关部门建立校车安全管理工作协调机制，统筹协调校车安全管理工作中的重大事项，共同做好校车安全管理工作。

第五条　县级以上地方人民政府对本行政区域的校车安全管理工作负总责，组织有关部门制订并实施与当地经济发展水平和校车服务需求相适应的校车服务方案，统一领导、组织、协调有关部门履行校车安全管理职责。

县级以上地方人民政府教育、公安、交通运输、安全生产监督管理等有关部门依照本条例以及本级人民政府的规定，履行校车安全管理的相关职责。有关部门应当建立健全校车安全管理信息共享机制。

第六条　国务院标准化主管部门会同国务院工业和信息化、公安、交通运输等部门，按照保障安全、经济适用的要求，制订并及时修订校车安全国家标准。

生产校车的企业应当建立健全产品质量保证体系，保证所生产（包括改装，下同）的校车符合校车安全国家标准；不符合标准的，不得出厂、销售。

第七条　保障学生上下学交通安全是政府、学校、社会和家庭的共同责任。社会各方面应当为校车通行提供便利，协助保障校车通行安全。

第八条　县级和设区的市级人民政府教育、公安、交通运输、安全生产监督管理部门应当设立并公布举报电话、举报网络平台，方便群众举报违反校车安全管理规定的行为。

接到举报的部门应当及时依法处理；对不属于本部门管理职责的举报，应当及时移送有关部门处理。

第二章　学校和校车服务提供者

第九条　学校可以配备校车。依法设立的道路旅客运输经营企业、城市公共交通企业，以及根据县级以上地方人民政府规定设立的校车运营单位，可以提供校车服务。

县级以上地方人民政府根据本地区实际情况，可以制定管理办法，组织依法取得道路旅客运输经营许可的个体经营者提供校车服务。

第十条　配备校车的学校和校车服务提供者应当建立健全校车安全管理制度，配备安全管理人员，加强校车的安全维护，定期对校车驾驶人进行安全教育，组织校车驾驶人学习道路交通安全法律法规以及安全防范、应急处置和应急救援知识，保障学生乘坐校车安全。

第十一条　由校车服务提供者提供校车服务的，学校应当与校车服务提供者签订校车安全管理责任书，明确各自的安全管理责任，落实校车运行安全管理措施。

学校应当将校车安全管理责任书报县级或者设区的市级人民政府教育行政部门备案。

第十二条　学校应当对教师、学生及其监护人进行交通安全教育，向学生讲解校车安全乘坐知识和校车安全事故应急处理技能，并定期组织校车安全事故应急处理演练。

学生的监护人应当履行监护义务，配合学校或者校车服务提供者的校车安全管理工作。学生的监护人应当拒绝使用不符合安全要求的车辆接送学生上下学。

第十三条　县级以上地方人民政府教育行政部门应当指导、监督学校建立健全校车安全管理制度，落实校车安全管理责任，组织学校开展交通安全教育。公安机关交通管理部门应当配合教育行政部门组织学校开展交通安全教育。

第三章　校车使用许可

第十四条　使用校车应当依照本条例的规定取得许可。

取得校车使用许可应当符合下列条件：

（一）车辆符合校车安全国家标准，取得机动车检验合格证明，并已经在公安机关交通管理部门办理注册登记；

（二）有取得校车驾驶资格的驾驶人；

（三）有包括行驶线路、开行时间和停靠站点的合理可行的校车运行方案；

（四）有健全的安全管理制度；

（五）已经投保机动车承运人责任保险。

第十五条　学校或者校车服务提供者申请取得校车使用许可，应当向县级或者设区的市级人民政府教育行政部门提交书面申请和证明其符合本条例第十四条规定条件的材料。教育行政部门应当自收到申请材料之日起3个工作日内，分别送同级公安机关交通管理部门、交通运输部门征求意见，公安机关交通管理部门和交通运输部门应当在3个工作日内回复意见。教育行政部门应当自收到回复意见之日起5个工作日内提出审查意见，报本级人民政府。本级人民政府决定批准的，由公安机关交通管理部门发给校车标牌，并在机动车行驶证上签注校车类型和核载人数；不予批准的，书面说明理由。

第十六条　校车标牌应当载明本车的号牌号码、车辆的所有人、驾驶人、行驶线路、开行时间、停靠站点以及校车标牌发牌单位、有效期等事项。

第十七条　取得校车标牌的车辆应当配备统一的校车标志灯和停车指示标志。

校车未运载学生上道路行驶的，不得使用校车标牌、校车标志灯和停车指示标志。

第十八条　禁止使用未取得校车标牌的车辆提供校车服务。

第十九条　取得校车标牌的车辆达到报废标准或者不再作为校车使用的，学校或者校车服务提供者应当将校车标牌交回公安机关交通管理部门。

第二十条　校车应当每半年进行一次机动车安

全技术检验。

第二十一条　校车应当配备逃生锤、干粉灭火器、急救箱等安全设备。安全设备应当放置在便于取用的位置，并确保性能良好、有效适用。

校车应当按照规定配备具有行驶记录功能的卫星定位装置。

第二十二条　配备校车的学校和校车服务提供者应当按照国家规定做好校车的安全维护，建立安全维护档案，保证校车处于良好技术状态。不符合安全技术条件的校车，应当停运维修，消除安全隐患。

校车应当由依法取得相应资质的维修企业维修。承接校车维修业务的企业应当按照规定的维修技术规范维修校车，并按照国务院交通运输主管部门的规定对所维修的校车实行质量保证期制度，在质量保证期内对校车的维修质量负责。

第四章　校车驾驶人

第二十三条　校车驾驶人应当依照本条例的规定取得校车驾驶资格。

取得校车驾驶资格应当符合下列条件：

（一）取得相应准驾车型驾驶证并具有 3 年以上驾驶经历，年龄在 25 周岁以上、不超过 60 周岁；

（二）最近连续 3 个记分周期内没有被记满分记录；

（三）无致人死亡或者重伤的交通事故责任记录；

（四）无饮酒后驾驶或者醉酒驾驶机动车记录，最近 1 年内无驾驶客运车辆超员、超速等严重交通违法行为记录；

（五）无犯罪记录；

（六）身心健康，无传染性疾病，无癫痫、精神病等可能危及行车安全的疾病病史，无酗酒、吸毒行为记录。

第二十四条　机动车驾驶人申请取得校车驾驶资格，应当向县级或者设区的市级人民政府公安机关交通管理部门提交书面申请和证明其符合本条例第二十三条规定条件的材料。公安机关交通管理部门应当自收到申请材料之日起 5 个工作日内审查完毕，对符合条件的，在机动车驾驶证上签注准许驾驶校车；不符合条件的，书面说明理由。

第二十五条　机动车驾驶人未取得校车驾驶资格，不得驾驶校车。禁止聘用未取得校车驾驶资格的机动车驾驶人驾驶校车。

第二十六条　校车驾驶人应当每年接受公安机关交通管理部门的审验。

第二十七条　校车驾驶人应当遵守道路交通安全法律法规，严格按照机动车道路通行规则和驾驶操作规范安全驾驶、文明驾驶。

第五章　校车通行安全

第二十八条　校车行驶线路应当尽量避开急弯、陡坡、临崖、临水的危险路段；确实无法避开的，道路或者交通设施的管理、养护单位应当按照标准对上述危险路段设置安全防护设施、限速标志、警告标牌。

第二十九条　校车经过的道路出现不符合安全通行条件的状况或者存在交通安全隐患的，当地人民政府应当组织有关部门及时改善道路安全通行条件、消除安全隐患。

第三十条　校车运载学生，应当按照国务院公安部门规定的位置放置校车标牌，开启校车标志灯。

校车运载学生，应当按照经审核确定的线路行驶，遇有交通管制、道路施工以及自然灾害、恶劣气象条件或者重大交通事故等影响道路通行情形的除外。

第三十一条　公安机关交通管理部门应当加强对校车行驶线路的道路交通秩序管理。遇交通拥堵的，交通警察应当指挥疏导运载学生的校车优先通行。

校车运载学生，可以在公共交通专用车道以及其他禁止社会车辆通行但允许公共交通车辆通行的路段行驶。

第三十二条　校车上下学生，应当在校车停靠站点停靠；未设校车停靠站点的路段可以在公共交通站台停靠。

道路或者交通设施的管理、养护单位应当按照标准设置校车停靠站点预告标识和校车停靠站点标牌，施划校车停靠站点标线。

第三十三条　校车在道路上停车上下学生，应当靠道路右侧停靠，开启危险报警闪光灯，打开停车指示标志。校车在同方向只有一条机动车道的道路上停靠时，后方车辆应当停车等待，不得超越。校车在同方向有两条以上机动车道的道路上停靠时，校车停靠车道后方和相邻机动车道上的机动车应当停车等待，其他机动车道上的机动车应当减速通过。校车后方停车等待的机动车不得鸣喇叭或者使用灯光催促校车。

第三十四条　校车载人不得超过核定的人数，不得以任何理由超员。

学校和校车服务提供者不得要求校车驾驶人超员、超速驾驶校车。

第三十五条　载有学生的校车在高速公路上行驶的最高时速不得超过 80 公里，在其他道路上行驶的最高时速不得超过 60 公里。

道路交通安全法律法规规定或者道路上限速标志、标线标明的最高时速低于前款规定的，从其规定。

载有学生的校车在急弯、陡坡、窄路、窄桥以及冰雪、泥泞的道路上行驶，或者遇有雾、雨、雪、沙尘、冰雹等低能见度气象条件时，最高时速不得超过 20 公里。

第三十六条　交通警察对违反道路交通安全法律法规的校车，可以在消除违法行为的前提下先予放行，待校车完成接送学生任务后再对校车驾驶人进行处罚。

第三十七条　公安机关交通管理部门应当加强对校车运行情况的监督检查，依法查处校车道路交通安全违法行为，定期将校车驾驶人的道路交通安全违法行为和交通事故信息抄送其所属单位和教育行政部门。

第六章　校车乘车安全

第三十八条　配备校车的学校、校车服务提供者应当指派照管人员随校车全程照管乘车学生。校车服务提供者为学校提供校车服务的，双方可以约定由学校指派随车照管人员。

学校和校车服务提供者应当定期对随车照管人员进行安全教育，组织随车照管人员学习道路交通安全法律法规、应急处置和应急救援知识。

第三十九条　随车照管人员应当履行下列职责：

（一）学生上下车时，在车下引导、指挥，维护上下车秩序；

（二）发现驾驶人无校车驾驶资格，饮酒、醉酒后驾驶，或者身体严重不适以及校车超员等明显妨碍行车安全情形的，制止校车开行；

（三）清点乘车学生人数，帮助、指导学生安全落座、系好安全带，确认车门关闭后示意驾驶人启动校车；

（四）制止学生在校车行驶过程中离开座位等危险行为；

（五）核实学生下车人数，确认乘车学生已经全部离车后本人方可离车。

第四十条　校车的副驾驶座位不得安排学生乘坐。

校车运载学生过程中，禁止除驾驶人、随车照管人员以外的人员乘坐。

第四十一条　校车驾驶人驾驶校车上道路行驶前，应当对校车的制动、转向、外部照明、轮胎、安全门、座椅、安全带等车况是否符合安全技术要求进行检查，不得驾驶存在安全隐患的校车上道路行驶。

校车驾驶人不得在校车载有学生时给车辆加油，不得在校车发动机引擎熄灭前离开驾驶座位。

第四十二条　校车发生交通事故，驾驶人、随车照管人员应当立即报警，设置警示标志。乘车学生继续留在校车内有危险的，随车照管人员应当将学生撤离到安全区域，并及时与学校、校车服务提供者、学生的监护人联系处理后续事宜。

第七章　法律责任

第四十三条　生产、销售不符合校车安全国家标准的校车的，依照道路交通安全、产品质量管理的法律、行政法规的规定处罚。

第四十四条　使用拼装或者达到报废标准的机动车接送学生的，由公安机关交通管理部门收缴并强制报废机动车；对驾驶人处 2 000 元以上 5 000 元以下的罚款，吊销其机动车驾驶证；对车辆所有人处 8 万元以上 10 万元以下的罚款，有违法所得的予以没收。

第四十五条　使用未取得校车标牌的车辆提供

校车服务，或者使用未取得校车驾驶资格的人员驾驶校车的，由公安机关交通管理部门扣留该机动车，处1万元以上2万元以下的罚款，有违法所得的予以没收。

取得道路运输经营许可的企业或者个体经营者有前款规定的违法行为，除依照前款规定处罚外，情节严重的，由交通运输主管部门吊销其经营许可证件。

伪造、变造或者使用伪造、变造的校车标牌的，由公安机关交通管理部门收缴伪造、变造的校车标牌，扣留该机动车，处2 000元以上5 000元以下的罚款。

第四十六条　不按照规定为校车配备安全设备，或者不按照规定对校车进行安全维护的，由公安机关交通管理部门责令改正，处1 000元以上3 000元以下的罚款。

第四十七条　机动车驾驶人未取得校车驾驶资格驾驶校车的，由公安机关交通管理部门处1 000元以上3 000元以下的罚款，情节严重的，可以并处吊销机动车驾驶证。

第四十八条　校车驾驶人有下列情形之一的，由公安机关交通管理部门责令改正，可以处200元罚款：

（一）驾驶校车运载学生，不按照规定放置校车标牌、开启校车标志灯，或者不按照经审核确定的线路行驶；

（二）校车上下学生，不按照规定在校车停靠站点停靠；

（三）校车未运载学生上道路行驶，使用校车标牌、校车标志灯和停车指示标志；

（四）驾驶校车上道路行驶前，未对校车车况是否符合安全技术要求进行检查，或者驾驶存在安全隐患的校车上道路行驶；

（五）在校车载有学生时给车辆加油，或者在校车发动机引擎熄灭前离开驾驶座位。

校车驾驶人违反道路交通安全法律法规关于道路通行规定的，由公安机关交通管理部门依法从重处罚。

第四十九条　校车驾驶人违反道路交通安全法律法规被依法处罚或者发生道路交通事故，不再符合本条例规定的校车驾驶人条件的，由公安机关交通管理部门取消校车驾驶资格，并在机动车驾驶证上签注。

第五十条　校车载人超过核定人数的，由公安机关交通管理部门扣留车辆至违法状态消除，并依照道路交通安全法律法规的规定从重处罚。

第五十一条　公安机关交通管理部门查处校车道路交通安全违法行为，依法扣留车辆的，应当通知相关学校或者校车服务提供者转运学生，并在违法状态消除后立即发还被扣留车辆。

第五十二条　机动车驾驶人违反本条例规定，不避让校车的，由公安机关交通管理部门处200元罚款。

第五十三条　未依照本条例规定指派照管人员随校车全程照管乘车学生的，由公安机关责令改正，可以处500元罚款。

随车照管人员未履行本条例规定的职责的，由学校或者校车服务提供者责令改正；拒不改正的，给予处分或者予以解聘。

第五十四条　取得校车使用许可的学校、校车服务提供者违反本条例规定，情节严重的，原做出许可决定的地方人民政府可以吊销其校车使用许可，由公安机关交通管理部门收回校车标牌。

第五十五条　学校违反本条例规定的，除依照本条例有关规定予以处罚外，由教育行政部门给予通报批评；导致发生学生伤亡事故的，对政府举办的学校的负有责任的领导人员和直接责任人员依法给予处分；对民办学校由审批机关责令暂停招生，情节严重的，吊销其办学许可证，并由教育行政部门责令负有责任的领导人员和直接责任人员5年内不得从事学校管理事务。

第五十六条　县级以上地方人民政府不依法履行校车安全管理职责，致使本行政区域发生校车安全重大事故的，对负有责任的领导人员和直接责任人员依法给予处分。

第五十七条　教育、公安、交通运输、工业和信息化、质量监督检验检疫、安全生产监督管理等有关部门及其工作人员不依法履行校车安全管理职责的，对负有责任的领导人员和直接责任人员依法给予处分。

第五十八条 违反本条例的规定，构成违反治安管理行为的，由公安机关依法给予治安管理处罚；构成犯罪的，依法追究刑事责任。

第五十九条 发生校车安全事故，造成人身伤亡或者财产损失的，依法承担赔偿责任。

第八章 附则

第六十条 县级以上地方人民政府应当合理规划幼儿园布局，方便幼儿就近入园。

入园幼儿应当由监护人或者其委托的成年人接送。对确因特殊情况不能由监护人或者其委托的成年人接送，需要使用车辆集中接送的，应当使用按照专用校车国家标准设计和制造的幼儿专用校车，遵守本条例校车安全管理的规定。

第六十一条 省、自治区、直辖市人民政府应当结合本地区实际情况，制定本条例的实施办法。

第六十二条 本条例自公布之日起施行。

本条例施行前已经配备校车的学校和校车服务提供者及其聘用的校车驾驶人应当自本条例施行之日起 90 日内，依照本条例的规定申请取得校车使用许可、校车驾驶资格。

本条例施行后，用于接送小学生、幼儿的专用校车不能满足需求的，在省、自治区、直辖市人民政府规定的过渡期限内可以使用取得校车标牌的其他载客汽车。

教育督导条例

（国务院 2012 年 9 月 9 日）

第一章 总则

第一条 为了保证教育法律、法规、规章和国家教育方针、政策的贯彻执行，实施素质教育，提高教育质量，促进教育公平，推动教育事业科学发展，制定本条例。

第二条 对法律、法规规定范围的各级各类教育实施教育督导，适用本条例。

教育督导包括以下内容：

（一）县级以上人民政府对下级人民政府落实教育法律、法规、规章和国家教育方针、政策的督导；

（二）县级以上地方人民政府对本行政区域内的学校和其他教育机构（以下统称学校）教育教学工作的督导。

第三条 实施教育督导应当坚持以下原则：

（一）以提高教育教学质量为中心；

（二）遵循教育规律；

（三）遵守教育法律、法规、规章和国家教育方针、政策的规定；

（四）对政府履行教育工作相关职责的督导与对学校教育教学工作的督导并重，监督与指导并重；

（五）实事求是、客观公正。

第四条 国务院教育督导机构承担全国的教育督导实施工作，制定教育督导的基本准则，指导地方教育督导工作。

县级以上地方人民政府负责教育督导的机构承担本行政区域的教育督导实施工作。

国务院教育督导机构和县级以上地方人民政府负责教育督导的机构（以下统称教育督导机构）在本级人民政府领导下独立行使督导职能。

第五条 县级以上人民政府应当将教育督导经费列入财政预算。

第二章 督学

第六条 国家实行督学制度。

县级以上人民政府根据教育督导工作需要，为教育督导机构配备专职督学。教育督导机构可以根据教育督导工作需要聘任兼职督学。

兼职督学的任期为 3 年，可以连续任职，连续任职不得超过 3 个任期。

第七条 督学应当符合下列条件：

（一）坚持党的基本路线，热爱社会主义教育事业；

（二）熟悉教育法律、法规、规章和国家教育方针、政策，具有相应的专业知识和业务能力；

（三）坚持原则，办事公道，品行端正，廉洁自律；

（四）具有大学本科以上学历，从事教育管理、教学或者教育研究工作10年以上，工作实绩突出；

（五）具有较强的组织协调能力和表达能力；

（六）身体健康，能胜任教育督导工作。

符合前款规定条件的人员经教育督导机构考核合格，可以由县级以上人民政府任命为督学，或者由教育督导机构聘任为督学。

第八条　督学受教育督导机构的指派实施教育督导。

教育督导机构应当加强对督学实施教育督导活动的管理，对其履行督学职责的情况进行考核。

第九条　督学实施教育督导，应当客观公正地反映实际情况，不得隐瞒或者虚构事实。

第十条　实施督导的督学是被督导单位主要负责人的近亲属或者有其他可能影响客观公正实施教育督导情形的，应当回避。

第三章　督导的实施

第十一条　教育督导机构对下列事项实施教育督导：

（一）学校实施素质教育的情况，教育教学水平、教育教学管理等教育教学工作情况；

（二）校长队伍建设情况，教师资格、职务、聘任等管理制度建设和执行情况，招生、学籍等管理情况和教育质量，学校的安全、卫生制度建设和执行情况，校舍的安全情况，教学和生活设施、设备的配备和使用等教育条件的保障情况，教育投入的管理和使用情况；

（三）义务教育普及水平和均衡发展情况，各级各类教育的规划布局、协调发展等情况；

（四）法律、法规、规章和国家教育政策规定的其他事项。

第十二条　教育督导机构实施教育督导，可以行使下列职权：

（一）查阅、复制财务账目和与督导事项有关的其他文件、资料；

（二）要求被督导单位就督导事项有关问题做出说明；

（三）就督导事项有关问题开展调查；

（四）向有关人民政府或者主管部门提出对被督导单位或者其相关负责人给予奖惩的建议。

被督导单位及其工作人员对教育督导机构依法实施的教育督导应当积极配合，不得拒绝和阻挠。

第十三条　县级人民政府负责教育督导的机构应当根据本行政区域内的学校布局设立教育督导责任区，指派督学对责任区内学校的教育教学工作实施经常性督导。

教育督导机构根据教育发展需要或者本级人民政府的要求，可以就本条例第十一条规定的一项或者几项事项对被督导单位实施专项督导，也可以就本条例第十一条规定的所有事项对被督导单位实施综合督导。

第十四条　督学对责任区内学校实施经常性督导每学期不得少于2次。

县级以上人民政府对下一级人民政府应当每5年至少实施一次专项督导或者综合督导；县级人民政府负责教育督导的机构对本行政区域内的学校，应当每3至5年实施一次综合督导。

第十五条　经常性督导结束，督学应当向教育督导机构提交报告；发现违法违规办学行为或者危及师生生命安全的隐患，应当及时督促学校和相关部门处理。

第十六条　教育督导机构实施专项督导或者综合督导，应当事先确定督导事项，成立督导小组。督导小组由3名以上督学组成。

教育督导机构可以根据需要联合有关部门实施专项督导或者综合督导，也可以聘请相关专业人员参加专项督导或者综合督导活动。

第十七条　教育督导机构实施专项督导或者综合督导，应当事先向被督导单位发出书面督导通知。

第十八条　教育督导机构可以要求被督导单位组织自评。被督导单位应当按照要求进行自评，并将自评报告报送教育督导机构。督导小组应当审核被督导单位的自评报告。

督导小组应当对被督导单位进行现场考察。

第十九条　教育督导机构实施专项督导或者综

合督导，应当征求公众对被督导单位的意见，并采取召开座谈会或者其他形式专门听取学生及其家长和教师的意见。

第二十条　督导小组应当对被督导单位的自评报告、现场考察情况和公众的意见进行评议，形成初步督导意见。

督导小组应当向被督导单位反馈初步督导意见；被督导单位可以进行申辩。

第二十一条　教育督导机构应当根据督导小组的初步督导意见，综合分析被督导单位的申辩意见，向被督导单位发出督导意见书。

督导意见书应当就督导事项对被督导单位做出客观公正的评价；对存在的问题，应当提出限期整改要求和建议。

第二十二条　被督导单位应当根据督导意见书进行整改，并将整改情况报告教育督导机构。

教育督导机构应当对被督导单位的整改情况进行核查。

第二十三条　专项督导或者综合督导结束，教育督导机构应当向本级人民政府提交督导报告；县级以上地方人民政府负责教育督导的机构还应当将督导报告报上一级人民政府教育督导机构备案。

督导报告应当向社会公布。

第二十四条　县级以上人民政府或者有关主管部门应当将督导报告作为对被督导单位及其主要负责人进行考核、奖惩的重要依据。

第四章　法律责任

第二十五条　被督导单位及其工作人员有下列情形之一的，由教育督导机构通报批评并责令其改正；拒不改正或者情节严重的，对直接负责的主管人员和其他责任人员，由教育督导机构向有关人民政府或者主管部门提出给予处分的建议：

（一）拒绝、阻挠教育督导机构或者督学依法实施教育督导的；

（二）隐瞒实情、弄虚作假，欺骗教育督导机构或者督学的；

（三）未根据督导意见书进行整改并将整改情况报告教育督导机构的；

（四）打击报复督学的；

（五）有其他严重妨碍教育督导机构或者督学依法履行职责情形的。

第二十六条　督学或者教育督导机构工作人员有下列情形之一的，由教育督导机构给予批评教育；情节严重的，依法给予处分，对督学还应当取消任命或者聘任；构成犯罪的，依法追究刑事责任：

（一）玩忽职守，贻误督导工作的；

（二）弄虚作假，徇私舞弊，影响督导结果公正的；

（三）滥用职权，干扰被督导单位正常工作的。

督学违反本条例第十条规定，应当回避而未回避的，由教育督导机构给予批评教育。

督学违反本条例第十五条规定，发现违法违规办学行为或者危及师生生命安全隐患而未及时督促学校和相关部门处理的，由教育督导机构给予批评教育；情节严重的，依法给予处分，取消任命或者聘任；构成犯罪的，依法追究刑事责任。

第五章　附则

本条例自 2012 年 10 月 1 日起施行。

国务院关于加强教师队伍建设的意见

（2012 年 8 月 20 日）

各省、自治区、直辖市人民政府，国务院各部委、各直属机构：

教师是教育事业发展的基础，是提高教育质量、办好人民满意教育的关键。党中央、国务院历来高度重视教师队伍建设。改革开放特别是党的十六大以来，各地区各有关部门采取一系列政策措施，大力推进教师队伍建设，取得显著成绩。同时也要看到，当前我国教师队伍整体素质有待提高，队伍结构不尽合理，教师管理体制机制有待完善，农村教师职业吸引力亟待提升。为深入实施科教兴国战略和人才强国战略，进一步加强教师队伍建设，现提出以下意见。

一、加强教师队伍建设的指导思想、总体目标和重点任务

（一）指导思想。高举中国特色社会主义伟大旗帜，以邓小平理论和“三个代表”重要思想为指导，深入贯彻科学发展观，全面贯彻党的教育方针，认真落实教育规划纲要和人才规划纲要，遵循教育规律和教师成长发展规律，把促进学生健康成长作为教师工作的出发点和落脚点，围绕促进教育公平、提高教育质量的要求，加强教师工作薄弱环节，创新教师管理体制机制，以提高师德素养和业务能力为核心，全面加强教师队伍建设，为教育事业改革发展提供有力支撑。

（二）总体目标。到2020年，形成一支师德高尚、业务精湛、结构合理、充满活力的高素质专业化教师队伍。专任教师数量满足各级各类教育发展需要；教师队伍整体素质大幅提高，普遍具有良好的职业道德素养、先进的教育理念、扎实的专业知识基础和较强的教育教学能力；教师队伍的年龄、学历、职务（职称）、学科结构以及学段、城乡分布结构与教育事业发展相协调；教师地位待遇不断提高，农村教师职业吸引力明显增强；教师管理制度科学规范，形成富有效率、更加开放的教师工作体制机制。

（三）重点任务。幼儿园教师队伍建设要以补足配齐为重点，切实加强幼儿园教师培养培训，严格实施幼儿园教师资格制度，依法落实幼儿园教师地位待遇；中小学教师队伍建设要以农村教师为重点，采取倾斜政策，切实增强农村教师职业吸引力，激励更多优秀人才到农村从教；职业学校教师队伍建设要以“双师型”教师为重点，完善“双师型”教师培养培训体系，健全技能型人才到职业学校从教制度；高等学校教师队伍建设要以中青年教师和创新团队为重点，优化中青年教师成长发展、脱颖而出的制度环境，培育跨学科、跨领域的科研与教学相结合的创新团队；民族地区教师队伍建设要以提高政治素质和业务能力为重点，加强中小学和幼儿园双语教师培养培训，加快培养一批边疆民族地区紧缺教师人才；特殊教育教师队伍建设要以提升专业化水平为重点，提高特殊教育教师培养培训质量，健全特殊教育教师管理制度。

二、加强教师思想政治教育和师德建设

（四）全面提高教师思想政治素质。坚持和完善理论学习制度，创新理论学习的方式和载体，加强中国特色社会主义理论体系教育，不断提高教师的理论修养和思想政治素质。推动教师在社会实践活动中进一步了解国情、社情、民情。开辟思想政治教育新阵地，建立教师思想状况定期调查分析制度，坚持解决思想问题与解决实际困难相结合，增强思想政治工作的针对性和实效性。确保教师坚持正确政治方向，践行社会主义核心价值体系，遵守宪法和有关法律法规，坚持学术研究无禁区、课堂讲授有纪律，帮助和引领学生形成正确的世界观、人生观和价值观。

（五）构建师德建设长效机制。建立健全教育、宣传、考核、监督与奖惩相结合的师德建设工作机制。开展各种形式的师德教育，把教师职业理想、职业道德、学术规范以及心理健康教育融入职前培养、准入、职后培训和管理的全过程。加大优秀师德典型宣传力度，促进形成重德养德的良好风气。研究制定科学合理的师德考评方式，完善师德考评制度，将师德建设作为学校工作考核和办学质量评估的重要指标，把师德表现作为教师资格定期注册、业绩考核、职称评审、岗位聘用、评优奖励的首要内容，对教师实行师德表现一票否决制。完善学生、家长和社会参与的师德监督机制。完善高等学校科研学术规范，健全学术不端行为惩治查处机制。对有严重失德行为、影响恶劣者按有关规定予以严肃处理直至撤销教师资格。

三、大力提高教师专业化水平

（六）完善教师专业发展标准体系。根据各级各类教育的特点，出台幼儿园、小学、中学、职业学校、高等学校、特殊教育学校教师专业标准，作为教师培养、准入、培训、考核等工作的重要依据。制订幼儿园园长、普通中小学校长、中等职业

学校校长专业标准和任职资格标准，提高校长（园长）专业化水平。制订师范类专业认证标准，开展专业认证和评估，规范师范类专业办学，建立教师培养质量评估制度。

（七）提高教师培养质量。完善师范生招生制度，科学制定招生计划，确保招生培养与教师岗位需求有效衔接，实行提前批次录取，选拔乐教适教的优秀学生攻读师范类专业。发挥教育部直属师范大学师范生免费教育的示范引领作用，鼓励支持地方结合实际实施师范生免费教育制度。探索建立招收职业学校毕业生和企业技术人员专门培养职业教育师资制度。扩大教育硕士、教育博士招生规模，培养高层次的中小学和职业学校教师。创新教师培养模式，建立高等学校与地方政府、中小学（幼儿园、职业学校）联合培养教师的新机制，发挥好行业企业在培养“双师型”教师中的作用。加强教师养成教育和教育教学能力训练，落实师范生教育实践不少于一学期制度。鼓励综合性大学毕业生从事教师职业。

（八）建立教师学习培训制度。实行五年一周期不少于360学时的教师全员培训制度，推行教师培训学分制度。采取顶岗置换研修、校本研修、远程培训等多种模式，大力开展中小学、幼儿园教师特别是农村教师培训。完善以企业实践为重点的职业学校教师培训制度。推进高等学校中青年教师专业发展，建立高等学校中青年教师国内访学、挂职锻炼、社会实践制度。加大民族地区双语教师和音乐、体育、美术等师资紧缺学科教师培训。加强校长培训，重视辅导员和班主任培训。推动信息技术与教师教育深度融合，建设教师网络研修社区和终身学习支持服务体系，促进教师自主学习，推动教学方式变革。继续实施“幼儿园和中小学教师国家级培训计划”、“职业院校教师素质提高计划”。

（九）完善教师培养培训体系。构建以师范院校为主体、综合大学参与、开放灵活的中小学教师教育体系。依托相关高等学校和大中型企业，共建职业学校“双师型”教师培养培训体系。推动高等学校设立教师发展中心。依托现有资源，加强中小学幼儿园教师、职业学校教师、特殊教育教师、民族地区双语教师培养培训基地建设。推动各地结合实际，规范建设县（区）域教师发展平台。

（十）培养造就高端教育人才。实施中小学名师名校长培养工程。制定普通中小学、中等职业学校校长负责制实施细则，探索校长职级制。改进特级教师评选和管理工作，更好发挥特级教师的示范带动作用。坚持培养与引进兼顾，教学与科研并重，加强高等学校高层次创新型人才队伍建设。实施好“千人计划”、“长江学者奖励计划”和“创新团队发展计划”等人才项目，造就聚集一批具有国际影响的学科领军人才和高水平的教学科研创新团队。落实和扩大学校办学自主权，支持鼓励教师和校长在实践中大胆探索，创新教育思想、教育模式和教育方法，形成教学特色和办学风格，造就一批教育家，倡导教育家办学。

四、建立健全教师管理制度

（十一）加强教师资源配置管理。逐步实行城乡统一的中小学教职工编制标准，对农村边远地区实行倾斜政策。研究制订高等学校教职工编制标准。完善学校编制管理办法，健全编制动态管理机制，严禁挤占、挪用、截留教师编制。国家出台幼儿园教师配备标准，各地结合实际合理核定公办幼儿园教职工编制。建立县（区）域内义务教育学校教师校长轮岗交流机制，促进教师资源合理配置。大力推进城镇教师支持农村教育，鼓励支持退休的特级教师、高级教师到农村学校支教讲学。

（十二）严格教师资格和准入制度。修订《教师资格条例》，提高教师任职学历标准、品行和教育教学能力要求。全面实施教师资格考试和定期注册制度。完善符合职业教育特点的职业学校教师资格标准。健全新进教师公开招聘制度，探索符合不同学段、专业和岗位特点的教师招聘办法。继续实施并逐步完善农村义务教育阶段学校教师特设岗位计划，探索吸引高校毕业生到村小学、教学点任教的新机制。

（十三）加快推进教师职务（职称）制度改革。分类推进教师职务（职称）制度改革，完善符合各类教师职业特点的职务（职称）评价标准。建立统一的中小学教师职务（职称）系列，探索在职业学校设置正高级教师职务（职称）。研究完善符合村小学和教学点实际的职务（职称）评定标准，职务

（职称）晋升向村小学和教学点专任教师倾斜。城镇中小学教师在评聘高级职务（职称）时，要有一年以上在农村学校或薄弱学校任教经历。支持符合条件的职业学校和高等学校兼职教师申报相应系列教师专业技术职务。

（十四）全面推行聘用制度和岗位管理制度。根据分类推进事业单位改革的总体部署，按照按需设岗、竞聘上岗、按岗聘用、合同管理的原则，完善以合同管理为基础的用人制度，实现教师职务（职称）评审与岗位聘用的有机结合，完善教师退出机制。鼓励普通高中聘请高等学校、科研院所和社会团体等机构的专业人才担任兼职教师。完善相关人事政策，鼓励职业学校和高等学校聘请企业管理人员、专业技术人员和高技能人才等担任专兼职教师。探索更加有利于促进协同创新、持续创新的高等学校人事管理办法。完善外籍教师管理办法，吸引更多世界一流的专家学者来华从事教学、科研和管理工作，有计划地引进海外高端人才和学术团队。

（十五）健全教师考核评价制度。完善重师德、重能力、重业绩、重贡献的教师考核评价标准，探索实行学校、学生、教师和社会等多方参与的评价办法，引导教师潜心教书育人。严禁简单用升学率和考试成绩评价中小学教师。根据不同类型教师的岗位职责和工作特点，完善高等学校教师分类管理和评价办法；健全大学教授为本科生上课制度，把承担本科教学任务作为教授考核评价的基本内容。加强教师管理，严禁公办、在职中小学教师从事有偿补课，规范高等学校教师兼职兼薪。

五、切实保障教师合法权益和待遇

（十六）完善教师参与治校治学机制。建立健全教职工代表大会制度，保障教职工参与学校决策的合法权利。完善中小学学校管理制度，发挥好党组织的领导核心和政治核心作用，健全校长负责制，实行校务会议等制度，完善教职工参与的科学民主决策机制。完善中国特色现代大学制度，坚持党委领导下的校长负责制，探索教授治学的有效途径，充分发挥教授在教学、学术研究以及学校管理中的作用。完善教师人事争议处理途径，依法维护教师权益。

（十七）强化教师工资保障机制。依法保证教师平均工资水平不低于或者高于国家公务员的平均工资水平，并逐步提高，保障教师工资按时足额发放。健全符合教师职业特点、体现岗位绩效的工资分配激励约束机制。进一步做好义务教育学校教师绩效工资实施工作，按照“管理以县为主、经费省级统筹、中央适当支持”的原则，确保绩效工资所需资金落实到位。对长期在农村基层和艰苦边远地区工作的教师，实行工资倾斜政策。推进非义务教育教师绩效工资实施工作。

（十八）健全教师社会保障制度。按照事业单位改革的总体部署，推进教师养老保障制度改革，按规定为教师缴纳社会保险费及住房公积金。中央在基建投资中安排资金，支持加快建设农村艰苦边远地区学校教师周转宿舍。鼓励地方政府将符合条件的农村教师住房纳入当地住房保障范围统筹予以解决。

（十九）完善教师表彰奖励制度。探索建立国家级教师荣誉制度。继续做好全国模范教师和全国教育系统先进工作者表彰工作，对在农村地区长期从教、贡献突出的教师加大表彰奖励力度。定期开展教学名师奖评选，重点奖励在教学一线做出突出贡献的优秀教师。研究完善国家级教学成果奖。鼓励各地按照国家有关规定开展教师表彰奖励工作。

（二十）保障民办学校教师权益。建立健全民办学校教师管理相关制度，依法保障和落实民办学校教师在培训、职务（职称）评审、教龄和工龄计算、表彰奖励、社会活动等方面与公办学校教师享有同等权利。民办学校应依法聘用教师，明确双方权利义务，及时兑现教师工资待遇，按规定为教师足额缴纳社会保险费和住房公积金。鼓励民办学校为教师建立补充养老保险、医疗保险。

六、确保教师队伍建设政策措施落到实处

（二十一）加强组织领导。各级人民政府要切实加强对教师工作的组织领导，把教师队伍建设列入重要议事日程抓实抓好。完善部门沟通协调机制，形成责权明确、分工协作、齐抓共管的工作格局，及时研究解决教师队伍建设中的突出矛盾和重大问题。教育行政部门要加强对教师队伍建设的统筹管理、规划和指导，制定相关政策和标准。机构

编制、发展改革、财政、人力资源社会保障等有关部门要在各自职责范围内，积极推进教师队伍建设有关工作。鼓励和引导社会力量参与支持教师队伍建设。

（二十二）加强经费保障。各级人民政府要加大对教师队伍建设的投入力度，新增财政教育经费要把教师队伍建设作为投入重点之一，切实保障教师培养培训、工资待遇等方面的经费投入。教师培训经费要列入财政预算。幼儿园、中小学和中等职业学校按照年度公用经费预算总额的5%安排教师培训经费；高等学校按照不同层次和规模情况，统筹安排一定的教师培训经费。切实加强经费监管，确保专款专用，提高经费使用效益。

（二十三）加强考核督导。要把教师队伍建设情况作为各地区各有关部门政绩考核、各级各类学校办学水平评估的重要内容，作为评优评先、表彰奖励的重要依据。建立教师工作定期督导检查制度，把教师队伍建设情况作为教育督导的重要内容，并公告督导结果，推动各项政策措施落实到位。

国务院关于深入推进义务教育均衡发展的意见

（2012年9月5日）

各省、自治区、直辖市人民政府，国务院各部委、各直属机构：

为贯彻落实《国家中长期教育改革和发展规划纲要（2010—2020年）》，巩固提高九年义务教育水平，深入推进义务教育均衡发展，现提出如下意见。

一、充分认识义务教育均衡发展的重要意义

1986年公布实施的义务教育法提出我国实行九年义务教育制度，2011年所有省（区、市）通过了国家“普九”验收，我国用25年全面普及了城乡免费义务教育，从根本上解决了适龄儿童少年“有学上”问题，为提高全体国民素质奠定了坚实基础。但在区域之间、城乡之间、学校之间办学水平和教育质量还存在明显差距，人民群众不断增长的高质量教育需求与供给不足的矛盾依然突出。深入推进义务教育均衡发展，着力提升农村学校和薄弱学校办学水平，全面提高义务教育质量，努力实现所有适龄儿童少年“上好学”，对于坚持以人为本、促进人的全面发展，解决义务教育深层次矛盾、推动教育事业科学发展，促进教育公平、构建社会主义和谐社会，进一步提升国民素质、建设人力资源强国，具有重大的现实意义和深远的历史意义。各级政府要充分认识推进义务教育均衡发展的重要性、长期性和艰巨性，增强责任感、使命感和紧迫感，全面落实责任，切实加大投入，完善政策措施，深入推进义务教育均衡发展，保障适龄儿童少年接受良好义务教育。

二、明确指导思想和基本目标

推进义务教育均衡发展的指导思想是：全面贯彻党的教育方针，全面实施素质教育，遵循教育规律和人才成长规律，积极推进义务教育学校标准化建设，均衡合理配置教师、设备、图书、校舍等资源，努力提高办学水平和教育质量。加强省级政府统筹，强化以县为主管理，建立健全义务教育均衡发展责任制。总体规划，统筹城乡，因地制宜，分类指导，分步实施，切实缩小校际差距，加快缩小城乡差距，努力缩小区域差距，办好每一所学校，促进每一个学生健康成长。

推进义务教育均衡发展的基本目标是：每一所学校符合国家办学标准，办学经费得到保障。教育

资源满足学校教育教学需要，开齐国家规定课程。教师配置更加合理，提高教师整体素质。学校班额符合国家规定标准，消除“大班额”现象。率先在县域内实现义务教育基本均衡发展，县域内学校之间差距明显缩小。到2015年，全国义务教育巩固率达到93%，实现基本均衡的县（市、区）比例达到65%；到2020年，全国义务教育巩固率达到95%，实现基本均衡的县（市、区）比例达到95%。

三、推动优质教育资源共享

扩大优质教育资源覆盖面。发挥优质学校的辐射带动作用，鼓励建立学校联盟，探索集团化办学，提倡对口帮扶，实施学区化管理，整体提升学校办学水平。推动办学水平较高学校和优秀教师通过共同研讨备课、研修培训、学术交流、开设公共课等方式，共同实现教师专业发展和教学质量提升。大力推进教育信息化，加强学校宽带网络建设，到2015年在有条件的地方解决学校宽带接入问题，逐步为农村学校每个班级配备多媒体教学设备。开发丰富优质数字化课程教学资源，重点开发师资短缺课程资源、民族双语教学资源。帮助更多的师生拥有实名的网络空间环境，方便其开展自主学习和教学互动。要调动各方面积极性，在努力办好公办教育的同时，鼓励发展民办教育。

提高社会教育资源利用水平。博物馆、科技馆、文化馆、图书馆、展览馆、青少年校外活动场所、综合实践基地等机构要积极开展面向中小学生的公益性教育活动。公共事业管理部门和行业组织要努力创造条件，将适合开展中小学生实践教育的资源开发为社会实践基地。教育部门要统筹安排学校教育教学、社会实践和校外活动。学校要积极利用社会教育资源开展实践教育，探索学校教育与校外活动有机衔接的有效方式。

四、均衡配置办学资源

进一步深化义务教育经费保障机制改革。统筹考虑城乡经济社会发展状况和人民群众的教育需求，以促进公平和提高质量为导向，加大投入力度，完善保障内容，提高保障水平。中央财政加大对中西部地区的义务教育投入。省级政府要加强统筹，加大对农村地区、贫困地区以及薄弱环节和重点领域的支持力度。各省（区、市）可结合本地区实际情况，适当拓展基本公共教育服务范围和提高服务标准。

推进义务教育学校标准化建设。省级政府要依据国家普通中小学校建设标准和本省（区、市）标准，为农村中小学配齐图书、教学实验仪器设备、音体美等器材，着力改善农村义务教育学校学生宿舍、食堂等生活设施，妥善解决农村寄宿制学校管理服务人员配置问题。继续实施农村义务教育薄弱学校改造计划和中西部农村初中校舍改造工程，积极推进节约型校园建设。要采取学校扩建改造和学生合理分流等措施，解决县镇“大校额”、“大班额”问题。

五、合理配置教师资源

改善教师资源的初次配置，采取各种有效措施，吸引优秀高校毕业生和志愿者到农村学校或薄弱学校任教。对长期在农村基层和艰苦边远地区工作的教师，在工资、职称等方面实行倾斜政策，在核准岗位结构比例时高级教师岗位向农村学校和薄弱学校倾斜。完善医疗、养老等社会保障制度建设，切实维护农村教师社会保障权益。

各地逐步实行城乡统一的中小学编制标准，并对村小学和教学点予以倾斜。合理配置各学科教师，配齐体育、音乐、美术等课程教师。重点为民族地区、边疆地区、贫困地区和革命老区培养和补充紧缺教师。实行教师资格证有效期制度，加强教师培训，提高培训效果，提升教师师德修养和业务能力。

实行县域内公办学校校长、教师交流制度。各地要逐步实行县级教育部门统一聘任校长，推行校长聘期制。建立和完善鼓励城镇学校校长、教师到农村学校或城市薄弱学校任职任教机制，完善促进县域内校长、教师交流的政策措施，建设农村艰苦边远地区教师周转宿舍，城镇学校教师评聘高级职称原则上要有一年以上在农村学校任教经历。

六、保障特殊群体平等接受义务教育

保障进城务工人员随迁子女平等接受义务教育。要坚持以流入地为主、以公办学校为主的“两为主”政策，将常住人口纳入区域教育发展规划，推行按照进城务工人员随迁子女在校人数拨付教育经费，适度扩大公办学校资源，尽力满足进城务工人员随迁子女在公办学校平等接受义务教育。在公办学校不能满足需要的情况下，可采取政府购买服务等方式保障进城务工人员随迁子女在依法举办的民办学校接受义务教育。

建立健全农村留守义务教育学生关爱服务体系。把关爱留守学生工作纳入社会管理创新体系之中，构建学校、家庭和社会各界广泛参与的关爱网络，创新关爱模式。统筹协调留守学生教育管理工作，实行留守学生的普查登记制度和社会结对帮扶制度。加强对留守学生心理健康教育，建立留守学生安全保护预警与应急机制。优先满足留守学生进入寄宿制学校的需求。

重视发展义务教育阶段特殊教育。各级政府要根据特殊教育学校学生实际制订学生人均公用经费标准，加大对特殊教育的投入力度，采取措施落实特殊教育教师待遇，努力办好每一所特殊教育学校。在普通学校开办特殊教育班或提供随班就读条件，接收具有接受普通教育能力的残疾儿童少年学习。保障儿童福利机构适龄残疾孤儿接受义务教育，鼓励和扶持儿童福利机构根据需要设立特殊教育班或特殊教育学校。

关心扶助需要特别照顾的学生。加大省级统筹力度，落实好城市低保家庭和农村家庭经济困难的寄宿学生生活费补助政策。实施好农村义务教育学生营养改善计划。做好对孤儿的教育工作，建立政府主导，民政、教育、公安、妇联、共青团等多部门参与的工作机制，保证城乡适龄孤儿进入寄宿生活设施完善的学校就读。加强流浪儿童救助保护，保障适龄流浪儿童重返校园。办好专门学校，教育和矫治有严重不良行为的少年。

根据国家有关规定经批准招收适龄儿童少年进行文艺、体育等专业训练的社会组织，要保障招收的适龄儿童少年接受义务教育。

七、全面提高义务教育质量

树立科学的教育质量观，以素质教育为导向，促进学生德智体美全面发展和生动活泼主动发展，培养学生的社会责任感、创新精神和实践能力。鼓励学校开展教育教学改革实验，努力办出特色、办出水平，为每位学生提供适合的教育。建立教育教学质量和学生学业质量评价体系，科学评价学校教育教学质量和办学水平，引导学校按照教育规律和人才成长规律实施教育，引导社会按照正确的教育观念评价教育和学校。

切实减轻学生过重课业负担。各地不得下达升学指标，不得单纯以升学率对地区和学校排名。建立课程安排公示制度、学生体质健康状况通报制度、家校联动制度，及时纠正加重学生课业负担的行为。学校要认真落实新修订的义务教育课程标准，不得随意提高课程难度，不得挤占体育、音乐、美术、综合实践活动及班会、少先队活动的课时，科学合理安排学生作息时间。要改革教学方式，提高教学效率，激发学生学习兴趣。要引导家长形成正确的教育观念和科学的教育方式。要加强对社会培训补习机构的管理，规范培训补习市场。

八、加强和改进学校管理

完善学生学籍管理办法。省级教育部门要尽快建立与国家基础教育信息化平台对接的电子学籍管理系统和学校管理信息系统，建立以居住地学龄人口为基准的义务教育管理和公共服务机制。县级教育部门要认真做好数据的采集和日常管理工作，为及时掌握学生流动状况提供支持。

规范招生办法。县级教育部门要按照区域内适龄儿童少年数量和学校分布情况，合理划定每所公办学校的招生范围。鼓励各地探索建立区域内小学和初中对口招生制度，让小学毕业生直接升入对口初中。支持初中与高中分设办学，推进九年一贯制学校建设。严禁在义务教育阶段设立重点校和重点班。提高优质高中招生名额分配到区域内各初中的比例。把区域内学生就近入学比率和招收择校生的比率纳入考核教育部门和学校的指标体系，切实缓解“择校热”。

规范财务管理。县级教育和财政部门要采取切实措施加强义务教育经费监督，确保经费使用安全、合规、高效。要加强对义务教育学校财务管理工作的指导，督促学校建立健全财务管理制度，规范预算编制，严格预算执行，做好财务决算，强化会计核算，加强资产管理，提高资金使用效益。

规范收费行为。各地要强化学校代收费行为监管，规范学校或教育部门接受社会组织、个人捐赠行为，禁止收取与入学升学挂钩的任何费用。禁止学校单独或与社会培训机构联合或委托举办以选拔生源为目的的各类培训班，严厉查处公办学校以任何名义和方式通过办班、竞赛、考试进行招生并收费的行为。制止公办学校以民办名义招生并收费，凡未做到独立法人、独立校园校舍、独立财务管理和独立教育教学并取得民办学校资格的改制学校，一律执行当地同类公办学校收费政策。加强教辅材料编写、出版、使用和价格管理。

九、加强组织领导和督导评估

省级政府要建立推动有力、检查到位、考核严格、奖惩分明、公开问责的义务教育均衡发展推进责任机制。把县域义务教育均衡发展作为考核地方各级政府及其主要负责人的重要内容。教育、发展改革、财政、人力资源社会保障、编制等部门要把义务教育均衡发展摆上重要议事日程，各负其责，密切配合，形成协力推进义务教育均衡发展的工作机制。

加强对义务教育均衡发展的督导评估工作，对县域内义务教育在教师、设备、图书、校舍等资源配置状况和校际在相应方面的差距进行重点评估。对地方政府在入学机会保障、投入保障、教师队伍保障以及缓解热点难点问题等方面进行综合评估。将县域公众满意度作为督导评估的重要内容。省级政府要根据国家制定的县域义务教育均衡发展督导评估办法，结合本地实际，研制本省（区、市）具体实施办法和评估标准。省级政府教育督导机构负责对所辖县级单位基本实现义务教育均衡发展情况进行督导评估，国务院教育督导委员会负责审核认定。

国务院办公厅转发教育部等部门《关于做好进城务工人员随迁子女接受义务教育后在当地参加升学考试工作的意见》的通知

（2012 年 8 月 30 日）

各省、自治区、直辖市人民政府，国务院各部委、各直属机构：

教育部、发展改革委、公安部、人力资源社会保障部《关于做好进城务工人员随迁子女接受义务教育后在当地参加升学考试工作的意见》已经国务院同意，现转发给你们，请认真贯彻执行。

附件：

关于做好进城务工人员随迁子女接受义务教育后在当地参加升学考试工作的意见
（教育部　发展改革委　公安部　人力资源社会保障部）

为贯彻落实中央有关文件精神和《国家中长期教育改革和发展规划纲要（2010—2020 年）》要求，现就做好进城务工人员及其他非本地户籍就业人员随迁子女接受义务教育后在当地参加中考和高考（以下称随迁子女升学考试）工作，提出如下意见。

一、充分认识做好随迁子女升学考试工作的重要性。《国务院办公厅转发教育部等部门关于进一步做好进城务工就业农民子女义务教育工作意见的通知》（国办发〔2003〕78号）印发后，各地认真贯彻落实“以流入地政府为主，以全日制公办中小学为主”政策，进城务工人员随迁子女在当地接受义务教育的问题得到初步解决，一些地方还探索了随迁子女接受义务教育后在当地参加升学考试的办法。但随着进城务工人员规模不断扩大，随迁子女完成义务教育人数不断增多，随迁子女升学考试问题日益突出。进一步做好随迁子女升学考试工作，是坚持以人为本、保障进城务工人员随迁子女受教育权利、促进教育公平的客观要求，对于保障和改善民生、加强和创新社会管理、维护社会和谐具有重要意义。

二、做好随迁子女升学考试工作的主要原则。坚持有利于保障进城务工人员随迁子女公平受教育权利和升学机会，坚持有利于促进人口合理有序流动，统筹考虑进城务工人员随迁子女升学考试需求和人口流入地教育资源承载能力等现实可能，积极稳妥地推进随迁子女升学考试工作。

三、因地制宜制定随迁子女升学考试具体政策。各省、自治区、直辖市人民政府要根据城市功能定位、产业结构布局和城市资源承载能力，根据进城务工人员在当地的合法稳定职业、合法稳定住所（含租赁）和按照国家规定参加社会保险年限，以及随迁子女在当地连续就学年限等情况，确定随迁子女在当地参加升学考试的具体条件，制定具体办法。各省、自治区、直辖市有关随迁子女升学考试的方案原则上应于2012年年底前出台。北京、上海等人口流入集中的地区要进一步摸清底数，掌握非本地户籍人口变动和随迁子女就学等情况，抓紧建立健全进城务工人员管理制度，制订出台有关随迁子女升学考试的方案。

四、统筹做好随迁子女和流入地学生升学考试工作。对符合在当地参加升学考试条件的随迁子女净流入数量较大的省份，教育部、发展改革委采取适当增加高校招生计划等措施，保障当地高考录取比例不因符合条件的随迁子女参加当地高考而受到影响。对不符合在流入地参加升学考试条件的随迁子女，流出地和流入地要积极配合，做好政策衔接，保障考生能够回流出地参加升学考试；经流出地和流入地协商，有条件的流入地可提供借考服务。各地要加强对考生报考资格的审查，严格规范、公开透明地执行随迁子女升学考试政策，防止“高考移民”。

五、加强组织领导和协调配合。各地区、各有关部门要加强对随迁子女升学考试工作的组织领导，明确责任分工，密切协作配合，形成齐抓共管的工作格局。各地招生考试委员会要统筹做好随迁子女升学考试工作，教育部门会同有关部门依据随迁子女升学考试人数合理调配资源，做好招生计划编制、考生报名组织、考试实施以及招生录取等工作。发展改革部门要将进城务工人员随迁子女教育纳入当地经济社会发展规划。公安部门要加强对流动人口的服务管理，及时提供进城务工人员及其随迁子女的居住等相关信息。人力资源社会保障部门要及时提供进城务工人员的就业和社保信息。各地区、各有关部门要及时研究解决工作中出现的新情况新问题，认真总结和推广成功经验。要采取多种形式加强对随迁子女升学考试政策的宣传解读，做好舆论引导工作，营造良好氛围。

国务院办公厅关于规范农村义务教育学校布局调整的意见

（2012年9月6日）

各省、自治区、直辖市人民政府，国务院各部委、各直属机构：

随着我国进城务工人员随迁子女逐年增加、农村人口出生率持续降低，农村学龄人口不断下降，各地对农村义务教育学校进行了布局调整和撤并，改善了办学条件，优化了教师队伍配置，提高了办学效益和办学质量。但同时，农村义务教育学校大幅减少，导致部分学生上学路途变远、交通安全隐患增加，学生家庭经济负担加重，并带来农村寄宿制学校不足、一些城镇学校班额过大等问题。有的地方在学校撤并过程中，规划方案不完善，操作程序不规范，保障措施不到位，影响了农村教育的健康发展。为进一步规范农村义务教育学校布局调整，努力办好人民满意的教育，经国务院同意，现提出如下意见。

一、农村义务教育学校布局的总体要求

保障适龄儿童少年就近入学是义务教育法的规定，是政府的法定责任，是基本公共服务的重要内容。农村义务教育学校布局，要适应城镇化深入发展和社会主义新农村建设的新形势，统筹考虑城乡人口流动、学龄人口变化，以及当地农村地理环境及交通状况、教育条件保障能力、学生家庭经济负担等因素，充分考虑学生的年龄特点和成长规律，处理好提高教育质量和方便学生就近上学的关系，努力满足农村适龄儿童少年就近接受良好义务教育需求。

二、科学制订农村义务教育学校布局规划

县级人民政府要制订农村义务教育学校布局专项规划，合理确定县域内教学点、村小学、中心小学、初中学校布局，以及寄宿制学校和非寄宿制学校的比例，保障学校布局与村镇建设和学龄人口居住分布相适应，明确学校布局调整的保障措施。专项规划经上一级人民政府审核后报省级人民政府批准，并由省级人民政府汇总后报国家教育体制改革领导小组备案。

农村义务教育学校布局要保障学生就近上学的需要。农村小学1至3年级学生原则上不寄宿，就近走读上学；小学高年级学生以走读为主，确有需要的可以寄宿；初中学生根据实际可以走读或寄宿。原则上每个乡镇都应设置初中，人口相对集中的村寨要设置村小学或教学点，人口稀少、地处偏远、交通不便的地方应保留或设置教学点。各地要根据不同年龄段学生的体力特征、道路条件、自然环境等因素，合理确定学校服务半径，尽量缩短学生上下学路途时间。

三、严格规范学校撤并程序和行为

规范农村义务教育学校撤并程序。确因生源减少需要撤并学校的，县级人民政府必须严格履行撤并方案的制订、论证、公示、报批等程序。要统筹考虑学生上下学交通安全、寄宿生学习生活设施等条件保障，并通过举行听证会等多种有效途径，广泛听取学生家长、学校师生、村民自治组织和乡镇人民政府的意见，保障群众充分参与并监督决策过程。学校撤并应先建后撤，保证平稳过渡。撤并方案要逐级上报省级人民政府审批。在完成农村义务教育学校布局专项规划备案之前，暂停农村义务教育学校撤并。要依法规范撤并后原有校园校舍再利用工作，优先保障当地教育事业需要。

坚决制止盲目撤并农村义务教育学校。多数学生家长反对或听证会多数代表反对，学校撤并

后学生上学交通安全得不到保障，并入学校住宿和就餐条件不能满足需要，以及撤并后将造成学校超大规模或“大班额”问题突出的，均不得强行撤并现有学校或教学点。已经撤并的学校或教学点，确有必要的由当地人民政府进行规划、按程序予以恢复。

四、办好村小学和教学点

对保留和恢复的村小学和教学点，要采取多种措施改善办学条件，着力提高教学质量。提高村小学和教学点的生均公用经费标准，对学生规模不足100人的村小学和教学点按100人核定公用经费，保证其正常运转。研究完善符合村小学和教学点实际的职称评定标准，职称晋升和绩效工资分配向村小学和教学点专任教师倾斜，鼓励各地采取在绩效工资中设立岗位津贴等有效政策措施支持优秀教师到村小学和教学点工作。加快推进农村教育信息化建设，为村小学和教学点配置数字化优质课程教学资源。中心学校要发挥管理和指导作用，统筹安排课程，组织巡回教学，开展连片教研，推动教学资源共享，提高村小学和教学点教学质量。

五、解决学校撤并带来的突出问题

加强农村寄宿制学校建设和管理。学校撤并后学生需要寄宿的地方，要按照国家或省级标准加强农村寄宿制学校建设，为寄宿制学校配备教室、学生宿舍、食堂、饮用水设备、厕所、澡堂等设施和聘用必要的管理、服务、保安人员，寒冷地区要配备安全的取暖设施。有条件的地方应为学校配备心理健康教师。要科学管理学生作息时间，培养学生良好生活习惯，开展符合学生身心特点、有益于健康成长的校园活动，加强寄宿制学校安全管理和教育。

各地人民政府要认真落实《校车安全管理条例》，切实保障学生上下学交通安全。要通过增设农村客运班线及站点、增加班车班次、缩短发车间隔、设置学生专车等方式，满足学生的乘车需求。公共交通不能满足学生上学需要的，要组织提供校车服务。严厉查处接送学生车辆超速、超员和疲劳驾驶等违法行为，坚决制止采用低速货车、三轮汽车、拖拉机以及拼装车、报废车等车辆接送学生。

高度重视并逐步解决学校撤并带来的“大班额”问题。各地要通过新建、扩建、改建学校和合理分流学生等措施，使学校班额符合国家标准。班额超标学校不得再接收其他学校并入的学生。对教育资源较好学校的“大班额”问题，要通过实施学区管理、建立学校联盟、探索集团化办学等措施，扩大优质教育资源覆盖面，合理分流学生。

六、开展农村义务教育学校布局调整专项督查

省级人民政府教育督导机构要对农村义务教育学校布局是否制订专项规划、调整是否合理、保障措施是否到位、工作程序是否完善、村小学和教学点建设是否合格等进行专项督查，督查结果要向社会公布。对存在问题较多、社会反映强烈的地方，要责成其限期整改。对因学校撤并不当引起严重不良后果的，要依照法律和有关规定追究责任。县级人民政府要认真开展农村义务教育学校布局调整工作检查，及时发现并解决好存在的问题。教育部要会同有关部门加强对各地规范农村义务教育学校布局调整工作的督促指导。

国务院办公厅转发教育部　发展改革委财政部　体育总局《关于进一步加强学校体育工作的若干意见》的通知

（2012年10月22日）

各省、自治区、直辖市人民政府，国务院各部委、各直属机构：

教育部、发展改革委、财政部、体育总局《关于进一步加强学校体育工作的若干意见》已经国务院同意，现转发给你们，请认真贯彻执行。

附件：

关于进一步加强学校体育工作的若干意见
（教育部　发展改革委　财政部　体育总局）

为深入贯彻落实《中共中央、国务院关于加强青少年体育增强青少年体质的意见》（中发〔2007〕7号）和《国家中长期教育改革和发展规划纲要（2010—2020年）》，推动学校体育科学发展，促进学生健康成长，现提出如下意见。

一、充分认识加强学校体育的重要性

1. 广大青少年身心健康、体魄强健、意志坚强、充满活力，是一个民族生命力旺盛的体现，是社会文明进步的标志，是国家综合实力的重要方面。体育锻炼是提高学生健康素质的有效途径，对青少年思想品德、智力发育、审美素养和健康生活方式的形成具有不可替代的作用。加强学校体育，增强学生体质，对于提高学生综合素质，实现教育现代化，建设人力资源强国，培养德智体美全面发展的社会主义建设者和接班人，具有重要战略意义。

2. 党中央、国务院历来高度重视青少年的健康成长，把加强青少年体育锻炼作为提高全民健康素质的基础工程，把加强学校体育作为贯彻党的教育方针、实施素质教育和提高教育质量的重要举措。多年来，各地不断完善和落实各项政策措施，广泛开展阳光体育运动，有力推进学校体育改革发展。但总体上看，学校体育仍是教育工作中的薄弱环节，学校体育未能得到足够重视，评价机制不够完善，体育教师短缺，场地设施缺乏，影响和制约了学生体质健康水平的提升。各地各部门要充分认识加强学校体育的重要性和紧迫性，把提高学生体质健康水平作为落实教育规划纲要和办好人民满意教育的重要任务，摆在更加突出位置，纳入重要议事日程，切实抓紧抓好。

二、明确加强学校体育的总体思路和主要目标

3. 加强学校体育要以科学发展观为指导，全面贯彻党的教育方针，全面实施素质教育，把增强学生体质作为学校教育的基本目标之一，加强政府统筹，加强条件保障，加强监督检查，确保学生体育课程和课余活动时间，切实提高学校体育质量，完善学校、家庭与社会密切结合的学校体育网络，促进体育与德育、智育、美育有机融合，不断提高学生体质健康水平和综合素质。

4. 当前和今后一个时期，要以中小学为重点全面加强学校体育，深入推进学校体育改革发展，力争到“十二五”期末，学校体育场地设施总体达到国家标准，初步配齐体育教师，基本形成学校体育持续健康发展的保障机制；学生体质健康监测制度更加完善，基本建成科学规范的学校体育评价机制；各方责任更加明确，基本形成政府主导、部门协调、社会参与的学校体育推进机制。

三、落实加强学校体育的重点任务

5. 实施好体育课程和课外体育活动。各地要规范办学行为，减轻学生课业负担，切实保证中小学生每天一小时校园体育活动，严禁挤占体育课和学生校园体育活动时间。要因地制宜制订并落实体育与健康课程的实施方案，在地方课程和校本课程中科学安排体育课时。建立健全学生体育竞赛体制，引导学校合理开展课余体育训练和竞赛活动。积极鼓励创建青少年体育俱乐部，组织开展丰富多彩的学生群众性体育活动。各级各类学校要制订和实施体育课程、大课间（课间操）和课外体育活动一体化的阳光体育运动方案。要创新体育活动内容、方式和载体，增强体育活动的趣味性和吸引力，着力培养学生的体育爱好、运动兴趣和技能特长，大力培养学生的意志品质、合作精神和交往能力，使学生掌握科学锻炼的基础知识、基本技能和有效方法，每个学生学会至少两项终身受益的体育锻炼项目，养成良好体育锻炼习惯和健康生活方式。

6. 加强学校体育教师队伍建设。要加快教师结构调整，制订并落实配齐专职体育教师计划，多渠道配备好中小学和职业学校体育教师。建立健全体育教师培养体系，办好高等学校体育教育专业，逐步扩大免费师范生和贫困地区定向招生专项计划中体育教育专业招生规模，完善农村学校教师特岗计划补充体育教师的机制。鼓励退役优秀运动员按照有关规定从事学校体育工作。加大国培计划培训体育教师的力度，拓宽体育教师培训渠道，到2015年各地要对中小学和职业学校体育教师进行一轮培训。要保障体育教师在职务评聘、福利待遇、评优表彰等方面与其他学科教师同等待遇。对体育教师组织学生开展课外体育活动以及组织学生体质健康测试等，要纳入教学工作量。

7. 加快学校体育设施建设。各地要按照《国家学校体育卫生条件试行基本标准》、《中小学校体育设施技术规程》及相关学校建设标准和技术规范要求，加大学校体育设施建设力度，在基层公共体育设施建设中统筹规划学校体育设施，在义务教育经费保障机制和农村义务教育薄弱学校改造计划等项目中加大对体育设施建设和器材配备的支持力度，推动全国学校体育设施和器材逐步达到国家标准。大力推动公共体育场馆和运动设施向青少年学生免费或优惠开放，学校体育场馆设施在课余和节假日应向学生开放。

8. 健全学校体育风险管理体系。研究制定学校安全条例，组织修订《学校体育工作条例》和《学校卫生工作条例》。各地各有关部门要加强对学校体育安全的指导和监督，建立健全政府主导、社会参与的学校体育风险管理机制，形成包括安全教育培训、活动过程管理、保险赔付的学校体育风险管理制度，依法妥善处理学校体育意外伤害事故。各学校要制订和实施体育安全管理工作方案，明确管理责任人，落实安全责任制。加强对体育设施的维护和使用管理，切实保证使用安全。

四、建立健全学校体育的监测评价机制

9. 完善学生体质健康测试和评价制度。教育部会同有关部门修订并全面实施《国家学生体质健康标准》，做好学生健康检查制度、学生体质健康监测制度与国家学生体质健康标准测试制度的配套衔接。各学校每年对所有学生进行体质健康测试，并将测试结果经教育部门审核后上报纳入国家学生体质健康标准数据管理系统；同时，要按学生年级、班级、性别等不同类别在学校内公布学生体质健康测试总体结果，并将有关情况向学生家长通报。各地要加强管理，创造条件，保证学生体质健康测试工作的顺利开展。要把学生体质健康水平作为学生综合素质评价的重要指标，将学生日常参加体育活动情况、体育运动能力以及体质健康状况等作为重要评价内容。因地制宜组织实施好初中毕业升学体育考试。积极探索在高中学业水平考试中增加体育科目的做法，推进高考综合评价体系建设，有效发挥其对增强学生体质的引导作用。

10. 实施学校体育工作评估制度。教育部研究制订以评价学生体质健康水平和基本运动技能为主要内容的学校体育工作评估标准和实施办法。从2013年起组织开展中小学体育工作评估，县级教育部门要组织学校按照要求进行自我评估，地市级教育部门要对本地学校体育工作评估结果进行复核检查，省级教育部门要进行抽查和认定，并将经认定的评估结果汇总后报送教育部备案。教育部将组织制订高等学校体育工作基本标准和高等职业学校体育课程教学指导纲要，并适时组织开展高等学校体育工作评估。各级教育部门和学校要深入分析学生体质健康测试结果，动态把握学生体质健康发展变化趋势，有效指导学校体育工作。

11. 实行学校体育报告公示制度。各地教育部门要逐级上报本行政区域学校体育工作情况，上级教育部门对所报情况进行公示，重点报告和公示学校体育开课率、阳光体育运动情况、学校体育经费投入、教学条件改善、教师队伍建设和学生体质健康状况等。各地教育部门和学校要向社会公布学生阳光体育运动工作方案、基本要求和监督电话。学校要利用公告栏、家长会和校园网等定期通报学生体育活动情况。从2013年起，教育部组织编制和发布《全国学校体育工作年度报告》，按生源所在地分省（区、市）公布高等学校新生入学体质健康测试结果。

五、加强对学校体育的组织领导

12. 加强学校体育工作领导和管理。各地人民政府要认真履行发展学校体育的职责，将学校体育发展纳入本级政府年度工作报告，建立健全教育部门牵头、有关部门分工负责和社会参与的学校体育工作机制。教育部门要完善政策，制订标准，加强监督管理和科学指导，将学校体育纳入义务教育、普通高中、职业教育、高等教育等各类教育规划。发展改革部门要把提高青少年身心健康水平纳入当地经济社会发展规划，支持学校体育发展。财政部门要完善支持学校体育的投入政策。体育部门要把学校体育作为全民健身计划的重点，在技术、人才、场地和体育组织建设等方面加大对学校体育工作的支持。校长是所在学校体育工作的第一责任人，要确保学校体育各项工作任务的具体落实。

13. 加大学校体育投入力度。要统筹教育经费投入，切实保障学校体育经费。合理保证中小学校公用经费中用于体育的支出，并随公用经费标准提高而逐步增加。利用现有渠道，将学校体育场地设施建设、体育活动经费纳入本级财政预算和基本建设投资计划，并加大投入力度。优先支持农村和民族地区学校体育工作。

14. 实施学校体育三年行动计划。各地要结合本区域经济社会发展状况，找准学校体育的突出问题、重点领域和薄弱环节，特别是要在确保学生锻炼时间、提高学生体质健康水平、落实政府工作责任、完善学校体育政策体系、实施学校体育评价制度、改善学校体育办学条件等方面确定发展目标，逐年分解落实任务，以县为单位编制加强学校体育三年行动计划。2013年3月底前，各省（区、市）行动计划报国家教育体制改革领导小组办公室备案。

15. 强化学校体育工作督导检查。国务院教育督导机构组织修订《中小学体育工作督导评估办法（试行）》。各级教育督导机构要研究制定和实施学校体育工作督导检查办法，坚持督政与督学相结合，健全目标考核机制，建立学校体育工作专项督导制度，定期联合有关部门开展学校体育工作专项督导，并将督导评估结果及时向社会公告。

16. 健全学校体育工作奖惩机制。各地要把学校体育和学生体质健康水平纳入工作考核指标体系，作为教育等有关部门和学校领导干部业绩考核的重要内容，加强学校体育工作绩效评估和行政问责。对学校体育工作成绩突出的地方、部门、学校和个人进行表彰奖励。对学生体质健康水平持续三年下降的地区和学校，在教育工作评估和评优评先中实行“一票否决”。

17. 营造学校体育发展良好环境。各地各有关部门要认真宣传学校体育工作的政策要求、典型经验和有效做法，采取多种方式加强校园体育文化建设，加大对群众性学生体育活动的宣传报道，广泛传播健康理念，引导广大青少年、各级各类学校和全社会树立科学的教育观、人才观和健康观，形成珍视健康、热爱体育、崇尚运动、积极向上的良好氛围。

关于修改《国家教育考试违规处理办法》的决定

（教育部 2012年1月5日）

为进一步保障考试安全，维护考试秩序，规范对国家教育考试中违规行为的处理，保障参加国家教育考试人员的合法权益，教育部决定对《国家教育考试违规处理办法》做如下修改。

一、将第二条修改为“本办法所称国家教育考试是指普通和成人高等学校招生考试、全国硕士研究生招生考试、高等教育自学考试等，由国务院教育行政部门确定实施，由经批准的实施教育考试的机构承办，面向社会公开、统一举行，其结果作为招收学历教育学生或者取得国家承认学历、学位证书依据的测试活动。”

二、将第六条第一段修改为：“考生违背考试公平、公正原则，在考试过程中有下列行为之一的，应当认定为考试作弊。”

将第（一）项修改为：“携带与考试内容相关的材料或者存储有与考试内容相关资料的电子设备参加考试的；”

将第（三）项“强迫他人为自己抄袭提供方便的”，修改为“胁迫他人为自己抄袭提供方便的；”

将第（四）项修改为：“携带具有发送或者接收信息功能的设备的；”

将第（九）项修改为：“其他以不正当手段获得或者试图获得试题答案、考试成绩的行为。”

三、将第七条第（一）项中的“考试资格和考试成绩的”修改为：“考试资格、加分资格和考试成绩的”；

第（二）项修改为：“评卷过程中被认定为答案雷同的；”

四、将第八条第一段修改为：“考生及其他人员应当自觉维护考试秩序，服从考试工作人员的管理，不得有下列扰乱考试秩序的行为：”

第（三）项修改为：“威胁、侮辱、诽谤、诬陷或者以其他方式侵害考试工作人员、其他考生合法权益的行为；”

增加一项作为第（四）项：“故意损坏考场设施设备；”

原第（四）项修改为第（五）项。

五、将第九条第二款修改为：“考生有第六条、第七条所列考试作弊行为之一的，其所报名参加考试的各阶段、各科成绩无效；参加高等教育自学考试的，当次考试各科成绩无效。

有下列情形之一的，可以视情节轻重，同时给予暂停参加该项考试1至3年的处理；情节特别严重的，可以同时给予暂停参加各种国家教育考试1至3年的处理：

（一）组织团伙作弊的；

（二）向考场外发送、传递试题信息的；

（三）使用相关设备接收信息实施作弊的；

（四）伪造、变造身份证、准考证及其他证明材料，由他人代替或者代替考生参加考试的。”

增加一款作为第四款：“参加高等教育自学考试的考生有前款严重作弊行为的，也可以给予延迟毕业时间1至3年的处理，延迟期间考试成绩无效。”

六、将第十条中的“《治安管理处罚条例》”，修改为“《中华人民共和国治安管理处罚法》”。

七、将第十二条修改为：“在校学生、在职教师有下列情形之一的，教育考试机构应当通报其所在学校，由学校根据有关规定严肃处理，直至开除学籍或者予以解聘：

（一）代替考生或者由他人代替参加考试的；

（二）组织团伙作弊的；

（三）为作弊组织者提供试题信息、答案及相应设备等参与团伙作弊行为的。”

八、第十三条第（四）项后增加一项作为第（五）项：“未认真履行职责，造成所负责考场出现秩序混乱、作弊严重或者视频录像资料损毁、视频系统不能正常工作的；”

将第（五）项修改为第（六）项，其中的“积分误差”修改为“积分差错”。

其后各项序号依次顺延。

九、在第十六条“造成国家教育考试的试题、答案及评分参考丢失”后增加“损毁”。

十、将第十七条第一段修改为：“有下列行为之一的，由教育考试机构建议行为人所在单位给予行政处分；违反《中华人民共和国治安管理处罚法》的，由公安机关依法处理；构成犯罪的，由司法机关依法追究刑事责任。”

第一款第（二）项修改为：“代替考生或者由他人代替参加国家教育考试的。”

第（三）项修改为：“组织或者参与团伙作弊的；”

增加一款作为第二款：“国家工作人员有前款行为的，教育考试机构应当建议有关纪检、监察部门，根据有关规定从重处理。”

十一、在第十九条增加一款，作为第二款：“考试工作人员通过视频发现考生有违纪、作弊行为的，应当立即通知在现场的考试工作人员，并应当将视频录像作为证据保存。教育考试机构可以通过视频录像回放，对所涉及考生违规行为进行认定。”

十二、在第二十一条第一款后增加两款，分别作为第二款：“考生在参加全国硕士研究生招生考试中的违规行为，由组织考试的机构认定，由相关省级教育考试机构或者受其委托的组织考试的机构做出处理决定。”

第三款：“在国家教育考试考场视频录像回放审查中认定的违规行为，由省级教育考试机构认定并做出处理决定。”

原第二款修改为第四款。

十三、将第二十五条第二款修改为：“给予考生停考处理的，经考生申请，省级教育考试机构应当举行听证，对作弊的事实、情节等进行审查、核实。”

十四、将第二十九条修改为：“申请人对复核决定或者处理决定不服的，可以依法申请行政复议或者提起行政诉讼。”

十五、将第三十条修改为：“教育考试机构应当建立国家教育考试考生诚信档案，记录、保留在国家教育考试中作弊人员的相关信息。国家教育考试考生诚信档案中记录的信息未经法定程序，任何组织、个人不得删除、变更。

国家教育考试考生诚信档案可以依申请接受社会有关方面的查询，并应当及时向招生学校或单位提供相关信息，作为招生参考条件。”

附件：

国家教育考试违规处理办法

（2004年5月19日中华人民共和国教育部令第18号发布，根据2012年1月5日《教育部关于修改〈国家教育考试违规处理办法〉的决定》修正）

第一章　总则

第一条　为规范对国家教育考试违规行为的认定与处理，维护国家教育考试的公平、公正，保障参加国家教育考试的人员（以下简称考生）、从事和参与国家教育考试工作的人员（以下简称考试工作人员）的合法权益，根据《中华人民共和国教育法》及相关法律、行政法规，制定本办法。

第二条　本办法所称国家教育考试是指普通和成人高等学校招生考试、全国硕士研究生招生考试、高等教育自学考试等，由国务院教育行政部门确定实施，由经批准的实施教育考试的机构承办，面向社会公开、统一举行，其结果作为招收学历教育学生或者取得国家承认学历、学位证书依据的测试活动。

第三条　对参加国家教育考试的考生以及考试工作人员、其他相关人员，违反考试管理规定和考场纪律，影响考试公平、公正行为的认定与处理，适用本办法。

对国家教育考试违规行为的认定与处理应当公开公平、合法适当。

第四条 国务院教育行政部门及地方各级人民政府教育行政部门负责全国或者本地区国家教育考试组织工作的管理与监督。

承办国家教育考试的各级教育考试机构负责有关考试的具体实施，依据本办法，负责对考试违规行为的认定与处理。

第二章 违规行为的认定与处理

第五条 考生不遵守考场纪律，不服从考试工作人员的安排与要求，有下列行为之一的，应当认定为考试违纪：

（一）携带规定以外的物品进入考场或者未放在指定位置的；

（二）未在规定的座位参加考试的；

（三）考试开始信号发出前答题或者考试结束信号发出后继续答题的；

（四）在考试过程中旁窥、交头接耳、互打暗号或者手势的；

（五）在考场或者教育考试机构禁止的范围内，喧哗、吸烟或者实施其他影响考场秩序的行为的；

（六）未经考试工作人员同意在考试过程中擅自离开考场的；

（七）将试卷、答卷（含答题卡、答题纸等，下同）、草稿纸等考试用纸带出考场的；

（八）用规定以外的笔或者纸答题或者在试卷规定以外的地方书写姓名、考号或者以其他方式在答卷上标记信息的；

（九）其他违反考场规则但尚未构成作弊的行为。

第六条 考生违背考试公平、公正原则，在考试过程中有下列行为之一的，应当认定为考试作弊：

（一）携带与考试内容相关的材料或者存储有与考试内容相关资料的电子设备参加考试的；

（二）抄袭或者协助他人抄袭试题答案或者与考试内容相关的资料的；

（三）抢夺、窃取他人试卷、答卷或者胁迫他人为自己抄袭提供方便的；

（四）携带具有发送或者接收信息功能的设备的；

（五）由他人冒名代替参加考试的；

（六）故意销毁试卷、答卷或者考试材料的；

（七）在答卷上填写与本人身份不符的姓名、考号等信息的；

（八）传、接物品或者交换试卷、答卷、草稿纸的；

（九）其他以不正当手段获得或者试图获得试题答案、考试成绩的行为。

第七条 教育考试机构、考试工作人员在考试过程中或者在考试结束后发现下列行为之一的，应当认定相关的考生实施了考试作弊行为：

（一）通过伪造证件、证明、档案及其他材料获得考试资格、加分资格和考试成绩的；

（二）评卷过程中被认定为答案雷同的；

（三）考场纪律混乱、考试秩序失控，出现大面积考试作弊现象的；

（四）考试工作人员协助实施作弊行为，事后查实的；

（五）其他应认定为作弊的行为。

第八条 考生及其他人员应当自觉维护考试秩序，服从考试工作人员的管理，不得有下列扰乱考试秩序的行为：

（一）故意扰乱考点、考场、评卷场所等考试工作场所秩序；

（二）拒绝、妨碍考试工作人员履行管理职责；

（三）威胁、侮辱、诽谤、诬陷或者以其他方式侵害考试工作人员、其他考生合法权益的行为；

（四）故意损坏考场设施设备；

（五）其他扰乱考试管理秩序的行为。

第九条 考生有第五条所列考试违纪行为之一的，取消该科目的考试成绩。

考生有第六条、第七条所列考试作弊行为之一的，其所报名参加考试的各阶段、各科成绩无效；参加高等教育自学考试的，当次考试各科成绩无效。

有下列情形之一的，可以视情节轻重，同时给予暂停参加该项考试1至3年的处理；情节特别严重的，可以同时给予暂停参加各种国家教育考试1至3年的处理：

（一）组织团伙作弊的；

（二）向考场外发送、传递试题信息的；

（三）使用相关设备接收信息实施作弊的；

（四）伪造、变造身份证、准考证及其他证明材料，由他人代替或者代替考生参加考试的。

参加高等教育自学考试的考生有前款严重作弊行为的，也可以给予延迟毕业时间1至3年的处理，延迟期间考试成绩无效。

第十条　考生有第八条所列行为之一的，应当终止其继续参加本科目考试，其当次报名参加考试的各科成绩无效；考生及其他人员的行为违反《中华人民共和国治安管理处罚法》的，由公安机关进行处理；构成犯罪的，由司法机关依法追究刑事责任。

第十一条　考生以作弊行为获得的考试成绩并由此取得相应的学位证书、学历证书及其他学业证书、资格资质证书或者入学资格的，由证书颁发机关宣布证书无效，责令收回证书或者予以没收；已经被录取或者入学的，由录取学校取消录取资格或者其学籍。

第十二条　在校学生、在职教师有下列情形之一的，教育考试机构应当通报其所在学校，由学校根据有关规定严肃处理，直至开除学籍或者予以解聘：

（一）代替考生或者由他人代替参加考试的；

（二）组织团伙作弊的；

（三）为作弊组织者提供试题信息、答案及相应设备等参与团伙作弊行为的。

第十三条　考试工作人员应当认真履行工作职责，在考试管理、组织及评卷等工作过程中，有下列行为之一的，应当停止其参加当年及下一年度的国家教育考试工作，并由教育考试机构或者建议其所在单位视情节轻重分别给予相应的行政处分：

（一）应回避考试工作却隐瞒不报的；

（二）擅自变更考试时间、地点或者考试安排的；

（三）提示或暗示考生答题的；

（四）擅自将试题、答卷或者有关内容带出考场或者传递给他人的；

（五）未认真履行职责，造成所负责考场出现秩序混乱、作弊严重或者视频录像资料损毁、视频系统不能正常工作的；

（六）在评卷、统分中严重失职，造成明显的错评、漏评或者积分差错的；

（七）在评卷中擅自更改评分细则或者不按评分细则进行评卷的；

（八）因未认真履行职责，造成所负责考场出现雷同卷的；

（九）擅自泄露评卷、统分等应予保密的情况的；

（十）其他违反监考、评卷等管理规定的行为。

第十四条　考试工作人员有下列作弊行为之一的，应当停止其参加国家教育考试工作，由教育考试机构或者其所在单位视情节轻重分别给予相应的行政处分，并调离考试工作岗位；情节严重，构成犯罪的，由司法机关依法追究刑事责任：

（一）为不具备参加国家教育考试条件的人员提供假证明、证件、档案，使其取得考试资格或者考试工作人员资格的；

（二）因玩忽职守，致使考生未能如期参加考试的或者使考试工作遭受重大损失的；

（三）利用监考或者从事考试工作之便，为考生作弊提供条件的；

（四）伪造、变造考生档案（含电子档案）的；

（五）在场外组织答卷、为考生提供答案的；

（六）指使、纵容或者伙同他人作弊的；

（七）偷换、涂改考生答卷、考试成绩或者考场原始记录材料的；

（八）擅自更改或者编造、虚报考试数据、信息的；

（九）利用考试工作便利，索贿、受贿、以权徇私的；

（十）诬陷、打击报复考生的。

第十五条　因教育考试机构管理混乱、考试工作人员玩忽职守，造成考点或者考场纪律混乱，作弊现象严重；或者同一考点同一时间的考试有1/5以上考场存在雷同卷的，由教育行政部门取消该考点当年及下一年度承办国家教育考试的资格；高等教育自学考试考区内一个或者一个以上专业考试纪律混乱，作弊现象严重，由高等教育自学考试管理机构给予该考区警告或者停考该考区相应专业1至3年的处理。

对出现大规模作弊情况的考场、考点的相关责任人、负责人及所属考区的负责人，有关部门应当分别给予相应的行政处分；情节严重，构成犯罪的，由司法机关依法追究刑事责任。

第十六条　违反保密规定，造成国家教育考试的试题、答案及评分参考（包括副题及其答案及评分参考，下同）丢失、损毁、泄密，或者使考生答卷在保密期限内发生重大事故的，由有关部门视情节轻重，分别给予责任人和有关负责人行政处分；构成犯罪的，由司法机关依法追究刑事责任。

盗窃、损毁、传播在保密期限内的国家教育考试试题、答案及评分参考、考生答卷、考试成绩的，由有关部门依法追究有关人员的责任；构成犯罪的，由司法机关依法追究刑事责任。

第十七条　有下列行为之一的，由教育考试机构建议行为人所在单位给予行政处分；违反《中华人民共和国治安管理处罚法》的，由公安机关依法处理；构成犯罪的，由司法机关依法追究刑事责任：

（一）指使、纵容、授意考试工作人员放松考试纪律，致使考场秩序混乱、作弊严重的；

（二）代替考生或者由他人代替参加国家教育考试的；

（三）组织或者参与团伙作弊的；

（四）利用职权，包庇、掩盖作弊行为或者胁迫他人作弊的；

（五）以打击、报复、诬陷、威胁等手段侵犯考试工作人员、考生人身权利的；

（六）向考试工作人员行贿的；

（七）故意损坏考试设施的；

（八）扰乱、妨害考场、评卷点及有关考试工作场所秩序后果严重的。

国家工作人员有前款行为的，教育考试机构应当建议有关纪检、监察部门，根据有关规定从重处理。

第三章　违规行为认定与处理程序

第十八条　考试工作人员在考试过程中发现考生实施本办法第五条、第六条所列考试违纪、作弊行为的，应当及时予以纠正并如实记录；对考生用于作弊的材料、工具等，应予暂扣。

考生违规记录作为认定考生违规事实的依据，应当由2名以上监考员或者考场巡视员、督考员签字确认。

考试工作人员应当向违纪考生告知违规记录的内容，对暂扣的考生物品应填写收据。

第十九条　教育考试机构发现本办法第七条、第八条所列行为的，应当由2名以上工作人员进行事实调查，收集、保存相应的证据材料，并在调查事实和证据的基础上，对所涉及考生的违规行为进行认定。

考试工作人员通过视频发现考生有违纪、作弊行为的，应当立即通知在现场的考试工作人员，并应当将视频录像作为证据保存。教育考试机构可以通过视频录像回放，对所涉及考生违规行为进行认定。

第二十条　考点汇总考生违规记录，汇总情况经考点主考签字认定后，报送上级教育考试机构依据本办法的规定进行处理。

第二十一条　考生在普通和成人高等学校招生考试、高等教育自学考试中，出现第五条所列考试违纪行为的，由省级教育考试机构或者市级教育考试机构做出处理决定，由市级教育考试机构做出的处理决定应报省级教育考试机构备案；出现第六条、第七条所列考试作弊行为的，由市级教育考试机构签署意见，报省级教育考试机构处理，省级教育考试机构也可以要求市级教育考试机构报送材料及证据，直接进行处理；出现本办法第八条所列扰乱考试秩序行为的，由市级教育考试机构签署意见，报省级教育考试机构按照前款规定处理，对考生及其他人员违反治安管理法律法规的行为，由当地公安部门处理；评卷过程中发现考生有本办法第七条所列考试作弊行为的，由省级教育考试机构做出处理决定，并通知市级教育考试机构。

考生在参加全国硕士研究生招生考试中的违规行为，由组织考试的机构认定，由相关省级教育考试机构或者受其委托的组织考试的机构做出处理决定。

在国家教育考试考场视频录像回放审查中认定的违规行为，由省级教育考试机构认定并做出处理决定。

参加其他国家教育考试考生违规行为的处理由承办有关国家教育考试的考试机构参照前款规定具体确定。

第二十二条　教育行政部门和其他有关部门在考点、考场出现大面积作弊情况或者需要对教育考试机构实施监督的情况下，应当直接介入调查和处理。

发生第十四、十五、十六条所列案件，情节严重的，由省级教育行政部门会同有关部门共同处理，并及时报告国务院教育行政部门；必要时，国务院教育行政部门参与或者直接进行处理。

第二十三条　考试工作人员在考场、考点及评卷过程中有违反本办法的行为的，考点主考、评卷点负责人应当暂停其工作，并报相应的教育考试机构处理。

第二十四条　在其他与考试相关的场所违反有关规定的考生，由市级教育考试机构或者省级教育考试机构做出处理决定；市级教育考试机构做出的处理决定应报省级教育考试机构备案。

在其他与考试相关的场所违反有关规定的考试工作人员，由所在单位根据市级教育考试机构或者省级教育考试机构提出的处理意见，进行处理，处理结果应当向提出处理的教育考试机构通报。

第二十五条　教育考试机构在对考试违规的个人或者单位做出处理决定前，应当复核违规事实和相关证据，告知被处理人或者单位做出处理决定的理由和依据；被处理人或者单位对所认定的违规事实认定存在异议的，应当给予其陈述和申辩的机会。

给予考生停考处理的，经考生申请，省级教育考试机构应当举行听证，对作弊的事实、情节等进行审查、核实。

第二十六条　教育考试机构做出处理决定应当制作考试违规处理决定书，载明被处理人的姓名或者单位名称、处理事实根据和法律依据、处理决定的内容、救济途径以及做出处理决定的机构名称和做出处理决定的时间。

考试违规处理决定书应当及时送达被处理人。

第二十七条　考生或者考试工作人员对教育考试机构做出的违规处理决定不服的，可以在收到处理决定之日起15日内，向其上一级教育考试机构提出复核申请；对省级教育考试机构或者承办国家教育考试的机构做出的处理决定不服的，也可以向省级教育行政部门或者授权承担国家教育考试的主管部门提出复核申请。

第二十八条　受理复核申请的教育考试机构、教育行政部门应对处理决定所认定的违规事实和适用的依据等进行审查，并在受理后30日内，按照下列规定做出复核决定：

（一）处理决定认定事实清楚、证据确凿，适用依据正确，程序合法，内容适当的，决定维持；

（二）处理决定有下列情况之一的，决定撤销或者变更：

1. 违规事实认定不清、证据不足的；

2. 适用依据错误的；

3. 违反本办法规定的处理程序的。

做出决定的教育考试机构对因错误的处理决定给考生造成的损失，应当予以补救。

第二十九条　申请人对复核决定或者处理决定不服的，可以依法申请行政复议或者提起行政诉讼。

第三十条　教育考试机构应当建立国家教育考试考生诚信档案，记录、保留在国家教育考试中作弊人员的相关信息。国家教育考试考生诚信档案中记录的信息未经法定程序，任何组织、个人不得删除、变更。

国家教育考试考生诚信档案可以依申请接受社会有关方面的查询，并应当及时向招生学校或单位提供相关信息，作为招生参考条件。

第三十一条　省级教育考试机构应当及时汇总本地区违反规定的考生及考试工作人员的处理情况，并向国家教育考试机构报告。

第四章　附则

第三十二条　本办法所称考场是指实施考试的封闭空间；所称考点是指设置若干考场独立进行考务活动的特定场所；所称考区是指由省级教育考试机构设置，由若干考点组成，进行国家教育考试实施工作的特定地区。

第三十三条　非全日制攻读硕士学位全国考试、中国人民解放军高等教育自学考试及其他各级各类教育考试的违规处理可以参照本办法执行。

第三十四条　本办法自发布之日起施行。此前教育部颁布的各有关国家教育考试的违规处理规定同时废止。

学位论文作假行为处理办法

（教育部　2012 年 11 月 13 日）

第一条　为规范学位论文管理，推进建立良好学风，提高人才培养质量，严肃处理学位论文作假行为，根据《中华人民共和国学位条例》、《中华人民共和国高等教育法》，制定本办法。

第二条　向学位授予单位申请博士、硕士、学士学位所提交的博士学位论文、硕士学位论文和本科学生毕业论文（毕业设计或其他毕业实践环节）（统称为学位论文），出现本办法所列作假情形的，依照本办法的规定处理。

第三条　本办法所称学位论文作假行为包括下列情形：

（一）购买、出售学位论文或者组织学位论文买卖的；

（二）由他人代写、为他人代写学位论文或者组织学位论文代写的；

（三）剽窃他人作品和学术成果的；

（四）伪造数据的；

（五）有其他严重学位论文作假行为的。

第四条　学位申请人员应当恪守学术道德和学术规范，在指导教师指导下独立完成学位论文。

第五条　指导教师应当对学位申请人员进行学术道德、学术规范教育，对其学位论文研究和撰写过程予以指导，对学位论文是否由其独立完成进行审查。

第六条　学位授予单位应当加强学术诚信建设，健全学位论文审查制度，明确责任、规范程序，审核学位论文的真实性、原创性。

第七条　学位申请人员的学位论文出现购买、由他人代写、剽窃或者伪造数据等作假情形的，学位授予单位可以取消其学位申请资格；已经获得学位的，学位授予单位可以依法撤销其学位，并注销学位证书。取消学位申请资格或者撤销学位的处理决定应当向社会公布。从做出处理决定之日起至少3年内，各学位授予单位不得再接受其学位申请。

前款规定的学位申请人员为在读学生的，其所在学校或者学位授予单位可以给予开除学籍处分；为在职人员的，学位授予单位除给予纪律处分外，还应当通报其所在单位。

第八条　为他人代写学位论文、出售学位论文或者组织学位论文买卖、代写的人员，属于在读学生的，其所在学校或者学位授予单位可以给予开除学籍处分；属于学校或者学位授予单位的教师和其他工作人员的，其所在学校或者学位授予单位可以给予开除处分或者解除聘任合同。

第九条　指导教师未履行学术道德和学术规范教育、论文指导和审查把关等职责，其指导的学位论文存在作假情形的，学位授予单位可以给予警告、记过处分；情节严重的，可以降低岗位等级直至给予开除处分或者解除聘任合同。

第十条　学位授予单位应当将学位论文审查情况纳入对学院（系）等学生培养部门的年度考核内容。多次出现学位论文作假或者学位论文作假行为影响恶劣的，学位授予单位应当对该学院（系）等学生培养部门予以通报批评，并可以给予该学院（系）负责人相应的处分。

第十一条　学位授予单位制度不健全、管理混乱，多次出现学位论文作假或者学位论文作假行为影响恶劣的，国务院学位委员会或者省、自治区、直辖市人民政府学位委员会可以暂停或者撤销其相应学科、专业授予学位的资格；国务院教育行政部门或者省、自治区、直辖市人民政府教育行政部门可以核减其招生计划；并由有关主管部门按照国家有关规定对负有直接管理责任的学位授予单位负责人进行问责。

第十二条 发现学位论文有作假嫌疑的，学位授予单位应当确定学术委员会或者其他负有相应职责的机构，必要时可以委托专家组成的专门机构，对其进行调查认定。

第十三条 对学位申请人员、指导教师及其他有关人员做出处理决定前，应当告知并听取当事人的陈述和申辩。

当事人对处理决定不服的，可以依法提出申诉、申请行政复议或者提起行政诉讼。

第十四条 社会中介组织、互联网站和个人，组织或者参与学位论文买卖、代写的，由有关主管机关依法查处。

学位论文作假行为违反有关法律法规规定的，依照有关法律法规的规定追究法律责任。

第十五条 学位授予单位应当依据本办法，制定、完善本单位的相关管理规定。

第十六条 本办法自2013年1月1日起施行。

教育部 国家发展改革委 审计署关于印发《治理义务教育阶段择校乱收费的八条措施》的通知

（2012年1月20日）

各省、自治区、直辖市教育厅（教委）、发展改革委、物价局、审计厅（局），新疆生产建设兵团教育局、发展改革委、物价局、审计局：

2010年印发的《教育部关于治理义务教育阶段择校乱收费问题的指导意见》（教基一〔2010〕6号），提出了治理工作的目标、原则和要求。各地相继出台了实施办法，经过努力，不同程度上缓解和遏制了择校乱收费。但是，从近期开展监督检查的情况看，一些地方治理目标不明确，政策执行不到位，效果不明显，群众对择校乱收费问题反映依然强烈。为实现“力争经过3到5年的努力，使义务教育阶段择校乱收费得到明显缓解，使义务教育阶段择校乱收费不再成为群众反映强烈的问题”的工作目标，教育部、国家发展改革委、审计署共同制定了《治理义务教育阶段择校乱收费的八条措施》（以下简称《八条措施》），现印发给你们，请遵照执行，并就有关事项通知如下。

一、加强组织领导，落实治理工作责任。《八条措施》是教育系统贯彻落实科学发展观，着力解决人民群众反映强烈突出问题，确保教育事业科学发展的重要举措。地方各级教育行政部门要高度重视，把治理择校乱收费工作列入重要议事日程，摆在重中之重位置，在省委、省政府领导下，加强对实施《八条措施》的组织领导和部署实施；按照“谁主管谁负责”和“管行业必须管行风”的原则，建立完善治理教育乱收费工作责任制，把治理择校乱收费作为对教育行政部门和学校政绩考核、行风评议的重要内容，完善考核机制和问责制度；各级教育纪检监察部门要切实履行法定职责，加强对治理工作的组织协调和检查指导，强化责任分工和责任考核。

二、狠抓落实，务求取得治理成效。本通知下发后，各地要立即组织相关部门认真落实《八条措施》，切实掌握政策要求；要因地制宜，结合本地区实际，深入研究贯彻意见，制订切实可行的治理工作实施方案，完善配套政策，制定落实措施，对于《八条措施》中相关指标加以量化明晰。做好任务分解，明确职责分工。要突出重点，分析难点，抓住主要矛盾，解决突出问题。对问题严重地区要加强个别指导，单独制订工作方案，重点督办，力求突破工作瓶颈，推动治理工作取得成效。

三、创新机制，提升治理工作科学化水平。各地、各学校要配合治理工作，完善公开承诺和收费公示制度，完善信访举报反馈机制、教育行风评议机制、行风问题督查督办机制、校务公开工作机制、典型乱收费案件通报机制，不断提升治理工作规范化、制度化、科学化水平。要进一步完善部门联席会议制度，充分发挥纪检监察、物价、审计、财政和教育部门在治理义务教育择校乱收费中的职能作用，形成统一部署、各司其职、齐抓共管、协作联动的工作格局，形成治理择校乱收费的工作合力，共同抓好《八条措施》的贯彻落实。

四、加强宣传，营造良好治理氛围。各级主管部门要加强《八条措施》和治理乱收费相关政策的宣传，向社会和群众做好政策内容宣讲；要加强与新闻媒体的联系，对媒体反映的社会关切的特别是治理义务教育阶段择校乱收费问题，要快查快办，及时反馈，主动公布结果；要加大治理义务教育择校乱收费先进典型的宣传力度，推广先进经验，广泛动员各级主管部门、各学校和师生员工积极开展治理教育乱收费工作，引导社会各界和家长加强监督，自觉抵制义务教育择校乱收费行为。

省级教育行政部门要将本地区以及所辖计划单列市和省会城市的实施方案于2012年3月底前报教育部备案。实施中的重大问题要及时报告教育部。

附件：

治理义务教育阶段择校乱收费的八条措施

为全面贯彻落实教育规划纲要，依法推进义务教育均衡发展，推行政务公开、校务公开，纠正损害群众利益的不正之风，着力解决人民群众反映强烈的突出问题，维护教育公平公正，办好人民满意的教育，根据《中华人民共和国义务教育法》等法律法规，特提出治理义务教育阶段择校乱收费的八条措施。

一、制止通过办升学培训班方式招生和收费的行为。坚决禁止学校单独或和社会培训机构联合或委托举办以选拔生源为目的的各类培训班（以下简称“占坑班”）。严禁公办学校教师参与各类“占坑班”活动。严厉查处学校和教师在举办“占坑班”过程中的收费行为，对于违反规定的学校和教师要依照有关规定追究责任。

二、制止跨区域招生和收费的行为。按照区域内适龄儿童少年数量和学校分布情况合理划定每所公办学校的招生范围，并根据学校招生规模、生源数量等变化情况，及时动态地进行调整并向社会公布，确保就近入学的新生占绝大多数。非正常跨区域招生比例高于10%的要制订专项计划，3年内减少到10%以下；低于10%的要巩固并努力继续减少。要将优质普通高中的招生名额按不低于30%的比例合理分配到区域内各初中，现在已经高于30%的要巩固提高并逐步扩大分配比例。在此过程中不得以跨区域为名收取学生择校费。

三、制止通过任何考试方式招生和收费的行为。小学生入学和小学升入初中招生工作要公开透明，主动接受社会监督。城市和有条件的农村义务学校招生工作要在教育部门设定的招生网上进行，禁止组织任何形式的考试。坚决禁止要求家长到学校或到学校指定单位缴纳各种名目的择校费行为。

四、规范特长生招生，制止通过招收特长生方式收费的行为。除省级教育行政部门批准的可招收体育和艺术特长生的学校以外，义务教育学校一律不得以特长生的名义招收学生。坚决禁止学校以招收特长生的名义收取任何费用。

五、严禁收取与入学挂钩的捐资助学款。规范学校或教育行政部门接受社会组织和个人捐赠行为，收取捐赠款时必须依法为其出具凭证。地方政府、有关部门和学校违规收取与入学升学挂钩的各种费用，一经查实，要坚决予以清退，无法清退的要收缴国库，对相关责任人要严肃问责。

六、制止公办学校以民办名义招生和收费的行为。禁止公办学校以与民办学校联合办学或举办民办校中校等方式，按照民办学校的收费政策，向学生收费。凡未做到“四独立”的义务教育改制学校和未取得民办学校资格的学校一律执行当地同类公办学校收费政策。

七、加强招生信息和学籍管理。坚持公平、公正、便民的原则，向社会公开学校性质、办学规模、经费来源、招生计划、招生条件、招生范围、招生时间、录取办法，主动接受社会监督。招生结果要报当地教育行政部门备案。要进一步完善学籍管理办法，积极推行中小学学籍管理电子化。建立学生信息库，特别要加强招生指定区域外转入学生的学籍管理，接受检查与监督。

八、加大查处力度。加强对治理择校乱收费措施执行情况的监督检查，对于违规收费的行为，要坚决予以查处，严肃追究校长和相关责任人的责任。要畅通监督渠道，设立举报电话、信箱，接受群众监督，做到有诉必查，有错必纠。对设立“小金库”行为要发现一起、查处一起、通报一起。教育部等有关部门组成联合工作组，对重点城市部分学校的整个招生过程进行专项督导检查。同时，吸收媒体参与监督，对典型案件及时曝光。

教育部　科技部关于开展高等学校新农村发展研究院建设工作的通知

（2012年2月3日）

各省、自治区、直辖市、计划单列市教育厅（委、局），科技厅（委、局），新疆生产建设兵团教育局、科技局，部属各高等学校：

为深入贯彻《中共中央　国务院关于加快推进农业科技创新持续增强农产品供给保障能力的若干意见》的精神，进一步落实《国家中长期科学和技术发展规划纲要（2006—2020年）》和《国家中长期教育改革和发展规划纲要（2010—2020年）》，大力推进高等学校农业科技创新与推广服务，探索建立以高校为依托、农科教相结合的综合服务模式，切实提高高等学校服务区域新农村建设的能力和水平，教育部、科技部决定联合开展高等学校新农村发展研究院建设工作。

现将《高等学校新农村发展研究院建设方案》印发给你们，请各地方、各高校结合实际情况，立足机制体制创新和长远发展，认真做好高等学校新农村发展研究院的各项筹备和组织工作。

附件：

高等学校新农村发展研究院建设方案

为深入贯彻《中共中央　国务院关于加快推进农业科技创新持续增强农产品供给保障能力的若干意见》的精神，进一步落实《国家中长期科学和技术发展规划纲要（2006—2020年）》和《国家中长期教育改革和发展规划纲要（2010—2020年）》，结合科技部、教育部等八部门联合开展的科技特派员农村科技创业行动，充分发挥高等学校人才培养、科学研究、社会服务和文化传承创新的多功能优势，更好地服务区域新农村建设与发展，教育部、科技部决定联合开展高等学校新农村发展研究院（以下简称“新农村发展研究院”）建设。

一、建设意义

1. 建设新农村发展研究院是落实国家中长期科技、教育规划纲要的战略行动。

国家中长期科技、教育规划纲要中分别指出，要鼓励和支持多种模式、社会化的农业科技推广，建立多元化的农村科技服务体系；要积极推进城乡、区域合作，增强高等学校主动服务社会意识，强化科教资源的统筹协调与综合利用，加快科技成果转化，大力提升高等学校服务“三农”能力。

新农村发展研究院建设是以区域创新发展和新农村建设的实际需求为导向，以机制体制改革和服务模式创新为重点，加快涉农高等学校办学模式的转变，组织和引导广大师生深入农村基层开展科技服务，切实解决农村发展的实际问题，发挥高等学校在区域创新发展和新农村建设中的带动和引领作用。

2. 建设新农村发展研究院是完善我国新型农村科技服务体系的重要举措。

我国现有的专职化农业技术推广体系对农业科技的发展和应用发挥了重要作用。但是，仅依靠专职化技术推广队伍，已经很难满足日益增长的新农村建设与发展的综合需求。近年来，在党和国家以及地方政府的大力支持下，涌现出许多适应市场需求、广受基层欢迎、富有活力的科技服务模式，极大地丰富和拓展了农村科技服务的内容与范畴，逐渐形成了公益性推广服务、社会化创业服务和多元化科技服务的农村科技服务新格局。

高等学校是我国农业科技推广和农村社会服务的重要力量，多年来探索建立了“太行山道路”、“农业科技专家大院”、“科技大篷车”、“湖州模式”、“百名教授兴百村”等多种形式的科技推广和服务模式。在总结这些经验的基础上，通过开展新农村发展研究院建设，大力推进校地、校所、校企、校农间的深度合作，构建以高等学校为依托的“大学农村科技推广服务模式”，使之成为我国新型农村科技服务体系的重要组成部分和有生力量。

3. 建设新农村发展研究院是推进高等学校改革发展的有效途径。

随着社会主义新农村建设进程的不断深入，迫切需要高等学校从传统个体化、自发性为主的服务，向系统化、有组织的服务转变；迫切需要从间接式、短期性的服务，向与农村发展相结合、长期性服务转变；迫切需要从单纯依靠涉农高等学校，向多学科集成、多校联合、政产学研用融合的方向发展。

以服务为导向、以改革促发展，通过开展新农村发展研究院建设，一方面加快推动高等学校内部的改革，另一方面推进高等学校之间、高等学校与社会间的协同创新和服务，促进资源共享，发挥合力优势，在实践中摸索出一条社会服务和高等教育相互促进、相得益彰的发展道路。

二、指导思想

以邓小平理论和“三个代表”重要思想为指导，深入贯彻落实科学发展观，紧密结合国家中长期科技、教育规划纲要的实施，充分发挥高等教育作为科技第一生产力和人才第一资源重要结合点在新农村建设发展中的独特作用，借鉴国外发达国家的成功经验，积极探索高等学校服务新农村建设的新模式与新机制，探索建立以大学为依托、农科教相结合的综合服务模式，为社会主义新农村建设的伟大事业做出更大贡献。

三、基本原则

1. 统筹规划、分步实施。制订新农村发展研究院建设发展的总体规划，统筹部署，协调发展。支持地方政府、高等学校先行开展建设，汇聚相关资源，落实建设条件和配套措施，在充分完善建设方案的基础上提出申请，成熟一批，启动一批。

2. 省部联合、校地共建。由省、自治区、直辖市教育厅（教委）、科技厅（科委）牵头组织申报和建设，教育部、科技部联合审批。依托高等学校通过与县、市级人民政府共建综合示范基地、特色产业基地以及分布式服务站等，建立稳定、实质性的合作，形成长效发展机制。

3. 综合服务、融合发展。围绕新农村建设和发展中农业生产、村镇建设、资源开发、生态保护、医疗卫生、政府咨询以及农民培训等综合需求，发挥高等学校多学科、多功能的综合优势，整合地方政府、企业、研究院所、农民合作社等多方资源，促进政产学研用的紧密结合，推动高等学校与新农村建设的融合发展。

4. 机制创新、模式探索。加快高等学校在人事管理、科研组织、社会服务以及人才培养等方面的综合改革，为新农村发展研究院提供制度保障。鼓励地方政府、高等学校积极探索，勇于创新，建立适合区域新农村建设发展的科技推广和服务模式。

四、建设目标

按照“生产发展、生活宽裕、乡风文明、村容整洁、管理民主”的社会主义新农村建设总体要求，紧紧围绕区域新农村建设的综合需求，通过逐步建设一批新农村发展研究院，推动高等学校办学模式改革与机制体制创新，建立基于农村基层多种形式的服务基地和跨地区、跨校的信息化网络服务平台，促进资源共享和政产学研用的紧密结合，形成“多元、开放、综合、高效”的运行机制和服务模式，成为带动和引领区域新农村建设与发展的重要力量。

五、重点任务

1. 建立多种形式的新农村服务基地。(1) 综合示范基地。充分利用高等学校多学科、多功能的优势和特色，通过校地、校所、校企、校农间的合作，共建一批具有一定规模、集科研中试示范、成果推广转化、农民技术培训以及学生实习创业为一体的综合示范基地，加快成果的孵化与转移，使之成为区域新农村建设的辐射中心。(2) 特色产业基地。紧密围绕当地农村特色产业的发展需求，建设一批特色产业基地，创新校地、校企、校农等合作方式，从共性关键技术出发，切实提升特色产业的产品质量，带动相关产业发展，增加农民收益，并发挥示范带动作用，使之成为县乡特色产业的发展引擎。(3) 分布式服务站。依托村镇建立分布式的服务站，及时掌握新农村建设与发展的现实需求，结合科技特派员农村科技创业等活动，组织高等学校力量和资源解决实际问题，为专职推广人员提供技术指导，为当地农民和生产提供全方位、多角度服务，使之成为连接高等学校与农村发展的桥梁。

2. 开展新农村建设宏观战略研究。围绕社会主义新农村建设的前瞻性、战略性、全局性问题，通过深入开展政策研究和理论创新，努力为党和国家科学决策做出积极贡献，成为国家新农村建设的智库。对推进区域新农村建设中出现的新情况和新问题进行科学研判，重点开展城乡统筹发展路径、农业产业体系规划、村镇建设优化设计等方面的研究，成为区域新农村建设的服务中心。以新农村发展研究院为载体，推动学科交叉，培育新兴学科，加快学科集群的形成。

3. 搭建跨校、跨地区的资源整合与共享平台。建立新农村发展研究院的信息化网络平台，提供产业指导、商情分析、科技推广、成果展示、农民培训等综合服务，形成高等学校专家与村镇、企业、农户间的纵向联系。同时，以信息化网络平台为基础，实现互联互通，搭建跨校、跨地区的资源整合与共享平台，构建高等学校服务新农村建设的信息化体系。

4. 创新体制机制。以新农村发展研究院建设为契机，积极推动高等学校人事聘用与管理制度、教师考评与激励机制、学生培养与创新创业模式、资源配置方式等方面的改革，为服务新农村建设提供制度保障。建立高等学校与地方政府间实质性的长期合作关系，明晰参与新农村发展研究院建设各方的定位、责权以及成果、利益分配机制，构建校地、校企、校所、校农之间协同服务的新模式，加快高等学校办学模式转变。

六、组织管理

1. 启动时间。新农村发展研究院从 2012 年开始启动实施，成熟一批、批准一批，每年的申报时间另行通知。

2. 管理形式。成立新农村发展研究院建设领导小组，由科技部、教育部分管部领导共同任组长，相关部门负责人参加，负责政策设计、总体规划、项目立项等重大事项决策。领导小组下设办公室，由科技部农村司、教育部科技司联合组成，负责处理新农村发展研究院的规划制订、经费筹措、项目评审以及检查、验收等日常事务，办公地点设在教育部科技司。

成立专家咨询委员会，成员由国家有关部门、地方政府、高等学校、科研院所、企业等单位专家组成，负责对重大政策、规划设计、实施方案等进行咨询，提出咨询意见等。

3. 申报评估。由省、自治区、直辖市教育厅（教委）、科技厅（科委）牵头组织高等学校和其他参与单位共同设计建设方案，在前期充分培育和论证的基础上，向领导小组办公室提出申报。领导小组办公室对申报的建设方案进行初审，并组织咨询专家对初审通过的方案进行评审，评审通过后经由领导小组审定批复开展建设。新农村发展研究院运行一段时间后由教育部、科技部按照批复建设方案组织专家进行评估，对于建设成效显著的，国家给予追加奖励；对于执行成果不佳或无法实现预期目标的，要及时予以整改或停止建设。

七、保障措施

1. 各地、各校要高度重视新农村发展研究院的建设与发展，将其作为一项重点和开创性工作，建立相关职能部门、依托高等学校联合工作机制，统筹协调、整体推进，落实相关政策和支持条件，为新农村发展研究院的建设与发展创造良好的条件。

2. 依托高等学校要本着为新农村建设切实服务的根本原则，充分调动和利用学校自身以及社会各方面的资源，加强联合，开展协同服务。明确负责机构和人员，制订新农村发展研究院的建设方案、管理办法及相应的规章制度，特别在机制体制创新方面要有具体举措。

3. 教育部、科技部将在政策、经费以及项目安排等方面给予倾斜。地方、高等学校作为新农村发展研究院的建设主体，在整合现有资源重点支持的基础上，还要通过多种渠道筹措资金，鼓励设立专项资金等方式支持新农村发展研究院的建设。

教育部关于印发《学前教育督导评估暂行办法》的通知

（2012年2月12日）

各省、自治区、直辖市教育厅（教委），新疆生产建设兵团教育局：

为贯彻落实《国家中长期教育改革和发展规划纲要（2010—2020年）》和《国务院关于当前发展学前教育的若干意见》（国发〔2010〕41号）精神，进一步推动各地学前教育三年行动计划的实施，我部研究制定了《学前教育督导评估暂行办法》，现印发给你们。请各地根据本办法要求，结合本地实际情况，制订本省（区、市）学前教育督导评估实施方案，做好督导评估工作。

从2012年开始，每年7月31日以前，请各省（区、市）将《学前教育发展状况监测统计表》、《学前教育督导评估自评报告单》一式三份报送国家教育督导团，同时报送电子版。

附件：

学前教育督导评估暂行办法

第一章　总则

第一条　为促进地方人民政府及相关部门切实履行发展学前教育的职责，全面实施学前教育三年行动计划，有效缓解“入园难”问题，满足适龄儿童入园需求，推进学前教育事业加快发展，特制定本办法。

第二条　依据国家有关教育法律法规和《国家中长期教育改革和发展规划纲要（2010—2020年）》、《国务院关于当前发展学前教育的若干意见》（国发〔2010〕41号），重点对实施学前教育三年行动计划的情况进行督导评估。

第三条　督导评估工作由国家教育督导团组织实施。

第四条　督导评估对象为地方人民政府。

第五条　督导评估的原则：

（一）发展性原则。坚持运用发展性教育评估理念，对省域学前教育发展过程和进步程度实施监测与评估。

（二）激励性原则。坚持以评促建、以评促改，切实调动地方人民政府落实学前教育三年行动计划的积极性、主动性和创造性。

（三）客观性原则。坚持教育督导评估的公平、公正、公开，突出教育督导评估内容的真实性和评估结果的可靠性。

（四）实效性原则。坚持从实际出发，重在督导评估政府的努力程度、职责到位、工作落实的情况以及学前教育发展的实际效果。

第二章　督导评估内容与形式

第六条　督导评估主要内容：

（一）落实政府责任和部门职责，完善管理体制，健全工作机制，建立督促检查、考核奖惩和问责机制等方面的情况。

（二）加大学前教育经费投入，落实各项财政支持政策，构建学前教育公共服务体系等方面的情况。

（三）多种形式扩大学前教育资源，大力发展公办幼儿园，积极扶持民办幼儿园，扩大普惠性学前教育资源等方面的情况。

（四）加强幼儿教师队伍建设，核定并保证公办幼儿园教职工编制，落实并提高幼儿教师待遇，加强幼儿教师培养培训等方面的情况。

（五）规范学前教育管理，有效解决“小学化”倾向和问题等方面的情况。

（六）提高学前教育发展水平，缓解“入园难”问题及社会公众对当地学前教育满意程度等方面的情况。

以上具体督导评估指标体系及分值见附1（略）。

第七条　省级要建立学前教育发展督导评估与年度监测制度。省级人民政府教育督导机构负责每年对所辖市（地）、县学前教育发展状况进行监测统计，并组织对所辖市（地）、县人民政府落实学前教育三年行动计划情况进行督导检查。

第八条　省级人民政府教育督导机构负责每年汇总所辖市（地）、县学前教育发展情况监测统计结果，填写本省（区、市）《学前教育发展状况监测统计表》（见附2）（略），并结合当年对所辖市（地）、县学前教育督导检查情况，填写本省（区、市）《学前教育督导评估自评报告单》（见附3）（略）。

第九条　国家教育督导团对各省（区、市）每年报送的《学前教育发展状况监测统计表》和《学前教育督导评估自评报告单》进行综合分析，并撰写全国学前教育发展情况年度监测报告。

第十条　国家教育督导团定期对省（区、市）学前教育三年行动计划实施情况进行督导检查，并结合年度监测结果，对各省（区、市）学前教育发展状况进行综合分析，发布全国学前教育督导报告。

第三章　表彰与问责

第十一条　各省（区、市）要建立学前教育工作表彰与问责机制。把学前教育督导评估和监测结果作为评价政府教育工作成效的重要内容，并作为表彰发展学前教育成绩突出地区的重要依据。

第十二条　建立学前教育督导评估结果通报和公布制度。地方人民政府教育督导机构要向本级人民政府报告督导评估与监测结果，并向社会公布。

第四章　附则

第十三条　本办法自公布之日起施行。

教育部关于建立中小学幼儿园家长委员会的指导意见

（2012 年 2 月 17 日）

各省、自治区、直辖市教育厅（教委），新疆生产建设兵团教育局：

为贯彻落实《国家中长期教育改革和发展规划纲要（2010—2020 年）》，推进现代学校制度建设，完善中小学幼儿园管理制度，现就建立中小学幼儿园家长委员会（以下简称家长委员会）工作提出如下意见。

一、充分认识建立家长委员会的重要意义

中小学生和幼儿园儿童健康成长是学校教育和家庭教育的共同目标。建立家长委员会，对于发挥家长作用，促进家校合作，优化育人环境，建设现代学校制度，具有重要意义。近年来，在教育部门的推动和支持下，一些地方的中小学通过家长委员会动员组织家长参与学校的教育教学活动和管理工作，取得了积极成效。面对教育改革发展的新形势，需要在更大范围推广成功经验，把家长委员会普遍建立起来。

各地教育部门和中小学幼儿园要从办好人民满意教育的高度，充分认识建立家长委员会的重要意义，把家长委员会作为建设依法办学、自主管理、民主监督、社会参与的现代学校制度的重要内容，作为发挥家长在教育改革发展中积极作用的有效途径，作为构建学校、家庭、社会密切配合的育人体系的重大举措，以更大的热情，更有效的措施，创造更好的条件，大力推进建立家长委员会工作。

二、明确家长委员会的基本职责

家长委员会应在学校的指导下履行职责。

参与学校管理。对学校工作计划和重要决策，特别是事关学生和家长切身利益的事项提出意见和建议。对学校教育教学和管理工作予以支持，积极配合。对学校开展的教育教学活动进行监督，帮助学校改进工作。

参与教育工作。发挥家长的专业优势，为学校教育教学活动提供支持。发挥家长的资源优势，为学生开展校外活动提供教育资源和志愿服务。发挥家长自我教育的优势，交流宣传正确的教育理念和科学的教育方法。

沟通学校与家庭。向家长通报学校近期的重要工作和准备采取的重要举措，听取并转达家长对学校工作的意见和建议。向学校及时反映家长的意愿，听取并转达学校对家长的希望和要求，促进学校和家庭的相互理解。

三、积极推进家长委员会组建

建立家长委员会，要发挥学校主导作用，落实学校组织责任，纳入学校日常管理工作；要尊重家长意愿，充分听取家长意见，调动家长的积极性和创造性；要根据学校发展状况和家长实际情况，采取灵活多样的组织方式，确保家长委员会工作取得实效。

有条件的公办和民办中小学和幼儿园都应建立家长委员会。学校组织家长，按照一定的民主程序，本着公正、公平、公开的原则，在自愿的基础上，选举出能代表全体家长意愿的在校学生家长组成家长委员会。特别要选好家长委员会的牵头人。要从实际出发，确定家长委员会的规模、成员分工。

家长委员会成员应具有正确教育观念，掌握科学的教育方法，热心学校教育工作，富有奉献精神，有一定的组织管理和协调能力，善于听取意见、办事公道、责任心强，能赢得广大家长的信赖。

四、发挥好家长委员会支持学校工作的积极作用

家长委员会要针对学校教育和家庭教育的突出问题，重点做好德育、保障学生安全健康、推动减轻中小学生课业负担、化解家校矛盾等工作。

与学校共同做好德育工作。要及时与学校沟通学生思想状况和班集体情况，经常向家长了解学生在家庭的表现和对学校、教师的看法，与学校和教师一起肯定和表扬学生的进步，解决和化解学生遇到的困难和烦恼，做好思想工作。经常通过家长了解学生所在班级的情况，及时发现班集体风气和同学之间关系存在的问题，推动形成积极向上、温暖和谐、互助友爱的班集体。

协助学校开展安全和健康教育。引导家长履行监护人责任，配合学校提高学生安全意识和自护能力，支持学校开展体育运动和社会实践活动。对学校的安全工作进行监督，与学校共同做好保障学生安全工作，避免发生伤害事故。

支持和推动减轻学生课业负担。防止和纠正幼儿园教育“小学化”。引导家长积极支持教育部门和学校采取的减轻中小学生课业负担的各项措施，监督学校的课业负担情况，及时向学校提出意见和改进的建议，与学校共同推进素质教育。

营造良好的家校关系。把学校准备采取和正在实施的教育教学改革措施，向家长做出入情入理的解释和说明，争取家长的理解和支持。及时向学校反映家长对学校工作的疑问，帮助学校了解情况改进工作。多做化解矛盾的工作，把可能出现的问题，解决在萌芽状态。

五、为家长委员会的建设提供有力保障

地方各级教育部门要切实加强对家长委员会组建工作的领导，把建立家长委员会列入工作议事日程，制订发展规划、工作计划和具体的实施意见和办法。要把建设和组织家长委员会作为教育行政干部和中小学校长的培训内容之一。要深入调查研究，及时总结和推广家长委员会组建、完善、发展工作的好经验、好做法，协调解决出现的问题和遇到的困难，促进和保障家长委员会的健康发展。

学校要为家长委员会开展工作提供必要的条件。完善学校科学民主的决策机制，保障家长委员会有效参与学校管理。完善科学的评价机制，保障家长委员会对学校工作实施有效监督。开放教育教学活动，保障家长委员会参与教育工作。建立学校与家长委员联席会议制度定期通报情况，保障沟通渠道畅通，确保家长委员会依法、规范、有序、有效地开展工作。

教育部　财政部关于实施高等学校创新能力提升计划的意见

（2012年3月15日）

各省、自治区、直辖市教育厅（教委）、财政厅（局），有关部门（单位）教育、财务司（局），教育部直属各高等学校：

为贯彻落实胡锦涛总书记在庆祝清华大学建校100周年大会上的重要讲话精神，积极推动协同创新，促进高等教育与科技、经济、文化的有机结合，大力提升高等学校的创新能力，支撑创新型国家和人力资源强国建设，决定实施“高等学校创新能力提升计划”（以下简称“2011计划”），并对计划实施提出以下意见。

一、实施意义

（一）实施“2011计划”，是落实胡锦涛总书记清华大学百年校庆重要讲话精神的重大举措。全面提高高等教育质量是总书记讲话的主线，创新能力是提高质量的灵魂。贯彻落实总书记讲话，迫切需要通过大力推进协同创新，鼓励高等学校同科研机构、行业企业开展深度合作，建立战略联盟，促进资源共享，在关键领域取得实质性成果，实现高等学校创新能力的显著与持续提升。

（二）实施“2011计划”，是加快创新型国家建设的重要支撑。当今世界，创新已成为经济社会发展的主要驱动力，创新能力成为国家竞争力的核心要素。面对日新月异的科技进步，迫切需要转变创新理念和模式，加快以学科交叉融合为基础的知识、技术集成与转化，加快创新力量和资源整合与重组，促进政产学研用紧密结合，支撑国家经济和社会发展方式的转变。

（三）实施“2011计划”，是推动我国教育与科技、经济、文化紧密结合的战略行动。长期以来，我国创新力量各成体系，创新资源分散重复，创新效率不高，迫切需要突破自主创新的机制体制障碍，促进社会各类创新力量的协同创新，促进教育与科技、经济、文化事业的融合发展，提高国家整体创新能力和竞争实力。

二、指导思想

按照“国家急需、世界一流”的要求，瞄准科学前沿和国家发展的重大需求，以重点学科建设为基础，以机制体制改革为重点，以创新能力提升为突破口，大力推动协同创新，充分发挥高等教育作为科技第一生产力和人才第一资源重要结合点在国家发展中的独特作用，支撑经济社会又好又快发展。

三、基本原则

需求导向。紧密围绕科技、经济和社会发展中的重大需求，通过协同创新，重点研究和解决国家急需的战略性问题、科学技术尖端领域的前瞻性问题以及涉及国计民生的重大公益性问题。

全面开放。面向各类高等学校开放，不限定范围，不固化单位，广泛吸纳科研院所、行业企业、地方政府以及国际创新力量等，形成多元、开放、动态的组织运行模式。

深度融合。引导和支持高等学校与各类创新力量开展深度合作，探索创新要素有机融合的新机制，促进优质资源的充分共享，加快学科交叉融合，推动教育、科技、经济、文化互动，实现人才培养质量和科学研究能力的同步提升。

创新引领。以机制体制改革引领协同创新，以协同创新引领高等学校创新能力的全面提升，推动高等教育的科学发展，加快世界一流大学和高水平大学建设步伐，促进国家自主创新、科技进步和文化繁荣。

四、总体目标

充分发挥高等学校多学科、多功能的优势，积极联合国内外创新力量，有效整合创新资源，构建协同创新的新模式与新机制，形成有利于协同创新的文化氛围。建立一批“2011协同创新中心”，集聚和培养一批拔尖创新人才，取得一批重大标志性成果，成为具有国际重大影响的学术高地、行业产业共性技术的研发基地、区域创新发展的引领阵地和文化传承创新的主力阵营。推动知识创新、技术创新、区域创新的战略融合，支撑国家创新体系建设。

五、重点任务

（一）构建协同创新平台与模式。

以人才、学科、科研三位一体的创新能力提升为核心，坚持“高起点、高水准、有特色”，充分利用高等学校已有的基础，汇聚社会多方资源，大力推进高等学校与高等学校、科研院所、行业企业、地方政府以及国际社会的深度融合，探索建立适应于不同需求、形式多样的协同创新模式。

1. 面向科学技术前沿和社会发展的重大问题，依托高等学校的优势特色学科，与国内外高水平的大学、科研机构等开展实质性合作，吸引和聚集国内外的优秀创新团队与优质资源，建立符合国际惯例的知识创新模式，营造良好的学术环境和氛围，持续产出重大原始创新成果和拔尖创新人才，逐步成为引领和主导国际科学研究与合作的学术中心。

2. 面向行业产业经济发展的核心共性问题，依托高等学校与行业结合紧密的优势学科，与大中型骨干企业、科研院所联合开展有组织创新，建立多学科融合、多团队协同、多技术集成的重大研发与应用平台，形成政产学研用融合发展的技术转移模式，为产业结构调整、行业技术进步提供持续的支撑和引领，成为国家技术创新的重要阵地。

3. 面向区域发展的重大需求，鼓励各类高等学校通过多种形式自觉服务于区域经济建设和社会发展。支持地方政府围绕区域经济发展规划，引导高等学校与企业、科研院所等通过多种形式开展产学研用协同研发，推动高等学校服务方式转变，构建多元化成果转化与辐射模式，带动区域产业结构调整和新兴产业发展，为地方政府决策提供战略咨询服务，在区域创新中发挥骨干作用。

4. 面向我国社会主义文化建设的迫切需求，整合高等学校人文社会科学的学科和人才优势，推动与科研院所、行业产业以及境外高等学校、研究机构等开展协同研究，构建多学科交叉研究平台，探索建立文化传承创新的新模式，加强文化对外表达和传播能力建设，发挥智囊团和思想库作用，为提升国家文化软实力、增强中华文化国际影响力、推动人类文明进步做出积极贡献。

（二）建立协同创新机制与体制。

坚持政府主导与市场机制相结合，突破制约高等学校创新能力提升的内部机制障碍，打破高等学校与其他创新主体间的体制壁垒，把人才作为协同创新的核心要素，通过系统改革，充分释放人才、资本、信息、技术等方面的活力，营造有利于协同创新的环境氛围。

1. 构建科学有效的组织管理体系。成立由多方参与的管理机构，负责重大事务协商与决策，制定科学与技术的总体发展路线，明确各方责权和人员、资源、成果、知识产权等归属，实现开放共享、持续发展。

2. 探索促进协同创新的人事管理制度。建立以任务为牵引的人员聘用方式，增强对国内外优秀人才的吸引力和凝聚力，造就协同创新的领军人才与团队。推动高等学校与科研院所、企业之间的人员流动，优化人才队伍结构。

3. 健全寓教于研的拔尖创新人才培养模式。以科学研究和实践创新为主导，通过学科交叉与融合、产学研紧密合作等途径，推动人才培养机制改革，以高水平科学研究支撑高质量人才培养。

4. 形成以创新质量和贡献为导向的评价机制。改变单纯以论文、获奖为主的考核评价方式，注重原始创新和解决国家重大需求的实效，建立综合评价机制和退出机制，鼓励竞争，动态发展。

5. 建立持续创新的科研组织模式。充分发挥协同创新的人才、学科和资源优势，在协同创新中不断发现和解决重大问题，形成可持续发展、充满活力和各具特色的科研组织模式。

6. 优化以学科交叉融合为导向的资源配置方式。充分利用和盘活现有资源，集中优质资源重点支持，发挥优势和特色学科的汇聚作用，构建有利于协同创新的基础条件，形成长效机制。

7. 创新国际交流与合作模式。积极吸引国际创新力量和资源，集聚世界一流专家学者参与协同创新，合作培养国际化人才，推动与国外高水平大学、科研机构等建立实质性合作，加快我国高等学校的国际化发展进程。

8. 营造有利于协同创新的文化环境。构建自由开放、鼓励创新、宽容失败的学术氛围，倡导拼搏进取、敬业奉献、求真务实、团结合作的精神风尚。

六、管理实施

（一）组织管理。

教育部、财政部联合成立领导小组，负责顶层设计、宏观布局、统筹协调、经费投入等重大事项决策。领导小组下设办公室，负责规划设计、组织实施、监督管理等工作，办公地点设在教育部。

成立专家咨询委员会，为重大政策、总体规划、中心遴选、管理实施等提供咨询。委员会由来自有关部门、高等学校、科研机构、行业企业、社会团体的专家组成。

充分体现公开、公平、公正的要求，建立第三方评审机制。确定相对独立的第三方机构，负责遴选评审专家、组织评审、开展定期检查和阶段性评估等工作。

（二）操作实施。

“2011 计划”从 2012 年开始实施，四年为一周期，按照培育组建、评审认定、绩效评价三个阶段开展。在充分培育并达到申报要求的前提下，由协同创新体联合提出“2011 协同创新中心”的认定申请。国家每年组织一次评审，按照一定数量和规模，择优遴选不同类型的协同创新中心。

1. 培育组建。高等学校应按照“2011 计划”的精神和要求，加强组织领导和顶层规划，积极推进机制体制改革，充分汇聚现有资源，广泛联合科研院所、行业企业、地方政府以及国际社会的创新力量开展协同创新。通过前期培育，确定协同创新方向，选择协同创新模式，组建协同创新体，营造协同创新的环境氛围，形成协同创新的新机制和新优势，为参与“2011 计划”奠定基础。

2. 评审认定。在高等学校为主组成的协同创新体充分培育并取得良好成效基础上，联合提交协同创新中心认定申请。申请认定的协同创新体应满足科学前沿和国家需求的重大方向、具备开展重大机制体制改革的基础与条件、具有解决重大问题的综合能力和学科优势等基本条件。领导小组办公室对认定申请进行初审后，委托第三方机构组织专家评审。领导小组根据评审结果进行审议后，对符合条件的协同创新体，批准认定为“2011 协同创新中心”。

3. 绩效评价。经批准认定的“2011 协同创新中心”应进一步完善组织管理机制，落实相关条件，整合多方资源，优化规章制度和运行管理办法，强化责任意识，加强过程管理，加快实现预期目标。教育部、财政部建立绩效评价机制，按照协同创新中心确定的任务与规划，加强目标管理和阶段性评估。对于执行效果不佳或无法实现预期目标的“2011 协同创新中心”，要及时整改或予以裁撤。

（三）支持方式。

发挥协同创新的引导和聚集作用，充分利用现有各类资源和条件，广泛吸纳社会多方面的支持和投入。面向行业产业发展的协同创新中心，要发挥行业部门和骨干企业的主导作用，汇聚行业、企业、社会等方面的投入与支持；面向区域发展的协同创新中心，要发挥地方政府的主导作用，建立地方投入和支持的长效机制，吸纳企业、社会等方面的支持；面向科学前沿、社会发展和文化传承创新的协同创新中心，要充分利用国家已有的各方面资源，发挥集聚效应。

中央财政设立专项资金，对经批准认定的“2011 协同创新中心”，可给予引导性或奖励性支持。

为积极推进“2011 计划”的实施，保障“2011 协同创新中心”的机制体制改革，根据实际情况和需求，有关部门、地方、高校等应在人事管理、人才计划、招生指标、科研任务和分配政策等方面给予优先或倾斜支持，形成有利于协同创新的政策汇聚区。

教育部关于全面提高高等教育质量的若干意见

（2012 年 3 月 16 日）

各省、自治区、直辖市教育厅（教委），新疆生产建设兵团教育局，有关部门（单位）教育司（局），部属各高等学校：

为深入贯彻落实胡锦涛总书记在庆祝清华大学建校 100 周年大会上的重要讲话精神和《国家中长期教育改革和发展规划纲要（2010—2020 年）》，大力提升人才培养水平、增强科学研究能力、服务经济社会发展、推进文化传承创新，全面提高高等教育质量，现提出如下意见。

（一）坚持内涵式发展。牢固确立人才培养的中心地位，树立科学的高等教育发展观，坚持稳定规模、优化结构、强化特色、注重创新，走以质量提升为核心的内涵式发展道路。稳定规模，保持公办普通高校本科招生规模相对稳定，高等教育规模增量主要用于发展高等职业教育、继续教育、专业学位硕士研究生教育以及扩大民办教育和合作办学。优化结构，调整学科专业、类型、层次和区域布局结构，适应国家和区域经济社会发展需要，满足人民群众接受高等教育的多样化需求。强化特色，促进高校合理定位、各展所长，在不同层次不同领域办出特色、争创一流。注重创新，以体制机制改革为重点，鼓励地方和高校大胆探索试验，加快重要领域和关键环节改革步伐。按照内涵式发展要求，完善实施高校“十二五”改革和发展规划。

（二）促进高校办出特色。探索建立高校分类体系，制定分类管理办法，克服同质化倾向。根据办学历史、区位优势和资源条件等，确定特色鲜明的办学定位、发展规划、人才培养规格和学科专业设置。加快建设若干所世界一流大学和一批高水平大学，建设一批世界一流学科，继续实施“985 工程”、“211 工程”和优势学科创新平台、特色重点学科项目。加强师范、艺术、体育以及农林、水利、地矿、石油等行业高校建设，突出学科专业特色和行业特色。加强地方本科高校建设，以扶需、扶特为原则，发挥政策引导和资源配置作用，支持有特色高水平地方高校发展。加强高职学校建设，重点建设好高水平示范（骨干）高职学校。加强民办高校内涵建设，办好一批高水平民办高校。实施中西部高等教育振兴计划，推进东部高校对口支援西部高校计划。完善中央部属高校和重点建设高校战略布局。

（三）完善人才培养质量标准体系。全面实施素质教育，把促进人的全面发展和适应社会需要作为衡量人才培养水平的根本标准。建立健全符合国情的人才培养质量标准体系，落实文化知识学习和思想品德修养、创新思维和社会实践、全面发展和个性发展紧密结合的人才培养要求。会同相关部门、科研院所、行业企业，制订实施本科和高职高专专业类教学质量国家标准，制定一级学科博士、硕士学位和专业学位基本要求。鼓励行业部门依据国家标准制订相关专业人才培养评价标准。高校根据实际制订科学的人才培养方案。

（四）优化学科专业和人才培养结构。修订学科专业目录及设置管理办法，建立动态调整机制，优化学科专业结构。落实和扩大高校学科专业设置自主权，按照学科专业设置管理规定，除国家控制布点专业外，本科和高职高专专业自主设置，研究生二级学科自主设置，在有条件的学位授予单位试行自行增列博士、硕士一级学科学位授权点。开展本科和高职高专专业综合改革试点，支持优势特色专业、战略性新兴产业相关专业和农林、水利、地矿、石油等行业相关专业以及师范类专业建设。建立高校毕业生就业和重点产业人才供需年度报告制度，健全专业预警、退出机制。连续两年就业率较低的专业，除个别特殊专业外，应调减招生计划直至停招。加大应用型、复合型、技能型人才培养力度。大力发展专业学位研究生教育，逐步扩大专业学位硕士研究生招生规模，促进专业学位和学术学位协调发展。

（五）创新人才培养模式。实施基础学科拔尖学生培养试验计划，建设一批国家青年英才培养基地，探索拔尖创新人才培养模式。实施卓越工程师、卓越农林人才、卓越法律人才等教育培养计划，以提高实践能力为重点，探索与有关部门、科研院所、行业企业联合培养人才模式。推进医学教育综合改革，实施卓越医生教育培养计划，探索适应国家医疗体制改革需要的临床医学人才培养模式。实施卓越教师教育培养计划，探索中小学特别是农村中小学骨干教师培养模式。提升高职学校服务产业发展能力，探索高端技能型人才系统培养模式。鼓励因校制宜，探索科学基础、实践能力和人文素养融合发展的人才培养模式。改革教学管理，探索在教师指导下，学生自主选择专业、自主选择课程等自主学习模式。创新教育教学方法，倡导启发式、探究式、讨论式、参与式教学。促进科研与教学互动，及时把科研成果转化为教学内容，重点实验室、研究基地等向学生开放。支持本科生参与科研活动，早进课题、早进实验室、早进团队。改革考试方法，注重学习过程考查和学生能力评价。

（六）巩固本科教学基础地位。把本科教学作为高校最基础、最根本的工作，领导精力、师资力量、资源配置、经费安排和工作评价都要体现以教学为中心。高校每年召开本科教学工作会议，着力解决人才培养和教育教学中的重点难点问题。高校制定具体办法，把教授为本科生上课作为基本制度，将承担本科教学任务作为教授聘用的基本条件，让最优秀教师为本科一年级学生上课。鼓励高校开展专业核心课程教授负责制试点。倡导知名教授开设新生研讨课，激发学生专业兴趣和学习动力。完善国家、地方和高校教学名师评选表彰制度，重点表彰在教学一线做出突出贡献的优秀教师。定期开展教授为本科生授课情况的专项检查。完善国家、地方、高校三级“本科教学工程”体系，发挥建设项目在推进教学改革、加强教学建设、提高教学质量上的引领、示范、辐射作用。

（七）改革研究生培养机制。完善以科学研究和实践创新为主导的导师负责制。综合考虑导师的师德、学术和实践创新水平，健全导师遴选、考核等制度，给予导师特别是博士生导师在录取、资助等方面更多自主权。专业学位突出职业能力培养，与职业资格紧密衔接，建立健全培养、考核、评价和管理体系。学术学位研究生导师应通过科研任务，提高研究生的理论素养和实践能力。推动高校与科研院所联合培养，鼓励跨学科合作指导。专业学位研究生实行双导师制，支持在行业企业建立研究生工作站。开展专业学位硕士研究生培养综合改革试点。健全研究生考核、申诉、转学等机制，完善在课程教学、中期考核、开题报告、预答辩、学位评定等各环节的研究生分流、淘汰制度。

（八）强化实践育人环节。制定加强高校实践育人工作的办法。结合专业特点和人才培养要求，分类制订实践教学标准。增加实践教学比重，确保各类专业实践教学必要的学分（学时）。配齐配强实验室人员，提升实验教学水平。组织编写一批优秀实验教材。加强实验室、实习实训基地、实践教学共享平台建设，重点建设一批国家级实验教学示范中心、国家大学生校外实践教育基地、高职实训基地。加强实践教学管理，提高实验、实习实训、实践和毕业设计（论文）质量。支持高职学校学生参加企业技改、工艺创新等活动。把军事训练作为必修课，列入教学计划，认真组织实施。广泛开展社会调查、生产劳动、志愿服务、公益活动、科技发明、勤工助学和挂职锻炼等社会实践活动。新增生均拨款优先投入实践育人工作，新增教学经费优先用于实践教学。推动建立党政机关、城市社区、农村乡镇、企事业单位、社会服务机构等接收高校学生实践制度。

（九）加强创新创业教育和就业指导服务。把创新创业教育贯穿人才培养全过程。制定高校创新创业教育教学基本要求，开发创新创业类课程，纳入学分管理。大力开展创新创业师资培养培训，聘请企业家、专业技术人才和能工巧匠等担任兼职教师。支持学生开展创新创业训练，完善国家、地方、高校三级项目资助体系。依托高新技术产业开发区、工业园区和大学科技园等，重点建设一批高校学生科技创业实习基地。普遍建立地方和高校创新创业教育指导中心和孵化基地。加强就业指导服务，加快就业指导服务机构建设，完善职业发展和就业指导课程体系。建立健全高校毕业生就业信息服务平台，加强困难群体毕业生就业援助与帮扶。

（十）加强和改进思想政治教育。全面实施思想政治理论课课程方案，推动中国特色社会主义理论体系进教材、进课堂、进头脑。及时修订教材和教学大纲，充分反映马克思主义中国化最新成果。改进教学方法，把教材优势转化为教学优势，增强教学实效。制订思想政治理论课教师队伍建设规划，加大全员培训、骨干研修、攻读博士学位、国内外考察等工作力度。加强马克思主义理论学科建设，为思想政治理论课提供学科支撑。实施高校思想政治理论课建设标准，制定教学质量测评体系。加强形势与政策教育教学规范化、制度化建设。实施立德树人工程，提高大学生思想政治教育工作科学化水平。创新网络思想政治教育，建设一批主题教育网站、网络社区。推动高校普遍设立心理健康教育和咨询机构，开好心理健康教育课程。增强教师心理健康教育意识，关心学生心理健康。制定大学生思想政治教育工作测评体系。启动专项计划，建设一支高水平思想政治教育专家队伍，推进辅导员队伍专业化职业化。创新学生党支部设置方式，加强学生党员的教育、管理和服务，加强在学生中发展党员工作，加强组织员队伍建设。加强爱国、敬业、诚信、友善等道德规范教育，推动学雷锋活动机制化、常态化。推进全员育人、全过程育人、全方位育人，引导学生自我教育、自我管理和自我服务。

（十一）健全教育质量评估制度。出台高校本科教学评估新方案，加强分类评估、分类指导，坚持管办评分离的原则，建立以高校自我评估为基础，以教学基本状态数据常态监测、院校评估、专业认证及评估、国际评估为主要内容，政府、学校、专门机构和社会多元评价相结合的教学评估制度。加强高校自我评估，健全校内质量保障体系，完善本科教学基本状态数据库，建立本科教学质量年度报告发布制度。实行分类评估，对2000年以来未参加过评估的新建本科高校实行合格评估，对参加过评估并获得通过的普通本科高校实行审核评估。开展专业认证及评估，在工程、医学等领域积极探索与国际实质等效的专业认证，鼓励有条件的高校开展学科专业的国际评估。对具有三届毕业生的高职学校开展人才培养工作评估。加强学位授权点建设和研究生培养质量监控，坚持自我评估和随机抽查相结合，每5年对博士、硕士学位授权点评估一次。加大博士学位论文抽检范围和力度，每年抽查比例不低于5%。建立健全教学合格评估与认证相结合的专业学位研究生教育质量保障制度。建设学位与研究生教育质量监控信息化平台。

（十二）推进协同创新。启动实施高等学校创新能力提升计划。按照国家急需、世界一流要求，坚持“需求导向、全面开放、深度融合、创新引领”原则，瞄准世界科技前沿，面向国家战略和区域发展重大需求，以体制机制改革为重点，以创新能力提升为突破口，通过政策和项目引导，大力推进协同创新。探索建立校校协同、校所协同、校企（行业）协同、校地（区域）协同、国际合作协同等开放、集成、高效的新模式，形成以任务为牵引的人事聘用管理制度、寓教于研的人才培养模式、以质量与贡献为依据的考评机制、以学科交叉融合为导向的资源配置方式等协同创新机制，产出一批重大标志性成果，培养一批拔尖创新人才，在国家创新体系建设中发挥重要作用。

（十三）提升高校科技创新能力。实施教育部、科技部联合行动计划。制订高校科技发展规划。依托重点学科，加快高校国家（重点）实验室、重大科技基础设施、国家工程技术（研究）中心以及教育部重点实验室、工程技术中心建设与发展。积极推进高校基础研究特区、国际联合研究中心、前沿技术联合实验室和产业技术研究院、都市发展研究院、新农村发展研究院等多种形式的改革试点，探索高校科学研究面向经济社会发展、与人才培养紧密结合、促进学科交叉融合的新模式。

（十四）繁荣发展高校哲学社会科学。实施新一轮高校哲学社会科学繁荣计划。积极参与马克思主义理论研究和建设工程，推进哲学社会科学教学科研骨干研修，做好重点教材编写和使用工作，形成全面反映马克思主义中国化最新成果的哲学社会科学学科体系和教材体系。推进高校人文社会科学重点研究基地建设，新建一批以国家重大需求为导向和新兴交叉领域的重点研究基地，构建创新平台体系。加强基础研究，强化应用对策研究，促进交叉研究，构建服务国家需要与鼓励自由探索相结合的项目体系。瞄准国家发展战略和重大国际问题，推进高校智库建设。重点建设一批社会科学专题数据库和优秀学术网站。实施高校哲学社会科学“走出去”计划，推进优秀成果和优秀人才走向世界，增强国际学术话语权和影响力。

（十五）改革高校科研管理机制。激发创新活力、提高创新质量，建立科学规范、开放合作、运行高效的现代科研管理机制。推进高校科研组织形式改革，提升高校科研管理水平，加强科研管理队伍建设，增强高校组织、参与重大项目的能力。创新高校科研人员聘用制度，建立稳定与流动相结合的科研团队。加大基本科研业务费专项资金投入力度，形成有重点的稳定支持和竞争性项目相结合的资源配置方式。改进高校科学研究评价办法，形成重在质量、崇尚创新、社会参与的评价方式，建立以科研成果创造性、实用性以及科研对人才培养贡献为导向的评价激励机制。

（十六）增强高校社会服务能力。主动服务经济发展方式转变和产业转型升级，加快高校科技成果转化和产业化，加强高校技术转移中心建设，形成比较完善的技术转移体系。支持高校参与技术创新体系建设，参与组建产学研战略联盟。开展产学研合作基地建设改革试点，引导高校和企业共建合作创新平台。瞄准经济社会发展重大理论和现实问题，加强与相关部门和地方政府合作，建设一批高水平咨询研究机构。支持高校与行业部门（协会）、龙头企业共建一批发展战略研究院，开展产业发展研究和咨询。组建一批国际问题研究中心，深入研究全球问题、热点区域问题、国别问题。

（十七）加快发展继续教育。推动建立继续教育国家制度，搭建终身学习"立交桥"。健全宽进严出的继续教育学习制度，改革和完善高等教育自学考试制度。推进高校继续教育综合改革，引导高校面向行业和区域举办高质量学历和非学历继续教育。实施本专科继续教育质量提升计划、高校继续教育资源开放计划。开展高校继续教育学习成果认证、积累和转换试点工作，鼓励社会成员通过多样化、个性化方式参与学习。深入开展和规范以同等学力申请学位工作。

（十八）推进文化传承创新。传承弘扬中华优秀传统文化，吸收借鉴世界优秀文明成果。加强对前人积累的文化成果研究，加大对文史哲等学科支持力度，实施基础研究中长期重大专项和学术文化工程，推出一批标志性成果，推动社会主义先进文化建设。发挥文化育人作用，把社会主义核心价值体系融入国民教育全过程，建设体现社会主义特点、时代特征和学校特色的大学文化。秉承办学传统，凝练办学理念，确定校训、校歌，形成优良校风、教风和学风，培育大学精神。组织实施高校校园文化创新项目。加强图书馆、校史馆、博物馆等场馆建设。面向社会开设高校名师大讲堂，开展高校理论名家社会行等活动。稳步推进孔子学院建设，促进国际汉语教育科学发展。推进海外中国学研究，鼓励高校合作建立海外中国学术研究中心。实施当代中国学术精品译丛、中华文化经典外文汇释汇校项目，建设一批国际知名的外文学术期刊、国际性研究数据库和外文学术网站。

（十九）改革考试招生制度。深入推进高考改革，成立国家教育考试指导委员会，研究制订考试改革方案，逐步形成分类考试、综合评价、多元录取的高校考试招生制度。改革考试内容和形式，推进分类考试，扩大高等职业教育分类入学考试试点和高等职业教育单独招生考试。改革考试评价方式，推进综合评价，探索形成高考与高校考核、高中学业水平考试和综合素质评价相结合的多样化评价体系。改革招生录取模式，推进多元录取，逐步扩大自主选拔录取改革试点范围，在坚持统一高考基础上，探索完善自主录取、推荐录取、定向录取、破格录取的方式，探索高等职业教育"知识＋技能"录取模式。改革高考管理制度，推进"阳光工程"，加快标准化考点建设，规范高校招生秩序、高考加分项目和艺术体育等特殊类型招生。实施支援中西部地区招生协作计划，扩大东部高校在中西部地区招生规模。推进硕士生招生制度改革，突出对考生创新能力、专业潜能和综合素质的考查。推进博士生招生选拔评价方式、评价标准和内容体系等改革，把科研创新能力作为博士生选拔的首要因素，完善直博生和硕博连读等长学制选拔培养制度。建立健全博士生分流淘汰与名额补偿机制。

（二十）完善研究生资助体系。加大研究生教育财政投入，对纳入招生计划的学术学位和专业学位研究生，按综合定额标准给予财政拨款。建立健全研究生教育收费与奖学助学制度。依托导师科学研究或技术创新经费，增加研究生的研究资助额度。改革奖学金评定、发放和管理办法，实行重在激励的奖学金制度。设立国家奖学金，奖励学业成绩优秀、科研成果显著、社会公益活动表现突出的研究生。设立研究生助学金，将研究生纳入国家助学体系。

（二十一）完善中国特色现代大学制度。落实和扩大高校办学自主权，明确高校办学责任，完善治理结构。发布高校章程制定办法，加强章程建设。配合有关部门制定并落实坚持和完善普通高校党委领导下的校长负责制实施办法，健全党政议事规则和决策程序，依法落实党委职责和校长职权。坚持院系党政联席会议制度。高校领导要把主要精力投入到学校管理工作中，把工作重点集中到提高教育质量上。加强学术组织建设，优化校院两级学术组织构架，制定学术委员会规则，发挥学术委员会在学科建设、学术评价、学术发展中的重要作用。推进教授治学，发挥教授在教学、学术研究和学校管理中的作用。建立校领导联系学术骨干和教授制度。加强教职工代表大会、学生代表大会建设，发挥群众团体的作用。总结推广高校理事会或董事会组建模式和经验，建立健全社会支持和监督学校发展的长效机制。

（二十二）推进试点学院改革。建立教育教学改革试验区，在部分高校设立试点学院，探索以创新人才培养体制为核心、以学院为基本实施单位的综合性改革。改革人才招录与选拔方式，实行自主招生、多元录取，选拔培养具有创新潜质、学科特长和学业优秀的学生。改革人才培养模式，实行导师制、小班教学，激发学生学习主动性、积极性和创造性，培养拔尖创新人才。改革教师遴选、考核与评价制度，实行聘用制，探索年薪制，激励教师把主要精力用于教书育人。完善学院内部治理结构，实行教授治学、民主管理，扩大学院教学、科研、管理自主权。

（二十三）建设优质教育资源共享体系。建立高校与相关部门、科研院所、行业企业的共建平台，促进合作办学、合作育人、合作发展。鼓励地方建立大学联盟，发挥部属高校优质资源辐射作用，实现区域内高校资源共享、优势互补。加强高校间开放合作，推进教师互聘、学生互换、课程互选、学分互认。加强信息化资源共享平台建设，实施国家精品开放课程项目，建设一批精品视频公开课程和精品资源共享课程，向高校和社会开放。推进高等职业教育共享型专业教学资源库建设，与行业企业联合建设专业教学资源库。

（二十四）加强省级政府统筹。加大省级统筹力度，根据国家标准，结合各地实际，合理确定各类高等教育办学定位、办学条件、教师编制、生均财政拨款基本标准，合理设置和调整高校及学科专业布局。省级政府依法审批设立实施专科学历教育的高校，审批省级政府管理本科高校学士学位授予单位，审核硕士学位授予单位的硕士学位授予点和硕士专业学位授予点。核准地方高校的章程。完善实施地方“十二五”高等教育改革和发展规划。加大对地方高校的政策倾斜力度，根据区域经济社会发展需要，重点支持一批有特色高水平地方高校。推进国家示范性高等职业院校建设计划，重点建设一批特色高职学校。

（二十五）提升国际交流与合作水平。支持中外高校间学生互换、学分互认、学位互授联授。继续实施公派研究生出国留学项目。探索建立高校学生海外志愿服务机制。推动高校制定本科生和研究生中具有海外学习经历学生比例的阶段性目标。全面实施留学中国计划，不断提高来华留学教育质量，进一步扩大外国留学生规模，使我国成为亚洲最大的留学目的地国。以实施海外名师项目和学科创新引智计划等为牵引，引进一批国际公认的高水平专家学者和团队。在部分高校开展聘请外籍人员担任“学术院系主任”、“学术校长”试点。推动高校结合实际提出聘用外籍教师比例的增长性目标。做好高校领导和骨干教师海外培训工作。支持高职学校开展跨国技术培训。支持高校境外办学。支持高校办好若干所示范性中外合作办学机构，实施一批中外合作办学项目。

（二十六）加强师德师风建设。制定高校教师职业道德规范。加强职业理想和职业道德教育，大力宣传高校师德楷模的先进事迹，引导教师潜心教书育人。健全师德考评制度，将师德表现作为教师绩效考核、聘用和奖惩的首要内容，实行师德一票否决制。在教师培训特别是新教师岗前培训中，强化师德教育特别是学术道德、学术规范教育。制定加强高校学风建设的办法，完善高校科研学术规范，建立学术不端行为惩治查处机构。对学术不端行为者，一经查实，一律予以解聘，依法撤销教师资格。

（二十七）提高教师业务水平和教学能力。推动高校普遍建立教师教学发展中心，重点支持建设一批国家级教师教学发展示范中心，有计划地开展教师培训、教学咨询等，提升中青年教师专业水平和教学能力。完善教研室、教学团队、课程组等基层教学组织，坚持集体备课，深化教学重点难点问题研究。健全老中青教师传帮带机制，实行新开课、开新课试讲制度。完善助教制度，加强助教、助研、助管工作。探索科学评价教学能力的办法。

鼓励高校聘用具有实践经验的专业技术人员担任专兼职教师，支持教师获得校外工作或研究经历。加大培养和引进领军人物、优秀团队的力度，积极参与“千人计划”，实施“长江学者奖励计划”和“创新团队发展计划”，加强高层次人才队伍建设。选择一批高校探索建立人才发展改革试验区。实施教师教育创新平台项目。建立教授、副教授学术休假制度。

（二十八）完善教师分类管理。严格实施高校教师资格制度，全面实行新进人员公开招聘制度。完善教师分类管理和分类评价办法，明确不同类型教师的岗位职责和任职条件，制定聘用、考核、晋升、奖惩办法。基础课教师重点考核教学任务、教学质量、教研成果和学术水平等情况。实验教学教师重点考核指导学生实验实习、教学设备研发、实验项目开发等情况。改革薪酬分配办法，实施绩效工资，分配政策向教学一线教师倾斜。鼓励高校探索以教学工作量和教学效果为导向的分配办法。加强教师管理，完善教师退出机制，规范教师兼职兼薪。加强高职学校专业教师双师素质和双师结构专业教学团队建设，鼓励和支持兼职教师申请教学系列专业技术职务。依法落实民办高校教师与公办高校教师平等法律地位。

（二十九）加强高校基础条件建设。建立全国高校发展和建设规划项目储备库及管理信息系统，严格执行先规划、后建设制度。通过多种方式整合校园资源，优化办学空间，提高办学效益。完善办学条件和事业发展监测、评价及信息公开制度。加快推进教育信息化进程，加强数字校园、数据中心、现代教学环境等信息化条件建设。完善高等学历教育招生资格和红、黄牌学校审核发布制度，确保高校办学条件不低于国家基本标准。积极争取地方政府支持，缓解青年教师住房困难。

（三十）加强高校经费保障。完善高校生均财政定额拨款制度，建立动态调整机制，依法保证生均财政定额拨款逐步增长。根据经济发展状况、培养成本和群众承受能力，合理确定和调整学费标准。完善财政捐赠配比政策，调动高校吸收社会捐赠的主动性、积极性。落实和完善国家对高校的各项税收优惠政策。推动高校建立科学、有效的预算管理机制，统筹财力，发挥资金的杠杆和导向作用。优化经费支出结构，加大教学投入。建立项目经费使用公开制度，增加高校经费使用透明度，控制和降低行政运行成本。建立健全自我约束与外部监督有机结合的财务监管体系，提高资金使用效益。

教育部关于推进新疆中等职业教育发展的意见

（2012年4月16日）

各省、自治区、直辖市教育厅（教委），各计划单列市教育局，新疆生产建设兵团教育局：

大力发展中等职业教育是中央新疆战略部署的重要内容，是实现新疆经济社会跨越式发展的基础条件，是实现新疆长治久安的重要保证，是提高新疆人民生活水平的关键措施。为全面贯彻中央新疆工作座谈会和《中共中央国务院关于推进新疆跨越式发展和长治久安的意见》、《国务院办公厅关于印发支持新疆经济社会发展若干政策和重大项目意见的通知》精神，落实《国家中长期教育改革和发展规划纲要（2010—2020年）》关于“加大对民族地区中等职业教育的支持力度”有关精神，现就推进新疆中等职业教育发展提出以下意见。

一、指导思想、基本原则和主要目标

（一）指导思想

以科学发展观为指导，深入贯彻落实中央关于推进新疆教育跨越式发展的重大决策部署，坚持中等职业教育服务于区域经济发展和社会长治久安的战略定位，拓宽发展思路，创新中等职业教育发展模式，采取特殊政策措施，充分发挥北疆、兵团及对口支援省市的作用，举全国之力，着力提升新疆中等职业教育办学水平和培养能力，促进新疆中等职业教育整体迈上新台阶，加快培养一支靠得住、留得下、用得上的高素质劳动者和技能型人才队伍，支持新疆经济社会跨越式发展。

（二）基本原则

1. 坚持服务区域，促进产业发展的原则。紧紧围绕新疆主导产业、特色产业、新兴产业的发展需求，调整专业设置，更新课程内容，创新培养模式，重点培养现代农牧业、民族文化传承、民族工艺品制作、油气生产加工和储备、矿产资源开发和加工等专业领域紧缺的技能型人才，增强职业教育服务经济社会发展的能力。

2. 坚持统筹规划多方协作的原则。坚持新疆统筹规划，充分发挥国家重视、对口支援省市大力支持、新疆创新的积极性，支援优势与受援需求相结合，形成支援新疆中等职业教育发展的合力。

3. 坚持突出重点整体推进的原则。着力解决中等职业教育规模小、条件差、师资短缺、培养能力弱等突出问题，组织实施一批重大项目，带动新疆中等职业教育规模迅速扩大，教学质量和服务能力明显提高。

4. 坚持落实保障注重实效的原则。严格按照中央总体要求，从政策措施、资金项目、技术人才等方面落实新疆中等职业教育规划目标，确保建设成效。

（三）主要目标

2012 年，继续扩大职业教育规模，普职比更加合理。

2015 年，全区 88％的学龄人口接受高中阶段教育，普职比达到 4∶6，中等职业教育办学条件明显改善，技能型人才培养、培训能力和服务经济社会发展的能力明显增强。

2020 年，全区 90％左右的学龄人口接受高中阶段教育，全区中等职业教育规模、质量和效益协调发展。

二、主要任务和政策措施

（一）全面推进中等职业学校建设

1. 全面启动中等职业学校国家建设项目。在中央大力支持下，全面启动并完成国家对南疆四地州和霍尔果斯、喀什经济特区 8 所中等职业学校的重点建设任务。项目学校要积极争取所在地党委政府在学校选址、土地、规划、设计、建设等方面给予大力支持和帮助。

2. 全面落实中等职业学校对口支援省市建设项目。2012 年，对口支援省市要完成 27 个支援建设项目；2013—2015 年，对口支援省市要完成 38 个支援建设项目。2020 年前，对口支援省市对所有受援市县、团场都要设立并完成支援职业教育发展项目，为新疆全面实现职业教育发展目标提供支撑和保障。

3. 积极争取中等职业学校国有大中型企业建设项目。争取在国有大中型企业援助下，重点支持一批办学基础相对较好、培养能力相对较强的自治区属和地州属中等职业学校建设，全面提升办学水平和人才培养质量。

4. 启动民族特色职业学校建设。围绕国家非物质文化遗产新疆入选项目和自治区级非物质文化遗产项目，中央和自治区共同建设新疆民族特色中等职业学校和专业，研究制订建设标准、遴选标准、评估验收标准以及相关扶持政策，打造新疆中等职业教育新亮点。

各学校建设项目要在保证质量、保证安全的前提下尽快交付使用。其中，2010 年、2011 年开工的建设项目，2012 年要力争交付使用。积极协调尚未开工的中等职业学校建设项目尽快开工，尽快投入使用。

（二）认真组织做好中等职业学校招生工作

1. 统筹利用国家、对口支援省市、国有大中型企业和新疆自身的职业教育资源，努力扩大中等职业教育招生规模。以南疆中等职业教育为重点，努力扩大中等职业教育招生规模。南疆三地州要继续深挖潜力，加大职业学校与普通中学联办、与企业联办的力度，进一步扩大中等职业教育招生规模，确保实现三地州高中阶段毛入学率年增长10%的目标，推动更多的初中毕业生接受中等职业教育，实现带技能就业、带技能转移。

2. 积极推动南北疆联合招生合作办学。统筹全疆普通高中与中等职业教育招生比例，以南疆为重点，鼓励和支持北疆办学条件好的职业学校与南疆职业学校联合招生合作办学，促进教育资源互补。从计划制订、招生录取、专业与师资、教育教学管理、毕业生就业、经费支持等方面提供支持，使南疆更多的初、高中毕业生接受优质的职业教育和职业技能培训。

3. 继续举办内地新疆中职班。中央支持开办的内地新疆中职班，要依托对口支援省市选择办班学校，面向以南疆四地州为重点的农村和城镇家庭经济困难学生招生。新疆要重点做好跟班教师的选派和学生的选送工作，协助办班省市和学校加强教育教学管理，提高培养质量。2012 年继续招收3 300人（含新疆兵团），帮助新疆加快新兴产业急需的技能型人才培养步伐。

4. 对口支援省市要多渠道推动新疆受援县扩大中等职业教育招生规模。采取多种措施，加强受援县中等职业学校建设，增加学位、工位，加强师资培训，扩大学校在当地招生规模。可以通过受援县中等职业学校与对口支援省市职业学校合作办学方式，采取“1＋2”、“2＋1”等模式，在招生、实习、师资培训、专业建设、教学经验交流等方面开展对口支援；鼓励在东中部中等职业学校举办内地新疆中职班。努力满足受援县初中毕业生接受中等职业教育的需求，为新疆培养产业发展紧缺的技能型人才。

5. 开展初中后职业技能培训。配合人力资源和社会保障、农业、扶贫等部门，将每年未接受高中阶段学历教育的南疆初中毕业生作为培训主要对象，依托现有职业学校、培训机构及乡镇成人文化技术学校，开展职业技能和实用汉语培训，掌握实用技术，帮助学生实现就业。

（三）全面加强专业建设

1. 加强服务新疆区域产业和传统民族工艺特色专业建设。围绕新疆特别是南疆区域经济和主导产业发展、少数民族传统文化与特色产业发展对技能型人才的需求，重点培养现代农业种植与加工、畜产品养殖加工、特色农产品加工、设施农业生产技术、果蔬花卉生产技术、观光农业经营、纺织及服装加工、油气生产加工和储备、煤炭煤电化工、矿产资源开发和加工、汽车运用与维修、电子信息、生物技术制药、民族文化艺术、民族工艺品制作等新疆紧缺的技能型人才。要充分利用区内外职业教育资源，面向新疆主导产业、新兴产业、特色产业，调整专业设置和布局结构，提升服务新疆产业发展和传承民族文化工艺的综合能力。

2. 充分利用信息技术改造传统教育教学。统筹各类资源，支持新疆加强中等职业学校校园网基础设施建设，引进、开发优质课件资源，建立信息资源共享平台和资源库，普遍提高教师应用信息技术的能力，提升学校管理的信息化水平，实现“校校通”。

（四）创新教师队伍建设模式

1. 继续实施好职业院校教师素质提高计划。重点加强以新工艺、新技术、新方法为主要内容的培训，扩大培训覆盖面，增强培训针对性，提高培训质量。国家职业院校教师素质提高计划指标、内地西部“双语双师型”骨干教师培养培训基地计划名额进一步向新疆倾斜；支持新疆加强“双语双师型”教师培养培训基地建设。

2. 实施中等职业学校教师援助计划。对口支援省市要根据受援县市中等职业教育发展需要选派优秀教师和管理干部援疆支教，建立帮扶关系，定期互派师生交流访问，开展教育教学与教研活动互动，带动专业带头人、骨干教师、管理人员三支队伍的培养培训，形成资源共用、人才互助、成果共享的交流合作机制，帮助受援学校形成一批具有现代职教理念、掌握先进教学和管理方法的教学团队和名师队伍，促进职业学校各民族师生沟通融合，增进民族团结。

3. 加强“双语双师型”教师培训。依托新疆双语教师队伍建设计划，对新疆中等职业学校现有专任教师实施“双语双师型”教学能力强化培训。组织实施中等职业学校新任教师岗前培训，打造骨干教师队伍，基本解决“双语双师型”教师总量短缺和质量不高的状况，为推动中等职业教育的加快发展提供支撑。

4. 大力开展能工巧匠及技能型人才从教工作。根据中等职业学校专业建设和发展需求，每年面向社会聘请一批专业技术人员、高技能人才和能工巧匠到中等职业学校兼职任教，以改善中等职业学校“双师型”特别是“双语双师型”教师不足的状况，提高“双语双师型”教师比例，增强教学能力和活力。

（五）完善中等职业教育学生资助政策

争取2012年秋季学期起，中等职业学校农村学生全部享受国家免学费政策。新疆负责继续扩大中等职业教育“三免一补”（即免学费、住宿费、教材费，补生活费）政策实施的范围，吸引更多的学生接受中等职业教育。

（六）保障中等职业学校基本办学经费

要制订并逐步提高中等职业学校学生人均经费基本标准和学生人均财政拨款基本标准，保障中等职业学校基本办学经费。

三、组织保障

（一）进一步完善工作机制

在中央新疆工作协调小组教育组领导下，做好对新疆中等职业教育的统筹、协调、指导、服务工作。

在教育援疆省部联席会议制度下，协调做好教育援疆有关职业教育工作。教育部、新疆维吾尔自治区、新疆生产建设兵团加强与对口支援省市的沟通联系，完善各项保障措施，形成对口支援新疆职业教育的长效机制。建立对口支援省市与新疆、援疆单位与受援县定期协商、定期通报工作情况、定期检查评估的工作机制，使职业教育援疆工作扎实有效地予以推进。

（二）加强工作主体责任

要进一步巩固和完善新疆职业教育工作领导小组统一领导、统筹规划、综合协调、宏观管理职业教育的管理体制，切实加大在职教观念、管理体制、发展模式、运行机制、投入机制五个方面改革创新的力度，认真制订本地区中等职业教育规划、实施计划及配套政策措施，落实补助经费，形成党委政府统一领导、教育部门主抓、相关职能部门分工合作的中等职业教育工作机制。要按照大力发展中等职业教育的总体要求，把中等职业教育发展与对口援疆工作紧密结合起来，统筹规划，指导受援地区制定具体建设规划，完善落实扶持政策。

（三）加强督查工作

教育部定期组织专家组深入新疆调查研究和督促检查职业教育工作，建立分阶段、分年度、分项目的责任目标体系，建立并实行目标考核制度和问责制，确保政府行为到位，部门责任落实到位。

对口支援省市要加强职业教育援疆建设项目的管理，制定资金管理办法，提高投资效益，不搞形象工程，严格工程质量管理，杜绝不合格工程出现。加强对建设资金的稽查和审计，确保资金安全、项目安全和人员安全。

新疆要根据总体规划，统筹指导受援地区及职业学校的建设规划和方案，建立项目执行及信息报送制度。受援地区积极落实项目实施，并接受纪检、监察、审计等部门的监督，确保总体规划如期推进、项目建设保质保量按期完成。

（四）积极营造良好舆论氛围

充分发挥新闻媒体的舆论导向作用，紧紧围绕中央新疆工作座谈会精神和全国对口支援新疆工作的总体部署，广泛宣传新疆大力发展中等职业教育的重大意义和政策措施，及时总结交流工作经验，宣传推广先进典型，调动全社会关心和支持新疆中等职业教育发展的积极性，为推进新疆中等职业教育改革创新营造良好的舆论环境。

教育部等七部门关于2012年治理教育乱收费规范教育收费工作的实施意见

（2012年4月25日）

各省、自治区、直辖市教育厅（教委）、纠风办、监察厅（局）、发展改革委、物价局、财政厅（局）、审计厅（局）、新闻出版局，新疆生产建设兵团教育局、纠风办、监察局、发展改革委、物价局、财务局、审计局、新闻出版局，有关部门（单位）教育司（局），教育部直属各高等学校：

为贯彻落实第十七届中央纪委第七次全会和国务院第五次廉政工作会议关于继续深化治理教育乱收费工作的部署和要求，现就做好2012年治理教育乱收费规范教育收费工作提出如下意见。

一、指导思想

2012年治理教育乱收费规范教育收费工作要以邓小平理论和“三个代表”重要思想为指导，深入贯彻落实科学发展观，坚持“谁主管、谁负责”和“管行业必须管行风”的原则，各司其职、协调配合、齐抓共管，加强组织领导，完善工作机制，强化责任落实，坚持标本兼治、纠建并举，着力解决群众反映强烈的突出问题。积极推进源头治理，维护教育公平，为《国家中长期教育改革和发展规划纲要（2010—2020年）》的实施提供有力保证。

二、主要任务

（一）切实做好中央教育惠民政策落实情况的监督检查。落实好加大教育投入的各项政策，确保2012年如期实现国家财政性教育经费支出占GDP4％的目标。建立健全教育惠民政策的落实机制，切实加强对农村义务教育“两免一补”资金，中职助学金、免学费补助资金和学前教育发展资金等在内的各项教育惠民资金拨付和使用情况的监督检查，对挤占、截留、挪用和骗取教育经费的，要严肃查处，确保各项教育经费及时足额拨付和有效使用。

2012年要把农村义务教育学生营养改善计划执行情况作为监督检查的重中之重，组织力量对开展试点工作的中西部集中连片贫困地区的680个县（涉及22个省份）进行全面检查，重点对组织领导机构和责任体系建立，实施方案制订，资金、食品安全、食堂（伙房）建设、招投标管理和信息公开等方面制度建设，专项资金落实等情况进行集中检查。要建立完善监管体系，对营养改善计划的实施进行全过程、全方位、常态化监督，促进营养改善计划实施公开透明、廉洁运作。要建立问责制度，对实施计划过程中的违法违纪行为，依照有关规定追究责任。

（二）坚决治理义务教育阶段择校乱收费。各地要认真贯彻落实《国家中长期教育改革和发展规划纲要（2010—2020年）》关于推进义务教育均衡发展的要求和教育部、国家发展改革委、审计署《关于印发治理义务教育阶段择校乱收费的八条措施的通知》（教基一〔2012〕1号），各地教育行政部门要结合实际，尽快出台本地区（省会城市、计划单列市）的实施方案。要把义务教育均衡发展战略性目标同当前治理择校乱收费的阶段性任务结合起来，建立健全推进义务教育均衡发展的责任机制，对中心城市的择校热点地区和学校要个别指导、跟踪监督，进一步加大对困难地区和城乡薄弱学校的扶持，均衡配置义务教育资源。严格规范义务教育阶段招生入学秩序，坚持免试就近入学原则，科学合理地划分学区，加强学籍管理，城市义务教育阶段学校接收学区内学生的比例不得低于当年招生人数的90％，规范特长生招生，制止通过招收特长生方式收费的行为，制止公办学校以民办名义招生和收费的行为。严禁举办“占坑班”（通过参加培训获得入学便利），严禁组织任何形式的入学考试，严禁地方政府、有关单位和学校以任何名义收取与入学挂钩的捐资助学款。

（三）加强中小学教辅材料管理。各地要严格按照新闻出版总署《关于进一步加强中小学教辅材料出版发行管理的通知》（新出政发〔2011〕12号），教育部、新闻出版总署、国家发展改革委、国务院纠风办《关于加强中小学教辅材料使用管理工作的通知》（教基二〔2012〕1号）和国家发展改革委、新闻出版总署、教育部《关于加强中小学教辅材料价格监管的通知》（发改价格〔2012〕975号）要求，结合本地实际，尽快出台实施方案，加强对教辅材料出版、印制、发行等环节的监管，重点是加强出版、发行、印刷中小学教辅材料单位的资质管理，加强内容质量、编校质量、印装质量检查，严厉打击非法出版和侵权盗版，进一步规范中小学教辅材料市场；各地有关部门要按照政策公开、程序公正、过程透明的原则，组织成立评议委员会，对进入本省中小学校的教辅材料进行评议、公告；加强对中小学教辅材料价格监管，对于进入各省评议公告的教辅材料实行政府指导价，切实落实并完善价格公示制度；认真贯彻落实“一教一辅”和自愿购买原则，严禁进校推销和强制购买，做好无偿代购服务，有条件的地方要为家庭经济困难学生提供免费教辅材料。加强检查监督，严禁各级行政部门组织编写或参与编写中小学教辅材料；严禁各级负责实施考试命题、监测评价的单位组织编写或参与编写供中小学生有偿使用的同步练习册。

（四）加强对幼儿园收费行为的监管。各省（区、市）要按照国家发展改革委、教育部、财政部《幼儿园收费管理暂行办法》的要求，研究制定本省的实施细则，明确本地区幼儿园的收费项目和标准。严禁幼儿园以任何名义向入园幼儿家长收取赞助费、捐资助学费、建校费、教育成本补偿费等与入园挂钩的费用，严禁以开办实验班、特色班、兴趣班、课后培训班等特色教育为名向家长在保教费外另行收取费用。

（五）深化公办中小学有偿补课乱收费治理。各地要针对当地情况，加强制度建设，出台政策措施，严格执行国家教学计划和课程标准，不得在正常教育教学计划之外组织有偿补课活动。各地要结合实际，研究化解有偿补课的举措，指导学校和教师切实提高教育教学水平，提高课堂教学效率，从整体上减少学生对补课的依赖。严禁公办中小学举办或与校外机构合作举办有偿补习班。严禁公办中小学教职工组织或参与有偿补课，凡是组织或参与有偿补课的，一律取消当年评优、评奖、晋升、职称评选等资格，并严肃追究纪律责任。

（六）加强对中小学改制学校的清理规范。各地要对已完成清理规范工作的义务教育阶段改制学校进行复核，巩固成果，防止反弹。对至今清理规范工作尚未完成的学校，或仍未达到民办学校标准要求的学校，一律执行当地同类公办学校收费政策。认真落实教育部、国家发展改革委《关于进一步做好普通高中改制学校清理规范工作的通知》（教基二〔2011〕7号）要求，加大对公办普通高中改制学校清理规范工作的政策指导和推进力度。各地要切实采取有效措施，明确清理规范的目标、时限和具体办法，确保2012年秋季开学前，全面完成普通高中改制学校的清理规范工作。定性为公办学校的，执行当地同类公办普通高中学校招生收费政策；明确定性为民办学校的，应履行民办学校审批手续，取得办学许可证，依照有关法律、法规进行登记；不具备继续办学条件和要求的学校应予以撤并、停办。坚决纠正以改制为名的乱收费行为。

（七）严格执行公办普通高中招收择校生“三限”政策。继续严格执行公办普通高中招收择校生“三限”政策，从2012年秋季学期开始，每个学校招收择校生的比例最高不得超过本校当年招收高中学生计划数（不包括择校生数）的20%。各地在加大投入，合理调整收费标准的同时，要采取有力措施，制定时间表、路线图，在3年内取消公办普通高中招收择校生。严禁在择校生之外以借读生、自费生等名义招收高收费学生。

（八）深入推进高校招生“阳光工程”，进一步规范高校收费行为。深入实施以信息公开为核心的高校招生"阳光工程"，加强招生计划管理，严格录取程序，坚决杜绝点招等行为；进一步清理规范高考地方性加分项目，加强对自主招生和特殊类型招生的监管，进一步完善、公开特殊类型招生政策，严格规范招生程序，严密组织招生考试，严明录取工作纪律，严肃查处徇私舞弊案件。严禁将录取行为与收费挂钩，严禁将提前缴纳学费作为录取考生的依据，严禁高校收取与招生录取挂钩的任何费用。进一步加强高校研究生培养机制改革与招生计划管理政策的有机衔接和协调配套，严禁以研究生培养机制改革为名乱收费。严禁无办学许可和超计划招生等违规办学行为；严禁高等学校联合或委托中介机构联合办班；未经教育部批准，严禁高等学校异地举办学历教育；严禁超标准收取学费。

加强高校中外合作办学收费管理，严格按照国家规定的收费项目和学校所在地省级人民政府批准的收费标准进行收费，不得擅自增加收费项目或提高收费标准，坚决抵制和纠正以中外合作办学名义乱收费的行为。民办高校（包括独立学院）要严格按照所在地省级物价部门批准的项目和标准规范收费，并对各项收费和使用情况进行公示。严禁高校冒用学历教育名义在录取体制外违规招生并收费。

三、工作要求

（一）加强组织领导，完善治理工作责任制。各地教育行政部门要在当地党委政府领导下，进一步加强对治理教育乱收费工作的组织领导，完善领导体制和工作机制，按照"谁主管、谁负责"和"管行业必须管行风"的原则，把治理教育乱收费与业务工作同部署、同检查、同考核，明确责任要求、目标任务、政策措施和工作进程。严格落实教育收费治理工作责任制，逐级签订治理工作责任书，加强对责任制落实情况的检查、考核。各级治理工作联席会议成员单位要加强沟通协调，形成工作合力，狠抓任务落实，确保全年治理工作任务顺利完成。

（二）狠抓工作落实，努力从源头上预防乱收费问题的发生。要把国家教育惠民政策落实、义务教育择校乱收费、幼儿园收费、教辅材料散滥等社会高度关注和群众反映强烈的突出问题作为治理工作重点，严格执行国家各项教育收费政策和关于教育收费管理权限的有关规定，切实规范各级各类学校的服务性和代收费行为，坚决纠正越权设立收费项目和违规制订收费标准的问题，全面落实教育收费公示制度，加强教育行风评议，把治理教育乱收费作为民主评议教育行政主管部门和学校的重要内容，广泛接受社会各界对治理工作的监督，努力从源头上预防教育乱收费问题的发生。

（三）加强监督检查，严肃查处教育乱收费行为。有关部门要切实履行监督检查职责，采取经常性检查、专项检查、重点跟踪等形式，把监督检查工作贯穿于治理工作的全过程。要突出重点，增强监督检查的针对性，对治理工作重点任务的落实情况要实施重点跟踪和严格检查。对群众举报和检查发现的教育乱收费问题要坚决严肃查处，经查实的违规收费要坚决清退给学生家长，对顶风违纪、情节恶劣和造成严重社会影响的，不仅要严肃追究当事人的责任，还要追究相关领导的责任，典型案件要公开曝光。

（四）加强宣传教育，充分发挥社会和舆论的监督作用。注重示范引导，大力宣传推广治理工作的先进经验和好的做法，充分发挥典型引领作用。把握正确的舆论导向，加强与新闻媒体的联系，建立有效沟通机制，借助新闻媒体广泛宣传、解读国家治理教育乱收费的政策，充分展示治理工作的成效，弘扬正气，为治理工作营造良好舆论氛围。大力支持社会和舆论监督，对于群众反映和媒体报道的教育乱收费问题，要直查快办，快速反馈，主动及时公布调查结果，回应社会关切。充分利用全社会的力量，积极动员社会各界特别是学生家长主动参与到治理教育乱收费工作中来，使之成为监督乱收费行为的重要力量。

全国治理教育乱收费部际联席会议将适时通报2011年专项督查发现问题的整改情况，并继续组织开展春、秋两季教育收费检查和对部分省（区、市）治理工作的专项督查。

教育部　国务院纠风办
监察部　国家发展改革委
财政部　审计署　新闻出版总署

教育部关于加快推进职业教育信息化发展的意见

（2012 年 5 月 4 日）

各省、自治区、直辖市教育厅（教委），各计划单列市教育局，新疆生产建设兵团教育局，有关直属单位：

为贯彻落实《国家中长期教育改革和发展规划纲要（2010—2020 年）》关于加快教育信息化进程的战略部署，切实推进职业教育广泛、深入和有效应用信息技术，不断提升职业教育电子政务能力、数字校园水平和人才信息素养，全面加强信息技术支撑职业教育改革发展的能力，以先进教育技术改造传统教育教学，以信息化促进职业教育现代化，现提出如下意见。

一、统一思想认识，把信息技术创新应用作为改革和发展职业教育的关键基础和战略支撑

1. 21 世纪，人类已经步入以计算机、多媒体和互联网络为标志的信息时代。信息技术的普遍应用有力地推动着全球经济社会的深层变革，深刻地改变着人们的生活、学习和工作方式，对教育改革和人才培养提出了全新挑战，为教育创新和跨越式发展提供了崭新空间，以信息技术特别是宽带网络和新媒体技术为强大支撑的新一轮学习革命已见端倪。近年来，各个国家和地区争先实施教育技术国家战略，充分发挥信息技术创新、整合和共享优质教育资源的巨大优势，扩大国民受教育机会，提高教育质量和人力资源开发水平。加快推进我国职业教育信息化，是适应当今世界信息技术创新应用趋势，迎头赶上发达国家教育技术水平，构建国家教育长远竞争优势的战略举措。

2. 当前，我国工业化、信息化、城镇化、市场化和国际化深入发展，步入信息化与工业化融合发展的关键时期。各级政府正在围绕转方式、调结构，精细化、规模化地推进各行各业信息化深入发展，信息技术逐步深度融入企业生产、服务和管理的各个环节，产品工艺流程、生产设备设施和业务管理过程等方面的信息技术含量大幅度提高，对在职职工和新生劳动者的信息技术应用能力提出了新的更高要求。加快推进职业教育信息化，大规模培养掌握信息技术的高素质技能型人才，是适应国家信息化与工业化融合发展要求，提高在职职工和在校学生信息素养、岗位信息技术职业能力和就业创业技能的紧迫任务。

3. 近年来，不少地方、行业和职业院校积极开展职业教育信息化建设，在基础设施建设、信息资源开发、人员技术培训和管理系统应用等方面取得重要进展，对于有效扩大、优化配置和开放共享职业教育资源，大幅提升职业教育服务经济社会的能力，发挥了重要作用。加快推进职业教育信息化，是我国教育信息化工作的重要内容，是职业教育基础能力建设的重要任务，是支撑职业教育改革创新的重要基础，是提高人才培养质量的关键环节。

二、坚持科学发展，明确“十二五”时期职业教育信息化发展的基本思路与总体目标

4. 以科学发展观为指导，坚持以人为本，需求导向，创新引领，共建共享，突出特色，加快推进职业教育信息化发展。建立健全政府主导、行业指导、企业参与、专家支持、学校创新的职业教育信息化工作机制。以促进信息技术与职业教育深度融合为着力点，全面提高信息技术在教育、教学、管理和科研等领域的应用水平，支撑职业教育改革创新、强化内涵和提高质量。加快构建数字化、开放型、共享型职业教育网络，促进教育资源的优化重组、统筹管理和综合利用，逐步建成服务决策、服务战线和服务社会的全国职业教育数字化公共信息资源服务体系，缩小城乡之间、区域之间、行业之间和学校之间的教育差距，促进职业教育的现代化、集团化和规模化发展，促进中国特色、世界水准的现代职业教育体系建设，促进职业教育面向人人、面向社会，动态适应社会多样化学习需求，推动全民学习、终身学习的学习型社会建设。

5. 到2015年，职业院校配备够用适用的计算机及其配套设备设施；90％的职业院校建成运行流畅、功能齐全的校园网，信息技术能够支撑学校教育、教学、管理、科研等各项应用；85％的职业院校按标准建成数字校园；90％的成人学校及其他职业培训机构实现网络宽带接入；其他学校都能建成卫星数据地面接收站；边远山区和贫困地区职业学校建成数字化资源播放平台。建成国家职业教育数字化信息资源库，不断完善各级职业教育网络学习平台；建成国家职业能力培养虚拟仿真实践教学公共环境，为在校学生、企业职工及社会学习者提供优质实践教学资源。建成全国职业教育综合管理信息系统，实现各级教育行政部门政务管理和职业院校业务管理的信息化、标准化和规范化。形成学生信息技术职业能力认证机制。职业教育信息化能力达到发达国家水平。

三、推进改革创新，突破职业教育信息化发展的关键环节

6. 努力提升职业教育信息化基础能力。建立和完善中国职业教育信息资源网，建立各地教育行政部门、职业院校、行业企业和科研机构相互协作的网络化职业教育服务体系和资源共享机制。地方教育行政部门要以加强省级职业教育网站建设为重点，创新运行机制和管理模式，建设泛在、先进、高效和实用的职业教育信息化基础设施。全面提高职业院校信息技术装备水平。职业院校要以标准化校园网建设为基础，实现多种方式接入互联网，加快信息技术终端设施普及，重点建设仿真实训基地、网络教室、远程教育培训中心、多媒体应用中心等数字化场所和设施。努力建成支持学生学习、学校办公和政府决策的职业教育信息化环境。

7. 加快开发职业教育数字化优质信息资源。开发包括网络课程、虚拟仿真实训平台、工作过程模拟软件、通用主题素材库（包括行业标准库、实训项目库、教学案例库、考核试题库、技能竞赛库等）、名师名课音像以及专业群落网站等多种形式的职业教育数字化信息资源。建成教学资源平台、电子阅览室、数字图书馆等综合资源平台。加快建立健全职业教育资源开发机制、认证体系和共享模式。加快建设国家职业教育数字化信息资源库。支持建设国家职业教育数字化资源开发基地。建立健全职业院校、行业企业、研究机构之间的资源共建共享机制。依托示范性职业院校和大型企业，建设一批国家示范性职业能力培养虚拟仿真实训中心。

8. 切实增强职业教育电子政务应用能力。各级教育行政部门要把政务信息化作为提高职业教育管理水平的重要途径，超前部署、积极推进、创新应用。教育部统筹规划和指导建设职业教育管理信息系统。各地按规定确保全国职业教育政务管理信息的采集、报送和统计的完整性、准确性和时效性，按照国家教育管理信息化标准加强本地职业教育政务管理信息系统建设和应用，重点建设覆盖实习实训、校企合作、工学结合、集团办学和学生资助等体现职业教育特色的关键业务领域的管理信息系统。鼓励国家职业教育试验区以及有条件的地区建立人才预测、就业预警和人才培养管理信息系统等创新性、关键性和前沿性的公共信息服务平台。

9. 加快提高职业院校数字校园建设水平。教育部制订职业教育数字校园建设标准，加快推进标准化数字校园建设。各地和职业院校要建设宽带、泛在、安全的网络基础设施，推广应用多媒体教室、数字化实验室、远程协作教室等职业教育信息化环境，促进常规装备和信息化装备协同融合；普及师生个人学习终端，创新数字化的专业学习工具、协作交流工具和知识建构工具，引导广大师生广泛运用信息化手段，创新人才培养模式，积极推进信息技术进校园、进课堂、进教材，促进信息技术与教育过程、内容、方法和质量评价的深度融合，提高教育教学质量；推进学校管理信息化应用，不断提高职业院校学生学员、教师队伍、办学经费、基本建设、条件装备、教务、校企合作等关键业务管理的信息化水平，提高管理工作效率。

10．提升职业教育工作者的信息素养。继续实施全国职业学校信息技术职业能力提高计划，提高校长、教师和信息技术人员的信息技术应用能力。制订职业院校教师教育技术能力标准；依托职业教育、高等教育教学和培训机构以及有关企业，支持建成信息技术职业能力培训基地，健全培训、考核和认证机制；重点推进全国职业院校信息主管培养，每所学校重点培养一名主管数字校园建设的行政领导、一名正高级信息技术专业教师和一名校园网网络主管。定期举办全国职业院校教师信息化教学竞赛。各地要鼓励学校组织在职人员学习、应用和创新教育信息技术，逐步将教育技术能力纳入职业院校教师资格认证与考核体系。

11．大力发展现代远程职业教育。加快推进多层次互补、多模式共存和多样化发展的现代远程职业教育，逐步形成高度开放共享的职业教育培训网络。建成全国职业教育网络学习平台；按照有关规定支持和鼓励示范性职业院校、有条件的企业、行业组织及其他机构向社会提供现代远程职业教育培训。支持建成农村和城市社区数字化学习中心，为当地科技文化推广、实用技术培训、成人终身学习提供综合信息服务。多渠道创新远程职业教育培训模式，推动优质信息资源跨区域、跨行业和跨机构远程共享。

12．加大信息化技能型人才培养工作力度。各级教育行政部门要指导学校加强计算机应用基础等公共必修课教学，积极开设相关选修课，多渠道提高各专业学生的通用信息技术职业能力、数字化学习能力和综合信息素养。定期举办全国职业院校信息技术应用能力竞赛，引导信息技术人才培养模式创新。加大以信息技术改造传统专业的力度，推动信息技术与生产技术的融合，及时更新教学内容，着力办好电子商务、会计电算化、工业设计(CAD)、现代物流、智能楼宇、物联网及移动互联网应用等与信息技术结合紧密、行业企业用人紧缺和就业前景较好的新专业和培训项目，提高学生的信息技术应用知识、职业技能和实践能力。

四、切实加强管理，保障职业教育信息化持续健康发展

13．加强职业教育信息化的组织管理。成立教育部职业教育信息化工作专家组，研究制订职业教育信息化发展规划以及相应的技术规范，协助开展职业教育信息化试点工作，参与实施国家职业教育信息化重大工程项目，开展或受委托开展对社会组织的教育信息化服务活动进行资格认证、质量评定和绩效评估。各地教育行政部门要建立相应的组织机构，建设职业教育资源服务机制、专家团队和技术支持体系。各学校要建立由校长牵头的信息化领导机制，设立数字校园管理中心（或教育技术中心、网络中心）等部门，有组织、有计划、有步骤地做好本校的信息化工作。

14．强化职业教育信息化发展规划落实机制。各省级教育行政部门要统筹制订本地区的职业教育信息化发展规划，并报我部备案。把职业教育信息化作为衡量一个地区职业教育发展水平的重要依据，将信息化工作纳入教育督导和学校办学评估指标体系，并适时开展职业教育信息化专项评估。将数字校园建设作为国家示范性职业院校、职业教育先进地区等国家项目评审、建设和验收的重要考核指标。实施全国职业教育数字校园建设示范学校和职业教育信息化综合试验区项目，发挥其骨干、示范和辐射作用。

15．多渠道筹措职业教育信息化建设经费。争取中央财政加大支持职业教育信息化建设。鼓励各地设立职业教育信息化建设专项，加大投入力度。各级教育行政部门要在国家和本地区教育信息化建设专项经费、其他教育专项经费和职业教育工程项目经费中安排一定比例用于职业教育信息化建设。支持职业院校与研究机构、企业等开展信息化应用项目合作，鼓励行业、企业及其他社会组织向职业院校捐助符合标准的优质信息化软件、资源、设备以及相关产品和服务。鼓励企业以多种方式参与和支持职业教育信息化建设。有条件的学校可以向社会开放信息化设施和信息服务。

16．推动职业教育信息化研究。定期举办中国职业教育信息化创新发展研讨活动，促进地区、行业、单位之间的信息交流、经验推广和项目合作。鼓励有条件的单位开展职业教育信息化技术标准、

软硬件产品和服务方案等方面的研究；支持各地、学校、行业、企业和有关社会组织开展多种形式的职业教育信息化研究、交流与合作活动。加速信息技术与职业教育融合的研究，推动最新科研成果转化为优质职业教育资源、数字化软硬件产品和服务。

17. 加强职业教育信息化规范管理。教育部制订教育信息化技术标准和专项管理规范。要求职业院校、研究机构、有关企业以及其他有关社会组织严格遵守国家有关法律法规、政策规范和技术标准，增强法制观念，在职业教育信息化建设活动中做到科学、诚信、自律。开展健康数字校园创建活动，切实做好网络信息安全、知识产权保护和资源共建共享等各项工作，努力推动职业教育信息化发展的制度化管理、体系化创新、高效率运行和可持续发展。

教育部关于加强督学责任区建设的意见

（2012 年 5 月 4 日）

各省、自治区、直辖市教育厅（教委），新疆生产建设兵团教育局：

为贯彻落实《国家中长期教育改革和发展规划纲要（2010—2020 年）》，进一步健全教育督导制度，推进教育督导改革创新，督促和引导普通中小学校（含幼儿园，下同）贯彻执行教育法律、法规、规章和国家教育方针政策，规范学校办学行为，提高教育教学质量，现就加强督学责任区建设提出如下意见。

一、加强督学责任区建设的意义

督学责任区建设是教育督导制度建设的重要组成部分。加强督学责任区建设，是落实教育规划纲要“坚持督政与督学并重”要求，推动“督学”工作制度化、常态化，加强对中小学校工作监督与指导的重要措施，有利于及时了解和掌握中小学校的工作状况，发现存在的问题和不足，指导和督促中小学校规范办学行为，提高教育教学质量。同时，通过对责任区内中小学校教育教学工作的监督检查，及时发现典型，总结推广经验，对中小学校工作提出改进建议，为政府和教育行政部门推进教育改革与发展提供决策参考。

二、督学责任区的设立原则和职能

按照“因地制宜、分级负责、全面覆盖、推动工作”的原则，在省、市、县三级分别设立督学责任区。地方各级教育督导部门要根据本行政区域内中小学校的布局情况和在校生数，从“督学”工作的实际出发，合理确定督学责任区数，一个责任区内的学校数一般应控制在 20 所以内，并应覆盖所有中小学校，确保督导工作质量。

省级督学责任区由省级教育督导部门设立。主要职能是指导市、县两级督学责任区工作，对市（地）、县教育行政部门、教育督导部门的有关工作和中小学校的教育教学工作进行随机检查、指导，同时，对县级督学责任区建设工作进行监督、指导。

市、县两级督学责任区分别由市、县级教育督导部门设立。市级督学责任区的主要职能是对区域内普通高中学校（含民办）和直管学校进行随机督导检查。县级督学责任区的主要职能是对本区域内九年义务教育及以下学校（含民办）进行随机督导检查。

地方各级责任区督学负责落实本责任区的主要职能，责任区督学应是由各级人民政府聘任的督学担任。

三、责任区督学的工作任务

责任区督学主要负责对本责任区中小学校的办学行为和教育教学工作进行随机督导。责任区督学要按照“依法监督、正确指导、及时反馈、深入调研、合理建议”的工作方针，在教育督导部门的指导下，采取随机听课、查阅资料、列席会议、座谈走访、问卷调查、校园巡视等方式开展随机督导工作。具体工作任务是：

1. 督导检查中小学校贯彻落实教育法律、法规、规章和国家教育方针政策的情况，及时发现危及中小学校安全、师生合法权益和教育教学秩序的违法违规行为，调查核实群众举报、投诉的有关教育问题。

2. 指导帮助中小学校合理制订学校发展规划，规范办学行为，提高办学水平，形成办学特色；督促指导中小学校全面贯彻党和国家教育方针，遵循教育教学规律，深化教育教学改革，落实国家课程方案，扎实推进素质教育，不断提高教育教学质量，切实减轻学生过重的课业负担。

3. 及时推介督导过程中发现的典型经验；及时向教育行政部门、教育督导部门和中小学校反馈可能影响中小学校正常教学秩序以及违背教育规律的问题。

4. 认真研究中小学校教育教学工作中的重点、热点、难点问题，在深入调研的基础上，形成调研报告。

5. 准确掌握中小学校的办学现状、发展动态及存在的问题，定期或不定期地向教育行政部门和学校报告，提出建议并督促落实。

四、责任区督学的工作要求

责任区督学在同级教育督导部门的领导下开展工作，对中小学校督导检查实行组长负责制，进行随访督导。具体要求是：

1. 根据本部门年度教育督导工作计划开展督导工作，不事先通知被督导检查单位及其主管教育行政部门。

2. 每次督导后，要填写督学责任区随访督导检查记录，并撰写报告。

3. 在督导检查过程中，不得接受被督导单位及其上级主管部门的陪同、宴请和提供的各种招待与礼品礼金等；不得影响被督导单位和中小学校的正常工作秩序。

4. 省级责任区督学对本责任区随机督导的次数根据省级教育督导部门要求开展；市级责任区督学对本责任区中小学校的随机督导每季度不少于1次；县级责任区督学对本责任区中小学校的随机督导每月不少于1次。

五、督学责任区工作的管理

地方各级教育行政部门和督导部门要高度重视督学责任区建设，切实加强对督学责任区工作的领导，为责任区督学开展工作提供必要的条件保障。要建立督学责任区联席会议制度，定期研究督学责任区工作，听取责任区督学的工作汇报。要制订督学责任区建设总体规划，建立督学责任区工作机制，加强对督学责任区的管理。要组织对责任区督学的培训、考核和表彰，要把责任区督学的随访督导检查记录、督导报告和责任区内中小学校教育教学质量作为考核和表彰的重要依据。

各地要建设一支数量充足、结构合理、素质较高的专业化督学队伍。要根据本地教育发展规模和学校数量，选拔聘任一批教育教学、教育管理等方面的专家担任责任区督学。每个督学责任区至少要配备两名督学。

地方各级教育行政部门和中小学校必须依法积极协助并配合责任区督学开展随机督导检查，主动汇报工作，如实反映情况，自觉提供相关资料，自觉接受随机督导，不隐瞒事实真相。

国家教育督导部门将定期对各地督学责任区建设情况进行专项检查并予以通报。

教育部关于鼓励和引导民间资金进入教育领域促进民办教育健康发展的实施意见

（2012年6月18日）

各省、自治区、直辖市教育厅（教委），各计划单列市教育局，新疆生产建设兵团教育局，有关部门（单位）教育司（局），部属各高等学校：

为贯彻落实《国务院关于鼓励和引导民间投资健康发展的若干意见》（国发〔2010〕13号）、《国家中长期教育改革和发展规划纲要（2010—2020年）》，鼓励和引导民间资金发展教育和社会培训事业，促进民办教育健康发展，提出以下意见。

一、充分发挥民间资金推动教育事业发展的作用

（一）民办教育是社会主义教育事业的重要组成部分，是教育事业发展的重要增长点和促进教育改革的重要力量。要充分发挥民间资金的作用，把鼓励和引导民间资金进入教育领域、促进民办教育发展作为各级政府的重要职责。

（二）健全以政府投入为主，多渠道筹措经费的教育投入体制。加大政府教育投入的同时，采取积极有效措施，鼓励和引导民间资金进入教育领域，形成以政府办学为主体、全社会积极参与、公办教育与民办教育共同发展的格局。

（三）完善民办教育相关政策和制度，调动全社会参与教育的积极性，进一步激发民办教育体制机制上的优势和活力，满足人民群众多层次、多样化的教育需求，探索完善民办学校分类管理的制度、机制。

二、拓宽民间资金参与教育事业发展的渠道

（四）鼓励和引导民间资金以多种方式进入教育领域。社会力量按照国家有关规定，以独立举办、合作举办等多种形式兴办民办学校（含其他教育机构，下同），拓宽民间资金进入教育领域、参与教育事业改革和发展的渠道。

（五）鼓励和引导民间资金进入学前教育和学历教育领域。积极扶持民办幼儿园特别是面向大众、收费较低的普惠性幼儿园，引导民办中小学校办出特色，鼓励发展民办职业教育，积极支持有特色、高水平、高质量民办高校发展。

（六）鼓励和引导民间资金参与培训和继续教育。以社会需求为导向，积极鼓励民间资金参与在职人员职业培训、农村劳动力转移培训、转岗培训等各类非学历教育与教育培训，推进终身学习体系和学习型社会建设。完善政府统筹协调和监管机制，培育、规范非学历教育和教育培训发展环境，建立健全培训服务质量保障体系。

（七）允许境内外资金依法开展中外合作办学。外商投资公司在我国境内开展教育活动须符合《外商投资产业指导目录（2011年修订）》的规定。允许外资通过中外合作办学的境外一方依照《中外合作办学条例》及其实施办法参与合作办学。鼓励民间资金与我国境内学校合作，参与引进境外优质教育资源，依法举办高水平的中外合作办学机构。中外合作办学机构中境外资金的比例应低于50%。鼓励民间资金与我国境内学校合作赴境外办学，增强我国教育的国际竞争力。

三、制定完善促进民办教育发展的政策

（八）完善民办学校办学许可制度。进一步清理教育行政审批事项，改进审批方式，简化审批流程，规范民办学校审批工作。民办学校设置，执行同类型同层次公办学校的设置标准，可以适当放宽幼儿园审批条件。民办高校申请学士、硕士和博士学位授予权的，按与公办高校相同的程序和要求进行审批。

（九）清理并纠正对民办学校的各类歧视政策。依法清理与法律法规相抵触的、不利于民办教育改革发展的规章、政策和做法，落实民办学校与公办学校平等的法律地位。各级教育行政部门在自查自纠基础上，积极协调相关部门，重点清理纠正教育、财政、税收、金融、土地、建设、社会保障等方面不利于民办教育发展的政策，保护民办学校及其相关方的合法权益，完善促进民办教育发展的政策。

（十）落实民办学校办学自主权。民办学校依法自主制订发展规划，设立内部组织机构，聘任教师和职员，管理学校资产财务。实施高等学历教育和中等职业学历教育的民办学校，按照国家课程标准和有关规定自主设置和调整专业、开设课程、选用教材、制订教学计划和人才培养方案。基础教育阶段的民办学校在完成国家规定课程的前提下可以自主开展教育教学活动；民办学校引进的境外课程需报省级教育行政部门审核，对境外教材应依法进行审定。

（十一）落实民办学校招生自主权。支持民办高校参与高等学校招生改革试点。进一步扩大民办本科学校招生自主权，省级教育行政部门可视生源情况允许民办本科学校调整招生批次。完善民办高等专科学校、高等职业学校自主招生制度，有条件的地区教育行政部门可允许办学规范、管理严格的学校，在核定的办学规模内自主确定招生范围和年度招生计划。中等层次以下民办学校按照核定的办学规模，与当地公办学校同期面向社会自主招生。

（十二）落实民办学校教师待遇。民办学校教师在资格认定、职称评审、进修培训、课题申请、评先选优、国际交流等方面与公办学校教师享受同等待遇，在户籍迁移、住房、子女就学等方面享受与当地同级同类公办学校教师同等的人才引进政策。民办学校要依法依规保障教师工资、福利待遇，按照有关规定为教师办理社会保险和住房公积金，鼓励为教师办理补充保险。支持地方人民政府采取设立民办学校教师养老保险专项补贴等办法，探索建立民办学校教师年金制度，提高民办学校教师的退休待遇。建立健全民办学校教师人事代理服务制度，保障教师在公办学校和民办学校之间合理流动，鼓励高校毕业生、专业技术人员到民办学校任教任职。

（十三）保障民办学校学生权益。民办学校学生与公办学校学生同等纳入国家助学体系，在政府资助、评奖评优、升学就业、社会优待等方面与同级同类公办学校学生享有同等权利。民办普惠性幼儿园与公办幼儿园在园儿童享受同等的资助政策。

（十四）完善民办学校税费政策。民办学校用电、用水、用气、用热与公办学校同价。捐资举办和出资人不要求取得合理回报的民办学校执行与公办学校同等的税收政策。教育行政部门要积极配合协调相关部门制定出资人要求取得合理回报的民办学校、经营性教育培训机构和开展营利性民办学校试点的民办学校享受的税收优惠政策。民办学校向受教育者收取的学费、各种代收代办费用的项目和标准执行相关价格政策。

（十五）支持高水平有特色民办学校建设。扶持和资助民办学校提高管理水平，加强教师队伍建设，建立民办学校与公办学校共享优质教育资源的机制，深化教育教学改革，创新人才培养模式，推动民办学校不断提高办学水平和人才培养质量。

四、引导民办教育健康发展

（十六）健全民办学校内部治理结构。规范民办学校董事会（理事会）成员构成，限定学校举办者代表的比例，校长及学校关键管理岗位实行亲属回避制度。完善董事会议事规则和运行程序，董事会召开会议议决学校重大事项，应做会议记录并请全体董事会成员签字、存档备查。健全校长和领导班子的遴选和培养机制，实行校长任期制，保障校长、学校管理机构依法行使教育教学权和行政管理权。要切实加强民办学校党的建设工作，实现民办高校党组织全覆盖，充分发挥民办学校党组织政治核心作用，健全民办高校督导专员制度，建立民办学校教职工代表大会制度。民办高校要根据相关规定和实际工作需要，配备足够数量的辅导员和班主任。建立健全校园安全管理和保卫制度，配备安全保卫力量，完善安全防控体系，维护校园安全稳定。

（十七）健全民办学校资产和财务管理制度。

依法落实学校法人财产权，学校存续期间，任何组织和个人不得侵占学校法人财产。民办学校应将举办者投入的资产、办学积累的资产、政府资助形成的资产分类登记建账，将学费收入、政府资助等公共性资金存入学校银行专款账户，主管部门要对学校公共性资金的银行专款账户进行监管，确保办学经费不被挪作他用。完善财务管理和会计制度，加强财务监督和资产监管，实行财务公开。民办学校应当在每个会计年度结束时依规出具财务会计报告，委托会计师事务所依法进行审计，审计结果报审批机关备案，并向社会公布。

（十八）建立民办学校风险防范机制。各地要加强民办学校办学管理信息系统建设，完善办学风险评估、预警机制，制订工作预案。学校主管部门应关注民办学校举办者的运行情况，对举办者非法干预学校运行、管理，抽逃出资，挪用学校办学经费等违法行为要加强监管，对可能影响所举办学校的重大事件及时了解、快速预警，督促学校规避风险、平稳运行。

（十九）建立民办学校退出机制。民办学校终止办学，要严格按照法律法规规定的程序，提出清算和安置方案，保证有序退出，保护师生权益，防范国有资产流失，维护社会稳定。民办学校举办者退出举办、转让举办者权益或者内部治理结构发生重大变更的，应事先公告，按规定程序变更后报学校审批机关依法核准或者备案。

五、健全民办教育管理与服务体系

（二十）将民办教育纳入地方经济社会发展和教育发展规划。各地在制订本地区教育事业发展规划、调整学校布局时，要充分考虑民办教育的作用，挖掘民间资金的潜力。新增教育资源要统筹考虑公办学校和民办学校的发展实际。

（二十一）加强对民办学校办学行为的监督。教育行政部门和有关部门要加强协调合作，开展民办学校年度检查，向社会公布检查结果，并将检查结果作为政府资助等扶持政策重要依据，不断完善政府扶持政策体系。健全民办学校督导、评估制度，强化督导专员的责任，发挥中介机构的作用，提高民办学校督导评价科学化水平。将检查、督导、评估作为规范民办教育的重要手段。

（二十二）提高民办教育管理和服务水平。各地要逐步建立满足公众需求、方便办学者需要、有利于提高政府管理服务水平的民办教育服务和管理信息平台，推进民办教育信息化建设，加强民间资金参与教育事业和社会培训事业的信息统计和发布工作。引导民办教育中介机构健康发展，加强民办教育研究机构建设。积极宣传民办教育先进典型、改革成果和发展成就，积极协调相关部门制定进一步促进民办教育发展的政策措施，营造全社会支持民办教育发展的良好环境。

财政部　教育部关于印发《农村义务教育学生营养改善计划专项资金管理暂行办法》的通知

（2012年7月24日）

各省、自治区、直辖市财政厅（局）、教育厅（教委），新疆生产建设兵团财务局、教育局：

为保障全国农村义务教育学生营养改善计划实施，根据《国务院办公厅关于实施农村义务教育学生营养改善计划的意见》（国办发〔2011〕54号）精神，中央财政设立专项资金用于试点地区农村义务教育学生营养膳食补助。为加强和规范专项资金管理，财政部、教育部制定了《农村义务教育学生营养改善计划中央专项资金管理暂行办法》，现予印发，请遵照执行。

附件：

农村义务教育学生营养改善计划专项资金管理暂行办法

第一章 总则

第一条 为加强和规范农村义务教育学生营养改善计划专项资金管理，提高资金使用效益，根据《国务院办公厅关于实施农村义务教育学生营养改善计划的意见》（国办发〔2011〕54号）和有关法律法规，制定本办法。

第二条 本办法适用于实施农村义务教育学生营养改善计划（以下简称“营养改善计划”）国家试点地区和学校。

第三条 本办法所称的专项资金，是指中央财政为实施营养改善计划国家试点工作而安排用于学生营养膳食补助的经费。

第四条 专项资金的管理和使用，应当遵循“专款专用、公开透明、及时结算、年度平衡”的原则，确保资金使用安全、规范和有效。

第二章 资金安排

第五条 国家试点地区营养膳食补助按照国家规定的标准核定，所需资金由中央财政承担。

第六条 鼓励有条件的地方在国家试点地区以外开展营养改善计划地方试点工作（以下简称“地方试点”）。地方试点应当以贫困地区、民族地区、边疆地区、革命老区等为重点，所需资金由地方财政统筹安排。

对地方试点工作开展较好并取得一定成效的省份，中央财政给予奖励性补助。中央财政根据上一年度地方财政投入、组织管理、实施效果等因素核定当年奖励性补助资金，由地方财政统筹用于地方试点工作。

第七条 在实施营养改善计划的同时，继续落实农村义务教育家庭经济困难寄宿生生活费补助政策。实施营养改善计划的地区不得用专项资金抵减家庭经济困难寄宿生生活费补助资金。

第八条 中央财政在农村义务教育薄弱学校改造计划中专门安排食堂（伙房）建设资金，对中西部地区农村学校改善就餐条件进行补助，并向国家试点地区重点倾斜。

第九条 地方财政应当统筹农村义务教育薄弱学校改造计划、农村义务教育校舍维修改造长效机制和中西部农村初中校舍改造工程资金，结合地方财力，将学生食堂（伙房）列为重点建设内容，优先予以支持。

学校食堂（伙房）建设应当坚持“节俭、安全、卫生、实用”的原则，严禁铺张浪费、豪华建设。规模较小的学校，可以根据实际改造、配备伙房及相关设施，为学生在校就餐提供基本条件。

第十条 鼓励单位和个人捐资捐助，在地方人民政府统筹下，积极开展营养改善工作，并依法享受税收优惠。

第三章 资金拨付

第十一条 专项资金纳入国库管理，实行分账核算，集中支付。

第十二条 中央财政于每年9月30日前按照财政部提前通知转移支付指标的有关规定，以教育部核定的本年度纳入营养改善计划的学生人数为依据，向省级财政部门提前通知下一年度春季学期专项资金额度。

省级财政部门在收到专项资金提前通知额度后，应当在25个工作日内按财政资金拨付程序将资金分解下达到县级财政部门。

第十三条 每年3月30日前，省级教育部门会同财政部门向教育部和财政部汇总上报当年纳入营养改善计划的学生人数和上一年度专项资金结余情况。教育部对各地报送的学生人数进行审核，并于4月30日前提供给财政部。

财政部根据教育部提供的学生人数核定各省份当年专项资金预算数，并结合上一年度结余和提前通知额度情况，于6月15日前下发预算文件补足当年所需专项资金。

省级财政部门在收到专项资金预算文件后，应当在25个工作日内按财政资金拨付程序将资金分解下达到县级财政部门。

第十四条　县级财政部门收到省级财政部门下达的专项资金后，要制订周密的资金拨付计划，按照财政国库管理制度有关规定及时支付资金，确保营养改善计划国家试点工作顺利实施。

第四章　资金使用

第十五条　专项资金应当足额用于为营养改善计划国家试点地区农村义务教育阶段学生提供等值优质的食品，不得以现金形式直接发放给学生个人和家长，不得用于补贴教职工伙食和学校公用经费支出，不得用于劳务费、宣传费、运输费等工作经费，坚决杜绝各种形式的克扣、截留、挤占和挪用。

学校食堂（伙房）的水、电、煤、气等日常运行经费纳入学校公用经费开支。供餐增加的运营成本、学校食堂聘用人员开支等费用，由地方财政负担。

第十六条　专项资金结余应当滚动用于下一年度学生营养改善计划，不得挪作他用。

第十七条　各地应当因地制宜、科学确定供餐模式，并根据不同的供餐模式合理确定经费补助方式。

实行学校食堂（伙房）供餐的，由学校将专项资金直接存入受助学生不能变现和用于其他消费的个人就餐卡、发放餐券或直接提供就餐，并经学生本人或家长签字确认。

实行购买供餐服务的，由学校或相关单位依据采购合同及其履行情况，从专项资金中支付相应费用。

实行个人或家庭托餐的，由县级教育主管部门或学校与个人或家庭签订供餐协议，按照协议及履约情况，从专项资金中支付相应费用。

第十八条　专项资金使用中，属于政府采购范围的，应当严格按照政府采购有关规定执行。

第五章　资金管理与监督

第十九条　在营养改善计划实施中，各相关部门依据部门职责，分级管理，加强监督，确保专项资金使用效益。

第二十条　财政部门负责专项资金的预算安排、资金拨付、管理和监督。

财政部负责制定专项资金管理办法和有关制度，安排专项资金预算并按期拨付、及时公开，监督检查专项资金使用情况，对专项资金管理中的重大事项组织调研、核查和处理。

地方财政部门负责制定适合本地实际的专项资金管理办法和有关制度，及时分解下达专项资金并予公开，按照财政国库管理制度办理专项资金支付，会同有关部门和单位按规定实施政府采购，监督检查专项资金使用情况，对本地资金管理中的重大事项组织调研、核查和处理。

第二十一条　教育部门负责专项资金的预算编制、使用管理和监督检查。

教育部负责指导各地编制专项资金预算，建立健全营养改善计划实名制学生信息系统，审核汇总各地报送的学生人数、资金结余情况等基础数据，督导检查专项资金管理使用情况，参与制定专项资金管理办法和有关制度。

地方教育部门负责指导本地和学校编制专项资金预算和合理的用款计划，建立本地营养膳食补助实名制学生信息系统，监控学生人数、补助标准、受益人数等动态情况，对供餐单位或托餐家庭（个人）实行招投标管理，定期公布学生营养改善计划资金总量、学校名单及受益学生人次等信息，指导督促学校建立健全财务管理制度和专项资金管理办法。

第二十二条　学校负责专项资金日常使用管理。主要职责有：

（一）制定专项资金使用管理办法，建立健全内控制度；

（二）依法健全学校财务、会计制度，配备专（兼）职财会人员，加强对财会管理人员的培训；

（三）健全食堂（伙房）原料采购、入库贮存、领用加工等管理制度，加强食堂（伙房）会计核算；

（四）定期公布营养改善计划资金使用明细账目。

第二十三条　各级财政部门应当将专项资金管理使用情况列入重点监督检查范围，充分发挥财政监督检查部门和社会中介机构的作用，加强专项资金的监督检查。

各级教育部门应当将专项资金的使用管理纳入教育督导的重要内容，定期进行督导。

各学校应当强化内部监管，自觉接受外部监督。

第二十四条　各地应当定期公布学生营养改善计划资金总量、学校名单及受益学生人次等信息。

试点学校、供餐企业和托餐家庭应定期公布经费账目、配餐标准、带量食谱，以及用餐学生名单等信息，接受学生、家长和社会监督。

第二十五条　在专项资金管理和使用中，有违反财经法律法规的，按照《财政违法行为处罚处分条例》有关规定处理，依法追究相关单位和个人的责任；对情节严重涉嫌犯罪的，移交司法机关处理。

第六章　附则

第二十六条　省级财政和教育部门可参照本办法，制定本地区营养改善计划资金管理办法。

第二十七条　本办法由财政部、教育部负责解释。

第二十八条　本办法自印发之日起施行。

教育部等20部门关于贯彻落实《校车安全管理条例》进一步加强校车安全管理工作的通知

（2012年8月6日）

各省、自治区、直辖市教育厅（教委）、公安厅（局）、党委宣传部、发展改革委、工业和信息化主管部门、司法厅（局）、财政厅（局）、住房城乡建设厅（局）、交通运输厅（委）、国家税务局、地方税务局、质量技术监督局、广电局、安全监管局、法制办、新闻办、保监局、总工会、团委、妇联、关工委，计划单列市国家税务局、地方税务局，新疆生产建设兵团教育局、公安局、党委宣传部、发展改革委、工业和信息化委员会、司法局、财务局、建设局、交通局、质量技术监督局、广电局、安全监管局、法制办、新闻办、保监局、总工会、团委、妇联、关工委：

近日，国务院批准成立校车安全管理部际联席会议。为贯彻落实《校车安全管理条例》（以下简称《条例》），切实做好校车安全管理工作，校车安全管理部际联席会议成员单位就有关事项联合通知如下。

一、建立校车安全管理工作机制。县以上地方各级人民政府要建立相关部门参加的校车安全管理工作机制，统筹协调学生上下学安全管理工作。要明确参与校车安全管理工作机制相关部门的职责，充分发挥工作机制作用，全面掌握当地学生上下学乘车情况和校车运营情况，确定校车安全管理的工作目标和任务，研究制定校车安全管理政策措施，建立健全校车安全管理各项制度，协调解决校车安全管理的有关问题，确保校车安全。

二、制定《条例》实施办法。《条例》要求省级人民政府制定实施办法。各地要按照《条例》“保障学生就近入学、寄宿制学校入学、公共交通满足入学、提供校车服务”依次优先的原则，在充分调查研究的基础上结合本地区实际情况，抓紧制定《条例》的实施办法，设定合理的过渡期限，细化完善《条例》的要求，对校车使用许可、校车驾驶人资格审批、校车通行安全和乘车安全以及法律责任做出详细规定，把校车服务的重点放在确实难以保障就近入学且公共交通不能满足需要的农村地区。要保障过渡期期限内接送学生上下学的所有符合规定条件的载客汽车都取得校车标牌，过渡期结束后，所有接送小学生、幼儿上下学的校车为符合国家校车标准的专用校车。

三、制订校车服务方案。有必要提供校车服务的地方，要以县为单位制订校车服务方案。县级人民政府要在保障就近入学、建设寄宿制学校、充分发挥公共交通作用的基础上，根据学校分布、需要校车服务的学生人数和道路交通状况等，因地制宜制订校车服务方案，确定校车运营模式，建立校车安全管理制度，并依据本省级人民政府设定的过渡期限确定服务方案实施的时间和步骤。要鼓励大型公交、客运企业提供校车服务，提倡有条件的地方通过成立专业运营单位或政府购买运营公司服务等方式，逐步实现校车运营管理的专业化和集约化。校车服务方案要通过适当的方式充分听取群众意见，经地市级人民政府统筹，报省级政府审核同意后实施。各省（区、市）要加强对县（市、区）级校车服务方案的指导协调，在县级校车服务方案的基础上形成省级校车服务方案。

四、确保过渡期交通安全。县级人民政府要针对过渡期大量不符合国家校车标准的载客汽车作为幼儿、小学生校车使用的实际情况，按照“既保证安全、又不让学生无车可乘”的原则制订过渡期交通安全方案，组织建立并严格落实校车使用许可制度和校车驾驶员资格审批制度，凡是用于接送学生上下学的7座以上载客汽车及其驾驶人员都应取得校车使用许可和校车驾驶资格，坚决杜绝使用未取得校车标牌的车辆提供校车服务或者使用未取得校车驾驶资格的人员驾驶校车。要充实和加强监管力量，加强道路巡逻管控，强化对在过渡期内仍可以作为幼儿、小学生校车使用但不符合国家校车标准的载客汽车的管理，使学生接送车辆依法依规安全运行，确保学生上下学乘车安全。

五、开展专项治理。各地要在今年秋季开学后开展一次专项治理。对使用拼装或者达到报废标准的机动车接送学生的，要依法收缴并强制报废机动车，严格依法处罚机动车驾驶人和所有人。对使用未取得校车标牌的车辆提供校车服务，或者使用未取得校车驾驶资格的人驾驶校车的，要严格依法处罚。对校车超速、超员等严重交通违法行为，要严格监督，依法查处。对校车驾驶人因交通违法、交通事故等原因，不符合《条例》规定的校车驾驶人条件的，要坚决依法取消其校车驾驶资格。对其他机动车辆不避让停靠上下学生的校车的，要严格依法查处。

六、开展校车安全管理专项督查。校车安全管理部际联席会议将于2012年秋季组织开展全国《条例》贯彻落实情况专项督查。专项督查的内容是：各省（区、市）校车安全管理协调机制建立和《条例》实施办法制定情况，有关部门工作开展情况；校车生产销售情况；各县（区、市）校车服务方案、过渡期交通安全方案的制订情况，校车使用许可制度建立和执行情况，校车驾驶人审批管理情况，校车档案和校车安全管理信息共享机制建立情况；配备校车的学校和校车服务提供者校车安全管理制度建立落实情况，校车安全管理责任书签订情况，随车照管人员配备管理情况，学校交通安全教育开展情况等。在此之前，各省（区、市）也要组织开展贯彻落实《条例》专项督查。

七、履行部门职责。各相关部门要在地方人民政府领导下，认真履行《条例》和其他法律法规规定的职责，发挥自身优势，切实做好各项工作。要充分发挥工会、共青团、妇联、关工委等人民团体和社会团体以及居民委员会、村民委员会等有关基层组织在校车安全管理工作中的作用。有关部门要加强合作、密切配合，大力协同、形成合力，扎实推进校车安全管理工作。要细化职责任务，及时沟通情况，加强指导协调，推广先进经验，加强宣传引导，建立完善沟通协调机制、信息共享机制、校车经费筹措机制等。

各省（区、市）要将本地校车安全管理工作机制建立情况、《条例》实施办法于2012年9月15日前，校车服务方案于2012年10月15日前报校车安全管理部际联席会议办公室备案。

校车安全管理部际联席会议办公室设在教育部，办公地点：北京西单大木仓胡同35号教育部基础教育一司，邮编：100816；联系人和电话：高君，66097791，蓝妍，66096503，66097809（传真）；电子邮箱：xiaoguanchu@moe.edu.cn。

教育部　公安部
宣传部　国家发展改革委
工业和信息化部　司法部
财政部　住房和城乡建设部
交通运输部　国家税务总局
国家质量监督检验检疫总局　国家广播电影电视总局
国家安全生产监督管理总局　国务院法制办公室
国务院新闻办公室　中国保险监督管理委员会
全国总工会　共青团中央
全国妇联　中国关工委

教育部关于印发《普通高等学校本科专业目录（2012年）》等文件的通知

（2012年9月14日）

各省、自治区、直辖市教育厅（教委），新疆生产建设兵团教育局，有关部门（单位）教育司（局），部属各高等学校：

为贯彻落实教育规划纲要提出的要适应国家和区域经济社会发展需要，建立动态调整机制，不断优化学科专业结构的要求，我部对1998年印发的普通高等学校本科专业目录和1999年印发的专业设置规定进行了修订，形成了《普通高等学校本科专业目录（2012年）》（以下简称新目录）和《普通高等学校本科专业设置管理规定》（以下简称新规定）。为便于新目录的实施，我部制定了《普通高等学校本科专业目录新旧专业对照表》（以下简称对照表），现将新目录、新规定及对照表印发给你们，并就有关事项通知如下。

一、新目录自发布之日起开始实施。本年度普通高等学校本科专业设置备案和审批工作按新目录执行，普通高等学校的招生计划和招生工作自2013年起按新目录执行，在校生的培养和就业工作仍按原专业执行。

二、对普通高等学校现设本科专业，我部拟在近期按新目录和对照表统一组织整理。整理工作的具体要求，另行通知。

三、各高校要依据新目录和新的专业介绍相关专业的人才培养方案，按照德智体美全面发展的要求进行全面修订，积极借鉴“高等学校本科教学质量与教学改革工程”实施以来的教学改革理念、措施和经验，及时将其固化在人才培养模式和教学过程之中，不断提高人才培养质量。

新目录和新规定的印发实施，是关系到我国高等教育改革与发展的一项带有基础性、全局性、战略性的重要举措，关系到教育资源的配置和优化，对于提高人才培养质量、促进高等教育与经济社会的紧密结合，都具有十分重要的意义。希望各有关部门和高等学校加强领导，认真组织实施，实施过程中的情况和问题请及时报我部。

教育部关于"十二五"职业教育教材建设的若干意见

（2012年11月6日）

各省、自治区、直辖市教育厅（教委），各计划单列市教育局，新疆生产建设兵团教育局，有关部门（单位）教育司（局）：

为贯彻落实全国教育工作会议精神和《国家中长期教育改革和发展规划纲要（2010—2020年）》，充分发挥教材建设在提高人才培养质量中的基础性作用，促进现代职业教育体系建设，全面提高职业教育教学质量，现就"十二五"职业教育教材建设提出如下意见。

一、充分认识加强职业教育教材建设的重要性和紧迫性

1. 加强教材建设是提高职业教育人才培养质量的关键环节。职业教育教材是全面实施素质教育，按照德育为先、能力为重、全面发展、系统培养的要求，培养学生职业道德、职业技能、就业创业和继续学习能力的重要载体。加强教材建设是深化职业教育教学改革的有效途径，推进人才培养模式改革的重要条件，推动中高职协调发展的基础性工程，对促进现代职业教育体系建设，切实提高职业教育人才培养质量具有十分重要的作用。

2. 加强教材建设是加快推进职业教育教学改革创新的重要抓手。教育教学改革是职业教育改革的核心。"十一五"期间，职业教育教材建设工作取得很大成就，主要表现在：开发了一批反映产业升级和结构调整对技能型人才新要求、体现职业教育课程改革新理念的中高职教材；不断规范职业教育教材管理工作，职业教育教材编写、审定及评价机制进一步完善，教材质量不断提高，为促进教学改革、规范教学秩序、保证教学质量提供了有力支撑。同时，职业教育教材建设也存在以下问题：教材内容与职业标准对接不紧密，职教特色不鲜明；教材呈现形式单一，配套资源开发不足；教材建设管理制度、服务体系不健全；中高职教材脱节、断层和重复等，不能很好地适应经济社会发展对技能型人才培养的要求。因此，从解决突出问题入手，统筹规划，改革创新，加强教材建设，是"十二五"期间实现职业教育科学发展的紧迫任务。

二、"十二五"职业教育教材建设的总体思路、建设原则和工作目标

3. 总体思路。以科学发展观为指导，全面落实教育规划纲要，以服务为宗旨，以就业为导向，完善教材管理体制，创新教材建设机制，促进现代职业教育体系建设。以突出对接、提高质量、完善机制为重点，加强队伍建设、深化产教合作、实施精品战略、规范出版选用，全面提升职业教育教材建设水平，进一步提高职业教育人才培养质量。

4. 建设原则。遵循技能型人才成长规律，按照建立职业教育人才成长"立交桥"的要求，推进中高等职业教育教学标准、教材内容的有机衔接和贯通。更新教材内容和结构，运用现代信息技术创新教材呈现形式，大力开发职业院校公共基础课程、大类专业基础课程、专业核心课程教材，着力加强实训教材和数字化教学资源建设。

5. 工作目标。"十二五"期间，进一步健全教材开发、编写、审定、选用、更新机制，建设一支能够适应职业教育改革发展要求的教材编写队伍、审定队伍和出版队伍。编写出版一大批反映产业技术升级、符合职业教育规律和技能型人才成长规律的高质量教材。实现职业教育教材建设机制不断创新，教材质量不断提升、专业门类更加丰富、教材

数量大幅增加。逐步建立符合我国国情、具有时代特征的现代职业教育教材体系。

三、打造精品教材，服务现代职业教育体系建设

6. 加强教材统筹规划，引领教材建设创新。制订“十二五”职业教育国家规划教材出版规划，以打造精品为重点，组织开发一批覆盖现代农业、先进制造业、现代服务业、战略性新兴产业和地方特色产业，以及艰苦行业、民族传统技艺等相关专业领域的职业教育教材，并根据经济社会和职业教育发展的实际需要，及时组织修订，补充、调整、更新教材内容。

7. 贯彻现代产业理念，推动教材服务经济。职业教育教材建设要围绕国家产业结构调整的部署，积极开发面向鼓励类产业相关专业教材，全面对接现代产业体系。顺应新形势需要，将绿色经济、循环经济、低碳经济等现代产业理念和技术融入教材建设的各个方面。国家在重点行业的专业领域推出一批改革创新示范教材，推动各地立足区域经济发展，面向区域主导产业，建设一批具有区域特色的专业课程与教材。

8. 统筹开发中高职教材，强化教材沟通与衔接。适应经济发展方式、产业发展水平、不同层次岗位对技能型人才的要求，根据中等和高等职业教育同类专业的人才培养目标和专业教学标准，统筹开发中高职教材，实现教学重点、课程内容、能力结构以及评价标准的有机衔接和贯通。推动各地在优化专业布局和层次结构的同时，加快形成中高职教材统筹建设机制。

9. 加快教材内容改革，优化教材类型结构。在职业院校推行适应项目学习、案例学习等不同学习方式的教材，注重吸收行业发展的新知识、新技术、新工艺、新方法，对接职业标准和岗位要求，丰富实践教学内容。弘扬优秀传统文化，注重吸收产业文化和优秀企业文化，推动职业院校民族文化传承与创新，推动产业文化和优秀企业文化进校园。

10. 创新教材呈现形式，推进教材建设立体化。注重运用现代信息技术创新教材呈现形式，使教材更加生活化、情境化、动态化、形象化。积极开发补充性、更新性和延伸性教辅资料，开发网络课程、虚拟仿真实训平台、工作过程模拟软件、通用主题素材库以及名师名课音像制品等多种形式的数字化教学资源，建立动态、共享的课程教材资源库。

四、提升建设能力，推动教材开发可持续发展

11. 加强开发能力培训，提高教材编写质量。实施职业教育课程与教材开发能力培训计划，通过国家和地方两级培训，重点培育一批在教学上有一定成就，对相关行业发展有深入研究的课程与教材开发专家，建设一支产教结合、素质优良的教材编写与审定队伍。建立职业教育教材专家库，鼓励支持行业专家、教学名师、专业带头人跨区域、跨学校联合编写教材。

12. 加强出版基地建设，促进优质教材出版。充分发挥出版机构的优势，通过遴选，集中优质出版资源，建设一批职业教育国家规划教材出版基地。建立以质量为标准的职业教育国家规划教材出版基地准入和退出制度，引导出版单位注重社会效益，加强与职业院校、行业企业的联系，根据自身优势，做好选题规划，出版优质教材。

13. 坚持科研先行，推动教材建设科学化。各级职业教育教学研究机构要发挥专业优势和集成优势，深入开展教材建设理论和实践研究，服务行政决策和改革实践。各地教育行政部门要注意调动和发挥职业院校的积极性和主动性，重点围绕专业课程改革、教学资源开发、教学方式创新等广泛组织开展教材建设研究工作，鼓励广大教师积极参与教材建设工作。

14. 坚持改革开放，扩大教材对外交流。鼓励有条件的地区、学校、出版单位，引进、改编体现国外先进职业教育理念，反映相关产业发展前沿成果，贴近我国职业教育实际的优秀教材和教学资源。积极推动优秀教材走出国门，扩大我国职业教育在全球的影响。探索与国外或境外职教同行合作开发、编写教材及教学资源。

五、创新体制机制，强化教材建设规范管理

15. 完善教材管理体制，提高教材管理水平。职业教育教材建设实行国家和省（区、市）两级规划、两级审定，国家、省、校三级建设原则。国家负责规划并组织开发公共基础课程及大类专业基础课程教材，量大面广、规范要求高、对产业振兴发展起重要支撑作用的重点专业核心课程教材；地方和行业根据区域经济和行业发展实际需要，制订省级规划并组织开发具有地方特点和行业特色的教材；职业院校根据实际需要开发反映自身专业特色的补充教材。进一步完善国家和省级职业教育教材审定机构。各地教育行政部门要切实加强对本地区职业教育教材建设的指导和管理，研究制定管理办法，健全教材开发、选用、更新机制。

16. 完善教材开发机制，发挥行业指导作用。坚持行业指导、企业参与、校企合作的教材开发机制。教材开发要切实反映职业岗位能力标准，对接企业用人需求。鼓励和支持行业协会等组织利用行业资源和人才优势，开发体现行业要求、突出行业特色的专业课程教材和高质量的实习实训教材。支持和引导职业院校依托企业开发适应新兴产业、新职业和新岗位要求，具有专业特色的校本教材。在推进职业教育集团化办学中，把共同开发教材作为合作办学的重要内容。

17. 完善教材准入机制，规范教材选用秩序。推广使用国家规划教材。建立全国职业教育教材信息发布平台，及时发布国家规划教材等有关教材编写、出版、选用及评价信息。职业院校要建立由专业教师、行业专家和教研人员等组成的教材选用机构，健全教材选用制度，优先从国家发布的教材目录中选用教材。建立教材质量抽查制度，并向职业院校发布抽查结果，禁止不合格的教材进入课堂。要把教材选用纳入职业院校评估、示范校遴选、重点专业建设和教学质量评估等考核指标体系。

18. 完善教材评价机制，优化结构提高质量。进一步强化地方教育行政部门、学校对教材管理的责任，发挥地方职教教研机构在教学研究、教学管理和教材选用方面的作用。建立健全公开、透明、有广大教师和专家共同参与的教材质量评价机制，完善教材质量评价标准，定期做好教材使用情况的调查和反馈。及时根据教材评价和使用情况调整国家发布的教材目录，并将其作为制订下一阶段国家规划教材出版规划的重要依据，优化教材结构，促进教材质量不断提高。

中共教育部党组关于教育系统认真学习贯彻党的十八大精神的通知

（2012年11月18日）

各省、自治区、直辖市党委教育工作部门、教育厅（教委），新疆生产建设兵团教育局，部属各高等学校党委，部内各司局、各直属单位：

为了深入学习贯彻党的十八大精神，把教育系统广大师生员工思想和行动统一到党的十八大精神上来，把力量凝聚到实现党的十八大确定的各项任务上来，努力办好人民满意的教育，推动教育事业科学发展，现通知如下。

一、统一思想，充分认识学习贯彻党的十八大精神重大意义

党的十八大是在我国进入全面建成小康社会决定性阶段召开的一次十分重要的大会，是一次高举旗帜、继往开来、团结奋进的大会，对凝聚党心军心民心、推动党和国家事业发展具有十分重大的意义。大会高举中国特色社会主义伟大旗帜，以马克思列宁主义、毛泽东思想、邓小平理论、“三个代表”重要思想、科学发展观为指导，分析了国际国内形势的发展变化，回顾总结了过去5年的工作和党的十六大以来的奋斗历程及取得的历史性成就，确立了科学发展观的历史地位，提出了夺取中国特色社会主义新胜利的基本要求，确定了全面建成小康社会和全面深化改革开放的目标，对新的时代条件下推进中国特色社会主义事业做出了全面部署，对全面提高党的建设科学化水平提出了明确要求。胡锦涛同志代表十七届中央委员会做的《坚定不移沿着中国特色社会主义道路前进，为全面建成小康社会而奋斗》的报告，描绘了全面建成小康社会、加快推进社会主义现代化的宏伟蓝图，为党和国家事业指明了方向，是全党全国各族人民智慧的结晶，是我们党团结带领全国各族人民夺取中国特色社会主义新胜利的政治宣言和行动纲领，是马克思主义的纲领性文献。大会通过的《中国共产党章程（修正案）》，体现了党的理论创新和实践发展的成果，体现了党的十八大确立的重大理论观点和重大工作部署，对以改革创新精神全面推进党的建设新的伟大工程、提高党的建设科学化水平提出了明确要求。

党的十八届一中全会选举产生了以习近平同志为总书记的新一届中央领导集体，一批经验丰富、年富力强、德才兼备、奋发有为的同志进入中央领导机构，实现了党的中央领导集体的又一次新老交替，充分显示了中国特色社会主义事业蓬勃兴旺、薪火相传、后继有人。

党的十八大鲜明地向党内外、国内外宣示了我们党举什么旗帜、走什么道路、保持什么样的精神状态、朝着什么样的目标继续前进的重大问题，充分体现了党中央对当前世情、国情、党情的全面把握，对我国发展新要求和人民新期待的全面把握。全面准确学习领会党的十八大精神，要深刻领会党的十八大的主题，深刻领会过去5年和10年党和国家事业取得新的历史性成就，深刻领会科学发展观的历史地位和指导意义，深刻领会中国特色社会主义的丰富内涵，深刻领会夺取中国特色社会主义新胜利的基本要求，深刻领会全面建成小康社会和全面深化改革开放的目标，深刻领会社会主义经济建设、政治建设、文化建设、社会建设、生态文明建设等方面的重大部署，深刻领会全面提高党的建设科学化水平。

认真学习宣传贯彻党的十八大精神，关系党和国家工作全局，关系中国特色社会主义事业长远发展，对于动员全党全国各族人民在以习近平同志为总书记的党中央领导下，高举中国特色社会主义伟大旗帜，满怀信心为全面建成小康社会、夺取中国特色社会主义新胜利而奋斗，具有重大现实意义和深远历史意义。要充分认识到教育系统学习好、宣传好、贯彻好十八大精神，是动员和激励广大师生员工解放思想、实事求是、与时俱进、求真务实，以更加奋发有为的精神状态投身教育改革发展伟大实践的迫切需要；是进一步把科学发展观贯彻到教育改革发展全过程、体现到教育系统党的建设各方面的迫切需要；是全面贯彻党的教育方针，全面落实教育规划纲要，推动教育事业科学发展，办好人民满意的教育的迫切需要。

二、求真务实，深入学习贯彻党的十八大对教育工作提出的各项要求

党的十八大明确提出要努力办好人民满意的教育，提出到2020年全民受教育程度和创新人才培养水平明显提高，进入人才强国和人力资源强国行列，教育现代化基本实现。明确指出教育是民族振兴和社会进步的基石，要坚持教育优先发展，全面贯彻党的教育方针，坚持教育为社会主义现代化建设服务、为人民服务，把立德树人作为教育的根本任务，培养德智体美全面发展的社会主义建设者和接班人，为全面落实教育规划纲要、推动教育改革发展进一步指明了方向，提出了具体的任务。教育系统广大师生员工要更加自觉地坚持以科学发展观为指导，以更加昂扬向上的精神状态，以促进教育事业科学发展的实际行动、办好人民满意教育的宗旨信念，努力把教育规划纲要绘制的宏伟蓝图落到实处，坚定不移地沿着中国特色社会主义教育发展道路奋勇前进。

教育系统学习贯彻十八大精神，要进一步推动巩固教育优先发展的战略地位，加快建立健全保障教育优先发展的机制和制度，切实保证经济社会发展规划优先安排教育发展、财政资金优先保障教育投入、公共资源优先满足教育和人力资源开发需要。要进一步落实立德树人这一教育的根本任务，坚持育人为本、德育为先，全面实施素质教育，培养学生社会责任感、创新精神、实践能力，把社会主义核心价值体系融入国民教育全过程，坚持不懈用中国特色社会主义理论体系武装师生头脑，引导广大学生树立正确的世界观、人生观、价值观，永远热爱我们伟大的祖国，永远热爱我们伟大的人民，永远热爱我们伟大的中华民族。要进一步深化教育领域综合改革，重视改革的系统设计和整体安排，加快重要领域和关键环节改革步伐，以改革推动发展，以改革提高质量，以改革增强活力，不断消除制约教育发展和创新的体制机制障碍，努力形成与社会主义市场经济体制和全面建成小康社会目标相适应的充满活力、富有效率、更加开放、有利于科学发展的教育体制机制。要进一步促进教育公平，在学有所教上持续取得新进展，均衡发展九年义务教育，合理配置教育资源，重点向农村、边远、贫困、民族地区倾斜，支持特殊教育，提高家庭经济困难学生资助水平，积极推动农民工子女平等接受教育，让每个孩子都能成为有用之才。要进一步提高教育质量，统筹好各级各类教育的发展，办好学前教育，基本普及高中阶段教育，加快发展现代职业教育，推动高等教育内涵式发展，积极发展继续教育，完善终身教育体系，建设学习型社会。鼓励引导社会力量兴办教育。加强教师队伍建设，提高师德水平和业务能力，增强教师教书育人的荣誉感和责任感。要进一步加强教育系统党的建设，坚持解放思想、改革创新，全面加强教育系统党的思想建设、组织建设、作风建设、反腐倡廉建设、制度建设，增强自我净化、自我完善、自我革新、自我提高能力，建设学习型、服务型、创新型党组织，全面提高教育系统党的建设科学化水平，为推进教育事业科学发展提供坚强的政治思想组织保障。教育系统要按照中央的统一部署，认真组织开展好以为民务实清廉为主要内容的党的群众路线教育实践活动。

三、加强领导，在教育系统迅速掀起学习贯彻党的十八大精神热潮

认真学习贯彻党的十八大精神，是教育系统当前和今后一个时期的首要政治任务。各地教育部门和各级各类学校要精心组织，周密部署，把学习宣传贯彻党的十八大精神摆上重要议事议程，切实加强组织领导。要切实负起领导责任，牢牢把握正确导向，不断创新方式方法，紧密结合本地本校工作实际，紧密联系广大师生员工思想实际，认真制订学习宣传和贯彻落实工作方案，精心组织实施。要坚持学以致用、用以促学，全面深入地用党的十八大精神武装师生员工头脑，指导教育改革实践，推动教育事业发展。

各地教育部门和各级各类学校要组织广大师生员工认真研读党的十八大文件，原原本本学习十八大报告和党章，学习习近平同志在党的十八届一中全会上的重要讲话精神，原汁原味宣讲十八大精神。领导干部要带头学习宣传党的十八大精神，做到先学一步、学深一步。教育系统各级党委（党组）理论学习中心组要把学习党的十八大精神作为中心内容，制订系统学习培训计划，列出专题进行研讨，力求学深学透、融会贯通。要抓好党的十八大精神进教材、进课堂、进学生头脑的工作，把学习党的十八大精神作为学校思想政治教育和课堂教学的重要内容。要配合组织好中央宣讲团到高校的宣讲活动。要通过举办宣讲会、讨论会、座谈会以及研讨班、培训班等多种形式，帮助广大师生员工学有所思、学有所获，提高认识、统一思想，增强推动教育事业科学发展的自觉性、坚定性。

各地教育部门和各级各类学校要充分利用报刊、电台、电视台开设专栏、专版，精心策划、集中报道，大力宣传党的十八大精神，大力宣传教育系统广大师生员工学习十八大精神的体会收获，大力宣传教育系统贯彻十八大精神的措施办法，大力宣传教育系统落实十八大精神的成效经验，推出一批有分量、有深度的报道、综述、社论、评论和理论文章。要积极开展网络宣传，通过系列报道、在线访谈、论坛跟帖等方式，注重运用微博客、社交网络和移动多媒体等新技术新手段，开展具有网络特点的宣传报道，增强网络宣传的实效性和影响力。教育系统新闻宣传机构要抓紧制订完善党的十八大精神的具体宣传计划，努力营造学习贯彻十八大精神的浓厚氛围。

各地教育部门和各级各类学校要把党的十八大精神落实到教育改革发展各方面，体现到做好今年各项工作和安排明年各项工作之中，落实到推动科学发展、加快完善社会主义市场经济体制和加快转变经济发展方式上来，落实到促进社会和谐、保障善民生上来，落实到全面推进党的建设新的伟大工程上来，落实到解放思想、改革开放、凝聚力量、攻坚克难上来。要加强工作指导，加强督促检查，务求取得实效，切忌形式主义。要把贯彻落实党的十八大精神与全面建成小康社会和深化改革开放的目标相结合，与全面落实教育规划纲要相结合，进一步激励教育系统广大师生员工更加紧密地团结在党中央周围，勤奋工作，刻苦学习，意气风发地投身教育改革发展和社会主义现代化建设，为办好人民满意的教育而不懈奋斗。

各地各校学习宣传和贯彻落实情况，请及时报告我部。

附件：

教育部学习宣传和贯彻落实党的十八大精神重点工作方案

为深入学习贯彻党的十八大精神，全面贯彻党的教育方针，推进教育事业科学发展，努力办好人民满意的教育，按照中央总体部署，结合教育工作实际，制订本方案。

一、迅速掀起学习宣传和贯彻落实十八大精神热潮，推动广大师生员工深刻领会、准确把握十八大精神

1. 及时传达学习。召开教育部党组扩大会议、教育部直属机关党员干部大会，面向直属机关干部迅速传达十八大精神，并就学习宣传贯彻十八大精神作动员安排。召开教育系统部分十八大代表学习贯彻党的十八大精神座谈会、教育系统学习贯彻十八大精神座谈会，面向教育系统部署学习宣传贯彻十八大精神工作。开通信息化学习平台，设置网络课堂、制作手机报、编发学习微博等，增强学习的及时性、针对性、有效性。

2. 开展宣讲活动。遴选有关方面负责同志和专家组建十八大精神宣讲团，结合工作实际，分系统、分领域、分专题开展巡回宣讲活动，深入解读十八大精神，宣讲教育改革发展举措，促进教育系统广大党员干部和师生员工不断深化认识、全面领会十八大提出的一系列新思想、新论断、新观点、新举措。积极配合组织好中央宣讲团到高校的宣讲活动。

3. 系统安排部署。召开第 21 次全国高校党的建设工作会议，对高校深入学习贯彻十八大精神、进一步推进高校党建工作进行部署。召开教育系统党风廉政建设工作会议。召开 2013 年全国教育工作会议，部署全面贯彻十八大精神工作，推动全面落实教育规划纲要，研究部署工作任务。

4. 组织成就展示。围绕“科学发展、成就辉煌”主题，集中开展党的十六大以来教育成就展示宣传活动，全面展示教育系统贯彻落实科学发展观、推进教育改革和发展的成就与经验。利用“两会”、教育规划纲要发布实施 3 周年和教师节等重要节点，重点报道教育改革发展重点领域、关键环节和人民群众关心的教育热点难点问题上取得的新突破、新进展、新成就。

5. 加强培训工作。分层次、分类别、分批次举办学习贯彻十八大精神主题培训班，在广泛培训的基础上，重点举办高校主要领导十八大专题研修班、直属机关司局级干部学习班、直属高校分管领导及组织部长专题学习班、高校宣传部长研讨培训班、高校辅导员骨干示范培训班、哲学社会科学教学科研骨干研修班、高校思想政治理论课骨干教师研修班，以及各级教育部门、中小学校长示范培训班等。

6. 加强宣传工作。充分运用教育系统报刊、电视、简报，以及校园网、手机报、微博等宣传阵地，在中国教育报、中国教育电视台等教育媒体和教育部门户网站开辟学习贯彻十八大精神专栏，组织专题访谈活动，及时、全面、深入地做好教育系统学习贯彻十八大精神重要会议、活动及师生反响的宣传，加强不同媒体的互动，形成宣传声势，打造立体宣传格局。

7. 加强研究工作。召开教育系统学习贯彻十八大精神理论研讨会。深入开展十八大提出的重大理论和实践问题研究，设立“党的十八大精神研究专项课题”，组织高校哲学社会科学工作者开展联合攻关，推出一批高质量、有深度、有分量的理论研究成果。在教育媒体上开辟“党的十八大理论研讨”专栏，开展学习贯彻十八大精神笔谈活动。

二、进一步坚持教育优先发展战略，切实为教育事业科学发展提供条件保障

8. 完善教育经费投入保障机制。切实保证经济社会发展规划优先安排教育发展、财政资金优先保障教育投入、公共资源优先满足教育和人力资源开发需要。重点完善城乡义务教育保障机制，研究建立中小学校舍安全保障长效机制，建立健全防控普通高中新债产生长效机制，引导各地建立公办幼儿园、特殊教育学校和高等职业学校生均拨款制度，推进中央高校预算拨款制度的改革和支持地方高校发展政策的完善，设立国家民办教育发展专项资金，做好重大项目资金特别是“2011计划”专项资金的落实工作。

9. 加强教育经费使用管理。以促进公平、提高质量为重点，将教育经费重点向农村、边远、贫困和民族地区倾斜，向农村义务教育、职业教育和学前教育倾斜，向家庭经济困难学生倾斜，向高素质教师队伍建设倾斜。完善各级各类学校财务制度和会计制度，强化内部管理，防范财务风险。完善监管体系，加强教育经费监管事务中心建设，推进高校总会计师委派制度。推进信息公开，完善国家教育经费统计公告制度，制定各级各类学校财务收支公告制度。加强教育经费使用绩效评价，强化查处问责，确保教育经费使用规范、安全、有效。

10. 开展地方政府履行教育职责评价。制定教育督导规程，促进地方政府优先发展教育。研究制定《地方政府履行教育职责评价暂行办法》，开展对省级政府履行教育职责评价工作，并发布国家教育督导报告。在县域义务教育发展基本均衡认定达标的基础上，以各专项督导评价结果为参考，综合考评本区域内各级各类教育发展情况，组织开展教育强市、强县的评比活动。

三、进一步落实立德树人的根本任务，努力培养德智体美全面发展的社会主义建设者和接班人

11. 加强和改进大学生思想政治教育。坚持立德树人，育人为本、德育为先，将社会主义核心价值体系融入国民教育全过程。在大学生中广泛开展学习贯彻党的十八大精神主题学习实践活动。启动实施“大学生思想政治教育质量提升工程”，启动大学生思想政治教育测评工作。积极培育当代大学生核心价值观，引导大学生积极践行社会主义核心价值体系，深入开展学雷锋活动和主题社会实践活动，大力选树大学生和辅导员先进典型。实施“大学生心理健康素质提升计划”。研究制定关于进一步加强高校校园网络文化建设和管理工作的意见。加强教育部高校辅导员培训和研修基地建设，研究制订高校辅导员职业能力标准，制订《高校辅导员培训五年规划》，建设全国高校辅导员管理信息系统。

12. 加强和改进高校思想政治理论课。深入推进党的十八大精神进教材、进课堂、进大学生头脑。组织修订本科4门必修课教材和研究生5门课程教学大纲，编写《高校形势与政策教育教学要点》，修改完善《高等学校思想政治理论课教学测评体系》并开展试评估。

13. 加强和改进中小学德育工作。印发《社会主义核心价值体系融入中小学教育全过程指导纲要》，修订《中小学心理健康教育指导纲要》、《中等职业学校德育大纲》，召开全国中小学心理健康教育工作会议，利用中央专项彩票公益金支持建设示范性综合实践基地，继续组织开展中小学弘扬和培育民族精神月活动，联合中央电视台上好全国开学第一课。

14. 深入实施素质教育。按照《中小学校素质教育督导评估办法（试行）》，开展素质教育示范校的评估工作。推动建立社会补习机构联盟，规范社会补习机构和补习行为。开展义务教育学生课业负担情况及体育课和学生体质健康专项调查，开展“学校减负万里行”活动，推动学校体育、卫生与健康教育工作稳步发展。

15. 推进艺术教育工作。研究制定《关于进一步加强学校艺术教育的若干意见》，开展全国农村学校艺术教育实验县工作，会同财政部、文化部继续大力开展高雅艺术进校园活动，开展全国中小学生、大学生艺术展演活动。研究遴选反映中华文化传统精髓、符合社会主义核心价值体系的经典名篇，建设中华经典诵读资源库。

16. 推进民族团结进步教育。完成中小学民族团结教育教材的修订完善工作。制定《中小学民族团结教育工作实施意见》，修订《中小学民族团结教育指导纲要》。继续做好新疆、西藏和四省藏区及各类内地民族班的爱国主义和民族团结教育工作。

17. 推动实现更高质量的毕业生就业。会同有关部门落实完善鼓励高校毕业生到城乡基层、中小企业、中西部地区、艰苦边远地区就业的优惠政策，开辟毕业生到战略性新兴产业、先进制造业、现代服务业等就业渠道。配合有关部门落实完善创业政策，鼓励大学生自主创业，促进创业带动就业。完善就业服务体系，加强毕业生就业市场建设和就业信息服务，开展富有针对性的就业指导和咨询，对困难毕业生群体实行重点帮扶。

四、进一步深化教育领域综合改革，切实激发教育事业科学发展动力

18. 推进本科教育改革发展。组织实施好“一拔尖、四卓越”计划和“科教结合协同育人行动计划”，落实高校与司法实务部门互聘人员的“双千计划”。积极参与马克思主义理论研究和建设工程，推进重点教材编写、师资培训和教材使用工作。印发《教育部关于试点学院改革与发展的指导意见》。继续实施好“本科教学工程”，建设国家级教师教学发展示范中心、国家级大学生校外实践教育基地、国家级实验教学示范中心、精品视频公开课和精品资源共享课，实施大学生创新创业训练项目。实施新修订的《普通高等学校本科专业目录》和《普通高等学校本科专业设置管理规定》，做好现设本科专业整理和新设专业申报工作。实施中西部高等教育振兴计划，组织实施好中西部高校基础能力建设和综合实力提升工作，继续推进对口支援西部高校工作。深入推进省部共建工作，落实共建协议。引导直属高校落实医学教育管理体制改革方案。

19. 推进考试招生制度改革。完善高等职业教育分类考试录取模式，推广“知识加技能”的考核办法，扩大高职对口选拔录取改革，建立健全高考、高中学业水平考试、综合素质评价、高校测试等多位一体的创新人才选拔综合评价体系。加快推进研究生招生改革试点工作。

20. 深化科技体制改革。有序推进“高等学校创新能力提升计划（2011 计划）”，通过协同创新中心的试点示范，引导高校转变思想观念，进一步树立质量意识和协同意识。制定发布《关于推进高校科技体制改革着力提升高等学校服务经济社会能力的意见》，召开教育部贯彻落实全国创新大会精神暨高校科技工作视频会议。

21. 加快推进高校哲学社会科学创新体系建设。全面实施《高等学校哲学社会科学繁荣计划（2011—2020 年）》，完善实施细则，分步启动重点研究基地、“走出去”、普及读物、文科数据库建设计划。开展第六届高等学校科学研究优秀成果奖（人文社会科学）评选表彰活动。推动科研评价综合改革试点。

22. 深化职业教育教学改革。修订高等职业学校专业目录，印发高等职业学校专业设置管理办法，印发首批中等职业学校专业教学标准。推进中高职衔接课程体系建设，制订部分中高职衔接专业教学标准。规范职业教育教材管理，组织编写、出版一批职业教育国家级规划教材。开展职业教育国家级教学成果奖评选。实施“全国职业院校技能大赛三年规划（2013—2015 年）”。推动组建多种形式的职业教育集团。研究制定职业教育校企合作促进办法。

23. 推进高等院校继续教育综合改革。积极推进开放大学建设与试点。积极推进高等院校继续教育资源开放联盟、大学与企业联盟、城市联盟建设。加快面向学习型城市和行业的终身学习公共服务平台建设。加强继续教育示范基地和研究基地建设。制定《关于推进社区教育改革发展的若干意见》，开展学习型组织建设试点，办好“全民终身学习活动周”的推广和总结工作。发布社会成人培训机构国家标准。

24. 促进民办教育规范发展。召开第一次全国民办教育工作会议，进一步完善民办教育政策措施，营造有利于民办教育发展环境。指导并督促地方制定实施细则，贯彻落实《教育部关于鼓励和引导民间资金进入教育领域促进民办教育健康发展的实施意见》。推动试点，探索营利性和非营利性民办学校分类管理体制机制。推进独立学院规范工作。

25. 完善现代学校制度。加强对建设中国特色现代大学制度改革试点高校的调研指导，研究制定扩大高校办学自主权的若干意见，进一步推进公办学校办学体制改革，研究制定关于推进公办学校多种形式办学、体制改革和扩大优质教育资源覆盖面的指导意见，制定关于推进教育管理体制改革的意见。

26. 推进教育系统依法行政。完善教育法律法规，全面推进一揽子教育法律修订、职业教育法修订进程，加快学前教育法的起草，完成修订残疾人教育条例立法工作。全面推进依法行政，做好深化行政审批改革及相关配套工作。做好行政应诉、行政复议、教师和学生申诉等工作，依法维护学校、学生、教师、校长和举办者的权益。大力推进依法治校，研究制定和发布《依法治校纲要》。

27. 提高教育对外开放水平。推进教育国际合作交流重点领域和关键环节的体制机制创新，稳妥推进教育国际合作交流综合改革试验区建设。进一步扩大出国留学规模，提高对留学人员的服务和管理水平。大力推进《留学中国计划》的实施，提升来华留学质量。在已有区域和国别研究中心基础上，打造一批国别和区域研究领域的一流智库，支持高水平示范中外合作办学，形成品牌效应。

五、进一步促进教育公平，切实推动学有所教取得新进展

28. 加快推进学前教育发展。实施好国家学前教育重大项目，加强对各地学前教育三年行动计划实施情况的督导检查，推动各地完善学前教育体制机制，努力构建公益普惠的学前教育公共服务体系。深入贯彻落实《3—6 岁儿童学习与发展指南》，防止和纠正“小学化”倾向，加强科学保教，提高幼儿园教师的专业能力，全面提高学前教育质量。

29. 推进义务教育均衡发展。督促各地出台贯彻落实《国务院关于深入推进义务教育均衡发展的意见》和《国务院办公厅关于规范农村义务教育学校布局调整的意见》的相关政策，做好农村义务教育学校布局规划的制订和报备工作，推动义务教育均衡发展试点项目深入开展。改善义务教育薄弱学校办学条件，推进义务教育学校标准化建设，制定义务教育闲置校园校舍综合利用的指导意见。督促各地完善进城务工人员随迁子女接受义务教育的各项政策措施，制定留守儿童教育工作的意见。按照教育部《县域义务教育均衡发展督导评估暂行办法》的要求，开展义务教育发展基本均衡县（市、区）的评估认定工作。

30. 推动普通高中多样化发展。协调配合有关部门加大对中西部贫困地区普通高中教育的扶持力度，实施好普通高中改造计划、民族地区教育基础薄弱县普通高中建设等项目，提高普及水平。召开普通高中多样化发展推进会，制定印发关于推动普通高中多样化发展的若干意见、普通高中学生发展指导纲要和普通高中教育专题规划，指导地方加快推进办学体制和人才培养模式多样化，形成充满活力、各具特色的普通高中发展新局面。

31. 推进特殊教育发展。实施好特殊教育重大项目。启动残疾儿童少年义务教育攻坚计划，推进残疾儿童少年义务教育的普及。支持薄弱特殊教育学校改善办学条件，实施特殊教育学校二期建设专项。加强课程教学工作，印发盲、聋和培智三类特殊教育学校课程标准，启动三类特殊教育学校新课标教材的编写工作，继续开展“医教结合”实验，改革特殊教育教学方法。

32. 推进民族教育发展。全面推进西藏和四省藏区教育发展，印发《关于进一步加强教育对口支援西藏工作的意见》，推动实施《西藏基础教育教师素质提高推进计划（2013—2015 年）》，在四省藏区大力推进“9＋3”免费中等职业教育。扎实推进新疆教育发展，研究制订双语教育质量监测工作实施方案，制订实施新疆双语教师五年行动计划，支持新疆高校学科专业结构和招生结构调整，全力做好内地民族班管理工作，推进合校混班教学工作，并会同有关部门适时印发《关于进一步加强内地西藏班内地新疆高中班工作的意见》。研究制订内地培养少数民族人才5年规划。研究启动少数民族高端人才计划。召开第六次全国民族教育工作会议。

33. 促进高校招生考试公平。推进各地落实进城务工人员随迁子女接受义务教育后在当地参加升学考试的办法。完善国家扶贫定向招生专项计划实施政策。优化资源配置，统筹安排招生计划，继续向农村、边远、贫困、民族地区倾斜。进一步改进和加强艺术类考试招生工作。深入实施高校招生阳光工程，进一步加强国家教育考试安全，确保考试招生公平、公正和秩序。

34. 做好学生资助工作。抓好营养改善计划落实，特别是落实好校长陪餐制和食品留样制。落实中等职业教育扩大免学费政策范围，进一步完善中职助学金制度。建立健全高校国家奖助学金动态调整机制，进一步完善国家助学贷款体制机制，做好高校家庭经济困难学生资助工作。

六、进一步提高教育质量，切实推进教育事业全面协调可持续发展

35. 推进基础教育质量保障体系建设。全面启动《普通高中课程方案（实验）》和课程标准的修订工作。组织修订《义务教育课程设置实验方案》。制定印发《教育部关于加强和改进基础教育教学研究工作的意见》。推进普通高中考试评价制度改革。开展基础教育国家级教学成果奖励，启动"基础教育国家级教学成果奖"评选工作。深入推进基础教育信息化建设。总结推广首届"全国中小学信息技术教学应用展演"活动优秀成果。启动研究制定《中小学教学信息化指导纲要》。

36. 加强本科教学质量保障体系建设。制订完善人才培养质量标准，研究制订本科各专业类教学质量国家标准，推动省级教育行政部门、行业部门（协会）和高校联合制订有关专业人才培养质量评价标准。继续开展本科院校分类评估，做好新建本科院校教学工作合格评估，选择部分本科院校开展教学工作审核评估试点。做好全国本科院校《本科教学质量报告》编制发布工作。继续推进工程教育专业认证，加快建立国际实质等效、具有中国特色的医学教育专业认证体系。开展高等教育国家级教学成果奖励，做好"高等教育国家级教学成果奖"评选、表彰及获奖成果的宣传推广工作。

37. 完善研究生教育培养体系。建立博士生招生计划分类指导和动态调节机制，实施服务国家特殊需求的人才培养项目，建立学位授权点动态调整制度，改革培养模式，大力推动临床医学硕士等一批专业学位研究生教育与职业资格的有机衔接，推动完善研究生分流制度，按一级学科和学位类别制定学位基本要求，规范在职人员攻读硕士专业学位工作以及以研究生毕业同等学力申请学位，建立完善学位授权点合格评估、博士学位论文抽检制度，扩大公派研究生出国交流的规模。

38. 加强职业教育基础能力建设。继续推进国家示范（骨干）高职院校建设计划、国家中等职业教育改革发展示范学校建设计划、职业院校教师素质提高计划和职业教育实训基地建设计划，实施示范性职业教育集团院校建设计划。会同有关部门推进职业教育信息化发展，建立数字化教学资源共建共享机制，开展优质数字化专业教学资源建设。实施职业教育科研攻关计划，探索建立职业教育科研成果奖励制度。加快发展面向农村的职业教育，继续开展国家级农村职业教育和成人教育示范县（市、区）创建活动。

39. 推进语言文字事业全面发展。印发《国家中长期语言文字事业改革和发展规划纲要（2012—2020年）》，尊重语言文字发展规律，大力推广和规范使用国家通用语言文字，科学保护各民族语言文字。

40. 分类推进教师队伍建设。贯彻落实《国务院关于加强教师队伍建设的意见》，会同相关部委印发《关于大力推进农村义务教育教师队伍建设的意见》、《关于加强幼儿园教师队伍建设的意见》、《关于印发〈职业学校兼职教师管理办法〉的通知》、《关于加强高等学校青年教师队伍建设的意见》、《关于加强特殊教育教师队伍建设的意见》、《关于深化教师教育改革的意见》。

41. 完善教师队伍建设标准体系。出台中小学校长专业标准，研制中等职业学校、高等学校、特殊教育学校教师专业标准。出台幼儿园教师配备标准，研制城乡统一的中小学编制标准、本科师范院

校教学水平评估标准、师范类专业认证标准。扩大教师资格考试改革和定期注册试点。

42. 提升教师专业化水平。启动实施“卓越教师培养计划”、“教师教育国家级精品资源共享课程建设计划”。推行中小学教师培训学分制度、制定《职业院校教师企业实践规定》，修订《高等学校教师培训工作规程》。精心组织“国培计划”、“职业院校教师素质提高计划”，启动实施中小学校长（幼儿园园长）国家级培训计划、中小学名师名校长培养工程。研制国家级教师培养培训基地建设方案，推进中小学、幼儿园和特殊教育师资培养培训基地建设工作。启动实施高校青年教师职业发展计划，加大高校青年教师培养支持力度。全面贯彻落实《教育部关于切实加强和改进高等学校学风建设的实施意见》，深入开展高校学风建设专项教育和治理行动。启动实施边远贫困地区、边疆民族地区和革命老区人才支持计划教师专项计划。

43. 加强高校高层次人才队伍建设。深入推进人才强校战略，继续实施新的“长江学者奖励计划”、“创新团队发展计划”和“新世纪优秀人才支持计划”等，培养造就高校学科领军人才和优秀青年学术带头人，培育高水平创新团队。组织实施“国家高层次人才特殊支持计划”教学名师评选，进一步加大海外高层次人才引进和国内高层次人才培养支持力度。研究制定进一步加强高校高层次创新人才队伍建设的意见，加快推进人才制度创新。

44. 加强教育督导评估和质量监测。开展对各地贯彻落实《教育督导条例》情况专项督导检查，研究制定《省级义务教育均衡发展工作考核评估暂行办法》，开展对省级政府义务教育均衡发展工作的考核评价，针对教育热点难点问题，开展专项督导检查，发布国家教育督导报告。落实《教育督导条例》要求，制定完善学前教育、义务教育、普通高中教育、职业教育、高等教育督导评估指标体系和办法，完善督导评估标准。加强督学责任区建设，建立健全督学责任区管理体系与工作机制。制定促进各级各类教育科学发展的质量监测指标体系和工具，继续做好教育质量监测，进一步扩大监测的规模，科学分析监测结果，发布教育质量监测报告。

七、进一步加强教育系统党的建设，为推进教育事业科学发展提供政治思想组织保证

45. 推动创先争优常态化长效化。总结、提炼、升华、固化创先争优活动中行之有效的做法，形成可供传承、发扬的标志性成果，把创先争优活动的好经验好做法上升为制度，建立完善党员干部联系群众机制、党组织和党员承诺机制、党员群众评议机制，从措施上、制度上、政策上保证创先争优常态化、长效化落到实处。推动每个党支部至少建立一项创先争优制度，留下长期起作用的成果。

46. 开展教育系统党的群众路线教育实践活动。按照中央的统一部署，认真组织教育系统开展好以为民务实清廉为主要内容的党的群众路线教育实践活动。

47. 加强学校党建工作。进一步加强直属高校领导班子建设，印发《中共教育部党组关于进一步加强和改进直属高校领导班子建设的若干意见》，组织实施教育部直属高校校长公开选拔工作。深入落实《中国共产党普通高等学校基层组织工作条例》，切实提高大学生党员发展质量，与中组部联合举办全国大学生新党员培训示范班，重视在青年教师中发展党员工作，召开加强和改进高校青年教师思想政治工作经验交流会。进一步加强民办高校党的建设，巩固民办高校党组织全覆盖的局面，理顺理事会、党组织、行政之间的关系，选好配强民办高校党组织负责人。加强中等职业学校、中小学校党建工作，与中组部联合印发《关于加强和改进中小学校党的建设工作的意见》，召开中小学党建工作座谈会。

48. 加强部直属机关党建工作。召开学习贯彻党的十八大精神、加强党建工作推进会，全面提高直属机关党建工作科学化水平。大力推进学习型、服务型、创新型党组织建设。认真开展党的群众路线教育实践活动，积极推进机关干部深入基层调查研究，切实加强机关作风建设。认真落实《中国共产党和国家机关基层组织工作条例》，研究制定直属机关基层党建工作考核评价办法，完善基层党建工作责任制。认真开展反腐倡廉教育，建立直属机关廉政风险防控机制。推动每个党支部建全务实管用的支部工作法，推进创先争优常态化、长效

化。推动党员干部践行《教育部机关文明公约》，加强人文关怀和心理疏导，努力建设文明和谐机关。

49. 加强反腐倡廉建设。改进和完善巡视工作。深化党务公开、政务公开、校务公开，全面推进高校“阳光治校”，切实解决反腐倡廉建设中的突出问题，在严把“七个关口”基础上，重点深化科研经费监管、物资采购监管、校办企业监管、学术诚信监管。大力加强教育系统基层党风廉政建设，着力解决发生在群众身边的教育乱收费、乱招生、乱办学等突出问题，进一步规范办学行为，加强对中央重大教育惠民政策贯彻落实情况的监督检查，切实维护人民群众利益。不断完善体现教育特点的惩治和预防腐败体系，深化高校管理体制改革，把廉洁要求融入大学章程，研究制订教育系统惩防体系建设2013年至2017年工作规划。

50. 维护学校安全与稳定。开展矛盾排查化解，加强校园安全防范，落实人防、物防、技防措施及各项制度，建设安全校园。建立健全突发事件防范和处置机制，推动并指导各地各学校加强应急机制建设。深化校园及周边治安综合治理。加强学生安全教育、法制教育。做好《校车安全条例》的贯彻实施工作。加强农村义务教育学生营养改善计划的食品卫生安全，严防发生食物中毒。做好学校传染病防控与学生食堂工作。

教育部关于印发《全面推进依法治校实施纲要》的通知

（2012年11月22日）

各省、自治区、直辖市教育厅（教委），各计划单列市教育局，新疆生产建设兵团教育局，部属各高等学校：

为贯彻落实党的十八大精神，进一步推动《国家中长期教育改革和发展规划纲要（2010—2020年）》实施，在各级各类学校全面落实依法治国要求，大力推进依法治校，我部在全面总结各地依法治校经验、做法的基础上，研究制定了《全面推进依法治校实施纲要》，现印发给你们。请结合本地区、本学校实际，认真组织学习宣传、贯彻落实，全面推动教育行政管理体制以及学校内部管理体制的改革、创新，在依法行政、依法治校的基础上，构建政府、学校、社会之间新型关系，加快建设现代学校制度。

各地和教育部直属高校贯彻落实情况以及在依法治校实践中取得的进展，形成的具有示范意义的典型和经验，请及时报我部政策法规司（法制办公室）。

附件：

全面推进依法治校实施纲要

为贯彻落实党的十八大精神，进一步推动《国家中长期教育改革和发展规划纲要（2010—2020年）》实施，在各级各类学校深入贯彻科学发展观，全面落实依法治国要求，大力推进依法治校，建设现代学校制度，制定本实施纲要。

一、全面推进依法治校的重要性与紧迫性

1. 深刻认识全面推进依法治校的重要性。当前，随着社会主义民主法治和政治文明建设的推进，教育改革的不断深化，各级各类学校的发展环境、发展理念、发展方式正在发生深刻变化，迫切需要全面推进依法治校、加快建设现代学校制度。推进依法治校，是学校适应加快建设社会主义法治国家要求，发挥法治在学校管理中的重要作用，提高学校治理法治化、科学化水平的客观需要；是深化教育体制改革，推进政校分开、管办分离，构建政府、学校、社会之间新型关系，建设现代学校制度的内在要求；是适应教育发展新形势，提高管理水平与效益，维护学校、教师、学生各方合法权益，全面提高人才培养质量，实现教育现代化的重要保障。

2. 深刻认识全面推进依法治校的紧迫性。《教育部关于大力加强依法治校工作的通知》（教政法〔2003〕3 号）发布以来，各地和学校普遍重视学校章程和制度建设，加强校长和教师法制培训，积极创建依法治校示范学校，探索了不少成功的经验，依法办学和依法管理的意识和能力明显提高。但是，与教育改革发展的新形势、新任务相比，与全面推进依法治国的新要求相比，依法治校还存在较大差距，主要体现在：工作进展不平衡，一些地方和学校对推进依法治校认识还不到位，制度不健全；一些人民群众反映强烈的违法办学、违规招生、违规收费等问题在个别地区和学校还不时发生；学校管理者和教师运用法律手段保护自身权益、依法对学生实施教育与管理的能力、意识还亟待提高，权利救济机制还不健全；政府教育管理职能转变还未完全到位，部分教育行政管理人员依法行政意识和能力还不强。这些问题的存在，在一定程度上影响了国家教育方针的贯彻落实，影响到教育科学发展与深化改革的进程。解决以上问题，必须进一步深化教育改革，加快转变政府职能，全面加快推进依法治校。

二、全面推进依法治校的指导思想和总体要求

3. 全面推进依法治校的指导思想。全面推进依法治校，必须以中国特色社会主义理论为指导，坚持社会主义办学方向，弘扬和践行社会主义核心价值体系，将坚持和改善学校党的领导与学校的依法治理紧密结合起来；必须全面贯彻国家教育方针，把立德树人，培养德智体美全面发展的社会主义建设者和接班人作为学校教育的根本任务，全面提高校长、教职工和学生的法律素质，加强公民意识教育，培养社会主义合格公民；必须坚持以人为本，依法办学，积极落实教师、学生的主体地位，依法保障师生的合法权利；必须切实转变管理理念与方式，提高管理效率和效益，为全面推进依法治国和全面实现教育现代化打下坚实的基础。

4. 全面推进依法治校的总体要求。学校要牢固树立依法办事、尊重章程、法律规则面前人人平等的理念，建立公正合法、系统完善的制度与程序，保证学校的办学宗旨、教育活动与制度规范符合民主法治、自由平等、公平正义的社会主义法治理念要求；要以建设现代学校制度为目标，落实和规范学校办学自主权，形成政府依法管理学校，学校依法办学、自主管理，教师依法执教，社会依法支持和参与学校管理的格局；要以提高学校章程及制度建设质量、规范和制约管理权力运行、推动基层民主建设、健全权利保障和救济机制为着力点，增强运用法治思维和法律手段解决学校改革发展中突出矛盾和问题的能力，全面提高学校依法管理的能力和水平；要切实落实师生主体地位，大力提高自律意识、服务意识，依法落实和保障师生的知情权、参与权、表达权和监督权，积极建设民主校园、和谐校园、平安校园。

三、加强章程建设，健全学校依法办学自主管理的制度体系

5. 依法制定具有自身特色的学校章程。学校起草制定章程要遵循法制统一、坚持社会主义办学方向的基本原则，以促进改革、增强学校自主权为导向，着力规范内部治理结构和权力运行规则，充分反映广大教职员工、学生的意愿，凝练共同的理念与价值认同，体现学校的办学特色和发展目标，突出科学性和可操作性。高等学校要依据《高等学校章程制定暂行办法》制定或者修改章程，由教育部或者省级教育行政部门核准；普通中小学、幼儿园、中等职业学校章程，由主管教育行政部门核

准。到2015年，全面形成一校一章程的格局。经过核准的章程，应当成为学校改革发展、实现依法治校的基本依据。

6. 提高制度建设质量。学校制定章程或者关系师生权益的重要规章制度，要遵循民主、公开的程序，广泛征求校内外利益相关方的意见。重大问题要采取听证方式听取意见，并以适当方式反馈意见采纳情况，保证师生的意见得到充分表达，合理诉求和合法利益得到充分体现。要依据法律和章程的原则与要求，制定并完善教学、科研、学生、人事、资产与财务、后勤、安全、对外合作等方面的管理制度，建立健全各种办事程序、内部机构组织规则、议事规则等，形成健全、规范、统一的制度体系。章程及学校的其他规章制度要遵循法律保留原则，符合理性与常识，不得超越法定权限和教育需要设定义务。学校章程和规章制度，应当加以汇编并公布，便于师生了解、查阅。有网络条件的，应当在学校网页上予以公开。涉及师生利益的管理制度实施前要经过适当的公示程序和期限，未经公示的，不得施行。

7. 建立规范性文件审查与清理机制。学校要设立或者指定专门机构，按照法制统一的原则，对校内规章制度进行审查。对与上位法或者国家有关规定相抵触，不符合学校章程和改革发展要求，或者相互之间不协调的内部规范性文件和管理制度，要及时修改或者废止，保证学校的规章制度体系层次合理、简洁明确、协调一致。要建立规范性文件核管理制度定期清理制度，清理结果要向师生公布。新的教育法律法规、规章或者重要文件发布后，要及时对照修订校内相应的规章制度。

四、健全科学决策、民主管理机制，完善学校治理结构

8. 依法健全科学民主决策机制。要依法明确、合理界定学校内部不同事务的决策权，健全决策机构的职权和议事规则，完善校内重大事项集体决策规则，大力推进学校决策的科学化、民主化、法治化。要进一步加强和改善党对学校的领导，按照《中国共产党高等学校基层组织工作条例》，在公办高等学校完善党委领导下的校长负责制；在中小学、民办学校充分发挥基层党组织的政治核心作用。依法明确高等学校党委会、校长办公会的职权范围和决策规则，发挥学术委员会、学校理事会（董事会）等组织在决策中的作用；中小学要健全校长负责制，建立有教师、学生及家长代表参加的校务委员会，完善民主决策程序；职业学校要建立有行业企业人员参加的学校理事会或董事会，形成校企合作决策机制；民办学校和中外合作办学机构要健全学校董事会或者理事会的议事规则，依法按期开会履行法定职责。健全决策程序。有关学校发展规划、基本建设、重大合作项目、重要资产处置以及重大教育教学改革等决策事项，应当按照有关规定，进行合法性论证，开展合理性、可行性和可控性评估，建立完善职能部门论证、邀请专家咨询、听取教师意见、专业机构或者主管部门测评相结合的风险评估机制。要以教学、科研为中心，积极探索符合学校特点的管理体制，克服实际存在的行政化倾向，实现行政权力与学术权力的相对分离，保障学术权力按照学术规律相对独立行使。

9. 完善决策执行与监督机制。要在学校内形成决策权、执行权与监督权既相互制约又相互协调的内部治理结构，保证管理与决策执行的规范、廉洁、高效。按照精简、高效的原则和为教师、学生提供便利服务的要求，自主设置职能部门，明确职能部门的职责、权限与分工，健全重要部门、岗位的权力监督与制约机制，完善预防职务犯罪和商业贿赂的制度措施。除依法应当保密或者涉及学校特定利益需要保密的事项外，决策事项、依据和结果要在校内公开，允许师生查阅。在重大决策执行过程中，学校要跟踪决策的实施情况，通过多种途径了解教职员工及有关方面对决策实施的意见和建议，全面评估决策执行效果，并根据评估结果决定是否对决策予以调整或者停止执行。公办学校因违反决策规定、出现重大决策失误、造成重大损失的，要按照谁决策、谁负责的原则追究责任。

10. 完善民主管理和监督机制。要落实《学校教职工代表大会规定》，充分发挥教职工代表大会作为教职工参与学校民主管理和监督主渠道的作用。学校专业技术职务评聘办法、收入分配方案等与教职工切身利益相关的制度、事务，要经教职工代表大会审议通过；涉及学校发展的重大事项要提交教职工代表大会讨论。要扩大教职工对学校领导和管理部门的评议权、考核权。要积极拓展学生参与学校民主管理的渠道，进一步改革完善高等、中等学校的学生代表大会制度，推进学生自主管理。制定涉及学生利益的管理规定，要充分征求学生及其家长意见。要扩大有序参与，加强议事协商，充分发挥教职工代表大会、共青团、学生会等群众组织在民主决策机制中的作用，积极探索师生代表参与学校决策机构的机制。

11. 建立中小学家长委员会制度。中小学、幼儿园应当逐步建立健全家长委员会制度。家长委员会承担支持教育教学工作、参与和监督学校管理、促进学校与家庭沟通、合作等职责，其成员应当由全体家长民主选举产生。学校应当提供必要条件，保障家长委员会对学校、教师的教育教学、管理活动实施监督，提出意见、建议；应当定期与家长委员会成员进行沟通，听取意见。学校实施直接涉及学生个体利益的活动，一般应由学校或者教师提出建议和选择方案，并做出相应说明，提交家长委员会讨论，由家长自主选择、做出决定。要积极探索完善家长委员会的组织形式和运行规则，不断扩大家长对学校办学活动和管理行为的知情权、参与权和监督权。

12. 依法健全社会参与机制。要积极探索扩大社会参与学校办学与管理的渠道与方式。中小学要加强与所在社区的合作，积极开展社区服务，创造条件开放教育资源和公共设施，参与社区建设，完善与社区、有关企事业组织合作共建的体制、机制。健全兼职法制副校长的聘任办法和任职要求，探索借助社会资源和力量，加强学校安全管理、开展法制和其他有针对性的教育教学活动，改善学校周边环境。职业学校、高等学校要积极扩大社会合作，在决策咨询、教学科研、安全管理、学生实习实践等方面更多引入社会资源，健全制度，扩大社会参与的广度与深度。

五、依法办学，落实师生主体地位，形成自由平等公正法治的育人环境

13. 依法组织和实施办学活动。学校办学活动应当以育人为本，全面贯彻党和国家教育方针，切实依法规范办学行为，全面执行国家课程方案和课程标准，注重教育教学效果，形成良好的校风、教风和学风。要严格依法依规招生，建立内部制衡机制和社会监督机制，保证招生制度、选拔机制的公平、公正，招生活动的规范、透明。学校不得违背法律原则和国家有关规定，擅自设立有区别的招生条件或规则。要健全教育教学管理制度，在专业设置、课程安排、教材选择等环节建立评估机制，建立教学质量的评估和反馈机制。要依据有关规定，完善管理制度，对学校内设机构开展或者参与经营性培训活动进行规范，保证不影响学校正常的教育教学活动。要落实教师职业道德规范，明确教师行为规则，坚决杜绝教师违反法定义务和国家规定，利用自身特定职权谋取不当利益的行为。

14. 依法建设平等校园环境。大力弘扬平等意识，在体制和制度上落实和体现师生平等、性别平等、民族平等、管理者与师生平等的理念。全面落实面向每个学生、平等对待每个学生的原则，消除以不当形式对学生进行分类、区别对待以及带有歧视的制度、言行。要切实保障残疾人的平等受教育权利，不得以非法理由拒绝招收残疾学生。要为残疾学生平等、无障碍地参与学校生活提供必要条件和合理便利。

15. 尊重和保护学生权利。要完善制度规则，健全监督机制，保证学生在使用教育教学设施、资源，获得学业和品行评价，获得奖学金及其他奖励、资助等方面受到平等、公正对待。学生管理制度应当以学生为中心，体现公平公正和育人为本的价值理念，尊重和保护学生的人格尊严、基本权利。对学生进行处分，应当做到事实清楚、定性准确、依据充分、程序正当，重教育效果，做到公平公正。做出不利处分前，应当给予学生陈述与申辩的机会，对未成年学生应当听取其法定监护人的意见。对违反学校纪律的学生，要明确处分的期限与后果，积极教育挽救。要保障学生的人身权、财产权和受教育权不受非法侵害，杜绝体罚或者变相体罚、限制人身自由、侵犯人格尊严、违法违规收费，以及由于学校过错而造成的学生伤害等侵权行为，以及教师、学校工作人员对学生实施的违法犯罪行为。

16. 尊重和保障教师权利。学校要依据《教师法》和相关法律法规的规定，进一步建立和完善教师聘任和管理制度，制定权利义务均衡、目标任务明确，具有可执行性的聘任合同，明确学校与教师的权利与义务，依法聘任教师，认真履行合同。要依法在教师聘用、职务评聘、继续教育、奖惩考核等方面建立完善的制度规范，保障教师享有各项合法权益和待遇。要充分尊重教师在教学、科研方面的专业权力，学术组织中教师代表的比例不低于1/2。要落实教师职业道德规范，强化师德建设，明确教师考核、监督与奖惩的规则与程序。

17. 建立健全学术自由的保障与监督机制。要依法建立健全保障师生的研究自由、学习自由和学术自由的体制、机制。健全学术评价制度，保障各种学术评价机构独立开展活动，建立公平、公正的学术评价标准和程序。要建立灵活的教学管理制度，鼓励、保护学生自主、自由的学习，形成有利于创造性人才成长的制度环境。要明确教师课堂教学的行为规则和基本要求，保障教师根据课程的有关要求，科学安排教学内容和方法，充分、正当地行使教学的专业自主权，提高课堂教学的质量与效果。要建立完善对违反学术规范、学术道德行为的认定程序和办法，维护良好的学术氛围。

18. 大力推进信息公开和办事公开。学校配置资源以及实施干部选拔任用、专业技术职务评聘、岗位聘任、学术评价和各种评优、选拔活动，要按照公开公正的原则，制定具体的实施规则，实现过程和结果的公开透明，接受利益相关方的监督。要按照《高等学校信息公开办法》以及中小学信息公开的规定，建立健全信息公开的机构、制度，落实公开的具体措施，保证教职工、学生、社会公众对学校重大事项、重要制度的知情权，重点公开经费使用、培养目标与课程设置、教育教学质量、招生就业、基本建设招投标、收费等社会关注的信息。要创新公开方式、丰富公开内容，建立有效的信息沟通渠道，使学生、家长以及教师对学校的意见、建议能够及时反映给学校领导、管理部门，并得到相应的反馈。学校面向师生提供管理或者服务的职能部门，要全面推进办事公开制度，公开办事依据、条件、要求、过程和结果，充分告知办事项目有关信息，并公开岗位职责、工作规范、监督渠道等内容，提供优质、高效、便利的服务。

六、健全学校权利救济和纠纷解决机制，有效化解矛盾纠纷

19. 依法健全校内纠纷解决机制。要把法治作为解决校内矛盾和冲突的基本方式，建立并综合运用信访、调解、申诉、仲裁等各种争议解决机制，依法妥善、便捷地处理学校内部各种利益纠纷。要特别注重和发挥基层调解组织、教职工代表大会、学生团体和法制工作机构在处理纠纷中的作用，建立公平公正的处理程序，将因人事处分、学术评价、教职工待遇、学籍管理等行为引发的纠纷，纳入不同的解决渠道，提高解决纠纷的效率和效果。要尊崇法律、尊重司法。对难于在校内完全解决的纠纷，应当按照法定程序，提交有关行政机关、仲裁机构、社会调解组织或者司法机关依法解决。对师生与学校发生的法律争议，学校应当积极应诉，认真落实法律文书要求学校履行的义务。

20. 完善教师学生权利救济制度。学校要设立教师申诉或者调解委员会，就教师因职责权利、职务评聘、年度考核、待遇及奖惩等，与学校及有关职能部门之间发生的纠纷，或者对学校管理制度、规范性文件提出的意见，及时进行调处，做出申诉结论或者调解意见。教师申诉或者调解委员会应当有广泛的代表性和权威性，成员应当经教职工代表大会认可。完善学生申诉机制。学校应当建立相对独立的学生申诉处理机构，其人员组成、受理及处理规则，应当符合正当程序原则的要求，并允许学生聘请代理人参加申诉。学校处理教师、学生申诉或纠纷，应当建立并积极运用听证方式，保证处理程序的公开、公正。

21. 健全安全管理及突发事件的应急处理机制。各级各类学校、幼儿园要根据学生的身心特点和认知能力，完善校园安全管理制度，落实对学生教育与管理的法定职责，健全学校安全事故、突发事件应急处理机制，切实保障学生、教师的人身权和财产权，维护学校秩序的稳定。要积极借助政府部门、社会力量、专业组织，构建学校安全风险管理体系，形成以校方责任险为核心的校园保险体制，建立学校安全风险管理制度、学生伤害事故调解制度，健全安全风险的事前预防、事后转移机制，建设平安、和谐校园。

七、深入开展法制宣传教育，形成浓厚的学校法治文化氛围

22. 切实加强对学校领导干部、职能部门工作人员依法治校意识与能力的培养。学校管理者要带头增强学法尊法守法用法意识，牢固树立依法办学、依据章程自主管理、公平正义、服务大局、尊重师生合法权益的理念，自觉养成依法办事的习惯，切实提高运用法治思维和法治方式深化改革、推动发展、化解矛盾、维护稳定的能力，准确把握权利与义务、民主与法治、实体与程序、教育与惩戒的平衡，实现目的与手段的有机统一。学校领导任职前，主管教育行政部门应当以适当方式考察其掌握相关法律知识和依法治校理念的情况。学校要高度重视内部职能部门管理理念和方式的转变，切实提高职能部门工作人员依法、依章程办事，为师生服务的意识。

23. 全面提高教师依法执教的意识与能力。要认真组织教师的法制宣传教育，在教师的入职培训、岗位培训中，明确法制教育的内容与学时，建立健全考核制度，重要的和新出台的教育法律、法规要实现教师全员培训。要围绕全面推进依法治校的要求，组织教师深入学习有关落实国家教育方针、规范办学行为、维护教师合法权益、保障教职工民主管理权的法律规定，明确教师的权利、义务与职责，切实提高广大教职员工依法实施教育教学活动、参与学校管理的能力。对专门从事法制教育教学的教师，要组织参加专门培训，提高其对法治理念、法律意识的理解与掌握程度。

24. 加强和改善学生法制教育。认真落实教育系统普法规划的要求，开展好“法律进课堂”活动。中小学要将学生法治意识、法律素养，作为素质教育的重要内容，在学生综合素质评价中予以体现。要深入开展学生法制教育的理论与实践研究，不断丰富法制教育的形式与内容，使学生通过课堂教学、主题活动、社会实践等多种方式，掌握法律知识，培养法治理念。要把法治文化作为校园文化建设的重要组成部分，将平等自由意识、权利义务观念、规则意识、契约精神等理念，渗透到学生行为规则、日常教学要求当中，凝练到学校校训或者办学传统、教育理念当中，营造体现法治精神的校园文化氛围。要适当加大对《儿童权利公约》、《残疾人权利公约》等我国签署加入的重要国际公约的宣传教育，培养学生建立对多元文化、少数人群和弱势人群权利的尊重与平等意识。

八、加强组织与考核，切实提高依法治校的能力与水平

25. 完善依法治校工作机制。学校要将依法治校纳入整体工作规划，明确学校领导班子、各级职能部门、工作岗位的职责，建立健全工作要求与目标考核机制。要将依法治校情况作为年度工作的专门内容，向教职工代表大会进行报告，并同时报送主管教育行政部门。高等学校应当设立或者指定专门机构、中小学应当指定专人负责学校法律事务、综合推进依法治校，有条件的学校，可以聘请专业机构或者人员作为法律顾问，协助学校处理法律事务。学校的法制工作机构或人员在学校的决策、管理过程中要发挥参谋和助手作用，对学校出台的有关管理措施、对外签订的合同、实施改革方案等，要进行合法性评估、论证。

26. 健全依法治校考核评价机制。教育行政部门要把依法治校情况，作为对学校进行综合评估重要方面，在对学校办学和管理评估考核中，更加突出依法治校综合考核的作用，减少对学校具体办学与管理活动的干扰。要完善校长选任和考核制度，把依法治校的情况，作为考核学校领导班子的重要指标，创新考核评价机制，采取多种途径听取师生和社会公众的意见。各级教育行政部门都要建立由法制工作机构或者其他综合部门牵头负责的推进依法治校工作机制，加强对学校依法治校工作的指导，健全学校领导依法治校能力培训和考核制度，采取有效措施，推动和鼓励学校积极实践、不断创新推进依法治校的制度、机制。

九、转变政府职能，加强对学校依法治校的保障

27. 切实转变对学校的行政管理方式。各级教育行政部门要大力推动依法治校工作，严格依法行政，按照法律规定的职责、权限与程序对学校进行管理，规范行政权力的行使。要切实转变管理学校的方式、手段，从具体的行政管理转向依法监管、

提供服务；切实落实和尊重学校办学自主权，减少过多、过细的直接管理活动。要主动协调其他有关部门为学校解决法律问题，保障学校的办学自主权和合法权益，积极开展校园及周边环境的治理工作，依法维护校园安全，为学校改革发展创造良好外部环境。

28. 依法建立健全对学校的监督和指导机制。教育行政部门要积极探索建立教育行政执法体制机制，健全行政执法责任制，提高行政执法能力，实现依法对学校办学与管理行为的监督和管理。要遵循法定职权与程序，积极运用行政指导、行政处罚、行政强制等手段，依法纠正学校的违法、违规行为，保障法律和国家政策有效实施。对公办学校实施违反国家法律和政策规定的行为，要依法健全对学校及其负责人的问责机制。要建立对学校办学与管理活动中违法行为的投诉、举报机制，引入社会监督和利益相关人的监督，进一步健全教师、学生的行政申诉制度，畅通师生权利的救济渠道，改革完善行政监管机制。要建立学校规章和重要制度的备案制度，及时纠正学校有悖法律规定和法治原则的规定。

29. 深入开展依法治校示范学校创建活动。推进依法治校要立足学校需求，结合实际、分类指导、示范引领。不同层次、不同类型的学校要根据本纲要，结合自身特点和需要，制定本校依法治校的具体办法。地方各级教育行政部门要及时总结在依法治校实践中形成的典型经验与成功做法，完善对不同层次、类型学校依法治校的具体要求，分类实施指导。要进一步完善依法治校示范校的评价标准，将依法治校示范学校创建活动制度化、规范化，在国家和地方层面，开展依法治校示范学校创建活动，积极推广典型经验，推动各级各类学校依法治校水平的整体提高。

教育部等五部门关于印发《边远贫困地区、边疆民族地区和革命老区人才支持计划教师专项计划实施方案》的通知

（2012年11月27日）

各省、自治区、直辖市党委组织部、教育厅（教委）、财政厅（局）、人力资源社会保障厅（局）、扶贫办，新疆生产建设兵团党委组织部、教育局、财务局、人力资源社会保障局、扶贫办，福建省公务员局：

根据中央组织部等十部门《关于印发〈边远贫困地区、边疆民族地区和革命老区人才支持计划实施方案〉的通知》（中组发〔2011〕23号）要求，教育部、中央组织部、财政部、人力资源社会保障部、国务院扶贫办研究制订了《边远贫困地区、边疆民族地区和革命老区人才支持计划教师专项计划实施方案》，现印发给你们。

请各省（区、市）及新疆生产建设兵团根据五部门方案要求，抓紧制定本地人才支持计划教师专项计划实施办法，并根据实际情况于2013年春季学期开始全面实施。

教育部　中央组织部　财政部

人力资源社会保障部　国务院扶贫办

附件：

边远贫困地区、边疆民族地区和革命老区人才支持计划教师专项计划实施方案

（2012 年 11 月 27 日）

为贯彻落实《国家中长期人才发展规划纲要（2010—2020 年）》、《国家中长期教育改革和发展规划纲要（2010—2020 年）》和《中国农村扶贫开发纲要（2011—2020 年）》精神，提升边远贫困地区、边疆民族地区和革命老区（以下简称“三区”）学校教师队伍素质，为“三区”教育改革和发展提供人才支持，根据中央组织部等十部门制订的《边远贫困地区、边疆民族地区和革命老区人才支持计划实施方案》的要求，特制订本实施方案。

一、目标任务

从 2013 年起至 2020 年，每年选派 3 万名优秀幼儿园、中小学（含普通高中，下同）和中等职业学校教师到“三区”支教一年；每年为“三区”培训 3 000 名幼儿园、中小学和中等职业学校的骨干教师和紧缺专业教师。通过选派支教教师和培训当地教师，加快“三区”教师队伍建设，提高教师素质，为推动“三区”普及学前教育、义务教育均衡发展、普及高中阶段教育、大力发展中等职业教育提供人才支持。

二、工作原则

（一）中央指导、地方实施。教育部、中央组织部、财政部、人力资源社会保障部、国务院扶贫办等部门负责规划指导，提出工作目标和要求，落实中央财政承担的选派和培训教师工作经费。各省（区、市）及新疆生产建设兵团教育行政部门、党委组织部门、财政部门、人力资源社会保障部门和扶贫部门具体组织实施并负责落实地方财政应承担的选派、培训教师工作经费，落实选派支教教师和培训“三区”教师任务。

（二）统筹规划、整体安排。将项目实施与教育对口援疆、援藏、援青计划，东西部扶贫协作，城镇教师支持农村教育工作，中小学和幼儿教师国家级培训计划、职业院校教师素质提高计划等有机结合起来，统筹安排实施。要把本方案同推进学前教育发展、推进区域内义务教育均衡发展、促进教师轮岗制度结合起来，探索形成提高“三区”师资水平、区域内师资均衡化发展的长效机制。

（三）因地制宜、注重实效。从“三区”受援县幼儿园、中小学和中等职业学校教育实际需要出发，由受援县提出需求，结合派出地学校教师专业特长，选准学科专业，派出骨干教师，培训专业教师，切实提高受援地教师的教学水平和业务能力。

三、基本要求

（一）受援范围。

以县为基本单位，主要是国家确定的连片特困地区覆盖的县、国家扶贫开发工作重点县和省级扶贫开发工作重点县以及新疆生产建设兵团困难团场，涉及 28 个省（区、市）和新疆生产建设兵团的 1 272 个县、团场，具体是：

1. 国家确定的连片特困地区覆盖的县（680 个）；

2. 连片特困地区以外的国家扶贫开发工作重点县（152 个）；

3. 连片特困地区以外的省级扶贫开发工作重点县（418 个）；

4. 新疆生产建设兵团困难团场（22 个）。

（二）选派支教教师和培训“三区”教师范围。

选派和培训教师主要由各省（区、市）及新疆生产建设兵团在本行政区域范围内进行，以就近就便、本省份调配为主，调动省会城市、中心城市的优质教师资源和培训资源支持省份内的受援县。新疆（含兵团）、西藏、青海以及确定了东西扶贫协作关系的西部省份的教师选派和培训工作，可以通过援疆、援藏、援青机制以及东西扶贫协作关系，

由对口支援的省（区、市）承担一部分教师选派和培训工作任务，具体数量由对口支援（东西扶贫）双方协商确定。人才资源相对薄弱，尤其是“三区”县数量较多的省份，在派出教师范围上可适当放宽条件，采取市支持县、县支持乡的方式予以解决。

（三）选派要求。

1. 数量要求。

教育部每年向各省（区、市）及新疆生产建设兵团下达“三区”人才支持计划教师专项计划选派教师分省任务（2013 年分省任务详见附表 2）（略），各省（区、市）及新疆生产建设兵团根据受援县（团场）需求，制订具体选派方案。2013 年的选派教师数，是以受援县幼儿园、中小学和中职学生在校生人数为基数，按照不低于每 2 600 名学生选派 1 名支援教师的标准确定的，今后各省（区、市）及新疆生产建设兵团可根据实际，对选派教师数量做适当调整，并于年底将选派需求计划上报教育部，教育部统筹安排后下达次年分省任务。

2. 来源要求。

选派教师来源主要从省会城市、中心城市办学水平高，教育质量好的幼儿园、中小学和中等职业学校选派。中等职业学校可根据办学需要，从具有行业代表性的企业选聘具有中级以上专业技术职务的技术人员担任兼职教师。“三区”县数量较多的省份，可以从县级教育质量好的学校选派一部分教师去乡级学校任教。

3. 资格要求。

原则上选派中级以上专业技术职务的骨干教师，幼儿园教师可适当放宽要求。大学生实习支教、农村义务教育阶段学校特设岗位计划不列入选派范围，短期的基层巡讲、交流或支教也不列入选派范围。

4. 工作要求。

原则上选派教师必须到受援县的县级以下（含县）学校连续任教一个完整的学年（如安排上实在有困难，至少要连续任教一个完整的学期，选派人数上按 0.5 人计算），担任相应课程或专业的教学任务，并通过集体备课、举办讲座、开设公开课等多种形式，帮助当地教师提高教学水平、业务能力。

（四）培训要求。

各省（区、市）及新疆生产建设兵团根据受援县（团场）的数量，按照不低于平均每县 3 人的标准，每年从县（乡）幼儿园、中小学和中等职业学校选派基础条件较好，发展潜力较大的青年骨干教师，纳入中小学教师国家级培训计划、幼儿园教师国家级培训计划、职业院校教师素质提高计划、对口支援培训以及其他培训的内容，到省会城市、中心城市优质幼儿园、中小学、中等职业学校、教师培训中心（基地）或高水平院校接受平均 3 个月的专门培训，以提高其专业水平和教育教学能力。

四、保障措施

（一）政策保障。

选派到“三区”的支教教师，支教期间人事关系保留在原单位，支教期满后仍回原单位工作。原工资福利待遇不变，按月发放工作补助、交通差旅费用以及购买意外保险等补助。其支教经历视同城镇教师到农村教育工作经历，符合规定条件的，应在工资、职务（职称）晋升、计算基层工作经历、研究生考试等方面，按现有倾斜政策执行。对于选派工作期间业绩突出、基层欢迎的特别优秀人员，按照国家有关教师奖励的规定予以表彰奖励。受援县（团场）负责支教教师的住宿生活、工作岗位及日常管理，要充分发挥他们的引领示范作用，并如实对教师支教期间的工作情况进行考核评价。

选派方、受援方及支教教师本人三方应签订工作协议以明确权责。

（二）经费保障。

受援县义务教育阶段教师选派工作经费由中央财政和地方财政按照年人均 2 万元标准共同分担，其中：西部省份由中央财政负担；中部省份由省级财政和中央财政按 1∶1 比例分担；东部省份由省级财政自行负担。选派工作经费主要用于向选派教师发放工作补助、交通差旅费用及购买意外保险费等补助。中央财政应分担的选派工作经费采取据实结算的方式。其他教育阶段教师选派工作经费由派出地负责。培训工作经费，由各地结合本地区中小学和幼儿园教师国家级培训计划、职业院校教师素质提高计划以及对口支援等工作统筹安排。

五、组织实施

（一）组织领导。

1. 本方案在中央组织部、教育部、科技部、民政部、财政部、人力资源社会保障部、农业部、文化部、卫生部、国务院扶贫办等部门（单位）联合组成的部际协调小组的统一领导下，由教育部牵头制订总体方案，各省（区、市）及新疆生产建设兵团教育行政部门具体负责组织实施。

2. 在中央组织部的指导下，教育部会同财政部、人力资源社会保障部、国务院扶贫办等有关部门负责计划的总体设计和统筹管理，研究制订相关标准和指导意见，审核各省（区、市）及新疆生产建设兵团项目计划和实施方案，指导项目实施，开展评估检查工作。

3. 各省（区、市）及新疆生产建设兵团教育行政部门会同当地有关部门统筹规划和管理本地区项目实施工作，建立健全项目工作机制和具体实施办法，指定专门机构和人员负责本地区方案实施的协调管理工作，落实各项优惠政策和支持措施，确保本地区教师选派、培训工作顺利开展。

4. 各受援地的市、县两级教育行政部门会同同级有关部门，积极落实选派教师安排、本地教师培训的具体任务，提出受援需求，负责安排落实工作岗位，为选派到受援单位的教师提供必要的工作和生活条件，做好日常管理和考核工作。

（二）实施步骤。

本方案实施周期为2013年至2020年。2013年开始启动项目计划，开展选派支教和培训教师工作。2015年开展全面检查评估，总结阶段工作经验，适时调整目标任务和政策措施，形成比较完善的工作机制。2020年对计划实施情况进行全面总结和综合评估，对后续工作进行研究部署。

六、其他要求

请各省（市、区）教育厅（教委）及新疆生产建设兵团教育局于2012年12月31日前将负责此项工作的处室和负责人（联系人）名单按附表1（略）格式报教育部。今后每年12月15日前将当年的实施情况和次年的选派（培训）计划数按附表3（略）格式报教育部。

教育部办公厅关于加强涉外办学规范管理的通知

（2012年3月29日）

各省、自治区、直辖市教育厅（教委），新疆生产建设兵团教育局，部属各高等学校：

随着我国对外开放不断深化与国际教育交流日益广泛，高等教育领域对外交流迅速发展，近年来各类涉外办学不断增多，较好地满足了人民群众对教育多样化的需求。但是，也要看到涉外办学存在的一些突出问题：社会上的一些机构和个人以提供国外大学文凭、学位等为名非法招生、培训和发放虚假学历文凭、学位证书，也有的租用高校校内或周边场所非法办学，迷惑、欺骗受教育者；有些高校在开展对外校际交流中，缺乏对对方学校的深入了解，项目管理不规范，签订协议不严谨，执行不严格，有个别高校借此向学生收取高额学费或增设名目多收费，损害了学生的利益。这些问题亟待加强规范管理和整顿。为促进涉外办学健康有序发展，进一步提高高校对外交流合作水平，现就有关要求通知如下。

一、高度重视对涉外办学的规范管理工作。涉外办学事关社会稳定和人民群众的根本利益，各地教育行政部门、各高校要切实提高对涉外办学规范管理工作重要性的认识。各地教育行政部门要做好对当地涉外办学的归口管理，增强政治意识、大局意识、责任意识和服务意识。要进一步加强涉外办学管理服务干部队伍建设，增强对内对外协调能力、服务能力和应急管理能力，为涉外办学的健康有序发展提供坚强的组织领导和人才保障。

二、提高校际交流学生培养项目的管理水平。要加强对国外高校的深入了解，签订规范的交流协议，在招生、教育教学计划、学籍档案、培养方案、学制年限、课程设置、教学内容、学分互认、证书颁发等方面，要依法做出明确约定并严格执行，提高培养质量和校际交流合作水平。

三、准确把握中外合作办学的政策界限。举办中外合作办学机构或项目，要严格按照《中外合作办学条例》及其实施办法和有关规范性文件的要求，履行相应的许可程序，经批准后方可开展中外合作办学活动。各高校要准确把握中外合作办学的政策界限，不得以中外合作办学名义举办专升本项目、留学预科班等涉外办学项目。

四、严格对境外学位证书的认证程序和标准。相关机构要严格按照对境外学位证书发放、取得和认证工作的要求，规范境外证书的认证程序和标准，维护学历学位证书制度的严肃性。对违反规定发放和取得的各种境外学历文凭、学位证书一律不予认证。

五、坚持涉外办学的公益性原则。要严格按照国家规定的收费项目和学校所在地省级人民政府批准的收费标准进行收费，不得擅自增加收费项目或者提高收费标准。要坚决抵制和纠正将涉外办学当作创收手段的错误认识和做法。

六、加强对校舍使用管理和教师的教育管理。高校要进一步健全校舍租赁使用管理制度，对租赁校舍场地举办涉外办学活动的，要严格核查其办学资质并签订租赁协议，要引导、要求本校教师谨慎参与涉外办学授课活动，不参与非法涉外办学机构的授课活动。对擅自使用学校名义和资源非法举办涉外办学活动的，应当及时予以制止或者提请有关部门、司法机关依法处理；因学校疏于管理，造成严重影响的，要追究学校及其相关领导的责任。

七、加强对涉外办学的监管。各地要建立对涉外办学广告的动态监管机制，对网络及各种媒体上刊登的涉及与境外合作办学或者颁发外方文凭、学位的广告进行动态监督，发现非法发布或者涉嫌虚假宣传的，要会同工商部门及时依法进行查处。对非法举办涉外办学活动、非法颁发境外学位证书及其他学业文证的，要会同工商、公安等相关部门及时依法进行查处。

各地教育行政部门、各高校要根据本通知精神，按照国家有关法律、法规的要求对涉外办学开展专项清理整顿。清理整顿情况请及时报我部，我部将适时组织检查组，对各地、各高校开展工作的情况进行检查。

教育部办公厅关于印发《精品资源共享课建设工作实施办法》的通知

（2012年5月21日）

各省、自治区、直辖市教育厅（教委），新疆生产建设兵团教育局，有关部门（单位）教育司（局），解放军总参谋部军训部，部属各高等学校：

根据《教育部、财政部关于“十二五”期间实施“高等学校本科教学质量与教学改革工程”的意见》（教高〔2011〕6号）和《教育部关于国家精品开放课程建设的实施意见》(教高〔2011〕8号)精神，为保证精品资源共享课建设工作顺利实施，制定《精品资源共享课建设工作实施办法》。现印发给你们，请按照执行。

附件：

精品资源共享课建设工作实施办法

为深入贯彻胡锦涛总书记在庆祝清华大学建校100周年大会上的重要讲话精神，落实教育规划纲要和全面提高高等教育质量工作会议具体要求，根据《教育部、财政部关于"十二五"期间实施"高等学校本科教学质量与教学改革工程"的意见》(教高〔2011〕6号)和《教育部关于国家精品开放课程建设的实施意见》(教高〔2011〕8号)，制定本实施办法。

一、精品资源共享课建设的目标与任务

精品资源共享课建设是国家精品开放课程建设项目的组成部分，旨在促进教育教学观念转变，引领教学内容和教学方法改革，推动高等学校优质课程教学资源通过现代信息技术手段共建共享，提高人才培养质量，服务学习型社会建设。

精品资源共享课以量大面广的公共基础课、专业基础课和专业核心课为重点，以课程资源系统、丰富和适合网络传播为基本要求，经过国家、省、校三级建设，形成普通本科教育、高等职业教育、网络教育多层次、多类型的优质课程教学资源共建共享体系，为高校师生和社会学习者提供优质课程教学资源。

"十二五"期间，教育部将在原国家精品课程建设成果基础上，科学规划，合理布局，优化结构，通过高等学校本科教学质量与教学改革工程(以下简称"本科教学工程")支持建设5 000门国家级精品资源共享课。其中，2012年和2013年重点开展原国家精品课程转型升级为国家级精品资源共享课的建设，采取遴选准入方式选拔课程；同时，从2013年起，适应新需求，结合高等教育发展趋势和教学改革成果，采取招标建设和遴选准入两种方式建设一批新的课程。

二、精品资源共享课建设的组织与实施

(一) 组织与建设。

教育部负责精品资源共享课建设项目的总体规划，制订国家级精品资源共享课建设计划，并按照普通本科教育、高等职业教育、网络教育和教师教育的特点和要求，制订课程建设计划和遴选、评价标准，分类指导和组织国家级精品资源共享课建设和使用。

省级教育行政部门依据教育部总体规划，根据区域经济发展和学科、专业布局，制订省级建设规划，组织实施省级精品资源共享课建设和使用，并按照国家级精品资源共享课建设要求择优向教育部推荐课程。

高等学校是精品资源共享课建设的主体，按照精品资源共享课建设要求，根据办学特色和学科专业优势做好本校精品资源共享课的建设计划，组织教师建设校级精品资源共享课，实行学校和主讲教师负责制，确保课程质量，并向省级教育行政部门择优申报课程。

鼓励高等学校采取校际联合、学校与社会联合等方式，建设精品资源共享课，实现课程共建共享。

(二) 申报与评审。

省、校级精品资源共享课的申报与评审方式分别由省级教育行政部门与高校决定。

采取遴选准入方式的国家级精品资源共享课，由省级教育行政部门统一向教育部推荐，网络教育国家级精品资源共享课由现代远程教育试点高校直接向教育部申报。教育部组织专家、高校按照国家级精品资源共享课建设要求及遴选标准，对推荐课程进行网上评价和会议评审，评审通过的课程上网实现共享。

对于原国家精品课程中建设基础较好、使用量大面广的公共基础课以及为满足课程改革需要建设的新课程，可由教育部组织有关专家研究论证确定

课程选题，采取招标的方式开展课程建设。

（三）共享与使用。

教育部组织建设国家开放课程共享系统，并通过协议约定，实现课程的基本资源免费共享、拓展资源有条件共享，保证国家级精品资源共享课的便捷获取和使用，满足高校师生和社会学习者多样化需求。

（四）监督与管理。

教育部、省级教育行政部门、高等学校通过上网监管、使用评价、年度检查等方式对精品资源共享课的实际应用情况进行跟踪监测和综合评价，监督和管理精品资源共享课的运行、维护和更新，实现常态化、安全化运行，促进课程建设质量和使用效益不断提高。

三、国家级精品资源共享课建设要求

申报课程须已在学校连续开设 3 年以上，在长期教学实践中形成了独特风格，教学理念先进、方法科学、质量高、效果好，得到广大学生、同行教师和专家，以及社会学习者、行业企业专家的好评和认可，在同类课程中具有一定的影响力和较强的示范性。

（一）团队要求。

国家级精品资源共享课应该由学术造诣深厚、教学经验丰富、教学特色鲜明、具有高级专业技术职务的教师主持建设，建设团队结构合理，应包括专业教师和教育技术骨干。高等职业教育精品资源共享课中的专业课建设团队还应该体现专兼结合的“双师型”教学团队特点。

（二）内容要求。

课程内容能够涵盖课程相应领域的基本知识、基本概念、基本原理、基本方法、基本技能、典型案例、综合应用、前沿专题、热点问题等内容，具有基础性、科学性、系统性、先进性、适应性和针对性等特征，严格遵守国家安全、保密和法律规定，适合网上公开使用。

（三）资源要求。

应结合实际教学需要，以服务课程教与学为重点，以课程资源的系统、完整为基本要求，以资源丰富、充分开放共享为基本目标，注重课程资源的适用性和易用性。

1. 基本资源。基本资源指能反映课程教学思想、教学内容、教学方法、教学过程的核心资源，包括课程介绍、教学大纲、教学日历、教案或演示文稿、重点难点指导、作业、参考资料目录和课程全程教学录像等反映教学活动必需的资源。

2. 拓展资源。拓展资源指反映课程特点，应用于各教学与学习环节，支持课程教学和学习过程，较为成熟的多样性、交互性辅助资源。例如：案例库、专题讲座库、素材资源库，学科专业知识检索系统、演示/虚拟/仿真实验实训（实习）系统、试题库系统、作业系统、在线自测/考试系统，课程教学、学习和交流工具及综合应用多媒体技术建设的网络课程等。

（四）技术要求。

国家级精品资源共享课建设应符合《国家级精品资源共享课建设技术要求》。技术要求将在教育部官方网站高教司主页“本科教学工程”栏目发布。网络教育课程还应符合网络教育的特殊要求。

四、国家级精品资源共享课建设的保障措施

（一）政策保障。

国家级精品资源共享课建设纳入“十二五”期间教育部、财政部实施的“本科教学工程”，教育部对上网后社会反响良好的课程，给予“国家级精品资源共享课”称号，有效期 5 年，并给予经费补贴。鼓励各地和高校投入资金支持精品资源共享课建设，并研究制定激励政策，引导高校和教师积极参与精品资源共享课的培育、建设和使用。

对跟踪监测和综合评价不合格的国家级精品资源共享课，取消其“国家级精品资源共享课”称号，不得再次申报该课程为国家级精品资源共享课。

（二）知识产权管理。

教师按照学校教学任务而申报的国家级精品资源共享课属于职务作品。凡申报国家级精品资源共享课的课程，其推荐遴选的全部资源必须具有清晰的知识产权，不存在侵犯其他公民、法人或其他组织的知识产权等问题。高校和建设团队在享有“国家级精品资源共享课”称号及经费补贴的同时，应根据有关协议独家许可国家精品开放课程共享系统单位通过互联网免费传播课程基本资源，并拒绝任

何单位及个人以“国家级精品资源共享课”名义商业使用。同时，为尊重和保护高校及教师的知识产权，教育部授权有关单位对符合出版标准的拓展资源按照出版协议进行知识产权保护，明确课程建设方与课程共享系统运行管理者以及使用者各方的权利、义务和法律责任。

（三）技术保障。

国家精品开放课程共享系统将构建安全、稳定的硬件运行环境和网络通道，利用先进信息技术，建设具有教、学兼备和互动交流等功能的共享平台。为了便于省级教育行政部门组织申报、学校和教师开展资源共享课建设，保证课程内容的完整性和课程结构及数据的标准性，以便实现优质资源的共享，国家精品开放课程共享系统将免费为高校和教师提供课程申报、提交等相关工具，向省级教育行政部门提供申报、评审系统支持。

2012年教育大事记

1月

1月4—5日　第20次全国高等学校党的建设工作会议在京召开。

会议回顾总结了党的十七大以来高校党建工作取得的成绩和经验，深刻分析了高校党建工作面临的新形势、新挑战，系统阐述了党的十七届六中全会对高校提出的新要求，全面部署了高校推进社会主义核心价值体系建设各项任务。会议强调加强教师队伍特别是青年教师队伍建设，为建设能够培养高质量大学生的社会主义大学提供坚强的思想、政治和组织保证，以优异成绩迎接党的十八大召开。

习近平在会前接见会议代表并讲话。习近平指出，教师是人类灵魂的工程师，是青年学生成长的引路人和指导者。他们的思想政治素质和道德情操，对青年学生具有很强的影响力和感染力，在思想传播方面起着十分重要的作用。这就要求高校教师以高度的社会责任感坚持教书育人、为人师表，以良好的思想道德品质给大学生以潜移默化的影响。青年教师作为高校教学的重要力量，与学生沟通互动多，对学生影响很大。要把加强青年教师思想政治建设作为高校党的建设一个重大问题来抓，深入细致地做好青年教师的思想引导工作，加大在青年教师中发展党员的工作力度，优化高校党员队伍结构。

刘延东出席会议并讲话。刘延东指出，要深刻认识高校党建面临的新形势新任务，以社会主义核心价值体系为引领，推动高校党建工作再上新台阶。要用中国特色社会主义共同理想凝聚师生，培养造就大批社会主义合格建设者和可靠接班人。要坚持和完善党委领导下的校长负责制，提高高校领导班子办学治校水平，增强基层党组织活力，加强思想文化阵地建设，确保校园和谐安全稳定。

1月5日　教育部修改《国家教育考试违规处理办法》。

为维护国家教育考试的公平公正，有效打击考试作弊行为，针对近年来国家教育考试中出现的新情况、新问题，教育部对2004年发布的《国家教育考试违规处理办法》部分条款进行了修订。新《办法》完善了国家教育考试概念，增强了适用性和准确性；完善了考试作弊的认定规则；明确了考场视频监控录像的证据效力，完善了监考体系；加大了对严重考试作弊行为的惩处力度；完善了考生权益救济机制和考试诚信制度，规范了考生诚信档案制度。《办法》发布后，各级教育考试机构通过多种形式，加大对社会和考生的宣传力度，加强对监考人员的培训，保证了《办法》的有效实施。

5月8日，教育部等十部门印发《关于进一步加强国家教育统一考试环境综合治理和考试安全工作的通知》。《通知》要求，充分发挥各部门的职能作用，完善各部门联动的工作体系，努力建立国家教育统一考试环境综合整治的长效机制。采取八项措施加强考试安全，加强组织领导、强化监管职责、加强综合治理、狠抓考试安全关键环节、维护考点良好秩序、强化安全责任、加强督促检查、营造国家教育考试良好氛围。

1月6—7日　教育部召开2012年全国教育工作会议，确定2012年为作风建设年。

加强机关政风建设。深入开展直属机关创先争优活动和学习型党组织建设，召开全国教育系统“为民服务创先争优”活动经验交流视频会，总结部机关、各地各校的经验和成效，建立健全“为民服务创先争优”活动长效机制；部党组成员带头调研，组成跨司局的专题调研组，深入基层调研推进重大改革试点工作，并坚持开学初赴基层调研指导工作，努力为学校和师生服务；在总结机关干部深入基层开展调研蹲点工作的基础上，印发《关于进一步推动机关干部深入基层调研工作的意见》；制订《教育部机关作风评议实施方案》，采取部机关外部评议、司局间互评、司局内部自评等方式，首次开展机关作风评议工作，促进了机关作风建设；制订《教育部直属机关廉政风险防控工作实施方案》，推动反腐倡廉制度化建设；加强信访工作，整合三部电话作为统一举报电话，对外公布。

加强行风建设。以制止义务教育择校乱收费为重点加强教育系统行风建设。针对群众反映强烈的“以钱择校、以优择校、以权择校”等现象，按照“管用、可操作、见效快”的思路，教育部出台了《治理义务教育阶段择校乱收费的八条措施》，指导督促各地全部出台了实施方案。严格执行就近入学，跨区域招生限定在10%以内；规范招生行为，明确取消“占坑班”、推优生、特长生；实行优质高中平均分配中考名额制度，要求达到30%以上；取消与入学挂钩的捐资助学费和赞助费等变相择校费；严格实行责任追究和行政问责制度。开展教育行风建设满意度测评，推进教育系统行风整体改进。教育部组织5个评议组以及第三方评议机构，采取评议组评议与群众民主评议、定性评价与量化考核、入户调查与网络调查有机结合的方式，对各省（区、市）及新疆生产建设兵团教育行风建设情况进行现场评议和量化考核，对全国93个县（市、区）的14 156名群众进行入户调查，随机对4 847名群众进行网络调查，深入了解各地行风建设情况，听取群众对教育行风的意见建议。评议结果显示，人民群众对教育行风建设满意度为72.7%。

加强学风建设。加强学术道德建设，促进和保障高等学校学术活动的健康发展。2009年12月24日，教育部科学技术委员会学风建设委员会召开第一次全体会议，通过《教育部科学技术委员会学风建设委员会章程》。2012年6月6日，中国科协、教育部等5部门召开全国科学道德和学风建设宣讲教育工作会议，强调要建立健全宣讲教育工作制度体系，强化考核措施，把宣讲教育活动开展情况作为学风建设的重要内容。11月，教育部印发《学位论文作假行为的处理办法》，明确学位申请人员、指导教师、学生培养单位、学位授予单位及相关人员的责任，规定了5种学位论文作假行为及对学位违规行为的处理措施等，《办法》于2013年1月1日正式实施。

1月31日　国家教育咨询委员会召开第二次组长座谈会。

刘延东出席座谈会并讲话。刘延东充分肯定国家教育咨询委员会过去一年的工作，希望国家教育咨询委员会委员在提供咨询意见、指导改革试点、积极建言献策、引导社会舆论等方面发挥更大作用。

根据教育规划纲要关于成立教育咨询委员会的要求，2010年11月18日，国家教育体制改革领导小组成立国家教育咨询委员会并召开第一次全体会议。国家教育咨询委员会主要职责是：对重大教育政策、重大改革事项等进行论证评议，提供咨询意见；开展调查研究，对教育改革发展中的重大理论和现实问题提出政策建议；对国家教育体制改革试点以及重大项目实施进行评估，提出报告。首届咨询委员64人。国家教育咨询委员会成立以来，在试点学院建设、开放大学设立、进城务工人员随迁子女接受义务教育后在当地参加考试文件制定等方面，提出了大量咨询意见。共调研国家教育体制改革试点项目170个，调研地区94个，学校265所，参与调研308人次，提供调研报告80篇，咨询意见45篇，发表与教育改革相关文章56篇。成立这样高层次的教育咨询机构，在新中国教育史上属首次。

2月

2月17日　教育部印发《关于建立中小学幼儿园家长委员会的指导意见》。

《意见》强调，中小学生和幼儿园儿童健康成长是学校教育和家庭教育的共同目标。建立家长委员会，对于发挥家长作用，促进家校合作，优化育人环境，建设现代学校制度，具有重要意义。《意见》明确家长委员会是在学校的指导下，由学生家长代表参加，代表全体家长参与学校民主管理、支持和监督学校做好教育工作的群众性组织；提出家长委员会参与学校管理、参与教育工作和沟通学校与家庭的三项基本职责；强调家长委员会要针对学校教育和家庭教育面临的突出问题，重点做好德育、协助学校开展安全和健康教育、推动减轻学生课业负担、化解家校矛盾等工作。

3月

3月5日　温家宝在十一届全国人大五次会议上明确提出，2012年中央财政按全国财政性教育经费支出占国内生产总值的4%编制预算。

根据《政府工作报告》的要求，6月29日，国务院印发《关于进一步加大财政教育投入的意见》，要求落实法定增长要求，切实提高财政教育支出占公共财政支出比重；拓宽经费来源渠道，多方筹集财政性教育经费：统一内外资企业和个人教育费附加制度，全面开征地方教育附加，从土地出让收益中按比例计提教育资金。7月6日，国务院召开全国教育投入和管理工作电视电话会议，刘延东出席会议并讲话。会议对进一步加大财政教育投入、切实加强教育经费管理工作进行了部署。7月，为加强4%目标落实工作的协调和指导，教育部、财政部、发展改革委联合成立4%办公室，办公室设在教育部。

12月15日，温家宝在中央经济工作会议讲话中指出，我国财政性教育经费支出占国内生产总值的比重达到4%。

3月13日　教育部印发《教育信息化十年发展规划（2011—2020年）》。

《规划》围绕教育改革发展的目标与任务，提出基本建成人人可享有优质教育资源的信息化学习环境，基本形成学习型社会的信息化支撑服务体系，基本实现所有地区和各级各类学校宽带网络的全面覆盖，教育管理信息化水平显著提高，信息技术与教育融合发展的水平显著提升。提出了教育信息化整体上接近国际先进水平，对教育改革发展的支撑与引领作用充分显现的战略目标。确定了坚持面向未来，育人为本；坚持应用驱动，共建共享；坚持统筹规划，分类推进；坚持深度融合，引领创新的工作方针。提出了未来十年教育信息化缩小基础教育数字鸿沟，促进优质教育资源共享等8项发展任务。《规划》提出以实施“中国数字教育2020行动计划”作为推进教育信息化工作的主要抓手，确定了优质数字教育资源建设与共享等5个专项行动。还从加强组织领导、完善政策法规、做好技术服务、落实经费投入四个方面提出了保障措施。

9月5日，国务院召开全国教育信息化工作电视电话会议，刘延东出席会议并讲话。刘延东对教育信息化的战略地位、发展趋势进行了深刻阐述，对当前和今后教育信息化工作进行了全面动员和系统部署，对国务院各部门及各级政府支持、落实教育信息化各项任务提出了明确要求。“十二五”期间教育信息化建设的核心目标与标志工程为“三通两平台”，即“宽带网络校校通、优质资源班班通、网络学习空间人人通”，建设教育资源公共服务平台和教育管理公共服务平台。10月，教育部、发展改革委、财政部、工业和信息化部等九部门印发了《关于加快推进教育信息化当前几项重点工作的通知》。

为推动《规划》顺利实施，5月，教育部制定《精品资源共享课建设工作实施办法》，北京大学、清华大学等高校以“中国大学视频公开课”的形式通过“爱课程”网、中国网络电视台等平台向社会免费开放。9月15日，教育部与中国移动通信集团公司就共同完善校园无线网络覆盖；设立移动学习平台，促进优质教育资源开发、共享与应用；实施教师信息技术能力培训与提升项目等方面建立紧密的战略合作伙伴关系，签署了战略合作框架协议。9月24—27日，教育部和深圳市人民政府联合主办首届“全国中小学信息技术教学应用展演”，展示了各地尝试信息技术在教育教学中应用的案例。11月，教育部全面启动实施教学点数字教育资源全覆盖项目，决定为农村义务教育学校布局调整中确需保留和恢复的教学点配备数字教育资源接收和播放设备，利用信息技术帮助教学点开好国家规定课程。12月10日，召开全国职业教育信息化建设工作会议，按照《规划》和《教育部关于加快推进职业教育信息化发展的意见》的要求，进一步明确了用现代信息技术助推现代职业教育加快发展的目标任务和政策措施。12月8—10日，举行第三届全国职业院校信息化教学大赛决赛，开通了“中国职业教育信息资源网”，启动了职业院校教学资源共享平台。12月28日，国家教育资源公共服务平台（一期）开通。

3月15日　教育部、财政部印发《关于实施高等学校创新能力提升计划的意见》。

为贯彻落实胡锦涛在清华大学百年校庆上重要讲话精神，教育部、财政部决定实施高等学校创新能力提升计划，即“2011计划”。“2011计划”是继“211工程”、“985工程”后，中国高等教育战线又一项体现国家意志的重大战略举措，对于大力提升高等学校的创新能力，全面提高高等教育质量，深入实施科教兴国、人才强国战略，具有十分重要的意义。

《意见》提出，以“国家急需、世界一流”为根本出发点，引导高校围绕国家急需的重大问题，组织和集聚一流团队，创造一流的成果，培养一流的人才，形成一流的创新氛围，推动世界一流大学建设；以人才、学科、科研三位一体创新能力提升为核心任务，围绕重大科学问题和国家重大需求，增强三者之间的协同与互动，增强创新要素的有效集成，增强高校创新能力发展的导向性，增强投入与产出的效益；以协同创新中心为载体，构建四类协同创新模式；以创新发展方式转变为主线，深化高校机制体制改革。《意见》要求，通过大力推进高校协同创新组织管理、人事制度、人才培养、人员考评、科研模式、资源配置方式、国际合作以及创新文化建设八个方面的改革，推动实现高校科学研究、人才培养等工作由学科导向向需求导向为主转变；创新组织管理要改革个体、封闭、分割方式，逐步向流动、开放、协同的机制转变；创新要素与资源要突破孤立、分散的制约，逐步向汇聚、融合的方向转变。

5月7日，教育部、财政部召开“2011计划”工作部署视频会，要求各学校准确把握以全面提升创新能力为目标，以建立、健全协同创新机制为工作重点，不断深化机制体制改革，大力推进高校协同创新。

3月16日　教育部印发《关于全面提高高等教育质量的若干意见》。

胡锦涛在清华大学百年校庆重要讲话中强调，不断提高质量是高等教育的生命线，必须始终贯穿于高等学校人才培养、科学研究、社会服务、文化传承创新各项工作之中。《意见》针对制约提高质量的薄弱环节和突出问题，围绕提高质量这条主线，提出了30条政策举措。重点阐述全面提高高等教育质量的总体要求；提高人才培养质量的政策措施；增强科学研究能力、服务经济社会发展、推进文化传承创新的政策措施；深化体制机制改革的政策措施；建设高素质教师队伍的政策措施；加强条件和经费保障。《意见》提出了高等教育内涵式发展的总体要求，即稳定规模、优化结构、强化特色、注重创新，推动建立以提高高等教育质量为导向的管理制度和工作机制，把教育资源配置和高校工作的重点集中到强化教学环节、提高质量上来。

3月22—23日，教育部召开全面提高高等教育质量工作会议，部署实施《意见》。刘延东出席会议并讲话。刘延东强调，要坚持走以质量为核心的内涵式发展道路，实现从高等教育大国向高等教育强国的转变。要确立人才培养的中心地位，抓住一切为了学生成长成才这一关键，打造高水平师资队伍，加快教育教学改革，提高高校科学研究、社会服务和文化传承创新能力，形成相互支撑、整体提升质量的格局，建设优良校风教风学风。

7月12日，全国高职高专校长联席会议发布《2012中国高等职业教育人才培养质量年度报告》，这是高等职业教育整体办学质量的首次发布。

3月19日　教育部、发展改革委、财政部、人力资源社会保障部、国务院扶贫办印发《关于实施面向贫困地区定向招生专项计划的通知》。

为促进教育公平，缩小区域入学机会差距，近年来，教育部通过定向就业招生、实施“支援中西部地区招生协作计划”和调整直属高校生源计划主要投向中西部大省等政策，加大向中西部地区、贫困地区、少数民族地区的招生倾斜力度，使高校录取学生中农村籍学生比例由10年前的48%，上升到2011年的61%；中西部考生平均录取率升幅明显高于全国平均录取率升幅。为进一步帮助边远特困地区学生，扩大他们进入高水平大学的比例，教育部等相关部门专门制定了定向招生计划并发出

《通知》。

《通知》规定，自2012年起在普通高校招生计划中专门安排适量招生计划，面向集中连片特殊困难地区生源，实行定向招生，引导和鼓励学生毕业后回到贫困地区就业创业和服务。从2012年开始，“十二五”时期每年在全国普通高校招生年度计划总增量中安排1万名左右本科招生计划，面向集中连片特殊困难地区参加全国统考的考生，实行定向招生。生源范围为国务院确定的21个省（区、市）的680个贫困县。承担专项计划实施任务的高校，将根据贫困地区特别是农村经济社会发展需要，以农林、水利、地矿、机械、师范、医学以及其他适农涉农专业为主招生；国家按贫困地区生源比例和专业需求等因素安排分省计划数量。

2012年定向招生共录取11 752名本科生，集中连片特殊困难地区学生上一本的录取率提高了10%。

3月20日　教育部公布首次面向海内外公开选拔直属高校校长名单。

为贯彻落实教育规划纲要、深化直属高校干部选拔任用制度改革、推进直属高校事业科学发展，教育部决定面向海内外公开选拔大学校长，以更宽的视野，在更大的范围发现优秀人才、选择优秀人才，在更高的层次上实现“好中选优”。2011年12月，教育部发布《教育部公开选拔直属高校校长公告》，启动了公开选拔东北师范大学校长、西南财经大学校长工作。

12月4日，教育部第二次面向海内外公开选拔北京科技大学、北京中医药大学和中国药科大学3所直属高校校长。

4月

4月5日　国务院发布《校车安全管理条例》。

《条例》针对近年来一些地方特别是一些农村地区多发校车安全事故，造成未成年人重大伤亡事件，建立起有法律约束力的切实可行的校车安全管理制度，保障学生上下学集体乘车安全。《条例》对学校和校车服务提供者、校车使用许可、校车驾驶人、校车通行安全、校车乘车安全、法律责任做出规定，赋予校车通过优先权，对校车最高时速和严禁超载做了明确规定，考虑了地区之间、城乡之间的不同情况，在确立全国普遍适用的校车安全管理基本制度的同时，给地方制定符合本地实际情况的具体办法留出了较大空间。

6月29日，国务院批复同意建立校车安全管理部际联席会议制度。7月5日、12月10日，先后召开两次联席会议。8月6日，教育部、公安部、中宣部、发展改革委等二十部门发出通知，要求县以上地方各级人民政府建立校车安全管理工作机制、省级人民政府制定《条例》实施办法、以县为单位编制校车服务方案，同时县级人民政府要确保过渡期交通安全，部署各地开展专项治理和校车安全管理专项督查，并要求各相关部门在地方人民政府领导下，认真履行部门职责。

9月17日至10月26日，校车管理部际联席会议派出14个督查组，对浙江、重庆等14个省区市贯彻落实《条例》情况进行了检查。

4月12日　刘延东出席中英高级别人文交流机制第一次会议。

应英国文化大臣亨特的邀请，刘延东访问英国，启动中英高级别人文交流机制，并召开高级别人文交流机制第一次会议，就教育等五个领域的合作进行了商讨。在教育方面，支持中英学生双向流动，开展中英大学生实习试点项目，鼓励和支持中英中小学合作，继续加强语言教学合作，加强职业教育和技能培训合作，重视高校与企业界开展联合研发和知识转化合作。

4月18日，刘延东与欧盟委员会教育、文化、语言多样性及青年事务委员瓦西利乌在布鲁塞尔欧盟总部共同启动中欧高级别人文交流对话机制并主持第一次会议。中欧高级别人文交流对话机制将设立“中欧高等教育交流合作平台”，整合高等教育领域分散的政策对话；双方资助学生留学，中国政府将提供3万个奖学金名额，欧盟委员会支持5 000个名额；继续开展中欧教育政策对话，建立双方共同认可的质量标准，制订开展相互认证的标准，开展中欧联合研究项目；加强语言合作和进一步推动语言多样性；2012—2016年支持万名青年学生交流互访；中方将推动中欧高校建立欧洲区域与国别研究中心和中国研究中心，以加强对彼此的研究。

2006年和2010年我国建立了中俄、中美人文合作机制。5月4日，刘延东与美国希拉里共同主持第三轮中美人文交流高层磋商全体会议。

4月27日　发展改革委、教育部印发《中西部高校基础能力建设工程实施方案》。

为促进中西部高等教育加快发展，《国民经济和社会发展第十二个五年规划纲要》和教育规划纲要提出实施中西部高等教育振兴计划的任务。据此，发展改革委、教育部优先启动"中西部高校基础能力建设工程"。"十二五"期间，中央财政投入100亿元支持中西部23个省（区、市）和新疆生产建设兵团所属100所高校加强基础能力建设，促进这些学校的基础教学实验条件有较大改善，师资队伍素质结构更加优化，学生学习、实践就业和创新创业能力明显提升，学校办学特色逐步彰显，服务区域经济社会发展能力显著增强，为缩小区域间高等教育发展差距，为全面振兴中西部高等教育奠定坚实基础。工程以5年为一个周期，滚动实施。

9月7日，教育部、财政部召开通气会，启动支持中西部高校提升综合实力工作。"十二五"期间，中央财政投入60亿元，在没有教育部直属高校的13个省（区）和新疆生产建设兵团选择1所地方高水平大学进行重点建设，促进这些高校改善办学条件，加强特色学科和师资队伍建设，提高人才培养质量和科学研究水平，增强社会服务能力。

11月13日，在香港李兆基基金会和培华教育基金会资助下，教育部启动了"千名中西部大学校长海外研修计划"，旨在提升中西部地方高校办学水平，加强中西部地方高校领导的办学治校能力。截至12月中旬，已完成首批94名中西部高校领导海外研修任务。

5月

5月14—16日　第三届国际职业技术教育大会在上海召开。

由联合国教科文组织主办的第一、二届国际职业技术教育大会分别于1987年和1999年在德国柏林和韩国首尔召开。第三届国际职业技术教育大会以"为工作和生活培养技能"为主题。会议发表了《上海共识》，对改进职业教育的技能培养水平、提升职业教育体系的投入产出效率、消除社会不公和排斥、构建职业技术发展与终身教育相结合的技能体系等多方面，提出了有针对性的措施和意见。

5月14日，刘延东出席开幕式并致辞。刘延东强调，世界各国应加强职业教育国际交流合作，改革职业教育理念，突出服务实体经济，着力培养人才的创新技能；努力提高包括青年、妇女及困难群体、特殊群体在内的劳动者的就业择业创业能力；着眼终身学习需要，创新教育内容和方式；完善政策体系，营造政府、学校、企业、社区和家庭广泛参与的社会环境，加强职业教育与其他各类教育的衔接融合。来自117个联合国教科文组织成员国和72个国际组织的800多名代表出席会议。

5月23日　教育部等十五部门联合印发《农村义务教育学生营养改善计划实施细则》等五个配套文件。

2011年10月26日，温家宝主持召开国务院常务会议，审议并原则通过了农村义务教育学生营养改善计划。同年11月23日，国务院办公厅印发《关于实施农村义务教育学生营养改善计划的意见》，决定中央财政为国家试点地区农村（不含县城）义务教育阶段学生提供营养膳食补助，标准为每生每天3元，全年600元。中央财政每年投入约160多亿元。同年11月24日，国务院召开电视电话会议，部署实施全国农村义务教育学生营养改善计划。刘延东出席会议并讲话。刘延东要求各地在充分认识实施营养改善计划重要意义的基础上，发挥政府主导作用，调动各方面积极性，形成共同推进的合力；坚持试点先行，点面结合，探索建立长效机制，同时完善"一补"政策；从实际出发，因地制宜创新供餐机制，改善就餐条件，防止"一刀切"；牢固树立安全第一意识，建立健全规章制度，确保食品安全。

为落实国务院《意见》和会议精神，教育部、中宣部、发展改革委等十五部门印发《农村义务教育学生营养改善计划实施细则》、《农村义务教育学生营养改善计划食品安全保障管理暂行办法》、《农村义务教育学校食堂管理暂行办法》、《农村义务教育学生营养改善计划实名制学生信息管理暂行办法》、《农村义务教育学生营养改善计划信息公开公示暂行办法》等五个配套文件，从实施细则、专项文件和工作制度三个层级指导各地科学有效地实施营养改善计划。2012 年 7 月 24 日，财政部、教育部印发《农村义务教育学生营养改善计划专项资金管理暂行办法》。

农村义务教育学生营养改善计划是中国历史上最大规模的支持农村及困难地区学生健康发展的举措，切实改善了农村学生的营养状况，提高了农村学生健康水平。营养改善计划覆盖中西部 699 个县，惠及 3 000 多万名学生，国际社会给予高度评价。10 月 22 日，世界银行、联合国世界粮食计划署和儿童发展伙伴组织联合考察组，在广西都安县、青海乐都县实地考察后高度赞扬中国政府实施农村义务教育学生营养改善计划所取得的成绩，认为与世界 90 多个实施学校供餐的国家相比，项目在地方政府组织、投资有效、补助标准高于同等收入的发展中国家、受寄宿制学生欢迎等方面，具有独特优势。

6月

6 月 7 日　全国中小学校舍安全工程领导小组召开第三次会议，三年规划改造任务基本完成。

刘延东出席并讲话。刘延东指出，全国中小学校舍安全工程实施三年多来，推进有序有力，取得了显著成效。刘延东要求，要继续抓好重点难点问题，推动工程规划任务顺利完成；强化规范管理，确保工程实施质量；保障工程资金投入，严格资金管理；立足持续发展，建立中小学校舍安全长效机制；加强督导检查，把工程各项任务落到实处；做好宣传工作，营造良好舆论氛围。

2008 年 7 月 4 日，国务院印发的《关于做好汶川地震灾后恢复重建工作的指导意见》提出，把学校等公共设施建成“最安全、最牢固、群众最放心的建筑”。2009 年 4 月 8 日，国务院办公厅印发《全国中小学校舍安全工程实施方案》，计划用三年时间，对地震重点监视防御区、七度以上地震高烈度区、洪涝灾害易发地区、山体滑坡和泥石流等地质灾害易发地区的各级各类城乡中小学存在安全隐患的校舍进行抗震加固和迁移避险，提高综合防灾能力。

工程实施三年多来，已开工近 3.5 亿平方米，占规划改造的 98%；已竣工 3.1 亿平方米，占 88%。其中中西部七度及以上地震高烈度且人口稠密地区已开工 1.4 亿平方米，占这类地区规划改造的 98%；已竣工 1.2 亿平方米，占 86%。

10 月 16 日，根据国务院领导审定的方案，发展改革委、财政部、教育部联合下达 2012 年中小学校舍安全工程专项资金 20 亿元（其中：发展改革委 10 亿元，财政部 10 亿元），重点支持中西部七度及以上地震高烈度且人口稠密地区义务教育阶段学校实施校舍安全工程。

6 月 14 日　教育部印发《国家教育事业发展第十二个五年规划》。

《规划》根据《国民经济和社会发展第十二个五年规划纲要》和教育规划纲要的战略部署，以经济社会发展需要为出发点，以加强关键和薄弱环节为着力点，提出了现代教育体系建设的重点任务。《规划》提出，落实教育“三个优先”的保障制度，完善教育公平制度，完善教育与经济社会结合的制度，完善民办教育制度，建设现代学校制度，创新教育家办学制度，完善教育行政管理制度，健全省级政府教育统筹制度，建立健全教育标准和绩效评价制度，健全教育督导制度，改革考试招生制度 11 个方面的制度建设任务；切实保障进城务工人员随迁子女就学，完善学生资助政策，加快发展学前教育，推动义务教育均衡发展，大力发展中等职业教育，提高特殊教育的保障水平等扩大和保障公平受教育机会的一系列政策；完善教育质量保障机制，建立教育质量评价体系，加强和改进德育工作，落实教学改革重大举措，加强创新人才培养，为全体学生提供更加丰富的优质教育；从加快培养经济社会发展重点领域急需紧缺人才，扩大应用型、技能型、复合型人才培养规模，建立人才培养与供给结构调整机制三个方面，提出提高教育对经济社会发展的贡献力和支撑力，推进人才培养结构调整的措施。

12 月 4 日，教育部、国家语委印发《国家中长期语言文字事业改革和发展规划纲要（2012—2020 年）》。10 月 9 日，教育部党组审议了《现代职业教育体系建设规划》。

6月18日 教育部印发《关于鼓励和引导民间资金进入教育领域促进民办教育健康发展的实施意见》。

根据2010年5月国务院印发的《关于鼓励和引导民间投资健康发展的若干意见》，教育部制定《实施意见》。《实施意见》要求以鼓励和引导民间资金进入学前教育和学历教育领域为目标，以现行法律法规为依据，以放宽准入条件、加强扶持力度、依法规范管理为原则，重申明晰民间资金进入教育领域的相关政策，吸引大量的民间资金进入教育领域，真正形成公办教育和民办教育共同发展的格局。

《实施意见》提出，要充分发挥民间资金推动教育事业发展的作用，拓宽民间资金参与教育事业发展的渠道，制定完善促进民办教育发展的政策，健全民办教育管理与服务体系，引导民办教育健康发展。强调要把鼓励和引导民间资金进入教育领域、促进民办教育发展作为各级政府的重要职责，不断完善政府扶持政策体系，并将检查、督导、评估作为规范民办教育的重要手段。

6月26—29日 2012年度全国职业院校技能大赛在天津举办。

2008年，按照《国务院关于大力发展职业教育的决定》关于“定期开展全国性的职业技能竞赛活动”的要求，教育部印发《关于举办2008年全国职业院校技能大赛的通知》，决定由教育部、天津市人民政府等23个单位、部门、行业在天津举行首届全国职业院校技能大赛。以后每年举行一次。2012年度全国职业院校技能大赛除了在天津主赛场举行外，还将赛场扩大到河北、山西、吉林、江苏、浙江、安徽、山东、河南、广东、贵州十个分赛区分别举行。同期还召开了全国职业院校德育创新暨校园文化建设座谈会、2012年民族地区职业院校学生才艺和教学成果展演、全国职业院校学生技能作品展洽会等系列活动。刘延东致信祝贺。

7月

7月5日 教育部印发《教育部定点联系滇西边境山区工作方案》。

2011年，党中央确定将14个连片特殊困难地区作为今后10年扶贫攻坚主战场。教育部牵头联系滇西边境山区，包括10个州市的56个片区县，涉及49个国家和省级扶贫开发重点县。

教育部成立了定点联系工作领导小组，明确了“将滇西边境山区建设成为人力资源开发扶贫示范区”的工作思路，并开展了一系列工作。3月21日，设立滇西教育发展专项基金，已筹集资金近千万元。4月20日，成立云南大学滇西发展研究中心，开展社会、经济、民族、教育发展及扶贫攻坚方面的研究，为教育部定点联系工作提供支撑；组织东部10个职业教育集团与滇西边境山区10所职业学校对口支援，签订战略合作协议。8月，组织实施“爱心幼儿园援建工程”。10月16日，启动干部挂职滇西工作，挂职干部推选工作已基本完成。12月3日，建设启动滇西开发网，为滇西经济发展搭建信息交流平台。此外，还组织编制加快滇西教育改革发展共同推进计划，组织16所直属高校到滇西国家级贫困县定点扶贫。

12月3日，国务院扶贫开发领导小组在普洱召开滇西边境片区区域发展与扶贫攻坚启动会。回良玉出席并讲话，强调集中力量推进该片区区域发展与扶贫攻坚，对于促进各族群众共同富裕与边疆和谐稳定、加强生态建设和环境保护，都具有极其重要的意义。

7月19日 国家教育考试指导委员会成立暨第一次全体会议在京举行。

刘延东出席会议并讲话。刘延东希望考试指导委员会各位委员认真履行职责，深入调查研究，积极献言献策，为建立健全中国特色、世界水平的教育考试制度做出积极贡献。

国家教育考试指导委员会是为落实教育规划纲要、提高教育考试招生决策水平，由国家教育体制改革领导小组成立的。首届委员会由教育、科技、经济、法律、管理等领域26名专家组成。委员会下设专家工作组，由32位专家组成，分考试、招生、管理三个组开展工作。国家教育考试指导委员会成立以来，围绕考试改革重点，在高考改革总体思路和基本框架、分类考试招生改革、高水平大学自主选拔录取改革、高中学业水平考试及综合素质评价、督促指导各地制订进城务工人员随迁子女接受义务教育后在当地参加升学考试实施方案等13个方面进行了大量调研，提出了咨询指导意见，有的已经形成文件开始实施。

12月27日，国家教育考试指导委员会举行第二次全体会议，听取2012年工作汇报，研究落实2013年如何推进考试招生制度改革、深化教育领域综合改革、破解教育改革发展热点难点等15项任务。

教育规划纲要发布以来，高考招生制度改革工作积极推进。国家示范性高职院校以技能考核为主对口招收中专、职高、技校毕业生，北京、浙江等地按照本专科分开的思路为高职考试招生做出相应的政策安排。2012年高职分类考试招生达到102万人，占高职招生总数的三分之一，推动建立符合职业教育人才选拔培养规律和特点的招生工作体系。

高校自主选拔录取改革试点不断深化，努力选拔培养具有学科特长和创新潜质的优秀人才。12月12日，教育部印发《关于进一步深化高校自主选拔录取改革试点工作的指导意见》。2012年自主选拔录取改革试点高校90所，录取2.5万名。自2003年开始试点以来，试点高校和招生数量稳步增长，总计公示入选考生19.8万名，录取10.7万名。

7月28日　教育部调整机构设置，组建教师工作司。

为更好地适应教育事业发展需要，理顺内部各机构之间的关系，增强机构设置的合理性，教育部调整了内设部分机构设置。以师范教育司为基础组建教师工作司，将人事司、职业教育与成人教育司有关教师工作职责划转到教师工作司。教师工作司的职责是：规划、指导各级各类学校教师队伍建设；拟订教师教育和教师管理政策法规；拟订各级各类教师资格标准并指导教师资格制度的实施；指导教师教育和教师管理工作。

10月29日，成立综合改革司。其职责是：承担国家教育体制改革领导小组办公室的日常工作；承担统筹推进贯彻落实《教育规划纲要》有关工作；研究提出落实教育体制改革的重要方针、政策、措施的建议；承担组织推进重大教育改革的有关工作；监督检查教育体制改革试点进展情况；承担教育体制改革宣传工作。成立巡视工作办公室。其职责是：承担教育部直属高校、直属单位、驻外机构等方面巡视工作，负责有关综合协调、政策研究、制度建设等事务；拟订巡视工作计划方案并组织实施；会同有关方面做好巡视工作人员的培训、调配、监督、管理等工作；提出巡视工作成果运用的意见和建议；负责督办有关巡视工作事项。撤销直属高校工作司，原所承担的部分职能分别划归人事司和综合改革司。在高等教育司设立直属高校工作办公室，其职责是：负责指导直属高校制订发展战略规划，负责与地方政府和有关部门共建直属高校等省部共建工作，承担教育部直属高校工作咨询委员会秘书处日常工作，负责直属高校年度事业发展统计信息有关综合工作等。调整职业教育与成人教育司职能，将职业教育功能合并，把原高等教育司的高等职业教育和继续教育管理的相关职责划转到职业教育与成人教育司。设立学前教育办公室、特殊教育办公室、继续教育办公室。

7月31日　国家开放大学、北京开放大学、上海开放大学成立大会暨揭牌仪式在人民大会堂举行。

根据教育规划纲要“办好开放大学”的要求和《国务院办公厅关于开展国家教育体制改革试点的通知》的精神，6月21日，教育部批准在中央广播电视大学基础上建立国家开放大学，同时在北京广播电视大学、上海电视大学基础上建立北京开放大学、上海开放大学。刘延东出席会议并讲话。刘延东指出，要以现代信息技术为支撑，整合共享优质教育资源，创新教育教学模式，办好中国特色的开放大学，为社会成员提供更加灵活便捷公平开放的学习方式和多层次多样化的教育服务，为建设学习型社会和教育强国、人力资源强国做出积极贡献。

8月

8月20日　国务院印发《关于全面加强教师队伍建设的意见》。

《意见》根据教育规划纲要和人才规划纲要的

要求，把加强教师队伍建设作为事关教育事业科学发展的关键因素和紧迫任务，明确了教师队伍建设的战略地位、总体要求、重点任务和政策措施，提出了破解重点、难点问题的方向和路径。《意见》是新中国成立以来第一个全面部署教师队伍建设工作的文件。

9月6日，教育部印发了《关于深化教师教育改革的意见》；9月20日，教育部与相关部委出台了《关于大力推进农村义务教育教师队伍建设的意见》、《关于加强高等学校青年教师队伍建设的意见》、《关于加强幼儿园教师队伍建设的意见》、《关于加强特殊教育教师队伍建设的意见》；10月18日，教育部印发了《职业学校兼职教师管理办法》。这6个文件以点带面，着力破解涉及教师队伍建设体制机制方面的瓶颈，全面加强教师队伍建设，努力形成一支师德高尚、业务精湛、结构合理、充满活力的高素质专业化教师队伍。

为建立教师专业标准体系，严格实施教师准入制度，2月20日，教育部印发《幼儿园教师专业标准（试行）》、《小学教师专业标准（试行）》和《中学教师专业标准（试行）》。三个标准突出师德要求、强调学生主体地位、强调实践能力、体现时代特点，由基本理念、基本内容与实施建议三大部分构成。基本理念提出教师要以学生为本，师德为先，能力为重，终身学习。基本内容由维度、领域和基本要求组成，分别对幼儿园、小学、中学教师的专业理念与师德、专业知识和专业能力提出60余条具体要求。

8月29日　教育部、中科院在北京联合启动实施科教结合协同育人行动计划。

刘延东出席启动仪式并讲话。刘延东指出，实施科教结合协同育人行动计划是改革人才培养体制、创新人才培养模式的积极探索，要按照“加强统筹、试点引领、重点突破、全面推进”的原则，以培养创新人才为目标，以提高学生科研实践能力为重点，以建立高校和科研院所协同机制为保障，努力实现高水平科研与高质量人才培养的相互支撑。21所“211工程”建设高校和中国科学院31个研究所签署了战略合作协议。该计划由科苑学者上讲台计划、重点实验室开放计划、大学生科研实践计划、大学生暑期学校计划、大学生夏令营计划、联合培养大学生计划、联合培养研究生计划、人文社科学者进科苑计划、中科院大学生奖学金计划、科苑学者走进中学计划10个项目构成，形成系列行动方案。首批有80余家中科院研究所、50余所高校参加。

12月24日，教育部、中国工程院在北京签署战略合作协议。根据协议，双方围绕教育工作的重大问题，组织开展战略研究和咨询服务，为教育改革发展提供战略性、前瞻性、可操作性的咨询意见和建议；继续加强在卓越工程师教育培养计划、高校与工程研究院所联合培养博士生、继续教育、科普工作、科学道德和学风建设等领域的合作。截至2012年年底，高校与工程研究院所联合培养试点单位已达63家。

7月26日，科技部、教育部签署加强协同创新，提升高校科技创新能力合作协议。根据合作协议，两部将共同提升高校原始创新能力，积极支持并培育一批多学科交叉合作的优秀团队；加强协同创新，充分发挥高校在技术创新和区域创新中的生力军作用；完善政策体系，加快推动高校科技成果转化和技术转移；建立开放共享机制，提升高校科技资源公共服务水平；促进科教深度结合，增强高校创新创业人才培养能力；扩大开放交流，提升高校国际科技合作水平。2011年5月3日，教育部科学技术委员会与中国科协签署战略合作框架协议。通过合作，实现双方资源共享，集成优势，发挥团队作用，开展高层次的战略研究和政策研究，为国家科技、教育和经济社会发展献计献策。

8月30日　国务院办公厅转发教育部、发展改革委、公安部、人力资源社会保障部《关于做好进城务工人员随迁子女接受义务教育后在当地参加升学考试工作的意见》。

为确保进城务工人员随迁子女在输入地接受义务教育，2003年9月，教育部等六部门联合制定了《关于进一步做好农民工子女义务教育工作的意见》，提出以输入地政府为主，以全日制公办中小学为主，切实保障进城务工人员随迁子女在当地接受义务教育的权利。随着随迁子女完成义务教育人数不断增多，在当地参加高中和高等教育升学考试的需求凸显出来。教育规划纲要提出，要研究制定进城务工人员随迁子女接受义务教育后在当地参加升学考试的办法。2011 年 8 月，温家宝在考察河北省张北县农村教育时强调，要抓紧研究制定随迁子女接受义务教育后，在输入地参加升学考试的办法。

《意见》指出，要充分认识做好进城务工人员随迁子女升学考试工作的重要意义，坚持有利于保障进城务工人员随迁子女公平受教育权利和升学机会，坚持有利于促进人口合理有序流动，统筹考虑进城务工人员随迁子女升学考试需求和人口流入地教育资源承载能力等现实可能，积极稳妥地推进随迁子女升学考试工作。因地制宜制定随迁子女升学考试具体政策，加强组织领导和协调配合，按国务院要求出台关于解决进城务工人员随迁子女在当地参加中考和高考的方案。截至 2012 年年底，31 个省（区、市）除西藏、海南外都陆续制订了具体实施方案。

9月

9月5日　国务院印发《关于深入推进义务教育均衡发展的意见》。

为巩固提高九年义务教育水平，全面实现教育规划纲要提出的均衡发展任务，2011 年初，教育部会同有关部门针对人民群众关心的热点难点问题，对我国义务教育发展状况进行了全面调研。

《意见》提出了义务教育均衡发展的阶段性指标，明确了深入推进义务教育均衡发展的具体政策措施，主要包括均衡配置办学资源、推进义务教育学校标准化建设、均衡配置教师资源、保障特殊群体平等接受义务教育、全面提高义务教育质量等。

2011 年 3 月 9 日、7 月 11 日和 2012 年 9 月 6 日，教育部分三批与 31 个省（区、市）和新疆生产建设兵团签署了义务教育均衡发展备忘录，形成了落实义务教育均衡发展的协同推进机制。5 月 28 日，教育部印发《县域义务教育均衡发展督导评估暂行办法》，决定建立县域义务教育均衡发展督导评估制度，开展义务教育发展基本均衡县（市、区）的评估认定工作。

9月6日　国务院办公厅印发《关于规范农村义务教育学校布局调整的意见》。

根据 2001 年 5 月《国务院关于基础教育改革与发展的决定》提出的优化教育资源配置，合理规划和调整学校布局精神，各地对农村学校的布局进行了积极的调整。布局调整满足了农村学校开足开齐国家规定课程的要求，提高了农村教师队伍的整体素质和办学效益。但是撤并过程中存在简单急躁现象，导致有些地方出现农村学生上学距离过远，安全隐患增加，经济负担加重，大班额增加等问题。

2012 年 3 月，《政府工作报告》提出农村中小学布局要因地制宜，处理好提高教育质量和方便孩子们就近上学的关系。教育部会同有关部门针对农村义务教育学校布局调整存在的突出问题，开展了调查研究。

《意见》要求县级人民政府科学制订农村义务教育学校布局专项规划，并经省级人民政府审批汇总后报国家教育体制改革领导小组备案。在完成农村义务教育学校布局专项规划备案之前，暂停农村义务教育学校撤并。《意见》严格规范了学校撤并程序和行为，要求县级人民政府必须严格履行撤并方案的制订、论证、公示、报批等程序，撤并方案要逐级上报省级人民政府审批。《意见》还对办好村小和教学点、解决学校撤并带来的突出问题等做出明确规定。

9月7日　全国教师工作暨“两基”工作总结表彰大会在北京召开，胡锦涛给大会发来贺信。

大会总结了我国“两基”工作的历史性成就，宣告中国全面普及了九年义务教育，青壮年文盲率下降到 1.08%。根据 9 月 5 日国务院印发的《关于表彰全国“两基”工作先进单位和先进个人的决定》、《关于表扬全国“两基”工作先进地区的通报》，大会表彰了 300 个全国“两基”工作先进单位、500 名先进个人和 80 个先进地区。期间，举办了奠基中国——“两基”成就展。

1986 年，义务教育法颁布，以国家立法的形式正式确立了普及义务教育制度，1988 年，国务院发布《扫除文盲工作条例》；1992 年，党的十四大提出 20 世纪末基本扫除青壮年文盲、基本实现九年义务教育的目标，到 2000 年我国在 85%以上的人口地区完成"两基"任务；2004年，开始实施西部"两基"攻坚计划；到2011年年底，我国西部42个边远贫困县实现"两基"，至此，全国所有县（市、区）和其他县级行政区划单位、所有省级行政区全部通过普及九年义务教育和扫除青壮年文盲的国家验收，实现"两基"目标。

胡锦涛给大会发来贺信。贺信中说，经过全党全社会的不懈努力，我国已经全面实现普及义务教育和扫除青壮年文盲的"两基"目标。这是我国教育发展史上的重要里程碑，对于促进教育公平、提高国民整体素质、推动经济社会又好又快发展都具有重要意义。希望各地区各部门坚持把教育摆在优先发展的战略地位，认真总结"两基"工作经验，切实巩固"两基"工作成果，加快建成覆盖城乡的基本公共教育服务体系，逐步实现基本公共教育服务均等化，真正办好人民满意的教育。

温家宝出席大会并讲话。温家宝指出，教育兴国是几代中国人的梦想。我们在推进教育发展、促进教育公平方面，主要做了3件大事：一是实施西部地区"两基"攻坚计划；二是在全国城乡全面实施真正免费义务教育；三是建立健全国家助学制度。这是中华民族伟大复兴道路上浓墨重彩的绚丽篇章。刘延东在大会总结中说，要落实政府职责，把均衡发展作为新阶段义务教育的战略性任务，促进教育公平，提高教育质量，保障所有适龄儿童少年平等接受优质义务教育。1 400万人民教师是办好教育的主体，要把教师队伍建设作为教育事业发展最重要的基础性工作，以一流的师资支撑一流的教育、培养一流的人才。联合国教科文组织总干事在给温家宝的贺信中认为，中国为世界全民教育发展做出了积极贡献，是发展中国家推进全民教育的成功典范。

9月9日　国务院发布《教育督导条例》。

1979年9月，邓小平提出恢复教育督导制度。1991年4月，国家教委印发了《教育督导暂行规定》。1995年3月发布的《中华人民共和国教育法》确定，教育督导与评估制度是我国教育的一项基本制度。

《条例》是国务院发布的新中国第一部专门的教育督导法规，是国家推进教育管理改革、强化教育监督的重要举措。《条例》扩大了教育督导范围，提高了教育督导的地位，规定了教育督导的范围、内容和原则，明确了教育督导的机构设置和职责职权，制定了教育督导的实施程序和法律责任，明确了督学的合法权利和责任义务。教育督导机构对下列事项实施教育督导：（1）学校实施素质教育的情况，教育教学水平、教育教学管理等教育教学工作情况；（2）校长队伍建设情况，教师资格、职务、聘任等管理制度建设和执行情况，招生、学籍等管理情况和教育质量，学校的安全、卫生制度建设和执行情况，校舍的安全情况，教学和生活设施、设备的配备和使用等教育条件的保障情况，教育投入的管理和使用情况；（3）义务教育普及水平和均衡发展情况，各级各类教育的规划布局、协调发展等情况；（4）法律、法规、规章和国家教育政策规定的其他事项。被督导单位及其工作人员对教育督导机构依法实施的教育督导应当积极配合，不得拒绝和阻挠。

10月11日，国务院教育督导委员会成立，刘延东担任国务院教育督导委员会主任，并聘任新一届国家督学。其主要职责是：研究制定国家教育督导的重大方针政策，审议国家教育督导总体规划和重大事项，统筹指导全国教育督导工作，聘任国家督学，发布国家教育督导报告。刘延东在成立大会上强调，要全面贯彻落实教育规划纲要和《条例》，积极构建督政、督学、教育监测相结合的中国特色教育督导体系，推动教育督导工作迈上新台阶。

9月14日　教育部印发《普通高等学校本科专业目录（2012年）》、《普通高等学校本科专业设置管理规定》。

为贯彻落实教育规划纲要提出的适应国家和区域经济社会发展需要，建立动态调整机制，不断优化学科专业结构的要求，自2010年3月起，教育部全面修订本科专业目录和本科专业设置管理规定。

新《目录》的学科门类由原来的11个增加到12个，新增了艺术学门类；专业类由原来的73个增加到92个；专业由原来的635种（其中目录内专业249种、目录外专业386种）调减到506种，其中基本专业352种、特设专业154种。

这次修订是我国高等教育进入大众化阶段以来进行的首次修订，也是改革开放以来对本科专业目录进行的第四次全面修订。新《目录》和新《规定》以简政放权为改革理念，以落实和扩大高校专业设置自主权为改革目标，体现了5个原则：形成既统一稳定又相对开放的专业目录体系，设置基本专业和特设专业，并实行分类管理；更加适应我国高等教育大众化阶段的新要求，有利于多层次、多类型、多规格人才培养；更加适应经济社会发展新需求，超前部署一批国家战略性新兴产业发展和改善民生急需的相关学科专业；进一步落实高校设置专业自主权，除国家控制布点专业外，高校可自主设置新目录内所有专业；形成专业设置宏观监管新机制，对年度专业布点情况提供信息服务，对新设专业进行年检。

11月13日，教育部首次发布了涉及18个大类的410个高等职业学校专业教学标准，填补了我国高等职业教育专业教学标准领域的空白。

9月22日　教育部批准华东师范大学与美国纽约大学合作成立上海纽约大学。

上海纽约大学面向全世界招生和聘用教师，并规定50%的学生必须来自国外。8月17日，教育部批准筹建昆山杜克大学，10月11日，批准在深圳筹建香港中文大学两家具有独立法人资格的中外合作办学机构。此前，2011年11月，批准筹建温州肯恩大学。截至目前，我国本科以上的中外合作办学机构中，具有独立法人资格的中外合作大学5所；高校还内设有中外合作二级学院37个。

9月23日　根据国务院《关于第六批取消和调整行政审批项目的决定》，教育部取消5项审批项目。

按照国务院要求，教育部开展了第六批清理工作，共涉及27项。经过多次研究论证，教育部最终向审改办提出拟取消5项、下放管理层级的8项。11月，为做好第六批行政审批改革后续工作，教育部办公厅印发了《关于做好国务院第六批取消和调整行政审批项目决定落实工作的通知》，要求部内各司局和各省级教育行政部门做好相关规章和文件清理与修订工作，做好审批权调整后中央与地方的衔接工作、行政审批服务工作以及规范性文件的合法性审核工作。相关清理与修订工作原则上于2013年3月底前完成。

9月25日　教育部办公厅印发《关于进一步加强和改进教育舆情应对工作的意见》。

《意见》着眼于贯彻落实党中央、国务院关于深化政务公开、做好突发公共事件应对、加强新闻发布制度建设的要求，从指导思想、基本原则、主要任务、组织保障4个方面，就加强和改进教育舆情应对工作提出了10条明确要求。为抓好《意见》的贯彻落实，重点开展了以下工作：委托有关专业机构建立了教育舆情监测系统；理顺舆情处置过程中各单位各部门的责任分工，及时编发各类舆情报告，并向各地各校通报；通过多种方式指导各地各校健全机制、加强培训，切实提高舆情应对能力；通过召开新闻发布会通气会、提供新闻通稿、接受媒体采访、开设官方微博等形式，加大正面宣传，主动引导舆论，努力营造良好氛围。

9月29日　财政部、教育部印发《研究生国家奖学金管理暂行办法》，我国建立起从学前到研究生教育全覆盖的家庭经济困难学生资助体系。

《办法》决定，从2012年秋季学期起，中央财政每年安排10亿元设立研究生国家奖学金，用于奖励普通高等学校中表现优异的国家招生计划内的全日制研究生。

学前教育方面，2011年9月，教育部、财政部印发了《关于建立学前教育资助制度的意见》，按照“地方先行，中央补助”的原则，由各地从2011年秋季学期起，先行建立学前教育资助政策体系。由地方政府对经县级以上教育行政部门审批设立的普惠性幼儿园在园家庭经济困难儿童、孤儿和残疾儿童予以资助，幼儿园从事业收入中提取3%—5%的资金，用于减免收费、提供特殊困难补助等。

义务教育方面，从2006年起，全部免除农村义务教育阶段学生学杂费，对贫困家庭学生免费提供教科书并补助寄宿生生活费。2008年8月，我国全面实现城乡免费义务教育。2010年、2011年，国家先后两次提高中西部地区农村义务教育阶段家庭经济困难寄宿生生活补助标准，小学从2009年的每生每年500元提高到每生每年1 000元，初中从750元提高到1 250元。

中等职业教育方面，继2009年实行农村家庭经济困难学生和涉农专业学生免学费政策后，从2010年秋季学期起，覆盖范围从农村家庭经济困难学生和涉农专业学生，再扩大到城市家庭经济困难学生。同时，继续实施中等职业学校国家助学金政策。

普通高中方面，从2010年秋季学期起，由中央和地方财政共同安排资金设立普通高中国家助学金，资助普通高中在校生中的家庭经济困难学生。每年资助学生约482万名，平均资助标准为每生每年1 500元，占在校生总数的20%。

高等教育方面，建立了以国家奖学金、国家励志奖学金、国家助学金、国家助学贷款、勤工助学、校内奖助学金、特殊困难补助、伙食补贴、学费减免等多种方式并举的资助政策体系，同时实施家庭经济困难新生入学“绿色通道”以及毕业生赴基层就业、应征入伍服义务兵役学费补偿贷款代偿等政策措施。教育部、财政部利用中央彩票公益金教育资助项目资金，开展高校新生入学资助，一次性补助家庭经济困难新生从家庭所在地到被录取院校之间的交通费及入学后短期生活费，从而实现普通高中阶段和高等教育阶段国家资助政策的有效衔接。

10月

10月9日　教育部印发《3—6岁儿童学习与发展指南》。

为落实教育规划纲要提出的到2015年学前三年教育毛入学率达到60%的要求，2010年12月1日，国务院召开全国学前教育工作电视电话会议，确定扩大学前教育资源的重点是加快建设普惠性幼儿园，公办幼儿园要提供“广覆盖、保基本”的学前教育公共服务，引导和支持符合条件的民办幼儿园提供普惠性服务等。2011年，国务院印发《关于当前发展学前教育的若干意见》。两年来，全国幼儿园增长2.85万所，在园幼儿增加766万人，学前三年毛入园率已达62.3%，提前实现教育规划纲要提出的2015年目标。

《指南》以为幼儿后继学习和终身发展奠定良好素质基础为目标，以促进幼儿体、智、德、美各方面的协调发展为核心，提出3—6岁各年龄段儿童学习与发展目标和相应的教育建议，帮助幼儿园教师和家长了解3—6岁幼儿学习与发展的基本规律和特点，建立对幼儿发展的合理期望，实施科学的保育和教育，让幼儿度过快乐而有意义的童年。

10月10日　印发实施《孔子学院发展规划(2012—2020年)》。

为推广汉语和传播中华文化，从2004年起，我国举办孔子学院。孔子学院从无到有，从小到大，创造了中外合作开展语言文化交流的新模式，走出了一条中华文化走向世界的新途径，成为我国对外教育文化交流与合作的典范，为增进我国与各国人民之间的友谊做出了重要贡献。目前，已在108个国家建立了400所孔子学院和535个中小学孔子课堂，注册学员达65.5万人，专兼职教职工达2万多人。

《规划》明确了到2020年孔子学院发展的指导思想，强调要抢抓机遇，合理布局，以汉语教学为主体，以提高质量为核心，力求开办一所就办好一所，充分发挥孔子学院综合文化交流平台作用；坚持科学定位、突出特色，政府支持、民间参与，中外合作、内生发展，服务当地、互利共赢4项基本原则。

《规划》提出了到2020年的发展目标，基本满足各国对建设孔子学院的需求，做到统一质量标准、统一考试认证、统一选派和培训教师。基本建成一支质量合格、适应需要的中外专兼职教师队伍。基本实现我国出版汉语教材多语种、广覆盖。基本建成功能较全、覆盖广泛的中国语言文化全球传播体系。国内国际、政府民间共同推动的体制机制进一步完善，汉语成为外国人广泛学习使用的语言之一。

12月16日，第七届全球孔子学院大会在京举行。刘延东出席并致辞。刘延东指出，2012年汉语国际推广事业实现新发展，为各国人民开启了认识中华文化和当代中国的窗口，对沟通人民与人民之间的情感与友谊、促进不同文明间的交流互鉴发挥了重要作用。

10月11日　2012年全民终身学习活动周全国

总开幕式在成都举行。

为深入贯彻教育规划纲要关于“建设全民学习、终身学习的学习型社会”的要求，落实好全国继续教育工作会议部署，6月，教育部办公厅印发《关于举办2012年全民终身学习活动周的通知》。活动周期间，教育部举办了“高校继续教育改革发展研讨会暨高校继续教育服务学习型城市、学习型企业发展论坛”，来自“终身学习服务体系的建设与示范”系列项目的百余所院校、继续教育城市联盟成员单位、有关行业、企业的代表共计300余人参加了论坛。各地紧紧围绕迎接党的十八大和学习贯彻十八大精神，开展了丰富多彩的学习活动，取得了丰硕成果。据不完全统计，共有24个省（区、市）533个县（市、区）举办了全民终身学习活动周。

10月22日　国务院办公厅转发教育部、发展改革委、财政部、体育总局《关于进一步加强学校体育工作的若干意见》。

《若干意见》要求，要充分认识加强学校体育的重要性，确保学生体育课程和课余活动时间，切实提高学校体育质量，不断提高学生体质健康水平和综合素质；力争到“十二五”期末，学校体育场地设施总体达到国家标准，初步配齐体育教师，基本形成学校体育持续健康发展的保障机制；进一步完善学生体质健康监测制度，基本建成科学规范的学校体育评价机制。

《若干意见》强调，要更加明确责任，基本形成政府主导、部门协调、社会参与的学校体育推进机制。今后落实加强学校体育工作的重点任务是：实施好体育课程和课外体育活动；加强学校体育教师队伍建设；加快学校体育设施建设；健全学校体育风险管理体系。要建立健全学校体育的监测评价机制：完善学生体质健康测试和评价制度，实施学校体育工作评估制度，实行学校体育报告公示制度。要加强对学校体育的组织领导：加强学校体育工作领导和管理；加大学校体育投入力度；实施学校体育三年行动计划；强化学校体育工作督导检查；健全学校体育工作奖惩机制；营造学校体育发展良好环境。要求到2015年各地要对中小学和职业学校体育教师进行一轮培训。

12月24日，教育部召开全国推进学校体育工作电视电话会议。会议强调，从2013年起，全面开展学生体质健康监测，切实加强监督评估，及时向社会公布体育督导评估结果。任何学校不得以任何理由和借口占用体育课时，确保每天锻炼一小时，对学生体质健康水平持续三年下降的地区和学校，在教育工作评估和评优评先中实行“一票否决”。

10月22日　财政部、发展改革委、教育部、人力资源社会保障部印发《关于扩大中等职业学校免学费政策范围进一步完善国家助学金制度的意见》，我国实施农村免费中等职业教育。

《意见》明确提出扩大中等职业教育免学费政策范围：从2012年秋季学期起，对公办中等职业学校全日制正式学籍一、二、三年级在校生中所有农村（含县镇）学生、城市涉农专业学生和家庭经济困难学生免除学费（艺术类相关表演专业学生除外）。对在职业教育行政管理部门依法批准、符合国家标准的民办中等职业学校就读的一、二年级符合免学费政策条件的学生，按照当地同类型同专业公办中等职业学校免除学费标准给予补助。

《意见》进一步完善了中等职业教育国家助学金制度。从2012年秋季学期起，将中等职业学校国家助学金资助对象由全日制正式学籍一、二年级在校农村（含县镇）学生和城市家庭经济困难学生，逐步调整为全日制正式学籍一、二年级在校涉农专业学生和非涉农专业家庭经济困难学生。

这是我国继九年城乡免费义务教育全面实施之后的又一重大惠民举措，确保更多的农村孩子在接受义务教育以后，成为技能型人才。

11月

11月23日　教育部、北京市人民政府签署《关于继续重点共建北京大学、中国人民大学、清华大学、北京师范大学、中国农业大学的协议》，新一轮“985工程”高校重点共建全部完成。

为贯彻落实江泽民同志在北京大学建校一百周年庆祝大会上重要讲话精神，建设若干所世界一流大学和一批国际知名的高水平大学，自1999年起，我国实施了“985工程”。经过前两期“985工程”

建设，有关高校的整体办学水平和国际竞争力大幅提升，有力推动了科教兴国战略和人才强国战略的实施。2008年以来，伴随新一轮“985工程”建设，教育部与有关地方政府全面开展了重点共建签约工作。

新一轮共建工作得到各方高度重视，教育部先后与16个省市政府签署了重点共建32所直属“985工程”高校的协议，首次实现重点共建签约全覆盖，并体现三个特点。一是强调共建高校进一步增强服务意识，更加注重为国家和地方经济社会发展提供人才保证和智力支撑。二是各地方政府把共建高校的改革发展纳入地方整体建设和经济社会发展总体规划中，更加注重发挥共建高校在促进区域产业结构调整和经济转型升级中的作用。三是共建投入力度加大，中央财政专项资金投入为264.9亿元，比“985工程”一期增长102%，地方协议配套资金投入为186.33亿元，比“985工程”一期增长93%（未计浮动额度配套）。

11月27日　教育部、中组部、财政部、人力资源社会保障部、国务院扶贫办印发《边远贫困地区、边疆民族地区和革命老区人才支持计划教师专项计划实施方案》。

《实施方案》提出，从2013起至2020年，每年选派3万名优秀幼儿园、中小学和中等职业学校教师到“三区”支教1年，培训3 000名骨干教师和紧缺专业教师，提升学校教师队伍素质，为“三区”教育改革和发展提供人才支持。

6月14—15日，教育部在新疆喀什召开推进新疆教育跨越式发展第三次会议暨教育援疆工作会议。会议前后，印发了《教育部关于推进新疆中等职业教育发展的意见》、《教育部关于进一步加强少数民族双语教育科研工作的意见》、《教育部办公厅关于推进新疆高校学科专业建设的意见》，有力地促进了少数民族地区教育的发展。

11月30日　教育部印发《全面推进依法治校实施纲要》。

为贯彻落实教育规划纲要提出的大力推进依法治校的要求，7月，教育部党组审议并原则通过了《实施纲要》。党的十八大之后，根据十八大报告的有关新精神、新要求，对《实施纲要》有关内容和表述做了修改。

《实施纲要》指出了新形势下全面推进依法治校的重要性和紧迫性，明确了工作的指导思想，要求通过依法治校，形成政府依法管理学校，学校依法办学、自主管理，教师依法执教，社会依法支持和参与学校管理的新格局，全面提高学校依法管理的能力和水平。

《实施纲要》就推进依法治校的具体措施和工作重点做出规定：以加强章程建设，建设学校依法办学自主管理的制度体系为出发点，推动各级各类学校依法制定具有自身特色的章程，要求学校提高制度建设质量，建立规范性文件审查与清理机制；以健全科学决策、民主管理机制，完善学校治理结构为着力点，推动学校依法健全校内决策机制，完善决策执行与监督机制，落实校内民主管理和社会参与机制；以依法办学，落实师生主体地位，形成自由平等公正法治的育人环境为落脚点，要求学校依法组织和实施办学活动，弘扬平等意识，尊重和保护师生权利，健全学术监督机制，并对推进信息公开和办事公开提出了具体要求。

12月

12月18—20日　海口市通过国家一类城市语言文字工作评估验收，全国36个一类城市全部完成评估。

为深入贯彻落实《国家通用语言文字法》，推动“普通话初步普及、汉字社会应用基本规范”的语言文字工作目标早日实现，1997年，教育部、国家语委决定开展城市语言文字工作评估；2000年2月，印发《一类城市语言文字工作评估标准（试行）》；2001年9月，印发《关于开展城市语言文字工作评估的通知》，正式启动城市语言文字评估工作。通知提出“重在建设、重在过程、重在实效”和“突出重点、把握政策、依法推进”的评估工作总体要求。要求各地从实际出发、实事求是、分类指导、分步实施，提出了三个类别城市达标的实施步骤。规定评估工作实行分级组织、属地管理、分工负责的组织形式，明确了各级语言文字部门的职责任务。

与此同时，全国共有七成以上二类城市和两成以上三类城市也完成了评估，有力地推动了社会语言文字规范化水平的提高。

12月28日　教育部出台《贯彻落实中央改进工作作风、密切联系群众〈八项规定〉和〈实施细则〉的实施办法》。

《实施办法》提出了改进调查研究、热情服务群众、精简会议活动、精简文件简报、减轻基层负担、加强出访管理、改进新闻报道和文稿发表、厉行勤俭节约、加强检查落实9个方面20条举措，以进一步改进工作作风，推进为民务实清廉机关建设，办好人民满意的教育。

《实施办法》除对机关干部提出要求外，还对直属高校、直属单位、驻外使领馆教育处（组）以及教育部主管的社会组织提出了要求。

前进中的

中国教育事业

人民教育出版社是一家主要从事基础教育教材和其他各级各类教材、教育图书及大众图书研究、编写、编辑、出版和发行的大型专业出版社，成立于1950年12月1日。毛泽东同志题写社名。为了加强基础教育课程和教材的研究工作，1983年经教育部党组批准，成立课程教材研究所，与人民教育出版社合署办公。邓小平同志题写所名。2010年、2011年，中国教育出版传媒集团有限公司、中国教育出版传媒股份有限公司相继成立，人民教育出版社成为其核心成员单位。

建社以来，人民教育出版社在教育部党组的领导下，主持或参与拟定了2000年以前历次中小学各科教学大纲；根据我国教育改革和发展的需要，先后研究、编写、出版了11套全国通用的中小学教材；累计出版各类出版物4万余种，发行量逾600亿册。近年来，荣获国家图书奖、中国图书奖、中国出版政府奖、国家音像制品奖、国家电子出版物奖、国家期刊奖、中华优秀出版物奖等数十项荣誉。

经过六十多年的发展，人民教育出版社已成为我国中小学教材和教育图书的建设基地，形成了以研究、编写、编辑、出版和发行中小学教材和其他各级各类教材、教育图书为核心业务，以纸介质图书、电子音像和多媒体产品的出版和印制，版权贸易，图书及相关产品的物流服务，数字出版与服务等为辅助业务的经营格局，为进一步做强做大奠定了坚实的基础。

人民教育出版社
PEOPLE'S EDUCATION PRESS

地　　址：北京市海淀区中关村南大街17号院1号楼
邮　　编：100081
电　　话：010-58758866
传　　真：010-58758877
网　　址：www.pep.com.cn
电子邮箱：pep@pep.com.cn

中國教育報刊社

CHINA EDUCATION PRESS AGENCY

中国教育报刊社是中华人民共和国教育部直属的新闻出版机构。现编辑出版两报四刊两网：中国教育报、《人民教育》杂志（半月刊）、《中国高等教育》杂志（半月刊）、《神州学人》杂志（月刊）及神州学人杂志网站、《中国民族教育》杂志（月刊）、中国教师报（周报）、中国教育新闻网。

从1994年9月组建至今，中国教育报刊社秉承“为教育而鼓，为教师而歌”的办报办刊理念，在宣传党和国家教育方针政策、法律法规，报道各地教育动态、教育教学改革经验，研究探讨教育热点问题、理论问题，宣传教育界先进人物等方面起到了重要的舆论导向作用和宣传指导作用。各报刊及时准确地为各级教育行政部门、学校、教师、学生和关心教育的各界人士提供权威性、专业性、大容量、多角度的教育信息服务，是反映中国教育现状的重要窗口，是了解中国教育改革与发展的权威新闻机构。

近年来，两报四刊两网着重在提高质量、扩大影响力上下功夫，并取得了重要进展。《人民教育》、《中国高等教育》、《中国民族教育》将月刊、双月刊扩展为半月刊、月刊，并增加印张，使报道总量翻了一番多。中国教育新闻网于2006年11月正式开通，2012年月均访问量超过500余万人次，年页面访问量10亿个。中国教育报于2013年全新改版，全国统一出版彩报。

中国教育报

ZHONGGUO JIAOYU BAO

努力开创大学科技园建设发展新局面

实现由人口大国到人力资源大国的历史转变

北京四成大学生村官离任不离农

中国教育新闻网

国家科学技术奖励大会在京隆重举行 胡锦涛等出席

中國教師報

郑州变法

——河南省郑州市区域教育均衡发展制度创新实践纪实

感恩无尽

人民教育

People's Education

2010.21

创新人才培养模式改革重在理念和机制

中华人民共和国教育部制办

中国高等教育

2010 1

大学文化应是"育人为本"的文化

文化自觉与高水平大学建设

ZHONGGUOMINZUJIAOYU

中国民族教育

中华人民共和国教育部 主管 2010 9

中国青年政治学院

学院入选教育部首批"卓越法律人才教育培养基地"

中国青年政治学院是在中央团校基础上于1985年12月成立的，是共青团中央直属的唯一一所普通高等学校，由教育部和共青团中央共建。中国青年政治学院成立后，与中央团校两块牌子、一套机构，承担着普通高等教育和共青团干部培训的双重职能。

学院成立以来，坚持"质量立校、特色兴校"的办学思想，艰苦奋斗、开拓创新，教育质量和办学水平不断提高。2006年，学院接受教育部本科教学工作水平评估，评估结论为"优秀"。2012年，学院获批为首批卓越法律人才教育培养基地。学院是教育部批准的国家大学生文化素质教育基地、中华全国青年联合会和国际劳工组织命名的大学生KAB创业教育基地。学院与中央编译局共建青年政治人才培养研究基地，与北京市共建社会工作人才发展研究院和青少年生命教育基地。学院已建立起包括本科教育、研究生教育、留学生教育、继续教育和团干部培训等在内的多形式、多层次的教育格局。

学院支持教师以课题的方式开展调研，并将调研成果结集出版

第十届中俄经济社会发展比较论坛在学院举行

学院专业以人文社会科学为主，涵盖哲学、经济学、法学、文学、管理学5个学科门类。学院设有思想政治教育、法学、社会工作、劳动与社会保障、社会学、经济学、财务管理、国际经济与贸易、新闻学、广播电视学、政治学与行政学、汉语言文学和英语13个学士学位专业，其中社会工作、思想政治教育、法学、政治学与行政学为教育部特色专业。学院拥有哲学、马克思主义理论、法学、社会学、新闻传播学和应用经济学6个一级学科硕士授权点，1个专业硕士学位点以及马克思主义哲学、马克思主义基本原理、外国哲学、思想政治教育、新闻学、传播学、青年与国际政治、少年儿童组织与思想意识教育、文化哲学等18个学术型硕士学位专业，2个法律硕士（法学、非法学）专业型硕士学位专业。

召开中青院、中央企业团工委大学生联合实习就业培养座谈会

在校生走进首期"团员成长课"

教育部、共青团中央共建学院签字仪式

学院与联合国亚太经济和社会委员会、联合国儿童基金会、国际劳工组织、世界银行等国际机构开展了多项长期的项目合作；与美国、英国、德国、加拿大、日本、韩国等国家的20多所高校、科研机构在研究生和本科教育、科研合作、学术交流等领域建立了良好关系。自2009年开始，学院每年暑期举办Summer School，邀请美国、英国、日本等国家的知名教授和学者授课，为中外学生提供学习交流的平台。

进入新的发展时期，学院在共青团中央书记处的领导下，正以求真务实的精神，同心同德，群策群力，坚持"青年"和"政治"的办学特色，努力建成国内培养高素质管理人才的重要基地和全国青少年研究的重要基地，向着国内知名、特色突出的教学研究型院校的目标不断迈进。

"理性精神与批判性思维"课程为2012年度教育部精品视频公开课建设课程

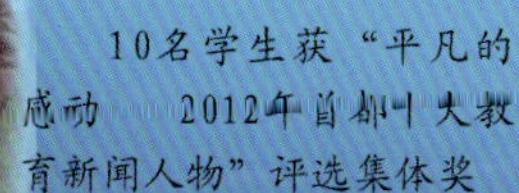

10名学生获"平凡的感动　2012年首都大学教育新闻人物"评选集体奖

追求卓越　和谐共生

北京市商業學校

BEIJINGSHANGXIAO

北京市教委领导到校视察

北京市政府教育督导室领导到校视察

北京市商业学校隶属于北京祥龙资产经营有限责任公司，1964年创建，占地200余亩，建筑面积10万平方米，有在校生近8 000人，是全国首批“国家级中等职业教育改革发展示范校建设计划第一批立项建设学校”、“国家级重点中等职业学校”、“全国教育系统先进单位”、“全国德育先进集体”、“北京市现代化标志性学校”、“职业教育教学研究基地”、“北京市依法治校示范校”、“首都文明单位”。

北京祥龙公司领导到校视察

学校共开设会计、金融事务、会计电算化、商务助理、物流服务与管理（物流信息管理）、珠宝玉石加工与营销、眼视光与配镜、电子商务、计算机网络技术、计算机应用、动漫游戏（动漫设计制作）、美术设计与制作、旅游服务与管理、服装设计与工艺、酒店服务与管理（国际班）、城市轨道交通运营管理、城市轨道交通运营管理（客运场站服务与管理）、学前教育（保育员）等20个专业。其中会计、宝玉石鉴定与加工、眼镜配制、物流服务与管理、电子商务、旅游服务与管理等专业在社会上具有广泛影响，是学校的重点专业和特色专业。中职年招生1 200人以上.

学校师资力量雄厚，拥有一支经验丰富、治学严谨、专业理论水平高、业务熟练、有奉献精神的教师队伍。有专任教师200余人，中、高级职称150余人，市级骨干教师31人，硕士、博士研究生学历教师75人，“双师型”教师130余人。

北京祥龙公司领导到校视察

学校教学设备先进，生活设施完善，校园环境优美宜人。学校建有40个实训基地，38 000平方米的职业人素质训练基地，建有现代化多功能图书馆、体育馆，满足师生学习、工作、

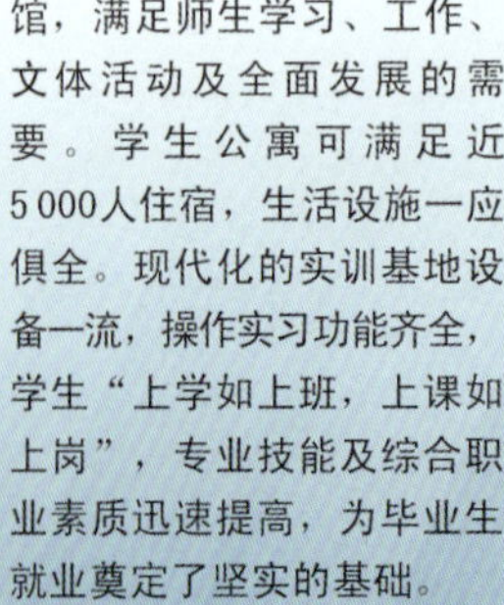

文体活动及全面发展的需要。学生公寓可满足近5 000人住宿，生活设施一应俱全。现代化的实训基地设备一流，操作实习功能齐全，学生“上学如上班，上课如上岗”，专业技能及综合职业素质迅速提高，为毕业生就业奠定了坚实的基础。

图书馆

实训楼

学校坚持“以人为本，和谐共生”的办学理念，坚持“以服务为宗旨，以就业为导向”的职教办学方针，以让学生“成人、成才、成功”为目标，把德育工作摆在突出位置，以“让学生满意，让教工满意，让用人单位满意，让政府满意”为宗旨，坚持科学发展观，走内涵发展之路。学校积极推进教育教学改革，大力推进工学结合、校企合作、校校合作育人，强化实践环节，加强学生能力训练，坚持教科研兴校和人才强校战略，办好人民满意的教育。学校建立了学生多元成才培养模式，毕业生对口率高、就业率好，升学渠道通畅，就业率始终保持在99%以上。

学校与中国地质大学、中国劳动关系学院、北京广播电视大学合作开办成人高考学历教育，面向全国招生，在校学员3 000余人。

学校积极开展校企合作、国际合作办学，与近百家大中型企业建立了合作关系，是多家企业的培训基地。与奥地利维也纳总商会MODUL学院、英国朗伯斯继续教育学院、伦敦伊斯灵顿学校、伦敦城市行业协会及国内外知名院校广泛开展合作办学，全面发展职业教育，不断提升学校办学水平和质量。

学校广泛开展面向行业和社区、新农村的培训，年完成各类培训2万人次，各类职业资格证书取证率达95%以上。

学校抓住一切有利机遇，加速发展，建设融中职、高职、职业培训、成人教育及终身教育于一体的教学、科研与经营相结合的职教集团，成为办学条件一流、教育教学质量一流、管理服务水平一流、办学效益一流、教职工事业成就感一流、师生员工生活幸福感一流的和谐的现代化国家改革发展示范校、北京职业教育发展品牌校、中国职业教育窗口校、具有国际竞争力和中国特色的国际化名牌职业院校。

学生在“文明风采”竞赛活动中进行礼仪展示

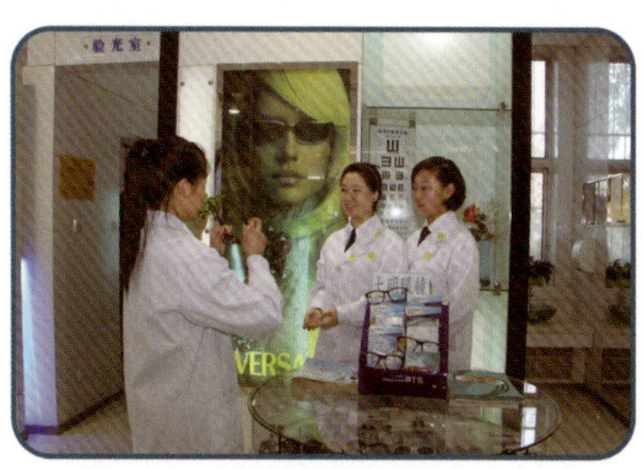

建在校内的校企合作眼镜店

财会金融实训室

学校与奥地利维也纳总商会MODUL学院联合办学签字仪式

学生宝玉石作品展室

招生就业处：010—81761418
培训鉴定部：010—81763041
大 专 部：010—81763408
网 址：www.bjsx.com
地 址：北京市昌平区北七家镇曹八西路28号
邮 编：102209

北京商贸学校

Beijing Commerce and Trade school

北京商贸学校是一所国家级优秀重点中专学校和首批北京市职业教育现代化标志学校，被教育部授予“全国教育系统先进集体”和“全国职业学校职业指导工作先进学校”称号。2010年被教育部批准为首批“国家中等职业教育改革发展示范建设立项学校”，2012年获北京市“公共实训基地”培训资质。学校始建于1964年，占地120余亩，建筑面积8万平方米。学校校园环境优美，获北京市政府颁发的“绿化美化花园式学校”和“卫生红旗单位”称号。学校拥有完善的教学配套设施，光纤及无线网络覆盖整个校园。学校设有17个专业并建成了国内最先进的金融保险、证券、电子商务、物流管理、影视、动漫游戏制作、食品检测、旅游饭店等专业实验实训基地85个；办公楼、教学楼、现代化的学生德育教育基地、实验中心、图书信息中心、综合培训楼、宿舍楼、塑胶运动场、综合室内体育馆等一应俱全。

学校师资力量雄厚，研究生学历教师达65%以上，“双师型”教师比例达80%以上。学校对外合作办学成果显著，与国外多所院校如英国威根•利学院、哈罗学院、纽汉姆学院，印度尼西亚普沃国立第一职业高中等院校建立了良好的合作关系。学校毕业生以“基础知识扎实、实践动手能力强、综合素质好”为特色，受到社会的欢迎和好评，就业率达100%。

学校地址：北京市大兴南苑西红门东路14号

邮政编码：100162

中國兒童中心

中国儿童中心成立于1982年，是中华全国妇女联合会直属的公益性事业单位，是集应用科学研究、教育活动、兴趣培养和公共服务于一体的国家级校外教育机构，是我国儿童工作对外交流与合作的窗口。中心位于北京市西城区官园，地理位置优越，园内环境优雅，占地面积8.3万平方米，建筑面积4万平方米，有科学宫、艺术宫、体育馆、教学楼、影剧厅和丰富多彩的儿童游艺活动设施。中心设有中国儿童艺术团、中国儿童中心实验幼儿园、中国儿童中心期刊总社、国家儿童营养品质量监督检验中心、中国儿童中心儿童营养与健康研究中心、中国儿童中心对外交流中心等专业和二级法人机构。中心内设19个处室，有正式职工近300人。

中国儿童中心作为综合性的少年儿童校外教育活动场所，是全国少年儿童的乐园，是全国校外教育工作者交流的平台和先进理念的实践基地。全国少年儿童“心中有祖国、心中有他人”主题教育活动组委会、全国妇联家庭教育研究指导中心、中国家庭教育学会少年儿童校外教育专业委员会和宣传工作委员会常设于此。

中国儿童中心坚持以德为先、实践育人，以培养儿童的创新精神、实践能力和道德素养为核心，重点围绕促进儿童健康人格的发展，在儿童的社会能力、积极态度、意志品质、乐观情绪等方面形成了个性化、多样化、系统化的实践培养模式。

中国儿童中心生态项目活动

中国儿童艺术团民乐团表演节目

中国儿童中心已经成为少年儿童参加校外活动的重要阵地、儿童发展应用研究的重要基地、开展少年儿童国际交流的重要窗口，成为了孩子们幸福的乐园、知识的殿堂、成长的摇篮。2012年8月，在中国儿童中心成立30周年之际，胡锦涛同志致贺信指出：“希望中国儿童中心全面贯彻党的教育方针，坚持面向广大少年儿童，不断探索新形势下少年儿童成长规律，为促进少年儿童快乐学习、健康成长、全面发展做出新的更大贡献。”温家宝同志为中国儿童中心题词：“为儿童健康快乐成长而努力。”中国儿童中心将不辱使命，在促进我国少年儿童健康全面成长的道路上阔步前进。

中国儿童中心国学兴趣小组活动

中国儿童中心跆拳道兴趣小组活动

中国儿童中心游泳兴趣小组活动

中国儿童艺术团参加中央电视台“六一”儿童节晚会

我国家庭教育指导服务现状调查成果发布会

天津轻工职业技术学院

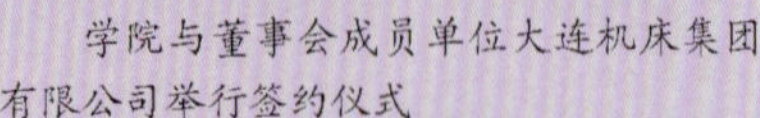
学院与董事会成员单位大连机床集团有限公司举行签约仪式

校企合作董事会会议

大连机床区域技术服务中心

天津轻工职业技术学院于2001年1月经天津市人民政府批准、教育部备案成立，是一所由天津市二轻集团（控股）有限公司举办、独立设置的全日制高职学院。学院占地面积800亩，一期建筑面积16万平方米；在校生7344人，开设30个专业。学院近3年毕业生就业率保持在98%以上，连续两年获得天津市普通高校创新创业教育与就业工作示范校和全国职业院校就业竞争力示范校称号。2011年，学院被教育部、财政部确定为全国百所示范性骨干高职院校建设单位。

“三级贯通式”校企合作体制机制是学院创新的办学体制机制，也是企业在职业教育中与学校有平等话语权、人才共育共管、全程参与教学管理、突出职业教育特色的教学管理机制。“三级贯通式”校企合作体制机制由学院校企合作董事会、二级学院校企合作执行委员会、专业教研室专业建设委员会三级构成，同时建有校企合作服务体系和4类19种工作制度（校企合作基础管理制度5种、校企合作运行管理制度6种、校企合作保障管理制度6种、校企合作协调管理制度2种）。“三级贯通式”体制机制既是学院办学体制的顶层设计，又是校企合作长效机制由上至下各级机构的操作规程，确保将骨干校建设中形成的制度真正落实在常规管理中。学院首届校企合作董事会包括2个行业协会和10余个行业龙头企业。学院对于遴选校企合作董事会成员遵循前瞻性原则：一是能够指导专业及专业群发展的行业协会，二是与开设专业所对应的行业龙头企业，三是与学校有重大合作项目的单位。这些行业企业专家与学校一起，将企业发展战略与高等职业教育职能紧密结合：在人才培养上，将行业最先进的技术和最新的行业标准引入专业建设和教学；在为区域经济服务方面，行业企业与学校共同搭建服务产业发展、技术进步、项目研发的平台；在提高企业职工队伍整体技术技能素质上，不仅为企业输送优秀的高职毕业生，而且依据企业需要，开展在职职工培训。“三级贯通式”校企合作体制机制使学校与企业之间深度融合并相互依托，实现了专业建设、人才培养与企业人才需求规格、标准的对接。中央财政支持的国家骨干高职院校建设、“普惠专业建设”和天津市财政支持的“十二五”期间高水平示范校建设共涉及23个子项目及其6个重点建设专业，这些项目都具有鲜明的特色，并成为示范点。这些项目的建设成效是“三级贯通式”校企合作体制机制给予的有力支撑。

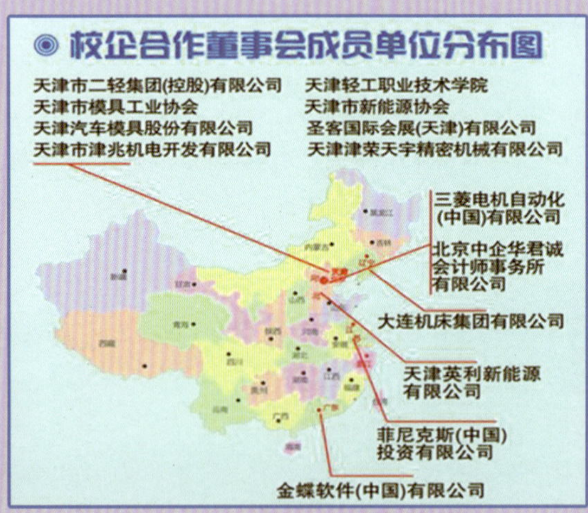

校企合作董事会成员单位分布图

華北科技學院

NORTH CHINA INSTITUTE OF SCIENCE AND TECHNOLOGY

中国煤矿安全技术培训中心　中国煤炭职业安全卫生信息中心

煤矿瓦斯水害预防基础研究重点实验室（瓦斯爆炸模拟室）

图书馆

华北科技学院是国家安全生产监督管理总局直属的唯一一所本科院校。学院始建于1984年，其前身是北京煤炭管理干部学院分院；1993年，经国家教委批准改建为华北矿业高等专科学校，面向全国招生；1997年，被国家教委确定为“全国示范性普通高等工程专科重点建设学校”；1998年，合并了原有色金属管理干部学院；2002年，经教育部批准升格为本科院校，并更名为华北科技学院。

学院占地面积约800亩，建筑面积近45万平方米。教学科研仪器设备总值约1.4亿元。学院建有省部级重点实验室3个，省级实验教学示范中心1个；计算机网络、多媒体等现代教育技术应用广泛，是中国教育科研网城市节点单位；图书馆馆藏图书99万余册，电子图书百余万种，中外文报刊1600余种，各类中外文全文数据库20多个，建立了较完备的文献保障体系。

矿井灾害防治重点实验室

学院有教职工1000余人，其中中国工程院院士1人（外聘），专任教师800余人，教授、副教授约占教师总数的45.2%，具有博士、硕士学位的教师约占教师总数的81.7%。享受国务院政府特殊津贴专家13人，国家级有突出贡献的中青年专家1人，国家级安全生产专家4人。

学院具有工程硕士（安全工程领域）专业学位研究生培养资格，开设37个本科专业及相关专科专业，涉及工、理、文、法、经济、管理、教育、艺术八大学科，已经形成以全日制本科教育为主，研究生教育、专科教育、成人学历教育、安全培训、函授教育并存的多学科、多层次、多形式的办学体系。安全技术及工程、采矿工程为省级重点学科，安全工程、采矿工程、自动化3个本科专业被教育部列为特色专业建设点，电工电子实验中心是河北省实验教学示范中心。全日制在校生16000余人，毕业生初次就业率始终保持在80%以上，本科毕业生考研录取率稳定在15%左右，特别是安全工程专业，考研录取率接近30%。

学院面向素质教育、面向安全生产、面向煤矿行业开展科学研究。拥有煤矿安全人机工程重点实验室，煤矿瓦斯、水害预防基础研究重点实验室和河北省矿井灾害防治重点实验室3个省部级重点建设实验室，年引进科研经费5000余万元。学院升为本科院校以来，签订各类科研合同800多项，合同经费达2.7亿元，年均增幅70%以上。安全学科在瓦斯、水害防治等研究方向形成了一定的特色和优势，安全管理、安全文化、安全法学、安全监测监控等方面的研究全面展开，为学院安全科技办学特色提供了强有力的支撑。

1985年建在学院的中国煤矿安全技术培训中心，具有煤矿和非煤矿山安全生产两个一级培训资质，常年开展煤矿安全监察实务、矿井灾害防治和矿山救护等类型的安全培训，年培训规模5000人次。

学院与联合国开发计划署、国际劳工组织等保持着长期稳定的工作联系，与美国北卡罗来纳大学、加拿大凯普澜诺大学、越南河内地矿大学等联合培养专业人才。在校留学生100余人，是河北省在校留学生人数最多的院校之一。

学院以“自立立人、兴安安国”为校训，形成了“团结、勤奋、求实、创新”的校风，“严谨治学，教书育人”的教风和 “勤学、善思、力行、创新”的学风。

学院将努力建设成为以工为主，以安全科技为特色，工、管、文、理、经、法等学科相结合的多科型现代大学；建设成为安全生产领域培养高级专门人才和解决关键科技问题的一流教育培训基地。

博观楼

致远楼

華北科技學院

张家口市职业技术教育中心

ZhangJiaKou Vocational and Technical Education Center

汪秀丽校长（第一排左三）荣获全国教书育人楷模荣誉称号，成为河北省获此殊荣第一人

张家口市职业技术教育中心始建于1972年，1983年改办职业教育，是张家口市第一所职业学校，2003年被教育部评为国家级重点中等职业学校。学校占地147亩，建筑面积73120平方米，开设有信息技术、航空服务、动漫游戏、学前教育、餐旅服务5大专业群25个分支专业，建有5大实训基地，85个专业实训室；中心有教职工539人，其中专任教师390人。已培养出学历教育学生8 000余人，年短期培训、技能鉴定学生3 000余人。学校先后获全国职业教育先进单位、全国教育系统先进集体、全国文明单位、全国中等职业学校德育工作先进集体、国家“十一五”教科研工作先进集体、全国职工教育培训示范点等800余项荣誉。

在30年的中等职业教育探索和实践中，学校始终坚持立足地域实际，紧紧依托毗邻京津的区位优势，牢牢把握服务和促进就业的主体功能和方向，瞄准第三产业办学，为当地及京津地区培养了大批初中级技能型人才和高素质劳动者，形成了独特的办学特色，取得了显著的成绩。学校共为社会培养输送了30 000多名高素质劳动者和技能型人才，5 700多名学生对口升入大学，64名学生考入天津大学，30多名学生考入清华大学美术学院、中央美术学院；计算机专业实现全省技能大赛14连冠，旅游专业实现全市技能大赛6连冠。学校先后有320名学生在国家、省、市各级技能大赛和行业技能大赛中摘金夺银，共获20个团体一等奖、7个团体二等奖，学生个人共获奖牌303枚，其中金牌68枚，银牌98枚，铜牌137枚。

在北京英才幼儿园工作的学前教育专业毕业生

在张家口市商业银行工作的毕业生

在北京市公安局天安门特警大队工作的毕业生

在厦门航空公司工作的学校学生董丽媛（前排左二）与机组成员合影

学校经过不断探索，逐步形成了航空服务专业“学工交替订单式”、计算机应用专业“学岗直通、产学一体式”，动漫游戏专业“1条主线、4个阶段、4个方向144式”，学前教育专业“递进式工学交替”4种专业人才培养模式。学校与北京首都国际机场、美国BASE FX视觉特效公司、清华同方股份有限公司、国家电网公司、中国移动通信公司、中国联合网络通信集团有限公司、中国电信集团公司、中国建设银行、中国农业银行、张家口商业银行等200多家国内外知名企业建立稳定的合作关系，学生就业层次不断提高，就业选择率300%，就业推荐率100%，成功上岗率95%，对口就业率90%以上，高于全国平均水平；有260多名学生成为了“四部”、“一委”、“一厅”、“一堂”、“一广场”（即中央组织部、国防部、国家安全部、外交部、中央纪律检查委员会、中央办公厅、人民大会堂、天安门广场）的高端服务人才。

动漫游戏专业师生参与了《美猴王》等142部国内外动画片及《金陵十三钗》等58部电影的制作

丰富多彩的校园生活——艺术节

丰富多彩的校园生活——成人仪式

学校礼仪队应邀为全国侨联大会提供会议服务

学校已成为京冀晋蒙四省初中级专业技术人才的重要培养培训基地，成为航空乘务员、航空安检员等高端服务人才最大的人才培养培训中心，在京津冀地区第三产业的行业、企业中，具有较高美誉度和影响力。学校千余名师生圆满完成了2008年北京奥运会、2010年上海世博会、2010年广州亚运会的安检服务等重要工作。学校的育人成果及为社会作出的诸多贡献为学校的专业发展注入了新的生机和活力。

在师资队伍建设上，学校重点实施了“41245”师资队伍建设工程，促进不同层次教师的专业化发展。干部教师1047人次外出参加市级以上各类培训，百名专业教师深入企业实践锻炼；聘请了80名行业企业专家、技术骨干、能工巧匠到校授课指导，“双师比”达到了95.2%。学校已培养省市级名师15人、专业带头人36人，骨干教师、骨干班主任124人，还有特级教师、省市教学活动指导专家、教学能手、科研标兵、教学新星等58人。

中心校长汪秀丽是国务院特殊津贴专家、省管优秀专家、全国首届百名杰出校长、全国“五一劳动奖章”获得者、河北省特级教师，曾任第十一届全国人大代表。继2008年参加温家宝同志主持的《政府工作报告》意见征求座谈会后，2012年6月和7月，汪秀丽先后应邀参加了教育部部长袁贵仁、副部长鲁昕主持的专题座谈会。

学校千余名师生圆满完成了2008年北京奥运会、残奥会主场馆群安检以及奥林匹克接待中心志愿者服务工作

学校航空服务专业学生参与锦州世界园林博览会安检服务工作

東北大學

NORTHEASTERN UNIVERSITY

教育部、辽宁省、沈阳市继续重点共建东北大学协议签约仪式

学校坐落于东北中心城市沈阳市，是教育部直属，国家首批“211工程”和“985工程”重点建设学校。学校始建于1923年，1928年著名爱国将领张学良担任校长，成为东北地区规模大、学科齐全、名师荟萃的国内一流大学。新中国成立后，在学校工学院和部分理学院基础上成立东北工学院，1993年复名为东北大学，老校长张学良亲自题写校名，学校跨入快速发展的新征程。

组建首家钢铁共性协同创新中心

2012年8月，以学校和北京科技大学为依托，联合鞍山钢铁集团公司、宝钢集团有限公司、上海大学、中国科学院金属研究所等高校、大型企业和科研院所，共同组建了中国第一个钢铁共性技术协同创新中心。协同创新中心下设“高性能钢铁材料品种开发创新平台”和“钢铁共性关键工艺技术与装备研发创新平台”，重点开展海洋工程用钢、先进能源用钢、现代交通用钢等高性能钢铁材料品种的开发，开展洁净钢冶炼、新一代控轧控冷、生产过程精确控制、质量在线监测等先进工艺技术和装备的研发。中心围绕中国实现从钢铁大国到钢铁强国转变的战略目标，解决钢铁产业结构调整和技术升级两大行业需求，对中国钢铁工业产业结构调整、转型升级和提高核心竞争力起到巨大的推动和促进作用。

学校浑南校区奠基仪式

东北大学浑南校区开始建设

2012年11月，学校浑南新校区开工奠基仪式举行。浑南新校区总规划面积93.54万平方米，计划2014年入住第一批新生。浑南新校区功能分区合理，组织有序，体现教学、科研、生活有机结合的理念；以人为本，体现人文建筑、环境的和谐。浑南新校区从根本上改善了学校的办学条件，促进学校办学的规模、质量、结构、效益的协调发展，为学校实现又好又快发展奠定更加坚实的基础。

大连海洋大学是我国北方地区唯一一所以海洋和水产学科为特色的多科性高等院校。学校创建于1952年，时称东北水产技术学校；1978年，升格为大连水产学院；2010年，经教育部批准更名为大连海洋大学。

学校有黄海校区、渤海校区和瓦房店校区3个校区，占地面积80万平方米，教学、科研使用海域面积67万平方米。学校设有20个学院（部、中心），有全日制在校生16000余人，专任教师800余人。有4个省部级重点学科、1个辽宁省哲学社会科学重点建设学科，其中水产一级学科被确定为辽宁省高水平重点学科，该学科在2012年教育部第三轮学科评估中位居第三位。学校有11个一级学科硕士学位授权点、30个二级学科硕士学位授权点，有2个硕士专业学位类别、10个培养领域，有48个本科专业和32个高职专业。

学校有1个国家级人才培养模式创新实验区、1个国家级实验教学示范中心、3个省级实验教学示范中心、3个国家级特色专业、4个省级本科特色（示范）专业、1个辽宁省紧缺本科人才培养基地。学校积极承担各级教研教改项目，获国家级优秀教学成果一等奖1项、二等奖1项。学校已建成国家级精品课程1门、省级精品课程22门。学校强化第一课堂教学质量，丰富第二课堂科技文化活动，人才培养质量不断提高。近5年来，学生在各级各类竞赛中先后获得省级及以上奖励700余项。

学校师生从事教学科研活动

加强青年教师培养

学校拥有国家级加工中心1个、农业部重点开放实验室1个、省级重点实验室7个、省级工程技术研究中心4个、省级科技服务中心1个、省高校重点实验室4个。学校注重开展科学研究，科技创新能力不断提升。近5年来，学校共承担各类科研项目815项，其中国家级97项、省部级288项；有33项科研成果获市级及以上奖励，其中国家技术发明二等奖1项、国家科技进步二等奖3项。

2011年6月，学校召开了更名后的第一次党代会，确定了建设“特色鲜明、国内一流，具有重要行业影响力的高水平海洋大学”的奋斗目标。为实现这一奋斗目标，学校坚持一手抓以新校区建设为核心的基础建设，一手抓以学科专业建设为核心的内涵建设。在新校园建设中，学校按照辽宁省委、省政府的要求在普湾新区建设一座硬件条件达到国内一流水平、彰显海洋特色的现代化新校园。在内涵建设中，为进一步突出行业优势，强化海洋特色，学校提出建设“蓝色大学”的办学理念。学校以学科建设为龙头，启动了“蓝色学科建设工程”；以人才队伍为支撑，构建了“蔚蓝英才”、“湛蓝英才”、“深蓝学者”三个层次的教师培养机制；以人才培养为核心，开展了蓝色专业体系、蓝色课程体系和蓝色实践体系建设，实施了蓝色人才培养计划；以服务社会为宗旨，着力打造“蓝色科技”创新平台。通过建设和发展，学校努力将自身打造成为我国海洋人才培养的摇篮，海洋科学研究的平台，服务海洋经济发展的基地和海洋文化传承创新的殿堂。

2012年9月，学校隆重举行了建校60周年庆祝活动。六十甲子，春华秋实，站在新的历史起点，学校将继续解放思想，开拓创新，锐意进取，真抓实干，为国家海洋事业和区域经济社会发展做出新的更大的贡献！

学校教师指导企业生产实践

学校发起成立大连高校海洋类学生社团联盟

大连海洋大学举行建校六十周年庆祝大会

Suzhou Art & Design Technology Institute

Suzhou
Art & Design
Technology Institute

苏州工艺美术职业技术学院

2012年是党的十八大胜利召开之年，是贯彻落实教育规划纲要及"十二五"规划的关键之年，也是全面推进国家骨干院校各项创建任务的紧要之年。学院党委紧密依靠全院师生员工，认真学习贯彻党的十八大精神，以立德树人为根本，以提高质量为核心，以创建国家骨干院校建设和党建考核为抓手，以内涵建设为主题，重点突出专业建设、课程建设、师资队伍建设，不断深化教育教学改革，扎实推进人才培养方案的实施，不断加强自身建设，学院各项工作都取得了可喜的成绩，实现了持续、快速、健康、协调发展。2012年度，学院获得"江苏省党风廉政建设示范高校"、"江苏省廉政文化建设示范点高校"、"江苏省教学工作先进高校"、"江苏省高等学校学生教育管理创新一等奖"、"2010—2011年度江苏省高等学校和谐校园"、"2012年度江苏省高校毕业生就业工作先进集体"等称号；获得"省教育系统关工委工作常态化建设合格单位"、"高校思政研究会高职高专分会先进单位"、"江苏省高校共青团工作考核优秀单位"、"苏州市高技能人才培养突出贡献奖"、"江苏省高技能人才摇篮奖"等称号。

学院领导和贵州省雷山县领导为非物质文化遗产研发中心剪彩

新年焰火夜景

学院地处苏州国际教育园南区，占地561亩，建筑面积20万平方米；在校生5000人；教职工406人，其中教授、研究员级高级工艺美术师15人，副教授、高级工艺美术师73人。学院开设装饰艺术系、环境艺术系、视觉传达系、服装工程系、数字艺术系、工业设计系6系18个专业54个小专门化方向，形成了传统工艺美术与现代艺术设计并重的专业格局。学院为江苏艺术设计教育集团理事长单位。学院附设有中国工艺美术研究院、教育部全国重点建设职教师资培养培训基地、江苏省艺术设计与技术国家职业技能鉴定所、中法江苏艺术设计教育研究中心、江苏省工艺美术专业技术人员继续教育基地、江苏省工程技术研发中心、中英苏州艺术设计教育创新中心、苏州市艺术设计与工艺美术技术公共实训基地、苏州桃花坞木刻年画社（研究所）等多个国家、省市重点研究中心和培训基地。学院圆满完成2012年1811名学生的招生工作，学院在江苏省最低录取分数线为436分，超出公办本科省控线41分，超出民办本科省控线55分，超出专科省控线141分。学院2012届共有1572名毕业生，初次就业率达92.93%，年终就业率达99%，广受社会赞誉。

学院专业教师赴美国乔治梅森大学参加艺术设计教学培训

数字艺术系学生宋春晓作品《妙计》获江苏省首届技能大赛学生组一等奖

苏州农业职业技术学院

SUZHOU POLYTECHNIC INSTITUTE OF AGRICULTURE

2012年，苏州农业职业技术学院坚持“立足苏州，服务‘三农’，紧扣特色，争创一流”的办学思路，积极推进各项事业发展。2012年，学院招生3 000人，报到率达93.94%，在校学生1万余名；毕业生就业率达98%，有21个专业就业率达100%，学院连续四次被评为“江苏省高校毕业生就业工作先进集体”。2012年，学院获全国大赛一等奖2个、省级创新团队2个，学院睢宁、海安两个科技服务团队被评为“2012年度江苏省挂县强农富民工程优秀团队”，被江苏省委宣传部、省文明办等15家单位联合表彰为2012年度江苏省文化科技卫生“三下乡”先进集体，获苏州市2009—2011年度文明单位。学院代表中国设计布展2012荷兰世界花卉园艺博览会“中国园”，获该届园艺博览会最高奖——“绿色城市奖”。

学院加快建设工作创新型、和谐型党委班子，党委总揽全局，院长依法行政。学院首创的“三引领，三服务”做法得到苏州市“创优办”肯定。《以服务赢得信任、以信任开展合作、以合作实现共赢——苏州农业职业技术学院“政行校企”合作结硕果》、《魅力苏农，百年园艺》等25篇文章在《光明日报》、《新华日报》等主流媒体发表。

由学院设计、承建的2012荷兰世界园艺博览会“中国园”获世园会最高奖——“绿色城市奖”

韩国师生参观学院相城科技园

学院旨在打造具有职业教育特色的现代高校制度，以人才培养、科技服务、师资锻炼、岗位实践、就业创业“五位一体”为目标的合作联盟正在实施。2012年11月30日，江苏现代农业校企（园区）合作联盟成立暨学院园艺百年庆典大会在学院举行，省领导出席并讲话，145家政府部门、行业协会、科研院所、职业院校、省市级以上现代农业园区、龙头企业等成员单位出席大会。

学院机构、人事改革力度加大，设立了园艺科技学院、园林工程学院、经济管理学院等13个部门，设立了8个党总支、23个党支部，顺利完成换届选举。任聘中层干部39人，选拔与聘任中层副职干部12人。事业单位岗位设置与聘用顺利实施，全院416位教职员工全部聘任到位，其中教师岗260人、其他专技岗55人、工勤岗32人、管理岗69人。

学院承办全国农业广播电视学校教学能手暨教学课件大赛

学院主持设计和指导施工的2012荷兰世界园艺博览会“中国园”开幕

江苏现代农业校企（园区）合作联盟暨苏州农业职业技术学院园艺百年庆典大会召开

学院承办的新疆籍普通高校毕业生培训班结业典礼

学院教育改革内涵发展不断深入，“理实一体”教学基地为园艺园林、生态环境等专业教改提供了场所。按专业链对接产业链构建了“专业共建、人才共育、过程共管、成果共享、责任共担”的紧密型合作办学机制，继续深化“2+0.5+0.5”等工学结合人才培养模式改革。加强“校中园”和“园中校”建设，设立企业“教授工作站”等融入性合作平台。深化企业冠名班、“订单式”培养模式，实现人才培养与岗位需求“零距离”对接。园艺、园林技术等4个专业群获省级“十二五”高校重点专业群项目立项。全院获省级以上各类资助项目20项。学生在国家、省级各类比赛中获团体一、二等奖18个。

学院科研项目获教育部、农业部、省科技厅、省教育厅等各级各类课题65项，经费达1 500万元。招收成人学历学生1 312人，培训退役士兵、职业农民、驾驶员等1.36万人。接待韩国、荷兰、德国等来访考察团7批100余人，与台湾、荷兰等地区和国家开展合作办学。

学院有254名学生获国家奖学金、国家励志奖学金，1 423名学生获国家助学金、1 983名学生获学院奖学金；为528名学生办理助学贷款，新增企业奖助学金14个，共计47.5万元。完成历时一年的新疆巩留县60余名高校毕业生的培训任务。

学院校园和谐安全稳定，学生身心健康。学院数据共享平台建成，教职工实现移动办公；新增图书13万余册，学生食堂再次被评为苏州市“A级食堂”。学院被评为江苏省高校节能工作先进院校和苏州市节水示范单位。中国关心下一代工作委员会常态化建设通过省级验收，校园文化活跃。

地址：江苏省苏州市西园路279号　　邮编：215008　　电话：0512-67232506

南京信息職業技術學院

计算机与软件学院院内实训基地

通信学院院内实训基地

1. 基本情况

南京信息职业技术学院地处江苏省南京市仙林大学城，属国有公办院校，是“国家示范性高等职业院校建设计划”骨干高职院校建设单位。学院前身是创办于1953年的南京无线电工业学校。办学60年来，为社会输送了5万余名人才。学院占地928亩，建筑面积32.3万平方米，在校生规模12 000人，固定资产8.84亿元。学院以学历教育、科研服务、社会培训“三位一体”思路作为发展战略。

2. 办学理念及办学目标

学院遵循“以就业为导向，以质量求发展，以特色创名校，让每个学生走向成功”的办学理念，以“服务全体学生、服务信息产业、服务地方经济”为宗旨，培养具有信息行业职业能力和利用信息技术服务其他行业能力的高级技术技能人才。

3. 专业建设

学院共开设45个专业，构建了电子整机类、先进制造装备及技术类、电子元器件类、软件类、数码艺术类、通信工程类、信息服务类、新能源技术类8大专业群。拥有4个国家骨干高职院校重点建设专业、2个中央财政支持的重点建设专业，3个省级品牌专业、3个省级特色专业、4个省级重点建设专业群、6个省级示范性高职院校重点建设专业。

4. 实训基地及校企合作项目

学院拥有电工电子与自动化、网络与通讯工程等国家级实训基地2个，先进制造技术、新能源技术及检测等省级实训基地4个，校内实验实训室172个，校外实训基地250个；与中国质量认证中心、中兴通讯等30余家知名企业联合建立了中认新能源技术学院、电信学院、熊猫光电学院，开办了西门子班，开展校企合作育人。

5. 师资队伍

学院有在职教授、副教授及研高、高级工程师186人；具有博士和硕士学位的教师363人；国家级教学名师1人，省级教学名师2人，省级优秀教学团队2个。学院还聘请了400余名企业管理、技术骨干担任兼职教师。

6. 社会服务

学院设有江苏省软件外包实用人才实训平台、江苏省中小企业信息化服务平台和中认新能源检测实验室。学院是中国人民解放军理工大学实训基地、中兴通讯公司授权培训中心、江苏省软件产业人才培训基地、国家计算机应用与软件紧缺人才培训基地、江苏省通信行业职业技能鉴定基地、武汉大学工程硕士培训点、电子科技大学网络学院南京站。

军训汇演

机电学院院内实训基地

7. 国际交流与合作

学院与加拿大BCIT、印度NIIT以及韩国、新加坡等国家的学校开展了合作办学，并参与了江苏省国际交流中心的“海外直通车”项目。

8. 发展愿景

多渠道办学，集群化发展；国际化视野，现代化办学。

9. 取得荣誉

学校被评为2012年度江苏省教学工作先进高校、江苏省教育人才工作先进单位、江苏省精神文明建设工作先进单位，被评为2008—2011年度江苏省高等学校和谐校园、2009—2010年江苏省科技工作先进高校、2004—2012年江苏省高校毕业生就业工作先进集体。

信息服务学院院内实训基地

新能源技术学院院内实训基地

数码艺术学院院内实训室

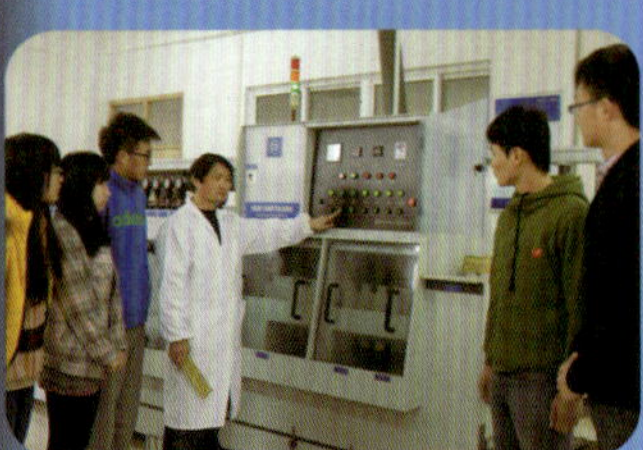

微电子学院院内实训基地

电子信息学院院内实训基地

地址：江苏省南京市文澜路99号
电话：025-58004885
传真：025-85842088
网址：www.njcit.cn

千年书院·百年名校——

传承千年文脉 推进责任教育

江苏省泰州中学始于1902年在宋代著名教育家胡瑗讲学旧址上创立的泰州学堂，是一所历史悠久、文化底蕴深厚的百年名校。学校先后被评为省属重点中学、省四星级高中、国家级示范高中，获得了全国文明单位、全国教育系统先进集体、全国体育卫生先进单位、江苏省文明单位标兵、江苏省模范学校等四十多个省级以上荣誉称号。

学校有60个班级，在校学生3000余人。百年老校，名师荟萃，其中享受国务院政府特殊津贴专家1人，教授级教师5人，特级教师8人，中学高级教师130多人，地市级以上名师、学科带头人25人，具有研究生学历的教师70多人，常年聘请多名外籍教师。

在长期的办学实践中，学校逐步形成了“平和从容，博雅大气”的办学风格，办学成果斐然，为国家和社会培养了大批优秀人才。其中杰出校友有：国家领导人胡锦涛，中国科学院、中国工程院李德仁、童凯、侯德元、支秉彝、夏道行等多名院士，著名企业家陶建幸、陆海明等，著名表演艺术家林达信、著名作家李进，世界举重冠军袁爱军，以及外交界郁兴志、陈来元大使，军事界颜敏，教育界程崇庆，等等。

老校区安定书院

2012年12月28日，国家主席胡锦涛回到母校，在校学生举着自制的标语牌欢迎胡主席

近几年来，学校确立了“明理达用”的校训和“倡导负责任的教育”的办学理念，以“领袖风范、领军人物”为育人目标，彰显“精品化、多元化、现代化”的办学特色。作为“全国首批百所高中特色建设项目学校”，学校大力加强教育教学管理与创新，深化素质教育，办学水平和学校美誉度不断提升。申报的“数学学习体验中心”成为全省首批课程基地，每年均获得北京大学“中学校长实名推荐制”资质，连续入选中国“百强中学”，成为中国人民大学、南京大学、西安交通大学、中国传媒大学等知名高校优质生源基地。高考成绩多年来一直居于省市前列，每年有一大批优秀学子被录取到北京大学、清华大学、中国人民大学、复旦大学、南京大学等知名高校。坚持科研兴校，促进教师专业发展。经教育部立项、由该校著名特级教师洪宗礼主编的苏教版初中语文实验教材，目前已在全国26个省区市累计发行1.3亿余册，其主持的国家重点科研课题成果“母语教材研究”荣获全国教育科学研究优秀成果一等奖。学校申报的教育部规划课题“新课程背景下教师队伍建设及相关机制的研究”顺利结题，教育部重点课题“发掘‘三名文化’，推进‘责任教育’实践研究”也即将结题。2012年学校110周年校庆期间，胡瑗思想研究所和洪宗礼教育思想研究所在学校挂牌成立。

全国首届数学文化素质教育论坛暨数学文化节在江苏省泰州中学开幕

江苏省泰州中学建成省级课程基地——数学学习体验中心

江苏省泰州中学隆重举行建校110周年庆典

洪氏教材30年暨洪宗礼语文教育思想研讨会在江苏省泰州中学举行

学校积极扩大国际交流与合作，先后接待了来自美国、英国、德国、澳大利亚、芬兰、日本、韩国等国家的代表团，并与澳大利亚特拉蕾根中学、美国芝加哥佩顿中学、英国国王学院等结为友好学校，常年进行师生互访活动。学校已开办剑桥国际班、雅思英语班、韩国留学生班等班型，国际化办学特色越来越鲜明。

2012年12月28日，泰州中学1959届校友、国家领导人胡锦涛视察母校，祝愿母校越办越好，培养出更多的优秀人才，并勉励在校学子“长江后浪推前浪，一代更比一代强”。江苏省泰州中学师生将牢记胡锦涛同志的殷切期望，进一步弘扬“追求卓越、自强不息”的泰中精神，为把泰州中学办成全国一流并在国际上有一定影响的优质特色高中而不懈努力！

江苏省启东中学

团结奋进的校领导班子

江苏省启东中学是一所全日制公办普通高中，创办于1928年。学校占地270亩，有60个教学班，教职工300多人，在校学生3000多人。1990年4月，学校成为江苏省首批重点中学；1998年4月，学校通过“国家级示范性普通高中”评估验收；2003年12月，学校成为江苏省首批四星级学校。

学校办学条件优良，拥有设备一流的实验室、图书艺术馆，是江苏省中学一级实验室、图书馆。“十一五”期间，为实现教育现代化，学校投入巨资用于现代信息技术的软硬件建设，为每个班级配备了多媒体网络设备，先后建成并优化了校园计算机系统、校园广播电视系统、图书管理系统和校园监控系统，为全面开展素质教育奠定了坚实的基础。

学校大力加强教师队伍建设，促进教师专业化发展。学校选派30多位教师赴美国、英国、加拿大、澳大利亚、马来西亚等国家学习培训，40多位教师参加国家级、省级新课程培训。学校注重学科组、备课组建设，物理学科组被省教育学会物理专业委员会评为先进集体，数学学科组被评为南通市师德先进集体。在职教师中，有博士1人，硕士52人，享受国务院特殊津贴专家1人，全国教育系统劳动模范2人，特级教师6人，省人民教育家培养对象1人，省中青年专家3人，省“333工程”培养对象5人，高级教师150人，其中教授级高级教师3人。名师梯队建设得到了加强，一支素质精良、结构合理、充满生机和活力的教师队伍业已形成，为学校的可持续发展提供了强有力的人才支撑。

全国文明单位揭牌仪式

学校确立现代办学理念，培养了大批创新型人才。学校秉持“面向全体学生，促进全面发展，培养个性特长，为学生终身发展奠基”的办学理念，提出了培养具有创新精神、实践能力、素质全面、特长鲜明、具有国际视野的学生和建设高质量、现代化、有特色、国内一流、国际知名的现代名校的办学目标。学校积极探索高效课堂教学模式，教学质量20多年持续高位走强，每年约有15名学生考取清华大学、北京大学。学校2012届学生李天然获第44届国际中学生化学奥林匹克竞赛金牌。自1995年以来，学校学生在国际中学生学科竞赛中共获14金2银，体育、文艺、科技等方面也培养了不少特长学生。学校成为江苏省理科课程基地、江苏省普通高中创新人才试点学校、中国人才研究会超常人才专业委员会设立的“超常人才教育研究实践基地”。

校长奖教奖学基金颁奖仪式

体育馆

获得奥赛金牌的学生

学校牢固树立办人民满意教育的宗旨，办学业绩显著。学校先后被评为全国文明单位、全国精神文明建设先进单位、全国体育卫生工作先进单位、全国体育科研明星学校、江苏省文明单位标兵、江苏省先进基层党组织、江苏省模范学校、江苏省德育先进学校、江苏省体育工作先进单位等称号。

学生广播操

浙江工贸职业技术学院

Zhejiang Industry & Trade Vocational College

浙江工贸职业技术学院是一所省属公办高等院校，坐落于人杰地灵、市场经济发达的浙江省温州市。学院下设10个院系，开设30个专业，是国家技能紧缺型人才培养基地、高职示范性实践教学重点建设基地。

◆ **创新创业** 学院注重将温州创业精神融入到教学与实践中，培养学生的创新意识和创业能力。通过开展创新创业教育研究、创业基地建设、学生创业实践等，鼓励扶植学生创业项目，建立大学生创业扶持和风险专项基金机制。设立开放式创新实验室，激发教师和学生的创新活力。近3年，学院学生获得了团中央“MM百万青年创业计划”优秀组织奖、全国高校“创新创业”电子商务挑战赛总决赛特等奖、浙江省“挑战杯”大学生创业计划竞赛一等奖等重要奖项；有“全国大学生创业之星”1名、浙江省“大学生创业之星”4名、浙江省“大学生创业规划之星”6名。学院是教育部高等学校创业教育指导委员会副主任委员单位，毕业生的就业率和创业率均居全国高校前列。

在“全国高等职业教育服务青年成长发展暨第五届国家示范性高职院校建设成果展示会”上，学院以案例入选数量最多、表现形式最全、获奖数量最多、社会认可度最高备受关注

◆ **教学改革** 学院构建了校企一体教育教学流程，以“园区化”工学结合、人才培养与社会服务一体化来推进专业建设、教学改革和课程建设，编写出版《高职院校校企一体化教育流程的研究与实践》，将园区企业生产经营与学校教学科研相结合，形成了独特的“园区化”工学结合人才培养新模式，被中国教育报誉为“浙江工贸现象”。学院《基于服务型理念的校企一体化人才培养模式》、《中高职一体化培养》等多项案例入选教育部职业教育教学案例。学生在国内外各类竞赛中成绩斐然，在数学建模、电子设计、电子商务等国家级竞赛中多次荣获一等奖，并在美国大学生数学建模竞赛（MCM/ICM）等国际竞赛中取得优异成绩。

学院举办地掷球世界锦标赛并夺冠

◆ **三大园区** 学院通过投资、参股、合作等方式创办了浙江创意园、温州市知识产权服务园和省级国际服务外包示范园。浙江创意园是浙江省政府批准建设的省级特色工业设计示范基地。知识产权服务园是全国首个提供涵盖专利、商标、版权等知识产权所有类型及知识产权创造、运用、保护和管理等一站式、综合性服务平台，在温州市金融改革背景下，牵头成立温州市知识产权交易有限公司，引入展示交易市场化机制。学院与上海大学合作成立温州知识产权学院，打造国家级和职教类的知识产权培训基地。省级国际服务外包示范园是温州地区国际服务外包示范基地和人才培养基地，也是温州市唯一一家被浙江省商务厅认定的国际服务外包综合考试平台考点，已完成服务外包培训1 500余人次。

学院创业学子杨忠敏获2012年“第三届文化新浙商新锐人物”和温州市“十大经济新锐人物”称号

来自台湾的教授在上课

中央电视台到学院拍摄保护非物质遗产瓯绣的专题节目

学生在浙江创意园内的动漫专业工作室进行“园区化”工学结合课程学习

学院引进天津大学激光与电子研究所姚建铨院士及其科技创新团队，建设“激光技术与应用”院士工作站，并筹建温州激光工程技术联合研究院

◆ **社会服务** 学院与中国科学院固体物理研究所、吉林大学、天津大学等科研机构及院校合作建立了先进金属材料研发中心、激光加工技术应用中心、姚建铨院士工作站和温州激光工程技术联合研究院等科研创新平台，加快推进技术研发和科技成果转化。积极开展刘基文化、永嘉耕读文化和温商研究等，并对传统艺术瓯绣、瓯塑进行传承、推广以及艺术创新。通过文化创新，挖掘和打造区域特色文化，使社科研究走出校园，服务社会。学院还积极探索教体结合之路，开展地掷球特色体育运动项目，成功举办了2006年世界女子地掷球锦标赛。学院师生在国际地掷球赛事上共获得10项世界冠军和2项世界亚军，为国家体育运动事业的发展做出了积极贡献。

温州職業技術學院

Wenzhou Vocational & Technical College

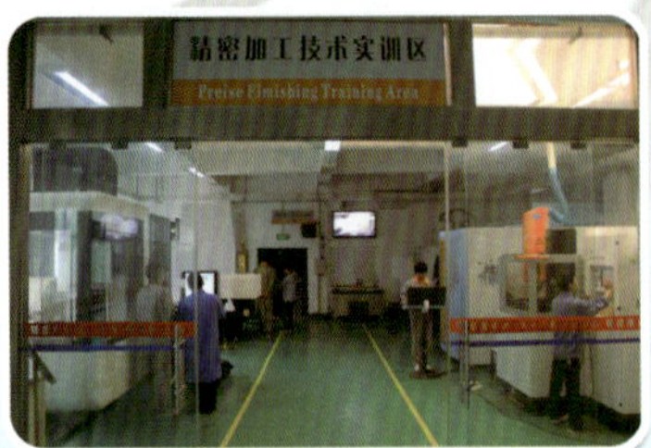

精密加工技术实训区

温州职业技术学院是1999年经教育部批准创办的全日制综合性高职院校，秉承了温州商业学校、温州经济学校、温州机械工业学校、温州业余科技大学4所国家和省部级重点中专的优良传统和优质资源。2005年，学院被教育部等七部委评为“全国职业教育先进单位”；2006年，学院以优秀成绩通过全国高职高专人才培养工作水平评估；2010年，学院以优秀成绩成为国家示范性高职院校。

▲ 全国职业教育先进单位

▲ 全国职业教育先进单位

学院坐落于风景秀丽、人杰地灵的温州高教园区，校园总占地837.2亩，建筑面积23.9万平米，总投资超7.4亿元，教学设备总值1.3亿元，图书馆藏书108万册。学院师资力量雄厚，有副高以上职称教师176人，专任教师中高级职称比例达38.8%，硕士、博士研究生学位教师比例达72.1%，“双师型”教师296人；有国务院特殊津贴专家1人、国家级教学名师1人，浙江省及温州市重点创新团队各1个、省级教学团队3个、省级教学名师4人、省级教坛新秀5人。

毕业生在技术研发大楼以毕业设计形式参与研发

学院对接区域产业需求，实现开放办学。学院设有34个专业，覆盖了温州市主要支柱产业和特色行业。拥有国家示范性重点专业6个，教育部教学改革试点专业1个、教育部专业服务产业能力提升专业2个，省特色优势专业13个、市重点专业7个，国家、省精品课程28门，国家级教学成果奖二等奖1项。学院与瑞安市政府、永嘉县政府合办了温州职业技术学院瑞安学院、永嘉学院，与温州市旅游局合作建立温州酒店管理学院，与温州市服装行业协会、家具行业协会合作共建温州服装学院、温州家具学院，与企业共建产学研一体化中心，与境内外高职强校联盟，合作办专业，形成了从“校企（校校）点对点”、“校行点对线”到“校地点对体”的开放合作办学体系。

电气电子工程系毕业生专场招聘会暨优秀毕业作品展

学院坚持以学生为本，实现特色办学。积极推进以生为本的“双层次多方向”人才培养模式改革，探索对特长人才、复合型人才的培养。改变校园形态，在全国高职院校中率先发起“捣墙运动”，建立“教学工厂”，形成了“三层次”的实践教学体系，建成10大实训中心25个实训基地，教改项目“以行业和民营企业为依托的高职‘三个合一’实践教学体系创建与实践”获第六届国家教学成果奖二等奖。学院秉承“厚德长技，励学敦行”的校训，推进具有温职院特色的校园文化建设；坚持育人为本、德育为先，打造了“大学生成才服务体系”品牌；开展“三进一留”暑期社会实践、“二早一活动”，形成“三个课堂”相结合的大学生素质教育体系；倡导高质量就业，毕业生总就业率连续8年达98%以上。

“学习风尚奖”颁奖典礼

学院坚持产学研结合，实现创新办学。积极探索高职院校产学研结合的办学新模式，以“立地式”研发助推创新驱动发展，建成2万平方米的技术研发大楼，成立42个研发中心，全部面向温州支柱产业和特色行业以及企业提供技术研发服务，其中包括浙江省高职院校唯一一个省级创新服务平台——浙江省轻工机械技术创新服务平台，以及温州服装科技创新服务平台、温州市模具重点实验室、温州鞋革行业科技创新公共服务平台、温州家具工程技术研究中心等省、市级开发服务机构10个，校企共建研发中心16家。2012年，学院共完成科技项目立项187项，获浙江省高校科研成果一等奖1项、浙江省科技进步三等奖1项；获授权专利33项、软件著作权4项；年科技到款额达1009万元，年职业技能培训、鉴定15 000余人，极大地推动了区域产业企业的转型升级。

学院夜景

新时期，学院继续以培养不可替代的高素质技术技能型人才为目标，构建依托“政校行企”四方联动的合作办学机制，探索以生为本、基于核心能力的“双层次多方向”人才培养模式，建设全学程育人的“三个课堂”相结合的大学生素质教育体系，打造基于“立地式”研发的产学研结合发展新模式，为努力把学院建设成为全国领先的高职院校而不懈奋斗。

国家骨干高职院校——

山东畜牧兽医职业学院

办学历史悠久、特色鲜明的国办高校

山东畜牧兽医职业学院建于1955年，位于美丽的世界风筝都——潍坊市。建院以来，为国家培养专业人才7万多名，为我国畜牧业发展以及山东省成为全国畜牧大省做出了积极贡献。“十二五”期间，学院实施以普通高职教育为主体，以继续教育、校办产业为两翼带动全局的发展战略，努力创建办学理念先进、育人水平高、服务能力强、办学特色鲜明的优秀国家骨干高职院校。

全国最大的畜牧兽医人才培养基地

学院占地2 800亩，设有动物科技系、动物医学系、动物营养与水产系、宠物科技系、食品与药品科技系、经济贸易系等，拥有从牧场到餐桌的全产业链专业体系，形成了以畜牧兽医为优势、以现代农业为特色、以经济贸易等为新增长点的专业结构。

学院面向全国招生，在校生10 000人，其中畜牧兽医类专业在校生数量居全国第一，是全国最大的畜牧兽医人才培养基地。

学院师资力量雄厚，有教授、副教授120多人，“双师型”专业教师占85%以上。拥有全国高校教学名师、山东省教学名师等20多人，国家级、省级教学团队5个。

学校与畜牧企事业单位开展合作

中国工程院院士陈焕春到校指导工作

能力为重，全面发展

学院坚持德育铸基础、智育立事业、人文促发展的育人理念，按动物种类及生长规律实施课程改革，其经验在全国同类院校中推广。学院建有省级品牌和特色专业7个，国家级、省级精品课程15门。承担国家“863”计划、国家和山东省“星火计划”等系列课题，科研硕果累累。

学校获全国职业院校技能大赛四连冠

学院深入实施素质教育，高度重视实践教学，大力实施现场教学、项目教学、工学交替、顶岗实习，“教、学、做”融为一体，学生实践技能、职业素养、综合素质全面提升，职业资格获证率达到100%，教育教学质量高。2009—2012年，学院实现全国职业院校技能大赛四连冠。

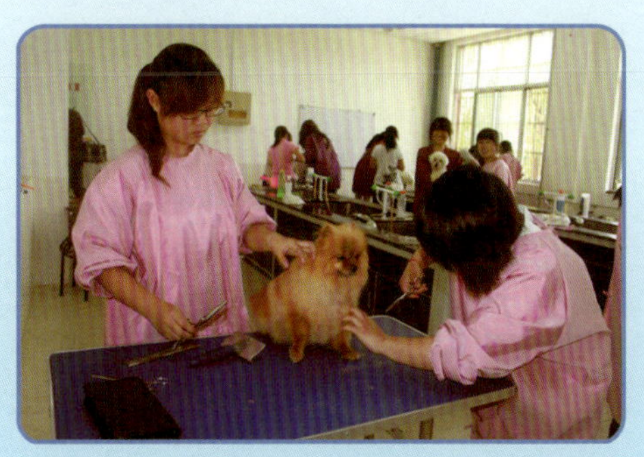

学生在参加实践训练

在行业背景下办学，在职业氛围中育人

学院拥有门类齐全的实验实训室，拥有饲料厂、GMP兽药厂、动物医院、奶牛场、肉牛场等“校中厂”，达到了“有专业就有校内实训基地”的水平。

学院坚持开放办学，与全国数百家企业建立了合作关系，形成了“订单”培养、资源共享、联合研发、企业助学、文化共建等系列合作模式，实现了多方共赢。

好就业，就业好，创业率高

学院毕业生以理论扎实、技能娴熟、作风过硬的优势受到社会欢迎，一直供不应求。学院“双选会”为省级人才市场，对招聘企业设置薪酬门槛，保障学生高质量就业，已成为全国颇具影响力的畜牧兽医类毕业生就业市场。

学院坚持以创业促就业，着力建设创业型高职院校。毕业生创业率达10%以上，居全国高职院校前列。3名毕业生获“全国高职教育毕业生百名就业创业之星”称号。

荣誉来自奉献

学院面向农民和畜牧企业，广泛开展科技服务，建起了庞大的服务网络，每年培训农民和企业职工数千人，创造的经济社会效益数以亿计，被畜牧企业誉为“技术后盾”，被广大农民称为“致富靠山”。学院先后荣获山东省职业教育工作先进单位、科教兴鲁先进单位、高校毕业生就业工作先进集体、大学生创业教育示范院校等称号，被确定为国家骨干高职院校、山东省示范高职院校。

南昌師範學院

第一届田径运动会开幕式

外语语音课教学

南昌师范学院的前身是创建于1952年的江西省中等师资进修学校，1956年改建为南昌师范专科学校。1958年在南昌师范专科学校的基础上成立江西教育学院。1969年与江西师范学院、江西大学文科合并为井冈山大学。1979年复办江西教育学院。2013年，经教育部和江西省人民政府批准，在江西教育学院基础上建立南昌师范学院。

南昌师范学院是江西省属全日制普通本科师范院校，坐落于具有深厚历史文化底蕴、素有“物华天宝、人杰地灵”美誉的江西省省会南昌。学院有昌北、青山湖两个校区，占地面积613.8亩；校舍建筑面积23万平方米；馆藏纸质图书60.3万册，实习实训场所78个，实验室72个，附属中学为省级重点中学。

学院设有教育系（学前教育学院）、中文系、外文系、音乐系、美术系、旅游（政法）系、数学与计算机科学系、体育系、理学院、社科部等教学单位及教育培训学院、国际教育学院、成人教育学院等教学培训机构。

学院设有学前教育、汉语言文学、英语、音乐学、生物科学、艺术设计学6个普通本科专业，设有计算机科学与技术、经济管理等23个普通专科专业和35个成人高等教育本、专科专业，形成了以人文学科、理学为主，教育学、管理学、艺术学并进的学科门类格局。学院有全日制在校生7 300余人。

学院有专任教师359人，其中具有高级职称的教师178人，具有博士、硕士学位的教师193人；国家有突出贡献中青年专家1人，国家级、省级教学名师6人，享受国务院、省政府特殊津贴11人，全国、全省优秀教师5人，江西省赣鄱英才“555工程”领军人才2人，江西省主要学科跨世纪学术和技术带头人培养人选1人，江西省高校学科带头人7人，江西省中青年骨干教师22人，江西省“新世纪百千万人才”18人，兼任兄弟高校博士生导师2人、硕士生导师11人，形成了一支师德高尚、结构合理、整体实力较强、综合素质较好、教学水平较高、熟悉中小学教师成长规律及基础教育现状的优质师资队伍。

学生形体训练

学生茶艺表演

学院紧密围绕人才培养、科学研究、社会服务、文化传承，始终坚持“面向基础教育、服务基础教育”的办学方向，始终坚持“学得好、下得去、用得上”的人才培养目标，秉承“厚德修身、博学育人”的校训，形成了良好的校风、教风、学风。学院拥有通信与信息系统、计算机应用技术2个省级重点学科，电子信息工程技术1个省级特色专业，学前教育和旅游管理专业2个省级高校人才培养模式创新实验区，教育管理学教学团队1个省级教学团队，英语教学法、招贴设计等7门省级精品课程。近5年来，获批省级教改项目64项，获厅级以上教学成果奖26项，学生获全国大学生各类竞赛奖项33项。累计培养本、专科生9万余人，培训全省中小学校长等教育行政干部及中小学骨干教师17万余人次，远程培训中小学教师160余万人次，为全省基础教育和经济社会发展做出了应有贡献。

学院注重以项目研究为平台，以完善科研机制为抓手，形成了培养（培训）与研究有机融合、互为促进的科研创新特色，在鸡分子遗传与基因组学、基础教育、中国画、文艺理论等研究领域拥有一批结构合理、方向明确的研究团队。近5年来，主持国家级、省部级课题126项，发表论文1 033篇、出版著作及教材93部，获国家专利11项。

乘风破浪会有时，直挂云帆济沧海。南昌师范学院人正以科学发展观为指导，以立德树人为根本任务，以普通本科教育为主体，以义务教育和学前教育师资培养为重点，以教师教育职前培养与在职培训相贯通为特色，立足江西，面向基层，着力建设全省义务教育和学前教育高素质教师培养基地、全省中小学和幼儿教师及教育行政干部示范性培训基地、全省教师教育改革的重点研究基地，把学院建设成为在省内教师教育体系中有优势、有特色、高水平的教学型普通本科师范院校。

陶艺教学

社会实践服务团队出征仪式

江西财经大學
JIANGXI UNIVERSITY OF FINANCE AND ECONOMICS

坚持内涵建设，推进创新发展

——在建设“特色鲜明的高水平财经大学”道路上阔步前行的江西财经大学

财政部、教育部、江西省人民政府共建江西财经大学协议签字仪式

江西财经大学前身为1923年秋创办的江西省立商业学校，1958年成立江西财经学院，1980年成为财政部部属院校，1996年更名为江西财经大学，2000年转为由江西省主管，2012年5月成为财政部、教育部和江西省人民政府共建院校。

学校秉承“信、敏、廉、毅”的校训和“敬业乐群、臻于至善”的大学精神，坚持“质量立校、特色兴校、人才强校、法德治校”的建设思路，确立了建设“特色鲜明的高水平财经大学”的发展目标，形成了培养具有“信敏廉毅”素质的创业型人才的办学特色，力求人才培养有鲜明特色，专业学科有竞争优势，科研成果有重要影响，办出了红土地上人民满意的高等教育。

学校拥有5个博士后科研流动站和5个一级学科博士点，28个二级学科博士点，16个一级学科硕士点，58个本科专业；拥有1个国家重点培育学科，6个国家级特色专业。

学生学术节之模拟公司实践演练

张蕊教授荣获第五届国家教学名师奖

学校有全日制在校生3万人，研究生5 000人，继续教育学生1万人。“十一五”期间，学校立项国家本科教学质量工程项目27项，列江西高校第一。2002年和2007年，学校顺利通过教育部本科教学工作水平评估，两次均获“优秀”等次。多年来，学校在江西省招生投档线和录取平均分方面均为全省高校第一，初次就业率居江西高校第一。学校被评为“全国就业先进工作单位”（全国高校共15所）、“全国本科生综合满意度50强高校”等荣誉称号，是江西省唯一获两项殊荣的高校。

学校近5年立项国家社科基金106项，总计1 750万元；立项国家自然科学基金113项，总计3 922.4万元；教育部人文社科项目100余项。学校主办的《当代财经》入选“全国30佳社科学报”和“国家新闻出版广电总局100强报刊”，《江西财经大学学报》入选“全国优秀社科学报”，两刊均为CSSCI来源期刊。学校先后与江西省政府经济管理部门、地市、企业签订了战略合作协议，聚焦经济社会发展重大现实问题开展研究。近年来，有10项国家社科基金项目研究成果入编国家社科规划办《成果要报》，并送中央领导决策参考。

学校还先后获得“全国精神文明建设先进单位”、“全国教育系统先进单位”、“全国民族团结进步模范集体”、“全国法制教育先进单位”、“全国高校艺术教育先进单位”、“全国大学生军训先进集体”、“全国五四红旗团委”、“全国模范职工之家”等荣誉称号。

大学生军训阅兵式

铁道警察学院
Railway Police College

每周一次的升旗仪式

铁道警察学院成立大会隆重召开

铁道警察学院是公安部直属的我国唯一一所培养高素质应用型铁路警务人才的全日制本科院校。1950年，经中央人民政府批准，由铁道部创建于北京，先后辗转沈阳、上海、西安、唐山等地；1980年，迁建河南郑州市；2000年，由铁道部划归公安部管理，改建为铁道警官高等专科学校。后经教育部批准，升格为铁道警察学院，正式开办本科教育。

学院有教职工410人，专任教师291人，其中具有正高级专业技术职称人员31人，副高级专业技术职称人员79人；开设有治安学、侦查学、公安管理学、刑事科学技术4个本科专业，侦查、经济犯罪侦查、治安管理、警察管理、刑事技术、信息网络安全监察、警卫7个专科专业；拥有基础实验室、公安专业实验室和实训场馆54个，教学科研仪器设备总值4 027. 15万元；在全国公安机关建立了25个实践教学基地，建立了“公安部警务实战训练铁警基地”。学院面向全国（港、澳、台除外）招生，实行警务化管理，在校生4 305人。

“警用双向数字通信系统”等两项公安部科技创新项目通过专家验收

教师在指导学生开展纤维痕迹检验实训

参加上海世博会安保工作的学生查验司乘人员证件

铁路站车查缉战术训练

多年来，学院坚持“政治建校、质量立校、特色强校、发展兴校”的办学方针，秉持“至诚，至公，敏学，笃行”的校训，立足铁路，面向全国，服务社会，为公安机关培养输送了3万余名公安专门人才，涌现出了以“90后最美学警”李博亚、“一级英模”沈战东、“欧阳海式的好民警”雷宏为代表的英模校友群体，为铁路公安工作和队伍建设提供了强大的人才保障和智力支持，被誉为“铁道卫士的摇篮”。

近年来，学院坚持将办学工作融入公安工作大局，融入高等教育改革发展，不断深化教育教学改革，确立了适应铁路警务特点、警学交替的“2+2”人才培养模式，完善了学练一体、练战交融的“教、学、练、战一体化”教学模式，搭建了校内、路内、国内相互衔接的三级实践教学平台，构建了具有铁路公安特色的教育教学体系，在专业建设和教学、科研、育人等方面取得了丰硕成果：拥有省级特色专业或试点专业4个，中央财政支持发展专业2个，国家级、省部级精品课程7门；完成省部级以上科研项目70余项；获省部级以上优秀教学、科研成果20余项；出版专著、教材166部；2名教师被评为公安高等教育部级教学名师，7名教师被聘为铁路公安机关刑侦、刑事技术专家，24名教师被评为河南省学术技术带头人、省部级优秀教师、教学标兵等称号。学院被公安部授予“全国公安系统抗雪救灾先进集体”和“北京奥运会、残奥会安全保卫工作先进集体”等荣誉称号，荣立上海世博会安保集体二等功、世界大学生运动会安保集体三等功。

公安部和中国铁路总公司签订了共建铁道警察学院的协议，中国铁路总公司将把学院建设发展纳入全国铁路安全保卫工作整体规划，全方位、多角度支持学院发展。未来几年，在公安部党委的正确领导下，在中国铁路总公司的指导、支持下，学院将继续加强内涵建设，不断提升综合实力和办学水平，真正把学院建设成为铁路公安系统的人才培养高地、理论研究高地和技术创新高地，为推进新时期公安工作和公安队伍建设做出新的更大的贡献。

学院大学生警乐团演出

信陽農林學院

XINYANG COLLEGE OF AGRICULTURE AND FORESTRY

办学一百周年庆祝大会现场

信阳农林学院坐落于素有“北国江南，江南北国”美誉的河南省信阳市，是经教育部、河南省政府批准升格并成立的一所公办全日制普通本科高校。

学院办学历史悠久，办学基础厚实。学院是以信阳农业高等专科学校为基础设置的应用型普通本科高校，前身为1910年创立的汝宁府中等实业学堂；1958年，升为专科学校；2010年，举办了百年校庆。学校设有14个系，6个本科专业，60多个专科专业，在校学生11 000余人，教职工851人，其中专任教师654人，高级职称教师218人，具有博士、硕士学位教师395人；聘请中科院院士朱作言、中国工程院院士张改平、中国农科院研究员杨亚军等40余人为客座教授。

学院有3个校区，校园占地1 430余亩，校舍建筑面积41万余平方米，图书馆藏书95万余册，仪器设备总值6 810万元，有70个实验室，200个校内外实习实训基地，1个农林实习场。

郭桂义教授获第四届国家教学名师奖

学院办学特色鲜明，办学成效突出。坚持“质量立校，特色兴校，人才强校”的办学思想，实施“质量提升，内涵带动”的发展战略，紧抓特色，突出优势。学院所设专业以农为主，理、工、管等学科协调发展。农科中的林、茶、水产专业在河南省具有无可替代的学科优势，畜牧、园艺、植保等专业特色明显，茶学专业本专科教育在河南省历史最早、规模最大（茶学专业招生30年，联办本科教育10届）。学院教学质量工程成绩突出，建设有12个河南省特色专业，4门国家级精品课程，7门省级精品课程，2个国家级职业教育实训基地，4个省级示范性实训基地。学院有国家教学名师1人，省级教学名师2人，省管专家、学术技术带头人、省级骨干教师等高层次人才30余人，省级优秀教学团队2个。

新校区楚韵湖景观

新校区汝宁广场一角

面向信阳及周边地区粮食、林果、水产、茶叶、畜禽、花卉等产业，学院积极发挥优势，开展应用研究、技术开发和成果转化，走产学研结合道路，在水稻、油菜品种改良，信阳毛尖品质升级，淮南猪品种选育，固始鸡增产增收，华英鸭、南湾鱼技术服务，生态鳖、高产虾科技攻关等方面成果多、贡献大。学院积极通过专家服务团、科普传播工程、科技特派员等载体，开展科技服务工作，承担本省科普传播工程项目110余项，推广杂交稻栽培、畜禽疫病防控及茶叶无公害生产技术等农业科研成果70余项，开展农业实用技术培训3万人次。

新校区图书馆

近年来，学院10项成果获河南省科技进步二等奖，承担省部级以上科研项目219项，获省部级奖84项，获国家专利16项，主持起草制订国家标准（《地理标志产品-信阳毛尖茶》GB／T22737-2008）1项。获省级教学成果48项，其中省级特等奖1项、一等奖7项、二等奖15项。学院获河南省科技特派员工作先进集体、河南省职业教育工作先进单位等称号。

学院重视校企合作，有良好的办学声誉。根据企业、行业需求，面向企业、行业开设课程，培养社会急需人才。学院与企业联建实习实训基地，建立校企教师、技术人员互派机制，师资队伍实力与“双师”素质明显提高。因专业特色突出，学生综合素质好，毕业生就业率保持在97%以上，学院获省级普通高校大中专毕业生就业工作先进集体等称号，累计为社会培养各类人才近10万人。学院积极与企业进行科技合作，先后与几十家企业联合实施“订单人才培养班”等项目，数十家企业为学生设立了奖、助学金。学院获省级文明学校、省级文明单位、省级园林单位、省级行风建设先进单位等荣誉。2012年，学院被评为河南最具就业竞争力示范院校。

升为本科后，学院紧抓本科建设和本科教育，着力推动办学转型，开展了“本科教育学习年”活动及规划制订、制度建设、招生等工作，各项工作进展顺利，实现了本科教育“开门红”。

华中师范大学第一附属中学

学生艺术节新年音乐会

华中师范大学第一附属中学前身为中南实验工农速成中学，由潘梓年、赵君陶等著名革命教育家于1950年9月创建，学校校名由原国家主席李先念题写。

学校是首批湖北省重点中学和省级示范中学，是湖北省政府命名的“窗口学校”，也是入选“辉煌荆楚60名片”的唯一一所高中。学校历次入选“全国百强中学”并位居前列，入选中国“普通高中特色学校”百所项目学校；是国家“汉语国际推广中学基地”，被评为“全国学校艺术教育先进单位”，“全国十佳科技教育创新学校”。学校综合办学水平居全省第一。

学校有高中、初中两个校区。新校区为高中部，占地390余亩，有教学班95个，学生4000余人，在职教职工388人，在岗特级教师15人，高级教师189人，硕士以上学历92人。

学校以“培养学生终身学习的愿望和能力”为核心价值观，以“自主创新学习、多元优质发展”为办学特色，以“一主两翼”为学校长期发展战略。“一主”指学校自身的“内涵发展、特色发展、优质发展”。多年来，学校高考成绩、学科竞赛、科技创新、文体竞技连年位居湖北省榜首。“两翼”一是指学校积极开展国际教育交流，与国外众多名校和教育机构成功开展办学交流与合作，致力于培养具有国际视野、通晓国际规则、能参与国际事务和国际竞争、具有中国魂的世界人；二是指对内帮扶教育力量薄弱地区，2009年援建的新疆博乐分校和2010年创办的北京朝阳学校分别步入当地名校行列。

坚持二十多年的学生社会实践

汽车技术选修课

学生在多媒体录播教室上课

小组合作探究学习

学校拥有先进的教育理念，培育了众多的优秀人才。60多年来，从华中师范大学第一附属中学走出了一大批政界、学界、商界、文化界、教育界、科学界巨擘。学校正朝着“建设世界一流中学”的目标奋进，并将永远铭记“厚德博雅，笃学敏行”的校训，秉承“追求卓越，永争第一”的精神，为国家培养创新拔尖型人才奠基。

江漢大学

JIANGHAN UNIVERSITY

江汉大学自2001年合并办学以来，为适应地方经济社会发展对高层次专业人才的需求，不断深化教育教学改革，建立起以社会需求为导向的“应用性、创新性、国际性”人才培养模式，探索出了一条有特色的人才培养之路。

纪念共青团成立90周年表彰大会暨2012“江汉之春”校园文化节汇演在学校艺术学院演播厅隆重举行

人才培养：突出应用，注重实践

学校根据“以文、理为基础，工、商为重点，理工结合，文理渗透，注重应用，服务地方”的学科专业发展定位，不断优化专业结构体系，拓宽专业内涵，灵活设置专业方向，巩固、加强基础和优势专业，大力发展社会急需的应用型专业，扶持发展新兴交叉专业。学校有2个国家级特色专业，2个省级品牌专业，10门省级精品课程，3个省级教学团队。

学校按照基础实践、专业实践、综合实践三个层次，科学合理地设置了实践教学的内容体系。已建成6个省级实验教学示范中心，215个与学校签订长期实习协议的校外实习基地。学校实施创新训练计划，培养学生创新能力。学校学生参加各级各类学科竞赛和专业技能大赛，获省级以上奖励1000多项。

为了加强人才培养的国际化，学校与德国斯图加特双元制大学签署了“双元制大学项目合作协议”，与美国特洛伊大学、美国西北理工大学、日本大分大学等国外大学开展了合作办学。

江汉大学“榜样的力量”表彰暨颁奖晚会在学校体育馆隆重举行

学科建设：统筹协调，强化优势

学校重点学科及研究生学位点呈现出蓬勃发展的态势，学校拥有3个省级重点学科、2个省级重点培育一级学科、7个武汉市重点学科。学校拥有2个硕士学位一级学科授权点，15个硕士学位二级学科授权点，1个专业硕士学位授权点，1个省级研究生教育创新基地。

学校不断优化学科建设结构体系，积极加强新兴学科和交叉学科的培育，构建了校优势特色学科、校重点学科、校扶持学科三级学科建设体系。学校有教育部重点实验室1个，省级重点实验室2个，省级人文社科研究重点基地2个，省级协同创新中心1个。

社区社会工作实务研讨会暨中国社会工作实务研究院、武汉楚馨社会工作服务中心成立揭牌仪式在学校举行

教师队伍：筑巢引凤，人才兴校

学校本着“不求所有，但求所用”的原则，构筑人才高地。对部分关键岗位实行国内外公开招聘；实施“江汉学者”计划，建立地方、学校两个层次的学科带头人选拔、培养、任用制度；实施校级“关键岗位”，选拔培养有优势、有潜力的中青年学科带头人，在创新人才、优秀人才培养方面形成发展梯次。

学校教师中有双聘院士1人，楚天学者12人，享受国务院、省、市政府专项津贴及省市有突出贡献中青年专家45人；1人入选教育部“新世纪优秀人才支持计划”，1人入选湖北省“新世纪高层次人才工程”优秀青年骨干人才，16人入选武汉市“213人才工程”和“十百千人才工程”。

科研创新：成果突出，特色明显

2001年以来，学校共有3 356个科研项目获准立项，其中国家基金项目62项；获省部级以上奖励107项；获各类知识产权授权329项；科研经费达34 548万元，年科研项目经费从2001年的119.4万元增至2012年的8 218万元，增长了近70倍。

学校坚持以学术带头人凝聚和形成研究团队，以科研团队的建设提升科研实力，形成科研特色。学校设有武汉研究院、交叉学科研究院、高等教育研究所等51个科研机构，承担的国家级、省部级科研项目（课题）成果达到国内、国际先进水平。《江汉大学学报》于2006年获全国人文社科学报三十佳学报称号。

2012届学生毕业典礼暨学位授予仪式

全国台联2012台胞青年千人夏令营湖北分营开营仪式在学校艺术学院演播厅举行

社会服务：立足武汉，服务地方

学校在共建合作、咨询培训、合作研究、成果推广等方面与社会各界开展广泛的联系与合作，逐步形成了“立足武汉，以服务求生存；服务地方，以贡献求发展”的理念，主动将学校的办学目标、学科建设、专业设置、人才培养、科学研究、产业发展等各项工作与地方社会经济发展紧密联系起来，找准自己在地方经济建设中的定位，将学校的发展与武汉市的发展直接对接，取得了一系列成果。

学校广泛加强与政府、企业、其他高校的联系，先后与武汉经济技术开发区、东湖高新技术开发区、武汉化学工业区、武汉市农业局、武汉市民政局、汉阳区人民政府、汉南区人民政府、华中师范大学、武汉理工大学等签订了合作协议。

为加强与社会各界的联系，并获取社会各界对学校办学的支持，学校的江汉大学教育发展基金会经过长期筹备，获湖北省民政厅正式批准成立。

学校光电化学材料与器件省部共建教育部重点实验室揭牌

精神文明：铸魂育人，不断创新

学校精神文明创建活动按照全面部署、重点推进、突出关键、抓好特色的工作思路，取得了显著成效。学校先后获“省级文明单位”、“省级最佳文明单位”、“国家级语言文字规范化示范学校”、“湖北省依法治校示范学校”、“湖北省高校节约型校园建设先进单位”、“湖北省园林式校园”等称号。

创新典型宣传教育形式，实施了“星光灿烂”工程，开展了对10个系列共100位先模人物的宣传活动及“感动江大人物”、“榜样的力量”等先进模范表彰活动，获教育部高校校园文化建设优秀成果奖。

学校坚持“学校教育，育人为先，德智体美，德育为先”的理念，着力构建社会主义核心价值体系，不断探索大学生思想政治教育新途径。学校成立了全国首个以学习、宣传、研究延安精神为宗旨的“延安精神研究院”，被评为湖北省延安精神进校园先进单位。学校整合诗词教育资源，将中华诗词进校园工作纳入校园文化建设的重点内容，被授予“全国诗教先进单位”称号。

学校举办“江汉之春”校园文化节，潜心打造校园文化品牌。以“挑战杯”系列竞赛为龙头，带动校园学术科技创新活动多层次、多形式、多渠道蓬勃开展。学校还建立了一批社会实践基地，长期坚持开展义务家教、助残帮困、协助社区管理等志愿服务活动，在社会上赢得了广泛好评。

学校“第五届感动江大人物”特色校园文化活动获教育部思想政治工作司颁发的“高校校园文化建设优秀成果评选”优秀奖

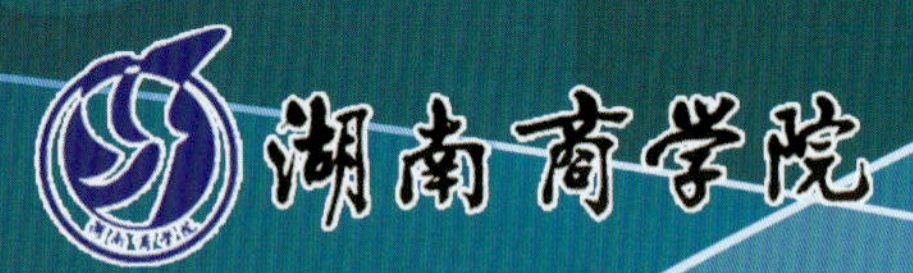

打造商科高地　培育经济湘军

浩浩湘江之畔，巍巍岳麓山东，矗立着一所湖南省财经类教育历史最为悠久、财经类教育发展最为成熟的普通全日制高等学校——湖南商学院。湖南商学院以经济学、管理学为特色和优势，兼有法学、文学、理学、工学、艺术学等多学科，具有硕士、学士学位授予权，是教育部本科教学工作水平评估“优秀”高校，被赞誉为“培养经济湘军的基地，造就职业企业家的摇篮”。学校校园占地1 340. 61亩，建筑面积47万余平方米，有总值9 000余万元的教学仪器设备和200余万册的图书馆藏书。学校设有16个教学院（部）、40个本科专业、37个科研机构以及教育部首批批准成立的独立学院——北津学院，拥有教育部高等学校“第一类特色专业建设点”2个、“第二类特色专业建设点”1个；教育部“人才培养模式创新实验区”建设项目1个；国家级精品课程2门；享受国务院政府特殊津贴专家9人，“新世纪百千万人才工程”国家级人选2人，教育部“新世纪优秀人才支持计划”人选3人，教育部高等学校教学指导委员会委员3人。学校面向30个省、自治区、直辖市招生，有全日制在校生近2万人。

人才培养：创新模式，突出质量

高等教育的根本任务是人才培养。近年来，学院坚持以现代大学理念为指导，树立富有时代新内涵的人才质量观，按照“厚基础、强能力、重应用、求创新”的要求，不断创新人才培养模式，推进学生知识、能力、素质的协调发展。2011年，学院承担了湖南省教育体制改革首批省级改革试点项目“构建开放式协同培养机制，创新商科人才培养模式”，以育人为本，综合利用校内外、国内外资源，构建开放式的人才协同培养模式。

通过创新人才培养模式和完善人才协同培养质量保障体系，学院的教学工作水平得到明显提高，国家级、省级“质量工程”项目的数量和档次在湖南省本科二批高校中处于前列。其中，国际经济与贸易专业和市场营销专业被确定为国家级“第一类特色专业建设点”，经济学专业被确定为国家级“第二类特色专业建设点”，“旅游管理人才培养与行业互动创新实验区”被教育部批准为“人才培养模式创新实验区”建设项目，企业物流管理和贸易经济学被评为国家级精品课程。5年来，学院新增省级特色专业9个、省级精品课程6门、省级教研教改课题62项、省级优秀教学成果奖9项、省级教学团队4个、省级优秀教研室5个、省级优秀教学实习基地4个。

学院的人才培养质量不断提高，学生整体素质明显增强。5年来，共有482个学生项目、1 151人次获得省级以上各类学习竞赛、科技创新等奖励，其中国家级186项、369人次获奖。所获的教育主管部门主办评选的权威奖项的档次之高、次数之多在全国财经类高校里位居前列。学院培养的人才受到了企业和市场的欢迎，毕业生就业率常年保持在94%以上，并被授予“湖南省就业工作先进单位”称号。据不完全统计，在友谊阿波罗集团、通程控股集团等著名流通企业以及全省石油、盐业、烟草、粮食、供销、医药等行业中的高管或中层干部、营销骨干中，不少都毕业于湖南商学院。近10年来，学院毕业生在高科技产业、文化产业、旅游产业等领域创办的民营企业逾3 000家，如海大铝材、长康集团、佳惠百货、中审国防、同舟商贸、湖南生态旅行社等。

科学研究：紧扣特色，团队攻关

科学研究是一所高校的强校之本。近年来，学院紧紧围绕商科教育的特色，凸显经济与管理学科优势，瞄准经济社会发展中的热点、难点和重点问题，以学科团队、项目团队为核心与纽带，组建产学研结合的集群化科研攻关队伍，通过跨学科、跨院系、跨校企等多种形式，有机凝聚科研创新队伍，取得了突破性的原创性成果，增强了队伍的集成创新能力。

学院教授欧阳峣领衔的大国经济研究团队，获得国家社会科学基金重大招标项目2项，国家社会科学基金重点项目1项，国家软科学研究计划重大项目2项，2011年、2012年分别获得国家社会科学基金一般项目6项和3项青年项目，《大国经济研究丛书》被列入国家“十二五”重点图书，在我国社会科学研究领域的最高学术刊物《中国社会科学》发表论文上实现了突破。唐未兵教授领衔的中国经济改革与发展研究团队获得国家软科学研究计划重大项目1项、国家自然科学基金项目1项、国家社会科学基金重点项目1项、湖南省哲学社会科学重大招标项目和重大委托项目4项，在国内经济学顶级权威刊物《经济研究》上发表了长篇学术论文。

5年来，学院共承担各类科研项目近934项，其中国家社科基金重大招标项目2项、重点项目3项、一般项目和青年项目51项、后期资助项目4项，国家自然科学基金项目5项，国家软科学研究计划重大项目4项、一般项目3项，教育部人文社会科学研究项目60项，国际招标项目2项，湖南省社科基金重大招标项目20项，有31项研究成果获省部级以上奖励。出版学术专著170部，发表学术论文4 744篇，其中CSSCI和CSCD来源期刊论文1 109篇，《湖南商学院学报》入选全国百强社科学报。

社会服务：立足湖南，面向全国

社会服务是一所高等学校的重要职能之一。近年来，学院秉承“立足湖南，面向全国，服务地方经济与社会发展”的办学理念，将“顶天立地”的经济学研究理念，与“经世致用”的湖湘精神有机融合，在富民强省的伟大征程中生动诠释地方高校“兴省有为”的豪迈实践。

学院围绕湖南“四化两型”建设大局，充分发挥自身优势，紧密结合湖南经济社会发展的重大理论与实践问题开展研究，取得了令同类高校瞩目的成绩。湖南省哲学社会科学基金重大招标项目是专门为省内迫切希望解决的重大急需前沿热点问题而设立的，学院的项目获取数量近年来一直名列前茅，尤其是在2009年至2011年，连续3年位居省内高校榜首。

学院教授柳思维连续两届担任湖南省政府参事及省院士专家咨询委员会委员，人称“湖南谋士”，被评为“影响中国流通业发展杰出人物”，并被省政府记“富民强省一等功”。柳思维教授最早在省内提出“建设环洞庭湖经济带”，此建议在湖南省第十次党代会报告中得以体现，明确指出要加快建设洞庭湖生态经济区，并力争推动其成为国家战略。教授欧阳峣注重将湖南经济社会发展置于全国乃至全球的视野中，通过梳理内在的机理，找寻共同的发展规律，通过国家社科基金重大招标项目“大国经济发展理论与战略研究”及国家软科学计划重大项目“新兴大国的自主创新道路”，对大国经济进行了系统而深入的理论研究，构建了大国经济学的学科雏形。其另一项国家社科基金重大招标项目“两型社会”试验区体制机制创新研究成果被国家社科规划办2010年度《成果要报》第77期采纳，这是该年度湖南省唯一被采纳的成果。教授唐未兵注重从湖南经济社会发展的热点、难点和重点问题切入，以理论前沿的创新来指导经济社会实践的可持续发展，主持国家软科学计划重大招标项目“科技促进经济发展方式转变的评价方法和体系研究”、湖南省哲学社会科学基金重大招标项目“后国际金融危机时期湖南加快经济发展方式转变的战略选择研究”等课题，紧密结合湖南经济社会发展的实际，构建了反映和监测湖南经济发展方式转变的指标体系，提出了具有系统性、前瞻性、针对性和可操作性的湖南加快经济发展方式转变的思路和对策。连续4年承担湖南省哲学社会科学重大招标项目和重大委托项目，相关政策建议得到省委、省政府主要领导的批示。教授王明高重点研究中国特色的反腐败对策，提出了“科学制度反腐论”，在国内外产生了较大影响；根据中央纪委的部署，牵头起草《中华人民共和国防止腐败法》，得到中央纪委、国家监察部的肯定，纳入国家决策。2013年，其专著《科学制度反腐论》获教育部高等学校科学研究优秀成果二等奖。

雄关漫道真如铁，而今迈步从头越。充满活力的湖南商学院必将进一步抢抓机遇、励精图治，实现跨越发展，在打造商科高地，培育经济湘军的进程中完成好人才培养、科学研究、社会服务、文化传承创新的历史使命！

長沙醫学院

长沙医学院是全国第一所医学类民办普通本科院校，也是国内首家招收医学留学生的民办普通本科高校。学校创建于1989年，原名“湘南卫生中等职业技术学校”，校址在湖南衡阳市；1996年，经省政府批准，设置湖南省湘南卫生中等专业学校；1999年，经教育部批准建立湘南医学高等专科学校；2001年，学校迁址长沙；2005年，经教育部批准升格为普通本科院校，更名为长沙医学院。2009年，学院获得学士学位授予权；2010年，学院与中南大学联合培养基础医学硕士研究生；2011年，学院接受教育部本科教学工作水平评估，受到专家的一致好评与高度赞扬。

长沙医学院学生用心捐军鞋

学校有长沙、衡阳两个校区，占地2 100余亩，有在校学生2万余名，教职工2 000余名。学校下设18个院（系、部），1所直属附属医院和1个职业技能鉴定所，开设25个本专科专业。学校有外籍教师4人、教授234人、副教授601人、博士84人，硕士研究生以上学历达61%。有全国教育系统先进工作者、劳动模范、全国优秀教育工作者各1人，享受国务院政府特殊津贴的专家9人，全国优秀教师1人，青年教师教学能手6人，省级教学贡献奖1人。

学校设施设备齐全、先进，拥有直属和非直属附属医院19所，实习医院138余所，实习床位2万余张；新建的附属第一医院为三级甲等综合医院。

学校创办20多年来，取得了显著的办学成绩，获得殊荣若干项：2005年，荣获“全国民办高校就业竞争力50强”称号；2006年，荣获“全国就业先进院校”、“湖南省十佳民办学校”、“中国民办高等教育教学质量20强”等称号；2008年，荣获“最具影响力民办高校”称号；在中国网大颁布的大学排行榜中，学院列全国民办本科院校第一名；2009年，荣获“中国民办高校毕业生竞争力十佳样本院校”称号；2010年，荣获“湖南省普通高校学习型党委建设示范点”称号；2011年，荣获“创先争优活动省级示范点创建单位”称号。

多媒体显微互动教学室

电子阅览室

获得学士学位的毕业生

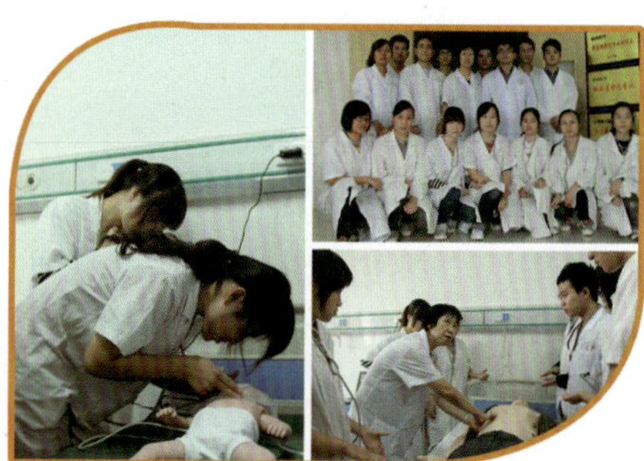

临床教学

吉林大学珠海学院

ZHUHAI COLLEGE OF JILIN UNIVERSITY

学院顾问委员会合影

学院概况

吉林大学珠海学院（以下简称学院）于2004年5月18日由教育部批准成立，是吉林大学与珠海市华政教育投资有限公司在吉林大学珠海校区合作建设的独立学院。学院设有14个系，2个教学中心，1个教学部，41个本科专业，有全日制普通本科在校生近27 000名。

学院坐落在珠江口西岸核心城市——珠海市，毗邻香港、澳门特别行政区，紧邻珠海航空产业园，靠近国家级海洋工程装备制造基地高栏港，位于珠江三角洲的战略发展要地。

办学定位与办学特色

学院坚持“综合性、应用型、开放式、有特色、居前列”的办学定位，遵循“‘十一五’确保质量形成规模、‘十二五’优化结构提升质量”的发展思路，始终为实现“立足广东、面向华南、服务全国，坚持走内涵式发展道路，全面提高应用型人才培养质量，努力形成比较鲜明的办学特色，逐步构建现代大学办学体制和运行机制，建成国内高水平独立学院”的目标而不懈努力。

学院特邀一批科学家、高等教育专家成立了“吉林大学珠海学院顾问委员会”，指导确立学院的发展战略、改革大计、品牌建设，为实现建设一流独立学院的发展战略目标提供强大的智力支持。

电子信息系学生在教师指导下进行电路设计实验

办学条件

学院拥有一流的本科教学条件，校园依山傍海，基本建设和教学基础建设已形成规模，有3栋教学楼，1栋实验楼和1栋机电实训楼，有室内体育馆、游泳馆、标准体育场、高尔夫教学训练中心、篮排球场等运动场地和设施，生活服务设施完善。

学院建有业务管理自动化、馆藏文献数字化、文献检索网络化、读者服务智能化的大型综合性图书馆。经过发展，馆藏图书已经全部实现了数字化、网络化，并与吉林大学本部建立了文献资源共享关系。

专业建设

学院开设的41个本科专业，涵盖了经济学、法学、文学、理学、工学、医学、管理学、艺术学8大学科门类，已建设完成特色专业6个，在建特色专业7个，重点专业7个。

为从整体上提高教学质量，体现办学实力，加强内涵建设，学院不断加强和完善课程建设。同时，聘任院内思想政治素质优秀、学术造诣精深、教学水平高超的教授组成教学指导委员会、学术委员会、学位评定委员会，加强对学院教学工作的宏观指导、研究、咨询和审议。

学院致力于教学质量工程和教学改革项目建设，现已全面开展院级精品课程、应用型人才培养模式创新实验、大学生创新创业、优秀产学研基地等质量工程项目的建设，并积极申报省级和国家级项目。

学院优秀骨干教师合影

人才培养

学院确立了教学工作的中心地位，以学生为主体，以教师为主导，致力于培养具有优秀思想品格、良好人文修养、扎实理论功底、熟练专业技能、积极创新精神的高素质应用型人才。

物流与信息管理系2011届毕业生李赛男获瑞典外交部颁发的“在瑞外国人杰出奖”

建院以来，学院已与320余家不同行业的企事业单位、科研机构共建产学研实习基地，培养满足用人单位需要的应用型人才；组织学生参加各级各类科技、文化、体育及其它专业类比赛，获奖项1 100余项，其中获国家级奖项160余项；邀请中国科学院及中国工程院的91位院士莅临讲学123场，引导学生拓展知识领域、完善知识结构、接触科学前沿，深得师生好评。

自2008年培养出首届毕业生开始，学院历届毕业生就业率在同类院校中均居于前列，在广东省特别是珠三角经济发达地区就业人数占毕业生总数的70%以上。

● 科学研究

学院重视科学研究，主要围绕区域发展、产业发展、行业发展，以“产学研”相结合的方式为地方经济社会发展需要提供服务。

近年来，学院先后承担教育部社科基金项目、国家工信部中小企业发展专项资金项目、广东省产学研结合项目、珠海市产学结合项目、珠海市社科“十二五”规划项目等纵横向科研项目180余项，申请专利近30项，发表学术论文1 400多篇，获珠海市政府科研成果奖励7项。

学院代表队在第八届“博创杯”嵌入式大赛全国总决赛中获特等奖

● 师资队伍建设

学院依托吉林大学丰富优质的教育资源，积极引进优秀的学科专业带头人和青年骨干教师，组建了一支德才兼备、结构合理、梯队健全、勤奋敬业的教师队伍：专任教师中，43%具有副教授以上高级学术职称，73%具有博士、硕士学位；建设实施的六期“百人工程”项目，培养了148名优秀青年教师，极大地提高了教师队伍整体水平。学院已逐步形成了以学科带头人、专业骨干和教学科研并重型教师这三个层次为核心和主力，且具有创新能力及发展潜力的师资队伍。

● 国际交流

学院积极推进开放式办学，大力开展对外交流与合作。2008年始，已与70余所国（境）外高校建立了校际交流关系并开展实质性合作：选派约1 000名学生赴英国、瑞典等国家和澳门地区的高校攻读双学士学位、硕士学位或短期留学；接收来自美国、西班牙、韩国、日本等国家的留学生约390人次；选派65个教师代表团赴国（境）外高校进行访问、研修，签署合作协议，开展科研项目。

学院组织在校的外国留学生参观孙中山纪念馆

● 社会评价

2010年，在“全国独立学院表彰大会暨中国独立学院协作会2010峰会”上，学院被评为“全国先进独立学院”。

2011年，在腾讯网主办，中国教育电视台、中国教育新闻网协办的“2011回响中国”教育年度盛典中，学院获“中国最具品牌价值独立学院”称号。

2012年，中国校友会网发布《2012中国大学评价研究报告》，学院排名为全国独立学院第四名。

学院院士林

中国教育新闻网

中国教育报

CHINA EDUCATION DAILY

坚守大学使命 培养高质量人才

用人生旅途提炼成功精髓
提升大学强劲施教能力

《中国教育报》刊登学院党委书记撰写的专题报告

紧密配合经济社会转型升级

致力培养企业一线基层精英

中山火炬职业技术学院

中山火炬职业技术学院创办于2004年；2009年，顺利通过教育部人才培养工作评估；2010年，获批成为广东省示范性高职院校和国家骨干高职院校立项建设单位、国家职业教育体制机制改革探索试点单位。同时，还是广东省构建现代职业教育体系试点任务的三所院校之一。2011年，学院被广东省政府评为“职业教育先进集体”、“普通高校毕业生就业工作先进集体”。学院有教职工460余人，副高以上职称教师达30%以上；在校全日制大专学生8 000余人，继续教育在籍学生5 000余人。学院拥有包装印刷和装备制造两个中央财政支持的实训基地。校企深度融合的“中山火炬模式”受到教育部、广东省政府和省教育厅的高度关注。

国家教育体制改革项目试点工作现场评估汇报会在学院召开

一、办学理念先进。学院确立了“高（高端）、特（特色）、新（创新）、精（精品）”的办学理念。“高”是指培养高端技能型人才，即人才培养规格要对应产业链需求的高端，具体体现为毕业生的综合素养高、就业的岗位层次高、专业对口率高、月薪收入高。“特”是指坚持特色发展理念，具体体现为四点：一是专业特设，立足园区建立专业和课程适时优化机制；二是模式特创，不断完善学院独创的“中山火炬模式”的理论体系及其内涵；三是文化特有，致力形成蕴含中山本土元素和时代特征鲜明的“园区大学”特色文化；四是路径特辟，根据学院所处的特殊环境和条件，努力开辟出一条创业型、效益型的发展道路。“新”是指不断创新学院体制机制，具体体现为：一是创新培养机制，在进一步完善“335”人才培养组合机制的基础上，构建“6315”人才培养新机制；二是创新服务机制，紧密配合经济社会转型升级，坚持“以服务换资源，以资源促发展”，不断拓展服务领域；三是创新合作机制，进一步探索、创新“中山火炬模式”，逐步完善以利益链为核心的校企合作新机制。“精”是指建设精品专业和课程，具体体现为：人才培养方案的制订要“精准”，课程设置和安排要“精当”，教材和讲义的编写要“精审”，课堂讲授要“精练”，实训指导和管理要“精细”，毕业论文和毕业设计指导要“精心”。

“国家中药现代化工程技术研究中心中山健康产品分中心”签约揭牌仪式在学院举行

二、体制机制成熟。学院充分利用中山高新区发展高职教育的天然优势，针对高职教育普遍存在的以及学院具体存在的一系列问题，抓住“体制机制”这个影响全局的关键点，重点从治理架构、培养模式、校企合作、队伍建设四个方面改革创新，逐步实现了学院发展方式的四个转变，初步构建了紧密型的合作办学体制和高效灵活的运行机制。一是建立董事会治理架构，逐步变一元主体为三元主体，强化了办学的市场导向性。学院依托工业园区，成立了由区管委会、区属七大总（集团）公司、学院三方组成的董事会，形成“三元办学主体”，共同确定学院的发展方向、办学定位、专业设置、实训基地建设、招生、就业等重大事项，强化了办学的市场导向性。通过“学院对接总公司、教学系（部）对接工业园区、专业（群）对接产业（群、基地）”与市场紧密联系，根据园区产业结构优化升级动态调整专业设置，根据企业技术进步适时优化课程内容，从宏观上引导人才培养的全过程逐步融入园区经济发展的全过程。二是推行“335”人才培养组合机制，逐步变单一模式为多元模式，强化了育人过程的实战性。在董事会治理架构下，校企协同推进教学管理和组织形式创新。推行“335”人才培养组合机制，实现“多学期推进，分阶段实施”的工学有序交替。

学院党委书记林艳芬为学院优秀毕业生、世界残奥冠军梁贵华颁发心理辅导员证书

中山科普斯特公司3D打印机产品发布会现场

学院党委副书记、常务副院长王春旭在数控技术标准化课室观看学生技能竞赛获奖作品

书法协会举办“全民修身 青年先行”百人即席挥毫书法大赛

学院装备制造系学生在修锉工艺品

首先将学生的3年学习时间划分为“理论学习、实践训练、岗位实习”3个时段，每个时段累计1年。其次，要求学生获取毕业证、技能证、素质拓展证3种证书。再其次，将学生的岗位实习切割为“岗前实习教育、技能考证岗位实习、适应性岗位实习、生产性岗位实习、就业性岗位实习”5个阶段，每个阶段有任务、有监控、有考核。学院根据合作企业的生产任务组织教学，企业根据学院教学需要安排实训，教学过程逐步生产化，生产过程也融入了更多的教学元素。三是推行股份合作机制，逐步变财政投入为企业参股，创新了生产性实训基地建设模式。学院不断深化与董事会成员单位的合作，以股份制的方式合作共建生产性实训校区（中心），创造了“多形式参股”共建实训基地的模式。实训校区已引入20多家专业对口的企业，进驻企业投入资金、设备和技术，学院提供场地、水电等优惠条件，实现了以较小投入，引入大量社会资源，建成具有实际生产能力的新校区。借鉴这一模式，学院又与中炬高新（上市公司）合作建设近3万平米的第二生产性实训校区，进一步发挥这种合作共建模式的辐射作用。四是实施“政府津贴”激励机制，逐步变企业骨干精英为学院兼职教师，实现了校企人才资源共享共用。中山高新区管委会出台了《中山火炬职业技术学院兼职教师政府津贴实施办法》，建立兼职教师资源库，鼓励区内各大企业的骨干精英到学院担任兼职教师，解决了兼职教师“聘请难”的问题，学院兼职教师与专任教师的比例达到1：1。专兼教师通过项目共同开发、技术联合攻关、利益共同分享，实现了校企人才和技术资源互补。

三、招生就业进出两旺。面对高考生源持续下滑、高招竞争日趋激烈的严峻形势，学院及早谋划，主动出击，成立招生工作领导小组，充分运用网络媒体和现代信息技术，加大招生宣传力度，分15个小组到全省各地开展宣传和咨询活动，营造了良好的舆论氛围和环境。在招生录取过程中，学院党政领导多次亲临招生录取现场，召开现场办公会，指导招生录取工作。2013年，学院招生工作喜获丰收，共录取来自全国13个省、自治区、直辖市的新生3 490人，前来报到新生达3 111人，报到率达89.14%。录取、报到人数均创历史新高。

学院毕业生留美工作合影

在就业方面，学院积极打造高质量就业工程，充分整合各方资源，采取有效措施，逐步形成了“政府、学校、企业、家庭、学生”五位一体的就业保障体系，充分调动学生、学校、政府、企业、家庭的积极性，构建多渠道、立体式就业平台，为广大毕业生提供优质就业服务，逐步实现从数量就业到质量就业的根本转变。2013年，学院毕业生初次就业率为99.03%，在毕业生就业形势严峻的大环境下继续保持了毕业生就业工作的良好势头。

自2007年起，中山火炬开发区管委会每年都成立中山火炬职院毕业生就业工作领导小组，由区管委会领导、学院党委书记亲自挂帅，开发区各行政部门、各大总公司通力合作，搭建就业工作体制新平台。学院以就业指导课为依托，开展丰富多彩的就业指导活动。2008年，学院正式将就业指导课纳入人才培养方案并列为必修课。2009年，学院拨专款组建中山市人力资源市场火炬职院分市场，直接与中山市进行就业信息互动，形成招聘登记、就业指导、职业介绍、创业培训、远程面试等多功能、全方位的就业服务平台。学院积极探索包括“以合作就业为导向”的“四个合作”新机制，与纬创资通（中山）有限公司等近200家企业联合建立实习实训基地，在学生实习实训基地开展就业工作，不少毕业生在顶岗实习阶段就被企业直接录用。同时，学院主动适应企业转型升级需要，与企业合作开办“订单培养”班，培养紧缺急需人才，实现“入学”即“就业”。

学院还充分利用校内大学生创业孵化基地的各种资源，邀请有关专家为毕业生进行创业知识讲座，加强创业教育，以创业带动就业，引导高校毕业生自主就业和自主创业，一批毕业生已成功走上创业之路。

廣州航海学院

Guangzhou Maritime Institute

学院揭牌仪式

广州航海学院坐落在南海之滨的广州市，由广东省人民政府举办，是华南地区唯一一所独立建制的海事本科院校，与大连海事大学、上海海事大学遥相呼应。

学院现有黄埔和琶洲两个校区，毗邻著名的黄埔军校和"海上丝绸之路"发源地黄埔古港。学院校园内绿树成荫，鸟语花香，环境优美。

学院设有10个院系（部），开设了航海技术、轮机工程、船舶电子电气工程、交通运输、物流工程、国际航运业务管理、港口物流设备与自动控制、港口航道与治河工程、电子信息工程技术、国际经济与贸易等40多个专业，面向全国25个省区市招生，有全日制在校生8 000多人。

学院办学条件良好，教学环境优良。教学科研仪器设备总值达1.03亿元，建有世界先进的大型海船操纵模拟器、国内先进的轮机自动化机舱等中央财政支持地方高校发展专项资金实验室20个，中央与地方共建高校专项资金特色优势学科实验室10个，广东省财政支持的职业教育实训基地3个，其他各类实验（实训）室118个、校内实习工厂1个、校外实习基地96个，与中海发展股份有限公司散货公司共建7万吨级和4万吨级教学实习船各1艘。学院拥有各类图书72万多册，电子图书26.41万种，电子期刊5293种，校园网具备十万兆核心交换能力，实现了主干万兆、楼宇千兆、桌面百兆的校内快速以太网，为教学、科研和学生生活提供了优质服务。

学生上课

学院重视师资队伍建设，师资力量雄厚。有专任教师410人，其中高级职称教师181人（正教授34人），具有研究生学历（学位）教师292人。各门公共课、专业基础课、专业课都配备了高级职称教师。

根据国际海事组织的要求，按照《中华人民共和国船员教育和培训管理规则》，学院在1998年建立了质量体系，1999年首次经过国家海事局的认证（质量体系证书编号：KAK6004）。质量体系的建立和连续有效的运行，促进了教学和教学管理不断优化，保证教学质量不断提高，使学院成为国际认可的合格的航海高等教育机构，是国内少数几所直接申办国际海员证的院校之一，航海类专业人才培养完全达到STCW78公约规定的职业资格标准，学生毕业后即可成为无限航区船舶的高级船员。

学生实操

学院一直以服务国家航运事业和区域经济发展为己任，已为社会输送各类人才4万余人。一大批毕业生在广东、海南、广西等航运、航道、海事、海关、海上救助、海上打捞等部门担任领导职务。毕业生就业率一直在全省同层次高校中名列前茅，毕业生良好的专业素质和敬业精神，受到了用人单位的高度肯定和广泛好评。

学院对航海类专业学生实行严格的半军事管理，并在全院各专业学生中推行。半军事管理培养了学生高度的组织纪律性、良好的自律能力与和谐的团队精神，有助于学生形成严谨、勤奋的作风和优良的职业素养，提高学生的综合素质和就业竞争力。

学院紧握世界航运发展的脉搏，密切与国内外航运院校及相关行业的交往。与亚太航海院校联合会、香港船东协会等多家行业协会建立了紧密的合作关系，与意大利热那亚圣佐治亚航海学院等多家境内外高等航海院校建立了合作办学关系。

学院立足广东，依托行业，面向华南，辐射海外，服务一线，坚持"以专业为龙头，以学科为支撑，以行业为依托，以应用为导向，以服务为宗旨，紧密结合区域经济发展需要，突出行业特色，培养高素质应用性高级人才"的办学思路，遵循航海教育国际性、规范性和国防性的要求，注重规模、结构、质量、效益协调发展。

学校运动会

根据国家和广东省经济社会发展战略，学院将按照教育部、广东省的要求，充分发挥自身的专业特色和学科优势，抢抓机遇，与时俱进、科学发展，把学院办成一所规模适度、结构合理、特色鲜明，在华南地区起龙头作用，在国内有较大影响的应用型海事大学。

会操检阅

东莞职业技术学院

学院第五届科技文化艺术节暨感动校园十大人物颁奖典礼

东莞职业技术学院位于广东省东莞市松山湖高新技术产业开发区，是2009年4月经广东省人民政府批准、教育部备案、东莞市政府投资兴建的一所全日制普通高等职业院校。学院是广东省第三批示范性高等职业院校立项建设单位。学院占地62万平方米，规划建筑面积55万余平方米，有教学和管理部门29个，有学生9 600多人。毕业生就业率达99%以上。

学院深化人事制度改革，建立了一支符合高职发展的教学、科研和管理队伍。全院共有教职工560人，高级职称以上71人（其中教授19人），90%以上的专任教师具有硕士以上学位。

根据东莞经济社会发展需求，学院开设了机械制造与自动化、计算机应用技术、电子信息工程技术、会计、工商企业管理、物流管理、工业设计、动漫设计与制造、印刷技术、酒店管理、雕刻艺术与家具设计、园林设计、电气自动化技术、汽车检测与维修技术、服装设计、社区管理与服务、楼宇智能化工程技术、广告设计与制作、包装技术与设计、制冷与空调技术、商务英语和社会体育等多个专业。

学院学生获全国职业院校模具技能大赛一等奖

学院图书馆馆藏丰富。有馆藏中文图书62万余册，中外文期刊1 368种（含外文期刊22种），中外文报纸238种，电子图书60万种，视频数据库5 000集，拥有中国同方知网、中文维普科技期刊、中国人民大学复印报刊资料数据库、万方硕博论文库、环球英语、软件通、实习实训专题、中国大学生就业知识服务平台、国内网等12个大型数字资源数据库。学院已建成95个校内实训室，80个校外实训基地。

办学以来，学院坚持以赛促学、以赛促教。学院师生在各类技能大赛中获奖项150多个，其中国家级奖项10多项。

学院坚持开放办学，已与260多家行业企业建立了校企合作伙伴关系，开设了7个订单班、成立了5家培训学院，引进了9家企业设立奖教奖学金、建设了5个“校中厂”、1个大学生超市、1个校外大学生创业基地和1个校企合作办学机构。

学院坚持对外合作。先后与德国工商会、德国凯勒数控软件公司、德国斯宾纳精密机床制造公司签订合作协议，与德国凯勒数控软件有限公司共建的德国凯勒（东莞）数控技术培训中心已经投入使用，为东莞乃至珠三角地区培养高技能人才提供了新的平台。

学院获全国大学生企业管理沙盘模拟大赛一等奖

学生在实训室进行实操

学生在课堂上互动

学生参加暑期社会实践活动

广东省对外贸易职业技术学校

国际货代综合实训大厅

会计综合实训室

广东省对外贸易职业技术学校创建于1956年，隶属广东省教育厅，是广东省职业技术教育工作先进集体，广东省中职学校商贸专业指导委员会主任单位，全国外经贸职业教育教学指导委员会中职学校主任单位。2008年和2011年，学校两度被评为“广东省中职教育院校竞争力评估十强”。

学校占地面积106亩，建筑面积10万平方米，实训场室面积17 000余平方米，实训设备总值2 000多万元，全日制中职学历教育在校生5 000余人。学校开设有国际商务、商务英语、商务日语、会计、电子商务、国际货代、市场营销、学前教育等15个专业，其中国际商务、商务英语、会计、电子商务是省级重点专业。学校有教职工216人，其中具有研究生学历的教师占17.7%，高级职称教师占31.4%，“双师型”教师占84%。

学校坚持“立足外贸行业、服务贸易经济、培养商贸人才”的办学方向，紧跟社会市场需求，着力加强内涵建设，积极推进改革创新，办学水平不断提升，办学特色日益彰显。

一、先进的实训中心。学校以创建国家级示范校为契机，不断改革创新，打造了一个现代化、开放式的商贸类专业公共实训平台，建有可实现教学做一体化教学的实训场室50间，并且创造性地建设了全国中职学校第一个财经商贸博物馆、自主开发了全国中职学校第一个国际商务沙盘、模拟进出口商品交易会、3D弧幕投影演示大厅等。

二、创新的办学模式。学校积极推进办学模式改革，牵头成立了“广东外贸职教集团”，成员单位达95家。与多家企业合作开办“企业冠名班”、“创新班”、“校企共建班”。与深圳市贝希恩商贸有限公司合作创办“家商城”产学园，与广州西黛尔首饰有限公司共建“西黛尔首饰设计班”（珠宝玉石加工与营销专业），搭建学生进入企业的直通车，实现了教学与企业业务无缝对接，学生获得了真实的岗位实践体验，技能水平明显提升，毕业生供不应求，每年就业率达98%以上。

三、多元的培养模式。学校与行业、企业合作开展“订单培养，工学结合”人才培养，与广东工贸职业技术学院、广东农工商技术职业学院等多家高职院校开展对口自主招生“三二分段”中高职衔接，为亚洲陶瓷控股有限公司等开设“企业员工培训班”，面向行业和企业在职员工开办奥鹏远程教育学习中心，为毕业生就业后进一步深造提供更多的教育服务。

四、先进的教学模式。学校依托先进的教学和实训设备，积极探索和创新教学模式，全面实施多媒体信息化教学。专业课和实训课教学实施“理实一体化”，实现教学过程与生产过程对接，强化学生的专业技能；定期开展专业技能竞赛、校本考证以及专业特色活动，多途径培养学生的综合技能。学校每年积极组织学生参加全省乃至全国的职业技能大赛，多次荣获佳绩。

五、丰富的校园文化。学校重视学生综合素质的培养，校园文化特色鲜明。学校有各具特色的学生社团40多个，其中享誉省内外的碧草文学社被评为全国优秀文学社，出版的《碧草》杂志是全国“九十九佳”优秀校园文学刊物之一。自2005年起，由广东省作家协会和广东省教育厅共同主办、学校承办的每年一届的“碧草杯”广东省校园文学大赛在广东省大中校园内影响广泛，营造了浓厚的文化氛围。2012年，由广州西黛尔首饰有限公司冠名的广东省校园文学大赛收到参赛稿件3万余份，掀起了校园文学爱好者参与的热潮。

家商城产学园启动仪式

西黛尔首饰设计班开班仪式

商贸博物馆

广东省领导在教师节到校慰问教师

廣西大學

学校正门

广西大学创办于1928年，首任校长是中国著名教育家、科学家、民主革命家马君武。学校是国家“211工程”重点建设学校。2004年，学校被批准为教育部与广西壮族自治区共建高校。2012年，学校入选教育部、财政部“中西部高校提升综合实力计划”，迎来了又一重要发展机遇。

学校校园环境优美，绿树成荫，鸟语花香，芳草如茵，湖光潋滟，环境清幽。学校设有30个学院，学科涵盖哲、经、法、文、理、工、农、管、教、艺10大学科门类，有97个本科专业，36个一级学科硕士点、186个二级学科硕士点，8个一级学科博士点、58个二级学科博士点和9个博士后科研流动站。

学校坚持以学科建设为核心，以“211工程”建设为载体，不断加大学科建设的力度。经过多年建设，学科的装备条件得到很大改善，研究方向进一步凝练，学科特色更加鲜明，整体水平有了很大的提升，部分学科达到国内同类学科的先进水平，一些研究方向达到国际先进水平。学校有2个国家重点学科，1个国家重点（培育）学科，6个国家“211工程”重点建设学科群，21个自治区重点学科；有1个国家重点实验室和1个省部共建国家重点实验室培育基地，15个省部级重点实验室、工程研究中心和研究基地，20个自治区高校重点实验室和研究基地。

学校啦啦操队获全国大学组技巧啦啦操八连冠

学校分别与爱沙尼亚塔林大学、泰国川登喜皇家大学合作创办孔子学院

学校坚持把人才培养作为根本任务，全面推进和实施“质量工程”，不断深化教育教学改革，全面实施卓越工程师培养计划，深入推进以教学过程优化为主线、以教学方法改革为重点的课程教学改革，构建和完善具有系统性、协同性和针对性特色的实践育人体系，着力构建规模与质量并重的研究生培养机制，人才培养质量稳步提升，教学发展和改革取得了众多标志性成果。建校85年来，学校培养了近30万名各类专业人才。

学校着力构建“顶天、立地、育人”的科研格局，以提高人才培养质量和科技创新能力为核心，积极参与“2011计划”。一方面，坚持面向国家和广西区域发展的战略需求，加强基础研究，努力承揽国家级、省部级及地方经济建设重大项目，突破一批重大关键技术、前沿技术，产生一批有重大影响的原创性成果。另一方面，学校以广西重点发展的14个千亿元产业的重大现实问题为主攻方向，加强应用研究，将学校的优势和特色与现代化建设主战场接轨，积极加强科技成果转化，积极参与政府、行业与企业的决策与咨询工作，促进协同创新能力的提升。近年来，学校党政主要领导还亲自带队，深入各市、县开展科技对接活动，全面推进校市科技合作、人才培养、技术推广、成果转化、科学普及工作，为地方经济建设、社会发展提供有力的科技支撑。

学校与广西质量技术监督局签订科技研发应用与人才培养合作框架协议

学校大力推进文化传承创新，积极开展对外文化传播和交流。自1961年起，已为近40个国家培养了大批的本科生和硕士研究生。学校先后与美国、英国、德国、加拿大、日本等34个国家和地区的165所高校或研究机构签订合作交流协议，建立友好往来关系。此外，学校还积极开展对外汉语教学。

历经85年的发展，学校正以建设高水平区域特色研究型大学为目标，秉持“勤恳朴诚，厚学致新”的校训，利用入选“中西部高校提升综合实力计划”的机遇，深入实施质量立校战略、科技兴校战略、人才强校战略和国际化战略，不断凝练特色，凸显优势，全面提升学校的教学质量、学科水平、科技研究和文化传承创新能力，努力开创更加美好的未来。

贺州学院

贺州学院始创于1943年的广西省立平乐师范学校。2006年2月，经教育部批准，在梧州师范高等专科学校基础上建立全日制普通本科院校。

学院矿冶钱币文化研究所成立

学院环境优美，绿草如茵，拥有东、西两个校区，校园总占地面积1 420亩，校舍建筑总面积26万余平方米。学院有专任教师553人，其中教授、副教授共161人，博士、硕士共271人。

学院学科门类齐全，拥有11个二级学院，29个本科专业、35个专科专业，涵盖了经济学、教育学、文学、理学、工学、管理学、哲学、法学、农学、历史学、艺术学11个学科门类；全日制在校生人数10 210人。

黎琼锋教授获“广西教学名师”称号

学院坚持质量立校，共获得自治区级质量工程立项57项，其中自治区级教改工程47项、精品课程5门、特色专业与课程一体化项目3个、优秀教材立项2项。组织学生参加全国大学生电子设计大赛、全国大学生广告艺术大赛、全国大学生英语竞赛、广西高校大学生化学实验技能竞赛等活动，获得全国一等奖1项、二等奖7项、三等奖4项、优秀奖19项，自治区级特等奖24项、一等奖80项、二等奖27项、三等奖335项。

大学生科技支农社会实践服务队到贺街马蹄基地开展活动

贺州学院“青春共话十八大”主题团日活动

南岭民族走廊研究基地学术沙龙

学院坚持科研兴校，充分发挥学科带头人和学术带头人的作用，结合地方性特色资源培育研究创新团队，不断提升科研能力和水平，获得国家级项目4项，部级项目9项，广西壮族自治区科学研究项目43项，厅级项目229项，国家专利授权28项。学院有广西高校重点建设实验室1个，广西高校文科重点研究基地1个；建起了具有地方特色的贺州学院博物馆。

学院积极拓展对外交流与合作，先后与泰国、越南、印度尼西亚、日本、韩国、马来西亚等国的10多所大学建立了校际联系或合作关系，已招收了3批留学生。

教学督导工作会议

学院秉承“自强、自立、求知、求真”的校训精神，坚持“立足贺州、服务区域、面向基层、突出特色”的办学宗旨，励精图治、开拓进取，不断强化内涵建设，提高办学质量和水平。学院被评为“全国高校节能管理先进院校”、“自治区安全文明校园”、“广西绿色大学”、“自治区文明单位”、“自治区文明卫生学校”等荣誉称号。

学院演播厅

学院第五届社团文化艺术节开幕式

NCVT

南宁职业技术学院

国家示范高职院校

学校领导为"金葵奖"、"国色天香奖"获得者颁奖

南宁职业技术学院（以下简称"南宁职院"）坐落在享有"中国绿城"美誉的广西首府南宁高新区相思湖高教园区，它前身是创建于1984年的南宁职业大学，是由南宁市人民政府举办、自治区市共建的一所全日制综合性高等职业院校。经过30年的发展，已成为国家首批28所、广西首家国家示范高职院校，学校科学发展、率先发展已有新的腾跃，影响力和知名度已有新的提升！

学校占地面积2 018.8亩，教学仪器设备总值12 458.3万元，建有国内先进一流的教学生产性实训综合体。全校设有10个二级学院，开设全日制高职专业58个，有在校生16 500多人，近年来毕业生初次就业率均保持在90%以上。学校拥有一支以国家级教学名师和国家级教学团队为领军人物的专兼职教师队伍，有200多名来自知名企业的技术骨干和专家在学校担任专业课教师。

学校以就业为导向，面向市场办学，先后与富士康科技集团、美国通用电气公司、中国石油天然气有限责任公司、阿里巴巴（中国）教育科技有限公司、玉柴集团、广西运德集团等20多家大型企业集团合作办学，同时与170多家企业紧密合作建设实习基地。通过校企共同办学、共同教学、共同育人、共同发展，积极探索"校企互融产学一体"、"企业进校产教一体"等"双主体"育人模式。学校目前拥有1个国家精品专业、6个国家示范性重点建设专业、2个国家教育部与财政部重点建设专业，9个省级重点建设特色专业；建成9门国家精品课程、3门国家级精品资源共享课程、25门省级精品课程；获得国家教学成果奖2项、省级教学成果奖18项；近三年来学生参加全国各类技能竞赛获全国特等奖、金奖、银奖、铜奖等奖项达350多项；先后有一批学生获全国五一劳动奖、国家级"行业技术能手"、省级"行业技术能手"等称号。

学校软件技术专业学生在2012年全国软件专业人才设计与创业大赛总决赛中荣获一等奖1个、二等奖2个

2008年12月，中共中央政治局委员、国务委员刘延东和国家有关部委领导到南宁职院视察，称赞学院办学有特色，有成效，并勉励："以改革的精神创新体制，成为职业教育事业发展的排头兵！"

多年来，南宁职院在广西高职院校中争当先锋、示范引领，实现了"六个领先"的目标：办学规模领先、师资力量水平领先、实训体系建设领先、办学特色领先、生源质量领先、初次就业率领先。如今南宁职院，以实施地方政府促进国家高职教育综合改革试验点为起点，积极打造国家示范高职院校"升级版"，努力建设"中国特色，国际水准的现代高职名校"！

学校与美国通用电气公司合作办学

学校参赛队在2013年第十届（新加坡）国际市场营销大赛中斩获铜奖，并获中国区选拔赛一等奖第一名

学校学生在进行实训操作

学校学生在中国—东盟职业教育联展暨论坛上操作机器人、书写软笔书法

"广西壮族自治区残疾人职业培训示范基地"落户南宁职院

三亚学院

三亚学院是教育部批准设立的民办普通本科院校，由吉利控股集团出资建设。学院位于国际著名旅游城市三亚，面朝南海，环抱古人类文化遗址落笔洞，人文荟萃，风景独好。自2004年筹建以来，学院秉承“让学生更好地走向社会”的办学使命，又好又快发展。学院占地面积3 000余亩，建筑面积50多万平方米，下设13个学院，在校学生2万余人，是一所拥有经济学、管理学、法学、文学、工学、理学、农学、教育学、艺术学9大学科门类，涵盖60个本科专业（含方向）的地方综合性大学，被誉为海南高等教育的一张名片。

2011年，学院开启“十年卓越进程”，推进人才培养工程、科学研究工程、国际化工程等“十大工程”，打造中国民办大学升级版。学院紧扣育人宗旨，完善现代大学治理结构，全员全方位全过程培育具备工具、专业、人文、人格、行动力5种素养和学习能力、实践能力、适应能力、创新能力、可持续发展能力5种职业生涯发展能力的高级专门人才。学院获批国家级大学生校外实践教育基地和大学生创新创业训练计划项目。近3年来，学生获得各类省部级奖励400余项。学院科研团队紧盯学科前沿和经济社会发展动态，扎实推进学术研究，是全国科研项目立项、科研成果和获奖数最多的民办高校之一。学院紧贴国际旅游岛建设需求设置学科专业，引进、培育各类人才，配合省市地方政府、世界500强企业，推进智库建设、产学研结合，已成为国际旅游岛建设的重要力量。2012年，学校蝉联中国民办大学五强。

学院积极扩大国际交流与合作，建设国际化大学，与美国、俄罗斯、英国等20多个国家和地区的近60所国际知名大学和教育学术机构建立了交流与合作关系，成为外籍教师、国际交流生和各类长短期外国留学生向往的中国最南端学府及国际学术会议优质举办地。

九年办学，三亚学院依托国家战略，持续推进跨越式发展。学院作为“创新成长型大学”，其育人、科研、社会服务、文化传承与创新等不同功能在不同阶段得以均衡发挥。学院积极打造育人家园、学术社区、文化高地、竞合平台、成长通衢五条道路，实现通往“高水平民办大学的最优秀代表”的目标。

海南科技职业学院

海南科技职业学院2007年5月经海南省政府批准成立、教育部批准备案，是全日制普通高等院校。学校位于国际旅游岛海南省省会海口市，环境优美，教学设备精良。学院有各类在校生近7000人，校园占地面积1220亩，已用土地500多亩，校舍建筑面积19万平方米，教学科研仪器设备值达高职院校办学条件规定指标的3倍。学院是海南省政府与交通部共建院校，2012年被批准为海南省首所船员教育与培训基地，2012年取得教育部批准全国职业核心能力认证资格。坚持服务海洋强省建设，培养高素质技能人才，学院设有9个二级学院，招生专业32个，省级优秀教学团队2个，省级特色专业1个，省级精品课程4门，省级中青年骨干教师1名，省高职教育研究会“双师型”教学团队2个、省高职教育研究会“双师型”教学名师2名、省高职教育研究会优质核心课程3门。院级特色专业20个，院级精品课程60门。学院坚持产学研用结合，在省内外200多家企业建立校外实习基地。学院坚持“专家治学，人才强校”。院长杨秀英教授是省政府重点联系专家、全国“五一”巾帼标兵，有丰富的办学经验。领导班子均有丰富的高校管理经验。学院有教职工508人，有专任教师295人。专任教师中具有高级职称的74人，硕士及以上学位的84人，享受国务院政府特殊津贴和省政府津贴专家3名，博士生导师3名，“双师”素质教师161人。

▲ 学院数控加工中心12台

学院重视科学研究，近三年，学院立项各类科研项目共计57项，其中已有25项结题。获得省科学技术及省高等学校教学科研成果奖12项；以学院名义申报并获取的专利9项；发表学术论文231篇，其中SCI检索31篇、EI检索26篇，出版教材26本。

学院师生近两年参加各类技能大赛，310人次获得省部级奖励。学院有60余个学生社团，举办丰富多彩校园文化活动，定期邀请省内外专家学者来讲学，提升学生综合素质，学院培养出来的毕业生诚实守信，素质高、技能强。学院航海技术、轮机工程技术专业通过了交通部海事局船员教育和培训机构许可，取得了远洋三副三管、6个小证的技能培训资格；成立了化工行业特有工种职业技能鉴定站、海南省第九十四国家职业技能鉴定所，能够承担42个工种的鉴定。

学院坚持以“办人民满意的大学”为宗旨，坚持“一切为了学生、为了学生一切、为了一切学生”的育人方针，被评为“海南省产学研结合十大杰出院校”、“五五普法先进单位”、“5A级民办非企业单位”。学院不断创新发展，力争建设成为海南一流、国内知名的高等院校。

▲ 学院合唱团参加海南省教育系统纪念中国共产党建党九十周年歌咏比赛并获得二等奖和优秀组织奖

▲ 校园中心

▲ 航海学院部分学生迎接全国专家莅临学院指导工作

海南省财税学校

学校25周年校庆

学校班际合唱比赛

校运会

校礼仪队

海南省财税学校是海南省唯一一所国家公办的省级重点财税类中专学校、国家重点建设示范校。学校毗邻海南省委、省政府，交通便利。校园总面积62亩，在校生4 050人。校园环境优雅，是莘莘学子梦寐以求的学习生活场所。

学校拥有一支师德优、经验丰富、知识新、备受学生欢迎的师资队伍。专业实训楼总建筑面积达4 500平方米，4幢教学楼总建筑面积近40 000平方米，室内体育馆1 000多平方米，有可容纳800人的多功能学术报告厅，所有教室均按标准配备了多媒体教学设施，有1000多平方米的图书馆和阅览室，拥有塑胶跑道运动场、人工草皮足球场及多个聚酯材料的排球和篮球场等，有7幢设施齐全的学生公寓楼和可同时容纳2 000人用餐的学生餐厅。

省教育厅领导到学校考察指导工作

海南省及教育厅领导在学校展区参观指导工作

学生表演的音乐剧《点燃希望之光》

校园技能大赛

学校重点建设12个专业。其中会计电算化、税务事务（税务与财务会计）、计算机应用、酒店服务与管理等专业为国家示范性建设专业。学校与海口、三亚、深圳、上海、天津、浙江等省市的近百家企业建立了良好的人才供需关系，就业率达98%以上。学校与中央财经大学、天津商业大学和省内多所高校联合办学，为学生提供继续深造的机会。

学校始终坚持“质量立校、品牌兴校、创新强校”的办学理念。强抓教学质量，关注学生进步、关心学生困难，着重就业、创业能力培养。学校被核准为海南省第64国家职业技能鉴定所，组织学生考取相应的职业资格证书，通过率近百分之百。建校26年来，学校为社会输送了大量的税务、会计、现代服务等行业的技能型人才。

厚德重法育英才　部市共建谱华章

西南政法大学是一所以法学为主，法学、经济学、管理学、文学、工学、哲学等学科协调发展的多科性大学，是新中国建立最早的高等政法学府之一，是教育部和重庆市人民政府共建高校。学校秉承“博学、笃行、厚德、重法”的校训，弘扬“心系天下，自强不息，和衷共济，严谨求实”的“西政精神”，致力于把学校建成国际知名、全国一流、特色鲜明、优势突出的研究型高水平大学。

教育部与重庆市人民政府签署共建学校合作协议

一、大力推进部市共建，不断提升办学地位

自2012年教育部与重庆市人民政府签订《教育部重庆市人民政府共建西南政法大学合作协议》后，学校积极落实协议的各项政策，申报多项重大工程项目，开展教育教学改革和法学教育体制机制创新，推动学校更好更快地发展。

二、打造卓越法律人才教育平台，不断提高办学质量

2012年，学校入选首批卓越法律人才教育培养基地，包括复合型法律职业人才教育培养基地、涉外法律人才教育培养基地、西部基层法律人才教育培养基地。在此基础上，学校结合自主招生平台，不断创新卓越法律人才培养模式，开设了实务型、学术型、涉外型教学实验班，大大提高了教育教学质量。

三、强化办学特色，注重提升学生的综合素质

学校坚持以教学工作为中心，优化人才培养模式，彰显人才培养特色。学校“实务教育”和“论辩文化”两大办学特色突出，实务课程的比例进一步扩大，双师同堂、论辩教学、校园庭审、模拟法庭、律师论坛等创新实务教学形式得到进一步推广。学校毕业生就业率均超过90%。学校学生在“创想青春——2010海峡两岸暨港澳地区高校世博辩论大赛”、“全国模拟环境法庭大赛”等赛事中均获冠军。

中国大法官讲坛落户学校

四、不断提升科研实力，更好服务国家社会

学校科学研究成果丰硕，国家社科基金项目再创新高，法学立项总数及重点项目位居全国前列。学校在西南学术大讲堂、金开名家讲堂、全球法学家论坛等多个重量级学术讲堂的基础上再次创新，联合最高人民法院开设了中国大法官讲坛，让大法官走进校园，并通过他们丰富的司法实践，引领广大学子投身于中国法治建设。

学校与美国蒙大拿大学签署孔子学院执行协议

五、加大开放办学步伐，不断扩大国际影响力

学校先后与美国、加拿大等国家和我国港澳台地区的60余所院校及机构建立了合作关系，与美国蒙大拿大学联合成立了美国西北部第一所孔子学院。学校设有中国东盟法律研究中心、中国—东盟高端法律人才培养基地、联合国训练研究所地方政府国际培训重庆中心等，为学校开展对外交流与合作提供服务。

校园风光

重庆工业职业技术学院是经重庆市人民政府批准，教育部备案，独立设置的全日制公办普通高等院校。学院始建于1956年，前身为国家级重点中专重庆机器制造学校，1995年在重庆市率先试办高职教育，2000年升格为独立设置的高职学院，2006年成为全国首批国家示范性高等职业院校建设单位，2009年通过教育部、财政部验收，成为全国首批、重庆市第一所“国家示范性高等职业学院”。

学院占地750亩，总建筑面积28万平方米；有教职员工674人，其中副高以上职称240人，“双师型”教师188人。设有机械工程、财经、车辆工程等9个学院43个专业，其中国家重点专业5个，市级重点专业6个。学院有在校学生11 371人，建有4个国家示范性实训基地、重庆市装备制造业教育实训基地和2个重庆市新技术应用推广中心，设有重庆市“全国首批百所示范”职业技能鉴定所。56年来，学院培养了近7万名高技能人才和管理人才，毕业生就业率保持在94%以上，名列重庆市高校前茅。

学院学生参加全国职业院校技能大赛获高职组汽车检测与维修项目一等奖

学院以提高人才培养质量为主线，以改革创新为动力，全面推进各项事业科学发展。学院新增会计电算化和艺术设计2个市级教学团队；获重庆市教学成果奖一等奖1项、二等奖2项，获全国职业院校学生职业技能大赛一等奖1项、二等奖4项、三等奖3项，获重庆市高职学生专业技能大赛奖项12个，连续多年包揽数控、汽车等专业技能大赛一等奖；1名教师被重庆市人民政府表彰为“重庆市名师”。学院大力推行校企合作、工学结合的人才培养模式，成功申报教育部“中德职教汽车机电人才培养项目”，新增10余个校企合作单位。学院全面推进学生素质教育，打造具有高职特色的素质教育体系。学院58名学生在重庆市各类表彰评优活动中获得奖励。大渝网、华龙网、《重庆时报》、《重庆日报》、重庆新闻网等多家新闻媒体以《工业职院：为高技能人才高质量就业奠基》为题报道了学院人才培养情况。2012年，学院教职工共获各类表彰60人（次），其中获个人奖励36人（次），部门奖励24项。学院领导班子被重庆市委、市政府评为“2011年度先进领导集体”。学院被评为重庆市“依法治校示范学院”、首批重庆市“人文校园”示范校、重庆市“学生教育管理先进集体”、教育部“全国第三届大学生艺术展演活动优秀组织奖”等称号。

学生们在桃源大道工作室创新实践

学院学生在马来西亚交流学习

院址：重庆市渝北区（空港）桃源大道1000号
邮编：401120
网址及电子信箱：www.cqipc.net；gzyyb@126.com
联系电话：023-61879228

重庆市大足职业教育中心

重庆市大足职业教育中心是重庆市大足区唯一一所集学历教育、职业培训、技能鉴定于一体的国家级重点中等职业学校，是国家中等职业教育改革发展示范学校建设计划项目学校。学校办学特色亮点突出，品牌优势明显。

1.弘扬砥身砺行石刻文化

大足石刻是世界文化遗产，学校是重庆市唯一打造石刻文化、开设石刻专业的中职学校。学校以弘扬石刻文化、传承石刻技艺为使命，以石刻文化为校园文化建设的核心要素，提出了“千锤百炼，点石成金”的文化建设理念，实施了校园石刻景观文化建设规划。学校已被命名为重庆市非物质文化遗产传承教育基地。

石雕专业学生进行实训

学校部分教师

2.凸显五金职教品牌优势

根据大足龙水镇（全国著名的五金生产、加工、销售集散地）、双桥经济开发区发展对机械加工类技能人才的需求，学校做大做强数控技术应用专业，能满足五金企业产品研发、产品发展的需要，凸显了学校“五金职教”的品牌优势。

3.创新现代学徒培养模式

学校在实施“订单式”、半工半读、产品导向培养模式的基础上，与企业深度合作，探索建构了教师、师傅联合传授，以技能培养为主的现代人才培养模式，与企业实现“零距离”对接，培养的学生深受企业欢迎，被重庆市教委和重庆市旅游局确定为现代学徒制试点单位。

4.构建全员参与德育体系

学校坚持“人人能成可塑之人，个个可为有用之才”的育人观，注重理念引领、过程管理、行为养成，通过活动承载文化，构建了全校教师一个面、班主任工作一条线、社团活动展风采的全员行动德育工作体系，成效明显。学校被评为重庆市中职德育工作先进集体。

5.强化校企深度合作

学校成立了校企合作工作领导小组、专家咨询委员会、专业建设指导委员会，探索校企合作“订单”培养办学模式，建立了43个校外实习实训基地。近3年，聘请行业专家、技术能手300余人次参与教学改革、专业调整、内部管理、质量评估等教育教学活动，收到了双赢互惠的效果。

6.彰显专业建设地方特色

坚持“学校办学围绕市场转，专业建设围绕产业转，人才培养围绕需求转”的原则，以民间传统工艺（石雕石刻方向）为特色，加工制造类专业为主体，旅游服务、信息技术、教育类专业为支撑的专业框架，切实加强石雕石刻、数控技术应用、旅游服务与管理等特色和重点专业建设，取得了明显的成效。

7.改革创新人才培养模式

学校积极探索改革人才培养模式，以能力为核心评价学生学业水平，推动教、学、做合一，实现学生全面发展；在推广应用“五环四步三特征”能力本位职业教育课堂教学模式的基础上，形成了产品导向项目教学模式、职场情境教学模式两大具有鲜明职业教育特色和区域特色的教学模式。

学校通过加强3个重点专业（石雕石刻、数控技术、旅游服务）的建设，打造“以石刻文化为核心元素”的“千锤百炼、点石成金”特色校园文化，创建国家中职示范学校，发挥引领、骨干和辐射作用。

数控专业学生进行车工实训

成都纺織高等專科學校

CHENGDU TEXTILE COLLEGE

成都纺织高等专科学校前身为创立于1939年的国立中央技艺专科学校，是四川省政府举办的全日制普通高等学校，直属四川省教育厅，是中国西南地区唯一独立建制的纺织类高等学校，是国家首批骨干高等职业院校建设单位、四川省首批示范性高等职业院校建设单位、中国纺织服装高技能人才培训基地。

学校有教职工861人，其中教授、研究员39名，美籍华人教授1名，副教授、高级工程师、高级实验师133名，讲师、工程师、实验师199名；国务院津贴获得者2名、全国优秀教师2名、四川省劳动模范1名、四川省有突出贡献的优秀专家4名、省教学名师4名、省师德标兵2名、省级教学团队3个。中国科学院学部主席团成员、中国科学院院士刘盛纲教授担任学校客座教授、科学委员会名誉主任、太赫兹纺织研究中心科学顾问，美国百人会理事、晓龙基金会董事长曾宪章博士担任学校高级顾问。学校还特聘8名外籍教授、21名国内专家为客座教授。近5年来，教师承担省部级以上科研项目63项，获省级教学成果奖7项，获教育部高专英语教学优秀集体三等奖1项。3本教材获中国纺织工业协会“十五”部级优秀教材奖，数十项研究发明获国家专利。

学校雷迪波尔服装学院揭牌仪式

学校坚持以社会对人才的需求为导向，适时调整专业结构，不断加强专业课程建设。学校有纺织工程学院、材料与环保学院、服装学院、电气工程学院、机械工程学院、建筑工程学院、经济管理学院、外国语学院、艺术学院9个学院和基础教学部、思想政治理论课教学部、体育工作部3个教学部，形成了以纺织、服装、染化为龙头，以机械、电气、电子信息、建筑为骨干，艺术、经贸、管理和外语并举的专业格局。学校有国家级精品课程1门、省级精品课程18门，国家骨干建设专业9个、省级试点专业3个、省级精品专业3个。

学校举办雷迪波尔时尚之夏——2012届毕业生服装暨艺术优秀设计作品展示会

西南纺织服装职业教育联盟成立大会

新加坡义安理工学院师生到学校学习蜀绣文化与技艺

学生写生实习

学校坚持育人为本、德育为先，全面推进素质教育，大力加强校企合作，不断深化办学体制机制改革和教育教学改革，教育教学质量不断提高，学生普遍具备较强的社会适应能力和实践动手能力，受到社会的广泛好评。近年来，学生在各类竞赛中获国家级奖160余项、省级奖250余项，其中高分子材料专业学生夏永鹏荣获全国数学建模竞赛一等奖，并作为获奖学生代表参加在北京人民大会堂举行的全国大学生数学建模竞赛20周年庆典暨2011“高教社杯”颁奖仪式，接受国家表彰。学校毕业生连续19年初次就业率保持在95%以上，学校连续7次被省教育厅评为“普通高等学校毕业生就业工作先进集体”。

学校发挥智力、科研优势，积极主动服务于区域经济社会发展，校企合作、校地合作不断加深，服务社会的能力显著增强。学校牵头成立了西南纺织服装职业教育联盟，全国108家企事业单位、相关机构加盟；与各产业园区、企业和地方政府开展产学研合作，联合成立培训中心和实训基地，实施双元制“就业+培养”人才培养模式等，与政府、行业、园区、企业等合作成立技术研发中心、人力培训中心、社会实践基地、校外实训基地等240余个。学校建有四川省高校重点实验室——纺织品生态染整实验室，建有全国无水印染技术创新中心、太赫兹纺织研究中心、蜀锦蜀绣研究中心等科技和社会服务机构。

学校不断加深国际交流与合作，与美国、日本、德国、法国、澳大利亚、新加坡等国家和我国台湾、香港地区的20余所院校或教育培训机构建立了长期友好合作关系，实施培训、访问及学分互认等校际交流与合作。

学校获得若干个各级各类奖项及荣誉称号，并于2010年被遴选为国家首批骨干高职院校建设单位。沧桑砥砺七十年，科学发展谱华章。学校站在新的历史起点，以建设国家骨干高职院校为契机，弘扬优良传统，创新体制机制，提升办学水平，彰显优势特色，朝着“打造西部特色高专，争创职教一流水平”的发展目标奋勇向前。

贵州理工学院

夯实办学基础 提升服务能力 努力办人民满意的理工科大学

学院成立大会

贵州省特种功能材料2011协同创新中心落户学院

贵州理工学院是应省委、省政府实施工业强省战略和城镇化带动战略对理工类应用型人才之需，经教育部批准设立的一所省属本科高校。学院坐落在中国避暑之都——林城贵阳市的阿哈湖畔，于2013年正式开始招生。

为适应贵州经济发展需求，学院积极打造矿产资源开发利用、环境科学与工程、材料科学与冶金工程、交通运输工程、土木工程、建筑学与城市规划、水利水电工程、新能源科学与工程、电气工程及自动化、电子信息与通信工程、计算机科学与技术、化学工程、民族制药工程、酿酒及特色食品工程、遥感科学与测绘工程、航空航天工程、管理科学与工程等学科群，加强特色专业和重点学科建设，为贵州实施工业强省战略和城镇化带动战略提供强有力的人才支撑。

在传统教学模式的基础上，学院大力推进混合教学模式改革，充分利用清华大学教育技术研究所捐赠的网络教学平台以及清华大学MOOC——“学堂在线”平台，把传统面授教学和在线教学的优势相结合，并引入近年来国际工程教育改革的最新成果CDIO工程教育模式，吸收世界先进的工程教育理念，结合本校实际和贵州实际，探索建立符合国际工程教育共识的课程体系，培养学生的系统工程技术能力，尤其是项目的构思、设计、开发和实施能力，以及较强的自学能力、组织沟通能力和协调能力。

学院大力推进教学改革，加大示范建设力度，着力培育优质课程体系。学院不断强化实践教学，完善实践教学体系，加强校内外实验实训基地建设，已建成校内外实习、实训基地30余个，为学生提高动手能力和解决实际问题能力搭建平台。学院先后与瓮福集团、南方电网贵州公司、中航工业贵州飞机有限公司等几十家企业和机构签署合作协议或达成合作意向，开展产学研合作。

学院坚持把师资队伍建设作为学校发展的重中之重，在人才引进工作中着重突出学校现阶段的新规划、新进展、新政策、新环境、新气象，全力打造“新”字招牌，变“年轻”、“稚嫩”、“基础薄弱”等人才引进劣势为“活力”、“机会”、“成长空间”等人才引进优势，吸引了大批高层次人才加盟。已成功引进教授、研究员及博士等高层次人才55名，实现了高层次人才“从无到有”、“从有到优”，为学院进一步推进整体建设、赶超省内外同类院校提供了强大的智力支持和人才支撑。

学院高度重视科研工作。2012年11月14日，落户贵州理工学院的“贵州省特种功能材料2011协同创新中心”是全省高校首批获准成立的3个协同创新中心之一。在省级协同创新中心的带动下，学院大力推进校级科研创新平台建设，建立了民族药及药食同源产品工程实训中心（PETC），成立了3个校级协同创新中心、4个校级协同创新中心培育对象；20个科研机构和8个科研实验室通过评审，获批成立。学院还建立了学术委员会，开始遴选校级学术带头人、学术骨干以及校级重点学科；进一步加快校级重点实验室、产学研合作基地建设，为申报省级、国家级重点实验室、工程中心、产学研基地作好准备。

本着“高起点、开放式、国际化”的办学理念，学院按照“夯实基础、提升能力、保障质量、培育特色、注重效能、协同创新”的思路，大力实施“质量立校、科研兴校、人才强校”战略，紧密结合贵州发展战略和产业发展需要，强调知识与技能并重，把培养有责任、精技术、会管理、善创新的工程技术专业人才作为学校的立校之本；把服务区域经济社会发展的能力提升作为强校之基，努力为贵州省与全国同步全面建成小康社会做出积极贡献！

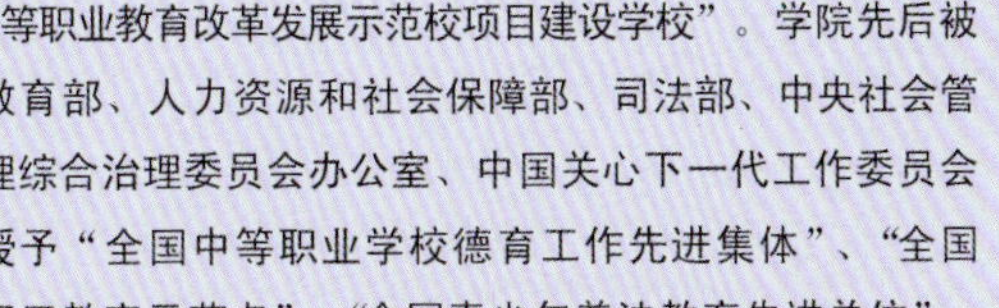

遵义市职业技术学院是教育部、人力资源和社会保障部管理的一所全日制中高级职业教育学校，也是国家级重点中等职业学校，院内设有贵州省第55国家职业技能鉴定所。

学院占地面积6.9万平方米，建筑面积7.1万平方米，图书藏量8.1万册。在校学生4 700余人，有专、兼职教师243人。学院开设数控技术应用、电子技术应用、计算机应用、学前教育、旅游与酒店服务管理等16个专业；拥有价值2 000万元的专业实验实训设备，并建立了12个校内外实习实训基地。

2005年，学院获“国家级重点中等职业学校”称号；2011年11月，学院被教育部、人力资源和社会保障部、财政部联合批准为“全国中等职业教育改革发展示范校项目建设学校”。学院先后被教育部、人力资源和社会保障部、司法部、中央社会管理综合治理委员会办公室、中国关心下一代工作委员会授予“全国中等职业学校德育工作先进集体”、“全国职工教育示范点”、“全国青少年普法教育先进单位”、“全国青少年道德培养实习基地”等称号，获全国中等职业学校第五届、第六届、第七届、第八届、第九届“文明风采”竞赛优秀组织奖；两次被贵州省委、省政府评为“全省文明单位”，被遵义市委、市政府评为“全市文明单位”。学院坚持理论教学与实践教学相结合，素质教育与技能掌握相结合，致力于“求实、创新、敬业、文明”的校风建设，实行“一口标准的普通话，一口流利的英语口语，一手熟练的计算机操作技能，一手规范的钢笔字，一套规范的现代文明礼仪，一套严格的半军事化管理”的“六个一”综合素质培养，重视学生实际操作技能训练和顶岗实习工作。学院推行校长负责制、教师聘任制、绩效工资制，制度规范、管理严格，形成了新型的现代职业教育体系，确保毕业生高质量就业。

贵州省领导到校视察调研

贵州省政协领导到校视察调研

贵州省教育厅领导视察学院

遵义市领导问候学院教师

中央组织部人才局、教育部发展规划司组成的国家联合工作组人才教育组到学院调研

职业教育专家在学院讲学

学校地址：贵州省遵义市福州路中段
招生电话：0852-8620622　0852-8620823
网　　址：www.zyzyjsxx.com

昆明学院

学校绿化建设

“昆明学院社科联第一次代表大会暨2012年省社科学术活动月——昆明学院分论坛启动仪式”成功举办

学院党委中心组集体学习

强化本科意识，推进内涵建设，提高教学质量，顺利完成教育部本科教学工作水平评估。学院全面提高本科办学水平和人才培养质量，以评促建，深化内涵建设，顺利完成教育部本科教学工作水平评估。巩固教学中心地位，规范管理制度，完善质量监控与评价体系；加强“教学质量工程”建设，获得批准立项的国家级、省级建设项目95项；优化培养方案，创新培养模式，推进产学研合作教育。

落实立德树人根本任务，促进学生全面发展。学院开展理想信念、形势政策教育，加强道德修养，推进学风建设。完善资助保障体系，2012年发放奖、助学金2 265.76万元，积极争取社会助学。2012年，招生录取率103.85%，本科生报到率93.4%，专科生报到率76.1%；毕业生就业率98.4%，考研笔试成绩上线率比2011年提高71.18%。

坚持科研兴校，以国家级项目和应用研究为重点，基础研究和应用研究协同推进，提高科研质量和水平。截至2012年底，学院获得批准立项资助的国家级基金项目27项，93篇论文被SCI、EI、ISTP收录，451篇论文在全国中文核心期刊发表，获得省、市科技进步及优秀成果奖12项，申请国家专利15项，获得中央财政1700万元专项资金支持，实现省级工程技术研究中心和昆明市科技创新团队申报零突破。获云南省教育厅“十二五”优势特色重点学科2个、校级重点学科7个、云南省“十二五”硕士学位授权建设学科5个。

立足昆明、服务昆明，主动融入地方经济社会发展，以服务和贡献开辟自身发展新空间。学院依托校内外高层次研究平台和研究机构，开展昆明市委、市政府委托课题和横向课题研究；举办昆明科学发展高层论坛，提供决策咨询；承办各类国际会议。同时，学院积极开展校地合作，认真落实“兴边富民工程”和定点挂钩帮带扶贫任务。

坚持人才强校，实施“双百”战略，提高教师队伍素质。学院全年新引进高层次人才26人，专任教师中副高及其以上职称占40.4%，博士、硕士占51.04%。省级教学团队4个、省级教学名师10名、省级名师工作室5个。选派教师访学、进修、挂职12人，享受省政府特殊津贴1人，获得省突出贡献专业技术人才奖1人。2012年，新提任处级干部63人。

坚持开放办学，探索推进教育国际化进程。学院贯彻“桥头堡”战略，开展以面向南亚、东南亚为主的国际交流与合作。截至2012年年底，接待国外来访团组60个，320余人次，完成各项出访任务；与13个国家（地区）的32所院校（教育机构）签订41个合作备忘录及协议，构建合作平台；招收留学生250余人次，赴国外交流学习近300人次。

学院与云南省商务厅签署人才培养基地建设战略合作协议

教育部专家组到学校进行本科教学工作水平评估

建设美丽现代化校园，办学条件极大改善。学院加快推进校园二期规划、征地、改扩建和老校区处置工作，以办公自动化系统建设牵引“智慧校园”建设稳步推进。

党建工作科学化水平不断提高，和谐校园建设稳步推进。学院党建工作围绕人才培养的根本任务，强化思想引领，增强组织活力，探索工作思路，创新工作方法，提升党建科学化水平。学院加强精神文明建设、法制宣传教育和校园文化建设，深化干部制度、人事分配制度和后勤社会化改革，坚持和谐发展，构建平安校园。

学院秉承“明德至善、知行利物”的校训，为建设全国同类高校领先、办学特色鲜明的综合性应用型大学而奋斗。

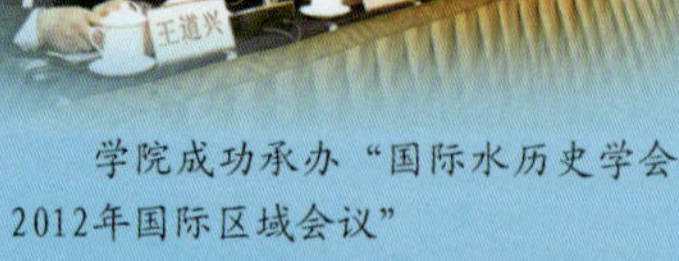

学院成功承办“国际水历史学会2012年国际区域会议”

学院举行“中豪园丁奖”、“中豪助学金”捐赠暨颁奖仪式

云南玉溪第二职业高级中学
云南开放大学红塔开放学院

航空服务专业学生礼仪训练

云南玉溪第二职业高级中学是玉溪市首批教育部认定的国家级重点中等职业学校，进入了全国1 000所国家中等职业教育改革发展示范校建设行列。学校占地面积230亩，建筑面积9.5万平方米，师资雄厚，拥有各级各类名师、学科带头人、骨干教师100余人。教学设备配套齐全，拥有配置先进的实验实习实训室40余个，校外实训基地73个，建立了多媒体宽带信息校园网络，有计算机1 600余台，能满足各专业教学、实训、培训、技能鉴定及网络学习的需要。学校"校风、教风、学风、班风、会风"优良，是玉溪市精神文明建设的一面旗帜、社会文明的一扇窗口。

学校始终坚持"以人为本，以德立校，以能力为核心，促使学生全面发展"的办学理念，围绕"德育为先会做人，技能为本会做事"的教育培养目标，实施半军事化管理，强化学生的养成教育，全面推行"做人＋技能"、"学历＋职业资格"的人才培养模式，致力于培养和提高学生的综合职业能力和全面素质。本着"按需培养人才，及时服务社会"的办学宗旨，以"三个转"的办学思路，引领学校准确定位，积极推行"四多"教育模式，全方位培养学生的综合素质，促进学生健康成长、全面发展。

教师朱媛媛在第三届"中职杯"语文职业模块教学全国说课比赛中获特等奖

教师朱秋霖、陆游在全国教师信息化教学大赛中分别获得英语信息化教学设计和信息化实训三等奖

学生上机实训

学生社团成立大会

学生张雪梅获全国职业技能大赛动漫项目三等奖

红塔开放学院成立揭牌仪式

学校形成了以旅游服务与管理、计算机应用、机电技术应用、汽车运用与维修、会计电算化、学前教育、建筑施工7大骨干特色专业。各专业毕业生以良好的职业道德和过硬的专业技能深受用人单位欢迎，就业率始终保持在98%以上。学校有班级160个，学生7 291人，设有街舞社团、跆拳道社团、摇滚乐社团等43个学生社团。"学生快乐、家长放心、社会满意"是学校孜孜不倦的追求。

2012年5月，经云南省教育厅、云南开放大学批准挂牌成立了云南开放大学红塔开放学院。红塔开放学院依托玉溪第二职业高级中学组建成立，是由云南开放大学和玉溪市委、市政府、红塔区区委、区政府共建共办的二级学院。红塔开放学院秉承开放办学的现代教育理念，以现代信息技术为支撑，实行开放灵活的学习模式，依托立体覆盖城乡的办学网络，面向玉溪辐射全省，是实施学历教育与非学历教育的玉溪市红塔区直属公办新型高等院校。

"就业有优势，升学有渠道，成才多途径"已成为玉溪二职中、红塔开放学院永葆活力的办学特色。

旗操——职教魂

商洛学院是陕西省属全日制普通本科院校，其前身是成立于1976年的陕西师范大学商洛专修科。1984年，经陕西省人民政府批准更名为商洛师范专科学校；2005年5月，商洛农业学校整体划转并入商洛师范专科学校；2006年2月，经教育部批准升格为本科院校。现为陕西省教育厅、商洛市人民政府共建高校。

学院位于著名作家贾平凹故乡、陕东南生态园林城市——商洛市，占地349 886平方米，校舍建筑面积208 906平方米，固定资产36 647.9万元。学院拥有塑胶标准运动场1个，专业实验室53个，实践教学场所77个，语音实验室6个，多媒体教室27个，报告厅5个，计算机1 220台，教学仪器设备总值5 070万元。图书馆藏有四库全书1套1 500册，馆藏纸质图书73.8万册，电子图书4 100GB，纸质期刊1 300余种，电子期刊6 000余种，建有130座电子阅览室1个。

学院有教职工588人，其中专任教师454人，副高级以上职称137人；长期聘请中科院院士侯洵、中国工程院院士刘加平、著名作家贾平凹等知名专家与学者共44人为学院兼职教授，聘请外籍教师3人。学校设有人文社会科学系、中文系、外语系、艺术系、数学与计算科学系、物理与电子信息工程系、化学与化学工程系、生物医药工程系、计算机科学系、城乡发展与管理工程系10个系，设有思想政治理论课教学研究部和体育教学部，64个本专科专业。学院面向25个省、自治区、直辖市招生，有全日制在校生9 618人，成人教育学生2 000余人。毕业生就业率持续保持在85%以上。

学校承担的国家自然科学基金项目举行开题仪式

省市共建商洛学院协议签字仪式

升本以来，学院不断深化教学改革，加强本科教学工程建设，教育教学质量稳步提高。已建成省级重点扶持学科1个（植物学），省级特色专业建设点2个（应用化学、物理学），省级重点专业2个（语文教育专业、应用电子技术专业），省级实验教学示范中心2个（中药资源实验教学中心、大学物理实验教学中心），省级人才培养模式创新实验区2个（新建本科院校汉语言文学专业高素养应用型人才培养模式创新实验区、生物技术专业人才培养模式创新实验区）；拥有省级专业综合改革试点项目1个（生物技术专业），陕西省优秀教改试点专业2个（汉语言文学专业、应用电子技术专业），省级大学生校外实践教育基地建设项目1个；建成省级精品课程7门、省级优秀教学团队2个。近年来，学院主持省级以上教改教研课题100余项，获陕西省人民政府优秀教学成果一等奖4项、二等奖6项。学生在数学建模大赛、“挑战杯”比赛、教师招考、专升本、考研等竞赛和考试中均取得了好成绩。

图书馆一角

学校召开校企合作座谈会

学院不断加大科研工作力度，科研实力明显增强。设有“陕西省尾矿资源综合利用重点实验室”、量子光学与量子信息研究所、贾平凹暨商洛文化研究所、GAP科研工程中心等7个校级研究机构。升本以来，学院承担国家及省、厅级科研项目200余项，取得国家专利3项。教师发表的学术论文被国际权威检索机构SCI、EI收录66篇，被ISTP收录17篇。

学院大力实施特色名校工程、质量立校工程、科研强校工程、管理兴校工程、开放活校工程、文化荣校工程，不断推进教育创新，全面提高人才培养质量，提升科研水平、社会服务和文化传承创新能力，努力把学校建成特色鲜明、多学科协调发展的应用型本科院校。

陕西工业职业技术学院

陕西工业职业技术学院是1999年3月经教育部批准、由创办于1950年的国家级重点中专——咸阳机器制造学校改制升格而成的省属全日制普通高等学校，是西北地区首家由教育部批准改制升格的高职学院。2010年1月，与陕西纺织服装职业技术学院合并组建成新的陕西工业职业技术学院。

学院有全日制在校学生18491名，教职工1100余名，其中教授40人、副教授246人。国家级教学名师1人、教学团队1个，省级突出贡献专家2人、教学名师7人，教学团队9个，多人入围教育部和陕西省高职教育专家库。学院设有10个二级学院、3部1中心，开办涵盖10大职业门类的63个专业，其中院级重点专业16个、省级重点专业15个、国家级重点专业5个、中央财政支持重点建设专业2个；建成院级实训基地10个、省级实训基地8个、国家级实训基地3个。

陕西省领导视察学院实训基地

欧姆龙公司与学院联合共建实训中心

学院紧紧围绕现代装备制造业需求，瞄准学生未来职业生涯的成才目标开展人才培养。学院确立了“工学六融合”专业指导思想和“校企七联合”人才培养模式。近些年，学生“双证书”获取率达98.43%，共获国家级技能大赛奖项96项、省级技能大赛奖项160项；毕业生就业率稳定保持在96%以上，位居全省同类院校前列。学院连续多年被评为陕西省“高等学校毕业生就业工作先进集体”。

学院成为教育部“全国职业教育师资培养培训重点建设基地”

学院师生在2012年全国职业院校技能大赛中获得佳绩

学院多次在全国大学生艺术展演中获奖

学院185名教师参加“德国职业教育教学法”培训

学院积极与德国、美国、日本、爱尔兰、韩国等国外高校、教育机构及行业、企业深度合作，共同致力于职教研究、师资培训、学历互认和合作办学等方面的先行先试。西北唯一的“FANUC数控系统应用中心”落户学院；成为国家首批DMG职业教育数控专业领域项目合作院校；与德国共建“应用型德制工程师项目赴德学习预备部”，应届毕业生可赴德国攻读德国制式硕士学位工程师。

学院大力实施文化荣校战略，设立“企业文化长廊”、“优秀校友风采走廊”、“校友大讲堂”、“企业经理人讲座”，让学生置身其中，接受现代工业文化的熏陶。2012年，校园文化建设成果获国家级二等奖1项，填补陕西省高职院校获此奖项的空白；学生获国家级艺术大赛二等奖2项，三等奖3项。

学院41名教师赴德国参加暑期师资培训项目

2005年，学院在教育部高职院校人才培养工作水平评估中获“优秀”；2011年，学院进入百所“国家示范性高等职业院校”行列。学院先后被评为全国职业教育先进单位、全国文明单位、全国机械行业骨干职业院校、全国机械行业校企合作与人才培养优秀职业院校等称号。

西北民族大学

西北民族大学是中国第一所正式建校的民族院校，直属于国家民族事务委员会。学校前身是西北人民革命大学兰州分校第三部。从1950年2月起，在“革大三部”的基础上开始筹建，是年8月，西北民族学院正式成立，老一辈无产阶级革命家汪锋任院长。2003年4月，经教育部和国家民族事务委员会批准，更名为西北民族大学。

学校接受教育部本科教学工作水平评估，并获“优秀”等级

学校位于甘肃省兰州市，占地2 880多亩，分西北新村校区和榆中校区。建校62年来，学校坚持“立足西北，服务民族”的办学宗旨，各民族师生员工发扬朴实无华、甘于清贫、淡泊名利、无私奉献的黄土地精神和志存高远、奔流不息、百折不挠、勇往直前的黄河精神，艰苦创业，无私奉献，自强不息，超越自我，先后为国家培养了近13万名各级各类人才。各民族学子遍布西部民族地区乃至祖国各地，为少数民族地区特别是西部少数民族地区的边疆稳定、经济发展、社会进步、人民和谐发挥了不可替代的作用。

学校榆中校区实验中心

学校形成了以本科教育为主体，研究生教育、预科教育、继续教育、职业教育和国际教育等协调发展的办学格局，拥有学士学位、硕士学位、博士学位三级学位授予权和推荐优秀应届本科毕业生免试攻读硕士学位研究生权，并获得了教育部“少数民族高层次骨干人才培养计划”博士和硕士研究生招生资格。

学校西北新村校区大礼堂

学校有56个民族的全日制在校学生23 646人，开设67个本科专业，拥有民族学、社会学、马克思主义理论、教育学、中国语言文学、中国史、计算机科学与技术、软件工程、畜牧学、兽医学、管理科学与工程、音乐与舞蹈学、美术学13个一级学科硕士学位授权点，拥有法律硕士、艺术硕士、社会工作硕士、工程硕士4个专业学位硕士点，有中国少数民族语言文学博士点，有中国语言文学博士后科研流动站，是一所民族特色和区域特色都比较鲜明的多学科协调发展的综合性大学。

学校大学生实践创新基地揭牌

学校西北新村校区校门

学校拥有国家民族事务委员会、教育部共建的“中国民族语言文字信息技术”重点实验室，有中央统战理论研究会民族宗教理论甘肃研究基地，有甘肃省动物细胞工程技术研究中心1个，有藏文信息技术实验室、生物工程与技术实验室、口腔医学综合实验室、电子材料实验室4个国家民族事务委员会重点实验室，有中国少数民族经济、马克思主义民族理论与政策、计算机应用技术3个国家民族事务委员会重点学科，有中国少数民族语言文学、格萨尔学、民俗学和宗教学4个甘肃省重点学科，有西北少数民族文学研究中心、西北少数民族宗教研究中心和西北民族文献研究基地3个省部级人文社会科学重点研究基地。学校有1个蒙古语言文学主干课程国家级教学团队，有藏语言文学主干课程、20世纪中国文学和精细化工3个省级教学团队，有中国少数民族（藏、蒙古）语言文学、作曲与作曲技术理论、社会学、汉语言4个教育部特色专业建设点，28门省级精品课程，203门校级精品课程，217个实践教学基地，有3个甘肃省高等学校实验教学示范中心。学校的本科教学工作水平被教育部评定为“优秀”等级。

学校科研工作取得了令人瞩目的成绩，在中国少数民族语言文学研究、格萨尔学研究、海外民族文献研究、伊斯兰文化研究等方面形成了一批在全国处于领先地位的科研成果，为传承和繁荣民族优秀文化做出了独特的贡献。学校研制开发的“藏汉双语信息处理系统”和“藏文视窗平台、字处理软件和藏文网站”两次荣获国家科技进步二等奖，受到了江泽民、胡锦涛等党和国家领导人的高度评价，并在互联网上建立了世界上第一个藏文网站。

新疆石河子职业技术学院

Xinjiang Shihezi Vocational Technical College

新疆石河子职业技术学院是2004年经自治区人民政府批准、教育部备案的一所高等职业技术院校，是全国100所示范性高等职业院校之一。

学院坐落在天山北麓、以“塞上江南、戈壁明珠”著称的新疆石河子市。学院占地面积700多亩，校舍建筑面积约15万平方米；拥有6个中央财政支持的实验实训基地，5个省级实训基地，70个校内实验实训基地，200多个校外实训基地。

学院有教职工378人，其中专任教师314人，副高职称61人，硕士研究生47人；具备“双师素质”教师125人，外聘教师105人，拥有5个教学团队；有在校生1万多人。

学院设有机械电气工程、水利建筑工程、轻工、旅游与经济管理（会培中心）、信息工程（网络技术中心）、中等职业教育分院、成人与继续教育分院、技能培训分院（职业技能鉴定中心）等11个分院（中心）。学院开设高职专业43个，中职、技工专业25个，成人大专专业35个，其中高职农机、节水和食品专业是国家重点专业，纺织、机电是自治区、兵团重点专业，灌溉与排水技术（节水方向）专业填补了全国高等职业教育的空白。

学院坚持“修德启智、强能善技、求真创新、育才戍边”的办学理念和“培养高技能人才、为屯垦戍边服务”的办学方向以及“校企合作、工学交替”的育人模式，构建了“候鸟式”、“两轮复合式”、“三轮工学交替”等独具特色的人才培养模式。几年来，学院共为社会培养了各层次专业技术人才6万余人，毕业生就业率连续多年保持在98%以上，“双证书”获取率达99%，用人单位满意率达95.5%以上，稳定率达95%以上。

推进校园信息化建设

校企合作签约授牌仪式

一体化现场教学

经过几年的建设，学院先后成为国家示范性高等职业院校、“中国素质教育先进示范院校”、国家第一批“高技能人才培养示范基地”、国家级“建设行业紧缺人才实训基地”。自治区“纺织行业技能人才培训基地”；兵团首批“高技能人才培训基地”、“兵团对外派遣劳务人才培训基地”、石河子市“再就业培训基地”、“农村富余劳动力转移培养基地”、“残疾人再就业培训基地”。学院先后获“国家技能人才培育突出贡献奖”、“国家职业教育工作先进单位”、“自治区职业技术教育先进集体”、“职业培训先进单位”等称号。

学院积极深化改革，不断提高办学质量，提升办学水平，努力向“全国一流示范性高等职业院校”的目标迈进！

新疆奇台中等职业技术学校

新疆奇台中等职业技术学校（新疆奇台县技工学校）是一所自治区级的重点中等职业学校，是国家级、自治区级示范性中职项目建设学校、自治区涉煤专业重点建设中职学校、昌吉州特色产业公共实训基地（煤化工），是昌吉州第七国家职业技能鉴定所、全国职工教育培训示范点。

学校总占地面积636亩，建筑面积50 439平方米，有教职工153人，在校生3 299人。学校开设了煤炭综合利用、机电技术应用、焊接技术应用、计算机、学前教育、高星级饭店运营与管理等19个专业。学校年举办各类短期培训达1.5万人次以上，形成了融职业教育、开放教育、技能培训与鉴定为一体的多形式、多层次、多渠道、多规格的办学实体。

学校师生参加全国技能大赛

近年来，学校坚持“以质量求生存，围绕特色产业求发展”的办学方针，以两级示范校建设项目为契机，全力推进内涵建设，走特色发展之路，以校企合作为平台，以工学结合为切入点，优化办学功能，推进体制机制改革，加强基础设施建设力度，全面提升师资水平，培养了大批具有现代职业素质、综合能力强的技术技能人才。

【构建特色专业体系】学校依托行业企业，调整优化专业结构，形成了“做大做强煤电煤化工、机电、焊接专业，做精做优学前教育、中餐烹饪与营养膳食、体音美专业”的专业建设思路。其中煤电煤化工专业、焊接技术应用专业已被自治区教育厅评为精品专业；化工工艺被自治区技工管理中心评为重点专业；化工单元仿真课程被评为区级精品课程。

机电专业学生学习电子电工技术

焊接加工专业学生实训

煤化工专业学生实训

【内涵建设不断强化】为突出中等职业教育教学特色，学校着力抓好校内外实训基地建设，提高实训教学质量。学校还依托各类技能竞赛，不断提升师生的教育教学质量。学校两项教学研究课题获得新疆职业教育学会立项，两项德育课题获自治区职业院校思想政治教育研究中心立项。煤电煤化工组的学生在自治区职业院校技能大赛化工生产技术赛项（中职组）中荣获了团体第一名，并代表自治区参加了全国的比赛。学校被昌吉州评为先进学校。

【德育工作成效显著】在自治区职业院校第六届“文明风采”竞赛活动中，学校荣获了优秀组织奖，德育课“精彩一课”获优秀组织奖，教师思想政治教育科研获优秀成果奖，学生获奖358项，位列全区第一。学校还代表自治区参加了第九届全国中等职业学校“文明风采”竞赛，获国家级奖项92项，并获优秀组织奖。

专业教师到企业调研

与福州工业学校签订友好学校协议

【招生就业实现两旺】学校与新疆华阳科工矿业有限公司、新疆中泰矿冶有限公司、新疆众和股份有限公司、新疆天业集团等十几家疆内外知名企业签订了用工协议，与新疆其亚铝电有限公司、新疆东方希望有色金属有限公司、新疆宜化化工有限公司等多家企业签订了联合办学协议，并将所有合作企业定为实习就业双基地，签订了近1 000人的培养订单。长期、稳固的用人合作关系，使毕业生就业率逐年稳定提升。

西藏职业技术学院

Tibet Vocational Technical College

党建工作表彰大会

与驻村村民共庆“西藏百万农奴解放纪念日”

西藏职业技术学院于2005年7月经西藏自治区人民政府批准，在原西藏自治区农牧学校和西藏自治区综合中专学校的基础上合并组建而成。2006年9月正式挂牌，隶属自治区教育厅。学院有2个校区（西、北）和1个综合实训中心，校园占地面积632亩，校舍建筑面积11.98万平方米；馆藏纸质图书30余万册，校内实验实训室84个，校内实训基地1个，校外实习基地66个。

学院设有31个专科专业、3个高职本科专业，包括农林、畜牧、电力、建筑、电子、财经、旅游、艺术8大专业类别，其中国家示范性重点建设专业4个，自治区级重点建设专业4个，自治区人才培养模式改革试点专业2个，提升专业服务产业发展能力建设项目专业2个和自治区级特色专业1个。

学院有在册学生（员）5 100人，教职工380人，其中专任教师288人。专任教师中，研究生以上学历占23.51%，副教授以上职称占26.32%。学院有自治区级优秀教学团队2个，国家级优秀教师2人，自治区级优秀教师和教学能手7人，1名辅导员被评为“2011全国高校辅导员年度人物”。学院有“双师”素质教师120人，校外聘请行业企业兼职教师90人，教师队伍结构日趋合理，素质逐步优化，专兼结合的“双师”结构教学团队逐步形成。

学院“强基惠民”驻村出征仪式

学院组建以来，始终坚持以贯彻落实《教育部关于全面提高高等职业教育教学质量的若干意见》精神为指导，紧紧抓住国家大力发展职业教育的历史机遇，全面贯彻党的教育方针，紧紧围绕西藏“提升一产、壮大二产、做强三产”的经济发展战略要求，不断深化管理体制、办学模式和教学改革，使学院在短时间内实现了从中职到高职的办学模式和管理体制的转型，特别是通过迎评促建工作和国家示范院校建设项目的实施，极大地改善了学院办学条件，加快了内涵建设步伐，办学实力和人才培养质量显著提升，教学管理水平明显提高，办学特色初步形成，呈现出良好的发展局面。学院毕业生平均就业率达95%以上，“双证书”获取率达85%以上，学生在全国各类技能大赛中先后获奖50多人次。

学生消防实习

学院举办插花比赛

学院的发展得到了教育部、自治区党委、政府及自治区教工委、教育厅的高度重视。教育部、自治区党委政府、自治区教工委和教育厅领导曾多次到学院检查指导工作，对学院的建设和发展给予了大力支持。2008年，学院被教育部、财政部确定为“国家示范性高等职业院校建设计划”立项建设院校。2009年10月，学院顺利通过高职高专院校人才培养工作水平评估。2011年6月，学院通过了高职示范校建设项目国家级验收。

学生体质监测

学院举办技术技能大赛